ISBN 978-0-267-34986-9
PIBN 10991255

1 MONTH OF
FREE
READING

at
www.ForgottenBooks.com

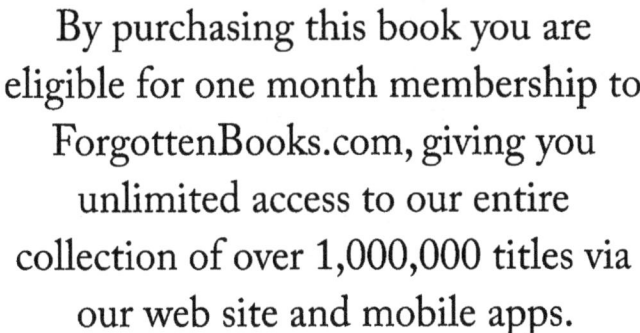

By purchasing this book you are eligible for one month membership to ForgottenBooks.com, giving you unlimited access to our entire collection of over 1,000,000 titles via our web site and mobile apps.

To claim your free month visit: www.forgottenbooks.com/free991255

English
Français
Deutsche
Italiano
Español
Português

www.forgottenbooks.com

Mythology Photography **Fiction**
Fishing Christianity **Art** Cooking
Essays Buddhism Freemasonry
Medicine **Biology** Music **Ancient**
Egypt Evolution Carpentry Physics
Dance Geology **Mathematics** Fitness
Shakespeare **Folklore** Yoga Marketing
Confidence Immortality Biographies
Poetry **Psychology** Witchcraft
Electronics Chemistry History **Law**
Accounting **Philosophy** Anthropology
Alchemy Drama Quantum Mechanics
Atheism Sexual Health **Ancient History**
Entrepreneurship Languages Sport
Paleontology Needlework Islam
Metaphysics Investment Archaeology
Parenting Statistics Criminology
Motivational

ENCYCLOPÉDIE,

OU

DICTIONNAIRE RAISONNÉ

DES SCIENCES,

DES ARTS ET DES MÉTIERS.

TOME XXXVI.

VIS --- ZZU

ENCYCLOPÉDIE,

OU

DICTIONNAIRE RAISONNÉ

DES SCIENCES,

DES ARTS ET DES MÉTIERS,

PAR UNE SOCIÉTÉ DE GENS DE LETTRES.

Mis en ordre & publié par M. DIDEROT; & quant à la
PARTIE MATHÉMATIQUE, par M. D'ALEMBERT.

Tantùm series juncturaque pollet,
Tantùm de medio sumptis accedit honoris ! HORAT.

Édition exactement conforme à celle de PELLET, in-quarto.

TOME XXXVI.

A LAUSANNE ET A BERNE;

Chez les SOCIÉTÉS TYPOGRAPHIQUES.

M. DCC. LXXXI.

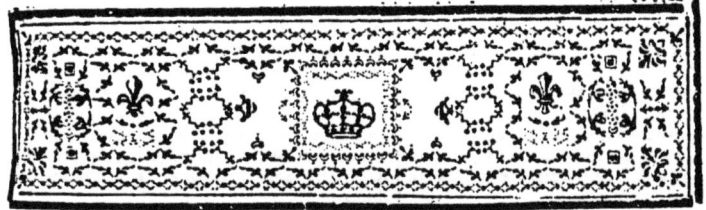

ENCYCLOPÉDIE

OU

DICTIONNAIRE RAISONNÉ
DES SCIENCES,
DES ARTS ET DES MÉTIERS.

VIS

VIS, f. f. *Méchan.*, (*a*), eſt une des cinq puiſſances méchaniques dont on ſe ſert principalement pour preſſer ou étreindre les corps fortement, & quelquefois auſſi pour élever des poids ou des fardeaux. *V.* PUISSANCES MÉCHANIQEES, MACHINE, &c.

La vis eſt un cylindre droit, tel que *A B*, *Pl. I de méchan. fig.* 11, *n.* 2, creuſé en forme de ſpirale. Sa génération ſe fait par le mouvement uniforme d'une ligne droite *F G*, *fig.* 11, autour de la ſurface d'un cylindre, dans le même temps que le point *I* deſcend uniformément de *F* vers *G*. On appelle une vis *mâle* celle dont la ſurface creuſée eſt convexe, & celle qui eſt concave eſt appellée vis *femelle*, ou plus communément *écrou*, & alors on appelle vis ſimplement la vis mâle. On joint toujours la vis mâle à la vis femelle, quand on veut exécuter quelque mouvement avec cette machine ; c'eſt-à-dire, toutes les fois que l'on veut s'en ſervir comme d'une machine ſimple ou d'une puiſſance méchanique. Quelquefois la vis mâle eſt mobile, & l'écrou eſt fixe ; quelquefois l'écrou eſt mobile, & la vis mâle

VIS

fixe ; mais dans l'un & l'autre cas, l'effet de la vis eſt le même.

La cloiſon mince qui ſépare les tours de la gorge de la vis, eſt appellée le *filet de la vis* ; & la diſtance qu'il y a d'un filet à l'autre, ſe nomme *pas de vis*.

Il eſt viſible que le filet d'une vis n'eſt autre choſe qu'un plan incliné roulé en ſpirale autour d'un cylindre, & que ce plan eſt d'autant moins incliné, que les pas ſont moins grands. Ainſi, lorſqu'une vis tourne dans ſon écrou, ce ſont deux plans inclinés, dont l'un gliſſe ſur l'autre. La hauteur eſt déterminée pour chaque tour par la diſtance d'un filet à l'autre ; & la longueur du plan eſt donnée par cette hauteur & par la circonférence de la vis ; car ſi on développe un filet de vis avec ſon pas, on aura un plan incliné.

Quand on veut faire uſage de cette machine, on attache ou on applique l'une des deux pieces, la vis ou l'écrou, à la réſiſtance qu'il faut vaincre, & l'autre ſert comme de point d'appui. Alors en tournant on fait mouvoir l'écrou ſur la vis, ou la vis dans l'écrou, ſelon ſa longueur ; & ce qui réſiſte à ce mouvement,

<hr />

(*a*) On prononce comme ſi l'on écrivoit *viſſe*.

A

avance ou recule d'autant. Par exemple, dans les étaux des ferruriers, l'une des deux mâchoires est pouffée par l'action d'une *vis* contre.l'autre, à laquelle est fixé un écrou. Il faut, comme l'on voit, que la puissance faffe un tour entier pour faire avancer la résistance de la quantité d'un pas de *vis*, c'est-à-dire,de la distance d'un filet à l'autre.

Théorie ou calcul de la vis. 1°. Si la circonférence décrite par la puissance en un tour de *vis* est à l'intervalle ou à la distance entre deux spires qui se suivent immédiatement, prise sur la longueur de la *vis*, comme le poids ou la résistance est à la puissance ; alors la puissance & la résistance feront en équilibre : par conféquent la résistance fera furmontée, pour peu que l'on augmente la puissance.

Car il est évident qu'en un tour de *vis* le poids est autant élevé, ou la résistance autant repouffée, ou ce que l'on propofe à ferrer l'est autant qu'il y a de distance entre deux fpires immédiatement voifines; & que dans le même temps le mouvement ou le chemin de la puissance est égal à la circonférence décrite par cette même puissance en un tour de *vis*. C'est porquoi la vitesse du poids, ou de quoi que ce soit qui y réponde, fera à la vitesse de la puissance, comme la distance entre deux spires est à la circonférence décrite par la puissance en une révolution ou en un tour de *vis*. Ainsi avec cette machine l'on perd en temps ce que l'on gagne en puissance.

2°. Plus la distance entre deux spires est petite,moins il faut emplòyer de force pour furmonter une réfistance propofée.

3°. Si la *vis* mâle tourne librement dans son écrou, la puissance requise pour furmonter une résistance doit être d'autant moindre, que le levier *B D*, *fig.* 12. est plus long.

4°. La distance *BD* de la puissance au centre de la *vis*, la distance *I K* de deux fpires, & la puissance applicable en D'étant donnés,déterminer la réfistance que l'on pourra furmonter ; ou la réfistance étant donnée, trouver la puissance capable de furmonter cette réfistance.

Trouvez la circonférence d'un cercle décrit par le rayon *C D*, *fig.* 12 ; trouvez enfuite un 4ᵉ terme proportionnel à la diftance entre deux fpires, à la circonférence qu'on vient de trouver,& à la puif-

fance donnée, ou bien à ces trois termes, la circonférence trouvée, la diftance de deux fpires, & la réfistance donnée. Dans le premier cas, ce quatrieme terme proportionnel exprimera la réfistance que la puissance donnée pourra furmonter ; & dans le fecond, il exprimera la puissance néceffaire pour furmonter la réfistance donnée.

Par exemple,fuppofons que la diftance entre deux fpires foit 3, que la diftance *CD* de la puissance au centre de la *vis* foit 25, & que la puiffance faffe un effet de 30 livres : on trouvera que la circonférence du cercle décrit par la puiffance, fera 157 à-peu-près, parce que l'on n'a pas le rapport exact du diametre à la circonférence. C'est pourquoi, en faifant cette proportion 3. 157::20. 1570, on verra que la réfistance est égale à 1570 livres.

5°. La réfistance qu'une puiffance donnée doit furmonter étant connue, déterminer le diametre de la *vis*, la diftance *I K* de deux fpires, & la longueur du levier *B D*, on peut prendre à volonté la diftance des fpires & le diametre de la *vis*. S'il s'agit de faire tourner avec un levier la *vis* mâle dans fon écrou,on dira : la puiffance donnée est à la réfistance qu'il faut furmonter, comme la diftance des fpires est à un quatrieme nombre qui exprimera la circonférence que doit décrire le manche *C D* en un tour de *vis* ; c'est pourquoi en cherchant le demi-diametre de cette circonférence , on aura la longueur du levier *B D*. Mais s'il faut que l'écrou tourne autour de fa *vis*, fans fe fervir du levier, alors le diametre trouvé fera celui de la *vis* demandée.

Soit le poids 6000, la puiffance 100, & la diftance des fpires 2 lignes; pour trouver la circonférence que la puiffance doit décrire, dites: 100. 6000 :: 2. 120. Le diametre de cette circonférence étant environ le tiers de 120 = 40 lignes , exprimera la longueur du levier, en cas que l'on en faffe ufage ; autrement il faudra que la furface du corps dans lequel l'écrou .est creufé , ait au moins 40 lignes de diametre.

Selon la matiere dont on fait les *vis*, & les efforts qu'elles ont à foutenir , on donne différentes formes aux filets: le plus fouvent ils font angulaires ou quarrés. Ceux-ci fe pratiquent ordinairement un grolles vis de métal qui fervent aux prelles & aux étaux, parce qu'elles en ont moins de frottement. On fait aux vis de bois des filets angulaires pour leur conferver de la force; car par cette figure ils ont une bafe plus large fur le cylindre qui les porte. On donne auffi la même forme aux filets des vis en bois, je veux dire ces petites vis de fer qui finiffent en pointe, & qui doivent creufer elles-mêmes leur écrou dans le bois; on doit les confidérer de même que les meches des vrilles & des tarrieres, comme des coins tournans, dont l'angle ouvre le bois d'autant mieux qu'il eft plus aigu; ou, pour parler plus jufte, ces machines ne font autre chofe qu'une vis réunie avec un coin. Leçons de phyfique de M. l'abbé Nollet. (O)

VIS SANS FIN. Si une vis eft difpofée pour faire tourner une roue dentée D F, fig. 13, ou l'appelle vis fans fin, parce qu'elle fait tourner perpétuellement la roue E, & que cette vis elle-même peut tourner perpétuellement fans jamais finir, au lieu qu'on ne peut faire faire aux autres vis qu'un certain nombre de tours. La figure fait affez voir que quand la vis fait un tour, la roue n'avance que d'une dent.

Théorie ou calcul de la vis fans fin. 1°.
Si la puiffance appliquée au levier ou à la manivelle A B d'une vis fans fin eft au poids ou à la réfiftance, en raifon compofée de la circonférence de l'axe de la roue E H à la circonférence décrite par la puiffance qui fait tourner la manivelle, & des révolutions de la roue D F aux révolutions de la vis C B, la puiffance fera en équilibre avec le poids ou la réfiftance.

Il fuit de là, 1°. que le mouvement de la roue étant exceffivement lent, il n'eft befoin que d'une très-petite puiffance pour élever un poids confidérable par le moyen de la vis fans fin; c'eft pour cette raifon que l'on fait un grand ufage de la vis fans fin, quand il s'agit d'élever des poids énormes à une petite hauteur, ou lorfque l'on a befoin d'un mouvement très-lent & très-doux, ainfi l'on s'en fert fort fouvent dans les horloges & dans les montres.

2°. Etant donnés le nombre des dents, la diftance A B de la puiffance au centre de la vis, le rayon de l'axe H E & la puiffance, trouver le poids que la machine élevera.

Multipliez la diftance de la puiffance au centre de la vis par le nombre des dents; ce produit eft proportionnel à l'efpace parcouru par la puiffance dans le même temps que le poids parcourt un efpace égal à la circonférence de l'axe de la roue. Trouvez après cela une quatrieme proportionnelle au rayon de l'axe, à l'efpace parcouru par la puiffance qui vient d'être déterminé, & à la puiffance; ce quatrieme terme exprimera le poids que la puiffance peut foutenir. Ainfi fi AB= 3, le rayon de l'axe H E=1, la puiffance = 100 livres, le nombre des dents de la roue D F = 48, on trouvera le poids= 14400; d'où il paroit qu'il n'y a point de machine plus capable que la vis fans fin, d'augmenter la force d'une puiffance. Mais cet avantage coûte bien du temps: car il faut, comme nous l'avons dit, que la vis faffe un tour entier pour faire paffer une dent de la roue; & il faut que toutes les dents paffent pour faire tourner une fois le rouleau; de forte que, fi le nombre des dents eft 100, & que le diametre du rouleau foit de quatre pouces; pour élever le poids à la hauteur d'un pied, il faut que la puiffance faffe tourner cent fois la manivelle: mais il y a bien des occafions, comme nous l'avons déjà dit, où cette lenteur eft le principal objet qu'on fe propofe; par exemple, lorfqu'il s'agit de modérer le mouvement d'un rouage, ou bien de faire avancer ou reculer un corps d'une des petites quantités qu'il importe de connoitre.

Si c'eft la roue qui fait aller la vis, alors le mouvement de la vis eft fort prompt; c'eft pour cette raifon qu'on fe fert auffi quelquefois de cette machine lorfqu'on veut produire un très-grand mouvement. Leçons de phyfique de M. l'abbé Nollet.

VIS SANS FIN, Horlogerie, c'eft une vis dont les pas engrenent dans les dents d'une roue, & qui eft tellement fixée entre deux points, qu'elle tourne fur fon axe, fans pouvoir avancer ni reculer, comme les vis ordinaires.

On l'emploie dans les montres, dans les tournebroches, & dans plufieurs machines de différentes efpeces.

Dans les montres elle fert pour bander le grand reffort. Elle a cet avantage fur les encliquetages dont on fe fervoit autrefois, & dont on fe fert encore actuelle-

A 2

ment dans les pendules, *voyez* PENDULE, qu'on peut par son moyen bander le reſſort tant & ſi peu que l'on veut.

La *vis ſans fin* a deux pivots qui entrent dans deux pitons ; & au moyen de deux portées diſtantes entr'elles d'une quantité égale à l'intervalle de ces deux pitons, elle eſt retenue entr'eux. Par là elle eſt mobile ſur ſon axe, ſans pouvoir avancer ni reculer. Les dents de la roue de *vis ſans fin*, fixée ſur l'arbre du barillet, entrant dans les pas de cette *vis*, en la tournant on fait tourner la roue, & par là on bande le reſſort. *Voy.* RESSORT, ROUE DE VIS SANS FIN, &c. Elle a à l'extremité de ſon pivot un quarré, ſur lequel on fait entrer l'outil ou quarré à *vis ſans fin*, au moyen de quoi on la fait tourner avec beaucoup de facilité.

Pour qu'une *vis ſans fin* ſoit bien faite, il faut que ſes pas ne faſſent pas un trop grand angle avec ſon axe.

VIS D'ARCHIMEDE *ou* POMPE SPIRALE, *Méchan.*, c'eſt une machine propre à l'élévation des eaux, inventée par Archimede. *Voyez* POMPE & SPIRALE.

La deſcription ſuivante en fera connoitre la ſtructure. C'eſt un tube ou un canal creux qui tourne autour d'un cylindre *A B. pl. 1 d'hydr. fig.* 1, de même que le cordon ſpiral dans la *vis* ordinaire, que l'on a décrite ci-deſſus. Le cylindre eſt incliné à l'horiſon ſous un angle d'environ 45 degrés. L'orifice du canal *B* eſt plongé dans l'eau. Si par le moyen d'une manivelle on fait tourner la *vis*, l'eau s'élevera dans le tube ſpiral, & enfin ſe déchargera en *A* ; & l'invention de cette machine eſt ſi ſimple & ſi heureuſe, que l'eau monte dans le tube ſpiral par ſa ſeule peſanteur. En effet, lorſqu'on tourne le cylindre, l'eau deſcend le long du tuyau, parce qu'elle s'y trouve comme ſur un plan incliné.

Cette machine eſt fort propre à élever une grande quantité d'eau avec une très-petite force ; c'eſt pourquoi elle peut être utile pour vuider des lacs ou des étangs.

Une ſeule *vis* ou pompe ne ſuffit pas, quand il s'agit d'élever l'eau à une hauteur conſidérable, parce que cette *vis* étant néceſſairement inclinée, ne peut porter l'eau à une grande élévation, ſans devenir elle-même fort longue & par-là très-peſante, & ſans courir les riſques de ſe courber & de perdre ſon équilibre ;

mais alors on peut avec une ſeconde pompe élever l'eau qu'une premiere a fournie, & ainſi de ſuite. *Chambers.*

M. Daniel Bernoulli, dans la ſection neuvieme de ſon *Hydrodynamique*, nous a donné une théorie aſſez étendue de la *vis d'Archimede*, & des effets qu'elle peut produire.

VIS, *Hydr.*, petit boulon de fer, de cuivre ou de bois, canelé en ligne ſpirale, & qui entre dans un écrou qui l'eſt de même. On s'en ſert dans les conduites des tuyaux de fer ou de cuivre, en les faiſant paſſer par les brides, & les ſerrant fortement. (*K*)

VIS, *Conchyliol.*, en latin *turbo* ou *ſtrombus* ; en ang'ois *the ſcrew-ſhell*, genre de coquilles univalves, dont la bouche eſt tantôt trop longue, large, applatie, ronde, dentée, & tantôt ſans dents, diminuant vers la baſe, quelquefuis à l'oreille, ſe terminant toujours en une longue pointe très aiguë.

Ariſtote, ſelon Aldrovandus, ne fait aucune diſtinction des *vis* appellées *turbines*, d'avec les turbinées : elles ſont cependant très-différentes. Les *vis* ont une bouche longue, large & dentelée, qui diminue vers la baſe ; elles ſe terminent de plus en une pointe fort aiguë. Les coquilles au contraire appellées *turbinées* ou *contournées*, ne ſont pas ſi pointues ; elles ont le corps gros, la bouche large, & ſouvent très-alongée, comme celle des buccins. *V.* TURBINÉE, *coquille.*

Rien n'eſt plus aiſé que de confondre la *vis* avec le buccin : deux auteurs. Rondelet & Aldrovandus, les ont bien confondus, & y ont joint l'épithète de *muricatus* ; ce qui mête trois familles enſemble.

Le vrai caractere de ce teſtacé, c'eſt d'avoir la figure extrêmement longue & menue, avec une pointe très-aiguë, des ſpires qui coulent imperceptiblement ſans une grande cavité, la baſe plate & petite, de même que l'ouverture de la bouche ; une figure qui imite la foret ou l'alène, détermine ſon caractere générique. Il y a des *vis* marines, fluviatiles, & terreſtres ou foſſiles.

Liſter, qui veut que toutes les coquilles longues ſoient des buccins, appelle une *vis* dont les intervalles de la ſpirale ſont très-profonds, *buccinum intortum*, *teſta apertura plana, ſeu ore plano, figura* preaestiore : combien lui a-t-il fallu de sueur pour habiller cette coquille en buccin? D'autres, *F.* Columna lui même, confondent le sabot appellé *trochus*, avec la vis.

Enfin, il est vrai que les especes de vis font si nombreuses, qu'il convient de les ranger, comme a fait M. Dargenville, sous certains chefs ou classes.

La premiere classe est celle des vis à bo che longue fans dents, dont le fût est rayé. Cette classe comprend les especes suivantes : 1°. le clou marqué de taches bleues : 2°. l'alène chargée de petites lignes jaunes & perpendiculaires ; 3°. le poinçon tout entouré de points ; 4°. l'aiguille tachetée & cerclée ; 5°. le perçoir entouré de lignes & de points ; 6°. la vis blanche à réseau & grenue ; 7°. la vis vergetée, entourée de cordelettes.

La seconde classe est celle des vis à bouche dentée, dont le fût est aussi rayé ; elle se contient que deux especes ; 1°. la vis fasciée & étagée ; 2°. la vis nommée l'enfant-en-maillot.

La troisieme classe est celle des vis faites en pyramide, à bouche applatie ; on met dans cette classe, 1°. le télescope ridé de fillons en-travers ; 2°. la vis blanche, cerclée de lignes jaunes ; 3°. la pyramide ou l'obélisque chinois ; 4°. la vis ridée, ornée de cercles élevés, & garnie de pointes ; 5°. la petite tour grenue, entourée de lignes.

Dans la quatrieme classe, qui est composée des vis à bouche alongée, on compte les quatre especes suivantes, nommées *tarieres* ; savoir. 1°. la tariete ailée ; 2°. la tariere blanchâtre ; 3°. la tariere bariolée ; 4°. la tariere entourée de lignes fauves.

La cinquieme classe consistant en vis à bouche applatie & fort étendue, renferme deux especes ; 1°. la cheville étagée à bec, à tubercules, marquée de taches brunes & bleues ; 2°. la cheville blanche, à bec, entourée de spires & de tubercules.

La sixieme classe est formée de vis à bouche large & ovale ; on y remarque les trois especes suivantes, nommées *rubans*; savoir, 1°. le ruban bariolé de veines noires, jaunes, & rouges ; 2°. le ruban de couleur d'agate, à sommet bariolé ; 3°. le ruban blanchâtre, à sommet coloré.

La septieme classe est de vis à bouche ronde ; on rapporte à cette derniere classe,

1°. la vis de pressoir, creusée profondément ; 2°. la vis de couleur d'os, à vingt tours, tournés différemment ; 3°. la vis dont les tours épais font blancs & fauves ; 4°. la vis décorée de 17 tours cannelés ; 5°. la vis entourée de 20 tours épais; d'un beau travail ; 6°. la vis brune, à 14 tours rayés ; 7°. la vis à oreille de Rondelet; 8°. l'escalier de Rhumphius entouré de filets blancs : c'est la *scalata*. qui par sa rareté vaut la peine d'être ici décrite.

Sept spirales. coupent toute sa figure pyramidale, qui approche de celle d'un minaret: la derniere revient en cornet. vers sa bouche ovale, dont elle forme le bourrelet. Ces spirales font coupées par des côtes minces, faillantes, & blanches, fur un fond plus sale ; elles font séparées les unes des autres d'une maniere assez sensible. Ce qui fait la rareté de cette coquille, est que les Indiens la conservent parmi leurs bijoux les plus précieux, & qu'ils la pendent à leur col. Il faut que la *scalata* ait plus d'un pouce de haut, pour être réputée belle ; il n'y a rien de si commun que les petites qui se trouvent même en quantité dans le golfe Adriatique, au rapport de Bonanni.

On compare l'animal de la vis à un vermisseau folitaire, se contournant de même que la coquille qu'il parcourt lorsqu'il est jeune, jusqu'à sa plus petite extrémité. Sa tête a la forme d'un croissant, au sommet duquel sortent deux cornes fort pointues avec deux points noirs qui font ses yeux placés fur leur côté extérieur, & dans leur renflement ; une fente que l'on remarque fur le haut de la tête, lui sert de bouche, entourée d'un bourrelet qui a une petite frange au pourtour.

Ces animaux font de grosseur & de longueur différentes, proportionnées à la coquille qu'ils habitent. Il y en a qui ont 10, 15, jusqu'à 20 spirales faillantes, détachées, & striées profondément. Ils rampent fur une base charnue à la maniere des autres testacés, qui se trainent fur un pied. Leur museau en-dehors est bordé de franges, dont les filets ont un mouvement alternatif qui couvre la bouche, & la garantit de tout accident. Dargenville, *Conchyliologie.* (*D. J.*)

VIS, *Conchyliol.* On nomme ainsi la partie contournée d'une coquille qui se termine en pointe ; les vis d'une coquille font les contours & les circonvolutions

Spirales qui forment la volute. (*D. J.*)

VIS, *Archit.*, c'eſt le contour en ligne ſpirale du fût d'une colonne torſe; *b* eſt auſſi le contour d'une colonne creuſe.

VIS *potoyere*, eſcalier d'une cave, qui tourne autour d'un noyau, & qui porte de fond ſous l'eſcalier d'une maiſon. (*D. J.*)

VIS D'ESCALIER, *Archit.*, c'eſt un arrangement de marches autour d'un pilier, qu'on appelle le *noyau de la vis*; quelquefois le noyau de la *vis* eſt ſupprimé. Les marches alors ne ſont ſoutenues que par leur queue dans le mur de la tour, & en partie ſur celles qui ſont de ſuite dès le bas; alors on l'appelle *vis à jour*.

Si l'*eſcalier à vis* dans une tour ronde, eſt voûté en berceau tournant & rampant, on l'appelle *vis S. Gilles ronde*.

Si la tour eſt quarrée, le noyau étant auſſi quarré, chaque côté étant voûté en berceau, on l'appelle *vis S. Gilles quarrée*. Voyez *la figure* 19.

VIS, *Art méc.*, morceau de fer ou d'autre métal, rond, menu, & long, autour duquel regne une cannelure que l'ouvrier fait à la main avec une lime, ou dans les trous d'un inſtrument qu'on nomme une *filiere*.

Il y a auſſi des *vis* de bois, qui ſervent à pluſieurs ouvrages, comme aux preſſes, aux preſſoirs, & à quantité de ſemblables machines, & inſtrumens de grand volume.

Les *vis* de fer qu'on fait à la filiere, s'engrenent dans des écrous qui ſe font avec des tarauts; les *vis* qui ſe font à la main, ſont propres à ſervir en bois, & ſont amorcées par la pointe. La tête des unes & des autres eſt preſque toujours fendue pour la commodité du tourne-*vis*. Il y en a cependant pluſieurs qui l'ont quarrée, & qui ſe montent avec des clefs. Les *vis* en bois ne ſe font jamais que de fer; mais celles à écrous, c'eſt-à-dire, qui ſe taraudent à la filiere, peuvent être auſſi d'or, d'argent, ou de cuivre, ſuivant les ouvriers & les ouvrages.

Il ſe fait en Forez quantité de *vis en bois* de toutes groſſeurs, & pour la hauteur, depuis demi-pouce juſqu'à quatre ou cinq pouces. Les quincailliers les achetent de là première main à la groſſe de douzaines, & les revendent en détail au compte & à la piece aux menuiſiers &

ſerruriers, à qui elles ſervent à mettre en place quantité de leurs ouvrages. Les *vis à filiere*, de quelque matiere qu'elles ſoient, ſe font ordinairement par les ouvriers, à meſure qu'ils en ont beſoin; à la réſerve des grandes *vis à ſerrures*, à tête plate & quarrées, qui ſe vendent avec leurs écrous par les quincailliers. (*D. J.*)

VIS DU RESSORT DE BATTERIE, *Arquebuſier*. Cette *vis* n'eſt pas tout-à-fait ſi longue que la *vis* de batterie; elle eſt faite de même, & ſert pour aſſujettir le reſſort de batterie d'une façon immobile.

Vis de batterie; cette *vis* eſt un peu longue & à la tête ronde & fendue. Cette *vis* ſert pour attacher la batterie au corps de platine en-dehors, de façon cependant que la batterie peut ſe mouvoir; la tête de cette *vis* releve un peu en-deſſus, mais le bout n'excede point en-dedans.

Vis de baſſinet; ces *vis* ſont aſſez petites, ſervent à aſſujettir le baſſinet au-dedans du corps de platine; la tête de ces *vis* ne ſort point, & le bout des *vis* n'excede point en-dehors.

Vis de reſſort à gâchette; cette *vis* eſt faite comme la *vis* du grand reſſort, excepté que la tête ne ſe perd point; elle ſert pour aſſujettir le reſſort à gâchette au corps de la platine en-dedans; mais le bout de la *vis* n'excede point en-dehors.

Vis de grand reſſort; cette *vis* eſt faite comme les autres, & eſt un peu plus forte; quand elle eſt poſée, la tête excede; elle ſert pour aſſujettir le grand reſſort au-dedans du corps de platine, & le bout de la *vis* ne ſort point au-dehors.

Vis de gâchette; cette *vis* eſt à peu près faite comme les *vis* de brides, & a la tête moins épaiſſe, & faite pour entrer tout-à-fait dans le trou de la gâchette; elle ſert pour aſſujettir la gâchette au corps de platine, de façon que la gâchette peut tourner ſur la *vis*, & peut être mobile; cette *vis* n'excede point en-dehors ſur le corps de platine.

Vis de brides; ce ſont deux petites *vis* dont la tête eſt un peu plus forte que le corps, ronde & plate, fendue par en-haut, & un peu épaiſſe; ces *vis* ſervent pour attacher la bride ſur le corps de platine, & ne débordent point en-dehors.

Vis de plaque; ces *vis* ſont un peu plus petites que la *vis* à culaſſe, & ont la tête ronde; elles ne different en rien des au-

trou vis, & servent à assujettir la plaque
dite à crosse du Fusil.

l'is de culasse ; cette vis se place dans le
trou qui est à la lame de la culasse & sert
pour assujettir par en-bas le canon du Fusil avec le bois ; cette vis a la tête fendue,
ronde & plate, de façon que quand elle est
posée elle ne se leve pas au-dessus de la
piece qu'elle assujettit ; elle est un peu
moins longue que les grandes vis.

Vis grandes ; ce font deux morceaux de
fer ronds, qui ont une tête ronde, fendue
par le milieu pour y placer le tourne-vis,
& les tourner selon le besoin ; le bout
d'en-bas est plus menu & garni de vis, &
sert pour attacher la platine au bois du Fusil : elles vont se joindre au porte-vis qui
leur sert d'écrou. On les appelle grandes
vis, parce qu'elles font plus grandes que
toutes celles qui servent à la monture
d'un Fusil.

VIS, Faiseur de bas. Il y a la vis de
grille, la vis de marteau. V. MÉTIER A
BAS.

VIS, Outil à polir les bouts des Horlog.,
instrument dont les horlogers se servent
pour polir les bouts des vis. Il est fort
commode en ce que l'on peut y en faire
tenir de toutes sortes.

VIS, Outil à polir les, espece de tenail-
le à boucle, dont les horlogers se servent
pour polir leurs vis.

VIS, Arbre à, espece d'arbre dont les
horlogers & d'autres artistes se servent
pour tourner des pieces dont le trou a peu
d'épaisseur, & qui ne pourroit que difficilement être fixées sur un arbre & y rester droites.

On fait entrer la piece à tourner sur le
pivot fort juste, & par le moyen de l'écrou
on la serre fortement contre l'assiette: par
ce moyen on remédie aux inconvéniens
dont nous avons parlé.

VIS, Imprim., piece principale d'une
presse d'imprimerie ; c'est la partie supérieure de l'arbre, avec lequel elle fait,
ainsi qu'avec le pivot, une seule & unique
piece, mais que l'on distingue, parce que
dans cette même piece il se trouve trois
parties qui ont chacune une dénomination
particuliere que leur donnent leur structure & leur usage V. ARBRE & PIVOT.
La vis porte quatre à cinq pouces de long,
sur neuf à dix pouces de circonférence,
elle forme, par la partie qui l'unit à l'arbre
jusqu'à son extrémité, une espece de cylin-

dre, du haut duquel partent quatre filets
qui décrivent chacun une ligne spirale, &
viennent se terminer à son extrémité inférieure ; ces filets rendent le coup de la
presse plus ou moins doux, selon qu'ils
font plus ou moins couchés. V. ECROU.

VIS à tête ronde, Serrur., c'est une vis,
c'est-à-dire, un cylindre environné d'une
cannelure, qui est tourné dans un écrou,
& qui sert à attacher une serrure, un ver-
rou, &c. Il y a deux sortes de vis de cette
espece, des vis à tête quarrée, dont les
grandes servent à attacher les serrures, &
dont la tête entre de son épaisseur dans le
bois ; & des vis à tête perdue, dont la tête
n'excede point le parement de ce qu'elle
attache ou retient.

A. N. VIS-A-VIS DE, façon de parler
qui sert de préposition. Il signifie en face.
Dans le style familier on supprime le de :
vis-à-vis l'église. Il s'emploie aussi adver-
bialement : il est vis-à-vis.

VIS-A-VIS, s. m., voiture en forme de
berline, où il n'y a qu'une place dans
chaque fond.

VISA, s. m., Gramm. Jurisprud. terme latin usité dans le langage françois,
pour exprimer certaines lettres d'attache
que l'évêque accorde à un pourvu de cour
de Rome, par lesquelles, après avoir vu
les provisions, il atteste que ce pourvu est
capable de posséder le bénéfice qui lui a
été conféré.

L'origine du visa, tel qu'on le donne
présentement, est assez obscure.

Il n'étoit pas question de visa, avant
que les papes se fussent attribué le droit
de conférer en plusieurs cas les bénéfices
dépendans des collateurs ordinaires.

Les mandats de providendo n'étant d'a-
bord que de simples recommandations
adressées aux ordinaires, il n'y avoit pas
lieu au visa, puisque c'étoit le collateur
ordinaire qui conféroit.

Lors même que ces mandats furent
changés en ordre, le collateur, quoiqu'il
n'eût plus le choix du sujet, étoit toujours
chargé d'expédier la provision; ainsi il n'y
avoit point encore de visa dans le sens
qu'on l'entend aujourd'hui.

L'usage du visa ne s'est introduit qu'à
l'occasion des préventions de la cour de
Rome, des provisions sur résignation,
permutation & démission.

Dans l'origine le visa de l'ordinaire n'é-
toit autre chose que l'examen qu'il faisoit

A 4

de la signature, ou plutôt de la bulle de cour de Rome, pour s'assurer qu'elle étoit véritablement émanée de l'autorité du pape ; on examinoit moins les mœurs & la capacité du pourvu que ses provisions.

Mais depuis le concile de Trente, les évêques veillerent plus particuliérement à ce que les bénéfices ne fussent remplis que par des sujets capables.

Le clergé de France, par l'article 12 de ses remontrances au roi Charles IX en 1574, demanda que les pourvus en cour de Rome, *in forma dignum*, ne pussent s'immiscer dans la possession & administration des bénéfices, que préalablement ils ne se fussent présentés à l'évêque,& qu'ils n'eussent subi l'examen pardevant lui.

Les articles proposés dans ces remontrances, furent autorisés par des lettres-patentes ; mais étant demeurés sans exécution faute d'enregistrement, l'article dont on vient de parler fut inféré dans le douzieme article de l'ordonnance de Blois, qui porte que ceux qui auront impétré en cour de Rome provision de bénéfice en la forme qu'on appelle *dignum*, ne pourront prendre possession desdits bénéfices, ni s'immiscer en la jouissance d'iceux, sans s'être préalablement présentés à l'archevêque ou évêque diocésain, & en leur absence à leurs vicaires généraux, afin de subir l'examen, & obtenir leur *visa*, lequel ne pourra être baillé sans avoir vu & examiné ceux qui seront pourvus, dont ils seront tenus de faire mention expresse; pour l'expédition desquels *visa*, ne pourront les prélats ou leurs vicaires & secretaires, prendre qu'un écu pour le plus, tant pour la lettre que pour le scel d'icelle.

L'édit de Melun, art. 14, & l'édit du mois d'avril 1695, art. 2, ordonnent la même chose.

1°. Le *visa* doit contenir une description sommaire de la signature de la cour de Rome, c'est-à-dire, expliquer quelle grace y est accordée, de qui elle est signée, sa date & la forme de son expédition.

2°. Il doit aussi faire mention de l'expéditionnaire qui l'a obtenue en cour de Rome, & de la certification qui en est faite par deux autres.

3°. Le *visa* doit faire mention que l'impétrant a été examiné, & qu'il a été trouvé capable, tant du côté des vie & mœurs, que du côté de la science, &c.

4°. Il doit contenir la collation du béné-

---

fice avec la clause *salvo jure cujuslibet*.

5°. Enfin la mise en possession.

Le *visa* est tellement nécessaire à celui qui est pourvu *in forma dignum*, que s'il prenoit autrement possession du bénéfice, il se rendroit coupable d'intrusion. La signature &-se *visa* ne doivent point en ce cas être séparés l'un de l'autre. Ces deux actes composent un tout qui forme le titre canonique du pourvu.

Cependant la provision donne à l'impétrant tellement droit au bénéfice, qu'avant d'avoir obtenu & même requis le *visa*, il peut résigner en faveur d'autrui, ou permuter.

Pour ce qui est des signatures en forme gracieuse, elles forment provisions irrévocables, en vertu desquelles le pourvu peut prendre possession sans aucun *visa*, excepté pour les bénéfices à charge d'ames, suivant la déclaration du 9 juillet 1646, & l'article 1 de l'édit de 1695.

L'article 21 de l'ordonnance de 1629 veut que le *visa* soit donné par l'évêque du lieu où est situé le bénéfice.

Le pourvu qui a besoin de *visa*, doit le demander avant de prendre possession, & pour cet effet se présenter en personne, subir l'examen nécessaire, & obtenir les lettres de *visa* de l'évêque du diocese, ou de son grand-vicaire, lorsqu'il a un pouvoir spécial à l'effet de donner les *visa*.

Le prélat qui est hors de son diocese peut y renvoyer les pourvus qui lui demandent le *visa*.

Celui qui est pourvu de plusieurs bénéfices, a besoin d'un *visa* pour chaque bénéfice.

L'examen qui précede le *visa* doit être proportionné à la qualité du bénéfice, au lieu & aux autres circonstances. On doit écrire toutes les questions & les réponses, pour être en état de juger de la capacité ou incapacité du pourvu.

Dans cet examen, l'évêque est le juge des mœurs & de la capacité du pourvu, mais non pas de la validité des provisions.

S'il refuse le *visa*, il doit exprimer les causes de son refus, à peine de nullité.

Le défaut de certificat de vie & de mœurs n'est pas une cause légitime de refus de *visa* ; l'exercice d'un emploi ecclésiastique dans un diocese, sous les yeux des supérieurs, & sans aucune plainte de leur part, tient lieu de certificat.

Celui qui veut se plaindre du refus de

visa, doit le faire conftater par le procès-verbal de deux notaires, ou par un notaire affifté de deux témoins.

Il peut fe pourvoir contre ce refus, s'il eft ajufte, par la voie de l'appel fimple pardevant le fupérieur eccléfiaftique.

Il peut auffi fe pourvoir au parlement par appel comme d'abus. 1°. fi les caufes du refus ne font pas exprimées.

Les moyens font, 1°. fi les caufes du refus ne font pas exprimées.

2°. Si l'évêque affecte de ne pas s'expliquer.

3°. S'il exprime une caufe infuffifante.

4°. S'il en exprime une fauffe, ou dont il n'y ait point de preuves, & qui tende à ternir la réputation du pourvu.

5° Si l'évêque a pris connoiffance de la validité des titres & capacité du pourvu & de l'état du bénéfice, dont il n'eft point juge.

On contraignoit autrefois les collateurs, par faifie de leur temporel, à donner des *vifa* & provifions à ceux auxquels ils en avoient refufé fans caufe : l'ordonnance de Blois abrogea cet ufage, & fa difpofition fut renouvellée par l'ordonnance de l'an 1629.

Cependant la jurifprudence n'a été fixée fur ce point que par l'édit de 1695, qui enjoint de renvoyer pardevant les fupérieurs eccléfiaftiques.

C'eft au fupérieur immédiat que l'on doit renvoyer, & en remontant de l un à l'autre de degré en degré, fuivant l'ordre de la hiérarchie. *V.* Fuet, la Combe, M. Piales, & les *mots* BÉNÉFICE, COLLA-TION, INSTITUTION, PROVISION.

Vifa eft auffi un terme que le garde des fceaux met au bas des ordonnances & édits qu'il fcelle. Il ne met pas fon *vifa* aux déclarations, elles font feulement contrefignées par un fecretaire d'état. (*A*)

VISAGE, *Anat. Phyfiol. Chir. Méd.*, partie externe de la tête. Le philofophe diroit, c'eft le miroir de l'efprit ; mais nous ne fommes ici que phyfiologiftes, anatomiftes : il faut fe borner à fon fujet.

Le *vifage* ou la face comprend ce qui, dans toute l'étendue fuperficielle de la tête, fe préfente entre la partie chevelue & le cou ; favoir, le front, les fourcils, les paupieres, les yeux, le nez, les levres, la bouche (*a*), le menton, les joues & les oreilles. *Voyez* tous ces *mots*.

(*a*) Cette cavité eft partagée en deux par les dents. La cavité antérieure, que les Latins appelloient *bucca*, eft d'une figure & d'un volume extrêmement variables : fon terme poftérieur font les parties antérieures des deux mâchoires, & les dents ; mais fa paroi antérieure eft purement mufculaire & membraneufe. Elle eft à-peu-près hémifphérique ; elle defcend de la racine du nez, de l'os de la pommette & de l'apophyfe zygomatique ; & elle defcend jufqu'au bord inférieur de la mâchoire inférieure. Elle eft formée par la peau du vifage, dont l'épiderme eft extrêmement tranfparent à la partie latérale des joues. C'eft ainfi qu'on nomme cette partie des enveloppes de la bouche. On y découvre fans peine les vaiffeaux capillaires remplis de fang, & la rougeur du fang colore cette partie de la peau. Cette rougeur s'enflamme par la pudeur, par la colere, par la joie, par le defir, & généralement par l'exercice. La convexité de la membrane intérieure des joues eft toute couverte de glandes fimples ovales, qui féparent une liqueur falivale par des pores vifibles de cette membrane.

Le milieu de la paroi intérieure de la bouche eft couvert ; c'eft la *bouche* : la langue françoife, fouvent trop ftérile, lui donne le même nom qu'à la cavité à laquelle elle conduit. La peau, en entrant par cette fente dans la cavité de la bouche, change de nature ; l'épiderme refte la même, mais la peau devient plus molle & plus tendre ; les vaiffeaux paroiffent à travers l'épiderme & donnent aux levres un rouge foncé. Chaque levre eft attachée aux gencives par un pli. L'épiderme recouvre la langue, la peau amincie fe continue par la *bouche* & dans l'intérieur des joues, & devient la membrane nerveufe de l'œfophage.

La *bouche* poftérieure eft terminée antérieurement par les dents & par l'arcade alvéolaire des deux mâchoires ; en-haut, par le palais offeux & par le voile du palais ; en-bas, dans un court efpace, par les glandes fublinguales ; en-arriere, par le voile du palais. La langue remplit ordinairement cette partie de la bouche ; mais comme la mâchoire inférieure eft mobile, la bouche peut s'agrandir, & alors la langue la partage. (*H. D. G.*)

Cicéron remarque dans fon *Traité des loix*, liv. I, ch. 9, qu'on ne trouve dans aucun animal de face femblable à celle de l'homme; il n'y en a aucun fur la face duquel on puiffe obferver tant de fignes de penfées & de paffions internes. Nous comprenons tous quels font ces lignes, quoique nous ne puiffions guere les caractérifer en détail; mais pour en dire quelque chofe en général, nous favons que la rougeur monte au *vifage* dans la honte, & que l'on pâlit dans la peur. Ces deux fymptômes qui dépendent de la ftructure & de la tranfparence du réfeau-cutané, ne fe trouvent dans aucun autre animal, & forment dans l'homme une beauté particuliere.

C'eft encore fur le *vifage* que paroiffent les ris & les pleurs, deux autres fymptomes des paffions humaines, dont l'un eft fait pour affaiffonner les douceurs de la fociété, & l'autre pour émouvoir la compaffion des caracteres les plus durs. Combien de différens mouvemens des mufcles qui aboutiffent aux yeux & au refte du *vifage*, lefquels mufcles font mis en action par les nerfs de la cinquieme ou de la fixieme paire, &, qui par conféquent ont une étroite communication avec le plexus particulier à l'homme!

Cette diverfité prodigieufe des traits du *vifage*, qui fait qu'entre plufieurs milliers de perfonnes à peine en voit-on deux qui fe reffemblent, eft une chofe admirable en elle-même, & en même temps très-utile pour l'entretien des fociétés; ainfi tous les hommes pouvant être aifément diftingués fur leur fimple phyfionomie, chacun reconnoit fans méprife ceux avec lefquels il a quelqu'affaire: c'eft par-là qu'on peut rendre un témoignage certain de ce que quelqu'un a dit, fait ou entrepris; toutes chofes dont il n'y auroit pas moyen de s'affurer, s'il ne fe trouvoit fur le *vifage* de chaque perfonne quelque trait particulier qui empêchât de la confondre avec toute autre.

Que penferons-nous de Trébellius Calca, dit un hiftorien romain, Valere Maxime, c. 15, avec quelle affurance ne foutint-il pas qu'il étoit Clodius? Lorfqu'il voulut entrer en poffeffion de fon bien, il plaida fa caufe avec tant d'avantage devant les centumvirs, que le tumulte du peuple ne laiffoit prefqu'aucun lieu d'efperer une fentence équitable; cependant dans cette caufe unique, la droiture & la religion des juges triompherent de l fourberie du demandeur & de la violence du peuple qui le foutenoit.

Les parties du *vifage* étant du nombre de celles qui font les plus expofées à la vue, il faut avoir égard à deux chofe dans le panfement des plaies qui leur arrivent: premierement, de conferver à chaque partie refpective l'ufage auquel ell eft deftinée; en fecond lieu, de tâcher qu'i n'y refte point de cicatrices capables de les défigurer. Mais comme le *vifage* eft compofé de plufieurs parties différentes chacune demande un traitement particulier, qui doit être indiqué à l'article d chacune de ces parties, front, fourcils paupieres, œil, nez, joues, &c.

La petite vérole eft de toutes les maladies celle qui fait le plus grand tort au *vifage*; mais on prévient fes outrages pa l'inoculation, qui eft la plus belle & la plu utile découverte de toute la médecine.

Les autres difformités plus ou moin grandes de cette partie de la tête, font la goutte-rofe, dont on peut voir l'article, les taches de naiffance, celles de rouffeur, & la groffeur du teint.

Les taches de naiffance font fans remedes. Les taches de rouffeur fe diffipent fouvent d'elles-mêmes, & quelquefois font profondément enracinées dans les petits vaiffeaux de la peau. L'efprit-de-vin mêlé avec un peu d'huile de behen, & appliqué tous les foirs fur le *vifage*, par le moyen d'un petit pinceau, diffipe les taches de rouffeur, qui viennent du hâle du foleil.

La groffeur du teint a fouvent pour origine le rouge qu'on met fur le *vifage*; car il eft certain qu'il gâte le teint, deffeche la peau, & la ronge.

On lit dans les *Mémoires de l'académie des fciences*, que le moyen de conferver la fraîcheur du *vifage*, eft d'en empêcher la tranfpiration par des drogues dont l'huile foit la bafe; mais cet avis feroit dangereux, loin d'être utile.

Le grand air, le grand vent, & la fueur longue & fréquente groffiffent le teint. Il y a des femmes qui fe ratiffent le *vifage* avec des morceaux de verre pour fe rendre la peau plus fine; mais elles la rendent encore plus groffe, & plus difpofée à fe racornir. Il ne faut jamais paffer rien de rude fur le *vifage*; il faut fe contenter de le laver fimplement avec un peu d'eau de ka, qui ne foit ni froide, ni chaude, ou avec du lait d'ânelle tout fraichement trait. Quant à la flétriffure du teint, qui nuit les années, Horace favoit ce qu'il en fait penfer, quand il écrivoit à Pofthumus :

Labuntur anni; nec pietas moram
Rugis adfert, indomitaque senectæ.
(*D. J.*)

VISAGE, *Séméiot.* On peut tirer des pronoftics des parties du *visage* dans la plûpart des maladies, fur-tout dans celles qui font aiguës, comparées avec l'état où elles étoient lorfque le malade fe portoit bien; car c'eft un bon figne d'avoir le *vi-fage* d'un homme qui fe porte bien, & tel que le malade l'avoit lui même en fanté. Autant le *visage* s'éloigne de cette difpofi-tion, autant y a-t-il proportionnellement de danger.

Le changement du *visage*, qui ne vient pas de la maladie, mais de quelques caufes accidentelles, comme du défaut de fommeil, d'un cours de ventre, du défaut de nourriture, ne forme aucun pronoftic fâcheux, qu'autant que ces chofes fubfiftent long-temps.

A l'égard de la couleur, la rougeur du *visage* eft quelquefois un bon figne, comme lorfqu'elle indique un faignement de nez; & l'on doit encore plus s'y fier, lorfqu'elle eft jointe avec d'autres fignes qui pronoftiquent le même événement, fuivant ce que dit Hippocrate, *Coac. prænot.* 142, que lorfqu'une perfonne qui a la fievre a une grande rougeur au *visage*, & un violent mal de tête, accompagné d'un pouls fort, elle ne manque guere d'avoir une hémorrhagie; mais il faut en même temps ajouter à ces fignes ceux de coction.

C'eft un mauvais figne, lorfqu'au commencement d'une maladie, fur-tout d'une maladie aiguë, le *visage* eft différent de ce qu'il étoit dans l'état de fanté; & le danger eft d'autant plus grand qu'il s'éloigne de ce premier état.

Telle eft l'habitude du *visage* dans laquelle, comme dit Hyppocrate, au commencement des pronoftics, le nez eft aigu, les yeux enfoncés, les tempes creufes, les oreilles froides, retirées, leurs lobes renverfés, la peau du front dure, tendue, fiche, & la couleur du *visage* tirant fur le pâle, le verdâtre, le noir, le livide, ou le plombé; c'eft ce que les médecins appellent avec raifon *une face cadavéreufe*; & lorfqu'elle eft telle au commencement, c'eft-à-dire, les trois premiers jours d'une maladie, c'eft un figne de mort.

Lorfque dans quelques maladies chroniques, comme dans la phthifie & dans l'empyeme, le *visage* s'enfle, c'eft un vice de la fanguification, & qui eft d'un très-fâcheux pronoftic.

La couleur vermeille des joues dans les fievres lentes, indique une péripneumonie ou un empyeme, qui dégénere en confomption lorfque la toux s'y rencontre.

Voilà quelques pronoftics généraux une Hyppocrate tire du *visage*. Il faut le lire attentivement fur cette matiere, & y joindre les excellentes réflexions de fes commentateurs. (*D. J.*)

VISAGE, *Maladies du, Méliec.* Le *visage* dans les maladies préfente un grand nombre d'indications que la plupart des auteurs n'ont pas décrites avec affez d'exactitude; mais dans notre plan, nous devons nous contenter des principaux phénomenes qui concernent ces maladies.

Les couleurs du *visage* font très-vifibles. La naturelle qu'imite fi bien la blancheur du lis & le rouge vif de la rofe eft une marque que la matiere morbifique n'a point paffé dans les voies de la circulation; la couleur pâle eft toujours fufpecte. La noire eft un fymptome de mélancolie & de bile corrompue; celle qui eft d'un rouge conftant, eft une preuve que le fang fe porte au cerveau avec trop d'impétuofité; celle au contraire qui fe diffipe & revient, ordinaire aux fcorbutiques, à ceux qui font attaqués de maladies chroniques & de cacochimie, eft dangereufe pour les phthifiques & ceux qui crachent le pus; la couleur livide produite par l'embarras du fang à retourner au cœur, par la ftagnation des humeurs & leur corruption, annonce du danger. Il eft ordinaire de voir un cercle livide fur les yeux des cacochimes, des femmes enceintes, & de celles qui font attaquées de fuppreffion de regles ou des fleurs blanches. La couleur jaune eft un figne d'ictere ou de cacochimie; les changemens de couleur font fréquens dans les fujets attaqués de convulfions; les taches préfentent différentes indications, fuivant la différence de la couleur du *visage*, qui les accompagne.

Un *visage* cadavéreux est celui qu'un grand nombre d'auteurs appellent *hyppocratique*, parce qu'Hyppocrate en a fait la peinture suivante. Les yeux sont concaves, le nez éfilé, les tempes affaissées, les oreilles froides & resserrées, la peau dure, la couleur pâle ou noire, les paupieres livides, ainsi que les levres & le nez; le bord de l'orbite de l'œil devient plus éminent; on remarque des ordures autour des yeux, le mouvement des paupieres est languissant, l'organe de la vue est à demi fermé, la pupille se ride & ne rend point la peinture des objets; tous ces accidens annoncent la mort: s'ils sont la suite d'une diarrhée, ils marquent une extrême foiblesse, le ralentissement de la circulation, la colliquation de la graisse & des bonnes humeurs, leur corruption & leur défant.

La convulsion & la paralysie du *visage*, le spasme cynique, la contorsion de la bouche, le grincement des dents, le tremblement de la mâchoire & autres choses semblables sont extrèmement dangereuses, parce que ces symptomes proviennent de l'affection des nerfs qui partent du cerveau. Cet état exige l'application des topiques nervins sur la tête & les narines, outre les remedes opposés aux causes.

L'enflure du *visage* présente différens pronostics; car quand elle vient de la trop grande impétuosité du sang, ce qu'on nomme alors *visage refrogné*, elle pronostique dans les malagies aigues le délire, la phrénésie, la convulsion, les parotides, l'hémorrhagie. Dans l'esquinancie, elle est très à craindre: elle est un signe favorable dans la petite vérole. Mais dans les maladies chroniques, pituiteuses, dans les hydropisies, elle présage l'augmentation du mal. Il y a beaucoup à craindre quand elle accompagne la toux & le vomissement. Si cette enflure diminue à proportion de la cause, c'est une bonne marque; mais si cette diminution est une suite de l'affoiblissement des forces & d'une métastase qui s'est faite intérieurement, on doit tout appréhender.

Les blessures du *visage* ne permettent pas qu'on fasse une future sanglante; dans ce cas, comme dans la brûlure & la petite vérole, il faut éviter, s'il est possible, que le traitement de la blessure ne cause de la difformité.

Les pustules, la rougeole, les dartres ont leur traitement particulier. Une sueur abondante qui se forme autour du *visage* offre dans les maladies un symptome dangereux.

Les différens changemens de couleur du *visage*, produits par diverses passions de l'ame, donnent leurs différens pronostics; la cure regarde celle des passions même. (*D. J.*)

VISAGERE, s. f. , *Modes*; c'est la partie du devant des bonnets de femmes, laquelle partie regarde le *visage*. (*D. J.*)

VISAPOUR , *Géog. mod.* Le monte *Visardo* est une montagne d'Italie, au royaume de Naples, dans la Calabre ultérieure, entre Policastro & Santo-Severino. Barry prétend que c'est le *Clibanus mons* des anciens. (*D J.*)

VISBURGII, *Géog. anc.* , peuple de la Germanie. Ptolomée, l. II, c. 11, le marque après les *Cogni*, & dit qu'ils habitoient au nord de la forêt Hercynienne. Cluvier, *Germ. ant.* l. III, c. 43, juge que *Visburgii* sont les mêmes que Ptolomée place dans la Sarmatie, & qu'il nomme *Burgiones*. Je les mets, dit-il, au voisinage des *Gothini*, entre les Sarmates Jazyges & Lygiens, & entre les montagnes de Sarmatie & la Vistule; & je ne doute point, ajoute-t-il, que du nom de cette riviere ils n'aient été appellés *Thi-Wisselburger*, d'où les Grecs & les Latins auront fait le mot *Visburgii*, & de ce dernier d'autres auront fait les mots *Burgii* & *Burgiones*. (D. J.)

VISCACHOS, s. m. *Hist. nat. des quadrupedes*, lapin sauvage du Pérou, qui gite ordinairement dans les lieux froids. Le P. Feuillée en a vu dans les maisons de Lima, qu'on avoit familiarisés. Leur poil gris de souris est fort doux, ils ont la queue assez longue, retroussée par-dessus les oreilles, & la barbe comme celle de nos lapins; ils s'accroupissent comme eux, & n'en different pas en grosseur. Durant le regne des Incas, on se servoit du poil des *viscachos*, pour diversifier les couleurs des laines les plus fines. Les Indiens en faisoient alors un si grand cas, qu'ils ne les employoient qu'aux étoffes dont les gens de la premiere qualité s'habilloient. (D. J.)

VISCERATIONS, *Antiq. rom.* , *viscerationes*, le don des entrailles des animaux, qu'on faisoit au peuple à l'enter-

rement des grands feigneurs de Rome.
(D. J.)

VISCÉRAUX, REMEDES, Méd.
Mat. méd. Ce font des remedes propres à
fortifier les vifceres, c'eft-à-dire, à donner de la vigueur & de la fermeté aux
vifceres fanguins, comme le foie, la rate,
l'uterus, les reins, les poumons, afin
qu'ils s'acquittent plus exactement de
leurs fonctions.

Cette claffe renferme donc les remedes
vulgairement appellés hépatiques, fpléni-
pes, pneumoniques, utérins, cachecti-
ques, anti-hydropiques, anti-ictériques,
anti-hiftériques & anti-phthifiques.

Dans cette intention, l'on ne peut que
recommander l'ufage des racines de gen-
tiane rouge, d'ariftoloche ronde & longue, de chicorée fauvage, de zédoaire,
de fougere, de vraie rhubarbe, de rápon-
tic, de fafran hâtard, d'arrête-bœuf; les
écorces de quinquina, de cafcarille, de
winter, de tamarifc, de frêne, de caprier, de caffia lignea; les feuilles d'ab-
fynthe, de petite centaurée, de fumeterre, de chardon béni, de trefle d'eau,
d'hépatique, de méliffe, de pulmonaire
tachetée, de fcolopendre, d'aigremoine,
de marrube, de véronique, de fcabieufe, d'épithyme, de capillaire, de pilo-
felle, &c.

On ne peut auffi que louer au même
titre entre les gommeux & les réfineux,
le fuccin, la myrrhe, l'aloès, le bdellium, la gomme de lierre, la gomme am-
moniaque, l'oliban, le fagapenum, l'o-
popanax, l'affa fœtida; entre les minéraux, le foufre fta'actite, la limaille de
fer, toutes les préparations de ce métal;
& différentes préparations de chymic,
comme les fels tirés par la calcination,
l'arcanum & la terre foliée de tartre, fa
crème, le fel polichrefte, le nitre anti-
monié, l'efprit de fel ammoniac, la teinture de mars tirée avec l'efprit de vin,
des fleurs martiales produites par la fu-
blimation de la pierre hématite au moyen
du fel ammoniac, la teinture de tartre,
celle d'antimoine alkaline; l'antimoine
martial céphalique, les pilules de Becker, & autres femblables.

Il faut encore rapporter ici les fontaines médicinales, appellées ordinairement
minérales, fur-tout celles qui contiennent un principe ferrugineux, délié,
comme les eaux de Pyrmont, de Spa, de

Schwalbach, & plus encore celles qui
font plus abondamment empreintes d'un
ochre martial, telles que celles de Leu-
chftadt, de Radeberg, d'Egra & de
Freyenwald.

Ces balfamiques vifcéraux agiffent fur
les vifceres dont les vaiffeaux font engor-
gés & obftrués d'humeurs tenaces, au
moyen d'un principe fulfureux, balfamique, terreux, d'une nature affez fixe,
ou d'un fel alkali fulfureux ou favonneux, & d'un goût amer, en incifant les
liqueurs épaiffes, & rendant du reffort
aux vaiffeaux qui ont perdu leur ton. Ce
font donc des remedes d'un effet affez
univerfel dans les maladies longues que
produit le vice de ces vifceres, foit pour
les guérir, foit pour s'en garantir.

Quoique tous les remedes vifcéraux en
général fe rapportent en ce qu'ils fortifient le ton des vifceres, & qu'ils débar-
raffent les obftructions, il eft cependant
néceffaire d'en faire une diftinction & un
choix exact, fuivant la nature des vifceres & des maladies.

Par exemple, lorfque le foie eft attaqué
d'obftruction, & que cette difpofition produit la jauniffe, la cachexie, le fcorbut,
les remedes de vertu favonneufe & déterfive font les plus efficaces; tels font en
particulier les racines apéritives, la rhubarbe, le fafran bâtard, l'opopanax, le
bdellium, le favon de Venife, l'élixir de
propriété fans acide, l'effence de rhubarbe préparée avec le fel de tartre, & tous
les remedes martiaux bien préparés.

Quand le poumon eft trop relâché &
engorgé, & que l'on eft par cette raifon
menacé de phthifie, l'on emploie avec
fuccès la myrrhe, la gomme ammonia-
que, le foufre en ftalactite, la véronique, la fcabieufe, le cerfeuil, la pilo-
felle, le marrube, le capillaire.

Lorfque le gonflement & l'engorgement de la rate engendrent l'impureté du
fang, & fur-tout la cachexie, il faut donner la préférence aux autres remedes
aux écorces de tamarifc & de caprier, à
la fumeterre, la fcolopendre, l'épithyme, l'arrête-bœuf, &c.

Qu'nd la foibleffe & le trop grand relâchement du ton des reins produit la néphrétique, l'écorce des racines d'acacia
& fon infufion, le roh d'églantier & de
baies de genievre ont une efpece de vertu
un peu fpécifique.

L'affoiblissement de la tension de l'utérus & de ses vaisseaux, & le ralentissement du mouvement progressif du sang & des liqueurs dans ces parties produit, sur-tout après l'avortement, beaucoup d'indispositions auxquelles remédient l'aristoloche, tant longue que ronde, l'armoise, la myrrhe, la matricaire, le galbannum, le bdellium, l'opopanax, le succin, les pilules de Becker, & les autres faites sur le même modele.

Si les intestins & les parties qui ont du rapport avec eux, comme les glandes, les canaux secrétoires & excrétoires, biliaires, pancréatiques, lactés, ont perdu leur tension naturelle, de sorte que le trop grand abord des humeurs cause des flux excessifs, ou que leur stagnation dans les vaisseaux devienne le foyer & l'occasion de mouvemens de fievres, la rhubarbe, l'écorce de quinquina, de winter, de cascarille; les safrans très-divisés & les teintures de mars feront un effet qu'on attendroit vainement de tous les autres remedes.

Il faut observer, sur l'usage des viscéraux fortifians en général, qu'ils sont bien plus avantageux quand, avant que d'y avoir recours, on diminue la surabondance du sang, & qu'on balaie par des purgatifs appropriés les récrémens des premieres voies, sur-tout si, dans le dessein de donner plus de fluidité & de mobilité aux liqueurs, on les donne en décoction ou en infusion; & mieux encore, lorsqu'on les joint à la boisson des eaux acidules ou thermales, ou à celle du petit-lait, qui certainement aide beaucoup l'opération de ces viscéraux qui sont de nature astringente, & leur donne une plus grande force pour domter les maladies chroniques, sur-tout lorsqu'on en continue long-temps l'usage; mais en même temps il est essentiel d'exercer suffisamment le corps, soit à cheval, soit en voiture, soit à pied, & de joindre les frictions journalieres à cet exercice. Telles sont les observations d'Hoffmann sur les remedes viscéraux, & sur le choix qu'on en doit faire dans les diverses maladies. (*D. J.*)

VISCERE, f. m. *Physiol.* On définit ordinairement le *viscere*, un organe qui par sa constitution change en grande partie les humeurs qui y sont apportées, en-sorte que ce changement soit utile à la vie & à la santé du corps. Ainsi le poumon est un *viscere* qui reçoit tout le sang & le change de façon qu'il devient propre à couler par tous les vaisseaux. De même le cœur est un *viscere* qui reçoit tout le sang, & le change par le nouveau mélange & la nouvelle direction de mouvement qu'il y introduit.

Il est constant, ainsi que le démontrent les injections anatomiques, que tous les *visceres* sont formés d'un nombre infini de vaisseaux différemment rangés dans les différens *visceres*, & que l'action par la quelle ils changent les humeurs qui y sont apportées, dépend de ces vaisseaux: des *visceres*. Si donc ces vaisseaux sont plus foibles qu'il n'est besoin pour la santé, ils agiront moins sur les fluides & tenus; ils les changeront moins. Ainsi le poumon trop débile, ne pourra convertir le chyle en bon sang; si le foie est très-relâché dans ses vaisseaux, le sang fluera dans ce *viscere*, sans que la bile s'en sépare, & l'hydropisie s'ensuivra. Tant que le ventricule sera dans un état languissant, il troublera l'ouvrage de la chylification.

Les fonctions des *visceres* different encore, suivant l'âge & le sexe; je dis l'âge, tous les *visceres* reçoivent une force qui s'augmente peu-à-peu, selon que les forces de la vie ont agi plus long-temps en eux. De-là vient que dans notre premiere origine, toutes nos parties étant très-débiles, elles sont presque fluentes; mais elles acquierent peu-à-peu une plus grande fermeté, jusqu'à ce qu'elles soient presque endurcies dans la derniere vieillesse. Or il y a pendant le cours de notre vie, une gradation infinie, depuis cette débilité originaire jusqu'à l'extrême fermeté.

J'ai ajouté *le sexe*: les hommes ont les *visceres* plus forts; les femmes nées pour concevoir, enfanter & nourrir des enfans, les ont plus lâches, plus flexibles. La même chose se trouve en tous lieux chez les peuples policés, comme chez les nations qui se conduisent par l'instinct de la nature, plutôt que par les loix.

L'action de tous les *visceres* dépend de ce que les liquides comprimés par la force du cœur, dilatent les arteres; ces arteres, par la réaction de leurs propres forces & de leur élasticité, poussent en avant les humeurs distendantes: or les choses qui renferment sous un même volume plus de masse corporelle, c'est-à-dire, qui ont plus solides, conserveront plus long-temps le mouvement qu'elles ont reçu fois reçu. Il étoit donc nécessaire qu'il y eût dans les liquides mus par la force du cœur, un degré fixe de solidité pour qu'ils ne perdissent pas si promptement le mouvement donné.

On a disputé jusqu'ici par les principes de la médecine naturelle, sur les moyens que les viscères employent à perfectionner leurs humeurs; mais les auteurs n'ont rien dit d'un peu satisfaisant à ce sujet, jusqu'à ce que Ruysch ait démontré qu'aux extrémités des artères, la conformation étoit différente dans les *viscères*, selon la diversité des lieux : l'on voit du moins par-là, que le *viscere* a été formé à dessein que cette conformation des arteres subsistât, mais nous n'en savons guere davantage. (D. J.)

VISCERES, Jardin.; d'une plante, sont les tuyaux perpendiculaires en forme de faisceaux, qui montent dans sa tige, & que l'on n'apperçoit que quand l'écorce est levée. Ils sont mêlés avec les fibres, les nerfs, la moëlle, & portent également par-tout le suc nourricier.

VISCH, s. f. Géog. mod., ou la *Vischa*; petite riviere d'Allemagne, dans la basse-Autriche. Elle se perd dans le Danube, à environ cinq lieues au-dessous de Vienne. (D. J.)

VISCOSITÉ, s. f. Gramm., qui se discerne au toucher. Nous appellons *visqueux*, tout ce qui s'attache à nos doigts, qui a quelque peine à s'en séparer, qui les colle ensemble.

Il y a une composition visqueuse & tenace qu'on fait par art avec les baies de gui, l'écorce de houx, les racines de viorne, les prunes de sébestes, & autres matieres, qu'on appelle communément *glu*.

On prend des baies de gui qu'on met bouillir dans l'eau jusqu'à ce qu'elles crevent; on les bat dans un mortier, on les lave ensuite dans l'eau pour en séparer l'enveloppe, le reste forme une espece de pâte qu'on conserve à la cave dans une terrine; c'étoit là l'ancienne méthode, mais aujourd'hui on fait la glu beaucoup mieux avec la seconde écorce de houx. On leve cette écorce dans le temps de la seve, & après l'avoir laissée pourrir à la

cave dans des tonneaux, on la bat dans des mortiers jusqu'à ce qu'elle soit réduite en pâte; on lave ensuite cette pâte en grande eau, dans laquelle on la manie on pétrit à diverses reprises; on la met dans des barrils pour la laisser perfectionner par l'écume qu'elle jette & qu'on ôte; enfin on la met pure dans un autre vaisfeau pour l'usage.

Cependant comme la glu perd promptement sa force, & qu'elle ne peut servir à l'eau, on a inventé une sorte particuliere de glu qui a la propriété de souffrir l'eau sans dommage. Voici comme il faut la préparer.

Prenez une livre de bonne glu de houx, lavez-la dans de l'eau de source jusqu'à ce que sa fermeté soit dissipée, alors battez la bien jusqu'à ce qu'il n'y reste point d'eau, laissez la sécher; ensuite mettez-la dans un pot de terre, ajoutez y autant de graisse de volaille qu'il est nécessaire pour la rendre coulante; ajoutez-y encore une once de fort vinaigre, demi-once d'huile & autant de térébenthine; faites bouillir le tout quelques minutes à petit feu en le remuant toujours; & quand vous voudrez l'employer, réchauffez-le; enfin pour prévenir que votre glu se gele en hiver, vous y incorporerez un peu d'huile de pétrole.

Ce n'est pas pour prendre de jolis oiseaux qui font les plaisirs des champs, ou qui vivent de mille insectes nuisibles, qu'on vient d'indiquer les diverses préparations de la glu; un tel amusement est trop contraire à l'humanité pour qu'on le justifie : mais on peut tirer d'autres usages de la glu. Elle peut servir à sauver les vignes des chenilles, & à garantir plusieurs plantes précieuses de l'attaque des insectes. Les anciens médecins l'employoient avec de la résine ou de la cire en quantité égale, pour amollir les tumeurs & sécher les ulceres; je ne prétends pas qu'ils eussent raison, je dis seulement qu'on doit chercher les usages utiles des choses, & non ceux que la nature désavoue.

Au reste, quelque singuliere que soit la nature de la glu, qu'on ne peut manier qu'avec les mains frottées d'huile, soit que cette glu soit faite avec le houx, les baies de gui, les racines de viorne ou les sébestes; cependant je ne doute point que plusieurs autres jus de plantes, si on en faifoit des effais, ne fe trouvaffent avoir la même nature vifqueufe & gluante. Si l'on coupe une jeune branche de fureau, on en tire un fuc très-gluant, dont les filets fuivent le couteau comme la glu du houx ; & il paroît que le jus vifqueux de cet arbre n'eft pas logé dans l'écorce, mais dans les cercles du bois même ; les racines des narciffes & de toutes les hyacinthes fourniffent auffi un jus gluant & filamenteux. Enfin, pour parler des matieres animales, les entrailles dès chenilles pourries, mélées avec de l'eau & battues avec de l'huile, font une forte de glu tenace. (*D. J.*)

VISCOSITÉ *des humeurs du corps*, *Médecine*, *lentor* ; c'eft une conftitution du fang, où les parties font tellement embarraffées les unes dans les autres, qu'elles réfiftent à leur féparation entiere, & qu'elles cedent plutôt à la violence qu'on leur fait en s'étendant en tout fens, que de fouffrir de divifion.

C'eft l'état glutineux de nos humeurs qui produit de grandes maladies : fes caufes font,

1°. L'ufage des farines crues, non fermentées, de matieres aufteres & non mûres ; car la farine des végétaux mêlée avec l'eau, forme une pâte vifqueufe, & la fermentation détruit cette *vifcofité*.

2°. La difette de bon fang ; il en faut une certaine quantité pour aider la tranfformation du chyle en fang.

3°. L'action trop foible des humeurs digeftives, telles que la bile, le fuc gaftrique, & le peu de reffort des vaiffeaux. Auffi les perfonnes foibles & qui ont le foie obftrué, la bile mal formée, font-elles fujettes à la *vifcofité* des humeurs.

4°. La diminution du mouvement animal ; car le mouvement fortifie les folides, atténue les fluides, hâte la digeftion, & l'affimilation des alimens.

5°. La diffipation des parties les plus fluides du fang, par le relâchement des vaiffeaux excrétoires ; car il eft évident que les parties les plus fluides étant diffipées, le fang s'épaiffit & devient vifqueux ; ainfi les fudorifiques doivent être adminiftrés avec prudence.

6°. La rétention des parties les plus épaiffes des fluides, engagées dans les couloirs, dont ceux-ci ne peuvent fe débarraffer.

La *vifcofité* fe forme d'abord dans les premieres voies, d'où elle paffe dans le fang & dans toutes les humeurs qui s'en féparent : lorfque quelque particule vifqueufe a traverfé les vaiffeaux lactés, elle fe porte d'abord fur les poumons ; comme elle a de la peine à circuler dans les petits tuyaux de ce vifcere, elle produit la difpnée.

Les effets font dans les premieres voies la perte d'appétit, les naufées, les vomiffemens, les crudités, les concrétions pituiteufes, la pareffe & l'enflure du ventre, par le défaut d'énergie dans la bile ; enfin la rétention du chyle, & fon défaut de fecrétion.

Dans les humeurs, elle rend le fang vifqueux, pâle, imméable, obftruant ; produit des concrétions ; rend l'urine blanche & prefque fans odeur ; forme des tumeurs édémateufes ; empêche les fecrétions ; produit la coalition des vaiffeaux.

Toutes ces caufes & tous ces effets pris enfemble, produiront des effets funeftes, tels que la fuffocation & la mort, après avoir dérangé toutes les fonctions animales, vitales & naturelles.

Le traitement de la *vifcofité* fe remplira, 1°. par l'ufage d'alimens & de boiffons qui aient bien fermenté, & qui foient affaifonnés de fels & d'aromates ; la bierre fermentée donne moins de phlegme & de *vifcofité* que les tifanes : il en eft de même du vin. La biere double & le bon vin font des remedes excellens avec le pain bien cuit, dans la *vifcofité*.

2°. Les aromates font incififs ; les principaux font la canelle, la mufcade, le poivre, le gingembre, la menthe, le thym.

3°. Les bouillons de viande de vieux animaux, atténués par les végétaux acides, à-peu-près comme dans l'acidité : les animaux de proie & fauvages y font excellens.

4°. Les remedes qui raffermiffent les vaiffeaux & les vifceres, tels que les toniques, les apéritifs, les amers, les anti-fcorbutiques, les deffkatifs, les corroborans font fur-tout indiqués.

5°. L'exercice & le mouvement, l'air tempéré, la tranquillité des paffions, l'ufage modéré & raifonné d'on non-naturels, font les meilleures précautions que l'on puiffe employer pour aider l'action des remedes.

6°. Les remedes délayans, les favonneux, les réfolutifs doivent être continués noés pendant toute la cure. *V. ces articles.*

Les irritans doivent s'ordonner avec fa-grée, ils font bons pris par intervalle : voici des remedes vantés.

Prenez du fiel de bœuf & du fiel de brochet, de chaque quatre gros, faites-les exhaler fur un feu modéré jufqu'à ce qu'ils aient la confiftance du miel. Ajoutez une quantité fuffifante de poudre de racine d'arum ; faites du tout des pilules du poids de trois grains chacune; on en prendra aux heures médicales.

VISÉ, part., *Gramm. Jurifp.*, fignifie ce qui a été vu, & qui eft énoncé comme tel dans un jugement ou autre acte. C'eft en ce fens que l'on dit *vifer* une requête ou demande dans un arrêt. *Voy.* Vu. *(A)*

VISÉE, f. f. *Gramm.*, l'action de diriger fa vue vers un point, un lieu, un but. Ce canonnier a dreffé fa *vifée* vers cet endroit. Il fe prend quelquefois au figuré.

VISER, v. act. *Gramm.*; c'eft diriger fa vue ou quelqu'arme à un but qu'on veut atteindre. A quoi *vifez*-vous ? Je *vife* au fommet de ce clocher. *Vifer* à quelque chofe d'important.

VISER, *voy.* VISÉ.

VISET, *Géog. mod.*, en latin *Vegefatum, Vinfacum, Vinfatum ;* petite ville d'Allemagne, dans l'évêché de Liege, fur la Meufe, entre les villes de Liege & de Maëftricht.

Slufe (René - François Walter de), natif de *Vifet*, devint chanoine & chancelier de Liege, où il mourut en 1685. On a de lui un ouvrage affez eftimé, & qui porte un titre bifarre : *Mefolabum, & problemata folida.* (D. J.)

VISEU *ou* VISEO, *Géog. mod.*, ville de Portugal, dans la province de Beira, à cinq lieues au nord de Mondégo, à feize au nord-oueft de Guarda, à vingt au nord-eft de Coimbre, dans une plaine délicieufe par fa fertilité. Cette ville eft épifcopale, & fon évêque jouit de quinze mille ducats de revenu. *Vifeu* eft encore la capitale d'une comarca & d'un duché qui a été quelquefois poffédé par des princes du fang royal. *Long.* 9. 40. *lat.* 40. 32.

Barros (Jean de) naquit à *Vifeu* en 1469, & fut élevé à la cour du roi Emmanoel auprès des infans. Jean III étant monté fur le trône, le nomma tréfotier des Indes, *teforeiro da cafa da India ;*

Tome XXXVI. Partie I.

cette charge très-honorable & d'un grand revenu, lui infpira la penfée d'écrire l'hiftoire d'Afie ou des Indes, qu'il a publiée fous le nom de *Decadas d'Afia.* Il donna la premiere décade en 1552, la feconde en 1553, & la troifieme en 1563; la quatrieme décade de fon hiftoire ne fut publiée qu'en 1615, par les ordres du roi Philippe III, qui fit acheter les manufcrits des héritiers de cet auteur. D'autres écrivains ont travaillé à la continuation de cette hiftoire jufqu'à la douzieme décade. L'ouvrage de Barros eft généralement eftimé, quoi qu'en dife le fieur de la Boulaye, & il a été traduit en efpagnol par Alphonfe Ulloa. (D. J.)

VISIAPOUR, *ou* VISAPOUR, *ou* VISAPOR, *Géog. mod.*, royaume des Indes, dans la prefqu'isle de l'Inde en-deçà du Gange, fur la côte de Malabar. Ce royaume confine par le nord au royaume de Dehli, & aux autres Etats de Mogol, au joug duquel il eft foumis. La capitale de ce royaume en porte le nom. (D J.)

VISIAPOUR, VISAPOUR, VISAPOR, *Géog. mod.*, ville des Indes, dans la prefqu'isle en - deçà du Gange, capitale du royaume de Décan, fur le fleuve Mandova. On lui donne trois lieues de circuit & de grands fauxbourgs. Le roi du pays y a fon palais; ce prince eft tributaire du grand Mogol. *Long.* fuivant le pere Catrou; 124. 30. *lat.* 19. 25. (D. J.)

VISIBLE, adj. *Optique*, fe dit de tout ce qui eft l'objet de la vue ou de la vifion, ou ce qui affecte l'œil de maniere à produire dans l'ame la fenfation de la vue. *V.* VISION.

Les philofophes fcholaftiques diftinguent deux efpeces *vifibles*, les uns propres ou adéquats, qu'il n'eft pas poffible de connoître par d'autres fens que par celui de la vue; & les autres communs, qui peuvent être connus par différens fens comme par la vue, l'ouie, le toucher, &c.

Ils ajoutent que l'objet propre de la vifion eft de deux efpeces, lumiere & couleur.

Selon ces philofophes, la lumiere eft l'objet formel, & la couleur l'objet matériel. *V.* OBJET.

Les cartéfiens raifonnent d'une maniere beaucoup plus exacte, en difant que la lumiere feule eft l'objet propre de la vifion, foit qu'elle vienne d'un corps lumineux à travers un milieu tranfparent,

B

foit qu'elle foit réfléchie des corps opaques fous une certaine modification nouvelle, & qu'elle en repréfente les images, foit enfin qu'étant réfléchie ou rompue de telle ou telle maniere, elle affecte l'œil de l'apparence de couleur.

Selon le fentiment de M. Newton, il n'y a que la couleur qui foit l'objet propre de la vue; la couleur étant cette propriété de la lumiere par laquelle la lumiere elle-même eft *vifible*, & par laquelle les images des objets opaques fe peignent fur la rétine. *V.* LUMIERE & COULEUR.

Ariftote, *de anima*, lib. II, compte cinq efpeces d'objets communs qui font *vifibles*, & que l'on regarde ordinairement comme tels dans les écoles, le mouvement, le repos, le nombre, la figure & la grandeur. D'autres foutiennent qu'il y en a neuf, qui font compris dans les vers fuivans:

Sunt objecta novem vifus communia:
  quantum,
Inde figura, locus, fequitur diftantia,
  fitus,
Continuumque & difcretum, motufque,
  quiefque.

Les philofophes de l'école font fort partagés fur ces objets communs de la vifion: il y a là-deffus deux opinions principales parmi eux. Ceux qui tiennent pour la premiere opinion difent que les objets communs *vifibles* produifent une repréfentation d'eux-mêmes par quelqu'image particuliere, qui les fait d'abord appercevoir indépendamment des *vifibles* propres.

Suivant la feconde opinion qui paroît plus fuivie & plus naturelle que la premiere, les objets communs *vifibles* n'ont aucune efpece formelle particuliere qui les rende *vifibles*; les objets propres fe fuffifent à eux-mêmes pour fe faire voir en tel ou tel endroit, fituation, diftance, figure, grandeur, &c. par les différentes circonftances qui les rendent fenfibles au fiege du fentiment.

I. La fituation & le lieu des objets *vifibles* s'apperçoivent fans aucunes efpeces intentionnelles qui en émanent; cela fe fait par la fimple impulfion ou réflexion des rayons de lumiere qui tombent fur les objets; les rayons parviennent à la rétine, & leur impreffion eft portée au *fenforium* ou au fiege du fentiment.

Un objet fe voit donc par les rayons qui en portent l'image à la rétine, & il fe voit dans l'endroit où la faculté de voir eft, pour ainfi dire, dirigée par ces rayons. Suivant ce principe, on peut rendre raifon de plufieurs phénomenes remarquables de la vifion.

1°. Si la diftance entre deux objets *vifibles* forme un angle infenfible, les objets, quoiqu'éloignés l'un de l'autre, paroîtront comme s'ils étoient contigus; d'où il s'en fuit qu'un corps continu n'étant que le réfultat de plufieurs corps contigus, fi la diftance entre plufieurs objets *vifibles* n'eft apperçue que fous des angles infenfibles, tous ces différens corps ne paroîtront qu'un même corps continu. *Voy.* CONTINUITÉ.

2°. Si l'œil eft placé au-deffus d'un plan horifontal, les objets paroîtront s'élever à proportion qu'ils s'éloigneront davantage, jufqu'à ce qu'enfin ils paroiffent de niveau avec l'œil. C'eft la raifon pourquoi ceux qui font fur le rivage s'imaginent que la mer s'éleve à proportion qu'ils fixent leur vue à des parties de la mer plus éloignées.

3°. Si l'on place au-deffous de l'œil un nombre quelconque d'objets dans le même plan, les plus éloignés paroîtront les plus élevés; & fi ces mêmes objets font placés au-deffus de l'œil, les plus éloignés paroîtront les plus bas.

4°. Les parties fupérieures des objets qui ont une certaine hauteur, paroiffent pencher ou s'incliner en-avant, comme les frontifpices des églifes, les tours, &c. & afin que les ftatues qui font au haut des bâtimens paroiffent droites, il faut qu'elles foient un peu renverfées en arriere. La raifon générale de toutes ces apparences eft que quand un objet eft à une diftance un peu confidérable, nous le jugeons prefque toujours plus près qu'il n'eft en effet. Ainfi l'œil étant placé en A, *optique*, pl. II, fig. 20, au-deffous d'un plancher horifontal BC, l'extrêmité C lui paroît plus proche de lui comme en D, & le plancher BC paroît incliné en BD. Il en eft de même des autres cas.

II. L'ame apperçoit la diftance des objets *vifibles*, en conféquence des différentes configurations de l'œil, de la maniere dont les rayons viennent frapper cet organe, & de l'image qu'ils impriment.

Car l'œil prend une difpofition diffé-

selon les différentes distances de
l'objet ; c'est-à-dire que, pour les objets
éloignés, la prunelle se dilate, le cryſtallin s'approche de la rétine, & tout le globe
de l'œil devient plus convexe : c'eſt le
contraire pour les objets qui ſont proches,
la prunelle ſe contracts, le cryſtallin s'a-
vance & l'œil s'alonge; & il n'y a perſonne qui n'ait ſenti, en regardant quelqu'objet fort près, que tout le globe de l'œil
eſt alors, pour ainſi dire, dans une ſituation violente. *Voy.* PRUNELLE , CRYS-
TALLIN , &c.

On juge encore de la diſtance d'un objet, par l'angle plus ou moins grand ſous
lequel on le voit ; par ſa repreſentation
diſtincte ou confuſe, par l'éclat ou la foibleſſe de ſa lumiere, par la rareté ou la
multitude de ſes rayons.

C'eſt pourquoi les objets qui paroiſſent
obſcurs ou confus, ſont jugés auſſi les plus
éloignés ; & c'eſt un principe que ſuivent
les peintres , lorſqu'en repréſentant des
figures ſur le même plan , ils veulent que
les unes paroiſſent plus éloignées que les
autres. *V.* PERSPECTIVE , &c.

De là vient auſſi que les chambres dont
les murailles ſont blanchies , paroiſſent
plus petites ; que les champs couverts de
neige ou de fleurs blanches paroiſſent
moins étendus que quand ils ſont revêtus
de verdure; que les montagnes couvertes
de neige paroiſſent plus proches pendant
la nuit ; que les corps opaques paroiſſent
plus éloignés dans les tems du crépuſcule. *V.* DISTANCE.

III. La grandeur ou l'étendue des objets *viſibles* ſe connoît principalement par
l'angle compris entre deux rayons tirés
des deux extrémités de l'objet aux centres
de l'œil , cet angle étant combiné & compoſé pour, ainſi dire , avec la diſtance apparente de l'objet. *Voy.* ANGLE , OPTI-
QUE.

Un objet paroît d'autant plus grand ,
toutes choſes d'ailleurs égales , qu'il eſt
vu ſous un plus grand angle ; c'eſt-à-dire,
que les corps vus ſous un plus grand angle paroiſſent plus grands , & ceux qui
ſont vus ſous un plus petit angle paroiſſent plus petits: d'où il ſuit que le même
objet peut paroître tantôt plus grand ,
tantôt plus petit , ſelon que ſa diſtance à
l'œil eſt plus petite ou plus grande : c'eſt
ce qu'on appelle *grandeur apparente.*

Nous diſons que, pour juger de la gran-

deur réelle d'un objet , il faut avoir égard
à la diſtance : car , puiſqu'un objet proche peut paroître ſous le même angle
qu'un objet éloigné, il faut néceſſairement
eſtimer la diſtance. Si la diſtance appa-
que eſt grande ; quoique l'angle optique
ſoit petit, on peut juger qu'un objet éloigné eſt grand , & réciproquement.

La grandeur des objets *viſibles* eſt ſoumiſe à certaines loix démontrées par les
mathématiciens, leſquelles doivent néanmoins recevoir quelques limitations, dont
nous parlerons plus bas. Ces propoſitions
ſont :

1°. Que les grandeurs apparentes d'un
objet éloigné ſont réciproquement comme ſes diſtances.

2°. Que les co-tangentes de la moitié
des angles ſous leſquels on voit un même
objet , ſont comme les diſtances ; d'où il
ſuit qu'étant donné l'angle viſuel d'un objet avec ſa diſtance , l'on a une méthode
pour déterminer la grandeur , voici la
voici la regle : le ſinus total eſt à la moitié
de la tangente de l'angle viſuel , comme
la diſtance donnée eſt à la moitié de la
grandeur vraie. Etant la même regle ,
donnée la diſtance & la grandeur d'un objet , on détermine l'angle ſous lequel il
eſt vu.

3°. Que les objets vus ſous le même
angle ont des grandeurs proportionnelles
à leur diſtance.

Dans toutes ces propoſitions on ſuppoſe que l'objet a ſu être démontré , c'eſt-
à-dire , que le rayon qui lui eſt perpendiculaire , le partage en deux également ;
mais cette propoſition ne doit être regardée comme vraie que quand les objets que
l'on compare , ſont l'un & l'autre fort
éloignés, quoiqu'à des diſtances inégales.
Ainſi le ſoleil , par exemple , qui eſt vu
ſous un angle de 32 minutes environ , ſe
roit vu ſous un angle d'environ ſémi-mi-
nutes , s'il étoit deux fois plus éloigné & ſi
ſon diametre réel paroîtroit deux fois
moindre. *V.* APPARENT.

Enfin les objets , dont les diſtances ſont
aſſez petites, de loin, leur grandeur apparente n'eſt pas ſimplement proportionnelle à l'angle viſuel. Un géant de ſix pieds
eſt vu ſous le même angle à ſix pieds de
diſtance qu'un nain de deux pieds , à
deux pieds, cependant le nain paroît beaucoup plus petit que le géant.

La corde qui la ſoutendante A B d'un arc

B 2

quelconque de cercle, *pl. IV. d'optique*,
fig. 51, paroît sous le même angle dans
tous les points D, C, E, G, quoique l'un
de ces points soit confidérablement plus
près de l'objet que les autres; & le diametre DG paroît de même grandeur dans
tous les points de la circonférence du cercle. Quelques auteurs ont conclu de-là,
que cette figure eft la forme la plus avantageufe que l'on puiffe donner aux théâ-
tres.

Si l'œil eft fixe en *A*, *fig.* 52, & que la
ligne droite B C fe meuve de maniere que
fes extrémités tombent toujours fur la circonférence d'un cercle, cette ligne paroîtra toujours fous le même angle ; d'où il
fuit que l'œil étant placé dans un angle
quelconque d'un polygone régulier, tous
les côtés paroîtront fous le même angle.

Les grandeurs apparentes du foleil &
de la lune à leur lever & à leur coucher,
font un phénomene qui a beaucoup em-
barraffé les philofophes modernes. Selon
les loix ordinaires de la vifion, ces deux
aftres devroient paroître d'autant plus petits qu'ils font plus près de l'horifon ;
en effet ils font alors plus loin de l'œil,
puifque leur diftance de l'œil, lorfqu'ils
font à l'horifon, furpaffe celle où ils en
feroient, s'ils fe trouvoient dans le zénith d'un demi-diametre entier de la terre ; & à proportion, felon qu'ils fe trouvent plus près ou plus loin du zénith dans
leur paffage au méridien ; cependant les
aftres paroiffent plus petits au méridien
qu'à l'horifon. Ptolomée dans fon *Alma-
gefte*, liv. I, c. 3, attribue cette apparence à la réfraction que les vapeurs font fubir aux rayons. Il penfe que cette réfraction doit agrandir l'angle fous lequel on
voit la lune à l'horifon, précifément comme il arrive à un objet placé dans l'air,
qu'on voit du fond de l'eau ; & Théon
fon commentateur explique affez clairement la caufe de l'augmentation de l'angle fous lequel on voit l'objet dans ces circonftances. Mais on a découvert qu'il n'y
a en effet aucune inégalité dans les angles
fous lefquels on voit la lune ou le foleil à
l'horifon ou au méridien ; & c'eft ce qui
a fait imaginer à Alhazen, auteur arabe,
une autre explication du même phénomene, laquelle a été depuis fuivie & éclaircie ou perfectionnée par Vitellien, Ké-
pler, Bacon, & d'autres. Selon Alhazen,
la vue nous repréfente la furface des

cieux comme plate, & elle juge des étoiles, comme elle feroit d'objets vifibles
ordinaires qui feroient répandus fur une
vafte furface plane. Or nous voyons l'aftre fous le même angle dans les deux circonftances ; & en même tems apperce vant
de la différence dans leurs diftances, parce
que la voûte du ciel nous paroît applatie,
nous fommes portés à juger l'aftre plus
grand lorfqu'il paroît le plus éloigné.

Defcartes, & après lui le docteur Wallis, & plufieurs autres auteurs, prétendent
que quand la lune fe leve ou fe couche,
une longue fuite d'objets interpofés entre
nous & l'extrémité de l'horifon fenfible,
nous la font imaginer plus éloignée que
quand elle eft au méridien où notre œil ne
voit rien entr'elle & nous : que cette idée
d'un plus grand éloignement nous fait
imaginer la lune plus grande, parce que
lorfqu'on voit un objet fous un certain angle, & qu'on le croit en même tems fort
éloigné, on juge alors naturellement qu'il
doit être fort grand pour paroître de fi
loin fous cet angle-là, & qu'ainfi un pur
jugement de notre ame ; mais néceffaire
& commun à tous les hommes, nous fait
voir la lune plus grande à l'horifon, malgré l'image plus petite qui eft peinte au
fond de notre œil. Le P. Gouye attaque
cette explication fi ingénieufe, en affurant que plus l'horifon eft borné, plus la
lune nous paroît grande. M. Gaffendi prétend que la prunelle, qui conftamment eft
plus ouverte dans l'obfcurité, l'étant davantage le matin & le foir, parce que des
vapeurs plus épaiffes font alors répandues
fur la terre, & que d'ailleurs les rayons
qui viennent de l'horifon, en traverfent
une plus longue fuite, l'image de la lune
entre alors dans l'œil fous un plus grand angle,
& s'y peint réellement plus grande. *Voy.*
PRUNELLE & VISION.

On peut répondre à cela que, malgré
cette dilatation de la prunelle caufée par
l'obfcurité, fi l'on regarde la lune avec
un petit tuyau de papier, on la verra plus
petite à l'horifon. Pour trouver donc quelqu'autre raifon d'un phénomene fi fingulier, le P. Gouye conjecture que quand
la lune eft à l'horifon, le voifinage de la
terre & les vapeurs plus épaiffes dont cet
aftre eft alors enveloppé à notre égard,
font le même effet qu'une muraille placée
derriere une colonne, qui paroît alors plus
groffe que fi elle étoit ifolée & environnée

de toutes parts d'un air éclairé ; de plus, lorsqu'elle est cannelée, paroît plus grosse que quand elle ne l'est pas, parce que les cannelures, dit-il, font autant d'objets particuliers, qui par leur multitude donnent lieu d'imaginer que l'objet total qu'ils composent, est d'un plus grand volume. Il en est de même à peu près, selon cet auteur, de tous les objets répandus sur la partie de l'horison à laquelle la lune correspond quand elle en est proche ; & de là vient qu'elle paroît beaucoup plus grande, lorsqu'elle se leve derriere des arbres dont les intervalles plus serrés & plus marqués font presque la même chose sur le diametre apparent de cette planete, qu'un plus grand nombre de cannelures sur le fût d'une colonne.

Le P. Mallebranche explique ce phénomene à peu près comme Descartes, excepté qu'il y joint de plus, d'après Alhazen, l'apparence de la voûte céleste que nous jugeons applatie ; ainsi, selon ce pere, nous voyons la lune plus grande à l'horison, parce que nous la jugeons plus éloignée, & nous la jugeons plus éloignée par deux raisons : 1°. à cause que la voûte du ciel nous paroit applatie, & son extrémité horisontale beaucoup plus éloignée de nous que son extrémité verticale : 2°. à cause que les objets terrestres interposés entre la lune & nous, lorsqu'elle est à l'horison, nous font juger la distance de cet astre plus grande.

Voilà le précis des principales opinions des philosophes sur ce phénomene ; il faut avouer qu'il reste encore sur chacune des difficultés à lever.

IV. La figure des objets visibles s'estime principalement par l'opinion que l'on a de la situation de leurs différentes parties.

Cette opinion, ou si l'on veut cette connoissance de la situation des différentes parties d'un objet, met l'ame en état d'appercevoir la forme d'un objet extérieur avec beaucoup plus de justesse que si elle en jugeoit par la figure de l'image de l'objet tracé dans la rétine, les images étant fort souvent elliptiques & oblongues, quand les objets qu'elles représentent sont véritablement des cercles, des quarrés, &c.

Voici maintenant les loix de la vision par rapport aux figures des objets visibles.

1°. Si le centre de la prunelle est exactement vis-à-vis, ou dans la direction d'une ligne droite, cette ligne ne paroîtra que comme un point.

2°. Si l'œil est placé dans le plan d'une surface, de maniere qu'il n'y ait qu'une ligne du périmetre qui puisse former son image dans la rétine, cette surface paroîtra comme une ligne.

3°. Si un corps est opposé directement à l'œil, de maniere qu'il ne puisse recevoir des rayons que d'un plan de la surface, ce corps aura l'apparence d'une surface.

4°. Un arc éloigné, vu par un œil qui est dans le même plan, n'aura l'apparence que d'une ligne droite.

5°. Une sphere vue à quelque distance paroît comme un cercle.

6°. Les figures angulaires paroissent rondes dans un certain éloignement.

7°. Si l'œil regarde obliquement le centre d'une figure réguliere ou d'un cercle fort éloigné, le cercle paroitra ovale, &c.

V. On apperçoit le nombre des objets visibles, non-seulement par une ou plusieurs images qui se forment au fond de l'œil, mais encore par une certaine situation ou disposition de ces parties du cerveau d'où les nerfs optiques prennent leur origine ; situation à laquelle l'ame s'est accoutumée, en faisant attention aux objets simples ou multiples.

Ainsi quand l'un des yeux ne conserve plus son juste parallélisme avec l'autre œil, comme il arrive en le pressant avec le doigt, &c. les objets paroissent doubles, &c. Mais quand les yeux sont dans le parallélisme convenable, l'objet paroît unique, quoiqu'il y ait véritablement deux images dans le fond des deux yeux. De plus, un objet peut paroitre double ou même multiple, non-seulement avec les deux yeux, mais même en ne tenant qu'un seul œil ouvert ; lorsque le point commun de concours des cônes de rayons réfléchis de l'objet à l'œil n'atteint pas la rétine, ou tombe beaucoup au-delà.

VI. On apperçoit le mouvement & le repos, quand les images des objets représentés dans l'œil se meuvent ou sont en repos ; & l'ame apperçoit ces images en mouvement ou en repos, en comparant l'image en mouvement avec une autre image, par rapport à laquelle la premiere change de place, ou bien par la situation de l'œil qui change continuellement, lorsqu'il est dirigé à un objet en mouvement ; de mapiere que l'ame ne juge du mouvement qu'en appercevant les images des objets dans différentes places & différentes situations: ces changemens ne peuvent même se faire sentir sans un certain intervalle de tems; enforte que, pour s'appercevoir d'un mouvement, il est besoin d'un tems sensible. Mais on juge du repos par la perception de l'image dans le même endroit de la rétine & la même situation pendant un tems sensible.

C'est la raison pourquoi les corps qui se meuvent excessivement vîte, paroissent en repos; ainsi, en faisant tourner très-rapidement un charbon, on apperçoit un cercle de feu continu, parce que ce mouvement s'exécute dans un tems trop court pour que l'ame puisse s'en appercevoir; tellement que dans l'intervalle de tems nécessaire à l'ame pour juger d'un changement de situation de l'image sur la rétine, l'objet a fait son tour entier, & est revenu à sa première place. En un mot, l'impression que fait l'objet sur l'œil lorsqu'il est dans un certain endroit de son cercle, subsiste pendant le tems très-court que l'objet met à parcourir ce cercle, & l'objet est vu par cette raison dans tous les points du cercle à la fois.

Loix de la vision par rapport au mouvement des objets visibles. 1°. Si deux objets à des distances inégales de l'œil, mais fort grandes, s'en éloignent avec des vîtesses égales, le plus éloigné paroîtra se mouvoir plus lentement; ou si leurs vîtesses sont proportionnelles à leurs distances, ils paroîtront avoir un mouvement égal.

2°. Si deux objets inégalement éloignés de l'œil, mais à de grandes distances, se meuvent dans la même direction avec des vîtesses inégales, leurs vîtesses apparentes seront en raison composée de la raison directe de leur vîtesse vraie, & de la raison réciproque de leurs distances à l'œil.

3°. Un objet *visible* qui se meut avec une vîtesse quelconque, paroît en repos, si d'espace décrit par cet objet dans l'intervalle d'une seconde, est imperceptible à la distance où l'œil est placé. C'est pourquoi les objets fort proches qui se meuvent très lentement, tels que l'aiguille d'une montre, ou les objets fort éloignés qui se meuvent très-vîte, comme une planète, paroissent être dans un repos parfait. On s'apperçoit à la verité au bout d'un certain tems, que ces corps se sont

mus; mais on n'apperçoit point leur mouvement.

4°. Un objet qui se meut avec un degré quelconque de vîtesse, paroît en repos, si l'espace qu'il parcourt dans une seconde de tems, est à la distance de l'œil comme 1 est à 1400, ou même comme 1 est à 1300.

5°. Si l'œil s'avance directement d'un endroit à un autre, sans que l'ame s'apperçoive de son mouvement, un objet latéral à droite ou à gauche paroîtra se mouvoir en sens contraire. C'est pour cette raison que quand on est dans un bateau en mouvement, le rivage paroît se mouvoir. Ainsi nous attribuons aux corps célestes des mouvemens qui appartiennent réellement à la terre que nous habitons, à peu près comme lorsqu'on se trouve sur une rivière dans un grand bateau qui se meut avec beaucoup d'uniformité & sans secousse; on croit alors voir les rivages & tous les lieux d'alentour se mouvoir & fuir, pour ainsi dire, en sens contraire à celui dans lequel le bateau se meut, & avec une vîtesse égale à celle du bateau. C'est en effet une regle générale d'optique, que quand l'œil est mu sans qu'il s'apperçoive de son mouvement, il transporte ce mouvement aux corps extérieurs, & juge qu'ils se meuvent en sens contraire, quoique ces objets soient en repos. C'est pourquoi, si les anciens astronomes avoient voulu admettre le mouvement de la terre, ils se seroient épargné bien des peines pour expliquer les apparences des mouvemens célestes.

6°. Dans la même supposition, si l'œil & l'objet se meuvent tous deux sur la même ligne, mais que le mouvement de l'œil soit plus rapide que celui de l'objet, celui-ci paroîtra se mouvoir en arriere.

7°. Si deux ou plusieurs objets éloignés se meuvent avec une égale vîtesse, & qu'un troisieme demeure en repos, les objets en mouvement paroîtront fixes, & celui qui est en repos, paroîtra se mouvoir en sens contraire. Ainsi quand les nuages sont emportés rapidement, & que leurs parties paroissent toujours conserver entr'elles leur même situation, il semble que la lune ne va en sens contraire. *Wolf & Chambers.*

Horison visible. Voyez HORISON.

Especes visibles. Voy. ESPECES.

VISIERE, s. f. ou FENTE, signifioit autrefois la même chose que *pinnule*, &

on l'emploie même encore quelquefois en parlant de certains instrumens dont on se sert en mer. *V.* PINNULE..

VISIERE, *l. f. Heaumier.* Ce mot se dit en parlant de casques & d'habillement de tête; c'est la partie de l'habillement de tête qui couvre le visage, & qu'on leve lorsqu'on est échauffé, qu'on veut prendre un peu d'air, & voir tout-à-fait clair. (*D. J.*)

VISIGOTHS, *f. m. pl. Hist. anc.*, peuple venu de la Scandinavie, & qui faisoit partie de la nation des Goths. On les appelloit *Wistergoths* ou Goths occidentaux, d'où on les a nommés *Visigoths* par corruption, parce qu'ils habitoient originairement la partie occidentale de la Suede, du côté du Danemarck. Après avoir changé plusieurs fois de demeure, l'empereur Théodose leur accorda des terres en Thrace, d'où ils firent plusieurs incursions en Italie; enfin, en 410, sous la conduite d'Alaric, ils prirent & pillerent la ville de Rome. Après la mort d'Alaric, les *Visigoths* élurent Ataulphe, son beau-frere, pour leur roi, qui alla faire une invasion dans les Gaules & en Espagne, où ils fonderent en 418 une monarchie puissante, dont Toulouse étoit la capitale. Après avoir chassé les Sueves & les Alains d'Espagne, ils y soutinrent la guerre contre les Romains, qu'ils dépouillerent totalement de ce royaume. La puissance des *Visigoths* dura dans les Gaules jusqu'à l'an 507, où Clovis, roi de France, tua leur roi Alaric dans la bataille de Vouglé, & se rendit maitre de la plus grande partie de ses états. La puissance des *Visigoths* subsista en Espagne jusqu'à la conquête de ce royaume par les Mahométans ou Maures.

VISIGOTHES, *Loix, Jurisprud.* Voy. LOI & LOI DES VISIGOTHS, CODE, CODE DES LOIX ANTIQUES, CODE D'ALARIC, CODE D'ANIAN, CODE D'ÉVARIX. (*A*)

VISION. APPARITION, *Synon.* La *vision* se passe dans les sens intérieurs, & ne suppose que l'action de l'imagination. L'*apparition* frappe de plus les sens extérieurs, & suppose un objet au-dehors.

Joseph fut averti par une *vision* de fuir en Egypte avec sa famille; la Madeleine fut instruite de la résurrection du Sauveur, par une *apparition.*

Les cerveaux échauffés & vuides de nourriture, croient souvent avoir des *visions.* Les esprits timides & crédules prennent quelquefois pour des *apparitions* ce qui n'est rien, ou ce qui n'est qu'un jeu.

La Bruyere emploie ingénieusement *apparition* au figuré: il y a, dit-il, dans les cours des *apparitions* de gens aventuriers & hardis.

Vision & *visions* se disent beaucoup dans le figuré; l'un & l'autre se prennent d'ordinaire en mauvaise part, quand on n'y ajoute point d'épithete qui les rectifie; par exemple, pour condamner le dessein de quelqu'un, on dit, quelle *vision!* Nous disons d'un homme qui se met des chimeres dans l'esprit, qui forme des projets extravagans, il a des *visions.* Gardez-vous bien, dit Racine, de croire vos lettres aussi bonnes que les lettres provinciales, ce seroit une étrange *vision* que cela. *Vision* s'applique aux ouvrages d'esprit. Peut-on préférer les poetes Espagnols aux Italiens, & prendre les *visions* d'un certain Lopes de Véga pour de raisonnables compositions?

Quand on donne une épithete à *visions,* elle se prend en bien ou en mal, selon la nature de l'épithete qu'on lui donne; elle a des *visions* agréables, c'est-à-dire, elle imagine de plaisantes choses; elle a de sottes *visions,* c'est-à-dire, elle imagine des choses ridicules & extravagantes. (*D. J.*)

VISION, *f. f. Optiq.*, est l'action d'appercevoir les objets extérieurs par l'organe de la vue. *V.* ŒIL.

Quelques auteurs définissent la *vision* une sensation par laquelle l'ame apperçoit les objets lumineux, leur quantité, leur qualité, leur figure, &c. en conséquence d'un certain mouvement du nerf optique, excité au fond de l'œil par les rayons de lumiere réfléchis de dessus les objets, & portés de là dans le cerveau, au *sensorium* ou siege du sentiment. *Voy.* VISIBLE.

Les phénomenes de la *vision,* ses causes, la maniere dont elle s'exécute, sont un des points les plus importans de la philosophie naturelle.

Tout ce que Newton & d'autres ont découvert sur la nature de la lumiere & des couleurs, les loix de l'inflexion, de la réflexion & de la réfraction des rayons, la structure de l'œil, particulierement celle de la rétine & des nerfs, &c. se rapportent à cette théorie.

B 4

Il n'eſt pas néceſſaire que nous donnions ici un détail circonſtancié de la maniere dont ſe fait la *viſion* ; nous en avons déjà expoſé la plus grande partie ſous les différens articles qui ont rapport.

Nous avons donné à l'*article* ŒIL la deſcription de cet organe de la *viſion*, & ſes différentes parties, comme ſes tuniques, ſes humeurs, &c. ont été traitées en particulier, quand il a été queſtion de la cornée, du cryſtallin, &c.

On a traité auſſi ſéparément de l'organe principal & immédiat de la *viſion*, qui eſt la rétine, ſuivant quelques-uns, & la choroïde, ſuivant d'autres : on a expoſé auſſi la ſtructure du nerf optique, qui porte l'impreſſion au cerveau ; le tiſſu & la diſpoſition du cerveau même qui reçoit cette impreſſion, & qui la repréſente à l'ame. *V.* RÉTINE, CHOROÏDE, NERF OPTIQUE, CERVEAU, SENSORIUM *ou* SIÈGE DU SENTIMENT, &c.

De plus, nous avons expoſé en détail aux *articles* LUMIERE *&* COULEURS, la nature de la lumiere, qui eſt le milieu ou le véhicule par lequel les images des objets ſont portées à l'œil, & l'on peut voir les principales propriétés de la lumiere aux *mots* RÉFLEXION, RÉFRACTION, RAYON, &c. Il ne nous reſte donc ici qu'à donner une idée générale des différentes choſes qui ont rapport à la *viſion*.

Des différentes opinions ſur la viſion, ou des différens ſyſtêmes imaginés pour en expliquer le méchaniſme. Les platoniciens & les ſtoïciens penſoient que la *viſion* ſe faiſoit par une émiſſion de rayons qui ſe lançoient de l'œil ; ils concevoient donc une eſpece de lumiere ainſi éjaculée, laquelle, conjointement avec la lumiere de l'air extérieur, ſe ſaiſiſſoit, pour ainſi dire, des objets qu'elle rendoit viſibles ; après quoi, revenant ſur l'œil, revêtue d'une forme & d'une modification nouvelle par cette eſpece d'union avec l'objet, elle faiſoit une impreſſion ſur la prunelle, d'où réſultoit la ſenſation de l'objet.

Ils tiroient les raiſons dont ils appuyoient leur opinion, 1°. de l'éclat de l'œil ; 2°. de ce que l'on appercoit un nuage éloigné, ſans voir celui qui nous environne (parce que, ſelon eux, les rayons ſont trop vigoureux & trop pénétrans pour être arrêtés par un nuage voi-

fin ; mais quand ils ſont obligés d'aller à une grande diſtance, devenant foibles & languiſſans, ils reviennent à l'œil) ; 3°. de ce que nous n'appercevons pas un objet qui eſt ſur la prunelle ; 4°. de ce que les yeux s'affoibliſſent en regardant, par la grande multitude de rayons qui en émanent ; enfin, de ce qu'il y a des animaux qui voient pendant la nuit, comme les chat-huants & quelques hommes.

Les épicuriens diſoient que la *viſion* ſe faiſoit par l'émanation des eſpeces corporelles ou des images venant des objets, ou par une eſpece d'écoulement atomique lequel s'évaporant continuellement des parties intimes des objets, parvenoit juſqu'à l'œil.

Leurs principales raiſons étoient, 1°. que l'objet doit néceſſairement être uni à la ; u ſſance de voir ; & comme il n'y eſt pas uni par lui-même, il faut qu'il le ſoit par quelques eſpeces qui le repréſentent, & qui viennent des corps par un écoulement perpétuel ; 2°. qu'il arrive fort ſouvent que des hommes âgés voient mieux les objets éloignés que les objets proches, l'éloignement rendant les eſpeces plus minces & plus déliées, & par conſéquent plus proportionnées à la foibleſſe de leur organe.

Les péripatéticiens tiennent, avec Epicure, que la *viſion* ſe fait par la réception des eſpeces ; mais ils different de lui par les propriétés qu'ils leur attribuent ; car ils prétendent que les eſpeces qu'ils appellent *intentionnelles*, *intentionnales*, ſont des eſpeces incorporelles.

Il eſt cependant vrai que la doctrine d'Ariſtote ſur la *viſion*, qu'il a décrite dans ſon chapitre *de aſpectu*, ſe réduit uniquement à ceci, que les objets doivent imprimer du mouvement à quelque corps intermédiaire, moyennant quoi ils puiſſent faire impreſſion ſur l'organe de la vue ; il ajoute dans un autre endroit, que quand nous appercevons les corps, c'eſt leurs apparences & non pas leur matiere. que nous recevons, de la même maniere qu'un cachet fait une impreſſion ſur de la cire, ſans que la cire retienne autre choſe aucune du cachet.

Mais les péripatéticiens ont jugé à propos d'éclaircir cette explication, ſelon eux trop vague & trop obſcure. Ce qu'Ariſtote appelloit *apparence*, eſt pris par ſes diſciples pour des eſpeces propres &

réelle. Ils affurent donc que tout objet visible imprime une parfaite image de lui-même dans l'air qui lui est contigu ; que cette image en imprime une autre un peu plus petite dans l'air immédiatement suivant, & ainfi de fuite jufqu'à ce que la dernie e image arrive au cryftallin, qu'ils regard nt : comme l'organe principal de la vue, ou ce qui occafionne immédiatement la fenfation de l'ame : ils appellent ces images des efpeces intentionnelles, *fur quoi voyez* ESPECES.

Les philofophes modernes expliquent beaucoup mieux tout le méchanifme de la *vifion* ; ils conviennent tous qu'elle fe fait par des rayons de lumiere réfléchis des différens points des objets reçus dans la prun lle, réfractés & réunis dans leur paffage à travers les tuniques & les humeurs qui conduifent jufqu'à la rétine, & qu'en frappant ainfi ou en faifant une impreffion fur les points de cette membrane, l'impreffion fe propage jufqu'au cerveau par le moyen des filets correfpondans du nerf optique.

Quant à la fuite ou à la chaîne d'imag s que les péripatéticiens fuppofent, c'eft une pure chimere, & l'on comprend mieux l'idée d'Ariftote fans les employer, qu'en expliquant fa penfée par ce moyen : en effet, la doctrine d'Ariftote fur la *vifion* peut très-bien fe concilier avec celle de Defcartes & de Newton; car Newton conçoit que la *vifion* fe fait principalement par les vibrations d'un milieu très-délié qui pénetre tous les corps; que ce milieu eft mis en mouvement au fond de l'œil par les rayons de lumiere, & que cette impreffion fe communique au *fenforium* ou fiege du fentiment par les filamens des nerfs optiques ; & Defcartes fuppofe que le foleil preffant la matiere fubtile, dont le monde eft rempli de toutes parts, les vibrations de cette matiere réfléchie de deffus les objets font communiquées à l'œil, & de là au *fenforium* ou fiege du fentiment : de maniere que nos trois philofophes fuppofent également l'action ou la vibration d'un milieu. *V.* MILIEU.

Théorie de la vifion. Il eft fûr que la vifion ne fauroit avoir lieu, fi les rayons de lumiere ne viennent pas des objets jufqu'à l'œil; & l'on va concevoir, par tout ce que nous allons dire, ce qui arrive à ces rayons lorfqu'ils paffent dans l'œil.

Suppofons, par exemple, que Z foit

un œil, & *A B C* un objet, *pl. IV d'optique, fig.* 53, quoique chaque point d'un obj t foit un point rayonnant, c'eft-à-dire, quoiqu'il y ait des rayons réfléchis de chaque point de l'objet à chaque point de l'efpace environnant ; cependant comme il n'y a que les rayons qui paffent par la prunelle de l'œil qui affectent le fentiment, ce feront les feuls que nous confidérerons ici.

De plus, quoiqu'il y ait un grand nombre de rayons qui viennent d'un point rayonnant, comme *B*, paffer par la prunelle, nous ne confidérerons cependant l'action que d'un petit nombre de ces rayons, tels que *B D*, *B E*, *B F*.

Ainfi, le rayon *B D* tombant perpendiculairement fur la furface *E D F*, paffera de l'air dans l'humeur aqueufe, fans aucune réfraction, ira droit en *H*, où, tombant perpendiculairement fur la face de l'humeur cryftalline, il ira tout de fuite, fans aucune réfraction, jufqu'à *M*, où tombant encore perpendiculairement fur la furface de l'humeur vitrée, il ira droit au point *O* au fond de l'œil : mais le rayon *B E* paffant obliquement de l'air fur la furface de l'humeur aqueufe *E D F*, fera rompu ou rétracté, & s'approchera de la perpendiculaire, allant de là au point *G* fur la furface du cryftallin, il y fera encore réfracté en s'approchant toujours de plus en plus de la perpendiculaire, & viendra tomber fur le point *L* de la furface de l'humeur vitrée : ainfi il s'approchera encore du point *M*.

Enfin *G L* tombant obliquement d'un milieu plus denfe, qui eft le cryftallin, fur la furface d'un corps plus rare *L M N*, qui eft l'humeur vitrée, fe réfractera en s'écartant de la perpendiculaire; & il eft évident que par cet écartement il s'approche du rayon *B D O*, qu'ainfi il peut être réfracté de maniere à rencontrer ce rayon *B D O*, au point *O*; de même le rayon *B F* étant réfracté en *F*, fe détournera vers *I*, de là vers *N*, & de là vers *O*, & les rayons entre *B E* & *B F* fe rencontreront à très-peu près au même point *O*.

Ainfi le point rayonnant *B* affectera le fond de l'œil de la même maniere que fi la prunelle n'avoit aucune largeur, ou comme fi le point rayonnant n'envoyoit qu'un feul rayon qui eût à lui feul la même force que tous les rayons ensemble, compris entre *B E* & *B F*.

De même les rayons qui viennent du point *A*, seront réfractés en passant par les humeurs de l'œil, de maniere qu'ils se rencontreront vers le point *X*, & les rayons qui viennent d'un point quelconque compris entre *A* & *B*, se rencontreront à peu près en quelqu'autre point au fond de l'œil, entre *X* & *O*.

On peut assurer généralement que chaque point d'un objet n'affecte qu'un point dans le fond de l'œil, & que chaque point dans le fond de l'œil ne reçoit des rayons que d'un point de l'objet : ceci ne doit pourtant pas s'entendre dans l'exactitude la plus rigoureuse.

Maintenant si l'objet s'éloignoit de l'œil, de maniere que le point rayonnant *B* fût toujours dans la ligne *B D*, les rayons qui viendroient de *B*, sans avoir une divergence suffisante, seroient tellement réfractés en passant par les trois surfaces, qu'ils se rencontreroient avant d'avoir atteint le point *O :* au contraire, si l'objet s'approchoit trop près de l'œil, les rayons qui passeroient du point *B* de la prunelle, étant trop divergens, seroient réfractés de maniere à ne se rencontrer qu'au-delà du point *O*. L'objet même peut être si proche que les rayons provenant d'un point quelconque, auront une divergence telle qu'ils ne se rencontreroient jamais : dans tous ces cas, il n'y auroit aucun point de l'objet qui n'affectât une portion assez considérable du fond de l'œil ; & par conséquent l'action de chaque point se confondroit avec celle d'un point contigu, & la *vision* seroit confuse : ce qui arriveroit fort communément si la nature n'y avoit pourvu, en donnant à la prunelle de l'œil une conformation propre à se dilater ou à se resserrer, selon que les objets sont plus ou moins éloignés ; & de plus, en faisant que le crystallin devienne plus ou moins convexe, ou encore, en faisant que la distance entre le crystallin & la rétine puisse être plus ou moins grande. Ainsi quand nos yeux se dirigent vers un objet tellement éloigné qu'ils ne peuvent pas distinctement l'appercevoir en restant dans leur état ordinaire, l'œil s'applatit un peu par la contraction de quatre muscles, au moyen desquels la rétine s'approchant de l'humeur crystalline, reçoit plus tôt les rayons ; & quand nous regardons un ob-

jet trop proche, l'œil comprimé par les deux muscles obliques, acquiert une forme plus convexe ; moyennant quoi la rétine devenant plus éloignée du cryftallin, le concours des rayons se fait sur la rétine.

Cet approchement & éloignement du cryftallin est si nécessaire à la *vision*, que dans certains oiseaux où les tuniques de l'œil sont d'une consistance si offeufe que les muscles n'auroient jamais été capables de les contracter ou de les étendre, la nature a fait jouer d'autres ressorts ; elle a attaché par en-bas le cryftallin à la rétine, avec une espece de filet noirâtre que l'on ne trouve point dans les yeux des autres animaux. N'oublions pas d'observer que des trois réfractions dont on a parlé ci-deffus, la premiere ne se trouve point dans les poissons, & que, pour y remédier, leur cryftallin n'est pas lenticulaire, comme dans les autres animaux, mais qu'il a la forme sphérique. Enfin, comme les yeux des hommes avancés en âge sont plus applatis que ceux des jeunes gens, de maniere que les rayons qui partent d'un objet proche, tombent sur la rétine avant que d'être réunis en un seul; ces yeux doivent représenter les objets un peu plus confusément, & ils ne peuvent appercevoir bien distinctement que les objets éloignés. *V.* PRESBITE. Il arrive précisément le contraire à ceux qui ont les yeux trop convexes. *V.* MYOPE.

De ce que chaque point d'un objet va distinctement n'affecte qu'un point du fond de l'œil, & réciproquement de ce que chaque point du fond de l'œil ne reçoit des rayons que d'un point de l'objet, il est aifé de conclure que l'objet total affecte une certaine partie de la rétine, que dans cette partie il se fait une réunion vive & distincte de tous les rayons qui y font reçus par la prunelle, & que comme chaque rayon porte avec lui sa couleur propre, il y a autant de points colorés au fond de l'œil, que de points visibles dans l'objet qui lui est préfenté. Ainsi il y a sur la rétine une apparence ou une image exactement semblable à l'objet ; toute la différence, c'est qu'un corps s'y repréfente par une surface, qu'une surface s'y repréfente assez souvent par une ligne, & une ligne par un point ; que l'image est renverfée, la droite répondant à la gauche de l'objet, &c. que cette image est successive-

'ment petite, & le devient de plus en plus, à proportion que l'objet est plus éloigné. *V.* VISIBLE.

Ce que nous avons dit dans d'autres articles, sur la nature de la lumiere & des couleurs, est fort propre à expliquer sans aucune difficulté cette image de l'objet sur la rétine ; c'est un fait qui se prouve par une expérience dont M. Descartes est l'auteur. En voici le procédé : après avoir bien fermé les fenêtres d'une chambre, & n'avoir laissé de passage à la lumiere que par une fort petite ouverture, il faut y appliquer l'œil de quelque animal nouvellement tué, ayant retiré d'abord avec toute la dextérité dont on est capable, les membranes qui couvrent le fond de l'humeur vitrée, c'est-à-dire la partie postérieure de la sclérotique, de la choroïde, & même une partie de la rétine : on verra alors les images de tous les objets de dehors, se peindre très-distinctement sur un corps blanc, par exemple, sur la pellicule d'un œuf, appliquée à cet œil par-derriere. On démontre la même chose d'une maniere beaucoup plus parfaite, avec un œil artificiel, ou par le moyen de la chambre obscure. *Voyez* ŒIL *&* CHAMBRE OBSCURE.

Les images des objets se représentent donc sur la rétine, qui n'est qu'une expansion de filets très-déliés du nerf optique, & d'où le nerf optique lui-même va se rendre dans le cerveau : or, si une extrémité du nerf optique reçoit un mouvement, ou fait une vibration quelconque, cette vibration se communiquera à l'autre extrémité : ainsi l'impulsion des différens rayons qui viennent des différens points de l'objet, l'affectera à peu près de la même maniere qu'elle affecte la rétine, c'est-à-dire, avec les vibrations & la sorte de mouvement qui lui est particuliere, cette impulsion se propagera ainsi jusqu'à l'endroit où les filets optiques viennent à former un tissu dans la substance du cerveau, & par ce moyen-là les vibrations seront portées au siege général ou commun des sensations.

Or l'on sait que telle est la loi de l'union de l'ame & du corps, que certaines perceptions de l'ame sont une suite nécessaire de certains mouvemens du corps; & comme les différentes parties de l'objet meuvent séparément différentes parties du fond de l'œil, & que ces mouve-

mens se propagent ou se communiquent au *sensorium*, ou au siege du sentiment; on voit donc qu'il doit s'ensuivre en même tems un aussi grand nombre de sensations distinctes. *V.* SENSATION.

Il est donc aisé de concevoir 1°. que la perception ou l'image doit être plus claire & plus vive, à proportion que l'œil reçoit de la part d'un objet un plus grand nombre de rayons : par conséquent la grandeur de la prunelle contribuera en partie à la clarté de la *vision*.

2°. En ne considérant qu'un point rayonnant d'un objet, on peut dire que ce point affecteroit le siege du sentiment d'une maniere plus foible, ou seroit vu plus obscurément, à mesure qu'il seroit plus éloigné, à cause que les rayons qui viennent d'un point sont toujours divergens : ainsi plus les objets seront éloignés, moins la prunelle en recevra de rayons ; mais d'un autre côté, la prunelle se dilatant d'autant plus que l'objet est plus éloigné, reçoit par cette dilatation un plus grand nombre de rayons qu'elle n'en recevroit sans ce méchanisme.

3°. La *vision* plus ou moins distincte dépend un peu de la grandeur de l'image représentée dans le fond de l'œil : car il doit y avoir au moins autant d'extrémités de filets ou de fibres du nerf optique, dans l'espace que l'image occupe, qu'il y a de particules dans l'objet qui envoie des rayons dans la prunelle : autrement chaque particule n'ébranleroit pas son filet optique particulier ; & si les rayons qui viennent de deux points, tombent sur le même filet optique, il arrivera la même chose que s'il n'y avoit qu'un seul point qui y tombât; puisque le même filet optique ne sauroit être ébranlé de deux manieres différentes à la fois. C'est pourquoi les images des objets fort éloignés étant très-petites, elles paroissent confuses, plusieurs points de l'image affectant un même point optique : il arrive aussi de là, que si l'objet a différentes couleurs, plusieurs de ses particules affectent en même tems le même filet optique, l'œil n'en apercevra que les plus lumineuses & les plus brillantes : ainsi un champ parsemé d'un grand nombre de fleurs blanches sur un fond de verdure, paroîtra néanmoins tout blanc à quelque distance.

A l'égard des raisons pourquoi nous ne voyons qu'un objet simple, quoiqu'il y ait une image dans chaque œil, & pourquoi nous le voyons droit, quoique cette image soit renversée, nous renvoyons à ce que les auteurs d'optique ont dit là-dessus, & dont nous ne répondons pas qu'on soit satisfait.

Quant à la maniere de voir & de juger de la distance &de la grandeur des objets, &c. VISIBLE, DISTANCE, &c.

Les loix de la *vision*, soumises aux démonstrations mathématiques, font le sujet de l'obtique, prise dans la signification de ce mot la plus étendue : car ceux qui ont écrit sur les mathématiques, donnent à l'optique une signification moins étendue ; ils la réduisent à la doctrine de la *vision* directe ; la catoptrique traite de la *vision* réfléchie ; & la dioptrique, de la *vision* réfractée. *V.* OPTIQUE, CATOPTRIQUE, & DIOPTRIQUE.

La *vision* directe ou simple est celle qui se fait par le moyen des rayons directs, c'est-à-dire, des rayons qui passent directement ou en ligne droite depuis le point rayonnant jusqu'à l'œil. Nous venons d'en exposer les loix dans cet article.

La *vision* réfléchie se fait par des rayons réfléchis par des miroirs ou d'autres corps dont la surface est polie. *Voyez*-en aussi les loix aux *artic.* RÉFLEXION, MIROIR.

La *vision* réfractée se fait par le moyen des rayons réfractés ou détournés de leur direction, en passant par les milieux de différente densité, principalement à travers des verres & des lentilles. *Voyez*-en les loix aux *mots* RÉFRACTION, LENTILLE, &c.

Solutions de plusieurs questions sur la vision. " On demande pourquoi, lorsque nous avons été quelque tems dans un lieu fort clair, & que nous entrons ensuite subitement dans une chambre moins éclairée, tous les objets nous paroissent-ils alors obscurs, ensorte que nous sommes même au commencement comme aveugles? Cela ne vient-il pas de ce que nous resserrons la prunelle, lorsque nous nous trouvons dans un lieu éclairé, afin que la vue ne soit pas offensée d'une trop grande lumiere, ce qui n'empêche pourtant pas qu'elle ne reçoive une forte impression des rayons qui la pénetrent. 2°. Notre ame est accoutumée à faire attention à ces mouvemens violens & à ces fortes impressions, & n'en fait point à

celles qui sont foibles : lors donc qu'étant ainsi disposé on entre dans un lieu un peu obscur, il n'entre que peu de rayons & lumiere par la prunelle rétrécie ; & comme ils n'ébranlent presque pas la rétine notre ame ne voit rien, parce qu'elle est déja accoutumée à de plus fortes impressions : c'est pour cela que tout nous paroît d'abord plus obscur, & que nous sommes en quelque maniere aveugles, jusqu'à ce que la prunelle se dilate insensiblement & que l'ame s'accoutume à de plus fortes impressions, & qu'elle y prête ensuite attention. "

Lorsque quelqu'un se trouve dans une chambre qui n'est que peu éclairée, voit facilement à travers les vitres, ou à travers la fenêtre ouverte, tous ceux qui passent devant lui en plein jour ; mais pourquoi les passans ne l'apperçoivent ils-pas? ou ne le voient-ils qu'avec peine, & toujours d'autant moins que le jour est plus grand? Cela ne vient-il pas de ce que celui qui voit dans l'obscurité reçoit beaucoup de rayons des objets qui sont en plein air & fort éclairés, & qu'il le apperçoit par conséquent clairement & facilement; au lieu que lui ne réfléchit que peu de rayons de la chambre obscure, où il se trouve vers les passans qui sont en plein air, de sorte que ceux-ci ne peuvent recevoir qu'une petite quantité de rayons, lesquels font sur eux une impression bien plus foible que celle qu'ils reçoivent de la lumiere des autres objets qui sont en plein air; & ainsi leur ame ne fait alors aucune attention à ces foibles impressions?

Lorsqu'on cligne les yeux, ou qu'on commence à les bien fermer, ou lorsqu'on pleure & qu'on envisage en même tems une chandelle allumée ou une lampe, pourquoi les rayons paroissent-ils alors être dardés de la partie supérieure & inférieure de la flamme vers les yeux? M. de la Hire a fort bien expliqué ce phénomene, & fait voir en même tems l'erreur de M. Rohault à cet égard.

Que B, *fig. opt.* 53 ; n°. 2, soit la flamme de la chandelle, H H & I I les deux paupieres qui, en clignotant exprimeront l'humeur de l'œil, laquelle s'attachant aux bords des paupieres & à l'œil, comme proche de o H R, & o I S, formera comme un prisme. La flamme de la chandelle B dardant ses rayons à travers le milieu de la prunelle , fe peint fur la rétine proche de *D O X*; mais les autres rayons, comme *B A* , tombant fur cette humeur triangulaire *o H R* , fe rompent, comme les rayons qui traverfent un prifme de verre, & forment en s'étendant,la queue *D L*, qui eft fufpendue à la partie inférieure de la flamme *D*, d'où elle nous paroît par conféquent provenir , comme *B M* ; de même auffi les rayons *B C* , venant à tomber fur l'humeur triangulaire *o I S*, fe rompent, comme s'ils traverfoient un prifme de verre , & s'étendent par conféquent de la longueur de *X K* , en formant une queue, qui eft fufpendue à la partie fupérieure de *X*, de l'image de la flamme , d'où ils paroiffent parvenir , & nous repréfentent de cette maniere les rayons *B N*.

Il eft clair que,lorfqu'on intercepte les rayons fupérieurs *B A H R L* , à l'aide d'un corps opaque *P* , la queue *D L* doit, difparoître dans l'œil , & par conféquent la queue inférieure *B M* de la chandelle.

Mais lorfqu'on intercepte les rayons inférieurs *B C I S* , il faut que la queue *X K* , qui tient à la partie fupérieure de l'image de la flamme,difparoiffe,de même que les rayons fupérieurs apparens *B N*. Comme il fe raffemble beaucoup plus d'humeur aux paupieres lorfqu'on verfe des larmes , ce phénomène doit fe faire alors bien mieux remarquer,comme l'expérience le confirme.

Pourquoi voit-on des étincelles fortir de l'œil , lorfqu'on le frotte avec force , qu'on le preffe ou qu'on le frappe ? La lumiere tombant fur la rétine , preffe & pouffe les filets nerveux de cette membrane : lors donc que ces mêmes filets viennent à être comprimés de la même maniere par l'humeur vitrée, ils doivent faire la même impreffion fur l'ame , qui croira alors appercevoir de la lumiere, quoiqu'il n'y en ait point. Lorfqu'on frotte l'œil,on pouffe l'humeur vitrée contre la rétine , ce qui nous fait alors voir des étincelles. Si donc les filets nerveux reçoivent la même impreffion que produifoient auparavant quelques rayons colorés , notre ame devra revoir les mêmes couleurs. La même chofe arrive auffi, lorfque nous preffons l'angle de l'œil dans l'obfcurité, enforte qu'il s'écarte du doigt & que l'œil refte en repos ; ces couleurs difparoiffent dans l'efpace d'une fe-

coüde, & ne manquent pas de reparoître de nouveau auffi-tôt qu'on recommence à preffer l'œil avec le doigt. Mufch.*Eff. de phyf.* §. 1218 *& fuiv.*

VISION, *Théolog.* , fe prend par les théologiens pour une apparition que Dieu envoie quelquefois à fes prophètes & à fes faints, foit en fonge, foit en réalité.*V.* PROPHETIE, REVELATION.

Telles furent les *vifions* d'Ezéchiel , d'Amos, des autres prophetes , dont les prédictions font intitulées : *Vifio* ; la *vifion* de S. Paul élevé au troifieme ciel , celle dont fut favorifé S. Jofeph , pour l'affurer de la pureté de la fainte Vierge. Plufieurs perfonnes célebres par la fainteté de leur vie, telle que fainte Thérefe, fainte Brigitte, fainte Catherine de Sienne, *&c.* ont eu de pareilles *vifions* ; mais il y a d'extrèmes précautions à prendre fur cette matiere, l'apôtre S. Paul nous avertiffant que l'ange de ténebres fe tranf-forme quelquefois en ange de lumiere.

Auffi le mot *vifion* fe prend-il quelquefois en mauvaife part, pour des chimeres, des fpectres produits par la peur ou par les illufions d'une imagination bleffée ou vivement échauffée; c'eft pourquoi l'on donne le nom de *vifionnaires* à ceux qui fe forgent eux-mêmes des idées fingulieres ou romanefques. En ce dernier genre les *vifions* de Quevedo en font que des defcriptions des différens objets qui rouloient dans l'imagination bouillante de cet auteur.

Ce font encore , ou des peintures des chofes gravées dans l'imagination,ou des chofes que les fens apperçoivent, mais qui n'ont point de réalité , & qui ne font point ce qu'elles paroiffent ; ce font des apparences. Ainfi S. Jean dit dans l'*Apoc.* 9. 17. qu'il vit des chevaux en *vifion* ; c'eft-à-dire une apparence de figures de chevaux.

De pieux & favans critiques ont penfé que l'hiftoire de la tentation de Jefus-Chrift *emmené par l'efprit au défert*, Matt. 4. 1. s'eft plutôt paffé en *vifion* pendant le fommeil , qu'en fait & en réalité. Il paroît dur que Dieu ait permis au démon de tranfporter le Sauveur dans les airs , fur une montagne, fur le temple de Jérufalem,*&c.* La vue des royaumes du monde & de & de leur gloire, ne fe fait pas mieux d'un lieu élevé que de la plaine ; car qu'apperçoit-on du fommet d'une mon-

tagne, des champs, des rivieres ? des villes, des bourgades, dans l'éloignement.
Or, peut-on appeller ces sortes de choses,
les *royaumes* & leur *gloire* ?

La gloire des royaumes consiste dans
leur force, leur gouvernement, leur grandeur, leur opulence, leur population, le
nombre des villes, la magnificence des
bâtimens publics, &c. Tout cela ne se
voit ni du haut d'une montagne, ni dans
un instant, comme S. Luc rapporte que
cet événement arriva ; mais tout cela
peut se passer en *vision*. Ainsi ces paroles
ἐν τῷ πνεύματι, en esprit, signifient en *vision*, comme dans l'Apoc. 1. 10. & 21.10.
C'est ainsi qu'Ezéchiel dit, 11. 2. & 4.
12. qu'il lui sembloit être enlevé en *vision*, ὑπὸ τῦ πνεύματος. Le même prophete observe ailleurs, 40. 2. qu'il fut enlevé sur une montagne κατὰ Θανπασίαν, c'est
encore en *vision*. Au reste, Jesus-Christ
a pu apprendre par sa *vision*, que sa vie
ne se termineroit point sans tentation, &
qu'il auroit à remplir ce qui lui étoit apparu en songe, c'est-à-dire à vaincre l'ambition & l'incrédulité des puissances de
la terre.

Les critiques se sont donné la torture,
tant pour trouver l'accomplissement des
visions dont il est parlé dans le vieux &
le nouveau Testament, que pour l'application des prophéties elles-mêmes. Tel
est le cas du temple d'Ezéchiel, du regne
temporel de J. C. sur la terre, de la destruction de l'antechrist, de l'ouverture
des sept sceaux, & de plusieurs autres ;
voyez sur tout cela les notes sur le nouveau Testament, par Lenfant & Beausobre ; Vitringa sur l'Apocalypse ; Meyer,
Diss. theol. de visione ; Ezechielis Whis-
ton, *Vind. apost. const.* Harmonie des
prophetes sur la durée de l'antechrist, année 1687, &c. (*D. J.*)

VISION, *Théol.*, se prend pour la
connoissance que nous avons ou que nous
aurons de Dieu & de sa nature.

En ce sens, les théologiens distinguent,
trois sortes de *visions* ; l'une abstractive,
qui consiste à connoître une chose par une
autre ; la seconde, qu'ils nomment *intuitive*, par laquelle on connoît un objet en
lui-même ; & la troisieme, qu'ils appellent
compréhensive, par laquelle on connoît
une chose, non-seulement comme elle est,
mais encore de toutes les manieres dont
elle peut être.

La *vision* abstractive de Dieu consiste
à parvenir à la connoissance de Dieu &
de ses attributs par la considération des
ouvrages qui sont sortis de ses mains,
comme dit S. Paul, *invisibilia Dei per ea
quæ facta sunt intellecta conspiciuntur*.

La *vision* intuitive est celle dont les
bienheureux jouissent dans le ciel, &
dont le même apôtre a dit par opposition
à la connoissance que nous avons de Dieu
en cette vie, *videmus nunc per speculum
in ænigmate, tunc autem facie ad faciem*:
on l'appelle aussi *vision béatifique*.

Quelques hérétiques, comme les Ano-
méens, les Bégards, & les Béguines, &
parmi les Grecs modernes, les Palamites
ou Quiétistes du mont Athos, se sont vantés de parvenir à la *vision* intuitive de
Dieu par les seules forces de la nature.
Ces erreurs ont été condamnées, & en
particulier celle des Bégards & Béguines,
par le concile général de Vienne, tenu
sous Clément V en 1311.

En effet, il est clair que si pour les œuvres méritoires qui sont les moyens du
salut, l'homme a nécessairement besoin
de la grace, à plus forte raison a-t-il besoin d'un secours surnaturel pour le salut
même, qui n'est autre chose que la *vision*
béatifique. Les théologiens appellent ce
secours *surnaturel*, qui supplée à la foiblesse de notre intelligence, & qui nous
éleve à la *vision* intuitive de Dieu, lumiere de gloire, *lumen gloriæ* ; parce qu'elle
sert à la *vision* de Dieu, dans laquelle
consistent la gloire & le bonheur des
saints.

L'église catholique pense que les justes,
à qui il ne reste aucun péché à expier,
jouissent de la *vision* intuitive de Dieu
dès l'instant de leur mort, & que les ames
de ceux qui meurent sans avoir entierement satisfait à la justice de Dieu pour la
peine temporelle due à leurs péchés, n'y
parviennent à cette béatitude, qu'après
les avoir expiés dans le purgatoire.

Les Millénaires avoient imaginé que
les justes ne verroient Dieu qu'après avoir
regné mille ans sur la terre avec Jésus-
Christ, & passé ce temps dans toutes sortes de voluptés corporelles, selon quelques-uns d'entr'eux, ou, selon les autres,
dans des délices pures & spirituelles. *V.*
MILLÉNAIRES.

Au commencement du quatorzieme
siecle, le pape Jean XXII pencha pour

l'opinion qui foutient que les faints ne jouiſſent de la *viſion* intuitive qu'après la réſurrection des corps ; il l'avança mê- me dans quelques ſermons ; au moins il déſira qu'on la regardât comme une opi- nion problématique. Mais il ne décida jamais rien ſur cette matiere en qualité de ſouverain pontife, & rétracta même aux approches de la mort, ce qu'il avoit pu dire ou penſer de moins exact ſur cette queſtion.

Quoiqu'il ne répugne pas que Dieu puiſſe accorder dès cette vie à un homme la *viſion* béatifique, on convient pourtant généralement qu'il n'en a jamais favoriſé aucune créature vivante ſur la terre , ni Moyſe, ni Elie, ni ſaint Paul ,ni même la ſainte Vierge : tout ce qu'on avance au contraire eſt deſtitué de fondement.

Quant à la *viſion* comprehenſive, on ſent que Dieu ſeul peut ſe connoitre de toutes les manieres dont il peut être con- nu, & que l'eſprit humain, de quelqué ſe- cours ſurnaturel qu'on le ſuppoſe aidé ; ne peut parvenir à ce ſuprême degré d'in- telligence qui l'égaleroit à Dieu quant à la ſcience & à la connoiſſance.

VISION CELESTE de *Conſtantin*, *Hiſt. ecclíſ.*, c'eſt ainſi qu'on nomme la *viſion* d'une croix lumineuſe qui, au rapport de pluſieurs hiſtoriens, apparut à l'empereur Conſtantin, ſurnommé *le Grand*, quand il eut réſolu de faire la guerre à Maxence.

Comme il n'y a point de tradition plus celebre dans l'hiſtoire eccléſiaſtique que celle de cette *viſion céleſte*, & que plu- ſieurs perſonnes la croient encore incon- teſtable, il importe beaucoup d'en exami- ner la vérité, parce qu'il y a quantité d'autres faits, que les hiſtoriens ont répé- tés à la ſuite les uns des autres , & qui , diſcutés critiquement, ſe ſont trouvés faux; ce fait ci peut être e dn nombre. Plu- ſieurs ſavans en ſont convaincus ; & M. de Chaufepié lui-même, après un mûr examen de l'hiſtoire du *ſigne céleſte* de Conſtantin, n'a pu s'empêcher d'avouer que les argumens qu'on a employés à ſa défenſe, ne ſont point aſſez forts pour ex- clure le doute ; & que les témoins qu'on allegue en ſa faveur, ne ſont ni perſua- ſifs, ni d'accord entr'eux ; c'eſt ee que cet habile théologien des Provinces-Unies a entrepris de juſtifier dans ſon Diction- naire hiſtorique & critique , par une diſ- ſertation curieuſe & approfondie, , de

laquelle nous allons donner le précis.

Pour prouver que les témoins qui dé- poſent en faveur du fait en queſtion, ne ſont ni ſûrs, ni d'accord entr'enx , le lec- teur n'a qu'à ſe donner la peine de con- fronter leurs témoignages. Je commen- cerai pour abréger, par citer en françois le rapport d'Euſebe, *Vie de Conſtantin*, l. I, c. 28. 31.

Cet hiſtorien,après avoir dit que Conſ- tantin réſolut d'adorer le Dieu de Conſ- tance ſon pere, & qu'il implora la protec- tion de ce Dieu contre Maxence, il ajou- te: " Pendant qu'il faiſoit cette priere, il eut une merveilleuſe *viſion*, & qui pa- roitroit peut-être incroyable ſi elle étoit rapportée par un autre. Mais , puiſque ce victorieux empereur nous l'a racontée lui-même, à nous qui écrivons cette hiſ- toire long-temps après , lorſque nous avons été connus de ce prince, & que nous avons eu part à ſes bonnes graces, confirmant ce qu'il diſoit par ſerment, qui pourroit en douter, ſur-tout l'événe- ment en ayant confirmé la vérité ? Il aſ- ſuroit qu'il avoit vu dans l'après-midi , lorſque le ſoleil baiſſoit, une croix lumi- neuſe au-deſſus du ſoleil , avec cette inſ- cription : Τούτῳ νικᾷ , *vainquez par ce ſigne :* que ce ſpectacle l'avoit extrême- ment étonné de même que tous les ſol- dats qui le ſuivoient, qui furent témoins du miracle : que tandis qu'il avoit l'eſprit tout occupé de cette *viſion*, & qu'il cher- choit à en pénétrer le ſens , la nuit étant ſurvenue , Jéſus-Chriſt lui étoit apparu pendant ſon ſommeil avec le même ſigne qu'il lui avoit montré le jour dans l'air, & lui avoit commandé de faire un éten- dard de la même forme, & de le porter dans les combats pour ſe garantir du dan- ger: Conſtantin s'étant levé dès la pointe du jour, raconta à ſes amis le ſonge qu'il avoit eu ; & ayant fait venir des orfevres & des lapidaires, il s'aſſit au milieu d'eux leur expliqua la figure du ſigne qu'il avoit vu , & leur commanda d'en faire un ſemblable d'or & de pierreries ; & nous nous ſouvenons de l'avoir vu quel- quefois. "

Dans le chap. ſuivant qui eſt le trente- unieme , Euſebe décrit cet étendard au- quel on donna le nom de *labarum*, & dont nous avons parlé en ſon lieu. Dans le chap. 32 , il raconte que Conſtantin tout rempli d'étonnement par une ſi ſublime ble *vision*, fit venir les prêtres chrétiens, & qu'instruit par eux, il s'appliqua à la lecture de nos livres sacrés, & conclut qu'il devoit adorer avec un profond respect le Dieu qui lui étoit apparu : que l'espérance qu'il eut en sa protection, l'excita bientôt après d'éteindre l'embrasement qui avoit été allumé par la rage des tyrans.

Le témoignage de Ruffin ne nous arrêtera pas, parce qu'il n'a fait que traduire en latin l'histoire ecclésiastique d'Eusebe, en y retranchant plusieurs choses à sa guise.

Socrate est le troisieme historien qui nous parle de cette merveille, *Hist. eccl.* t. I, c. 2. " Constantin, dit-il, commença à chercher les moyens de mettre fin à la tyrannie de Maxence. . . . Pendant que son esprit étoit partagé de la sorte, il eut une *vision* merveilleuse, & qui surpassoit tout ce qu'on peut dire. Comme il marchoit à la tête de ses troupes, il vit dans le ciel l'après-midi, lorsque le soleil commençoit à baisser, une colonne de lumiere en figure de croix, ξύλον Φωτος σαυροιδον, sur laquelle étoient écrits ces mots : Εν τούτῳ νικᾷ, *vainquez par ceci*. L'empereur étonné d'un pareil prodige, & ne s'en rapportant pas entierement à ses propres yeux, demanda à ceux qui étoient présens s'ils avoient vu le même signe. Quand ils lui eurent répondu qu'oui, cette divine & merveilleuse *vision* le confirma dans la croyance de la vérité. La nuit étant survenue, il vit Jésus-Christ qui lui commanda de faire un étendard sur le modele de celui qu'il avoit vu en l'air, & de s'en servir contre ses ennemis, comme du gage le plus certain de la victoire, καὶ τούτῳ κατα των πολεμιων τιροπαι τροπαιω. Suivant cet oracle, il fit faire un étendard en forme de croix, lequel on conserve encore aujourd'hui dans le palais des empereurs. Rempli depuis ce moment de confiance, il travailla à l'exécution de ses desseins, & ayant attaqué aux portes de Rome, il remporta la victoire, Maxence étant tombé dans le fleuve, & s'étant noyé. Il étoit dans la septieme année de son regne, lorsqu'il triompha de Maxence, "

Sozomene, autre historien ecclésiastique, n'a pas publié le même fait ; mais il le raconte différemment, *Hist. eccles.* l. I, c. 2. en citant en même temps le récit

d'Eusebe : " Constantin, dit-il, ayant résolu de faire la guerre à Maxence, songea de qui il pourroit implorer la protection. Tout occupé de ses pensées, il vit en songe la croix dans le ciel toute resplendissante, ἔτραπ ἴδε τὸ τοῦ σταυροῦ σημιον εν τῷ ουρανω φιλαγιζον. Etonné de cette apparition, les anges qui l'environnerent, lui dirent: Constantin, remportez la victoire par ce signe ; ὦ Κωνσαντινε εν τουτῳ νικᾳ. On dit même que Jésus-Christ lui apparut, & que lui ayant montré l'étendard de la croix, il lui commanda d'en faire faire un semblable, & de s'en servir dans les combats pour vaincre ses ennemis. "

Philostorge qui a écrit une histoire ecclésiastique sous Théodose le jeune, dont Photius nous a conservé l'extrait, parle aussi, l. I, c. 6. de l'apparition du *signe céleste*, & la raconte autrement. Il dit que Constantin vit le signe de la croix vers l'orient, & que ce signe étoit formé d'un tissu de lumiere fort étendu, & accompagné d'une multitude d'étoiles arrangées de façon qu'elles traçoient en langue latine ces paroles : *Vainquez par ce signe* : Εν τουτῳ νικα.

Nicéphore Calliste, *Hist. eccl.* l. VIII, c. 3. a copié à sa maniere Philostorge en partie, & pour le reste Socrate presque mot à mot. Il renchérit néanmoins sur les autres historiens, & multiplie les merveilles; car outre la premiere apparition, Constantin, si on l'en croit, en a eu deux autres encore. Dans l'une il vit les étoiles arrangées de façon qu'elles formoient ces mots : Επικάλεσαι με εν ἡμερα θλιψεως, και ἐξελουμαι σε, και δοξασεις με : *invoque-moi au jour de ta détresse, je t'en délivrerai, & tu m'en glorifieras*. Frappé d'étonnement, il leva encore les yeux au ciel, & il vit de nouveau la croix formée par des étoiles, avec une inscription autour en ces termes : Εν τουτῳ τω σημιω παντας νικησεις τους πολεμιους : *par ce signe tu vaincras tous tes ennemis ;* ce qui lui rappella d'abord ce qui lui étoit arrivé auparavant. Le lendemain il fit sonner la charge, & livra bataille aux Byzantins, qu'il vainquit heureusement, & se rendit maître de leur ville, ayant fait porter l'étendard de la croix dans le combat.

Photius, *Bibl.* cod. 256, nous a conservé le témoignage d'un septieme écrivain qui n'a rien dit de particulier, sinon que
Constanti

Constantin enrichit de pierreries la croix qui lui étoit apparue, & la fit porter devant lui au combat contre Maxence.

La narration de Lactance, *De mortib. persec. c. 44.* est plus étendue que celle de ses prédécesseurs, & en diffère en plusieurs points. Il est dit, par exemple, que Constantin averti en songe de mettre sur les boucliers de ses soldats la divine image de la croix, & de livrer bataille, exécuta ce qui lui étoit prescrit, & fit entrelacer la lettre X dans le monogramme de *Christus*, pour être marquée sur tous les boucliers. Maxence fut battu, trouva le pont rompu, & se trouvant pressé par la multitude des fuyards, il tomba dans le Tibre & s'y noya.

Je ne sais si l'on doit mettre au rang des témoins. Arthémius, à qui Julien fit trancher la tête, & à qui Métaphraste & Surius (sur le 20 octobre) font dire que le signe de la croix étoit plus brillant que les rayons du soleil; que les caractères étoient dorés, & indiquoient la victoire; assurant qu'il a été témoin oculaire de cette merveille; qu'il a lu les lettres, & que toute l'armée a vu cet étonnant prodige.

Après avoir rapporté les témoignages des historiens, il s'agit de les peser : sur quoi l'on doit préalablement observer deux choses : I. Qu'on ne produit d'autres témoins que des chrétiens, dont la déposition peut être suspecte dans ce cas. II. Que ces témoins ne sont nullement d'accord entre eux, & qu'ils rapportent même des choses opposées.

I. On ne produit d'autres témoins que des chrétiens, dont la déposition peut être suspecte en ce cas, parce qu'il s'agit d'un fait qui fait honneur à leur religion, & qui en prouve la divinité. Si ce merveilleux phénomene a été vu, non-seulement de Constantin & de ses amis, mais de toute son armée, d'où vient qu'aucun auteur païen n'en a fait mention ? Que Zozime eût rien dit, il ne faudroit pas en être surpris, cet écrivain ayant quelquefois pris à tâche de diminuer la gloire de Constantin. Mais comment n'en trouve-t-on pas le mot dans le panégyrique de Constantin, prononcé en sa présence à Treves, lorsqu'après avoir vaincu Maxence, il retourna dans les Gaules & sur le Rhin ? L'auteur de ce panégyrique parle en termes magnifiques de toute la guerre con-

Tome XXXVI. Partie I.

tre Maxence, & garde en même temps un profond silence sur la *vision* dont il s'agit : ce silence est fort étrange !

Nazaire, autre rhéteur, qui dans son panégyrique parle si éloquemment de la guerre contre Maxence, de la clémence dont Constantin usa après la victoire, & de la délivrance de Rome; ne dit rien de la *vision* que toute l'armée doit avoir eue, tandis qu'il rapporte que par toutes les Gaules on avoit vu des armées célestes, qui prétendoient être envoyées pour secourir Constantin.

Non-seulement cette *vision* surprenante a été inconnue aux autres païens, mais à trois écrivains chrétiens, contemporains de Constantin, & qui avoient la plus belle occasion d'en parler. Le premier est Publius Optatianus Porphyre, poëte chrétien, qui publia un panégyrique de Constantin en vers latins, dans lequel il fait mention plus d'une fois du monogramme de Christ, qu'il appelle le *signe céleste;* mais l'apparition de la croix lui est inconnue. Lactance est le second, & son témoignage est recommandable par toutes sortes d'endroits; tant à cause de la pureté de ses mœurs, & de son érudition & de son éloquence, qu'à cause qu'il a été parfaitement instruit de tout ce qui regarde Constantin, ayant été précepteur de Crispus, fils de cet empereur. Dans son *Traité de la mort des persécuteurs,* qu'il écrivit vers l'an 314, deux ans après l'apparition dont il s'agit, il n'en fait aucune mention. Il rapporte seulement que Constantin fut averti en songe de mettre sur les boucliers de ses soldats la divine image de la croix, & de livrer bataille ensuite.

Mais Lactance auroit-il raconté un songe dont la vérité n'avoit d'autre appui que le témoignage de Constantin, & auroit-il passé sous silence un prodige qui avoit eu toute l'armée pour témoin ?

Il y a plus, Eusebe lui-même ne parle point de cette merveille dans tout le cours de son *Histoire ecclesiastique,* & sur-tout dans le chap. 9. du livre IX, où il rapporte fort au long les exploits de Constantin contre Maxence. Ce n'est que dans la vie de cet empereur, écrite long-tems après, qu'il raconte cette merveille, sur le témoignage de Constantin seul. Comment concevoir qu'une *vision* si admirable vue de tant de milliers de personnes, & si propre à juſtifier la vérité de la religion chrétienne , ait été inconnue à Euſebe, hiſtorien ſi ſoigneux de rechercher tout ce qui pouvoit contribuer à faire honneur au chriſtianiſme , & tellement inconnue, que ce n'a été que pluſieurs années après qu'il en a été informé par Conſtantin ? N'y avoit-il donc point de chrétiens dans l'armée de Conſtantin , qui fiſſent gloire publiquement d'avoir vu un pareil prodige ? Auroient-ils en ſi peu d'intérêt à leur cauſe , que de garder le ſilence ſur un ſi grand miracle ? Doit-on , après cela, être ſurpris que Gélaſe de Cyzique , un des ſucceſſeurs d'Euſebe dans le ſiege de Céſarée , au cinquieme ſiecle, ait dit que bien des gens ſoupçonnoient que ce n'é-toit là qu'une fable inventée en faveur de la religion chrétienne ? *Hiſt. act. conc. Nic. c. 4.*

On dira peut-être que ſelon les maxi-mes du droit, on doit plus de foi à un ſeul témoin qui affirme , qu'à dix qui nient ; & qu'il ſuffit qu'Euſebe ait rapporté ce fait dans la *Vie de Conſtantin*, & que quan-tité d'autres écrivains l'aient rapporté après lui. Mais on doit ſe ſouvenir auſſi, que ſelon les maximes du droit, il eſt né-ceſſaire de confronter les témoins, & que lorſqu'ils ſe contrediſent, il faut ajouter foi au plus grand nombre , & aux plus graves.

II. Les témoins ne ſont nullement d'ac-cord entr'eux, & rapportent même des choſes oppoſées. Ils ne ſont pas d'accord ſur les perſonnes à qui cette merveille eſt apparue ; preſque tous aſſurent qu'elle a été vue de Conſtantin & de toute ſon ar-mée. Gélaſe ne parle que de Conſtantin ſeul : ὑφαύθεν ὁ θεὸς Κωνςαντῖνον σηλίξει , δικξας αὐτῷ τὸ σωτήριον τῦ ςχυρῦ συμβόλον. Ils different encore ſur le temps de la *vi-ſion* ; Philoſtorge dit que ce fut lorſque Conſtantin remporta la victoire ſur Ma-xence; d'autres prétendent que ce fut au-paravant , lorſque Conſtantin faiſoit des préparatifs pour attaquer le *tyran* , & qu'il étoit en marche avec ſon armée.

Les auteurs ne s'accordent pas davan-tage ſur la *viſion* même , le plus grand nombre n'en reconnoiſſant qu'une, & en-core en ſonge , κατ᾽ ὄναρ ; il n'y a qu'Eu-ſebe, ſuivi par Socrate. Nicéphore & Phi-loſtorge , qui parlent de deux, l'une que Conſtantin vit de jour, & l'autre qu'il vit en ſonge, ſervant à confirmer la premiere.

L'inſcription offre de nouvelles diffé-rences; Euſebe dit qu'on liſoit τυτῳ νικας d'autres ajoutent la particule ἐν ; d'autres ne parlent point d'inſcription. Selon Phi-loſtorge & Nicéphore, elle étoit en carac-teres latins ; les autres n'en diſent rien, & ſemblent par leur récit ſuppoſer que les caractères étoient grecs. Philoſtorge aſſure que l'inſcription étoit formée par un aſſemblage d'étoiles ; Artémius dit que les lettres étoient dorées ; d'autres cité comme ſeptieme témoin , les repré-ſente compoſées de la même matiere u-mineuſe que la croix. Selon Sozomene , il n'y avoit point d'inſcription , & ce fu-rent les anges qui dirent à Conſtantin ; *remportez la victoire par ce ſigne.*

Enfin les hiſtoriens ne ſont pas plus d'accord ſur les ſuites de cette *viſion.* Si l'on s'en rapporte à Euſebe, Conſtantin aidé du ſecours de Dieu , remporta ſans peine la victoire ſur Maxence. Mais ſe-lon Lactance , la victoire fut fort diſpu-tée ; on ſe battit de part & d'autre avec beaucoup de courage, & ni les uns ni les autres ne lâcherent le pied. Il dit même que les troupes de Maxence eurent quel-qu'avantage avant que Conſtantin eût fait approcher ſon armée des portes de Rome. Si l'on en croit Euſebe , depuis cette époque Conſtantin fut toujours vic-torieux, & oppoſa à ſes ennemis comme un rempart impénétrable , le ſigne ſalu-taire de la croix.

Sozomene aſſure auſſi ce dernier fait ; cependant un auteur chrétien , dont M. de Valois a raſſemblé des fragmens , *ad calcem Ammian. Marcellin.* p. 473, 475 , rapporte que dans les deux batailles que Conſtantin livra à Licinius , la victoire fut douteuſe , & que même Conſtantin re-çut une légere bleſſure à la cuiſſe. Selon Nicéphore, *Hiſt. ecclés.* l. VII, c. 47, tant s'en faut que Conſtantin ait toujours été heureux depuis cette apparition, & qu'il ait toujours fait porter l'enſeigne de la croix, qu'au contraire il combattit deux fois les Byzantins ſans l'avoir, & ne s'en ſeroit pas même ſouvenu , s'il n'eût per-du neuf mille hommes, & ſi la même *vi-ſion* ne lui étoit apparue une ſeconde fois, avec une inſcription bien plus claire & plus nette encore: *par ce ſigne tu vaincras tous tes ennemis.* Conſtantin n'auroit pas ſans doute compris la premiere, *vainquez par ceci* , ſans une explication précédée core d'un autre avertissement formé par l'arrangement des étoiles, contenant ces paroles du pseaume 50, *invoque-moi*, &c. Philostorge assure que la *vision* de la croix, & la *victoire* remportée sur Maxence, déterminerent Constantin à embrasser la foi chrétienne. Mais Ruffin dit qu'il favorisoit déjà la religion chrétienne, & honoroit le vrai Dieu ; & l'on sait cependant qu'il ne reçut le baptême que peu de jours avant de mourir, comme il paroît par le témoignage de S. Athanase, *Athanas. de synod.* p. 917 ; de Socrate, l. II, c. 47 ; de Philostorge, l. VI, c. 6 , & de la chronologie d'Alexandrie, *Chron. Alexand.* p. 684, édit. Rav.

Dans une si grande variété de récits, à qui doit-on s'en rapporter, si ce n'est au plus grand nombre, & à ceux dont la narration est la plus simple ? Sur ce pied-là, il faut abandonner Eusebe, le fabuleux Nicéphore, & Philostorge que Photius appelle *menteur*, ἀνὴρ ψευδόλογος, qui parlent d'une apparition arrivée de jour, & s'en tenir à la *vision* en songe.

Nous pourrions nous borner à ces courtes réflexions sur le caractere des témoins en général ; mais par surabondance de droit, nous discuterons l'autorité des principaux ; celle d'Eusebe comme historien, & celle d'Artemius & de Constantin comme témoins oculaires.

Commençons par Eusebe qui a donné le ton à tous les autres historiens sur ce sujet. Nous n'adopterons pas le soupçon de quelques savans qui doutent qu'il soit l'auteur de la *Vie de Constantin* ; nous ne nous prévaudrons pas non plus ici, de ce qu'Eusebe ne parle point d'une chose dont il ait été lui-même témoin, & de ce qu'il ne raconte le fait que sur le seul témoignage de Constantin; nous ferons valoir seulement la maxime des jurisconsultes, qui dit : *Personne ne peut produire comme témoin celui à qui il peut ordonner d'en faire la fonction, tel qu'est un domestique, ou tel autre qui lui est soumis.* Mais Eusebe n'est-il pas un témoin de cét ordre ? N'est-ce pas par le commandement de Constantin qu'il a écrit la vie, ou pour mieux dire, le panégyrique de ce prince? N'est-ce pas un témoin qui dans cet ouvrage revêt par-tout le caractere de panégyriste, plutôt que celui d'historien ? N'est-ce pas un écrivain qui a supprimé soigneusement tout ce qui pouvoit être

désavantageux & peu honorable à son héros ? Il passe sous silence le rétablissement du temple de la Concorde, dont on voyoit la preuve par une inscription qui se lisoit du tems de Lilio Giraldi, dans la basilique de Latran. Il ne dit rien de la mort de Crispus fils de Constantin, que cet empereur fit périr sur de faux & de légers soupçons: pas un mot de la mort de Faustine, étouffée dans un bain, quoique Constantin lui fût redevable de la vie ; sans parler de quantité d'autres faits qu'un historien uniquement attentif à dire la vérité, n'auroit pas omis. Il est donc bien permis d'en appeler d'Eusebe courtisan, flatteur & panégyriste, à Eusebe historien, à qui ce prodige a été inconnu jusqu'au tems qu'il eut la commission de publier les louanges de Constantin.

Artemius ne nous paroîtra pas plus digne de foi ; voici le langage qu'on lui fait tenir à Julien : *Ad Christum declinavit Constantinus , ab illo vocatus quando difficillimum commisit prælium adversus Maxentium. Tunc enim , & in meridie apparuit signum crucis solis splendidius, & litteris aureis belli significans victoriam. Nam nos quoque aspeximus , cum bello interessemus, & litteras legimus; quin etiam totus quoque , id est contemplatus exercitus, & multi hujus sunt testes in exercitu.* Mais tout ce beau discours ne porte que sur la foi de Métaphraste, auteur fabuleux, chez qui l'on trouve les actes d'Artemius, que Baronius prétend à tort de pouvoir défendre, en même tems qu'il avoue qu'on les a interpolés.

Reste le témoignage de Constantin lui-même, qui a raconté le fait, & qui a confirmé son récit par serment. Tout semble d'abord donner du poids à un pareil témoignage, la dignité de ce prince, ses exploits, sa constance, sa religion; enfin, c'est un témoin oculaire, qui confirme son assertion par serment. Que peut-on demander de plus, & sur quels fondemens s'élever contre un témoignage de ce caractere? Je réponds, sur des fondemens appuyés de très-fortes raisons, & je vais entreprendre de prouver : I. que le serment de Constantin n'est pas d'un si grand poids qu'on le prétend : II. qu'il étoit tout-à-fait de l'intérêt de Constantin d'inventer un fait de cette espece : III. qu'il rapporte de lui-même des choses qui ne lui conviennent point : IV. qu'il attribue à notre Seigneur J. C. des choses indignes de lui.

I. Je dis que le ferment de Constantin dans ce cas, n'est pas d'un aussi grand poids qu'on le prétend. Suppofons d'abord qu'il l'a fait de bonne foi & dans la fimplicité de fon ame ; comme ce n'a été que fort long-tems après qu'il a raconté la *vifion* qu'il avoit eue de jour, & le fonge qu'il avoit fait la nuit fuivante, on peut fort bien penfer, fans faire tort à la probité d'un prince vertueux, qu'ayant perdu en partie le fouvenir des circonftances d'un fait arrivé depuis fi long-tems, il y a ajouté, retranché, & a confondu les chofes fans auoune mauvaife intention, & qu'en conféquence il a cru pouvoir affirmer par ferment ce qu'une mémoire peu fidelle lui fourniffoit.

Par exemple, il pourroit avoir vu un phénomene naturel, une parhélie, ou halofolaire, comme le prétendent quelques favans ; enfuite il auroit peut-être vu en fonge l'infcription τουτῳ νικα ; & confondant les tems & les circonftances, il auroit cru avoir vu l'infcription de jour. Cependant diverfes raifons ne nous permettent pas de taxer dans cette occafion Conftantin d'un fimple défaut de mémoire.

En premier lieu, c'eft ici un ferment fait en converfation familiere, qui peut avoir été l'effet d'une mauvaife habitude, & non l'effet de la réflexion & d'une mûre délibération, ce qui feul peut lui donner du poids.

Secondement c'eft un ferment nullement néceffaire. S'il eût été queftion de fon fonge, comme l'empereur n'avoit d'autre preuve à alléguer que fa parole, on conçoit que fe ferment pouvoit être d'ufage ; mais s'agiffant d'un prodige qui devoit être fort connu, qu'il avoit été vu de toute l'armée, qu'étoit-il befoin de ferment pour confirmer un fait public, & qu'un grand nombre de témoins oculaires pouvoit attefter ? C'eft fans contredit une chofe étonnante, que Conftantin ait craint de n'en être pas crû à moins qu'il ne fît ferment, & qu'Eufebe ne fe foit informé du fait à aucun des officiers ou des foldats de l'armée, qui fans doute n'étoient pas tous morts ; ou que s'il s'étoit informé, il n'en ait rien dit dans la *Vie de Conftantin*, pour appuyer le récit de ce prince.

En troifieme lieu, quoique les auteurs chrétiens aient prodigué les plus grands éloges à Conftantin, & qu'ils aient donné les plus hautes idées de fa pieté, il eft certain néanmoins qu'il n'étoit pas auffi vertueux qu'il le faudroit pour mériter une entiere foi de la part de ceux qui jugent fainement du prix des chofes.

Sans adopter le fentiment de quelques favans, qui ne prétendent pas à la légere que ce prince étoit plus payen que chrétien, nous avons bien affuré qu'il étoit chrétien plutôt de nom que d'effet. Il a donné plus d'une preuve de fon hypocrifie & de fon peu de pieté. Quel chriftianifme que celui d'un prince qui fit rebâtir à fes dépens un temple idolâtre, ruiné par l'ancienneté ; un prince chrétien qui fit périr Crifpus fon fils, déjà décoré du titre de *Céfar*, fur un léger foupçon d'avoir commerce avec Faufte fa bellemere ; qui fit étouffer dans un bain trop chauffé cette même Faufte fon époufe, à qui il étoit redevable de la confervation de fes jours ; qui fit étrangler l'empereur Maximien Herculius, fon pere adoptif ; qui ôta la vie au jeune Licinius, fon beaufrere, qui faifoit paroître de fort bonnes qualités ; qui, en un mot, s'eft déshonoré par tant de meurtres, que le conful Ablavius appelloit ces tems-là *néroniens* ! On pourroit ajouter qu'il y a d'autant moins de fonds à faire fur le ferment de Conftantin, qu'il ne s'eft pas fait une peine de fe parjurer, en faifant étrangler Licinius, à qui il avoit promis la vie par ferment. Au refte toutes ces actions de Conftantin font rapportées dans Eutrope, l. X, c. 4. Zofim. l. II, c. 29. Orof. lib. VII, cap. 28. S. Jerôme, *Chron. ad ann.* 321. Aurelius Victor, *Epit.* c. 50, *&c.*

II. Il étoit de l'intérêt de Conftantin d'inventer un fait de cette efpece dans les circonftances où il fe trouvoit, & fa politique raffinée le lui fuggéroit. Il avoit reçu des députés des villes d'Italie, & de Rome même, pour implorer fon fecours contre la tyrannie de Maxence. Il fouhaitoit fort d'aller les délivrer, d'acquérir de la gloire, & fur-tout un plus grand empire. La crainte s'étoit emparée de fes foldats. Les chefs de fon armée murmuroient d'une guerre entreprife avec des forces fort inférieures à celles que Maxence avoit à leur oppofer ; de finiftres préfages annonçoient des malheurs. A quoi le réfoudre dans de pareilles confodures? Renoncer à la guerre projetée? Il ne le pouvoit, après l'avoir lui-même déclarée à Maxence. Demandera-t-il la paix au tyran ? Mais il ne peut l'efpérer qu'en renonçant à l'empire, ce qui ne convenoit ni à fon honneur, ni à fa fûreté. D'ailleurs, fon ambition étoit fi grande, que dans la fuite il ne put ni ne voulut fouffrir de compagnon. Il crut donc devoir ufer d'adreffe, & il ne trouva rien de meilleur & de plus avantageux que de fe concilier les chrétiens qui étoient en très-grand nombre, non-feulement dans les Gaules, où Conftance Chlore, pere de Conftantin, les avoit favorifés, mais encore en Italie, & à Rome même, où régnoit Maxence.

Dès le temps de Marc-Aurele, les légions étoient remplies de chrétiens, & l'on prétend qu'il y en avoit qui étoient tout entieres compofées de chrétiens. Sous Septime Sévere & fon fils Antonin Caracalla, ils furent admis aux charges. Alexandre Sévere penfa à élever un temple à Jéfus-Chrift, & à le mettre au rang des dieux. Philippe favorifa tellement les chrétiens, qu'Eufebe & d'autres auteurs ont cru qu'il étoit lui-même ; & Conftance Chlore, pere de Conftantin, les avoit protégés dans les pays de fa domination. C'étoit donc un trait de politique de fe les attacher ; Maxence avoit employé déjà le même artifice au commencement de fon regne. " Maxence, dit » Eufebe, _Hift. eccléf._ l. VIII, c. 14, » ayant ufurpé à Rome la fouveraine » puiffance, feignit d'abord, pour flat- » ter le peuple, de faire proffeffion de » notre religion, de nous vouloir trai- » ter favorablement, & d'ufer d'une plus » grande clémence que n'avoient fait fes » prédéceffeurs: mais bientôt après il dé- » mentit les belles efpérances qu'il avoit » données. " Conftantin fuppofa donc un fonge, où la croix lui étoit apparue, afin de fe concilier l'affeſtion des chrétiens répandus dans toutes les provinces de l'empire, de donner du courage à fes foldats, & d'attirer le peuple dans fon parti. C'eft ainfi que quelque tems après Licinius, pour encourager fon armée contre Maximin, fuppofa qu'un ange lui avoit diſté en fonge une priere qu'il devoit faire avec fon armée.

III. Conftantin rapporte de lui-même des chofes qui ne lui conviennent point.

A l'en croire, il ignore ce que veut dire la croix; il ne comprend rien à l'apparition, il y penfe & repenfe, & il faut que Jéfus-Chrift lui apparoiffe en fonge pour l'en inftruire. Qui ne croiroit fur ce récit, que les chrétiens étoient entiérement inconnus à Conftantin, du moins qu'il ignoroit que la croix étoit comme leur enfeigne, & qu'ils s'en fervoient par-tout, jufques-là qu'on leur attribuoit déjà, du tems de Tertullien, de l'adorer ? Cependant Conftance, pere de Conftantin, avoit favorifé les chrétiens ; & Conftantin lui-même, né d'une mere chrétienne, paffoit déjà pour l'être avant que de triompher de Maxence.

IV. Enfin, il attribue à notre Seigneur Jéfus-Chrift des chofes indignes de lui. Jéfus-Chrift lui ordonne de fe fervir de ce figne pour combattre fes ennemis, & comme d'un rempart contre eux. Mais qui ne voit tout ce qu'il y a ici de fuperftitieux, comme fi la croix étoit une efpece d'amulette qui eût une vertu fecrete ? Il y a plus ; Conftantin lui-même n'obéit point dans la fuite à cet ordre divin, puifqu'il combattit deux fois ceux de Byzance fans avoir le figne de la croix, & il en avoit entiérement perdu le fouvenir, il fallut une perte de neuf mille hommes & une nouvelle _vifion_, pour lui en rappeller la mémoire.

Qui peut douter à préfent que l'apparition prétendue du figne célefte ne foit une fraude pieufe que Conftantin imagina pour favorifer le fuccès de fes deffeins ambitieux ?

Cette rufe a cependant fait une longue fortune, & n'a pas même été foupçonnée de fauffeté par d'habiles gens du dernier fiecle & de celui-ci. Je trouve dans le nombre de ceux qui y ont ajouté fortement & religieufement foi, le célebre Jacques Abbadie, & le pere Grainville. Le premier a foutenu la vérité de la _vifion célefte_ de Conftantin, dans fon ouvrage intitulé _Triomphe de la providence_ ; & le fecond dans une differtation inférée dans le _Journal de Trévoux_, juin 1724, art. 48.

On peut réduire à fix chefs tout ce que le doyen de Killalow allegue avec l'éloquence véhémente qui lui eft propre en faveur de fa caufe.

I. Il cite le témoignage de quantité d'auteurs de toute tribu : langue & nation, anglois, françois, efpagnols, italiens, allemands, tant anciens que modernes, catholiques romains, comme Godeau, évêque de Grasse, & protestans, comme le Sueur, qui croient tous la vérité de l'apparition.

Mais premierement cette croyance n'a pas été aussi unanime que le prétend M. Abbadie, puisque dès le cinquieme siecle, Gélase de Cizique disoit que bien des gens soupçonnoient que c'étoit une fraude pieuse pour accréditer la religion chrétienne. 2°. Quand cette croyance seroit encore plus universelle, on n'en pourroit rien conclure, parce qu'il y a quantité de fables que personne n'a contredites pendant plusieurs siecles, & qui ont été reconnues pour telles, quand on s'est donné la peine de les examiner.

II. M. Abbadie fait valoir le témoignage des Ariens tant anciens, comme Eusebe, un de leurs chefs, & Philostorge leur historien & leur avocat, que modernes, entre lesquels il met Grotius.

Le doyen de Killalow s'imagine que les Ariens avoient un intérêt capital à contester la vérité de la *vision* de Constantin pour répondre bien des choses à ce sujet.

1°. L'argument n'est rien moins que concluant : Dieu a promis à Constantin la victoire en lui montrant le signe de la croix au ciel : donc douze ans après, cet empereur n'a pu errer dans la foi. La *vision* n'étoit pas destinée à lui assurer une foi inébranlable, mais la victoire sur ses ennemis.

2°. Quel rapport la croix de Christ a-t-elle à l'erreur des Ariens? Comment fertelle à les confondre? Condamnoient-ils, ou rejetoient-ils la croix du Sauveur? De ce que Jésus-Christ a été crucifié, ou a fait voir la croix à Constantin, s'ensuit-il qu'il est consubstantiel (ὁμοούσιος) au Pere?

3°. Tant s'en faut que les Ariens aient regardé la *vision* de Constantin, comme défavorable à leur cause, qu'ils ont prétendu le contraire, en observant, comme le reconnoit M. Abbadie, que le signe céleste étoit tourné vers l'orient, le centre de l'arianisme.

4°. M. Abbadie s'est trompé sur le témoignage de Grotius ; car ce savant étoit un de ceux qui ne croyoient point la vérité de l'apparition céleste à Constantin.

III. M. Abbadie allegue le silence de Zosime & de l'empereur Julien, qui, si le fait en question n'avoit pas été incontestable, n'auroit pas manqué de relever Eusebe, & de convaincre publiquement les chrétiens d'imposture. Mais pourquoi Zosime, historien païen, devoit-il relever Eusebe? Est-ce que son but, en écrivant son histoire, a été de réfuter en tout l'historien de l'église? D'ailleurs ce qu'Eusebe a écrit de la *vision* de Constantin, se trouve-t-il dans son *Histoire ecclésiastique*? Zosime auroit dû aussi refuter sur ce pied-là, tout ce qui se trouve dans les autres panégyriques faits en l'honneur de Constantin.

Par quelle raison encore Julien devoit-il réfuter Eusebe? Il n'a pas écrit l'histoire, & on ne prouve pas qu'il ait lu le panégyrique qu'Eusebe a fait de Constantin. Supposé qu'il l'ait lu, il faudroit faire voir qu'il a pris pour une histoire, & non pour ce qu'il est véritablement, un panégyrique. Julien n'a pas réfuté cette prétendue merveille, soit parce qu'elle lui étoit inconnue, soit parce qu'il n'a pas voulu s'en donner la peine, ou plutôt parce qu'il n'ajoutoit aucune foi à la *vision*, comme il paroit par le changement qu'il fit au *labarum*.

Si Julien avoit cru que cette enseigne militaire avoit été sur le modele d'un signe céleste & qu'elle avoit servi à Constantin à remporter tant de victoires, pourquoi ce prince, qui étoit ambitieux & avide de gloire, n'auroit-il pas conservé le *labarum*, dont la vertu avoit été tant de fois éprouvée? Ne devoit-il pas craindre qu'en changeant un signe fait par ordre du ciel, il n'éprouvât des disgraces, & ne fût vaincu par ses ennemis?

IV. Le savant doyen soutient que la vérité du fait en question est conservée en divers monumens : tels sont les vers de Prudence, qui ne parlent que du *labarum*.

L'arc de triomphe que le sénat fit élever à Constantin après sa victoire sur Maxence, dans l'inscription duquel il est parlé de l'inspiration de la divinité, ce qui néanmoins s'explique bien plus naturellement d'un songe que d'une apparition vue de jour.

"La statue de Constantin, dont l'inscription, composée par ce prince même, porte que par ce signe salutaire il a délivré la ville du joug de la tyrannie. Mais ni dans les vers de Prudence, ni sur l'arc de triomphe, ni sur la statue, il n'est parlé du signe céleste vu de jour : preuve évidente que dans ce tems-là Constantin ne se vantoit de rien de femblable; qu'il ne prétendoit que faire valoir une rufe , un fonge réel ou fictif, d'après lequel il ordonna qu'on fît le *labarum*. Il y a plus: fi aux yeux de toute fon armée , Conftantin a vu en plein jour un figne célefte accompagné de caracteres lumineux & lifibles, d'où vient n'a-t-il pas gravé en termes clairs & précis une telle merveille fur l'arc de triomphe, ou dans l'infcription de la ftatue ? Ce prince fi pieux, fi reconnoiffant, auroit-il négligé de tranfmettre fur le marbre & fur l'airain à la poftérité un prodige attefté par toute fon armée ?

V. Un autre argument que M. Abbadie preffe , & fur lequel il paroît faire beaucoup de fond , parce qu'il y revient fous différens tours , eft pris des vertus & des victoires continuelles de Conftantin, qui depuis ce tems-là ne perdit aucune bataille , & ne trouva point d'ennemis qui lui réfiftaffent. Mais nous avons déjà répondu à tous les préjugés du doyen de Killalow fur la Gloire de Conftantin, fon mérite & fes vertus.

Nous avons prouvé qu'il étoit de la politique de cet empereur de fe conduire ainfi. Il fit ôter fur les drapeaux les lettres initiales qui défignoient le fénat & le peuple romain , & fit mettre à la place le monogramme de Jéfus-Chrift, parce qu'il portoit par ce moyen les derniers coups à l'autorité de la nation. Maxence luimême jugea à propos pendant quelque tems d'employer un pareil artifice. Nous avons vu que Conftantin rapportoit tout à fon intérêt , & qu'il ne craignoit pas beaucoup de fe parjurer. Nous avons vu auffi que , malgré fon monogramme & fa *vifion*, la victoire lui fût fort difputée dans les deux batailles qu'il livra à Licinius fon beau-frere, & qu'il eut deux fois du deffous en combattant les Byzantins. Enfin quand nous fuppoferions (ce dont nous ne convenons point) que Conftantin ait toujours été victorieux après l'apparition du figne célefte, il ne s'enfuit point de là, qu'il n'a pas inventé (pour encourager fes troupes, & pour fe concilier l'affection des chrétiens) le fonge où il prétend avoir vu cette merveille.

On peut citer nombre d'impoftures qui ont été couronnées d'heureux fuccès; celle de Jeanne d'Arc , furnommée la *pucelle d'Orléans*, n'étoit pas inconnue à M. Abbadie.

Cependant il s'écrie avec indignation : " quoi, nous devrions à la folie des fictions la ruine des idoles & l'illumination des nations ? „ Et nous lui répondons , 1°. qu'on ne lit nulle part que les peuples fe foient convertis en confidération de cette apparition. Il eft vrai que lorfque Conftantin témoigna goûter le chriftianifme , nombre de perfonnes en firent profeffion , foit par conviction , foit pour plaire à l'empereur, ou entrainées par fon exemple. Si le figne célefte a été vu de toute l'armée, compofée pour la plus grande partie de païens, d'où vient qu'un grand nombre de chefs & de foldats, finon toute l'armée , n'ont pas embraffé la religion de Jéfus-Chrift ? 2°. Quand même un très-grand nombre de païens auroient en ce tems-là fait profeffion de l'évangile , ce qui pourtant n'eft rapporté nulle part , il ne feroit pas furprenant que leur converfion fût due à l'artifice.

VI. Enfin M. Abbadie fe perfuade que les prodiges qui rendirent inutiles les efforts de Julien pour le rétabliffement du temple de Jérufalem , forment un témoignage confirmatif de l'apparition du figne célefte à Conftantin.

Mais quand, pour abréger, nous accorderions au doyen de Killalow que les prodiges merveilleux qu'il a recueillis des hiftoriens , font réellement arrivés lorfque les juifs entreprirent de rebâtir le temple, quelle liaifon ont ces prodiges avec le figne dont Conftantin s'eft vanté ? De ce que le projet des juifs favorifés par Alypius d'Antioche, ami de Julien, pour rétablir leur temple, a échoué, s'enfuit-il qu'il faut admettre la vérité de la *vifion* du fils de Conftance Chlore ? Ces deux chofes n'ont aucun rapport enfemble; J. Chrift a bien prédit la deftruction entiere du temple de Jérufalem, mais non pas la *vifion* de l'empereur Flav. Valer. Conftantin.

Le P. de Grainville , après avoir défendu la vérité de la *vifion* de Conftantin par les témoignages des hiftoriens eccléfiaftiques , remarque que l'empereur raconta l'hiftoire de fa *vifion* en préfence de plufieurs évêques, qu'aucun auteur ancien ni moderne ne s'eft infcrit en faux contre cette *vifion*, & que plufieurs infcriptions antiques & des panégyriques anciens en font mention; mais il croit fur-tout trouver des preuves inconteftables de ce fait dans les médailles antiques.

Comme nous avons difcuté déjà les témoignages des hiftoriens, des panégyriques & du confentement général, nous nous bornerons ici à la preuve que le P. Grainville tire des médailles, & fur laquelle roule principalement fa differtation. Nous obferverons feulement que nous ne connoiffons aucun hiftorien qui ait dit, comme le prétend ce jéfuite, que Conftantin raconta l'hiftoire de la *vifion en préfence de plufieurs évêques*, parmi lefquels fe trouvoit Eufebe ; mais fuppofé que quelqu'auteur ancien l'ait dit, comment concilieroit-on fon récit avec celui d'Eufebe même, qui nous affure que Conftantin raconta cette hiftoire à lui feul, après qu'il fut entré dans la familiarité de ce prince ?

Les médailles que rapporte le P. Grainville, font deftinées à prouver la vérité de ces trois chofes, qui font remarquables dans la *vifion* : 1°. la croix qui apparut à Conftantin, 2°. l'affurance qu'on lui donna qu'il feroit vainqueur, 3°. le *labarum* ou l'enfeigne qu'il eut ordre de faire avec le monogramme de Jéfus-Chrift. Tout cela eft exprimé, felon ce jéfuite, dans les médailles de Conftantin & de fa famille, dont les unes font dans les cabinets d'antiquaires, & les autres dans le livre du pere Banduri. Mais ces trois chofes ne prouvent pas le point en queftion, que Conftantin a vu en plein jour le figne de la croix avec cette infcription : *vainquez par cela*. Ces trois chofes peuvent être vraies, en fuppofant que Conftantin a eu une *vifion* en fonge. Il y a plus, elles ne prouvent point même que l'empereur ait vu cette merveille en fonge : tout ce que l'on peut en inférer, c'eft que Conftantin a voulu faire croire que Dieu lui avoit envoyé un fonge extraordinaire, dans lequel il avoit eu une pareille *vifion*.

Nous avons démontré que Conftantin étoit intéreffé à inventer ce qui pouvoit infpirer de la terreur à fes ennemis, du courage à fon armée, & lui concilier l'affection des chrétiens répandus dans l'empire. Nous avons fait voir auffi que le ferment de cet empereur n'eft pas d'un grand poids ; on fent donc aifément que les argumens tirés des médailles perdent toute leur force.

La premiere que cite le P. Grainville, eft de petit bronze. On y voit le bufte de Conftantin couronné de pierreries, avec ces mots ; *Conftantinus Max. Aug.* au re-

vers, *gloria exercitus*, deux figures militaires debout, tenant d'une main un bouclier appuyé contre terre, & de l'autre une pique, entr'eux deux une croix affez grande. Cette croix eft, felon le P. Grainville, celle que Conftantin avoit apperçue dans le ciel ; mais ne peut-ce pas être celle qu'il prétendoit avoir vue en fonge ?

La feconde médaille auffi de petit bronze, repréfente le bufte de Conftantin couvert d'un cafque, couronné de rayons, avec cette infcription : *Imp. Conftantinus Aug.* au revers, *Victoriæ lætæ Princ. Perp.* Deux victoires debout, foutenant fur une efpece d'autel, un bouclier, fur lequel eft une croix. Cette croix eft encore, felon le favant P. Grainville, celle que Conftantin avoit vue de jour, & à laquelle il étoit redevable des victoires qu'il remporta fur Maxence. Mais ne peut-on pas répondre que cette croix eft une preuve que Conftantin vouloit répandre par-tout le bruit de fon prétendu fonge ? Ne pourroit-on pas conjecturer même que cette croix que défigne le nombre de X, marque les vœux décennaux ? Peut-être n'indique-t-elle que la valeure de la piece ? ce pourtant n'eft qu'une conjecture fur laquelle nous n'infiftons pas, parce qu'on ne trouve point ce X fur les médailles de cuivre.

Il n'y a rien dans la troifieme médaille, qui mérite quelqu'attention, ni qui forme la moindre preuve.

La quatrieme encore de petit bronze, repréfente le bufte de Conftantin avec un voile fur la tête, & ces mots : *Divo Conftantino P.* au revers, *Æterna Pietas* ; une figure militaire debout, un cafque fur la tête s'appuyant de la main droite fur une pique, & tenant à la main gauche un globe, fur lequel eft le monogramme de Jéfus-Chrift. Ici le P. Grainville fait diverfes remarques qui ne concluent rien fur la queftion dont il s'agit ; il femble même qu'il fe trompe en attribuant à Conftantin la piété éternelle marquée fur la médaille : c'eft plutôt celle de fes fils qui honoroient la mémoire de leur pere par cette monnoie.

Nous ne nous étendrons pas davantage fur les médailles rapportées par le P. Grainville ; c'eft affez de dire qu'il n'en eft aucune qui prouve ce qu'il falloit prouver ; j'entends la réalité de la *vifion*, ou la réalité même du fonge.

La differtation dont on vient de li-

l'extrait, peut fervir de modele dans toutes les difcuffions critiques de faits extraordinaires que rapportent les hiftoriens. Ici
la lumiere perce brillamment à travers
les nuages des préjugés ; il faut que tout
cede à fon éclat. (*D. J.*)

VISIR (GRAND.) *Hift. Turq.*, premier miniftre de la Porte ottomane: voici
ce qu'en dit Tournefort.

Le fultan met à la tête de fes miniftres
d'état le *grand-vifir*, qui eft comme fon
lieutenant général, avec lequel il partage,
ou plutôt à qui il laiffe toute l'adminiftration de l'empire. Non-feulement le
grand-vifir eft chargé des finances, des
affaires étrangeres & du foin de rendre la
juftice pour les affaires civiles & criminelles, mais il a encore le département de
la guerre & le commandement des armées.
Un homme capable de foutenir dignement
un fi grand fardeau, eft bien rare & bien
extraordinaire. Cependant il s'en eft trouvé qui ont rempli cette charge avec tant
d'éclat, qu'ils ont fait l'admiration de leur
fiecle. Les Cuperlis pere & fils, ont triomphé dans la paix & dans la guerre, & par
une politique prefqu'inconnue jufqu'a-
lors, ils font morts tranquillement dans
leurs lits.

Quand le fultan nomme un *grand-vifir*,
il lui met entre les mains le fceau de l'empire, fur lequel eft gravé fon nom : c'eft
la marque qui caractérife le premier miniftre; auffi le porte-t-il toujours dans fon
fein. Il expédie avec ce fceau tous fes ordres, fans confulter & fans rendre compte
à perfonne. Son pouvoir eft fans bornes,
fi ce n'eft à l'égard des troupes, qu'il ne
fauroit faire punir fans la participation
de leurs chefs. A cela près, il faut s'adreffer à lui pour toutes fortes d'affaires, & en
paffer par fon jugement. Il difpofe de tous
les honneurs & de toutes les charges de
l'empire, excepté de celles de judicature.
L'entrée de fon palais eft libre à tout le
monde, & il donne audience jufqu'au dernier des pauvres. Si quelqu'un pourtant
croit qu'on lui ait fait quelqu'injuftice
criante, il peut fe préfenter devant le
grand-feigneur avec du feu fur la tête, ou
mettre fa requête au haut d'un rofeau, &
porter fes plaintes à fa hauteffe.

Le *grand vifir* foutient l'éclat de fa
charge avec beaucoup de magnificence; il
a plus de deux mille officiers ou domeftiques dans fon palais, & ne fe montre en

public qu'avec un turban garni de deux
aigrettes chargées de diamans & de pierreries ; le harnois de fon cheval eft femé
de rubis & de turquoifes, la houffe brodée
d'or & de perles. Sa garde eft compofée
d'environ quatre cents Bofniens ou Alba-
nois, qui ont de paie depuis douze jufqu'à
quinze afpres par jour : quelques-uns de
fes foldats l'accompagnent à pied quand
il va au divan ; mais quand il marche en
campagne, ils font bien montés, & portent
une lance, une épée, une hache & des pif-
tolets. On les appelle *délis*, c'eft-à-dire
fous, à caufe de leurs faufaronnades &
de leur habit qui eft ridicule ; car ils ont
un capot, comme les matelots.

La marche du *grand-vifir* eft précédée
par trois quenes de cheval, terminées
chacune par une pomme dorée : c'eft le
figne militaire des Ottomans qu'ils appellent *thou* ou *thouy*. On dit qu'un général de cette nation ne fachant comment
rallier fes troupes qui avoient perdu
leurs étendards, s'avifa de couper la
queue d'un cheval, & de l'attacher au
bout d'une lance : les foldats coururent à
ce nouveau fignal, & remporterent la
victoire.

Quand le fultan honore le *grand-vifir*
du commandement d'une de fes armées,
il détache à la tête des troupes une des aigrettes de fon turban, & la lui donne
pour la placer fur le fien : ce n'eft qu'a-
près cette marque de diftinction que l'armée le reconnoît pour général, & il a le
pouvoir de conférer toutes les charges
vacantes, même les vice-royautés & les
gouvernemens, aux officiers qui fervent
fous lui. Pendant la paix, quoique le
fultan difpofe des premiers emplois, le
grand-vifir ne laiffe pas de contribuer
beaucoup à les faire donner à qui il veut;
car il écrit au grand-feigneur, & reçoit
fa réponfe fur-le-champ; c'eft de cette maniere qu'il avance fes créatures, ou
qu'il fe venge de fes ennemis ; il peut
faire étrangler ceux-ci, fur la fimple relation qu'il fait à l'empereur de leur
mauvaife conduite. Il va quelquefois
dans la nuit vifiter les prifons, & mene
toujours avec lui un bourreau pour faire
mourir ceux qu'il juge coupables.

Quoique les appointemens de la charge
de *grand-vifir* ne foient que de quarante
mille écus (monnoie de nos jours), il ne
laiffe pas de jouir d'un revenu immenfe.

Il n'y a point d'officier dans ce vaste empire, qui ne lui fasse des présens considérables pour obtenir un emploi, ou pour se conserver dans sa charge : c'est une espece de tribut indispensable.

Les plus grands ennemis du *grand-visir* sont ceux qui commandent dans le serrail après le sultan, comme la sultane mere, le chef des eunuques noirs & la sultane favorite; car ces personnes ayant toujours en vue de vendre les premieres charges, & celle du *grand visir* étant la premiere de toutes, elles font observer jusqu'à ses moindres gestes; c'est ainsi qu'avec tout son crédit il est environné d'espions; & les puissances qui lui sont opposées, soulevent quelquefois les gens de guerre, qui, sous prétexte de quelque mécontentement, demandent la tête ou la déposition du premier ministre. Le sultan pour lors retire son cachet, & l'envoie à celui qu'il honore de cette charge.

Ce premier ministre est donc à son tour obligé de faire de riches présens pour se conserver dans son poste. Le grand-seigneur le suce continuellement, soit en l'honorant de quelques-unes de ses visites qu'il lui fait payer cher, soit en lui envoyant demander de tems en tems des sommes considérables. Aussi le *visir* met tout à l'enchere, pour pouvoir fournir à tant de dépenses.

Son palais est le marché où toutes les graces se vendent. Mais il y a de grandes mesures à garder dans ce commerce; car la Turquie est le pays du monde où la justice est souvent la mieux observée parmi les injustices.

Si le *grand-visir* a le génie belliqueux, il y trouve mieux son compte que dans la paix. Quoique le commandement des armées l'éloigne de la cour, il a ses pensionnaires qui agissent pour lui en son absence; & la guerre avec les étrangers, pourvu qu'elle ne soit pas trop allumée, lui est plus favorable qu'une paix qui causeroit des troubles intérieurs. La milice s'occupe pour lors sur les Frontieres de l'empire; & la guerre ne lui permet pas de penser à des soulevemens; car les esprits les plus ambitieux cherchant à se distinguer par de grandes actions, meurent souvent dans le champ de Mars; d'ailleurs le ministre ne sauroit mieux s'attirer l'estime des peuples qu'en combattant contre les infideles.

Après le *premier vir*, il y en a six autres qu'on nomme simplement *visirs*, *visirs du banc* ou *du conseil*, & *pachas à trois queues*, parce qu'on porte trois queues de cheval quand ils marchent, au lieu qu'on n'en porte qu'une devant les pachas ordinaires. Ces *visirs* sont des personnes sages, éclairées, savantes dans la loi, qui assistent au divan; mais ils ne disent leurs sentimens sur les affaires qu'on y traite, que lors qu'ils en sont requis par le *grand-visir*, qui appelle souvent aussi dans le conseil secret le mousti & les cadilesques ou intendans de justice. Les appointemens de ces *visirs* sont de deux mille écus par an. Le *grand-visir* leur renvoie ordinairement les affaires de peu de conséquence, de même qu'aux juges ordinaires; car comme il est l'interprete de la loi dans les choses qui ne regardent pas la religion, il ne suit le plus souvent que son sentiment, soit par vanité, soit pour faire sentir son crédit. (*D. J.*)

VISITATION, s. f. *Théol.*, fête instituée en mémoire de la visite que la sainte Vierge rendit à sainte Elisabeth. Dès que l'ange Gabriel eut annoncé à la sainte Vierge le mystere de l'incarnation du Verbe divin, & lui eut révélé que sainte Elisabeth sa cousine étoit grosse de six mois, elle fut inspirée d'aller voir cette parente, qui demeuroit avec Zacharie son mari, à Hébron, ville située sur une des montagnes de Juda, à vingt-cinq ou trente lieues de Nazareth. Marie partit le 26 mars, & arriva le 30 à Hébron dans la maison de Zacharie. Elisabeth n'eut pas plus tôt entendu sa voix, qu'elle sentit son enfant remuer dans son sein. Elle lui dit : *vous êtes bénie entre toutes les femmes*, & *le fruit de vos entrailles est béni*, & la congratula sur son bonheur. Ce fut alors que Marie prononça ce cantique pieux que nous appellons *magnificat*. Après y avoir demeuré environ trois mois, elle retourna à Nazareth, un peu avant la naissance de saint Jean-Baptiste. Il y a des auteurs qui tiennent que la sainte Vierge assista aux couches de sainte Elisabeth. A l'égard de la fête, celui qui a pensé le premier à l'établir, a été saint Bonaventure, général de l'ordre de saint François, lequel en fit un décret dans un chapitre général tenu à Pise l'an 1263, pour toutes les églises de son odre. Depuis, le pape Urbain IV étendit cette fête dans toute l'église. Sa bulle qui est de l'an 1379, ne fut publiée que l'année suivante par Boniface IX, son successeur. Le concile de Bâle, commencé l'an 1431, l'a aussi ordonnée, & a marqué son jour au 2 juillet: ce qui a fait croire à quelques-uns que la sainte Vierge ne partit de chez Zacharie que le lendemain de la circoncision de S. Jean, qui fut le premier de juillet, huit jours après sa naissance. Il auroit été plus naturel de le placer, comme on a fait dans quelques églises, au 28 mars, trois jours après l'annonciation. Christophe de Castro, *Vie de la sainte Vierge.*

VISITATION, *Hist. ecclés.*, ordre de religieuses, qui a été fondé par S. François de Sales & par la mere de Chantal. Au commencement, ces religieuses ne faisoient que des vœux simples, dans le tems qu'elles habitoient sa premiere maison de l'institut à Annecy en Savoie. Depuis, cette congrégation a été érigée en religion.

VISITATION, f. F. *Gramm. Jurisp.*, est un ancien terme de palais, usité pour exprimer la visite ou examen que les juges font d'un procès, présentement on dit plus communément *visite* que *visitation.* V. l'*Ordonnance criminelle*, tit. XXIV, art. 2. (A)

VISITATION, *Comm.*, c'est le droit que les maitres & gardes & les jurés des corps & communautés ont d'aller chez les marchands & maitres de leur corps & communauté visiter & examiner leurs poids, mesures, marchandises & ouvrages, pour, en cas de fraude ou de contravention aux statuts & réglement, en faire la saisie & en obtenir la confiscation des officiers de police, par devant lesquels ils doivent se pourvoir & faire leur rapport dans les vingt-quatre heures.

Dans la communauté des maitres corroyeurs de Paris, on appelle *jurés de la visitation royale* les quatre grands jurés de cette communauté, & les quatre petits sont nommés *jurés de la conservation. Dict. de comm.*

VISITE. f. F. *Gramm.*, acte de civilité, qui consiste à marquer quelqu'intérêt à quelqu'un en se présentant à sa porte pour le voir. L'activité & l'ennui ont multiplié les *visites* à l'infini. On se *visite*

pour quelque chose que ce soit; & quand on n'a aucune raison de se *visiter*, on se *visite* pour rien. Faire une *visite*, c'est fuir l'ennemi de chez soi, pour aller chercher l'ennui d'un autre lieu.

VISITE, *Jurisp.* Ce terme a dans cette matiere plusieurs significations différentes, selon les objets auxquels la *visite* s'applique.

La *visite* se prend quelquefois pour le droit d'inspection & de réformation qu'un supérieur a sur ceux qui lui sont soumis. Quelquefois on entend par *visite* l'action même de *visiter*, ou pour le procès-verbal qui contient la relation de ce qui s'est passé dans cette *visite.*

VISITE DES ABBÉS, est celle que les abbés ont droit de faire dans les prieurés dépendans de leur abbaye. *V.* TABLE ABBATIALE. (A)

VISITE DES ARCHEVEQUES ET ÉVEQUES, est celle qu'ils ont droit de faire chacun dans les églises de leur diocese.

Ce droit est fondé sur leur qualité de *premiers pasteurs*, & conséquemment d'institution divine.

Aussi est-il imprescriptible. Le concile de Ravenne, tenu en 1314, prononce l'excommunication contre les personnes religieuses séculieres, & l'interdit contre les églises qui, sous prétexte de nonusage & de prescription, s'opposeront à la *visite* de l'ordinaire. Innocent III avoit déja décidé la même chose en faveur de l'archevêque de Sens.

Il n'y a que les droits utiles dus à l'évêque pour sa visite, qui soient sujets à prescription.

Les canons & les conciles imposent aux évêques l'obligation de visiter leur diocese; tels sont les conciles de Meaux en 845, de Paris en 831 & le troisieme de Valence en 855.

Tous les ans ils doivent visiter une partie de leur diocese. Le réglement de la chambre ecclésiastique, de 1614, leur donnoit deux ans pour achever leur *visite*; mais l'ordonnance de Blois veut qu'elle soit finie dans deux ans.

Il fut aussi ordonné par la chambre ecclésiastique en 1614, que les évêques feroient leur *visite* en personne; mais l'édit de 1695 leur permet de faire visiter par leurs archidiacres, ou autres personnes ayant droit sous leur autorité, les endroits où ils ne pourront aller en personne.

Les bénéficiers doivent se trouver à leurs bénéfices lors de la *visite*, à moins de quelqu'empêchement légitime.

Lorsque l'évêque fait sa *visite* en personne, il doit avoir les honneurs du poéle, qui doit être porté par les consuls ou officiers de justice.

Les réguliers, même exempts, sont tenus de le recevoir, revêtus de surplis, portant la croix, l'eau-bénite & le livre des évangiles, & de le conduire processionnellement au chœur, recevoir sa bénédiction, & lui rendre en tout l'honneur dû à sa dignité.

L'objet de ces sortes de *visites* est afin que l'évêque introduise la foi orthodoxe dans toutes les églises de son diocese, en chasse les hérésies & les mauvaises mœurs, & que les peuples, par ses exhortations, soient excités à la vertu & à la paix.

L'évêque ou autre personne envoyée de sa part, ne peut demeurer plus d'un jour dans chaque lieu.

Il doit visiter les églises, les vases sacrés, le tabernacle, les autels, se fait rendre compte des revenus des fabriques; il peut prendre connoissance de l'état & entretien des hôpitaux, de l'entretien des églises & des réparations des presbyteres, de ce qui concerne les bancs & sépultures, la réunion des églises ruinées aux paroisses, l'établissement d'un vicaire ou secondaire dans les lieux où cela peut être nécessaire, l'établissement & la conduite des maitres & maitresses d'école; & si dans le cours de sa *visite* il trouve quelques abus à réformer, il a droit de correction & de réformation.

Toutes les églises paroissiales ou cures possédées par des séculiers ou réguliers, dépendantes des corps exempts ou non, même dans les monasteres ou abbayes mêmes chefs-d'ordre, sont sujettes à la *visite* de l'évêque diocésain.

Il en est de même des cures où les chapitres prétendent avoir droit de *visite*, celle-ci n'empêchant pas l'évêque de faire la sienne.

Il peut de même visiter tous les monasteres, exempts ou non-exempts, toutes les chapelles & bénéfices, même les chapelles domestiques, pour voir si elles sont tenues avec la décence nécessaire.

Enfin les lieux même qui ne sont d'aucun diocese, sont sujets à la *visite* de l'évêque le plus prochain.

Il est dû à l'évêque un droit de procuration pour sa *visite*. *V.* PROCURATION. *V.* le *Concile de Trente*, l'*Ordonnance de Blois*, l'*Edit de 1695*, les *Mémoires du clergé*. (*A*)

VISITE DE L'ARCHIDIACRE, est celle que l'archidiacre fait sous l'autorité de l'évêque dans l'archidiaconé ou partie du diocese sur laquelle il est préposé.

L'usage n'est pas uniforme au sujet de ces sortes de *visites*; le concile de Trente ne maintient les archidiacres dans leur droit de *visite* que dans les églises seulement où elles en sont en possession légitime, & à condition qu'ils feront leur *visite* en personne.

Il y a cependant des dioceses où ils sont en possession de commettre pour faire leurs *visites* lorsqu'ils ont des empêchemens légitimes.

Ils ne peuvent au surplus faire leurs *visites*, ou commettre quelqu'un pour les faire, que du consentement de l'évêque.

Les procès-verbaux de leurs *visites* doivent être remis à l'évêque un mois après qu'elles sont achevées, & l'évêque ordonne sur iceux ce qu'il estimera nécessaire.

Les marguilliers doivent présenter leurs comptes au jour qui leur aura été indiqué par l'archidiacre quinze jours avant sa *visite*.

Il peut, dans le cours de sa *visite*, réduire les bancs & tombeaux élevés hors de terre, s'ils nuisent au service divin.

Les maitres & maitresses d'école sont sujets à être examinés par lui sur le catéchisme; il peut même les destituer, s'il n'est pas satisfait de leur capacité & de leurs mœurs.

Mais il ne peut confier le soin des ames à personne, sans l'ordre exprès de l'évêque.

Il peut visiter les églises paroissiales, même celles dont les curés sont religieux, ou dans lesquelles les chapitres prétendent avoir droit de *visite*; mais l'évêque a seul droit de visiter celles qui sont situées dans les monasteres, commanderies & autres églises des religieux. *V.* le *Concile de Trente*, l'*Edit de 1695*, les *Mémoires du clergé*, & le mot ARCHIDIACRE.

VISITE DES ÉGLISES. *V.* VISITE DES ARCHEVÊQUES.

VISITE DE L'ÉVÊQUE. *Voy.* VISITE DES ARCHEVÊQUES.

Visite d'experts, est l'examen que des experts font de quelque lieu ou de quelqu'ouvrage contentieux, pour en faire leur rapport & l'estimation de la chose, si cette estimation est ordonnée. *V.* Experts, Estimation, Rapport.

Visite des gardes et jurés, est la descente & perquisition que les gardes & jurés d'un corps de marchands ou artisans font chez quelque maitre du même état, pour vérifier les contraventions dans lesquelles il peut être tombé. *Voy.* Gardes *&* Jurés.

Visite des hôpitaux. *V.* Visite des archevêques.

Visite de médecins et chirurgiens, est l'examen qu'un médecin ou chirurgien fait d'une personne pour reconnoitre son état, & pour en faire leur rapport à la Justice. *V.* Rapport.

Visite des prisons et prisonniers, est la séance que les juges tiennent en certains tems de l'année aux prisons, pour voir si elles sont sûres & saines, si les géoliers & guichetiers font leur devoir, & pour entendre les plaintes & requêtes des prisonniers. Les géoliers sont aussi obligés de visiter tous les jours les prisonniers qui sont aux cachots, & les procureurs du roi & ceux des seigneurs de visiter les prisons une fois chaque semaine pour entendre les plaintes des prisonniers. *V.* Séance *&* Prison, Prisonnier.

Visite du procès, est l'examen que les juges font d'un procès à l'effet de le juger. *(A)*

VISITER, v. act. *Gramm.* *V.* Visite.

Visiter, *Critique sacrée.* Ce mot se prend dans l'Ecriture en bonne & mauvaise part. Dieu *visite* les hommes de deux manieres, par les bienfaits & par les punitions ; & c'est dans ce dernier sens que ce terme est employé le plus communément, par exemple, *Exod.* 20. 5. *Lévit.* 18. 25. &c. *(D. J.)*

Visiter la lettre, v. act. *Fondr. de caract.*, c'est après qu'on a tiré la lettre du moule où elle a été fondue, examiner si elle est parfaite, pour, si elle l'est, en rompre le jet, & la donner aux ouvriers & ouvrieres qui frottent & achevent les caracteres ; ou si elle ne l'est pas, la mettre à la refonte. *(D. J.)*

VISITEUR, s. m. *Gramm. Jurisp.*, est celui qui visite une maison, un pays,

ou quelqu'administration & régie particuliere, sur lesquels il a inspection.

Il y avoit anciennement des *visiteurs* & regardeurs dans tous les arts & métiers, qui faisoient au juge leur rapport des contraventions qu'ils avoient reconnues ; ce sont ceux qu'on appelle présentement *gardes* ou *jurés.*

Les maitres des ports & passages étoient appellés *visiteurs des ports & passages.*

Il y avoit aussi des *visiteurs* & commissaires sur le fait des aides, sur le fait des gabelles, &c.

On appelle *visiteur* dans les monasteres, celui qui a l'inspection sur plusieurs maisons d'un même ordre, & que l'on y envoie pour voir si la discipline réguliere y est bien observée.

Le visiteur général est celui qui a le département de visiter toute une province, ou même l'ordre entier. *V.* Visite. *(A)*

Visiteur, *Marine*, c'est un officier établi dans un port, pour visiter les marchandises des passagers, & pour observer l'arrivée & le départ des bâtimens dont il tient registre. Il est obligé d'empêcher la sortie des marchandises de contrebande, sans un congé enregistré.

VISIVE, adj. f. *Philos. schol.*, terme qu'on applique à la faculté de voir. *Voyez* Vision.

Les auteurs ne s'accordent point sur le lieu où réside la faculté *visive* ; quelques-uns prétendent que c'est dans la rétine, d'autres dans la choroïde, d'autres dans les nerfs optiques, d'autres, comme Newton, dans le lieu où les nerfs optiques se rencontrent avant d'arriver au cerveau, & d'autres enfin dans le cerveau même. *V.* Sensation *&* Vision. *Chambers.*

VISLIEZA, *Géogr. mod.*, ville de la petite Pologne, au palatinat de Sendomir, sur la riviere de Nida, environ à moitié chemin entre Cracovie & Sendomir. Cette petite ville est le chef-lieu d'une châtellenie. *(D. J.)*

VISNAGE, *Botan.*, nom vulgaire de l'espece de fenouil, nommé par Tournefort, *fœniculum annuum*, *umbella contracta*, *oblonga.* Voy. Fenouil, *Botan. (D. J.)*

VISO, *Géogr. mod.* Le mont *Viso*, ou le mont *Visoul* est une montagne du Piémont, dans la partie septentrionale du marquisat de Saluces. On la nommoit anciennement *Vesulus mons*, & quelques-

uns la regardent comme la plus haute
montagne des Alpes. Elle donne la naiſſance au Pô. (*D. J.*)

VISONTIUM, *Géogr. anc.*, nom
commun à une ville de l'Eſpagne Tarragonoiſe, & à une ville de la haute-Pan-
nonie. (*D. J.*)

VISORION, ſ. m. *Imprimerie*, s'entend d'une petite planche de bois amincie
au rabot, large de trois doigts ſur la longueur d'un pied, & terminée à l'extrémité
inférieure en une eſpece de talon pris
dans le même morceau ; au bout de ce talon eſt une fiche de fer pointue qui lui
ſert de pied ou de point d'appui, deſtinée
à entrer dans différens trous faits ſur le
rebord de la caſſe, où il ſe place à la volonté du compoſiteur. Le *viſorion* eſt ce
qui porte la copie devant les yeux du
compoſiteur ; elle y eſt comme adoſſée &
retenue par le ſecours des mordans, qui
ſont deux petites triangles de bois fendu
de long, à peu près dans toute leur longueur. *V.* MORDANT.

VISP, ſ. m. *Géogr. mod.*, riviere de
Suiſſe, dans le haut-Valais ; elle prend ſa
ſource dans les montagnes, aux confins
du val d'Aoſte, & ſe jette dans le Rhône
auprès d'un village auquel elle donne
ſon nom. (*D. J.*)

VISPE, *Géogr. anc.*, ſelon quelques
exemplaires de Tacite, *Annal. l. XII*, &
Uſpe ſelon d'autres. Ville du pays des So-
races, au voiſinage du boſphore de Thrace. Cet hiſtorien ajoute que c'étoit une
place forte, tant par ſon enceinte que par
les foſſés, d'eſpace en eſpace on y avoit
élevé des tours plus hautes que les courtines. Les Romains aſſiſtés d'Ennones,
roi des Ardoſes, ayant pris les armes pour
s'oppoſer aux progrès de Mithridate, ſe
préſenterent à la ville de *Viſpe*, & y
donnerent un aſſaut où ils furent repouſ-
ſés. Le lendemain, comme ils l'attaquoient par eſcalade, les habitans envoyerent des députés qui demanderent la
vie pour les perſonnes libres, & offrirent
de donner dix mille eſclaves. Les aſſié-
geans rejeterent ces conditions, parce
qu'ils vouloient faire un exemple qui je-
tât la terreur dans les eſprits des révoltés. Cependant, comme ils trouvoient
de la cruauté à maſſacrer des gens qui ſe
rendoient volontairement, & trop peu de
ſévérité à mettre en priſon un ſi grand
nombre de perſonnes, ils aimerent mieux

uſer du droit des armes. Auſſi-tôt ils donnerent le ſignal aux troupes qui étoient
déja dans les échelles, de faire main-baſſe
ſur tout ce qu'ils rencontreroient. Ainſi
fut ſaccagée cette malheureuſe ville, qui
n'a pas ſans doute été repeuplée depuis,
aucun autre auteur n'en faiſant mention.
(*D. J.*)

VISQUEUX, *Médec.*, ſe dit du ſang,
des alimens, du chyle, &c. *Viſqueux*,
c'eſt-à-dire, *gluttineux* ou *collant*, comme
la glu, que les Latins nomment *viſcus*.

Les corps *viſqueux* ſont ceux qui ſont
compoſés de parties tellement embarraſſées les unes dans les autres, qu'elles réſiſtent long-tems à une ſéparation entiere, & cédent plutôt à la violence qu'on
leur fait, en s'étendant en tout ſens. *V.*
PARTICULE & COHÉSION.

La trop grande viſcoſité des alimens, a
de très-mauvais effets. Ainſi les farines
non fermentées, les gelées, &c. des animaux, le fromage dur, le caillé trop preſſé, cauſent une peſanteur ſur l'eſtomac,
produiſent des vents, des bâillemens, des
crudités, des obſtructions dans les plus
petits vaiſſeaux des inteſtins, l'enflure du
ventre, & en conſéquence la viſcoſité du
ſang, à raiſon des particules *viſqueuſes* qui
ſe réuniſſent, les obſtructions des glandes, la pâleur, la froideur, le tremblement, &c.

VISSIER, ſ. m. *Marine*, vieux mot ;
c'étoit une ſorte de vaiſſeau de tranſport,
dont on ſe ſervoit en particulier pour le
tranſport des chevaux. (*D. J.*)

VISSOGROD ou VISCHGROD, *Géog.
mod.*, petite ville de la grande-Pologne,
dans le palatinat de Mazovie, aux confins
de celui de Ploczko, ſur la Viſtule à la
droite, & à 6 lieues de la ville de Ploczko.
Long. 37. 40. *lat.* 52. 38. (*D. J.*)

VISTNOU ou VISTNUM, ſ. m. *Hiſt.
mod. Mythol.*, c'eſt le nom que l'on donne
dans la théologie des Bramines, à l'un des
trois grands dieux de la premiere claſſe,
qui ſont l'objet du culte des habitans de
l'Indoſtan. Ces trois dieux ſont *Brama*,
Viſtnou & *Ruddiren*. Suivant le *Védam*,
c'eſt-à-dire, la bible des Indiens idolâtres,
ces trois dieux ont été créés par le grand
Dieu ou par l'Etre ſuprême, pour être
ſes miniſtres dans la nature. Brama a été
chargé de la création des êtres ; *Viſtnou*
eſt chargé de la conſervation ; & Ruddiren de la deſtruction. Malgré cela, il y a

les sectes qui donnent à *Viftnou* la préférence sur ses deux confreres, & ils prétendent que Brama lui-même lui doit son exiſtence & a été créé par lui. Ils diſent que *Viftnou* a diviſé les hommes en trois claſſes, les riches, les pauvres, & ceux qui ſont dans un état moyen ; & que d'ailleurs il a créé pluſieurs mondes qu'il a remplis d'eſprits, dont la fonction eſt de conſerver les êtres. Ils affirment que le Védam ou livre de la loi, n'a point été donné à Brama, comme prétendent les autres Indiens : mais que c'eſt *Viftnou* qui l'a trouvé dans une coquille. Toutes ces importantes diſputes ont occaſionné des guerres fréquentes & cruelles entre les différentes ſectes des Indiens, qui ne ſont pas plus diſpoſées que d'autres à ſe paſſer leurs opinions théologiques.

Les Indiens donnent un grand nombre de femmes à leur dieu *Viftnou*, ſans compter mille concubines. Ses femmes les plus chéries ſont *Lechiſni*, qui eſt la Vénus indienne & la déeſſe de la fortune, dont la fonction eſt de gratter la tête de ſon époux. La ſeconde eſt *Siri pagoda*, appellée auſſi *pumi divi*, la déeſſe du ciel, ſur les genoux de qui *Viftnou* met ſes pieds, qu'elle s'occupe à frotter avec ſes mains. On nous apprend que ce dieu a eu trois fils, *Kachen*, *Laven* & *Varen* ; ce dernier eſt provenu du ſang qui ſortit d'un doigt que *Viftnou* s'eſt une fois coupé.

Ce dieu eſt ſur-tout fameux dans l'Indoſtan, par ſes incarnations qui ſont au nombre de dix, & qui renferment, dit-on, les principaux myſteres de la théologie, des bramines, qu'ils ne communiquent point ni au peuple, ni aux étrangers. Ils diſent que ce dieu s'eſt tranformé 1°. en chien de mer ; 2°. en tortue ; 3°. en cochon ; 4°. en un monſtre moitié homme & moitié lion ; 5°. en mendiant ; 6°. en un très-beau garçon appellé *Praſſaram* ou *parecha Rama*; 7°. il prit la figure de Ram qui déconfit un géant ; 8°. ſous la figure de *Kiſna* ou Kriſna ; dans cet état il opéra des exploits merveilleux contre un grand nombre de géans, il détrôna des tyrans, rétablit de bons rois détrônés, & ſecourut les opprimés ; après quoi il remonta au ciel avec ſes 16 mille femmes. Les Indiens diſent que ſi toute la terre étoit de papier, elle ne pourroit contenir toute l'hiſtoire des grandes actions de

Viftnou, ſous la figure de Kiſna. 9°. Il prit la forme de Bodha, qui, ſuivant les Banians, n'a ni pere ni mere, & qui ſe rend inviſible ; lorſqu'il ſe montre il a quatre bras : on croit que c'eſt ce dieu qui eſt adoré ſous le nom de *Fo* dans la Chine & dans une grande partie de l'Aſie. 10°. La derniere transformation de *Viftnou*, ſera ſous la forme d'un cheval ailé, appellé *Kalenkin* ; elle n'eſt point encore arrivée, & n'aura lieu qu'à la fin du monde.

Le dieu *Viftnou* eſt le plus reſpecté dans le royaume de Carnate, au lieu que Ram ou Brama eſt mis fort au-deſſus de lui, par les bramines de l'empire du Mogol ; & Ruddiren eſt le premier des trois dieux, pour les Malabares. *V.* Ram & Ruddiren.

Ceux qui voudront approfondir les myſteres de la religion indienne, & connoître à fond l'hiſtoire de *Viftnou*, n'auront qu'à conſulter l'*Hiſtoire univerſelle* d'une ſociété de ſavans Anglois, tome VI, *in-8°*.

VISTNOUVA, *Hift. mod.* On a vu dans l'article qui précede, que les bramines ou prêtres ſont diviſés en pluſieurs ſectes, ſuivant les dieux à qui ils donnent le premier rang. Ceux qui regardent le dieu Viftnou comme la divinité ſuprême, s'appellent *viſtnouvas*, leur ſecte ſe ſubdiviſe en deux, les uns ſe nomment *tadvadis*, diſputeurs, ou bien *madva-viſtnouva*, du nom de leur fondateur. Ils ſe font une marque blanche qui va du nez au front, ſur les tempes & ſur les omoplates ; c'eſt, ſelon eux, le ſigne de *Viftnou*, & ils ſont convaincus que tant qu'ils le porteront, ni le diable, ni le juge des enfers n'auront aucun pouvoir ſur eux. Ces *tadvadis* ont un chef ou patriarche, qui réſide près de Paliacate ſur la côte de Coromandel, & qui eſt obligé de garder le célibat ſous peine de quitter ſon ordre. la ſeconde ſecte de *viſtnouvas* s'appelle *romanova viſtnouvas*, ceux-ci ſe mettent la marque de l'Y grec ſur le front, faite avec de la craie, & ils ſe font une brûlure ſur les omoplates ; ils ſont perſuadés que *Viftnou* ne les punira d'aucun péché. Ces ſectaires, comme de raiſon, ſe croient infiniment plus parfaits que les *tadvadis* ; leur chef réſide à Carnate. Il n'eſt point permis à ces prêtres ni de faire le commerce, ni d'entrer dans des lieux de débauche, comme aux autres.

VISTRE, ſ. m. *Géogr. mod.*, riviere

de France, dans le Languedoc, au diocese de Nimes. Elle prend sa source au pied de la Tourmagne, & se perd dans l'étang de Tau. (*D. J.*)

VISTRIZA, s. f. *Géog. mod.*, riviere de la Turquie Européenne, dans le Coménolitari. Elle prend sa source au mont du petit Dibra, traverse presque tout le Coménolitari, & se perd dans le Vardar, unpeu au-dessus de l'endroit où ce fleuve se jette dans le golfe de Salonique. (*D. J.*)

VISTULA, *Géog. anc.*, *Visula, Vistulas, Vistla, Viscla, Bisula*, car on trouve tous ces noms dans les auteurs ; grand fleuve de l'Europe, & que les anciens ont pris pour la borne entre la Germanie & la Sarmatie. Ptolomée, *l. II. c. 11*, dit que la source de ce fleuve même , & ce fleuve même jusqu'à la mer, termine la Germanie du côté de l'orient ; & dans un autre endroit, *l. III. c. 5*, il donne le *Vistule* pour le commencement de la Sarmatie Européenne. Dans le pays ce fleuve est connu sous le nom de *Weixel*, *Wiessel* ou *Weissel*, & en françois on l'appelle la *Vistule*. Voy. VISTULE. (*D. J.*)

VISTULE, *Géog. mod.*, en allemand *Veissel* ou *Viessel*, en latin *Vistula*, grand fleuve de l'Europe. Il prend sa source dans la Moravie, au pied du mont Krapac, à 12 ou 14 lieues de Cracovie. Il traverse la Pologne du midi au nord, ainsi que la Prusse-royale, & forme à six lieues de ses embouchures l'isle de Marienbourg ; enfin il se jette dans la mer Baltique par trois ou quatre bouches différentes. Ce fleuve porte de fort grands bateaux, & reçoit dans son sein le Rab, le Dona, la Vislok, la Sane, le Bouk, le Narew, la Prisla, &c. Cependant la *Vistule*, dans un cours de 150 lieues de Pologne, n'a qu'un seul bon pont, qui est celui de la ville de Thorn, lequel est bâti sur pilotis, sans gardes-fous ni liaisons, dans une longueur de près de cinq cents pas. (*D. J.*)

VISUEL, adj. *Opt.*, se dit de ce qui appartient à la vue ou à la faculté de voir.

Les rayons *visuels* sont des lignes de lumiere qu'on imagine venir de l'objet jusque dans l'œil. Les rayons *visuels* sont des lignes droites, car l'expérience prouve qu'on ne sauroit voir un objet dès qu'il y a entre cet objet & l'œil quelque corps opaque qui empêche les rayons de venir à nos yeux ; & c'est en quoi la propagation de la lumiere differe de celle du son,

car le son se transmet jusqu'à l'oreille par toutes sortes de lignes droites ou courbes, & malgré toutes sortes d'obstacles. *V.* RAYON.

Point visuel, en perspective, est un point sur la ligne horisontale, & dans lequel les rayons *visuels* s'unissent. *Voyez* POINT & PERSPECTIVE.

VISURGIS, *Géog. anc.*, nom que les Latins & les Grecs ont donné à un fleuve de la Germanie, connu aujourd'hui sous le nom de *Weser*. Voyez ce mot.

Strabon l'appelle Βισύργις. Ptolomée, *l. II. c. 11*, placé son embouchure entre celle de l'Ems & celle de l'Elbe.

Velléius Paterculus, *l. II, c. 105*, nous apprend que cette riviere devint célébre par la défaite de l'armée romaine sur ses bords. Pomponius Méla, *liv. III, c. 3*, le compte au nombre des fleuves les plus considérables qui se jettent dans l'Océan. Pline, *l. IV, c. 14*, dit qu'il faisoit la séparation entre les Romains & les Chérusques. (*D. J.*)

VITAL, LE, adj. *Méd.*, est ce qui sert principalement à produire ou à entretenir la vie dans le corps des animaux. *V.* VIE.

C'est ainsi que le cœur, le poumon & le cerveau sont appellés des parties *vitales*. Voy. PARTIE, CŒUR, &c.

Fonctions ou *actions vitales*, sont les opérations par lesquelles les parties *vitales* produisent la vie, ensorte qu'elle ne peut subsister sans elles. *V.* ACTION, MOUVEMENT, &c.

Telle est l'action musculaire du cœur, la sécrétion qui se fait dans le cerveau, la respiration qui se fait par le moyen du poumon, la circulation du sang dans les arteres & les veines, & des esprits dans les nerfs. *V.* CŒUR, CERVEAU, RESPIRATION, CIRCULATION, &c.

Esprits vitaux, sont les parties les plus fines & les plus volatiles du sang. *V.* ESPRITS, SANG, CHALEUR, FLAMME, &c.

VITALITÉ, *Hist. nat.*, ordre, durée, espérance, probabilité de la vie des hommes à différens âges ; les tables de *vitalité*, qu'on appelle aussi quelquefois *tables de mortalité*, sont celles où l'on voit combien à chaque âge on a encore espérance de vivre. *V.* MORTALITÉ (*M. de la Lande.*)

A. N. VITALITÉ, s. f. *Méd.* On entend par *vitalité*, la faculté de vivre. Elle dé peu

VIT

... de l'état des organes, dont le jeu doit entretenir les fonctions vitales. Si la durée extraordinaire de la vie de quelques particuliers paroît autoriser à porter au-delà de cent ans le terme de cette faculté, l'expérience la plus uniforme semble le restreindre à l'intervalle de 80 à quatre-vingt-dix ans.

Il ne sera pas question ici de déterminer ce terme ; on ne peut avoir à ce sujet que des probabilités. D'ailleurs la solution de ce problème ne pourroit être que curieuse, & seroit extrèmement difficile, peut-être même impossible, vu la multitude des causes capables d'altérer les organes destinés aux fonctions vitales, & le nombre immense des données, d'après lesquelles il faudroit opérer.

Mais quelle est l'époque où commence la vitalité, à quel point de son développement le fœtus jouit-il de cette faculté ? Travailler à répondre à ces questions, ce n'est point s'occuper d'un objet de simple curiosité ; & la disposition des loix relatives aux successions, rend ce travail très-intéressant.

On lit dans le chap. 2 de la Novelle 110 : *Si igitur defunctus descendentes quidem non reliquat hæredes, pater autem, aut mater, aut alii parentes si superstint, omnibus ex latere cognatis hos præponi sancimus, exceptis solis fratribus ex utroque parente conjunctis defuncto. . . . .*

Telle est la loi suivie dans tous les pays de droit écrit, & à laquelle déroge seulement en quelques points la disposition de différentes coutumes particulieres. Mais elle suppose que le descendant, dont l'héritage doit passer aux ascendans, aura été capable des effets civils, aura été viable. S'il est venu au monde avant le terme ordinaire des accouchemens naturels, ou s'il a été tiré du sein de sa mere par l'opération césarienne, & que dans l'un & l'autre cas il n'ait survécu que peu de minutes & même peu d'heures à la personne dont l'héritage lui étoit destiné, on pourra élever des doutes sur sa vitalité, & l'application de la loi pourra souffrir des difficultés.

Le législateur, qui les a prévues, a cru les prévenir en fixant l'époque à laquelle un enfant doit être censé viable, en donnant le 182e jour pour premier terme de la vitalité légale. L'opinion d'Hippocrate sur celui de la vitalité physique, l'y a dé-

terminé. Cette décision adoptée par Paul Zacchias, Alphonse à Caranza & plusieurs autres auteurs, a été plus d'une fois attaquée par des physiciens naturalistes, qui, malgré leur respect pour les lumieres d'Hippocrate, ont cru pouvoir porter sur son opinion le coup-d'œil d'un esprit qui en matiere de physique ne plie point sous le joug de l'autorité.

Mais les circonstances dans lesquelles la plupart de ces savans se sont occupés de cet objet, ne leur laissoient pas la liberté nécessaire pour voir la vérité sans nuages. Ils avoient à prononcer sur l'état d'un enfant venu à un terme prématuré, & il est difficile que des motifs particuliers n'aient pas influé sur leur opinion.

Presque tous n'ont raisonné que d'après des faits souvent suspects & trop rares pour être concluans ; tandis que leurs raisonnemens auroient dû être appuyés sur des observations qui, montrant le fœtus humain dans tous les instans de son existence, depuis la conception jusqu'à celui où l'accouchement se fait naturellement, auroient éclairé sur les progrès successifs du développement des organes, auroient fait connoître le moment où ceux qui sont destinés aux fonctions vitales, ont acquis l'expansion & la force nécessaire à l'intégrité de ces fonctions.

Le hasard, il est vrai, auroit seul pu favoriser les recherches des naturalistes, & jusqu'à présent l'occasion ne leur a fourni que des observations très-imparfaites. Heureusement que la nature suit dans ses procédés une marche uniforme, & que les progrès du développement dans les différentes especes d'animaux sont toujours proportionnels au temps qu'elle emploie à l'opérer ; qu'ainsi on peut juger de l'Etat du fœtus humain à différens termes de la grossesse, par celui des fœtus des autres animaux à des termes correspondans à ceux-ci.

C'est dans cette intention que Harvei, Evrard, Graaf, Verrhein, Vallisnieri, Stenon & M. de Haller ont étudié ce développement dans les chevres, dans les femelles des lapins & des daims & dans celles de plusieurs autres quadrupedes ; que Malpighi & sur-tout M. de Haller ont suivi les progrès du poulet dans l'œuf, à différens termes de l'incubation.

La qualité vivipare des quadrupedes,

D

en les rapprochant de l'homme, rendroient les observations dont ils auroient été le sujet, plus satisfaisantes que celles qui ont été faites sur les animaux ovipares. Mais celles que l'on a faites sur les vivipares, ne présentent point de détails assez exacts & assez multipliés pour donner les lumieres qu'on a lieu de désirer ; & quoiqu'on puisse en tirer quelques inductions, il est plus sûr, suivant le conseil de M. de Buffon, de s'aider des observations faites sur le poulet renfermé dans l'œuf.

C'est le parti qu'a pris M. Hoin, dans un mémoire sur la *vitalité*, qu'il lut en 1761 à l'académie de Dijon, & qui a été imprimé à Paris en 1765, chez Delalain. J'eus recours aux mêmes observations en 1768, dans une consultation médico-légale, imprimée chez Causse, pour établir à quel point de développement pouvoit être un enfant que l'on supposoit né au milieu du cinquième mois. Je m'en servirai encore aujourd'hui, pour déterminer l'époque du commencement de la *vitalité* physique, qui est en même temps celle de la *vitalité* légale.

Le fœtus renfermé dans le sein de sa mere, y flotte dans un fluide séreux ; il ne respire point, & son sang circule sans être obligé de passer par le poumon ; sa vie, dont il a le principe au-dedans de lui-même, se soutient à l'aide de la lymphe nourriciere que sa mere lui transmet, & qui, suffisamment travaillée pour pouvoir par le jeu des vaisseaux être assimilée à la masse humorale, employée à la nutrition & au développement des organes, est portée immédiatement dans le sang.

Mais dès qu'il est sorti de la matrice, l'ordre des choses change, il est environné d'air & il a besoin que des alimens lui fournissent la matiere d'un chyle nécessaire pour son développement successif, son accroissement & la conservation de sa vie.

L'air s'insinue dans la poitrine & distend les poumons ; si les muscles mis en jeu dilatent & resserrent alternativement la poitrine, l'enfant respire, & sa respiration favorise une nouvelle circulation. Le sang qui passoit directement de l'oreillette droite dans l'oreillette gauche, est poussé dans les vaisseaux du poumon, y est atténué, affiné, enrichi par les molécules aériennes qu'il absorbe, & rafraîchit par l'évaporation des molécules ignées sur-

abondantes, qui s'unissent à l'air expulsé.

La formation du chyle exige que les alimens séjournent quelque temps dans l'estomac, qu'ils y soient décomposés par le mouvement intestin que favorise leur mélange avec les sucs digestifs ; qu'après quelque temps la pâte alimentaire soit poussée dans le duodénum par la force contractile de l'estomac, & que là elle reçoive un nouveau degré d'atténuation, par l'action de la bile & du suc pancréatique qui vient s'y mêler ; enfin que le chyle absorbé par les vaisseaux lactés, dont les orifices sont répandus sur la surface interne du canal intestinal, soit porté dans la masse humorale, & que le résidu des alimens soit expulsé par le mouvement systaltique des intestins : mouvement qui résulte de leur force contractile, effet de l'irritabilité & de l'action des fibres musculaires de leur tissu.

Il suit de là, que le fœtus hors du sein de sa mere, ne pourroit vivre si la poitrine n'étoit pas assez spacieuse pour permettre aux poumons de se distendre ; si les muscles, dont le jeu opere la dilatation & le resserrement alternatif de la poitrine, n'avoient pas une force suffisante pour produire cet effet ; si les poumons n'étoient pas d'un volume proportionné à la quantité du sang qui doit les parcourir, & n'avoient pas une consistance suffisante pour soutenir l'action de l'air & celle du sang.

Il suit encore que sa vie seroit nécessairement de très-courte durée, si son estomac n'étoit pas d'une grandeur proportionnée à la quantité d'alimens dont il a besoin, si les membranes de ce viscere n'avoient pas une densité suffisante pour résister au poids des alimens, n'étoient pas formées en partie de fibres musculaires & irritables, d'où dépend sa force contractile, si les liqueurs digestives & sur-tout la bile n'avoient pas les qualités convenables pour favoriser la digestion, & si les intestins ne pouvoient pas livrer passage au chyle & expulser le résidu de la digestion.

Qu'ainsi les conditions nécessaires pour que les fœtus soient viables, sont que le poumon ait une consistance & un volume proportionné à la quantité, à l'impétuosité du sang qu'il doit recevoir ; que la poitrine ait une capacité relative au volume du poumon, & soit pourvue de musbles affez forts pour la dilater & la refferrer alternativement.

Que l'ampleur de l'eftomac, fa force de réfiftance, fon irritabilité le rendent capable de recevoir les alimens, de les conferver pendant le temps convenable & de pouffer dans le canal inteftinal la pâte alimentaire, après qu'elle a éprouvé la premiere digeftion; qu'il s'y dépofe une quantité fuffifante de liqueurs digeftives; que ces liqueurs aient les qualités convenables pour exciter le mouvement inteftin, néceffaire à la décompofition des alimens & à la formation du chyle; que la bile fur-tout, foit d'un jaune verd & très-amere, indice certain de fa qualité favoneufe & digeftive; enfin que les inteftins foient irritables.

Le premier moment où tous ces organes, où toutes ces liqueurs auront acquis ces qualités, fera celui où commencera la *vitalité* phyfique.

Il eft poffible que des maladies du fœtus, ou de la mere pendant la groffeffe, en retardant le développement des organes, éloignent ce moment, & que même au terme de neuf mois un enfant ne foit pas viable; mais même en fuppofant ce retard poffible, l'expérience la plus conftante prouve qu'il eft infiniment rare; il eft queftion de déterminer l'inftant où ces organes font le plus ordinairement dans leur perfection, & l'on peut négliger des événemens auffi extraordinaires.

Il fuffit de chercher à connoître à quelle époque la poitrine, le poumon, l'eftomac, le foie & les inteftins, commencent ordinairement à être en état de remplir les fonctions auxquelles ils font deftinés, & c'eft fur quoi l'analogie va prononcer.

Les faits d'après lefquels je déterminerai cette époque, feront pris dans les obfervations faites par M. de Haller fur des poulets à différens termes d'incubation. J'ai expofé ci-deffus les motifs qui me forcent à renoncer à celles qui ont pour fujets des animaux vivipares. Or, voici ce que préfentent les obfervations nombreufes, faites par M. de Haller, & confignées dans le II vol. de fes œuvres imprimées à Laufanne, en 1768, fous le titre d'*Opera minora.*

Les côtes qui paroiffent à peine avant la 191e heure, font encore entièrement cartilagineufes, ainfi que le fternum à la 218; leur élafticité n'eft bien fenfible

qu'à la 261, & elles ne recouvrent le poumon qu'à la 229e.

Les tégumens de la poitrine font feulement membraneux à la 194e; ce n'eft qu'après la 210, que l'on apperçoit les rudimens des mufcles de la poitrine, & ils ne paroiffent achevés qu'à la 299e.

La 138e eft la premiere où les poumons fe font appercevoir. Leur développement fe fait avec rapidité, depuis cette heure jufqu'à la 432, temps auquel fes progrès deviennent moins fenfibles. D'abord blancs & tranfparens, ils prennent une couleur de chair à la 331e, & cette couleur eft d'un rouge de fang à la 360e; leur furface eft arrondie à la 234e. on commence à cette époque à en diftinguer les vaiffeaux; ils s'attachent à la poitrine dans l'intervalle de la 300e heure à la 331, ont pris la figure de cette cavité à la 366e, & paroiffent avoir acquis leur perfection dès la 355e.

L'eftomac & l'œfophage paroiffent bien conformés à la 168e heure; fes tuniques s'épaiffiffent peu à peu, & l'on y apperçoit des fibres mufculaires à la 264e; elles ne lui donnent une apparence charnue qu'à la 309e; on y voit à la 336e un mélange de caillé blanc & de bile, mais fon irritabilité n'eft bien fenfible qu'à la 408e heure.

Les inteftins, dont on n'obferve les premiers veftiges qu'à la 138e heure, fe développent de façon que le premier apperçu, & que les grêles avec toutes leurs circonvolutions, ne paroiffent avoir acquis leur perfection qu'à la 284e heure: on y remarque de la bile à la même époque, mais ils font infenfibles à l'action de tous les irritans, & ils ne font manifeftement irritables qu'à la 384e heure.

Ce n'eft qu'à la 144e heure, que le foie eft reconnoiffable par fa figure. Sa couleur ne commence à tirer fur le rouge qu'à la 192e; la veficule du fiel, qu'on n'apperçoit qu'à la 194e, n'eft remplie de bile qu'à la 216e. Cette liqueur, d'abord infipide & pâle, eft colorée d'un jaune verd à la 264e; elle n'a de l'amertume & une couleur d'un verd foncé qu'à la 336e; & la furface inférieure du foie eft teinte en jaune verd à la 388e.

Il réfulte de tous ces faits, que la poitrine n'eft complétement formée dans le poulet qu'à la 300e heure, que les côtes & les mufcles ne commencent qu'à cette

D 2

époque à être capables de se prêter à la dilatation du poumon & de réagir sur ces viscères.

Que ceux-ci n'ont acquis qu'à la même époque le développement nécessaire, & ne sont arrivés qu'environ à la 355e à l'état qui peut leur permettre de supporter l'action de l'air & du sang.

On voit encore que le moment où l'estomac, les intestins, le foie & la vésicule du fiel peuvent favoriser la digestion, ne précède point la 300e heure & même doit être reculé jusqu'à la 336e & au-delà, l'irritabilité des uns ne se manifestant qu'à la 384e, & le foie ne paroissant filtrer une bile bien caractérisée que depuis la 336e heure.

Puisque l'instant où commence la *vitalité* physique est celui où les viscères, les organes & les liqueurs dont je viens d'exposer l'Etat, sont parvenus au point de pouvoir exécuter les fonctions auxquelles ils sont destinés, il est donc évident que dans le poulet la *vitalité* commence entre la 336e heure & la 400e : à cette époque cet animal pourroit vivre hors de l'œuf, s'il étoit possible de lui donner quelque nourriture qui équivalût à celle qu'il trouve dans l'œuf même ; aussi voit-on que dans cet intervalle, le poulet ouvre souvent le bec, paroit respirer & a avalé du blanc de l'œuf dans lequel il est renfermé.

L'analogie autorise donc à regarder comme le premier terme de la *vitalité* physique des fœtus, celui de la grossesse qui correspond à une moyenne proportionnelle prise entre la 336e & la 400e heure de l'incubation; & cette heure étant la 368e. il reste à déterminer quel est le terme de la grossesse qui correspond à la 368e heure de l'incubation.

On sait que la durée de l'incubation est le plus ordinairement de 21 jours, quoiqu'elle se prolonge quelquefois jusqu'à 21 jours & demi ; on sait encore que celle de la grossesse des femmes est communément de 270 jours & très-rarement de 280. Comme il n'est question ici que de déterminer le moment où la *vitalité* commence le plus constamment, dans le calcul que je vais faire je supposerai que l'incubation dure 21 jours ou 504 heures, & la grossesse 270 jours ou 6480 heures.

Or, dans cette supposition, la 368e heure de l'incubation répond à la 4731e

heure $\frac{336}{504}$ ou 197e jour 3 heures & demie de la grossesse. Ce terme ne s'éloigne pas beaucoup de celui qu'Hippocrate avoit fixe, puisqu'il n'en diffère que de 15 jours; & quoique mon calcul puisse m'autoriser à prétendre que les enfans ne doivent être censés viables qu'au 197e jour, je me range d'autant plus volontiers à l'avis d'Hippocrate, que le développement des poulets n'est pas constamment le même au même terme d'incubation dans tous les individus que M. de Haller a observés, & que le 182e jour donné par Hippocrate correspond à la 239e heure d'incubation, qui excede de 3 heures celle où j'ai trouvé que la plupart des organes destinés aux fonctions d'où dépend la *vitalité*, étoient au point de développement nécessaire pour que ces fonctions puissent s'exécuter ; mais il résulte bien évidemment de mes réflexions sur les progrès du poulet dans l'œuf, que les fœtus avant le 182e jour ne sont pas viables, & que le commencement du septieme mois, est le premier terme de la *vitalité* physique & légale.

En vain, pour avancer ce terme, apporteroit-on en preuve, des observations d'enfans nés dans le sixieme mois, & qui ont vécu même long-temps. On seroit également mal fondé à le reculer davantage, parce que l'expérience prouve que presque tous les enfans du 7e mois naissent imparfaits, & meurent peu de temps après leur naissance.

En effet, il ne faut que lire avec attention les observations d'après lesquelles on croiroit pouvoir prétendre que la *vitalité* commence avant le 182e jour, pour sentir combien elles méritent peu de confiance, puisque les auteurs qui les donnent, ne parlent souvent que sur des ouï-dire, & sur le témoignage de gens suspects. L'avorton de Marseillan cité par M. Brouzet, p. 37 du premier volume de son ouvrage sur l'éducation médicinale, est le seul dont l'époque de la naissance paroisse bien constatée; mais le merveilleux qui accompagne son récit, fait craindre que M. Brouzet n'ait été trompé. Comment croire que cet avorton ait vécu jusqu'au 9e mois à la façon des fœtus, sans crier, sans tetter, sans aucune excrétion & sans faire aucun mouvement que d'avaler quelques gouttes de lait ?

Quant à celles qui tendroient à établir

que les enfans nés dans le 7e mois ne font pas viables , & à ne donner pour époque à la *vitalité* que le commencement du huitième , elles ne me paroiſſent pas plus concluantes ; car de ce que les enfans venus au monde avant ce terme , ſont preſque tous morts peu de temps après leur naiſſance & ſont nés très-imparfaits & très-foibles , on peut ſeulement conclure que les enfans de ce terme ont peu de *vitalité*. D'ailleurs pluſieurs auteurs dignes de foi, tels que Amatus Luſitanus, Lemmius, madame Bourſier, de Lamotte, Levret , &c. aſſurent avoir vu des enfans nés dans le ſeptieme mois , vivre long-temps. La raiſon qu'en donne Charles de S. Germain dans ſon *Ecole des ſages-femmes*, eſt qu'à ce terme ils ont toute la perfection requiſe. M. Hoin cite des perſonnes encore vivantes à Dijon, qui ſont nées dans le 7e mois ; & dès qu'il eſt de fait que pluſieurs enfans ont vécu même long-temps , quoiqu'ils fuſſent du 7e mois, comment pourroit-on prétendre que les fœtus ne ſont pas viables avant le 8e ?

La *vitalité* phyſique commence donc évidemment dans le 7e mois. Les faits que m'ont fourni les obſervations de M. de Haller , venant à l'appui du ſentiment d'Hippocrate , ajoutent à l'autorité de ce grand homme la force victorieuſe d'une analogie déciſive , & il eſt conſtant que les enfans ne ſont point viables avant le 7e mois, & que le premier terme de la *vitalité* légale eſt le 182e jour après la conception. (*Cet article eſt de M. Maret.*)

A. N. On doit entendre , par ce mot *vitalité*, l'expreſſif , quoique peu d'uſage , la diſpoſition par laquelle les corps organiſés ſont ſuſceptibles dans l'état de vie, d'opérer , par un principe qui leur eſt propre , les actions qui conſtituent la vie.

C'eſt la faculté d'où dépendent les fonctions eſſentielles à ces corps, par leſquelles s'effectuent la formation ou le développement de l'individu dans chacune de ſes parties , ſon accroiſſement , ſa conſervation & ſa dégénération. *Voy.* NUTRITION. Ces opérations ſe font dans chaque individu d'une maniere particuliere & convenable à chacun de ſes organes qui a ſa *vitalité* propre : elles dépendent de différens mouvemens dont la cauſe eſt inhérente à une ſorte de fibre particuliere du corps vivant. *V.* FIBRE, MUSCLE.

La *vitalité* eſt donc une propriété attachée à la maniere d'être des animaux & des végétaux, plus ou moins perfectionnée dans les uns que dans les autres, à proportion qu'elle dégénere par des nuances ſenſibles d'un genre à un autre , en paſſant du point le plus parfait de l'organiſation à celui où elle devient le plus brute & le plus rapprochée de l'état des minéraux. C'eſt là que paroit ſe perdre entiérement tout ce qui caractériſe la *vitalité*, qui eſt le principe intrinſeque de l'action & de la réaction des organes ſur les fluides qui y ſont reçus ou portés par *intuſſuſception*, ſans quoi il ne paroit pas que l'on puiſſe concevoir le jeu de la vie proprement dite , *voyez* VIE , attendu qu'on ne conçoit pas que l'idée puiſſe en être applicable à ce qui n'eſt que l'effet de la *juxta poſition* , telle que peut être la formation des minéraux, qui n'eſt que le produit inorganique de l'action du feu combinée avec celle de l'air & de l'eau , ſur les différens élémens de la terre , ſuivant les loix de l'attraction.

Le principe phyſique de la *vitalité* ſemble donc n'être autre choſe que la propriété attachée à la fibre animale & à la fibre végétale reſpectivement , par laquelle propriété cette fibre , dans ſa diſpoſition naturelle , peut recevoir des impreſſions, ſentir & ſe mouvoir en conſéquence , à proportion de l'impreſſion reçue. *V.* IRRITABILITÉ, SENSIBILITÉ.

Il ſuit de ce qui vient d'être établi , que la *vitalité* eſt différente de la vie , comme la faculté d'agir comparée à l'action. C'eſt la force vitale , *vis vitæ*, conſidérée indépendamment de l'exercice de cette même force , *voy.* GÉNÉRATION , vers la fin de l'article , où cette force relative à chaque individu dans l'eſpece humaine , a été préſentée comme un moyen propre à rendre raiſon de la différence des figures & des reſſemblances entre les parens & les enfans : idée qui paroit adoptée par le célebre auteur des *Conſidérations ſur les corps organiſés*, tome II, c. 7, art. 344.

C'eſt la *vitalité* qui eſt cette force commune à tous les corps organiſés , & qui eſt douée d'un degré d'intenſité plus ou moins conſidérable , qui eſt particulier à chacun d'eux dans chaque genre , dans chaque eſpece , dans chaque individu , & même dans chaque organe , dont on peut dire conſéquemment , qu' n'en eſt aucun qui n'ait une *vie* qui lui eſt propre.

C'eſt la *vitalité* qui rend le cœur & les vaiſſeaux qui en partent ou qui y répondent dans toutes les parties de l'animal ainſi diſpoſé, ſuſceptibles par leur action & leur réaction dans chacune des fibres qui compoſent ces organes, d'entretenir le jeu de la circulation du ſang & de toutes les humeurs, tant que l'ordre de l'économie animale peut être conſervé dans l'individu. C'eſt de même à la *vitalité* dans chacun des organes de la digeſtion, de toutes les ſécrétions, de la nutrition, de la génération, que l'on doit attribuer l'action des parties, qui produit de ſi différens réſultats dans l'état de ſanté, comme les différens vices de la force vitale dans les organes produiſent preſque toute la différence des maladies & même des opérations, auxquelles elles donnent lieu, telles que les coctions, les criſes, les métaſtaſes, qui ne ſont que des effets des différens efforts que fait la *nature*, c'eſt-à-dire, la combinaiſon des forces vitales, différemment modifiée par la différente détermination qu'elles reçoivent des altérations que leur font éprouver les cauſes morbifiques, ſoit de la part des ſolides, ſoit de celle des fluides. Enſorte que la *vitalité* paroît ne pouvoir guere être diſtinguée de ce grand principe qu'on appelle communément *nature* dans l'économie animale. *V.* NATURE, ÉCONOMIE ANIMALE.

C'eſt ſous ce point de vue que cet article eſt ſuſceptible d'être aſſez étendu pour établir les différens rapports ſous leſquels on peut confidérer la *vitalité*. Mais l'analogie peut ſuppléer aiſément, pour en abréger l'expoſition. Il ſuffira d'en préſenter quelques-uns des plus ſenſibles.

Tel eſt l'effet que l'on ne peut attribuer qu'à l'irritabilité & à la ſenſibilité, au degré le plus exquis dont eſt douée la rétine qui eſt l'organe immédiat de la viſion, dont l'impreſſion qu'elle reçoit de la lumiere détermine la prunelle correſpondante à ſe reſſerrer, pour éviter ou modérer cette ſenſation plus ou moins forte dans le fond de l'œil, & la modifier convenablement, pour être tranſmiſe au cerveau, ſans en bleſſer l'organiſation.

Il en eſt de même de tout ce qui excite les autres ſenſations, qui ſont toutes proportionnées à l'activité des organes qui en ſont ſuſceptibles à proportion du de-

gré de *vitalité* qui leur eſt inhérent. Ainſi le plus ou le moins d'énergie dans les humeurs de l'animal, dépend de leur différente élaboration par l'action de la vie, & cette action réciproquement paroît dépendre auſſi beaucoup de la réaction des fluides ſur les ſolides, qui eſt opérée par le *ſtimulus* du ſel *microcoſmique* plus ou moins développé dans ces mêmes fluides. *V.* NUTRITION, TEMPÉRAMENT.

N'eſt-ce pas à la *faculté vitale*, que l'on doit attribuer ce qui rend les organes des premieres voies ſuſceptibles de l'action qui leur fait exprimer avec plus d'abondance les ſucs qu'ils contiennent, à proportion de l'irritabilité qu'ils éprouvent par l'effet des vomitifs, des purgatifs? Et n'en eſt-il pas de même de tous les évacuans actifs dans les autres organes, où ils operent d'une maniere fort analogue à celle des véſicatoires & autres épiſpaſtiques, qui ſont ſans effet dès que la *vitalité* ne ſubſiſte plus dans les organes ſur leſquels ils ſont appliqués?

La choſe peut encore être rendue très-ſenſible par l'obſervation de ce qui ſe paſſe dans les fibres du corps de la ſangſue, qui ſe contractent, ſe raccourciſſent en tout ſens par l'irritation qu'y cauſe le ſel dont on la parſeme, pour lui faire dégorger le ſang dont elle s'eſt remplie & qu'elle rejette par fuſées, ſans aucun acte de ſa volonté. C'eſt ce qu'éprouvent les femmes dans les tranchées de l'accouchement, ainſi que ceux qui ſont fatigués de la colique & du téneſme dans la dyſſenterie, &c.

C'eſt en excitant, ou en affoibliſſant, ou en éteignant l'exercice de la *vitalité* dans les organes des animaux, que les alimens, les médicamens & les poiſons ont paru aux anciens avoir des qualités *chaudes* ou *froides*, à *différens degrés*, qui faiſoient conſidérer ces mixtes comme étant plus ou moins ſalutaires, plus ou moins nuiſibles, ſuivant les avantages ou les déſavantages qui réſultoient de leurs effets dans l'économie animale, en différentes circonſtances de la ſanté ou de la maladie, pour conſerver ou exciter, ou diminuer la force retentrice ou expultrice propre à chaque organe. Enſorte que cette doctrine, ſous ce point de vue, n'étoit pas abſurde, comme les médecins de la fin du ſiecle dernier & les méchaniciens de celui-ci ont voulu le faire entenàre ; faute par eux, d'avoir recherché & observé la juste application que faisoient les anciens de ces différentes qualités, relativement au véritable agent des corps vivans, qu'ils connoissoient très-bien, sans en donner l'explication, comme les meilleurs physiciens de nos jours en fait d'économie animale, qui ont reconnu ce principe du mouvement dans l'*irritabilité*, comme aussi certain à l'égard des corps organisés, que l'est celui de l'attraction à l'égard de la matiere en général : d'où il suit que la dénomination de *qualité occulte*, n'auroit jamais dû être présentée comme une espece de ridicule, n'ayant été employée que pour désigner les *causes* dont la raison & la maniere d'agir sont inconnues ; telles que celles de la gravitation, de l'élasticité, du mouvement, &c. qui sont des propriétés des corps dont nous pouvons connoitre les loix, mais non pas le principe de leurs effets, la cause premiere, qui reste cachée dans le sein de la nature. *Voy.* OCCULTE, QUALITÉ. Malgré toutes nos recherches & tous nos efforts, il nous faudra toujours admettre de ces principes vraiment *occultes*. Le dernier terme de l'action analysée des corps, est entiérement inaccessible à nos sens, & par conséquent hors de la sphere de notre pénétration.

Les végétaux même présentent aussi des phénomenes, des effets particuliers, qui ont beaucoup d'analogie avec ceux qu'on observe dans les animaux à l'égard de la *vitalité* & de l'*irritabilité*. Ces rapports sont d'autant plus surprenans, que l'organisation des plantes est moins parfaite. Cependant rien n'est plus constaté que les mouvemens singuliers & véritablement accidentels des différentes especes de *mimoses* ou *sensitives*, ainsi appellées à cause de la *sensibilité* dont elles paroissent douées dans des circonstances tout-à-fait différentes. *V.* SENSITIVE. C'est aussi une faculté de nature approchante, que l'on croit devoir attribuer ce qu'on observe dans les parties des plantes qui en sont pourvues, & qu'on appelle *mains* ou *vrilles*. En tant que ces prolongemens d'une conformation particuliere & différemment modifiés, suivant les différentes especes auxquelles ils appartiennent, sont susceptibles de se contracter, de se replier, de s'entortiller autour

d'un corps voisin, auquel ils puissent s'attacher d'après l'impression de contact qu'ils en reçoivent, & pour former des soutiens à la plante qui en a besoin à raison de sa foiblesse & de sa position ; comme on le voit dans les sarmens ou pampres de la vigne, dans les rameaux des plantes cucurbitacées, de plusieurs légumineuses, du lierre grimpant, &c. *V.* VRILLE. Cette propriété dans ces organes particuliers à certaines plantes est si marquée ; que, dans chacun de ces prolongemens ou filets ligneux, par exemple dans ceux de la vigne, tant qu'ils sont frais & flexibles, on voit qu'ils croissent & s'étendent en droite ligne sans changer de direction, jusqu'à ce qu'ils éprouvent une sorte de contact de la part d'un corps de figure convenable, pour qu'ils puissent s'attacher à lui par des contours en spirales bien régulieres & souvent très-multipliées ; ce qui n'arrive pas à la rencontre d'un corps quelconque, puisqu'on ne voit point de vrille repliée sans attache à un corps propre à déterminer l'entortillement par la disposition du contact, qui puisse donner lieu à la courbure successive de la vrille, à proportion de la multiplicité des points d'adhésion, tels que peut les procurer un corps assez menu & cylindrique, comme un petit rameau de la branche d'un arbre quelconque ou tout autre moyen d'une forme approchante.

Il suit donc d'un grand nombre d'observations, ainsi que de celle qui vient d'être rapportée, à l'égard d'une partie commune à plusieurs especes de végétaux, qu'ils sont susceptibles d'effets fort analogues à ceux de la sensibilité & de la mobilité que produit la faculté *vitale* dans le genre animal proprement dit, qui paroit être, comme on l'a déjà établi, commune à tous les corps organisés ; mais dans chacun d'une maniere plus ou moins perceptible, à proportion que l'organisation est plus ou moins parfaite : ce qui présente naturellement l'idée d'un projet à exécuter, autant qu'il est possible ; pour établir une physique ou physiologie comparée entre les animaux & les végétaux, comme on a entrepris une anatomie comparée entre l'espece humaine & celle des autres animaux : ce qui peut fournir de très-grandes lumieres pour ces parties de l'histoire naturelle. *Voy.* ANIMAL, VÉGÉTAL, HOMME,

VIT

PLANTE , HISTOIRE NATURELLE. (*Cet article nouveau eſt de M.* D'AU-MONT , *doĉteur en médecine , ſeul profeſ-ſeur de l'univerſité de Valence , à qui l'En-cyclopédie doit tant de morceaux précieux, qui annoncent un profond phyſicien & un écrivain qui ſait concilier la netteté avec la préciſion.*)

VIT-COQ , *voy.* BÉCASSE.

VITE , adj. *Gram.* , léger, prompt, qui ſe meut avec célérité. *V.* VITESSE.

VITE , *Muſique* , *præſto* , c'eſt le der-nier degré du mouvement pour la promp-titude , & qui n'a après lui que ſon ſu-perlatif *preſtiſſimo* , très-vite. (*S*)

VITELLIA , *Géog. anc.* , ville d'Ita-lie , dans le Latium , au pays des Eques , ſelon Tite - Live , *l.* V , *c.* 29 *:* qui dit : *Vitelliam coloniam romanam , in ſuo agro Æqui expugnant.* Suétone , *in Vitellio ,* *ĉ.* 1 , nous apprend que , ſelon quelques-uns , cette ville tiroit ſon nòm de la fa-mille des Vitellius , qui demanderent à la défendre à leurs propres dépens , contre les efforts des Eques. Elle eſt miſe par Tite-Live , *l. II* , *c.* 39 , au nombre des villes dont Coriolan s'empara. (*D. J.*)

VITELLIANI , ſ. m. pl. *Hiſt. anc.* , dans l'antiquité , c'étoient des eſpeces de tablettes ou de petits livres de poche , ſur leſquels on avoit coutume d'écrire ſes penſées , ſes ſaillies & celles des autres , & ſouvent beaucoup de puérilités & d'im-pertinences ; c'eſt à-peu-près ce que les Anglois appellent *triſte book* ou *livre de bagatelles* , & les François un *ſottiſier. V.* Martial , *l.* XIV. *épigr.* 8.

Quelques - uns prétendent que ce mot vient de *vitellus* , un jaune d'œuf , parce qu'on en frottoit les feuilles de ces tablet-tes ; & d'autres le font venir du nom de *Vitellius* leur inventeur.

VITERBE , *Géog. mod.* , en italien *Vi-terbo* , ville d'Italie , dans l'Etat de l'é-gliſe , capitale du patrimoine de Saint Pierre , à 30 milles au nord de la mer , à 40 milles au couchant de Rome , au pied d'une haute montagne , que les Latins ap-pelloient *Ciminius mons.*

Quoique *Viterbe* ſe vante d'être plus ancienne que Rome , c'eſt une ville mo-derne , bâtie par Didier , dernier roi des Lombards , qui régna depuis 763 juſqu'en 774. Il la forma de quatre bourgs ou vil-lages , & l'environna de murs. Cette qua-truple union fut d'abord appellée *Tetra-*

polis , enſuite *Vitercinium* , & enſin *Vi-terbum.* Ainſi Cluvier s'eſt étrangement trompé , quand il a imaginé que cette vil-le pourroit être le *fanum Voltumnæ* de Tite-Live.

Viterbe eſt grande , ſes rues ſont lar-ges , bien pavées , & remplies d'égliſes , de chapelles , de couvens , & de monaſ-teres. On y compte à peine douze mille ames , & la ville en contiendroit trois fois davantage par ſon étendue.

Elle eſt partagée en ſeize paroiſſes , y compris la cathédrale , où l'on voit dans le goût gothique les tombeaux de Jean XXII & d'Alexandre IV. Les fontaines publiques y ſont en grand nombre , & ſoigneuſement entretenues. L'évéché n'a été établi qu'à la fin du douzieme ſiecle , & ſe donne aujourd'hui à un cardinal.

Les environs de *Viterbe* ſont admira-bles par leur fertilité en vin , en toutes ſortes de grains & de légumes , en fruits de toute eſpece , en mûriers & en oliviers; tout le territoire eſt arroſé de petites ri-vieres poiſſonneuſes , enſorte qu'il ne manque rien à ce pays de ce qui ſert à la vie & à la délicateſſe.

On trouve au ſud-oueſt , environ à un mille de *Viterbe* , des eaux chaudes qu'on nommoit autrefois *Aquæ Caïæ* ; ces eaux ſont ſi chaudes qu'elles cuiſent en un mo-ment les œufs , les fruits , & les légumes qu'on y plonge. A la diſtance de deux milles de la ville de *Viterbe* eſt le couvent de la Quercia , habité par une riche com-munauté de plus de ſoixante religieux. Le pendant de ce couvent eſt celui de No-tre-Dame de Grade , qui appartient aux Dominicains. *Long.* 29. 40. *lat.* 42. 21.

Les curieux peuvent conſulter ſur cet-te ville Baffi Feliciano , *Hiſtoria della cita di Viterbo.* Romæ , 1742 , *in-fol. fig.*

Annius (Jean) fameux jacobin , s'ap-pelle ordinairement *Annius de Viterbe* , parce qu'il naquit en cette ville en 1532. Il a beaucoup fait parler de lui par l'édi-tion de quelques auteurs fort anciens , dont les écrits paſſoient pour perdus. L'ouvrage d'Annius de *Viterbe* parut à Rome pour la premiere fois en 1398 , & contient dix - ſept livres d'antiquités ; mais on découvrit bientôt que le bon ja-cobin avoit publié pour vraies des pieces ſuppoſées. Onuphre Panvini , Goropius Becanus , Jean-Baptiſte Agucchi , Vola-terranus , & autres auteurs l'ont démontté. Il mourut à Rome l'an 1502, âgé de soixante & dix ans.

Latinus Latinius a imité l'exemple de son compatriote Annius, & il est en cela d'autant plus coupable qu'il n'a pas péché par ignorance, & qu'au contraire il avoit beaucoup d'érudition, comme il paroit par les ouvrages qu'il a mis au jour, & entre autres par sa *Bibliotheca sacra & prefana*, publiée à Rome pour la seconde fois en 1667, *in-fol*. Il supprima tant qu'il lui fut possible tout ce qui n'étoit pas conforme à ses opinions, & c'est ce qui se prouve par le retranchement qu'il a fait de l'épitre de Firmilien de Césarée dans l'édition des œuvres de saint Cyprien qu'a donnée Manuce. On l'aggrégea au nombre des savans qui travaillerent à la correction du décret de Gratien, & il employa plusieurs années de suite à ce grand ouvrage. Il mourut en 1593, âgé de quatre-vingts ans. (*D. J.*)

VITESSE, s. f. *Méchan.*, affection du mouvement, par laquelle un corps est capable de parcourir un certain espace en un certain temps. *V.* MOUVEMENT.

Leibnitz, Bernoulli, Wolf, & les autres partisans des *forces vives*, prétendent qu'on doit estimer la force d'un corps en mouvement, par le produit de sa masse par le quarré de sa *vitesse*; ceux qui n'ont pas admis le sentiment de ces savans, veulent que la force ne soit autre chose que la quantité de mouvement, ou le produit de la masse par la *vitesse*. Voyez FORCES VIVES.

La *vitesse* uniforme est celle qui fait parcourir au mobile des espaces égaux en temps égaux. *Voy.* UNIFORME. Il n'y a qu'un espace qui ne feroit aucune résistance, dans lequel un mouvement parfaitement uniforme pût s'exécuter, de même qu'il n'y a qu'un tel espace dans lequel un mouvement perpétuel fût possible; car dans cet espace il ne se pourroit rien rencontrer qui pût accélérer ou retarder le mouvement des corps. L'inégalité ou la non uniformité de tous les mouvemens que nous connoissons, est une démonstration contre le mouvement perpétuel méchanique, que tant de gens ont cherché; il est impossible, vu les pertes continuelles de forces que font les corps en mouvement, par la résistance des milieux dans lesquels ils se meuvent, le frottement de leurs parties, &c. Ainsi,

afin qu'un mouvement perpétuel méchanique pût s'exécuter, il faudroit trouver un corps qui fût exempt de frottement, ou qui eût reçu du Créateur une force infinie, par laquelle il surmontât des résistances à tous momens répétées. Au reste, quoiqu'à parler exactement, il n'y ait point de mouvement parfaitement uniforme, cependant lorsqu'un corps se meut dans un espace qui ne résiste pas sensiblement, & que ce corps ne reçoit ni accélération ni retardement sensible, on considere son mouvement comme s'il étoit parfaitement uniforme.

La *vitesse* est considérée, ou comme absolue, ou comme relative; la définition que nous avons donnée, convient à la *vitesse* simple ou absolue, celle par laquelle un certain espace est parcouru en un certain temps.

La *vitesse* propre ou absolue d'un corps, est le rapport de l'espace qu'il parcourt, & du temps dans lequel il le meut. La *vitesse* respective est celle avec laquelle deux corps s'approchent ou s'éloignent l'un de l'autre d'un certain espace dans un temps déterminé, quelles que soient leurs *vitesses* absolues. Ainsi la *vitesse* absolue est quelque chose de positif; mais la *vitesse* respective n'est qu'une simple comparaison que l'esprit fait de deux corps, selon qu'ils s'approchent ou s'éloignent plus l'un de l'autre. (*M. Formey.*)

La *vitesse* avec laquelle deux corps s'éloignent ou s'approchent l'un de l'autre, est leur *vitesse* relative, ou respective, soit que chacun de ces corps soit en mouvement, soit qu'il n'y en ait qu'un seul. Quoiqu'un corps soit en repos, on peut le regarder comme ayant une *vitesse* relative par rapport à un autre corps supposé en mouvement; si deux corps, en une seconde, se trouvent plus proches qu'ils n'étoient de deux pieds, leur *vitesse* respective sera double de celle qu'auroient deux corps qui n'auroient fait dans le même temps qu'un pied l'un vers l'autre, le mouvement étant supposé uniforme.

Une *vitesse* non uniforme est celle qui reçoit quelque augmentation ou quelque diminution : un corps a une *vitesse* accélérée, lorsque quelque nouvelle force agit sur lui, & augmente sa *vitesse*. Il faut pour cet effet que la nouvelle force qui agit sur lui, agisse en tout ou en partie dans la direction suivant laquelle le corps se meut déjà.

La *vitesse* d'un corps est retardée, lorsque quelque force opposée à la sienne lui ôte une partie de sa *vitesse*.

La *vitesse* d'un corps est également ou inégalement accélérée, selon que la nouvelle force qui agit sur lui, y agit également ou inégalement en temps égal ; & elle est également ou inégalement retardée, selon que les pertes qu'il fait sont égales ou inégales en temps égaux.

Vitesse des corps parcourans des lignes courbes. Suivant le système de Galilée sur la chûte des corps, système reçu aujourd'hui de tout le monde, la *vitesse* d'un corps qui tombe verticalement, est, à chaque moment de sa chûte, proportionnelle à la racine de la hauteur d'où il est tombé. Après que Galilée eut découvert cette proposition, il reconnut encore que si le corps tomboit le long d'un plan incliné, la *vitesse* seroit la même que s'il étoit tombé par la verticale qui mesure sa hauteur, & il étendit la même conclusion jusqu'à l'assemblage de plusieurs plans inclinés qui feroient entr'eux des angles quelconques, en prétendant toujours que la *vitesse* à la fin de la chûte faite le long de ces différens plans, devoit être la même que s'il étoit tombé verticalement de la même hauteur.

Cette derniere conclusion a été admise par tous les mathématiciens, jusqu'en 1693, que M. Varignon en démontra la fausseté, en faisant remarquer que le corps qui vient de parcourir le premier plan incliné, & qui arrive sur le second, le frappe avec une partie de la *vitesse* qui se trouve perdue, & l'empêche par conséquent d'être dans le même cas que s'il étoit tombé par un seul plan incliné, qui n'auroit point eu de pli. M. Varignon après avoir relevé cette erreur, éclaircit la matiere de maniere à empêcher qu'on ne tombât dans l'erreur opposée, & à laquelle on étoit porté tout naturellement, qui étoit de croire que la chûte d'un corps le long d'une ligne courbe, c'est-à-dire, le long d'une infinité de plans inclinés, ne pouvoit pas non plus produire de *vitesses* égales à celles d'un corps qui seroit tombé verticalement de la même hauteur. Pour montrer la différence de ces deux cas, il fit voir que quand les plans inclinés font ensemble des angles

infiniment petits, ainsi qu'il arrive dans les courbes, la *vitesse* perdue à chacun de ces angles, est un infiniment petit du second ordre ; ensorte qu'après une infinité de ces chûtes, c'est-à-dire, après la chûte entiere par la courbe, la *vitesse* perdue n'est plus qu'un infiniment petit du premier ordre, qu'on peut négliger, par conséquent auprès d'une *vitesse* finie : on peut voir aussi sur ce sujet notre *Traité de dynamique*, premiere partie, vers la fin.

De même qu'une équation entre deux variables peut exprimer une courbe quelconque, dont les coordonnées sont les variables de cette équation. on peut exprimer aussi par les variables d'une équation, les différentes *vitesses* que deux forces produiroient séparément dans un même corps ; & si ces forces sont supposées agir parallélement aux deux lignes données de position, sur lesquelles on suppose prises ces variables, la courbe exprimée par l'équation sera alors celle que le corps décrit, en vertu de deux forces combinées ensemble. Si par exemple on suppose que l'une des forces est la gravité, & que l'autre ne soit qu'une premiere impulsion finie, à laquelle ne succede aucune accélération, la courbe ayant des ordonnées proportionnelles aux racines des abscisses, sera une parabole. *V.* PARABOLE.

Pour mesurer une *vitesse* quelconque, d'une maniere constante qui puisse servir à la comparer à toute autre *vitesse*, on prend le quotient de l'espace par le temps, supposant que cet espace soit parcouru, en vertu de cette *vitesse* supposée constante. Si, par exemple, un corps, avec sa *vitesse* actuelle, pouvoit parcourir 80 pieds en 40 secondes de temps, on auroit $\frac{80}{40}$ ou 2, pour exprimer sa *vitesse*, ensorte que si on comparoit cette *vitesse* à celle d'un autre corps qui feroit 90 pieds en 3 secondes, comme on trouveroit de la même maniere $\frac{90}{3}$ ou 3, pour cette nouvelle *vitesse*, on reconnoîtroit par ce moyen que le rapport de ces *vitesses* est celui de 2 à 3.

s étant en général l'espace, & *t* le temps, $\frac{s}{t}$ est la *vitesse*, pourvu que le mouvement soit uniforme. On peut faire une objection assez fondée sur cette mesure de la *vitesse* : on dira que l'espace & le temps sont deux quantités hétérogenes, qui ne peuvent être comparées, & qu'on n'a point une idée claire du quotient f/t. A celà il faut répondre que cette expression de la *vitesse* ne fignifie autre chofe, finon que les *vitesses* de deux corps font toujours entr'elles comme les quotiens des efpaces divifés par les temps, pourvu quel'on repréfente les efpaces & les temps par des nombres abftraits qui aient entr'eux le même rapport que ces efpaces & que ces temps. *Voy.* le mot EQUATION.

Si le mouvement eft variable, on le fuppofe conftant pendant qu'il décrit d'une partie infiniment petite df de l'efpace, & l'on exprime alors la *vitefse* par df/dt. *V.* MOUVEMENT.

VITESSE *circulaire. V.* CIRCULAIRE.

VITESSE *du fon, de la lumiere, du vent, &c. V.* SON, LUMIERE, VENT, &c.

VITESSE, *Hydraul., Voy.* DÉPENSE, FORCE.

VITEX, f. m. *Hift. nat. Bot.*, genre de plantes à fleur monopétale, qui a deux levres, & dont la partie poftérieure eft alongée en forme de tuyau ; le piftil fort du calice ; il eft attaché comme un clou à la partie poftérieure de la fleur, & il devient dans la fuite un fruit prefque fphérique, qui eft divifé en quatre loges, & qui renferme des femences oblongues. *Tournefort, Inft. rei herb. V.* PLANTE.

VITIA, *Géog. anc.*, contrée de la Médie, ou du moins voifine de la mer Cafpienne & de l'Arménie, felon Strabon, l. II, p. 508. Cette contrée avoit une ville du même nom, que bâtirent les Æniane de Theffalie. (*D. J.*)

VITILO, VITOLO ou VITULO, *Géog. mod.*, ville de la Morée, dans le Brazzo-di-Maina ; à l'embouchure de la riviere de même nom, au fond d'un port ou petit golfe qui fait partie de celui de Coron. Sophien croit que c'eft la ville *Bithyla* des anciens. (*D. J.*)

VITILO, f. m. *Vitolo* ou *Vitulo, Géog. mod.*, riviere de la Morée, dans le Brazzo-di-Maina. Cette petite riviere fe jette dans la mer de Sapienza, où elle forme un port auquel elle donne fon nom.

VITIS, *Géog. anc.*, fleuve d'Italie, dans la Cifpadane. Pline, l. III, c. 15, le met entre le *Sapis* & l'*Anemo*, au voifinage de Ravenne. C'eft le même fleuve que Tite-Live, l. V, c. 35, nomme *Utens*, & qu'il donne pour borné aux Sénones du côté du nord. *Tum Senones recentiffimi*

advenarum ab Utente *flumine ad Æfim fines habuere.* Cluvier & Cellarius prétendent qu'il faut lire Utens dans Pline, au lieu de *Vitis.* Le nom moderne de ce fleuve eft *Bevano*, felon le P. Hardouin. (*D. J.*)

VITODURUM ou *VITUDORUM, Géog. anc.*, ville de la Gaule Belgique, dans l'Helvétie, felon la table de Peutinger. C'eft aujourd'hui *Winterthur.* (*D. J.*)

VITRAGE, f. m. *Vitrier*, nom général de toutes les vitres d'un bâtiment. (*D. J.*)

VITRAIL, f. m. *Archit.*, grande fenêtre d'une églife ou d'une bafilique, avec des croifillons de pierre ou de fer. (*D. J.*)

VITRES, f. f. *Vitrier*, verre que l'on met aux croifées, chaffis, &c. pour laiffer le paffage à la lumiere. Les *vitres* ou le vitrage font des panneaux de pieces de verre mifes par compartimens, & qui ont différentes.formes.

L'ufage des *vitres* eft fort poftérieur à la découverte du verre. Selon M. Félibien, du temps de Pompée, Marcellus Scaurus fit faire de verre une partie de la fcene de ce fuperbe theatre qu'il fut élevé dans Rome pour le divertiffement du peuple, & il n'y avoit cependant point alors de *vitres* aux fenêtres des bâtimens. Les perfonnes les plus riches fermoient les ouvertures par lefquelles elles recevoient le jour, avec des pierres tranfparentes, comme les agates, l'albâtre, &c. & les pauvres étoient expofés aux incommodités du froid & du vent.

On ne fait pas quel eft celui qui fit connoître la maniere d'employer le verre au lieu des pierres tranfparentes; mais l'hiftoire nous apprend que les premieres *vitres* furent de petites pieces rondes, que l'on affembloit avec des morceaux de plomb refendus de deux côtés, afin d'empêcher que le vent ni l'eau ne puffent paffer. On employa après cet heureux effai, des verres de différentes couleurs, que les verriers favoient colorier, & on les rangea par compartimens. Le fuccès donnant de l'effor à l'imagination, on tâcha de repréfenter fur les *vitres* toutes fortes de figures, & même des hiftoires entieres: ce qui s'exécuta d'abord fur du verre blanc, avec des couleurs à la colle ; mais les injures de l'air ayant détruit cet ouvrage, on découvrit d'autres moyens. *V.* PEINTURE *fur verre.* (*D. J.*)

VITRÉ, *Hift. des inventions.* Les *vi-tres* ne furent inventées que vers le fiecle de Théodofe furnommé le Grand; & c'eft faint Jérôme, à ce que penfe le pere Mont-faucon, qui en parle le premier. Avant le regne de ce prince, on ne s'étoit point encore avifé d'employer le verre au vi-trage. Séneque dit que ce fut de fon temps qu'on commença de mettre aux fenêtres des pierres tranfparentes. On en fit venir de différens pays, & l'on tailloit celles qui fournifoient un plus grand jour. Pli-ne le jeune s'en fervoit aufli pour le mê-me ufage. Cependant, quoi de plus aifé à des gens qui depuis fi long-temps em-ployoient le verre à tant de chofes, que de s'en fervir aufli pour jouir, à l'abri des injures de l'air, de la clarté du jour, fans perdre la vue des objets même les plus éloignés ? (*D. J.*)

VITRES PEINTES, *Peinture.* La peinture fur les vitraux des églifes & des palais, ayant été autrefois beaucoup d'u-fage, cet art produifit plufieurs artiftes qui s'y diftinguerent. Coufin (Jean), né à Soucy près de Sens, fur la fin du feizie-me fiecle, eft le plus ancien peintre François qui fe foit fait quelque réputation en ce genre. C'eft lui qui a peint les *vitres* de la fainte chapelle de Vincennes, fur les delins de Raphaël; il a peint aufli fur les *vitres* du chœur de S. Gervais à Paris, le martyre de S. Laurent, la Samaritai-ne, & le paralytique. Defangives a en-core mieux réufli que Coufin. Mais les peintres flamands & hollandois l'empor-tent fur ceux de tous les autres pays, & l'on peut dire que l'églife de Tergaw en particulier, fournit des morceaux excel-lens en ce genre. Quant à ce qui regarde l'opération de cette peinture entiérement abandonnée, *voy.* PEINTURE *fur verre.* (*D. J.*)

VITRÉ, *Géog. mod.,* ville de France, dans la Bretagne, fur la droite de la Vi-laine, à fix lieues au nord-eft de Rennes, à vingt-cinq au nord de Nantes, & à vingt-deux au fud-oueft de Saint-Malo. C'eft la feconde ville du diocefe de Ren-nes. Elle députe aux états de la provin-ce, qui s'y font même quelquefois afem-blés. Il s'y fait un affez bon commerce de toiles crues, de bas & de gants de fil. *Long.* 16. 22. *lat.* 48. 12.

Argentré (Bertrand d'), hiftorien & jurifconfulte du dix-feptieme fiecle, étoit d'une ancienne nobleffe de Bretagne. On a de lui une hiftoire de Bretagne, & des commentaires eftimés fur la coutume de cette province. Il mourut en 1690, âgé de foixante & onze ans. (*D. J.*)

VITRÉE, adj. *Anat.,* nom que l'on donne à la troifieme humeur de l'œil, parce qu'elle reffemble à du verre fondu. *V.* HUMEUR & ŒIL.

Elle eft placée au-deffous du cryftallin, dont la configuration rend concave fa partie antérieure. *V.* CRYSTALLIN.

Pour ce qui eft de la fonction de l'hu-meur *vitrée,* voyez VISION.

Quelques auteurs appellent aufli les tu-niques ou membranes qui contiennent cette humeur, *tuniques vitrées.*

VITRERIE, f. f. *Art méch.,* tout ce qui appartient à l'art d'employer le verre. Quoique l'invention du verre foit très-ancienne, & qu'il y ait long-temps qu'on en fait de très-beaux ouvrages, l'art néan-moins de l'employer aux vitres n'eft venu que long-temps après, & on peut le con-fidérer comme une invention des derniers fiecles. Il eft vrai que du temps de Pom-pée, Marcus Scaurus fit faire de verre une partie de la fcene de ce théâtre magnifi-que qui fut élevé dans Rome pour le di-vertiffement du peuple. Cependant il n'y avoit point alors de vitres aux fenêtres des bâtimens. Si les plus grands feigneurs & les perfonnes les plus riches vouloient avoir des lieux bien clos, comme doivent être les bains, les étuves, & quelques au-tres endroits, dans lefquels, fans être in-commodés du froid & du vent, la lumie-re pût entrer, l'on fermoit les ouvertures avec des pierres tranfparentes, telles que font les agates, l'albâtre, & d'autres pier-res délicatement travaillées. Mais enfui-te ayant connu l'utilité du verre pour un tel ufage, l'on s'en eft fervi au lieu de ces fortes de pierres; faifant d'abord de pe-tites pieces rondes, appellées *cibes,* que l'on voit encore dans certains endroits, lefquelles on affembloit avec des mor-ceaux de plomb refendus de deux côtés, pour empêcher l'eau & le vent d'entrer; & voilà comment les premieres vitres ont été faites: *Voyez* tout ce qui concerne les vitres aux lettres de différens inftrumens qui fervent à leur conftruction. Pour la peinture fur le verre, *voyez l'article gé-néral de la fabrique du* VERRE.

VITRESCIBILITÉ, f. f. *Chymie,*

c'eſt la propriété que quelques ſubſtances ont de ſe fondre par l'action du feu, & de ſe réduire en verre. Suivant Becker, cette propriété de certains corps vient d'une qualité inhérente & eſſentielle à la terre dont ces corps ſont compoſés, & que pour cette raiſon il appelle *terre vitreſcible*.

C'eſt, ſuivant ce grand chymiſte, cette terre qui domine dans les ſels, dans les pierres; elle ſe trouve auſſi en différentes proportions dans les métaux où elle eſt combinée avec la terre mercurielle & la terre inflammable. *Voy. les articles* MÉTAUX *&* TERRES.

Quoi qu'il en ſoit de cette théorie, la *vitreſcibilité* eſt une qualité relative dans les terres & les pierres; elle dépend du degré de chaleur que l'on applique aux corps que l'on veut vitrifier, & il n'en eſt point qui ne ſoient vitreſcibles, lorſqu'on les expoſe au feu ſolaire concentré par un miroir ardent. *V.* MIROIR ARDENT.

Un phénomene remarquable, c'eſt que le diamant fait une exception à cette regle, & le miroir ardent le diſſipe totalement en fumée. *Voyez* PIERRES PRÉCIEUSES.

Quoique le feu du ſoleil parvienne à vitrifier plus ou moins promptement toutes les terres, pierres & ſubſtances minérales, on peut pourtant regarder la *vitreſcibilité* comme un caractere diſtinctif de quelques-unes de ces ſubſtances, en tant qu'il y a une que le feu ordinaire que l'on emploie dans les analyſes de la chymie réduit très-promptement en verre, tandis qu'il y en a d'autres ſur leſquelles ce même feu ne produit point d'altération, telles que ſont les pierres apyres, le talc, l'amianthe, &c. D'autres ſubſtances ſont calcinées, atténuées & diviſées par le même feu; ce ſont les ſubſtances calcaires, telles que la pierre à chaux, le marbre, &c. Ainſi, relativement au feu ordinaire, on pourra diviſer les ſubſtances du regne minéral en calcaires, en vitrifiables ou vitreſcibles, & en apyres ou réfractaires.

A. N. VITREUX, RUSE, *Chymie*, qui a de la reſſemblance avec le verre. Mine d'argent vitreuſe.

VITRI ou VITRY, *Géogr. mod.*, en latin du moyen âge *Vitriacum*, l'*ictriacum*, mot qui vient de quelque verrerie, de quelque victoire, ou peut-être de ce que la légion romaine dite *victrix*, a de-

meuré en garniſon dans les endroits des Gaules nommés depuis *Vitri*. Quoi qu'il en ſoit, ces divers lieux ſont ou des villes ou des bourgades, ou des villages, ou des châteaux.

Vitry-le-François eſt aujourd'hui la ſeule ville du même nom de *Vitry*.

Vitry-le-Brûlé, dont nous parlerons, n'eſt plus qu'un village.

Vitry-ſur-la-Scarpe, eſt une bourgade à deux lieues de Douai, connue pour avoir été le ſéjour de quelques princes de la premiere race des rois de France. Il y a deux châteaux du nom de *Vitry*, l'un dans la forêt d'Orléans, dont quelques anciens monuments de l'hiſtoire de France font mention; l'autre eſt dans la forêt de Biere en Gatinois; & c'eſt ici que mourut Henri I, roi de France, en 1060, âgé de cinquante-cinq ans, ſans avoir rien fait de mémorable. On ſait que c'eſt ſous ſon regne que commença la premiere maiſon de Bourgogne, la maiſon de Lorraine d'aujourd'hui dans la perſonne de Gérard d'Alſace, & la maiſon de Savoie dans Humbert *aux blanches mains*, comte de Maurienne. Le château de Fontainebleau eſt vraiſemblablement élevé ſur les ruines de celui de *Vitry* dont nous parlons. *(D. J.)*

VITRY-LE-BRULÉ, *Géog. mod.*, ancienne ville, & à préſent village de France dans la Champagne, ſitué ſur la riviere de Saulx, à demi-lieue de *Vitry*-le-François. Elle portoit le titre de *comté*, & les comtes du Perthois y faiſoient leur réſidence. L'égliſe paroiſſiale a été bâtie, ſelon les uns par le roi Robert, & ſelon les autres par les comtes de Champagne, qui furent vaſſaux des archevêques de Rheims pour *Vitry*, ainſi que pour d'autres lieux.

Louis le Jeune étant en guerre contre Thibaud, prit *Vitry*; ſes ſoldats mirent le feu à l'égliſe, qui fut conſumée, & dans laquelle treize cents perſonnes innocentes périrent d'une maniere affreuſe, dit Mezerai; c'eſt à cauſe de cette déſolation que *Vitry* fut nommé *le Brûlé*. Louis le Jeune en ayant eu la conſcience bourrelée, ſaint Bernard lui preſcrivit une croiſade pour pénitence. *Tantum religio....*

La ville de *Vitry* étoit deſtinée à périr cruellement par le feu. Elle fut en partie incendiée par Jean de Luxembourg, &

totalement brûlée par Charles-Quint, en 1544.' François I la fit rebâtir à une demi-lieue plus loin fur la Marne, au village de Montcontour, & cette nouvelle ville prit le nom de *Vitry-le-François*. *Voy. cet article*. (*D. J.*)

VITRY-LE-FRANÇOIS, *Géog. mod.*, ville de France, dans la Champagne, fur la droite de la Marne, à fix lieues au fud-eft de Châlons, à douze au couchant de Bar-le-Duc, & à quarante-fix au levant de Paris. *Long.* 22. 16. *lat.* 48. 39.

On appelle cette ville *Vitry-le-Fran-çois*, en latin barbare *Victoriacum Fran-cifci I*, parce que François I la fit bâtir, & lui donna fon nom & fa devife, après le faccagement de *Vitry-le-Brûlé*, ou *Vi-try* en Perthois, par les troupes de Charles-Quint, en 1544. François I y transféra les jurisdictions qui étoient dans l'autre. Henri II y fit élever fur la grande place le palais dans lequel lefultes jurisdictions tiennent leurs féances.

Cette ville eft aujourd'hui très-peuplée, & fait un gros commerce en grains; fes places font affez belles, quoique les maifons ne foient que de bois. Elle a pour fa défenfe huit baftions fans maçonnerie, mais entourés de foffés d'eau vive.

Il y a à *Vitry* un chapitre de fondation royale, un college des peres de la doctrine chrétienne, deux hôpitaux, un couvent de minimes, un autre de récollets, & des religieufes de la congrégation.

Cette ville a auffi un bailliage, un préfidial créé en 1551, & régi par fa coutume particuliere, un maitre des eaux & forêts, un grenier à fel, & une châtellenie pour les domaines du roi.

Mais la principale gloire de *Vitry-le-François* eft d'avoir donné naiffance, en 1667, à M. Moivre (Abraham). Il entrevit de bonne heure les charmes des mathématiques, & en fit fon étude favorite. Il eut pour maitre à Paris le célebre Ozanam, avec lequel il lut non-feulement les livres d'Euclide, qui lui parurent trop difficiles à entendre fans le fecours d'un maitre, mais encore les fphériques de Théodofe.

La révocation de l'édit de Nantes obligea M. Moivre à changer de religion ou de pays. Il opta fans balancer pour ce dernier parti, & paffa en Angleterre, comptant, avec raifon, fur fes talens, & croyant

cependant encore trop légérement avoir atteint le fommet des mathématiques. Il en fut bientôt & bien finguliérement défabufé.

Le hafard le conduifit chez le lord Devonshire, dans le moment où Newton venoit de laiffer à ce feigneur un exemplaire de fes *Principes*. Le jeune mathématicien ouvrit le livre, & féduit par la fimplicité apparente de l'ouvrage, fe perfuada qu'il alloit l'entendre fans difficulté; mais il fut bien furpris de le trouver hors de la portée de fes connoiffances, & de fe voir obligé de convenir que ce qu'il avoit pris pour le faite des mathématiques, n'étoit que l'entrée d'une longue & pénible carriere qui lui reftoit à parcourir. Il fe procura promptement ce beau livre; & comme les leçons qu'il étoit obligé de donner l'engageoient à des courfes prefque continuelles, il en déchira les feuillets pour les porter dans fa poché, & les étudier dans les intervalles de fes travaux. De quelque façon qu'il s'y fût pris, il n'auroit jamais pu offrir à *Newton* un hommage plus digne, ni plus flatteur, que celui qu'il lui rendoit en déchirant ainfi fes ouvrages.

M. Moivre parcourut toute la géométrie de l'infini avec la même facilité & la même rapidité qu'il avoit parcouru la géométrie élémentaire; il fut bientôt en état de figurer avec les plus illuftres mathématiciens de l'Europe; & par un grand bonheur, il devint ami de Newton même.

En 1697, il communiqua à la fociété royale, une méthode pour élever ou pour abaiffer un multinome infini à quelque puiffance que ce foit, d'où il tira depuis une méthode de retourner les fuites, c'eft-à-dire d'exprimer la valeur d'une des inconnues par une nouvelle fuite compofée des puiffances de la premiere. Ces ouvrages lui procurerent fur-le-champ une place dans la fociété.

Il avoit donné en 1707 différentes formules pour réfoudre, à la maniere de Cardan, un grand nombre d'équations, où l'inconnue n'a que des puiffances impaires; ces formules étoient déduites de la confidération des fecteurs hyperbolique; & comme l'équation de l'hyperbole ne differe que par les fignes de celle du cercle, il appliqua les mêmes formules aux arcs du cercle, par ce fecours, & celui de certaines fuites, il réfolut des problémes qu'il n'eût oſé tenter fans cela. Ces ſoceis lui attirerent les plus grands élo-ges de la part de M. Bernoüilli & de M. Leibnitz.

M. de Montmort ayant publié ſon *Ana-lyſe des jeux de haſard*, on propoſa à M. Moivre quelques problèmes plus difficiles & plus généraux qu'aucun de ceux qui s'y rencontrent: comme il étoit depuis long-tems au fait de la doctrine des ſuites & des combinaiſons, il n'eut aucune peine à les réſoudre; mais il fit plus, il multiplia ſes recherches, & trouva ſes ſolutions & la route qu'il avoit priſe, ſi dif-férentes de celles de M. de Montmort, qu'il ne craignit point qu'on pût l'accu-ſer de plagiat: auſſi, de l'aveu de la ſo-ciété royale qui en porta le même juge-ment, ſon ouvrage fut imprimé dans les *Tranſactions philoſophiques*, ſous le titre de *menſura ſortis*.

M. Moivre donna depuis deux éditions angloiſes de ſon ouvrage, dans leſquelles il renchérit beaucoup ſur les précéden-tes; la ſeconde ſur-tout, qui parut en 1738, eſt précédée d'une introduction qui contient les principes généraux de la manière d'appliquer le calcul au hazard; il y indique le fondement de ſes métho-des, & la nature des ſuites qu'il nomme *récurrentes*, dans leſquelles chacun des termes a un rapport fixe avec quelques-uns des précédens; & comme elles ſe di-viſent toujours en un certain nombre de progreſſions géométriques, elles ſont toujours auſſi facilement ſommables.

Les recherches de M. Moivre ſur les jeux de haſard, l'avoient tourné du côté des probabilités: il continua de travailler ſur ce ſujet, & réſolut la queſtion ſui-vante: " ſi le nombre des obſervations ſur les événemens fortuits peut être aſſez multiplié pour que la probabilité ſe change en certitude." Il trouve qu'il y a effectivement un nombre de faits ou d'obſervations aſſignables, mais très-grand, après lequel la probabilité ne ſera plus de la certitude; d'où il ſuit qu'à la longue le haſard ne change rien aux effets de l'ordre, & que par conſéquent, où l'on obſerve l'ordre & la conſtante uni-formité, on doit reconnoître auſſi l'intel-ligence & le choix; raiſonnement bien fort contre ceux qui oſent attribuer la création au haſard & au concours fortuit des atomes.

L'âge de M. Moivre commençant à s'avancer, il ſe trouva ſucceſſivement privé de la vue & de l'ouie; mais ce qu'il y eut de plus ſingulier, c'eſt que le be-ſoin de dormir augmenta chez lui à un tel point, que vingt heures de ſommeil par jour lui devinrent habituelles. Enfin, en 1754 il ceſſa de s'éveiller, étant âgé de quatre-vingt-ſept ans. L'académie des ſciences de Paris l'avoit nommé cinq mois auparavant à la place d'aſſocié étran-ger, & il ſe flattoit même alors de pou-voir payer cet honneur par quelque tri-but académique. (*D. J.*)

VITRICIUM, Géog. anc., ville des Alpes, ſelon l'itinéraire d'Antonin, qui la marque ſur la route de Milan à Vien-ne, en prenant par les Alpes Graiennes. Les géographes diſent que c'eſt aujour-d'hui Vereggio ou Verezo, ſur la Doria. (*D. J.*)

VITRIER. La profeſſion de *vitrier* a deux objets totalement différens; l'un eſt l'emploi du verre en tables, pour le ré-duire en vitres & en garnir des panneaux de plomb, des chaſſis de bois, des cadres d'eſtampes & de tableaux, &c. L'autre eſt de peindre ſur le verre, & c'eſt de-là que les *vitriers* portent dans leurs ſtatuts le nom de maîtres *vitriers*-peintres ſur le verre. Nous allons donner une idée de ces deux branches de travail.

La première eſt extrêmement ſimple : tout l'art du *vitrier* ſe réduit pour cet ob-jet à débiter des plats de verre en car-reaux de grandeur convenable, & à les appliquer dans les différens cadres où ils doivent être reçus. On appelle *plat de verre* ou *verre en plat* ou *verre rond*, ces grands ronds de verre blanc ou commun que l'on emploie pour les vitres des bâti-mens. *V.* VERRERIE.

On ignore le nom de celui qui employa le premier le verre à la place des pierres ſpéculaires dont on ſe ſervoit aupara-vant; l'hiſtoire nous apprend ſeulement que les premieres vitres furent des verres taillés en petites pieces rondes qu'on aſ-ſembloit avec des morceaux de plomb re-fendus de deux côtés, pour empêcher l'entrée du vent & de la pluie.

Le *vitrier*, après avoir pris exacte-ment la meſure des cadres qu'il doit gar-nir, applique ſur le plat de verre qu'il veut débiter, une regle de bois qu'il tient de la main gauche, & de la main droite

il coupe le verre par le moyen d'une pointe de diamant qu'il fait couler le long de
la regle, en appuyant plus ou moins fort,
suivant l'épaisseur du verre.

Les diamans dont on se sert pour faire
cette opération, portent des noms relatifs à la maniere dont ils sont montés. On
appelle *diamant à rabot*, celui qui est monté dans une virole de fer, laquelle traverse un morceau de buis en forme de petit rabot, qui est doublé par-dessous d'u-
ne plaque de cuivre. Le diamant à queue
est celui qui au bout de sa virole porte
un manche de bois. La virole dans laquelle le diamant est monté, a deux pouces
de longueur sur deux ou trois lignes de
largeur; le diamant y est fixé par de l'é-
tain fondu qui en remplit le creux. Les
diamans que les *vitriers* emploient pour
couper le verre, sont du nombre de ceux
qui sont rebelles à la taille, & qu'on appelle *diamans de nature* : voyez le *Dictionnaire raisonné d'histoire naturelle*.

Avant qu'on se servit du diamant pour
couper le verre, ce qui n'a été en usage
que vers le seizieme siecle, on dessinoit
sur le verre, avec du blanc détrempé à
l'eau de gomme, avec une pointe d'acier
ou de fer, trempée très-dur, que l'on promenoit autour du trait, en appuyant assez fort pour qu'elle fit impression sur le
verre; on suivoit le contour de chaque
dessin; dès qu'il étoit entamé, on l'hu-
mectoit légérement, & on y appliquoit
du côté opposé une branche de fer rougie
au feu, qui ne manquoit pas d'y faire
une langue ou fêlure qui, par l'activité
de la chaleur du fer, se continuoit autour
de la partie entamée; alors, avec le secours d'un petit maillet de buis ou autre
bois dur, on frappoit les contours de la
piece qui se détachoit du fond sur lequel
elle avoit été tracée. S'il restoit dans les
contours quelques parties superflues,
pour leur avoir laissé trop d'étendue, ou
pour conserver l'épaisseur du trait, on enlevoit ce superflu avec une espece de pince ou de griffe de fer, comme on se sert
aujourd'hui du *grésoir* ou *égrisoir*. Les petites dents que laissoient sur les bords des
pieces coupées les écailles de verre que
cet outil n'avoit pas enlevées, contri-
buoient à la solidité de l'ouvrage, parce
qu'étant chassées avec le petit maillet contre le cœur du plomb avec lequel on les
joignoit, elles l'effleuroient de très-près,

& qu'étant ainsi retenues des deux côtés,
elles consolidoient l'ensemble du verre &
du plomb sur lequel elles ne pouvoient
plus glisser.

Lorsque le cadre sur lequel le verre
doit être placé est de plomb, on y assujettit aisément le carreau de verre, par le
moyen de la petite rainure qui est toujours ménagée dans ce dessin. Si le cadre
est de bois, le *vitrier*, après y avoir placé le carreau de vitre ou de glace, le fixe
avec quatre pointes de fer qu'il cloue par
derriere, & il colle ensuite tout autour
des bandes de papier. On peut aussi, sans
employer ni pointes, ni papier, fixer le
carreau de verre avec du lut composé de
craie & d'huile de lin cuite. On forme
avec ce lut, que les *vitriers* nomment
mastics, un petit bourrelet que l'on met
autour du carreau, & que l'on applatit
ensuite avec le doigt. Cette méthode paroît
préférable à celle des pointes & du papier
collé tout autour des chassis de fenêtres : mais
elle a un très-grand inconvénient ; lorsque
le mastic est bien sec, il adhere tellement qu'il est impossible d'en enlever les
carreaux sans en briser une grande quantité, quand il y a quelque réparation à
faire aux chassis.

Pour donner un plus grand jour dans
les appartemens, on a imaginé d'employer
des verres de Boheme, qui sont de grands
carreaux de vitre, beaucoup plus clairs
& plus épais que les verres ordinaires ;
mais comme cette nouvelle façon de vi-
trer est très-coûteuse, on pourroit diminuer la dépense, se procurer autant de
jour, & avoir des carreaux de vitre qui
ressemblassent au verre de Boheme, en
diminuant le nombre des traverses de bois
qui se trouvent dans les chassis ordinaires.

La seconde branche de la profession du
vitrier, qui est la peinture sur verre,
s'éloigne du travail du simple artisan, &
appartient plus à l'artiste qu'à l'ouvrier.
V. Verre.

Pour exécuter de grands ouvrages de
peinture, on commence par choisir des
verres qui soient clairs, unis & doux ;
par en frotter un côté avec une éponge
nette, ou une brosse molle & flexible,
trempée dans de l'eau de gomme, & par
tracer le dessin général sur des cartons assemblés de la même grandeur que doit
être l'ouvrage. Ensuite on partage les
cartons en autant de parties qu'il doit y
avoir

tvoir de pieces de verre, & on leur donne précisément la même forme. On met
sur chaque partie de carton un numéro,
& sur la piece de verre qui y répond un
numéro semblable. On applique la piece
de verre sur la partie du dessin qu'on y
veut représenter; on y trace avec le pinceau les contours qu'on apperçoit au travers du verre, & ensuite on y met toutes
les couches & les teintes nécessaires pour
achever la peinture. Toutes les pieces
étant ainsi terminées, il ne s'agit plus que
de les faire passer au feu pour en parfon-
dre les couleurs & les faire adhérer au
verre d'une maniere inaltérable.

On se sert pour cela d'une poële de terre à creuset, de forme quarrée, dans laquelle on arrange les pieces de verre peint,
en mettant alternativement une couche
de chaux en poudre & un lit de verre.

Le fourneau dans lequel on met la poële de terre ainsi chargée de verre peint,
est de brique & de forme quarrée. Il est
divisé dans le milieu de sa hauteur par
une grille de fer sur laquelle on place la
poële. Sur le devant du fourneau il y a
en-dessous de la grille une porte pour y
mettre & entretenir le feu, & au-dessus
de la grille une ouverture de quelques
pouces pour retirer les essais pendant l'o-
pération. Par-dessus le fourneau on place
un dôme de terre cuite, percé d'un trou
à chacun de ses quatre angles & d'un autre au milieu.

Pendant les deux premieres heures,
on donne un feu de charbon très-doux,
que l'on augmente ensuite par degrés pendant les six ou sept heures suivantes : enfin pendant les deux dernieres heures on
chauffe avec du bois sec, pour que la
flamme puisse environner entierement la
poële; mais pendant ces deux dernieres
heures, il faut avoir grand soin de tirer
de tems en tems des essais pour observer
l'état des couleurs. Ces essais se tirent &
se remettent par une petite ouverture
pratiquée à la poële, & qu'on a attention
de placer vis-à-vis de celle du fourneau,
que nous avons dit être destinée au même
usage. Quand on juge que les couleurs
sont suffisamment fondues, on éteint le
feu.

Les artistes, convaincus par l'expérience que l'émail ne réussit parfaitement que
sur l'or, parce que cette matiere précieuse est la seule qui n'altere point la viva-

cité des couleurs, ont d'abord cherché à
éviter l'énormité de la dépense, & à produire aux yeux le même effet que l'or
émaillé, en mettant dans une tabatiere de
belles miniatures sous des glaces : mais
comme il arrivoit que lorsque la minia-
ture étoit dans l'intérieur d'une tabatiere,
l'humidité & l'odeur du tabac la faisoient
jaunir, & que lorsqu'elle étoit extérieure, le contact de la glace sur la peinture
n'étoit point assez intime pour que l'illusion fût absolument complette: ils ont
imaginé, pour rendre utiles les objets de
notre frivolité, de peindre sur la glace
d'une maniere même à imiter l'émail, &
voici comment ils y procedent.

On choisit un morceau de glace bien
polie, auquel on donne la forme de la
partie supérieure de la tabatiere qu'on
veut embellir; on le place sur le revers
d'une estampe ou d'un dessin verni qui le
rend transparent. On peint cette glace
avec les émaux ordinaires, en observant
de laisser le fond de la glace pour les
grands clairs, & de suivre à peu près les
mêmes regles que pour le lavis des plans;
on répand ensuite sur cette peinture du
beau crystal de Boheme réduit en poudre
impalpable, qu'on fasse à un petit tamis
très-fin. Lorsqu'on a une certaine quantité de glaces peintes de cette maniere,
on les passe au feu de la même maniere
que l'émail ordinaire. La peinture se trouvant alors comme renfermée entre deux
verres, ne peut plus s'effacer. Comme la
fusion des émaux s'opere plus également
dans les grands fourneaux que dans les
petits, les essais qui y ont été faits ont eu
le succès le plus complet. Il seroit à desirer, dit M. Pingeron, que cette nouvelle
branche d'industrie fournît une ressource
de plus au goût & à l'habileté des jeunes
personnes qui peignent ces élégantes ta-
batieres de carton, dont le peu de solidité
a fait passer la mode; leurs talens ne leur
seroient plus inutiles, & l'art y gagneroit
de nouveaux bijoux aussi agréables que
solides.

On trouve dans un recueil des statuts,
ordonnances & réglemens de la communauté des maitres de l'art de peinture,
sculpture, gravure & enluminure de la
ville & faux-bourgs de Paris, imprimé
chez Bouillerot en 1672, que dès l'an 1390
nos rois avoient accordé plusieurs privileges à cette communauté; que le 3 jan-

E

vier 1430, Charles VII , étant à Chinon,
accorda des lettres-patentes aux peintres
fur verre , par lefquelles il les déclaroit
être francs , quittes & exempts de toutes
tailles , aides , fubfides, gardes de portes,
guet, arriere-guet, & autres fubventions
quelconques. Ces privileges , confirmés
par Charles IX , en 1563 , l'ont été enfuite par les rois fes fuccesseurs.

Ces deux peintures exigent un corps
très-fain, non-feulement de la part de
l'artiste , mais encore de ceux qui en approchent. Si la mauvaise température de
l'air nuit fi fort à la vitrification des
émaux, quels accidens de feu préjudicia-
bles à l'ouvrage ne peut point occafionner
l'haleine infecte de ceux qui approchent
d'une piece de verre qui est entre les mains
d'un peintre ! Aussi un artiste qui est jaloux du fuccès de fes travaux , est attent-
tif à écarter de fon attelier, non-feulement ceux qu'il fait être attaqués de quelqu'incommodité déshonnète, mais encore
ceux qui mangent de l'ail ou des oignons
cruds.

" J'ai vu, dit Bernard de Saliffy, que
" du tems que les *vitriers* avoient grande
" vogue, à caufe qu'ils faifoient des fign-
" res ès vitraux des temples, que ceux
" qui peignoient lesdites figures n'euf-
" fent ofé manger aulx ni oignons ; car
" s'ils en euffent mangé, la peinture
" n'eût pas tenu fur le verre. J'en ai con-
" nu un, nommé *Jean de Connet* : parce
" qu'il avoit l'haleine punaife, toute la
" peinture qu'il faifoit fur le verre ne
" pouvoit tenir aucunement, quoiqu'il
" fût favant en cet art ". *Difcours admirable des eaux & des fontaines*, p. 113.

L'attelier du peintre fur verre doit être
placé dans un beau jour, & dans un lieu
qui ne foit ni humide ni expofé à un air
trop vif, ou à la grande ardeur du foleil.
Trop d'humidité empêcheroit les pieces
de parvenir au degré de ficcité nécéffaire
pour les charger dans le befoin de nouveau lavis ou d'émaux colorans, & de conduire l'ouvrage à fa perfection ; la trop
grande ardeur du foleil, comme le trop
grand hâle, nuiroit à tout le travail de
l'artifte lors de la recuiffon. Indépendamment des différens mortiers & pilons de
fonte, de marbre ou de verre, des tamis
de foie, des platines de cuivre rouge, &
des pierres dures à broyer comme porphyre, écaille de mer; des molettes de

caillou dur ou de bois, garnies d'une plaque d'acier ou de fer ; des amaffettes de
cuir, de fapin ou d'ivoire ; des godets de
grès pour chaque couleur, dont fon attelier doit être pourvu : il lui faut encore
une longue table pour travailler deffus,
où y étendre l'ouvrage qu'il veut faire
fécher ; un *plaque-fein*, ou petit baffin de
plomb ou de cuivre un peu ovale, dans
lequel on dépofe la couleur après qu'elle
a été broyée ; cet outil, autrefois très-en ufage, & auquel on a fubftitué le bec d'une plume ni trop dure, ni
trop molle, ou la pointe d'un pinceau,
étoit de la longueur d'un doigt au moins,
& compofé d'un ou deux poils de chevre
attachés & liés au bout d'un manche comme un pinceau ; plufieurs pinceaux, parce que chaque pinceau ne peut fervir qu'à
une couleur; lorfque la hampe ou le manche de ces pinceaux étoit pointue, elle
fervoit à deux fins, d'un bout à retirer le
trait, ou à charger d'ombres, & de l'autre
à l'éclaircir ; une broffe dure pour enlever légérement le lavis de deffus la piece
dans les endroits où le peintre auroit à
former des demi-teintes ou des clairs; un
balai, ou ce que les graveurs nomment
pinceau, & dont ils fe fervent pour ôter de
deffus leurs planches les parties ou raclu-
res de vernis qu'ils enlevent avec la pointe
ou l'échope ; une broffe à découcher
l'ochre, faite à-peu-près comme celles
dont on fe fert pour nettoyer les peignes;
quelques feuilles de papier courante pour
couvrir fon ouvrage contre la pouffiere,
& un plomb d'environ 3 livres pefant,
pour arrêter la piece de verre fur
le deffein d'après lequel il peint, & l'empêcher de fe déranger lorfqu'il en retire
le trait.

Le verre à vitres, foit fin, foit commun, est apporté à Paris dans des efpeces
de cages de bois blanc beaucoup plus larges par le haut que par le bas, & qui portent le nom de *paniers*. On met dans chacun 24 plats de verre, après avoir garni
de paille le fond & les côtés du panier, &
on a foin aussi de mettre des tringles de
bois blanc & une certaine quantité de
paille entre les plats de verre, pour empêcher qu'ils ne fe caffent par le froiffement. Par les réglemens faits pour les
maitres verriers qui fabriquent ces fortes
de marchandifes, chaque plat de verre fin
ou commun doit avoir au moins 38 pou-

res de diametre , & dans les 24 plats que contient chaque panier, il doit y en avoir au moins 18 entiers, lorfqu'ils font livrés aux maitres *vitriers* de Paris. S'il s'en trouve moins , le maitre *vitrier* , ou fon voiturier eft obligé de diminuer 10 fols fur le prix de chaqùe plat qui fe trouve caffé fur ce nombre de 18. Chaque char- retée de verre à vitres venant des verre- ries, doit être compofée d'onze paniers. Lorfque les charrettes de verre arri- vent à Paris avant 11 heures du matin, les jurés *vitriers* font tenus d'en faire la vi- fite & de lotir entre les maitres, qui de leur côté doivent faire enlever cette mar- chandife dans la journée , après en avoir payé le prix comptant. Mais lorfque les charrettes ne font arrivées qu'après onze heures du matin , le verre demeure au rifque des maitres des verreries jufqu'au lendemain deux heures après midi, qui eft l'heure du lotiffage. La communauté des *vitriers* de Paris eft compofée d'environ trois cents mai- tres , & gouvernée par quatre jurés, dont deux fortent de charge chaque année. L'apprentiffage eft de quatre années , & le compagnonnage de fix ; mais l'appren- tif de Paris peut, s'il le veut , aller paffer ces fix années chez les maitres des autres villes du royaume , & il eft reçu à la mai- trife en apportant leurs certificats. Les premiers ftatuts de cette commu- nauté font du regne de Louis XI ; ils ont été réformés & confirmés fous le regne de Louis XIV, par lettres patentes du 22 fé- vrier 1666 , enregiftrées au parlement le 19 avril fuivant.

VITRIFIABLE, adj. *Hift. nat. Chym.* fe dit de tous les corps que l'action du feu peut changer en verre. Parmi les pierres, on nomme *vitrifiables* celles qui fe fon- dent au feu & qui s'y convertiffent en une fubftance femblable à du verre ; plufieurs naturaliftes ont fait une claffe particulie- re des terres & des pierres, qu'ils ont nommées *vitrifiables* , ils placent dans ce nombre les cailloux , les jafpes , les aga- tes , les cryftaux, les pierres précieufes , &c. mais cette dénomination paroît im- propre, vu que, 1°. aucune de ces pierres ou terres n'eft *vitrifiable* par elle-même, c'eft-à-dire n'entre en fufion au feu or- dinaire fans addition ; ainfi celles qui s'y convertiffent en verre fans addition,por- tent leur fondant avec elles. 2°. Les pier-

res font prefque toutes *vitrifiables* en plus ou moins de tems au miroir ardent, qùoi- que le feu ordinaire ne foit point fuffi- fant pour les faire entrer en fufion. *Voy.* MIROIR ARDENT. 3°. Des terres & des pierres qui feules n'entrent point en fu- fion dans le feu ordinaire , peuvent y en- trer facilement , lorfqu'on les combine avec d'autres pierres ou terres qui elles- mêmes ne fondent point feules.C'eft ainfi que la craie & l'argille mêlées enfemble font du verre ; tandis que chacune de ces fubftances prife féparément , ne produit point cet effet dans le feu ordinaire.

On voit donc que , pour parler avec exactitude, on devroit refufer ou donner le nom de *vitrifiable* à toutes les pierres ; ou du moins on devroit borner cette dé- nomination aux fubftances minérales , que le feu ordinaire change en verre fans aucune addition , & qui , comme on l'a déja fait obferver, contiennent au-dedans d'elles-mêmes des fubftances propres à faciliter leur fufion ; c'eft ainfi que le fpath qu'on nomme *fufible* paroît conte- nir une portion de plomb , qui , comme on fait, eft un des plus grands fondans de la chymie ; le *bafalte* ou la pierre de touche en grands cryftaux, telle que celle de Stolpen en Mifnie , fe fond très-aifé- ment. Quant à l'argille & aux pierres ar- gilleufes , elles n'ont jamais qu'un com- mencement de vitrification dans le feu ordinaire : c'eft ce qui fait leur caractere diftinctif , & ce qui eft le fondement de la propriété qu'elles ont de prendre de la liaifon & de la dureté lorfqu'on les expo- fe au feu ; ainfi il eft à préfumer que les terres de cette efpece n'ont que une certai- ne portion de fondant qui n'eft point fuf- fifant,pour les faturer au point de fe chan- ger totalement en verre.

Les chymiftes ont donné le nom de *terre vitrefcible* à celle qui eft caufe de la pro- priété que certains corps ont de fe vitri- fier. Cette terre eft connue par fes effets , mais la chymie ne paroît point en état de développer quels font fes principes. *Voy.* VITRESCIBILITÉ.

VITRIOL, f. m., *Hift. nat. Minéral* c'eft un fel d'un goût acerbe & aftringent, formé par l'union d'un acide particulier, que l'on nomme *vitriolique*, avec du fer, du cuivre ou du zinc , ou avec une terre ; il eft ou verd , ou bleu , ou blanc.

Suivant que l'acide vitriolique eft com

E 2

biné avec ces différentes substances, il constitue des *vitriols* différens. Quand il est combiné avec le fer, il forme un sel d'une couleur verte plus ou moins foncée, qu'on nomme *vitriol de mars*, ou *martial*, ou *couperose verte*; quand ce même acide est combiné avec le cuivre, il fait un sel d'une couleur bleue, que l'on nomme *vitriol de Vénus*, vitriol *cuivreux*, vitriol *bleu*, *couperose bleue*, vitriol *de Chypre*, &c. Quand cet acide est combiné avec le zinc, il fait un sel blanc, que l'on nomme *vitriol blanc*, *couperose blanche*, vitriol *de Goslard*, ou *vitriol de zinc*. Tous ces différens *vitriols* se crystallisent sous la forme d'un lozange, dont les côtés sont en biseau. Enfin, l'acide vitriolique combiné avec une terre particuliere, forme un sel blanc, que l'on nomme *alun*. Il est rare que ces différentes especes de *vitriols* soient parfaitement purs, ce qui fait que quelques auteurs appellent le *vitriol* mélangé, *vitriol mixte*, ou *vitriol hermaphrodite*.

L'acide *vitriolique* qui produit ces différens sels, est appellé *acide universel*, parce qu'il est répandu dans notre athmosphere; mais sur-tout il est propre au regne minéral. Il est le même que celui qui se trouve dans le soufre, & alors cet acide est combiné avec le phlogistique des matieres inflammables. *V.* SOUFRE.

Ce qui prouve que l'acide *vitriolique* est répandu dans l'air, c'est que si l'on expose à l'air un sel alkali, il se dissout & devient liquide; & si on fait évaporer cette liqueur, on obtient un sel que l'on appelle *tartre vitriolé*, qui est exactement de la même nature que celui qui se fait par art en combinant ensemble de l'acide vitriolique avec un alkali fixe. A la vue de la prodigieuse quantité de soufre que la terre renferme dans son sein, & qui est ordinairement combiné avec les métaux dans les mines, on ne peut douter que l'acide *vitriolique* n'y soit très-abondant; mais alors il a des entraves, puisqu'il est lié par la partie grasse du soufre qui est uni avec les substances métalliques.

Pour former du *vitriol*, il faut que l'acide *vitriolique* se dégage de la partie grasse du soufre, & se combine avec une des substances que nous avons dites, c'est-à-dire, ou avec le fer, ou avec le cuivre, ou avec le zinc, ou avec une terre. Ces trois substances métalliques sont les seules qui

constituent un sel avec l'acide *vitriolique*.

Les différens *vitriols* sont ou naturels ou factices. Les *vitriols* naturels sont ceux qui se sont formés sans le concours de l'art. Leur formation est due à la décomposition des pyrites. Ce sont des substances minérales, composées de soufre, de fer, & quelquefois de cuivre. *V.* PYRITE. Quelques-uns de ces pyrites, lorsqu'ils viennent à être frappés par l'air extérieur, perdent leur liaison, se réduisent en une poudre qui se couvre d'une espece de moisissure qui n'est autre chose que du *vitriol* en crystaux extrêmement déliés. Ce qu'on peut dire de plus vraisemblable sur cette décomposition des pyrites, c'est que par le contact de l'air qui est lui-même, comme nous l'avons dit, chargé d'acide *vitriolique*, cet acide se joint à l'acide analogue contenu dans le pyrite, & lui fournit assez de force pour se débarrasser des entraves que le soufre lui donnoit. Comme cet acide mis en liberté a beaucoup de disposition à s'unir avec le fer ou avec le cuivre qui étoient contenus dans le pyrite, il se combine avec ces métaux, & constitue par-là le sel que nous appellons *vitriol*. Nous voyons quelques pyrites se décomposer sous nos yeux; la même chose arrive dans l'intérieur de la terre, lorsque les pyrites viennent à être frappés par l'air; c'est-là ce qui est la cause que l'on rencontre dans les souterrains de quelques mines, du *vitriol*, soit martial, soit cuivreux, tout formé; c'est celui-là qu'on appelle *vitriol natif*. Comme quelquefois on le trouve sous la forme de stalactites, ou semblable aux glaçons qui s'attachent en hiver aux toits des maisons, on lui a donné le nom de *vitriolum stillatitium*, ou *vitriolum stalacticum*. On en rencontre de cette espece dans les mines du Harts, dans quelques mines de Hongrie, &c.

On trouve dans quelques mines de ce dernier royaume, un *vitriol* naturel qui paroît sous la forme d'un enduit soyeux; les Allemands l'appellent *atlas-vitriol*, c'est-à-dire, *vitriol satiné*.

On trouve encore du *vitriol* tout formé dans quelques terres & dans quelques pierres, telles sont celles que l'on nomme *pierres atramentaires*. On les reconnoît à leur goût acerbe; on en peut retirer le *vitriol* en les lavant. Ces terres & pierres sont ou jaunes, ou rougeâtres, ou noirâ-

tres, on grifes, à qui les anciens naturalistes ont donnés différens noms, tels que
ceux de *mify*, de *fory*, de *chalcitis*, de *me-
lantria*, &c. que l'on a trop multipliés,
& qui ne font que jeter de la confufion
dans les idées, comme le célebre M. Henckel l'a prouvé dans fa *Pyritologie*. Toutes
ces terres & pierres font redevables de
leur *vitriol* à des pyrites tombées en ef-
florefcence.

Quelques eaux font chargées d'une
quantité plus ou moins forte de *vitriol*;
on les reconnoit à la fenfation qu'elles
font fur la langue. Telles font fur-tout
les eaux vitrioliques que l'on nomme *eaux
cémentatoires*. Lorfqu'on voudra s'affurer
fi une eau contient du *vitriol*, on n'aura
qu'à y verfer une infufion de noix de galle; fi elle noircit, ce fera une preuve
qu'elle contenoit du *vitriol* martial; fi
elle contient du *vitriol* cuivreux, en y
trempant du fer, le cuivre fe précipitera,
& rougira le fer qu'on y aura trempé.

Le chêne, le bois d'aune, & un grand
nombre de fruits & de plantes contiennent du *vitriol*.

Mais l'on n'obtient de toutes ces fubftances qu'une très-petite quantité de *vitriol*, relativement aux befoins de la fociété; c'eft pour cela qu'on cherche à en
tirer une quantité plus-grande, en employant les fecours de l'art.

En effet, tous les pyrites n'ont point la
propriété de fe décompofer d'eux-mêmes
à l'air; & ceux à qui cela arrive, le font
quelquefois très-lentement. On eft donc
obligé de commencer par les griller; pour
cet effet, on commence par former des aires que l'on cöuvre de bois, & l'on arrange
par-deffus les pyrites en tas; on met le feu
à ce bois, & par ce moyen on dégage la
plus grande partie du foufre qui empêchoit l'acide vitriolique de fe mettre en
action. *V.* SOUFRE. Lorfque les pyrites
ont été grillés fuffifamment, on les laiffe
expofés en un tas à l'air, & alors il s'y
forme du vitriol, que l'on en retire en lavant ces pyrites calcinés, ou ce qui vaut
encore mieux, en les faifant bouillir avec
de l'eau dans des chaudieres de plomb;
ou laiffe repofer cette eau pendant quelque temps, afin qu'elle puiffe fe dégager
des matieres étrangeres qui fe dépofent
au fond. Alors on la met dans de nouvelles chaudieres de plomb, dont le fond eft
plat & peu profond, & qui font placées

fur un fourneau. On y fait bouillir l'eau
chargée de *vitriol*, ayant foin d'en remettre de nouvelle à mefure que l'évaporation s'en fait, de maniere que la chaudiere demeure toujours pleine. On continue à faire bouillir l'eau *vitriolique*, jufqu'à ce qu'elle devienne d'une confiftance
épaiffe, & qu'elle foit prête à fe cryftallifer, ce que l'on reconnoit à la pellicule
faline qui fe forme à fa furface; alors on
vuide cette eau dans des auges ou cuves
de bois, où elle féjourne quelque temps
pour fe clarifier, après quoi on la remet
dans d'autres auges ou cuves, dans lefquelles on place des bâtons de bois branchus. Par ce moyen le *vitriol*, fous la forme de cryftaux, s'attache aux parois de
ces auges, & aux bâtons qu'on n'y a mis
que pour préfenter un plus grand nombre
de furfaces au *vitriol* qui fe forme. L'eau
qui furnage aux cryftaux fe remet en évaporation avec de nouvelle eau chargée de
vitriol, & on la fait bouillir de nouveau
dans les chaudieres de plomb, de la maniere qui vient d'être décrite. Mais il faut
prendre garde pendant la cuiffon, qu'il ne
tombe aucune matiere graffe dans la chaudiere, parce que cela nuiroit à l'opération.

Telle eft la maniere qui fe pratique pour
obtenir le *vitriol* des pyrites grillés; elle
peut avoir quelques variations dans les
différens pays, mais ces différences ne
font point effentielles. Quand on a obtenu
le *vitriol* de cette maniere, il fe met dans
des tonneaux à l'abri du contact de l'air,
& il eft propre à entrer dans le commerce.

On fent aifément qu'il eft prefqu'impoffible qu'un *vitriol* foit parfaitement
pur, vu que les pyrites contiennent fouvent, outre le fer, une portion plus ou
moins grande de cuivre, ce qui eft caufe
que le *vitriol* eft quelquefois mélangé; &
il peut auffi s'y trouver des portions d'a-
lun. Ainfi quand on veut faire des opérations exactes avec le *vitriol*, il faut le purifier de nouveau, ou bien le faire artificiellement. Si l'on veut avoir un *vitriol*
martial bien pur, on n'aura qu'à faire
diffoudre dans l'eau le *vitriol* que l'on
foupçonne de contenir quelques portions
de cuivre; on y trempera un morceau de
fer, & par ce moyen, la partie cuivreufe
fe précipitera fur le fer qui deviendra
d'une couleur de cuivre, & les parties du
fer prendront la place du cuivre qui fe
fera précipité.

E 3

Le *vitriol* bleu ou cuivreux, se trouve quelquefois formé naturellement, quoiqu'en petite quantité ; il est rare qu'il ne contienne point une portion de fer, parce qu'il est produit par des pyrites qui contiennent toujours nécessairement ce métal. Ce *vitriol* se fait artificiellement : en mettant en cémentation des lames & des rognures de cuivre avec du soufre, on en fait des couches alternatives ; l'acide qui se dégage du soufre s'unit au cuivre, & forme avec lui un *vitriol* bleu, que l'on obtient en lavant le mélange, & en le faisant cryftallifer.

Le *vitriol* blanc n'est pas non plus parfaitement pur : comme celui qui vient de Goslar est produit par une mine très-mélangée, qui contient du fer, du cuivre, du zinc & du plomb, il renferme souvent des portions de toutes ces substances.

On trouve quelquefois de ce *vitriol* blanc tout formé par la nature, dans les souterreins de la mine de Ramelsberg, au Hartz, dans le voisinage de la ville de Goslar. Mais c'est par l'art que l'on en obtient la plus grande quantité. Pour cet effet, on commence par griller la mine qui, comme nous l'avons observé, est très-mélangée ; après le grillage on lave cette mine dans de l'eau, que l'on laisse séjourner pour qu'elle se clarifie. Alors on la décante, & on la verse dans des chaudieres de plomb, où on la fait bouillir ; on la laisse repofer de nouveau, après quoi on la fait cryftallifer. On calcine de nouveau les cryftaux de *vitriol* blanc qui se font formés ; on les diffout dans de l'eau ; on laisse repofer la diffolution ; on décante ensuite la partie qui est claire & limpide ; on la fait bouillir de nouveau ; & lorsqu'elle est devenue d'une confiftance folide, on la met dans des moules triangulaires, où ce *vitriol* acheve de fe fécher, & on le débite de cette maniere. Malgré ces précautions, ce *vitriol* ne peut être que très-mélangé, quoique le zinc en faffe le principal ingrédient. En effet, on peut en retirer ce demi-métal : pour cela l'on n'a qu'à diffoudre le *vitriol* blanc dans de l'eau ; on précipitera la diffolution par un alkali fixe ; on mêlera le précipité qu'on aura obtenu avec du charbon pulvérifé ; on mettra ce mélange en diftillation dans une cornue de verre, & l'on trouvera qu'il se fera attaché dans le col de la cornue du zinc fublimé, qui mêlé

avec le cuivre, le jaunira : propriété qu caractérife ce demi-métal. *V.* **ZINC.** O voit par ce qui précede, que quand o voudra avoir du *vitriol* blanc, bien pur, plus sûr sera de le faire foi-même, en com binant de l'acide vitriolique avec du zinc

L'alun, comme nous l'avons fait obfer ver, est auffi un vrai *vitriol* ; il est form par la combinaifon de l'acide vitrioliqu & d'une terre dont la nature est peu con nue des chymiftes. M. Rouelle la regard comme une terre végétale produite for tout par la décompofition des bois qu. ont été enfevelis en terre. Ce favant aca démicien croit que tout l'alun qui fe trou ve tout formé dans la nature, est produit des volcans & des feux fouterrains. Il est certain que ce fel fe trouve en grande abondance en Italie, près du Véfuve, de l'Etna, près de Rome, dans la Solfatara, &c. On tire auffi l'alun de quelques ter res graffes & bitumineufes qui fe trou vent près des charbons de terre, & qui paroiffent formées par la décompofition de bois foffiles & bitumineux.

On donne quelquefois aux différens *vitriols* les noms des pays d'où ils nous viennent ; c'est ainfi qu'on dit du *vitriol* romain, de Hongrie, d'Angleterre, de Chypre, &c. Ces *vitriols* font plus ou moins purs en raifon du foin que l'on apporte à les faire, & de la nature des fubftances d'où on les tire. Avant que de s'en fervir dans les opérations de la chymie, il est à propos de les purifier, pour les dégager des matieres étrangeres qui peuvent s'être jointes à ces *vitriols* par le peu de foin que l'on a pris dans les atteliers où on les travaille en grand. Pour les purifier, il faut diffoudre les *vitriols* dans de l'eau pure, filtrer la diffolution, la faire évaporer, & enfuite la porter dans un lieu frais pour qu'elle fe cryftallife. On pourra, s'il en est befoin, réitérer plufieurs fois cette opération. Par ce moyen, chaque *vitriol* donnera des cryftaux ou verds, ou bleus, ou blancs. Le *vitriol* martial fera en lozanges ou en rhomboïdes, dont les bords font difpofés en bifeau ou en plans inclinés. Le *vitriol* bleu fera auffi en rhomboïdes, & la furface fera en dos d'âne. L'alun donne des cryftaux hexagones à côtés inégaux. Le *vitriol* blanc donne des cryftaux oblongs qui ont la forme d'une bierre à enterrer les morts.

Toutes les fois qu'on diffout du *vi-triol* martial, il se précipite au fond de la diffolution une terre jaune, qui est pro-duite par la décompofition du fer qui eft contenu dans ce fel. Cette terre jaune eft ce qu'on appelle l'*ochre factice* ; fi on la calcine, elle devient d'un rouge affez vif. On en fait le crayon rouge, & une cou-leur propre à fervir aux peintres.

Le *vitriol* fe calcine à l'air, & fur-tout au foleil, & s'y réduit en une poudre blan-che, que l'on nomme vulgairement *poudre de fympathie*.

C'eft par la diftillation que l'on fépare du *vitriol* l'acide qui le conftitue, & que l'on nomme *acide vitriolique*. Pour cet effet, on prend du *vitriol* calciné à blanc, foit au foleil, foit fur le feu ; on le met dans une cornue de grès bien lutée, que l'on place dans un fourneau de réverbe-re ; on y adapte un grand ballon percé d'un petit trou ; on lute bien les jointu-re des vaiffeaux ; on commence par don-ner d'abord un feu doux, de peur de bri-fer les vaiffeaux ; enfuite on donne un feu affez violent pour faire rougir la cor-nue que l'on tient dans cet état pendant trois jours & trois nuits. Par cette diftil-lation on obtient d'abord une liqueur flegmatique, un peu acide, que l'on nom-me quelquefois *efprit de vitriol* ; enfuite on obtient une liqueur pefante, qui eft un acide, & que l'on a nommée très-im-proprement *huile de vitriol*, & qui eft d'u-ne couleur jaunâtre. Il refte dans la cor-nue une fubftance rouge, femblable à de la terre, que l'on nomme *colcothar* ; cette fubftance attire l'humidité de l'air, tant qu'elle contient quelques portions de l'a-cide, mais elle ne l'humecte point lorf-qu'on en a chaffé tout l'acide. En lavant ce colcothar, on en retire un fel blanc, que l'on nomme *gilla vitrioli* ; ce qui n'arrive que lorfque le *vitriol*, dont on s'eft fervi pour la diftillation, contenoit de l'alun.

Si l'on veut concentrer & rendre plus actif l'acide vitriolique, ou ce qu'on ap-pelle l'*huile de vitriol*, on n'aura qu'à la mettre dans une cornue de verre bien lu-tée ; on la mettra dans un fourneau de ré-verbere, on y adaptera une alonge, au bout de laquelle on ajuftera un ballon percé d'un petit trou. On aura foin de bien luter les jointures des vaiffeaux ; on commencera par donner un feu doux, &

enfuite on le rendra affez fort pour faire bouillir l'acide vitriolique. Cette métho-de eft de M. Rouelle, qui eft parvenu à obtenir un acide *vitriolique* très-concen-tré, & qui a le double du poids de l'eau. Pour cet effet, il prend du *vitriol* calciné jufqu'à rougeur ; il le met dans une cor-nue toute chaude, de peur qu'il n'attire l'humidité de l'air, & il diftille à grand feu ; par ce moyen on obtient ce qu'on appelle *huile de vitriol*, c'eft un acide auffi concentré qu'il eft poffible. L'acide *vitriolique* attire très-fortement l'humidité de l'air, & avec d'autant plus de force qu'il eft plus concentré, & alors le mélange s'échauffe confidérablement.

L'acide *vitriolique* diffout la craie ; & de leur combinaifon il réfulte un fel que l'on nomme *félénite*, qui, exige, fuivant M. Rouelle, trois cents foixante fois fon poids d'eau pour être mis en diffolution. *V.* SÉLÉNITE.

L'acide *vitriolique* combiné avec un fel alkali fixe, produit un fel neutre, que l'on nomme *tartre vitriolé* : ce fel fe cryf-tallife en hexagone, il ne fe décompofe pas au plus grand feu, c'eft un excellent purgatif. En expofant l'alkali fixe à l'air, il fe forme un tartre vitriolé tout femblable.

Si on combine l'acide *vitriolique* avec un fel alkali volatil, on obtient un fel neu-tre, que l'on nomme *fel ammoniacal fecret de Glauber.*

Cet acide combiné avec le principe in-flammable, conftitue le corps que l'on ap-pelle *foufre.* V. SOUFRE,

En combinant l'acide *vitriolique* avec de l'huile effentielle de térébenthine, on produit une réfine artificielle qui reffem-ble beaucoup à du bitume. Cet acide agit auffi fur les huiles tirées par expreffion.

L'acide *vitriolique* combiné avec l'ef-prit-de-vin bien déflegmé, donne l'acide *vitriolique* vineux volatil, connu fous le nom de *liqueur éthérée* de Forbenius ou d'*éther.* Voy. ÉTHER. On n'a rien à ajou-ter à ce qui eft dit dans cet article, fi non que M. le comte de Lanraguais a décou-vert depuis que l'*éther* eft mifcible avec l'eau ; mais pour qu'il y foit entiérement mêlé, il faut joindre dix parties d'eau con-tre une d'éther.

L'acide *vitriolique*, fur-tout quand il eft concentré, agit avec une très-grande force fur les fubftances animales & végétales qu'il décompose. Lorsqu'on en mêle avec une grande quantité d'eau & de fucre, on peut faire une espece de limonnade très-agréable, & utile pour ceux qui font de longs voyages fur mer, & qui ne peuvent fe procurer du citron. Cette liqueur eft très-rafraichiffante, mais il faut obferver de ne mettre que quelques gouttes de cet acide fur une pinte d'eau.

Les *Mémoires de l'académie royale de Suede* nous apprennent un fecret très-utile pour conferver les bois de charpente contre les vers, contre les injures de l'air & contre l'humidité ; il confifte à tremper ces bois dans une diffolution de *vitriol* faite dans l'eau : lorfque le bois a été imprégné de *vitriol* à plufieurs reprifes, on peut encore le couvrir de quelques couches de peinture à l'huile. On prétend que cette méthode eft très-propre à conferver les bois pendant un très-grand nombre d'années ; elle feroit auffi applicable aux bois de conftruction pour les vaiffeaux. (—)

VITRIOLIQUE (ACIDE), *Chymie.* C'eft de l'*acide vitriolique* que dérivent tous les autres, fuivant le fentiment des chymiftes qui ont voulu pénétrer par la théorie dans la connoiffance des chofes, lorfque l'expérience les abandonnoit. Quoiqu'ils le penfent, & qu'on foupçonne leur tranfmutation poffible, on ne connoît aucun procédé par lequel on puiffe produire les autres acides avec celui-ci.

Cet acide eft le plus pefant de tous ; répandu dans l'air, il en a pris le nom d'*univerfel.* On le retire par la combuftion du foufre, par la diftillation & des procédés particuliers des fels neutres qui le compofent. Il diffout toutes les terres & métaux, fi on excepte les vitrifiables & l'or. Il s'unit avec effervefcence & chaleur à ces corps ; il fait de même, en fe mêlant à l'eau & à l'efprit-de-vin. Cette derniere liqueur le dulcifie & le rend plus tempéré, plus aftringent & moins rafraichiffant. Ce mélange diftillé fournit la liqueur minérale anodine d'Hoffmann, l'éther. Ce même acide verfé fur les huiles effentielles, les enflamme, & laiffe après lui un charbon fpongieux, appellé *champignon philofophique.* Lorfqu'il eft concentré, il attaque non-feulement les chaux & les verres métalliques, mais même le verre, ordinaire, fi on les fait bouil-

lir enfemble : ce qui nous fait croire qu'on pourroit décompofer le verre en verfant dans une cornue du verre pulvérifé & cet acide, les foumettant à une violente diftillation pour obtenir un tartre vitriolé ou un fel de Glauber, qui refteroient au fond de la cornue. Comme il a plus d'affinité que les autres acides avec les alkalis, & même avec la plupart des métaux, il décompofe prefque tous les fels neutres, & fournit un des meilleurs moyens d'en dégager l'acide.

Quant à fon ufage médicinal, il eft le même que celui que nous avons attribué aux acides en général. *Voyez* les propriétés de ces fels au mot SELS. Nous y joindrons feulement la remarque que cet acide étant en quelque maniere plus acide que les autres, il poffede à un plus haut point les vertus qui leur font communes.

VITTA, f. f. *Littérat.*, *bandelette*, *bande* ; ces bandes, *vittæ*, fervoient à border des robes d'hommes & de femmes ; on les employoit fur-tout dans les cérémonies religieufes, pour orner les victimes deftinées aux facrifices.

Je crois qu'il faut diftinguer *vitta* de *infula* ; *infula* étoit un bandeau qui couvroit le front du grand pontife, & *vittæ* étoient les bandelettes qui ceignoient fa tête, & tomboient fur les épaules : elles font l'origine de ces deux bandes pendantes, attachées aux mitres épifcopales. (D. J.)

VITTA, *Anat.*, bandeau, mot ufité pour exprimer cette partie de l'amnios, qui eft attachée à la tête d'un enfant lorfqu'il vient au monde. *V.* AMNIOS, COEFFE, &c.

VITTEAUX, *Géog. mod.*, petite ville de France, dans la Bourgogne, recette de Sémur, avec un grenier à fel & une mairie. Il y a dans cette ville un hôpital, un couvent de minimes & des urfelines. Elle députe aux états de Bourgogne ; fa fituation eft fur la Braine & fur un torrent entre des montagnes où l'on trouve du marbre, à 11 lieues ouest de Dijon, cinq fud-eft de Sémur. *Long.* 22,2 ; *lat.* 47.22.

Languet (Hubert) naquit à *Vitteaux* en 1518, & fe rendit illuftre par fon habileté dans les lettres, par fa capacité dans les affaires, & par fa grande probité. Ayant lu à Boulogne un livre de Mélanchton (ce font les *Lieux communs de* et théologien), il conçut une telle estime pour l'auteur , qu'il se rendit à Wittemberg en 1549 ; & après l'avoir connu, il embrassa la religion protestante. Il devint en 1565 l'un des premiers conseillers d'Auguste, électeur de Saxe. Ce prince le chargea de négociations importantes, & Languet s'en acquitta très-bien. Il est auteur de la harangue pleine de force, qui fut faite à Charles IX le 23 de décembre 1570 , au nom de plusieurs princes d'Allemagne.

Il étoit auprès de Guillaume , prince d'Orange , & admis dans le secret de ses affaires , lorsqu'il mourut à Anvers l'an 1581, âgé de 63 ans , sans avoir été marié. On a de lui un gros recueil de lettres en latin, écrites à Auguste, électeur de Saxe, aux Camerarius pere & fils , & à son héros Philippe Sidney, vice-roi d'Irlande. On lui attribue encore le fameux livre qui a pour titre *Vindiciæ contra tyrannis;* sur quoi le lecteur peut voir la dissertation de Bayle , qui est à la fin de son dictionnaire.

Philibert de la Mare a écrit en latin la vie de cet homme illustre. M. de Thou, qui l'avoit connu aux eaux de Bade , en fait un grand éloge dans son *Histoire,* liv. LXXIV, ad ann. 1581 ; & du Plessis Mornay dit de lui : *Is fuit* (Languetus) *quales multi videri volunt ; is vixit qualiter optimi mori cupiunt.* (*D. J.*)

VITTES DE GOUVERNAIL , *Mar.* V. **Ferrures.**

VITTONNIÈRES ou **BITTONNIERES,** *Mar.* V. **Anguilliers.**

VITTORIA , *Géog. mod.*, ville d'Espagne , dans la Biscaie , fondée par don Sanche, roi de Navarre & capitale de la province d'Alava, avec titre de *cité,* entre Miranda & Tolosa , à 60 lieues au nord de Madrid. Elle a une double enceinte de murailles, sans fortifications. Ses grandes rues sont bordées d'arbres arrosés par des ruisseaux d'eau vive pour leur entretien contre la chaleur. On y commerce en marchandises de fer, & en lames d'épées qu'on y fabrique avec soin. *Long.* 14, 43 ; *lat.* 42. 49.

Alava (Diego Esquivel de), célèbre évêque Espagnol du seizieme siecle , naquit à *Vittoria,* & mourut vers l'an 1562. Son ouvrage intitulé, *De conciliis universalibus , ac de his quæ ad religionis & reipublica christiana reformationem insti-*

tuenda videntur, parut à Grenade , 1582, *in-fol.* C'est un ouvrage plein de bonnes vues de réformation qui n'ont pas été suivies. L'auteur avoit assisté au concile de Trente, & proposa dans une congrégation générale des évêques qui y étoient, de lire publiquement les bulles du pape, concernant les pouvoirs qu'il donnoit aux légats. Mais le cardinal de Sainte-Croix fit tomber cette proposition , parce que la bulle du pontife de Rome , accordée à ses légats, ôtoit réellement toute autorité au concile , ce qui fit que chaque légat tint sa bulle secrete. Lorsqu'après l'ouverture du concile on débattit la question de la pluralité des bénéfices, Alava proposa de défendre toutes les commendes & l'union de deux bénéfices en un même sujet , quoique cette union ne fût que pour la vie de celui qui en jouissoit ; mais les autres évêques, & sur-tout ceux d'Italie , ne goûterent point cette réforme , & la rejeterent hautement d'un consentement unanime. (*D. J.*)

Vittoria . *Géog. mod.,* ville de l'Amérique , en Terre-ferme , au nouveau royaume de Grenade, dans l'audience de Santa-Fé , à 50 lieues au nord-ouest de Santa-Fé. (*D. J.*)

VITULA , s. f. *Mythol.* , déesse de la réjouissance chez les Romains. Macrobe dit qu'elle a été mise au nombre des divinités à l'occasion suivante. Dans la guerre contre les Toscans , les Romains furent mis en déroute le 7 de juillet , qui pour cela fut appellé *populi fuga,* fuite du peuple ; mais le lendemain ils eurent leur revanche, & remporterent la victoire. On fit des sacrifices aux dieux , & sur-tout une *vitulation* publique, c'est-à-dire, une grande réjouissance , en mémoire de cet heureux succès. (*D. J.*)

VITULI INSULA, *Géog. anc.*, isle de la Grande-Bretagne , selon Bede , qui dit que dans le pays on la nomme *Scolefeu.* Il ajoute que c'est un lieu tout environné de la mer, excepté du côté de l'occident, qu'il a une entrée de la largeur d'un jet de fronde.

Au midi de Chichester , la mer d'une part, & deux baies des deux autres côtés, forment une petite presqu'isle nommée *Selsey* , au lieu de *Scalseg* : ce qui signifie *l'isle des veaux marins.* Elle n'est peuplée aujourd'hui que de villages ; mais anciennement on y voyoit sur le rivage oriental , & vers la pointe de la baie, une ville nommée auſſi *Selſey* , qui fut long-tems floriſſante,ayant eu des évêques de-puis le ſeptieme ſiecle juſqu'au regne de Guillaume le conquérant. Elle fut ruinée par quelque inondation de l'Océan , &le ſiege épiſcopal fut transféré à Chicheſter; Il n'y reſte plus rien que des maſures qu'on peut voir lorſque la mer eſt baſſe. (*D. J.*)

VITUMNUS , *Mythol.* Ce dieu qu'on invoquoit lors de la conception d'un en-fant, n'eſt pas de la mythologie païenne, mais de la fabrique de S. Auguſtin ; il eſt aiſé de s'en appercevoir. (*D. J.*)

VITZILIPUTZLI , ſ. m. *Hiſt. mod. Superſtit.* , c'étoit le nom que les Mexi-cains donnoient à leur principale idole, ou auSeigneur tout-puiſſant de l'univers: c'étoit le dieu de la guerre. On le repré-ſentoit ſous une figure humaine aſſiſe ſur une boule d'azur, poſée ſur un brancard, de chaque coin duquel ſortoit un ſerpent de bois. Ce dieu avoit le front peint en bleu ; une bande de la même couleur lui paſſoit par-deſſus le nez , & alloit d'une oreille à l'autre. Sa tête étoit couverte d'une couronne de plumes élevées, dont la pointe étoit dorée ; il portoit dans ſa main gauche une rondache ſur laquelle étoient cinq pommes de pin & quatre fle-ches que les Mexicains croyoient avoir été envoyées du ciel. Dans la main droite il tenoit un ſerpent bleu. Les premiers Eſpanols appelloient ce dieu *Huchilo-bos*, faute de pouvoir prononcer ſon nom. Les Mexicains appelloient ſon temple *teutcalli* ; ce qui ſignifie la *maiſon de Dieu*. Ce temple étoit d'une richeſſe ex-traordinaire ; on y montoit par 114 de-grés qui conduiſoient à une plate-forme, au-deſſus de laquelle étoient deux cha-pelles : l'une dédiée à *Vitziliputzli*, & l'autre au dieu *Tlaloch*, qui partageoit avec lui les hommages & les ſacrifices. Devant ces chapelles étoit une pierre ve-te, haute de 5 piés , taillée en dos-d'âne, ſur laquelle on plaçoit les victimes hu-maines , pour leur fendre l'eſtomac & leur arracher le cœur, que l'on offroit tout fumant à ces dieux ſanguinaires; cette pierre s'appelloit *quatixicali*. On célébroit pluſieurs fêtes en l'honneur de ce dieu,dont la plus ſinguliere eſt décrite à l'art. YPAINA.

VIVACE, PLANTE, *Botan.* On appel-

le *plantes vivaces* les plantes qui portent des fleurs pluſieurs années de ſuite ſur les mêmes tiges , & ſans être tranſplan-tées. Les botaniſtes diſtinguent les plan-tes *vivaces* de celles qui meurent après avoir donné de la ſemence. Les plantes *vivaces* ſont encore de deux ſortes : les unes qui ſont toujours vertes comme le giroflier , & les autres qui perdent leurs feuilles pendant l'hiver,comme la fouge-re. (*D. J.*)

VIVACE, *Muſiq.* V. VIF.

VIVACITÉ , PROMPTITUDE , *Sy-nonym.* La *vivacité* tient beaucoup de la ſenſibilité & de l'eſprit ; les moindres choſes piquent un homme vif ; il ſent d'a-bord ce qu'on lui dit , & réfléchit moins qu'un autre dans ſes réponſes. La *promp-titude* tient davantage de l'humeur & de l'action ; un homme prompt eſt plus ſu-jet aux emportemens qu'un autre ; il a la main légere,& il eſt expéditif au travail. L'indolence eſt l'oppoſé de la *vivacité*,& la lenteur l'eſt de la *promptitude*. (*D. J.*)

A. N. Peut être, dit M. Duclos, y a-t-il plus d'eſprit chez les gens vifs que chez les autres : mais auſſi en ont-ils plus beſoin. Il faut voir clair & avoir le pié ſûr quand on marche vite , ſans quoi les chûtes ſont fréquentes & dangereu-ſes ; c'eſt par cette raiſon que, de tous les ſots, les plus vifs ſont les plus inſuppor-tables.

La vivacité, dit M. de Vauvenargue, conſiſte dans la promptitude des opéra-tions de l'eſprit. Elle n'eſt pas toujours unie à la fécondité.Il y a des eſprits lents, fertiles ; il y en a de vifs , ſtériles. La lenteur des premiers vient quelquefois de la foibleſſe de leur mémoire, ou de la confuſion de leurs idées,ou enfin de quel-que défaut dans leurs organes, qui em-pêche leurs eſprits de ſe répandre avec viteſſe. La ſtérilité des eſprits vifs, dont les organes ſont bien diſpoſés, vient dece qu'ils manquent de force pour ſuivre une idée, ou de ce qu'ils ſont ſans paſſions ; car les paſſions fertiliſent l'eſprit ſur les choſes qui leur ſont propres. Et cela pour-roit expliquer de certaines biſarreries:un eſprit vif dans la converſation , qui s'é-teint dans le cabinet ; un génie perçant dans l'intrigue , qui s'appeſantit dans les ſciences, &c.

C'eſt auſſi par cette raiſon que les per-ſonnes enjouées, que tous les objets frivolet intéreffent, paroiffent les plus vives dans le monde. Les bagatelles, qui foutienent la converfation, étant leur paffion dominante, elles excitent toute leur vivacité, & lui fourniffent une occafion continuelle de paroître. Ceux qui ont des paffions plus férieufes, étant froids fur ces puérilités, toute la vivacité de leur efprit demeure concentrée.

VIVANDIER, f. m. *Art milit.*, c'eft un particulier à la fuite d'un régiment ou d'une troupe, qui fe charge de provifions pour vendre & diftribuer à la troupe. Les *vivandiers* doivent camper à la queue des troupes auxquelles ils font attachés, & immédiatement avant les officiers. (Q)

VIVANT, *Jurifp.*, homme *vivant* & mourant. V. HOMME, VIE.

VIVARAIS, f. m. *Géog. mod.*, ou le VIVAREZ, petite province de France, dans le gouvernement du Languedoc; elle eft bornée au nord par le Lyonnois, au midi par le diocèfe d'Uzès, au levant par le Rhône, qui la fépare du Dauphiné, & au couchant par le Vélay & le Gévaudan.

Le *Vivarais* a pris fon nom de la ville de Viviers. Les peuples de ce pays s'appelloient autrefois *Helvii*, & appartenoient à la province romaine du tems de Jules-Céfar. Après la nouvelle divifion des provinces fous Conftantin & fes fuccefleurs, les Helviens furent attribués à la première Viennoife. Leur capitale s'appelloit *Albe*, & même *Albe-Augufte*, aujourd'hui *Alps*; mais ce n'eft plus qu'un bourg, qui a fuccédé à l'ancienne ville ruinée par les barbares.

Lorfque l'empire romain s'écroula dans le cinquième fiecle, les peuples Helviens tomberent fous l'empire des Bourguignons, & enfuite fous celui des François; tout le pays eft nommé dans Pline, *Helvicus Pagus*; cet hiftorien en fait mention, ainfi que du vin de fon territoire, *helvicum vinum.*

Le *Vivarais* eft divifé en haut & bas *Vivarais* par la riviere d'Erieu. Le haut *Vivarais* eft couvert de montagnes qui nourriffent quantité de beftiaux. Le bas *Vivarais* eft encore plus cultivé par l'induftrie des habitans.

Argoux (Gabriel) avocat au parlement de Paris, mort au commencement de ce fiecle, étoit né dans le *Vivarais*; fon

Inftitution au droit françois eft un ouvrage eftimé.

La Fare (Charles-Augufte de) né en 1644 au château de Valgorge en *Vivarais*, mourut à Paris en 1712. Il eft connu par fes *Mémoires* & par des vers agréables où regnent le bon goût & la fineffe du fentiment. Il lia l'amitié la plus étroite avec l'abbé de Chaulieu, & tous deux faifoient les délices de la bonne compagnie. Infpirés par leur efprit, par la déeffe de Cythere & par le dieu du vin, ils chantoient délicatement dans les foupers du *Temple* les éloges de ces deux divinités. Mais ce qu'il y a de fingulier, c'eft que le talent du marquis de la Fare pour la poéfie ne fe développa que dans la maturité de l'âge. "Ce fut, dit M. de Voltaire, " madame de Caylus, l'une " des plus aimables perfonnes de fon fie- " cle par fa beauté & par fon efprit, pour " laquelle il fit fes premiers vers, & " peut-être les plus délicats qu'on ait " de lui.

M'abandonnant un jour à la trifteffe,
Sans efpérance, & même fans defirs,
Je regrettai les fenfibles plaifirs
Dont la douceur enchanta ma jeuneffe.
Sont-ils perdus, difoit-je, fans retour?
    Et n'es-tu pas cruel, Amour,
    Toi que j'ai fait dès mon enfance
    Le maître de mes plus beaux jours,
    D'en laiffer terminer le cours
    A l'ennuyeufe indifférence?
    Alors j'apperçus dans les airs
    L'enfant maître de l'univers,
    Qui plein d'une joie inhumaine,
Me dit en fouriant, Tircis, ne te plains plus,
    Je vais mettre fin à ta peine;
Je te promets un regard de Caylus.

Quoique M. de la Fare vécût dans le grand monde, il en connoiffoit auffi bien que perfonne la frivolité & les erreurs. Voyez comme il en parle dans fon *Ode fur la campagne.* Elle eft pleine de réflexions d'un philofophe qui nous enchante par fa morale judicieufe.

Je vois fur des côteaux fertiles
Des troupeaux riches & nombreux;
Ceux qui les gardent font heureux,
Et ceux qui les ont font tranquilles.
S'ils ont à redouter les loups,
Et fi l'hiver vient les contraindre,
Ce font là tous les maux à craindre;
Il en eft d'autres parmi nous.

Nous ne savons plus nous connoître,
Nous contenir encore moins,
Heureux, nous faisons par nos soins,
Tout ce qu'il faut pour ne pas l'être.
Notre cœur soumet notre esprit
Aux caprices de notre vie ;
En vain la raison se récrie,
L'abus parle, tout y souscrit.

Ici je rêve à quoi nos peres
Se bornoient dans les premiers tems :
Sages, modestes & contens,
Ils se refusoient aux chimeres.
Leurs besoins étoient leurs objets ;
Leur travail étoit leur ressource,
Et la vertu toujours la source
De leurs mœurs & de leurs projets.

Ils savoient à quoi la nature
A condamné tous les humains.
Ils ne devoient tous qu'à leurs mains,
Leur vêtement, leur nourriture.
Ils ignoroient la volupté,
Et la fausse délicatesse,
Dont aujourd'hui notre mollesse
Se fait une félicité.

L'intérêt ni la vaine gloire
Ne dérangeoient pas leur repos ;
Ils aimoient plus dans leurs héros
Une vertu qu'une victoire.
Ils ne connoissoient d'autre rang
Que celui que la vertu donne ;
Le mérite de la personne
Passoit devant les droits du sang.

Heureux habitans de ces plaines,
Qui vous bornez dans vos desirs,
Si vous ignorez nos plaisirs,
Vous ne connoissez pas nos peines ;
Vous goûtez un bonheur si doux,
Qu'il rappelle le tems d'Astrée.
Enchanté de cette contrée,
J'y reviendrai vivre avec vous.

Personne n'a mieux rendu que M. de la Fare, le naturel, la tendresse, la délicatesse & l'élégante simplicité de Tibulle : témoin sa traduction de la premiere élégie du poëte latin. Ceux qui la connoissent comme ceux qui ne la connoissent pas, me sauront gré de la leur transcrire.

Que quelqu'autre, aux dépens de sa tran-
quillité,
Amasse une immense richesse ;
Pour moi, de mes desirs la médiocrité
Me livre entier à la paresse.
Je suis content, pourvu que ma vigne &
mes champs
Ne trompent point mon espérance,

Et que dans mon grenier & ma cave
tout temps
Je retrouve un peu d'abondance.
Je ne dédaigne point, pressant de l'aigu-
illon
Du bœuf tardif la marche lente
De tracer quelquefois un fertille sillon ;
Quelquefois j'arrose une plante.
Si le soir par hasard je trouve en mon che-
min
Un agneau laissé par sa mere,
L'appellant doucement je l'emporte en mon
sein,
Et je le rends à sa bergere.
Je lave & purifie avec soin mes troupeaux
Pour me rendre Palès propice ;
Et lorsque la saison produit des fruits nou-
veaux,
J'en fais à Pan un sacrifice.
Je révere ces dieux & celui des confins,
Et Cérès d'épis couronnée,
Et chez moi, du puissant protecteur des
jardins
La tête de fleurs est ornée.
Et vous aussi, jadis d'un plus ample foyer,
O divinités tutélaires,
Recevez de vos soins un plus foible loyer
Et des offrandes plus légeres.
J'offrois une génisse, à présent un agneau
Convient à mon peu de richesse ;
Autour de lui se rend de mon petit hameau
Toute la rustique jeunesse,
Qui crie à haute voix : ô dieu ! assiste-
nous,
Acceptez les présens peu dignes
Qu'humblement nous venons offrir à vos
genoux ;
Bénissez nos champs & nos vignes.
La premiere liqueur qu'on versa pour les
dieux,
Fut mise en des vases d'argile ;
Nos vases, comme au temps de nos premiers
aïeux,
Ne sont que de terre fragile.
O vous, loups ravisseurs, épargnez nos
moutons,
Allez chercher dans nos prairies,
Pour y rassasier vos appétits gloutons,
De plus nombreuses bergeries.
Je suis pauvre & veux l'être, & ne sou-
haite pas
Des grands l'importune abondance ;
Peu de chose suffit à mes meilleurs repas,
Et mon lit est mon espérance.
O qu'il est doux, pendant une orageuse
nuit,

D'embraſſer un objet aimable ,
Et de ſe rendormir dans ſes bras , au doux
   bruit
Que fait une pluie agréable ;
Qu'un tel bonheur m'arrive , & ſoit riche
   à bon droit
Celui qui , bravant la furie
De la mer & des vents , abandonne ſon
   toit.
   Pour moi , j'irai dans ma prairie ,
Eviter , ſi je puis , la chaleur des étés ,
A l'abri d'un bocage ſombre ,
Et ſous un chêne aſſis à l'ombre ,
Voir couler en rêvant les ruiſſeaux argen-
   tés.
   Ah ! périſſent plutôt l'or & les diamans,
Que je cauſe la moindre alarme
A ma douce maitreſſe , & qu'à ſes yeux
   charmans
Mon abſence coûte une larme !
C'eſt à toi , Meſſala , d'aller de mers en
   mers
Signaler ton nom par les armes ;
Je ſuis avec plaiſir arrêté dans les fers
D'une beauté pleine de charmes.
Pour la gloire mon cœur ne peut former des
   vœux ;
   Oui , je conſens , chere Délie ,
D'être eſtimé de tous , foible & peu géné-
   reux ,
   Pour t'avoir conſacré ma vie.
Qu'avec toi le déſert le plus inhabité
   A mes yeux paroîtroit aimable !
Qu'en tes bras , ſur la mouſſe , en un mont
   écarté ,
   Mon ſommeil ſeroit agréable !
Sans le lieu des amours , ſans ces douces fa-
   veurs ,
   Que le lit le plus magnifique
Eſt ſouvent arroſé d'un déluge de pleurs !
   Car ni la broderie antique ,
Ni l'or , ni le duvet , ni le doux bruit des
   eaux ,
   Ni le ſilence & la retraite ,
N'ont aſſez de douceur pour aſſoupir les
   maux
   Qui troublent une ame inquiete.
Celui-là porteroit , Délie , un cœur de fer,
   Qui pouvant jouir de ta vue ,
S'en iroit, aſſuré de vaincre & triompher,
   Chercher une terre inconnue.
Que je vive avec toi , que j'expire à tes
   yeux ,
   Et puiſſe ma main défaillante
Serrer encor la tienne en mes derniers
   adieux !

Puiſſe encor ma bouche mourante
Recevoir tes baiſers mêlés avec tes pleurs !
   Car tu n'es point aſſez cruelle ,
Pour ne pas honorer par de vives dou-
   leurs
   La mort de ton amant fidele.
Il n'eſt jeune beauté qui , regardant ton
   deuil ,
   Ne ſente émouvoir ſes entrailles ,
Qui n'en ſoit attendrie , & n'ait la larme
   à l'œil ,
   Au retour de mes funérailles.
Epargne toutefois l'or de tes blonds che-
   veux ,
   C'eſt faire à mes manes outrage
Qu'attenter à ton ſein l'objet de tous mes
   vœux ,
   Ou meurtrir un ſi beau viſage.
En attendant , cueillons le fruit de nos
   amours ,
   Le tems qui fuit nous y convie ;
La mort trop tôt , hélas ! mettra fin pour
   toujours
   Aux douceurs d'une telle vie.
La vieilleſſe s'avance , & nos ardens déſirs
   S'évanouiront à ſa vue ;
Car il ſeroit honteux de pouſſer des ſoupirs
   Avec une tête chenue.
C'eſt maintenant qu'il faut profiter des mo-
   mens
   Que Vénus propice nous donne ,
Pendant qu'à nos plaiſirs & nos amuſe-
   mens
   La jeuneſſe nous abandonne.
J'y veux être ton maitre,& diſciple à mon
   tour.
   Loin de moi tambours & trompettes ,
Allez porter ailleurs qu'en cet heureux ſé-
   jour
   Le bruit éclatant que vous faites.
De la richeſſe ainſi que de la pauvreté ,
   Exempt dans ma douce retraite ,
J'y ſaurai bien jouir en pleine liberté
   D'une félicité parfaite.

Enfin le célebre Rouſſeau a conſacré un
ſonnet, ou ſi l'on veut, une épigramme,
à la gloire de M. de la Fare. Il a fait à ſon
ami, dans cette épigramme, l'application
du vers ſi connu de l'Anthologie.

Ἥειδον μὲν ἐγὼνς ἐχαράσσε δὲ Θεῖος Ὅμηρος.

   Cantabam quidem ego : ſcribebat autem
dius Homerus.

   L'autre jour la cour du Parnaſſe
   Fit aſſembler tous ſes bureaux ,
   Pour juger , au rapport d'Horace ,

Du prix de certains vers nouveaux.
Après maint arrêt toujours juste
Contre mille ouvrages divers ,
Enfin le courtisan d'Auguste
Fit rapport de vos derniers vers.
Aussi-tôt le dieu du Permesse
Lui dit : je connois cette piece ,
Je la fis en ce même endroit ;
L'amour avoit monté ma lire ,
Sa mere écoutoit sans rien dire ,
Je chantois, la Fare écrivoit.
(*D. J.*)

VIVARIA, *Littérature*, terme générique qui désigne un lieu fermé où l'on conserve des bêtes fauves, du poisson, ou de la volaille. Les Romains, dit Procope, appellent *vivaria* les parcs où ils enferment les bêtes. (*D. J.*)

VIVARO, *Géog. mod.*, petite isle du royaume de Naples, sur la côte de la terre de Labour, dont elle dépend, à deux milles de l'isle d'Ischia, entre cette isle & celle de Procita. (*D. J.*)

VIVE, *Hist. nat. Insectolog.* , araignée de mer, *draco marinus araneus*, poisson de mer qui se trouve dans l'Océan & dans la Méditerranée. Les *vives* de l'Océan croissent jusqu'à une coudée de longueur, & celles de la Méditerranée sont plus petites : ce poisson reste sur les rivages couverts d'arène ; il a le ventre un peu convexe sur sa longueur ; le dos est en droite ligne ; les yeux sont grands, brillans comme une émeraude, & placés fort près de la face supérieure de la tête ; l'espace qui se trouve entre eux est garni de petits aiguillons & forme un triangle régulier. L'ouverture de la bouche s'étend obliquement de haut en bas, & la mâchoire de dessous est un peu plus longue que celle de dessus ; les dents sont petites & fort serrées les unes contre les autres ; en général la tête ressemble à celle de la perche de mer. Les couvertures des ouies sont terminées par des aiguillons dont la pointe est dirigée en-arriere ; ils sont minces, noirs, & très-pointus, & tiennent à une membrane ; la piquure de ces aiguillons est très-dangereuse, même après la mort du poisson ; les pêcheurs appliquent sur la plaie, de la chair ou du cerveau de la *vive* qui l'a faite, ou des feuilles de lentisque. La *vive* a une nageoire sur le dos, qui s'étend depuis les aiguillons dont il a été fait mention , jusqu'à la queue, deux aux ouies , près desquelles se trouve l'anus ,

deux sous le ventre , & une derriere l'anus, qui s'étend jusqu'à la queue. Rondelet, *Hist. nat. des poissons*, premiere partie , liv. X, ch. 10. *V.* POISSONS.

VIVE-DIEU, *Hist. de France*. Ce fut le cri de guerre dans la fameuse bataille d'Ivry , gagnée par Henri IV. Voici comme Etienne Pasquier la raconte dans sa lettre écrite à M. de Sainte-Marthe, *tom. II. p.* 667 : " Le roi voyant lors ses affaires en " mauvais termes , commença en peu de " paroles à exhorter les siens; & quelques- " uns faisant contenance de fuir : tournez " visage , leur dit-il, afin que si ne voulez " combattre, pour le moins me voyez mou- " rir. Sur cette parole, lui & les siens ayant " un *vive-Dieu* en la bouche pour le mot " du guet, il broche son cheval des épe- " rons , & entre dans la mêlée avec telle " générosité , que ses ennemis ne firent " plus que conniller. " (*D. J.*)

VIVE-JAUGE, *Jardin*. On dit *labourer à vive-jauge*, quand on laboure un peu avant.

VIVELLE, f. f. *Voyez* SCIE.

VIVELLE, *Coutur.*, petit réseau qu'on fait à l'aiguille pour reprendre un trou dans une toile déliée , au lieu d'y mettre une piece. (*D. J.*)

VIVELOTE, f. f. *Droit cout. franç.*, droit établi dans quelques coutumes , en vertu duquel la veuve, outre son douaire, prend après le décès de son mari, son meilleur habit, son anneau nuptial, le fermail & les ornemens du chef, son lit étoffé & les courtines, & quelques autres ustenciles de maison. Ragueau dans son *indice*. (*D. J.*)

VIVERO ou BIVERO, *Géog. mod.*, petite ville d'Espagne , dans la Galice , sur une montagne escarpée, à 9 lieues au nord-ouest de Ribadeo, & à 7 au sud-est du cap Ortégal. *Long.* 10.28. *lat.* 43. 42. (*D. J.*)

VIVIER, f. m. ou PISCINE, *Archit. hydraul.*, grand bassin d'eau dormante ou courante, bordé de maçonnerie , dans lequel on met du poisson pour peupler. Les plus beaux *viviers* sont bordés d'une tablette ou balustrade : tel est celui de la Vigne-Montalte à Rome. (*D. J.*)

VIVIER , *Marine*, c'est un bateau pêcheur, qui a un retranchement au milieu, dans lequel l'eau entre par des trous qui sont aux côtés , pour contenir le poisson qu'on vient de pêcher.

VIVIERS des Romains , *Hist. rom.* Aucua peuple n'a été auſſi curieux de beaux, de grands & de nombreux *viviers*, que le firent les Romains, dès qu'ils eurent fait de poiſſon la principale partie du luxe de leurs tables. Les hiſtoriens & les poëtes ne parlent que de la magnificence des *viviers* qu'on voyoit dans toutes les maiſons de campagne des riches citoyens, de Luculle, de Craſſus, d'Hortenſius, de Philippus, & autres conſulaires. " Croyez-vous, dit " Ciceron, qu'aujourd'hui que nos grands " mettent tout leur bonheur & toute leur " gloire à avoir de vieux barbeaux qui " viennent manger dans la main, croyez" vous que les affaires de l'Etat ſoyent " celles dont on ſe ſoucie ? " (*D. J.*)

VIVIERS, *Géog. mod.*, ville de France, dans le gouvernement du Languedoc, capitale du Vivarais, ſur la rive droite du Rhône, à 4 lieues au nord du Saint-Eſprit, & à 9 au midi de Valence; elle eſt petite, mal-propre, & ſituée entre des rochers. La cathédrale eſt aſſiſe ſur un rocher qui domine la ville, & au-deſſous eſt un couvent de jacobines; ſon évêché ſuffragant de Vienne, vaut plus de 33 mille livres de rente, & a environ 314 paroiſſes; ſon dioceſe comprend le bas-Vivarais, & une partie du haut. *Long.* 22. 21. *lat.* 44. 22.

Cette ville nommée en latin du moyen âge *Vivarium*, doit ſon origine & ſon aggrandiſſement à la ruine d'Albe-Auguſte, capitale des anciens *Helvii*. L'empereur Conrad de la maiſon de Suabe, parent de Guillaume évêque de Viviers, lui donna & à ſon égliſe, dans le milieu du douzieme ſiecle, la ville & le comté de *Viviers*. Guillaume & ſes ſucceſſeurs ont joui librement de ce comté, ſans aucune dépendance des rois de France ou des ſeigneurs voiſins, juſqu'à la réunion du Langnedocà la couronne, en l'année 1361. (*D. J.*)

VIVIFIER, *Crit. ſac.* Ce terme en propre dans l'Ecriture, ſignifie *donner*, *conſerver la vie*; au figuré, c'eſt éclairer les hommes ſur les ſacrifices agréables à l'Être ſuprême; c'eſt les tirer des ténebres de l'erreur ou de l'idolâtrie; il ne faut point chercher de grace vivifiante pour l'explication de ce mot. (*D. J.*)

VIVIPARE, adject. *Economie animale*, ſe dit des animaux qui retiennent l'œuf fécondé dans leur ſein juſqu'à ce que l'animal ſoit formé ſuffiſamment pour n'avoir plus beſoin du ſecours du placenta. *V.* PLACENTA.

VIVONNE, *Géogr. mod.*, petite ville de France dans le Poitou, ſur le Clain, à trois lieues au midi de Poitiers, & à deux au levant de Luſignan. *Long.* 17. 49. *lat.* 46. 24.

Lambert (Michel) célebre muſicien François, & l'homme de France qui chantoit le mieux, naquit à *Vivonne*, & fut regardé dans le royaume comme le premier qui ait fait ſentir les beautés de la muſique vocale, les graces & la juſteſſe de l'expreſſion. Il ſut faire valoir la légéreté de la voix, en doublant la plupart de ſes airs, & en les ornant de paſſages brillans. Il excelloit à jouer du luth, & tenoit dans ſa maiſon une eſpece d'académie de muſique, où ſe rendoient les amateurs. Il fut pourvu d'une charge de maître de muſique de la chambre du roi, & mit le premier en muſique des leçons de ténebres. Il mourut à Paris en 1696, âgé de 87 ans. Son corps fut dépoſé dans le tombeau de Lulli, ſon gendre, qui étoit mort en 1687. (*D. J.*)

VIVRE, v. n. *Gramm.*, jouir de la vie. *V.* VIE.

VIVRES, ſ. ſ. pl. *V.* VICTUAILLES.

VIVRES, *Art milit.*, ſont à la guerre tout ce qui ſert à la ſubſiſtance ou à la nourriture de l'armée. Les proviſions qu'on fait pour cet effet, ſont appellées *munitions de bouche*. *V.* MUNITIONS, APPROVISIONNEMENS, MAGASINS & RATIONS.

Les *vivres* ſont un objet très-intéreſſant & très-eſſentiel pour les armées. Celui qui en eſt chargé, eſt appellé *munitionnaire général*; on lui donne auſſi quelquefois le titre de *munitionnaire des vivres*.

" Celui qui a le ſecret de vivre ſans " manger, peut, dit Montecuculli, aller " à la guerre ſans proviſions. La famine " eſt plus cruelle que le fer, & la di" ſette a ruiné plus d'armées que les " batailles. On peut trouver du reme" de pour tous les autres accidens; mais " il n'y en a point du tout pour le man" que de *vivres*. S'ils n'ont pas été pré" parés de bonne heure, on eſt défait " ſans combattre ". *Mém. ſur la guerre*, l. I. ch. 2.

Comme l'article des *vivres* eſt de la plus grande importance, M. de Feuquiere prétend que la bonne diſpoſition pour leur adminiſtration eſt une de : principa les parties d'un général, fans laquelle fouvent il rifque d'être gêné dans fes mouvemens. (Q)

VIVRES, *Magafin de*, *Art milit.* C'eft. un lieu, dans une place fortifiée, où font toutes les munitions, & où travaillent pour l'ordinaire les charpentiers, les charrons, les forgerons, pour les befoins de la place & le fervice de l'artillerie. *V.* ARSENAL & GARDE-MAGASIN. *Chamb.* Ce font auffi différens amas de *vivres* & de fourrages, que l'on fait pour la fub-fiftance des armées en campagne.

Une armée ne fauroit avancer fort au-delà des frontieres de l'Etat fans magafins. Il faut qu'elle en ait à portée des lieux qu'elle occupe. On les place fur les der-rieres de l'armée; & non avant, afin qu'ils foient moins expofés à être pris ou brûlés par l'ennemi. Les magafins doivent être diftribués en plufieurs lieux, le plus à portée de l'armée qu'il eft poffible, pour en voiturer fûrement & commodément les provifions au camp. Il eft très-impor-tant, dans les lieux où l'on a de grands magafins, de veiller foigneufement à leur confervation, & d'empêcher les efpions ou gens mal-intentionnés d'y mettre le feu. Il feroit bien à fouhaiter que le géné-ral eût toujours des états bien exacts de ce qui fe trouve dans chacun des magafins de l'armée; on éviteroit par-là, dans des circonftances malheureufes où l'on fe trouve obligé de les diffiper & de les abandonner, l'inconvénient de s'en rap-porter pour leur eftimation, à la bonne foi de ceux qui en font chargés. D'ailleurs, le général feroit par-là en état de juger fi les entrepreneurs des *vivres* rempliffent exactement les conditions de leurs mar-chés pour la quantité des munitions qu'ils doivent fournir. M. de Santacrux pré-tend qu'il eft à propos que le général ait des gens affidés qui vifitent les magafins, & qui lui rendent un compte exact de l'état des provifions, pour s'affurer fi el-les font conformes aux mémoires que les entrepreneurs en donnent, " parce que
" ces fortes de gens, dit cet auteur, font
" dans l'habitude de différer l'exécution
" des engagemens auxquels ils font obli-
" gés, dans l'efpérance de trouver quel-
" que conjonéture favorable d'acheter à
" bon marché, & de pouvoir faire paffer
" pour bon ce qui eft gâté, ou de man-
" quer à leur traité par malice ou par

" nonchâlance, en difant toujours que
" tout eft prêt; ce qui peut, continue
" toujours le même auteur, être caufe de
" la perte d'une armée qui, fur cette
" croyance, fe fera mife en campagne ".
Réfl. milit. de M. le marquis de Santa-crux.

VIVRÉ, adj. *Blafon*, fe dit de bandes & fafces qui font finueufes & ondées avec des entailles faites d'angles rentrans & faillans, comme des redans de fortifica-tion. Sart au pays de Valois, *de gueule à la bande vivrée d'argent.*

VIZE, *Géog. mod.*, & par l'abbé de Commainville *Bilfier*, en latin vulgaire, *Bizia*, *Bicin*; ville de la Turquie Euro-péenne, dans la Romanie, à 60 milles au fud-oueft de Conftantinople. Elle étoit évêché dans le cinquieme fiecle. (*D. J.*)

VIZIR DU BANC, *Hift. mod.* On ap-pelle *vizirs du banc* en Turquie, les *vi-zirs* qui ont féance avec le grand-*vizir* dans le divan, lorfqu'on examine les pro-cès. Ils n'ont que voix confultative, & feulement lorfqu'ils font mandés. Quel-quefois cependant, lorfqu'il s'agit de délibérations importantes, ils font admis dans le confeil du cabinet avec le grand-*vizir*, le mufti & les cadileskers. Ce font eux qui écrivent ordinairement le nom du grand-feigneur au haut de fes or-donnances; & le fultan, pour les auto-rifer, fait appofer fon fceau au deffous de fon nom. (*D. J.*)

VIZIR, grand-, *v.* VISIR.

VIZIR-KAN, f. m. *Hift. mod.* On ap-pelle de ce nom à Conftantinople un grand bâtiment quarré à deux étages, rempli haut & bas de boutiques & d'atteliers, où l'on travaille à peindre les toiles de coton; c'eft auffi le lieu où l'on en fait le commerce. (*D. J.*)

U K

UKCOUMA, f. m. *Hift. mod. Culte*, c'eft le nom fous lequel les Efquimaux, qui habitent les pays vpifins de la baie d'Hudfon, défignent l'Etre fuprême, en qui ils reconnoiffent une bonté infinie. Ce nom, en leur langue, veut dire *grand-chef*. Ils le regardent comme l'auteur de tous les biens dont ils jouiffent. Ils lui rendent un culte; ils chantent fes louan-ges dans des hymnes que M. Ellis trouve graves & majeftueufes. Mais leurs opinion

biens font fi confufes fur la nature de cet être, que l'on a bien de la peine à comprendre les idées qu'ils en ont. Ces fauvages reconnoiffent encore un autre être qu'ils appellent *Ouitikka*, qu'ils regardent comme la fource de tous leurs maux ; on ne fait s'ils lui rendent des hommages pour l'appaifer.

UKER, *ou* UCKER, *Géog. mod.*, rivière d'Allemagne, dans l'électorat de Brandebourg. Elle fort du petit lac d'*Uker*, entre dans la Poméranie, & fe jette dans le Groffe-Haff. (*D. J.*)

UKERMARCK *ou* UCKERMARK, *Géo. mod.*, contrée d'Allemagne, dans l'électorat de Brandebourg, dont elle fut une des trois marches. Ce pays eft borné au nord & à l'orient par la Poméranie, au midi par la moyenne marche de Brandebourg, & à l'occident, partie par le Mecklenbourg, partie par le comté de Rappin. Les principaux lieux de l'*Ukermarck* font Prenflow, Strasbourg, Templin & New-Angermund. (*D. J.*)

UKERMUNDE *ou* UCKERMUNDE, *Géog. mod.*, ville d'Allemagne, dans la Poméranie, à l'embouchure de l'Uker, à trois lieues d'Anclam, avec un château bâti par Bogislas III, duc de Poméranie. *Long.* 32. 4. *lat.* 53. 52. (*D. J.*)

UKRAINE, *Géog. mod.*, contrée d'Europe bornée au nord par la Pologne & la Moscovie, au midi par le pays des Tartares d'Oczakow, au levant par la Moscovie, & au couchant par la Moldavie.

Cette vafte contrée s'appelle autrement la *petite Ruffie*, la *Ruffie rouge*, & mieux encore la *province de Kiovie*; elle eft travérfée par le Dnieper que les Grecs ont appellé *Boriftbene*. La différence de ces deux noms, l'un dur à prononcer, l'autre mélodieux, fert à faire voir, avec cent autres preuves, là rudeffe de tous les anciens peuples du nord, & les graces de la langue grecque.

La capitale Kiow, autrefois Kifovie, fut bâtie par les empereurs de Conftantinople, qui en firent une colonie; on y voit encore des infcriptions grecques de douze cents années : c'eft la feule ville qui ait quelque antiquité, dans ces pays où les hommes ont vécu tant de fiecles fans bâtir des murailles. Ce fut là que les grands-ducs de Ruffie firent leur réfidence dans l'onzieme fiecle, avant que les Tartares afferviffent la Ruffie.

Les Ukraniens, qu'on nomme *Cofaques*, font un ramas d'anciens Roxelans, de Sarmates & de Tartares réunis. Cette contrée faifoit partie de l'ancienne Scythie. Il s'en faut beaucoup que Rome & Conftantinople qui ont dominé fur tant de nations, foient des pays comparables pour la fertilité à celui de l'*Ukraine*. La nature s'efforce d'y faire du bien aux hommes ; mais les hommes n'y ont pas fecondé la nature, vivant des fruits que produit une terre auffi inculte que féconde, & vivant encore plus de rapine, amoureux à l'excès d'un bien préférable à tout, la liberté, & cependant ayant fervi tour-à-tour la Pologne & la Turquie. Enfin ils fe donnerent à la Ruffie en 1654, fans trop fe foumettre, & Pierre les a foumis.

Les autres nations font diftinguées par leurs villes & leurs bourgades. Celle-ci eft partagée en dix régimens. A la tête de ces dix régimens étoit un chef élu à la pluralité des voix, nommé *Hetman* ou *Itman*. Ce capitaine de la nation n'avoit pas le pouvoir fupréme. C'eft aujourd'hui un feigneur de la cour que les fouverains de Ruffie leur donnent pour Itman : c'eft un véritable gouverneur de province, femblable à nos gouverneurs de ces pays d'états qui ont encore quelques privileges.

Il n'y avoit d'abord dans ce pays que des payens & des mahométans ; ils ont été baptifés chrétiens de la communion romaine, quand ils ont fervi la Pologne, & ils font aujourd'hui baptifés chrétiens de l'églife grecque, depuis qu'ils font à la Ruffie. *Defcript. de la Ruffie.* (*D. J.*)

U L

ULA, *Géog. mod.*, lac, ifle & ville de Suede, dans la Bothnie orientale. Le lac à treize milles de longueur fur dix de largeur; il fe dégorge dans le golfe de Bothnie, par le moyen d'un émiffaire ou de la riviere qui porte fon nom. L'ifle eft au milieu du lac. Elle a cinq milles de longueur & trois de largeur. La ville, qui eft fort petite, eft fur la côte du golfe de Bothnie, près de l'endroit où fe décharge le lac. *Long.* 42. 35. *lat.* 65. 16. (*D. J.*)

ULA *ou* OULA, *Géog. mod.*, ville d'Afie; dans la Tartarie Chinoife, fur la riviere orientale du Songoro. Cette ville étoit autrefois la capitale de tout le pays

de Nieuchen, & la réfidence du plus puiffant des Moungales de l'eſt. *Long.* ſelon
le P. Verbieſt, 136. 36. *lat.* 44. 20. (*D. J.*)

ULACIDE, ſ. m. *Hiſt. mod.*, courier
à cheval chez les Turcs. Ils prennent en
chemin les chevaux de tous ceux qu'ils
rencontrent, & leur donnent le leur qui
eſt las. Ils ne courent pas autrement.

ULAERDINGEN, *Géog. mod.*, bourgade des Pays-Bas, dans la Hollande méridionale, proche de la Meuſe, à deux
lieues au-deſſus de Rotterdam, au voiſinage de Schiedam. C'étoit autrefois une
bonne ville, & même ſouvent la réſidence des comtes de Hollande; mais les dé-
bordemens de la Meuſe & les guerres
l'ont réduite en bourgade. *Long.* 21. 57.
lat. 51. 54. (*D. J.*)

ULBANECTES, *Géog. anc.*, peuples
de la Gaule Belgique, ſelon Pline, l. IV,
c. 17, qui dit qu'ils étoient libres.

Le P. Hardouin remarque que tous les
manuſcrits, ainſi que toutes les éditions
qui ont précédé celle d'Hermolaüs, portent *Ulumanetes*, au lieu d'*Ulbanectes*. Il
ajoute que ce ſont les Συμανιπτοὶ, auxquels le manuſcrit de Ptolomée, l. II, c.
9, conſervé dans la bibliotheque du college des jéſuites à Paris, donne la ville
Rotomagus, qu'il place à l'orient de la
Seine: ce ſont par conſéquent les *Suba-
necti* des éditions latines, & que dans la
ſuite on a appellés *Silvanectenſes.* (*D. J.*)

ULCAMI ou ULCUMA, *Géog. mod.*,
royaume d'Afrique, dans l'Ethiopie occidentale, entre Arder & Bénin, vers le
nord-eſt. On en tire des eſclaves qu'on
vend aux Hollandois & aux Portugais, qui
les transportent en Amérique.

ULCERATION, ſ. f. *Chirurg.*, c'eſt
une petite ouverture, ou un trou dans la
peau, cauſé par un ulcere. *V.* ULCERE.

Les remedes cauſtiques produiſent
quelquefois des *ulcérations* à la peau. *V.*
CAUSTIQUES. L'arſenic ulcere toujours
les parties auxquelles il s'attache. Un
flux de bouche ulcere la langue & le palais. *V.* ARSENIC *&* SALIVATION.

ULCERE, ſ. m. *Chirurg.*, eſt une ſolution de continuité, ou une perte de
ſubſtance dans les parties molles du corps
avec écoulement de pus, provenant d'u-
ne cauſe interne, ou d'une plaie qui n'a
pas été réunie.

Galien définit l'*ulcere* une éroſion invétérée des parties molles du corps, en

conſéquence de quoi elles rendent, au
lieu de ſang, une eſpece de pus ou de ſanie, ce qui empêche la conſolidation.

Etmuller définit l'*ulcere* une ſolution
de continuité provenant de quelqu'acidité corroſive, qui ronge les parties, &
convertit la nourriture propre du corps
en une matiere ſanieuſe. Lorſqu'il arrive
une pareille ſolution de continuité dans
une partie oſſeuſe, elle ſe nomme *carie.*
V. CARIE.

Galien pour l'ordinaire emploie indifféremment les mots d'*ulcere* & de *plaie*;
mais les Arabes, & les modernes après
eux, y mettent une diſtinction. *V.* PLAIE.

On a exclu du nombre des plaies toutes les diviſions des parties molles, qui
ont pour cauſe le mouvement inſenſible
des liqueurs renfermées dans le corps même, ou qui ſont occaſionnées par l'application extérieure de quelques ſubſtances
corroſives; on leur a donné le nom
d'*ulcerés.* Toutes les plaies dont les bords
enflammés viennent à ſuppurer, dégénerent en ulcere.

On croit communément que les *ulceres*
ſpontanés viennent d'une acrimonie, ou
d'une diſpoſition corroſive des humeurs
du corps, ſoit qu'elle ſoit produite par des
poiſons, par un levain vérolique, ou par
d'autres cauſes.

Les *ulceres* ſe diviſent en *ſimples* & en
compliqués. Ils ſe diviſent encore par rapport aux circonſtances qui les accompagnent, en *putrides* ou *ſordides*, dont la
chair d'alentour eſt corrompue & fétide;
en *vermineux*, dont la matiere étant épaiſſe ne flue pas, mais engendre des vers,
&c. en *virulens*, qui au lieu de pus ou
de ſanie, rendent un pus de mauvaiſe
qualité, *&c.*

On les diſtingue encore, par rapport
à leur figure, en *ſinueux*, *fiſtuleux*, *variqueux*, *carieux*, &c. *V.* SINUS, FISTU-
LE, VARICES, CARIE.

Lorſqu'il ſurvient un *ulcere* dans un
bon tempérament, & qu'il eſt aiſé à guérir, on le nomme *ſimple.*

Lorſqu'il eſt accompagné d'autres ſymptômes, comme d'une cacochymie qui retarde beaucoup ou empêche la guériſon,
on le nomme *ulcere compliqué.*

Un *ulcere ſimple* n'eſt accompagné que
d'éroſion. Mais les *ulceres compliqués* qui
ſurviennent à des perſonnes ſujettes au
ſcorbut, à l'hydropiſie, aux écrouelles,

peuvent être accompagnés de douleur, de fievre, de convulſions, d'un flux abondant de matiere, qui amaigrit le malade, d'inflammation & d'enflure de la partie, de calloſité des bords de l'ulcere, & carie des os, &c.

ULCERE *putride* ou *ſordide*, eſt celui dont les bords ſont enduits d'une humeur viſqueuſe & tenace, & qui eſt auſſi accompagné de chaleur, de douleur, d'inflammation, & d'une grande abondance d'humeurs qui ſe jettent ſur la partie. Avec le tems l'*ulcere* devient plus ſordide, change de couleur & ſe corrompt; la matiere devient fétide, & quelquefois la partie ſe gangrene. Les fievres putrides donnent ſouvent lieu à ces ſortes d'*ulceres*.

ULCERE *phagédénique*, eſt un *ulcere* rongeant, qui détruit les parties voiſines tout à l'entour, tandis que ſes bords demeurent tuméfiés. Lorſque cet *ulcere* ronge profondément, & ſe répand beaucoup, ſans être accompagné d'enflure, mais ſe pourrit, & devient ſale & fétide; on l'appelle *noma*. Ces deux ſortes d'*ulceres* phagédéniques, à cauſe de la difficulté qu'ils ont à ſe conſolider, ſe nomment auſſi *dyſepulota*. V. PHAGEDÆNA, &c.

ULCERES *variqueux*, ſont accompagnés de la dilatation de quelques veines. V. VARICE. Ils ſont douloureux, enflammés, & tuméfient la partie qu'ils occupent. Quand ils ſont nouveaux, & qu'ils ſont occaſionnés par l'uſage des corroſifs, ou proviennent de la rupture d'une varice, ils ſont ſouvent accompagnés d'hémorragie.

Les veines voiſines de l'*ulcere*, ſont alors diſtendues contre nature; & on peut quelquefois les ſentir entrelacées enſemble en façon de réſeau autour de la partie.

Ces ſortes d'*ulceres* ſurviennent communément aux jambes des artiſans obligés par leur état d'être debout. Pour remplir l'indication des veines, il faut avoir recours à un bandage qu'on doit même continuer aſſez long-temps après la guériſon. Le bandage le plus convenable eſt un bas étroit, qui dans ce cas eſt d'une utilité particuliere. On ſe ſert avec un grand ſuccès d'un bas de peau de chien, qu'on lace, afin qu'il ſerre plus exactement.

On peut ouvrir une varice, pour faire dégorger les vaiſſeaux tuméfiés. Quand il n'y a qu'une varice, qu'elle eſt groſſe

& douloureuſe, on peut l'emporter en faiſant la ligature de la veine au-deſſus & au-deſſous de la poche variqueuſe, comme on fait dans l'anevriſme vrai.

ULCERES *ſinueux* ſont ceux qui de leur orifice s'étendent obliquement ou en ligne courbe. On peut les reconnoître au moyen de la ſonde, ou d'une bougie, &c. ou par la quantité de matiere qu'ils rendent à proportion de leur grandeur apparente.

Ils vont quelquefois profondément, & ont divers contours. On ne les diſtingue des fiſtules que parce qu'ils n'ont point de calloſité; ſinon à leur orifice. V. SINUS.

ULCERES *fiſtuleux*, ſont des *ulceres* ſinneux & calleux; & qui rendent une matiere claire, ſéreuſe & fétide. V. FISTULE.

ULCERES *vieux*, ſe guériſſent rarement ſans le ſecours des remedes internes, qui doivent être propres à abſorber & à détruire le vice humoral. Tels ſont particuliérement les ſudorifiques, les décoctions des bois, les antimoniaux, les préparations tirées de la vipere, les volatils, mais par-deſſus tout, les vomitifs ſouvent réitérés.

Dans les *ulceres* rebelles, la ſalivation mercurielle eſt ſouvent néceſſaire. Les vieux *ulceres* ſont ſouvent incurables, à moins qu'on n'ouvre un cautere à la partie oppoſée.

La guériſon en ſeroit même fort dangereuſe ſans cette précaution; car la matiere dont la nature avoit coutume de ſe débarraſſer par ces *ulceres* invétérés, ſéjournant dans la maſſe du ſang, ſe dépoſe ſur quelque viſcere, où cauſe une diarrhée colliquative, ou une fievre, qui emportent le malade.

Les *ulceres* ſimples & ſuperficiels ſe guériſſent ordinairement en appliquant ſur le mal un plumaſſeau chargé de baume d'Arcéus ou de baſilicum, & par-deſſus le plumaſſeau un emplâtre de diachylum ſimple; ou de minium, & panſant une fois le jour, ou plus rarement.

La fréquence des panſemens doit ſe régler ſur la quantité & ſur la qualité du pus. Un *ulcere* dont le pus eſt en quantité modérée, & de qualité louable, doit être panſé plus rarement que celui qui ſuppure beaucoup, ou dont les matieres acrimonieuſes pourroient, en ſéjournant dans

F 2

U L C

la cavité de l'*ulcere*, occafionner des fu-
fées & autres accidens.

S'il n'y a que l'épiderme de rongé, il fuffit d'appliquer un petit onguent, comme
le defficatif rouge ou le diapompholyx,
&c. que l'on étend mince fur un linge.

S'il pouffe des chairs fongueufes, on
peut les ronger avec la pierre infernale,
ou avec un peu de précipité rouge ou d'alun calciné,
&c. Lorfqu'il s'agit de guérir les *ulceres*
fimples, qui font produits par l'ouverture
des tumeurs ordinaires, on fait d'abord
fuppurer l'*ulcere* avec les digeftifs. *Voy.*
DIGESTIFS. Dès que la fuppuration commence à diminuer, & que l'on voit paroître dans toute l'étendue de la plaie des
grains charnus, rouges & vermeils, l'on
ceffe entiérement l'ufage des onguens, de
peur que la fuppuration venant à continuer, ne nuife au malade par la diffipation qu'elle produiroit du fuc nourricier;
& pour empêcher en même temps l'excroiffance des chairs fongueufes fur les
levres de la plaie, on fait ufage des déterfifs, parmi lefquels les lotions lixivielles
font les plus efficaces; on paffe enfuite à
l'ufage des remedes defficatifs & cicatrifans. *V.* DÉTERSIFS & CICATRISANS.

Les évacuations font abfolument néceffaires dans le traitement des *ulceres* compliqués, lorfque l'état du malade permet
de les employer. Si l'*ulcere* eft fiftuleux,
finueux, carcinomateux, &c. & la matiere fétide, féreufe ou fanieufe, il eft à
propos de joindre le calomelas aux purgatifs, ou de le donner par petites dofes
entre les purgatifs, afin de ne pas exciter
la falivation.

Outre l'ufage des purgatifs, il faut ordonner auffi une tifane fudorifique, fur-
tout quand on foupçonne que l'*ulcere* eft
vénérien. Durant ce temps-là on fera les
panfemens convenables.

Lorfque l'*ulcere* ne cede pas à ce traitement, on propofe ordinairement l'u-
fage des antivénériens; ils ne manquent
guere de procurer la guérifon, quoique
tous les autres remedes aient été inutiles.
Si le malade eft trop foible pour foutenir
la fatigue d'une falivation continue, on
peut la modérer, & l'entretenir plus long-
temps, à proportion de fes forces.

Les remedes externes pour les *ulceres*
font des digeftifs, des déterfifs, des farcotiques, & des cicatrifans.

Belloft propofe un remede qu'il dit être
excellent pour la guérifon des *ulceres*.
Ce n'eft autre chofe qu'une décoction de
feuilles de noyer dans de l'eau avec un
peu de fucre; on trempe dans cette décoction un linge, que l'on applique fur
l'*ulcere*, & on réitere cela de deux en
deux, ou de trois en trois jours.

L'auteur trouve que ce remede fimple
& commun fait fuppurer, deterge, cica-
trife, empêche la pourriture, &c. mieux
qu'aucun autre remede connu.

Un *ulcere* aux poumons caufe la phthifie. *V.* PHTHISIE.

La maladie vénérienne produit beaucoup d'*ulceres*, fur-tout au prépuce & au
gland dans les hommes; au vagin, &c.
dans les femmes; à la bouche & au palais dans les uns & les autres. *V.* VÉ-
NÉRIENNE.

Les *ulceres vénériens* font de différentes fortes; ceux qui deviennent calleux
& carcinomateux font appellés *chancres*.
V. CHANCRE.

Le traité des *ulceres* eft un des plus importans de la chirurgie; on ne peut dans
un dictionnaire que donner des notions
très-générales fur un genre de maladie
qui pourroit, fous la plume d'un écrivain
éclairé & précis, fournir la matiere de
deux volumes *in-4°*. *Hoc opus, hic labor.*
(Y)

ULCERER, v. act. caufer un ulcere.
Ce cauftique a *ulcéré* la partie à laquelle
on l'a appliqué. Il a la jambe *ulcérée*. On
dit auffi au figuré, vous l'avez *ulcéré*. Un
cœur *ulcéré*.

ULCI, *Géog. anc.*, ville d'Italie, dans
la Lucanie, felon Ptolomée, l. III, c. 1,
qui la marque dans les terres. On croit
que c'eft aujourd'hui *Bucino* ou *Bulcino*,
fur le Silaro.

Il y a apparence que cette ville fe nommoit auffi *Vulci*, *Vulceja*, & même *Volce-
ja*; car, felon Holftein, p. 290, fes habitans font nommés *Vulcejani* & *Volce-
jani*, dans quelques infcriptions anciennes. Gruter en effet en rapporte une, où
on lit ces mots: *Vulcejanæ civitatis*; &
on a a déterré une à *Burcino* avec ce mot
Volcean. Holftein veut encore que les habitans de cette ville foient les *Volcentani*
de Pline, l. III, c. 11. (*D. J.*)

ULDA, *Géog. mod.*, riviere de France, dans la Bretagne, felon Grégoire
de Tours. C'eft aujourd'hui l'Aouft ou

POu, qui prend fa fource au-deffus de
Rotu, coule dans l'évêché de Vannes,
& fe joint à la Vilaine, près de Rieux.

ULEASTER ou ULIASTER, *Géogr.
méd.*, isle des Indes orientales, une des
Moluques, au voifinage de celle d'Am-
boine. Les Hollandois ont une loge dans
cette isle, & la tiennent par-là fous leur
domination. (*D. J.*)

ULMA, f. m. *Hift. mod.*, c'eft le nom
que les Turcs donnent à leur clergé, à la
tête duquel fe trouve le mufti, qui a fous
lui des fcheiks ou prélats. Ce corps, ainfi
qu'ailleurs, a fu fouvent fe rendre redoutable aux fultans, qui cependant ont
plufieurs fois réprimé fon infolence, en
faifant étrangler fes chefs; unique voie
pour fe procurer la fûreté dans un pays
où il n'y a d'autre loi que celle de la force, que le clergé turc fait trouver très-
légitime au peuple, lorfqu'il n'en eft pas
lui-même la victime.

ULIA, *Géog. anc.*, ville de l'Efpagne
Bétique. Ptolomée, l. II, c. 4, la donne
aux Turdules, & la place dans les terres.
M. Spanheim rapporte une médaille de
cette ville. Dans une infcription confervée par Gruter, p. 271, n°. 1, on lit ces
mots: *Ordo Reip. Ulienfium.* Le nom moderne, felon Morales, eft *monte Major.*
(*D. J.*)

ULIARIUS, *Géogr. anc.*, isle de la
Gaule, dans le golfe Aquitanique, felon
Pline, l. IV, c. 19. Elle fut dans la fuite
nommée *Olarion;* c'eft Oléron. (*D. J.*)

ULIE ou ULIELAND, *Géogr. mod.*,
isle de la Hollande feptentrionale, à l'embouchure du Zuyderzée, entre l'isle du
Texel & celle de Schelling. Ortélius
croit que *Ulie* eft l'isle *Flevo*, de Pomponius Méla. (*D. J.*)

ULIL, *Géog. mod.*, isle du pays des Sou-
dans, ou Negres, dans l'Océan Atlantique,
à environ trente lieues de l'embouchure
du Niger; c'eft par cette embouchure que
l'on tranfporte dans le pays des Negres le
fel que l'isle d'*Ulil* produit en abondance.

ULLA, *Géog. anc.*, riviere d'Efpagne,
dans la Galice. Elle a fa fource près du
bourg d'*Ulla*, & fe perd dans la mer par
une grande embouchure.

ULM, *Géog. mod.*, ville d'Allemagne
dans la Suabe, fur la gauche du Danube
qu'on y paffe fur un pont, à quinze lieues
au couchant d'Augsbourg, vingt fix nord-
eft de Munich, & cent quinze oueft de

Vienne. Elle eft grande, bien peuplée,
la premiere des villes impériales de Suabe, & la dépofitaire des archives du cercle. Le Danube & le Blaw contribuent à
fon embelliffement, à fa propreté, & fur-
tout à fon commerce, qui eft très-confidérable en étoffes, en toiles, en futaines,
& fur-tout en quincaillerie. *Long.* 27.
45. *latit.* 48. 24.

Ulm a été ainfi nommée à caufe de la
grande quantité d'ormes qui l'environ-
noient; ce n'étoit qu'un petit bourg du
temps de Charlemagne, & ce prince en
fit donation à l'abbaye de Reichnaw.
L'empereur Lothaire II ruina ce bourg
pendant la guerre qu'il foutint contre
Conrard & Frédéric duc de Suabe, qui
lui difputoient la couronne: ceux du
pays le rebâtirent, l'agrandirent, & l'en-
tourerent de murailles vers l'an 1200.
Enfuite Frédéric II le gratifia de plufieurs privileges, & Frédéric III mit *Ulm*
au rang des villes impériales. Son territoire eft prefqu'environné du duché de
Wirtemberg, & le Danube l'arrofe au
midi oriental. La difpofition de fon gouvernement eft la même qu'à Augsbourg,
la religion luthérienne y regne depuis
l'an 1531.

Freinshemius (Jean) naquit dans cette
ville en 1608. Il fe diftingua par fa connoiffance des langues mortes, & de prefque toutes les langues vivantes de l'Europe. La reine Chriftine l'appella près
d'elle, le fit fon bibliothécaire & fon hif-
toriographe; mais la froideur du climat
qui nuifoit à fa fanté, l'obligea de renoncer à tous ces honneurs; il fe retira à
Heidelberg, où il mourut cinq ans après
en 1660. On a de lui des fupplémens de
Tacite, de Quinte-Curce, & de Tite-Live, avec des notes fur plufieurs auteurs
latins, auxquelles il a joint d'excellentes tables.

Si Freinshemius s'eft diftingué dans la
connoiffance de la langue latine & des
langues vivantes, *Widmanftadius* (Jean
Albert), & *Hutterus* (Elie), tous deux
natifs de *Ulm*, avoient déjà dans le feizieme fiecle confacré leurs jours à l'étude
des langues orientales. Le premier acquit
une gloire encore rare dans le monde
chrétien, par fon édition du *nouveau Teftament fyriaque.* Elle parut à Vienne en
Autriche en 1555, *in-4°.* 2 vol. *impenfis
regiis.* On en tira mille exemplaires, dont

F 3

l'empereur garda cinq cents, & les autres passerent en Orient.

On ne peut rien voir de plus beau, dit M. Simon, *Hist. crit. des versions du nouveau Testament*, c. 14, ni de mieux proportionné que les caractères de cette édition, qui imitent les manuscrits en ce que l'on n'y a mis aucune partie des points voyelles qu'on ajoute ordinairement aux mots, pour les lire plus facilement. Les orientaux négligent pour l'ordinaire le plus souvent dans leurs manuscrits ces sortes de points; & ceux qui les y ajoutent, n'y mettent que les plus nécessaires. C'est ce que Widmanstadius a aussi observé dans son édition, & il a suivi les manuscrits en plusieurs autres choses, principalement dans une table des leçons que les églises syriennes récitent pendant toute l'année. On trouve de plus dans cette édition, le titre de chaque leçon, marqué dans le corps du livre en des caractères appellés *estranguelo*; & le nombre des sections est indiqué à la marge. Comme ce *nouveau Testament syriaque* avoit été imprimé à la sollicitation de quelques chrétiens du Levant, & qu'il devoit même servir à leurs usages, il eût été inutile d'y joindre une interprétation latine.

Hutterus (Elie) doit être né vers l'an 1554, & mérite par ses ouvrages & par son savoir dans les langues orientales, d'être plus connu qu'il ne l'est. Son édition de la *Bible* en hébreu, parut pour la première fois à Hambourg en 1587, & lui donna des peines infinies. Elle est intitulée, *Via sancta, sive Biblia sacra hebræa veteris Testamenti, eleganti & majuscula caracterum forma, qua primo statim intuitu, litteræ radicales & serviles, deficientes & quiescentes, e situ & colore discerni possunt.* La même Bible se trouve sans aucune différence avec la note des années 1588, 1595, & 1603, qui ne sont sans doute que de nouveaux titres mis à l'édition de 1587. A la fin de cette Bible on trouve le pseaume 117, en trente langues différentes, pour servir d'essai de la *Polyglotte* que l'auteur se proposoit de publier.

Ce qu'il y a de singulier dans cette Bible, & ce qui la distingue de toutes les autres, c'est qu'en faveur de ceux qui apprennent l'hébreu, les lettres radicales sont imprimées en caractères noirs &

pleins, au lieu que les lettres serviles sont d'un caractère creux & blanc; & les déficientes, ainsi que celles qu'on ne prononce pas (*quiescentes*) sont au-dessus de la ligne en plus petit caractère.

Quelques savans ont cru que cette méthode étoit fort utile pour les jeunes gens qui apprennent l'hébreu; mais d'autres personnes éclairées la trouvent plus nuisible qu'avantageuse, en ce qu'elle n'est d'aucun usage, attendu qu'on peut apprendre à lire l'hébreu en quelques jours de temps, sans un pareil secours. A l'égard de l'accentuation, en louant l'exactitude de Hutterus, on lui reproche d'avoir, sur-tout dans les endroits difficiles, consulté son génie plus que les exemplaires, & mis des choses qui ne sont appuyées d'aucune autorité.

Lorsque Hutterus eut achevé sa Bible, il entreprit de donner diverses éditions polyglottes des livres de l'ancien & du nouveau Testament, en réunissant avec le texte original toutes les versions orientales & occidentales, car il entendoit presque toutes ces langues, & il exécuta en partie cette prodigieuse entreprise.

On a de lui deux Bibles polyglottes, & diverses parties séparées de l'Ecriture-sainte, en diverses langues. La première de ses Bibles est en quatre langues, & a paru à Hambourg, *in-fol.* cinq volumes, en 1596. La seconde est en six langues; M. Bayle ne distingue pas assez nettement cette seconde Bible de la première; comme aussi d'un autre côté dom Calmet ne paroît pas avoir connu celle qui est en quatre langues.

La Bible en six langues, *Biblia hexaglotta quadruplica*, parut à Nuremberg en 1599. Hutterus fut aidé par quelques collegues dans son entreprise; cependant les polyglottes, ainsi que les autres ouvrages de ce genre, qu'il a mis au jour avec le secours de David Woderus, ne lui ont pas fait autant d'honneur qu'il en espéroit. Les savans n'y ont pas trouvé assez de choix pour les versions, & même ils accusent Hutterus d'avoir corrigé trop hardiment le travail des autres. D'ailleurs les polyglottes de Paris & de Londres ont tellement effacé celles d'Allemagne, qu'elles ont trouvé peu d'acheteurs, & moins encore d'admirateurs & de panégyristes: aussi sont-elles extrêmement rares. Hutterus mourut à Nuremberg, peu de temps après l'an 1602. Les inquisiteurs ont trouvé ses ouvrages dignes d'avoir place dans leur catalogue des livres défendus ; mais il y a long-temps que leurs indices expurgatoires servent à illustrer la plupart des livres qu'ils condamnent. (*D. J.*)

ULMAIRE, f. f. *Hist. nat. Botan.*, On connoît l'*ulmaire*, appellée vulgairement *reine des prés*, en anglois *the mea-dow-sweet* ; il faut donc décrire ici l'*ulmaire* de Virginie, nommée *ulmaria Virginiana, trifolii floribus candidis, amplis, longis & acutis*, par Moris, part. III ; *stipendula foliis ternatis*, par Linné, Hort. Cliff. & Gron. flor. Virg.

Sa racine est dure, fibreuse & noueuse à sa partie supérieure. Elle donne naissance à plusieurs tiges ligneuses, cannelées, d'un rouge foncé, lisses & branchues. Sur ses tiges sont placées, sans ordre, des feuilles oblongues, pointues, ridées, un peu velues par-dessous, au nombre de trois sur la même queue. Elles sont finement dentelées à leurs bords, comme les feuilles de charme, & se terminent en pointe. Ses fleurs sont blanchâtres, panachées de rouge, ayant chacune un pédicule long d'un à deux pouces ; elles sont composées de cinq pétales ou feuilles arrondies, applaties, réfléchies en-dehors, attachées à un calice d'une seule feuille, découpé en cinq quartiers. Le calice donne aussi naissance à plusieurs étamines très-déliées, garnies de sommets, & à cinq embryons qui se terminent en autant de stiles. Les pétales de la fleur étant tombés, le calice devient sec, & renferme cinq graines oblongues, pointues, disposées en rond. L'*ulmaire* de Virginie est une des plantes auxquelles on a donné mal-à-propos le nom d'*ipécacuanha*. (*D. J.*)

ULMEN, *Géog. mod.*, petite ville d'Allemagne, au duché de Deux-Ponts, dans l'électorat de Mayence, sur la rivière de Lauter, avec un château. *Long.* 24. 38. *lat.* 50. 15. (*D. J.*)

ULOMELIA, *Lexic. méd.*, ουλομιλια, de υυλος pour ολος, *entier*, & μιλος, *membre*. Ce mot signifie, dans Hippocrate, la *nature absolue & essentielle d'une chose* ; c'est ainsi que, dans ses épitres, il désigne la nature universelle du corps, dont il recommande l'étude aux médecins ; ce mot veut dire encore dans le même au-

teur la *perfection* ou l'*intégrité* de tous les membres, & alors il est synonyme aux mots *sain & entier*. (*D. J.*)

ULON, *Lexic. médic.*, ουλον, au pluriel ουλα, sont les gencives placées autour des dents ; on a donné chez les Grecs ce nom aux gencives, à cause de leur qualité molle & tendre ; car ουλος, dans Hésychius, est rendu par *délicat & mollet*. (*D. J.*)

ULOPHONUS, f. m. *Hist. nat. Bot. anc.*, plante véneneuse, connue de Dioscoride, Galien & autres, sous le nom de *niger chamæleon*, le *chaméléon noir* ; ils appellent *chaméléon blanc* une plante bonne à manger, *ixias chamæleon*, & ont grand soin de distinguer toujours ces deux plantes par les épithetes de *blanche* ou de *noire* ; mais Pline a mieux fait, ce me semble, d'employer le mot particulier *ulophonus*, pour désigner le *chaméléon noir*, parce qu'il prévenoit toute erreur à venir. (*D. J.*)

ULOTHAW, *Géog. mod.*, petite ville d'Allemagne, dans la Westphalie, au comté de Ravensberg, sur la rive gauche du Weser, entre Rinteln & Minden. (*D. J.*)

ULOTTE. *V.* HULOTTE.

ULOTTESENTE, f. m. *Marine*, espece de gabare pontée, dont on se sert à Amsterdam.

ULPIANUM, *Géog. anc.*, ville de la haute Mœsie, dans la Dardanie, selon Ptolomée, *l. III*, *c.* 9. L'empereur Justinien l'ayant réparée, la nomma *Seconde Justinienne*. Il y avoit dans la Dace une autre ville nommée *Ulpianum*, que Ptolomée, *l. III*, *c.* 8, met au nombre des principales de cette province ; cependant on ne s'accorde point sur le nom moderne de cette ville. (*D. J.*)

ULSTER, *Géogr. mod.*, en latin *Ultonia & Ulidia*, par les Irlandois *Cui-Guilly*, c'est-à-dire, province de Guilly ; les Gallois disent *Ultw*, & les Anglois *Ulster*, province d'Irlande, bornée au nord par l'Océan septentrional ; au midi, par la province de Leinster ; au levant, par le canal de S. George ; & au couchant, par l'Océan occidental ; de sorte qu'elle est environnée de trois côtés par la mer. Sa longueur est d'environ cent seize milles, sa largeur d'environ cent milles, & son circuit, en comptant tous les tours & retours, d'environ quatre cents soixante milles.

F 4

Cette province a de grands lacs, des forêts épaisses, un terroir fertile en grains, & en pâturages, & des rivieres profondes & poissonneuses, sur-tout en saumons.

La contrée d'*Ulster* étoit anciennement partagée entre les *Erdini* qui occupoient Fermanagh & les environs ; les *Venicnii* qui avoient une partie du comté de Dunnagal, les *Robognii* qui possédoient Londonderry, Antrim & une partie de Tyronne, les *Volentii* qui demeuroient autour d'Armagh, les *Darni* qui habitoient aux environs de Down & les parties occidentales.

Tir-Owen soumit tout ce pays aux Anglois, qui le divisent actuellement en dix comtés : cinq de ces comtés, savoir Louth, Down, Antrim, Londonderry & Dunnagal confinent à la mer ; les cinq autres, savoir, Tyronne, Armagh, Fermanagh, Monaghan & Cavan, sont dans les terres. Londonderry est regardée pour être la capitale.

Ulster donne le titre de comte au frere ou à un des fils des rois d'Angleterre, qui est d'ailleurs créé duc d'Yorck. Il y a dans cette province un archevêché, six évêchés, dix villes qui ont des marchés publics, quatorze autres de commerce, trente-quatre villes ou bourgs qui députent au parlement d'Irlande, deux cents quarante paroisses, & plusieurs châteaux qui servent à la défense du pays.

Toute la province d'*Ulster* étant tombée à la couronne sous le regne de Jacques Premier, par un acte de prescription contre les rebelles, on établit une compagnie à Londres pour former de nouvelles colonies dans cette contrée. La propriété des terres fut divisée en portions médiocres, dont la plus grande ne contenoit pas plus de deux mille acres. On y fit passer des tenanciers d'Angleterre & d'Ecosse. Les Irlandois furent éloignés de tous les lieux capables de défense, & cantonnés dans les pays plats. On leur enseigna l'agriculture & les arts. On pourvut à leur sûreté dans des habitations fixes. On imposa des punitions pour le pillage & le vol. Ainsi, de la plus sauvage & la plus désordonnée des provinces de l'Irlande, l'*Ulster* devint bientôt celle où le regne des loix & d'une heureuse culture parut le mieux établi.

Jacques Ier. ne souffrit plus dans ce pays-là & dans toute l'étendue de l'isle, d'autre autorité que celle de la loi, qui garantissoit à l'avenir le peuple du pays de toute tyrannie. La valeur des droits que les nobles exigeoient auparavant de leurs vassaux, fut fixée, & toute autre exaction arbitraire défendue sous les plus rigoureuses peines.

Telles furent les mesures par lesquelles Jacques Ier. introduisit l'humanité & la justice dans une nation qui n'étoit jamais sortie jusqu'alors de la plus profonde barbarie & de la plus odieuse férocité. Nobles soins, fort supérieurs à la vaine & criminelle gloire des conquérans, mais qui demandent des siecles d'attention & de persévérance pour conduire de si beaux commencemens à leur pleine maturité ! (*D. J.*)

ULTÉRIEUR, adj. *Géog.*, terme qui s'applique à quelque partie d'un pays, située de l'autre côté d'une riviere, montagne ou autre limite qui partage le pays en deux parties. C'est ainsi que le mont Atlas divise l'Afrique en *citérieure* & *ultérieure*, c'est-à-dire, en deux parties, dont l'une est en-deçà du mont Atlas par rapport à l'Europe, & dont l'autre est au-delà de cette montagne. *Chambers.*

ULTRAMONDAIN, adj. *Physique*, au-delà du monde, terme qu'on applique quelquefois à cette partie de l'univers que l'on suppose être au-delà des limites de notre monde. *Voy.* UNIVERS, MONDE, &c.

Ce mot est plus usité en latin qu'en françois. *Ultramundanum spatium*, espace ultramondain.

ULTRAMONTAIN, adject. & subst. *Hist. mod.*, ce qui est au-delà des monts.

On se sert ordinairement de cette expression relativement à la France & à l'Italie, qui sont séparées l'une de l'autre par des montagnes qu'on appelle les *Alpes*.

Les opinions des *ultramontains*, c'est-à-dire, des théologiens & des canonistes Italiens, tels que Bellarmin, Panorme, & d'autres qui prétendent que le pape est supérieur au concile général, que son jugement est infaillible sans l'acceptation des autres églises, &c. ne sont point reçues en France.

Les peintres, & sur-tout ceux d'Italie, appellent *ultramontains* tous ceux qui ne sont point de leur pays. Le Poussin est le seul des peintres *ultramontains* dont eux l'Italie paroiffent envier le mérite.

ULTZEN, *Géog. mod.*, ville ou, pour mieux dire, bourg d'Allemagne, dans la baffe Saxe, au duché de Lunebourg, fur la rivière d'Ilmenaw, à fept lieues de Luneburg. (*D. J.*)

ULVA, f. f. *Hift. nat. Bot. anc.* Le mot *ulva* eft fort commun dans les auteurs latins, mais fa fignification n'eft pas moins difputée. Quelques-uns veulent que ce mot défigne une efpece de chien-dent aquatique, d'autres la *queue de chat*, & d'autres une efpece de *jonc* qui a des raifes au fommet. Bauhin imagine que l'*ulva* eft une mouffe marine du genre des algues.

Cette plante, quelle qu'elle foit, eft fort célebre dans Virgile, qui en parle, au fecond & au fixieme de fon *Enéide*, comme d'une plante aquatique. Je croirois volontiers que les anciens ont employé le mot *ulva*, pour un terme général de toutes les plantes qui croiffent fur le bord des eaux courantes ou marécageufes; c'eft pourquoi Pline dit que la *fagitta* ou fleche d'eau eft une des *ulva*.

Il eft vrai que ce terme, dans Caton, *De re ruft.* cap. 38, défigne nettement le *b-xilon*; car il dit que la plante *ulva* s'entortille aux faules, & donne une bonne efpece de litiere au bétail; mais comme ce terme ne fe trouve en ce fens que dans ce feul auteur, on peut raifonnablement fuppofer que c'eft une faute de copiftes qui ont écrit *ulva* pour *upulus*, ancien nom du *boublon*, car la lettre *b* initiale qu'on a ajouté, eft affez moderne. Pline, par une femblable faute de copifte, appelle le houblon *lupus* pour *upulus*. (*D. J.*)

ULUBRÆ, *Géog. anc.*, chétive bourgade d'Italie, dans le Latium, au voifinage de *Velitræ* & de *Sueffa Pometia*. Ses habitans font nommés *Ulubrani* par Cicéron, lib. VII, épift. 12; & *Ulubrenfes* par Pline, l. III, e. 5. Quoiqu'*Ulubre* fut une colonie Romaine, felon Frontin, Juvenal, fat. X, v. 108, nous apprend que c'étoit de fon tems un lieu défert; mais Horace, l. I. épift. 11, 28, a immortalifé le nom de ce méchant village, en écrivant à Bullatius cette penfée fi vraie, que le bonheur eft en nous-mêmes; & qu'en le cherchant par terre & par mer, c'eft vainement fe confumer par une laborieufe oifiveté. "Fuffiez-vous, dit-il, à *Ulubre* même, vous l'y trouverez ce

"bonheur, pourvu que vous teniez tou"jours votre efprit dans une affiette éga"le & tranquille".

　　　Quod petis hic eft,
Eft Ulubris, animus fi te non deficit æquus.
　　　　　　　　　　(*D. J.*)

ULYSSE, *Mythol.*, roi de deux petites isles de la mer Ionienne, Ithaque & Dulichie, étoit fils de Laerte & d'Anticlie; c'étoit un prince éloquent, fin, rufé, & qui contribua bien autant par fes artifices à la prife de Troye, qu'Ajax & Diomede par leur valeur; mais Homere a feul immortalifé fes aventures fictives par fon poëme de l'*Odyffée*, & tous les mythologues ont tâché d'en expliquer la fable; cependant, fans Homere, Ithaque, *Ulyffe*, & tout ce qui le regarde, nous feroient fort inconnus.

On fait que ce poëte fait auffi partir le jeune Télémaque pour aller trouver fon pere; & qu'après avoir raconté fon voyage jufqu'à Sparte, il le laiffe là, c'eft-à-dire, depuis le quatrieme livre de l'*Odyffée* jufqu'à l'arrivée d'*Ulyffe* à Ithaque, où il fe trouve. C'eft cet intervalle qu'à fi heureufement rempli l'illuftre archevêque de Cambrai dans fon *Télémaque*, un des plus beaux poëmes & le plus fage qui ait jamais été fait.

Ulyffe, après fa mort, reçut les honneurs héroïques, & eut même un oracle dans le pays des Eurithaniens, peuples d'Etolie. Entre les monumens qui nous reftent de ce prince, eft une médaille de Gorlæus, qui le repréfente nu, tenant une pique à la main, le pied droit fur une roue: près de lui eft une colonne fur laquelle eft fon cafque. (*D. J.*)

ULYSSEA, *Géog. anc.*, ville de l'Efpagne Bétique. Strabon, l. III, p. 149, qui la place au-deffus d'Abdera, dans les montagnes, la donne comme une preuve qu'Ulyffe avoit pénétré jufqu'en Efpagne, fur le témoignage de Pofidonius, d'Artémidore, & d'Afclépiade de Myrlée, qui avoit enfeigné la grammaire dans la Turditanie. Strabon, l. III, p. 157, ajoute que dans la ville d'*Ulyffea*, il y avoit un temple dédié à Minerve, & que l'on voyoit dans ce temple des monumens des voyages d'Ulyffe. (*D. J.*)

ULYSSIS-PORTUS, *Géogr. anc.*, port fur la côte orientale de Sicile, au midi du promontoire appelé aujourd'hui *Cupodi-Molini*, & dans le lieu où l'on voit préfentement une tour nommée *Lo-guina*. Les pierres & les cendres que le mont Ætna a jetées depuis , ont tellement comblé ce port, qu'il n'en paroît plus aucun : on ne fauroit dire de quelle grandeur il étoit. Du refte , fi on s'en rapporte à Homere , ce ne fut pas dans ce port que relâcha Ulyffe ; & fi Virgile & Pline mettent le port *d'Ulyffe* près de Catane, ils imitent apparemment en cela quelques anciens commentateurs d'Homere. On voit néanmoins , quatre cents ans avant Virgile , qu'Euripide avoit mis le *port d'Uiyffe* dans ce lieu. Cluvier , *Sicil. ant.* l. I, c. 9. (*D. J.*)

U M

UMA ou UHMA , *Géog. mod.* , riviere de Suede : elle a fa fource dans les montagnes de la Lapponie Suédoife, aux confins de la Norwege, traverfe la Bothnie occidentale, & fe perd dans le golfe, près de la petite ville ou bourg *d'Uma*, auquel elle donne fon nom. *Long.* de ce bourg , 37. 35. *lat.* 63. 50. (*D. J.*)

UMAGO, *Géog. mod.*, ville d'Italie, dans l'Iftrie, fur la côte occidentale, avec un port ; elle appartient aux Vénitiens, & eft prefque déferte. Quelques favans la prennent pour la *Mingum* ou *Ningum* d'Antonin, qu'il met entre *Tergefte* & *Parentium*; mais Simler prétend que c'eft *Murgia*. (*D. J.*)

UMBARES, f. m. plur. *Hift. mod.*, c'eft le nom qu'on donne en Ethiopie & en Abiffinie aux juges ou magiftrats civils qui rendent la juftice aux particuliers ; ils jugent les procès par-tout où ils fe trouvent, même fur les grands chemins, où ils s'affeyent & écoutent ce que chacune des parties a à alléguer; après quoi ils prennent l'avis des affiftans , & décident la queftion. Mais on appelle des décifions des *umbares* à des tribunaux fupérieurs.

UMBELLES, f. f. *Botan.*, touffes rondes , ou têtes de certaines plantes, ferrées les unes contre les autres , & toutes de même hauteur. Les *umbelles* claires font celles qui fe trouvent éloignées les unes des autres, quoique toutes d'une même hauteur. *V.* UMBELLIFERES.

UMBELLIFERES, adj. f. *Botan.* On nomme ainfi les plantes qui ont leurs fommités branchues , & étendues en forme d'umbelles ou parafols, fur chaque petite fubdivifion defquelles vient une petite

fleur. Tel eft le fenouil , l'aneth , &c. *Voy.* PLANTE.

Cette fleur eft toujours à cinq pétales ; il lui fuccede deux femences qui font à nu & jointes l'une contre l'autre , qui font le véritable caractere qui diftingue ces fortes de plantes des autres.

La famille des plantes *umbelliferes* eft fort étendue ; Ray les diftingue en deux claffes.

La premiere eft de celles qui ont les feuilles très-divifées, & d'une figure triangulaire , & dont les femences font ou larges & plates, comme le fphondylium , la paftinaca latifolia , le panax heracleum, le tardylium , l'orcofelinum , le tyffelinum , l'apium à feuilles de ciguë , le daucus alfaticus carvifolio , l'aneth , le peucedanum , le thapfia , le ferula , &c. ou dont les femences font plus groffes & moins applaties que les premieres ; comme le cachrys, le laferpitium , la cicutaire ordinaire , le fcandix , le cerfeuil , le myrrhis , l'angélique des jardins , le levifticum , le filer montanum , le bulbocaftanum , le fifarum , l'œnanthe , le fium, la pimprenelle , l'ache , la ciguë , le vifnaga , la faxifrage , le crithenum , le fenouil, le daucus ordinaire, l'anis , le caucafi , la coriandre , le paftinaca marina, &c.

La feconde claffe eft de celles qui ont les feuilles fimples & fans divifion, ou du moins feulement un peu découpées, comme le perfoliata , le buplevrum, l'aftrantia nigra, la fanicle , & le féfeli d'Ethiopie.

UMBELLIFORMES , *fleurs umbelliformes.* V. FLEUR.

UMBER , *Géog. anc.*, 1°. lac d'Italie dans l'Umbrie , felon Properce.

Et lacus æftivis intepet Umber aquis. Ce lac eft nommé *Ombros* ou *Ombrus*, par Etienne le géographe ; Scaliger veut que ce foit le *Vadimonis lacus* de Tite-Live & de Pline ; & par conféquent ce feroit aujourd'hui le *lago di Beffanello.*

2°. *Umber*, fleuve d'Angleterre , felon Bede , cité par Ortelius. Il conferve fon ancien nom; car on le nomme encore préfentement *Humber.* (*D. J.*)

UMBILIC ou NOMBRIL , *Anat.*, eft le centre de la partie moyenne du bas-ventre ou abdomen ; & c'eft par là que paffent les vaiffeaux umbilicaux qui vont du fœtus au placenta.

Le mot eſt purement latin ; il eſt formé d'*umbo*, qui ſignifie la petite boſſe qu'on voyoit au milieu d'un bouclier , parce que cette boſſe reſſembloit au nombril. *V.* UMBILICAUX *vaiſſeaux.*

UMBILICAL , adj. *Anat.* , eſt ce qui a rapport à l'umbilic ou nombril. *V.* UMBILIC, *&c.*

UMBILICALE , *Région* , eſt la partie de l'abdomen qui eſt autour de l'umbilic ou nombril. *V.* ABDOMEN *&* RÉGION.

UMBILICAUX , *Vaiſſeaux* , ſont un aſſemblage de vaiſſeaux propres au fœtus, & qui forment ce qu'on nomme le *cordon umbilical*. Voyez FŒTUS , ARRIERE-FAIX, *&c.*

Ces vaiſſeaux conſiſtent en deux arteres, une veine , & l'ouraque.

Les arteres *umbilicales* viennent des iliaques près de leur diviſion en externe & internes , & paſſant enſuite de chaque côté de la veſſie & à travers le nombril , vont ſe rendre au placenta.

La veine *umbilicale* vient du placenta par une infinité de rameaux capillaires qui ſe réuniſſent en un ſeul tronc , lequel va ſe rendre au foie du fœtus , & ſe diſtribue en partie dans la veine-cave.

L'ouraque ne ſe découvre manifeſtement que dans les animaux, quoiqu'il n'y ait pas lieu de douter qu'il n'exiſte auſſi dans l'homme. *V.* OURAQUE.

L'uſage des *vaiſſeaux umbilicaux* eſt d'entretenir une communication entre la mere & le fœtus. Quelques auteurs prétendent que c'eſt par là que le fœtus reçoit ſa nourriture , & qu'il croit comme une plante dont la mere eſt pour ainſi dire la racine, les *vaiſſeaux umbilicaux* la tige, & l'enfant eſt la tête ou le fruit. *V.* CIRCULATION, NUTRITION, FŒTUS, *&c.*

UMBILICAL , *Cordon* , eſt une eſpece de cordon formé par les *vaiſſeaux umbilicaux*, leſquels étant enveloppés dans une membrane ou tunique commune, traverſent l'arriere-faix, & ſe rendent d'un côté au placenta de la mere , & de l'autre à l'abdomen du fœtus.

Le *cordon umbilical* eſt membraneux , tortillé & inégal ; il vient du milieu de l'abdomen du fœtus, & ſe rend au placenta de la mere : il eſt ordinairement de la longueur d'une demi-aune , & de la groſſeur d'un doigt. Il devoit néceſſairement avoir cette longueur , afin que le fœtus devenant fort, ne pût pas le rompre

en s'étendant & ſe roulant de tout côté dans la matrice , & afin qu'il pût ſervir à tirer plus aiſément l'arriere-faix après l'accouchement.

La route que tient ce cordon de l'umbilic juſqu'au placenta n'eſt pas toujours la même. Quelquefois il va du côté droit au cou du fœtus , & l'ayant entouré, deſcend pour gagner le placenta. D'autres fois il va du côté gauche au cou, *&c.* D'autres fois il ne va point du tout au cou du fœtus, mais ſe porte d'abord un peu vers la poitrine , & tournant enſuite autour du dos , ſe rend de là au placenta.

Après l'accouchement, on rompt ou on coupe le cordon près du nombril ; enſorte que ſes vaiſſeaux , ſavoir , les deux arteres, la veine & l'ouraque, deviennent entiérement inutiles , & ſe deſſéchant , ſe bouchent & ne ſervent plus que de ligamens pour ſuſpendre le foie.

Le docteur Boerhaave propoſe une queſtion difficile ; ſavoir , pourquoi tous les animaux mordent & déchirent le *cordon umbilical* de leurs fœtus , dès qu'ils ſont nés , ſans qu'aucun périſſe d'hémorragie, tandis que l'homme perd tout ſon ſang en peu de tems , ſi on ne fait une ligature au cordon avec ſoin , quoique le cordon ſoit plus long & plus entortillé dans l'homme, & que par conſéquent il y ait moins à craindre l'hémorragie. A cette queſtion on a donné des ſolutions diverſes. Tauvry accuſe le luxe de l'homme & ſon ſang plus diſſous , Chirac la lenteur avec laquelle les bêtes mordent , mâchent , & rompent le cordon.

D'autres ont allégué la grandeur des vaiſſeaux, qu'ils prétendent beaucoup plus vâſtes que dans les brutes ; mais Fanton a propoſé par conjecture , le peu de néceſſité de la ligature , & Schulzius nie que le fœtus humain perde ſon ſang, quoiqu'on ne lie pas le cordon. Dans ce cas Lamotte, Trew, *&c.* conviennent qu'il n'y a eu qu'une petite hémorragie. On trouve , il eſt vrai, des expériences contraires chez d'autres obſervateurs, tels que Mauriceau, Hildanus, Burgmann, Quellmalz, & Cramer, qui le ſixieme ou le dixieme jour vit le ſang ſortir pour avoir baſſiné le nombril d'une liqueur chaude. Au reſte, on ne peut mieux prouver combien les obſervateurs varient , & combien il eſt difficile d'aſſeoir un jugement ſur leurs faits ; il n'y a qu'à rapporter les expériences de Carpi, qui a vu des fœtus de cheval & d'âne périr, après avoir rompu leur cordon.

UMBILICUS, Lang. lat. Ce terme signifie le *milieu* d'une chose, le nombril. Dans Horace, *ad umbilicum opus ducere*, veut dire achever un ouvrage, y mettre la derniere main, parce que les Romains écrivant leurs ouvrages en long, fur des membranes ou écorces d'arbres, ils les rouloient après que tout étoit écrit, & les fermoient avec des boissettes de corne ou d'ivoire, en forme de nombril, pour les tenir fixes. (*D. J.*)

UMBILIQUÉE (Coquille), *Conchyliol.* Coquille contournée en forme de nombril. Rondelet, ainsi qu'Aldrovandus, ont fait mal-à propos un genre particulier des *coquilles umbiliquées*, car elles ne sont autre chose que les especes de limaçons, dont la bouche a dans ses environs une ouverture appellée en latin *umbilicus*, à cause de sa ressemblance avec l'umbilic humain. (*D. J.*)

UMBLE, s. m. *Hist. nat. Ichthyolog.*, poisson du lac de Lausanne, qui ressemble au saumon par la forme du corps, par le nombre & la position des nageoires, par les visceres; aussi a-t-on donné à ce poisson le nom de *saumon* du lac de Lausanne. *V.* SAUMON. Il a la bouche grande, & garnie de dents, non-seulement aux deux mâchoires, mais encore sur la langue; la tête est de couleur livide; les couvertures des ouies ont une belle couleur argentée, à l'exception de l'extrémité qui est d'un jaune doré. Ce poisson est très-bon à manger; il a la chair seche & dure, sur-tout lorsqu'il est vieux; il a jusqu'à deux coudées de longueur lorsqu'il a pris tout son accroissement. Rondelet, *Hist.* des poissons des lacs, chap. 12. *V.* POISSON.

UMBLE-CHEVALIER, *Hist. nat. Ichthyolog.*, poisson qui se trouve aussi dans les lacs de Lausanne & de Neuchâtel; il ressemble entiérement au saumon & à la truite saumonnée, pour la forme du corps & par le nombre & la position des nageoires; il ne differe de l'umble simplement dit, qu'en ce qu'il est plus grand. Le dos a une couleur mêlée de bleu & de noir, & le ventre est d'un jaune doré. La chair de ce poisson est dure & seche; la tête passe pour la partie la plus délicate, comme dans le saumon. Rondelet, *Hist. nat.* des poissons des lacs, ch. 13. *V.* POISSON.

UMBRE. *V.* OMBRE.

UMBRIATICO, *Géog. mod.*, petite ville d'Italie, au royaume de Naples, dans la Calabre citérieure, sur le Lipuda, à 20 milles au nord de Sancta-Severina, dont son évêché est suffragant. *Long.* 34. 52. *lat.* 39. 27. (*D. J.*)

UMBRIE, *Umbria*, *Géog. anc.*, contrée d'Italie, bornée au nord par le fleuve Rubicon, à l'orient par la mer Supérieure & par le Picenum; au midi encore par le Picenum & par le Nar; au couchant, par l'Etrurie, dont elle étoit séparée par le Tibre.

Cette contrée qui étoit partagée en deux par l'Apennin, est appellée par les Grecs ὀμβρική, du mot ὄμβρος, *imber*, à cause des pluies qui avoient inondé le pays. Pline, l. III, chap. 14, appuie cette origine: *Umbrorum gens antiquissima Italiæ existimatur, ut quos* Umbrios *a Græcis putent dictos, quod inundatione terrarum imbribus superfuissent.*

Solin dit que d'autres ont prétendu que les *Umbres* étoient descendus des anciens Gaulois: c'est ce qui ne seroit pas aisé à prouver. On pourroit dire néanmoins avec fondement que les Sénonois habiterent la partie maritime de l'*Umbrie*, depuis la mer jusqu'à l'Apennin, & qu'ils se mêlerent avec les *Umbres*: mais les Sénonois ne furent pas les premiers des Gaulois qui passerent en Italie.

Quoi qu'il en soit, les auteurs latins ont tous écrit le nom de cette contrée par un *u*, & non par un *o*, comme les Grecs. Etienne le géographe en fait la remarque. Après avoir dit, le peuple étoit appellé ὀμβρικοι, *Ombrici*; & ὄμβροι, *Ombri*; il ajoute λεγονται Οὐομβροι παρὰ τοῖς ἰταλιχοῖς συγγραξεῦσι, *dicuntur ab Italis scriptoribus* Umbri.

L'*Umbrie* étoit la patrie de Properce, & il nous l'apprend lui-même au premier livre de ses élégies:

Proxima suppofito contingens Umbria *campo*
Me genuit terris fertilis uberibus.

On dit au pluriel, *Umbri*, & au singulier, *Umber*, selon ces vers de Catulle, in *Ignatium.*

Si Urbanus esses, aut Sabinus, aut Tybur
Aut parcus Umber, *aut obesus Hetruscus,*

On voit la même chose dans une inscription de Préneste, rapportée par Gruter, p. 72, n. 5:

Quæ Umber *fulcare folet, quos Tufcus erator.*

L'*Umbrie* maritime, ou du moins la plus grande partie de ce quartier, qui avoit été habitée par les Gaulois Séno-nois, conferva toujours le nom d'*Ager publicus* ou *gallicanus*, après même que le pays eut été reftitué à fes premiers habitans; c'eft ce qui fait que Tite-Live, l. XXXIX, c. 64, dit: *Coloniæ duæ Poten-tia in Picennm, Pifaurum in gallicum agrum deducÆæ funt. (D. J.)*

UMBRO, *Géog. anc.*, fleuve d'Italie. Pline, liv. III, c. 5, dit qu'il eft naviga-ble; ce que Rutilius, liv. I, v. 337, n'a pas oublié:

Tangimus Umbronem : *non eft ignobile flumen,*

Quod tuto trepidas excipit ore rates.

L'itinéraire d'Antonin, dans la route maritime de Rome à Arles, met *Umbro-nis fluvius* entre *Portus Telamonis & La-cus Aprilis*, à 12 milles du premier de ces lieux, & 18 du fecond. Ce fleuve fe nom-me aujourd'hui l'*Umbrone*; c'eft fans dou-te l'*Umber* de Properce, & l'*Ombros* d'E-tienne le géographe. *(D. J.)*

UMBU, f. m. *Hift. nat. Bot. exot.*, efpece de prunier du Bréfil, nommé par Pifon, *arbor prunifera Brafilienfis, fructu magno, radicibus tuberofis.*

On le prendroit à quelque diftance, foit par fa forme, fa groffeur, ou fon fruit, pour un petit citronnier; fon tronc eft court, foible, & divifé en un grand nom-bre de petites branches tortillées; fes feuilles font étroites, unies, d'un beau verd, acides & aftringentes au goût; fa fleur eft blanchâtre; fon fruit d'un blanc jaunâtre, femblable à une affez groffe prune, mais dont la pulpe eft plus dure & en plus petite quantité; il contient un gros noyau, & mûrit dans les mois plu-vieux; alors il eft fort agréable au goût : en tout autre tems, fon âcreté eft fi gran-de qu'elle agace les dents; on en fait ufa-ge en qualité de rafraîchiffant & d'aftrin-gent.

Sa racine a quelque chofe de particu-lier; outre qu'elle fe répand dans la ter-re ainfi que celle des autres arbres, elle fe met en différens tubercules, compactes & pefans, que vous prendriez à leur for-me & à leur couleur extérieure cendrée, pour de groffes patates; lorfqu'ils font dépouillés de leur peau, ils font blancs en-dedans comme la neige; leur pulpe eft molle, fucculente, femblable à celle de la gourde, & fe réfout dans la bouche en un fuc aqueux, froid, doux, & très-agréable.

Ce fruit foulage & rafraichit dans la fievre accompagnée de chaleur violente; il n'eft pas inutile aux voyageurs, ainfi que Pifon l'a lui-même éprouvé. *(D. J.)*

U N

UN, f. m. *Arithmét.*, unité de nom-bre; *un* multiplié par lui-même ne pro-duit jamais qu'un; une fois *un* eft *un*, uns font deux. *Un* en chiffre arabe s'écrit (1), en chiffre romain (I), & en chiffre fran-çois de compte ou finance, ainfi (j). *(D. J.)*

UN, DEUX, TROIS, *Marine.* Ces mots font prononcés par celui qui fait ha-ler la bouline, & au dernier les travail-leurs agiffent en même tems.

UNA, *Géog. anc.*, fleuve de la Mau-ritanie Tingitane, felon Ptolomée, l. IV, ch. 1 : on croit que c'eft la riviere de Sus. *(D. J.)*

UNANIME, adj. *Gramm.*, qui a été fait par plufieurs, comme s'ils n'avoient eu qu'une même ame. On dit un accord *unanime*; un concert *unanime*; un mou-vement *unanime*,

UNANIMITÉ, f. f. *Gramm.*, concor-de parfaite entre plufieurs perfonnes. Il regne dans toutes leurs actions la plus grande *unanimité*. Il y eut dans cette af-femblée la plus entiere *unanimité*.

UNCIALES, adj. f. pl. *Antiq.* Les antiquaires donnoient cette épithete à cer-taines lettres ou grands caracteres dont on fe fervoit autrefois pour faire des inf-criptions & des épitaphes; on les nommoit en latin *litteræ unciales*. Ce mot vient d'*uncia*, qui étoit la douzieme partie d'un tout, & qui en mefure géométrique valoit la douzieme partie d'un pied ou un pou-ce : & telle étoit la groffeur de ces lettres. *(D. J.)*

UNCTUARIUM, f. m. *Hift. anc.*, partie du gymnafe des anciens; c'étoit la piece ou appartement deftiné aux onctions qui précédoient ou qui fuivoient l'ufage des bains, la lutte, le pancrace, &c. Voy. ALYPTERION *& GYMNASE.*

UNCTUS, Siccus, Littér. Les gens aifé, qui chez les Romains ne fe mettoient point à table fans être auparavant bien parfumés d'effences, font les *uncti* d'Ho-race, que ce poëte oppofe aux *ficci. Unctus*

ne défignoit pas feulement un homme par-
fumé, il indiquoit tout enfemble un homme qui joignoit à l'amour de la parure,
le goût pour la chere délicate, *unctum ab-
fonium.*

Uncta popina, dans Horace, eft un cabaret bien fourni de tout ce qui peut contribuer à la bonne chere: *redolens & opti-
mis cibis plena*, comme dit le Scholiafte.
(*D. J.*)

UNDALUS, *Géogr. anc.*, ville de la
Gaule Narbonnoife, dans l'endroit où la
riviere *Selgæ*, aujourd'hui la Sorge, fe
jette dans le Rhône, felon Strabon, l. IV,
p. 185, qui ajoute que Dòmitius Ænobar-
bus défit près de cette ville une grande
quantité de Gaulois. Mais Tite-Live, *epi-
tom.* 50, en parlant de cette victoire du
proconful Cn. Domitius, dit que ce fut
fur les Allobroges qu'il la remporta; & au
lieu de nommer la ville *Undalum*, il la
nomme *oppidum Vindalium*. Voici le paffage: *Cn. Domitius proconful contra Allobroges ad oppidum Vindalium feliciter pu-
gnavit.*

Il y a apparence que *Vindalium oppidum* ou *Vindalum*, font les vrais noms de
cette ville, & que l'*Undalus* ou *Undalum*
de Strabon font corrompus. En effet,
Florus, l. III, c. 2, appuie l'orthographe
de Tite-Live: car en nommant les quatre
fleuves qui furent témoins de la victoire
des Romains, il met du nombre le *Vin-
dalicus*: c'eft ainfi qu'il faut lire, & non
Vandalicus, comme portent plufieurs éditions: les Vindéliciens font trop éloignés,
pour qu'aucun fleuve de leur pays puiffe
être nommé dans cette occafion avec le
Varo, l'Ifere & le Rhône, qui font les
trois autres fleuves dont parle Florus.

Ce fleuve *Vandalicus* eft le *Sulga* de
Strabon, & avoit peut-être donné fon
nom à la ville *Vandalum*, qui étoit à fon
embouchure. (*D. J.*)

UNDECEMVIR, f. m. *Hift. anc.*, magiftrat à Athenes, qui avoit dix collegues
tous revêtus de la même charge ou commiffion.

Leurs fonctions étoient à peu près les
mêmes que celles de nos prévôts & autres
officiers des maréchauffées en France; favoir, d'arrêter, d'emprifonner les criminels, de les mettre entre les mains de la
juftice, & lorfqu'ils étoient condamnés,
de les remettre en prifon jufqu'à l'exécution de la fentence.

Les onze tribus d'Athenes élifoient ces
magiftrats, chacune en nommant un de
fon corps. Mais après le tems de Clifthe-
nes, ces tribus ayant été réduites au nombre de dix, on élifoit un greffier ou notaire qui complétoit le nombre d'onze.
C'eft pour cela que Cornelius Nepos, dans
la vie de Phocion, les appelle ἕνδεκα, &
Julius Pollux les nomme ἔνδεκοι & νο-
μοφύλακες. Cependant les fonctions des
nomophylaces étoient très-différentes.
V. NOMOPHYLACES.

UNDERSEWEN, *Géogr. mod.*, ou
Underfeen, petite ville de Suiffe, au canton de Berne, dans l'Oberland ou pays
d'en-haut, au bord du lac de Thoun, entre
ce lac & celui de Brienz. Les Bernois y ont
un avoyer. *Long.* 25.44. *lat.* 46.37. (*D. J.*)

UNDERWALD, *Géog. mod.*, can-
ton de Suiffe, le fixieme en rang; il eft
nommé élégamment en latin *Subfylvania.*
Ce canton eft borné au nord par celui d
Lucerne & par une partie du lac des quatre cantons, au midi par le canton de Berne, dont il eft féparé par le mont Braniek,
à l'orient par de hautes montagnes qui le
féparent du canton d'Uri, & à l'occident
par le canton de Lucerne encore.

Il eft partagé en deux vallées qu'on
peut nommer l'une *fupérieure* & l'autre
inférieure. Ce partage fait par la nature a
donné lieu au partage du gouvernement,
car quoique pour les affaires du dehors
les deux vallées ne faffent qu'un feul canton, cependant chacune a fon gouvernement particulier, fon confeil, fes officiers,
& même fes terres. La vallée fupérieure
fe divife en fix communautés, & la vallée
inférieure en quatre. Le terroir des deux
vallées eft le même, & ne differe prefque
point de celui des cantons de Lucerne &
d'Uri. Quoique les deux vallées aient chacune leur corps & leur confeil à part, elles ont établi pour les affaires du dehors
un confeil général, dont les membres fe tirent des confeils de chaque communauté.

Le canton d'*Underwald* eft catholique.
Il ne poffede point de bailliages en propre; mais il jouit avec d'autres cantons
des bailliages communs du Thurgau, des
bailliages libres du comté de Sargans &
du Rhinthal; & il nomme encore, comme
les onze autres cantons, des bailliffs dans
les quatre bailliages d'Italie.

Arnold de *Melchtal*, natif de ce canton, eft un des quatre héros de la Suiffe,

qui le 7 novembre de l'an 1307 arborerent les premiers l'étendard de la liberté, engagerent leurs compatriotes à secouer le joug de la domination d'Autriche, & à former une république confédérée, qu'ils ont depuis soutenue avec tant de gloire. Melchthal étoit irrité en particulier des horreurs de Grisler, gouverneur du pays, qui avoit fait crever les yeux à son pere. N'ayant point eu de justice à cette violence, il trouva des amis prêts à le venger, & ils taillerent en piece un corps de troupes ennemies, commandé par le comte de Strasberg. Tell tua Grisler d'un coup de fleche. Enfin le peuple chassa du pays les Autrichiens, & établit pour principe du gouvernement à venir, la liberté, l'égalité des conditions. *V.* SUISSE. (*D. J.*)

UNEDO, *Botan. anc.*, nom employé par les anciens naturalistes pour désigner un fruit qu'ils estimoient être rafraîchissant & un peu astringent. La plupart des modernes ont prétendu que ce fruit étoit celui de l'arboisier, parce que Pline le dit lui-même; mais le naturaliste de Rome contredit dans son opinion tous les anciens écrivains latins, qui ont toujours appellé le fruit de l'arboisier du même nom que l'arbre qui le donne; je veux dire *arbutum* ou *arbutus.* Varron parlant de la cueillette des fruits d'automne, les appelle tous du nom de leurs arbres; il ne dit point *decerpendo unedinem*, mais *decerpendo arbutum, mora, pomaque.* Il est vrai que Servius employa le mot *unedo* pour le fruit de l'arboisier; mais c'est l'erreur de Pline qu'il a copiée; & le fait est si vrai, que d'un côté Galien, & de l'autre Paul Eginette déclarent unanimement que *unedo* n'est point du tout le fruit de l'arboisier, mais le fruit de l'épimelis, qui étoit une espece de nefle appellée *sitanienne*, ou selon d'autres, une espece de petite pomme sauvage.

UNGEN, *Géog. mod.*, montagne du Japon, dans l'isle de Ximon, entre Nangasaqui & Xima - Bara. Son sommet n'est qu'une masse brûlée, pelée & blanchâtre; c'est un volcan qui exhale sans cesse une fumée de soufre, dont l'odeur est si forte, qu'à plusieurs milles à la ronde on n'y voit pas un seul oiseau.

UNGH, *Géogr. mod.*, riviere de la haute-Hongrie. Elle prend sa source aux confins de la Pologne, dans les monts Krapack, donne son nom au comté d'Ungh-

war qu'elle traverse; ensuite elle entre dans le comté de Zemplin, où elle se jette dans le Bodrog.

UNGHWAR, *Géog. mod.*, comté de la haute-Hongrie, aux frontieres de la Pologne, dans les monts Krapacks. Sa capitale, & seule ville, porte le même nom. (*D. J.*)

UNGHWAR, *Géogr.*, petite ville de la haute-Hongrie, capitale du comté du même nom, dans une isle formée par la riviere d'Ungh, à douze lieues au levant de Cassovie. *Long.* 40. 6. *lat.* 48. 53. (*D. J.*)

UNGUENTARIUS, s. m. *Littér.* Les *unguentarii* étoient les parfumeurs à Rome; ils avoient leur quartier nommé *vicus thurarius*, dans la rue Toscane, qui faisoit partie du Vélabre. Elle prit son nom des Toscans qui vinrent s'y établir, après qu'on eût desséché les eaux qui rendoient ce quartier inhabitable; c'est pour cela qu'Horace appelle les parfumeurs, *tusci turba impia vici*, parce que ces gens - là étoient les ministres de tous les jeunes débauchés de Rome. (*D. J.*)

UNGUIS, *Anat.*, est le nom de deux os du nez, qui sont minces comme des écailles, & ressemblent à un ongle, d'où leur vient ce nom. *V.* NEZ.

Les os *unguis* sont les plus petits os de la mâchoire supérieure, & sont situés vers le grand angle des yeux. *V.* le mot MACHOIRE.

Quelques auteurs les appellent *os lacrymans*, mais improprement, n'y ayant point de glande lacrymale dans le grand angle. D'autres les nomment *os orbitaires.*

Il est articulé par son bord supérieur avec le coronal, par son bord antérieur & son inférieur avec le maxillaire, & le cornet inférieur du nez par son bord postérieur avec l'os ethmoïde. *Voy.* CORNET, ETHMOÏDE, &c.

UNGUIS, *Jard.*, est la partie blanche au bout des feuilles, environnée d'une zone ou ligne épaisse, dentelée, souvent colorée avec des utricules, des épines, des poils & des barbes à l'extrémité.

UNI, PLAIN, SIMPLE, *Synonym.* Ce qui est *uni* n'est pas raboteux. Ce qui est *plain* n'a ni enfoncemens ni élévations.

Le marbre le plus *uni* est le plus beau. Un pays où il n'y a ni montagnes ni vallées, est un pays *plain.*

Uni se prend encore pour *simple.* On dit qu'un ouvrage est *uni* lorsqu'on n'y a exécuté aucune sorte d'ornement. (*D. J.*)

UNI, *Agricult.* Les laboureurs difent travailler à l'*uni*, pour dire, relever avec l'oreille de la charrue toutes les raies de terre d'un même côté, de telle maniere qu'il ne paroit aucun fillon, lorfqu'on acheve de labourer le champ, & qu'au contraire il femble tout *uni.* L'on obferve cette maniere de labourer les champs, fur-tout dans les terres feches & pierreufes, & pour y femer feulement des avoines ou des orges qu'on fauche, au lieu de les fcier avec la faucille; pour mieux réuffir dans cette forte de labour, on fe fert d'une charrue à tourne-oreille. (*D. J.*)

UNI, adj. *Manege.* On dit, cheval qui eft *uni*, pour défigner un cheval dont les deux trains de devant & de derriere ne font qu'une même action, fans que le cheval change de pied ou galope faux. (*D. J.*)

UNIA, *Géogr. mod.*, ifle du golfe de Venife, au midi de celle d'Oforo. Il n'y a qu'un village dans cette isle, quoiqu'elle ait environ 15 milles de tour. (*D. J.*)

UNICORNE. *V.* NARWAL.

UNICORNU FOSSILE, *Hift. nat.* On ne fait pas par quel caprice il a plu à quelques naturaliftes de donner ce nom bifarre à une efpece de terre blanche & feche, que quelques auteurs ont nommée *galactites* ou *terre laiteufe*, parce qu'on s'eft imaginé lui trouver l'odeur du lait. De quelque nature que foit cette terre, elle ne paroit avoir rien de commun avec la licorne, qui s'appelle en latin *unicornu. V.* LICORNE FOSSILE.

Il y a une terre de cette efpece qu'on appelle *magnes carneus* ou *aimant de chair.* C'eft une terre bolaire, fort feche, & qui s'attache fortement à la langue.

UNIFORME, UNIFORMITÉ, *Gram.* ce font les oppofés de *divers* & *diverfité*, d'*inégal* & d'*inégalité*, de *variété* & *variété.* On dit des coutumes *uniformes*, une conduite *uniforme*, une vie *uniforme*, égale à elle-même, la veille conftamment femblable au jour, & le jour au lendemain.

UNIFORME, adj. *Méchan.* Le mouvement *uniforme* eft celui d'un corps qui parcourt des efpaces égaux en temps égaux; tel eft, au moins fenfiblement, le mouvement d'une aiguille de montre ou de pendule. *V.* MOUVEMENT.

C'eft dans le mouvement *uniforme* que l'on cherche ordinairement la mefure du temps. En voici la raifon : comme le rapport des parties du temps nous eft incon-

nu en lui-même, l'unique moyen que nous puiffions employer pour decouvrir ce rapport, c'eft d'en chercher quelqu'autre plus fenfible & mieux connu, auquel nous puiffions le comparer; on aura donc trouvé la mefure du temps la plus fimple, fi l'on vient à bout de comparer de la maniere la plus fimple qu'il foit poffible, le rapport des parties du temps, avec celui de tous les rapports que l'on connoît le mieux. De-là il réfulte que le mouvement *uniforme* eft la mefure du temps la plus fimple : car d'un côté le rapport des parties d'une ligne droite eft celui que nous faififfons le plus facilement; & de l'autre, il n'y a pas de rapports plus aifés à comparer entr'eux, que des rapports égaux. Or dans le mouvement *uniforme* le rapport des parties du temps eft égal à celui des parties correfpondantes de la ligne parcourue. Le mouvement *uniforme* nous donne donc tout à la fois le moyen & de comparer le rapport des parties du temps au rapport qui nous eft le plus fenfible, & de faire cette comparaifon de la maniere la plus fimple; nous trouvons donc dans le mouvement *uniforme*, la mefure la plus fimple du temps.

Je dis, outre cela, que la mefure du temps par le mouvement *uniforme* eft, indépendamment de la fimplicité, celle dont il eft le plus naturel de penfer à fe fervir. En effet, comme il n'y a point de rapport que nous connoiffons plus exactement que celui des parties de l'efpace, & qu'en général un mouvement quelconque dont la loi feroit donnée, nous conduiroit à découvrir le rapport des parties du temps, par l'analogie connue de ce rapport avec celui des parties de l'efpace parcouru; il eft clair qu'un tel mouvement feroit la mefure du temps la plus exacte, & par conféquent celle qu'on devroit mettre en ufage préférablement à toute autre. Donc, s'il y a quelque efpece particuliere de mouvement, où l'analogie entre le rapport des parties du temps & celui des parties de l'efpace parcouru foit connue, indépendamment de toute hypothèfe, & par la nature du mouvement même, & que cette efpece de mouvement foit la feule à qui cette propriété appartienne, elle fera néceffairement la mefure de temps la plus naturelle. Or, il n'y a que le mouvement *uniforme* qui réuniffe les deux conditions dont nous venous de parler : car le mouvement d'un corps est *uniforme* par lui-même, il ne devient accéléré ou retardé qu'en vertu d'une cause étrangere, & alors il est susceptible d'une infinité de loix différentes de variation. La loi d'uniformité, c'est-à-dire, l'égalité entre le rapport des tems & celui des espaces parcourus, est donc une propriété du mouvement considéré en lui-même ; le mouvement *uniforme* n'en est par-là que plus analogue à la durée, & par conséquent plus près à en être la mesure, puisque les parties de la durée se succedent aussi constamment & uniformément. Au contraire, toute loi d'accélération ou de diminution dans le mouvement, est arbitraire, pour ainsi dire, & dépendante des circonstances extérieures : le mouvement non *uniforme* ne peut être par conséquent la mesure naturelle du temps ; car en premier lieu, il n'y auroit pas de raison pourquoi une espece particuliere de mouvement non *uniforme*, fût la mesure première du temps, plutôt qu'une autre : en second lieu, on ne pourroit mesurer le temps par un mouvement non *uniforme*, sans avoir découvert auparavant par quelque moyen particulier l'analogie entre le rapport des temps & celui des espaces parcourus, qui conviendroit au mouvement proposé. D'ailleurs, comment connoitre cette analogie autrement que par l'expérience, & l'expérience ne supposeroit-elle pas qu'on eût déjà une mesure du temps fixe & certaine ?

Mais le moyen de s'assurer, dit-on, qu'un mouvement soit parfaitement *uniforme*? Je réponds d'abord qu'il n'y a non plus aucun mouvement non *uniforme* dont nous sachions exactement la loi, & qu'ainsi cette difficulté prouve seulement que nous ne pouvons connoitre exactement & en toute rigueur le rapport des parties du temps ; mais il ne s'ensuit pas de-là que le mouvement *uniforme* n'en soit par sa nature seule, la premiere & la plus simple mesure. Aussi, ne pouvant avoir de mesure du temps précise & rigoureuse, c'est dans les mouvemens à-peu-près *uniformes* que nous en cherchons la mesure au moins approchée. Nous avons deux moyens de juger qu'un mouvement est à-peu-près *uniforme*, ou quand nous savons que l'effet de la cause accélératrice ou retardatrice ne peut être

qu'insensible ; ou quand nous le comparons à d'autres mouvemens, & que nous observons la même loi dans les uns & dans les autres : ainsi si plusieurs corps se meuvent de maniere que les espaces qu'ils parcourent dans un même temps soient toujours entr'eux ou exactement ou à-peu-près dans le même rapport, on juge que le mouvement de ces corps est ou exactement ou à très-peu près *uniforme*.

UNIFORME, f. m. *Art milit.* On appelle *uniforme* dans le militaire, l'habillement qui est propre aux officiers & aux soldats de chaque régiment. Les troupes n'ont commencé à avoir des *uniformes* que du temps de Louis XIV. Comme elles avoient auparavant des armures de fer qui les couvroient entiérement ou presqu'entiérement, l'*uniforme* n'auroit pu servir à les distinguer comme aujourd'hui. Les officiers François sont obligés, par une ordonnance de 1737, de porter toujours l'habit *uniforme* pendant le temps qu'ils sont en campagne ou en garnison, afin qu'ils soient plus aisément connus des soldats. Sa Majesté a aussi depuis obligé ses officiers généraux de porter un *uniforme* par lequel on distingue les maréchaux de camp des lieutenans généraux. Cet *uniforme* qui les fait connoitre, peut servir utilement pour les faire respecter, & leur faire rendre par toutes les troupes les honneurs dus à leurs dignités. (*Q*)

UNIGENITUS, CONSTITUTION, *Hist. ecclés.*, constitution en forme de bulle, donnée à Rome en 1713, par le pape Clément XI, portant condamnation du livre intitulé : *Réflexions morales sur le nouveau Testament*, par le P. Quesnel. Cette bulle commence par le mot *Unigenitus*, d'où lui vient son nom : mais c'est son histoire qui nous intéresse, la voici d'après l'historien du siecle de Louis XIV.

Le P. Quesnel, prêtre de l'oratoire, ami du célebre Arnauld, & qui fut compagnon de sa retraite jusqu'au dernier moment, avoit, dès l'an 1671, composé un livre de réflexions pieuses sur le texte du nouveau Testament. Ce livre contient quelques maximes qui pourroient paroître favorables au jansénisme ; mais elles sont confondues dans une si grande foule de maximes saintes & pleines de cette onction qui gagne le cœur, que l'ouvrage fut reçu avec un applaudissement univer-

G

fel. Le bien s'y montre de tous côtés, & le mal il faut le chercher. Plusieurs évêques lui donnerent les plus grands éloges dans sa naissance, & les confirmerent quand le livre eut reçu par l'auteur sa derniere perfection. L'abbé Renaudot, l'un des plus savans hommes de France, étant à Rome la premiere année du pontificat de Clément XI, allant un jour chez ce pape qui aimoit les savans, & qui l'étoit lui-même, le trouva lisant le livre du P. Quesnel. Voilà, lui dit le pape, un livre excellent; nous n'avons personne à Rome qui soit capable d'écrire ainsi; je voudrois attirer l'auteur auprès de moi. C'est cependant le même pape qui depuis condamna le livre.

Un des prélats qui avoient donné en France l'approbation la plus sincere au livre de Quesnel, étoit le cardinal de Noailles, archevêque de Paris. Il s'en étoit déclaré le protecteur, lorsqu'il étoit évêque de Châlons; & le livre lui étoit dédié. Ce cardinal plein de vertus & de science, le plus doux des hommes, le plus ami de la paix, protégeoit quelques jansénistes sans l'être, & aimoit peu les jésuites, sans leur nuire & sans les craindre.

Ces peres commençoient à jouir d'un grand crédit depuis que le P. de la Chaise, gouvernant la conscience de Louis XIV, étoit en effet à la tête de l'église gallicane. Le P. Quesnel qui les craignoit, étoit retiré à Bruxelles avec le savant bénédictin Gerberon, un prêtre nommé Brigode, & plusieurs autres du même parti. Il en étoit devenu le chef après la mort du fameux Arnauld, & jouissoit comme lui de cette gloire flatteuse de s'établir un empire secret, indépendant des souverains, de régner sur des consciences, & d'être l'ame d'une faction composée d'esprits éclairés.

Les jésuites plus répandus que sa faction, & plus puissans, déterrerent bientôt Quesnel dans sa solitude. Ils le persécuterent auprès de Philippe V, qui étoit encore maître des Pays-Bas, comme ils avoient poursuivi Arnauld son maître auprès de Louis XIV. Ils obtinrent un ordre du roi d'Espagne de faire arrêter ces solitaires. Quesnel fut mis dans les prisons de l'archevêché de Malines. Un gentilhomme, qui crut que le parti janséniste feroit sa fortune s'il délivroit le chef, perça les murs, & fit évader Quesnel,

qui se retira à Amsterdam, où il est mort en 1719, dans une extrême vieillesse, après avoir contribué à former en Hollande quelques églises de jansénistes; troupeau foible, qui dépérit tous les jours. Lorsqu'on l'arrêta, on saisit tous ses papiers; & comme on y trouva tout ce qui caractérise un parti formé, on fit aisément croire à Louis XIV qu'ils étoient dangereux.

Il n'étoit pas assez instruit pour savoir que de vaines opinions de spéculation tomberoient d'elles-mêmes, si on les abandonnoit à leur inutilité. C'étoit leur donner un poids qu'elles n'avoient point, que d'en faire des matieres d'Etat. Il ne fut pas difficile de faire regarder le livre du P. Quesnel comme coupable, après que l'auteur eût été traité en séditieux. Les jésuites engagerent le roi lui-même à faire demander à Rome la condamnation du livre. C'étoit en effet faire condamner le cardinal de Noailles qui en avoit été le protecteur le plus zélé. On se flattoit avec raison que le pape Clément XI mortifieroit l'archevêque de Paris. Il faut savoir que quand Clément XI étoit le cardinal Albani, il avoit fait imprimer un livre tout moliniste, de son ami le cardinal de Sfondrate, & que M. de Noailles avoit été le dénonciateur de ce livre. Il étoit naturel de penser qu'Albani devenu pape, feroit au moins contre les approbations données à Quesnel, ce qu'on avoit fait contre les approbations données à Sfondrate.

On ne se trompa pas; le pape Clément XI donna, vers l'an 1708, un décret contre le livre de Quesnel; mais alors les affaires temporelles empêcherent que cette affaire spirituelle qu'on avoit sollicitée, ne réussît. La cour étoit mécontente de Clément XI, qui avoit reconnu l'archiduc Charles pour roi d'Espagne, après avoir reconnu Philippe V. On trouva des nullités dans son décret, il ne fut pas reçu en France, & les querelles furent assoupies jusqu'à la mort du P. de la Chaise, confesseur du roi, homme doux, avec qui les voies de conciliation étoient toujours ouvertes, & qui ménageoit dans le cardinal de Noailles, l'allié de madame de Maintenon.

Les jésuites étoient en possession de donner un confesseur au roi, comme à presque tous les princes catholiques. Cet-

la prérogative eſt le fruit de leur infti-
tut, par lequel ils renoncent aux dignités
eccléſiaſtiques : ce que leur fondateur
établit par humilité, eſt devenu un prin
cipe de grandeur. Plus Louis XIV vieil-
liſſoit, plus la place de confeſſeur devenoit un miniſtere conſidérable. Ce poſte
fut donné au P. le Tellier, fils d'un procureur de Vire en baſſe-Normandie,
homme ſombre, ardent, inflexible, cachant ſes violences ſous un flegme apparent : il fit tout le mal qu'il pouvoit faire
dans cette place, où il eſt trop aiſé d'inſpirer ce qu'on veut, & de perdre qui l'on
hait : il avoit à venger ſes injures particulieres. Les janſéniſtes avoient fait condamner à Rome un de ſes livres ſur les
cérémonies chinoiſes. Il étoit mal perſonnellement avec le cardinal de Noailles,
& il ne ſavoit rien ménager. Il remua
toute l'égliſe de France ; il dreſſa en 1711
des lettres & des mandemens, que des
évêques devoient ſigner : il leur envoyoit
des accuſations contre le cardinal de
Noailles, au bas deſquelles ils n'avoient
plus qu'à mettre leurs noms. De telles
manœuvres dans des affaires profanes
ſont punies ; elles furent découvertes,
& n'en réuſſirent pas moins.

La conſcience du roi étoit allarmée par
ſon confeſſeur, autant que ſon autorité
étoit bleſſée par l'idée d'un parti rebelle.
En vain le cardinal de Noailles lui demanda juſtice de ces myſteres d'iniquité :
le confeſſeur perſuada qu'il s'étoit ſervi
des voies humaines, pour faire réuſſir
les choſes divines ; & comme en effet il
défendoit l'autorité du pape & celle de
l'unité de l'égliſe, tout le fond de l'affaire lui étoit favorable. Le cardinal s'adreſ-
ſa au dauphin, duc de Bourgogne ; mais
il le trouva prévenu par les lettres & les
amis de l'archevêque de Cambrai. Le cardinal n'obtint pas davantage du crédit de
madame de Maintenon, qui n'avoit que-
te de ſentimens à elle, & qui n'étoit occupée que de ſe conformer à ceux du roi.

Le cardinal archevêque, opprimé par
un jéſuite, ôta le pouvoir de prêcher &
de confeſſer à tous les jéſuites, excepté à
quelques-uns des plus ſages & des plus
modérés. Sa place lui donnoit le droit
dangereux d'empêcher le Tellier de confeſſer le roi. Mais il n'oſa pas irriter à ce
point ſon ſouverain, & il le laiſſa avec
reſpect entre les mains de ſon ennemi.

„ Je crains, écrivit-il à madame de Main-
„ tenon, de marquer au roi trop de ſou-
„ miſſion, en donnant les pouvoirs à ce-
„ lui qui les mérite le moins. Je prie
„ Dieu de lui faire connoître le péril
„ qu'il court, en confiant ſon ame à un
„ homme de ce caractere „.

Quand les eſprits ſont aigris, les deux
partis ne font plus que des démarches funeſtes. Des partiſans du P. le Tellier,
des évêques qui eſpéroient le chapeau,
employerent l'autorité royale pour enflammer ces étincelles qu'on pouvoit
éteindre. Au lieu d'imiter Rome, qui
avoit pluſieurs fois impoſé ſilence aux
deux partis ; au lieu de réprimer un religieux, & de conduire le cardinal ; au lieu
de défendre ces combats comme les duels,
& de réduire tous les prêtres, comme
tous les ſeigneurs, à être utiles ſans être
dangereux, au lieu d'accabler enfin les
deux partis ſous le poids de la puiſſance
ſuprême, ſoutenue par la raiſon & par
tous les magiſtrats : Louis XIV crut bien
faire de ſolliciter lui-même la fameuſe
conſtitution qui remplit le reſte de ſa vie
d'amertume.

Le P. le Tellier & ſon parti envoyerent à Rome cent trois propoſitions à condamner. Le ſaint office en proſcrivit cent
& une. La bulle fut donnée au mois de
ſeptembre 1713. Elle vint, & ſouleva
contre elle preſque toute la France. Le
roi l'avoit demandée pour prévenir un
ſchiſme, & elle fut prête d'en cauſer un.
La clameur fut générale, parce que parmi ces cent & une propoſitions, il y en
avoit qui paroiſſoient à tout le monde
contenir le ſens le plus innocent & la plus
pure morale. Une nombreuſe aſſemblée
d'évêques fut convoquée à Paris. Quarante acceptetent la bulle pour le bien de
la paix ; mais ils en donnerent en même
temps des explications, pour calmer les
ſcrupules du public.

L'acceptation pure & ſimple fut envoyée au pape, & les modifications furent pour les peuples. Ils prétendoient
par-là ſatisfaire à la fois le pontife, le
roi, & la multitude. Mais le cardinal de
Noailles, & ſept autres évêques de l'aſſemblée qui ſe joignirent à lui, ne voulurent ni de la bulle, ni de ſes correctifs.
Ils écrivirent au pape, pour demander
des correctifs même à ſa ſainteté. C'étoit
un affront qu'ils lui faiſoient reſpectueu-

fement. Le roi ne le fouffrit pas : il empêcha que la lettre ne parût, renvoya les évêques dans leurs diocèfes , & défendit au cardinal de paroître à la cour.

La perfécution donna à cet archevêque une nouvelle confidération dans le public. C'étoit une véritable divifion dans l'épifcopat, dans tout le clergé, dans les ordres religieux. Tout le monde avouoit qu'il ne s'agiffoit pas des points fondamentaux de la religion ; cependant il y avoit une guerre civile dans les efprits, comme s'il eût été queftion du renverfement du chriftianifme ; & l'on fit agir des deux côtés tous les refforts de la politique, comme dans l'affaire la plus profane.

Ces refforts furent employés pour faire accepter la *conftitution* par la Sorbonne. La pluralité des fuffrages ne fut pas pour elle , & cependant elle y fut enregiftrée. Le miniftere avoit peine à fuffire aux lettres de cachet qui envoyoient en prifon ou en exil fes oppofans.

Cette bulle avoit été enregiftrée au parlement, avec la réferve des droits ordinaires de la couronne, des libertés de l'églife gallicane, du pouvoir & de la jurifdiction des évêques ; mais le cri public perçoit toujours à-travers l'obéiffance. Le cardinal de Biffi, l'un des plus ardens défenfeurs de la bulle, avoua dans une de fes lettres, qu'elle n'auroit pas été reçue avec plus d'indignité à Geneve qu'à Paris.

Les efprits étoient fur-tout révoltés contre le jéfuite le Tellier. Rien ne nous irrite plus qu'un religieux devenu puiffant. Son pouvoir nous paroît une violation de fes vœux ; mais s'il abufe de ce pouvoir, il eft en horreur. Le Tellier ofa préfumer de fon crédit jufqu'à propofer de faire dépofer le cardinal de Noailles, dans un concile national. Ainfi un religieux faifoit fervir à fa vengeance, fon roi, fon pénitent & fa religion ; & avec tout cela, j'ai de très-fortes raifons de croire qu'il étoit dans la bonne foi : tant les hommes s'aveuglent dans leurs fentimens & dans leur zele !

Pour préparer ce concile, dans lequel il s'agiffoit de dépofer un homme devenu l'idole de Paris & de la France, par la pureté de fes mœurs, par la douceur de fon caractere, & plus encore par la perfécution ; on détermina Louis XIV à faire enregiftrer au parlement une déclaration, par laquelle tout évêque qui n'auroit pas reçu la bulle purement & fimplement, feroit tenu d'y foufcrire, ou qu'il feroit pourfuivi à la requête du procureur-général, comme rebelle.

Le chancelier Voifin, fecretaire d'état de la guerre, dur & defpotique, avoit dreffé cet édit. Le procureur-général d'Agueffeau, plus verfé que le chancelier Voifin dans les loix du royaume, & ayant alors ce courage d'efprit que donne la jeuneffe, réfufa abfolument de fe charger d'une telle piece. Le premier préfident de Mefme en remontra au roi les conféquences. On traîna l'affaire en longueur. Le roi étoit mourant. Ces malheureufes difputes troublerent fes derniers momens. Son impitoyable confeffeur fatiguoit fa foibleffe par des exhortations continuelles à confommer un ouvrage qui ne devoit pas faire chérir fa mémoire. Les domeftiques du roi indignés lui refuferent deux fois l'entrée de la chambre, & enfin ils le conjurerent de ne point parler au roi de la *conftitution*. Ce prince mourut, & tout changea.

Le duc d'Orléans, régent du royaume, ayant renverfé d'abord toute la forme du gouvernement de Louis XIV, & ayant fubftitué des confeils aux bureaux des fecretaires d'état, compofa un confeil de confcience, dont le cardinal de Noailles fut le préfident. On exila le pere le Tellier, chargé de la haine publique, & peu aimé de fes confreres.

Les évêques oppofés à la bulle, appellerent à un futur concile, dût-il ne fe tenir jamais. La Sorbonne, les curés du diocefe de Paris, des corps entiers de religieux, firent le même appel ; & enfin le cardinal de Noailles fit le fien en 1717, mais il ne voulut pas d'abord le rendre public. On l'imprima malgré lui. L'églife de France refta divifée en deux factions, les acceptans & les refufans. Les acceptans étoient les cent évêques qui avoient adhéré fous Louis XIV avec les jéfuites & les capucins. Les refufans étoient quinze évêques & toute la nation. Les acceptans fe prévaloient de Rome ; les autres, des univerfités, des parlemens, & du peuple. On imprimoit volume fur volume, lettres fur lettres ; on fe traitoit réciproquement de fchifmatique & d'hérétique.

Un archevêque de Rheims, du nom de

Mailly, grand & heureux partifan de Rome, avoit mis fon nom au bas de deux écrits que le parlement fit brûler par le bourreau. L'archevêque l'ayant fu, fit chanter un *Te Deum*, pour remercier Dieu d'avoir été outragé par des fchifmatiques. Dieu le récompenfa ; il fut cardinal. Un évêque de Soiffons ayant effuyé le même traitement du parlement, & ayant figuifié à ce corps que ce n'étoit pas à lui à le juger, même pour un crime de lefemajefté, il fut condamné à dix mille livres d'amende ; mais le régent ne voulut pas qu'il les payât, de peur, dit-il, qu'il ne devint cardinal auffi.

Rome éclatoit en reproches : on fe confumoit en négociations ; on appelloit, on réappelloit ; & tout cela, pour quelques paffages aujourd'hui oubliés du livre d'un prêtre octogénaire, qui vivoit d'aumônes à Amfterdam.

La folie du fyftême des finances contribua, plus qu'on ne croit, à rendre la paix à l'églife. Le public fe jeta avec tant de fureur dans le commerce des actions ; la cupidité des hommes, excitée par cette amorce, fut fi générale, que ceux qui parlerent encore de janfénifme & de bulle, ne trouverent perfonne qui les écoutât. Paris n'y penfoit pas plus qu'à la guerre, qui fe faifoit fur les frontieres d'Efpagne. Les fortunes rapides & incroyables qu'on faifoit alors, le luxe & la volupté portés aux derniers excès, impoferent filence aux difputes eccléfiaftiques ; & le plaifir fit ce que Louis XIV n'avoit pu faire.

Le duc d'Orléans faifit ces conjonctures, pour réunir l'églife de France. Sa politique y étoit intéreffée. Il craignoit des temps où il auroit en contre lui Rome, l'Efpagne, & cent évêques.

Il falloit engager le cardinal de Noailles non-feulement à recevoir cette *conftitution*, qu'il regardoit comme fcandaleufe, mais à rétracter fon appel, qu'il regardoit comme légitime. Il falloit obtenir de lui plus que Louis XIV fon bienfaiteur ne lui avoit en vain demandé. Le duc d'Orléans devoit trouver les plus grandes oppofitions dans le parlement, qu'il avoit exilé à Pontoife ; cependant il vint à bout de tout. On compofa un corps de doctrine, qui contenta prefque les deux partis. On tira parole du cardinal qu'enfin il accepteroit. Le duc d'Orléans alla lui-même

au grand-confeil, avec les princes & les pairs, faire enregiftrer un édit qui ordonnoit l'acceptation de la bulle, la fuppreffion des appels, l'unanimité & la paix.

Le parlement, qu'on avoit mortifié en portant au grand-confeil des déclarations qu'il étoit en poffeffion de recevoir, menacé d'ailleurs d'être transféré de Pontoife à Blois, enregiftra ce que le grand-confeil avoit enregiftré ; mais toujours avec les réferves d'ufage, c'eft-à-dire, le maintien des libertés de l'églife gallicane &.des loix du royaume.

Le cardinal archevêque, qui avoit promis de fe rétracter quand le parlement obéiroit, fe vit enfin obligé de tenir parole ; & on afficha fon mandement de rétractation le 20 août 1720.

Depuis ce temps, tout ce qu'on appelloit en France *janfénifme*, *quiétifme*, *bulles*, *querelles théologiques*, baiffa fenfiblement. Quelques évêques appellans refterent feuls opiniâtrement attachés à leurs fentimens.

Sous le miniftere du cardinal de Fleury, on voulut extirper les reftes du parti, en dépofant un des prélats des plus obftinés. On choifit, pour faire un exemple, le vieux Soanen, évêque de la petite ville de Sénés, homme également pieux & inflexible, d'ailleurs fans parens, fans crédit.

Il fut condamné par le concile provincial d'Embrun en 1728, fufpendu de fes fonctions d'évêque & de prêtre, & exilé par la cour en Auvergne à l'âge de plus de quatre-vingts ans. Cette rigueur excita quelques vaines plaintes.

Un refte de fanatifme fubfifta feulement dans une petite partie du peuple de Paris, fur le tombeau du diacre Paris ; & les jéfuites eux-mêmes femblerent entraînés dans la chûte du janfénifme. Leurs armes émouffées n'ayant plus d'adverfaires à combattre, ils perdirent à la cour le crédit dont le Tellier avoit abufé. Les évêques fur lefquels ils avoient dominé, les confondirent avec les autres religieux ; & ceux-ci ayant été abaiffés par eux, les rabaifferent à leur tour. Les parlemens leur firent fentir plus d'une fois ce qu'ils penfoient d'eux, en condamnant quelques-uns de leurs écrits qu'on auroit pu oublier. L'univerfité qui commençoit alors à faire de bonnes études dans la littérature, & à donner une excellente éducation, leur enleva une grande partie de la jeuneffe ; & ils tendirent, pour reprendre leur afcendant, que le temps leur fournit des hommes de génie, & des conjonctures favorables.

Il feroit très-utile à ceux qui font entêtés de ces difputes, de jeter les yeux fur l'hiftoire générale du monde ; car en obfervant tant de nations, tant de mœurs, tant de religions differentes, on voit le peu de figure que font fur la terre un molinifte & un janfénifte. On rougit alors de fa frénéfie pour un parti qui fe perd dans la foule & dans l'immenfité des chofes. (*D. J.*)

UNION, JONCTION, *Synonyme*. L'*union* regarde particulierement deux différentes chofes qui fe trouvent bien enfemble. La *jonction* regarde proprement deux chofes éloignées, qui fe rapprochent l'une de l'autre.

Le mot d'*union* renferme une idée d'accord ou de convenance. Celui de *jonction* femble fuppofer une marque ou quelque mouvement.

On dit l'*union* des couleurs, & la *jonction* des armées ; l'*union* de deux voifins, & la *jonction* de deux rivieres.

Ce qui n'eft pas *uni* eft divifé, ce qui n'eft pas *joint* eft féparé.

On s'*unit* pour former des corps de fociété. On fe *joint* pour fe raffembler, & n'être pas feuls.

Union s'emploie fouvent au figuré en vers & en profe : mais on ne fe fert de *jonction* que dans le fens littéral.

L'*union* foutient les familles, & fait la puiffance des Etats. La *jonction* des ruiffeaux forme les grands fleuves. Girard, *Synon. françois.* (*D. J.*)

UNION CHRÉTIENNE, *Hift. eccléf.*, communauté de veuves & de filles, projetée par madame de Polaillon, inftitutrice des filles de la providence, & exécutée par M. Vachet, prêtre, de Romans en Dauphiné, fecondé d'une fœur Renée de Tordes, qui avoit fait l'établiffement des filles de la propagation de la foi à Metz, & d'une fœur Anne de Groze, qui avoit une maifon à Charonne, où la communauté de l'*union chrétienne* commença en 1661. Le but fingulier de cette affociation étoit de travailler à la converfion des filles & femmes hérétiques, à retirer des femmes pauvres, qui ne pourroient être reçues ailleurs, & à élever de jeunes filles. Le féminaire de Charonne fut tranfféré à Paris en 1685 ; elles eurent des

conftitutions en 1662 : ces conftitutions furent approuvées en 1668. Ces filles n'ont de pénitence que celles de l'églife ; feulement elles jeûnent le vendredi. Elles tiennent de petites écoles. Après deux ans d'épreuves, elles s'engagent par les trois vœux ordinaires & par un vœu particulier d'*union*. Elles ont un vêtement qui leur eft propre.

La petite *union* eft un autre établiffement fait par le même M. Vachet, mademoifelle de Lamoignon, & une mademoifelle Mallet. Il s'agiffoit de retirer des filles qui viennent à Paris pour fervir, & de fonder un lieu où les femmes puffent trouver des femmes de chambre & des fervantes de bonnes mœurs. Ce projet s'exécuta en 1679.

UNION, *Gramm. Jurifpr.*, fignifie en général la *jonction* d'une chofe à une autre, pour ne faire enfemble qu'un tout.

En matiere bénéficiale, on entend par *union* la jonction de plufieurs bénéfices enfemble.

On diftingue plufieurs fortes d'*unions*.

La premiere fe fait quand les deux églifes reftent dans le même état qu'elles étoient, fans aucune dépendance l'une de l'autre, quoique poffédées par le même titulaire.

La feconde, lorfque les deux bénéfices demeurent auffi dans le même état, & que fruits font perçus par le même titulaire, mais que le moins confidérable eft rendu dépendant de l'autre ; auquel cas le titulaire doit defservir en perfonne le principal bénéfice, & commettre pour l'autre un vicaire, s'il eft chargé de quelque fervice perfonnel ou de la conduite des ames.

La troifieme eft, lorfque les deux titres font tellement unis, qu'il n'y en a plus qu'un, foit au moyen de l'extinction d'un des titres, & réunion des revenus à l'autre, foit par l'incorporation des deux titres.

Les *unions* perfonnelles ou à vie ou à temps, ne font pas admifes en France, n'ayant pour but que l'utilité de l'impétrant, & non celle de l'églife.

Les papes ont prétendu être en droit de procéder feuls à l'*union* des archevêchés & évêchés.

De leur côté les empereurs Grecs prétendoient avoir feuls droit d'unir ou divifer les archevêchés ou évêchés, en divifant les provinces d'Orient.

L'églife gallicane a pris là-deſſus un ſage tempérament, ayant toujours reconnu
depuis l'établiſſement de la monarchie,
que l'union de pluſieurs archevêchés ou
évêchés ne peut être faite que par le pape; mais que ce ne peut être que du conſentement du roi.

Le légat même *a latere* ne la peut faire,
à moins qu'il n'en ait reçu le pouvoir par
ſes facultés duement enregiſtrées.

L'union des autres bénéfices peut être
faite par l'évêque diocéſain, en ſe confor-
mant aux canons & aux ordonnances.

Mais ſi l'union ſe faiſoit à la menſe épiſ-
copale, il faudroit s'adreſſer au pape, qui
nommeroit des commiſſaires ſur les lieux,
l'évêque ne pouvant être juge dans ſa propre cauſe.

Aucun autre ſupérieur eccléſiaſtique
ne peut unir des bénéfices, quand il en
ſeroit le collateur, & qu'il auroit juriſdiction ſur un certain territoire.

C'eſt un uſage immémorial que les bénéfices de collation royale peuvent être
unis par le roi ſeul, en vertu de lettres-
patentes regiſtrées en parlement.

Toute *union* en général ne peut être
faite ſans néceſſité ou utilité évidente
pour l'églife.

Il faut auſſi y appeller tous ceux qui y
ont intérêt, tels que les collateurs, patrons eccléſiaſtiques & laïques, les titu-
laires, & les habitans, s'il s'agit de l'*union*
d'une cure.

Si le collateur eſt chef d'un chapitre,
comme un évêque ou un abbé, il faut auſſi
le conſentement du chapitre.

Quand les collateurs ou patrons refuſent de conſentir à l'union, il faut obtenir
un jugement qui l'ordonne avec eux : à
l'égard du titulaire & des habitans, il n'eſt
pas beſoin de jugement ; les canons & les
ordonnances ne requérant pas leur conſentement, on ne les appelle que pour entendre ce qu'ils auroient à propoſer contre
l'*union*, & l'on y a tel égard que de raiſon.

On ne peut cependant unir un bénéfice
vacant, n'y ayant alors perſonne pour en
ſoutenir les droits.

Pour vérifier s'il y a néceſſité ou utilité, on fait une information *de commodo
& incommodo*, ce qui eſt du reſſort de la
juriſdiction volontaire ; mais s'il ſurvient
des conteſtations qui ne puiſſent s'inſtruire ſommairement, on renvoie ces incidens devant l'official.

Le conſentement du roi eſt néceſſaire
pour l'*union* de tous les bénéfices conſiſto-
riaux, des bénéfices qui tombent en ré-
gale, & pour l'*union* des bénéfices aux
communautés ſéculieres ou régulieres,
même pour ceux qui dépendent des abbayes auxquelles on veut les unir.

On obtient auſſi quelquefois des lettres-
patentes pour l'*union* des autres bénéfices
lorſqu'ils ſont conſidérables, afin de rendre l'*union* plus authentique.

Avant d'enregiſtrer les lettres-patentes
qui concernent l'*union*, le parlement ordonne une nouvelle information par le
juge royal.

On permet quelquefois d'unir à des cures & prébendes ſéculieres, dont le revenu eſt trop modique, ou à des ſéminaires,
des bénéfices réguliers, pourvu que ce
ſoient des bénéfices ſimples, & non des
offices clauſtraux, qui obligent les titu-
laires à la réſidence.

On unit même quelquefois à un ſéminai-
re toutes les prébendes d'une collégiale.
Mais les cures ne doivent point être
unies à des monaſteres, ni aux dignités
& prébendes des églifes cathédrales ou
collégiales, encore moins à des bénéfices
ſimples.

L'*union* des bénéfices en patronage laïque doit être faite de maniere que le pa-
tron ne ſoit point léſé.

On unit quelquefois des bénéfices ſimples de différens diocefes ; mais deux cures dans ce cas ne peuvent être unies, à
cauſe de la confuſion qui en réſulteroit.

Quand l'*union* a été faite ſans cauſe légitime, ou ſans y obſerver les formalités néceſſaires, elle eſt abuſive, & la poſſeſſion
même de pluſieurs ſiecles n'en couvre
point le défaut.

Celui qui prétend que l'*union* eſt nulle,
obtient des proviſions du bénéfice uni ; &
s'il y eſt troublé, il appelle comme d'abus
du décret d'*union*.

Si l'*union* eſt ancienne, l'énonciation
des formalités fait préſumer qu'elles ont
été obſervées.

Enfin, quand le motif qui a donné lieu
à l'*union* ceſſe, on peut rétablir les choſes
dans leur premier état. *V.* le *Concile de
Trente*, M. de Fleury, d'Héricourt, de la
Combe, les *Mém. du clergé*, & le *mot*
BÉNÉFICE. (*A*)

UNION *de créanciers*, eſt lorſque pluſieurs créanciers d'un même débiteur obé-

té de dettes, se joignent ensemble pour agir de concert, & par le ministere des mêmes avocats & procureurs, à l'effet de parvenir au recouvrement de leur dû, & d'empêcher que les biens de leur débiteur ne soient consommés en frais, par la multiplicité & la contrariété des procédures de chaque créancier.

Cette *union* de créanciers se fait par un contrat devant notaire, par lequel ils déclarent qu'ils s'unissent pour ne former qu'un même corps, & pour agir par le ministere d'un même procureur, à l'effet de quoi ils nomment un ou plusieurs d'entr'eux pour syndics, à la requête desquels seront faites les poursuites.

Lorsque le débiteur fait un abandonnement de biens à ses créanciers, ceux-ci nomment des directeurs pour gérer ces biens, les faire vendre, recouvrer ceux qui sont en main tierce, & pour faire l'ordre à l'amiable entre les créanciers. *Voy.* Abandonnement, Cession de biens, Créancier, Directeur, Direction. *(A)*

UNION, *Gouver. polit.* La vraie *union* dans un corps politique, dit un de nos beaux génies, est une *union* d'harmonie, qui fait que toutes les parties, quelqu'opposées qu'elles nous paroissent, concourent au bien général de la société, comme des dissonnances dans la musique concourrent à l'accord total. Il peut y avoir de l'*union* dans un Etat, où l'on ne croit voir que du trouble, c'est-à-dire, qu'il peut y avoir une harmonie, d'où résulte le bonheur qui seul est la vraie paix, une harmonie qui seule produit la force & le maintien de l'Etat. Il en est comme des parties de cet univers, éternellement liées par l'action des unes & la réaction des autres.

Dans l'accord du despotisme asiatique, c'est-à-dire, de tout gouvernement qui n'est pas modéré, il n'y a point d'*union*; mais au contraire, il y a toujours une division sourde & réelle. Le laboureur, l'homme de guerre, le négociant, le magistrat, le noble, ne sont joints que parce que les uns oppriment les autres sans résistance; & si l'on y voit de l'*union*, ce ne sont pas des citoyens bien unis, mais des corps morts ensevelis les uns auprès des autres. L'*union* d'un Etat consiste dans un gouvernement libre, où le plus fort ne peut pas opprimer le plus foible. *(D, J.)*

UNION de *l'Ecosse avec l'Angleterre,*

Hist. mod., traité fameux, par lequel ces deux royaumes sont réunis en un seul, & compris sous le nom de *royaume de la Grande-Bretagne.*

Depuis que la famille royale d'Ecosse étoit montée sur le trône d'Angleterre, par l'avénement de Jacques I à la couronne, après la mort d'Elisabeth, les rois d'Angleterre n'avoient rien négligé pour procurer cette *union* salutaire: mais ni ce prince, ni son successeur Charles I, ni les rois qui vinrent ensuite, jusqu'à la reine Anne, n'ont eu cette satisfaction; des intérêts politiques d'une part, de l'autre des querelles de religion y ayant mis de grands obstacles. La nation Ecossoise, jalouse de sa liberté, accoutumée à se gouverner par ses loix, à tenir son parlement, comme la nation angloise a le sien, craignoit de se trouver moins unie que confondue avec celle-ci, & peut-être encore davantage d'en devenir sujette. La forme du gouvernement ecclésiastique établi en Angleterre par les loix, étoit encore moins du goût des Ecossois, chez qui le presbytérianisme étoit la religion dominante.

Cependant cette *union* si salutaire, souvent projetée & toujours manquée, réussit en 1707, du consentement unanime de la reine Anne, & des états des deux royaumes.

Le traité de cette *union* contient vingt-cinq articles, qui furent examinés, approuvés & signés le 3 août 1706, par onze commissaires Anglois, & par un pareil nombre de commissaires Ecossois.

Le parlement d'Ecosse ratifia ce traité le 4 février 1707, & le parlement d'Angleterre le 9 mars de la même année. Le 17 du même mois, la reine se rendit au parlement, où elle ratifia l'*union*. Depuis ce temps-là il n'y a qu'un seul conseil privé, & un seul parlement pour les deux royaumes. Le parlement d'Ecosse a été supprimé, ou pour mieux dire réuni à celui d'Angleterre; de sorte que les deux n'en font qu'un, sous le titre de *parlement de la Grande-Bretagne.*

Les membres du parlement que les Ecossois peuvent envoyer à la chambre des communes, suivant les articles de l'*union*, sont au nombre de quarante-cinq, & ils représentent les communes d'Ecosse; & les pairs qu'ils y envoient pour représenter les pairs d'Ecosse, sont au nombre de seize. *V.* Parlement.

Avant l'*union*, les grands officiers de la couronne d'Ecoſſe étoient le grand-chancelier, le grand-tréſorier, le garde du ſeau privé, & le lord greffier ou ſecretaire d'état. Les officiers ſubalternes de l'état étoient le lord greffier, le lord avocat, le lord tréſorier député, & le lord juge clerc.

Les quatre premieres charges ont été ſupprimées par l'*union*, & l'on a créé de nouveaux officiers qui ſervent pour les deux royaumes, ſous les titres de *lord grand chancelier de la Grande-Bretagne*, &c. & aux deux ſecretaires d'état qu'il y avoit auparavant en Angleterre, on en a ajouté un troiſieme, à cauſe de l'augmentation de travail que procurent les affaires d'Ecoſſe.

Les quatre dernieres charges ſubſiſtent encore aujourd'hui. *V.* AVOCAT, GREFFIER, TRÉSORIER, DÉPUTÉ, *&c.*

UNION, *Chymie.* Il eſt dit à l'*article* CHYMIE, que la chymie s'occupe des ſéparations & des *unions* des principes conſtitmans des corps; que les deux grands changemens effectués par les opérations chymiques, ſont des ſéparations & des *unions*; que les deux effets généraux primitifs & immédiats de toutes les opérations chymiques, ſont la ſéparation & l'*union* des principes; que l'*union* chymique eſt encore connue dans l'art ſous le nom de *mixtion*, de *génération*, de *ſynthèſe*, de *ſyncreſe*, ou pour mieux dire, de *ſyncriſe*, de *combinaiſon*, de *coagulation*, &c. que de ces mots les plus uſités en françois, ſont ceux d'*union*, de *combinaiſon*, & de *mixtion*. Voyez ſur-tout MIXTION.

Quoique les affections des corps aggrégés n'appartiennent pas proprement à la chymie; & qu'ainſi, ſtrictement parlant, elle ne s'occupe que de l'*union* mixtive: cependant comme pluſieurs de ſes opérations ont pour objet, au moins ſecondaire, préparatoire, intermédiaire, *&c.* l'*union* aggrégative; la diviſion méthodique des opérations chymiques qui appartiennent à l'*union*, doit ſe faire en celles qui effectuent des *unions* mixtives, & celles qui effectuent des *unions* aggrégatives: auſſi avons-nous admis cette diviſion. *V.* OPÉRATION CHYMIQUE.

On voit par cette derniere conſidération, que le mot *union* eſt plus général que celui de *mixtion* ou de *combinaiſon*; & ſi dans le langage chymique exact,

doit-on ajouter l'épithète de *chymique* ou de *mixtive* au mot *union*, lorſqu'on l'emploie dans le ſens rigoureux. On ne l'emploie ſans épithete que lorſqu'on le prend dans un ſens vague, ou qui ſe détermine ſuffiſamment de lui-même.

Le principe de l'*union* chymique eſt expoſé aux *articles* MIXTION, MISCIBILITÉ, RAPPORT; celui de l'*union* aggrégative n'eſt preſque que l'attraction de cohéſion, ou la cohéſibilité des phyſiciens modernes. *V.* COHÉSION. (*b*)

UNION, ſ. f. *Archit.* On appelle ainſi l'harmonie des couleurs dans les matériaux; laquelle contribue avec le bon goût du deſſin, à la décoration des édifices. (*D. J.*)

UNION *de couleurs.* On dit qu'il y a une belle *union de couleurs* dans un tableau, lorſqu'il n'y a point de trop criantes, c'eſt-à-dire, qui ſont des crudités, mais qu'elles concourent toutes enſemble à l'effet total du tableau.

UNIQUE, SEUL, *Synonyme.* Une choſe eſt *unique*, lorſqu'il n'y en a point d'autre de la même eſpece; elle eſt *ſeule*, lorſqu'elle n'eſt pas accompagnée.

Un enfant qui n'a ni freres, ni ſœurs, eſt *unique.*

Un homme abandonné de tout le monde, reſte *ſeul.*

Rien n'eſt plus rare que ce qui eſt *unique*; rien n'eſt plus ennuyant que d'être toujours *ſeul.* Voilà ce que dit l'abbé Girard. J'ajoute ſeulement qu'il y a des occaſions où le mot *unique* ſe peut joindre à un pluriel. Moliere, dans ſa comédie des *Fâcheux*, fait dire plaiſamment à un joueur:

Je croyois bien du moins faire deux points
uniques. (*D. J.*)

UNIR, v. act. *Gramm.*, c'eſt applanir, rendre égal. *V.* UNI.

UNIR *un cheval*, *Maréchall.*, c'eſt le remettre lorſqu'il eſt déſuni au galop. *V.* DÉSUNI.

UNISSANT, *Chirurg.*, ce qui ſert à rapprocher & à réunir les parties diviſées. *V.* BANDAGE UNISSANT, *au mot* INCARNATIF.

Les ſutures ſont les moyens que la chirurgie recommande pour la réunion des parties dont la continuité eſt détruite recemment, par cauſe externe. On a fort abuſé de ce ſecours. *Voyez* SUTURE *&* PLAIE. (*Y*)

UNISSON, f. m. *Muſiq.* c'eſt l'union de deux ſons qui ſont au même degré, dont l'un n'eſt ni plus grave, ni plus aigu que l'autre, & dont le rapport eſt un rapport d'égalité.

Si deux cordes ſont de même matiere, égales en longueur, en groſſeur, & également tendues, elles ſeront à l'uniſſon ; mais il eſt faux de dire que deux ſons à l'uniſſon aient une telle identité & ſe confondent ſi parfaitement, que l'oreille ne puiſſe les diſtinguer : car ils peuvent différer beaucoup quant au timbre & au degré de force. Une cloche peut être à l'uniſſon d'une guittare, une vielle à l'uniſſon d'une flûte, & l'on n'en confondra point le ſon.

Le zéro n'eſt pas un nombre, ni l'uniſſon un intevalle ; mais l'uniſſon eſt à la ſérie des intervalles, ce que le zéro eſt à la ſérie des nombres; c'eſt le point de leur commencement; c'eſt le terme d'où ils partent.

Ce qui conſtitue l'uniſſon, c'eſt l'égalité du nombre des vibrations faites en tems égaux par deux corps ſonores. Dès qu'il y a égalité entre les nombres de ces vibrations, il y a intervalle entre les ſons qu'elles produiſent. *V.* Corde, Vibrations.

On s'eſt beaucoup tourmenté pour ſavoir ſi l'uniſſon étoit une conſonance. Ariſtote prétend que non ; Jean de Mur aſſure que ſi ; & le P. Merſenne ſe range à ce dernier avis. Comme cela dépend de la définition du mot *conſonnance*, je ne vois pas quelle diſpute il peut y avoir là-deſſus.

Une queſtion plus importante eſt de ſavoir quel eſt le plus agréable à l'oreille, de l'uniſſon, ou d'un intervalle conſonnant, tel, par exemple, que l'octave ou la quinte. A ſuivre le ſyſtême de nos philoſophes, il ne doit pas y avoir le moindre doute ſur cela ; & l'uniſſon étant en rapport le plus ſimple, ſera ſans contredit le plus agréable. Malheureuſement, l'expérience ne confirme point cette hypotheſe ; nos oreilles ſe plaiſent plus à entendre une octave, une quinte, & même une tierce bien juſte, que le plus parfait uniſſon. Il eſt vrai que pluſieurs quintes de ſuite ne nous plairoient pas comme pluſieurs uniſſons ; mais cela tient évidemment aux loix de l'harmonie & de la modulation, & non à la nature de l'ac-

cord. Cette expérience fournit donc un nouvel argument contre l'opinion reçue. Il eſt certain que les ſens ſe plaiſent à la diverſité ; ce ne ſont point toujours les rapports les plus ſimples qui les flattent le plus ; & j'ai peur qu'on ne trouve à la fin que ce qui rend l'accord de deux ſons agréable ou choquant à l'oreille, dépend d'une toute autre cauſe que celle qu'on lui a aſſignée juſqu'ici. *Voyez* CONSONNANCE.

C'eſt une obſervation célebre en muſique que celle du frémiſſement & de la réſonnance d'une corde au ſon d'une autre qui ſera montée à ſon uniſſon, ou même à ſon octave, ou à l'octave de ſa quinte, &c.

Voici comment nos philoſophes expliquent ce phénomene.

Le ſon d'une corde *A* met l'air en mouvement; ſi une autre corde *B* ſe trouve dans la ſphere du mouvement de cet air, il agira ſur elle. Chaque corde n'eſt ſuſceptible que d'un certain nombre déterminé de vibrations en un temps donné. Si les vibrations dont la corde *B* eſt ſuſceptible ſont égales en nombre à celles de la corde *A* dans le même temps ; l'air agiſſant ſur elle, & la trouvant diſpoſée à un mouvement ſemblable à celui qu'il lui communique, il l'aura bientôt ébranlée. Les deux cordes marchant, pour ainſi dire, de pas égal, toutes les impulſions que l'air reçoit de la corde *A*, & qu'il communique à la corde *B*, ſeront coïncidentes avec les vibrations de cette corde, & par conſéquent augmenteront ſans ceſſe ſon mouvement, au lieu de le retarder. Ce mouvement ainſi augmenté, ira bientôt juſqu'à un frémiſſement ſenſible ; alors la corde rendra du ſon, & ce ſon ſera néceſſairement à l'uniſſon de celui de la corde *A*.

Par la même raiſon, l'octave frémira & réſonnera auſſi, mais moins ſenſiblement que l'uniſſon ; parce que la coïncidence des vibrations, & par conſéquent l'impulſion de l'air, y eſt moins fréquente de la moitié. Elle l'eſt encore moins dans la douzieme ou quinte redoublée, & moins dans la dix-ſeptieme ou tierce majeure triplée, qui eſt la derniere des conſonnances qui frémiſſe & réſonne ſenſiblement & directement.

On ne ſauroit douter que, toutes les fois que les nombres des vibrations dont deux cordes font fusceptibles en temps égal, font commenfurables, le fon de l'une ne communique à l'autre quelque ébranlement; mais cet ébranlement n'étant plus fenfible au-delà des quatre accords précédens, il eft compté pour rien dans tout le refte. Voy. CONSONNANCE. (S)

UNISSONI, Mufique. Ce mot italien, écrit tout au long ou en abrégé dans une partition fur la portée vuide du fecond violon, marque qu'il doit jouer à l'unifon fur la partie du premier; & ce même mot écrit fur la portée vuide du premier violon, marque qu'il doit jouer à l'unifon fur la partie du chant. (S)

Souvent, dans la mufique italienne & allemande, toutes les parties font unifſes; alors ce mot eft écrit fur une feule portée, & tout le refte vuide, hors la partie qui guide les autres, & qui eft ordinairement celle du chant, dans un air, ou le premier violon. Dans un unifon général, toutes les parties ne font pas effectivement à l'unifon; mais la viole joue l'octave de la baffe, & les violons l'octave de la viole; quand il y a des flûtes, elles font fouvent à l'octave des violons.

L'unifon général, bien employé, eft une des plus riches fources de l'expreffion muficale; pour s'en convaincre, il fuffit de parcourir les œuvres des meilleurs compofiteurs. (F. D. C.)

UNITAIRES, Théol. Métaph., fecte très-fameufe qui eut pour fondateur Faufte Socin, & qui fleurit long-temps dans la Pologne & dans la Tranfilvanie.

Les dogmes théologiques & philofophiques de ces fectaires ont été pendant long-temps l'objet de la haine, de l'anathême & des perfécutions de toutes les communions proteftantes. A l'égard des autres fectaires, s'ils ont également eu en horreur les fociniens, il ne paroît pas que ce foit fur une connoiffance profonde & réfléchie de leur doctrine, qu'ils ne fe font jamais donné la peine d'étudier, vraifemblablement à caufe de fon peu d'importance: en effet, en raffemblant tout ce qu'ils ont dit du focinianifme dans leurs ouvrages polémiques, on voit qu'ils en ont toujours parlé, fans avoir une intelligence droite des principes qui y fervent de bafe & par conféquent avec plus de partialité que de modération & de charité.

Au refte, foit que le mépris univerfel & jufte, dans lequel eft tombée parmi les proteftans cette fcience vaine, puérile & contentieufe, que l'on nomme controverfe, ait facilité leurs progrès dans la recherche de la vérité, en tournant leurs idées vers des objets plus importants, & en leur faifant appercevoir dans les fciences intellectuelles une étendue ultérieure: foit que le flambeau de leur raifon fe foit allumé aux étincelles qu'ils ont cru voir briller dans la doctrine focinienne; foit enfin que trompés par quelques lueurs vives en apparence, & par des faifceaux de rayons lumineux qu'ils ont vu réfléchir de tous les points de cette doctrine, ils aient cru trouver des preuves folides & démonftratives de ces théories philofophiques, fortes & hardies, qui caractérifent le focinianifme; il eft certain que les plusſages, les plus favans & les plus éclairés d'entr'eux, fe font depuis quelque temps confidérablement rapprochés des dogmes des antitrinitaires. Ajoutez à cela le tolérantifme qui, heureufement pour l'humanité, femble avoir gagné l'efprit général de toutes les communions tant catholiques que proteftantes; & vous aurez la vraie caufe des progrès rapides que le focinianifme a faits de nos jours, des racines profondes qu'il a jetées dans la plupart des efprits; racines dont les ramifications fe développant & s'étendant continuellement, ne peuvent pas manquer de faire bientôt du proteftantifme en général, un focinianifme parfait qui abforbera peu-à-peu tous les différens fyftèmes de ces errans, & qui ſera comme un centre commun de correfpondance, où toutes leurs hypothefes jufqu'alors ifolées & incohérentes viendront fe réunir & fe perdre, fi j'ofe m'exprimer ainfi, comme les élémens primitifs des corps dans le fyftème univerfel de la nature, le fentiment particulier du foi, pour former par leur copulation univerfelle la confcience du tout.

Après avoir lu & médité avec l'attention la plus exacte tout ce qu'on a écrit de plus fort contre les fociniens, il m'a femblé que ceux qui ont combattu leur opinion ne leur ont porté que des coups très-foibles, & qu'ils devoient néceffairement s'embarraffer fort peu de parer. On a toujours regardé les unitaires comme des théologiens chrétiens qui n'avoient fait que brifer & arracher quelques branches de l'arbre, mais qui tenoient toujours au tronc ; tandis qu'il falloit les confidérer comme une fecte de philofophes qui, pour ne point choquer trop directement le culte & les opinions vraies ou fauffes reçues alors, ne vouloient point afficher ouvertement le deifme pur, ni rejeter formellement, & fans détours, toute efpece de révélation ; mais qui faifoient continuellement à l'égard de l'ancien & du nouveau Teftament, ce qu'Epicure faifoit à l'égard des dieux qu'il admettoit verbalement, & qu'il détruifoit réellement. En effet, les *unitaires* ne recevoient des Ecritures, que ce qu'ils trouvoient conforme aux lumieres naturelles de la raifon, & ce qui pouvoit fervir à étayer & à confirmer les fyftèmes qu'ils avoient embraffés. Comme ils ne regardoient ces ouvrages que comme des livres purement humains, qu'un concours bifarre & imprévu de circonftances indifférentes, & qui pouvoient fort bien ne jamais arriver, avoient rendus l'objet de la foi & de la vénération de certains hommes dans une certaine partie du monde, ils n'y attribuoient pas plus d'autorité qu'aux livres de Platon & d'Ariftote, & ils les traitoient en conféquence, fans paroître neanmoins ceffer de les refpecter, au moins publiquement.

Les fociniens étoient donc une fecte de déiftes cachés, comme il y en a dans tous les pays chrétiens, qui, pour philofopher tranquillement & librement, fans avoir à craindre la pourfuite des loix & le glaive des magiftrats, employoient toute leur fagacité, leur dialectique & leur fubtilité à concilier avec plus ou moins de fcience, d'habileté & de vraifemblance, les hypothefes théologiques & métaphyfiques expofées dans les Ecritures, avec celles qu'ils avoient choifies.

Voilà, fi je ne me trompe, le point de vue fous lequel il faut envifager le focinianifme ; & c'eft faute d'avoir fait ces obfervations, qu'on l'a combattu jufqu'à préfent avec fi peu d'avantage. Que peut-on gagner en effet, en oppofant perpétuellement aux *unitaires* la révélation ? N'eft-il pas évident qu'ils la rejetoient, quoiqu'ils ne fe foient jamais expliqués formellement fur cet article ? S'ils l'euffent admife, auroient-ils parlé avec tant d'irrévérence de tous les myfteres que

les théologiens ont découvert dans le nouveau Teftament ? Auroient-ils fait voir avec toute la force de raifonnement dont ils ont été capables, l'oppofition perpétuelle qu'il y a entre les premiers principes de la raifon, & certains dogmes de l'Evangile ? En un mot, l'auroient-ils expofée fi fouvent aux railleries des profanes par le ridicule dont ils prenoient plaifir à en charger la plupart des dogmes & des principes moraux, conformément à ce précepte d'Horace :

Ridiculum acri
Fortius & melius magnas plerumque fe-
cat res.

Telles font les réflexions que j'ai cru devoir faire avant d'entrer en matiere ; faifons connoître préfentement les fentimens des *unitaires* ; & pour le faire avec plus d'ordre, de précifion, d'impartialité, & de clarté, préfentons aux lecteurs par voie d'analyfe un plan général de leur fyftème extrait de leurs propres écrits. Cela eft d'autant plus équitable, qu'il y a eu parmi eux, comme parmi tous les hérétiques, des transfuges qui, foit par efprit de vengeance, foit pour des raifons d'intérêt, ce mobile fi puiffant & fi univerfel, foit par des caufes réunies, & par quelques autres motifs fecrets auffi pervers, ont noirci, décrié & calomnié la fecte pour tâcher de la rendre odieufe, & d'attirer fur elle fes perfécutions, l'anathême & les profcriptions. Afin donc d'éviter les pieges que ces efprits prévenus & aveuglés par la haine pourroient tendre à notre bonne foi, quelques efforts que nous fiffions d'ailleurs pour découvrir la vérité, & pour ne rien imputer aux fociniens qu'ils n'aient expreffément enfeigné, foit comme principes, foit comme conféquences, nous nous bornerons à faire ici un extrait analytique des ouvrages de Socin, de Crellius, de Volkelius, & des autres favans *unitaires*, tant anciens que modernes ; & pour mieux développer leur fyftème, dont l'enchaînure eft difficile à faifir, nous raffemblerons avec autant de choix que d'exactitude tout ce qu'ils ont écrit de plus intéreffant & de plus profond en matiere de religion ; & de toutes ces parties inactives & éparfes dans différens écrits fort diffus & fort abftraits, nous tâcherons de former une chaîne non interrompue de propofitions tantôt diftinctes, & tantôt dépendantes, qui toutes

feront comme autant de portions élémentaires & essentielles d'un tout. Mais, pour
réussir dans cette entreprise aussi pénible
que délicate, au gré des lecteurs philosophes, les seuls hommes sur la terre, desquels le sage doive être jaloux de mériter le suffrage & les eloges, nous aurons
soin de bannir de notre exposé toutes ces
discussions de controverse qui n'ont jamais fait découvrir une vérité & qui
d'ailleurs sentent l'école, & décelent le
pédant: pour cet effet, sans nous attacher
à refuter pied à pied tous les paradoxes
& toutes les impiétés que les auteurs que
nous allons analyser pourront débiter
dans les paragraphes suivans, nous nous
contenterons de renvoyer exactement
aux articles de ce dictionnaire, où l'on
a répondu aux difficultés des *unitaires*
d'une manière à satisfaire tout esprit non
prévenu, & où l'on trouvera sur les points
contestés les véritables principes de l'or-
thodoxie actuelle, posés de la manière la
plus solide.

Toutes les hérésies des *unitaires* découlent d'une même source: ce sont autant de conséquences nécessaires des principes sur lesquels Socin bâtit toute sa
théologie. Ces principes, qui sont aussi
ceux des calvinistes, desquels il les em-
prunta, établissent 1°. que la divinité des
Ecritures ne peut être prouvée que par la
raison.

2°. Que chacun a droit & qu'il lui est
même expédient de suivre son esprit particulier dans l'interprétation de ces mêmes Ecritures, sans s'arrêter ni à l'autorité
de l'église, ni à celle de la tradition.

3°. Que tous les jugemens de l'antiquité, le consentement de tous les peres, les
décisions des anciens conciles, ne font aucune preuve de la vérité d'une opinion;
d'où il suit qu'on ne doit pas se mettre en
peine si celles qu'on propose en matiere
de religion, ont eu ou non des sectateurs
dans l'antiquité.

Pour peu qu'on veuille réfléchir sur
l'énoncé de ces propositions, & sur la nature de l'esprit humain, on reconnoîtra
sans peine que des principes semblables
sont capables de mener bien loin un esprit malheureusement conséquent, & que
ce premier pas une fois fait, on ne peut
plus savoir où l'on s'arrêtera. C'est aussi ce
qui est arrivé aux *unitaires*, comme la suite de cet article le prouvera invincible-

ment: on y verra l'usage & l'application
qu'ils ont fait de ces principes dans leurs
disputes polémiques avec les protestans,
& jusqu'où ces principes les ont conduits.
Ce sera, je pense, un spectacle assez intéressant pour les lecteurs qui se plaisent à
ces sortes de matieres, de voir avec quelle subtilité ces sectaires expliquent en
leur faveur les divers passages de l'Ecriture que les catholiques & les protestans
leur opposent; avec quel art ils échappent à ceux dont on les presse; avec quelle force ils attaquent à leur tour; avec
quelle adresse ils savent, à l'aide d'une
dialectique très-fine, compliquer une
question si simple en apparence, multiplier les difficultés qui l'environnent,
découvrir le foible des argumens de leurs
adversaires, en retorquer une partie contr'eux, & faire évanouir ainsi les distances immenses qui les séparent des orthodoxes; en un mot, comment, en rejetant
peu-à-peu les dogmes qui s'opposent à la
raison, & en ne retenant que ceux qui
s'accordent avec elle, & avec leurs hypotheses, ils sont parvenus à se faire insensiblement une religion à leur mode,
qui n'est au fond, comme je l'ai déja in-
sinué, qu'un pur déisme assez artificieu-
sement déguisé.

On peut rapporter à sept principaux
chefs les opinions théologiques des *unitaires*: 1°, Sur l'église. 2°. Sur le péché
originel, la grace, & la prédestination.
3°. Sur l'homme & sur les sacremens.
4°. Sur l'éternité des peines & sa résurrection. 5°. Sur le mystere de la trinité.
6°. Sur celui de l'incarnation, ou la personne de Jésus-Christ. 7°. Sur la discipline ecclésiastique, la politique & la morale. Ce sont autant de tiges dont chacune
embrasse une infinité de branches & de
rejetons de principes hétérodoxes.

I. *Sur l'église.* Les *unitaires* disent:
Que celle qu'on nomme *église visible*,
n'a pas toujours subsisté, & qu'elle ne subsistera pas toujours.

Qu'il n'y a pas de marques distinctes
& certaines qui puissent nous désigner la
véritable église.

Qu'on ne doit pas attendre de l'église
la doctrine de la vérité divine, & que
personne n'est obligé de chercher &
d'examiner quelle est cette église véritable.

Que l'église est entièrement tombée,

mais qu'on peut la rétablir par les écrits des apôtres.

Que ce n'est point le caractere de la véritable église, de condamner tous ceux qui ne sont point de son sentiment, ou d'assurer que hors d'elle il n'y a point de salut.

Que l'église apostolique est celle qui n'erre en rien quant aux choses nécessaires au salut, quoiqu'elle puisse errer dans les autres points de la doctrine.

Qu'il n'y a que la parole de Dieu, interprétée par la saine raison, qui puisse nous déterminer les points fondamentaux du salut.

Que l'Antechrist a commencé à régner dès que les pontifes romains ont commencé leur regne, & que c'est alors que les loix de Christ ont commencé à déchoir.

Que quand Jésus-Christ a dit à S. Pierre, *vous êtes Pierre, & sur cette pierre je bâtirai mon église*, il n'a rien promis & donné à S. Pierre, que ce qu'il a promis & donné aux apôtres.

Qu'il est inutile & ridicule de vouloir assurer sur ces paroles de Jésus-Christ *que les portes de l'enfer ne prévaudront jamais contre elle*; qu'elle ne peut être séduite & renversée par les artifices du démon.

Que le sens de cette promesse est, que l'enfer, ou la puissance de l'enfer, ne prévaudra jamais sur ceux qui sont véritablement chrétiens, c'est-à-dire qu'ils ne demeureront pas dans la condition des morts.

Que les clefs que Jésus-Christ a données à S. Pierre, ne sont autre chose qu'un pouvoir qu'il lui a laissé de déclarer & de prononcer qui sont ceux qui appartiennent au royaume des cieux, & ceux qui n'y appartiennent pas, c'est-à-dire qui sont ceux qui appartiennent à la condition des chrétiens & chez qui Dieu veut demeurer en cette vie par sa grace, & dans l'autre par sa gloire éternelle, dont il les comblera. C'est donc en vain, ajoutent-ils, que les docteurs de la communion romaine s'appuient sur ce passage, pour prouver que S. Pierre a été établi chef de l'église catholique. En effet, quand ils auroient prouvé clairement cette these, ils n'auroient encore rien fait, s'ils ne montroient que les promesses faites à S. Pierre, regardent aussi ses successeurs; au lieu que la plupart des peres ont cru que c'étoient des privileges personnels, comme Tertullien, dans son livre de la chasteté, ch. 21.

qui parle ainsi au pape Zéphirin : *Si par-ce que le Seigneur a dit à Pierre, sur cette pierre je bâtirai mon église, & je te donnera les clefs du royaume du ciel; & tout ce qu tu lieras ou délieras sur la terre, sera lié o. délié dans le ciel : si, dis-je, à cause de cel vous vous imaginez que la puissance de de lier ou de lier est passée à vous, c'est-à-dire toutes les églises fondées par Pierre; qui êtes vous, qui renversez & changez l'intentio claire du Seigneur, qui a conféré cela personnellement à Pierre ? Sur toi, dit-il, je différai mon église, & je te donnerai les clefs & non à l'église, & tout ce que tu délieras & non ce qu'ils délieront.* Après avoir montré que ces privileges ne sont pas personnels, il faudroit prouver :

1°. Qu'ils ne regardent que les évêque de Rome, à l'exclusion de ceux d'Antioche.

2°. Qu'ils les regardent tous sans exception & sans condition, c'est à-dire qu tous & un chacun des papes sont infailli bles, tant dans le fait que dans le droit contre l'expérience & le sentiment d la plupart des théologiens catholiques ro mains.

3°. Il faudroit définir ce que c'est qu l'*église catholique*, & montrer par de passages formels, que ces termes mar quent le corps des pasteurs, qu'on appel le l'*église représentative*, ce qui est impossi ble; au lieu qu'il est très-facile de tou voir que l'église ne signifie jamais dans l'Ecriture que le peuple, & les simples fi deles, par opposition aux pasteurs; & dans ce sens il n'est rien de plus absurde qu tout ce qu'on dit du pouvoir de l'église & de ses privileges, puisqu'elle n'est quel corps des sujets du pape & du clergé ro main, & que des sujets, bien loin de fair des décisions, n'ont que la soumission & l'obéissance en partage.

4°. Après tout cela, il faudroit encor prouver que les privileges donnés à S Pierre & aux évêques de Rome ses suc cesseurs, n'emportent pas simplement un primauté d'ordre, & quelque autorité dan les choses qui regardent la discipline & le gouvernement de l'église, ce que le protestans pourroient accorder sans fair préjudice à leur cause; mais qu'ils mar quent de plus une primauté de jurisdic tion, de souveraineté & d'infaillibilit dans les matieres de foi, ce qui est impos sible à prouver par l'Ecriture, & par tou les monumens qui nous restent de l'antiquité & qui est même contradictoire, puisque la créance d'un fait ou d'un dogme se persuade & ne se force pas. A quoi pensent donc les catholiques romains, d'accuser les protestans d'opiniâtreté, sur ce qu'ils refusent d'embrasser une hypothese qui suppose tant de principes douteux, dont la plûpart sont contestés même entre les théologiens de Rome ; & de leur demander qu'il obéissent à l'église, sans leur dire distinctement qui est cette église, ni en quoi consiste la soumission qu'on leur demande, ni jusqu'où il la faut étendre ? *Voyez* le livre d'Episcopius contre Guillaume Bom, prêtre catholique romain.

C'est par ces argumens & d'autres semblables, que les *sociniens* anéantissent la visibilité, l'indéfectibilité, l'infaillibilité, & les autres caracteres ou prérogatives de l'église, la primauté du pape, &c. Tel est le premier pas qu'ils ont fait dans l'erreur, mais ce qui est plus triste pour eux, c'est que ce premier pas a décidé dans la suite de leur foi : aussi nous ne croirons pas rendre un service peu important à la religion chrétienne en général, & au catholicisme en particulier, en faisant voir au lecteur attentif, & sur-tout à ceux qui sont foibles & chancelans dans leur foi, où l'on va se perdre insensiblement lorsqu'on s'écarte une fois de la créance pure & inaltérable de l'église, & qu'on refuse de reconnoître un juge souverain & infaillible des controverses & du vrai sens de l'Ecriture. *V.* EGLISE, PAPE, INFAILLIBILITÉ.

II. *Sur le péché originel, la grace, & la prédestination.* Le second pas de nos sectaires n'a pas été un acte de rebellion moins éclatant; ne voulant point, par un aveuglement qu'on ne peut trop déplorer, s'en tenir aux sages décisions de l'église, ils ont osé examiner ce qu'elle avoit prononcé sur le péché originel, la grace, & la prédestination, & porter un œil curieux sur ces mysteres inaccessibles à la raison. On peut bien croire qu'ils se sont débattus long-tems dans ces ténébres, sans avoir pu les dissiper; mais pour eux, ils prétendent avoir trouvé dans le pélagianisme, & le semi pélagianisme le plus outré, le point le plus près de la vérité ; & renouvellant hautement ces anciennes hérésies, ils disent :

Que la doctrine du péché originel imputé & inhérent, est évidemment impie.

Que Moyse n'a jamais enseigné ce dogme qui fait Dieu injuste & cruel, & qu'on le cherche en vain dans ses livres.

Que c'est à S. Augustin que l'on doit cette doctrine qu'ils traitent de désolante & de préjudiciable à la religion.

Que c'est lui qui l'a introduite dans le monde, où elle avoit été inconnue pendant l'espace de 4400 ans ; mais que son autorité ne doit pas être préférée à celle de l'Ecriture, qui ne dit pas un mot de cette prétendue corruption originelle, ni de ses suites.

Que d'ailleurs, quand on pourroit trouver dans la Bible quelques passages obscurs qui favorisassent ce sistême, ce qui, selon eux, est certainement impossible, quelque violence que l'on fasse au texte sacré, il faudroit nécessairement croire que ces passages ont été corrompus, interpolés, ou mal traduits : "car, disent-ils, ,, il ne peut rien y avoir dans les Ecri- ,, tures que ce qui s'accorde avec la rai- ,, son : toute interpretation, tout dogme ,, qui ne lui est pas conforme, ne sauroit ,, dès-lors avoir place dans la théologie, ,, puisqu'on n'est pas obligé de croire ce ,, que la raison assure être faux. ,,

Ils concluent de là :

Qu'il n'y a point de corruption morale ni d'inclinations perverses, dont nous héritions de nos ancêtres.

Que l'homme est naturellement bon.

Que dire, comme quelques théologiens, qu'il est incapable de faire le bien sans une grace particuliere du S. Esprit, c'est briser les liens les plus forts qui l'attachent à la vertu, & lui arracher, pour ainsi dire, cette estime & cet amour de soi, deux principes également utiles, qui ont leur source dans la nature de l'homme, & qu'il ne faut que bien diriger pour en voir naître dans tous les tems, & chez tous les peuples, une multitude d'actions sublimes, éclatantes, & qui exigent le plus grand sacrifice de soi-même.

Qu'en un mot c'est avancer une maxime fausse, dangereuse, & avec laquelle on ne fera jamais de bonne morale.

Ils demandent pourquoi les chrétiens auroient besoin de ce secours surnaturel pour ordonner leur conduite selon la droite raison, puisque les païens par leurs propres forces, & sans autre regle que la voix de la nature qui se fait entendre à tous les hommes, ont pu être justes, honnêtes, vertueux, & s'avancer dans le chemin du ciel ?

Ils disent que s'il n'y a point dans l'entendement de ténebres si épaisses que l'éducation, l'étude & l'application ne puissent dissiper, point de penchans vicieux, ni de mauvaises habitudes que l'on ne puisse rectifier avec le tems, la volonté & la sanction des loix, il s'ensuit que tout homme peut sans une grace interne atteindre dès ici-bas une sainteté parfaite.

Qu'un tel secours détruiroit le mérite animal de ses œuvres, & anéantiroit, non pas sa liberté, car ils prétendent que cette liberté est une chimere, mais la spontanéité de ses actions.

Que bien loin donc que l'homme sage puisse raisonnablement s'attendre à une telle grace, il doit travailler lui-même à se rendre bon, s'appuyer sur ses propres forces, vaincre les difficultés & les tentations par ses efforts continuels vers le bien, dompter ses passions par sa raison, & arrêter leurs emportemens par l'étude ; mais que s'il s'attend à un secours surnaturel, il périra dans sa sécurité.

Qu'il est certain que Dieu n'intervient point dans les volontés des hommes par un concours secret qui les fasse agir.

Qu'ils n'ont pas plus besoin de son secours *ad hoc* que de son concours pour se mouvoir, & de ses inspirations pour se déterminer.

Que leurs actions sont les résultats nécessaires des différentes impressions que les objets extérieurs sont sur leurs organes & de l'assemblage fortuit d'une suite infinie de causes, &c. *V.* PÉCHÉ ORIGINEL, GRACE, &c.

A l'égard de la *prédestination*, ils prétendent :

Qu'il n'y a point en Dieu de décret par lequel il ait prédestiné de toute éternité ceux qui seront sauvés & ceux qui ne le seront pas.

Qu'un tel décret, s'il existoit, seroit digne du mauvais principe des manichéens.

Ils ne peuvent concevoir qu'un dogme, selon eux, si barbare, si injurieux à la divinité, si révoltant pour la raison, de quelque maniere qu'on l'explique, soit admis dans presque toutes les communions chrétiennes, & qu'on y traite hardiment d'impies ceux qui le rejettent, & qui s'en tiennent fortement à ce que la raison & l'E-

criture sainement interprêtée leur enseignent à cet égard. *Voyez* PRÉDESTINATION, & DÉCRET, où l'on examine ce que S. Paul enseigne sur cette matiere obscure & difficile.

III. *Touchant l'homme & les sacremens.*

En voyant les *unitaires* rejeter aussi hardiment les dogmes ineffables du péché originel, de la grace & de la prédestination, on peut bien penser qu'ils n'ont pas eu plus de respect pour ce que l'église & les saints conciles ont très-sagement déterminé touchant *l'homme & les sacremens.* L'opinion de nos sectaires à cet égard peut être regardée comme le troisieme pas qu'ils ont fait dans la voie de l'égarement; mais ils n'ont fait en cela que suivre le sentiment de Socin qui leur a servi de guide. Je fais cette remarque, parce qu'ils n'ont pas adopté sans exception les sentimens de leur chef, nulle secte ne poussant plus loin la liberté de penser, & l'indépendance de toute autorité. Socin dit donc :

Que c'est une erreur grossiere de s'imaginer que Dieu ait fait le premier homme revêtu de tous ces grands avantages que les catholiques, ainsi que le gros des réformés, lui attribuent dans son état d'innocence, comme sont la justice originelle, l'immortalité, la droiture dans la volonté, la lumiere dans l'entendement, &c. & de penser que la mort naturelle & la mortalité sont entrées dans le monde par la voie du péché.

Que non-seulement l'homme avant sa chûte n'étoit pas plus immortel qu'il ne l'est aujourd'hui, mais qu'il n'étoit pas même véritablement juste, puisqu'il n'étoit pas impeccable.

Que s'il n'avoit pas encore péché, c'est qu'il n'en avoit pas eu d'occasion.

Qu'on ne peut donc pas affirmer qu'il fût juste, puisqu'on ne sauroit prouver qu'il se seroit abstenu de pécher, s'il en eût eu l'occasion, &c.

Pour ce qui regarde les *sacremens*, il prétend :

Qu'il est évident pour quiconque veut raisonner sans préjugés, qu'ils ne sont ni des marques de conférer la grace, ni des sceaux de l'alliance qui la confirment, mais de simples marques de profession.

Que le *baptême* n'est nécessaire, ni de nécessité de précepte, ni de nécessité de moyen.

Qu'il

Qu'il n'a pas été inftitué par Jéfus-Chrift, & que le chrétien peut s'en paffer fans qu il puiffe en réfulter pour lui aucun inconvénient.

Qu'on ne doit donc pas baptifer les enfans, ni les adultes, ni en général aucun homme.

Que le *baptême* pouvoit être d'ufage dans la naiffance du chriftianifme à ceux qui fortoient du paganifme, pour rendre publique leur profeffion de foi, & en être la marque authentique; mais qu'à préfent il eft abfolument inutile, & tout-à-fait indifférent. *Voyez* BAPTÉME & SACREMENT.

Quant à l'ufage de la *cene*, on doit croire, felon lui, fi l'on ne veut donner dans les vifions les plus ridicules,

Que le pain & le vin qu'on y prend, n'eft autre chofe que manger du pain & boire du vin, foit qu'on faffe cette cérémonie avec foi ou non, fpirituellement ou corporellement.

Que Dieu ne verfe aucune vertu fur le pain ni fur le vin de l'euchariftie, qui reftent toujours les mêmes en nature, quoiqu'en puiffent dire les tranfubftantiateurs. *V.* TRANSUBSTANTIATION.

Que l'ufage de faire cette manducation orale feule au nom de tous, ou avec les fidèles affemblés qui y participent, n'eft inftitué que pour l'action de grace, qui fe peut très-bien faire fans cette formule; en un mot, que la *cene* n'eft point un facrement.

Qu'elle n'a point d'autre fin que de nous rappeller la mémoire de la mort de Jéfus-Chrift, & que c'eft une abfurdité de penfer qu'elle nous procure quelques nouvelles graces, ou qu'elle nous conferve dans celles que nous avons. *V.* EUCHARISTIE & CENE.

Qu'il en eft de même des autres cérémonies auxquelles on a donné le nom de *facremens*.

Qu'on peut, fans craindre de s'écarter de la vérité, en rejeter la pratique & l'efficace.

Que pour le *mariage*, il ne devroit être chez tous les peuples de la terre qu'un contrat purement civil.

Que ce n'eft même qu'en l'inftituant comme tel, par un petit nombre de loix fages & invariables, mais toujours relatives à la conftitution politique, au climat & à l'efprit général de la nation à laquelle

elles feront deftinées, qu'on pourra par la fuite réparer les maux infinis en tout genre que ce lien confidéré comme facré & indiffoluble, a caufés dans tous les états où le chriftianifme eft établi. *V.* MARIAGE & POPULATION.

IV. *Quatrieme pas: fur l'éternité des peines & la réfurrection.* Nous venons de voir Socin faire des efforts auffi fcandaleux qu'inutiles & impies, pour détruire l'efficace, la néceffité, la validité & la fainteté des facremens. Nous allons voir dans ce paragraphe, des fectateurs téméraires marcher aveuglément fur fes dangereufes traces, & paffer rapidement de la réjection des facremens à celle de l'éternité des peines & de la réfurrection; dogmes non moins facrés que les précédens, & fur lefquels la plupart des *unitaires* admettent fans détour le fentiment des originiftes & des fadducéens, condamné il y a long-tems par l'églife. Pour montrer à quel point cette fecte hétérodoxe pouffe la liberté de penfer & la fureur d'innover en matiere de religion, je vais traduire ici trois ou quatre morceaux de leurs ouvrages fur le fujet en queftion. Ce fera une nouvelle confirmation de ce que j'ai dit ci-deffus de la néceffité d'un juge dépofitaire infaillible de la foi, & en même tems une terrible leçon pour ceux qui ne voudront pas captiver leur entendement fous l'obéiffance de la foi, *captivantes intellectum ad obfequium fidei*, pour me fervir des propres termes de faint Paul. Mais écoutons nos hérétiques réfractaires.

" Il eft certain, difent-ils, que de toutes les idées creufes, de tous les dogmes abfurdes & fouvent impies que les théologiens catholiques & proteftans ont avancés comme autant d'oracles céleftes, il n'y en a peut-être point, excepté la trinité & l'incarnation, contre lefquels la raifon fourniffe de plus fortes & de plus folides objections que contre ceux de la *réfurrection des corps & l'éternité des peines*. La premiere de ces opinions n'eft à la vérité qu'une rêverie extravagante, qui ne féduira jamais un bon efprit, quand il n'auroit d'ailleurs aucune teinture de phyfique expérimentale ; mais la feconde eft un blafphème dont tout bon chrétien doit avoir horreur. Jufte ciel ! quelle idée faudroit-il avoir de Dieu, fi cette hypothefe étoit feulement vraifemblable? Comment ces ames de pierre, qui ofent déterminer le degré & la durée des tourmens que l'être fuprème infligera, felon eux, aux pécheurs impénitens, peuvent-ils fans trembler, annoncer ce terrible arrêt? De quel droit & à quel titre fe donnent-ils ainfi l'exclufion, & s'exemptent-ils des peines dont ils menacent fi inhumainement leurs freres? Qui leur a dit, à ces hommes de fang, qu'ils ne prononçoient pas eux-mèmes leur propre condamnation, & qu'ils ne feroient pas un jour obligés d'implorer la clémence & la miféricorde infinie de cet Être fouverainement bon qu'ils repréfentent aujourd'hui comme un pere cruel & implacable, qui ne peut être heureux que par le malheur & le fupplice éternels de fes enfans? *Je ne débattrai point à toujours, & je ne ferai point indigné à jamais,* dit Dieu dans Ifaïe. Après un texte auffi formel, & tant d'autres auffi décififs que nous pourrions rapporter, quels font les théologiens affez infenfés pour fe déclarer encore en faveur d'une opinion qui donne fi directement atteinte aux attributs les plus effentiels de la divinité, & par conféquent à fon exiftence? Comment peut-on croire qu'elle punisse éternellement des péchés qui ne font point éternels & infinis, & qu'elle exerce une vengeance continuelle fur des êtres qui ne peuvent jamais l'offenfer, quelque chofe qu'ils faffent? Mais en fuppofant même que l'homme puiffe réellement offenfer Dieu, propofition qui nous paroît auffi abfurde qu'impie, quelle énorme difproportion n'y auroit-il pas entre des fautes paffageres, un défordre momentané, & une punition éternelle? Un juge équitable ne voudroit pas faire fouffrir des peines éternelles à un coupable pour des péchés temporels & qui n'ont duré qu'un tems. Pourquoi donc veut-on que Dieu foit moins jufte & plus cruel que lui? D'ailleurs, comme le dit très-bien un auteur célèbre, (a) un tourment qui ne doit avoir aucune fin ni aucun relâche, ne peut être d'aucune utilité à ce-

lui qui le fouffre, ni à celui qui l'inflige; il ne peut être utile à l'homme, s'il n'eft pas pour lui un état d'amélioration, & il ne peut l'être, s'il ne refte aucun lieu à la repentance, s'il n'a ni le tems de refpirer, ni celui de réfléchir fur fa condition. L'éternité des peines eft donc de tout point incompatible avec la fageffe de Dieu, puifque dans cette hypothefe il feroît méchant uniquement pour le plaifir de l'ètre. *V.* la *Collect. des freres Polon.*

" Difons plus: fi ce qu'on appelle *jufte & injufte, vertu & vice,* étoit tel par fa nature, & ne dépendoit pas des inftitutions arbitraires des hommes, il pourroit y avoir un *bien* & un *mal moral* proprement dits, fondés fur des rapports immuables & éternels d'équité & de bonté antérieurs aux loix politiques, & par conféquent des êtres *bons & méchans moralement:* de tels êtres feroient alors de droit fous la jurifdiction de Dieu, & pouvant mériter ou démériter vis-à-vis de lui, il pourroit les punir ou les récompenfer dans fa cité particuliere. Mais comme les termes de *jufte & d'injufte,* de *vertu & de vice,* font des mots abftraits & métaphyfiques abfolument inintelligibles, fi on ne les applique à des êtres phyfiques, fenfibles, unis enfemble par un acte exprès ou tacite d'affociation, il s'enfuit que tout ce qui eft utile ou nuifible au bien général & particulier d'une fociété, tout ce qui eft ordonné ou défendu par les loix pofitives de cette fociété, eft pour elle la vraie & unique mefure du *jufte* & de *l'injufte,* de la *vertu* & du *vice,* & par conféquent qu'il n'y a réellement de *bons* & de *méchans,* de *vertueux* & de *vicieux,* que ceux qui font le bien ou le mal des corps politiques dont ils font membres, & qui en enfeignent ou qui en obfervent les loix. Il n'y a donc, à parler exactement, aucune *moralité* dans les actions humaines; ce n'eft donc pas à Dieu à punir, ni à récompenfer, mais aux loix civiles: car que diroit-on d'un fouverain qui s'arrogeroit le droit de faire torturer dans fes états les infracteurs des loix étra-

---

(a) Le hafard m'a fait découvrir que c'eft de Thomas Burnet dont il eft ici queftion; car en lifant un de fes ouvrages, j'y ai trouvé le paffage cité ici par les fociniens. *Neque Deo, neque homini prodeffe poteft cruciatus indefinitus & fine exitu; non utique homini fi nullus locus fit refipifcentiæ, meliorefcere poffit punitus, fi nulla intermiffio, aut levamen ad refpirandum paulifper, & deliberandum de animo & forte mutandis.* Thomas Burnet, *de ftat. mortuor. & refurg.* cap. XI. *p.* 240.

bliés dans ceux de ses voisins? D'ailleurs pourquoi Dieu puniroit-il les méchans? Pourquoi même les haïroit-il? Qu'est-ce que le méchant, sinon une machine organisée qui agit par l'effort irréfiftible de certains refforts qui la meuvent dans telle & telle direction, & qui la déterminent nécessairement au mal? Mais si une montre est mal réglée, l'horloger qui l'a faite est-il en droit de se plaindre de l'irrégularité de ses mouvemens? & n'y auroit-il pas de l'injustice ou plutôt de la folie à lui d'exiger qu'il y eût plus de perfection dans l'effet qu'il n'y en a eu dans la cause? Ici l'horloger est Dieu, ou la nature, dont tous les hommes, bons ou méchans, sont l'ouvrage. Il est vrai que faint Paul ne veut pas que le vase dise au potier, *pourquoi m'as-tu ainsi fait?* Mais, comme le remarque judicieusement un (a) philosophe illustre, cela est fort bien, si le potier n'exige du vase que des services qu'il l'a mis en état de lui rendre; mais s'il s'en prenoit au vase de n'être pas propre à un usage pour lequel il ne l'auroit pas fait, le vase auroit-il tort de lui dire, *pourquoi m'as-tu fait ainsi?*

"Pour nous, nous croyons fermement que s'il y a une vie à venir, tous les hommes, sans exception, y jouiront de la suprême béatitude, selon ces paroles expresses de l'apôtre: *Dieu veut que tous les hommes soient sauvés.* Si, par impossible, il y en avoit un seul de malheureux, l'objection contre l'existence de Dieu seroit aussi forte pour cet seul être, que pour tout le genre humain. Comme ces théologiens impitoyables qui tordent avec tant de mauvaise foi les Ecritures pour y trouver des preuves de l'éternité des peines, & par conséquent de l'injustice de Dieu, ne voient-ils pas que tout ce que Jésus-Christ & ses apôtres ont dit des tourment de l'enfer, n'est qu'allégorique & semblable à ce qu'ont écrit les (b) poëtes, d'Ixion, de Syfiphe, de Tantale, &c. & qu'en parlant de la sorte, Jésus-Christ & ses disciples s'accommodoient aux opinions reçues de leur tems parmi le peuple à qui la crainte de l'enfer peut quelquefois servir de frein au défaut d'u-

ne bonne législation?" *V. la Collection des freres Polonnois.*

'On peut voir au mot ENFER, ce qu'on oppose à ces idées des sociniens. Difons seulement ici que ce qui rend leur conversion impossible, c'est qu'ils combattent nos dogmes par les raisonnemens philosophiques, lorsqu'ils ne devroient faire que se soumettre humblement, & imposer silence à leur raison, puisqu'enfin nous cheminons par foi & non point par vue, comme le dit très-bien S. Paul.

Quoi qu'il en soit, voyons ce qu'ils ont pensé de la *résurrection.* Ils difent donc,

Qu'il est aisé de voir, pour qu'on y réfléchisse attentivement, qu'il est métaphysiquement impossible que les particules d'un corps humain, que la mort & le tems ont disperfées en mille endroits de l'univers, puissent jamais être rassemblées, même par l'efficace de la puissance divine.

Qu'un auteur Anglois, aussi profond théologien que bon physicien, & auquel on n'a jamais reproché de favoriser en rien leurs sentimens, paroit avoir été frappé du poids & de l'importance de cette objection; & qu'il n'a rien négligé pour la mettre dans toute sa force. Ils citent enfuite le passage de cet auteur, dont voici la traduction.

"On fait & on voit tous les jours de ses propres yeux, que les cendres & les particules des cadavres sont en mille manieres disperfées par mer & par terre; & non-seulement par toute la terre, mais qu'étant élevées dans la région de l'air, par la chaleur & l'attraction du foleil, elles sont jetées & diffipées en mille différens climats; & elles ne sont pas seulement disperfées, mais elles sont aussi comme insérées dans les corps des animaux, des arbres & autres choses, d'où elles ne peuvent être retirées facilement. Enfin dans la transmigration de ces corpuscules dans d'autres corps, ces parties ou particules prennent de nouvelles formes & figures, & ne retiennent pas les mêmes qualités & la même nature.

"Cette difficulté se faisant sentir vivement à ceux qui sont capables de réfle-

---

(a) Je ne fais point quel est l'auteur que les sociniens ont ici en vue.
(b) C'est ce que les sociniens difent expressément dans les *Actes* de la conférence de Racovie.

xion & à ceux qui ne donnent pas tête
baillée dans les erreurs populaires.; on
demande si ce miracle dont nous venons
de parler, si cette récolection de toutes
ces cendres, de toutes ces particules dis-
persées en un million de lieux, & méta-
morphosées en mille sortes de différens
corps, est dans l'ordre des choses possibles.

" Il y a plusieurs personnes qui en doutent, & qui, pour appuyer leur incrédulité sur ce sujet, alleguent la voracité de
certaines nations, de certains anthropophages qui se mangent les uns les autres,
& qui se nourrissent de la chair humaine.
Cela supposé, voici comme ils raisonnent:
c'est qu'en ce cas, il sera impossible que
cette même chair qui a contribué à faire
vie la chair à tant de différens corps alternativement, puisse être rendue numéri-
quement & spécifiquement à divers corps
en même tems.

" Mais pourquoi nous retrancher sur
ce petit nombre d'anthropophages? Nous
le sommes tous, & tous tant que nous
sommes nous nous repaissons des dépouilles & des cadavres des autres hommes,
non pas immédiatement, mais après quelques transmutations en herbes; & dans
ces animaux nous mangeons nos ancêtres
ou quelques-unes de leurs parties. Si les
cendres de chaque homme avoient été serrées & conservées dans les urnes depuis
la création du monde, ou plutôt si les cadavres de tous les hommes avoient été
convertis en momies, & qu'ils fussent
restés entiers ou presqu'entiers, il y auroit quelqu'espérance de rassembler toutes les parties du corps, n'ayant pas été
confondues ni mélangées dans d'autres
corps: mais puisque les cadavres sont
presque tous dissous & dissipés, que leurs
parties sont mélangées dans d'autres
corps, qu'elles s'exhalent en l'air, qu'elles retombent en pluie & en rosée, qu'elles sont imbibées par les racines, qu'elles
concourent à la production des grains,
des bleds & des fruits, d'où par une circulation continuelle elles rentrent dans
des corps humains, & redeviennent
corps humains; il se peut faire que par ce
circuit presqu'infini la même matière aura subi plus de différentes métamorpho-
ses; & aura habité plus de corps que n'en
le fit l'ame de Pythagore. Or elle ne peut
être rendue à chacun de ces corps dans la
résurrection; car si elle est rendue aux

premiers hommes qui ont existé, comme
il paroit juste que cela soit, il n'y en aura plus pour ceux qui sont venus après
eux; & si on la rend à ces derniers, ce
sera alors au préjudice de leurs ancêtres.
Supposons, par exemple, que les premiers descendans d'Adam ou les hommes
des premiers siecles redemandent leurs
corps, & qu'ensuite les peuples de chaque siecle successif recherchent aussi les
leurs, il arrivera que les neveux d'A-
dam les plus reculés ou les derniers habitans de la terre auront à peine assez de
matiere pour faire des demi-corps ".
V. Thomas Burnet, docteur en théologie, & maître de la chartreuse, de Londres, dans son traité de statu mortuorum
& resurgentium, cap. IX, p. 169. & seq.
V. RÉSURRECTION.

V. Cinquieme pas. Nous voici arrivés
au mystere incompréhensible, mais divin, de la trinité, cet éternel sujet de
scandale des sociniens, cette cause de
leur division d'avec les protestans, ce
dogme enfin qu'ils ont attaqué avec tant
d'acharnement, qu'ils en ont mérité le
surnom d'antitrinitaires.

Ils commencèrent par renouveller les
anciennes hérésies de Paul de Samosate &
d'Arius: mais bientôt prétendant que les
ariens avoient trop donné à Jésus-Christ,
ils se déclarerent nettement photiniens
& surtout sabelliens; mais ils donnerent
aux objections de ces hérésiarques une
toute autre force, & en ajouterent même
de nouvelles qui leur sont particulieres:
enfin ils n'omirent aucune des raisons
qu'ils crurent propres à déraciner du
cœur des fideles un dogme aussi nécessaire
au salut, & aussi essentiel à la foi & aux
bonnes mœurs.

Pour faire connoître leurs sentimens
sur ce dogme, il suffit de dire qu'ils soutiennent que rien n'est plus contraire à la
droite raison, que ce que l'on enseigne
parmi les chrétiens touchant la tr. nité des
personnes dans une seule essence divine,
dont la seconde est engendrée par la premiere, & la troisieme procede des deux
autres.

Que cette doctrine inintelligible ne se
trouve dans aucun endroit de l'écriture.
— Qu'on ne peut produire un seul passage qui l'autorise, & auquel on ne puisse,
sans s'écarter en aucune façon de l'esprit
du texte, donner un sens plus clair, plus

naturel, plus conforme aux notions communes, & aux vérités primitives & immuables.

Que soutenir, comme font leurs adversaires, qu'il y a plusieurs personnes distinctes dans l'essence divine, & que ce n'est pas l'éternel qui est le seul vrai Dieu, mais qu'il y faut joindre le fils & le S. Esprit, c'est introduire dans l'église de J. C. l'erreur la plus grossiere & la plus dangereuse, puisque c'est favoriser ouvertement le polythéisme.

Qu'il implique contradiction de dire qu'il n'y a qu'un Dieu, & que néanmoins il y a trois *personnes*, chacune desquelles est véritablement Dieu.

Que cette distinction, *une en essence*, & *trois en personnes*, n'a jamais été dans l'Ecriture.

Qu'elle est manifestement fausse, puisqu'il est certain qu'il n'y a pas moins d'essences que de *personnes*, & de personnes que d'essences.

Que les trois *personnes* de la *trinité* sont ou trois substances différentes, ou des accidens de l'essence divine, ou cette essence même sans distinction.

Que dans le premier cas on fait trois dieux.

Que dans le second on fait Dieu composé d'accidens, on adore les accidens, & on métamorphose des accidens en des personnes.

Que dans le troisieme, c'est inutilement & sans fondement qu'on divise un sujet indivisible, & qu'on distingue en trois ce qui n'est point distingué en soi.

Que si on dit que les trois *personnalités* ne sont ni des substances différentes dans l'essence divine, ni des accidens de cette essence, on aura de la peine à se persuader qu'elles soient quelque chose.

Qu'il ne faut pas croire que les trinitaires les plus rigides, & les plus décidés aient eux-mêmes quelque idée claire de la maniere dont les trois hypostases subsistent en Dieu, sans diviser sa substance, & par conséquent sans la multiplier.

Que S. Augustin lui-même, après avoir avancé sur ce sujet mille raisonnemens aussi faux que ténébreux, a été forcé d'avouer qu'on ne pouvoit rien dire sur cela d'intelligible.

Ils rapportent ensuite le passage de ce Pere, qui en effet est très-singulier. "Quand on me demande, dit-il, ce que c'est que les

trois, le langage des hommes se trouve court, & l'on manque de termes pour les exprimer : on a pourtant dit *trois personnes*, non pas pour dire quelque chose, mais parce qu'il faut parler, & ne pas demeurer muet." *Dictum est tamen tres personæ, non ut aliquid diceretur, sed ne taceretur. De trinitate*, lib. V, c. 9.

Que les théologiens modernes n'ont pas mieux éclairci cette matiere.

Que quand on leur demande ce qu'ils entendent par ce mot de *personne*, ils ne l'expliquent qu'en disant que c'est une certaine distinction incompréhensible, qui fait qu'on distingue dans une nature unique en nombre, un Pere, un Fils & un S. Esprit.

Que l'explication qu'ils donnent des termes d'*engendrer* & de *procéder*, n'est pas plus satisfaisante, puisqu'elle se réduit à dire que ces termes marquent certaines relations incompréhensibles qui sont entre les trois *personnes* de la *trinité*.

Que l'on peut recueillir de là que l'état de la question entre les orthodoxes & eux, consiste à savoir s'il y a en Dieu trois distinctions dont on n'a aucune idée, & entre lesquelles il y a certaines relations dont on n'a point d'idée non plus.

De tout cela ils concluent qu'il seroit plus sage de s'en tenir à l'autorité des apôtres, qui n'ont jamais parlé de la *trinité*, & de bannir à jamais de la religion tous les termes qui ne sont pas dans l'Ecriture, comme ceux de *trinité*, de *personne*, d'*essence*, d'*hypostase*, d'*union*, hypostatique & personnelle, d'*incarnation*, de *génération*, de *procession*, & tant d'autres semblables, qui étant absolument vuides de sens, puisqu'ils n'ont dans la nature aucun être réel représentatif, ne peuvent exciter dans l'entendement que des notions fausses, vagues, obscures & incomplettes, &c. Voyez *le mot* TRINITÉ, où ces argumens sont examinés & réduits à leur juste valeur, & où le mystere en lui-même est très-bien exposé. Voyez aussi dans les *Nouvelles de la république des lettres* de Bayle, *ann.* 1685, le parallele de la *trinité* avec les trois dimensions de la matiere.

VI. Sixieme pas. Sur l'*incarnation* & la *personne* de J. C. les *unitaires* ne se font pas moins écartés de la foi pure & sainte de l'église : comme ils avoient détruit le mystere de la *trinité*, il falloit, par une conséquence néceſſaire, attaquer juſqu'es dans ſes fondemens celui de l'*incarnation*; car ces deux myſteres ineffables exigeant, pour être crus, le même ſacrifice de la raiſon à l'autorité, ils ne ſe ſeroient pas ſuivis s'ils euſſent admis l'un & rejeté l'autre. Mais malheureuſement ils n'ont été que trop conſéquens, ainſi qu'on l'a pu voir par tout ce qui précede.

Quoiqu'il en ſoit, ils prétendent,

Que l'opinion de ceux qui diſent que le Verbe, ou la ſeconde perſonne de la trinité, a été uni *hypoſtatiquement* à l'humanité de J. C. & qu'en vertu de cette union perſonnelle de la nature divine avec l'humaine, il eſt Dieu & homme tout enſemble, eſt fauſſe & contradictoire.

Que ce Dieu incarné, n'a jamais exiſté que dans le cerveau creux de ces myſtiques, qui ont fait d'une vertu, ou d'une manifeſtation divine externe, une *hypoſtaſe* diſtincte, contre le ſens naturel des termes dont S. Jean s'eſt ſervi.

Que lorſqu'il dit que *la parole a été faite chair*, cela ne ſignifie autre choſe, ſinon que la chair de J. C. a été le nuage glorieux où Dieu s'eſt rendu viſible dans ces derniers tems, & d'où il a fait entendre ſes volontés.

Que ce ſeroit ſe faire illuſion, & donner à ces paroles claires en elles-mêmes l'interprétation la plus forcée, que de les entendre comme ſi elles ſignifioient qu'un Dieu s'eſt véritablement incarné, tandis qu'elles ne déſignent qu'une ſimple préſence d'aſſiſtance & d'opération.

Que ſi, ou lit avec autant d'attention que d'impartialité les premiers verſets de l'évangile ſelon S. Jean, & qu'on n'y cherche pas plus de myſtere qu'il n'y en a réellement, on ſera convaincu que l'auteur n'a jamais penſé ni à la préexiſtence d'un Verbe diſtinct de Dieu, & Dieu lui-même, ni à l'*incarnation*.

Non contens d'accommoder l'Ecriture à leurs hypotheſes, ils ſoutiennent

Que l'*incarnation* étoit inutile, & qu'avec la foi la plus vive, il eſt impoſſible d'en voir le *cui bono*.

Ils appliquent à l'envoi que Dieu a fait de ſon fils pour le ſalut des hommes, le fameux paſſage d'Horace:

Nec Deus interſit, niſi dignus vindice nodus
Inciderit.

Si on leur répond qu'il ne falloit pas moins que le ſang d'un Dieu homme pour expier nos péchés & pour nous racheter, ils demandent pourquoi Dieu a eu beſoin de cette *incarnation*, & pourquoi, au lieu d'abandonner aux douleurs, à l'ignominie & à la mort ſon fils Dieu, égal & conſubſtantiel à lui, il n'a pas au contraire changé le cœur de tous les hommes, ou plutôt pourquoi il n'a pas opéré de toute éternité leur ſanctification par une ſeule volition.

Ils diſent que cette derniere économie s'accorde mieux avec les idées que nous avons de la puiſſance, de la ſageſſe & de la bonté infinies de Dieu.

Que l'hypotheſe de l'*incarnation* confond & obſcurcit toutes ces idées, & multiplie les difficultés, au lieu de les réſoudre.

Les catholiques & les proteſtans leur oppoſent avec raiſon tous les textes de l'Ecriture; mais les *unitaires* ſoutiennent au contraire, que ſi on ſe fût arrêté au ſeul nouveau Teſtament, on n'auroit point fait de J. C. un Dieu. Pour confirmer cette opinion, ils citent un paſſage très-ſingulier d'Euſebe, *Hiſt. eccléſ.* l. I, ch. 2, où ce pere dit, " qu'il eſt abſurde " & contre toute raiſon, que la nature " non engendrée & immuable du Dieu " tout-puiſſant, prenne la forme d'un " homme, & que l'Ecriture forge de pa- " reilles fauſſetés.

A ce paſſage ils en joignent deux autres non moins étranges; l'un de Juſtin Martyr, & l'autre de Tertullien, qui diſent la même choſe. *Voyez* Juſtin Martyr, *dial. cum. Trypbon.* Tertullien, *adv. Prax. c.* 16.

Si l'on objecte aux ſociniens que J. C. eſt appellé *Dieu* dans les ſaintes lettres, ils répondent que ce n'eſt que par métaphore, & à raiſon de la grande puiſſance dont le Pere l'a revêtu.

Que ce mot *Dieu* ſe prend dans l'Ecriture en deux manieres: la première pour le grand & unique *Dieu*, & la ſeconde pour celui qui a reçu de cet être ſuprême une autorité ou une vertu extraordinaire, ou qui participe en quelque maniere aux perfections de la divinité.

Que c'eſt dans ces derniers ſens qu'on dit quelquefois dans l'Ecriture que J. C. eſt *Dieu*, quoi qu'il ne ſoit réellement qu'un ſimple homme qui n'a point exiſté avant sa naissance, qui a été conçu à la maniere des autres hommes, & non par l'opération du S. Esprit, qui n'est pas une personne divine, mais seulement la vertu & l'efficacité de Dieu, &c.

Socin anéantit ensuite la rédemption de J. C. & réduit ce qu'il a fait pour les hommes, à leur avoir donné des exemples de vertus héroïques; mais ce qui prouve sur-tout le peu de respect qu'il avoit pour le nouveau Testament, c'est ce qu'il dit sur la satisfaction de J. C. dans un de ses ouvrages, adressé à un théologien. " Quand l'opinion de nos adversaires, dit-il, se trouveroit écrite, non pas une seule fois, mais souvent dans les écrits sacrés, je ne croirois pourtant pas que la chose va comme vous pensez; car comme cela est impossible, j'interpréterois les passages en leur donnant un sens commode, comme je fais avec les autres en plusieurs autres passages de l'Ecriture. "

Voyez ce que les catholiques opposent aux argumens de ces hérétiques, sous les mots INCARNATION, RÉDEMPTION & SATISFACTION.

VII. Septieme pas. Sur la discipline ecclésiastique, la politique & la morale, les unitaires ont avancé des opinions qui ne sont ni moins singulieres, ni moins hétérodoxes, & qui, jointes à ce qui précéde, acheveront de faire voir (on ne peut trop le répéter) qu'en partant comme eux de la réjection d'une autorité infaillible en matiere de foi, & en soumettant toutes les doctrines religieuses au tribunal de la raison, on marche dès ce moment à grands pas vers le déisme; mais ce qui est plus triste encore, c'est que le déisme n'est lui-même, quoi qu'en puissent dire ses apologistes, qu'une religion inconséquente; & que vouloir s'y arrêter, c'est errer inconséquemment, & jeter l'ancre dans des sables mouvans. C'est ce qu'il me seroit très-facile de démontrer si c'en étoit ici le lieu; mais il vaux mieux suivre nos sectaires, & achever le tableau de leurs erreurs théologiques, en exposant leurs sentimens sur les points qui font le sujet de cet article.

Ils disent qu'il y a dans tous les états chrétiens, un vice politique qui a été jusqu'à présent pour eux une source intarissable de maux & de désordres de toute espece.

Que les funestes effets en deviennent de jour en jour plus sensibles; & que tôt ou tard il entrainera infailliblement la ruine de ces empires, si les souverains ne se hâtent de le détruire.

Que ce vice est le pouvoir usurpé & par conséquent injuste des ecclésiastiques, qui, faisant dans chaque état un corps à part, qui a ses loix, ses privileges, sa police, & quelquefois son chef particulier, rompent par cela même cette union de toutes les forces & de toutes les volontés, qui doit être le caractère distinctif de toute société politique bien constituée, & introduisent réellement deux maitres au lieu d'un.

Qu'il est facile de voir combien un pareil gouvernement est vicieux, & contraire même au pacte fondamental d'une association légitime.

Que plus le mal qui en résulte est sensible, plus on a lieu de s'étonner que les souverains qui sont encore plus intéressés que leurs sujets à en arrêter les progrès rapides, n'aient pas secoué, il y a long-tems, le joug de cette puissance sacerdotale, qui tend sans cesse à tout envahir.

Que pour eux, sans cesse animés de l'amour de la vérité & du bien public, malgré les persécutions cruelles dont cet amour les a rendus si souvent les victimes, ils oseront établir sur cette matiere si importante pour tous les hommes en général, un petit nombre de principes qui, en affermissant les droits & le pouvoir trop long-tems divisés & par conséquent affoiblis des souverains, de quelque maniere qu'ils soient représentés, serviront en même tems à donner aux différens corps politiques un fondement plus solide & plus durable. Après ce préambule singulier, nos sectaires entrent aussi-tôt en matiere, posent pour principe, qu'une regle sûre, invariable, & dont ceux qui, dans un gouvernement quelconque, sont revêtus légitimement de la souveraineté, ne doivent jamais s'écarter, sous quelque prétexte que ce soit; c'est celle que tous les philosophes législateurs, ont regardée, avec raison, comme la loi fondamentale de toute bonne police, & que Cicéron a exprimée en ces termes: *Salus populi suprema lex est*, le salut du peuple est la suprême loi.

Que de cette maxime incontestable, & sans l'observation de laquelle tout gouvernement eſt injuſte, tyrannique, & par cela même ſujet à des révolutions , il réſulte :

1°. Qu'il n'y a de doctrine religieuſe véritablement divine & obligatoire, & de morale réellement bonne, que celles qui ſont utiles à la ſociété politique à laquelle on les deſtine ; & par conſéquent que toute religion & toute morale qui tendent chacune , ſuivant ſon eſprit & ſa nature, d'une maniere auſſi directe qu'efficace, au but principal que doivent avoir tous les gouvernemens civils, légitimes, ſont bonnes & révélées en ce ſens , quels qu'en ſoient d'ailleurs les principes.

2°. Que ce qu'on appelle dans certains états la parole de Dieu, ne doit jamais être que la parole de la loi, ou ſi l'on veut, l'expreſſion formelle de la volonté générale ſtatuant ſur un objet quelconque.

3°. Qu'une religion qui prétend être la ſeule vraie, eſt par cela même mauvaiſe pour tous les gouvernemens , puiſqu'elle eſt néceſſairement intolérante par principe.

4°. Que les diſputes frivoles des théologiens n'étant ſi ſouvent funeſtes aux états où elles s'élevent , que parce qu'on y attache trop d'importance, & qu'on s'imagine fauſſement que la cauſe de Dieu y eſt intéreſſée, il eſt de la prudence & de la ſageſſe du corps légiſlatif , de ne pas faire la moindre attention à ces querelles, & de laiſſer aux eccléſiaſtiques, ainſi qu'à tous les ſujets, la liberté de ſervir Dieu ſelon les lumieres de leur conſcience.

De croire & d'écrire ce qu'ils voudront ſur la religion, la politique & la morale.

D'attaquer même les opinions les plus anciennes.

De propoſer au ſouverain l'abrogation d'une loi qui leur paroîtra injuſte ou préjudiciable en quelque ſorte au bien de la communauté.

De l'éclairer ſur les moyens de perfectionner la légiſlation , & de prévenir les uſurpations du gouvernement.

De déterminer exactement la nature & les limites des droits & des devoirs réciproques du prince & des ſujets.

De ſe plaindre hautement des malverſations & de la tyrannie des magiſtrats, & d'en demander la dépoſition ou la punition, ſelon l'exigence des cas.

En un mot, qu'il eſt de l'équité du ſouverain de ne gêner en rien la liberté des citoyens qui ne doivent être ſoumis qu'aux loix , & non au caprice aveugle d'une puiſſance exécutrice & tyrannique.

5°. Que pour ôter aux prêtres l'autorité qu'ils ont uſurpée, & arracher pour jamais de leurs mains le glaive encore ſanglant de la ſuperſtition & du fanatiſme , le moyen le plus efficace eſt de bien perſuader au peuple,

Qu'il n'y a aucune religion bonne excluſivement.

Que le culte le plus agréable à Dieu, ſi toutefois Dieu en peut exiger des hommes, eſt l'obéiſſance aux loix de l'état.

Que les véritables ſaints ſont les bons citoyens , & que les gens ſenſés n'en reconnoîtront jamais d'autres.

Qu'il n'y a d'impies envers les dieux, que les infracteurs du contrat ſocial,

En un mot, qu'il ne doit regarder, reſpecter & aimer la religion, quelle qu'elle ſoit, que comme une pure inſtitution de police relative, que le ſouverain peut modifier, changer , & même abolir d'un inſtant à l'autre, ſans que le prétendu ſalut ſpirituel des ſujets ſoit pour cela en danger. C'eſt bien ici qu'on doit dire que la fin eſt plus excellente que les moyens ; mais ſuivons.

6°. Que les privileges & les immunités des eccléſiaſtiques étant un des abus les plus pernicieux qui puiſſent s'introduire dans un état, il eſt de l'intérêt du ſouverain, d'ôter, ſans aucune reſtriction ni limitation , ces diſtinctions choquantes , & ces exemptions accordées par la ſuperſtition dans des ſiecles de ténebres, & qui tendent directement à la diviſion de l'empire. Voy. les lettres ne repugnate veſtro bono.

7°. Enfin, que le célibat des prêtres, des moines , & des autres miniſtres de la religion, ayant cauſé, depuis pluſieurs ſiecles, & cauſant tous les jours des maux effroyables aux états, où il eſt regardé comme d'inſtitution divine , & en tant que tel ordonné par le prince ; on ne peut trop ſe hâter d'abolir cette loi barbare & deſtructrice de toute ſociété civile, viſiblement contraire au but de la nature, puiſqu'elle l'eſt à la propagation de l'eſpece , & qui prive injuſtement des êtres ſenſibles du plaiſir le plus doux de la vie, & dont tous leurs ſens les avertiſſent à chaque inſtant qu'ils ont le droit, la force

& le defir de jouir. *V.* CELIBAT *&* PO-
PULATION.

Que les avantages de ce plan de législation sont évidens pour ceux dont les vues
politiques, vastes & profondes, ne se bornent pas à suivre servilement celles de
ceux qui les gouvernent.

Qu'il seroit à souhaiter, pour le bien de
l'humanité, que les souverains s'em-
pressassent de le suivre, & de prévenir
par ce nouveau système d'administration,
les malheurs sans nombre & les crimes
de toute espece, dont le pouvoir tyrannique des prêtres & les disputes de religion
ont été si souvent la cause, principalement depuis l'établissement du christianisme, &c.

D'autres *unitaires* moins hardis, à la
tête desquels est Socin, ont sur la discipline & la morale des idées fort différentes : ceux ci se contentent de dire avec
leur chef :

Qu'il n'est pas permis à un chrétien de
faire la guerre, ni même d'y aller sous
l'autorité & le commandement d'un prince, ni d'employer l'assistance du magistrat
pour tirer vengeance d'une injure qu'on
a reçue.

Que faire la guerre, c'est toujours mal
faire, & agir contre le précepte formel de
J. C.

Que J. C. a défendu les sermens qui se
font en particulier, quand même ce seroit
pour assurer des choses certaines. Socin
ajoute, pour modifier son opinion, que si
les choses étoient de conséquence, on
pourroit jurer.

Qu'un chrétien ne peut exercer l'office
de magistrat, si dans cet emploi il faut
user de violence.

Que les chrétiens ne peuvent donner
cet office à qui que ce soit.

Qu'il n'est pas permis aux chrétiens de
défendre leur vie, ni celle des autres, par
la force même, contre les voleurs & les
autres ennemis, s'ils peuvent la défendre
autrement ; parce qu'il est impossible que
Dieu permette qu'un homme véritablement pieux, & qui se confie à lui avec
sincérité, se trouve dans ces fâcheuses
rencontres où il veuille se conserver aux
dépens de la vie du prochain.

Que le meurtre que l'on fait de son
agresseur, est un plus grand crime que celui qu'on commet en se vengeant ; car
dans la vengeance on ne rend que la pa-

reille : mais ici, c'est-à-dire, en prévenant
son voleur ou son ennemi, on tue un homme qui n'avoit que la volonté de faire
peur, afin de voler plus aisément.

Que les ministres, les prédicateurs, les
docteurs, & autres, n'ont pas besoin de
mission ni de vocation.

Que ces paroles de S. Paul, *comment
pourront-ils prêcher si on ne les envoie*,
ne s'entendent pas de toutes sortes de
prédications, mais seulement de la prédication d'une nouvelle doctrine, telle
qu'étoit celle des apôtres par rapport aux
gentils.

Les sociniens agissent en conséquence ;
car dans leurs assemblées de religion,
tous les assistans ont la liberté de parler.
Un d'entr'eux commence un chapitre de
l'Ecriture ; & quand il a lu quelques versets qui forment un sens complet, celui
qui lit & ceux qui écoutent, disent leur
sentiment, s'ils le jugent à propos, sur ce
qui a été lu ; c'est à quoi se réduit tout
leur culte extérieur.

Je finis ici l'exposé des opinions théologiques des *unitaires*. Je n'ai pas le courage de les suivre dans tous les détails où
ils sont entrés sur la maniere dont le canon des livres sacrés a été formé ; sur les
auteurs qui les ont recueillis ; sur la question s'ils sont véritablement de ceux dont
ils portent les noms ; sur la nature des
livres apocryphes, & sur le préjudice
qu'ils causent à la religion chrétienne ;
sur la pauvreté & les équivoques de la
langue hébraïque ; sur l'infidélité & l'ine-
xactitude de la plupart des versions de
l'Ecriture ; sur les variétés de lecture
qui s'y trouvent ; sur la fréquence des
hébraïsmes que l'on rencontre dans le
nouveau Testament ; sur le style des apôtres ; sur la précaution avec laquelle il
faut lire les interprètes & les commentateurs de la Bible ; sur la nécessité de recourir aux originaux, pour ne pas leur
donner un sens contraire au sujet des
écrivains sacrés ; en un mot, sur plusieurs
points de critique & de controverse, es-
sentiels à la vérité, mais dont la discussion nous meneroit trop loin. Il me suffit
d'avoir donné sur les objets les plus importans de la théologie, une idée générale
de la doctrine des sociniens, extraite de
leurs propres écrits. Rien n'est plus capable, ce me semble, que cette lecture, d'in-
timider désormais ceux qui se sont éloi-

gnés de la communion romaine, & qui refusent de reconnoître un juge infaillible
de la foi ; je ne dis pas dans le pape, car
ce seroit se déclarer contre les libertés de
l'église gallicane, mais dans les conciles
généraux présidés par le pape.

Après avoir prouvé, par l'exemple des
unitaires, la nécessité de recourir à un pareil juge pour décider dès matieres de foi,
il ne me reste plus, pour exécuter le plan
que je me suis proposé, qu'à donner un
abrégé succinct de la philosophie des sociniens ; on y trouvera de nouvelles preuves des écarts dans lesquels on donne,
lorsqu'on veut faire usage de sa raison, &
l'on verra que cette maniere de philoso-
pher n'est au fond que l'art de décroire, si
l'on peut se servir de ce terme. Entrons
présentement en matiere ; & pour exprimer plus nettement les pensées de nos
hérétiques, suivons encore la même méthode dont nous avons fait usage dans
l'exposé précédent.

-Socin & ses sectateurs reconnoissent
unanimement un Dieu, c'est-à-dire, un
être existant par lui-même, unique, nécessaire, éternel, universel, infini, & qui
renferme nécessairement une infinité
d'attributs & de propriétés; mais ils nient
en même tems que cette idée nous soit naturelle & innée. (Voy. Socin, Prælectio-
num theologicarum, cap. ij, p. 53, col. 2,
tom. I, & alibi. Voy. aussi Crellius,
de Deo & attributis, & sur-tout les
sociniens modernes.)—Ils prétendent,

Que ce n'est qu'en prenant le mot Dieu
dans ce sens étendu, ou, pour parler plus
clairement, en établissant un système de
forces & de propriétés, comme une idée
précise & représentative de sa substance,
qu'on peut assurer, sans crainte de se
tromper, que cette proposition, il y a un
Dieu, a toute l'évidence des premiers
principes.

Que mieux on connoît toute la force
des objections métaphysiques & physiques, toutes plus insolubles les unes que
les autres, que l'homme abandonné à ses
propres réflexions peut faire contre l'e-
xistence de Dieu considéré en tant que
distinct du monde, & contre la Providence, plus on est convaincu qu'il est absolument impossible que les lumieres naturelles de la raison puissent jamais conduire aucun homme à une ferme & entiere
persuasion de ces deux dogmes. V. DIEU.

Qu'il semble, au contraire, qu'elles se
conduiroient plutôt à n'admettre d'autre
Dieu que la nature universelle, &c.

Qu'il n'est pas moins impossible à quiconque veut raisonner profondément, de
s'élever à la connoissance de l'Etre suprême par la contemplation de ses ouvrages.

Que le spectacle de la nature ne prouve rien, puisqu'il n'est, à parler avec précision, ni beau ni laid.

Qu'il n'y a point dans l'univers un ordre, une harmonie, ni un désordre, & une
dissonance absolus ; mais seulement relatifs, & déterminés par la nature de notre existence pure & simple.

Que s'appliquer à la recherche des
causes finales des choses naturelles, c'est
le fait d'un homme qui établit sa foible
intelligence pour la véritable mesure du
beau & du bon, de la perfection & de
l'imperfection. V. CAUSES FINALES.

Que les physiciens qui ont voulu démontrer l'existence & les attributs de
Dieu par les œuvres de la création, n'ont
jamais fait faire un pas à la science, &
n'ont fait au fond que préconiser, sans
s'en appercevoir, leur propre sagesse &
leurs petites vues.

Que ceux qui ont reculé les bornes de
l'esprit humain, & perfectionné la philosophie rationnelle, sont ceux qui, appliquant sans cesse le raisonnement à l'expérience, n'ont point fait servir à l'explication de quelques phénomenes l'existence d'un être dont ils n'auroient su que
faire un moment après.

Qu'une des plus hautes & des plus
profondes idées qui soient jamais entrées
dans l'esprit humain, c'est celle de Descartes, qui ne demandoit, pour faire un
monde comme le nôtre, que de la matiere
& du mouvement. V. CARTESIANISME.

Que pour bien raisonner sur l'origine
du monde, & sur le commencement de sa
formation, il ne faut recourir à Dieu que
lorsqu'on a épuisé toute la série des causes méchaniques & matérielles.

Que ces causes satisfont à tout, & n'ont
point les inconvéniens de l'autre systême ; puisqu'alors on raisonne sur des
faits, & non sur des conjectures & des hypotheses.

Que la matiere est éternelle & nécessaire, & renferme nécessairement une infinité d'attributs, tant connus qu'inconnus. Voy. MATIERE & SPINOSISME.

Que l'homogénéité de ses molécules est une supposition absurde & insoutenable, par laquelle le système de l'univers devient une énigme inexplicable ; ce qui n'arrive pas si, en suivant l'expérience, on considere la matiere comme un aggrégat d'élemens hétérogenes, & par conséquent doués de propriétés différentes.

Que c'est une assertion téméraire de dire avec quelques métaphysiciens, que la matiere n'a ni ne peut avoir certaines propriétés, comme si on ne lui en découvroit pas tous les jours de nouvelles qu'on ne lui auroit jamais soupçonnées. *V.* Ame, Pensée, Sensation, Sensibilité, &c.

Que la création du néant est une chose impossible & contradictoire. *V.* Création.

Que le chaos n'a jamais existé, à moins qu'on n'entende par ce mot l'état des molécules de la matiere au moment de leur coordination.

Que, rigoureusement parlant, il n'y a point de repos absolu, mais seulement cessation apparente de mouvement ; puisque la tendance, ou si l'on veut, le *nisus*, n'est lui-même qu'un mouvement arrêté.

Que dans l'univers la quantité de mouvement reste toujours la même ; ce qui est évident, si l'on prend la somme totale des tendances & des forces vives.

Que l'accélération ou la retardation du mouvement dépend du plus ou moins de résistance des masses, & conséquemment de la nature des corps dans lesquels il est distribué ou communiqué.

Qu'on ne peut rendre raison de l'existence des corps mous, des corps élastiques, & des corps durs, qu'en supposant l'hétérogénéité des particules qui les composent. *V.* Dureté & Elasticité.

Que rien n'est mort dans la nature, mais que tout a une vie qui lui est propre & inhérente.

Que cette vérité si importante par elle-même, & par les conséquences qui en découlent, se trouve démontrée par les expériences que les physiciens ont faites sur la génération, la composition, & la décomposition des corps organisés, & sur les infusions des plantes.

Que la plus petite partie d'un fluide quelconque est peuplée de ces corps.

Qu'il en est vraisemblablement de même de tous les végétaux.

Que la découverte du polype, du puceron hermaphrodite, & tant d'autres de cette espece, sont aux yeux de l'observateur autant de clefs de la nature, dont il se sert avec plus ou moins d'avantage, selon l'étendue ou la petitesse de ses vues.

Que la division que l'on fait ordinairement de la matiere en *matiere vivante* & en *matiere morte*, est de l'homme, & non de la nature.

Qu'il en faut dire autant de celle que l'on fait des animaux en *genres*, en *especes*, & en *individus*.

Qu'il n'y a que des individus.

Que le système universel des êtres ne représente que les différentes affections ou modes d'une matiere hétérogene, éternelle & nécessaire.

Que toutes ces affections ou coordinations quelconques, sont successives & transitoires.

Que toutes les especes sont dans une vicissitude continuelle, & qu'il n'est pas plus possible de savoir ce qu'elles seront dans deux cent millions d'années, que ce qu'elles étoient il y a un million de siecles.

Que c'est une opinion aussi fausse que peu philosophique, d'admettre sur l'autorité de certaines relations l'extemporaineité de la formation de l'univers, de l'organisation & de l'animation de l'homme, des autres animaux sensibles & pensans, des plantes, &c.

Que ce monde, ainsi que tous les êtres qui en font partie, ont peut-être été précédés par une infinité d'autres mondes & d'autres êtres qui n'avoient rien de commun avec notre univers & avec nous que la matiere dont les uns & les autres étoient formés ; matiere qui ne périt point, quoiqu'elle change toujours de forme, & qu'elle soit susceptible de toutes les combinaisons possibles.

Que l'univers & tous les êtres qui coexistent passeront, sans que qui que ce soit puisse conjecturer ce que deviendront tous ces aggrégats, & quelle sera leur organisation.

Que ce qu'il y a de sûr, c'est que, quelle que soit alors la coordination universelle, elle sera toujours belle, & que comme il n'y a personne qui puisse accuser celle qui est passée, il est de même impossible qu'il y ait quelqu'être qui accuse celle qui aura lieu dans la succession de la durée, &c. &c.

Si on demande aux *unitaires* quelle idée, ils ont de la nature de Dieu, ils ne font nulle difficulté de dire qu'il est corporel & étendu.

Que tout ce qui n'est point corps est un pur néant: *V.* MATÉRIALISME.

Que la spiritualité des substances est une idée qui ne mérite pas d'être réfutée sérieusement.

Que les plus savans peres de l'église ne l'ont jamais connue.

Qu'ils ont tous donné un corps à Dieu, aux anges & aux ames humaines, mais un corps subtil, délié & aérien.

Que l'Ecriture favorise en mille endroits cette opinion.

Que le terme d'*incorporel* ne se trouve pas même dans toute la Bible, ainsi que l'a remarqué Origene.

Que l'idée d'un Dieu corporel est si naturelle à l'homme, qu'il lui est impossible de s'en défaire tant qu'il veut raisonner sans préjugés, & ne pas croire sur parole ce qu'il ne comprend pas, & ce qui confond les idées les plus claires qui soient dans son esprit.

Qu'une substance incorporelle est un être contradictoire.

Que l'immensité & la spiritualité de Dieu sont deux idées qui s'entre-détruisent. *V.* DIEU.

Que l'immatérialisme est un athéisme indirect, & qu'on a fait de Dieu un être spirituel pour n'en rien faire du tout, puisqu'un esprit est un pur être de raison. *V.* ESPRIT.

Conséquemment à ces principes impies, ils soutiennent que l'homme est un.

Que le supposer composé de deux substances distinctes, c'est multiplier les êtres sans nécessité, puisque c'est employer à la production d'un effet quelconque le concours de plusieurs causes, lorsqu'une seule suffit. *V.* AME.

Qu'il n'y a aucune différence spécifique entre l'homme & la bête.

Que l'organisation est la seule chose qui les différentie.

Que l'un & l'autre agissent & se meuvent par les mêmes loix.

Qu'après la mort leur sort est égal ; c'est-à-dire, que les élémens de matiere qui les composent se désunissent, se dispersent, & vont se rejoindre à la masse totale, pour servir ensuite à la nourriture & à l'organisation d'autres corps.

V. IMMORTALITÉ, ANIMAL, ANIMALITÉ, *&c.*

Que s'il n'y a rien dans les mouvemens & les actions des bêtes, qu'on ne puisse expliquer par les loix de la méchanique, il n'y a de même rien dans les oscillations, les déterminations & les actes de l'homme, dont on ne puisse rendre raison par les mêmes loix.

Qu'ainsi ceux qui, à l'exemple de Descartes, ont prétendu que les animaux étoient de pures machines, & qui ont fait tous leurs efforts pour le prouver, ont démontré en même temps que l'homme n'étoit rien autre chose. *V.* INSTINCT.

Que c'est la conséquence qu'ils laissent tirer à leurs lecteurs, soit qu'ils l'aient fait à dessein, soit qu'ils n'aient pas connu les dépendances inévitables du systême qu'ils vouloient établir.

Que la perfectibilité n'est pas même une faculté que nous ayons de plus que les bêtes, puisqu'on voit que leur instinct, leur adresse & leurs ruses augmentent toujours à proportion de celles qu'on emploie pour les détruire ou pour les perfectionner.

Que réduire tout ce qui se passe dans l'homme à la seule sensibilité physique, ou à la simple perception, c'est tout un pour les conséquences. *Voy.* SENSIBILITÉ.

Que ces opinions sont toutes deux vraies, & ne different que dans les mots qui les expriment, dont le premier touche de très-près au corps & le second appartient plus à l'ame. *V.* PERCEPTION, SENSATION, IDÉE.

Que point de sens, point d'idées.

Que point de mémoire, point d'idées.

Que la liberté considérée comme le pouvoir de faire ou de ne faire pas, est une chimere.

Qu'à la vérité on peut ce qu'on veut, mais qu'on est déterminé invinciblement à vouloir. *V.* VOLONTÉ.

En un mot, qu'il n'y a point d'actions libres proprement dites, mais seulement spontanées. *V.* LIBERTÉ.

Si on leur objecte que nous sommes libres d'une liberté d'indifférence, & que le christianisme enseigne que nous avons cette liberté, ils répondent par ce raisonnement emprunté des stoïciens: « La liberté, disent ces philosophes, n'existe pas, Faute de connoître les motifs de ratten-

bler les circonstances qui nous déterminent à agir d'une certaine maniere, nous
nous croyons libres. Peut-on penser que
l'homme ait véritablement le pouvoir de
se déterminer? Ne sont-ce pas plutôt les
objets extérieurs, combinés de mille façons différentes, qui le poussent & le déterminent? Sa volonté est-elle une faculté vague & indépendante, qui agisse sans
choix & par caprice? Elle agit, soit en
conséquence d'un jugement, d'un acte de
l'entendement, qui lui représente que
telle chose est plus avantageuse à ses intérêts que toute autre, soit qu'indépendamment de cet acte les circonstances où
un homme se trouve, l'inclinent, le forcent à se tourner d'un certain côté; & il
se flatte alors qu'il s'y est tourné librement, quoiqu'il n'ait pu vouloir se tourner d'un autre. » &c.

Après avoir ainsi établi une suite de
principes aussi singuliers qu'hétérodoxes,
les unitaires tâchent de prouver qu'ils
s'accordent avec les phénomenes, & qu'ils
ont de plus l'avantage de donner la solution des problémes les plus obscurs & les
plus compliqués de la métaphysique &
de la théologie; ils passent de là à la discussion des objections qu'on pourroit leur
faire, & après y avoir répondu de leur
mieux, ils examinent de nouveau les deux
principes qui servent de base à leur systême. Ces deux principes sont, comme
on l'a pu voir ci-dessus, la corporéité de
Dieu, & l'existence éternelle & nécessaire
de la matiere, & de ses propriétés infinies: nos sectaires s'attachent à faire
voir que ces deux propositions une fois
admises, toutes les difficultés disparoissent.

Que l'origine du mal physique & du mal
moral, ce phénomene si difficile à concilier avec les attributs moraux de la divinité, à moins de recourir à l'hypothese
de Manès, cesse dès ce moment d'être
une question embarrassante, puisqu'alors
l'homme n'a plus personne à accuser; il
n'y a ni mal ni bien absolus, & tout est
comme il devoit nécessairement être.

Qu'on fait de même à quoi s'en tenir
sur les questions tant de fois agitées, de
l'imputation prétendue du péché d'Adam
à toute sa postérité; de la providence &
de la prescience de Dieu; de la nature &
de l'immortalité de l'ame; d'un état futur
de récompenses & de peines, &c. &c. &c.

Que l'homme n'a plus à se plaindre de
son existence.

Qu'il sait qu'elle est le résultat déterminé & infaillible d'un méchanisme secret
& universel.

Qu'à l'égard de la liberté & des événemens heureux ou malheureux qu'on
éprouve pendant la vie, il voit que tout
étant lié dans la nature, il n'y a rien de
contingent dans les déterminations de
nos volontés; mais que toutes les actions
des êtres sensibles, ainsi que tout ce qui
arrive dans les deux ordres, a son principe dans un enchaînement immuable,
& une coordination fatale de causes &
d'effets nécessaires.

En un mot, qu'il y a peu de vérités
importantes, soit en philosophie, soit en
physique ou en morale, qu'on ne puisse
déduire du principe de l'éternité de la
matiere & de son coefficient.

" Il est vrai, ajoutent-ils, que pour appliquer cette théorie aux phénomenes du
monde matériel & intelligent, & trouver avec cette donnée les inconnues de
ces problémes, il faut joindre à un esprit
libre & sans préjugés, une sagacité & une
pénétration peu communes: car il s'agit
non-seulement de rejeter les erreurs reçues, mais d'appercevoir d'un coup-d'œil
les rapports & la liaison de la proposition
fondamentale avec les conséquences pro-
chaines ou éloignées qui en émanent, &
de suppléer ensuite par une espece d'analyse géométrique les idées intermédiaires qui séparent cette même proposition
de ses résultats, & qui en font sentir en
même temps la connexion. "

Ce qu'on vient de lire suffiroit pour
donner une idée générale de la philosophie des sociniens, si la doctrine de ces
sectaires étoit constante & uniforme:
mais ils ont cela de commun avec toutes
les autres sectes chrétiennes, qu'ils ont
varié dans leur croyance & dans leur culte. Ce n'est donc pas là le systême philosophique reçu & adopté unanimement
par ces hérétiques, mais seulement l'opinion particuliere de plusieurs savans unitaires anciens & modernes.

Observons cependant que ceux de cette
secte qui se sont le plus éloignés des principes exposés ci-dessus, n'ont fait seulement que les restreindre, les modifier,
& rejeter quelques conséquences qui en
découloient immédiatement, soit qu'elles

leur paruffent trop hardies & trop hétérodoxes, foit qu'ils ne les cruffent pas néceffairement inhérentes aux principes
qu'ils admettoient : mais s'il m'eft permis
de dire mon fentiment fur cette matiere
délicate, il me femble que le fyftême de
ces derniers eft bien moins lié, & qu'il eft
fujet à des difficultés très-fâcheules.

En effet, que gagnent-ils à ne donner
à Dieu qu'une étendue bornée? N'eft-ce
pas fuppofer que la fubftance divine eft
divifible? C'eft donc errer inconféquem-
ment. Ils ne peuvent pas dire qu'une étendue finie foit un être effentiellement fimple, & exempt de compofition, fous prétexte que fes parties n'étant point actuellement divifées, elles ne font point véritablement diftinctes les unes des autres.
Car dès qu'elles n'occupent pas toutes le
même lieu, elles ont des relations locales à d'autres corps qui les différencient;
elles font donc auffi réellement diftinctes, indépendantes & défunies, quoiqu'elles ne foient féparées qu'intelligi-
blement, que fi leurs parties étoient à des
diftances infinies les unes des autres,
puifque l'on peut affirmer que l'une n'eft
pas l'autre, & ne la pénetre pas.

A l'égard de l'origine du mal, que leur
fert-il d'ôter à Dieu la prévifion des futurs contingens, & de dire qu'il ne connoît l'avenir dans les agens libres que par
des conjectures qui peuvent quelquefois
le tromper? Croient-ils par cette hypothèfe juftifier la providence, & fe difcul-
per de l'accufation de faire Dieu auteur
du péché? C'eft en vain qu'ils s'en flat-
teroient; car fi Dieu n'a pas prévu certainement les événemens qui dépendoient
de la liberté de l'homme, il a pu au moins,
comme le remarque un fameux théologien, les deviner par conjecture. " Il a
bien foupçonné que les créatures libres
fe pourroient dérégler par le mauvais
ufage de leur liberté. Il a dû prendre fes
fûretés pour empêcher les défordres. Au
moins il a pu favoir les chofes quand il les
a vues arrivées. Il n'a pu ignorer, quand
il a vu Adam tomber & pécher, qu'il alloit faire une race d'hommes méchans. Il
a dû employer toutes fortes de moyens
pour mettre des digues à cette malice, &
pour l'empêcher de fe multiplier autant
qu'elle a fait. Au lieu de cela, on voit un
Dieu qui laiffe courir pendant quatre
mille ans tous les hommes dans leurs

voies, qui ne leur envoie ni conducteurs,
ni prophetes, & qui les abandonne entièrement à l'ignorance, à l'erreur & à l'ido-
latrie; n'exceptant de cela que deux ou
trois millions d'ames cachées dans un petit coin de la terre. Les fociniens pour-
roient-ils bien répondre à cela & fatisfaire parfaitement les incrédules? "

Je fais bien que les *unitaires* dont nous
parlons, objectent que la prefcience divine détruiroit la liberté de la créature;
voici à peu près comment ils raifonnent
fur ce fujet : " Si une chofe, difent-ils,
eft contingente en elle-même, & peut
auffi bien n'arriver pas comme arriver,
comment la prévoir avec certitude? Pour
connoître telle qu'elle eft en elle-même;
& fi elle eft indéterminée par fa propre
nature, comment la peut-on regarder
comme déterminée, & comme devant arriver? Ne feroit-ce pas en avoir une fauffe
idée? & c'eft ce qu'il femble qu'on attribue à Dieu, lorfqu'on dit qu'il prévoit
néceffairement une chofe qui en elle-même n'eft pas plus déterminée à arriver
qu'à n'arriver pas. "

Ils concluent de là qu'il eft impoffible
que Dieu puiffe prévoir les événemens
qui dépendent des caufes libres, parce
que s'il les prévoit, ils arriveront néceffairement & infailliblement, & s'il eft
infaillible qu'ils arriveront, il n'y a plus
de contingence, & par conféquent plus
de liberté. Ils pouffent les objections fur
cette matiere beaucoup plus loin, & prétendent réfuter folidement la réponfe de
quelques théologiens qui difent que les
chofes n'arrivent pas, parce que Dieu les
a prévues, mais que Dieu les a prévues
parce qu'elles arrivent. *V.* PRESCIENCE,
CONTINGENT, LIBERTÉ, FATALITÉ,
&c.

Leur fentiment fur la providence va
nous fournir une autre preuve de l'incohérence de leurs principes. Ne pouvant
concilier ce dogme avec notre liberté, &
avec la haine infinie que Dieu a pour le
péché, ils refufent à cet Etre fuprême la
providence qui regle & gouverne les chofes en détail. Mais il eft aifé de voir, pour
peu qu'on y réfléchiffe, que c'eft foumettre toutes les chofes humaines aux loix
d'un deftin néceffitant & irréfiftible, &
par conféquent introduire le fatalifme.
Ainfi, s'ils veulent fe fuivre, ils ne doivent rendre aucune efpece de culte à la

divinité : leur hypothese rend absolument inutiles les vœux, les prieres, les sacrifices, en un mot, tous les actes intérieurs & extérieurs de religion. Elle détruit même invinciblement la doctrine de l'immortalité de l'ame, & ce qui en est une suite, celle des peines & des récompenses après la mort; hypotheses qui ne sont fondées que sur celle d'une providence particuliere & immédiate, & qui s'écroulent avec elle.

Leurs défenseurs répondent à cela, qu'il est impossible d'admettre le dogme d'une providence universelle, sans donner atteinte à l'idée de l'Etre infiniment parfait. " Concevez-vous, disent-ils, que sous l'empire d'un Dieu tout-puissant, aussi bienfaisant que juste, il puisse y avoir des vases à honneur, & des vases à deshonneur ? Cela ne répugne-t-il pas aux idées que nous avons de l'ordre & de la sagesse ? Le bonheur continuel des êtres intelligens ne doit-il pas être le premier des soins de la providence, & l'objet principal de sa bonté infinie ? Pourquoi donc souffrons-nous, & pourquoi y a-t-il des méchans ? Examinez tous les systêmes que les théologiens de toutes les communions ont inventés pour répondre aux objections sur l'origine du mal physique & du mal moral, & vous n'en trouverez aucun qui vous satisfasse même à quelques égards. Il en résulte toujours, pour quiconque sait juger des choses, que Dieu pouvant empêcher très-facilement que l'homme ne fût criminel ni malheureux, l'a néanmoins laissé tomber dans le crime & dans la misere. Concluons donc qu'il faut nécessairement faire Dieu auteur du péché, ou être fataliste. Or, puisqu'il n'y a que ce seul moyen de disculper pleinement la divinité, & d'expliquer les phénomenes, il s'ensuit qu'il n'y a pas à balancer entre ces deux solutions. "

Telles sont en partie les raisons dont les fauteurs du socinianisme se servent pour justifier l'opinion de nos *unitaires* sur la providence : raisons qu'ils fortifient du dilemme d'Epicure, & de tou-

tes les objections que l'on peut faire contre le systême orthodoxe. Mais nous n'avons pas prétendu nier que ce systême n'eût aussi ses difficultés; tout ce que nous avons voulu prouver, c'est premiérement que ces sectaires n'ont point connu les dépendances inévitables du principe sur lequel ils ont bâti toute leur philosophie, puisque l'idée d'une providence, quelle qu'elle soit, est incompatible avec la supposition d'une matiere éternelle & nécessaire.

Secondement, qu'en excluant la providence divine de ce qui se passe ici-bas, & en restreignant ses opérations seulement aux grandes choses, ces sociniens ne sont pas moins hétérodoxes que ceux dont ils ont mutilé le systême, soit en altérant les principes, soit en y intercalant plusieurs opinions tout-à-fait discordantes. J'en ai donné, ce me semble, des preuves sensibles, auxquelles on peut ajouter ce qu'ils disent de l'ame des bêtes.

Ils remarquent d'abord (a) que l'homme est le seul de tous les animaux auquel on puisse attribuer une raison & une volonté proprement dites, & dont les actions sont réellement susceptibles de mérite & de démérite, de punition & de récompense. Mais s'ils ne donnent point aux bêtes une volonté ni un franc-arbitre proprement dits ; s'ils ne les font pas capables de la vertu & du vice, ni des peines & des récompenses proprement parlant, ils ne laissent pas de dire que la raison, la liberté & la vertu se trouvent en elles imparfaitement & analogiquement, & qu'elles les rendent dignes de peines & de récompenses en quelque façon : ce qu'ils prouvent par des passages de (b) la Genese, de l'Exode & du Lévitique, où Dieu ordonne des peines contre les bêtes.

Quelque hardie que soit cette pensée, elle ne tient point au fond de l'hérésie socinienne. En raisonnant conséquemment, les *unitaires* dont nous ne sommes que les historiens, devoient dire avec Salomon : " Les hommes meurent comme les " bêtes, & leur sort est égal ; comme

(a) Voyez Crellius, *Ethicæ christianæ*, lib. II, cap. j, pag. 65. 66.

(b) Voyez la Genese, ch. ix, v.5. Exod. xij, v.28. Lévit. xx, v. 15. 16. & notez ces paroles de Franzius. *Quæri autem posset an non ponenda sit rationalis animæ in brutis.... cum, Genes. ix, 5. Deus ipse velit viudicare sanguinem hominis in brutis si quando effuderunt sanguinem humanum.* Hist. animal. sacra, part. I, cap. ij, p. 16.

» l'homme meurt, les bêtes meurent auffi.
» Les uns & les autres refpirent de même,
» & l'homme n'a rien de plus que la bête;
» tout eft foumis à la vanité. Ils s'en vont
» tous au même lieu; & comme ils ont
» tous été formés de la tere, ils s'en re-
» tournent tous également en terre. Qui
» fait fi l'ame des enfans d'Adam monte
» en-haut, & fi l'ame des bêtes defcend
» en-bas ? ,, Eccléfiaft. c. 3. v. 19 & fuiv.
Cet aveu devoit leur coûter d'autant
moins qu'ils foutiennent la mortalité des
ames, on leur dormir jufqu'au jour du
jugement, & l'anéantiffement de celles
des méchans, &c.

Voilà ce que j'ai trouvé de plus curieux & de plus digne de l'attention des
philofophes, dans les écrits des *unitaires*.
J'ai tâché de donner à cet extrait analytique toute la clarté dont les matieres
qui y font traitées font fufceptibles; &
je n'ai pas craint de mettre la doctrine
de ces fectaires à la portée de tous mes
lecteurs; elle eft fi impie & fi infectée
d'héréfie, qu'elle porte fûrement avec elle
fon antidote & fa réfutation. D'ailleurs
j'ai eu foin, pour mieux terraffer l'erreur,
de renvoyer aux *articles* de ce dictionnaire, où toutes les hétérodoxies des *unitaires* doivent avoir été folidement réfutées, & où les vérités de la réligion &
les dogmes de la véritable églife ont pu
être éclaircis & mis par nos théologiens
dans un fi haut degré d'évidence & de certitude, qu'il faudroit fe faire illufion pour
n'en être pas frappé, & pour n'en pas au-
gurer l'entiere deftruction de l'incrédulité. Par le moyen de ces renvois, des efprits foibles, ou qui ne s'étant pas appliqués à fonder les profondeurs de la métaphyfique, pourroient fe laiffer éblouir
par des argumens captieux, feront à l'a-
bri des féductions, & auront une regle
fûre & infaillible pour juger du vrai &
du faux.

Je finirai cet article par une réflexion
dont la vérité fe fera fentir à tout lecteur
intelligent.

La religion catholique, apoftolique &
romaine eft inconteftablement la feule
bonne, la feule fûre & la feule vraie;
mais cette religion exige en même temps
de ceux qui l'embraffent, la foumiffion la
plus entiere de la raifon. Lorfqu'il fe trouve dans cette communion un homme d'un
efprit inquiet, remuant & difficile à con-

tenter, il commence d'abord par s'établir
juge de la vérité des dogmes qu'on lui
propofe à croire, & ne trouvant point
dans ces objets de fa foi un degré d'évidence que leur nature ne comporte pas,
il fe fait proteftant; s'appercevant bientôt de l'incohérence des principes qui caractérifent le proteftantifme, il cherche
dans le focinianifme une folution à fes
difficultés, & il devient focinien: du focinianifme au déifme il n'y qu'une nuance
très-imperceptible, & un pas à faire, il
le fait; mais comme le déifme n'eft lui-
même, ainfi que nous l'avons déja dit,
qu'une religion inconféquente, il fe précipite infenfiblement dans le pyrrhonif-
me, état violent & auffi humiliant pour
l'amour-propre, qu'incompatible avec la
nature de l'efprit humain: enfin il finit
par tomber dans l'athéifme, état vraiment
cruel, & qui affure à l'homme une malheureufe tranquillité, à laquelle on ne
peut guere efpérer de fe voir renoncer.

Au refte quoique le but de l'Encyclopédie ne foit pas de donner l'hiftoire des
hérétiques, mais celle de leurs opinions,
nous rapporterons cependant quelques
anecdotes hiftoriques fur ce qui concerne
la perfonne & les aventures des principaux chefs des *unitaires*. Ces fectaires ont
fait trop de bruit dans le monde, & s'y
font rendus trop célebres par la hardieffe
de leurs fentimens, pour ne pas faire en
leur faveur une exception.

Lélie *Socin* naquit à Sienne en 1525,
& s'étant laiffé infecter du poifon des
nouvelles opinions que Luther & Calvin
répandoient alors comme à l'envi, il quitta fa patrie en 1547, voyagea pendant
quatre ans tant en France & en Angleterre que dans les Pays-Bas & en Pologne; s'étant enfin fixé à Zurich, il commença à y répandre les femences de l'héréfie arienne & photinienne, qu'il vouloit introduire; & mourut en cette ville
à l'âge de trente-fept ans, l'an 1562,
laiffant fes écrits à *Faufte Socin* fon neveu.

Celui-ci, né à Sienne en 1539, & déja
féduit par les lettres de fon oncle, fortit
de l'Italie pour éviter les pourfuites de
l'inquifition, & fe hâta de fe mettre en
poffeffion des écrits de Lélius, qu'il négligea pourtant après les avoir recueillis.
Etant repaffé en Italie, il y demeura
douze ans à la cour du duc de Florence;
mais l'ayant quitté tout-à-coup, il fe re-
tira

tra à Bâle, où il s'appliqua à l'étude, revit les ouvrages de son onele, & y composa en 1578 son livre de *Jesu Christo servatore*, qui ne fut pourtant imprimé qu'en 1595. De Suisse, il fut appellé par George Blandrata, autre antitrinitaire, en Transilvanie, où il eut des disputes fort vives avec François David, hérésiarque encore plus décidé que Socin & Blandrata, contre la divinité de Jésus-Christ. De-là il passa en Pologne, où les nouveaux ariens étoient en grand nombre, & souhaita d'entrer dans la communion des *unitaires*; mais comme il différoit d'eux sur quelques points, & qu'il ne vouloit pas garder le silence, on le rejetta assez durement : il ne laissa pas d'écrire en leur faveur contre ceux qui les attaquoient, & vit enfin ses sentimens approuvés par plusieurs ministres; mais il éprouva de la part des catholiques des persécutions fort cruelles. Pour s'en délivrer, il se retira à un petit village éloigné d'environ neuf milles de Cracovie. Ce fut là que, suivi d'un assez petit nombre de disciples, & protégé par quelques grands seigneurs, il employa vingt-cinq ans à composer un grand nombre de petits traités, d'opuscules, de remarques, de relations de ses différentes disputes, &c. imprimés en différens tems, soit de son vivant, soit après sa mort, & qu'on trouve recueillis en deux tomes *in-fol.* à la tête de la *Bibliotheque des freres Polonois.* . Ce patriarche des *unitaires* mourut en 1604. " Sa secte, comme le dit très-bien Bayle, bien loin de mourir avec lui, se multiplia dans la suite considérablement; mais depuis qu'elle fut chassée de Pologne, l'an 1658, elle est fort déchue & fort diminuée quant à son état visible : car d'ailleurs, il n'y a guere de gens qui ne soient persuadés qu'elle s'est multipliée invisiblement, & qu'elle devient plus nombreuse de jour en jour : & l'on croît qu'en l'état où sont les choses, l'Europe s'étonneroit de se trouver socinienne dans peu de temps, si de puissans princes embrassoient publiquement cette hérésie, ou si seulement ils donnoient ordre que la profession en fût déchargée de tous les désavantages temporels qui l'accompagnent „. *Voyez* notre introduction à la tête de cet *article.*

Ce qu'il y a de sûr, c'est que les *unitaires* étoient autrefois fort répandus en

Pologne; mais en ayant été chassés par un arrêt public de la diete générale du royaume, ils se refugierent en Prusse & dans la marche de Brandebourg, quelques-uns passerent en Angleterre, & d'autres en Hollande, où ils sont tolérés, & où l'on débite publiquement leurs livres, quoi qu'en dise Bayle.

Outre les deux Socins, leurs principaux écrivains sont Crellius, Smalcius, Volkélius, Schlitingius, le chevalier Lunietzki, &c. On soupçonne aussi avec beaucoup de raison, Epifcopius, Limborg, de Courcelles, Grotius, Jean le Clerc, Locke, Clarke & plusieurs autres modernes, d'avoir adopté leurs principes sur la divinité du Verbe, l'incarnation, la satisfaction de Jesus-Christ, &c. & sur quelques autres points de théologie & de philosophie. *Voy.* la *Bibliotheque des antitrinitaires.* Crellius, *De uno Deo patre, de Deo & attributis*, &c. Volkelius, *De vera religione.* Micrælii, *Hist. ecclef.* Natalis Alexander, *Hist. ecclef. ad fec.* 16. Hoornbeeck, *in apparatu ad controv. socinianas*; le catéchisme de Racovie, & les ouvrages des *unitaires* modernes, d'où cet *article* a été tiré en partie. (*Article de M. Naigeon.*)

UNITÉ, s. m. *Mathém.*, c'est ce qui exprime une seule chose ou une partie individuelle d'une quantité quelconque. Quand on dit *individuelle*, ce n'est pas que l'*unité* soit indivisible, mais c'est qu'on la considere comme n'étant pas divisée, & comme faisant partie d'un tout divisible. *V.* NOMBRE.

Quand un nombre a quatre ou cinq chiffres, celui qui est le plus à la droite, c'est-à-dire, le premier en allant de droite à gauche, exprime ou occupe la place des *unités.* Voy. NUMÉRATION. Et selon Euclide, on ne doit pas mettre au rang des nombres l'*unité*; il dit que *le nombre est une collection d'unités*; mais c'est là une question de mots.

UNITÉ, *Théol.*, est un des caracteres distinctifs de la véritable église de Jésus-Christ.

Par *unité*, les théologiens catholiques entendent le lien qui unit les fideles par la profession d'une même doctrine, par la participation aux mêmes sacremens, & par la soumission au même chef visible. La multitude des églises particulieres qui sont répandues dans les différentes par-

I

ties du monde ne préjudicie en rien à cette *unité*; toutes ces églises réunies ensemble ne formant qu'un seul & même tout moral, qu'un seul & même corps, en un mot, qu'une seule & même société, qui professe la même foi, qui participe aux mêmes sacremens, qui obéit aux mêmes pasteurs & au même chef. Or cette *unité*, selon les catholiques, est restreinte à une seule société, de laquelle sont exclus les hérétiques qui professent une foi différente, les excommuniés qui ne participent plus aux sacremens, les schismatiques qui refusent de se soumettre à l'autorité des pasteurs légitimes. Or, cette société c'est l'église romaine, comme l'ont prouvé nos controversistes, dont on peut consulter les écrits.

Les protestans conviennent que l'église doit être une; mais ils prétendent que cette *unité* peut subsister, sans que ses membres soient réunis sous un chef visible, & qu'il suffit que tous les chrétiens soient unis par les liens d'une charité mutuelle, & qu'ils soient d'accord sur les points fondamentaux de la réligion. On sait que cette derniere condition est de l'invention du ministre Jurieu, & qu'elle jette les protestans dans l'impossibilité de décider de combien ou de quelles sectes l'église pourra être composée, parce que chacun voulant ou prétendant déterminer à son gré quels sont ces points fondamentaux, les uns ouvrent la porte à-toutes les sectes, tandis que d'autres la leur ferment. D'ailleurs, ces caracteres d'*unité* qu'assignent les protestans sont, ou intérieurs ou invisibles, ou équivoques. Et pour discerner l'*unité* de l'église, il faut des caracteres visibles, extérieurs, & de nature à frapper vivement les plus simples, & à leur montrer quelle est la société à laquelle ils doivent s'attacher.

UNITÉ, *Belles-Lettres*, dans un ouvrage d'éloquence ou de poésie. Qualité qui fait qu'un ouvrage est par-tout égal & soutenu. Horace, dans son art poétique, veut que l'ouvrage soit *un*:

Denique fit quodvis simplex duntaxat & unum.

Et Despréaux a rendu ce précepte par celui-ci :

Il faut que chaque chose y soit mise en son lieu,
Que le début, la fin répondent au milieu.
Art poét. chap. I.

Il n'y a point d'ouvrage d'esprit, de quelqu'étendue qu'on le suppose, qui ne soit sujet à cette regle. L'auteur d'une ode n'est pas moins obligé de se soutenir, que celui d'une tragédie ou d'un poeme épique, & souvent même on excuse moins aisément ce défaut dans un petit ouvrage que dans un grand. Cette *unité* consiste à distinguer un ordre général dans la matiere qu'on traite, & à établir un point fixe auquel tout puisse se rapporter. C'est l'art d'assortir les diverses parties d'un ouvrage, de ne choisir que le nécessaire, de rejetter le superflu, de savoir à propos sacrifier quelques beautés pour en placer d'autres qui seront plus en jour, d'éclaircir les vérités les unes par les autres, & de s'avancer insensiblement de degrés en degrés vers le but qu'on se propose. Enfin, l'*unité*, est dans les arts d'imitation, ce que sont l'ordre & la méthode dans les hautes sciences, telles que la philosophie, les mathématiques, &c. La science, l'érudition, les pensées les plus nobles, l'élocution la plus fleurie, sont des matériaux propres à produire de grands effets; cependant si la raison n'en regle l'ordre & la distribution, si elle ne marque à chacune de ces choses le rang qu'elle doit tenir, si elle ne les enchaine avec justesse, il ne résulte de leur amas qu'un chaos dont chaque partie prise en soi peut être excellente, quoique l'assortiment en soit monstrueux. Ce te *unité* nécessaire dans l s ouvrages d'esprit, loin d'être incompatible avec la variété, sert au contraire à la produire par le choix, la distribution sensée des ornemens. Tout le commencement de l'art poétique d'Horace est consacré à prescrire cette *unité*, que les modernes ont encore mieux connue & mieux observée que les anciens.

Unité, dans la poésie dramatique, est une regle qu'ont établie les critiques, par laquelle on doit observer dans tout drame une *unité* d'action, une *unité* de temps, & une *unité* de lieu; c'est ce que M. Despréaux a exprimé par ces deux vers :

Qu'en un lieu, qu'en un jour, un seul fait accompli
Tienne jusqu'à la fin le théâtre rempli.
Art poét. chap. 3.

C'est ce qu'on appelle la *regle des trois unités*, sur lesquelles Corneille a fait un excellent discours, dont nous emprunte.

tous en partie ce que nous allons dire ici, pour en donner au lecteur une idée suffisante.

Ces trois *unités* sont communes à la tragédie & à la comédie ; mais dans le poëme épique, la grande & presque la seule *unité* est celle d'action. A la vérité, on doit y avoir quelqu'égard à l'*unité* des temps, mais il n'y est pas question de l'*unité* de lieu. L'*unité* de caractere n'est pas du nombre des *unités* dont nous parlons ici. *V.* CARACTERE.

1°. L'*unité* d'action consiste à ce que la tragédie ne roule que sur une action principale & simple, autant qu'il se peut : nous ajoutons cette exception ; car il n'est pas toujours d'une nécessité absolue que cela soit ainsi ; & pour mieux entendre ceci, il est à propos de distinguer avec les anciens deux sortes de sujets propres à la tragédie ; savoir, le sujet propre, & le sujet mixte ou composé. Le premier est celui qui, étant un & continué, s'acheve sans un manifeste changement au contraire de ce qu'on attendoit, & sans aucune reconnoissance. Le sujet mixte ou composé est celui qui s'achemine à sa fin avec quelque changement opposé à ce qu'on attendoit, ou quelque reconnoissance, ou tous deux ensemble. Telles sont les définitions qu'en donne Corneille, d'après Aristote. Quoique le sujet simple puisse admettre un incident considérable, qu'on nomme *épisode*, pourvu que cet incident ait un rapport direct & nécessaire avec l'action principale, & que le sujet mixte qui par lui-même est assez intrigué, n'ait pas besoin de ce secours pour se soutenir ; cependant dans l'un & dans l'autre l'action doit être une & continue, parce qu'en la divisant, on diviseroit & l'on affoibliroit nécessairement l'intérêt & les impressions que la tragédie se propose d'exciter. L'art consiste donc à n'avoir en vue qu'une seule & même action, soit que le sujet soit simple, soit qu'il soit composé, à ne la pas surcharger d'incidens, à n'y ajouter aucun épisode qui ne soit naturellement lié avec l'action ; rien n'étant si contraire à la vraisemblance, que de vouloir réunir & rapporter à une même action un grand nombre d'incidens qui pourroient à peine arriver en plusieurs semaines. " C'est par la beauté des sentimens, par la violence des passions, par l'élégance des expres-

sions, dit M. Racine dans sa préface de *Bérénice*, que l'on doit soutenir la simplicité d'une action, plutôt que par cette multiplicité d'incidens, par cette foule de reconnoissances amenées comme par force ; refuge ordinaire des poëtes stériles, qui se jettent dans l'extraordinaire en s'écartant du naturel ,,. Cette simplicité d'action qui contribue infiniment à son *unité*, est admirable dans les poëtes Grecs. Les Anglois, & entr'autres Shakespear, n'ont point connu cette regle ; ses tragédies d'*Henri IV*, de *Richard III*, de *Macbeth*, sont des histoires qui comprennent les événemens d'un regne tout entier. Nos auteurs dramatiques, quoiqu'ils aient pris moins de licence, se sont pourtant donné quelquefois celle, ou d'embrasser trop d'objets, comme on le peut voir dans quelques tragédies modernes, ou de joindre à l'action principale des épisodes qui par leur inutilité ont refroidi l'intérêt, ou par leur longueur l'ont tellement partagé, qu'il en a résulté deux actions au lieu d'une. Corneille & Racine n'ont pas entièrement évité cet écueil. Le premier, par son épisode de l'amour de Dircé pour Thésée, a défiguré sa tragédie d'*Œdipe* : lui-même a reconnu que dans *Horace*, l'action est double, parce que son héros court deux périls différens, dont l'un ne l'engage pas nécessairement dans l'autre, puisque d'un péril public qui intéresse tout l'état, il tombe dans un péril particulier, où il n'y va que de sa vie. La piece auroit donc pu finir au quatrieme acte, le cinquieme formant pour ainsi dire une nouvelle tragédie. Aussi l'*unité* d'action dans le poëme dramatique dépend-elle beaucoup de l'*unité* de péril pour la tragédie, & de l'*unité* d'intrigue pour la comédie. Ce qui a lieu non-seulement dans le plan de la fable, mais aussi dans la fable étendue & remplie d'épisodes. *V.* ACTION, FABLE.

Les épisodes y doivent entrer sans en corrompre l'*unité*, ou sans former une double action : il faut que les différens membres soient si bien unis & liés ensemble, qu'ils n'interrompent point cette *unité* d'action si nécessaire au corps du poëme, & si conforme au précepte d'Horace, qui veut que tout se réduise à la simplicité & à l'*unité* de l'action. *Sit quodvis simplex duntaxat & unum.* Voy. EPISODE.

C'est sur ce fondement, qu'on a reproché à Racine qu'il y avoit duplicité d'action dans *Andromaque* & dans *Phedre* ; & à considérer ces pieces sans prévention, on ne peut pas dire que l'action principale y soit entiérement *une* & dégagée, sur-tout dans la derniere, où l'épisode d'Aricie n'influe que foiblement sur le dénouement de la piece même, en admettant la raison que le poëte allegue dans la préface pour justifier l'invention de ce personnage. Une des principales causes, pour laquelle nos tragédies en général ne sont pas si simples que celles des anciens, c'est que nous y avons introduit la passion de l'amour qu'ils en avoient exclue. Or, cette passion étant naturellement vive & violente, elle partage l'intérêt & nuit par conséquent très-souvent à l'*unité* d'action. *Principes pour la lecture des poëtes*, t. II, p. 52 & suiv. Corn. *Discours des trois unités*.

A l'égard du poëme épique, M. Dacier observe que l'*unité* d'action ne consiste pas dans l'*unité* du héros, ni dans l'uniformité de son caractere ; quoique ce soit une faute que de lui donner dans la même piece des mœurs différentes. L'*unité* d'action exige qu'il n'y ait qu'une seule action principale, dont toutes les autres ne soient que des accidens & des dépendances. *V*. Héros, Caracteres, Mœurs, Action.

Pour bien remplir cette regle, le pere le Bossu demande trois choses, 1°. que l'on ne fasse entrer dans le poëme aucun épisode qui ne soit pris dans le plan, ou qui ne soit fondé sur l'action, & qu'on ne puisse regarder comme un membre naturel du corps du poëme ; 2°. que ces épisodes ou membres s'accordent & soient liés étroitement les uns aux autres ; 3°. que l'on ne finisse aucun épisode au point qu'il puisse ressembler à une action entiere & séparée ou détachée ; mais que chaque épisode ne soit jamais qu'une partie d'un tout, & même une partie qui ne fasse point un tout elle-même.

Le critique examinant sur ces regles l'*Enéide*, l'*Iliade* & l'*Odyssée*, trouve qu'elles y ont été observées à la derniere rigueur. En effet, ce n'est que de la conduite de ces poëmes qu'il a tiré les regles qu'il prescrit ; & pour donner un exemple d'un poëme où elles ont été négligées, il cite la *Thébaïde* de Stace. *V*. Thébaïde *&* Action.

2°. L'*unité* de temps est établie par Aristote dans sa poétique, où il dit expressément que la durée de l'action ne doit point excéder le temps que le soleil emploie à faire sa révolution, c'est-à-dire, l'espace d'un jour naturel. Quelques critiques veulent que l'action dramatique soit renfermée dans un jour artificiel, ou l'espace de douze heures. Mais le plus grand nombre pense que l'action qui fait le sujet d'une piece de théâtre, doit être bornée de vingt-quatre heures, ou comme on dit communément, que sa durée commence & finisse entre deux soleils ; car on suppose qu'on présente aux spectateurs un sujet de fable ou d'histoire, ou tiré de la vie commune, pour les instruire ou les amuser ; & comme on n'y parvient qu'en excitant les passions, si on leur laisse le temps de se refroidir, il est impossible de produire l'effet qu'on se proposoit. Or, en mettant sur la scene une action qui vraisemblablement ou même nécessairement n'auroit pu se passer qu'en plusieurs années, la vivacité des mouvemens se rallentit ; ou si l'étendue de l'action vient à excéder de beaucoup celle du temps, il en résulte nécessairement de la confusion, parce que le spectateur ne peut se faire illusion jusqu'à penser que des événemens en si grand nombre se seroient terminés dans un si court espace de temps. L'art consiste donc à proportionner tellement l'action & sa durée, que l'une paroisse être réciproquement la mesure de l'autre ; ce qui dépend sur-tout de la simplicité de l'action. Car si l'on en réunit plusieurs sous prétexte de varier & d'augmenter le plaisir, il est évident qu'elles sortiront des bornes du temps prescrit, & de celles de la vraisemblance. Dans le *Cid*, par exemple, Corneille fait donner dans un même jour trois combats singuliers & une bataille, & termine la journée par l'espérance du mariage de Chimene avec Rodrigue, encore tout fumant du sang du comte de Gormas, pere de cette même Chimene, sans parler des autres incidens, qui naturellement ne pouvoient arriver en aussi peu de temps, & que l'histoire met effectivement à deux ou trois ans les uns des autres. Guillen de Castro, auteur Espagnol, dont Corneille avoit emprunté le sujet du *Cid*, l'avoit traité à la maniere de son temps & de son pays, qui permettant qu'on fit paroître

fur la fcene un héros qu'on voyoit, comme dit M. Defpréaux,

Enfant au premier acte , & barbon au
dernier ,

n'affujettiffoit point les auteurs dramatiques à la regle des vingt-quatre heures ;
& Corneille, pour vouloir y ajufter un
évènement trop vafte , a péché contre la
vraifemblance. Les anciens n'ont pas toujours refpecté cette regle ; mais nos premiers dramatiques François & les Anglois
l'ont violée ouvertement. Parmi ces derniers fur-tout, Shakefpear femble ne l'a-
voir pas feulement connue ; & on lit à
la tête de quelques - unes de fes pieces,
que la durée de l'action eft de trois, dix,
feize années , & quelquefois de davantage. Ce n'eft pas qu'en général on doive
condamner les auteurs qui , pour plier un
événement aux regles du théâtre , négligent la vérité hiftorique , en rapprochant
comme en un même point des circonftances éparfes qui font arrivées en différens
temps, pourvu que cela fe faffe avec jugement & en matieres peu connues ou
peu importantes. " Car le poëte, difent
meffieurs de l'académie françoife dans
leurs *Sentimens fur le Cid*, ne confidere
dans l'hiftoire que la vraifemblance des
événemens , fans fe rendre efclave des
circonftances qui en accompagnent la vérité; de maniere que , pourvu qu'il foit
vraifemblable que plufieurs actions fe
foient auffi bien pu faire conjointement
que féparément , il eft libre au poëte de
les rapprocher , fi par ce moyen il peut
rendre fon ouvrage plus merveilleux ,.
Mais la liberté à cet égard ne doit point
dégénérer en licence ; & le droit qu'ont
les poëtes de rapprocher les objets éloignés, n'emporte pas avec foi celui de les
entaffer & de les multiplier , de maniere
que le temps prefcrit ne fuffife pas pour
les développer tous ; puifqu'il en réfulte-
roit une confufion égale à celle qui régne-
roit dans un tableau où le peintre auroit
voulu réunir un plus grand nombre de
perfonnages que fa toile ne pouvoit naturellement en contenir. Car , de même
qu'ici les yeux ne pourroient rien diftinguer ni démêler avec netteté , là l'efprit
du fpectateur & fa mémoire ne pourroient
ni concevoir clairement , ni fuivre aifément une foule d'événemens pour l'intelligence & l'exécution defquels la mefure
du temps , qui n'eft que de vingt-quatre

heures au plus , fe trouveroit trop courte. Le poëte eft même à cet égard beaucoup moins gêné que le peintre ; celui-ci
ne pouvant faifir qu'un coup - d'œil , un
inftant marqué de la durée de l'action ,
mais un inftant fubit & prefqu'indivifi-
ble. *Principes pour la lecture des poëtes* ,
tome II, p. 48 & fuiv.

Dans le poëme épique , l'*unité* de tems
prife dans cette rigueur , n'eft nullement
néceffaire , puifqu'on ne fauroit gueré y
fixer la durée de l'action : plus celle-ci
eft vive & chaude, & plus il en faut précipiter la durée. C'eft pourquoi l'*Iliade*
ne fait durer la colere d'Achille que quarante - fept jours tout au plus ; au lieu
que , felon le P. le Boffu , l'action de
l'*Odyffée* occupe l'efpace de huit ans &
demi, & celle de l'*Enéide* près de fept
ans ; mais ce fentiment eft faux, comme
nous l'avons démontré au mot *action*. V.
ACTION.

Pour ce qui eft de la longueur du poëme épique , Arifote veut qu'il puiffe être
lu tout entier dans l'efpace d'un jour ; &
il ajoute que , lorfqu'un ouvrage en ce
genre s'étend au-delà de ces bornes , la
vue s'égare ; de forte qu'on ne fauroit
parvenir à la fin fans avoir perdu l'idée
du commencement.

3°. L'*unité* de lieu eft une regle dont
on ne trouve nulle trace dans Arifote &
dans Horace , mais qui n'en eft pas moins
fondée dans la nature. Rien ne demande
une fi exacte vraifemblance que le poëme
dramatique : comme il confifte dans l'i-
mitation d'une action complete & bornée , il eft d'une égale néceffité de borner
encore cette action à un feul & même
lieu , afin d'éviter la confufion , & d'obferver encore la vraifemblance , en foutenant le fpectateur dans une illufion qui
ceffe bientôt dès qu'on veut lui perfuader
que les perfonnages qu'il vient de voir
agir dans un lieu , vont agir à dix ou
vingt lieues de même endroit , & toujours fous fes regards , quoiqu'il foit bien
fûr que lui-même n'a pas changé de place. Que le *lieu de la fcene foit fixe & mar-*
qué , dit M. Defpréaux ; voilà la loi. En
effet, fi les fcenes ne font préparées. amenées , & enchaînées les unes aux autres
de maniere que tous les perfonnages puiffent fe rencontrer fucceffivement & avec
bienféance dans un endroit commun ; fi
les divers incidens d'une piece exigent

I 3

néceffairement une trop grande étendue de terrein ; fi enfin le théâtre repréfente plufieurs lieux différens les uns après les autres , le fpectateur trouve toujours ces changemens incroyables , & ne fe prête point à l'imagination du poëte qui choque à cet égard les idées ordinaires , &, pour parler plus nettement , le bon fens. Pour connoître combien cette *unité* de lieu eft indifpenfable dans la tragédie , il ne faut que comparer quelques pieces où elle eft abfolument négligée , avec d'autres où elle eft obfervée exactement ; & fur le plaifir qui réfulte de celles-ci , & l'embarras ou la confufion qui naiffent des autres , il eft plus aifé de prononcer que jamais regle n'a été plus judicieufement établie. Avant Corneille , elle étoit comme inconnue fur notre théâtre ; la lecture des auteurs Italiens & Efpagnols qui la violoient impunément , ayant à cet égard , comme à beaucoup d'autres , gâté nos poëtes. Hardy, Rotrou , Mairet , & les autres qui ont précédé Corneille, tranf. portent à tout moment la fcene d'un lieu dans un autre. Ce défaut eft encore plus fenfible dans Shakefpear , le pere des tragiques anglois : dans une même piece la fcene eft tantôt à Londres , tantôt à York , & court , pour ainfi dire , d'un bout à l'autre de l'Angleterre. Dans une autre , elle eft au centre de l'Ecoffe dans un acte , & dans le fuivant elle eft fur la frontiere. Corneille connut mieux les regles , mais il ne les refpecta pas toujours ; & lui-même en convient dans l'examen du *Cid* , où il reconnoît que quoique l'action fe paffe dans Séville , cependant cette détermination eft trop générale ; & qu'en effet , le lieu particulier change de fcene en fcene. Tantôt c'eft le palais du roi , tantôt l'appartement de l'infante, tantôt la maifon de Chimene, & tantôt une rue ou une place publique. Or, non-feulement le lieu général, mais encore le lieu particulier doit être déterminé , comme un palais, un veftibule, un temple ; & ce que Corneille ajoute , *qu'il faut quelquefois aider au théâtre,& fuppléer favorablement à ce qui ne peut s'y repréfenter* , n'autorife point à porter, comme il l'a fait en cette matiere, l'incertitude & la confufion dans l'efprit des fpectateurs. La duplicité de lieu fi marquée dans *Cinna* , puifque la moitié de la piece fe paffe dans l'appartement d'Emilie, &

l'autre dans le cabinet d'Augufte,eft inexcufable; à moins qu'on n'admette un lieu vague, indéterminé , comme un quartier de Rome, ou même toute cette ville, pour le lieu de la fcene. N'étoit-il pas plus fimple d'imaginer un grand veftibule commun à tous les appartemens du palais , comme dans *Polyeucte* & dans la *Mort de Pompée ?* Le fecret qu'exigeoit la confpiration n'eût point été un obftacle ; puifque Cinna , Maxime & Emilie auroient pû la comme ailleurs s'en entretenir , en les fuppofant fans témoin ; circonftance qui n'eût point choqué la vraifemblance, & qui auroit peut-être augmenté la furprife. Dans l'*Andromaque* de Racine, Orefte dans le palais même de Pyrrhus , forme le deffein d'affaffiner ce prince , & s'en explique affez hautement avec Hermione, fans que le fpectateur en foit choqué. Toutes les autres tragédies du même poëte font remarquables par cette *unité* de lieu, qui fans efforts & fans contrainte eft par-tout exactement obfervée, & particuliérement dans *Britannicus*, dans *Phedre* , & dans *Iphigénie*. S'il femble s'en être écarté dans *Efther* , on fait affez que c'eft parce que cette piece demandoit du fpectacle : au refte , toute l'action eft renfermée dans l'enceinte du palais d'Affuérus. Celle d'*Athalie* fe paffe auffi toute entiere dans un veftibule extérieur du temple, proche de l'appartement du grand-prêtre ; & le changement de décoration qui arrive à la cinquieme fcene du dernier acte, n'eft qu'une extenfion de lieu abfolument néceffaire, & qui préfente un fpectacle majeftueux.

Quant au poëme épique, on fent que l'étendue de l'action principale, & la variété des épifodes, fuppofent néceffairement des voyages par mer & par terre, des combats, & mille autres pofitions incompatibles avec l'*unité* de lieu. *Principes pour la lecture des poëtes*, tome II , p. 42 & fuiv. Corneille , *Difcours des trois unités. Examen du Cid & de Cinna.*

Réflexions fur l'article précédent. L'*unité* y eft définie une qualité qui fait qu'un ouvrage eft par-tout égal & foutenu. Cette définition ne rend peut-être pas l'idée d'*unité* avec affez de jufteffe & de précifion.

Un ouvrage d'un ton décent, & convenable, d'un ftyle analogue au fujet, qu'aucune négligence ne dépare , & qui , d'un bout à l'autre, se ressemble à lui-même, comme celui de la Bruyere, est un ouvrage *égal & soutenu*, & il n'y a point d'*unité*.

Mais lorsqu'en écrivant on se propose un but général, un objet unique, tout doit se diriger & tendre vers ce but; voilà l'*unité de dessein*. C'est ainsi que dans l'*Essai sur l'entendement humain* de Locke, tout se réunit à ce point, l'*origine de nos idées*.

Le caractere du sujet, le caractere dont s'est revêtu l'écrivain, si c'est lui qui parle, le caractere qu'il a donné à ses personnages, s'il en introduit & s'il leur cede la parole, décident le caractere du langage, & celui-ci doit se soutenir & se ressembler à lui-même; c'est ce qu'on appelle *unité de ton & de style*. V. ANALOGIE.

Dans la poésie épique & dramatique on a prescrit d'autres *unités*; savoir, dans l'une & dans l'autre, l'*unité* d'action, l'*unité* d'intérêt, l'*unité* de mœurs, l'*unité* de tems, & de plus, dans le dramatique, l'*unité* de lieu.

. Sur l'*unité* d'action, la difficulté consistoit à savoir comment la même action pouvoit être *une* sans être simple, ou composée sans être double ou multiple; mais en se rappellant la définition que nous avons donnée de l'action, soit épique, soit dramatique, on jugera, du premier coup-d'œil, quels sont les incidens, les épisodes qui peuvent y entrer sans que l'action cesse d'être une.

L'action, avons-nous dit, est le combat des causes qui tendent ensemble à produire l'événement, & des obstacles qui s'y opposent. Une bataille est *une*, quoique cent mille hommes d'un côté, & cent mille hommes de l'autre, en balançant l'événement & se disputent la victoire: voilà l'image de l'action. Tout ce qui, du côté des causes ou du côté des obstacles, peut naturellement concourir à l'un des deux efforts, peut donc faire partie de l'un des deux agens; & l'événement n'étant qu'*un*, les agens ont beau se multiplier; s'ils tendent tous, en sens contraire, au même point, l'action est *une*: ensorte que, pour avoir une idée juste & précise de l'*unité* d'action, il faut prendre l'inverse de la définition de Dacier, & dire, non pas que toutes les actions épisodiques d'un poëme doivent être des

dépendances de l'action principale, mais au contraire, que l'action principale d'un poëme doit être une dépendance, un résultat de toutes les actions particulieres qu'on y emploie comme incidens ou épisodes.

Or, tout le reste égal, plus une action est simple, plus elle est belle; & voilà pourquoi Horace recommande l'un & l'autre, *simplex & unum*. Mais si l'on est obligé de simplifier l'action le plus qu'il est possible, ce n'est pas pour la réduire à l'*unité*; c'est pour eviter la confusion, & sur-tout pour donner d'autant plus d'aisance, de développement & de force à un plus petit nombre de ressorts. Dans une foule, rien ne se distingue & rien ne se dessine; de même dans une multitude de personnages & d'incidens, aucun n'a le tems & l'espace de se développer; aucun n'est saillant, arrondi, détaché, comme il devroit l'être.

Homere est celui de tous les poëtes qui a le mieux defini ses caracteres, qui les a marqués le plus distinctement, le plus fortement prononcés; encore le nombre de ses héros fait-il foule dans l'*Iliade*; & la mémoire rebutée du travail de les retenir, se réduit à un petit nombre des plus frappans, & laisse échapper tout le reste. Le Tasse, en imitant Homere, a simplifié son tableau; chacun des personnages y tient une place distincte: Armide, Clorinde, Herminie, Godefroi, Soliman, Renauld, Tancrede, Argan sont présens à tous les esprits.

L'épopée donne à l'action un champ plus vaste que la tragédie; & c'est leur étendue qui décide du nombre d'incidens que l'une & l'autre peut contenir. Un épisode détaché de l'action historique, suffit à l'action épique; un incident de l'action épique suffit à l'action dramatique; & ce n'est pas que l'action épique ne soit *une*, ce n'est pas que l'action historique ne soit *une* encore: dès qu'une cause produit un effet, c'est une action, & cette action est *une*; mais la cause & l'effet peuvent être simples ou composés, ou plus composés ou plus simples. L'une des causes de la ruine de Troye, est le sacrifice d'Iphigénie, & cette fable détachée a fait un poëme dramatique. La colere d'Achille n'est que l'un des obstacles de la même action, & cet incident détaché a produit seul un poëme épique. On

I 4

peut comparer l'action au polype dont chaque partie, après qu'elle eſt coupée, eſt encore elle-même un polype vivant, complètement organiſé; mais l'action totale n'en eſt pas moins *une*: elle eſt ſeulement plus compoſée ou moins ſimple que chacune de ſes parties. Ainſi, en faiſant un poëme de toute la guerre de Troye, on n'a pas manqué à l'*unité*, mais à la ſimplicité d'action: on s'eſt chargé d'un trop grand nombre de caractères à peindre, d'événemens à décrire, de reſſorts à développer; on a ſurchargé la mémoire, fatigué l'imagination, refroidi l'ame, diſſipé l'intérêt, dont la chaleur eſt d'autant plus vive que le foyer eſt plus étroit; enfin on a excédé ſes propres forces, épuiſé ſes moyens; on s'eſt mis hors d'haleine au milieu de ſa courſe, & l'on a fini par être froid, ſtérile & languiſſant. Voilà pourquoi, même dans l'épopée, il eſt ſi important de ſimplifier & de reſſerrer l'action.

Brumoi a pris, comme Dacier, l'inverſe de la vérité ſur l'*unité* d'action: il veut *qu'elle ſoit ſans mélange d'actions indépendantes d'elle*; il falloit dire, *d'actions dont elle ſoit indépendante*, & ce n'eſt pas ici une diſpute de mots; car de ſon principe il infère que l'épiſode d'Ériphile dans *l'Iphigénie en Aulide*, fait duplicité d'action: or, par la conſtitution de la fable, l'action dépend de cet épiſode; car c'eſt Eriphile qui empêche Iphigénie de s'échapper. Le poëte, à la vérité, pouvoit prendre un autre moyen; mais pourvu que le moyen ſoit vraiſemblable & naturellement employé, il eſt au choix du poëte.

C'eſt un étrange raiſonneur que Brumoi! il compare l'*Iphigénie* de Racine avec celle d'Euripide, & de ſa cellule il décide que le poëte françois a tout gâté. *Suppoſons*, dit-il, *qu'Euripide revint, que diroit-il de l'épiſode d'Eriphile, eſpece de duplicité d'action & d'intérêt inconnue aux Grecs?* Que diroit Euripide? il diroit qu'il n'y a point de duplicité d'action, & qu'Eriphile vaut mieux qu'une biche; que l'intérêt eſt ſi peu double, qu'au moment qu'on ſait qu'Eriphile a été l'Iphigénie ſacrifiée, les larmes ceſſent & tous les cœurs ſont ſoulagés. *Que diroit-il de la galanterie françoiſe d'Achille?* Il diroit qu'Achille n'eſt point galant, & qu'il eſt Achille amoureux, qu'il

parle d'Amour en Achille. *Que diroit-il du duel auquel tendent les menaces de co héros?* Il diroit qu'il n'y a pas plus de duel que dans l'*Iliade*, & que par tout pays un héros fier & offenſé menace de ſe venger. *Que diroit-il des entretiens ſeul à ſeul d'un prince & d'une princeſſe?* Il diroit que la décence y regne, & dans les tentes d'Agamemnon Achille a pu ſe trouver deux momens ſeul avec Iphigénie. *Ne ſeroit-il pas révolté de voir Clytemneſtre aux pieds d'Achille?* Il ſeroit jaloux de Racine, il lui envieroit ce beau mouvement, & il trouveroit que rien n'eſt plus naturel à une mere au déſeſpoir, dont on va immoler la fille.

Revenons à notre ſujet. Si l'épiſode eſt abſolument inutile au nœud ou au dénouement de l'action, comme l'amour de Théſée & de Philoctete dans nos deux Œdipes, & comme l'amour d'Antiochus dans la *Bérénice* de Racine, il fait duplicité d'action: de là vient que l'amour d'Hyppolite pour Aricie eſt plus épiſodique dans la *Phedre*, que l'amour d'Eriphile dans l'*Iphigénie*.

Mais ce qu'on a dit avec quelque raiſon de l'épiſode d'Aricie, on l'a dit auſſi de l'épiſode d'Hermione, & en cela on s'eſt trompé. Sans Hermione il étoit poſſible que Pyrrhus indigné livrât aux Grecs le fils d'Hector & d'Andromaque; mais, l'événement ſuppoſé tel que Racine le donne, il étoit difficile d'imaginer, pour la révolution, un moyen plus tragique, une cauſe plus naturelle de la mort de Pyrrhus, que la jalouſie d'Hermione, ni un plus digne inſtrument de ſes fureurs, que le ſombre & fougueux Oreſte.

N'a-t-on pas dit auſſi que l'amour nuiſoit à l'*unité* d'action, *parce que cette paſſion étant naturellement vive & violente, elle partageoit l'intérêt?* Mais ſi l'amour même eſt la cauſe du crime ou du malheur, s'il en eſt la victime, où eſt le partage de l'intérêt? Et ce partage même feroit-il que l'action ne ſeroit pas *une*?

On ne s'eſt pas moins mépris ſur l'*unité* d'intérêt que ſur l'*unité* d'action, & l'équivoque vient de la même cauſe. L'action une fois bien définie, on voit que le déſir, la crainte & l'eſpérance doivent ſe réunir en un ſeul point; mais pour cela il n'eſt pas néceſſaire qu'ils ſe réuniſſent ſur une ſeule perſonne: l'événement que l'on craint ou que l'on ſouhaite peut regarder une famille, un peuple entier; il peut même concilier deux partis contraires qui, tous les deux intéreſſans, font ſouhaiter & craindre pour tous les deux la même choſe. Deux jeunes gens aimables & amis l'un de l'autre tirent l'épée & vont s'égorger ſur un mal-entendu ou ſur un mouvement de dépit & de jalouſie. Vous tremblez pour l'un & pour l'autre, vous déſirez qu'il arrive quelqu'un qui leur impoſe, les déſarme & les réconcilie : voilà un intérêt qui ſemble partagé, & qui pourtant n'eſt qu'un : tel eſt ſouvent l'intérêt dramatique.

L'unité des mœurs conſiſte dans l'égalité du caractere, ou plutôt dans ſon accord avec lui-même:car un caractere peut être inégal, flottant & variable, ou par nature, ou par accident; alors ſon unité conſiſte à être conſtamment inconſtant, également léger, changeant, ou par le flux & le reflux des paſſions qui le dominent, ou par l'aſcendant réciproque & alternatif des divers mouvemens dont il eſt agité; mais c'eſt alors par un fonds de bonté ou de méchanceté, de force ou de foibleſſe, de ſenſibilité ou de froideur, d'élévation ou de baſſeſſe, que ſe décide le caractere ; & ce fonds du naturel doit percer à travers tous les accidens. Or, c'eſt dans ce fonds bien marqué, bien connu, & conſtamment le même, que ſe fait ſentir l'unité; c'eſt par-là que les hommes placés dans les mêmes ſituations, expoſés aux mêmes combats, mis enfin aux mêmes épreuves, ſe font diſtinguer l'un de l'autre & que chacun, s'il eſt bien peint, ſe reſſemble à lui-même, & ne reſſemble qu'à lui.

Dans l'application de ce principe, que le caractere ne doit jamais changer, on n'a pas aſſez diſtingué le fonds d'avec la forme accidentelle ; & dans celle-ci, ce qui eſt inhérent d'avec ce qui n'eſt qu'adhérent. Le vice eſt une trop longue habitude pour ſe corriger en trois heures : c'eſt une ſeconde nature; mais ce qui n'eſt qu'un travers d'eſprit, un égarement paſſager, une folie, une mépriſe, un moment d'ivreſſe, ce qui dépend des mouvemens tumultueux des paſſions, peut changer d'un inſtant à l'autre ; ainſi de l'erreur au retour, de l'innocence au crime, & du crime au remords, le paſſage eſt prompt & rapide;ainſi l'avare ne change point, mais le diſſipateur change; ainſi Tartuffe eſt toujours Tartuffe, mais Orgon paſſe de ſon erreur & de l'excès de ſa crédulité à un excès de défiance; ainſi Mahomet doit toujours être fourbe, mais Séide doit ceſſer d'être crédule & fanatique.

Dans le poëme épique, l'unité de tems n'eſt réglée que par l'étendue de l'action, ni celle-ci que par la faculté commune d'une mémoire exercée; enforte que l'action épique n'a trop d'étendue & de durée que lorſque la mémoire ne peut l'embraſſer ſans effort; & cette regle n'eſt pas gênante, car il s'agit, non des détails ; mais de l'enſemble de l'action & de ſes maſſes principales: or, ſi elle eſt bien diſtribuée, ſi les épiſodes en ſont intéreſ-ſans, s'ils s'enchainent bien l'un à l'autre, ſi les paſſions qui animent l'action, ſi l'intérêt qui la ſoutient nous y attache fortement, la mémoire la ſaiſira, quelqu'étendue qu'on lui donne. Brumoi la compare à un édifice qu'il faut embraſſer d'un coup-d'œil ; & quel édifice dans ſon vrai point de vue n'embraſſe-t-on pas d'un coup-d'œil, ſi l'enſemble en eſt régulier ? Si donc un poëte avoit entrepris de chanter l'enlévement d'Hélene, vengé par la ruine de Troye, & que depuis les noces de Ménélas juſqu'au partage des captives, tout fût intéreſſant, comme quelques livres de l'*Iliade*, & le ſecond de l'*Énéide*, l'action auroit duré dix ans, & le poëme ne ſeroit pas trop long.

Nous avons des romans bien plus longs que le plus long poëme; & par le ſeul intérêt qui nous y attache, les incidens multipliés en ſont tous très-diſtinctement gravés dans notre ſouvenir.

Il n'en eſt pas de même de l'action dramatique. Dans le récit on peut franchir dix années en un ſeul vers; mais dans le drame tout eſt préſent, & tout ſe paſſe comme dans la nature. Il ſeroit donc à ſouhaiter que la durée fictive de l'action pût ſe borner au tems du ſpectacle ; mais c'eſt être ennemi des arts & du plaiſir qu'ils cauſent, que de leur impoſer des loix qu'ils ne peuvent ſuivre, ſans ſe priver de leurs reſſources les plus fécondes, & de leurs plus touchantes beautés. Il eſt des licences heureuſes, dont le public convient tacitement avec les poëtes, à condition qu'ils les emploient à lui plaire, & à le toucher : de ce nombre eſt l'extenfion feinte & fuppofée du tems réel de l'action théatrale. De l'aveu des Grecs, elle pouvoit comprendre une demi-révolution du foleil, c'eft-à-dire, un jour. Nous avons accordé les vingt-quatre heures, & le vuide de nos entr'actes eft favorable à cette licence: car il eft bien plus facile d'etendre en idée un intervalle que rien ne mefure fenfiblement, qu'il ne l'étoit de prolonger un intermede occupé par le chœur, & mefuré par le chœur même.

À la faveur de la diftraction que l'intervalle vuide d'un acte à l'autre occafionne, on eft donc convenu d'étendre à l'efpace de vingt-quatre heures le tems fictif de l'action; & c'eft communément affez, vu la rapidité, la chaleur que doit avoir l'action théatrale. Mais fi les Efpagnols & les Anglois ont porté à l'excès la licence contraire, il me femble que, fans fuppofer, comme eux, des années écoulées dans l'efpace de trois heures, il devroit au moins être permis de fuppofer, fi un beau fujet le demande, qu'il s'eft écoulé plus d'un jour; & de cette liberté, rachetée par de grands effets qu'elle rendroit poffibles, il n'y auroit jamais à craindre & à réprimer que l'abus.

La même continuité d'action qui, chez les Grecs, lioit les actes l'un à l'autre, & qui forçoit l'*unité* des tems, n'auroit pas dû permettre de changer de lieu; les Grecs ne laiffoient pourtant pas de fe donner quelquefois cette licence, comme on le voit dans les *Euménides*, où le fecond acte fe paffe à Delphes, & le troifieme à Athenes. Pour la comédie, elle fe permettoit fans aucune contrainte le changement de lieu, & avec plus d'invraifemblance: car au moins dans la tragédie, les Grecs fuppofoient, comme nous, que le fpectateur ne voyoit l'action que des yeux de la penfée; & en effet, il eft fans exemple que dans la tragédie grecque les perfonnages aient adreffé la parole au public, ou qu'ils aient fait femblant de le voir ou d'en être vus; au lieu que dans la comédie grecque, à chaque inftant le chœur s'adreffe à l'affemblée, & par-là le lieu fictif de la fcene & le lieu réel du fpectacle font identifiés: de façon que l'un ne peut changer, fans que l'autre change; & qu'en même tems que l'action fe déplace, le fpectateur doit croire fe déplacer auffi.

Il n'en eft pas de même de notre théatre: foit dans le tragique, foit dans le comique, le fpectateur n'eft cenfé voir l'action qu'en idée, & l'action eft fuppofée n'avoir pour témoins que les acteurs qui font en fcene. Or, dans cette hypothefe, non-feulement je regarde le changement de lieu comme une licence permife; mais je fais plus, je nie que ce foit une licence pour nous. L'entr'acte, je viens de le dire, eft comme une abfence & des acteurs & des fpectateurs. Les acteurs peuvent donc avoir changé de lieu d'un acte à l'autre; & les fpectateurs n'ayant point de lieu fixe, ils font en efprit où fe paffe l'action; & fi elle change, ils changent avec elle.

Ce qui doit être vraifemblable, c'eft que l'action ait pu fe déplacer; & pour cela il faut un intervalle. Ce n'eft donc prefque jamais d'une fcene à l'autre; mais feulement d'un acte à l'autre, que peut s'opérer le changement de lieu.

Je fais bien que pour le faciliter au milieu d'un acte, on peut rompre l'enchaînement des fcenes, & laiffer le théatre vuide un inftant; mais cet inftant ne fuffiroit point à la vraifemblance, fi les mêmes acteurs qu'on vient de voir repaffoient incontinent dans le nouveau lieu de la fcene. Après tout, ce n'eft pas trop gêner les poëtes, que d'exiger d'eux à la rigueur l'*unité* de lieu pour chaque acte, & la poffibilité morale du paffage d'un lieu à un autre, dans l'intervalle fuppofé.

La plus longue durée qu'on fuppofe à l'entr'acte eft celle d'une nuit; le trajet poffible dans une nuit, eft donc le plus grande diftance qu'il foit permis de fuppofer franchie dans l'intervalle d'un acte à l'autre. Ainfi, par degrés, la mefure du tems que l'on peut donner aux intervalles de l'action, détermine l'éloignement des lieux où l'on peut tranfporter la fcene. Une regle plus févere priveroit la tragédie d'un grand nombre de beaux fujets, ou l'obligeroit à les mutiler; on voit même que les poëtes qui ont voulu s'aftreindre à l'*unité* de lieu rigoureufe, ont bien fouvent forcé l'action d'une maniere plus oppofée à la vraifemblance, que ne l'eût été le changement de lieu: car au moins ce changement ne trouble l'illufion qu'un inftant, au lieu que fi l'action fe paffe où elle n'a pas dû fe paffer, l'idée du lieu & celle de l'action fe combattant fans ceffe;

œ, la vérité relative dépend de l'accord des idées, & l'illusion ne peut être où le vraisemblable n'est pas.

Il falloit, dit Brumoi, en parlant du théatre grec, *que l'action, pour être vraisemblable, se passât sous les yeux, & par conséquent dans un même lieu.* Il auroit donc fallu que le lieu de l'action fût la place d'Athenes: car si l'action se passoit à Delphes, comment pouvoit-elle se passer sous les yeux des Athéniens? *Le spectateur*, ajoute le même, *ne sauroit s'abuser assez grossiérement sur le lieu de la scene, pour s'imaginer qu'il passe d'un palais à une plaine, ou d'une ville dans une autre, tandis qu'il se voit enfermé dans un lieu déterminé.* Ainsi Brumoi prétend qu'*il faut que la scene se voie, & par conséquent qu'elle soit bornée, non pas en général dans l'enceinte d'une ville, d'un camp, d'un palais; mais dans un endroit limité d'un palais, d'une ville ou d'un camp.* Voilà une belle théorie!

Et de sa place le spectateur voit-il cet endroit du camp ou de la ville? Non, car sa place est toujours l'amphithéatre d'Athenes, & l'endroit de la scene est en Aulide, à Delphes, à Mycene, en Tauride, &c. Il s'y transporte donc en esprit dès le premier acte. Or, ce premier pas fait, pourquoi le second, le troisieme lui coûteroient-ils davantage? Et si dans les actes suivans il est besoin qu'il se transporte en esprit dans un autre lieu, pourquoi s'y refuseroit-il? La même vivacité d'imagination qui le rend présent à ce qui se passe dans la ville, lui manquera-t-elle pour voir ce qui se passe dans le camp, & pour y être présent de même? Sans cette illusion, tout spectacle est absurde; mais on se la fait sans effort, & la vraisemblance n'y manque que lorsque la scene étant continue & sans intervalle, le changement de lieu s'opere mal-adroitement, & sans qu'aucune distraction du spectateur le favorise.

C'étoit là réellement le grand obstacle que trouvoient les Grecs au changement de lieu; aussi se le permettoient-ils rarement dans la tragédie. Que faisoient-ils donc? Ils faisoient d'autres fautes contre la vraisemblance; ils ne changeoient pas de lieu, mais ils réunissoient dans un même lieu ce qui devoit se passer en des lieux différens. La scene étoit un endroit public, un espace vague, un temple, un vestibule, une place, un camp, quelquefois même un grand chemin. L'aire du théatre répondoit en même temps à plusieurs édifices, d'où les acteurs sortoient pour dire au peuple qui composoit le chœur, ce qu'ils auroient dû rougir de s'avouer à eux-mêmes.

Si donc nous avons perdu quelque chose à la suppression du chœur, qui chez les Grecs remplissoit les vuides de l'action, du moins y avons-nous gagné la liberté du changement de lieu, que l'entr'acte nous facilite.

Il est aisé de sentir à présent combien porte à faux ce que dit Dacier, que „les „actions de nos tragédies ne sont pres- „que plus des actions visibles; qu'elles „se passent la plupart dans des chambres „& des cabinets; que les spectateurs n'y „doivent pas plus entrer que le chœur, „& qu'il n'est pas naturel que les bour- „geois de Paris voient ce qui se passe „dans les cabinets des princes.„ Il trouvoit sans doute plus naturel que les bourgeois d'Athenes vissent du théatre de Bacchus ce qui se passoit sous les murs de Troye? Comment Dacier n'a-t-il pas compris que, quel que soit le lieu de la scene, un palais, un temple, une place publique, si le spectateur étoit censé y être & voir les acteurs, les acteurs seroient censés le voir? Nous ne sommes, je le répete, présens à l'action qu'en idée; & comme il n'en coûte rien de le transporter de Paris au Capitole dès le premier acte, il en coûte encore moins, dans l'intervalle du premier au second, de passer du Capitole dans la maison de Brutus.

Le plus grand avantage du changement de lieu, est de rendre visibles des tableaux, des situations pathétiques qui sans cela n'auroient pu se tracer qu'en récit. Mais il faut bien se souvenir que ces tableaux ne sont faits que pour donner lieu au développement des passions; que s'ils sont trop accumulés, en se succédant ils s'effacent l'un l'autre; que l'émotion qu'ils nous causent ne se nourrit que des sentimens qu'ils font naître dans l'ame même des acteurs, & qu'interrompre cette émotion avant qu'elle ait pu se répandre & s'accroître jusqu'à son plus haut degré, c'est faire au cœur la même violence qu'on fait à l'oreille, lorsqu'on éteint mal-à-propos le son d'un corps harmonieux. Une tragédie composée de ces mouvemens brusques,

fans fuite & fans gradations, eft un affemblage de germes dont aucun n'a le tems
d'éclorre. L'invention des tableaux eft
donc une partie effentielle du génie du
poëte, mais ce n'eft ni la feule ni la plus
importante. La tragédie eft la peinture du
jeu des paffions, & non pas du jeu des
hafards.

On n'a pas toujours ni par-tout reconnu comme indifpenfable la regle des *unités*, on fait que fur le théatre anglois, &
fur le théatre efpagnol, elle eft violée en
tous points & contre toute vraifemblance. Il en étoit de même fur notre théatre
avant Corneille; & non feulement l'*unité*
de lieu n'y étoit pas obfervée, mais elle y
étoit interdite. Le public fe plaifoit au
changement de fcene; il vouloit qu'on le
divertit par la variété des décorations,
comme par la diverfité des incidens &
des aventures; & lorfque Mairet donna la
Sophonisbe, il eut bien de la peine à obtenir des comédiens, qu'il lui fût permis
d'y obferver l'*unité* de lieu.

On s'eft enfin généralement accordé fur
l'*unité* d'action pour la tragédie; mais à
l'égard de l'épopée, la queftion a été problématique & indécife jufqu'à nos jours.
A l'autorité d'Ariftote & à l'exemple d'Homere & de Virgile, on a oppofé le fuccès
de l'Ariofte, qui ayant négligé cette regle,
n'en eft pas moins lu & relu, dit le Taffe:
*Da tutte l'età, da tutti feffi; noto à tutte
le lingue, piace, a tutti; tutti il lodanò;
vive e ringiovenifce fempre nella fua fama, e vola gloriofo per le lingue de mortali.*
Le Taffe, après avoir rendu ce beau témoignage à l'Ariofte, ne laiffe pourtant
pas de fe décider pour l'*unité* d'action. "
„ La fable, dit-il, eft la forme du poë-
„ me; s'il y a plufieurs fables, il y aura
„ plufieurs poëmes; fi chacun d'eux eft
„ parfait, leur affemblage fera immenfe;
„ & fi chacun d'eux eft imparfait, il va-
„ loit mieux n'en faire qu'un qui fût
„ complet & régulier. „ Gravina eft du
nombre de ceux qui penfoient que le poëme épique étoit difpenfé de l'*unité* d'action; & la raifon qu'il en donne fuffiroit
feule pour faire fentir fon erreur.

J'avouerai, avec lui, qu'un poëme qui
embraffe plufieurs actions, ne laiffe pas
d'être un poëme; mais la queftion eft de favoir fi ce poëme eft bien compofé. Or,
quelques beautés qu'il puiffe avoir d'ailleurs, quelques fuccès qu'elles obtiennent,

il eft certain que la duplicité ou la multiplicité d'action divife l'intérêt, & par conféquent l'affoiblit.

La Motte prétend que dans l'épopée l'*u-
nité* des perfonnages fuppléeà l'*unité* d'action, & qu'elle fuffit à l'épopée. Diftin-
guons pour plus de clarté, dans l'intérêt
même de l'action, l'*unité* collective & l'*u-
nité* progreffive. L'*unité* collective confifte
à réunir tous les vœux en un point, & à
décider dans l'ame du lecteur ou du fpectateur ce qu'il doit défirer ou craindre.
Toutes les fois qu'on nous préfente des
hommes oppofés d'intérêts, dont les fuccès
font incompatibles; & dont l'un ne peut
être heureux que par la perte ou le malheur de l'autre, notre cœur choifit de lui-
même, & fans le fecours de la réflexion,
celui dont la bonté ou la vertu eft le plus
digne de nous attacher, & nous nous met-
tons à fa place. Dès-lors tout ce qui le
touche nous eft perfonnel; notre ame paffe dans la fienne; voilà l'intérêt décidé. Si
les deux partis oppofés nous préfentent des
perfonnages intéreffans, & qui balancent
notre affection, ou le bonheur de l'un eft
incompatible avec celui de l'autre, ou ils
peuvent fe concilier. Dans le premier cas,
l'intérêt fe partage & s'affoiblit dans fes
alternatives; dans le fecond, notre inclination prend une direction moyenne, & fe
termine au point où les deux partis peuvent enfin fe réunir. Le poëte doit donc
avoir grand foin de rendre ce point de
réunion fenfible: c'eft de là que dépend la
décifion de nos vœux, & ce qu'on appelle
unité d'intérêt. Enfin, fi les partis oppofés
nous font odieux ou indifférens l'un &
l'autre, nous les livrons à eux-mêmes, fans
nous attacher à leur fort: c'eft la guerre
des vautours. Alors il n'y a d'autre intérêt
que celui de la curiofité qui fe réduit à
peu de chofe. Il s'enfuit que dans toute
compofition intéreffante il doit y avoir au
moins un parti fait pour gagner notre
bienveillance; mais qu'il n'y ait dans ce
parti qu'une feule perfonne ou qu'il y en
ait mille, cela eft égal: l'*unité* de vœu fe
l'*unité* d'intérêt; & c'eft l'*unité* collective.

L'*unité* progreffive eft autre chofe: elle
confifte à fixer le défir, la crainte, l'efpérance, en un mot, l'attente inquiete
du fpectateur ou du lecteur fur un feul
point fur un événement unique qui fe
la folution du problème & le dénouement
de l'action. Dans la tragédie des *Horace*

quel aura été le succès du combat? Voilà l'objet de notre attente; dès qu'on le fait, tout est fini. Après cela, que le meurtre de Camille soit puni ou soit pardonné, c'est un nouveau problème, une nouvelle action, un nouvel objet d'espérance ou de crainte; cet événement nait de l'autre, il en est dépendant, & il n'y a point d'*unité*.

Il est vrai que l'*unité* de personne supplée en quelque chose à l'*unité* progressive de l'action, mais si les accidens réunis sur le même personnage ne se terminent pas à un seul dénouement, l'intérêt de chaque situation cesse au moment qu'il en sort nouvel incident, nouvelle inquiétude, nouveau péril, nouvelle crainte, nouveau malheur, nouvelle pitié. D'un poème tissu d'incidens détachés, l'intérêt peut donc renaitre d'instans en instans ; mais alors la crainte, la pitié, l'inquiétude s'évanouissent à la solution de chacun de ces nœuds ; & s'il y a une action principale, elle devient indifférente. Pour réunir les intérêts épisodiques, il faut donc qu'elle en soit le centre, c'est-à-dire, que l'événement qui doit la terminer dépende des incidens, & que chacun d'eux fasse partie, ou des moyens, ou des obstacles. Le Tasse a peint l'*unité* d'action par une grande & belle image. *Mondo tante e si diverse cose nel suo gremio rinchiude ; una la forma à l'assenza sua, uno il nodo, dal quale sono le sue parti con discorde concordia insieme congiunte e collegate; e non mancando nulla in lui, nulla però vi e che non serva alla necessità e all'ornamento.* Mais dans cette image on ne voit que ce qui contribue au succès de l'action, l'on n'y voit pas ce qui le regarde & le rend douteux ou pénible : or l'*unité* dépend du concours des obstacles comme de celui des moyens. Du reste, l'alternative proposée par le Tasse, que toutes les parties du poème soient comme dans le méchanisme du monde, ou de nécessité, ou de simple agrément, cette alternative donne aux poetes une liberté dont ils ont abusé souvent. Je sais qu'on ne doit pas exiger dans le tissu de l'épopée, des liaisons aussi étroites, aussi intimes que dans celui de la tragédie ; mais encore faut-il que les parties fassent un tout, & que les détails forment un ensemble. L'épisode d'Armide est l'exemple de la liberté légitime dont les poetes peuvent user. La délivrance des lieux saints est l'action de ce poème; & les char-

mes d'une enchanteresse qui prive l'armée de Godefroi de ses héros les plus vaillans, concourent à nouer l'action en même tems qu'ils l'embellissent ; au lieu de l'épisode d'Olinde & de Sophronie, quoique touchant en lui-même, est hors d'œuvre & ne tient à rien.

Pope compare le poëme épique à un jardin: "La principale allée est grande & lon- „ gue, & il y a de petites allées où l'on va „ quelquefois se délasser, qui tendent „ toutes à la grande „. Si l'on considere ainsi l'épopée, il est évident. qu'il n'y a plus cette *unité* d'où dépend l'intérêt; car d'allée en allée le jardin de Pope sera bientôt un labyrinthe ; & comme il n'en est aucune que l'on ne pût supprimer sans changer la grande, il n'en est aucune aussi qui ne pût mener à de nouvelles routes multipliées à l'infini. J'aime mieux l'image du fleuve dont les obstacles prolongent le cours, mais qui dans ses détours les plus longs ne cesse de suivre sa pente: il se partage en rameaux, forme des isles qu'il embrasse, reçoit des torrens, des ruisseaux de nouveaux fleuves dans son sein. Mais soit qu'il entre dans l'Océan par une ou plusieurs embouchures, c'est toujours le même fleuve suivi par la même impulsion. (*M. Marmontel.*)

C'est ici le lieu de dire quelque chose de l'épisode, dont le but est de donner de la variété au poëme, sans en détruire l'*unité*.

L'épisode étoit originairement, au rapport d'Aristote, une ou plusieurs scenes, placées entre les chants du chœur d'une piece dramatique. En effet, ce terme, dans son étymologie, désigne ce qui est mis à la suite d'un chant. Les anciennes tragédies grecques, de même que les comédies, ne furent au commencement que le chant solemnel d'un ou de plusieurs chœurs. Dans la suite on y inséra une action qui étoit représentée entre les chants, d'où elle eut le nom d'*épisode*. Les modernes entendent par ce terme, tout ce qui sert à remplir l'intervalle d'une action épique ou dramatique, interrompue ou suspendue. Ainsi Homere, dans le second chant de l'*Iliade*, tandis que les deux armées se rangent en bataille, ne voulant pas s'appesantir sur ce détail, emploie ce tems à nous décrire toutes les forces navales des Grecs; & dans le troisieme chant, pendant que les troupes rangées attendent l'arrivée de

Priam, & préparent les facrifices, le poëte tranfporte fon lecteur à Troye, & lui fait connoître Hélene. Ce font là de vrais épifodes, dans le fens moderne; mais on donne encore le nom d'*ornemens épifodiques*, non-feulement en poéfie, mais auffi en peinture, à certains acceffoires qui ne tiennent pas effentiellement au fujet principal.

Les épifodes détournent pour quelque temps l'attention de l'objet capital, & produifent par ce moyen, des repos pour délaffer l'efprit, en lui préfentant des objets d'un autre genre, ou pour l'occuper ailleurs, pendant qu'il fe paffe des événemens qu'il ne feroit pas poffible ou pas convenable de lui laiffer voir. Ces cas fe préfentent fouvent dans l'épopée, & même dans les drames dont l'action a beaucoup d'étendue, & qui eft fort compliquée. Pour que le récit ou l'action ne foit pas fufpendue, l'épifode vient à propos remplir le temps qui doit s'écouler.

Il y a encore un autre motif qui peut rendre les épifodes néceffaires, c'eft lorfque deux fcenes très-intéreffantes, mais d'un caractere tout oppofé, fe fuccéderoient immédiatement. Un épifode placé entre ces deux fcenes, fert alors à difpofer infenfiblement l'efprit & le cœur à ce paffage. C'eft ce qu'on obferve auffi en mufique : le compofiteur, s'il n'y eft néceffité par la nature du fujet, ne paffe jamais d'un ton à un ton contraire, fans placer entre deux quelques tons moyens qui, en affoibliffant la fenfation du premier, préparent l'oreille à recevoir une impreffion d'un genre différent.

Au refte, il n'eft pas befoin d'obferver ici qu'il y auroit de la mal-adreffe à choifir un épifode dont le fujet fût tout-à-fait étranger au fujet principal. Il faut au contraire qu'il s'y rapporte exactement, & qu'il foit amené bien à propos. L'épifode doit répondre au caractere général de l'enfemble, contribuer au progrès & à la perfection de l'action principale, ou du moins y répandre un certain jour, contenir des éclairciffemens qu'il n'eût pas été convenable d'y faire entrer d'une autre maniere. Par ce moyen l'épifode fe lie fi intimement au fond même de l'action, qu'on ne pourroit l'en détacher fans gâter l'ouvrage. (*Cet article eft tiré de la Théorie générale des beaux-arts, de M. Sulzer.*)

UNITÉ, *Peint.* |On exige en peinture l'*unité* d'objets ; c'eft-à-dire, que s'il y a plufieurs grouppes de clair-obfcur dans un tableau, il faut qu'il y en ait un qui domine fur les autres ; de même dans la compofition, il doit y avoir *unité de fujets.* On obferve encore dans un tableau l'*unité du temps*, enforte que ce qui eft repréfenté ne paroiffe pas excéder le moment de l'action qu'on a eu deffein de rendre. Enfin, tous les objets doivent être embraffés d'une feule vue, & paroître compris dans l'efpace que le tableau eft fuppofé renfermer. *Dictionnaire des beaux arts.* (*D. J.*)

UNIVALVE, *Conchyliol.* Ce terme fe dit d'une coquille qui n'a qu'une feule piece ; quand elle en a deux on l'appelle *bivalve*, & *multivalve* quand elle en a plufieurs.

La claffe des *univalves* marins forme, felon M. d'Argenville, quinze familles ; favoir, le lépas, l'oreille de mer, les tuyaux & vermiffeaux de mer, les nautilles, les limaçons à bouche ronde, ceux à bouche demi-ronde, & ceux qui ont la bouche applatie, les buccins, les vis, les cornets, les rouleaux ou olives, ceux à bouche demi-ronde, les murex, les pourpres, les tonnes & les porcelaines.

La claffe des *univalves* fluviatiles confifte en fept familles ; favoir, le lépas, les limaçons à bouche ronde, les vis, les buccins, les tonnes & les planorbis.

Les coquillages terreftres font tous *univalves*, & fe divifent en général en animaux vivans, & en animaux morts. Les animaux vivans fe partagent en ceux qui font couverts de coquilles & en ceux qui en font privés. Les premiers font les limaçons à bouche ronde, ceux à bouche demi-ronde, ceux à bouche plate, les buccins & les vis. Les feconds n'offrent que les limaces, dont il y a plufieurs efpeces. Les coquillages terreftres morts font toutes les coquilles qui fe divifent en *univalves*, bivalves & multivalves, & en autant de familles, à l'exception de trois ou quatre, que les coquillages marins.

Comme les coquilles *univalves* font fortir plus de parties de leur corps que les bivalves, il eft plus aifé de découvrir leur tête, leurs cornes, leurs conches, leurs opercules. Les petits points noirs qui repréfentent les yeux, ont un nerf optique ; une humeur cryftalline, & une humeur vitrée. Quelquefois ils font placés à l'orifice des cornes, fouvent à leurs extrémités, les uns en-dedans, les autres en-dehors. Leur opercule fuit ordinairement le bout de leur pied, ou de leur plaque; quelquefois il est au milieu de cette plaque, ou au fommet de leur tête; cependant cet opercule tient au corps, & n'a jamais fait partie de la coquille : il est même d'une matiere toute différente. Ce n'est fouvent qu'une peau mince & bavure : quelquefois c'est une efpece de corne qui ferme exactement les coquilles, dont la bouche est ronde ; & dans les oblongues, il n'en couvre qu'une partie.

Tous ces animaux au reste font différens dans leur jeuneffe pour la figure, les couleurs & l'épaiffeur de leurs coquilles : les jeunes pénetrent jufqu'à l'extrémite pointue de leurs demeures ; elles ont moins de tours, de ftries ; leurs couleurs font plus vives : les vieilles au contraire, qui ont eu befoin d'agrandir leurs couvertures à mefure qu'elles avançoient en âge, ont par conféquent plus de tours, plus de ftries, la teinte de leurs couleurs en plus terne, & elles ne vont point à l'extrémité de leurs coquilles, dont elles rompent fouvent une partie du fommet extérieur ; c'est une vérité qui est cependant conteftée par F. Columna.

Pour deffiner les coquillages univalves & autres, il faut ufer de rufe, fans quoi on ne peut contraindre ces animaux renfermés dans leurs coquilles, à faire fortir quelques parties de leurs corps. Ainfi donc au fortir de la mer on mettra ces animaux tout vivans dans un bocal de cryftal, ou dans de grands plats de faïance un peu creux, & remplis d'eau de la mer ; alors on les verra marcher & s'étendre en cherchant un point d'appui, pour affurer leur marche, & prendre leur nourriture.

Si le coquillage univalve ne veut rien faire paroître, on fe fervira d'une pince, pour enlever un peu du deffus de fa valve fupérieure, en prenant garde néanmoins de le bleffer & de couper le nerf ou tendon qui l'attache à fa coquille, ce qui le feroit bientôt mourir, comme il arrive aux huitres & aux moules.

Les bivalves & les multivalves ne demandent pas tant de foin, elles s'ouvrent d'elles-mêmes. Il faut avoir foin de changer l'eau de la mer tous les jours, & de laiffer un peu à fec le coquillage ; car quand il a été privé d'eau pendant quelques heures, & qu'il en retrouve, il fort de fa coquille & s'épanouit peu-à-peu.

Comme la lumiere leur est très-contraire, & qu'ils fe retirent à fon éclat, c'est la nuit qui est le temps le plus favorable pour les examiner : une petite lampe fourde réuffit à merveille pour les fuivre ; on les rafraichit le foir avec de l'eau nouvelle, & l'on change deux fois par jour le varec dans lequel ils doivent être enveloppés ; on les trouve fouvent qui rampent la nuit fur cette herbe & y cherchent les infectes qu'elle peut contenir. Dargenville, *Conchyl.* (D. J.)

UNIVERS, f. m. *Phyf.*, nom collectif, qui fignifie *le monde entier*, ou l'affemblage du ciel & de la terre avec tout ce qui s'y trouve renfermé. Les Grecs l'ont appelé τὸ πᾶν, *le tout*, & les Latins *mundus*. Voy. MONDE, CIEL, TERRE, SYSTÈME, *&c.*

Plufieurs philofophes ont prétendu que l'*univers* étoit infini. La raifon qu'ils en donnoient, c'est qu'il implique contradiction de fuppofer l'*univers* fini ou limité, puifqu'il est impoffible de ne pas concevoir un efpace au-delà de quelques limites qu'on puiffe lui affigner. *V.* ESPACE.

D'autres, pour prouver que l'*univers* est fini, leur oppofent ces deux réflexions.

La premiere, que tout ce qui est compofé de parties, ne peut jamais être infini, puifque les parties qui le compofent font néceffairement finies, foit en nombre, foit en grandeur ; or fi ces parties font finies, il faut que ce qu'elles compofent foit de même nature.

Seconde réflexion. Si l'on veut que les parties foient infinies en nombre ou en grandeur, on tombe dans une contradiction, en fuppofant un nombre infini: & fuppofer des parties infiniment grandes, c'est fuppofer plufieurs infinis, dont les uns font plus grands que les autres : c'est ce que l'on peut paffer aux mathématiciens, qui ne raifonnent fur les infinis que par fuppofition ; mais on ne peut pas paffer la même chofe aux philofophes dans une queftion de la nature de celle-ci. *Chambers.*

UNIVERSALISTES, f. m. pl. *Hift. ecclif.*, nom qu'on a donné parmi les proteftans a ceux d'entre leurs théologiens qui foutiennent qu'il y a une grace uni-

verselle & suffisante, offerte à tous les
hommes, pour opérer leur salut. De ce
nombre sont sur-tout les arminiens, qui
à leur tour ont donné le nom de *particularistes* à leurs adversaires. *V.* ARMI-
NIEN & PARTICULARISTES.

UNIVERSAUX, f. m. pl. *Hist. mod.
politique.* C'est ainsi que l'on nomme en
Pologne les lettres que le roi adresse aux
seigneurs & aux états du royaume pour la
convocation de la diete, ou pour les inviter à quelqu'assemblée relative aux intérêts de la république.

Lorsque le trône est vacant, le primat
de Pologne a aussi le droit d'adresser des
universaux ou lettres de convocation aux
différens palatinats, pour assembler la
diete qui doit procéder à l'élection d'un
nouveau roi.

UNIVERSEL, adj. *Logique.* L'uni-
versel, en logique, est une chose qui a
rapport à plusieurs, *unum versus multa,*
seu *unum respiciens multa.* On en distingue principalement de deux sortes; savoir, l'universel *in essendo,* & l'universel
in prædicando.

L'universel *in essendo* est incréé ou créé.
L'incréé est une nature propre à se trouver dans plusieurs, dans un sens univoque, & d'une maniere indivisible. Telle
est la nature qui se multiplie dans le Pere, le Fils & le S. Esprit, sans se diviser,
ni se partager.

L'universel *in essendo* créé, est une nature propre à se trouver dans plusieurs
dans un sens univoque & d'une maniere
divisible. Telle est la nature humaine qui,
à mesure qu'elle se multiplie dans tous
les hommes se divise.

L'universel *in prædicando* est pareillement de deux sortes, ou incréé, ou créé.
L'incréé est un attribut propre à être dit
dans un sens univoque de plusieurs, &
cela sans se diviser. Tels sont tous les attributs de Dieu. Le créé est un attribut
qui se divise à mesure qu'il se dit de plusieurs, & cela dans un sens univoque.
Tels sont ces mots *homme, cercle, triangle.*

Ce qui distingue l'universel *in essendo*
d'avec l'universel *in prædicando,* c'est que
le premier s'exprime par un nom abstrait,
& le second par un nom concret.

Ce double *universel* se divise en cinq
autres universaux, qui sont le genre, l'espece, la différence, le propre & l'accident.

Le genre se définit une chose propre
se trouver dans plusieurs, ou à être di
de plusieurs, comme la partie la pl
commune de l'essence.

Il se divise d'abord en genre éloigné
& en genre prochain. Le genre éloign
est celui qui est séparé de l'espece par u
autre genre qui est interposé entr'eu
deux. Telle seroit, par exemple, la sub
tance par rapport à Dieu, laquelle ne
dit de cet Etre suprème, que moyennai
l'*esprit* qui en est le genre prochain.

On en distingue encore de trois sortes
savoir, le genre suprème, le genre subal
terne & le genre infime. Le genre supré
me, qu'on appelle, aussi *transcendental*
ne reconnoit aucun genre au-dessus d
lui; tel est l'être. Le genre subalterne s
trouve placé entre des genres dont les un
sont au-dessus de lui & les autres au-des
sous; & le genre infime est celui qui n'e
a point sous lui: il est le même que l
genre prochain.

Ce qui est genre par rapport à un autr
genre moins *universel,* n'est plus qu'un
espece par rapport à celui qui est plu
étendu que lui. Ainsi la substance qui es
genre par rapport à l'esprit & au corps
n'est qu'une espece de l'être en général.

Tout ce qui se trouve dans le genre,
son universalité près, se trouve aussi dan
tous les inférieurs; mais cela n'est pa
réciproque de la part des inférieurs par
rapport à leur genre. On peut bien dire
de l'esprit qu'il est substance; mais on n
dira pas de la substance en général, qu'el
le est esprit.

La différence se définit dans les écoles
une chose propre à se trouver dans plusieurs, ou à être dite de plusieurs comme
la partie la plus stricte, je veux dire la
plus propre, la moins étendue de l'essen
ce. Voici les trois fonctions qu'on lui
donne: 1°. de diviser le genre, c'est-à-
l'espece; 3°. de la distinguer de tout
autre: essentielle à l'espece qu'elle cons
titue, elle est contingente au genre qu'el
le multiplie.

On en distingue de plusieurs sortes; savoir, la différence générique, la différence spécifique, & la différence numérique.

La différence générique est un attribut,
par exemple, qui étant commun à des
êtres même de différente espece, sert néanmoins à les distinguer d'autres êtres dont
l'espece

l'espece est plus éloignée. Ainsi l'intelligence convenant à Dieu, aux anges & aux hommes, qui sont tous de différente espece, sert à les distinguer des corps qui n'en sont pas susceptibles.

La différence spécifique est le degré qui constitue l'espece infime, & qui la distingue de toutes les autres especes. Cette différence renferme deux propriétés ; la premiere est de distinguer une chose d'avec toutes celles qui ne sont pas de la même espece ; & la seconde, d'être la source & l'origine de toutes les propriétés qui constituent un être.

La différence numérique consiste en ce qu'un individu n'est pas un autre individu. Ceux qui voient par-tout dans les genres, dans les especes, dans les essences & dans les différences, autant d'êtres qui vont se placer dans chaque substance, pour la determiner à être ce qu'elle est, verront aussi dans la différence numérique je ne sais quel degré enté, pour ainsi dire, sur l'espece infime, & qui la détermine à être tel individu. Ce degré d'individuation sera, par exemple, dans Pierre la pétréité, dans Lentulus la lentuléité, &c.

L'espece se définit dans les écoles, une chose propre à se trouver dans plusieurs, ou à être dite de plusieurs, comme toute l'essence commune. Ainsi l'espece résulte du genre & de la différence.

Il y a deux sortes d'especes, l'une subalterne & l'autre infime ; la subalterne est genre par rapport aux especes inférieures, & espece par rapport à ce qui est plus étendu & plus *universel* qu'elle ; l'espece infime ne reconnoit sous elle que des individus.

Le propre se définit dans les écoles, une chose propre à se trouver dans plusieurs, ou à être dite de plusieurs, comme une propriété qui découle de leur nature ; ce qui le distingue de l'accident, qui ne se trouve dans plusieurs & n'est dit de plusieurs qu'à titre de contingence.

Les philosophes ont quelquefois étendu plus loin ce nom de *propre*, & en ont fait quatre especes. La premiere est celle-ci, *quod convenit omni, soli & semper*; ainsi c'est le propre de tout cercle, & du seul cercle, & cela dans tous les tems, que les lignes tirées du centre à la circonférence soient égales. La seconde, *quod convenit omni, sed non soli*; comme on dit qu'il

est propre à l'étendue d'être divisible, parce que toute étendue peut être divisée, que la durée, le nombre & la force le puissent être aussi. La troisieme est, *quod convenit soli, sed non omni* ; comme il ne convient qu'à l'homme d'être médecin ou philosophe, quoique tous les hommes ne le soient pas. La quatrieme, *quod convenit omni & soli, sed non semper* ; comme, par exemple, d'avoir de la raison.

Il y a des contestations fort vives & fort animées entre les thomistes & les scotistes, pour savoir si l'*universel* existe *a parte rei*, ou seulement dans l'esprit ; les scotistes soutiennent le premier, & les thomistes le second. Ce qui cause tous les débats où ils sont les uns avec les autres, c'est la difficulté de concilier l'unité avec la multiplicité, deux choses qui ne doivent point être séparées, quand il est question des universaux.

Les thomistes disent des scotistes, qu'ils donnent trop à la multiplicité, & pas assez à l'unité ; & les scotistes à leur tour leur reprochent de sacrifier la multiplicité à l'unité. Mais pour bien entendre le sujet de leur dispute, il faut observer qu'il y a deux sortes d'unités : l'une d'indistinction, autrement numérique, & une unité d'indiversité ou de ressemblance. Les thomistes soutiennent que l'unité de similitude ou de ressemblance n'est pas une vraie unité, & qu'elle ne peut par conséquent constituer l'*universel*. Voici comment ils conçoivent la chose. Tous les hommes ont une nature parfaitement ressemblante ; or ce fond de ressemblance qui se trouve dans tous les hommes fournit à l'esprit une raison légitime pour se représenter, d'une maniere abstraite, dans tous les hommes une nature qui soit la même d'une unité numérique, laquelle unité, selon eux, peut s'allier avec l'*universel*. Or la chose étant ainsi exposée, il est évident que l'*universel* n'existe pas *a parte rei*, mais seulement dans l'esprit, puisque la même nature numérique ne se trouve pas dans deux hommes. Les scotistes au contraire prétendent que l'unité de similitude ou de ressemblance est une vraie unité, qu'elle est la seule qui puisse s'associer avec la multiplicité. Dans la persuasion où ils sont que tous les êtres sont du moins possibles de la maniere dont ils les conçoivent, ils tournent en ridicule les thomistes, pour ad-

                  K

mettre dans l'unité numérique une multiplicité qui y eft formellement oppofée. Les thomiftes à leur tour leur rendent bien la pareille, en fe moquant de toutes ces idées réalifées de genres, d'efpeces, de différences, qui vont comme autant d'êtres fe placer dans les fubftances pour les déterminer à être ce qu'elles font. Qui croiroit, par exemple, que la nature humaine en Pierre fût diftinguée pofitivement de lui? Or c'eft cependant ce que reconnoiffent & ce que doivent reconnoître dans leurs principes les fcotiftes. La nature de Pierre qui d'elle-même eft *univerfelle*, fe trouve contractée & déterminée à être telle qu'elle eft, par, je ne fais quel degré d'être qui lui furvient, & qu'ils appellent *pétréité*. Oh! pour cela ce font d'admirables gens que ces fcotiftes. Il fe dévoile à leurs yeux une infinité d'êtres qui font cachés au refte des hommes; ils voient encore où les autres ne voient plus.

Par la maniere dont je viens d'expofer cette fameufe difpute, qui fait tant de bruit dans les écoles, il eft aifé de juger combien toute cette queftion des *univerfaux* eft frivole & ridicule. Cependant quelque mépris qu'on en faffe dans le monde, elle fe maintient toujours fiérement dans les écoles. Voici le jugement qu'en porte la logique de Port-Royal. Perfonne, Dieu merci, ne prend intérêt à *l'univerfel a parte rei*, à *l'être de raifon*, ni aux *fecondes intentions*; ainfi onn'a pas lieu d'appréhender que quelqu'un fe choque de ce qu'on n'en parle point, outre que ces matieres font fi peu propres à être mifes en françois, " qu'elles auroient été plus capables de " décrier la philofophie que de la faire " eftimer ". Dagonmer a beau fe récrier contre cette décifion: logique pour logique, nous en croirons plutôt celle de Port-Royal que la fienne, parce que les vaines fubtilités de l'une ne peuvent balancer dans notre efprit le choix judicieux des queftions qu'on y traite avec toute la force & la folidité du raifonnement. Ce n'eft pourtant pas qu'il ne s'y trouve certaines queftions dignes des écoles; mais il faut bien donner quelque chofe au préjugé & au torrent de la coûtume.

UNIVERSEL, *Théol.* Les catholiques Romains ne conviennent pas entr'eux fur le titre d'évêque *univerfel*, que les papes

fe font arrogé, quoique quelques-uns d'eux n'aient pas voulu l'accepter. Baronius foutient que ce titre appartient au pape de droit divin; & néanmoins Saint Grégoire, à l'occafion de cette même qualité, donnée par un concile en 686 à Jean, patriarche de Conftantinople, affuroit expreffément qu'elle n'appartenoit à aucun évêque, & que les évêques de Rome ne pouvoient ni ne devoient la prendre; c'eft pourquoi S. Léon refufa d'accepter ce titre, lorfqu'il lui fut offert par le concile de Chalcédoine, de peur qu'en donnant quelque qualité particuliere à un évêque, on ne diminuât celle de tous les autres, puifque l'on ne pourroit pas admettre d'évêque *univerfel* fans diminuer l'autorité de tous les autres. *V.* ÉVÊQUE, ŒCUMÉNIQUE, PAPE, &c.

Nous avons expliqué fous le mot ŒCUMÉNIQUE, les divers fens dans lefquels on peut prendre ce terme qui eft fynonyme à *univerfel*; quel eft celui dans lequel on doit dire que le pape eft pafteur *univerfel*, & quel eft le fens abufif dans lequel ce titre ne lui convient pas, felon la doctrine de l'églife gallicane. *Voy.* ŒCUMÉNIQUE.

UNIVERSEL, adj. *Phyfiq.*, ce qui eft commun à plufieurs chofes, ce qui appartient à plufieurs chofes, ou même à toutes chofes en général. *V.* GÉNÉRAL.

Il y a des inftrumens *univerfels* pour mefurer toutes fortes de diftances, de hauteurs, de longueurs, &c. que l'on appelle *pantometres & holometres*; mais pour l'ordinaire ces inftrumens, à force d'être *univerfels*, ne font d'ufage dans aucun cas particulier. *Chambers.*

UNIVERSEL, adj. *Gnom.* Le cadran folaire *univerfel* eft celui par lequel on peut trouver l'heure en quelque endroit de la terre, que ce foit, ou fous quelque élévation de pole que ce puiffe être. *Voy.* CADRAN.

UNIVERSITÉ, f. f. *Belles-lett.*. terme collectif qu'on applique à un affemblage de plufieurs colleges établis dans une ville, où il y a des profeffeurs en différentes fciences, appointés pour les enfeigner aux étudians, & où l'on prend des degrés ou des certificats d'études dans les diverfes facultés.

Dans chaque *univerfité* l'on enfeigne ordinairement quatre fciences, favoir, la théologie, le droit, la médecine, & les humanités ou les arts, ce qui comprend aussi la philosophie. Il y a cependant en France quelques *universités* où l'on ne prend des degrés que dans certaines facultés, par exemple, à Orléans & à Valence pour le droit, à Montpellier pour la médecine. *V.* THÉOLOGIE, *&c.*

On les appelle *universités*, ou *écoles universelles*, parce qu'on suppose que les quatre facultés font l'*université* des études, ou comprennent toutes celles que l'on peut faire. *V.* FACULTÉ.

Les *universités* ont commencé à se former dans le douzieme & treizieme siecles. Celles de Paris & de Boulogne en Italie, prétendent être les premieres qui aient été établies en Europe ; mais elles n'étoient point alors sur le pied que sont les *universités* de notre tems. *V.* SÉMINAIRE *&* ECOLE.

On commençoit ordinairement par étudier les arts pour servir d'introduction aux sciences, & ces arts étoient la grammaire, la dialectique, & tout ce que nous appellons *humanités & philosophie*. De là on montoit aux facultés supérieures, qui étoient la physique ou médecine, les loix ou le droit civil, les canons, c'est-à-dire le décret de Gratien, & ensuite les décrétales; la théologie, qui consistoit alors dans le maitre des sentences, & ensuite dans la somme de S. Thomas. Les papes exempterent ces corps de docteurs & d'écoliers de la jurisdiction de l'ordinaire, & leur donnerent autorité sur tous les membres de leur corps, de quelque diocese & de quelque nation qu'ils fussent ; & à ceux qu'ils auroient éprouvés & faits docteurs, pouvoir d'enseigner par toute la chrétienté. Les rois les prirent aussi sous leur protection ; & outre que, comme cleres, les membres de ces *universités* étoient exempts de la jurisdiction laique, ils leur donnerent encore droit de *committimus*, & exemption des charges publiques; enfin la portion des bénéfices qui fut affectée aux gradués, contribua à peupler les *universités*, & à en faire instituer de nouvelles dans toutes les parties de l'Europe.

On dit que l'*université* de Paris prit naissance sous Charlemagne, & qu'elle doit son origine à quatre Anglois, disciples du vénérable Bede ; que ces Anglois ayant formé le dessein d'aller à Paris pour se faire connoître, ils donnerent leurs premieres leçons dans les places qui furent assignées par Charlemagne. Telle est l'opinion de Gaguin, de Gilles de Beauvais, *&c.* mais les auteurs contemporains, comme Eginard, Almon, Reginon, Sigebert, *&c.* ne font pas la moindre mention de ce fait. Au contraire, Pasquier, du Tillet, *&c.* assurent expressément, que les fondemens de cette *université* ne furent jetés que sous les regnes de Louis le jeune & de Philippe Auguste, dans le douzieme siecle. Celui qui en a parlé le premier est Rigord, contemporain de Pierre Lombard, le maitre des sentences & le principal ornement de l'*université* de Paris, en mémoire duquel les bacheliers en licence sont obligés d'assister tous les ans, le jour de S. Pierre, à un service dans l'église de S. Marcel, lieu de sa sépulture.

Il est certain que l'*université* de Paris ne fut point établie d'abord sur le pied qu'elle est aujourd'hui, & il paroît que ce n'étoit au commencement qu'une école publique, tenue dans la cathédrale de Paris; que cette *université* ne se forma en corps régulier que par degrés, & sous la protection continuée des rois de France.

Du Boulay, qui a écrit une histoire très-ample de l'*université* de Paris, a adopté les vieilles traditions incertaines, pour ne pas dire fabuleuses, qui en font remonter l'origine jusqu'au tems de Charlemagne. Il est vrai que ce prince rétablit les écoles monastiques & épiscopales, & qu'il en fonda même une dans son palais ; mais on n'a point de monumens certains qu'il ait institué une *université* dans Paris. Ce ne fut que sur la fin de l'onzieme siecle, que Geoffroi de Boulogne, chancelier de France & évêque de Paris, forma des écoles séculieres, où Guillaume de Champeaux, & après lui Abailard, enseignerent la rhétorique, la dialectique & la théologie. Ils eurent des successeurs ; & l'émulation qui se mit tant entre les maitres qu'entre les disciples, ayant rendu l'école de Paris florissante pendant le douzieme siecle, elle s'attira au commencement du treizieme les regards & les bienfaits de nos rois & des souverains pontifes. Ses premiers statuts furent dressés par Robert de Corcéon, légat du saint siege, en 1215 ; mais alors elle n'étoit encore composée que d'artistes qui enseignoient les arts & la philosophie, & de théologiens qui don-

noient des commentaires fur le livre des
fentences de Pierre Lombard, & expliquoient l'écriture. Il y avoit pourtant dès-
lors à Paris des maîtres en droit civil &
en médecine. Ils furent peu de temps après
unis aux deux autres facultés : car Grégoire IX, par fa bulle de l'an 1231, fait
mention des maîtres en théologie, en droit,
des phyficiens (c'eft ainfi qu'on appelloit
alors les médecins) , & des artiftes : cette
forme a toujours fubfifté depuis, & fubfifte encore aujourd'hui ; & la divifion
de la faculté des arts en quatre nations,
s'introduifit vers l'an 1250. Le recteur,
qui, dans l'origine, étoit à la tête de cette
faculté, devint le chef de toute l'*univerfité*. Il eft appellé dans un édit de faint
Louis, *capital parifienfium fcholarium*, &
ne peut être choifi que dans la faculté des
arts. Il eft électif & peut être changé à
chaque trimestre. Mais l'*univerfité* a d'autres officiers perpétuels, favoir, les deux
chanceliers, le fyndic, le greffier ; elle
a onze colleges de plein exercice, fans
parler des écoles de théologie, de droit,
& de médecine; fes fuppôts jouiffent de
plufieurs privileges, auffi bien que fes
étudians, auxquels le roi a procuré l'inftruction gratuite, en affignant aux profeffeurs des honoraires réglés. Les fervices importans que ce corps a rendu & rend
encore tous les jours à l'état & à la religion, doivent le rendre également cher à
l'un & à l'autre.

Les *univerfités* d'Oxford & de Cambridge peuvent difputer le mérite de l'ancienneté à toutes les *univerfités* du monde.

Les colleges de l'*univerfité* de Baliol &
de Merton, à Oxford, & le college de S.
Pierre à Cambridge, ont tous été fondés
dans le treizieme fiecle, & l'on peut dire
qu'il n'y a point en ce genre de plus anciens établiffemens en Europe.

Quoique le college de l'*univerfité* à Cambridge ait été une place fréquentée par les
étudians depuis l'année 872, cependant
ce n'étoit point un college en forme, non
plus que plufieurs autres colleges anciens
au-delà des mers de la Grande-Bretagne ;
ils reffembloient à l'*univerfité* de Leyden,
où les étudians ne font point diftingués
par des habits particuliers, ne logent que
dans les maifons bourgeoifes, où ils font
en penfion, & ne font que fe trouver à
certains rendez-vous, qui font des écoles
où l'on difpute & où l'on prend les leçons.

Dans la fuite des tems on bâtit des maifons, afin que les étudians puffent y vivre en fociété, de forte cependant que
chacun y faifoit fa propre dépenfe, & la
payoit comme à l'auberge, & comme font
encore aujourd'hui ceux qui étudient dans
les colleges de droit à Londres. Ces bâtimens s'appelloient autrefois *hôtelleries* ou
auberges, mais on leur donne aujourd'hui
le nom de *balles*. V. AUBERGE, HALLE.

Enfin on attacha des revenus folides à
la plupart de ces halles, à condition que
les adminiftrateurs fourniroient à un certain nombre d'étudians la nourriture, le
vêtement, & autres befoins de la vie : ce
qui fit changer le nom de *balle* en celui de
college. V. COLLEGE.

La même chofe eut lieu dans l'*univerfité* de Paris, où les colleges font encore
autant de petites communautés compofées
d'un certain nombre de bourfes ou places
pour de pauvres étudians, fous la direction d'un maître ou principal. Les premiers furent des hofpices pour les religieux qui venoient étudier à l'*univerfité*,
afin qu'ils puffent vivre enfemble féparés
des féculiers. On en fonda plufieurs enfuite pour les pauvres étudians qui n'a-
voient pas de quoi fubfifter hors de leur
pays, & la plupart font affectés à certains
dioceses. Les écoliers de chaque college
vivoient en commun, fous la conduite
d'un provifeur ou principal, qui avoit
foin de leurs études & de leurs mœurs,
& ils alloient prendre les leçons aux écoles publiques ; & c'eft ce qui fe pratique
encore dans la plupart de ces petits colleges qui ne font point de plein exercice.

Les *univerfités* d'Oxford & de Cambridge font gouvernées fous l'autorité immédiate du roi, par un chancelier qui préfide à l'adminiftration de toute l'*univerfité*, & qui a foin d'en maintenir les privileges & immunités. V. CHANCELIER.

Ce chancelier a fous lui un grand maître d'hôtel, qui aide le chancelier & les
autres fuppôts de l'*univerfité* à faire leurs
fonctions lorfqu'il en eft requis, & à juger les affaires capitales conformément
aux loix du royaume & aux privileges de
l'*univerfité*.

Le troifieme office eft celui de vice-
chancelier, qui fait les fonctions du chancelier en l'abfence de ce chef.

Il y a auffi deux procureurs qui aident
à gouverner l'*univerfité*, fur-tout dans ce

qui regarde les exercices fcholaftiques, la prife des degrés, la punition de ceux qui violent les ftatuts, &c. V. PROCUREUR.

Enfin il y a un orateur public, un garde des archives, un greffier, des bedeaux', & des porte-verges.

A l'égard des degrés qu'on prend dans chaque faculté, & des exercices que l'on fait pour y parvenir, *voy.* DEGRÉ, DOCTEUR, BACHELIER, &c.

UNIVOQUE, adj. *Mufiq.* Les confonances *univoques* font l'octave & fes repliques, parce que toutes portent le même ton. Ptolomée fut le premier qui les appella ainfi. (*S*)

UNNA, *Géog. mod.*, petite ville d'Allemagne, dans la Weftphalie, au comté de la Marck, à quatre lieues au levant de Dortmund. Elle a été anféatique, & appartient aujourd'hui au roi de Pruffe. *Long.* 25. 18. *lat.* 51. 39. (*D. J.*)

UNNI, f. m. *Hift. nat. Bot. exot.* Cet arbre croît au Chili, & porte un fruit en grappes, à peu près de la groffeur d'un pois, douçâtre, & cependant un peu âcre. Les naturels en tirent une liqueur limpide qui reffemble au vin, & dont ils font une efpece de vinaigre. (*D. J.*)

UNOVISTES, f. m. pl. *Anat. Phyfiol.*, branche des phyficiens oviftes, qui ne different des infinitoviftes qu'en ce qu'ils veulent que chaque œuf foit un petit hermitage habité par un folitaire inanimé, foit mâle ou femelle, & formé peu après la naiffance de celle qui le porte. Tout ce fyftème eft fondé fur ce que quelques obfervateurs prétendent avoir, à l'aide du microfcope, découvert l'embryon formé dans l'œuf avant qu'il ait été rendu fécond par le mâle; mais ces faits prétendus & difficiles à conftater, comme l'auteur de *l'Art de faire des garçons*, font détruits par d'autres faits inconteftables, & par des raifons auffi convaincantes que les faits. *Voy.* la part. I. de ce livre, ch. 6.

UNST, *Géogr. mod.*, ifle de la mer d'Ecoffe, l'une de celles qu'on nomme *ifles de Shetland*, & la plus agréable de toutes. Elle a trois églifes, trois havres, & huit milles de longueur. (*D. J.*)

UNSTRUTT, *Géogr. mod.*, riviere d'Allemagne dans le cercle de la haute-Saxe, au landgraviat de Thuringe. Elle prend fa fource à quelques lieues au-deffus de Mulhaufen, & tombe dans la Saala, vis-à-vis de la ville de Naumbourg. (*D. J.*)

UNTERTHANEN, f. m. *Hift. d'Allemag.* C'eft ainfi qu'on appelle en Allemagne les hommes de condition fervile: ces hommes, par rapport à leur perfonne, font libres, & peuvent contracter & difpofer de leurs actions & de leurs biens; mais eux & leurs enfans font attachés à certaines terres de leurs feigneurs, qu'ils font tenus de cultiver, & qu'ils ne peuvent abandonner fans leur confentement; c'eft pour cela que leurs filles même ne peuvent fe marier hors des terres dans lefquelles elles font obligées de demeurer & de fervir.

Un feigneur acquiert ce droit injufte de propriété, 1°. par la naiffance, car felon fes prétentions, les enfans qui naiffent de fes ferfs doivent être de condition fervile, comme leurs peres & meres; & 2°. par voie de convention, lorfqu'un homme libre & miférable fe donne volontairement à un feigneur en qualité de ferf. C'eft par ces raifons qu'un feigneur s'attribue un droit réel fur fes fujets de condition fervile, & il en peut intenter la revendication contre tout poffeffeur du ferf qui lui appartient.

Un long ufage a introduit en Allemagne & dans quelques autres pays cette forte de fervitude qui, fans changer l'état de la perfonne, affecte cependant d'une maniere effentielle la perfonne & fa condition. Ces malheureux hommes font ce qu'on appelle en Allemand *eigenbehorige* ou *unterthanen*, en latin *homines propriæ glebæ adfcripti*, & c'eft à peu près ce que les François appellent des *mort-taillables.* V. MORT-TAILLABLE, GLEBE, SERVITUDE.

Il eft honteux que cette efpece d'efclavage fubfifte encore en Europe, & qu'il faille prouver qu'un tel eft de condition fervile, comme s'il pouvoit l'être effectivement, comme fi la nature, la raifon & la religion le permettoient. (*D. J.*)

UNZAINE, f. f. *Charpent.*, forte de bateau qui fert à voiturer les fels en Bretagne fur la riviere de Loire. Il y a de grandes & de petites *unzaines*; les grandes peuvent tenir fix muids ou environ, mefure nantoife; & les petites feulement quatre. (*D. J.*)

V O

VOACHITS, *Hift. nat. Bot.*, efpece de vigne de l'ifle de Madagafcar, qui produit un raifin qui a le goût du verjus. Sa feuille eft ronde & femblable à celle du lierre, fon bois eft toujours verd.

VOA-DOUROU ou **VOA-FONTSI**, *Hift. nat. Botan.*, c'eft le fruit d'une efpece de balifier de l'isle de Madagafcar, qui eft d'une grande utilité aux habitans; ils fe fervent de fes feuilles féchées pour couvrir leurs maifons. Ils emploient les feuilles vertes à faire des nappes, des ferviettes, des affiettes, des taffes, des cuillers, &c. Elles font longues de huit à dix pieds fans la tige, & en ont deux de large. Son fruit eft affez femblable au bled de Turquie; chaque grain eft gros comme un pois, & couvert d'une écorce très-dure; il eft enveloppé dans une efpece de fubftance bleue dont on fait de l'huile. Le grain fournit une farine qui fe mange avec du lait.

VOAHE, f. m. *Hift. nat. Botan.*, arbriffeau de l'isle de Madagafcar, qui produit des fleurs blanches, comme celles du *lilium convallium*.

VOALELATS, f. m. *Hift. nat. Bot.*, fruit de l'isle de Madagafcar, qui reffemble à la mûre blanche, mais qui eft d'une aigreur extraordinaire. L'arbre qui le produit ne reffemble point aux mûriers d'Europe.

VOAMENES, f. m. *Hift. nat. Botan.*, efpece de pois d'une couleur rouge, qui croiffent dans l'isle de Madagafcar, ils different très-peu de ceux qu'on nomme *condours* aux Indes; les *voamenes* fervent, comme eux, à la foudure de l'or; pour cet effet, on les pile avec du jus de citron, & l'on trempe l'or dans ce fue avant de le mettre au feu.

VOANANE, f. f. *Hift. nat. Botan.*, fruit de l'isle de Madagafcar, qui eft d'un demi-pied de longueur; il fe divife en quatre quartiers; fon goût eft à peu près femblable à celui d'une poire pierreufe. Il eft aftringent & propre à arrêter les diarrhées.

VOANATO, f. m. *Hift. nat. Bot.*, c'eft le fruit d'un arbre qui croit dans l'isle de Madagafcar, vers le bord de la mer; fa chair eft nourriffante, quoique fort vifqueufe. Les habitans du pays mangent ce fruit, foit avec du lait, foit avec du fel. Le bois de cet arbre eft très-compacte & folide, il n'eft point fujet à être vermoulu; on l'emploie avec fuccès à toutes fortes d'ouvrages & de bâtimens,

VOADROU, f. m. *Hift. nat. Bot.*, efpece de feve qui croit abondamment dans l'isle de Madagafcar. Ce fruit vient fous terre, il n'y a qu'une feve dans chaque gouffe. Ses feuilles font de trois en trois comme celles du trefle; il n'y a ni tige, ni rameaux. On croit que cette plante eft la même que l'*arachidna* de Théophrafte.

VOANDSOUROU, f. m. *Hift. nat. Bot.*, efpece de pois fort petits de l'isle de Madagafcar, qui ne font tout au plus que de la groffeur des lentilles; on les feme au mois de juin.

VOANGHEMBES, f. f. *Hift. nat. Bot.*, efpece de petites feves de l'isle de Madagafcar, d'un goût très-agréable, foit qu'on les mange vertes ou mûres, mais elles font d'une difficile digeftion; on les feme au mois de juin, & elles muriffent en trois mois.

VOANGISSAIES, f. f. *Hift. nat. Bot.*, efpece d'oranges de l'isle de Madagafcar, qui croiffent par bouquet de dix ou douze, & qui ont le goût du raifin mufcat.

VOA-NOUNOUE, f. m. *Hift. nat. Bot.*, fruit de l'isle de Madagafcar, qui reffemble à une figue, dont il a même le goût; l'arbre qui le produit reffemble par fes feuilles à un poirier; quand on coupe fes branches il en fort une liqueur laiteufe; fon écorce fert à faire des cordages. Cet arbre s'éleve fort haut; mais fes branches en retombant à terre, y prennent racine.

VOAROTS, f. m. *Hift. nat. Bot.*, c'eft le fruit d'un grand arbre de l'isle de Madagafcar; il eft très-chargé de branches qui lui donnent une forme ovale; fa feuille reffemble à celle de l'olivier; il produit une efpece de cerife aigrelette, dont le noyau eft fort gros; elle croit par bouquets; il y en a de blanche, de rouge & de noire.

VOA-SOUTRE, f. m. *Hift. nat. Bot.*, fruit de l'isle de Madagafcar: il vient de la groffeur d'une poire; mais lorfqu'il eft cuit, il a le goût d'une châtaigne; l'arbre qui produit ce fruit eft affez haut, fon bois eft d'une dureté extraordinaire, fes feuilles font de la longueur de celles d'un amandier, mais elles font déchiquetées, & il fort une fleur femblable à celle du romarin de chaque dentelure; c'eft cette fleur qui produit le fruit.

VOA-TOLALAC, f. m. *Hift. nat. Bot.*, arbriffeau de l'isle de Madagafcar; il eft épineux, ainsi que son fruit que l'on nomme *baïfi*, & qui est renfermé dans une gousse.

VOA-VEROME, s. m. *Hist. nat. Bot.*, fruit de l'isle de Madagascar ; il est violet, & aussi petit que la groseille rouge ; son goût est doux & agréable : on s'en sert pour teindre en violet & en noir.

VOAZATRE, s. m. *Hist. nat. Bot.*, fruit de l'isle de Madagascar ; il est de la grosseur d'un œuf, il contient une liqueur qui a le goût du pain d'épice ; l'arbre qui le produit est d'une grandeur moyenne ; ses feuilles sont larges & en forme d'éventail : on en fait des nattes, des paniers, des cordages, &c.

VOBERGA, *Géog. anc.*, ville de l'Espagne Tarragonoise. Martial, qui en parle, l. I, épigr. 52, v. 14, fait entendre qu'elle étoit dans un pays de chasse :

Præstabit illic ipsa fingendas prope,
Voberga prandenti feras.

Au lieu de *Voberga*, quelques manuscrits portent *Vobisca*, & d'autres *Vobercæum*. Jérôme Paulus, allégué par Ortelius, dit que *Voberga* étoit dans le territoire de Bilbilis ; & Varrerius, aussi bien que Montanus, la nomment *Bobierca*. (D. J.)

VOBERNUM, *Géog. anc.*, ville d'Italie, dans la Gaule Transpadane, sur le bord de la riviere *Clesius* ou *Clusius*, aujourd'hui la Chiese. On trouve des traces de cette ancienne ville dans le village de Boarno au Bressan, & l'on y a déterré l'inscription suivante :

P. Atinius. L. F. Fab.
Hic situs est
Perlege ut Re-
Quietus Queas dicere
Sæpe tuis. Finibus Ita-
Liæ monumentum
Vidi Voberna in Quo
Est Atini conditum.   (D. J.)

VOBRIX, *Géog. anc.*, ville de la Mauritanie Tingitane, dans les terres, selon Ptolomée, l. IV, c. 1. On voit ses ruines au-dessus de Lampta, dans le royaume de Fez. (D. J.)

VOCABULAIRE, s. m. *Gramm.*, dictionnaire d'une langue, ouvrage où l'on en a rassemblé tous les mots.

On appelle *vocabulistes* les auteurs malheureux de ces sortes d'ouvrages utiles. Ce mot *vocabuliste* est peu d'usage.

VOCAL, adj. *Gramm.*, qui se dit de bouche, qu'on parle. Ainsi l'on dit, une priere *vocale* par opposition à celle qui ne s'articule point de la voix, qu'on appelle *priere mentale*. Il ne se dit guere que dans ces phrases, *priere, oraison, musique vocale*.

VOCAL, s. m. *Gramm.*, qui a droit de voter, de donner sa voix dans une assemblée. Il faut avoir un certain tems de religion pour être admis dans les assemblées de la communauté comme *vocal*.

VOCAL, *Philos. scholast.*, c'est la même chose que le nominal. V. NOMINAUX.

VOCAL, adj. *Musiq.*, qui appartient au chant des voix. Tout de chant *vocal*, *musique vocale*. (S)

VOCALE, *Musiq.* On prend quelquefois substantivement cet adjectif pour exprimer la partie de la musique qui s'exécute par des voix. *Les symphonies d'un tel opéra sont assez bien faites, mais la vocale est mauvaise.* (S)

VOCATES, *Géog. anc.*, peuples de la Gaule Aquitanique. César, *Bell. Gall.* l. III, qui parle de ces peuples, les met au nombre de ceux qui furent subjugués par Crassus. On ne s'accorde pas sur le nom moderne du pays qu'ils habitoient: les plus sages disent qu'ils ignorent sa situation, qui n'a point été déterminée par les anciens. Scaliger, *Notit. Gal.* moins modeste, a d'abord soupçonné que les *Vocates* étoient les mêmes que les Boates, aujourd'hui *Buchs*, dit-il ; & comme un simple soupçon ne décidoit pas assez à sa fantaisie, il n'a point craint d'avancer que son sentiment étoit certain, *quod omnino certum est* : mais ce qui étoit certain pour lui, est regardé comme très-faux par les meilleurs critiques.

Un curé, dans l'histoire de Boucou en Sauveterre, né à Nébouzan, comté de Comminges, estime que les *Vocates* de César sont ceux de Boucou, & apparemment la seule ressemblance des noms l'a déterminé à embrasser cette idée. Il pouvoit néanmoins se fonder sur quelque chose de plus, & dire que par les passages de César, où il est parlé des *Vocates*, il semble qu'ils fussent à-peu-près limitrophes de ce que nous appellons à présent *Languedoc*. En ce cas les *Vocates* pourroient être les Commingeois, nom que le seul lieu de Boucou nous auroit conservé. Ce qu'il y a de certain, c'est que le nom de *Convenæ* n'étoit point connu du tems de César, & qu'il ne le fut que sons Augufte, qui donna aux habitans le droit de Latium. (*D. J.*)

VOCATIF, f. m. *Gram.* Dans les langues qui ont admis des cas pour les noms, les pronoms & les adjectifs, le *vocatif* eft un cas qui ajoute à l'idée primitive du mot décliné, l'idée acceffoire d'un fujet à la feconde perfonne. *Dominus* eft au nominatif, parce qu'il préfente le *Seigneur* comme le fujet dont on parle, quand on dit, par exemple, *Dominus regit me, & nihil mihi deerit in loco pafcuæ ubi me collocavit, Pf.* 12 ; on comme le fujet qui parle, par exemple, dans cette phrafe, *ego Dominus refpondebo ei in multitudine immunditiarum fuarum. Ezech.* 14. 4. Mais *Domine* eft au *vocatif*, parce qu'il préfente le *Seigneur* comme le fujet que l'on parle de lui-même, comme dans cette phrafe, *exaudi, Domine, vocem meam, qua clamavi ad te. Pf.* 26. Voici les conféquences de la définition de ce cas.

1°. Le pronom perfonnel *ego* ne peut point avoir de *vocatif*, parce qu'*ego* étant effentiellement de la première perfonne, il eft effentiellement incompatible avec l'idée acceffoire de la feconde.

2°. Le pronom réfléchi *fui* ne peut pas avoir non plus de *vocatif*, parce qu'il n'eft pas plus fufceptible de l'idée acceffoire de la feconde perfonne, étant néceffairement de la troifieme. D'ailleurs étant réfléchi, il n'admet aucun cas qui puiffe indiquer le fujet de la propofition, comme je l'ai fait voir ailleurs. *V.* RÉCIPROQUE.

3°. Le pronom de la feconde perfonne ne peut point avoir de nominatif, parce que l'idée de la feconde perfonne étant effentielle à ce pronom, elle fe trouve néceffairement comprife dans la fignification du cas qui le préfente, comme fujet de la propofition, lequel eft par conféquent un véritable *vocatif*. Ainfi c'eft une erreur de profcrire le *vocatif*, que d'appeller nominatif le premier cas du pronom *tu*, foit au fingulier, foit au pluriel.

4°. Les adjectifs poffeffifs *tuus* & *vefter* ne peuvent point admettre le *vocatif*. Ces adjectifs défignent par l'idée générale d'une dépendance relative à la feconde perfonne. *V.* POSSESSIF. Quand on fait ufage de ces adjectifs, c'eft pour qualifier les êtres dont on parle, par l'idée de cette dépendance ; & ces êtres doivent

être différens de la feconde perfonne dont ils dépendent, par la raifon même de leur dépendance : donc ces êtres ne peuvent jamais, dans cette hypothefe, fe confondre avec la feconde perfonne ; & par conféquent, & les adjectifs poffeffifs qui tiennent à cette hypothefe, ne peuvent jamais admettre le *vocatif*, qui la détruiroit en effet.

Ce doit être la même chofe de l'adjectif national *veftras*, & pour la même raifon.

5°. Le *vocatif* & le nominatif pluriels font toujours femblables entr'eux, dans toutes les déclinaifons grecques & latines ; & cela eft encore vrai de bien des noms au fingulier, dans l'une & dans l'autre langue.

C'eft que la principale fonction de ces deux cas eft d'ajouter à la fignification primitive du mot, l'idée acceffoire du fujet de la propofition, qu'il eft toujours effentiel de rendre fenfible : au lieu que l'idée acceffoire de la perfonne n'eft que fecondaire, parce qu'elle eft moins importante, & qu'elle fe manifefte affez par le fens de la propofition, ou par la terminaifon même du verbe dont le fujet eft indéterminé à cet égard. Dans *Deus mifcretur*, le verbe indique affez que *Deus* eft la troifieme perfonne ; & dans *Deus miferere*, le verbe marque fuffifamment que *Deus* eft à la feconde : ainfi *Deus* eft au nominatif, dans le premier exemple, & au *vocatif* dans le fecond, quoique ce foit le même cas matériel.

Cette approximation de fervice dans les deux cas, femble justifier ceux qui les mettent de fuite & à la tête de tous les autres, dans les paradigmes des déclinaifons : & je joindrois volontiers cette réflexion à celles que j'ai faites fur les paradigmes. *V.* PARADIGME. (*B. E. R. M*)

VOCATION, f. f. *Théol.*, grace ou faveur que Dieu fait quand il appelle quelqu'un à lui, & le tire de la voie de perdition pour le mettre dans celle du falut.

Dans ce fens-là nous difons, la *vocation* des juifs, la *vocation* des gentils.

Il y a deux fortes de *vocations*, l'une extérieure & l'autre intérieure : la premiere confifte dans une fimple & nue propofition d'objets qui fe fait à notre volonté : la feconde eft celle qui rend la premiere efficace en difpofant nos facultés à recevoir ou embraffer ces objets.

Vocation fe dit auffi d'une deftination

à un état ou à une profeſſion. C'eſt un principe que perſonne ne doit embraſſer l'état eccléſiaſtique ni monaſtique ſans une *vocation* particuliere. *V.* ORDRES, ORDINATION, &c.

Les catholiques ſoutiennent que la *vocation* des paſteurs ou théologiens réformés eſt nulle & invalide ; & parmi les Anglois même, quelques-uns prétendent qu'une ſucceſſion qui n'ait point été interrompue eſt néceſſaire pour la validité de la *vocation* des prêtres. *V.* ORDINATION.

VOCEM, *Hiſt. ecclés.*, c'eſt le nom qu'on donne au cinquieme dimanche d'après paques, parce que l'introit de la meſſe commence par *vocum jucunditatis*, & qu'il eſt ainſi marqué dans quelques almanachs. Les rogations ſont immédiatement le lendemain du dimanche *vocem jucunditatis*. (*D. J.*)

VOCENTII, *Géog. anc.*, peuples de la Gaule Narbonnoiſe, à l'orient des Tricaſtini, & à l'occident des Tricorii. Ce peuple étoit limitrophe des Allobroges, & libre ; c'eſt-à-dire, que par la libéralité des Romains, il étoit exempt de la juriſdiction du préſident de la province. Ptolomée, l. II, c. 10, donne à ce peuple pour capitale *Vaſio*, aujourd'hui *Vaiſon*. (*D. J.*)

VOCETUS ou *VOCETIUS*, *Géog. anc.*, montagne de l'Helvétie. Cluvier, *Germ. ant.* l. II, c. 4, & Cellarius, c. 3, ſont d'avis que le mont *Vocetus* eſt cette partie du mont Jura, qui eſt dans le canton de Zug, & qu'on appelle préſentement *Bozen*, *Bozberg* ou *Botyberg*. Quelques-uns ont confondu le *Vocetus* ou *Vocetius* avec le *Vogeſus*. C'eſt une grande erreur. *V.* VOGESUS.

VOCONTIENS, ſ. m. pl. *Hiſt. anc.*, *Vocontii*, peuples de l'ancienne Gaule, qui du tems des Romains habitoient les pays connus des modernes ſous le nom de *Dauphiné*.

VOCONTII, *Géog. anc.*, peuples de la Gaule Narbonnoiſe. Ils habitoient à l'orient des *Tricaſtini*, & à l'occident des *Tricorii* : ce que nous apprenons de la route d'Annibal, décrite par Tite-Live, l. XXI, c. 31. *Quum jam Alpes peteret, non recta regione iter inſtituit, ſed ad Levam in Tricuſtinos flexit : inde per extremam oram* Vocontiorum *agri, tetendit in* Tricorios.

· Strabon, l. IV, p. 178, écrit Οὐοκοντίοι, *Vocontii*, p. 203, Ο'υοκουτίοι, *Vocuntii*. Il dit que ce peuple étoit limitrophe des Allobroges, & libre ; c'eſt-à-dire, que par la libéralité des Romains il étoit exempt de la juriſdiction du préſident de la province; auſſi Pline, l. III, c. 4, lui donne-t-il le titre de *cité confédérée*. Il ajoute qu'ils avoient deux capitales, *Vaſio*, Vaiſon, & *Lucus Auguſti*, le Luc. Pomponius Mela, l. II, c. 3, & Ptolomée, l. II, c. 10, ne nomment qu'une de ces capitales ; ſavoir, *Vaſio Vocontiorum* ou *civitas Vaſiorum.*

Trogue-Pompée étoit du pays des *Voconces*, & fleuriſſoit du tems d'Auguſte. Son pere étoit ſecretaire & garde-du-ſceau de cet empereur. Trogue-Pompée s'acquit une grande gloire par une hiſtoire univerſelle, écrite en quarante-quatre livres, dont Juſtin a fait un abrégé, ſans y changer ni le nombre des livres, ni le titre d'*Hiſtoire Philippique*. Il y a apparence que ce titre étoit fondé ſur ce que depuis le ſeptieme livre juſqu'au quarante-unieme il parloit de l'empire des Macédoniens, qui doit ſon commencement à Philippe, pere d'Alexandre le Grand. Quoiqu'il en ſoit, l'abrégé de Juſtin nous a fait perdre le grand ouvrage de Trogue-Pompée. (*D. J.*)

VODABLE, *Géogr. mod.*, bourg de France dans l'Auvergne, élection d'Iſſoire. Ce bourg eſt remarquable parce qu'il eſt le chef-lieu d'une grande châtellenie, qu'on nomme le *Dauphiné d'Auvergne*, à cauſe du dauphin d'Auvergne, qui en fut un des premiers ſeigneurs. Cette terre fut enſuite nommée abſolument *le Dauphiné* ; & ſes ſeigneurs qui s'appelloient *dauphins d'Auvergne*, prirent pour armes un dauphin. *Long.* 20. 51. *lat.* 45. 24. (*D. J.*)

VODANA, *Géog. mod.*, ville de l'Arabie Heureuſe, au royaume & à 15 lieues de Maſcaté. Elle eſt la réſidence d'un émir. Le terroir ne produit point de bled, mais du riz, des dattes, des fruits, des melons, du raiſin & des coings qui n'ont pas l'âpreté des nôtres. (*D. J.*)

VODENA, *Géog. mod.*, ville de la Turquie Européenne, dans la Macédoine ou Coménolitari, ſur la riviere de Viſtriza, environ à 15 lieues au couchant de Salonichi. On croit que c'eſt l'ancienne *Œdeſſa*, & la même ſans doute que M.

de Lisle appelle *Eclissо*, & qu'on ne trouve point ailleurs. (*D. J.*)

VŒRDEN, *Géog. mod.* ou *Wærden* ;
ville des Pays-Bas, dans la Hollande,
fur le Rhin qui la traverse, à 3 lieues
d'Utrecht, & à 6 de Leyde. Les Etats-généraux qui en font les maitres depuis
l'an 1521, l'ont extrêmement fortifiée.
Long. 22. 23. *lat.* 52. 8.

Bakker (Jean) ; appellé en latin *Joan-
nes Pistorius*, naquit à *Wærden* en 1498,
& passe pour être le premier des Hollandois qui ait embrassé publiquement le
calvinisme. On l'emprisonna à Utrecht
pour cette raison ; mais il fut relâché lors
de la pacification de Gand. Quelque tems
après, sous le gouvernement de Marguerite de Savoie, il fut arrêté de nouveau,
& brûlé vif à la Haye pour fa religion,
en 1525, n'ayant pas encore vingt-sept
ans. C'est un fait bien singulier, & même
je crois l'unique en Hollande. (*D. J.*)

VŒU, f. m. *Gramm. Jurisp.*, est une
promesse faite à Dieu d'une bonne œuvre
à laquelle on n'est pas obligé, comme
d'un jeûne, d'une aumône, d'un pélérinage.

Pour faire un *vœu*, en général, il
faut être en âge de raison parfaite, c'est-
à-dire en pleine puberté, être libre, &
avoir la disposition de ce que l'on veut
vouer. Ainsi une femme ne peut vouer
sans le consentement de son mari, ni une
fille sans le consentement de ses pere &
mere. Un religieux ne peut s'engager à
des jeûnes extraordinaires sans la permission de son supérieur.

Il est libre de ne pas faire de *vœux* ;
mais quand on en a fait, on doit les tenir.

Cependant, si le *vœu* a été fait légérement, ou que différentes circonstances en
rendent l'accomplissement trop difficile,
on en obtient une dispense de l'évêque ou
du pape, selon la nature des *vœux*.

Le *vœu* solemnel de religion dispense
de plein droit de tous les autres *vœux*
qu'on auroit pu faire avant que d'entrer
dans le monastere ; ce qui a lieu même
par rapport à ceux qui s'étoient engagés
d'entrer dans un ordre plus sévere que
celui dans lequel ils ont fait profession.

Il y a différentes sortes de *vœux*, qui
ont chacun leurs regles particulieres, ainsi qu'on va l'expliquer dans les subdivisions suivantes.

VŒU, *ad limina apostolorum*, c'est-à-
dire, d'aller à Rome en pélérinage. La
dispense de ce *vœu* est réservée au pape ;
il en est de même de certains autres pélé-
rinages.

VŒU DE CHASTETÉ, ne consiste pas
simplement dans une promesse de ne rien
faire de contraire à la pureté, mais aussi
dans un renoncement au mariage, & à
tout ce qui pourroit porter à la dissipation : lorsque l'on a fait *vœu* de chasteté
perpétuelle, il n'y a que le pape qui puisse en dispenser, quand même le *vœu* seroit simple.

VŒU DE CLÔTURE, est un *vœu* particulier aux religieuses, que leur regle ne
permet point de sortir du monastere.

VŒU DE CONTINENCE. *V.* VŒU DE
CHASTETÉ.

VŒU DU FAISAN. *V.* VŒU DU PAON.

GRANDS VŒUX, *Hist. ecclés.* On appelle ainsi dans certains ordres les *vœux*
solemnels qui seuls lient la personne, de
maniere qu'elle ne peut plus retourner
au siecle ; par exemple, les jésuites peuvent être congédiés jusqu'à leur troisieme & dernier *vœu*, quoique leurs deux
premiers les lient envers la société. *V.* les
Loix ecclés. de d'Héricourt, tit. *des vœux
solemnels*, n. 33, aux notes.

VŒU D'OBÉISSANCE, est celui que
tous les religieux font d'obéir à leurs supérieurs. Il y a certains ordres qui font
en outre *vœu d'obéissance* spéciale au pape, comme les jésuites.

VŒU DU PAON ou DU FAISAN, *Hist.
mod.*, du tems que la chevalerie étoit en
vogue, étoit le plus authentique de tous
les *vœux* que faisoient les chevaliers,
lorsqu'ils étoient sur le point de prendre
quelque engagement pour entreprendre
quelque expédition. La chair de paon &
du faisan étoit, selon nos vieux romanciers, la nourriture particuliere des preux
& des amoureux. Le jour auquel on devoit prendre l'engagement, on apportoit
dans un bassin d'or ou d'argent, un paon
ou un faisan, quelquefois rôti, mais toujours paré de ses plus belles plumes. Ce
bassin étoit apporté avec cérémonie par
des dames ou demoiselles ; on le présentoit à chacun des chevaliers, lequel faisoit son *vœu* fur l'oiseau ; après quoi on
le rapportoit fur une table, pour être distribué à tous les assistans ; & l'habileté de
celui qui le découpoit, étoit de le partager de maniere que chacun en pût avoir.

Les cérémonies de ce vœu sont expliquées dans un mémoire.fort curieux de M. de Sainte - Palaye , sur la chevalerie, où il rapporte un exemple de cette cérémonie, pratiquée à Lille en 1453, à l'occasion d'une croisée projetée contre les Turcs, laquelle néanmoins n'eut pas lieu.

VŒU DE PAUVRETÉ , *Hist. ecclés.*, est le renoncement aux biens temporels: ce vœu se pratique de différentes manieres.Il y a des ordres dans lesquels le *vœu de pauvreté* s'observe plus étroitement que dans d'autres ; quelques congrégations font même profession de ne posséder aucun bien fonds.

Anciennement ce vœu n'étoit fait qu'au profit de la communauté ; le religieux profès n'étoit point incapable de recueillir des successions, mais le fonds en appartenoit au monastere , lequel lui en laissoit seulement l'usufruit & la dispensation. Les papes ont même confirmé ce privilege à divers ordres ; Clément IV l'accorda en 1265 à celui de S. François & de S. Dominique.

Cette habileté des religieux à succéder a duré en France jusque dans le xje siecle.

Présentement l'émission des *vœux* emporte mort civile , & le religieux profès est incapable de rien recueillir, soit à son profit, ou au profit du couvent si ce n'est quelque modique pension viagere, que l'on peut donner à un religieux pour ses menus besoins , ce qu'il ne touche même que par les mains de son supérieur.

VŒUX DE RELIGION,sont ceux qu'un novice profere en faisant profession. Ces *vœux* qu'on appelle *solemnels*, sont ordinairement au nombre de trois, savoir, de chasteté , pauvreté ,obéissance. Les religieuses font en outre vœu de clôture ; & dans quelques ordres,les *vœux* comprennent encore certains engagemens particuliers,comme dans l'ordre de Malthe, dont les chevaliers font vœu de faire la guerre aux infideles.

L'âge auquel on peut s'engager par des vœux solemnels ou de religion , a été réglé diversement depuis la puberté où l'on peut contracter mariage , jusqu'à la pleine majorité qui est de 25 ans. Le concile de Trente l'a enfin fixé à 16 ans : ce qui a été adopté & confirmé par l'ordonnance de Blois. Ceux qui font des *vœux* avant cet âge , ne contractent point d'engagement valable.

Les *vœux* que fait le profès , doivent être reçus par le supérieur , & il doit en être fait mention dans l'acte de profession.

La formule des *vœux de religion* n'est pas la même dans toutes les communautés; dans quelques-unes,le religieux promet de garder la chasteté , la pauvreté & l'obéissance; dans d'autres qui sont gouvernées par la regle de S. Benoit, le profès promet la conversion des mœurs & la stabilité sous la regle de S. Benoit selon les usages de la congrégation dans laquelle il s'engage ; mais , quelle que soit la formule des *vœux* , elle produit toujours le même effet.

Quelques - uns attribuent l'établissement des *vœux de religion* à S. Basile, lequel vivoit au milieu du quatrieme siecle.

D'autres tiennent que les premiers solitaires ne faisoient point de *vœux* , & ne se consacroient point à la vie religieuse par des engagemens indissolubles ; qu'ils n'étoient liés qu'avec eux-mêmes,& qu'il leur étoit libre de quitter la retraite,s'ils ne se sentoient pas en état de soutenir plus long-tems ce genre de vie.

Les *vœux* du moins solemnels ne furent introduits que pour fixer l'inconstance trop fréquente de ceux qui s'étant engagés trop légérement dans l'état monastique, le quittoient de même : ce qui causoit un scandale dans l'église, & troubloit la tranquillité des familles.

Erasme a cru que les *vœux* solemnels de religion ne furent introduits que sous le pontificat de Boniface VIII, dans le XIII. siecle.

D'autres prétendent que dès le tems du concile de Chalcédoine , tenu en 451 , il falloit se vouer à Dieu sans retour.

D'autres au contraire soutiennent qu'avant Boniface VIII, on ne faisoit que des *vœux* simples,qui obligeoient bien quant à la conscience, mais que l'on en pouvoit dispenser.

Ce qui est certain , c'est qu'alors l'émission des *vœux* n'emportoit point mort civile , & que le religieux , en rentrant dans le siecle, rentroit aussi dans tous ses droits.

Mais depuis long-tems les *vœux de religion* sont indissolubles , à moins que le religieux n'ait réclamé contre ses *vœux* , & qu'il ne soit restitué.

Anciennement, il falloit réclamer dans

l'année de l'émission des *vœux* ; mais le concile de Trente a fixé le délai à cinq ans ; les conciles de France postérieurs, l'assemblée du clergé de 1573, & les ordonnances de 1629, 1657 & 1666 y sont conformes ; & telle est la jurisprudence des parlemens.

Les moyens de restitution sont, 1°. le défaut de l'âge requis par les saints décrets & par les ordonnances, 2°. le défaut de noviciat en tout ou en partie ; 3°. le défaut de liberté.

Ce n'est point devant le pape que l'on doit se pourvoir pour la réclamation, & il n'est pas même besoin d'un rescrit de cour de Rome pour réclamer.

Ce n'est pas non plus devant le supérieur régulier que l'on doit se pourvoir, mais devant l'official du diocèse, par demande en nullité des *vœux*, ou bien au parlement par la voie de l'appel comme d'abus, s'il y a lieu. Voyez *le Concile de Trente*, *l'Instit.* de M. de Fleuri, *les Loix ecclésiastiques*, Fuet, les *Mémoires du clergé*.

VŒU DE RESIDENCE, est celui qui oblige à demeurer ordinairement dans une maison, sans néanmoins assujettir à une clôture perpétuelle.

VŒU SIMPLE, est celui qui se fait secrétement & sans aucune solemnité ; il n'oblige cependant pas moins en conscience ; mais s'il a été fait trop légèrement, ou si par la suite l'accomplissement en est devenu trop difficile, l'évêque en peut dispenser ou commuer une bonne œuvre en une autre.

VŒU SOLEMNEL, est celui qui est fait entre les mains d'un supérieur ecclésiastique pour l'entrée en religion. *V.* VŒU DE RELIGION.

VŒU DE STABILITÉ, est celui que l'on fait dans certaines communautés, de vivre sous une telle regle, comme dans l'ordre de S. Benoît.

VŒU DE VIRGINITÉ, est le *vœu* de chasteté que fait une personne non encore mariée de garder sa virginité. *V.* VŒU DE CHASTETÉ. (*A*)

VŒU CONDITIONNEL, *Morale*, c'est un engagement qu'on prend avec Dieu de faire telle ou telle chose qu'on suppose lui devoir être agréable, dans la vue & sous la condition d'en obtenir telle ou telle faveur. C'est une espece de pacte où l'homme, premier contractant & princi-

pal intéressé, se flatte de faire entrer la divinité par l'appât de quelque avantage réciproque. Ainsi, quand Romulus, dans un combat contre les Sabins, promit à Jupiter de lui bâtir un temple, s'il arrêtoit la fuite de ses gens & le rendoit vainqueur, il fit un *vœu*. Idoménée en fit un, quand il promit à Neptune de lui sacrifier le premier de ses sujets qui s'offriroit à ses yeux à son débarquement en Crete, s'il le sauvoit du péril imminent où il se trouvoit de faire naufrage.

J'ai dit que l'homme avoit à la chose le principal intérêt : en effet, s'il croyoit qu'il lui fût plus avantageux de conserver ce qu'il promet que d'obtenir ce qu'il demande, il ne feroit point de *vœu*. Romulus ni Idoménée n'en firent qu'après avoir mis dans la balance, l'un les fruits d'une victoire importante avec les frais de construction d'un temple, l'autre la perte d'un sujet avec la conservation de sa propre vie.

Tout homme qui fait un *vœu* est dès ce moment ce que les Latins appelloient *voti reus* ; si de plus il obtient ce qu'il demande, il devient, selon leur langage, *damnatus voti*. C'est, pour le dire en passant, une distinction que n'ont pas toujours su faire les interprètes ni les commentateurs ; & il leur arrive assez fréquemment de confondre ces deux expressions, dont la seconde emporte néanmoins un sens beaucoup plus fort que la premiere. Elles sont l'une & l'autre empruntées du style usité dans les tribunaux de l'ancienne Rome. Le mot *reus* n'y étoit pas restreint au sens odieux & exclusif que nous lui prêtons. Tout accusé, ou même tout simple défendeur, étoit ainsi qualifié jusqu'à l'arrêt définitif. *Reos appello* (dit Cicéron, lib. II, *de or.*) *non eos modo qui arguuntur, sed omnes quorum de re disceptatur.* C'est ici l'événement conditionnel qui décide le procès, & tient lieu d'arrêt. Se trouve-t-il conforme à l'intention du voteur ? celui-ci est condamné à se dessaisir de la chose promise : y est-il contraire ? elle lui est en quelque sorte adjugée, & il ne doit rien. Romulus ne contracta d'obligation effective pour le temple envers Jupiter, que du moment que la victoire se fut déclarée en sa faveur ; sa défaite consommée l'eût absous de son *vœu*.

Les païens en général avoient de la divinité des idées trop grossieres pour sentir toute l'indécence du *vœu conditionnel.* Qu'est-ce en effet que ce marché insolent que la créature ose faire avec son Créateur? C'est comme si elle disoit: " Seigneur, je fais que telle ou telle chose seroit agréable à vos yeux; mais avant que de me déterminer à la faire, composons. Voulez-vous de votre côté m'accorder telle ou telle grace (qui m'importe en effet plus que ce que je vous offre)? C'est une affaire faite; pourvu cependant, pour ne rien donner à la surprise, que vous vous dessaisissiez le premier. Autrement, n'attendez rien de moi; je ne suis pas d'humeur à me gêner pour vous complaire, à moins que d'ailleurs je n'y trouve mon compte „... Eh! qui es-tu, mortel audacieux, pour oser traiter de la sorte avec ton Dieu, & mettre un indigne prix à tes hommages? Il semble que tu craignes d'en trop faire; mais ce que tu peux, n'est-il pas à cet égard la mesure exacte de ce que tu dois? Commence donc par faire *sans condition* ce que tu fais devoir plaire à l'Auteur de ton existence,& lui abandonne le reste. Peut-être que, touché de ta soumission, il se portera à te refuser l'objet de tes *vœux* inconsidérés, cette grace funeste qui causeroit ta perte.

Evertere domos totas, optantibus ipsis,
Di faciles.

Nous regardons en pitié le stupide Africain, qui tantôt prosterné devant son idole, &tantôt armé contre elle, aujourd'hui la porte en triomphe &demain la traîne ignominieusement, lui prodiguant tour-à-tour les cantiques & les invectives, l'encens & les verges, selon que les événemens le mettent vis-à-vis d'elle de bonne ou de mauvaise humeur. Mais l'homme qui a fait un *vœu* ne se rend-il pas jusqu'à un certain point coupable d'une extravagance & d'une impiété à peu près semblables, lorsqu'il n'ayant pas obtenu ce qui en étoit l'objet, il se croit dispensé de l'accomplir? N'est-ce pas, autant qu'il est en lui, punir la divinité, que de la frustrer d'un acte religieux qu'il savoit lui devoir être agréable, & dont il lui avoit, pour ainsi dire, fait fête? Je ne vois ici d'autre différence entre l'habitant de la zone brûlée & celui de la zone tempérée, que celle qui se remar-

que entre le paysan grossier & l'homme bien né, dans la maniere de corriger leur enfant. Le premier s'emporte avec indécence & use brutalement de peines afflictives: l'autre, plus modéré en apparence, y substitue *aussi efficacement* la privation de quelque plaisir annoncé d'avance, & présenté dans une riante perspective.

Je ne prétends pas au reste que ces sentimens soient bien distinctement articulés dans le cœur de tout homme qui fait un *vœu:* mais enfin ils y sont en raccourci du moins & comme repliés sur eux-mêmes; & sa conduite en est le développement. Il faut donc convenir que pour n'y rien trouver d'offensant, il est bien nécessaire que Dieu aide à la lettre; & qu'ici, comme en beaucoup d'autres rencontres, par une condescendance bien digne de sa grandeur & de sa bonté, il se prête à la foiblesse & à l'imperfection de la créature. Mais ne seroit-ce pas mieux fait de lui sauver cette nécessité?

Tout ce qui peut caractériser un véritable marché se retrouve d'ailleurs dans le *vœu conditionnel.* On renfle ses promesses, à proportion du prix qu'on attache à la faveur qu'on attend...

Nunc te marmoreum... fecimus...
*Si futura gregem suppleverit,*aureus *esto.*

Il n'est pas non plus douteux, que qui avoit promis une hécatombe, se comparant à celui qui pour pareil événement &en pareilles circonstances n'avoit promis qu'un bœuf, n'estimât son espérance d'être exaucé mieux fondée dans la raison de 100 à 1. Peut-on supposer que les dieux n'entendissent pas leur intérêt, ou qu'ils ne sussent pas compter?

Mais si plutôt on eût voulu supposer (ce qui est très-vrai) que la divinité n'a besoin de rien pour elle-même & qu'elle aime les hommes, on en eût conclu que les offres les plus déterminantes qu'on puisse lui faire sont celles qui se trouvent liées à quelque utilité réelle pour la société; & le *vœu conditionnel,* dirigé de ce côté-là, eût pu du moins, à raison de ses suites, trouver grace à ses yeux. Mais ces réflexions étoient encore trop subtiles pour le commun des païens. Accoutumés à prêter à leurs dieux leurs propres goûts & leurs propres passions, il étoit naturel que dans leurs *vœux* ils cherchassent à les tenter par l'appât des mêmes

biens qui sont en possession d'exciter
l'humaine cupidité. Et comme entre ceux-
ci l'or & l'argent tiennent sans contredit
le premier rang, de là cet amas prodigieux de richesses dont regorgeoient
leurs temples & autres lieux de dévotion, à proportion de leur célébrité : richesses qui, détournées une fois de la
voie de la circulation, n'y rentroient plus,
& y laissoient pour le commerce un vuide ruineux & irréparable. De là l'appauvrissement insensible des états, pour enrichir quelques lieux particuliers, où
tant de matieres précieuses alloient se
perdre comme dans un gouffre, n'y servant tout au plus qu'à une vaine montre,
& à nourrir l'ostentation puérile des ministres qui en étoient les dépositaires souvent infideles.

Peut-être s'imagine-t-on que c'étoit au
moins une ressource toute prête dans les
besoins pressans de l'Etat. Tout porte en
effet à le penser ; & c'eût été un bien réel
qui pouvoit naitre de l'abus même : mais
malheur au prince qui dans les pays même de son obéissance eût osé le tenter, &
faire passer à la monnoie tous ces *ex voto*,
ou seulement partie, pour se dispenser de
fouler les peuples ! Toute la cohorte des
prêtres n'eût pas manqué de crier aussi-tôt
à l'impie & au sacrilege ; on l'eût chargé
d'anathèmes ; on l'eût menacé hautement
de la vengeance céleste; & plus d'un bras
armé sourdement d'un fer sacré, se fût
prêté à l'exécution. Que sait-on ? ce même peuple dont il eût cherché à procurer
le soulagement, vendu, comme il l'étoit,
à la superstition & à ses prêtres, eût peut-
être été le premier à rejeter le bienfait, &
à se soulever contre le bienfaiteur. Pour
en faire perdre l'envie à qui eût pu être
tenté de l'entreprendre, on faisoit courir
certaines histoires sur les châtimens effrayans qui devoient avoir suivi pareils
attentats ; on les débitoit ornées de toutes les circonstances qui pouvoient leur
assurer leur effet, & la légende païenne
insistoit fort sur ces articles. On citoit en
particulier l'exemple de nos bons ancêtres les Gaulois, qui, dans une émigra-
tion sous Brennus, avoient trouvé bon,
en passant par Delphes, de s'accommoder
des offrandes du temple d'Apollon; exemple néanmoins des plus mal choisis, puisqu'on ne pouvoit se dissimuler que, malgré leur sacrilege présumé, ils n'avoient

pas laissé de se faire en Asie un assez bon
établissement. Les Gaulois de leur côté
avoient aussi leurs histoires, pour servir
d'épouvantail aux impies & de sauve-
garde à leurs propres temples. L'or de
Toulouse n'étoit-il pas passé en proverbe ? *Voy. Aul. Gell.* l. III, c. 9. Enfin une
nouvelle religion ayant paru dans le
monde, les princes qui l'avoient embras-
sée, affranchis par elle de ces vaines ter-
reurs, firent main-basse indistinctement
sur tous les *ex-voto* : leur témérité n'eût
aucune mauvaise suite, & il se trouva que
cet or étoit dans le commerce d'un aussi
bon emploi que tout autre. C'est ainsi
qu'une secte amasse & thésaurise, sans le
savoir, pour sa plus cruelle ennemie ; &
souvent dans la même secte, une branche
particuliere pour quelqu'une des autres
dans lesquelles elle vient avec le tems à
se partager.

Si le *vœu conditionnel* admet un choix,
même entre les choses qu'on peut toutes
supposer agréables à Dieu, à plus forte
raison exige-t-il que ce qu'on promet soit
innocent & légitime en soi. Il seroit également absurde & impie de prétendre
acheter les faveurs du ciel par un outrage fait au ciel même, c'est à-dire un crime. Tel fut le *vœu* d'Idoménée. Sans
qu'il soit besoin d'un plus long commentaire, on en sent assez toute l'horreur
pour y mettre le comble, il ne manquoit
à ce roi barbare que de l'accomplir ; &
c'est ce qu'il fit, & sur son propre fils, malgré le cri de la nature. Funeste exemple
des excès où peut porter la religion mal
entendue ! ... Celui qui fait à quelque
chose de moins odieux, & tient même un
peu du burlesque. J'ai connu un homme
qui, pour se débarrasser une bonne fois
des importuns, & sanctifier en quelque
sorte son avarice & sa dureté, avoit fait
vœu à Dieu de ne se rendre jamais caution pour personne. Chaque fois qu'on
lui en faisoit la proposition, il prenoit
une contenance dévote, & étoit son *vœu*,
qui lui lioit les mains & enchainoit sa
bonne volonté, renvoyant ainsi son monde bien édifié, à ce qu'il pensoit, de sa religion & de sa délicatesse de conscience,
dont il ne doutoit pas que Dieu ne lui
tint un grand compte. On tenta plusieurs
fois de lui ouvrir les yeux sur l'illusion
grossiere où il étoit ; ce fut en vain : il ne
put ou ne voulut jamais comprendre qu'il

lui fût permis de se départir de ce qu'il avoit si solemnellement & de si bon cœur promis à Dieu. Et en effet, il fut toute sa vie plus fidele à ce *vœu* singulier qu'à aucun de ceux de son baptême. A quoi tenoit-il que tout d'un tems il ne s'interdit aussi par *vœu* l'exercice de l'aumône & de tout autre acte de charité ? *Article de M. Rallier des Ourmes, à qui l'Encyclopédie doit d'ailleurs de bons articles de mathématiques.*

Vœu, s. f. *Littérat. mod.* On appelle *vœux* ou *ex voto,* des présens qu'on a voués, & qu'on fait aux églises, après qu'on s'est rétabli de maladie. Ces présens sont des tableaux, des statues, des têtes, des bras, des jambes d'argent. Le tableau de la croisée de Notre-Dame de Paris, qui représente la sainte famille, est un *vœu.* Le tableau de S. Yves, qui est dans la croisée du cloître, est encore un *vœu.* Il y a des églises en Espagne, en Italie, toutes garnies de semblables *vœux.* (*D. J.*)

Vœux *solemnels des Romains, Hist. rom.* Au temps de la république, les Romains offroient souvent des *vœux* & des sacrifices solemnels pour le salut de l'état. Depuis que la puissance souveraine eut été déférée aux empereurs, on offroit en différentes occasions des sacrifices pour la conservation du prince, pour le salut, la tranquillité & la prospérité de l'empire; de-là ces inscriptions de la flatterie si ordinaires aux monumens : *Vota publica. Salus Augusta. Salus generis humani. Securitas publica, &c.* Le jour de la naissance des princes étoit encore célébré avec magnificence par des *vœux* & des sacrifices ; c'étoit un jour de fête qui a été quelquefois marqué dans les anciens calendriers. On solemnisoit ainsi le 23 du mois de septembre, 8 *kal. octob.* le jour de la naissance d'Auguste.

Les jours consacrés pour offrir des *vœux* & des sacrifices, étoient l'avénement des princes à l'empire, l'anniversaire de leur avénement, les fêtes quinquennales & décennales, & le premier jour de l'année civile, tant à Rome que dans les provinces. Les chrétiens même faisoient des prieres pour la conservation des empereurs païens & pour la prospérité de l'empire. *Nos,* disoit Tertullien, *pro salute imperatorum Deum invocamus æternum, Deum verum, & Deum vivum, quem & ipsi imperatores propitium sibi*

præter cæteros : malunt imperatoribus precamur vitam prolixam, imperium securum, domum tutam, exercitus fortes, senatum fidelem, populum probum & orbem quietum. (*D. J.*)

Vœux, *Antiq. grecq. & rom.* L'usage des *vœux* étoit si fréquent chez les Grecs & chez les Romains, que les marbres & les anciens monumens en sont chargés ; il est vrai que ce que nous voyons, se doit plutôt appeller l'accomplissement des *vœux* que les *vœux* même, quoique l'usage ait prévalu d'appeller *vœu* ce qui a été offert & exécuté après le *vœu.*

Ces *vœux* se faisoient, ou dans les nécessités pressantes, ou pour le succès de quelque entreprise, de quelque voyage, ou pour un heureux accouchement, ou par un mouvement de dévotion, ou pour le recouvrement de la santé. Ce dernier motif a donné lieu au plus grand nombre des *vœux ;* & en reconnoissance l'on mettoit dans les temples la figure des membres dont on croyoit avoir reçu la guérison par la bonté des dieux. Entre les anciens monumens qui font mention des *vœux,* on a trouvé une table de cuivre, sur laquelle on a gravé plusieurs guérisons opérées par la puissance d'Esculape. Le lecteur peut s'instruire à fond sur cette matiere dans le traité de Thomasini, *de donariis & tabellis votivis.*

Enfin on faisoit tous les ans des *vœux* après les calendes de janvier, pour l'éternité de l'empire & pour les succès de l'empereur.

Mais une chose plus étrange & moins connue, c'est l'usage qui s'établit parmi les Romains sur la fin de la république, de se faire donner une députation particuliere dans un lieu choisi, sous prétexte d'aller à quelque temple célebre accomplir un *vœu* qu'on feignoit avoir fait. Cicéron écrit à Atticus, *lettre 2, liv. XVIII ;* que s'il n'accepte pas le parti que lui propose César de venir servir sous lui dans les Gaules, en qualité de lieutenant, il a en main un moyen de s'absenter de Rome, c'est de se faire députer ailleurs pour rendre un *vœu.* Cicéron pélerin est une idée assez plaisante ! Voilà comme les hommes de son temps se servoient de la crédulité & de la superstition des peuples, pour cacher les véritables ressorts de leurs actions. (*D. J.*)

Vœu *des Juifs, Crit. Sacr.* Le premier

vœu dont il foit parlé dans l'Ecriture, eft celui de Jacob, qui allant en Méfopotamie, voua au Seigneur la dixme de fes biens, & promit de s'attacher à fon culte avec fidélité. L'ufage des *vœux* étant très-étendu & très-fréquenté chez les Juifs, Moyfe, pour procurer leur exécution, établit des loix fixes à l'égard de ceux qui voueroient leurs biens, leur perfonne, leurs enfans, & même des animaux au Seigneur. Ces loix font rapportées dans le Lévitique, *cb. 27.* Par exemple, quand on s'étoit voué pour le fervice du tabernacle, il falloit racheter fon *vœu*, fi on ne vouloit pas l'accomplir. Il en étoit de même des biens & des animaux que l'on vouoit à Dieu en oblation; on pouvoit les racheter, à moins que les animaux n'euffent les qualités requifes pour être immolés, ou pour être dévoués à toujours par la confécration; femblablement celui qui avoit voué fon champ ou fa maifon à Dieu, pouvoit la racheter, en donnant la cinquieme partie du prix de l'eftimation.

Les Juifs faifoient auffi des *vœux*, foit pour le fuccès de leurs entreprifes, de leurs voyages, foit pour recouvrer leur fanté, ou pour d'autres befoins; dans ces cas ils coupoient leurs cheveux, s'abftenoient de vin, & faifoient à Dieu des prieres pendant trente jours, avant que d'offrir leur facrifice. *V. Jofephe, Guerre des Juifs,* liv. II, ch. 26. *(D. J.)*

Vœux *de chevalerie, 'Hift. de la chev.;* engagemens généraux ou particuliers, que prenoient les anciens chevaliers dans leurs entreprifes, par honneur, par religion, & plus encore par fanatifme. *V.* ENGAGEMENT.

Soit que l'on s'enfermât dans une place pour la défendre, foit qu'on en fît l'inveftiffement pour l'attaquer, foit qu'en pleine campagne on fe trouvât en préfence de l'ennemi; les chevaliers faifoient fouvent des fermens & des *vœux* inviolables, de répandre tout leur fang plutôt que de trahir ou d'abandonner l'intérêt de l'Etat.

Outre ces *vœux* généraux, la fuperftition du temps leur en fuggéroit d'autres, qui confiftoient à vifiter divers lieux faints auxquels ils avoient dévotion; à dépofer leurs armes ou celles des ennemis vaincus, dans les temples & dans les monafteres; à faire différens jeûnes, à pratiquer divers exercices de pénitence. On peut voir la Colombiere, *Théâtre d'honneur,* c. 21, des *vœux* militaires; mais en voici quelques exemples qui lui ont échappé, & qui fe trouvent dans l'hiftoire de Bertrand du Guefclin.

Avant que de partir pour foutenir un défi d'armes propofé par un Anglois, il entendit la meffe; & lorfqu'on étoit à l'offrande, il fit à Dieu celle de fon corps & de fes armes qu'il promit d'employer contre les infideles, s'il fortoit vainqueur de ce combat. Bientôt après, il en eut encore un autre à foutenir contre un Anglois, qui en jettant fon gage de bataille, avoit juré de ne point dormir au lit fans l'avoir accompli. Bertrand relevant le gage, fit *vœu* de ne manger que trois foupes en vin au nom de la fainte Trinité, jufqu'à ce qq'il l'eût combattu. Je rapporte ces faits pour la juftification de ceux qu'on voit dans nos romans; d'ailleurs ces exemples peuvent fervir d'éclairciffemens à quelques paffages obfcurs des anciens auteurs, tels que le Dante.

Du Guefclin étant devant la place de Moncontour, que Cliffon affiégeoit depuis long-temps fans pouvoir la forcer, jura de ne manger de viande & de ne fe déshabiller qu'il ne l'eût prife. " Jamais „ ne mangerai chair, ne dépouillerai ne „ de jour, ne de nuit „. Une autre fois il avoit fait *vœu* de ne prendre aucune nourriture après le fouper qu'il alloit faire, jufqu'à ce qu'il eût vu les Anglois pour les combattre. Son écuyer d'honneur, au fiege de Breffiere, en Poitou, promit à Dieu de planter dans la journée fur la tour de cette ville la banniere de fon maître, qu'il portoit, en criant du Guefclin, ou de mourir plutôt que d'y manquer.

On lit dans la même hiftoire plufieurs autres *vœux* faits par des chevaliers affiégés, comme de manger toutes leurs bêtes; & pour derniere reffource, de fe manger les uns les autres par rage de faim, plutôt que de fe rendre. On jure de la part des affiégeans, de tenir le fiege toute fa vie, & de mourir en bataille, fi l'on venoit la préfenter, ou de donner tant d'affauts qu'on emporta la place de vive force. J'ai *vœu* à Dieu & à S. Yves, dit Bertrand aux habitans de Tarafcon, que par force d'affaut vous aurez. De là ces façons de parler fi fréquentes, *avoir vœu, vœu,*

vouer, vouer à Dieu, à Dieu le vœu, &c.
Cependant Balzac exaltant la patience
merveilleuse des François au fiege de la
Rochelle, la met fort au-deſſus de celle
de nos anciens chevaliers, quoiqu'ils
s'engageaſſent par des ſermens dont il rappelle les termes, à ne ſe point déſiſter de
la réſolution qu'ils avoient priſe.

La valeur, ou plutôt la témérité, dictoit encore aux anciens chevaliers des
vœux ſinguliers, tels que d'être le premier à planter ſon pennon ſur les murs
ou ſur la plus haute tour de la place dont
on vouloit ſe rendre maître, de ſe jetter
au milieu des ennemis, de leur porter le
premier coup; en un mot, de faire tel
exploit, &c. Voyez encore la Colombiere au ſujet des vœux dictés par la valeur :
les romans nous en fourniſſent une infinité d'exemples. Je me contente, pour
prouver que l'uſage nous en eſt connu
par de meilleures autorités, de rapporter
le témoignage de Froiſſart. James d'En-
delée, ſuivant cet hiſtorien, avoit fait
vœu qu'à la première bataille où ſe trouveroit le roi d'Angleterre, ou quelqu'un
de ſes fils, il ſeroit le premier aſſaillant
ou le meilleur combattant de ſon côté,
ou qu'il mourroit à la peine; il tint parole à la bataille de Poitiers, comme on le
voit dans le récit du même auteur. Sainte-
Palaye, *Mém. ſur l'ancienne chevalerie.*
Mais le plus authentique de tous les
vœux de l'ancienne chevalerie, étoit celui que l'on appelloit le *vœu du paon* ou
du faiſan, dont nous avons parlé ci-deſſus. (D. J.)

Vœu rendu, *Antiq.* On appelle ainſi
des tableaux que l'on pend dans les égliſes, & qui contiennent une image du péril dont on eſt échappé. Les païens nous
ont ſervi d'exemple; ils ornoient leurs
temples de ces ſortes de tableaux, qu'ils
appelloient *tabellæ votivæ*; ainſi Tibulle
a dit,

Picta decet templis multa tabella tuis.

Juvenal, ſat. 14, peint la choſe plus
fortement.

Merſa rate naufragus aſſem
Dum rogat, & picta ſe tempeſtate tuetur.

Ces ſortes de tableaux ont pris le nom
d'*ex voto*, parce que la plupart étoient
accompagnés d'une inſcription qui ſiniſ-
ſoit par ces mots, *ex voto*, pour marquer
que celui qui l'offroit, s'acquittoit de la

Tome XXXVI. Partie I.

promeſſe qu'il avoit faite à quelque divinité dans un extrême danger, ou pour
rendre public un bienfait reçu de la bonté des dieux. On reconnoiſſoit la qualité
& le motif de l'inſcription ou du tableau
par ces caractères:

V. P.	ſignifioit	*Votum poſuit.*
V. S.		*Votum ſolvit.*
V. M. M.		*Votum merito Mi-nerva.*
V. S. L. M.		*Votum ſolvit lu-bens merito*, ou *Voto ſoluto liberè munere*, ou *Voto ſolemni liberè munere.*
V. S. C.		*Voti ſui compos.*
V. S. L. P.		*Votum ſolverunt loco privato.*
V. S. P. L. L. M.		*Voto ſuſcepto poſuit lubens lubens merito.*
V. S. S. L. S. D. expr.		*Votum ſuſceptum ſolverunt liben-tes de ſuis expreſſis.*
V. S. L. L. M.		*Votum ſolvit, lo-cum legit memo-ria.*

Les recueils de Gruter, de Reyneſius
& de Boiſſard ſont remplis de ces ſortes
de vœux. (D. J.)

Vœux, *Art numiſ.* On voit par les
monnoies des empereurs, qu'il y avoit
des vœux appellés *quinquennalia*, *decen-nalia*, *vicennalia*, pour cinq ans, pour
dix ans, pour vingt ans. Les magiſtrats
faiſoient auſſi graver ces vœux ſur des tables d'airain & de marbre. On trouve
dans des médailles de Maxence & de De-
centius, ces mots, *votis quinquennali-bus*, *multis decennalibus*. Sur les médailles d'Antonin le Pieux & de Marc Aurè-
le, on a un exemple des vœux faits pour
vingt ans, *vota ſuſcepta vicennalia*; mais
on a déjà traité de cette matiere au mot
MÉDAILLE VOTIVE.

Quand ces vœux s'accompliſſoient, on
dreſſoit des autels, on allumoit des feux,
on donnoit des jeux, on faiſoit des ſacrifices, avec des feſtins dans les rues &
places publiques. (D. J.)

VOGELSBERG, *Géogr. mod.*, montagne de Suiſſe, au pays des Griſons,
dans le Rheinwald, vulgairement *colmè
del Occello*, c'eſt-à-dire, le mont de l'Oi-

L

feau , ce que fignifie de même le nom allemand *Vogelsberg*. On appelle auffi cette montagne le mont S. Bernardin. Elle eft couverte de glaces éternelles ; ce font des glacieres de deux lieues de longueur, d'où fortent divers ruiffeaux au - deffous d'un endroit fauvage qu'on nomme *paradis* , apparemment par ironie. Tous ces ruiffeaux fe jettent dans un lit profond, & forment le haut-Rhin. (*D. J.*)

VOGESUS , *Géogr. anc.*, montagne de la Gaule Belgique , aux confins des Lingones , felon Céfar , *Bel. Gal.* l. IV, c. 10, qui dit que la Meufe prenoit fa fource dans cette montagne : *Mofa profluit ex monte* Vogefo *, qui eft in finibus Lingonum.* Cluvier, l. II, c. 29 , foutient qu'au lieu de *Vogefus* , il faut lire *Vofegus* dans Céfar. Il fe fonde fur deux manufcrits qui lifent de cette maniere ; & une ancienne infcription trouvée à Berg-Zabern , fait encore quelque chofe pour fon fentiment. Voici cette infcription :

Vofego. Maximinus.
V. S. L. L.

Cluvier ajoute à ces preuves d'autres autorités, qui étant plus modernes, peuvent être combattues.

D'un autre côté, Cellarius , l. II, c. 2 , qui tient que *Vogefus* , fe détermine par l'orthographe la plus ordinaire dans Céfar , & par celle dont ufe Lucain , laquelle eft décifive , s'il eft vrai qu'il ait écrit *Vogefus* , comme le perfuadent les manufcrits qui nous reftent. Lucain dit :

Deferuere cavo tentoria fixa Lemano ,
Caftraque Vogefi *curvam fuper ardua rupem.*
Pugnaces pictis cohibebant Lingonas armis.

Pour moi, dit la Martiniere , je crois que Cluvier & Cellarius ont tort de préférer une orthographe à l'autre, les preuves étant à-peu-près d'égale force pour *Vogefus* , ou pour *Vofegus*. Le traducteur grec de Céfar rend à la vérité *Vogefi* par τὸν Βοσήκου ; mais , comme le remarque Cellarius , il a pu s'accommoder à la prononciation du fiecle où il écrivoit. En effet , dans le moyen âge on difoit *Vofegus* ou *Vofagus*, comme nous le voyons dans ce vers de Fortunat, l. VII, carm. 4.

Ardenna an Vofagus *cervi , capræ , helicis , urfi*
Cæde fagittifera filva fragore tonut ?

Les auteurs du moyen âge donnent affez fouvent à cette montagne le nom de *forêt* , *filva* , *faltus* , ou celui de *défert* , *eremus.* Voyez VOSGE. (*D. J.*)

VOGHERA , *Géog. mod.* , petite ville d'Italie , dans le Pavéfan , au bord de la riviere Staffora , fur le chemin de Pavie à Tortone , à 12 milles de Pavie. On croit que c'eft le *vicus Iria* d'Antonin. *Long.* 26. 33. *latit.* 44. 57. (*D. J.*)

VOGUE, *Marine*, c'eft le mouvement ou le cours d'un bâtiment à rames.

Vogue-avant, nom du rameur qui tient le bout de la rame , & qui lui donne le branle.

VOGUER , v. n. *Marine* , c'eft filler , faire route par le moyen des rames.

VOGUER , *Chapelier* , faire *voguer* l'étoffe , c'eft faire voguer fur une claie , par le moyen de la corde qui eft tendue fur l'inftrument qu'on appelle *un arçon*, le poil , la laine ou autres matieres , dont on veut faire les capades d'un chapeau. (*D. J.*)

VOGUETS , f. m. *Jeu de mail* ; c'eft une petite boule dont on fe fert quand il fait beau, que le terrein eft fec & uni, qui a moins de groffeur , mais toujours d'un poids proportionné à celui de la maffe.

VOHITZ BANCH, *Géog. mod.*, grande province de l'isle de Madagafcar. C'eft un pays montagneux, abondant en miel, ignames , riz , & autres fortes de vivres. Les habitans ont la chevelure frifée , font très - noirs, circoncis, & fans religion. (*D. J.*)

VOIE, f. f. *Gramm.* , chemin public qui conduit d'un lieu à un autre. Ce terme n'eft guere ufité qu'au palais & dans l'hiftoire ancienne. Nous difons rue , chemin.

VOIE DU SOLEIL , *Aftronom.* , terme dont fe fervent quelques aftronomes, pour fignifier l'*écliptique*, dont le foleil ne fort jamais. *V.* ECLIPTIQUE.

VOIE , *Critiq. facrée*, chemin, route. Ce mot fe prend au figuré dans l'Ecriture en plufieurs fens , & quelquefois d'une maniere proverbiale ; par exemple aller par un chemin, & fuir par fept , *Deut.* 28. 25. marque en proverbe la déroute d'une armée. Les *voies* raboteufes s'applaniront, *Luc* 3. 5. c'eft-à-dire, les déréglemens feront corrigés. Suivre la *voie* de toute la terre, c'eft mourir. La *voie*

des nations, ce font les ufages & la religion des païens.

Voie fe prend métaphoriquement pour
la conduite. Que le pareffeux aille à la
fourmi, & confidere fes *voies*, *Prov.* 6.
6. Ce mot défigne les loix & les œuvres
de Dieu, *Pf.* 102. 7. Les *voies* de la paix,
de la juftice, de la vérité, font les moyens
qui y conduifent. Ce terme y marque une
fecte. Saul donna des lettres pour le grand-
prêtre, afin que s'il trouvoit des gens de
cette fecte, il les menât liés à Jérufalem, *Act.* 9. 2. La *voie large*, c'eft une
conduite relâchée qui mene à la perdition. La *voie étroite*, c'eft une conduite
religieufe qui mene au falut. (*D. J.*)

VOIE LACTÉE, *Mythol.* La fable
donne à cet amas d'étoiles une origine célefte; elle dit que Junon donnant à tetter à Hercule, cet enfant dont la force
étoit prodigieufe, lui preffoit fi rudement
le bout du tetton, qu'elle ne le put fouffrit; & comme elle tira fa mamelle avec
effort & promptitude, il fe répandit de
fon lait célefte, qui forma ce cercle que
les Grecs nommoient γαλαξία, & les Latins, *orbis lacteus*, *via lactea*; mais il
vaut bien mieux rapporter cette fable
dans le langage de la poéfie, puifque c'eft
elle qui l'inventa.

> *Nec mihi celanda eft fama vulgata ve-*
> *tuftas*
> *Molliori e niveo lactis fluxiffe liquorem*
> *Pectore regina divum, cælumque colore*
> *Infeciffe fuo. Quapropter lacteus orbis*
> *Dicitur, & nomen caufa defcendit ab*
> *ipfa.* Manil. *lib. I.*

Ce joli conte fuppofe que Junon étoit
dans le ciel; mais les Thébains ne le prétendoient point; car Paufanias, l. IX,
rapporte qu'ils montroient le lieu où cette déeffe, trompée par Jupiter, allaita
Hercule. (*D. J.*)

VOIES, *les premieres*, *Médec. prima*
via. On appelle ainfi en médecine l'œfophage, l'eftomac, les inteftins, & leurs
appendices, fur lefquels les purgatifs,
les vomitifs, & les autres remedes qu'on
prend intérieurement exercent d'abord
leur vertu, avant qu'ils faffent leur opération dans d'autres parties. Quelques-
uns mettent auffi les vaiffeaux méféraï-
ques au rang des premieres *voies*. (*D. J.*)

VOIE, *Jurifp.*, *via*, fignifie *chemin*,
paffage, dans le droit romain. Le droit
de voie, *via*, eft différent du droit de

paffage perfonnel, appellé *iter*, & du
droit de paffage pour les bêtes. & voitures, appellé *actus*. Le droit appellé *via*,
voie ou chemin, comprend le droit appellé *iter* & celui appellé *actus*.

On appelle *voie privée* une route qui
n'eft point faite pour le public, mais feulement pour l'ufage d'un particulier; &
voie publique, tout chemin ou fentier qui
eft deftiné pour l'ufage du public. *V.* aux
Inftitutes, liv. II, le titre *de fervit*. (*A*)

VOIE MINUCIENNE, *Littérat.*, *via*
Minutia, grand chemin des Romains,
qui montoit tout au-travers de la Sabine,
du Samnium, & joignoit le chemin d'Appius, *via Appia*, à Beneventum. Il prit
fon nom de Tiberius Minutius, conful,
qui le fit faire l'an 448 de Rome, fept
ans après celui d'Appius. Cicéron parle de
la *voie Minucienne* dans la feizieme lettre du livre IX à Atticus.

La porte Minucia étoit dans le neuvieme quartier de Rome, entre le Tibre &
le Capitole, & par conféquent fort éloignée de la *voie Minucienne*. Cette porte
fut nommée *Minucienne*, à caufe qu'elle
étoit proche de la chapelle & de l'autel
du dieu Minucius.

Il y avoit encore à Rome dans le neuvieme quartier une halle au bled, *porti-*
cus frumentaria, qui fut auffi nommée
porticus Minucia, parce que Minucius
Augurinus, qui exerça le premier l'intendance des vivres, la fit bâtir en 315.
(*D. J.*)

VOIE ROMAINE, *Antiq. rom.*, *via*
romana ; route, chemin des Romains, qui
conduifoit de Rome par toute l'Italie &
ailleurs. Au défaut des connoiffances que
nous ne pouvons plus avoir dans les Gaules, recueillons ce que l'hiftoire nous apprend de ces fortes d'ouvrages élevés par
les Romains dans tout l'empire, parce
que c'eft en ce genre de monumens publics qu'ils ont de bien loin furpaffé tous
les peuples du monde.

Les *voies romaines* étoient toutes pavées, c'eft-à-dire, revêtues de pierres &
de cailloux maçonnés avec du fable. Les
loix des douze tables commirent cette intendance au foin des cenfeurs; *cenfores*
urbis vias, aquas, ærarium, vectigalia,
tueantur. C'étoit en qualité de cenfeur,
qu'Appius, furnommé l'*aveugle*, fit faire ce grand chemin depuis Rome jufqu'à
Capoue, qui fut nommé & fon honneur

L 2

la *voie* Appienne. Des confuls ne dédaignerent pas cette fonction; la *voie* Flaminienne & l'Emilienne en font des preuves.

Cette intendance eut les mêmes accroiffemens que la république. Plus la domination romaine s'étendit, moins il fut poffible aux magiftrats du premier rang de fuffire à des foins qui fe multiplioient de jour en jour. On y pourvut en partageant l'infpection. Celle des rues de la capitale fut affectée d'abord aux édiles, & puis à quatre officiers, nommés *viocuri*, nous dirions en françois *voyers*. Leur département étoit renfermé dans l'enceinte de Rome. Il y avoit d'autres officiers publics pour la campagne, *curatores viarum*. On ne les établiffoit d'abord que dans l'occafion, & lorfque le befoin de quelque *voie* à conftruire ou à réparer le demandoit. Ils affermoient les péages ordonnés pour l'entretien des routes & des ponts. Ils faifoient payer les adjudicataires de ces péages, régloient les réparations, adjugeoient au rabais les ouvrages néceffaires, avoient foin que les entrepreneurs exécutaffent leurs traités, & rendoient compte au tréfor public des recettes & des dépenfes. Il eft fouvent parlé de ces commiffaires, & de ces entrepreneurs, *mancipes*, dans les infcriptions, où ils étoient nommés avec honneur.

Le nombre des commiffaires n'eft pas aifé à déterminer. Les marbres nous apprennent que les principales *voies* avoient des commiffaires particuliers, & que quelquefois auffi un feul avoit fous fon département trois ou quatre grandes *voies*. On peut juger du relief que donnoit cette commiffion par ces mots de l'orateur romain, *ad Attic.* l. I. epift. 1. Thermus eft commiffaire de la *voie* Flaminienne ; quand il fortira de charge, je ne ferai nulle difficulté de l'affocier à Céfar pour le confulat.

Le peuple romain crut faire honneur à Augufte, en l'établiffant curateur & commiffaire des grandes *voies* aux environs de Rome. Suétone dit qu'il s'en réferva la dignité, & qu'il choifit pour fubftituts des hommes de diftinction qui avoient déjà été préteurs. Tibere fe fit gloire de lui fuccéder pour cette charge ; & afin de la remplir avec éclat, il fit auffi travailler à fes propres frais, quoiqu'il y eût des fonds deftinés à cette forte de dépenfe.

Caligula s'y appliqua à fon tour, mais s'y prit d'une maniere extravagante & digne de lui. L'imbécille Claudius entreprit & exécuta un projet que le politique Augufte avoit cru impoffible ; je veux dire de creufer à travers une montagne un canal pour fervir de décharge au lac Fucin, aujourd'hui lac de Celano. Auffi l'exécution lui coûta-t-elle des fommes immenfes. Néron ne fit prefque rien faire aux grandes *voies* de dehors, mais il embellit beaucoup les rues de Rome. Les regnes d'Othon, de Galba & de Vitellius furent trop courts & trop agités. C'étoient des empereurs qu'on ne faifoit que montrer, & qui difparoiffoient auffi-tôt. Vefpafien, fous qui Rome commença d'être tranquille, reprit le foin des grandes *voies*. On lui doit en Italie la *voie interciica*. Son attention s'étendit jufqu'à l'Efpagne. Ses deux fils Titus & Domitien l'imiterent en cela ; mais ils furent furpaffés par Trajan. On voit encore en Italie, en Efpagne, fur le Danube & ailleurs, les reftes des nouvelles *voies* & ponts qu'il avoit fait conftruire en tous ces lieux-là. Ses fucceffeurs eurent la même paffion jufqu'à la décadence de l'empire, & les infcriptions qui reftent, fuppléent aux omiffions de l'hiftoire.

Il faut d'abord diftinguer les *voies* militaires, *viæ militares, confulares, prætoria*, de celles qui ne l'étoient pas, & que l'on nommoit *viæ vicinales*. Ces dernieres étoient des *voies* de traverfe, qui aboutiffoient à quelque ville fituée à droite ou à gauche hors de la grande *voie*, ou à quelque bourg, ou à quelque village, ou même qui communiquoient d'une *voie* militaire à l'autre.

Les *voies* militaires fe faifoient aux dépens de l'état, & les frais fe prenoient du tréfor public, ou fur les libéralités de quelques citoyens zélés & magnifiques, ou fur le produit du butin enlevé aux ennemis. C'étoient les intendans des *voies*, *viarum curatores*, & les commiffaires publics, qui en dirigeoient la conftruction ; mais les *voies* de traverfe, *viæ vicinales*, fe faifoient par les communautés intéreffées, dont les magiftrats régloient les contributions & les corvées. Comme ces *voies* de la feconde claffe fatiguoient moins que les *voies* militaires, on n'y faifoit point tant de façons: cependant elles devoient être bien entretenues. Perfonne n'étoit exempt d'y contribuer, pas même les domaines des empereurs.

Des particuliers employoient eux-mêmes ou léguoient par leur testament une partie de leurs biens pour cet usage. On avoit soin de les y encourager; le caractere distinctif du Romain étoit d'aimer passionnément la gloire. Quel attrait pouvoit-on imaginer qu'il eût plus de force pour l'animer, que le plaisir de voir son nom honorablement placé sur des monumens publics, & sur les médailles qu'on en frappoit ? L'émulation s'en mêloit, c'étoit assez.

La matiere des *voies* n'étoit point partout la même. On se servoit sagement de ce que la nature présentoit de plus commode & de plus solide; sinon, on apportoit ou par charrois, ou par les rivieres, ce qui étoit absolument nécessaire, quand les lieux voisins ne l'avoient pas. Dans un lieu, c'étoit simplement la roche qu'on avoit coupée ; c'est ainsi que dans l'Asie mineure on voit encore des *voies* naturellement pavées de marbre. En d'autres lieux, c'étoient des couches de terres, de gravois, de ciment, de briques, de cailloux, de pierres quarrées. En Espagne, la *voie* de Salamanque étoit revêtue de pierre blanche : de là son nom *via argentea*, la *voie* d'argent. Dans les Pays-Bas, les *voies* étoient revêtues de pierres grises de couleur de fer. Le nom de *voies ferrées*, que le peuple leur a donné, peut aussi bien venir de la couleur de ces pierres, que de leur solidité.

Il y avoit des *voies pavées*, & d'autres qui ne l'étoient pas, si par le mot de *pavées* on entend une construction de quelques lits de pierres sur la surface. On avoit soin que celles qui n'étoient point pavées fussent dégarnies de tout ce qui les pouvoit priver du soleil & du vent ; & dans les forêts qui étoient sur ces sortes de *voies*, on abbatoit des arbres à droite & à gauche, afin de donner un libre passage à l'air ; on y faisoit de chaque côté un fossé en bordure pour l'écoulement des eaux ; & d'ailleurs, pour n'être point pavées, il falloit qu'elles fussent d'une terre préparée qu'on rendoit très-dure.

Toutes les *voies militaires* étoient pavées sans exception, mais différemment, selon le pays. Il y avoit en quelques endroits quatre couches l'une sur l'autre. La premiere, *statumen*, étoit comme le fondement qui devoit porter toute la masse. C'est pourquoi, avant que de la poser, on enlevoit tout ce qu'il y avoit de sable ou de terre molle.

La seconde, nommée en latin *ruderatio*, étoit un lit de têts de pots, de tuiles, de briques cassées, liées ensemble avec du ciment.

La troisieme, *nucleus* ou le noyau, étoit un lit de mortier que les Romains appelloient du même nom que la bouillie, *puls*, parce qu'on le mettoit assez mou pour lui donner la forme qu'on vouloit; après quoi on couvroit le dos de toute cette masse, ou de cailloux, ou de pierres plates, ou de grosses briques, ou de pierrailles de différentes sortes, selon le pays. Cette derniere couche étoit nommée *summa crusta*, ou *summum dorsum*. Ces couches n'étoient pas les mêmes partout, on en changeoit l'ordre ou le nombre, selon la nature du terrein.

Bergier, qui a épuisé dans un savant traité tout ce qui regarde cette matiere, a fait creuser une ancienne *voie romaine* de la province de Champagne, près de Rheims, pour en examiner la construction. Il y trouva premierement une couche de l'épaisseur d'un pouce d'un mortier mêlé de sable & de chaux. Secondement, dix pouces de pierres larges & plates qui formoient une espece de maçonnerie faite en bain de ciment très-dur, où ces pierres étoient posées les unes sur les autres. En troisieme lieu, huit pouces de maçonnerie de pierres à peu près rondes & mêlées avec des morceaux de briques, le tout lié si fortement, que le meilleur n'en pouvoit rompre sa charge en une heure. En quatrieme lieu, une autre couche d'un ciment blanchâtre & dur, qui ressembloit à de la craie gluante; & enfin une couche de cailloux de six pouces d'épaisseur.

On est surpris, quand on lit dans Vitruve les lits de pavés qui étoient rangés l'un sur l'autre dans les appartemens de Rome. Si on bâtissoit si solidement le plancher d'une chambre qui n'avoit à porter qu'un poids léger, quelles précautions ne prenoit-on pas pour des *voies* exposées jour & nuit à toutes les injures de l'air, & qui devoient être continuellement ébranlées par la pesanteur & la rapidité des voitures ?

Tout ce maçonnage étoit pour le milieu de la *voie*, & c'est proprement la

L 3

chauſſée, *agger*. Il y avoit de chaque côté
une liſiere, *margo*, faite des plus groſſes
pierres & de blocailles, pour empêcher la
chauſſée de s'ébouler ou de s'affaiſſer, en
s'étendant par le pied. Dans quelques endroits, comme dans la *voie Appienne*, les
bordages étoient de deux pieds de largeur,
faits de pierres de taille, de maniere que
les voyageurs pouvoient y marcher en
tout tems & à pied ſec; & de dix piés en
dix pieds, joignant les bordages, il y avoit
des pierres qui ſervoient à monter à cheval ou en charriot.

On plaçoit de mille en mille des pierres qui marquoient la diſtance du lieu où
elles étoient placées, à la ville d'où on venoit, ou à la ville où l'on alloit. C'étoit
une invention utile de Caius Gracchus,
que l'on imita dans la ſuite.

Toutes les *voies* militaires du cœur de
l'Italie, ne ſe terminoient pas aux portes
de Rome, mais au marché, *forum*, au milieu duquel étoit la colonne milliaire qui
étoit dorée, d'où lui venoit le nom de *mil-
liarium aureum*. Pline, & les autres écrivains de la bonne antiquité, prennent de
cette colonne le terme & l'origine de toutes les *voies*. Pline, l. III, c. 5, dit: *ejuſ-
dem ſpatii menſura currente a milliario in
capite fori romani ſtatuto*. C'eſt de là
que ſe comptoient les milles; & comme
ces milles étoient diſtingués par des pierres, il s'en forma l'habitude de dire, *ad
tertium lapidem, ad duodecimum, ad vi-
geſimum*, &c. pour dire à trois milles, à
douze milles, à vingt milles, &c. On ne
voit point que les Romains aient compté
au-delà de cent, *ad centeſimum*, lorſqu'il
s'agiſſoit de donner à quelque lieu un nom
pris de ſa diſtance. Bergier croit que c'eſt
parce que la juriſdiction du vicaire de la
ville ne s'étendoit pas plus loin.

Quoi qu'il en ſoit, il y avoit de ces colonnes milliaires dans toute l'étendue de
l'empire romain; & ſans parler d'un grand
nombre d'autres, on en voit encore une
debout à une lieue de la Haye, avec le
nom de l'empereur Antonin. Les colonnes
ſous les empereurs, portoient d'ordinaire
les noms des empereurs, des Céſars, des
villes, ou des particuliers qui avoient fait
faire ou réparer les *voies*, quelquefois auſſi l'étendue du travail qu'on y avoit fait;
& enfin la diſtance du lieu où elle étoit à
l'endroit du départ, ou au terme auquel
cette *voie* menoit.

Tout ce que je viens de marquer, ne
regarde que les *voies* militaires. Les Romains avoient encore des *voies* d'une autre eſpece; leur mot *iter*, qui eſt générique, comprenoit ſous lui diverſes eſpeces,
comme le ſentier, *ſemita*, pour les hommes à pied; le ſentier pour un homme à
cheval, *callis*; les traverſes, *tramites*, les
voies particulieres, par exemple, avoient
huit pieds de largeur pour deux charriots
venant l'un contre l'autre. La *voie* pour
un ſimple charriot, *actus*, n'avoit que quatre pieds; la *voie* nommée proprement
iter, pour le paſſage d'un homme à pied
ou à cheval, n'en avoit que deux; le ſentier qui n'avoit qu'un pied, *ſemita*, ſemble
être comme ſi on diſoit *ſemi-iter*; le ſentier
pour les animaux, *callis*, n'avoit qu'un
demi-pied; la largeur des *voies* militaires
étoit de ſoixante pieds romains, ſavoir
vingt pour le milieu de la chauſſée, &
vingt pour la pente de chaque côté.

Toutes les *voies* militaires, & même
quelques-unes des *voies* vicinales ont été
conſervées dans un détail très-précieux
dans l'itinéraire d'Antonin, ouvrage commencé dès le tems de la république romaine, continué ſous les empereurs, &
malheureuſement altéré en quelques endroits par l'ignorance ou par la hardieſſe
des copiſtes. L'autre eſt la table théodo-
ſienne, faite du temps de l'empereur
Théodoſe, plus connue ſous le nom de table de Peutinger, ou table d'Augsbourg,
parce qu'elle a appartenu aux Peutingers
d'Augsbourg. Velſer a travaillé à l'éclaircir, mais il a laiſſé une matiere à ſupplément & à correction.

Les *voies* militaires étoient droites &
uniformes dans tout l'empire, je veux dire qu'elles avoient cinq pieds pour un
pas, mille pas pour un mille, une colonne
ou une pierre avec une inſcription à
chaque mille. Les altérations arrivées naturellement dans l'eſpace de pluſieurs
ſiecles, & les réparations modernes que
l'on a faites en divers endroits, n'ont pu
empêcher qu'il ne reſtât des indications
propres à nous faire reconnoître les *voies*
romaines. Elles ſont élevées, plus ordinairement conſtruites de ſable établi ſur des
lits de cailloux, toujours bordées par des
foſſés de chaque côté, au point même que,
quelque coupées qu'elles fuſſent ſur le ta-
lus d'une montagne, elles étoient ſéparées
de cette même montagne par un foſſé.

deſtiné à les rendre ſeches , en donnant aux terres & aux eaux entraînées par la pente naturelle, un dégagement qui n'embarraſſoit jamais la *voie*. Cette précaution , la ſeule qui pouvoit rendre les ouvrages ſolides & durables , eſt un des moyens qui ſert le plus à reconnoître les *voies romaines;* c'eſt du moins ce que l'on remarque dans pluſieurs de ces *voies* de la Gaule, qui plus étroites , & n'ayant pas la magnificence de celles que cette même nation avoit conſtruites pour traverſer l'Italie, ou pour aborder les villes principales de ſon empire, n'avoient pour objet que la communication & la ſûreté de leurs conquêtes , par la marche facile & commode de leurs troupes & des bagages indiſpenſablement néceſſaires.

Il faut à préſent paſſer en revue les principales *voies romaines,* dont les noms ſont ſi fréquens dans l'hiſtoire, & dont la connoiſſance répand un grand jour ſur la géographie ; cependant , pour n'être pas trop long , je dois en borner le détail à une ſimple nomenclature des principales.

Voies de la ville de Rome , en latin *viæ urbis ;* c'eſt ainſi qu'on appelloit les rues de Rome ; elles étoient pavées de grands cailloux durs, qui n'étoient taillés qu'en-deſſus , mais dont les côtés étoient joints enſemble par un ciment inaltérable. Ces rues dans leur origine étoient étroites , courbes & tortues ; mais quand ſous Néron les trois quarts de la ville furent ruinés par un incendie, cet empereur fit tracer les rues incendiées, larges, droites & régulieres.

Voie Emilienne. Elle fut conſtruite l'an de Rome 567 , par M. Æmilius Lepidus, lorſqu'il étoit conſul avec C. Flaminius ; elle alloit de Rimini juſqu'à Bologne, & de là tout autour des marais juſqu'à Aquiléia. Elle commençoit du lieu où finiſſoit la *voie Flaminia ;* ſavoir du pont de Rimini, & elle eſt encore le chemin ordinaire de Rimini par Savignano, Ceſêne, Forli, Imola & Faendza , à Bologne , ce qui peut faire une étendue de 20 lieues d'Allemagne, & il paroît qu'elle ait eu un grand nombre de ponts conſidérables. C'eſt de cette *voie* que le pays entre Rimini & Bologne s'appelloit *Æmilia;* il étoit la ſeptieme des onze régions dans leſquelles Auguſte diviſa l'Italie.

Il y avoit une autre *voie Emilienne* qui alloit de Piſe juſqu'à Tortonne; ce fut M.

Æmilius Scaurus qui la fit conſtruire étant cenſeur, du butin qu'il avoit pris ſur les Liguriens dans le temsde ſon conſulat.

Voie d'Albe , en latin *via Albana.* Elle commençoit à la porte Cælimontana , & alloit juſqu'à Albe la longue. M. Meſſala y fit faire les réparations néceſſaires du tems d'Auguſte; elle ne peut pas avoir été plus longue que dix-ſept milles d'Italie , parce qu'il n'y a que cette diſtance entre Rome & Albano.

Voie d'Amérie; en latin *via Amerina.* Elle partoit de la *voie* Flaminienne , & conduiſoit juſqu'à Amérîa, ville de l'Umbrie, aujourd'hui Amélia, petite ville du duché de Spolette, mais comme on ne ſait point d'où cette *voie* partoit de la Flaminienne, on n'en ſauroit déterminer la longueur.

Voie Appienne , en latin *via Appia ;* comme c'étoit la plus célèbre *voie* romaine par la beauté de ſon ouvrage, & le premier chemin public qu'ils ſe ſoient aviſés de paver, il mérite auſſi plus de détail que les autres.

Cette *voie* fut conſtruite par Appius Claudius Cæcus, étant cenſeur , l'an de Rome 443. Elle commençoit en ſortant de Rome, de la porte Capene, aujourd'hui *di San Sebaſtiano,* & elle alloit juſqu'à Capoue , ce qui fait environ vingt-quatre lieues d'Allemagne. Appius ne la conduiſit pas alors plus loin , parce que de ſon tems les provinces plus éloignées n'appartenoient pas encore aux Romains. Deux chariots pouvoient y paſſer de front; chaque pierre du pavé étoit grande d'un pied & demi en quarré, épaiſſe de dix à douze pouces, poſée ſur du ſable & d'autres grandes pierres, pour que le pavé ne pût s'affaiſſer ſous aucun poids de charriot; toutes ces pierres étoient aſſemblées auſſi exactement que celles qui forment les murs de nos maiſons ; la largeur de cette *voie* doit avoir été anciennement de vingt-cinq pieds ; ſes bords étoient hauts de deux pieds, & compoſés des mêmes pierres que le pavé ; à chaque diſtance de dix à douze pas , il y avoit une pierre plus élevée que les autres , ſur laquelle on pouvoit s'aſſeoir pour ſe repoſer, ou pour monter commodément à cheval; exemple qui fut imité par toutes les autres *voies* romaines. Les auberges & les cabarets fourmilloient ſur cette route, comme nous l'apprenons d'Horace.

L 4

L'aggrandissement de la république, & sur-tout la conquête de la Grece & de l'Asie, engagerent les Romains à pousser cette *voie* jusqu'aux extrémités de l'Italie, sur les bords de la mer Ionienne, c'est-à-dire à l'étendre jusqu'à 350 milles. Jules-César ayant été établi commissaire de cette grande *voie*, la prolongea le premier après Appius, & y fit des dépenses prodigieuses. On croit que les pierres qu'il y employa furent tirées de trois carrieres de la Campanie, dont l'une est près de l'ancienne ville de Sinuesse, l'autre près de la mer entre Pouzzole & Naples, & la derniere proche de Terracine. Cette *voie* a aussi été nommée *via Trajana*, après que Trajan l'eut fait réparer de nouveau. Gracchus y avoit fait poser les thermes, & on l'appella toujours pour son antiquité, sa solidité & sa longueur, *regina viarum*.

Autant cette *voie* étoit entiere & unie autrefois, autant est-elle délabrée aujourd'hui; ce ne sont que morceaux détachés qu'on trouve de lieu à autre dans des vallées perdues; il est difficile dans plusieurs endroits de la pratiquer à cheval ni en voiture, tant à cause du glissant des pierres, que pour la profondeur des ornieres; les bords du pavé qui subsistent encore çà & là, ont vingt palmes romaines, ou quatorze pieds moins quatre pouces, mesure d'Angleterre.

Voie Ardéatine. Quelques-uns qui font prendre son origine dans Rome même, au-dessous du mont Aventin, près des thermes d'Antonius Caracalla, d'où ils la font sortir par une porte du même nom, & la conduisent dans la ville d'Ardés, entre la *voie* Appienne & la *voie* Ostiense. C'est le sentiment d'Onuphrius, qui dit, *hæc* (*Ardeatina*) *intra urbem sub Aventino juxta thermas Antonianas principium habebat*. Cependant le plus grand nombre de savans font partir la *voie* Ardéatine de celle d'Appius, hors de Rome, au-travers des champs à main droite. Quoi qu'il en soit, cette route n'avoit que trois milles & demi de longueur, puisque la ville d'Ardéa étoit située à cette distance de Rome.

Voie Aurélienne, en latin *via Aurelia*. Elle prit son nom d'Aurélius Cotta, ancien consul, qui fut fait censeur l'an de Rome 512. Cette *voie* alloit le long des côtes en Toscane, jusqu'à Pise; elle étoit double, savoir, *via Aurelia vetus* & *via Aurelia nova*, qu'on nomme de son restau-

rateur, *via Trajana*. Elle touchoit aux endroits *Lorium*, *Alsium*, *Pyrgos*, *Castrum novum*, & *Centum cellæ*. On conjecture que la *voie* nouvelle Aurélienne fut l'ouvrage d'Aurélius Antonin, & l'on croit qu'elle étoit jointe à l'ancienne.

Voie Cassienne, en latin *via Cassia*. Elle alloit entre la *voie* Flaminienne, & la *voie* Aurélienne, au-travers de l'Etrurie. L'on prétend en avoir vu les vestiges entre Sutrio, *aquæ passeræ*, & près de Vulsinio jusqu'à Clusium; & l'on conjecture qu'elle fut l'ouvrage de Cassius Longinus, qui fut censeur l'an de Rome 600, avec Valérius Messala.

Voie Ciminia, en latin *Ciminia via*. Elle traversoit en Etrurie, la montagne & la forêt de ce nom, & passoit à l'orient du lac aujourd'hui nommé *lago di Vico*, dans le petit état de Romiglione.

Voie Claudièune ou Clodienne, en latin *Clodia via*; ce grand chemin commençoit au pont Milvius, alloit joindre la *voie* Flaminienne, & passoit par les villes de Luques, Pistoye, Florence, &c. Ovide, *ex Ponto*, l. I, eleg. 8, v. 43 & 44, dit:

Nec quos piniferis positos in collibus hortos,
Spectat Flaminiæ Clodia juncta via.

Voie Domitienne, construite par l'empereur Domitien, alloit de Sinuesse jusqu'à Pozzuolo, prenoit son trajet par un chemin sablonneux, & se joignoit enfin à la *voie* Appienne; elle existe encore presque toute entiere.

Voie Flaminienne; elle fut construite par C. Flaminius, censeur l'an de Rome 533. Son trajet alloit de la porte Flumentana, par Ocriculus, Narnia, Carsula, Menavia, Fulginium, forum Flaminii, Helvillum, forum Sempronii, forum Fortunæ, & Pisaurum, jusqu'à Ariminum (Rimini), où elle aboutissoit au bout du pont de cette ville.

De l'autre côté commençoit la *voie* Emilienne, qui alloit jusqu'à Boulogne, & peut-être jusqu'à Aquiléia; c'est pourquoi plusieurs auteurs prennent ces deux *voies* pour une seule, & lui donnent la longueur de la *voie* Appienne.

Auprès du fleuve Metaurus, elle étoit coupée par le roc, d'où vient qu'on l'appella *intercisa*, ou *petra pertusa*. Lorsqu'elle fut délabrée, Auguste la fit réparer; sa longueur jusqu'à Rimini, étoit de deux cents vingt-deux mille pas, ou sinquante-cinq lieues d'Allemagne; une partie de cette *voie* étoit dans l'enceinte de Rome ; elle alloit, comme je l'ai déjà dit, de la porte Flumentana, aujourd'hui *porta del Popolo*, jusqu'à la fin de la *via Lata*, dans la septième région, ou jusqu'à la *piazza di Sciarra*, en droite ligne depuis le pont Milvius ; c'est pourquoi Vitellius, Honorius, Stilico, *&c.* firent leur entrée triomphante par cette *voie*.

On l'appelle maintenant jusqu'au Capitole, & même une partie qui passe la piazza di Sciarra, la *strada del Corso*, parce que le pape Paul II avoit prescrit la course à cheval du carnaval dans cette rue, pour qu'il pût voir cette course du palais qu'il avoit près de l'église de S. Carolo di Corso. On avoit fait auparavant cette course près du mont Testace, c'est-à-dire depuis le palais Farnese, jusqu'à l'église de S. Pierre ; mais on la fit alors depuis l'église de S. Maria del Popolo, jusqu'audit palais. Cette rue est une des plus belles de Rome, à cause du palais, outre qu'elle a en face une place ornée d'un obélisque, & que son commencement se fait par les deux églises della Madona di monte santo, & di santa Maria di miracoli, qu'on appelle à cause de leur ressemblance *le sorelle*.

Voie Gabine ou *Gabienne* ; elle partoit à droite de la porte Gabine, & s'étendoit jusqu'à Gabies. Son trajet étoit de 100 stades, environ 12 milles & demie d'Italie.

Voie Gallicane, en latin *Gallicana via*; elle étoit dans la Campanie, & traversoit les marais Pontins.

Voie Herculienne, en latin *Herculanea*; c'étoit une chaussée dans la Campanie, entre le lac Lucrin & la mer. Silius Italicus, liv. XII, v. 118, nomme cette voie *Herculeum iter*, supposant que c'étoit l'ouvrage d'Hercule. Properce, l. III. élég. 16, dit dans la même idée :

Qua jacet & Troja tubicem Misenus
     arena,
Et sonat Herculeo *structa labore via*.

Voie Hignatienne, en latin *Hignatia via*; elle étoit dans la Macédoine, & avoit 530 milles de longueur, selon Strabon, l. VII. Il ne faut pas la confondre avec l'*Equatia via* qui étoit en Italie. La voie *Hignatienne* menoit depuis la mer Ionienne, jusqu'à l'Hellespont. Cicéron en parle dans son oraison touchant les provinces consulaires,

Via Lata ; rue célebre de Rome, dans la septième région de la ville, qui en prit son nom ; elle commençoit de la piazza di Sciarra, & alloit jusqu'au capitole : elle fait maintenant partie della strada del Corso, & elle est une des plus belles rues de Rome. Autrefois elle étoit ornée des arcs de triomphe de Gordianus, Marcus, Verus, & d'autres belles choses, dont on voit à peine quelques vestiges.

Voie Latine, en latin *Latina via* ; elle commençoit à Rome de la porte Latine, s'étendoit dans le Latium, & se joignoit près de Casilino à la *voie* Appienne. Elle prenoit son trajet entre l'Algidum & les montagnes de Tusculum par Picta, & continuoit par Ferentinum, Frosinum, Teanum, Sidicinum, Calenum, jusqu'à Casilinum.

On trouvoit sur cette *voie* le temple de la Fortune féminine, avec la statue de la déesse, que les seules femmes mariées pouvoient toucher sans sacrilege. Il y avoit aussi sur la même *voie* plusieurs tombeaux, sur l'un desquels étoit cette épitaphe remarquable, rapportée par Ausone, & qu'un de nos poëtes modernes a pris pour modele de la sienne :

Ci gît, qui ? quoi ? Ma foi personne,
     rien, &c.

Non nomen, non quo genitus, non unde,
     quid egi?
Mutus in æternum, sum cinis, ossa,
     nihil.
Non sum, nec fueram : genitus tamen è
     nihilo sum.
Mitte, nec exprobres singula : talis eris.

Phylis, nourrice de Domitien, avoit sa maison de campagne sur cette *voie* ; & comme l'empereur lui-même fut inhumé dans le voisinage, les voyageurs qui étoient maltraités sur cette route, disoient que c'étoit l'esprit de Domitien qui y régnoit encore.

La *voie Latine* s'appelloit aussi la *voie* Ausonienne. Martial la nomme *Latina*, dans les deux vers suivans :

Herculis in magni vultus descendere Cæsar
Dignatus Latiæ *dat nova templa viæ*.

Dans un autre endroit, il l'appelle *Ausonia*.

Appia, quam simili venerandus imagine
     Cæsar
Consecrat Ausoniæ *maximæ fama viæ*.

Selon l'itinéraire d'Antonin, la *voie Latine* étoit partagée en deux parties, dont la premiere y est ainsi décrite :

Ab urbe ad decimum.	M. P. X.
Roboraria.	M. P. VI.
Ad Pictas.	M. P. XVII.
Compitum.	M. P. XV.

A Compitum succede Anagnia, & autres lieux, jusqu'à Beneventum, qui est au bout de la *voie* Préneftine.

Les antiquaires ont trouvé sur la *voie* Latine, l'inscription suivante :

L. Annio. Fabiano.
III. Viro. Capitali.
Trib. Leg. II. Aug.
Quæst. Urban. Tr. Pleb.
Prætor. Curatori.
Viæ Latinæ. Leg.
Leg. x. Fretenfis.
Leg. Aug. v. Propr. Pro.
Vinc. Dac. Col. Ulp.
Trajana. Zarmat.

Voie Laurentine. Cette *voie*, selon Aulugelle, fe trouvoit entre la *voie* Ardéatine & l'Oftienfe. Pline le jeune les fait voifines l'une de l'autre, quand il dit que l'on pouvoit aller à fa maifon de campagne par l'une & l'autre route. *Aditur non una via, nam & Laurentina & Oftienfis eodem ferunt ; fed Laurentina ad 14 lapides, Oftienfis ad 11 relinquenda eft.*

Voie Nomentane, en latin *via Nomentana ;* elle commençoit à la porte Viminale, & alloit jusqu'à Nomentum, en Sabine, à 4 ou 5 lieues de Rome.

Voie Oftienfe, en latin *via Oftienfis ;* elle commençoit à la porte Trigemnia, & alloit jusqu'à Oftie. Selon Procope, cette *voie* avoit 126 ftades de longueur, qui font 19 milles italiques & un huitieme ; mais l'itinéraire ne lui donne que 16 milles d'étendue, & cette feule étendue, continue-t-il, empêche que Rome ne foit ville maritime.

Voie Poftumiane, en latin *via Poftumia ;* route d'Italie, aux environs de la ville *Hoftiliæ.* Selon Tacite, *Hift.* l. III, il en eft auffi fait mention dans une ancienne infcription, confervée à Gênes. Auguftin Juftiniani dit qu'on nomme aujourd'hui cette route *via Coftumia,* qu'elle conduit depuis Rumo jufqu'à Novæ, & qu'elle paffe par Vota Arquata, & Seravalla.

Voie Préneftine, en latin *Præneftina via ;* route d'Italie, qui, felon Capitolin, conduifoit de Rome à la ville de Préneste, d'où elle a pris fon nom ; elle commençoit à la porte Efquiline, & alloit à droite du champ Efquilin jufqu'à Prénefte.

Voie Quinctia ; elle partoit de la *voie* Salarine, & tiroit fon nom de Lucius Quinctius qu'on fit dictateur, lorfqu'il labouroit fon champ.

Voie Salarienne, en latin *via Salaria ;* elle commençoit à la porte Colline, & prenoit fon nom du fel que les Sabins alloient chercher à la mer en paffant fur cette *voie :* elle conduifoit par le pont Anicum en Sabine.

Voie Setina ; elle portoit le nom de la ville de Setia, dans le Latium, & finiffoit par fe joindre à la *voie* Appienne.

Voie Triomphale ; elle commençoit à la porte Triomphale, prenoit fon trajet par le champ Flaminien, & le champ de Mars, fur le Vatican, d'où elle finiffoit en Etrurie.

Voie Valérienne, en latin *via Valeria ;* elle commençoit à Tibur, & alloit par Alba Fernentis, Cerfennia, Corfinium, Interbromium, Teate, Marremium, jufqu'à Hadria.

Voie Vitellienne, en latin *via Vitellia ;* elle alloit depuis le Janicule jufqu'à la mer, & croifoit l'Aurelia vetus.

Voilà les principales *voies* des Romains en Italie ; ils les continuerent jusqu'aux extrêmités orientales de l'Europe, & vous en trouverez la preuve au mot CHEMIN.

C'eft affez de dire ici, que d'un côté on pouvoit aller de Rome en Afrique, & de l'autre jufqu'aux confins de l'Ethiopie. Les mers, comme on l'a remarqué ailleurs, "ont bien pu couper les chemins » entrepris par les Romains, mais non » les arrêter ; témoins la Sicile, la Sar-» daigne, l'ifle de Corfe, l'Angleterre, » l'Afie, l'Afrique, dont les chemins » communiquoient, pour ainfi dire, avec » ceux de l'Europe par les ports les plus » commodes. De l'un & de l'autre côté » d'une mer, toutes les terres étoient » percées de grandes *voies* militaires. On » comptoit plus de 600 de nos lieues de » *voies* pavées par les Romains dans la » Sicile ; près de 100 lieues dans la Sar-» daigne ; environ 73 lieues dans la

, Corfe; 1100 lieues dans les ifles Bri-
, tanniques ; 4250 lieues en Afie ; 4674
, lieues en Afrique. (D. J.)

Voie d'eau. C'eſt une ouverture dans
le bordage d'un vaiſſeau, par où l'eau entre, ce qui eſt un accident fâcheux, qu'on
doit réparer promptement.

† Voie, ſ. f. Comm. Ce mot ſe dit ordinairement des marchandiſes qni peuvent
ſe tranſporter ſur une même charrette &
en un ſeul voyage, Ainſi l'on dit une voie
de bois, une voie de charbon de terre,
une voie de plâtre, &c. A Paris, la voie
de bois à brûler, c'eſt-à-dire de celui qui
n'eſt ni d'andelle, ni de compte, & qu'on
appelle bois de corde, eſt compoſée d'une
demi-corde de bois meſurée dans une ſorte de meſure de bois de charpente, appellée membrure, qui doit avoir quatre pieds
de tout ſens. La voie de charbon de terre
qui ſe meſure comble, eſt compoſée de
trente demi-minots, chaque demi-minot
faiſant trois boiſſeaux ; enſorte que la
voie de charbon eſt meſurée doit être de quatre-
vingt-dix boiſſeaux. La voie de plâtre
eſt ordinairement de douze ſacs, chaque
ſac de deux boiſſeaux ras, ſuivant les ordonnances de police. La voie de pierre de
taille ordinaire eſt de cinq carreaux, c'eſt-
à-dire environ quinze pieds cubes de
pierre. Deux voies font le charriot. La
voie de libage eſt de ſix à ſept morceaux
de pierre. On appelle quartier de voie,
quand il n'y en a qu'un ou deux à la voie.
(D. J.)

Voie de pierre, ſ. f. Maçonn., c'eſt
une charrettée d'un ou pluſieurs quartiers de pierre, qui doit être au moins de
quinze pieds cubes.

Voie de plâtre. Quantité de douze ſacs
de plâtre, chacun de deux boiſſeaux & demi.(D. J.)

Voie de calandre, ſ. f. Manufact. On
dit qu'on a donné une voie de calandre à
une étoffe ou à une toile, pour faire entendre qu'elles ont paſſé huit fois de ſuite ſous la calandre. On parle auſſi par de-
mi-voie : ce qui s'entend quand l'étoffe
ou la toile n'ont eu que quatre tours.
(D. J.)

Voie de chardon, ſ. f. Lainage, Donner une voie de chardon à un drap ou autre étoffe de laine, c'eſt le lainer, en tirer la laine, le garnir ſuperficiellement
de poil depuis le chef juſqu'à la queue,
par le moyen du chardon. (D. J.)

Voie de ſautereaux, Lutherie, ſorte
de petit poinçon ou équarriſſoir à pans,
dont les facteurs de claveſſins ſe ſervent
pour accroître les trous des languettes,
afin qu'elles tournent librement autour
de l'épingle qui leur ſert de charniere. V.
Sautereau.

Voie, ſ. f. Menuiſ. Charp. Sciage.
Les menuiſiers, les charpentiers, les
ſcieurs au long appellent voie l'ouverture que fait la ſcie dans le bois qu'on coupe ou qu'on fend avec la ſcie. Les dents
d'une ſcie doivent ſortir alternativement,
& s'incliner à droite & à gauche, afin
que la ſcie puiſſe paſſer facilement. Il
faut de tems en tems recoucher les dents
d'une ſcie de l'un & de l'autre côté, afin
qu'elle ſe procure aſſez de voie. (D. J.)

Voie, Moyen, Synonym. On ſuit les
voies ; on ſe ſert des moyens.

La voie eſt la maniere de s'y prendre
pour réuſſir. Le moyen eſt ce qu'on met
en œuvre pour cet effet. La premiere a
un rapport particulier aux mœurs, & le
ſecond aux événemens. On a égard à ce
rapport, lorſqu'il s'agit de s'énoncer ſur
leur bonté : celle de la voie dépend de
l'honneur & de la probité: celle du moyen
conſiſte dans la conſéquence & dans l'effet. Ainſi la bonne voie eſt celle qui eſt
juſte; le bon moyen eſt celui qui eſt ſûr.
La ſimonie eſt une très-mauvaiſe voie,
mais un fort bon moyen pour avoir des bénéfices.

Voie, dans le ſens de chemin, ne ſe
dit ordinairement qu'au figuré, comme
la voie du ſalut eſt difficile; marcher dans
la voie que Dieu a preſcrite. On ſe ſert
de voie dans le propre, en parlant des
grands chemins des Romains ; la voie
d'Appius Claudius ſubſiſte aujourd'hui
pour la plus grande partie. Ce terme ſe
dit encore au propre en parlant de chaſſe:
être ſur les voies, retrouver les voies de
la bête. (D. J.)

Voie, ſe prend auſſi pour une forme
d'agir & de procéder.

Voie canonique, eſt lorſque l'on n'emploie que des formes & moyens légitimes, & autoriſés par les canons, pour
faire quelqu'élection ou autre acte eccléſiaſtique.

Voie civile, eſt lorſqu'on ſe pourvoit
par action civile contre quelqu'un.

Voie criminelle, eſt lorſque l'on rend
plainte contre quelqu'un.

Voie de droit, eſt lorſque l'on pourſuit ſon droit en la forme qui eſt autoriſée par les loix. La *voie de droit* eſt oppoſée à la *voie* de fait.

Voie extraordinaire, eſt lorſqu'on pourſuit une affaire criminelle par récollement & confrontation.

Voie de fait, eſt lorſqu'on commet quelqu'excès envers quelqu'un, ou lorſque de ſon autorité privée l'on fait quelque choſe au préjudice d'un tiers. *Voy.* ci-devant VOIE DE DROIT.

Voie de nullité, ſignifie *demande* en nullité, *moyen* de nullité. *V.* NULLITÉ.

Voie d'oppoſition, c'eſt lorſqu'on forme oppoſition à quelque jugement ou contrainte. *V.* OPPOSITION.

Voie de requête civile, c'eſt lorſqu'on ſe pourvoit contre un arrêt par requête civile. *V.* REQUÉTE CIVILE.

Voie parée, ſe dit en quelques pays pour exécution parée, comme au parlement de Bordeaux.

Voie de ſaiſie, c'eſt lorſqu'un créancier fait quelque ſaiſie ſur ſon débiteur. *Voy.* CRÉANCIER, CRIÉES, DÉBITEUR, DÉCRET, EXÉCUTION, SAISIE. *(A)*

VOIE, *Chymie*, *voie ſeche*, *voie humide*, *via ſicca*, *via humida*. Les chymiſtes ſe ſervent de l'une ou de l'autre de ces expreſſions, pour déſigner la maniere de traiter un certain corps, déduite de ce qu'on applique à ce corps une menſtrue à laquelle on procure la liquidité ignée, ou bien une menſtrue liquide de la liquidité aqueuſe. *V.* LIQUIDITÉ, *chymie*. Par exemple, ils diſent du kermès minéral préparé en faiſant fondre de l'antimoine avec de l'alkali fixe, qu'il eſt préparé par la *voie* ſeche; & de la même préparation exécutée en faiſant bouillir de l'antimoine avec une leſſive d'alkali fixe, qu'elle eſt faite par la *voie* humide; ils appellent le départ des matieres d'or & d'argent fait par le moyen de l'eau-forte, le *départ* par la *voie* humide, & cette même ſéparation effectuée par le moyen du ſoufre & d'autres matieres fondues avec l'argent aurifere, *départ* par la *voie* ſeche. *V.* KERMÈS MINÉRAL, DÉPART, *docimaſtiq.* & SÉPARATION, *docimaſt.* *(b)*

VOIERIE, ſ. f. *Gramm. Juriſprud.*, *viaria* ou *viatura ſeu viatoria*, & par corruption *voeria*, *voueria*, leſquels ſont tous dérivés du latin *via*, qui ſignifie *voie*, ſe prend en général pour une voie, chemin, travers, charriere, ſentier ou rue commune ou publique & privée.

On entend auſſi quelquefois par-là certaines places publiques, vaines & vagues, adjacentes aux chemins, qui ſervent de décharge pour les immondices des villes & bourgs. C'eſt ainſi que la ville de Paris a au-dehors une *voierie* particuliere pour chaque quartier, dans laquelle les tombereaux qui ſervent au nettoiement des rues & places publiques, conduiſent les immondices. Anciennement les bouchers y jetoient le ſang & les boyaux des animaux: ce qui cauſoit une puanteur inſupportable; c'eſt pourquoi on les enferma de murailles; on y jetoit les cadavres des criminels qui avoient été exécutés à mort, & ſinguliérement de ceux qui étoient traînés ſur la claie. Il y a encore quelques lieux où l'on jette ainſi les cadavres des criminels, comme à Rouen, où il y a hors de la ville une petite enceinte de murailles en forme de tour découverte, deſtinée pour cet uſage.

On entend plus communément par le terme de *voierie*, la police des chemins, & la juriſdiction qui exerce cette police.

Cette partie de la police étoit déja connue des Romains qui la nommerent *viaria*; & c'eſt ſans doute d'eux que nous avons emprunté le même terme, & celui de *voierie* qui en eſt la traduction, & l'uſage même d'avoir un juge particulier pour cette portion de la police générale.

On trouve, dès le dixieme ſiecle, des chartes qui mettent la voierie, *viariam*, au nombre des droits de juſtice.

Quelques autres chartes font connoitre que la vicomté ne différoit point de la voierie, *vicecomitiam id eſt viariam*: ce qui doit s'entendre de la grande *voierie*; car ſuivant les établiſſemens de S. Louis & autres anciens monumens, la *voierie* ſimplement s'entendoit de la baſſe juſtice.

Le terme d'*advocatio*, pris pour baſſe juſtice, eſt auſſi employé dans d'autres chartes, comme ſynonyme de *viatura*.

Les coutumes diſtinguent deux ſortes de *voieries*, ſavoir, la grande ou groſſe, & la petite qui eſt auſſi nommée *baſſe voierie* ou *ſimple voierie*.

La grande *voierie* a été ainſi nommée, parce qu'elle appartenoit anciennement à la haute juſtice, du temps qu'il n'y avoit encore en France que deux degrés de juſ-

ce, la haute & la baffe ; mais depuis que
l'on eut établi un degré de juſtice moyen
entre la haute & la baffe, la *voierie* fut
attribuée à la moyenne juſtice ; & les coutumes la donnent toutes au moyen juſticier ; c'eſt pourquoi le terme de *vicomte*
ou *juſtice vicomtiere*, qui eſt la moyenne
juſtice, eſt en quelques endroits ſynonyme de *voierie :* ce qui s'entend de la
grande.

La coutume d'Anjou dit que moyenne
juſtice, grande *voierie* & juſtice à ſang
& tout un ; & celle de Blois dit, que
moyen juſticier eſt appellé vulgairement
petit voyer.

De même auſſi la petite *voierie*, ou baffe
& ſimple *voierie*, eſt confondue par les
coutumes avec la baffe juſtice. Celle de
Blois dit que le bas juſticier eſt appellé
ſimple voyer.

Quoique les coutumes donnent au gros
voyer ou grand voyer tous les droits qui
appartiennent à la moyenne juſtice, &
au ſimple voyer tous ceux qui appartiennent à la baffe juſtice, ce n'eſt pas à dire
que tous les différens objets qui ſont de
la compétence de ces deux ordres de juriſdictions, ſoient des attributs de la *voierie* grande ou petite proprement dite, la
moyenne & baffe juſtice s'exerçant ſur
bien d'autres objets que la *voierie*, &
n'ayant été nommée *voierie* qu'à cauſe
que la police de la *voierie* qui en dépend,
& qui eſt de l'ordre public, a été regardée
comme un des plus beaux apanages de
ces ſortes de juriſdictions inférieures.

En quelques droits la *voierie* eſt exercée par des juges particuliers ; en d'autres elle eſt réunie avec la moyenne ou la
baffe juſtice.

Le droit de *voierie* en général conſiſte
dans le pouvoir de faire des ordonnances
& réglemens pour l'alignement, la hauteur & la régularité des édifices, pour le
pavé & le nettoiement des rues & des
places publiques, pour tenir les chemins
en bon état, libres & commodes, pour
faire ceſſer les dangers qui peuvent s'y
trouver, pour empêcher toutes ſortes de
conſtructions & d'entrepriſes contraires
à la décoration des villes, à la ſûreté, à
la commodité des citoyens & à la facilité
du commerce. Ces attentions de la juſtice, par rapport à la *voierie*, ſont ce que
l'on appelle *la police de la voierie*.

Les autres prérogatives de la *voierie*

conſiſtent dans le pouvoir d'impoſer des
droits, d'ordonner des contributions per-
pétuelles ou à temps préfixe, en deniers
ou en corvées, & d'établir des juges &
des officiers pour tenir la main à l'exécution des ordonnances & réglemens qui
concernent cette portion de l'ordre public.

Les charges de la *voierie* conſiſtent dans
les ſoins & l'obligation d'entretenir le
pavé & la propreté des rues, des places
publiques & des grands chemins, & même
quelquefois les autres chemins, ſelon les
coutumes & uſages des lieux.

Les émolumens & revenus de la *voierie* ſont de deux ſortes.

Les uns ſont des droits purement lucratifs qui ſe paient en reconnoiſſance de
la ſupériorité & ſeigneurie par ceux qui
font conſtruire ou poſer quelque choſe
de nouveau qui fait ſaillie ou qui a ſon
iſſue tant ſur les rues que ſur les places
publiques ; ces droits ſont ce que l'on
appelle *le domaine de la voierie*, & qui
compoſe le revenu attaché à l'office de
grand voyer.

Les autres droits ſont certains tributs
ou impôts qui ſe levent ſous le titre de
péage & de barrage, ſur les voitures &
ſur les marchandiſes qui paſſent par les
grands chemins & par ceux de traverſe :
ces droits ſont deſtinés à l'entretien du
pavé & aux réparations des chemins, des
ponts & chauſſées.

Il n'appartient qu'au ſouverain qui a la
puiſſance publique, de faire des ordonnances & réglemens, & d'impoſer des
droits ſur ſes ſujets ; c'eſt pourquoi la
voierie en cette partie eſt conſidérée comme un droit royal que perſonne ne peut
exercer que ſous l'autorité du roi.

A l'égard des rues & places publiques
& des grands chemins, quoique la jouiſſance en ſoit libre & commune à tous, le
ſouverain en a la propriété, ou au moins
la garde & la ſurintendance.

Ainſi la police des grands chemins appartient au roi ſeul, même dans les terres des ſeigneurs hauts juſticiers.

Du reſte, la *voierie* ordinaire ou petite
voierie étant une partie de la police, elle
appartient à chaque juge qui a la police,
dans l'étendue de ſon territoire, à moins
qu'il n'y ait un juge particulier pour la
voierie. Voyez le *Traité de la police* de la
Mare, tome IV, liv. VI, tit. 15, & le code

de la *voierie*, de la police, tit. 6, & ci-
après le *mot* VOYER, & les *mots* CHE-
MINS, PEAGE, PLACES, RUES. (*A*)

VOIGTLAND, *Géog. mod.*, contrée
d'Allemagne, dans la haute-Saxe, & un
des quatre cercles qui forment le marquifat de Mifnie. Elle eft entre la Boheme,
le cercle des montagnes, le duché d'Al-
tenbourg & le margraviat de Culembach.
Plawen eft la principale ville du *Voigt-*
land. Son nom lui vient des prévôts appellés *Vogts* en allemand, & que les empereurs d'Allemagne y envoyoient autrefois pour le gouverner ; ces prévôts furent inftitués, felon les meilleurs hiftoriens du pays, par l'empereur Henri IV.
(*D. J.*)

VOILE, *Hift. Crit. facrée*, piece de
crêpe ou d'étoffe qui fert à couvrir la tête
& une partie du vifage.

Il y auroit bien des chofes à dire fur le
voile, foit au propre, comme littérateur,
foit au figuré, comme chrétien, qui confidere l'état des filles qui prennent le
voile, c'eft-à-dire, qui fe font religieufes. Bornons-nous cependant à quelques
faits un peu choifis fur cette matiere.

L'ufage d'avoir la tête couverte ou découverte dans les temples, n'a point été
le même chez les différens peuples du
monde. Les anciens Romains rendoient
leur culte aux dieux la tête couverte. Caligula voulut qu'on l'adorât comme un
dieu, la tête *voilée* ; enfuite Dioclétien
prefcrivit la même chofe. *Alexander ab*
Alexandro témoigne que, felon l'ancienne
coutume dans les facrifices & autres cérémonies facrées, celui qui facrifioit, immoloit la victime, la tête *voilée* ; cependant ceux qui facrifioient à l'Honneur &
à Saturne, comme à l'ami de la vérité,
avoient la tête découverte. Dans les prieres que l'on faifoit devant le grand autel
d'Hercule, c'étoit l'ufage d'y paroître la
tête découverte, foit à l'imitation de la
ftatue d'Hercule, foit parce que cet autel
& le culte d'Hercule exiftoient avant le
temps d'Enée, qui le premier introduifit
la coutume de faire le fervice divin avec
un *voile* fur la tête.

    Et capite ante aras phrygio velatus
        amictu.

Les mages avoient dans leurs cérémonies un *voile* qui leur couvroit la tête.
Hyde en allegue une raifon, c'eft afin que
leur haleine ne fouillât pas le feu facré,

devant lequel ils récitoient leurs prieres.
Cornelius à Lapide remarque que les fa-
crificateurs des Juifs ne prioient ni ne facrifioient point à tête découverte dans le
temple, mais qu'ils la couvroient d'une
tiare qui leur faifoit un ornement.

Quant aux prêtres modernes, M. Affe-
manni rapporte que le patriarche des Nef-
toriens officie la tête couverte ; que celui d'Alexandrie en fait de même, ainfi
que les moines de S. Antoine, les Cophtes,
les Abyffins, & les Syriens maronites.
Mais S. Paul décida que les hommes doivent prier la tête découverte, & que les
femmes foient *voilées* dans les temples.
Or, qu'arriva-t-il dans la primitive églife,
de cette ordonnance de S. Paul ? Une
chofe bien finguliere à l'égard des femmes : on fuivoit fon précepte pour celles
qui étoient veuves ou mariées ; mais on
en difpenfa les filles, afin de les engager
par cette marque d'éclat à prendre le *voile*
fpirituel, c'eft-à-dire, à fe faire religieufes.

Quand on fe fut mis dans l'efprit d'élever le célibat au-deffus du mariage, comme un état de perfection au-deffus d'un
état d'imperfection, on n'oublia rien pour
y porter le beau fexe ; & pour le gagner
plus fûrement, l'on employa entr'autres
moyens, le puiffant motif des diftinctions
& de la vaine gloire. Voilà du moins ce
qui fe pratiquoit en Afrique, au rapport
de Tertullien, dans fon livre *de velandis*
virginibus.

Les femmes alloient à l'églife *voilées* ;
on permit aux filles d'y paroître fans *voi-*
le, & ce privilege les flatta. Ceux qui
prenoient la défenfe de cet abus, dit Tertullien, foutenoient que cet honneur
étoit dû à la virginité, & que cette prérogative qui caractérifoit la fainteté des
vierges, ne devoit point leur être ôtée,
parce qu'étant remarquables dans les temples du Seigneur, elles invitoient les autres à imiter leur conduite. Auffi, quand
la queftion de *voiler* les vierges fut mife
fur le tapis, plufieurs repréfenterent qu'on
manqueroit de reffources pour engager
les filles au vœu de virginité, fi on détruifoit ce motif de gloire ; mais, dit Tertullien, là où il y a de la gloire, il y a des
follicitations ; là où il y a des follicitations, il y a de la contrainte ; là où il y
a de la contrainte, il y a de la néceffité ;
& là où il y a de la néceffité, il y a de la

foibleſſe ; or, ajoute-t-il, la virginité contrainte eſt la ſource de toutes ſortes de crimes. *Hæc admittit coacta & invita virginitas.*

Enfin les raiſons de Tertullien commencerent à prévaloir, moins par leur ſolidité que parce qu'il les appuya du paſſage de S. Paul, que la femme devoit porter un *voile dans l'égliſe à cauſe des anges.* Ce pere Africain avoit lu dans le fabuleux livre d'Enoch, que les anges devenus amoureux des filles des hommes, les avoient épouſées, & en avoient eu des enfans. Prévenu de cette imagination commune à pluſieurs autres anciens, il ſe perſuada que S. Paul avoit voulu dire que les femmes, & à plus forte raiſon les filles, devoient être *voilées*, pour ne pas donner de l'amour aux anges qui ſe trouvoient dans les aſſemblées des fideles. Il faut excuſer ces ridicules interprétations qui ne regardent point la foi ; mais en même temps il faut ſe ſouvenir qu'une infinité de fauſſes explications de l'Ecriture n'ont point d'autre cauſe que les erreurs dont on ſe nourrit, & qu'on cherche à appuyer. Clément d'Alexandrie a été plus heureux que Tertullien dans l'interprétation du mot d'*anges* employé par S. Paul. Ce ſont les juſtes, ſelon lui, qui ſont les anges. Ainſi continue-t-il, les filles doivent porter le *voile* dans l'égliſe comme les femmes, afin de ne pas ſcandaliſer les juſtes. Car pour les anges du ciel, ils les voient également, quelque voilées qu'elles puiſſent être ; mais la modeſtie doit être l'apanage de tout le ſexe en général & en particulier.

Voilà pour ce qui regarde le *voile* des femmes, dans la ſignification propre de ce mot ; qu'il me ſoit permis d'y joindre quelques traits tirés de notre hiſtoire, concernant le *voile* pris dans le ſens figuré, pour l'état de religieuſe. On voit par des lettres de Philippe le Long, datées l'an 1317, un uſage qui paroît bien ſingulier ; on donnoit alors le *voile de religion* à des filles de l'âge de huit ans, & peut-être plus tôt. Quoiqu'on ne leur donnât pas la bénédiction ſolemnelle, & qu'elles ne prononçaſſent pas des vœux, il ſemble cependant que ſi après cette cérémonie elles ſortoient du cloître pour ſe marier, il leur falloit des lettres de légitimation pour leurs enfans, afin de les rendre habiles à ſuccéder : ce qui fait croire qu'ils auroient été traités comme bâtards, ſans ces lettres. *Regître* 53 du tréſor des chartes, *piece* 190.

Un fait bien différent, c'eſt que plus de deux cents ans auparavant, vers l'an 1109, S. Hugues, abbé de Cluni, dans une ſupplique pour ſes ſucceſſeurs, où il leur recommande l'abbaye des filles de Marcigni qu'il avoit fondée, leur enjoint de ne point ſouffrir qu'on y reçoive aucun ſujet au-deſſous de l'âge de vingt ans, faiſant de cette injonction un point irrévocable, comme étant appuyé de l'autorité de toute l'égliſe.

On ne doit pas non plus, par rapport aux religieuſes, omettre un uſage qui remonte juſqu'au douzieme ſiecle ; on exigeoit qu'elles appriſſent la langue latine, qui avoit ceſſé d'être vulgaire ; cet uſage dura juſqu'au quatorzieme ſiecle, & n'auroit jamais dû finir. Un autre uſage plus important n'auroit jamais dû commencer, c'eſt celui de faire des religieuſes. *Abrégé de l'hiſt. de France,* p. 276. (*D. J.*)

VOILE *de religieuſe,* ſ. f. *Draperie,* eſpece d'étamine très-claire, dont on fait les *voiles* des religieuſes, d'où elle a pris ſon nom. Elle ſert auſſi à faire des doublures de juſtaucorps en été, & même des manteaux courts pour les gens d'égliſe & de robe, qui ſont très-commodes pour leur légéreté. (*D. J.*)

VOILE, *Marine,* aſſemblage de pluſieurs lés ou bandes de toile couſues enſemble, que l'on attache aux vergues ou étais, pour recevoir le vent qui doit pouſſer le vaiſſeau. Chaque *voile* emprunte le nom du mât où elle eſt appareillée. Ainſi l'on dit *voile* du grand mât, du hunier, de l'artimon, de miſaine, du perroquet, &c. Celle de beaupré s'appelle la *civadiere* ou *ſivadiere. Voyez* CIVADIERE. Il y a encore de petites *voiles* que l'on nomme *bonnettes,* qui ſervent à alonger les baſſes *voiles,* pour aller plus vite. *Voyez* BONNETTES. Preſque toutes les *voiles* dont on fait uſage ſur l'Océan, ſont quarrées, & on en voit peu de triangulaires, qui ſont au contraire très-communes ſur la Méditerranée.

Les *voiles* doivent être proportionnées à la longueur des vergues & à la hauteur des mâts ; & comme il n'y a point de regles fixes ſur ces dimenſions de mâts & de vergues (*voyez* MAT & MATURE), il ne peut y en avoir pour les *voiles.*

Voici cependant la voilure qu'a un vaisseau ordinaire ; & pour plus d'intelligence, *voyez* la *pl. XXII, marine*, les proportions & figures des principales *voiles* pour un vaisseau du premier rang.

Voilure d'un vaisseau de grandeur ordinaire. Grande *voile*, 22 cueilles de large, 16 aunes & demie de hauteur, avec sa bonnette ; en tout aunes de toile. 363

Voile de misaine, 19 cueilles de large, 14 aunes de haut ; en tout 266

Voile d'artimon, 18 cueilles de large, & 9 aunes de hauteur à son milieu ; en tout 160

Grand hunier, 13 cueilles de large à son milieu, & 20 aunes de hauteur ; en tout 160

Petit hunier, 11 cueilles de large à son milieu, & 17 aunes & demie de hauteur ; en tout 193

Civadiere, 16 cueilles de large, & 10 aunes de haut ; en tout 160

Grand perroquet, 7 cueilles & demie de large, & 8 aunes de battant ; en tout 60

Perroquet de beaupré, 9 cueilles & demie à son milieu, & 19 aunes de battant ; en tout 160

Perroquet de misaine, 6 cueilles & demie de large, & 9 aunes de battant ; en tout 45

Perroquet d'artimon, 18 cueilles & demie de large, & 9 aunes de battant ; en tout 77

Le tout ensemble fait 1844

Il n'y a point de regles pour les étais, ni pour les bonnettes.

Voici quelques remarques sur la forme & l'usage des *voiles*.

1°. Plus les *voiles* sont plates, plus est grande l'impulsion du vent sur elles ; parce que premiérement l'angle d'incidence du vent sur elles est plus grand ; en second lieu, parce qu'elles prennent plus de vent ; & enfin parce que l'impression qu'elles reçoivent du vent est plus uniforme.

2°. Les *voiles* quarrées ont plus de force que les triangulaires, parce qu'elles sont plus amples ; mais aussi elles ont un plus grand attirail de manœuvres, sont plus difficiles à manier, & ne se manient que très-lentement.

3°. Les *voiles* de l'avant, c'est-à-dire,

de misaine & de beaupré, servent à soutenir le vaisseau, en empêchant qu'il ne tangue, & n'aille par élans.

Elles servent aussi à le faire arriver, quand elles sont poussées de l'arriere par le vent. *V.* MANEGE *du navire*.

4°. L'usage de la *voile* d'artimon ne consiste pas seulement à pousser le vaisseau de l'avant, mais à le faire venir au vent. *Voyez l'article ci-dessus.* Voilà pourquoi on la fait triangulaire, parce qu'on la cargue plus vite, qu'elle présente plus au vent, & que ses haubans ne la gênent pas.

A l'égard des usages des autres *voiles*, comme les *voiles* d'étai, les bonnettes, ils concourent à ceux dont je viens de parler.

Les Grecs attribuent l'invention de la *voile* à Dédale ; quelques autres peuples à Eole, & Pline en fait honneur à Icare : tout cela est fort vague & sans preuve. J'ai eu occasion de rechercher autrefois l'origine de la *voile*, & j'ai expliqué une médaille qui paroit avoir été frappée au sujet de cette origine.

J'ai représenté cette médaille dans les *Recherches historiques sur l'origine & les progrès de la construction des navires des anciens*. On y voit une femme qui est debout sur la prone d'un navire, tenant avec ses deux mains élevées & étendues, son *voile* de tête qui semble flotter au gré des vents. Un génie paroit descendre du haut d'un mât posé au milieu du navire, après y avoir attaché une *voile* à une vergue surmontée de deux palmes. Un autre génie est debout derriere la poupe de ce navire, montrant d'une main la *voile* attachée au mât. Sur la poupe est un troisieme génie, sonnant de la trompette ; & en-dehors, un quatrieme génie, qui tient une sorte de luth ou de guittare.

Telle est l'explication que j'ai donnée de cette médaille, d'après le trait d'histoire suivant, que j'ai tiré de Cassiodore.

On lit dans la dix-septieme épitre du livre V de cet auteur, qu'Isis ayant perdu son fils qu'elle aimoit éperdûment, se proposa de mettre tout en œuvre pour le trouver. Après l'avoir cherché sur terre, elle veut encore visiter les mers. A cette fin elle s'embarque dans le premier bâtiment que le hasard lui fait rencontrer. Son courage & son amour lui donnent d'abord assez de forces pour ma-

niér

nier de lourdes lames ; mais enfin, épui-
fée par ce rude travail, elle fe leve, &
dans la plus forte indignation contre la
foibleffe de fon corps, elle défait fon *voile*
de tête : pendant ce mouvement les vents
font impreffion fur lui, & font connoître l'ufage de la *voile*.

C'eft précifément Ifis qui eft réprefen-
tée dans la médaille dont il s'agit, & dont
on a voulu tranfmettre cette action finguliere à la poftérité. En effet, par ce génie qui defcend du mât, on a voulu apprendre que le *voile* d'Ifis a donné lieu à
l'ufage de la *voile*. Le génie qui montre
cette *voile* avec la main, fignifie que c'eft
le fujet de remarque de cette médaille.
Le génie fonnant de la trompette, inftrument dont on fe fervoit fur mer, annonce & publie cette importante découverte.
Celui qui tient cette forte de luth, ou de
guittare, repréfente les inftrumens au
fon defquels on faifoit voguer les ra-
meurs, & indique que, malgré l'ufage de
la *voile*, les navires fentiront toujours le
coup des avirons. Enfin les deux palmes
que l'on voit au haut du mât, font le
figne de la victoire qu'à la faveur des *voiles* on remporte fur la violence des flots,
& fur la fureur des mers. *Rech. hift. fur
l'orig. &c.* pag. 19 & 20.

Anciennement les *voiles* étoient de différentes figures. On en voit dans des médailles & fur des pierres gravées, de rondes, de triangulaires & de quarrées. Elles étoient auffi de différentes matieres ;
les Egyptiens en faifoient de l'arbre appellé *papyrus* ; les Bretons, du tems de
Céfar, en avoient de cuir, & les habitans
de l'isle de Bornéo en font encore aujour-
d'hui de la même matiere : on en faifoit
auffi de chanvre. Sur le Pô, & même fur
la mer, on en voyoit de joncs entrelacés,
Pline, l. XVI, ch. 37. La plante que les
Latins appellent *fpartum*, & que nous appellons *genêt d'Efpagne*, étoit encore une
matiere pour les *voiles* ; mais le lin étoit
celle dont on fe fervoit ordinairement,
& voilà pourquoi les Latins appelloient
une voile *carbafus*.

Aujourd'hui les Chinois en font de petits rofeaux fendus, tiffus, & paffés les
uns fur les autres ; les habitans de Ban-
tam fe fervent d'une forte d'herbe tiffue
avec des feuilles ; ceux du cap de Làs tres
Puntas en font beaucoup de coton.

Suivant Pline, on plaça d'abord de fon

temps, les *voiles* les unes fur les autres ;
on en mit enfuite à la pouppe & à la
proue, & on les peignit de différentes
couleurs, Pline, l. XIX, ch. 1. Celles de
Théfée, quand il paffa en Crete, étoient
blanches. Les *voiles* de la flotte d'Alexandre, qui entra dans l'Océan par le fleuve
Indus, étoient diverfement colorées. Les
voiles des pirates étoient de couleur de
mer ; celles du navire de Cléopâtre, à la
bataille d'Actium, étoient de pourpre.
Enfin, on diftinguoit les *voiles* d'un vaiffeau par des noms différens ; on appelloit
epidromus, la *voile* de pouppe ; *dolones*,
les *voiles* de la proue ; *thoracium*, celle
qui étoit au haut des mâts ; *orthiax*, celle
qui fe mettoit au bout d'une autre ; & *ar-
temon*, la trinquette.

Les *voiles* étoient attachées avec des
cordes faites avec leur même matiere. On
y employoit auffi des feuilles de palmier,
& cette peau qui eft entre l'écorce & le
bois de plufieurs arbres, Théoph. *Hift.
plant.* 4 & 5.

Des courroies tenoient encore lieu de
cordes, comme nous l'apprend Homere,
ainfi cité par Giraldus.

Cet auteur rapporte les noms de différens cordages dont fe fervoient les Grecs.
C'eft un détail fec, qui ne peut être d'aucune utilité dans l'hiftoire même.

Il me refte à expliquer quelques façons de parler au fujet des *voiles*, & à
définir celles qui ont des noms particuliers.

Avec les quatre corps des *voiles* ; maniere de parler à l'égard d'un vaiffeau qui
ne porte que la grande *voile*, avec la mi-
faine & les deux huniers.

Faire toutes voiles blanches ; c'eft pirater, & ne faire aucune différence d'amis
& d'ennemis.

Forcer de voiles ; c'eft mettre autant de
voiles qu'en peut porter le vaiffeau, pour
aller plus vite.

*Ce vaiffeau porte la voile comme un ro-
cher* ; on veut dire par-là qu'un vaiffeau
porte bien la *voile*, qu'il penche peu,
quoique le vent foit fi violent, qu'un autre vaiffeau plieroit extrêmement.

Les voiles fur les cargues ; c'eft la fituation des *voiles* qui font deffeflées, & qui
ne font foutenues que par les cargues.

Les voiles fur le mât ; cela fignifie que
les *voiles* touchent le mât ; ce qui arrive
quand le vent eft fur les *voiles*.

Régler les voiles ; c'est déterminer ce qu'il faut porter de *voiles*.

Toutes voiles hors ; c'est avoir toutes les *voiles* au vent.

Les *voiles au sec* ; on entend par-là que les *voiles* sont desséchées & exposées à l'air, pour les faire sécher.

Les *voiles fouettent le mât* ; mouvement de la *voile*, qui lui fait toucher le mât par reprises.

Voile ; ce mot se prend pour le vaisseau même : ainsi une flotte de cent *voiles* est une flotte composée de cent vaisseaux.

Voile angloise ; c'est une *voile* de chaloupe & de canot, dont la figure est presqu'en losange, & qui a la vergue pour diagonale.

Voile d'eau ; c'est une *voile* que les Hollandois mettent dans un temps calme, à l'arriere du vaisseau, vers le bas, & qui plonge dans l'eau, afin que la marée la pousse, & que le sillage en soit par-là augmenté. Elle sert aussi pour empêcher que le vaisseau ne roule & ne se tourmente, parce que le vent & l'eau, qui la poussent de chaque côté, contribuent à l'équilibre.

Voile défoncée ; *voile* dont le milieu est emporté.

Voile de fortune. V. TREOU.

Voile de la ralingue ; *voile* dont la ralingue qui la bordoit a été déchirée.

Voile en banniere ; c'est une *voile* dont les écoutes ont manqué, & qui voltige au gré des vents.

Voile en patenne ; *voile* qui ayant perdu sa situation ordinaire, se tourmente au gré des vents.

Voile enverguée ; *voile* qui est appareillée à sa vergue.

Voile latine ou *voile à oreille de lievre*. V. LATINE.

Voile quarrée ; c'est une *voile* qui a la figure d'un parallélogramme ; telles sont les *voiles* de presque tous les vaisseaux qui naviguent sur l'Océan.

Voiles basses ou *basses voiles* ; on appelle ainsi la grande *voile* & la *voile* de misaine.

Voiles de l'arriere ; ce sont les *voiles* d'artimon & du grand mât.

Voiles de l'avant ; *voiles* des mâts de beaupré & de misaine.

Voiles d'étai ; *voiles* triangulaires, qu'on met sans vergues aux étais. V. ÉTAI.

VOILE, *Charpent.* On appelle ainsi dans la Lorraine ce qu'on nomme ailleurs des *trains*. Ils sont composés de planches

qui se scient dans les montagnes de Vosge, & qu'on conduit & fait flotter sur la Moselle, pour les mener à Nanci ou à Metz. (*D. J.*)

VOILES, *Jard.*, sont certaines feuilles qui, étant épanouies, forment une espece d'étendard. Les fleuristes se servent assez de ce terme.

VOILE, *Peinture*, est un crêpe de soie noire très-fin & serré, au point qu'on puisse cependant voir facilement les objets au travers : les peintres s'en servent lorsqu'ils veulent faire quelques copies. On coud autour de ce crêpe une bande de toile, & on le tend sur un chassis de bois : on applique ce crêpe sur le tableau ou dessin qu'on veut copier ; & comme on voit au travers les objets du tableau, on les dessine sur le voile avec un crayon de craie blanche : lorsque cela est fait, on couche par terre la toile sur laquelle on veut transmettre ce dessin, & l'on applique dessus ce voile, qu'on a ôté de dessus le tableau sans le secouer ; on l'y assujettit de façon qu'il y pose également, avec un linge en plusieurs doubles, dessus tous les traits tracés sur le voile, qui passant au travers, s'impriment sur la toile. Après on ôte le voile, & on le frotte de nouveau avec le linge, pour en faire tomber ce qui pourroit y rester de craie.

VOILECY-ALLER, *Vénerie*. Le véneur qui a détourné le cerf, voyant tout prêt, se doit mettre devant tous les autres, & frapper à route, car l'honneur lui appartient, en criant, *voilecy-alle.*, *voilecy-avant*, *va avant*, *voilecy par les portées*, *rotte, rotte, rotte*.

VOILER, v. act., *Gramm.*, couvrir d'un voile, donner le voile. Les vestales étoient presque toujours *voilées*. C'est ce prélat qui l'a *voilée*. Il faut *voiler* certaines idées. Faut-il *voiler* sa méchanceté ? Faut-il la laisser paroître ? Faut-il être impudent ou hypocrite ? C'est qu'il faut être bon, pour n'avoir point à choisir entre l'hypocrisie & l'impudence. Le voile qui nous dérobe les objets par intervalles, sert à nos plaisirs qu'il rend plus durables & plus piquans. Le desir est caché sous le voile ; levez le voile, le desir s'accroît, & le plaisir naît.

VOILER, *Métall.* ; c'est l'action de céder à l'impression du feu, de l'air, ou au souffle du moindre vent. On dit d'une piece mince, qui se plie aisément, qu'elle *voile*.

VOILERIE, f. f., *Marine*, lieu où l'on fait & où l'on raccommode les voiles.

VOILIER, f. m., *Gramm. anc.*, dans l'antiquité, étoit un officier à la cour des empereurs Romains, ou un huiffier qui avoit fon pofte derriere le rideau, *velum*, dans l'appartement même du prince, comme le chancelier avoit fa place à l'entrée de la baluftrade, *cancellâ*; & l'huiffier de la chambre, *oftiarius*, avoit la fienne auprès de la porte.

Ces *voiliers* avoient un chef de même nom qui les commandoit, comme il paroît par deux infcriptions que Saumaife a citées dans fes notes fur Vopifcus, & par une troifieme recueillie par Gruter : voici la premiere.

D. M.
TI. CL. HALLVS.
PRAEPOSITVS. VELARIORVM.
DOMVS AVGVSTANAE
FEC. SIBI. ET FILIIS SVIS. LL.
POST EORVM.

Saumaife & d'autres écrivent *Thallus* au lieu de *Hallus*, comme porte l'infcription trouvée à Rome. Cependant l'hiftorien Jofephe fait mention d'un certain *Hallus*, famaritain de nation, & affranchi de Tibere, qui pourroit bien être celui qui eft marqué fur l'infcription : ce qui prouveroit que ces *voiliers* dont il eft ici qualifié chef, étoient des officiers très-anciens & employés auprès de la perfonne du prince fous les premiers empereurs romains.

VOILIER, *Marine*, c'eft le nom qu'on donne à un vaiffeau qui porte ou bien ou mal la voile. Il eft bon *voilier* dans le premier cas, & mauvais *voilier* ou pefant de voile dans le fecond.

VOILIER, *Marine*, nom de celui qui travaille aux voiles, & qui a foin de les vifiter pour voir fi elles font en bon état.

VOILIERE, f. f., *Géom.*, c'eft le nom que donne M. Jean Bernouilli à la courbe formée par une voile que le vent enfle. Il a démontré que cette courbe eft la même que la *chainette*. *V.* CHAINETTE, & *l'Effai fur la manœuvre des vaiffeaux*, de cet illuftre auteur.

VOILURE, f. f., *Marine*, c'eft la maniere de porter les voiles pour prendre le vent. Il y a trois fortes de *voilures* pour cela : le vent arriere, le vent largue, & le vent de bouline. *V.* VENT ARRIERE, VENT DE BOULINE & LARGUE.

VOILURE, *Marine*, c'eft tout l'appareil & tout l'affortiment des voiles d'un vaiffeau. *V.* VOILE.

VOIOXIURA, *Géog. mod.*, port du Figen, dans l'ifle de Ximo, au Japon, prefque vis-à-vis de l'ifle de Firando. C'eft une efpece de golfe de deux lieues de circuit, bordé de pointes avancées qui y forment autant de petits havres, à l'abri des vents. (*D. J.*)

VOIR, REGARDER, *Synon.* On *voit* ce qui frappe la vue. On *regarde* où l'on jette le coup-d'œil. Nous *voyons* les objets qui fe préfentent à nos yeux. Nous *regardons* ceux qui excitent notre curiofité. On *voit* ou diftinctement, ou confufément. On *regarde* ou de loin, ou de près. Les yeux s'ouvrent pour *voir*, ils fe tournent pour *regarder*. Les hommes indifférens *voient*, comme les autres, les agrémens du fexe ; mais ceux qui en font frappés, les *regardent*. Le connoiffeur *regarde* les beautés d'un tableau qu'il *voit* : celui qui ne l'eft pas, *regarde* le tableau fans en *voir* les beautés. Girard. (*D. J.*)

VOIR, *Critique facrée*. Ce verbe, outre fa fignification naturelle de la vue, fe met encore pour marquer les autres fenfations, *videbant voces*, Exod. 20, 18, le peuple entendoit la voix ; *non dabis fanctum tuum videre corruptionem*, Pf. 15, 10, vous ne permettrez pas que votre faint éprouve la corruption. *Voir la face du roi*, c'eft l'approcher de près, Æfther, 1, 14, parce qu'il n'y avoit que les plus intimes courtifans des rois de Perfe, qui euffent cette faveur. (*D. J.*)

VOIR L'UN PAR L'AUTRE. *Marine.* *V.* OUVRIR.

VOIR PAR PROUE, *Marine*, c'eft voir devant foi.

VOISIN, adj., *Gramm.*, qui eft proche, limitrophe, immédiat, & féparé de peu de diftance, ou attenant. Deux maifons *voifines*, deux places *voifines*, deux contrées *voifines*, des terres *voifines*. La fineffe eft très-*voifine* de la fauffeté. Bon avocat mauvais *voifin*.

VOITURE, f. f., *Gramm. Comm.*, ce qui fert à voiturer & porter les perfonnes, leurs hardes, les marchandifes, & autres chofes que l'on veut transporter & faire paffer d'un lieu dans un autre. Il y a des *voitures* particulieres & des *voitures* publiques, des *voitures* par eau & des *voitures* par terre.

M 2

On appelle *voitures particulieres*, celles qu'ont les particuliers pour leur utilité ou commodité, & qu'ils entretiennent à leurs dépens, telles que les carrosses, berlines, chaises de poste, litieres, &c.

Les *voitures*, du temps de Charlemagne, s'appelloient *basternes*.

VOITURES ANCIENNES, *Hist.* Les Romains se servoient d'une sorte de *voiture* ou charriot fermé de tous côtés ; ces *voitures* se nommoient *basternes*, des Basternes ou Bastarnes, peuples chez lesquels elle étoit fort commune.

Grégoire de Tours parlant de la reine Deuterie, femme du roi Théodebert, petit-fils du grand Clovis, rapporte que cette princesse craignant que le roi ne lui préférât une fille qu'elle avoit du premier lit, la fit mettre dans une basterne à laquelle on attacha par son ordre, de jeunes bœufs qui n'avoient pas encore été mis sous le joug, & que ces animaux la précipiterent dans la Meuse.

Nous avons dés vers d'Ennodius, où ce poëte parle de la basterne de la femme de Bassus. Cependant, afin qu'on ne dise pas que cette *voiture* étoit réservée ou à des femmes ou à des hommes efféminés, on peut voir dans les épitres de Symmaque, que ce préfet de Rome écrivant aux enfans de Nicomachus, les prie de tenir des basternes prêtes pour le voyage de leur frere. Il paroit que la basterne n'étoit trainée que par des bœufs. La coutume duroit encore du temps de Charlemagne, & c'est à cette coutume que M. Despréaux fait allusion dans son *Poëme du Lutrin*, où il fait parler ainsi la mollesse :

Hélas ! qu'est devenu ce temps, cet heureux temps,

Où les rois s'honoroient du nom de fai-néant,

S'endormoient sur le trône, & me servant sans honte,

Laissoient leur sceptre aux mains ou d'un maire ou d'un comte ?

Aucun soin n'approchoit de leur paisible cour ;

On reposoit la nuit, on dormoit tout le jour,

Seulement au printemps, quand Flore dans nos plaines

Faisoit taire des vents les bruyantes haleines,

Quatre bœufs attelés, d'un pas tardif & lent,

Promenoient dans Paris le monarque indolent.

Le poëte reproche aux princes ce charriot trainé par des bœufs ; comme une *voiture* inventée exprès pour entretenir leur mollesse ; mais il faut distinguer ici le poëte de l'historien ; & M. Despréaux étoit trop savant pour ignorer que c'étoit peut-être la seule *voiture* en usage dans ces temps-là. Nous ne parlons pas ici des chars si connus dans les jeux olympiques & dans les champs de Mars. *V.* CHAR, JEUX OLYMPIQUES, &c. Mais nous allons parler des *voitures* en usage de nos jours.

Les *voitures* publiques sont celles odnt chacun a la liberté de se servir en payant par tête pour les personnes, ou tant de la livre pesant pour les hardes, marchandises, ou autres effets. Ces *voitures* sont encore de deux sortes : les unes qu'il n'est permis d'avoir & de fournir qu'en vertu d'un privilege, comme sont les charriots, charrettes, fourgons, & chevaux de messageries ; les coches & carrosses qui partent à des jours ou heures marquées pour certaines villes & provinces, & les caleches, chaises, litieres, & chevaux de poste & de louage. Les autres *voitures* publiques sont celles qu'il est permis à toutes sortes de personnes d'entretenir, d'avoir, & de louer, comment & à qui ils jugent à propos ; de ce genre sont les haquets, charrettes sur ridelles, charriots de voituriers, rouliers, chasse-marée, &c.

Les *voitures* par eau sont en général tous les bâtimens propres à transporter par mer & sur les fleuves, rivieres, lacs, étangs, canaux, les personnes ou marchandises ; & ces bâtimens sont à voile ou à rames, ou tirés par des hommes ou par des animaux. On ne donne pas néanmoins ordinairement le nom de *voitures* aux navires, vaisseaux, frégates, & autres grands bâtimens de mer ; mais à ceux d'un moindre volume, & qui servent sur les rivieres : tels que sont les coches d'eau, foncets, chalans, barques, grandes & petites alleges, toues, hachots, &c. sur lesquels on transporte les bois, vins, sels, épiceries, pierres, chaux, grains, charbons, ou d'une province à une autre, ou des provinces dans la capitale, ou dans les principales villes de commerce.

Les *voitures* par terre sont, ou des machines inventées pour porter avec plus de commodité & en plus grande quantité les perfonnes, balles, ballots ; caiffes & tonneaux de marchandifes tirées par diverfes fortes d'animaux, fuivant les pays ; ou bien ces mêmes animaux, qui fervent de monture, & fur les bâts ou le dos defquels on charge ces fardeaux proportionnés à leurs forces.

Les *voitures* de terre pour le transport des voyageurs & marchandifes dont l'ufage eft le plus commun en France, & dans une grande partie de l'Europe, font les carroffes, charriots, caleches, berlines & coches à quatre roues, les chaifes, charrettes, & fourgons qui n'en ont que deux. Ces machines roulantes font tirées par des chevaux, des mulets, des mules, des boufles, & des bœufs. Dans le nord on fe fert de traineaux en hiver, & lorfque la terre eft couverte de neige. On y attelle ordinairement des chevaux, mais en Lapponie ils font trainés par des rennes qui reffemblent à de petits cerfs, & dans quelques cantons de la Sibérie par des efpeces de chiens accoutumés à cet exercice. *V.* TRAINEAU,

Tous les animaux qu'on vient de nommer, à l'exception des rennes & des chiens de Sibérie, font propres à la charge, & peuvent porter des marchandifes, fur-tout les mules & mulets, qui font d'un très-grand fecours dans les pays de montagnes, tels que les Alpes, les Pyrénées, &c.

Dans les caravanes de l'Afie & les cafilas de l'Afrique, on fe fert de chameaux & de dromadaires. *V.* CHAMEAU, DROMADAIRE, CARAVANE, CAFILA.

En quelques endroits de l'Amérique Efpagnole, & fur-tout dans le Pérou & le Chili, les vigognes, les llamas & les alpagnes, qui font trois fortes d'animaux de la grandeur d'une médiocre bourrique, mais qui n'ont pas tant de force, fervent non-feulement pour le transport des vins & autres marchandifes, mais encore pour celui des minerais & pierres métalliques des mines d'or & d'argent, fi communes dans cette partie du nouveau monde.

Enfin, le palanquin porté fur les épaules de deux, quatre, ou fix hommes, & la litiere à laquelle on attele deux mulets, l'un devant, l'autre derriere, font auffi des *voitures*, mais feulement pour les voyageurs. La premiere eft d'ufage dans les Indes orientales, & la feconde dans prefque toute l'Europe. *V.* PALANQUIN,

& LITIERE. *Diflionn. de commerce.*

Voiture s'entend auffi des perfonnes & des marchandifes transportées.

On dit en ce fens, une *pleine voiture*, lorfque les huit places d'un carroffe & les feize places d'un coche par terre font remplies ; & *demi-voiture*, quand il n'y en a que la moitié ; de même quand un roulier ne part qu'avec la moitié ou le tiers de la charge qu'il peut porter, on dit qu'il n'a pas *voiture*. *Dict. de comm.*, tome III, let. V, p. 661.

En termes de commerce de mer on dit, *charges, chargement, charges.* V. CHARGE, &c.

Voiture eft encore le droit que chaque perfonne doit payer pour être menée en quelque lieu, ou celui qui eft dû pour les effets & marchandifes qu'on fait voiturer; ce qui varie fuivant la diftance des lieux. Les rouliers de Lyon font payer deux fols par livre de *voiture*.

Sur la mer le terme de fret ou de nolis eft plus en ufage que celui de *voiture*. *V.* FRET & NOLIS.

Voiture d'argent, fignifie quelquefois une ou plufieurs charrettes, charriots, mulets, &c. chargés d'efpeces monnoyées; comme lorfqu'on dit qu'il eft arrivé à l'armée une *voiture d'argent* pour payer les troupes. Quelquefois ils fignifient un barril de fer, que les receveurs des tailles ou autres envoient par les coches ou meffagers aux receveurs généraux.

Voiture de fel eft une certaine quantité de muids de fel qui arrive, ou fur des bateaux ou fur des charrettes, charriots, &c. pour remplir les greniers à fel, foit de dépôt, foit de diftribution. On appelle auffi une *voiture* de drap, de vin, de bled, de fucre, &c. une charrette chargée de ces marchandifes. *Ibid.*

VOITURES MODERNES. On fe fert du carroffe, de la berline, du vis-à-vis, de la défobligeante, &c. Le charron & le fellier travaillent à faire ces *voitures*. La plus commune eft la chaife de pofte. En faifant connoitre la maniere de la conftruire & de l'orner, nous donnerons une idée des autres *voitures*.

Quoique la chaife de pofte foit, ainfi que le carroffe, la berline & les autres *voitures* d'appareil, l'ouvrage du fellier, plufieurs artiftes concourent cependant à fa conftruction. Il faut diftinguer dans la chaife de pofte deux parties principales : le *train* ou *brancard*, qui est l'ouvrage du charron ; & le *corps*, le *coffre* ou la *caisse*, dans laquelle le voyageur se place. Ces deux parties sont-elles-mêmes composées d'un grand nombre d'autres dont nous allons parler.

Du brancard. Le brancard est un chassis de bois, dans le vuide duquel le corps ou la caisse est suspendue, comme il sera expliqué plus bas. Il est composé de deux longues barres de bois de frène, de dix-huit à vingt pieds de longueur, assujetties parallélement l'une à l'autre par quatre traverses ; ensorte que la distance d'entre les bras du brancard soit d'environ trois pieds & demi. Les traverses & les bras du brancard forment un chassis soutenu par deux rues, faites comme celles des carrosses ; mais les roues de la chaise & du carrosse sont dans la proportion de la grandeur & de la pesanteur de ces *voitures*. L'aissieu qui les joint traverse le brancard en-dessous, & y est assujetti par deux pieces de bois entaillées pour le recevoir. Ces pieces de bois s'appellent *échantignoles*. Les échantignoles sont attachées aux barres du brancard, par plusieurs chevilles de fer garnies de leurs écrous. L'aissieu est immobile entre les échantignoles. Ce sont les roues seules qui tournent sur les extrémités de l'aissieu. L'aissieu est élevé environ deux pieds sept à huit pouces de terre, & les roues ont environ cinq pieds trois pouces de diametre.

La première traverse du côté du cheval est une barre de bois plate, qui sert de soutien au cerceau qui est quarré du côté du palonnier & arrondi de l'autre. Le cerceau est encore soutenu par une piece qu'on appelle le *tasseau*, & est garni d'un aileron de cuir, du côté du palonnier, pour empêcher que le cheval ne jette de la terre ou des boues sur le devant de la chaise. Le cerceau & son fond qui est de cuir tendu sur des courroies depuis la traverse du cerceau jusqu'à celle des soupentes, sert au même usage pour le cheval de brancard, & c'est aussi là qu'on dépose une partie des équipages que l'on emporte en voyage. Les courroies qui vont, après avoir passé dans des anneaux fixés sur les brancards, se rendre au haut du cerceau, s'appellent *courroies de cerceau*, & sont destinées à le contenir. On voit encore un grand cuir de vache atta-

ché à la traverse de la soupente, il s'appelle *tablier*, *garde-crotte*, nom qui désigne assez son usage ; & sur le cerceau, un autre cuir de vache qui couvre les équipages.

La seconde traverse est celle des soupentes de devant, elle doit être bien affermie sur les brancards par des boulons ou chevilles de fer terminées en vis pour recevoir un écrou, après avoir traversé l'épaisseur de la traverse & du brancard. La partie supérieure de ces boulons au-dessus de la tête, & prolongée d'environ un pied, est terminée par une boucle qui reçoit une courroie attachée par l'autre extrémité à la pareille piece qui est sur l'autre brancard ; c'est sur cette courroie, qu'on appelle *courroie de porte*, que vient tomber la porte de la chaise. Depuis la traverse de soupente jusqu'à l'aissieu, on ne trouve sur le brancard que deux anneaux de fer qui reçoivent des courroies, dont l'usage est d'empêcher le corps de la chaise de renverser.

Au delà de l'aissieu est placée, comme une traverse, la planche des malles ; cette planche est ainsi nommée, parce que c'est là qu'on pose les malles ou coffres du voyageur. Cette planche est portée sur deux tasseaux qui s'élevent au-dessus des brancards d'environ quatre à cinq pouces. Et y est affermie par des boulons à vis qui traversent la planche, les tasseaux, les barres de brancard & les échantignoles.

Au-delà de cette planche sont les consoles au nombre de deux sur chaque brancard ; ce sont des barres de fer qui se réunissent par le haut pour former une espece de tête, dans laquelle est un rouleau, sur lequel passe la courroie de guindage, ainsi qu'il sera expliqué : ces deux consoles sur chaque barre de brancard le traversent à environ un pied de distance l'une de l'autre, & y sont assujetties par des écrous qui prennent la partie tarodée de ces consoles qui débordent la face inférieure du brancard : on noye quelquefois les écrous dans le bois, & on les y affleure. Les consoles sont assujetties par le haut à une distance l'une de l'autre, toujours moindre que la largeur du brancard & même que celle de la chaise, par une piece de bois qu'on appelle *entretoise*, dont le milieu est garni d'un coussin de cuir rembourré de crin, pour servir de siege au domestique quand on en fait monter un derriere la chaife, ce qui ne fe pratique pas ordinairement. Cette entretoife eft fourchue par fes extrémités, où paffent les confoles réunies, qui forment en cet endroit une efpece de collier qui eft reçu par la fourchette de l'entretoife.

Entre les pieds des confoles paffe une forte traverfe que l'on appelle *la planche des refforts*; le milieu en eft plus large que les extrémités, & forme un difque ou rond d'environ un pied de diametre. C'eft fur cette partie de la planche que font fixés les refforts par des pivots qui en traverfent toute l'épaiffeur. Ces refforts, au nombre de deux, forment chacun à-peu-près, avec la boite qui les contient, un V confonne, & ils font difpofés de maniere que les fommets des angles qu'ils forment font oppofés l'un à l'autre. Chaque reffort eft compofé de deux parties, & chaque partie eft compofée de plufieurs autres. Une de ces parties eft un affemblage de dix-huit à vingt refforts faits d'acier d'Hongrie; la partie inférieure a le même nombre de feuilles, toutes lesfeuilles appliquées les unes fur les autresfelon leur longueur, font renfermées dans des boites & traverfées par des chevilles ou boulons terminés en vis & retenus par des écrous qui affujettiffent toutes les fenilles dans chaque boite, car chaque reffort a la fienne. Chaque boite eft affujettie fur le difque de la planche des refforts, par deux pivots que l'on nomme *pivots à croffe*. Les pivots tiennent à la boite par des boulons qui la traverfent horifontalement, & qui paffent auffi par les anneaux des croffes des pivots; ces derniers font affujettis fur la planche par des écrous, après qu'ils l'ont entierement traverfée. Les feuilles qui compofent un reffort ne font pas toutes de même longueur; les extérieures font les plus longues, les autres vont en diminuant jufqu'à la derniere. Elles font toutes un peu repliées fur les côtés à leurs extrémités, afin qu'en s'embraffant elles ne puiffent s'écarter les unes de deffus les autres, mais gliffer toujours parallélement, & fe reftituer de même. Il eft évident que fi elles avoient été toutes de même longueur, elles n'auroient prefque pas pu plier. Chaque reffort doit être confideré comme divifé en deux dans toute fa longueur. Chacune de ces parties parfaitement femblable à l'autre, lui eft appli-

quée côte à côte, eft renfermée dans la même boite, eft compofée de même nombre de feuillets, & chaque feuillet, foit dans la partie fupérieure, foit dans la partie inférieure, eft précifément femblable dans une des moitiés qu'on appelle *coins*, à fa correfpondante dans l'autre coin. Les deux coins féparés font comme deux refforts diftincts; mais appliqués dans la chaife de pofte, ou plutôt dans les boites à côté l'un de l'autre, ils ne font qu'un reffort: enforte qu'il faut quatre coins pour une chaife de pofte, deux dans chaque boite, quoiqu'il n'y ait que deux refforts. Aux extrémités fupérieures font deux doubles crochets, qui reçoivent les anneaux dont font garnies les foupentes de derriere. Les extrémités inférieures des refforts entrent dans les boites dormantes, qui font fixées fur les extrémités de la planche des refforts, & dans lefquelles ils peuvent fe mouvoir pour fe prêter à l'action du poids de la chaife qui les fait fléchir; leur élafticité naturelle les rétablit auffi-tôt. Cette derniere boite, ainfi que toutes les parties où il y a frottement, doivent être enduites de vieux-oing.

Il eft à propos de remarquer que le plan de la planche des refforts n'eft point parallele à celui du brancard; mais qu'il eft au contraire penché en-arriere, afin que les refforts aient la même inclinaifon que les foupentes de derriere, & qu'ainfi elles ne puiffent frapper contre la planche des refforts, quand la roue de la chaife venant à rencontrer quelques pierres, elle eft contrainte de balancer. C'eft par la même raifon que la planche eft plus étroite par fes extrémités que dans le milieu, où les refforts font attachés, & que ces refforts portent en-haut un double crochet long d'un pied, qui tient les courroies de la foupente écartées l'une de l'autre de la même diftance.

Pour empêcher toute cette ferrure de fe rouiller à la pluie & autres rigueurs du temps, on la couvre de facs de cuir; ceux des refforts s'appellent *étuis*, ceux des crochets & des extrémités fupérieures des foupentes s'appellent *calottes*. Au-delà de la traverfe des refforts & vers l'extrémité du brancard, eft la derniere traverfe qu'on appelle *traverfe de ferriere*. La ferriere eft une efpece de malle, dans laquelle le poftillon met les divers inftru-

mens propres à réparer les accidens légers qui peuvent arriver à la voiture pendant la route. Ainsi il doit avoir du vieux-
oing, un marteau à ferrer, une clef à cric,
&c. La traversé de ferriere est affermie
sous le brancard par des boulons, qui la
traversent & le brancard. L'extrémité
supérieure de ces boulons est terminée
par un cric, dont la fonction est de bander à discrétion la courroie de guindage,
ainsi qu'il sera dit ailleurs. Les crics sont
entiérement semblables à ceux qui servent pour les soupentes des carrosses.

Le derriere du brancard est terminé par
un cerceau de fer, dont l'usage est de garantir les ressorts du choc des murs dans
les reculs qu'on fait faire à la voiture,
& ce cerceau s'appelle *cerceau de reculement.*

Toutes les parties dont nous venons de
parler, sont enrichies d'ornemens de sculpture, qui donnent à la chaise entiere un air
d'élégance & de magnificence, qui dépend
beaucoup du goût du sculpteur & de l'o-
pulence de celui qui met les ouvriers en
œuvre.

Tout ce que nous avons dit de la chaise de poste jusqu'à présent, est à proprement parler l'ouvrage du charron. Passons
maintenant à celui du sellier, quoiqu'il
soit aidé de plusieurs autres artisans,
comme mennisiers, serruriers, peintres,
doreurs, vernisseurs.

. *Du corps de la chaise.* Le corps de la
chaise est suspendu dans le vuide des barres du brancard. Il est composé d'un fond
qui consiste en un chassis de bois d'orme;
qu'on appelle *brancard de chaise.* Aux angles de ce chassis sont élevés des montans
de même bois d'environ quatre pieds &
demi de haut; l'impériale est posée sur
ces montans. L'impériale est une espece
de toit ou de carcasse de menniserie couverte de cuir, & ornée de clous & de
pommettes dorées, selon le goût de l'ouvrier. Elle est un peu convexe, pour rejeter les eaux de la pluie. Elle est composée d'un chassis qui assemble tous les montans, & de plusieurs barreaux courbés de
bois de hêtres qui se réunissent à son centre, où ils sont assemblés sur un disque de
bois qui en occupe le milieu & qu'on appelle l'*ovale.* Ces barreaux sont recou-
verts de voliches fort menues & bien col-
lées de colle - forte; ensorte que le tout
ne forme, pour ainsi dire, qu'une seule

piece : c'est sur cet appareil que le cuir est
tendu.

La hauteur de ce coffre est comme divisée en deux parties par des traverses
qui en font tout le tour, excepté par-devant. On appelle ces traverses, *ceintures.*
Elles sont assemblées avec les montans à
tenons & à mortaises, & sont ornées de
diverses moulures. La partie inférieure
de la chaise est fermée par des panneaux
enrichis de peintures ou chargés des armes du propriétaire. Ces panneaux sont
de bois dé noyer, & ont deux lignes d'é-
paisseur au plus. Il faut qu'ils soient d'u-
ne seule piece pour être solides. On les
garnit intérieurement de nerfs ou ligamens de bœuf, battus, peignés, & appliqués avec de la bonne colle-forte, de maniere que les filets de ligamens traversent le fil du bois. On unit cet apprêt par
le moyen d'une lissette. *Voyez* LISSET-
TE. On se sert de la lissette pendant que
la colle est encore chaude; le tout est ensuite couvert avec de bonne toile forte,
neuve & pareillement lissée & collée. Les
bandes de toile qu'on emploie à cet usage
ont quatre à cinq pouces de large; on les
trempe dans la colle chaude, & on les applique sur les panneaux, de maniere que
les fils de la chaine soient perpendiculaires aux fils du bois. Ces bandes sont écartées les unes des autres de deux pouces ou
environ. Mais les panneaux ne sont pas
les seules parties qu'on fortifie de cette
maniere. On couvre de pareilles bandes
tous les assemblages en général, & on en
étend dans tous les endroits qui doivent
être garnis de clous. Cette opération faite, & la colle séchée, on fait imprimer la
caisse de la chaise d'une couleur à l'huile,
ensuite on la fait ferrer, c'est-à-dire, garnir de plaques de tôle, fortes & capables
d'affermir les assemblages. On y place
encore différentes pieces de fer dont nous
parlerons dans la suite.

Le dessus des panneaux des côtés est
quelquefois tout d'une piece & d'autres
fois il est divisé en deux parties par un
montant qui s'assemble dans la ceinture
& dans le chassis de l'impériale: si le côté
n'est pas divisé en deux panneaux, la chaise en sera plus solide. La partie du côté
de devant, qu'on appelle *fenêtre*, est occupée par une glace qui se leve & se baisse dans des coulisses pratiquées aux montans; ensorte que quand la glace est bais-

ſe , elle eſt entiérement renfermée dans
un eſpace pratiqué derriere le panneau
qu'on appelle la *couliſſe.* Il y a à ces glaces, ainſi qu'à celle de devant, en-dedans
de la chaiſe , un ſtore de taffetas , & en-
dehors un ſtore de toile cirée, placés ſous
la gouttiere de la corniche de l'impériale.
Le ſtore du devant garantit du ſoleil celui
de dehors de la pluie , de la grêle & autres injures du temps. La partie de la
chaiſe au-deſſus de la ceinture & à côté
de la fenétre cuſtode, eſt fermée à demeure, ainſi que le doſſier, & couverte de cuir
tendu ſur les montans, & entouré de clous
de cuivre doré ; il n'y a point là de panneaux. Le cuir bien tendu eſt ſeulement
matelaſſé de crin, & les matelas ſoutenus
par des ſangles qui empêchent que le cuir
ne ſoit enfoncé. Les ſangles ſont placées
en-travers & fixées ſur les montans.

Le ſiege eſt appuyé au doſſier un peu
au-deſſous de la ceinture. C'eſt un véritable coffret , dont le couvercle ſe leve à
charniere & eſt recouvert d'un couſſin
ſur lequel on s'aſſied. Tout l'intérieur de
la chaiſe eſt matelaſſé de crin & tendu de
quelqu'étoffe précieuſe, mais de réſiſtance, comme velours, damas, *&c.*

La porte eſt ſur le devant. Cette porte
qu'on appelle *porte à la Touloufe,* a ſes
couplets à charniere dans une ligne horifontale, & s'ouvre par le haut en ſe reû-
verſant du côté du cheval de brancard ,
ſur la courroie qu'on appelle *ſupport de
porte,* & qui eſt tendue au travers du
brancard, à un pied environ au-deſſus de
la traverſe des ſoupentes. Cette porte differe principalement des portes ordinaires, en ce que celles-ci ont leurs gonds &
ſont mobiles dans une ligne verticale.

Les panneaux du côté de cette porte
ſont des eſpeces de triangles féparés en
deux parties par un joint. La partie inférieure qui eſt adhérente au brancard de
chaiſe s'appelle, *gouſſet.* C'eſt vis-à-vis un
de ces gouſſets que doit être le marche-
pied. Le marche pied eſt de cuir , il eſt
fixé ſur le brancard qu'il entoure. C'eſt
là , ainſi que le mot l'indique aſſez , que
le propriétaire met le pied pour entrer
dans ſa chaiſe.

La porte à la Touloufe ne monte guere
plus haut que la ceinture de la chaiſe.
Elle s'applique contre les montans de devant. Ces montans ſont renforcés au-deſſus de la porte, d'une piece de bois où l'on
a pratiqué une rainure appellée *opſicht* ,
dans laquelle la glace du devant peut glif-
ſer: lorſque cette glace eſt renfermée dans
la porte. La porte eſt compoſée extérieurement d'un panneau ſemblable à ceux
de côté & de derriere , & intérieurement
d'une planche matelaſſée de crin & recouverte de la même étoffe que le reſte du
dedans de la chaiſe. On voit évidemment
qu'il n'eſt pas poſſible d'entrer dans la
chaiſe, ſans avoir abaiſſé la glace dans la
portiere. Il y a encore dans la portiere
ſur le milieu , une ſerrure à deux pêles ,
avec un bouton à olive; ces deux pêles
vont ſe cacher dans un des montans; on
peut auſſi remarquer au-deſſus de la ceinture, dans le montant de devant , contre
lequel la porte s'applique en ſe fermant ,
une poignée que celui qui veut entrer,
dans la chaiſe ſaiſit , & qui l'aide à s'élever ſur le brancard.

Le deſſus de l'impériale, outre les clous
dorés dont il eſt enrichi , & qui attachent
ſur la carcaſſe de menuiſerie dont nous
avons parlé , le cuir qui la couvre, eſt encore orné de quatre ou ſix pommettes de
cuivre, ciſelées & dorées. Ces pommettes
ſont fixées à plomb au-deſſus des montans
des angles, quand il n'y en a que quatre;
quand il y en a ſix , les deux autres ſont
au-deſſus des montans qui féparent les
glaces des côtés des cuſtodes; mais dans
ce cas la corniche de l'impériale eſt cein-
trée au-deſſus des glaces.

Le fond ou le deſſous de la chaiſe eſt
occupé par un coffre qu'on appelle *cave.*
Ce coffre a environ ſix pouces de profondeur : il eſt fortement uni au chaſſis de la
chaiſe par pluſieurs bandes de fer ; il eſt
revêtu extérieurement de cuir cloué avec
des clous dorés , & intérieurement d'une
peau blanche ; il s'ouvre en-dedans de la
chaiſe, & c'eſt ſur ſon couvercle pareillement revêtu de cuir , que ſont poſés les
pieds du voyageur. Il ne nous reſte plus
maintenant qu'à expliquer comment la
chaiſe eſt ſuſpendue dans le brancard du
train , & comment elle y eſt tenue dans
une liberté telle qu'elle ne ſe reſſent preſque pas des chocs ou cahots que les roues
peuvent éprouver dans les chemins pierreux.

On commence par placer deux reſſorts
ſous le devant de la chaiſe, ils y ſont fixés
par des boulons qui traverſent le brancard de la chaiſe ; ces reſſorts s'appellent

refforts *de devant*; ils ont leurs boîtes. Nous pouvons remarquer ici, à propos de ces refforts & des refforts de derriere, qu'il y a d'autant plus de feuilles, que chaque feuille a été forgée mince, & qu'ils font d'autant meilleurs & plus doux, tout étant égal d'ailleurs, qu'il y a plus de feuilles.

Ces boulons, dont la queue eft applatie, font arrêtés par plufieurs clous à vis fur la face extérieure des montans de devant, enforte qu'ils foient bien affermis de ce côté. L'autre extrémité eft terminée par une fourchette appellée *menotte*, qui contient un rouleau. Les courroies fans fin, appellées *foupentes*, paffent fur le rouleau & fur la traverse de foupente.

A l'arriere de la chaife, depuis les extrémités des refforts dont nous venons de parler, jufqu'à environ trois pieds au-delà de la chaife, font des pieces de bois fortement arrêtées au-deffous du brancard de la chaife par des boulons à vis & écrous. Ces pieces de bois, qu'on nomme *apremonts*, font auffi terminées par des menottes qui contiennent un rouleau un peu conique : c'eft fous ces rouleaux que paffent les courroies ou foupentes de derriere, qui vont s'accrocher aux extrémités fupérieures des refforts de derriere que nous avons décrits ci-deffus; elle s'y accrochent tout fimplement par un trou qu'on a pratiqué fur la largeur de la foupente ; le crochet du refort eft reçu dans ce trou.

Il eft à propos de remarquer que les foupentes font de deux pieces réunies par une forte boucle vis-à-vis du panneau de derriere de la chaife, & qu'elles embraffent la planche des refforts, afin que l'effort qu'ils font foit perpendiculaire à leur point d'appui ; c'eft auffi par la même raifon que la planche des refforts eft inclinée, enforte que fon plan foit perpendiculaire aux courroies.

Il eft évident par cette difpofition, que la chaife eft fufpendue par les quatre coins: mais comme les pointes de fufpenfion, loin d'être folides & immobiles, font au contraire fouples, lians, élaftiques, & rendent la chaife capable d'un mouvement d'ofcillation fort doux dans la direction de l'inflexion des refforts, c'eft-à-dire, de haut en-bas & de bas en-haut, & en même tems d'un autre mouvement d'ofcillation non moins doux, felon la longueur de la *voiture*, dans la direction des brancards, ou de l'avant à l'arriere & de l'arriere à l'avant ; les chocs que les roues éprouvent fur les chemins font amortis par défaut de réfiftance, & ne fe font prefque point fentir à celui qui eft dans la chaife.

Mais comme le centre de gravité de toutes les parties de la chaife eft au-deffus des bandes ou liens qui l'embraffent par-deffous & qui la tiennent fufpendue, il pourroit arriver par l'inégalité perpétuelle des cahots qui fe font tant à droite qu'à gauche, qu'elle fût renverfée de l'un ou de l'autre côté. C'eft pour remédier à cet inconvénient, qu'on a placé de part & d'autre les deux courroies de guindage, fixées d'un bout fur les brancards vers le marche-pied, paffant dans les cramailleres de la chaife, ou guides de fer, placées fur les faces latérales des montans de derriere, à la hauteur de la ceinture, & fe rendant de l'autre bout fur les rouleaux de la tête des confoles, d'où elles vont s'envelopper fur les axes ou rouleaux des crics qu'on voit aux extrémités, en-deffus de la traverse de ferriere, & qui fervent à bander ou à relâcher à diferétion ces courroies.

La chaife ainfi affurée contre les renverfemens, foit en-devant, foit en-arriere, foit à droite, foit à gauche, n'étoit pas encore à couvert d'un certain ballottage, dans lequel les faces extérieures des brancards du train auroient été frappées par les côtés du brancard de la chaife. On a remédié à cet inconvénient par le moyen d'une courroie de cuir attachée aux faces latérales intérieures des brancards de train, & au milieu de la planche de mallè, à laquelle on a mis pour cet effet deux rouleaux fur lefquels cette courroie va paffer : cette courroie s'appelle *courroie de ceinture*.

La chaife ainfi conftruite, il ne refte plus, pour en faire ufage, que d'y atteler un ou plufieurs chevaux. Le cheval de brancard fe place devant la chaife entre les brancards, comme le limonnier entre les limons d'une charrette. *Voy.* CHARRETTE. Les extrémités des brancards ou limons font pour cet effet garnies de ferrures où l'on affujettit les harnois du cheval ; comme par exemple, d'un anneau de reculement, d'un crampon pour paffer le doffier, d'un crochet pour un troifieme

cheval qu'on eſt quelquefois forcé de mettre à la chaiſe , ſoit pour la tirer des mauvais pas , ſoit pour l'empêcher d'y reſter
arrêtée. Mais il y a cette différence entre
les traits du cheval de poſte & du cheval
de charrette , que pour les premiers les
traits de tirage ſont attachés à un anneau
pratiqué à un des boulons qui aſſujettiſ-
ſent l'échantignole au brancard, le long
de la face inférieure du quel les traits s'é-
tendent , & vont ſaiſir par une forte boucle le harnois du cheval vers le milieu ,
à peu près où correſpond la cuiſſe ; au lieu
que pour l'ordinaire les traits des limon-
niers ſont attachés aux limons même , &
ſont par conſéquent beaucoup plus courts
que ceux des chevaux de poſte. Les traits
de tirage ſont tenus appliqués à la face inférieure du bras de brancard par des morceaux de cuir , au nombre de deux ou
trois , appellés de leurs fonctions trouſſe-
traits.

Du côté gauche du cheval de brancard,
on en attele un autre qu'on nomme palonnier , parce qu'il eſt attelé à un palonnier
ſemblable à ceux des carroſſes ; avec cette
différence , qu'il eſt de deux pouces plus
long du côté de la courroie qui l'embraſſe
que de l'autre côté, le côté long du palonnier eſt en-dehors du brancard , cet excès
eſt occaſionné par la facilité qu'il donne
au cheval pour tirer. Le palonnier eſt fixé
au brancard du côté du montoir par une
courroie qui prend le palonnier à peu près
dans le milieu , & paſſe dans une menotte
fixée à la place inférieure du brancard ;
ou bien il y a deux courroies qui vont ſe
rendre aux échantignoles de chaque côté
de la voiture , où elles ſont arrêtées de la
même manière que les traits du cheval de
brancard. On doit préférer cette dernière
conſtruction , parce que le palonnier tire
également ſur les deux brancards.

Au derriere de la chaiſe ; à la dernière
des quatre traverſes qu'on appelle la gueule de loup , il y a un marche - pied de cuir
placé ſur le côté de cette traverſe ; il ſert
au domeſtique à monter derrière la chaiſe ; & les extrémités antérieures du bras
des brancards ſont garnies de côté d'un
morceau de cuir rembourré de crin , & attachées avec des clous dorés. Cette eſpece
de petit matelas s'appelle fenture de brancard, & ſert à garantir la jambe du poſtil-
lon d'un choc contre le bras du brancard, dont il ſeroit bleſſé , ſi l'endroit de

ce bras où il choqueroit , étoit nu.

Cette chaiſe de poſte que nous venons
de décrire , s'appelle chaiſe à reſſorts en
écreviſſe , pour la diſtinguer d'une autre
eſpece de chaiſe de poſte appellée chaiſe
à la Dalaine. La chaiſe de poſte à reſſorts
en écreviſſe eſt la plus ordinaire. Les reſſorts appellés à la Dalaine , apparemment
du nom de leur inventeur, s'appliquent
plus ſouvent aux carroſſes qu'aux chaiſes
de poſte.

Quoique nous ayons dit que la chaiſe
de poſte étoit une voiture légere , c'eſt relativement aux autres voitures ; car en
elle-même , elle ne peut être que très-peſante , ſur-tout ſi on la compare avec la
viteſſe qu'on ſe propoſe, quand on voyage
en poſte. Ce qui la rend ſur-tout peſante,
ce ſont ces énormes reſſorts appliqués
tant au - derriere de la chaiſe qu'au devant. Cette ferrure eſt très - lourde. Pour
avoir de l'élaſticité , & par conſéquent de
la commodité dans la voiture , qu'on eſt
parvenu à rendre très-douce , malgré les
cahots & la célérité de la marche, il a fallu
multiplier les feuillets à reſſorts : mais on
n'a pu multiplier ces parties en fer , ſans
augmenter le poids ; enſorte qu'on a néceſſairement perdu du côté de la légéreté,
& qu'on s'eſt procuré du côté de la commodité. Il s'eſt apparemment trouvé un
ouvrier qui a ſenti cette eſpece de compenſation , & qui , ſongeant à conſerver
un des avantages ſans renoncer à l'autre,
a imaginé les reſſorts à la Dalaine. Que les
reſſorts à la Dalaine ſoient plus légers que
les reſſorts en écreviſſe, c'eſt , je crois ,
un point qu'on ne peut guere conteſter ,
n'étant à peu près que la moitié des autres : quant à leur élaſticité, il n'eſt pas
de la même évidence qu'ils en aient autant que les reſſorts en écreviſſe, par conſéquent qu'ils ſoient auſſi doux. Ces reſſorts ſont à peu près en S renverſée ; ils
ont auſſi dix-ſept, dix-huit feuilles, dont
les antérieures ſont plus courtes que les
autres. Il y en a deux, ils ſont fixés chacun ſur une traverſe qui s'emmortaiſe
avec les deux brancards de train. Cette
traverſe s'appelle une liſoire; ſur la liſoire
s'élevent deux montans ſculptés , au travers deſquels paſſent les reſſorts : ces
montans s'appellent moutons. Les moutons ſont ſoutenus chacun par des arcboutans de fer ; les arcboutans ſont fixés
ſur les brancards. Il y a à chaque reſſort

vers le milieu, un collier qui embrasse le ressort, & qui l'empêche de vaciller. Ce collier est de fer & doublé de cuir. Il n'y a, comme on voit, qu'un principe d'élasticité dans les ressorts à la Dalaine qui sont en S, au lieu qu'il y en a deux dans les ressorts en écrevisse qui sont en < conché; car la partie inférieure, représentée par une des jambes de l'V, est composée de ressorts précisément comme la partie supérieure, & elles réagissent également toutes deux.

Il y a quelque différence dans la construction des chaises à la Dalaine, introduite par l'application différente des ressorts: la partie inférieure du derriere de la chaise s'arrondit, afin que les soupentes qui partent de là ne portent pas sur l'aissieu avant de se rendre à l'extrémité des ressorts. Il y a à peu près à la hauteur de l'aissieu, au derriere arrondi de la chaise à la Dalaine, deux menottes, une de chaque côté de la chaise, dans lesquelles passent les soupentes qui vont se rendre à l'extrémité supérieure des ressorts. Ces chaises sont arrondies, disent les ouvriers, en cul-de-singe. Les ressorts de devant de la chaise à la Dalaine ne different pas des ressorts du devant de la chaise ordinaire.

D'où il s'ensuit, qu'en supposant que la chaise à la Dalaine soit moins pesante que la chaise en écrevisse, & même qu'elle soit aussi douce, peut-être pourroit-on encore ajouter à la perfection de cette voiture, en en bannissant tout ressort, & en substituant les cordes d'animaux, faites avec des ligamens d'animaux vigoureux, à toute cette ferrure. On a fait tout récemment des essais de ces cordes que les anciens employoient à leur catapulte, à leurs balistes, & qui y produisoient par leur grand ressort & par leur force des effets si surprenans. C'est à M. le comte d'Érouville, qu'on en doit la recherche & la découverte. Nous en avons parlé à l'article CORDE. *Voy.* cet article.

VOITURE, *Lettre de Commerce.* Écrit que l'on donne à un voiturier, contenant la quantité & la qualité des pieces, caisses, balles & ballots de marchandises qu'on lui confie, afin qu'il puisse se faire payer de ses salaires par celui à qui elles sont adressées; & aussi que celui qui les reçoit puisse juger si elles arrivent bien conditionnées, en nombre compétent, & à tems convenable. *V.* LETTRE DE VOITURE.

Dans le commerce de mer, on nomme *charte partie* & *connoissement* ou *manifeste*, l'écrit ou registre qui contient la liste des marchandises, & les noms & qualités des passagers dont un vaisseau marchand est chargé. *V.* CHARTE-PARTIE, CONNOISSEMENT, MANIFESTE, &c.

Les cochers des carrosses, coches publics, qui servent au transport des personnes, ont aussi leur feuille ou lettre de *voiture*, qu'ils sont obligés de montrer aux commis que leurs maîtres mettent souvent sur les routes pour faire connoître qu'ils n'ont pris personne en chemin, & qu'ils n'ont que la charge avec laquelle ils sont partis. *V.* FEUILLE.

VOITURE *qui marche seule*, *Méchan.* Un professeur du college de la Trinité de Dublin imagina, il y a quelques années, une *voiture* qui marchoit seule, sans cheval. On voit cette ingénieuse machine sur la planche II, fig. 4 & 5 de méchanique, *supplément des planches.*

Sur le milieu de l'aissieu de devant E F, fig. 5, est une lanterne garnie tout autour de fuseaux, sur lesquels mordent les dents d'une roue horisontale G, laquelle est traversée par une manivelle de fer H L, dont le mouvement fait tourner la lanterne & les deux roues de devant.

Les deux roues de derriere B B, fig. 4, sont emboitées de façon que l'une ne peut tourner sans l'autre; entre-deux sont deux autres petites roues Q Q, placées dans un caisson qui est derriere la chaise; au-dessus est un rouleau P P, attaché à l'impériale, lequel traverse une poulie R, sur laquelle passe une corde, dont les extrémités sont attachées à deux planches S T; sur ces deux planches sont deux plaques de fer qui mordent dans les deux petites roues Q Q, & les font tourner.

Voici le moyen qu'on emploie pour faire marcher cette *voiture*: celui qui est dedans se saisit de la manivelle pour la diriger, tandis qu'un autre qui est sur le siege, pesant alternativement sur les planches qui sont derriere, fait que les plaques qu'elles portent, mordent dans les petites roues, & fait tourner les grandes plus ou moins vite, selon le plus ou le moins de mouvement qu'il leur imprime avec les pieds. (*Cet article est tiré des journaux Anglois, & traduit par T.*)

VOITURE *ou* CHAISE ROULANTE, avec laquelle un homme qui a perdu l'usage

de ſes jambes , peut ſe mener ſoi-même ſans
cheval ſur les grands chemins , *Méchaniq.*
L'auteur de cette machine ingénieuſe,
M. Brodier, qu'une infirmité avoit privé
d'aſſez bonne heure de l'uſage de ſes jambes, a occupé le loiſir forcé de ſa ſituation
à l'étude des mathématiques , qui lui ont
rendu, pour ainſi dire, le mouvement pro-
greſſif dont il étoit privé. Comme ſa ſanté étoit très - bonne d'ailleurs & ſes bras
très-vigoureux, il a conçu le deſſein d'une
chaiſe qu'il pourroit faire mouvoir avec
des manivelles ; il a calculé la force qu'il
y pourroit employer , ce que les différens
frottemens en pouvoient faire perdre, la
réſiſtance que la *voiture*, chargée de ſon
poids, éprouveroit dans les chemins unis,
montans ou deſcendans, & il a trouvé
qu'il lui reſtoit encore ſuffiſamment de
forces. Il a donc fait exécuter ſa *voiture*
avec la plus grande partie des mouvemens
lui-même, & n'a rien négligé pour y introduire tous les avantages dont une exécution parfaite pouvoit la rendre ſuſceptible ; auſſi n'a-t-il rien eu à rabattre de
ſon calcul, ſa machine ſupplée parfaitement à l'organe qu'il a perdu, & lui rend
une grande partie des avantages dont il
ſembloit devoir être privé pour jamais :
exemple bien propre à faire voir quelles
reſſources l'étude des mathématiques &
de la phyſique peut procurer à ceux qui
s'y appliquent, & combien les ſciences
ſont dignes de l'attention & du travail de
ceux qui ont reçu de l'auteur de la nature
un génie propre à y pénétrer. On voit une
repréſentation de cette chaiſe roulante ſur
ſur la *pl. I de méchan. Supplém. des Planch.*

La *figure* I repréſente les deux grandes
roues qui ont 44 pouces de diametre ; le
moyeu qui a ſept pouces , eſt garni d'un
canon de cuivre, & enſuite tourné ſur ſon
axe & ſur celui des rais, leſquels ont un
pouce de groſſeur, & des épaulemens à
chaque bout;ils ſont viſſés dans le moyeu
& attachés à la jante avec des vis de fer:
cette jante eſt toute d'une piece, & les
deux bouts ſont aſſemblés l'un ſur l'autre
à queue d'aronde: le bandage eſt auſſi tout
d'une piece, & tient à la jante avec des
clous à vis & écrou. Les rouleaux ont 39
lignes de diametre, & 12 d'épaiſſeur,
avec des paliers de cuivre : les tourillons
ſont placés ſur les rais à égales diſtances ;
ils ſont tournés & attachés aux rais & ſur
l'anneau plat avec des écrous.

Le ſupport de l'arbre de la manivelle
eſt garni de deux paliers de cuivre, & fortement attaché aux brancards avec des
boulons à vis & écrou. Le pignon a 7 pouces 4 lignes de rayon vrai, 2 pouces d'en-
grenage, 2 lignes de jeu, & les dents 4
pouces· 10 lignes dans leur plus grande
largeur; ce pignon eſt attaché ſur un quarré de la manivelle avec deux plaques qui
ſe croiſent à angles droits.

La petite roue eſt conſtruite comme les
grandes ; ſa tige perpendiculaire tourne
ſur un pivot renverſé, & dans un palier
de cuivre placé dans une piece de fer, attachée aux points *A*, *a*, *fig.* 2, de la traverſe du brancard, & à l'aiſſieu par le
moyen de la tringle *B*, *b*. Au-devant des
brancards il y a des étriers de fer, afin de
placer le brancard pour le cheval, derriere des poignées de fer pour pouſſer; *b* eſt
un cric avec ſa détente pour lâcher le
brancard & le cheval à volonté.

La *fig.* 2 fait voir l'aiſſieu, qui a 4 pieds
de long, 14 lignes d'écarriſſage au milieu : les bras ſont tournés & ont la figure
des cônes tronqués de 8 & 12 lignes de
diametre, garnis de rondelles de fer & de
cuir ; il eſt encaſtré deſſus les brancards,
& ſoutenu par deux plaques de fer attachées avec deux boulons à vis & écrou.
Les brancards ſont ceintrés de 4 pouces,
ils ont deux pouces de largeur, & deux
pouces & demi d'épaiſſeur: ils ſont liés à
la traverſe avec des boulons à vis & écrou.
Les ſoupentes ſont attachées ſur la traverſe & ſur les deux crics, leſquels ſont
ſoutenus en l'air par une tringle de fer qui
ſe leve & ſe baiſſe par le moyen d'une
charniere.

La chaiſe, *fig.* 3, porte une tige cein-
trée, ſur laquelle il y a un paraſol qui
s'attache auſſi au bout des brancards avec
des cordons. Cette chaiſe peut s'avancer
& ſe reculer, elle eſt liée à vis & écrou
ſur quatre traverſes qui portent ſur ces
ſoupentes. Le marche-pied eſt attaché par
en-haut à vis, ſur une de ces traverſes &
au milieu de ſa longueur, par deux tringles qui tiennent à deux autres traverſes.
La portion de jante, pour empêcher la
chaiſe de ſe renverſer, eſt attachée à charniere au marche-pied, & elle ſe hauſſe
& ſe baiſſe par le moyen d'un arc de fer
qui s'arrête en différens points.

Toute la *voiture* peut ſe démonter :
l'inventeur s'en eſt ſervi pendant huit

mois & plus , fans que rien fe dérangeât ; & ce qui peut s'ufer à la longue , peut ai-fément fe réparer. *Voyez* le tome IV des *Mémoires préfentés à l'académie royale des fciences de Paris*, d'où cet article eft extrait.

VOITURER, v. act. *Comm.* , tranf-porter fur des voitures , foit par eau , foit par terre , des perfonnes , des hardes , des marchandifes. *V.* VOITURE.

VOITURIER, f. m. *Comm.* , celui qui voiture, qui fe charge de transporter d'un lieu à un autre des perfonnes , des marchandifes , des papiers , de l'or , de l'argent , des vins , des bois , &c. même des prifonniers , moyennant un prix ou fixé par les fupérieurs & magiftrats de police, ou arbitraire , & tel que le *voiturier* en convient avec les marchands ou autres particuliers qui veulent fe fervir de fon miniftere.

Sous ce nom font compris , non-feulement les *voituriers* proprement dits , ou rouliers , & les bateliers , ou maitres de barques & de bateaux , qui voiturent librement par toute la France , foit par terre , foit par eau , mais encore les meffagers , maitres des coches , les maitres des carroffes , les fermiers des coches d'eau , les loueurs de chevaux , les maitres des poftes , & autres , qui ont des privileges & des pancartes. *V.* MESSAGERS , COCHES , CARROSSE , POSTES , &c.

Quant aux *voituriers* rouliers , quoi-qu'ils foient libres à certains égards, comme fur la faculté d'entretenir autant de voitures qu'ils veulent , de n'être fixés ni pour le prix à certaine fomme invariable, ni pour le départ ou l'arrivée à certains jours & à certains lieux , comme les maitres de coches ou carroffes publics y font obligés : les rouliers cependant font aftreints à divers réglemens de police & de commerce , concernant le foin qu'ils doivent avoir des marchandifes ; les frais & indemnités dont ils font tenus en cas de perte occafionnée par leur faute ; les avis qu'ils doivent donner aux propriétaires ou commiffionnaires de l'arrivée des marchandifes , la maniere dont ils doivent fe comporter par rapport aux lettres de voiture. Les *voituriers* par eau font auffi fujets à de femblables réglemens , qu'on peut voir en détail dans le *Dictionnaire de commerce*.

VOITURIN, f. m. *Comm.* , fignifie la même chofe que voiturier , & eft ufité en ce fens dans quelques provinces de France , comme dans le Lyonnois , en Languedoc , en Dauphiné , & en Provence. *Voy.* VOITURIER , *Dict. de commerce*, tome III ; lettre V , pag. 670.

VOIX, *Phyfiolog.* , c'eft le fon qui fe forme dans la gorge & dans la bouche d'un animal, par un méchanifme d'inftrumens propres à le produire. *V.* SON.

Voix articulées , font celles qui étant réunies enfemble, forment un affemblage ou un petit fyftème de fons : telles font les *voix* qui expriment les lettres de l'alphabet , dont plufieurs jointes enfemble, forment les mots ou les paroles. *Voyez* LETTRE , MOT , PAROLE.

Voix non articulées , font celles qui ne font point organifées ou affemblées en paroles , comme l'aboi des chiens , le fifflement des ferpens , le rugiffement des lions , le chant des oifeaux , &c.

La formation de la *voix*, humaine, avec toutes fes variations , que l'on remarque dans la parole , dans la mufique , &c. eft un objet bien digne de notre curiofité & de nos recherches ; & le méchanifme ou l'organifation des parties qui produifent cet effet, eft une chofe des plus étonnantes.

Ces parties font la trachée artere, par laquelle l'air paffe & repaffe dans les poumons ; le larynx , qui eft un canal court & cylindrique à la tête de la trachée ; & la glotte qui eft une petite fente ovale, entre deux membranes fémi-circulaires, étendues horifontalement du côté intérieur du larynx , lefquelles membranes laiffent ordinairement entr'elles un intervalle plus ou moins fpacieux , qu'elles peuvent cependant fermer tout-à-fait , & qui eft appellée *la glotte*. Voyez la defcription de ces trois parties aux *articles* TRACHÉE , LARYNX , & GLOTTE.

Le grand canal de la trachée qui eft terminée en-haut par la glotte , reffemble fi bien à une flûte , que les anciens ne doutoient point que la trachée ne contribuât autant à former la *voix* , que le corps de la flûte contribue à former le fon de cet inftrument. Galien lui-même tomba à cet égard dans une efpece d'erreur ; il s'apperçut à la vérité que la glotte eft le principal organe de la *voix* , mais en même tems il attribua à la trachée artere une part confidérable dans la production du fon.

L'opinion de Galien a été suivie par tous les anciens qui ont traité cette matiere après lui, & même par tous les modernes qui ont écrit avant M. Dodart: mais ce dernier ayant fait attention que nous ne parlons ni ne chantons en respirant ou en attirant l'air, mais en soufflant ou en expulsant l'air que nous avons respiré, & que cet air en sortant de nos poumons, passe toujours par des vésicules qui s'élargissent à mesure qu'elles s'éloignent de ce vaisseau, & enfin par la trachée même, qui est le plus large canal de tous, de sorte que l'air trouvant plus de liberté & d'aisance à mesure qu'il monte le long de tous ces passages, & dans la trachée plus que par-tout ailleurs, il ne peut jamais être comprimé dans ce canal avec autant de violence, ni acquérir là autant de vitesse qu'il en faut pour la production du son; mais comme l'ouverture de la glotte est fort étroite en comparaison de la largeur de la trachée, l'air ne peut jamais sortir de la trachée par la glotte, sans être violemment comprimé, & sans acquérir un degré considérable de vitesse; de sorte que l'air ainsi comprimé & poussé, communique en passant une agitation fort vive aux particules des deux levres de la glotte, leur donne une espece de secousse, & leur fait faire les vibrations qui frappent l'air à mesure qu'il passe, & forment le son. *V.* VIBRATION.

Ce son ainsi formé passe dans la cavité de la bouche & des narines, où il est réfléchi & où il résonne, & où M. Dodart fait voir que c'est de cette résonnance que dépend entiérement le charme de la *voix*. Les différentes conformations, consistances & sinuosités des parties de la bouche, contribuent chacune de leurs côtés à la résonnance; & c'est du mélange de tant de résonnances différentes, bien proportionnées les unes aux autres, que nait dans la *voix* humaine une harmonie inimitable à tous les muficiens: c'est pourquoi lorsqu'une de ces parties se trouve dérangée, comme lorsque le nez est bouché, ou que les dents sont tombées, &c. le son de la *voix* devient désagréable.

Il semble que cette résonnance dans la cavité de la bouche ne consiste point dans une simple réflexion, comme celle d'une voûte, &c. mais que c'est une résonnance proportionnée aux tons du son que la glotte envoie dans la bouche: c'est pour cela que cette cavité s'alonge ou se raccourcit à mesure que l'on forme les tons plus graves ou plus aigus.

Pour que la trachée artere produisît cette résonnance, comme c'étoit autrefois l'opinion commune, il faudroit l'air modifié par la glotte au point de former un son, au lieu de continuer sa course du dedans en dedans, retournât au contraire du dehors en dedans, & vînt frapper les côtés de la trachée artere, ce qui ne peut jamais arriver que dans les personnes tourmentées d'une toux violente, & dans les ventriloques. A la vérité, dans la plupart des oiseaux de riviere qui ont la *voix* forte, la trachée artere résonne, mais c'est parce que leur glotte est placée au fond de la trachée, & non pas à la sommité, comme dans les hommes.

Aussi le canal qui a passé d'abord pour être le principal organe de la *voix*, n'en est pas seulement le second dans l'ordre de ceux qui produisent la résonnance: la trachée à cet égard ne seconde point la glotte autant que le corps d'une flûte douce seconde la cheville de son embouchure; mais c'est la bouche qui seconde la glotte, comme le corps d'un certain instrument à vent, qui n'est point encore connu dans la musique, seconde l'embouchure: en effet la fonction de la trachée n'est autre que celle du porte-vent dans une orgue, savoir, de fournir le vent.

Pour ce qui est de la cause qui produit les différens tons de la *voix*, comme les organes qui forment la *voix* font une espece d'instrument à vent, il semble qu'on pourroit se flatter d'y trouver quelque chose qui pût répondre à ce qui produit les différences de tons dans quelques autres instrumens à vent; mais il n'y a rien de semblable dans le hautbois, dans les orgues, dans le clairon, &c.

C'est pourquoi il faut attribuer le ton à la bouche, ou aux narines qui produisent la résonnance, ou à la glotte qui produit le son: & comme tous ces différens tons se produisent dans l'homme par le même instrument, il s'ensuit que la partie qui forme ces tons doit être susceptible de toutes les variations qui peuvent y répondre: nous savons d'ailleurs que pour former un ton grave, il faut plus d'air que pour former un ton aigu; la trachée, pour laisser passer cette plus grande quan-

tité d'air, doit se dilater & se raccourcir;
& au moyen de ce raccourcissement, le
canal extérieur, qui est le canal de la
bouche & du nez, à compter depuis la
glotte jusqu'aux levres, ou jusqu'aux
narines, se trouve alongé: car le raccourcissement du canal intérieur, qui est celui de la trachée, fait descendre le larynx & la glotte; & par conséquent sa
distance de la bouche, des levres & du
nez, devient plus grande: chaque changement de ton & de demi-ton opere un
changement dans la longueur de chaque
canal; de sorte que l'on n'a point de peine
à comprendre que le nœud du larynx
hausse & baisse dans toutes les roulades
ou secousses de la *voix*, quelque petite
que puisse être la différence du ton.

Comme la gravité du ton d'un hautbois
répond à la longueur de cet instrument,
ou comme les plus longues fibres du bois,
dont les vibrations forment la résonnance, produisent toujours les vibrations les
plus lentes, & par conséquent le ton le
plus grave, il paroit probable que la concavité de la bouche, en s'alongeant pour
les tons graves, & en se raccourcissant
pour les tons aigus, peut contribuer à la
formation des tons de la *voix*.

Mais M. Dodart observe que dans le
jeu d'orgue, appellé *la voix humaine*, le
plus long tuyau est de six pouces, & que
malgré cette longueur, il ne forme aucune différence de ton; mais que le ton
de ce tuyau est précisément celui de son
anche: que la concavité de la bouche
d'un homme qui a la *voix* la plus grave,
n'ayant pas plus de six pouces de profondeur, il est évident qu'elle ne peut
pas donner, modifier, & varier les tons,
V. TONS.

C'est donc la glotte qui forme les tons
aussi bien que les sons, & c'est la variation de son ouverture qui est cause de la
variation des tons. Une piece de méchanisme si admirable mérite bien que nous
l'examinions ici de plus près.

La glotte humaine, représentée dans
les *planches d'anatomie*, est seule capable
d'un mouvement propre, savoir, de rapprocher ses levres; en conséquence les lignes de son contour marquent trois différens degrés d'approche. Les anatomistes attribuent ordinairement ces différentes ouvertures de la glotte à l'action des
muscles du larynx; mais M. Dodart fait

connoître par leur position, direction,
&c. qu'ils sont destinés à d'autres usages,
& que l'ouverture & la fermeture de la
glotte se fait par d'autres moyens, savoir,
par deux cordons ou filets tendineux,
renfermés dans les deux levres de l'ouverture.

En effet, chacune des deux membranes sémi-circulaires dont l'interstice forme la glotte, est pliée en double sur elle-
même; & au milieu de chaque membrane ainsi pliée, se trouve un paquet de fibres, qui d'un côté tient à la partie antérieure du larynx; & de l'autre côté à la
partie postérieure: il est vrai que ces filets ressemblent plutôt à des ligamens
qu'à des muscles, parce qu'ils sont formés de fibres blanches & membraneuses,
& non pas de fibres rouges & charnues;
mais le grand nombre de petits changemens qui doivent se faire nécessairement
dans cette ouverture, pour former la
grande variété de tons, demande absolument une espece de muscle extraordinaire, par les contractions duquel ces variations puissent s'exécuter: des fibres charnues ordinaires, qui reçoivent une grande quantité de sang, auroient été infiniment trop matérielles pour des mouvemens si délicats.

Ces filets qui, dans leur état de rélaxa-
tion, forment chacun un petit arc d'une
ellipse, deviennent plus longs & moins
courbes à mesure qu'ils se retirent; de
sorte que dans leur plus grande contraction, ils sont capables de former deux lignes droites, qui se joignent si exactement, & d'une maniere si serrée, qu'il ne
sauroit échapper entre deux un seul atome d'air qui partiroit du poumon, quelque gonflé qu'il puisse être, & quelques
efforts que puissent faire tous les muscles
du bas-ventre contre le diaphragme, &
le diaphragme lui-même contre ces deux
petits muscles.

Ce sont donc les différentes ouvertures
des levres de la glotte, qui produisent
tous les tons différens dans les différentes
parties de la musique vocale, savoir, la
basse, la taille, la haute contre, le bas-
dessus, & le dessus; & voici de quelle
maniere.

Nous avons fait voir que la *voix* ne
peut se former que par la glotte, & que
les tons de la *voix* sont des modifications
de la *voix*, qui ne peuvent être formées
non

non plus que par les modifications de la glotte. S'il n'y a que la glotte qui soit capable de produire ces modifications, par l'approche & l'éloignement réciproque de ses levres, il est certain que c'est elle qui forme les sons différens.

Cette modification renferme deux circonstances, la premiere & la principale est, que les levres de la glotte s'étendent de plus en plus en formant les tons, à commencer depuis le plus grave jusqu'au plus aigu.

La seconde, que plus ces levres s'étendent, plus elles se rapprochent l'une de l'autre.

Il s'ensuit de la premiere circonstance, que les vibrations des levres deviennent promptes & vives à mesure qu'elles approchent du ton le plus aigu, & que la voix est juste quand les deux levres sont également étendues, & qu'elle est fausse quand les levres sont étendues inégalement, ce qui s'accorde parfaitement bien avec la nature des instrumens à cordes.

Il s'ensuit de la seconde circonstance, que plus les tons sont aigus, plus les levres s'approchent l'une de l'autre : ce qui s'accorde aussi parfaitement avec les instrumens à vent, gouvernés par anches ou languettes.

Les degrés de tension dans les levres sont les premieres & les principales causes des tons, mais leurs différences sont insensibles ; les degrés d'approche ne sont que les conséquences de cette tension, mais il est plus aisé de rendre sensibles ces différences.

Pour donner une idée exacte de la chose, nous ne pouvons mieux y réussir, qu'en disant que cette modification consiste dans une tension, de laquelle résulte une ample subdivision d'un très-petit intervalle ; car cet intervalle, quelque petit qu'il soit, est cependant susceptible, physiquement parlant, de subdivisions à l'infini. V. DIVISIBILITÉ.

Cette doctrine est confirmée par les différentes ouvertures que l'on a trouvées en disséquant des personnes de différens âges, & des deux sexes ; l'ouverture est plus petite, & le canal extérieur est toujours plus bas dans les personnes du sexe, & dans celles qui chantent le dessus. Ajoutez à cela que l'anche du hautbois, séparée du corps de l'instrument, se trouvant un peu pressée entre les levres du

joueur, rend un son un peu plus aigu que celui qui lui est naturel : si on la presse davantage, elle rend un son encore plus aigu ; de sorte qu'un habile musicien lui fera faire ainsi successivement tous les tons & demi-tons d'une octave.».

Ce sont donc les différentes ouvertures qui produisent, ou du moins qui accompagnent les tons différens dans certains instrumens à vent, tant naturels qu'artificiels ; & la diminution ou contraction de ces ouvertures, hausse les tons de la glotte aussi bien que de l'anche.

La raison pourquoi la contraction de l'ouverture hausse le ton, c'est que le vent y passe avec plus de vélocité : & c'est pour la même raison que lorsqu'on souffle trop doucement dans l'anche de quelqu'instrument, il fait un ton plus bas qu'à l'ordinaire.

En effet, il faut que les contractions & dilatations de la glotte soient infiniment délicates; car il paroît par un calcul exact de M. Dodart, que pour former tous les tons & demi-tons d'une voix ordinaire, dont l'étendue est de donze tons, pour former toutes les particules & subdivisions de ces tons en commas & autres tems plus courts, mais toujours sensibles, pour former toutes les ombres ou différences d'un ton, quand on le fait résonner plus ou moins fort, sans changer le ton même, le petit diametre de la glotte, qui n'excede pas la dixieme partie d'un pouce, mais qui dans cette petite étendue varie à chaque changement, doit être divisé actuellement en 9632 parties, lesquelles sont encore fort inégales, de sorte qu'il y en a beaucoup parmi elles qui ne font point la $\frac{1}{32133}$ partie d'un pouce. On ne peut guere comparer une si grande délicatesse qu'à celle d'une bonne oreille ; qui dans la perception des sons est assez juste pour sentir distinctement les différences de tous ces tons modifiés, & même celles dont la base est beaucoup plus petite que la 963200ᵉ partie d'un pouce. Voyez OUIE.

La diversité des tons dépend-elle uniquement de la longueur des ligamens de la glotte, longueur qui peut varier suivant que le cartilage scutiforme est plus ou moins tiré en devant, & que les cartilages aryténoïdes le sont plus ou moins en arriere ? Suivant cette loi, les tons qui se forment lorsque ces ligamens sont

N

très-tendus, doivent être très-aigus, parce qu'ils font alors de plus fréquentes vibrations : c'est ce que quelques modernes ont voulu confirmer par de l'expérience.

Ce n'est pas à moi, dit, M. Haller, *Physique*, §. 331, à décider une question que mes expériences ne m'ont pas encore éclaircie : mais la glotte immobile, cartilagineuse & osseuse des oiseaux, & qui en conséquence ne peut s'étendre; la voix plus aiguë dans le sifflement, qui très-certainement dépend du seul rétrécissement des levres; l'exemple des femmes qui ont la voix plus aiguë que l'homme, quoiqu'elles aient la glotte & le larynx plus courts; les expériences qui constatent que les sons les plus aigus se forment par les ligamens de la glotte, approchés l'un de l'autre autant qu'ils le peuvent être; l'incertitude des nouvelles expériences, confirment ce systême : le défaut des machines propres à tirer le cartilage scutiforme en devant, le soupçon évident que l'auteur de l'expérience a cru que le cartilage scutiforme étoit porté en devant, tandis qu'il étoit certainement élevé, toutes ces choses font naitre des doutes très-grands. Il paroit donc qu'on doit examiner de plus près cette observation, sans cependant blâmer les efforts de l'auteur, & sans adhérer trop précisément à son sentiment.

Rapprochons sous les yeux le morceau qu'on vient de lire, pour faciliter au lecteur avec plus de précision l'intelligence de ce phénomene merveilleux qu'on nomme la *voix*, & qui est si nécessaire aux hommes vivans en société.

On sait que la partie supérieure de la trachée artere s'appelle *larynx*, lequel est composé de cinq cartilages: au haut du larynx est une fente nommée la *glotte*, qui peut s'alonger, se raccourcir, s'élargir, s'étrécir, au moyen de plusieurs muscles artistement posés; il y a d'autres muscles qui font monter cette flûte, & d'autres qui la font descendre : l'air venant heurter contre ses bords, se brise & fait plusieurs vibrations qui forment le son de la *voix*; plus l'ouverture de la glotte est étroite, plus l'air y passe avec rapidité, & plus le son est aigu : on voit par-là que ceux qui s'efforcent à donner à leur *voix* un son fort aigu, seroient enfin suffoqués, s'ils continuoient long-tems; car, comme ils rétrécissent la glotte presqu'entié-

rement, il ne peut sortir que peu d'air : il leur arrive donc la même chose qu'à ceux en qui l'on arrête la respiration; mais si on élargit trop l'ouverture de la glotte, l'air qui passera sans peine, & sans beaucoup de vitesse, ne se brisera point : ainsi il n'y aura pas de frémissemens; de là vient que ceux qui veulent donner à leur *voix* un ton grave, ne peuvent former aucun son.

L'air qui revient lentement des poumons, passe avec violence par la fente de la glotte, parce qu'il marche d'un espace large dans un lieu fort étroit; l'espace de la bouche & des narines ne contribue en rien à le produire, mais il lui donne diverses modifications : c'est ce qu'on voit par l'altération de la *voix* dans les rhumes, ou lorsque le nez est bouché. Le son forme la parole & les tons, dont la variété offre tant d'agrémens à l'oreille.

Il y a plusieurs instrumens qui servent à la parole, la langue est le principal, les levres & les dents y contribuent aussi beaucoup, l'expérience le montre dans ceux qui perdent les dents, ou qui ont des levres mal configurées : la luette paroit aussi, selon plusieurs savans, être d'usage pour articuler; car ceux à qui elle manque, ne parlent pas distinctement.

Il y a sur la glotte une languette nommée *épiglotte*, qui par ses vibrations différentes peut donner à l'air beaucoup de modifications; les cartilages aryténoïdes qui sont renversés sur la glotte, peuvent produire un effet semblable par les divers mouvemens dont ils sont capables. Ensuite la bouche modifie, augmente, tempere le son, selon les proportions qu'elle observe en se raccourcissant. Enfin la glotte a une faculté étonnante de se resserer & de se dilater; ses contractions & ses dilatations répondent avec une exactitude merveilleuse à la formation de chaque ton.

Supposons, avec l'ingénieux docteur Keill, que la plus grande distance des deux côtés de la glotte monte à la dixieme partie d'un pouce, quand le son qu'elle rend, marque la douzieme note à laquelle la *voix* peut atteindre facilement; si l'on divise cette distance en douze parties, ces divisions marqueront l'ouverture requise pour telle ou telle note, poussée avec telle ou telle force : si l'on considere les subdivisions des notes que la *voix* peut parcourir, il faudra un mouvement beaucoup plus fubtil & plus délicat dans les côtés de la glotte ; car fi de deux cordes exactement tendues à l'uniffon, on raccourcit l'une d'une 2000ᵉ partie de fa longueur, une oreille jufte diftinguera la difcordance de ces deux cordes ; & une bonne *voix* fera fentir la différence des fons qui ne différeront que de la 190ᵉ partie d'une note. Mais fuppofons que la *voix* ne divife une note qu'en 100 parties, il s'enfuivra que les différentes ouvertures de la glotte diviferont actuellement la dixieme partie d'un pouce en 1200 parties, dont chacune produira quelque différence fenfible dans le ton, qu'une bonne oreille pourra diftinguer ; mais le mouvement de chaque côté de la glotte étant égal, il faudra doubler ce nombre, & les côtés de la glotte diviferont en effet, par leur mouvement, la dixieme partie d'un pouce en 2400 parties.

Il eft aifé maintenant de définir ce que c'eft que la *voix* & le chant, car nous avons déja vu ce que c'étoit que la parole.

La *voix* eft un bruit que l'air enfermé dans la poitrine excite en fortant avec violence, & frottant les membranes de la glotte, il les ébranle & les froiffe, enforte que le retour caufe un trémouffement capable de faire impreffion fur l'organe de l'ouïe. Or cet air agité avec promptitude, va frapper la cavité du palais & la membrane dont il eft revêtu, ce qui produit la réflexion du fon ; la modification de ce fon ainfi réfléchi, fe fait par le mouvement des levres & de la langue, qui donnent la forme aux accens de la *voix*, & aux fyllabes dont la parole eft compofée.

Pour que la *voix* fe forme aifément, il faut 1°. de la foupleffe dans les mufcles qui ouvrent & refferrent la glotte ; s'ils devenoient paralytiques, on ne pourroit plus former de fon.

2°. Il faut que les ligamens qui uniffent les pieces du larynx obéiffent facilement.

3°. Il faut une liqueur qui humecte continuellement le larynx ; peut-être que le fuc huileux de la glande tyroïde, exprimé par les mufcles qu'on nomme *fternotyroïdiens*, contribue à rendre la furface interne du larynx gliffante, & par conféquent plus propre à former la *voix*.

4°. Il faut que le nez ne foit pas bouché : autrement l'air qui fe réfléchit & fe modifie diverfement dans le fond de la bouche qui conduit au nez, forme un fon défagréable ; on appelle cela *parler du nez*, mais mal-à-propos, car alors tout l'air paffe par la bouche, & le nez bouché n'en reçoit que peu ou point.

5°. Il faut que le thorax puiffe avoir une dilatation confidérable ; car fi les poumons ne peuvent pas bien s'étendre, il faudra reprendre haleine à chaque moment : ainfi la *voix* tombera, ou s'interrompra défagréablement.

Remarquons encore que la pointe de la langue prend quelquefois part à la formation des tons ; car quand ils fe fuivent de bien près, la glotte labiale n'étant pas affez déliée pour prendre fi promptement les différens diametres néceffaires, la pointe de la langue vient fe préfenter en-dedans à cette ouverture, & par un mouvement très-prefte, la rétrécit autant qu'il faut, ou la laiffe libre un inftant, pour revenir auffi-tôt la rétrécir encore. A l'égard du fifflement, on fait qu'il n'eft formé que par les feules vibrations des parties des levres alors extrêmement froncées & agitées par le paffage précipité de l'air qui les fait frémir. Voilà les principales merveilles de la *voix*, il nous refte à répondre à quelques queftions qu'on fait à fon fujet.

On demande ce qui caufe la différence de la *voix* pleine & de la *voix* de fauffet qui commence au plus haut ton de la *voix* pleine, & ne lui ajoute que trois tons au plus. M. Dodart a obfervé que dans tous ceux qui chantent en fauffet, le larynx s'éleve fenfiblement & par conféquent le canal de la trachée s'alonge & fe rétrécit ; ce qui donne une plus grande viteffe à l'air qui y coule. Cela feul fuffiroit pour hauffer le ton ; mais d'ailleurs il eft très-vraifemblable que la glotte fe refferre encore, & plus que pour les tons naturels. Peut-être auffi le muficien pouffe l'air avec une plus grande force, & par-là le ton devient plus aigu, comme il le devient dans une flûte fur un même trou lorfque le fouffle eft plus fort. Mais comme la difpofition du larynx qui eft élevé, ne permet à l'air que d'enfiler la route du nez, & non pas celle de la bouche, cela fait que la *voix* n'eft pas défagréable, mais elle eft toujours plus foible, & n'eft, pour ainfi dire, qu'une demi-*voix*.

N 3

La *voix* fauſſe eſt différente du fauſſet; c'eſt celle qui ne peut entonner juſte le ton qu'elle voudroit. M. Dodart en rapporte la cauſe à l'inégale conſtitution des deux levres de la glotte, ſoit en épaiſſeur, ſoit en grandeur, ſoit en tenſion. L'une fait, pour ainſi dire, la moitié d'un ton, l'autre la moitié d'un autre, & l'effet total n'eſt ni l'un ni l'autre ; mais M. de Buffon ayant remarqué dans pluſieurs perſonnes qui avoient l'oreille & la *voix* fauſſes, qu'elles entendoient mieux d'une oreille que d'une autre, l'analogie l'a conduit à faire quelques épreuves ſur des perſonnes qui avoient la *voix* fauſſe: il a trouvé qu'elles avoient en effet une oreille meilleure que l'autre ; elles reçoivent donc à la fois par les deux oreilles deux ſenſations inégales, ce qui doit produire une diſcordance dans le réſultat total de la ſenſation ; & c'eſt par cette raiſon, qu'entendant toujours faux, elles chantent faux néceſſairement, & ſans pouvoir même s'en appercevoir. Ces perſonnes, dont les oreilles ſont inégales en ſenſibilité, ſe trompent ſouvent ſur le côté d'où vient le ſon : ſi leur bonne oreille eſt à droite, le ſon leur paroitra venir plus ſouvent du côté droit que du gauche. Au reſte, il ne s'agit ici que des perſonnes nées avec ce défaut ; ce n'eſt que dans ce cas que l'inégalité de ſenſibilité des deux oreilles, leur rend l'oreille & la *voix* fauſſes. Or ceux auxquels cette différence n'arrive que par accident, & qui viennent avec l'âge à avoir une des oreilles plus dure que l'autre, n'auront pas pour cela l'oreille & la *voix* fauſſes, parce qu'ils avoient auparavant les oreilles également ſenſibles, qu'ils ont commencé par entendre & chanter juſte, & que ſi dans la ſuite leurs oreilles deviennent inégalement ſenſibles, & produiſent une ſenſation de faux, ils la rectifient ſur-le-champ, par l'habitude où ils ont toujours été d'entendre juſte, & de juger en conſéquence.

On demande enfin pourquoi des perſonnes qui ont le ſon de la *voix* agréable en parlant, l'ont déſagréable en chantant, ou au contraire. Premiérement, le chant eſt un mouvement général de toute la région vocale, & la parole eſt le ſeul mouvement de la glotte ; or puiſque ces deux mouvemens ſont différens, l'agrément ou le déſagrément qui réſulte de l'un par

rapport à l'oreille, ne tire point à conſéquence pour l'autre. Secondement, on peut conjecturer que le chant eſt une ondulation, un balancement, un tremblement continuel, non pas ce tremblement des cadences qui ſe fait quelquefois ſeulement dans l'étendue d'un ton, mais un tremblement qui paroit égal & uniforme, & ne change point le ton, du moins ſenſiblement : ſemblable en quelque ſorte au vol des oiſeaux qui planent, dont les ailes ne laiſſent pas de faire inceſſamment des vibrations, mais ſi courtes & ſi promptes qu'elles ſont imperceptibles. Le tremblement des cadences ſe fait par des changemens très-preſtes & très-délicats de l'ouverture de la glotte ; mais le tremblement qui regne dans tout le chant, eſt celui du larynx même. Le larynx eſt le canal de la *voix*, mais un canal mobile, dont les balancemens contribuent à la *voix* de chant. Cela poſé, on voit aſſez que ſi les tremblemens qui ne doivent pas être ſenſibles le ſont, ils choqueront l'oreille, tandis que dans la même perſonne la *voix*, qui n'eſt que le ſimple mouvement de la glotte, pourra faire un effet qui plaiſe.

Ce détail nous a conduits plus loin que nous ne croyions en le commençant; mais il amuſe, & d'ailleurs le ſujet ſur lequel il roule eſt un des plus curieux de la phyſiologie.

Nous avons ſuivi, pour l'explication des phénomenes de la *voix*, le ſyſtème de MM. Dodart & Perrault, par préférence à tout autre, & nous penſons qu'il le mérite. Nous n'ignorons pas cependant que M. Ferrein eſt d'une opinion différente, comme on peut le voir par ſon mémoire ſur cette matiere, inſéré dans le recueil de l'académie des ſciences, année 1741. Selon lui, l'organe de la *voix* eſt un inſtrument à corde & à vent, & beaucoup plus à corde qu'à vent ; l'air qui vient des poumons, & qui paſſe par la glotte, n'y faiſant proprement que l'office d'un archet ſur les fibres tendineuſes de ſes levres, qu'il appelle *cordes vocales* ou *rubans* de la glotte : c'eſt, dit-il, la colliſion violente de cet air & des cordes vocales qui les oblige à frémir, & c'eſt par leurs vibrations plus ou moins promptes qu'ils les rendent différens, ſelon les loix ordinaires des inſtrumens à cordes.

VOIX *des animaux, Phyſiol.* Le ſon que

rendent les animaux, infectes, oiseaux, quadrupedes, est bien différent de la *voix* de l'homme.

Il y a dans quelques insectes un son qu'on peut appeller *voix*, parce qu'il se fait par le moyen de ce qui leur tient lieu de poumons, comme dans les cigales & les grillons, qui ont une espece de chant.

Il y a un autre son commun qu'on trouve dans les insectes ailés, & qui n'est autre chose qu'un bourdonnement causé par le mouvement de leurs ailes, ce qui se démontre parce que ce bruit cesse aussitôt que ces insectes cessent de voler.

Il y a un petit animal nommé *grison*, qui forme un son, en frappant avec sa tête sur des corps minces & résonnans, tels que sont les feuilles seches & du papier, ce qu'il exécute par des coups fort fréquens & espacés assez également. Ces animaux sont ordinairement dans les fentes de vieilles murailles.

Le chant du cygne, dont la douceur est si vantée par les poëtes, n'est point produit par leur gosier, qui ne fait ordinairement qu'un cri très-rude & très-désagréable; mais ce sont les ailes de cette espece d'oiseau, qui étant à demi levées & étendues lorsqu'il nage, sont frappées par le vent, qui produit sur ces ailes un son d'autant plus agréable, qu'il ne consiste pas en un seul ton, comme dans la plupart des autres oiseaux, mais est composé de plusieurs tons qui forment une espece d'harmonie, suivant que par hasard l'air frappant plusieurs plumes diversement disposées, fait des tons différens; mais il résulte toujours que ce son n'est point une *voix*.

La *voix* prise dans sa propre signification est de trois especes; savoir, la *voix* simple qui n'est point articulée, celle qui se l'est qu'imparfaitement, & celle qui l'est parfaitement, qu'on appelle *parole*.

La *voix* simple est un son uniforme qui ne souffre aucune variation, telle qu'est celle des serpens, des crapauds, des lions, des tigres, des hiboux, des roitelets. En effet, la *voix* des serpens n'est qu'un sifflement qui, sans avoir d'articulation, ni même de ton, est seulement ou plus fort, ou plus foible. Celle des crapauds est un son clair & doux qui a un ton qui ne change point. Les tigres, les lions, & la plupart des bêtes féroces ont une *voix* rude & sourde tout ensemble, sans aucune

variation. Le hibou, le roitelet, & beaucoup d'autres oiseaux ont une *voix* très-simple, qui n'a presque point d'autre variation que celle de ses entrecoupemens; car quoique les oiseaux soient fort recommandés pour leur chant, on doit pourtant convenir qu'il n'est que foiblement articulé, excepté dans le perroquet, le sansonnet, la linotte, le moineau, le geai, la pie, le corbeau, qui imitent la parole & le chant de l'homme.

Il faut même remarquer que dans toutes les inflexions du chant des oiseaux, qui font une si grande diversité de sons, il ne se trouve point de ton; ce n'est que la diversité de l'articulation qui rend ces inflexions différentes, par la différente promptitude de l'impulsion de l'air, par ses entrecoupemens, & par toutes les autres modifications, qui peuvent être diversifiées en des manieres infinies, sans changer de ton.

Les organes de la *voix* simple, sont les parties qui composent la glotte, les muscles du larynx & du poumon. Les membranes cartilagineuses de la glotte produisent le son de la *voix*, lorsqu'elles sont secouées par le passage soudain de l'air contenu dans le poumon. Les muscles du larynx servent à la modification de ce son, & aux entrecoupemens qui se rencontrent dans la *voix* simple. L'usage du poumon pour la *voix* est principalement remarquable dans les oiseaux, où il y a une structure particuliere, qui est d'être composé de grandes vessies capables de contenir beaucoup d'air; ce qui fait que les oiseaux ont la *voix* forte & de durée.

Dans les oies & les canards, ce n'est point la glotte qui produit le son de leur *voix*, mais ce sont des membranes mises à un autre larynx qui est au-bas de leur trachée artere. L'effet de cette structure se fait aisément connoître, si après avoir coupé la tête à ces animaux & leur avoir ôté le larynx, on leur presse le ventre; car alors on produit en eux la même *voix* que lorsqu'ils étoient vivans, & qu'ils avoient un larynx. Il y a encore un autre effet de cette structure qui est le nazard particulier au son de la *voix* de cet animaux, & que les anciens nommoient *gingrisme*: on imite ce gingrisme dans les cromornes des orgues par une structure pareille, en mettant par-dessus les anches un tuyau de la longueur de l'âpre-artere au-delà des membranes qui tiennent lieu d'anche.

Les grues ont le tuyau de l'âpre-artere plus long que leur col, & en même tems redoublé comme celui d'une trompette.

La structure du larynx interne, qui est particuliere aux oies, aux canards, aux grues, &c. consiste en un os, & en deux membranes qui sont dans l'endroit où l'âpre-artere se divise en deux pour entrer dans le poumon. L'os est fait comme un hausse-col. La partie supérieure de leur larynx est bordée de trois os, dont il y en a deux longs & un peu courbés, & le troisieme qui est plat sort entre les deux qui forment la fente ou la glotte ; de maniere que le passage de la respiration est ouvert ou fermé, lorsque le larynx s'applatissant ou se relevant, fait entrer ou sortir ce troisieme os d'entre les deux autres, pour empêcher que la nourriture ne tombe dans l'âpre-artere, & pour laisser passer l'air néoessaire à la respiration.

Quelques animaux terrestres ont la *voix* plus articulée que les autres, & la diversifient non-seulement par l'entrecoupement du son, mais encore par le changement de ton. Et cette articulation leur est naturelle ; ensorte qu'ils ne la changent & ne la perfectionnent jamais, comme certains oiseaux. Les chiens & sur-tout les chats, ont naturellement une diversité de ports de *voix* & d'accens qui est admirable ; cependant leur *voix* n'est articulée que très-imparfaitement, si on la compare avec la parole.

C'est la parole qui est particuliere à l'homme. Elle consiste dans une variation d'accens presqu'infinie ; toutes leurs différences étant sensibles & remarquables, dépendent d'un grand nombre d'organes que la nature a fabriqués pour cet effet.

Cependant la parole dans l'homme dépend beaucoup moins des organes que de la prééminence de l'être qui les possede ; car il y a des animaux, comme le singe, qui ont tous les organes de même que l'homme pour la parole, & les oiseaux qui parlent n'ont rien approchant de cette structure. C'est une chose remarquable que la grande différence qu'on voit entre la langue du perroquet & celle de l'homme, qui est assez semblable à celle d'un veau, tandis que celle du perroquet est

ordinairement épaisse, ronde, dure, garnie au bout d'une petite corde, & de poil par-dessus.

On fait parler des chats & des chiens, en donnant àleur gosier une certaine configuration dans le tems qu'ils crient. Cela ne doit pas paroître surprenant, depuis qu'on est venu à bout de faire prononcer une sentence assez longue à une machine dont les ressorts étoient certainement moins déliés que ceux des animaux. On doit être moins surpris de ce phénomene dans ce siecle, après qu'on a vu le flûteur de M. de Vaucanson.

Remarquons enfin, que dans chaque créature on trouve une disposition différente de la trachée artere, proportionnée à la diversité de leur *voix*. Dans le hérisson, qui a la *voix* très-petite, elle est presqu'entierement membraneuse : dans le pigeon, qui a la *voix* basse & douce, elle est en partie cartilagineuse, en partie membraneuse : dans la chouette, dont la *voix* est haute & claire, elle est cartilagineuse : mais dans le geai, elle est composée d'os durs, au lieu de cartilages : il en est de même de la linotte, & c'est à cause de cela que ces deux oiseaux ont la *voix* plus haute & plus forte, &c.

Les anneaux de la trachée artere sont très-bien appropriés pour la modulation différente de la *voix*. Dans les chiens & les chats, qui, comme les hommes, diversifient extrêmement leur ton pour exprimer diverses passions, ils sont ouverts & flexibles, de même que dans les hommes. Par-là ils sont tous, ou la plupart, en état de se dilater ou de se resserrer plus ou moins, selon qu'il est convenable à un ton plus ou moins élevé & aigu, &c. au lieu qu'en quelques autres animaux, comme dans le paon du Japon, qui n'a guere qu'un seul ton, ces anneaux sont entiers, &c. voy. de plus grands détails dans la *Cosmolog. sacr.* de Grew. (*D. J.*)

VOIX *des oiseaux*, *Anat. comparée.* La *voix* ; le cri des oiseaux approche beaucoup plus de la *voix* humaine que celle des quadrupedes, que nous examinerons séparément ; il y a même des oiseaux qui parviennent à imiter assez passablement notre parole & nos tons. Cependant leur *voix* differe beaucoup de celle de l'homme, & présente un grand nombre de singularités qui ne sont pas épuisées ; mais on en a découvert quelques-unes qu'il convient d'indiquer dans cet ouvrage.

Les oiseaux ont, comme les hommes, une espece de glotte placée à l'extrémité supérieure de la trachée artere; mais les levres de cette glotte, incapables de faire des vibrations assez promptes & assez multipliées, ne contribuent presqu'en rien à la formation des sons: le principal & le véritable organe qui les produit, est placé à l'autre extrémité de la trachée artere. Ce larynx, que nous nommerons *interne* d'après M. Perrault, est placé au bas de la trachée artere, à l'endroit où elle commence à se séparer en deux, pour former ce qu'on appelle *les bronches*: du moins M. Hérissant, de l'académie des sciences de Paris, dit ne l'avoir encore vu manquer dans aucun des oiseaux qu'il a disséqués. Cet organe, au reste, n'est pas le seul qui soit employé à la formation de la *voix des oiseaux*; il est ordinairement accompagné d'un nombre plus ou moins grand d'organes accessoires, qui sont probablement destinés à fortifier les sons du premier, & à les modifier.

L'organe principal de la *voix* varie dans les différens oiseaux; dans quelques-uns, comme dans l'oïe, il n'est composé que de quatre membranes disposées deux à deux, & qui font l'effet de deux anches de hautbois, placées l'une à côté de l'autre aux deux embouchures osseuses & oblongues du larynx interne, qui donnent entrée aux deux premieres bronches; mais, comme nous l'avons dit, ces anches membraneuses ne font pas le seul organe de la *voix des oiseaux*; M. Hérissant en a découvert d'autres, placés dans l'intérieur des principales bronches de ce poumon des oiseaux, que M. Perrault nomme *poumos charnu*.

On trouve dans ces canaux une grande quantité de petites membranes très-déliées en forme de croissant, placées toutes d'un même côté les unes au-dessus des autres, de maniere qu'elles occupent environ la moitié du canal, laissant l'autre libre à l'air, qui ne peut cependant y passer avec vitesse, sans exciter dans ces membranes ainsi disposées, des trémoussemens plus ou moins vifs, & par conséquent des sons.

Dans quelques oiseaux aquatiques du genre des canards, on découvre encore un organe différent, comme d'autres membranes posées en divers sens, dans

certaines parties osseuses ou cartilagineuses. La figure de ces parties varie dans les différentes especes, & on les rencontre, ou vers la partie moyenne de la trachée artere, ou vers sa partie inférieure.

Mais il est un organe qui se trouve dans tous les oiseaux, & qui est si nécessaire à la formation de leur *voix*, que tous les autres deviennent inutiles lorsqu'on abolit ou qu'on suspend les fonctions de celuici. C'est une membrane plus ou moins solide, située presque transversalement entre les deux branches de l'os connu sous le nom d'*os de la lunette*. Cette membrane forme de ce côté-là une cavité assez grande, qui se rencontre dans tous les oiseaux à la partie supérieure & interne de la poitrine, & qui répond à la partie externe des anches membraneuses, dont nous venons de parler.

Lorsqu'un oiseau veut se faire entendre, il fait agir les muscles destinés à comprimer les sacs du ventre & de la poitrine, & force par cette action l'air qui y étoit contenu à enfiler la route des bronches du poumon charnu, où rencontrant d'abord les petites membranes à ressort dont nous avons parlé, il y excite certains mouvemens & certains sont destinés à fortifier ceux que doivent produire les anches membraneuses que le même air rencontre ensuite; mais ces dernieres ne rendroient aucun, si une partie de l'air contenu dans les poumons ne passoit par de petites ouvertures dans la cavité située sous l'os de la lunette. Cet air aide apparemment les anches à entrer en jeu, soit en leur prêtant plus de ressort, soit en contrebalançant par intervalles l'effort de l'air qui passe par la trachée artere. De quelque façon qu'il agisse, son action est si nécessaire, que si l'on perce dans un oiseau récemment tué la membrane qui forme cette cavité, & qu'ayant introduit un chalumeau par une ouverture faite entre deux côtes dans quelqu'un des sacs de la poitrine, on souffle par ce chalumeau, on sera maitre, avec un peu d'adresse & d'attention, de renouveller la *voix de l'oiseau*, pourvu qu'on tienne le doigt sur l'ouverture de la membrane; mais si-tôt qu'on l'ôtera, & qu'on laissera à l'air contenu dans la cavité la liberté de s'échapper, l'organe demeurera absolument muet, quelque chose qu'on puisse faire pour le remettre en jeu. Il n'est pas

étonnant que l'organe des oiseaux, deſtiné à produire des ſons aſſez communément variés , & preſque toujours harmonieux , ſoit compoſé avec tant d'art &
tant de ſoin. *Hiſt. de l'acad. des ſciences,*
année 1753. (*D. J.*)

VOIX *des quadrupedes. Anat. comparée.*
La différence qui ſe trouve entre la *voix*
humaine & les cris de différens animaux,
& ſur-tout ceux de ces cris qui paroiſſent
compoſés de pluſieurs ſons différens produits en même tems , auroit dû depuis
long tems faire ſoupçonner que les organes qui étoient deſtinés à les produire,
étoient auſſi multipliés que ces ſons.
Cette réflexion ſi naturelle a échappé; on
regardoit les organes de la *voix* des animaux, & ſur-tont de celle des quadrupedes, comme auſſi ſimples & preſque de la
même nature que l'organe de la *voix* de
l'homme.

Il s'en faut cependant beaucoup que
dans pluſieurs des quadrupedes, & plus
encore dans les oiſeaux, l'organe de la
voix jouiſſe d'une auſſi grande ſimplicité:
la diſſection anatomique y a découvert
des parties tout-à-fait ſingulieres, & qui
n'ont rien de commun avec l'organe de la
voix humaine.

Les quadrupedes peuvent ſe diviſer à
cet égard en deux claſſes; les uns ont l'organe de la *voix* aſſez ſimple , les autres
l'ont fort compoſé.

Du nombre de ces derniers eſt le cheval. On ſait que le henniſſement de cet
animal commence par des tons aigus,
tremblottans & entrecoupés, & qu'il ſi-
nit par des tons plus ou moins graves.
Ces derniers ſont produits par les levres
de la glotte, que MM. Dodard & Ferrein nomment *cordes* dans l'homme; mais
les ſons aigus ſont dûs à un organe tout-
à-fait différent, ils ſont produits par une
membrane à reſſort, tendineuſe, très-
mince, très-fine & très-déliée. Sa figure
eſt triangulaire, & elle eſt aſſujettie lâchement à l'extrêmité de chacune des levres de la glotte du côté du cartilage thyroïde ; comme par ſa poſition elle ſe porte en partie à faux, elle peut facilement
être miſe en jeu par le mouvement de l'air
qui ſort rapidement de l'ouverture de la
glotte.

On peut aiſément voir tout le jeu de
cette membrane, en comprimant avec la
main un larynx frais de cheval, & en

faiſant ſouffler par la trachée fortement
& par petites ſecouſſes. On verra alors
la membrane faire ſes vibrations très-
promptes, & on entendra le ſon aigu du
henniſſement. Pour ſe convaincre que les
levres de la glotte n'y contribuent en
rien, on n'aura qu'à y faire tranſverſale-
ment une légere inciſion qui en aboliſſe
la fonction, ſans permettre à l'air un
cours trop libre; l'on verra pour lors que
la membrane continuera ſon jeu, & que
le ſon aigu ne ceſſera point, ce qui devroit néceſſairement arriver, s'il étoit
produit par les levres de la glotte.

L'organe de la *voix* de l'âne offre encore des ſingularités plus remarquables ; la
plus grande partie de cette *voix* eſt tout-
à-fait indépendante de la glotte; elle eſt entiérement produite par une partie qui paroit être charnue. Cette partie eſt aſſujettie lâchement, comme une peau de tambour non tendue, ſur une cavité aſſez
profonde qui ſe trouve dans le cartilage
thyroïde. L'eſpece de peau qui bouche
cette cavité eſt ſituée dans une direction
preſque verticale, & l'enfoncement qui
ſert de caiſſe à ce tambour, communique
à la trachée artere par une petite ouverture ſituée à l'extrêmité des levres de la
glotte ; au-deſſus de ces levres ſe trouvent deux grands ſacs aſſez épais, placés
à droite & à gauche ; & chacun d'eux a
une ouverture ronde, taillée comme en
biſeau, & tournée du côté de celle de la
caiſſe du tambour.

Lorſque l'animal veut braire, il gorge
ſes poumons d'air par pluſieurs grandes
inſpirations, pendant leſquelles l'air entrant rapidement par la glotte qui eſt alors
rétrécie, fait encore une eſpece de ſifflement ou de râle plus ou moins aigu. Alors
le poumon ſe trouvant ſuffiſamment rempli d'air, il le chaſſe par des expirations
redoublées; & cet air, en trop grande quantité pour ſortir aiſément par l'ouverture
de la glotte, enfile en grande partie l'ouverture qui communique dans la cavité
du tambour, & mettant en jeu ſa membrane, & les ſacs dont nous avons parlé, produit le ſon éclatant que rend ordinairement cet animal.

Tout ce que nous venons de dire ſe
prouve aiſément, ſi tenant un larynx d'âne
tout frais, on le comprime vers ſes parties
latérales, & qu'on pouſſe l'air avec force
par un chalumeau placé un peu au-deſſous

de l'ouverture qui communique dans le tambour : on verra alors distinctement le jeu du tambour & des sacs. Pour se convaincre que les cordes de la glotte n'y jouent pas un grand rôle, il ne faudra que les couper, & répéter l'expérience en comprimant seulement le larynx avec la main; on verra que quoique l'incision faite aux levres de la glotte les ait rendues incapables d'action, le même son se fera entendre sans aucune différence.

Le mulet engendré, comme on sait, d'un âne & d'une jument, a une *voix* presque semblable à celle de l'âne; aussi lui-trouve-t-on presque le même organe, & rien qui ressemble à celui du cheval: réflexion importante, & qui semble justifier que l'examen des animaux nés du mélange de différentes especes, est peut-être le moyen le plus sûr pour faire connoître la part que chaque sexe peut avoir à la génération.

La *voix* du cochon ne dépend pas beaucoup plus que celle de l'âne, de l'action des levres de la glotte; elle est due presqu'entiérement à deux grands sacs membraneux, décrits par Casserius; mais ce que le larynx de cet animal offre de plus singulier, c'est qu'à proprement parler, sa glotte est triple: outre la fente qui se trouve entre les bords de la véritable glotte, il y en a encore une autre de chaque côté, & ce sont ces deux ouvertures latérales qui donnent entrée dans les deux sacs membraneux, dont nous venons de parler.

Lorsque l'animal pousse l'air avec violence en rétréciffant la glotte, une grande partie de cet air est portée dans les sacs, où il trouve moins de résistance; il les gonfle, & y excite des mouvemens & des tremblemens d'autant plus forts, qu'il y est lancé avec plus de violence, d'où résultent nécessairement des cris plus ou moins aigus.

On peut aisément voir le jeu de tous ces organes, en comprimant avec la main un larynx frais de cochon; & soufflant avec force par la trachée artere, on y verra les sacs s'enfler, & former des vibrations d'autant plus marquées, que l'action de l'air qui entre dans les sacs, se trouve contrebalancée jusqu'à un certain point par le courant de celui qui s'échappe en partie par la glotte, & force par ce moyen les sacs à battre l'un contre l'autre, & à produire un son.

Si l'on entame les levres de la glotte par une incision faite près du cartilage aryténoïde, sans endommager les sacs, en soufflant par la trachée artere, on entendra presque le même son qu'auparavant. Nous disons *presque le même*, car on ne peut nier qu'il n'y ait quelque différence, & que la glotte n'entre pour quelque chose dans la production de la *voix* de cet animal; mais si on enleve les sacs, en prenant bien garde de détruire la glotte, les mêmes sons ne se feront plus entendre, preuve évidente de la part qu'ils ont à cette formation. *Histoire de l'académie des sciences*, année 1753. (*D. J.*)

VOIX, *Méd. séméiot.* Les signes qu'on peut tirer de la *voix* pour la connoissance & le pronostic des maladies, sont assez multipliés; nous les devons tous à Hippocrate. Cet illustre & infatigable observateur, que nous avons eu si souvent occasion de célébrer, & qui ne sauroit l'être assez, est le premier & le seul qui les ait recueillis avec exactitude; Galien n'a fait que le commenter sans l'étendre, & Prosper Alpin s'est contenté d'en donner un extrait qui est très-incomplet. Nous nous bornerons dans cet article à ramasser dans ses différens ouvrages les axiomes qui concernent le sujet que nous traitons, ne présentant, à son exemple, que les vérités toutes nues, sans les envelopper du frivole clinquant de quelque théorie hasardée.

La *voix* ne peut être le signe de quelque accident présent ou futur, qu'autant qu'elle s'éloigne de l'état naturel, qui peut arriver de trois façons principales : 1°. lorsque cette fonction s'exécute autrement qu'elle ne devroit, comme dans la *voix* rauque, grêle, entrecoupée, plaintive, tremblante, &c. 2°. Lorsqu'elle n'a pas l'étendue, la force & la rapidité qui lui conviennent: telles sont les *voix* obscures, foibles, bégayantes, tardives, &c. 3°. Lorsqu'elle est tout-à-fait interceptée: ce vice est connu sous les noms synonymes d'*aphonie*, *perte*, *extinction*, *interruption de voix, mutité*, qu'il ne faut pas confondre avec le silence qui suppose la liberté des organes & le défaut de volonté, au lieu que l'aphonie est toujours l'effet d'un dérangement organique, & par conséquent n'est jamais volontaire.

1°. La voix rauque qui se rencontre avec la toux & le dévoiement, n'est pas long-tems sans être suivie d'expectoration pu-

rulente ; elle eſt toujours un mauvais ſigne,lorſqu'en même tems les crachats ſont
viſqueux & ſalés. Hippoc. *Coac. prænot.*
cap.XVI,n.30 & 38.Parmi les ſignes d'u-
ne phthiſie tuberculeuſe commençante,il
n'y en a point d'auſſi certain,ſuivant l'obſervation de Morton, excellent phthiſio-
logiſte,conforme à celle d'Hippocrate, que
la raucité de la *voix* jointe à la tou x;l'expérience journaliere confirme cette aſſertion. La *voix* aiguë accompagne ordinairement la rétraction des hypocondres en-
dedans. *Prorrhet.*lib.I.ſect.II,n.9. Il y a
pluſieurs degrés ou différences de *voix* aiguë;quand ce vice augmente,la *voix* prend
le nom de *clangor;* le ſon qu'elle rend,reſ-
ſemble au cri des grues. Ce même vice
étant porté à un degré plus haut , la *voix*
devient *lugubris , flebilis , κλαυγ̣ώδης,* ſemblable à celle d'un enfant qui pleure,en-
ſuite *prolubunda,querula,ſtridula.* Il n'y a
point de mots françois qui rendent bien
la ſignification de ces termes latins ; c'eſt
pourquoi nous ne balançons point à les
conſerver. En général toutes ces dépra-
vations de *voix* ſont très-mauvaiſes, ſur-
tout dans les phrénéſies & les fievres ar-
dentes.La *voix* aiguë,*clangoſa,*fournit un
préſage ſiniſtre. *Prorrhet.* lib.I,ſect.II,n.
11.La voix *clangoſa* ou tremblante, & la
langue en convulſion ſont des ſignes de
délire prochain (*Coac. prænot.* cap.II,n.
14) ; de même,lorſqu'à la ſuite d'un vomiſſement nauſéeux la *voix reſſemble* à
celle des grues,& que les yeux ſont chargés de pouſſiere,il faut s'attendre à l'aliénation d'eſprit.Tel fut le ſort de la femme d'Hermogyge,qui eut cette dépravation de *voix,*délira enſuite,& mourut enfin muette. *Prorrhet.*lib.I,ſect.I,n.17.Du
délire les malades paſſent ſouvent à la
raucité accompagnée de toux. *Coac. prænot.*cap.XXII,n.9.La *voix* aiguë,ſembla-
ble à celle de ceux qui pleurent , jointe à
l'obſcurciſſement des yeux,annoncent les
convulſions. *Ibid.* cap.IX,n.13. La *voix*
tremblante,avec un cours de ventre ſurvenu ſans raiſon apparente, eſt un ſymptome pernicieux dans les maladies chroniques. *Ibid.* n.14.

2°. La foibleſſe de la *voix* eſt toujours
un mauvais ſigne ; elle dénote pour l'ordinaire un affaiſſement général. Sa lenteur doit faire craindre quelque maladie
ſoporeuſe, l'apoplexie, l'épilepſie , ou la
léthargie,ſur-tout ſi elle eſt accompagnée

de vertige , de douleur de tête,de tinte-
ment d'oreille & d'engourdiſſement des
mains.*Coac. prænot.* cap. IV , n. 2.

3°. L'extinction de *voix* ou l'aphonie
eſt une des ſuites fréquentes des commo-
tions du cerveau. *Aphor.*58,lib. VII. Elle
eſt preſque toujours un ſigne funeſte , &
même mortel , dans les maladies aiguës ,
ſur-tout quand elle eſt jointe à une extrême foibleſſe , ou qu'elle eſt accompagnée
de hoquet. *Prorrhet.* lib. I, ſect. I, n. 23.
Ceux qui perdent la *voix* dans un redoublement après la criſe,meurent dans peu,
attaqués de tremblement ou enſevelis
dans un ſommeil apoplectique.*Ibid.* ſect.
II. n.58. Les interceptions de *voix* ſans
criſe annoncent auſſi les mêmes accidens
& la même terminaiſon. *Coac. præn.* cap.
IX,n.3. L'aphonie eſt mortelle,lorſqu'elle
eſt ſuivie de friſſon , ces malades ont une
légere douleur de tête.*Ibid,*n.11.Les délires avec perte de *voix* ſont d'un très-mauvais caractère. *Ibid.* n. 19. Dans les épidémies, Hippocrate rapporte l'hiſtoire de
deux phrénétiques qui moururent avec ce
ſymptome ; l'extinction de *voix* dans la
fievre en forme de convulſion,eſt mortelle , ſur-tout ſi elle eſt ſuivie de délire ſi-
lentieux.*Ib.*n.4.La malade dont il eſt fait
mention dans le cinquieme livre des *épidémies* , attaquée d'angine,tomba dès le
quatrieme jour dans les convulſions, perdit la *voix;*il y eut en même tems grincement des dents & rougeur aux mâchoires;
elle mourut le cinquieme jour.La mutité
qui ſe rencontre dans une affection ſoporeuſe,dans la catalepſie,eſt d'un très-mauvais augure. *Ibid.*n. 6. Ceux que la douleur prive de la *voix,*meurent avec beaucoup d'inquiétudes & de difficulté. *Prorrhet.*lib.II,ſect.II,n.19. La perte de *voix*
dans une fievre aiguë avec défaillance,eſt
mortelle, ſi elle n'eſt point accompagnée
de ſueur ; elle eſt moins dangereuſe ſi le
malade ſue, mais elle annonce que la maladie ſera longue. N'arrive-t-il pas que
ceux qui éprouvent cet accident dans le
cours d'une rechûte , ſont beaucoup plus
en ſûreté ? Mais le danger eſt preſſant &
certain , ſi l'hémorragie du nez ou le dévoiement ſurviennent.*Coac præn.*cap.IX,
n.12.Lorſque les pertes de *voix* ſont l'effet & la ſuite d'une douleur de tête , &
que la fievre avec ſueur eſt ſuivie de dévoiement , les malades lâchent ſous eux
ſans s'en appercevoir , *χαλῶντα ἐπ' αὐ-*

tes ; ils risquent de retomber & d'être long-tems malades ; le frisson survenant là-dessus n'est point fâcheux. *Ibid.* n. 9. Si le frisson a produit l'aphonie, le tremblement la fait cesser ; & le tremblement joint ensuite au frisson est critique & salutaire. *Ibid.* cap. I, n. 27. Les douleurs aux hypocondres dans le courant des fievres, accompagnées d'interception de *voix*, sont d'un très-mauvais caractere, si la sueur ne les dissipe pas ; les douleurs aux cuisses, survenues à ces malades avec une fievre ardente, sont pernicieuses, sur-tout si le ventre coule alors abondamment. *Prorrhet.* lib. I, sect. II, n. 57. La mutité qui vient tout-à-coup dans une personne saine, avec douleur de tête & râlement, ne cesse que par la fievre ou par la mort du malade qui arrive dans l'espace de sept jours. *Aphor.* 51, lib. VI. De même l'ivrogne qui perd subitement la *voix*, meurt dans les convulsions, si la fievre ne survient, ou si à l'heure que l'ivresse a coutume de se dissiper, il ne recouvre la parole. *Aphor.* 5, lib. V. L'extinction de *voix* qui est l'effet ordinaire des douleurs de tête, du fondement & des parties génitales extérieures, n'est pas bien à craindre, ces malades tombent au neuvieme mois dans l'assoupissement, & ont le hoquet, & bientôt après la *voix* revient, & ils rentrent dans leur état naturel. *Coac. præn.* cap. IV, n. 5. Il n'en est pas de même de celle qui vient à un phthisique confirmé, elle est un signe certain d'une mort prochaine.

Nous pouvons conclure de ces différentes observations, que la perte de *voix*, toujours par elle-même de mauvais augure, est un signe sûrement mortel, quand elle se rencontre avec d'autres signes pernicieux ; & en considérant les cas où elle n'est pas aussi dangereuse, nous voyons que c'est sur-tout quand les sueurs ou la fievre surviennent ; d'où nous pouvons tirer quelques canons pratiques pour le traitement des maladies où ce symptome se rencontre. Il faut bien se garder de s'opposer aux efforts de la fievre, de la diminuer, de l'affoiblir, mais encore de tâcher de la faire cesser tout-à-fait, suivant la pratique routiniere & nuisible de la plupart des médecins, qui ne sauroient s'accoutumer à regarder la fievre comme un remede assuré, & qui la redoutent toujours comme un ennemi dangereux. En second lieu, il faut tâcher de pousser les humeurs

vers la peau, de favoriser & déterminer la sueur, ou au moins il faut prendre garde de ne pas empêcher cette excrétion par des purgatifs qu'un autre abus de cette aveugle routine malheureusement encore trop suivie fait si souvent réitérer, au point que dans la plupart des fievres aiguës on purge tous les deux jours. Le dévoiement est comme on a pu le remarquer, une excrétion très-désavantageuse dans les extinctions de *voix*.

Aux trois dérangemens de *voix* que nous avons parcourus, il me semble qu'on en pourroit ajouter un quatrieme, savoir l'augmentation de la *voix*. J'ai souvent observé que les malades qui étoient sur le point de délirer, ou qui étoient même déjà dans un délire obscur, avoient la *voix* grosse, brusque, plus ferme & plus nette, &, si je puis ainsi parler, plus arrondie. (*m*)

VOIX (*Maladies de la*). *Médec.* L'air reçu dans les poumons, & qui en est chassé par la compression de la poitrine, venant à passer par la fente du larynx légérement rétrécie, rend un son qui ensuite, par la modulation de la langue & des autres parties de la bouche, forme la *voix* ; mais comme plusieurs choses concourent à cette formation, savoir la poitrine, le diaphragme, le poumon, le larynx, le gosier, la luette, le palais, la langue, & la mucosité qui enduit ces parties ; comme toutes sont sujettes à grand nombre de maladies aiguës & chroniques, il ne s'agit pas ici de les rapporter, mais seulement de parcourir les principaux accidens de la *voix* en général : ceux qui viennent de naissance, sont incurables.

Dans les maladies inflammatoires, lorsque la *voix* vient à manquer, qu'elle est foible, aiguë (ce qui désigne ou la débilité des forces, ou bien une métastase sur les organes de la *voix*, & quelquefois une constriction spasmodique), c'est toujours un mauvais présage.

Quand ces accidens arrivent dans les maladies chroniques, la convulsion, la passion hystérique, la mobilité des esprits, c'est une marque d'un resserrement spasmodique, qu'il faut traiter par les remedes opposés aux causes.

Dans les pituiteux, les hydropiques, les maladies soporeuses, les apoplectiques, dans l'engourdissement & la catalepsie, le défaut de *voix* tire son origine de la surabondance ou vices de la pituite , ou de la compreſſion du cerveau. Cet accident préſage tantôt la longueur , tantôt le danger de la maladie : il faut employer dans le traitement , les réſolutifs externes & les dérivatifs.

Si la *voix* ſe ſupprime dans la céphalalgie , le délire , la phréneſie , comme cette ſuppreſſion marque l'affaiſſement du cerveau , le péril eſt encore plus grand ; cependant on ne doit pas recourir à un traitement palliatif , c'eſt le mal même qu'il faut guérir.

Lorſque la *voix* eſt ſupprimée dans la péripneumonie, la pleureſie , l'empyème, l'hydropiſie de poitrine, l'aſthme humoral , c'eſt un ſymptome dangereux, parce qu'il doit ſa naiſſance à la répétition ou à l'oppreſſion du poumon. Il faut en chercher le remede dans l'évacuation ou la dérivation de cette matiere dont le poumon eſt abreuvé.

L'enflure inflammatoire, éréſipélateuſe, œdémateuſe, catarrheuſe du palais, de la luette, de la langue, du larynx, ſuivie de la ſuppreſſion de la *voix*, comme les aphthes & les croûtes varioliques, n'exige pas ſeulement les remedes généraux propres à ces maladies, mais en outre l'application des tropiques internes au goſier, & externes ſur le col, de même que dans les angines. (*D. J.*)

Voix, ſ. f. *Muſique*. La *voix* d'un homme eſt la collection de tous les ſons qu'il peut tirer, en chantant, de ſon organe ; ainſi on doit appliquer à la *voix* tout ce que nous avons dit du ſon en général. *V.* Son.

On peut conſidérer la *voix* ſelon différentes qualités. *Voix* forte, & celle dont les ſons ſont forts & bruyans ; grande *voix*, eſt celle qui a beaucoup d'étendue : une belle *voix*, eſt celle dont les ſons ſont nets, juſtes & harmonieux. Il y a dans tout cela des meſures communes, dont les *voix* ordinaires ne s'écartent pas beaucoup. Par exemple, j'ai trouvé que généralement l'étendue d'une *voix* médiocre qui chante ſans s'efforcer, eſt d'une tierce par-deſſus l'octave, c'eſt-à-dire, d'une dixieme.

Des *voix* de même étendue n'auront pas pour cela le même diapaſon, mais l'une ſera plus haute, l'autre plus baſſe, ſelon le caractere particulier de chaque *voix*.

A cet égard, on diſtingue génériquement les *voix* en deux claſſes ; ſavoir, *voix*

aiguës ou féminines , & *voix* graves ou maſculines , & l'on a trouvé que la différence générale des unes & des autres étoit à peu près d'une octave, ce qui fait que les *voix* aigues chantent réellement à l'octave des *voix* graves, quand elles paroiſſent chanter à leur uniſſon.

Les *voix* graves ſont celles qui ſont ordinaires aux hommes faits ; les *voix* aiguës ſont celles des femmes ; les eunuques & les enfans ont auſſi à peu près le diapaſon des *voix* féminines. Les hommes même en peuvent approcher en chantant le fauſſet; mais de toutes ces *voix* aigues, je ne crains point de dire , malgré la prévention des Italiens , qu'il n'y en a nulle d'eſpece comparable à celle des femmes, ni pour l'étendue, ni pour la beauté du timbre ; la *voix* des enfans a peu de conſiſtance , & n'a point de bas ; celle des eunuques n'eſt ſupportable non plus que dans le haut ; & pour le fauſſet, c'eſt le plus déſagréable de tous les timbres de la *voix* humaine. Pour bien juger de cela, il ſuffit d'écouter les chœurs du concert ſpirituel de Paris , & d'en comparer les deſſus avec ceux de l'opéra.

Tous ces diapaſons différens réunis forment une étendue générale d'à peu près trois octaves qu'on a diviſées en quatre parties , dont trois appellées *haute-contre*, *taille* & *baſſe* appartiennent aux *voix* maſculines , & la quatrieme ſeulement qu'on appelle *deſſus* eſt aſſignée aux *voix* aiguës ; ſur quoi ſe trouvent pluſieurs remarques à faire.

1°. Selon la portée des *voix* ordinaires, qu'on peut fixer à peu près à une dixieme majeure, en mettant deux tons d'intervalles entre chaque eſpece de *voix* & celle qui la ſuit, ce qui eſt toute la différence réelle qui s'y trouve ; le ſyſtème général des *voix* qu'on fait paſſer trois octaves , ne devroit renfermer que deux octaves & deux tons. C'étoit en effet à cette étendue générale que ſe bornerent les quatre parties de la muſique , long-tems après l'invention du contre-point, comme on le voit dans les compoſitions du quatorzieme ſiecle, où la même clef ſur quatre poſitions ſucceſſives de ligne en ligne ſert pour la baſſe qu'ils appelloient *tenor*, pour la taille qu'ils appelloient *contra-tenor*, pour la haute-contre qu'ils appelloient *motetus*, & pour le deſſus qu'ils appelloient *triplum*, comme je l'ai découvert dans l'examen des manufcrits & ce tems-là. Cette diftribution devoit rendre à la vérité la compofition plus difficile, mais en même tems l'harmonie plus ferrée & plus agréable.

2°. Pour pouffer le fiftême vocal à l'étendue de trois octaves avec la gradation dont je viens de parler, il faudroit fix parties au lieu de quatre; & rien ne feroit fi naturel que cette divifion, non par rapport à l'harmonie qui ne comporte pas tant de fons différens, mais par rapport à la nature des *voix* qui font actuellement affez mal diftribuées. En effet, pourquoi trois parties dans les *voix* d'hommes, & une feule dans les *voix* de femmes, fi l'univerfalité de celle-ci renferme une auffi grande étendue que l'univerfalité des autres? Qu'on mefure l'intervalle des fons les plus aigus des plus aiguës *voix* de femmes aux fons les plus graves des *voix* de femmes les plus graves; qu'on faffe la même chofe pour les *voix* d'hommes: je m'affure que non-feulement on n'y trouvera pas une différence fuffifante pour établir trois parties d'un côté, & une feule de l'autre; mais même que cette différence, fi elle exifte, fe réduira à très-peu de chofe. Pour juger fainement de cela, il ne faut pas fe borner à l'examen des chofes qui font fous nos yeux; mais il faut confidérer que l'ufage contribue beaucoup à former les *voix* fur le caractere qu'on veut leur donner: en France, où l'on veut des baffes & des hautes-contres, où l'on ne fait aucun cas des bas-deffus, les *voix* d'hommes s'appliquent à différens caracteres, & les *voix* de femmes à un feul; mais en Italie, où l'on fait autant de cas d'un beau bas-deffus que la *voix* la plus aiguë, il fe trouve parmi les femmes de très-belles *voix* graves qu'ils appellent *contr'alti*, & de très-belles *voix* aiguës qu'ils appellent *foprani*; mais en *voix* d'hommes récitantes ils n'ont que des *tenori*; de forte que, s'il n'y a qu'un caractere de *voix* de femmes dans nos opéra, il n'y a dans les leurs qu'un caractere de *voix* d'hommes. A l'égard des chœurs, fi généralement les parties en font diftribuées en Italie comme en France, c'eft un ufage univerfel, mais arbitraire, qui n'a point de fondement naturel. D'ailleurs n'admire-t-on pas en plufieurs lieux, & finguliérement à Venife, des mufiques à grand chœur exécutées

uniquement par des jeunes filles?

3°. Le trop grand éloignement des parties entr'elles, qui leur fait à toutes excéder leur portée, oblige fouvent d'en divifer plufieurs en deux; c'eft ainfi qu'on divife les baffes en baffes-contres, baffes-tailles, les tailles en hautes-tailles & concordans, les deffus en premiers & feconds; mais dans tout cela on n'apperçoit rien de fixe, rien de déterminé par les regles. L'efprit général des compofiteurs eft toujours de faire crier toutes les *voix*, au lieu de les faire chanter. C'eft pour cela qu'on paroît fe borner aujourd'hui aux baffes & hautes-contres. A l'égard de la taille, partie fi naturelle à l'homme qu'on l'a appellée *voix* humaine par excellence, elle eft déjà bannie de nos opéra, où l'on ne veut rien de naturel; & l'on peut juger que par la même raifon elle ne tardera pas à l'être de toute la mufique françoife.

On appelle plus particuliérement *voix*, les parties vocales & récitantes, pour lefquelles une piece de mufique eft compofée; ainfi on dit une cantate à *voix* feule, au lieu de dire une cantate en récit; un motet à deux *voix*, au lieu de dire un motet en duo. *V.* DUO, TRIO, QUATUOR, &c. (S)

VOIX, Forcer la, *Mufiq.* C'eft excéder en haut ou en bas fon diapafon ou fon volume à force d'haleine; c'eft crier au lieu de chanter. Toute *voix* qu'on force perd fa juftefle; cela arrive même aux inftrumens quand on force l'archet ou le vent; & voilà pourquoi les François chantent rarement jufte.

VOIX, f. f. *Gramm.*, c'eft un terme propre au langage de quelques grammaires particulicres, par exemple, de la grammaire grecque & de la grammaire latine. On y diftingue la *voix* active & la *voix* paffive.

La *voix* active eft la fuite des inflexions & terminaifons entées fur une certaine racine, pour en former un verbe qui a la fignification active.

La *voix* paffive eft une autre fuite d'inflexions & de terminaifons entées fur la même racine, pour en former un autre verbe qui a la fignification paffive.

Par exemple, en latin, *amo*, *amas*, *amat*, &c. font de la *voix* active; *amor*, *amaris*, *amatur*, &c. font de la *voix* paffive: les unes & les autres de ces inflexions font entées fur le même radical *am*, qui eft le figne de ce fentiment de l'ame qui lie les hommes par la bienveillance : mais à la *voix* active, il eft préfenté comme un fentiment dont le fujet eft le principe ; & à la *voix* paffive, il eft fimplement montré comme un fentiment dont le fujet en eft l'objet plutôt que le principe.

La génération de la *voix* active & de la *voix* paffive en général, fi on la rapporte au radical commun, appartient donc à la dérivation philofophique; mais quand on tient une fois le premier radical actif ou paffif, la génération des autres formes de la même *voix* eft du reffort de la dérivation grammaticale. *Voy.* FORMATION.

J'ai déjà remarqué ailleurs que ce qu'on a coutume de regarder en hébreu comme différentes conjugaifons d'un même verbe, eft plutôt une fuite de différentes *voix*. La raifon en eft, que ce font autant de fuites différentes des inflexions & terminaifons verbales entées fur un même radical, & différenciées entr'elles par la diverfité des fens acceffoires, ajoutés à celui de l'idée radicale commune.

Par exemple, מסר (*méfar*, en lifant felon Mafclef,) *tradidit*; נמסר (*noumefar*) *traditus eft*; הסמיר (*hémefir*) *tradere fecit*; הסמר (*hémefar*) *tradere factus eft*, felon l'interprétation de Mafclef, laquelle veut dire *effectum eft ut traderetur*; התמסר (*héthaméfar, ou* hethméfar) *fe ipfum tradidit*.

,, On voit, dit M. l'abbé Ladvocat, ,, *Gramm. hébr.* page 74, que les conju- ,, gaifons en hébreu ne font pas différen- ,, tes, felon les différens verbes, comme ,, en grec, en latin, ou en françois; mais ,, qu'elles ne font que le même verbe ,, conjugué différemment, pour expri- ,, mer fes différentes fignifications, & ,, qu'il n'y a en hébreu, à proprement ,, parler, qu'une feule conjugaifon fous ,, fept formes ou manieres différentes ,, d'exprimer la fignification d'un même ,, verbe. ,,

Il eft donc évident que ces différentes formes entr'elles, comme la forme active & la forme paffive dans les verbes grecs ou latins ; & qu'on auroit pu, peut-être même qu'on auroit dû, donner également aux unes & aux autres le nom de *voix*. Si l'on avoit en outre caractérifé les *voix* hébraïques par des épithetes propres à défigner les idées acceffoires qui les différencient, on auroit eu une nomenclature plus utile & plus lumineufe que celle qui eft ufitée. (*B. E. R. M.*)

VOIX, *Critique facrée.* Ce mot marque non-feulement la *voix* de l'homme, des animaux, mais auffi toutes fortes de fons, & le bruit même que font les chofes inanimées. Ainfi l'abyme a fait éclater fa *voix*, Habacuc, 3. 10. Le prophete veut dire, le fon a retenti jufqu'au fond de l'abime. De même dans l'Apoc. 10. 41. les tonnerres proférerent leur *voix*, pour dire qu'on entendit le bruit du tonnerre. Rien n'eft plus commun dans l'Ecriture que ces expreffions, la *voix* des eaux, la *voix* de la nue, la *voix* de la trompette. *Ecouter la voix de quelqu'un*, eft un terme métaphorique, qui fignifie *lui obéir. Ecouter la voix de Dieu*, c'eft fuivre fes commandemens. (*D. J.*)

VOIX, *Jurifp.*, fignifie *avis, fuffrage.* Dans toutes les compagnies les *voix* ou opinions ne fe pefent point, mais elles fe comptent à la pluralité.

En matiere civile, quand il y a égalité de *voix*, l'affaire eft partagée ; une *voix* de plus d'un côté ou d'autre fuffit pour empêcher le partage ou pour le départage.

En matiere criminelle, quand il y a égalité de *voix*, l'avis le plus doux prévaut ; une *voix* ne fuffit pas en cette matiere, pour que l'avis le plus févere prévale fur le plus doux; il en faut au moins deux de plus.

Celui qui préfide la compagnie, recueille les *voix*, & donne la fienne le dernier; il lui eft libre ordinairement de fe ranger à tel avis que bon lui femble. Néanmoins, felon la difcipline de quelques compagnies, lorfqu'il y a une *voix* de plus d'un côté que de l'autre, il doit fe joindre à la pluralité, afin que fon avis n'occafionne point de partage. *V.* AVIS, JUGES, OPINION, SUFFRAGE.

VOIX ACTIVE, en matiere d'élection, eft la faculté que quelqu'un a d'élire. *V.* VOIX PASSIVE.

VOIX ACTIVE & PASSIVE, eft la faculté que quelqu'un a d'élire & d'être élu foi-même.

VOIX CONCLUSIVE, eft celle qui a l'effet de partager les opinions.

VOIX CONSULTATIVE, eft l'avis que quelqu'un donne fans être juge, comme font les experts, les interpretes, & autres perfonnes qui font quelque rapport.

Voix délibérative, eft l'avis que quelqu'un donne dans une affemblée, & qui eft compté pour l'élection, jugement ou autre affaire dont il s'agit. Dans les tribunaux, les jeunes officiers qui font reçus par difpenfe d'âge avant d'avoir attint leur majorité, n'ont point voix délibérative, fi ce n'eft dans les affaires qu'ils rapportent, fuivant la déclaration du 20 mai 1713.

Voix excitative & honoraire, eft celle que les magiftrats ont à certaines affemblées, comme aux élections des docteurs-régens & aggrégés de droit, le droit d'élire appartenant aux feuls docteurs-régens, fuivant un arrêt du parlement de Paris du 25 juin 1626. Filleau.

Voix mi-parties, c'eft lorfque les voix font partagées. V. Partage.

Voix passive, eft la faculté que quelqu'un a d'être élu pour remplir quelque dignité ou fonction. V. Voix active.

Voix du peuple. On entend par-là, non pas l'opinion du vulgaire, mais l'opinion commune & la plus générale.

Voix publique, c'eft le bruit public, la commune renommée.

Voix par souches, font celles d'une branche d'héritiers qui tous enfemble n'ont qu'une voix, comme quand ils nomment avec d'autres à quelqu'office ou bénéfice.

Voix uniformes, font celles qui tendent au même but. Dans les tribunaux les fuffrages uniformes entre proches parens, comme le pere & le fils ou le gendre, les deux freres ou beaux-freres, ne font comptés que pour un. V. les déclarations du 25 août 1708, & du 30 feptembre 1738. (A)

Voix, Marine, on fous-entend à la. Commandement aux gens de l'équipage de travailler à la fois lorfqu'on donne la voix.

On appelle donner la voix, lorfque par un cri, comme ob hiffe, &c. on avertit les gens de l'équipage de faire tous leurs efforts tous à la fois.

Voix angélique, jeu d'orgue, qui eft d'étain; il ne differe de la voix humaine, qu'en ce qu'il eft plus petit, & qu'il fonne l'octave au-deffus, & à l'uniffon du preftant.

Voix humaine, jeu d'orgue, ainfi

nommé, parce qu'il imite affez bien, quand le jeu eft bien fait, la voix de l'homme, eft un jeu de la claffe des jeux d'anches: il eft d'étain, & fonne l'uniffon de la trompette, aux anches de laquelle les anches font égales; mais fon corps qui eft de plus groffe taille, & n'a que le quart de longueur (voyez la fig. 40, pl. d'orgue a b) eft le corps du tuyau qui eft à moitié fermé par le haut avec une plaque d'étain a, dont la forme eft un demi-cercle; c la noix foudée à l'extrèmité inférieure du tuyau, laquelle porte l'anche & la languette 3, qui eft réglée par la rofette 2 1, qui, après avoir paffé dans la noix c, paffe par un trou fait au tuyau, pour fortir par l'ouverture fupérieure. Le tout eft placé dans une boite d'étoffe d e qui porte le vent du fommier à l'anche. V. Trompette, & la Table du rapport & de l'étendue des jeux de l'orgue.

Voix du cerf, Vénerie. On connoît les vieux cerfs à la voix; plus ils l'ont groffe & tremblante, plus ils font vieux; on connoit auffi à la voix s'ils ont été chaffés, car alors ils mettent la gueule contre terre, & ruent bas & gros, ce que les cerfs de repos ne font pas, ayant prefque toujours la tête haute.

VOL, f. m. Droit naturel, action de prendre le bien d'autrui malgré le propriétaire, à qui feul les loix donnent le droit d'en difpofer.

Comme cette action eft contraire au bien public, foit dans l'état de nature, foit dans l'état civil, tout voleur mérite d'être puni; mais cette punition doit être réglée fuivant la nature du vol, les circonftances & la qualité du voleur; c'eft pour cela qu'on punit plus févérement le vol domeftique, le vol à main armée, le vol de nuit, que le vol de jour.

Il paroît que le fimple vol ne doit pas mériter la peine de mort; mais s'il eft permis, pour défendre fon bien & fa vie, de tuer un voleur de nuit, parce que dans un pareil cas l'on rentre en quelque maniere dans l'état de nature, où les petits crimes peuvent être punis de mort; ici il n'y a point d'injuftice dans une défenfe pouffée fi loin fi conferver uniquement fon bien; car comme ces fortes d'attentats ne parviennent guere à la connoiffance du magiftrat, le tems ne permettant pas d'implorer leur protection, ils demeurent auffi très-fouvent impunis. Lors donc que l'on trouve moyen de les punir ; on le fait à toute rigueur , afin que fi d'un côté l'efpérance de l'impunité rend les fcélérats plus entreprenans, de l'autre la crainte d'un châtiment fi févere foit capable de rendre la malice plus timide.

Mais dans l'ancienne Lacédémone , ce que l'on fouhaitoit principalement, comme naturellement bon à l'état, c'étoit d'avoir une jeuneffe hardie & rufée ; ainfi le *vol* étoit permis à Sparte , l'on n'y puniffoit que la mal-adreffe du voleur furpris. Le *vol* nuifible à tout le peuple riche , étoit utile à Lacédémone, & les loix de Lycurgue en autorifoient l'impunité; ces loix étoient convenables à l'état pour entretenir les Lacédémoniens dans l'habitude de la vigilance. D'ailleurs, fi l'on confidere l'inutilité de l'or & de l'argent dans une république où les loix ne donnoient cours qu'à une monnoie de fer caffant , on fentira que les *vols* de poules & légumes étoient les feuls qu'on pouvoit commettre, toujours faits avec adreffe, & fouvent niés avec la plus grande fermeté.

Chez les Scythes , au contraire, nul crime plus grand que le *vol*, & leur maniere de vivre exigeoit qu'on le punît févéremment. Leurs troupeaux erroient çà & là dans les plaines; quelle facilité à dérober ! & quel défordre , fi l'on eût autorifé de pareils *vols !* Auffi , dit Ariftote, a-t-on chez eux établi la loi gardienne des troupeaux. (*D. J.*)

VOL, *Crit. facr.* Le *vol* fimple, chez les Hébreux, fe puniffoit par la reftitution plus ou moins grande que le voleur étoit obligé de faire. Le *vol* d'un bœuf étoit réparé par la reftitution de cinq ; celui d'une brebis ou d'une chevre, par la reftitution de quatre de ces animaux. Si le *vol* fe trouvoit encore chez le voleur, la loi reftreignoit la reftitution au double; mais fi le voleur n'avoit pas de quoi reftituer , on pouvoit le vendre ou le réduire en efclavage. *Exod.* 22. 3.

Celui qui enlevoit un homme libre pour le mettre en fervitude, étoit puni de mort, *Exod.* 21. 16. La loi permettoit de tuer le voleur nocturne, parce qu'il eft préfumé qu'il en veut à la vie de la perfonne qu'il veut voler, mais la loi ne permettoit pas de tuer celui qui voloit pendant le jour , parce qu'il étoit poffible de fe défendre contre lui , & de pourfuivre devant les juges la reftitution de ce qu'il avoit pris. *Exod.* 22. 2.

Il ne paroît pas en général que chez les Hébreux , le *vol* emportât avec foi une infamie particuliere. L'Ecriture même nous donne dans Jephté l'exemple d'un chef de voleurs , qui après avoir changé de conduite, fut nommé pour gouverner les Ifraélites. (*D. J.*)

VOL, *Jurifp.* Les anciens n'avoient pas des idées auffi pures que nous par rapport au *vol*, puifqu'ils penfoient que certaines divinités préfidoient aux voleurs, telles que la déeffe Laverna & Mercure.

Il y avoit chez les Egyptiens une loi qui régloit le métier de ceux qui vouloient être voleurs ; ils devoient fe faire infcrire chez le chef, *apud forum principum*, lui rendre compte chaque jour de tous leurs *vols*, dont il devoit tenir regiftre. Ceux qui avoient été volés s'adreffoient à lui, on leur communiquoit le regiftre ; & fi le *vol* s'y trouvoit , on le leur rendoit , en retenant feulement un quart pour les voleurs , étant , difoit cette loi , plus avantageux , ne pouvant abolir totalement le mauvais ufage des *vols*, d'en retirer une partie par cette difcipline , que de perdre le tout.

Plutarque , dans la *Vie* de Lycurgue, rapporte que les Lacédémoniens ne donnoient rien ou très-peu de chofe à manger à leurs enfans , qu'ils ne l'euffent dérobé dans les jardins ou lieux d'affemblées; mais quand ils fe laiffoient prendre, on les fouettoit très-rudement. L'idée de ces peuples étoit de rendre leurs enfans fubtils & adroits ; il ne manquoit que de les exercer à cela par des voies plus légitimes.

Pour ce qui eft des Romains , fuivant le code Papyrien, celui qui étoit attaqué par un voleur pendant la nuit, pouvoit le tuer fans encourir aucune peine.

Lorfque le *vol* étoit fait de jour , & que le voleur étoit pris fur le fait , il étoit fuftigé & devenoit l'efclave de celui qu'il avoit volé. Si ce voleur étoit déja efclave , on le fuftigeoit & enfuite on le précipitoit du haut du Capitole ; mais fi le voleur étoit un enfant qui n'eût pas encore atteint l'âge de puberté, il étoit châtié felon la volonté du préteur, & l'on dédommageoit la partie civile.

Quand les voleurs attaquoient avec des armes, fi celui qui avoit été attaqué avoit crié vré & imploré du fecours, il n'étoit pas puni s'il tuoit quelqu'un des voleurs.

Pour les *vols* non manifeftes, c'eft-à-dire, cachés, on condamnoit le voleur à payer le double de la chofe volée.

Si après une recherche faite en la forme prefcrite par les loix, on trouvoit dans une maifon la chofe volée, le *vol* étoit mis au rang des *vols* manifeftes, & étoit puni de même.

Celui qui coupoit des arbres qui n'étoient pas à lui, étoit tenu de payer 25 as d'airain pour chaque pied d'arbre.

Il étoit permis au voleur & à la perfonne volée de tranfiger enfemble & de s'accommoder; & s'il y avoit une fois une tranfaction faite, la perfonne volée n'étoit plus en droit de pourfuivre le voleur.

Enfin, un bien volé ne pouvoit jamais être prefcrit.

Telles font les loix qui nous reftent du code Papyrien, au fujet des *vols* fur lefquels M. Terraffon, en fon *Hiftoire de la jurifprudence romaine*, a fait des notes très-curieufes.

Suivant les loix du digefte & du code, le *vol* connu fous le terme *furtum*, étoit mis au nombre des délits privés.

Cependant, à caufe des conféquences dangereufes qu'il pouvoit avoir dans la fociété, l'on étoit obligé, même fuivant l'ancien droit, de le pourfuivre en la même forme que les crimes publics.

Cette pourfuite fe faifoit par la voie de la revendication, lorfqu'il s'agiffoit de meubles qui étoient encore en nature, ou par l'action appellée *condictio fuftra*, lorfque la chofe n'étoit plus en nature; enfin, s'il s'agiffoit d'immeubles, on en pourfuivoit la reftitution par une action appellée *interdictum recuperandæ poffeffionis*; de forte que l'ufurpation d'un héritage étoit auffi confidérée comme un *vol*.

L'on diftinguoit, quant à la peine, le *vol* en manifefte & non manifefte; au premier cas, favoir, lorfque le voleur avoit été furpris en flagrant délit, ou du moins dans le lieu où il venoit de commettre le *vol*, la peine étoit quadruple; au fecond, c'eft-à-dire, lorfque le *vol* avoit été fait fecrètement, & que l'on avoit la trace du *vol*, la peine étoit feulement du double; mais dans ce double, ni dans le quadruple, n'étoit point compris la chofe ou le prix.

Tome XXXVI. Partie I.

La rapine, *rupina*, étoit confidérée comme un délit particulier que l'on diftinguoit du *vol*, en ce qu'elle fe faifoit toujours avec violence & malgré le propriétaire, au lieu que le *vol*, *furtum*, étoit cenfé fait fans violence, & en l'abfence du propriétaire, quoiqu'il pût arriver qu'il y fut préfent.

La peine de la rapine étoit toujours du quadruple, y compris la chofe volée; ce délit étoit pourtant plus grave que le *vol* manifefte qui fe commettoit fans violence; mais auffi ce *vol* n'étoit jamais puni que par des peines pécuniaires, comme les autres délits privés, au lieu que ceux qui commettoient la rapine pouvoient, outre la peine du quadruple, être encore condamnés à d'autres peines extraordinaires, en vertu de l'action publique qui réfultoit de la loi *Julia de vi publica feu privata*.

En France, on comprend fous le terme de *vol* les deux délits que les Romains diftinguoient par les termes *furtum* & *rapina*.

Les termes de *vol* & de *voleur* tirent leur étymologie de ce qu'anciennement le larcin fe commettoit le plus fouvent dans les bois &. fur les grands chemins; ceux qui attendoient les paffans pour leur dérober ce qu'ils avoient, avoient ordinairement quelqu'oifeau de proie qu'ils portoient fur le poing, & qu'ils faifoient voler lorfqu'ils voyoient venir quelqu'un, afin qu'on les prît pour des chaffeurs, & que les paffans ne fe défiant pas d'eux; en approchaffent plus facilement; enforte que le terme de *vol* ne s'appliquoit dans l'origine qu'à ceux qui étoient commis fur. les grands chemins: les autres étoient appellés *larcins*. Cependant fous le terme de *vol*, on comprend préfentement tout enlevement frauduleux d'une chofe mobiliaire.

Un impubere n'étant pas encore capable de difcerner le mal, ne peut être puni comme voleur; néanmoins, s'il approche de la puberté, il ne doit point être entièrement exempt de peine.

De même auffi celui qui prend par néceffité, & uniquement pour s'empêcher de mourir de faim, ne tombe point dans le crime de *vol*; il peut feulement être pourfuivi extraordinairement pour raifon de la voie de fait, & être condamné en des peines pécuniaires.

Il en est de même de celui qui prend la chose d'autrui, à laquelle il prétend avoir quelque droit, soit actuel ou éventuel, ou en compensation de celle qu'on lui retient; ce n'est alors qu'une simple voie de fait qui peut bien donner lieu à la voie extraordinaire, comme étant défendue par les loix à cause des désordres qui en peuvent résulter; mais la condamnation se résout en dommages & intérêts, avec défense de récidiver.

On distingue deux sortes de *vol*; savoir, le *vol* simple & le *vol* qualifié; celui-ci se subdivise en plusieurs especes, selon les circonstances qui les caractérisent.

La peine du *vol* est plus ou moins rigoureuse, selon la qualité du délit; ce qui seroit trop long à détailler ici : on peut voir là-dessus la déclaration du 4 mars 1724.

L'auteur de *l'Esprit des loix*, observe à cette occasion que les crimes sont plus ou moins communs dans chaque pays, selon qu'ils y sont punis, plus ou moins rigoureusement; qu'à la Chine, où les voleurs cruels sont coupés par morceaux, on vole bien, mais que l'on n'y assassine pas; qu'en Moscovie, où la peine des voleurs & assassins est la même, on assassine toujours; & qu'en Angleterre on n'assassine point, parce que les voleurs peuvent espérer d'être transportés dans les colonies, & non pas les assassins. *Voyez* au Digest. les titres *de furtis, de usurpationibus, ad leg. Jul. de vi privata*, & au code *eod. tit.* instit. *de oblig. quæ ex delicto nasc.*

VOL *avec armes* est mis au nombre des *vols* qualifiés & punis de mort; même de la roue, s'il a été commis dans une rue ou sur un grand chemin.

VOL DES BESTIAUX. *V.* ABIGAT.

VOL AVEC DÉGUISEMENT, est celui qui est fait par une personne masquée ou autrement déguisée. Les ordonnances permettent de courir sur ceux qui vont ainsi masqués, comme s'ils étoient déja convaincus. *V.* les ordonnances de 1539, celle de Blois, & la déclaration du 22 juillet 1692. *(A)*

VOL DOMESTIQUE, est celui qui est fait par des personnes qui sont à nos gages, & nourris à nos dépens : ce crime est puni de la potence, à moins que l'objet ne fût extrêmement modique, auquel cas la peine pourroit être modérée.

VOL AVEC EFFRACTION, est lorsque le voleur a brisé & forcé quelque clôture ou fermeture pour commettre le *vol*. Celui-ci est un cas royal & même prévôtal, lorsqu'il est accompagné de port d'armes & de violence publique, ou bien que l'effraction a été faite dans le mur de clôture, dans les toits des maisons, portes & fenêtres extérieures; la peine de ce *vol* est le supplice de la roue, ou au moins de la potence si les circonstances sont moins graves. *V.* la déclaration de 1731 pour les cas prévôtaux.

VOL DE GRAND CHEMIN, est celui qui est commis dans les rues ou sur les grands chemins; ces *vols* sont réputés cas prévôtaux, à l'exception néanmoins de ceux qui sont commis dans les rues des villes & fauxbourgs; du reste, les uns & les autres sont punis de la roue.

VOL DE NUIT *ou* NOCTURNE, est celui qui est commis pendant la nuit. La difficulté qu'il y a de se garantir de ces sortes de *vols*, fait qu'ils sont punis plus sévérement que ceux qui sont commis pendant le jour.

VOL PUBLIC, est ce qui est pris frauduleusement sur les deniers publics, c'est-à-dire, destinés pour le bien de l'état. *V.* CONCUSSION.

VOL QUALIFIÉ, est celui qui intéresse principalement l'ordre public, & qui est accompagné de circonstances graves, qui demandent une punition exemplaire.

Ces circonstances se tirent 1°. de la maniere dont le *vol* a été fait, comme quand il est commis avec effraction, avec armes ou déguisemens, ou par adresse & filouterie.

2°. De la qualité de ceux qui le commettent; par exemple, si ce sont des domestiques, des vagabonds, gens sans aveu, gens d'affaires, officiers ou ministres de la justice, soldats, cabaretiers, maitres de coches ou de navires, ou de messagerie, voituriers, serruriers & autres dépositaires publics.

3°. De la qualité de la chose volée, comme quand c'est une chose sacrée, des deniers royaux ou publics, des personnes libres, des bestiaux, des pigeons, volailles, poissons, gibiers, arbres de forêts ou vergers, fruits des jardins, charrues, harnois de labours, bornes & limites.

4°. De la quantité de l'action volée, si le *vol* est considérable & emporte une déprédation entiere de la fortune de quelqu'un.

5°. De l'habitude, comme quand le *vol* a été réitéré plusieurs fois, ou s'il est commis par un grand nombre de personnes.

6°. Du lieu ; si c'est à l'église, dans les maisons royales, au palais, aux auditoires de la justice, dans les spectacles publics, sur les grands chemins.

7°. Du temps ; si le *vol* est fait pendant la nuit, ou dans un temps d'incendie, de naufrage, & de ruine, ou de famine.

Enfin la sûreté du commerce, comme en fait d'usure & de banqueroute frauduleuse, monopole ou recelement. *Voy.* le *Traité des crimes*, par M. de Vouglans, où chacune de ces circonstances est très-bien développée.

VOL SIMPLE, est celui qui ne blesse que l'intérêt des particuliers, & non l'ordre public.

Quand le *vol* est commis par des étrangers, ils doivent être punis, bannis, fouettés & marqués de la lettre V.

Mais quand celui qui a commis le *vol* avoit quelque apparence de droit à la chose, par exemple, si le *vol* est fait par un fils de famille à son pere, par une veuve aux héritiers de son mari, ou par ceux-ci à la veuve ou à leurs cohéritiers, par le créancier qui abuse du gage de son débiteur, par le dépositaire qui se sert du dépôt ; ces sortes de *vols* ne peuvent être poursuivis que civilement, & ne peuvent donner lieu qu'à des condamnations pécuniaires, telles que la restitution de la chose volée, avec des dommages & intérêts. *V.* FILOU, LARCIN, VOLEUR.

VOL DU CHAPON, est un certain espace de terre que plusieurs coutumes permettent à l'aîné de prendre par préciput, autour du manoir seigneurial, outre les bâtimens, cours & basses-cours ; ce terrein a été appellé *vol du chapon*, pour faire entendre que c'est un espace à peu près égal à celui qu'un chapon parcourroit en volant.

La coutume de Bourbonnois désigne cet espace par un trait d'arc.

Celles du Maine, Tours, & Lodunois l'appellent le *cheré*.

Cette étendue de terrein n'est pas partout la même ; la coutume de Paris, art. 13. donne un arpent, d'autres donnent deux ou quatre arpens ; celle de Lodu-

nois, trois *sexterées*. *Voyez* AINESSE, PRÉCIPUT, MANOIR, PRINCIPAL MANOIR. (*A*)

VOL, s. m. *Gramm.*, mouvement progressif des oiseaux, des poissons, des insectes, par le moyen des ailes. *V.* VOLER.

VOL, *chasse du vol*, c'est celle qu'on fait avec des oiseaux de proie ; c'est un spectacle assez digne de curiosité, & fait pour étonner ceux qui ne l'ont pas encore vu. On a peine à comprendre comment des animaux naturellement aussi libres que le sont les oiseaux de proie, deviennent en peu de temps assez apprivoisés pour écouter dans le plus haut des airs la voix du chasseur qui les guide, être attentif aux mouvemens du leurre, y revenir & se laisser reprendre. C'est en excitant & en satisfaisant alternativement leurs besoins, qu'on parvient à leur faire goûter l'esclavage ; l'amour de la liberté, qui combat pendant quelque tems, cede enfin à la violence de l'appétit ; dès qu'ils ont mangé sur le poing du chasseur, on peut les regarder presque comme assujettis. *V.* FAUCONNERIE.

La chasse du *vol* est un objet de magnificence & d'appareil beaucoup plus que d'utilité : on peut en juger par les especes de gibiers qu'on se propose de prendre dans les *vols* qu'on estime le plus. Le premier de tous les *vols*, & un de ceux qu'on exerce le plus rarement, est celui du milan ; sous ce nom on comprend le *milan royal*, le *milan noir*, la *buse*, &c. Lorsqu'on apperçoit un de ces oiseaux, qui passent ordinairement fort haut, on tâche à le faire descendre, en allant jeter le duc à une certaine distance. Le duc est une espece de hibou, qui, comme on fait, est un objet d'aversion pour la plupart des oiseaux. Pour le rendre plus propre à exciter la curiosité du milan qu'on veut attirer, on peut lui ajouter une queue de renard, qui le fait paroître encore plus difforme. Le milan s'approche de cet objet extraordinaire ; & lorsqu'il est à une distance convenable, on jette les oiseaux qui doivent le voler ; ces oiseaux sont ordinairement des sacres & des gerfauts. Lorsque le milan se voit attaqué, il s'éleve & monte dans toutes les hauteurs ; ses ennemis font aussi tous leurs efforts pour gagner le dessus. La scene du combat se passe alors dans une région de l'air si haute, que souvent les yeux ont peine à y atteindre.

Le *vol* du héron se passe à peu près de la même maniere que celui du milan ; l'un & l'autre sont dangereux pour les oiseaux, qui dans cette chasse courent quelquefois risque de la vie : ces deux *vols* ont une primauté d'ordre que leur donnent leur rareté, la force des combattans & le mérite de la difficulté vaincue.

Le plus fort des oiseaux de proie ; employé à la volerie, est sans doute le gerfaut : il joint à la noblesse & à la force, la vitesse & l'agilité du *vol* ; c'est celui dont on se sert pour le lievre ; cependant il est rare qu'on prenne des lievres avec des gerfauts sans leur donner quelque secours ; ordinairement, avec deux gerfauts qu'on jette, on lâche un mâtin destiné à les aider ; les oiseaux accoutumés à voler ensemble, frappent le lievre tour-à-tour avec leurs mains, le tuent quelquefois, mais plus souvent l'étourdissent & le font tomber : la course du lievre étant ainsi retardée, le chien le prend aisément, & les gerfauts le prennent conjointement avec lui.

Le *vol* pour corneille a moins de noblesse & de difficultés que ceux pour le milan & le héron ; mais c'est un des plus agréables ; il est souvent varié dans ses circonstances : il se passe en partie plus près des yeux, & il oblige quelquefois les chasseurs à un mouvement qui rend la chasse plus piquante. La corneille est un des oiseaux qu'on attire presque sûrement avec le duc ; & lorsqu'on la juge assez près, on jette les oiseaux : dès qu'elle se sent attaquée, elle s'éleve, & monte même à une grande hauteur : ce sont les faucons qui la volent ; ils cherchent à gagner le dessus ; lorsque la corneille s'apperçoit qu'elle va perdre son avantage, on la voit descendre avec une vitesse incroyable & se jeter dans l'arbre qu'elle trouve le plus à portée : alors les faucons restent à planer au-dessus. La corneille n'avoit plus à les craindre, si les fauconniers n'alloient pas au secours de leurs oiseaux ; mais ils vont à l'arbre, ils forcent par leurs cris la corneille à déserter sa retraite, & à courir de nouveaux dangers ; elle ne repart qu'avec peine, elle tente de nouveau & à diverses reprises les ressources de la vitesse & de la ruse ; & si elle succombe à la fin, ce n'est qu'a-

près avoir mis plus d'une fois l'une & l'autre en usage pour sa défense.

Le *vol* pour pie est aussi vif que celui pour corneille, mais il n'a pas autant de noblesse à beaucoup près, parce que la pie n'a de ressource que celle de la foiblesse. Ce *vol* ne se fait guere comme ceux dont nous avons parlé de poing en fort ; c'est-à-dire, que les oiseaux n'attaquent pas en partant du poing : ordinairement on les jette amont, parce qu'on attaque la pie lorsqu'elle est dans un arbre. Les oiseaux étant jettés, & s'étant élevés à une certaine hauteur, sont guidés par la voix du fauconnier, & rentrent au mouvement du leurre. Lorsqu'on les juge à portée d'attaquer, on se presse de faire partir la pie, qui ne cherche à échapper qu'en gagnant les arbres les plus voisins : souvent elle est prise au passage ; mais quand elle n'a été que chargée, on a beaucoup de peine à la faire repartir ; sa frayeur est telle qu'elle se laisse quelquefois prendre par le chasseur, plutôt que de s'exposer à la descente de l'oiseau qu'elle redoute.

On jette amont de la même maniere, lorsqu'on *vole* pour champs & pour riviere, c'est-à-dire, pour la perdrix ou le faisan, & pour le canard. Pour la perdrix on jette amont un ou deux faucons ; pour le faisan, deux faucons ou un gerfaut. On laisse monter les oiseaux ; & lorsqu'ils planent des plus haut des airs, le fauconnier aidé d'un chien, fait partir le gibier, sur lequel l'oiseau descend. Pour le canard, on met amont jusqu'à trois faucons, & on se sert aussi de chiens pour le faire partir, & l'obliger de voler lorsque la frayeur qu'il a des faucons l'a rendu dans l'eau.

Outre ces *vols*, on dresse aussi, pour prendre des cailles, des alouettes, des merles, de petits oiseaux de proie, tels que l'émerillon, le hobereau, l'épervier ; mais ce dernier n'appartient pas à la fauconnerie proprement dite ; il est, ainsi que l'autour & son tiercelet, du ressort de l'autourserie : les premiers sont de ceux qu'on nomme *oiseaux de leurre* ; les autres s'appellent *oiseaux de poing*, parce que sans être leurrés ils reviennent sur le poing.

On emploie à peu près les mêmes moyens pour apprivoiser & dresser les uns & les autres ; mais on porte presque toujours à la chasse les derniers sans chaperon. Ils font plus prompts à partir du poing que les autres: on ne les jette point amont; ils ne volent que du poing en fort, & font leur prise d'un seul trait d'aile: par cette raison ils se fatiguent moins, & ils peuvent prendre plus de gibier: ainsi la chasse en est plus utile, si elle est moins noble & moins agréable. On dit que le *vol* du faucon appartient principalement aux princes, & que celui de l'autour convient mieux aux gentilshommes. *Article de M. Le Roi.*

VOL, *Blason*, se dit de deux ailes posées dos à dos dans les armoiries, comme étant tout ce qui fait le *vol* d'un oiseau: lorsqu'il n'y a qu'une aile seule, on l'appelle *demi-vol*; & quand il y en a trois, *trois demi-vols.* On appelle *vol banneret*, celui qu'on met au cimier, & qui est fait en bannière, ayant le dessus coupé & quarré, comme celui des anciens chevaliers. On appelle *vol abaissé* celui dont les bouts des ailes, au lieu de s'étendre vers le haut de l'écu, font au contraire tournés vers le bas.

On nomme aussi le *vol* d'un aigle lorsqu'il se trouve abaissé.

Du Costal de Verones, de S. Benigne en Bourgogne, *d'azur au vol d'or.*

Pidou de Saint-Olon à Paris, *d'azur à trois vols abaissés d'argent.*

Grain de Saint-Marsault en Anjou, *de gueules à trois demi-vols d'or, les deux en chefs effrontés.*

La Mothe de la Mothevillebret en Touraine, *d'argent à l'aigle au vol abaissé d'azur, becquée & membrée de gueules.* (G. D. L. T.)

VOLAGE, adj. *Gramm.*, inconstant, léger, changeant: tous ces mots font synonymes; ce font des métaphores empruntées de différens objets; léger, aux corps tels que les plumes, qui n'ayant pas assez de masse, eu égard à leur surface, font détournées & emportées çà & là à chaque instant de leur chûte; changeant, de la surface de la terre ou du ciel qui n'est pas un moment la même; inconstant, de l'athmosphere de l'air & des vents; volage, des oiseaux: on dit des enfans qu'ils ont l'esprit & le caractere *volages*; d'une femme qui change souvent d'objet, qu'elle est *volage*.

VOLAGE APPEL, *Jurisp.* On appelloit ainsi autrefois ce que nous appellons au-

jourd'hui *fol appel.* Voyez AMENDE & APPEL, FOL APPEL.

VOLAGES *rentes*, ou *rentes volantes.* V. RENTE VOLAGE *ou* VOLANTE. (A)

VOLAILLE, s. f. signifie en général la même chose qu'oiseau. V. OISEAU.

Mais en prenant ce mot dans un sens plus particulier, il s'applique à ce que l'on appelle *volaille*, ou à cette espece de gros oiseaux domestiques ou sauvages que l'on éleve, ou que l'on poursuit à la chasse, pour être servis sur nos tables, comme les coqs d'Inde, les oies, les coqs, les poules, & les canards sauvages ou domestiques, les faisans, les perdrix, les pigeons, les bécassines, &c. V. CHASSE AUX OISEAUX.

Les volailles sont ordinairement couvertes d'une tranche de lard fort mince sans couenne, que les cuisiniers appellent *barde.* Ils en couvrent les volailles qu'ils rôtissent sans les piquer: cette barde les empêche de se dessécher, & leur conserve la fraîcheur.

Les oiseaux domestiques, ou la *volaille*, est une partie nécessaire du fonds d'une ferme: elle rend de fort bons services, & il revient un profit très-considérable des couvées, des œufs, des plumes, de la fiente ou du fumier, &c.

On peut entretenir les oiseaux domestiques à peu de frais, quand on est situé sur une grande route, à cause que pendant la plus grande partie de l'année ils trouvent le moyen de vivre par eux-mêmes, en se nourrissant d'insectes, de vers, de limaçons, de glanes, ou presque de tout ce qui est mangeable.

Les plus vieilles poules font toujours les meilleures pour couver, & les plus jeunes pour pondre; mais si elles sont trop grosses, elles ne sont bonnes ni à l'un ni à l'autre. L'âge le plus avantageux pour faire couver des poulets à une poule, est depuis deux ans jusqu'à cinq; & le mois de février est le mois le plus propre à cet effet, quoique cela puisse réussir assez bien en quelque temps que ce soit, depuis février jusqu'à la Saint-Michel. Un coq peut servir dix poules; une poule couve vingt jours, au lieu que les oies, les canards, les coqs d'Inde, en couvent trente. Le sarrasin, le froment de France, ou le chenevi, ont la propriété à ce que l'on dit, de faire pondre les po., les plus vite qu'en leur donnant tou te wtre nourriture ; & on les engraisse fort promptement, quand on les nourrit avec du sarrasin entier, moulu ou en pate. Quoique la nourriture ordinaire dont on se sert pour cet effet, soit de la farine d'orge ou de la fleur de froment réduite en pate avec du lait ou de l'eau, & deux fois par jour, on leur fourre de cette pâte dans le gosier, jusqu'à ce qu'il ne puisse plus y en tenir. Il est rare qu'une oie veuille couver d'autres œufs que les siens ; mais une poule en couve indifféremment.

Les oies les plus blanches sont les meilleures & celles qui commencent à pondre plutôt, & il peut arriver qu'elles fassent deux couvées par an ; elles commencent à pondre au printemps, & elles font douze ou seize œufs : on commence à engraisser les oisons à l'âge d'un mois, & ils deviennent gras en un mois. Pour les oies qui ont atteint toute leur crue, on les engraisse à l'âge de six mois, pendant le temps de la moisson, ou après la récolte. Quand une oie sauvage a les pieds rouges & velus, elle est vieille ; mais elle est jeune si elle a les pieds blancs & non velus.

Quand une poule ou quelqu'autre *volaille* couve des œufs, il est nécessaire d'en marquer le dessus ; & quand elle va manger on doit faire attention si elle a soin de les tourner sens-dessus-dessous ou non, afin que si elle y manque, on le fasse en sa place. *V.* ŒUF, PLUME, *&c.*

VOLANT, adj. & part., *Gramm. V.* le verbe VOLER, qui se meut par le moyen des ailes. Il y a des poissons *volans.*

VOLANT, *Cuisine,* est une verge de fer plantée au-dessus de la cage du tournebroche, à l'extrêmité de laquelle est une croix dont chaque branche est chargée de plomb pour ralentir l'action du poids qui entraîneroit toutes les roues dans un instant, sans le *volant* qui par sa pesanteur est plus difficile à mouvoir.

VOLANT, *Horlogerie,* c'est une piece qui se met sur le dernier pignon d'un rouage de sonnerie, ou de répétition, & qui sert à ralentir le mouvement de ce rouage, lorsque la pendule ou l'horloge sonne. *V. les mots* SONNERIE, PENDULE, *&c.*

Dans les pendules le *volant* est une espece de rectangle de cuivre fort mince & assez large pour que la résistance de l'air, lorsqu'il tourne, puisse retarder son mouvement, & par conséquent ralentir, comme nous l'avons dit plus haut, celui du rouage. Il tient à frottement sur la tige de son pignon au moyen d'un petit ressort qui appuie contre cette tige. Par-là ils peuvent bien tourner ensemble ; mais lorsque l'on arrête le pignon, ce frottement n'est pas assez fort pour empêcher le *volant* de tourner seul. Cette disposition est nécessaire pour que celui-ci, par son mouvement acquis, ne casse pas les pivots de son pignon. Au moyen de ce frottement, ils peuvent bien tourner ensemble ; mais lorsqu'on arrête le pignon, ce frottement n'est pas assez fort pour empêcher le *volant* de tourner tout seul. Dans les montres à répétition on se sert peu de *volant* ; & quand on l'y emploie, il y est fixement adapté.

Comme dans les grosses horloges le mouvement de la sonnerie est plus rapide, & que le *volant* est beaucoup plus considérable, il y a un ressort dont l'extrémité entre dans un rochet adapté sur la tige du pignon ; par ce moyen l'horloge sonnant, le *volant* & son pignon tournent ensemble, & la sonnerie étant arrêtée, il peut encore tourner par son mouvement acquis ; ce qui produit un bruit assez semblable à celui d'une creffelle. *V.* HORLOGE.

VOLANT, *Mehnier ;* ce sont deux pieces de bois qui sont attachées en forme de croix à l'arbre du tournant, mises au-dehors de la cage du moulin à vent, & qui étant garnies d'échelons, & vêtues de toiles, tournent quand les toiles sont tendues & qu'il vente assez pour les faire aller ; on les appelle aussi *volles* & *ailes de moulin.* (*D. J.*)

VOLANT, *Hist. des modes.* On a donné ce nom dans le dernier siecle à des bandes de taffetas qu'on attachoit aux jupes des dames, & dont le nombre se mettoit à discrétion ; il y en avoit quelquefois deux, trois, quatre ou cinq. C'étoient autant de cerceaux *volans,* parce qu'ils n'étoient confus que par le haut, & que le vent faisoit voler le bas à discrétion. Les *volans* étoient quelquefois de différentes couleurs, & alors on les nommoit *volans prétintailles,* qui furent tellement à la mode, que chaque *volant* étoit encore de plusieurs couleurs. (*D. J.*)

VOLANT, *Hist. des modes,* espece de surtout léger qui a peu de plis dans le bas, & qui n'est doublé qu'en certains endroits. (*D. J.*)

VOLANS, f. m. pl., *Chaſſe*. Les pipeurs appellent *volans*, les rejets ou perches dont ils ont coupé le feuillage, & qu'ils plient & attachent par le bout aux environs de la loge, en y faifant des entailles pour y inférer des gluaux. (*D. J.*)

VOLANT, *Jeu*, morceau de liege taillé en forme de cône obtus, couvert par-deſſous de velours ou d'autre étoffe, & percé en-deſſus d'une douzaine de petits trous, dans leſquels on met, on range & on diſpoſe en calice une douzaine de plumes uniformes ou de toutes couleurs, & d'une grandeur proportionnée à la groſſeur du cône, que deux perſonnes ſe renvoient avec des raquettes ou des tymbales. C'eſt un jeu ou un exercice d'adreſſe agréable, bien imaginé, très-ſain, & qui ſe pratique avec raiſon dans toute l'Europe. (*D. J.*)

VOLANT, adj., *Blaſon*. On appelle *oiſeau volant*, un oiſeau qui eſt élevé en l'air, les ailes étendues comme s'il voloit; il doit avoir les ailes plus ouvertes & plus étendues que celui qui eſt dit eſſorant. La maiſon de Noël en Languedoc, porte d'azur à la colombe volante *en bande*, *becquée & membrée d'or*, à la bordure componée *d'or & de gueules*. (*D. J.*)

Olivari de Campredon en Provence, *d'azur à trois colombes d'argent* volantes *en bande*, *la premiere ayant en ſon bec un rameau d'olivier d'or*. (*G. D. L. T.*)

VOLANTES, *Rentes*, *Juriſp.* Voyez RENTE VOLANTE.

VOLATERRÆ, *Géog. anc.*, ville d'Italie, dans l'Etrurie, l'une des douze premieres colonies des Toſcans, & plus ancienne de cinq cents ans que Rome même. Strabon, l. V, p. 154, dit qu'elle eſt ſituée dans une vallée, & que la forterreſſe qui la défendoit étoit ſur le haut d'une colline. Elle ſoutint trois ans le ſiege contre Sylla, devint enſuite un municipe, & eut le titre de colonie. Les thermes de ſon territoire ſont nommés dans la table de Peutinger *aquæ volaternæ*. Cette ville conſerve ſon ancien nom; car on l'appelle *Volterra* ou *Volterre*. Il y avoit encore dans le dernier ſiecle une maiſon de ſon voiſinage, qu'on nommoit l'*Hoſpitalité*, bâtie ſur le champ de bataille où Catilina fut tué.

Perſe, en latin *Aulus Perſicus Flaccus*, poëtique ſatyrique, naquit à *Volaterra*, d'une maiſon noble & alliée aux plus grands de Rome; il mourut dans ſa patrie

âgé de 28 ans, ſous la huitieme année du regne de Néron. Il étudia ſous un philoſophe ſtoïcien nommé *Cornutus*, pour lequel il conçut la plus haute eſtime. Il a immortaliſé dans ſes ouvrages l'amitié & la reconnoiſſance qu'il avoit pour cet illuſtre maître; & à ſa mort il lui légua ſa bibliotheque & la ſomme de vingt-cinq mille écus; mais Cornutus ne ſe prévalut que des livres, & laiſſa tout l'argent aux héritiers.

Perſe étudia ſous Cornutus avec Lucain, dont il ſe fit admirer; il méritoit ſon eſtime & celle de tout le monde, étant bon ami, bon fils, bon frere, & bon parent. Il fut chaſte, quoique beau garçon, plein de pudeur, ſobre, & doux comme un agneau. Il eſt très-grave, très-ſérieux, & même un peu triſte dans ſes écrits; & ſoit la vigueur de ſon caractere, ſupérieure à celle d'Horace, ſoit le zele qu'il a pour la vertu, il ſemble qu'il entre dans ſa philoſophie un peu d'aigreur & d'animoſité contre ceux qu'il attaque.

On ne peut nier qu'il n'ait écrit durement & obſcurément; & ce n'eſt point par politique, qu'il eſt obſcur, mais par la tournure de ſon génie; on voit qu'il entortille ſes paroles, & qu'il recourt à des figures énigmatiques, lors même qu'il ne s'agit que d'inſinuer des maximes de morale; mais Scaliger le pere, & d'autres excellens critiques, n'ont point rendu à ce poëte toute la juſtice qui lui étoit due. M. Deſpréaux a mieux jugé de ſon mérite, & s'eſt attaché à imiter pluſieurs morceaux de ces ſatyres. (*D. J.*)

VOLATERRANA-VADA, *Géogr. anc.*, ville ou bourgade d'Italie dans l'Etrurie, à l'embouchure du Cecinna, avec un port, ſelon Pline, l. III, ch. 5. Ce lieu, nommé aujourd'hui *Vadi*, eſt placé par l'itinéraire d'Antonin entre *Populonium* & *ad Herculem*, à vingt-cinq milles du premier, & à dix-huit milles du ſecond. (*D. J.*)

VOLATIL, adj. *Gramm.*, ce qui s'évapore, ſe diſſipe ſans l'application d'aucun moyen artificiel. Il y a deux alkalis, l'alkali fixe & l'alkali *volatil*.

VOLATILISATION, ſ. f. *Gramm. Chymie*, VOLATILISER, v. act. termes relatifs à l'art de communiquer la volatilité à des ſubſtances fixes. Cet art conſiſte à appliquer à la ſubſtance fixe une ſubſtance moins fixe, puis une moins fixe encore, encore une substance moins fixe, jusqu'à ce qu'il y en ait une derniere qui donne des ailes au tout.

VOLATILITÉ, s. f. *Gramm.* Il paroit que cette qualité qui consiste à se dissiper de soi-même, tient beaucoup à la divisibilité extrême. Ce principe n'est pourtant pas le seul; la combinaison y fait aussi beaucoup. •

VOLCÆ, *Géogr. anc.*, peuples de la Gaule Narbonnoise. On divisoit ces peuples en Volces arécomiques & en Volces-tectosages. Souvent on les désignoit sous le nom générique de *Celtes*, dont ils formoient une des principales cités. Les *Volces - arécomiques*, *Volcæ arecomici*, dans Strabon, l. IV, p. 186, & *Volcæ aricomii*, dans Ptolomée, l. II. s'étendoient jusqu'au bord du Rhône. Ptolomée leur donne deux villes qu'il marque dans les terres; savoir, *Vindomagus* & *Nemausum Colonia*. Les Volces - tectosages, *Volcæ tectosages*, s'étendoient jusqu'aux Pyrénées, depuis la ville de Narbonne qui étoit dans leur pays Samson dit qu'ils occupoient tout le haut-Languedoc & davantage. *V.* TECTOSAGES.

M. l'abbé de Guasco se proposoit de donner l'état des sciences chez les *Volces*. Il ne manque à ce projet que des monumens historiques qui puissent aider à le remplir. Nous savons seulement que les Phocéens d'Ionic, après avoir fondé Marseille, établirent des colonies dans le pays des *Volces*, comme dans les villes d'Agde, de Rhodés, de Nîmes, & que ces colonies communiquerent aux *Volces* leur langue & l'usage de leurs caracteres.

Quand Rome eut conquis le pays des *Volces*, elle en changea le gouvernement, y envoya des magistrats pour l'administrer, & y sema des colonies. Les *Volces* devenus en quelque sorte Romains dans leur gouvernement, dans leur langage, dans leurs mœurs, dans leur goût, le devinrent aussi en grande partie dans leur religion. Les pontifes, les flamines, les augures, prirent la place des druides, & substituerent leurs cérémonies & leurs solemnités à celles des prêtres Gaulois. Enfin, ce nouveau culte chez les *Volces*, céda aux lumieres du christianisme.(D.J).

VOLCÆ-PALUDES, *Géogr. anc.* Dion Cassius, l. LV, *sub finem*, nomme ainsi les marais auprès desquels les *Batoves* attaquerent Cœcina Severus, dans le tems qu'il vouloit y faire camper son armée. Ces marais devoient être au voisinage de la Mœsie. (D. J.)

VOLCANS, *Hist. nat. Minéralogie*, *montes ignivomi*. C'est ainsi qu'on nomme des montagnes qui vomissent en de certains tems de la fumée, des flammes, des cendres, des pierres, des torrens embrasés de matieres fondues & vitrifiées, des soufres, des sels, du bitume, & quelquefois même de l'eau.

· Les *volcans*, ainsi que les tremblemens de terre, sont dus aux embrasemens souterrains excités par l'air, & dont la force est augmentée par l'eau. En parlant des tremblemens de terre, je crois avoir suffisamment expliqué la maniere dont ces trois agens operent, & la force prodigieuse qu'ils exercent; on a fait voir dans cet article que la terre étoit remplie de substances propres à exciter & à alimenter le feu: ainsi il seroit inutile de répéter ici ce qui a déjà été dit ailleurs; il suffira d'y renvoyer le lecteur.

Les *volcans* doivent être regardés comme les soupiraux de la terre, ou comme des cheminées par lesquelles elle se débarrasse des matieres embrasées qui dévorent son sein. Ces cheminées fournissent un libre passage à l'air & à l'eau qui ont été mis en expansion par les fourneaux ou foyers qui sont à leur base; sans cela, ces agens produiroient sur notre globe des révolutions bien plus terribles que celles que nous voyons opérer aux tremblemens de terre; ils seroient toujours accompagnés d'une subversion totale des pays où ils se feroient sentir. Les *volcans* sont donc un bienfait de la nature; ils fournissent au feu & à l'air un libre passage; ils les empêchent de pousser leurs ravages au-delà de certaines bornes, & de bouleverser totalement la surface de notre globe. En effet, toutes les parties de la terre sont agitées par des tremblemens qui se font sentir en différens tems avec plus ou moins de violence. Ces convulsions de la terre nous annoncent des amas immenses de matieres allumées; c'est donc pour leur donner passage que la Providence a placé un grand nombre d'ouvertures propres à éventer, pour ainsi dire, la mine. Aussi voyons - nous que la Providence a placé des *volcans* dans toutes les parties du monde: les climats les plus chauds étant les plus sujets aux tremblemens de terre, et out une très-grande quantité. Aujour-d'hui l'on en compte trois principaux en Europe ; c'est l'*Ethna* en Sicile , le mont *Vésuv* dans le royaume de Naples , & le mont *Hecla* en Islande. Comme chacun de ces *volcans* est décrit dans des articles particuliers , nous ne parlerons ici que des phénomenes généraux qui sont communs à tous les *volcans*.

Il n'est point dans la nature, de phénomenes plus étonnans que ceux que présentent ces montagnes embrasées: quoi qu'en disent des voyageurs peu instruits, il ne paroît point prouvé qu'il en existe qui vomissent perpétuellement des flammes , quelquefois après des éruptions violentes, les matieres s'épuisent & le *volcan* cesse de vomir , jusqu'à ce qu'il se soit amassé une assez grande quantité de subst. tances pour exciter une nouvelle éruption. Ainsi le feu couvera quelquefois pendant un très-grand nombre d'années dans les gouffres profonds qui sont dans l'intérieur de la montagne , & il attendra que différentes circonstances le mettent en action.

Les éruptions des *volcans* sont ordinairement annoncées par des bruits souterrains semblables à ceux du tonnerre, par des sifflemens affreux, par un déchirement intérieur ; la terre semble s'ébranler jusque dans ses fondemens : ces phénomenes durent jusqu'à ce que l'air dilaté par le feu ait acquis assez de force pour vaincre les obstacles qui le tiennent enchaîné; & alors il se fait une explosion plus vive que celle des plus fortes décharges d'artillerie : la matiere enflammée , semblable à des Fusées volantes, est lancée en tout sens à une distance prodigieuse , & s'échappe avec impétuosité par le sommet de la montagne. On en voit sortir des quartiers de rochers d'une grosseur prodigieuse, qui après s'être élevés à une grande hauteur dans l'air, retombent & roulent par la pente de la montagne ; les champs des environs sont enterrés sous des amas prodigieux de cendres , de sable brûlant, de pierres-ponces ; souvent les flancs de la montagne s'ouvrent tout-d'un-coup pour laisser sortir des torrens de matiere liquide & embrasée , qui vont inonder les campagnes, & qui brûlent & détruisent tous les arbres, les édifices & les champs qui se trouvent sur leur chemin.

L'histoire nous apprend que dans deux

éruptions du Vésuve , ce *volcan* jeta une si grande quantité de cendres , qu'elles volerent jusqu'en Egypte, en Lybie & en Syrie.

En 1600, à Arequipa au Pérou, il y eut une éruption d'un *volcan* qui couvrit tous les terreins des environs , jusqu'à trente ou quarante lieues , de sable calciné & de cendres; quelques endroits en furent couverts de l'épaisseur de deux verges. La lave vomie par le mont Ethna , a formé quelquefois des ruisseaux qui avoient jusqu'à 18000 pas de longueur ; & le célebre Borelli a calculé que ce *volcan* , dans une éruption arrivée en 1669, a vomi assez de matieres pour remplir un espace de 93838750 pas cubiques. Ces exemples suffisent pour faire juger des effets prodigieux des *volcans*. *V.* LAVE.

Souvent on a vu des *volcans* faire sortir de leur sein des ruisseaux d'eau bouillante, des poissons , des coquilles & d'autres corps marins. En 1631, pendant une éruption du Vésuve , la mer fut mise à sec ; elle parut absorbée par ce *volcan*. qui peu après inonda les campagnes de fleuves d'eau salée.

Les éruptions des *volcans* n'ont point toujours le même degré de violence ; cela dépend de l'abondance des matieres enflammées , & de différentes circonstances propres à augmenter ou à diminuer l'action du feu.

On remarque que la plupart des *volcans* sont placés dans le voisinage de la mer ; cette position peut même contribuer à rendre leurs éruptions plus violentes. En effet, l'eau venant à tomber par les fentes de la montagne dans les amas immenses de matieres enflammées qui s'y trouvent, ne peut manquer de produire des explosions très-vives ; mais les effets doivent devenir plus terribles encore lorsque cette eau est bitumineuse & chargée de parties salines. Une expérience assez triviale peut nous rendre raison de cette vérité : les cuisiniers , pour rendre la braise plus ardente, y jettent quelquefois une poignée de sel, le feu devient par-là beaucoup plus âpre.

Les sommets des *volcans* ont communément la forme d'un cône renversé ou d'un entonnoir. Lorsque les cendres & les roches qui entourent cette partie de la montagne permettent d'en approcher dans les tems où il ne se fait point d'éruption ;

on y voit un baſſin rempli de ſoufre qui bouillonne en de certains endroits, & qui répand une odeur ſulfureuſe très-forte & ſouvent une fumée épaiſſe. Cette partie du *volcan* eſt très-ſujette à changer de face, & chaque éruption lui fait préſenter un aſpect différent de celui que le ſommet avoit auparavant. En effet, il y a des portions de la montagne qui s'écroulent, & le gouffre vomit de nouvelles matieres qui les remplacent. Les chemins qui conduiſent au ſommet de ces montagnes ſont auſſi couverts de ſel ammoniac, de matieres bitumineuſes, de pierres-ponces, de ſcories de lave, d'alun, &c. On y rencontre des ſources d'eaux chaudes, ſalines, ſulfureuſes, d'une odeur & d'un goût inſupportables. Dans les temps qui précedent les éruptions, les matieres contenues dans le baſſin ſemblent bouillonner ; elles ſe gonflent quelquefois au point de ſortir par-deſſus les rebords, & de découler le long de la pente du *volcan;* cela n'arrive point ſans un fracas épouvantable, & ſans des ſifflemens & des déchiremens propres à donner le plus grand effroi. On ſent aiſément que les matieres, en ſe fondant, doivent former une croûte qui s'oppoſe au paſſage de l'air & du feu, ce qui doit produire une expanſion qui renouvelle la violence des éruptions.

Pluſieurs phyſiciens ont cru qu'il y avoit une eſpece de correſpondance entre les différens *volcans* que l'on voit ſur notre globe. La proximité rend cette conjecture aſſez vraiſemblable pour le Véſuve & l'Ethna, qui ſouvent exercent leurs ravages dans le même témps; d'ailleurs nous avons fait voir dans l'*art.* TREMBLE-MENT DE TERRE, que les embraſemens de la terre ſembloient ſe propager par des canaux ſouterrains à des diſtances prodigieuſes.

Il arrive quelquefois que des *volcans*, après avoir eu des éruptions pendant une longue ſuite de ſiecles, ceſſent enfin d'en avoir; cela vient, ſoit de ce que les matieres qui excitoient leurs embraſemens ſe ſont à la fin totalement épuiſées, ſoit de ce qu'elles ont pris une autre route. En effet, on a vu que lorſque quelques *volcans* ceſſoient de jeter des matieres, d'autres montagnes devenoient des *volcans*, & commençoient à vomir du feu avec autant & plus de furie que ceux dont ils prenoient la place. C'eſt ainſi que depuis un

très-grand nombre d'années le mont Hécla en Iſlande a ceſſé de vomir des flammes, & une autre montagne de la même iſle eſt devenue un *volcan*. Les différentes parties du monde préſentent aux voyageurs pluſieurs montagnes qui ont ſervi autrefois de ſoupiraux aux embraſemens de la terre, comme on peut en juger par les abymes & les précipices qu'elles offrent, par les pierres-ponces, les roches calcinées, le ſoufre, les cendres, l'alun ; le ſel ammoniac, dont le terrein qui les environne eſt rempli. Il paroît que quelques-uns de ces *volcans* ont exercé leurs ravages dans des tems dont l'hiſtoire ne nous a point conſervé le ſouvenir; mais un obſervateur habile reconnoîtra ſans peine qu'ils ont exiſté, par les matieres que nous venons d'indiquer, & ſur-tout par les couches de lave que les *volcans* ont fait ſortir de leurs flancs, & qui ont inondé les campagnes dans leur voiſinage. *Voyez* LAVE. Pluſieurs montagnes d'Europe ont été autrefois des *volcans*. Les monts Apennins paroiſſent avoir été dans ce cas. On a rencontré en Auvergne des matieres qui indiquent d'une maniere indubitable que cette province a autrefois été fouillée par les feux ſouterrains. L'endroit de la Provence, qu'on nomme les *gorges d'Olioule*, qui ſe trouve ſur le chemin de Marſeille à Toulon, porte des caracteres qui annoncent qu'il y a eu autrefois un *volcan* dans cette partie de la France. Pluſieurs autres pays préſenteroient les mêmes ſignes, ſi on les examinoit plus attentivement. La deſcription que le célebre M. Tournefort nous a donné du mont Ararat en Arménie, peut nous faire préſumer avec beaucoup de certitude que cette montagne eſt un *volcan* dont le feu s'eſt éteint; il dit qu'il s'y trouve un abyme dont les côtés ſont comme taillés à plomb, & dont les extrémités ſont hériſſées de rochers noirâtres & comme ſalis par la fumée ; on voit que cette deſcription convient parfaitement au baſſin d'un *volcan*.

Les montagnes ne ſont point toujours le ſiege des éruptions des feux ſouterrains ; on a vu quelquefois ſortir tout-à-coup du fond du lit de la mer, des feux, des rochers embraſés, de la pierre-ponce, & un amas prodigieux de ſable, de cendres, & de matieres qui ont formé des iſles dans les endroits où peu auparavant il n'y avoit que des eaux ; c'est de cette maniere que s'est formée la fameuse isle de Santorin. Un phénomene pareil arriva en 1720 auprès de l'isle de S. Michel, l'une des Açores. La nuit du 7 au 8 de décembre, il sortit tout-d'un coup du fond de la mer une quantité prodigieuse de pierres, de sable, & de matieres embrasées, qui formoient une isle toute nouvelle à côté de la premiere, que cette révolution avoit presque entierement renversée. *Urbani Hiernæ.*

Les feux contenus dans le sein de la terre n'agissent point toujours avec la même fureur ; souvent ils brûlent sans bruit, & couvent, pour ainsi dire, sous terre ; on ne reconnoit leur présence que par les sources d'eaux chaudes que l'on voit sortir à la surface de la terre, par les bitumes liquides, tels que le pétrole & le naphte, que la chaleur fait suinter au travers des roches & des couches de la terre. C'est ainsi que dans le voisinage de Modene on trouve, en creusant, une quantité prodigieuse de pétrole qui nage à la surface des eaux.

Quelquefois on rencontre à la surface de la terre des endroits qui brûlent, pour ainsi dire, imperceptiblement ; c'est ainsi que l'on trouve dans le Dauphiné un terrein qui, sans être embrasé visiblement, ne laisse pas d'allumer la paille & le bois qu'on y jette. Il se trouve un terrein tout semblable, mais d'une beaucoup plus grande étendue, en Perse près de Baku. *Voyez* NAPHTE. On doit aussi mettre dans le même rang l'endroit connu en Italie sous le nom de *Solfatara*. V. *cet article.* (—)

VOLCAN, *Géog. mod.* On appelle *volcans*, des montagnes brûlantes, & qui jettent du feu, des flammes, de la fumée, des cendres chaudes, avec plus ou moins de violence, & en quantité plus ou moins grande. Le nom de *volcan* a été donné à ces sortes de montagnes par les Portugais, & l'usage l'a adopté. On sait qu'il y a des *volcans* dans les quatre parties du monde, en Amérique, en Afrique, en Asie, en Europe. Voici la liste des principaux, & je ne la donne pas pour exacte. On connoit dans l'Amérique septentrionale le *volcan* d'Anion près de la mer du

Sud, celui d'Atilan, celui de Cataculo, celui de Colima, celui de Guatimala, celui de Léon, celui de Nicaragua, celui de Sonsonate, & quelques autres.

On trouve dans l'Amérique méridionale au Pérou, le *volcan* d'Arequipa, à 90 lieues de Lima : c'est une montagne qui jette sans discontinuer un soufre enflammé, & les habitans appréhendent que tôt ou tard elle ne brûle ou n'abyme la ville voisine. (*a*)

On trouve encore au Pérou, dans une vallée appellée *Mulabalto*, à 50 lieues de Quito, un *volcan* sulfureux, qui s'enflamma dans le dernier siecle, & jeta des pierres hors de son sein, avec un bruit terrible. Dans la chaine des montagnes du Pérou, appellées les *Andes* ou *Cordillieres*, il y a en différens lieux des montagnes qui vomissent, les unes de la flamme & les autres de la fumée ; telle est celle de Carrapa, province de Popayane.

L'Asie abonde en *volcans* ; un d'eux dans l'isle de Java, se forma en 1586, par une éruption violente de soufre, & vomit une quantité prodigieuse de fumée noire mêlée de flamme & de cendres chaudes : cette éruption fut fatale à quelques milliers de personnes.

Le *volcan* Gonapi, situé dans une des isles Banda, ayant brûlé plusieurs années de suite, se creva finalement dans le dernier siecle, & vomit avec mugissement une furieuse quantité de grosses pierres, accompagnées d'une matiere sulfureuse, brûlante & épaisse, qui tomba sur la terre & dans la mer. Les cendres chaudes couvrirent les canons des Hollandois, qui étoient plantés sur les murs de leur citadelle. L'eau se gonfla auprès de la côte, bouillonna, & laissa quantité de poissons morts flottans sur la surface.

Le mont Balaluanum, dans l'isle de Sumatra, jette des flammes & de la fumée, de même que le mont Ethna.

On voit plusieurs *volcans* sur les côtes de l'Océan Indien, qui sont décrits dans les voyages de Dampier ; mais le plus terrible de tous, est celui de l'isle de Ternate.

La montagne est roide & couverte au pied de bois épais ; mais son sommet, qui s'éleve jusqu'aux nues, est pelé par le feu. Le soupirail est un grand trou qui descend

(*a*) Le *volcan* d'Antoco est une montagne des Indes, dans l'Amérique méridionale, au royaume de Chily, à l'orient d'Angor. Elle vomit du feu.

en ligne fpirale, & devient par degrés de plus en plus petit, comme l'intérieur d'un amphithéâtre. Dans le printems & en automne, vers les équinoxes, quand le vent du nord regne, cette montagne vomit avec bruit des flammes mêlées d'une fumée noire, & toutes les montagnes des environs fe trouvent couvertes de cendres. Les habitans y vont dans certains temps de l'année, pour y recueillir du foufre, quoique la montagne foit fi efcarpée en plufieurs endroits, qu'on ne peut y parvenir qu'avec des cordes attachées à des crochets de fer.

L'isle Manille, dans l'Océan Indien, a fes *volcans* ; les navires qui viennent de la Nouvelle Efpagne, apperçoivent de fort loin celui qui eft près de la grande baie d'Albay, & qui jette des flammes dans certains temps.

A foixante lieues des Moluques, on voit une isle dont les montagnes font fouvent fecouées par des tremblemens de terre, fuivis d'éruptions de flammes, de cendres & de pierres-ponces calcinées.

Le *volcan* de l'isle de Fuego, une des petites isles du Cap-Verd, eft une haute montagne, du fommet de laquelle il fort des flammes qu'on apperçoit en mer dans le temps de la nuit.

Le Japon abonde en *volcans* ; il y en a un confidérable à 60 milles de Firando ; il y en a un autre vis-à-vis de Saxumo, un troifieme dans la province de Chiangen, un quatrieme dans le voifinage du Surunga, un cinquieme, plus confidérable que tous les autres, dans l'isle de Ximo ; fon fommet n'eft qu'une maffe brûlée, & la terre y eft fi fpongieufe qu'on n'y marche qu'en tremblant ; tout n'offre dans cette montagne que des abymes & des exhalaifons infectes.

Dans une des isles nommées *Papous*, que le Maire a découverte, & qui n'eft peut-être pas une isle, mais une fuite de la côte orientale de la Nouvelle-Guinée, on trouve un *volcan* plein de feu & de fumée.

On voit auffi des *volcans* dans le pays habité par les Tartares Tongoufes, & au-delà de leur pays. On en compte quatre dans ces parties feptentrionales de la Tartarie : nous favons encore que le Groënland & les contrées voifines ont auffi des montagnes brûlantes.

L'Afrique n'eft pas fans *volcans* ; il y en a dans le royaume de Fez & ailleurs. Mais les *volcans* de l'Europe font les plus connus. Ceux qui navigent fur la Méditerranée apperçoivent de fort loin les éruptions de flammes & de fumée du mont Ethna, appellé maintenant Gibel en Sicile. On voit les éruptions de ce *volcan* à la diftance de trente milles. Quoiqu'il jette du feu & de la fumée prefque fans interruptions, il y a des tems où il les exhale avec plus de violence. En 1656, il ébranla une partie de la Sicile : bientôt après, l'entonnoir qui eft au fommet de la montagne, vomit quantité de cendres chaudes, que le vent difperfa de toutes parts. Farelli nous a donné une relation des éruptions de ce *volcan*. M. Oldenbourg en a fait l'extrait dans les *Tranfact. philof.* n. 48. Plus récemment encore, Bottone Leontini a mis au jour l'exacte topographie de cette montagne & de fes *volcans*.

Le mont Hécla en Islande a quelquefois des éruptions auffi violentes que celles du mont Gibel. Mais le Véfuve eft un fourneau de feu fi célebre par fes terribles incendies, qu'il mérite un article à part. *V.* donc VÉSUVE (*Eruptions du*), *hift. nat. des volcans*. *V.* auffi VÉSUVE.

Il réfulte de ce détail, qu'on trouve des *volcans* dans toutes les parties du monde, & dans les contrées les plus froides comme dans les pays les plus chauds. Il y a des *volcans* qui n'ont pas toujours exifté, & d'autres qui ne fubfiftent plus. Par exemple, celui de l'isle Queimoda fur la côte du Bréfil, à quelque diftance de l'embouchure de Rio de la Plata, a ceffé de jeter du feu & des flammes. Il en eft de même des montagnes de Congo & d'Angola. Celles des Açores, fur-tout de l'isle de Tercere, brûloient anciennement dans différens lieux, & ne jettent à préfent que de temps à autre de la fumée & des vapeurs.

Les isles de Sainte-Hélene & de l'Afcenfion produifent une terre qui paroît compofée de cendres, de fcories, & de charbon de terre à demi brûlé. De plus, comme on trouve dans ces isles, auffi bien qu'aux Açores, des terres fulfureufes, & des fcories femblables au machefer, qui font fort propres à s'enflammer, il ne feroit pas étonnant qu'il s'élevât dans la fuite des *volcans* nouveaux dans ces isles ; car la caufe de ces montagnes brûbotes n'eſt autre choſe qu'une matiere ſulfureuſe & bitumineuſe miſe en feu.

Les phyſiciens penſent que les tremblemens de terre & les *volcans* dépendent d'une même cauſe, ſavoir, de terreins qui contiennent beaucoup de ſoufre & de nitre, qui s'allument par la vapeur inflammable des pyrites, ou par une fermentation de vapeurs portée à un degré de chaleur égal à celle du feu & de la flamme. Les *volcans* ſont antant de ſoupiraux qui ſervent à la ſortie des matieres ſulfureuſes ſublimées par les pyrites. Quand la ſtructure des parties intérieures de la terre eſt telle que le feu peut paſſer librement hors de ces cavernes, il en ſort de temps en temps avec facilité & ſans ſecouer la terre. Mais quand cette communication n'eſt pas libre, ou que les paſſages ne ſont pas aſſez ouverts, le feu ne pouvant parvenir aux ſoupiraux, ébranle la terre juſqu'à ce qu'il ſe ſoit fait un paſſage à l'ouverture du *volcan*, par laquelle il ſort tout en flamme avec beaucoup de violence & de bruit, jetant au loin & au large des pierres, des cendres chaudes, des fumées noires, & des laves de ſoufre & de bitume. (D.J.)

VOLCELSY, *Chaſſe*, terme que l'on doit dire quand on revoit la bête fauve qui va fuyant, ce qui ſe connoît quand elle ouvre les quatre pieds.

VOLCES ou VOLSCES, *Hiſt. anc.*, *Volce*, peuple de la Gaule méridionale, qui habitoit, avant que les Romains en fiſſent la conquête, le pays qui eſt entre les Pyrénées & Toulouſe, c'eſt-à-dire la province que l'on nomme aujourd'hui *Languedoc*. On les diviſoit en *Volces - tectoſages* & *Volces - arécomiques*. Ces derniers occupoient la partie de ce pays qui eſt ſur les bords du Rhône, où ſe trouve maintenant la ville de Nimes.

VOLCI, *Géogr. anc.*, ville d'Italie, dans l'Etrurie. Ptolomée, l. III, c. 1. la marque dans les terres. Ses habitans ſont appellés *Volcentini* par Pline, l. III, c. 5. qui les ſurnomme *Etruſci*; il ajoute qu'ils avoient donné leur nom à la ville Coſſa qui étoit dans leur territoire, & qu'on appelloit *Coſſa Volcientium*. Dans les premiers temps, au lieu de *Volci* & de *Volcentini*, on écrivoit *Vulci* & *Vulcientei*, comme on le voit dans la table des triomphes du Capitole, où on lit, *de Vulſnienſibus* & *Vulcientibus*, (D.J.)

VOLCIANI, *Géog. anc.*, peuples de l'Eſpagne Tarragonoiſe, connus principalement par la réponſe vigoureuſe qu'ils firent aux ambaſſadeurs romains, lorſque ceux - ci les ſolliciterent de renoncer à l'alliance des Carthaginois. On croit que leur ville eſt aujourd'hui *Villa - Dolce*, au royaume d'Aragon. Selon les archives du pays. *Villa - Dolce* ſe nommoit autrefois *Volce*. Il ſeroit heureux que ce rapport de nom nous fît retrouver une ville, ou du moins la demeure d'un peuple que les anciens géographes ont ignoré ou négligé, & dont la mémoire néanmoins méritoit bien d'être transmiſe à la poſtérité, par la part qu'ils eurent à la réſolution que les Eſpagnols prirent de préférer l'alliance des Carthaginois à celle des Romains. (D. J.)

VOLCMARK, *Géog. mod.*, petite ville d'Allemagne, au cercle d'Autriche, dans la baſſe-Carinthie, ſur la rive gauche de la Drave. Cellarius conjecture que c'eſt la *Virunum* des anciens. (D. J.)

VOLE, FAIRE LA, *Jeu de cartes*. C'eſt faire toutes les levées ſeul ; & au quadrille, quand on joue le ſans prendre, ou avec l'ami, quand on a appellé un roi, on fait la vole,

A. N. VOLÉE, ſ. f. On dit d'un oiſeau qu'il a pris ſa *volée*. Ce mot ſe prend auſſi collectivement. On dit d'une bande d'hirondelles qui volent enſemble, *c'eſt une volée d'hirondelles* : en parlant des pigeons éclos en mars, on dit c'eſt la *volée* de mars.

Il ſe dit figurément des gens qui ſont de même âge, de même profeſſion, *il y avoit une* volée *de jeunes gens*, *de beaux eſprits*, &c.

Il ſignifie figurément & familiérement le rang ; *c'eſt un ſtigneur de la premiere* volée.

VOLÉE, ſ. f. *Art milit.*, c'eſt la partie du canon depuis les tourillons juſqu'à la bouche. V. CANON. (Q)

VOLÉE DE CANON, *Art milit.*, eſt une décharge de pluſieurs pieces qu'on tire ſur l'ennemi ou dans une place pour ſaluer quelqu'officier général. *Voy.* SALUT. (Q)

VOLÉE, *Charron*, c'eſt une piece de bois ronde, de la longueur de quatre pieds, placée à demeure ſur les erremonts, & qui ſert à attacher à ſes deux extrémités les palonniers.

VOLÉE, *Jardin.* , c'est le nom qu'on
donne au travail de plusieurs hommes
rangés de front, qui battent une allée de
jardin sur la longueur en même temps.
Ainsi on dit qu'une allée a été battue à
deux, à trois, quatre, &c. *volées*, c'est-
à-dire, autant de fois dans toute son étendue. (*D. J.*)

VOLÉE, *Maréchall.* , se dit des chevaux qu'on met au-devant des autres,
quand il y en a plusieurs rangs, pour tirer plus vîte une voiture. Ces chevaux
sont plus propres à la *volée*, & ceux-ci au
timon. *V.* TIMON.

On appelle encore de ce nom plusieurs
pieces de bois de traverse, auxquelles on
attele les chevaux de carrosse. Il y a la
volée de devant & la *volée* de derriere.

VOLÉE, *Paumier*, terme qui signifie
le temps qu'une balle est en l'air depuis
qu'elle a été frappée par la raquette jusqu'à ce qu'elle tombe à terre. Ainsi prendre une balle à la *volée*, c'est la prendre
en l'air avant qu'elle ait touché la terre.
Les coups de *volée* sont plus brillans que
ceux où on prend la balle au bond.

VOLÉE, *Pêche*, sorte de ret propre à faire la pêche ou chasse des oiseaux de mer.

Les pêcheurs riverains du village de
Marais, lieu dans le ressort de l'amirauté
de Quillebœuf, qui sont à la côte, pendant l'hiver, la pêche des oiseaux marins, placent pour cet effet de hautes perches où ils amarrent des filets, à-peu-près
établis comme ceux des passées pour prendre des bécasses; ils les nomment *volets*
ou *volées* : les mailles en ont six pouces
& demi à sept pouces en quarré; comme
le filet est libre & volant, les oiseaux les
plus gros & les plus petits y demeurent
pris également.

Lorsque les nuits sont noires, obscures, la marée qui monte avec une grande
rapidité dans cette partie de l'embouchure de la riviere, où elle forme par sa précipitation la barre qu'on nomme de *Quillebœuf*, & où elle tombe avec le plus de
violence, amene en même temps avec
elle un grand nombre d'oiseaux de mer;
& plus les froids sont grands, plus elle
en amene : ce sont ordinairement des
oies, des canards & autres semblables especes qui suivent le flot, qui se retirent
souvent avec le reflux, & qui se trouvent
pris dans ces pêcheries.

VOLER, v. neut. c'est le mouvement

progressif que fait en plein air un oiseau,
ou tout autre animal qui a des ailes. *V.*
VOL & OISEAU.

Le *voler* est naturel ou artificiel.

Le *voler* naturel est celui qui s'exécute
par l'assemblage & la structure des parties que la nature a destinées à cette action : telle est la conformation de la plupart des oiseaux, des insectes & de quelques poissons.

En Virginie & dans la Nouvelle-An-
gleterre il y a aussi des cerfs-volans.
Transf. philosoph. n. 127. En 1685, dans
plusieurs contrées du Languedoc, la terre fut couverte de sauterelles volantes,
longues d'environ un pouce, & en si grand
nombre, qu'en quelques endroits il y en
avoit l'épaisseur de quatre pouces ou d'un
tiers de pied. *Ibid.* n. 182.

Les parties des oiseaux qui servent
principalement à *voler*, sont les ailes &
la queue : par le moyen des ailes l'oiseau
se soutient & se conduit en long, & la
queue lui sert à monter, à descendre, à
tenir son corps droit & en équilibre, & à
le garantir des vacillations. *V.* AILE &
QUEUE.

C'est la grandeur & la force des muscles pectoraux, qui rendent les oiseaux si
propres à *voler* vîte, ferme & long-tems.

Ces muscles, qui sont à peine dans les
hommes une soixante & dixieme partie
des muscles du corps, surpassent en grandeur & en poids tous les autres muscles
pris ensemble dans les oiseaux : sur quoi
M. Willughby fait cette réflexion, que,
s'il est possible à l'homme de *voler*, il faut
qu'il imagine des ailes, & qu'il les ajuste
de maniere qu'il les fasse agir avec ses
jambes, & non pas avec ses bras. *V.* MUS-
CLE PECTORAL.

Voici comment se fait le vol des oiseaux : d'abord l'oiseau plie les jambes,
& il pousse avec violence la place d'où il
s'éleve; il ouvre alors ou il déploie les
articulations ou les jointures de ses ailes,
de maniere qu'elles fassent une ligne
droite, perpendiculaire aux côtés de son
corps. Ainsi, comme les ailes avec leurs
plumes forment une lame continue, ces
ailes étant alors élevées un peu au-dessus
de l'horison, l'oiseau leur faisant faire
des battemens ou des vibrations avec force & prestesse, qui agissent perpendiculairement contre l'air qui est dessous,
quoique cet air soit un fluide, il résiste à

les fecousses, tant par son inactivité naturelle, que par son reffort ou son élafticité, qui le rétablit dans fon premier état, après qu'il a été comprimé, & fa réaction eft égale à l'action que l'on a exercée fur lui : par cette méchanique le corps de l'oifeau fe trouve pouffé. L'induftrie ou la fagacité de la nature eft fort remarquable dans la maniere avec laquelle il étend & remue fes ailes quand il les fait agir. Pour le faire directement & perpendiculairement, il eût fallu furmonter une grande réfiftance ; afin d'éviter cet inconvénient, la partie offenfeufe, ou la bande de l'aile, dans laquelle les plumes font infé rées, fe meut obliquement ou de biais par fa tranche antérieure ; les plumes fuivent cette difpofition, en forme de pavillon.

Quoique l'air foit indifférent pour toutes fortes de mouvemens, & qu'il puiffe être agité par la moindre action, l'expérience néanmoins fait voir qu'il réfifte avec plus de force au mouvement d'un coup à proportion que ce même corps fe meut plus vîte. Il y a diverfes caufes de cette réfiftance, & qui marquent comment le mouvement des ailes peut être affoibli : la premiere vient de ce que l'air des deux côtés eft en repos, tandis que celui qui eft pouffé doit fe mouvoir comme tous les autres corps fluides ; mais afin qu'il n'y ait que fort peu d'air qui fe meuve & qui change de place, il eft néceffaire qu'il fe meuve circulairement autour de toute la maffe d'air qui eft en repos, comme s'il étoit enfermé dans un vafe, quoique ce mouvement des parties de l'air ne fe faffe point de réfiftance, ni fans que ces mêmes parties de l'air, & celles qui tournent en rond, fe preffent mutuellement enfemble.

La feconde raifon qui fait encore voir que le mouvement des ailes eft retardé, eft que tout air agité réfifte au battement de l'aile, & que les petites parties de l'air étant ainfi comprimées par cette impulfion, font effort pour fe dilater : c'eft pourquoi la réfiftance de l'air & ce mouvement de l'aile pourront être en équilibre, pourvu que la force avec laquelle l'aile frappe l'air foit égale à la réfiftance. Si l'aile de l'oifeau fe meut avec une viteffe égale à la réfiftance de l'air, ou bien fi l'air cede avec autant de viteffe que les ailes le pouffent, l'oifeau demeu-

rera dans la même fituation fans monter ni defcendre, parce qu'il ne s'élève que lorfque ces ailes en frappant l'air fe fléchiffent. Mais au contraire, fi l'aile fe meut plus vîte que l'air qui eft au-deffous, l'oifeau monte, & ne demeure plus alors à la même place, parce que l'arc que fon aile décrit par fon mouvement fera plus grand que l'efpace que parcourt l'air qui defcend.

Suppofons que l'oifeau foit en l'air, & qu'il ait les ailes étendues & le ventre en bas, & que le vent pouffe le deffous des ailes perpendiculaires, de forte que l'oifeau foit foutenu en l'air, pour lors il volera horifontalement, parce que les ailes étant toujours étendues réfiftent par leur dureté & l'effort des mufcles à l'effort du vent ; mais fi toute la largeur de l'aile cede à l'impulfion du vent, à caufe qu'elle peut aifément tourner dans la cavité de l'omoplate, c'eft une néceffité que les bouts des plumes des ailes s'approchent l'une de l'autre pour former un coin, dont la pointe fera en-haut, & les plans de ce coin feront comprimés de tous côtés par le vent, enforte qu'il foit chaffé vers fa bafe, parce qu'il ne fauroit avancer, s'il n'entraîne le corps de l'oifeau qui lui eft attaché : il s'enfuit qu'il doit faire place à l'air, c'eft pourquoi l'oifeau volera de côté par un mouvement horifontal.

Suppofons préfentement que l'air de deffous foit en repos, & que l'oifeau le frappe avec fes ailes par un mouvement perpendiculaire ; les plumes des ailes formeront un coin dont la pointe fera tournée vers la queue ; mais il faut remarquer que les ailes feront également comprimées par l'air, foit qu'elles le frappent à plomb avec beaucoup de force, ou qu'étant étendues elles ne faffent que recevoir l'agitation du vent.

Quoique la nature ait fait le vol non feulement pour élever les oifeaux en haut & les tenir fufpendus, mais auffi pour les faire voler horifontalement, néanmoins ils ne peuvent s'élever qu'en faifant plufieurs fauts de fuite, & en battant des ailes pour s'empêcher de defcendre ; & quand ils font élevés, ils ne peuvent encore fe foutenir en l'air qu'en frappant à plomb de leurs ailes, parce que ce font des corps pefans qui tendent en-bas.

A l'égard du mouvement tranfverfal

des oifeaux , il y en a qui croient qu'il fe
fait de la même maniere qu'un vaiffeau
eft pouffé en-devant par les rames horifontalement agitées vers la pouppe , &
que les ailes s'élancent vers la queue par
un mouvement horifontal , en rencontrant l'air qui eft en repos : mais cela répugne à l'expérience & à la raifon ; car
on voit , par exemple , que les cignes ,
les oies , & tous les grands oifeaux , lorfqu'ils volent , ne portent point leurs ailes vers la queue horifontalement , mais
qu'ils les fléchiffent en-bas , en décrivant
feulement des cercles perpendiculaires.
Il faut pourtant remarquer que le mouvement horifontal des rames fe peut facilement faire , & que celui des ailes des oifeaux feroit fort difficile , & même défavantageux , puifqu'il empêcheroit le vol,
& cauferoit la chûte de l'oifeau , qui doit
frapper l'air à plomb par de continuels
battemens. Mais la nature , pour foutenir
l'oifeau , & le pouffer horifontalement ,
lui fait frapper cet air prefque perpendiculairement par de petits coups obliques,
qui dépendent de la feule flexion de fes
plumes.

Les anciens philofophes ont dit que la
queue faifoit dans les oifeaux ce que le
gouvernail fait dans le navire ; & comme
le navire peut être retourné à droite & à
gauche par le gouvernail, ils fe font imaginé que les oifeaux en *volant* ne tournoient à droite & à gauche que par le
mouvement de la queue. La raifon & l'expérience font connoitre la fauffeté de cette opinion , puifque les pigeons , les hirondelles & les éperviers en *volant* fe
tournent à droite & à gauche , fans étendre leur queue & fans la fléchir d'aucun
côté , & que les pigeons à qui on a coupé
la queue , & les chauve-fouris qui n'en
ont point , ne laiffent pas de *voler* en tournant facilement à droite & à gauche. Cependant il ne faut pas nier que la queue
ne faffe l'office du gouvernail , pour faire
monter & defcendre les oifeaux , puifqu'il eft certain que fi un oifeau , lorfqu'il *vole* horifontalement, éleve fa queue
en-haut & la tienne étendue, il ne trouvera point d'empêchement du côté du
ventre, mais feulement du côté du dos,
parce que l'air qui rencontre fa queue
élevée & étendue, fait effort pour la bail-
fer ; mais les mufcles la retenant dans cet
état, il faut que l'oifeau qui eft en équili-

bre au milieu de l'air, change de fituation.
Il en eft de même de l'oifeau dont la queue
eft abaiffée lorfqu'il *vole* horifontalement;
elle doit frapper l'air & s'élever en-haut,
pour fe mouvoir autour du centre de pefanteur , & pour lors la tête de l'oifeau
fe baiffe. Voici un exemple qui va confirmer cette vérité. Qu'on mette une lame
de fer dans un vaiffeau plein d'eau , &
qu'elle foit attachée avec un fil par fon
centre de pefanteur , afin qu'elle fe puiffe
mouvoir horifontalement , & qu'il y ait
par-derriere une autre petite lame femblable à la queue d'un oifeau ; fi on la fléchit en-haut en tirant le fil horifontalement , la premiere lame à laquelle ce fil
eft attaché, montera en tournant fort vîte
autour du centre , fans fe mouvoir horifontalement à droite ni à gauche. L'ex-pé-
rience fait voir qu'un petit gouvernail
qu'on tourne du côté gauche , peut faire
mouvoir lentement de ce même côté un
grand vaiffeau quand il eft pouffé en droite ligne ; mais lorfque ce vaiffeau eft en
repos , & qu'il n'eft point pouffé par le
vent ni par les rames , la flexion du gouvernail ne le fait point tourner de côté.
Au contraire , quand on a ôté le gouvernail , fi l'on meut les rames du côté droit
en pouffant l'eau vers la pouppe , foit que
le vaiffeau foit en repos ou qu'il foit
pouffé en ligne droite, la proue tournera toujours fort promptement du côté
gauche. La même chofe arrivera encore ,
fi les rames du côté droit pouffent l'eau
en-arriere avec plus de viteffe que celles
qui font à gauche.

La caufe de cet effet eft fi évidente
qu'elle n'a pas befoin d'explication. Il en
eft de même d'un oifeau qui *vole* ; s'il fléchit l'aile droite, en pouffant l'air vers la
queue, il faut qu'il fe meuve du même
côté, c'eft-à-dire, que la partie antérieure
de l'oifeau fe detourne à gauche. La même
chofe arrive en nageant ; car fi l'on fléchit le bras droit , que l'on approche la
main vers les feffes , on tourne à gauche.
On remarque auffi que quand les pigeons
veulent fe détourner à gauche, ils élevent
plus haut l'aile droite , & qu'ils pouffent
l'air avec plus de force vers la queue par
un mouvement oblique; ce qui fait que
l'épaule & le côté droit de l'oifeau fe levent fur le plan horifontal , & qu'en même temps le gauche fe baiffe , parce que
fa pefanteur n'eft pas foutenue d'un auffi
grand

grand effort que la partie droite eſt élevée ſur l'horiſon : ce mouvement horiſontal de l'oiſeau ſe fait fort vite.

Lorſque l'oiſeau ſe meut dans l'air ſelon ſa longueur, & qu'il fléchit la tête & le cou du côté gauche, le centre de peſanteur de la tête & du cou eſt transporté en même temps ; ainſi il eſt certain que le centre de peſanteur de tout l'oiſeau s'éloigne de la ligne droite, en retenant néanmoins l'impreſſion qu'il a reçue de la queue vers la tête : c'eſt de ces deux mouvemens que ſe fait le tranſverſal. Quoique le vaiſſeau dont nous avons rapporté l'exemple, puiſſe être tourné à droite & à gauche par les rames & par le gouvernail, & que ce ne ſoit pas tant la force du gouvernail qui agit, que l'impétuoſité que le vaiſſeau a acquiſe par la réſiſtance de l'eau qui rencontre le gouvernail, l'oiſeau cependant ne ſe tourne pas dans ſon vol horiſontal par la flexion latérale du cou & de la tête : car ſi la flexion latérale du cou faiſoit l'office du gouvernail, l'oiſeau iroit, comme le vaiſſeau, à droite & à gauche ; & ſi le cou ſe hauſſoit ou s'abaiſſoit, l'oiſeau deſcendroit ou monteroit, & ainſi la queue n'auroit aucun uſage.

Mais une raiſon plus convainquante, & qui prouve infailliblement que la flexion du cou n'eſt pas la cauſe du détour de l'oiſeau dans le vol horiſontal, c'eſt que les oiſeaux qui auroient le cou fort court & la tête petite & légere, comme les aigles, les éperviers & les hirondelles, ne pourroient ſe tourner qu'avec peine ; mais le contraire arrive, puiſque les oies, les cannes, les cignes & les autres oiſeaux qui ont le cou fort long, & la tête & le bec fort peſans, ont bien plus de peine à ſe tourner de côté lorſqu'ils *volent* horiſontalement.

La derniere raiſon eſt, que ſi dans la flexion latérale du cou, le centre de peſanteur s'éloignoit de la direction de l'oiſeau, il ne pourroit demeurer dans une ſituation droite parallele à l'horiſon, parce que le côté de l'oiſeau étant preſſé par l'aile, devroit ſe ſoulever avec violence ; & ainſi ſe feroit un mouvement contraire au premier, qui empêcheroit la flexion qui eſt faite par l'éloignement du centre de peſanteur ; & quoiqu'on nous puiſſe dire que l'oiſeau qui ſe détourne promptement, fait ce mouvement par l'effort

d'une ſeule aile vers la queue, & que lorſqu'il *vole* doucement, il le fait au contraire en fléchiſſant le cou de côté ſans un nouvel effort de l'aile, nous voyons pourtant que le détour de l'oiſeau, lorſqu'il eſt lent, n'a pas beſoin de plus de force qu'il n'en faut pour mouvoir les ailes dans le vol ordinaire, puiſqu'il ſuffit que l'aile qui fait détourner l'oiſeau, s'approche un peu de la queue, & qu'elle y pouſſe l'air, afin que le détour latéral de l'oiſeau, lorſqu'il eſt lent, ſe puiſſe faire facilement ſans aucun nouvel effort.

Par tout ce que nous avons dit ci-deſſus, il eſt certain que l'oiſeau acquiert en *volant*, une impétuoſité qui le pouſſe, de même que le vaiſſeau qui a été pouſſé par les rames reçoit une impreſſion qui dure quelque temps, même après que l'action des rames a ceſſé ; mais ce qu'il y a de remarquable, c'eſt que l'impétuoſité du vaiſſeau reſte toujours la même, quoique ſa direction ſoit changée, c'eſt-à-dire, quoiqu'il s'écarte de la ligne droite par le mouvement du gouvernail, & que l'impreſſion que l'oiſeau a acquiſe par ſon mouvement, continue quand ſa direction change, à moins que l'oiſeau ne monte, parce qu'alors ſa peſanteur lui fait obſtacle ; & ſi l'effort que l'oiſeau a acquis en montant, eſt plus grand que celui qui le fait deſcendre, il continue encore de monter ; mais lorſque ſes deux efforts ſont égaux, ſavoir l'impétuoſité que l'oiſeau a acquiſe, & ſa peſanteur qui le fait deſcendre, il demeure un peu de temps les ailes étendues dans la même ligne horiſontale.

Et la raiſon pourquoi il ne peut pas demeurer long-temps dans cette ſituation, c'eſt que le vol ne ſe fait jamais dans une ligne perpendiculaire, mais toujours par un mouvement oblique ou par une ligne courbe parabolique, comme ſe meuvent les corps qui ſont pouſſés au loin. Lorſque ces deux efforts dont je viens de parler, ſont égaux, il arrive quelquefois qu'ils ſe détruiſent l'un & l'autre, & quelquefois auſſi qu'ils s'aident ſi mutuellement, que des deux il en réſulte un mouvement très-prompt, comme celui avec lequel les éperviers ſe jettent ſur leur proie pour la dévorer.

Il y en a qui veulent que les oiſeaux qui ſont fort élevés dans l'air, ſe ſoutiennent plus aiſément que ceux qui *volent*

P

proche de la terre, & qu'ils pesent moins alors, parce qu'ils sont moins attirés par la vertu magnétique de la terre, qui, selon leur hypothèse, est la seule cause de la descente des corps pesans : ce qu'ils prouvent, parce que l'aimant n'attire point le fer lorsqu'il est trop éloigné. Mais cette opinion qui attribue la chûte des corps pesans à la vertu magnétique de la terre, s'accorde peu avec l'expérience, puisqu'on voit que les éperviers qui *volent* proche de la terre, où, selon eux, il y a beaucoup de cette matiere, ne frappent pas l'air plus souvent que quand ils *volent* plus haut. Ce n'est donc pas par défaut de la vertu magnétique, que les oiseaux demeurent suspendus au plus haut de l'air sans battre souvent des ailes, mais plutôt par la force qu'ils ont acquise en *volant*.

Comme c'est une loi de la nature, qu'un corps dur qui rencontre un autre corps homogene en repos, se réfléchit, & souvent se rompt, elle a pris soin d'empêcher que les oiseaux qui sont des corps pesans, ne se luxassent les jointures, & ne se rompissent les jambes en descendant sur la terre ; & pour cet effet, elle leur a donné l'instinct de ployer leurs ailes & leurs queues, de maniere que leur partie cave fût perpendiculaire : ce qui fait que les oiseaux ayant ainsi les plumes & les pieds étendus, ralentissent aisément leur impétuosité en fléchissant doucement les jointures, & en relâchant leurs muscles quand ils veulent descendre sur la terre.

On pourroit demander ici si les hommes peuvent *voler*. Il y a trois choses à remarquer dans le vol, savoir, la force qui suspend en l'air le corps de l'animal, les instrumens propres qui sont les ailes, & enfin la résistance du corps. Mais afin que les hommes pussent *voler*, il faudroit, outre ces conditions, qu'il y eût encore la même proportion entre la force des muscles pectoraux dans l'homme, & la pesanteur de son corps, que celle qui se trouve entre la force des muscles & la pesanteur du corps dans les oiseaux. Or il est certain que cette proportion ne se trouve point dans les hommes de même que dans les oiseaux, puisque les muscles des hommes n'égalent pas la centieme partie de leur corps, & que dans les oiseaux au contraire la pesanteur des muscles fléchisseurs des ailes est égale à la sixieme partie du poids de tout leur corps : donc les hommes ne peuvent *voler*.

Ceux qui soutiennent le contraire, disent qu'il est aisé de trouver cette proportion, & que l'on peut par artifice diminuer la pesanteur des corps, & augmenter la force des muscles ; mais je leur réponds que l'un & l'autre sont impossibles, & qu'il n'y a point de machine qui puisse surmonter la résistance du poids, ni même élever le corps de l'homme avec la même vitesse que font les muscles pectoraux.

Il y a cependant quelques modernes qui ont pris de-là occasion de dire que le corps de l'homme pourroit être en équilibre dans l'air, en y ajoutant un grand vase. Il est aisé de faire voir qu'ils se trompent. 1°. Parce qu'on ne sauroit fabriquer une machine si mince qui pût résister à la forte impulsion de l'air sans être brisée. 2°. Il faudroit qu'on en eût pompé l'air, ce qui deviendroit extrêmement difficile. 3°. Ce vaisseau devroit être fort grand, pour que l'espace qu'il occuperoit dans l'air pesât autant que l'homme & le vaisseau. Enfin il faut remarquer que ce vaisseau auroit autant de peine, à cause de la résistance de l'air, que les petites bouteilles qu'on fait avec de l'eau de savon, ou les petites plumes qui *volent* en l'air en ont, à cause de sa tranquillité. Verduc, t. III de la *Patholog*.

VOLER, signifie prendre ou poursuivre le gibier avec des oiseaux de proie.

Un des plaisirs des grands seigneurs, c'est de faire *voler* l'oiseau, le lâcher sur le gibier.

Voler à la toise, c'est lorsque l'oiseau part du poing à tire d'aile, poursuivant la perdrix au courir qu'elle fait de terre.

Voler de poing en fort, c'est quand on jette les oiseaux de poing après le gibier.

Voler d'amont, c'est quand on laisse *voler* les oiseaux en liberté, afin qu'ils soutiennent les chiens.

Voler haut & gras, bas & maigre, *voler* de bon trait, c'est-à-dire, de bon gré.

Voler en troupe, c'est quand on jette plusieurs oiseaux à la fois.

Voler en rond, c'est quand un oiseau *vole* en tournant au-dessus de la proie qu'il poursuit.

Voler en long, c'est *voler* en droite ligne, ce qui arrive lorsque l'oiseau a envie de dérober ses sonnettes.

Voler en pointe, c'est lorfque l'oifeau de proie va d'un vol rapide en fe levant ou en s'abaiffant.

Voler comme un trait, c'est lorfqu'un oifeau vole fans difcontinuer.

Voler à reprifes, c'est lorfqu'un oifeau fe reprend plufieurs fois à *voler*.

Voler en coupant, c'est lorfque l'oifeau traverfe le vent.

VOLERIE, f. f. c'est la chaffe avec les oifeaux de proie. On dit, il a la haute *volerie*, qui est celle du faucon fur le héron, canards, grues, & le gerfaut fur le faere & le milan.

La baffe *volerie* de bas vol, est le lanier & le laneret ; le tiercelet de faucon exerce la baffe *volerie* ou des champs fur les faifans, les perdrix, les cailles, &c.

VOLET, f. m. *Marine*, petite bouffole ou compas de route, qui n'est point fufpendue fur un balancier, comme la bouffole ordinaire, & dont on fe fert fur les barques & fur les chaloupes.

VOLETS, f. m. pl. *Menuifier*, fermature de bois fur les chaffis par-dedans les fenêtres. Ce font comme de petites portes aux fenêtres, de même longueur, de même largeur & de même hauteur que le vitrage. Il y a des *volets* brifés & des *volets* féparément ; ceux-là fe plient fur l'écoinçon, ou fe doublent fur l'embrafure; & ceux-ci ont des moulures devant & derriere.

Volets d'orgues, efpece de grands chaffis, partie ceintrés par leur plan, & partie droits & garnis de légers panneaux de voliee ou de forte toile imprimée des deux côtés, qui fervent à couvrir les tuyaux d'un buffet d'orgue.

Volets de moulins à eau. Ce font des planches arrangées autour de l'aiffieu d'une roue de moulin à eau, fur lefquelles l'eau faifant effort, en coulant par-deffous, ou en tombant par-deffus, donne le mouvement à la roue. On les nomme autrement *ailerons* & *alichons*. (D. J.)

VOLET, *Econ. ruft.*, petit colombier bourgeois & domeftique, où l'on nourrit des pigeons qui ne fortent point; il y a au-dehors une petite ouverture que l'on tient fermée avec un ais.

VOLET, f. m. *Blafon*, c'est un ornement que les anciens chevaliers portoient fur leurs heaumes, qui étoit un ruban large pendant par-derriere, volant au gré du vent dans leurs marches & leurs combats ; il s'attachoit avec le bourlet ou tortil, dont leur cafque étoit convert.(D. J.)

VOLET, f. m. *Origin. des proverb.* On a nommé *volet* le couvercle d'un pot ou de quelqu'autre vafe où l'on ferroit des pois ou autres légumes : témoin l'enfeigne des trois *volets*, hôtellerie fort connue fur la levée de la Loire, où l'on voyoit trois couvercles de pot d'or. De-là est venue cette façon de parler proverbiale, *trié fur le volet*, parce qu'avant que de mettre bouillir les bois qu'on tiroit du pot où on les gardoit, on les trioit & on les épluchoit fur le couvercle ou *volet*. Pétrone a dit : *in lance argentea pifum purgabat.*

On nomme auffi *volet* en Normandie, une forte de ruban, parce que les filles en ornoient les voiles dont elles paroient leur tête. De *volet*, est venu le nom de *bavolet*, qu'on a dit pour *bas-voilet*, & delà on appella *bavolettes* les jeunes payfannes coëffées de ces voiles, qui defcendoient plus bas que ceux des autres.(D. J)

A. N. VOLETER, v. n. fréquentatif, voler à plufiers reprifes, comme font les petits oifeaux qui n'ont pas la force de voler long-tems, ou comme les papillons. *Le papillon ne ceffe de* voleter *autour de la chandelle, & l'abeille fur les fleurs.*

VOLETTES, f. f. *Chanvrier*, ce font plufieurs rangs de petites cordes qui tiennent toutes chacune par un bout à une forte de fangle large, ou à une maniere de couverture de réfeau de chanvre : lorfque ces petites cordes font attachées à une fangle, on les met le long des flancs du cheval ; & lorfqu'elles bordent une maniere de couverture de réfeau, on met cette couverture fur le dos du cheval de harnois ou de carroffe ; quand il vient à marcher, ces *volettes* brandillent, & fervent ainfi à chaffer les mouches qui, dans l'été, incommodent extrêmement les chevaux. (D. J.)

VOLEUR, *Droit civil*. Le *voleur* est puni différemment chez les divers peuples de l'Europe. La loi françoife le condamne à mort, & celle des Romains le condamnoit à une peine pécuniaire, diftinguant même le vol en manifefte & nonmanifefte. Lorfque le *voleur* étoit furpris avec la chofe volée, avant qu'il l'eût portée dans le lieu où il avoit réfolu de la cacher, cela s'appelloit chez les Romains, un vol *manifefte* ; quand le *voleur* n'étoit découvert qu'après, c'étoit un *vol non-manifeste*.

La loi des douze tables ordonnoit que le *voleur* manifeste fût battu de verges, & réduit en servitude, s'il étoit pubere; ou seulement battu de verges, s'il étoit impubere; elle ne condamnoit le *voleur* non-manifeste qu'au paiement du double de la chose volée. Lorsque la loi Porcia eut aboli l'usage de battre de verges les citoyens, & de les réduire en servitude, le *voleur* manifeste fut condamné au quadruple, & l'on continua à punir du double le *voleur* non-manifeste.

Il paroît bisarre que ces loix missent une telle différence dans la qualité de ces deux crimes, & dans la peine qu'elles infligeoient. En effet, que le *voleur* fût surpris avant ou après avoir porté le vol dans le lieu de sa destination, c'étoit une circonstance qui ne changeoit point la nature du crime.

M. de Montesquieu ne s'est pas contenté de faire cette remarque, il a découvert l'origine de cette différence des loix romaines, c'est que toute leur théorie sur le vol étoit tirée des constitutions de Lacédémone. Lycurgue, dans la vue de donner à ses citoyens de l'adresse, de la ruse & de l'activité, voulut qu'on exerçât les enfans au larcin, & qu'on fouettât ceux qui s'y laisseroient surprendre. Cela établit chez les Grecs, & ensuite chez les Romains, une grande différence entre le vol manifeste & le vol non-manifeste.

Parmi nous les *voleurs* souffrent une peine capitale, & cette peine n'est pas juste. Les *voleurs* qui ne tuent point, ne méritent point la mort, parce qu'il n'y a aucune proportion entre un effet quelquefois très-modique qu'ils auront dérobé, & la vie qu'on leur ôte. On les sacrifie, dit-on, à la sûreté publique. Employez-les comme forçats à des travaux utiles: la perte de leur liberté, plus ou moins long-tems, les punira assez rigoureusement de leur faute, assurera suffisamment la tranquillité publique, tournera en même tems au bien de l'état, & vous éviterez le reproche d'une injuste inhumanité. Mais il a plû aux hommes de regarder un *voleur* comme un homme impardonnable, par la raison sans doute que l'argent est le dieu du monde, & qu'on n'a communément rien de plus cher après la vie que l'intérêt. (*D. J.*)

Maraudeur. Art milit. On appelle *maraudeurs* les soldats qui s'éloignent du corps de l'armée, pour aller piller dans les environs. De la maraude naissent les plus grands abus, & les suites les plus fâcheuses. 1°. Elle entraîne après elle l'esprit d'indiscipline qui fait négliger ses devoirs au soldat, & le conduit à mépriser les ordres de ses supérieurs. 2°. Les *maraudeurs*, en portant l'épouvante dans l'esprit des paysans, détruisent la confiance que le général cherche à leur inspirer. Malheureuses victimes du brigandage! au lieu d'apporter des provisions dans les camps, ils cachent, ils enterrent leurs denrées, ou même ils les livrent aux flammes, pour qu'elles ne deviennent pas la proie du barbare soldat. 3°. Enfin les dégâts que font les *maraudeurs*, épuisent le pays. Un général compte pouvoir faire subsister son armée pendant quinze jours dans un camp, il le prend en conséquence; & au bout de huit, il se trouve que tout est dévasté: il est donc obligé d'abandonner plutôt qu'il ne le vouloit, une position peut-être essentielle à la réussite de ses projets; il porte ailleurs son armée, & les mêmes inconvéniens la suivent. Nécessairement il arrive delà que tout son plan de campagne est dérangé; il avoit tout prévu, le tems de ses opérations étoit fixé, le moment d'agir étoit déterminé, il ne lui restoit plus qu'à exécuter, lorsqu'il s'est apperçu que toutes ses vues étoient renversées par les désordres des *maraudeurs* qu'il avoit espéré d'arrêter. Il faut à présent que le général dépende des événemens, au lieu qu'il les eût fait dépendre de lui. Il n'est plus sûr de rien; comment pourroit-il encore compter sur des succès? On s'étendroit aisément davantage sur les maux infinis que produit la maraude; mais l'esquisse que nous venons de tracer, suffit pour engager les officiers à veiller sur leur troupe avec une attention scrupuleuse. Cependant l'humanité demande qu'on leur présente un tableau qui, parlant directement à leur cœur, fera sans doute sur lui l'impression la plus vive. Qu'ils se peignent la situation cruelle où se trouvent réduits les infortunés habitans des campagnes ruinées par la guerre; que leur imagination les transporte dans ces maisons dévastées que le chaume couvroit, & que le désespoir habite; ils y verront l'empreinte de la plus affreuse misere, leurs cœurs seront émus par les larmes d'une famille que les contributions ont jetée dans l'état le plus déplorable; ils seront témoins du retour de ces paysans qui, la tristesse sur le front, reviennent exténués par la fatigue que leur ont causée les travaux que, par nécessité, on leur impose; qu'ils se retracent seulement ce qui s'est passé sous leurs yeux. Ils ont conduit des fourrageurs dans les granges des malheureux laboureurs. Ils les ont vu dépouiller en un moment les fruits d'une année de travail & de sueurs; les grains qui devoient les nourrir, les denrées qu'ils avoient recueillies, leur ont été ravis. On les a non-seulement privés de leur subsistance actuelle, mais toute espece de ressources est anéantie pour eux. N'ayant plus de nourriture à donner à leurs troupeaux, il faut qu'ils s'en défassent, & qu'ils perdent le secours qu'ils en pouvoient tirer; les moyens de cultiver leurs terres leur sont ôtés, tout est perdu pour eux, tout leur est arraché: il ne leur reste, pour soutenir la caducité d'un pere trop vieux pour travailler lui-même, pour nourrir une femme éplorée & des enfans encore foibles; il ne leur reste que des bras languissans, qu'ils n'auront même pas la consolation de pouvoir employer à leur profit pendant que la guerre subsistera autour d'eux. Cette peinture, dont on n'a pas cherché à charger les couleurs, est sans doute capable d'attendrir, si l'on n'est pas dépourvu de sensibilité; mais comment ne gémiroit-elle pas, cette sensibilité, en songeant que des hommes livrés à tant de maux sont encore accablés par les horribles désordres que commettent chez eux des soldats effrénés, qui viennent leur enlever les grossiers alimens qui leur restoient pour subsister quelques jours encore? Leur argent, leurs habits, leurs effets, tout est volé, tout est détruit. Leurs femmes & leurs filles sont violées à leurs yeux. On les frappe, on menace leur vie, enfin ils sont en butte à tous les excès de la brutalité, qui se flatte que ses fureurs seront ignorées ou impunies. Malheur à ceux qui savent que de pareilles horreurs existent, sans chercher à les empêcher!

Les moyens d'arrêter ces désordres doivent être simples & conformes à l'esprit de la nation dont les troupes sont compo-

sées. M. le maréchal de Saxe en indique de sages, dont il prouve la bonté par des raisons solides. " On a, dit-il, une méthode pernicieuse, qui est toujours de punir de mort un soldat qui est pris en maraude; cela fait que personne ne les arrête, parce que chacun répugne à faire périr un misérable. Si on le menoit simplement au prévôt; qu'il y eût une chaîne comme aux galeres; que les maraudeurs fussent condamnés au pain & à l'eau pour un, deux, ou trois mois; qu'on leur fît faire les ouvrages qui se trouvent toujours à faire dans une armée, & qu'on les renvoyât à leurs régimens la veille d'une affaire, ou lorsque le général le jugeroit à propos: alors tout le monde concourroit à cette punition: les officiers des grand'gardes & des postes avancés les arrêteroient par centaines, & bientôt il n'y auroit plus de maraudeurs, parce que tout le monde y tiendroit la main. A présent il n'y a que les malheureux de pris. Le grand-prévôt, tout le monde détourne la vue quand ils en voient; le général crie à cause des désordres qui se commettent; enfin le grand-prévôt en prend un, il est pendu, & les soldats disent qu'il n'y a que les malheureux qui perdent. Ce n'est là que faire mourir des hommes sans remédier au mal. Mais les officiers, dira-t-on, en laisseront également passer à leurs postes. Il y a un remede à cet abus: c'est de faire interroger les soldats que le grand-prévôt aura pris dehors, leur faire déclarer à quel poste ils auront passé, & envoyer dans les prisons pour le reste de la campagne les officiers qui y commandoient: cela les rendra bientôt vigilans & inexorables. Mais lorsqu'il s'agit de faire mourir un homme, il y a peu d'officiers qui ne risquassent deux ou trois mois de prison".

Avec une attention suivie de la part des officiers supérieurs, & de l'exactitude de la part des officiers particuliers, on parviendra dans peu à détruire la maraude dans une armée. Qu'on cherche d'abord à rétablir dans l'esprit des soldats, qu'il est aussi honteux de voler un paysan que de voler son camarade. Une fois cette idée reçue, la maraude sera aussi rare parmi eux, que les autres especes de vol. Une nation où l'honneur parle aux hommes de tous les états, a l'avantage de remédier aux abus bien plus tôt que les au-

tres. Sans les punir de mort, qu'on ne
fasse jamais de grace aux *maraudeurs*;
que les appels soient fréquens, que les
chefs des chambrées où il se trouvera de
la maraude soient traités comme s'ils
avoient maraudé enx-mêmes; qu'il soit
défendu aux vivandiers sous les peines
les plus séveres de rien acheter des soldats; que le châtiment enfin soit toujours
la suite du désordre, & bientôt il cessera
d'y avoir des *maraudeurs* dans l'armée,
le général & les officiers seront plus exactement obéis, les camps mieux approvi-
sionnés, & l'état conservera une grande quantité d'hommes qui périssent sous
la main des bourreaux, ou qui meurent
assassinés par les paysans révoltés contre
la barbarie. (*Article de M. le marquis de
Marnesia.*)

Si c'est M. le maréchal de Broglio qui
a substitué au supplice de mort dont on
punissoit les *maraudeurs*, la bastonade,
qu'on appelle *schlaguer*, appliquée par
le caporal, qu'on appelle caporal *schla-
gueur*, il a fait une invention pleine de
sagesse & d'humanité : car à considérer la
nature de la faute, il paroît bien dur d'ô-
ter la vie à un brave soldat, dont la paie
est si modique, pour avoir succombé,
contre la discipline, à la tentation de voler un chou. Les coups de bâton qui
peuvent être bons pour des Allemands,
sont un châtiment peu convenable à des
François. Ils avilissent celui qui les reçoit, & peut-être même celui qui les donne. Je n'aime point qu'on bâtonne un soldat. Celui qui a reçu une punition humi-
liante, craindra moins dans une action
de tourner à l'ennemi un dos bâtonné,
que de recevoir un coup de feu dans la
poitrine. M. le maréchal de Saxe faisoit
mieux : il condamnoit le *maraudeur* au
piquet; & dans ses tournées, lorsqu'il en
rencontroit un, il l'accabloit de plaisanteries ameres, & le faisoit huer.

Nous ajoutons ici quelques réflexions
sur les moyens d'empêcher la désertion,
& sur les peines qu'on doit infliger aux
déserteurs. Ces réflexions nous sont ve-
mues trop tard pour être mises à leur véritable place.

*Réflexions sur les moyens d'empêcher la
désertion, & sur les peines qu'on doit infliger aux déserteurs.* Il est plusieurs causes
de désertion. Il en est qui entrent souvent
dans le caractere d'une nation, & qui lui

font particulieres. S'il existe, par exemple un peuple léger, inconstant, avide
de changement, & prompt à se dégoûter
de tout, il n'est pas douteux qu'on n'y
trouve un grand nombre de gens qui se
dégoûtent des états génans qu'ils auront
embrassés. Si cet esprit d'inconstance &
de légéreté regne parmi ceux qui suivent
la profession des armes, il est certain
qu'on trouvera plus de déserteurs chez
eux, que chez les peuples qui n'auront
pas le même esprit.

On voit delà pourquoi les troupes Françoises désertent plus facilement que les
autres troupes de l'Europe. On voit aussi
que c'est cet esprit d'inconstance, ou plutôt ce vice du climat qu'il faudroit corriger pour empêcher la désertion. J'en in-
diquerai la premiere.

Une autre cause de désertion est en second lieu la trop longue durée des engagemens. Les soldats Suisses ne sont engagés que pour quatre ans, & ils sont aussi
bons soldats que les nôtres. On m'objec-
tera que par la façon dont les Suisses sont
élevés & exercés dans leur pays, ils sont
plus tôt formés que nous pour la guerre.
Je réponds que cela peut être, mais qu'il
faut choisir un milieu entre l'engagement des Suisses, s'il est trop court, &
celui des François, dont le terme de huit
ans est trop long, relativement au caractere de la nation & à l'esprit de chacun
d'eux. Que de soldats n'a-t-on pas fait déserter lorsque, sous différens prétextes,
on les forçoit de servir le double & plus
de leur engagement ?

Les autres causes de désertion sont la
dureté avec laquelle on les traite, la misere des camps, le libertinage, le changement perpétuel de nouvel exercice, le
changement de vie & de discipline, comme dans les troupes légeres, qui accou-
tumées pendant la guerre au pillage & à
moins de dépendance, désertent plus facilement en tems de paix.

Il est aisé de remédier à ces dernieres
causes. Voyons comme on peut corriger
cet esprit d'inconstance, & attacher à leur
état des gens si prompts à s'en détacher.

Les soldats Romains, tirés de la classe
du peuple, ou de celle des citoyens, ou
des alliés ayant droit de bourgeoisie, dé-
sertoient peu. Il régnoit parmi eux un
amour de la patrie qui les attachoit à elles; ils étoient énorgueillis du titre de

citoyens, & ils étoient jaloux de se le conserver : instruits des intérêts de la république , éclairés sur leurs devoirs, encouragés par l'exemple, la raison , le préjugé , la vanité les retenoit dans ces liens sacrés.

Pourquoi sur leur modele ne pas communiquer au soldat François un plus grand attachement pour sa patrie ? Pourquoi ne pas embraser son cœur d'amour pour elle & pour son roi ? Pourquoi ne pas l'énorgueillir de ce qu'il est né François ? Voyez le soldat Anglois. Il déserte peu, parce qu'il est plus attaché à son pays, parce qu'il croit y trouver & y jouir de plus grands avantages que dans tout autre pays.

Cet amour de la patrie, dit un grand homme, est un des moyens les plus efficaces qu'il faille employer pour apprendre aux citoyens à être bons & vertueux. Les troupes mercenaires qui n'ont aucun attachement pour le pays qu'elles servent, sont celles qui combattent avec le plus d'indifférence , & qui désertent avec le plus de facilité. L'appât d'une augmentation de solde , l'espoir du pillage , l'abondance momentanée d'un camp contribueront à leur désertion, dont on peut tirer parti. Voyez la différence de fidélité & de courage entre les troupes romaines & les troupes mercenaires de Carthage. Les Suisses seuls font à présent exception à cette regle ; aussi l'esprit militaire & la réputation de bravoure qu'a cette nation , nourrissent sa valeur naturelle ; & l'exactitude à tenir parole au soldat au terme de son engagement, empêche la désertion , en facilitant les recrues. Si , comme on le dit souvent , on faisoit en France un corps composé uniquement d'enfans trouvés , ce seroit le corps le plus sujet à déserter ; outre qu'ils auroient le vice du climat, ils ne seroient point retenus par l'espoir de partager un jour le peu de bien qu'ont souvent les peres ou les meres ; espoir qui retient assez de soldats.

Ce qui attache aujourd'hui les Turcs au service de leur maître , ce sont les préjugés & les maximes dans lesquelles on les éleve envers le sultan & envers leur religion. Nous avons vu que les Romains autrefois l'étoient par l'amour de la patrie ; & les Anglois à présent par cet esprit de fierté, de liberté, & par les avantages qu'ils croiroient ne pas trouver ailleurs. Ce qui doit attacher le soldat François , est l'amour de sa patrie & de son roi : amour qu'il faut augmenter , c'est l'amour de son état de soldat ; amour qu'il faut nourrir par des distinctions, des prérogatives, des récompenses, & de la considération attachée à cet état honorable qu'on n'honore point assez ; amour qu'il faut nourrir par la fidélité & l'exactitude à tenir parole au soldat, par une retraite honnête & douce, s'il a bien rempli ses devoirs. Plus il aimera son état de soldat, son roi & sa patrie, plus le vice du climat sera corrigé, la désertion diminuera, & les déserteurs seront notés d'infamie.

Les peines à décerner contre les déserteurs doivent dériver de ce principe ; car toutes les vérités se tiennent par la main. Ces peines seront la privation & la dégradation de ces honneurs, distinctions, &c. l'infamie qui doit suivre cette dégradation, la condamnation aux travaux publics , quelque flétrissure corporelle qui fasse reconnoître le déserteur, & qui l'expose à la risée de ses camarades, à l'insulte des femmes & du peuple. Les déserteurs qu'on punit de mort, sont perdus pour l'état. En 1753, on en comptoit plus de trente-six mille fusillés, depuis qu'on avoit cessé de leur couper le nez & les oreilles pour crime de désertion. L'état a donc perdu avant Louis XVI. des hommes qui lui auroient été utiles dans les travaux publics, & qui auroient pu lui donner d'autres citoyens. Cette punition de mort, qui n'est point déshonorante, ne sauroit d'ailleurs retenir un homme accoutumé à mépriser & à exposer sa vie.

Qu'on pese d'un côté la honte, l'infamie , la condamnation perpétuelle aux travaux publics contre le changement qui doit se faire dans l'esprit du soldat, contre la certitude qu'il aura d'être récompensé, & d'obtenir son congé au terme de son engagement, & l'on verra s'il peut avoir l'idée de déserter. Dans ce cas , comme en tout autre, l'espece de liberté dont on jouit, ou à laquelle on pense atteindre, engage les hommes à tout faire & à tout endurer. (Cet article est de M. de Montlovier, gendarme de la garde du roi.)

VOLEUR , *Fauconn.* On dit oiseau bon *voleur*, ou beau *voleur*, quand il vole bien & sûrement.

VOLGESIA , *Géog. anc.* , ville de la

Babylonie, fur le fleuve Baarfares., felon Ptolomée, l.V.c.20, qui, ce femble devoit écrire *Vologefia*, parce qu'elle portoit le nom de fon fondateur, nommé *Vologefes* ou *Vologefus*. Il étoit roi des Parthes du tems de Néron & de Vefpafien, & il en eft beaucoup parlé dans Tacite.

Pline, liv. VI, c.26, nous apprend que *Volgefia* fut bâtie au voifinage de Ctéfiphonte, par ce même Vologefus qui la nomma, dit-il, *Vologefocerta*, c'eft-à-dire, *la ville de Vologefe*; car *certa* dans la langue des Arméniens, fignifie une *ville*. Etienne le géographe, qui la place fur les bords de l'Euphrate, la nomme *Vologefias*: Ammien Marcellin, liv. III, c. 20, écrit *Vologeffia*.

Peut-être, dit Cellarius, l.III, c,16, doit-on réformer le nom du fondateur & celui de la ville, fur une médaille rapportée par M.Ez.Spanheim, & fur laquelle on lit ce mot ΒΟΛΑΓΑΣΟΥ, *Bologafi*. Du refte, Ptolomée marque la fituation de cette ville, de façon qu'elle devoit être au midi occidental de Babylone, fur le fleuve Maarsès, fur lequel elle eft également placée dans la table de Peutinger, qui la met à 18 milles de Babylone. (D. J.)

VOLHINIE, *Géog. mod.*, palatinat de la petite Pologne. Il eft borné au nord par la Poléfie ou le palatinat de Brzefcie, au midi par celui de Podolie, au levant par celui de Kiovie, & au couchant par celui de Belz. Il a environ 120 lieues d'occident en orient, & 50 à 60 du midi au nord. Trois rivieres, le Ster, l'Horin & le Stucz, l'arrofent dans toute fon étendue & rendent fon terroir fertile.

On divife le palatinat de *Volhinie* en deux grands diftriéts, favoir, celui de Krzeminiec & celui de Luck. Le palatin & le caftelan, ainfi que l'évêque de Luck, ont le titre de *fénateurs*. Cette contrée a été incorporée au royaume de Pologne en même tems que la Lithuanie. Ses deux villes principales font Luck capitale, & Krzeminiec. (D. J.)

VOLIAN, f. m. *Hift. anc. Mythol.*, nom d'une divinité adorée par les anciens Germains, & que les Romains, d'après la reffemblance du nom, ont pris pour le dieu Vulcain. Ce mot, en langue celtique, fignifie *une fournaife ardente*.

VOLIBAT, *Géogr. anc.*, ville de la Grande-Bretagne. Ptolomée, l.II, c.3, la donne aux *Domnonii*. Cambden croit que ce pourroit être aujourd'hui *Falmouth*.

VOLICE, f. f. *Couvreur*, nom qu'on donne à la latte d'ardoife, qui eft deux fois plus large que la quarrée. La latte *volice* a la même longueur & épaiffeur que la quarrée. La botte de *volice* n'eft que de 25. *Voyez* les *Defcriptions des arts & métiers*, publiés par M. Bertrand, tome IV. (D. J.)

VOLIERE, f. f. *Archit.*, lieu expofé à l'air, enfermé avec des treillis de fil-defer, où l'on tient différens oifeaux, foit par curiofité, ou pour avoir le plaifir de les entendre chanter.

VOLIERE, *Archit. domeft.* On appelle ainfi un petit colombier où l'on met des pigeons domeftiques, qui ne vont point à la campagne avec les autres pigeons. (D. J.)

VOLILLE, f. f. *Commerce de bois*, petite planche de bois de fapin ou de peuplier, très-légere & peu épaiffe. Le bois de fapin ou de peuplier fe débite pour l'ordinaire en *volilles*, ou petites planches depuis trois jufqu'à cinq lignes d'épaiffeur, fur dix pouces de large, & fix pieds de long, pour foncer des cabinets, & faire des bieres. (D. J.)

VOLITION, f. f. *Logique, Métaph.* La *volition*, dit Locke, eft un acte de l'efprit faifant paroitre avec connoiffance l'empire qu'il fuppofe avoir fur l'homme, pour l'appliquer à quelque action particuliere, ou peut l'en détourner. La volonté eft la faculté de produire cet acte. Quiconque réfléchira en lui-même fur ce qui fe paffe dans fon efprit lorfqu'il *veut*, trouvera que la volonté, ou la puiffance de *vouloir*, ne fe rapporte qu'à nos propres actions, qu'elle fe termine là fans aller plus loin, & que la *volition* n'eft autre chofe que cette détermination particuliere de l'efprit, par laquelle il tâche, par un fimple effet de la penfée, de produire, continuer, ou arrêter une action qu'il fuppofe être en fon pouvoir. (D. J.)

VOLKAMERIA, f. f. *Hift. nat. Bot.*, nom donné par Linné au genre de plante appellé par Houfton *duglaffia*, & par le chevalier Sloane, *paliuro affinis*. Le calice eft d'une feule feuille très-petite, turbinée, & légerement dentelée en quatre ou cinq endroits fur les bords; la fleur eft monopétale & entr'ouverte; le tuyau eft cylindrique, ayant deux fois la longueur du calice; fon bord eft divifé en cinq fegmeurs qui font contournés les uns vers les autres; les étamines font quatre grands filets chevelus, leurs boffettes font fimplesle germe du piftil eft quadrangulaire; le ftile eft très-délié, ayant à peu près la longueur des étamines; le ftigma eft fendu en deux; le fruit eft une capfule rondelette à deux loges, renfermant une feule noix divifée en deux cellules. Linnæi *Gen. plant.* pag.305. Houfton, A. A. Sloane, *Hift. plant. Jamaic.* vol. II, pag.23. (*D. J.*)

VOLLENHOVE (PAYS DE), *Géog. mod.*, petite contrée des Pays - Bas dans l'Ower-Iffel, où elle forme un des trois baïlliages de la province. Cette contrée s'étend le long de la côte du Zuyderzée qu'elle a pour bornes à l'occident; la Frife la termine au feptentrion, la Drente à l'orient, & la Hollande au midi. Sa principale ville porte auffi le nom de *Vollenhove*. Les autres lieux les plus remarquables font Steenwick, Kunder, & Blockzylt. (*D. J.*)

VOLLENHOVE, *Géog. mod.*, petite ville des Pays Bas, dans l'Ower-Iffel, capitale de la contrée du même nom, fur le Zuiderzée à deux lieues de Steenwick, & à cinq de Zwol, par la route de Leuwarde. Son château fut bâti par Godefroi de Rhénen, évêque d'Utrecht, & dans la fuite la commodité du lieu engagea des particuliers à y élever les maifons dont la ville s'eft formée. C'eft une des plus confidérables de la province, par fa fituation & fon commerce. *Long.* 23. 30. *lat.* 52. 44. (*D. J.*)

VOLO, *Géog. mod.*, ville de la Turquie Européenne, dans la province de Janna, entre Démétriade & Armiro, fur un golfe de fon nom, où elle a un affez bon port défendu par une forterefle, à 14 lieues fud-eft de Lariffe.

La forterefle eft à cent pas de la marine, & les Turcs y tiennent garnifon. C'eft à *Volo* qu'on fait le bifcuit pour les flottes du grand-feigneur, & on l'y tient dans des magafins particuliers. Le territoire de la ville confifte en plaines fertiles, & en collines chargées de vignes. *Volo* fut furpris & pillé par l'armée navale des Vénitiens en 1655; mais les Turcs l'ont fortifié depuis ce tems-là d'une nouvelle citadelle.

Tout concourt à juftifier que *Volo* eft la *Pagafe* des anciens, où Jafon fit bâtir & mettre à l'eau pour la première fois cette nef célèbre, qui au retour de Colchos fut placée parmi les étoiles du firmament, & c'eft dans le port voifin, appellé par les anciens *Aphetæ*, que fe fit l'embarquement des argonautes, felon le témoignage de Strabon. Le même géographe ajoute qu'on y voyoit des fources très-abondantes : c'eft toujours la même chofe, : l n'y a point dans toute cette côte de fources plus fécondes que celles de *Volo*, & c'eft ici que la plupart des bâtimens qui fe trouvent en parage, viennent faire de l'eau. *Long.*41.16.*lat.*39.36. (*D. J.*)

VOLO (*Golfe de*), *Géog. mod.*, golfe de la mer Méditerranée, dans la Turquie Européenne, au fond duquel eft bâtie la ville qui lui donne fon nom. Ce golfe, nommé par les anciens *finus Pelafgicus*, court au nord, & a le meilleur de fes ancrages à *Volo*, qui eft le port le plus proche de Lariffe; c'eft près de ce port, comme je l'ai déjà dit, qu'étoit l'ancienne *Argos*, *Pelagicum*, d'où les argonautes firent voile pour le fameux voyage de Colchos. C'eft auffi dans ce port qu'arrivoient les nouvelles qu'on apportoit de Candie au grand-feigneur, auffi bien que les lettres qui lui venoient d'Afie & d'Afrique : enfin, c'eft encore près de là, je veux dire au voifinage du promontoire Sépias, que s'eft fait le plus grand naufrage dont on ait entendu parler dans l'hiftoire du monde; car Xerxès y perdit 500 vaiffeaux par une tempête qui arriva d'un vent d'eft. (*D. J.*)

VOLONES, *Hift. anc.*, eft le nom que les anciens Romains donnerent aux efclaves qni, dans la feconde guerre punique, vinrent s'offrir pour fervir la république dans fes armées, parce qu'elle manquoit d'un nombre fuffifant de citoyens. *V.* ESCLAVES.

On croit que le nom de *volo*, *volones* fut donné à ces efclaves, parce qu'ils s'étoient préfentés volontairement. Feftus met cet événement après la bataille de Cannes; mais Macrobe, *Sat.* lib. I, c. 2, le place avant cette bataille.

Jules-Capitolin dit que l'empereur Marc-Aurele forma des légions d'efclaves, qu'il appella *volontaires*, & que dans la feconde guerre punique ces troupes avoient été appellées *volones*.

Cependant Augufte avoit déjà donné

le nom de *volontaires* aux troupes qu'il avoit formées des *affranchis*, comme nous l'assure Macrobe à l'endroit qu'on vient de citer.

VOLOCK, *Géog. mod.*, ville de l'empire Russien, dans la province de Rzeva, aux confins du duché de Moscou, au bord de la forêt de Wolkouskile. (*D. J.*)

VOLONTAIRE, adj. *Métaph.* La plupart des philosophes emploient le mot *volontaire* dans le même sens que celui de *spontané*, & ils l'appliquent à ce qui procede d'un principe intérieur, accompagné d'une parfaite connoissance de cause : comme lorsqu'un chien court à son manger, ils disent que c'est là un mouvement *volontaire*.

Aristote & ses sectateurs restreignent le terme de *volontaire* aux actions produites par un principe intérieur qui en connoît toutes les circonstances. Ainsi, pour qu'une action soit *volontaire*, ils demandent deux choses; la première, qu'elle procede d'un principe intérieur comme lorsqu'on se promene pour se divertir, ils disent que cette action est *volontaire*, parce que c'est un effet de la volonté qui commande, & de la faculté mouvante qui obéit, l'une & l'autre étant des principes intérieurs. Au contraire, le mouvement d'un homme que l'on traine en prison est une action involontaire, parce qu'elle ne part ni de sa volonté, ni de sa faculté mouvante.

La seconde condition, est que celui qui fait l'action en connoisse la fin & les circonstances; & dans ce sens là, les actions des bêtes brutes, des enfans, & de ceux qui dorment, ne sont pas proprement des actions *volontaires*.

VOLONTAIRE, adj. *Economie animale*, se dit des mouvemens qui dépendent de la volonté. *V.* MOUVEMENT.

Les mouvemens *volontaires* sont exécutés par les esprits animaux ; l'ame n'est qu'une cause déterminante de ces mouvemens. L'ame raisonnable détermine par ses volontés décisives les mouvemens *volontaires* & libres des hommes. Les mouvemens *volontaires* dépendent de la faculté déterminante que l'ame exerce sur le corps. Le sommeil suspend les mouvemens *volontaires*. Les mouvemens *volontaires* peuvent être supprimés dans une partie sans que le sentiment soit éteint.

VOLONTAIRE, *jurisdiction*, *Jurisp.* *Voy.* JURISDICTION VOLONTAIRE.

VOLONTAIRE, s. m. *Gramm. Art milit.*, celui qui entre dans un corps de troupes librement, sans solde, sans pacte, sans rang fixe, seulement pour servir son roi, son pays, & apprendre le métier de la guerre.

VOLONTAIRE, adj. *Gram. Morale.* On donne le nom de *volontaire* à un enfant qu'on ne fait obéir que par violence & qui suit, indépendamment de son devoir & de ses supérieurs, tous les caprices de son esprit.

VOLONTÉ, s. f. *Gramm. Philosophie morale*, c'est l'effet de l'impression d'un objet présent à nos sens ou à notre réflexion, en conséquence de laquelle nous sommes portés tout entiers vers cet objet, comme vers un bien dont nous avons la connoissance & qui excite notre appétit, ou nous en sommes éloignés comme d'un mal que nous connoissons aussi, & qui excite notre crainte & notre aversion. Ainsi il y a toujours un objet dans l'action de la *volonté*; car quand on veut, on veut quelque chose ; de l'attention à cet objet une crainte ou un désir excité. De là vient que nous prenons à tout moment la *volonté* pour la liberté. Si l'on pouvoit supposer cent mille hommes tous absolument conditionnés de même, & qu'on leur présentât un même objet de desir ou d'aversion, ils le desireroient tous, & tous de la même maniere, ou le rejeteroient tous, & tous de la même maniere. Il n'y a nulle différence entre la *volonté* des fous & des hommes dans leur bon sens, de l'homme qui veille & de l'homme qui rève, du malade qui a la fievre chaude & de l'homme qui jouit de la plus parfaite santé, de l'homme tranquille & de l'homme passionné, de celui qu'on traine au supplice & de celui qui y marche intrépidement. Ils sont tous également emportés tout entiers par l'impression d'un objet qui les attire ou qui les repousse. S'ils veulent subitement le contraire de ce qu'ils vouloient, c'est qu'il est tombé un atome sur le bras de la balance, qui l'a fait pencher du côté opposé. On ne fait ce qu'on veut, lorsque les deux bras sont à peu près également chargés. Si l'on pese bien ces considérations, on sentira combien il est difficile de se faire une notion quelconque de la liberté, sur-tout dans

un enchaînement de caufes & d'effets, tel
que celui dont nous faifons partie.

VOLONTÉ *en Dieu, Théolog.*, c'eſt
l'attribut par lequel Dieu veut quelque
choſe.

Quoique cette *volonté* ſoit en Dieu,
comme ſon entendement, un acte très-
ſimple, & qui n'eſt pas diſtingué de la
nature divine, cependant proportionnellement aux différens objets vers leſquels
ſe porte cette *volonté*, & pour s'accommoder à notre maniere de concevoir, les
théologiens diſtinguent en Dieu diverſes
ſortes de *volontés*.

Ils la diviſent donc en *volonté* de ſigne
& *volonté* de bon plaiſir, *volonté* antécédente & *volonté* conſéquente, *volonté* efficace & *volonté* inefficace, *volonté* abſolue
& *volonté* conditionnelle.

Ils appellent *volonté* de ſigne celle que
Dieu nous fait connoître par quelque ſigne
extérieur, comme les conſeils, les préceptes qu'on appelle par métaphore la *volonté en Dieu*. Auſſi convient-on généralement que cette *volonté* n'eſt que métaphorique. Les théologiens en diſtinguent
cinq eſpeces ; ſavoir, le précepte, la prohibition, la permiſſion, le conſeil & l'o-
pération : ce qu'ils expriment par ce vers
technique :

Præcipit & prohibet, permittit, conſulit,
   implet.

La *volonté* de bon plaiſir eſt une *volonté*
intérieure & réelle qui réſide en Dieu.
C'eſt celle dont l'apôtre a dit : *ut probetis*
quæ ſit voluntas Dei bona & bene placens
& perfecta. Rom. 12. 2. La *volonté* de
bon plaiſir eſt toujours jointe à celle de
ſigne dans ce que Dieu opere ; elle y eſt
quelquefois jointe, & quelquefois elle
en eſt ſéparée dans ce qu'il permet quant
au péché ; car ce ſeroit un blaſphême que
de dire que Dieu veut intérieurement &
réellement qu'on commette le péché.

La *volonté* de bon plaiſir ſe diviſe en
volonté antécédente & *volonté* conſéquente. Par *volonté* antécédente on entend celle
qui conſidere un objet en lui-même, abſ-
traction faite des circonſtances particulieres & perſonnelles ; on l'appelle ordinairement *volonté* de *bonté & de miſéricorde.* La *volonté* conſéquente eſt celle
qui conſidere ſon objet accompagné & revêtu de toutes ſes circonſtances tant générales que particulieres. On la nomme
auſſi *volonté* de *juſtice.* On trouve cette

diſtinction dans S. Chryſoſtome, *Homel.*
1. *ſur l'épître aux Ephéſiens ;* dans S. Jean
Damaſcene, l. II, *de ſid. orthodox.* cap. 29.
& plus expreſſément encore dans S. Thomas, part. I, queſt. XIX, art 6, *reſponſ.*
ad 1.

La *volonté* efficace en Dieu eſt celle qui
a toujours ſon effet. La *volonté* inefficace
eſt celle qui eſt privée de ſon effet par la
réſiſtance de l'homme.

Enfin, par *volonté* abſolue on entend
celle qui ne dépend d'aucune condition,
mais uniquement des décrets libres de
Dieu, telle qu'a été la *volonté* de créer le
monde ; & par *volonté* conditionnelle, on
entend celle qui dépend d'une condition ;
telle eſt la *volonté* de ſauver tous les hommes, pourvu qu'eux-mêmes veuillent
coopérer à la grace, & obſerver les commandemens de Dieu.

Que Dieu veuille ſauver tous les hommes, c'eſt une vérité de foi clairement
exprimée dans les Ecritures ; mais de
quelle *volonté* le veut-il ? C'eſt un point
ſur lequel ont erré divers hérétiques, &
qui partage extrêmement les théologiens.

Les pélagiens & les ſémi-pélagiens ont
prétendu que Dieu vouloit ſauver indifféremment tous les hommes, ſans prédilection particuliere pour les élus, & qu'en
conſéquence Jéſus-Chriſt avoit verſé ſon
ſang pour tous les hommes également.
Les prédeſtinatiens au contraire ont avancé que Jéſus-Chriſt n'étoit mort que pour
les élus, & que Dieu ne vouloit ſincérement le ſalut que des ſeuls prédeſtinés.
Calvin a ſoutenu la même opinion, &
Janſénius l'a imité, quoique d'une maniere plus captieuſe & plus enveloppée ;
car il reconnoît que Dieu veut le ſalut de
tous les hommes, en ce ſens que nul n'eſt
ſauvé que par ſa *volonté*, ou que le mot
tous ſe doit entendre de pluſieurs, d'un
grand nombre, ou enfin parce qu'il leur
inſpire le deſir & la *volonté* de ſe ſauver.
Mais toutes ces explications ſont inſuffi-
ſantes. Le véritable nœud de la difficulté
eſt de ſavoir ſi Dieu prépare ou confere
ſincérement à tous les hommes des graces vraiment ſuffiſantes pour opérer leur
ſalut ; & c'eſt ce que Janſénius & ſes diſciples refuſent de reconnoître.

Parmi les théologiens, quelques-uns,
comme Hugues de Saint-Victor, Robert
Pullus, &c. diſent que la *volonté* de Dieu
pour le ſalut de tous les hommes, n'eſt

qu'une *volonté* de figne, parce qu'ils n'admettent en Dieu de *volonté* vraie & réelle que celle qui eſt efficace, & qu'il eſt de fait que tous les hommes ne ſe ſauvent pas ; mais d'un autre côté, ils reconnoiſſent qu'en conſéquence de cette *volonté* de figne, Dieu donne aux hommes des graces vraiment ſuffiſantes.

D'autres, comme S. Bonaventure & Scot, admettent en Dieu une *volonté* antécédente, vraie, réelle & de bon plaiſir pour le ſalut de tous les hommes ; mais, ſelon eux, elle n'a pour objet que les graces vraiment ſuffiſantes qui précedent le ſalut ; & c'eſt pour cela qu'ils la nomment *volonté antécédente*.

Sylvius, Eſtius, Bannez, &c. enſeignent que cette *volonté* antécédente pour le ſalut de tous les hommes n'eſt pas proprement & formellement en Dieu, mais ſeulement virtuellement & éminemment, parce que Dieu eſt une ſource infinie de bonté & de miſéricorde, & qu'il offre à tous les hommes des moyens généraux & ſuffiſans de ſalut.

Aureolus, Suarez & d'autres expliquent cette *volonté* antécédente d'un amour de complaiſance en Dieu pour le ſalut de tous les hommes, amour néceſſaire & actif, qui leur prépare des graces avec leſquelles ils ſe ſauveroient s'ils en uſoient bien.

Vaſquez diſtingue entre les adultes & les enfans. Il prétend que Dieu veut d'une *volonté* antécédente & ſincere le ſalut des premiers, mais qu'on ne peut pas dire la même choſe des enfans qui meurent dans le ſein de leur mere, & auxquels on n'a pas pu conférer le baptême.

Enfin, Lemos, Alvarès, Gamache, Iſambert, Duval, Bellarmin, Tournely & la plupart des théologiens modernes penſent que Dieu veut d'une *volonté* antécédente, vraie, réelle & formelle le ſalut de tous les hommes, même des éprouvés & des enfans qui meurent ſans baptême, qu'il leur prépare, leur offre ou leur confere des moyens ſuffiſans de ſalut, & que Jéſus-Chriſt eſt mort & a répandu ſon ſang pour le ſalut d'autres que des prédeſtinés.

On convient cependant généralement que Dieu ne veut d'une *volonté* conſéquente le ſalut que des ſeuls élus, & que c'eſt auſſi d'une *volonté* abſolue, conſéquente & efficace, que Jéſus-Chriſt eſt mort pour le ſalut des prédeſtinés ; car comme le dit expreſſément le concile de Trente, ſeſſ. V, c. 3, *quoique le Sauveur du monde ſoit mort pour tous, tous néanmoins ne reçoivent pas le bienfait de ſa mort*.

VOLONTÉ *derniere*, *Juriſp.*, eſt une diſpoſition faite en vue de la mort, & que celui qui diſpoſe, regarde comme la derniere qu'il fera, quoiqu'il puiſſe arriver qu'il en change : les actes de derniere *volonté* ſont les teſtamens & codicilles, les partages des peres entre leurs enfans. *V.* CODICILLE, TESTAMENT, PARTAGE. (*A*)

VOLP, ſ. m. *Géog. mod.*, riviere de France, dans le Languedoc, au dioceſe de Rieux. Elle ſe jette dans la Garonne, près de Terſac. Caſtel prétend que ſon nom latin doit être *Volveſtria*, qui a donné le nom à un quartier du dioceſe de Rieux. (*D. J.*)

VOLSAS-SINUS, *Géog. anc.*, golfe de la Grande-Bretagne. Ptolomée le marque ſur la côte ſeptentrionale, entre les embouchures des fleuves *Itys* & *Nobæus*. Ce pourroit être aujourd'hui *Sandſti-Head*. (*D. J.*)

VOLSINII, *Géog. anc.*, *Volſinii*, *Vulſinii* ou *Vulſunii*, ville d'Etrurie ſituée au bord du lac de ſon nom, *Volſinienſis lacus*, duquel Pline, l. XXXVI, c. 22, & Vitruve, l. II, c. 2, rapportent quelques particularités. *Volſinii*, aujourd'hui *Bolſena*, étoit renommée par la richeſſe de ſes habitans, les plus opulens des Etruſques.

Cette ville étoit la patrie de Séjan. Tacite & Suétone vous peindront ſon odieux caractere, ſa puiſſance & ſes crimes. Ruſé, lâche, orgueilleux, délateur, plein de retenue au-dehors, dévoré en-dedans d'une ambition inſatiable, il parvint par ſes artifices à être le dépoſitaire des ſecrets de Tibere, qui ſouffrit que l'image de ſon favori fût révérée dans les places publiques, ſur les théatres & dans les armées. Séjan corrompit la femme de Druſus, & voulut l'épouſer, après avoir empoiſonné ſon mari. Agrippine, Germanicus & ſes fils périrent par les artifices de ce monſtre. Il porta ſon inſolence juſqu'à jouer Tibere même dans une comédie. Ce prince en étant inſtruit, donna ordre au ſénat de pourſuivre Séjan ; il fut le même jour arrêté, jugé & étranglé en priſon. On eſt indigné de le voir peint par Paterculus comme un des plus vertueux personnages qu'ait eus la république romaine. Mais voilà ce qui doit arriver aux historiens qui mettent la main à la plume avec dessein de donner au public pendant leur vie, l'histoire flatteuse de leur temps. (*D. J.*)

VOLSQUES, *Géog. anc. Volfci*, peuples d'Italie, compris dans le nouveau Latium. Ils habitoient depuis la mer d'Antium jusqu'à la source du Liris & au-delà. La grandeur du pays qu'ils occupoient, a été cause que Pomponius Mela, L. II, c. 4, l'a distinguée du Latium, comme s'il eût fait encore de même qu'autrefois, une contrée séparée ; car il détaille ainsi les divers pays de l'Italie : *Etruria, post Latium* Volsci, *Campania*. Le périple de Scylax en fait autant, en disant que les Latins sont voisins des *Volsques*, & les *Volsques* voisins des habitans de la Campanie.

Les *Volsques* étoient une nation fiere & indépendante, qui bravoit Rome, & qui dédaignoit d'entrer dans la confédération que plusieurs autres avoient faite avec elle. Tarquin, selon quelques historiens, fut le premier des rois de Rome qui fit la guerre aux *Volsques*. Quoi qu'il en soit, il est certain que Rome ne trouva point en Italie d'ennemis plus obstinés. Deux cents ans suffirent à peine à les dompter ou à les détruire. (*D. J.*)

VOLTA, f. f. *Géog. mod.*, riviere d'Afrique dans la Guinée. Cette riviere est la borne de la côte d'Or, à l'est : on ignore son origine, la longueur de son cours, & l'on ne connoît point les pays qu'elle traverse. C'est la prodigieuse rapidité de son courant qui a porté les Portugais à l'appeller *Volta*. Son embouchure dans la mer est extrêmement large. (*D. J.*)

VOLTE, f. f. *Manege*. On appelle ainsi un rond ou une piste circulaire, sur laquelle on manie un cheval. Il y a des *voltes* de deux pistes, & c'est quand un cheval, en maniant, marque un cercle plus grand des pieds de devant, & un autre plus petit de ceux de derriere. D'autres sont d'une piste, & c'est lorsqu'un cheval manie à courbettes & à caprioles, de maniere que les hanches suivent les épaules, & ne font qu'un rond ou ovale de côté ou de biais autour d'un pilier ou d'un centre réel ou imaginaire.

Demi-volte, est un demi-rond que le cheval fait d'une ou de deux pistes, au bout duquel il change de main & revient sur la même ligne.

Volte renversée, est celle où le cheval maniant de côté, a la tête tournée vers le centre, & la croupe vers la circonférence, de façon que le petit cercle se forme par les pieds de devant, & le grand par ceux de derriere.

La situation des épaules & de la croupe, eu égard au centre directement opposé à leur situation dans la *volte ordinaire*, lui a fait donner le nom de *renversée*.

On dit faire les *six voltes*, manier un cheval sur les quatre coins de la *volte*, le mettre sur les *voltes*, se coucher sur les *voltes*, &c. en parlant de divers exercices qu'on fait au manege.

Les *six voltes* se font terre à terre, deux à droite, deux à gauche, deux autres à droite, & toutes d'une haleine, observant le terrein de même cadence, maniant tride & avec prestesse, le devant en l'air, le cul à terre, la tête & la queue fermes. *V.* TRIDE, PRESTESSE.

VOLTE, *Marine*, terme synonyme à *route* ; on dit prendre telle *volte*, pour dire prendre telle *route*.

On entend aussi par le mot *volte*, les mouvemens & reviremens nécessaires pour se disposer au combat. *Voyez* EVOLUTIONS.

VOLTE, *Estocade de. Escrime*. C'est une botte qu'on porte à l'ennemi en tournant sur le pied gauche : elle se porte dans les armes & hors les armes ; on s'en sert contre un escrimeur qui attaque trop vivement & qui s'abandonne.

On dit improprement *quarté* pour *volté*.

VOLTE DE QUARTE *ou* DE QUARTE BASSE, *Estocade de. Escrime*. Quand l'épée de l'ennemi est dedans les armes, & qu'il s'avance trop, 1°. on fait le mouvement de lui porter une estocade de quarte ou de quarte basse : 2°. dans le même instant, au lieu d'alonger le pied droit, il faut le porter derriere le gauche, en le faisant passer par-devant : 3°. on tiendra le pied droit dans son même alignement, & on en placera le bout sur l'alignement du bout du pied gauche, à la distance d'une longueur de pied de l'un à l'autre, le talon du pied droit en l'air : 4°. le bras gauche placé devant le corps pour l'opposer à l'épée de l'ennemi : 5°.

on effacera le plus qu'on pourra. *V.* EF-
FACER *quarte.*

VOLTE EN TIERCE *ou* EN SECON-
DE, *Eſtocade de. Eſcrime.* Quand l'épée
do l'ennemi eſt hors les armes, & qu'il ſe
précipite ſur vous, 1°. vous faites le mouvement de porter une eſtocade de tierce ou
de ſeconde ; 2°. au même inſtant, au lieu
d'alonger le pied droit en avant, vous le
portez derriere le gauche en faiſant un
demi tour à droite, c'eſt-à-dire, qu'on
fait face où on avoit le derriere ; 3°. le
pied droit ſe place à deux longueurs de
pieds de diſtance du gauche ; 4°. on plie
un peu le genou gauche, & on tient le
jarret droit bien étendu ; 5°. la main
droite tournée comme pour parer une eſtocade de tierce, placée à la hauteur &
vis-à-vis le nœud de l'épaule, le bras arrondi ; le coude élevé, & l'épée parallele
à l'axe des épaules ; 6°. la main gauche
placée devant le corps, pour l'oppoſer à
l'épée de l'ennemi.

VOLTE-FACE, *Art milit.* : dans la cavalerie, eſt un mouvement par lequel on
fait retourner les eſcadrons de la tête à
la queue ſur le même terrein. Il ne conſiſte qu'à leur faire faire demi-tour à droite ; auſſi l'appelle-t-on dans l'uſage ordinaire, *demi-tour à droite.* Voyez DEMI-
TOUR A DROITE *&* ÉVOLUTION.

VOLTER, *v. n. Eſcrime,* changer de
place pour éviter les coups de ſon adver-
ſaire.

VOLTERRE, *Géog. mod.*, ou plutôt
Volterra, comme diſent les Italiens, ville
d'Italie dans la Toſcane, près d'un ruiſſeau nommé Zambra, ſur une montagne
à dix milles au ſud-oueſt de Colle, & à 30
au ſud-eſt de Piſe, avec une évêché que
quelques-uns diſent ſuffragant de Florence.

Cette ville eſt remarquable par ſon ancienneté, ayant été connue des Romains
ſous le nom de *Volaterra.* Elle eſt encore
bonne à voir par ſes belles fontaines,
dont quelques-unes ſont ornées de ſtatues antiques de marbre, entieres ou rompues, outre pluſieurs bas-reliefs, épitaphes & inſcriptions, dont Ant. Franc.
Gori a mis au jour la deſcription à Florence en 1744, en un vol. in-fol. avec
fig.

Volterre, comme je l'ai dit au mot *Volaterra,* eſt la patrie de Perſe ; elle l'eſt
auſſi du fameux ſculpteur Daniel Ricci-

relli, élevé de Michel-Ange. Le pape S.
Lin, qu'on nous donne pour ſucceſſeur
immédiat de S. Pierre ſur le ſiege de Rome, étoit natif de cette ville ; mais ſa vie
eſt entierement inconnue, & vraiſemblablement elle étoit très-obſcure, cet
homme étant ſans pouvoir, ſans égliſe &
ſans crédit. *Long.* 28. 34. *lat.* 43. 20.
(*D. J.*)

VOLTIGER, *v. n.* voler à petites &
fréquentes repriſes. Il ſe dit des oiſeaux,
Il ſe dit auſſi des chevaux, des étendards,
des voiles, *&c.*

On dit figurément d'un homme inconſtant & léger, qu'*il ne fait que voltiger.*

VOLTIGER, *Manege,* c'eſt faire les
exercices ſur le cheval de bois, pour apprendre à monter à cheval & à deſcendre
légérement, ou à faire divers tours qui
montrent l'agilité & la dextérité du cavalier. Il y a des maitres à voltiger qui
montrent cet exercice. *Voltiger* ſignifie
auſſi faire des tours de ſoupleſſe & de
force ſur une corde.

VOLTIGLOLE, ſ. f. *Marine,* cordon
de la pouppe qui ſépare le corps de la ga-
lere de l'aiſſade de pouppe : on dit autrement la *maſſane.*

VOLTORNO, *Géog. mod.*, *ou* VUL-
TURNO, anciennement *Vulturnus,* fleuve
d'Italie dans le royaume de Naples ; il
prend ſa ſource ſur les confins de la terre
de Labour, arroſe dans ſon cours Véna-
fre & Capoue, & ſe rend dans la mer,
près de l'embouchure du Clanio. (*D. J.*)

VOLTUMNÆ FANUM, *Géogr.
anc.*, lieu d'Italie dans l'Etrurie, aux
environs de Viterbe, & peut-être c'eſt
Viterbe même. Quoi qu'il en ſoit, les aſſemblées générales des Etruſques ſe tenoient ſouvent à *Voltumna Fanum,* au
rapport de Tite-Live, liv. IV, ch. 23,
25 & 61. (*D. J.*)

VOLTURARA, *Géog. mod.*, *ou* VUL-
TURARIA, petite ville d'Italie au royaume de Naples, dans la Capitanate, au
pied de l'Apennin, vers les confins du
comté de Moliſe, à dix lieues au nord-
oueſt de Bénévent, dont ſon évêque eſt
ſuffragant. *Long.* 32. 43. *latit.* 41. 29.
(*D. J.*)

VOLTURNE, ſ. m. *Mythol.* fleuve
d'Italie dans la Campanie, nommé encore aujourd'hui *Volturno.* Les anciens peuples de la Campanie en avoient fait un
dieu, & lui avoient conſacré un temple,

dans lequel ils s'affembloient pour délibérer de leurs affaires; il avoit à Rome un culte particulier, puifque parmi les flamines, on trouve celui du dieu *Voltur-ne*, & qu'on y célébroit les volturnales. (*D. J.*)

VOLUBILIS *ou* GRAND LISERON. *Botan.* Les tiges de cette plante vivace font longues & foibles; elles cherchent à s'entortiller autour des plantes voifines. Le long de ces tiges font des feuilles prefque rondes, d'où fortent des pédicules avec des fleurs blanches à une feule feuille en forme de cloches. Cette fleur vient en automne; fi-tôt qu'elle eft paffée il paroît un fruit cylindrique rempli de femences quarrées qui en multiplient l'efpece.

Il y a un liferon appellé *convolvulus*, qui eft de trois couleurs, jaune, bleu & blanc, & le petit liferon, dont les fleurs font purpurines.

Cette plante vient fouvent dans les haies; elle fe feme auffi fur couche & craint peu le froid. On la foutient avec des baguettes.

VOLUBILIS, *Géogr. anc.*, ville de la Mauritanie Tingitane, felon Pomponius Méla, l. III, c. 10, & Ptolomée, l. IV, c. 1, qui écrit *Volobilis*. Elle eft marquée dans l'itinéraire d'Antonin, entre *Tocolofida* & *Aquæ Dacicæ*, à trois milles du premier de ces lieux, & à feize milles du fecond. C'étoit une colonie romaine. Pline, l. V, c. 1, qui l'appelle *Volubile oppidum*, la met à 35 milles de Banaza, & à une pareille diftance de chacune des deux mers, ce qui eft impoffible; car une place à 35 milles de Banaza, qui étoit à 94 milles de Tingis, ne pouvoit être à 35 milles de chacune des deux mers.

Le pere Hardouin, qui ne s'eft pas apperçu de ce mécompte, a conclu que le gros des géographes avoit tort de prendre la ville de Fez pour l'ancienne *Volubilis*, parce que Fez eft à plus de 120 milles de l'Océan & de la mer Méditerranée. Mais s'il eût fait attention que l'itinéraire d'Antonin marque *Volubilis Colonia* à 145 milles de Tingis, vers le midi oriental de cette ville, dans les terres, & par conféquent à une égale diftance des deux mers, il eût aifément compris que cette ville pouvoit fort bien être la même que Fez. (*D. J.*)

VOLUBILITÉ, f. f. *Gramm.*, facilité & promptitude à fe mouvoir. On dit la *volubilité* des corps céleftes; la *volubilité* de la prononciation; la *volubilité* de la déclamation.

VOLUCZA, *Géog. mod.*, montagne de la Turquie Européenne, dans le Coménolitari, proche la fource de la Platamona. Ce font, à ce qu'on croit, les *Cambunii montes*, dont Tite-Live fait mention, l. XLIII, c. 53; & ailleurs. Il dit que le *Paniafus* y prenoit fa fource. (*D. J.*)

VOLUE, f. f. *Tifferanderie*, terme dont les tifferands fe fervent pour exprimer la petite fufée qui tourne dans la navette, & qui porte la tiffure.

VOLVESTRE, *Géog. mod.*, petit pays de France, dans le Languedoc, au diocèfe de Rieux. Ce nom pourroit bien venir de celui de la petite riviere de Vol, qui arrofe une partie du diocèfe de Rieux. (*D. J.*)

VOLUME, f. m. *Phyfique*, eft l'efpace qu'occupe un corps, ou fa quantité de matiere confidérée en tant qu'elle occupe une telle quantité d'efpace. *Voy.* PÉRIMETRE, CIRCONFÉRENCE, *&c.*

Un pied cube d'or & un pied cube de liege font égaux en volume, mais non en pefanteur, ni en denfité *V.* DENSITÉ.

Il s'en faut bien que la matiere propre ou les parties d'un corps rempliffent exactement tout le volume de ce corps. *Voy.* PORE. *Chambers.*

VOLUME, TOME, *Synonyme.* Le *volume* peut contenir plufieurs *tomes*, & le *tome* peut faire plufieurs *volumes*: mais la reliure fépare les *volumes*, & la divifion de l'ouvrage diftingue les *tomes*.

Il ne faut pas toujours juger de la fcience de l'auteur par la groffeur du *volume* qu'il publie. Il y a beaucoup d'ouvrages en plufieurs *tomes* qui feroient meilleurs, s'ils étoient réduits en un feul. *Girard.* (*D. J.*)

VOLUME, *Art numifmat.* Les monnoyeurs fe fervent de ce terme, pour défigner la grandeur & l'épaiffeur de l'efpece; de même en matiere de médailles, on entend par *volume*, l'épaiffeur, l'étendue, le relief d'une médaille, & la groffeur de la tête; de forte que fi quelqu'une de ces qualités y manque, un médaillon du haut-empire s'appelle *médaille de grand bronze*; mais dans le bas-empire, dès que la médaille a plus de *volume*, c'eft-à-dire, plus d'étendue & de relief

que le moyen bronze ordinaire, on la fait
passer pour médaillon. Exceptons-en
cependant, pour l'épaisseur & pour le
relief, les médailles contorniates, qui
n'ont ni l'une ni l'autre de ces deux qualités,
& qui ne laissent pas de passer la
plupart pour médaillons. (*D. J.*)

VOLUME, *Musique*. Le *volume* d'une
voix est l'étendue ou l'intervalle qui est
entre le son le plus aigu & le son le plus
grave qu'elle peut rendre. Le *volume* des
voix les plus ordinaires est d'environ
huit à neuf tons ; les plus grandes voix
ne passent guere les deux octaves en sons
bien justes & bien pleins. (*S*)

VOLUMEN, s. m. *Langue latine.* Ce
mot latin désigne un *volume*, un *livre*,
parce que les anciens Romains, avant
l'usage du papier, écrivoient d'abord sur
des tablettes enduites de cire ; quand ils
avoient mis la derniere main à leur ouvrage,
ils le mettoient au net sur des
membranes, ou des écorces d'arbres,
qu'ils rouloient ensuite. De-là, *evolvere
librum* signifie *lire un livre*, parce qu'il
falloit dérouler ce volume, afin de pouvoir
le lire.

Pour conserver les livres écrits, *volumina*,
on les frottoit avec de l'huile de
cedre, & on les serroit dans des tablettes
de cyprès, qui est un bois à l'épreuve de
la pourriture. (*D. J.*)

VOLUPIE, s. f. *Mythol.*, *Volupia*,
déesse de la volupté, celle qui en procuroit
aux hommes. Apulée dit qu'elle étoit
fille de l'Amour & de Psyché. Elle avoit
un petit temple à Rome, près de l'arsenal
de marine ; & sur son autel étoit non-seulement
sa statue, mais encore celle de la
déesse du silence. *Volupia* étoit représentée
en jeune personne, mignardement
ajustée, assise sur un trône, comme une
reine, & tenant la Vertu sous ses pieds ;
mais on lui donnoit un teint pâle & blême.
(*D. J.*)

VOLUPTÉ, s. f. *Morale*. La *Volupté*,
selon Aristippe, ressemble à une reine
magnifique & parée de sa seule beauté ;
son trône est d'or, & les Vertus, en habit
de fêtes, s'empressent de la servir. Ces
vertus sont la Prudence, la Justice, la
Force, la Tempérance, toutes quatre véritablement
soigneuses de faire leur cour
à la *Volupté*, & de prévenir ses moindres
souhaits. La Prudence veille à son repos,
à sa sûreté. La Justice l'empéche de faire

tort à personne, de peur qu'on ne lui rende
de injure pour injure, sans qu'elle puisse
s'en plaindre. La Force la retient, si par
hasard quelque douleur vive & soudaine
l'obligeoit d'attenter sur elle-même. Enfin
la Tempérance lui défend toute sorte
d'excès, & l'avertit assidument que la
santé est le plus grand de tous les biens,
ou celui du moins sans lequel tous les
autres deviennent inutiles, ne se font
point sentir.

La morale d'Aristippe, comme on voit,
portoit sans détour à la *volupté*, & en cela
elle s'accordoit avec la morale d'Epicure.
Il y avoit cependant entr'eux cette différence,
que le premier regardoit comme
une obligation indispensable de se mêler
des affaires publiques, de s'assujéttir dès
sa jeunesse à la société, en possédant des
charges & des emplois, en remplissant
tous les devoirs de la vie civile ; & que
le second conseilloit de fuir le grand
monde, de préférer à l'éclat qui importune,
cette douce obscurité qui satisfait,
de rechercher enfin dans la solitude un
sort indépendant des caprices de la fortune.
Cette contrariété de sentimens entre
deux grands philosophes, donna lieu au
stoïcien Panétius d'appeler en raillant la
volupté d'Aristippe, *la volupté debout*, &
celle d'Epicure, *la volupté assise*.

Il s'éleva dans le quatrieme siecle de
l'église un hérésiarque (Jovinian) qu'on
nomma l'*Aristippe* & l'*Epicure des chrétiens*,
parce qu'il osoit soutenir que la religion
& la *volupté* n'étoient pas incompatibles ;
paradoxe qu'il coloroit de spécieux
prétextes, en dégageant d'une part
la *volupté* de ce qu'elle a de plus grossier ;
& de l'autre, en réduisant toutes les pratiques
de la religion à de simples actes de
charité. Cette espece de système séduisit
beaucoup de gens, sur-tout des prêtres &
des vierges consacrées à Dieu ; mais S.
Jérôme attaqua ouvertement le perfide
hérésiarque, & sa victoire fut aussi brillante
que complete. "Vous croyez, lui
" disoit-il, avoir persuadé ceux qui mar-
" chent sur vos traces : détrompez-vous,
" ils étoient déja persuadés par les pen-
" chans secrets de leur cœur. "

Jamais réputation n'a plus varié que
celle d'Epicure ; ses ennemis le décrioient
comme un voluptueux, que l'apparence
seule du plaisir entrainoit sans cesse hors
de lui-même, & qui ne sortoit de son oisiveté

fveté que pour fe livrer à la débauche. Ses amis, au contraire, le dépeignoient comme un fage qui fuyoit par goût & par raifon le tumulte des affaires, qui préféroit un genre de vie bien ménagé, aux flatteufes chimeres dont l'ambition repaît les autres hommes, & qui par une judicieufe économie mêloit les plaifirs à l'étude, & une converfation agréable au férieux de la méditation. Cet homme poli & fimple dans fes manieres, enfeignoit à éviter tous les excès qui peuvent déranger la fanté, à fe fouftraire aux impreffions douloureufes, à ne defirer que ce qu'on peut obtenir, à fe conferver enfin dans une affiette d'efprit tranquille. Au fond, cette doctrine étoit très-raifonnable, & l'on ne fauroit nier qu'en prenant le mot de *bonheur* comme il le prenoit, la félicité de l'homme ne confifte dans le plaifir. Epicure n'a point pris le change, comme prefque tous les anciens philofophes, qui, en parlant de bonheur, fe font attachés non à la caufe formelle, mais à la caufe efficiente. Pour Epicure, il confidere la béatitude en elle-même & dans fon état formel, & non pas felon le rapport qu'elle a à des êtres tout-à-fait externes, comme font les caufes efficientes. Cette maniere de confidérer le bonheur, eft fans doute la plus exacte & la plus philofophique. Epicure a donc bien fait de la choifir, & il s'en eft fi bien fervi, qu'elle l'a conduit précifément où il falloit qu'il allât. Le feul dogme que l'on pouvoit établir raifonnablement, felon cette route, étoit de dire que la béatitude de l'homme confifte dans le fentiment du plaifir, ou en général dans le contentement de l'efprit. Cette doctrine ne comporte point pour cela que l'on établit le bonheur de l'homme dans la bonne chere & dans les molles amours: car tout au plus ce ne peuvent être que des caufes efficientes, & c'eft de cela qu'il ne s'agit pas; quand il s'agira des caufes efficientes, on vous marquera les meilleures, on vous indiquera d'un côté les objets les plus capables de conferver la fanté de votre corps, & de l'autre les occupations les plus propres à prévenir les chagrins de l'efprit; on vous prefcrira donc la fobriété, la tempérance, & le combat contre les paffions tumultueufes & déréglées, qui ôtent à l'ame la tranquillité d'efprit qui ne contribue pas peu à fon bonheur: on vous

dira que la *volupté* pure ne fe trouve ni dans la fatisfaction des fens, ni dans l'émotion des appétits; la raifon en doit être la maîtreffe, elle en doit être la regle, les fens n'en font que les miniftres; & ainfi, quelques délices que nous efpérions dans la bonne chere, dans les plaifirs de la vue, dans les parfums & la mufique, fi nous n'approchons de ces chofes avec une ame tranquille, nous ferons trompés, nous nous abuferons d'une fauffe joie, & nous prendrons l'ombre du plaifir pour le plaifir même. Un efprit troublé & emporté loin de lui par la violence des paffions, ne fauroit goûter une *volupté* capable de rendre l'homme heureux. C'étoient là les *voluptés* dans lefquelles Epicure faifoit confifter le bonheur de l'homme. Voici comment il s'en explique: c'eft à Ménecée qu'il écrit. "Encore que nous difions, mon cher Ménecée, que la *volupté* eft la fin de l'homme, nous n'entendons pas parler des *voluptés* fales & infames, & de celles qui viennent de l'intempérance & de la fenfualité. Cette mauvaife opinion eft celle des perfonnes qui ignorent nos préceptes ou qui les combattent, qui les rejettent abfolument ou qui en corrompent le vrai fens." Malgré cette apologie qu'il faifoit de l'innocence de fa doctrine contre la calomnie & l'ignorance, on fe récria fur le mot de *volupté*; les gens qui en étoient déja gâtés en abuferent; les ennemis de la fecte s'en prévalurent, & ainfi le nom d'*épicurien* devint très-odieux. Les ftoïciens, qu'on pourroit nommer *les janféniftes du paganifme*, firent tout ce qu'ils purent contre Epicure, afin de le rendre odieux & de le faire perfécuter. Ils lui imputerent de ruiner le culte des dieux, & de pouffer dans la débauche le genre humain. Il ne s'oublia point dans cette rencontre, il fut penfer & agir en philofophe; il expofa fes fentimens aux yeux du public; il fit des ouvrages de piété; il recommanda la vénération des dieux, la fobriété, la continence; il ne fe plaignit point des bruits injurieux qu'on verfoit fur lui à pleines mains. "J'aime mieux, difoit-il, les fouffrir & les paffer fous filence, que de troubler par une guerre défagréable la douceur de mon repos." Auffi le public, du moins celui qui veut connoître avant que de juger, fe déclara-t-il en toutes les occasions pour Epicure ; il estimoit sa probité, son éloignement des vaines disputes, la netteté de ses mœurs, & cette grande tempérance dont il faisoit profession, & qui loin d'être ennemie de la *volupté*, en est plutôt l'assaisonnement. Sa patrie lui éleva plusieurs statues ; d'ailleurs ses vrais disciples & ses amis particuliers vivoient d'une maniere noble & pleine d'égards les uns pour les autres ; portoient à l'excès tous les devoirs de l'amitié, & préféroient constamment l'honnête à l'agréable. Un maître qui a su inspirer tant d'amour pour les vertus douces & bienfaisantes, ne pouvoit manquer d'être un grand homme ; mais on ne doit pas reconnoître pour ses disciples quelques libertins qui ayant abusé du nom de ce philosophe, ont ruiné la réputation de la secte. Ces gens ont donné à leurs vices l'inscription de sa sagesse, ils ont corrompu sa doctrine par leurs mauvaises mœurs, & se sont jetés en foule dans son parti, seulement parce qu'ils entendoient qu'on y louoit la *volupté*, sans approfondir ce que c'étoit que cette *volupté*. Ils se sont contentés de son nom en général, & l'ont fait servir de voile à leurs débauches ; ils ont cherché l'autorité d'un grand homme, pour appuyer les désordres de leur vie, au lieu de profiter des sages conseils de ce philosophe, & de corriger leurs vicieuses inclinations dans son école. La réputation d'Epicure seroit en très-mauvais état, si quelques personnes désintéressées n'avoient pris soin d'étudier plus à fond sa morale. Il s'est donc trouvé des gens qui se sont informés de la vie de ce philosophe, & qui sans s'arrêter à la croyance du vulgaire, ni à l'écorce des choses, ont voulu pénétrer plus avant, & ont rendu des témoignages fort authentiques de la probité de sa personne, & de la pureté de sa doctrine. Ils ont publié à la face de toute la terre, que sa *volupté* étoit aussi sévere que la vertu des stoïciens, & que pour être débauché comme Epicure, il falloit être aussi sobre que Zénon. Parmi ceux qui ont fait l'apologie d'Epicure, on peut compter Ericius Puteanus, le fameux dom Francisco de Quevedo, Sarazin, le sieur Colomiés, M. de Saint-Evremont, dont les réflexions sont curieuses & de bon goût, M. le baron Descoutures, la Mothe le Vayer, l'abbé de Saint-Réal, & Sorbiere. Un auteur

moderne, qui a donné des ouvrages d'un goût très-fin, avoit promis un commentaire sur la réputation des anciens ; celle d'Epicure devoit y être rétablie. Gassendi s'est sur-tout signalé dans la défense de ce philosophe ; ce qu'il a fait là-dessus est un chef-d'œuvre, le plus beau & le plus judicieux recueil qui se puisse voir, & dont l'ordonnance est la plus nette, & la mieux réglée. M. le chevalier Temple, si illustre par ses ambassades, s'est aussi déclaré le défenseur d'Epicure, avec une adresse toute particuliere. On peut dire en général, que la morale d'Epicure est plus sensée & plus raisonnable que celle des stoïciens, bien entendu qu'il soit question du système du paganisme. *Voy.* SAGE.

On entend communément par *volupté* tout amour du plaisir qui n'est point dirigé par la raison, & en ce sens toute *volupté* est illicite ; le plaisir peut être considéré par rapport à l'homme qui a ce sentiment, par rapport à la société, & par rapport à Dieu. S'il est opposé au bien de l'homme qui en a le sentiment, à celui de société, ou au commerce que nous devons avoir avec Dieu, dès lors il est criminel. On doit mettre dans le premier rang ces *voluptés* empoisonnées qui font acheter aux hommes des plaisirs d'un instant, de longues douleurs. On doit penser la même chose de ces *voluptés* qui sont fondées sur la mauvaise foi & sur l'infidélité, qui établissent dans la société la confusion de races & d'enfans, & qui sont suivies de soupçons, de défiance, & fort souvent de meurtres & d'attentats sur les loix les plus sacrées & les plus inviolables de la nature. Enfin on doit regarder comme un plaisir criminel, le plaisir que Dieu défend, soit par la loi naturelle qu'il a donnée à tous les hommes, soit par une loi positive, comme le plaisir qui affoiblit, suspend ou détruit le commerce que nous avons avec lui, en nous rendant trop attachés aux créatures.

La *volupté* des yeux, de l'odorat & de l'ouie, est la plus innocente de toutes, quoiqu'elle puisse devenir criminelle, parce qu'on n'y détruit point son être ; qu'on ne fait tort à personne ; mais la *volupté* qui consiste dans les excès de la bonne chere, est beaucoup plus criminelle : elle ruine la santé de l'homme, elle abaisse l'esprit, le rappellant de ces hau-

tes & fublimes contemplations, pour lefquelles il eſt naturellement fait, à des
ſentimens qui l'attachent baſſement aux
délices de la table, comme aux ſources
de ſon bonheur. Mais le plaiſir de la bonne chere n'eſt pas à beaucoup près ſi criminel que celui de l'ivreſſe, qui non-ſeulement ruine la ſanté & abaiſſe l'eſprit,
mais qui trouble notre raiſon & nous prive pendant un certain tems du glorieux
caractere de créature raiſonnable. La *volupté* de l'amour ne produit point de déſordres tout-à-fait ſi ſenſibles; mais cependant on ne peut point dire qu'elle ſoit
d'une conſéquence moins dangereuſe :
l'amour eſt une eſpece d'ivreſſe pour l'eſprit & le cœur d'une perſonne qui ſe livre à cette paſſion; c'eſt l'ivreſſe de l'a-
me comme l'autre eſt l'ivreſſe du corps ;
le premier tombe dans une extravagance
qui frappe les yeux de tout le monde, &
le dernier extravague quoiqu'il paroiſſe
avoir plus de raiſon; d'ailleurs le premier renonce ſeulement à l'uſage de la
raiſon, au lieu que celui-ci renonce à ſon
eſprit & à ſon cœur en même tems. Mais
quand vous venez à conſidérer ces deux
paſſions dans l'oppoſition qu'elles ont au
bien de la ſociété, vous voyez que la
moins déréglée eſt en quelque ſorte plus
criminelle que l'ivreſſe, parce que celle-
ci ne nous cauſe qu'un déſordre paſſager,
au lieu que celle-là eſt ſuivie d'un déréglement durable : l'amour eſt d'ailleurs
plus ſouvent une ſource d'homicides que
le vin. L'ivreſſe eſt ſincere; mais l'a-
mour eſt eſſentiellement perfide & infidele. Enfin l'ivreſſe eſt une courte fureur
qui nous ôte à Dieu pour nous livrer à
nos paſſions; mais l'amour illicite eſt une
idolâtrie perpétuelle.

L'amour propre ſentant que le plaiſir
des ſens eſt trop groſſier pour ſatisfaire
notre eſprit, cherche à ſpiritualiſer les
voluptés corporelles. C'eſt pour cela qu'il
a plû à l'amour-propre d'attacher à cette
félicité groſſiere & charnelle la délicateſſe
des ſentimens, l'eſtime d'eſprit, & quelquefois même les devoirs de la religion,
en la concevant ſpirituelle, glorieuſe &
ſacrée. Ce prodigieux nombre de penſées, de ſentimens, de fictions, d'écrits,
d'hiſtoires, de romans, que la *volupté* des
ſens a fait inventer, en eſt une preuve
éclatante. A conſidérer les plaiſirs de l'a-
mour ſous leur forme naturelle, ils ont

une baſſeſſe qui rebute notre orgueil.
Que falloit-il faire pour les élever &
pour les rendre dignes de l'homme ? Il
falloit les ſpiritualiſer ; leur donner pour
objet à la délicateſſe de l'eſprit, en faire
une matiere de beaux ſentimens, inventer là-deſſus des jeux d'imagination, les
tourner agréablement par l'éloquence &
la poéſie. C'eſt pour cela que l'amour-
propre a annobli les honteux abaiſſemens
de la nature humaine : l'orgueil & la *volupté* ſont deux paſſions qui bien qu'elles viennent d'une même ſource, qui eſt
l'amour-propre, ne laiſſent pourtant pas
d'avoir quelque choſe d'oppoſé. La *volupté* nous fait deſcendre au lieu que l'orgueil veut nous élever. Pour les concilier, l'amour-propre fait de deux choſes
l'une; ou il tranſporte la *volupté* dans
l'orgueil, ou il tranſporte l'orgueil dans
la *volupté* : en ennoblant le plaiſir des ſens,
il cherchera un plus grand plaiſir à acquérir de l'eſtime ; ainſi voilà la *volupté*
dédommagée ; ou prenant la réſolution
de ſe ſatisfaire du côté du plaiſir des ſens,
il attachera de l'eſtime à la *volupté* ; ainſi
voilà l'orgueil conſolé de ſes pertes. Mais
l'aſſaiſonnement eſt encore bien plus
flatteur lorſqu'on regarde ce plaiſir comme un plaiſir que la religion ordonne.
Une femme débauchée, qui pouvoit ſe
perſuader dans le paganiſme qu'elle faiſoit l'inclination d'un dieu, trouvoit dans
l'intempérance des plaiſirs bien plus ſenſibles ; & un dévot qui ſe divertit ou qui
ſe venge ſous des prétextes ſacrés, trouve
dans la *volupté* un ſel plus piquant & plus
agréable que la *volupté* même.

La plupart des hommes ne reconnoiſſent qu'une ſorte de *volupté*, qui eſt celle
des ſens ; ils la réduiſent à l'intempérance corporelle, & ils ne s'apperçoivent
pas qu'il y a dans le cœur de l'homme
autant de *voluptés* différentes qu'il y a
d'eſpeces de plaiſirs, dont il peut abuſer, & autant d'eſpeces différentes de
plaiſir, qu'il y a de paſſions qui agitent
ſon ame.

L'avarice qui ſemble ne vouloir priver
des plaiſirs les plus innocens, a ſa *volupté* qui la dédommage des douceurs
auxquelles elle renonce : *populus me ſibi-
lat*, dit cet avare dont Horace nous a fait
le portrait, *at mihi plaudo ipſe domi, ſi-
mul ac nummos contemplor in arca.* Mais
comme il y a des paſſions plus criminelles

les unes que les autres, il y a aussi une
sorte de *volupté* qui est particuliérement
dangereuse. On peut la réduire à trois
especes ; savoir, la *volupté* de la haine &
de la vengeance, celle de l'orgueil & de
l'ambition, celle de l'incrédulité & de
l'impiété.

C'est une *volupté* d'orgueil, que de
s'arroger, ou des biens qui ne nous appartiennent pas, ou des qualités qui sont
en nous, mais qui ne sont point nôtres,
ou une gloire que nous devons rapporter
à Dieu, & non point à nous. On s'étonne
avec raison que le peuple romain trouvât
quelque sorte de plaisir dans les diver-
tissemens sanglans du cirque, lorsqu'il
voyoit des gladiateurs s'égorger en sa
présence pour son divertissement. On
peut regarder ce plaisir barbare comme
une *volupté* d'ambition & de vaine gloire : c'étoit flatter l'ambition des Romains
que de leur faire voir que les hommes
n'étoient faits que pour leurs divertisse-
mens. Il y a une *volupté* de haine & de
vengeance qui consiste dans la joie que
nous donnent les disgraces des autres
hommes ; c'est un affreux plaisir que celui qui se nourrit des larmes que les autres répandent ; le degré de ce plaisir fait
le degré de la haine qui le fait nâitre. Le
grand Corneille, à qui on ne peut refuser
d'avoir bien connu le cœur de l'homme,
exprime dans ces vers l'excès de la haine
par l'excès du plaisir :

Puissai-je de mes yeux y voir tomber la
foudre,
Voir tes maisons en cendre & tes lauriers
en poudre.
Voir le dernier Romain à son dernier sou-
pir,
Moi seule en être cause, & mourir de plai-
sir !

L'incrédulité se fortifie du plaisir de
toutes les autres passions qui attaquent
la religion, & se plaisent à nourrir des
doutes favorables à leurs déréglemens ; &
l'impiété qui semble commettre le mal
pour le mal même, & sans en trouver aucun avantage, ne laisse pas d'avoir ses
plaisirs secrets, d'autant plus dangereux
que l'ame se les cache à elle-même dans
l'instant qu'elle les goûte mieux ; il arrive souvent qu'un intérêt de vanité nous
fait manquer de révérence à l'Etre suprême. Nous voulons nous montrer redoutables aux hommes, en paroissant ne crain-

dre point Dieu ; nous blasphémons contre le ciel pour menacer la terre ; mais ce
n'est pourtant pas là le sel qui assaisonne
principalement l'impiété. L'homme impie
hait naturellement Dieu, parce qu'il hait
la dépendance qui le soumet à son empire, &, la loi qui borne ses desirs. Cette
haine de la Divinité demeure cachée dans
le cœur des hommes, où la foiblesse & la
crainte la tiennent couverte, sans même
que la raison s'en apperçoive le plus souvent. Cette haine cachée fait trouver un
plaisir secret dans ce qui brave la Divinité.

Victrix, causa diis placuit, sed victa
Catoni.

« Il dédaigne de voir le ciel qui le tra-
» hit. »

Tout cela a paru brave, parce qu'il
étoit impie.

La *volupté* corporelle est plus sensible
que la *volupté* spirituelle ; mais celle-ci
paroit plus criminelle que l'autre : car la
volupté de l'orgueil est une *volupté* sacrilege, qui dérobe à Dieu l'honneur qui lui
appartient, en retenant tout pour elle. La
volupté de la haine est une *volupté* barbare, & meurtriere, qui se nourrit de pleurs ;
& la *volupté* de l'incrédulité est une *vo-*
lupté impie qui se plait à dégrader la Divinité.

VOLUPTUAIRE, adj. *Gramm. Jurisp.*
se dit de ce qui n'est fait que pour l'agrément &, non pour l'utilité.

Ce terme n'est guere usité qu'en fait
d'impenses ; on distingue celles qui sont
utiles de celles qui ne sont que *volup-*
tuaires ; on fait raison au possesseur de
bonne foi des premieres, mais non pas
des secondes. *V.* IMPENSES. (*A*)

VOLUPTUEUX, adj. *Gramm.*, qui
aime les plaisirs sensuels ; en ce sens, tout
homme est plus ou moins *voluptueux*.
Ceux qui enseignent je ne sais quelle doctrine austere qui nous affligeroit sur la
sensibilité d'organes que nous avons re-
que de la nature qui vouloit, que la conservation de l'espece & la nôtre fussent
encore un objet de plaisirs, & sur cette
foule d'objets qui nous entourent & qui
sont destinés à émouvoir cette sensibilité
en cent manieres agréables, sont des
atrabilaires à enfermer aux petites-mai-
sons. Ils remercieroient volontiers l'Etre
tout-puissant d'avoir fait des ronces, des
venins, des tigres, des serpens, en un mot

tout ce qu'il y a de nuifible & de mal-
faifant; & ils font tout prêts à lui reprocher l'ombre, les eaux fraîches, les fruits,
exquis, les vins délicieux, en un mot,
les marques de bonté & de bienfaifance
qu'il a femées entre les chofes que nous
appellons *mauvaifes & nuifibles*. A leur
gré, la peine, la douleur ne fe rencontrent pas affez fouvent fur notre route.
Ils voudroient que la fouffrance précé-
dât, accompagnât & fuivît toujours le
befoin; ils croient honorer Dieu par la
privation des chofes qu'il a créées. Ils ne
s'apperçoivent pas que, s'ils font bien de
s'en priver, il a mal fait de les créer;
qu'ils font plus fages que lui; & qu'ils
ont reconnu & évité le piege qu'il leur a
tendu.

VOLUTE, f. f. *Conchyl.*, genre de coquille univalve, qui a pris ce nom de fa
propre figure; dont la bouche eft toujours
alongée, le fommet élevé, fouvent applati, quelquefois couronné.

La famille des *volutes* fe confond aifément avec celle qui renferme les rouleaux; mais pour peu qu'on examine ces
coquilles dans leur figure extérieure,
on obfervera que les *volutes* font faites
en cônes, dont une des extrémités eft pyramidale, & l'autre fe coupe à vives arrê-
tes pour former une clavicule applatie,
ou une couronne dentelée. Le rouleau au
contraire a la tête élevée, & eft prefqu'é-
gal dans fes deux extrémités avec les côtés un peu renflés dans le milieu; on ne
voit point s'arrêter à la bouche pour fixer fon caractere générique: fa figure,
qui s'alonge en pointe par le bas, eft tout
ce qui le détermine, ainfi que fa tête applatie & féparée du corps par une vive
arête.

Le caractere fpécifique le plus remarquable de cette famille eft dans la clavicule; il y en a de fort élevées, comme
celle de la flamboyante; & d'autres très-
plates, telle qu'eft la clavicule de la moire: la couronne impériale a auffi fa fingularité dans la couronne dentelée qui
orne fa tête.

Les *volutes*, qu'on nomme auffi *cornets* en françois, font appellées en latin
par plufieurs auteurs *rhombi*, mot qui
veut dire une *lozange*, & qui par conféquent eft impropre pour défigner les coquilles dont il s'agit ici. On leur a donné
plus juftement le nom de *volute*, parce

que dans l'architecture les *volutes* d'un
chapiteau vont en diminuant jufqu'au
point appellé l'œil de la volute. D'autres
difent, *volute, a volvendo, vel revolutio-
nê fpirali, dicta*.

On peut diftribuer avec M. Dargenville, les *volutes* fous cinq claffes générales. 1°. *Volutes* dont le fommet eft élevé.
2°. *Volutes* dont le fommet eft applati &
coupé par différentes côtes. 3°. *Volutes*
dont le fommet eft couronné. 4°. *Volutes*
dont le fommet eft joint au corps fans aucune arête. 5°. *Volutes* dont le fommet
eft détaché du corps par un cercle, le
corps renflé dans le milieu & la bouche
évafée.

Dans la claffe des *volutes* dont le fommet eft élevé, on met les efpeces fuivantes: 1°. le grand-amiral; 2°. le vice-ami-
ral; 3°. l'amiral d'orange; 4°. l'amiral
chagriné; 5°. le faux amiral, ou le navet; 6°. les fpectres; 7°. la *volute* entourée de lignes, & de couleur fauve; 8°. la
flamboyante; 9°. la peau de chagrin;
10°. la minime; 11°. la guinée, ou la fpé-
culation; 12°. la *volute* fafciée à ftries,
& rougeâtre; 13°. la pointillée; 14°.
l'hébraïque; 15°. la *volute* brûlée, entourée de deux zones blanches; 16°. l'i-
fabelle; 17°. le drapeau; 18°. la *volute*
barriolée de deux zones à réfeaux; 19°.
la chauve-fouris; 20°. la *volute* blanche,
marquetée de points & de taches jaunes.

Dans la claffe des *volutes* dont le fommet eft applati & coupé par différentes
côtes, on diftingue les efpeces fuivantes:
1°. la moire, en latin *hombix*; 2°. le léopard ou le tigre noir; 3°. le léopard jaune;
4°. le léopard rouge; 5°. le damier; 6°.
le damier à points bleus; 7°. la *volute*
fafciée de points jaunes & blancs; 8°. la
tinne de beurre, elle eft quelquefois tachetée de petites lignes couleur d'agate;
9°. la *volute*, dite efplandion; 10°. la *volute* cerclée d'une fafce blanche; 11°. le
cierge brut, autrement dit l'*onix*; quand
il eft poli, on l'appelle le *cygne*; 12°. l'aile
de papillon; 13°. la *volute* verdâtre, cerclée de points & de zones bariolées.

Dans la claffe des *volutes* dont le fommet eft couronné, on compte 1°. la couronne impériale toute fafciée; 2°. la
même moins fafciée; 3°. la même bariolée de brun; 4°. la même marbrée de
noir.

A la claffe des *volutes* dont le fommet

Q 3

est joint au corps sans aucune arête, appartiennent 1°. le drap d'or ; 2°. le drap
d'argent ; 3°. le drap citron; 4°. le drap
d'or fascié ; 5°. la brunette ; 6°. l'ome-
lette ; 7°. la volute à réseau ; 8°. la volute empennée, ou repréfentant des plumes d'oifeau ; 9°. la volute bariolée de
tach?s bleues ; 10°. la volute grenue, entourée de taches & de pointes ; 11°. la
même toute jaune.

La cinquieme & derniere claffe des volutes contient; 1°. l'écorchée ; 2°. le nuage; 3°. le brocard de foie ; 4°. le brocard
d'argent ; 5°. le taffetas ; en latin pannus
fericus ; 6°. la tulipe, toutes coquilles
recherchées.

Auffi eft-il vrai que les volutes compofent une des plus riches & des plus
précieufes familles que l'on ait dans l'hiftoire des coquilles ; & Rumphius a eu
raifon de les nommer eximiæ. Rien n'eft
au-deffus des compartimens de l'amiral,
l'éclat de fes couleurs, l'émail de fa blancheur, & fa belle forme, le rendent encore plus recommandable que fa rareté.
Les Hollandois font fi curieux de cette
coquille, que quelques-uns l'ont achetée
jufqu'à mille florins, ainfi que le vice-
amiral qui n'eft guere moins eftimé. Cette
derniere eft un fond blanc marqueté de
taches longues, déchiquetées, de couleur
rouge foncé, avec une ligne ponctuée
vers le milieu, comme à l'amiral. Comme
elle vient de la mer & des pays éloignés,
ils l'ont appellée par excellence le grand-
amiral, l'amiral d'Orange. Quand au lieu
d'une ligne ponctuée qui fe trouve dans
le bas ou au milieu de la grande fafce
jaune, on compte jufqu'à trois ou quatre
de ces lignes, cette fingularité augmente
le prix de la coquille. La volute nommée
les fpectres, eft encore finguliérement recherchée. Voy. SPECTRES, Conchyl.

La peau de chagrin eft remarquable
par la furface grenue, tandis que fur une
couleur fauve tachetée de blanc, s'éleve
par étages une tête pointillée. Les taches
noires répandues fur la robe blanche de
l'hébraïque, imitent affez bien des caracteres hébreux.

Le tigre ou léopard jaune, tacheté de
blanc, eft rare. L'aile de papillon l'eft encore davantage : certains yeux & des taches faites en croiffant fur les trois rangs
de bandelettes qui l'entourent, reffemblent affez à celles des ailes de papillon.

La couronne impériale a pris fon nom
d'une tête très-plate, chargée de tubercules qui, réguliérement difpofées, forment une efpece de couronne.

Remarque générale à faire fur la beauté
des volutes. Leur clavicule ou fommet eft
ordinairement affez élevé & compofé de
huit à dix fpires arrondies, fouvent coupées dans leur contour par de petits filets
qui tournent avec elles jufqu'à l'œil de la
volute, dont la pointe eft extrêmement
fine ; quand les mêmes compartimens qui
ornent la robe, fe répetent réguliérement
fur le fommet, ils rendent ces coquilles
parfaites.

Deux mots fur l'animal qui habite les
volutes, fuffiront. Il eft peu différent de
celui qui occupe le rouleau. Il fort de l'extrêmité oppofée au fommet un col penché
avec une tête ronde, d'où partent deux
cornes cylindriques, très-pointues, au
milieu defquelles font fitués deux points
noirs faillans qui dénotent fes yeux, fur-
montés par la pointe de ces cornes. Un
petit trou rond, ouvert au milieu d'une
place affez large au haut de la tête, indique la pofition de la bouche. Elle fait l'office d'un fuçoir pour attirer à foi les corps
qui lui conviennent. (D. J.)

VOLUTE, Conchyliographie, en latin
belix, c'eft le contour des fpirales du fuft
de la coquille ; lequel fuft, en latin colu-
mella, va en diminuant à un point comme centre, qu'on appelle œil de la volute.
(D. J.)

VOLUTE, Architect. civile, c'eft un
des principaux ornemens des chapiteaux
ioniques & compofites. Il repréfente une
efpece d'écorce roulée en ligne fpirales &
les Grecs, qui l'ont inventée, ont voulu
repréfenter par-là les boucles des cheveux
des femmes, fur lefquelles ils proportion-
nerent les colonnes ioniques. On deffine
ainfi la volute, felon M. Perrault.

1°. Ayant marqué l'aftragale qui doit
avoir deux douziemes d'épaiffeur, & s'é-
tendre à droite & à gauche, autant que
le diametre du bas de la colonne peut le
permettre, du haut de la colonne fur la
face où l'on veut tracer la volute, tirez
une ligne à niveau par le milieu de l'aftragale, & faites-la paffer au-delà de l'extremité de cette moulure.

2°. Faites defcendre du haut de l'abaque une ligne perpendiculaire fur une autre ligne qui paffera le centre du cercle.

dont la moitié décrit l'extrêmité de l'aftragale. Vitruve appelle *œil* ce cercle qui a
deux douziemes de diametre; & c'eft dans
ce cercle que font placés douze points qui
fervent de centre aux quatre quartiers de
chacune des trois révolutions dont la *volute eft* compofée. On fait l'operation fuivante, pour avoir ces douze points.

3°. Tracez dans l'œil un quarré dont
les diagonales foient l'une dans la ligne
horifontale, & l'autre dans la ligne verticale, ces lignes fe coupent au centre de
l'œil.

4°. Du milieu du côté de ce quarré, tirez deux lignes qui féparent le quarré en
quatre parties égales; ces parties donnent
les douze points dont il s'agit. On trace
enfuite la *volute*. Pour la faire, on met
une jambe du compas fur le premier point
qui eft dans le milieu du côté intérieur &
fupérieur du quarré, & l'autre jambe à
l'endroit où la ligne verticale coupe la ligne du bas de l'abaque; & on trace un
quart de cercle en-dehors & en-bas, jufqu'à la ligne horifontale. De cet endroit
au fecond point, on décrit un fecond
quart de cercle tournant intérieurement
jufqu'à la ligne verticale. On paffe de là
au troifieme point, qui eft dans le milieu
du côté inférieur & extérieur du quarré,
pour tracer le troifieme quart de cercle
tournant en-haut & en-bas, jufqu'à la
ligne horifontale. On vient enfuite au quatrieme point, d'où l'on décrit le quatrieme quart de cercle tournant en-haut &
en-bas jufqu'à la ligne verticale. Du cinquieme point on décrit de même le cinquieme quart de cercle, & de même le
fixieme, du fixieme point qui eft au-deffous du fecond; & le feptieme, au feptieme qui eft au-deffous du troifieme. En
allant ainfi de point en point dans le même ordre, on trace les douze quartiers qui
font le contour fpiral de la *volute*.(D.J.)

Méthode de tracer la volute *ionique &
de lui donner une forme agréable, dans laquelle il eft fait mention de la conftruction
du contour intérieur de ladite* volute. Plufieurs favans architectes ont cherché la
méthode de tracer la *volute* ionique, afin
de lui donner la forme agréable qu'on remarque dans les chapiteaux antiques; car
l'on ignore encore de quelle maniere les

anciens s'y font pris pour tracer ce bel ornement. On a donc regardé long-tems la
defcription de la *volute* comme un problème. intéreffant, dont les architectes ont
donné des folutions plus ou moins inexac-
tes, jufqu'à celle que Goldman a imaginée (a), & qui a été trouvée d'une précifion géométrique fi grande & fi féconde,
qu'elle donne non-feulement la conftruction de la *volute* extérieure, mais encore
celle de la *volute* intérieure, qu'on nomme *filet de la volute*. Cette méthode a été
univerfellement adoptée; c'eft celle que
l'auteur de l'article VOLUTE, enfeigne
d'après Perrault; mais le défaut de *figure*
fait qu'il eft très-difficile de la bien comprendre; & d'ailleurs il n'y eft pas fait
mention de la conftruction du contour intérieur de la *volute*, point auffi effentiel
que le contour extérieur. C'eft pourquoi
nous avons cru devoir y fuppléer ici; &
pour ne point répéter, nous en varierons
la formule, en l'accompagnant de la *figure* 8, *planche* II *d'architecture, fupplément des planches, & de la figure* 9.

Ayant déterminé la grandeur du module qui doit fervir à régler l'ordonnance
ionique, on la divifera en dix-huit parties
égales, comme il doit l'être dans cet ordre; on tirera enfuite une ligne FH, à
laquelle on donnera feize de ces parties,
c'eft-à-dire, un module moins deux parties. Dans cette ligne on déterminera le
point L, éloigné de neuf parties du point
F, & de fept parties ou minutes du point
H. Ce point L fera le centre de l'œil de la
volute; de ce point on décrira un cercle,
dont le rayon aura une minute, & par conféquent fon diametre. IK en aura deux:
la ligne IF en aura huit, & la ligne KH
en aura fix, proportion preferite par Vignole d'après l'antique. Divifez les rayons
LI & LK, chacun en deux parties égales, aux points 1 & 4; & fur cette ligne,
1 & 4 décrivez le quarré 1, 2, 3, 4, dont
le côté fupérieur 2, 3, doit toucher la circonférence du cercle. Abaiffez enfuite fur
le point L, les obliques 2 L & 3 L; divifez la bafe 1, 4, en fix parties égales, afin
d'avoir les points 5, 9, 12, 8; fur la ligne 5, 8, conftruifez le quarré 5, 6, 7
& 8; & fur la ligne 9, 12, conftruifez,
l'autre petit quarré 9, 10, 11, 12; alors

(a) Chambers prétend que c'eft celle de Vitruve, qui avoit été long-tems perdue.
Palladio en a donné une autre fur la *Pl. IV. d'Archit. fig.* 1, *Suppl. des Planches*.

Q 4

VOL

vous aurez trois quarrés qui vous donneront douze angles droits & douze centres
dont vous vous servirez pour décrire le
contour de la *volute* de la maniere que
nous allons voir, après avoir prolongé à
discrétion les côtés des quarrés comme sur
la *figure*.

1. Mettez une pointe du compas sur le
point 1, & ouvrant l'autre jusqu'au point
F, avec cette ouverture décrivez le quart
de cercle *FM*, le plus extérieur & le plus
grand de la *volute*.

2. Mettez une pointe du compas au
point 2, & de l'ouverture 2 *M* décrivez
le quart de cercle *M R*.

3. Portez la pointe du compas au point
3, & de l'intervalle 3 *R* décrivez le quart
de cercle *R V*.

4. Du point 4, comme centre, avec
une ouverture du compas égale à 4 *V*,
vous décrivez le quatrieme quart de cercle *V Y* qui acheve la premiere circonvolution de la *volute*.

5. Mettez la pointe du compas sur le
point 5, comme centre, & de l'intervalle
5 *Y* décrivez le quart de cercle *Y N* qui
commence la seconde circonvolution.

6. Du point 6, comme centre, avec
une ouverture de compas égale à 6 *N*, décrivez le quart de cercle *N P*.

7. Portez les branches du compas
au point 7, ouvrez l'autre jusqu'en *P*, &
décrivez le quart de cercle *P T*.

8. Du point 8, comme centre, & de l'intervalle *T* décrivez le quart de cercle *Tz*.

9. Prenant le point 9 pour centre, &
donnant à l'ouverture du compas la ligne
9 *z*, décrivez le quart de cercle *z ó*.

10. Mettez une pointe du compas au
point 10, & avec l'intervalle 10 *O*, décrivez le quart de cercle *O Q*.

11. Du point 11, pris pour centre,
avec l'intervalle 11 *Q*, vous décrivez le
quart de cercle *Q S*.

12. Enfin portez une des branches du
compas au point 12, ouvrez l'autre jusqu'au point *S*, & décrivez l'arc de cercle
S A qui doit rencontrer la circonférence
de l'œil de la *volute*, ou du cercle qui a le
point *L* pour centre.

A présent, pour tracer le contour intérieur de la *volute*, qu'on nomme *listel*,
il faut faire la ligne *F X* égale à une partie ou minute du module, & ensuite chercher une quatrieme proportionnelle aux
lignes *I F, I X, L v*; laquelle est fort ai-

sée à trouver; car la ligne *I X* étant les
sept huitiemes de la ligne *I F*, celle qu'on
cherche doit être aussi les sept huitiemes
de la ligne *L v, fig.* 9. On détache le quarré 1, 2, 3, 4, de la *volute*, pour le présenter plus en grand : on y trouve la ligne
qu'on suppose égale aux sept huitiemes de
la ligne *L* 1.

Prenez la partie *L z* égale à *L v*, divi-
sez la ligne *v z* en six parties égales, comme on a fait la ligne 1, 4; puis sur les ba-
ses *v z, q t & m n*, élevez les quarrés *v*
x y z, q r s t & m o p n; & les douze angles
droits de ces trois quarrés donneront douze centres, desquels on tracera la *volute*
intérieure qu'on voit ponctuée sur la *fig.*
8; car supposez que les quarrés ponctués
sur la *fig.* 9 soient placés sur le diametre
de l'œil de la *volute*, vous commencerez
par décrire un quart de cercle qui aura
pour centre le point *v*, & pour rayon l'intervalle *v X*; & ce quart de cercle ira se
terminer sur le prolongement du côté *v x*,
comme dans la premiere opération. Prenant ensuite ce point *x* pour second centre, on décrira un autre quart de cercle
qui aura pour rayon l'intervalle du point
x jusqu'à l'endroit où le premier quart de
cercle se sera terminé sur le prolongement
de *v x*. On continuera de décrire de la
même maniere tous les autres contours,
comme on l'a fait dans la *volute* extérieure, n'y ayant de différence dans celle-ci
que la grandeur des quarrés, qui est moindre que celle de ceux qui donnent les centres de la premiere.

VOLUTE, s. f. *Archit.*, enroulement
en ligne spirale, ionique, qui fait le principal ornement des chapiteaux ioniques,
corinthiens & composites. Les *volutes* sont
différentes dans ces trois ordres. *Voy.* là-
dessus le *Cours d'architecture* de Daviler,
édition 1750, & la maniere de dessiner
les *volutes*. Les *volutes* du chapiteau corinthien, qui sont au-dessus des caulicoles, sont au nombre de seize, huit angulaires, & huit autres plus petites appellées *hélices*. Il y a quatre *volutes* dans le
chapiteau ionique, & huit dans le compo-
site. Mais cet ornement est particulier au
chapiteau ionique. Il représente une espece d'oreiller ou de coussin, posé entre
l'abaque & l'échine, comme si l'on avoit
craint que la pesanteur de l'abaque, ou de
l'entablement qui est au-dessus, ne rom-
pît ou ne gâtât l'échine.

Si l'on en croit Vitruve, les *volutes* repréfentent la coëffure des femmes, & les boucles des cheveux. Leon-Baptifte Albert les appelle *coquilles*, parce qu'elles reffemblent à la coquille d'un limaçon ; & par cette raifon, les ouvriers leur donnent le nom de *limaces*.

Les *volutes* ne font pas feulement des ornemens aux chapiteaux ; il y en a encore aux confoles, aux modillons & ailleurs. Dans les modillons, ce font deux enroulemens inégaux du côté du modillon corinthien ; & dans les confoles, les enroulemens des côtés de la confole font prefque femblables aux enroulemens du modillon.

Volute à l'envers. Volute qui au fortir de la tigette fe contourne en dedans. Il y a des *volutes* de cette façon à Saint-Jean-de-Latran & à la Sapience à Rome, du deffin du cavalier Bernin.

Volute angulaire. Volute qui eft pareille dans les quatre faces du chapiteau, comme au temple de la Concorde à Rome.

Volute arrafée. Volute dont le liftel, dans fes trois contours, eft fur une même ligne, comme les *volutes* de l'ionique antique, & la *volute* de Vignole.

Volute à tige droite. Volute dont la tige parallele au talloir, fort de derriere la fleur de l'abaque, comme aux chapiteaux compofites de la grande falle des thermes de Dioclétien, à Rome.

Volute de parterre. Enroulement de buis ou de gazon dans un parterre.

Volute évuidée. Volute dont le canal d'une circonvolution eft détaché du liftel d'une autre par un vuide à jour. De toutes les *volutes*, celle-ci eft la plus légere. On en voit de pareilles aux pilaftres ioniques de l'églife des PP. Barnabites à Paris.

Volute fleuronnée. Volute dont le canal eft enrichi d'un tinceau d'ornement, comme aux chapiteaux compofites des arcs antiques à Rome.

Volute uniffante. Volute qui femble fortir du vafe par derriere - l'orc, & qui monte dans l'abfque. On la pratique aux plus beaux chapiteaux compofites.

Volute ovale. Volute qui a fes circonvolutions plus hautes que larges, comme on les pratique aux chapiteaux angulaires modernes, ioniques & compofites, & comme elles font au temple de la Fortune virile, & au théatre de Marcellus à Rome.

Volute rentrante. Volute dont les cir-

convolutions rentrent en-dedans, comme les ioniques de Michel-Ange au Capitole à Rome.

Volute fuillante. Volute dont les enroulemens fe jettent en-dehors, comme aux ordres ioniques du portail des PP. Feuillans, & de celui de Saint-Gervais à Paris. *Daviller.* (*D. J.*)

VOLUTITES, f. f. *Hift. nat.*, nom donné par les naturaliftes à une coquille univalve pétrifiée, parce qu'elle eft en volute ou en fpirale. La coquille nommée l'*amiral*, eft de cette efpece.

VOLUTRINE, f. f. *Mytholog.*, divinité des Romains, qui préfidoit à l'enveloppe des grans.

VOLVULES, *volvulæ, Hift. nat.* Quelques auteurs ont donné ce nom aux fragmens de l'antrochite que l'on nomme *trochites*, à caufe de leur forme femblable à celle d'une roue. On a auffi donné ce nom aux *entrochites* elles-mêmes. *Voy.* TROCHITES *&* ENTROCHITES.

VOLVULUS, f. m. *Médec.* eft un nom que donnent quelques auteurs à la paffion iliaque ; d'autres l'appellent *chordapfus*, & d'autres *miferere. V.* ILIAQUE, CHORDAPSUS, MISERERE, *&* PASSION ILIAQUE.

VOMANO, f. m. *Géog. mod.*, en latin *Vomanus*, riviere d'Italie au royaume de Naples, dans l'Abruzze ultérieure. Elle y prend fa fource à quelques milles d'Amatri ; & après avoir mouillé Montorio, elle vient fe perdre dans le golfe de Venife. (*D. J.*)

VOMANUS, *Géog. anc.*, fleuve d'Italie, dans le Picenum, felon Pline, l. III, c. 13. Silius Italicus, l. VIII, v. 439, en fait mention dans ces vers :

. . . . . *Statque bumectata* Vomano.

Hadria. . . . .

Ce fleuve conferve fon ancien nom ; car il s'appelle encore le *Vomano.* (*D. J.*)

VOMER, f. m. *Anat.* La lame offeufe qui fépare la cavité des narines, eft fujette à de grandes irrégularités, car on la trouve dans le plus grand nombre de fujets, boffuée tantôt d'un côté, tantôt de l'autre ; de forte qu'il s'en faut beaucoup que les cavités des narines foient égales, ce qu'il n'eft pas inutile de favoir.

Les anatomiftes prétendent que cette cloifon nafale eft compofée de deux pieces, une fupérieure antérieure, qui appartient à l'os ethmoïde ; l'autre inférieuse & postérieure, à laquelle ils ont donné le nom de *vomer*; mais tout cela paroît être une erreur, dont voici la cause.

La lame osseuse est si mince vers son milieu échancré, qu'elle se brise, pour peu qu'on y touche; elle se fend d'elle-même lorsqu'elle a été exposée quelque temps au soleil & à la rosée; de sorte qu'on a quelque peine à la trouver dans son entier, sur-tout dans les têtes des cimetieres; on l'a donc regardée comme faite de deux os, & en conséquence on a placé l'articulation de ces deux os dans l'endroit le plus foible de la cloison, qu'on trouve ordinairement brisé, sans faire attention au peu de solidité qu'auroit cette connexion qui seroit contraire aux loix que la nature s'est imposées dans l'assemblage des os, & sans considérer que dans les articulations par surface, l'étendue doit être proportionnée au volume & à l'usage des parties, ce qui ne sauroit convenir à l'articulation supposée; enfin l'irrégularité de cette connexion, qui n'a presque jamais la même forme dans les sujets secs, & qu'on trouve tantôt dans un endroit, tantôt dans un autre, n'a point frappé le commun des anatomistes; mais si l'on examine cette partie dans les sujets frais, on aura le plaisir de trouver la cloison dans son entier, & même on la trouvera telle dans plusieurs têtes seches qui n'auront pas été long-temps exposées au soleil & à la rosée. (*D. J.*)

VOMIQUE, s. f. *Médec.* Cette maladie est un abscès dans le poumon, qui provient ou de tubercules cruds qui sont venus à suppurer, ou d'une inflammation lente qui n'a pu se résoudre, & que la trop grande étendue de l'engorgement & la tension des parties ont forcé d'abscéder; les causes & les signes sont les mêmes que ceux des abscès. La respiration est extrèmement gênée. *V.* PHTHISIE.

La *vomique* des poumons est une maladie occulte, dans laquelle les malades paroissent jouir d'une assez bonne santé; ils ont un petit abscès dans quelque partie de ce viscere; cet abscès est exactement renfermé dans un kiste ou une membrane qui forme une espece de poche. Ceux qui sont attaqués d'atrophie, ou qui ont quelques vaisseaux rompus dans les poumons, sont fort sujets aux *vomiques*; ils ont l'haleine puante long-tems avant qu'elle perce, le sang leur

vient quelquefois à la bouche en toussant; ils ont le corps lourd & pesant; leur toux sont longues & incommodes, elles sont suivies quelquefois de l'ouverture de la *vomique* & de l'expectoration de la matiere qu'elle contient: alors il leur survient une fievre assez considérable, le crachement de sang & des agitations du corps violentes; ces symptomes ne sont pas toujours suivis de la mort, on recouvre quelquefois la santé; mais s'il arrive que la *vomique*, en s'ouvrant, se décharge sur le cœur, le malade mourra subitement; on a des exemples de cet accident. *Lommius.*

Cette maladie ne peut qu'être extrèmement dangereuse, comme il le paroît par la fonction de la partie attaquée: mais on ne peut la prévenir, & il est difficile d'y remédier lorsqu'elle est formée: voici les vues que l'on peut suivre dans le traitement.

1°. Dans la *vomique* imminente il faut prendre garde qu'elle ne se forme, & cela par les saignées & tous les remedes de l'inflammation, les adoucissans, les huileux & les béchiques doux; il faut ordonner au malade le même régime qu'aux phthisiques. On peut s'enhardir à ordonner les expectorans.

2°. Dans la *vomique* formée, & prête à se rompre, il y a d'autres mesures à prendre pour diminuer les dangers de sa rupture, s'il est possible; car elle est à craindre pour le malade, de quelque façon qu'elle se fasse: il seroit à souhaiter qu'elle se vuidût par métastase, en prenant la route des selles ou des urines. Cette voie, quoique longue, seroit bien moins dangereuse; mais si elle se jette dans les bronches, comme il est naturel que cela arrive, alors le danger est imminent, car le poumon se trouve engorgé de matiere purulente, & les vésicules sont remplies de pus, de façon qu'elles ne peuvent recevoir l'air ni le chasser; la respiration devient interceptée, & le malade est comme englouti & suffoqué par la mauvaise odeur qu'exhale la matiere purulente qui sort des bronches par flot: dans ce dernier cas, il faut disposer le malade de façon à empêcher qu'il ne soit étouffé par la rupture de la *vomique*, & pour cela on le fait coucher sur le ventre, afin d'aider l'éruption du pus par les bronches & la trachée-artere; ensuite on lui fait respirer une em de fenteur, ou on lui en met dans la bouche pour empêcher la puanteur de le ſuffoquer.

Suppoſé que la rupture fût prochaine & imminente, & qu'on la prévît ne pouvoir ſe faire d'elle-même, on pourroit l'aider ou accélérer en faiſant éternuer ou touſſer le malade, en excitant le vomiſſement. Ces moyens, quoique périlleux, ſont pourtant ſalutaires dans l'occaſion: ſi la matiere ne peut ſortir tout à la fait, ou parce qu'il y a plus d'un ſac, ou parce qu'elle eſt en trop grande quantité, alors on doit ménager les forces du malade, & prendre garde de l'épuiſer.

Lorſque la rupture & l'éruption de la vomique ſont faites, on doit remédier au délabrement qu'elles ont cauſé; mais ce point eſt encore plus difficile que le précédent; car l'ulcere étant fort étendu, toujours arroſé par la limphe bronchiale, agité par l'action du poumon même, frappé par l'abord continuel de l'air, il eſt impoſſible qu'il ſe cicatriſe; on doit donc employer une cure palliative, qui eſt la même que pour la phthiſie; mais on doit avoir égard à la corruption de la matiere purulente, à l'affoibliſſement des forces, & à la fievre lente, dont les indications ſont différentes.

La premiere demande des fortifians, des reſtaurans & des analeptiques, tels que les bouillons, les gelées de veau, de poulet, le blanc-manger; enſuite on peut recourir aux baumes naturels & artificiels, tels que le baume de tolu, ſon ſirop, le baume du commandeur de Perne.

La ſeconde indication demande les adouciſſans, les tempérans, le lait coupé avec l'eau d'orge, ou le biſcuit dans le bouillon, la ſemoule, le gruau cuit de même. Ces ſortes d'alimens doivent être aromatiſés avec l'eſſence de bergamotte ou de citron.

Si la fievre peut s'emporter, on change l'air du malade, on le mene à la campagne pour y prendre le lait, & enfin on prend toutes les précautions que demande le traitement de la phthiſie.

VOMIR, v. act. & n. *Gramm.*, c'eſt rendre par la bouche ce qui eſt renfermé dans l'eſtomac. On *vomit* naturellement ou artificiellement. Il ſe prend auſſi au figuré: *vomir* des injures; *vomir* du feu. Les injures que des auteurs ont *vomies* les uns contre les autres, &c.

VOMIR, *Hydraul.*, ſe dit en terme de fontaines, d'une figure ou d'un maſque qui jette beaucoup d'eau, preſque à fleur de la ſurface d'un baſſin. (*K*)

VOMISSEMENT. ſ. m. *Médec.*, c'eſt un mouvement ſpaſmodique & rétrograde des fibres muſculaires de l'éſophage, de l'eſtomac, des inteſtins, accompagné de convulſions des muſcles de l'abdomen & du diaphragme, qui, lorſqu'elles ſont légeres, produiſent les rots, les nauſées & le vomiſſement, quand elles ſont violentes. Ces déſordres convulſifs procedent de la quantité immodérée, ou de l'acrimonie des alimens, d'un poiſon, de quelque léſion du cerveau, comme plaie, contuſion, compreſſion, ou inflammation de cette partie, d'une inflammation au diaphragme, à l'eſtomac & aux inteſtins, à la rate, au foie, aux reins, au pancréas ou au méſentere, de l'irritation du goſier, d'un mouvement déſordonné des eſprits, cauſé par une irritation ou une agitation non accoutumée, comme le mouvement d'un carroſſe, d'un vaiſſeau, ou autre cauſe ſemblable, ou l'idée de quelque choſe dégoûtante.

Les ſymptomes du *vomiſſement* ſont les nauſées incommodes, la tenſion dans la région épigaſtrique, un ſentiment de peſanteur au même endroit, l'amertume dans la bouche, la chaleur, les tiraillemens, la perte de l'appétit, l'anxiété, la chaleur à l'endroit de l'eſtomac, l'agitation, l'affluence de la ſalive à la bouche, les crachats fréquens, le vertige, l'affoibliſſement de la vue, la peſanteur, la rougeur au viſage, le tremblement de la levre inférieure, la cardialgie qui dure juſqu'à ce qu'on ait rejeté ce qui étoit contenu dans l'eſtomac.

Tous ces ſymptomes dénotent évidemment un mouvement ſpaſmodique & convulſif de l'eſtomac & de ſes parties nerveuſes.

Le *vomiſſement* ſe diſtingue par les matieres que l'on rend. Le pituiteux eſt celui où l'on rend des matieres mucilagineuſes, chyleuſes, & des reſtes d'alimens imparfaitement diſſous. Il eſt bilieux lorſque les matieres rendues ne ſont qu'un amas bilieux; enfin, il y a des vomiſſemens noirâtres, corrompus, verds, érugineux & porracés, ſelon la couleur des matieres, & des humeurs rejetées. On rend auſſi quelquefois par le vomissement, des vers & des insectes.

Le *vomissement* est souvent sanguinolent ; on rend alors le sang tout fluide, il est souvent épais, noirâtre ; cela arrive sur-tout dans la maladie noire d'Hippocrate, dans l'inflammation & l'engorgement de l'estomac.

Souvent le *vomissement* est stercoreux, parce que le mouvement rétrograde de l'estomac & des intestins rappelle de ces cavités les matieres stercorales : il y a des *vomissemens* où l'on évacue du pus & une matiere sanieuse. On voit des malades rendre par le *vomissement*, des masses charnues & membraneuses qui s'étoient engendrées dans leur estomac.

On voit que la cause prochaine qui dispose au *vomissement* est la stimulation ou le tiraillement des fibres nerveuses de l'estomac & du duodénum, ou la matiere qui cause ce tiraillement est dans ces parties même, ou dans d'autres plus éloignées, mais qui correspondent à celles-ci par des nerfs : de là naît la distinction du *vomissement* en symptomatique & en idiopathique. La cause matérielle de celui-ci est dans l'estomac même ou dans le duodénum ; celle de l'autre ou du symptomatique est plus éloignée, elle réside dans les intestins inférieurs, les conduits biliaires, les reins, la tête, ou quelqu'autre partie distante ou prochaine de l'estomac, elle dépend principalement du concours des parties, de la sympathie des nerfs ; c'est ainsi que les douleurs du foie, de la rate, des reins, de la vessie, les rétentions d'urine, la colique néphrétique, l'affection cœliaque, la hernie entérocele, épiplocele, périplocele, causent les *vomissemens*.

Le symptomatique est plus ordinaire que l'idiopathique, il paroît occasionné par le renversement des mouvemens des nerfs & des esprits, ce qui provient des chatouillemens différens. C'est ainsi que l'imagination frappée de quelque chose de désagréable, excite au *vomissement* ; c'est ainsi que les vers dans le nez, dans les intestins, produisent le *vomissement*. Une plaie dans le cerveau excite le même symptome.

Pronostic. Le *vomissement* critique en général est salutaire. Le symptomatique est mauvais ; le pire de tous est celui que cause une acrimonie subtile qui irrite les nerfs.

Le *vomissement* violent, avec toux, douleur, obscurcissement de la vue, pâleur, est dangereux ; car il peut causer l'avortement, une descente, repousser la matiere arthritique, dartreuse, érésypélateuse, vérolique, sur quelques parties nobles, au grand détriment du malade ; il occasionne quelquefois la rupture de l'épiploon, le *vomissement* devient mortel dans ceux qui sont disposés aux hernies, ou qui en sont attaqués, car il produit un étranglement.

Les *vomissemens* bilieux porracés, érugineux, sont effrayans ; ils menacent d'inflammation.

Le *vomissement* causé par des vers qui corrodent l'estomac, sur-tout si l'on rend des vers morts, & qu'il y ait cessation des symptomes les plus formidables, avec des convulsions violentes dans les membres, c'est l'indication d'un sphacele qui détruit les vers & les malades.

Le *vomissement* fétide n'augure jamais rien de bon, attendu qu'il indique une corruption interne.

Le *vomissement* de sang continué longtems & violent ne peut que terminer bientôt la vie du malade.

Le *vomissement* qui dure depuis six mois & plus, qui est accompagné de chaleur & de fievre lente, avec exténuation par-tout le corps, donne lieu de soupçonner que l'estomac est ulcéré.

Souvent le *vomissement* se guérit de lui-même, parce qu'il détruit la cause morbifique qui le produisoit ; c'est ainsi que les matieres peccantes étant évacuées & emportées, cessent d'irriter l'estomac. Dans ce sens l'émétique est salutaire dans le *vomissement*, & le proverbe qui dit *vomitus vomitu curatur*, se trouve vrai. C'est le sentiment d'Hippocrate, *Epit. l.* VI ; & la maxime qui dit que les contraires se guérissent par les contraires, n'est pas moins vraie dans ce cas.

Le traitement du *vomissement* demande que l'on emporte les causes qui le produisent, & que l'on emploie ensuite les remedes calmans, restaurans & prophilactiques : ainsi la premiere indication consiste à évacuer la matiere peccante par le *vomissement*, si cette voie est nécessaire.

On commence, dans l'acrimonie, par saigner le malade, pour diminuer la contraction spasmodique de l'estomac, c'est ce qui se pratique aussi dans le *vomiss-*

ment de sang, dans la chaleur d'entrailles; ensuite on ordonne l'émétique en lavage, le tartre stibié, comme nous l'avons dit en son lieu, (v.ÉMÉTIQUE) ou l'ipécacuanha, à la dose de six grains, lorsque la matiere peccante est une humeur glaireuse qui corrode & irrite les tuniques de l'estomac. Ce végétal résineux opere de même dans le *vomissement* que dans la dyssenterie, contre laquelle il est regardé comme spécifique.

On peut encore évacuer & calmer tout à la fois, par un purgatif ordonné de la façon suivante. Prenez de manne deux onces, de catholicon double une once, de sirop violat une once, d'eau de pavot rouge six onces; faites du tout une potion purgative & calmante.

La seconde indication dans le *vomissement* consiste à calmer les spasmes, les convulsions & les tiraillemens de l'estomac par les remedes appropriés.

Dans le *vomissement* bilieux, on évacuera la bile surabondante, on la délaiera par les amers, les purgatifs minoratifs, comme la casse, la manne, la rhubarbe, le rapontic & autres.

Dans le *vomissement* de sang, on employera la saignée réitérée; on évitera l'émétique, à moins qu'il n'y eût saburre; on emportera ce mal par les eaux acidules, les apozemes & les juleps astringens & anodins.

Mais on doit prendre garde de tourmenter le malade par les remedes astringens dans aucun *vomissement*, si l'on n'a pas eu soin auparavant d'emporter les matieres àcres & irritantes: autrement on le fatigueroit beaucoup, & on ne seroit qu'attirer des inflammations sur l'estomac ou les intestins. Ainsi dans le *vomissement* sympathique & symptomatique, il faut songer, avant toutes choses, à attaquer la cause éloignée qui produit le *vomissement*. Ainsi, on doit commencer par soulager le mal de tête, la migraine, les plaies, les contusions du cerveau, les convulsions des méninges; on emportera la fievre, les vers, la colique néphrétique, on remettra la hernie, on fera rentrer le sac herniaire, s'il est possible, on procurera le rétablissement des évacuations ordinaires, dont la suppression auroit pu causer le *vomissement*. C'est ainsi que l'écoulement des menstrues, le flux hémorrhoïdal rétabli, guérissent le vo-

missement causé par leur suppression.

Dans le *vomissement* avec cardialgie continuelle, & accompagné de vapeurs, ou précédé de spasmes & de convulsions, on ordonnera les remedes antispasmodiques, tels que les teintures de castor, les huiles de succin, les teintures de fleurs de tilleul, de pivoine, l'eau de cerise noire, l'opium & ses préparations, les gouttes d'Angleterre, l'huile douce de vitriol, le soufre anodin de vitriol.

Dans le *vomissement* avec ulcere à l'estomac, on aura soin de penser à cet ulcere; pour remplir les indications qu'il présente, & soulager le malade autant qu'il est possible, on doit éviter tout aliment àcre, on employera les alimens gélatineux & nourrissans, le lait coupé avec les bois, les baumes naturels & artificiels, & sur-tout celui du commandeur de Perne.

Mais tous les remedes sont inutiles, si on n'insiste sur un régime exact & modéré; les alimens doivent être proportionnés à la cause du mal, à l'état de l'estomac & à sa foiblesse; la quantité doit être réglée, l'esprit doit être tranquille, on doit aider le sommeil, l'air sera pur, l'exercice fréquent & modéré.

La troisieme indication sera préservative ou prophilactique; ainsi elle variera selon les causes: on aura donc recours aux atténuans, aux remedes chauds & stomachiques dans la viscosité des humeurs, dans la disposition pituiteuse & phlegmatique des visceres; on employera les amers dans le défaut de ressort & l'atonie des parties qui servent à la chylification.

Les principaux remedes & les plus efficaces dans le *vomissement* produit par un acide, répondent à une indication fort générale, qui est d'absorber ces mêmes acides qui produisent le *vomissement*; on emploie pour la remplir, les absorbans, les terreux & les diaphorétiques.

Les absorbans sont d'autant plus salutaires, qu'ils émoussent les pointes des acides, & forment avec elles de véritables sels neutres qui sont laxatifs & purgatifs.

Le *vomissement* chronique & qui a duré long-tems, ne peut s'emporter que par l'usage des eaux minérales sulfureuses ou thermales dans le cas de relâchement & de viscosité, par les eaux savonneuses dans le cas d'obstructions lentes & opi-

neufes des vifceres, & par les eaux acidules & ferrugineufes, lorfque les obftructions font tenaces & produites par un
fang épais & noirâtre.

La faignée n'eft néceffaire dans le *vomiffement* que dans le cas de chaleur, d'ardeur d'eftomac, ou dans le *vomiffement*
de fang. La faignée eft pour affurer l'effet des remedes indiqués dans cette maladie.

Corollaire. Le *vomiffement* peut être
regardé comme un fymptome falutaire
dans beaucoup de maladies: il eft des
perfonnes en qui il produit le même effet
que le flux menftruel & l'éruption des regles; alors on ne doit point l'arrêter,
non plus que ces évacuations, il faut feulement procurer l'évacuation par une autre voie.

Il ne faut pas s'exciter à vomir à la légere, fouvent on s'attire des maladies funeftes, & l'eftomac affoibli par ce *vomiffement* forcé ne peut fe rétablir, quelque
remede que l'on emploie.

VOMISSEMENT DE MER, *Marine.*
La plupart de ceux qui voyagent fur mer
font fujets à des *vomiffemens* qui deviennent fouvent dangereux pour leur fanté,
indépendamment de l'incommodité qui
en réfulte pour eux. M. Rouelle a trouvé
que l'*éther* ou la liqueur éthérée de Fro-
benius, étoit un remede fouverain contre
ces accidens; cette liqueur appaife les
vomiffemens, & facilite la digeftion des
alimens dans ceux qui étant fujets à ces
inconvéniens, font forcés de fe priver
fouvent de nourriture pendant un tems
très-confidérable. Pour prévenir cette incommodité, l'on n'aura donc qu'à prendre dix ou douze gouttes d'*éther* fur du
fucre, que l'on avalera en fe bouchant le
nez, de peur qu'il ne s'exhale; ou bien on
commencera par mêler l'*éther* avec environ dix ou douze parties d'eau, on agitera
ce mélange afin qu'il s'incorpore, au
moyen d'un peu de fucre en poudre, qui
eft propre à retenir l'*éther*, & à le rendre
plus mifcible avec l'eau, & l'on boira une
petite cuillerée de ce mélange, ce qui empêchera le *vomiffement*, ou le foulève-
ment d'eftomac que caufe le mouvement
de la mer.

VOMISSEMENT ARTIFICIEL, ou VO-
MITIF, *Médecine thérapeutique.* Il s'agit
ici du *vomiffement* qui eft déterminé à
deffein par des remedes, dans la vue de

changer en mieux l'état du fujet qu'on
fait vomir.

Ce *vomiffement* eft donc un genre de fecours médicinal; & comme il peut être
employé, ou pour prévenir un mal futur,
ou pour remédier à un mal préfent, c'eft
tantôt une reffource qui appartient à la
partie de la médecine connue fous le nom
d'*hygienne*, c'eft-à-dire, régime des hommes dans l'état de fanté, *voy.* RÉGIME,
& tantôt une reffource thérapeutique ou
curative, c'eft-à-dire, appartenant au traitement des maladies. *Voy.* THÉRAPEU-
TIQUE.

Le *vomiffement* artificiel eft une efpece
de purgation. *V.* PURGATIF & PURGA-
TION.

Les moyens par lefquels les médecins
excitent le *vomiffement*, font connus dans
l'art fous le nom d'*émétique*, qui eft grec,
& fous celui de *vomitif*, dérivé du latin
vomitiuum ou *vomitorium*; on exprime
encore l'effet de ces remedes en difant
qu'ils purgent par le haut, *per fuperiora.*

Le *vomiffement* artificiel eft un des fecours que la médecine a employés le plus
anciennement, fur-tout à titre de préfervatif, c'eft-à-dire, comme moyen d'éviter des maux futurs. Hippocrate confeil-
loit aux fujets les plus fains de fe faire
vomir au moins une ou deux fois par
mois, au printems & en été, fur-tout aux
gens vigoureux, & qui vomiffoient facilement; & avec cette circonftance, que
ceux qui avoient beaucoup d'embonpoint,
devoient prendre les remedes vomitifs à
jeûn; & ceux qui étoient maigres, après
avoir diné ou foupé. Le plus commun de
ces remedes *vomitifs* fe préparoit avec
une décoction d'hyffope, à laquelle on
ajoutoit un peu de vinaigre & de fel commun. C'étoit encore un remede connu &
ufité chez les anciens, qu'une livre d'é-
corce de racine de raiforts macérée dans
de l'hydromel, mêlé d'un peu de vinaigre
fimple ou de vinaigre fcillitique, que le
malade mangeoit toute entiere, & fur laquelle il avaloit peu-à-peu la liqueur
dans laquelle elle avoit macéré. Ce remede fut fur-tout familier aux méthodiques, qui l'employoient même dans les
maladies aiguës, au rapport de Célius
Aurélianus. Profper Alpin rapporte que
les Egyptiens modernes font encore dans
l'ufage de fe faire vomir de tems en tems
dans le bain.

. Cet ufage du *vomiſſement* artificiel eſt preſqu'entiérement oublié parmi les médecins modernes ; & il paroit qu'en effet, & l'ufage en lui-même, & le moyen par lequel on le rempliſſoit, fe reſſentent beaucoup des commencemens groſſiers & imparfaits de l'art naiſſant.

Quant à l'ufage curatif du *vomiſſement*, les anciens ne l'employerent preſque que dans certaines maladies chroniques; & ils en ufoient au contraire très-fobrement dans les maladies aiguës. Hippocrate ne le conſeille par préférence à la purgation par en-bas, & la purgation étant indiquée en général, que dans le cas de 'douleur de côté, qui a fon fiege au-deſſus du diaphragme, (*voy.* Aphoriſme 18, fect. 4) & il n'eſt fait mention qu'une fois dans fes livres des épidémies, *lib.* V, de l'emploi de ce fecours contre un *cholera morbus*, dans lequel il dit avoir donné de l'ellébore avec fuccès.

Les principales maladies chroniques dans leſquelles il l'employoit, étoient la mélancolie, la manie, les fluxions qu'il croyoit venir du cerveau, & tomber fur les organes extérieurs de la tête ; les douleurs opiniâtres de cette partie, les foibleſſes des membres, & principalement des genoux ; l'enflure univerfelle, ou leucophlegmatie, & quelques autres maladies chroniques très-invétérées. Hippocrate qui employoit quelquefois le *vomiſſement* dans tous ces cas, ofoit faire vomir auſſi les phthiſiques, & même avec de l'ellébore blanc ; qui étoit le vomitif ordinaire de ce tems-là, & qui eſt un remede fi *féroce*. V. ELLÉBORE.

En général, les anciens ont mal manié les émétiques ; & cela eſt arrivé vraiſemblablement parce qu'ils n'en avoient que de mauvais, foit qu'ils fuſſent impuiſſans, comme la décoction d'hyſſope d'Hyppocrate ; foit qu'ils fuſſent d'un emploi très-incommode dans les maladies, comme les raves des méthodiques ; foit enfin qu'ils fuſſent trop violens, comme l'ellébore blanc de tous les anciens.

Les médecins modernes, au contraire, font très-habiles dans l'adminiſtration des *vomitifs*, qui font devenus entre leurs mains le remede le plus général, le plus efficace, & en même tems le plus fûr de tous ceux qui la médecine employe ; il eſt vraiſemblable que leur pratique prévaut en ce point fur la pratique ancienne, par l'avantage qu'a la pharmacie moderne d'avoir été enrichie de pluſieurs émétiques très-efficaces, mais en même tems fûrs & *innocens*. Quoi qu'il en foit, le très-fréquent ufage que les médecins modernes font des émétiques, peut être confidéré, & même doit l'être (pour être apprécié avec quelqu'ordre), par rapport aux incommodités ou indifpofitions légeres, par rapport aux maladies aiguës, & par rapport aux maladies chroniques.

- Au premier égard, il eſt fûr que toutes les indifpofitions dépendantes d'un vice des digeſtions, & principalement d'un vice récent de cette fonction, que toutes ces indifpofitions, dis-je, font très-efficacement, très-directement, & même très-doucement combattues par le *vomiſſement* artificiel ; & notamment que la purgation ordinaire, c'eſt-à-dire, la purgation par en-bas, qu'on n'employe que trop fouvent au lieu du *vomiſſement*, eſt inférieure à ce dernier fecours à plufieurs titres.

Premiérement, une médecine *gliſſe* fouvent fur les glaires & les autres *impuretés* qui font les principales caufes matérielles de ces fortes d'indifpofitions, & par conféquent ne les enleve point ; au lieu que les émétiques les enlevent infailliblement, & leur action propre eſt même ordinairement fuivie d'une évacuation par les felles, qui acheve l'opération de toutes les premieres voies.

2°. Les potions purgatives font fouvent rejetées ou vomies par un eſtomac impur, & cela fans qu'elles entrainent qu'une très-petite portion des matieres viciées contenues dans ce viſcere, & dès-lors c'eſt un remede donné à pure perte.

3°. L'action d'un émétique ufuel eſt plus douce que l'action d'une médecine ordinaire, au moins elle eſt beaucoup plus courte, & elle a des fuites moins fâcheuſes. On éprouve pendant le *vomiſſement*, il eſt vrai, des angoiſſes qui vont quelquefois juſqu'à l'évanouiſſement, & quelques fecouſſes violentes ; mais ces fecouſſes & ces angoiſſes ne font point dangereuſes, & elles ne font que momentanées ; & enfin après l'opération d'un émétique, qui eſt communément terminée en moins de deux heures, le fujet qui vient de l'eſſuyer n'eſt point affoibli, n'eſt point fatigué, ne fouffre point une foif importune, ne reſte point expoſé à une conſtipa-

tiou incommode ; au lieu que celui qui a
pris une médecine ordinaire, est tourmenté toute la journée . éprouve des foiblesses lors même· qu'il n'éprouve point de
tranchées , souffre après l'opération du
remede une soif toujours.incommode, est
foible encore le lendemain,& est souvent
constipé pendant plusieurs jours.

4°. Enfin , une médecine ordinaire est
communément un breuvage détestable ;
& un émétique , même doux , peut être
donné dans une liqueur insipide ou agréable , dont elle n'altere point le goût.

Quant à la méthode plus particuliere
encore aux modernes de preserire des
émétiques au commencement de presque
toutes les maladies aiguës , l'expérience
lui est encore très-favorable.

Ce remede, qu'on donne ordinairement
après le premier , ou tout au plus après le
second redoublement , & qu'on a contu-
me de faire précéder par quelques saignées , a l'avantage singulier d'exciter la
nature sans troubler ses déterminations,
sans s'opposer à sa marche critique , en
ébranlant au contraire également tous les
organes excrétoires, au lien de faire violence à la nature en la sollicitant d'opérer par un certain couloir l'évacuation
critique que dès le commencement de la
maladie elle avoit destinée à un autre ;
ce qui est l'inconvénient le plus grave de
l'administration prématurée des évacuans
réels & proprement dits.

L'emploi de ce remede, dans le cours
d'une maladie aiguë , ou dans d'autres
temps que dans le commencement, demande plus d'attention & plus d'habileté
de la part du médecin . parce que cet emploi est moins général , & que l'indication de réveiller par une secousse utile
les forces de la nature qui paroît prête à
succomber dans sa marche , & cela sans
risquer de les épuiser, parce que cette indication , dis-je , ne peut être saisie que
par le praticien le plus consommé ; il est
même clair à présent que c'est faute d'a-
voir su choisir ce temps de la maladie , &
juger sainement de l'état des forces du
malade . que les émétiques réussissoient
quelquefois si mal lorsqu'on ne les· donnoit que dans les cas presque désespérés ,
& à titre de ces secours douteux qu'il
vaut mieux tenter dans ces cas, selon la
maxime de Celse . que de n'en tenter aucun, comme il le fait encore dans les au-

gines suppurées , par exemple . Au reste,
ces cas où l'on peut donner l'émétique
avec succès dans le cours des maladies
aiguës , peuvent être naturellement ra-
menés au cas vulgaire de leurs emploi
dans le commenceméat des maladies ; car
c'est précisément lorsqu'une nouvelle maladie survient ou commence dans le cours
d'une autre maladie , que l'émétique convient éminemment. Or , ce cas d'une maladie aiguë entée sur une autre , fort peu
observé par la foule des médecins , est un
objet très·intéressant , & soigneusement
observé par les grands maîtres ; & cet
état se détermine principalement par la
nouvelle doctrine du pouls. V. POULS,
médecine.

On voit clairement par cette maniere
dont nous envisageons l'utilité des émétiques dans les maladies aiguës , que nous
ne l'estimons point du tout par l'évacuation qu'il procure ; il paroît en effet que
c'est un bien très-subordonné, très·secon-
daire , presqu'accidentel , que celui qui
peut résulter de cette évacuation : aussi,
quoique les malades , les assistans & quelques médecins n'apprécient le bon effet
des émétiques que par les matieres qu'ils
chassent de l'estomac , on peut assurer assez généralement que c'est à peine comme
évacuant que ce remede est utile dans le
traitement des maladies aiguës.

En effet, on observe que l'efficacité de
ce remede est à-peu-près la même dans ce
cas , soit que l'action de vomir soit suivie
d'une évacuation considérable, soit qu'elle ne produise que la sortie de l'eau qu'on
a donnée au malade , devenue mousseuse
& un peu colorée ; ce qui est précisément
l'événement le plus fréquent , & celui
sur lequel les artistes les plus expérimentés doivent toujours compter. Il faut observer encore à ce sujet , que quand même on pourroit procurer quelquefois par
l'émétique une évacuation utile , ce ne
pourroit jamais être qu'à la fin ou dans le
temps critique de la maladie , & dans le
cas très-rare où la nature prépareroit une
crise par les couloirs de l'estomac , & jamais dans le commencement des maladies aiguës ; temps auquel nous avons dit
que les médecins modernes l'employoient
assez généralement & avec succès. Enfin
on doit remarquer que l'effet des émé-
ques donnés dans le commencement des
maladies aiguës , est , par les considération

tions que nous venons de propofer, bien différent de l'effet de ce remede dans les indifpofitions dont nous avons parlé plus haut.

Quant à l'emploi des émétiques contre les maladies chroniques, il est très-rare ou prefque nul dans la pratique moderne; il a feulement lieu à titre de préfervatif pour ceux qui font fujets à quelques maladies à paroxifme, & principalement aux maladies convulfives & nerveufes, comme épilepfie, apoplexie, paralyfie, &c. car quant à l'ufage des émétiques dans le paroxifme même de plufieurs maladies chroniques, comme ceux de l'apoplexie & de l'afthme; comme il est certain que ces paroxifmes doivent être regardés en eux-mêmes comme des affections aiguës, il s'enfuit que cet ufage doit être ramené à celui de ce remede dans les maladies aiguës. Et quant aux toux ftomacales & aux coquelunches des enfans, qui en font des efpeces, les émétiques agiffent dans ces cas comme dans les maladies aiguës, & comme dans les incommodités; ils ébranlent utilement toute la machine; ils réveillent l'excrétion pectorale cutanée, & ils chaffent de l'eftomac des fucs viciés & ordinairement acides, qui font vraifemblablement une des caufes matérielles de ces maladies.

Le *vomiffement* artificiel, excité dans la vue de procurer la fortie du fœtus mort ou de l'arriere-faix, qui est recommandé dans bien des livres, & par conféquent pratiqué par quelques médecins, est une reffource très-fufpecte.

Il est peu de contre-indications réelles des émétiques; outre le cas d'inflammations réelles de l'eftomac, des inteftins & du foie, elles fe bornent prefque à ne pas expofer à leurs actions les fujets qui ont des hernies ou des obftructions au foie, & les femmes enceintes; encore y a-t-il fur ce dernier cas une confidération qui femble reftreindre confidérablement l'opinion trop légérement conçue du danger inévitable auquel on expoferoit les femmes enceintes en général, en les faifant vomir dans les cas les plus indiqués. Cette confidération qu'*Angelus Sala* propofe au commencement de fon *Émétologie*, est que rien n'est fi commun que de voir des femmes vomir avec de grands efforts & très-fouvent pendant plufieurs mois de leur groffeffe, & que rien n'est fi

rare que de les voir faire de fauffes couches par l'effet de cet accident. Il n'est pas clair non plus que les émétiques foient contre-indiqués par la délicateffe de la poitrine, & par la pente aux hémorragies de cette partie, ou aux hémorragies utérines. Hippocrate, comme nous l'avons rapporté plus haut, émétifoit fortement les phthifiques; & quoique ce ne foit pas une pratique qu'on doive confeiller fans reftriction, l'inutilité prefque générale des remedes benins contre la phthifie peut être regardée comme un droit au moins à ne pas exclure certains remedes héroïques, quand même on ne pourroit dire en leur faveur, finon qu'ils ne peuvent faire pis que les remedes ordinaires, à plus forte raifon, lorfqu'on peut alléguer en leur faveur l'autorité d'Hippocrate.

Les contre-indications tirées de l'âge, des fujets, des climats & des faifons, font pofitivement démenties par l'expérience; les émétiques peuvent être donnés utilement à tous les âges, jufqu'à la vieilleffe la plus décrépite, dans toutes les faifons, quoiqu'Hippocrate ait excepté l'hiver; & dans tous les climats, quoique Baglivi ait écrit qu'on ne pouvoit pas les donner à Rome, *in aere romano*, qui étoit très-chaud, encore qu'il les crût très-utiles dans les pays plus tempérés, & que les médecins de Paris euffent écrit auparavant que des émétiques pouvoient être très-convenables en Grece, où le climat étoit chaud; mais que pour des climats plus froids, tel que celui de Paris, on devoit bien fe donner de garde de rifquer de tels remedes.

Au refte, ce préjugé contre le *vomiffement* s'accrut confidérablement dans plufieurs pays, & notamment à Paris, lorfqu'il fe confondit avec un autre préjugé plus frivole encore, qui fit regarder vers le milieu du dernier fiecle un remede dont les principales préparations étoient émétiques, comme un vrai poifon. Je veux parler de cette finguliere époque de l'hiftoire de la faculté de médecine de Paris, rappellée dans la partie hiftorique de l'article CHYMIE (*voy.* cet article) où une guerre cruelle excitée dans fon fein au fujet de l'antimoine, préfenta l'événement fingulier de la profcription de ce remede par un décret de la faculté, confirmé par arrêt du parlement, d'un docteur dégradé pour avoir perſiſté à employer ce remede ; & enfin l'antimoine triomphant bientôt après, & placé avec honneur dans l'antidotaire de la faculté. L'ouvrage plein de fanatiſme & d'ignorance, qui a pour titre *Martyrologe de l'antimoine*, & qui ne put manquer d'être accueilli avec fureur par les ennemis de l'antimoine dans ces temps orageux, eſt aujourd'hui preſqu'abſolument ignoré ; & les médecins modernes qui font un uſage ſi étendu des émétiques, n'emploient preſque que des émétiques antimoniaux. *Voy.* ANTIMOINE. Il eſt très-eſſentiel d'obſerver à ce ſujet que ceux qui craignent encore aujourd'hui ces émétiques antimoniaux, ſe trompent évidemment ſur l'objet de leur crainte ; ils s'occupent de l'inſtrument employé à procurer le *vomiſſement*, du tartre émétique, par exemple, qui eſt toujours innocent, tandis que c'eſt le *vomiſſement* lui-même, c'eſt-à-dire, la ſecouſſe, les efforts, la convulſion de l'eſtomac & ſon influence ſur toute la machine, qui eſt le véritable objet de l'attention du médecin. Car quoique la plupart des ſujets veuillent être délicats, que le plus grand nombre de ceux à qui l'on propoſe des remedes un peu actifs ſe trouvent même offenſés de ce que le médecin les croit capables d'en ſupporter l'action ; il n'en eſt cependant aucun qui ne ſe crût en état de vomir ſans danger, ſi on ne lui annonçoit d'autre vomitif que de l'eau chaude. Or s'il vomiſſoit cinq ou ſix fois avec de l'eau chaude, & par le ſecours d'une plume ou du doigt qu'il introduiroit dans ſa gorge, il eſſuyeroit une opération médicamenteuſe toute auſſi violente, peut-être plus incommode à la machine, que s'il avoit vomi le même nombre de fois au moyen de trois grains de bon émétique. Au reſte, ce préjugé populaire (où trop de médecins ſont encore peuple à cet égard) contre les émétiques antimoniaux, commence heureuſement à ſe diſſiper, & on commence à l'employer même à Montpellier, où l'emploi preſqu'excluſif des purgatifs regne ſouverainement.

Nous avons déjà inſinué que les émétiques des anciens, qu'ils tiroient principalement du regne végétal, n'étoit pas en uſage chez les modernes. Ils n'ont preſque retenu que le cabaret ou oreille d'homme, & ils ne lui ont aſſocié qu'une

autre production du regne végétal ; ſavoir, l'ypécacuanha qui eſt une découverte moderne. *Voy.* CABARET & YPECACUANHA. Le tabac qui eſt une autre découverte moderne & qui eſt un émétique très-*féroce*, n'eſt employé que dans des cas rares. *V.* TABAC.

Le regne animal ne fournit aucun vomitif uſuel ; ce ſont des ſujets du regne minéral traités par la chymie, qui ont fourni aux médecins modernes le plus grand nombre d'émétiques ; & ces principaux ſujets ſont les vitriols, le mercure & l'antimoine ; & principalement ce dernier, qui eſt aujourd'hui le ſeul dont les préparations ſoient employées à ce titre.

Parmi un grand nombre de préparations antimoniales que les chymiſtes ont décrites ou vantées ſans en révéler la compoſition, telles que, un *aqua benedicta Rullandi*, un *oxiſaccharum emeticum Angeli Salæ*, un *oxiſaccharum emeticum Ludovici* ; des ſirops émétiques préparés avec des ſucs de tous les différens fruits acides, avec le vinaigre & avec la crème de tartre, un *ſapa vomitoria Sylvii* ; le mercure de vie, la roſe minérale d'Angelus Salæ, &c. au lieu de tout cela, dis-je, les médecins inſtruits n'employent plus que le tartre émétique, & par préférence celui qui eſt préparé avec le verre d'antimoine.

Le *mochlique* des freres de la Charité de Paris, *voy.* cet *article*, n'eſt employé qu'à un uſage particulier, auſſi bien que le verre d'antimoine ciré ; ſavoir, la colique de Poitou pour le premier, & la dyſſenterie pour le dernier. *V.* COLIQUE & DYSSENTERIE.

C'eſt une pratique connue de tout le monde, que celle de faire prendre de l'eau tiede à ceux à qui l'on a donné des émétiques ; mais c'eſt une regle moins connue de cette adminiſtration, que celle qui preſcrit de n'en faire prendre que lorſque l'envie de vomir eſt preſſante.

Il eſt encore à propos de faire obſerver que l'action des émétiques jette ordinairement dans des angoiſſes qui vont quelquefois juſqu'à la défaillance ; mais que cet état eſt toujours fort paſſager, & n'a point de ſuites dangereuſes. (*b*)

VOMITIF, *Littérat.* On vient de lire la pratique médicinale des *vomitifs*. Les Romains, ſur la fin de la république, en faisoient un usage bien différent ; ils en prenoient immédiatement avant & après le repas, non-seulement pour leur santé, mais par luxure. Ils prennent un *vomitif*, dit Séneque, afin de mieux manger, & ils mangent afin de prendre un *vomitif* par cette évacuation avant que de manger, ils se préparoient à manger encore davantage ; & en vuidant leur estomac d'abord après avoir mangé, ils croyoient prévenir tout accident qui pouvoit résulter de la réplétion : ainsi Vitellius, quoiqu'il fût un fameux glouton, eût dit avoir conservé sa vie par le moyen des *vomitifs*, tandis qu'il avoit crevé tous ses camarades, qui n'avoient pas pris les mêmes précautions.

Ciceron nous apprend que César pratiquoit souvent cette coutume. Il écrit à Atticus, l'an 708 de Rome, que ce vainqueur des Gaules étant venu le voir dans les saturnales, il lui avoit donné un grand repas à sa maison de campagne. Après qu'il se fut fait frotter & parfumer, ajoute Ciceron, il prit dans la matinée un *vomitif*, se promena l'après-midi, se mit le soir à table, but, mangea librement, & montra beaucoup de gaieté dans ce souper. César en prenant un *vomitif* chez Ciceron, lui prouvoit par-là, qu'il avoit dessein de faire honneur à sa table ; mais ce qui plut davantage à l'orateur de Rome, fut la conversation fine & délicate qui régna dans cette fête, *bene coûto & condito sermone*. Ce n'est pas néanmoins, ajoute Ciceron, un de ces hôtes à qui l'on dit ; ne manquez pas, je vous prie, de repasser chez moi à votre retour ; une fois c'est assez. César avoit deux mille hommes pour cortege. Barba Cassius fit camper les soldats au-dehors. Outre la table de César, il y en avoit trois autres très-bien servies pour les principaux de sa suite, comme aussi pour ses affranchis du premier & du second ordre. La réception n'étoit pas peu embarrassante dans la conjecture des temps ; cependant on ne parla point de choses sérieuses, la conversation se tourna toute entiere du côté de la littérature avec beaucoup d'aisance & d'agrément. Alors les Romains se délassoient des affaires d'état, par les plaisirs de l'esprit. (*D. J.*)

VOMITOIRE, s. m. *Antiq. rom.* On appelloit vomitoires, *vomitoria*, chez les Romains, les endroits par où le peu-

ple sortoit du théatre. L'affluence du monde qui passoit par ces endroits-là pour vuider le théatre, donna vraisemblablement lieu à l'origine du mot.

Le mot *vomitoire* signifioit autrefois la même chose que *vomitif* ; mais il ne s'emploie plus dans ce sens. (*D. J.*)

VONTACA, s. m. *Hist. nat. Botan. exot.*, fruit des Indes orientales, appellé par Garcias, *coing de Bengale* ; Rai nomme l'arbre qui le porte *arbos cucurbitifera.* C'est un grand arbre, garni de quantité de rameaux épineux. Ses feuilles fixées trois ensemble à une même queue, sont rondes, dentelées en leurs bords, luisantes, odorantes. Ses fleurs sont attachées six ou sept à un pédicule ; elles sont composées de cinq pétales oblongs, & répandent une odeur agréable. Ses fruits sont ronds, couverts d'une écorce verdâtre, déliée, sous laquelle il y en a une autre qui est dure, ligneuse, presque osseuse ; ils contiennent une chair visqueuse, jaunâtre, humide, d'un goût aigre doux ; les semences qu'ils renferment, sont oblongues, blanches, pleines d'un suc gommeux, transparent. On confit ce fruit mûr ou verd au sucre ou au vinaigre ; & quand il est confit avant sa maturité, on l'emploie contre le cours du ventre. (*D. J.*)

VOORBOURG ou VOORBURG, *Géog. mod.*, village de la Hollande, entre Delft & Leyde, au voisinage de la Haye. C'est l'un des plus anciens & des plus beaux villages de Hollande, & c'est assez en faire l'éloge. (*D. J.*)

VOORHOUT, *Géogr. mod.*, village de Hollande, sur le chemin de Leyde à Harlem, mais village illustré le 31 décembre de l'an 1668, par la naissance de Herman Boërhaave, un des grands hommes de notre temps, & un des plus célebres médecins qu'il y ait eu depuis Hippocrate, dont il a fait revivre les principes & la doctrine.

Son pere, ministre du village, cultiva l'éducation de ce fils, qu'il destinoit à la théologie, & lui enseigna ce qu'il savoit de latin, de grec & de belles-lettres. Il l'occupoit, pour fortifier son corps, à cultiver le jardin de la maison, à travailler à la terre, à semer, planter, arroser. Peu à peu, cet exercice journalier qui délassoit son esprit, endurcit son corps au travail. Il y fit provision de forces

B 2

pour le reſte de ſa vie, & peut-être en remporta-t-il ce goût dominant qu'il a toujours eu pour la botanique.

Agé d'environ douze ans, il fut attaqué d'un ulcere malin à la cuiſſe, qui réſiſta tellement à tout l'art des chirurgiens, qu'on fut obligé de les congédier : le malade prit le parti de ſe faire de fréquentes fomentations avec de l'urine, où il avoit diſſous du ſel, & il ſe guérit lui-même. Les douleurs qu'il ſouffrit à cette occaſion pendant près de cinq ans, lui donnerent la premiere penſée d'apprendre la médecine ; cependant cette longue maladie ne nuiſit preſque pas au cours de ſes études. Il avoit, par ſon goût naturel, trop d'envie de ſavoir, & il en avoit trop de beſoin par l'état de ſa fortune ; car ſon pere le laiſſa à l'âge de quinze ans, ſans ſecours, ſans conſeil & ſans biens.

Il obtint néanmoins de ſes tuteurs, la liberté de continuer ſes études à Leyde, & il trouva d'illuſtres protecteurs qui encouragerent ſes talens, & le mirent en état de les faire valoir. En même temps qu'il étudioit la théologie, il enſeignoit les mathématiques à de jeunes gens de condition, afin de n'être à charge à perſonne. Sa théologie étoit le grec, l'hébreu, le chaldéen, l'Ecriture-ſainte, la critique du vieux & du nouveau Teſtament, les anciens auteurs eccléſiaſtiques, & les commentateurs les plus renommés.

Un illuſtre magiſtrat l'encouragea à joindre la médecine à la théologie, & il ne fut pas difficile de le porter à y donner auſſi toute ſon application. En effet, il faut avouer que, quoiqu'également capable de réuſſir dans ces deux ſciences, il n'y étoit pas également propre. Le fruit d'une vaſte & profonde lecture avoit été de lui perſuader que la religion étoit depuis long-temps défigurée par de vicieuſes ſubtilités philoſophiques, qui n'avoient produit que des diſſenſions & des haines, dont il auroit bien de la peine à ſe garantir dans le ſacré miniſtere ; enfin, ſon penchant l'emporta pour l'étude de la nature. Il apprit par lui-même l'anatomie, & s'attacha à la lecture des médecins, en ſuivant l'ordre des temps, comme il avoit fait pour les auteurs eccléſiaſtiques.

Commençant par Hippocrate, il lut tout ce que les Grecs & les Latins nous ont laiſſé de plus ſavant en ce genre ; il

en fit des extraits, il les digéra & les réduiſit en ſyſtêmes, pour ſe rendre propre tout ce qu'il y étoit contenu. Il parcourut avec la même rapidité & la même méthode, les écrits des modernes. Il ne cultiva pas avec moins d'avidité la chymie & la botanique ; en un mot, ſon génie le conduiſit dans toutes les ſciences néceſſaires à un médecin ; & s'occupant continuellement à étudier les ouvrages des maîtres de l'art, il devint l'Eſculape de ſon ſiecle.

Tout dévoué à la médecine, il réſolut de n'être déſormais théologien qu'autant qu'il le falloit pour être bon chrétien. Il n'eut point de regret, dit M. de Fontenelle, à la vie qu'il auroit menée, à ce zele violent qu'il auroit fallu montrer pour des opinions fort douteuſes, & qui ne méritoient que la tolérance, enfin à cet eſprit de parti dont il auroit dû prendre quelques apparences forcées, qui lui auroient coûté beaucoup, & peu réuſſi.

Il fut reçu docteur en médecine l'an 1693, âgé de vingt-cinq ans, & diſcontinua pas ſes leçons de mathématiques, dont il avoit beſoin, en attendant les malades qui ne vinrent pas ſi-tôt. Quand ils commencerent à venir, il mit en livres tout ce qu'il pouvoit épargner, & ne ſe crut plus à ſon aiſe, que parce qu'il étoit plus en état de ſe rendre habile dans ſa profeſſion. Par la même raiſon qu'il ſe faiſoit peu-à-peu une bibliothèque, il ſe fit auſſi un laboratoire de chymie ; & ne pouvant ſe donner un jardin de botanique, il herboriſa dans les campagnes & dans les lieux incultes.

En 1701, les curateurs de l'univerſité de Leyde le nommerent lecteur en médecine, avec la promeſſe de la chaire qui vint bientôt à vaquer. Les premiers pas de ſa fortune une fois faits, les ſuivans furent rapides : en 1709 il obtint la chaire de botanique, & en 1718 celle de chymie.

Ses fonctions multipliées autant qu'elles pouvoient l'être, attirerent à Leyde un concours d'étrangers qui enrichiſſoient journellement cette ville. La plupart des Etats de l'Europe fourniſſoient à Boerhaave des diſciples ; le Nord & l'Allemagne principalement, & même l'Angleterre, toute fiere qu'elle eſt, & avec juſtice, de l'état floriſſant où les ſciences ſont chez elle. Il abordoit à Leyde des étudians en médecine de la Jamaïque & de la Virginie, comme de Conſtantinople

& de Moſcow. Quoique le lieu où il tenoit ſes cours particuliers, fût aſſez vaſte, ſouvent pour plus de ſûreté, on s'y
faiſoit garder une place par un collegue,
comme nous faiſons ici aux ſpectacles qui
réuſſiſſent le plus.

Outre les qualités eſſentielles au grand
profeſſeur, M. Boerhaave avoit encore
celles qui rendent aimable à des diſciples;
il leur faiſoit ſentir la reconnoiſſance &
la conſidération qu'il leur portoit, par les
graces qu'il mettoit dans ſes inſtructions.
Non-ſeulement il étoit très-exact à leur
donner tout le temps promis, mais il ne
profitoit jamais des accidens qui auroient
pu légitimement lui épargner quelques
leçons, & même quelquefois il prioit ſes
diſciples d'agréer qu'il en augmentât le
nombre. Tous les équipages qui venoient
le chercher pour les plus grands ſeigneurs,
étoient obligés d'attendre que l'heure des
cours fût écoulée.

Boerhaave faiſoit encore plus vis-à-vis
de ſes diſciples; il s'étudioit à connoître
leurs talens; il les encourageoit & les ai-
doit par des attentions particulieres. Enfin, s'ils tomboient malades, il étoit leur
médecin, & il les préféroit ſans héſiter,
aux pratiques les plus brillantes & les
plus lucratives; en un mot, il regardoit
ceux qui venoient prendre ſes inſtructions, comme ſes enfans adoptifs, à qui
il devoit ſon ſecours; & en les traitant
dans leurs maladies, il les inſtruiſoit encore efficacement.

Il rempliſſoit ſes trois chaires de profeſſeur de la même maniere, c'eſt-à-dire,
avec le même éclat. Il publia en 1707,
ſes *Inſtitutions de médecine*, & l'année
ſuivante ſes *Aphoriſmes* ſur la connoiſſance & ſur la cure des maladies. Ces deux
ouvrages qui ſe réimpriment tous les
trois ou quatre ans, ſont admirés des maîtres de l'art. Boerhaave ne ſe fonde que
ſur l'expérience bien avérée, & laiſſe à
part tous les ſyſtêmes, qui ne ſont ordinairement que d'ingénieuſes productions
de l'eſprit humain, déſavouées par la nature. Auſſi comparoit-il ceux de Deſcar-
tes à ces fleurs brillantes qu'un beau jour
d'été voit s'épanouir le matin, & mourir
le ſoir ſur leur tige.

Les *Inſtitutions* forment un cours entier de médecine théorique, mais d'une
maniere très-conciſe, & dans des termes
ſi choiſis, qu'il ſeroit difficile de s'expri-

mer plus nettement & en moins de mots.
Auſſi l'auteur n'a eu pour but que de donner à ſes diſciples des germes de vérités
réduits en petit, & qu'il faut développer,
comme il le faiſoit par ſes explications.
Il prouve dans cet ouvrage, que tout ce
qui ſe fait dans notre machine, ſe fait
par les loix de la méchanique, appliquées
aux corps ſolides & liquides dont le nôtre
eſt compoſé. On y voit encore la liaiſon
de la phyſique & de la géométrie avec la
médecine; mais quoique grand géometre, il n'a garde de regarder les principes
de ſa géométrie comme ſuffiſans pour expliquer les phénomenes du corps humain.

L'utilité de ce beau livre a été reconnue juſques dans l'Orient; le moufti l'a
traduit en arabe, ainſi que les *Aphoriſmes*; & cette traduction, que M. Schul-
tens trouva fidelle, a été miſe au jour,
dans l'imprimerie de Conſtantinople,
fondée par le grand-viſir.

Tout ce qu'il y a de plus ſolide par
une expérience conſtante, regne dans les
Aphoriſmes de Boerhaave; tout y eſt rangé avec tant d'ordre, qu'on ne connoît
rien de plus judicieux, de plus vrai, ni
de plus énergique dans la ſcience médicinale. Nul autre, peut-être, après l'Eſculape de la Grece, n'a pu remplir ce deſſein, ou du moins n'a pu le remplir auſſi
dignement que celui qui, guidé par ſon
propre génie, avoit commencé à étudier
la médecine par la lecture d'Hippocrate,
& s'étoit nourri de la doctrine de cet auteur. Il a encore raſſemblé dans cet ouvrage, avec un choix judicieux, tout ce
qu'il y a de plus important & de mieux
établi dans les médecins anciens Grecs &
Latins, dans les principaux auteurs Arabes, & dans les meilleurs écrits modernes. On y trouve enfin les différentes lumieres que répandent les découvertes
modernes, dont de beaux génies ont enrichi les ſciences. Toute cette vaſte érudition eſt amplement développée par les
beaux commentaires de Van-Swieten ſur
cet ouvrage, & par ceux de Haller ſur
les *Inſtitutions* de médecine.

J'ai dit que M. Boerhaave fut nommé
profeſſeur de botanique en 1709, année
funeſte aux plantes par toute l'Europe.
Il trouva dans le jardin public de Leyde
environ trois mille ſimples, & dix ans
après il avoit déjà doublé ce nombre. Je
ſais que d'autres mains pouvoient travail-

ler au foin de ce jardin ; mais elles n'euſſent pas été conduites par les mêmes
yeux. Auſſi Boerhaave ne manqua pas de
perfectionner les méthodes déjà établies,
pour la diſtribution & la nomenclature
des plantes.

En 1722, il fut attaqué d'une violente
maladie dont il ne ſe rétablit qu'avec peine. Il s'étoit expoſé, pour herboriſer, à la
fraicheur de l'air & de la roſée du matin,
dans le tems que les pores étoient tout
ouverts par la chaleur du lit. Cette imprudence, qu'il recommandoit ſoigneuſement aux autres d'éviter, penſa lui coûter
la vie. Une humeur goutteuſe ſurvint,
& l'abattit au point qu'il ne lui reſtoit
plus de mouvement, ni preſque de ſentiment dans les parties inférieures du
corps ; la force du mal étoit ſi grande,
qu'il fut contraint pendant long-tems de
ſe tenir couché ſur le dos, & de ne pouvoir changer de poſture par la violence
du rhumatiſme goutteux, qui ne s'adoucit qu'au bout de quelques mois, juſqu'à
permettre des remedes. Alors M. Boerhaave prit des potions copieuſes de ſucs
exprimés de chicorée, d'indive, de fumeterre, de creſſon aquatique & de véronique d'eau à larges feuilles : ce remede
lui rendit la ſanté comme par miracle.
Mais ce qui marque juſqu'à quel point il
étoit conſidéré & chéri, c'eſt que le jour
qu'il recommença ſes leçons, tous les étudians firent le ſoir des réjouiſſances publiques, des illuminations & des feux de
joie, tels que nous en faiſons pour les
plus grandes victoires.

En 1725, il publia, conjointement avec
le profeſſeur Albinus, une édition magnifique des œuvres de Véſale, dont il a
donné la vie dans la préface.

En 1727, il fit paroître le Botanicon
Pariſienſe de Sébaſtien Vaillant. Il mit
à la tête une préface ſur la vie de l'auteur & ſur pluſieurs particularités qui regardent ce livre. On y trouve un grand
nombre de choſes nouvelles qui ne ſe rencontrent point dans l'ouvrage de Tournefort. On y voit les caracteres des plantes
& les ſynonymes marqués avec la derniere exactitude. Il y regne encore une ſavante critique touchant les deſcriptions,
les figures & les noms que les auteurs
ont donnés des plantes ; enfin la beauté
des planches répond au reſte.

En 1729, parut ſon traité latin des ma-

ladies vénériennes, qui fut reçu avec tant
d'accueil en Angleterre, qu'on en fit une
traduction & deux éditions en moins de
trois mois. Le traité dont nous parlons,
ſert de préface au grand recueil des auteurs qui ont écrit ſur cette même maladie, & qui eſt imprimé à Leyde en deux
tomes in-fol.

Vers la fin de 1727, M. Boerhaave
avoit été attaqué d'une ſeconde rechûte
preſque auſſi rude que la premiere de
1722, & accompagnée d'une fievre ardente. Il en prévit de bonne heure les
ſymptomes qui ſe ſuccéderoient, preſcrivit jour par jour les remedes qu'il faudroit lui donner, les prit & en réchappa ;
mais cette rechûte l'obligea d'abdiquer
deux ans après les chaires de botanique
& de chymie.

En 1731, l'académie des ſciences de
Paris le nomma pour être l'un de ſes aſſociés étrangers, & quelque tems après
il fut auſſi nommé membre de la ſociété
royale de Londres. M. Boerhaave ſe partagea également entre les deux compagnies, en envoyant à chacune la moitié de
la relation d'un grand travail ſur le vif-
argent, ſuivi nuit & jour ſans interruption pendant quinze ans ſur un même feu,
d'où il réſultoit que le mercure étoit incapable de recevoir aucune vraie altération, ni par conſéquent de ſe changer en
aucun autre métal. Cette opération ne
convenoit qu'à un chymiſte fort intelligent, fort patient & en même tems fort
aiſé. Il ne plaignit pas la dépenſe, pour
empêcher, s'il eſt poſſible celle où l'on
eſt ſi ſouvent & ſi malheureuſement engagé par les alchymiſtes. Le détail de ſes
obſervations à ce ſujet ſe trouve dans
l'Hiſtoire de l'académie des ſciences, année
1734, & dans les Tranſact. philoſ. n. 430,
ann. 1733. On y verra avec quelle méthode exacte, rigide & ſcrupuleuſe, il a fait
ſes expériences, & combien il a fallu d'induſtrie & de patience pour y réuſſir.

La même année 1731, Boerhaave avoit
donné, avec le ſecours de M. Groenevelt,
médecin & magiſtrat de Leyde, une nouvelle édition des œuvres d'Arétée de Cappadoce, il avoit deſſein de faire imprimer en un corps & de la même maniere,
tous les anciens médecins Grecs ; mais ſes
occupations ne lui permirent pas d'exécuter cet utile projet.

En 1732, parurent ſes Elémens de chy-

mir, *Lugd. Bat.* 1732, *in-4°*. 2 volumes, ouvrage qui fut reçu avec un applaudissement universel. Quoique la chymie eût déjà été tirée de ces ténèbres mystérieuses où elle se retranchoit anciennement, il sembloit néanmoins qu'elle ne se rangeoit pas encore sous les loix générales d'une science réglée & méthodique ; mais M. Boerhaave l'a réduite à n'être qu'une simple physique claire & intelligible. Il a rassemblé toutes les lumieres acquises, & confusément répandues en mille endroits différens, & il en a fait, pour ainsi dire, une illumination bien ordonnée, qui offre à l'esprit un magnifique spectacle. La beauté de cet ouvrage paroît sur-tout dans le détail des *procédes*, par la sévérité avec laquelle l'auteur s'est astreint à la méthode qu'il s'est prescrite, par son exactitude à indiquer les précautions nécessaires pour faire avec sûreté & avec succès les opérations, & par les corollaires utiles & curieux qu'il en tire continuellement.

Voilà les principaux ouvrages par lesquels Boerhaave s'est acquis une gloire immortelle. Je passe sous silence ses élégantes dissertations, recueillies en un corps après sa mort, & quelques-unes de ses cours publics sur les sujets importans de l'art, que les célebres docteurs Van-Swieten & Tronchin nous donneront exactement quand il leur plaîra. Tous les éleves de ce grand maitre ont porté pendant sa vie dans toute l'Europe son nom & ses louanges. Chacune des trois fonctions médicinales dont il donnoit des leçons, fournissoit un flot qui partoit, & se renouvelloit d'année en année. Une autre foule presqu'aussi nombreuse venoit de toutes parts le consulter sur des maladies singulieres, rebelles à la médecine commune, & quelquefois même par un excès de confiance, sur des maux incurables ; sa maison étoit comme le temple d'Esculape, & comme l'est aujourd'hui celle du professeur Tissot à Lausanne.

Il guérit le pape Benoît XIII, qui l'avoit consulté, & qui lui offrit une grande récompense. Boerhaave ne voulut qu'un exemplaire de l'ancienne édition des *Opuscules anatomiques* d'Eustachi, pour la rendre plus commune, en la faisant réimprimer à Leyde. Enfin son éclatante réputation avoit pénétré jusqu'au bout du monde ; car il reçut un jour du fond de l'Asie, une lettre dont l'adresse étoit simplement, à *monsieur Boerhaave, médecin en Europe.*

Après cela, on ne sera pas surpris que des souverains qui se trouvoient en Hollande, tels que le czar Pierre I & le duc de Lorraine aujourd'hui empereur, l'aient honoré de leurs visites. Le czar vint pour Boerhaave à Leyde en yacht, dans lequel il passa la nuit aux portes de l'académie, pour être de grand matin chez le professeur, avec lequel il s'entretint assez long-tems. " Dans toutes ces occasions, c'est " le public qui entraine ses maitres, & " les force à se joindre à lui. "

Pendant que ce grand homme étoit couvert de gloire au dehors, il étoit comblé de considération dans son pays & dans sa Famille. Suivant l'ancienne & louable coutume des Hollandois, il ne se détermina au choix d'une femme, qu'après qu'il eut vu sa fortune établie. Il épousa Marie Drolenvaux, & vécut avec elle pendant vingt-huit ans dans la plus grande union. Lorsqu'il fit réimprimer en 1713 ses *Institutions* de médecine, il mit à la tête une épitre dédicatoire à son beau-pere, par laquelle il le remercie dans les termes les plus vifs, de s'être privé de sa fille unique, pour la lui donner en mariage. C'étoit au bout de trois années, dit joliment M. de Fontenelle, que venoit ce remerciment, & que M. Boerhaave faisoit publiquement à sa femme une déclaration d'amour.

Toute sa vie a été extrêmement laborieuse, & son tempérament robuste n'y devoit que mieux succomber. Il prenoit encore néanmoins de l'exercice, soit à pied, soit à cheval, sur la fin de ses jours. Mais depuis sa rechûte de 1727, des infirmités différentes l'affoiblirent & le minerent promptement. Vers le milieu de 1737, parurent les avant-coureurs de la derniere maladie qui l'enleva l'année suivante, âgé de 69 ans, 3 mois & 8 jours.

M. Boerhaave étoit grand, proportionné & robuste. Son corps auroit paru invulnérable à l'intempérie des élémens, s'il n'eût pas eu un peu trop d'embonpoint. Son maintien étoit simple & décent. Son air étoit vénérable, sur-tout depuis que l'âge avoit blanchi ses cheveux. Il avoit l'œil vif, le regard perçant, le nez un peu relevé, la couleur vermeille, la voix fort agréable, & la physionomie prévenante. Dans ce corps sain logeoit une très-belle ame, ornée de lumieres & de vertus.

Il a laiſſé un bien conſidérable, plus de deux millions de notre monnoie. Mais ſi l'on réfléchit qu'il a joui long-tems des émolumens de trois chaires de profeſſeur; que ſes cours particuliers produiſoient beaucoup ; que les conſultations qui lui venoient de toutes parts étoient payées, ſans qu'il l'exigeât, ſur le pied de l'importance des perſonnes dont elles venoient, & ſur celui de ſa réputation; enfin, ſi l'on confidere qu'il menoit une vie ſimple, ſans fantaiſies, & ſans goût pour les dépenſes d'oſtentation, on trouvera que les richeſſes qu'il a laiſſées ſont modiques, & que par conſéquent elles ont été acquiſes par les voies les plus légitimes. Mais je n'ai pas dit encore tout ce qui eſt à l'honneur de ce grand homme.

Il enſeignoit avec une méthode, une netteté & une préciſion ſingulieres. Ennemi de tout excès, à la réſerve de ceux de l'étude, il regardoit la joie honnête comme le baume de la vie. Quand ſa ſanté ne lui permit plus l'exercice du cheval, il ſe promenoit à pied; & de retour chez lui, la muſique qu'il aimoit beaucoup, lui faiſoit paſſer des momens délicieux, où il reprenoit ſes forces pour le travail. C'étoit ſurtout à la campagne qu'il ſe plaiſoit. La mort l'y a trouvé, mais ne l'y a point ſurpris. J'ai vu & j'ai reçu de ſes lettres dans les derniers jours de ſa derniere maladie. Elles ſont d'un philoſophe qui enviſage d'un œil ſtoïque la deſtruction prochaine de ſa machine. Sa vie avoit été ſans taches, frugale dans le ſein de l'abondance, modérée dans la proſpérité, & patiente dans les traverſes.

Il mépriſa toujours la vengeance comme indigne de lui, fit du bien à ſes ennemis, & trouva de bonne heure le ſecret de ſe rendre maître de tous les mouvemens qui pouvoient troubler ſa philoſophie. Un jour qu'il donnoit une leçon de médecine, où j'étois préſent, ſon garçon chymiſte entra dans l'auditoire pour renouveller le feu d'un fourneau; il eut la trop & renverſa la coupelle. Boerhaave rougit d'abord. C'eſt, dit-il en latin à ſes auditeurs, une opération de vingt ans ſur le plomb, qui eſt évanouie en un clin d'œil. Se tournant enſuite vers ſon valet déſeſpéré de ſa faute: "Mon ami, lui dit-il, raſſurez-vous, ce n'eſt rien; j'aurois » tort d'exiger de vous une attention per-

» pétuelle qui n'eſt pas dans l'humanité". Après l'avoir ainſi conſolé, il continua ſa leçon avec le même ſens froid que s'il eût perdu le fruit d'une expérience de quelques heures.

Il ſe mettoit volontiers à la place des autres, ce qui, comme le remarque très-bien M. de Fontenelle, produit l'équité & l'indulgence ; & il mettoit auſſi volontiers les autres en ſa place, ce qui prévient ou réprime l'orgueil. Il déſarmoit la ſatyre en la négligeant, comparant ſes traits aux étincelles qui s'élancent d'un grand feu, & s'éteignent auſſi-tôt qu'on ne ſouffle plus deſſus.

Il ſavoit par ſa pénétration démêler au premier coup-d'œil le caractere des hommes, & perſonne n'étoit moins ſoupçonneux. Plein de gratitude, il fut toujours le panégyriſte de ſes bienfaiteurs, & ne croyoit pas s'acquitter en prenant ſoin de la vie de toute leur famille. La modeſtie, qui ne ſe démentit jamais chez lui, au milieu des applaudiſſemens de l'Europe entiere, augmentoit encore l'éclat de toutes ſes autres vertus.

Tous mes éloges n'ajouteront rien à ſa gloire : mais je ne dois pas ſupprimer les obligations particulieres que je lui ai. Il m'a ſemblé de bontés pendant cinq ans que j'ai eu l'honneur d'être ſon diſciple. Il me ſollicita long-tems, avant que je quittaſſe l'académie de Leyde, d'y prendre le degré de docteur en médecine, & je ne crus pas devoir me refuſer à ſes deſirs : quoique réſolu de ne tirer de cette démarche d'autre avantage que celui que l'homme recherche par humanité, j'entends de pouvoir ſecourir charitablement de pauvres malheureux. Cependant Boerhaave eſtimant trop une déférence qui ne pouvoit que m'être honorable, voulut la reconnoître, en me faiſant appeller par le ſtadhouder, à deſſein les plus flatteuſes, comme gentilhomme & comme médecin capable de veiller à la conſervation de ſes jours. Mais la paſſion de l'étude forme naturellement des ames indépendantes. Eh! que peuvent les promeſſes magnifiques des cours ſur un homme né ſans beſoins, ſans deſirs, ſans ambition, ſans intrigue; aſſez courageux pour préſenter ſes reſpects aux grands, aſſez prudent pour ne les pas ennuyer, & qui s'eſt bien promis d'aſſurer ſon repos par l'obſcurité de ſa vie ſtudieuſe ? Après tout, les ſervices éminens que M. Boerhaave vouloit me rendre étoient dignes de lui, & ſont chers à ma mémoire. Auſſi, par vénération & par reconnoiſſance, je jeterai pendant toute ma vie des fleurs ſur ſon tombeau.

Manibus dabo lilia plenis.
Purpureos ſpargam flores,& fungar inani
Munere.   (*Le Chev. De Jaucourt.*)

VOORN, *Géogr. mod.*, iſle des Pays-Bas, à l'embouchure de la Meuſe, dans la Hollande méridionale, au nord des iſles de Goerée & d'Over-Flakée, dont elle eſt ſéparée par le Haring-Vliet. La Brille & Helvoet-Sluys en ſont les principaux lieux. C'eſt là qu'on s'embarque ordinairement pour l'Angleterre. L'iſle de *Voorn* abonde en grains, & produit naturellement une eſpece de genêt à grandes racines, par le moyen deſquelles on maintient dans leur force les digues & les levées. (*D. J.*)

VOPISCUS, ſ. m. *Hiſt. anc.*, terme latin uſité pour ſignifier celui de deux enfans jumeaux qui vient heureuſement à terme, tandis que l'autre n'y vient pas. *V.* JUMEAUX & AVORTEMENT.

VOQUER. Ce mot n'eſt pas françois, quoiqu'il ſe liſe dans les *Trévoux* ; c'eſt *voguer* que diſent les potiers de terre & autres ouvriers. *V.* VOGUER.

VORACE, adj. VORACITÉ, ſ. f. *Græcum*, qui dévore, qui eſt carnacier, qui ne ſe donne pas le tems de mâcher. Cette épithete convient à preſque tous les animaux. Il y a la *voracité* de l'eſpece, & la *voracité* de l'individu ; il y a des oiſeaux *voraces*. La *voracité* de l'eſpece vient de la facilité de la digeſtion. La *voracité* de l'individu eſt un vice, quand l'eſpece n'eſt pas *vorace*.

VORDONIA, *Géogr. mod.*, ville des états du Turc, dans la Morée, ſur le Vaſilipotamos, à une lieue & demie au-deſſous de Miſitra. M. de Witt penſe que c'eſt l'ancienne Amyclée. (*D. J.*)

VOREDA, *Géogr. anc.*, ville de la Grande-Bretagne : elle eſt marquée dans l'itinéraire d'Antonin ſur la route du retranchement à *Portus-Rutupis*, entre *Longuvallum* & *Brovonacis*, à 14 milles du premier de ces lieux, & à 12 du ſecond. M. Weſſeling croit que c'eſt Old Penreth. (*D. J.*)

VOROTINSK, *Géogr. mod.*, principauté de l'empire Ruſſien, dans la Ruſſie Moſcovite. Elle eſt bornée au nord & au

levant par le duché de Rézan, au midi par les pays des Coſaques, & au couchant par le duché de Sévérie. La riviere d'Occa la traverſe du midi au nord. Sa capitale porte le même nom. (*D. J.*)

VOROTINSK, *Géog. mod.*, ville de la Ruſſie, capitale de la principauté de même nom, ſur la gauche de l'Occa. (*D. J.*)

VOROU-AMBA, ſ. m. *Hiſt. nat. Ornith.*, oiſeau nocturne de l'iſle de Madagaſcar, qui a, dit-on, le cri d'un petit chien ou d'un enfant nouveau-né.

VOROU-CHOTSI, ſ. m. *Hiſt. nat. Ornith.*, oiſeau de l'iſle de Madagaſcar, qui ne vit que de mouches. Il eſt blanc, & ſuit toujours les bœufs. Quelques François l'ont nommé *aigrette de bœuf.*

VOROU-DOUL, ſ. m. *Hiſt. nat. Orn.*, oiſeau de l'iſle de Madagaſcar, qui eſt une eſpece d'orfraie. On prétend qu'il ſent de loin un homme moribond ou atténué par quelque maladie, & qu'alors il vient faire des cris aux environs de ſon habitation.

VOROU-PATRA, ſ. m. *Hiſt. nat. Ornith.*, eſpece d'autruche de l'iſle de Madagaſcar, qui ne vit que dans les déſerts, & dont les œufs ſont d'une groſſeur prodigieuſe.

VORSE, ſ. f. *Géog. mod*, riviere de France en Picardie. Elle prend ſa ſource aux confins du Vermandois, traverſe Noyon, & ſe jette dans l'Oiſe. (*D. J.*)

VOSAVIA, *Géogr. anc.*, lieu de la Gaule Belgique, ſelon la table de Peutinger, qui le marque ſur la route d'Autunnacum à Mayence, entre Bontobrice & Bingium, à 9 milles du premier de ces lieux, & à 12 milles du ſecond. Tout le monde convient que c'eſt Ober-Weſel. (*D. J.*)

VOSGES ou VAUGES, *Géog. mod.*, en latin *Vogeſus Saltus* ; chaîne de montagnes couvertes de bois, qui ſéparent l'Alſace & la Franche-Comté de la Lorraine, & s'étendent juſqu'à la forêt des Ardennes. Elles occupent une partie du duché de Lorraine, vers l'orient & le midi. Le nom de *Voſge* vient du latin *Veſugus*, que les plus anciens auteurs écrivent *Vogeſus*, comme font Céſar & Lucain. Les auteurs poſtérieurs ont dit *Veſagus*, & l'appellent ſouvent une forêt, un déſert, *ſaltus, eremus* ; car dans le ſeptieme ſiecle c'étoit un vrai déſert de montagnes & de bois. Cette forêt déſerte ou montagne a toujours appartenu pour la plus grande partie aux peuples Belges, *Leuci* ; le reste étoit du territoire des Séquaniens, & c'est le quartier où s'établit S. Colomban. (*D. J.*)

VOSSE, f. m. *Hist. nat. Zoolog.*, animal quadrupede de l'isle de Madagascar, qui ressemble à celui qui est connu en France sous le nom de *tristfon*. Voy. cet article.

VOSTANCE, *Géog. mod.*, ville de la Turquie Européenne, dans le Coménoltari, sur le Vardari, à quatre lieues de Sturachi. Quelques géographes prétendent que c'est l'ancienne *Andarisus*, ville que Ptolomée, l. III, c. 13, met dans la Macédoine, au pays de Pélagonie. (*D.J.*)

VOTATION, f. f. *Hist. de Malthe.* Ce mot en général est l'action de donner sa voix pour quelque élection ; mais il est sur-tout d'usage dans l'ordre de Malthe, à cause de l'exactitude requise dans les formalités de l'élection du grand-maître. Lorsqu'il s'agit de nommer les trois premiers électeurs, il faut que tous les votaux donnent chacun leur bulletin ; & si le nombre de ceux-ci n'égaloit pas celui des votaux, on les brûleroit, & l'on recommenceroit une nouvelle *votation*. Il faut, pour qu'un chevalier puisse être électeur, qu'il ait le quart franc des bulletins, ou balottes, en sa faveur ; & lorsqu'aucun n'a le quart franc des suffrages, il faut recommencer la *votation*. (*D. J.*)

VOTER, v. n. *Gramm. Jurisp.*, terme usité dans quelques ordres & communautés pour dire *donner son vœu* ; ou plutôt *son suffrage*, pour quelque délibération. *V.* DÉLIBÉRATION, SUFFRAGE, VOIX. (*A*)

VOTIFS, (JEUX), *Antiq. rom. Ludi votivi.* Les jeux *votifs* étoient ceux auxquels on s'engageoit par quelque vœu ; & ceux-là étoient ou publics, lorsque le vœu étoit public, ce qui arrive ou dans les calamités publiques, ou au fort d'un combat, ou dans quelques autres occasions importantes ; ou particuliers, lorsque quelque autre personne privée les faisoit représenter. Les premiers étoient donnés par les magistrats, sur un arrêt du sénat : nous avons une inscription qui fait mention d'un de ces jeux votifs & publics pour l'heureux retour d'Auguste : *Ti. Claud. &c. Ludos l'otivos pro reditu Aug. Cæs. Divi F. dugusti.* On en trou-

vera plusieurs autres exemples dans Gruter & dans Thomasini. (*D. J.*)

VOUA, f. f. *Comm.*, mesure des longueurs, dont on se sert dans le royaume de Siam. Elle revient à une de nos toises moins un pouce.

VOUDSIRA, f. m. *Hist. nat. Zool.*, petit animal quadrupede de l'isle de Madagascar, qui ressemble à une belette ; il a le poil d'un rouge foncé, & se nourrit de miel. Il répand une odeur semblable à celle du musc.

VOUEDE, f. m. *Hist. nat. Botan.* Le *rouede* ou *guesde*, & le *pastel*, ne sont qu'une seule & même plante connue des botanistes sous le nom d'*isatis* ; on la nomme *pastel* en Languedoc, & *vouede* en Normandie, les deux seules provinces de France où on la cultive soigneusement.

On a décrit cette plante sous le nom de *pastel* ; il ne reste qu'à dire un mot ici de sa préparation pour la teinture.

Ce que l'on donne, consiste à la faire fermenter après l'avoir cueillie, jusqu'à ce qu'elle commence à se pourrir : cette fermentation développe les particules colorantes qui étoient contenues dans la plante, mais on ne se met point en peine de les séparer comme on fait aux Indes celles de l'anil, pour les avoir seules : on met le tout en pelotte, qu'on emploie dans la teinture ; aussi quatre livres d'indigo donnent-elles autant de teinture que deux cents livres de pastel, & M. Hellot croit qu'il y auroit un bénéfice réel & considérable à travailler le pastel comme les Indiens travaillent leur indigo ; quelques expériences même qui en ont été faites d'après les mémoires de M. Astruc, semblent prouver que cette opération ne seroit ni difficile, ni dispendieuse.

Le pastel, ou le *vouede*, s'emploie en le faisant seulement dissoudre dans l'eau chaude, & en y mêlant une certaine quantité de chaux : sa teinture est cependant solide : & quoique les teinturiers soient dans l'usage de mêler de l'indigo dans la cuve de pastel, M. Hellot s'est assuré que cet ingrédient n'étoit nullement nécessaire pour rendre solide la couleur du premier, qui est aussi bonne sans ce mélange. Ceci semble encore faire une exception à la règle ; car on ne voit ici ni tartre vitriolé, ni alkali volatil ; mais l'analyse du *vouède* fait évanouir cette difficulté: il contient naturellement les diverses sels qu'on ajoute à la cuve d'indi-go, & n'a besoin que de la chaux qui est nécessaire pour développer l'alkali vola-til qui doit en opérer la parfaite dissolu-tion.

Il y a sur cette plante un livre égale-ment bon & rare, dont voici le titre: *Crüdbius* (Henric), *de cultura herbæ ißatidis, ejusque præparatione ad lanas tingendas*, Tiguri, 1555, in-8°. Il méri-teroit d'être traduit en françois. Miller & Mortimer ont aussi traité savamment de la culture de cette plante précieuse par son profit. J'y renvoie le lecteur. (*D. J.*)

VOUGA, *Géog. mod.*, riviere de Por-tugal. Elle sort du mont Alcoba, baigne les murs d'un bourg ou petite ville, à la-quelle elle donne son nom, & se jette un peu au dessous dans la mer; c'est la *Vaca* ou *Vacua* des anciens. (*D. J.*)

VOUGLE, *Géog. mod.*, bourg de Fran-ce dans le Poitou, élection de Poitiers. Ce bourg est remarquable par la victoire gagnée en 507, sur Alaric, roi des Visi-goths, qui y fut tué de la main de Clovis; ce prince soumit ensuite tout le pays, de-puis la Loire jusqu'aux Pyrénées. (*D. J.*)

VOULE, s. f. *Comm.*, petite mesure dont se servent les habitans de l'isle de Madagascar pour mesurer le riz mondé quand on le vend en détail; elle contient environ une demi-livre de riz; il faut douze *voules* pour faire le trohahouache ou *monka*, & cent pour le zatou. *Voy.* MOKKA & ZATOU. *Dict. de comm.*

VOULGE, ou VOULGI, s. f. *Art mil.*, espece de pieu, à-peu-près comme celui dont on se sert à la chasse du sanglier, de la longueur d'une hallebarde, garni par un bout d'un fer large & pointu. C'étoit une arme dont les francs-archers se ser-voient. *Hist. de la milice françoise.* (*Q*)

VOULIBOHITS, s. f. *Hist. nat. Bot.*, plante de l'isle de Madagascar, dont les feuilles sont fort grasses, & qui porte une fleur mouchetée de jaune, qui a l'odeur du mélilot; ses feuilles ont la propriété de faire tomber le poil; on brûle cette plante toute verte, pour en tirer les cen-dres, qui servent à teindre en bleu & en noir: on lui donne aussi le nom de *siononts*.

VOULI-VAZA, s. f. *Hist. nat. Bot.*, ar-brisseau de l'isle de Madagascar; il porte un fruit de la grosseur d'une prune, rem-pli de petits grains; sa fleur répand un par-fum délicieux qui participe de la cannel-le, de la fleur d'orange, & du girofle; cette fleur est fort épaisse, sa couleur est blan-che & bordée de rouge; son odeur est en-core plus agréable, lorsqu'elle a été flétrie.

VOULOIR, v. act. *Gram.*, être mu par le desir ou par l'aversion. *V.* VOLONTÉ.

On dit: comment s'intéresser à un homme qui voit sa perte, qui la reconnoît, & qui la *veut*? Quand les rois *veulent*, ils ordonnent, & à des gens bassement disposés à leur obéir aveuglément; ils ne peuvent donc être trop attentifs à ne *vou-loir* que des choses justes. Je *veux* que vous réussissiez, mais la suite de ce succès la voyez-vous? Ce bois ne *veut* pas brû-ler. Cette clef ne *veut* pas tourner dans la serrure. Vous *voulez* que j'aie tort, & je le *veux* aussi, puisque je vous aime & que vous êtes belle. Que *veulent* tous ces gens? Que *veulent* ces préparatifs de guerre au milieu de la paix? On est bien & mal *voulu* souvent sans l'avoir mérité. Cet ignorant en *veut* à tous les habiles gens. Il en *veut* à toutes les femmes. *Veuille* Dieu, *veuille* le diable, cela sera.

VOULOIR, s. m. *Gramm.*, c'est l'action de la volonté. On dit le *vouloir* des dieux; il semble que ce mot entraîne plus de force & de nécessité que volonté.

VOULU, s. m. *Hist. nat. Bot.*, espece de bambou de l'isle de Madagascar: on l'em-ploie aux mêmes usages que celui des In-des, & l'on en tire une espece d'amidon ou de sucre en farine insipide; son fruit est de la grosseur d'une feve.

VOURA, *Géog. mod.*, par les Grecs modernes *Vouro-potami*; riviere des états du Turc, en Europe, dans l'Albanie propre. Elle prend sa source aux monta-gnes qui séparent cette province de la Janna, & elle coule vers le midi occiden-tal; son embouchure est au fond du golfe de Larta: comme la *Voura* passe assez près du village d'Ambrakia, il en résulte que cette riviere est l'Arachthus des an-ciens; car quoiqu'elle ne mouille plus au-jourd'hui le village d'Ambrakia, on peut présumer que l'ancienne ville d'Ambra-kia s'étendoit autrefois jusques-là. (*D. J.*)

VOURLA, *Géogr. mod.*, village des états du Turc, en Asie, dans la Natolie, sur la côte méridionale de la baie de Smyrne. On croit que c'est l'ancienne

Clazomene , ville illuſtre de la belle Grece. *V.* Clazomene. (*D. J.*)

VOURSTE ou WURST, ſ. m. *Sellier;* c'eſt ainſi que l'on nomme une voiture découverte, à quatre roues, ſur laquelle eſt un ſiege fort long , qui peut recevoir 8, 10, & même juſqu'à 12 ou 15 perſonnes placées les unes auprès des autres , & aſſiſes jambes de-çà & jambes de-là. Cette voiture a été inventée en Allemagne , où chez les princes on s'en ſert pour mener à la chaſſe un grand nombre de perſonnes. Le mot *wurſt* eſt allemand, & ſignifie *boudin;* il lui a été donné à cauſe de la forme du ſiege ſur lequel on eſt aſſis. Quoique cette voiture ſoit aſſez incommode, on l'a imitée en France ; le ſiege eſt communément garni de crin & recouvert de quelqu'étoffe , pour qu'il ſoit moins dur.

VOUSSOIR , ſ. m. *Architect.* On nomme *vouſſoir* en architecture une pierre propre à former le ceintre d'une voûte, taillée en eſpece de coin tronqué , dont les côtés , s'ils étoient prolongés , aboutiroient à un centre où tendent toutes les pierres de la voûte.

Une voûte ou un arc demi-circulaire, étant poſé ſur ſes deux pieds droits , & toutes les pierres ou *vouſſoirs* qui compoſent cet arc étant taillés & poſés eutr'eux de maniere que leurs joints prolongés ſe rencontrent tous au centre de l'arc , il eſt évident que tous les *vouſſoirs* ont une figure de coin plus large par haut que par bas, en vertu de laquelle ils s'appuient & ſe ſoutiennent les uns les autres, & réſiſtent réciproquement à l'effort de leur peſanteur qui les porteroit à tomber.

Le *vouſſoir* du milieu de l'arc, qui eſt perpendiculaire à l'horiſon, & qu'on appelle *clef de voûte*, eſt ſoutenu de part & d'autre par les deux *vouſſoirs* voiſins, pré-ciſément comme par deux plans inclinés; & par conſéquent l'effort qu'il fait pour tomber, n'eſt pas égal à ſa peſanteur, mais en eſt une certaine partie d'autant plus grande, que les plans inclinés qui le ſoutiennent , ſont moins inclinés , de ſorte que s'ils étoient infiniment peu inclinés, c'eſt-à-dire perpendiculaires à l'horiſon, auſſi-bien que la clef de la voûte, elle tendroit à tomber par toute ſa peſanteur, ne ſeroit plus du tout ſoutenue , & tomberoit effectivement, ſi le ciment que l'on ne conſidere pas ici, ne l'empêchoit.

Le ſecond *vouſſoir* qui eſt à droite ou gauche de la clef de voûte, eſt ſoutenu p[?] un troiſieme *vouſſoir*, qui , en vertu de [?] figure de la voûte, eſt néceſſairement pl[?] incliné à l'égard du ſecond, que le ſeco[?] ne l'eſt à l'égard du premier ; & par con[?] ſéquent le ſecond *vouſſoir* dans l'effo[?] qu'il fait pour tomber, exerce une moi[?] dre partie de ſa peſanteur que le premie[?]

Par la même raiſon, tous les *vouſſoir*[?] à compter depuis la clef de voûte, vo[?] toujours en exerçant une moindre part[?] de leur peſanteur totale ; & enfin le de[?] nier qui eſt poſé ſur une face horiſonta[?] du pied droit, n'exerce aucune partie [?] ſa peſanteur, ou, ce qui eſt la même cho[?] ne fait nul effort pour tomber , puiſqu'[?] eſt entièrement ſoutenu par le pied droi[?]

Si l'on veut que tous les *vouſſoirs* fa[?] ſent un effort égal pour tomber, ou ſoie[?] en équilibre, il eſt viſible que chacun, de[?] puis la clef de voûte juſqu'au pied *droit* exerçant toujours une moindre partie [?] ſa peſanteur totale, le premier, par exe[?] ple, n'en exerçant que la moitié, le ſeco[?] un tiers , le troiſieme un quart , &c. [?] n'y a pas d'autres moyens d'égaler ce[?] différentes parties , qu'en augmentant [?] proportion les tous dont elles ſont pa[?] ties ; c'eſt-à-dire qu'il faut que le ſecon[?] *vouſſoir* ſoit plus peſant que le premier, l[?] troiſieme plus que le ſecond , & ainſi d[?] ſuite juſqu'au dernier qui doit être inf[?] niment peſant, parce qu'il ne fait nul e[?] fort pour tomber , & qu'une partie nul[?] de ſa peſanteur ne peut être égale au[?] efforts finis des autres *vouſſoirs* , à moin[?] que cette peſanteur ne ſoit infinimen[?] grande.

Pour rendre cette même idée d'une ma[?] niere plus ſenſible & moins métaphyſi[?] que, il n'y a qu'à faire réflexion que tou[?] les *vouſſoirs*, hormis le dernier, ne pour[?] roient laiſſer tomber un autre *vouſſoir* quelconque, ſans s'élever, qu'ils réſiſtent à cette élévation juſqu'à un certain point déterminé par la grandeur de leur poids, & par la partie qu'ils en exercent ; qu'il n'y a que le dernier *vouſſoir* qui puiſſe en laiſſer tomber un autre ſans s'élever en aucune ſorte , & ſeulement en gliſſant horiſontalement; que les poids, tant qu'ils ſont finis, n'apportent aucune réſiſtance au mouvement horiſontal , & qu'ils ne commencent à y en apporter une finie, que quand on les conçoit infinis.

& M. de la Hire, dans son *Traité de mé-shanique*, imprimé en 1693, a démontré quelle étoit la proportion selon laquelle il falloit augmenter la pesanteur des *vous-soirs* d'un arc demi-circulaire, afin qu'ils fussent tous en équilibre ; ce qui est la disposition la plus sûre que l'on puisse donner à une voûte, pour la rendre du-rable. Jusque-là, les architectes n'avoient eu aucune regle précise, & ne s'étoient conduits qu'en tâtonnant. Si l'on compte les degrés d'un quart de cercle, depuis le milieu de la clef de voûte jusqu'à un pied droit, l'extrémité de chaque *voussoir* ap-partiendra à un arc d'autant plus grand, qu'elle sera plus éloignée de la clef ; & il faut, par la regle de M. de la Hire, aug-menter la pesanteur d'un *voussoir* par-des-sus celle de la clef, autant que la tangente de l'arc de ce *voussoir* l'emporte sur la tangente de l'arc de la moitié de la clef. La tangente du dernier *voussoir* devient nécessairement infinie, & par conséquent aussi sa pesanteur. Mais comme l'infini ne se trouve pas dans la pratique, cela se ré-duit à charger, autant qu'il est possible, les derniers *voussoirs*, afin qu'ils résistent à l'effort que fait la voûte pour les écar-ter, qui est ce qu'on appelle sa *poussée*. *Acad. des sciences*, année 1704. (D. J.)

VOUSSURE, s. f. *Architec.*, signifie toute sorte de courbure en voûte, mais particuliérement les portions de voûte en forme de scotie, qui servent d'empat-tement aux plafonds & qui sont aujourd'-hui en usage. Les *voussures* qui sont au-dedans d'une baie de porte ou de fenêtre derriere la fermeture, s'appellent *arriere-voussures*. Il en est de différentes figures. *V.* ARRIERE-VOUSSURE.

VOUTE, s. f. *Archit.*, est un plancher en arc, tellement fabriqué, que les diffé-rentes pierres dont il est composé, se sou-tiennent les unes les autres par leur dis-position. *V.* ARC.

On préfere dans bien des cas les *voûtes* plates, parce qu'elles donnent à la piece plus de hauteur & d'élévation, & que d'ailleurs elles sont plus fermes & plus durables. *V.* PLAFOND ; PLANCHER, &c.

Saumaise remarque que les anciens ne connoissoient que trois sortes de *voûtes* ; la premiere, *fornix*, faite en forme de ber-ceau ; la seconde, *testudo*, en forme de tor-tue, & nommée chez les François, *cul de four* ; & la troisieme, *concha*, faite en for-me de coquille.

Mais les modernes subdivisent ces trois sortes en un bien plus grand nombre, auxquelles ils donnent différens noms, suivant leurs figures & leur usage ; il y en a de circulaires, d'elliptiques, &c.

Les *calottes* de quelques-unes sont des portions de sphere plus ou moins gran-des ; celles qui sont au-dessus de l'hémis-phere sont appellées *grandes voûtes*, ou *voûtes surmontées* : celles qui sont moin-dres que des hémispheres se nomment *voûtes basses* ou *surbaissées*, &c.

Il y en a dont la hauteur est plus gran-de que le diametre ; d'autres dont elle est moindre.

Il y a des *voûtes* simples, des doubles, des croisées, des diagonales, hotizonta-les, montantes, descendantes, angulai-res, obliques, pendantes, &c. Il y a aussi des *voûtes* gothiques, des pendentives, &c. Voy. OGIVES, PENDENTIVES, &c.

Les *voûtes* principales qui couvrent les principales parties des bâtimens, pour les distinguer des *voûtes* moindres & subor-données qui n'en couvrent qu'une petite partie, comme un passage, une porte, &c.

Double voûte, est celle qui étant bâtie sur une autre pour rendre la décoration extérieure proportionnée à l'intérieur, laisse un espace entre la convexité de la premiere *voûte* & la concavité de l'autre, comme dans le dôme de S. Paul à Lon-dres, & de S. Pierre à Rome.

Voûtes à compartimens, sont celles dont la face intérieure est enrichie de pan-neaux de sculpture séparés par des plates-bandes : ces compartimens qui sont de différentes figures, suivant les *voûtes*, & pour l'ordinaire dorés sur un fond blanc, sont faites de stuc sur des murailles de briques, comme dans l'église de S. Pierre à Rome, & de plâtre sur des *voûtes* de bois.

Théorie des voûtes. Une arcade demi-circulaire ou *voûte* étant appuyée sur deux pieds droits, & toutes les pierres qui la composent étant taillées & placées de maniere que leurs jointures ou leurs lits prolongés se rencontrent tous au cen-tre de la *voûte*, il est évident que toutes les pierres doivent être taillées en forme de coins, c'est-à-dire, plus larges & plus grosses au sommet qu'au fond ; au moyen de quoi elles se soutiennent les unes les

Commune, ville & bourg de la belle
Grece. F. CLAZOMENE. (*D. J.*)

VOITURE en OUEST, *s. m. Sellier;*
c'est ainsi que l'on nomme une voiture
découverte, à quatre roues, sur laquelle
est un siege très-long, qui peut recevoir
& mener jusqu'à 12 ou 15 personnes
placées les unes auprès des autres, & assises tenant les-ci & jambes de-là. Cette
voiture a été inventée en Allemagne, où
elles sont communes ou s'en sert pour mener
à la chasse un grand nombre de personnes. Le nom même est allemand, & signifie
... à ... été donné à cause de la forme du siege sur lequel on est assis. Quoique cette voiture soit assez recommodée,
on l'a mise en France; le siege est communément fort ou très & recouvert de
quelque étoffe, pour qu'il soit moins dur.

VOUSSOIR, (*s. m. Architect.*) On nomme ainsi ... chaque pierre
propre à former le contour d'une voûte,
taillée en espece de coin tronqué, dont
les côtés, s'ils étaient prolongés, about-
iraient à un centre où tendent toutes les
pierres de la voûte.

Une voûte est un arc demi-circulaire,
étant posé sur ses deux points ancrés, &
toutes les pierres ou voussoirs qui composent cet arc étant taillées & posées en
... de maniere que leurs joints prolongés se rencontrent tous au centre de
l'arc. Il est évident que tous les voussoirs
ont une figure un peu plus large par haut
que par bas, en vertu de laquelle ils s'appuient & se soutiennent les uns les autres, & résistent réciproquement à l'effort
de leur pesanteur qui les porterait à tomber.

Le voussoir du milieu de l'arc, qui est
perpendiculaire à l'horizon, & qu'on appelle clef de voûte, est soutenu de part &
d'autre par les deux voussoirs voisins, précisément comme par deux plans inclinés
& par conséquent l'effort qu'il fait pour
tomber, n'est pas égal à sa pesanteur, mais
en est une certaine partie d'autant plus
grande, que les plans inclinés qui le soutiennent, sont moins inclinés; de sorte
que s'ils étaient perpendiculaires à l'horizon,
c'est-à-dire perpendiculaires à l'horizon,
aussi-bien que la clef de la voûte, elle tendroit à tomber par toute sa pesanteur, &
seroit plus ou tout ... ...
roit effectivement ... ...
se confond ...

Le second *voussoir* ...
gauche de la clef de v...
au troisieme *voussoir* ...
figure de la voûte, est ...
incliné à l'égard du s...
ne l'est à l'égard du p...
séquent le second v...
qu'il fait pour tomb...
dre partie de sa pesan...

Par la même raison ...
à compter depuis la ...
toujours en exerçant ...
de leur pesanteur tot...
nier qui est posé sur ...
du pied droit, n'exe...
sa pesanteur, ou, ce q...
ne fait nul effort pou...
est entiérement soute...

Si l'on veut que t...
sent un effort égal ...
en équilibre, il est vi...
puis la clef de voûte ...
exerçant toujours u...
sa pesanteur totale, ...
ple, n'en exerçant qu...
au tiers, le troisieme ...
n'y a pas d'autres ...
differentes parties, ...
proportion les tous ...
ties; c'est-à-dire qu...
voussoir soit plus pe...
troisieme plus que ...
suite jusqu'au dern...
aiment pesant, par ...
fort pour tomber, ...
de sa pesanteur ne ...
efforts finis des au...
que cette pesante...
grande.

Pour rendre ce...
niere plus sensibl...
que, il n'y a qu'à ...
les voussoirs, hor...
roient laisser to...
quelconque, faut...
cette élévation j...
déterminé par la ...
& par la partie de ...
n'y a que la clef de ...
en laissant tou...
en aucune forc...
horizontalement...
Tout ceci, n'...

: noir *B C D E*, il eſt évident
urra point tomber en-bas, à
uverture de la chambre eſt
ue ſa grande baſe.
me on ne trouve pas de pier-
ide pour faire les planchers
iece, on eſt obligé de les fai-
s morceaux, qui réunis ſont
t.
s qu'au lieu de grandes pier-
rouſx que des anneaux *Q R*
, *n°*. 2 , de différentes gran-
reés à jour en talud *m n* , &
lud renverſé *T V* , en tout
u talud *a b* de notre grande
o. Si on en met pluſieurs les
autres , comme à la *fig*. 31 ,
lage formera une *voûte* plate,
rroit comparer au marc dont
les orfevres. Mais comme on
pas non plus de pierre aſſez
r faire les anneaux d'une ſeu-
n les fait de pluſieurs parties ,
bſerver de poſer en liaiſon. *V*.

s joints de cette ſorte de *voûte*,
le lit, qui ſont ceux qui ſépa-
neaux les uns des autres , que
te , doivent concourir au ſom-
un *P*, *fig*. 33 , des pyramides
, dont nous avons ſuppoſé les
enfilés les uns dans les autres.
re *L M N O*, *fig*. 32, repréſente
c cette ſorte de *voûte*. Si la
étoit ronde , les rangs de cla-
oient des tronçons de cône.
onde maniere de conſtruire les
tes eſt fondée ſur une inven-
tflio , qui a donné une manie e
les planchers avec des poutrel-
ourtes pour être appuyées ſur
te part & d'autre: c'eſt une cer-
poſition qui conſiſte à les faire
ternativement, enſorte qu'elles
t réciproquement le bout de
le milieu de l'autre, duquel ar-
nt on voit la repréſentation dans

peut douter que les *voûtes* pla-
ſeconde maniere n'aient été imi-
cette charpente ; car ſi l'on conſi-
que parallélogramme de l'extra-
me une piece de bois, *fig*. 34, on
l'on a ſuppléé aux entailles & aux
g. 33 , par des taluds ſur
oupes en ſar-plomb ſur

autres, & opposent mutuellement l'effort de leur pesanteur qui les détermine à tomber.

La pierre qui est au milieu de la *voûte*, qui est perpendiculaire à l'horizon, & que l'on appelle *la clef de la voûte*, est soutenue de chaque côté par les deux pierres contiguës précisément comme par deux plans inclinés ; & par conséquent l'effort qu'elle fait pour tomber, n'est pas égal à sa pesanteur.

Mais il arrive toujours que cet effort est d'autant plus grand, que les plans inclinés le sont moins ; de sorte que, s'ils étoient infiniment peu inclinés, c'est-à-dire, s'ils étoient perpendiculaires à l'horizon aussi bien que la clef, elle tendroit à tomber avec tout son poids, & tomberoit actuellement, à moins que le mortier ne la retînt.

La seconde pierre qui est à droite ou à gauche de la clef, est soutenue par une troisieme qui, au moyen de la figure de la *voûte*, est nécessairement plus inclinée à la seconde, que la seconde ne l'est à la premiere ; & par conséquent la seconde emploie dans l'effort qu'elle fait pour tomber, une moindre partie de son poids que la premiere.

Par la même raison toutes les pierres, à compter depuis la clef, emploient toujours une moindre partie de leur poids, à mesure qu'elles s'éloignent du centre de la *voûte*, jusqu'à la derniere, qui posée sur un plan horizontal, n'emploie point du tout de son poids ; ou, ce qui revient à la même chose, ne fait point d'effort pour tomber, parce qu'elle est entiérement soutenue par le pied-droit.

De plus, il y a un grand point auquel il faut faire attention dans les *voûtes*, c'est que toutes les clefs fassent un effort égal pour tomber. Pour cet effet, il est visible que comme chaque pierre, à compter de la clef jusqu'au pied-droit, emploie toujours moins que la totalité de son poids ; la premiere n'en employant, par exemple, que moitié ; la seconde, un tiers ; la troisieme, un quart, &c. Il n'y a point d'autres moyens de rendre ces différentes parties égales, qu'en augmentant la totalité de poids à proportion ; c'est-à-dire, que la seconde pierre doit être plus pesante que la premiere ; la troisieme, que la seconde, &c. jusqu'à la derniere, qui doit être infiniment plus pesante.

M. de la Hire démontre quelle est cette proportion dans laquelle les pesanteurs des pierres d'une *voûte* demi-circulaire doivent être augmentées pour être en équilibre, ou tendre en-bas avec une force égale ; ce qui est la disposition la plus ferme qu'une *voûte* puisse avoir.

Avant lui les architectes n'avoient point de regles certaines pour se conduire, mais le faisoient au hasard.

La regle de M. de la Hire est d'augmenter le poids de chaque pierre au-delà de celui de la clef, d'autant que la tangente de l'arc de la pierre excede la tangente de l'arc de moitié de la clef. De plus, la tangente de la derniere pierre devient nécessairement infinie, & par conséquent son poids devroit l'être aussi ; mais comme l'infini n'a pas lieu dans la pratique, la regle revient à ceci, que les dernieres pierres soient chargées autant que faire se peut, afin qu'elles soient plus en état de résister à l'effort que la *voûte* fait pour les séparer : c'est ce qu'on appelle le dessein & le but de la *voûte*.

M. Parent a depuis déterminé la courbe ou la figure que doit avoir l'extrados ou la surface extérieure d'une *voûte*, dont l'intrados ou la surface intérieure est sphérique, afin que toutes les pierres puissent être en équilibre.

La clef d'une *voûte* est une pierre ou brique placée au milieu de la *voûte* en forme de cône tronqué, & qui sert à soutenir tout le reste. *V.* CLEF.

Les montans d'une *voûte* sont les côtés qui la soutiennent.

Pendentive d'une voûte, est la partie qui est suspendue entre les arcs ou ogives. *V.* PENDENTIVE.

Pied droit d'une voûte, est la pierre sur laquelle est posée la premiere qui commence à caver. Dans les arches on entend par *pied-droit*, toute la hauteur des culées ou des piles depuis le dessus des fondemens & des retraites jusqu'à la naissance de ces arches. *V.* PIED-DROIT.

VOUTE, *Coupe des pierres. Voûtes annulaires*, sont des *voûtes* cylindriques en quelque sorte, comme si un cylindre se courbe ensorte que son axe devînt un cercle, en le réunissant par les deux bouts. Le plan d'une telle *voûte* est un anneau aussi bien que tous les rangs de voussoirs que l'on peut diviser en deux classes, en extérieurs & en intérieurs ; les extérieurs font ceux qui s'appuient fur le mur de la tour, & dont les lits en joints font des furfaces coniques, dont le fommet eft en-bas; les intérieurs font ceux qui appuient fur le noyau qui eft au milieu de la tour, (*voy.* Noyau) & dont les lits en joints font des furfaces coniques dont le fommet eft en-haut. Tou'es ces furfaces coniques qui font les joints de lit, doivent paffer par l'axe courbé du cylindre, comme aux *voûtes* cylindriques fimples.

Tous les joints de tête, tant des vouffoirs intérieurs que des extérieurs, doivent paffer par le centre de la tour comme aux *voûtes* fphériques.

Voûtes cylindriques, font celles dont les celles imitent le cylindre; leur conftruction eft très-facile; elles fe réduifent à obferver que les joints de lit, c'eft-à-dire leurs plans, paffent par l'axe du cylindre, & que les joints de tête lui foient perpendiculaires & en liaifon entr'eux.

Voûtes coniques, font celles dont la figure imite en quelque forte le cône, comme font les trompes. Il faut feulement obferver pour leur conftruction, que les joints de lit paffent par l'axe, & que les joints de tête foient perpendiculaires à la furface du cône.

Voûtes hélicoïdes ou *en vis*, font des *voûtes* cylindriques annulaires, dont l'axe s'élève en tournant autour du noyau : les joints de lit doivent fuivre conftamment l'axe du cylindre, & les joints de tête doivent y être perpendiculaires. Voy. Noyau.

Voûtes mixtes & irrégulieres, participent toujours de quelques unes des efpeces précédentes, auxquelles il faut les rapporter, comme nous rapporterons les *voûtes* hélicoïdes aux annulaires & aux cylindriques.

Voûte plane. Il y a en général deux manieres de les faire: fi on avoit des pierres affez grandes pour pouvoir couvrir de grands appartemens, la *voûte* plane feroit bientôt faite; il n'y auroit qu'à tailler la pierre *A* en bifeau ou talud renverfé à *b* fur les bords, enforte que la pierre fût une pyramide tronquée & renverfée, ainfi qu'elle eft repréfentée dans la *fig.* 34, *pl.* IV d'*archit.* à la lettre *A*, & le haut des murs de la chambre en talud *BCDE* pour fervir de couffinets à la pierre *A*; fi on l'applique alors dans l'ef-

pece d'entonnoir *BCDE*, il eft évident qu'elle ne pourra point tomber en-bas, à caufe que l'ouverture de la chambre eft plus petite que fa grande bafe.

Mais comme on ne trouve pas de pierre affez grande pour faire les planchers d'une feule piece, on eft obligé de les faire de différens morceaux, qui réunis font le même effet.

Suppofons qu'au lieu de grandes pierres, on ne trouvât que des anneaux *Q R S T*, *fig.* 31, *n°.* 2, de différentes grandeurs, & percés à jour en talud *m n*, & ayant un talud renverfé *T V*, en tout femblable au talud *a b* de notre grande pierre, *fig.* 30. Si on en met plufieurs les uns dans les autres, comme à la *fig.* 31, leur affemblage formera une *voûte* plate, que l'en pourroit comparer au marc dont fe fervent les orfevres. Mais comme on ne trouve pas non plus de pierre affez grande pour faire les anneaux d'une feule piece, on les fait de plufieurs parties, qu'il faut obferver de pofer en liaifon. *V.* Liaison.

Tous les joints de cette forte de *voûte*, tant ceux de lit, qui font ceux qui féparent les anneaux les uns des autres, que ceux de tête, doivent concourir au fommet commun *P*, *fig.* 33, des pyramides renverfées, dont nous avons fuppofé les tronçons enfilés les uns dans les autres.

La figure *L M N O*, *fig.* 32, repréfente l'épure de cette forte de *voûte*. Si la chambre étoit ronde, les rangs de claveaux feroient des tronçons de cône.

Le feconde maniere de conftruire les *voûtes* plates eft fondée fur une invention de Serlio, qui a donné une maniere de faire des planchers avec des poutrelles trop courtes pour être appuyées fur les murs de part & d'autre : c'eft une certaine difpofition qui confifte à les faire croifer alternativement, enforte qu'elles s'appuient réciproquement le bout de l'une fur le milieu de l'autre, duquel arrangement on voit la repréfentation dans la *fig.* 33.

On ne peut douter que les *voûtes* plates de la feconde maniere n'aient été imitées de cette charpente; car fi l'on confidere chaque parallélogramme de l'extrados comme une piece de bois, *fig.* 34, on verra qu'on a fuppléé aux entailles & aux tenons de la *fig.* 33, par des taluds fur les côtés, & des coupes en fur-plomb fur

les bouts ; les uns & les autres confervant toujours cette forte d'arrangement,
que les architectes appellent *à bâtons
rompus*.

Mais ce qui rend l'invention de cette
voûte plus ingénieuse que celle de la charpente, c'est que par le moyen de ces fur-
plombs & de ces taluds prolongés, on
remplit le vuide qui reste entre les poutrelles, dans le parement inférieur, où
l'on forme un plafond continu, tout composé de quarrés parfaits arrangés de suite
en échiquier, *fig.* 35, qu'on appelle en
architecture *en déliaison*, ce qui en rend
l'artifice digne d'admiration. Il n'en est
pas de même dans la surface supérieure,
elle ne peut être continue, parce que les
coupes des taluds restent en partie découvertes, de sorte qu'il s'y forme des vuides en pyramides quarrées renversées
a b c d e, *fig.* 36, qui représente l'extrados de cette *voûte*, dont l'inventeur est
M. Abeille. Ces vuides donnent occasion
de faire un compartiment de pavé agréable & varié, parce qu'on peut y mettre des
carreaux différens des premieres pierres.

Cette interruption de continuité a donné occasion au pere Sebastien & à M. Frezier, de chercher les moyens de remplir
les vuides pyramidaux par des claveaux
mixtes. Le pere Sebastien en a inventé
dont les joints au talud sont des surfaces
gauches, & M. Frezier en a trouvé de
deux sortes, dont voici les exemples *A*,
fig. 37, *n°.* 2, représente un claveau vu
par la surface inférieure. *B*, représente le
même claveau vu par-dessus, & la *fig.* 37
l'extrados de cette *voûte*.

L'autre maniere de *voûte* est représentée, *fig.* 38; l'extrados est tout composé
de quarrés, lesquels sont précisément la
moitié de ceux de la doelle. Un des claveaux est représenté par-dessus & par-
dessous aux figures *a & b*, *fig.* 38, *n°.* 2.

Voûtes sphériques, sont celles dont la
figure imite la sphere. Tous les claveaux
ou voussoirs des *voûtes* sphériques, sont

des cônes tronqués, ou des parties d'anneaux coniques, dont le sommet est au
centre de la sphere. Les joints de lit sont
des surfaces coniques dirigées au centre
de la sphere; le plan des joints de tête
doit passer par le centre.

VOUTE *à lunettes*, *Archit.*, espece de
voûte qui traverse les reins d'un berceau;
ou pour m'exprimer plus nettement, c'est
lorsque dans les côtés d'un berceau d'une
voûte, on fait de petites arcades, pour y
pratiquer quelques jours, ou des vues:
on la nomme *lunette biaise*, quand elle
coupe obliquement un berceau; & *lunette
rampante*, lorsque son ceintre est rompu.
(*D. J.*)

VOUTE MÉDULLAIRE, est le nom que
les anatomistes ont donné à une portion
du corps calleux, qui en se continuant de
côté & d'autre avec la substance médullaire, dans tout le reste de son étendue
est entierement unie à la substance corticale, & forme, conjointement avec le
corps calleux, une *voûte médullaire* un
peu oblongue, & comme ovale.

La *voûte* à trois piliers n'est que la portion inférieure du corps calleux, dont la
face inférieure est comme un plancher
concave à trois angles, un antérieur &
deux postérieurs; & à trois bords, deux
latéraux & un postérieur. (*a*)

VOUTE DU NEZ. *V.* NEZ.

VOUTES, *Hist. d'Allemagne.* On appelle *voûtes* en Allemagne des endroits
particuliers, où se font les dépôts publics.
Il y a communément deux *voûtes*: dans
la premiere on dépose les pieces des affaires qui n'ont pas été portées par appel à
la chancellerie de la chambre de Spire,
mais qui lui sont dévolues par d'autres
voies. Tels sont les actes du fisc, ceux qui
constatent ou qui renferment les mandats, les infractions de la paix, les violences, &c. La deuxieme *voûte* contient les
actes des causes pendantes par appel, des
attentats contre l'appel, des défauts, des
compulsoires, des défenses. (*D. J.*)

(*a*) A. N. La partie intérieure des piliers, dit M. de Haller, forme une espece de
ruban uni, rayé, couché en arc, qui accompagne l'hyppocame sur lequel il est couché
en partie, & en partie placé à son bord antérieur, & dont le tranchant est libre. Il
se termine par un filet blanc attaché au doigt le plus interne de l'hyppocame, au
commencement de la séparation de ses ongles. Il y a quelquefois deux rubans, dont
l'un se termine comme nous venons de le dire, & dont l'autre s'étend jusqu'à l'extrémité de l'hyppocame & même au-delà, jusques dans la partie médullaire du cerveau.

VOUTE ou VOUTIS, *Marine*, partie extérieure de l'arcasse, construite en *voûte* au-dessus du gouvernail. C'est sur cette partie qu'on place ordinairement le cartouche qui porte les armes du prince. *V. pl. III, marine, fig. 1.*

VOUTÉ, adj. *Gramm.* ; *v.* VOUTE & VOUTER.

VOUTÉ, *fer voûté*, *Maréchall.* Les maréchaux appellent ainsi une espece de fer qui sert aux chevaux qui ont le pied comble. *V.* COMBLE. Son enfoncement l'empêche de porter sur la sole, qu'ils ont alors plus haute que la corne. Les meilleurs écuyers blâment cet usage, & prétendent, avec raison, que la corne étant plus tendre que le fer, elle en prend la forme, & n'en devient par conséquent que plus ronde. *V.* CORNE, SABOT, &c.

VOUTER, v. act. *Archit.*, c'est construire une voûte sur des ceintres & dossets, ou sur un noyau de maçonnerie. On doit, selon les lieux, préférer les *voûtes* aux sofites ou plafonds, parce qu'elles donnent plus d'exhaussement, & qu'elles ont plus de solidité.

Voûter en tas de charge, c'est mettre les joints des lits partie en coupe du côté de la doelle, & partie de niveau du côté de l'extrados, pour faire une *voûte* sphérique. (*D. J.*)

VOUZYE, f. f. *Géogr. mod.*, petite rivière de France, dans la Brie. Elle sort d'un étang, mouille la ville de Provins, & tombe dans la Seine, au-dessous de Bray.

VOYAGE, f. m. *Gramm.*, transport de sa personne d'un lieu où l'on est, dans un autre assez éloigné. On fait le *voyage* d'Italie. On fait un *voyage* à Paris. Il faut tous faire une fois le grand *voyage*. Allez avant le tems de votre départ, déposer dans votre tombeau la provision de votre *voyage*.

VOYAGE, *Commerce*. Les allées & les venues du mercenaire qui transporte des meubles, du bled & autres choses. On dit qu'il a fait dix *voyages*, vingt *voyages*.

VOYAGE, *Educ.* Les grands hommes de l'antiquité ont jugé qu'il n'y avoit pas de meilleure école de la vie que celle des *voyages* ; école où l'on apprend la diversité de tant d'autres vies, où l'on trouve sans cesse quelque nouvelle leçon dans ce grand livre du monde, & où le change-

ment d'air avec l'exercice sont profitables au corps & à l'esprit.

Les beaux génies de la Grece & de Rome en firent leur étude, & y employoient plusieurs années. Diodore de Sicile met à la tête de sa liste des voyageurs illustres, Homere, Lycurgue, Solon, Pythagore, Démocrite, Eudoxe & Platon. Strabon nous apprend qu'on montra long-tems en Egypte le logis où ces deux derniers demeurerent ensemble pour profiter de la conversation des prêtres de cette contrée, qui possédoient seuls les sciences contemplatives.

Aristote voyagea, avec son disciple Alexandre, dans toute la Perse, & dans une partie de l'Asie jusques chez les Bracmanes. Cicéron met Xénocrates, Crantor, Arcésilas, Carnéade, Panétius, Clitomaque, Philon, Possidonius, &c. au rang des hommes célebres qui illustrerent leur patrie par les lumieres qu'ils avoient acquises en visitant les pays étrangers.

Aujourd'hui les *voyages* dans les états policés de l'Europe (car il ne s'agit point ici des *voyages* de long cours) sont, au jugement des personnes éclairées, une partie des plus importantes de l'éducation dans la jeunesse, & une partie de l'expérience dans les vieillards.

Choses égales, toute nation où régne la bonté du gouvernement, & dont la noblesse & les gens aisés voyagent, a de grands avantages sur celle où cette branche de l'éducation n'a pas lieu. Les *voyages* étendent l'esprit, l'élevent, l'enrichissent de connoissances, & le guérissent des préjugés nationaux. C'est un genre d'étude auquel on ne supplée point par les livres, & par le rapport d'autrui ; il faut soi-même juger des hommes, des lieux & des objets.

Ainsi le principal but qu'on doit se proposer dans ses *voyages*, est sans contredit d'examiner les mœurs, les coutumes, le génie des autres nations, leur goût dominant, leurs arts, leurs sciences, leurs manufactures & leur commerce.

Ces sortes d'observations faites avec intelligence, & exactement recueillies de pere en fils, fourniroient les plus grandes lumieres sur le fort & le foible des peuples, les changemens en bien ou en mal qui sont arrivés dans le même pays au bout d'une génération, par le commerce, par les loix, par la guerre, par la paix, par les richeffes, par la pauvreté , ou par de nouveaux gouverneurs.

Il eſt en particulier un pays au -, delà des Alpes , qui mérite la curioſité de tous ceux dont l'éducation a été cultivée par les lettres. A peine eſt-on aux confins de la Gaule ſur le chemin de Rimini à Ceſène , que l'on trouve gravé ſur le marbre, ce célebre ſénatus-conſulte, qui dévouoit aux dieux infernaux & déclaroit ſacrilege & parricide quiconque avec une armée , avec une légion , avec une cohorte , paſſeroit le Rubicon, aujourd'hui nommé *Piſatello*. C'eſt au bord de ce fleuve ou de ce ruiſſeau , que Céſar s'arrêta quelque tems ; & là la liberté prête à expirer ſous l'effort de ſes armes , lui coûta encore quelques remords. Si je diffère à paſſer le Rubicon, dit-il à ſes principaux officiers , je ſuis perdu ; & ſi je le paſſe , que je vais faire de malheureux ! Enſuite après y avoir réfléchi quelques momens, il ſe jette dans la petite riviere, & la traverſe en s'écriant (comme il arrive dans les entrepriſes haſardeuſes): n'y ſongeons plus , le ſort eſt jeté. Il arrive à Rimini, s'empare de l'Umbrie, de l'Etrurie, de Rome, monte ſur le trône,& y périt bientôt après par une mort tragique.

Je ſais que l'Italie moderne n'offre aux curieux que les débris de cette Italie ſi fameuſe autrefois ; mais ces débris ſont toujours dignes de nos regards. Les antiquités en tout genre , les chefs-d'œuvres des beaux arts s'y trouvent encore raſſemblés en foule , & c'eſt une nation ſavante & ſpirituelle qui les poſſede ; en un mot , on ne ſe laſſe jamais de voir & de conſidérer les merveilles que Rome renferme dans ſon ſein.

Cependant le principal n'eſt pas , comme dit Montagne : " de meſurer combien ,, de piés à la ſanta Rotonda , & combien ,, le viſage de Néron de quelques vieilles ,, ruines,eſt plus grand que celui de quel- ,, ques médailles ; mais l'important eſt ,, de frotter & limer votre cervelle con- ,, tre celle d'autrui. ,, C'eſt ici ſur-tout que vous avez lieu de comparer les tems anciens avec les modernes, " & de fixer ,, votre eſprit ſur ces grands changemens ,, qui ont rendu les âges ſi différens des ,, âges , & les villes de ce beau pays au- ,, trefois ſi peuplées,maintenant déſertes, ,, & qui ſemblent ne ſubſiſter que pour ● marquer les lieux où étoient ces cités

,, puiſſantes,dont l'hiſtoire a tant parlé. ● (*D. J.*)

VOYAGES DE LONG COURS, *Marine.* On appelle ainſi les grands *voyages* de mer, que quelques marins fixent à mille lieues.

VOYAGE, *Juriſpr.*, eſt un droit que l'on alloue dans la taxe des dépens à celui qui a plaidé hors du lieu de ſon domicile, & qui a obtenu gain de cauſe avec dépens,pour les *voyages* qu'il a été obligé de faire, ſoit pour charger un procureur,ſoit pour produire ſes pieces, ſoit pour faire juger l'affaire.

On joint quelquefois les termes de *voyages* & *ſéjours*,quoiqu'ils aient chacun leur objet différent. Ces *voyages* ſont ce qui eſt alloué pour aller & venir ; les ſéjours ſont ce qui eſt alloué pour le ſéjour que la partie a été obligée de faire.

Ces *voyages* ne doivent être alloués qu'autant qu'ils ont été véritablement faits , & que l'on en fait apperçevoir par un acte d'affirmation fait au greffe.

La femme peut venir pour ſon mari,& le mari pour ſa femme ; les enfans âgés de 20 ans pour leurs pere & mere , & le gendre pour ſon beau-pere , en affirmant par eux leur *voyage* au greffe. *Voyez* le réglement de 1665 pour la taxe des dépens , & celui du 10 avril 1691 ſur les *voyages* & ſéjours. (*A*)

VOYAGEUR, *Hiſt. part. des pays.* Celui qui fait des *voyages* par divers motifs , & qui quelquefois en donne des relations ; mais c'eſt en cela que d'ordinaire les *voyageurs* uſent de peu de fidélité. Ils ajoutent preſque toujours aux choſes qu'ils ont vues, celles qu'ils pouvoient voir ; & pour ne pas laiſſer le récit de leurs voyages imparfait, ils rapportent ce qu'ils ont lu dans les auteurs ; enſorte qu'ils ſont premierement trompés , & qu'ils trompent leurs lecteurs enſuite. C'eſt ce qui fait que les proteſtations que pluſieurs de ces obſervateurs , comme Belon, Piſon, Marggravius & quelques autres font de ne rien dire que ce qu'ils ont vu , & les aſſurances qu'ils donnent d'avoir vérifié quantité de fauſſetés qui avoient été écrites avant eux,n'ont guere d'autre effet que de rendre la ſincérité de tous les *voyageurs* fort ſuſpecte.parce que ces cenſeurs de la bonne foi & de l'exactitude des autres, ne donnent point de cautions ſuffiſantes de la leur.

Il y a bien peu de relations auxquelles on ne puiſſe appliquer ce que Strabon diſoit de celles de Ménélas : je vois bien que tout homme qui décrit ſes voyages eſt un menteur, ἀλαζὼν δὲ πᾶς ὁ πλανὴν αὐτῷ ἐργαζόμενος.

Cependant il faut exclure de ce reproche les relations curieuſes de Paolo, de Rawleigh, de Pocock, de Spon, de Wheiler, de Tournefort, de Fourmont, de Kœmpfer, des ſavans Anglois qui ont décrit les ruines de Palmyre, de Shaw, de Catesby, du chevalier Hans-Sloane, du lord Anſon, de nos MM. de l'académie des ſciences, au Nord & au Pérou, &c. (D. J.)

VOYAGEUR, ſ. m. Hiſt. anc., celui qui eſt en route, & qui a entrepris un voyage.

Les mythologues & les hiſtoriens ont obſervé que dans l'antiquité païenne, les voyageurs adreſſoient des prieres aux dieux tutélaires des lieux d'où ils partoient : ils en avoient d'autres pour les dieux ſous la protection deſquels étoient les lieux par où ils paſſoient ;, & d'autres enfin, pour les divinités du lieu où ſe terminoit leur voyage : la formule de ces prieres nous a été conſervée dans les inſcriptions pro ſalute, itu & reditu. Ils marquoient auſſi leur reconnoiſſance à quelque divinité particuliere, ſous la protection de laquelle ils comptoient avoir fait leur voyage : Jovi reduci, Neptuno reduci, Fortunæ reduci. Les Grecs, entre les dieux protecteurs des voyages, choiſiſſoient ſur-tout Mercure, qui eſt appellé dans les inſcriptions viacus & trivius ; & pour la navigation, Caſtor & Pollux. Les Romains honoroient ces dieux à même intention, ſous le nom de viales & de ſemitales. Saint Auguſtin & Martianus Capella font mention d'une Junon ſurnommée iterduca ou guide des voyageurs.

Athénée obſerve que les Crétois, dans leurs repas publics, avoient une table particuliere pour y recevoir ceux qui ſe trouvoient chez eux à titre de voyageurs, & Plutarque aſſure que chez les Perſes, quoiqu'ils voyageaſſent peu eux-mêmes, un officier du palais n'avoit d'autre fonction que celle de recevoir les hôtes. V. HOSPITALITÉ.

Outre que les voyageurs portoient ſur eux quelqu'image ou petite ſtatue d'une divinité favorite, dès qu'ils étoient de retour dans leur patrie, ils offroient un ſacrifice d'actions de graces, s'acquittoient des vœux qu'ils pouvoient avoir faits, & conſacroient, pour l'ordinaire, à quelque divinité, les habits qu'ils avoient portés pendant leur voyage. C'eſt ce qu'Horace & Virgile appellent vota veſtes. L'aſſemblage de toutes ces circonſtances fait voir que la religion entroit pour beaucoup dans les voyages des anciens. Mémoires de l'académie, tome III.

VOYANS-FRERES. Dans la communauté des quinze-vingts, on appelle freres-voyans, ceux de cette communauté qui voient clair, & qui ſont mariés à une femme aveugle ; & femmes voyantes, les femmes qui voient clair & qui ſont mariées à des aveugles. (D. J.)

VOYELLE, ſ. f. Gramm. La voix humaine comprend deux ſortes d'élémens, le ſon & l'articulation. Le ſon eſt une ſimple émiſſion de la voix, dont les différences eſſentielles dépendent de la forme du paſſage que la bouche prête à l'air qui en eſt la matiere. L'articulation eſt le degré d'exploſion que reçoivent les ſons, par le mouvement ſubit & inſtantané de quelqu'une des parties mobiles de l'organe. Voyez H.

L'écriture qui peint la parole en en repréſentant les élémens dans leur ordre naturel, par des ſignes d'une valeur arbitraire & conſtatée par l'uſage, que l'on nomme lettres, doit donc comprendre pareillement deux ſortes de lettres; les unes doivent être les ſignes repréſentatifs des ſons, les autres doivent être les ſignes repréſentatifs des articulations : ce ſont les voyelles & les conſonnes.

Les voyelles ſont donc des lettres conſacrées par l'uſage national à la repréſentation des ſons. "Les voyelles, dit M. du Marſais (CONSONNE), ſont ainſi appellées du mot voix, parce qu'elles ſe font entendre par elles-mêmes ; elles forment toutes ſeules un ſon, une voix, c'eſt-à-dire, qu'elles repréſentent des ſons qui peuvent ſe faire entendre ſans le ſecours des articulations ; au lieu que les conſonnes, qui ſont deſtinées par l'uſage national à la repréſentation des articulations, ne repréſentent en conſéquence rien qui puiſſe ſe faire entendre ſeul, parce que l'exploſion d'un ſon ne peut exiſter ſans le ſon, de même qu'aucune modification ne peut exiſter ſans l'être qui eſt mofifié : de là vient le nom de *confonne* (qui fonne avec) parce que l'articulation repréſentée ne devient fenfible qu'avec le fon qu'elle modifie.

J'ai déjà remarqué (LETTRES) que l'on a compris fous le nom général de *lettres*, les fignes & les chofes fignifiées , ce qui aux yeux de la philofophie eſt un abus, comme c'en étoit un aux yeux de Prifcien, lib. I, *de littera*. Les chofes fignifiées auroient dû garder le nom général d'*élémens*, les noms particuliers, celui de *fons* & d'*articulations*; & il auroit fallu donner excluſivement aux fignes le nom général de *lettres*, & les noms fpécifiques de *voyelles* & de *confonnes*. Il eſt certain que ces dernieres dénominations font en françois du genre Féminin, à cauſe du nom général *lettres*, comme fi l'on avoit voulu dire *lettres voyelles*, *lettres confonnes*.

Cependant l'auteur anonyme d'un *Traité des fons de la langue françoiſe*, Paris, in-8°. fe plaint, au contraire , d'une expreſſion ordinaire qui rentre dans la correction que j'indique : voici comme il s'en explique , part. I , page 3 : " Plufieurs auteurs difent que *les voyelles & les confonnes font des lettres*. C'eſt comme fi on difoit que les nombres font des chiffres. Les *voyelles* & les confonnes font des fons que les lettres repréfentent , comme les chiffres fervent à repréfenter les nombres. En effet, on prononçoit les confonnes & des *voyelles* avant qu'on eût inventé les lettres ".

Il me femble , au contraire , que quand on dit que les *voyelles* & les confonnes font des fons, c'eſt comme fi l'on difoit que les chiffres font des nombres; fans compter que c'eſt encore un autre abus de défigner indiſtinctement par le mot de *fons* tous les élémens de la voix. J'ajoute que l'on prononçoit des fons & des articulations avant qu'on eût inventé les lettres , cela eſt dans l'ordre ; mais loin que l'on prononçât alors des confonnes & des *voyelles* , on n'en prononce pas même aujourd'hui , que les lettres font connues; parce que, dans la rigueur philofophique, les *voyelles* & les confonnes , qui font des efpeces de lettres , ne font point fonores , ce font des fignes muets des élémens fonores de la voix.

Au reſte, le même auteur ajoute : " On peut cependant bien dire que ces lettres *a, e, i, &c.* font des voyelles , & que ces autres *b , c , d , &c.* font des confonnes, parce que ces lettres repréfentent des *voyelles* & des confonnes ". Il eſt aſſez fingulier que l'on puiſſe dire que des lettres font *voyelles* & confonnes, & que l'on ne puiſſe pas dire réciproquement que les *voyelles* & les confonnes font des lettres. Je crois que la critique exige plus de juſteſſe.

Selon le P. Lami, *Rhét.* liv. III, ch. 3, page 202, *on peut dire que les voyelles font au regard des lettres qu'on appelle confonnes, ce qu'eſt le fon d'une flûte aux différentes modifications de ce même fon , que font les doigts de celui qui joue de cet inſtrument.* Le P. Lami parle ici le langage ordinaire , en défignant les objets par les noms même des fignes. M. du Marfais, parlant le même langage, a vu les chofes fous un autre afpect, dans la même comparaifon prife de la flûte : *tant que celui qui en ajoute*, dit-il , (CONSONNE) *y fouffle de l'air, on entend le propre fon au trou que les doigts laiſſent ouvert…. Voilà préciſément la* voyelle : *chaque voyelle exige que les organes de la bouche foient dans la fituation requiſe pour faire prendre à l'air qui fort de la trachée artere la modification propre à exciter le fon de telle ou telle* voyelle. *La fituation qui doit faire entendre l'a, n'eſt pas la même que celle qui doit exciter le fon de l'i. Tant que la fituation des organes fubfiſte dans le même état, on entend la même* voyelle *auſſi long-tems que la refpiration peut fournir d'air.* Ce qui marquoit, felon le P. Lami, la différence des *voyelles* aux confonnes, ne marque, felon M. du Marfais, que la différence des *voyelles* entr'elles ; & cela eſt beaucoup plus juſte & plus vrai. Mais l'encyclopédiſte n'a rien trouvé dans la flûte , qui pût caractérifer les confonnes , & il les a comparées à l'effet que produit le battant d'une cloche, ou le marteau fur l'enclume.

M. Harduin, dans une *Diſſertation fur les voyelles & les confonnes*, qu'il a publiée en 1760, à l'occafion d'un extrait critique de l'*Abrégé de la grammaire françoiſe*, par M. l'abbé de Wailly , a repris, page 7, la comparaifon du P. Lami ; & en la rectifiant d'après des vues femblables à celles de M. du Marfais, il étend ainfi la fimilitude juſqu'aux confonnes. " La bouche & une flûte font deux corps, dans la concavité defquels il faut également faire entrer de l'air pour en tirer du fon. Les *voyelles* répondent aux tons divers, caufés par la diverfe application des doigts fur les trous de la flûte ; & les confonnes répondent aux coups de langue qui précedent ces tons. Plufieurs notes coulées fur la flûte font, à certains égards, comme autant de *voyelles* qui fe fuivent immédiatement ; mais fi ces notes font frappées de coups de langue, elles reffemblent à des *voyelles* entre-mêlées de confonnes ". Il me femble que voilà la comparaifon amenée au plushaut degré de jufteffe dont elle foit fufceptible, & j'ai appuyé volontiers fur cet objet, afin de rendre plus fenfible la différence réelle des fons & des articulations, & conféquemment celle des *voyelles* & des confonnes qui les repréfentent.

J'ai obfervé, art. LETTRES , que notre langue paroît avoir admis huit fons fondamentaux qu'on auroit pu repréfenter par autant de *voyelles* différentes ; & que les autres fons ufités parmi nous, dérivent de quelqu'un de ces huit premiers, par des changemens fi légers & d'ailleurs fi uniformes, qu'on auroit pu les figurer par quelques caracteres acceffoires. Voici les huit fons fondamentaux rangés felon l'analogie des difpofitions de la bouche, néceffaires à leur production.

a, comme dans la 1ᵉ fyllabe de *cadre*.
é,   *tête.*
è,   *léfard.*
i,   *mifere.*
eu,   *meûnier.*
o,   *pofer.*
u,   *lumiere.*
ou,   *poudre.*

I. La bouche eft fimplement plus ou moins ouverte pour la génération des quatre premiers fons qui retentiffent dans la cavité de la bouche : je les appellerois volontiers des fons *retentiffans* , & les *voyelles* qui les repréfenteroient feroient pareillement nommées *voyelles retentiffantes.*

Les levres, pour la génération des quatre derniers, fe rapprochent ou fe portent en avant d'une maniere fi fenfible, qu'on pourroit les nommer fons *labiaux*, & donner aux *voyelles* qui les repréfenteroient, le nom de *labiales.*

II. Les deux premiers fons de chacune de ces deux claffes font fufceptibles de variations, dont les autres ne s'accomme-

dent pas. Ainfi l'on pourroit, fous ce nouvel afpect, diftinguer les huit fons fondamentaux en deux autres claffes; favoir, quatre fons *variables*, & quatre fons *conftans* : les *voyelles* qui les repréfenteroient, recevroient les mêmes dénominations.

1°. Les fons *variables* que M. Duclos, *Remarques fur le chap. 1 de la part. 1 de la Grammaire générale*, appelle *grandes voyelles*, font les deux premiers fons retentiffans a, è, & les deux premiers labiaux *eu*, *o* ; chacun de ces fons peut être grave ou aigu, oral ou nafal.

Un fon variable eft *grave*, lorfqu'étant obligé d'en trainer davantage la prononciation, & d'appuyer, pour ainfi dire, deffus, on fent qu'indépendamment de la longueur, l'oreille apperçoit dans la nature même du fon quelque chofe de plus plein & de plus marqué. Un fon variable eft *aigu*, lorfque paffant plus légérement fur fa prononciation, l'oreille y apperçoit quelque chofe de moins nourri & de moins marqué, qu'elle n'en eft, en quelque forte, que piquée plutôt que remplie. Par exemple, *a* eft grave dans *pâte*, & aigu dans *pate* ; *è* eft grave dans la *tête*, & aigu dans *tête*; *eu* eft grave dans *jeûne* (abftinence de manger), aigu dans *jeune* (qui n'eft pas vieux), & muet ou prefqu'infenfible dans *âge* ; *o* eft grave dans *côte* (os), & aigu dans *cote* (jupe).

Un fon variable eft *oral*, lorfque l'air qui en eft la matiere fort entiérement par l'ouverture de la bouche qui eft propre à ce fon. Un fon variable eft *nafal*, lorfque l'air qui en eft la matiere, fort en partie par l'ouverture propre de la bouche, & en partie par le nez. Par exemple, *a* eft oral dans *pâte* & dans *pate*, & il eft nafal dans *pante* de lit; *è* eft oral dans *tête* & dans *tête*, & il eft nafal dans *teinte* ; *eu* eft oral dans *jeûne* & dans *jeune*, & nafal dans *jeûn* ; *o* eft oral dans *côte* & dans *cote*, & il eft nafal dans *conte*.

2°. Les fons *conftans*, que M. Duclos (*ibid.*) nomme *petites voyelles*, font les deux derniers fons retentiffans, *é*, *i*, & les deux derniers labiaux *u*, *ou*. Je les appelle *conftans*, parce qu'en effet chacun d'eux eft conftamment oral, fans devenir jamais nafal; & que la conftitution en eft invariable, foit qu'on en traine ou qu'on en hâte la prononciation.

M. l'abbé Fromant (*fupplém.* 1. j.) penfe autrement, & il n'eft pas poffible de difcuter fon opinion ; c'eft une affaire d'organe, & le mien fe trouve d'accord à cet égard avec celui de M. Duclos. J'obferverai feulement que par rapport à l'*i* nafal, qu'il admet & que ie rejette, il fe fonde fur l'autorité de l'abbé de Dangeau, qui, felon lui, *connoiffoit affurément la prononciation de la cour & de la ville*, & fur la pratique conftante du théatre, où l'on prononce en effet l'*i* nafal.

Mais en accordant à l'abbé de Dangeau tout ce qu'on lui donne ici, ne peut-on pas dire que l'ufage de notre prononciation a changé depuis cet académicien, & en donner pour preuve l'autorité de M. Duclos, qui ne connoit pas moins la *prononciation de la cour & de la ville*, & qui appartient également à l'académie françoife ?

Pour ce qui regarde la pratique du théatre, on peut dire, 1°. que jufqu'ici perfonne ne s'eft avifé d'en faire entrer l'influence dans ce qui conftitue le bon ufage d'une langue ; & l'on a raifon. *Voyez* USAGE. On peut dire, 2°. que le grand Corneille étant en quelque forte le pere & l'inftituteur du théatre françois, il ne feroit pas furprenant qu'il fe fût confervé traditionnellement une teinte de la prononciation Normande que ce grand homme pourroit y avoir introduite.

Dans le rapport analyfé des *remarques* de M. Duclos & du *fupplément* de M. l'abbé Fromant, que fit à l'académie royale des fciences, belles-lettres & arts de Rouen, M. Maillet du Boullay, fecretaire de cette académie pour les belles-lettres, il compare & difcute les penfées de ces deux auteurs fur la nature des *voyelles*. " Cette multiplication des *voyelles*, dit-il, eft-elle bien néceffaire ? & ne feroit-il pas plus fimple de regarder ces prétendues *voyelles* (nafales) comme de vraies fyllabes, dans lefquelles les *voyelles* font modifiées par les lettres *m* ou *n*, qui les fuivent ? " M. l'abbé de Dangeau avoit déjà répondu à cette queftion d'une maniere détaillée & propre, ce me femble, à fatisfaire. (*Opufc.* pag. 19-32.[) Il démoutre que les fons que l'on nomme ici, & qu'il nommoit pareillement *voyelles* nafales, font de véritables fons fimples & inarticulés en eux-mêmes ; & fes preuves portent, 1°. fur ce que dans le chant les ports de voix fe font tout entiers fur *an*, *ein*, *on*, &c. que l'on entend bien différens de *a*, *è*, *o*, &c. 2°. fur l'hiatus que produit le choc de ces *voyelles* nafales, quand elles fe trouvent à la fin d'un mot & fuivies d'un autre mot commençant par une *voyelle*. Ces preuves, détaillées comme elles le font dans le premier difcours de M. l'abbé de Dangeau, m'ont toujours paru démonftratives ; & je crains bien qu'elles ne l'aient paru moins à M. du Boullay, par la même raifon que M. l'abbé de Dangeau trouva vingt-fix de ces hiatus dont je viens de parler, dans le *Cinna* de Corneille, & qu'il n'en rencontra qu'onze dans le *Mithridate* de Racine, huit dans le *Mifantrope* de Moliere, & beaucoup moins dans les *opéra* de Quinault.

Voici donc fous un fimple coup-d'œil, le fyftéme de nos fons fondamentaux.

SONS FONDAMENTAUX.								
LABIAUX.	VARIABLES.	A	ORAL.	grave,	1	à	pâte.
				aigu,	2	a	patte.
			NASAL.		3	an	pante.
		È	ORAL.	grave,	4	ê	tête.
				aigu,	5	è	tète.
			NASAL.		6	ein	teinte.
	CONSTANS.	É			7	é	préfent.
		I			8	i	prifon.
RETEN-TISSANS.	VARIABLES.	EU	ORAL.	grave,	9	eû	jeûneur.
				aigu,	10	eu	jenneffe.
				muet,	11	e	âge.
			NASAL.		12	eun	jeun.
		O	ORAL.	grave,	13	ô	côte.
				aigu,	14	o	cote.
			NASAL.		15	on	contr.
	CONSTANS.	U			16	u	fujet.
		OU			17	ou	foumis.

Les variations de ceux de ces huit sons fondamentaux qui en font susceptibles, ont multiplié les sons usuels de notre langue jusqu'à dix-sept bien sensibles, conformément au calcul de M. Duclos. Faudroit-il également dix-sept *voyelles* dans notre alphabet? Je crois que ce seroit multiplier les lignes sans nécessité, & rendre même insensible l'analogie de ceux qui exigent une même disposition dans le tuyau organique de la bouche. En descendant de l'*a* à l'*ou*, il est aisé de remarquer que le diametre du canal de la bouche diminue, & qu'au contraire le tuyau qu'elle forme s'alonge par des degrés, inappréciables peut-être dans la rigneur géométrique, mais distingués comme les huit sons fondamentaux: au lieu qu'il n'y a dans la disposition de l'organe, aucune différence sensible qui puisse caractériser les variations des sons qui en sont susceptibles; elles ne paroissent guere venir que de l'affluence plus ou moins considérable de l'air, de la durée plus ou moins longue du son, ou de quelqu'autre principe également indépendant de la forme actuelle du passage.

Il seroit donc raisonnable, pour conserver les traces de l'analogie, que notre alphabet eût seulement huit *voyelles*, pour représenter les huit sons fondamentaux; & dans ce cas un signe de nasalité, comme pourroit être notre accent aigu, un signe de longueur, tel que pourroit être notre accent grave, & un signe tel que notre accent circonflexe, pour caractériser l'*eu* muet, feroient avec nos huit *voyelles* tout l'appareil alphabétique de ce systême. La *voyelle* qui n'auroit pas le signe de nasalité, représenteroit un son oral; celle qui n'auroit pas le signe de longueur, représenteroit un son bref: & quoique Théodore de Beze (*De francicæ linguæ rectâ pronunciatione tractatus*, Genev. 1584.) ait prononcé que *eadem syllaba acuta quæ producta, & eadem gravis quæ correpta*, il est cependant certain que ce-font ordinairement les sons graves qni sont longs, & les sons aigus qui sont brefs; d'où il suit que la présence ou l'absence du signe de longueur serviroit encore à désigner que le son variable est grave ou aigu. Ainsi *a* oral, bref & aigu; *à* oral & grave; *á* nasal. C'est à mon sens, un vrai superflu dans l'alphabet grec, que les deux *e* & les deux *o* qui y sont figurés diversement; ε, η, ο, ω.

Notre alphabet peche dans un sens contraire; nous n'avons pas assez de *voyelles*, & nous usons de celles qui existent d'une maniere assez peu systématique. Le détail des différentes manieres dont nous représentons nos sons usuels, ne me paroit pas assez encyclopédique pour grossir cet article; & je me contenterai de renvoyer sur cette matiere, aux *éclaircissemens* de l'abbé de Dangeau, *Opusc.* p. 61-110; aux *remarques* de M. Harduin, *sur la prononciation & l'orthographe*, & au *Traité des sons de la langue françoise*, dont j'ai parlé ci-dessus. (*B. E. K. M.*)

VOYER, s. m. *Gram. Jurisp.*, se dit du seigneur qui est propriétaire de la voirie, & qui la tient en fief, ou du juge qui exerce cette partie de la police; & enfin, de l'officier qui a l'intendance & la direction de la voirie.

Il y avoit chez les Romains quatre *voyers*, *viæcuri*, ainsi appellés *a viarum cura*, parce qu'ils étoient chargés du soin de tenir les rues & les chemins en bon état.

Il est parlé de *voyer* & même de *sous-voyer*, dès le tems d'Henri I; les seigneurs qui tenoient la voirie en fief, établissoient un *voyer*.

Mais ces *voyers* étoient des juges qui exerçoient la moyenne justice appellée alors *voirie*, plutôt que des officiers préposés pour la police de la voirie proprement dite; & s'ils connoissoient aussi de la voirie, ce n'étoit que comme faisant partie de la police.

Pour ce qui est des *voyers* ou officiers ayant l'intendance de la voirie, il y avoit dès le tems de S. Louis un *voyer* à Paris. Cette place étoit alors donnée à vie; mais on tient que la jurisdiction contentieuse de la voirie ne lui appartenoit pas, & qu'elle appartenoit au prévôt de Paris, comme faisant partie de la police générale, ce qui lui est commun avec tous les autres premiers magistrats & juges ordinaires des villes dans tous les lieux.

L'office de grand *voyer* de France fut créé par édit du mois de mai 1599, pour avoir la surintendance générale de la voirie, sans pouvoir prétendre aucune jurisdiction contentieuse. M. le duc de Sully, auquel le roi donna cette charge, acquit aussi en 1603 celle de *voyer* particulier de Paris, & les fit unir par déclaration du 4 mai 1606.

S 4

En 1626, l'office du grand *voyer* fut uni au bureau des finances, celui de *voyer* particulier de Paris supprimé, & les droits de la voirie réunis au domaine.

Mais par édit du mois de juin suivant, l'office de *voyer* de Paris fut rétabli, & les choses demeurerent en cet état jusqu'en 1635, que les trésoriers de France acquirent cet office de *voyer*.

Au moyen de l'acquisition & réunion de ces deux offices de *v. yer* & de grand *voyer*, les trésoriers de France du bureau des finances de Paris se disent grands *voyers* dans toute la généralité de Paris.

Il est néanmoins certain que le roi a toujours la surintendance & l'administration supérieure de la grande voirie.

Un directeur général est chargé de prendre connoissance de tout ce qu'il convient de faire, soit pour construire à neuf, soit pour réparer : il a sous ses ordres un inspecteur général, quatre inspecteurs particuliers, un premier ingénieur, vingt-trois autres ingénieurs provinciaux qui ont chacun une généralité pour département dans les pays d'élection.

Les intendans départis dans les provinces font les adjudications des ouvrages, & veillent sur le tout, suivant les ordres qu'ils reçoivent du roi.

Les pays d'état veillent eux-mêmes à l'entretien des ponts & chaussées dans l'étendue de leurs provinces. *Voy* le *Traité de la police* du commissaire de la Marc, tome IV, liv. VI, tit. 15, le *Code de la voirie*, celui de la police, & le *mot* VOIRIE. (*A*)

VOYER *la lessive, Blanchiss.*, c'est faire passer & couler l'eau chaude sur le linge dans les pannes. On appelle *pânne* en Anjou, une espece de cuvier de bois dont on se sert pour lessiver les toiles que l'on veut mettre au blanchiment. (*D. J.*)

VOYTSBERG, *Géogr. mod.*, petite ville d'Allemagne dans la basse-Styrie, vers les confins de la Carinthie, au confluent du Gradés & du Kainach. (*D.J.*)

U P

UPINGE, *Musique des anciens*, sorte de chanson consacrée à Diane parmi les Grecs. *V.* CHANSON. (*S*)

UPLANDE, *Géogr. mod.*, province de Suede. Elle est bornée au nord & au levant par la mer Baltique; au midi, en par-

tie par la mer, & en partie par la Sudermanie; & au couchant par la Westmanie. Sa longueur est d'environ 28 lieues, sur 18 de largeur. On y trouve plusieurs mines de fer & de plomb. Elle produit de très-beau froment. Ubbon, roi de Suede résidoit en cette province, & l'on croit qu'elle a pris delà le nom d'*Uplande*, comme qui diroit pays d'*Ubbon*. Ses principales villes sont Stockolm, capitale, Upsal Oregrand, Enekoping, Telg, &c. (*D. J.*)

UPPINGHAM, *Géog. mod.*, ville d'Angleterre, dans Rutlandshire, à la source d'une riviere qui se jette dans le Weland. Elle est bâtie sur le penchant d'un côteau, & sa situation a occasionné son nom. Cette petite ville est considérable par son commerce, & par son college fondé par R. Thomson, ministre de l'église anglicane, les noms des hommes utiles à leur patrie, doivent passer à la postérité. (*D. J.*)

UPSAL, *Géogr. mod.*, ville de Suede, dans l'Uplande, sur la riviere de Sala, à 12 lieues au nord-ouest de Stockholm.

Ubbon qui regna sur les Suédois, fonda la ville d'*Upsal*, & lui donna son nom: elle donna ensuite le sien aux rois de Suede, qui se qualifierent rois d'*Upsal*; elle devint ainsi la capitale du royaume, & c'est encore le lieu où l'on couronne les rois. Cette ville, dit un historien du pays, ne fut pas seulement dès ses commencemens, la demeure des hommes, des princes & des rois; mais encore celle des grands-prêtres des Goths, & celle de leurs dieux à qui elle fut consacrée.

Elle n'a d'autres fortifications qu'un château bâti sur un rocher. La Sala qui la partage en deux, s'y gele presque toujours assez fortement pour porter une grande quantité d'hommes, de bétail, & de marchandises dans le temps de la foire qui s'y tient tous les ans sur la glace au mois de Février.

La cathédrale d'*Upsal* est la plus belle église du royaume. Le bâtiment tout couvert de cuivre est orné de plusieurs tours, & renferme les tombeaux de plusieurs rois, d'archevêques, d'évêques & de seigneurs.

S. Suffrid, archevêque d'York, que Eldre, roi d'Angleterre, envoya en Suede pour y prêcher l'évangile, le fit avec succès, & sacra Suerin, quatrieme évêque d'*Upsal*. L'église fut érigée en archevêché par le pape Alexandre III. & Etienne qui

mourut en 1185, en fut le premier archevêque. Les prelats de cette église n'ont
aujourd'hui ni les richesses, ni la pompe
de ceux qui les ont précédés, quand le pays
étoit catholique; mais les archevêques luthériens d'*Upsal*, ne laissent pas que de
jouir d'un revenu honnête, d'avoir séance & voix dans le sénat & dans les dietes, de prendre le pas sur tous les autres
ecclésiastiques, & ce qui vaut mieux encore, d'être fort honorés dans le royaume.

Le college d'*Upsal* fondé pour quatre
professeurs, par l'archevêque Jerler . du
temps du roi Eric-le-Begue, donna naif-
sance à l'université que le pape Sixte IV.
honora en 1476 des mêmes immunités &
privileges dont jouit l'université de Boulogne. Charles IX, Gustave Adolphe, & la
reine Christine, prirent soin de rendre
cette université florissante, elle l'est encore. *Long.* suivant Cassini, 37.25. *lat.* 59.34.
& suivant Celsius, 59. 50. 20.

„ C'est à *Upsal* que fut inhumé Gusta-
„ ve Ericson, roi de Suede, mort à Stock-
„ holm dans la 70ᵉ année de son âge. Il
„ mérita d'être adoré de ses sujets, soit
„ que l'on considere la situation dont il
„ les tira, ou celle dans laquelle il eut la
„ gloire de les laisser. Sa fermeté fut ad-
„ mirable contre les malheurs. Il suivit
„ toujours ses desseins en dépit des élé-
„ mens, des lieux & des hommes les
„ plus cruels & les plus puissans; ses sol-
„ dats étoient des volontaires sans solde,
„ & qui n'avoient d'autre subordination
„ que celle que leur dictoit leur vénéra-
„ tion pour leur chef.

„ Gustave établit la religion luthérien-
„ ne dans ses états, il mit par-là des bor-
„ nes au pouvoir & aux richesses immen-
„ ses du clergé, & se fit un fond suffisant
„ pour les dépenses publiques, autre que
„ celui des taxes qui ruinoient le peuple,
„ en le privant du fruit de son labeur;
„ ennemi de tout esprit de persécution, il
„ toléra les préjugés de ses sujets, & il
„ aima mieux persuader leur raison, que
„ de forcer leur conscience.

„ Ses mœurs répondirent à ses senti-
„ mens, & les graces de sa personne ins-
„ pirerent l'amour & le respect. Il étoit
„ éloquent, insinuant, affable, & son
„ exemple adoucit la férocité de ses sujets.
„ Il les enrichit en étendant beaucoup
„ leur commerce. Il récompensa les sa-
„ vans, fonda des magasins publics pour

„ secourir les pauvres, & des hôpitaux
„ pour les malades. Toutes ces choses ont
„ éternisé la mémoire de ce prince. „
(*D. J.*)

UPTON, *Géogr. mod.*, bourg d'Angleterre dans la province de Worcester, près
de la montagne de Malvernes, au bord de
la Saverne, au milieu d'une grande & belle prairie. Ce bourg qui est considérable,
doit être un ancien lieu, car on y a trouvé
quelquefois des médailles romaines.
(*D. J.*)

U R

UR, *Géogr. sacr.*, ville de Chaldée,
patrie de Tharé & d'Abraham. Quoiqu'il
en soit beaucoup parlé dans l'Ecriture, on
ignore sa situation. Quelques-uns croient
que c'est Ura dans la Syrie, sur l'Euphrate,
& d'autres, comme Bochart & Grotius,
pensent que c'est Ura dans la Méfopotamie, à deux journées de Nisible. On a remarqué que la Chaldée & la Méfopotamie
sont souvent confondues. On prétend aussi que le nom d'*Ur* qui signifie le *feu*, fut
donné à la ville d'*Ur*, à cause qu'on y entretenoit un feu sacré, en l'honneur du soleil, dans plusieurs temples qui n'étoient
point couverts, mais fermés de toutes
parts. (*D. J.*)

URA, *Hist. nat.*, espece d'écrevisse de
mer qui se trouve dans les mers du Brésil,
& qui se tient dans la vase; c'est la nourriture la plus ordinaire des Indiens & des
Negres. Sa chair est fort saine & d'un bon
goût.

URABA, *Géogr. mod.*, province de
l'Amérique, dans la Terre-ferme, audience
de Santa-Fé, & gouvernement de Cartha-
gène, au levant de celle de Darien. Les forêts y sont remplies de gibier, & les rivieres, ainsi que la mer voisine, abondent
en poissons.

Les montagnes Cordilleres ne sont pas
éloignées de cette province. (*D. J.*)

URABA, *golphe*, *Géogr. mod.*, autrement & plus communément le *golphe de
Darien*; c'est un golfe célebre de l'Amérique, à l'extrémité orientale de l'isthme
de Panama, sur la mer du nord. Son entrée
a six lieues de large, & plusieurs rivieres
se déchargent dans ce golphe. (*D. J.*)

VRAI, VÉRITABLE, *Synon.*: *vrai*
marque précisément la vérité objective;
c'est-à-dire, qu'il tombe directement sur
la réalité de la chose; & il signifie qu'elle

eſt telle qu'on l'a dit. *Véritable* déſigne propprement la vérité expreſſive, c'eſt-à-dire, qu'il ſe rapporte principalement à l'expoſition de la choſe , & ſignifie qu'on la dit telle qu'elle eſt. Ainſi le premier de ces mots aura une grace particuliere, lorſque, dans l'emploi , on portera d'abord ſon point de vue ſur le ſujet en lui-même ; & le ſecond conviendra mieux , lorſqu'on portera le point de vue ſur le diſcours. Cette différence qu'établit M. l'Abbé Girard , eſt extrèmement métaphyſique ; mais on ne doit pas exiger des différences marquées où l'uſage n'en a mis que de très-délicates. L'exemple ſuivant qu'apporte le même auteur , peut donner jour à ſa diſtinction , & faire qu'on la ſente mieux dans l'application que dans la déſinition.

Quelques écrivains, même proteſtans , ſoutiennent qu'il n'eſt pas *vrai* qu'il y ait eu une papeſſe Jeanne , & que l'hiſtoire qu'on en a faite , n'eſt pas *véritable*. *Girard*. (D. J.)

VRAI, adj. *Alg.* : une racine *vraie* eſt une racine affectée du ſigne +, ou autreſment une racine *poſitive* , par oppoſition aux racines *fauſſes* , qui ſont des racines *négatives* ou affectées du ſigne —. *V.* RACINE & EQUATION. (*E*)

VRAIES CÔTES. *V.* CÔTES.

VRAI, *Poéſie*. Boileau dit , après les anciens ,

Le vrai *ſeul eſt aimable !*
Il doit regner par-tout ; & même dans la
fable.

Il a été le premier à obſerver cette loi qu'il a donnée: preſque tous ſes ouvrages reſpirent le *vrai* ; c'eſt-à-dire qu'ils ſont une copie fidele de la nature. Ce *vrai* doit ſe trouver dans l'hiſtorique , dans la morale , dans la fiction , dans les ſentences , dans les deſcriptions, dans l'allégorie.

Racine n'a preſque jamais perdu le *vrai* dans les pieces de théatre. Il n'y a guere chez lui l'exemple d'un perſonnage, qui ait un ſentiment faux, qui l'exprime d'une maniere oppoſée à ſa ſituation , ſi vous en exceptez Théramène , gouverneur d'Hippolite, qui l'encourage ridiculement dans ſes froides amours pour Aricie.

Vous-même, où ſeriez-vous, vous qui la
combattez ,
Si toujours Antiope à ſes loix oppoſée ,
D'une pudique ardeur n'eût brûlé pour
Théſée.

Il eſt *vrai* phyſiquement qu'Hippolite ne ſeroit pas venu au monde ſans ſa mere. Mais il n'eſt pas dans le *vrai* des mœurs, dans le caractere d'un gouverneur ſage , d'inſpirer à ſon pupille, de faire l'amour contre la défenſe de ſon pere.

C'eſt pécher contre le *vrai*, que de peindre Cinna comme un conjuré timide, entrainé malgré lui dans la conſpiration contre Auguſte,& de faire enſuite conſeiller à Auguſte, par ce même Cinna, de garder l'empire, pour avoir un prétexte de l'aſſaſſiner. Ce trait n'eſt pas conforme à ſon caractere. Il n'y a rien de *vrai*. Corneille péche ſouvent contre cette loi dans les détails.

Moliere eſt *vrai* dans tout ce qu'il dit. Tous les ſentimens de la Henriade, ceux de Zaire, d'Alzire, de Brutus, portent un caractere de *vérité* ſenſible.

Il y a une eſpece de *vrai* qu'on recherche dans les ouvrages; c'eſt la conformité de ce que dit un auteur avec ſon âge, ſon caractere & ſon état. Une bonne regle pour lire les auteurs avec fruit, c'eſt d'examiner ſi ce qu'ils diſent eſt *vrai* en général, s'il eſt *vrai* dans les occaſions où ils le diſent , enfin s'il eſt *vrai* dans la bouche des perſonnages qu'ils font parler ; car la vérité eſt toujours la premiere beauté , & les autres doivent lui ſervir d'ornement. C'eſt la pierre de touche dans toutes les langues & dans tous les genres d'écrire. (D. J.)

VRAISEMBLANCE, ſ. ſ. *Métaphyſ.* La vérité, dit le P. Buffier, eſt quelque choſe de ſi important pour l'homme , qu'il doit toujours chercher des moyens ſûrs pour y arriver ; & quand il ne le peut, il doit s'en dédommager en s'attachant à ce qui en approche le plus , qui eſt ce qu'on appelle *vraiſemblance*.

Au reſte , une opinion n'approche du vrai que par certains endroits; car approcher du vrai , c'eſt reſſembler au vrai, c'eſt-à-dire être propre à former ou à rappeller dans l'eſprit l'idée du vrai. Or, ſi une opinion par tous les endroits par leſquels on la peut conſidérer, formoit également les idées du vrai , il n'y paroîtroit rien que de vrai, on ne pourroit juger la choſe que vraie ; & par-là ce ſeroit effectivement le vrai ou la vérité même.

D'ailleurs , comme ce qui n'eſt pas vrai eſt faux, & que ce qui ne reſſemble pas au vrai, reſſemble au faux , il ſe trouve en tout ce qui s'appelle *vraisemblable*, quelques endroits reſſemblants au faux ; tandis que d'autres endroits reſſemblent au vrai. Il faut donc faire la balance de ces endroits oppoſés, pour reconnoître leſquels l'emportent les uns ſur les autres, afin d'attribuer à une opinion la qualité de *vraiſemblable*, ſans quoi au même tems elle ſeroit *vraiſemblable* & ne le ſeroit pas.

En effet, quelle raiſon y auroit-il d'appeller *ſemblable au vrai*, ce qui reſſemble autant au faux qu'au vrai ? Si l'on nous demandoit à quelle couleur reſſemble une étoffe tachetée également de blanc & de noir, répondrions-nous qu'elle reſſemble au blanc, parce qu'il s'y trouve du blanc? On nous demanderoit en même temps, pourquoi ne pas dire auſſi qu'elle reſſemble au noir, puiſqu'elle tient autant de l'un que de l'autre. A plus forte raiſon ne pourroit-on pas dire que la couleur de cette étoffe reſſemble au blanc, s'il s'y trouvoit plus de noir que de blanc. Au contraire, ſi le blanc y dominoit beaucoup plus que le noir, enſorte qu'elle rappellât tant d'idée du blanc, que le noir en comparaiſon ne fît qu'une impreſſion peu ſenſible, on diroit que cette couleur approche du blanc, & reſſemble à du blanc.

Ainſi dans les occaſions où l'on ne parle pas avec une ſi grande exactitude, dès qu'il paroît un peu plus d'endroits vrais que de faux, on appelle la choſe *vraiſemblable*, mais pour être abſolument *vraiſemblable*, il faut qu'il ſe trouve manifeſtement & ſenſiblement beaucoup plus d'endroits vrais que de faux, ſans quoi la reſſemblance demeure indéterminée, n'approchant pas plus de l'un que de l'autre. Ce que je dis de la *vraiſemblance*, s'entend auſſi de la probabilité, puiſque la probabilité ne tombe que ſur ce que l'eſprit approuve, à cauſe de ſa reſſemblance avec le vrai, ſe portant du côté où ſont les plus grandes apparences de vérité, plutôt que du côté contraire, ſuppoſé qu'il veuille ſe déterminer. Je dis, *ſuppoſé qu'il veuille ſe déterminer*, car l'eſprit ne ſe portant néceſſairement qu'au vrai, dès qu'il ne l'apperçoit point dans ſon jour, il peut ſuſpendre ſa détermination ; mais ſuppoſé qu'il ne le ſuſpende pas, il ne ſauroit pencher que du côté de la plus grande apparence de vrai.

On peut demander, ſi dans une opinion, il ne pourroit pas y avoir des endroits mitoyens entre le vrai & le faux, qui ſeroient des endroits où l'eſprit ne ſauroit que penſer. Or, dans les hypotheſes pareilles, on doit regarder ce qui eſt mitoyen entre la vérité & la fauſſeté, comme s'il n'étoit rien du tout ; puiſqu'en effet il eſt incapable de faire aucune impreſſion ſur un eſprit raiſonnable. Dans les occaſions même où il ſe trouve de côté & d'autres des raiſons égales de juger, l'uſage autoriſe le mot *de vraiſemblable*; mais comme ce vraiſemblable reſſemble autant au menſonge qu'à la vérité, j'aimerois mieux l'appeller *douteux* que *vraiſemblable*.

Le plus haut degré du vraiſemblable, eſt celui qui approche de la certitude phyſique, laquelle peut ſubſiſter peut-être elle-même avec quelque ſoupçon ou poſſibilité de faux. Par exemple, je ſuis certain phyſiquement que le ſoleil éclairera demain l'horizon; mais cette certitude ſuppoſe que les choſes demeureront dans un ordre naturel, & qu'à cet égard il ne ſe fera point de miracle. La *vraiſemblance* augmente, pour ainſi dire, & s'approche du vrai par autant de degrés, que les circonſtances ſuivantes s'y rencontrent en plus grand nombre, & d'une maniere plus expreſſe.

1°. Quand ce que nous jugeons vraiſemblable s'accorde avec des vérités évidentes.

2°. Quand ayant douté d'une opinion nous venons à nous y conformer, à meſure que nous faiſons plus de réflexion, & que nous l'examinons de plus près.

3°. Quand des expériences que nous ne ſavions pas auparavant, ſurviennent à celles qui avoient été le fondement de l'autre opinion.

4°. Quand nous jugeons en conſéquence d'un plus grand uſage des choſes que nous examinons.

5°. Quand les jugemens que nous avons portés ſur des choſes de même nature, ſe ſont vérifiés dans la ſuite. Tels ſont à peu près les divers caracteres, qui ſelon leur étendue ou leur nombre plus conſidérable rendent notre opinion plus ſemblable à la vérité ; enſorte que ſi toutes ces circonſtances ſe rencontroient dans toute leur étendue, alors comme l'opinion ſeroit parfaitement ſemblable à la vérité, elle paſſeroit non ſeulement pour vraiſemblable, mais pour vraie, ou même elle le ſeroit en effet. Comme une étoffe qui par tous les endroits reſſembleroit à du blanc, non-ſeulement ſeroit ſemblable à du blanc , mais encore ſeroit dite abſolument blanche.

Ce que nous venons d'obſerver ſur la *vraiſemblance* en général, s'applique, comme de ſoi-même à la *vraiſemblance* , qui ſe tire de l'autorité & du témoignage des hommes. Bien que les hommes en général puiſſent mentir, & que même nous ayons l'expérience qu'ils mentent ſouvent, néanmoins la nature ayant inſpiré à tous les hommes l'amour du vrai, la préſomption eſt que celui qui nous parle ſuit cette inclination ; lorſque nous n'avons aucune raiſon de juger, ou de ſoupçonner qu'il ne dit pas vrai.

`Les raiſons que nous en pourrions avoir, ſe tirent ou de ſa perſonne , ou des choſes qu'il nous dit ; de ſa perſonne , par rapport ou à ſon eſprit , ou à ſa volonté.

1°. Par rapport à ſon eſprit, s'il eſt peu capable de bien juger de ce qu'il rapporte; 2°. ſi d'autres fois il s'y eſt mépris; 3°. s'il eſt d'une imagination ombrageuſe ou échaufée : caractere très-commun même parmi des gens d'eſprit, qui prennent aiſément l'ombre ou l'apparence des choſes pour les choſes mêmes ; & le phantome qu'ils ſe forment , pour la vérité qu'ils croient diſcerner.

Par rapport à la volonté; 1°. ſi c'eſt un homme qui ſe fait une habitude de parler autrement qu'il ne penſe; 2°. ſi l'on a éprouvé qu'il lui échappe de ne pas dire exactement la vérité ; 3°. ſi l'on apperçoit dans lui quelque intérêt à diſſimuler : on doit alors être plus réſervé à le croire.

A l'égard des choſes qu'il dit; 1°. ſi elles ne ſe ſuivent & ne s'accordent pas bien; 2°. ſi elles conviennent mal avec ce qui nous a été dit par d'autres perſonnes auſſi dignes de foi ; 3°. ſi elles ſont par elles-mêmes difficiles à croire, ou en des ſujets où il ait pu aiſément ſe méprendre.

Ces circonſtances contraires rendent *vraiſemblable* ce qui nous eſt rapporté ; ſavoir, 1°. quand nous connoiſſons celui qui nous parle pour être d'un eſprit juſte & droit, d'une imagination réglée & nullement ombrageuſe d'une ſincérité exacte & conſtante ; 2°. quand d'ailleurs les circonſtances des choſes qu'il dit ne ſe démentent point entr'elles, mais s'accordent avec des faits ou des principes dont nous ne pouvons douter. A meſure que

ces mêmes choſes ſont rapportées par un plus grand nombre de perſonnes, la *vraiſemblance* augmentera auſſi ; elle pourra même de la ſorte parvenir à un ſi haut degré, qu'il ſera impoſſible de ſuſpendre notre jugement, à la vue de tant de circonſtances qui reſſemblent au vrai. Le dernier degré de la *vraiſemblance* eſt certitude , comme ſon premier degré eſt doute; c'eſt-à-dire qu'où finit le doute , là commence la *vraiſemblance*, & où elle finit, là commence la certitude. Ainſi les deux extrêmes de la *vraiſemblance* ſont le doute & la certitude ; elle occupe tout intervalle qui les ſépare , & cet intervalle s'accroit d'autant plus qu'il eſt parcouru par des eſprits plus fins & plus pénétrans. Pour des eſprits médiocres & vulgaires, cet eſpace eſt toujours fort étroit ; à peine ſavent-ils diſcerner les nuances du vrai & du vraiſemblable.

L'uſage le plus naturel & le plus général du vraiſemblable eſt ſuppléer pour le vrai : enſorte que là où notre eſprit ne ſauroit atteindre au vrai , il atteigne du moins le vraiſemblable, pour s'y repoſer comme dans la ſituation la plus voiſine du vrai.

1°. A l'égard des choſes de pure ſpéculation , il eſt bon d'être réſervé à ne porter ſon jugement dans les choſes vraiſemblables, qu'après une grande attention : pourquoi ? parce que l'apparence du vrai ſubſiſte alors avec une apparence de faux , qui peut ſuſpendre notre jugement juſqu'à ce que la volonté le détermine. Je dis le ſuſpendre, car elle n'a pas la faculté de déterminer l'eſprit à ce qui paroît le moins vrai. Ainſi dans les choſes de pure ſpéculation , c'eſt très-bien fait de ne juger que lorſque les degrés de *vraiſemblance* ſont très-conſidérables , & qu'ils ſont preſque diſparoître les apparences du faux , & le danger de ſe tromper.

En effet dans les choſes de pure ſpéculation, il ne ſe rencontre nul inconvénient à ne pas porter ſon jugement, lorſque l'on court quelque hazard de ſe tromper : ou pourquoi juger, quand d'un côté on peut s'en diſpenſer , & que d'un autre côté en jugeant, on s'expoſe à donner dans le faux il faudroit donc s'abſtenir de juger ſur la plupart des choſes? n'eſt-ce pas le caractere d'un ſtupide? tout-au-contraire , c'eſt le caractere d'un eſprit ſenſé, & d'un vrai philoſophe, de ne juger des objets que par leur évidence, quand il ne se trouve nulle raison d'en user autrement : or il ne s'en trouve aucune de juger dans les choses de pure spéculation, quand elles ne sont que vraisemblables.

Cependant cette regle si judicieuse dans les choses de pure spéculation, n'est plus la même dans les choses de pratique & de conduite, où il faut par nécessité agir ou ne pas agir. Quoiqu'on ne doive pas prendre le vrai pour le vraisemblable, on doit néanmoins se déterminer par rapport aux choses de pratique, à s'en contenter comme du vrai, n'arrêtant les yeux de l'esprit que sur les apparences de vérité, qui dans le vraisemblable surpassent les apparences du faux.

La raison de ceci est évidente, c'est que par rapport à la pratique il faut agir, & par conséquent prendre un parti : si l'on demeuroit indéterminé, on n'agiroit jamais; ce qui seroit le plus pernicieux comme le plus impertinent de tous les partis. Ainsi pour ne pas demeurer indéterminé, il faut comme fermer les yeux à ce qui pourroit paroître de vrai dans le parti contraire à celui qu'on embrasse actuellement. A la vérité dans la délibération on ne peut regarder de trop près aux diverses faces ou apparences de vrai qui se rencontrent de côté & d'autre, pour se bien assurer de quel côté est le vraisemblable ; mais quand on en est une fois assuré, il faut par rapport à la pratique, le regarder comme vrai, & ne le point perdre de vue: sans quoi on tomberoit nécessairement dans l'inaction ou dans l'inconstance; caractere de petitesse ou de foiblesse d'esprit.

Dans la nécessité où l'on est de se déterminer pour agir ou ne pas agir, l'indétermination est toujours un défaut de l'esprit, qui au milieu des faces diverses d'un même objet, ne discerne pas lesquelles doivent l'emporter sur les autres. Hors de ce besoin, on pourroit très-bien, & souvent avec plus de sagesse, demeurer indéterminé entre deux opinions qui ne sont que vraisemblables.

VRAISEMBLANCE, *Poësie*. La premiere regle que doit observer le poëte, en traitant les sujets qu'il a choisis, est de n'y rien insérer qui soit contre la *vraisemblance*. Un fait vraisemblable est un fait possible dans les circonstances où on le met sur la scène. Les fictions sans *vraisemblance*, & les événemens prodigieux à l'excès,

dégoûtent les lecteurs dont le jugement est formé. Il y a beaucoup de choses, dit un grand critique, où les poëtes & les peintres peuvent donner carriere à leur imagination ; il ne faut pas toujours les resserrer dans la raison étroite & rigoureuse; mais il ne leur est pas permis de mêler des choses incompatibles, d'accoupler les oiseaux avec les serpens, les tigres avec les agneaux.

Sed non ut placidis coeant immitia non ut
Serpentes avibus geminentur tigribus agni.
           Art poétiq. v. 14.

Si de telles licences révoltantes sont défendues aux poëtes, d'un autre côté les événemens où il ne regne rien de surprenant, soit par la noblesse du sentiment, soit par la précision de la pensée, soit par la justesse de l'expression, paroissent plats ; l'alliance du merveilleux & du vraisemblable, où l'un & l'autre ne perdent point leurs droits, est un talent qui distingue les poëtes de la classe de Virgile, des versificateurs sans invention, & des poëtes extravagans ; cependant un poëme sans merveilleux, déplaît encore davantage qu'un poëme fondé sur une supposition sans *vraisemblance*.

Comme rien ne détruit plus la *vraisemblance* d'un fait, que la connoissance certaine que peut avoir le spectateur que le fait est arrivé autrement que le poëte ne le raconte ; les poëtes qui contredisent dans leurs ouvrages des faits historiques très-connus, nuisent beaucoup à la *vraisemblance* de leurs fictions. Je sais bien que le faux est quelquefois plus vraisemblable que le vrai, mais nous ne réglons pas notre croyance des faits sur leur *vraisemblance* métaphysique, ou sur le pié de leur possibilité, c'est sur la *vraisemblance* historique. Nous n'examinons pas ce qui doit arriver plus probablement, mais ce que les témoins nécessaires, & ce que les historiens racontent ; & c'est leur récit, & non pas la *vraisemblance*, qui détermine notre croyance. Ainsi nous ne croyons pas l'événement qui est le plus vraisemblable & le plus possible, mais ce qu'ils nous disent être véritablement arrivé. Leur déposition étant la regle de notre croyance sur les faits, ce qui peut être contraire à leur déposition, ne sauroit paroître vraisemblable : or comme la vérité est l'ame de l'histoire, la *vraisemblance* est l'ame de la poésie.

Je ne nie pas néanmoins qu'il n'y ait des *vraisemblances* théatrales , par exemple en matiere d'opéra , auxquelles on eſt obligé de ſe prêter ; en accordant cette liberté aux poetes , on en eſt payé par les beautés qu'elle le met en état de produire. Il y a des *vraiſemblances* d'une autre eſpece pour l'épopée ; cependant il faut dans ce genre même , rendre par l'adreſſe & le génie , les ſuppoſitions les plus vraiſemblables qu'il ſoit poſſible , comme Virgile a fait pour pallier la bizarrerie de ce cheval énorme que les Grecs s'aviſerent de conſtruire pour ſe rendre maîtres de Troie.

Ces réflexions peuvent ſuffire ſur la *vraiſemblance* en général, la queſtion particuliere du vraiſemblable dramatique a été traitée au *mot* POÉSIE *dramatique.* (D. J.)

Le grand art de la vraiſemblance eſt de mêler le merveilleux avec la nature de telle ſorte qu'ils paroiſſent ne faire plus qu'un ſeul & même ordre de choſes, & n'avoir plus qu'un mouvement commun.

Le but que ſe propoſe immédiatement la fiction, c'eſt de perſuader : or elle ne peut perſuader qu'en reſſemblant à l'idée que nous avons de ce qu'elle imite. Ainſi la *vraiſemblance* conſiſte dans une maniere de feindre conforme à notre maniere de concevoir ; & tout ce que l'eſprit humain peut concevoir , il peut le croire, pourvu qu'il y ſoit amené.

Tant que le poëte ne fait que nous rappeller ce que nous avons vu au-dehors, ou éprouvé au-dedans de nous-mêmes, la reſſemblance ſuffit à l'illuſion ; & comme nous voyons dans la feinte l'image de la réalité, le poëte n'a beſoin d'aucun artifice pour gagner notre confiance. Mais que la fiction nous préſente un événement qui n'ait point d'exemple, un compoſé qui n'ait point de modele ; comme la reſſemblance n'y eſt pas, nous y cherchons la vérité idéale, & c'eſt alors que le poëte eſt obligé d'employer tout ſon art pour donner au menſonge les couleurs de la vérité. Nous ſavons qu'il feint, nous devons l'oublier , & ſi nous nous en ſouvenons , le charme eſt détruit & l'illuſion ceſſe. *Dove manca le fede , non puo abbondare l'affetto, è il piacere di quel che ſi legge e s'aſcolta.*

Il y a dans notre maniere de concevoir une vérité directe & une vérité réfléchie ;

l'une & l'autre eſt de ſentiment , de perception ou d'opinion.

La vérité de ſentiment eſt l'expérience intime de ce qui ſe paſſe au-dedans de nous-mêmes , & par réfléxion , de ce qui doit ſe paſſer en général dans l'eſprit & dans le cœur de l'homme. C'eſt à ce modele , ſans ceſſe préſent , qu'on rapporte la fiction dans la poéſie dramatique. Nous ſommes tels ; c'eſt la vérité directe. Nous ſentons qu'il eſt de la nature de l'homme d'être modifié de telle ou de telle façon, par telle ou telle cauſe, dans telle ou telle circonſtance ; que dans notre compoſé moral , telles qualités , tels accidens s'accordent & ſe concilient , tandis que tels ſe combattent & s'excluent mutuellement : c'eſt la vérité réfléchie.

Mais comment ſe peut-il que la vérité de ſentiment ſoit la même dans tous les hommes ? C'eſt que dans tous les hommes le fond du naturel ſe reſſemble , & qu'on y revient quand on veut, quelquefois même ſans le vouloir. Chacun de nous a, comme le poëte , la faculté de ſe mettre à la place de ſon ſemblable , & l'on s'y met réellement tant que dure l'illuſion. On penſe, on agit, on s'exprime avec lui comme ſi l'on étoit lui-même ; & ſelon qu'il ſuit nos preſſentimens ou qu'ils s'en écarte, la fiction qui nous le préſente eſt plus ou moins vraiſemblable à nos yeux.

Ces preſſentimens qui nous annoncent les mouvemens de la nature , ne ſont pas aſſez déciſifs pour nous ôter le plaiſir de la ſurpriſe : il arrive même aſſez ſouvent que le poëte nous jette dans l'irréſolution , pour nous en tirer par un trait qui nous étonne & qui nous ſoulage ; mais ſans être décidés à ſuivre telle ou telle route , nous diſtinguons très-bien ſi celle que tient le poëte eſt la même que la nature eût priſe , ou dû prendre en ſe décidant.

Ne vous êtes-vous jamais apperçu de la docilité avec laquelle notre ame obéit aux mouvemens de celle d'Ariane ou de Merope, d'Oroſmane ou de Brutus ? C'eſt que durant l'illuſion votre ame & la leur n'en font qu'une : ce ſont comme deux inſtrumens organiſés de même & accordés à l'uniſſon. Mais ſi l'ame du poëte ne s'eſt pas montée au ton de la nature, le perſonnage auquel il a communiqué ſes ſentimens & ſon langage, n'eſt plus dans la vérité de ſa ſituation & de ſon caractere ;

& vous, qui vous mettez à sa place mieux que n'a fait le poëte, vous n'êtes plus d'accord avec lui. Voilà dans quel sens on doit entendre ce que dit le Tasse : *Il falso non è, e quel che non si può imitare.* Mais il s'est quelquefois lui-même éloigné de ce principe : je l'ai observé à propos de Tancrede sur le tombeau de Clorinde; je l'observe encore dans le langage que tient Renaud sur les genoux d'Armide. Rien de plus naturel, de plus beau que ce qu'on voit dans cette peinture; rien de moins vrai que ce qu'on entend.

Qual raggio in onda, le scentilla un riso,
Negli umidi occhi, tremulo e lascivo.
Sovra lui pende : ed ei nel grembo molle
Le posa il capo ; il volto al volto attolle.

Cela est divin; mais vous n'allez plus trouver la même vérité dans ces froides hyperboles :

Non può specchio ritrar si dolce immago,
Ne in picchiol verro è un paradiso accolto.
Specchio t'e degno il cielo ; è nelle stelle
Puoi riguardar le tue semibianze belle.

Avouez qu'à la place de Renaud ce n'est point là ce que vous auriez dit.

La *vraisemblance* dans les choses de sentiment n'est donc que l'accord parfait du génie du poete avec l'ame du spectateur. Si la direction que l'une donne à la nature, décline de celle que l'autre sent qu'elle eût voulu suivre, & s'il en presse ou ralentit mal à propos les mouvemens, l'ame du spectateur sans cesse contrariée, & lasse enfin de céder, se rebute; delà vient qu'avec les qualités intéressantes & des situations pathétiques, un caractère inégal & discordant ne nous attache point.

La vérité de perception est la réminiscence des impressions faites sur les sens, & par réflexion, la connoissance des choses sensibles, de leurs qualités communes, de leurs propriétés distinctives, de leurs rapports en général, soit entr'elles, soit avec nous-mêmes. En nous repliant sur cette foule d'idées qui nous viennent par toutes les voies, nous nous sommes fait un plan des procédés de la nature dans l'ordre physique : ce plan est le modele auquel nous rapportons le composé fictif que la poésie nous présente; & si elle opere comme il nous semble qu'eût operé la nature, elle sera dans la vérité.

La vérité soit qu'elle ait pour objet l'existence ou l'action, ne peut rouler que sur des rapports de convenance & de proportion, de la cause avec l'effet, des parties l'une avec l'autre, & de chacune avec le tout. Si donc les élémens d'un composé physique, individuel ou collectif, sont faits pour être mis ensemble, & suivant dans leur union les loix & le plan de la nature, l'idée de ce composé a sa vérité dans la cohésion de ses parties & dans leur mutuel accord. De même si les rapports d'une cause avec son effet, sont naturels & sensibles, l'idée de l'action portera sa vérité en elle-même. Il est donc bien aisé de voir dans le physique ce qui est fondé sur la *vraisemblance*, & par conséquent ce qui ne l'est pas.

L'opinion sur les faits est tantôt sérieuse & de pleine croyance, tantôt reçue à plaisir & de simple adhésion; mais quelque foible que soit le consentement qu'on y donne, il suffit à l'illusion du moment. Un mensonge connu pour tel, mais transmis, reçu d'âge en âge, est dans la classe des faits authentiques; on le passe sans examen. A plus forte raison, si les faits sont solemnellement attestés par l'histoire, ne laissent-ils pas à l'esprit la liberté du doute; & le poete, pour les supposer, n'a pas besoin de les rendre croyables; qu'ils soient d'accord avec l'opinion, cela suffit à leur *vraisemblance*.

Mais distinguons, 1°. l'opinion d'avec la vérité historique; 2°. les faits compris dans le tissu du poëme d'avec les faits supposés au-dehors. "Je ne craindrai pas d'avancer dit Corneille, à propos du sacrifice qu'a fait Léontine en livrant son fils à la mort, que le sujet d'une belle tragédie doit n'être pas vraisemblable. Et il se fonde sur le précepte d'Aristote, de ne pas prendre pour sujet un ennemi qui tue son ennemi, mais un pere qui tue son fils, une femme son mari, un frere sa sœur, &c. ce qui n'étant jamais vraisemblable, ajoute Corneille, doit avoir l'autorité de l'histoire ou de l'opinion commune „.

J'ai fait mes preuves de respect pour ce grand homme; j'oserai donc ici sans détour, n'être pas de son sentiment.

Je suis loin de penser que les sujets proposés par Aristote soient tous dénués de *vraisemblance* : il est très-simple & très-naturel qu'un fils tue son pere, comme Œdipe, sans le connoitre, ou qu'une mere foit prête à immoler fon fils, comme Mérope , en croyant le venger ; & quand ces faits n'auroient en eux-mêmes aucune apparence de vérité , pris dans les familles les plus illuftres de la Grece , ils avoient fans doute pour eux la célébrité, l'opinion publique ; or pour les faits que l'on fuppofe dans l'avant-fcene *extra fabulam*, l'opinion tient lieu de *vraifemblance*. Mais en voyant fur le théâtre les fujets de Polieucte, de Rodogune & d'Héraclius , perfonne ne fait ni ne veut favoir ce qui en eft pris dans l'hiftoire ; elle eft donc comme un témoin muet. En vain Baronius fait mention du facrifice de Léontine ; on ne lit poin: Baronius , & fon témoignage n'eût fervi de rien, fi l'action de Léontine n'avoit pas eu fa *vraifemblance* en elle-même, c'eft-à-dire, un jufte rapport avec l'idée que nous avons de ce que peut une femme auffi fiere , auffi ferme , auffi courageufe , dévouée à fon empereur.

Je dis plus ; de quelque maniere que les faits foient fondés , rien ne les difpenfe d'être vraifemblables dès qu'ils font employés dans l'intérieur de l'action , & nous n'y ajoutons foi qu'autant que nous le voyons arriver comme dans la nature , c'eft-à-dire , felon l'idée que nous avons des moyens qu'elle emploie , & l'ordre qu'elle fuit. *Res autem ipfæ ita deducendæ, difponendæque funt, ut quàm proximè accedant ad veritatem.* (Scalig.)

Cependant la chaine des caufes & des effets n'eft pas fi conftamment vifible, & le cercle des facultés de la nature n'eft pas fi marqué, que le vrai connu foit la limite du vrai poffible, & c'eft par une extenfion de nos idées que la poéfie s'éleve du familier à l'extraordinaire ou au merveilleux naturel.

Dans la nature, tout eft fimple & facile pour elle, & tout devroit être merveilleux pour nous. Un homme fenfé ne peut réfléchir fans étonnement, ni à ce qui lui vient du dehors, ni à ce qui fe paffe au dedans de lui-même. L'organifation du brin d'herbe eft auffi prodigieufe que la formation du foleil ; le mouvement qui paffe d'un grain de fable à l'autre , eft auffi myftérieux que la propagation de la lumiere, & que l'harmonie des fpheres céleftes ; mais l'habitude nous rend l'incompréhenfible même fi familier, qu'à la fin il nous paroit commun. "Au bout

„ d'un an , le monde a joué fon jeu , il „ n'y fait plus rien que de recommencer. „ (Montagne) „. Voilà du moins ce qui nous en femble ; nous croyons retrouver tous les ans le même tableau, & les variétés infinies qu'il étale y font diftribuées avec une harmonie fi conftante, une fi parfaite unité de deffin , que la nature s'y fait voir toujours femblable à elle-même.

Mais fi dans la fiction du poëte, la nature s'éloignant de fes fentiers battus, produit un compofé moral ou phyfique d'une fingularité qui reffemble au prodige , l'étonnement nous porte à l'incrédulité, & c'eft-là qu'il eft difficile de ménager la *vraifemblance*.

Si la feinte paffe les moyens & les facultés que nous attribuons à la nature, fi elle emploie d'autres refforts, d'autres mobiles que les fiens ; fi , au lieu de la chaine qui lie les événemens, & la l'i qui les difpofe, elle établit des intelligences pour y préfider, & des caufes libres pour les produire, ce nouvel ordre de chofes nous étonne encore davantage ; mais fi l'opinion l'autorife, & il eft moins invraifemblable que le merveilleux naturel.

Pour nous faire imaginer la nature appliquée à former un prodige , il faut d'abord que l'objet en foit digne à nos yeux, par l'importance que nous y attachons ; & de plus , que les moyens que la nature a mis en œuvre nous foient inconnut ou cachés, comme les cordes d'une machine : dès que nous les appercevons, l'illufion fe diffipe , & au lieu d'un fpectacle étonnant , ce n'eft plus qu'un fait ordinaire.

La nature, aux yeux de la raifon, n'eft jamais plus étonnante que dans les petits objets : *in arctum coacta rerum natura majeftas* (Pline l'ancien), je le fais ; mais ce n'eft point à la raifon que s'adreffe la poéfie, c'eft à l'imagination. Or, celleci ne peut fe figurer la nature férieufement appliquée à produire un pavillon Arifote l'a dit. La beauté fenfible n'eft pas dans les petites chofes ; elle confift dans une compofition réguliere & harmonieufe qui , pour fe développer aux yeux exige une certaine étendue, or. l'imagi nation fe décide fur le témoignage de fens ; ce qu'ils n'apperçoivent qu'en peti ne fauroit donc lui paroitre digne d'occu per la nature. Les plus grands génies on penf penſé quelquefois à cet égard comme le vulgaire : *magna dii curant; parva negligunt* (dit Cicéron), & il en donne pour raiſon l'exemple des rois : *nec in regnis quidem reges omnia minima curant,* " comme ſi à ce roi-là, dit Montagne, c'étoit " plus & moins de remuer un empire " ou la feuille d'un arbre, & ſi la provi- " dence s'exerçoit autrement, inclinant " l'événement d'une bataille ainſi que le " ſaut d'une puce ". Il réſulte cependant de cette façon de concevoir, commune au plus grand nombre, que le merveilleux dans les petites choſes doit être renvoyé aux contes de fées, & que ſi la poéſie en fait uſage, ce ne doit être qu'en badinant.

Quant aux moyens que la nature emploie pour opérer un prodige, s'ils ſont connus, il faut les déguiler, & par des circonſtances nouvelles, nous dérober la liaiſon de la cauſe avec les effets.

La comete qui parut à la mort de Jules-Céſar, fut un prodige pour Rome : ſi ſa révolution eût été calculée & ſon ellipſe décrite, ce n'eût été qu'une planette comme une autre qui eût ſuivi le branle commun; mais qu'en fait le poète alors ? il eût donné à la chevelure de la comete une forme étrange, un immenſe volume; & dans ſes feux redoublés à l'approche de la terre, il eût marqué l'intention de la nature d'épouvanter les Romains.

L'aurore boréale a pu donner autrefois, comme l'a obſervé un philoſophe célebre, l'idée de l'aſſemblée des dieux ſur l'Olympe, aujourd'hui, qu'elle eſt au nombre des phénomenes les plus communs, elle attire à peine les regards du peuple; mais qu'un poëte ſût aggrandir l'image de ces lances de feu, que ſemble darder une inviſible main, des bords de l'horiſon juſqu'au milieu du ciel, & appliquer ce phénomene à quelqu'événement terrible; il reprendroit, même à nos yeux, le caractere effrayant de prodige.

Il eſt tout ſimple que dans les ardeurs de l'été une riviere ſe déborde, enflée par un orage, & tariſſe le lendemain. Homere reproche ces deux circonſtances : au lieu de l'orage, c'eſt le Xanthe lui-même qui s'irrite & qui enfle ſes eaux; au lieu des chaleurs de l'été, c'eſt Vulcain qui fait conſumer les eaux par les flammes.

Lucain en décrivant les ſignes redoutables qui annoncerent la guerre civile :

Tome XXXVI. Partie I.

" l'Ethna, dit-il, vomit ſes feux, mais " ſans les lancer dans les airs; il inclina " ſa cime béante, & répandit les flots " d'un bitume enflammé du côté de l'I- " talie ".

Dans la Jéruſalem du Taſſe; les nuages qui verſent la pluie dans le camp de Godefroi, ne ſont pas élevés de la terre, ils viennent des réſervoirs céleſtes.

Ecco ſubito nubi, e non da terra
Gia per virtù del ſole in alto aſceſe :
Ma ſol dal ciel, che tutte apre e diſſera
Le porte ſue, veloci in giù diſceſe.

Voilà ce que j'appelle donner à un événement familier le caractere du merveilleux, & à ce merveilleux un air de *vraiſemblance;* car dans tous ces exemples la grandeur de l'objet répond à celle du prodige, *dignus vindice nodus.*

J'ai déjà dit en quoi conſiſte le merveilleux naturel, & je ne fais ici qu'en détailler encore l'idée. Dans le moral, ce qui eſt le plus digne d'admiration & d'amour, un Burrhus, un Mornai, un Télémaque, une Zaïre, une Cornélie; dans le phyſique, ce qui peut nous cauſer l'émotion du plaiſir la plus pure & la plus ſenſible, une vie délicieuſe comme celle de l'âge d'or, des lieux enchantés comme Eden, ou comme les Iles Fortunées, ſurtout l'image de ce que nous appellons par excellence *la beauté,* une taille élégante & correcte, la douceur, la vivacité, la ſenſibilité, la nobleſſe, toutes les graces réunies dans les traits du viſage, dans la forme & les mouvemens du corps d'une Vénus ou d'un Apollon, Hélene au milieu des vieillards Troyens, Achille au ſortir de la cour de Scyros, voilà le merveilleux de la beauté dans le phyſique. Le ſoin du poëte alors eſt de raſſembler les plus belles parties dont un compoſé naturel ſoit ſuſceptible, pour en former un tout régulier, & de diſpoſer les choſes comme la nature les eût diſpoſées, ſi elle n'avoit eu pour objet que de nous donner un ſpectacle enchanteur. L'accord en fait la *vraiſemblance,* & la méthode en eſt la même dans tous les arts d'agrément. En peinture, les vierges de Raphael, les Hercules du Guide, en ſculpture, la Vénus pudique & l'Apollon du Vatican n'avoient point de modele individuel. Qu'ont fait les artiſtes ? ils ont recueilli les beautés éparſes des modeles

T

exiſtans , & en ont compoſé un tout plus parfait que la nature même. Ce choix tient au principe de la poéſie, au rapport des objets avec nos organes, & le poëte qui le ſaiſit avec le plus de juſteſſe, de délicateſſe & de vivacité, excelle dans l'art d'embellir la reſſemblance de la nature.

La beauté poétique eſt donc quelquefois la même que la beauté naturelle? Oui, toutes les fois que la poéſie veut nous cauſer les douces émotions de l'amour & de la joie, le plaiſir pur de nous voir entourés d'êtres formés à ſouhait pour nous.

Dans l'article BEAU, nous avons reconnu que l'idée & le ſentiment de la beauté phyſique varioient ſelon le caprice, l'habitude & l'opinion; mais la beauté morale eſt la même chez tous les peuples de la nature. Les Européens ont trouvé une égale vénération pour la juſtice, la généroſité, la clémence chez les ſauvages du Nouveau-monde que chez les peuples les plus cultivés, les plus vertueux de ce continent. Le mot du cacique Guatimoſin : " & moi ſuis-je ſur un lit ,, de roſe ,,? auroit été beau dans l'ancienne Rome ; & la réponſe de l'un des proſcrits de Néron au licteur : *utinam tu tam fortiter ferias* ! auroit été admirée dans la cour de Monteſuma. Dans Sadi, poëte perſan, un ſage fait cette priere : ,, grand Dieu ! ayez pitié des méchans, ,, car vous avez tout fait pour les bons, ,, lorſque vous les avez fait bons". Socrate n'auroit pas mieux dit.

Le ſentiment du beau moral eſt donc univerſel & unanime : la nature en a gravé le modele au fond de nos ames ; mais il exiſte rarement. Il n'y a point de tableaux parfaits dans la diſpoſition naturelle des choſes : la nature, dans ſes opérations, ne ſonge à rien moins qu'à nous plaire ; & l'on doit s'attendre à trouver dans le moral autant & plus d'incorrections que dans le phyſique. La clémence d'Auguſte envers Cinna eſt dégradée par le conſeil de Livie ; la gloire du conquérant du Mexique eſt ternie par une lâche trahiſon ; l'hiſtoire a peu de caracteres dans leſquels la poéſie ne ſoit obligée de diſſimuler & de corriger quelque choſe : c'eſt comme une ſtatue de bronze qui ſort raboteuſe du moule, & qui demande encore la lime ; mais il faut bien prendre

garde en la poliſſant de ne pas affoiblir les traits. Il eſt arrivé ſouvent de détruire l'homme en faiſant le héros.

Quel eſt donc le guide du poëte dans ce genre de fiction ? Je l'ai dit, le ſentiment du beau moral que la nature a mis en nous. Il a pu recevoir quelque altération de l'habitude & du préjugé ; mais l'une & l'autre cedent aiſément au goût naturel qui n'eſt qu'aſſoupi, & que l'impreſſion du beau réveille. Quel eſt le lâche voluptueux qui n'eſt pas ſaiſi d'un ſaint reſpect, en voyant Régulus retourner à Carthage ? Ce qui peut ſe mêler d'opinion & d'habitude dans nos idées ſur le beau moral, ne tire donc pas à conſéquence & ne doit ſe compter pour rien.

Mais plus l'idée & le ſentiment de la belle nature ſont déterminés & unanimes, moins le choix en eſt arbitraire ; & c'eſt-là ce qui rend ſi gliſſante la carriere du génie qui s'éleve au parfait, ſur-tout dans le moral. Le goût & la raiſon me ſemblent plus éclairés dans cette partie, & plus difficiles que jamais. Je ne parle point de cette théorie ſubtile qui recherche, s'il eſt permis de s'exprimer ainſi, juſqu'aux fibres les plus déliées de l'ame ; je parle de ces idées grandes & juſtes qui embraſſent le ſyſtème des paſſions, des vices & des vertus dans leurs rapports les plus éloignés. Jamais le coloris, le deſſin, les nuances d'un caractere n'ont eu des juges plus clairvoyans ; jamais par conſéquent le poëte n'a eu beſoin de plus de lumieres pour exceller dans la fiction morale en beau. Si Homere venoit aujourd'hui, il ſeroit mal reçu à nous peindre un ſage comme Neſtor ; auſſi ne le peindroit-il pas de même. Le héros qui diroit à ſon fils : *diſce puer virtutem ex me*, ſeroit obligé d'être plus modeſte, plus intrépide, plus généreux, plus fidele à la foi des ſermens que le héros de l'Enéïde.

Mais le poëte qui conçoit l'idée du beau, & qui eſt en état de le peindre en altérant la vérité, le peut-il à ſon gré ſans manquer à la *vraiſemblance* ?

Horace nous donne le choix, ou de ſuivre la renommée, ou d'obſerver les convenances. Mais ce choix eſt-il libre ? Non : & ſi les caracteres & les faits ſont connus, l'altération n'en eſt permiſe qu'autant qu'elle n'eſt pas poſſible. On peut bien ajouter aux vertus & aux vices quelques coups de pinceau plus hardis & plus forts ; on peut bien adoucir , déguiser , effacer quelques traits qui dégraderoient ou qui noirciroient le tableau. Mais à la vérité connue on ne peut pas insulter en face , en changeant les événemens & en dénaturant les hommes ; ce n'est qu'à la faveur de l'obscurité ou du silence de l'histoire que la poésie, n'étant plus gênée par la notoriété des faits, peut en disposer à son gré , en observant les convenances; car alors la vérité muette laisse régner l'illusion.

L'abbé Dubos , après avoir dit que ce seroit une pédanterie que de reprocher à Racine d'avoir changé dans Britannicus la circonstance de l'essai du poison préparé par Locuste, n'en fait pas moins le procès au même poète pour avoir employé le personnage de Narcisse qui ne vivoit plus, pour avoir supposé que Junie étoit à Rome lorsqu'elle en étoit exilée, & pour avoir changé le caractere de cette princesse, afin de l'annoblir & de le rendre intéressant. N'est - ce pas encore là de la pédanterie ? Je conviens avec l'abbé Dubos que les faits historiques de quelque importance ne doivent pas être changés, encore moins les faits célebres & connus de tout le monde ; qu'il seroit absurde de *faire tuer Brutus par César*. Mais la mort de Narcisse & le caractere de Junie sont-ils du nombre de ces faits ? La regle en pareil cas est de savoir jusqu'où s'étendent les connoissances familieres du monde cultivé pour lequel on écrit. Or quel est le siecle où les petits détails de l'histoire romaine soient assez présens aux spectateurs & aux lecteurs pour que de si légeres altérations les blessent ? Un homme versé dans l'étude de l'antiquité sait ce que Tacite & Séneque ont dit des mœurs de Junia Calvina; mais ni la ville ni la cour n'en sait rien. Virgile a donné dans Didon l'exemple des licences heureuses que l'on peut prendre en pareil cas. Tout ce qu'on a droit d'exiger pour prix de ces licences , c'est qu'elles contribuent à la beauté de la composition. Il ne s'agit donc pas d'aller chercher dans l'histoire si Narcisse étoit vivant & si Junie étoit à Rome, mais de voir dans la tragédie s'il étoit bon de faire vivre Narcisse , & d'oublier l'exil de Junie. Que Tacite & Séneque aient dit d'elle qu'elle étoit une effrontée, ou qu'elle étoit une Vénus pour tout le monde , & pour son frere une Junon ;

ces anecdotes ne font pas du nombre des faits importans & célebres qu'un poëte doit respecter. Et sur quoi porteroit la licence que l'abbé Dubos lui-même accorde aux poëtes d'altérer la vérité, si des circonstances aussi peu marquées étoient des traits d'histoire invariables ?

C'est un supplice pour les artistes que les préceptes donnés par ceux qui ne sont point de l'art.

A l'égard de la beauté physique qui est l'objet capital de la peinture & de la sculpture, elle exerce peu les talens du poëte : il l'indique , il ne la peint jamais , & en l'indiquant, il fait plus que de la peindre. *V.* ESQUISSE.

Quant à l'exagération des forces , des grandeurs, des facultés de l'être physique , comme lorsqu'on fait des héros d'une taille & d'une force prodigieuses , des animaux d'une grandeur énorme, des arbres dont les racines touchent aux enfers , & dont les branches percent les nues ; ces peintures exagérées sont ce qu'il y a de moins difficile : la justesse des proportions & des rapports en fait la *vraisemblance*.

Une autre sorte de prodige dont la poésie tire plus d'avantage , c'est la rencontre & le concours de certaines circonstances que le mouvement naturel des choses semble n'avoir jamais dû combiner ainsi, à moins d'une expresse intention de la cause qui les arrange. On annonce à Mérope la mort de son fils, on lui amene l'assassin , & l'assassin est ce fils qu'elle pleure. Oedipe cherche à découvrir le meurtrier de Laüs , il reconnoit que c'est lui-même , & qu'en fuyant le sort qui lui a été prédit, il a tué son pere & épousé sa mere. Oreste est conduit à l'autel de Diane pour y être immolé ; & la prêtresse qui va l'égorger se trouve sa sœur Iphigénie. Hécube va laver le corps de sa fille Polixene , immolée sur le tombeau d'Achille ; elle voit flotter un cadavre , ce cadavre approche du bord ; Hécube reconnoît Polydore son fils. Voilà de ces coups de la destinée , si éloignés de l'ordre des choses , qu'ils semblent tous prémédités.

Tout ce qui est possible n'est pas vraisemblable ; & lorsque dans la combinaison des événemens, ou dans le jeu des passions nous appercevons une singularité trop étudiée , le poëte nous devient suspect: l'illusion cesse avec la confiance; en cela pèche dans Inès l'affectation de donner pour juges à don Pedre, deux hommes, dont l'un doit le hair & l'absout; l'autre doit l'aimer & le condamne : cette antithese inutile est évidemment combinée à plaisir. L'unique moyen pour persuader est de paroitre de bonne foi; or, plus la rencontre des incidens est étrange, plus en la comparant avec la suite naturelle des choses, nous sommes enclins à douter de la bonne foi des témoins : aussi cette espece de fable exige-t-elle beaucoup de réserve & de précaution.

La premiere regle est que chacun des incidens soit simple & naturellement amené; la seconde qu'ils soient en petit nombre : par-là le merveilleux de leur combinaison se rapproche de la nature. Prenons pour exemple la fable du Cid : Rodrigue est obligé de réparer, par la mort du pere de sa maitresse, l'affront du soufflet qu'a reçu le sien; il n'est pas possible d'imaginer dans nos mœurs une situation plus cruelle; & le sort pour accabler deux amans semble avoir exprès combiné cette opposition des intérêts les plus sensibles & des devoirs les plus sacrés. Voyons cependant d'où naissent ces combats de l'amour & de la nature : d'une dispute élevée entre deux courtisans, sur une marque d'honneur accordée à l'un préférablement à l'autre : rien de plus simple ni de plus familier : le spectateur voit naitre la querelle, il la voit s'animer, s'aigrir, se terminer par cette insulte qui ne se lave que dans le sang; & sans avoir soupçonné l'artifice du poëte, il se trouve engagé avec les personnages qu'il aime, dans un abyme de malheurs. Il en est ainsi de tous les sujets bien constitués, chaque incident vient s'y placer comme de lui-même dans l'ordre le plus naturel; & lorsqu'on les voit réunis, on est confondu de l'espece de merveilleux qui résulte de leur ensemble. Toutefois si ces incidens étoient trop accumulés, chacun d'eux fut-il amené naturellement, leur concours passeroit la croyance; c'est ce qu'il faut éviter avec soin dans la composition d'une fable; & il me semble qu'on s'éloigne de plus en plus de cette regle, en multipliant sur la scene des incidens mal enchaînés. Passons au merveilleux de la premiere classe.

Le merveilleux hors de la nature n'est qu'une extension de ses forces & de ses loix.

En suivant le fil des idées qui nous viennent, ou de l'expérience intime de nous-mêmes, ou du dehors, par la voix des sens, nous nous en sommes fait de nouvelles; & celles-ci rangées sur le même plan auroient dû garder les mêmes rapports; mais l'opinion populaire & l'imagination poétique n'ayant pas toujours consulté la raison, le système des possibles qu'elles ont comme réalisés, n'est rien moins que soumis à l'ordre, & celui qui l'emploie a besoin de beaucoup d'adresse & de ménagement. Nous ne concevons rien qui se contrarie; & d'un système qui implique en lui-même, l'ensemble ne peut jamais s'arranger, s'établir dans notre opinion. Mais la poésie a la ressource de ne prendre des fables reçues que des parties détachées & compatibles entr'elles, quoique souvent peu d'accord avec le système total. J'ai dit que les choses d'opinion commune se passoient de vraisemblance, tant qu'on ne faisoit que les supposer hors de la fable; mais on doit se souvenir que si le poëte les emploie au-dedans, il est obligé d'y observer les mêmes rapports que dans l'ordre des choses réelles. Il seroit inutile d'alléguer le peu d'harmonie qu'on a mis, par exemple, dans le système de la mythologie; c'est au poëte à n'employer du système qu'il adopte, que ce qui, dans son ensemble, a le caractere du vrai.

Le merveilleux surnaturel est tantôt une fiction toute simple, & tantôt le voile symbolique & transparent de la vérité; mais ce n'est jamais que l'imitation exagérée de la nature. Voyons quelle en est l'origine, & quel en doit être l'emploi.

La philosophie est la mere du merveilleux, & la contemplation de la nature lui en a donné la premiere idée; elle voyoit autour d'elle une multitude de prodiges, sans autre cause que le mouvement qui lui-même avoit une cause : elle dit donc, il doit y avoir au-delà & au-dessus de ce que je vois, un principe de force & d'intelligence. Ce fut l'idée primitive & génératrice du merveilleux : la cause unique & universelle agissant par une loi simple, étoit pour le peuple, & si l'on veut pour les sages, une idée trop vaste & trop peu sensible : on la divisa en une multitude d'idées particulières, dont l'imagination qui veut tout fe peindre, fit autant d'agens compofés comme nous : delà les dieux, les démons, les génies.

Il fut facile de leur donner des fens plus parfaits que les nôtres, des corps agiles, plus forts & plus grands ; & jufques là le merveilleux n'étant qu'une augmentation de maffe, de force & de viteffe, l'efprit le plus foible put renchérir aifément fur le génie le plus hardi. La feule regle génante dans cette imitation exagérée de la nature eft la regle des proportions, encore n'eft-il pas mal-aifé de l'obferver dans le phyfique. Dès qu'on a franchi les bornes de nos perceptions, il n'en coûte rien d'élever le trône de Jupiter, d'appefantir le trident de Neptune, de donner aux courfiers du foleil, à ceux de Mars & de Minerve la viteffe de la penfée. Le Pere Bouhours obferve, que lorfque dans Homere, Polipheme arrache le fommet d'une montagne, l'on ne trouve point fon action trop étrange, parce que le poète a eu foin d'y proportionner la taille & la force de ce géant. De même lorfque Jupiter ébranle l'olympe d'un mouvement de fes fourcils, & que le dieu des mers frappant la terre, fait craindre à celui des enfers que la lumiere des cieux ne pénetre dans les royaumes fombres ; ces actions mefurées fur l'échelle de la fiction, fe trouvent dans l'ordre de la nature par la jufteffe de leurs rapports. Voilà, dit-on de grandes idées ; oui ; mais c'eft une grandeur géométrique, à laquelle avec de la matiere, du mouvement & de l'efpace on ajoute tant qu'on veut.

Le mérite de l'exagération, en faifant des hommes plus grands & plus forts que nature, auroit été de proportionner des ames à ces corps ; mais c'eft à quoi Homere, & prefque tous ceux qui l'ont fuivi ont échoué.

Je ne connois que le fatan du Taffe & de Milton, dont l'ame & le corps foient faits l'un pour l'autre. Et comment obferver dans ces compofés furnaturels la gradation des effences ? Il eft bien aifé à l'homme d'imaginer des corps plus étendus, moins foibles, moins fragiles que le fien : la nature lui en fournit les matériaux & les modeles, encore lui eft-il échappé bien des abfurdités, même dans le merveilleux phyfique ; mais, combien plus dans le moral ! "l'homme, dit Montagne, ne peut être que ce qu'il eft, ni imaginer que felon fa portée." Il a beau s'évertuer, il ne connoit d'ame que la fienne, il ne peut donner au coloffe qu'il anime que fes facultés, fes fentimens, fes idées, fes paffions, fes vices & fes vertus, ou plutôt celles de ces inclinations, de ces affections dont il a le germe ; voilà pourquoi l'être parfait, l'être par effence eft incompréhenfible. Avec mes yeux je mefure le firmament ; avec ma penfée, je ne mefure que ma penfée. Que j'effaye d'imaginer un dieu, quelqu'effort que j'emploie à lui donner une nature excellente, la fageffe, la fenfibilité, l'élévation de fon ame, ne feront jamais que le dernier degré de fageffe, de fenfibilité, d'élévation de la mienne. Je lui attribuerai des fens que je n'ai pas, un fens, par exemple, pour entendre couler le temps, un fens pour lire dans la penfée, un fens pour prévoir l'avenir, parce qu'on ne m'oblige pas au détail du méchanifme de ces nouveaux organes : je le douerai d'une intelligence à laquelle je fuppoferai vaguement que rien n'eft caché, d'une force & d'une fécondité d'action à laquelle il m'eft bien aifé de feindre que rien ne réfifte ; je l'exempterai des foibleffes de ma nature, de la douleur & de la mort ; parce que les idées privatives font comme la couleur noire qui n'a befoin d'aucune clarté ; mais s'il en faut venir à des idées pofitives, par exemple, le faire penfer ou fentir, il ne fera clairvoyant ou fenfible, éloquent ou paffionné, qu'autant que je le fuis moi même. Un ancien a dit d'Homere ; il eft le feul qui ait vu les dieux ou qui les ait fait voir ; mais de bonne foi les a-t-il entendus ou fait entendre ? On a dit auffi que Jupiter étoit defcendu fur la terre pour fe faire voir à Phidias, ou que Phidias étoit monté au ciel pour voir Jupiter. Cette hyperbole a fa vérité : l'on conçoit comment l'artifte, par le caractere majeftueux qu'il avoit donné à fa ftatue, pouvoit avoir obtenu cet éloge ; mais le phyfique eft tout pour le ftatuaire, & n'eft rien pour le poëte, s'il n'eft d'accord avec le moral : cet accord s'il étoit parfait, feroit la merveille du génie ; mais il eft inutile d'y prétendre, l'homme n'a que des moyens humains : *La divinita non puo da lui effere imitata.* (Le Taffe.)

T 3

Il faut même avouer, & je l'ai déja fait entendre , que si par impossible il y avoit un génie capable d'élever les dieux au dessus des hommes , il les peindroit pour lui seul. Si , par exemple , Homere eût rempli le vœu de Cicéron : *Humana ad deos transtulit , divina mallem ad nos ;* le tableau de l'Iliade seroit sublime, mais il manqueroit de spectateurs. Nous ne nous attachons aux êtres surnaturels que par les mêmes liens qui les attachent à notre nature. Des dieux d'une sagesse inaltérable , d'une constante égalité, d'une impassibilité parfaite , nous toucheroient aussi peu que des statues de marbre. Il faut pour nous intéresser que Neptune s'irrite, que Vénus se plaigne, que Mars, Minerve, Junon se mêlent de nos querelles & se passionnent comme nous. Il est donc impossible à tous égards d'imaginer des dieux qui ne soient pas hommes ; mais ce qui n'est pas impossible , c'est de leur donner plus d'élévation dans les sentimens , plus de dignité dans le langage que n'ont fait la plupart des poëtes. Ce que dit Satan au soleil dans le poëme de Milton ; ce que Neptune dit aux vents dans l'Enéide , voilà les modeles du merveilleux. La bonne façon d'employer ces personnages est de les faire agir beaucoup , & de les faire parler peu. Le dramatique est un écueil, aussi les a-t-on presque bannis de la tragédie : le merveilleux n'y est guere admis qu'en idée & hors de la fable seulement. Si quelquefois on y a fait voir des spectres, ils ne disent que quelques mots,& disparoissent à l'instant. Dans la tragédie de Macbeth, après que ce scélérat a assassiné son roi, un spectre se présente & lui dit : *Tu ne dormiras plus.* Quoi de plus simple & de plus terrible ?

La grande difficulté est d'employer avec décence un merveilleux, qu'il n'est pas permis d'altérer, comme celui de la religion. Il est absurde & scandaleux de donner aux êtres surnaturels qu'on révere les vices de l'humanité. Si donc , par exemple, on introduit dans un poëme les anges , les saints , les personnes divines, ce ne doit être qu'en passant & avec une extrême réserve: on ne peut tirer de leur entremise aucune action passionnée. Le Saint Michel de Raphaël est l'exemple de ce que je veux dire : il terrasse le dragon, mais avec un front inaltérable ; & la

sérénité de ce visage céleste est l'image des mœurs qu'on doit suivre dans cette espece de merveilleux ; aussi , dès que la scène du poëme de Milton est dans le ciel, sa fiction devient absurde & ne fait plus d'illusion. Des esprits impassibles & purs ne peuvent avoir rien de pathétique ; le champ libre & vaste de la fiction est donc la mythologie, la magie, la féérie dont on peut se jouer à son gré.

J'ai dit que l'impossibilité d'expliquer naturellement les phénomenes physiques, a réduit la philosophie à l'invention du merveilleux : on a fait de toutes les causes secondes des intelligences actives , & plus ou moins puissantes, selon leurs grades & leurs emplois. Les élémens en ont été peuplés ; la lumiere , le feu, l'air & l'eau ; les vents, les orages, tous les météores ; les bois , les fleuves, les campagnes, les moissons, les fleurs & les fruits ont eu leurs divinités particulieres; au lieu de chercher, par exemple , comment la foudre s'allumoit dans la nue, & d'où venoient les vagues d'air dont l'impulsion bouleverse les flots, on a dit qu'il y avoit un dieu qui lançoit le tonnerre ; un dieu qui déchaînoit les vents ; un dieu qui souleroit les mers. Cette physique, peu satisfaisante pour la raison,flattoit le peuple amoureux des prodiges ; aussi futelle érigée en culte, & après avoir perdu son autorité,elle conserve encore tous ses charmes.

La morale eut son merveilleux comme la physique ; & le seul dogme des peines & des récompenses dans l'autre vie, donna naissance à une foule de nouvelles divinités. Il avoit déja fallu construire au-delà des limites de la nature , un palais pour les dieux des vivans : on assigna de même un empire aux dieux des morts, & des demeures aux manes. Les dieux du ciel & les dieux des enfers n'étoient que des hommes plus grands que nature; leur séjour ne pouvoit être aussi qu'une image des dieux que nous habitons.On eut beau vouloir varier ; le ciel & l'enfer n'offrirent jamais que ce qu'on voyoit sur la terre. L'olympe fut un palais radieux , le tartare un cachot profond , l'élisée une campagne riante.

Largior hic campos æther & lumine
vestit
Purpureo ; solemque suum , sua sidera
norunt.   *Æn. l. VL*

Le ciel fut embelli par une volupté pure & par une paix inaltérable. Des concerts, des festins, des amours, tout ce qui flatte les sens de l'homme fut le partage des immortels. Le calme & l'innocence habiterent l'asyle des ombres heureuses; les supplices de toute espece furent infligés aux manes criminels, mais avec peu d'équité, ce me semble, par les poëtes même les plus judicieux. La fiction n'en fut pas moins reçue & révérée; & le tartare fut l'effroi des méchans, comme l'élisée étoit l'espoir des justes.

Un avantage moins sérieux, que la philosophie tira de ce nouveau systême, fut de rendre sensibles les idées abstraites, dont elle fit encore des légions de divinités. La métaphysique se jeta dans la fiction comme la physique & la morale. Les vices, les vertus, les passions humaines ne furent plus des notions vagues. La sagesse, la justice, la vérité, l'amitié, la paix, la concorde, tous ces biens & les maux opposés; la beauté, cette collection de tant de traits & de nuances; les graces, ces perceptions si délicates, si fugitives; le temps même, cette abstraction que l'esprit se fatigue vainement à concevoir, & qu'il ne peut se résoudre à ne pas comprendre; toutes ces idées factices &composées de notions primitives, qu'on a tant de peine à réunir dans une seule perception, tout cela, dis-je, fut personnifié. Un merveilleux qui faisoit tomber sous les sens ce qui même eût échappé à l'intelligence la plus subtile, ne pouvoit manquer de saisir, de captiver l'esprit humain: on ne connut bientôt plus d'autres idées que ces images allégoriques. Toutes les affections de l'ame, presque toutes ses perceptions, prirent une forme sensible: l'homme fit des hommes de tout; on distingua les idées métaphysiques aux traits du visage, & chacune d'elle eut un symbole au lieu d'une définition.

Mais pour réunir plusieurs idées sous une seule image, on fut souvent obligé de former des composés monstrueux, à l'exemple pris pour modeles. On lui voyoit confondre quelquefois dans ses productions les formes & les facultés des especes différentes; & en imitant ce mélange, on rendoit sensibles au premier coup-d'œil les rapports de plusieurs idées: c'est du moins ainsi que les savans ont expli-

qué ces peintures symboliques. Il est à présumer en effet que les premiers hommes qui ont dompté les chevaux ont donné l'idée des centaures, les hommes sauvages l'idée des satyres, les plongeurs l'idée des tritons, &c. comme allégorie, ce genre de fiction a donc sa justesse & sa vérité relative; elle auroit aussi ses difficultés, mais l'opinion reçue les applanit & supplée à la *vraisemblance.*

On vient de voir toute la philosophie animée par la fiction, & l'univers peuplé d'une multitude innombrable d'êtres, d'une nature analogue à celle de l'homme. Rien de plus favorable aux arts, & sur-tout à la poésie. La mythologie, sous ce point de vue, est l'invention la plus ingénieuse de l'esprit humain. Mais il eût fallu que le systême en fût composé par un seul homme, ou du moins sur un plan suivi. Formé de pieces prises çà & là, & qu'on n'a pas même eu soin d'ajuster l'une à l'autre, il ne pouvoit manquer d'être rempli de disparates & d'inconséquences, & cela n'a pas empêché qu'il n'ait fait les délices des peuples, & long-temps l'objet de leur adoration: *quod finxere timent.* (Lucret.), tant la raison est esclave des sens. Mais aujourd'hui que la fable n'est plus qu'un jeu, nous lui passons, hors du poëme, toutes ses irrégularités, pourvu qu'au dedans tout ce qu'on nous présente se concilie & soit d'accord.

J'ai distingué dans le merveilleux la fiction simple & l'allégorie. L'une embrasse tous les êtres fantastiques qui ont pris la place des causes naturelles, ou qui sont venus à l'appui des vérités morales. Jupiter, Neptune, Pluton, ne sont pas donnés pour des symboles, mais pour des personnages aussi réels qu'Achille, Hector & Priam; ils ne doivent donc être employés que dans les sujets où ils ont leur vérité relative aux lieux, aux tems, à l'opinion. Les tems fabuleux de l'Egypte, de la Grece & de l'Italie ont la mythologie pour histoire; l'idée du minotaure est liée avec celle de Minos; & lorsque vous voyez Philoctete, vous n'êtes point surpris d'entendre parler de l'apothéose d'Hercule comme d'un fait simple & connu. Les sujets pris dans ces tems-là reçoivent donc la mythologie; mais il n'est pas permis de la transplanter; & s'il s'agit de Thémistocle ou de

Socrate, elle n'a plus lieu. Il en est de même des sujets dans l'histoire du *Latium:* Enée, Jule, Romulus lui-même est dans le système du merveilleux ; après cette époque l'histoire est plus sévere & n'admet que la vérité.

Ce que je dis de la fable doit s'appliquer à la magie : il n'y a que les sujets pris dans les tems où l'on croyoit aux enchanteurs qui s'accommodent de ce système. Il convenoit à la Jérusalem délivrée, il n'eût pas convenu à la Henriade. Lucain s'est conduit en homme consommé, lorsqu'il a banni de son poëme le merveilleux de la fable. Si l'on eût vu l'olympe divisé entre Pompée & César, comme entre les Grecs & les Troyens, cela n'eût fait aucune illusion. Il seroit encore plus absurde aujourd'hui de mettre en scene les dieux d'Homere dans les révolutions d'Angleterre ou de Suede. Mais combien plus choquant est le mélange des deux systèmes, tel qu'on le voit dans quelques-uns des poëtes italiens? Il n'y a plus de merveilleux absolu pour les sujets modernes que celui de la religion, & je crois avoir fait sentir combien l'usage en est difficile.

Comme la féérie n'a jamais été reçue, elle ne peut jamais être sérieusement employée, mais elle aura lieu dans un poëme badin. Il en est de même du merveilleux de l'apologue. Cependant j'oserai le dire, il y a dans les mœurs & les actions des animaux, des traits qui tiennent du prodige & qui ne sont pas indignes de la majesté de l'épopée. On en cite des exemples de fidélité, de reconnoissance, d'amitié qui sont pour nous de touchantes leçons. Le chien d'Hésiode qui accuse & convainc Ganitor d'avoir assassiné son maitre ; celui qui découvre à Pyrrhus les meurtriers du sien; celui d'Alexandre auquel on présente un cerf pour le combattre, puis un sanglier, puis un ours, & qui ne daigne pas quitter sa place ; mais qui voyant paroitre un lion, se leve pour l'attaquer, "montrant manifestement ,,, dit Montagne, " qu'il déclaroit celui-là seul digne d'entrer en combat avec lui,, ; le lion qui reconnoit dans l'arène l'esclave Endrodus qui l'avoit guéri, ce lion qui leche la main de son bienfaiteur, s'attache à lui, le suit dans Rome, & fait dire au peuple qui le couvre de fleurs : *voilà le lion hôte de l'homme, voilà l'homme mé-*

decin du lion ; ce qu'on atteste des éléphans ; ce qu'on a vu du lion de Chantilli, ce que tout le monde sait de l'instinct belliqueux des chevaux ; enfin ce qui se passe sous nos yeux dans le commerce de l'homme avec les animaux qui lui sont soumis, donneroit lieu, ce me semble, au merveilleux le plus sensible, si on l'employoit avec goût.

A l'égard de l'allégorie, comme elle n'est pas donnée pour une vérité absolue & positive, mais pour le symbole & le voile de la vérité ; si elle est claire, ingénieuse & décente, elle est parfaite. Mais il faut avoir soin qu'elle s'accorde avec le système que l'on a pris. On peut par-tout diviniser la paix ; mais cette idée charmante qui en est le symbole (les colombes de Vénus faisant leur nid dans le casque de Mars) seroit aussi déplacée dans un sujet pieux, que l'est dans l'église des célestins le grouppe des trois Graces. L'allégorie des passions, des vices, des vertus, &c. est reçue dans l'épopée, quel que soit le lieu & le temps de l'action ; elle est aussi admise sur la scene lyrique ; mais l'austérité de la tragédie ne permet plus de l'y employer. Eschyle introduit en personne la Force & la Nécessité ; le théâtre françois n'admet rien de semblable.

Mais soit en récit, soit en scene, l'allégorie ne doit être qu'accidentelle & passagere, & sur-tout ne jamais prendre la place de la passion, à moins que le poëte, par des raisons de bienséance, ne soit obligé de jeter ce voile sur des peintures. L'auteur de la Henriade a employé cet artifice ; mais Homere & Virgile se sont bien gardés de faire des personnages allégoriques de la colere d'Achille & de l'amour de Didon. Le mieux est de peindre la passion toute nue & par ses effets, comme dans la tragédie. Toutes les fois que la nature est touchante & passionnée, le merveilleux est au moins superflu. C'est dans les momens tranquilles qu'on l'emploie avec avantage : il remue l'ame par la surprise ; & quoique l'admiration soit le plus foible de tous les ressorts du cœur humain, il nous est cher par l'émotion qu'il nous cause.

Les regles de l'allégorie sont les mêmes que celles de l'image ; il est inutile de les répéter. Quant aux modeles, je n'en connois pas de plus parfaits que l'épiso-

& de la haine dans l'opéra d'Armide. Je l'ai déja citée, mais ce n'eſt pas aſſez ; on ne l'a vue que ſous une face , & ce n'eſt pas encore en avoir ſaiſi la beauté. Ce qu'elle a de plus rare & de plus précieux, c'eſt qu'en laiſſant d'un côté , à la vérité ſimple , tout ce qu'elle a de pathétique, de l'autre , elle ſe ſaiſit d'une idée abſtraite qui nous ſeroit échappée , & dont elle fait un tableau frappant. Je vais tâcher de me faire entendre. Armide aime Renaud & déſire de le haïr ; ainſi dans l'ame d'Armide l'amour eſt en réalité , & la haine n'eſt qu'en idée. On ne parle point le langage d'une paſſion que l'on ne ſent pas ; le poëte , au naturel , ne pouvoit donc exprimer vivement que l'amour d'Armide. Comment s'y eſt-il pris pour rendre ſenſible , actif & théatral le ſentiment qu'Armide n'a pas dans le cœur ? il en fait un perſonnage. Et quel développement eût jamais eu le relief de ce tableau, la chaleur & la véhémence de ce dialogue ?

LA HAINE.

Sors , ſors du ſein d'Armide , amour briſe tu chaîne.

ARMIDE.

*Arrête , arrête , affreuſe Haine ;
Laiſſe - moi ſous les loix d'un ſi charmant
     vainqueur
Laiſſe-moi , je renonce à ton ſecours horrible :
Non , non , n'acheve pas , non , il n'eſt pas
     poſſible
De m'ôter mon amour , ſans m'arracher le
     cœur.*

LA HAINE.

*N'implores-tu mon aſſiſtance
Que pour mépriſer ma puiſſance ?
Tu me rappelleras peut-être dès ce jour;
Et ton attente ſera vaine.
Je vais te quitter ſans retour.
Je ne puis te punir d'une plus rude peine,
Que de t'abandonner pour jamais à l'amour.*

Qu'ai-je donc entendu, en diſant qu'on ne doit point mettre l'allégorie à la place de la paſſion ? le voici : je ſuppoſe qu'au lieu du tableau que je viens de rappeller, on vit ſur le théatre Armide endormie , & l'amour & la haine perſonnifiés ſe diſputer ſon cœur ; ce combat, purement allégorique, ſeroit froid. Mais la fiction de Quinault ne prend rien ſur la nature ; la

paſſion qui poſſede Armide eſt exprimée dans ſa vérité toute ſimple, & le poëte lui oppoſe , par le moyen de l'allégorie , la paſſion qu'Armide n'a pas. Plus on réfléchit ſur la beauté de cette fable , plus on y trouve de génie & de goût.

En général le grand art d'employer le merveilleux eſt de le mêler avec la nature , comme s'ils ne faiſoient qu'un ſeul ordre de choſes , & comme s'ils n'avoient qu'un mouvement commun. Cet art d'engrener les roues de ces deux machines & d'en tirer une action combinée, eſt celui d'Homere au plus haut degré. On en voit l'exemple dans l'Iliade. L'édifice du poëme eſt fondé ſur ce qu'il y a de plus naturel & de plus ſimple, l'amour de Cryſès pour ſa fille. On la lui a enlevée , il la redemande, on la lui refuſe ; elle eſt captive d'un roi ſuperbe qui rebute ce pere affligé. Cryſès, prêtre d'Apollon, lui adreſſe ſes plaintes. Le dieu le protege & le venge ; il lance ſes fleches empoiſonnées dans le camp des Grecs. La contagion s'y répand, & Calcas annonce que le dieu ne s'appaiſera que lorſqu'on aura réparé l'injure faite à ſon miniſtre. Achille eſt d'avis qu'on lui rende ſa fille ; Agamemnon , à qui elle eſt tombée en partage, conſent à la rendre , mais il exige une autre part au butin. Achille indigné lui reproche ſon avarice & ſon ingratitude. Agamemnon, pour le punir, envoie prendre Briſéis dans ſes tentes; & delà cette colere qui fut ſi fatale aux Grecs. La nature n'auroit pas enchaîné les faits avec plus d'aiſance & de ſimplicité ; & c'eſt dans ce paſſage facile , dans cette intime liaiſon du familier & du merveilleux que conſiſte la *vraiſemblance.*

Quant à celle de l'action & des mœurs, *v.* ACTION, INTRIGUE, CONVENANCES, MŒURS, UNITÉ, &c. (*M. Marmontel.*)

VRAISEMBLANCE *pittoreſque, Peint.* Il eſt deux ſortes de *vraiſemblance* en peinture ; la *vraiſemblance méchanique,* & la *vraiſemblance poétique.* Indiquons d'après M. l'abbé de Bos, en quoi conſiſtent l'une & l'autre.

La *vraiſemblance méchanique* exige de ne rien repréſenter qui ne ſoit poſſible , qui ne ſoit encore ſuivant les loix de la ſtatique , les loix du mouvement , & les loix de l'optique. Cette *vraiſemblance méchanique* conſiſte donc à ne point donner à une lumiere d'autres effets que ceux qu'elle avoit dans la nature : par exemple, à ne lui point faire éclairer les corps sur lesquels d'autres corps interposés l'empéchent de tomber : elle consiste à ne point s'éloigner sensiblement de la proportion naturelle des corps, à ne point leur donner plus de force qu'il est vraisemblable qu'ils en puissent avoir. Un peintre pécheroit contre ces loix, s'il faisoit lever par un homme foible, & dans une attitude gênée, un fardeau qu'un homme qui peut faire usage de toutes ses forces, auroit peine à ébranler. Encore moins faut-il faire porter à une figure, un tronc de colonnes, ou quelqu'autre fardeau d'une pesanteur excessive, & au dessus des forces d'un Hercule. Il est aisé à un artiste de ne pas pécher contre la *vraisemblance méchanique*, parce que avec un peu de lumieres ; & les regles formelles qu'il trouve dans tous les ouvrages de peinture, il est en état d'éviter les erreurs grossieres ; mais la *vraisemblance poétique* est un art tout autrement difficile à acquérir. Ainsi nous devons nous arrêter davantage à en représenter toute l'étendue.

La *vraisemblance poétique* consiste en général à donner toujours à ses personnages, les passions qui leur conviennent, suivant leur âge, leur dignité, suivant le tempérament qu'on leur prête, & l'intérêt qu'on leur fait prendre dans l'action. Elle consiste encore à observer dans son tableau ce que les Italiens appellent *il costume*, c'est-à-dire à s'y conformer à ce que nous avons des mœurs, des usages, des rites, des habits des bâtimens, & des armes particulieres des peuples qu'on veut représenter. Enfin la *vraisemblance poétique* consiste à donner aux personnages d'un tableau, leur tête & leur caractere connu, quand ils en ont un.

Quoique tous les spectateurs dans un tableau deviennent des acteurs, leur action néanmoins ne doit être vive qu'à proportion de l'intérêt qu'ils prennent à l'événement dont on les rend témoins. Ainsi le soldat qui voit le sacrifice d'Iphigénie, doit être ému ; mais il ne doit point être aussi ému qu'un frere de la victime. Une femme qui assiste au jugement de Susanne, & qu'on ne reconnoît point à son air de tête ou à ses traits, pour être la sœur de Susanne ou sa mere, ne doit pas

montrer le même degré d'affliction qu'une parente. Il faut qu'un jeune homme applaudisse avec plus d'empressement, qu'un vieillard.

L'attention à la même chose est encore différente à ces deux âges. Le jeune homme doit paroitre livré entiérement à tel spectacle, que l'homme d'expérience ne doit voir qu'avec une légere attention. Le spectateur à qui l'on donne la physionomie d'un homme d'esprit, ne doit point admirer comme celui qu'on a caractérisé par une physionomie stupide. L'étonnement du roi ne doit point être celui d'un homme du peuple. Un homme qui écoute de loin, ne doit pas se présenter comme celui qui écoute de près. L'attention de celui qui voit, est différente de l'attention de celui qui ne fait qu'entendre. Une personne vive ne voit pas, & n'écoute pas dans la même attitude qu'une personne mélancolique. Le respect & l'attention que la cour d'un roi de Perse témoigne pour son maître, doivent être exprimés par des démonstrations qui ne conviennent pas à l'attention de la suite d'un consul romain pour son magistrat. La crainte d'un esclave n'est pas celle d'un citoyen, ni la peur d'une femme celle d'un soldat. Un soldat qui verroit le ciel s'entr'ouvrir, ne doit pas même avoir peur comme une personne d'une autre condition. La grande frayeur peut rendre une femme immobile ; mais un soldat éperdu doit encore se mettre en posture de se servir de ses armes, du moins par un mouvement purement machinal. Un homme de courage attaqué d'une grande douleur, laisse bien voir sa souffrance peinte sur son visage, mais elle n'y doit point paroitre telle qu'elle se montreroit sur le visage d'une femme. La colere d'un homme vif n'est pas celle d'un homme mélancolique.

On voit au maître-autel de la petite église de S. Etienne de Gênes, un tableau de Jules, Romain, qui représente le martyre de ce saint. Le peintre y exprime parfaitement la différence qui est entre l'action naturelle des personnes de chaque tempérament, quoiqu'elles agissent par la même passion ; & l'on sait bien que cette sorte d'exécution ne se faisoit point par des bourreaux payés, mais par le peuple lui-même. Un des Juifs qui lapide le saint, a des cheveux roussâtres, le teint haut en

couleur, enfin toutes les marques d'un
homme bilieux & fanguin ; & il paroît
transporté de colere ; fa bouche & fes marines font ouvertes extraordinairement ;
fon gefte eft celui d'un furieux ; & pour
lancer fa pierre avec plus d'impétuofité,
il ne fe foutient que fur un pié. Un autre
Juif placé auprès du premier, & qu'on
reconnoît être d'un tempérament mélancolique, à fa maigreur, à fon teint livide, à la noirceur des poils, fe ramaffe
tout le corps en jetant fa pierre, qu'il dirige à la tête du faint. On voit bien que fa
haine eft encore plus forte que celle du
premier, quoique fon maintien & fon
gefte ne marquent pas tant de fureur. Sa
colere contre un homme condamné par la
loi, & qu'il exécute par principe de religion, n'en eft pas moins grande pour être
d'une efpece différente.

L'emportement d'un général ne doit
pas être femblable à celui d'un fimple
foldat. Enfin il en eft de même de tous les
fentimens & de toutes les paffions. Si je
n'en parle point plus au long, c'eft que
j'en ai déja trop dit pour les perfonnes
qui ont réfléchi fur le grand art des expreffions & je n'en faurois dire affez pour
celles qui n'y ont pas réfléchi.

La *vraifemblance poëtique* confifte encore dans l'obfervation des regles que
nous comprenons, ainfi que les Italiens,
fous le mot de *coftume*, obfervation qui
donne un fi grand mérite aux tableaux du
Pouffin. Suivant ces regles, il faut repréfenter les lieux où l'action s'eft paffée,
tels qu'ils ont été, fi nous en avons connoiffance ; & quand il n'en eft pas demeuré de notion précife, il faut, en imaginant leur difpofition, prendre garde à ne
fe point trouver en contradiction avec ce
qu'on en peut favoir. Les mêmes regles
veulent qu'on donne aux différentes nations qui paroiffent ordinairement fur la
fcene des tableaux, la couleur du vifage
& l'habitude du corps que l'hiftoire a remarqué leur être propres. Il eft même beau
de pouffer la *vraifemblance* jufqu'à fuivre
ce que nous favons de particulier des animaux de chaque contrée, quand nous re-
préfentons un événement arrivé dans ce
lieu là. Le Pouffin qui a traité plufieurs
actions dont la fcene eft en Egypte, met
prefque toujours dans fes tableaux, des
bâtimens, des arbres ou des animaux,
qui par différentes raifons, font regar-

dés comme étant particuliers à ce pays.

M. le Brun a fuivi ces regles avec la
même ponctualité dans fes tableaux de
l'hiftoire d'Alexandre. Les Perfes & les
Indiens s'y diftinguent des Grecs à leur
phyfionomie autant qu'à leurs armes.
Leurs chevaux n'ont pas le même corfage
que ceux des Macédoniens. Conformément à la vérité, les chevaux des Perfes y
font repréfentés plus minces. On raconte
que M. le Brun fait deffiner à Alep
des chevaux de Perfe, afin d'obferver le
coftume fur ce point là dans fes tableaux.
Il eft vrai qu'il fe trompa pour la tête
d'Alexandre dans le premier qu'il fit : c'eft
celui qui repréfente les reines de Perfe
aux piés d'Alexandre. On avoit donné à
M. le Brun pour la tête d'Alexandre, la
tête de Minerve qui étoit fur une médaille, au revers de laquelle on lifoit le nom
d'Alexandre. Ce prince, contre la vérité
qui nous eft connue, paroît donc beau
comme une femme dans ce tableau. Mais
M. le Brun fe corrigea, dès qu'il eut été
averti de fa méprife, & il nous a donné
la véritable tête du vainqueur de Darius,
dans le tableau du paffage du Granique
& dans celui de fon entrée à Babylone. Il
en prit l'idée d'après le bufte de ce prince,
qui fe voit dans un des bofquets de Verfailles fur une colonne, & qu'un fculpteur moderne a déguifé en Mars gaulois,
en lui mettant un coq fur fon cafque ; ce
bufte, ainfi que la colonne qui eft d'albâtre oriental, ont été apportés d'Alexandrie.

La *vraifemblance poëtique* exige auffi
qu'on repréfente les nation avec leurs vêtemens, leurs armes & leurs étendards ;
elle exige qu'on mette dans les enfeignes
des Athéniens, la chouette ; dans celles
des Egyptiens, la cigogne, & l'aigle dans
celles des Romains ; enfin, qu'on fe conforme à celles de leurs coutumes qui ont
du rapport avec l'action du tableau. Ainfi
le peintre qui fera un tableau de la mort
de Britannicus, ne repréfentera pas Néron
& les autres convives affis autour d'une
table, mais bien couchés fur des lits.

L'erreur d'introduire dans une action
des perfonnages qui ne purent jamais être
témoins, pour avoir vécu dans des temps
éloignés de celui de l'action, eft une erreur groffiere où nos peintres ne tombent
plus. On ne voit plus un S. François écouter la prédication de S. Paul, ni un con-

sesseur le crucifix en main, exhorter le bon larron.

Enfin la *vraisemblance poétique* demande que le peintre donne à ses personnages leur air de tête connu, soit que cet air nous ait été transmis par des médailles, des statues, ou par des portraits, soit qu'une tradition dont on ignore la source, nous l'ait conservé, soit même qu'il soit imaginé. Quoique nous ne sachions pas certainement comme S. Pierre étoit fait, néanmoins les peintres & les sculpteurs sont tombés d'accord par une convention tacite, de le représenter avec un certain air de tête & une certaine taille qui sont devenus propres à ce saint. En imitation, l'idée réelle & généralement établie tient lieu de vérité. Ce que j'ai dit de S. Pierre, peut aussi se dire de la figure sous laquelle on représente plusieurs autres saints, & même de celle qu'on donne ordinairement à S. Paul, quoiqu'elle ne convienne pas trop avec le portrait que cet apôtre fait de lui-même; il n'importe, la chose est établie ainsi. Le sculpteur qui représenteroit S. Paul moins grand, plus décharné, & avec une barbe plus petite que celle de S. Pierre, seroit repris autant que le fut Bandinelli, pour avoir mis à côté de la statue d'Adam qu'il fit pour le dôme de Florence, une statue d'Eve plus haute que celle de son mari. Ces deux statues ne sont plus dans l'église cathédrale de Florence; elles en ont été ôtées en 1722, par ordre du grand duc Cosme III, pour être mises dans la grande salle du vieux palais. On leur a substitué un groupe que Michel Ange avoit laissé imparfait, & qui représente un Christ descendu de la croix.

Nous voyons par les épitres de Sidonius Apollinaris, que les philosophes illustres de l'antiquité avoient aussi chacun son air de tête, sa figure & son geste, qui lui étoient propres en peinture. Raphael s'est bien servi de cette érudition dans son tableau de l'école d'Athènes. Nous apprenons aussi de Quintilien, que les anciens peintres s'étoient assujettis à donner à leurs dieux & à leurs héros, la physionomie & le même caractère que Zeuxis leur avoit donné : ce qui lui valut le nom de *législateur*.

L'observation de la *vraisemblance* nous paroit donc, après le choix du sujet, la chose la plus importante d'un tableau. La regle qui enjoint aux peintres, com-

me aux poëtes, de faire un plan judicieux, d'ordonner & d'arranger leurs idées, de maniere que les objets se débrouillent sans peine, vient immédiatement après la regle qui enjoint d'observer la *vraisemblance*. *Voyez* donc ORDONNANCE, *Peinture*. (D. J.)

URAMEA, *Géog. mod.*, petite riviere d'Espagne, dans le Guipuscoa. Elle sort des montagnes qui séparent le Guipuscoa de la Navarre, & se perd dans la mer de Basque, à S. Sébastien. (D. J.)

URANA, *Géog. mod.*, nom commun à une petite ville de Dalmatie, à un village de Livadie, & à une riviere de l'empire Turc en Europe. La ville *Urana* est sur un petit lac qui porte son nom, entre Zara & Sebennico. Le village est à environ huit milles de Cophissa, dans la plaine de Marathon. On ne prendroit plus ce lieu, qui n'a qu'une dixaine de maisons d'Albinois, pour l'ancienne ville de Brauron, célebre par son temple de Diane Brauronienne. La riviere court dans la Macédoine, & se perd dans la mer Noire. (D. J.)

URANIBOURG, *Géog. mod.*, château de Suede, & autrefois du Danemarck, dans la petite île d'Huen ou de Ween, au milieu du détroit du Sund. *Long.* 30, 22; *latit.* 55, 54, 5.

Quoique ce château soit ruiné depuis long-temps, le nom en est toujours célebre, à cause de Tycho-Brahé qui le fit bâtir. Le roi de Danemarck Frédéric II avoit donné à cet illustre & savant gentilhomme l'île de Weene pour en jouir durant sa vie, avec une pension de deux mille écus d'or, un fief considérable en Norwege, & un bon canonicat dans l'église de Roschild.

Cette île convenoit parfaitement aux desseins & aux études de Tycho-Brahé; c'est proprement une montagne qui s'éleve au milieu de la mer, & dont le sommet plat & uni de tous côtés domine la côte de Scanie & tous les pays d'alentour: ce qui donne un très-bel horizon, outre que le ciel y est ordinairement serain, & que l'on y voit rarement des brouillards.

Ticho-Brahé riche de lui-même, & rendu très-opulent par les libéralités de Frédéric, éleva au milieu de l'île son fameux château qu'il nomma *Uranibourg*, c'est-à-dire, *ville du ciel*, & l'acheva en quatre années. Il bâtit aussi dans la même

& une autre grande maison nommée *Stell-burg*, pour y loger une foule de disciples & de domestiques; enfin il y dépensa cent mille écus de son propre bien.

La disposition & la commodité des appartemens d'*Uranibourg*, les machines & les instrumens qu'il contenoit, le faisoient regarder comme un édifice unique en son genre. Aux environs de ces deux châteaux, on trouvoit des ouvriers de toute espece, une imprimerie, un moulin à papier, des laboratoires pour les observations chymiques, des logemens pour tout le monde, des fermes & des métairies, tout étoit entretenu aux dépens du maitre; rien n'y manquoit pour l'agrément & pour les besoins de la vie; des jardins, des étangs, des viviers & des fontaines rendoient le séjour de cette île délicieux. Ressenius en a donné un ample tableau dans ses *Inscriptiones Uranibur-gicæ*, &c.

Ce fut là que Tycho-Brahé imagina le système du monde, qui porte son nom; & qui fut alors reçu avec d'autant plus d'applaudissemens, que la supposition de l'immobilité de la terre contentoit la plupart des astronomes & des théologiens du xvje. siecle. On n'adopte pas aujourd'hui ce système d'astronomie, qui n'est qu'une espece de conciliation de ceux de Ptolemée & de Copernic; mais il sera toujours une preuve des profondes connoissances de son auteur. Tycho-Brahé avoit la foiblesse commune d'être persuadé de l'astrologie judiciaire; mais il n'en étoit ni moins bon astronome, ni moins habile méchanicien.

Non-seulement il vivoit en grand seigneur dans son île, mais il y recevoit des visites des princes mêmes, admirateurs de son savoir. Jacques VI, roi d'Ecosse, & premier du nom en Angleterre, lui fit cet honneur dans le temps qu'il passa en Danemarck pour y épouser la princesse Anne, fille de Frédéric II.

La destinée de Tycho-Brahé fut celle des grands hommes; il ne put se garantir de la jalousie de ses compatriotes, qui auroient dû être les premiers à l'admirer; il en fut au contraire cruellement persécuté après la mort du roi son protecteur. Dès l'an 1596, ils eurent le crédit de le dépouiller de son fief de Norwege & de son canonicat de Roschild. Ils firent raser ses châteaux d'*Uranibourg* & de Stell-

bourg; dont il ne reste plus rien que dans les livres de ceux qui ont pris le soin de nous en laisser la description.

Obligé de quitter l'île de Ween en 1597, il vint à Coppenhague pour y cultiver l'astronomie dans une tour destinée à cet usage. On lui envia cette derniere ressource. Les ministres de Christiern IV, qui ne se lassoient point de le persécuter, lui firent défendre par le magistrat de se servir de la tour publique pour faire ses observations.

Privé de tous les moyens de suivre ses plus cheres études en Danemarck, il se rendit à Rostock avec sa famille & plusieurs de ses éleves qui ne voulurent jamais l'abandonner; ils eurent raison, car bien-tôt après l'empereur Rodolphe se déclara le protecteur de Tycho-Brahé, & le dédommagea de toutes les injustices de ses concitoyens. Il lui donna une de ses maisons royales en Bohême, aux environs de Prague, & y joignit une pension de trois mille ducats. Tycho-Brahé plein de reconnoissance, s'établit avec sa famille & ses disciples dans ce nouveau palais, & y goûta jusqu'à la fin de ses jours, le repos que son pays lui avoit envié.

Il étoit né en 1546, & mourut en 1601, d'une rétention d'urine que lui avoit causé son respect pour l'empereur, étant avec lui dans son carrosse, qu'il n'avoit osé prier qu'on arrêtât un moment. (*D. J.*)

Tycho, sur la fin de sa vie, fit transporter de Danemarck à Prague, où il alla s'établir avec toute sa famille, les machines & les instrumens dont il s'étoit servi pour faire un grand nombre d'observations célestes très-importantes. De Prague, il les fit transporter au château de Benach; & delà il les fit ramener à Prague dans le palais de l'empereur, d'où on les fit passer dans l'hôtel de Curtz. Après la mort de Tycho, l'empereur Rodolphe, à qui les enfans de cet astronome avoient dédié un de ses ouvrages posthumes, craignant qu'on ne fit quelque aliénation de ces instrumens, ou quelque mauvais usage, voulut en avoir la propriété pour le prix de vingt-deux mille écus d'or, qu'il paya aux héritiers de Tycho; & il y commit un garde à gage, qui tint ce grand trésor si bien renfermé dans l'hôtel de Curtz, qu'il ne fut plus possible à personne de le voir, pas même à Kepler, quoique disciple de Tycho, & favorisé de l'empereur.

Ces machines demeurerent enfevelies de la forte jufqu'aux troubles de Bohême en 1619;l'armée de l'électeur Palatin croyant mettre la main fur un bien qui étoit propre à la maifon d'Autriche, les pilla comme des dépouilles ennemies, en brifa une partie, & en convertit une autre à des ufages tout différens. Le refte fut tellement diftrait, qu'on n'a pas pu favoir depuis ce que font devenus tant de précieux monumens. On vint cependant à bout de fauver le grand globe célefte, qui étoit d'airain : il fut retiré de Prague, & emporté fur l'heure à Neiffa en Siléfie, où on le mit en dépôt chez les jéfuites. Il fut enlevé treize ans après par Udalric, fils de Chriftiern, roi de Danemarck, conduit à Copenhague & placé dans l'académie royale.

M. de Fontenelle dit, dans l'*éloge du czar Pierre*, que ce prince ayant vu à Copenhague un globe célefte fait fur les deffins de Tycho, & autour duquel douze perfonnes pouvoient s'affeoir, en faifant des obfervations, demanda ce globe au roi de Danemarck, & fit venir exprès de Péterfbourg une frégate qui l'y apporta. C'eft apparemment ce même globe dont nous parlons.

M. Picart ayant été faire un voyage à *Uranibourg*, il trouva que le méridien tracé dans ce lieu par Tycho, s'éloignoit du méridien véritable. D'un autre côté cependant M. de Chazelles ayant été en Egypte, & ayant mefuré les pyramides & examiné leur pofition, il trouva que leurs faces fe tournoient exactement vers les poles du monde. Or comme cette pofition finguliere doit avoir été recherchée vraifemblablement par les conftructeurs de ces pyramides, il paroîtroit s'enfuivre delà que les méridiens n'ont point changé. Seroit-il poffible que les anciens aftronomes Egyptiens euffent bien tracé leur méridienne, & que Tycho, fi habile & fi exact, eût mal décrit la fienne ? C'eft pour quoi il ne paroît pas aifé de prononcer. *V.* **Méridien.** (O)

URANIE, *Mythol.*, mufe qui préfide à l'aftronomie; on la repréfente vêtue d'une robe couleur d'azur, couronnée d'étoiles, foutenant un globe, & environnée de plufieurs inftrumens de mathématiques, quelquefois feulement elle a près d'elle un globe pofé fur un trépié. (*D.J.*)

URANIE, *Littérature*, οὐρανία, jeu des

enfans en Grece & en Italie. On jetoit dans ce jeu une balle en l'air, & celui qui l'attrapoit le plus fouvent avant qu'elle touchât la terre, étoit le roi du jeu. Horace fait allufion, quand il dit avec une critique fenfible & délicate :

Si quadringentis fex feptem millia defunt,
Eft animus tibi, funt mores, & lingua,
    fidefque,
Plebs eris. At pueri ludentes, rex eris,
    aiunt,
Si recté feceris. Epift. j. l. L.

» Vous avez des fentimens, des mœurs, » de l'éloquence, de la bonne foi, on le » fait ; mais fi avec tout cela vous n'avez » pas un fond de cinquante mille livres, » vous ne parviendrez à rien. Les en- » fans, au milieu de leurs jeux, raifon- » nent d'une maniere bien plus fenfée : » faites bien, difent-ils à leur camarade, » & vous ferez roi. " (*D. J.*)

URANIES, *Mythol.*, les poëtes nous difent que c'étoient les nymphes céleftes qui gouvernoient les spheres du ciel. Vénus *uranie* ou la Vénus célefte méritoit bien d'avoir des nymphes qui, fous fes ordres, préfidaffent au maintien de toute la nature. (*D. J.*)

URANOPOLIS, *Géog. anc.*, 1°. ville de l'Afie mineure, dans la Pamphilie & dans la contrée appellée *Carbalie*, felon Ptolomée, *l. V. c. v.*

2°. Ville de la Macédoine, dans la Chalcidie, fur le mont Athos, felon Pline, *l. IV. c. x.* Son fondateur, au rapport d'Athénée, *l. III.* fut Alexarque, frere de Caffandre, roi de Macédoine. (*D. J.*)

URANUS, *Mytholog.* L'hiftoire dit que ce fut le premier roi des Atlantides, peuple qui habitoit cette partie de l'Afrique, qui eft au pié du mont Atlas, du côté de l'Europe.

Ce prince obligea fes fujets, alors errans & vagabonds, à vivre en fociété, à cultiver la terre, & à jouir des biens qu'elle leur préfentoit.

Appliqué à l'aftronomie, *Uranus* régla l'année fur le cours du foleil, les mois fur celui de la lune, & fit, par rapport au cours des aftres, des prédictions, dont l'accompliffement frappa tellement fes fujets, qu'ils crurent qu'il y avoit quelque chofe de divin dans le prince qui les gouvernoit, enforte qu'après fa mort ils le mirent au rang des dieux, & l'appel-

lerent *roi éternel de toutes chofes*. Titéé fa
femme étant morte, reçut auffi les honneurs divins, & fon nom fut donné à la
terre, comme celui de fon mari avoit été
donné au ciel.

On peut lire dans Diodore de Sicile,
l. III. c. iv. les autres détails de la théo-
gonie des Atlantides, qui eft affez femblable à celle des Grecs, fans qu'on fache
s'ils l'ont reçue de ces peuples d'Afrique,
ou fi les Atlantides l'ont tirée d'eux; ce
que l'on voit clairement, c'eft que le culte
du foleil & de la lune a été la plus ancienne religion des Atlantes, ainfi que de tous
les autres peuples du monde.

URAQUE, f. f. *terme de rivière*, charrette garnie de claies, dans laquelle arrive le charbon que l'on mefure enfuite à
la voie.

URBANEA, *Géog. mod.*, petite ville
d'Italie, dans l'état de l'églife, au duché
d'Urbain, fur le Métro ou Météoro, à 6
milles au fud - oueft d'Urbain, dont fon
évêque eft fuffragant. Le pape Urbain VIII.
l'embellit, & lui donna fon nom. C'eft
l'*Urbinum Metaurenfe* des anciens.

Meccio (Sébaftien), né à *Urbanea* au
commencement du xviie. fiecle, écrivit
avec affez de politeffe fur l'hiftoire Romaine. On a de lui deux livres, dont l'un
eft intitulé, *de bello Afdrubalis*, & l'autre
de hiftoria Liviana. Il mourut à 37 ans.
(D. J.)

URBANITÉ ROMAINE, *Hift. rom.*,
ce mot défignoit la *politeffe* de langage,
de l'efprit & des manieres, attachées fin-
gulierement à la ville de Rome.

Il paroit d'abord étrange que le mot
urbanité ait eu tant de peine à s'établir
dans notre langue, car quoique d'excellens écrivains s'en foient fervi, & que le
dictionnaire de l'académie Françoife l'autorife, on ne peut pas dire qu'il foit fort
en ufage, même aujourd'hui. En examinant quelle en pourroit être la raifon, il
eft vrifemblable que les François qui examinent rarement les chofes à fond, n'ont
pas jugé ce mot fort néceffaire; ils ont
cru que leurs termes *politeffe* & *galanterie* renfermoient tout ce que l'on entend
par *urbanité* en quoi ils fe font fort trompés, le terme d'*urbanité* défignant non-
feulement beaucoup plus, mais quelquefois toute autre chofe. D'ailleurs *urbani-
tas* chez les Romains étoit un mot propre,
qui fignifioit, comme nous l'avons dit,

cette *politeffe* d'efprit, de langage & de
manieres, attachée fpécialement à la ville
de Rome, & parmi nous, la politeffe n'eft
le privilege d'aucune ville en particulier,
pas même de la capitale, mais uniquement de la cour. Enfin l'idée que le mot
urbanité préfente à l'efprit, n'étant pas
bien nette, c'eft une raifon de fon peu
d'ufage.

Cicéron faifoit confifter l'*urbanité romaine* dans la pureté du langage, jointe à
la douceur & à l'agrément de la prononce
ciation; Domitius Marfus donne à l'*urbanité* beaucoup plus d'étendue, & lui
affigne pour objet non-feulement les mots
comme fait Cicéron, mais encore les perfonnes & les chofes. Quintilien & Horace
en donnent l'idée jufte, lorfqu'ils la défi-
niffent un goût délicat pris dans le commerce des gens de lettres, & qui n'a rien
dans le gefte, dans la prononciation, dans
les termes de choquant, d'affecté, de bas
& de provincial. Ainfi le mot *urbanité* qui
d'abord n'étoit affecté qu'au langage poli,
a paffé au caractere de politeffe qui fe fait
remarquer dans l'efprit, dans l'air, & dans
toutes les manieres d'une perfonne, & il
a répondu à ce que les Grecs appelloient
ἄςη, *mores*.

Homere, Pindare, Eurypide & Sopho-
cle, ont mis tant de graces & de mœurs
dans leurs ouvrages, que l'on peut dire
que l'*urbanité* leur étoit naturelle; on
peut fur - tout donner cette louange au
poëte Anacréon. Nous ne la refuferons
certainement pas à Ifocrate, encore moins
à Démofthene, après le témoignage que
Quintilien lui rend, *Demofthenem urba-
num fuiffe dicunt, dicacem negant;* mais
il faut avouer que cette qualité fe fait particuliérement remarquer dans Platon. Jamais homme n'a fi bien manié l'ironie,
qui n'a rien d'aimable, jufques - là qu'au
fentiment de Cicéron, il s'eft immortalifé
pour avoir tranfmis à la poftérité le caractere de Socrate, qui en cachant la vertu
la plus conftante fous les apparences d'u-
ne vie commune, & un efprit orné de toutes fortes de connoiffances fous les dehors
de la plus grande fimplicité, a joué en effet un role fingulier & digne d'admiration.

Les auteurs latins étant plus connus,
il ne feroit prefque pas befoin d'en parler:
car qui ne fait, par exemple, que Térence
eft fi rempli d'*urbanité*, que de fon temps

fes pieces étoient attribuées à Scipion &
à Lelius, les deux plus honnêtes hommes
& les plus polis qu'il y eût à Rome ? &
qui ne fent que la beauté des poéfies de
Virgile, la fineffe d'efprit & d'expreffion
d'Horace, la tendreffe de Tibulle, la merveilleufe éloquence de Cicéron, la douce
abondance de Tite-Live, l'heureufe briè-
veté de Salluste, l'élégante fimplicité de
Phedre, le prodigieux favoir de Pline le
naturalifte, le grand fens de Quintilien,
la profonde politique de Tacite : qui ne
fent, dis-je, que ces qualités qui font répandues dans ces différens auteurs, & qui
font le caractere particulier de chacun
d'eux, font toutes affaifonnées de l'urbanité romaine ?

· Il en eft de cette urbanité comme de
toutes les autres qualités ; pour être émi-
nentes, elles veulent du naturel & de l'acquis. Cette qualité prife dans le fens de
politeffe & de mœurs, d'efprit & de manieres, ne peut, de même que celle du
langage, être infpirée que par une bonne
éducation, & dans le foin qui y fucede.
Horace la reçut cette éducation ; il la cultiva par l'étude & par les voyages. Enhardi par d'heureux talens, il fréquenta les
grands & fut leur plaire. D'un côté, admis à la familiarité de Pollion, de Meffa-
la, de Lollius, de Mécénas, d'Auguste
même : de l'autre, lié d'amitié avec Virgile, avec Varius, avec Tibulle, avec
Plotius, avec Valgius, en un mot avec
tout ce que Rome avoit d'efprits fins &
délicats ; il n'eft pas étonnant qu'il eût
pris dans le commerce de ces hommes aimables, cette politeffe, ce goût fin & délicat qui fe fait fentir dans fes écrits. Voilà ce qu'on peut appeller *une culture fuivie*, & telle qu'il la faut pour acquérir le
caractere d'urbanité. Quelque bonne éducation que l'on ait eue, pour peu que l'on
ceffe de cultiver fon efprit & fes mœurs
par des réflexions & par le commerce des
gens de la ville & de la cour, on retombe
bientôt dans la groffiereté.

· Il y a une efpece d'*urbanité* qui eft affectée à la raillerie ; elle n'eft guere fufceptible de préceptes : c'eft un talent qui
naît avec nous, & il faut y être formé par
la nature même. Parmi les Romains on
ne cite qu'un Craffus, qui avec un talent
fingulier pour la fine plaifanterie, fait fu
garder toutes les bienféances qui doivent
l'accompagner.

L'*urbanité*, outre les perfections dont
on a parlé, demande encore un fond d'hon-
nêteté qui ne fe trouve que dans les perfonnes heureufement nées Entre les défauts qui lui font oppofés, le principal
eft une envie marquée de faire paroître ce
caractere d'*urbanité*, parce que cette affectation même la détruit.

Pour me recueillir en peu de paroles ,
je crois que la bonne éducation perfectionnée par l'ufage du grand monde , un
goût fin, une érudition fleurie , le commerce des favans, l'étude des lettres , la
pureté du langage, une prononciation délicate , un raifonnement exact , des manieres nobles, un air honnête, & un gefte
propre, conftituoient tous les caracteres de
l'*urbanité romaine*. (D. J.)

URBANUS, *Littérat*. Ce mot, outre
le fens propre, fignifie quelquefois un
plaifant de profeffion ; mais il défigne
communément un homme du bel air, un
homme qui fe pique d'efprit , de beau
langage & de belles manieres. Cicéron s'en
eft fervi en ce fens dans plufieurs paffages de fes écrits. V. URBANITÉ. (D. J.)

URBIGENUS-PAGUS, *Géog. anc.*,
canton de la Gaule-belgique , dans l'Helvétie, dont parle Céfar, *l. I. c. xxvij.* de fes
commentaires. Sa capitale fe nommoit
Urba ; c'eft aujourd'hui *Orbe*. (D. J.)

URBIN, *duché d'*, *Géogr. mod.*, pays
d'Italie, borné au nord par le golfe de Venife, au midi par l'Ombrie , au levant par
la Marche d'Ancone , au conchant par la
Tofcane & la Romagne. Sa plus grande
étendue du feptentrion au midi, eft d'environ cinquante-cinq milles, & de foixante-fix d'orient en occident. La Foglia , la
Céfena, & la Rigola, font les principales
rivieres de cette province, qui peut fe divifer en fept parties ; favoir , le duché
d'*Urbin* propre, le comté de Mont-Feltro,
le comté de Cita-di-Caftello, le comté de
Gubio , le vicariat de Sinigaglia, la feigneurie de Pefaro, la république de Saint-
Marin.

Le duché d'*Urbin*, proprement dit, occupe le milieu de la province , & s'étend
jufqu'à la mer , la Marche d'Ancone , la
Romagne & la Tofcane. C'eft un pays
mal-fain & peu fertile , dont la capitale
porte fon nom.

Ce duché a été poffédé par la maifon de
Monte-Feltro, & par celle de la Rovere.
François-Marie de la Rovere II. du nom,
ne

se se voyant aucun enfant mâle , réunit le duché d'*Urbin* au saint siege en 1626 , & mourut peu de tems après. (*D. J.*)

URBIN, *ou* URBAIN, *Géog. mod.* , anciennement *Urbinum*, petite ville d'Italie dans l'état de l'église , capitale du duché du même nom , sur une montagne entre les rivieres de Métro & la Foglia. Son évêché fut érigé en archevêché en 1551 ; & Clément X y fonda une université. Le palais des ducs d'*Urbin* fut bâti par le duc Fréderic I. duc d'*Urbin* , qui embellit ce palais de statues , de peintures , & d'une bibliotheque de livres précieux. On peut consulter au sujet de cette ville un ouvrage intitulé , *Memorie concernenti la citta di Urbino*, *Romæ* 1724, *in-fol. fig. Loug.* suivant Cassini & Bianchini , 30 , 21 ; *lat.* 43. 48'. 30.

Urbin se vante avec raison d'avoir produit des hommes célebres dans les sciences. Il est certain que Virgile , ou plutôt Vergile (Polydore) né dans cette ville au xv. siecle, ne manquoit ni d'esprit ni d'érudition. Il fut envoyé en Angleterre au commencement du siecle suivant pour y lever le tribut que l'on nommoit *denier de saint Pierre*; mais il se rendit si recommandable dans son ministere , & il se plut de telle sorte dans ce pays, qu'il résolut d'y passer sa vie; il renonça donc à la charge d'exacteur de ce tribut, & obtint la dignité d'archidiacre de l'église de Wels. Il ne se dégoûta point du royaume, lorsque les affaires de la religion changerent sous Henri VIII & sous Edouart ; ce ne fut qu'en 1550 qu'il en sortit, à cause que sa vieillesse demandoit un climat plus chaud; & le roi lui accorda la jouissance de ses bénéfices dans les pays étrangers. On croit qu'il mourut à *Urbin* l'an 1556.

Son premier livre fut un recueil de proverbes qu'il publia en 1498. Son second ouvrage fut celui *de rerum inventoribus* , dont il s'est fait plusieurs éditions. Son traité des *prodiges* parut l'an 1526 ; c'est un ouvrage bien différent de celui de Julius-Obsequens, augmenté par Lycosthenes; car Polydore y combat fortement les divinations. Il dédia à Henri VIII, en 1533 son histoire d'Angleterre, dont les savans critiques Anglois ne font aucun cas. Voici ce qu'en dit Henri Savil: *Polydorus in rebus nostris hospes, & (quod caput est) neque in republicâ versatus, nec vir magni ingenii ; pauca ex multis delibans, & fusè*

plerùmque pro veris amplexus , historiam nobis reliquit, cùm cætera mendosam , tùm exiliter sanè & jejune corscriptam.

Le comte *Bonarelli* (*Gui Ubaldo*) naquit à *Urbin* en 1563 , & mourut à Fano en 1608 , à 45 ans. Il est auteur de la Philis de Scyro, *Filli di Sciro*, pastorale pleine de graces & d'esprit, dont j'ai déja parlé au mot SCYROS.

Commandin (Fréderic) naquit à *Urbin*, en 1509, & mourut en 1575 , âgé de 66 ans. Il étudia d'abord la médecine, mais trouvant trop d'incertitude dans les principes de cette science, & trop de dangers dans ses expériences , il s'appliqua tout entier à l'étude des mathématiques , & y gagna beaucoup de gloire. Le public lui est redevable de plusieurs ouvrages des mathématiciens Grecs qu'il a traduits & commentés ; par exemple, d'Archimede, d'Apollonius, de Pappus, de Ptolemée, d'Euclide. On lui doit encore *Aristarchus de magnitudinibus ac distantiis solis & lunæ*, à Pésaro, 1572, *in-*4°. *Hero de spiritalibus*, à Urbin , 1575 , *in-*4°. *Machometes Bagdedinus de superficierum divisionibus* , à Pésaro 1570, *in-fol.* Le style de Commandin est pur , & il a mis dans ses ouvrages tous les ornemens dont les mathématiques sont susceptibles. *Baldus* (Bernardin) a fait sa vie, & nous assure que s'il n'avoit pas trop aimé les femmes, Momus n'auroit rien pu trouver à reprendre dans cet habile géometre. Commandin mérite sans doute d'être loué; mais ce n'est pas la plus petite de ses louanges , que d'avoir eu le même Baldus pour disciple.

En effet, Baldus se montra un des plus savans hommes de son temps. Il naquit à *Urbin* l'an 1553, fut fait abbé de Guastalla, l'an 1586 , & mourut l'an 1617 , à 64 ans. Il passa sa vie dans l'étude, sans ambition, sans vaine gloire , plein de bonté dans le caractere , excusant toujours les fautes d'autrui, & cependant fort dévot , non-seulement pour un mathématicien , mais même pour un homme d'église , car il jeûnoit deux fois la semaine , & communioit tous les jours de fêtes.

Son premier ouvrage est un livre des machines de guerre, *de tormentis bellicis, & eorum inventoribus*. Les commentaires qu'il publia l'an 1582 sur les *méchaniques d'Aristote* , prouverent sa capacité en cette sorte de connoissances. Il mit au jour quelque temps après, le livre *de verborum*

y

vitruvianorum fignificatione. Il publia,
l'an 1595, cinq livres *de novâ gnomonice.*
Comme il poffédoit les langues orientales, il traduifit fur l'hébreu le livre de Job
& les lamentations de Jérémie. Il fit auffi
un dictionnaire de la langue arabe. Ce
n'eft pas tout, il traduifit *Heronem de au-
tomaticis & baliftis,* les paralipomenes de
Quintus Calaber, & le poëme de Mufée.
Enfin il donna dans le cours de fes voyages, quelques poëmes, les uns en latin, les
autres en italien ; & c'eft dans cette derniere langue qu'eft écrit celui de l'*art de
naviger.* Il aimoit tellement le travail,
qu'il fe levoit à minuit pour étudier, &
qu'il lifoit même en mangeant. Fabricius
Scharloneinus a écrit fa vie que les curieux peuvent confulter.

Un des plus favans antiquaires du dernier fiecle, *Fabretti* (Raphaël), naquit à
Urbin, l'an 1619. Il voyagea dans toute
l'Italie, en France & en Efpagne, où il
demeura 13 ans, avec un emploi confidérable que lui procura le cardinal Impéria-
li; mais l'amour qu'il avoit pour les antiquités, lui fit défirer de revenir à Rome,
où les papes Alexandre VIII & Innocent
XII, le comblerent de bienfaits. Fabretti
en profita, pour fe donner entierement à
fon étude favorite. Plufieurs excellens
ouvrages en ont été les fruits. En voici le
catalogue.

1°. *De aquis & aquæ-ductibus veteris
Romæ differtationes tres. Romæ* 1680, *in-
4°.* Il y avoit dans l'ancienne Rome environ vingt fortes de ruiffeaux que l'on
avoit fait venir de lieux affez éloignés
par le moyen des aqueducs, & qui y produifoient un grand nombre de fontaines.
Ces aqueducs tenoient leur rang parmi
les principaux édifices publics, non-feulement par leur utilité, mais encore par la
magnificence, la folidité & la hardieffe de
leur ftructure. Fabretti tâche dans cet ouvrage d'expliquer tout ce qui regarde ces
fortes d'antiquités; & fon livre peut beaucoup fervir à entendre Frontin, qui a traité des aqueducs de Rome, tels qu'ils
étoient de fon temps, c'eft-à-dire, fous
l'empire de Trajan. Les differtations de
Fabretti contiennent quantité d'obfervations utiles, au jugement de Kufter. Elles
ont été inférées dans le quatrieme volume des *antiquités romaines de* Grevius,
avec des figures. Utrecht, 1697, *in-fol.*

2°. *De columna Trajana, fyntagma.* Ac-

*cefferunt veteris tabellæ anagliphæ Homeri
iliadem, atque ex Stefichoro, Arctino,
Lefche, Ilii excidium continentis & emif-
farii lacus Fucini defcriptio. Romæ,* 1683,
in-fol. Ce livre eft rempli de recherches
d'antiquités fort curieufes.

3°. *Infcriptionum antiquarum, quæ in
ædibus paternis affervantur, explicatio.
Romæ,* 1699, *in-fol.* Cet ouvrage eft divifé en huit chapitres. Le premier traite
de titulis & columbariis. Pour l'intelligence de ces termes, il faut favoir que
les anciens, & principalement les perfonnes de diftinction, avoient de fort
grands tombeaux qui fervoient pour toutes les perfonnes de la même famille. Ces
tombeaux étoient partagés en différentes
niches, femblables à celles d'un colombier, ce qui leur a fait donner le nom de
columbaria par les Latins.

Dans chaque niche il y avoit une urne
où étoient les cendres d'une perfonne,
dont le nom étoit marqué deffus; ces infcriptions s'appelloient *tituli.* Fabretti
prouve qu'il n'y a jamais eu de loi chez
les Romains de brûler les morts; & que
depuis le temps de Sylla le dictateur, qui
eft le premier dont on a brûlé le corps,
l'ancien ufage d'enterrer les morts n'a jamais entierement ceffé. Les urnes où l'on
recueilloit les cendres s'appelloient *olla,*
& avant que les cendres y fuffent mifes,
virgines. L'auteur établit dans ce même
chapitre, que par les mots *livia Augufti*
dans les infcriptions, les anciens défignoient la femme d'Augufte, & non fa
fille ; & que tous les gladiateurs n'étoient
pas de condition fervile, mais qu'il y en
avoit de l'ordre des chevaliers. Dans le
chapitre fecond il juftifie que le nom *de
genii* fe donnoit tantôt aux *dii manes,* tantôt aux ames humaines, tantôt à ces puiffances qui tenoient le milieu entre les
dieux & les hommes.

Il prouve auffi que la ville *de* Parme
s'appelloit anciennement *Julia Chryfopo-
lis.* Il obferve dans le troifieme chapitre,
que les anciens mettoient un point à la
fin de chaque mot dans leurs infcriptions,
mais toujours à la fin de chaque ligne, &
quelquefois à la fin de chaque fyllabe. Il
recherche la fignification du mot *afcia*
dans les anciennes infcriptions ; terme,
dit-il, qu'il ne trouve guere que dans les
infcriptions des Gaules. Il remarque dans
le quatrieme chapitre, que le mot d'*ala*

aus, ne se prend jamais dans les bons auteurs dans un sens actif : mais dans un sens passif. Il montre dans le septieme, que les poids des anciens étoient plus grands que ceux des modernes. Il soutient dans le huitieme, que les vaisseaux de verre que l'on trouve auprès des tombeaux des anciens chrétiens, sont des preuves de leur martyre, & que les taches rouges qu'on y apperçoit, sont des restes du sang que les sideles y ont mis, ce qui n'est nullement vraisemblable, & est peu physique.

A la sin de ce recueil, il rend compte des corrections qu'il a faites dans les inscriptions recueillies par Gruter en deux volumes ; outre un grand nombre d'autres corrections sur divers autres compilateurs d'inscriptions, qui sont répandues dans l'ouvrage même.

M. Fabretti avoit une capacité merveilleuse pour dechiffer les inscriptions qui paroissent toutes désigurées, & dont les lettres sont tellement effacées, qu'elles ne sont presque plus reconnoissables. Il nettoyoit la surface de la pierre, sans toucher aux endroits où les lettres avoient été creusées ; ensuite il mettoit dessus un carton bien mouillé, & le pressoit avec une éponge, ou un rouleau entouré d'un linge ; ce qui faisoit entrer le carton dans le creux des lettres pour en prendre la poussiere qui s'y attachoit, & dont la trace faisoit connoitre les lettres qu'on y avoit autrefois gravées.

M. Baudelot dans son livre de l'*utilité des voyages*, indique un secret à-peu-près semblable, pour lire sur les médailles les lettres qu'on a de la peine à déchiffrer. (*D. J.*)

URBINUM, *Géog. anc.* ville d'Italie, dans l'Umbrie, près de la voie Flaminienne du côté du couchant, entre le *Metaurus* & le *Pisaurus*, à-peu-près à égale distance de ces deux fleuves, selon Tacite, Procope & Paul Diacre. Elle conserve encore son ancien nom ; car on l'appelle *Urbino*.

Pline. *l. III. c. xiv.* nomme ses habitans *Urbinates* : mais il distingue deux sortes d'*Urbinates*, les uns surnommés *Metaurenses*, & les autres *Hortenses* ; & comme il est sans contredit, que les premiers demeuroient sur le bord du Metaurus, où étoit la ville *Urbinum Metaurense*, aujourd'hui *Castel-Durante*, il s'en-

suit que les *Urbanites Hortenses* habitoient la ville d'*Urbinum*, devenue depuis la capitale du duché d'Urbin.

Procope dit qu'il y avoit dans *Urbinus* une fontaine, où tous les habitans puisoient de l'eau. Cette fontaine, selon Cluvier, *Ital. ant. l. II. c. vj.* est aujourd'hui hors de la ville, au pié de la citadelle. C'étoit un municipe considérable, comme le prouvent plusieurs inscriptions qu'on y voit encore présentement. (*D.J.*)

URBS ou *URBIS*, *Géog. anc.*, fleuve d'Italie, dans la Ligurie, selon Claudien, *de Bel. get. v. 554.* qui en parle ainsi :

· · · · *Ligurum regione supremâ*
   Pervenit ad fluvium miri cognominis
     Urbem.

Ce fleuve se nomme encore aujourd'hui *Urba* ou *Orba* : il mouille la ville d'Ast.

URBS-SALVIA, *Géogr. anc.*, aujourd'hui *Urbi Saglia*, ville d'Italie dans le Picenum, en-deçà de l'Apennin. La table de Peutinger, écrit *Urbe-Sal-via*, & la marque à douze milles de Racina. (*D J.*)

URBS VETUS, *Géog. anc.*, ville d'Italie, dans l'Etrurie, selon Paul-Diacre, Longobard, *liv. IV. c. xxxiij.* Procope la met sur le *Clanis* aujourd'hui la *Chiana*, & la nomme *Urbiventus.* On croit que cette ville est Orviete.

URE, s. m. *Hist. nat. des quadrupedes*, en latin *urus*, & je ne peux mieux rendre ce mot qu'en le francisant ; car le mot de bœuf sauvage ne répond pas aussi bien au terme latin. L'ure est un quadrupede, dont les anciens ont beaucoup parlé ; cet animal a la corne large, le poil noir & court, le corps gros, la peau dure, & la tête fort petite proportionnellement à la grosseur du corps. Virgile appelle avec raison ces animaux *sylvestres*, Georg. l, *II. v. 374.*

Sylvestres uri, assidué capræque sequaces
  Illudunt.

„ Les *ures* & les chevreuils qui se sui-
„ vent de près, feroient de grands dégats
„ dans notre vigne „. Servius remarque que les *ures* de Virgile naissent dans les Pyrénées, & qu'ils sont ainsi nommés du mot grec ορος, *montagne*.

César est le premier Romain qui les ait décrits, *l. VI. bell. gallico.* Il dit que les *ures* sont un peu moins grands que les éléphans ; qu'ils ressemblent à un taureau, & qu'ils en ont la couleur & la figure ; qu'ils sont d'une force & d'une vitesse

V 2

merveilleufe; qu'ils fe jettent fur tout ce qu'ils apperçoivent, homme ou bête, qu'on les prend dans des foffes ou trapes, & qu'on les met à mort; il ajoute que les jeunes Gaulois s'exerçoient à leur chaffe, qu'ils rapportoient les cornes de ces animaux pour témoignage de leur valeur; que ceux qui en tuoient le plus acquéroient le plus de gloire, que les *ures* ne pouvoient s'apprivoiler, pas même quand on les prenoit tout petits; que l'ouverture & la forme de leurs cornes étoient fort différentes de celle de nos bœufs; que les Gaulois les recherchoient avec foin; qu'ils en revêtoient les bords d'un cercle d'argent, & s'en fervoient au lieu de coupes dans les feftins folemnels.

Solin met les *ures* en Germanie. Pline prétend que les forêts des Indes en font pleines; nous favons auffi que l'Afrique en a quantité; mais les *ures* de l'Europe different beaucoup des *ures* de l'Afrique & de l'Afie; nous en avons parlé avec quelque étendue au mot T A U R E A U *fauvage*. (D. J.)

URÉDELÉE, f. f. *terme de pêche*, forte de rets qui eft une efpece de picot, à la côte, & à pié. Ce rets a environ 15 à 20 braffes de longueur, une braffe de chûte par les bouts, & il augmente à mefure qu'il avance dans le milieu, où il a alors au moins 3 à 4 braffes de chûte.

Il faut ordinairement dix à onze hommes pour la pêche avec ce filet, & un feul acon pour porter le rets à l'eau. Il y a aux deux bouts un bâton, comme aux feines & aux colerets, avec cette différence que le rets ne traîne jamais; qu'il n'eft chargé ni de plomb, ni de pierres par le bas, & qu'il n'a que la corde du pié, & les bouts frappés fur le bâton qui fait couler bas le pié du rets. Deux hommes, un à chaque bout, tiennent le filet un peu en cercle, l'ouverture du côté de terre, & le fond expofé à la mer. La pêche s'en fait de marée montante, une heure au plus, avant le plein de l'eau. Le haut du rets eft garni de flottes de liege enfilées, pour le foutenir à fleur-d'eau. Il faut commencer la pêche avant le juffant, parce que les poiffons qui ont monté à la côte avec le flux, s'en retournent à l'inftant que le reflux fe fait fentir. Quand le rets eft expofé le long de la côte, cinq à fix hommes fe mettent à l'eau jufqu'au cou, & battent l'eau avec des perches,

allant du bord de la côte vers le filet dans lequel ils chaffent les muges ou mulets, qui font les feuls poiffons qu'on prenne à ces côtes de cette maniere.

Pour relever le rets, lorfque le trait ou le land eft fini, les deux hommes qui tiennent le bâton ou le canon du rets, le relevent, & joignant en même temps enfemble les deux lignes de la tête & du pié, ils en ramaffent tout le poiffon qu'ils viennent jetter dans l'acon, pour recommencer encore un nouveau trait fi la marée le permet.

Cette pêche dure à cette côte pendant trois mois, de la S. Jean à la S. Michel, parce que plus les eaux font chaudes, & plus volontiers les muges ou mulets rangent la côte. Les vents d'eft & d'eft-fudeft, font les plus favorables; ceux d'aval font fuir le poiffon de la côte.

Cette pêche ne fe fait jamais que de jour; elle ne peut caufer aucun préjudice au général de la pêche, parce qu'elle fe fait fur des fonds de vafes & de bourbes, où le frai, comme on l'a remarqué, ne fe forme point, fi on excepte celui des anguilles.

Les mailles de ces *uredelées* font de trois efpeces; les plus larges ont feulement 12 lignes en quarré, les autres dix; & les plus ferrées, qui font au fond pour arrêter ce qui entre dans le filet, n'ont que 6 lignes auffi en quarré, en quoi il y auroit de l'abus; mais avec des mailles de 15 lignes en quarré, permifes pour faire la pêche du grand bancau, par la déclaration du 18 mars 1727, ces pêcheurs pourront, fans abus, faire une bonne pêche avec fuccès.

UREDO, *Maladies*, eft un mot latin, qui fignifie la nielle ou brouïne des arbres ou des herbes. V. NIELLE, BROUÏNE, MALADIES *des plantes*, &c.

Les médecins emploient auffi quelquefois ce terme pour marquer une démangeaifon de la peau. V. GRATELLE.

URENA, f. f. *Hift. nat. Bot.*, nom donné par Dillenius à un genre de plante, dont voici les caractères felon Linnæus. Le calice eft une double enveloppe; l'extérieure eft formée d'une feule feuille, légèrement découpée en cinq larges fegmens; l'intérieure eft compofée de cinq feuilles étroites & angulaires. La fleur eft à cinq pétales oblongs qui naiffent enfemble, s'élargiffent vers le fommet, & finissent en une pointe obtuse ; les étamines sont des filets nombreux, qui vers leur base croissent en cylindre, mais qui se dégagent à leur sommité. Le germe du pistil est arrondi ; le stile est simple, de la longueur des étamines, & est couronné de dix stygma, chevelus & recourbés. Le fruit est une capsule arrondie, formant cinq angles, & contenant cinq loges. Les graines sont uniques, rondelettes, mais en quelque maniere applaties à leur pointe. Linnæi gen. plant. page 329. Dillen. elthâm. page 319.

URETAC, s. m. Marine, c'est une manœuvre qu'on passe dans une poulie, qui est tenue par une herse dans l'éperon, au-dessus de la saisine du beau-pré, & qui sert à renfoncer l'amure de misaine, quand il est nécessaire qu'elle le soit.

URETERE, s. m. Anatom. Les ureteres sont deux canaux longs, ronds & membraneux, de la grosseur d'une plume à écrire. Ils sortent de chaque côté de la partie cave des reins, & descendant le long des muscles psoas, en forme d'S capitale, enfermés dans la duplicature du péritoine, ils vont se terminer postérieurement vers le col de la vessie.

Ils sont composés de trois tuniques, dont la première est charnue, la seconde est nerveuse, & la troisieme veloutée ; cette derniere empêche que l'âcreté de l'urine n'irrite les fibres nerveuses.

Ils reçoivent des rameaux d'arteres & de veines des parties voisines, & des nerfs de l'intercostal, & des vertebres des lombes, qui donnent à ces canaux un sentiment très-vif, & sont souffrir d'extrémes douleurs à ceux qui sont attaqués de la gravelle, ou de la néphrétique.

Mais pour mieux développer l'origine & la structure des ureteres, il faut savoir qu'il part de la circonférence des papilles rénales 11 à 12 canaux membraneux, qui les reçoivent avec l'humeur qui en découle, & qui forment trois rameaux dont l'union ne produit qu'un large bassinet, lequel se termine en un seul tuyau membraneux, épais, fort, garni d'arteres, de veines, de nerfs, de petits vaisseaux lymphatiques, de fibres motrices & de lacunes mucilagineuses, propres à adoucir ses parois. Ce canal (l'uretere) va d'abord droit en-bas, se courbe aussitôt, couvert par la lame du péritoine d'une largeur inégale en différens endroits.

Il va s'insérer à la partie postérieure de la vessie, presqu'à deux doigts de distance de la partie inférieure de son col, & de l'autre uretere. Après avoir percé la tunique extérieure, & parcouru obliquement l'espace du petit doigt entr'elle & la tunique interne, il s'insinue dans la cavité de la vessie. Il y forme, par la production de ses fibres, un corps rond, long, déterminé en bas, qui empêche l'urine de remonter dans l'uretere, lorsque la vessie est pleine ; car alors l'expansion de la vessie fait que ce corps tire nécessairement l'uretere en bas & le bouche. Ce canal est donc tellement situé & construit, qu'il peut sûrement porter l'urine des reins dans la vessie, sans qu'elle puisse jamais remonter dans ce canal, quelque comprimée qu'elle soit.

Il résulte de ce détail, que les plaies des ureteres sont suivies de violentes douleurs aux flancs, le blessé rend des urines sanglantes ; & lorsque ces conduits sont totalement coupés, il souffre une suppression d'urine, qui s'épanchant dans la cavité du ventre, se corrompt bientôt faute d'issue, & cause la mort au malade.

Parlons maintenant des jeux que la nature exerce sur cette partie. D'abord M. Ruysch dit avoir observé que les ureteres descendent quelquefois des reins vers la vessie en ligne spirale ; mais Riolan a vu des choses bien plus singulieres dans le corps d'un vérolé, qui venoit de finir ses jours au bois d'une potence. Ce fut en 1611 qu'il fit la dissection du cadavre ; il trouva premierement deux ureteres à chaque rein, où ils avoient chacun leur cavité particuliere, séparée par une membrane mitoyenne. L'insertion de chaque uretere se faisoit en divers endroits de la vessie ; l'un y entroit joignant le col, & l'autre par le milieu du fond. Ils étoient tous deux creux, & égaux en grosseur ce n'est pas tout. Riolan trouva trois émulgentes au rein droit, & une seule au rein gauche, qui jettoit une double branche. Pour comble de singularités en ce genre, les spermatiques sortoient des émulgentes à droite & à gauche.

Il arrive encore d'autres jeux de la nature sur les ureteres. Le bassinet du rein, qui n'est autre chose qu'une dilatation de l'extrémité supérieure de l'uretere, se divise quelquefois avant que d'être reçu dans la profonde scissure, qui augmente

la concavité du rein ; & dans le cas particulier de cette division ,. l'on trouve
deux bassinets , qui sont néanmoins d'ordi-
dinaire plus petits de moitié que le seul
qu'on rencontre presque toujours.

Nous avons vu que la premiere observation de Riolan , dans le cadavre de son
malheureux vérolé , étoit deux *ureteres* à
chaque rein au lieu d'un seul ; mais comme ce jeu de la nature est fort commun,
on a tenté d'en chercher la raison en Physiologie , & je trouve les conjectures de
M. Hunault trop plausibles pour les supprimer.

Un *uretere* se divise ordinairement
dans le rein en deux ou trois branches ;
chacune de ces branches va ensuite former des especes d'entonnoirs, qui embrassent les mamelons du rein. Si dans
les premiers tems du développement de
l'embryon, & lorsque les reins & la vessie
se touchent pour ainsi dire, l'accroissement se fait dans l'*uretere* & ses branches,
comme il se fait le plus ordinairement ;
les branches se réuniront dans la sinuosité du rein, & un seul *uretere* ira du rein à
la vessie. Si ces branches croissent plus à
proportion que l'*uretere*, elles se réuniront au dessous du rein, à une distance
plus ou moins grande ; & c'est ce qu'on
rencontre assez souvent. Si enfin deux ou
trois de ces branches prennent beaucoup
d'accroissement, tandis que l'*uretere* n'en
prend point, alors il y aura deux ou trois
ureteres qui s'étendront depuis le rein
jusqu'à la vessie. Jetez les yeux sur la
premiere figure de la troisieme planche
d'Eustache, vous verrez sensiblement que
ces trois *ureteres* ne sont que les branches
qui se réunissent pour l'ordinaire dans la
sinuosité du rein , & vous reconnoîtrez
dans la branche inférieure, les calices qui
en partent pour embrasser les mamelons
du rein. (*D. J.*)

URETERES, *maladies des*, *Médec*. Les
deux canaux membraneux, situés de chaque côté des deux reins, se nomment *ureteres*. Ils sont doués d'une grande sensibilité , & enduits intérieurement d'une
humeur onctueuse ; après avoir fait une
courbure, ils vont se rendre dans la vessie , & y déposent l'urine dont ils sont
chargés.

Quand ce canal à l'entrée de la vessie
est obstrué par le calcul, du pus, de la mucosité trop épaisse ou trop abondante, il

acquiert une grande capacité , & delà résulte la suppression de l'urine ; si le calcul
se trouve adhérent à l'extrémité de ce canal , il est impossible de l'atteindre avec
le cathétère , mais on vient à bout de le
tirer en faisant une ouverture au périnée.
Si la trop grande acrimonie de la mucosité ou le calcul, qui souvent s'arrête au milieu des *ureteres* , vient à passer par ces
canaux pendant qu'il descend , le malade
éprouve un sentiment cruel de douleur
depuis les lombes jusqu'aux aines & au
pubis. La rupture ou la blessure des *ureteres* fait couler dans la cavité du bas-
ventre, ou dans son tissu cellulaire, l'urine qu'ils charient. (*D. J.*)

URETRE DE L'HOMME, *Anat.*, canal membraneux presque cylindre , continu au col de la vessie , prolongé jusqu'à l'extrémité du gland ; il faut y remarquer,

1°. La situation dans un sillon formé
par l'interstice, que les deux corps caverneux laissent entr'eux inférieurement.

2°. Le cours qui ne suit pas une ligne
droite, il y a une courbure particuliere.

3°. La longueur qui est de 12 ou 13
pouces.

4°. La grosseur qui approche de celle
d'une plume à écrire.

5°. La substance qui est composée de
deux membranes fortes, l'une est interne
& l'autre externe ; il y a dans l'entre-
deux une substance caverneuse, où quelques auteurs ont remarqué qu'il y a de
glandes.

6°. Le bulbe ou la protubérance de
l'*uretre* est la partie postérieure, qui est
plus épaisse que le reste, située auprès des
prostates, large d'un pouce, & semblable
en quelque maniere à un oignon.

7°. La surface interne , qui est percée
de divers trous ; les uns sont ronds, & les
autres oblongs, il en sort une liqueur visqueuse.

8°. Les trois glandes décrites par Cowper. Il y en a une à chaque côté de l'*uretre*, entre les muscles accélérateurs & le
bulbe de l'*uretre* ; elles ont une figure
ovoïde, elles sont un peu applaties, leur
grandeur est comme celle d'une petite
feve ; il y a pour chacune un tuyau particulier de la longueur de deux doigts,
qui perce la double tunique de l'*uretre* ;
c'est par ce canal qu'elles envoient dans
la cavité de l'*uretre* une liqueur transpa-

reate, vifqueufe ou muqueufe. Il y a une troifieme glande, qui eft dans l'angle formé par la courbure de l'*uretre* fous les os pubis; elle eft, à ce qu'on prétend, dans le tiffu fpongieux ou caverneux de l'*uretre*. Cowper l'a repréfentée comme ayant la figure d'une lentille.

9°. La petite glande de M. Litre, qui eft entre les deux membranes de l'*uretre* prefque au deffous des proftates; elle eft d'une couleur rouge foncée, large d'un pouce. de l'épaiffeur de deux lignes; elle environne la membrane interne de l'*uretre* comme une ceinture, & la perce de plufieurs petits trous qni donnent paffage à une liqueur mucilagineufe deftinée à humecter l'*uretre*.

Il faut encore remarquer les vaiffeaux & les nerfs de l'*uretre*. Les vaiffeaux fanguins viennent des vaiffeaux hypogaftriques. Les vaiffeaux lymphatiques font parfaitement repréfentés dans les planches de Cowper & de Dracke. Les nerfs viennent des derniers nerfs de l'os facrum. Voilà ce qu'on doit remarquer en général dans l'*uretre*; voici maintenant l'expofition de la ftructure détaillée de cette partie, faite pour les gens de l'art.

L'*uretre* de l'homme eft un canal rond, recourbé du côté du ventre depuis le col de la veffie où elle commence, jufqu'à la partie inférieure des os pubis, & pendant depuis les os pubis jufqu'à l'extrémité du gland où il finit. Ce canal eft long de 12 à 13 pouces; il eft placé fous les deux corps caverneux, depuis l'endroit de leur union jufqu'au bout de la verge; il eft couvert de la même peau que les corps caverneux, & forme trois tumeurs, dont l'une eft fituée en fon commencement,& fe nomme la *glande proftate*; la feconde eft un pouce en - deçà de la première, & s'appelle le *bulbe* de l'*uretre*; on donne le nom de *gland* à la troifieme, qui termine ce canal.

L'*uretre* eft compofé de membranes,de glandes, de fubftance fpongieufe,de mufcles & de vaiffeaux.

L'*uretre* a deux membranes, qui font minces & d'un tiffu fort ferré. La membrane extérieure couvre le dehors de l'*uretre*, & le dedans du prépuce; & l'intérieure tapiffe feulement le dedans de ce canal. Ces deux membranes laiffent entr'elles un efpace qui eft rempli de glandes, & d'une fubftance fpongieufe. ___

La première glande renfermée entre les membranes de l'*uretre* de côté de la veffie eft la glande proftate. Cette glande n'eft pas double comme on dit,puifqu'elle eft continue en toutes fes parties. Elle eft placée à la racine de l'*uretre*; fa figure eft conique, & reffemble à un petit cœur; elle eft longue d'un pouce trois lignes, & enveloppe ce canal dans toute fa longueur, & elle eft épaiffe de fept lignes; la bafe qui eft du côté de la veffie eft large d'un pouce quatre lignes, & fa pointe, qui eft du côté du gland, a neuf lignes de largeur; elle eft enveloppée de fibres mufculeufes, & compofées d'environ douze petits facs, qui n'ont entr'eux aucune communication par leur cavité, & qui fe terminent dans le canal de l'*uretre* autour du veru-montanum par autant de tuyaux, gros comme des foies de porcs.

Il y a dans chacun de ces facs quantité de petits grains glanduleux, dont les conduits excrétoires, (qui ont chacun un fphincter à leur extrémité) s'ouvrent dans la cavité de ces facs, & y dépofent la liqueur qu'ils filtrent, comme dans autant de réfervoirs. Cette liqueur eft peut-être de quelque ufage pour la génération, en fe mêlant avec la femence dans le baffin de l'*uretre* pendant le coït; elle peut fur-tout fervir à enduire la fuperficie intérieure du canal de l'*uretre*, pour rendre à l'urine ce paffage plus coulant & plus aifé, & le garantir de l'acrimonie de cette liqueur.

La deuxieme glande, placée entre les deux membranes de l'*uretre* immédiatement après la glande proftate du côté du gland, eft une glande qu'on appelle la *glande de Litre*. Cette glande eft d'une couleur rouge-foncée; elle forme autour de l'*uretre* une efpece de bande unie, large d'un pouce, épaiffe de deux lignes, & perce la membrane intérieure de l'*uretre* dans toute fa circonférence par un grand nombre de conduits excrétoires, qui verfent dans ce canal la liqueur que la glande filtre. Cette liqueur eft un peu mucilagineufe,& par conféquent propre à enduire le canal de l'*uretre*.

L'efpace qui refte entre les deux membranes de l'*uretre*,depuis la dernière glande, dont je viens de parler, jufqu'à la fin de ce canal, eft occupé par une fubftance fpongieufe, compofée d'un très - grand nombre de fibres mufculaires. Ces fibres

V 4

s'entre-croisent en différentes manieres, & laissent entr'elles quantité de petites cellules, dans lesquelles une grande partie des arteres capillaires se terminent, & d'où nait un pareil nombre de veines. Cette substance spongieuse en son commencement s'éleve en-dehors, principalement par la partie inférieure ; elle forme une tumeur ou bulbe longue d'environ un ponce, de figure conique, dont la base, qui est du côté de la vessie, a huit lignes d'épaisseur, & la pointe, qui est du côté du gland, en a quatre ; depuis cette tumeur jusqu'au gland, elle est épaisse d'une ligne & demie dans les deux côtés & au-dessous, & d'une demi ligne seulement le long de la partie supérieure.

Enfin la substance spongieuse contenue entre les deux membranes de l'*uretre* a dans le gland cinq lignes d'épaisseur à l'endroit de sa base, qu'on appelle *couronne*, & deux lignes dans le bout opposé.

La substance spongieuse de l'*uretre*, de même que celle des corps caverneux, en se remplissant de sang & d'esprits animaux, donne à la verge toute la roideur & toute la tension dont elle a besoin pour être propre à la génération.

La membrane qui couvre le dehors du gland est extrêmement fine, apparemment parce qu'elle se sépare au commencement du gland en deux parties, dont l'extérieure tapisse le dedans du prépuce. Le frein qui attache fortement le gland au prépuce, par sa partie inférieure, n'est autre chose que la membrane extérieure du gland qui est double en cet endroit. La partie de l'*uretre* qui fait portion du gland, est retroussée par sa partie postérieure sur l'extrémité antérieure des deux corps caverneux, & les couvre exactement de tous côtés.

On remarque autour de la couronne des corps gros comme une soie fine de porc, longs d'une demi-ligne, de figure presque cylindrique, posés parallelement sur cette couronne, selon la direction du gland, & éloignés les uns des autres d'un tiers de ligne. On entrevoit à l'extrémité postérieure de chacun de ces corps un petit trou, d'où l'on peut faire sortir quelquefois une matiere blanche & épaisse, qui en sortant se forme en filets, comme celles qu'on exprime des glandes des paupieres.

Ce méchanisme semble prouver que les petits corps de la couronne du gland sont des glandes aussi bien que celles des paupieres, & non pas les mamelons de la peau gonflée, puisqu'il ne sort aucune matiere par les mamelons de la peau. D'ailleurs ils sont quatre fois plus épais que la membrane qui couvre le dehors du gland, & ils sont toujours fort sensibles dans tous les glands de l'homme autour de la couronne, jamais autre part & toujours à peu près dans le même nombre. D'où on peut conclure que ces petits corps sont dans l'homme la véritable source de la matiere blanche & onctueuse, qu'on remarque entre la couronne du gland & la racine du prépuce ; d'autant plus qu'avec le microscope même, on n'apperçoit dans le prépuce, rien qui ait la moindre apparence de glande. D'ailleurs toutes les filtrations connues se faisant par des glandes, il faut absolument qu'il y en ait dans le prépuce ou dans le gland pour filtrer la matiere blanche & onctueuse, dont on vient de parler, laquelle en huilant le gland & le prépuce empêche que ces deux parties ne se dessechent & ne se collent l'une à l'autre.

La superficie intérieure du canal de l'*uretre* est lisse & uniforme par-tout, hormis vers sa racine où l'on trouve une petite éminence & deux petites cannelures.

La petite éminence est située verticalement au milieu de sa partie inférieure de la racine de ce canal, à six lignes du col de la vessie ; elle ressemble à une petite crête de coq, & on l'appelle communément le *veru montanum*. On remarque à chacun des deux côtés de cette éminence un trou, de figure un peu ovale & large d'environ une ligne. Ces trous ne sont autre chose que l'embouchure des deux conduits excrétoires communs des vésicules séminales, lesquels, après avoir traversé la partie supérieure de la glande prostate, se terminent dans la cavité de l'*uretre* pour y verser la semence dans le tems du coît.

Les deux cannelures de l'*uretre* sont aussi placées à la partie inférieure de ce canal, desorte que le commencement de chacune répond à un des trous du veru-montanum ; elles sont séparées l'une de l'autre par une simple ligne formée par l'alongement du veru-montanum ; leur profondeur est superficielle ; elles ont 8 lignes de longueur sur une de largeur, & se portent du côté du gland en diminuant peu à peu de leur largeur & de leur profondeur.

Le canal de l'uretre forme en son commencement une espece de bassin, qui a environ un pouce de longueur sur cinq lignes de largeur. Le pouce suivant de la cavité de ce canal n'est large que de deux lignes, & le reste l'est de près de trois.

Entre la membrane extérieure de l'uretre & les muscles accélérateurs de la verge, on trouve deux glandes, une de chaque côté, que M. Cowper a décrites. Ces glandes ont chacune un conduit excrétoire commun, long de deux pouces, & gros d'une demi-ligne ; ces conduits dès leur naissance percent la membrane extérieure de l'uretre ; ensuite ils rampent dans son tissu spongieux, & percent enfin la membrane intérieure de ce canal par la partie inférieure un pouce huit lignes en-deçà de veru-montanum, & environ une ligne à côté l'un de l'autre. Il suit de-là que la liqueur que ces glandes filtrent ne coule pas dans la cavité de l'uretre, dans le tems de l'érection de la verge ; parce que leurs conduits contenus dans le tissu spongieux de l'uretre sont affaissés par le sang & les esprits animaux, dont alors ce tissu est beaucoup plus rempli que hors du tems de l'érection. Par conséquent la liqueur filtrée par ces glandes n'est pas destinée pour la génération, mais pour humecter & enduire le canal de l'uretre. On trouvera dans le livre de M. Cowper la description d'une troisieme glande qui appartient aux à l'uretre.

L'uretre est dilatée par trois muscles, & resserrée par deux. L'un des muscles dilatateurs de l'uretre naît de la partie inférieure & antérieure du rectum, s'attache par son autre extrémité à la partie inférieure & postérieure de l'uretre. Les deux autres muscles dilatateurs naissent, chacun de la partie intérieure du tube routé d'un des os ischium, & s'inserent chacun de son côté à la partie latérale & postérieure de l'uretre.

L'uretre est resserrée par les deux muscles accélérateurs, dont une partie naît du sphincter de l'anus, & l'autre, qui est beaucoup plus considérable, naît de la partie inférieure & postérieure de l'uretre ; ils s'inserent chacun à la partie latérale inférieure du corps caverneux de son côté vers la racine de la verge.

On a remarqué dans plusieurs cadavres qu'il se détache de la partie antérieure de chaque muscle accélérateur quelques fibres charnues, qui, après avoir rampé sur les côtés de la verge, se terminent au prépuce. Ainsi dans le coït & lorsqu'on urine, ces fibres se mettant en contradiction, tirent le prépuce du côté de la racine de la verge & découvrent le trou de l'uretre, pendant que le reste de ces muscles en se contractant aussi en même tems, pousse l'urine ou la semence pour les chasser hors de ce canal.

L'uretre reçoit ses nerfs des dernieres paires sacrées ; ses arteres viennent des hypogastriques, & les veines vont se rendre dans les hypogastriques. Les tuniques des veines de l'uretre & celles des veines des corps caverneux dans leur tissu spongieux sont percées de quantité de petits trous, de même que les tuniques des veines de la rate, principalement du veau, vraisemblablement pour faciliter le retour du sang dans le tems de l'érection, parce qu'alors il est difficile à cause de l'extrême tension de la verge.

L'uretre n'est pas exempte des jeux de la nature. Palfyn a vu en 1707 un enfant âgé d'environ trois mois, dont l'uretre se terminoit à la partie antérieure & supérieure du scrotum, & toute la verge au-delà du scrotum en étoit destituée par un vice singulier de conformation, qui a dû rendre dans la suite cet enfant inhabile à la génération, & lui causer beaucoup d'incommodité pour évacuer son urine.

Fabrice de Hilden rapporte avoir vu un enfant âgé de douze ans qui avoit un double uretre par où l'urine sortoit sans aucune difficulté ; ils étoient situés l'un au dessus de l'autre dans leur lieu ordinaire, & séparés par une membrane fort mince, mais l'intérieur étoit un peu courbé, de maniere que l'urine ne sortoit pas en droite ligne, mais vers le bas.

Quelquefois l'extrémité de l'uretre est fermée dans les enfans nouveaux-nés, ou n'est point ouverte dans l'endroit ordinaire.

URE (J.)
conduit de la femme. Anat. & Chir., plusieurs ch urine ; il faut remarquer me, où le condui dans l'uretre de la femme, ou le conduit leur urine ; savoir,

1°. La situation au deffous du clitoris; il y a une petite éminence qui la découvre.

2°. La longueur, qui eft de deux travers de doigt.

3°. La capacité, qui eft plus confidérable que dans les hommes; ce canal peut fe dilater beaucoup, comme il paroit quand on tire la pierre de la veffie.

4°. Les conduits qui y portent, de même que dans l'homme, une liqueur muqueufe qui vient des glandes.

5°. Les lacunes de Graaf, ou les petites foffes qui paroiffent autour de l'*uretre*; elles font les orifices des conduits qui verfent une liqueur pour humecter le vagin : ces conduits viennent de petites glandes.

Cabrole rapporte un cas bien rare d'une jeune fille de 18 ans, qui eut l'*uretre* tellement bouché par une membrane qui s'y forma, que l'urine vint à fortir par le nombril, lequel pendoit de la longueur de trois pouces, comme la crête d'un coqd'inde, & jetoit une odeur infupportable.

Pour remédier à cette incommodité, il fit une incifion à cette membrane, & introduifit une canule de plomb jufqu'à la veffie pour entretenir le paffage de l'urine ouvert. Il fit le lendemain une ligature à la partie faillante du nombril, par où l'urine avoit pris fon cours jufqu'alors, & il l'extirpa au deffous de la ligature ; enfin, il traita l'ulcere, le cicatrifa avec des deffficatifs, & la cure fut achevée au bout de 12 jours. (*D. J.*)

URETRE, *Maladies de l'*, *Méd.* 1°. Ce canal membraneux très-fenfible, & intérieurement lubréfié par une humeur mucilagineufe, eft fujet à différentes maladies; on fait que ce canal prend fon origine au col de la veffie, que dans les deux fexes il eft deftiné à l'évacuation de l'urine, & de plus, dans les hommes à celle de la femence.

2°. Lorfqu'une mucofité trop épaiffe obftrue ce canal, on doit tâcher de l'ouvrir par des injections déterfives; enfuite dès qu'il eft débarraffé des corps étrangers, il convient d'y laiffer une fonde, pour obvier à la fuppreffion de l'urine; mais il eft néceffaire de recourir à ... pour tirer la pierre qui s'y trouv...oit. Lorfqu'une caroncule, un tube... ...e, ou un ulcere arrête l'écoulement...'urine, ou y porte obftacle, il faut i...duire une tente balfamique dans c... partie pour

diminuer l'accident, & le traiter enfuite fuivant les regles. Le défaut de mucofité, ou fa trop grande acrimonie, demande l'ufage des injections balfamiques & mucilagineufes. La paralyfie qui produit la fuppreffion d'urine, ou qui eft caufe qu'elle ne vient que goutte à goutte, requiert l'application des corroborans fur le périnée. Ces mêmes remedes font encore néceffaires, quand les femmes, après l'extraction du calcul, font attaquées d'une incontinence d'urine, par la trop grande dilatation du conduit urinaire ; mais s'il arrive une hémorrhagie, c'eft le cas de recourir aux aftringens.

3°. Quand l'*uretre* eft affecté dans les hommes, par fympathie l'inteftin droit l'eft auffi; & dans les femmes l'indifpofition du canal urinaire produit celle du vagin. Suivant les différentes maladies de cette partie, il en réfulte un piffement de fang, la dyfurie, la ftrangurie, le diabete & quelques autres accidens dont on a parlé fous leurs articles refpectifs. (*D. J.*)

URGEL, *Géog. mod.*, ville d'Efpagne dans la Catalogne, fur la rive droite de la Segre, à 6 lieues au fud-oueft de Puicerda, & à 35 au nord-eft de Tarragone, dont fon évêque, qui jouit de 9 mille ducats de revenu, eft fuffragant. *Long.* 19, 10 ; *lat.* 42. 25. (*D. J.*)

URGENCE ou URGENS, *Géog. mod.*, ville d'Afie, nommée autrefois *Korkang*, à 20 lieues d'Allemagne de la côte orientale de la mer Cafpienne, fur la gauche de l'ancien lit du *fihum* : fes maifons font de briques cutes au foleil. *Long.* 70, 30 ; *lat.* 42. 18. (*D. J.*)

URGENT, *adj. Gramm.*, qui preffe, qui ne fouffre point le délai. Il ne fe dit guere que de chofes; les befoins *urgens* de l'état, néceffité *urgente*.

URGENUM, *Géog. anc.*, ville de la Gaule narbonnoife, felon Strabon, *l. IV*, p. ..., qui femble la mettre fur la route d'Nimes à Aix ; il dit que de Nimes à Aix, en paffant par *Urgenum* & par Taafcon, le chemin eft de 53 milles. C'eft l'*Ernoginum* de Ptolomée: ce pourroit être auffi l'*Ugernum* de Grégoire de Tours ; car, comme le remarque Cafaubon, les manufcrits de Strabon portent *Ugernum* & non *Urgenum* ; & de plus, Strabon un peu plus bas appelle cette même ville *Gernum*. (*D. J.*)

URGI, *Géog. anc.* , peuples de la Sarmatie. Strabon , *l. VII, p.* 306, les place avec d'autres peuples, entre le Borysthène & le Danube. (*D. J.*)

URGIA , *Géog. anc.* , ville de l'Espagne. Pline, *l. III* , *cb. j* , la met au nombre des villes qui formoient l'assemblée générale de Gades. Il dit de plus, qu'elle jouissoit du droit de *Latium* , qu'on la surnommoit *Castrum Julium* , & qu'elle avoit encore un autre surnom ; savoir, celui de *Cæsaris salutariensis.* (*D. J.*)

URGO , *Géog. anc.* , petite île de la mer Ligustique, dans le golfe de Pise, au nord oriental de la pointe septentrionale de l'île de Corse. Pline en parle, *l. III, c. vj,* ainsi que Pomponius Mela; *l. II. cb. vij.* Cette île s'appelle aujourd'hui *Gorgona* , ou *Gorgone.* (*D. J.*)

URI , *Géog. mod.* , canton de Suisse le plus méridional, le quatrieme entre les treize , & le premier entre les petits *qui vicatim habitant* , c'est-à-dire, qui n'ont que des villages & des bourgades pour habitation. Il est borné au midi par les bailliages d'Italie , au levant par les Grisons & le canton de Glaris ; au couchant par le canton d'Underwald , & une partie du canton de Berne. Le pays d'*Uri* est proprement une longue vallée d'environ 25000 pas , entourée de trois côtés des hautes montagnes des Alpes , & arrosée par la Reuss, qui prend sa source au mont Saint-Gothard.

Ce canton peut être regardé comme le séjour ancien & moderne de la valeur Helvétique. Les peuples qui l'habitent sont les descendans des Taurisques, *Taurisci* , & n'ont point dégénéré du mérite de leurs ancêtres. *Uri* a pris pour armes une tête de taureau sauvage, en champ de sinople.

Ce canton n'a qu'un seul bailliage en propre; mais les bailliages d'Italie lui appartiennent en commun avec les autres petits cantons. Quoique située plus avant dans les Alpes que ses voisins, cependant il est plus fertile qu'eux, & les fruits y sont plutôt mûrs , à cause de la réverbération des rayons du soleil qui se trouvent concentrés dans les vallons étroits ; & les montagnes fournissent des pâturages pour une grande quantité de bétail.

Le gouvernement est à peu près le même que dans les autres petits cantons qui n'habitent que les villages ; savoir,

Schwitz , Underwald , Glaris & Appenzell. L'autorité souveraine est entre les mains de tout le peuple ; & dès qu'un homme a atteint l'âge de 16 ans, il a entrée & voix dans l'assemblée générale. Ces assemblées se tiennent ordinairement en rase campagne : on y renouvelle les charges, on y fait les élections, & le président de l'assemblée est au milieu du cercle avec ses officiers à ses côtés , debout & appuyé sur son sabre. On forme aussi ces assemblées extraordinairement , quand il s'agit d'affaires importantes, comme de traiter de la guerre & de la paix, de faire des loix, des alliances, &c.

Les peuples de ce canton vivent frugalement ; leurs manieres sont simples , & leurs mœurs sont honnêtes. Leur chef s'appelle *amman* ou *land - amman* , & est en place pendant deux ans. A cet amman ils joignent une régence pour régler les affaires ordinaires , & celles des particuliers. La régence d'*Uri* se tient ordinairement à Altdorff , qui est le lieu le plus considérable du pays. Ce canton est catholique : il a été d'abord soumis à l'abbaye de Vettingen , mais il racheta cette soumission par de l'argent , & il dépend aujourd'hui, pour. les affaires ecclésiastiques, de l'évêque de Constance ; cependant on y décide quelquefois des causes matrimoniales dans les assemblées générales du pays. (*D. J.*)

URIA , *Géog. anc.* 1°. ville de la Pouille Daunienne , selon Pline, *lib. III, c. ij,* qui la met entre le fleuve Arbalus , & la ville Sipantum.

2°. Ville d'Italie dans la Messapie ou la Calabre, sur la voie Appienne, entre Tarente & Brindes , selon Strabon, *lib. VI , p.* 283. (*D. J.*)

URIBACO , *Ichthyol. exot.* , nom d'un poisson de mer du Brésil , qui est excellent à manger ; il tient un peu de la figure de la perche , & a dans sa grandeur dix à douze pouces de long. Ses dents sont petites & pointues ; les nageoires de ses ouies finissent en pointe triangulaire; celles du ventre sont soutenues par une côte roide & forte ; il n'a qu'une seule nageoire sur le dos , qui est par-tout d'une même largeur, s'étend presque jusqu'à la queue, & est soutenue par des rayons roides & piquans ; sa queue est fourchue très-profondément, ses écailles sont d'un blanc argenté , avec une légere teinture d'un rouge pâle. *Voyez* de plus grands détails dans Margranville, *Hift. Brafil.* (*D. J.*)

URICONIUM, *Géog. anc.*, ville de la Grande-Bretagne. L'itinéraire d'Antonin la marque fur la route du retranchement, à *portus Ratupis*, entre Rutunium & Uxacona, à onze milles de chacun de ces lieux. C'eft la ville *Viroconium* de Ptolomée.

La Saverne, après avoir mouillé Shrewsbury, reçoit la riviere de Terne. C'eft au confluent de ces deux rivieres que les Romains avoient bâti la ville de *Uriconium*, afin de pouvoir paffer & repaffer la Saverne qui depuis fa jonction avec la Terne, n'eft plus guéable.

Cette ville ne fubfifte plus : on voit feulement quelques pans de murailles, & un petit village qui a retenu le nom de la ville ; car on le nomme *Wrockcefter*, & par corruption *Wroxeter*. Dans le lieu où étoit la ville, la terre eft plus noire qu'ailleurs, & rapporte de fort bon orge. A l'une des extrémités on trouve des ramparts, des pans de murailles faits en voûte par dedans ; & on peut juger que c'étoit la citadelle de la ville : on a déterré quelques médailles romaines parmi ces ruines. (*D. J.*)

URIEZ, détroit d', *Géog. mod.*, détroit de l'Afie au nord du Japon, par les 45 degrés de latitude feptentrionale, & les 170 degrés de longitude. Ce détroit peut avoir 14 lieues d'étendue. (*D. J.*)

VRILLE, f. f. *Outils*, petit inftrument de fer emmanché d'un morceau de bois couché de travers. Il fert au lieu de villebrequin à faire des trous, & fe tourne d'une feule main. (*D. J.*)

VRILLE, outil d'*Arquebufier*, cette *vrille* n'a rien de particulier, reffemble à celle des menuifiers, & fert aux arquebufiers pour faire des trous en bois ; ils en ont de plus grandes, de plus groffes les unes que les autres.

VRILLE, *outil de guainier*, cette *vrille* n'a rien de particulier, & fert aux guainiers à agrandir le trou de leurs moules, pour y introduire plus facilement le tire-fond. *V.* VRILLE *des menuifiers.*

VRILLE, *Menuiferie*, outil qui fert à percer des trous lorfqu'on ne peut fe fervir du villebrequin.

VRILLER, v. act. terme d'*artificier*, ce terme d'artificier fignifie pirouetter au

montant d'un mouvement hélicoïde, comme en vis ; tel eft celui des fauciffons volans. (*D. J.*)

VRILLERIE, f. f. *Taillanderie*, c'eft une des claffes des ouvrages de taillanderie ; cette claffe ainfi nommée des *vrilles* (petits inftrumens qui fervent à faire des trous dans le bois), comprend tous les menus ouvrages & outils de fer & d'acier qui fervent aux orfevres, graveurs, chaudronniers, armuriers, fculpteurs, tabletiers, libraires, épingliers & menuifiers ; tels que font toutes fortes de limes, fouillieres, tarots, forets, cifeaux, cifailles, poinçons ; tous les outils fervans à la monnoie, enclumes, enclumeaux, bigorneaux, burins, étaux, tenailles à vis, marteaux, gouges de toutes façons, terriers, villebrequins, vrilles, vrillettes, perçoirs à vin, tirefonds, marteaux à ardoifes, fers de rabot, fermoirs, effettes, oifeaux en bois & en pierre, & quantité d'autres dont à peine les noms & ufages font connus à d'autres qu'à ceux des profeffions qui les font, & qui s'en fervent. (*D. J.*)

VRILLES, f. f. pl. *Botan.*, nom fynonyme en botanique à celui *de tendrons & de mains. V.* MAINS. Mais il eft bon de remarquer que les *vrilles* ou *mains* font d'une nature plus compofée qu'on ne penfe ; elles tiennent le milieu entre la racine & le tronc ; leur ufage eft quelquefois de foutenir uniquement les plantes, comme dans la vigne & la brione, &c. dont fans leur fecours les farmens longs, menus & fragiles, fe romproient par leur propre poids, & fur-tout par celui du fruit ; mais les *vrilles* les empêchent de fe rompre, en s'attachant à tout ce qu'ils rencontrent, & s'y entortillant fortement. Les *vrilles* de la brione, après avoir fait trois tours en cercles, fe tournent en fens contraire, & de cette maniere forment un double tenon, afin que s'ils manquent de s'entortiller en un fens, ils puiffent s'accrocher en un autre. D'autres fois les *vrilles* fervent à procurer une nourriture fuffifante à la plante ; telles font les petites racines qui fortent du tronc du lierre ; cette derniere plante s'élevant fort haut, & étant d'une fubftance plus ferme & plus compacte que la vigne, la feve ne pourroit monter en affez grande quantité jufqu'au fommet, fi la racine principale n'étoit aidée par les racines

auxiliaires. Enfin, quelquefois les *orilles*
fervent tout enfemble à fupporter, à propager, & à donner de l'ombre: les tendrons des concombres fervent au premier
ufage; ceux de la camomille, qui font autant de racines, fervent au fecond; & les
filamens ou ferpentins des fraifiers, à tous
les trois. (*D. J.*)

VRILLIER, f. m. *terme de Taillan-
dier*, l'on nomme ainfi dans la communauté des maîtres taillandiers de Paris,
ceux d'entr'eux qui font des vrilles, &
autres légers outils de fer ou d'acier,
propres aux orfevres, graveurs, chaudronniers, armuriers, fculpteurs, menuifiers,
&c. on les appelle auffi *tailleurs de limes.*
Savary. (*D. J.*)

URIM & THUMMIM, *Critiq. facr.*,
mots hébreux que les Septante traduifent
par δήλωσιν και αλήθειαν, *évidence & vérité.* On eft toujours curieux de demander aux plus favans critiques, ces deux
chofes; l'une ce que c'étoit que *urim &
thummim*, & l'autre quel étoit fon ufage.

A l'égard du premier point, l'Ecriture
fe contente de nous dire que c'étoit quelque chofe que Moyfe mit dans le pectoral ou rationnal du fouverain facrificateur. *Exod.* 28, 30. *Lév.* 8.

Ce pectoral, comme je l'ai dit ailleurs,
étoit une efpece d'étoffe pliée en double,
d'environ dix pouces en quarré, chargée
de quatre rangs de pierres précieufes, fur
chacune defquelles étoit gravé le nom
d'une des douze tribus d'Ifraël. Or c'eft
dans ce pectoral porté par le fouverain facrificateur aux occafions folemnelles, que
furent mis *urim & thummim.*

Chriftophorus à Caftro, & Spencer qui
a fait une grande differtation fur cette
matiere, prétendent que *urim & thummim*, étoient deux ftatues cachées dans la
capacité du pectoral, & qui rendoient des
oracles par des fons articulés; mais on
regarde ce fentiment comme plus convenable au paganifme qu'à l'efprit de la loi
divine.

Plufieurs rabbins croient que *urim &
thummim* étoient le tétragrammaton, ou
le nom ineffable de Dieu gravé d'une maniere myftérieufe dans le pectoral; & que
c'étoit delà qu'il poffédoit la faculté de
rendre les oracles. On fait que la plupart
des rabbins fe font fait une très-haute
idée de la vertu miraculeufe du tétragrammaton.

Cependant il eft d'autres habiles Juifs,
tels que R. David Kimchi, R. Abraham,
Séba, Aben-ezra, &c. qui abandonnant
l'idée commune de leurs confreres, fe
contentent de penfer que c'étoient en général des chofes d'une nature myftérieufe enfermées dans la doublure du pectoral; & que ces chofes donnoient au fouverain prêtre le pouvoir de prononcer
des oracles, quand il étoit revêtu du pectoral.

Comme toutes ces conjectures ne préfentent que des idées de fortileges &
d'exorcifmes, je me perfuade qu'il vaut
mieux n'entendre par *urim & thummim*,
que le pouvoir divin attaché au pectoral,
lorfqu'il fut confacré, d'obtenir quelquefois de Dieu des oracles; enforte que les
noms d'*urim & thummim* lui furent donnés feulement pour marques la clarté &
la plénitude des réponfes; car *urim* fignifie en hébreu lumiere, & *thummim* perfection.

Quant à l'ufage de l'*urim & thummim*,
on s'en fervoit feulement pour confulter
Dieu dans les cas difficiles & importans
qui regardoient l'intérêt public de la nation, foit dans l'état, foit dans l'églife.
Alors le fouverain facrificateur revêtu
de fes habits pontificaux & du pectoral
par deffus, fe préfentoit à Dieu devant
l'arche d'alliance, non pas au dedans du
voile dans le faint des faints, où il n'entroit que le feul jour des expiations, mais
hors du voile dans le lieu faint. C'eft delà
que fe tenant debout, le vifage tourné
vers l'arche & le propitiatoire où repo-
foit le fhékina, il propofoit le fujet fur lequel l'Eternel étoit confulté. Derriere lui,
fur la même ligne, mais à quelque diftance hors du lieu faint, peut-être à la porte
(car il n'étoit pas permis à un laïc d'approcher de plus près), fe tenoit avec humilité & refpect la perfonne qui défiroit
d'avoir d'oracle divin, foit que ce fut le
roi ou tout autre.

Mais de quelle maniere la réponfe de
Dieu étoit-elle rendue? Rabbi Lévi Ben
Gerfon, Abarbanel, R. Azarias, R. Abraham Séba, Maimonides, & autres, nous
difent que le fouverain facrificateur lifoit la réponfe de Dieu par l'éclat & l'enflure des lettres gravées fur les pierres
précieufes du pectoral. Cette idée n'eft
pas nouvelle, on la trouve dans Jofephe,
Antiq. liv. III, *chap.* ix, ainfi que dans

Philon juif, *de monarchiâ*, *liv.* **II.** Et
c'est sur la foi de ces deux écrivains, que
plusieurs des anciens peres de l'église,
entr'autres S. Chrysostôme & S. Augustin, ont expliqué la chose de la même
maniere.

Cependant ce sentiment est insoutenable, pour ne pas dire absurde. On le détruit par une seule remarque; c'est que
toutes les lettres de l'alphabet hébreu ne
se trouvent point dans les douze noms;
cbet, *thetb*, *zodit* & *koph* y manquent.
Ainsi les autres lettres ne suffisoient pas
pour les réponses à toutes les choses sur
lesquelles on pouvoit consulter Dieu. De
plus, il y a dans l'Ecriture des réponses
si longues, par exemple, 2 *Samuel*, *v*, 24,
que toutes les lettres du pectoral, & celles qui y manquent, & celles qu'on y ajoute encore gratuitement, ne sont pas suffi-
santes pour les exprimer. Enfin il falloit
nécessairement au sacrificateur le don de
prophétie, pour combiner les lettres qui
s'élevoient au dessus des antres, & indiquer la vraie réponse de l'oracle.

Ne nous arrêtons pas davantage à des
fantômes de l'imagination; & disons que
la conjecture la plus vraisemblable & la
seule fondée sur l'Ecriture, c'est que
quand le souverain sacrificateur se rendoit devant le voile pour consulter Dieu,
la réponse lui parvenoit par une voix articulée qui émanoit du propitiatoire, lequel étoit en dedans au-delà du voile.
Nous voyons que dans presque tous les
endroits de l'Ecriture où Dieu se trouve
consulté, la réponse porte, *l'Eternel dit*:
lorsque les Israélites firent la paix avec
les Gabaonites, ils furent blâmés *de n'a-
voir point consulté la bouche de l'Eternel*,
(Josué, 9, 4.) ces expressions *l'Eternel
dit* & *la bouche de l'Eternel*, semblent marquer une réponse vocale. C'est aussi pour
cette raison que le saint des saints où
étoient placés l'arche & le propitiatoire
d'où les réponses sortoient, est si souvent
appellé *l'oracle*, *Ps. xxxviij*, *vers.* 2.
1 *Rois*, *ch. vj*, *v*, 5, 16, 19, 20, 23, 31;
cb. vij, *v.* 49; *ch. viij*, *v.* 6, 8. 2 *Chron.*
chap. iij, *v.* 16; *chap. iv*, *v.* 20; *ch. v*,
vers. 7, 9.

Une autre question, car on ne cesse
d'en faire, c'est sur la maniere dont on
consultoit Dieu dans le camp. En effet,
il paroit par l'Ecriture, que le souverain
sacrificateur, ou quelque autre en sa pla-

ce, accompagnoit toujours les armées
d'Israël dans leurs guerres, & portoit
avec eux l'éphod & le pectoral, pour
consulter Dieu par *urim* & *thummim*, sur
tous les cas difficiles qui pouvoient arriver. On mettoit l'éphod & le pectoral dans
l'arche ou le coffre que le sacrificateur
qui étoit envoyé à la guerre, portoit toujours avec lui.

Ce sacrificateur, pour être autorisé à
agir en la place du souverain pontife,
lorsque l'occasion de consulter Dieu par
urim & *thummim* se présentoit, étoit consacré à cet office par l'onction de l'huile
sainte, de la même maniere que le grand-
prêtre l'étoit; c'est pour cela qu'il s'appelloit *l'oint pour la guerre*; mais la difficulté est de savoir comment il recevoit
la réponse. Car dans le camp il n'y avoit
point de propitiatoire devant lequel il
pût se présenter, & d'où il pût recevoir la
réponse comme dans le tabernacle: cependant il paroit, par plusieurs exemples
rapportés dans l'Ecriture, que des oracles
de cette espece étoient rendus dans
le camp. David seul consulta Dieu par
l'éphod & le pectoral jusqu'à trois fois,
dans le cas de Kehila, 1 *Sam. xviij.* &
deux fois à Ziglad, 1 *Sam. xxx.* 8, & 2
Sam. ij, 1. Et dans chacune de ces occasions, il reçut réponse, quoiqu'il soit certain qu'il n'avoit point avec lui l'arche
de l'alliance. Je trouve donc fort apparent que puisque Dieu permettoit qu'on
le consultât dans le camp sans l'arche,
aussi-bien que dans le tabernacle où l'arche étoit, la réponse parvenoit de la même maniere par une voix articulée.

Au reste l'usage de consulter Dieu par
urim & *thummim* fut souvent pratiqué,
tant que le tabernacle subsista, & selon
les apparences il continua dans la suite
jusqu'à la destruction du temple par les
Chaldéens. Nous n'en avons cependant
aucun exemple dans l'Ecriture, pendant
toute la durée du premier temple; & il
est très-certain que cet usage cessa dans
le second. Esdras, 2, 63, & Néhémie, 7,
65, l'insinuent assez clairement. Delà
vient cette maxime des Juifs: "que le
» S. Esprit a parlé aux enfans d'Israël
» sous le tabernacle, par *urim* & *thum-
» mim*, sous le premier temple par les
» prophétes, & sous le second par *bath-
» kol*.» Les Juifs entendent par *bath-kol*
une voix qui sortoit d'une nuée, voix

femblable à celle qui partit d'une nuée au fujet de Jéfus-Chrift. Matth. 3, 7 ; ch. 17, 5. 2 Pierre. 1, 17. (D. J.)

URINAIRE, CONDUIT URINAIRE, *Anat.*, eft la même chofe que l'uretre, & il eft ainfi nommé parce qu'il fert à conduire l'urine. *V.* URETRE.

Meat urinaire, *v.* MEAT.

Veffie urinaire, *v.* VESSIE.

URINAL, f. m. *Gramm.*, vaiffeau d'étain, ou de porcelaine, ou de fayance, ou de verre, dont le manche eft un canal ouvert, par lequel les urines defcendent dans fa capacité. Il eft à l'ufage des malades.

URINAUX, *Chymie*, vaiffeaux diftillatoires, employés par les chymiftes pour diftiller les mixtes, dont les parties étant affez à mettre en mouvement par leur volatilité, ont befoin d'être retenues aux parois & au fond du vaiffeau, pour ne pas s'échapper. Les anciens alchymiftes, comme Raimond Lulle, ont nommé ces fortes de vaiffeaux *urinaux* ; les Allemands & les Hollandois les ont appellés *kolven*, & les François *cucurbites à long col*. On donne à ces vaiffeaux une figure conique, ou bien une figure fphérique, diminuant infenfiblement de groffeur, & fe terminant par un long tube.

On conçoit facilement que les parties élevées par l'action du feu, heurtent contre les parois inclinées de ces vaiffeaux, en font arrêtées & repouffées, & retombent vers le fond : ainfi celles qui fe meuvent avec le plus de difficulté, montent rarement au haut, & par conféquent ne s'échappent pas avec les autres. A l'égard de ces vaiffeaux, il faut encore obferver que plus leur fond eft large, & l'ouverture fupérieure par où les parties font arrêtées & repouffées, & plus la féparation des parties les plus volatiles d'avec celles qui le font moins, s'opérera facilement. En troifieme lieu, il faut auffi faire attention à la hauteur de ces vaiffeaux, plus ils feront hauts, plus les parties les moins volatiles auront de peine à fe fublimer. (D. J.)

URINE, *urina*, eft un excrément liquide, qui eft féparé du fang dans les reins, & qui étant porté delà dans la veffie, eft évacué par l'uretre. *Voy.* EXCRÉMENT. Ce mot eft formé du grec *uреч*, qui fignifie la même chofe.

Les organes du corps animal deftinés à

la fecrétion des liqueurs , font ceux dont il eft plus difficile de découvrir la ftructure & le jeu ; ce font auffi ceux dont les anciens anatomiftes nous ont donné des defcriptions les plus imparfaites felon eux, la veine émulgente ayant apporté le fang dans le rein, s'abouchoit avec l'uretere, & le réfidu de ce fang qui ne fervoit point à la fecrétion de l'urine, formoit la fubftance propre du rein, qu'ils nommoient en conféquence *parenchyme* ou *fuc épaiffi* : ce qui ne donnoit qu'une idée très-fauffe de la ftructure admirable de cette partie.

Des travaux plus fuivis ont conduit les anatomiftes modernes à des notions plus claires. Carpi obferva le premier que l'eau injectée par la veine émulgente, fortoit par une incifion peu profonde, faite à la convexité d'un rein, & par la cavité du baffinet ; il en conclut avec raifon, qu'il y avoit une communication établie entre la veine émulgente & toutes les parties du rein , & que par conféquent il s'en falloit beaucoup que la fubftance de cette partie fût un parenchyme, comme on l'avoit penfé jufques là.

Cette découverte anima à la recherche de la ftructure du rein ; il découvrit que les vaiffeaux du rein fe diftribuoient par des ramifications prefque infinies, dans toute la fubftance de ce vifcere, & que de plufieurs de ces ramifications, partoient des tuyaux urinaires qui alloient porter l'urine dans le baffin.

On croiroit peut-être qu'une découverte auffi intéreffante auroit été adoptée de tous les anatomiftes , cependant un petit nombre furent pendant un temps confidérable , les feuls dépofitaires de la découverte de Carpi , pendant que tous les autres s'occupoient des idées de cribles & de réfeaux, qu'ils fuppofoient placés dans la fubftance du rein.

Pour entendre plus facilement ce que les anatomiftes ont dit de cet organe, *voy.* fon *article* particulier *au mot* REIN.

Ruyfch & Vieuffens ont cru pouvoir conclure de cette ftructure , que tout le rein étoit vafculeux , en prenant cette expreffion dans le fens le plus étroit ; c'eft-à-dire qu'il fe faifoit un abouchement des vaiffeaux fanguins , avec les tuyaux urinaires, & que l'urine fe filtroit dans les reins, fans le miniftere d'aucune glande.

Malpighi au contraire a penſé que des eſpeces de grains, continus aux vaiſſeaux, formoient la ſubſtance corticale, & que ces grains étoient autant de glandes dont les tuyaux urinaires étoient les canaux excrétoires.

Ces deux ſyſtèmes ſe contrediſent formellement ; Malpighi prétendant que la ſecrétion de l'*urine* ſe fait par des glandes ; & Ruyſch & Vieuſſens au contraire, qu'elle ſe fait ſans ce ſecours ; cependant Boerhaave les admet tous deux, & il penſe qu'une partie de l'*urine* eſt ſéparée du ſang par des glandes, & qu'une autre partie en ſort par le moyen des abouchemens des vaiſſeaux ſanguins avec les tuyaux urinaires.

M. Bertin ayant entrepris de s'éclaircir ſur un point auſſi intéreſſant, a employé tout ce que l'anatomie la plus délicate, aidée du ſecours des injections & du microſcope, a pu lui fournir. Il a vu diſtinctement les vaiſſeaux ſanguins qui forment la ſubſtance tubuleuſe, s'aboucher avec les tuyaux urinaires qui ſe rendent aux papilles, appareil merveilleux qui mérite bien l'attention d'un philoſophe ; mais il a vu de plus d'autres fibres qui lui paroiſſoient être des tuyaux urinaires, ſe rendant de même aux papilles, & qui partoient des prolongemens de la ſubſtance corticale. Il falloit donc de néceſſité que celle-ci fût glanduleuſe, & que ces tuyaux fuſſent les canaux excrétoires de ſes glandes ; mais ni la diſſection ni l'injection, ne donnoient aucune lumiere ſur ce point ; & rien n'eſt ſûr en phyſique que ce qui eſt appuyé ſur le témoignage de l'expérience. En fin, M. Bertin s'eſt aviſé de déchirer la ſubſtance du rein au lieu de la couper ; alors les glandes ont paru à découvert, & même ſans l'aide de la loupe ou du microſcope. Elles ſont en ſi grand nombre, qu'elles forment en entier la ſubſtance corticale, & la multitude des tuyaux urinaires qui en ſortent, peut aiſément ſuppléer à leur extrême petiteſſe : auſſi n'héſite-t-il pas à avancer qu'elles ſont un des organes principaux de la filtration de l'*urine*.

Il ſe fait donc réellement dans le rein deux ſortes de filtrations ; l'*urine* la plus groſſiere eſt ſéparée du ſang par la ſubſtance tubuleuſe ; auſſi M. Bertin a-t-il vu diſtinctement de l'*urine* chargée des parties terreuſes reconnoiſſables paſſer au travers des papilles en les preſſant ; mais l'*urine* la plus claire & la plus ſubtile eſt, ſelon lui, filtrée par les glandes qui compoſent la ſubſtance corticale, & apportée aux papilles par le nombre prodigieux de tuyaux qu'elles y envoyent. Il eſt vrai que l'injection ne peut pénétrer dans ces tuyaux ; mais les anatomiſtes ſavent qu'il y a une infinité de canaux excrétoires, de glandes crévaſſées & de petits tuyaux, qui refuſent conſtamment le paſſage à l'injection faite par les artères qui portent le ſang à ces glandes.

Ce qu'il y a de ſingulier, c'eſt que Boerhaave dont le ſentiment ſe trouve être le ſeul vrai, ne paroît l'appuyer ſur aucune expérience, & qu'il ſemble au contraire ne l'avoir adopté que pour concilier ceux de Malpighi & de Ruyſch, qu'il n'oſoit ſoupçonner de s'être trompés, tant il eſt vrai que, même en matiere de philoſophie, l'eſprit de déférence pour ceux que nous devons regarder comme nos maitres, mene ſouvent à la vérité d'une maniere plus ſûre que l'eſprit de diſpute. *Hiſt. de l'acad. royale des Sciences 1744. Voyez les mémoires de la même année.*

L'*urine* ne ſe ſépare point par attraction, par fermentation, par émulſion, ni par précipitation ; mais le ſang pouſſé dans les arteres émulgentes dilate les ramifications qui ſe répandent dans la ſubſtance des reins ; & comme les canaux qui filtrent l'*urine* ſont plus étroits que les extrémités des arteres ſanguines, ils ne peuvent recevoir la partie rouge, ni la lymphe groſſiere. La partie aqueuſe y entrera donc, & la partie huileuſe atténuée ſortira des ces tuyaux, & par conſéquent l'*urine* ſera une liqueur jaunâtre ; car la chaleur qui atténue l'huile, lui donne en même tems cette couleur ; & comme les matieres terreſtres & ſalines paſſent par les couloirs des reins, il y a tout lieu de préſumer que leurs tuyaux ſecrétoires ſont plus gros que ceux des autres organes.

Si le ſang eſt pouſſé impétueuſement dans les couloirs des reins par la force du cœur & des arteres, il forcera les tuyaux qui ne recevoient auparavant que la matiere aqueuſe, & l'huile atténuée ; ainſi on piſſera du ſang : c'eſt ce qui arrive dans la petite vérole, dans ceux qui ont

quelques

quelques pierres aux reins, dans ceux qui ont les couloirs des reins fort ouverts ou fort lâches ; mais s'il arrivoit que les arteres fussent fort gonflées par le sang, alors il arriveroit une suppression d'*urine* ; car les arteres enflées comprimeroient les tuyaux secrétoires , & fermeroient ainsi le passage à la liqueur qui s'y filtre ; cette suppression est assez fréquente , & mérite de l'attention. Pour que l'*urine* coule , il faut donc que les arteres ne soient pas extrêmement dilatées. ; car par ce moyen les tuyaux secrétoires ne peuvent se remplir ; delà vient que l'opium arrête l'*urine* ; mais si le sang en gonflant les arteres empêche la secrétion de l'*urine* , ses tuyaux peuvent encore y porter un obstacle en se rétrécissant ; delà vient que dans l'affection hystérique , les *urines* sont comme de l'eau ; car les nerfs qui causent les convulsions, rétrécissent les couloirs de l'*urine* ; la même chose arrive dans les maladies inflammatoires ; c'est pour cela que les suppressions qui viennent du resserrement des reins , on n'a qu'à relâcher par des délayans ou par des bains qui augmentent toujours la secrétion de l'*urine* , & ce symptôme cessera.

S'il coule dans les reins un sang trop épais , ou que plusieurs parties terrestres soient pressées les unes contre les autres dans les mamelons , on voit qu'il pourra se former des concrétions dans les tuyaux qui filtrent l'*urine* ; il suffit qu'il s'y arrête quelque matiere, pour que la substance huileuse s'y attache par couches ; car supposons qu'un grumeau de sang ou des parties terrestres unies s'arrêtent dans un mamelon, la matiere visqueuse s'arrêtera avec ces concrétions ; la chaleur qui surviendra fera évaporer la partie fluide, ou bien le battement des arteres & la pression des muscles de l'abdomen l'exprimeront ; ainsi la matiere desséchée ne formera qu'une masse avec ces corps qu'elle a rencontrés.

Les reins sont les égouts du corps humain, il ne paroit pas qu'il y ait aucune autre partie qui reçoive la matiere de l'*urine* ; si on lie les arteres émulgentes , il ne se ramasse rien dans les ureteres , ni dans la vessie ; il y a cependant des anatomistes qui prétendent qu'il y a d'autres voies. La ligature des arteres émulgentes ne leur paroit pas une preuve con-

vaincante contre eux ; parce qu'alors les convulsions & les dérangemens qui surviennent , ferment les couloirs qui sont ouverts lorsque tout est tranquille : voici les raisons qui font douter s'il n'y a pas d'autres conduits qui se déchargent dans la vessie ; 1°. les eaux minérales passent dans la vessie , presque dans le même instant qu'on les avale ; la même chose arrive dans ceux qui boivent beaucoup de vin ; 2°. les eaux des hydropiques répandues dans l'abdomen se vuident par les *urines*, de même que les abscès de la poitrine ; 3°. les lavemens, selon eux, sortent quelquefois par la vessie un instant après qu'ils sont dans le corps. *Voy.* M. Senac, *Essais physiques.*

Dans les *Transactions philosophiques*, on trouve un exemple rapporté par M. Roung , d'un enfant de six ans qui rendoit presque toute son *urine* par le nombril.

Dans les mêmes *Transactions* , M. Richardson rapporte l'histoire d'un garçon de North-Bierly, au comté d'Yorck, qui vécut 17 ans sans jamais uriner , & qui néanmoins étoit en parfaite santé. Il avoit une diarrhée continuelle, mais qui ne l'incommodoit pas beaucoup : il falloit, suivant la remarque de cet auteur, que les reins fussent bouchés, car il n'avoit jamais envie de lâcher de l'eau.

Les *urines* sont de différentes sortes, & ont différentes propriétés. Après qu'on a bu abondamment quelque liqueur aqueuse, l'*urine* est crûe , insipide, sans odeur, & facile à retenir. Celle que fournit le chyle bien préparé, est plus âcre, plus saline , moins abondante, un peu fétide, & plus irritante. Celle qui vient du chyle déja converti en sérosité, est plus rouge, plus piquante, plus salée, plus fétide, & plus irritante. Celle que fournissent après une longue abstinence des humeurs bien digérées, & ses parties solides exténuées, est la moins abondante , la plus salée, la plus âcre, la plus rouge, très-fétide, presque pourrie, & la plus difficile à retenir. Ainsi l'*urine* contient la partie aqueuse du sang, son sel le plus âcre , le plus fin, le plus volatil, & le plus approchant de la nature alkaline ; son huile la plus âcre, la plus fine, la plus volatile, & la plus approchante de la putréfaction , & sa terre la plus fine & la plus volatile. *Voyez* SANG.

X

Le fel ammoniac des anciens fe préparoit avec l'*urine* des chameaux. *V.* AM-
MONIAC. Le phofphore qui eft en ufage
parmi les Anglois, fe prépare avec l'*u-
rine* humaine. *V.* PHOSPHORE. Le fal-
pêtre fe prépare auffi avec l'*urine*, & les
autres excrémens des animaux. *V.* SAL-
PÊTRE.

Les Indiens ne fe fervent guere d'autre remede que de l'*urine* de vache. Les
Efpagnols font grand ufage de l'*urine*
pour fe-nettoyer les dents. Les anciens
Celtibériens faifoient la même chofe.

L'*urine* s'employe auffi dans la teinture,pour échauffer le paftel,& le faire fermenter. L'*urine* teint l'argent d'une belle
couleur d'or, *V.* TEINTURE. Les maladies que caufe l'*urine*, font de différentes
fortes. *Voyez* STRANGURIE, RÉTEN-
TION, DIABETE, PIERRE, NUBECU-
LE, &c.

URINE, *en Médecine* ; l'*urine* fournit
un des principaux fignes par où les méde-
cens jugent de l'état du malade & du
train que prendra la maladie. *V.* SIGNE,
SYMPTOME, MALADIE, &c.

Dans l'examen de l'*urine* on confidere
fa quantité, fa couleur, fon odeur, fon
goût, fa fluidité & les matieres qui y nagent.

Une *urine* abondante marque un relâchement des conduits des reins, une diminution de la tranfpiration, de la fueur,
de la falive, le fang imparfaitement mêlangé,d'où il arrive que les parties aqueufes fe féparent aifément du refte, une foibleffe de nerfs, une boiffon copieufe de
quelque liquide aqueux, ou qu'on a pris
quelque diurétique.

Cette forte d'*urine* préfage un épaiffif-
fement & une acrimonie des autres liqueurs du corps, une foif, une anxiété,
des obftructions & leurs effets, une confomption accompagnée de chaleur, de féchereffe & de foif.

L'état contraire de l'*urine* indique des
chofes contraires, & préfage la pléthore,
l'affoupiffement, la pefanteur, des tremblemens convulfifs, &c.

Une *urine* claire, limpide, infipide,
fans couleur, ni goût, dénote une grande
contraction des vaiffeaux des reins, & en
même temps un grand mouvement des
humeurs, une forte cohéfion de l'huile,
du fel & de la terre dans le fang, & un
mélange imparfait de la partie aqueufe

avec les autres, une indifpofition d'efprit, un accès hypocondriaque ou hyfté-
rique, une foibleffe des vifceres, une crudité, une pituite, des embarras dans les
vaiffeaux, & dans les maladies aiguës,un
défaut de coction & de crife. Cette forte
d'*urine* pronoftique à peu près la même
chofe qu'une *urine* trop abondante ; &
dans les maladies aiguës & inflammatoires, elle annonce un mauvais état des vifceres, le délire, la phrénéfie, les convulfions, la mort.

L'*urine* fort rouge, fans fédiment, dans
les maladies aiguës, indique un mouvement & un froiffement violent des parties qui conftituent les humeurs, & une
action violente des vaiffeaux & des liquides les uns fur les autres, un mélange
exact & intime de l'huile, du fel, de la
terre, & de l'eau dans les humeurs, &
par là une grande crudité de la maladie,
une longue durée & un grand danger.
Une telle *urine* préfage des embarras
gangréneux dans les plus petits vaiffeaux,
fur-tout dans ceux du cerveau & du cer-
velet, & par conféquent la mort. Elle
annonce une coction difficile, une crife
lente & douteufe, & tout cela à un plus
haut degré, fuivant que l'*urine* eft plus
rouge & plus exempte de fédiment. S'il
y a un fédiment pefant & copieux, il dénote un violent froiffement qu'ont fouffert auparavant les parties des humeurs,
un relâchement des vaiffeaux, un fang
âcre, falin, diffous, incapable de nourrir, des fievres intermittentes & le fcorbut.

Cela préfage la durée de la maladie,
une atténuation des vaiffeaux, la foibleffe, des fueurs colliquatives, un flux
abondant de falive, l'atrophie, l'hydropifie. Si le fédiment d'une telle *urine* eft
fulfureux, écailleux, membraneux, &c.
il préfage les mêmes chofes, & encore
pires.

Une *urine* jaune, avec un fédiment,
comme le précédent, dénote la jauniffe,
& les fymptomes de cette maladie à la
peau,dans les felles,les hypocondres,&c.

Une *urine* verte, avec un fédiment
épais, dénote un tempérament atrabilai-
re, & que la bile s'eft répandue dans le
fang, & s'évacue par les reins ; elle annonce par conféquent des anxiétés de poitrine, des felles dérangées, des tranchées
& des coliques.

Une *urine noire* indique les mêmes que la verte, mais à un plus haut degré de malignité.

Le sang, le pus, les caroncules, les filamens, les poils, les grumeaux, le sable, les graviers, la mucolité, au fond de l'*urine*, dénotent quelque mauvaise disposition dans les reins, les ureteres, la vessie, les testicules, les vésicules séminales, les prostates & l'uretre.

Une *urine grosse* donne ordinairement lieu à de petits sables, qui sont adhérens à une matiere visqueuse, & de cette maniere produit une espece de membrane ou pellicule huileuse, qui dénote dans le sang une abondance de terre & un sel pesant, & annonce le scorbut, la pierre, &c.

Une *urine puante* montre que les huiles & les sels sont atténués, dissous, & presque putrifiés: ce qui est très-dangereux, soit dans les maladies aiguës, soit dans les chroniques.

L'*urine*, qui étant agitée demeure long-tems écumeuse, dénote la viscosité des humeurs, & conséquemment la difficulté de la crise. Elle dénote aussi des maladies du poumon, & des fluxions à la tête.

Mais on consulte principalement l'*urine* dans les fievres aiguës, où elle est un signe très-certain; car 1°. l'*urine* qui a un sédiment blanc, léger, égal, sans odeur, & figuré en cône, depuis le commencement de la maladie jusqu'à la crise, est d'un très-bon augure. 2°. L'*urine* abondante, blanche, qui a beaucoup de sédiment blanc, & que l'on rend dans le tems de la crise, dissipe & guérit les abscès. 3°. L'*urine* ténue, fort rouge & sans sédiment, l'*urine* blanche, ténue & aqueuse, l'*urine* ténue, uniforme & jaune, l'urine trouble & sans sédiment, dénote dans les maladies fort aiguës une grande crudité, une difficulté de crise, une maladie longue & dangereuse.

URINE, *en Agriculture*, est excellente pour engraisser la terre. V. ENGRAISSER.

Ceux qui se connoissent en agriculture & en jardinage, préferent pour les terres, les arbres, &c. l'*urine* au fumier, d'autant qu'elle pénetre mieux jusqu'aux racines, & empêche différentes maladies des plantes.

On se plaint beaucoup en Angleterre de ce qu'il ne reste presque plus de ces anciennes pommes reinettes du comté de Kent; & M. Mortimer observe que la race en seroit totalement perdue, si quelques personnes ne s'étoient remises à l'ancienne maniere de les cultiver, qui, comme savent les anciens jardiniers & engraisseurs de bétail, consistoit à arroser deux ou trois fois dans le mois de mars, les pommiers moussus, mangés de vers, chancreux & mal-sains, avec de l'*urine* de bœuf, &c. ramassée dans des vaisseaux de terre, que l'on mettoit sous les planches des étables où on les engraissoit.

En Hollande & en plusieurs autres endroits, on conserve l'*urine* du bétail, &c. avec autant de soin que le fumier. M. Hartlib, le chancelier Plot, M. Mortimer, &c. se plaignent conjointement de ce qu'un moyen si excellent d'engraisser & de fertiliser la terre, est si fort négligé parmi les Anglois.

URINE. *Méd. séméiotique.* Cette partie de la séméiotique qui est fondée sur l'examen des *urines*, est extrêmement étendue, & fournit des lumieres assez sûres pour connoître dans bien des cas l'état actuel d'une maladie, ou juger des événemens futurs. Etablie & perfectionnée en même tems par un seul homme, par l'immortel Hippocrate, cultivée ou du moins soigneusement recommandée par Galien & la foule innombrable de médecins qui ont reçu aveuglément tous ses dogmes, elle est devenue un des principaux objets de leurs recherches, de leurs discussions & de leurs commentaires; mais elle n'a reçu aucun avantage réel, elle n'a pas été enrichie d'un seul signe nouveau par cette quantité d'écrits qui se sont si fort multipliés jusqu'à cette grande révolution qui a vu finir le regne de l'observation, en même tems que celui du galénisme, par les efforts réunis des chymistes & des méchaniciens; tous ces ouvrages n'étoient que des commentaires serviles, plus ou moins mal faits des différens livres d'Hippocrate, & d'un traité particulier qu'on attribue assez communément à Galien, & qui paroît lui appartenir, quoiqu'il n'en fasse pas mention dans le catalogue qu'il a laissé de ses écrits. Ainsi il est très-douteux si ces médecins tiroient de l'examen des *urines* tous les avantages, tous les signes qu'ils décrivoient après Hippocrate, du moins il ne nous reste d'eux aucune observation

X 2

qui le conftate ; & il paroît très-vraifemblable qu'accoutumés à jurer fur les paroles de leurs maîtres , ils ne croyoient
pas avoir befoin de vérifier ce qu'ils
avoient avancé , & qu'ils fe contentoient
d'en chercher dans leurs cabinets les caufes & les explications. C'eft auffi là tout
ce que préfentent leurs livres, des differtations à perte de vue fur les divers fens
qu'on peut attacher au texte d'Hippocrate ou de Galien, & des recherches théoriques plus ou moins abfurdes fur les
caufes des faits qu'ils venoient d'expliquer. On n'a pour s'en convaincre qu'à
parcourir les ouvrages d'Actuarius, de
Théophyllus, d'Avicenne même, de Montanus, de Donatus ab Altomari , de Vaf-
fæus, de Chriftophe Avega , de Gentilis,
de Willichius & de fon commentateur
Reufnerus, &c. &c. &c. On ne doit à
Bellini que quelques expériences affez
heureufes fur la caufe des variations de
l'urine ; il n'a rien ajouté à la partie féméiotique de l'urine, la plus intéreffante ;
il s'eft borné à tranfcrire quelques axiomes d'Hippocrate. Profper Alpin en a
fait un extrait plus étendu, & cependant
encore très-incomplet, mais trop raifonné ; parmi les fignes les plus certains, il
mêle les explications & les aitiologies de
Galien le plus fouvent fauffes & toujours
déplacées. Nous nous contenterons à fon
exemple d'extraire d'Hippocrate les matériaux de cet article , mais plus circonfpects que lui, nous en bannirons tout raifonnement inutile. La féméiotique eft
une fcience de faits fondée uniquement
fur l'obfervation ; c'eft ainfi qu'Hippocrate l'a traitée, & qu'il convient de l'expofer.

On peut dans les *urines* confidérer différentes chofes qui font les fources d'un
très-grand nombre de fignes, favoir 1°. la
quantité trop grande ou trop petite : 2°.
la confiftance épaiffe ou ténue, trouble ou
limpide : 3°. l'odeur trop forte ou trop
foible, ou différente de la naturelle : 4°.
fuivant quelques auteurs trop minutieux,
& Bellini entr'autres, le fon que fait l'*u-
rine* en tombant dans le pot-de-chambre,
plus ou moins éloigné de celui que feroit
l'eau pure : 5°. la couleur dont les variations font très-nombreufes : 6°. les chofes contenues dans l'*urine* , qui, de même
que la couleur, font fufceptibles de beaucoup de changemens , & fervent à éta-

blir la plus grande partie de fignes : 7°.
enfin la maniere dont fe fait l'excrétion
de cette humeur. Il n'y a prefque point
de couleur & de nuances qu'on n'ait
quelquefois obfervées dans l'*urine*. Au
deffous de la citrine naturelle, on compte
l'*urine* blanche, aqueufe, cryftalline, laiteufe, bleuâtre ou imitant la corne tranf-
parente , celle qui reffemble à une légere
teinture de poix, *fubfpicea* & *fpicea*, à l'o-
fier , *ftraminea*, à des poils blanchâtres
de chameau , ou fuivant l'interprétation
de Galien , à des yeux de lion, *charopa*,
&c. Lorfque la couleur naturelle fe ren-
fonce , & eft plus faturée , l'*urine* devient
jaune, dorée, fafranée , verte, brune , livide, noire ou rougeâtre, ardente, vineu-
fe , pourpre, violette , &c. Les chofes
contenues dans l'*urine* font ou naturelles
ou accidentelles ; dans la premiere claffe
font compris le fédiment , l'énéoreme &
les nuages. *Voyez ces mots &* URINE ,
phyfiolog. La feconde renferme tous les
corps étrangers qui ne s'obfervent que
rarement, & dans l'*urine* des malades ,
favoir des bulles , de l'écume , la couronne ou le cercle qui environne la furface
de l'*urine*, du fable, des filamens, des parties rameufes du fang, du pus , de la mucofité, des graviers, de la graiffe, de l'huile, des écailles, des matieres furfuracées,
de la femence, &c. L'excrétion de l'*urine*
peut être ou facile ou difficile, volontaire
ou non, douloureufe ou fans douleur ,
continue ou interrompue, &c. Tous ces
changemens qui éloignent l'*urine* des malades de fon état naturel , font les effets
de quelque dérangement dans l'harmonie
des fonctions des différens vifceres ou
feulement des reins & des voies urinaires , par conféquent ces mêmes fymptômes peuvent en devenir fignes aux
yeux de l'obfervateur éclairé, qui a fouvent apperçu cette correfpondance conftante des caufes & des effets ; dans l'expofition des fignes nous ne fuivrons
point pas-à-pas chaque vice de l'*urine*,
parce qu'outre que ce détail feroit extrêmement long, il nous feroit tomber dans
des répétitions fréquentes , plufieurs vices différens fignifiant fouvent la même
chofe. Pour éviter cet inconvénient, nous
mettrons fous le même point de vue,
1°. les divers états de l'*urine* qui font
d'un bon augure ; 2°. ceux qui annoncent quelque évacuation critique ; 3°.

ceux qui font mauvais ; 4°. ceux qui indiquent quelque accident déterminé ; & 5°, ceux qui font les avant-coureurs de la mort.

I. Il faut, dit Hippocrate, examiner avec attention les *urines*, & confidérer fi elles font femblables à celles des perfonnes qui jouiffent d'une bonne fanté ; parce qu'elles indiquent d'autant plus fûrement une maladie & la dénotent d'autant plus grave, qu'elles s'éloignent plus de cet état. *Aphor. lxvij. liv. VII.* Cette affertion d'Hippocrate affez généralement vraie, a fait dire à Galien & à tous les médecins fans exception qui font venus après lui, que les *urines*, les plus favorables dans les maladies étoient celles qui reffembloient le plus aux *urines* des perfonnes bien portantes ; ce qui eft le plus communément faux. Lorfque Hippocrate a propofé l'aphorifme précédent , il parloit des *urines* en général , abftraction faite de l'état de fanté & de maladie ; & il n'a prétendu dire autre chofe finon que fi on lui préfentoit différentes *urines* , il jugeroit que ceux qui auroient rendu celles qui étoient naturelles , faines , fe portoient bien ; & que ceux à qui les *urines* plus ou moins éloignées de cet état appartenoient, étoient plus ou moins malades. Il s'eft bien gardé d'avancer que ces *urines* fuffent un figne funefte , dangereux ; il s'eft contenté d'affurer qu'elles étoient un figne que certain de maladie, & , fi l'on peut parler ainfi , plus maladives , ννеѡ δεϛερα. Nous ne diffimulerons cependant pas que cet axiome d'Hippocrate réduit à fon vrai fens , ne fe vérifie point toujours exactement ; car dans les fievres malignes les plus dangereufes , les *urines* font tout à fait naturelles, ne différant en rien de celles que l'on rend en fanté. Mais l'erreur de Galien & de fes adhérans qui ont mal entendu ce paffage , eft encore bien plus grande, puifque non-feulement l'*urine* différente de celle des perfonnes faines , n'eft pas toujours mauvaife dans les maladies ; mais encore le plus fouvent elle lui eft préférable, parce que c'eft elle feule qui peut être critique & falutaire , & que l'*urine* naturelle n'annonce jamais ni coction, ni crife, & quelquefois même eft pernicieufe. Les *urines* noires, huileufes, ne font-elles pas, comme nous le verrons enfuite , favorables dans certaines maladies ? La ftrangurie n'eft - elle pas

auffi quelquefois avantageufe ? Et n'eft-il pas néceffaire pour prévenir un abfcès, que l'*urine* foit épaiffe , blanche & abondante ? Or dans tous ces cas l'*urine* éloigne plus ou moins de l'état naturel, D'ailleurs on pourroit reprocher aux uns & aux autres que cet état naturel de l'*urine* n'eft rien moins que déterminé ; qu'il differe fuivant les âges, les fexes, les temperamens , l'idiofyncrafie , même les faifons, & fuivant les boiffons plus ou moins abondantes & de différente nature ; fuivant les alimens, les remedes, *&c.* & par conféquent que cette mefure fautive peut encore induire en erreur lorfqu'il s'agit d'évaluer les divers états de l'*urine*. On a cependant décidé en général que l'*urine* naturelle étoit d'une couleur citrine un peu foncée , d'une confiftance moyenne entre l'eau & l'*urine* des jumens, que fa quantité répondoit à celle de la boiffon , & qu'elle contenoit un fédiment blanchâtre , égal & poli : & on a prétendu affez vaguement que l'*urine* des vieillards étoit blanche , ternie , prefque fans fédiment ; celle des jeunes gens plus colorée, mais moins épaiffe & moins chargée de fédiment que celle des enfans ; que l'*urine* des femmes étoit plus bourbeufe, plus épaiffe & moins colorée que celle des hommes ; que les tempéramens chauds rendoient des *urines* plus colorées que les tempéramens froids ; que dans ceux qui vivoient mollement , dans l'oifiveté & dans la crapule , les *urines* étoient remplies de fédiment & au contraire tenues fans fédiment , & d'une couleur animée dans ceux qui faifoient beaucoup d'exercice, qui effuyoient des longues abftinences & des veilles opiniâtres ; qu'au printems elles étoient blanches ou légèrement citrinées, *fubfpiceæ*, abondantes ; & qu'elles contenoient beaucoup de fédiment épais & crud ; qu'en avançant vers l'été elles devenoient plus colorées , prefque faffranées , moins épaiffes ; que le fédiment étoit moins abondant, mais plus blanc, plus poli & plus égal ; que dans la vigueur de l'été, la quantité en diminuoit de même que le fédiment , & qu'elles devenoient plus foncées ; que dans l'automne la couleur étoit citrine , la quantité très-médiocre , le fédiment peu abondant, affez blanc, égal & poli, & que du refte elles étoient tenues & limpides ; & qu'enfin en hiver elles étoient blanchâ-

X 3

tres, plus abondantes ; qu'elles varioient
en confiftance & contenoient beaucoup
de fédiment crud. Tous ces changemens
ne font ni auffi certains, ni auffi conftans
que ceux que produit la trop grande
quantité de boiffons aqueufes, & quelques
remedes. On fait fûrement que les *urines*
deviennent limpides , ténues & très-peu
colorées , quand on a bu beaucoup d'eau,
noirâtres après l'ufage de la caffe , de la
rhubárbe & des martiaux rouges,à la fuite des bouillons d'ofeille , de racines de
fraifier & de garence ; que l'ufage de la
térébenthine leur donne l'odeur agréable
de la violette ; & les afperges les rendent
extrémement fétides : c'eft pourquoi
avant de porter fon jugement fur l'*urine*,
il eft néceffaire de favoir fi le malade n'a
ufé d'aucun de ces remedes. On peut auffi
pour plus' fûreté s'informer de
fon âge, du fexe , du tempérament , de fa
façon de vivre ; il faut auffi être inftruit
du tems de la maladie & du tems de la
journée où l'*urine* a été rendue ; on préfere celle du matin comme ayant eu le
tems de fubir les différentes élaborations.
Il faut auffi avoir attention que l'*urine*
ne foit pas trop vieille, qu'il n'y ait pas
plus de douze heures qu'on l'ait rendue,
& qu'elle ne foit pas non plus trop récente , pour que les différentes parties
aient eu le tems de fe féparer.Le vaiffeau
dans lequel on examine l'*urine* doit être
très - propre & tranfparent, pour qu'on
puiffe bien en difcerner toutes les qualités : on recommande encore d'obferver
que la chambre ne foit ni trop obfcure,
ni trop éclairée ; enfin les auteurs *uro-
mantes* exigent encore beaucoup d'autres
petites précautions qui nous paroiffent
très-frivoles & bonnes pour un charlatan qui cherche à donner un air de myftere aux opérations les plus fimples. Nous
ne prétendons pas même garantir l'utilité
de toutes celles que nous avons expofées,
nous laiffons ce jugement au lecteur
éclairé , hâtant de paffer au détail
des fignes qu'on tire de l'*urine*, fans qu'il
foit befoin d'en avoir toujours devant les
yeux de faine & de naturelle, pour fervir
de point de comparaifon.

La meilleure *urine* , eft fuivant Hippocrate , celle qui pendant tout le cours de
la maladie,jufqu'à ce que la crife foit finie,
renferme un fédiment blanc, égal & poli.
Elle contribue beaucoup à rendre la mala-

die courte & exempte de danger; fi l'*urine*
eft alternativement pure, limpide,& telle
qu'elle vient d'être décrite,la maladie fera longue & fa terminaifon eft douteufe ;
l'*urine* rougeâtre avec un fédiment égal &
poli annonce une maladie plus longue ,
mais n'eft pas moins falutaire que la premiere: les nuages blancs dans l'*urine*,font
auffi d'un bon augure. (*Pronoft.l. II.n°.
xxij.xxvj.*)Lorfque les *urines*ont été pendant le cours d'une fievre en petite quantité , épaiffes & grumelées , & qu'elles
viennent enfuite abondantes & ténnes, le
malade en eft foulagé : ces *urines* paroiffent ordinairement de cette façon lorfque
dès le commencement elles ont renfermé
un fédiment plus ou moins copieux
(*Aphor.lxix.l.IV.*)dans les fievres ardentes, accompagnées de ftupidité & d'affection foporeufe dans lefquelles les hypochondres changent fouvent d'état,le ventre eft gonflé, les alimens ne peuvent paffer,les fueurs font abondantes...les *urines*
chargées d'écume font avantageufes.
(*Prorrhet. l.I fect.II.n°. xlix.*) Les malades qui ayant eu des hémorragies copieufes & fréquentes , rendent par les felles
des matieres noirâtres,éprouvent de nouveau ces hémorragies lorfque le ventre fe
refferre; les *urines* dans ces circonftances
font bonnes lorfqu'elles font troubles &
qu'elles renferment un fédiment affez
femblable à la lie commune, mais le plus fouvent elles font aqueufes. (*Prorrhet. l. I.
fect.III.n°.xlviij.*)Les *urines* noires font
quelquefois bonnes,fur-tout dans les perfonnes mélancoliques,fpléniques,après la
fuppreffion des regles & accompagnées de
cette excrétion ou d'une abondante hémorrhagie du nez.Galien dit avoir connu
une femme qui avoit été très-foulagée par
l'évacuation de femblables *urines.(Comm.
in.epid. l.III.n°.lxxiv.*) Le même auteur
affure que les *urines* huileufes,c'eft-à-dire
qui en ont la couleur & la confiftance,fans
être graffes , font fouvent falutaires lorfqu'elles viennent après que la coction eft
faite. Hippocrate rapporte que dans une
conftitution épidémique,la ftrangurie, ou
difficulté d'*uriner* , fut un des fignes les
plus affurés & les plus conftans de guéri-
fon:plufieurs malades dans qui il l'obferva,échapperent à un danger preffant;au-
cun de ceux dans qui il s'eft rencontré ,
n'eft mort. La ftrangurie dura long-tems
& fut même fâcheufe ; les *urines* étoient

d'abord copieufes, changeantes, rouges, épaiffes, & fur la fin douloureufes & purulentes. *Epidem.l.1.ſtat.n°.x.* Python, le premier malade dont il eſt parlé, *Epidem.l.III.ſeɛt.I.* eut le quarantieme jour de ſa maladie, après que la criſe fut faite, un abſcès au fondement qui ſe termina heureuſement par cette difficulté d'*uriner.*

II. Les *urines* peuvent être regardées comme un ſigne de criſe prochaine ou comme une excrétion critique qui annonce & détermine la ſolution de la maladie. L'*urine* eſt un ſigne de criſe, quand elle renferme un ſédiment conſtant, blanc & poli; elle l'annonce d'autant plus prochaine que le ſédiment a paru plutôt. Il en eſt de même ſi après avoir été trouble & comme graſſe, elle devient aqueuſe: l'*urine* rougeâtre, & qui contient un ſédiment de la même couleur, dénote la criſe pour le ſeptieme jour; ou ſi elle paroît telle avant le tems; mais ſi elle ne vient ainſi qu'après, c'eſt un ſigne que la criſe ſe fera plus tard & très-lentement. L'*urine* qui renferme au quatrieme jour des nuages rouges, dénote, ſi les autres ſignes concourent, que la ſolution aura lieu le ſeptieme. On doit s'attendre à une criſe certaine dans les pleuréſies, lorſque l'*urine* eſt rouge, & que le ſédiment eſt poli; elle ſera prompte ſi le ſédiment eſt blanc & l'*urine* verdâtre, *fleurir, florida, τυανϑὶς.* Si l'*urine* eſt rougeâtre & *fleurie*, mais avec un ſédiment verd, poli & bien cuit, la maladie ſera longue, orageuſe, peut-être changera en une autre, mais ne ſera pas mortelle. L'*urine* aqueuſe ou troublée par de petits corpuſcules inégaux & friables, indique un dévoiement prochain. Ne peut-on pas eſpérer une ſueur, lorſque l'*urine* après avoir été ténue, devient épaiſſe; ſi la ſueur a lieu, l'*urine* ſe charge d'écume. La même excrétion eſt annoncée par l'*urine* inégalement denſe. *coac. prænot. cap. XXVII. n.j.ij.——lxiv.* Lorſqu'au commencement d'une fievre aiguë l'hémorragie du nez eſt excitée par l'éternuement, & qu'au quatrieme jour l'*urine* renferme un ſédiment, la maladie ſera terminée heureuſement le ſeptieme. *Ibid. cap. III. n°. lxv.* L'*urine* qui paroît après les premiers jours de maladie avec des nuages, ou un ſédiment convenable, eſt appellée *cuite*; on la regarde avec raiſon comme un des ſignes aſſurés de coɛtion; mais les praticiens n'y font pas aſſez d'attention; les uns, parce qu'ils regardent les coɛtions & les criſes comme des futilités de la doɛtrine d'Hippocrate qu'ils mépriſent & qu'ils ne connoiſſent aſſurément pas; les autres parce qu'ils croient de trouver dans d'autres ſignes des lumieres ſuffiſantes. Les *urines* ſont elles-mêmes la matiere de l'excrétion critique, & en conſéquence un ſigne très-avantageux dans les maladies aiguës, lorſqu'elles viennent les jours critiques en grande quantité, quoique tenues, plus encore ſi elles ſont épaiſſes, vitrées, purulentes; ſi elles renferment beaucoup de ſédiment, (*coac. prænot. cap. iij. n°. 46 & 48*) Les abſcès aux oreilles qui ſurviennent aux fievres ardentes, & qui n'apportent aucun ſoulagement, ſont mortels, à moins qu'il ne ſe faſſe une hémorragie par le nez, ou que les *urines* coulant abondamment, ne ſoient remplies d'un ſédiment très-épais. (*ibid. cap. v. n°. 19.*) Les *urines* ſur-tout accompagnées de dévoiement ſont auſſi critiques dans les bourſouflemens aſſez ordinaires des hypocondres. (*ibid. cap. xj. n°. 3.*) Les convulſions ſoit fixes, ſoit avec extinɛion de voix, ſont terminées par un flux abondant & ſubit d'*urines* vitrées, (*ibid. cap. xiv. n°. 12. & 13.*) Les urines extrêmement épaiſſes, & contenant beaucoup de ſédiment, préviennent les abſcès qui ont coutume de ſe former à la ſuite des fluxions de poitrine, ſoit aux oreilles, ſoit aux parties inférieures; & ſi l'abſcès ſe forme, & que l'évacuation des *urines* n'ait pas lieu, il eſt à craindre que le malade ne devienne boiteux, ou ne ſoit conſidérablement incommodé. (*ibid. cap. 16. n°. 19 & 20.*) Les défauts qu'on a ſujet de craindre dans l'articulation, ſont empêchés par une excrétion abondante d'*urine* épaiſſe & blanchâtre, telle qu'elle ſe fait ordinairement le quatrieme jour dans les fievres avec laſſitude. (*aphor. 74. lib. IV.*) Archigene dont il eſt fait mention, *epidem. lib. I'I. comment. IV. n°. 2.* fut délivré d'un abſcès par cette excrétion. Il conſte par pluſieurs obſervations que des abſcès dans la poitrine, dans le foie; des empyemes, des vomiques., ſe ſont entiérement vuidés par des *urines* bourbeuſes & purulentes; les voies par leſquelles la nature ménage cette évacuation, ſont abſolument inconnues; mais le fait eſt bien avéré: perſonne n'ignore de quelle utilité eſt dans l'hydropiſie, la leucoplegmatie, l'anaſargue, un flux

X 4

abondant d'*urines*. Les *urines* font la principale & la plus falutaire crife dans les maladies du foie, leur excrétion fe reffent auffi très-promptement des dérangemens dans l'action de ce viscere ; les maladies des reins & des voies *urinaires* ont auffi leur crife prompte, facile & naturelle par les *urines* ; l'inflammation de la veffie fi dangereufe fe termine très-bien par l'excrétion d'*urines* blancheâtres, purulentes, & qui contiennent un fédiment poli. (*Prognoftic. lib. II. n°. 81.*) Le piffement de fang qui arrive rarement fans fievre & fans douleur, n'annonce rien de mauvais, il prouve au contraire la folution des laffitudes. (*Prorreth. lib. II.*)

Pour porter un jugement plus affuré fur l'état critique des *urines*, & fur les avantages qu'on doit en attendre, il faut examiner fi la coction eft faite, fi le temps de la crife eft arrivé, & fi les fignes critiques paroiffent, fur-tout ceux qui annoncent qu'elle aura lieu par les voies urinaires. Tels font la pefanteur des hypochondres, la conftipation, un fentiment de gonflement vers la veffie, des envies fréquentes d'*uriner*, des ardeurs en *urinant*, fur-tout à l'extrémité de l'uretre, l'abfence des fignes qui indiquent les autres excrétions, l'hiver de l'âge & de l'année, le tiffu de la peau ferré, concourent auffi à faciliter, & par conféquent à dénoter cette évacuation. Mais de tous les fignes, le plus lumineux & le plus fûr eft celui qu'on tire de l'état du pouls, tel qu'il a été déterminé par M. Bordeu. *V.* POULS. A l'approche d'*urines* critiques, le *pouls* devient, fuivant cet exact obfervateur, inégal, mais avec régularité, plufieurs pulfations moindres les unes que les autres, vont en diminuant fe perdre pour ainfi dire fous le doigt, & c'eft dans ce même ordre qu'elles reviennent de temps en temps, les pulfations qui fe font fentir dans ces intervalles, font plus développées, affez égales, & un peu fautillantes; on peut voir dans les *recherches fur le pouls*, & dans un recueil d'obfervations de M. Michel, plufieurs exemples d'excrétions critiques d'*urines*, précédées & annoncées par fe pouls; il n'eft pas rare de le voir compliqué avec celui qui eft l'avant-coureur & le figne du dévoiement; auffi eft-il très-ordinaire de voir ces deux excrétions fe rencontrer, fe fuppléer ou fe fuccéder naturellement ; il n'arrive prefque jamais que le flux d'*urines* foit feul

fuffifant pour terminer les maladies.

III. On peut s'appercevoir aifément par le détail que nous venons de donner des qualités falutaires de l'*urine*, quelles font celles qui doivent fervir à établir un pronoftic fâcheux, favoir, celles qui font oppofées, car en général on regarde comme *mauvaifes* les *urines* qui reftent long-tems crûes fans nuage, énéoreme ou fédiment. Hippocrate condamne les *urines* qui renferment un fédiment femblable à de la groffe farine, plus encore celles qui font laminées, πεταλωθεις, qui contiennent de petites lames ou écailles, ou des matieres comme du fon. Les *urines* blanches, tenues, lympides, font très-mauvaifes, fur-tout dans les phrénéfies ; les nuages rouges ou noirâtres font un mauvais figne, tant que l'*urine* refte rouge & tenue, c'eft un figne que la coction n'eft pas faite, & fi l'*urine* perfifte long-tems dans cet état, il eft à craindre que le malade ne fuccombe avant qu'elle ait pris un meilleur caractere. Les matieres graiffeufes qui nagent dans l'*urine* en forme de toiles d'araignées, font auffi d'un finiftre augure ; mais les *urines* les plus mauvaifes font celles qui font extrêmement fétides, aqueufes, noires, épaiffes; dans les adultes, les noires font plus à craindre, & les aqueufes dans les enfans. (*prog. l. II. n°. 25. 51.*) Dans la claffe des *urines* dangereufes, il faut ranger celle qui eft bilieufe; dans les maladies aiguës, celle qui fans être rougeâtre, contient des matieres farineufes, avec un fédiment blanc, qui eft d'une couleur changeante, de même que le fédiment, fur-tout dans les fluxions de la tête, celle qui de noire devient bilieufe & tenue, qui fe fépare du fédiment, ou qui en renferme un livide, femblable à du limon formé par l'adunition des nuages: l'hypochondre, & fur-tout le droit, eft dans ce cas ordinairement douloureux, les malades deviennent d'une pâleur verdâtre, & il fe forme des abcès aux oreilles; le dévoiement furvenant dans ces entrefaites, eft très-pernicieux. Les *urines* qui paroiffent cuites peu à peu & fans raifon, font mauvaifes, de même que toute coction qui fe fait hors de propos; les *urines* rougeâtres dans lefquelles il fe forme un peu de verd-de-gris, celles qui font rendues d'abord après avoir bu, fur-tout dans les pleurétiques & les péripneumoniques, celles qui font huileufes avant le friffon, celles qui font dans les maladies aiguës verdâtres jusqu'au fond, celles qui sont noires ou ont un sédiment noir , qui contiennent de petits grains épars, semblables à de la semence,& qui sont en même temps douloureuses; celles qui sont rendues à l'insçu du malade , ou dont il ne se souvient pas;celles qui dans le cours des fluxions de poitrine sont d'abord cuites & s'atténuent ensuite après le quatrieme jour; celles qui sont très-blanches dans les fievres ardentes,&c.toutes ces especes d'*urine* doivent être mises au nombre des signes pernicieux. (*coac. prænot. cap. xxvij,* n°.8,42.) L'interception de l'*urine* est extrêmement fâcheuse, lorsqu'elle survient dans les fievres aiguës à la suite d'un frisson,sur-tout si elle est précédée d'assoupissement;elle est pour l'ordinaire l'effet d'un état convulsif de la vessie; ce symptôme est mortel dans les maladies bilieuses,il est souvent produit par le frisson, & annoncé par des horripilations fréquentes dans le dos , & qui reviennent promptement (*coac. prænot. cap. i,xxvij,prorrbet.lib.I sect.j.*) La difficulté d'*uriner* est presque toujours un symptôme fâcheux ; le pissement de sang l'est aussi pour l'ordinaire, sur-tout dans les défaillances accompagnées de douleurs de tête qui succedent au frisson. (*ibid. cap.j,*n°.22,& *prorrbet.l.I sect.xj.*n°.22.) Il en est de même des *urines* très-blanches & écumenses dans les maladies aiguës, bilieuses. (*ibid.*n°.17.) Dans les hydropisies seches, la strangurie ou l'excrétion d'*urine* goutte à goutte, & l'*urine* qui ne renferme que très-peu de sédiment, sont très-mauvaises; & on a aussi tout sujet de craindre pour un hydropique à qui la fievre est survenue , & dont les *urines* sont troubles & peu abondantes. (*coac. præn. cap.xix.* n°. 2 & 5.)

IV. Hippocrate ne s'est pas borné à exposer en général les différents états de l'*urine* qui donnent lieu à un pronostic fâcheux, il est souvent descendu dans l'énumération plus détaillée de la nature,de l'espece des accidens, ou des symptômes auxquels l'on devoit s'attendre après telle ou telle *urine*; ainsi, suivant cet habile séméioticien, les convulsions sont annoncées par des *urines* recouvertes d'une pellicule, chargées de sédiment, & accompagnées de frisson , par celles qui renferment un sédiment semblable à de la farine grossiere, ou des membranes,s'il survient en même

temps des réfroidissemens au cou, au dos, ou même par tout le corps,par la suppression d'*urine*,avec frisson & assoupissement; on peut aussi espérer dans ce cas un abscès aux oreilles ; par des *urines* écumeuses jointes au réfroidissement du dos & du cou , aux défaillances & à l'obscurcissement de la vue; par les *urines* rendues involontairement pendant le sommeil ,précédées de frissons qui augmentent la nuit, de veilles & de beaucoup d'agitations : ordinairement alors l'assoupissement se joint aux convulsions ; dans les maladies convulsives,le retour du paroxisme est indiqué par l'excrétion abondante d'*urines* ténues & limpi.tes (*coac.prænot.prorrbet. passim.*) La même qualité des *urines* annonce , suivant l'observation de Sydenham,l'invasion d'une attaque d'hystéricité,de colique néphrétique,&c. les *urines* deviennent aussi tenues & limpides au commencement des accès de fievres intermittentes,de redoublemens;le frisson par lequel ils commencent ordinairement,est marqué par des *urines* ténues , dans lesquelles on observe aussi des légers nuages ou des énéoremes , quelquefois aussi par des *urines* dont le sédiment est semblable à de la salive ou de la matiere des crachats, ϖʋαλωδεα, ou à du limon;d'autres fois l'*urine* qui renferme un sédiment & qui étant troublée,dépose ensuite , annonce un frisson pour tout le tems de la crise , dans les fievres tierces des nuages noirâtres , sont des signes d'horripilation vague (*coac.prænot.cap.xxvij,*n°.22.29.) L'*urine* dont le sédiment contient de la graine,dénote la fievre;celle qui contient un sédiment,& qui étant troublée,dépose de nouveau,annonce quelquefois le passage d'une fievre aiguë , en tierce ou en quarte,& les nuages noirs dans les fievres erratiques,sont un signe qu'elles vont se fixer en quarte. (*ibid.* n°.24.27.29.) Suivant quelques auteurs,une excrétion d'*urine* très-abondante dans les fievres d'accès , indique leur dégénération en hectique. L'*urine* dont la couleur approche de l'ochre ou de la brique , abondante &· épaisse avec un sédiment couleur de rose, est une marque que les fievres lentes deviennent hectiques. On peut juger par l'*urine* sanguinolente rendue au commencement d'une maladie aiguë qu'elle sera longue : l'*urine* verte qui contient un sédiment roux semblable à de la farine grosfiere, fournit le même préfage, mais annonce en même tems que la maladie fera dangereufe.(*ibid.n°.*23.32.)On a fujet de craindre une rechûte lorfque l'*urine* eft troublée, & qu'il y a en même temps des fueurs, ou qu'elle a une inégale denfité. (*ibid.n°.*23 & 39.) Dans ces maladies aiguës, le malade eft menacé de délire ou phrénéfie. Lorfque les *urines* font h lanches fans couleur, αχλοx, qu'elles renferment un énoreme noir, & qu'il eft extrêmement agité, & ne peut dormir, lorfqu'elles font ténues,aqueufes au commencement de la maladie, & qu'il y a veille, agitation, hémorragie du nez,'rémiffion,& enfuite redoublement,pour l'ordinaire il furvient à ces malades une évacuation copieufe de fang par le nez, qui termine heureufement la maladie.(*ibid.& cap.ij.* n°.6 & 22.) Le même fymptôme eft annoncé par des douleurs aux jambes avec des *urines* qui renferment des nuages très-élevés,par des *urines* rougeâtres, qui ont un énoreme, mais qui ne fe dépofent point, lorfqu'elles fe rencontrent avec la furdité,par ces mêmes *urines* qui viennent après qu'une douleur à la cuiffe a été diffipée. (*prorrhet.lib.I.fect.I.& II.*) Lorfque les *urines* font troubles ; comme celles des jumens, on peut affurer qu'il y a douleur de tête, ou qu'elle fera bientôt. (*Aphor.* 10,*liv.IV.*)Et fi par le repos, elles ne dépofent point ces matieres qui les troublent, on peut s'attendre à des convulfions,& enfuite à la mort, fuivant les obfervations d'Hippocrate fur la femme de Philinus, fur celle de Dromedans, & fur Hermocrate.(*Epidem.lib.III.*)Si avec ces *urines* troubles,il y a douleur de tête, veille opiniâtre,Baglivi croit qu'il y aura délire & léthargie;fi le malade eft affoupi, a la tête pefante, & le pouls petit, l'*urine* qui a un fédiment louable, & qui en eft tout-à-coup dépourvue,indique un changement dans la maladie, qui fe fera avec peine & douleur. (*Coac. præn.cap.xxvij.* n°.29.)L'interception de l'*urine* à la fuite de fréquentes & légeres horripilations au dos avec fueur, fignifie des *douleurs vagues.* (*ibid. cap. j*, n°.37.) L'*urine* épaiffe avec un fédiment ténu,annonce des douleurs ou une tumeur aux articulations;on trouve dans les perfonnes qui ont ces douleurs ou tumeurs, & dans qui elles difparoiffent & reviennent de temps en temps, fans qu'il y ait rien d'arthritique, les vif-

ceres grands,& l'*urine* chargée d'un fédiment blanc ; fi l'*urine* ne renferme pas ce fédiment, ou s'il ne vient pas des fueurs, l'articulation s'affoiblira,& il s'y formera une efpece d'abfcès, dont la matiere aura la confiftance du miel,un méliceris,μιλικ- ηρις,*favus*. Ces malades fujets à des douleurs vagues dans les hypochondres, furtout dans le droit ; rendent, après que la douleur eft ceffée,une urine épaiffe & verte.(*Prorrhet.lib.II.*) Si l'*urine* refte longtemps crûe,& qu'on obferve les autres fignes falutaires,,on doit s'attendre à voir terminer la maladie par des douleurs & un abfcès communément dans les parties au deffous du diaphragme, il fe fera une métaftafe falutaire à la cuiffe,fi le malade fent courir des douleurs dans la région des lombes. (*Coac. præn. cap. xxvij. n°.* 21.) Il peut auffi fe faire que des *urines* aqueufes ayee un énoreme blanc, diverfement blanchâtres & fétides, déterminent l'abfcès aux oreilles. (*Prorrhet.lib.I.fect.III.* n°. 71.) Dans les fievres longues, légeres, erratiques, la ténuité des *urines* eft un figne que la rate eft attaquée. (*Coac. præn. cap. xxvij. n°.* 40.) Les *urines* brunâtres femblables à de la leffive, jointes avec difficulté de refpirer, indiquent la leucophlegmatie.(*ibid.n°.*24.)La fuppreffion d'*urines*, ou la difficulté d'*uriner*, donne lieu à l'hydropifie, lorfqu'elle furvient à des perfonnes d'un tempérament bilieux,qui ayant le dévoiement, rendent des matieres muqueufes, femblables à de la femence, & ont des douleurs à la région du pubis. (*ibidem. caput. xix.* n°. 4.)

Les différentes variétés que nous avons obfervées dans l'*urine* ne dépendent fouvent que d'un vice local dans les reins ou la veffie, alors elles ne fauroient nous inftruire des affections du refte du corps, elles ne peuvent que nous faire connoître le vice de ces parties;c'eft pourquoi Hippocrate,dans l'examen des *urines*, recommande beaucoup d'y faire attention,afin d'éviter des erreurs défavantageufes pour les médecins, & funeftes au malade. *Prognoft. l. II.* n°. 33. On peut s'affurer que la veffie ou les reins font affectés par les caufes qui ont précédé,& par les fymptômes prefens,fur-tout par les douleurs que le malade rapporte à la région de ces parties. Ainfi, lorfque les *urines* renferment du fang liquide,ou des grumeaux,qu'elles coulent goutte à goutte ,& que l'hypogaftre & le périnée font douloureux , il n'eft pas douteux que la veffie,ou les parties qui l'environnent foient attaquées ; le piffement de fang , de pus & d'écailles extrêmement fétide défigne l'ulcération de cette partie. L'on a lieu de croire que la veffie eft attaquée d'une efpece de gale, lorfque les *urines* font épaiffes & charient beaucoup de matiere, comme du fon : le calcul fe manifefte par la ftrangurie & les *urines* fablonneufes,&c. une douleur fubite aux reins avec fuppreffion d'*urine*, préfage l'excrétion d'*urines* épaiffes,ou de petits graviers ; elle indique leur paffage par les ureteres. Lorfque l'*urine* étant épaiffe fe trouve chargée de caroncules, & d'efpeces de poils , c'eft une marque que l'affection eft dans les reins.Le piffement de fang fpontané dénote auffi le vice dans la même partie ; favoir , la rupture d'une veine , *l. IV. aphor.* 75. 81.

Quelques auteurs ont prétendu que les *urines* brillantes, limpides , qui laiffoient des cryftaux tartareux aux parois des vaiffeaux, étoient un figne d'affection fcorbutique & hypochondriaco-fpafmodicoarthritique ; que les *urines* pourprées,ténues, limpides & écumeufes étoient un indice de pleuréfie ; que lorfque dans l'écume il y avoit de petits grains, c'étoit une marque de paralyfie d'autant plus certaine , que les grains étoient plus petits ; que l'*urine* épaiffe comme la faumure, couverte d'une pellicule muqueufe & graffe, indiquoit fûrement la vérole,quand il n'y avoit point de toux : que l'*urine* dont les nuages étoient comme autant de petits flocons , & dont l'écume étoit long-tems à fe diffiper , dénotoit la phthifie ; que l'*urine* citrine, comme du vin, claire, avec un fédiment couleur de rofe , peu abondant & floconneux, annonçoit les mouvemens hémorroïdaux aux perfonnes bien portantes âgées de 26 ou de 30 ans : on a été jufqu'à ranger parmi les fignes de groffeffe l'*urine* claire & remplie de petits atomes, courant de côté & d'autre ; enfin on a prétendu tirer des *urines* beaucoup d'autres fignes encore moins certains ; Nenter en fait un affez long , mais qui eft encore bien loin d'être complet. *Théor. méd. part. III. cap. viij.* Je ne parle pas de ces charlatans effrontés qui prétendent connoitre toutes les maladies par la feule infpection des *urines* , & qu'on voit courir les foires , monter fur des tréteaux, &

s'afficher fous le titre important de *médecins des urines* ; les gens éclairés , parfaitement inftruits de l'ignorance & des fourberies de ces impofteurs, ne peuvent que s'en mocquer : ils les honoreroient trop , ou s'abaifferoient trop eux - mêmes , s'ils prenoient la peine de les critiquer: le peuple , pour qui le fingulier eft une amorce toujours fûre de le frapper & de l'attirer, court en foule porter à ces prétendus guériffeurs fon *urine* & fon argent ; il ne s'apperçoit pas qu'il raconte lui-même fa maladie , & il eft tout ébahi de fe l'entendre détailler en d'autres termes fur le feul examen de fon *urine* ; pénétré d'admiration , il achete la drogue du charlatan, & la prend avec cette aveugle confiance,qui dans les maladies légeres fuffit feule pour la guérifon ; mais dans les cas graves , il ne tarde pas à reffentir les mauvais effets d'un remede , fouvent violent , adminiftré avec auffi peu de connoiffance & de précautions , & meurt ordinairement victime de fa crédulité,fans s'en appercevoir, & ce qui eft pis , fans corriger les autres. Au refte , quand je dis *le peuple* , je n'entends pas feulement les gens pauvres deftinés à vivre du travail de leurs mains, & à la fueur de leur front ; je fuis trop convaincu que fur-tout dans ce qui concerne la fanté, il y a autant de peuple dans les palais que dans les chaumieres.

V. Il ne nous refte plus qu'à expofer les fignes tirés des *urines*, qui font craindre le plus grave & le dernier des accidens , je veux dire la mort. *Voy. ce mot.* Les qualités de l'*urine* qui fervent à établir ce pronoftic fâcheux, varient fuivant les cas , & les fymptômes avec lefquels elles fe rencontrent. Ainfi, dans les perfonnes bilieufes , la fuppreffion d'*urine* eft une caufe & un figne de mort prochaine ; dans les pleuréfies l'*urine* fanguinolente, d'un rouge foncé , prefque noire, ténébreufe, ζοϕωδἡς, avec un fédiment peu louable, ασιαχριτυ, eft ordinairement mortelle dans quatorze jours : ce fymptôme eft très - fréquent dans les pleuréfies dorfales, qui font fi dangereufes. Dans les mêmes maladies l'*urine* porracée avec un fédiment noir , ou femblable à du fon, n'eft pas moins funefte ; celle qui renferme des peaux femblables à des toiles d'araignées, indique une colliquation qui emporte en peu de tems le malade. *Coac. prænot. cap. xxvij.* n°. 38. 19. 24. [Dans

les péripneumonies les *urines* d'abord
épaisses, ensuite atténuées au quatrieme
jour, sont un signe mortel. *Ibid. cap. xiv.
n°. 40.* Il n'y a plus rien à espérer des malades lorsque l'*urine* sort sans qu'ils s'en
apperçoivent, ils tombent dans des foiblesses dont il n'est pas possible de les tirer. *Ibid. cap. xxj. n°. 4.* Lorsqu'à la
strangurie survient la passion iliaque, le
malade meurt le septieme jour, la fievre
seule excitant une abondante excrétion
d'*urine*, peut prévenir cette fatale terminaison. *Ibid. n°. 5.* Dans les malades qui
sont sur le point de mourir, les *urines* sont
quelquefois rougeâtres & promptes à fermenter. *Prorrbet. lib. I. sect. ij. n°. 39.*
Si dans ces douleurs de vessie, dont nous
avons parlé plus haut (11.) l'*urine* étant
devenue purulente n'apporte aucun soulagement, si la vessie n'est pas plus molle,
& si la fievre est toujours forte, il est à
craindre que le malade succombe. *Pro-
gnost. lib. II. n°. 82.* En général les *urines* noirâtres, huileuses, très-fétides,
fournissent un pronostic de mort, si elles
ne sont accompagnées d'aucun signe critique, & si au contraire elles se rencontrent
avec des symptómes graves.

Il ne faut pas s'attendre que toutes les
propositions que nous avons données
soient toujours rigoureusement vraies,
& que tous les signes que nous venons
d'exposer soient constamment suivis de
leur effet & par conséquent infaillibles,
1°. parce qu'en médecine il n'y a rien
d'absolument certain, & que le plus haut
degré de certitude médicinale ne va jamais au-delà d'une grande probabilité;
2°. parce qu'il en est des signes tirés de
l'*urine*, comme de ceux que fournissent
les autres actions du corps : seuls, ils sont
pour l'ordinaire fautifs; réunis & combinés ensemble, ils se prêtent mutuellement de la force & de la sûreté, & concourent à établir des prognostics assez pro-
bables : 3°. on pourroit encore ajouter
que l'*urine* peut plus facilement induire
en erreur, parce qu'il est très-difficile de
connoître en quoi & de combien elle s'é-
carte dans les maladies de l'état naturel,
parce que la même *urine* peut signifier différentes choses; l'*urine* limpide & abondante annonce chez les uns une attaque
de néphrétique, chez les autres un redoublement, chez ceux-ci le délire, chez
ceux-là peut-être une excrétion critique,

chez quelques autres l'effet d'une boisson
aqueuse prise en quantité, &c. parce que
la moindre passion d'ame, la plus légere
émotion peut changer considérablement
l'état de l'*urine*, parce qu'elle varie suivant qu'elle est vieille ou récente, qu'on
l'a laissée long-temps en repos, ou qu'on
l'a agitée, &c. c'est pourquoi un médecin
prudent, qui ne veut ni risquer sa réputation, ni hazarder le bien de ses malades,
ne se contente pas de l'examen de l'*urine*;
il ne le néglige cependant pas; il joint les
lumieres qu'il en retire à celles qu'il peut
obtenir des autres côtés, & parvient par
ce moyen à répandre un certain jour sur
l'état actuel & futur des malades qui lui
sont confiés : il sait d'ailleurs que le principal usage de l'examen des *urines* est pour
connoître le temps de la coction dans les
maladies aiguës, qu'il y sert infiniment,
& qu'il est aussi utile dans les affections
du foie, dans l'hydropisie, le calcul, les
ulceres des reins & de la vessie, qu'il est
moins avantageux dans les maladies de la
tête & de la poitrine, encore moins dans
les affections nerveuses, hystériques, hy-
pochondriaques, & qu'enfin ces signes
sont le plus souvent fautifs, lorsqu'on
prétend s'en servir pour distinguer des
maladies particulieres.

On voit encore par-là ce qu'il faut penser de ces gens, qui, sur des *urines* apportées de loin, agitées, ballotées en divers
sens, très-vieilles & par-là souvent dé-
composées, prétendent décider de l'âge,
du tempérament, de l'état de santé, ou de
maladie, & de l'espece de maladie de ceux
qui les ont rendues. Mais n'insistons pas
davantage sur cet article, nous ne parvien-
drons jamais à corriger ces charlatans, ils
trouvent leurs intérêts à tromper, encore
moins réussirons-nous à désabuser le peuple de sa sotte crédulité, il veut être trompé, & mérite de l'être. *(m)*

URINE, *maladie de l'*, *Médecine.* Les
maladies que nous allons examiner regardent principalement l'excrétion de l'*urine*; leur division naît des différentes manieres dont cette fonction peut être altérée. Dans l'état naturel l'*urine* sort à plein
canal de la vessie par l'uretre, formant un
jet continu, sans douleur, & avec une
certaine force; cette excrétion ne se fait
qu'à différentes reprises plus ou moins
rapprochées, suivant les âges, les sujets,
les tempéramens, les sexes, les saisons,

&c. mais toujours par un effort volontaire ; il y aura vice dans cette excrétion, & par conséquent maladie, dès que toutes ces qualités ne se rencontreront pas, ce qui pourra arriver, 1°. lorsque l'*urine* ne coulera point du tout ; cette maladie est connue sous le nom grec *ιϛχουρια*, *ifchurie*, qui répond à *fuppreffion* ou rétention d'*urine*. 2°. Lorsque l'excrétion sera difficile & douloureuse, ce qui conftitue la *dyfurie*, ardeur ou difficulté d'*urine*. 3°. Lorsque l'*urine*, au lieu de fortir sans interruption & de droit fil, ne coulera qu'avec peine & goutte à goutte, ce dérangement a conservé en François le nom Grec *ftrangurie* ; les Latins l'appellent indifféremment *urinæ ftillicidium* & *ftranguria*. 4°. Lorsque l'*urine* s'écoule continuellement de la veffie, sans qu'il se faffe aucun effort, & que la volonté y ait part, on nomme ce symptôme *incontinence d'urine*. 5°. Lorsque l'excrétion d'*urine* sera fréquente & très-copieufe ; si cet accident perfifte quelque temps, & si la matiere même des *urines* eft confidérablement altérée au point qu'elles aient une confiftance huileuse, une faveur douçâtre comme du miel, & une couleur cendrée ou laiteufe ; la maladie qui réfulte du concours de ces symptômes s'appelle *diabete*, *διαϐη-τη* ; nous n'en parlerons pas ici, parce qu'elle eft fuffisamment détaillée à l'*article* DIABETE, auquel nous renvoyons le lecteur : nous allons exposer en peu de mots ce qui regarde les autres maladies, & nous ajouterons à la fuite quelques remarques fur les altérations morbifiques de la matiere même des *urines*, telles que le piffement de fang, de pus, de poils, *&c.*

I. *Ifchurie* ou *fuppreffion d'urine*. Elle eft affez caractérifée par l'écoulement fufpendu des *urines*. Il s'y joint quelquefois d'autres symptômes accidentels, comme douleur, tenfion à l'hypogaftre ou aux reins, fievre, vomiffement, délire, *&c.* L'ifchurie peut être attribuée à un vice des reins, des ureteres, ou de la veffie, ce qui en conftitue deux efpeces principales, qu'on ne doit point perdre de vue dans la pratique : dans la première efpece, qu'on nomme *fauffe* ou *bâtarde*, il ne defcend point d'*urine* dans la veffie, soit qu'il ne s'en fépare point en effet dans les reins, soit que la fécrétion ayant lieu, elle ne puiffe fortir des reins obftrués, ou qu'elle trouve un obftacle infurmontable dans les

ureteres. Dans la feconde efpece, l'*urine* se ramaffe dans la veffie, elle la diftend ; l'éleve en tumeur, dont la circonfcription imite fa figure, & qui préfente une fluctuation plus ou moins apparente à l'hypogaftre, excite des envies inutiles de piffer, des picotemens dans la veffie ; ces fignes diftinguent l'ifchurie vraie, légitime, de l'autre, dans laquelle on n'apperçoit aucun de ces symptômes, & au contraire on fent un vuide à la région de la veffie, & on y fait entrer inutilement la fonde, *&c.*

La même variété que nous venons d'obferver dans la maladie, doit néceffairement se rencontrer dans les caufes qui lui donnent naiffance ; l'ifchurie vraie eft produite ou par le défaut de la faculté expulfive de la veffie, pour nous fervir du langage très-jufte des anciens, ou par des obftacles qui s'oppofent à fon effet, quoique d'ailleurs fuffifant, ou par le concours de ces deux caufes : 1°. la faculté expulfive n'eft autre chofe que le mufcle de la veffie qui s'étend en forme d'éventail, principalement fur fes parties poftérieures & fupérieures, & qu'on a appellé la *tunique mufculaire*, dont Morgagni défend vivement, & prouve très-bien l'exiftence contre Bianchi, *Epiftol. anat. 1. n°. 62.* Mais ce mufcle ne jouit de cette propriété de pouvoir chaffer l'*urine* hors de la veffie, qu'autant qu'il eft fufceptible d'irritation, & capable de contraction : il peut perdre fon irritabilité & fa contractilité par la paralyfie des nerfs qui se vont répandre dans fon tiffu, à la fuite des attaques ordinaires d'apoplexie, de paralyfie générale, & fur-tout par la luxation des vertebres inférieures du dos, comme Galien dit l'avoir vu arriver, *lib. de loc. affect. VI. cap. iv.* & comme je l'ai obfervé moi-même fur un jeune homme qui se luxa l'épine en tombant de fort haut, qui ne put uriner pendant très-longtemps qu'au moyen de la fonde, & qui cependant ne mourut pas, quoique tous les autres s'accordent à dire que la mort fuit conftamment ces fortes de luxations. La veffie peut auffi devenir infenfible dans un âge très-avancé en fe racorniffant ; la contraction du mufcle excréteur peut être empêchée par la diftenfion trop grande de la veffie qu'occafionnera une quantité confidérable d'*urines* retenues volontairement par pareffe, par décence, par modeftie,

ou par quelqu'autre raison femblable, toujours au moins déplacée, pour ne pas defcendre de cheval, ou d'une voiture, par
exemple, pour ne pas fortir d'une églife
ou d'une compagnie, pour ne pas interrompre une affaire preffante, ou faute de
trouver un endroit propre écarté du monde pour fatisfaire à ce befoin, qui, étant
naturel, ne doit rien avoir de honteux ;
dans tous ces cas le mufcle diftendu au-
delà du ton convenable, ne peut pas réagir fur l'*urine*, & à chaque inftant la caufe
augmente, & l'ifchurie s'affermit. Il arrive auffi dans quelques cas de délire &
de léthargie, que le malade oubliant d'*u-
riner*, donne lieu à une congeftion d'*urine*, & par conféquent à l'ifchurie.

3°. Les obftacles qui peuvent empêcher l'effet de la contraction de la veffie
ou l'excrétion de l'*urine*, doivent être placés au col de la veffie ou dans le canal de
l'uretre ; le col ou l'orifice de la veffie
peut être refferré & bouché par la conf-
triction, l'inflammation du fphincter, par
toute forte de tumeurs qui obftruent au
dedans ou compriment au dehors, par
l'amas de mucofité, de pus, par des grumeaux de fang, & plus fréquemment par
des graviers ou un calcul ; les carnofités
qui naiffent dans l'intérieur de l'uretre à
la fuite des gonorrhées virulentes inhabi-
lement traitées, & qui peuvent groffir
au point de remplir la capacité du canal,
font le vice le plus ordinaire, par lequel
ce canal contribue à l'*ifchurie* ; on pourroit ajouter l'imperforation de l'uretre;
mais il n'eft pas d'ufage qu'on donne le
nom d'*ifchurie* à la fuppreffion d'*urine*,
que cette caufe produit dans les enfans
nouveau-nés.

L'*ifchurie* fauffe a lieu, ou lorfqu'il ne
fe fait point dans les reins de fecrétion,
ou lorfque l'*urine* féparée ne peut pas pénétrer des reins, dans les ureteres, ou de
ces canaux dans la veffie ; les obftacles
qui s'oppofent à ce paffage peuvent être
des grumeaux de fang, de matieres purulentes, & plus fouvent des graviers, ce
qui caufe alors la colique néphrétique ; ce
paffage peut auffi être empêché par l'inflammation & les diverfes tumeurs, foit
de ces parties, foit des parties environnan-
tes; mais il eft à propos de remarquer que
pour que la fuppreffion d'*urine* foit totale, il faut que les deux reins ou ureteres
foient également affectés. La fecrétion de

l'*urine* eft rarement fufpendue par le vice
des reins, ces organes font prefque paffifs,
ont peu d'action propre, ils ne font prefque que l'effet d'un filtre ; ainfi à moins
qu'ils ne foient extrêmement refferrés par
quelque paffion fubite, par une attaque
de convulfion ou d'hyftéricité, &c. ou
qu'ils ne foient dans un relâchement total, ils n'empêchent pas la filtration de
l'*urine* ; les caufes les plus ordinaires font
les hydropifies où la férofité eft déterminée ailleurs, les fievres ardentes où elle
eft diffipée, les fueurs immodérées, les
dévoiemens continuels qui la confom-
ment, &c. cette fecrétion eft auffi empêchée quelquefois dans certaines fievres
malignes, où il y a beaucoup de fymptômes nerveux, &c. & dans tous ces cas
l'*ifchurie* eft appellée *fymptomatique*.

A quelle caufe que doive être attribuée
l'*ifchurie*, elle eft toujours accompagnée
d'un danger plus ou moins preffant, (*v.*
URINE, *fémeiotiq.*) elle eft mortelle, fi
elle dure plus de fept jours; le tenefme,
le hoquet, les vomiffemens urineux, une
odeur urineufe qu'exhale le malade, font
les fignes qui annoncent & préparent cette funefte terminaifon ; il y a beaucoup
plus à craindre de l'*ifchurie* fauffe, que
de la vraie, elle eft auffi plus rare ; celle
qui vient par défaut de fecrétion eft encore plus fâcheufe. La matiere des *urines*
refte dans le fang, donne lieu à des hydropifies, ou excite des maladies plus graves
& moins longues ; j'ai vu furvenir une
fievre maligne que la mort termina en peu
de jours à la fuite d'une fauffe *ifchurie* ;
lorfqu'elle doit fon origine à des graviers
arrêtés dans les ureteres ou dans le baffinet des reins, elle entraîne, comme nous
avons déja dit, les fymptômes douloureux
d'une colique néphrétique, double accident qui rend le danger beaucoup plus
prochain ; l'*ifchurie* vraie qui eft produite
par un calcul arrêté au col de la veffie
peut fe diffiper affez aifément, en faifant
changer de place à la pierre ; celle qu'a
occafionné la paralyfie du mufcle excréteur, quoique pour l'ordinaire incurable,
n'eft pas dangereufe, parce qu'on peut artificiellement vuider la veffie ; il n'en eft
pas de même de celle qui reconnoît pour
caufe l'inflammation du fphincter de la
veffie, ou des parties voifines, des tumeurs nées dans ces parties ou dans le canal de l'uretre, parce qu'avant qu'on foit

venu à bout de faire cesser.l'action de ces causes, l'*ischurie* a eu le tems de devenir incurable.

C'est dans les maladies de cette espece, que le fameux axiome *principiis obsta*, &c. doit être principalement suivi ; chaque instant qu'on tarde d'y apporter remede,aggrave la maladie & rend le secours moins efficace ; le but qu'on doit se proposer ici est de détruire la cause qui a produit & entretient l'*ischurie*; comme ces causes varient, il faut examiner attentivement celle qui doit occuper, & lorsqu'on l'a exactement déterminée y diriger le traitement.

1°. L'*ischurie* fausse où il ne se fait point de sécrétion pour l'ordinaire, symptôme d'une fievre ardente ou maligne, doit suivre le traitement de la maladie de qui elle dépend; on peut seulement insister davantage sur les diurétiques,froids ou chauds, suivant les circonstances, sur les boissons abondantes, les tisanes nitrées, les lavemens émolliens, &c. Quand elle est une suite de l'hydropisie, il faut avoir recours aux diurétiques un peu actifs, aux sels neutres ou alkalis fixes, aux lessives de cendres, aux sucs apéritifs de cerfeuil, de chiendent, de persil, dans lesquels on écrase des cloportes, &c. *Voy*. HYDROPISIE ; les diarrhées & les sueurs excessives doivent être combattues avec les remedes qui leur sont propres, combinés avec ceux qui poussent par les *urines*.

2°. Lorsque la même espece d'*ischurie*, jointe à la colique néphrétique est produite par de petits graviers arrêtés dans les conduits urinaires ou dans les ureteres, il faut employer les remedes indiqués dans la colique néphrétique & exposés à cet article; les principaux sont la saignée, les bains ou demi-bains, les fomentations émollientes, les tisanes de même nature, les huileux & les narcotiques. *V.* NÉPHRÉTIQUE, COLIQUE.

3°. Lorsque l'*urine* parvenue dans la vessie n'en peut pas sortir, soit par le défaut de la faculté expultrice, soit par des obstacles qui s'opposent à son action; il faut, 1°. tâcher, comme nous l'avons dit, d'emporter la cause ; 2°. si l'on ne peut le faire assez promptement, procurer par l'art une issue à l'*urine*; la paralysie de la vessie causée par la luxation de l'épine du dos est incurable ; celle qui succede à l'apoplexie & qui dépend des causes générales de paralysie, doit être combattue par les remedes actifs, spiritueux, nervins, & sur-tout par les vésicatoires, dont l'effet porte spécialement sur les voies urinaires qu'on a coutume d'employer dans les cas ordinaires de paralysie, *voy. ce mot* ; mais comme ce traitement est très-long & souvent infructueux, on est obligé de vuider la vessie par le moyen de la sonde dont l'usage est d'autant plus convenable, qu'il peut se faire sans douleur & sans inconvénient. Si l'orifice de la vessie est bouché par des grumeaux de sang ou de pus, ou autres, on peut avec la sonde les diviser & donner passage à l'*urine* qui peut en entrainer une partie, le même instrument est aussi très-convenable si c'est un calcul qui soit engagé dans le col de la vessie.en le repoussant ou le dérangeant, on fait cesser l'*ischurie*; on peut aussi le faire changer de place, en faisant coucher le malade sur le dos & le secouant un peu rudement ; ce moyen est plus doux que la sonde. il doit toujours être tenté auparavant. Quand l'inflammation se joint au calcul, ou même qu'elle seule produit l'*ischurie*, l'usage de la sonde doit être banni, il ne peut qu'avoir de mauvais effets, il faut tâcher de faire cesser l'inflammation par quelques saignées, des fomentations émollientes,des légeres injections, des boissons anti-phlogistiques & autres secours qui conviennent à l'inflammation, *voy. cet article*; les carnosités dans l'uretre empêchent aussi l'usage de la sonde, on ne peut les détruire que par les bougies. qu'il faut introduire légérement & pousser tous les jours un peu ; mais si ces remedes agissent trop lentement, l'*ischurie* est déja invétérée ; s'il est à craindre qu'elle n'entraine des accidens graves, ou même la mort, il faut avoir recours à des secours qui donnent promptement issue à l'*urine* amassée & qui se corrompt ; on peut essayer encore la sonde, sur - tout ayant soin de l'introduire avec beaucoup de précaution ; que le chirurgien se garde bien de vouloir déployer ses graces & montrer une adresse déplacée, en se servant du tour qu'il appelle communément *tour de maître*, qui consiste à faire entrer la sonde dans l'uretre en tournant la partie convexe du côté du ventre, & lorsqu'elle est ou qu'on la croit parvenue au *veru-montanum*, à la détourner subitement & enfiler ainsi la vessie ; cette méthode me paroît fautive, en ce que le chirurgien peut prendre une carnofité pour l'éminence qui doit le guider, qu'il entre trop précipitamment, qu'il rifque de déchirer toutes ces parties enflammées & tendues, d'augmenter l'inflammation & d'occafionner la gangrene, & qu'il eft enfin expofé à faire de fauffes routes; toutes ces confidérations, s'il eft capable de faire céder fa fatisfaction à l'intérêt du malade, doivent l'engager à préférer la façon ordinaire de fonder, plus groffiere & en même temps plus folide, à une méthode qui n'a que le vain & frivole mérite d'un peu plus d'élégance & de dextérité. Si enfin, on ne peut pas pénétrer par le moyen de la fonde dans la veffie, il ne faut pas trop infifter, de peur d'irriter ces parties & de rendre l'engorgement plus confidérable, il ne refte plus qu'un expédient qu'il faut abfolument prendre, quoiqu'il foit très - douteux, il rend incertaine une mort, qui, à fon défaut, feroit infailliblement & prochainement décidée; je parle de la ponction au périnée, ou à l'hypogaftre, c'eft le cas de fuivre l'axiome de Celfe, *melius eft anceps quam nullum experiri remedium.* Quelques auteurs vantent beaucoup dans ces cas défefpérés, la vertu admirable de la pierre néphritique. Jacques Zabarella a guéri, fuivant le rapport de Rhodius, Nicolas Trevifanus, profeffeur en médecine, d'une fuppreffion d'*urine* en lui attachant au bras cette merveilleufe pierre; dès que le malade l'eut, il rendit le calcul qui étoit la caufe de fa maladie, & tant qu'il l'a portée, il n'en a plus reffenti aucune atteinte; ce qui n'eft pas fort étonnant, puifque la caufe étoit emportée. Le même auteur rapporte, que André Schogargue, célebre médecin de Padoue, éprouva dans un cas femblable le même effet de cette pierre dans un payfan, à la cuiffe duquel il l'avoit fait attacher. (*Joann. Rhodius, obferv.* 30. *centur. III.*) Nicolas Monardes raconte des obfervations auffi furprenantes (*lib. de fimplic. medicam. ex novo orbe delatis.*) Je fuis très - perfuadé que ces faits, quoiqu'atteftés par des auteurs

dignes de foi, trouveront encore beaucoup de lecteurs incrédules qui aimeront bien attribuer les guérifons, fi elles font vraies, à la confiance, aux remedes pris antérieurement & à toute autre caufe qu'à un remede, dont la maniere d'agir eft fi oppofée aux idées qu'ils ont; ils ne manqueront pas de penfer que les effets qui ont fuivi l'application de ce remede, ont été beaucoup exagérés par les témoins ou intéreffés, ou admirateurs enthoufiaftes, ou trompeurs, ou trompés; & pour appuyer leur fentiment fur l'inéficacité d'un pareil amulete, ils pourront fe fonder fur le témoignage de Luc Tozzi, qui affure avoir employé cette pierre plufieurs fois & toujours fort inutilement, & qui a la bonhommie de rejeter ce défaut de fuccès fur la falfification. (*Medec. prax. part. II.*)

Dyfurie ou *difficulté d'uriner.* Le fymptôme qui conftitue cette maladie, eft une excrétion pénible & douloureufe de l'*urine*, qui eft le plus ordinairement jointe à un fentiment d'ardeur plus ou moins confidérable, rapporté au col de la veffie & tout le long de l'uretre, d'où lui eft auffi venu la dénomination familiere d'*ardeur d'urine*.

Pour que la *dyfurie* ait lieu, il faut ou que l'*urine* devienne plus irritante, ou que la fenfibilité des parties par où elle paffe augmente. Le premier vice mérite d'être accufé, 1°. lorfque le phlegme de l'*urine* fe trouve en très-petite quantité & infuffifant pour délayer les parties huileufes & falines, qui feules font capables d'irriter, c'eft ce qui arrive fur-tout dans les hydropifies & dans les fievres ardentes bilieufes; 2°. lorfque l'*urine* fe trouve chargée de molécules étrangeres, de petits corps pointus anguleux, comme des graviers, du fable, des débris de calcul, un fédiment trop épais, & fuivant l'obfervation de Sennert, une matiere blanchâtre & laiteufe qu'on a pris mal-à-propos pour du pus, & dont la quantité eft fouvent fi confidérable, qu'elle remplit la moitié du pot-de-chambre. (*a*)

Les caufes qui rendent l'uretre & le

(*a*) Ray attribue à la décoction de la racine du Bahel-Sculli, & à fa feuille confite dans du vinaigre, la vertu de provoquer les *urines*, fur-tout fi la décoction a été faite dans l'huile du *ficus infernalis.* Le même auteur ajoute que les feuilles du Bahel réduites en poudre, & prifes dans de l'huile tirée par expreffion du *ficus infernalis*, réfolvent les tumeurs des parties naturelles.

col de la veſſie plus ſenſibles, plus irritables, ſont l'inflammation, l'exulcéra-
tion, la tenſion exceſſive de ces parties;
la légere ſenſation, que faiſoit auparavant l'*urine* ſur ces parties dans l'état naturel, devient alors ſi forte, ſi vive,
qu'elle en eſt douloureuſe. La douleur
n'eſt le plus ſouvent qu'une ſenſation
agréable portée à l'excès, de même que
le vice n'eſt fréquemment qu'une vertu
qui a dépaſſé les bornes qui lui étoient
préſcrites. Cet état morbifique des parties
mentionnées, eſt la ſuite & l'effet ordinaire des gonorrhées virulentes; auſſi la
dyſurie eſt un ſymptôme conſtant; elle
eſt moins forte dans les femmes que dans
les hommes, parce que dans ceux-ci,
c'eſt l'uretre, & ſur-tout la partie intérieure, que traverſe l'*urine*, qui eſt affectée, qui eſt le ſiege de l'ulcere & de l'inflammation; au lieu que dans les femmes,
la gonorrhée occupe les diverſes glandes
du vagin quelquefois loin de l'uretre,
mais jamais l'intérieur de ce canal. Souvent la *dyſurie* ſuccede aux gonorrhées,
c'eſt ſur-tout lorſqu'un chirurgien imprudent s'eſt ſervi pour arrêter l'écoulement d'injections aſtringentes, ou lorſqu'il reſte des carnoſités dans l'uretre.
Un calcul raboteux engagé dans le col de
la veſſie peut auſſi l'irriter, l'enflammer
& l'ulcérer; enfin, les cantharides appliquées à l'extérieur, ou priſes intérieurement, exercent ſpécialement leur action
ſur les voies urinaires, ſur la veſſie, &
augmentent conſidérablement la tenſion
& la ſenſibilité, & ſont auſſi une cauſe
très-fréquente de *dyſurie*, lorſqu'on les
laiſſe trop long-temps appliquées à l'extérieur, qu'elles mordent trop, ou qu'on
en prend intérieurement une doſe conſidérable, & qu'on inſiſte long-temps ſur
l'uſage.

Cette maladie eſt pour l'ordinaire plus
incommode que dangereuſe; rarement
contribue-t-elle à accélérer la mort de
ceux qui l'éprouvent, lorſqu'elle ſurvient
aux vieillards, ſur-tout à ceux qui ont
fait un grand uſage du vin & des liqueurs
ſpiritueuſes; elle n'eſt pas ſuſceptible de
guériſon, & les accompagne juſqu'au
tombeau. La *dyſurie*, qui dépend d'autres
cauſes, peut ſe guérir aſſez ſûrement,
quelquefois même avec aſſez de facilité.

Le traitement qui convient à la *dyſurie*, ne ſauroit être uniforme & toujours

le même dans les différens cas, il doit varier relativement aux cauſes auxquelles
elle doit être attribuée; il faut uſer d'autres remedes quand l'*urine* eſt viciée,
que quand c'eſt le vice des parties ſolides qu'il faut accuſer, & les diverſifier
encore ſuivant les cauſes particulieres.
Ainſi, 1°. la *dyſurie* qui dépend d'une altération d'*urine* que nous avons dit ſe
rencontrer dans les fievres ardentes & les
hydropiſies, doit être combattue par des
remedes qui déterminent à la veſſie une
plus grande abondance de ſéroſité. Les
remedes qui rempliſſent cette indication
dans le premier cas, ſont les diurétiques
froids, les émulſions, les boiſſons abondantes, les tiſanes acides nitreuſes émul-
ſionnées, le petit-lait, l'eau de poulet,
&c. Dans le ſecond, ce ſont les diurétiques chauds, les ſels lixiviels neutres ou
alkalis, les inſectes, &c. V. ISCHURIE.

Ces mêmes remedes ſont très-bien indiqués lorſque le ſédiment de l'*urine* eſt
trop épais & trop abondant; mais lorſqu'il y a des graviers, il faut choiſir les
médicamens les plus appropriés pour les
fondre, ou du moins pour les chaſſer, &
en prévenir la formation; on les appelle
lithontriptiques. *Voy.* ce mot. Dans cette
claſſe, ſont la verge d'or, la ſaxifrage, le
bois néphrétique, la chauſſe trape, la
bouxerole, remede connu & uſité depuis
long-temps à Montpellier, & qu'on prétend donner aujourd'hui pour nouveau;
la térébenthine, les baumes, l'eau de
chaux, dont j'ai éprouvé moi-même ſur
un malade calculeux l'efficacité, & j'ai
appris qu'on ne doit point s'effrayer par
la prétendue cauſticité que lui attribuent
ceux qui ne l'ont jamais employée.

2°. La ſenſibilité de la veſſie & de l'uretre portée à un trop haut point, indique
en général les émolliens, calmans, anodins, narcotiques. On peut les employer
extérieurement, intérieurement, & s'en
ſervir en lavemens & pour matiere d'injections dans la veſſie, qu'on fera avec
beaucoup de circonſpection; les plus efficaces de cette claſſe, ſont le nymphæa,
les ſemences froides, les racines d'althæa, le lait, les ſemences de pſyllium,
&c. & ſi les douleurs ſont trop vives, on
en vient aux narcotiques; lorſqu'il y a
inflammation, la ſaignée peut ſoulager.
Dans les gonorrhées violentes, & ſur-
tout dans celles qu'on appelle *cordées*,

où l'ardeur d'*urine* est excessive, on peut la diminuer un peu en plongeant la partie affectée dans l'eau, ou le lait tiede. Les bains généraux sont aussi très-avantageux; on tire du soulagement des émulsions prises en se couchant, auxquelles l'on ajoute du syrop de nymphæa, ou même de celui de pavot. Tous ces secours ne doivent point être négligés, lorsque la *dysurie* est produite par un calcul anguleux qui irrite le col de la vessie; mais ils ne peuvent que pallier le mal, ou en diminuer la violence: l'opération est le seul secours vraiment curatif. J'ai réussi avec l'eau de chaux à rendre cette excrétion plus facile & moins douloureuse dans un homme qui avoit la pierre: on pourroit aussi tenter le même remede avant de soumettre le malade à une opération cruelle & incertaine. Le lait est un remede spécifique dans la *dysurie* qui provient de l'application des cantharides: on peut donner le petit-lait, l'hydrogala, les liqueurs émulsives; toutes ces préparations du lait sont constamment suivies du succès le plus prompt & le plus complet. Si la médecine possédoit beaucoup de remedes aussi efficaces, aussi sûrs que l'est le lait dans ce cas, le projet de l'immortalité deviendroit bien moins chimérique.

. *Strangurie ou excrétion d'urine goutte à goutte.* Le nom de cette maladie en indique suffisamment la nature & le caractere; on peut en compter deux especes relativement aux accidens qui s'y joignent; quelquefois la *strangurie* est accompagnée de beaucoup d'ardeur & de douleur, & des autres symptômes qui sont propres à la *dysurie*, dont elle ne differe alors que par la maniere dont se fait l'excrétion. (*Voy. ci-devant* DYSURIE). Les causes sont à-peu-près les mêmes, les plus fréquentes sont un calcul engagé dans le col de la vessie, l'inflammation de cette partie & des carnosités dans l'uretre, qui se rencontrent avec une foiblesse, une atonie du sphincter; cette espece de *strangurie* est assez-comparable au tenesme. Dans les deux cas, des efforts continuels & douloureux ne produisent qu'une excrétion très-modique; d'autres fois, l'*urine* sort sans-gêne & sans douleur, ou continuellement à mesure qu'elle se sépare, comme dans l'incontinence d'*urine*; ce qui vient d'un relâchement total du sphincter, ou par intervalles, ayant eu le tems

le se ramasser en certaine quantité: alors la continuité du fil de l'*urine* est pour l'ordinaire rompue par des obstructions placées à la naissance de l'uretre, & par le rétrécissement du col de la vessie.

. La premiere espece de *strangurie* qui a les symptômes & les principes communs avec la *dysurie*, fournit à-peu-près le même pronostic, & exige les remedes absolument semblables; elle est un peu plus incommode, & même comme elle approche plus de l'ischurie, elle en devient aussi plus dangereuse. Hippocrate a remarqué que si la passion iliaque survenoit à la *strangurie*, les malades mourroient dans sept jours, à moins que la fievre ne fût excitée & suivie d'un flux abondant d'*urines* (*Aphor.* 44. *lib. VI*). Mais le même auteur a observé que la *strangurie* étoit quelquefois dans les maladies aiguës un signe très-favorable, une affection critique & salutaire: (*Epidem. lib. I. sat.* 2. *&c.*) V. URINE. (*Séméiotiq.*)

La seconde espece de *strangurie* très-familiere aux vieillards, n'est qu'incommode; elle n'exige aucun remede, & élude l'efficacité de ceux qu'on verroit les plus appropriés; ainsi, il faut les laisser vivre avec cette incommodité, plutôt que de les fatiguer inutilement par des drogues détestables, ou même les faire mourir plutôt, en prétendant les en délivrer. Que de cas semblables se rencontrent dans la pratique où le médecin le plus officieux est souvent désagréable & quelquefois nuisible!

Diabetes ou flux abondant & colliquatif. V. DIABETES.

. *Incontinence d'urine.* Cette maladie consiste dans une excrétion plus ou moins fréquente d'*urine*, faite sans aucun effort, & involontairement; il y a des cas où l'*urine* s'échappe ainsi de la vessie, à mesure qu'elle y est conduite par les ureteres; cette secrétion se fait goutte à goutte, & forme une espece de *strangurie*; il y en a d'autres où l'*urine* après s'être ramassée pendant quelque temps, sort d'elle même sans que le malade puisse la retenir, & sans qu'il ait le temps de prendre les précautions convenables; il y en a enfin, & c'est le cas ordinaire des enfans, où l'excrétion d'*urine* involontaire ne se fait que pendant le sommeil.

Dans l'état de santé l'*urine* ne se ramasse dans la vessie que parce que son orifice

eſt garni d'un ſphinctter, qui par ſa contraction le ferme exactement, & bouche
tout-à-fait l'iſſue à l'*urine* ; juſqu'à-ce
que la veſſie ſoit diſtendue à un certain
point par la quantité d'*urine*, & irritée
par ſon acrimonie plus ou moins vive
dans les différens ſujets & les diverſes
circonſtances, le muſcle excréteur reſte
ſans force & ſans action. Pour qu'il ſe
contracte il faut une certaine irritation,
qui dans l'état naturel dépend plus de la
quantité que de l'âcreté de l'*urine* ; alors
la veſſie diminue en capacité, les forces,
par la diſpoſition des fibres muſculaires,
ſont toutes dirigées vers l'orifice de la
veſſie ; elles ſont aidées dans cette action
par les muſcles abdominaux contractés ;
mais tous ces efforts ſeroient vains, ſi en
même temps le ſphincter relache n'ouvroit
le paſſage à l'*urine*, qui ſort alors avec
plus ou moins d'impétuoſité ; mais tel eſt
l'admirable ſtructure de ces parties, que
les mêmes efforts qui font contracter le
muſcle excréteur, procurent le relâchement du ſphincter de la veſſie ; quoique
leur méchaniſme, leur maniere d'agir
nous ſoient tout-à-fait inconnues, quoique nous ne ſachions pas ce qu'il faut
faire, & la façon dont il faut s'y prendre
pour *uriner* : les efforts que nous faiſons
n'en ſont pas moins ſoumis à l'empire de
la volonté, il nous eſt libre de ne pas
obéir pendant un plus ou moins long eſpace de temps au *ſtimulus* qui les exige &
les détermine ; les femmes en général,
y réſiſtent moins long-temps que les hommes, elles ſont obligées de ſatisfaire plus
ſouvent à ce beſoin ; elles ſont auſſi beaucoup plus ſujettes qu'eux à l'incontinence d'*urine*.

Cette maladie aura donc lieu lorſque le
ſphincter laiſſera ouvert l'orifice de la
veſſie, lorſqu'il cédera ſans la participation de la volonté, à la ſimple peſanteur
de l'*urine*, ou à la légere contraction du
muſcle excréteur ; ce qui arrivera lorſqu'il ſera détruit totalement ou en partie
par des ulceres, des déchiremens, lorſqu'il ſera relâché, paralytique, ou ſimplement privé de ſa force, & de ſon ton
ordinaire & naturel. Les ulceres qui détruiſent le ſphincter de la veſſie, ſont ordinairement vénériens, il peut s'en trouver dependans d'autres cauſes, & ſurve-
nus à la ſuite d'une inflammation & d'une
rétention d'*urine*. Les déchiremens de

cette partie ont principalement lieu chez
les femmes ; les accouchemens laborieux,
ou la maladreſſe du chirurgien, en ſont
les cauſes les plus fréquentes ; la paralyſie & le relâchement de ce muſcle ſont
quelquefois produits par une chûte ſur le
dos, comme l'ont obſervé Amatus Luſitanus, Benivenius, & Alphonſus Rho-
nius ; d'autres fois par les cauſes ordinaires de paralyſie & de relâchement, dont
l'action ſe porte principalement ſur cette
partie. J'ai vu, dans une femme, ce vice
occaſionné par la préſence d'un calcul
d'une groſſeur prodigieuſe dans la veſſie,
ſans doute il avoit produit cet effet en peſant continuellement ſur le ſphincter ;
mais après que, par un de ces efforts ſurprenans de la nature, dont on voit peu
d'exemples, la malade eut pour ainſi dire
accouché avec les plus cuiſantes douleurs,
de cet énorme calcul, l'*incontinence d'u-
rine* fut encore plus conſidérable ; le
ſphincter ayant été extrêmement dilaté,
perdit abſolument ſon ton & ſa contractilité ; enfin la foibleſſe du ſphincter eſt un
effet très-ordinaire de l'âge trop ou trop
peu avancé ; les vieillards ſont très-ſu-
jets à l'*incontinence d'urine*, & il eſt peu
d'enfant qui dans les premieres années de
ſa vie n'éprouve cette incommodité ; la
foibleſſe du ſphincter qui l'occaſionne
n'étant pas portée à l'excès chez la plupart, il arrive que l'excrétion involontaire de l'*urine*, ne ſe fait que pendant le
ſommeil ; comme il s'en ſépare beaucoup
à cet âge, la veſſie eſt bientôt ſurchargée,
l'enfant profondément endormi ne ſent
pas l'aiguillon qui l'avertit de ſatisfaire à
ce beſoin ; le muſcle excréteur trop diſtendu ſe contracte, le ſphincter ne peut
pas réſiſter à cet effort & au poids de l'*u-
rine*, il ſe relâche, l'*urine* ſort à grands
flots, inonde le lit de ce pauvre innocent,
& lui prépare des châtimens d'autant plus
cruels qu'ils ne ſont pas mérités. Meres
injuſtes, qui venez la main armée de verges, viſiter avec une exactitude inquiete
le berceau de ces tendres victimes, & qui
vous préparez à leur faire expier ſous les
coups leur prétendue faute, ſuſpendez
pour un moment ces coups, apprenez
qu'il ne peut y avoir de faute ſans la participation de la volonté, que ce qui vous
en paroit une, eſt une action très-indif-
ferente, que c'eſt le ſymptôme d'une maladie que l'enfant ne peut pas plus empê-

cher, qu'un accès de fievre ou de colique, & qui loin d'attirer votre courroux
& vos châtimens, doit exciter votre tendreſſe & vos ſoins ; prenez garde d'ailleurs que ce ne ſoit pas l'avarice ou le dé-
plaiſir de voir gâter les meubles qui ſervent au lit de votre enfant, qui arme votre main, déguiſé ſous le prétexte plauſi-
ble d'une correction néceſſaire ; mais ſur-
tout penſez que ſi quelqu'un eſt coupable, c'eſt vous qui nourriſſez trop mollement votre enfant, qui le gorgez de boiſſons aqueuſes, qui ne lui laiſſez pas faire
l'exercice convenable, & qui enfin né-
gligez de lui procurer les remedes appropriés.

L'*incontinence d'urine* n'eſt point une
maladie grave ou dangereuſe, elle n'eſt
qu'une incommodité très-déſagréable ;
elle eſt pour l'ordinaire incurable, ſur-
tout chez les vieillards ; les enfans ſont
les ſeuls qui en guériſſent parfaitement,
& même avec aſſez de facilité, ſouvent
par la ſeule force du tempérament que
l'âge donne en augmentant, quelquefois
par l'efficacité des ſecours que la médecine fournit.

Le peu de ſuccès des remedes ordinaires, adminiſtrés ſuivant les diverſes indications, a fait recourir pour emporter
cette maladie, à des médicamens ſinguliers, abſurdes, qu'on a regardés comme
très-appropriés dans tous les cas, ſans
avoir égard à la différence des cauſes, &
qu'on a décorés du titre impoſant de *ſpécifique*. Sous ce beau nom, ont paru ſucceſſivement recommandés par différens
auteurs, le goſier d'un coq roti, deſſéché & mis en poudre ; la veſſie d'une chevre, ou d'un ſanglier, préparée de même, & donnée à la doſe d'un gros dans
un verre de vin rouge ; les parties génitales externes de la truie, cuite avec les
choux pommés ; le poiſſon qui ſe trouve
dans l'eſtomac des brochets, les cendres
d'un hériſſon, la gomme arabique, le ſty-
rax, la cire, la mirrhe, le calament, la
menthe, le gland, le millepertuis, &c.
mais de tous les remedes de cette eſpece,
il n'y en a point qui ait eu plus de vogue,
& qui ſoit ſi généralement vanté, que les
ſouris qu'on fait manger roties, ou dont
on donne la cendre ; mais ce remede eſt
particuliérement deſtiné à guérir l'*incontinence d'urine* qu'éprouvent les enfans.
Pline aſſure que de ſon temps on s'en ſer-

voit avec ſuccès. (*Hiſt. nat. lib. XXX.
cap. xv.*) Dans une édition de Sérénus ;
citée par Geſner, on voit qu'il recommande :

  *Ex vino muris tritus (cinis) vel lacte
  capellæ.*

Benedictus Vermenſis, Bayrus, Fo-
reſtus, &c. rapportent des obſervations
qui conſtatent cette vertu dans les ſouris.
Ce dernier aſſure avoir vu donner ce remede avec un très-grand ſuccès, par les
bonnes femmes de Delphes. (*Schol. obſ.
22. lib. XXV*). Dans la ſeconde année
des éphémerides des curieux de la nature,
il y a une obſervation encore plus remarquable, d'une fille âgée de dix-huit ans,
qui étoit ſujette dès ſon enfance à cette
maladie, & dont les regles étoient encore
ſuſpendues, elle en fut parfaitement guérie en mangeant quelques ſouris rôties,
par le conſeil d'une femme qui, pour
l'engager à uſer de ce remede, lui raconta que ſon propre fils en avoit éprouvé
l'efficacité, & avoit été délivré par ce
moyen, d'une *incontinence d'urine* qui
l'incommodoit depuis quinze ans. Enfin
tout le monde peut avoir vu arriver, ou
entendu raconter des hiſtoires ſemblables. Après un ſi grand nombre d'obſervations déciſives, & de témoignages authentiques, je ne vois pas trop comment
on pourroit nier & méconnoître cette propriété dans les ſouris ; la maniere dont
elles operent cet effet eſt inconnue, j'en
conviens : mais eſt-on fondé à rejetter un
fait, parce qu'on a des lumieres trop bor-
nées pour en trouver la raiſon, & d'ailleurs eſt-on plus éclairé ſur la façon d'a-
gir des autres remedes ? quoi qu'il en
ſoit, ce remede eſt innocent, il n'y a aucun mauvais effet à en craindre ; les ſouris ſervent de nourriture ordinaire aux
peuples de Calecut, & on mange en France, dans certaines provinces, les rats
d'eau. Ainſi un médecin prudent, inſtruit que les plus ignorans peuvent donner de bonnes idées, ne dédaignera point
ce remede parce qu'il eſt conſeillé par les
bonnes femmes, & pourra dans l'occaſion en permettre, ou même en conſeiller l'uſage.

Il y a un autre remede plus merveilleux encore, & dont l'efficacité, quoique
conſtatée par deux obſervations dont un
médecin célèbre dit avoir été le témoin
oculaire, eſt plus inexplicable & plus

douteufe ; c'eft une amulette fufpendue au cou, faite avec la poudre d'un crapaud rôti en vie dans un pot neuf. Henri de Heers rapporte qu'une femme étant attaquée d'une *incontinence d'urine* à la fuite d'un accouchement laborieux, pendant lequel une accoucheufe mal-adroite lui avoit déchiré le fphinéter de la veffie, il n'oublia aucun remede pour la guérir de cette incommodité ; il réuffit à diffiper quelques fymptômes accidentels, mais il ne put jamais arrêter l'excrétion continuelle d'*urine*, c'eft pourquoi il s'avifa de lui faire préparer un fyphon d'argent dont la branche la plus courte alloit dans la veffie, & l'autre d'environ quatre pouces aboutiffoit à une bouteille ; par ce moyen il détourna le cours de l'*urine* qui fe faifoit par le vagin, & confolida les ulceres qui étoient dans cette partie; cette femme ainfi foulagée, & n'ayant d'autre incommodité que le poids de la bouteille, ne s'attendoit pas à une guérifon plus complette ; elle pouvoit en ôtant fon fyphon, recevoir les careffes de fon mari, & étant devenue enceinte, elle accoucha très-heureufement. Henri de Heers l'ayant perdu de vue, la rencontra quelque temps après, & fut fort furpris de fe voir rendre fon fyphon, & d'apprendre que la malade parfaitement guérie n'en avoit plus befoin ; il en demanda la caufe, & elle lui fit voir le petit fac pendu à fon cou, où étoit renfermée la poudre de crapaud ; fa furprife augmenta encore, n'ayant jamais ouï parler d'un femblable remede ; il affure qu'ayant eu l'occafion de s'en fervir chez un marchand qui avoit une *incontinence d'urine*, à la fuite d'une opération de la taille mal faite, il vit avec étonnement le même miracle fe répéter (*Henric. ab. Heers*, 14. *lib. I*) ; nous n'avons rien à dire à cela finon que *fides fit penes autorem*.

Si j'avois à traiter un malade attaqué de cette maladie, avant d'avoir recours à tous ces prétendus fpécifiques, j'effayerois les remedes qui puffent combattre les caufes que je connoîtrois ; je confeillerois l'opération de la taille à celui dans qui la maladie dépendroit du calcul, les aftringens fpiritueux, aromatiques, pris intérieurement, ou adminiftrés en vapeurs, en bains, en fomentations, en injeétions, & fur-tout les véficatoires, à ceux qui auroient le fphinéter de la veffie

paralytique, ou dans un relâchement plus ou moins confidérable, les balfamiques dans le cas d'ulcere, *&c.* & je recommanderois aux meres dont les enfans feroient fujets à cette maladie, de s'abftenir des fouets, fecours également cruels, inutiles & déplacés, d'élever leurs enfans moins mollement, de leur laiffer faire de l'exercice, de leur donner des alimens moins aqueux, moins relâchans, de leur faire boire un peu de vin, fur-tout ferré, d'avoir foin qu'ils ayent toujours le ventre libre, parce que plus l'excrétion de férofité aura lieu par les inteftins, moins les *urines* feront abondantes ; & fi ces fecours font infuffifans, je crois qu'on peut tirer plus d'utilité des fomentations aromatiques, aftringentes, des légeres injeétions, & de l'ufage d'un vin aromatique ferré, du cachou, & de quelqu'autres aftringens femblables.

Piffement de fang. Le mélange du fang avec les *urines* leur donne une teinte d'un rouge plus ou moins foncé, fuivant la quantité & la qualité du fang, qui eft le figne diftinétif de cette maladie. Lorfque le fang eft peu abondant, on rifque de confondre l'*urine* fanguinolente, avec celle dont la rougeur dépend de la trop petite quantité de phlegme, ou du mélange d'un fédiment rouge & briqueté.

Pour éviter cette erreur, il n'y a qu'à laiffer à l'*urine* le temps de dépofer ; fi elle contient du fang, il fe ramaffera en grumeaux, en filamens noirâtres, qui par l'agitation ne pourront plus fe rediffoudre dans l'*urine* ; au lieu que les fédimens d'une autre nature paroîtront au fond du vaiffeau en forme de pouffiere, plus ou moins ténue, & fe remêleront facilement avec le refte de l'*urine*. On peut auffi dans la même vue filtrer de l'*urine* fur laquelle on a des doutes, à travers un linge blanc, le fang fe fera reconnoître par la couleur rouge qui s'y imprimera : les autres matieres n'altéreront pas fa blancheur.

Après qu'on fe fera bien affuré de l'exiftence du *piffement de fang*, il faudra tâcher de remonter à fon origine & à fes caufes. Son origine peut varier d'autant de façons, qu'il y a de parties qui fervent à la fécrétion & à l'excrétion de l'*urine* ; les reins, les ureteres, la veffie & l'uretre peuvent en être les différentes fources. On connoît que le fang vient des

reins , & qu'il eſt dû à la rupture d'un
vaiſſeau, lorſqu'il ſort tout-à-coup (Hippocrate , *aph. 78. l. IV.*) lorſqu'il eſt
très-abondant, lorſqu'il eſt bien mêlé
avec l'urine , que la couleur eſt d'un rou-
ge-clair , égale & uniforme. Cette excrétion d'ailleurs ſe faiſant par un viſcere
peu ſenſible, n'eſt preſque pas douloureuſe. Le *piſſement de ſang* qui a cette ſource , eſt quelquefois occaſionné par un effort critique , d'autres fois par la ſuppreſſion des évacuations ſanguines , des regles
ou des hémorrhoïdes , comme le prouvent
les obſervations d'Hercules Saxonin , de
Rolfinkius , de Reiſelius , &c. plus ſouvent encore par la préſence d'un calcul
anguleux dans les reins, ſur-tout ſi le
malade uſe de diurétiques chauds , des
prétendus lithontriptiques , on fait des
exercices immodérés : de tous les exercices celui qui eſt le plus propre à exciter ,
même ſeul & ſans la préſence du calcul ,
une hémorrhagie rénale , c'eſt l'équita-
tion , ſans doute à cauſe de la compreſſion des vaiſſeaux qui ſe répandent dans
les feſſes , les cuiſſes , & le périnée.

Riviere fait mention d'un homme de
50 ans qui piſſoit du ſang toutes les fois
qu'il montoit a cheval, (*centur. ij. obſer.*
xiij.) le mouvement d'une voiture mal
ſuſpendue , ſur-tout lorſqu'elle roule ſur
le pavé , ou ſur des chemins rabotteux ,
produit le même effet. Sydenham raconte
qu'il étoit ſujet au *piſſement de ſang* en
conſéquence d'un calcul dans les reins ,
qui ſe manifeſtoit toutes les fois qu'il marchoit trop long-temps , ou qu'il alloit en
carroſſe , à moins qu'il ne prît des précautions pour prévenir cet accident (*de*
miélu cruent. à calcul renib. impaél.) Les
bleſſures dans les reins , les chûtes , l'action trop vive des cantharides , l'uſage
continué d'aloès , peuvent auſſi donner
lieu à l'excrétion du ſang par les reins.
On peut encore ajouter ici les *piſſemens*
d-ſang ſymptomatiques, qui ſurviennent
quelquefois à la petite vérole , à la rougeole , à des fievres malignes, & plus ſouvent aux pleuréſies dorſales.

Lorſque les ureteres fourniſſent le *ſang*
qui ſe mêle avec l'urine , c'eſt pour l'ordinaire en conſéquence d'un calcul trop
gros ou rabotteux , qui traverſant avec
peine ces canaux , fait une ſolution de
continuité dans les vaiſſeaux ſanguins ;
alors le malade ſent une douleur aiguë à

la région iliaque , & aux environs des
reins , les *urines* ſont moins abondantes ,
coulent avec peine , & ſont chargées de
graviers , & enfin on obſerve les divers
ſymptomes de colique néphrétique.

Le *piſſement de ſang* doit être rapporté
à la veſſie , lorſqu'il eſt en petite quantité , par grumeaux , de couleur noirâtre ;
lorſqu'il y a ſtrangurie , douleur à l'hy-
pogaſtre & au périnée ; lorſque ce *ſang* ſe
trouve mêlé avec du pus , avec des écailles , & qu'il exhale une odeur très fétide:
c'eſt un ſigne que la veſſie eſt ulcérée.
(*Hippocr. aphor. 80. & 81. l. IV*). Les
cauſes ordinaires de cette hémorrhagie
ſont le calcul , l'eſpece d'inflammation
qu'on nomme *ſyſtrophique* , l'exulcéra-
tion, la rupture de quelque vaiſſeau ſan-
guin par un effort , une chûte , &c. La
veſſie eſt ſujette à une autre eſpece d'hémorrhagie , dont Cælius Aurelianus fait
mention , *traél. de morb. chroniq.* Elle ſe
fait par des eſpeces de tumeurs ou hémorrhoïdes , qui ſe forment au col de la veſſie , comme dans le fondement , le vagin
& la matrice. Cette évacuation ſe fait par
intervalles , & eſt du nombre des *piſſe-*
mens de ſang périodiques, qu'Archigene
a obſervés. Elle demande une grande attention , parce qu'augmentant peu-à-
peu , elle devient enfin ſi conſidérable
qu'elle jette le malade dans des ſyncopes
fréquentes ; elle excite auſſi des douleurs
aiguës vers le pubis , & quelquefois ces
tumeurs groſſiſſent au point de gener
beaucoup , ou même d'intercepter tout-
à-fait le paſſage de l'*urine.*

L'uretre eſt la ſource la moins ordinaire du *piſſement de ſang* , & ce n'eſt guere
que dans le cas de gonorrhée virulente,
très-vive & cordée , que la ſemence ſoit
chargée de ſtries de *ſang* , ſe mêle avec
l'urine ; il arrive quelquefois que le ſang
ſorte périodiquement par l'uretre , ou
par les tégumens de la verge , par & indépendamment de l'excrétion des *urines.*
Les hommes dans qui on obſerve cette
évacuation , paſſent pour avoir leurs regles. On trouve dans le *journal de Méde-*
cine, l'hiſtoire d'un berger ainſi réglé, &
dont le pere & ſept à huit freres , preſen-
toient le même phénomène. Stalpart ,
Vander Wiel rapporte pluſieurs exemples ſemblables , *obſerv. 80. centur. j.* &
Frédéric Hoffman aſſure avoir connu pluſieurs perſonnes qui ont rendu pendant

quelques femaines, dans des temps réglés, une grande quantité de *fang* pur par la verge, après avoir auparavant fenti des douleurs dans les aines & dans les cuiſſes. Il y a lieu de préſumer que cette évacuation périodique eſt une eſpece de flux hémorrhoïtal, & qu'il ſe fait par le rameau qui des veines hémorrhoïdales externes va ſe diſtribuer dans la verge.

Le détail où nous venons d'entrer ſur l'origine du *piſſement de ſang*, ſur les cauſes qui l'excitent, & les ſymptômes qui accompagnent leur différente action, peut nous ſervir à en diſtinguer les différentes eſpeces, à connoitre quand il eſt ſymptômatique ou critique, dangereux ou ſalutaire, à quelle cauſe il doit être attribué. Hoffman ſe trompe quand il prononce généralement que tout *piſſement de ſang* eſt dangereux ; cette aſſertion eſt plus fondée ſur le raiſonnement que ſur l'obſervation. Hippocrate aſſure le contraire, & il a l'expérience pour lui; il dit que lorſque le *piſſement de ſang* revient rarement, par intervalles & ſans douleur, il eſt avantageux, qu'il termine & diſſipe heureuſement les laſſitudes ; celui qui ſuccede à la ſuppreſſion des regles & des hémorrhoïdes, eſt auſſi très-ſalutaire, il ſupplée à ces évacuations, & prévient les accidens que leur défaut entraineroit. Il n'eſt pas douteux que le *piſſement de ſang* au commencement des maladies, ne ſoit un ſymptôme fâcheux ; qu'il ne ſoit auſſi à craindre lorſqu'il eſt occaſionné par un calcul dans les reins, les ureteres, la veſſie ; lorſqu'il ſurvient aux ſcorbutiques ; qu'il eſt la ſuite d'une extrême diſſolution du ſang, &c. & enfin lorſque l'hémorrhagie eſt trop abondante. Les ſignes qui nous indiquent que le danger eſt preſſant, ſont les nauſées, les anxiétés, la petiteſſe, la fréquence & l'obſcurité du poul; la foibleſſe, les défaillances, & les ſueurs froides, &c. *V*. Urine. (*Sémiotique*).

Le *piſſement de ſang* critique n'exige aucun remede ; celui qui eſt ſymptôme d'une autre maladie, n'en demande point de particulier ; il ſe guérit lorſque la maladie à laquelle il eſt ſurvenu prend une bonne tournure, par les efforts de l'art ou de la nature. Le rétabliſſement des regles & des hémorrhoïdes eſt la ſeule indication qui ſe préſente à remplir dans le *piſſement de ſang* qui ſuccede à ces évacuations ſupprimées.

L'excrétion des calculs, des graviers engagés dans les reins, les ureteres, ou le col de la veſſie, eſt le ſeul ſecours efficace & vraiment curatif, lorſqu'il eſt dû à cette cauſe. Le repos, l'uſage des émoliens en tiſane, en injection, en lavement, en fomentation, en bain, ne ſont que des adouciſſans & des palliatifs qu'il ne faut pas négliger dans le paroxyſme, & ſur-tout quand il n'eſt pas poſſible d'employer la cure radicale. Les décoctions légeres de ſymphitum, d'althæa, ſont très-appropriées dans ce cas ; elles conviennent auſſi très-bien lorſque le *piſſement de ſang* eſt dû à la rupture de quelque vaiſſeau à la ſuite d'une bleſſure, d'un effort, & qu'il y a beaucoup d'ardeur & d'inflammation ; la ſaignée eſt alors très-bien placée, & dès que les accidens ſont calmés par ces ſecours, il faut recourir aux aſtringens plus forts, mêlés avec les vulnéraires. C'eſt ſous ce point de vue qu'on emploie avec ſuccès la millefeuille, la prêle, l'aigremoine, le lierre terreſtre, le burſa paſtoris, les ſommités d'hypericum, les ſucs d'ortie & de marguerite, extraits enſemble, &c. Si l'hémorrhagie eſt conſidérable, & qu'il ſoit à craindre que le malade n'y ſuccombe, il ne faut pas balancer à employer les aſtringens les plus actifs, tels que l'alun, le ſang de dragon, le bol d'Arménie, &c. Leur uſage n'eſt pas ſans inconvénient ; la criſpation trop prompte qu'ils occaſionnent, eſt une des cauſes fréquentes des ulceres qui ſuccedent aux hémorrhagies des reins, des poumons & des autres parties. Mais la crainte de cet accident doit céder à l'aſſurance où l'on eſt d'une mort prochaine, ſi on ne les emploie pas. De deux maux il faut toujours éviter le pire ; & rien n'eſt plus conforme aux loix de la nature, que de s'expoſer à faire un petit mal, lorſque cela eſt indiſpenſablement néceſſaire pour en éviter un plus grand. Si le danger n'eſt pas urgent, qu'on s'abſtienne ſcrupuleuſement de ces remedes, ils ſont inutiles ou dangereux.

Les perſonnes qui ſont ſujettes au *piſſement de ſang*, doivent pour prévenir le retour des paroxyſmes, uſer des remedes adouciſſans, des laitages entremêlés de quelque opiate tonique martiale, & terminer leur traitement par l'ufage des eaux minérales acidules ferrugineufes ; ils doivent obferver un régime de vie très-fobre, éviter avec circonfpection tout excès dans le vin & les plaifirs véné-riens, faire peu d'exercice, & point du tout en voiture ou à cheval, avoir atten-tion de ne pas trop fe couvrir dans le lit, & de ne pas refter long-temps couchés fur le dos ; avec ces petites attentions on peut réuffir à diminuer confidérablement les accès, à les beaucoup éloigner, & mé-me à les diffiper entiérement.

Piffement de pus. Le pus qui fe trouve mêlé avec l'*urine*, peut avoir fa fource dans quelqu'une des parties qui fervent à fa fécrétion & à fon excrétion, ou être apporté dans les reins de quelque autre partie avec la matiere de l'*urine* ; le *piffe-ment de pus* dépendant de la léfion des voies urinaires, fuccede ordinairement au pif-fement de fang, comme la phthifie fucce-de à l'hémophthifie ; il eft le figne & l'ef-fet d'un ulcere ou d'un abfcès dans les parties, & fe reconnoît par les fignes qui ont précédé, favoir ou le piffement de fang ou les fymptómes de l'inflammation, & la partie qui a été le fiege de ces fymp-tómes doit être cenfée la fource du *piffe-ment de pus.* Il y a beaucoup plus à crain-dre de cette excrétion lorfqu'elle vient d'un ulcere, que lorfqu'elle eft fournie par un abfcès ; dans le premier cas elle eft peu fufceptible de curation ; elle eft bien-tôt fuivie ou accompagnée de fievre len-te, maigreur, foibleffe, en un mot, de tous les fymptómes de la phthifie, & fe termine affez fûrement par la mort du malade ; dans le fecond cas, l'abfcès étant vuidé, le *piffement de pus* peut ceffer, & alors il a été plus favorable que nuifible ; il ne devient dangereux que lorfque l'ab-cès fe renouvelle ou qu'il fe change en ul-cere ; c'eft principalement par la quantité de pus qui eft rendue tout-à-la-fois, qu'on peut juger qu'il a été fourni par un abfcès ; on peut auffi tirer des éclairciffe-mens des fymptómes précédens & con-comitans pour diftinguer fi le *piffement de pus* doit fa naiffance à cette caufe ou à un ulcere.

Lorfqu'on eft bien affuré que c'eft un abfcès qui en eft la fource, on laiffe agir la nature, ou on lui aide par des légers vulnéraires incififs diurétiques, fi le pus eft trop épais & gluant ; & quand le pus

a prefque ceffé de couler, on a recours aux balfamiques. Dans le cas d'ulcere, il n'y a rien de plus à faire que dans tous les autres ulceres intérieurs, *v.* PHTHI-SIE, c'eft-à-dire, il ne faut pas s'atten-dre à guérir par le feul ufage du lait, mais il faut le couper avec les décoctions vul-néraires déterfives, légérement diuréti-ques, infifter plus long-temps fur l'ufage des baumes ; on peut s'en fervir indiffé-remment, leurs vertus font toutes les mêmes ; le plus précieux & le plus vil n'offrant à l'analyfe du chymifte éclairé & aux yeux du médecin obfervateur au-cune différence remarquable. Les eaux fulphureufes de Bareges, de Cauterets, Bonnes, font auffi dans ce cas très-appro-priées.

Si le pus eft par un effort critique ap-porté aux reins de quelque autre partie, de la poitrine, du foie, de la cuiffe, &c. (ce qu'on connoit par l'abfence des fignes qui caractérifent l'ulcere ou l'abfcès des voies urinaires), il faut favorifer cette excrétion par les boiffons abondantes peu chaudes, par l'ufage des diurétiques un peu forts, des vulnéraires, des balfami-ques ; on peut augmenter un peu l'action des reins, en appliquant des linges chauds, en faifant quelque friction fur les parties extérieures qui leur répondent. Ne feroit-il pas à-propos de fe fervir, dans la mê-me vue, des cantharides, le diurétique par excellence ? On auroit attention d'en modérer extrêmement les dofes, & de n'en pas continuer trop long-tems l'ufage.

Piffement de poils, pili-miction. Cette altération de l'*urine* qui confifte dans un mélange de petits corpufcules longs, dé-liés & femblables à des poils, étoit con-nue d'Hippocrate ; mais elle n'a reçu un nom particulier que du temps de Galien. Cet auteur dit " que les médecins moder-„ nes appellent du nom de *trichiafis*, „ τριχίασις, dérivé de τριχες, *cheveux*, „ une maladie dans laquelle on voit dans „ l'*urine* des efpeces de poils qui font „ pour l'ordinaire blancs „. *Comment. in aphor. 76. lib. IV.* Les obfervations de cette maladie étant très-rares, on eft fort peu éclairé fur fa nature, fes caufes, fon fiege & fa curation ; il y a lieu de penfer que ces petits filets font formés par l'adu-nation des parties muqueufes dans les tuyaux des reins ; c'eft auffi dans ce vif-cere qu'Hippocrate en marque l'origine.

Lorsqu'il se trouve, dit-il, dans l'*urine* épaisse des petites caroncules ou des especes de poils, c'est aux reins qu'il faut chercher la source de cette excrétion. *Apbor.* 76, *lib. IV.* Il est peu nécessaire de faire observer combien est absurde l'idée de ceux qui prétendent que ces filamens sont de véritables cheveux formés dans les vaisseaux sanguins, & que tout le sang est particuliérement disposé à se convertir en cheveux. *V.* PLICA POLONICA. Tulpius paroit donner dans cette idée; il dit avoir observé un exemple mémorable du *trichiasis* périodique dans un jeune homme qui pendant l'espace de quatre ans rendoit tous les quinze jours une assez grande quantité de cheveux avec difficulté d'uriner & des anxiétés générales. " Chaque cheveu étoit, dit-il, de la
» longueur d'un demi-doigt, & quelque-
» fois même de la longueur du doigt en-
» tier, mais ils étoient si couverts, si en-
» veloppés de mucosité, que rarement
» les voyoit-on à découvert; chaque pa-
» roxisme duroit environ quatre jours,
» & hors de ce temps le malade étoit
» tranquille, bien portant, urinoit sans
» douleur, & ne rendoit aucun cheveu „.
Observ. médec. lib. II. cap. xlij.

Horstius fait aussi mention de cette maladie (*epist. médec. sect. V*); il nous apprend qu'un des remedes les plus efficaces est l'esprit de térébenthine mêlé du sirop d'althæa: singuliere combinaison!

On peut ajouter à ces altérations de l'*urine* celle qu'on a quelquefois observée produite par le mélange de différens corps étrangers, 1°. par des vers, telle étoit l'*urine* que Hehrenfried Hagendorn trouva dans un malade attaqué de la petite vérole, remplie de petits vermisseaux ailés qui nageoient & se remuoient en divers sens tant que l'*urine* resta chaude, & qui moururent dès qu'elle fut refroidie. Schenkins rapporte une observation semblable, & quelques auteurs tels que Platerus, Rhonserus, Edmundus de Meara & Rhodius assurent avoir vu des vers sortir par le canal de l'uretre indépendamment de l'*urine*; 2°. par des champignons, s'il faut ajouter foi à l'observation que rapporte Christianus Frederic Germannus, d'un homme qui, après avoir senti des douleurs très-vives à la région des reins & du diaphragme, rendit une grande quantité d'*urine* sanguinolente rem-

plie de champignons qui imitoient la figure d'une cerise avec son pédicule; le médecin de qui nous tenons cette histoire, assure les avoir ramassés dans le pot-de-chambre pour les conserver; 3°. enfin, il y a plusieurs observations de personnes qui ont rendu avec les *urines* différens corps qu'ils avoient avalés, ou qui avoient été introduits dans le corps par d'autres voies. M. Nathanael Fairfax dit qu'une femme rendit en urinant une balle de plomb qu'elle avoit avalée quelque temps auparavant pour se guérir de la passion iliaque. *Act. philosoph. angl. mens. octobr.* 1668.

Olaüs Borrichius raconte que la même chose est arrivée à un homme qui avoit avalé des grains de plomb en mangeant du gibier, & qui les rendit avec l'*urine*. Un malade, suivant le rapport de M. Sigismond Cisholti, ayant reçu un coup de fusil dans le ventre, rendit par les *urines* une petite balle de celles que nous appellons en françois *chevrotine.* Voy. la *bibliotheque pratique de Manget*, tom. *IV. lib. XIX. pag.* 1006 *& suiv.*

Nous laissons aux théoriciens oisifs & jaloux de trouver des raisons par-tout, le soin d'expliquer comment ces corps étrangers ont pu se former, & sur-tout comment ils ont pu traverser tous les tuyaux si déliés qui se présentent à leur passage jusqu'à l'extrêmité de l'uretre; nous ne prétendons pas non plus redresser ceux qui ne concevant pas comment ces faits se sont passés, se croyent fondés à les nier; ne pouvant pas délier le nœud, ils le coupent. Nous nous contenterons de remarquer que ce ne sont pas les seuls faits qui soient inexplicables, & que la nature offre plus d'un mystere, lorsqu'on l'examine de près. (*m*)

URINE, s. f. *Teinture.* L'*urine* est du nombre des drogues non colorantes, dont les teinturiers se servent à préparer les étoffes avant de les mettre en couleur; entr'autres usages, elle aide à fermenter & échauffer le pastel; & on l'emploie aussi au lieu de chaux dans les cuves de bleu. On se sert quelquefois d'*urine* pour dégraisser les laines, les étoffes, & ouvrages faits de laine, comme draps, ratines, serges, &c. bas, bonnet, &c. mais l'on prétend que ce dégraissage est très-mauvais, qu'il préjudicie beaucoup aux marchandises, & l'on ne devroit y employer que du favon ou de la terre bien préparée. (*D. J.*)

URINEUX, adj. *Gramm. & Chymie*, il fe dit des fels produits par l'urine ou des fels qui ont l'odeur ou la faveur d'urine, ou l'odeur & la faveur des fels produits par l'urine. On dit auffi une odeur *urineufe*.

URI-NOSE, *Géog. mod.*, c'eft-à-dire, nez de travers ; montagne d'Angleterre qui regne dans le Cumberland, le Weftmorland & le Lancashire. C'eft une des plus hautes du pays. (*D. J.*)

URIUM, *Géog. anc.*, fleuve de l'Efpagne bétique. Pline, *l. III. c. j.* dit que c'eft un des deux fleuves qui coulent entre l'Anas & le Bétis. C'eft préfentement le Tinto, felon le P. Hardouin. (*D. J.*)

URNA, *Mefure romaine*, mefure de capacité chez les Romains, qui contenoit la moitié de l'amphore ; Columelle parle de vignobles dont le *jugerum* donnoit fix cents *urnes* de vin : ce qui reviendroit en mefure feche à environ cinquante boiffeaux par arpent. (*D. J.*)

URNE, Cf. *urna*, *Antiq. rom.*, vaiffeau de différente matiere, ufage, grandeur & figure. On employoit les *urnes* pour renfermer les cendres des corps après les avoir brûlés ; on les employoit encore pour jeter les buletins de fuffrage dans les affemblées des citoyens de Rome pour l'élection des magiftrats, & dans les jugemens. On fe fervoit de l'*urne* pour la divination; on tiroit auffi des *urnes* les noms de ceux qui devoient combattre les premiers aux jeux publics ; enfin on confervoit les vins dans des *urnes* expreffes.

Comme les *urnes* fervoient principalement à contenir les cendres des morts, on fabriquoit des *urnes* de toutes fortes de matieres pour cet ufage. Trajan ordonna qu'on mît fes cendres dans une *urne* d'or, & qu'elle fût pofée fur cette belle colonne qui fubfifte encore aujourd'hui. L'*urne* du roi Démétrius étoit auffi d'or, au rapport de Plutarque. Spartien dit que les cendres de l'empereur Sévere furent apportées à Rome dans une *urne* d'or. Dion prétend que fon *urne* n'étoit que de porphire, & Herodien qu'elle étoit d'albâtre; Marcellus qui prit Syracufe, avoit une *urne* d'argent.

Les *urnes* de verre font un peu plus communes. Marc Varron voulut qu'on mît fes cendres dans un vaiffeau de pote-

rie, avec des feuilles de myrte, d'olivier & de peuplier ; ce que Pline appelle *à la pythagoricienne*, parce que c'étoient les plus fimples.

Les *urnes* de terre, d'ufage pour les perfonnes du commun, étoient ordinairement plus grandes, parce que comme l'on prenoit moins de foin pour réduire leurs cadavres en cendres, les os qui n'étoient qu'à moitié brûlés tenoient plus de place. D'ailleurs ces *urnes* fervoient pour mettre les cendres d'une famille entiere, ou du moins pour celles du mari & de la femme, comme nous l'apprenons de cette infcription antique.

Urna *brevis geminum quamvis tenet ifta cadaver.*

Pour ce qui concerne la figure des *urnes*, celles de terre étoient faites à peu près comme un pot de terre ordinaire, fi ce n'eft qu'elles étoient plus hautes & plus retrécies vers le col. Il y en a plufieurs dont le pié fe termine en pointe ; quelques-unes ont des anfes, & d'autres n'en ont point. La plupart font fans façon & fans bas-reliefs ; mais il y en a qui portent des figures d'hommes ou d'animaux.

Les *urnes* de bronze ou d'autre métal étoient pour des perfonnes opulentes ou de qualité. Il y en a peu qui n'ayent à l'entour quelque fculpture & bas-relief, comme on peut s'en convaincre en confultant les figures qu'en ont donné les antiquaires.

On a vu des *urnes* d'Egypte qui font de terre cuite, chargées d'hiéroglyphes & remplies de momies, ce qui eft fort particulier ; parce que les Egyptiens avoient coutume d'embaumer les corps entiers, & qu'on faifoit peu d'*urnes* pour les y dépofer.

Parmi le grand nombre d'*urnes* qui fe voient à Rome, il y en a de rondes, de quarrées, de grandes, de petites, les unes toutes unies, les autres gravées en bas-relief. Il s'en trouve qui font accompagnées d'épitaphes, d'autres qui ont feulement le nom de ceux à qui elles appartenoient. Quelques-unes n'ont de caracteres que ces deux lettres D. M. D'autres ont feulement le nom du potier qui les avoit faites, écrit fur le manche ou dans le fond.

Les anciens gardoient leurs *urnes* dans leurs maifons ; ils en plaçoient auffi fur ces petites colonnes quarrées qui portoient leurs épitaphes, & que nous appellons *cipes*, à cause de leur figure. On les mettoit encore dans des sépulchres de pierre ou de marbre : cette inscription le dit.

Te lapis, obteftor, leviter fuper offa quiefce,
Et noftro cineri ne gravis effe velis.

Les gens de qualité avoient des voûtes sépulchrales, où ils mettoient dans des *urnes* les cendres de leurs ancêtres. On a trouvé autrefois à Nîmes une de ces voûtes avec un riche pavé de marqueterie, qui avoit tout-à-l'entour des niches dans le mur ; & dans chaque niche, on avoit mis des *urnes* de verre doré remplies de cendres.

Les Romains avoient deux fortes d'*urnes* pour les fuffrages ; les premieres, appellées *ciftæ*, avoient une large ouverture ; l'on y mettoit les balottes & les tablettes, pour les diftribuer au peuple avant que de procéder à l'élection. Les autres *urnes*, nommées *citellæ*, avoient l'ouverture très-étroite, & c'étoit dans celles-ci que le peuple jetoit son fuffrage. Sur la fin de la république, il arriva quelquefois qu'on enleva ces dernieres *urnes*, afin que les fuffrages ne puffent pas être comptés.

Les *urnes* à conferver le vin étoient diftinguées en grandes & petites ; les petites contenoient feulement dix-huit ou vingt pintes de notre mefure ; mais les grandes faifoient la charge d'une charrette, & contenoient cent vingt amphores ; le tout égaloit felon quelques critiques, le poids de feize cents livres, & felon d'autres, de 1920 livres. Columelle les appelle *ventrofas*, à large ventre ; il paroît qu'elles ne devoient pas être d'une médiocre grandeur, s'il est vrai ce qu'en difent Laërce & Juvenal, qu'elles-ferviffent d'habitation à Diogene. L'on objecte contre leur récit, que le tonneau de ce philofophe étoit de bois, parce qu'il le rouloit fouvent au rapport de Lucien ; mais des vafes fi gros & fi matériels, quoique de terre cuite, pouvoient bien fans danger fe rouler fur des peaux, de la paille, & même fur le pavé le plus dur.

Quant aux *urnes* lacrymales, il eft vrai qu'on a trouvé dans des tombeaux plufieurs phioles, dans lefquelles, dit-on, les Romains ramaffoient les larmes qu'on répandoit pour les morts ; mais la figure de ces phioles annonce qu'on ne pouvoit

s'en fervir à cet ufage, mais bien pour y mettre les baumes & les onguens liquides, dont on arrofoit les offemens brûlés ; il eft donc vraifemblable que tout ce qu'on appelle *lacrymatoire* dans les cabinets, doit être rapporté à cette efpece de phioles uniquement deftinées à mettre les baumes pour les morts. (*D. J.*)

URNE, *Sculpt.*, ornement de fculpture ; c'eft une efpece de vafe bas & large, dont on orne quelquefois les baluftrades, & qui fert d'attribut aux fleuves & aux rivieres ; on les trouve ainfi repréfentés fur les médailles & les bas-reliefs antiques. Les poetes en parlent fur le même ton. Ils nous peignent le Tibre & le Pô, appuyés fur leur *urne*, quand ils nous parlent de leurs fources. (*D. J.*)

URNE *cinéraire*, *Antiq. rom.*, *voyez* URNE ; nous n'ajouterons que deux mots en paffant.

Les *urnes cinéraires* étoient fort en ufage chez les Romains : elles fervoient, comme on le voit, à recueillir les cendres des morts qu'on étoit dans la coutume de brûler. Il y en avoit de différentes matieres.

On en a trouvé de verre, & c'eft le plus grand nombre ; il y en a où les cendres du mort font encore enfermées ; M. de Caylus a donné la figure d'une de ces *urnes*, qui eft d'un très-bon goût de travail. Les anfes font d'une compofition d'autant plus ingénieufe, qu'elles fe lient avec l'ornement général du morceau, c'eft-à-dire qu'elles font fermées par les extrémités de deux branches de laurier, qui foutiennent une coquille naturellement & convenablement attachée au corps du vafe. Ces deux branches raccordées avec goût, portent les feuilles qui leur font naturelles ; & pour enrichir le refte du vafe, ces feuilles font mêlées avec celles du lierre, dont l'emblême convient à la deftination de l'*urne*. (*D. J.*)

URNE *funéraire*, *Archit. décorat.*, efpece de vafe couvert, orné de fculpture, qui fert d'amortiffement à un tombeau, une colonne, une pyramide & autre monument funéraire, à l'imitation des anciens, qui renfermoient dans ces fortes d'*urnes* les cendres des corps des défunts. (*D. J.*)

UROMANTE, f. m. *Mél. & Divinat.*, nom compofé de deux mots grecs, ούρον, *urine*, & μάντις, *devin*, qu'on

donne à ceux qui font profeſſion de *devi-*
ner les maladies par la ſeule inſpection
des *urines* ; il y a eu dans tous les temps
de ces charlatans effrontés, qui ont prétendu faire, par ce ſeul ſigne ſouvent fau-
tif, ce dont les médecins les plus éclairés
ne viennent que difficilement à bout, en
reuniſſant & combinant toutes les lumieres que la ſémeiotique fournit. Il y en a
même qui ont porté plus loin leurs prétentions, & qui ſe vantent de connoître
aux *urines* l'âge, le ſexe, le tempérament,
l'état du corps, *&c.* des perſonnes dont
ils examinent l'*urine*. Un homme qui fait
des promeſſes ſi merveilleuſes, eſt regardé avec admiration par le peuple, qui ſe
garde bien d'examiner s'il les tient ; & le
ſage ne voit dans lui qu'un impoſteur condamnable, qui mériteroit d'être expoſé à
la ſévérité des loix, non pas comme abu-
ſant de la crédulité du peuple (car les magiſtrats auroient trop affaire, s'ils exerçoient leurs droits ſur tous ceux qui ſont
coupables d'une pareille faute), mais
comme le trompant ſur un article qui intéreſſe l'état, ſur le bien qui eſt le plus
précieux même à chaque particulier, la
vie & la ſanté. *V.* URINE, *Sémeiotique.*

Pour le déſabuſer ſur le compte de ces
empiriques, il ne ſera pas mal de découvrir ici la manœuvre qu'ils emploient
pour le tromper. Ils commencent par gliſſer dans l'urine quelque liqueur qui la fait
fermenter & ſortir par-deſſus les bords du
verre : ce premier phénomene étonne, ils
profitent de ce moment de ſurpriſe pour
faire quelques queſtions vagues qui les
menent à découvrir où eſt la douleur la
plus violente du malade, ſon ſexe, ſon
âge, & là-deſſus ils bâtiſſent leur ſyſtême
de maladie, & en nomment un ſi grand
nombre les unes après les autres, qu'ils
n'eſt preſque pas poſſible que le malade
de n'y reconnoiſſe celle dont il eſt attaqué.

Ils ne ſe bornent pas à cette ſeule fourberie, car outre la conſultation qu'il faut
payer, ils ont encore ſoin de tirer de l'argent d'une infinité de drogues qu'ils donnent à prendre, dont ils ne connoiſſent
pas eux-mêmes la vertu, & qui ſont ordinairement aſſez violentes pour augmenter la force de la maladie & occaſionner
d'autres accidens. Ce ſeroit bien certainement là le cas de faire revivre la loi du
tallion, & de punir de mort des gens qui

la donnent journellement à tant d'autres
(*m*)

UROMANTIE, ſ. f. *Méd. & divin.*,
mot formé de οὖρον, *urine*, & μαντεία,
divination, qui ſignifie l'art de *deviner*
par le moyen des *urines* l'état préſent d'u-
ne maladie, & d'en prédire les événemens
futurs. Cette partie de la ſémeiotique, réduite à un juſte milieu, dépouillée de tous
les excès du charlataniſme & cultivée
avec ſoin, peut fournir beaucoup de lumieres, ſur-tout dans le cours des maladies aigues, des fievres, qu'on appelle
communément *putrides*. (*voy.* URINE,
Sémeiotiq.) Différens auteurs lui ont donné les noms ſynonymes d'*urocriſe*, d'*uroscopie*, *&c. urocriſe* eſt formé de οὖρον & de
κρίσις, *jugement*, & ſignifie à la lettre le
jugement qu'on porte des maladies par
l'inſpection des urines : *uroscopie* eſt compoſé de οὖρον, & d'un dérivé du verbe
σκέπτομαι, *je conſidere*, il ſignifie littéralement le ſimple *examen des urines.*

UROUCOLACAS, ſ. m. *terme de rela-*
tion, nom qu'on donne dans l'Archipel
au prétendu revenant qui a été ranimé
par le diable, pour commettre des déſordres ; c'eſt le mot grec moderne eſtropié
βρουκόλακος ou βροικόλαχας. Comme il n'y
a chez les Grecs d'aujourd'hui qu'ignorance & ſuperſtition, il n'eſt pas étonnant
qu'ils admettent des ſpectres compoſés
d'un corps mort & d'un diable. (*D. J.*)

URPANUS, *Géog. anc.*, fleuve de la
Pannonie. Pline *l. III. c. xxvj*, en fait
un fleuve aſſez conſidérable, & ajoute
qu'il ſe jette dans le Danube, au-deſſus
de la Drave. C'eſt préſentement le Sar-
witz. (*D. J.*)

URRY, ſ. m. *Hiſt. nat.*, nom Anglois
donné par les habitans du côté de Cheshi-
re & de quelques autres provinces d'Angleterre, & une terre noire fort graſſe qui
couvre immédiatement les couches de
charbon de terre. On a éprouvé que cette
ſubſtance étoit très-propre à fertiliſer les
terres.

URSEL, *Géog. mod.*, petite ville d'Allemagne, au cercle du bas Rhin, dans le
comté de Konigſtein, à trois lieues de
Francfort. Elle appartient à l'électeur de
Mayence. Les troupes de Heſſe & de Saxe
ayant pris cette ville en 1645, la réduiſi-
rent en cendres, & elle ne s'eſt guere relevée depuis. (*D. J.*)

URSENTINI, *Géog. anc.*, peuple

d'Italie, dans la Lucanie, Pline *l. III. c. xj.* les marque dans les terres. On croit que leur ville s'appelloit *Ursa* ou *Urfentum*, & que c'eſt préſentement celle d'Orlo. (*D. J.*)

URSEOLA, *Géog. anc.*, ville de la Gaule narbonnoiſe; elle eſt placée dans l'itinéraire d'Antonin, ſur la route de Milan à Vienne, en prenant par les Alpes cottiennes. On la trouve entre Valence & Vienne, à 22 milles de la premiere de ces villes, & à 26 milles de la ſeconde. M. de Valois veut que ce ſoit aujourd'hui Rouſſillon dans le Dauphiné, près du Rhône, entre Valence & Vienne. (*D. J.*)

URSEREN-THAL, *Hiſt. mod.*, en François le *val d'Urſeren*; vallée de Suiſſe, au canton d'Uri. C'eſt un petit pays de trois lieues de longueur, & d'une lieue de large, ſans aucun arbre. Il y a dans cette vallée trois grandes routes; ſavoir, celle d'Italie par le mont S. Gothard, celle du Vallais par le mont de la Fourche, & celle des Griſons par le mont de Taveſch. Les habitans de ce val ſont les deſcendans des anciens Lépontiens qui étoient comptés entre les peuples de la Rhétie, c'eſt-à-dire des Griſons. L'évêque de Coire a la juriſdiction ſpirituelle de la vallée d'*Urſeren*; quant au temporel, les habitans de cette vallée ſont regardés comme membres de la ligue Griſe, & comme faiſant partie des juſticiables de l'abbé de Diſentis. (*D. J.*)

URSIN. *Voy.* OURSIN.

URSO, *Géog. anc.*, ville de l'Eſpagne bétique, ſelon Pline, *l. III. c. j.* C'eſt l'*Ypſona* d'Apien, *in iber. p.* 291, & l'Urſon d'Hirtius, *de bel. biſp.* Pline lui donne le ſurnom de *Genua Urbanorum*, ou *Gemina Urbanorum*, ſurnom qui lui fut donné, parce qu'il y mena une colonie formée d'une des légions ſurnommées *Gemina* ou *Gemella*; & parce que les ſoldats de cette colonie avoient été levés ſeulement dans la ville de Rome.

On trouve dans Gruter une ancienne inſcription avec le nom de cette ville : *Reſp. Urſonenſium*. Natalis qualifié *presbyter de civitate Urſonenſium*, ſouſcrivit au premier concile d'Arles. Le nom moderne de cette ville eſt *Oſſuna Mariana*, *l. III. biſt. c. ij.* (*D. J.*)

URSULINES, ſ. f. pl. *Hiſt. eccl.*, congrégation ou ordre de religieuſes qui ſuivent la regle de S. Auguſtin, & qui pren-

nent ce nom, parce qu'elles ont une dévotion particuliere à Ste. Urſule, comme patrone de leur ordre.

La bienheureuſe Angele de Breſce établit premierement cet inſtitut en Italie en 1537, enſuite il fut approuvé en 1544 par le pape Paul III. puis uni ſous la cloture & les vœux ſolemnels en 1572 par Grégoire XIII. à la ſollicitation de S. Charles Borromée & de Paul Léon, évêque de Ferrare. Depuis, Magdeleine Luillier, dame de Ste. Beuve, ſonda en 1611 les *Urſulines* en France; le premier monaſtere eſt celui de Paris, d'où elles ſe ſont répandues dans tout le reſte du royaume.

Une des principales fins de leur inſtitut, eſt l'éducation des jeunes filles; elles tiennent à cet effet des écoles pour les enfans du dehors, & prennent des penſionnaires dans leurs monaſteres. Le zele & le ſuccès avec leſquels elles s'acquittent de ce devoir, juſtifient tous les jours l'utilité de leur établiſſement.

URTICOIDE, ſ. f. *Hiſt. nat. bot.*, *urticoïdes*, genre de plante dont les fleurs ſont imparfaites; elles n'ont point de pétales, & elles ſont attachées à un embryon qui devient dans la ſuite une ſemence applatie renfermée dans un calice compoſé de deux feuilles; les étamines & les ſommets naiſſent ſéparément du fruit, & n'ont point d'embryon. *Pontedera anthologia.* Voy. PLANTE.

URUCATU, ſ. m. *Hiſt. nat. bot. exot.* Cette plante du Bréſil croit ſur l'arbre *Urucedit iba*; elle pouſſe quatre ou cinq feuilles larges en bas, & formant une bulbe ovale, longue d'environ quatre doigts, qui renferme une ſubſtance médullaire graſſe, de même couleur & de même conſiſtance qu'un onguent d'un blanc verdâtre & entremêlé d'un grand nombre de filets blanchâtres : les feuilles ſe ſéparent au-deſſus de la bulbe, elles ont un pié de long & ſont faites comme une langue : chacune d'elles a trois nervures qui l'accompagnent dans toute ſa longueur. (*D. J.*)

URUGUAY, L', *Géog. mod.*, riviere de l'Amérique méridionale, qui ſe décharge dans le Parana, un peu au-deſſus de Buenos-Aires, par le 34e. degré de latitude auſtrale : c'eſt ici que le Parana prend le nom de *Rio de-la-Plata.* (*D. J.*)

VRYGRAVES, ou FREYGRAVES, *Hiſt. mod. & droit politique*, mots Allemands qui signifient *comtes libres*; c'est ainsi que l'on nommoit les assesseurs, échevins ou juges qui composoient le *tribunal secret de Westphalie*. Dans les temps d'ignorance & de superstition, les plus grands seigneurs d'Allemagne se faisoient un honneur d'être agrégés à ce tribunal infame. Semblables aux *familiers* de l'inquisition d'Espagne ou de Portugal, ils croyoient se faire un mérite devant Dieu, en se rendant les délateurs, les espions & les accusateurs, & souvent en devenant les assassins & les bourreaux secrets de ceux de leurs concitoyens, accusés ou coupables d'avoir violé les commandemens de Dieu & de l'église. Leurs Fonctions sublimes furent abolies en 1512 par l'empereur Maximilien I. ainsi que le tribunal affreux auquel ils ne rougissoient pas de prêter leur ministere. *Voy.* l'article Tribunal *secret de Westphalie*.

U S

US. s. m. *Gram. & Jurispr.*, est un vieux terme qui signifie *usage*, c'est-à-dire, la maniere ordinaire d'agir en certains cas.

On joint ordinairement le terme d'*us* avec celui de *coutumes* : on dit *les us & coutumes* d'un tel lieu, comme si ces termes étoient absolument synonymes. Cependant le terme de *coutumes*, lorsqu'on l'emploie seul, dit souvent plus qu'*us* ou *usage*; car la coutume s'entend ordinairement d'une loi, laquelle, à la vérité, dans toute son origine, n'étoit qu'un usage non-écrit, mais qui par la suite des temps, a été rédigée par écrit, au lieu que par le terme d'*us* ou *usage*, l'on n'entend communément, comme on l'a déja dit, que la maniere ordinaire d'agir, ce qui ne forme point une loi écrite.

Mais quand on joint le terme de *coutumes* avec celui d'*us*, on n'entend ordinairement par l'un & par l'autre que des usages non-écrits, ou du moins qui ne l'étoient pas dans l'origine.

Ces *us & coutumes*, lors même qu'ils ne sont pas rédigés par écrit, ne laissent pas par succession de temps d'acquérir force de loi, sur-tout lorsqu'ils se trouvent adoptés & confirmés par plusieurs jugemens, ils deviennent alors une jurisprudence certaine. *Voy.* Coutume & Usage.

Les *us & coutumes* de la mer sont les usages & maximes que l'on suit pour la police de la navigation & pour le commerce maritime. C'est le titre d'un traité juridique de la marine, fait par Etienne Cléirac. Ces *us & coutumes* ont servi de modele pour former les ordonnances & réglemens de la marine. *V.* Marine, Navigation, Commerce maritime, Assurance, Police, Fret, Nolis, &c. *(A)*

USADIUM PROMONTORIUM, *Géog. anc.*, promontoire de la Mauritanie tangitane, sur la côte de l'océan occidental, selon Ptolomée, *l. IV. c. j.* Marmol dit que le nom moderne est *Cabode-Alguer*. *(D. J.)*

USAGE, COUTUME, *Synon.* L'*usage* semble être plus universel : la *coutume* paroît être plus ancienne. Ce que la plus grande partie des gens pratique, est un *usage* : ce qui s'est pratiqué depuis long-temps est une *coutume*.

L'*usage* s'introduit & s'étend : la *coutume* s'établit & acquiert de l'autorité. Le premier fait la mode, la seconde forme l'habitude; l'un & l'autre sont des especes de loix, entierement indépendantes de la raison, dans ce qui regarde l'extérieur de la conduite.

Il est quelquefois plus à propos de se conformer à un mauvais *usage*, que de se distinguer même par quelque chose de bon. Bien des gens suivent la *coutume* dans la façon de penser, comme dans le cérémonial; ils s'en tiennent à ce que leurs meres & leurs nourrices ont pensé avant eux. *Girard*. *(D. J.)*

USAGE, s. m. *Gram.* La différence prodigieuse de mots dont se servent les différens peuples de la terre pour exprimer les mêmes idées, la diversité des constructions, des idiotismes, des phrases qu'ils emploient dans les cas semblables, & souvent pour peindre les mêmes pensées; la mobilité même de toutes ces choses, qui fait qu'une expression reçue en un temps est rejetée en un autre dans la même langue, ou que deux constructions différentes des mêmes mots y présentent des sens qui quelquefois n'ont entr'eux aucune analogie, comme *grosse femme & femme grosse*, *sage femme & femme sage*, *honnête homme & homme honnête*, &c. Tout cela démontre assez qu'il y a bien de l'arbitraire dans les langues, que les mots

& les phrases n'y ont que des significations accidentelles, que la raison est insuffisante pour les faire deviner, & qu'il faut recourir à quelqu'autre moyen pour s'en instruire. Ce moyen unique de se mettre au fait des locutions qui constituent la langue, c'est l'*usage*. " Tout est *usage* dans les langues (*Voy.* LANGUE, *init.*); le matériel est la signification des mots, l'analogie & l'anomalie des terminaisons; la servitude ou la liberté des constructions, le purisme ou le barbarisme des ensembles ". C'est pourquoi j'ai cru devoir définir une langue, la totalité des *usages* propres à une nation pour exprimer les pensées par la voix.

" Il n'y a nul objet, dit le P. Buffier (*Gramm. fr.* n°. 26), dont il soit plus aisé & plus commun de se former l'idée, que de l'*usage* (en général); & il n'y a nul objet dont il soit plus difficile & plus rare de se former une idée exacte, que de l'*usage* par rapport aux langues ". Ce n'est pas précisément de l'*usage* des langues qu'il est difficile & rare de se former une idée exacte, c'est des caracteres du bon *usage* & de l'étendue de ses droits sur la langue. Les recherches même du P. Buffier en sont la preuve, puisqu'après avoir annoncé cette difficulté, il entre en matiere en commençant par distinguer le bon & le mauvais *usage*, & ne s'occupe ensuite que des caracteres du bon, & son influence sur le choix des expressions.

• " Si ce n'est autre chose, dit M. de Vaugelas en parlant de l'*usage* des langues (*Remarq. préf. art. ij. n.* 1.), si ce n'est autre chose, comme quelques-uns se l'imaginent, que la façon ordinaire de parler d'une nation dans le siege de son empire; ceux qui sont nés & élevés n'auront qu'à parler le langage de leurs nourrices & de leurs domestiques, pour bien parler la langue du pays. . . . Mais cette opinion choque tellement l'expérience générale, qu'elle se réfute elle-même. . . . Il y a sans doute, continue-t-il (*n.* 2.), deux sortes d'*usages*, un *bon* & un *mauvais*. Le mauvais se forme du plus grand nombre de personnes, qui presque en toutes choses, n'est pas le meilleur; & le bon, au contraire, est composé, non pas de la pluralité, mais de l'élite des voix; & c'est véritablement celui que l'on nomme le maitre des langues, celui qu'il faut suivre pour bien parler & pour bien écrire".

Ces réflexions de M. de Vaugelas sont très-solides & très-sages, mais elles sont encore trop générales pour servir de fondement à la définition du bon *usage*, qui est, dit-il (*n.* 3.). *la façon de parler de la plus saine partie de la cour, conformément à la façon d'écrire de la plus saine partie des auteurs du temps.*

" Quelque judicieuse, reprend le P. Buffier (*n°.* 32.), que soit cette définition, elle peut devenir encore l'origine d'une infinité de difficultés : car dans les contestations qui peuvent s'élever au sujet du langage, quelle sera *la plus saine partie de la cour & des écrivains du temps?* Certainement si la contestation s'éleve à la cour, ou parmi les écrivains, chacun des deux partis ne manquera pas de se donner pour *la plus saine partie.* . . . . Peut-être feroit-on mieux, ajoute-t-il (*n°.* 33.), de substituer dans la définition de M. de Vaugelas, le terme *de plus grand nombre* à celui *de la plus saine partie.* Car enfin, là où le plus grand nombre de personnes de la cour s'accorderont à parler comme le plus grand nombre des écrivains de réputation, on pourra aisément discerner quel est le (bon) *usage. La plus nombreuse partie* est quelque chose de palpable & de fixe, au lieu *que la plus saine partie* peut souvent devenir insensible & arbitraire".

Cette observation critique du savant jésuite, est très-bien fondée; mais il ne corrige qu'à demi la définition de Vaugelas. *La plus nombreuse partie* des écrivains rentre communément dans la classe désignée par M. de Vaugelas comme n'étant pas la meilleure; & pour juger avec certitude du bon *usage*, il faut effectivement indiquer la portion la plus saine des auteurs, mais lui donner des caracteres sensibles, afin de n'en pas abandonner la fixation au gré de ceux qui auroient des doutes sur la langue. Or il est constant que c'est la voix publique de la renommée qui nous fait connoitre les meilleurs auteurs qui se sont rendus célebres par leur exactitude dans le langage. C'est donc d'après ces observations que je dirois que le bon *usage est la façon de parler de la plus nombreuse partie de la cour, conformément à la façon d'écrire de la plus nombreuse partie des auteurs les plus estimés du temps.*

Ce n'est point un vain orgueil qui ôte à la multitude le droit de concourir à l'établissement du bon *usage*, ni une basse flatterie qui s'en rapporte à la plus nombreuse partie de la cour ; c'est la nature même du langage.

La cour est dans la société soumise au même gouvernement, ce que le cœur est dans le corps animal ; c'est le principe du mouvement & de la vie. Comme le sang part du cœur, pour se distribuer par les canaux convenables jusqu'aux extrêmités du corps animal, d'où il est ensuite reporté au cœur, pour y rendre une nouvelle vigueur, & vivifier encore les parties par où il repasse continuellement aux extrêmités ; ainsi la justice & la protection partent de la cour, comme de la premiere source, pour se répandre, par le canal des loix, des tribunaux, des magistrats, & de tous les officiers préposés à cet effet, jusqu'aux parties les plus éloignées du corps politique, qui de leur côté adressent à la cour leurs sollicitations, pour y faire connoître leurs besoins, & y ranimer la circulation de protection & de justice que leur soumission & leurs charges leur donnent droit d'en attendre.

Or le langage est le lien nécessaire & fondamental de la société, qui n'auroit, sans ce moyen admirable de communication, aucune consistance admirable, ni aucun avantage réel. D'ailleurs il est de l'équité que le foible emploie, pour faire connoître ses besoins, les signes les plus connus du protecteur à qui il s'adresse, s'il ne veut courir le risque de n'être ni entendu, ni secouru. Il est donc raisonnable que la cour, protectrice de la nation, ait dans le langage national une autorité prépondérante, à la charge également raisonnable que la partie la plus nombreuse de la cour l'emporte sur la partie la moins nombreuse, en cas de contestation sur la maniere de parler la plus légitime.

" Toutefois, dit M. de Vaugelas, *ibid.* " *n.* 4. quelqu'avantage que nous don-" nions à la cour, elle n'est pas suffisante " toute seule pour servir de regle ; il faut " que la cour & les bons auteurs y con-" courent ; & ce n'est que de cette confor-" mité qui se trouve entre les deux, que " l'*usage* s'établit ". C'est que, comme je l'ai remarqué plus haut, le commerce de la cour & des parties du corps politique soumis à son gouvernement, est essentiellement réciproque. Si les peuples doivent se mettre au fait du langage de la

cour pour lui faire connoître leurs besoins & en obtenir justice & protection ; la cour doit entendre le langage des peuples, afin de leur distribuer avec intelligence la protection & la justice qu'elle leur doit, & les loix qu'elle a droit en conséquence de leur imposer.

" Ce n'est pas pourtant, continue Vau-" gelas, *ibid. n.* 5. que la cour ne contribue " incomparablement plus à l'*usage* que " les auteurs, ni qu'il y ait aucune pro-" portion de l'un à l'autre….Mais le con-" sentement des bons auteurs est comme " le sceau, ou une vérification qui autori-" se [qui constate] le langage de la cour, " qui marque le bon *usage*, & décide celui " qui est douteux ".

" Dans une nation où l'on parle une mê-" me langue (Buffier, *n.* 30, 31.) & où il " y a néanmoins plusieurs états, comme " seroient l'Italie & l'Allemagne ; chaque " état peut prétendre à faire, aussi-bien " qu'un autre état, la regle du bon *usage*. " Cependant il y en a certains, auxquels " un consentement au moins tacite de " tous les autres semble donner la préfé-" rence ; & ceux-là d'ordinaire ont quel-" que supériorité sur les autres. Ainsi l'Ita-" lien qui se parle à la cour du pape, sem-" ble d'un meilleur *usage* que celui qui se " parle dans le reste de l'Italie [à cause de la prééminence de l'autorité spirituelle, qui fait de Rome, comme la capitale de la république chrétienne, & qui sert même à augmenter l'autorité temporelle du pape]. " Cependant la cour du grand-" duc de Toscane, paroît balancer sur ce " point la cour de Rome ; parce que les " Toscans ayant fait diverses réflexions " & divers ouvrages sur la langue ita-" lienne, & en particulier un dictionnai-" re qui a eu grand cours (celui de " l'académie de la Crusca), ils se sont " acquis par-là une réputation, que les " autres contrées d'Italie ont reconnu " bien fondée, excepté néanmoins sur la " prononciation : car la mode d'Italie " n'autorise point autant la prononcia-" tion toscane que la prononciation ro-" maine ".

Ceci prouve de plus en plus combien est grande sur l'*usage* des langues, l'autorité des gens de lettres distingués : c'est moins à cause de la souveraineté de la Toscane, qu'à cause de l'habileté reconnue des Toscans, que leur dialecte

&c.

est parvenue au point de balancer la dialecte romaine ; & elle l'emporte en effet en ce qui concerne le choix & la propriété des termes, les constructions, les idiotismes, les tropes, & tout ce qui peut être perfectionné par une raison éclairée ; au-lieu que la cour de Rome l'emporte à l'égard de la prononciation, parce que c'est sur-tout une affaire d'agrément, & qu'il est indispensable de plaire à la cour pour.y réussir.

Il sort de là même une autre conséquence très-importante. C'est que les gens de lettres les plus autorisés par le succès de leurs ouvrages doivent sur-tout être en garde contre les surprises du néologisme ou du néographisme, qui sont les ennemis les plus dangereux du bon *usage* de la langue nationale : c'est aux habiles écrivains à maintenir la pureté du langage, qui a été l'instrument de leur gloire, & dont l'altération peut les faire insensiblement rentrer dans l'oubli. *V.* NÉOLOGIQUE, NÉOLOGISME.

Par rapport aux langues mortes, l'*usage* ne peut plus s'en fixer que par les livres qui nous restent du siecle auquel on s'attache ; & pour décider le siecle du meilleur *usage*, il faut donner la préférence à celui qui a donné naissance aux auteurs reconnus pour les plus distingués, tant par les nationaux que par les suffrages unanimes de la postérité. C'est à ces titres que l'on regarde comme le plus beau siecle de la langue latine, le siecle d'Auguste illustré par les Cicéron, les César, les Salluste, les Nepos, les T. Live, les Lucrece, les Horace, les Virgile, &c.

Dans les langues vivantes, le bon *usage* est douteux ou déclaré.

L'*usage* est douteux, quand on ignore quelle est ou doit être la pratique de ceux dont l'autorité en ce cas seroit prépondérante.

L'*usage* est déclaré, quand on connoît avec évidence la pratique de ceux dont l'autorité en ce cas doit être prépondérante.

I. L'*usage* ayant & devant avoir une égale influence sur la maniere de parler & sur celle d'écrire, précisément par les mêmes raisons ; delà viennent plusieurs causes qui peuvent le rendre douteux.

1°. " Lorsque la prononciation d'un „ mot est douteuse, & qu'ainsi l'on ne „ sait comment on le doit prononcer....il

„ faut de nécessité que la façon dont il se „ doit écrire, le soit aussi.

2°. " La seconde cause du doute de l'u„ *sage*, c'est la rareté de l'*usage*. Par exem„ ple, il y a de certains mots dont on use „ rarement ; & à cause de cela on n'est pas „ bien éclairci de leur genre, s'il est mas„ culin ou féminin ; de sorte que, comme „ on ne sait pas bien de quelle façon on „ les lit, on ne sait pas bien aussi de quel„ le façon il les faut écrire ; comme tous „ ces noms, *épigramme, épitaphe, épithete,* „ *épithalame, anagramme,* & quantité d'au„ tres de cette nature, sur-tout ceux qui „ commencent par une voyelle, comme „ ceux-ci parce que la voyelle de l'article „ qui va devant se mange, & ôte la con„ noissance du genre masculin ou fémi„ nin ; car quand on prononce ou qu'on „ écrit l'*épigramme* ou *une épigramme* „ [qui se prononce comme *un épigram-* „ *me*], l'oreille ne sauroit juger du gen„ re„. *Rem.* de Vaugelas, *Préf. art. v. n.*2.

Si le doute où l'on est sur l'*usage* procede de la prononciation qui est équivoque, il faut consulter l'orthographe des bons auteurs, qui, par leur maniere d'écrire, indiqueront celle dont on doit prononcer.

Si ce moyen de consulter manque à cause de la rareté des témoignages, ou même à cause de celle de l'*usage* ; il faut recourir alors à l'analogie pour décider le cas douteux par comparaison, car l'*analogie* n'est autre chose que l'extension de l'*usage* à tous les cas semblables à ceux qu'il a décidés par le fait. On dit, par exemple, *je vous prends tous* A PARTIE, & non *à parties* ; donc par analogie il faut dire, *je vous prends tous* A TÉMOIN, & non *à témoins*, parce que *témoin* dans ce second exemple est un nom abstractif, comme *partie* dans le premier, & la preuve qu'il est abstractif quelquefois & équivalent à *témoignage*, c'est que l'on dit, *en témoin de quoi j'ai signé*, &c. c'est-à-dire, *en témoignage de quoi*, ou, comme on dit encore, *en foi de quoi*, &c.

La même analogie, qui doit éclairer l'*usage* dans les cas douteux, doit le maintenir aussi contre les entreprises du néographisme. On écrit, par exemple, *temporel temporiser*, où la lettre *p* est nécessaire ; c'est une raison présente pour la conserver dans le mot *temps*, plûtôt que d'écrire *tems* ; du moins jusqu'à ce que l'*usage* soit

devenu général fur ce dernier article.
Ceux qui ont entrepris de fupprimer au
pluriel le *t* des noms & des adjectifs terminés en *nt*, comme *garans*, *élément*, *fa-*
vant, *prudent*, &c. n'ont pas pris garde à
l'analogie, qui réclame cette lettre au pluriel, parce qu'elle eſt néceſſaire au ſingulier & même dans les autres dérivés, comme *garantie*, *garantir*, *élémentaire*, *favan-*
te, *favantaſſe*, *prudente*; ainſi tant que l'*u-*
ſage contraire ne ſera pas devenu général,
les écrivains ſages garderont *garans*, *élé-*
ments, *favans*, *prudents*.

II. L'*uſage* déclaré eſt général ou partagé : *général*, lorſque tous ceux dont l'autorité fait poids, parlent ou écrivent unanimement de la même maniere ; *partagé*,
lorſqu'il y a deux manieres de parler ou
d'écrire également autoriſées par les gens
de la cour & par des auteurs diſtingués
dans le temps.

1°. A l'égard de l'*uſage* général, il ne
faut pas s'imaginer qu'il le ſoit au point,
que chacun de ceux qui parlent ou qui
écrivent le mieux, parlent ou écrivent en
tout comme tous les autres. " Mais , dit
„ le pere Buffier, *n*. 35. ſi quelqu'un s'é-
„ carte, en des points particuliers, ou de
„ tous, ou preſque tous les autres ;
„ alors il doit être cenſé ne pas bien par-
„ ler en ce point-là même. Du reſte , il
„ n'eſt homme ſi verſé dans une langue, à
„ qui cela n'arrive,, [Mais on ne doit jamais ſe permettre volontairement ſoit de
parler, ſoit d'écrire d'une maniere contraire à l'*uſage* déclaré : autrement, on
s'expoſe ou à la pitié qu'excite l'ignorance, ou au blâme & au ridicule que mérite
le néologiſme.]

„ Les témoins les plus ſûrs de l'*uſage*
„ déclaré, dit encore le pere Buffier, *n*. 36.
„ ſont les livres des auteurs qui paſſent
„ communément pour bien écrire, & par-
„ ticuliérement ceux où l'on fait des re-
„ cherches ſur la langue ; comme les re-
„ marques, les grammaires & les diction-
„ naires qui ſont les plus répandus , ſur-
„ tout parmi les gens de lettres, car plus
„ ils ſont recherchés , plus c'eſt une mar-
„ que que le public adopte & approuve
„ leur témoignage.

2°. „ L'*uſage* partagé... eſt le ſujet de
„ beaucoup de conteſtations peu impor-
„ tantes. *Id*. *n*. 37. Faut-il dire *je puis* ou
„ *je peux* ; *je vais* ou *je vas*, &c...Si l'un
„ & l'autre ſe dit par diverſes perſonnes

„ de la cour & par d'habiles auteurs, cha-
„ cun, ſelon ſon goût, peut employer
„ l'une ou l'autre de ces expreſſions. En
„ effet, puiſqu'on n'a nulle regle pour
„ préférer l'un à l'autre ; vouloir l'empor-
„ ter dans ces points-là, ſur ceux qui ſont
„ d'un avis ou d'un goût contraire, n'eſt-
„ ce pas dire, *je ſuis de la plus ſaine partie*
„ *de la cour* , ou *de la plus ſaine partie dés*
„ *écrivains* ? ce qui eſt une préſomption
„ puérile : car enfin les autres croyent
„ avoir un goût auſſi ſain, & être auſſi ha-
„ biles à décider , & ne ſeront pas moins
„ opiniâtres à ſoutenir leur déciſion. Dès
„ qu'on eſt bien convaincu que des mots
„ ne ſont en rien préférables l'un à l'au-
„ tre, pourvu qu'ils faſſent entendre ce
„ qu'on veut dire, & qu'ils ne contrediſent
„ pas l'*uſage* qui eſt manifeſtement le plus
„ univerſel ; pourquoi vouloir leur faire
„ leur procès, pour ſe le faire faire à ſoi-
„ même par les autres ?

Le pere Buffier conſent néanmoins que
chacun s'en rapporte à ſon goût, pour ſe
décider entre deux *uſages* partagés. Mais
qu'eſt-ce que le goût, ſinon un jugement
déterminé par quelque raiſon prépondérante ? & où faut-il chercher des raiſons
prépondérantes , quand l'autorité de l'*u-*
ſage ſe trouve également partagée? L'analogie eſt preſque toujours un moyen ſûr
de décider la préférence en pareil cas ,
mais il faut être ſûr de la bien reconnoître, & ne pas ſe faire illuſion. Il eſt ſage ,
dans ce cas, de comparer les raiſonnemens
contraires des grammairiens, pour en tirer
la connoiſſance de la véritable analogie, &
en faire ſon guide.

Pour ſe déterminer, par exemple , entre , *je vais* & *je vas* ; pour chacun deſquels le pere Bouhours reconnoît (*rem.*
nouv. tom. I. p. 580.) qu'il y a de grands
ſuffrages ; M. Ménage donnoit la préférence à *je vais*, par la raiſon que les verbes *faire* & *taire* font *je fais* & *je tais*.
Mais il eſt évident que c'eſt ici une fauſſe
analogie , & que , comme l'obſerve Thomas Corneille (*not*. ſur la *rem. xxvj*. de
Vaugelas), "*faire* & *taire* ne tirent point
„ à conſéquence pour le verbe *aller* „ ;
parce qu'ils ne ſont pas de la même conjugaiſon , de la même claſſe analogique.

M. l'abbé Girard (*vrais princ. diſc. viij*.
t. II. p. 80.) panche pour *je vas*, par une
autre raiſon analogique. "L'analogie gé-
„ nérale de la conjugaiſon, veut , dit-il ,

que la première personne des présens de tous les verbes soit semblable à la troisieme, quand la terminaison en est féminine; & semblable à la seconde tutoyante, quand la terminaison en est masculine: *je crie, il crie; j'adore, il adore; [je souffre, il souffre]; je pousse, il pousse;..je sors, tu sors; je vois, tu vois, &c.*"

Il est évident que le raisonnement de l'académicien est mieux fondé; l'analogie qu'il consulte est vraiment commune à tous les verbes de notre langue, & il est plus raisonnable, en cas de partage dans l'autorité, de se décider pour l'expression analogique, que pour celle qui est anomale; parce que l'analogie facilite le langage, & qu'on ne sauroit mettre trop de facilité dans le commerce qu'exige la sociabilité.

La même analogie peut favoriser encore *je peux* à l'exclusion de *je puis*; parce qu'à la seconde personne on dit toujours *tu peux*, & non pas *tu puis*, & que la troisieme même *il peut*, ne differe alors des deux premieres que par le *t*, qui en est le caractere propre.

Il faut prendre garde au reste, que je ne prétends autoriser les raisonnemens analogiques que dans deux circonstances; savoir, quand l'*usage* est douteux, & quand il est partagé. Hors delà je crois que c'est pécher en effet contre le fondement de toutes les langues, que d'opposer à l'*usage* général les raisonnemens même les plus vraisemblables & les plus plausibles; parce qu'une langue est en effet la totalité des *usages* propres à une nation pour exprimer la pensée par la parole, *V.* LANGUE, & non pas le résultat des conventions refléchies & symmétrisées des philosophes ou des raisonneurs de la nation.

Ainsi l'abbé Girard, qui a consulté l'analogie avec tant de succès en faveur de *je vas*, en a abusé contre la lettre *x* qui termine les mots *je veux, je peux, tu veux, tu peux*. " J'avoue l'*usage*, dit-il, ibid. p. 91. & en même temps l'indifférence de la chose pour l'essentiel des regles... Si je m'éloigne dans certaines occasions des idées de quelques grammairiens; c'est que j'ai attention à distinguer ce que la langue a de réel, de ce que l'imagination y suppose par la façon de la traiter, & le bon *usage* du mauvais autant que je les peus connoître... Quant à *s* au lieu d'*x* en cette occasion, j'ai

pris ce parti, parce que c'est une regle invariable que les secondes personnes tutoyantes finissent par *s* dans tous les verbes, ainsi que les premieres personnes quand elles ne se terminent pas en *e* muet,". Cet habile grammairien n'a pas assez pris garde qu'en avouant l'universalité de l'*usage* qu'il condamne, il dément d'avance ce qu'il dit ensuite, que de terminer par *s* les secondes personnes tutoyantes, & les premieres qui ne sont point terminées par un *e* muet, c'est dans notre langue une langue invariable; l'*usage*, de son aveu, a varié à l'égard de *je peux* & *je veux*. Il réplique que ce dernier *usage* est mauvais, & qu'il a attention à le distinguer du bon. C'est un vrai paralogisme; l'*usage* universel ne sauroit jamais être mauvais, par la raison toute simple que ce qui est très-bon n'est pas mauvais, & que le souverain degré de la bonté de l'*usage* est l'universalité.

Mais cet *usage*, dont l'autorité est si absolue sur les langues, contre lequel on ne permet pas même à la raison de réclamer, & dont on vante l'excellence, surtout quand il est universel, n'a jamais en sa faveur qu'une universalité momentanée. Sujet à des changemens continuels, il n'est plus tel qu'il étoit du temps de nos peres, qui avoient altéré celui de nos ayeux, comme nos enfans altéreront celui que nous leur aurons transmis, pour y en substituer un autre qui essuyera les mêmes révolutions.

Ut sylvæ foliis pronos mutantur in annos,
Prima cadunt; ita verborum vetus interit ætas,
Et juvenum ritu florent modo nata vigentque...
Nedum sermonum stet honor & gratia vivax,
Multa renacentur quæ jam cecidere, cadentque
Quæ nunc sunt in honore vocabula si volet usus,
Quem penes arbitrium est, & jus & norma loquendi.

         Art. poët. *Hor.*

Quel est celui, de tous ces *usages* fugitifs qui se succedent sans fin comme les eaux d'un même fleuve, qui doit dominer sur le langage national?

La réponse à cette question est assez simple. On ne parle que pour être entendu, & pour l'être principalement de ceux avec qui l'on vit : nous n'avons aucun besoin de nous expliquer avec notre postérité ; c'est à elle à étudier notre langage, si elle veut pénétrer dans nos pensées pour en tirer des lumieres, comme nous étudions le langage des anciens pour tourner au profit de notre expérience leurs découvertes & leurs pensées, cachées pour nous sous le voile de l'ancien langage. C'est donc l'*usage* du temps où nous vivons qui doit nous servir de regle ; & c'est précisément à quoi pensoit Vaugelas, & ce que j'ai envisagé moi-même, lorsque lui & moi avons fait entrer dans la notion du bon *usage*, l'autorité des auteurs estimés *du temps*.

Au surplus, entre tous ces *usages* successifs, il peut s'en trouver un, qui devienne la regle universelle pour tous les temps, du moins à bien des égards. " Quand une „ langue, dit Vaugelas (*Præf. art. 11. n. 2.*) „ a nombre & cadence en ses périodes, „ comme la langue françoise l'a mainte- „ nant, elle est en sa perfection ; & étant „ venue à ce point, on en peut donner „ des regles certaines qui dureront tou- „ jours.... Les regles que Cicéron a ob- „ servées, & toutes les dictions & toutes „ les phrases dont il s'est servi, étoient „ aussi bonnes & aussi estimées du temps „ de Sénéque, que quatre-vingt ou cent „ ans auparavant ; quoique du temps de „ Sénéque on ne parlât plus comme au „ siecle de Cicéron, & que la langue fût „ extrêmement déchue. „

J'ajouterai qu'il subsiste toujours deux sources inépuisables de changement par rapport aux langues, qui ne changent en effet que la superficie du bon *usage* une fois constaté, sans en altérer les principes fondamentaux & analogiques : ce sont la curiosité & la cupidité. La curiosité fait naître ou découvre sans fin de nouvelles idées, qui tiennent nécessairement à de nouveaux mots ; la cupidité combine en mille manieres différentes les passions & les idées des objets qui les irritent, ce qui donne perpétuellement lieu à de nouvelles combinaisons de mots, à de nouvelles phrases. Mais la création de ces mots & de ces phrases, est encore assujettie aux loix de l'analogie, qui n'est, comme je l'ai dit, qu'une extension de l'*usage* à tous les cas semblables à ceux qu'il a déjà décidés. On peut voir ailleurs-(*art.*

NÉOLOGISME & PHRASE) ce qu'exige l'analogie dans ces occurrences.

Si un mot nouveau ou une phrase insolite se présentent sans l'attache de l'analogie, sans avoir, pour ainsi dire, le sceau de l'*usage* actuel, *signatum præsente notâ* (Hor. *art. poët.*), on les rejette avec dédain. Si, nonobstant ce défaut d'analogie, il arrive par quelque hazard qu'une phrase nouvelle ou un mot nouveau, fassent une fortune suffisante pour être enfin reconnus dans la langue ; je réponds hardiment, ou qu'insensiblement ils prendront une forme analogique, ou que leur forme actuelle les menera petit-à-petit à un sens tout autre que celui de leur institution primitive & plus analogue à leur forme, ou qu'ils n'auront fait qu'une fortune momentanée pour rentrer bientôt dans le néant d'où ils n'auroient jamais dû sortir. (*E. R. M. B.*)

USAGE, *Jurisp.* Ce terme a dans cette matiere plusieurs significations différentes.

Usage d'une chose, est lorsqu'on s'en sert pour son utilité.

Le propriétaire d'une chose est communément celui qui a droit d'en faire *usage*, un tiers ne peut pas de son autorité privée l'appliquer à son *usage* particulier. Mais le propriétaire peut céder à un autre l'*usage* de la chose qui lui appartient, soit qu'il la prête gratuitement, soit qu'il la donne à loyer.

Usage, ou *droit d'usage*, est le droit de se servir d'une chose pour son utilité personnelle.

L'*usage* considéré sous ce point de vue, est mis dans le droit romain au nombre des servitudes personnelles, c'est-à-dire, qui sont dues à la personne directement.

Il differe de l'usufruit en ce que celui qui a droit d'usufruit, peut prendre tous les fruits & revenus de la chose même au-delà de son nécessaire ; au lieu que celui qui n'en a que le simple *usage* ne peut en prendre les fruits que pour ce dont il a besoin personnellement, il ne peut ni vendre son droit, ni le louer, céder ou prêter à un autre, même gratuitement. Voy. aux *Institutes*, liv. *II.* tit. *iv.*

Usage en fait de bois & forêts, s'entend du droit que quelqu'un a de prendre du bois dans les forêts ou bois du roi, ou de quelqu'autre seigneur, soit pour son chauffage, soit pour bâtir ou pour loyer.

On entend auffi par *ufage*, en fait de forêts, le droit de mener ou envoyer paître fes beftiaux dans les bois ou forêts du roi ou des particuliers.

Tous droits d'*ufages* dépendent des titres & de la poffeffion, ils ne font jamais cenfés accordés que fuivant que les forêts peuvent les fuppofer.

Le droit d'*ufage* pour bois à bâtir, & pour réparer, doit être réduit, eu égard à l'état où étoit la forêt lorfqu'il a été accordé, & à l'état préfent; il faut auffi faire attention à l'état & au nombre des perfonnes auxquelles le droit a été accordé, pour ne point donner d'extenfion à ce droit, foit pour la quantité ou la qualité du bois.

L'*ufage* du bois pour le chauffage eft réglé différemment felon le pays.

Quand les ufagers ont une conceffion pour prendre du bois, foit verd, foit fec, autant qu'il en faut pour leur provifion, fans aucune limitation; ce droit doit être réduit à une certaine quantité de cordes, autrement il n'y auroit rien de certain, & il pourroit arriver que celui qui joüiroit préfentement du droit de chauffage, confommeroit dix fois autant de bois que celui auquel il a été accordé.

En d'autres lieux les ufagers ont la branche, la taille ou l'arbre par levée; cette maniere de percevoir le droit d'*ufage*, eft auffi fujette à une infinité d'abus; c'eft pourquoi il eft à-propos de réduire cet *ufage* à une certaine quantité de cordes, eu égard à l'état ancien & préfent de la forêt, & des perfonnes ou communautés auxquelles le chauffage a été accordé. Quand la caufe ceffe, le chauffage doit auffi ceffer.

L'*ufage* du brifé, du fec & traînant, ou des rémanens ou reftes des charpentiers, peut être toléré en tout temps & dans toutes fortes de bois.

L'*ufage* des morts-bois ou bois blancs, doit être abfolument défendu dans les taillis; il peut être toléré dans les futayes de quarante à cinquante ans, mais à condition qu'avant de l'enlever, il fera vifité fur les lieux par le garde du triage; il eft même bon de tenir la main à ce que le bois d'*ufage* foit coupé par tronçon, & fendu fur le champ avant que de l'enlever, pour qu'on ne prenne pas de bois à bâtir au lieu de bois de chauffage.

On ne doit fouffrir en aucune façon l'*ufage* du *verd en gifant*, ce feroit ouvrir la porte aux abus, n'étant pas poffible de faire la diftinction du bois de délit d'avec celui qui n'eft fujet aux droits d'*ufage*; c'eft pourquoi l'on ne doit en enlever aucun qu'il ne foit devenu fec.

Pour ce qui eft du bois mort *en étant*, l'*ufage* ne doit point en être permis, quand même l'arbre feroit fec depuis la cime jufqu'à la racine; il feroit à craindre que l'on ne fit mourir des arbres pour les avoir comme bois morts.

Le chauffage par délivrance de certaine quantité de cordes, ou de fommes de bois, doit être fupprimé lorfqu'il a été accordé gratuitement; fi c'eft à titre onéreux, il doit être réduit, eu égard à l'état ancien & actuel de la forêt, au nombre & à la qualité des ufagers.

Il en eft de même du chauffage qui a été accordé par laye ou certaine quantité de perches ou d'arpens.

L'*ufage* qui confifte à prendre du bois pour hayer, ce qu'en langage des eaux & forêts on appelle la *branche de plein poing*, ou du moins pour clorre les vergers & autres lieux, ou pour ramer les lins, doit être entierement défendu dans les taillis; on peut feulement le tolérer dans les futayes de 50 ans & au-deffus.

Tous droits d'*ufage*, de quelque efpece qu'ils foient, n'arréragent point, il faut le percevoir chaque année.

L'ordonnance de 1669 a fupprimé tous les droits d'*ufage* dans les forêts du roi, foit pour bois à bâtir ou à réparer, foit pour le chauffage, à quelque titre qu'ils fuffent dus, fauf à pourvoir à l'indemnité de ceux auxquels il étoit dû quelqu'un de ces droits à titre de fondation, donation ou échange; elle défend d'y en accorder aucuns à l'avenir, & ne conferve que les chauffages accordés aux officiers, moyennant finance, & aux hôpitaux & communautés à titre d'aumône ou de fondation, pour leur être payés non pas en effence, mais en argent, fur le prix des ventes, en fe faifant par eux infcrire dans les états arrêtés au confeil.

Les ufagers font refponfables de leurs ouvriers & domeftiques.

En général pour tous droits d'*ufage* de bois, on doit obferver de ne pas étendre le droit de nouvelles habitations qui n'étoient pas comprifes dans la conceffion originaire, de ne pas excéder les termes

Z 3

de la conceſſion ni la perſonne des uſagers , & de ne pas ſouffrir qu'ils vendent
ou donnent ce droit à leurs parens ou
amis, de ne point laiſſer prendre du bois
d'une meilleure qualité ou en plus grande
quantité qu'il n'en eſt dû , ou que la forêt
n'en peut ſupporter, afin que le bois ſoit
bien abattu & hors le temps de ſeve.

Le droit d'*uſage* pour le pâturage ou
parage a auſſi ſes regles, dont les principales ſont que les uſagers ne doivent mener aucuns beſtiaux dans les bois, qu'ils
ne ſoient défenſables , c'eſt-à-dire, qu'ils
n'aient au moins trois feuilles.

On diſtingue même les bêtes chevali-
nes des bêtes à cornes.

Les premieres paiſſent l'herbe aſſez
aſſiduement, & touchent moins aux
branches ; les autres s'élevent en haut,
broutent par tout le bois, & font bien
plus de tort aux rejets du bois ; c'eſt
pourquoi l'on peut mener les chevaux
dans les taillis de cinq ans, ou au moins
de trois, au lieu que pour les bêtes à
cornes, il faut que les taillis aient au
moins ſix ou ſept années.

Les uſagers ne peuvent communément
mettre dans les pâturages que les beſtiaux de leur nourriture; en quelques endroits on limite l'*uſage* aux beſtiaux qu'ils
avoient en propre à la Notre - Dame de
mars, avant l'ouverture de la paiſſon, &
aux petits qui en ſont provenus depuis ;
ceux qu'ils ont d'achat, & dont ils font
commerce, n'y ſont point compris , non
plus que ceux que l'uſager tient à louage
ou à cheptel ; on les tolere cependant en
Nivernois, en indemniſant le ſeigneur
très-foncier.

Les beſtiaux de la nourriture que l'on
peut mettre pâturer dans les *uſages* , ont
été fixés à deux vaches & quatre porcs
pour chaque feu ou ménage, de quelque
qualité que ſoient les uſagers , ſoit propriétaires, fermiers ou locataires.

Le pâturage eſt toujours défendu dans
les bois aux uſagers pendant le temps du
brout & de la fenaiſon. *Voy.* l'ordonnance de 1669,*tit.*19 & 20, & les mots Bois,
Communes , Chauffage, Parage,
Panage , Paturage, Prés , Taillis , Usagers.

Uſage ſignifie auſſi ce que l'on a coutume d'obſerver & de pratiquer en certains cas.

Le long *uſage* confirmé par le conſentement tacite des peuples, acquiert inſenſiblement force de loi.

Quand on parle d'*uſage* , on entend ordinairement un *uſage* non-écrit, c'eſt-à-
dire qui n'a point été recueilli par écrit,
& rédigé en forme de coutume ou de loi.

Cependant on diſtingue deux ſortes
d'*uſages* , ſavoir, *uſage* écrit & non-écrit.

Les coutumes n'étoient dans leur origine que des *uſages* non-écrits qui ont été
dans la ſuite rédigés par écrit , de l'autorité du prince ; il y a néanmoins encore
des *uſages* non-écrits , tant au pays cou-
tumier , que dans les pays de droit écrit.

L'abus eſt oppoſé à l'*uſage* , & ſignifie
un *uſage* contraire à la raiſon, à l'équité,
à la coutume ou autre loi. Voy. aux *Inſ-
titutes, liv. I, tit.* 2, & les mots Coutume, Droit, Loi, Ordonnance. (*A*)

USAGER , ſ. m. *Gramm.* & *Juriſpr.*,
eſt celui qui a quelque droit d'*uſage* , ſoit
dans les forêts pour y prendre du bois,
ſoit dans les bois , prés & patis pour le
pâturage & le panage ou glandée.

Francs uſagers, ſont ceux qui ne payent
rien pour leur uſage, ou qui ne payent
qu'une modique redevance pour un gros
uſage.

Gros uſagers, ſont ceux qui ont droit de
prendre dans la forêt d'autrui un certain
nombre de perches ou d'arpens de bois,
dont ils s'approprient tous les fruits,ſoit
pour bâtir ou réparer ou pour ſe chauffer.

Menus uſagers,ſont ceux qui n'ont que
pour leurs beſoins perſonnels , les droits
de pâturage & de panages & la liberté de
prendre le bois briſé ou arraché , le bois
ſec tombé ou non, tous les mort-bois, les
reſtes des charpentiers , & ce qu'on appelle la *branche de pleing poing* , pour
hayer, c'eſt-à-dire pour déclore ou pour
ramer les lins. *Voy.* l'ordonn. des eaux &
forêts, *tit.* 19 & 20, & Chauffage,
Glandée, Pacage, Panage, Paturage. (*A*)

USANCE, ſ. f. *Gram.* & *Juriſp.*, eſt
un ancien terme qui ſignifioit *uſage* , &,
que l'on emploie encore en certains cas.

On dit encore l'*ancienne uſance*, pour
dire l'*ancien uſage* , qui s'obſervoit ou
s'obſerve encore ſur quelque matiere.

L'*uſance* de Saintes eſt l'uſage qui s'obſerve entre mer & Charente : c'eſt un
compoſé des uſages du droit écrit & de
quelques coutumes locales non écrites,

Juftifiées par des actes de notoriété du préfidial de Saintes.

En matiere de lettres-de-change, on entend par le terme d'*ufance*, un délai d'un mois qui eft donné à celui fur qui la lettre eft tirée, pour la payer. Dans l'origine, l'*ufance* étoit le délai que l'on avoit coutume d'accorder fuivant l'ufage; mais comme l'ufage n'étoit pas par-tout uniforme fur la fixation du délai pour le payement des lettres tirées à *ufance*, l'ordonnance du commerce, *tit.* 5, *art.* 5, a réglé que les *ufances* pour le payement des lettres, feront de trente jours, encore que les mois aient plus ou moins de jours: ainfi une lettre tirée à *ufance*, eft payable au bout de trente jours; une lettre à deux *ufances* eft payable au bout de deux mois. En Efpagne & en Portugal, chaque *ufance* eft de deux mois. *Voy.* le *Parfait Négociant* de Savari, *tom.1, liv.iij. cb.5.* & les mots CHANGE, LETTRE-*de-change.* (*A*)

USBECKS, *Géog. mod.*, ou *Tartares Usbecks*, peuples tartares qui habitent fur la côte orientale de la mer Cafpienne. Ils tiennent une grande étendue de pays, depuis le 72 degré de longitude jufques vers le 80, & depuis le 34 de latitude jufqu'au 40. Ils occupoient au feizieme fiecle, & occupent encore, le pays de Samarcande. On les diftingue en tartares *Usbecks* de la grande Bucharie, & en tartares *Usbecks* de Charaffin; mais ils vivent tous dans la pauvreté, & favent feulement qu'il eft forti de chez eux des effains qui ont conquis les plus riches pays de la terre. *V.* TARTARES. (*D.J.*)

USBIUM, *Géog. anc.*, ville de la Germanie. Elle eft marquée près du Danube par Ptolomée, *l. II, c.xij.* Lazius qui la met dans l'Autriche, dit que le nom moderne eft *Perfenburg.* (*D.J.*)

USCOPIA, *Géogr. mod.*, ville de la Turquie européenne, dans la Servie, à 75 lieues au fud-eft de Belgrade. C'eft la réfidence d'un fangiac & d'un archevêque latin. *Long.* 40, 8; *lat.* 42, 15. (*D.J.*)

USCOQUES, *Géogr. mod.*, peuples voifins de la Hongrie, de la Dalmatie, de la Servie & de la Croatie impériale. Plufieurs gens d'entre ces peuples fortirent de leur pays dans le xvj. fiecle pour fuir, dirent-ils, le joug des Turcs. Delà vient, felon quelques-uns, le nom qu'ils prirent, tiré du *fcoco*, qui dans la langue du pays veut dire *fugitifs* ou *tranfuge.* La

premiere place que les *Ufcoques* choifirent pour s'y domicilier, fut la forterefle de Cliffa bâtie au deffus de Spalatro; cette place ayant été enlevée par les Turcs l'an 1537, les *Ufcoques* fe refugierent à Segna, ville fituée vis-à-vis de l'île de Veglia. Ces gens féroces firent d'abord des merveilles, & battirent les Turcs; mais bientôt ils exercerent fur les chrétiens mêmes, toutes fortes de pirateries, qui obligerent la république de Venife d'armer contr'eux & de les pourfuivre pour la fûreté de fon commerce avec les fujets du grand-feigneur. Les Vénitiens fupplierent l'empereur de réprimer les *Ufcoques*; mais comme les miniftres Autrichiens partageoient avec eux les profits, on ne fe preffa pas d'expédier les ordres que Venife follicitoit. Alors les Vénitiens envoyerent une efcadre qui ravagea les côtes de Segna, & fit pendre tous les *Ufcoques* qu'elle put attrapper en courfe. Enfin par le traité conclu à Madrid en 1618, les *Ufcoques* furent contraints de fortir de Segna; leurs familles furent transférées ailleurs, & leurs barques furent brûlées. (*D. J.*)

USÉ, participe, *Gram. voyez* USER.

USÉ, *Jardinage*; on dit une terre, une branche altérée pour avoir donné trop de fruit; on améliore la premiere, & on coupe l'autre un peu court pour lui faire pouffer de nouveau bois.

USÉ, *Maréchal*; un cheval *ufé* eft celui qui a tant fatigué, qu'il ne peut plus rendre aucun fervice.

USEDOM, *Géogr. mod.*, petite isle d'Allemagne dans la mer Baltique, dans la Poméranie, au cercle de la haute Saxe. Elle a environ fix milles d'étendue, & contient une ville ou bourg de même nom. *Long.* 38, 30; *lat.* 53, 47. (*D.J.*)

USELLIS, *Géog. anc.*, ville de l'isle de Sardaigne. Ptolomée la marque fur la côte occidentale, & lui donne le titre de *colonie.* C'eft préfentement Oriftagni, felon Cluvier. (*D.J.*)

USEN, f. f. *Hift. nat.*, volcan du Japon, qui fe trouve dans le voifinage de Sima Baru. Son fommet eft aride & toujours couvert d'une matiere blanche caleinée. Le terrein qui y conduit eft chaud, & même brulant en plufieurs endroits. L'eau de la pluie qui tombe fur cette montagne, ne tarde point à bouillonner; l'on n'y marché qu'en tremblant, parce que le terrein paroît mouvant, & retentit fous les piés des voyageurs. Il en fort des exhalaifons fi puantes, que les oifeaux n'en approchent point ; il fort plufieurs fources d'eau minerale de cette montagne : les unes font froides, & les autres font chaudes ; la plus fréquentée de ces fources eft celle qu'on appelle *Obamma* ; on lui attribue la vertu de guérir plufieurs maladies, & fur-tout le mal vénérien ; mais Kempfer a obfervé que cette cure n'étoit point radicale. Les prêtres tirent un grand profit de ces bains, auxquels ils attribuent le pouvoir d'effacer les péchés ; mais chaque fontaine n'a de vertu que pour une efpece particuliere de péché, & l'on a foin d'indiquer au pénitent celle qui lui convient pour les crimes dont il veut fe purifier.

USER, v. act. *Gram.*, c'eft faire ufage ou fe fervir d'une chofe. *Ufer*, c'eft détruire par le fervice ou l'ufage : c'eft encore un verbe relatif à la conduite qu'on tient avec les autres. Ma bourfe vous eft ouverte, vous pouvez en *ufer* quand il vous plaira ; vous pouvez en *ufer* librement avec moi ; mais *ufez*-en bien d'ailleurs avec moi, & fur-tout n'*ufez* pas ni mon crédit ni ma condefcendance pour vos befoins.

USIATIN, *Géogr. mod.*, petite ville de la Pologne, dans le palatinat de Podolie, fur la riviere de Sébrouce. (*D. J.*)

USILLA, *Géog anc.*, ville de l'Afrique propre, felon Ptolomée, *l. IV. c. iij.* Elle eft qualifiée de municipe dans la table de Peutinger, & de cité dans l'itinéraire d'Antonin, qui la met fur la route de Carthage à *Theua*. Elle devint un fiege épifcopal de la Byzacène. On croit que c'eft à préfent Cafarceton, village d'Afrique en Barbarie, au royaume de Tunis, à cinq lieues d'Asfach du côté du nord. (*D. J.*)

USIPIETES, ou USIPIENS, f. m. pl. *Hift. anc.*, peuples de l'ancienne Germanie, qui habitoient dans la Weftphalie, fur les bords de la riviere de Lippe appellée alors *Luppia*.

USIPIENS, *lot, Géogr. anc.*, *Ufipii*, peuples de la Germanie, & nommés avec les *Teucteri* par les anciens auteurs, parce qu'ils ont habité dans le même quartier, & que leurs migrations & leurs expéditions ont été faites en commun. Céfar, *l. IV.* Florus, *l. IV. c. xij.* & Ta-

cite, *annal. l. I. c. lj.* difent *Ufipetes* Strabon, *liv. VII.* écrit Νεσιπυς, *Nufipios*, & Ptolomée Ουσιπιυς.

Quoi qu'il en foit de l'ortographe, voici l'hiftoire des *Ufipiens* & des Teucteres. Ces peuples habiterent d'abord entre les Chérufques & les Sicambres ; mais les Cattes les chafferent, & après qu'ils eurent erré avec divers autres peuples durant trois ans dans la Germanie, ils vinrent s'établir fur le Rhin, au voifinage des Sicambres. Les Ménapiens, nation d'en deçà du Rhin, occupoient alors les deux bords de ce fleuve. Il y a apparence que ce fut du confentement des Sicambres, que les *Ufipiens* & les Teucteres s'emparerent du pays des Ménapiens au-delà du Rhin, & pafferent enfuite ce fleuve pour s'y fixer, s'étendant jufqu'aux confins des Eburons & des Condrufes.

Dans la 69e année de Rome, & la 53e avant J. C., les *Ufipiens* & les Teucteres furent prefqu'entiérement exterminés par Céfar ; il ne fe fauva qu'un petit nombre de gens de cheval, qui ne s'étoient point trouvé à la bataille, parce qu'ils avoient paffé la Meufe pour aller chercher des vivres & faire du butin. Ceux-ci après la défaite de leurs compatriotes, repafferent le Rhin, & s'établirent aux confins des Sicambres avec qui ils fe joignirent. Cependant fous le regne d'Augufte leur nombre fe trouva tellement accru, qu'ils furent en état de tourner leurs armes contre les Romains. Les expéditions de Drufus dans la Germanie nous apprennent que le pays des *Ufipiens* & celui des Teucteres étoient diftingués, lorfque les Sicambres habitoient dans leur ancienne demeure.

Les *Ufipiens* s'étendoient le long de la rive droite de la Lippe ; car felon Dion Caffius, *l. LIV*, Drufus ayant paffé le Rhin, & fubjugué les *Ufipiens*, il jeta un pont fur la Lippe, pour entrer dans le pays des Sicambres. Il paroit que les Teucteres habitoient à l'occident des Sicambres ; & que le Rhin les féparoit des Ménapiens ; mais on ne fauroit décider s'ils demeuroient, de même que les *Ufipiens*, fur la rive droite de la Lippe, ni quel efpace les *Ufipiens* occupoient fur le bord du Rhin.

Dans la fuite, Tibere ayant transféré les Sicambres dans la Gaule, afin que les garnifons romaines puffent veiller plus aiſſment ſur eux, le pays qu'ils avoient occupé dans la Germanie, fut ſans doute cédé par les Romains aux *Uſipiens* & aux Tenĉeres ; car on voit que ces derniers poſſéderent les terres que nous avons dit appartenir aux Sicambres. Alors les Teuĉeres s'étendoient le long du Rhin, depuis le *Segus* juſqu'à la *Rora*, & dans les terres le long de la Lippe & de l'Aſie. A l'égard des *Uſipiens*, ils demeuroient ſur les deux bords de la Lippe & ſur le Rhin, peut-être juſqu'à l'endroit où ce fleuve ſe partage pour former l'isle des Bataves. En effet, Dion Caſſius les met au voiſinage de cette isle ; & Tacite qui leur donne pour voiſins les Cattes, fait aſſez entendre que les *Uſipiens* demeuroient au deſſous des Teuĉeres, ce qui devoit les approcher du commencement de l'isle des Bataves.

Les *Uſipiens* & les Teuĉeres ne demeuroient pas toujours dans cet état. Leurs bornes ſe trouverent reſſerrées par des migrations d'autres peuples ; & l'on apprit à Rome, au commencement du regne de Trajan, que les Teuĉeres avoient été preſque détruits par les Chamaves & par les Angrivariens, qui s'étoient emparés d'une grande partie de leurs terres. Si ces peuples ne purent pas détruire auſſi les *Uſipiens*, il eſt du moins certain qu'ils leur enleverent ce qu'ils poſſédoient à la droite de la Lippe.

Enfin du temps de Conſtantin, les *Uſipiens* ceſſerent en quelque ſorte de faire figure dans ces quartiers ; les Bruĉeres & les Chamaves prirent leur place, & ſoutinrent avec fermeté la guerre vigoureuſe que les Romains leur firent. (*D. J.*)

USITÉ, adj. *Gram.*, qui eſt d'uſage. C'eſt une coutume *uſitée*. Ce mot eſt *uſité*. *V.* Usage.

USKE, *Géog. mod.*, bourg à marché d'Angleterre, dans la province de Montmouth, à douze milles d'Albergaveny, ſur le bord de la riviere qui lui donne ſon nom. C'eſt une place ancienne, connue ſous le nom de *Burrium*, & les Gallois l'appellent *Brunenbégie*. (*D. J.*)

USKE, r, *Géogr. mod.*, riviere d'Angleterre. Elle a ſa ſource dans Brecknocshire, aux confins de Caermathenshire. Après avoir arroſé quelques endroits de la province de Montmouth, elle ſe jette dans la Saverne. (*D. J.*)

USKUP, *terme de relation*, corne

droite qui eſt miſe par devant le bonnet des janiſſaires, & qui ſeule ſert à les diſtinguer des capidgis. (*D. J.*)

USNES, *parmi les marchands de bois*, ſont des cables compoſés de ſix pouces pour garer les trains ſur les ports où on les conſtruit, & en route.

USNÉE, ſ. f. *Hiſt. nat. Bot.*, *muſeus arboreus*, eſt une ſorte de plante paraſite ou mouſſeuſe, qui vient comme une grande barbe ſur le chêne & le cédre & pluſieurs autres arbres. *V.* Mousse, & Parasite.

USNÉE-HUMAINE, *Mat. méd.*, ou *mouſſe de crâne humain*. Cette mouſſe ne poſſede abſolument, ſelon les pharmacologiſtes raiſonnables, que les vertus les plus communes des mouſſes en général. *V.* Mousse, *Mat. med.*

La célébrité particuliere de celle-ci n'a d'autre origine que la crédulité ſuperſtitieuſe ou la charlatanerie fanatique puiſée dans le *paracelciſme* ; mais les vaines prétentions de cet ordre ne valent pas même aujourd'hui la peine d'être réfutées ſérieuſement. Si quelque leĉeur étoit cependant curieux de s'inſtruire de toutes les fadaiſes qu'on a débitées ſur l'*uſnée-humaine*, il trouvera une ſavante diſſertation à ce ſujet dans les éphémérides d'Allemagne, *déc. I. ann. II. p. 96.* compoſée par le doĉeur Martin-Bernard à Berniz. Le continuateur de la *mat. med.* de Geoffroi qui indique cette diſſertation, s'étend auſſi aſſez raiſonnablement ſur l'*uſnée-humaine*. (*b*)

USNEN, *Botan. arab.*, nom donné par Avicennes & Sérapion, à la plante χαλι dont on fait le ſel alkali appellé *potaſſe*, & qui eſt d'uſage dans la compoſition des ſavons. Il eſt vrai qu'en général les Arabes ont appellé *uſnen*, pluſieurs choſes différentes, employées au nettoyage des hardes, comme l'hyſope, la ſoldanelle, &c. mais alors ils ajoutent toujours le mot *uſnen* à ces différentes choſes ; au-lieu que quand il eſt ſeul, il déſigne uniquement la plante *kali*. (*D. J.*)

USQUEBA, ou ESCUBA, ſ. f. eſt une liqueur compoſée, forte & excellente, qui ſe boit à petits coups, & dont la baſe eſt l'eau-de-vie ou l'eſprit de vin.

Les drogues qui y entrent ſont en grand nombre ; mais la préparation varie un peu. Nous donnerons ici pour échantillon une des plus recommandées autrefois.

Prenez huit pintes d'eau-de-vie ou d'esprit-de-vin ; une livre de réglisse d'Espagne ; demi-livre de raisins séchés au soleil ; quatre onces de raisins de Corinthe ; trois onces de dates coupées par tranches; sommités de thym, de menthe, de sariette , & sommités ou fleurs de romarin , de chacune deux onces ; canelle, maïs, muscade , graines d'anis & de coriandre pilées , de chacune quatre onces ; écorces rapées d'orange & de citron ou de limon, de chacune une once.

Mettez infuser toutes ces drogues pendant quarante-huit heures dans un lieu chaud , remuant souvent le vaisseau. Ensuite mettez-les dans un lieu froid pendant une semaine : après cela décantez la liqueur, & y ajoutez pareille quantité de vin de Portugal & quatre pintes de vin de Canarie. Adoucissez tout cela avec suffisante quantité de sucre fin.

USSEAUX , *Géog. mod.* , bourg de la vallée de Pragella,frontiere de Dauphiné du côté de Pignerol.Je parle de ce bourg, parce que les réformés ne m'excuseroient pas , & avec raison , si j'oubliois de dire que Saurin (Elie) célebre théologien calviniste , y naquit en 1639. Il servit en 1662 , l'église d'Embrun , & fut appellé à Delft en Hollande , en 1667. Il exerçoit le ministere à Utrecht en 1672, lorsque Louis XIV se rendit maître de cette ville. En 1691 il eut de grands différends théologiques avec M. Jurieu , dans lesquels il régna de part & d'autre (mais sur-tout dans M. Jurieu)beaucoup plus d'animosité qu'il ne convenoit à des gens de leur caractere. M. Saurin mourut en 1703 , âgé de 64 ans. Il étoit plein de droiture & d'affabilité, constant dans sa conduite, & grand défenseur de la liberté tant civile qu'ecclésiastique. Il a fait un ouvrage généralement estimé , sur les droits de la conscience, Utrecht 1697, *in-8°.* son *traité de l'amour de Dieu*, parut dans la même ville en 1701 en deux volumes *in-8°*, & après sa mort , on a donné son *traité de l'amour du prochain.* Utrecht 1704. *in-8°. (D. J.)*

USSEL , *Géogr. mod.* , petite ville ou plutôt bourg de France dans le Limousin, à deux lieues au nord-est de Vantadour , & le seul lieu de ce duché. *(D. J.)*

USSON , *Géog. mod.* , en latin barbare *Ucio , Uxo , Uxus* , petite ville de France en Auvergne, élection d'Issoire , à quatre lieues de Brioude. *Long.20. 2; lat.45.24*

Rien n'a autant fait connoitre la petite ville d'*Usson*, que le long séjour que fit dans son château Marguerite de France , premiere femme du roi Henri IV, princesse douée de beaucoup plus d'esprit & de beauté que de sagesse & de vertu. Elle demeura dans ce château près de vingt années , comme l'histoire nous l'apprend.

" Marguerite (dit le P. Hilarion de
" Coste) sortit d'Agen en habit de simple
" bourgeoise, fut portée en trousse par
" Lignerac , à qui elle donna le nom de
" *chevalier de la fleur* , & gagna pays tou-
" te la nuit avec un travail qui éprouva
" son courage, au péril de sa santé. De
" Martas la vint trouver sur la frontiere
" avec cent gentilshommes, la logea dans
" sa maison de Carlat, retourna à Agen
" pour sauver ses pierreries & recueillir
" les débris de sa fuite ; sa mort l'en fit
" sortir au bout de dix-huit mois...

" Le marquis de Canillac l'emmena &
" l'enferma à *Usson* , mais bientôt après
" ce seigneur d'une illustre maison, se vit
" le captif de sa prisonniere : il pensoit
" avoir triomphé d'elle , & la seule vue
" de l'ivoire de son bras triompha de lui ;
" & dès-lors il ne vequit que de la faveur
" des yeux victorieux de sa belle capti-
" ve... Au même instant qu'elle pensoit
" mourir captive,elle se vit assurée de ré-
" gner libre en cette forte place , d'où
" elle délogea ceux qui l'avoient logée.

" Pendant ces vingt années , ajoute le
" P.Coste, ce château d'Auvergne fut un
" Thabor pour la dévotion de la reine ,
" un Liban pour sa solitude , un Olympe
" pour ses exercices , un Parnasse pour
" ses muses , & un Caucase pour ses affec-
" tions ". Si le P. Hilarion a toujours pratiqué les autres vertus du christianisme avec la même fidélité qu'il pratique la charité dans cette occasion , nous ne devons pas hésiter à le regarder comme un saint. Il y auroit moins de médisance à comparer le château d'*Usson* avec l'isle de Caprée qui fut la retraite de Tibere, qu'il n'y a de flaterie à le comparer à un Thabor de dévotion,pendant que Marguerite l'habita. Durant cet intervalle elle y eut deux fils , l'un du sieur de Chanlon , & l'autre du sieur d'Aubiac.

De retour à la cour de France, elle donna volontiers les mains à la dissolution de son mariage avec Henri IV, & passa le refte de fes jours dans un mélange bizarre de galanterie, de dévotion, d'étude, de mufique, & de converfations avec des gens de lettres. Elle mourut en 1615, âgée de foixante-trois ans. Le fage & fameux Pibrac avoit été fon chancelier & fon amant.

Le fort chateau d'Uffon a été rafé en 1634; & la ville s'eft infenfiblement dépeuplée, au point que fa juftice royale eft la feule chofe qui empêche qu'elle ne foit abfolument abandonnée. (D. J.)

USSUBIUM, *Géog. anc.*, ville de la Gaule aquitanique; l'itinéraire d'Antonin la marque fur la route de Bordeaux à Argantomagum, entre Sirione & Fines, à vingt milles du premier de ces lieux, & à vingt-quatre milles du fecond. Quelques manufcrits portent *Ufubium*, au-lieu d'*Ufubium*. On croit que c'eft aujourd'hui la Réole, fur la rive droite de la Garonne. (D. J.)

USTENSILES, f. m. *Gram.*, au fingulier c'eft un petit meuble domeftique, d'ufage dans la cuifine, comme un gril, une broche, un pot, une poële.

Au pluriel, il défigne la collection de tous les inftrumens propres à un art, à une manœuvre. *Voyez les articles fuiv.*

USTENSILES, *Art milit.*, ce font les meubles que l'hôte eft obligé de fournir aux foldats qui font chez lui en quartier; comme un lit avec fa garniture, un pot, une cuillere, &c. Il faut auffi qu'on leur donne une place pour fe chauffer au feu, & une chandelle.

L'on fournit les *uftenfiles* en argent, ou en nature. *Chambers.*

USTENSILES *de jardinage, Agricul.* Le jardinier doit avoir des charrettes à fumier, des tombereaux, brouettes, civieres, fourches à dents de fer & de bois, pelles, bêches, pics, pioches, piochons, & hottes; des fcies & maillets, des échalats ou lates, & ofiers pour les treillages d'efpaliers, cabinets, & berceaux, des ferpes & planes pour les couper & polir, &c. des échelles de toutes fortes, fimples, doubles, & à trois piés; des jalons ou bâtons de bois bien droits qu'on fiche en terre, pour prendre les alignemens des allées & compartimens d'un jardin, & pour fervir auffi de jauge, pour mefurer & égaler les tranchées quand on fouille; des traçoirs pour tracer des compartimens, des battes pour battre la terre des allées, des ratiffoires, des rateaux, des rabots, un cylindre pour unir les allées, une ferfouette, une pince, des plantoirs, une fcie à main, des ferpettes, des greffoirs, des cifeaux de jardinier, un croiffant, un farcloir, un échenilloir, un fermoir, des arrofoirs, des pots de fleurs, des caiffes, des maunes, des mannequins, des baquets, des déplantoirs, des houlettes, des truelles, des cribles, des claies, des cloches, des pleyons, paillaffons, brife-vents, chaffis, &c. (D. J.)

USTENSILES *de labourage, Agricult.* Les *uftenfiles* de labourage font diverfes charrues, charrettes, tombereaux, haquets, caffe-motte, herfe, civieres, brouettes, rateaux, fourches, tire-fiens, échardonnoirs, farcloirs, houes, pics, pelles, bêches, pioches, piochons, échelles, croiffans, fléaux, vans, cribles, faux, faucilles, coignées, haches, ferpes, marteaux, maillet, tenailles, fcies, villebrequins, tarieres, vrilles, leviers, broye pour broyer le chanvre, ferans pour le peigner, &c. (D. J.)

USTICA, *Géog. anc.*; 1°. ifle voifine de celle de Sicile, felon Ptolomée, *l. III, c. iv.* qui y met une ville du même nom. Pline, *l. III, c. viij.* dit qu'elle eft à l'oppofite de Paropus. *Uftica* eft préfentement une des ifles de Lipari; elle conferve fon ancien nom, mais elle eft déferte.

2°. *Uftica* étoit encore le nom d'une colline du Lucretile, dans le pays des Sabins, au territoire de Bandufie. La maifon de campagne d'Horace étoit fituée fur ce petit coteau, & portoit le même nom: dans l'ode 17, *liv. I.* il invite Tyndaris, fille fpirituelle, & qui aimoit paffionnément la poéfie, de venir fe retirer pour quelque temps à fa campagne de Sabine; il lui dit:

Nec metuunt hæduliæ lupos
Utcumque dulci, Tyndari, fiftulâ
Valles & Ufticæ cubantis
Lævia perfonuêre Saxa.

» Tyndaris, fur le mont Lucrétile,
» les chevreaux n'appréhendent point la
» dent carnaciere des loups, dès que
» Faune fait entendre fa flûte aux échos
» des vallons & des collines d'*Uftica* ».

L'épithete *cubans* marque que la pente d'*Uftica* étoit douce: le vieux Scholiafte cité par Ortélius & par Cellarius, a cru que le nom *Uftica* convenoit auffi-bien à

la vallée qu'à la montagne, & cela peut
être. Ce qui nous intéreſſe le plus, c'eſt
la maiſon de campagne d'Horace ; Mécénas la lui procura par la faveur d'Oc-
tavien, l'an de Rome 716 ; le poëte avoit
alors 28 ans, & fit à cette occaſion l'ode
*laudabunt alii clarum Rhodon aut Mity-
lenem*, dont il ne nous reſte plus qu'un
fragment. Il ne pouvoit guere manquer
après cela de nous donner une deſcription
poétique de ſa jolie terre d'*Uſtique* ; &
c'eſt ce qu'il a fait quelquefois, mais
particuliérement dans ſon épître à Quintius, *épitre xvj. liv. I.*

No perconteris, fundus meus, optimè
   Quinti,
Arvo paſcat berum, an baccis opulentet
   oliva,
Pomiſne & pratis, an amiⱪâ vitibus ulmo,
Scribetur tibi forma loquaciter, & ſitus
   agri.
Continui montes, niſi diſſocientur opaca
Valle : ſed ut veniens deſtrum latus aſpi-
   ciat ſol,
Lævum diſcedens curru fugiente vaporet.
Temperiem laudes. Quid ſi rubicunda be-
   nignè
Corna vepres & pruna ferant ? ſi quercus
   & ilex
Multa frugo pecus, multa dominum juvet
   umbra ?
Dicas abduⱪum propius frondere Taren-
   tum.
Fons etiam rivo dare nomen idoneus, ut nec
Frigidior Thracam, nec purior ambiat He-
   brus.
Infirmo capiti fluit utilis, utilis alvo.
Hæ latebræ dulces, etiam (ſi credis)
   amænæ
Incolumem tibi me præſtant ſeptembribus
   Horis.

  " Vous êtes donc curieux, mon cher
,, Quintius, de ſavoir en quoi conſiſte le
,, revenu de ma terre ; ſi c'eſt en bled, en
,, olives, en fruits, en prés, ou en vins.
,, Afin que vous ne me faſſiez plus de pa-
,, reilles queſtions, je vais vous faire une
,, deſcription complette de ſa nature & de
,, ſa ſituation. Imaginez-vous une chaine
,, de montagnes, interrompue ſeulement
,, par une vallée bien couverte, de maniè-
,, re que j'ai le ſoleil levant à ma droite,
,, & le couchant à ma gauche. L'air y eſt
,, fort tempéré ; vous en ſeriez charmé
,, vous - même. Mais ſi vous voyiez nos

,, haies & nos buiſſons étaler la pourpre
,, des prunes & des cournouilles dont ils
,, ſont chargés, & nos chaines fournir en
,, abondance du gland à nos troupeaux, &
,, nous donner une ombre agréable, vous
,, jureriez ſans doute qu'on auroit tranſ-
,, porté aux environs de ma maiſon là
,, campagne de Tarente avec ſes délicieux
,, bocages. Outre cela j'ai une fontaine
,, aſſez conſidérable pour donner ſon nom
,, à un ruiſſeau, dont elle eſt la ſource.
,, Ses eaux ne ſont ni moins fraiches ni
,, moins pures, que celles de l'Hébre qui
,, baigne la Thrace ; & elles ont encore
,, cet avantage, qu'elles ſont ſouverai-
,, nes contre les maux de tête, & contre
,, les chaleurs d'entrailles. Ce ſont ces
,, paiſibles retraites, (le dirai-je, & m'en
,, croirez-vous enfin ?) c'eſt ce ſéjour en-
,, chanté qui garantit votre ami contre
,, l'intempérie de l'automne. "

  Cette terre d'*Uſtie* d'Horace, devoit
être réellement fort jolie ; le ruiſſeau qui
la traverſoit & qui y prenoit ſa ſource,
s'appelloit la *Digence*. D'ailleurs c'étoit
une terre aſſez conſidérable, puiſqu'il y
occupoit toute l'année huit eſclaves, &
qu'elle avoit ſuffi autrefois à l'entretien
de cinq familles. Elle avoit entre autres
choſes des vergers, des bois, & des prairies ; Horace fit faire à ſa maiſon pluſieurs
changemens à différentes fois, & il la fit
enfin rebâtir toute entiere de belles pierres blanches de Tivoli, qui étoit dans le
voiſinage. *(D. J.)*

  USTION, ſ. f. *Méd. thérap.*, en latin
uſtio, *inuſtio*, du verbe *urere* ou *inurere*,
brûler. L'*uſtion* ſe prend encore pour *cautériſation*, comme *brûler* ſe prend pour
cautériſer ; ce dernier terme eſt même
plus de l'art : mais il ſemble qu'on pourroit établir cette différence entre ces deux
premiers mots, que *uſtion* déſigne plus
abſolument l'action du feu actuel ; au
lieu que *cautériſation* peut déſigner quelquefois l'effet du *cautere* actuel, comme
celle-ci du *cautere* potentiel.

  L'*uſtion* eſt un des plus puiſſans ſecours
& des plus généraux, dont la médecine
ait jamais fait uſage contre les maladies
obſtinées. On pourroit l'appeller le *véſi-
catoire* par excellence, ſes effets réuniſ-
ſant tous ceux des véſicatoires dans la
plus grande célérité & intenſité d'action
& de vertu. *V.* VÉSICATOIRE. Les inſtrumens qui ſervent à l'*uſtion* ont été ap-

pellés par les anciens καυτήμιον, *caute-*
rium, cautere, *c'eft-à-dire inftrument*
dont on fe fert pour brûler quelque chofe ;
on les divife en *actuels* & en *potentiels.*
V. CAUTERE.

Les cauteres actuels dont il s'agit ici
peuvent être d'or, d'argent, de cuivre,
de fer, ou quelqu'autre matiere. Leurs
figures chez les anciens étoient très-va-
riées, il y en avoit en forme de coin, de
trident, de forme olivaire, &c. (*voyez*
dans Paul d'Ægine, *ch. de ala* uftione,
hepatis uftione, *p.* 569) Hippocrate employoit les fers chauds, les fufeaux de
buis, trempés dans l'huile bouillante,
&c. les autres anciens fe fervoient encore pour cautérifer, d'un champignon de
lin crud, ou d'une excroiffance fongueu-
fe qui fe trouve fur les noyers on fur les
chênes, que Paul d'Ægine appelle *ifca*,
(*v.* Paul d'Ægine, p. 570.) & qu'on faifoit brûler fur la partie, ce qui revient à
peu près aux *uftions* pratiquées chez les
Chinois, les Egyptiens, & chez quelques
autres peuples des Indes, avec le *moxa*
ou coton d'armoife, *voyez* MOXA. Enfin, il y avoit les ventoufes ignées qu'on
pourroit regarder comme un autre moyen
de cautérifer. Cependant la méthode la
plus pratiquée étant celle de brûler avec
le fer chaud, c'eft celle-là fur toutes les
autres, qu'on doit entendre par le mot
uftion.

Les anciens employoient les *uftions*
dans toutes les maladies chroniques. L'a-
xiome *que ferrum non fanat, ignis fanat*,
&c. & qui eft par-tout, fe rapporte principalement à celles ci. On fe fervoit en
conféquence des *uftions* dans les phthi-
fies, les fuppurations de poitrine, les hydropifies, les afthmes, les maladies de la
rate, dans celles du foie, dans la goutte,
dans la fciatique, dans les maux de tête,
&c. On doit juger par ce qu'on dit
Hippocrate, de la facilité avec laquelle
les Scythes nomades fe faifoient cautérifer, & partout ce qu'il nous apprend de
fa pratique, combien ce remede étoit familier parmi les anciens. Le reflux des
arts en Europe y apporta le même goût
pour les *uftions*. Foreftus nous dit que de
fon tems, c'étoit la coutume en Italie de
cautérifer les enfans au derriere de la tête,
pour les guérir ou les préferver de l'épilepfie; il ajoute que les femmes de la campagne alloient dans les villes porter leurs

enfans aux prêtres, qui, outre les perfonnes de l'art, fe mêloient de cette opération,
& y employoient ou le fer chaud, ou les
charbons ardens. *Voy.* Foreftus, *tome I.*
p. 494.

Les *uftions* fe faifoient donc à l'occiput
& à différens endroits de la tête, plus ou
moins près des futures. Elles fe faifoient
encore au dos, à la poitrine, au ventre,
aux environs de l'ombilic, aux hypocondres, aux cuiffes, aux jambes, à la plante
des piés, aux doigts, &c. en obfervant
néanmoins que ce ne fût que fur les parties charnues: car le cautere potentiel
devoit être préféré pour les parties offeu-
fes & les nerveufes. On n'y employoit
ordinairement qu'un feul inftrument ;
mais il étoit des opérations chirurgicales,
comme celle qu'on pratiquoit pour l'hy-
drocele, dont Paul d'Ægine nous a confervé le manuel, où l'on employoit jufqu'à dix à douze cauteres ou fers brûlans. *Voyez* Paul d'Ægine, *cap de bernia*
aquofa. On entretenoit pendant quelques
jours les ulceres produits par l'*uftion*,
ainfi que le recommande Hippocrate, en
y jetant du fel ou y appliquant quelqu'autre fubftance propre à faire fluer
ces ulceres. Dans les *uftions* qui fe pratiquoient contre les fuppurations de poitrine, on introduifoit dans les efcarres de
la racine d'ariftoloche, trempée dans de
l'huile. *Voyez* Paul d'Ægine, *lib. VI, de*
remed. p. 569.

Les *uftions* font préférables à beaucoup
d'égards aux cauteres potentiels, dans
l'ouverture de quelques abfcès & le traitement de beaucoup de plaies ; 1°. leur
effet eft beaucoup plus prompt & beaucoup plus puiffant ; 2°. ils purifient les
parties en abforbant l'humidité, leur re-
donnent du ton & les revivifient, pour
ainfi dire ; au lieu que l'effet des autres
cauteres eft très-lent, qu'ils ajoutent à
l'état d'*atonie* ou de cachexie de la partie,
& que leur vertu eft beaucoup moindre.
On ne laiffoit pourtant pas que de les
employer dans plufieurs cas avant le cautere actuel, comme pour une préparation
à celui-ci, il eft même quelques ouvertures de dépôts critiques qu'il feroit plus
utile de faire avec le cautere potentiel,
qu'avec le biftouri qui eft la pratique ordinaire.

Les *uftions* font capables de procurer
dans beaucoup de cas des révolutions

très-promptes & très-salutaires. On les employoit très-efficacement pour arrêter les hémorragies ; l'irritation & la suppuration des ulceres produits par ce moyen, déchargeoient souvent un organe voisin, du pus ou des autres matieres qui étoient contenues, & procuroient des guérisons radicales ; les livres, tant anciens que modernes, sont pleins de curations merveilleuses opérées par cette méthode. Je ne sais par quelle fatalité il est arrivé qu'elle soit presque insinuée dans la pratique moderne : des personnes même très-célebres dans l'art ont fait jusqu'ici de vains efforts pour la rétablir en la proposant avec les modifications convenables ; on a fait valoir contre leurs raisons, toutes les horreurs de cette manœuvre qu'on a toujours trop exagérées. (*Article de M. H. Fouquet, docteur en Médecine de la faculté de Montpellier*.)

USTIUGA ou OUSTIOUG , *Géogr. mod.* , province de l'empire Russien, dans la partie septentrionale de la Moscovie ; elle est coupée du midi au nord par la Dwina , & a pour capitale la ville qui lui donne son nom. *V.* OUSTOUG. (*D. J.*)

USTIUGA , *Géog. mod.* , ville de l'empire Russien , capitale de la province de même nom, sur le bord de la Dwine , entre Archangel & Wologda. On nomme plus communément cette ville & sa province *Oustioug*. V. OUSTIOUG. (*D. J*)

USTRINUM, *Littér.* ; c'étoit, selon Servius , une place de bucher, chez les Romains , étoit celle où l'on recueilloit les cendres du mort ; & pour cette raison, elle répondoit à la situation du cadavre , posé sur le haut du bucher.

Festus pense que c'étoit un vase destiné dans le brûlement des corps pour en recevoir les cendres. Son sentiment paroît d'autant plus vraisemblable , que dans deux inscriptions antiques , rapportées par Meursius , il est fait mention de cet *ustrinum* , comme d'une pierre portative , que quelques loix funéraires ou les testamens , défendoient d'être employée à la construction du tombeau de ceux , sur le bucher desquels elle auroit servi. Voici ces deux inscriptions. Premiere inscription ; *Huic monumento* , ustrinum *Applicari Non Licet*; seconde inscription, *Ad Hoc Monumentum* , ustrinum *Applicari Non Licet*.

On peut concevoir delà , que c'étoit une pierre de foyer un peu creusée , pour recevoir les cendres qui tomboient du cadavre, tandis qu'il se consumoit ; cette pierre au moyen de ses bords , pouvoit garantir les cendres d'être dissipées par le vent.

Les bois qui composoient le bucher , étoient éloignés d'un ou deux piés de cette pierre dans toute sa circonférence , & disposés en symmétrie , pour former un quarré plus long que large, autour duquel étoient rangés des cyprès , pour servir de préservatifs contre la mauvaise odeur du cadavre brûlant.

Des gardes du bucher, gens d'une condition servile, appellés *ustores* & *ustuarii*, avoient l'œil à ce qu'aucune branche de cyprès ne fût jetée par le vent sur le corps, de crainte du mélange des cendres ; & avec des fourches ils repoussoient les buches qui s'écartoient de leur situation, pour qu'elles ne tombassent point dans le milieu du foyer. Servius n'est pas le seul qui nous ait appris l'usage de ces précautions ; Homere les fait remarquer, en décrivant la situation du corps de Patrocle sur son bucher.

Après la consommation de cet assemblage de bois, les prêtres avoient soin de se porter sur le foyer pour y distinguer les restes du corps , & les mettre dans un vase, qui , selon que la quantité des cendres ou des ossemens consumés, dominoit, prenoit le nom de *cinerarium* ou celui d'*ossuarium*.

La cérémonie du choix de ces restes , exprimée par les termes de *reliquias legere*, étoit un devoir si essentiel à la religion, que plus les morts avoient été qualifiés , plus cette cérémonie s'observoit scrupuleusement.

Suétone nous apprend, que ce fut de la maniere qu'on vient de décrire , que se fit le choix des restes du corps d'Auguste. Eutrope rapporte la même chose à l'égard de celui de Trajan, dont les os brûlés furent mis dans une urne d'or , placée sous sa colonne, & ceux de Septime Sévere, selon Xiphilin , furent recueillis dans un vase de porphyre. (*D. J.*)

USUCAPION, s. m. *Droit natur.* & *Droit rom.* L'*usucapion* est une maniere d'acquérir la propriété, par une possession non interrompue d'une chose , durant un certain tems limité par la loi.

Toutes personnes capables d'acquérir quelque chose en propre , pouvoient, selon les jurisconsultes romains , prescrire valablement. On acquéroit aussi par droit d'*usucapion*, toutes sortes de choses, tant mobiliaires qu'immeubles, à moins qu'elles ne se trouvassent exceptées par les loix , comme l'étoient les personnes libres ; car la liberté a tant de .charmes qu'on ne néglige guere l'occasion de la recouvrer : ainsi il y a lieu de présumer que si quelqu'un ne l'a pas réclamée,c'est parce qu'il ignoroit sa véritable condition,& non pas qu'il consentit tacitement à son esclavage : desorte que plus il y a de tems qu'il subit le joug , & plus il est à plaindre,bien loin que ce malheur doive tourner en aucune maniere à son préjudice,& le privet de son droit.

On exceptoit encore les choses sacrées, & les sépulcres qui étoient regardés comme appartenans à la religion: les biens d'un pupille, tandis qu'il est en minorité; car la foiblesse de son âge ne permet pas de le condamner à perdre son bien , sous prétexte qu'il ne l'a pas revendiqué ; & il y auroit d'ailleurs trop de dureté à le rendre responsable de la négligence de son tuteur.

On mettoit au même rang les choses dérobées , ou prises par force , & les esclaves fugitifs , lors même qu'un tiers en avoit acquis de bonne foi la possession: la raison en est que le crime du voleur & du ravisseur , les empêche d'acquérir par droit d'*usucapion* , ce dont ils ont dépouillé le légitime maître , reconnu tel.

Le tiers , qui se trouve possesseur de bonne foi, ne sauroit non plus prescrire, à cause de la tache du larcin ou du vol, qui est censée suivre la chose : car , quoiqu'à proprement parler, il n'y ait point de vice dans la chose même , cependant comme c'est injustement qu'elle avoit été ôtée à son ancien maitre , les loix n'ont pas voulu qu'il perdit son droit , ni autoriser le crime en permettant qu'il fût aux méchans un moyen de s'enrichir,d'autant plus que les choses mobiliaires se prescrivant par un espace de trois ans , il auroit été facile aux voleurs de transporter ce qu'ils auroient dérobé,& de s'en défaire dans quelque endroit où l'ancien propriétaire ne pourroit l'aller déterrer pendant ce tems-là.

Ajoutez à cela qu'une des raisons pourquoi on a établi la prescription, c'est la négligence du propriétaire à réclamer son bien : or ici on ne sauroit présumer rien de semblable , puisque celui qui a pris le bien d'un autre, le cache soigneusement. Cependant comme dans la suite les loix ordonnerent que toute action,c'est-à-dire, tout droit de faire quelque demande en justice, s'éteindroit par un silence perpétuel de 30 ou 40 ans ; le maitre de la chose dérobée n'étoit point.reçu à la revendiquer après ce tems expiré , que l'on appelle le terme de la prescription d'un très-long-tems.

Je sais bien qu'il y a plusieurs personnes qui trouvent en cela quelque chose de contraire à l'équité , parce qu'il est absurde , disent-ils , d'alléguer comme un bon titre, la longue & paisible jouissance d'une usurpation , ou du fruit d'une injustice ; mais cet établissement peut être excusé par l'utilité qui en revient au public. Il est de l'intérêt de la société , que les querelles & les procès ne se multiplient pas à l'infini , & que chacun ne soit pas toujours dans l'incertitude de savoir si ce qu'il a lui appartient véritablement. D'ailleurs, le genre humain changeant presque de face dans l'espace de 30 ans, il ne seroit pas à propos que l'on pût être troublé par des procès intentés pour quelque chose qui s'est passé comme dans un autre siecle ; & comme il y a lieu de présumer qu'un homme après s'être passé 30 ans de son bien, est tout consolé de l'avoir perdu ; à quoi bon inquiéter en sa faveur, celui qui a été si long-tems en possession ? On peut encore appliquer cette raison à la prescription des crimes : car il seroit superflu de rappeller en justice les crimes dont un long-tems a fait oublier & disparoitre l'effet, ensorte qu'alors aucune des raisons pourquoi on inflige des peines,n'a plus de lieu.

Pour acquérir par droit l'*usucapion* , il faut premierement avoir acquis à juste titre la possession de la chose dont celui de qui on la tient , n'étoit pas le véritable maitre, c'est - à - dire posséder en vertu d'un titre capable par lui - même de transférer la propriété , & être d'ailleurs bien persuadé qu'on est devenu légitime propriétaire; en un mot posséder de bonne foi.

Selon les loix romaines , il suffit que

l'on ait été dans cette bonne foi au commencement de la possession; mais le droit canonique porte que si avant le terme de la prescription expiré, on vient à apprendre que la chose n'appartenoit pas à celui de qui on la tient, on est obligé en conscience de la restituer à son véritable maitre, & qu'on la détient désormais de mauvaise foi, si du moins on tâche de la dérober adroitement à la connoissance de celui à qui elle appartient.

Cette derniere décision paroit plus conforme à la pureté des maximes du droit naturel, l'établissement de la propriété ayant imposé à quiconque se trouve en possession du bien d'un autre, sans son consentement, l'obligation de faire ensorte, autant qu'il dépend de lui, que la chose retourne à son véritable maitre. Mais le droit romain, qui n'a égard qu'à l'innocence extérieure, maintient chacun en paisible possession de ce qu'il a acquis, sans qu'il y eût alors de la mauvaise foi de sa part, laissant au véritable propriétaire le soin de chercher lui-même & de réclamer son bien.

Au reste la prescription ne regarde pas seulement la propriété, à prendre ce mot, comme nous faisons, dans un sens qui renferme l'*usucapion*, & la prescription proprement ainsi nommée : elle anéantit aussi les autres droits & actions, lorsqu'on à cessé de les maintenir, & d'en faire usage pendant le tems limité par la loi. Ainsi un créancier qui n'a rien demandé pendant tout ce tems-là à son débiteur, perd sa dette. Celui qui a joui d'une rente sur quelque héritage, ne peut plus en être dépouillé, quoiqu'il n'ait d'autre titre que sa longue jouissance. Celui qui a cessé de jouir d'une servitude pendant le même tems, en perd le droit; & celui au contraire qui jouit d'une servitude, quoique sans titre, en acquiert le droit par une longue jouissance. *Voyez* sur toute cette matiere Daumat, *Loix civiles dans leur ordre naturel; I. part. l. III. tit. vij. sect. 4.* & M. Titius, *observ. in Lauterbach. obs. M. XXXIII. & seq.* comme aussi dans son *jus privatum romano-german. l. II. c. ix.* Voilà pour ce qui regarde le droit romain, consultons à présent le droit naturel.

Par le droit naturel la prescription n'abolit point les dettes, ensorte que par cela seul que le créancier ou ses héritiers ont

été un long-tems sans rien demander, leur droit s'éteigne, & le débiteur soit pleinement déchargé. C'est ce que M. Thomasius a fait voir dans sa dissertation : *De perpetuitate debitorum pecuniariorum*, imprimée à Hall, en 1706.

Le tems, dit-il, par lui-même n'a aucune force, ni pour faire acquérir, ni pour faire perdre un droit : il faut qu'il soit accompagné de quelque autre chose qui lui communique cette puissance. De plus personne ne peut être dépouillé malgré lui du droit qu'il avoit acquis en vertu du consentement d'un autre, par celui-là même qui le lui a donné sur lui. On ne se dégage pas en agissant contre ses engagemens; & en tardant à les exécuter, on ne fait que se mettre dans un nouvel engagement, qui impose la nécessité de dédommager les intéressés. Ainsi l'obligation d'un mauvais payeur devenant par cela même plus grande & plus forte de jour en jour, elle ne peut pas, à en juger par le droit naturel tout seul, changer de nature, & s'évanouir tout d'un coup au bout d'un tems. En vain allégueroit-on ici l'intérêt du genre humain, qui demande que les procès ne soient pas éternels : car il n'est pas moins de l'intérêt commun des hommes que chacun garde la foi donnée; que l'on ne fournisse pas aux mauvais payeurs l'occasion de s'enrichir impunément aux dépens de ceux qui leur ont prêté, que l'on exerce la justice, & que chacun puisse poursuivre son droit. D'ailleurs ce n'est pas le créancier qui trouble la paix du genre humain, en redemandant ce qui lui est dû; c'est au contraire celui qui ne paye pas ce qu'il doit, puisque s'il eût payé, il n'y auroit plus de matiere à procès. En usant de son droit on ne fait tort à personne, & il s'en faut bien qu'on mérite le titre odieux de plaideur, ou de perturbateur du repos public.

On ne seroit pas mieux fondé à prétendre que la négligence du créancier à redemander sa dette, lui fait perdre son droit, & autorise la prescription. Cela ne peut avoir lieu entre ceux qui vivent l'un par rapport à l'autre dans l'indépendance de l'état de nature. Je veux que le créancier ait été fort négligent : cette innocente négligence mérite-t-elle d'être plus punie que la malice nuisible du débiteur ? ou plutôt celui-ci doit-il être re-
compensé

compenfé de fon injuftice quand même ce feroit fon mauvais deffein qu'il a fi long-tems différé de fatisfaire fon créancier, n'eft-il pas du moins coupable lui-même de négligence ? l'obligation de tenir fa parole, ne demande-t-elle pas que le débiteur cherche le créancier, plutôt que le créancier le débiteur ? ou plutôt la négligence du dernier feul, ne devroit-elle pas être punie ? d'autant plus qu'il auroit à gagner pour lui dans la prefcription; au lieu que l'autre y perdroit.

Mais en faifant abftraction des loix civiles, qui veulent qu'on redemande la dette dans un certain efpace de tems, on ne peut pas bien traiter de négligent le créancier qui a laiffé en repos fon débiteur, quand même il auroit fixé un terme au bout duquel fon argent devoit lui être rendu; car il eft libre à chacun de laiffer plus de tems qu'il n'en a promis, & il fuffit que l'arrivée du terme avertiffe le débiteur de payer. Le créancier peut avoir eu auffi plufieurs raifons de prudence, de néceffité, & de charité même, qui le rendent digne de louange, plutôt que coupable de négligence.

Enfin il n'y a pas lieu de préfumer que le créancier ait abandonné la dette, comme en matiere de chofes fujettes à prefcription, puifque le débiteur étant obligé de rendre non une chofe en efpece, mais la valeur de ce qu'on lui a prêté, il ne poffede pas à proprement parler, le bien d'autrui, & il n'eft pas cenfé non plus le tenir pour le bien. Le créancier au contraire eft regardé comme étant toujours en poffeffion fon droit, tant qu'il n'y a pas renoncé expreffément, & qu'il a en main de quoi le juftifier. M. Thomafius explique enfuite comment la dette peut s'abolir avec le tems, par le défaut des preuves, & il montre que hors de là, la prefcription n'avoit pas lieu par les loix des peuples qui nous font connus, ni même par celles des Romains, jufqu'au regne de l'empereur Conftance.

Il foutient auffi que par le droit naturel, la bonne foi n'eft nullement néceffaire pour prefcrire, pas même dans le commencement de la poffeffion, pourvu qu'il fe foit écoulé un long efpace de tems, pour avoir lieu de préfumer que le véritable propriétaire a abandonné fon bien. De quelque maniere qu'on fe foit mis en poffeffion d'une chofe appartenante à au-

trui, du moment que celui à qui elle appartient, fachant qu'elle eft entre nos mains, & pouvant commodément la revendiquer, témoigne ou expreffément ou tacitement, qu'il veut bien nous la laiffer, on en devient légitime maitre, tout de même que fi on fe l'étoit d'abord approprié à jufte titre.

Théodofe le jeune en établiffant la prefcription de 30 ans, ne demandoit point de bonne foi dans le poffeffeur : ce fut Juftinien qui, à la perfuafion de fes confeillers, ajouta cette condition en un certain cas; & le droit canonique enchérit depuis fur le droit civil, en exigeant une bonne foi perpétuelle pour toute forte de prefcription. Le clergé romain trouva moyen par-là de recouvrer *tôt* ou tard tous les biens eccléfiaftiques, de quelque maniere qu'ils euffent été aliénés, & quoique ceux entre les mains de qui ils étoient tombés les poffédaffent paifiblement de tems immémorial. Des princes ambitieux fe font auffi prévalus de cette hypothèfe, pour colorer l'ufurpation des terres qu'ils prétendoient réunir à leurs états, fous prétexte que le domaine de la couronne eft inaliénable, & qu'ainfi ceux qui jouiffoient des biens qui en avoient été détachés, étoient de mauvaife foi en poffeffion, puifqu'ils favoient qu'on ne peut acquérir validement de pareilles chofes.

De tout cela, il paroit que la maxime du droit canon, quelque air de piété qu'on y trouve d'abord, eft au fond contraire au droit naturel, puifqu'elle trouble le repos du genre humain, qui demande qu'il y ait une fin à toutes fortes de procès & de différends, & qu'au bout d'un certain tems les poffeffeurs de bonne foi foient à l'abri de la revendication.

Voilà l'opinion de Thomafius; mais M. Barbeyrac qui paroit être du même avis en général, penfe en particulier que fi le véritable maitre d'une chofe prife ou ufurpée, acquife en un mot de mauvaife foi, ne la réclame point, & ne témoigne aucune envie de la recouvrer, pendant un long efpace de tems, quoiqu'il fache fort bien entre les mains de qui elle eft, & que rien ne l'empêche de faire valoir fon droit; en ce cas là le poffeffeur injufte devient à la fin légitime propriétaire, pourvu qu'il ait déclaré d'une maniere ou d'autre qu'il étoit tout prêt à reftituer, fuppofé qu'il en fût requis : car

alors l'ancien maitre le tient quitte, &
renonce manifeſtement, quoique tacitement à toutes ſes prétentions. Que ſi celui qui eſt entré de bonne foi en poſſeſſion du bien d'autrui, vient à découvrir
ſon erreur avant le terme de la preſcription expiré, il eſt tenu à ce qui eſt du devoir d'un poſſeſſeur de bonne foi ; mais
ſi en demeurant toujours dans la bonne
foi, il gagne le terme de la preſcription,
ſoit que ce terme s'accorde exactement
avec les maximes du droit naturel tout
ſeul, ou que les loix civiles le réduiſent à
quelque choſe de moins ; le droit de l'ancien maître eſt entiérement détruit ; tout
ce qu'il y a, c'eſt que comme le poſſeſſeur de bonne foi qui a preſcrit, eſt l'occaſion quoiqu'innocente, de ce que l'autre ſe voit déſormais débouté de toutes
ſes prétentions, il doit, s'il peut, lui aider
à tirer raiſon de l'injuſtice du tiers qui a
transféré un bien qu'il ſavoit n'être pas à
lui, & donné lieu ainſi à la preſcription.

Du reſte, quoiqu'ici la bonne foi ſoit
toujours néceſſaire pour mettre la conſcience en repos, cela n'empêche pas que
les loix humaines ne puiſſent négliger
cette condition, ou en tout ou en partie,
pour éviter un grand nombre de procès.
Il ſemble même que pour parvenir à leur
but, il ſoit à propos de ne point exiger de bonne foi dans les preſcriptions
auxquelles elles fixent un fort long terme, ou de ne la demander du moins qu'au
commencement de la poſſeſſion; & ainſi la
maxime du droit civil eſt mieux fondée
que celle du droit canon.

L'artifice du clergé ne conſiſte pas tant
en ce que les déciſions des papes exigent
une bonne foi perpétuelle dans celui qui
doit preſcrire, qu'en ce qu'elles font regarder les biens d'égliſe comme inaliéna-
bles, ou abſolument, ou ſous certaines
conditions qui donnent lieu d'éluder à
l'infini la preſcription.

Pour ce qui eſt des principes dont parle
le M. Thomaſius, ils prétendent que le
domaine de la couronne ne peut jamais
être aliéné validement, & que la preſcription n'a point de lieu entre ceux qui vivent les uns par rapport aux autres dans
l'indépendance de l'état de nature. Voyez
Puffendorf. l. IV. c. 13. & l. VIII. e. v.
ſi l'aliénation du royaume, ou de quelqu'une de ſes parties, eſt au pouvoir du
prince. (D. J.)

USUFRUCTUAIRE, adj. *Gramm. &
Juriſ.*, ſe dit de ce qui appartient à l'u-
ſufruit.

Par exemple, les réparations *uſufruc-
tuaires*, ſont celles qui ſont à la charge de
l'uſufruitier. V. RÉPARATIONS.

Quelquefois *uſufructuaire* ſe dit pour
uſufruitier, comme on lit dans différens
actes que Gaſton, frere du roi Louis XIII,
fut ſouverain *uſufructuaire* de la principauté de Dombes, juſqu'à l'émancipa-
tion de mademoiſelle de Montpenſier ſa
fille. *Voy.* USUFRUIT, USUFRUITIER.
(A)

USUFRUIT, ſ. m. *Gram. & Juriſ.*,
eſt le droit de jouir indéfiniment d'une
choſe appartenante à autrui, ſans en diminuer la ſubſtance.

L'*uſufruit* differe de l'uſage en ce que
l'uſufruitier fait tous les fruits ſiens,
même au-delà de ſon néceſſaire, il peut
vendre, louer ou céder ſon *uſufruit* à un
autre ; au lieu que celui qui n'a que l'u-
ſage d'une choſe, ne peut en uſer que pour
lui perſonnellement & pour ſa famille, &
ne peut vendre, louer ni céder ſon droit à
un autre.

On peut continuer un *uſufruit* de toutes ſortes de choſes mobiliaires ou immo-
biliaires, même des choſes qui ſe diminuent & ſe conſument par l'uſage.

Celui qui a l'*uſufruit* d'animaux, peut
non-ſeulement en tirer le ſervice dont
ils ſont capables; mais auſſi les fruits
qu'ils produiſent; par exemple, ſi ce
ſont des vaches, en tirer le lait, les
veaux ; & ſi ce ſont des moutons, la laine, &c.

L'*uſufruitier* eſt ſeulement tenu de
conſerver le même nombre d'animaux
qu'il a reçu, & de remplacer ceux qui
manquent, mais s'ils ne produiſent pas
de quoi remplacer, l'uſufruitier n'eſt
pas tenu de le faire pourvu que la diminution ne ſoit pas arrivée par ſa faute.

L'*uſufruit* des choſes qui ſe conſument
par l'uſage, comme du grain, des liqueurs,
en emporte en quelque ſorte la propriété, puiſque l'on ne peut en uſer qu'en
les conſumant ; mais l'uſufruitier ou
ceux qui le repréſentent, ſont tenus après
la fin de l'*uſufruit* de rendre ſelon les
conditions du titre, ou une pareille qualité & quantité de grains & autres choſes
ſemblables, ou la valeur des choſes au
tems que l'*uſufruit* a commencé.

La jouissance de l'usufruitier doit se régler suivant les loix & suivant son titre; il peut vendre, louer ou céder sa jouissance à un autre; mais il ne doit point changer la destination des choses, ni rien faire de préjudiciable, & en général il doit en user comme un bon pere de famille.

Il doit faire un inventaire des choses mobiliaires sujettes à son *usufruit*, ou si c'est un immeuble, faire un état des lieux, donner caution pour la restitution des choses ou lieux en bon état.

Toutes les réparations qui surviennent pendant son *usufruit* sont à sa charge, à l'exception des grosses réparations.

Il doit aussi acquitter les autres charges réelles & annuelles des fonds, si mieux il n'aime abandonner son *usufruit* pour être quitte des charges.

Le propriétaire de sa part doit laisser jouir l'usufruitier librement de tout ce qui dépend de l'*usufruit*, il ne peut changer l'état des lieux à son préjudice; il doit même faire cesser les obstacles qui le regardent, faire les grosses réparations.

S'il y a un bois de haute futaye, le propriétaire peut l'abattre, en laissant les arbres de lisiere pour la décoration des allées; & dans ce cas l'*usufruit* est augmenté par la jouissance du taillis, qui pousse au lieu de la futaye. *Voyez au digeste*, au code & aux institutes les titres *de usufructu*, & ci-devant les mots HABITATIONS, JOUISSANCE, USAGE. (*A*)

USUFRUITIER, s. m. *Gram. & jurisprud.*, est celui qui a la jouissance d'une chose sur usufruit, soit pendant sa vie, soit pendant un certain temps limité par son titre.

Usufruitier se dit aussi de ce qui appartiendra à l'usufruit, comme les réparations usufruitieres, c'est-à-dire, celles qui sont à la charge de l'*usufruitier*. *V.* USUFRUIT. (*A*)

USURA, *Droit rom. & Littérat.*, en françois *usure*. Il convient dans ce Dictionnaire d'expliquer le mot latin, & tous ceux qui s'y rapportent, sans quoi l'on ne sauroit entendre, je ne dis pas seulement les loix romaines, mais les historiens & les poëtes.

Je remarquerai d'abord que les Latins ont dit *nomen*, pour signifier une *dette*, parce que celui qui empruntoit donnoit

à celui qui lui prêtoit, une reconnoissance signée de son nom. Les loix défendoient de prêter aux enfans de famille, aux mineurs & à ceux qui étoient au-dessous de vingt-cinq ans; c'est pourquoi les usuriers n'ayant point action contr'eux, ne leur prêtoient qu'à un gros denier, afin de s'endemnifer du risque où ils s'exposoient de perdre leur argent.

Horace, *sat. 2. l. l.* dit : " Fuffidius, si riche en fonds de terre & en bons contrats, craint d'avoir la réputation d'un dissipateur & d'un débauché; il donne son argent à cinq pour cent par mois, & se paye par avance; il exige même un intérêt plus fort des personnes qui se trouvent dans un plus grand besoin; il aime sur-tout à prêter aux enfans de famille qui commencent à entrer dans le monde, & qui ont des peres trop ménagers. "

Fuffidius vappæ famam timet ut nebulonis ;

Dives agris, dives positis in fænore nummis :

Quinas hic capiti mercedes exfecat : atque

Quato perditior quisque est, tantò acriùs urget.

Nomina sectatur, modo sumptâ veste virili ;

Sub patribus duris tironum.

Caput, est ce qu'on appelloit autrement *sors,* le capital, le principal, la somme que l'on plaçoit à intérêt; *merces* est l'intérêt que l'on retiroit du capital; *exfecare* signifie *déduire les intérêts par avance.*

Fuffidius dont parle Horace, donnoit, par exemple, cent écus pour un mois, c'étoit le capital, & au bout d'un mois son débiteur devoit lui rendre cent cinq écus, ainsi l'intérêt étoit de cinq pour cent. Mais afin de s'assurer davantage du profit de son argent, il se payoit d'avance par ses mains, & ne donnoit que quatre-vingt-quinze écus ; en tirant de son débiteur une obligation de la somme de cent écus payable à la fin du mois ; de sorte qu'il se trouvoit que dans l'espace de vingt mois, l'intérêt égaloit le capital. Cette usure étoit criante, puisqu'elle étoit quatre fois plus forte que le denier courant, qui étoit de douze pour cent par an, c'est-à-dire d'un par mois. L'intérêt permis & ordinaire revient à-peu-près au denier huit, felon notre maniere de compter, on l'appelloit *ufura cent-sefima*, parce que le capital se trouvoit doublé à la fin du centieme mois, c'eft-à-dire, huit ans quatre mois. *V. Ufura centesimis*.

Cette même ufure centefime étoit auffi nommée *as ufura*, & *as* tout court, parce que toutes les autres ufures moindres tiroient d'elle leur qualification, & en étoient comme les parties ; c'eft ce que nous allons expliquer.

Ufura femis ou *femis*, étoit lorfqu'on payoit par mois la moitié de ce centieme, demi pour cent par mois, fix pour cent par an ; c'eft environ le denier dix-fept.

Bes, lorfqu'on payoit les deux tiers de ce centieme par mois, c'eft huit pour cent par an, le denier douze.

Quadrans, lorfqu'on payoit par mois le quart de ce centieme, trois pour cent par an, le denier trente-trois.

Quincunx, lorfqu'on payoit par mois un cinquieme de ce centieme, environ deux & demi pour cent par an, qui eft notre denier quarante.

Triens, lorfqu'on payoit par mois le tiers de ce centieme, quatre pour cent par an, le denier vingt-cinq.

Sextans, lorfqu'on payoit par mois le fixieme de ce centieme, deux pour cent par an, le denier cinquante.

Enfin *ufura unciaria*, lorfqu'on ne payoit par mois que la douzieme partie de ce centieme, un pour cent par an.

La loi des douze tables avoit défendu l'ufure à un denier plus haut, *ne quis unciario fænore amplius exerceret*. On diminua encore cette ufure de moitié, car on la fit *femiunciariam*, c'eft le denier deux cent par an ; mais tantôt la rareté de l'argent, qui étoit fur la place, tantôt la facilité des juges qui connoiffoient de l'ufure, tantôt les befoins preffans des particuliers, & toujours l'avarice des ufuriers habiles à profiter de toutes les conjectures, rendoient inutiles toutes les loix, & l'ufure demeuroit prefque arbitraire.

Elle étoit peu réglée du tems de Cicéron : *fænus*, dit-il à Atticus, *ex triente idibus factum erat beffibus*. " L'ufure avoit monté tout-d'un coup le jour des ides du tiers aux deux tiers. ,, C'eft-à-dire, que du denier vingt-cinq, elle étoit montée au denier douze ; ce qu'il

dit là *beffibus*, il le dit ailleurs *geminis trientibus*. C'eft dans le deuxieme livre des lettres à Quintus, *idibus quintilibus fænus fuit geminis trientibus*. Aux ides de juillet, l'ufure étoit aux deux tiers, au denier douze. Quelquefois elle étoit au femis : *omninò femiffibus magna copia eft*, dit-il à Sextius. On trouve de l'argent tant qu'on veut à la moitié du centieme par mois, à fix pour cent par an. Quelquefois on la portoit au plus haut denier, au centieme par mois ; *à Cæcilio*, dit-il à Atticus, *nummum moveri ne à propinquis quidem minore centefimis poffe*. On ne peut afracher un fou à Cæcilius, non pas même fes plus proches, à un moindre intérêt qu'à un pour cent par mois. (*D. J.*)

Ufura centefimis, *Droit rom.*, intérêt à un pour cent par mois ; on payoit chez les Romains les intérêts par mois, & non par année comme nous faifons ; ainfi c'étoit le centieme de la fomme chaque mois, que défignoit le mot *ufura centefimis*, & par conféquent douze pour cent au bout de l'an. Cette *ufure* étoit exorbitante & contraire à la loi des douze tables, confirmée long-temps après que les tribuns eurent réglé les *ufures* à un pour cent par an, ce qui s'appelloit *unciarium fænus*.

Tacite *liv. V. de fes annales*, parle ainfi de l'*ufure*. Le profit particulier, dit-il, renverfa le bien de l'état. L'*ufure* eft un des plus anciens maux de la république ; c'eft pourquoi on a fait tant de loix pour la réprimer, dans le temps même où les mœurs étoient moins corrompues ; car premierement par la loi des douze tables il étoit défendu de prêter à plus haut intérêt qu'au denier huit. Cet intérêt même fut réduit depuis au denier feize à la requête des tribuns. Le peuple fit enfuite plufieurs décrets pour empêcher les fourberies qui fe commettoient en ce genre ; mais quelques réglemens qu'on pût faire, l'avarice des hommes trouvoit toujours de nouveaux moyens pour les éluder. (*D. J.*)

USURAIRE, adj. *Gram. & Jurifp.*, fe dit de ce qui eft infecté du vice d'ufure, comme un contrat *ufuraire*, une claufe & condition *ufuraire*. *V.* ANTI-CREZE, CONTRAT PIGNORATIF, DENIER, INTÉRÊTS, & *ci-après les mots* USURE & USURIER. (*A*)

USURE, f. f. *Morale. Ufure légale ou intérêt légitime.* La queſtion de l'ufure, quoique traitée avec beaucoup de fubtilité par les théologiens & par les jurifconfultes, eſt encore juſqu'ici en quelque ſorte indéciſe; il paroît même quand on l'approfondit, qu'on a plus diſputé ſur les termes que ſur les idées, & qu'on a preſque toujours manqué le but qu'on ſe propoſoit; je veux dire la découverte de la vérité. Cependant cette queſtion également intéreſſante, pour le commerce de la vie & pour la paix des conſciences, mérite autant ou plus qu'une autre diſcuſſion philoſophique, où la raiſon ait plus de part que l'opinion ou le préjugé. C'eſt auſſi pour remplir cette vue & dans l'eſpérance de répandre un nouveau jour ſur cette matiere importante, que j'ai entrepris cet article.

Pluſieurs pratiques dans la morale ſont bonnes ou mauvaiſes, ſuivant les différences du plus ou du moins, ſuivant les lieux, les temps, &c. Qui ne fait, par exemple, que les plaiſirs de la table, les tendreſſes de l'amour, l'uſage du glaive, celui des tortures; qui ne fait, dis-je, que tout cela eſt bon ou mauvais ſuivant les lieux, les temps, les perſonnes, ſuivant l'uſage raiſonnable, exceſſif ou déplacé, qu'on en fait? Je crois qu'il en eſt de même du commerce uſuraire.

Ufura chez les Latins ſignifioit au ſens propre l'uſage ou la *jouiſſance* d'un bien quelconque. *Natura*, dit Cicéron, *dedit uſuram vitæ tanquam pecuniæ*, Tuſc. l. I. n°. 39. *Ufura* déſignoit encore le *loyer*, le *prix* fixé par la loi pour l'uſage d'une ſomme prêtée; & ce loyer n'avoit rien d'odieux, comme le remarque un ſavant juriſconfulte, il n'y avoit de honteux en cela que les excès & les abus; diſtinction, dit-il, que les commentateurs n'ont pas ſentie, ou qu'ils diſſimulent mal-à-propos. *Certè verbum* uſura *non eſt fædum, ſed non habere* uſuræ *modum & honeſtam rationem eſt turpiſſimum; quod commentatores non intelligunt, aut calumnioſè diſſimulant.* Oldendorp. *lexic. jurid.* Calvini, *verbo* uſuram, *p. 691. col. I. in-fol.* Genevæ 1653.

Pour moi, je regarde l'uſure comme une ſouveraine qui regnoit autrefois dans le monde, & qui devint odieuſe à tous les peuples, par les vexations que des miniſtres avides & cruels faiſoient ſous

ſon nom, bien que ſans ſon aveu; deſorte que cette princeſſe malheureuſe, partout avilie & détéſtée, ſe vit enfin chaſſée d'un trône qu'elle avoit occupé avec beaucoup de gloire, & fut obligée de ſe cacher ſans jamais oſer paroître.

D'un autre côté, je regarde les intérêts & les indemnités qui ont ſuccédé à l'uſure, comme ces brouillons adroits & entreprenans qui profitent des mécontentemens d'une nation, pour s'élever ſur les ruines d'une puiſſance décriée; il me ſemble, dis-je, que ces nouveaux-venus ne valent pas mieux que la reine actuellement proſcrite; & que s'ils ſont plus attentifs & plus habiles à cacher les torts qu'ils font à la ſociété, leur domination eſt, à bien des égards, encore plus gênante & plus dure. Je crois donc que vu l'utilité ſenſible, vu l'indiſpenſable néceſſité d'une uſure bien ordonnée, uſure auſſi naturelle dans le monde moral, que l'eſt le cours des rivieres dans le monde matériel, il vaut autant reconnoître l'ancienne & légitime ſouveraine que des uſurpateurs qui promettoient des merveilles, & qui n'ont changé que des mots. Je prends la plume pour rétablir, s'il ſe peut, cette reine détrônée, perſuadé qu'elle ſaura ſe contenir dans les bornes que l'équité preſcrit, & qu'elle évitera les excès qui ont occaſionné ſa chûte & ſes malheurs; mais parlons ſans figure.

L'uſure que nous allons examiner eſt proprement l'intérêt légal & compenſatoire d'une ſomme prêtée à un homme aiſé, dans la vue d'une utilité réciproque. L'uſure ainſi modifiée & réduite parmi nous depuis un ſiecle au denier vingt, eſt ce que j'appelle uſure légale; je prétends qu'elle n'eſt point contraire au droit naturel, & que la pratique n'en eſt pas moins utile que tant d'autres négociations uſitées & réputées légitimes.

Je prouve encore, ou plutôt je démontre que la même uſure ſous des noms différens eſt conſtamment admiſe par les loix civiles & par tous les caſuiſtes; que par conſéquent toute la diſpute ſe réduit à une queſtion de mots; & que tant d'invectives, qui attaquent plutôt le terme que la réalité de l'uſure, ne font le plus ſouvent que le cri de l'ignorance & de la prévention. Je fais voir d'un autre côté qu'elle n'eſt prohibée ni dans l'ancien teſtament, ni dans le nouveau; qu'elle

y eſt même expreſſément autoriſée ; & je
montre enfin dans toute la ſuite de cet
article que la prohibition vague, incon-
ſéquente, déraiſonnable que l'on fait de
l'*uſure*, eſt véritablement contraire au
bien de la ſociété.

La juſtice ou la loi naturelle nous preſcrit de ne faire tort à perſonne, & de
rendre à chacun ce qui lui eſt dû, *alterum non lædere*, *ſuum cuique tribuere*.
Initio *inſtit*. C'eſt le fondement de cette
grande regle que le S. Eſprit a conſacrée,
& que les païens ont connue : " Ne fai-
" tes point aux autres ce que vous ne
" voudriez pas qu'on vous fît à vous-
même. " *Quod ab alio oderis fieri tibi,
vide ne tu aliquando alteri facias*, Tob. 4.
16. ou, ſi on veut, dans un vers,

*Ne facias aliis, quæ tu tibi facta dole-
res.*

Or, quand je prête à des gens aiſés à la
charge de l'intérêt légal, je ne leur fais
pas le moindre tort, je leur rends même
un bon office ; & pour peu qu'on les ſuppoſe équitables, ils reconnoiſſent que je
les oblige. C'eſt un voiſin que je mets à
portée d'arranger des affaires qui le ruinoient en procès, ou de profiter d'une
conjonêture pour faire une acquiſition
avantageuſe. C'eſt un autre qui de mes
deniers rétablit une maiſon qu'on n'habitoit point depuis long-tems faute de
réparations, ou qui vient à bout d'éteindre une rente fonciere & ſeigneuriale,
tandis que je lui donne du tems pour
me rembourſer à ſon aiſe. C'eſt enfin un
troiſieme qui n'a guere que l'envie de
bien faire, & à qui je fournis le moyen
d'entreprendre un bon négoce, ou de
donner plus d'étendue à celui qu'il faiſoit
auparavant. Quand après cela je reçois
de ces débiteurs les capitaux & les intérêts, je ne manque en rien à ce que preſcrit la juſtice, *alterum non lædere* ; puiſque, loin de leur nuire par ce commerce, je leur procure au contraire de vrais
avantages ; & qu'en tirant des intérêts
ſtipulés avec eux de bonne foi, je ne tire
en effet que ce qui m'appartient, ſoit à
titre de *compenſation* du tort que m'a cauſé l'abſence de mon argent, ſoit à cauſe
des riſques inſéparables du prêt.

D'ailleurs un contrat fait avec une
pleine connoiſſance, & dont les conditions reſpeêtivement utiles ſont également agréées des parties, ne peut pas

être cenſé contrat injuſte, ſuivant une
maxime de droit dont nos adverſaires
font un principe. *Le créancier*, diſent-ils,
*eſt lui même la cauſe du dommage qu'il
ſouffre, quand il le ſouffre de ſon bon gré
& très-volontairement, de ſorte que, comme on ne fait aucun tort à celui qui le veut
bien*, volenti non fit injuria, *le débiteur
ne lui doit aucun dédommagement pour
tout le tems qu'il veut bien ſouffrir ce
dommage*. Conſér. eccléſ. de Paris ſur
l'*uſure*, tom. *I*. p. 381. On ne peut rien
de plus raiſonnable que ces propoſitions ;
mais ſi elles ſont juſtes quand il s'agit du
créancier, elles ne changent pas de nature quand on les applique au débiteur ;
c'eſt auſſi en partie ſur cette maxime,
volenti non fit injuria, que nous appuyons
notre prêt lucratif.

Un importun me ſollicite de lui prêter
une ſomme conſidérable ; & il en réſulte
ſouvent qu'au lieu de laiſſer mes fonds
dans les emprunts publics, au lieu de les
y porter, s'ils n'y ſont pas encore, ou de
faire quelque autre acquiſition ſolide, je
cede à ſes importunités ; en un mot, je
lui donne la préférence, & je livre mon
bien entre ſes mains à condition qu'il
me propoſe de l'intérêt ordinaire ; condition du reſte que je rempli comme lui
toutes les fois qu'j'emprunte. Peut-on dire qu'il y ait de l'injuſtice dans mon procédé ? N'eſt-il point vrai plutôt que je péche contre moi-même en m'expoſant à
des riſques viſibles, & que j'ai tort enfin
de céder à des ſentimens d'humanité dont
je deviens ſouvent la viêtime, tandis que
les dévots armés d'une ſévere prudence
ſe contentent de damner les uſuriers, laiſſent crier les importuns, & font de leur
argent des emplois plus ſûrs & plus utiles.
Mais lequel mérite mieux le nom de *juſte*
& de *bienfaiſant* de celui qui hazarde ſes
fonds pour nous aider au beſoin en ſtipu-
lant l'intérêt légal, ou de celui qui, ſous
prétexte d'abhorrer l'*uſure*, met ſon argent dans le commerce ou à des acquiſi-
tions ſolides ; qui en conſéquence ne
prête à perſonne, & abandonne ainſi les
gens dans leurs détreſſes, ſans leur donner un ſecours qui leur ſeroit très-profi-
table, & qui dépend de lui ?

Quoiqu'il en ſoit, on le voit par notre
définition de l'*uſure*, il n'eſt ici queſtion
ni d'aumône, ni de généroſité. Ce n'eſt
point d'ordinaire dans cet eſprit que ſe

font les stipulations & les contrats. Est-ce
pour se rendre agréable à Dieu ? est-ce
pour bien mériter de la patrie qu'un homme de qualité, qu'un bourgeois opulent,
qu'un riche bénéficier louent leurs maifons & leurs terres? est-ce pour gagner le
ciel qu'un feigneur eccléfiaftique ou laïc
exige de ses prétendus vaffaux des rede-
vances de toute nature ? Non certainement. Ce n'est point auffi par ce motif
qu'on prête ou qu'on loue son argent ;
mais tous les jours l'on prête & l'on emprunte dans la vue très-louable d'une utilité réciproque. En un mot, l'on prend &
l'on donne à louage une fomme de mille
écus, de dix ou vingt mille francs, comme
l'on donne & l'on prend au même titre
une terre, une maifon, une voiture, un navire , le tout pour profiter & pour vivre
de fon induftrie ou de fes fonds. Et fi jamais on prête une grande fomme par pure générofité, ce n'est point en vertu de la
loi , mais par le mouvement libre d'un
cœur bienfaifant. Auffi , comme le dit un
illuftre moderne ; c'est bien une action
très-bonne de prêter son argent fans intérêt, mais on fent que ce ne peut être qu'un
confeil de religion , & non une loi civile.
Esprit des loix , feconde partie, p. 120.

Un homme qui avoit beaucoup bâti, fe
voyoit encore une fomme confidérable, &
las d'occuper des maçons , réfolut d'employer son argent d'une autre manière. Il
mit un écriteau à fa porte , on lifoit en
tête: *Belle maifon à louer, prix quinze cents
livres par an.* On lifoit au deffous : *Dix
mille écus à louer aux mêmes conditions.* Un
génie vulgaire & borné voyant cet écriteau : à la bonne heure, dit-il, qu'on loue
la maifon , cela eft bien permis ; mais la
propofition de louer une fomme d'argent
eft mal fonnante & digne de répréhenfion;
c'est afficher ouvertement l'*usure*, & rien
de plus fcandaleux. Quelqu'un plus fenfé
lui dit alors : Pour moi, monfieur , je ne
vois point là de fcandale. Le propofant
offre pour cinq cents écus une maifon
commode , qui lui coûte environ trente
mille livres, la prendra qui voudra . il ne
fait tort à perfonne , & vous paroiffez en
convenir. Il offre pareille fomme de trente mille livres à tout folvable qui en aura
befoin à la même condition de cinq cents
écus de loyer , quel tort fait-il à la république? Avec fon argent il pourroit acquérir un fonds, & le louer auffi-tôt fans fcru-

pule. Que notre propofant offre fes dix
mille écus en nature , ou qu'il nous les
offre fous une autre forme; c'est la même
chofe pour lui ; mais quelqu'un qui aura
plus befoin d'argent que d'un autre bien,
fera charmé de trouver cette fomme en
efpeces, & il en paiera volontiers ce qu'un
autre paieroit pour un domaine de pareille valeur. Rien de plus équitable, rien en
même temps de plus utile au public; & de
cent perfonnes qui feront dans le train des
emprunts , on n'en trouvera pas deux qui
ne foient de mon avis.

S'il est plufieurs genres d'opulence, il
est auffi plufieurs genres de communication. Ainfi tel est riche par les domaines
qu'il donne à bail, & par l'argent qu'il
donne à louage.

*Dives agris, dives pofitis in fenore num-
mis.* Horace, *l. I. fat. ij.*

Celui-ci , comme terrien, fe rend utile
au public, en ce qu'il loue fes terres , &
qu'il procure l'abondance ; il ne fe rend
pas moins utile comme pécunieux, en mettant fes efpeces à intérêt ou à louage entre les mains des gens qui en ufent pour
le bien de la fociété. S'il fuivoit au contraire l'avis de certains cafuiftes , & que
pour éviter l'*usure* il tint fes efpeces en
réferve, il ferviroit le public auffi mal que
fi , au-lieu de louer fes terres , il les tenoit en bruieres & en fandes. Ce qui fait
dire à Saumaife dans le favant traité qu'il
a fait fur cette matiere , que la pratique
de l'*ufure* n'est pas moins néceffaire au
commerce que le cultivement c'est au labourage, *ut agricultura fine mercaturâ vix
poteft fubfiftere.....ita nec mercaturâ fine
fenerarione ftare : de ufuris, p. 223.*

Par quelle fatalité l'argent ne feroit-il
donc plus. comme autrefois , fufceptible
de louage? On difoit anciennement *locare
nummos*, louer de l'argent, le placer à profit; de même, *conducere numnios*, prendre
de l'argent à louage ; il n'y avoit en cela
rien d'illicite ou même d'indécent, fi ce
n'est lorfque des amis intimes anroient
fait ce négoce entre eux , *commodare ad
amicôs pertinet , fenerari ad quoslibet.* Sal-
mafius ex Suida, *c. vij. de ufuris, p. 163.*

Un homme en état de faire de la dépenfe, ufe de l'argent qu'on lui prête à intérêt
ou, pour mieux dire, qu'on lui loue, comme d'une maifon de plaifance qu'on lui
prête à la charge de payer les loyers, comme d'un caroffe de remife qu'on lui prête

à tant par mois ou par an ; je veux dire qu'il paie également le louage de l'argent, de la maison & du carrosse ; & pour peu qu'il eût d'habileté, le premier lui seroit plus utile que les deux autres. Il est à remarquer en effet au sujet d'un homme riche un peu dissipateur , que l'emprunt de l'argent au taux légal est tout ce qu'il y a pour lui de plus favorable. Car s'il se procure à crédit les marchandises, le service & les autres fournitures qu'exigent ses fantaisies ou ses besoins, au lieu de cinq pour cent qu'il paieroit pour le prêt des especes, il lui en coûtera par l'autre voie au-moins trente ou quarante pour cent ; ce qui joint au renouvellement des billets & aux poursuites presqu'inévitables pour parvenir au paiement définitif, lui fera d'ordinaire cent pour cent d'une *usure* écrasante.

Au surplus, pourquoi l'argent, le plus commode de tous les biens , seroit-il le seul dont on ne pût tirer profit ? & pourquoi son usage seroit-il plus gratuit, par exemple, que la consultation d'un avocat & d'un médecin , que la sentence d'un juge ou le rapport d'un expert , que les opérations d'un chirurgien , ou les vacations d'un procureur ? Tout cela, comme on sait, ne s'obtient qu'avec de l'argent. On ne trouve pas plus de générosité parmi les possesseurs des fonds. Que je demande aux uns quelque portion de terre pour plusieurs années, je suis par-tout éconduit si je ne m'engage à payer; que je demande à d'autres un logement à titre de grace, je ne suis pas mieux reçu que chez les premiers. Je suis obligé de payer l'usage d'un meuble au tapissier ; la lecture d'un livre au libraire, & jusqu'à la commodité d'une chaise à l'église.

Envain je représente que Dieu défend d'exiger aucune rétribution, ni pour l'argent prêté , ni pour les denrées, ni pour quelque autre chose que ce puisse être. J'ai beau crier, *non fenerabis fratri tuo ad usuram pecuniam, nec fruges, nec quamlibet aliam rem. Deut. xxviij.19.* Personne ne m'écoute, je trouve tous les hommes également intéressés, également rebelles au commandement de prêter gratis; au point que si on ne leur présente quelque avantage, ils ne communiquent d'ordinaire ni argent, ni autre chose ; disposition qui les rend vraiment coupables d'*usure* , au moins à l'égard des pauvres; puisque l'on

n'est pas moins criminel, soit qu'on refuse de leur prêter , soit qu'on leur prête à intérêt. C'est l'observation judicieuse que faisoit Gregoire de Nisse aux usuriers de son temps, dans un excellent discours qu'il nous aurons occasion de parler dans la suite.

Du reste, sentant l'utilité de l'argent qui devient nécessaire à tous, j'en emprunte dans mon besoin chez un homme pécunieux, & n'ayant trouvé jusqu'ici que des gens attachés qui veulent tirer profit de tout, qui ne veulent prêter gratis ni terres, ni maisons , ni soins, ni talens, je ne suis plus surpris que mon prêteur d'especes en veuille aussi tirer quelque rétribution, & je souffre, sans murmurer, qu'il m'en fasse payer l'*usure* ou le louage.

C'est ainsi qu'en réfléchissant sur l'esprit d'intérêt qui fait agir tous les hommes, & qui est l'heureux, l'immuable mobile de leurs communications, je vois que la pratique de l'*usure légale* entre gens aisés , n'est ni plus criminelle, ni plus injuste que l'usage respectivement utile de louer des terres, des maisons, &c. je vois que ce commerce vraiment destiné au bien des parties intéressées, & de même nature que tous les autres, & qu'il n'est en soi ni moins honnête, ni moins avantageux à la société.

Pour confirmer cette proposition , & pour démontrer sans réplique la justice de l'intérêt légal , je suppose qu'un pere laisse en mourant à ses deux fils , une terre d'environ 500 livres de rente , ou une somme de 10000 livres comptant. L'aîné choisit la terre, & les 10000 livres passent au cadet. Tous les deux sont incapables de faire valoir eux-mêmes le bien dont ils ont hérité; mais il se présente un fermier solvable, qui offre de le prendre pour neuf années , à la charge de payer 500 livres par an pour la terre , & la même somme annuelle pour les 10000 livres : sera-t-il moins permis à l'un de louer son argent, qu'à l'autre de louer son domaine ?

Un fait arrivé, dit-on depuis peu, servira bien encore à éclaircir la question : Un simple ouvrier ayant épargné 3000 francs par plusieurs années de travail & d'économie , se présenta pour louer une maison qui lui convenoit fort, & qui valoit au moins 50 écus de loyer. Le propriétaire, homme riche & en même temps éclairé , lui dit: "Mon ami, je vous donnerai volontiers ma maison ; mais j'ap-

„ prends que vous avez 1000 écus qui ne
„ vous fervent de rien ; je les prendrai,
„ fi vous voulez à titre d'emprunt , &
„ vous en tirerez l'intérêt qui paiera vo-
„ tre loyer ; ainfi vous ferez bien logé,
„ fans débourfer un fou. Penfez-y, & me
„ rendez réponfe au plutôt ".

L'ouvrier revenant chez lui, rencontre
fon curé , & par forme de converfation ,
lui demande fon avis fur le marché qu'on
lui propofoit. Le curé , honnète homme
au fond , mais qui ne connoiffoit que fes
cahiers de morale & fes vieux préjugés,
lui défend bien de faire un tel contrat ,
qui renferme, felon lui, l'ufure la plus
marquée , & il en donne plufieurs raifons que celui-ci va rapporter à notre
propriétaire.

Monfieur, dit-il, votre propofition me
convenoit fort , & je l'euffe acceptée volontiers; mais notre curé à qui j'en ai parlé , n'approuve point cet arrangement. Il
tient qu'en vous remettant mes mille
écus , c'eft de ma part un véritable prêt,
qui eft une affaire bien délicate pour la
confcience. Il prétend que l'argent eft
ftérile par lui même , que dès que nous
l'avons prêté, il ne nous appartient plus,
& que par conféquent il ne peut nous produire un intérêt légitime. En un mot, dit-
il , un prêt quelconque eft gratuit de fa
nature,& il doit l'ètre en tout & par-tout,
& bien d'autres raifons que je n'ai pas
retenues. Il m'a cité là-deffus l'ancien &
le nouveau Teftament , les conciles , les
faints pères , les décifions du clergé, les
loix du royaume ; en un mot , il m'a réduit à ne pas répondre , & je doute fort
que vous y répondiez vous-mème.

Tiens mon ami, lui dit notre bourgeois,
fi tu étois un peu du métier de philofophe
& de favant, je te montrerois queton curé n'a jamais entendu la queftion de l'u-
fure,& je te ferois toucher au doigt le foible & le ridicule de fes prétentions; mais
tu n'as pas le tems d'écouter tout cela : tu
t'occupes plus utilement , & tu fais bien.
Je te dirai donc en peu de mots , ce qui
eft le plus à ta portée ; favoir que le commandement du prêt gratuit ne regarde
que l'homme aifé vis-à-vis du néceffiteux.
Il eft aujourd'hui queftion pour toi de me
prêter une fomme affez honnète , mais tu
n'eft pas encore dans une certaine aifance , & il s'en faut beaucoup que je fois
dans la nécceffité. Ainfi en me prêtant gra-

tuitement,tu ferois une fortede bonne œuvre qui fe trouveroit fort déplacée , puifque tu prêterois à un homme aifé beaucoup plusriche que toi: & c'eft-là,tu peux
m'en croire,ce que l'Ecriture ni les faints
peres , n'ont jamais commandé ; je me
charge de le démontrer à ton curé quand
il le voudra.

D'ailleurs nous avons une regle infaillible pour nous diriger dans toutes les affaires d'intérêt : regle de juftice & de charité que J. C. nous enfeigne , & que tu
connois fans doute, c'eft de traiter les autres comme nous fouhaitons qu'ils nous
traitent; or, c'eft ce que nous faifons tous
les deux dans cette occafion , ainfi nous
voilà dans le chemin de la droiture. Nous
fentons fort bien que le marché dont il
s'agit , nous doit être également profita-
ble , & par conféquent qu'il eft jufte, car
ces deux circonftances ne vont point l'u-
ne fans l'autre. Mais que tu me laiffes l'u-
fage gratuit d'une fomme confidérable ,
& que tu me paies outre cela le loier de
ma maifon, c'eft faire fervir les fueurs du
pauvre à l'aggrandiffement du riche ;
c'eft rendre enfin ta condition trop dure,
& la mienne trop avantageufe. Soyons
plus judicieux & plus équitables. Nous
convenons de quelques engagemens
dont nous fentons l'utilité commune ,
rempliffons - les avec fidélité. Je t'offre
ma maifon , & tu l'acceptes parce qu'elle
te convient, rien de plus jufte ; tu m'offres une fomme équivalente, je l'accepte
de même, cela eft également bien.Du refte , comme je me réferve le droit de reprendre ma maifon,tu conferves le même
droit de répéter ton argent. Ainfi nous
communiquons l'un l'autre un genre de bien que nous ne voulons pas aliéner; nous confentons feulement de nous
en abandonner le fervice ou l'ufage.
Tiens , tout foit dit , troc pour troc,nous
fommes contens l'un de l'autre, & ton curé n'y a que faire. Ainfi fe conclut le
marché.

Les emprunteurs éclairés fe moquent
des fcrupules qu'on voudroit donner à
ceux qui leur prêtent.Ils fentent & déclarent qu'on ne leur fait point de tort dans
le prêt de commerce. Auffi voit-on tous
les jours des négocians & des gens d'affaires,qui en qualité de voifins,de parens
même, fe prêtent mutuellement à charge
d'intérêt ; en cela fideles obfervateurs de

l'équité, puifqu'ils n'exigent en prêtant, que ce qu'ils donnent fans répugnance toutes les fois qu'ils empruntent. Ils reconnoiſſent que ces conditions ſont également juſtes des deux côtés ; qu'elles ſont même indiſpenſables pour ſoutenir le commerce. Les prétendus torts qu'on nous fait, diſent-ils, ne ſont que des torts imaginaires ; ſi le prêteur nous fait payer l'intérêt légal, nous en ſommes bien dédommagés par les grains qu'il nous procure, & par les négociations que nous faiſons avec les ſommes empruntées. En un mot, dans le commerce du prêt lucratif, on nous vend un bien qu'il eſt utile d'acheter, que nous vendons quelquefois nous-mêmes, c'eſt-à-dire l'uſage de l'argent, & nous trouvons dans ce négoce actif & paſſif, les mêmes avantages qu'en toutes les autres négociations.

[.Ces raiſons ſervent à juſtifier l'uſage où l'on eſt de vendre les marchandiſes plus ou moins cher, ſelon que l'acheteur paie comptant ou en billets. Car ſi la néceſſité des crédits eſt bien conſtante, & l'on n'en peut diſconvenir, il s'enſuit que le fabriquant qui emprunte, & qui paie en conſéquence des intérêts, peut les faire payer à tous ceux qui n'achetent pas au comptant. S'il y manquoit, il courroit riſque de ruiner ſes créanciers, en ſe ruinant lui-même. Car le vendeur obligé de payer l'intérêt des ſommes qu'il emprunte, ne peut s'empêcher de l'imputer comme frais néceſſaires, ſur-tout ce qui fait l'objet de ſon négoce, & il ne lui eſt pas moins permis de ſe le faire rembourſer par ceux qui le paient en papier, que de vendre dix ſous plus cher une marchandiſe qui revient à dix ſous de plus.

Il n'y a donc pas ici la plus légere apparence d'injuſtice. On y trouve au contraire une utilité publique & réelle, en ce que c'eſt une facilité de plus pour les virements du commerce ; & là-deſſus les négocians n'iront pas conſulter Lactance, S. Ambroiſe on S. Thomas, pour apprendre ce qui leur eſt avantageux ou nuiſible. Ils ſavent qu'en fait de négociation, ce qui eſt réciproquement utile, eſt néceſſairement équitable. Qu'eſt-ce en effet, que l'équité, ſi ce n'eſt l'égalité conſtante des intérêts reſpectifs, *æquitas ab æquo* ? Quand le peuple voit une balance dans un parfait équilibre, voilà, dit-il, qui eſt juſte ; expreſſion que lui arrache l'i-

dentité ſenſible de la juſtice & de l'égalité ;

Scis etenim juſtum geminâ ſuſpendere lance. Perſe, *IV.* 10.

Qu'on reconnoiſſe donc ce grand principe de tout commerce dans la ſociété. L'avantage *réciproque des contractans* eſt *la commune meſure de ce que l'on doit appeller juſte* ; car il ne ſauroit y avoir d'injuſtice où il n'y a point de léſion. C'eſt cette maxime toujours vraie, qui eſt la pierre de touche de la juſtice ; & c'eſt elle qui a diſtingué le faux nuiſible, d'avec celui qui ne préjudicie à perſonne : *nullum falſum niſi nocivum.*

Le ſublime philoſophe que nous avons déja cité, reconnoît la certitude de cette maxime, quand il dit d'un ancien réglement, publié jadis à Rome ſur le même ſujet. " Si cette loi étoit néceſſaire à la ré-
» publique, ſi elle étoit utile à tous les
» particuliers, ſi elle formoit une com-
» munication d'aiſance entre le débiteur
» & le créancier, elle n'étoit pas injuſte,
Eſprit des loix, II. part. p. 127.

Au reſte, pour développer de plus en plus cette importante vérité, & remontons aux vues de la légiſlation. Les puiſſances ne nous ont pas impoſé des loix par caprice, on pour le vain plaiſir de nous dominer : *Sit pro ratione voluntas.* Juv. ſat. *vj.* mais pour garantir les imprudens & les foibles de la ſurpriſe & de la violence; & pour établir dans l'Etat le regne de la juſtice : tel eſt l'objet néceſſaire de toute légiſlation. Or, ſi la loi prohibitive de l'intérêt modéré, légal, ſe trouve préjudiciable aux ſujets, cette loi deſtinée comme toutes les autres à l'utilité commune, eſt dès-lors abſolument oppoſée au but du légiſlateur ; par conſéquent elle eſt injuſte, & delà elle tombe néceſſairement en déſuétude. Auſſi eſt-ce ce qui arrivera toujours à l'égard des réglemens qui proſcriront l'intérêt dont nous parlons, parce qu'il n'eſt en effet qu'une indemnité naturelle, indiſpenſable ; *indemnité* non moins difficile à ſupprimer que le loyer des terres & des autres fonds. C'eſt auſſi pour cette raiſon que les légiſlateurs ont moins ſongé à le proſcrire, qu'à le régler à l'avantage du public ; & par conſéquent c'eſt n'avoir aucune connoiſſance de l'équité civile, que de condamner l'intérêt dont il s'agit. Mais cela eſt pardonnable à des gens qui ont plus étudié la tradition des mots que l'enchaînement des idées ; & qui n'ayant jamais pénétré les ressorts de nos communications, ignorent en conséquence les vrais principes de la justice, & les vrais intérêts de la société.

Qu'il soit donc permis à tout citoyen d'obtenir pour un prix modique ce que personne ne voudra lui prêter gratis ; il en sera pour lors des vingt-mille francs qu'il emprunte, comme des bâtimens qu'il occupe, & dont il paye le loyer tous les ans, parce qu'on ne voudroit, ou plutôt parce qu'on ne pourroit lui en laisser gratuitement l'usage.

Ce qui induit bien des gens en erreur sur la question présente, c'est que d'un côté les ennemis de l'*usure* considèrent toujours le prêt comme acte de bienveillance, essentiellement institué pour faire plaisir à un confrere & à un ami. D'autre côté, les honnêtes *usuriers* font trop valoir l'envie qu'ils ont communément d'obliger ; ils gâtent par là leur cause, croyant la rendre meilleure, & donnant ainsi prise sur eux. Car voici le captieux raisonnement que leur fait Domat du prêt & de l'*usure*, tit. vj. sect. j. p. 76. édit. de 1702. "Toute la conséquence, dit-il, „ que peut tirer de cette bonne volonté „ de faire plaisir, le créancier qui dit „ qu'il prête par cette vue, c'est qu'il „ doit prêter gratuitement ; & si le prêt „ ne l'accommode pas avec cette condi- „ tion qui en est inséparable, il n'a qu'à „ garder son argent ou en faire quelque „ autre usage . . . . . puisque le prêt „ n'est pas inventé pour le profit de ceux „ qui prêtent, mais pour l'usage de ceux „ qui empruntent. „

J'aimerois autant qu'on prescrivît aux loueurs de carrosse, ou de prêter leurs voitures gratis à ceux qui en ont besoin, ou de les garder pour eux-mêmes, si la gratuité ne les accommode, par la prétendue raison que les carrosses ne sont pas inventés pour le profit de ceux qui les équipent, mais pour l'usage de ceux qui se font voituriers : qu'on prescrivît à l'avocat & au médecin de faire leurs fonctions gratuitement, ou de se reposer si la condition ne leur agrée pas ; parce que leurs fonctions nobles ne sont pas inventées pour le lucre de ceux qui les exercent, mais pour le bien des citoyens qui en ont besoin. Comme si l'on faisoit les frais d'une voiture ou d'un bâtiment,

comme si l'on se rendoit capable d'une profession, comme si l'on amassoit de l'argent par d'autre motif & pour d'autre fin que pour ses besoins actuels, ou pour en tirer d'ailleurs quelque profit ou quelque *usure*. En un mot, il doit y avoir en tout contrat une égalité respective, une utilité commune en faveur des intéressés ; par conséquent il n'est pas juste dans notre espece d'attribuer à l'emprunteur tout l'avantage du prêt, & de ne laisser que le risque pour le créancier : injustice qui rejailliroit bientôt sur le commerce national, à qui elle ôteroit la ressource des emprunts.

Domat, au reste, ne touche pas le vrai point de la difficulté. Il ne s'agit pas de savoir quelle est la destination primitive du prêt, ni quelle est la vue actuelle du prêteur ; toutes ces considérations ne font rien ici : *cogitare tuum nil ponit in re.* Il s'agit simplement de savoir si le prêt d'abord imaginé pour obliger un ami, peut changer sa première destination, & devenir affaire de négoce dans la société ; sur quoi je soutiens qu'il le peut, aussi bien que l'ont pu les maisons qui n'étoient destinées dans l'origine que pour loger le bâtisseur & sa famille, & qui dans la suite sont devenues un juste objet de location ; aussi bien que l'ont pu les voitures que l'inventeur n'imagina que pour sa commodité, sans prévoir qu'on dût les donner un jour à loyer & à ferme. En un mot, la question est de savoir si le créancier qui ne veut pas faire un prêt gratuit auquel il n'est pas obligé, peut sans blesser la justice accepter les conditions légales que l'emprunteur lui propose, & qu'il remplit lui-même sans répugnance toutes les fois qu'il recourt à l'emprunt. Décidera-t-on qu'il y a de l'inique & du vol dans un marché où le prétendu maltraité n'en voit point pour lui-même. Croira-t-on qu'un homme habile soit lésé dans un commerce dont il connoît toutes les suites, & où loin de trouver de la perte, il trouve au contraire du profit ; dans un commerce qu'il fait également comme bailleur & comme preneur, & où il découvre dans les deux cas de véritables avantages ?

Rappellons ici une observation que nous avons déjà faite ; c'est que le trafiqueur d'argent ne songe pas plus à faire une bonne œuvre ou à mériter par le prêt

les bénédictions du ciel, que celui qui
loue sa terre ou sa maison, ses travaux ou
ses talens. Ce ne sont guere là les motifs
d'un homme qui fait des affaires ; il ne se
détermine pas non plus par de simples
motifs d'amitié, & il prête moins à la personne qu'aux hypotheques & aux facultés qu'il connoît ou qu'il suppose à l'emprunteur ; desorte qu'il ne lui prêteroit
pas, s'il ne le croyoit pas en état de rendre ; comme un autre ne livre pas sa mar-
chandise ou sa maison à un homme dont
l'insolvabilité lui est connue. Ainsi l'on
pourroit presque toujours dire comme
Martial,

 Quod mihi non credis veteri, Thelesine
  sodali ,
 Credis cauliculis , arboribusque meis.
      l. 12. ép. 25.

Notre prêteur, comme l'a bien observé
le président Perchambaut, fait moins un
prêt qu'un contrat négociatif ; sa vue premiere & principale est de subsister sur la
terre , & de faire un négoce utile à lui-
même & aux autres ; & il a pour cela le
même motif que l'avocat qui plaide , que
le médecin qui voit des malades , que le
marchand qui trafique , & ainsi des autres citoyens dont le but est de s'occuper
avec fruit dans le monde, & de profiter
du commerce établi chez les nations policées ; en quoi ils s'appuient les uns & les
autres sur ce grand principe d'utilité commune qui rassembla les premiers hommes
en corps , & qui leur découvrit tout-à-la-
fois les avantages & les devoirs de la société ; avantage par exemple dans notre
sujet de disposer utilement d'une somme
qu'on emprunte ; devoir d'en compenser
la privation à l'égard de celui qui la livre.

 Cujus commoda sunt , ejusdem incom-
  moda sunto.

Quant à l'option que nous laisse Domat , ou de garder notre argent, ou de le
prêter gratis, il faut pour parler de la sorte , n'avoir jamais lu l'écriture , ou avoir
oublié l'exprès commandement qu'elle
fait de prêter en certains cas, dût-on risquer de perdre sa créance. *Deut. xv. 7. 8.*

Il faut de même n'avoir aucune expérience du monde & des différentes situations de la vie ; combien de gens, qui sentent l'utilité des emprunts , & qui n'ap-
prouveront jamais qu'on nous prescrive
de ne faire aucun usage de notre argent ,

plutôt que de le prêter à charge d'intérêt ;
qui trouveront enfin ce propos aussi dé-
raisonnable que si l'on nous conseilloit de
laisser nos maisons sans locataires , plutôt
que d'en exiger les loyers ; de laisser nos
terres sans culture, plutôt que d'en percevoir les revenus !

Tout est mêlé de bien & de mal dans la
vie , ou plutôt nos biens ne sont d'ordinaire que de moindres maux. C'est un mal
par exemple d'acheter sa nourriture ,
mais c'est un moindre mal que de souffrir
la faim ; c'est un mal de payer son gîte,
mais c'est un moindre mal que de loger
dans la rue ; c'est un mal enfin d'être chargé d'intérêts pour une somme qu'on emprunte , mais c'est un moindre mal que
de manquer d'argent pour ses affaires ou
ses besoins , & c'est justement le mauvais
effet qui suivroit l'abolition de toute *usure* ; nous le sentirons mieux par une comparaison.

Je suppose que les propriétaires des
maisons n'eussent que le droit de les occuper par eux mêmes, ou d'y loger d'autres à leur choix, mais toujours sans rien
exiger. Qu'arriveroit-il de cette nouvelle
disposition ? c'est que les propriétaires ne
se géneroient pas pour admettre des locataires dont ils n'auroient que l'incommodité. Ils commenceroient donc par se
loger fort au large , & pour le surplus ,
ils préféreroient leurs parens & leurs
amis qui ne se géneroient pas davantage,
& il en résulteroit dès-à-présent que bien
des gens sans protection coucheroient à
la belle étoile. Mais ce seroit bien pis dans
la suite : les riches contens de se loger
commodément , ne bâtiroient plus pour
la simple location , & d'ailleurs les maisons actuellement occupées par les petits
& les médiocres seroient entretenues au
plus mal. Qui voudroit alors se charger
des réparations ? seroit-ce les propriétaires , qui ne tireroient aucun loyer ? seroit-ce les locataires qui ne seroient pas
sûrs de jouir , & qui souvent ne pourroient faire cette dépense ? On verroit
donc bientôt la plus grande partie des
édifices dépérir , au point qu'il n'y auroit
pas dans quarante ans la moitié des logemens nécessaires. Observons encore que
tant d'ouvriers employés aux bâtimens se
trouveroient presque désœuvrés. Ainsi la
plupart des hommes sans gîte & même
sans travail seroient les beaux fruits des

locations gratuites ; voyons ce que la gratuité des prêts nous ameneroit.

On voit au premier coup d'œil, que posé l'abolition de toute *usure*, peu de gens voudroient s'exposer aux risques inséparables du prêt ; chacun en conséquence garderoit ses especes & voudroit les employer ou les tenir par ses mains ; en un mot, dès que la crainte de perdre ne seroit plus balancée par l'espérance de gagner, on ne livreroit plus son argent, & il ne se feroit plus guere sur cela que des especes d'aumône, des prêtés donnés de peu de conséquences & presque jamais des prêts considérables ; combien de fabriques & d'autres sortes d'entreprises, de travaux & de cultures qui se verroient hors d'état de se soutenir, & réduites enfin à l'abandon au grand dommage du public ?

Un charretier avoit imaginé d'entretenir quatre chevaux de trait au bas de Saint-Germain, pour faciliter la montée aux voituriers ; il auroit fourni ce secours à peu de frais, & le public en eût bien profité ; mais quelqu'un donna du scrupule à celui qui fournissoit l'argent pour cette entreprise. On lui fit entendre qu'il ne pouvoit tirer aucun profit d'une somme qu'il n'avoit pas aliénée ; il le crut comme un ignorant, & en conséquence il voulut placer ses deniers d'une maniere plus licite. Les chevaux dont on avoit déjà fait emplette, furent vendus aussi-tôt, & l'établissement n'eût pas lieu.

L'empereur Basile, au neuvieme siecle, tenta le chimérique projet d'abolir l'*usure*, mais Léon le sage, Léon son fils, fut bientôt obligé de remettre les choses sur l'ancien pié, "Le nouveau réglement, » dit celui-ci, ne s'est pas trouvé aussi » avantageux qu'on l'avoit espéré, au » contraire, les choses vont plus mal que » jamais ; ceux qui prêtoient volontiers » auparavant à cause du bénéfice qu'ils y » trouvoient, ne veulent plus le faire » depuis la suppression de l'*usure*, & ils » sont devenus intraitables „, *In eos qui pecuniis indigent, difficiles atque immites sunt, novella Leonis* 83.

Léon ne manque pas d'accuser à l'ordinaire la corruption du genre humain, car c'est toujours lui qui a tort, & on lui impute tous les désordres. Accusons à plus juste titre l'immuable nature de nos besoins, ou l'invincible nécessité de nos communications ; nécessité qui renversera toujours tout ce que l'on s'efforcera d'élever contre elle. Il est en général impossible, il est juste d'engager un homme à livrer sa fortune au hazard des faillites & des pertes, en prêtant sans indemnité à une personne aisée ; c'est pour cette raison que les intérêts sont au moins tolérés parmi nous dans les emprunts du roi & du clergé, dans ceux de la compagnie des Indes, des fermiers généraux, &c. tandis que les mêmes intérêts, par une inconséquence bizarre, sont défendus dans les affaires qui ne regardent que les particuliers : il en faut pourtant excepter le pays de Bugey & ses dépendances, où l'intérêt est publiquement autorisé en toutes sortes d'affaires. Les provinces qui ressortissent aux parlemens de Toulouse & de Grenoble ont un usage presque équivalent, puisque toute obligation sans frais & sans formalité y porte intérêt depuis son échéance.

Réponse aux objections prises du droit naturel. On nous soutient que l'*usure* est contraire au droit naturel, en ce que la propriété suit, comme l'on croit, l'usage de la somme prêtée. L'argent que nous avons livré, dit-on, ne nous appartient plus ; nous en avons cédé le domaine à un autre, *mutuum, id est ex meo tuum.* Telle est la raison définitive de nos adversaires. On fait beaucoup valoir ici l'autorité de S. Thomas, de S. Bonaventure, de Gerson, de Scot, &c. *Qui mutuat pecuniam, transfert dominium pecuniæ,* Thom. XXII. quæst. 8. art. 2. *In mutuatione pecuniæ transfertur pecunia in dominium alienum.* Bonav. *in* 3 *senten. dist.* 37.

De cette proposition considérée comme principe de morale, on infere que c'est une injustice, une espece de vol de tirer quelque profit d'une somme qu'on a prêtée ; une telle somme, dit-on, est au pouvoir, comme elle est aux risques de l'emprunteur. L'usage lucratif qu'il en fait, doit être pour son compte ; un tel gain est le fruit de son travail ou de son industrie ; & il n'est pas juste qu'un autre vienne le partager.

De tous les raisonnemens que l'on oppose contre l'*usure* légale, au moins de ceux qu'on prétend appuyer sur l'équité naturelle, voilà celui qui est regardé comme le plus fort ; néanmoins ce n'est au fond qu'une misérable chicane ; & de telles objections méritent à peine qu'on y réponde. En effet est-ce la prétendue formation du mot *mutuum* qui peut fixer la nature du prêt & les droits qui en dérivent? Cela marque tout-au-plus l'opinion qu'en ont eu quelques jurisconsultes chez les Romains; mais cela ne prouve rien au-delà.

Quoi qu'il en soit, distinguons deux sortes de propriétés : l'une individuelle, qui consiste à posséder, par exemple, cent louis dont on peut disposer de la main à la main; & une propriété civile, qui consiste dans le droit qu'on a sur ces cent louis, lors même qu'on les a prêtés. Il est bien certain que dans ce dernier cas, on ne conserve plus la propriété individuelle des louis dont on a cédé l'usage, & dont le remboursement peut se faire avec d'autres monnoies; mais on conserve la propriété civile sur la somme remise à l'emprunteur, puisqu'on peut la répéter au terme convenu. En un mot, le prêt que je vous fais, est, à parler exactement, l'usage que je vous cede d'un bien qui m'appartient, & qui lors même que vous en jouissez, ne cesse pas de m'appartenir, puisque je puis le passer en payement, à un créancier.

Tout roule donc ici du côté de nos adversaires, sur le défaut d'idées claires & précises par rapport à la nature du prêt; ils soutiennent que l'emprunteur a réellement la propriété de ce qu'on lui prête, au lieu qu'il n'en a que la jouissance ou l'usage. En effet on peut jouir du bien d'autrui à différens titres; mais on ne sauroit en être propriétaire sans l'avoir justement acquis. Les justes manieres d'acquérir sont entr'autres l'échange, l'achat, la donation, &c. Le prêt ne fut jamais regardé comme un moyen d'acquérir ou de s'approprier la chose empruntée, parce qu'il ne nous en procure la jouissance que pour un temps déterminé & à certaines conditions; en conséquence je conserve toujours la propriété de ce que je vous ai prêté, & cette propriété constante naît le droit que j'ai de réclamer cette chose en justice, si vous ne me la rendez pas de vous-même, après le terme du prêt; mais si vous me la remettez, dès-lors je rentre dans la possession de ma chose, dès-lors j'en ai la pleine propriété, au lieu que je n'en avois auparavant que la *propriété nue* : c'est l'expression du

droit romain, *l. XIX. pr. D. de usuris & fructibus* . . . 21-1, §. ult. inst. de usufructu. 2.4.

L'argent dont vous jouissez à titre d'emprunt, est donc toujours l'argent d'autrui, c'est-à-dire, l'argent du prêteur, puisqu'il en reste toujours le propriétaire. C'est d'où vient cette façon de parler si connue, *travailler avec l'argent d'autrui ou sur les fonds d'autrui*. Tel étoit le sentiment des Romains, lorsqu'ils appelloient argent d'autrui, *æs alienum*, une somme empruntée ou une dette passive. On retrouve la même façon de s'exprimer dans la regle suivante; notre bien consiste en ce qui nous reste après la déduction de nos dettes passives, ou pour parler comme eux, après la déduction de l'argent d'autrui. *Bona intelliguntur cujusque quæ deducto ære alieno supersunt*, lib. XXXIX. §. 1. D. de verborum significatione, l. XI. de jure fisci. 49 14.

Mais observons ici une contradiction manifeste de la part de nos adversaires. Après avoir établi de leur mieux que la propriété d'une somme prêtée appartient à l'emprunteur, que par conséquent c'est une injustice au créancier d'en tirer un profit, puisque c'est, disent-ils, profiter sur un bien qui n'est plus à lui; la force du sentiment & de la vérité leur fait si bien oublier cette premiere assertion, qu'ils admettent ensuite la proposition contradictoire, qu'ils soutiennent en un mot que l'argent n'est pas aliéné par le prêt pur & simple, & que par conséquent il ne sauroit produire un juste intérêt : c'est même ce qui leur a fait imaginer le contrat de constitution, ou comme l'on dit en quelques provinces, le constitut, au moyen duquel le débiteur d'une somme aliénée devenant maître du fonds, en paie, comme on l'assure, un intérêt légitime. Mais voyons la contradiction formelle dans les conférences ecclésiastiques du pere Semelier & dans le dictionnaire de Pontas : contradiction du reste qui leur est commune avec tous ceux qui rejettent le prêt de commerce.

Le premier nous assure "que selon Justinien, suivi, dit-il, en cela par S. " Thomas, Scot & tous les théologiens; " il se fait par le simple prêt une *véritable alienation* de la propriété aussi bien que " de la chose prêtée, *in hoc damus ut ac-* " *cipientium fiant* ; ensorte que celui qui

„ la prête , ceſſe d'en être le maître „.
Conf. eccl. tom. I. pag. 6.

„ L'argent prêté , dit-il encore, *eſt tout*
„ *au marchand,* c'eſt-à-dire , à l'emprun-
„ teur , dès qu'il en répond ; & s'il eſt au
„ marchand , c'eſt pour lui ſeul qu'il doit
„ profiter . . . . . *Res perit domino , res*
„ *fruĉtificat domino* „. *Ibid. pag.* 319.
C'eſt par ce principe, comme nous l'avons
dit , qu'ils tâchent de prouver l'iniquité
de l'*uſure.* Mais ce qui montre bien que
cette doĉtrine eſt moins appuyée ſur l'é-
vidence & la raiſon que ſur des ſubtilités
ſcolaſtiques, c'eſt que les théologiens l'oublient dès qu'ils n'en ont plus beſoin. Le
pere Semelier lui-même , ce ſavant ré-
daĉteur des conférences de Paris , en eſt
un bel exemple. Voici comme il ſe dédit
dans le même volume, *pag.* 237. „Quand
„ je prête, dit-il , le débi-
„ teur eſt tenu de m'en rendre la valeur
„ à l'échéance de ſon billet ; *il n'y a dŏnc*
„ *pas de véritable aliénation dans les prêts*„.
De même parlant d'un créancier qui ſe
fait adjuger des intérêts par ſentence,
quoiqu'il ne ſouffre pas de la privation de
ſon argent, il s'explique en ces termes ,
page 390 : „ il n'a , dit-il , en vue que de
„ s'autoriſer à percevoir ſans titre & ſans
„ raiſon , un gain & un profit de ſon ar-
„ gent , *ſans néanmoins l'avoir aliéné* „.
Remarquons encore le mot qui ſuit :
„ dire qu'il y a une aliénation pour un an
„ dans le prêt qu'on fait pour un an,
„ c'eſt , diſent les prélats de France , *aſ-*
„ *ſemblée de* 1700, abuſer du mot d'*alié-*
„ *nation* , c'eſt aller contre tous les prin-
„ cipes du droit „. *Ibid. pag.* 235.
„ Il eſt conſtant & inconteſtable, dit
„ Pontas , que celui qui prête ſon argent,
„ *en transfere la propriété* à celui l'em-
„ prunte , & qu'il n'a par conſéquent
„ aucun droit au profit que celui-ci en
„ retire, parce qu'il le retire *de ſes pro-*
„ *pres deniers* „. Ce caſuiſte s'autoriſe,
comme le premier , des paſſages de S.
Thomas ; mais après avoir aſſuré , comme nous voyons, la propriété de la ſomme prêtée à l'emprunteur, *page de ſon*
diĉtionnaire 1372, il ne s'en ſouvient plus
à la page ſuivante. „Il eſt certain, dit-il,
„ qu'Othon ne peut ſans *uſure* , c'eſt-à-
„ dire , ici ſans injuſtice , exiger un in-
„ térêt ; car quoiqu'il ſe ſoit engagé de
„ ne répéter que dans le terme de trois
„ ans, la ſomme qu'il a prêtée à Silvain,

„ *il ne peut pas être cenſé l'avoir aliénée*.
„ La raiſon en eſt qu'il eſt toujours vrai
„ de dire qu'il la pourra répéter au terme
„ échu , ce qui ne ſeroit pas en ſon pou-
„ voir , *s'il y avoit une aliénation réelle*
„ *& véritable* „.
Après des contradiĉtions ſi bien avé-
rées , & dont je trouverois cent exemples , peut-on nous oppoſer encore l'autorité des caſuiſtes ?
Les légiſtes ſont auſſi en contradiĉtion
avec eux-mêmes ſur l'article de l'*uſure,*
& je le montrerai dans la ſuite. Je me
contente d'expoſer à préſent ce qu'ils diſent de favorable à ma thèſe. Ils reconnoiſſent qu'on peut léguer une ſomme à
quelqu'un , à condition qu'un autre en
aura l'uſufruit, & que l'uſage par conſéquent n'emporte pas la propriété. *Si tibi*
decem millia legata fuerint , mihi eorum-
dem decem millium uſusfruĉtus , ſient qui-
dem tua tota decem millia. L. VI. *in princ.*
D. *de uſu fruĉtuarum rerum.* 7-5.
„ Si vous ayant légué dix mille écus ,
„ on m'en laiſſoit l'uſufruit, ces dix mil-
„ le écus vous appartiendroient en pro-
„ priété „. On voit donc en effet que la
ſomme qui doit paſſer pour un temps à
l'uſufruitier , appartient réellement au
légataire , *ſient quidem tua tota,* & il en
a ſi bien le vrai domaine , qu'il peut,
comme on l'a dit , le tranſporter à un autre. C'eſt donc perdre de vue les principes les plus communs , ou plutôt c'eſt
confondre des objets très-différens , que
de diſputer la propriété à celui qui prête ; car , comme nous l'avons obſervé ,
dès qu'on ne peut lui conteſter le droit de
réclamer ce qu'il a prêté , c'eſt convenir
qu'il en a toujours été le propriétaire ,
qualité que la raiſon lui conſerve , comme
la loi poſitive. *Qui aĉtionem habet ad rem*
recuperandam , ipſam rem habere videtur,
l. XV. D. *de regulis juris.*
Et quand même pour éviter la diſpute,
on abandonneroit cette dénomination de
propriété à l'égard du prêteur, il eſt toujours vrai qu'au moment qu'il a livré, par
exemple , ſes cent louis , il en étoit conſtamment le propriétaire , & qu'il ne les a
livrés qu'en recevant une obligation de
pareille valeur, à la charge de l'*uſure* légale & compenſatoire ; condition ſincérement agréée par l'emprunteur, & qui par
conſéquent devient juſte, puiſque *volenti*
non fit injuria, condition du reſte qui ne

lui est point onéreuse, d'autant qu'elle est proportionnée aux produits des fonds & du négoce; d'où j'infere que c'est un commerce d'utilités réciproques, & qui mérite toute la protection des loix.

Sur ce qu'on dit que l'argent est stérile, & qu'il périt au premier usage qu'on en fait, je réponds que ce font-là de vaines subtilités démenties depuis long-temps par les négociations constantes de la société. L'argent n'est pas plus stérile entre les mains d'un emprunteur qui en fait bon usage, qu'entre les mains d'un commis habile qui l'emploie pour le bien de ses commettans. Aussi Justinien a-t-il évité cette erreur inexcusable, lorsque parlant des choses qui se consument par l'usage, il a dit simplement de l'argent comptant, *quibus proxima est pecunia numerata, namque ipso usu assidua permutatione, quodammodo extinguitur; sed utilitatis causa senatus censuit posse etiam earum rerum usumfructum constitui. §. 2. inst. de usufructu. 2 4.*

Il est donc certain que l'argent n'est point détruit par les échanges, qu'il est représenté par les fonds ou par les effets qu'on acquiert, en un mot, qu'il ne se consume dans la société que comme les grains se consument dans une terre qui les reproduit avec avantage.

Quant à la stérilité de l'argent, ce n'est qu'un conte puérile. Cette prétendue stérilité disparoît en plusieurs cas, de l'aveu de nos adversaires. Qu'un gendre, par exemple, à qui l'on donne vingt mille francs pour la dot de sa femme, mais qui n'a pas occasion de les employer, les laisse pour un temps entre les mains de son beau-pere, personne ne conteste au premier le droit d'en toucher l'intérêt, quoique le capital n'en soit pas aliéné. Ces vingt mille francs deviennent-ils féconds, parce qu'on les appelle *deniers dotaux*? Et si le beau-pere avoit eu d'ailleurs une pareille somme, pourroit-on croire sérieusement qu'elle fût en soi moins fructueuse, moins susceptible d'intérêt? Qu'une somme inaliénée vienne d'un gendre ou d'un étranger, elle ne change pas de nature par ces circonstances accidentelles; & si l'excellente raison d'un ménage à soutenir autorise ici le gendre à recevoir l'intérêt de la dot, cette raison aura la même force à l'égard de tout autre citoyen. De même une sentence qui adjuge

des intérêts, n'a pas la vertu magique de rendre une somme d'argent plus féconde; cette somme demeure physiquement telle qu'elle étoit auparavant.

A l'égard des risques du preneur, rien de plus équitable, puisqu'il emprunte à cette condition. Celui qui loue des meubles & à qui on les vole, celui qui prend une ferme & qui s'y ruine, celui qui loue une maison pour une entreprise où il échoue, tous ces gens-là ne supportent-ils pas les risques, sans que leurs malheurs ou leur imprudence les déchargent de leurs engagemens. D'ailleurs on fait souvent de ce qu'on emprunte un emploi fructueux qui ne suppose proprement ni risque ni travail. Quand j'achete, par exemple, au moyen d'un emprunt, tel papier commerçable, telle charge sans exercice, &c. je me fais sans peine un revenu, un état avantageux avec l'argent d'autrui, *ære alieno.* Quoi l'on ne trouve pas mauvais que j'use du produit d'une somme qui ne m'appartient pas, & l'on trouve mauvais que le propriétaire en tire un modique avantage! Que devient donc l'équité? Qui est-ce qui dédommagera le créancier de la privation de son argent, & des risques de l'insolvabilité? Car si l'on y fait attention, l'on verra que c'est principalement sur lui que tombent les faillites & les pertes; de sorte que le *res perit domino* n'est encore ici que trop véritable à son égard.

D'un autre côté, que l'emprunteur ne fasse valoir l'argent d'autrui qu'à l'aide de son industrie, il est également juste que le bailleur ait part au bénéfice; & l'on ne voit encore ici que de l'égalité, puisque l'emprunteur profite lui - même des cinquante années de travail & d'épargne qui ont enfanté les sommes qu'on lui a livrées, & qui ont rendu fructueuse une industrie, toute seule insuffisante pour les grandes entreprises. Réflexion qui découvre le peu de fondement du reproche que S. Grégoire de Nazianze fait à l'usurier, en lui objectant qu'il recueille où il n'a point semé, *colligens ubi non seminarat.* Orat. 15.

En effet celui - ci peut répondre avec beaucoup de justesse & de vérité, qu'il seme dans le commerce usuraire & son industrie & celle de ses ancêtres, en livrant des sommes considérables, qui en font le fruit tardif & pénible.

On nous oppose encore l'autorité d'A-
ristote,

riſtote, & l'on nous dit avec cet ancien philoſophe, que l'argent n'eſt pas deſtiné à procurer des gains ; qu'il n'eſt établi dans le commerce que pour en faciliter les opérations; & que c'eſt intervertir l'ordre & la deſtination des choſes, que de lui faire produire des intérêts.

Sur quoi, je dis qu'il n'y a point de mal à étendre la deſtination primitive des eſpeces ; elles ont été inventées, il eſt vrai, pour la facilité des échanges, uſage qui eſt encore le plus ordinaire aujourd'hui ; mais on y a joint au grand bien de la ſociété, celui de produire des intérêts, à-peu-près comme on a donné de l'extenſion à l'uſage des maiſons & des voitures qui n'étoient pas deſtinées d'abord à devenir des moyens de lucre. C eſt ainſi que le premier qui inventa les chaiſes pour s'aſſeoir, n'imaginoit pas qu'elles duſſent être un objet de location dans nos égliſes. Toutes ces pratiques ſe ſont introduites dans le monde, à meſure que les circonſtances & les beſoins ont étendu le commerce entre les hommes, & que ces extenſions ſe ſont trouvées reſpectivement avantageuſes.

On objecte enfin qu'il eſt aiſé de faire valoir ſon argent au moyen des rentes conſtituées, ſans recourir à des pratiques réputées criminelles. A quoi je réponds que cette forme de contrat n'eſt qu'un palliatif de l'uſure. Si l'intérêt qu'on tire par cette voie devient onéreux au pauvre, une tournure différente ne le rendra pas légitime. C'eſt auſſi le ſentiment du pere Semelier. Conf. eccl. p. 21. Une telle pratique, diſpendieuſe pour l'emprunteur n'eſt bonne en effet que pour éluder l'obligation de ſecourir le malheureux;mais le précepte reſte le même, & il n'eſt point de ſubtilité capable d'altérer une loi divine ſi bien entée ſur la loi naturelle.

Les rentes conſtituées ſur les riches ſont à la vérité des plus licites; mais on ſait que ce contrat eſt inſuffiſant. Les gens pécunieux ne veulent pas d'ordinaire livrer leur argent ſans pouvoir le répeter dans la ſuite, parce qu'ayant des vues ou des projets pour l'avenir, ils craignent d'aliéner des fonds dont ils veulent ſe réſerver l'uſage; auſſi eſt-il conſtant qu'on ne trouve guere d'argent par cette voie, & que c'eſt une foible reſſource pour les beſoins de la ſociété.

Les trois contrats. En diſcutant la queſ-

tion de l'uſure, ſuivant les principes du droit naturel, je ne puis guere me diſpenſer de dire un mot ſur ce qu'on appelle communément les trois contrats.

C'eſt proprement une négociation ou plutôt une fiction ſubtilement imaginée pour aſſurer le profit ordinaire de l'argent prêté, ſans encourir le blâme d'injuſtice ou d'uſure : car ces deux termes ſont ſynonymes dans la bouche de nos adverſaires. Voici le cas.

Paul confie, par exemple, dix mille livres à un négociant à titre d'aſſociation dans telle entrepriſe ou tel commerce, voilà un premier contrat qui n'a rien d'illicite, tant qu'on y ſuit les regles. Paul quelque temps après inquiet ſur ſa miſe, cherche quelqu'un qui veuille la lui aſſurer ; le même négociant qui a reçu les fonds, ou quelqu'autre ſi l'on veut, inſtruit que les dix mille francs ſont employés dans une bonne affaire, aſſure à Paul ſon capital, poſons à un pour cent par année, & chacun paroît content. Voilà un deuxieme contrat, qui n'eſt pas moins licite que le premier.

Cependant quelqu'eſpérance que l'on faſſe concevoir à Paul de ſon aſſociation, qui lui vaudra, dit-on, plus de douze pour cent, année commune, il conſidere toujours l'incertitude des événemens ; & ſe rappellant les pertes qu'il a ſouvent eſſuyées nonobſtant les plus belles apparences, il propoſe de céder les profits futurs à des conditions raiſonnables, poſons à ſix pour cent par année ; ce qui lui feroit, l'aſſurance du fonds payée,cinq pour cent de bénéfice moralement certain. Le négociant qui aſſure déja le capital, accepte de même ce nouvel arrangement ; & c'eſt ce qui fait le troiſieme contrat, lequel eſt encore permis, pourvu, dit-on, que tout cela ſe faſſe de bonne foi & ſans intention d'uſure; car on veut toujours diriger nos penſées.

Dans la ſuite le même négociant ou autre particulier quelconque dit à notre prêteur pécunieux ; ſans tant de cérémonies, ſi vous voulez, je vous aſſurerai dès le premier jour votre principal & tout enſemble un profit honnête de cinq pour cent par année ; le créancier goûte cette propoſition & l'accepte ; & c'eſt ce qu'on nomme la pratique des trois contrats ; parce qu'il en reſulte le même effet, que ſi après avoir paſſé un contrat de ſociété, on en faiſoit enſuite deux autres ; l'un pour aſſurer le fonds , & l'autre pour aſ-ſurer les bénéfices.

Les caſuiſtes conviennent que ces trois contrats, s'ils ſont ſéparément pris & faits en divers temps ſont d'eux - mêmes très-licites , & qu'ils ſe font tous les jours en toute légalité. Mais, dit-on, ſi on les fait en même temps ; c'eſt dès-lors une uſure palliée ; & dès-là ces ſtipulations deviennent injuſtes & criminelles. Toute la preuve qu'on en donne , c'eſt qu'elles ſe réduiſent au prêt de commerce dont elles ne différent que par la forme. Il eſt viſible que c'eſt-là une pétition de principe , puiſqu'on emploie pour preuve ce qui fait le ſujet de la queſtion , je veux dire l'iniquité prétendue de tout négoce uſuraire. On devroit conſidérer plutôt que l'interpoſition des temps qu'on exige entre ces actes, n'y met aucune perfection de plus ; & qu'enfin ils doivent être cenſés légitimes, dès-là , que toutes les parties y trouvent leur avantage. Ainſi, au-lieu de fonder l'injuſtice de ces contrats , ſur ce que l'uſage qu'on en fait conduit à l'uſure, ou pour mieux dire , s'identifie avec elle, il faudroit au contraire prouver la juſtice de l'uſure légale par l'équité reconnue des trois contrats , dont la légitimité n'eſt pas due à quelques jours ou quelques mois que l'on peut mettre entre eux, mais à l'utilité qui en réſulte pour les contractans.

Au ſurplus , comme nous admettons ſans détour l'uſure ou l'intérêt légal , & que nous en avons démontré la conformité avec le droit naturel , nous n'avons aucun beſoin de recourir à ces fictions futiles.

Arrêtons-nous ici un moment , & raſſemblons ſous un point de vue les principes qui démontrent l'équité de l'uſure légale entre gens aiſés ; & les avantages de cette pratique pour les ſociétés policées.

Rien de plus juſte que les conventions faites de part & d'autre , librement & de bonne foi ; & rien de plus équitable que l'accompliſſement de promeſſes où chaque partie trouve ſon avantage. C'eſt-là, comme nous l'avons obſervé , la pierre de touche de la juſtice.

Nul homme n'a droit à la jouiſſance du bien d'un autre , s'il n'a fait agréer auparavant quelque ſorte de compenſation :

un homme aiſé n'a pas plus de droit à l'argent de ſon voiſin , qu'à ſon bœuf ou ſon âne , ſa femme ou ſa ſervante ; ainſi rien de plus juſte que d'exiger quelqu'indemnité , en cédant pour un temps le produit de ſon induſtrie ou de ſes épargnes , à un homme à l'aiſe qui augmente par-là ſon aiſance.

Rien de plus fructueux dans l'état que cette équitable communication entre gens aiſés , pourvu que le prêt qui en eſt le moyen , offre des avantages à toutes les parties. Delà naît la circulation qui met en œuvre l'induſtrie ; & l'induſtrie employant à ſon tour l'indigence , ſes œuvres raniment tant de membres engourdis , qui ſans cela, devenoient inutiles.

Le délire de la plûpart des gouvernemens , dit un célebre moderne , *fut de ſe croire prépoſés à tout faire, & d'agir en conſéquence.* C'eſt par une ſuite de cette perſuaſion ſi ordinaire aux légiſlateurs : qu'au lieu de laiſſer une entiere liberté ſur le commerce uſuraire , comme ſur le commerce de la laine, du beurre & du fromage, au lieu de ſe repoſer à cet égard ſur l'équilibre moral , déja bien capable de maintenir l'égalité entre les contractans ; ils ont cru devoir faire un prix annuel pour la jouiſſance de l'argent d'autrui. Cette fixation eſt devenue une loi dans chaque état , & c'eſt ce prix connu & déterminé, que nous appellons *uſure légale*; fruit civil ou légitime acquis au créancier , comme une indemnité raiſonnable de l'uſage qu'il donne de ſon argent à un emprunteur qui en uſe à ſon profit.

C'eſt ainſi que les hommes en cherchant leurs propres avantages avec la modération preſcrite par la loi , & qui ſeroit peut-être aſſez balancée par un conflit d'intérêts , entretiennent ſans y penſer, une réciprocation de ſervices & d'utilités qui fait le vrai ſoutien du corps politique.

Montrons à préſent que nous n'avons rien avancé juſqu'ici qui ne ſoit conforme à la doctrine des caſuiſtes.

C'eſt une maxime conſtante dans la morale chrétienne, qu'on peut recevoir l'intérêt d'une ſomme , toutes les fois que le prêt qu'on en fait entraine un profit ceſſant ou un dommage naiſſant , *lucrum ceſſans aut damnum emergens*. Par exemple, Pierre expoſe à Paul qu'il a beſoin de mille écus pour terminer une affaire importante. Paul répond que ſon argent eſt

placé dans les fonds publics , ou que s'il
ne l'eft pas actuellement , il eft en parole
pour en faire un emploi très-avantageux;
ou qu'enfin il en a befoin lui-même pour
réparer des bâtimens qui ne fe loueroient
pas fans cela. Pierre alors fait de nouvelles inftances pour montrer le cas preffaut
où il fe trouve , & détermine Paul à lui
laiffer fon argent pendant quelques années , à la charge, comme de raifon , d'en
payer l'intérêt légal.

Dans ces circonftances les cafuiftes reconnoiffent unanimement le lucre ceffant
ou le dommage naiffant ; & conviennent
que Paul eft en droit d'exiger de Pierre
l'intérêt légal ; & cet intérêt, difent-ils,
n'eft pas ufuraire , ou, comme ils l'entendent, n'eft pas injufte. Confultez entr'autres le pere Sémelier dont l'ouvrage fur-
chargé d'approbation, eft proprement le
réfultat des conférences eccléfiaftiques
tenues à Paris fous le cardinal de Noailles , c'eft-à-dire , pendant le regne de la
faine & favante morale.

  " Si les intérêts, dit-il , font prohibés ,
» les dédommagemens bien loin d'être
» défendus , font ordonnés par la loi na-
» turelle, qui veut qu'on dédommage
» ceux qui fouffrent pour nous avoir prê-
» té. *Conf. eccléf.* p. 254. Les faints pe-
» res . . . . faint Auguftin entr'autres ,
» dans fa lettre à Macédonius, qui expli-
» qué les regles de la juftice que les hom-
» mes fe doivent rendre mutuellement.
» N'ont - ils pas enfeigné après Jéfus-
» Chrift qu'ils doivent fe traiter les uns
» les autres, comme ils fouhaitent qu'on
» les traite eux-mêmes , & qu'ils ne doi-
» vent ni refufer, ni faire à leurs freres
» ce qu'ils ne voudroient pas qu'on leur
» refufât ni qu'on leur fît? Or cette regle
» fi jufte n'eft-elle pas violée , fi je n'in-
» demnife pas celui qui en me prêtant ,
» fans y être obligé , fe prive d'un gain
» moralement certain,*&c*?" *Ibid.* p. 280.

On lit encore au même volume, "que
» quand pour avoir prêté on manque un
» gain probable & prochain, le lucre cef-
» fant eft un titre légitime ; vérité, dit le
» conférencier, reconnue par les plus an-
» ciens canoniftes Ancaranus, Panorme,
» Gabriel, Adrien VI. *&c.* qui tous for-
» ment une chaîne de tradition depuis
» plufieurs fiecles , & autorifent le titre
» du lucre ceffant . . . . . . Ces canonif-
» tes fi éclairés ont été fuivis, dit-il, dans

» cette décifion par les évêques de Ca-
» hors & de Châlons . . . . par les théolo-
» giens de Grenoble , de Périgueux , de
» Poitiers , *&c*". *Ibid.* p. 285.

S. Thomas reconnoît auffi que celui
qui prête peut ftipuler un intérêt de com-
penfation à caufe de la perte qu'il fait eu
prêtant , lorfque par-là il fe prive d'un
gain qu'il devoit faire ; car dit-il , ce n'eft
pas là vendre l'ufage de fon argent , ce
qu'eft qu'éviter un dommage. *Ille qui mutuum dat , poteft abfque peccato in pactum
deducere cum eo qui mutuum accipit , re-
compenfationem damni , per quod fubftra-
hitur fibi aliquid quod debet habere ; hoc
enim non eft vendere ufum pecuniæ , fed
damnum vitare , II. ij. quæft. lxxxviij.
art.* 2. Ou comme dit faint Antonin , parlant de celui qui paie avant terme , & qui
retient l'efcompte , *tunc non eft ufura,
quia nullum ex hoc lucrum confequitur, fed
folum confervant fe indemnem. Secunda,
parte fummæ theol. tit.* 1. *cap. viij.*

Je conclus de ces propofitions que tous
ceux qui prêtent à des gens aifés font dans
le cas du lucre ceffant ou du dommage
naiffant. En effet , à qui peut - on dire le
mot de S. Ambroife , *profit aliis pecunia
quæ tibi otiofa eft* ? Où eft l'homme qui ne
cherche à profiter de fon bien, & qui n'ait
pour cela des moyens moralement fûrs ?
S'il étoit cependant poffible qu'un homme fe trouvât dans l'étrange hypothèfe
que fait ce pere , nous conviendrions volontiers que s'il p. étoit, il devroit le faire
fans intérêt ; mais en général tout prêteur
peut dire à celui qui emprunte , en vous
remettant mon argent , je vous donne la
préférence fur les fonds publics, fur l'hôtel-de-ville , les pays d'états, la compagnie des Indes , *&c.* fur le commerce que
je pourrois faire, je néglige enfin que pour
vous obliger des gains dont j'ai une certitude morale , en un mot je fuis dans le
cas du lucre ceffant , puifque , felon l'expreffion de S. Thomas , vous m'ôtez un
profit que j'avois déja , ou que vous em-
pêchez celui que j'allois faire, *mibi aufers
quod actu habebam aut impedis ne adipif-
car quod eram in via habendi II. ij. quæft.*
64. *art.* 4. Il eft donc jufte que vous m'ac-
cordiez l'intérêt honnête que je trouverois ailleurs.

Cette vérité eft à la portée des moindres
efprits ; auffi s'eft-elle fait jour au travers des préjugés contraires, & c'eft pour

cela qu'on admet l'intérêt dans les emprunts publics, de même que dans les négociations de banque & d'escompte ; en forte qu'il n'est pas concevable qu'on ose encore attaquer notre proposition. Mais il est bien moins concevable que S. Thomas se mette là-dessus en contradiction avec lui-même ; c'est pourtant ce qu'il fait d'une manière bien sensible, sur-tout dans une réponse à Jacques de Viterbe qui l'avoit consulté sur cette matière ; car oubliant ce qu'il établit si-bien en faveur de l'intérêt compensatoire qu'il appelle *recompensationem damni*, il déclare ex pressément que le dommage qui naît d'un paiement fait avant terme n'autorise point à retenir l'escompte ou l'intérêt, par la raison, dit-il, qu'il n'y a pas d'*usure* qu'on ne pût excuser sur ce prétexte ; *nec excusatur per hoc quod solvendo ante terminum gravatur . . . . quia eâdem ratione possent usurarii excusari omnes*. Mais laissons ce grand docteur s'accorder avec lui-même & avec S. Antonin ; & voyons enfin à quoi se réduit la gratuité du prêt telle qu'elle est prescrite en général par les théologiens.

Quelqu'un, je le suppose, vous demande vingt mille francs à titre d'emprunt ; on avoue que vous n'êtes pas tenu de les prêter ; mais suivant la doctrine de l'école, supposé que vous acceptiez la proposition, vous devez prêter la somme sans en exiger d'intérêts ; car si vous vendiez, dit-on, l'usage d'une somme que vous livrez pour un temps, ce seroit de votre part un profit illicite & honteux, une *usure*, un vol, un brigandage, un meurtre, un parricide ; expressions de nos adversaires que je copie fidèlement : en un mot, vous ne pouvez recevoir aucun intérêt, quoique vous prêtiez pour un temps considérable, quand vous ne demanderiez qu'un pour cent par année. L'*usure* est, disent-ils, tout ce qui augmente le principal, *usura est omnis accessio ad sortem*. Cependant il vous reste une ressource consolante : comme vos vingt mille francs font une grande partie de votre fortune & qu'ils vous sont nécessaires pour les besoins de votre famille ; que d'un autre côté vous ne manquez pas d'occasion d'en tirer un profit légitime, & qu'enfin vous êtes toujours comme parle S. Thomas *in viâ habendi*, vous pouvez sans difficulté recevoir l'intérêt légal, non pas

encore un coup, à titre de lucre, non pas en vertu du prêt *qui doit être gratuit*, dit-on, *pour qu'il ne soit pas injuste* ; conf. p. 383. En le prenant ainsi tout seroit perdu ; Dieu seroit grièvement offensé, l'emprunteur seroit lézé, volé, massacré. Mais rappellez-vous le cas où vous êtes du lucre cessant ; & au lieu d'exiger un profit en vertu du prêt, ne l'exigez qu'à titre d'indemnité, *titulo lucri cessantis* : dès-lors tout rentre dans l'ordre, toute justice s'accomplit, & les théologiens sont satisfaits. Tant il est vrai qu'il n'y a qu'à s'entendre pour être bientôt d'accord. En effet il faudroit être bien dépravé pour se rendre coupable d'*usure* en imputant le bénéfice du prêt au prêt même, tandis qu'il est aisé par un retour d'intention, de rendre tout cela bien légitime.

Le dirai-je, sans faire tort à nos adversaires ? Je les trouve en général plus ardens pour soutenir leurs opinions, que zélés pour découvrir la vérité. Je les vois d'ailleurs toujours circonscrits dans un petit cercle d'idées & de mots ; si bien aveuglés enfin par les préjugés de l'éducation, qu'ils ne connoissent ni la nature du juste & de l'injuste, ni la destination primitive des loix, ni l'art de raisonner conséquemment. Qu'il me soit permis de leur demander si les plus grands ennemis de l'*usure* sont dans l'usage de prêter *gratis* la moitié ou les trois quarts de leur bien ; s'il est une famille dans le monde, une église, corps ou communauté, qui prête habituellement de grandes sommes, sans se ménager aucun profit ? Il n'en est point ou il n'en est guère ; *alligant onera gravia & importabilia & imponunt in humeros hominum, digito autem suo nolunt ea movere*. Matt. *xxiij*. 4. Le désintéressement n'est que pour le discours ; dès qu'il est question de la pratique, les plus zélés veulent profiter de leurs avantages. Tout le monde crie contre l'*usure*, & tout le monde est usurier : je l'ai prouvé ci-devant, & je vais le prouver encore.

On est, dit-on, coupable d'*usure* dès qu'on reçoit plus qu'on ne donne ; ce qui ne s'entend d'ordinaire que de l'argent prêté. Cependant la gratuité du prêt ne se borne pas là. Moyse dit de la part de Dieu : vous ne tirerez aucun intérêt de votre frère, soit que vous lui prêtiez de l'argent, du grain ou quelque autre chose que ce puiſſe être. *Non fœnerabis fratri tuo ad uſuram pecuniam , nec fruges nec quamlibet aliam rem.* Deut. xxiij. 19. Il s'explique encore plus poſitivement au même endroit, en diſant : vous prêterez à votre frere ce dont il aura beſoin, & cela ſans exiger d'intérêt. *Fratri tuo abſque uſura id quod indiget commodabis.* Donnez, dit le Sauveur, à celui qui vous demande, & ne rejetez point la priere de celui qui veut emprunter ; *qui petit à te dat i, & volenti mutuari ne à te avertaris.* Matt. 5. 42.

Mais ſi ces maximes ſont autant de préceptes, comme le prétendent nos adverſaires, qui d'eux & de nous n'aura pas quelque *uſure* à ſe reprocher ? qui d'entre eux n'exige pas les dîmes , les cens & rentes que leur payent des malheureux hors d'état ſouvent d'y ſatisfaire ? Qui d'entr'eux ne loue pas quelque portion de terre , quelque logement ou dépendances à de pauvres gens embarraſſés pour le paiement du loyer ? Qui d'entr'eux ne congédie pas un locataire inſolvable ? Eſt-ce là être fidele à ces grandes regles , *fratri tuo abſque uſurâ id quo indiget commodabis ; qui petit à te da ti , & volenti mutuari , à te ne avertaris.*

Qu'on ne diſe pas que je confonds ici la location avec le ſimple prêt. En effet, l'intention de Dieu qui nous eſt manifeſtée dans l'écriture, eſt que nous traitions notre prochain, ſur-tout s'il eſt dans la détreſſe , comme notre frere & notre ami , comme nous demanderions en pareil cas d'être traités nous-mêmes ; qu'ainſi nous lui prêtions *gratis* dans ſon beſoin de l'argent, du grain, des habits & toute autre choſe , *quamlibet aliam rem* du texte ſacré, par conſéquent un gite quand il ſera néceſſaire. Il eſt dit au Lévitique, xxv. 35. craignez votre Dieu , & que votre frere trouve un aſyle auprès de vous, *time Deum tuum ut vivere poſſit frater tuus apud te.* Tout cela ne comprend-il que le prêt d'argent ? & de telles regles d'une bienfaiſance générale n'embraſſent-elles point la location gratuite ? L'homme de bien pénétré de ces maximes, exigera-t-il le loyer d'un Frere qui a d'ailleurs de la peine à vivre ? Il eſt dit encore au Deutéronome , xv. 7. *Dabis ei, nec ages quidquam callidè in ejus neceſſitatibus ſublevandis ;* point de raiſons ou de prétextes à oppoſer de la part de l'homme

riche pour eſquiver l'obligation de ſecourir le malheureux ; que ce ſoit par un prêt , par une location ou par un don pur & ſimple, c'eſt tout un : *dabis ei, nec ages quidquam callidè in ejus neceſſitatibus ſublevandis.*

Votre frere a beſoin de ce morceau de terre , de ce petit jardin ; il a beſoin de cette chaumiere, ou de cette chambre que vous n'occupez pas au quatrieme ; il lui demande cela *gratis* , parce qu'il eſt dans la détreſſe & dans l'affliction , & quand vous lui en accorderez pour un temps l'uſage ou le prêt gratuit, cette petite généroſité ne vous empêchera pas de vivre à l'aiſe au moyen des reſſources que vous avez ailleurs. Cependant vous ne lui accordez pas cet uſage *abſque uſurâ* ; vous en demandez le prix ou le loyer , le cens ou la rente ; vous l'exigez même à la rigueur, & vous congédiez le malheureux, s'il manque de ſatisfaire ; peut-être vendez-vous ſes meubles ou vos vos ayans cauſe, car tout cela revient au même. Eſt-ce là traiter votre prochain comme votre frere, ou plutôt fut-il jamais d'*uſure* plus criante ? Ne trouveriez-vous pas bien dur, ſi vous étiez vous-même dans la miſere, qu'un frere dans l'aiſance & dans l'élévation oubliât pour vous les maximes de l'écriture & les ſentimens de l'humanité ? & ne ſentez-vous pas enfin que celui qui tire des intérêts modiques du négociant & de l'homme aiſé, eſt infiniment moins blâmable , moins dur , & moins uſurier que vous ?

Quoi qu'il en ſoit , nous l'avons dit ci-devant des princes légiſlateurs , nous dirons encore mieux de l'Etre ſuprême, qu'il n'a pas donné de loix aux hommes pour le plaiſir de leur commander ; il l'a fait pour les rendre plus juſtes ou , pour mieux dire , plus heureux. C'eſt ainſi qu'en défendant l'*uſure* aux Iſraélites dans les cas exprimés au texte ſacré, il viſoit ſans doute au bien de ce peuple unique qu'il protégeoit particulierement, & auquel il donna des réglemens favorables qui ne ſe ſont pas perpétués juſqu'à nous. Cependant ſi pour faire le bien de tant de peuples moins favoriſés , Dieu leur avoit interdit l'*uſure* en général, même , comme on prétend , vis-à-vis des riches , il auroit pris une mauvaiſe voie pour arriver à ſon but. il l'auroit manqué comme l'empereur Baſile, en ce qu'il auroit rendu les prêts si difficiles & si rares, que loin de diminuer nos maux, il auroit augmenté nos miseres.

Heureusement la nécessité de nos communications a maintenu l'ordre naturel & indispensable ; enforte que malgré l'opinion & le préjugé, malgré tant de barrieres opposées en divers temps au prêt lucratif, la juste balance du commerce, ou la loi constante de l'équilibre moral, s'est toujours rendue la plus forte & a toujours fait le vrai bien de la société. Elle a trouvé enfin l'heureux moyen d'éviter le blâme d'une *usure* odieuse ; & dès-là contente de l'essentiel qu'on lui accorde, je veux dire l'intérêt compensatoire, le *recompensationem damni* de S. Thomas, elle abandonne le reste aux discussions de l'école, & laisse les esprits inconséquens disputer sur des mots.

Monts de piété. Les monts de piété sont des établissemens fort communs en Italie, & qui sont faits avec l'approbation des papes, qui paroissent même autorisés par le concile de Trente, *sess. XXII.* Du reste, ce sont des caisses publiques où les pauvres & autres gens embarrassés, vont emprunter à intérêt & sur gages.

Ces monts de piété ne sont pas usuraires, dit le P. Semelier ; notez bien les raisons qu'il en donne. "Ces monts de piété, dit-il, ne sont pas usuraires, si l'on veut faire attention à toutes les *conditions* s'observent dans les sortes de prêts. „

"La *première*, qu'on n'y prête que de certaines sommes, & que pour un tems qui ne passe jamais un an, afin qu'il y ait toujours des fonds dans la caisse. La *seconde*, qu'on n'y prête que sur gages, parce que comme on n'y prête qu'à des pauvres, le fonds de ces monts de piété seroit bientôt épuisé, si l'on ne prenoit pas cette précaution. . . . La *troisieme*, que quand le temps prescrit pour le paiement de ce qu'on a emprunté est arrivé, si celui qui a emprunté ne paie pas, on vend les gages ; & de la somme qui en revient on en prend ce qui est dû au mont de piété, & le reste se rend à qui le gage appartient. La *quatrieme* condition est, qu'outre la somme principale qu'on lui prête, on avoue qu'on y paie encore une certaine somme. „ *Conf.* p. 299.

Toutes ces dispositions, comme l'on voit, portent le caractere d'une *usure* odieuse ; on ne prête, dit-on, qu'à des pauvres ; on leur prête sur gages, par conséquent sans risques. On leur prête pour un terme assez court ; & faute de paiement à l'échéance, on vend sans pitié, mais non sans perte, le gage de ces misérables : enfin l'on tire des intérêts plus ou moins forts d'une somme aliénée. Si, comme on nous l'assure, ces pratiques sont utiles & légitimes, & peut-être le sont-elles à bien des égards, l'intérêt légal que nous soutenons l'est infiniment davantage ; il l'est même d'autant plus, que la cause du pauvre y est absolument étrangere.

Notre auteur avoue qu'il se peut glisser "des abus dans les monts de piété ; mais cela n'empêche pas, dit-il, que ces monts, si on les considere dans le but de leur établissement, ne soient très-justes & exempts d'*usure*. „ Si l'on considere aussi les prêts lucratifs, dans le but d'utilité que s'y proposent tant les bailleurs que les preneurs, quelques abus qui peuvent s'y glisser n'empêcheront pas la pratique n'en soit *juste & exempte d'usure*.

Du reste, voici le principal abus qu'on appréhende pour les monts de piété, qu'on appelle aussi *Lombars.* On craint beaucoup que les usuriers n'y placent des sommes sans les aliéner ; & c'est ce que l'on empêche autant que l'on peut, en n'y recevant guere que des sommes à constitution de rente ; ce qui éloigne, dit le P. Semelier, *tous les soupçons que l'on forme contre cet établissement, de donner lieu aux usuriers de prêter à intérêt.*

Mais qu'importe au pauvre qui emprunte au mont de piété, que l'argent qu'il en tire, vienne d'un constituant, plutôt que d'un prêteur à terme. Sa condition en est-elle moins dure ? Sera-t-il moins tenu de payer un intérêt souvent plus que légal, à gens impitoyables, qui ne donneront point de repi ; qui faute de paiement vendront le gage sans quartier, & causeront tout-à-coup trente pour cent de perte à l'emprunteur ? combien d'usuriers qui sont plus traitables ! L'avantage du pauvre qui a recours au Lombars, étant d'y trouver de l'argent au moindre prix que faire se peut, au lieu d'insister dans un tel établissement pour avoir de l'argent de constitution, il seroit

plus utile pour le pauvre de n'y admettre s'il étoit possible, que des sommes
prêtées à terme, par la raison qu'un tel
argent est moins cher & plus facile à trouver. Mais, dit-on, c'est que l'un est bon
& que l'autre est mauvais, c'est que l'un
est permis, & que l'autre est défendu.
Comme si le bien & le mal en matiere de
négoce, ne dépendoit que de nos opinions,
comme si en ce genre, le plus & le moins
de *nuisance* ou d'utilité, n'étoient pas la
raison constituante, & la mesure invariable du juste & de l'injuste.

Enfin on nous dit d'après Léon X. que
si dans les monts de piété " on reçoit quel-
" que chose au-delà du principal, ce n'est
" pas en vertu du prêt, c'est pour l'entre-
" tien des officiers qui y sont employés,
" & pour les dépenses qu'on est obligé de
" faire.... Ce qui n'a, dit-on, aucune ap-
" parence de mal, & ne donne aucune oc-
" casion de péché. " *Ibid. p.* 300. D'honnêtes usuriers diront comme Léon X.
qu'ils ne prennent rien en vertu du prêt,
mais seulement pour faire subsister leur
famille au moyen d'un négoce où ils mettent leurs soins & leurs fonds ; négoce
d'ailleurs utile au public, autant ou plus
que celui des monts de piété, puisque
nos usuriers le font à des conditions
moins dures.

Mais n'allons pas plus loin sans remarquer un cercle vicieux, où tombent nos
adversaires, quand ils veulent prouver
le prétendu vice de l'*usure* légale.

Les canonistes prétendent, *avec St.*
" *Thomas, que les loix positives ne défen-*
" *dent si fortement l'*usure, *que parce*
" *qu'elle est un péché de sa nature, & par*
" *elle-même.* Conf. eccl. *p.* 477. *Dare*
pecuniam mutuo ad usuram non ideò est
peccatum quia est prohibitum, sed potius
ideò est prohibitum, quia est secundùm se
peccatum ; est enim contra justitiam na-
turalem. Thom. quest. 13. *de malo.* art.
iv. Sur cela voici la réflexion qui se présente naturellement.

L'*usure* n'étant prohibée, comme ils le
disent, que sur la supposition qu'elle est
un péché de sa nature, *quia est secundùm*
se peccatum, sur la supposition qu'elle est
contraire au droit naturel, *quia est con-*
tra justitiam naturalem ; s'il est une fois
bien prouvé que cette supposition est gratuite, qu'elle n'a pas le moindre fondement ; on ne voit s'il est démontré que

l'*usure* n'est pas injuste de sa nature, que
devient une prohibition qui ne porte que
sur une injustice imaginaire ? c'est ce que
nous allons examiner.

Le contrat usuraire, ou le prêt lucratif, n'attaque point la divinité ; les hommes l'ont imaginé pour le bien de leurs
affaires, & cette négociation n'a de rapport qu'à eux dans l'ordre de l'équité civile. Dieu ne s'y intéresse que pour y
maintenir cette équité précieuse, cette
égalité si nécessaire d'un mutuel avantage ; or je l'ai prouvé ci-devant, & je le
repete ; on trouve cette heureuse propriété dans le prêt lucratif, en ce que
d'une part le créancier ne fait à l'emprunteur que ce qu'il accepte pour lui-même ;
raison à laquelle je n'ai point encore vu
de réponse, & que de l'autre, chacun y
profite également de sa mise.

La mise de l'emprunteur est son industrie, cela n'est pas contesté ; mais une autre vérité non moins certaine, c'est que
la mise du prêteur est une industrie encore plus grande. On ne considere pas que
le sac de mille louis qu'il a livré, renferme peut-être plus de cinquante années
d'une économie industrieuse, dont cette
somme est la rare & le précieux fruit ;
somme qui fait un ensemble, une espece
d'individu dont l'emprunteur profite à
son aise & tout à la fois ; ainsi l'avantage
est visiblement de son côté, puisqu'il ne
constitue que quelques mois, ou si l'on
veut quelques années, de son travail ;
tandis que le créancier met de sa part tout
le travail d'un demi siecle. Voilà donc
de son côté une véritable mise qui légitime l'intérêt qu'on lui accorde : aussi les
parties actives & passives, les bailleurs
& les preneurs publient hautement cette
légitimité ; ils avouent de bonne foi qu'ils
ne sont point lézés dans le prêt lucratif,
que par conséquent cette négociation n'est
pas inique, vu, comme on l'a dit, qu'il
n'y a pas d'injustice où il n'y a pas de lésion dans un commerce où l'on fait aux
autres le traitement qu'on agrée pour soi-
même, dans un commerce enfin qui opere
le bien des particuliers & celui du public.

Ces raisons prises dans les grands principes de l'équité naturelle, font impression sur nos adversaires ; & ils en paroissent tellement ébranlés, qu'ils n'osent pas
les combattre de front ; cependant com-

me l'autorité entraine, que le préjugé aveugle, & qu'enfin il ne faut pas se rendre, voici comme ils tâchent d'échapper : ils prétendent donc que la bonté du prêt lucratif ne dépend pas de l'utilité qu'en peuvent tirer les parties intéressées, *parce que*, disent-ils, *dès qu'il est mauvais de sa nature, & opposé à l'équité naturelle.... il ne peut jamais devenir licite. Conf. eccl.* p. 161. conclusion qui ne seroit pas mauvaise, si elle n'étoit pas fondée sur une pétition de principe, sur une supposition dont nous démontrons la fausseté. Enfin la raison ultérieure qu'ils emploient contre l'équité de l'*usure*, raison qui complete le cercle vicieux que nous avons annoncé ; *c'est qu'elle est*, disent-ils, *condamnée par la loi de Dieu. ibid.* p. 163.

Ainsi l'*usure* n'est condamnée, dit-on d'abord, que parce qu'elle est injuste, *quia est contra justitiam naturalem* : & quand nous renversons cette injustice prétendue par des raisonnemens invincibles, on nous dit alors que l'*usure* est injuste parce qu'elle est condamnée. En bonne foi, qui se laisse diriger par de tels raisonneurs, se laisse conduire par des aveugles.

Après avoir prouvé aux théologiens qu'ils sont en contradiction avec eux-mêmes, attachons-nous à prouver la même chose à nos ministres de nos loix. On peut avancer en général que le droit civil a toujours été favorable au prêt de lucre. A l'égard de l'antiquité cela n'est pas douteux : nous voyons que chez les Grecs & chez les Romains, l'*usure* étoit permise comme tout autre négoce, & qu'elle y étoit exercée par tous les ordres de l'état : on sait encore que l'*usure* qui n'excédoit pas les bornes prescrites, n'avoit rien de plus repréhensible que le profit qui revenoit des terres ou des esclaves ; & cela non-seulement pendant les ténèbres de l'idolâtrie, mais encore dans les beaux jours du christianisme ; ensorte que les empereurs les plus sages & les plus religieux l'autorisèrent durant plusieurs siecles, sans que personne réclamât contre leurs ordonnances. Justinien se contenta de modérer les intérêts, & de douze pour cent, qui étoit le taux ordinaire, il les fixa pour les entrepreneurs des fabriques, & autres gens de commerce, à huit pour cent par année ; *jubemus illos qui ergasteriis praesunt, vel*

aliquam licitam negociationem gerunt, usque ad besse centesimae usurarum nomine in quocunque contractu suam stipulationem moderari. lib. XXVI. §. 1. vers. 1. Cod. de usuris, 4.22.

Nous sommes bien moins conséquens que les anciens sur l'article des intérêts, & notre jurisprudence a sur cela des bizarreries qui ne font guere d'honneur à un siecle de lumiere. Le droit françois, quant à l'expression, quant à la forme, semble fort contraire à l'*usure* ; quant au fond, quant à l'esprit, il lui est très-favorable. En effet, ce qui montre au mieux qu'ici la loi combat la justice ou l'utilité publique, c'est que la même autorité qui proscrit l'*usure*, est forcée ensuite de souffrir des opérations qui la font revivre. Chacun sait que les parties, au cas d'emprunt, conviennent de joindre dans un billet les intérêts & le principal, & d'en faire un total payable à telle échéance, ce qui se pratique également dans les actes privés & dans ceux qui se passent devant notaires. Tout le monde connoît un autre détour qui n'est guere plus difficile : on fait une obligation payable à volonté ; on obtient ensuite de concert, une sentence qui adjuge des intérêts au créancier, *in pœnam mora*. Ecoutons sur cela l'auteur des conférences.

" Le profit qu'on tire du prêt est une " *usure*, dit-il, parce que c'est un gain " qui en provient ; & cela est défendu " parce que le prêt doit être gratuit, pour " qu'il ne soit pas injuste. L'intérêt au " contraire est une indemnité légitime, " c'est-à-dire, un dédommagement ou " une compensation due au créancier, à " cause du préjudice qu'il souffre par la " privation de ses deniers. Tous les théo- " logiens conviennent que les intérêts " qui sont adjugés par la sentence du ju- " ge, ne sont ni des gains ni des profits " usuraires, mais des intérêts qui se font " présumés très justes & très-équitables. " *Legitimae usurae*, dit le droit. *Conf. eccl.* p. 383.

Cette distinction assez subtile, & encore plus frivole entre les profits & l'indemnité d'un prêt, est appuyée sur une décision du droit, qui nous apprend que les intérêts ne sont pas ordonnés pour le profit des créanciers, mais uniquement pour les indemniser du retardement & de la négligence des débiteurs. *Usurae non propter lucrum petentium, sed propter mo-rum solventium infiguntur*, l. XVII. §. iij. ff. *de usuris & fructibus*, I, 22. Voilà, si je ne me trompe, plutôt des mots que des observations intéressantes ; que m'importe en effet, par quel motif on m'attribue des intérêts, pourvu que je les reçoive?

Quoi qu'il en soit, tout l'avantage que trouve le débiteur dans la prohibition vague de l'*usure*, c'est qu'il la paie sous le beau titre d'*intérêt légitime* ; mais en faisant les frais nécessaires pour parvenir à la sentence qui donne à l'*usure* un nom plus honnête. Momerie qui fait dire à tant de gens enclins à la malignité, que notre judicature n'est en cela contraire à elle-même, que parce qu'elle se croit intéressée à multiplier les embarras & les frais dans le commerce des citoyens.

Nous l'avons déjà dit, le profit usuraire est pleinement autorisé dans plusieurs emprunts du roi, sur-tout dans ceux qui se font sous la forme de loteries & d'annuités ; dans plusieurs emprunts de la compagnie des Indes, & dans les escomptes qu'elle fait à présent sur le pié de cinq pour cent par année ; enfin, dans les emprunts des fermiers généraux, & dans la pratique ordinaire de la banque & du commerce. Avec de telles ressources pour l'*usure* légal, peut-on dire sérieusement qu'elle soit illicite ? je laisse aux bons esprits à décider.

Au reste, une loi générale qui autoriserait parmi nous l'intérêt courant serait le vrai moyen de diriger tant de gens peu instruits, qui ne distinguent le juste & l'injuste que par les yeux du préjugé. Cette loi les guérirait de ces mauvais scrupules qui troublent les consciences, & qui empêchent d'utiles communications entre les citoyens. J'ajoute que ce serait le meilleur moyen d'arrêter les *usures* excessives à présent inévitables. En effet, comme il n'y aurait plus de risque à prêter au taux légal, tant sur gages que sur hypothèques, l'argent circulerait infiniment davantage. Que de bras maintenant inutiles, & qui seraient pour lors employés avec fruit ? que de gens aujourd'hui dans la détresse, & à qui plus de circulation procurerait des ressources ? En un mot, on trouverait de l'argent pour un prix modique en mille circonstances, où l'on n'en trouve qu'à des conditions onéreuses ; parce que, comme dit

de Montesquieu, *le prêteur s'indemnise du péril de la contravention. Esprit des loix, deuxième partie, page 121.*

On nous épargnerait les frais qui se font en actes de notaires, contrôle, assignations & autres procédures usitées pour obtenir des intérêts ; & dès-là nos communications moins gênées deviendraient plus vives & plus fructueuses, parce qu'il s'en suivrait plus de travaux utiles. Aussi nos voisins moins capables que nous de prendre des mots pour des idées, admettent-ils l'*usure* sans difficulté, quand elle se borne au taux de la loi. La circulation des especes rendue par-là plus facile, tient l'intérêt chez eux beaucoup au-dessous du nôtre ; circonstances que l'on regarde à bon droit comme l'une des vraies causes de la supériorité qu'ils ont dans le commerce. C'est aussi l'une des sources de ces prodigieuses richesses dont le récit nous étonne, & que nous croyons à peine quand nous les voyons de nos yeux.

Ajoutons un mot ici contre une espece d'*usure* qui paroit intolérable : je veux parler du sou pour livre que la poste exige pour faire passer de l'argent d'un lieu dans un autre. Cette facilité qui serait si utile aux citoyens, qui ferait une circulation si rapide dans le royaume, devient presque de nul usage par le prix énorme de la remise, laquelle au reste peut s'opérer sans frais par la poste. Ses correspondances par-tout établies & payées pour un autre fin, ne lui sont pas onéreuses pour le service dont il s'agit. Cependant si je veux remettre cent écus, il m'en coûte quinze francs ; si je veux remettre deux mille livres, on me demande dix pistoles. En bonne foi, cela est-il proposable dans une régie qui ne coûte presque rien aux entrepreneurs ? Il serait donc bien à désirer que le ministere attentif à l'immense utilité qui reviendrait au commerce d'une correspondance si générale & si commode, obligeât ou les régisseurs ou les fermiers des postes, à faire toutes remises d'argent à des conditions favorables au public ; en un mot, qu'on fixât pour eux le droit de transport ou de banque à trois deniers par livre pour toutes les provinces de France. Il en résulterait des avantages infinis pour les sujets, & des gains prodigieux pour la ferme.

Après avoir prouvé que l'intérêt légal est conforme à l'équité naturelle, & qu'il facilite le commerce entre les citoyens, il s'agit de montrer qu'il n'est point défendu dans l'Ecriture : voyons ce que dit sur cela Moïse.

Réponse à ce qu'on allégue dans l'ancien Testament. " Si votre frere se trouve dans la détresse & dans la misere ; s'il est infirme au point de ne pouvoir travailler, & que vous l'ayez reçu comme un étranger qui n'a point d'asyle, faites ensorte qu'il trouve en vous un bienfaiteur, & qu'il puisse vivre auprès de vous. Ne le tyrannisez point, sous prétexte qu'il vous doit ; craignez d'irriter le ciel en exigeant de lui plus que vous ne lui avez donné. Soit donc que vous lui prêtiez de l'argent, des grains, ou quelque autre chose que ce puisse être, vous ne lui demanderez point d'intérêt ; & quoique vous en puissiez exiger des étrangers, vous prêterez gratuitement à votre frere ce dont il aura besoin ; le tout afin que Dieu bénisse vos entreprises & vos travaux ". *Exod. xxij.* 25. *Levit. xxv.* 35. *Deut. xxiij.* 19.

Voici comme il parle encore dans un autre endroit, *Deut. xv.* 7. " Si l'un de vos freres habitant le même lieu que vous dans la terre que Dieu vous destine, vient à tomber dans l'indigence, vous n'endurcirez point votre cœur sur sa misere, mais vous lui tendrez une main secourable, & vous lui prêterez selon que vous verrez qu'il aura besoin. Eloignez de vous toutes réflexions intéressées, & que l'approche de l'année favorable qui doit remettre les dettes ne vous empêche point de secourir votre frere & de lui prêter ce qu'il vous demande, de peur qu'il ne réclame le Seigneur contre vous, & que votre dureté ne devienne criminelle. Vous ne vous dispenserez donc point de le soulager sur de mauvais prétextes ; mais vous répandrez sur lui vos bienfaits, pour attirer sur vous les bénédictions du ciel ".

Il est évident que ces passages nous présentent une suite de préceptes très-propres à maintenir le commerce d'union & de bienfaisance qui doit régner dans une grande famille, telle qu'étoit le peuple hébreu. Rien de plus raisonnable & de plus juste, sur-tout dans les circonstances où Dieu les donna. Il venoit

de signaler sa puissance pour tirer d'oppression les descendans de Jacob ; il leur destinoit une contrée délicieuse, & il vouloit qu'ils y vécussent comme de véritables freres, partageant entr'eux ce beau patrimoine sans pouvoir l'aliéner, se remettant tous les sept ans leurs dettes respectives ; enfin, s'aidant les uns les autres au point qu'il n'y eût jamais de misérables parmi eux. C'est à ce but sublime que tend toute la législation divine ; & c'est dans la même vue que Dieu leur prescrit le prêt de bienveillance & de générosité.

Dans cette heureuse théocratie, qui n'eût vu avec indignation des citoyens exiger l'intérêt de quelques mesures de bled, ou de quelque argent prêté au besoin à un parent, à un voisin, à un ami ? car telles étoient les liaisons intimes qui unissoient tous les Hébreux. Ils ne formoient dans le sens propre qu'une grande famille ; & ce sont les rapports sous lesquels l'Ecriture nous les présente, *amico, proximo, fratre.* Mais que penser des Hébreux aisés, si dans ces conjonctures touchantes que nous décrit Moïse, ils se fussent attachés à dévorer la substance des malheureux, en exprimant de leur misere sous le voile du prêt un intérêt alors détestable ?

L'intérêt que nous admettons est bien différent ; il suppose un prêt considérable fait à des gens à l'aise, moins par des vues de bienfaisance, que pour se procurer des avantages réciproques ; au lieu que les passages allégués nous annoncent des parens, des voisins, des amis, réduits à des extrémités où tout homme est obligé de secourir son semblable ; extrémités au reste qui n'exigent pas qu'on leur livre de grandes sommes. Tout ceci est étranger aux contrats ordinaires de la société, où il ne s'agit ni de ces secours modiques & passagers dont on gratifie quelques misérables, ni de ces traits de générosité qu'on doit toujours, & qu'on n'accorde que trop rarement à ses amis. Il s'agit seulement d'un négoce national entre gens aisés qui subsistent les uns & les autres, soit de leur industrie, soit de leurs fonds ; gens enfin dont il est juste que les négociations soient utiles à toutes les parties ; sans quoi tous les ressorts de la société resteroient sans action.

De plus, il faut obferver ici une différence effentielle entre les Juifs & nous ;
ce peuple d'agriculteurs fans fafte &
fans molleffe, prefque fans commerce &
fans procès, n'étoit pas comme nous dans
l'ufage indifpenfable des emprunts. A
quoi les Hébreux auroient-ils employé de
grandes fommes? à l'acquifition des feigneuries & des fiefs? cela n'étoit pas poffible. Toutes les terres exemptes de
vaffalité ; toutes en quelque forte inalié-
nables, ne fe pouvoient acquérir qu'à la
charge de les rendre aux anciens propriétaires dans l'année de réjouiffance ou de
jubilé, qui revenoit tous les cinquante
ans. Ils ne pouvoient pas acquérir non
plus des offices ou des charges, à peine
les connoiffoit-on parmi eux ; & le peu
qu'ils en avoient n'étoit pas dans le cas
de la vénalité. Ils ne connoiffoient pas
de même ni les parties de la finance, ni la
fourniture des colonies, ni tant d'autres
entreprifes qui font ordinaires parmi
nous. On n'armoit chez eux ni pour la
courfe, ni pour le commerce. J'ajoute
qu'on pouvoit être libertin & petit-maître à peu de frais : il n'y avoit là ni jeu ni
fpectacles ; ils fe procuroient fans peine
de jolies efclaves, plutôt fervantes que
maitreffes, & ils en ufoient librement
fans éclat & fans fcandale. Il ne falloit
pour cela ni déranger fa fortune, ni s'a-
bîmer par les emprunts.

D'ailleurs, excepté leur capitale que
la magnificence de fon temple & les pélé-
rinages prefcrits par la loi rendirent très-
célebre & très-peuplée, on ne voyoit
chez eux aucune ville confidérable, aucune place renommée par fes manufactures, en un mot, excepté Jérufalem, ils
n'avoient guere que des bourgades. Il faut
donc confidérer les anciens Juifs comme
de médiocres bourgeois, qui tous, ou
prefque tous, cultivoient un bien de
campagne fubftitué de droit en chaque
famille, qui fixés par-là dans une heureufe médiocrité, fe trouvoient également éloignés de l'opulence & de la mifere, & qui n'avoient par conféquent ni
l'occafion, ni le befoin de folliciter des
emprunts confidérables.

Une autre obfervation du même gen-
re, c'eft que vu l'égalité qui régnoit entre
les Ifraélites, ils n'avoient proprement
ni rang ni dignité à foutenir; ils n'avoient
ni éducation frivole & difpendieufe à

donner à leurs enfans, ni emplois civils
ou militaires à leur procurer ; outre qu'a-
vec des mœurs plus fimples, ils avoient
moins de ferviteurs inutiles, & qu'employant leurs efclaves aux travaux pénibles, ils fe chargeoient le plus fouvent
des foins du ménage. Sans parler de Sara
qui, avec des centaines de ferviteurs,
cuifoit elle-même des pains fous la cendre, Gen. xviij. 6. Sans parler de Ré-
becca qui, bien que fille de riche maifon,
& d'ailleurs pleine d'agrément, alloit
néanmoins à l'eau elle-même affez loin
de la ville, ibid. xxiv. 16. Nous voyons
dans des temps poftérieurs, Abfalon, fils
d'un grand roi, veiller lui-même aux
tondailles de fes brebis, l. II. Rois xiij.
24. Nous voyons Thamar, fa fœur, foi-
gner fon Frere Amnon qui fe difoit malade, & lui faire à manger, ibid. Nous
voyons encore Marthe, au temps de Jéfus-Chrift, s'occuper des foins de la cuifine, Luc. x. 40.

Cette fimplicité de mœurs, fi oppofée à
notre fafte, rendoient conftamment les
emprunts fort peu néceffaires aux Ifraélites : cependant l'ufage des prêts n'étoit
pas inconnu chez eux : un pere dont les
ancêtres s'étoient beaucoup multipliés,
& qui n'avoit dès-lors qu'un domaine à
peine fuffifant pour nourrir fa famille,
fe trouvoit obligé, foit dans une mauvaife année, foit après des maladies &
des pertes, de recourir à des voifins plus
à l'aife, & de leur demander quelque
avance d'argent ou de grains, ou pour
lors ces foibles emprunts, commandés
par la néceffité, devenoient indifpenfa-
bles entre gens égaux, le plus fouvent
parens & amis. Au lieu que nous qui
connoiffons à peine l'amitié, nous, infiniment éloignés de cette égalité précieu-
fe qui rend les devoirs de l'humanité fi
chers & fi preffans, nous, efclaves de la
coutume & de l'opinion, fujets par conféquent à mille néceffités arbitraires, nous
empruntons communément de grandes
fommes, & d'ordinaire par des motifs de
cupidité encore plus que pour de vrais
befoins.

Il fuit de fes différences, que la pratique du prêt gratuit étoit d'une obligation
plus étroite pour les Hébreux que pour
nous ; & l'on peut ajouter que vu l'influence de la légiflation fur les mœurs,
cette pratique leur étoit auffi plus natu-

relle & plus facile, d'autant que leurs
loix & leur police entretenoient parmi
eux certain esprit d'union & de fraternité
qu'on n'a point vu chez les autres peuples. Ces loix en effet, respiroient plus
la douceur & l'égalité qui doivent régner
dans une grande famille, que l'air de domination & de supériorité qui paroît nécessaire dans un grand état.

Nous l'avons déja vu, les acquéreurs
des fonds étoient tenus à chaque jubilé,
de les remettre aux anciens possesseurs.
*Anno jubilæi redient omnes ad possessiones
suas, Lev. xxv. 13.* De même tous les
sept ans un débiteur, en vertu de la loi,
se trouvoit libéré de ses dettes; *septimo
anno facies remissionem .... cui debetur
aliquid ab amico vel proximo ac fratre suo
repetere non poterit, quia annus remissio-
nis est Domini: Deut. xv. 2.* D'un autre
côté lorsqu'un Israelite avoit été vendu à
un compatriote, dès qu'il avoit servi six
années plutôt comme *mercénaire* que comme *esclave*, il sortoit à la septieme & devenoit libre comme auparavant: on ne
devoit pas même le renvoyer les mains
vuides, & lui accorder quelque secours & quelque protection pour l'avenir:
*si paupertate compulsus vendiderit se tibi
frater tuus, non eum opprimes servitute
famulorum, sed quasi mercenarius & colo-
nius erit: Lev. xxv. 39. Cum tibi venditus
fuerit frater tuus hebræus aut hebræa, &
sex annis servierit tibi, in septimo anno
dimittes eum liberum, & quem libertate
donaveris, nequaquam vacuum abire pa-
tieris, sed dabis viaticum, &c. Deut. xv.
12. 13. 14.*

Ces pratiques & autres de même nature que la loi prescrivoit aux Israélites,
montrent bien l'esprit de fraternité que
Dieu, par une sorte de prédilection, vouloit entretenir parmi eux; je dis une sorte de prédilection, car enfin ces dispositions si pleines d'humanité, si dignes du
gouvernement théocratique, ne furent
jamais d'usage parmi les chrétiens; le
Sauveur ne vint pas sur la terre pour
changer les loix civiles, ou pour nous
procurer des avantages temporels; il déclara au contraire que son regne n'étoit
pas de ce monde, il se défendit même de
régler les affaires d'intérêt, *quis me consti-
tuit judicem aut divisorem super vos.
Luc xx. 14.* Aussi en qualité de chrétiens
nous ne sommes quittes de nos dettes

qu'après y avoir satisfait. Le bénéfice du
temps ne nous rend point les fonds que
nous avons aliénés; nous naissons presque tous vassaux, sans avoir pour la plupart où reposer la tête en naissant; & les
esclaves enfin qu'on voit à l'Amérique,
bien que nos freres en Jésus-Christ, ne
sont pas traités de nos jours sur le pié de
simples mercénaires.

Ces prodigieuses différences entre les
Juifs & les autres peuples, suffisent pour
répondre à la difficulté que fait S. Thomas, lorsqu'il oppose que l'*usure* ayant
été prohibée entre les Hébreux, considérés comme freres, elle doit pour la même raison l'être également parmi nous.
En effet, les circonstances sont si différentes, que ce qui étoit chez eux facile & raisonnable, n'est moralement parlant ni juste, ni possible parmi les nations
modernes. Joignez à cela que le précepte
du prêt gratuit subsiste pour les chrétiens
comme pour les Israelites, dès qu'il s'a-
git de soulager les malheureux.

Quoi qu'il en soit, tandis que Dieu
condamnoit l'*usure* à l'égard des membres
de son peuple, nous voyons
qu'il l'autoriloit avec les étrangers, par
la permission expresse de la loi, *fenerabis
alieno, Deut. xxiij. 19. fenerabis gentibus
multis, xv. ib.* Or peut-on dire sans blas-
phême que le souverain législateur eût
permis une pratique qui eût été condamnée par la loi de nature? n'a-t-il pas toujours reprouvé l'adultere, la calomnie,
&c? Concluons donc dès-là l'*usure* ne peut
être regardée comme proscrite par le droit
naturel.

Allons plus loin, & disons que cette
usure recommandée aux Hébreux, soit
un précepte d'économie nationale, une
équitable compensation que Dieu leur
indiquoit pour prévenir les pertes qu'ils
auroient essuyées en commerçant avec
des peuples qui vivoient au milieu d'eux:
advena qui tecum versatur in terra; mais
qui élevés dans la pratique de l'*usure*, &
attentifs à l'exiger, auroient rendu leur
commerce trop désavantageux aux Juifs
s'ils n'avoient eu droit de leur côté d'exiger les mêmes intérêts de ces peuples.
En un mot les Israelites tiroient des profits usuraires de tous les étrangers, par
la même raison qu'ils les poursuivoient
en tout temps pour les sommes que ceux-
ci leur devoient; faculté que l'année du

batique reſtreignoit à l'égard'ſile leurs con-
tstoreus: *qui debetur aliquid ab amico vel*
proximo ac fratre ſuo , repetere non pote-
ris , quia annus remiſſionis eſt domini , a
peregrino & adverſo exiges, Deut. xv. 23.

La liberté qu'avoient les Iſraëlites
d'exiger l'*uſure* de l'étranger, étoit donc
de la même nature que la liberté de le
pourſuivre en juſtice toutes les fois qu'il
manquoit à payer ; l'une n'étoit pas plus
criminelle que l'autre, & bien qu'en pluſieurs cas ces deux procédés leur fuſſent
défendus entr'eux, par une diſpoſition de
fraternité qui n'a point eu lieu pour les
chrétiens, non plus que le partage des
terres , & autres bons reglemens qui nous
manquent ; il demeure toujours conſtant
que le prêt de lucre étoit permis aux
Juifs à l'égard des étrangers, comme pratique équitable & néceſſaire au ſoutien
de leur commerce.

J'ajoute enfin qu'on ne ſauroit admettre le ſentiment de nos adverſaires, ſans
donner un ſens abſurde à pluſieurs paſſages de l'écriture. Prenons celui-ci entr'-
autres: *non fenerabis fratri tuo ... ſed*
alieno. Ces paroles ſignifieront exactement, vous ne prêterez point aux Iſrae-
lites vos concitoyens & vos freres, ce ſeroit un procédé inique & barbare que je
vous défends ; néanmoins ce procédé tout
inique & tout barbare qu'il eſt , je vous
le permets vis-à-vis des étrangers, de
qui vous pouvez exiger des intérêts
odieux & injuſtes. Il eſt bien conſtant
que ce n'étoit point là l'intention du
Dieu d'Iſraël. En permettant l'*uſure* à
l'égard des étrangers, il la conſidéroit
tout au plus comme une pratique moins
favorable que le prêt d'amitié qu'il établit entre les Hébreux: mais non comme une pratique injuſte & barbare. C'eſt
ainſi que Dieu ordonnant l'abolition des
dettes parmi ſon peuple, ſans étendre la
même faveur aux étrangers, ne fit pour
ces derniers en cela rien d'inique ou de
ruineux ; il les laiſſa ſimplement dans
l'ordre de la police ordinaire.

Du reſte on ne ſauroit l'entendre d'une
autre maniere ſans mettre Dieu en contradiction avec lui-même. Le Seigneur ,
dit le texte ſacré, chérit les étrangers, il
leur fournit la nourriture & le vêtement,
il ordonne même a ſon peuple de les aimer & de ne leur cauſer aucun chagrin :
amat peregrinum & dat si victum atque

veſtitum , & vos ergo amate peregrinos ,
quia & ipſi fuiſtis advenæ: Deut. x.18.
advenam non cortriſtabis : Exod.xxij.21.
peregrino moleſtus non eris : Exod.xxiij.9.
Cela poſé, s'il faut regarder avec nos adverſaires les *uſures* que la loi permettoit
vis-à-vis des étrangers, comme des pratiques odieuſes, injuſtes, barbares , meur-
trieres, il faudra convenir en même tems
qu'en cela Dieu ſervoit bien mal ſes protégés : mais ne s'apperçoit-on pas enfin
que toutes ces injuſtices, ces prétendues
barbaries, ne ſont que des imaginations
& des fantômes de gens livrés dès l'enfance à des traditions reçues ſans examen, & qui en conſéquence de leurs préjugés voient ſeuls enſuite dans l'*uſure*
legale , des horreurs & des iniquités que
n'y voient point une infinité de gens
pleins d'honneur & de lumieres, qui prêtent & qui empruntent au grand bien de
la ſociété ; que ne voient pas davantage
ceux qui ſont à la tête du gouvernement,
& qui l'admettent tous les jours dans des
opérations publiques & connues ; horreurs & iniquités enfin que Dieu ne voit
pas lui- même dans le contrat uſuraire.
puiſqu'il l'autoriſe à l'égard des peuples
étrangers , peuple néanmoins qu'il aime,
& auxquels il ne veut pas qu'on faſſe la
moindre peine ? *ama peregrinum .... pe-*
regrino moleſtus non eris , advenam non
contriſtabis.

Quelques-uns ont prétendu que le *fe-*
nerabis gentibus multis, Deut. xxviij. 12.
n'annonçoit pas un commerce uſuraire,
& qu'il falloit l'entendre des prêts d'amitié que les Juifs pouvoient faire à des
étrangers. Mais c'eſt une prétention formée au hazard , ſans preuve & ſans fon-
dement.Nous prouvons au contraire qu'il
eſt ici queſtion des prêts lucratifs,puiſque
Dieu les annonce à ſon peuple comme des
récompenſes de ſa fidélité,puiſqu'ils ſe devoient faire à des nations qui étoient
conſtamment les mêmes que celles du *fe-*
*nerabis alieno,*nations d'ailleurs qui comme étrangeres aux Iſraélites, leur étoient
toujours odieuſes.

Si vous êtes dociles à la voix du Seigneur votre Dieu, & que vous obſerviez
ſes commandemens , dit Moyſe , il vous
élevera au deſſus de tous les peuples qui
ſont au milieu de vous ; il vous comblera
de ſes bénédictions , il vous mettra dans
l'abondance au point que vous prêterez

aux étrangers avec beaucoup d'avantage, sans que vous soyez réduits à rien emprunter d'eux. Si au contraire vous êtes sourds à la voix du Seigneur, toutes les malédictions du ciel tomberont sur vos têtes ; les étrangers habitués dans le pays que Dieu vous a donné, s'éleveront au dessus de vous, & devenus plus riches & plus puissans, bien loin de vous emprunter, ils vous prêteront eux-mêmes, & profiteront de votre abaissement & de vos pertes. *Deut. xxviij*, 1. 11. 12. 15. 43. 44.

De bonne foi tous ces prêts & emprunts que Moyse annonçoit d'avance, pouvoient-ils être autre chose que des opérations de commerce, où l'on devoit stipuler des intérêts au profit du créancier ; sur-tout entre des peuples qui différoient d'origine, de mœurs, & de religion ? peuples jaloux & ennemis secrets les uns des autres ; & cela dans un tems où l'*usure* étoit universellement autorisée, ou elle étoit exigée avec une extrême rigueur, jusqu'à vendre les citoyens pour y satisfaire, comme nous le verrons dans la suite. En un mot, des peuples si discordans ne se faisoient-ils que des prêts d'amitié ? D'ailleurs supposé ces prêts absolument gratuits, les auroit-on présentés à ceux qui devoient les faire comme des avantages & des récompenses ? les auroit-on présentés à ceux qui devoient les recevoir comme des punitions & des désastres ! Peut-on s'imaginer enfin que pour rendre des hommes charnels & toujours intéressés, vraiment dociles à la voix du Seigneur, Moyse leur eût proposé comme une recompense, l'avantage risible de prêter sans intérêt, à des étrangers odieux & détestés.

Je conclus donc que le *fenerabis gentibus multis*, de même que le *fenerabis alieno*, établissent la justice de l'*usure* légale, quand elle se pratique entre gens accommodés, & que cette *usure* enfin loin d'être mauvaise de sa nature, loin de soulever des débiteurs contre leurs créanciers, paroîtra toujours aux gens instruits, non moins juste qu'avantageuse au public, & sur-tout aux emprunteurs, dont plusieurs languiroient sans cette ressource, dans une inaction également stérile & dangereuse.

Réponse à ce qu'on allégue du nouveau Testament. Nous examinerons bientôt les

passages des prophetes & des saints peres, mais voyons auparavant ceux de l'Evangile ; & pour mieux juger, considérons les rapports qu'ils ont avec ce qui précede & ce qui suit.

"Bénissez ceux qui vous donnent des » malédictions, & priez pour ceux qui » vous calomnient. Si l'on vous frappe » sur une joue, présentez encore l'autre, » & si quelqu'un vous enleve votre man- » teau, laissez-lui prendre aussi votre ro- » be. Donnez à tous ceux qui vous de- » mandent, & ne redemandez point vo- » tre bien à celui qui vous l'enleve ; » traitez les hommes comme vous souhai- » tez qu'ils vous traitent. Si vous n'aimez » que ceux qui vous aiment ; si vous ne » faites du bien qu'à ceux qui vous en » font, quelle récompense en pouvez- » vous attendre ? les publicains, les pé- » cheurs en font autant. Si vous ne prê- » tez qu'à ceux de qui vous espérez le mê- » me service, n'y a-t-il pas à cela grand mé- » rite; les pécheurs même prêtent à leurs » amis dans l'espérance du retour. *Pour* » *moi je vous dis, aimez vos ennemis au* » *point de leur faire du bien, & de leur* » *prêter, quoique vous ne puissez pas comp-* » *ter sur leur gratitude ; vous deviendrez* » *par-là les imitateurs & les enfans du* » *très-Haut qui n'exclut de ses faveurs ni* » *les méchans ni les ingrats. Soyez donc* » *ainsi que votre pere céleste, compatissans* » *pour les malheureux. Luc, vj.* 28. *&c.* » Et travaillez à devenir parfaits comme » lui. *Matth. v.* 48.

Qui ne voit dans tout cela un encouragement à la perfection évangélique, à la douceur, à la patience, à une bienfaisance générale semblable à celle du pere céleste, *estote ergo vos perfecti*, mais perfection à laquelle le commun des hommes ne sauroit atteindre ? Ce que nous dit ici Jésus-Christ sur le prêt désintéressé, ne differe point des autres maximes qu'il annonce au même endroit, lorsqu'il nous recommande de ne point répéter, le bien qu'on nous enleve, de laisser prendre également la robe & le manteau, de donner à tous ceux qui nous demandent, de présenter la joue à celui qui nous donne un soufflet, *&c.* toutes propositions qui tendent à la perfection chrétienne, & qui s'accordent parfaitement avec celle qui nous crie, aimez vos ennemis au point de les obliger & de leur prêter, quoique vous ne puissiez pas compter sur leur gratitude.

Observons au reste sur cette derniere proposition qu'elle renferme plusieurs idées qu'il faut bien distinguer. Je dis donc qu'on ne doit regarder comme précepte l'amour des ennemis restraint à une bienveillance affectueuse & sincere, mais que cette heureuse disposition pour des ennemis, n'oblige pas un chrétien à leur donner ou leur prêter de grandes sommes sans discernement, & sans égard à la justice qu'il doit à soi-même & aux siens. En un mot ce sont ici des propositions qui ne sont que de conseil, & nullement obligatoires ; autrement, si c'est un devoir d'imiter le pere céleste,en répandant nos bienfaits sur tout le monde , sans exclure les méchans ni les ingrats , en prêtant à quiconque se présente , même à des libertins & à des fourbes, comme on peut l'induire d'un passage de saint Jérôme , *præcipiute domino , feneramini bis à quibus non speratis recipere ; in caput xviij.* Ezech. S'il faut donner à tous ceux qui nous demandent , s'il ne faut pas répéter le bien qu'on nous enleve , *omni potenti retribue, & qui aufert quæ tua sunt ne repetas,* Luc. *vj.* 30. il s'ensuit qu'on ne peut rien refuser à personne, qu'on ne doit pas même poursuivre en justice le loyer de sa terre ou de sa maison ; que le titulaire d'un bénéfice n'en peut retenir que la portion congrue , & que sauf l'étroit nécessaire, chacun doit remplir *gratis* les fonctions de son état. Mais on sent que c'est trop exiger de la foiblesse humaine , que ce seroit livrer les bons à la dureté des méchans ; & ces conséquences le plus souvent impraticables , montrent bien que ces maximes ne doivent pas être mises au rang des préceptes.

Aussi, loin de commander dans ces passages , notre divin législateur se borne-t-il à nous exhorter au détachement le plus entier , à une bienfaisance illimitée ; & c'est dans ce sens que répondant au jeune homme qui vouloit s'instruire des voies du salut, voulez-vous, lui dit-il, obtenir la vie éternelle? soyez fidele à garder les commandemens. Mais pesons bien ce qui suit ; si vous voulez être parfait, vendez le bien que vous avez, distribuez-le aux pauvres , & vous aurez un trésor dans le ciel. *Si vis ad vitam ingredi ,serva mandata...Si vis perfectus esse,vade,vende quæ*

habes & da pauperibus, &c. *Matth. xix.* 17. Paroles qui démontrent qu'il n'y a point ici de précepte , mais seulement un conseil pour celui qui tend à la perfection , *si vis perfectus esse* ; conseil même dont la pratique ne pourroit s'étendre , sans abolir l'intérêt particulier , & sans ruiner les ressorts de la société : car enfin , s'il étoit possible que chacun se dépouillât de son bien , quel seroit le dernier cessionnaire ; & ce qui est encore plus embarrassant, qui voudroit se charger des travaux pénibles ? De tels conseils ne sont bons que pour quelques personnes isolées qui peuvent édifier le monde par de grands exemples ; mais ils sont impraticables pour le commun des hommes , parce que souvent leur état ne leur permet pas d'aspirer à ce genre de perfection. Si , par exemple , un pere sacrifioit ainsi les intérêts de sa famille, il seroit blâmé par tous les gens sages , & peut-être même repris par le magistrat.

Quand Jésus-Christ fit l'énumération des préceptes au jeune homme dont nous venons de parler, il ne lui dit pas un mot de l'*usure.* Il n'en dit rien non plus dans une autre occasion où il étoit naturel de s'en expliquer. s'il l'avoit jugée criminelle ; c'est lorsqu'il exposa l'excellence de sa morale, & qu'il en développa toute l'étendue en ces termes ; *Matth. v.* 33. *&c.* Il a été dit aux anciens , vous ne ferez point de faux serment ; & moi je vous dis de ne point jurer du tout. Il a été dit, vous pourrez exiger œil pour œil , dent pour dent ; & moi je vous dis de présenter la joue à celui qui vous donne un soufflet. Il a été dit , vous aimerez votre prochain , mais vous pourrez haïr votre ennemi, *odio habebis inimicum,* ibid. 43. & moi je vous dis,aimez vos ennemis,faites du bien à ceux qui vous haïssent. C'étoit ici le lieu d'ajouter : Il a été dit, vous pourrez prêter à *usure* aux étrangers , *fenerabis alieno ;* & moi je vous dis de leur prêter sans intérêt ; mais il n'a rien prescrit de semblable.

Au surplus rappellons les passages qu'on nous oppose, & comparons-les ensemble pour en mieux saisir les rapports. Voici sur cela une observation intéressante.

Les actes de bienveillance & d'amitié dont parle Jésus-Christ en S. Matthieu , & qui consistent à aimer ceux qui nous

aiment, à traiter nos freres avec honnê-
tete , *fi diligitis eos qui vos diligunt , fi fa-
lutaveritis fratres* , *v.* 46. 47. De même
les repas que fe donnent les gens aifés,
cum facis prandium aut cænam, Luc. *xiv.*
12. Nous pouvons ajouter d'après Jéfus-
Chrift, les prêts ufités entre les pêcheurs,
peccatores peccatoribus fenerantur , Luc.
vj. 34. Tous ces actes opérés par le motif
du plaifir ou de l'intérêt font inutiles
pour le falut ; on le fait, *quam mercedem
habebitis.* Cependant, quoique ftériles,
quoique éloignés de la perfection , ils ne
font pas pour cela réprehenfibles. En effet feroit-ce un mal d'aimer & d'obliger
ceux qui nous aiment , de les recevoir à
notre table , de les traiter avec les égards
de la politeffe & de l'amitié , de leur prêter aux conditions honnêtes auxquelles
ils nous prêtent eux-mêmes , l'Evangile
nous déclare feulement qu'il n'y a rien là
de méritoire, puifque les publicains & les
pêcheurs en font autant?

C'eſt donc uniquement comme acte indifférent au falut , que Jéfus-Chrift nous
annonce le prêt des pêcheurs , lorfqu'il
nous affure que ce n'eſt pas un grand mérite de prêter à des gens avec qui nous efpérons trouver quelque avantage ; *fi mutuum dederitis his à quibus fperatis recipere, quæ gratia eſt vobis ? nam peccatores
peccatoribus fenerantur ut recipiant æqualia.* Luc, *vj.* 34. Mais je le répete, cet acte
n'eſt pas criminel , non plus que les bons
offices rendus à des amis, à des proches, ou
les repas auxquels nous les invitons. Tous
ces actes ne font point condamnés par le
Sauveur ; il les déclare feulement infructueux pour la vie éternelle , *quæ gratia
eſt vobis ?*

. Et qu'on ne dife pas comme quelques-
uns, entr'autres le forbonifte Gaitte, que
le prêt des pêcheurs non - réprouvés de
Jéfus-Chrift, étoit un prêt de bienveillance où le créancier ne retiroit que fa mife.
Il fe fonde mal-à-propos fur ces paroles
du texte, *peccatores peccatoribus fenerantur ut recipiant æqualia* ; *fenerantur*, dit
le forbonifte , *id eſt , mutuum dant , non
vero fenori dant ; qui enim fenori dat, non
æqualia dat is, fed inæqualia recipit , quia
plus recipit quam dederit. De ufurâ , page*
345. Il eſt vifible que notre docteur a fort
mal pris le fens de ces trois mots , *ut recipiant æqualia.* En effet , s'il falloit les entendre au fens que les pêcheurs ne vi-

foient en prêtant qu'à retirer leurs fonds
ou une fomme égale à celle qu'ils a-
voient livrée , *ut recipiant æqualia* ; que
faifoient donc en pareil cas les gens-ver-
tueux ?

Ne voit-on pas que les pêcheurs & les
publicains ne pouvoient fe borner ici à
tirer fimplement leur capital, & qu'il falloit quelque chofe de plus pour leur cupidité ? Sans cela, quel avantage y avoit-
il pour de telles gens , & fur quoi pouvoit être fondé le *fperatis recipere* de l'E-
vangile ? Plaifante raifon de prêter pour
des gens intéreffés & accontumés au gain,
que la fimple efpérance de ne pas perdre
le fonds ! Où l'on prête dans la vue de
profiter , ou dans la vue de rendre fervice , & fouvent on a tout-à-la-fois ce
double objet , comme l'avoient fans doute les pêcheurs dont nous parlons ; mais
on n'a jamais prêté uniquement pour retirer fon capital ; feroit-ce la peine de
courir des rifques ? Il faut fuppofer pour
le moins aux pêcheurs de l'Evangile l'envie d'obliger des amis, & de fe ménager
des reffources à eux-mêmes ; auffi eſt-ce
le vrai, l'unique fens d'*ut recipiant æqualia* ; expreffion du refte qui n'annonce ni
le lucre, ni la gratuité du prêt, n'étant ici
queftion que du bienfait qui lui eſt inhérent , quand il s'effectue à des conditions raifonnables.

Ces paroles du texte facré, *peccatores
peccatoribus fenerantur ut recipiant æqualia*, fignifient donc que les gens les plus
intéreffés prêtent à leurs femblables, parce qu'ils en attendent le même fervice
dans l'occafion. Mais cette vue de fe préparer des reffources pour l'avenir n'exclut point de modiques intérêts qu'on
peut envifager en prêtant , même à ce
qu'on appelle des *connoiffances* ou des
amis. C'eſt ainfi que nos négocians & nos
publicains modernes favent maintenir
leurs liaifons de commerce & d'amitié ,
fans renoncer entr'eux à la pratique de
l'intérêt légal. Il faut donc admettre du
lucre dans les prêts dont parle Jéfus-
Chrift , & qu'il dit inutiles pour le falut,
mais qu'il ne réprouve en aucune manière, comme il n'a point réprouvé tant de
contrats civils qui n'ont pas de motifs
plus relevés que les bons offices, les repas
& les prêts ufités entre les pêcheurs. Il
faut conclure que ce font ici de ces act s
qui ne font ni méritoires, ni puniffable e
　　　　　　　　　　　　　　　　　dans

dans l'autre vie ; tels. que font encore les prieres, les jeûnes & les aumônes des hypocrites, qui ne cherchant dans le bien qu'ils operent que l'eftime & l'approbation des hommes, ne méritent à cet égard auprès de Dieu ni punition, ni récompenfe, *receperunt mercedem fuam*, Matth. vj. 1. 2. 5. 16.

Une autre raifon qni prouve également que le prêt des pécheurs étoit lucratif pour le créancier ; c'eft que s'il avoit été purement gratuit, dès-là il auroit mérité des éloges. Cette gratuité une fois fuppofée auroit mis Jéfus-Chrift en contradiction avec lui-même, & il n'auroit pû dire d'un tel prêt, *quæ gratia eft vobis ?* Elle l'auroit mis auffi en contradiction avec Moyfe, puifque ces prêteurs fuppofés fi bienfaifans auroient pu lui dire : « Seigneur, nous prêtons gratuitement à nos compatriotes, & parlà nous renonçons à des profits que nous pourrions faire avec les étrangers. » Moyfe, en nous prefcrivant cette généroſité pour nos freres, nous en promet la récompenfe de la part de Dieu, *fratri tuo abfque ufura ... commodabis ut benedicat tibi Dominus.* Cependant, Seigneur, vous nous déclarez qu'en cela nous n'avons point de mérite, *quæ gratia eft vobis.* Comment fauver ces contrariétés ?

Il eft donc certain que les pécheurs de l'Evangile vifoient tout-à-la-fois en prêtant, à obliger leurs amis & à profiter eux-mêmes ; que par conféquent ils perçoivent l'*ufure* de tout tems admife entre les gens d'affaires, fanf à la payer également quand ils avoient recours à l'emprunt. Or le Sauveur déclarant cette négociation fimplement ftérile pour le ciel, fans cependant la condamner ; la même négoce, ufité aujourd'hui comme alors entre commerçans & autres gens à l'aife, doit être fenfé infructueux pour le falut, mais néanmoins exempt de toute iniquité.

Expliquons à préfent ces paroles de Jéfus-Chrift, Luc, vj. *diligite inimicos veftros, benefacite & mutuum date nihil inde fperantes.* Paffage qu'on nous oppofe & qu'on entend mal ; paffage, au refte, qui fe trouve altéré dans la vulgate, & qui eft fort différent dans les trois verfions perfane, arabe & fyriaque, fuivant lefquelles on doit lire : *Diligite inimicos veftros, benefacite & mutuum date,*

nullum defperantis ; nullum defperare facientes.

Le traducteur de la vulgate ayant travaillé fur le grec qui porte, δανιϟετε μηδὲν απελπιζοντες a été induit en erreur ; en voici l'occafion. Anciennement μηδὲν s'écrivoit avec apoftrophe pour l'accufatif mafculin, μηδένα, *nullum*, afin d'éviter la rencontre des deux *a*, qui auroient choqué l'oreille dans μηδένα απελπιζοντις, *nullum defperantes.* Ce traducteur, qui apparemment n'avoit pas l'apoftrophe dans fon exemplaire, ou qui peut-être n'y a pas fait attention, a pris μηδὲν au neutre, & l'a rendu par *nihil*, deforte que pour s'ajufter & faire un fens, il a traduit non pas *nihil defperantes* comme il auroit dû en rigueur, mais *nihil inde fperantes.* En quoi il x changé l'acception conftante du verbe απελπιζω, qui, dans tous les auteurs, tant facrés que profanes, fignifie *défefpérer, mettre au défefpoir.* Cette obfervation fe voit plus au long dans le *traité des prêts de commerce*, p. 106. Mais tout cela eft beaucoup mieux développé dans une favante differtation qui m'eft tombée entre les mains, & où l'auteur anonyme démontre l'altération dont il s'agit avec la derniere évidence.

Cette ancienne leçon, fi conforme à ce que Jéfus-Chrift dit en S. Matthieu, *v.* 42. « Donnez à celui qui vous demande, & n'éconduifez point celui qui veut emprunter de vous. » *Qui petit à te, da ei, & volenti mutuari à te ne avertaris.* Cette leçon, dis-je, une fois admife, leve toute la difficulté ; car dès-là il ne s'agit plus pour nous que d'imiter le Pere célefte, qui répand fes dons jufques fur les méchans ; il ne s'agit plus, dis-je, que d'aimer tous les hommes, que de faire du bien, & de prêter même à nos ennemis, fans refufer nos bons offices à perfonne, *nullum defperantes.* Mais cela ne dit rien contre le prêt de commerce que l'on feroit à fes riches ; cela ne prouve point qu'on doive s'incommoder pour accroître leur opulence, parce que l'on peut aimer jufqu'à fes ennemis, & leur faire du bien fans aller jufqu'à la gratuité du prêt. En effet, c'eft encore obliger beaucoup un homme aifé, fur-tout s'il eft notre ennemi, que de lui prêter à charge d'intérêt ; & on ne livre pas fes efpeces à tout le monde, même à cette condition. Pollion, dit Juvenal, cherche par-tout & de l'argent à quelque denier que ce puisse être , & il ne trouve personne qui veuille être sa dupe , *qui triplicem* usuram *præstare paratus circuit , & fatuos non invenit*, Sat. ix. *vers.* 4. On peut donc assurer que le prêt de commerce conservant toujours le caractere de bienfait , supposant toujours un fonds de confiance & d'amitié , il doit être sensé aussi légitime entre des chrétiens que les contrats ordinaires, d'échange, de louage, &c.

Mais , sans rien entreprendre sur le texte sacré, nous allons montrer que le passage tel qu'il est dans la vulgate , n'a rien qui ne se concilie avec notre opinion. Pour cela je compare le passage entier avec ce qui précede & ce qui suit , & je vois que les termes *nibil inde sperantes* sont indistinctement relatifs à *diligite inimioos vestros, benefacite & mutuum date.* Ces trois mots nous présentent un contraste parfait avec ce qui est marqué aux versets précédens, sans toucher du reste ni le lucre, ni la gratuité du prêt. Voici le contraste.

Il ne suffit pas pour la perfection que le Sauveur désire, que vous marquiez de la bienveillance , que vous prêtiez à vos amis , à ceux qui vous ont obligé, ou de qui vous attendez des services , *à quibus speratis recipere.* La morale évangélique est infiniment plus pure. *Si diligitis eos qui vos diligunt.... Si benefeceritis his qui vobis benefaciunt, quæ vobis est gratia? si quidem & peccatores hoc faciunt. Si mutuum dederitis his à quibus speratis recipere, quæ gratia est vobis? nam & peccatores peccatoribus fenerantur ut recipiant æqualia: verum tamen diligite inimicos vestros, benefacite & mutuum date, nibil inde sperantes, (nullum desperantes) & erit merces vestra multa , & eritis filii altissimi, quia ipse benignus est super ingratos & malos. Estote ergo misericordes, &c.*

Faites, dit J. C. plus que les pécheurs, que les publicains ; ils aiment leurs amis, ils les obligent, ils leur prêtent, parce qu'ils trouvent en eux les mêmes dispositions , & qu'ils en attendent les mêmes services. Pour vous , dit-il, imitez le Pere céleste , qui fait du bien aux méchans & aux ingrats ; aimez jusqu'à vos ennemis , aimez-les sincérement au point de les obliger & de leur prêter , *nibil inde sperantes*, quoique vous n'en puissiez pas

attendre des retours de bienveillance ou de générosité.

Maxime plus qu'humaine, bien digne de son auteur, mais qui ne peut obliger un chrétien à ne pas réclamer la justice d'un emprunteur aisé , ou à lui remettre ce qu'on lui a prêté pour le bien de ses affaires ; puisqu'enfin l'on n'est pas tenu de se dépouiller en faveur des riches. Il y a plus, Jésus-Christ ne nous commande pas à leur égard la gratuité du prêt ; il n'annonce que le devoir de les obliger du leur prêter même autant qu'il est possible, sans manquer à ce que l'on doit à soi & à sa famille ; car il faut être juste pour les siens avant que d'être généreux pour les étrangers.

D'ailleurs par quel motif ce divin maitre nous porte-t-il à une bienfaisance qui s'étend jusqu'à nos ennemis ? c'est principalement par des vues de commisération , *estote ergo misericordes, ibid.* 36. Il ne sollicite donc notre générosité que pour le soulagement des malheureux, & non pour l'agrandissement des riches qui ne sont pas des objets de compassion, qui souvent passent leurs créanciers en opulence. Ainsi la loi du prêt gratuit n'a point été faite pour augmenter leur bien être. Il est visible qu'en nous recommandant la commisération, *estote misericordes,* le Sauveur ne parle que pour les nécessiteux. Aussi , je le répete, c'est pour eux seuls qu'il s'intéresse ; vendez, dit-il ailleurs , ce que vous avez , donnez-le aux pauvres , & vous aurez un trésor dans le ciel, *Matth. xix.* 17. Il n'a ni commandé, ni conseillé de donner aux riches ; il n'a point promis de récompense pour le bien qu'on leur feroit, au contraire il semble les exclure de nos bienfaits, en même-temps qu'il nous exhorte à les répandre sur les indigens. Au lieu, dit-il, de recevoir à votre table des gens aisés , prêts à vous rendre la pareille, recevez-y plutôt des pauvres & des infirmes hors d'état de vous inviter, *Luc, xiv.* 12. 13.

Je demande après cela , quel intérêt Dieu peut prendre à ce que Pierre aisé prête *gratis* à Paul également à son aise? Autant qu'il en prend à ce que l'un invite l'autre à diner.

Je dis donc , suivant la morale de Jésus-Christ, qu'il faut autant que l'on peut faire du bien & prêter gratuitement à ceux qui sont dans la peine & dans le be-

Soin, même à des ennemis de qui l'on n'attend pas de reconnoissance, & cela pour imiter le pere céleste qui répand ses dons & sa rosée sur les justes & sur les injustes. Cependant on n'est tenu de prêter *gratis* que dans les circonstances où l'on est obligé de faire des aumônes, dont le prêt gratuit est une espece, au moins vis-à-vis du pauvre. D'où il suit qu'on ne manque pas au devoir de la charité en prêtant à profit à tous ceux qui ne sont pas dans la détresse, & qui n'empruntent que par des vues d'enrichissement ou d'élévation.

J'ajoute que, d'aller beaucoup plus loin, en prêtant comme quelques-uns l'entendent, & prêtant de grandes sommes avec une entiere indifférence, *quasi non recepturus*, dit S. Ambroise, *epist. ad vigil.* c'est se livrer à la rapacité des libertins & des aventuriers ; ce n'est plus prêter, en un mot, c'est donner ou plutôt c'est jeter & dissiper une fortune, dont on n'est que l'économe, & que l'on doit par préférence à soi-même & aux siens.

Concluons que le prêt gratuit nous est recommandé en général comme une aumône, & dès-là comme un acte de perfection assuré d'une récompense dans le ciel; que cependant le prêt de commerce entre gens aisé n'est pas condamné par le Sauveur; qu'il considere précisément comme les bons offices, de ce qu'on appelle *honnêtes gens*, ou les repas que se donnent les gens du monde ; actes stériles pour le salut, mais qui ne sont pas condamnables. Or il n'en faut pas davantage pour des hommes qui, en faisant le bien de la société, ne peuvent négliger leurs propres intérêts, & qui prétendent louer leur argent avec autant de raison que leurs terres ou leurs travaux. D'autant plus qu'ils suivent la regle que Jésus-Christ nous a tracée, je veux dire qu'ils ne font aux autres dans ce négoce que ce qu'ils acceptent volontiers pour eux-mêmes, Ce qui n'empêche pas que la charité ne s'exerce suivant les circonstances.

Un hôtelier charitable donne le gîte *gratis* à un voyageur indigent, & il le fait payer à un homme aisé. Un médecin chrétien visite les pauvres par charité, tandis qu'il voit les riches par intérêt. De même l'homme pécunieux qui a de la religion, livre généreusement une somme pour aider un petit particulier dans sa détresse,

le plus souvent sans sûreté pour le fonds; & en tout cela il n'ambitionne que la récompense qui lui est assurée dans le ciel : mais est-il question de prêter de grandes sommes à des gens aisés, il songe pour lors qu'il habite sur la terre ; qu'il y est sujet à mille besoins; qu'il est d'ailleurs entouré de malheureux qui réclament ses aumônes ; il croit donc pouvoir tirer quelque avantage de son argent, & pour sa propre subsistance & pour celle des pauvres ? Conséquemment il ne se fait pas plus de scrupule de prendre sur les riches le loyer de son argent, que de recevoir les rentes de sa terre ; & il a d'autant plus de raison d'en agir ainsi, qu'il est ordinairement plus facile à l'emprunteur de payer un intérêt modéré, qu'il n'est facile au créancier d'en faire l'entier abandon.

Toute cette doctrine est bien confirmée par la pratique des prêts de lucre publiquement autorisée chez les juifs au temps de J. C. On le voit par le reproche que le pere de famille fait à son serviteur, de n'avoir pas mis son argent chez les banquiers pour en tirer du moins l'intérêt, puisqu'il n'avoit pas eu l'habileté de l'employer dans le commerce : *oportuit ergo te committere pecuniam meam nummulariis, & veniens ergo recepissem utique quod meum est cùm usurâ ; εὺν τάχω, cum fenore.* Matth. xxxv. 27.

Ce passage suffiroit tout seul pour établir la légitimité de l'*usure* légale : *Sicut enim homo peregrè proficiscens vocavit servos suos, & tradidit illis bona sua, ibid.* 14. Ce pere de famille qui confie son argent à ses serviteurs pour le faire valoir pendant son absence, c'est Dieu lui-même figuré dans notre parabole, qui prend cette voie pour nous instruire, *simile est regnum cælorum, ibid.* Et si le passage nous offre un sens spirituel propre à nous édifier, nous y trouvons aussi un sens naturel très-favorable à notre *usure.* En effet Dieu nous parle ici de l'argent qu'on porte à la banque, & des intérêts qu'on en tire comme d'une négociation très-légitime, & qu'il croit lui-même des plus utiles, puisqu'il se plaint qu'on n'en ait pas usé dans l'occasion. Du reste, ce n'est pas ici une simple similitude, c'est un ordre exprès de placer une somme à profit. Il est inutile de dire que J. C. fait entrer quelquefois dans ses comparaisons des pro-

cédés qui ne font pas à imiter, comme
celui de l'économe infidele & celui du juge inique, &c. Dans le premier cas, J.
C. oppofe l'attention des hommes pour
leurs intérêts temporels à leur indifférence pour les biens céleftes ; & dans le
fecond, il nous exhorte à la perféverance
dans la priere, par la raifon qu'elle devient efficace à la fin, même auprès des
méchans, & à plus forte raifon auprès de
Dieu. On fent bien que J. C. n'approuve
pas pour cela les infidélités d'un économe,
& encore moins l'iniquité d'un juge.

La parabole du talent eft d'une efpece
toute différente ; ce ne font pas feulement
des rapports de fimilitude qu'on y découvre, c'eft une regle de conduite pratique
fur laquelle il ne refte point d'embarras.
Le pere de famille s'y donne lui-même
pour un homme attentif à fes intérêts,
pour un ufurier vigilant qui ne connoît
point ces grands principes de nos adverfaires, que l'argent eft ftérile de fa nature, & ne peut rien produire, qu'on ne
doit tirer d'une affaire que ce qu'on y
met, &c. Il prétend au contraire que l'argent eft très-fécond, & qu'il doit fructifier ou par le commerce ou par l'ufure ;
& non-feulement il veut tirer plus qu'il
n'a mis, il veut encore moiffonner où il
n'a rien femé, *meto ubi non femino, &*
congrego ubi non fparfi. Ibid.

Après cela il admet fans difficulté une
pratique ufuraire qu'il trouve autorifée
par la police, & fur laquelle il ne répand
aucun nuage de blâme ou de mépris; pratique enfin qu'il indique pofitivement pour
tirer parti d'un fonds qu'on n'a pas eu l'induftrie d'employer avec plus d'avantage.
Que peut-on fouhaiter de plus fort & de
plus décifif pour appuyer notre *ufure* ?

Réponfe aux paffages des prophetes &
des faints peres. Il nous refte à voir les
paffages des prophetes & des peres. A l'é-
gard des premiers, on nous oppofe Ezéchiel & David, qui tous deux nous parlent de l'*ufure* comme une œuvre d'iniquité incompatible avec le caractere d'un
homme jufte. *Pfeaumes 14 & 54. Ezech.*
chap. xviij.

J'obferve d'abord là-deffus qu'il ne
faut pas confidérer les prophetes comme
des légiflateurs. La loi étoit publiée avant
qu'ils paruffent, & ils n'avoient pas droit
d'y ajouter. On ne doit donc les regarder
quant à la correction des mœurs, que

comme des millionnaires zélés qui s'appuyoient des loix préétablies pour attaquer des défordres plus communs de leur
temps que du nôtre : ce qui eft vrai fur-
tout des brigandages des ufuriers. Chez
les Athéniens, l'*ufure* ne connut de bornes que celles de la cupidité qui l'exerçoit. On exigeoit douze, quinze & vingt
pour cent par année. Elle n'étoit guere
moins exceffive à Rome où elle fouleva
plus d'une fois les pauvres contre les riches. Elle y étoit fixée communément par
mois au centieme du capital : ce qui fait
douze pour cent par année ; encore alloit-
elle fouvent au-delà ; deforte que cette
centéfime ruineufe qui portoit chaque
mois intérêt d'intérêt, *nova ufurarum*
auctio per menfes fingulos, dit S. Ambroife
de Tobia, c. viij. cette centéfime dévo-
rante engloutiffoit bientôt toute la fortune de l'emprunteur. Ce n'eft pas tout,
les créanciers faute de payement, après
avoir difcuté les biens d'un infolvable,
devenoient maîtres de fa perfonne, &
avoient droit de le vendre pour en partager le prix, *parteis fequanto,* dit la loi
des douze tables. S'il n'y avoit qu'un
créancier, il vendoit de même le débiteur, ou il l'employoit pour fon compte
à divers travaux, & le maltraitoit à fon
gré. Tite-Live rapporte là-deffus, un
trait qu'on ne fera pas fâché de retrouver
ici. *liv. II. n°. 23.* l'an de Rome 260.

" La ville fe trouvoit, dit-il, partagée
en deux factions. La dureté des grands
à l'égard des peuples, & fur tout les rigueurs de l'efclavage auxquelles on fou-
mettoit les débiteurs infolvables, avoient
allumé le feu de la difcorde entre les nobles & les plébéïens. Ceux-ci frémiffoient
de rage, & marquoient publiquement
leur indignation, en confidérant qu'ils
paffoient leur vie à combattre au dehors
pour affurer l'indépendance de la république & pour étendre fes conquêtes, &
que de retour dans leur patrie, ils fe
voyoient opprimés & mis aux fers par
leurs concitoyens, tyrans plus redoutables pour eux que leurs ennemis mêmes.
L'animofité du peuple fe nourrit quelque
temps de ces plaintes ; un événement fingulier la fit éclater enfin par un foulève-
ment général. "

" On vit un jour un vieillard couvert de
haillons qui paroiffoit fuir vers la place ;
un vifage pâle, un corps exténué, une

longue barbe, des cheveux hériffés lui donnoient un air hagard & fauvage, & annonçoient en lui le comble de la mifere. Quoiqu'il fut ainfi défiguré, on le reconnut bientôt ; on apprit qu'il avoit en autrefois du commandement dans l'armée, & qu'il avoit fervi avec honneur ; il en donnoit des preuves en montrant les bleffures dont il étoit couvert. Le peuple que la fingularité du fpectacle avoit raffemblé autour de lui, parut d'avance fort fenfible à fes malheurs; chacun s'empreffe de lui en demander la caufe. Il dit que pendant qu'il portoit les armes contre les Sabins, fa maifon avoit été pillée & brûlée par les ennemis, qui avoient en même temps pris fes beftiaux & ruiné fa récolte : qu'après cela les befoins de la république ayant exigé de fortes contributions, il avoit été obligé d'emprunter pour y fatisfaire, & que les *ufures* ayant beaucoup augmenté fa dette, il avoit vendu d'abord fon patrimoine, & enfuite fes autres effets ; mais que ceci ne fuffifant pas encore pour l'acquitter, il s'étoit vu réduit par la rigueur de la loi à devenir l'efclave de fon créancier, qui en conféquence non-feulement l'avoit accablé de travaux, mais l'avoit encore excédé par des traitemens honteux & cruels, dont il montroit les marques récentes fur fon corps meurtri de coups. A cette vue il s'éleve un cri qui porte le trouble dans toute la ville. Les plébéiens mutinés fe répandent dans tous les quartiers, & mettent en liberté tous les citoyens détenus pour dettes. Ceux-ci fe joignant aux premiers, & implorant la protection du nom romain, augmentent la fédition; à chaque pas il fe préfente de nouveaux compagnons de révolte, &c."

Nous trouvons dans l'hiftoire fainte des traits également intéreffans fur la même fujet. Nous y apprenons que l'*ufure* étoit fi ruineufe parmi les juifs, & qu'on en exigeoit le paiement avec tant de rigueur, que les emprunteurs étoient quelquefois réduits pour y fatisfaire, à livrer leurs maifons, leurs terres & jufqu'à leurs enfans. Néhémie, au temps d'Efdras, vers l'an 300 de Rome, envoyé par Artaxercès Longuemain pour commander en Judée, & pour rebatir Jérufalem, nous en parle comme témoin oculaire, & nous en fait un récit des plus touchans. Efdras, *liv. II. ch. v.*

"Les pauvres, dit-il, accablés par leurs freres, c'eft-à-dire leurs concitoyens, parurent difpofés à un foulevement; on vit fortir en foule hommes & femmes rempliffant Jérufalem de plaintes & de clameurs. Nous avons plus d'enfans que nous n'en pouvons nourrir, difoient les uns ; il ne nous refte plus d'autre reffource que de les vendre pour avoir de quoi vivre. Nous fommes forcés, difoient les autres, d'emprunter à *ufure* & d'engager notre patrimoine, tant pour fournir à nos befoins que pour payer les tributs au roi ; fommes-nous de pire condition nous & nos enfans que les riches qui nous oppriment, & qui font nos freres ? Cependant nos enfans font dans l'efclavage, & nous fommes hors d'état de les racheter, puifque nous voyons déja nos champs & nos vignes en des mains étrangeres."

Néhémie attendri parla vivement aux magiftrats & aux riches, de l'*ufure* qu'ils exigeoient de leurs freres. "Vous favez, leur dit-il, que j'ai racheté, autant qu'il m'a été poffible, ceux de nos freres qui avoient été vendus aux étrangers; vous au contraire, vous les remettez dans l'efclavage, pour que je les en retire une feconde fois. Votre conduite eft inexcufable; elle prouve que la crainte du Seigneur ne vous touche pas ; & vous vous expofez au mépris de nos ennemis." Ils ne furent que répondre à ce jufte reproche. Il leur dit donc alors : "Nous avons prêté à plufieurs, mes freres, mes gens & moi, nous leur avons fourni fans intérêt de l'argent & du grain; faifons tous enfemble un acte de générofité; remettons à nos freres ce qu'ils nous doivent, & en conféquence qu'on leur rende fur le champ leurs maifons & leurs terres, & qu'il ne foit plus queftion de cette centefime que *vous avez coutume* d'exiger tant pour l'argent que pour les grains, l'huile & le vin que vous leur prêtez. Sur cela chacun promit de tout rendre : ce qui fut auffi-tôt exécuté." *Ibid.*

Mais dans quel fiécle voyoit-on chez les juifs une *ufure* fi générale ? *ufure* que les prêtres mêmes exerçoient, puifque Néhémie leur en parla, & leur fit promettre d'y renoncer à l'avenir. *Focatú facerdotes & adjuravi eos ut facerent, &c. Ibid. v. 12.* Tout cela fe pratiquoit au siecle même d'Ezéchiel, au retour de la captivité, c'est-à-dire dans un temps où ces peuples paroissoient rentrer en eux-mêmes, & travailler de concert à réparer les désastres qu'une longue absence & de longues guerres avoient attirés sur leur patrie.

L'usure n'étoit pas moins onéreuse aux pauvres sous le regne de David, puisqu'annonçant en prophete la prospérité future de Salomon, son successeur & son fils, il prédit que cet heureux monarque délivreroit le pauvre de l'oppression des riches, & qu'il le garantiroit des violences de l'usure. *Ps.* 71. 12. 13. 14.

Voilà donc l'usure établie parmi le peuple de Dieu ; mais remarquons que le roi prophete parle d'une usure qui attaque jusqu'à la vie des nécessiteux, *animas pauperum salvos faciet, ex usuris & iniquitate redimet animas eorum. Ibid.*

Ezéchiel suppose aussi l'usure exercée par un brigand, qui désole principalement les pauvres & les indéfendus. *Latronem... egenum & pauperem contristantem, ad usuram dantem xviij.* 12. 13. Rappellons ici que l'usure légale étoit la centésime pour l'argent, c'est-à-dire douze pour cent par année ; mais c'étoit bien pis pour les grains : c'étoit cinquante pour cent d'une récolte à l'autre. *Si summa crediti in duobus modiis fuerit, tertium modium amplius consequantur. .... quæ lex ad solas pertinet fruges, nam pro pecuniis ultra singulas centesimas creditor vetatur accipere. Cod. theod. tit. de usuris.* C'étoit véritablement exercer l'usure contre les pauvres ; car on ne voit que de tels gens emprunter quelques milliers de grain ; mais c'étoit exercer une usure exorbitante, & qui paroit telle aujourd'hui aux hommes les plus intéressés.

Après cela faut-il s'étonner que des prophetes aient confondu le commerce usuraire avec l'injustice, avec la fraude & le brigandage ? Combien ne devoient-ils pas être touchés en voyant ces horreurs dans une nation, dont les membres issus d'une souche commune & connue étoient proprement tous freres & tous égaux ; dans une nation à laquelle Dieu avoit donné les loix les plus douces & les plus favorables, & où il ne vouloit pas enfin qu'il y eût personne dans la misere. *Omnino indigens & mendicus non erit inter vos. Deut. xv.* 4.

Dans ces circonstances, l'usure ne fournissoit aux prophetes que trop de sujets de plaintes & de larmes. Ces saints personnages voyoient avec douleur que de pauvres familles ne trouvoient dans l'emprunt qu'un secours funeste qui aggravoit leur misere, & qui souvent les conduisoit à se voir dépouillés de leurs héritages, à livrer jusqu'à leurs enfans pour appaiser leurs créanciers. Nous l'avons vu dans le récit de Néhémie. *Ecce nos subjugamus filios nostros & filias nostras in servitutem,* &c. *Esdras ij.* 55. On le voit encore dans les plaintes de cette veuve pour qui Elisée fit un miracle, dans le temps qu'on alloit lui enlever ses deux fils. *Ecce creditor venit ut tollat duos filios meos ad serviendum sibi. IV. Reg. iv.* 1.

Nous avons déja dit que la médiocrité qui faisoit l'état des Hébreux, dispensoit les riches de recourir aux emprunts, & qu'ainsi l'on ne prêtoit guere qu'à des pauvres qui pouvoient seuls se trouver dans le besoin. Du reste s'il se faisoit quelques prêts entre les gens aisés, comme l'usure modérée étoit permise par le droit naturel, Moïse, de l'aveu du P. Semelier, la toléra dans les juifs *ad duritiam cordis....* à l'égard des riches & des étrangers. *Conf. eccl. p.* 130. Mais le sanhedrin ou le conseil de la nation étoit au moins dans les dispositions de cette prétendue tolérance, puisque les magistrats eux-mêmes exerçoient l'usure au temps de Néhémie. *Increpavi,* dit-il, *optimates & magistratus, loco cit. v.* 7, puisqu'au temps de J. C., la police permettoit le commerce usuraire qui se faisoit avec les banquiers, comme on l'a vu par le passage de S. Matthieu ; & comme on le voit dans S. Luc, *quare non dedisti pecuniam meam ad mensam, ut ego veniens cum usuris utique exegissem illam. xix.* 23.

Au surplus, on ne trouve nulle part que les prophetes se soient élevés contre la pratique respective d'un intérêt modique, ni à l'égard des étrangers, ni même entre leurs concitoyens aisés. Les hommes divins parlant d'après Moïse, n'ont condamné comme lui que cette usure barbare qui dévoroit la misérable subsistance du nécessiteux, & qui le réduisoit lui & sa famille aux extrémités cruelles de la servitude ou de la mendicité. Tels étoient les abus qui faisoient gémir les prophetes, & c'est en conséquence de ces désordres, qu'ils mettoient l'*usure* au rang des cri- mes, & qu'ils la regardoient comme l'in- fraction la plus odieuse de cette charité fraternelle dont Dieu avoit fait une loi en faveur des pauvres, *populo meo pau- peri*, *Exod. xxij. 25.*

Une observation qui confirme ce qu'on vient de dire, c'est que Néhémie ne se plaint de l'*usure* qu'il trouva établie en Judée, que parce qu'elle s'exerçoit sur des pauvres citoyens, & qu'elle les avoit réduits à de grandes extrémités. On voit même que bien qu'il eût le pouvoir en main, il ne s'étoit pas mis en devoir d'ar- rêter ce désordre, jusqu'à ce que les plain- tes & les clameurs d'un peuple désespéré lui eurent fait appréhender un souleve- ment. Du reste, on peut dire en général que l'obligation de prêter aux indigens étoit bien mal remplie chez les Hébreux; en effet, si les plus accommodés avoient été fideles à cet article de la loi, on n'au- roit pas vu si souvent les pauvres se li- vrer comme esclaves à quelque riche compatriote; ce n'étoit à la vérité que pour six années, après quoi la faveur de la loi les rétablissoit comme auparavant, & les déchargeoit de toute dette antérieure; ce qui étoit toujours moins dur que l'escla- vage perpétuel ailleurs usité en pareilles circonstances.

Qu'on me permette sur cela une refle- xion nouvelle & qui me paroit intéressan- te. Qu'est-ce proprement qu'acheter un esclave? c'est à parler en chrétien avancer une somme pour délivrer un infortuné que l'injustice & la violence ont mis aux fers. A parler selon l'usage des anciens & des modernes, c'est se l'assujetir de façon, qu'au lieu de lui rendre la liberté suivant les vues d'une bienfaisance religieuse, au lieu de lui marquer un terme pour acquit- ter par son travail ce qu'on a déboursé pour lui, on opprime un frere sans dé- fense, & on le réduit pour la vie à l'état le plus désolant & le plus misérable. Peut- on pécher plus grièvement contre la cha- rité fraternelle & contre la loi du prêt gratuit? loi constamment obligatoire vis- à-vis des pauvres & des opprimés. Cette observation, pour peu qu'on la presse, dé- montre qu'il n'est pas permis d'asservir pour toujours tant de malheureux qu'on trafique aujourd'hui comme une espece de bétail, mais à qui suivant la morale évangélique, l'on doit prêter sans intérêt

de quoi se libérer de la servitude, & par conséquent à qui l'on doit fixer un nom- bre d'années pour recouvrer leur liberté naturelle, après avoir indemnisé des mai- tres bienfaisans qui les ont rachetés. Voi- là un sujet bien plus digne d'allarmer les ames timorées, que les prêts & les em- prunts qui s'operent entre gens aisés, dans la vue d'une utilité réciproque.

Quoi qu'il en soit, l'*usure* étoit défen- due aux Israélites à l'égard de leurs com- patriotes malheureux; mais on ne voit pas qu'elle le fût à l'égard des citoyens aisés, & c'est sur quoi les prophetes n'ont rien dit : du reste, si l'on veut qualifier cette prohibition de loi générale qui devoit em- brasser également les indigens & les ri- ches, il faut la regarder alors comme tant d'autres pratiques de fraternité que Dieu, par une prédilection singuliere, avoit éta- blie, chez les Hébreux; mais cette loi sup- posée n'obligera pas plus les chrétiens, que le partage des terres, que la remise des dettes & les autres institutions sem- blables qui ne sont pas venues jusqu'à nous, & qui paroîtroient incompatibles avec l'état actuel de la société civile.

Il résulte de ces observations, que les passages d'Ezéchiel & de David ne prou- vent rien contre nos prêts de commerce : prêts qui ne se font qu'à des gens aisés qui veulent augmenter leur fortune. Il ne s'agit pas ici, comme dans les faits que nous offre l'histoire sacrée, de la commi- sération dûe au nécessiteux ; ces gens-ci sont fort étrangers dans la question de l'in- térêt moderne, & je ne sais pourquoi on les y produit si souvent. Ils s'offroient au- trefois tout naturellement dans la ques- tion de l'*usure*, par la raison entr'autres, que les créanciers avoient sur les débi- teurs ces droits exorbitans déja rappor- tés ; mais aujourd'hui que cette loi bar- bare n'existe plus, & qu'un insolvable se libere par une simple cession, on n'a pro- prement aucune prise sur les pauvres. Aussi ne leur livre-t-on pour l'ordinaire que des bagatelles qu'on veut bien ris- quer; ou si on leur prête une somme nota- ble, on ne les tourmente pas pour les inté- rêts, on est très-content quand on retire son capital.

Quant aux peres de l'église que l'on nous oppose encore, ils avoient les mêmes raisons que les prophetes ; ils plaidoient comme eux la cause des infortunés. Ils

Cc 4

représentent avec force ceux qui exerçoient l'*usure*,qu'ils profitent de la misere
des pauvres pour s'enrichir eux-mêmes ;
qu'au lieu de les soulager comme ils le
doivent,ils les écrasent & les asservissent
de plus en plus. *Usuras solvit qui victu
indiget . . . . . panem implorat , gladium
porrigitis; libertatem objeorat,servitutem
arrogatis.* Ambr. *de Tobia. c. iij.*

S.Grégoire de Nazianze dit que l'usurier
ne tire son aisance d'aucun labour qu'il
donne à la terre ; mais de la détresse , du
besoin des pauvres travailleurs ; *non ex
terræ cultu, sed ex pauperum inopia & pé-
nuria commoda sua comparans. Orat.* 15.

S.Augustin considere aussi le prêt lucratif par le tort qu'il fait au nécessiteux ; &
il l'assimile à un vol effectif. Le voleur,
dit-il, qu'il enleve quelque chose à un
homme riche,est-il plus cruel que le créancier qui fait périr le pauvre par l'usure?
*An crudelior est qui substrahit aliquid vel
eripit diviti, quam qui trucidat pauperem
fenore. Epit.* 54. *ad. Maced.*

C'est encore la misere du pauvre qui
paroit affecter S. Jérôme sur le fait de
l'usure. Il y a, dit-il, des gens qui prêtent
des grains, de l'huile & d'autres denrées
aux pauvres villageois, à condition de retirer à la récolte tout ce qu'ils ont avancé , à la moitié en sus, *amplius mediam
partem.* Ceux qui se piquent d'équité ,
continue-t-il, n'exigent que le quart au
dessus de leur avance , *qui justissimum se
putaverit, quartam plus accipiet. In cap.
xvij.Ezech.*Cette derniere condition, qui
étoit celle des scrupuleux,faisoit pourtant
vingt-cinq pour cent pour huit ou dix
mois au plus:*usure* vraiment excessive,&
réellement exercée contre le foible &
l'indéfendu.

On le voit, ces dignes pasteurs ne s'in-
téressent que pour la veuve & l'orphelin;
pour les pauvres laboureurs & autres indigens, sur le sort desquels ils gémissent,
& qui par les excès de l'*usure* ancienne ,
par la rigueur des poursuites jadis en usage,ne méritoient que trop toute leur commisération. Mais tant de beaux traits qui
marquent si bien la sensibilité des peres
sur le malheur des pauvres, n'ont aucun
rapport avec les prêts de commerce usités
entre les riches. En effet, l'aggrandissement de ceux-ci ne touchoit pas assez nos
saints docteurs pour qu'ils songeassent à
leur assurer la gratuité de l'emprunt.C'est

dans cet esprit que S. Jérôme écrivant à
Pammaque qui vouloit embrasser la pauvreté évangélique,l'exhorte à donner son
bien aux indigens , & non à des riches,
déja trop enflés de leur opulence ; à procurer le nécessaire aux malheureux , plutôt qu'à augmenter le bien-être de ceux
qui vivoient dans le faste.*Da pauperibus,
non locupletibus,non superbis;da quo neces-
sitas sustentetur , non quo augeantur opes.
Epist.* 54. *ad Pammaq.*

Le soulagement des pauvres étoit donc
le grand objet des saints peres,& non l'a-
vantage temporel des riches;avantage qui
dans les vues de la piété , leur étoit fort
indifférent.Il étoit en effet au point,qu'ils
ne discutent pas même les prêts qu'on
peut faire aux gens aisés;ou s'ils en disent
un mot par occasion, ce qui est rare , ils
donnent tous lieu de croire qu'ils sont
légitimes, quand ils se font sans fraude &
aux conditions légales ; en voici des
exemples.

S. Grégoire de Nice ayant prêché vivement contre la pratique de l'*usure*,tou-
jours alors excessive & souvent accompagnée de barbarie, les gens pécunieux dirent publiquement qu'ils ne prêteroient
plus aux pauvres.*Minantur se pauperibus
non daturos mutuum;* ce qui marque assez
qu'ils ne renonçoient pas aux prêts qu'ils
faisoient aux personnes aisées ; aussi ne
les leur interdisoit-on pas. Cependant si
S. Grégoire avoit été dans le sentiment de
nos casuistes,il n'auroit pas manqué d'exposer à ses auditeurs que la prohibition
de l'*usure* étoit égale pour tous les cas
d'aisance ou de pauvreté ; qu'en un mot,
les prêts de lucre étoient injustes de leur
nature,tant à l'égard du riche qu'à l'égard
du nécessiteux:mais il ne dit rien de semblable ; & sans chicaner ses ouailles sur
les prêts à faire aux gens aisés, il ne s'intéresse que pour les malheureux.Il déclare donc qu'il faut faire des aumônes pures & simples; & quant aux prêts qui en
sont, dit-il,une espece, il assure de même
qu'on est tenu d'en faire;ensorte, ajoute-
t-il , qu'on se rend également coupable ,
soit qu'on prête à intérêt, soit qu'on refuse de prêter : & cette derniere alternative ne pouvoit être vraie qu'en la rapportant aux seuls pauvres, autrement sa
proposition étoit évidemment insoutenable. *Æquè obnoxius est pænæ qui non dat*
sub conditione usura. Contra usurarios.

Mais écoutons S. Jean Chryſoſtome, nous verrons que les intérêts qu'on tire des gens aiſés, n'étoient pas illicites, & qu'il ne les condamnoit pas lui-même. " „ Si vous avez, dit-il, placé une ſomme à „ charge d'intérêts entre les mains d'un „ homme ſolvable, ſans doute que vous „ aimeriez mieux laiſſer à votre fils une „ bonne rente ainſi bien aſſurée, que de „ lui laiſſer l'argent dans un coffre, avec „ l'embarras de le placer par lui-même. " *Si argentum haberes ſub fenore collocatum & debitor probus eſſet ; malles certè ſyngrapham quam aurum filio relinquere ut inde proventus ipſi eſſet magnus, nec cogeretur alios quærere ubi poſſet collocare.* Joan. Chriſoſt. *in Matt. homil. lxvj. & lxvij. p.* 660. *lit. b. tom. VII. édit.* D. Bern. de Mont-faucon.

Il s'agit, comme l'on voit, d'un prêt de lucre & de l'intérêt que produit un capital inaliéné, puiſqu'on ſuppoſe que le pere eût pu le retirer pour le laiſſer à ſes enfans, & que d'ailleurs les contrats de conſtitution n'étoient pas alors en uſage entre particuliers. *Conf. de Paris, tom. II. l. II. p.* 318. Du reſte, notre ſaint évêque parle de cette maniere de placer ſon argent, comme d'une pratique journaliere & licite; il ne répand lui-même aucun nuage ſur cet emploi, & il n'improuve aucunement l'attention du pere à placer ſes fonds à intérêts & d'une façon ſûre, afin d'épargner cette ſollicitude aux ſiens. Ces deux paſſages ne ſont pas les ſeuls que je puiſſe rapporter, mais je les crois ſuffiſans pour montrer aux ennemis de l'*uſure* légale qu'ils n'entendent pas la doctrine des peres à cet égard.

Au reſte, ſi les docteurs de l'égliſe ont approuvé les prêts de commerce entre perſonnes aiſées, il eſt d'autres prêts abſolument iniques contre leſquels ils ſe ſont juſtement élevés avec les loix civiles ; ce ſont ces prêts ſi funeſtes à la jeuneſſe dont ils prolongent les égaremens, en la conduiſant à la mendicité & aux horreurs qui en ſont la ſuite. S. Ambroiſe nous décrit les artifices infames de ces ennemis de la ſociété, qui ne s'occupent qu'à tendre leurs filets ſous les pas des jeunes gens, dans la vue de les ſurprendre & de les dépouiller. *Adoleſcentulos divites explorant per ſuos.... aiunt nobile prædium eſſe venale ... prætendunt alienos fundos adoleſcenti ut eum ſuis ſpolient, tendunt retia, &c.*

Voilà des myſteres d'iniquité que les avocats de l'intérêt légal ſont bien éloignés d'autoriſer ; mais à ces procédés odieux, joignons les barbaries que S. Ambroiſe dit avoir vues, & que l'on croit à peine ſur ſon témoignage. L'*uſure* de ſon temps étoit toujours exceſſive, toujours la centéſime qui s'exigeoit tous les mois, & qui non-payée accroiſſoit le capital. *uſuræ applicantur ad ſortem, ibid. cap. viij. nova uſurarum auctio per menſes ſingulos, cap. viij.* Si à la fin du mois l'intérêt n'étoit pas payé, il groſſiſſoit le principal au point qu'il faiſoit au bout de l'an plus que le denier huit ; & qui en voudra faire le calcul, trouvera qu'un capital ſe doubloit en moins de ſix ans. Pour peu donc qu'un emprunteur fût malheureux, pour peu qu'il fût négligent ou diſſipateur, il étoit bientôt écraſé. Les ſuites ordinaires d'une vie licencieuſe étoient encore plus terribles qu'à-préſent : malheur à qui ſe livroit à la molleſſe & aux mauvais conſeils. On obſédoit les jeunes gens qui pouvoient faire de la dépenſe, & comme dit S. Ambroiſe, les marchands de toute eſpece, les artiſans du luxe & des plaiſirs, les paraſites & les flatteurs conſpiroient à les jeter dans le précipice ; je veux dire, dans les emprunts & dans la prodigalité. Bientôt ils eſſuyoient les plus violentes pourſuites de la part de leurs créanciers, *exactorum circum latrantium barbaram inſtantiam*, dit Sidoine, *lib. IV. epiſt.* 24. On faiſoit vendre leurs meubles, & on leur arrachoit juſqu'à la vie civile, en les précipitant dans l'eſclavage. *Alios proſcriptioni addicit, alios ſervituti,* Ambr. *de Tob. c. xj.* Auſſi voyoit-on pluſieurs de ces malheureux ſe pendre ou ſe noyer de déſeſpoir. *Quanti ſe propter fenus ſtrangulaverunt ! Ib. cap. viij. Quam multi ob uſuras laqueo ſeſe interemerunt vel præcipites in fluvios dejecerunt !* Greg. Niſſ. *contra uſurarios.*

Quelquefois les uſuriers mettoient le fils en vente pour acquitter la dette du pere. *Vidi ego miſerabile ſpectaculum liberos pro paterno debito in auctionem deduci.* Ambr. *ibid. c. viij.* Les peres vendoient eux-mêmes leurs enfans pour ſe racheter de l'eſclavage. S. Ambroiſe l'atteſte encore comme un fait ordinaire ; il eſt difficile de lire cet endroit ſans verſer des larmes ; *vendit plerumque & pater liberos auctoritate generationis, ſed non voce pietatis. Ad auctionem pudibundo vultu miſeros trahit dicens.... veſtro pretio redi-*

mitis patrem, vestrâ servitude paternam emittis libertatem. Ibid. cap. viij.

Après cela peut-on trouver étrange que nos anciens docteurs aient invectivé contre le commerce usuraire, & qu'ils y aient attaché une idée d'injustice & d'infamie, que des circonstances toutes différentes n'ont encore pu effacer ? Ne voit-on pas qu'ils n'ont été portés à condamner l'*usure* qu'à cause des cruautés qui l'accompagnoient de leur tems ? Aussi l'attaquent-ils sans cesse, comme contraire à la charité chrétienne, & à la commisération que l'on doit à ses semblables dans l'infortune. Ils parlent toujours du prêt gratuit comme d'un devoir que la nature & la religion nous imposent ; & par conséquent, je le repete, ils n'ont eu en vue que les pauvres ; car encore un coup, il est constant que personne n'est tenu de prêter *gratis* aux gens aisés. Ces docteurs n'exigent donc pas qu'un homme prête à son désavantage pour augmenter l'aisance de son prochain. En un mot, ils n'ont jamais trouvé à redire que l'homme pécunieux cherchât des emprunteurs solvables pour tirer de ses especes un profit honnête, ou comme dit S. Chrysostome, *ut inde proventus ipsi esset magnus.* Mais du reste nous ne soutenons que l'intérêt de la loi, intérêt qu'elle n'autorise que parce qu'il est équitable, nécessaire, & dès-là sans danger pour la société. Voyons à présent s'il a toujours été approuvé par la législation, & si elle a prétendu le proscrire, quand elle a sévi contre les usuriers.

Nous dirons donc sur cet objet, que c'est uniquement pour arrêter le brigandage de l'*usure*, que les législateurs ont si souvent prohibé le commerce usuraire; mais dans ce cas, il faut toujours entendre un négoce inique, préjudiciable au public & aux particuliers, tel que l'ont fait autrefois en France les Italiens & les Juifs.

S. Louis qui régna dans ces temps malheureux, voyant que l'*usure* étoit portée à l'excès & ruinoit ses sujets, la proscrivit tout-à-fait par son ordonnance de 1254. Mais ce n'étoit ni un mot que l'on condamnoit alors, ni ce modique intérêt qu'exige le bien public, & que les puissances de la terre n'empêcheront pas plus que le cours des rivieres. C'étoit une *usure* intolérable, c'étoit en un mot l'*usure* des Juifs & des Lombards, qui s'engraissoient dans ce temps-là des miseres de la France. La loi leur accordoit l'intérêt an-

nuel de 4 sous pour livre, *quatuor denarios in mense, quatuor solidos in anno pro librà.* Cela faisoit vingt pour cent par année, que l'on réduisoit à quinze pour les foires de Champagne. C'est ce que l'on voit par une ordonnance de 1311, publiée sous Philippe-le-Bel, qui monta sur le trône 15 ans après la mort de S. Louis. Ce taux excessif ne satisfaisoit pas encore l'avidité des usuriers. Le cardinal Hugue, contemporain de S. Louis, nous les représente comme des enchanteurs, qui, sans battre monnoie, faisoient d'un tournois un parisis, *sine percussione mallei faciunt de turonensi parisiense,* Hug. card. *in psal.* 14. c'est-à-dire, que pour vingt sous ils en tiroient vingt-cinq; ce qui fait le quart en sus, ou 25 pour cent ; *usure* vraiment exorbitante, & qui méritoit bien la censure des casuistes & la sévérité des loix.

Ce fut dans ces circonstances que saint Louis, témoin des excès de l'*usure*, & des vexations qui s'ensuivoient contre les peuples, la défendit tout-à-fait dans le royaume. Mais par-là ce prince manqua le but qu'il se proposoit ; & dans un siecle d'impolitie & de ténebres qui souffroit les guerres particulieres, qui sanctifioit les croisades, dans un siecle de superstition qui admettoit le duel & l'épreuve du feu pour la conviction des criminels, dans un siecle, en un mot où les vrais intérêts de la religion & de la patrie étoient presque inconnus, saint Louis en proscrivant toute *usure*, donna dans un autre excès qui n'opéra pas encore le bien de la nation. Il arriva bientôt, comme sous l'empereur Basile, que l'invincible nécessité d'une *usure* compensatoire fit tomber en désuétude une loi qui contrarioit les vues d'une sage police, & qui anéantissoit les communications indispensables de la société. C'est ce qui parut évidemment en ce que l'on fut obligé plusieurs fois de rappeller les usuriers étrangers, à qui l'on accordoit quinze & vingt pour cent d'un intérêt que la loi rendoit licite ; & qui par mille artifices en tiroient encore davantage.

Il résulte de tous ces faits, que si les puissances ont frappé l'*usure*, leurs coups n'ont porté en général que sur celle qui attaquant la substance du pauvre, & le patrimoine d'une jeunesse imprudente, minent par-là peu-à-peu & ronge insensiblement un état. Mais cette *usure* détestable ne ressemble que par le nom à celle qui fuit les prêts de commerce ; prêts qui ne portent aujourd'hui qu'un intérêt des plus modiques, prêts en conséquence recherchés par les meilleurs économes, & qui par l'utile emploi qu'on en peut faire, font presque toujours avantageux à l'homme actif & intelligent.

Ces réflexions au reste font autant de vérités solemnellement annoncées par une déclaration que Louis XIV. donna en 1643, pour établir des monts de piété dans le royaume. Ce prince dit, *que les rois ses prédécesseurs.... ont, par plusieurs édits & ordonnances, imposé des peines à ceux qui faisoient le trafic illicite de prêter argent à excessif intérêt... nous voulons, dit ce monarque, employer tous les efforts de notre autorité royale pour renverser tout-à-la fois & les fondemens, & les ministres de cette pernicieuse pratique d'usure qui s'exerce dans les principales villes de notre royaume. Et d'autant que le trafic de l'emprunt & du prêt d'argent est très-utile & nécessaire dans nos états...nous avons voulu établir des monts de piété, abolissant de cette sorte & le pernicieux trafic des usuriers, & le criminel usage des hommes qu'on y vend arbitraires, à la ruine des familles.* Conf. eccl. p. 298.

On voit que ce prince veut empêcher simplement les excès d'une *usure* excessive & ruineuse pour les sujets, & non pas, pesez bien les termes, *le trafic de l'emprunt & du prêt d'argent,* qu'il déclare *très-utile, nécessaire même,* quoique l'intérêt dont il s'agissoit alors fût bien au-dessus du denier vingt. On devoit payer par mois trois deniers pour livre au mont de piété; ce qui fait 36 deniers ou 3 sous par an, *triplicam usuram.* Conf. eccl. p. 300.

Au surplus, Louis XIV. ne fait ici que suivre des principes invariables de leur nature, & absolument nécessaires en toute société policée. Philippe le Bel, dans l'ordonnance de 1311, ci-dessus alléguée, avoit déja senti cette vérité. Il avoit reconnu plusieurs siecles avant Louis XIV. qu'il est un intérêt juste & raisonnable, que l'on ne doit pas confondre avec une *usure* arbitraire & préjudiciable à tout un peuple, *graviores usuras,* ce sont les termes, *substantias populi gravius devorantes prosequimur attentius atque punimus.* Mais il ne manque pas d'ajouter expressément qu'il ne prétend pas empêcher qu'un créancier n'exige, outre le principal qui lui est dû, un intérêt légitime du

prêt, ou de quelqu'autre contrat licite, dont il peut tirer de justes intérêts. *Verum per hoc non tollimus quominus impunè creditor quilibet interesse legitimum præter sortem sibi debitum possit exigere ex mutuo, vel alio contractu quocumque licito ex quo interesse rationabiliter & licite peti possit vel recipi.* Guenois, confér. des ordon. t. I. l. IV. tit. j. p. 621 & 623, édit. de Paris, 1678.

Il y avoit donc des prêts alors, qui sans autre formalité, produisoient par la convention même un intérêt légitime, comme aujourd'hui dans le Bugey, *interesse legitimum ex mutuo,* ou comme on trouve encore au même endroit, *lucrum quod de mutuo recipitur,* & par conséquent cet intérêt, ce profit s'exigeoit licitement, sans doute parce qu'il étoit juste & raisonnable; *rationabiliter & licite peti possit.* Il n'est rien de tel en effet que la justice & la raison, c'est-à-dire, dans notre sujet, l'intérêt mutuel des contractans; & nos adversaires font obligés de s'y rendre eux-mêmes. Voici donc ce que dit le pere Sémelier sur l'ordonnance de 1311. *Il est vrai que Philippe le Bel ne prétend pas empêcher qu'un créancier ne puisse exiger au-delà du principal qui lui est dû, un intérêt légitime du prêt.... mais l'on n'est pas en droit d'inférer que ce prince ait par là autorisé le prêt de commerce,* (il a pourtant autorisé le *lucrum quod de mutuo recipitur*)... *il en faut seulement conclure qu'il permet que le créancier, par le titre du lucre cessant, ou du dommage naissant, reçoive des intérêts légitimes; nous le dirons dans le livre sixième qui suit; mais alors,* ajoute notre conférencier, *ce n'est plus une usure.* Confér. ecclésiast. p. 136.

Puisque cet intérêt si juste que l'on tire du prêt, cet *interesse legitimum ex mutuo,* ce *lucrum quod de mutuo recipitur,* n'est pas un profit illicite, ou ce que l'école appelle une *usure,* nous sommes enfin d'accord, & nous voilà heureusement réconciliés avec nos adversaires; car c'est-là tout ce que nous prétendons. Etoit-ce la peine de tant batailler pour en venir à un dénouement si facile ?

J'avois bien raison de dire en commençant que tout ceci n'étoit qu'une question de mots. On nous accorde en plein tout ce que nous demandons; desorte qu'il n'y a plus de dispute entre nous, si ce n'est peut-être sur l'odieuse dénomination d'*usure,* que l'on peut abandonner, si l'on veut, à l'exécration publique, en lui substituant le terme plus doux d'*intérêt légal*.

Qu'on vienne à présent nous objecter les prophétes & les peres, les constitutions des papes & les ordonnances des rois. On les lit sans principe, on n'en voit que des lambeaux, & on les cite tous les jours sans les entendre & sans en pénétrer ni l'objet, ni les motifs ; ils n'envisagent tous que l'accomplissement de la loi, ou, ce qui est ici la même chose, que le vrai bien de l'humanité ; or, que dit la loi sur ce sujet, & que demande le bien de l'humanité ? que nous secourions les nécessiteux & par l'aumone, & par le prêt gratuit, ce qui est d'autant plus facile, qu'il ne leur faut que des secours modiques. Voilà dans notre espece à quoi se réduisent nos devoirs indispensables, & la loi ne dit rien qui nous oblige au-delà. Dieu connoit trop le néant de ce qu'on nomme *commodités, fortune & grandeur* temporelle pour nous faire un devoir de les procurer à personne, soit en faisant des dons à ceux qui sont dans l'aisance, ou, ce qui n'est pas moins difficile, en prêtant des grandes sommes sans profit pour nous. En effet, qu'un homme s'incommode & nuise à sa famille pour prêter *gratis* à un homme aisé, où est-là l'intérêt de la religion & celui de l'humanité ?

Revenons donc enfin à la diversité des temps, à la diversité des usages & des loix. Autrefois l'*usure* étoit exorbitante, on l'exigeoit des plus pauvres, & avec une dureté capable de troubler la paix des états ; ce qui la rendoit justement odieuse. Les choses ont bien changé ; les intérêts sont devenus modiques & nullement ruineux. D'ailleurs, grace à notre heureuse légistlation, comme on n'a guere de prise aujourd'hui sur la personne, les barbaries qui accompagnoient jadis l'*usure*, sont inconnues de nos jours. Aussi ne prête-t-on plus qu'à des gens réputés solvables ; &, comme nous l'avons déja remarqué, les pauvres sont presque toujours de trop dans la question présente. Si l'on est donc de bonne foi, on reconnoitra que les prêts de lucre ne regardent que les gens aisés, ou ceux qui ont des ressources & des talens. On avouera que ces prêts ne leur sont point onéreux, & que bien differens de ceux qui avoient cours dans l'antiquité, jamais ils n'ont excité les clameurs du peuple contre les créanciers. On reconnoîtra même que ces prêts sont très-utiles

au corps politique, en ce que les riches fuyant presque toujours le travail & la peine, & par malheur les hommes entreprenans étant rarement pécunieux, les talens de ces derniers sont le plus souvent perdus pour la société ; si le prêt de lucre ne les met en œuvre. Conséquemment on sentira que si la législation prenoit là-dessus un parti conséquent, & qu'elle approuvât nettement le prêt de lucre au taux légal, elle feroit, comme on l'a dit, le vrai bien, le bien général de la société, elle nous épargneroit des formalités obliques & ruineuses, & nous délivreroit tout-d'un-coup de ces vaines perplexités qui ralentissent nécessairement le commerce national.

C'est affoiblir des raisons triomphantes que de les confirmer par des autorités dont elles n'ont pas besoin. Je cede néanmoins à la tentation de rappeller ici l'anonyme, qui, sur la fin du dernier siecle, nous donna *la pratique des billets* ; un autre qui a publié dans ces derniers temps un *in-4°.* sur *les prêts de commerce* ; ouvrage qui l'emporte beaucoup sur le premier, & qui fut imprimé à Lille en 1738. Je cite encore avec Bayle le célebre de Launoy, docteur de Paris, le pere Séguenot, de l'oratoire, M. Pascal, M. le premier président de Lamoignon, *&c*. Je cite même M. Perchambaut, président du parlement de Bretagne ; & pour dire encore plus, Dumoulin, Grotius, Puffendorf, Saumaise & Montesquieu. Tous ces grands hommes ont regardé comme légitimes de modiques intérêts pris sur les gens aisés, & ils n'ont rien apperçu dans ce commerce qui fût contraire à la justice ou à la charité. *Voy*. Nouvelles de la république des lettres, Mai 1685, p. 571, *F. de V. Victricem meditor justo de fenore causam Annus hic undecies dum mihi quintus adest. (Article de M. Faiguet. 1758.)*

USURE, s. f *Jurispr.* Il ne faut pas confondre l'*usure* avec le profit que l'on tire du louage, ce profit étant toujours permis, lorsqu'on le perçoit pour une chose susceptible de location, & qu'il est réglé équitablement.

On n'entend par *usure* que le profit que l'on tire du prêt ; encore faut-il distinguer deux sortes de prêts, appellés par les Latins *commodatum & mutuum*.

Le premier que nous appellerons *commodat*, ou *prêt à usage*, faute d'expression propre dans notre langue pour le distinguer de l'autre forte de prêt appellé *mutuum*, eft celui par lequel on donne gratuitement une chofe à quelqu'un, pour en ufer pendant un certain temps, fous condition de la rendre en nature après le temps convenu. Ce prêt doit être gratuit, autrement ce feroit un louage.

L'autre prêt appellé *mutuum*, *quafi mutuatio*, eft celui par lequel une chofe fungible, c'eft-à-dire qui peut être remplacée par une autre, comme de l'or ou de l'argent, monnoyé ou non, du grain, des liqueurs, &c. eft donnée à quelqu'un pour en jouir pendant un certain temps, à condition de rendre, non pas la même chofe identiquement, mais la même quantité & qualité.

Ce prêt appellé *mutuum*, devoit auffi être gratuit; & lorfqu'il ne l'étoit pas, ce qui étoit contre la nature de ce contrat, on l'appelloit *fænus*, *quafi fætus*, *feu par tus*; & le profit que l'on tiroit de l'argent, ou autre chofe fungible ainfi prêtée, fut ce que l'on appella *ufura*, ufure.

On voit dans l'*Exode*, *ch. xxij.* que le prêt gratuit appellé *mutuum*, étoit ufité; mais il n'y eft pas parlé du prêt à *ufure*.

Le *ch. xxiij.* du *Deutéronome* le défend expreffément: *Non fœnerabis fratri tuo ad ufuram pecuniam, nec fruges, nec quamlibet aliam rem*, SED ALIENO. *Fratri tuo abfque* ufura, *id quod indiget commodabis, ut benedicat tibi Dominus*, &c.

Il étoit donc défendu de prêter à *ufure* à fon frere, c'eft-à-dire à toute perfonne de même nation ou alliée. Il n'y avoit d'exception que pour les étrangers, qui étoient tous regardés comme ennemis. Auffi S. Ambroife regarde-t-il comme deux actions égales, de févir contre les ennemis par le Fer, ou tirer de quelqu'un l'*ufure* du prêt; & il penfe qu'on ne peut l'exiger que contre ceux qu'il eft permis de tuer.

Mais la loi de l'évangile, beaucoup plus parfaite que celle de Moïfe, défend de prêter à *ufure*, même à fes ennemis: *diligite inimicos veftros, benefacite, & mutuum date, nihil inde fperantes, & erit merces veftra multa*. Luc, *vj*.

Les conciles & les papes fe font auffi élevés fortement contre les prêts à *ufure*. Ils prononcent la fufpenfion des bénéfices contre les clercs, & l'excommunication contre les laïcs qui ont le malheur d'y tomber. On peut voir là-deffus le *tit. de ufuris*, aux décrétales; le canon *epifcopi*, *dift. 47.* & plufieurs autres.

Cependant l'*ufure* punitoire ou conventionnelle, eft permife en certains cas par le droit canon.

Chez les Romains, comme parmi nous, toute *ufure* n'étoit pas défendue; mais feulement l'*ufure* lucratoire; lorfqu'elle étoit exceffive. Elle ne devoit pas excéder un certain taux dont on étoit convenu, autrement le préteur étoit déclaré infâme, & puni de la peine du quadruple; en quoi l'ufurier étoit traité plus rigoureufement que les voleurs ordinaires, dont la peine n'étoit que du double.

Auffi les chofes étoient-elles portées à un tel excès, que l'on ne rougiffoit point de tirer cent pour cent d'intérêt, qui eft ce que l'on appelloit *ufure centéfime*. (*) Cet abus s'étoit perpétué jufqu'au temps de Juftinien, malgré les défenfes réitérées de fes prédéceffeurs, que cet empereur renouvella en prefcrivant la maniere dont il étoit permis de percevoir les intérêts.

En France, les ordonnances de nos rois ont toujours réprouvé le commerce d'*ufure*, en quoi l'on s'eft conformé à la doctrine de l'églife & au droit canon.

On a feulement diftingué l'intérêt licite, de celui qui ne l'eft pas, auquel on applique plus volontiers le terme d'*ufure*.

Non feulement on admet parmi nous les *ufures* compenfatoires, légales, & celles qu'on appelle *punitoires* ou *conventionnelles*, mais même l'*ufure* lucratoire, pourvu qu'elle n'excede pas le taux permis par l'ordonnance, toutes ces *ufures* font réputées légitimes.

Mais l'*ufure* lucratoire n'a lieu parmi nous qu'en quatre cas; favoir, 1°. dans le contrat de conftitution de rente; 2°. pour les intérêts qui viennent *ex morâ & officio judicis*; 3°. dans les actes onéreux, autres que le prêt, tels que tranfactions pour intérêts civils ou pour rentes, de droits incorporels, ou de chofes mobiliaires en gros; 4°. pour deniers pupillaires, ce qui n'a lieu que contre le tuteur tant que les deniers font entre fes mains.

Il y a cependant quelques pays où il eft permis de ftipuler l'intérêt de l'argent prêté, comme en Bretagne & en Breffe, & à Lyon entre marchands, ou pour billets payables en paiement. *Voy.* aux décrétales, au digefte & au code, les *tit. de usuris* ; & les traités *de usuris*, de Salmasius, & autres auteurs indiqués par Brillon au *mot usure*, Gregorius Tolosanus, Dumolin, Donat, *tractatus contractuum & usurarum*, Bouchel, & les *mots* CONTRAT DE CONSTITUTION, INTÉRÊT-PRÊT, OBLIGATION, USURIER. (*A*)

USURE *bessale*, chez les Romains étoit l'intérêt à huit pour cent par an. Elle étoit ainsi appellée du mot *bes*, qui signifioit huit parties de l'as, ou somme entiere.

USURE *centésime*, n'étoit pas, comme quelques interprètes l'ont pensé, un intérêt de cent pour cent par an ; car jamais une *usure* si énorme ne fut permise. L'*usure centésime* la plus forte qui ait eu lieu chez les Romains, étoit celle qui dans le cours de cent mois égaloit le sort principal, au moyen de ce que de cent deniers on en payoit un par mois ; car les anciens avoient coutume de compter avec leurs débiteurs tous les mois, & de se faire payer l'intérêt chaque mois. Un denier par mois faisoit douze deniers par an, ou le denier douze. Ainsi pour appliquer cela à nos valeurs numéraires, cent liv. tournois, chacune de vingt sous, & le sou de douze deniers, l'*usure centésime* auroit été d'une livre tournois par mois, & douze livres tournois par an ; ce qui en huit ans & quatre mois égaleroit le sort principal.

Cette *usure* considérable s'étoit perpétuée chez les Romains jusqu'au temps de Justinien, malgré les défenses réitérées de ses prédécesseurs qu'il renouvella. *V.* Budæus *de asse*, Hermolaus Barbarus, Ægidius Dosanus, Alciatus Molinæus *de usuris*, Gregorius Tolosanus, & les *mots* INTÉRÊT, USURE *unciale*. (*A*)

USURE *civile*. Pline donne ce nom aux *usures semisses*, parce que c'étoient les plus fortes des *usures* communes. *Voy.* Gregorius Tolosanus, *liv. II. cb. iij.*

USURE *compensatoire*, est celle par laquelle on se dédommage du tort que l'on a reçu, ou du profit dont on a été privé, *propter damnum emergens, vel lucrum cessans.*

Cette *usure* n'a rien de vicieux, ni de repréhensible suivant les loix & les canons, parce que hors le cas d'une nécessité absolue, l'on n'est pas obligé de faire le profit d'un autre à son préjudice.

C'est sur ce principe qu'il est permis au vendeur de retirer les intérêts du prix d'un fonds dont il n'est pas payé, & ce en

compensation des fruits que l'acquéreur perçoit.

Il en est de même des intérêts de la dot, exigible & non payée, de ceux de la légitime ou portion héréditaire, d'une soute de partage, ou d'un reliquat de compte de tutelle.

Cette *usure compensatoire* est aussi appellée *légale*, parce qu'elle est due de plein droit & sans convention.

USURE *conventionnelle*, est l'intérêt qui est dû en vertu de la stipulation seulement, à la différence des intérêts qui sont dûs de plein droit en certain cas, & que l'on appelle par cette raison *usures légales*.

L'*usure* punitoire est du nombre des *usures conventionnelles*. *V.* USURE *légale & USURE punitoire.*

USURE *deunce*, étoit l'intérêt à onze pour cent par an ; le terme *deunce* signifiant onze parties de l'as ou somme entiere.

USURE *dextante*, étoit l'intérêt à dix pour cent par an, *dextans* signifiant dix parties de l'as ou principal. *Voy.* USURE *unciale.*

USURE *dodrante*, étoit l'intérêt à neuf pour cent par an, car *dodrans* signifioit neuf parties de l'as. *V.* USURE *unciale*, USURE *sextante*, &c.

USURE *légale*, c'est l'intérêt qui est dû de plein droit, en vertu de la loi & sans qu'il soit besoin de convention, comme cela a lieu en certain cas, par exemple pour les intérêts du prix de la vente d'un fonds, pour les intérêts d'une dot non payée, d'une part héréditaire, légitime, soute de partage, &c. *V.* USURE *compensatoire.*

USURE *légitime*, on appelloit ainsi chez les Romains, le taux d'intérêt qui étoit autorisé & le plus usité, comme l'*usure trientale*, c'est-à-dire, à 4 pour 100, ou l'*usure quinquunce*, c'est-à-dire, à 5 pour 100 par an ; on donna cependant aussi quelquefois ce nom à l'*usure centésime* ou à 12 pour 100 par an, qui étoit la plus forte de toutes, parce qu'elle étoit alors autorisée par la loi, ou du moins qu'elle l'avoit été anciennement, & qu'elle s'étoit perpétuée par un usage qui avoit acquis force de loi. *Voyez l'histoire de la jurisprud. rom.* de M. Terrasson.

USURE *lucrative* ou *lucratoire*, est celle qui est perçue sans autre cause, que pour tirer un profit de l'argent ou autre chose prêtée ; cette sorte d'*usure* est absolument réprouvée par le Droit canonique & civil, fi ce n'eſt lorſqu'il y a *lucrum ceſſans* ou *damnum emergeus*, comme dans le cas du contrat de conſtitution. *V.* CON-TRAT *de conſtitution* & INTÉRÊT.

USURE *maritime*, *nauticum fœnus*, eſt l'intérêt que l'on ſtipule dans un contrat à la groſſe ou à la groſſe aventure ; cet in-térêt peut excéder le taux de l'ordonnan-ce, à cauſe du riſque notable que court le prêteur de perdre ſon fond*. V.* au di-geſte le titre *de nautico fœnore.* L'ordon-nance de la marine, *l. III. tit.* 5. le com-mentaire de M. Valin ſur cette ordonnan-ce, & le *mot* GROSSE AVENTURE.

USURE *mentale*, eſt celle qui ſe com-met ſans avoir été expreſſément ſtipulée par le prêteur, lorſqu'il donne ſon ar-gent, dans l'eſpérance d'en retirer quel-que choſe au-delà du ſort principal. Cette uſure eſt défendue auſſi-bien que l'*uſure* réelle, *mutuum date nihil inde ſperantes.* Luc. *vj.*

USURE *nautique. V.* USURE *maritime.*

USURE *punitoire* ou *conventionnelle*, eſt le profit qui eſt ſtipulé en certains cas par forme de peine, contre celui qui eſt en demeure de ſatisfaire à ce qu'il doit.

Cette ſorte d'*uſure*, quoique moins fa-vorable que la compenſation, eſt cepen-dant autoriſée en certains cas, même par le Droit canon ; par exemple, en fait d'emphytéoſe, où le preneur eſt privé de ſon droit, lorſqu'il laiſſe paſſer deux ans ſans payer le canon emphytéotique ; 2°. en matiere de compromis, où celui qui refuſe de l'exécuter dans le tems conve-nu, eſt tenu de payer la ſomme fixée par le compromis ; 3°. en matiere de teſta-ment, dont l'héritier eſt tenu de remplir les conditions ou de ſubir la peine qui lui eſt impoſée par le teſtament. *Voy. le traité des crimes*, par M. de Vouglans, *tit.* 5. *c. vij.*

USURE *quadrante*, étoit l'intérêt à 3 pour 100 par an, car le terme de *quadrans* ſignifioit la troiſieme partie de l'as ou ſomme entiere.

USURE *quinquunce*, étoit l'intérêt à 5 pour 100 par an, *quinquunce* étant la cin-quieme partie de l'as ou la ſomme entiere.

USURE *réelle*, eſt celle que l'on com-met réellement & de fait, en exigeant des intérêts illicites d'une choſe prêtée ; on l'appelle auſſi *réelle* pour la diſtinguer de l'*uſure* mentale, qui eſt lorſque le prêt a été fait dans l'intention d'en tirer un

profit illicite, quoique cela n'ait pas été ſtipulé ni exécuté. *V.* USURE *mentale.*

USURE *ſemice*, étoit l'intérêt à 6 pour 100 par an ; *ſemi* étoit la moitié de l'as ou ſix parties du total, qui ſe diviſoit en 12 onces.

USURE *ſeptunce*, étoit l'intérêt à 7 pour 100 par an, ainſi appellé, parce que *ſeptunx* ſignifioit ſept parties de l'as.

USURE *ſextante*, c'étoit lorſque l'on ti-roit l'intérêt à 2 pour 100 par an, car *ſextans* étoit la cinquieme partie de l'as ou 2 onces.

USURE *ſemi-unciale*, étoit celle qui ne produiſoit que la moitié d'une once par an, ou un demi denier par mois. *V.* USU-RE *centéſime* & USURE *unciale.*

USURE *triente* ou *triente*, étoit chez les Romains l'intérêt à 4 pour 100 par an ; en effet, *triens* étoit la quatrieme par-tie de l'as, il en eſt parlé au code *de uſuris.*

USURE *unciale*, on appelloit ainſi chez les Romains l'intérêt que l'on tiroit au denier 12 d'un principal, parce que l'as qui ſe prenoit pour la ſomme entiere étoit diviſé en 12 onces ou parties ; deſorte que l'*uſure unciale* étoit une once d'intérêt, non pas par mois, comme quelques-uns l'ont cru, mais ſeulement par an, ce qui ne faiſoit qu'un denier par mois ; autre-ment on auroit tiré 100 pour 100 par an, ce qui ne fut jamais toléré ; ainſi l'*uſure unciale* ou centéſime étoit la même choſe, *voy.* USURE *centéſime. V. auſſi* Cornelius Tacitus, *anal. lib. XV.* Gregorius Tolo-ſanus. (*A*)

USURIER, ſ. m. *Gram.* & *Juriſpr.*, eſt celui qui prête à uſure, c'eſt-à-dire, à un intérêt illicite, ſoit que ce ſoit dans un cas auquel il n'eſt pas permis de ſtipuler d'intérêt, ſoit que l'intérêt qui eſt ſtipulé excede le taux porté par les ordonnances.

Le terme d'*uſurier* ne ſe prend jamais qu'en mauvaiſe part.

On appelle *uſurier* public, celui qui fait métier de prêter à uſure.

Les ordonnances de Philippe le Bel en 1311 & 1313, celle de Louis XII. en 1510 & de Charles IX. en 1567, ont dé-fendu le prêt à uſure.

L'ordonnance de Blois, *art.* 202. a pa-reillement défendu à toutes perſonnes d'exercer aucune uſure, à peine pour la premiere fois, d'amende-honorable, ban-niſſement, & de condamnation de groſ-ſes amendes, & pour la ſeconde fois de confiſcation de corps & de biens.

Ces difpofitions ne font pas toujours fuivies à la rigueur, par rapport à la difficulté qu'il y a d'acquérir une preuve complette de l'ufure, qui prend toujours foin de fe cacher fous quelque forme légitime en apparence. *V.* le *traité des crimes*, par M. de Vouglans, *&* ci-devant *le mot* Usure. (*A*)

USURPATEUR, f. m. *Gramm. & Jurifp.*, eft un injufte poffeffeur du bien d'autrui, & qui s'en eft emparé par violence ou du-moins de fon autorité privée.

On qualifie d'*ufurpateur*, non-feulement celui qui s'empare induement d'un fonds, mais auffi tous ceux qui s'emparent de quelque droit qui ne leur appartient pas.

Ainfi celui qui prend le nom & les armes d'une famille dont il n'eft pas iffu, eft un *ufurpateur*.

De même celui qui n'étant pas noble, fe qualifie d'écuyer ou de chevalier, eft un *ufurpateur* de nobleffe.

Les fujets rebelles qui veulent s'ériger en fouverains, font des *ufurpateurs* des droits de fouveraineté. *V.* Armes, Armoiries, Chevalier, Ecuyer, Famille, Maison, Nom, Noblesse, Souveraineté. (*A*)

USURPATION, f. f. *Gramm. & Jurifpr.*, eft l'occupation de quelque bien ou droit de la part d'un injufte poffeffeur, qui s'en eft emparé de fon autorité privée ou même par violence. *V.* Usurpateur.

USURPATION, *Gouvern.*, envahiffement injufte de l'autorité, fans en être revêtu par les loix,

Comme une conquête peut être appellée une *ufurpation* étrangere, l'*ufurpation* du gouvernement peut être nommée une *conquête domeftique*, avec cette différence qu'un ufurpateur domeftique ne fauroit jamais avoir le droit de fon côté, au lieu qu'un conquérant pour l'avoir, pourvu qu'il fe contienne dans les bornes que la juftice lui prefcrit, & qu'il ne s'empare pas des poffeffions & des biens aufquels d'autres ont droit.

Quand les regles de l'équité font obfervés, il peut y avoir changement de conducteurs, mais non changement de forme & de loix ou gouvernement; car étendre fon pouvoir au-delà du droit & de la juftice, c'eft joindre la tyrannie à l'*ufurpation*.

Dans tous les gouvernemens policés, une partie confidérable de la forme du gouvernement & des privileges effentiels des peuples, c'eft de nommer les perfonnes qui doivent gouverner. L'anarchie ne confifte pas feulement à n'avoir nulle forme de gouvernement, mais à n'avoir pas conftitué les perfonnes qui doivent être revêtues du pouvoir. Ainfi les véritables Etats ont non-feulement une forme de gouvernement établie, mais encore des loix pour revêtir certaines perfonnes de l'autorité publique. Quiconque entre dans l'exercice de quelque partie du pouvoir d'une fociété par d'autres voies que celles que les loix prefcrivent, ne peut prétendre d'être obéi, quoique la forme du gouvernement foit confervée, parce qu'il n'a pas été défigné à jouir du pouvoir par les loix. En un mot, un tel ufurpateur, ni aucun de fes defcendans, ne fauroit avoir une domination légitime, jufqu'à ce que le peuple y ait donné fon aveu, fans lequel leur pouvoir fera toujours un pouvoir ufurpé, & par conféquent illégitime. (*D. J.*)

USURPER, ENVAHIR, S'EMPARER, *Synon.* Ufurper, c'eft prendre injuftement une chofe à fon légitime maitre, par voie d'autorité & de puiffance; il fe dit également des biens, des droits & du pouvoir. *Envahir*, c'eft prendre tout-d'un-coup par voie de fait quelque pays ou quelque canton, fans prévenir par aucun acte d'hoftillité. *S'emparer*, c'eft précifément fe rendre maitre d'une chofe, en prévenant les concurrens & tous ceux qui peuvent y prétendre avec plus de droit.

Il femble auffi que le mot d'*ufurper* renferme quelquefois une idée de trahifon : que celui d'*envahir* fait entendre qu'il y a du mauvais procédé : que celui de *s'emparer* emporte une idée d'adreffe & de diligence.

On n'*ufurpe* point la couronne, lorfqu'on la reçoit des mains de la nation. Prendre des provinces dans le cours de la guerre, c'eft en faire la conquête, & non pas les *envahir*. Il n'y a point d'injuftice à *s'emparer* des chofes qui nous appartiennent, quoique nos prétentions foient conteftées. *Girard.* (*D. J.*)

Fin de la Partie I. du Tome XXXVI.

U T, f. m. *en Mufique*, eft la premiere des fix fyllabes de la gamme de l'Aretin qui répond à la lettre C.

Par la méthode des tranfpofitions, on appelle toujours *ut* la tonique des modes majeurs. *Voy.* GAMME, TRANSPOSITION.

Les Italiens trouvant le nom de cette fyllabe *ut* trop fourd, lui fubftituent la fyllabe *do* en folfiant. (*S*)

UTERIN, *Gram. & Jurifpr.*, fe dit de celui qui eft iffu du même ventre. On appelle *frere uterin* celui qui eft né de la même mere qu'un autre enfant. *Voy.* ci-devant les *mots* FRERE & SŒUR, & les *mots* CONSANGUINITÉ, DOUBLE LIEN. PARENTÉ, PROPRES, SUCCESSION. (*A*)

UTERINE, *Pierre, Hift. nat.*, *lapis uterinus*; nom donné par quelques auteurs à une pierre qui fe trouve dans l'Amérique Efpagnole & dans d'autres contrées. On dit qu'elle eft très-dure & très-pefante, d'un beau noir, & fufceptible d'un très beau poli. Les Indiens l'appliquent fur le nombril dans les douleurs de ventre, & prétendent en fentir beaucoup de foulagement.

UTERUS, *en Anatomie*, ou *matrice*, eft l'organe de la génération dans la femme; c'eft-là que fe paffe l'œuvre de la conception, & où le fetus ou l'embryon fe loze, fe nourrit, & croit pendant la groffeffe & jufqu'à la délivrance. *Voy.* fa defcription fous l'*article* MATRICE, fa fonction fous les *articles* GÉNÉRATION, CONCEPTION, GROSSESSE, FETUS, &c.

UTERUS, *maladies de l'. Médec.* Il faut d'abord fe rappeller la ftructure de cette partie organique, qui ne fe trouve que dans le fexe féminin; elle eft attachée aux os du baffin, placée entre la veffie & l'inteftin rectum; fon épaiffeur approche d'un pouce & demi; fa longueur depuis l'orifice jufqu'au fond, eft d'environ trois pouces; & fa cavité mitoyenne contiendroit à peine le fruit d'une amende. Il eft difficile d'introduire un ftilet dans fon orifice qui fe dilate fi fort pour l'accouchement.

Chez les femmes enceintes, non-feulement la grandeur de l'*uterus* augmente, pour qu'elle puiffe contenir le fœtus & l'arriere-faix, mais les côtés mêmes deviennent plus épais; les vaiffeaux fanguins de ce vifcere s'alongent & fe groffiffent. Sa fubftance fpongieufe fe gorge de fang; dans la partie où eft attaché le placenta, on découvre des orifices très-amples; & les vaiffeaux auparavant tranfpatens fe trouvent alors rouges; fon ouverture fe maintient naturellement fermée pendant tout le temps de la groffeffe; mais quand le moment d'accoucher ou d'avorter approche, elle devient plus molle & plus large; enfuite dans l'efpace de feize jours depuis l'accouchement, elle reprend fa grandeur naturelle.

Les maladies de l'*uterus* fe rapportent 1°. aux parties voifines; telles que le vagin, les trompes, les ovaires, mais fpécialement à celles de l'*uterus* dont il s'agit ici: 2°. elles ont rapport aux maladies de fonction, de menftruation, de conception, de groffeffe, d'avortement, d'accouchement & de vuidanges, qu'on a coutume de mettre fous des titres particuliers.

Quant aux maladies propres à l'*uterus*, elles font relatives 1°. à ce qui eft contenu dans fa cavité : 2°. à fon orifice : 3°. à fa pofition : 4°. à fa figure : 5°. aux affections qui viennent de caufe externe : 6°. à celles de toute fa fubftance : 7°. à l'augmentation de fa maffe : 8°. à fa diminution : 9°. à fon action : 10 : enfin à fes évacuations.

I. Dans la cavité de l'*uterus* 1°. font contenues fes diverfes humeurs : 2°. le fang menftruel ou celui des vuidanges, qui s'y arrête par la clôture de l'orifice, par le ralentiffement du mouvement, & la qualité du fang augmentée par la ftagnation dégénere en pourriture, ou par fa mauvaife qualité, caufe un grand nombre de fymptômes, auxquels en ne peut remédier qu'en ouvrant l'orifice de l'*uterus*, qui fe trouve refferré, & en modifiant fa partie interne; 3°. les corps étrangers introduits dans la matrice fe couvrent d'une croûte calculeufe; 4°. les chofes qui s'y font formées comme un

D d 2

grumeau, doivent en être ôtées par la dilatation de l'orifice & par l'usage des emménagogues ; mais 5°. le sarcôme qui occupe la cavité de l'*uterus*, ne peut être tiré dehors par l'orifice ; & comme il n'est pas non plus possible de le ronger, il faut tâcher d'empêcher son accroissement par un bandage extérieur, & par l'application des antiseptiques.

II. L'orifice de l'*uterus*, qui dans le temps des regles, de l'accouchement, & de l'évacuation des vuidanges, se trouve fermé ou resserré par quelque inflammation, par une tumeur ou par une espece de convulsion de son col, s'oppose à la sortie des humeurs ; on tâchera d'en procurer l'écoulement par le moyen des topiques & des médicamens internes ; mais s'il y a une coalescence, & que l'orifice de l'*uterus* soit fermé par une membrane, il en résulte une stérilité incurable & la suppression des regles ; si au contraire l'*uterus* est continuellement ouvert (ce qu'on reconnoît par l'intromission du doigt), il en arrive un écoulement de fleurs blanches, un flux immodéré des regles, un avortement fréquent : cet accident demande les fumigations résineuses, l'application des balsamiques & les lotions astringentes.

III. L'*uterus* ne s'éleve jamais dans les femmes qui ne sont pas enceintes ; mais dans les femmes grosses, la matrice étant gonflée, elle éloigne le mésentere & les intestins ; elle monte directement en haut, elle se porte davantage d'un côté ou d'autre ou quelquefois se panche trop sur l'os pubis ; ce changement de situation produit un travail difficile, à moins qu'on ne le prévienne par une position favorable du corps, par la prudente intromission de la main de l'accoucheur & par quelque soutien. Quand l'*uterus* vient à descendre, la compression qu'il fait sur les nerfs, les arteres ou les veines iliaques, cause ordinairement l'engourdissement, des varices ou l'enflure des piés. La compression que fait cette partie sur l'intestin rectum ou sur la vessie, est suivie de difficulté d'aller à la selle & d'uriner ; mais ces maladies se dissipent par le changement de situation & après l'accouchement. On garantit les piés d'enflure & de varices par le secours d'un soutien artificiel.

Si l'orifice de la matrice, à l'approche

des couches, descend trop, il cause un accouchement laborieux, auquel on ne peut remédier qu'en le repoussant adroitement avec la main, & en procurant à la femme qui est en travail, une situation plus déclive.

Quelquefois dans les femmes qui ne sont point grosses, l'*uterus* tombe à la suite des fleurs blanches, du flux immodéré des regles, d'accouchement, d'avortemens fréquens ; l'*uterus* tombe quelquefois après un saut considérable, après une toux très-violente, après le vomissement, le ténesme, lorsqu'on a élevé un poids avec force ; car on découvre dans ces cas l'orifice de l'*uterus* au milieu d'une grosse tumeur ; il faut sur le champ le remettre dans sa place. Mais si la chûte de la matrice est ancienne, il convient, avant toutes choses, d'y faire des fomentations & des ablutions ; & après l'avoir remise dans sa situation naturelle, il l'y faut maintenir par un soutien convenable, en faisant coucher la malade. La partie intérieure de cet organe a ensuite besoin d'être mondifiée & resserrée par les consolidans. Quelquefois la matrice se renverse dans un accouchement laborieux, en procurant imprudemment la sortie du placenta ; si la tumeur se trouve environnée d'une dureté en forme d'anneau, il faut s'appliquer à la fondre sans délai. Quand elle est ancienne, elle demande le même traitement que la chûte de l'*uterus*, de crainte qu'il ne tombe dans le sphacele, & que la malade ne meure.

IV. Quelquefois la figure de la matrice se trouve déformée par une hernie dans un de ses côtés, ou par une cause externe comprimante, ou par une cicatrice qui y est restée. Ces maladies doivent être traitées par la soustraction de la cause comprimante, & par le moyen d'un soutien convenable.

V. La blessure de l'*uterus* dans les femmes qui sont enceintes, menace d'avortement & de mort. La contusion de cet organe n'a guere lieu que dans les femmes grosses. Dans celles qui sont fort grasses, la compression de ce viscere cause la stérilité ; mais il arrive quelquefois qu'une tumeur externe donne à la matrice une situation oblique ou une figure difforme. Le moyen d'y remédier consiste à dissiper les causes de la compression.

Il n'y a point d'exemples de rupture de

matrice dans les femmes qui ne font pas enceintes, mais dans celles qui le font, fi le fœtus par un mouvement violent vient à rompre la matrice, & qu'il tombe dans la cavité du bas-ventre, la feule feétion de cette partie peut conferver la vie de la mere & de l'enfant. On prévient cet accident par un foutien artificiel. Le déchirement trop fréquent de ce vifcere doit être attribué à la maniere imprudente dont la Sage-femme touche la matrice, ou en arrache le placenta. On en tentera la guérifon par des injeétions d'un émollient balfamique, & en appliquant en même temps un cataplafme fur le ventre, accompagné d'un foutien.

VI. Le trop grand relâchement de l'*uterus*, fuite ordinaire d'un accouchement ou d'un avortement trop fréquent, d'une extenfion occafionnée par des humeurs morbifiques contenues dans fa cavité, d'un flux immodéré des regles, des vuidanges & des fleurs blanches, produit la ftérilité. Si ce relâchement arrive à l'orifice de ce vifcere & dans l'accouchement, il caufe l'inverfion de l'*uterus*.

De ce dernier accident s'enfuit un travail laborieux, la retenue du placenta, un fentiment de pefanteur & de fréquentes hémorrhagies de matrice. Pour prévenir ces maladies & la guérir, il convient d'appliquer des corroborans fur le ventre, & un léger foutien. La roideur de l'orifice de l'*uterus* dans les femmes qui accouchent pour la premiere fois, & dans les vieilles femmes, annonce un accouchement difficile, qu'on tâche de faciliter par des onétions & des fomentations faites avec un liniment émollient. Quand cette rigidité vient de convulfion, c'eft alors le cas de recourir aux antifpafmodiques. Mais la trop grande dureté de l'orifice, & fa callofité qu'on recouvre par le toucher, élude tous les remedes. Si la contraétion ou l'inflammation font caufe de cet état, on le traitera comme la roideur. Une matrice trop humide, molle, & plus froide qu'à l'ordinaire, répand une grande quantité d'humeurs & des regles blanches, d'où réfulte fouvent la ftérilité. La cure demande des corroborans chauds appliqués fur le ventre avec un léger foutien. Je ne confeille point les remedes âcres, parce qu'ils font trop dangereux.

La trop grande & conftante féchereffe de l'*uterus*, dont l'origine eft une inflammation ou un éréfipelle, demande le même traitement que ces maladies. Quand la matrice parvenue à ce degré de féchereffe, eft tombée, il eft à propos, avant que de la rétablir dans la fituation naturelle, d'employer pour l'humeéter les fomentations émollientes, humides, & tant foit peu onétueufes. La trop grande chaleur de cette partie, qui eft le réfultat des maladies inflammatoires ou des éréfipelles, ou de quelque humeur âcre, bilieufe, n'exige point un traitement particulier; mais cette légere affeétion requiert l'ufage des rafraichiffemens tant internes qu'externes. Sa trop grande froideur occafionnée par le rallentiffement de fon mouvement vital & particulier, eft caufe que les regles coulent moins abondamment, & font moins colorées. Souvent même les femmes deviennent fujettes aux fleurs blanches & à l'avortement. Pour la cure de cet état, il faut recourir aux échauffans & aux corroborans. L'affoibliffement de l'aétion de la matrice, qui vient du mouvement vital, particulier ou général, demande la méthode curative ordinaire, avec l'ufage des utérins.

La douleur qu'on reffent dans la matrice, quelle que foit la caufe qui la produit, eft fuivie d'anxiétés, & fouvent par fympathie, la veffie & le bas-ventre fe trouvent affeétés. Dans le traitement on doit avoir égard à la connoiffance de la caufe; s'il n'eft pas poffible de la diffiper, il eft à propos d'employer les anodins utérins. La pefanteur de la matrice produite par la rétention d'humeurs, & accompagnée d'une tumeur autour de ce vifcere, exige l'évacuation des matieres qui la gonflent; mais fi cette douleur n'eft point accompagnée de tumeur, & qu'elle foit accompagnée par le rallentiffement de l'aétion de la matrice, il convient de la traiter comme on traite la foibleffe de cette partie.

VII. L'*uterus* qui doit fon enflure à la groffeffe, eft un état naturel. Mais la groffeur occafionnée par un air, qui fe forme de la corruption des matieres contenues dans cette partie, demande qu'on dilate fon orifice pour en faire fortir l'air, & qu'on tâche de prévenir par les antifeptiques, une nouvelle génération du mal. La lymphe amaffée dans la cavité de l'*uterus*, s'évacue de la même maniere, en appliquant en même tems un foutien au bas-ventre ; l'enflure causée par le fang contenu dans les vaisseaux, après la fuppteffion des regles ou des vuidanges, eft plus difficile à traiter; fi la fievre putride furvient, il faut la guérir en employant les fomentations, & foutenir le ventre. L'enflure qui eft une fuite de l'hydropifie ou de l'œdème, outre le foutien & l'application des difcuffifs, exige les diurétiques internes, & les utérins.

Si l'inflammation caufe l'enflure, la malade fe plaint d'ardeur & de féchereffe, de douleur & d'anxiété dans le bas-ventre, & au périnée. Quelquefois la malade éprouve des ftranguries, des douleurs dans les hanches, dans les aines, le vomiffement, la fuffocation, la colique & autres maux fympathiques; la cure de cet état n'eft pas différente de celle des autres inflammations. L'éréfipelle de matrice fe diftingue avec peine de fon inflammation; il arrive feulement que la chaleur de la partie eft plus confidérable, l'urine enflammée, le pouls plus prompt. Quand ces maladies viennent à dégénérer en abfcès ou en fuppuration; il faut tirer le pus en dilatant l'orifice de l'uterus, & traiter l'ulcere comme un finus purulent.

Le fphacele de la matrice fe conjecture par une ceffation de douleur, dont on ne voit point la raifon, par un pouls foible & vacillant, une fueur froide, un vifage cadavéreux, un écoulement d'humeur fétide & ichoreufe; c'eft un mal fans remede. Le skirrhe & le cancer de l'uterus croiffent lentement, fur-tout dans les vieilles femmes; ils produifent un poids dans le bas-ventre, qui femble rouler d'un lieu à un autre par l'inverfion du corps; fouvent les mamelles font flafques & skirrheufes; enfin par leur maffe, ils caufent fympathiquement dans les parties voifines grand nombre de fymptômes irréguliers; fi l'on conjecture d'abord ce cruel état de la matrice, il faut recourir promptement aux réfoens, aux réfolutifs, & aux utérins pour l'adoucir: les tubercules, les farcômes, les verrues, les condylomes adhérens à l'orifice de l'uterus, fe connoiffent & fe traitent comme les mêmes maladies du vagin.

VIII. La matrice confumée par la maladie, & enlevée par la fection, ou l'abfence naturelle de cette partie, caufent néceffairement la ftérilité. La diminution de ce vifcere dans les vieilles femmes, & avant l'âge de puberté, eft dans l'ordre de la nature; l'ulcération de l'uterus, quelle qu'en foit la caufe, fe fent par le toucher qui y produit de la douleur; elle eft accompagnée d'une fievre putride, d'un écoulement de pus, de matiere ichoreufe, fanguine, d'une urine épaiffe & fétide. La méthode curative eft la même que celle d'une fiftule ou d'un finus purulent.

La corruption de l'uterus produit de cruelles morfures dans les parties de la pudeur, des douleurs dans les aines, dans les hanches, au fommet de la tête, l'affoupiffement, le froid des extrémités, la langueur, les inquiétudes, le vomiffement, la fueur froide, la mort; la cure palliative requiert des applications, des injections fréquentes d'antiputrides, & intérieurement tous les remedes qui peuvent retarder le progrès de la pourriture. Il refte toujours de l'ulcération de l'uterus, une cicatrice de cette partie qui eft incurable, & qui l'empêche de s'aggrandir, & de fe prêter fuffifamment dans la groffeffe. Il en réfulte la ftérilité ou l'avortement.

L'action trop foible de l'uterus accumule ordinairement dans fes vaiffeaux le fang des menftrues & des vuidanges; ce manque de force l'empêche de pouvoir expulfer, fuffifamment le fœtus dans une fauffe ou véritable conche; on peut fuppléer à cette foibleffe par des remedes utérins qui aiguillonnent ce vifcere organique. Si les orifices des vaiffeaux de l'uterus manquent de reffort, ils produifent un cours immodéré des regles, des vuidanges, ou bien de fleurs blanches; cet état requiert des utérins corroborans, réunis à des bandages convenables.

Le fpafme, la convulfion de l'uterus, foit dans fon fond ou dans fon col, fupprime le cours des mois, des vuidanges, caufe ou l'avortement, ou la difficulté de l'accouchement, maladies oppofées qui néanmoins demandent également des remedes utérins, antifpafmodiques & anodins.

En général, tout état morbifique de l'uterus exerce par fympathie fon empire fur la machine entiere; de-là vient en conféquence de la pofition de ce vifcere, de fa connexion aux autres parties, de l'origine commune de fes nerfs, veines & arteres, tous les phénomenes qui fui-

vent l'hyftérifme, la conftipation, le té-
aefme, la difficulté d'uriner, l'ifchurie,
la faim dépravée, le dégoût, la naufée, le
vomiffement, la pefanteur dans les reins,
la refpiration léfée, la fuffocation, les
maux de tête, la douleur du fein, fon enflure, fon défenflement, & autres maux
fymptômatiques qui s'évanouiffent par
la guérifon de la maladie, ou qu'on af-
foupit pendant quelque temps, par les
anodins, les utérins, les nervins.

Pour ce qui regarde le flux immodéré
des vuidanges, des regles ou leur fuppreffion. *V.* REGLES & VUIDANGES. Les
pertes de fang dans les femmes groffes,
préfagent d'ordinaire une fauffe-couche,
qu'on ne peut prévenir que par le grand
repos, les rafraichiffans & des bandages
qui refferrent modérément les vaiffeaux
qui font fi prêts à s'ouvrir. (*D. J.*)

UTILA, *Géog. mod.*, île de l'Amérique, dans la nouvelle Efpagne, & dans
le golphe de Honduras. Son circuit eft de
trois milles. (*D. J.*)

UTILE, adj. *Gramm. V.* UTILITÉ.

UTILE, *Jurifp.* ; cette qualification fe
donne en cette maniere à plufieurs objets
différens.

Action utile, chez les Romains, étoit
celle qui étoit introduite à l'inftar de l'action directe, & alliée par la loi. *V.* AC-
TION.

Domaine utile, c'eft celui qui emporte
le revenu & les fruits d'un fonds, à la
différence du domaine direct, qui ne confifte qu'en un certain droit de feigneurie
ou de fupériorité que le propriétaire s'eft
réfervé fur l'héritage.

Jours utiles, font ceux qui font bons
pour agir, & qui font comptés pour les
délais.

Propriété utile, eft oppofée au domaine
direct. *Voyez* ci-devant *Domaine utile*.

Seigneur utile, eft auffi de même oppofé à *feigneur direct. V.* SEIGNEUR &
SEIGNEURIE. (*A*)

UTILITÉ, PROFIT, AVANTAGE,
Synon. L'*utilité* naît du fervice qu'on tire
des chofes. Le *profit* naît du gain qu'elles
produifent. L'*avantage* naît de l'honneur
ou de la commodité qu'on y trouve.

Un meuble a fon *utilité*. Une terre rapporte du *profit*. Une grande maifon a fon
avantage.

Les richeffes ne font d'aucune *utilité*
quand on n'en fait point ufage. Les pro-

fits font beaucoup plus grands dans les
finances que dans le commerce. L'argent
donne beaucoup d'*avantage* dans les affaires; il en facilite le fuccès. *Girard.*
(*D. J.*)

UTINA, *Géog. anc.*, nom que les Latins donnent à une ville de Frioul, connue vulgairement fous celui d'*Udine*, &
qui eft auffi appellée en latin *Udinum*, &
en allemand *Weyden*, felon Lazius.

Son origine eft fort obfcure ; on fait
feulement que ce n'eft pas une ville nouvelle, & qu'elle ne paroît pas avoir été
bâtie depuis le tems des Romains. Cluvier, *Ital. ant. liv. I. c. xx.* veut que les
Nedinates de Pline foient les anciens habitans de cette ville. (*D. J.*)

UTINET, f. m. *inftrument de Tonne-
lier*, c'eft un petit maillet de bois, dont la
maffe eft un cylindre de quatre doigts de
longueur, & de deux bons doigts de diametre, traverfé dans le milieu de fa longueur par un manche de bois fort menu,
rond, & de deux piés de long. Les ton-
neliers fe fervent de cet inftrument pour
arranger & unir les fonds des futailles,
quand ils font placés dans le jable.

UTIQUE, *Géog. anc.*, ville de l'Afrique propre. Elle eft nommée l'Ιτύχη. *Ity-
ca*, par les Grecs, quoique pourtant Dion
Caffius, *l. XLI.* écrive Οὐτίχη, *Utica*, à
la maniere des Latins. Selon Pomponius
Méla, Velléius Paterculus, Juftin &
Etienne le géographe, c'étoit une colonie des Tyriens. Elle fut bâtie 184 ans
après la prife de Troie. C'eft aujourd'hui
Biferte, dans le royaume de Tunis, avec
un grand port dans un petit golfe fur la
côte de Barbarie, à l'oppofite de l'île de
Sardaigne. Les Romains en firent un entrepôt pour y établir un commerce réglé
avec les Africains. Par fa grandeur & par
fa dignité, dit Strabon, *l. XVII.* elle ne
cédoit qu'à Carthage : & après la ruine
de celle-ci, elle devint la capitale de
la province. Il ajoute qu'elle étoit fituée fur le même golfe que Carthage,
près d'un des promontoires qui formoient
ce golfe, dont celui qui étoit voifin d'*U-
tique* s'appelloit *Apolloniam*, & l'autre
Hermea.

Ses habitans font appellés Ιτυχαῖοι, par
Polybe, *l. I. c. lxxiij.* Οὐτιχαῖοι par Dion
Caffius, *l. XLIX p. aot.* & *Uticenfes* par
Céfar, *Bel. civ. l. II. c. xxxvj.* Augufte
leur donna le droit de citoyens romains.

Uticenses cives romanos fecit, dit **Dion** Cassius, ce qui fait qu'on lit dans Pline, *l. V. c. iv.* Utica *civium Romanorum.*

On voit deux médailles deTibere frappées dans cette ville. Sur l'une on lit : *Mun. Julii. Utican. D.D.P.* c'est-à-dire, selon l'explication du P. Hardouin , *Municipii Julii Uticensis Decuriones posuere*, L'autre médaille porte: *Immunis Uticem. D D.* ce que le même pere explique de la sorte : *Immunis Uticensis* (civitas) *Decurionum Decreto.* Dans la table de Peutinger, cette ville est appellée *Utica colonia.*

Elle est à jamais célebre par la mort de Caton, à qui l'on donna par cette raison le nom d'*Utique.* C'est dans ce lieu barbare que la liberté se retira, quittant Rome humiliée , & fuyant César coupable. Caton, pour le suivre à-travers les déserts de Numidie, dédaigna les belles plaines de la Campanie , & tous les délices que verse l'Ausonie. Il fallut bien , après sa mort, que cette fiere liberté plût un genou servile devant ses tyrans , & qu'elle se soumit à accepter les graces humiliantes qu'ils voulurent lui accorder. Brutus ouvrit, pour ainsi dire, l'âge de la liberté romaine en chassant les rois , & Caton la ferma 473 ans après, en se donnant la mort, *nobile lethum,* pour ne pas survivre à cette même liberté qu'il voyoit sur le point d'expirer.

Ce grand homme mourut en tenant d'une main le livre de Platon *de l'immortalité de l'ame* , & de l'autre s'appuyant sur son épée : me voilà , dit-il , doublement armé !

The soul secur'd in her existence smiles
At the drawn dagger, and defies its point.
Let guilt or fear
Disturb man's rest Cato knows neither
      of' em,
Indifferent in his choice to sleep , or die.

Il falloit bien alors que Caton eût un rang distingué dans les champs Elisées ; aussi Virgile nous assure que c'est-là qu'il regne & qu'il donne des loix.

His dantem jura Catonem.

Tous les autres auteurs ont, à l'envi, jeté des fleurs sur le tombeau ; mais voici l'éloge magnifique que fait de ce Romain Velléïus Paterculus lui-même., qui écrivoit sous le regne d'Auguste.

" Caton , dit cet historien, étoit le portrait de la vertu même , & d'un carac-

" tere plus approchant du dieu que de " l'homme. En faisant le bien, il n'eut " jamais en vue la gloire de le faire. Il " le faisoit, parce qu'il étoit incapable " d'agir autrement. Il ne trouva jamais " rien de raisonnable qui ne fût juste. " Exempt de tous les défauts attachés à " notre condition, il fut toujours au des " sus de la fortune ".

Ses ennemis jaloux ne purent jamais lui reprocher d'autre foiblesse , que celle de se laisser quelquefois surprendre par le vin en soupant chez ses amis. Un jour que cet accident lui étoit arrivé , il rencontra dans les rues de Rome ces gens que différens devoirs réveillent de bon matin, & qui furent curieux de le connoître. On eût dit, rapporte César , que c'étoit Caton qui venoit de les prendre sur le fait , & non pas ceux qui venoient d'y prendre Caton. Quelle plus haute idée peut-on donner de l'autorité que ce grand personnage avoit acquise , que de le représenter si respectable tout enseveli qu'il étoit dans le vin ? Nous ne sommes pas arrivés , écrit Pline à un de ses amis , à ce degré de réputation, où la médisance dans la bouche même de nos ennemis soit notre éloge.

Caton , dans les commencemens, n'aimoit pas à tenir table long-temps ; mais dans la suite , il se le permit davantage, pour se distraire des grandes affaires qui l'empêchoient souvent pendant des semaines entieres de converser à souper avec ses amis , ensorte qu'insensiblement il s'y livroit assez volontiers. C'est là-dessus qu'un certain Memmius s'étant avisé de dire dans une compagnie que Caton ivrognoit toute la nuit , Cicéron lui répliqua plaisamment : "Mais tu ne dis pas " qu'il joue aux dés tout le jour. "

Aussi jamais les débauches rares de Caton ne purent faire aucun tort à sa gloire. L'histoire nous apprend qu'un avocat plaidant devant un préteur de Rome , ne produisoit qu'un seul témoin dans un cas où la loi en exigeoit deux ; & comme cet avocat insistoit sur l'intégrité de son témoin , le préteur lui répondit avec vivacité : "Que là où la loi exigeoit deux té " moins, il ne se borneroit pas à un seul, " quand ce seroit Caton lui-même ". Ce propos montre bien quelle étoit la réputation de ce grand homme au milieu de ses contemporains. Il l'avoit déja acquise cette réputation parmi ses camarades dès l'âge de 15 ans. A la célébration des jeux troiens, ils allerent trouver Sylla, lui demanderent Caton pour capitaine, & qu'autrement ils ne courroient point sans lui.

Quoique, par la loi de Pompée, on pût recufer cinq de ses juges, c'étoit un opprobre d'ofer recufer Caton. En un mot, fa paffion pour la juftice & la vertu étoit fi refpectée, qu'elle fit pendant fa vie & après fa mort, le proverbe du peuple, du fénat & de l'armée.

All wist Plato thought, godlike Cato was.

Sa vie dans Plutarque éleve notre ame, la fortifie, nous remplit d'admiration pour ce grand perfonnage qui puifa dans l'école d'Antipater les principes du Stoïcifme. Il endurcit fon corps à la fatigue, & forma fa conduite fur le modele du fage.

Il cultiva l'éloquence néceffaire dans une république à un homme d'état; & quoique l'éloquence fuive d'ordinaire les mœurs & le tempérament, la fienne, pleine de force & de briéveté, étoit entremélée de fleurs & de graces. Cependant le ton de fa politique étoit l'aufterité & la févérité; mais fa vertu fe trouvant beaucoup difproportionnée à fon fiecle corrompu, éprouva toutes les contradictions qu'un temps dépravé peut produire, & je crois qu'une vertu moins roide auroit mieux réuffi.

Après avoir été dépofé de fa charge de tribun, & vu un Vatinius emporter fur lui la préture, il effuya le trifte refus du confulat qu'il follicitoit. Il eft vrai que, par la magnanimité avec laquelle il foutint cette difgrace, il fit voir que la vertu eft indépendante des fuffrages des hommes, & que rien n'en peut ternir l'éclat.

Dans la commiffion qu'il eut, malgré lui, d'aller chaffer de l'ile de Cypre le roi Ptolomée, fon éloquence feule ramena les bannis dans Byfance, & rétablit la concorde dans cette ville divifée. Enfuite; dans la vente des richeffes immenfes qui furent trouvées dans cette ile, il donna l'exemple du défintéreffement le plus parfait, ne fouffrant pas que la faveur enrichît aucun de fes amis aux dépens de la juftice. A fon retour, le fénat lui décerna de grands honneurs; mais il les refufa, & demanda pour feule grace la liberté de

l'intendant du roi Ptolémée, qui l'avoit fervi très-utilement.

Il l'a été dans toutes fes actions d'homme d'état. Il brigua le tribunat uniquement pour s'oppofer à Metellus, homme dangereux au bien public, & en même temps il empêcha le fenat de dépofer le même Metellus, jugeant que cette dépofition ne manqueroit pas de porter Pompée aux dernieres extrémités; mais il refufa l'alliance de Pompée, par la raifon qu'un bon citoyen ne doit jamais recevoir dans fa famille un ambitieux, qui ne recherche fon alliance que pour abufer de l'autorité contre fa patrie.

Il rendit dans fa quefture trois fervices importans à l'État; l'un de rompre le cours des malverfations ruineufes; le fecond, de faire rendre gorge aux fatellites de Sylla, & de les faire punir de mort comme affaffins; le troifieme, auffi confidérable que les deux premiers, fut d'empêcher les gratifications peu méritées. Il n'y a pas de plus grand défordre dans un état, dit Plutarque à ce fujet, que de rendre les finances la proie de la faveur, au-lieu d'en faire la récompenfe des fervices. Il arrive delà deux chofes également pernicieufes; l'état s'épuife en donnant fans recevoir, & le mérite négligé fe rebute, dépérit, & s'éteint enfin faute de nourriture.

Caton étendit fes foins jufques fur la fortune des particuliers, en modérant les dépenfes exorbitantes introduites par le luxe d'émulation dans les jeux que les édiles donnoient au peuple. Il y rétablit la fimplicité des Grecs, convaincu qu'il étoit nuifible de faire d'un divertiffement public, la ruine entiere des familles.

Lorfqu'il n'étoit encore que tribun des foldats, il profita d'un congé, non pour vaquer à fes affaires, fuivant la coutume, mais pour fe rendre en Afie, & en emmener avec lui à Rome le célèbre philofophe Athénodore, qui avoit réfifté aux propofitions les plus avantageufes que des généraux & des rois même lui avoient faites, pour l'attirer auprès d'eux. Caton, plus heureux, enrichit fa patrie d'un homme fage dont elle avoit befoin, & il eut tant de joie de ce fuccès, qu'il le regarda comme un exploit plus utile que ceux de Lucullus & de Pompée.

Les intérêts de Rome acquéroient de la force entre fes mains. C'eft ainfi qu'il ſoutint avec éclat la majeſté de la république dans l'audience que Juba lui donna en Afrique. Ce prince avoit fait placer ſon ſiege entre Caton & Scipion : Caton prit lui-même ſon fauteuil, & le plaça à côté de celui de Scipion qu'il mit au milieu, déférant tout l'honneur au proconſul, quoique ſon ennemi. C'eſt une action pleine de grandeur ; car on ignoroit alors nos petits arts de politeſſe.

Le déſintéreſſement eſt une qualité eſſentielle dans un citoyen, & ſur-tout dans un homme d'état. De ce côté-là Caton eſt un homme admirable. Il vendit une ſucceſſion de cent cinquante mille écus, pour en prêter l'argent à ſes amis ſans intérêt ; il renvoya une groſſe ſomme de Menillus, les riches préſens du roi Déjotarus, & les ſept cents talens (ſept cent cinquante mille écus) dont Harpalus l'avoit gratifié.

L'humanité eſt le fondement de toutes les autres vertus. Caton, ſévere, dans les aſſemblées du peuple & dans le ſénat, lorſqu'il s'agiſſoit du bien public, s'eſt montré dans toutes les autres occaſions l'homme du monde le plus humain. C'eſt par un effet de cette humanité qu'il abandonna la Sicile, pour ne pas l'expoſer à ſon entiere ruine en la rendant le théatre de la guerre ; il fit ordonner par Pompée qu'on ne ſaccageroit aucune ville de l'obéiſſance des Romains, & qu'on ne tueroit aucun Romain hors de la bataille. Scipion, pour faire plaiſir au roi Juba, vouloit raſer la ville d'Utique, & exterminer les habitans, Caton s'oppoſa vivement à cette cruauté, & l'empêche.

Pendant ſon ſéjour à Utique, Marcus Octavius vint à ſon ſecours avec deux légions, & s'étant campé aſſez près de la ville, il envoya d'abord à Caton un officier pour régler avec lui le commandement qu'ils devoient avoir l'un & l'autre. Caton ne répondit preſque autre choſe à cet officier, ſinon qu'il n'auroit ſur cet article aucune diſpute avec ſon maître ; mais ſe tournant vers ſes amis : "Nous étonnons nous, leur dit-il, que nos affaires aillent ſi mal, lorſque nous voyons cette malheureuſe ambition de commander régner parmi nous juſques dans les bras de la mort,, ?

La veille qu'il trancha le fil de ſes jours, il ſoupa avec ſes amis particuliers & les principaux d'Utique. Après le ſouper,

l'on propoſa des queſtions de la plus profonde philoſophie, & il ſoutint fortement que l'homme de bien eſt le ſeul libre, & que tous les méchans ſont eſclaves. Enſuite il congédia la compagnie, donna ſes ordres aux capitaines des corps de garde, embraſſa ſon fils & tous ſes amis avec mille careſſes, ſe retira dans ſa chambre, lut ſon dialogue de Platon, & dormit enſuite d'un profond ſommeil.

Il ſe réveilla vers la minuit, & envoya un de ſes domeſtiques au port, pour ſavoir ſi tout le monde s'étoit embarqué. Peu de temps après, & reçut la nouvelle que tout le monde avoit fait voile, mais que la mer étoit agitée d'une violente tempête. A ce rapport, Caton ſe prit à ſoupirer, dit à Butas de ſe retirer, & de fermer la porte après lui. Butas ne fut pas plutôt ſorti, que ce grand homme tira ſon épée & ſe tua.

Cette nouvelle s'étant répandue, tout le peuple d'Utique arrive à ſa maiſon en pleurant leur bienfaiteur & leur pere ; c'étoient les noms qu'ils lui donnoient dans le temps même qu'ils avoient des nouvelles que Céſar étoit à leurs portes. Ils firent à Caton les funérailles les plus honorables que la triſte conjoncture leur permit, & l'enterrerent ſur le rivage de la mer, où , du temps de Plutarque, l'on voyoit encore ſur ſon tombeau ſa ſtatue qui tenoit une épée.

Si le grand Caton s'étoit réſervé pour la république lorſqu'il en déſeſpéra, il l'auroit relevée ſans doute après la mort de Céſar, non pour en avoir la gloire, mais pour elle même & pour le ſeul bien de l'état. (*D. J.*)

UTRECHT, *Géogr. mod.*, ville des Pays-Bas, capitale de la province de même nom, ſur l'ancien canal du Rhin, au centre, entre Nimegue, Arnheim, Leyde, & Amſterdam. Elle eſt à environ huit lieues de diſtance de chacune de ſes villes, & à douze lieues nord oueſt de Bois-le-Duc.

On croit qu'elle a été bâtie par les Romains, qui la nommerent *Trajectum*, parce qu'on y paſſoit le Rhin. De l'ancien nom *Trajectum*, on a fait *Trecht*, & on la nommoit ainſi ſur la fin du treizieme ſiecle, comme on le voit par l'hiſtorien Froiſſart. Pour diſtinguer néanmoins cette ville de celle de Maeſtricht, nommée *Trajectum ſuperius*, on appella utte *Trajectum Rheni*, *Trajectum inius*, & *ulterius Trajectum*; comme on voit par la chronique de Saint-Tron. fin de *ulterius Trajectum*, on a fait *Ultsectum*, d'où est venu le mot *Utrecht*. vg. suivant Harris, 22. 26. 15. *latit.* 50.

Après la ruine de l'empire romain, te place qui n'étoit alors qu'un châu (*castellum*) fut tantôt occupée par Frisons. Sur la fin du septieme siecle, pin, maire du palais, s'empara d'Utcht, & y établit pour évêque S. Willild. Au commencement du neuvieme cle, cet évêché fut mis sous la métro le de Cologne, & a subsisté de cette miere jusqu'au seizieme siecle.

La ville d'*Utrecht* avoit d'abord été tie sur le bord septentrional du Rhin, côté de la Frise; mais le nombre des bitans s'étant augmenté, on bâtit la nou lle ville sur le bord méridional du Rhin, as l'île & le territoire des Bataves. La ssance de ses évêques s'accrut aussi par libéralité des empereurs. En 1559, le pe Paul IV érigea cet évêché en mé pôle, & lui donna pour suffragant les vaux évêchés de Harlem en Hollan, de Middelbourg en Zélande, de Leu arde en Frise, de Déventer dans l'O r-Issel, & de Groningue dans la pro nce de même nom. Le premier arche lque fut Frédéric Skenk de Tauten bg, président de la chambre impériale Spire en 1561. Après sa mort, arri be en 1580, les états généraux applique nt à divers usages les revenus de cet chevêché qui se trouvoient dans l'é ndue de la généralité.

La ville d'*Utrecht* s'est extrêmement grandie, embellie, & peuplée, depuis réformation, ensorte qu'on peut la ettre actuellement au rang des belles illes de l'Europe; elle est de figure ova , & peut avoir cinq milles de circuit; lle a quatre gros fauxbourgs, & quatre aroisses; mais elle n'est pas forte, quoi se munie de quelques bastions & demi nes pour sa défense; ses environs sont harmans, & le long du canal qui mene e cette ville à Amsterdam, on ne voit 'une suite de belles maisons de plai nce, & de jardins admirablement entre tous.

La magistrature de cette ville est com ofée d'un grand bailli, de deux bourg- mestres, de douze échevins, d'un tréso rier, d'un intendant des édifices, d'un président, de trois commissaires des finan ces, & d'un sénateur; cette magistrature est renouvellée tous les ans le 12 d'octo bre, & tient ses assemblées à la maison de ville, qui est un bel hôtel.

Utrecht est remarquable par le traité d'union des Provinces-Unies, qui s'y fit en 1579; par le congrès qui s'y tint en 1712, & dans lequel la paix de l'Europe fut conclue, le 11 d'avril 1713, le 13 de juillet suivant, & le 16 de juin 1714; en fin par son université, l'une des plus cé lebres de l'Europe. Les états de la pro vince l'érigerent le 16 de mars 1636; & elle a produit un grand nombre d'hom mes illustres dans les sciences.

Hadrien VI. nommé auparavant *Ha drien Florent*, naquit à *Utrecht* l'an 1459, ou d'un tisserand, ou d'un brasseur de biere, ou d'un faiseur de barques, qui s'appelloit *Florent Boyens*. Ce pere des tina son fils aux études, quoiqu'il n'eût pas le moyen de l'entretenir dans les éco les; mais l'université de Louvain sup pléa à cette indigence domestique; elle donna gratis à Florent le bonnet de doc teur en théologie, l'an 1491, & dans la suite il devint vice-chancelier de l'uni versité.

En 1507. on le tira de cette vie collé giale pour le faire précepteur de l'archi duc Charles, alors âgé de sept ans; cette place lui valut des récompenses magnifi ques, car il fut envoyé ambassadeur en Espagne auprès du roi Ferdinand, & se lon quelques historiens. il ménagea les choses avec plus d'adresse que l'on n'en devoit attendre d'un homme qui avoit humé si long-temps l'air de l'université. Après la mort de Ferdinand, il eut la pe tite part à la régence avec le cardinal Xi menès; & dans la suite son autorité de vint plus grande que celle de ce fameux ministre. L'archiduc Charles partant pour l'Allemagne, lui donna le gouvernement de ses royaumes d'Espagne, en lui asso ciant pour collegues le connétable & l'a mirante d'Espagne. Léon X. le nomma cardinal en 1517, & Charles-quint eut le crédit de l'élever à la papauté l'an 1622, après la mort de Léon X.

Le sacré college lui-même en fut sur pris, & le peuple de Rome ne goûta point l'élection d'un barbare, qui témoignoit

en toutes choses un éloignement du faste
& des voluptés contre lequel la prescription étoit déja surannée. Les Italiens difoient publiquement que ce n'étoit qu'un
tartufe incapable de gouverner l'église.
Il n'est pas jusqu'à sa sobriété dont on
n'ait fait des railleries. La cour de Rome passa sous son pontificat d'une extrémité à l'autre. On fait qu'il n'y eut jamais de pape dont la table fut aussi délicate que celle de Léon X. On s'insi-
nuoit dans ses bonnes graces par l'invention des ragoûts, & il y eut quatre grands
maîtres en bons morceaux qui deviarent
ses mignons, ils inventerent une sorte de
saucisse qui jeta dans l'étonnement Hadrien VI. lorsqu'il examina la dépense de
son prédécesseur en ce genre. Il se garda
bien de l'imiter, & prit tellement le con-
trepié, qu'il ne dépensoit que douze écus
par jour pour sa table. On ne se moqua
pas moins de la préférence qu'il donnoit
à la biere sur le vin, que de celle qu'il
donnoit à la merluche sur tous les autres
poissons.

Une autre chose le décria chez les Italiens, c'est qu'il n'estimoit ni la poésie,
ni la beauté du style ; deux talens dont on
se piquoit le plus dans ce pays là depuis
cinquante ans. La fable dont les poëtes
embellissoient leurs ouvrages, ne contribua pas peu à la froideur que ce pape
leur témoigna, car il n'entendoit point
raillerie là-dessus. Il détourna les yeux
lorsqu'il lui montra la statue de Lao-
coon, & dit que c'étoit un simulacre de
l'idolâtrie du paganisme. Jugez si les
amateurs des beaux arts, si les Italiens
qui admiroient ce chef-d'œuvre de sculpture, pouvoient concevoir de l'estime
pour un tel homme. Les poëtes lui prouverent qu'on n'avoit pas dit sans raison,
genus irritabile vatum. Voici une épigramme dont Sannazar le régala.

Classe virisque potens, domitoque oriente
superbus
Barbarus in latias dux quatit arma do-
mos,
In vaticano noster latet ; hunc tamen
alto,
Christe, vides cœlo (proh dolor !) &
pateris.

Tous les savans de son temps se promettoient de l'avancement à son avénement au pontificat, à cause qu'il devoit
aux lettres son exaltation, & ce qu'il

avoit de bonne fortune ; mais ils demeurerent confondus en voyant qu'il étoit
plein de mauvaise volonté contre ceux
qui se plaisoient à la belle littérature, les
appellant *Terentianos*, & les traitant de
telle sorte qu'on croit qu'il eût rendu les
lettres tout-à-fait barbares, s'il ne fût
mort dans la deuxieme année de sa suprême dignité. Valérianus dit gentiment,
qu'il usoit de ce mauvais traitement contre les plus beaux esprits de son siecle,
avec le même goût dont il préféroit la
merluche de ses Pays-bas, aux meilleurs
poissons qui se mangeassent en Italie.

Autre sujet de haine, c'est qu'il ne dis-
simula point les abus introduits dans l'é-
glise, & qu'il les reconnut publiquement
dans son instruction à un nonce qui devoit
parler de sa part à la diete de Nuremberg.
Il y déplora la mauvaise vie du clergé,
& la corruption des mœurs qui avoit paru dans la personne de quelques papes.
Quand il canonisa Antonin & Bennon,
non-seulement il retrancha les dépenses
ordinaires dans ces sortes de cérémonies,
mais il les défendit comme contraires à
la sainteté de l'église. Ses successeurs
n'ont pas été de son sentiment, ils ont
toléré dans les canonisations la pompe
mondaine jusqu'à des excès qui ont choqué le menu peuple.

L'histoire nous apprend, pour en citer
un exemple, que tout le monde fut scan-
dalisé dans Paris, l'an 1622, de la magnificence avec laquelle les carmes déchaus-
sés y célébrerent la canonisation de sainte
Thérèse. *Voyez* le petit livre qui parut
alors, & qui est intitulé *le caquet de l'ac-
couchée*. " Pour moi, (dit dans ce livre
» la femme d'un avocat du grand-con-
» seil) j'eusse été d'avis de mettre toutes
» ces superfluités à la décoration de l'é-
» glise de ces moines ; à tout le moins
» cela leur fût demeuré, & les eût-on
» estimé davantage ; sans faire évaporer
» tant de richesses en fumée, cela eût al-
» lumé le feu de dévotion dans le cœur
» de ceux qui les eussent visité ».

On peut dire qu'à tous égards, Hadrien eut très-peu de satisfaction de la
couronne papale ; elle étoit pour lui très-
pesante, & il connoissoit trop mal le génie des Italiens, pour ne leur pas déplaire
en mille choses. Les nouvelles qu'il apprenoit tous les jours des progrès des Ottomans, & son peu d'expérience dans les

affaires, le chagrinerent au point de s'é-
crier qu'il avoit eu plus de plaisir à gouverner le college de Louvain, que toute
l'église chrétienne. L'ambassadeur de Ferdinand lui ayant demandé audience, commença ainsi sa harangue: *Fabius maxi-
mus, sanctissime pater, rem romanam cunctando restituit, tu verò pariter cunctando,
rem romanam, simulque Europam perdere
contendis.* Ce début déconcerta le pontife,
& les cardinaux qui ne l'aimoient pas
penserent éclater de rire. Il mourut le
14 de septembre 1523. Sa vie a été ample-
ment décrite par Moringus, théologien
de Louvain.

Hadrien a mis au jour, avant son exaltation, quelques ouvrages, entr'autres
un commentaire sur le maitre des sentences. Il soutenoit dans ce commentaire
que le pape peut errer même dans les
choses qui appartiennent à la foi, & l'on
prétend qu'il ne changea point d'opinion
quand il fut assis sur la chaire de S. Pierre
(comme fit Pie II.) car il laissa subsister
cet endroit de son livre, dans l'édition qui
s'en fit à Rome durant son pontificat.

Henri V. est mort à *Utrecht* en 1125,
à 44 ans, sans laisser de postérité. Voici
le précis de sa vie par M. de Voltaire.
Après avoir détrôné & exhumé son pere,
en tenant une bulle du pape à la main,
il soutint dès qu'il fut empereur, les mêmes droits de Henri IV. contre l'église.
Réuni d'intérêt avec les princes de l'empire, il marche à Rome à la tête d'une armée, fait prisonnier le pape Paschal II.
& l'oblige de lui rendre les investitures,
avec serment sur l'évangile de les lui
maintenir. Paschal étant libre, fait an-
nuller son serment par les cardinaux;
nouvelle maniere de manquer à sa parole. Henri se propose d'en tirer vengeance; il est excommunié; les Saxons
se soulevent contre lui, & taillent ses
troupes en pieces près de la forêt de Guel-
phe. Enfin craignant de périr aussi misérable que son pere, & le méritant bien
d'avantage, il s'accommode en 1523, avec
le pape Calixte II & lui cede ses prétentions. Cet accommodement consistoit en
ce que l'empereur consentit à ne plus
donner l'investiture que par le sceptre,
c'est-à-dire par la puissance royale, au
lieu qu'auparavant il la donnoit par la
crosse & par l'anneau.

Ayant terminé à son préjudice cette
longue querelle avec les pontifes de Rome, il entre en Champagne, pour se van-
ger d'un affront qu'il prétendoit y avoir
reçu dans un concile tenu à Rheims, où
il avoit été excommunié à l'occasion des
investitures. Le roi rassemble tous ses
vassaux: tout marcha, jusqu'aux ecclésiastiques; & Suger, abbé de St. Denis,
s'y trouva avec les sujets de cette abbaye;
l'armée étoit de plus de 200000 hommes;
l'empereur n'ose pas se commettre contre de si grandes forces; il se retire à la
hâte, & se rend à *Utrecht*, où il finit ses
jours, détesté de tout le monde, accablé
des remords de sa conscience, & rongé
d'un ulcère gangréneux qu'il avoit au
bras droit.

Je me hâte de passer aux savans nés à
Utrecht; mais je dois me borner à faire
un choix entr'eux, dont M. Gaspard Burman a donné la vie dans son ouvrage intitulé: *Trajectum eruditum. Traj. ad
Rhenum,* 1738. *prem. édit. & 1750. in-4°.*
Cet ouvrage est plein de recherches, &
personne n'ignore combien messieurs Burman, tous nés à *Utrecht*, brillent dans la
littérature.

Heurnius (Jean & Otto), pere & fils,
étoient deux savans médecins du XVI.
siecle. Jean naquit à *Utrecht* en 1543, &
mourut de la pierre en 1601, âgé de 58
ans. Il étudia à Louvain, à Paris, à Padoue, à Pavie, & revint dans sa patrie
après une absence de douze années. Lorsque l'université de Leyde sut été fondée
en 1581, Heurnius y sut appellé pour
remplir une chaire de médecine; & c'est
dans ce poste qu'il a passé les vingt dernieres années de sa vie, avec beaucoup
de réputation.

Un historien Hollandois rapporte une
anecdote curieuse sur son esprit dans la
pratique de la médecine. Il s'agissoit de
la princesse Emilie, qui épousa dom Emanuel de Portugal, fils du roi Antoine de
Portugal, dépossédé par Philippe II. roi
d'Espagne. Ce prince Emanuel, qui étoit
catholique, gagna l'esprit d'Emile de Nassau, par ses cajolleries & par sa gentil-
lesse; elle le prit pour mari, tout pauvre
qu'il étoit, & de religion contraire; &
quoique le prince Maurice son frere s'op-
posât fortement à ce mariage, qu'il ne
croyoit pas avantageux ni à l'un ni à l'autre.

Après l'avoir fait, la princesse tomba

malade, refufant de prendre aucune nourriture, deforte qu'on craignit qu'elle ne
fe laiffât mourir de faim. Les états généraux appellerent Heurnius, pour veiller
à la vie de la princeffe. Il ne gagna d'a-
bord rien fur fon efprit ; mais comme il
étoit doux, honnête & ingénieux, il tint
à la princeffe le difcours fuivant.

Je fuis défefpéré, madame, de votre
état & du mien ; V. G. qui eft pleine de
bonté, pourroit me rendre un fervice,
& s'en rendre à elle-même. En quoi ? lui
dit-elle. Ce feroit, reprit-il, en fuivant
mes avis ; je fouhaiterois que V. G. voulût prendre quelque chofe pour fe fortifier, & qu'elle fe mit l'efprit en repos,
pour rétablir fa fanté. Hé quel avantage
vous en reviendroit-il, repliqua la princeffe ? Très-grand, madame, répondit
l'adroit médecin ; c'eft une opinion générale que l'amour eft une efpece de phré-
nefie incurable ; deforte que fi V.G. goûtoit mon confeil, votre cure me mettroit
en réputation ; bientôt tous les amoureux
auroient recours à moi, & je guérirois
la plupart de ceux qui fuivroient mes ordonnances. Je crois bien, mon bon docteur, que vous pourriez réuffir fur plufieurs gens, lui repliqua la princeffe ;
mais perfonne ne peut guérir mon mal
que le prince de Portugal, mon légitime
époux, qu'on tient éloigné de moi contre
tout droit, & par la plus grande tyrannie du
monde, puifque je fuis une perfonne libre,
d'un âge mûr, & qui ne dépends de perfonne. J'ai choifi un époux qui ne déf-
honore point ma famille ; s'il a le malheur d'être privé de ce qui lui appartient,
j'en fuis contente, & je faurai me borner, jufqu'à ce qu'il plaife à Dieu d'en
difpofer autrement ; cependant voulant
vous faire plaifir, je prendrai de la nourriture en attendant l'arrivée de mon frere, pour voir s'il en agira envers moi en
frere, ou en tyran.

Il ne s'agit point ici de parler des fuites de ce mariage d'amour, mais feulement des confeils d'Heurnius, qui réuffi-
rent effectivement à rétablir la princeffe.
Elle fe retira à Geneve l'an 1623. avec fix
filles qu'elle avoit, & l'année enfuite elle
y mourut de mélancolie. Voilà tout ce
qu'en rapportent les auteurs ordinaires ;
mais il faut lire l'hiftorien Hollandois,
dont j'ai parlé, & qui eft inconnu à ceux
qui n'entendent pas la langue du pays.

Cet hiftorien eft P. Bor. *Der volz van de*
Nederlantfche Oorlogen, liv. XXXII.
fol. 22. & fuiv.

Les œuvres médicinales de Jean Heurnius ont paru à Leyde en 1609, en deux
volumes in 4°. à Amfterdam, en 1650,
in-fol. & à Geneve, en 1657, in-fol. Il
y a dans ce recueil une differtation qui
fait honneur à l'auteur ; elle regarde l'é-
preuve de l'eau pour ceux qui font accu-
fés de fortilege, & la décifion de ce médecin fit abolir cette épreuve par la cour
de Hollande.

Heurnius (Otto), fils de Jean, naquit
à Utrecht en 1577. Il pratiqua la médecine avec honneur, & prit pour devi-
cito, tuto, jucundè, morbi curandi ; on
doit guérir promptement, fûrement, &
agréablement ; mais le tuto feul eft une
affez belle befogne. Heurnius le fils a
mis au jour une hiftoire de la philofophie
barbare, *de barbaricâ philofophiâ*, Am
duo. Leyde 1600, in-12 ; cet ouvrage
n'a pas eu l'approbation des connoiffeurs ;
il eft rempli des chofes communes ou
étrangeres au fujet.

UTRICULE, f. m. *Hift. nat. Bot.* On
nomme *utricules* en botanique, des efpeces de véficules, ou de facs ovoïdes formés par les intervalles que laiffent entr'
eux les faifceaux des fibres ligneufes.
Les *utricules* font placés horizontalement,
& paroiffent avoir pour fonction principale, celle de préparer le fuc nourricier
de la plante. (*D. J.*)

UTZNACH, *Géogr. mod.*, petite ville
de Suiffe au canton de Zurich, à quelque diftance du lac de Zurich. Elle a fon
chef qu'on nomme *avoyer*, & fon confeil.
(*D. J.*)

VU, participe, *Gramm.*, *Voy. les*
Voir, Visibilité. Vision.

VU ou VEU, *Jurifprud.*, eft un terme
ufité dans les jugemens, pour indiquer
que les juges ont vu & examiné telles &
telles pieces. Les jugemens d'audience
n'ont que deux parties, les qualités & le
difpofitif. Les jugemens fur procès par
écrit ou fur pieces vues, ont trois parties ; les qualités, le vu & le difpofitif.
La feconde partie que l'on appelle le vu,
a été ainfi nommée, parce qu'elle commence par ces mots, vu par la cour, &
on vu par nous fi ce ne font pas des juges
fouverains.

Au conseil du roi, on appelle *requête* *en vu d'arrêt*, celle qui est rédigée dans la forme d'un *vu d'arrêt*, de maniere que pour en faire un arrêt, il n'y a que le dispositif à ajouter. *Voy.* ARRÊT, CASSATION, JUGEMENT, DISPOSITIF, SENTENCE, QUALITÉS, REQUÊTE. *(A)*

UVA URSI, s. f. *Hist. nat. Bot.*, genre de plante à fleur monopétale, en forme de cloche ronde; le pistil sort du calice, il est attaché comme un clou à la partie postérieure de la fleur, & il devient dans la suite un fruit mou ou une baie sphérique qui renferme de petits noyaux applatis d'un côté & relevés en bosse de l'autre. Tournefort, *Inst. rei herb. Voy.* PLANTE.

VUBARANA, *Ichthyolog. exot.*, poisson qu'on prend dans les mers d'Amérique, & qui est excellent à manger; il ressemble de figure à notre truite de riviere, son corps est par-tout à-peu-près de la même épaisseur, seulement un peu élevé sur le dos, & un peu applati vers la queue; son épaisseur est d'environ six pouces, & sa longueur d'un pié; il a la tête petite & pointue, la langue longue, & la bouche sans dents; sa queue est grande & fourchue, ses écailles sont très-petites & rangées également, & si près les unes des autres, qu'elles offrent une surface des plus douces au toucher; il n'a qu'une nageoire sur le dos, lequel est d'un blanc bleuâtre; le reste de son corps paroît de couleur olive, tantôt d'un blanc argentin, selon le jour auquel on le regarde; son ventre est plat, mais très-blanc, & les couvertures de ses nageoires paroissent par leur blancheur lustrée, comme des plaques d'argent. Marggravii *Hist. Brasil.*

VUCH'ANG, *Géogr. mod.*, grande ville de la Chine, sur le fleuve Kiang, dans la province de Huquand, où elle a le rang de premiere métropole, & renferme dix villes dans son territoire. Elle est de 3. 16. plus occidentale que Pékin, sous le 31 d. O. de latitude septentrionale. *(D. J.)*

VUE, s. f. *Physiolog.*, l'action d'appercevoir les objets extérieurs par le moyen de l'œil, ou si vous voulez, c'est l'acte & l'exercice du sens de voir. *V.* SENS *&* VISION.

La *vue* est la reine des sens, & la mere de ces sciences sublimes, inconnues au

grand & au petit vulgaire. La *vue* est l'obligeante bienfaitrice qui nous donne les sensations les plus agreables que nous recevions des productions de la nature. C'est à la *vue* que nous devons les surprenantes découvertes de la hauteur des planetes, & de leurs révolutions autour du soleil, le centre commun de la lumiere. La vue s'étend même jusqu'aux étoiles fixes, & lorsqu'elle est hors d'etat d'aller plus loin, elle s'en remet à l'imagination, pour faire de chacune d'elles un soleil qui se meut sur son axe, dans le centre de son tourbillon. La *vue* est encore la créatrice des beaux-arts, elle dirige la main savante de ces illustres artistes, qui tantôt animent le marbre, & tantôt imitent par leur pinceau les voûtes azurées des cieux. Que l'amour & l'amitié nous disent les délices que produit après une longue absence la *vue* d'un objet aimé! enfin il n'est guere de sens aussi utile que la *vue*, & sans contredit, aucun n'est aussi fécond en merveilles. Mais je laisse à Milton la gloire de célébrer ses charmes, pour ne parler que de sa nature.

L'œil, son organe, est un prodige de dioptrique; & la lumiere, qui est son objet, est la plus pure substance dont l'ame reçoive l'impression par les sens, *voyez* donc ŒIL *&* LUMIERE, en vous ressouvenant qu'il faut appliquer à la connoissance de la structure de l'œil tout ce que l'optique, la catoptrique, & la dioptrique, nous démontrent sur ce sujet, d'après les découvertes de Newton, homme d'une si grande sagacité, qu'il paroît avoir passé les bornes de l'esprit humain.

La *vue*, (comme le dit M. de Buffon, qui a répandu tant d'idées ingénieuses & philosophiques dans son application des phénomenes de ce sens admirable); la *vue* est une espece de toucher, quoique bien différente du toucher ordinaire. Pour toucher quelque chose avec le corps ou avec la main, il faut ou que nous approchions de cette chose, ou qu'elle s'approche de nous, afin d'être à portée de pouvoir la palper; mais nous la pouvons toucher à quelque distance qu'elle soit, pourvu qu'elle puisse renvoyer une assez grande quantité de lumiere, pour faire impression sur cet organe, ou bien qu'elle puisse s'y peindre sous un angle sensible.

Le plus petit angle sous lequel les hommes puissent voir les objets est d'environ une minute; il est rare de trouver des yeux qui puissent appercevoir un objet sous un angle plus petit; cet angle donne pour la plus grande distance, à laquelle les meilleurs yeux peuvent appercevoir un objet environ 3436 fois le diametre de cet objet: par exemple, on cessera de voir à 3436 piés de distance un objet haut & large d'un pié; on cessera de voir un homme haut de cinq piés, à la distance de 17180 piés, ou d'une lieue & d'un tiers de lieue, & en supposant même que ces objets soient éclairés du soleil. Cette estimation de la portée des yeux est néanmoins plûtôt trop forte que trop foible, parce qu'il y a très-peu d'hommes qui puissent appercevoir les objets à d'aussi grandes distances.

Mais il s'en faut bien qu'on ait par cette estimation une idée juste de la force & de l'étendue de la portée de nos yeux; car il faut faire attention à une circonstance essentielle, c'est que la portée de nos yeux diminue & augmente à proportion de la quantité de lumiere qui nous environne, quoiqu'on suppose que celle de l'objet reste toujours la même; en sorte que si le même objet que nous voyons pendant le jour à la distance de 3436 fois son diametre, restoit éclairé pendant la nuit de la même quantité de lumiere dont il l'étoit pendant le jour, nous pourrions l'appercevoir à une distance cent fois plus grande, de la même façon que nous appercevons la lumiere d'une chandelle pendant la nuit, à plus de deux lieues; c'est-à-dire, en supposant le diametre de cette lumiere égal à un pouce, à plus de 316800 fois la longueur de son diametre; au lieu que pendant le jour, on n'appercevra pas cette lumiere à plus de 10 ou 12 mille fois la longueur de son diametre, c'est-à-dire, à plus de deux cens toises, si nous la supposons éclairée, aussi-bien que nos yeux, par la lumiere du soleil.

Il y a trois choses à considérer pour déterminer la distance à laquelle nous pouvons appercevoir un objet éloigné; la premiere, est la grandeur de l'angle qu'il forme dans notre œil; la seconde, le degré de lumiere des objets voisins & intermédiaires que l'on voit en même temps; & la troisieme, l'intensité de lumiere de l'objet lui-même. Chacune de ces causes influe sur l'effet de la vision,

& ce n'est qu'en les estimant & en les comparant, qu'on déterminera dans tous les cas la distance à laquelle on peut appercevoir tel ou tel objet particulier.

Au reste, la portée de la *vue*, ou la distance à laquelle on peut voir le même objet, est assez rarement la même pour chaque œil; il y a peu de gens qui aient les deux yeux également forts. Lorsqu'ils sont également bons, & que l'on regarde le même objet des deux yeux, il semble qu'on devroit le voir une fois mieux qu'avec un seul œil; cependant il n'y a pas de différence sensible entre les sensations qui résultent de l'une & de l'autre façon de voir; & après avoir fait sur cela des expériences, on a trouvé qu'avec des yeux égaux en force, on voyoit mieux qu'avec un seul œil, mais d'une treizieme partie seulement; ensorte qu'avec les deux yeux on voit l'objet comme s'il étoit éclairé de treize lumieres égales, au lieu qu'avec un seul œil, on ne le voit que comme s'il étoit éclairé de douze lumieres.

Avant que de résoudre la question qu'on propose sur la *vue*, il faut considérer quel est ce sens au moment de la naissance.

Les yeux des enfans nouveaux nés n'ont point encore les brillans qu'ils auront dans la suite; leur cornée est plus épaisse que dans les adultes; elle est plus plate & un peu ridée; leur humeur aqueuse est en petite quantité, & ne remplit pas entierement les chambres. Il est aisé d'imaginer d'où vient cet état des yeux dans les enfans qui viennent au monde: leurs yeux ont été fermés pendant neuf mois; la cornée a toujours été poussée de dehors en dedans, ce qui l'a empêchée de prendre sa convexité naturelle en dehors; les vaisseaux où se filtre l'humeur aqueuse, n'ont guere permis cette filtration, &c. Ce n'est donc qu'à la longue qu'il s'amasse dans l'œil des enfans, après leur naissance, une suffisante quantité d'humeur aqueuse qui puisse remplir les deux chambres, dilater la cornée & la pousser en dehors, faire disparoître les plis qui s'y trouvent, enfin la rendre plus mince en la comprimant davantage.

Il résulte des défauts qu'on voit dans les yeux d'un enfant nouveau-né, qu'il n'en fait aucun usage; cet organe n'ayant pas encore assez de consistance, les rayons de la lumiere ne peuvent arriver que confusément fafément fur la rétine. Ce n'eft qu'au bout d'un mois ou environ qu'il paroît que l'œil a pris de la folidité, & le degré de tenfion néceffaire pour tranfmettre ces rayons dans l'ordre que fuppofe la vifion; cependant alors même, c'eft-à-dire au bout d'un mois, les yeux des enfans ne s'arrêtent fur rien; ils les remuent & les tournent indifféremment, fans qu'on puiffe remarquer fi quelques objets les affectent réellement; mais bientôt, c'eft-à-dire, à 6 ou 7 femaines, ils commencent à arrêter leur regard fur les chofes les plus brillantes, à tourner fouvent les yeux & à les fixer du côté du jour, des lumieres ou des fenêtres ; cependant l'exercice qu'ils donnent à cet organe, ne fait que le fortifier fans leur donner encore une notion exacte des différens objets ; car le premier défaut du fens de la *vue* eft de repréfenter tous les objets renverfés. Les enfans avant que de s'être affurés par le toucher de la pofition des chofes & de celle de leur propre corps, voient en bas tout ce qui eft en haut, & en haut tout ce qui eft en bas; ils prennent donc par les yeux une fauffe idée de la pofition des objets.

Un fecond défaut & qui doit induire les enfans dans une efpece d'erreur ou de faux jugement, c'eft qu'il voit d'abord tous les objets doubles, parce que dans chaque œil il fe forme une image du même objet; ce ne peut encore être que par l'expérience du toucher, qu'ils acquierent la connoiffance néceffaire pour rectifier cette erreur, & qu'ils apprennent en effet à juger fimples les objets qui leur paroiffent doubles. Cette erreur de la *vue*, auffi-bien que la premiere, eft dans la fuite fi bien rectifiée par la vérité du toucher, que quoique nous voyions en effet tous les objets doubles & renverfés, nous nous imaginons cependant les voir réellement fimples & droits, ce qui n'eft qu'un jugement de notre ame, occafionné par le toucher, eft une appréhenfion réelle, produite par le fens de la *vue* : fi nous étions privés du toucher, les yeux nous tromperoient donc, non-feulement fur la pofition, mais auffi fur le nombre des objets.

La premiere erreur eft une fuite de la conformation de l'œil, fur le fond duquel les objets fe peignent dans une fituation renverfée, parce que les rayons lumineux

qui forment les images de ces mêmes objets, ne peuvent entrer dans l'œil qu'en fe croifant dans la petite ouverture de la pupille : fi l'on fait un petit trou dans un lieu fort obfcur, on verra que les objets du dehors fe peindront fur la muraille de cette chambre obfcure dans une fituation renverfée. C'eft ainfi que fe fait le renverfement des objets dans l'œil; la prunelle eft le petit trou de la chambre obfcure.

Pour fe convaincre que nous voyons réellement tous les objets doubles, quoique nous les jugions fimples, il ne faut que regarder le même objet, d'abord avec l'œil droit, on le verra correfpondre à quelque point d'une muraille ou d'un plan que nous fuppofons au-delà de l'objet ; enfuite en le regardant avec l'œil gauche, on verra qu'il correfpond à un autre point de la muraille ; & enfin en le regardant des deux yeux, on le verra dans le milieu entre les deux points aufquels il correfpondoit auparavant : ainfi il fe forme une image dans chacun de nos yeux ; nous voyons l'objet double, c'eft-à-dire, nous voyons une image de cet objet à droite, & une image à gauche ; & nous le jugeons fimple dans le milieu, parce que nous avons rectifié par le fens du toucher cette erreur de la *vue*. Si le fens du toucher ne rectifioit pas le fens de la *vue* dans toutes les occafions, nous nous tromperions fur la pofition des objets, fur leur nombre, & encore fur leur lieu; nous les jugerions renverfés, nous les jugerions doubles, & nous les jugerions à droite & à gauche du lieu qu'ils occupent réellement ; & fi au lieu de deux yeux nous en avions cent, nous jugerions toujours les objets fimples, quoique nous les viffions multipliés cent fois.

Avec le feul fens de la *vue*, nous nous tromperions également fur les diftances ; & fans le toucher, tous les objets nous paroîtroient être dans nos yeux, parce que les images de ces objets y font en effet; ce n'eft qu'après avoir mefuré la diftance en étendant la main, ou en tranfportant fon corps d'un lieu à l'autre, que l'homme acquiert l'idée de la diftance & de la grandeur des objets; auparavant il ne connoiffoit point du tout cette diftance, & il ne pouvoit juger de la grandeur d'un objet que par celle de l'image qu'il formoit dans fon œil. Dans ce cas le jugement de la grandeur n'étant produit que par l'ou-

verture de l'angle formé par les deux
rayons extrêmes de la partie supérieure
& de la partie inférieure de l'objet, on
jugeroit grand tout ce qui est près, &
petit tout ce qui est loin; mais après avoir
acquis par le toucher les idées de distance, le jugement de la grandeur des objets
commence à se rectifier, on ne se fie plus
à la première appréhension qui nous vient
par les yeux pour juger de cette grandeur, on tâche de connoître la distance,
on cherche en même temps à reconnoître
l'objet par sa forme, & ensuite on juge
de sa grandeur.

Mais nous nous tromperons aisément
sur cette grandeur quand la distance sera
trop considérable, ou bien lorsque l'intervalle de cette distance n'est pas pour
nous dans la direction ordinaire; par
exemple quand au lieu de la mesurer horizontalement, nous la mesurons du haut
en bas ou du bas en haut.

Les premieres idées de la comparaison
de grandeur entre les objets, nous sont
venues en mesurant soit avec la main, soit
avec le corps en marchant, la distance de
ces objets relativement à nous & entr'eux;
toutes ces expériences par lesquelles
nous avons rectifié les idées de grandeur
que nous en donnoit le sens de la vue,
ayant été faites horizontalement, nous
n'avons pu acquérir la même habitude de
juger de la grandeur des objets élevés ou
abaissés au dessous de nous, parce que ce
n'est pas dans cette direction que nous les
avons mesurés par le toucher. C'est par
cette raison, & faute d'habitude à juger
les distances dans cette direction, que
lorsque nous nous trouvons au dessus d'u-
ne tour élevée, nous jugeons les hommes
& les animaux qui sont au dessous beaucoup plus petits que nous ne le jugerions
en effet à une distance égale qui seroit
horizontale, c'est-à-dire, dans la direction ordinaire suivant laquelle nous avons
l'habitude de juger des distances. Il en est
de même d'un coq ou d'une boule qu'on
voit au dessus d'un clocher; ces objets
nous paroissent être beaucoup plus petits
que nous ne les jugerions être en effet, si
nous les voyions dans la direction ordinaire & à la même distance horizontalement, à laquelle nous les voyons verticalement.

Tout ce que nous venons de dire au sujet du sens de la vue, a été confirmé par
l'histoire célebre de l'aveugle de Cheselden; histoire rapportée dans les *Trans.*
philos. n°. 402, & transcrite depuis dans
plusieurs ouvrages qui sont entre les
mains de tout le monde.

Lorsque par des circonstances particulieres nous ne pouvons avoir une idée
juste de la distance, & que nous ne pouvons juger des objets que par la grandeur
de l'angle, ou plutôt de l'image qu'ils
forment dans nos yeux, nous nous trom-
pons alors nécessairement sur la grandeur
de ces objets. Tout le monde a éprouvé
qu'en voyageant la nuit, on prend un buisson dont on est près, pour un grand arbre
dont on est loin; ou bien on prend un
grand arbre éloigné pour un buisson qui
est voisin: de même si on ne connoit pas
les objets par leur forme, & qu'on ne
puisse avoir par ce moyen aucune idée
de distance, on se trompera encore nécessairement; une mouche qui passera avec
rapidité à quelques pouces de distance de
nos yeux, nous paroitra dans ce cas être
un oiseau qui en seroit à une très-grande
distance.

Toutes les fois qu'on se trouvera la
nuit dans des lieux inconnus où l'on ne
pourra juger de la distance, & où l'on ne
pourra reconnoître le forme des choses à
cause de l'obscurité, on sera en danger de
tomber à tout instant dans l'erreur, au sujet des jugemens que l'on fera sur les objets qui se présenteront; c'est delà que
vient la frayeur & l'espece de crainte intérieure que l'obscurité de la nuit fait
sentir à presque tous les hommes; c'est
sur cela qu'est fondée l'apparence des
spectres & des figures gigantesques &
épouvantables que tant de gens disent
avoir vues.

On leur répond communément que ces
figures étoient dans leur imagination; cependant elles pouvoient être réellement
dans leurs yeux, & il est très - possible
qu'ils aient en effet vu ce qu'ils disent
avoir vu: car il doit arriver nécessairement, toutes les fois qu'on ne pourra juger d'un objet que par l'angle qu'il forme dans l'œil, que cet objet inconnu gros-
sira & grandira à mesure qu'on en sera
plus voisin, & que s'il a paru d'abord au
spectateur qui ne peut connoître ce qu'il
voit, ni juger à quelle distance il le voit;
que s'il a paru, dis-je, d'abord de la hauteur de quelques piés lorsqu'il étoit à la

diſtance de 20 ou 30 pas , il doit paroître haut de pluſieurs toiſes lorſqu'il n'en ſera plus éloigné que de quelques piés ; ce qui doit en effet l'étonner & l'effrayer , juſqu'à ce qu'enfin il vienne à toucher l'objet ou à le reconnoître ; car dans l'inſtant même qu'il reconnoîtra ce que c'eſt , cet objet qui lui paroiſſoit giganteſque , diminuera tout-à-coup , & ne lui paroîtra plus avoir que ſa grandeur réelle ; mais ſi l'on fuit ou qu'on n'oſe approcher , il eſt certain qu'on n'aura d'autre idée de cet objet , que celle de l'image qu'il formoit dans l'œil , & qu'on aura réellement vu une figure giganteſque ou épouvantable par la grandeur & par la forme.

Enfin il y a une infinité de circonſtances qui produiſent des erreurs de la *vue* ſur la diſtance, la grandeur, la forme , le nombre & la poſition des objets. Mais pourquoi ces erreurs de la *vue* ſur la diſtance, la grandeur, &c. des objets ? C'eſt que la meſure des diſtances & des grandeurs n'eſt pas l'objet propre de la *vue* ; c'eſt celui du toucher, celui de la regle & du compas. La *vue* n'a proprement en partage que la lumiere & les couleurs.

Il nous ſera maintenant plus facile de répondre à la plupart des queſtions qu'on fait ſur le ſens de la *vue*.

1°. Nous venons de voir comment nous jugeons de la grandeur & de la diſtance des objets : l'ame fonde ſes jugemens à cet égard, ſur la connoiſſance que nous avons de la grandeur naturelle de certains objets , & de la diminution que l'éloignement y apporte. Un couvreur vu au haut d'un clocher, me paroit d'abord un oiſeau ; mais dès que je le reconnois pour un homme, je l'imagine de 5 à 6 piés, parce que je ſais qu'un homme a pour l'ordinaire cette hauteur ; & tout d'un tems je juge par comparaiſon, la croix & le coq de ce clocher d'un volume beaucoup plus conſidérable , que je ne les croyois auparavant. C'eſt ainſi que la peinture exprimera un géant terrible dans l'eſpace d'un pouce , en mettant auprès de lui un homme ordinaire qui ne lui ira qu'à la cheville du pié , une maiſon, un arbre qui ne lui iront qu'au genou ; la comparaiſon nous frappe, & nous jugeons d'abord le géant d'une grandeur énorme, quoiqu'au fond il n'ait qu'un pouce.

Nous jugeons auſſi des diſtances par la maniere diſtincte ou confuſe dont nous appercevons les objets ; car ils ſont ordinairement d'autant plus proches de nous, que nous les voyons plus diſtinctement.

Enfin, nous jugeons des diſtances par l'éclat des objets qui paroiſſent plus brillans, lorſque nous en ſommes proches , que lorſque nous en ſommes éloignés ; c'eſt pour cela que les peintres placent ſur leurs tableaux les montagnes & les bois dans l'obſcurité, pour en marquer l'éloignement.

Mais tous les jugemens que l'ame porte ſur les grandeurs, les diſtances des objets, &c. ſont tous fondés ſur une longue habitude de voir, & dégénerent par-là en une eſpece d'inſtinct chez ceux qui ont acquis cette habitude ; c'eſt pourquoi les architectes, les deſſinateurs, &c. jugent bien des petites diſtances, & les pilotes des grandes.

C'eſt auſſi l'habitude ſeule qui nous fait juger de la convexité & de la concavité des corps, à la faveur de leurs ombres latérales. L'aveugle de Cheſelden regarda d'abord la peinture , comme une table de diverſes couleurs ; enſuite y étant plus accoutumé, il la prit pour un corps ſolide, ne ſachant quel ſens le trompoit, de la *vue* ou du tact.

Nous jugeons qu'un corps ſe meut, quand il nous paroit ſucceſſivement en d'autres points. Delà , nous penſons que des objets petits & fort éloignés ſont tranquilles, quoiqu'ils ſoient en mouvement, parce que la variété des points dans leſquels ils ſe repréſentent à nos yeux, n'eſt point aſſez frappante ; c'eſt pourquoi nous ne voyons remuer certains corps , qu'au microſcope , comme les petits vers des liquides, &c.

Nous eſtimons le lieu des corps , par l'extrémité de l'axe optique ; & ici il y a beaucoup d'incertitude. Si nous ne regardons que de l'œil droit, le corps ſera à l'extrémité de l'axe optique droit. Si nous regardons de l'œil gauche ſeul, il ſautera à la fin de l'axe de l'œil gauche. Si les deux yeux ſont employés, l'objet ſera dans l'endroit intermédiaire.

Nous jugeons du nombre , par les diverſes ſenſations que les objets nous impriment. S'il n'y a qu'une ſenſation , & une ſenſation homogene, nous croyons que l'objet eſt unique ; s'il y en a pluſieurs, il eſt naturel que nous en jugions

Ee 2

plufieurs. Dès que les axes des yeux ne concourent pas, nous fommes donc forcés de voir plufieurs objets, comme dans l'ivreffe; mais c'en eft affez fur les jugemens que porte la *vue* des différentes qualités des corps.

2°. On demande pourquoi on voit les objets droits, quoiqu'ils foient peints renverfés dans les yeux?

L'habitude & le fentiment du toucher rectifient promptement cette erreur de la *vue*. Mais pourquoi, me dira-t-on, ces aveugles nés auxquels on a donné la *vue*, n'ont-ils pas vu d'abord les objets renverfés? Ces aveugles avoient toute leur vie tâté les objets, & jugé fûrement de leur fituation; leur ame pouvoit donc bien moins s'y méprendre qu'une autre. Au refte, peut-être que la fenfation renverfée aura fait une partie de l'étonnement dont ils furent faifis à l'afpect de la lumiere, & que dans la foule ils n'auront pas diftingué cette fingularité, mais ce renverfement n'aura rien renverfé dans leurs idées bien établies par les longues leçons de leur vrai maitre, le fentiment du toucher. L'aveugle accoutumé à fe conduire avec fes deux bâtons, & à juger par eux de la fituation des corps, ne s'y trompe point, il fait fort bien que fon chien qu'il touche du bâton droit eft à gauche, & que l'arbre qu'il touche du bâton gauche eft à droite; quand on lui donneroit dans l'inftant deux bons yeux, au fond defquels le chien feroit à droite, & l'arbre à gauche, il n'en croiroit rien, & s'en rapporteroit à la démonftration de fes bâtons qu'il fait être infaillible. L'ame en fait autant, au moins pour tous les objets fur lefquels l'expérience du toucher a pu répandre fes lumieres, ou immédiatement, ou par comparaifon.

3°. On demande, comment on voit un objet fimple, quoique fon image faffe impreffion fur les deux yeux, & pourquoi on le voit quelquefois double?

Un objet vu des deux yeux paroit fimple, quand chaque image tombe directement fur le point de l'axe vifuel, ou fur le pole de chaque œil; mais il paroit double, toutes les fois que l'image tombe hors de fes points.

4°. Pourquoi voit-on diftinctement, quand les objets font à la diftance que comporte la difpofition de l'œil?

Parce qu'alors l'angle optique n'eft ni

trop grand, ni trop petit. Il ne faut pas qu'il foit fi grand que les rayons ne puiffent fe réunir, & peindre les objets fur la rétine; mais il faut qu'il foit le plus grand qu'il eft poffible pour prendre un grand nombre de rayons.

5°. Pourquoi la *vue* eft-elle foiblement affectée, quand les objets font dans un grand éloignement?

Parce que les rayons plus paralleles, exigent une petite force refringente pour s'unir à l'axe optique; au lieu que les rayons divergens en requierent une plus confidérable, & par conféquent s'écartent facilement, de façon qu'ils arrivent féparément à la rétine.

6°. Pourquoi les objets qui font trop près, paroiffent-ils confus?

Parce que les rayons réfléchis par ces corps, font fi divergens, qu'ils fe raffemblent par delà la rétine: ils forment plufieurs points, plufieurs traits, mais non ce feul point qui repréfente, pour ainfi dire, la phyfionomie des corps. La petiteffe de ce point, où les rayons s'uniffent comme dans un foyer, dépend de la petiteffe des fibres de la rétine. Elle a été foumife au calcul, par *Hoock*, par *Porterfields*, & *Montanarius*, &c.

7°. Comment voit-on les objets diftinctement?

Une image eft diftincte, quand tous les points du cône lumineux qui la forment font raffemblés dans la même proportion qu'ils ont fur l'objet même fans confufion, ni intervalle entr'eux, fans mélange de rayons étrangers, & lorfque ce jufte affemblage de rayons n'affecte point l'organe, ni trop vivement, ni trop foiblement; c'eft-à-dire, qu'une image eft diftincte, quand tous les points de lumiere & les nuances d'ombre qui la forment, font placés les uns auprès les autres, comme ils le font fur l'original même; en forte que plufieurs de ces points ou de ces nuances d'ombre ne fe réuniffent pas en un feul, ou ne laiffent pas entr'eux des intervalles qui ne font pas dans l'original; & qu'enfin leur impreffion n'eft pas difproportionnée à la fenfibilité de l'organe; car l'un ou l'autre de ces défauts rendroit l'image confufe.

8°. Pourquoi les objets paroiffent-ils obfcurs, quand on va d'un lieu éclairé dans un lieu fombre?

C'eft que nous trouvant dans un lieu

très-éclairé, nous refferrons la prunelle, afin que la rétine ne foit pas offenfée d'une fi grande lumiere qui lui fait de la peine. Or, entrant àlors dans un lieu obf- cur, les rayons de lumiere n'ébranlent prefque pas la rétine, & notre ame qui vient d'être accoutumée à de plus for- tes impreffions ne voit rien dans ce mo- ment.

9°. Pourquoi l'œil trompé, voit-il les objets plus grands dans les brouillards, & pareillement la lune à l'horizon beau- coup plus grande que dans le refte du ciel?

Le brouillard, les vapeurs de l'horizon, dit M. le Cat, en couvrant les objets d'u- ne couche vaporeufe, les font paroitre plus éloignés qu'ils ne font; mais en mê- me tems ils n'en diminuent pas le volu- me, & par-là, ils font caufe que nous les imaginons plus confidérables. Quand on fe promene par le brouillard, un homme qu'on rencontre paroit un géant, parce qu'on le voit confufément, & comme très-éloigné, & qu'étant néanmoins fort près, il renvoie une très-grande image dans notre œil: or, l'ame juge qu'un ob- jet très-éloigné qui envoie une grande image dans l'œil eft très-grand; mais leu, on revient bientôt de fon erreur, & l'on en découvre par-là l'origine, car on eft furpris de fe trouver en un inftant tout près de cet homme qu'on croyoit fi éloi- gné, & alors le géant difparoit.

C'eft par le même enchantement que les vapeurs de l'horizon nous faifant voir la lune auffi confufément, que fi elle étoit une fois plus éloignée; & ces mêmes va- peurs ne diminuant pas la grandeur de l'image de la lune, mon ame qui n'a point l'idée réelle de la grandeur de cette pla- nete, la juge une fois plus grande; parce que, quand elle voit un objet à 200 pas fous un angle auffi grand que celui d'un autre objet vu à 100 pas, elle juge l'objet diftant de 200 pas une fois plus grand que l'autre, à moins que la grandeur réel- le de cet objet ne lui foit connue.

10°. Pourquoi un charbon ardent, une meche allumée, tournée rapidement en rond, nous fait-elle voir un cercle de feu?

C'eft que l'impreffion de la lumiere fur la rétine fubfifte encore un certain temps après fon action: or, fi l'action d'un objet recommence fur un mamelon nerveux avant que fa premiere impreffion foit éteinté, les impreffions feront continues, comme fi l'objet n'avoit pas ceffé d'agir. C'eft par la même raifon qu'une corde tendue fur quelque inftrument de mufi- que, & que l'on fait trémouffer, nous pa- roit non-feulement do ble, mais encore de la même épaiffeur, & de la même figu- re, que l'efpace qu'elle décrit èn trémouf- fant.

11°. Pourquoi voit-on des étincelles fortir de l'œil, lorfqu'on le frotte avec force, qu'on le preffe, où qu'on le frappe?

La lumiere, dit Muffchenbroeck, tom- bant fur la rétine, émeut les filets nerveux de cette membrane; lors donc que ces mêmes filets viennent à être comprimés de la même maniere par l'humeur vitrée, ils doivent faire la même impreffion fur l'ame, qui croira alors appercevoir de la lumiere, quoiqu'il n'y en ait point. Lorf- qu'on frotte l'œil, on pouffe l'humeur vi- trée contre la rétine; ce qui nous fait alors voir des étincelles. Si donc les filets nerveux reçoivent la même impreffion que produifoient auparavant quelques rayons colorés, notre ame devra revoir les mêmes couleurs. La même chofe ar- rive auffi lorfque nous preffons l'angle de l'œil dans l'obfcurité, en forte qu'il s'é- carte du doigt; car on verra alors un cer- cle qui fera orné des mêmes couleurs que nous remarquons à la queue d'un paon; mais dès qu'on retire le doigt, & que l'œil refte en repos, ces couleurs difpa- roiffent dans l'efpace d'une feconde, & ne manquent pas de reparoitre de nou- veau, auffi-tôt qu'on recommence à pref- fer l'œil avec le doigt.

Semblablement, lorfqu'on fait quel- que effort, qu'on éternue, par exemple avec violence, on voit des étincelles de feu. Ce phénomène vient de ce que le cours des efprits étant interrompu dans les nerfs optiques, & coulant enfuite par fecouffes dans la rétine; l'ébranle, & nous fait paroitre des étincelles.

12°. D'où vient la vue claire?

Elle dépend, 1°. de la capacité de la prunelle, & de la mobilité de l'iris; car plus la prunelle eft ample, plus elle peut tranfmettre de rayons réfléchis de chaque point de l'objet. 2°. Elle dépend de la tranfparence des trois humeurs de l'œil, pour tranfmettre les rayons qui tombent fur la cornée. 3°. Elle dépend de la bonne conftitution de la rétine & du nerf optique. Il faut auſſi que l'objet qu'on regarde ſoit lumineux ; ce qui arrive ſur-tout aux objets blancs ou peints de quelque couleur éclatante, qui réfléchiſſe & envoye dans l'œil beaucoup de rayons de lumiere.

13°. D'où vient la *vue* diſtincte ?

On voit les objets diſtinctement, 1°. lorſque l'œil étant bien conſtitué, les rayons réfléchis qui partent d'un ſeul point de l'objet, viennent ſe réunir ſur la rétine en un ſeul, après avoir traverſé les trois humeurs de l'œil ; c'eſt pour cette raiſon qu'on voit beaucoup plus diſtinctement les objets qui ſont près de nous, que ceux qui en ſont éloignés. 2°. Il faut auſſi pour voir diſtinctement, que les objets ne ſoient ni trop, ni trop peu éclairés ; lorſqu'ils ſont trop éclatans, ils nous éblouiſſent, & lorſqu'ils ne ſont pas aſſez éclairés, leurs rayons n'agiſſent pas avec aſſez de force ſur la rétine.

Remarquons en paſſant que la trop grande quantité de lumiere eſt peut-être tout ce qu'il y a de plus nuiſible à l'œil, & que c'eſt une des principales cauſes qui peuvent occaſionner la cécité. *Voy. le recueil de l'académie des Sciences, année 1743. Mém. de M. de Buffon.*

14°. D'où vient la *vue* courte, c'eſt-à-dire, celle des gens qui ne voient bien que de très-près, ou qui ne voient diſtinctement que les objets qui ſont preſque ſur leurs yeux ?

La *vue* courte de ces ſortes de gens, qu'on nomme *myopes*, vient de pluſieurs cauſes ; ou parce qu'ils ont la cornée tranſparente trop ſaillante, ou le cryſtallin trop convexe, & que la réfraction trop forte fait croiſer trop tôt les rayons ; ou parce qu'avec une réfraction ordinaire, ils ont le globe de l'œil trop gros, trop diſtendu, ou l'eſpace de l'humeur vitrée trop grand ; dans ces deux cas, le point optique eſt en deçà de la rétine. Ces ſortes de gens mettent les yeux preſque ſur les objets, afin d'alonger le foyer par cette proximité, & faire que le point optique atteigne la rétine. C'eſt pour cela qu'ils ſe ſervent avec ſuccès d'un verre concave qui alonge le croiſement des rayons, & le point où l'image eſt diſtincte ; comme l'âge diminue l'abondance des liqueurs, & l'embonpoint de l'œil, il corrige ſouvent le défaut de la myopie.

15°. D'où vient la *vue* longue, c'eſt-à-

dire, des perſonnes qui ne voient clairement que de loin ?

La *vue* des gens qui ne voient clairement que de loin, & qu'on nomme *preſbytes*, vient de pluſieurs cauſes ; ou parce qu'ils ont la cornée tranſparente, ou le cryſtallin trop peu convexe, ou bien de ce que l'eſpace de l'humeur vitrée eſt trop petit.

S'ils ont la cornée ou le cryſtallin trop peu convexe, la réfraction eſt foible, le croiſement & la réunion des pinceaux optiques ſe font de loin ; ainſi le cône renverſé atteint la rétine, avant que les pinceaux ſoient réunis, & que l'image ſoit formée diſtinctement.

Si la réfraction & le croiſement ſe font à l'ordinaire, mais que l'appartement de l'humeur vitrée ſoit trop petit, trop court, ou applati, la rétine ne recevra d'image que des objets éloignés qui ont un foyer plus court ; ce défaut ſe corrige avec la lunette convexe, la loupe, la lentille, qui augmente la réfraction, & rend le croiſement des rayons plus court ; l'âge ne corrige pas ce défaut, il l'augmente au contraire, parce que les parties de l'œil ſe deſſéchent.

16°. D'où vient que les vieillards voyent de loin, & ceſſent de voir diſtinctement de près.

Nous venons d'en rendre la raiſon ; cependant cette *vue* longue des vieillards ne procede pas ſeulement de la diminution ou de l'applatiſſement des humeurs de l'œil ; mais elle dépend auſſi d'un changement de poſition entre les parties de l'œil, comme entre la cornée & le cryſtallin, ou bien entre l'humeur vitrée & la rétine ; ce qu'on peut entendre aiſément, en ſuppoſant que la cornée devienne plus ſolide à meſure qu'on avance en âge ; car, alors elle ne pourra pas prêter auſſi facilement, ni prendre la plus grande convexité qui eſt néceſſaire pour voir les objets qui ſont près, & elle ſe ſera un peu applatie en ſe deſſéchant avec l'âge ; ce qui ſuffit ſeul pour qu'on puiſſe voir de plus loin les objets éloignés.

Il faut donc, comme nous l'avons déja dit, diſtinguer dans la viſion la *vue claire* & la *vue diſtincte*. On voit clairement un objet toutes les fois qu'il eſt aſſez éclairé pour qu'on puiſſe le reconnoître en général ; on ne voit diſtinctement que lorſqu'on approche d'aſſez près pour en diſtinguer toutes les parties. Les vieillards ont la *vue* claire, & non distincte ; ils apperçoivent de loin les objets assez éclairés, ou assez gros pour tracer dans l'œil une image d'une certaine étendue ; ils ne peuvent au contraire distinguer les petits objets, comme les caracteres d'un livre, à moins que l'image n'en soit augmentée par le moyen d'un verre qui grossit.

Il résulte delà, qu'un bon œil est celui qui ajoute à sa bonne conformation l'avantage de voir distinctement à toutes les distances, parce qu'il a la puissance de se métamorphoser en œil myope ou alongé, quand il regarde des objets très-proches ; ou en œil presbyte ou applati, quand il considere des objets très éloignés. Cette puissance qu'a l'œil de s'alonger ou de se raccourcir, réside dans ses muscles, ainsi que dans les fibres ciliaires qui environnent & meuvent le crystallin.

17°. On demande enfin, d'où est-ce que dépend la perfection de la *vue* ?

Comme nous venons d'indiquer en quoi consistoit un bon œil, nous répondrons plus aisément à cette derniere question.

La perfection de la *vue* dépend non seulement de la figure, de la transparence, de la fabrique, & de la vertu des solides qui composent cet admirable organe, mais de la densité & de la transparence de ses humeurs, en sorte que les rayons qui partent de chaque point visible de l'objet, sans se mêler à aucun autre, se réunissent en un seul point ou foyer distinct, qui n'est ni trop près, ni trop loin de la rétine. Ce n'est pas tout, il faut que ces humeurs & ces solides aient cette mobilité nécessaire pour rendre les objets clairement & distinctement visibles à diverses distances ; car par-là, grandeur, figure, distance, situation, mouvement, repos, lumieres, couleurs, tout se représente à merveille. Il faut encore que la rétine ait cette situation, cette expansion, cette délicatesse, cette sensibilité ; en un mot, cette proportion de substance médullaire, artérielle, veineuse, lymphatique, sur laquelle les objets se peignent comme dans un tableau. Il faut enfin que le nerf optique soit libre & bien conditionné pour seconder la rétine & propager le long de ses fibres jusqu'au *sensorium commune*, l'image entiere & parfaite des objets qui y sont dessinés.

A ce détail que j'ai tiré des écrits d'ex-

cellens physiciens modernes, & de M. de Buffon en particulier, le lecteur, curieux d'approfondir les connoissances que l'optique, la dioptrique, & la catoptrique, nous donnent sur le sens de la *vue*, doivent étudier les ouvrages de Newton, Grégori, Barrow, Molineux, Brighs, Smith, Hartsoeker, Musschenbroeck, s'Gravesande, La Hire, Desaguliers, &c. (*D. J.*)

VUE, *lésion de la*, Patholog. La lésion de la *vue* peut arriver en une infinité de manieres. Mais quelque nombreux que soient les symptômes de cette lésion, on les distingue fort bien en faisant le dénombrement des causes qui affectent les différentes parties de l'organe de la *vue* ; car premierement les parties qui enferment & retiennent le globe de l'œil, sont pressées, enfoncées, poussées en dehors, rongées par des tumeurs inflammatoires, par des apostumes, des squirres, des cancers, des exostoses, par la carie des os qui forment l'orbite ; & delà la figure de l'œil, la nature, la circulation des humeurs, l'axe de la *vue*, la collection des rayons dans le lieu convenable, se dépravent.

Ensuite l'inflammation, la suppuration, l'enflure, la conglutination, la concretion des paupieres, des grains qui s'y forment, troublent la *vue*, & cela par plusieurs causes ; mais le plus souvent par la mauvaise affection des glandes sébacées. En effet, les yeux se remplissent d'ordures, commencent à souffrir, s'irriter, perdent leur vivacité, & finalement leurs humeurs se corrompent.

De plus, les larmes trop abondantes, âcres, épaisses, coulant par gouttes au bord des paupieres, & delà sur les joues, causent en cet endroit des humidités qui troublent la *vue*, des érosions inflammatoires, des offuscations, des fistules lacrymales ; maux qui arrivent par la trop grande laxité de la glande lacrymale, ou par l'acrimonie & le trop grand mouvement de la matiere des larmes. Peut-être aussi par la mauvaise disposition de la caroncule qui est placée à l'angle de l'œil, ou par la mauvaise & la différente disposition des points lacrymaux, & des tuyaux qui portent les larmes de ce point dans le sac lacrymal ; de plus, par l'éloignement quelconque où ce sac peut être de son état naturel, & par un vice du canal nasal, ou de la membrane qui tapiſſe intérieurement les narines, *par un vice*, dis-je, qui empêche la communication de ce canal dans la cavité du nez. Or, les cauſes dont on vient de donner le détail, viennent elles-mêmes d'un grand nombre d'autres cauſes.

La *vue* eſt encore dépravée, empêchée, détruite par les différentes maladies de la cornée & de l'albuginée, telles que l'obſcurciſſement, le défaut de blancheur, l'épaiſſiſſement, l'œdeme, les phlictenes, l'inflammation, les taies, les cicatrices, la nature cartilagineuſe de ces tuniques; & ces maux viennent ordinairement de pluſieurs cauſes de différente nature.

Quand l'humeur aqueuſe vient à manquer, la cornée ſe ride, l'œil s'éteint; ſi elle eſt trop abondante, elle forme un œil d'éléphant; croupit-elle faute d'être renouvellée, elle détruit toute la fabrique de l'œil par la putréfaction; ſi elle ſe colore ou s'épaiſſit comme de la mucoſité ou de la pituite, les yeux prennent une couleur étrangere; des ſuffuſions, des cataractes s'enſuivent: ces choſes arrivent le plus ſouvent entre les parties internes de l'uvée & le cryſtallin, & leur cauſe eſt l'inflammation, la cacochymie, ou l'imprudente application des remedes trop coagulans.

Si l'uvée s'enflamme, il naît une ophthalmie fort douloureuſe, & qui devient bientôt très-pernicieuſe à la *vue*; ſi elle ſuppure, on devient aveugle; ſi elle devient immobile, & en même temps ſe reſſerre, l'héméralopie s'enſuit, genre de maladie qui ſurvient auſſi à l'occaſion d'une petite cataracte, moins épaiſſe aux bords qu'au milieu. Mais ſi l'uvée immobile eſt en même temps fort ouverte, cela donne lieu à la nyctalopie.

Il arrive encore que l'opacité, l'inflammation, la ſuppuration, l'hydropiſie, la corruption, l'atrophie du cryſtallin, produiſent le glaucôme, la cataracte, émouſſe la *vue*, font naître l'aveuglement, l'amblyopie. Mais ſi ce même corps eſt léſé par rapport à ſa figure, à ſa maſſe, à ſa conſiſtance, à ſa tranſparence, il s'enſuivra pluſieurs accidens fâcheux à la *vue*, de différente nature, & ſouvent ſurprenans.

La figure trop ſphérique de la partie du bulbe qui avance en dehors, la petiteſſe même de la pupille, & pluſieurs condi-

tions qu'on n'a point encore aſſez bien examinées, par rapport à la longueur de l'œil, au cryſtallin même, à ſa ſituation, pourront produire différentes eſpeces de myopie, comme au contraire, l'œil trop plat ou trop long, ainſi que la différente nature du cryſtallin, & ſa diverſe ſituation, peuvent donner lieu à la presbyopie.

Comme l'humeur vitrée eſt expoſée aux mêmes vices dont on a fait mention, elle pourra ſouffrir & produire des maux à-peu-près ſemblables.

Les différens vaiſſeaux de la membrane appellée *rétine*, ſont auſſi ſujets à ſouffrir & à produire divers maux. En effet, l'hydropiſie, l'œdeme, les phlictenes, l'inflammation, la compreſſion de ces vaiſſeaux & de pareils maux qui attaquent le nerf optique même, & les membranes qui l'enveloppent; de plus, une tumeur, un ſtéatome, un abcès, une hydatide, une pierre, l'inflammation, l'exténuation, l'éroſion, la corruption, l'obſtruction, affectant le cerveau, en ſorte que la communication libre entre le nerf optique & ſon origine, dans la partie médullaire du cerveau, ſoit empêchée, ou tout-à-fait abolie; toutes ces choſes produiſent de différentes manieres, des images, des floccons, des étincelles, & l'amauroſe ou la goutte ſérene.

La paralyſie, ou le ſpaſme des muſcles moteurs de l'œil, leurs divers tiraillemens qui viennent des os, l'orbite mal affecté, ainſi que les plaies, les ulceres, l'inflammation, la preſſion, peuvent donner lieu à la rinoptie, au ſtrabiſme, à l'œil louche, au regard féroce, & à d'autres maux ſurprenans.

La choroïde, la tunique de Ruyſch, l'uvée, qui ſont remplies d'une très-grande quantité de vaiſſeaux ſanguins, étant expoſées par-là à l'inflammation & à la ſuppuration, peuvent produire l'upopie. De plus, ſelon que les diverſes parties de l'œil ſeront diverſement affectées, on ſera très-fréquemment ſujet à des hallucinations, à des erreurs, à des *vues* confuſes, & à l'aveuglement. *Boerhaave*. (*D. J.*)

VUE, *ſeconde*, *Hiſt. mod.*, c'eſt une propriété extraordinaire que l'on attribue à pluſieurs des habitans des iſles occidentales de l'Ecoſſe. Le fait eſt atteſté par un ſi grand nombre d'auteurs dignes de foi, que malgré le merveilleux de la chofe , il paroit difficile de la révoquer en doute ; cependant il n'y faut pas manquer. Le plus moderne des auteurs qui font mention de cette fingularité, eft M. Martin , auteur de l'hiftoire naturelle de ces isles , & membre de la fociété royale de Londres.

La *feconde vue* eft donc une faculté de voir les chofes qui arrivent , ou qui fe font en des lieux fort éloignés de celui où elles font apperçues. Elles fe repréfentent à l'imagination comme fi elles étoient devant les yeux, & actuellement vifibles.

Ainfi , fi un homme eft mourant, ou fur le point de mourir, quoique peut-être il n'ait jamais été vu par la perfonne qui eft douée de la *feconde vue* , fon image ne laiffera pas de lui apparoître diftinctement fous fa forme naturelle , avec fon drap mortuaire & tout l'équipage de fes funérailles : après quoi la perfonne qui a apparu meurt immanqnablement.

Le don de la *feconde vue* n'eft point une qualité héréditaire : la perfonne qui en eft douée , ne peut l'exercer à volonté ; elle ne fauroit l'empêcher, ni la communiquer à un autre, mais elle lui vient involontairement ; fouvent elle y caufe un grand trouble & une grande frayeur, particuliérement dans les jeunes gens qui ont cette propriété.

Il y a un grand nombre de circonftances qni accompagnent ces vifions, par l'obfervation defquelles on connoît les circonftances particulieres , telles que celles du temps , du lieu, &c. de la mort, de la perfonne qui a apparu.

La méthode d'en juger & de les interpréter eft devenue une efpece d'art, qui eft très-différent fuivant les différentes perfonnes.

La *feconde vue* eft regardée ici comme une tache,ou comme une chofe honteufe; de forte que perfonne n'ofe publiquement faire femblant d'en être doué : un grand nombre le cachent & le diffimulent.

Vue , f. f. *Architect.* Ce mot fe dit de toutes fortes d'ouvertures par lefquelles on reçoit le jonr ; les *vues* d'appui font les plus ordinaires ; elles ont trois piés d'enfeuillement, & au deffous.

Vue ou *jour de coûtume* ; c'eft dans un mur non mitoyen , une fenêtre dont l'appui doit être à neuf piés d'enfeuillement du raiz-de-chauffée, pris au dedans de l'héritage de celui qui en a befoin, & à

fept pour les autres étages , & même à cinq felon l'exhauffement des planchers ; le tout à fer maillé, & verre dormant. Ces fortes de *vues* font encore appellées *vues hautes* , & dans le droit *vues mortes.*

Vue à temps ; *vue* dont on jouit par titre pour un temps limité.

Vue de côté , *vue* qui eft prife dans un mur de face , & qui eft diftante de deux piés du milieu d'un mur mitoyen en retour , jufqu'au tableau de la croifée. On la nomme plutôt *bée* que *vue.*

Vue de profpect ; *vue* libre dont on jouit par titre, ou par autorité feigneuriale, jufqu'à une certaine diftance & largeur, devant laquelle perfonne ne peut bâtir ; ni même planter aucun arbre.

Vue dérobée , petite fenêtre pratiquée au deffus d'une plinthe, ou d'une corniche , ou dans quelque ornement, pour éclairer en abat-jour des entrefols ou petites pieces , & pour ne point corrompre la décoration d'une façade.

Vue de terre , efpece de foupirail au raiz-de-chauffée d'une cour , ou même d'un lieu couvert, qui fert à éclairer quelque piece d'un étage fouterrain , par le moyen d'une pierre percée, d'une grille, ou d'un treillis de fer. Telle eft la *vue* de la cave de S. Denis de la Chartre à Paris.

Vue droite ; *vue* qui eft directement oppofée à l'héritage , maifon ou place d'un voifin, & qui ne peut être à hauteur d'appui, s'il n'y a fix piés de diftance depuis le milieu du mur mitoyen, jufqu'à la même *vue* ; mais fi elle eft fur une ruelle qui n'ait que trois ou quatre piés de large, il n'y a aucune fujétion, parce que c'eft un paffage public.

Vue enfilée, fenêtre directement oppofée à celle d'un voifin, étant à même hauteur d'appui.

Vue faitiere, nom général qu'on donne à tout petit jour, comme une lucarne, ou un œil de bœuf pris vers le faite d'un comble, ou la pointe d'un pignon.

Vue de fervitude ; *vue* qu'on eft obligé de fouffrir , en vertu d'un titre qui en donne la jouiffance au voifin.

Vue de fouffrance ; *vue* dont on a la jouiffance par tolérance ou confentement d'un voifin, fans titre.

Vue défigne encore l'afpect du bâtiment; on l'appelle *vue de front*, lorfqu'on le regarde du point du milieu ; *vue de côté,* quand on le voit par le flanc; & *vue d'angle,* par l'encoignure.

Vue à plomb, c'est une inspection perpendiculaire du dessus des combles & terrasses d'un bâtiment, considérés dans leur étendue en raccourci. Quelques architectes l'appellent improprement *plan des combles.*

Vue d'oiseau, c'est la représentation d'un plan supposé vu en l'air. (*D. J.*)

VUE ou VEUE. *Marine,* être à *vue,* avoir la *vue;* c'est découvrir & avoir connoissance. *Voyez* encore NON-VUE.

VUE PAR VUE, ET COURS PAR COURS, *Marine;* cela signifie qu'on regle la navigation par les remarques de l'apparence des terres, comme on le pratiquoit avant la découverte de la boussole.

VUE, s. f. *Commerce de change;* ce mot signifie, en terme de commerce de lettres-de-change, le jour de la présentation d'une lettre à celui sur qui elle est tirée, & qui la doit payer, par celui qui en est le porteur ou qui la doit recevoir. Quand on dit qu'une lettre est payable à *vue,* on entend qu'elle doit être payée sur le champ, sans remise, & dans le moment même qu'on la présente à la *vue* de celui sur qui elle est tirée, sans avoir besoin ni d'acceptation ni d'autre acte équivalent. *Ricard.* (*D. J.*)

VUE, *Chasse,* chasser à *vue,* c'est voir la bête sur le courant.

UVÉE, adj., *terme d'anatomie,* ou *aciniformis tunica,* est la troisieme tunique de l'œil, on l'appelle ainsi, parce qu'elle ressemble par sa couleur & par sa figure à un grain de raisin. *V.* ŒIL.

C'est un cercle membraneux qui soutient la cornée comme un segment de sphere, dont la face antérieure est particuliérement appellée *iris,* & qui est percé dans son milieu d'un trou qu'on nomme *prunelle* ou *pupille;* il est rond dans l'homme, & quelquefois oblong, comme dans les chats, ou de plusieurs autres figures. *V.* IRIS & PRUNELLE.

La face postérieure de ce cercle, & plus particuliérement l'*uvée,* se distingue à peine dans l'homme; c'est une lame différente dans la baleine. Elle est de même que l'antérieure faite de fibres rayonnées dans l'homme plus rares & plus courtes. Ruysch les appelle *tendineuses,* & dit qu'il y en a d'orbiculaires dans quelques animaux, tels que le veau & la baleine.

Winslow admet les orbiculaires, ainsi que Cheselden, &c. mais après Mery, Morgagni les nie. On ne les trouve ni dans l'homme ni dans le bœuf. Ruisch leur a donné le nom de *procès ciliaires,* & après lui Winslow, Hovius, &c. Hovius prétend qu'elles sont couvertes de deux lames, l'une nevro-lymphatique, & l'autre papillaire.

Les nerfs ciliaires se distribuent, après avoir fourni quelques filets à la choroïde, aux procès ciliaires.

Quant aux arteres & aux veines, *voyez l'article* IRIS.

VUIDANGE, s. f. *Archit.,* c'est le transport des décombres ou ordures qu'on ôte d'un lieu; & comme on connoît trois sortes de transports principaux dans l'art de bâtir, nous allons faire, sous ce terme, trois articles séparés.

Vuidange d'eau, c'est l'étanche qui se fait de l'eau d'un batardeau, par le moyen de moulins, chapelets, vis d'Archimede & autres machines, pour le mettre à sec & y pouvoir fonder.

Vuidange de forêt, c'est l'enlévement des bois abatus dans une forêt, qui doit être incessamment fait par les marchands à qui la coupe a été adjugée.

Vuidange de terre, c'est le transport des terres fouillées, qui se marchande par toises cubes, & dont le prix se regle selon la qualité des terres & la distance qu'il y a de la fouille au lieu où elles doivent être portées.

On dit aussi *vuidange* de fosses d'aisance. *Daviler.* (*D. J.*)

A. N. VUIDANGEUR (ART DU) Le *vuidangeur* est un artisan dont le travail consiste à vuider & nettoyer les puits, les puisards, les fosses d'aisance, &c. Cette profession subsiste à Paris en corps de jurande; mais on ne sait point en quel temps cette communauté a été érigée. Dans une ordonnance sur le fait de la police du nettoiement des rues de Paris, donnée par Henri IV au mois de septembre 1608, les maîtres de ce métier sont nommés *maîtres fi-fi* & *maîtres des basses-œuvres;* & dans un arrêt du conseil du 11 septembre 1696, ils sont qualifiés *maîtres vuidangeurs.* Cet arrêt porte entr'autres dispositions, que les jurés seront élus en la maniere accoutumée, & qu'ils visiteront les atteliers pour faire exécuter les réglemens de police dont l'observation en effet ne peut être trop exacte dans un objet qui intéreſſe ſi eſſentiellement la propreté de la ville, & par conſéquent la ſanté des habitans.

Pour faire le curage d'un puits, le concours de deux hommes eſt néceſſaire. L'un d'eux, après s'être paſſé autour de la cuiſſe la boucle d'une forte corde que l'autre tient par le bout, monte ſur le bord du puits : il en embraſſe la corde des deux mains, & il ſe laiſſe gliſſer doucement le long de cette corde, en appuyant le dos & les genoux contre les parois intérieures du puits. Pendant ce temps ſon camarade laiſſe devider la corde à laquelle la cuiſſe de l'écureur eſt attachée, en faiſant toujours un peu de reſiſtance pour ſoulager le poids du corps de celui qui deſcend, & pouvoir empêcher ſa chûte ſi la corde du puits venoit à caſſer. Lorſque l'écureur eſt deſcendu le plus près qu'il eſt poſſible de la ſurface de l'eau du puits, ſon camarade fixe à quelque choſe de bien ſolide le bout de la corde qui le retient, & alors l'écureur place de chaque côté du puits entre les joints des pierres deux gros clous plats en forme de pitons, qu'il y enfonce avec un marteau qu'il avoit eu ſoin de mettre dans ſa poche. Enſuite à l'aide de la corde du puits & de l'autre corde dont ſon camarade tient le bout, il remonte aſſez pour pouvoir placer ſes piés ſur les pitons de fer dont nous avons parlé. Dans cette poſition, après avoir fixé de nouveau bien ſolidement le bout de la corde qui le retient, ſon camarade lui deſcend par le moyen d'une ficelle une *curette*, qui eſt une eſpece de cuiller de fer percée de trous, & emmanchée d'un long & fort manche de bois.

L'écureur enfonce cet inſtrument dans l'eau, & il en ratiſſe fortement le fond pour enlever toutes les ordures qui peuvent s'y rencontrer. Lorſqu'il ſent que la curette eſt chargée, il la retire & la vuide dans le ſceau du puits, que ſon camarade retire auſſi-tôt. Cette opération ſe réitere autant de fois qu'il eſt néceſſaire ; & lorſque le puits eſt entiérement nettoyé, l'écureur en ſort à l'aide des mêmes moyens qu'il a employés pour y deſcendre.

Avant d'entreprendre la vuidange d'une foſſe d'aiſance, on doit avoir l'attention d'en faire l'ouverture quelque tems auparavant. Pour cet effet, des compagnons Vuidangeurs ſe tranſportent ſur le lieu où elle eſt ſituée, & après qu'on leur a montré la *clef*, c'eſt-à-dire, la pierre quarrée qui en ferme l'ouverture, & qui eſt ordinairement ſituée au milieu de la voûte ; ils enlevent cette pierre avec des *pinces* ou leviers de fers, & ils la renverſent ſur le bord de l'ouverture. On ne pourroit ſans un extrême danger deſcendre auſſi-tôt dans la foſſe ; les vapeurs empoiſonnées qui regnent à la ſurface des matieres dans ces premiers inſtans, & que les Vuidangeurs appellent le *plomb*, ſont tellement nuiſibles, qu'elles ont quelquefois cauſé une mort ſoudaine à ceux qui ont été aſſez imprudens pour s'y expoſer.

A la ſuperficie des ordures qui rempliſſent les foſſes d'aiſance, & même les voûtes, ſur-tout lorſqu'il y a fort long-temps qu'elles n'ont été vuidées, on apperçoit une matiere jaunâtre, bleuâtre & onctueuſe qui recouvre toute la ſurface. Quelques chercheurs de pierre philoſophale ſont très-curieux de ramaſſer cette matiere ; ils ſont avertis par les Vuidangeurs, quand il ſe rencontre quelque foſſe qui en eſt richement pourvue, & ils viennent en faire la récolte pour l'employer à des uſages que les gens ſenſés ne ſe ſoucient point de connoître. M. Baumé a cru que l'examen de cette ſubſtance pouvoit intéreſſer la ſaine chymie ; mais il a reconnu qu'elle n'eſt que du ſoufre qui ne differe en rien du ſoufre ordinaire, ſi ce n'eſt qu'il eſt le plus ſouvent ſous la forme de fleurs de ſoufre. Il eſt quelquefois très-jaune, & quelquefois il eſt fort blanc ; ces différentes couleurs viennent de l'état de diviſion où il ſe trouve, & ne changent rien à ſa nature.

Il arrive aſſez ſouvent qu'en ouvrant une foſſe, il s'éleve ſur le champ une vapeur ſulfureuſe qui s'enflamme auſſi-tôt par la lumiere que tiennent les ouvriers pour s'éclairer. Lorſque cela arrive, les ouvriers ſe retirent le plus promptement qu'il leur eſt poſſible ; ils ſeroient ſuffoqués & périroient s'ils avoient l'imprudence de reſter, ou que par la diſpoſition du lieu, ils ne puſſent la faire aſſez promptement ; heureuſement ces accidens ne ſont pas bien fréquens. Cette inflammation ſe fait quelquefois avec tant de rapidité qu'elle occaſionne une exploſion qui fait un bruit ſemblable à celui d'un violent coup de fuſil ; elle renverſe quelquefois les ouvriers, & éteint toutes les chandelles : dans ce cas, le feu s'éteint de lui-même pour l'ordinaire par la commotion qu'il a occasionnée dans l'air ; mais les ouvriers font en danger, parce qu'ils se trouvent exposés à cette première vapeur qui s'échappe à l'ouverture des fosses. Les ouvriers peuvent se mettre à l'abri de ce danger, en évitant d'apporter trop tôt de la lumiere dans l'ouverture de la fosse.

Cette matiere inflammable est une portion de soufre & de matiere huileuse fort atténuée, réduite en vapeurs très-subtiles, & qui peut en s'enflammant occasionner des incendies, lorsqu'il se trouve dans son voisinage des matieres combustibles.

Lorsque la fosse a resté ouverte pendant environ vingt - quatre heures, plusieurs ouvriers se transportent pour la vuider, & cette opération se fait toujours la nuit. Le maitre Vuidangeur vient dans la journée jeter un coup-d'œil sur la fosse, pour examiner la hauteur de la matiere, & pour en prendre note. Sur le soir il envoie une voiture de tonneaux secs percés, dans un des fonds, d'un trou quarré qui se ferme avec une piece de rapport & de la paille : les ouvriers arrangent ces tonneaux sur une ligne devant la porte à environ trois piés de distance de la muraille ; à neuf heures du soir en hiver, & à dix heures du soir en été, ils commencent à travailler.

Un ouvrier place une échelle dans la fosse, & il descend par le moyen de cette échelle jusqu'à la surface de la matiere ; un autre ouvrier descend un seau attaché à une corde, & celui qui est placé sur l'échelle le remplit de matiere ; aussi-tôt celui qui tient la corde tire le seau & le verse dans une hotte que porte un autre ouvrier qui se place à côté de lui : lorsque la hotte est suffisamment pleine, il va la vuider dans les tonneaux qui sont dans la rue. On continue ainsi de suite à travailler jusqu'à six heures du matin en hiver, & jusqu'à cinq heures en été. On bouche les tonneaux à mesure qu'ils sont remplis, & un charretier vient les enlever sur un haquet pour les aller vuider hors de la ville. Lorsqu'il est l'heure de quitter le travail, les ouvriers sont obligés de balayer & de laver les endroits par où ils ont passé, & le devant de la porte de la rue. Si la fosse n'a pu être vuidée dans une nuit, ils reviennent les jours suivans.

Lorsque la fosse est entiérement vuidée, on descend dans la fosse & on la toise pour connoitre la quantité de matiere enlevée, & en régler le paiement. Ensuite le maçon vient remettre la clef & la sceller avec du plâtre.

Il s'est formé à Paris, il y a quelques années, une compagnie pour entreprendre de vuider les fosses d'aisance, de maniere qu'on ne sentît point du tout la mauvaise odeur que ce travail occasionne. Le moyen proposé par ces entrepreneurs consistoit à placer sur l'ouverture de la fosse une grande chape de tôle, sous laquelle pouvoient travailler deux ou trois ouvriers. La partie supérieure de cette chape se terminoit en une ouverture semblable à celle d'un large tuyau de poële ; on y adaptoit des tuyaux de tôle de pareil diametre, jusqu'à quelques piés au dessus de la maison. Dans un des côtés de cette chape, on faisoit un grand feu, mais disposé de maniere à ne point incommoder les ouvriers. Ce feu étoit destiné à former un ventilateur qui occasionnoit un courant d'air capable d'emporter toute la mauvaise odeur au dessus de la maison. Pendant que le feu brûloit, les ouvriers nécessaires se plaçoient sous la chape, ils emplissoient les tonneaux, les bouchoient exactement, & on ne les emportoit delà, que lorsqu'ils étoient bien fermés. Par ce moyen, on n'avoit d'odeur que celle qui s'exhaloit seulement pendant le transport des tonneaux. Il est certain que cette méthode est ingénieuse ; mais diverses circonstances se sont réunies pour en empêcher l'exécution jusqu'à présent.

Un des plus grands inconvéniens est la difficulté de placer la machine ; l'ouverture des fosses ne se trouve pas, dans toutes les maisons, disposée assez commodément, pour qu'on y puisse mettre une machine d'un si grand attirail, & qui doit être assez vaste pour contenir un grand feu, & au moins un tonneau avec deux ouvriers. Il paroit que son usage doit être très-bon dans les endroits où l'on peut l'établir facilement.

Depuis ce temps-là, le sieur *Dugoure* a inventé une machine plus commode, & après plusieurs expériences faites en présence des commissaires de l'académie des sciences, son utilité a été constatée ; & ce n'est que sur le rapport du lieutenant-général de police, du procureur du roi du châtelet, du prévôt des marchands & échevins, que ce particulier a obtenu un privilege excluſif qui a été enrégiſtré au parlement.

La machine dont on ſe ſert pour opérer, quoique variable dans ſes proportions, relativement aux endroits où il faut l'appliquer, a ordinairement quatre piés en quarré ſur cinq piés de haut : elle eſt conſtruite de pluſieurs pieces de bois de chêne, qui, au moyen de vis & d'écrous, ſe lient & ſe démontent facilement lorſqu'il eſt néceſſaire de la tranſporter.

L'extérieur d'une de ſes faces eſt diviſé en deux parties inégales, dont l'une a ſur ſa droite une porte de toute la hauteur de la machine, par laquelle les ouvriers entrent & ſortent au beſoin, y introduiſent & retirent les tonneaux & les outils ; & l'autre a ſur ſa gauche un quarré où l'on a diſpoſé deux ouvertures de quatre pouces en quarré chacune ; ſur ces ouvertures, qui ſont paralleles, ſont appliqués deux ventilateurs, qui, par le mouvement alternatif & continuel de leurs ſoupapes, introduiſent dans l'intérieur de la machine aſſez d'air pur pour renouveller celui de la foſſe d'aiſance, rabattre la vapeur qui s'exhale au moment de l'ouverture de la foſſe, en comprimer les parties groſſieres, & ſortir par un tuyau de ferblanc de quatre pouces de diametre, qui eſt monté auſſi haut qu'il eſt néceſſaire, pour que l'intérieur de la maiſon où ſe fait la vuidange n'en reſſente aucune incommodité, & qui eſt placé & ſcellé ſur la plus haute lunette ; toutes les autres ſont exactement ſcellées pour qu'il ne s'en exhale aucune mauvaiſe odeur.

Dans l'intérieur de la machine, il y a un tambour fermé par une ſeconde porte, qui eſt en face de celle dont nous avons déja parlé : cette ſeconde porte reſte ouverte pendant que les ouvriers travaillent à remplir & à fermer les tonneaux : au moyen d'un petit tuyau qui a ſon embouchure appliquée à l'extérieur de ce tambour, les ſoufflets y introduiſent un air ſuffiſant.

Dès que les ouvriers ont exactement fermé un tonneau, la ſeconde porte ſe ferme, on ſort le tonneau par la porte extérieure, & on le conduit à ſa deſtination dans le cas où il eût répandu quelque mauvaiſe odeur dans le tambour, l'air y eſt bientôt renouvellé & purifié par le ſecours du petit tuyau ci-deſſus.

Pendant tout le temps qu'on travaille, jamais les deux portes ne ſont ouvertes à la fois ; on n'ouvre la porte extérieure qu'après avoir fermé l'intérieure. Dès qu'on a retiré les deux tonneaux que les ouvriers viennent de remplir, on en remet deux vuides ; après quoi on referme cette porte extérieure, on ouvre la porte intérieure pour remplir les tonneaux vuides, & on continue ainſi juſqu'à la fin de l'opération.

Cette machine, qui eſt ſcellée en plâtre par le bas, eſt immobile, & ne laiſſe tranſpirer aucune odeur en dehors : elle a la propriété de procurer la ſalubrité de l'air, d'éviter aux ouvriers les dangers auxquels ils étoient expoſés avant ſon invention, & d'empêcher le dépériſſement des étoffes & les meubles garnis en or ou en argent. Son uſage, qui eſt admiſſible en tout temps, n'oblige perſonne à ſe déplacer de chez ſoi, & à laiſſer ſes effets en la poſſeſſion de gens inconnus.

AN. VUIDANGEURS, c'eſt le nom que l'on donne à ceux qui vuident les foſſes d'aiſance.

Ces malheureux en rendant ce ſervice à la ſociété, font non ſeulement un métier révoltant pour tous les ſens, mais encore qui expoſe leur vie, & qui eſt d'autant plus dangereux que les villes ſont plus grandes & plus peuplées, & que les foſſes ſont le réceptacle d'une plus grande quantité de ſubſtances différentes. Il n'eſt pas d'année où l'on n'ait vu périr à Paris pluſieurs vuidangeurs, & il en mourut onze il y a peu de tems, dans la foſſe d'aiſance d'une maiſon rue Saint-Louis au Marais. Des accidens auſſi funeſtes ne pouvoient manquer d'attirer l'attention du gouvernement, & l'on devra à M. le Noir, lieutenant général de police, le précieux avantage de n'avoir plus à en redouter de pareils. Ce magiſtrat vigilant & éclairé a chargé MM. Parmentier, Cadet le jeune, & Laborie, tous trois célebres pharmaciens chymiſtes de Paris, de travailler à découvrir la cauſe des malheurs qu'il déſiroit de prévenir : & le ſuccès des travaux de ces ſavans a éminemment rempli ſes vues patriotiques.

Le gouvernement a fait publier & diſtribuer un mémoire qui contient le procès verbal de leurs expériences, de leurs obſervations & de leurs découvertes, & le

rapport que MM. de Lavoifier , de Fou-
geroux & de Milly en ont fait à l'académie royale des fciences. Cet ouvrage précieux eft un monument qui atteftera à jamais & la bienfaifance du miniftere , &
la vigilance de M. le Noir , & l'humanité
éclairée & courageufe des favans qui ont
rendu un fervice auffi important à la fociété.

C'eft de cet ouvrage important que je
vais tirer tous les détails qui compoferont
cet article. & j'emploierai même fouvent
les expreffions de fes auteurs.

1°. Les vuidangeurs diftinguent dans
les matieres que contiennent les foffes
d'aifance, la croûte, la vanne , la heurte
& le gratin.

2°. Ils appellent croûte une couche
plus ou moins épaiffe , plus ou moins dure de matieres concretes qui recouvrent
la vanne & la heurte : on voit à la furface extérieure de cette croûte des deffins
en relief , compofés de différens ovales ,
qui font d'un blanc jaunâtre , & qu'on a
reconnus être du foufre ; on trouve encore du foufre à la clef de la voûte des foffes.

3°. La vanne eft la matiere plus ou
moins liquide qui fe trouve fous la croûte ; fa couleur la plus ordinaire eft d'un
jaune-brun : elle eft toujours immédiatement recouverte par la croûte ; mais comme elle eft continuellement en fermentation & que ce mouvement inteftin eft en
différentes circonftances très - confidérable, le gas qui s'en échappe rend très-dangereux le moment où l'on brife la croûte.

La vanne pénetre fouvent à travers les
parois des foffes d'aifance, s'infinue dans
les terres voifines , va infecter les puits
& les caves , reflue dans le fac des latrines lorfqu'il a été vuidé.

4°. On donne le nom de heurte à un
amas pyramidal de matieres ordinairement fermes & fouvent affez dures, pour
qu'on foit obligé de les attaquer avec des
outils de fer : elle répond aux tuyaux qui
donnent paffage aux matieres & en conferve la forme.

5°. Le gratin tapiffe les parois & le
fond des foffes : il eft d'autant plus folide , d'autant plus adhérent aux murs &
au fol du fond, que ceux-ci font mieux
faits & moins perméables à la vanne : fouvent il a plus d'un pouce d'épaiffeur.

6°. Il s'éleve de toutes ces matieres,
fur-tout dans les temps humides & chauds,

des vapeurs infectes, fouvent très-incom-
modes , & qui par leur action fur les métaux décelent leur nature phlogiftique.

Mais tant qu'elles ne s'exhalent que
par les lunettes des latrines, l'air athmofphérique les diffout , & l'on peut les refpirer fans en être beaucoup incommodé.
Il n'en eft pas de même quand on eft expofé à leur action dans le moment de l'ouverture des foffes, lorfqu'on brife la croûte qui recouvre la vanne, & qu'on travaille à la vuidange dans le fac & même au
dehors. Les vapeurs qui s'échappent de
ces cloaques font notamment fur les organes de la vue & de la refpiration, une impreffion proportionnée à leur intenfité &
à leurs qualités particulieres.

La diverfité de leurs effets a engagé les
vuidangeurs à les diftinguer fous le nom
de mitte & de plomb; & les phyficiens en
ont reconnu une troifieme efpece qui eft
l'air inflammable.

7°. On ne trouve pas de l'air inflammable dans toutes les foffes d'aifance , &
toutes ne donnent pas du plomb ; mais il
n'en eft point où l'on n'obferve de la mitte. Celle-ci fe fait fouvent fentir feule ;
mais le plomb eft toujours accompagné de
mitte ; cette différence dans la qualité de
ces foffes fait que les ouvriers défignent
par le nom de bonnes , celles d'où il ne
s'échappe que de la mitte ou des vapeurs
femblables à celles qu'on reconnoît quelquefois dans les cabinets d'aifance; & par
celui de malfaifantes ils entendent celles
qui font infectées du plomb: ils reconnoiffent même dans celles-ci différens degrés
de malignité relatifs à la violence du
plomb , & ils ont obfervé que les latrines
des caſernes , des colleges & des maifons
religieufes étoient ordinairement du nombre des bonnes, tandis que celles des baffes-
cours, celles qui reçoivent des eaux de
vaiffelles & de blanchiffeufes , des débris
anatomiques, des végétaux, des haillons,
des plâtres , & des fragmens de poterie ,
étoient très-malfaifantes. Ils ont obfervé
encore que les premieres changeoient de
qualité en différentes faifons & quelquefois pendant la durée de la vuidange,
qu'elles devenoient même malfaifantes
par le reflux de la vanne qui s'étant infi-
nuée dans les terres rentre dans la foffe,
lorfqu'elle eft en grande partie ou totalement vuidée. Ils ont encore obfervé que
celles qui font conftamment malfaifantes,

s'étoient beaucoup plus dans le temps de la floraison des pois & des feves, & dans le moment où l'on attaquoit la heurte.

8°. Les informations que j'ai prises près des vuidangeurs de Dijon, m'ont appris qu'en cette ville il n'y a aucune fosse d'aisance du genre des malfaisantes : aussi n'y a-t-il point d'exemple de malheurs semblables à ceux qui ont excité l'attention de M. le lieutenant général de police de Paris, & les ouvriers occupés aux vuidanges ne connoissent que la mitte.

9°. L'air inflammable des fosses d'aisance a beaucoup d'analogie avec celui des marais, découvert par M. Volta ; (*Lettres* de M. Volta *sur l'air des marais*, traduites par M. Bergier, commissaire des guerres à Strasbourg) ; il s'allume à l'approche d'un corps enflammé; mais son feu est peu vif & ne produit aucun effet sur le bois & sur les matieres combustibles du même genre ; on l'a vu même brûler sur des copeaux, sur de la paille, sans les noircir ; sa flamme est bleuâtre.

Cet air est souvent si abondant qu'il s'échappe de l'ouverture de la fosse, & brûle au dehors en se répandant sur le terrein voisin : souvent après s'être dissipé il se renouvelle, & on le voit serpenter sur les matieres qu'il sillonne : souvent pour le rendre de nouveau sensible, il ne faut que diriger un courant d'air dans la fosse; cet air ne fait point de mal aux ouvriers, & gresille seulement leurs cheveux & les poils de leur visage.

10°. Les *vuidangeurs* subdivisent la mitte en simple & en grasse, caractérisées par des effets très-distincts, & ils comptent jusqu'à dix-sept especes de mitte ; mais ils n'ont pu désigner ces especes par l'énumération des accidens particuliers à chacune d'elles; & les auteurs du Mémoire d'après lequel je fais cet article, ne les ont regardées que comme des modifications relatives à l'intensité du plomb, dont ils n'admettent qu'une seule espece.

11°. Aucune odeur, aucune sensation particuliere n'annoncent la mitte : il n'en est pas de même du plomb ; les *vuidangeurs* sont avertis de son développement par une fadeur singuliere, que les auteurs cités n'ont pu définir, mais qu'on distingue aisément d'avec l'odeur infecte des vuidanges.

12°. Les accidens que cause la mitte simple sont un enchifrenement, auquel se joint bientôt une douleur dans le fond de l'œil, qui se propage dans les sinus frontaux. Le globe de l'œil & les paupieres deviennent en même temps rouges & enflammés.

13°. La mitte grasse produit non seulement ces effets, mais elle répand encore sur la vue une espece de voile, & jette ceux qui y sont exposés dans une cécité accompagnée de douleurs vives & d'une inflammation considérable.

14°. Le plomb occasionne un resserrement du gosier, des cris involontaires & quelquefois modulés : ce qui fait dire aux ouvriers que le plomb les fait chanter. La toux convulsive, le rire sardonique, le délire, l'asphyxie & la mort sont les effets funestes de la qualité délétere de cette vapeur; & tous ces accidens se succedent quelquefois avec une rapidité foudroyante.

15°. Dès que les *vuidangeurs* éprouvent les accidens causés par la mitte simple, ils sortent du sac des latrines, & restent huit ou dix minutes à l'air libre; leur nez coule, leurs yeux pleurent, & la rougeur du globe de l'œil & des paupieres se dissipe. Les auteurs du Mémoire cité ont éprouvé qu'on pouvoit hâter cette terminaison en faisant respirer aux ouvriers de l'alkali volatil.

16°. La méthode curative que les *vuidangeurs* suivent dans le traitement des accidens de la mitte grasse, méthode que l'expérience justifie tous les jours, consiste à quitter promptement le travail, à aller se mettre au lit, & à y rester les yeux couverts de compresses imbibées d'eau fraiche & très-souvent renouvellées : deux ou trois jours d'usage de ce remede suffisent pour opérer la guérison.

17°. On n'est pas encore parvenu à découvrir les moyens de rappeller à la vie les malheureux qui ont été frappés du plomb, quand cette mophette a eu beaucoup d'intensité, ou que l'asphyxie a duré déja depuis quelque temps. Les auteurs du Mémoire assurent avoir essayé inutilement en pareilles circonstances l'alkali volatil, & les projections d'eau froide, si salutaire dans les asphyxies causées par la vapeur du charbon. Il est à présumer cependant que si l'on donnoit promptement les secours aux malheureux qui ont été suffoqués par le plomb, ces moyens pourroient réussir : peut-être même em-

ploieroit-on avec succès le vinaigre radical, l'esprit sulfureux volatil dont M. Buquet a démontré l'efficacité (*Mém. sur la
manière dont les animaux sont affectés par
différens fluides æriformes,* &c.), & l'on ne
doit pas désespérer de trouver quelque
jour une méthode sûre pour les rappeller
à la vie. Mais, quoi qu'il arrive, il sera
toujours plus prudent de prendre les précautions capables de prévenir des accidens aussi terribles.

18°. Celles dont les *vuidangeurs* ont fait
usage jusqu'à présent, se réduisent à abandonner l'ouvrage pendant quelques instans, lorsque l'odeur fade dont j'ai fait
mention (11°.) leur annonce la présence
du plomb, à travailler la tête élevée, à respirer par intervalles fortement en se tenant dans cette attitude & à se relayer
souvent pour aller prendre l'air frais.

19°. Ils ont encore imaginé deux moyens
qui leur réussissent très-souvent : ils sus-
pendent dans le tuyau à la hauteur du
raiz-de-chaussée une chandelle allumée,
& descendent dans la fosse une poële pleine de charbons ardens : quand le plomb
est fort, la chandelle & le feu s'éteignent
sur le champ ; mais s'ils restent allumés,
les ouvriers disent que le plomb se précipite, & ils en tirent un augure qui les enhardit.

On voit autour de la chandelle un courant de vapeurs que des ondulations rendent sensible. Les savans auteurs du mémoire cité ont observé ce phénomene avec
les yeux clairvoyans du génie ; la découverte qui rend leur ouvrage si intéressant
a été le fruit de cette observation.

20°. Il s'est formé depuis quelques années à Paris, une compagnie sous le nom
du ventilateur, qui est parvenue par des
moyens très-ingénieux à garantir de l'infection les maisons dont on vuide les fosses d'aisance ; mais l'avantage du ventilateur se borne à ce seul effet, il laisse les
ouvriers exposés aux mêmes dangers
dans les fosses, & porte dans l'athmosphere une vapeur dangereuse capable d'agir
en certaines circonstances d'une manière
au moins très-désagréable à de très-grandes distances ; on a observé que dans un
tems humide & pendant le regne d'un
vent peu considérable, la vapeur infecte
qui sortoit du ventilateur se faisoit sentir fortement à plus de cent toises de la
maison où le ventilateur opéroit. On ver-

ra par l'exposition de la méthode imaginée par les auteurs du Mémoire cité,
qu'elle prévient tous ces inconvéniens.
Mais pour ne rien laisser à désirer sur
l'objet discuté dans cet article, je vais
donner toujours d'après les mêmes guides la description du ventilateur.

21°. On établit sur l'ouverture de la
fosse un cabinet de menuiserie, scellé en
plâtre, & dont tous les joints sont bien
calfeutrés : & il est divisé en deux parties
inégales par une cloison dans laquelle on
a pratiqué deux portes qui ferment exactement; la partie intérieure est assez grande pour contenir deux tonneaux & l'ouvrier qui les remplit ; l'autre est moins
vaste de moitié.

Au dehors de ce cabinet sont trois soufflets dont les tuyeres y dirigent le vent,
mais dans des directions différentes; celle
de deux de ces soufflets est horisontale,
& établit un courant d'air qui rase le sol,
& forme une espece de nappe d'air à l'o-
rifice de la fosse : par le moyen de la troisieme l'air est dirigé de haut en bas.

Toutes les ventouses de la fosse d'aisance, & toutes les lunettes des sieges qui
y correspondent, sont exactement bouchées, à l'exception de celle qui se rapproche le plus du faîte du bâtiment; sur celle-ci on place un grand entonnoir de fer-
blanc qui sert de base à une enfilade de
tuyau de même métal, prolongée en dehors, & qui gagne le dessus de la maison.

22°. Dès qu'on commence la vuidange,
on fait jouer les soufflets ; l'air rabat les
vapeurs qui s'élevent de la fosse, s'y mêle
& les entraine par l'issue qui lui a été
ménagée, de maniere que ces vapeurs
sont portées dans l'athmosphere sans se
répandre au dehors du cabinet, & que
dans la maison l'on ne s'apperçoit pas de
l'opération que l'on y fait ; le reste du
travail est exécuté avec une propreté qui
prévient la plus légere infection.

Chaque tonneau n'est rempli qu'à l'aide d'un entonnoir enchâssé dans un tablier
de cuir, qui empêche que les matieres ne
le salissent ; on le passe dans le vestibule
où on le bouche d'un couvercle enfoncé
à coups de maillet & scellé en plâtre, &
l'on n'ouvre la seconde porte qu'après
avoir fermé la premiere.

Ces tonneaux ainsi conditionnés sont
voiturés sans pouvoir répandre la plus
légere odeur, & l'on ne les rapporte à l'a-
telier

telier qu'après avoir été non feulement
lavés , mais frottés & broffés.

23°. On voit par cette defcription qu'il
n'étoit pas poffible de prendre des précautions plus fûres pour éviter l'infection
des maifons où l'on opere ; mais on voit
auffi que par le ventilateur on ne fait
rien pour la fûreté des *vuidangeurs*, qui
font toujours expofés à l'action des vapeurs nuifibles qui fe dégagent des matieres fur lefquelles ils travaillent ; l'action
du courant d'air eft fi foible dans les foffes qu'elle ne fait pas même vaciller la
flamme des chandelles qui y font allumées, de forte que les mophettes y reftent
en ftagnation; & les auteurs du Mémoire
cité fe font convaincus par l'obfervation
& par l'expérience que les vapeurs entraînées par le courant d'air confervent
leurs qualités pernicieufes: ils ont vu fortir de l'orifice fupérieur de ces tuyaux
une fumée épaiffe teinte , d'une maniere
fort variable, de bleu, de verd, de noir, &
qui eft quelquefois d'un blanc fale. Cette
vapeur corrode les tuyaux & n'eft pas
moins fenfible à l'odorat qu'à la vue ; des
oifeaux & un chat expofés à cette vapeur
font tombés dans une afphyxie qui pouvoit devenir mortelle.

24°. L'infuffifance du ventilateur ne
pouvoit pas être mieux prouvée ; & cette
efpece de démonftration ne doit pas peu
contribuer à faire fentir le prix de la découverte de MM. Laborie, Parmentier &
Cadet.

Il falloit , pour remplir les vues de M.
le Noir, garantir les ouvriers de l'impreffion des vapeurs méphitiques ; il falloit
encore, pour prévenir l'infection de l'athmofphere , dénaturer ces vapeurs. Les
auteurs cités ont réuffi , par des moyens
très-fimples & d'un ufage très-facile, à
procurer ces deux avantages.

25°. Leur méthode confifte dans l'emploi
de la chaux & du feu. Ils avoient obfervé
que des jointées de chaux en poudre jetées fur la vanne raffemblée dans des
tonneaux , en enlevoit l'odeur ; que la
chandelle fufpendue par les *vuidangeurs*
dans les tuyaux des latrines (19°.) , que
des poêles pleines de feu placées dans les
foffes enchainoient pour ainfi dire le
plomb , & établiffoient un courant qui
portoit les vapeurs méphitiques hors des
foffes. D'après ces obfervations , voici la
maniere dont ils ont procédé dans la vui-

Tome XXXVI. Partie II.

dange d'une foffe d'aifance fituée dans la
rue Galande. La maifon où étoit cette foffe avoit été occupée pendant long-tems
par un démonftrateur d'anatomie , & la
foffe étoit d'un genre des plus malfaifantes.

26°. Le ventilateur avoit été établi fur
l'ouverture de cette foffe ; la fonde en
avoit ramené une vanne verte de l'odeur
la plus infecte, & dans laquelle on voyoit
nager des débris de cadavre. L'ouvrier qui
fut d'abord employé dans le cabinet à
tirer la vanne fut frappé d'un plomb dès
le premier inftant; on le porta hors du cabinet, & l'accident n'eut pas de fuite.

Alors les auteurs du Mémoire firent jeter dans la foffe deux boiffeaux de chaux
vive ; l'infection horrible que répandoit
cette foffe ceffa fur le champ. Mais pour
prévenir tous les inconvéniens qu'on étoit
dans le cas de redouter , ces Meffieurs
ajouterent à ce moyen l'ufage du feu.

27°. Les tuyaux deftinés à porter au
dehors les vapeurs avoient été établis
comme à l'ordinaire ; mais la difpofition
du local avoit obligé de placer l'entonnoir
fur le fiege qui étoit au raiz-de-chauffée.
On y fubftitua un fourneau de tôle , de
forme cylindrique, fans fond & fans porte,
& qui étoit terminé par une chappe qui
correfpondoit aux tuyaux de décharge :
dans le dôme de cette chappe étoit une
porte pratiquée pour introduire le charbon, & celui-ci étoit foutenu par une grille placée à quelques pouces de la bafe du
fourneau.

28°. Dès que le charbon fut allumé , il
s'établit un courant d'air qui entraina les
vapeurs méphitiques: les ouvriers purent
travailler fans incommodité à l'épuife-
ment de la vanne, & quoique les foufflets
du ventilateur ne fuffent pas mis en jeu,
la mauvaife odeur ne fe répandit point
dans la maifon.

Ces vapeurs , en traverfant le feu , fe
décompoferent au point de perdre entierement leur odeur infecte, & prirent celle
de l'acide fulfureux volatil, de façon qu'on
put les refpirer à l'extrémité des tuyaux
fans autre incommodité que celle qu'occafionne ordinairement cet acide. Les favans d'après lefquels j'écris, s'en convain-
quirent en y expofant des animaux , &
en fe hafardant même à les refpirer. Elles
étoient inflammables : un papier allumé
préfenté au courant qui s'échappa par la

F f

porte de la chappe, que l'on ouvrit un inftant après que le feu eut été allumé, enflamma ces vapeurs, & comme on ôta pour
un moment les tuyaux adaptés à la chappe, on voyoit les vapeurs former à fon
extrémité un brandon qui s'élevoit à deux
à trois piés ; & il fe répandit dans la maifon une odeur d'acide fulfureux très-confidérable;preuve fans réplique & du tirage du feu & de la décompofition des vapeurs infectes.

29°. Quelque efficace cependant que
foit ce moyen pour favorifer l'expulfion
& la correction des vapeurs méphitiques
de la vanne, il feroit infuffifant lorfque
les vuidangeurs defcendus dans la foffe
attaquent la heurte. Ces vapeurs s'exha-
lant en maffe & n'étant point dénaturées
pourroient en ce moment affecter les ouvriers d'une maniere à leur faire éprouver les accidens produits par la mitte &
le plomb; & les auteurs cités ont encore
eu recours au feu pour prévenir ces funeftes effets.

30°. Ils ont fait defcendre dans la foffe
un réchaud en forme de trépié, rempli de
charbons allumés:l'efficacité de ce fecond
moyen a été rendu fenfible par des expériences décifives, & il réfulte des tenta-
tives de différent genre, faites par les
mêmes favans, que la méthode qu'ils ont
imaginée, & que je viens d'expofer, mérite une confiance exclufive dans tous les
cas : confiance autorifée par des épreuves
réitérées, faites fous les yeux des commiffaires de l'académie royale des fciences;enfin que pour ménager la vie des ouvriers,& prévenir l'infection de l'air, il
faut adopter cette méthode, & la combiner avec le ventilateur dont on aura fupprimé les foufflets.

Une grande connoiffance de la théorie
du feu & des différens gas a conduit
Meffieurs Laborie, Parmentier & Cadet
à cette découverte importante; & comme
il eft fatisfaifant de pouvoir fe rendre raifon des faits, fur-tout lorfqu'ils font intéreffans;je terminerai cet article par quelques raifonnemens fur la caufe des bons
effets de cette méthode, principalement
appuyés fur l'opinion de ces favans & de
Meffieurs les commiffaires de l'académie.

31°. Les matieres dont les foffes d'aifance font le réceptacle, ont déja commencé à éprouver l'altération putride
dans les corps d'où elles ont été expulfées,
& achevent tranquillement de fe putré-
fier,fi elles ne font pas mélangées de fubftances capables d'une autre efpece de
fermentation.

Alors par la combinaifon des huiles &
de l'alkali, il fe forme un foie de foufre,
& il ne s'en échappe que du gas crayeux
(a)pourvu d'une portion de phlogiftique.

Tant que l'athmofphere par fa pefanteur modere cette fermentation, & par fa
féchereffe abforbe les émanations & les
diffout,les vapeurs qui s'élevent des foffes d'aifance font peu fenfibles : mais dès
que l'air a perdu de fon poids par la raréfaction, la fermentation putride devient
plus énergique, il fe dégage une plus
grande quantité de gas;& comme dans les
mêmes circonftances l'air athmofphérique,chargé de l'eau qu'il tient en diffolution,ne peut plus avec autant de facilité
diffoudre les vapeurs qui s'exhalent de ces
cloaques ; le gas retenu & très abondant
eft en quelque forte repouffé fur les matieres d'où il s'étoit dégagé, fe recombi-
ne avec l'alkali & décompofe le foie de
foufre.Le produit de cette décompofition
eft l'émanation d'une vapeur d'œuf cou-
vé,qui lentement diffoute par l'air infecte
les lieux voifins des cabinets d'aifance.

32°.Si de l'obfervation des phénomenes
qui fe manifeftent hors des foffes. nous
paffons à l'examen de ce qui fe paffe dans
l'intérieur, nous voyons les matieres les
plus fixes précipitées formant la heurte
(4°) les plus fluides furmonter la heurte
& compofer la vanne (3°) les plus légeres
pouffées par le mouvement de la fermentation s'élever à la furface de celles-ci
& fe réunir fous forme d'une croûte (2°)
qui peu-à-peu acquiert de la folidité. le
gas fe fait jour à travers cette croûte, &
retenu fous la voûte par fa pefanteur fupérieure à celle de l'air athmofphérique,
y refte en ftagnation.

33°. Lorfqu'on ouvre la foffe, la pefanteur du gas le retient encore quelque
temps dans la ftagnation ; mais dès qu'en
brifant la croûte on donne plus d'énergie

_____

(a) Je donne avec M. Buquet cette dénomination à l'air fixe, à l'acide aérien de
M. Sergmann, parce que les raifons de ce favant m'ont perfuadé qu'il prévenoit
toutes les équivoques.

à la fermentation de la vanne, le mouvement inteſtin qui la caractériſe donne de
l'impulſion au gas ; & s'il eſt conſidérable, les vuidangeurs même étant au-dehors de la foſſe font affectés de la mitte
ſimple ou graſſe, ſuivant les proportions
dans leſquelles le gas ſe trouve combiné
avec les matieres phlogiſtiques.

L'action de ces vapeurs eſt plus vive,
lorſque deſcendus dans la foſſe d'aiſance
les ouvriers attaquent la heurte ; les matieres qui la forment fur-tout à l'endroit
qui correſpond aux tuyaux des ſieges,
n'ont pas encore complétement éprouvé
la fermentation putride, le gas y eſt in-
carcéré, & ſi des bris de poterie y ont
entretenu quelques vuides, ces vuides en
renferment une plus grande quantité qui
ſe fait jour, & ſe portant pour ainſi dire
en maſſe ſur les vuidangeurs, agit avec
plus d'énergie & les expoſe à tous les accidens qu'il eſt capable de cauſer.

34°. Juſqu'ici nous n'avons conſidéré
que l'effet des matieres qu'on peut appeller homogenes, vu qu'elles avoient toutes éprouvé l'altération putride avant d'ê-
tre dépoſées dans les foſſes d'aiſance, &
ces foſſes font celles que les vuidangeurs
déſignent ſous le nom de bonnes. Mais ſi
à ces matieres étoient réunies des ſubſtances ſuſceptibles encore des deux autres eſpeces de fermentation des parties
animales & végétales, encore pourvues
du muqueux fermenteſcible dont le mélange avec les matieres fécales ſe trouve
dans toutes les foſſes déſignées par le
nom de malfaiſantes (7), ſi ſur-tout on
eſt dans une ſaiſon où la chaleur renaiſ-
ſante favoriſe la fermentation, telle que
celle de la floraiſon des pois, &c. Le gas
méphitique doit néceſſairement être non-
ſeulement plus abondant, mais encore
avoir une qualité plus maligne, être enfin transformé dans cette vapeur connue
ſous le nom de plomb.

35°. Les expériences de Machride,
Eſſais ſur les ſeptiques & anti-ſeptiques,
& du traducteur de Shaw, *Eſſais pour ſervir à l'hiſtoire de la putréfaction,* nous ont
appris que des ſubſtances végétales &
non putréfiées, mêlées à des ſubſtances
animales fermentoient puiſſamment. Le
même effet doit donc avoir lieu dans les
foſſes où ſe trouve ce mélange. Dès-lors
n'eſt-il pas évident que la malfaiſance de
celles où l'on trouve ce mélange doit dé-

pendre de cette fermentation exceſſive ?
Le gas qui en eſt le produit doit être alors
de la plus grande denſité, il doit s'être
chargé d'une très-grande quantité de
phlogiſtique & de toutes les molécules
huileuſes aſſez atténuées pour pouvoir
être volatiliſées. Le plomb ne peut preſque paſ ſe rendre ſenſible, comme la mitte, par l'acidité, le piquant du gas : la
fadeur doit l'annoncer, & chaſſant par ſa
denſité exceſſive l'air reſpirable, portant à la ſurface des organes de la reſpiration des principes délétéres, il doit non-
ſeulement ſuffoquer les malheureux qui
y ſont expoſés, mais encore affecter leur
genre nerveux, le dénaturer, & leur
cauſer par la réunion de ces effets une
mort inévitable, ſi les ſecours qu'on leur
donne ne ſont pas exceſſivement prompts.
Les différens degrés de l'intenſité de cette
vapeur peuvent donc ſeuls établir quelque différence dans les accidens dont le
plomb eſt la cauſe ; & ſi les débris de poterie mélangés à la heurte peuvent augmenter la mitte, ils doivent par les raiſons déja déduites (33) rendre auſſi le
plomb plus dangereux.

36°. Un gas méphitique plus ou moins
denſe, plus ou moins altéré par la combinaiſon des matieres phlogiſtiques eſt
donc la cauſe de tous les accidens auxquels la vuidange des foſſes d'aiſance expoſe les ouvriers qui y ſont employés ;
on pouvoit donc eſpérer d'anéantir le riſque qu'ils courent pendant ce travail en
abſorbant, en dénaturant ce gas, en lui
préparant une iſſue qui s'oppoſât à une
nouvelle aggrégation de ce fluide pernicieux. On pouvoit également ſe flatter de
prévenir l'infection de l'athmoſphere,
en n'y mêlant ce gas qu'après l'avoir dé-
compoſé ; & voilà l'effet des moyens imaginés par MM. Laborie, Parmentier &
Cadet.

37°. La chaux vive, avide du gas
crayeux & du phlogiſtique, s'empare
de ces principes lorſqu'elle eſt jettée dans
les foſſes d'aiſance ; les molécules fétides
que les gas volatiliſoit ſont précipitées,
l'odeur infecte diſparoit, & l'air reſpirable en prend la place.

Le fourneau allumé placé dans la foſſe, en raréfiant l'air qui y ſéjournoit, y
attire l'air extérieur qui vient diffoudre
les vapeurs méphitiques. Celui qui eſt
placé dans les tuyaux y fait une eſpece de

vuide, que l'air de la foſſe vient remplir en formant un courant; cet air en traverſant le feu y éprouve une décompoſition de ces principes déléteres; les vapeurs méphitiques y ſont transformées en acide ſulfureux volatil, en acide nitreux, tous deux incapables de nuire lorſqu'ils ſont diſſous par l'athmoſphere : & par la réunion de ces moyens, les vuidangeurs ſe trouvent à l'abri des dangers auxquels les expoſe un travail dont les riſques augmentoient le malheur d'être obligés de s'y livrer.

38°. Je pourrois terminer ici cet article; mais le deſir d'y réunir tout ce qui peut intéreſſer en ce genre la ſanté des hommes, m'engage à placer ici deux obſervations importantes, faites par les ſavans que j'ai pris pour guides, & à tracer d'après eux la maniere de conſtruire les foſſes d'aiſance pour prévenir l'infiltration de la vanne dans les terres, & l'infection des puits qui en eſt ſouvent l'effet.

39°. L'une des obſervations que j'ai annoncées porte, que la vapeur méphitique des foſſes d'aiſance, guérit les vuidangeurs de la galle, & qu'aucun d'eux n'eſt attaqué de cette maladie; l'autre qu'elle augmente les accidens de la vérole; de ſorte que ceux qui ſont entichés de maux vénériens doivent bien ſe garder d'entreprendre de vuider des foſſes d'aiſance, & que l'on pourroit dans le cas de galle opiniâtre conſeiller ce travail à ceux qui en ſeroient malades.

40°. Quant à la conſtruction des foſſes d'aiſance, les auteurs cités conſeillent, d'après un architecte très-inſtruit, de donner à ces foſſes une forme circulaire : ils veulent que leur voûte ſoit conſtruite de façon que la clef ſoit placée au centre, que tous les tuyaux deſtinés à l'iſſue des matieres ſoient perpendiculaires & s'ouvrent à peu de diſtance de la clef, & qu'on ménage quelques ventouſes qui établiſſent dans les foſſes un courant d'air perpétuel.

Que les parois ſoient fermées par un double mur, l'extérieur conſtruit en moilons durs, enduits d'une couche de terre glaiſe, l'intérieur en moilons tendres auxquels le gratin s'attachera plus aiſément. Que ce mur ſoit fait à chaux & à ciment, & porté ſur des pieces de bon bois de chêne; enfin que le ſol ſoit enduit d'une cou-

che de glaiſe épaiſſe, ſur laquelle on établira un pavé de moilons tendres, liés par un bon mortier à chaux & à ciment.

On éviteroit par cette conſtruction & l'infiltration de la vanne, qui cauſe l'infection des puits, & ſon reflux dans les foſſes, reflux qui quelquefois renouvelle les émanations du plomb, parce qu'elle revient (3) chargée de ſubſtances fermenteſcibles qu'elle a diſſoutes dans les terres, & qu'elle rend ſouvent les foſſes infectes pluſieurs jours après leur vuidange.

Comme nous nous ſommes fait un devoir d'inſérer dans notre édition toutes les découvertes nouvelles qui intéreſſent la ſanté, nous avons prié M. Maret, de nous donner un Mémoire qui contint les obſervations que MM. Laborie, Cadet le jeune & Parmentier ont faites ſur les lieux d'aiſance. Le Secretaire perpétuel de l'académie de Dijon à qui l'Encyclopédie doit tant d'articles excellens & le public tant de reconnoiſſance, a bien voulu ajouter ſes obſervations à celles des Commiſſaires de l'Académie des ſciences. La lecture de l'article précédent prouvera qu'il a donné un ordre plus didactique à leur Mémoire, & qu'il a ajouté des détails très-utiles à la théorie des effets des vuidanges, & des moyens qu'ils ont imaginés pour en prévenir les ſuites funeſtes.

VUIDE, ſ. m. *Phyſiq. & Métaph.*, eſpace deſtitué de toute matiere. V. ESPACE & MATIERE.

Les philoſophes ont beaucoup diſputé dans tous les temps ſur l'exiſtence du *vuide*, les uns voulant que tout l'univers fût entierement plein, les autres ſoutenant qu'il y avoit du *vuide*. V. PLEIN.

Les anciens diſtinguoient le *vuide* en deux eſpeces: *vacuum coacervatum* & *vacuum diſſeminatum;* ils entendoient par le premier un eſpace privé de toute matiere, tel que ſeroit l'eſpace renfermé par les murailles d'une chambre, ſi Dieu annihiloit l'air & tous les autres corps qui y ſont. L'exiſtence de ce *vuide* a été ſoutenue par les Pythagoriciens, par les Epicuriens & par les atomiſtes ou corpuſculaires, dont la plupart ont ſoutenu que le *vuide* exiſtoit actuellement & indépendamment des limites du monde ſenſible; mais les philoſophes corpuſculaires de ces derniers temps, leſquels admettent le *vacuum coacervatum*, nient cette aſſer-

tion , *en tant que ce vuide devroit être in-*
fini , éternel & non créé. V. UNIVERS.

Suivant ces derniers , le *vacuum coacervatum*, indépendamment des limites
du monde fenfible , & le *vuide* que Dieu
feroit en annihilant les corps contigus ,
ne feroit qu'une pure privation ou néant.
Les dimenfions de l'efpace qui , felon les
premiers , étoient quelque chofe de réel ,
ne font plus , dans le fentiment des derniers , que de pures privations , que la
négation de la longueur , de la largeur &
de la profondeur qu'auroit le corps qui
rempliroit cet efpace. Dire qu'une chambre dont toute la matiere feroit annihilée,
conferveroit des dimenfions réelles, c'eft,
fuivant ces philofophes , dire cette abfurdité, *que ce qui n'eft pas corps, peut avoir
des dimenfions corporelles.*

Quant aux Cartéfiens , ils nient toute
efpece de *vacuum coacervatum*, & ils
foutiennent que fi Dieu annihiloit toute
la matiere d'une chambre, & qu'il empêchât l'introduction d'aucune autre matiere , il s'enfuivroit que les murailles deviendroient contiguës , & ne renferme-
roient plus aucun efpace entr'elles ; ils
prétendent que des corps qui ne renferment rien entr'eux , font la même chofe
que des corps contigus ; que dès qu'il n'y
a point de matiere entre deux corps , il
n'y a point d'étendue qui les fépare. *Eten-
due & corps*, difent-ils , fignifient la même chofe. Or s'il n'y a point d'étendue entre deux corps , ils font donc contigus ,
& le *vuide* n'eft qu'une chimere ; mais
tout ce raifonnement porte fur une méprife , en ce que ces philofophes confondent la matiere avec l'étendue. *V.* ETEN-
DUE & ESPACE.

Le *vuide* difféminé eft celui qu'on fuppofe être naturellement placé entre les
corps & dans leurs interftices. *V.* PORE.

C'eft fur cette efpece de *vuide* que difputent principalement les philofophes
modernes. Les corpufculaires le foutiennent, & les Péripatéticiens & les Cartéfiens le rejettent. *Voy.* CORPUSCULAI-
RES , CARTÉSIANISME, &c.

Le grand argument des Péripatéticiens
contre le *vuide* difféminé, c'eft qu'on voit
différentes fortes de corps qui fe meuvent
dans certains cas , d'une maniere contraire à leur direction & inclination naturelle , fans autre raifon apparente que pour
éviter le *vuide* ; ils concluent delà que la

nature l'abhorre , & ils font une claffe de
mouvemens qu'ils attribuent tous à cette
caufe. Telle eft, par exemple, l'afcenfion
de l'eau dans les feringues & dans les
pompes.

Mais comme le poids & l'élafticité de
l'air ont été prouvés par des expériences
inconteftables , tous ces mouvemens font
attribués avec raifon à la preffion caufée
par le poids de l'air. *V.* SERINGUE, AIR,
POMPE, VENTOUSE, &c.

Les Cartéfiens ne nient pas feulement
l'exiftence actuelle du *vuide*, mais fa poffibilité , & cela fur ce principe , que l'é-
tendue étant l'effence de la matiere ou des
corps , tout ce qui eft étendu , eft matiere , l'efpace pur & *vuide* qu'on fuppofe
étendu , doit être matériel , felon eux.
Quiconque , difent-ils , admet un efpace
vuide , conçoit des dimenfions dans cet
efpace, c'eft-à-dire , une fubftance étendue , & par conféquent il nie le *vuide* en
même temps qu'il l'admet.

D'un autre côté, les phyficiens corpufculaires prouvent par plufieurs confidérations , non-feulement la poffibilité ,
mais l'exiftence actuelle du *vuide* ; ils la
déduifent du mouvement en général , &
en particulier du mouvement des planetes , des cometes , de la chûte des corps ,
de la raréfaction & de la condenfation ,
des différentes gravités fpécifiques des
corps , & de la divifibilité de la matiere.

I. On prouve d'abord que le mouvement ne fauroit être effectué fans *vuide*.
V. MOUVEMENT. C'eft ce que Lucrece
a fi bien rendu dans fon poëme.

*Principium quoniam cedendi nulla
daret res ;
Undique materies quondam ftipata
fuiffet.*

La force de cet argument eft augmentée par fes confidérations fuivantes.

1°. Que tout mouvement doit fe faire
en ligne droite ou dans une courbe qui
rentre en elle-même , comme le cercle &
l'ellipfe , ou dans une courbe qui s'éten-
de à l'infini , comme la parabole , &c.

2°. Que la force mouvante doit toujours être plus grande que la réfiftance.
Car delà il fuit qu'aucune force , même
infinie , ne fauroit produire un mouvement dont la réfiftance eft infinie , & par
conféquent que le mouvement en ligne
droite ou dans une courbe qui ne rentre
point en elle-même , feroit impoffible

dans le cas où il n'y auroit point de *vuide*, à caufe que dans ces deux cas la maffe à mouvoir & par conféquent la réfiftance doit être infinie. De plus, de tous les mouvemens curvilignes, les feuls qui puiffent fe perpétuer dans le plein, font ou le mouvement circulaire autour d'un point fixe, & non le mouvement elliptique, ou d'une autre courbure, ou le mouvement de rotation d'un corps autour de fon axe, pourvu encore que le corps qui fait fa révolution, foit un globe parfait ou un fphéroïde ou autre figure de cette efpece ; or de tels corps ni de telles courbes n'exiftent point dans la nature : donc dans le plein abfolu il n'y a point de mouvement : donc il y a du *vuide*.

II. Les mouvemens des planetes & des cometes démontrent le *vuide*. "Les cieux, dit M. Newton, ne font point remplis de milieux fluides, à moins que ces milieux ne foient extrêmement rares : c'eſt ce qui eft prouvé par les mouvemens réguliers & conftants des planetes & des cometes qui vont en tout fens au travers des cieux. Il s'enfuit évidemment delà que les efpaces céleftes font privés de toute réfiftance fenfible & par conféquent de toute matiere fenfible; car la réfiftance des milieux fluides vient en partie de l'attrition des parties du milieu, & en-partie de la force de la matiere qu'on nomme *fa force d'inertie*. Or cette partie de la réfiftance d'un milieu quelconque, laquelle provient de la ténacité, du frottement ou de l'attrition des parties du milieu, peut être diminuée en divifant la matiere en de plus petites parcelles, & en rendant ces parcelles plus polies & plus gliffantes. Mais la partie de la réfiſtance qui vient de la force d'inertie, eft proportionnelle à la denfité de la matiere, & ne peut être diminuée par la divifion de la matiere en plus petites parcelles, ni par aucun moyen que par la denfité du milieu ; & par conféquent fi les efpaces céleftes étoient auffi denfes que l'eau, leur réfiftance ne feroit guere moindre que celle de l'eau; s'ils étoient auffi denfes que le vif argent, leur réfiftance ne feroit guere moindre que celle du vif argent ; & s'ils étoient abfolument denfes ou pleins de matiere fans aucun *vuide*, quelque fubtile & fluide que fût cette matiere, leur réfiftance feroit plus grande que celle du vif argent. Un globe

folide perdroît dans un tel milieu plus de la moitié de fon mouvement, en parcourant trois fois la longueur de fon diametre, & un globe qui ne feroit pas entiérement folide, telles que font les planetes, s'arrêteroit en moins de temps. Donc pour affurer les mouvemens réguliers & durables des planetes & des cometes, il eft abfolument néceffaire que les cieux foient *vuides* de toute matiere, excepté peut-être quelques vapeurs ou exhalaifons qui viennent des atmofpheres de la terre, des planetes & des cometes, & les rayons de lumiere. *Voy*. RÉSISTANCE, MILIEU, PLANETE, COMETE.

III. Newton déduit encore le *vuide* de la confidération du poids des corps. „Tous les corps, dit-il, qui font ici-bas, pefent vers la terre, & les poids de tous ces corps, lorfqu'ils font à égale diftance du centre de la terre, font comme les quantités de matiere de ces corps. Si donc l'éther ou quelqu'autre matiere fubtile étoit entiérement privée de gravité, ou qu'elle pefât moins que les autres à raifon de fa quantité de matiere, il arriveroit, fuivant Arifote, Defcartes & tous ceux qui veulent que cette matiere ne differe des autres corps que par le changement de fa forme, que le même corps pourroit, en changeant de forme, être graduellement changé en un corps de même conftitution que ceux qui pefent plus que lui à raifon de leur quantité de matiere, & de même les corps les plus pefans pourroient perdre par degrés leur gravité en changeant de forme, en forte que les poids dépendroient uniquement des formes des corps, & changeroient en même temps que ces formes, ce qui eft „ contraire à toute expérience." *Voyez* POIDS.

IV. La chûte des corps prouve encore, fuivant M. Newton, que tous les efpaces ne font pas également pleins. " Si tous „ les efpaces étoient également pleins, la gravité fpécifique du fluide dont l'air feroit rempli, ne feroit pas moindre que la gravité fpécifique des corps les plus pefans, comme le vif-argent & l'or, & par conféquent aucun de ces corps ne devroit tomber ; car les corps ne defcendent dans un fluide que lorfqu'ils font fpécifiquement plus pefans que ce fluide. Or fi, par le moyen de la machine pneumatique, on parvient à tirer l'air d'un vaiffeau au point qu'une plume y tombe aussi vite que l'or dans l'air libre, il faut que le milieu qui occupe alors le vaisseau soit beaucoup plus rare que l'air. *V.* CHUTE. Puis donc que la quantité de matiere peut être diminuée dans un espace donné par la raréfaction, pourquoi cette diminution ne pourroit-elle pas aller jufqu'à l'infini ? Ajoutez à cela que nous regardons les particules folides de tous les corps comme étant de même denfité, & comme ne pouvant fe raréfier qu'au moyen des pores qui font entr'elles, & que delà le *vuide* fuit néceffairement. *V.* RARÉFACTION, PORE & PARTICULE. „

V. „ Les vibrations des pendules prouvent encore l'exiftence du *vuide*; car puifque ces corps n'éprouvent point de réfiftance qui retarde leur mouvement ou qui raccourciffe leurs vibrations, il faut qu'il n'y ait pas de matiere fenfible dans ces efpaces, ni dans les interftices des particules de ces corps. „ *V.* PENDULE.

Quant à ce que Defcartes a dit, que la matiere peut être atténuée au point de rendre fa réfiftance infenfible, & qu'un petit corps en en frappant un grand ne fauroit ni lui réfifter, ni altérer fon mouvement, mais qui doit retourner en arriere avec toute fa force, c'eft ce qui eft contraire à l'expérience. Car Newton a fait voir que la denfité des fluides étoit proportionnelle à leur réfiftance à très-peu de chofe près, & c'eft une méprife bien groffiere que de croire que la réfiftance qu'éprouvent les projectiles eft diminuée à l'infini, en divifant jufqu'à l'infini les parties de ce fluide. Puifque au contraire il eft clair que la réfiftance eft fort peu diminuée par la fubdivifion des parties, & que les forces réfiftantes de tous les fluides font à-peu-près comme leurs denfités, *princip. l. II, prop.* 38 & 40. Et pourquoi la même quantité de matiere divifée en un grand nombre de parties très-petites, ou en un petit nombre de parties plus grandes, ne produiroit-elle pas la même réfiftance ? S'il n'y avoit donc pas de *vuide*, il s'enfuivroit qu'un projectile mu dans l'air, ou même dans un efpace purgé d'air, éprouveroit autant de réfiftance que s'il fe mouvoit dans du vif-argent. *V.* PROJECTILE.

VI. La divifibilité actuelle de la matiere & la diverfité de la figure de fes parties prouvent le *vuide* difféminé. Car dans la

fuppofition du plein abfolu, nous ne concevons pas plus qu'une partie de matiere puiffe être actuellement féparée d'une autre, que nous ne pouvons comprendre la divifion des parties de l'efpace abfolu. Lorfqu'on imagine la divifion ou féparation de deux parties unies, on ne fauroit imaginer autre chofe que l'éloignement de ces parties à une certaine diftance. Or de telles divifions demandent néceffairement du *vuide* entre les parties. *V.* DIVISIBILITÉ.

VII. Quant aux figures des corps, elles devroient toutes être dans la fuppofition du plein, ou abfolument rectilignes, ou concaves-convexes; autrement elles ne pourroient jamais remplir exactement l'efpace; or tous les corps n'ont pas ces figures.

VIII. Ceux qui nient le *vuide* fuppofent ce qu'il eft impoffible de prouver, que le monde matériel n'a point de limite. *Voy.* UNIVERS.

Puifque l'effence de la matiere ne confifte pas dans l'étendue, mais dans la folidité ou dans l'impénétrabilité; on peut dire que l'univers eft compofé de corps folides qui fe meuvent dans le *vuide* : & nous ne devons craindre en aucune maniere que les phénomenes qui s'expliquent dans le fyftème du plein, fe refufent au fyftème de ceux qui admettent le *vuide*; les principaux de ces phénomenes tels que le flux & reflux, la fufpenfion du mercure dans le barometre, le mouvement des corps céleftes, de la lumiere, &c. s'expliquent d'une maniere bien plus fatisfaifante dans ce dernier fyftème. *V.* FLUX, &c.

VUIDE *de Boyle*, eft le nom que quelques auteurs donnent à l'efpace de milieu rare qui fe trouve dans la machine pneumatique, & qui approche fi fort du *vuide* parfait. Cet efpace n'eft pourtant pas abfolument *vuide* ; car la lumiere au moins y entre & le pénetre, & la matiere de la lumiere eft corporelle : les Cartéfiens prétendent qu'à mefure qu'on pompe l'air, le récipient de la machine fe remplit de matiere fubtile. Quoi qu'il en foit, l'expérience prouve que la matiere qui remplit alors le récipient, n'a aucune réfiftance par elle-même ; & c'eft pour cela qu'on regarde le récipient comme *vuide*. *V.* MACHINE PNEUMATIQUE.

Que les principaux phénomenes obfervés dans le *vuide*, font que les corps les
plus pefans & les plus légers, comme un
louis & une plume, y tombent également
vite; que les fruits, comme les grappes
de raifins, les pêches, les pommes, &c.
gardés quelque temps dans le *vuide*, confervent leur fraicheur, leur couleur,
&c. & que ces fruits fanés & ridés dans
l'air libre, deviennent fermes & tendus
dans le *vuide*. Toute efpece de feu & de
lumiere s'éteint dans le *vuide*.

La collifion d'un caillou & de l'acier
ne donne point d'étincelle. Le fon ne fe
propage pas dans le *vuide*.

Une phiole quarrée remplie d'air commun fe brife dans le *vuide*; une ronde
ne s'y brife pas. Une veffie à demi pleine
d'air peut fupporter plus de quarante livres dans le *vuide*. Les chats & la plupart
des autres animaux meurent dans le
vuide.

Par des expériences faites en 1704, M.
Derham a trouvé que les animaux qui
avoient deux ventricules & qui n'avoient
point de trou ovale, mouroient en moins
d'une demi-minute dès la premiere exhauftion. Une taupe y meurt en une minute, une chauve-fouris en fept ou huit.
Les infectes, comme guêpes, abeilles,
fauterelles, femblent morts au bout de
deux minutes; mais, après avoir été même vingt-quatre heures dans le *vuide*, ils
revivent lorfqu'on vient à les mettre dans
l'air libre. Les limaçons peuvent être
vingt heures dans le *vuide*, fans en paroître incommodés.

Les graines femées dans le *vuide* ne
croiffent point: la petite-biere s'évente,
& perd tout fon goût dans le *vuide*: l'eau
tiede y bout très-violemment.

La machine pneumatique ne peut jamais donner un *vuide* parfait, comme il
eft évident par fa ftructure & par la maniere de l'employer. En effet, chaque
exhauftion n'enleve jamais qu'une partie de l'air qui refte dans le récipient, en
forte qu'après quelque nombre que ce foit
d'exhauftions, il refte toujours un peu
d'air. Ajoutez à cela que la machine pneumatique n'a d'effet qu'autant que l'air du
récipient eft capable de lever la foupape,
& que quand la raréfaction eft venue au
point qu'il ne peut plus la foulever, on
a approché du *vuide* autant qu'il eft poffible.

M. Newton ayant remarqué qu'un
thermometre placé dans le *vuide* du récipient hauffoit & baiffoit, fuivant que
l'air de la chambre s'échauffoit ou fe re-
froidiffoit, a conjecturé que la chaleur
de l'air extérieur fe communiquoit dans
l'intérieur du récipient, par les vibrations
de quelque milieu beaucoup plus fubtil
que l'air qui y étoit refté, *Opt. p.* 323. *V.*
MILIEU, CHALEUR, &c. *Chambers*.

VUIDE, f. m. *Archit.*, c'eft une ouverture ou une baie dans un mur. Ainfi
on dit, les *vuides* d'un mur de face ne
font pas égaux aux pleins, pour dire que
fes baies font ou moindres ou plus larges
que les trumeaux ou maffifs. Efpacer tant
plein que *vuide*, c'eft peupler un plancher de folives, en forte que les entre-
voux foient de même largeur que les folives. On dit auffi que les trumeaux font
efpacés, tant plein que *vuide*, lorfqu'ils
font de la largeur des croifées. Enfin on
dit, *pouffer* ou *tirer au vuide*, c'eft-à-dire, de verfer & fortir hors de fon à-plomb.

Vuides, dans les maffifs de maçonnerie trop épais, font des chambrettes ou
cavités pratiquées, autant pour épargner
la dépenfe de la matiere, que pour rendre
la charge moins pefante, comme il y en
a dans le mur circulaire du panthéon à
Rome & aux arcs de triomphe. (*D. J.*)

VUIDE, adj. *en Mufique*, corde à *vuide*, ou, felon quelques-uns, corde à
jouer; c'eft fur les inftrumens à touche,
comme la viole ou le violon, lorfqu'on
tire de la corde dans toute fa longueur,
depuis le chevalet jufqu'au fillet, fans y
placer aucun doigt.

Le fon des cordes à *vuide* eft non-feulement plus grave, mais beaucoup plus
plein que quand on y pofe quelque doigt,
ce qui vient de la molleffe du doigt qui gêne le jeu des vibrations. Cette différence
fait que les habiles joueurs d'inftrumens
évitent de toucher aucune corde à *vuide*,
pour ôter cette inégalité de fon qui eft
fort défagréable à l'oreille; mais cela augmente de beaucoup la difficulté du jeu.
(*S*)

VUIDÉ, *en terme de Blafon*, fe dit
d'une piece principale dont la partie intérieure eft vuide, & dont il ne refte que
les bords pour en faire connoître la forme, de forte que le champ paroît au travers; il n'eft pas néceffaire d'exprimer la
couleur ou le métal de la partie *vuidée*,

puisque c'est naturellement la couleur du champ.

La croix *vuidée* est différente de la croix **engrelée**, en ce que cette derniere ne fait pas voir le champ au travers d'elle, comme fait la premicre.

La même chose a lieu pour les autres pieces.

De Buffevent de Flugni en Dauphiné, d'azur à la croix *vuidée* & treflée d'argent.

Dubofquet de Villebrumier de Veilhes, proche Montauban, d'or a la croix *vuidée* de gueules.

De Saint-Pern-de-Ligovier, proche S. Malo, en Bretagne, d'azur à dix billettes *vuidées* d'argent.

VUIDÉE, CLECHÉE, POMMETÉE & ALESÉE, adj. *terme de Blafon*, fe dit d'une croix à jour, femblable à celle des anciens comtes de Touloufe; où la nomme auffi *croix de Toulouf*.

Vuidée, fignifie que l'on voit le champ de l'écu à travers; *cléchée*, qu'elle est faite à la maniere des clefs antiques; *pommetée*, qu'elle a de petits boutons ou pommes aux angles faillans; & *alefée*, que les extrémités ne touchent point les bords de l'écu.

Oradour de Saint-Gervafy, d'Authefar en Auvergne; *d'argent à la croix vuidée, cléchée, pommetée & alefée d'azur.*

VUIDER, v. act. *Gram.*, c'est enlever, ôter, verfer, éloigner d'un lieu ce qui le rempliffoit. On *vuide* un vafe, un appartement; on *vuide* fes mains, le pays, on *vuide* une foffe, un canon, une clef; une querelle, un procès, &c.

VUIDER, *Jurifprud.*, ce terme a différentes fignifications.

Vuider un différend, fignifie le *régler* ou *faire régler*.

Vuider les lieux, est lorfqu'un locataire ou autre perfonne ceffe d'occuper les bâtimens & autres lieux dont il jouiffoit, & qu'il en retire fes meubles & effets.

Vuider fes mains, c'est délaiffer ou remettre quelque chofe entre les mains d'un autre.

Les gens de main-morte peuvent être contraints de *vuider* leurs mains dans l'an des héritages non-amortis. *V.* AMORTISSEMENT, MAIN-MORTE, COMMUNAUTÉS, RELIGIEUX.

Un dépofitaire ou tiers faifi *vuide* fes mains de deniers ou autres effets qu'il a, en les remettant à qui par juftice il est ordonné. *V.* SAISIE, TIERS SAISI, DENIER, DÉLIVRANCE. (*A*)

VUIDER, *en terme de Batteur d'or*, c'est ôter l'or battu & réduit au degré de légéreté qu'on fouhaitoit du moule, pour le mettre dans un quarteron. *V.* QUARTERON.

VUIDER, v. act. dans la *Gravure en bois*, c'est enlever, foit avec le fermoir, foit avec la gouge, les champs qui doivent être creux dans la planche, autour des traits & des contours de reliefs. *V.* l'article GRAVURE EN BOIS, & aux principes de cet art.

VUIDER, on dit *en Fauconnerie*, *vuider* un oifeau pour le purger; faire *vuider* le gibier, c'est le faire partir quand les oifeaux font montés ou détournés.

VUIDURE, f. f. *Métiers*, ce terme est de fignification différente en divers métiers; par exemple, les Peigniers appellent *vuidure* bien faite, l'égalité du pié des dents d'un peigne; & parmi les Découpeurs, ce mot fignifie un *ouvrage à jour*. (*D. J.*)

VUIDURE, c'est dans une planche de bois gravée tout ce qui a été vuidé & creufé, pour la finir & la mettre en état de pouvoir fervir.

VULCAIN, f. m. *Mythol. Littérat. Iconolog.*, fils de Jupiter & de Junon, est un dieu dont les aventures & les travaux font immortalifés par les poëtes. Il fe bâtit dans le ciel un palais tout d'airain, & parfemé des plus brillantes étoiles. C'est là que ce dieu forgeron, d'une taille prodigieufe, tout couvert de fueur, & tout noir de cendre & de fumée, s'occupoit fans ceffe après les foufflets de fa forge, à mettre en pratique les idées que lui fourniffoit fa fcience divine.

Un jour que le pere des dieux piqué contre Junon, de ce qu'elle avoit excité une tempête pour faire périr Hercule, l'avoit fufpendue au milieu des airs avec deux fortes enclumes aux piés. Vulcain, pour fon malheur, s'avifa de quitter fon palais, & de venir au fecours de fa mere. Jupiter indigné de fon audace, le prit par un pié, & le précipita dans l'ifle de Lemnos, où il tomba prefque fans vie, après avoir roulé tout le jour dans la vafte étendue des airs. Les habitans de Lemnos le releverent, & l'emporterent; mais il demeura toujours un peu boiteux de cette terrible chûte.

Cependant par le crédit de Bacchus, *Vulcain* fut rappellé dans le ciel , & rétabli dans les bonnes graces de Jupiter, qui lui fit épouser la mere de l'Amour. Elle régna souverainement sur son cœur, par l'empire des graces & de la beauté. On n'en peut pas douter , après les preuves convainquantes qu'en rapporte Virgile.

Niveis hinc atque hinc diva lacertis
Cunctantem amplexu molli fovet : Ille repentè
Accepit solitam flammam; notusque medullas
Intravit calor , & labefacta per ossa cucurrit.
Non secùs atque olim tonitru cum rupta corusco
Ignea rima micans percurrit lumine nimbos.
Sensit læta dolis , & formæ conscia conjux.
Tunc pater æterno fatur devinctus amore:
Quidquid in arte meâ possum promittere curâ ,
Quod fieri ferro , liquido-ve potest electro,
Quantum ignes animæque valent : absiste , precando,
Viribus indubitare tuis. Ea verba locutus
Optatos dedit amplexus , placidumque petivit
Conjugis infusus gremio, per membra soporem.
Enéide, l. VIII, v. 387.

« Elle l'embrasse tendrement, & le serre amoureusement entre ses deux bras d'une couleur éclatante. *Vulcain* jusqu'alors insensible , sent renaître toute son ardeur pour sa divine épouse. Un feu qui ne lui est pas inconnu court dans ses veines , & se répand dans tous ses membres amollis. Ainsi l'éclair qui s'échappe de la nue enflammée, vole en un instant d'un pole à l'autre. Vénus avoit une secrete joie, l'effet de ses caresses , & le triomphe de ses charmes , dont elle connoissoit le pouvoir. Le dieu qui n'avoit ja-

mais cessé de l'aimer, lui répond; je vous offre , déesse, toutes les ressources de mon art , tout ce que je puis opérer sur le fer & sur le métal de fonte composé d'or & d'argent. Cessez par vos prieres de douter de votre empire sur moi. En même temps , il lui donne les plus vifs & les plus délicieux embrasemens ; enfin il s'endort tranquillement sur son sein. »

Voilà pour la fable , passons à l'historique. Cicéron reconnoît quatre *Vulcains*; le premier , fils du Ciel ; le second , du Nil; le troisieme, de Jupiter & de Junon; & le quattrieme , de Ménalius ; c'est ce dernier qui habitoit les isles Vulcanies.

Le *Vulcain* fils du Nil , avoit régné le premier en Egypte, selon la tradition des prêtres , & ce fut l'invention même du feu qui lui procura la royauté ; ensuite cette invention jointe à sa sagesse , lui mérita , après sa mort, d'être mis à la tête des divinités égyptiennes.

Le troisieme *Vulcain* , fils de Jupiter & de Junon, fut un des princes Titans qui se rendit illustre dans l'art de forger le fer. Diodore de Sicile dit , qu'il est le premier auteur des ouvrages de fer, d'airain , d'or , d'argent , en un mot , de toutes les matieres fusibles. Il enseigna tous les usages que les ouvriers & les autres hommes peuvent faire du feu. C'est pour cela que ceux qui travaillent en métaux, donnent au feu le nom de *Vulcain* , & offrent à ce dieu des sacrifices , en reconnoissance d'un présent si avantageux. Ce prince ayant été disgracié, se retira dans l'isle de Lemnos, où il établit des forges; & voilà l'origine de la fable de *Vulcain* précipité du ciel en terre.

Les Grecs mirent ensuite sur le compte de leur *Vulcain*, tous les ouvrages qui passoient pour des chefs-d'œuvre dans l'art de forger : comme le palais du soleil, les armes d'Achille, celles d'Enée, le fameux sceptre d'Agamemnon , le collier d'Hermione , la couronne d'Ariadne. &c.

Les monumens représentent ce dieu d'une maniere assez uniforme ; il y paroît barbu, la chevelure un peu négligée, couvert à demi d'un habit qui ne lui descend qu'au dessus du genou ; portant un bonnet rond & pointu, tenant de la main droite un marteau, & de l'autre des tenailles.

Quoique tous les mythologues assurent que *Vulcain* soit boiteux, ses statues ne le repréſentent pas tel. Les anciens peintres & ſculpteurs, ou ſupprimoient ce défaut, ou l'expoſoient peu ſenſible. Nous admirons, dit Cicéron, ce *Vulcain* d'Athenes, fait par Alcamene : il eſt debout & vêtu, il paroit boiteux, mais ſans aucune difformité.

Les Egyptiens peignoient *Vulcain* marmouzet. Cambiſe au rapport d'Hérodote étant entré dans le temple de *Vulcain* à Memphis, ſe moqua de ſa figure, & fit des éclats de rire. Il reſſembloit, dit-il, à ces dieux que les Phéniciens appelloient *Pataïques*, & qu'ils peignent ſur la proue de leurs navires. Ceux qui n'en ont point vu, entendront ma comparaiſon ; ſi je leur dis que ces dieux ſont faits comme des pigmées.

Le temple de *Vulcain* à Memphis, devoit être de la derniere magnificence, à en juger par le récit d'Hérodote.

Les rois d'Egypte ſe firent gloire d'embellir, à l'envi les uns des autres, cet édifice commencé par Ménès, le premier des rois connus en Egypte.

Vulcain eut pluſieurs temples à Rome, mais le plus ancien, bâti par Romulus, étoit hors de la ville ; les augures ayant jugé que le dieu du feu ne devoit pas être dans Rome. Tatius fit pourtant bâtir un temple à ce dieu dans l'enceinte de la ville ; c'étoit dans ce dernier temple que ſe tenoient aſſez ſouvent les aſſemblées du peuple, où l'on traitoit les affaires les plus graves de la république. Les Romains ne croyoient pouvoir invoquer rien de plus ſacré pour aſſurer les déciſions & les traités qui s'y faiſoient, que le feu vengeur, dont ce dieu étoit le ſymbole.

On avoit coutume dans ſes ſacrifices, de faire conſumer par le feu toute la victime, ne réſervant rien pour le feſtin ſacré ; en ſorte que c'étoient de véritables holocauſtes. Ainſi le vieux Tarquin, après la défaite des Sabins, fit brûler en l'honneur de ce Dieu, leurs armes & leurs dépouilles.

Les chiens étoient deſtinés à la garde de ſes temples ; & le lion qui dans ſes rugiſſemens, ſemble jeter du feu par la gueule, lui étoit conſacré. On avoit auſſi établi des fêtes en ſon honneur ; dans la principale, on couroit avec des torches allumées, qu'il falloit porter ſans les éteindre juſqu'au but marqué.

On regarda, comme fils de *Vulcain*, tous ceux qui ſe rendirent celebres dans l'art de forger les métaux ; Olénus, Albion & quelques autres ; Brontéus & Erictonius ont paſſé dans la fable pour ſes véritables enfans.

Les noms les plus ordinaires qu'on donne à ce dieu, ſont *Héphéſtos*, *Lemnius*, *Mulciber* ou *Mulcifer*, *Ethneus*, *Tardipes*, *Junonigena*, *Chryſor*, *Caleopodion*, *Amphigimeus*, *&c*. (*D. J.*)

VULCANALES, ſ. f. pl. *Myth.*, fête de Vulcain, qui ſe célébroit au mois d'août ; & comme Vulcain eſt le dieu du feu, on le feu même, on brûloit une portion des victimes qu'on offroit ſur ſes autels.

VULCANI inſula, *Géogr. anc.*, iſle voiſine de la Sicile, ſelon Ptolomée, *liv. III*, *c. iv*, & Tite-Live, *liv. XXI*, *c. xlix*. C'eſt l'île d'Hiera, ſituée entre la Sicile & l'iſle de Lipara. Elle étoit conſacrée à Vulcain ; Strabon l'appelle *le temple de Vulcain* ; & Virgile *la maiſon & la terre de Vulcain*. Il faut tranſcrire ici ſa deſcription, c'eſt un chef-d'œuvre que notre langue ne peut imiter.

Inſula Sicanium juxtà latus Æoliamque
Erigitur Liparen, fumantibus arduâ ſaxis:
Quam ſubter ſpecus, & cyclopum exeſa
  caminis
Antra Ætnæa tonant, validique incu-
  dibus ictus
Auditi referunt gemitum, ſtriduntque
  cavernis
Stricturæ chalybum; & fornacibus ignis
  anhelat :
Volcani domus, & volcania nomine tel-
  lus,
Huc tunc ignipotens cælo deſcendit ab
  alto.   Enéide, *l VIII. v.* 416.

« Entre la Sicile & l'iſle de Lipara, » l'une des Eoliennes, s'éleve une iſle » couverte de rochers, dont le ſommet » vomit d'affreux tourbillons de flammes » & de fumée. Sous ces rochers tournans, » émules du mont Etna, eſt un antre profond, miné par les fournaiſes des Cy- » clopes, qui ſans ceſſe y font gémir l'en- » clume ſous leurs peſans marteaux. Là » un feu bruyant, animé par les ſouf- » flets, embraſe le fer, qui rétentit & » étincelle ſous les coups redoublés des » forgerons. C'eſt dans cette iſle ardente, » demeure de Vulcain, dont elle porte » le nom, que le dieu du feu deſcendit » du haut des cieux. » (*D. J.*)

VULCANO ou VOLCANO, l'isle de, Géog. mod., isle d'Italie, voisine, & un peu moins grande que celle de Lipari. On en tire beaucoup de soufre. Sur le haut de cette isle, du côté du nord, il y a une montagne dont le sommet est ouvert, & dont il sort presque continuellement du feu & de la fumée ; c'est de cette isle que nous avons donné le nom de volcans à toutes les montagnes qui jettent du feu. (D. J.).

VULGAIRE, adj. Gramm.; commun, trivial, ordinaire, du petit peuple ; des idées vulgaires ; des sentimens vulgaires; penser comme le vulgaire, sur le vice, sur la vertu, sur la religion. Vulgaire s'oppose quelquefois à ancien & savant. On dit les langues vulgaires ; la Vénus vulgaire ou publique, étoit l'opposée de la Vénus Uranie.

VULGAIRE, substitution, Jurisprud. ; la substitution vulgaire est celle qui est faite au profit d'un second héritier au cas que le premier ne recueille pas la succession. Voy. SUBSTITUTION & FIDEI-COMMIS. (A)

VULGATE, Théol., nom qu'on donne au texte latin de nos bibles, que le concile de Trente a déclaré authentique & préférable aux autres versions latines.

Voici les termes de ce concile, sess. iv, cap. ij, "le saint concile considérant que » l'église de Dieu ne tireroit pas un pe- » tit avantage, si de plusieurs éditions la- » tines que l'on voit aujourd'hui, on sa- » voit quelle est celle qui doit passer pour » authentique, ordonne & déclare qu'on » doit tenir pour authentique l'ancienne » & commune édition qui a été approu- » vée dans l'église par un long usage, de » tant de siecles, qu'elle doit être recon- » nue pour authentique dans les leçons » publiques, dans les disputes, dans les » prédications, dans les explications théo- » logiques, & veut que nul ne soit si osé » que ce soit, de la rejetter, sous quelque prétexte » que ce soit. »

Le concile, comme on voit, ne compare pas la vulgate aux originaux ; il n'en étoit pas question alors ; mais seulement aux autres versions latines qui couroient en ce temps-là, & dont plusieurs étoient suspectes, comme venant d'auteurs inconnus ou hérétiques. C'est donc mal-à-propos qu'on accuse l'Eglise d'avoir pré-

féré la vulgate aux originaux. Salmeron qui avoit assisté au concile de Trente, & Pallavicin qui en a fait l'histoire, nous assurent que le concile n'eut point d'autre intention que de déclarer que la vulgate étoit la seule des versions latines qu'il approuvât & qu'il tînt pour authentique, comme ne contenant rien ni contre la foi ni contre les mœurs.

Il est certain que les chrétiens ont eu de bonne heure des versions de l'Ecriture, & qu'elles s'étoient si fort multipliées & avec tant de différences entre elles, que S. Jérôme assuroit qu'il y avoit autant de versions diverses qu'il y avoit d'exemplaires. Mais parmi ces anciennes versions, il y en eut toujours une plus autorisée & plus universellement reçue, c'est celle qui est connue dans l'antiquité sous le nom d'ancienne italique, itala vetus, de commune, de vulgate, & qui fut appellée, ancienne, depuis que S. Jérôme en eût composé une nouvelle sur l'hébreu. La première avoit été faite sur le grec des septante ; mais on n'en connoît pas l'auteur, pas même par conjecture. On lui avoit donné le premier rang parmi les éditions latines, parce qu'elle étoit la plus attachée à la lettre & la plus claire pour le sens. Verborum tenacior cum perspicuitate sententiæ, dit S. Grégoire, præfat. moral. in Job. S. Augustin pensoit aussi qu'elle devoit être préférée à toutes les autres versions latines qui existoient de son temps, parce qu'elle rendoit les mots & le sens ou la lettre, & l'esprit du texte sacré avec plus d'exactitude & de justesse que toutes les autres versions. Nobilius en 1588 & le pere Morin en 1628, en donnerent de nouvelles éditions, prétendant l'avoir rétablie & recueillie dans les anciens qui l'ont citée.

S. Jérôme retoucha cette ancienne version, traduisit sur l'hébreu la plupart des livres de l'ancien Testament ; mais il ne toucha point à ceux qui ne se trouvent qu'en grec, il fit quelques légeres corrections à l'ancienne version italique du pseautier, & traduisit tout le nouveau Testament à la sollicitation du pape S. Damase. C'est cette version de S. Jérôme qu'on appelle aujourd'hui la vulgate, & que le concile de Trente a déclarée authentique.

L'Eglise romaine ne se sert que de

cette *vulgate* de S. Jérôme, excepté quelques passages de l'ancienne qu'on a laissés dans le miffel & le pseautier tel qu'on le chante, qui est presque tout entier de l'ancienne italique; ou, pour mieux dire, notre version du pseautier n'est pas même l'ancienne version latine réformée sur le grec par saint Jérôme; c'est un mélange de cette ancienne italique & des corrections de ce S. docteur.

Le concile de Trente ayant ordonné, *sess. iv*, que l'*Ecriture sainte seroit imprimée au plutôt le plus correctement qu'il seroit possible, particuliérement selon l'édition ancienne de la vulgate*, le pape Sixte V donna ses soins à procurer une édition parfaite de la *vulgate* latine, qui pût servir de modele à toutes celles que l'on feroit dans la suite pour toute l'église catholique. Il employa cet ouvrage plusieurs savans théologiens qui y travaillerent avec beaucoup d'application. Son édition fut faite dès l'an 1589, mais elle ne parut qu'en 1590; & comme elle ne se trouva pas encore dans toute la perfection que l'on desiroit, le pape Clément VIII en fit une autre édition en 1592, qui a toujours été confidérée depuis comme le modele de toutes celles qu'on a imprimées. C'est cette édition que l'église latine tient pour authentique, suivant la déclaration du concile de Trente, & selon la bulle de Clément VIII. Il ne faut pas toutefois s'imaginer que cette édition soit entiérement exempte des plus légers défauts. Le cardinal Bellarmin, qui avoit travaillé avec d'autres théologiens à la corriger, reconnoît dans sa lettre à Luc de Bruges qu'il y a encore plusieurs fautes que les correcteurs n'ont pas jugé à propos d'en ôter, pour de justes causes.

La *vulgate* du nouveau testament est celle que S. Jérôme fit sur le grec, & que le concile de Trente a aussi déclarée authentique, sans cependant défendre d'avoir recours aux originaux; car plusieurs auteurs catholiques, & en particulier le pere Bouhours, qui a employé les dernieres années de sa vie à nous donner une traduction françoise du nouveau testament, conformément à la *vulgate*, conviennent que dans le nombre des différences qui se trouvent entre le texte grec & la *vulgate*, il y en a où les expressions grecques paroissent plus claires & plus naturelles que les expressions latines, de

sorte que l'on pourroit corriger la *vulgate* sur le texte grec, au cas que le saint siege l'approuvât. Cependant ces différences ne confistent en général que dans un petit nombre de mots & de syllabes, qui n'influent que rarement sur le sens, outre que dans quelques-unes de ces différences la *vulgate* est autorisée par un grand nombre d'anciens manuscrits. Ainsi quelque déchaînement que les protestans aient d'abord marqué contre la *vulgate*, on peut dire que les plus modérés & quelques-uns des plus habiles d'entr'eux, tels que Grotius, Louis de Dieu, Fagius, &c. ont reconnu qu'elle étoit préférable aux autres éditions latines.

En 1675, l'université d'Oxford publia une nouvelle édition du nouveau testament grec, & elle prit un soin particulier de comparer le texte grec comme avec tous les manuscrits les plus anciens qui se trouvent en France, en Angleterre, en Espagne & en Italie, & de marquer toutes les différences des uns aux autres. Dans la préface de cet ouvrage, les éditeurs, en parlant des diverses traductions de la bible en langues vulgaires, observent qu'il n'y en a point qui puisse entrer en comparaison avec la *vulgate*; ce qu'ils justifient en comparant les passages des manuscrits grecs les plus célebres avec les mêmes passages de la *vulgate* où il se trouve quelque différence entr'elle & la commune copie grecque imprimée. En effet, il est probable que dans le temps que S. Jérôme traduisit le nouveau testament, il avoit des copies grecques plus exactes & mieux conservées que toutes celles dont on s'est servi depuis l'établissement des imprimeries, c'est-à-dire, depuis deux siecles. D'où il s'ensuit que cette *vulgate* est infiniment préférable à toutes les autres versions latines, & à juste titre déclarée authentique.

M. Simon appelle *ancienne vulgate grecque* la version des septante, quoiqu'elle eût été revue & réformée par Origene. La révision d'Origene l'emporta sur cette ancienne version des septante dont on cessa de faire usage; de sorte qu'à-présent à peine en reste-t-il quelques copies. *Voy.* SEPTANTE.

VULGIENTES, *Géogr. anc.*, peuples de la gaule narbonnoise: Pline. *l. III, c. iv*, leur donne pour ville Apta Julia, qui est aujourd'hui la ville d'Apt.

Les *Fulgientes* faisoient partie des *Tricorii*. (*D, J.*)

VULNÉRABLE, adj. *Gramm.*, qui peut être blessé. Les poètes ont dit qu'Achille n'étoit *vulnérable* qu'au talon. Achille est ici le symbole de tous les hommes extraordinaires. Quelque parfaits qu'ils aient été, quelque effort qu'ils aient fait pour s'élever au dessus de la condition humaine, il leur est toujours resté un endroit *vulnérable* & mortel; & c'est toujours un Pâris, quelque âme vile, basse & lâche qui le découvre.

VULNÉRAIRE, f. f. *Hist. nat. Bot.*, *vulneraria*, genre de plante à fleur papilionacée. Le pistil sort du calice qui a la forme d'un tuyau renflé; il devient dans la suite une silique courte qui contient une semence arrondie. Ajoutez aux caractères de ce genre que la silique est renfermée dans une vessie membraneuse qui a servi de calice à la fleur. Tournefort, *inst. rei herb. Voy.* PLANTE.

La *vulnéraire* sauvage, *vulneraria rustica*, *I. R. H.* 591. est des quatre especes de Tournefort la seule qu'on doit ici décrire.

Sa racine est simple, longue, droite, noirâtre, & d'un goût légumineux; elle pousse des tiges à la hauteur d'environ un pié, grêles, rondes, un peu rougeâtres & couchées par terre; ses feuilles sont rangées par paires sur une côte, terminée par une seule feuille; elles sont semblables à celles du galenga, mais un peu plus moëlleuses, velues en dessous & tirant sur le blanc; d'un verd jaunâtre en dessus, d'un goût douçâtre accompagné de quelque âcreté; celles qui soutiennent les fleurs aux sommités des rameaux sont oblongues & plus larges que les autres.

Les fleurs naissent aux sommets des branches disposées en bouquets, légumineuses, jaunes, soutenues chacune par un calice fait en tuyau renflé, lanugineux, argentin & sans odeur; lorsque la fleur est passée, ce calice s'enfle davantage, & devient une vessie qui renferme une capsule membraneuse remplie pour l'ordinaire d'une ou de deux petites semences jaunâtres.

Cette plante croît aux lieux montagneux, secs, sablonneux, sur des côteaux exposés au soleil, en terrein maigre, & sur les bords des champs. On la cultive quelquefois dans les jardins, à cause de la fleur qui donne des variétés & qui paroît en juin. Sa graine mûrit au mois d'août. (*D. J.*)

VULNÉRAIRE, *plante*, *Médec.* Les médecins appellent *plantes vulnéraires* celles qui guérissent les plaies & les ulceres tant internes qu'externes. Or les plaies sont quelquefois accompagnées d'hemorragies, ou bien elles dégénèrent en ulceres lorsqu'elles sont vieilles; ou même il survient des inflammations autour des plaies; enfin il se fait encore un amas d'humeurs qui venant à s'épaissir dans les vaisseaux forment des obstructions. Toutes ces circonstances sont fort contraires à la guérison des plaies. C'est pourquoi selon que ces plantes peuvent remédier à ces différens obstacles, on les divise en plusieurs classes, & sur-tout en trois principales.

La premiere classe contient les *plantes vulnéraires* astringentes, lesquelles en fronçant l'extrémité des vaisseaux ou épaississant le sang, arrêtent les hémorragies, & procurent une prompte réunion des parties. La seconde classe contient les *plantes vulnéraires* détersives qui dissolvent la mucosité âcre attachée aux bords des plaies; & la troisieme classe renferme les *plantes vulnéraires* résolutives, qui calment l'inflammation des plaies & résolvent les tumeurs en adoucissant l'acrimonie des humeurs, & en relâchant les fibres qui sont en crispation. (*D. J.*)

L'Abaremo-Temu, espece d'acacia, obtient une place distinguée parmi les *vulnéraires* astringens & dessicatifs. On l'emploie en poudre pour sécher les ulceres invétérés, & en décoction en forme de bain, pour affermir les chairs, & rendre le ton aux parties relâchées. Cet arbre est de médiocre grandeur, assez commun sur les montagnes d'Amérique, entre les Tropiques. Ses feuilles sont larges, d'un verd triste & terne, ailées deux fois; chaque aile composée de deux folioles sans impaires. Ses gousses sont roulées en spirale.

VULNÉRAIRES DE SUISSE, *Mat. médic.*, *V.* FALTRANCK.

VULPINALES, f. f. pl. *Antiq. rom.*, les *vulpinales* étoient chez les Romains une fête publique où l'on brûloit des renards; cette fête se célébroit le 19 avril.

On a imprimé dans les *Mémoires de littérature & d'histoire*, sur cette fête une dissertation que l'on peut consulter. (*D. J.*)

VULSI, *Géog. mod.*, petite ville de la Turquie européenne dans la Morée, vers le nord de la Tsaconie, sur le bord de l'Erasino, à quelques lieues au midi oriental du lac *Vulsi*. (*D. J.*)

VULSI, LAC, *Géog. mod.*, lac de la Turquie européenne, dans la Morée, vers le nord de la Zaconie, au pied du mont Poglisi. Ce lac se nommoit anciennement *Stymphalus Lacus*. La riviere Erasino (*Stymphalus*), prend sa source dans ce lac, & en sort. Sur le bord de cette riviere, il y a une bourgade, à laquelle le lac *Vulsi* donne son nom.

VULTUR, *Géog. anc.*, montagne d'Italie, dans la Pouille, au pays des *Peucetii*, qui est aujourd'hui la terre de Bari. Le nom moderne de cette haute montagne du royaume de Naples est *Montecchio*; il y a sur son sommet deux lacs assez profonds, & des eaux minérales. Un des côteaux de cette montagne s'avançoit vers la Lucanie, & c'est ce qu'explique le passage d'Horace, *l. III, ode* 4, où il feint un prodige qui lui arriva sur cette montagne.

Me fabulosæ, Vulture *in Appulo*,
Altricis extrà limen Apuliæ,
Ludo fatigantumque somno,
Fronde novâ puerum palumbes
Texere. . . .

" Un jour étant sur le *Vultur*, montagne de la Pouille ma patrie, je me retirai las de jouer, & accablé de sommeil, sur un des côteaux où commence la Lucanie. Là les pigeons de Vénus, si célebres dans nos poëtes, me couvrirent d'une verte ramée. "

Lucain fait aussi mention du *Vultur* dans ces beaux vers de sa Pharsale, *l. IX, vers.* 183.

Et revocare parans bibernas Appulus
   herbas,
Igne fovet terras, simul & Garganus,
    & arva
Vulturis, & calidi lucent buceta ma-
    tini.

VULTURIUS, s. m. *Mytholog.*, surnom donné à Apollon, suivant Conon, *narrat.* 35. Voici l'histoire qui y donna lieu.

Deux bergers ayant mené paître leurs troupeaux sur le mont Lyssus, près d'E-

phese, apperçurent un essaim de mouches à miel qui sortoit d'une caverne fort profonde, & où il n'y avoit pas moyen d'entrer; aussi-tôt l'un d'eux imagine de se mettre dans un grand manequin, d'y attacher une corde, & de se faire descendre dans la caverne par son camarade. Quand il fut au bas il trouva le miel qu'il cherchoit, & beaucoup d'or qu'il ne cherchoit pas: il en remplit jusqu'à trois fois son manequin que l'autre tiroit à mesure. Ce trésor épuisé il cria à son camarade qu'il alloit se mettre dans le manequin, & qu'il eut à bien tenir la corde; mais un moment après il lui vint à l'esprit que l'autre berger, pour jouir tout seul de leur fortune, pourroit bien lui jouer un mauvais tour: dans cette pensée, il charge le panier de grosses pierres; en effet, l'autre berger ayant tiré le panier jusqu'en haut, croyant que son camarade est dedans, lâche la corde, & laisse retomber le panier au fond du précipice, après quoi il enfouit tranquillement son trésor, fait courir le bruit que le berger a quitté le pays, & invente des raisons qui le font croire.

Pendant ce temps-là son pauvre compagnon étoit fort en peine, nulle espérance de pouvoir sortir de la caverne: il alloit périr de faim lorsqu'étant endormi, il crut voir en songe Apollon qui lui disoit de prendre une pierre aiguë, de s'en déchiqueter le corps, & de demeurer tout étendu sans remuer, ce qu'il fit. Des vautours attirés par l'odeur du sang, fondent sur lui comme sur une proie, & font tant de leur bec & de leurs ongles, qu'ils l'élevent en l'air, & le portent dans un prochain vallon.

Ce berger ainsi sauvé comme par miracle, va d'abord porter sa plainte devant le juge; il accuse son compagnon non seulement de l'avoir volé, mais d'avoir voulu lui ôter la vie: on cherche le malfaiteur, on le prend; atteint & convaincu, il subit la peine qu'il méritoit: on l'oblige à découvrir le lieu où il avoit caché son trésor: on en consacre la moitié à Apollon & à Diane, l'autre moitié on la donne au bon berger, qui par-là devenu riche, érige un autel à Apollon sur le sommet de Lyssus, en mémoire d'un événement si extraordinaire, le Dieu fut surnommé *Vulturius*. Voilà une fable mythologique bien longue; c'est un con-

te de fée bon pour occuper un moraliste.
(D. J.)

VULTURNUS, *Géog. anc.*, fleuve
d'Italie, dans la Campanie, aujourd'hui
le *Volturno*. Il donnoit son nom à la ville de *Volturnum*, située à son embouchure, & qu'on nomme encore présentement *castello di Volturno*.

Pline, *l. III, c. v*, dit *Volturnum
oppidum cum amne*. Tite-Live parle du
fleuve, *l. VIII, c. xj, l. xx*, & *l. XXII,
c. xiv*, & il nous apprend, *l. XXV,
c. xx*, que dans la seconde guerre punique, on bâtit à l'embouchure de ce fleuve, & fort qui devint dans la suite une
ville, où l'on conduisit une colonie romaine. Varron, *de ling. lat. l. IV, c. v*,
écrit *Volturnum*, & donne à la ville le
titre de colonie : *colonia nostra Volturnum*. L'orthographe de Plutarque differe encore davantage : car il écrit *Votu-
ranus*, όνατερμένος, à ce que dit Ortélius.
(D. J.)

VULVE, s. f. *Anat.* La *vulve* s'étend
depuis la partie inférieure de l'os pubis,
jusqu'au voisinage de l'anus ; de sorte
qu'entre l'extrémité de cette fente &
l'ouverture de l'anus, il n'y a pas plus
d'un travers de pouce : cet espace se nomme *le périnée*. La fente en son extrémité
inférieure augmente un peu en largeur
& en profondeur, & forme une cavité
qu'on appelle *la fosse naviculaire*.

Quelques filles viennent au monde
avec les orifices des parties naturelles
tellement fermées, qu'elles ne peuvent
même pisser ; & dans ce cas, il faut que
l'enfant périsse, à moins qu'on ne le soulage par l'opération. Roonhuysen, Scul-
tet, Mauriceau, Deventer, la Motte,
en citent des exemples. D'autres filles
ont le conduit de la pudeur obstrué par
une membrane plus ou moins forte, située plus ou moins avant dans ce conduit, & qui le bouche plus ou moins
exactement.

Des médecins instruits de ce jeu de la
nature ont désigné les filles chez lesquelles il se rencontre, par l'épithete d'*atre-
ta*, bouchées. Aristote en a eu connoissance. " Quelques filles, dit-il, ont la
vulve bouchée depuis leur naissance jusqu'au temps que leurs regles commencent à paroître ; pour lors le sang qui
cherche à sortir, leur cause des douleurs
vives, qui ne cessent qu'après qu'il s'en

fraie de lui-même un passage libre, ou
qu'on le lui ait procuré par le secours de
l'art. Cet état, dit-il, ajoute-t-il, n'a
même quelquefois cessé que par la mort
de la malade, soit à cause de la violence
avec laquelle ce passage s'est fait, soit
par l'impossibilité qu'on a trouvée à
l'ouvrir. "

Quelquefois le conduit de la pudeur
paroit fermé au - dehors, & y admet à
peine un stylet. Moriceau a vu deux filles, dont l'une n'étoit point perforée
dans la partie extérieure de la *vulve* ; &
l'autre, âgée de quatre ans, n'y avoit
qu'un petit trou de la grosseur du tuyau
d'une plume de pigeon.

Quelquefois encore le vagin se trouve
obstrué par une cohérence étroite & forte
de ses parties, ou par une substance charnue profondément située dans le conduit,
deux cas où l'opération est difficile &
dangereuse.

Palfyn rapporte, que faisant publiquement la dissection du cadavre d'une fille
de vingt-quatre ans, il trouva un liga-
ment charnu de la largeur de deux à
trois lignes, qui barroit par le milieu
l'entrée du vagin ; il étoit attaché d'une
part au-dessous de l'orifice de l'uretre, &
de l'autre à la partie inférieure qui regarde l'anus. Il y a des exemples semblables dans les observations de Morgagni. *Advers. Anat.* 1, *p*. 39.

Il est certain que de tels accidens viennent de naissance, comme Aristote &
Celse l'ont observé de leur temps ; il arrive encore plus souvent qu'ils se forment dans les filles & les femmes mariées,
de causes externes, comme ensuite de
l'ulcération que l'orifice du vagin a souf-
ferte dans un accouchement laborieux.
Il y en a divers exemples dans Roonhuysen ; Amiand en cite un dans les *Transactions philosophiques*, n°. 422. Benivenius rapporte un cas de cette nature, occasionné par une maladie vénérienne.
Becher, un autre dont la petite vérole fut
la cause. On lit aussi dans Saviard, deux
observations de cohérence de la *vulve*,
indiscrétement procurée par des astringens trop efficaces. Je vais citer à ce sujet la seconde des observations de cet habile chirurgien de l'Hôtel-Dieu, en le
laissant parler lui-même.

Le premier avril 1693, une particuliere qui se disoit fille, quoiqu'elle eût tou-

tes les marques d'avoir eu des enfans, vint, dit-il, s'adreſſer à moi pour lui élargir l'entrée du vagin, dont l'ouverture ne pouvoit qu'à peine admettre l'extrémité d'un petit ſtylet. Comme je ne doutois point que cette prétendue fille ne ſe fut ſervie d'aſtringens pour réparer les breches de ſa virginité, je la fis mettre ſur le lit des accouchées, après quoi je dilatai avec ma lancette, le petit trou qui reſtoit à ſa *vulve*, autant qu'il falloit pour que ma ſonde étant introduite juſqu'au fond du vagin, à la faveur de cette premiere dilatation, je gliſſai un biſtouri un peu courbé dans ſa rainure, avec lequel j'inciſai haut & bas la cohérence & les duretés que j'enlevai enſuite, en lui faiſant une ouverture vaginale, capable de recevoir une tente d'un pouce & demi de circonférence; elle fut chargée d'un onguent digeſtif, & elle ſervit dans la ſuite du traitement, à entretenir l'ouverture juſqu'à la guériſon parfaite. Si cette fille eſt jamais devenue groſſe, ſon accouchement aura été très-difficile.

Licéros prétend avoir trouvé dans une femme la *vulve* double; le cas eſt bien extraordinaire; cependant Riolan aſſure qu'il a diſſéqué, en préſence de pluſieurs perſonnes, une eſpece d'hermaphrodite, qui non ſeulement avoit une double *vulve*, mais encore prolongée juſqu'au fond de l'utérus, & pour ſurcroit de ſingularité, l'utérus étoit partagé en deux par une cloiſon au milieu. (*D. J.*)

La *vulve* du cerveau eſt l'ouverture antérieure du troiſieme ventricule, ou plutôt la fente par laquelle il communique avec l'entonnoir. *V.* ENTONNOIR.

VUNING, *Géog. mod.* , ville de la Chine, dans la province de Kiangſi, & ſa premiere métropole. Elle eſt de 3, 6, plus occidentale que Pékin, ſous les 40, 50 de latitude ſeptentrionale. (*D. J.*)

VUTING, *Géogr. mod.* , ville de la Chine dans la province de Xantung, & ſa premiere métropole. Elle eſt d'un degré plus orientale que Pékin, ſous les 37, 44, de latitude ſeptentrionale. (*D. J.*)

U X

UXACONA, *Géog. anc.* , ou bien *Uſacona*, *Uſocona*, *Uſoccona*, car les manuſcrits varient; c'eſt une ville de la Grande-Bretagne. L'itinéraire d'Anto-

nin la marque ſur la route du retranchement à *Portus Rutupis*, entre *Uroconium* & *Pennocrucium*. Camden croit que c'eſt préſentement le village Okenyate, dans la province de Shrewsbury, au pié de *Wreken-Hill*.

UXAMA-ARGELLÆ, *Géog. anc.* , & dans Pline tout ſimplement *Uxawa*, ville de l'Eſpagne Taragonoiſe. Ptolomée, *liv. II, c. vj.* la donne aux Arévaques. *Uxama* ſe nomme aujourd'hui *El Borgo d'Oſma*, bourg de la vieille Caſtille, ſur le bord du Duéro. (*D. J.*)

UXANTISSENA, *Géog. anc.* , iſle de la mer Britannique. L'itinéraire d'Antonin la met au nombre des iſles qui étoient entre les Gaules & la Grande-Bretagne. Les manuſcrits & les exemplaires imprimés varient beaucoup dans l'orthographe de ce nom. Les uns portent *Uxantiſſena*, & les autres *Uxantiſina*, *Uxantiſina*, *Uxantiſina*, *Vixantiſſina*, *Uſantiſma*, *Uſantiſuna*, *Exantiſma*. Tous ces mots ſont corrompus, & outre cela, de deux iſles ils n'en font qu'une. Iſaac Voſſius a fort bien remarqué dans ſes obſervations ſur *Pomponius Mela*, *l. III, c. vj.* qu'il falloit lire dans l'itinéraire d'Antonin *Uxantiſſina*. Camden & M. de Valois avoient eu l'idée de cette correction. L'iſle *Uxantis*, l'*Axantos* de Pline, eſt préſentement l'iſle d'*Oueſſant*, & *Sina* eſt l'iſle *des Saints*, vis-à-vis de Breſt. (*D. J.*)

UXELA, *Géog. anc.* , ville de la Grande-Bretagne. Ptolomée, *l. II. c. iij.* la donne aux *Domnonii*. Camden penſe que c'eſt Leſtuthiell, dans le comté de Cornouailles. (*D. J.*)

UXELLODUNUM, *Géogr. anc.* , ville de la Gaule aquitanique. Céſar. *liv. c. xxxij*, la place chez les *Cadurci*, & dit que c'étoit une ville fortifiée par la nature: quelques autres auteurs ont voulu que ce fût la capitale des *Cadurci*; mais c'eſt une erreur, la capitale de ces peuples étoit *Divona*, aujourd'hui *Cahors*. D'ailleurs, comme Céſar dit qu'*Uxellodunum* étoit ſous la protection de Lutérius, prince des *Cadurci*, cela ne conviendroit pas à la dignité de la capitale de tout un peuple.

Selon Papire Maſſon, *de fluminib. Franciæ*, *p.* 574, *Uxellodium* étoit à 7 lieues au-deſſous de Cahors, dans un lieu nommé aujourd'hui *Podium Xoldani*, vulgai-

rement le *Peuch d'Ufselou*, ou le *Peuch
d'Ufseldun*, parce que c'eft un lieu élevé;
& *Cadenac* ou *Capdenac* tient la place de
l'ancienne *Uxellodunum*. On voit encore
aujourd'hui tout près de Cadenac, la fontaine dont Céfar fait mention, & des ruines de l'ancienne ville. (*D. J.*)

UXENTUM, *Géog. anc.*, ville d'I-
talie, dans la Calabre & dans les terres.
Ptolomée, *l. III, c.j*, la donne aux Sa-
lentins. C'eft, felon *Léander*, *Ufento*,
qu'on écrit auffi *Ugenti* & *Ogento*.(*D.J.*)

UXIENS, LES, *Géogr. anc.*, *Uxii*,
peuples d'Afie dans l'Etymaïde. Arrien,*in
Indic. c. xxxx*, qui donne une grande
étendue à la Sufiane, les place dans cette
contrée: *Sufiorum gens quædam fupernè
accolit,Uxii vocantur*. Un manufcrit porte, *Sufiorum alia gens*, parce que les Su-
fiens étoient partagés en diverfes nations.
Le même Arrien, *de exped. Alex. c.
xvij*, dit qu'Alexandre étant parti de Suze avec fon armée,& ayant paffé le Pafitigris,entra dans le pays des *Uxiens*; on
lit la même chofe dans Quinte-Curce, *l.
IV, c. iij*. de forte que les *Uxiens* habitoient au delà de Pafitigris,& aux confins
de la Perfide propre.Le Pafitigris prenoit
fa fource dans les montagnes des *Uxiens*,
felon Diodore de Sicile,*l.XVII.c.lxvij*.
Gronovius, *ad Arrien*, *pag.* 355, a
remarqué qu'il y avoit deux nations différentes d'*Uxiens*; l'une qui habitoit dans
la plaine,& qui étoit foumife aux Perfes;
l'autre qui habitoit les montagnes, & qui
fe maintenoit en liberté.Diodore de Sicile, *l. XVII, c. lxvij*, entend parler de la
première, lorfqu'il dit que le pays des
Uxiens eft très-fertile,& arrofé de quantité d'eaux; ce qui lui faifoit produire toutes fortes de fruits en abondance.Strabon,
l. XV, p. 729, parle de la feconde nation, c'eft-à-dire, de celle qui habitoit les
montagnes, & il dit qu'on trouve plufieurs détroits de montagnes, en paffant
chez les *Uxiens*, près de la Perfide. Le
même auteur donne aux pays le nom
d'*Uxia*, & ajoute que les peuples étoient
de grands voleurs: caractère que leur attribue auffi Pline, *l. VI, c.xxvij*, qui les
appelle *Oxii*. Dans Diodore de Sicile,
l.XVII,c.lxvij,le pays des *Uxiens* eft appellé *Uxiana*, l'Uxiane. (*D. J.*)

UXISAMA, *Géog. anc.*, Strabon, *l.
I,p.* 64, dit que Pithéas nommoit ainfi la
dernière des ifles qu'il mettoit fur la côte

du promontoire des Oftidamniens,autre-
ment nommé *Calbium*,& qu'il la plaçoit à
trois journées de navigation. Si on pouvoit certainement compter fur le rapport
de Pithéas,l'ifle *Uxifama* feroit la plus occidentale des Açores; cependant Strabon
déclare que les Oftidamniens,le promontoire Celbium, l'ifle *Uxifama* & toutes
celles que Pithéas mettoit aux environs,
n'avançoient point vers l'occident, qu'au
contraire elles avançoient vers le feptentrion, & n'appartenoient point à l'Efpagne,mais à la Celtique,ou plutôt que c'é-
toient autant de fables que Pithéas avoit
débitées.

M. Paulmier de Grentemefnil,*Exercit.
ad Strabon, l. II*, a eu raifon de fauver
l'honneur de Pithéas, en difant que l'ifle
qu'il mettoit à la dernière de toutes, à trois
journées de navigation du promontoire
Celbium, ou des Oftidamniens, pourroit
être l'ifle *Uxantos*, aujourd'hui l'ifle
d'*Oueffant*, & que Pithéas ne l'avoit pas
imaginée,comme l'en a ceufé Strabon.En-
fin, Pithéas feroit à couvert de toute critique, fi on pouvoit fuppofer qu'il eût
connu les ifles Açores, comme Ortélius
femble en être perfuadé; ce qu'il y a de
fûr, c'eft que Strabon n'a jamais rendu
juftice à Pithéas. (*D. J.*)

UXITIPA, *Géogr. mod.*, province
de l'Amérique feptentrionale, dans la
nouvelle Galice, au dedans du pays, du
côté de la province de Xalifco, dont elle
eft éloignée de 26 lieues; cette province
ne manque pas de fruits ni de gibier,mais
l'air en eft très-chaud, & la terre inégale
dans fes productions.

U Z

UZEDA *ou* UCEDA, *Géogr. mod.*,
ville d'Efpagne dans la nouvelle Caftille,
à 7 ou 8 lieues au nord d'Alcala; c'eft le
cheflieu d'un duché. *Long.* 14, 30; *lat.*
40, 51. (*D. J.*)

UZEG, f. m. *Hiftoire nat. Bot. exot.*
arbriffeau des Indes, qui pouffe un grand
nombre de plantes menues à la hauteur
de trois ou quatre coudées; fes racines
font fortes,dures, ligneufes & ferpentan-
tes; fes rameaux font garnis de beaucoup
d'épines longues & pointues; de la bafe
des épines fortent ordinairement quatre
feuilles de grandeur inégale, plus petites
& plus tendres que celles de l'olivier,

mais affez femblables à celles du buis; ses fleurs font nombreufes, petites, s'élargiffent infenfiblement, divifées comme en deux levres, & d'une forme très-agréable à la vue; elles font jaunes en dedans, panachées de quelques taches pourprees à l'endroit d'où partent les pétales; partout ailleurs, elles offrent un mélange de couleur d'hyacinthe & de violette, mais elles deux font bien fupérieures pour l'excellence du parfum. Quand ces fleurs font tombées, il leur fucoede un fruit noir, qui reffemble à celui de l'yeble; il eft liffe par-deffus, & d'un goût amer aftringent.

Profper Alpin penfe fur des conjectures fort légeres, que le fuc de cet arbriffeau eft le *lycium indicum* des anciens. Il eft vrai, dit Veflingius, que le fuc apporté en Egypte des parties voifines de l'Arabie & de l'Ethiopie, condenfé dans des bouteilles, a manifeftement les caracteres du *lycium indicum*, fur-tout quand il eft bien préparé; mais Profper Alpin a reconnu lui-même que le *lycium* en ufage chez les Egyptiens qui le reçoivent d'Arabie, eft du faux *lycium*; car il eft dur, dit-il, noir en dehors comme le fuc d'acaoia, & quand on le rompt, on le trouve couleur d'aloès en dedans; il a une odeur foible, mais qui n'eft pas défagréable; un goût douçâtre & aftringent; mais point du tout amer; il eft vifqueux, & quand on le manie il s'attache aux doigts. Ces raifons prouvent que ce n'eft point le vrai *lycium*, ajoutez-y qu'il n'a point d'amertume, & ne rend point quand on l'allume au feu une écume rougeâtre, comme plufieurs auteurs difent que faifoit le vrai *lycium*.

Les Egyptiens ufent de ce fuc pour toutes fortes d'ulceres, particulierement ceux de la bouche, des oreilles, des narines, de l'anus & des inteftins; pour l'hémoptifie, la dyffenterie, la diarrhée, & pour tous les flux de ventre & de matrice.

Il y a dans les *Ephémér. des curieux de la nature*, ann. 13, obferv. I, une méthode de préparer un *lycium indicum* avec une efpece d'acacia. (*D. J.*)

UZEGE, *Géogr. mod.*, petit pays de France, dans le Bas-Languedoc. Une partie de ce canton eft couverte de montagnes, mais la plaine produit abondamment de blé & de bons vins; ce pays a quelques manufactures de foie & de lai-

ne; il tire fon nom d'Uzès, fon chef-lieu. (*D. J.*)

UZEL, *Géogr. mod.*, petite ville de France, en Bretagne, au diocefe de Saint-Brieux, dont elle eft à 8 lieues, avec un bailliage & une châtellenie. Il s'y fait quelque commerce en toiles. *Long.* 14, 42; *lat.* 48, 15. (*D. J.*)

UZERCHE, *Géogr. mod.*, en latin barbare *Uzerca*; petite ville de France, dans le bas Limoufin, fon diocefe & à 15 lieues fud-eft de Limoges, & au midi de Brive fur la Vezere. Elle n'a qu'une rue bordée d'affez jolies maifons, & une abbaye d'hommes de l'ordre de S. Benoît. *Long.* 19, 20; *lat.* 46, 24.

Grenaille (François de), né à *Uzerche* l'an 1616 entra d'abord dans l'état monaftique, & le quitta bientôt après. Il fit plufieurs petits livres françois qui ne valent pas grand chose. Voici ce qu'on dit dans le *Sorbériana*, *pag.* 150.

Il y avoit à Paris un certain Grenaille, fieur de Chataunier es, Limoufin, jeune homme de 26 ans, qui débocha tout-à-coup une prodigieufe quantité de livres, dont il nomma les uns, l'honnête fille, l'honnête veuve, l'honnête garçon; les autres la bibliotheque des Dames. Dans les plaifirs des dames, ce que je trouvois de louable, étoit qu'appartement un homme de cet âge avoit demeuré dans le cabinet, & n'étoit abteau dv plufieurs débauches pour compofer des livres; mais au refte les bonnes chofes y étoient fort rares, & ce qu'il y en avoit de bonnes avoient été déja dites fi fouvent, que ce n'étoit pas grande gloire de les répéter: le ftile étoit affez fade, & faifoit juger de l'auteur, qu'il n'écrivoit que pour écrire. Son livre des *plaifirs des dames* eft divifé en cinq parties, du bouquet, du bal, du cours, du concert, de la collation. D'abord il traite la queftion, fi c'eft le bouquet qui orne le fein, ou fi au contraire, c'eft lui qui emprunte de lui toute fa grace; fur quoi il juge en faveur du dernier, eftimant que des deux hémifpheres de la gorge d'une dame, il fort une influence qui anime le bouquet, & le rend non feulement plus beau, mais de plus de durée.

C'eft, continue Sorbiere, de ces belles penfées qu'il efpere l'immortalité, ayant paré le frontifpice de tous fes livres de fa taille douce, avec l'infcription orgueilleufe: *Hac evadimus immortales.* M. Guéret

Gg 2

ne lui pardonne pas dans fa guerre des auteurs. On veut bien laiſſer, dit-il, votre rélation *de la révolution du Portugal*, à la charge d'en ôter votre portrait, dont l'inſcription eſt trop fanfaronne pour un auteur comme vous. Si vous n'y aviez marqué que le lieu de votre naiſſance, & que vous vous fuſſiez contenté d'y joindre, que vous vous êtes fait moine à Bordeaux, & que vous jetâtes le Froc à Agen, on l'auroit ſouffert: mais vous y ajoutez que vous vous êtes rendu immortel à Paris ; c'eſt un article qui n'a rien de la vérité des trois précédens, & ſous le bon plaiſir d'Apollon, il ſera rayé. (*D. J.*)

UZÈS, ou *Uzès*, en latin, *Ucecia*, *Ucetia*, *caſtrum Ucefence*, petite ville de France, dans le bas-Languedoc, à 6 lieues au nord de Niſmes, à 9 au couchant d'Avignon, & à 150 de Paris. Elle a un évêché établi dès le v ſiecle, & qui eſt ſuffragant de Narbonne.

Cet évêché vaut environ vingt-cinq mille livres de rente, & ſon dioceſe ne comprend que 181 paroiſſes. La vicomté d'*Uzès* a été érigée en duché en 1565, & en pairie pour Jacques de Cruſſol, duc d'*Uzès* en 1572. L'aîné de cette maiſon, eſt en cette qualité le premier pair laïque du royaume; mais il n'eſt pas le premier duc, car le duché de Thouars fut érigé en 1563.

Uzès a eu depuis le xj ſiecle des ſeigneurs particuliers, tantôt nommés *decani*, & tantôt *vicomtes*. Cette ville avoit de grands privileges, dont elle a été dépouillée à cauſe de ſon vieil attachement au calviniſme. On a trouvé dans cette ville & aux environs quelques inſcriptions antiques, que M. Lancelot a recueillies dans les mémoires de l'académie des belles-lettres, *tome VII*, in-4°. Le territoire produit du bled, de l'huile, des ſoies & de bons vins ; le commerce y floriſſoit autrefois. *Long.* 22, 6 ; *lat.* 41, 4.

Je connois trois ou quatre hommes de lettres nés à *Uzès*. Charas (Moyſe) qui ſe diſtinguoit dans la pharmacie, étoit

natif de cette ville. Il eut le malheur étant à Madrid, d'être déféré à l'inquiſition, & contraint pour ſortir des priſons, d'abjurer la religion qu'il croyoit la meilleure. De retour à Paris, il fut reçu de l'académie des ſciences, & mourut en 1698, à 80 ans.

Croi (Jean de), en latin *Croius*, étoit d'*Uzès*, où il mourut en 1659, paſteur des calviniſtes de cette ville. Son principal objet eſt intitulé, *Obſervationes ſacræ & biſtoriæ in novum teſtamentum.*

Le Mercier (Jean), en latin *Mercerus*, ſavant proteſtant, & l'un des plus habiles hommes de ſon temps dans la connoiſſance des langues grecque, latine, hébraïque & chaldaïque. Il ſuccéda à Vatable dans la chaire d'hébreu au college royal de Paris, & mourut à *Uzès* ſa patrie en 1572, à 63 ans. Ses commentaires ſur le vieux teſtament ſont eſtimés, ſur-tout ceux qu'il a faits ſur Job & ſur les livres de Salomon. Son fils Joſias le Mercier marcha ſur ſes traces dans la matiere d'érudition. Il mourut en 1526, & a eu pour gendre l'illuſtre Saumaiſe.

C'eſt encore à *Uzès* qu'eſt mort en 1724 (Jacques) Marſollier, chanoine régulier de ſainte Genevieve; connu par pluſieurs hiſtoires bien écrites; entr'autres par celle de l'inquiſition ; par la vie du cardinal Ximenès, & par celle de Henri VII roi d'Angleterre ; ce dernier ouvrage paſſe pour le meilleur qu'il ait fait. (*D. J.*)

UZKUNT, *Géog. mod.*, ville dans la Tranſoxane, entre le Turqueſtan & le Zagatai, ſur le Sion. Naſir-Eddin & Ulug-Beg la nomment *Urkend*. *Long.* 102, 30 ; *lat.* 44. (*D. J.*)

UZZA, ou *ALUZZA*, *ALOZZA*, *Hiſt. ancien. mythol.*, nom d'une idole adorée par les Arabes idolâtres, avant que ces peuples euſſent embraſſé la religion de Mahomet. Ce faux prophete, après s'être rendu maître de la Meque, fit détruire l'idole *Uzza* qui n'étoit qu'un tronc d'arbre taillé, & fit égorger ſes prêtreſſes.

W, f. m. *Gramm.* Cette lettre n'eft pas proprement de l'alphabet françois. C'eft la néceffité de conformer notre écriture à celle des étrangers, qui en a donné l'ufage. Si l'on eut confulté l'oreille & la prononciation, on l'auroit rendue par *ou*.

WACHTENDONCK, *Géogr. mod.*, petite ville des Pays-Bas, dans la province de Gueldres, à deux lieues au midi de la ville de Gueldres ; elle eft environnée de marais, qui font toute fa force. Quelques hiftoriens rapportent que c'eft devant cette place qu'on s'eft fervi de bombes pour la première fois en 1588. Un incendie brûla la meilleure partie de cette ville en 1708, & confuma fa cathédrale. *Long.* 23, 50 ; *lat.* 51, 22. (*D. J.*)

WACKASA, *Géog. mod.*, autrement *Sakutfu*, une des fept provinces de l'empire du Japon, dans le Foxu-Rokkudo, c'eft-à-dire, la contrée du nord ; cette province a une journée & demie de longueur. Elle eft bornée au nord par la mer qui lui fournit abondamment du poiffon, des tortues, des coquillages. Elle a quelques mines de fer, & fe divife en trois diftricts. (*D J.*)

WADAS *ou* OUADAS, f. m. *Hift. mod.*, peuple fauvage qui habite l'ifle de Ceylan, & qui defcend des anciens poffeffeurs du pays, avant qu'il fût conquis par les habitans du continent ; ils ne reconnoiffent point de maître, vivent de la chaffe, n'habitent que les forêts & le bord des rivieres ; ils font noirs. Quelques-uns cependant d'entr'eux paient tribut aux rois.

WADD, f. m. *Hift. anc.*, nom d'une divinité adorée par quelques tribus d'Arabes idolâtres ; elle avoit la figure d'un homme, & étoit le fymbole du ciel.

WAES (ISLE), *Géog. mod.*, ifle de la mer d'Ecoffe, une des Orcades, à cinq milles oueft de l'ifle Fara ; elle eft de 4 milles & demie de long, & de 3 milles dans fa plus grande largeur. Un petit ifthme la divife en deux parts. Elle a un bon port, & une églife paroiffiale. (*D.J.*)

WAES (PAYS DE), *Géog. mod.*, contrée des Pays-Bas, dans la partie orientale de la Flandre autrichienne, depuis Gand jufqu'à Yfendick, fur la gauche de l'Ef-

caut. Elle abonde en bled, en lin & en chevaux. Ce pays eft gouverné fuivant fes coutumes, par une cour de juftice qui a un grand-bailli & des échevins, & chaque bourg a fes officiers particuliers. Toute la contrée comprend 18 bourgs ou villages, fous la jurifdiction eccléfiaftique de l'évêque de Gand. (*D. J.*)

WAETERLAND *ou* WATERLAND, *Géog. mod.* On nomme ainfi cette partie de la Nord-Hollande, qui eft vis-à-vis d'Amfterdam, de l'autre côté de l'Ye, qui eft baignée par le Zuider-zée, & où font les villes d'Edam, de Monickendam & de Purmerendt. Le mot *Waeterland* fignifie pays d'eau ; auffi ce pays en eft inondé, & fouffre fouvent des dommages confidérables par l'impétuofité de la mer, qui perce quelquefois fes digues, comme cela arriva en 1686 & 1717, le 24 décembre. On trouva alors par une fupputation générale, imprimée à Amfterdam, qu'il y eut 11 mille 797 habitans noyés, outre des beftiaux prefque fans nombre, des maifons, & des terres. (*D. J.*)

WAGA, f. m. *Hift. nat. Bot. exot.*, arbre indien à filique, & toujours verd ; il s'attache aux autres arbres, & grimpe deffus ; fa fleur eft tétrapétale, en étoile ; fes filiques font longues de 3 pouces, larges de 2, minces, plates, rongeâtres, lorfqu'elles font feches ; mais leur écorce intérieure eft blanche comme la neige. Ses amandes font unies, ftyptiques, ameres, rondes, applaties, couchées tranfverfalement relativement à la gouffe, & d'un verd brun. Cet arbre croit dans les bois touffus de Malabar. (*D. J.*)

' WAGE *ou* CHARIOT, f. m. *Comm.*, poids dont on fe fert à Amiens, qui pefe 165 livres de cette ville, revenant à 145 liv. 3 onces de Paris, de Strasbourg de Befançon & d'Amfterdam ; les poids de ces quatre villes étant égaux. *Dict. de Comm.*

WAGENINGEN *ou* WAGUENINGUEN, *Géog. mod.*, petite ville des Pays-Bas, dans la Gueldre, au quartier d'Arnheim, aux confins de la feigneurie d'Utrecht, fur la rive droite du Rhin, à deux lieues de Nimegue, & à pareille diftance d'Arnheim, mais dans un terroir fort

ingrat. Cette petite place fut fermée de
murailles & érigée en ville en 1230 par
Othon, comte de Gueldres. *Long*.23, 22;
lat. 51, 57. (*D. J.*)

WAGRIE (LA), *Géog. mod.*, en latin
Wagria, en allemand *Wageren* ; contrée
d'Allemagne, dans le duché de Holstein.
Elle est bornée au nord & au levant, par
la mer Baltique ; au midi, par la Trave ;
& au couchant, partie par le Holstein propre, partie par la Stormarie ; c'est l'ancienne demeure des Vandales & des Vé-
nedes. La quantité des rivieres & des ruisseaux qui y coulent, rendent le pays très-
fertile. On lui donne 8 milles germani-
ques de longueur, depuis la mer Baltique
jusqu'à la Trave, sur 5, 6 ou 7 milles de
largeur, d'orient en occident. (*D. J.*)

WAGRII, *Géog.*, les Wagriens, peuples de la Germanie, connus seulement
dans le moyen âge. La plûpart des auteurs, dit M.Spènes, *not.germ.med. ch.iv*,
cherchent les *Wagrii* au-delà de la Trave,
dans le pays où le nom de *Wagrie* s'est
conservé jusqu'à-présent, & il y a quelque apparence que c'est où on doit les
trouver ; mais il est incertain s'ils ont reçu leur nom du pays, ou s'ils lui ont donné le leur. Peut-être ne seroit-on pas mal
fondé à chercher les anciens *Wagrii* au-
delà de l'Oder, vers la rivière *Warta*,
dont le nom pourroit bien être l'origine
de celui de *Wagrii*, comme il l'a été de
ceux des *Varini* ou *Varni*, & de ceux des
Warnavi ou *Warrabi*. Du reste, les *Wagrii* étoient une nation d'entre les Slaves:
ils occupoient les terres qui sont au nord
de la Trave, & ils en furent chassés par
les Teutons. (*D. J.*)

WAHAL ou WAHL, ou WAEL,
Géog. mod. On nomme ainsi le bras du
Rhin, qui se séparant au fort de Schenck,
passe à Bynen, à Nimegue, à Tiel, à
Wuyren, & se perd dans la Meuse, au-
dessous du château de Loewenstein, vis-
à-vis de Workum.

C'est une chose bien remarquable, que
cette branche du Rhin que nous appellons aujourd'hui le *Vahal*, portoit déja ce
nom du temps de Servius. J'en ai la preuve dans le passage où ce savant commentateur expliquant ces mots de Virgile, *Æn.
lib. VIII, v.727. Rhenusque bicornis*, dit :
*Per alterum quæ interluit Barbaros, ubi jam
Vahal dicitur, & fucit insulam Batavorum.*
édit. de Bâle, 1613, *pag*. 1327. (*D. J.*)

WAHLESTATT, ou WAHLENS-
TATT, *Géog. mod.*, ville de la Suisse, à
quelque distance du lac de même nom,
& le chef-lieu d'un bailliage compté au
nombre des bailliages communs, dépendans des cantons protestans, & du canton
de Glaris. Cette petite ville se nomme
aussi *Riva*, & est sur la grande route de
la Suisse & de l'Allemagne, pour aller au
pays des Grisons. Ses habitans ont leur
conseil & leur chef, qu'ils nomment
schultheiss ou *avoyer*.

Le lac de *Wahlstatt* est bordé de trois
souverainetés : savoir, du canton de Glaris, du comté de Sargans, & du bailliage
de Gaster. Ce lac s'étend d'orient en occident environ cinq lieues, sur une bonne
demi-lieue de largeur ; il est environné
de montagnes & de rochers, au nord &
au midi. (*D. J.*)

WAIDHOVEN, *Géogr. mod.*, petite
ville d'Allemagne, dans l'Autriche, au
quartier du haut-Vienner-Wald. (*D.J.*)

WAINFLEET, *Géogr. mod.*, bourg
d'Angleterre, en Lincolnshire, vers la
mer. Ce bourg qui a droit de marché a
donné la naissance au fameux évêque de
Winchester, Guillaume de *Wainfleet*, fondateur du college de la Magdelaine à Oxford, & d'une école publique dans sa patrie. (*D. J.*)

WAIRTH, *Géog. mod.*, lac ou plutôt
golfe de l'isle de Mainland, la plus grande
des Orcades, & au sud-ouest de cette isle.
Ce golfe abonde en truites de la grosseur
d'un petit saumon. On les mange fraîches
& on les salé, ou bien on les durcit à la
fumée pour la provision d'hiver. (*D. J.*)

WAITZEN ou WATZEN, *Géog. mod.*,
c'étoit une petite ville de la haute-Hongrie, dans le comté de Novigrad, sur la
gauche du Danube, à 5 milles au nord de
Bude, avec un évêché. Le prince de Lorraine la prit en 1684 sur les Turcs, qui
la reprirent la même année & la détrui-
sirent. (*D. J.*)

WAKEFIELD, *Géog. mod.*, ville d'Angleterre dans l'Yorkshire, entre Yorck
& Londres, à quelques milles d'Almon-
bury, au bord du Caldet, qu'on y passe
sur un pont. Elle est bien bâtie, bien peuplée, & entretient de bonnes manufactures de draps. On trouve dans ses environs
quelques mines de charbon de terre, dont
on tire des marcassites brillantes comme
de l'argent ; c'est dans le voisinage de

Wakefield. que fe livra une bataille mémorable entre Henri VI & Richard, duc d'Yorck qui lui difputoit la couronne. Richard y perdit la vie. (*D. J.*)

WALCHEREN ou WALKEREN, *Géog. mod.*, iſle des Pays-Bas, dans la Zélande, dont elle eſt la principale, au couchant de l'iſle de Zuydbeveland, à l'embouchure du Hont. Les comtes de Borzelte étoient feigneurs de cette iſle dans le xij. ſiecle ; & c'eſt un de fes feigneurs qui bâtit Middelbourg, capitale de l'iſle, en 1132. Depuis ce temps-là, les comtes de Hollande & de Zélande ont uni à leur domaine Middelbourg & fon territoire. (*D. J.*)

WALCOURT, *Géog. mod.*, ville des Pays-Bas, dans le comté de Namur, aux confins du pays de Liege, fur la riviere d'Heure, à ſix lieues au ſud-oueſt de Charleroi, & dix au ſud-eſt de Mons. Dès l'an 910 *Walcourt* avoit été entouré de murailles. Elle fut annexée au comté de Namur en 1438 par Philippe-le-Bon, duc de Bourgogne, & réduite en cendres en 1615 par un incendie fortuit. Son chapitre a été fondé en 1022. *Long.* 22, 5 ; *lat.* 50, 12. (*D. J.*)

WALDBOURG, *Géog. mod.*, comté d'Allemagne, dans la Suabe méridionale. Ce comté comprend, outre plufieurs feigneuries, les comtés de Zell, de Trauchbourg & de Friedberg ; il tire fon nom d'un château fitué à deux milles de Ravensbourg. (*D. J.*)

WALDECK, *Géog. mod.*, comté d'Allemagne, dans la Weſtphalie, entre l'évêché de Paderborn, le duché de Weſtphalie, la feignentie d'Itter, & le landgraviat de Heſfe. *Waldeck*, bourg, eſt le chef-lieu, fur la riviere de Steinbach, avec un château. *Longit.* de ce bourg, 26, 24 ; *lat.* 51, 10.

Martinius (Matthias), célebre philologue & ſage théologien Allemand du xvij. ſiecle, naquit l'an 1572 à Freyenhagen dans le comté de *Waldeck*, & mourut en 1630, âgé de 58 ans. Il a fait un grand nombre d'ouvrages, dont on trouvera le catalogue dans les *Mémoires* du P. Niceron, *tom. XXXVI*, p. 238-243 ; mais le feul qui foit à préfent recherché, eſt fon *Lexicon philologicum præcipuè etymologicum*, &c. Bremæ, 1623, *in-fol.* Francof. 1655, *in-fol.* Utrecht, 1697, *in-fol.* 2 vol. Amſterdam, 1701, *in-fol.* 2 vol. avec une préface de M. le Clerc, qui a

été ajoutée de l'édition de 1697, pour faire croire que c'étoit une édition nouvelle.

Les autres ouvrages de Martinius font purement théologiques, & l'auteur s'y montre univerſaliſte. Il aſſiſta en 1618 au fynode de Dordrecht, où il fut maltraité par Gomarus & Sibrand Lubbertus.

" Je crois à-préfent, difoit-il (en parlant du fynode), ce que dit Grégoire de Naziance, qu'il n'avoit jamais vu aucun concile qui eût eu un heureux fuccès, & qui n'eût augmenté le mal au lieu de le diminuer : je déclare donc avec ce pe"re, continuoit-il, que je ne mettrai plus le pié dans aucun fynode ; celui- ci en particulier n'étoit qu'une comédie dans laquelle les politiques jouoient le principal rôle, & les états fe moquoient des députés de tous les pays étrangers. "

Il avoit une ſi grande averfion pour les opinions rigides, qu'il ne pouvoit s'empêcher de dire : *j'aimerois mieux être pelagien, que d'embraſfer la doctrine de Beze ou de Pifcator.* Enfin, on peut recueillir de toute fa conduite & de fes écrits, que c'étoit un homme fage & pacifique, qui fans s'arrêter aux queſtions inutiles de la théologie, fe bornoit à l'effentiel du chriſtianifme. Au reſte, on a remarqué qu'à l'exemple de Caton, de Cujas & de Blondel, il travailloit couché par terre, ayant autour de lui les livres qui lui étoient néceffaires ; mais la meilleure méthode eſt de travailler debout, ayant devant & derriere foi, avec un efpace convenable, un grand pupitre continue, pour y placer tous les livres dont on a befoin. (*D. J.*)

WALDEN, *Géog. mod.*, ville d'Angleterre, dans la province d'Effex, fur la route de Harwich à Londres, un peu plus bas que Barclow. Cette petite ville s'appelle auſſi *Safron-Walden*, parce qu'on recueille du fafran dans fon territoire. Le fafran y vient deux ou trois fois de fuite en telle abondance, qu'un acre de terre en produit jufqu'à 80 livres, qui étant féchées en rendent 20. Après cela, la campagne rapporte de l'orge qu'on y feme, fans qu'il foit befoin de fumer la terre pendant dix-huit ans. Au bout de ce terme le fafran y revient comme auparavant. (*D. J.*)

WALDENBOURG, *Géog. mod.*, ville de Saxe, fur la riviere de Mulda, fameufe par fa poterie qui fe débite dans prefque toute l'Allemagne. On la fait avec une terre argileufe blanche qui fe tire d'un endroit appellé *Frondorff*; & on la travaille à *Waldenbourg*. Cette poterie acquiert par la cuisson une si grande dureté, qu'elle fait feu lorsqu'on la frappe avec le briquet. La manufacture de cette ville subsiste depuis l'an 1388.

Il y a encore deux petites villes du même nom; l'une en Franconie sur la frontiere de la Suabe; l'autre en Silésie, dans la principauté de Schweidnitz.

WALDKIRCK, *Géogr. mod.*, petite ville d'Allemagne, au Brisgaw, dans une isle formée par la riviere d'Eltz, à deux lieues de Fribourg. *Long.* 25, 36; *latit.* 48, 10 (*D. J.*)

WALDSE, *Géog. mod.*, bourg d'Allemagne, dans la Suabe méridionale, au comté de Waldbourg, avec un château, & une abbaye fondée par l'empereur Frédéric II. (*D. J.*)

WALDSHUT ou WALDHUSS. *Géog. mod.*, petite ville d'Allemagne, dans le cercle de Suabe, une des quatre villes forestieres, à l'embouchure du Schult dans le Rhin, à deux milles de Lauffenbourg & à dix au nord-ouest de Zurich. Son nom *Waldhust* signifie *défense des bois*, & lui a été donné parce qu'elle couvre une partie de la forêt-noire. Ce n'étoit dans son origine qu'une maison de chasse des empereurs; le comte Albert de Habsbourg en fit une ville en 1249, & lui donna des privileges. *Long.* 25, 56; *latit.* 47, 44. (*D. J.*)

WALGENSÉE, *Géog. mod.*, lac d'Allemagne, dans la partie méridionale du duché de Baviere, entre la Loysa & l'Iser. Il y a un bourg sur le bord occidental de ce lac. (*D. J.*)

WALIS, *Géog. mod.*, isle de l'Océan, l'une des Orcades, au nord de l'Ecosse. Sa longueur est d'environ cinq milles, & sa largeur de trois à quatre. (*D. J.*)

WALLEBOURG ou WALLENBOURG, *Géog. mod.*, petite ville de Suisse, dans le canton de Bâle, au pié du mont Jura, avec un château bâti sur un rocher. Cette place située à la gorge des montagnes, dans un vallon étroit, fait un passage important, parce que c'est la grande route de Geneve, de Berne & de Soleure à Bâle. *Long.* 25, 23; *lat.* 47, 36.

WALLINGFORD, *Géog. mod.*, bourg d'Angleterre, dans le Berckhire, sur le bord de la Tamise. Ce bourg a été anciennement une grande & belle ville, con-

nue sous le nom de *Gallena*. Du temps des Romains, elle étoit la capitale des Attrébations. De même, sous l'empire des Saxons, & long-temps après sous les rois Normands, elle fut très-considérable. On y comptoit douze paroisses, & ses murailles avoient environ mille pas de tour. Un grand & magnifique château sur la Tamise, lui servoit de défense. Le temps joint à la peste qui désola *Wallingford* en 1348, a tout ruiné; cette ville est devenue un bourg, qui n'a que droit de marché & droit de reputation au parlement.

Richard de *Wallingford*, ainsi nommé du lieu de sa naissance, abbé de S. Benoît, florissoit sur la fin du xiij⁰. siecle. Il étoit fils d'un maréchal; il embrassa l'état religieux, & se rendit très-habile dans l'arithmétique & l'astronomie. Il inventa la construction d'une horloge, dont tout le monde admiroit l'artifice, & laissa des écrits latins sur l'arithmétique & l'astrologie. Il mourut de la lepre à Saint Alban, dans son monastere, vers l'an 1326, au commencement du regne d'Edouard III. (*D. J.*)

WALLONS, LES, *Géogr. mod.*, on donne le nom de *Wallons* à tous les peuples des Pays-Bas, dont le langage ordinaire est un vieux françois mélangé, comme dans l'Artois, dans le Hainault, dans le Luxembourg, dans une partie de la Flandre & du Brabant. Les *Wallons* sont appellés *Walen* par les habitans des Pays-Bas qui ont conservé l'ancienne langue germanique. (*D. J.*)

WALLSHALL ou WARSHALL, *Géog. mod.*, bourg à marché d'Angleterre, dans la province de Stafford, sur la Tamise. (*D. J.*)

WALNEY, *Géogr. mod.*, petite isle d'Angleterre, sur la côte de la province de Lancastre. On peut conjecturer que ce nom *Walney* vient de deux mots saxons *Wallen-ey*, l'isle des Gaulois, parce que les anciens Bretons, à qui les Saxons donnoient le nom de *Wallen*, Gaulois, se maintinrent vaillamment dans cette isle & le pays voisin, environ 230 ans contre ces fiers étrangers, qui étoient venus pour les en déposseder. L'entrée de l'isle de *Walney* est défendue à l'Orient par un fort construit sur un écueil au milieu de l'eau, & qu'on nomme *Pil of-Fouldrey*. (*D. J.*)

WALON, s. m. *Hist. mod.*, espece

d'ancien langage Gaulois que parloient les Wallons ou les habitans d'une partie confidérable des Pays-Bas François & Autrichiens, favoir ceux des provinces d'Artois, de Hainault, de Namur, de Luxembourg & d'une partie de la Flandre & du Brabant.

On croit que le *walon* a été le langage des anciens Gaulois & Celtes. *V.* LANGUE, &c.

Les Romains ayant fubjugué plufieurs provinces de la Gaule, y établirent des préteurs, des proconfuls & d'autres officiers politiques, lefquels y adminiftroient la juftice en langue latine: ce qui donna occafion aux naturels du pays de s'appliquer à la langue de leurs vainqueurs, & de mêler ainfi avec leur propre langue un grand nombre de mots & de phrafes latines; de forte que de ce mélange de gaulois & de latin, il fe forma un langage nouveau que l'on appella *roman*, par oppofition au vieux gaulois qu'on parloit dans fa pureté primitive, & qu'on appelloit *walon*. Cette diftinction s'eft tranfmife jufqu'à nous; car les habitans de certaines provinces des Pays-Bas difent qu'en France on parle roman, & que pour eux ils parlent *wallon*, lequel approche davantage de la naïveté des anciens Gaulois. *V.* ROMAN & FRANÇOIS.

WALPO ou WALPON, *Comté de*, *Géog. mod.*, comté de l'Efclavonie Hongroife, entre la Drave au nord, & la Save au midi, le duché de Sirmium à l'orient, & le comté de Pofféça à l'occident. Son chef-lieu eft *Walpo* ou *Walpon*. (*D. J.*)

WALPO ou WALPON ou WOLCOWAR, *Géog. mod.*, petite ville d'Efclavonie Hongroife, au delà de la Drave, fur une riviere que M. de Lifle appelle *Karafitza.* (*D. J.*)

WALSÉE, *Géog. mod.*, petite ville d'Allemagne, dans la baffe Autriche, fur la droite du Danube. Quelques géographes croient que c'eft l'ancienne *Falciana.* (*D. J.*)

WALSINGHAM, *Géog. mod.*, bourg à marché d'Angleterre, dans la province de Norfolck, du côté du nord. Ce bourg étoit célebre par fon pélerinage, du tems du papifme; il l'eft aujourd'hui par la qualité de fon terroir qui rapporte d'excellens fafrans.

WALTENBURG, *Géog. mod.*, petite ville d'Allemagne, en Suabe, dans le Neckraw, fur l'Aich.

WALTENSBOURG, *Géogr. mod.*, communauté du pays des Grifons, dans la ligue haute ou grife, où elle a le fecond rang. Sa jurifdiction ne renferme que cinq ou fix villages, dont l'abbé de Difentis eft feigneur.

WALTHERIA, f. f. *Hift. nat. Bot.*, genre de plante ainfi nommée par Linnæus. Le calice de la fleur confifte en une feule feuille taillée en forme de calice, légérement découpée en cinq fegmens, & fubfiftant après que la fleur eft tombée. La fleur eft compofée de cinq pétales, qui font faits en cœur vers le fommet, & qui reftent déployés; les étamines font cinq filets qui croiffent enfemble en forme de cylindre; les boffettes des étamines font fimples & libres; le germe du piftil eft ovale; le ftyle eft fimple, & en quelque maniere plus long que les étamines; le ftigmate eft fendu en deux; le fruit eft une capfule qui devient ovale vers le fommet; cette capfule eft à deux battans, & ne contient qu'une feule loge, la graine eft unique, large & obtufe. *Linnæi gen. plant. pag.* 327. (*D. J.*)

WALT-KAPPEL, *Géog. mod.*, petite ville d'Allemagne, dans le Landgraviat de Heffe, environ à huit lieues au fud de Caffel, fur le bord d'une petite riviere qui fe jette dans le Wéfer. *Long.* 27, 155 *lat.* 51, 14. (*D. J.*)

WALTMUNCHEN, *Géog. mod.*, petite ville délabrée d'Allemagne, dans le palatinat de Baviere, vers les confins de la Boheme, fur le bord de la riviere de Schwartzach. (*D. J.*)

WALWICK, *Géog. mod.*, bourg d'Angleterre, dans le comté de Northumberland, fur la Tine, à cinq lieues au deffus de Neucaftle. Le favant Gale conjecture que c'eft la *Galava* d'Antonin; & cependant il convient que la diftance de ce lieu ne convient pas aux chiffres marqués dans l'itinéraire entre *Glanoventa* & *Alone*, c'eft-à-dire, entre Gebrin & Witleycaftle: Camden croit que *Galava* eft Kellenton. (*D. J.*)

WANDSWORTH, *Géog. mod.*, village d'Angleterre, dans le comté de Surrey, à fix milles de Londres, fur le bord du Wand. Ce village ne reffemble pas aux nôtres; il eft non feulement brillant, mais célebre par fes forges de cuivre, fes teintures d'écarlate, & fes manufactures de chapeaux. (*D. J.*)

WANGEN, *Géog. mod.*, petite ville de France dans la basse-Alsace, sur la pente d'une montagne, à trois lieues au nord-ouest de Strasbourg. (*D. J.*)

WANGEN, *Géog. mod.*, ville impériale d'Allemagne, dans la Suabe, sur la riviere du haut Arg (*Ober-Arg*) à douze milles au nord de Lindaw, & à trente milles au nord-est de Constance ; il s'y fait quelque commerce de toiles : cette ville est l'ancienne *Vemania* ou *Viana* de la Rhétie. *Longit.* 27, 35 ; *latit.* 47, 36. (*D. J.*)

WANGEN, *Géog. mod.*, petite ville de Suisse, au canton de Berne, sur le bord méridional de l'Aar ; elle est chef-lieu d'un bailliage, qui comprend plusieurs beaux villages. (*D. J.*)

WANNA, LA, ou UNNA, *Géograph. mod.*, riviere de Croatie ; elle a sa source dans la montagne de Tsemernitza, & va se jeter dans la Save, entre les embouchures de la Sunja & de la Verbiska. (*D. J.*)

WANQUI, *Géog. mod.*, royaume d'Afrique, dans la Nigritie ; Drapper dit qu'il a celui de Bouvé au nord, celui de Vassa au midi, & celui d'Iucassan à l'occident. (*D. J.*)

WANTAGE, *Géogr. mod.*, bourg à marché d'Angleterre, dans le Berkshire, sur la petite riviere d'Oka ; il y avoit autrefois dans ce bourg une maison royale.

C'est dans cette maison que naquit *Alfred*, l'homme le plus accompli, & le plus grand roi qui soit monté sur le trône : peut-être n'y a-t-il jamais eu sur la terre un mortel plus digne des respects de la postérité.

Il sut négocier comme combattre ; & ce qui est étrange, les Anglois & les Danois qu'il vainquit, le reconnurent unanimément pour maître. Il prit Londres, la fortifia, l'embellit, y éleva des maisons de briques & de pierres de taille, équippa des flottes, empêcha les descentes des Danois, poliça sa patrie, fonda les jurés, partagea l'Angleterre en comtés, & encouragea le premier ses sujets à commercer. Il prêta des vaisseaux & de l'argent à des gens entreprenans & sages qui allerent jusqu'à Alexandrie ; & delà, passant l'Isthme de Suez, trafiquerent dans la mer Persique.

Il institua des milices, établit divers conseils, mit par-tout la regle & la paix qui en est la suite. Ses loix furent douces, mais sévérement exécutées ; il jeta les fondemens de l'académie d'Oxford, fit venir des livres de Rome, & étoit lui-même l'homme le plus savant de sa nation, donnant toujours à l'étude les momens qu'il ne donnoit pas aux soins de son royaume. Une sage économie le mit en état d'être libéral ; il rétablit plusieurs églises, & pas un seul monastere. Aussi ne fut-il pas mis au nombre des saints ; mais l'histoire, qui ne lui reproche ni défauts, ni foiblesses, le met au premier rang des héros immortels, utiles au genre humain, qui sans ces hommes extraordinaires eût toujours été semblable aux bêtes farouches. Voilà en raccourci le tableau d'Alfred & de son regne ; entrons dans les détails de sa vie, qui est sans doute une belle école pour les souverains.

Alfred ou Elfred le grand (son mérite lui donne ce titre) étoit le plus jeune des fils d'Ethelwolph, roi de Wessex, & naquit en 849. Ses parens enchantés de sa douceur & de son esprit, le firent élever à la cour, contre l'usage des Saxons, qui à l'exemple des Gaulois, n'y admettoient jamais leurs enfans, qu'ils ne fussent en âge de porter les armes. Son pere le mena tout jeune à Rome, où ils demeurerent une année. Alfred de retour, se forma aux exercices qui étoient ordinaires chez les Saxons, pour accoutumer les jeunes gens à la fatigue, & les rendre en même temps plus hardis & plus courageux. Ce prince s'étant formé de cette maniere, commença sa premiere campagne à l'âge de 18 ans, sous les ordres de son frere Ethelred.

Bientôt après il eut occasion d'exercer sa valeur contre les Danois en 866 & 871, son frere étant mort d'une blessure qu'il reçut dans la derniere bataille ; Alfred monta sur le trône, & se trouva de nouveau engagé dans une dangereuse guerre contre les mêmes Danois qui s'étoient rendus maîtres de la Mercie, de l'Estanglie, & du Northumberland ; il les combattit jusqu'à sept fois dans une seule campagne, & enfin les obligea de lui demander la paix, d'abandonner le Wessex, & de lui donner des otages.

En 878, on vit paroitre une nouvelle armée Danoise, plus formidable que toutes les précédentes, & qui inspira tant de terreur aux West-Saxons, qu'ils n'eurent

plus le courage de se défendre. Alfred se
déguifa en joueur de harpe pour connoître par lui-même l'état de l'armée Danoi-
fe. Il paffa fans peine à la faveur de ce dé-
guifement dans le camp ennemi, & s'inf-
truifit de tout ce qu'il lui importoit de
favoir. De retour, il affembla fes troupes,
furprit les Danois, & remporta fur eux
une victoire complette. Les conditions de
paix qu'il leur impofa, furent plus avantageufes qu'ils n'avoient lieu d'efpérer.
Il s'engagea de donner des terres dans
l'Eftanglie à ceux qui voudroient fe faire
chrétiens, & obligea les autres de quitter
l'ifle, & de laiffer des otages pour affurance qu'ils n'y remettroient jamais le
pié.

Quelques années étoient à peine écoulées, que d'autres Danois ayant ravagé la
France & la Flandre, vinrent faire une
defcente en Angleterre ; mais les Anglois
les repoufferent, & le roi fe trouva par-
tout à leur tête dans le plus fort des combats. Après tant d'heureux fuccès, il pourvut à la fûreté des côtes, en faifant conftruire des vaiffeaux plus longs & plus
aifés à manier que ceux des ennemis, &
muniffant le refte du royaume d'un bon
nombre de places fortes : il affiégea & prit
la ville de Londres, la fortifia, & l'embellit. Enfin, pour qu'il ne lui manquât
rien de la monarchie de toute l'Angleterre, les Gallois le reconnurent pour leur
fouverain.

Il ne fe diftingua pas moins dans le gouvernement civil qu'il n'avoit fait dans la
guerre : il forma un excellent corps de
loix, dont Joan Harding parle de la maniere fuivante en vieux Anglois.

King Alurede the Lawes of Troye and
    Brute,
Lawes Moluntynet, and Mercians con-
    gregate,
With Danish Lawes, that were well
    conflitute,
And Grekishe alfo, well made, and ap-
    probate,
In Englishe tongue he dit thene all trans-
    late,
Which yet bee called te Lawes of Al-
    urede,
At Weftminfter remembred yet indede.

Ce qui revient à ceci : " Que le roi Al-
" fred ayant recueilli un grand nombre
" de loix anciennes de divers peuples, les
" fit traduire en Anglois, & que ce font

" celles qu'on nomme les loix d'Alfred,
" & dont la mémoire fubfifte encore à
" Weftminfter. "

Il importe de remarquer dans ces loix
d'Alfred, qu'en y ménageoit davantage la
vie, qu'on n'a fait dans celles des derniers
fiecles, par lefquelles on ftatue fouvent
la peine de mort pour des crimes affez légers : au lieu que dans les loix faxones,
les peines les plus rigoureufes étoient la
perte de la main pour facrilege. On puniffoit de mort le crime de trahifon, foit
de haute trahifon contre le roi, foit de
baffe trahifon contre la perfonne d'un
comte, ou d'un feigneur d'un rang inférieur. On étoit auffi coupable de mort,
mais fous le bon plaifir du roi, lorfqu'on
fe battoit, ou qu'on prenoit les armes à la
cour ; mais toutes ces peines pouvoient
fe changer en amendes. Voici les regles
qu'on obfervoit : chaque perfonne, depuis le roi jufqu'à un efclave, & chaque
membre du corps étoient taxés à un certain prix. Lors donc qu'on avoit tué quelqu'un, ou qu'on lui avoit fait quelque
injure, on étoit obligé de payer une amende proportionnée à l'eftimation faite de
la perfonne tuée, ou offenfée : en cas de
meurtre involontaire, l'amende fe nommoit *Weregile.* V. WEREGILE.

Par rapport aux autres fautes moins
confidérables, quand on ne payoit point
la taxe fixée, on obfervoit la loi du ta-
lion, *œil pour œil, dent pour dent* ; quelquefois auffi la peine étoit la prifon : mais
la plus ordinaire, ou plutôt la feule en
ufage par rapport aux payfans, étoit le
fouet. Par une autre loi, il étoit défendu
d'acheter homme, cheval ou bœuf, fans
avoir un répondant, ou garant du marché.
Il paroît delà, que la condition des payfans étoit très-défavantageufe du tems
d'Alfred, & qu'un homme n'étoit pas
moins maître de fes efclaves, que de fes
beftiaux.

Quiconque fe rendoit coupable de parjure, & refufoit de remplir les engagemens contractés par un ferment légitime,
étoit obligé de livrer fes armes, & de remettre fes biens entre les mains d'un de
fes parens, après quoi il paffoit 40 jours
en prifon, & fubiffoit la peine qui lui
étoit impofée par l'évêque. S'il réfiftoit,
& refufoit de fe foumettre, on confifquoit
fes biens ; s'il fe déroboit à la juftice par
la fuite, il étoit déclaré déchu de la pro-

tection des loix , & excommunié : & fi
quelqu'un s'étoit porté pour caution de
fa bonne conduite , la caution en cas de
défaut, étoit punie à difcrétion par l'évêque.

Celui qui débauchoit la femme d'un
autre qui avoit 1200 fchelings de bien ,
étoit contraint d'en payer au mari 120 :
quand le bien de l'offenfeur étoit au deffous de cette fomme, l'amende étoit auffi
moins forte ; & quand le coupable n'étoit
pas riche, on vendoit ce qu'il avoit , jufqu'à concurrence pour payer. C'eft encore Alfred qui établit l'obligation de
donner caution de fa bonne conduite , ou
de fe mettre en prifon, au défaut de caution.

On voit par les loix de ce prince , que
les rois Saxons fe regardoient comme les
fouverains immédiats du clergé , auffi-
bien que des laïques ; & que l'églife n'é-
toit pas fur le pié d'être réputée un corps
diftinctif de l'état , foumis feulement à
une puiffance eccléfiaftique étrangere,
exempt de la jurifdiction, & indépendant
de l'autorité du fouverain , ainfi qu'An-
felme, Becket & d'autres, le prétendirent
dans la fuite ; mais que comme les eccléfiaftiques étoient au nombre des fujets
du roi, leurs perfonnes & leurs biens
étoient auffi fous fa protection feule , &
ils étoient refponfables devant lui de la
violation de fes loix. Alfred & Edouard
n'imaginerent pas que ce fût troubler le
moins du monde la paix de l'églife , que
d'obferver le cours ordinaire de la juftice
à l'égard d'un eccléfiaftique , puifque
dans le premier article de leurs loix , ces
princes confirment folemnellement la
paix de l'églife ; & que dans les fuivans
ils font divers réglemens concernant la
religion.

C'eft Alfred qui introduifit la maniere
de juger par les jurés , belle partie des
loix d'Angleterre , & la meilleure qui ait
encore été imaginée , pour que la juftice
foitadminiftrée impartialement. Ce grand
homme convaincu que l'efprit de tyrannie & d'oppreffion eft naturel aux gens
puiffans, chercha les moyens d'en prévenir les finiftres effets. Ce fut ce qui l'engagea à ftatuer que les thanes ou barons
du roi feroient jugés par douze de leurs
pairs ; les autres thanes par onze de leurs
pairs, & par un thane du roi ; & un homme commun par douze de fes pairs.

Tacite rapporte que parmi les anciens
Germains , & par conféquent parmi les
Saxons , les jugemens fe faifoient par le
prince, affifté de cent perfonnes de la ville , qui donnoient leurs fuffrages, foit de
vive voix , foit par le frottement de leurs
armes.Cet ufage ceffa peu-à-peu. D'abord
le nombre fut réduit de cent perfonnes à
douze, qui conferverent cependant les
mêmes droits,& qui avoient une autorité
égale à celle du gouverneur & de l'évêque. Dans la fuite, il arriva que ces douze
perfonnes, qui étoient ordinairement des
gens de qualité, trouvant que les affaires
qui fe portoient devant eux ne méritoient
guere leur attention , tomberent dans la
négligence ; enfin à la longue cette coutume s'abolit. Alfred y fubftitua l'ufage
qui fubfifte encore en Angleterre: c'eft
que douze perfonnes libres du voifinage,
après avoir prêté ferment, & ouï les témoins , prononcent fi l'accufé eft coupable ou non. Il femble qu'Alfred ait étendu cette forte de procédure , qui n'avoit
lieu que dans les caufes criminelles, aux
matieres civiles.

Il partagea le royaume en *fhires* ou
comtés ; les comtés contenant diverfes
centaines de familles, en centaines, appellées *hundreds*, & chaque centaine en
dixaines.

Les caufes qui ne pouvoient fe décider
devant le tribunal des centaines, étoient
portées à un tribunal fupérieur, compofé
ordinairement de trois cents,dont le chef
fe nommoit *tribingerfas*. Cette divifion
ceffa , pour la plus grande partie, après
la conquête des Normands : on en voit
pourtant encore des traces, dans les *Ri-
dings* de la province d'Yorck , dans les
Lathes ou canons de celle de Kent, & dans
les trois diftricts du comté de Lincoln,
Lindfez , Refteven & Holland. Ces divifions furent faites, pour que chaque particulier fût plus directement fous l'infpection du gouvernement , & pour qu'on
pût avec plus de certitude , rechercher,
felon les loix, les fautes qu'il faifoit.

Les dixaines étoient ainfi nommées,
parce que dix familles formoient un corps
diftinct ; les dix chefs de ces familles
étoient obligés de répondre de la bonne
conduite les uns des autres: en général
les maitres répondoient pour leurs domeftiques, les maris pour leurs femmes,
les peres pour leurs enfans au deffous de

15 ans ; & un pere de famille pour tous ceux qui lui appartenoient. Si quelqu'un de la dixaine menoit une vie qui fît naître quelque soupçon contre lui, on l'obligeoit à donner caution pour sa conduite; mais s'il ne pouvoit pas trouver de caution, sa dixaine le faisoit mettre en prison, de peur d'être elle-même sujette à la peine, en cas qu'il tombât dans quelque faute. Ainsi les peres répondant pour leurs familles, la dixaine pour les peres, la centaine pour les dixaines, & toute la province pour les centaines, chacun étoit exaét à veiller sur ses voisins. Si quelque étranger, coupable d'un crime, s'étoit évadé, on s'informoit exaétement de la maison où il avoit logé, & s'il y avoit demeuré plus de trois jours, le maître de la maison étoit condamné à l'amende; mais s'il n'avoit pas séjourné trois jours, le maître en étoit quitte en se purgeant par serment, avec deux de ses voisins, qu'il n'avoit aucune part à la faute commise.

Quand la division dont on vient de parler fut faite, & qu'on eut par-là un moyen sûr de découvrir les coupables, le roi abolit les vidames ou *vicedomini*, qui étoient comme les lieutenans des comtes, & il établit à leurs places les grands shérifs des provinces, qui ont toujours subsisté depuis, d'abord en qualité de députés ou de lieutenans du comté, & dans la suite, en qualité d'officiers de la couronne. Il établit aussi dans chaque comté, outre le shérif, des juges particuliers, dont on ignore à présent le nom & les fonétions. Spelman croit que c'étoit comme l'alderman du roi, & l'alderman du comté, lesquels, à ce que prétend M. Hearne, étoient ceux qui sont nommés dans les loix saxonnes *wites*, ou sages. C'étoient les premiers juges, ou présidens dans les shiregemots, ou cours du la province, où l'on connoissoit des causes qui n'avoient pu être terminées dans les cours des centaines. Ainsi la jurisdiétion des vidames fut partagée, entre le juré & le shérif, le premier ayant dans son ressort tout ce qui regardoit la justice, & l'autre n'étant proprement que ministre,

Après avoir ainsi réglé ce qui regardoit les officiers qui devoient administrer la justice, Alfred régla la police. Ces réglemens produisirent un changement si surprenant dans le royaume, qu'au lieu

qu'auparavant on n'osoit aller d'un endroit à un autre sans être armé, la sûreté devint si grande, que le roi ayant fait attacher des brasselets d'or sur un chemin de traverse, pour voir ce qui arriveroit, personne n'y toucha; les filles n'eurent rien à appréhender de la violence & de la brutalité.

Ce monarque, pour empêcher que le royaume ne pût être troublé par les ennemis du dehors, disposa la milice d'une maniere propre à résister à toute invasion, divisa cette milice en deux corps, & établit les gouverneurs d'un rang distingué dans chaque province, où ils résidoient constamment dans le lieu qui leur étoit assigné. Ces précautions jointes à une nombreuse flotte toujours prête à se mettre en mer, ou croisant sans cesse autour de l'isle, tinrent les sujets dans le repos, & les Danois étrangers dans une telle crainte, que pendant le reste de son regne, ils n'oserent plus tenter aucune descente.

Dès qu'Alfred eut ainsi pourvu à la sûreté de l'état, il fit goûter à son peuple les fruits de la paix & du commerce. On construisit par son ordre un bon nombre de vaisseaux propres à transporter des marchandises, & le roi voulut bien les prêter aux principaux négocians, afin d'animer le commerce dans les pays éloignés. On a dans la bibliotheque cottonienne la relation d'un voyage d'un Danois & d'un Anglois, fait par les ordres d'Alfred, pour découvrir un passage au nord-est.

Ce prince considérant en même tems la disette où son royaume étoit d'artisans dans les arts méchaniques & dans les métiers, il en attira un grand nombre des pays étrangers, qu'il engagea à s'établir en Angleterre ; en sorte qu'on y vit aborder de toutes parts des gaulois, des francs, des bretons de l'Armorique, des germains, des frisons, des écossois, des gallois, & d'autres, qu'il encouragea de la maniere du monde la plus généreuse par ses libéralités.

L'ignorance universelle où l'Angleterre étoit plongée quand Alfred monta sur le trône, devoit son origine aux ravages des Danois. Ces barbares avoient détruit les sciences en brûlant les maisons, les monasteres & les livres, & en s'emparant de tous les lieux où il y avoit des établis-

femens pour la culture des arts. Mais
quoique la difette des gens de lettres en
Angleterre, obligeât le roi d'en chercher
dans les pays étrangers, ils ne laiſſoient
pas d'y être auſſi fort rares, du moins en
deçà des Alpes; ce malheur venoit de la
même cauſe, je veux dire des irruptions
fréquentes des peuples du nord dans les
parties méridionales de l'Europe, qui
avoient produit par-tout des effets preſque également ſiniſtres.

Cependant le roi trouva le moyen par
ſes ſoins, ſes recherches, & ſes récompenſes, de raſſembler en Angleterre pluſieurs hommes diſtingués dans les lettres,
entre leſquels il y en eut dont la réputation ſubſiſte encore aujourd'hui. De ce
nombre étoient Jean Erigena ou Scot,
irlandois, qui entendoit le grec, le chaldéen & l'arabe: Aſſer ſurnommé *Mene-
venſis*, du monaſtere de St. David, où il
avoit été moine, & qui écrivit l'hiſtoire
d'Alfred, que nous avons encore: Jean le
Moine, habile dans la dialectique, la muſ-
ſique & l'arithmétique, *&c.*

Il rappella auſſi dans le royaume quelques hommes de lettres originaires du
pays, qui s'étoient retirés en France &
ailleurs pendant le cours des diverſes in-
vaſions des Danois. Le roi les employa
les uns & les autres à inſtruire ſes ſujets,
à diriger leurs conſciences, & à polir
leurs mœurs. Enfin, pour prévenir que
par les malheurs des tems les lumieres du
clergé d'alors ne mouruſſent avec ceux
qui les poſſédoient, Alfred prit des précautions en faveur de la poſtérité. Il fit
traduire pluſieurs excellens livres de
piété, montra lui-même l'exemple, inſti-
tua des écoles, & obligea tous les Anglois tant ſoit peu aiſés, de faire apprendre à lire l'anglois à leurs enfans, avant
que de les appliquer à aucune profeſſion.

Il fit plus, il fut le fondateur de l'univerſité d'Oxford, au rapport de Spelman. Cambden rapporte qu'il y fonda
trois colleges, l'un pour les humanités,
l'autre pour la philoſophie, & le troiſieme pour la théologie. Il établit en même
tems un fonds pour l'entretien de 80 écoliers, auxquels il preſcrivit certains ſtatuts.

Il avoit mis un tel ordre dans les affaires politiques & civiles, que toutes les
réſolutions qu'il prenoit à l'égard des affaires étrangeres & du pays paſſoient par

deux différens conſeils. Le premier étoit
le conſeil privé, où perſonne n'étoit admis qui ne fût bien avant dans l'eſtime
& dans la faveur du roi. C'étoit là qu'on
agitoit premierement les affaires qui devoient être portées au ſecond conſeil, qui
étoit le grand conſeil du royaume, compoſé d'évêques, de comtes, de vicomtes
ou préſidens des provinces, des juges, &
de quelques-uns des principaux thanes,
qu'on nomma dans la ſuite *barons*. Ce
grand conſeil du royaume, ou conſeil général de la nation, s'appelloit en ſaxon
wittenagemot, & on le nomme à préſent
parlement, mot françois. On a diſputé
avec beaucoup de chaleur ſur la queſtion,
ſi le peuple avoit droit d'envoyer des députés à cette aſſemblée? Mais quoi qu'il
en ſoit, on voit dans ces conſeils l'origine
du conſeil ſecret, auſſi-bien que l'antiquité du parlement.

La vie privée de ce monarque n'a pas
été moins remarquable que ſa vie publique; c'étoit un de ces génies heureux
qui ſemblent nés pour tout ce qu'ils font,
& qui par le bon ordre qu'ils mettent
dans leurs affaires, travaillent continuellement, ſans paroître occupés. Il diſtri-
bua ſon tems en trois parties, donnant 8
heures aux affaires publiques, 8 heures
au ſommeil, & 8 heures à l'étude, à la récréation & au culte religieux.

Comme l'uſage des montres & des
clepſydres n'étoit pas encore connu en
Angleterre, il meſuroit le tems avec des
bougies, qui avoient 12 pouces de long,
& ſur leſquelles il y avoit des lignes tracées, qui les partageoient en douze portions. Il y en avoit ſix qu'on allumoit les
unes après les autres, & qui brûloient
chacune 4 heures, 3 pouces par heure,
en ſorte que les ſix duroient préciſément
24 heures. Les gardiens de ſa chapelle en
avoient le ſoin, & étoient chargés de l'a-
vertir combien il y avoit d'heures d'écoulées. Pour empêcher que le vent ne les fît
brûler inégalement, on prétend qu'il inventa l'expédient de les mettre dans des
lanternes de corne.

Il compoſa divers ouvrages en tout
genre, dont vous trouverez le catalogue
dans Spelman. Aſſerius aſſure qu'il n'é-
toit pas ſeulement grammairien, orateur,
hiſtorien, architecte & philoſophe, mais
qu'il paſſoit encore pour le meilleur poëte ſaxon de ſon ſiecle.

Au milieu de fon refpect pour le fiege de Rome, il confervoit une pleine indépendance dans l'exercice de fon autorité royale. Auffi laiffa-t-il pendant trois ans plufieurs évêchés vacans, fous la feule direction de l'archevêque de Cantorbery, & le pape n'ofa pas s'en plaindre.

Il n'attaqua pas moins la puiffance des pontifes de Rome, qui commençoient à dominer dans ces fiecles de ténebres, en rétabliffant le fecond commandement, qu'ils avoient fait ôter du décalogue, fous prétexte de fuivre les décifions du fecond concile de Nicée.

Il n'eft parlé fous fon regne d'aucun envoi de légats. On ne voit point que Rome ait eu aucune part aux réglemens de l'églife du royaume. Il n'eft point queftion de bulles ou de privileges pour les nouvelles abbayes de Wincefter & d'Athelney qu'Alfred fonda. Ce qu'il y a de remarquable encore, c'eft qu'il accueillit, & qu'il entretint Jean Scot, quoique ce docteur fût très-mal avec le pape, pour avoir écrit quelque chofe de contraire aux fentimens du fiege de Rome.

Enfin, Alfred avoit toutes les vertus les plus eftimables, & les qualités les plus aimables. Son courage qui fe déployoit au befoin, & à proportion que les circonftances le demandoient, cédoit tranquillement à la pratique des autres vertus. Quoiqu'il eût été élevé pour les armes, & prefque toujours occupé des exercices tumultueux de la guerre, la dureté ordinaire de ce genre de vie ne put altérer la douceur de fon caractere; ni les plus fanglans outrages des barbares ne purent fermer fon cœur à la pitié; il ne fit fervir fes victoires qu'au bonheur de fes ennemis, à leur offrir d'embraffer le chriftianifme, ou d'abandonner le pays. Il employa fon économie & fes revenus à la fubfiftance des ouvriers, à des penfions, à des aumônes, & à des charités aux églifes des pays étrangers. Quand nous parlons de fes revenus, nous entendons ceux de fon propre domaine; car, comme le remarque un hiftorien moderne, ce n'étoit pas la coutume en ce temps-là de charger le peuple d'impôts, pour fournir au luxe des fouverains.

Il mourut comblé de gloire, le 28 d'octobre de l'an 900, dans la 52e. année de fon âge, après avoir régné 28 ans & 6 mois; & c'eft, je penfe, le fouverain le plus accompli qui ait paru dans le monde. Il eut plufieurs enfans. Edouard fon fils lui fuccéda. Ethelward, autre de fes fils, mourut en 922, âgé de 40 ans. Elftede, fa fille ainée, époufa Ethelred, roi de Mercie. Alfwithe, autre fille de ce monarque, époufa un comte de Flandre. Ethelghithe, religieufe, fut abbeffe du couvent de Schaftsbury, fondé par Alfred fon pere. Il faut lire fa vie en latin par Afferius, & la même par Spelman, publié en englois à Oxford, en 1709, avec les notes de Thomas Hearne. Afferius a été réimprimé à Oxford, en 1722. (*D. J.*)

WAQUE, f. f. *Mefure*, forte de mefure dont on fe fert pour mefurer le charbon de terre dans les houillieres du Hainault. La *waque* de charbon revient à 15 fous, dont 12 font pour le marchand, & fous 6 deniers pour le droit des états de Mons, & 6 deniers pour de petits droits établis fur les bâteaux, pour la conftruction & entretien des éclufes. (*D. J.*)

WARADIN LE PETIT, *Géog. mod.*, petite ville de la haute-Hongrie, au comté de Zemplin fur la Teiffe, au deffus de Tokay. (*D. J.*)

WARADIN LE GRAND, *Géog. mod.*, ville de la haute-Hongrie, capitale d'un comté de même nom, fur la riviere de Keuvres, ou Sebes-kerds, avec une citadelle & un évêché fuffragant de Colocza. Les Turcs la prirent en 1692. *Long.* 39, 6; *lat.* 46, 51. (*D. J.*)

WARAGES, LES, *Hift. de Ruffie*, c'eft le nom collectif d'hommes célebres, qui donnerent des fouverains à la Ruffie. M. Bayer, dans une differtation inférée dans les mémoires de Péterfbourg, foutient que les *Warages* étoient des guerriers Suédois, Norvégiens, & Danois, qui commencerent par s'engager au fervice des Ruffes, & qui exercerent quelquefois chez eux des charges civiles, & fur-tout des emplois militaires. L'auteur prouve fon opinion par les noms Warages qui fe trouvent dans les annales de Ruffie, depuis Ruric, un des trois freres Warages, qui devinrent fouverains en Ruffie au neuvieme fiecle: ces noms font tous des noms Danois, Suédois, ou Norvégiens; mais ce qu'il y a de plus curieux dans le mémoire de M. Bayer, c'eft qu'il prétend y prouver que les Baranges, ou Waranges, fi célebres dans l'hiftoire Byzantine, ne font autres que les Warages.

WARANGER, **mer de**, *Géog.mod.*, nom qu'on donne à un golfe sur la côte septentrionale de la Laponie danoise, dans le gouvernement de Wardhus, aux confins de la Laponie. On trouve Wardhus à la droite en entrant dans ce golfe, dont l'embouchure qui est fort large, est formée par la presqu'isle de Dief-holm, & par l'isle des pécheurs. On voit quelques isles dans la mer de Waranger, & il s'y décharge trois rivieres, savoir, celle de Neudomarki, de Paetz, & de Petzinka. (*D. J.*)

WARASDIN, *Géogr. mod.*, ville de l'Esclavonie hongroise, capitale d'un comté de même nom sur la droite de la Drave, à dix-lieues au sud-ouest de Canisca, avec une forteresse. *Long.* 34, 38 ; *lat.* 46. 16. (*D. J.*)

WARBERG, ou WARBORG, *Géog. mod.*, petite ville d'Allemagne, en Westphalie, dans l'évêché de Paderborn, sur la riviere de Dymel. Elle a été impériale, & appartient aujourd'hui à l'évêque de Paderborn. (*D. J.*)

WARBERG, *Géog. mod.*, petite ville de Suede, dans la province de Halland, sur la côte de la Manche de Danemarck, entre Elfsborg & Falkenberg. Cette ville a un port & un château pour sa défense. *Long.* 33. 20, *lat.* 53, 10. (*D. J.*)

WARDE, *Géog. mod.*, ville du royaume de Danemarck, dans le Jutland, au diocese de Rypen, à six lieues au nord de cette ville, vers l'embouchure d'une riviere qui lui donne son nom, & qui se jette dans la mer par une longue & large embouchure, vis-à-vis l'isle de Fanoë. *Long.* 26, 19, *lat.* 55, 25. (*D. J.*)

WARDHUS, *Géog. mod.*, gouvernement de la Norwege, il comprend la partie septentrionale de ce royaume, depuis le golfe Ostrafior, jusqu'aux confins de la Laponie Moscovite ; c'est proprement ce qu'on appelle *la Laponie Danoise :* sa côte est presque toute couverte d'isles, grandes & petites, qui forment une infinité de golfes. Quoique ce pays soit fort étendu, il n'a qu'une bourgade de son nom, & il ne produit que quelques pâturages. (*D. J.*)

WARDO, *Géog.mod.*, nom latin donné par Sidonius Apollinaris, au Gardon, riviere de France dans le bas-Languedoc; on en distingue deux branches, le Gardon d'Alais, & le Gardon d'Anduse. La pre-

miere se jette dans l'autre qui se perd dans le Rhône vis-à-vis de l'isle de Valabregues.

WARE, *Géog.mod.*, bourg d'Angleterre, dans le comté de Hertford, au bord de la Léa, sur la route de Londres. On y voit un canal qui fournit de l'eau à une partie de cette capitale du royaume. (*D. J.*)

WAREN, *Géogr. mod.*, petite ville d'Allemagne dans la Basse-Saxe, au duché de Mecklenbourg, entre Gustrow & Stargard, dit Cluvier. C'est la *Virunum* de Ptolomée, *l. II. c. xiv*, ville du Norique, au midi du Danube. (*D. J.*)

WARENNE, s. f. *Chasse*, tire son origine du mot allemand *warther* qui signifie *garder* ou *défendre* ; delà vient que les bêtes qui sont dans les *warennes*, ne peuvent être chassées que par les maitres.

WARHAM, *Géog. mod.*, ville d'Angleterre en Dorsetshire, sur la rive occidentale de la baie de Pool ; cette ville battoit autrefois monnoie, & florissoit par un grand commerce ; mais la mer s'est retirée insensiblement, & a détruit son port ; ensuite Warham a tant souffert par les guerres & par les incendies qu'il ne lui reste plus aujourd'hui que le titre de bourg. (*D. J.*)

WARKA, ou VARKA, *Géog. mod.*, ville de Pologne, dans le duché de Mazovie, au territoire de Czersco, à deux lieues de la Vistule, sur la rive gauche de la Piltza. La ville est assez jolie, dans une situation agréable, & elle ne manque pas de bourgeois aisés par leurs brasseries de biere, qui est estimée dans toute la Pologne. *Long.* 39, 27; *lat.* 51, 22. (*D. J.*)

WARMIE, ou WARMELAND, ou ERMELAND, *Géogr. mod.*, en latin *Varmia*; petit pays de la Pologne dans la Prusse royale, au Palatinat de Marienbourg. Il est presque environné de la Prusse ducale & du golfe nommé le *Frisch-Haff*. Son chef-lieu est Heilsberg, où résident ordinairement les évêques de Warmie. (*D. J.*)

WARMISTER, *Géog. mod.*, bourg à marché d'Angleterre, dans le Vilt-shire, près de l'endroit où le Willyborn ressort de terre. Ce bourg est riche & considérable par son grand commerce de blé. Il a été connu des Romains, selon plusieurs savans, sous le nom de *Verlucio.* (*D. J.*)

WARNE, **la**, *Géogr. mod.*, petite riviere

riviere d'Angleterre, dans la province de Northumberland. Elle se jette dans l'Océan, vis-à-vis de Belford. (*D. J.*)

WARNE, LE, ou le WARNOW, *Géog. mod.*, riviere d'Allemagne dans le cercle de la Basse-Saxe, au duché de Mecklenbourg. Elle sort des confins de l'évêché de Schwerin, & se jette dans la mer Baltique, à Warnemunde. (*D. J.*)

WARNEMUNDE, *Géog. mod.*, ville d'Allemagne dans le cercle de la basse-Saxe, au duché de Mecklembourg, & à l'embouchure de la Warne; car le mot *Warnemunde* signifie *bouche de la Warne*. Cette place est fortifiée. (*D. J.*)

WARNETON ou VARNETON, *Géog. mod.*, petite ville des Pays-Bas dans la Flandre, sur la Lys, à 2 lieues d'Ypres, & à 3 de Lille. Les états généraux des Provinces-Unies, conformément au traité de Barriere, entretiennent dans ce lieu une petite garnison, sous les ordres d'un major de la place. *Long.* 20, 34; *lat.* 50, 51. (*D. J.*)

WARRINGTON, *Géog. mod.*, petite ville à marché d'Angleterre, avec titre de comté, dans la province de Lancastre, sur le Mersey, à 50 milles de la ville de Lancastre, & à 182 de Londres. *Long.* 14, 38; *lat.* 53, 22. (*D. J.*)

WARTA, *Géog. mod.*, petite ville d'Allemagne dans la Basse-Silésie, au duché de Munsterberg, sur la gauche de la Neiss. (*D. J.*)

WARTA, *Géog. mod.*, petite ville de Pologne, dans le palatinat de Siradie, sur la riviere Warta, entre Siradie & Sadeck. Elle fut réduite en cendres en 1331, par les troupes des chevaliers de l'ordre Teutonique, & ne s'est rétablie qu'à la longue. (*D. J.*)

WARTA, la, *Géog. mod.*, riviere de Pologne. Elle prend sa source dans le palatinat de Cracovie, traverse ceux de Siradie, de Kalich, & de Posnanie, entre ensuite sur les terres de Brandebourg, pour aller se joindre à l'Oder. (*D. J.*)

WARTENBERG, *Géog. mod.*, petite ville d'Allemagne, dans la Silésie, sur la riviere de Weida, aux confins de la Pologne. Ses fortifications sont assez bonnes; les habitans sont partie catholiques, & partie luthériens. Wartenberg fut entiérement brûlée en 1742, & elle ne s'est pas encore relevée de ce désastre. (*D. J.*)

WARTENBERG, *Géog. mod.*, ville

de la Prusse royale, dans le palatinat de Marienbourg, sur la riviere d'Alla, au sud-est de Gutstat, & au midi de Freudenberg. *Long.* 38, 50; *lat.* 53, 45. (*D. J.*)

WARTHON, *conduits de, Anat.* Warthon, natif de Londres, s'est fait connoître par la description exacte qu'il a donnée des glandes. On lui attribue la découverte des grands conduits salivaires inférieurs qui portent son nom. *V.* SALIVAIRE.

WARWICK, *Géog. mod.*, *Verovicum*, ville d'Angleterre, capitale de la province, du même nom, sur une colline, au bord de l'Avon à 68 milles au nord-ouest de Londres. Elle est grande, bien bâtie, & a un château. On croit qu'elle occupe la place de l'ancien *Praesidium* des Romains, ainsi nommé parce qu'ils y tenoient une puissante garnison. *Long.* 15, 56; *lat.* 52, 17. (*D. J.*)

WARWICK, *Géog. mod.*, bourg d'Angleterre, dans la province de Cumberland, vis-à-vis de l'endroit où l'Eden reçoit l'Irting. Cambden croit que c'en l'ancienne *Virosidum*, & l'on y voit effectivement quelques restes d'antiquités. Il ne faut pas confondre ce bourg avec la ville de Warwick, capitale de la province de son nom.

WARWICK-SHIRE, *Géog. mod.*, autrement le comté de Warwick, province méditerranée d'Angleterre. Elle est bornée au nord-ouest par le comté de Stafford, au nord & au nord-est, par celui de Leicester, à l'orient par celui de Northampton, & au midi par ceux d'Oxford & de Glocester. Elle s'étend du nord au sud, de la longueur de 40 milles sur 30 milles de largeur, & elle en a 135 de tour. Ce circuit renferme six cents soixante & dix mille arpens de terre, qu'on partage en neuf quartiers, où l'on compte 158 paroisses, 15 villes ou bourgs à marché, dont il y a deux villes qui députent au parlement; savoir, Warwick, capitale, & Coventry. Cette province abonde en grains, & n'est pas stérile en hommes de lettres, comme il paroit par l'ouvrage de Frullers *Worthies in Warwickshire.* J'en vais nommer quelques-uns, suivant ma coutume.

Grevil (Foulques) lord Brook, écrivain poli en prose & en vers, naquit en 1554, & fut fait chevalier du bain en 1603, ensuite baron du royaume, membre

bre du conseil privé du roi, & gentilhomme de la chambre du lit. Un de ses domestiques l'assassina en 1628, & se tua lui-
même tout de suite. Le lord Grevil a mis
au jour deux tragédies, intitulées *Ala-*
bam & *Mustapha*. Ces deux tragédies faites sur le modele des anciens, ont été imprimées à Londres en 1633 *in-folio* avec
d'autres poésies de l'auteur. Il a donné en
prose l'histoire du roi Jacques pendant
les 14 années de son regne, Londres 1643.
in-4°.

RobertGrevil son parent & compatriote, succéda à ses titres, & fit du bruit par
un discours sur la nature de l'épiscopat,
Londres 1641, *in-4°*.

Il dit dans ce discours plein de bile,
comme on en va juger, qu'il n'a pas pour
objet des paroles, mais des choses, & que
ce n'est ni l'extérieur, ni le nom de l'évêque qu'il craint, & qu'il attaque; " mais
si c'est là l'épiscopat qui me déplait, dit-il,
ce n'est pas l'épiscopat en général, mais
l'épiscopat habillé de telle & telle maniere, ou plutôt voilé de tels & tels accom-
pagnemens; que le nom d'*évêque* signifie
chez moi, ou un homme qui prêche, ad-
ministre les sacremens, exhorte, censure,
convainc, excommunie, &*c*. non seulement dans une seule assemblée qui est sa
paroisse, mais en plusieurs assemblées,
comprises sous le nom bizarre & long-
tems incounu de *diocese*: ou c'est un homme qui joint à tout cela, non seulement
le nom de *seigneur temporel*, (ombre
avec laquelle je ne prétends pas me battre) mais un *très-grand* (j'ai pensé dire
illimité) pouvoir dans le gouvernement
civil; un seigneur qui doit nécessairement avoir un magnifique équipage, &
qui s'habille de longs habits qui peuvent
à peine être blazonnés par un meilleur
héraut qu'*Elihu*, qui ne savoit point donner de titres: ou enfin, ce qui devoit être
mis au premier rang, c'est un inspecteur
qui a le soin d'un seul troupeau, conjointement avec les anciens, les diacres, & le
reste de l'assemblée, qui sont tous des serviteurs pour la foi, des uns des autres.
Un évêque de ce dernier ordre, est un
évêque d'institution primitive, donné par
J. C. établi en diverses églises, même du
tems des apôtres. Ceux de la premiere
espece sont du second siecle, lorsque la
doctrine, la discipline, & la religion
commençoient à s'altérer. Ceux du second

ordre se sont élevés les derniers, quoique
les premiers dans l'intention de l'ennemi
de l'église, dans le tems que tout le monde occupé avoit les yeux tournés du même côté, & surpris à l'aspect de la nouvelle bête qui avoit succédé au dragon.
C'est là à présent notre ennemi; composé
monstrueux de divers emplois, d'emplois
opposés, & les plus éminens, tant ecclésiastiques que civils, auxquels il ne paroît en aucune maniere propre, par plusieurs raisons qu'on peut tirer de l'Ecriture sainte, de l'antiquité ecclésiastique,
& de la politique, &*c*. „

Holinshed (Raphael) mort vers l'an
1580, est fameux par la *Chronique* publiée sous son nom. La premiere édition
de cet ouvrage parut à Londres en 1577,
in-folio, & la seconde en 1587; mais on
retrancha dans cette derniere édition plusieurs choses qui avoient déplu dans la
premiere.

Holyoke, ou *Holyoake* (François) qui
s'appelle lui-même en latin *de sacrâ Quer-*
cu, naquit en 1582, & mourut en 1653,
âgé de 87 ans. Il est connu par son Dictionnaire, *Dictionnarium etymologicum*
latinum, &*c*. imprimé à Londres en 1606
in-4°. & dont on a fait depuis dix ou douze éditions.

Overbury (Thomas) naquit vers l'an
1581, fut nommé chevalier du bain en
1608, & envoyé à la tour en 1613, où il
mourut de poison dans le cours de la même année. Le comte de Sommerset & sa
femme furent condamnés à mort pour
avoir tramé le meurtre; mais le roi Jacques I leur fit grace, & se contenta de les
bannir de la cour. Le poëme du chevalier Overbury, intitulé la *Femme*, a été
imprimé plusieurs fois pendant la vie de
l'auteur.

Wagstaffe (Thomas), né en 1645, &
mort en 1712, a fait un ouvrage pour
prouver que le livre intitulé *Eikon Basli-*
ke, le portrait royal, est du roi Charles I.
Il est certain que personne avant lui n'a
donné de si fortes présomptions, pour
laisser au roi Charles I l'honneur de cet
ouvrage, que Walker, Oldmixon, Burnet
& autres attribuent au docteur Gauden.

Johnson (Samuel) naquit en 1649, &
s'attacha à mylord Russel, qui le fit son
chapelain domestique. Lorsque ce seigneur conjointement avec d'autres, tenta
de faire passer le bil d'exclusion du duc

d'Yorck, Johnson pour favoriser ce projet, publia son *Julien l'apostat*, pour lequel il fut condamné à une amende de cinq cents marcs, & à demeurer en prison jusqu'au paiement: ce que la cour savoit être équivalent à une prison perpétuelle, paroe qu'il n'étoit pas en état de fournir cette somme ; cependant il obtint sa liberté à l'arrivée du prince d'Orange, & le parlement cassa la sentence portée contre lui. Le roi Guillaume lui fit donner en argent comptant mille livres sterlings, & lui accorda trois cents livres sterlings par an sur la poste, pour sa vie & celle de son fils. En 1692 sept assassins forcerent sa maison pendant la nuit, ayant formé le projet de le tuer à cause de son livre sur la *déposition du roi Jacques II*; mais il en fut quitte pour quelques blessures, ces gens-là s'étant laissé toucher aux supplications du malheureux Johnson, & à celles de sa femme. Ses ouvrages ont été recueillis & imprimés tous ensemble à Londres en un volume *in-folio*.

On trouvera dans ce recueil son *traité sur la grande chartre*, qui est curieux. Il tâche de prouver dans ce traité ; premierement que la grande chartre est beaucoup plus ancienne que le tems du roi Jean, & par conséquent qu'on ne peut en flétrir l'origine par ce qui s'est fait sous ce prince, quand même sa confirmation auroit été extorquée par rebellion. En second lieu, qu'il s'en faut de beaucoup que les actes par lesquels elle a été confirmée sous les regnes de Jean & Henri III. aient été obtenus par la violence. Il finit en disant que l'idée qu'on doit se faire de la *grande chartre*, revient à ceci: c'est qu'elle est un abrégé des droits naturels & inhérens des Anglois ; que les rois normands en donnant dans la suite une chartre, se sont engagés à ne la point violer. Mais, dit-il, nous ne tenons pas ces droits de la chartre ; non, ce n'est pas ce vieux parchemin qui nous a tant coûté, qui nous a donné ces droits ; ce sont ceux que la naissance donne à tout Anglois, & qu'aucun roi ne peut ni donner, ni ôter: ce sont les *franchises du pays*, comme ils sont nommés dans l'acte 25 d'Edouard III ; & chaque Anglois étant né dans le pays, les acquiert en naissant.

Dugdale, (Guillaume), le plus célebre des hommes de lettres du comté de *Warwick*, naquit en 1605, & s'attacha de bon-

ne heure au service du roi. Il se trouva avec ce prince à la bataille d'Edge-Hill, le 23 d'Octobre 1642, & fut créé hérault de Chester en 1644. Il devint roi d'armes, norroi en 1660, & en 1676, il eut la charge de garter, ou premier roi d'armes. Il mourut subitement en 1685. Voici les principaux de ses ouvrages.

1°. *Monasticum anglicanum*, Londres 1655 & 1660, en 2 vol. *in-fol.* sous son nom & sous celui de Roger Dordsworth. Le 3e. volume parut en 1673, *in-fol.* 2°, Les *antiquités du comté de Warwick*, Londres 1656, *in-fol.* Cet ouvrage est le chef-d'œuvre de l'auteur, & c'est un des plus méthodiques & des plus exacts qu'on ait faits en ce genre. 3°. L'*Histoire de l'église cathédrale de S. Paul*, Londres 1658, *in-fol.* & 1716, *in-fol.* seconde édition augmentée. 4°. *Histoire des chaussées & des saignées de marais*, tant en Angleterre que dans les pays étrangers, Londres 1662, *in-fol.* avec *figures.* 5°. *Origines judiciables* ou *mémoires historiques*, touchant les loix d'Angleterre, les cours de justice, &c. Londres 1666 & 1672, *in-fol.* 6°. Le *baronage d'Angleterre*, &c. Londres 1675, 1676 & 1677, en trois volumes *in-fol.* c'est un ouvrage plein de recherches. 7°. *Histoire abrégée des troubles d'Angleterre*, Oxford 1681, *in-fol.* 8°. Dugdale a encore publié plusieurs petits ouvrages *in-8°.* sur les armoiries & la noblesse de la grande Bretagne ; mais son catalogue de toutes les convocations de cette même noblesse a paru à Londres en 1686, *in-fol.* & son *glossarium archaiologicum* parut l'année suivante, *in-fol.*

Si cet homme infatigable, dit M. Wood, avoit renoncé aux embarras du monde pour se livrer entierement à ses études, & s'il avoit plus pensé aux intérêts du public qu'aux siens particuliers, le public auroit profité davantage de ses veilles, d'autant plus que ses ouvrages auroient eu plus d'exactitude, sur-tout ceux qu'il a donnés sur la fin de sa vie : cependant il ne laisse pas d'avoir prodigieusement travaillé, vu sur-tout les chagrins & les tracasseries auxquels sa fidélité pour le roi l'a exposé. Sa mémoire doit donc être respectable pour ce qu'il a fait, puisqu'il a publié des choses qui, sans lui, auroient été ensevelies à jamais dans l'oubli. (*D. J.*)

WASA, *Géog. mod.*, par les habitans

du pays *Muflarar*, ville de Suéde, en
Finlande, dans la Bothnie orientale, sur
la côte du golfe de Bothnie, entre Carle-
by & Chriftine-Stadt. Cette ville a raifon de fe glorifier d'avoir donné la naiffance à Guftave Vafa, roi de Snede.

WASGAW, LE, ou WASGOW,
Géog.mod., pays de France dans l'Alface.
Il s'étend depuis Weiffembourg jufqu'à
Saverne, & comprend une grande partie
de la baffe-Alface. La capitale de ce pays
eft Weiffembourg.

WASSA, *Géog.mod.*, royaume d'Afrique dans la Nigritie. Dapper dit qu'il s'y
trouve des mines d'or, & que les habitans
ne manquent de rien.

WASSELENHEIM ou VASSELON-
NE, *Géog. mod.*, bourg ou petite ville de
France, en Alface, fur le bord de la riviere de Mafteik. Elle eft commandée par
un château qui eft fur la croupe de la
montagne.*Long.*25,14: *lat.*48,34.(*D.J.*)

WASSEMBOURG, *Géog. mod.*, château ruiné,en Alface,au-deffus de Nider-
brom. On y lifoit encore dans le dernier
fiecle fur une de fes pierres l'infcription
fuivante: *Deo Mercurio Attegiam Tegu-
litiano compofitam*, *Severinus Satulinus
C. F. ex voto pofuit L. L. M.*

WASSERBOURG, *Géog. mod.*, ville
d'Allemagne, dans la Suabe, fur le bord
du lac de Conftance, entre Langen &
Lindaw. *Long.* 27, 5; *lat.* 47, 36.

Hungerus (Wolffgang) jurifconfulte
allemand du xvj fiecle, naquit à Waffer-
bourg, & mourut en 1555. On publia à
Bâle, en 1561, les notes qu'il avoit faites
fur les Céfars de Cufpinien, *annotationes
in Cæfares Cufpiniani; auctore Wolff.
Hungero, aquiburgenfi.* Ces notes rectifient & éclairciffent plufieurs chofes qui
avoient été avancées fauffement ou confufément dans cette hiftoire des empereurs, ou dans quelques autres livres.
(*D.J.*)

WASSERBURG, *Géog. mod.*, ville
d'Allemagne, dans la Baviere, fur l'Inn,
à 10 lieues à l'eft de Munich, avec titre
de *comté. Long.* 29, 45 : *lat.* 48.

WASTENA ou VADSTEN, *Géog.
mod.*, ville de Suede, dans l'Oftrogothie,
fur le bord oriental du lac Veter, près de
l'embouchure de la riviere Motala.Cette
ville eft la patrie de Sainte Brigitte.

WATERFALL, *Géog. mod.*, petite
ville ou bourg d'Angleterre,province de

Stafford, dans l'endroit où le Hans, après
avoir coulé quelques milles, fe précipite
fous terre & difparoit entierement.Cette
petite place a pris fon nom de fa fituation;
car *Water-fall*, dans la langue du pays,
fignifie *chûte-d'eau.*

WATERFORD, *Géog. mod.*, ville
d'Irlande, dans la province de Munfter,
capitale du comté de Waterford, fur la
Shure, vers les frontieres de Kilkenni,
à 3 milles de la mer, & à 75 au fud-eft de
Limerik. Elle a un fiege épifcopal fuffragant de Cashel,le privilege de tenir marché public,& celui d'envoyer deux députés au parlement de Dublin.Elle eft grande, riche & peuplée, quoique l'air y foit
mal-fain. La jonction du Barrow & de la
Shure y forme un port excellent, défendu par un château. Les plus gros vaiffeaux mouillent près du quai. *Long.* 10,
45; *lat.* 52, 12. (*D. J.*)

WATERFORD, *comté de*, *Géog. mod.*,
comté d'Irlande, dans la province de
Munfter. Il eft borné au nord par les
comtés de Tippérari & de Kilkenni, au
midi par l'Océan,au levant par Vexford,
& au conchant par Cork. On le divife en
fix baronnies; le pays eft bon & riche. Il
contient, outre Waterford,capitale,qua-
tre autres villes ou bourgs qui députent
au parlement d Irlande.

WATERVLIET, *Géog. mod.*, village
des Pays-bas, dans la Flandre hollandoi-
fe, mais fur le territoire de l'empereur,
au bailliage d'Ifendyck. Je parle de village, parce qu'il étend au loin fa jurifdiction, & que c'eft une feigneurie dont
le tribunal eft compofé d'un bailli, d'un
bourg-meftre, de fix échevins, & d'un
greffier qui doit être de la religion réformée. L'églife eft deffervie par un minif-
tre.La juftice civile & criminelle s'y doit
adminiftrer de la même maniere qu'à
Middelbourg en Flandre. (*D. J.*)

WATER ZOOTJE, f. f. *Cuifine*,c'eft
une maniere de préparer le poiffon d'eau
donce, fort ufitée en Hollande & dans le
refte des Pays-bas. Elle confifte à bien
nettoyer le poiffon que l'on fend par le
ventre pour le vuider, & à qui on ôte fes
écailles; on fait enfuite des entailles en
différens endroits du poiffon, après quoi
on lui fait faire quelques légers bouillons
dans de l'eau, dans laquelle on a mis du
fel, afin d'emporter la matiere vifqueufe.
Alors on remet ce poiffon ainfi nettoyé

WAT WEA 485

dans une nouvelle eau, avec du sel & de la racine de persil, ce qui donne un bon goût au poisson, & sert à consolider la chair ; quand il est suffisamment cuit, on le sert dans un plat avec l'eau dans laquelle il a bouilli ; & sans autre apprêt, on le mange avec des tartines de beurre. C'est sur-tout les perches & les brochetons qui sont les poissons les plus propres à être préparés de cette maniere. C'est un ragoût simple, très-sain, & que l'on permet aux malades. Le nom hollandois signifie *cuisson à l'eau.*

WATLING-STREET, *Géog. mod.*, nom que l'on donne dans la Grande Bretagne à un grand chemin fait par les Romains, & qui séparoit la Bretagne en occidentale & orientale, depuis le nord du pays de Galles, jusqu'à l'extrémité méridionale de Kent, & qui aboutissoit à la mer. Par le traité qui mit fin à la guerre civile des Bretons, & qui commença l'époque du regne d'Ambrosius Aurelianus, ce grand chemin bornoit les Etats de Wortigerne & d'Ambrosius. Il servoit également de borne pour séparer les royaumes d'Edmont I & d'Aulaf, roi Danois. (*D. J.*)

WATTATALI, s. m. *Hist. nat. Bot. exot.*, arbre qui croit au Malabar. Ses feuilles broyées, infusées avec du tabac verd & du riz, passent pour être bienfaisantes dans les ulceres invétérés & vermineux. On les fait bouillir dans de l'eau, & l'on en prépare un bain qu'on dit être bon contre la fievre avec frisson. On broie sa fleur & son fruit, on en fait un sachet; on met bouillir ce sachet dans du lait de femme, & l'on a un topique recommandé dans les mêmes fievres. *Ray.*

WATTEN, *Géog. mod.*, petite ville de France, dans la Flandre, en la châtellenie de Bourbourg, sur l'Aa, à 2 lieues au-dessous de Saint-Omer, avec une abbaye d'hommes de l'ordre de S. Augustin. *Long.* 19, 56; *lat.* 54, 43.

WATWEIL, *Géog. mod.*, petite ville ou plutôt bourgade de France, en Alsace, entre Sultz & Tannen; il y a dans son voisinage des eaux soufrées, propres pour dessécher & guérir les maladies de la peau.

WAVENEY, LE, *Géog. mod.*, riviere d'Angleterre. Elle a sa source dans la province de Suffolck, au voisinage de Lop-Hamford, & finit par donner une

partie de ses eaux au lac Luting, & l'autre partie à la riviere d'Yare. (*D. J.*)

WAVRE, *Géog. mod.*, petite ville des Pays-bas, dans le Brabant-wallon, à trois lieues & demie de Louvain, à quatre & demie de Bruxelles, à cinq de Nivelle, & à sept de Namur. Cette place qui contenoit autrefois six mille communians, & plus de deux mille maisons, a éprouvé coup-sur-coup des incendies qui l'ont réduite à un simple bourg.

WAZA, *Géog. mod.*, province de l'empire russien. Elle est bornée au nord par la province de Dwina ; à l'orient, par l'Oustiong ; au couchant, par l'Onéga & le Carcajol. Cette province, que la riviere de Waza traverse du midi au nord, est toute couverte de forêts.

WAZA, *la*, *Géog. mod.* M. de Lisle écrit *Vaga*, riviere de l'empire russien. Elle tire sa source d'un lac de la ville de Bélozéro, arrose les extrémités de plusieurs provinces, donne son nom à la petite ville de Waza, située vers son embouchure, & se perd dans la Dwina. (*D. J.*)

W E

WEAVER, LE, *Géog. mod.*, riviere d'Angleterre, dans Chestershire. Elle sort de l'étang de Ridley-Pool, passe à Norwich, & va se jeter dans le Mersey.

WEAUME, LA, *Géog. mod.*, petite riviere de France, en Provence. Elle a sa source dans le territoire d'Auriol, & se perd dans la mer près de Marseille. Samson croit que la Weaume est l'ancien *Ivelinus.* (*D. J.*)

WECHTERBACH, *Géog. mod.*, petite ville d'Allemagne, dans la Vétéravie, sur la droite du Kintz, au comté d'Isenbourg, avec un château. (*D. J.*)

WEDERO ou WERO, *Géog. mod.*, isle de la Manche de Danemarck, entre les isles de Samsoé & de Syro, dont elle est éloignée d'environ 3 milles. (*D. J.*)

WEDON, *Géog. mod.*, bourg d'Angleterre, dans le comté de Northampton, sur le bord de l'Avon. Ce bourg n'a rien de remarquable que son ancienneté, car il a été connu des Romains sous le nom de *Bannavenna.* Le roi Wulphere y a eu autrefois son palais, que sa fille convertit en monastere.

WEEL ou WEILE, *Géog. mod.*, petite ville de Danemarck, dans le Nord-Jut-

Hh 3

land , au diocese de Rypen , fur la côte
orientale, à 4 lieues au nord de Kolding.

WEELOCK , LE , *Géog. mod.* , petite
riviere d'Angleterre, dans la province de
Chester. Elle tire sa source de trois ruisseaux, & se jette dans la Dane , après un
cours de 12 milles. (*D. J.*)

WEEN ou HUENE , *Géog. mod.*, isle
de Suede, dans le détroit du Sund. Après
que le Danemarck eut cédé à la Suede la
Scanie , les Suédois réclamerent encore
Ween comme une dépendance, & les Danois la réclamoient comme appartenante
à la Sélande. Ils étoient fondés sur la raison , & les Suédois sur la supériorité de
leur force qui les fit triompher. Depuis
ce tems, ils possedent cette isle remarquable par les ruines du fameux château
d'Uranibourg , autrefois la demeure de
Tycho-Brahé. Voici ce qu'en dit le comte
de Plelo , dans une lettre au chevalier
de la Vieuville, écrite en 1732.

  C'est-là que ce divin génie ,
    „ *Sous les auspices d'Uranie ,*
    „ *Avoit établi son séjour.*
    „ *Là se remarquoit cette tour*
    „ *Aux astres par lui consacrée ,*
    „ *D'où, perçant la voûte azurée ,*
    „ *Il tenta de voler aux dieux*
    „ *Le secret de l'ordre des cieux.*

„ C'est-à-dire, pour m'exprimer plus sim-
„ plement, que ce fut dans ce lieu qu'il
„ composa son système du monde , & où
„ il fit bâtir le château d'Uranibourg ,
„ avec l'observatoire de Stellesbourg ,
„ dont les descriptions nous donnent une
„ si belle idée, si l'on s'en rapporte à ce
„ qu'elles disent.

„ L'isle de Ween étoit alors l'asyle, ou
„ plutôt le temple de tous les arts ; car
„ outre les endroits destinés aux études
„ astronomiques , l'on y voyoit aussi des
„ laboratoires, des manufactures, & des
„ atteliers de différens genres,tous si bien
„ disposés,que sans se gêner dans aucune
„ de leurs fonctions particulieres , ils
„ concouroient tous au but commun de
„ se perfectionner les uns les autres, par
„ une étroite correspondance.

„ Il n'y avoit pas jusqu'aux Muses ,
„ graves ou badines, qui n'eussent là leur
„ place ; mais ce qui m'en auroit touché
„ davantage, c'est que le maître du lieu ,
„ continuellement entouré d'une foule
„ de disciples que sa réputation lui atti-
„ roit de tous côtés, n'épargnoit rien pour

„ leur faire trouver dans sa retraite, tou-
„ tes les douceurs & toutes les commo-
„ dités de la vie , en même temps qu'il
„ leur faisoit trouver dans sa conversa-
„ tion , & dans ses lumieres , tous les se-
„ cours qui pouvoient applanir le che-
„ min des sciences les plus relevées ; c'é-
„ toit par-tout des promenades, des jar-
„ dins & des bosquets charmans.

  „ *Tels on nous peint, dans nos vieux âges,*
  „ *Les Socrates & les Platons,*
  „ *Sous de délicieux ombrages,*
  „ *Donnant leurs sublimes leçons.*

„ Il est vrai qu'à la honte du pays, ou
„ pour mieux dire de la nation, on ne
„ laissa pas long-temps jouir ce grand
„ homme d'un loisir si noble & si bien
„ employé. Il se vit bientôt dépouillé de
„ son isle, forcé peu-à-peu à quitter tout-
„ à-fait sa patrie, & l'on poussa la rage
„ jusqu'à faire abattre tout ce qu'il avoit
„ fait construire , de sorte

  Qu'il n'en reste aucun fondement,
  „ *Et qu'à peine aujourd'hui sur l'herbe*
  „ *D'une demeure si superbe ,*
  „ *Reconnoît-on l'emplacement ;*
  „ *Mais , malgré toute la furie*
  „ *Qu'ont exercé contre ces lieux*
  „ *L'injustice & la barbarie, ·*
  „ *Ils resteront toujours fameux.*
  „ *Toujours de leur antique gloire*
  „ *Ils rappelleront la mémoire ;*
  „ *Et toujours à leur seul aspect ,*
  „ *On sera saisi de respect.*

„ C'est du moins ce qui nous arrive
„ chaque fois que nous tournons les yeux
„ de leur côté, & ce que l'on éprouve
„ bien plus sensiblement encore , quand
„ on les va voir de près , comme nous
„ fimes, ces jours passés. Je ne sais mê-
„ me s'il n'y a pas quelque chose à gagner
„ pour eux dans l'état où ils sont, & si ,
„ en général , un air un peu délabré ne
„ sied pas mieux à des endroits célebres
„ que s'ils étoient dans tout leur lustre ;
„ car alors l'imagination , grande embel-
„ lisseuse de son métier, travaille seule à
„ nous les peindre , ne manque guere à
„ leur prêter des charmes que peut-être
„ ils n'ont jamais eus. „ Nous rapportons ce morceau pour confirmer le détail
que nous avons déja fait d'après les historiens du temps, au mot URANIBOURG.
(*D. J.*)

WEERE, *Géog. mod.* , ou WERE,
petite ville des Provinces - unies , dans

l'iste de Walcheren, avec un port, à une lieue au nord-ouest de Middelbourg, avec titre de marquisat. *Long.* 21, 17; *lat.* 51, 30. (*D. J.*)

WEERT, *Géogr. mod.*; petite ville des Pays-bas, dans le Brabant, au quartier de Bois-le-Duc, dans le Péeland, à 4 lieues de Ruremonde. *Long.* 23, 59; *lat.* 51, 9.

Il y a dans cette petite ville un couvent de récollets, un prieuré de chanoines Augustins, & un monastere de religieuses pénitentes, fondé par Jean de Weert, natif de cette ville, dont il prit le nom.

Cet homme d'une naissance obscure, s'éleva par sa valeur au plus haut grade militaire, & rendit son nom très-célebre. Il commença sa fortune d'une maniere fort étonnante. Il apprenoit le métier de cordonnier; son maitre le battit, il s'engagea dans un régiment de troupes allemandes qui étoit à Weert. Bientôt il se fit distinguer, & après avoir passé d'une maniere brillante par tous les grades militaires, il devint vice-roi de Boheme, & commandant de Prague, où il mourut vers l'an 1665. C'est lui dont le nom, après avoir fait grand bruit dans les nouvelles publiques, retentit enfin dans nos chansons françoises. On en fit courir un grand nombre à la cour & à la ville, où il servoit de refrain.

Menage voulant prouver que nous employons également le mot *tudesque* dans le discours familier, pour dire *un allemand*, cite M. de Montplésir, qui a dit dans une de ses chansons :

Faut-il se lever si matin,
Dit le comte de Fiesque;
On ne dort non plus qu'un lutin
Avecque ce tudesque.
Maugré-bieu de la nation :
Le diable emporte Gassion;
Et Jean de Weert.

Mademoiselle l'Héritier nous apprend, dans le *Mercure galant*, d'avril 1702, l'origine de ces chansons. Elle dit que Jean de Weert s'étant rendu maitre de plusieurs places dans la Picardie, porta la terreur jusqu'aux portes d'Amiens, par les troupes qu'il envoyoit en parti. Cette terreur se répandit jusques dans Paris, & comme le peuple grossit toujours les objets, le seul nom de Jean de Weert y inspiroit l'effroi.

Ce général ayant été fait prisonnier à la bataille de Rheinfeld, en 1638, la muse du Pont-neuf célébra ses transports de joie sur un air de trompette qui couroit alors. Elle disoit que les François avoient fait un tel nombre de prisonniers, & Jean de Weert. Comme il y avoit dans ces chansons une certaine naïveté grossiere, mais réjouissante, la cour & la ville les chanterent. Enfin, des gens d'esprit en firent d'autres délicates & fort jolies sur le même air de Jean de Weert. Ce vaillant officier, dont le nom avoit fait un bruit si éclatant, laissa en France une mémoire immortelle de sa prise, & l'on nomma le temps où elle étoit arrivée, *le temps de Jean de Weert.* (*D. J.*)

WEGA, *Astron.*, nom que l'on donne à la belle étoile de la lyre. (*M. de la Lande.*)

WEIBSTAT, *Géogr. mod.*, petite ville d'Allemagne, dans le palatinat du Rhin, entre Hailbron & Heidelberg. *Long.* 26, 31; *lat.* 49, 17. (*D. J.*)

WEIDA, *Géogr. mod.*, petite ville d'Allemagne, dans la Haute-Saxe, au cercle de Voigtland, sur une riviere de même nom.

WEIDA (la), *Géogr. mod.*, ou la *Weide*, riviere d'Allemagne, en Silésie. Elle a sa source aux confins de la Pologne, & se perd dans l'Oder, un peu au dessous de Breslaw. (*D.J.*)

WEIDEN, *Géogr. mod.*, petite ville d'Allemagne, dans la Baviere, au palatinat de Neubourg, sur la riviere de Nab. Elle est le chef-lieu d'un bailliage, & passe pour être l'ancienne *Idunum. Long.* 29, 52; *latit.* 49, 41.

WEIGATS, *détroit de*, ou VEGATZ, ou VAIGATS, ou *détroit de Nassau*: *Géogr. mod.*, détroit entre les Samoyedes & la nouvelle Zemble. Il fait la communication entre les mers de Moscovie & de Tartarie.

On a cherché long-temps par ce détroit un passage à la Chine & au Japon, & ce projet n'est pas encore abandonné. Le premier qui fit cette tentative, fut Hughes Willoughby, en 1553; après lui, Etienne Burrough entreprit la même recherche en 1556. Les capitaines Arthur Peety & Charles Jackman poursuivirent la même entreprise en 1580, par ordre de la reine Elisabeth : ils passerent

le _détroit de_ Weigatz, & entrerent dans
la mer qui eſt à l'eſt. Ils y trouverent une
ſi grande quantité de glaces, qu'après
avoir eſſuyé de grands dangers & des fa-
tigues extraordinaires, ils furent contraints de revenir ſur leurs pas; le mauvais temps les écarta, & l'on n'a jamais
eu des nouvelles de Peety ni de ſon équipage.

Guillaume Barentz renouvella cette
tentative par ordre du Prince Maurice
en 1595; mais trouvant les mêmes difficultés que ſes prédéceſſeurs à découvrir
un paſſage à la Chine par le détroit de
Weigatz, il ſe flatta de réuſſir par le nord
de la nouvelle Zémble, fit deux voyages
inutiles de ce côté-là & mourut en route.

Le capitaine Wood, navigateur Anglois, mit à la vôile en 1675, porta droit
au nord-eſt du nord-cap, & découvrit en
1676 comme un continent de glaces à 76
degrés de latitude, & environ à 60 lieues
à l'eſt de Groenland, où il s'imagina qu'en
allant plus à l'eſt, il pourroit trouver
une mer libre; mais découvrant toujours
de nouvelles glaces, il perdit toute eſpérance.

Il reſte encore une grande incertitude
ſur la poſſibilité du paſſage, ſoit par le
nord de la nouvelle Zemble, ſoit par le
midi, c'eſt-à-dire, par le détroit de Weigatz. Les uns prennent pour un golfe la
mer qui eſt à l'eſt de ce détroit, & les
autres veulent que ce ſoit une mer libre
qui communique à celle de la Chine. Ce
dernier ſentiment paroît aujourd'hui le
plus vraiſemblable, car la nouvelle carte
de l'empire de Ruſſie, dreſſée ſur de nouvelles obſervations, nous apprend que le
Weigatz communique avec la mer de
Tartarie, & que les glaces de ce détroit
ne ſe fondent point pendant l'été, à moins
que quelque tempête du nord-eſt ne
vienne les briſer.

Quoi qu'il en ſoit, c'eſt ici que l'Océan
gelé juſqu'au fond de ſes abymes, eſt enchaîné lui-même, & n'a plus le pouvoir
de rugir. Toute cette mer n'eſt qu'une
étendue glacée: triſte plage dépourvue
d'habitans. Oh! dit le peintre des ſaiſons, combien ſont malheureux ceux qui
embarraſſés dans les amas de glaces, reçoivent en ces lieux le dernier regard du
ſoleil couchant, tandis que la très-len-
nuit, nuit de mort, & d'une gelée fiere
& dix fois redoublée, eſt ſuſpendue ſur

leurs têtes; & tombe avec horreur. Tel
fut le deſtin de ce digne Anglois, le chevalier Hugh Willoughby, qui oſa (car
que n'ont pas oſé les Anglois?) chercher
avec le premier vaiſſeau ce paſſage tant
de fois tenté en vain, & qui paroit fermé de la main même de la nature jalouſe,
par des barrieres éternelles. Dans ces
cruelles régions, ſon vaiſſeau pris dans
les glaces, reſta tout entier immobile &
attaché à l'océan glacé; lui & ſa troupe
demeurerent gelés comme des ſtatues,
chacun à ſon poſte, à ſon emploi, le matelot au cordage, & le pilote au gouvernail.

Malgré ce déſaſtre affreux, il ſera toujours beau de chercher ce paſſage ſi deſi-
ré: jamais le déſeſpoir ne doit être admis
dans des projets ſi nobles, avant que l'im-
poſſibilité du ſuccès ſoit démontrée.
(_D. J._)

WEIK, _Géogr. mod._, petite ville d'E-
coſſe dans la province de Caithneſs, dont
elle eſt capitale, ſur la côte orientale de
la province, où elle a un bon Havre pour
faire le commerce. _Long._ 40, 50; _latit._
58. 25.

WEIL, _Géogr. mod._, petite ville d'Allemagne dans le duché de Wirtemberg,
à 4 lieues au ſud-oueſt de Stutgard, ſur
la riviere de Wurm. Elle eſt libre & impériale, ſes fortifications ſont à l'antique.
Long. 26. 40; _lat._ 48, 43.

Brentius ou _Brentzen_ (Jean), fameux
miniſtre luthérien, & l'un des plus fideles diſciples de Luther, naquit à Weil
en 1499; il devint profeſſeur de théologie à Tubingen, ſe maria & fut conſeiller ordinaire du duc de Wirtemberg, qui
le combla de biens. Sa femme étant morte
vers l'an 1550, il en épouſa une autre
jeune & belle, dont il eut douze enfans.
Il mourut en 1570, à 72 ans: ſes ouvrages ont été imprimés en 8 volumes.

Il a renchéri ſur les ſentimens de Luther, dans la doctrine du baptême & de
l'euchariſtie. D'un côté, il enſeigna que
le baptême n'effaçoit point toutes ſortes
de péchés; de l'autre, il ſoutint que J.
C. depuis ſon aſcenſion, eſt par-tout; c'eſt
ce qui a fait donner le nom d'_Ubiquitai-
res_ ou d'_Ubiquiſtes_ à ceux qui ſuivent
cette opinion. Brentius étoit en même
temps d'un caractere modéré: delà vient
que Luther ſe comparoit au vent qui bri-
ſoit les montagnes; mais il avoit coutu-

me de comparer Brentius, à cause de sa douceur, à ce vent paisible dont il est parlé dans le I. ou III. livre des rois, c. xix. v. 12.

WEILBOURG, *Géogr. mod.*, comté d'Allemagne au cercle du haut-Rhin. Il est borné au nord par le comté de Solms, au midi par celui d'Idstein, au levant par celui d'Isenbourg, & au couchant par celui de Nassau. Weilbourg est la capitale. (*D. J.*)

WEILBOURG, *Géog. mod.*, ville d'Allemagne dans le cercle du haut-Rhin, capitale du comté de même nom, sur la rive gauche de la Lohn, à 8 lieues au nordest de Nassau, & à 10 au nord de Mayence. *Long.* 26, 3 ; *lat.* 50, 24.

WEILE, *Géog. mod.*, petite ville de Danemarck dans le Nort-Jutland, au diocese de Rypen, sur le bord d'une grande baie, à 4 lieues au nord de Kolding. *Long.* 26, 54 ; *lat.* 55, 42.

WEILHEIM, *Géog. mod.*, petite ville d'Allemagne dans la Baviere, sur la droite de l'Amber, au sud-ouest de Munich. C'est la demeure des Anciens *Bentuuni*. *Long.* 28, 47 ; *lat.* 47, 45.

WEILHEM, *Géog. mod.*, petite ville d'Allemagne, dans le duché de Wirtemberg, sur la droite de la Lauter. (*D. J.*)

WEIMAR, *Géog. mod.*, ville d'Allemagne dans la Haute-Saxe, capitale du duché de même nom, sur la riviere d'Ilm, à 7 lieues au nord-est d'Erfurd, & à 5. au nord-ouest de Jena, avec un château où réside le duc de Saxe-Weimar. *Long.* 29, 25 ; *latit.* 51, 6. (*D. J.*)

WEIMAR, *duché de*, *Géogr. mod.*, duché d'Allemagne dans la Haute-Saxe. Il est borné par le territoire d'Erfurd, la riviere de Sala, le comté de Schwartzbourg & le bailliage d'Eckhartsberg. Il a 7 à 8 lieues de longueur sur 4 de largeur : il contient, outre la capitale, quelques bourgs, & divers bailliages.

WEINFELDEN, *Géogr. mod.*, bailliage de Suisse au canton de Zurich, dans le Tourgaw. Ce bailliage prend son nom de son chef-lieu, qui est un gros bourg ou réside le bailli. En 1614, le canton de Zurich acheta Weinfelden, des seigneurs de Gimmingen, & l'an 1529, les habitans de ce bailliage embrasserent la religion protestante.

WEINGARTEN, *Géog. mod.*, abbaye d'hommes de l'ordre de S. Benoît ;

en Allemagne, dans la Suabe, à une lieue au nord-est de Ravensbourg, à quatre au nord du lac de Constance, & à demilieue au couchant d'Altdorf. Son abbé a le second rang parmi les prélats du banc de Suabe. Plusieurs princes de la maison de Baviere ont leur sépulture dans cette abbaye, qu'on dit avoir été fondée par Pepin.

WEINHEIM, *Géog. mod.*, petite ville d'Allemagne dans le palatinat du Rhin, aux confins de l'électorat de Mayence, dans le Bergstrat, à 2 lieues à l'orient de Worms, & à trois au nord de Heidelberg. C'est cette ville que M. Corneille appelle *Vainen*. On ne peut guere commettre une plus grande faute dans un dictionnaire géographique, que d'estropier les noms. *Long.* de Weinheim, 26, 2 ; *lat.* 49, 33. (*D. J.*)

WEISSENBERG, *Géog. mod.*, ville de l'empire Russien, dans l'Esthonie, au quartier appellé Wirie, assez près du golfe de Finlande, au midi de Tolsbourg, entre Revel & Narva.

WEISSEMBOURG ou WEISSEMBOURG en Wasgaw, *Géogr. mod.*, en latin *Sebusium*, ville de France dans l'Alsace, au pays de Wasgaw, vers les frontieres du Palatinat, sur la riviere de Lauter, à 6 lieues au sud-ouest de Philisbourg, & à 108 de Paris. Elle est chef-lieu d'un bailliage, & a été libre & impériale.

Elle s'appelle Weissembourg en Wasgaw, pour la distinguer d'une autre ville aussi nommée Weissembourg, qui est du cercle de Franconie, & qui est connue sous le nom de Weissembourg *en Nordgaw*. Beatus Rhenanus prétend que Weissembourg en Wasgaw a été la demeure des anciens Sébutions, & qu'elle en a retenu le nom. Ce qui est constant, c'est que cette ville est ancienne ; elle étoit connue au septieme siecle, lorsque Dagobert, roi de France, y fonda un monastere où sa fille Irmine est enterrée, & auquel il donna de très-grands biens, entr'autres la seigneurie de Weissemberg & d'autres villes du voisinage, qui sont venues au pouvoir des comtes Palatins du Rhin, & de quelqu'autre prince.

Le même roi Dagobert fit présent à l'église de Weissembourg d'une couronne d'argent doré, dont la circonférence étoit de 24 piés. On en a fait depuis une semblable en cuivre, & elle est suspendue dans la grande église.

En 1626, la ville fut enfermée de murailles par l'abbé Frédéric. Son successeur Edelin la fit entourer d'un fossé, & la fortifia de quelques boulevards. Dans la suite, les habitans ayant obtenu divers privileges, se rendirent indépendans des abbés, & furent reçus au nombre des villes libres & franches de l'empire avant le quinzieme siecle. Louis XIV prit Weissembourg en 1673, & la fit démanteler. Elle fut réunie à la France avec les autres villes de la préfecture en 1680, & le traité de Ryswick a confirmé cette réunion. *Long.* 25, 38; *lat.* 49, 3. (*D. J.*)

WEISSEMBOURG, *Géogr. mod.*, ou *Weissembourg en Nordgaw*, petite & chétive ville impériale d'Allemagne, dans le cercle de Franconie, sur le Rednitz, à six lieues au nord de Donnawert. *Long.* 28, 23; *lat.* 48, 37.

Merklinus (George-Abraham), médecin, naquit à Weissembourg en Franconie, l'an 1644, & mourut en 1702, âgé de 58 ans. Ses principaux ouvrages sont, 1°. *tractatus de ventositatis spinæ sævissimo morbo.* 2°. *Lindenius renovatus*, Nuremburgæ 1686, *in-4°.* 3°. *Tractatus physico-medicus de incantamentis.* Il a encore parsemé de quantité d'observations médicinales fort mauvaises, les éphémérides des curieux de la nature. Le P. Nicéron l'a pris pour un homme illustre, & a donné son article dans ses *mémoires*, tome *XIII*, p. 179 *& suiv.* (*D. J.*)

WEISSEMBOURG, *Géogr. mod.*, ou *Albe-Julie*, petite ville de Transilvanie, capitale d'un comté, près de la riviere d'Ompay, qui se joint au dessous à la Marisch. Elle a été la résidence des princes de Transilvanie, & est épiscopale. Son évêché fut érigé en 1696, par le pape Innocent XII. *Long.* 42, *latit.* 46, 30.

WEISSENFELS, *Géogr. mod.*, petite ville d'Allemagne, en Misnie, au cercle de Leipsick, sur la Saala. *Long.* 30, 25; *latit.* 51, 23.

WEISSENZÉE, *Géogr. mod.*, bourg ou petite ville d'Allemagne, dans la Thuringe, à six lieues d'Erfurt. Elle est chef-lieu d'un bailliage.

WEITZEN ou VEITZEN ou VATZEN, *Géogr. mod.*, ville de la haute Hongrie, sur la gauche du Danube, à

cinq milles au nord de Bude; c'est une ville épiscopale dépendante de l'archevêché de Strigonie. Le prince de Lorraine enleva cette place aux Turcs l'an 1684; mais le séraskier bacha la reprit sur les Impériaux, & en fit sauter les fortifications. *Long.* 36, 50; *lat.* 47, 15.

WELIKA-RECA, LA, *Géogr. mod.*, ou la *Muldow*, riviere de l'empire russien. Elle prend sa source aux confins de la Lithuanie, dans le duché de Pleskow, & se perd dans le lac de ce nom.

WELLIA-TAGERA, s. f. *Hist. nat. Botan. exot.*, plante siliqueuse du Malabar; sa fleur est tétrapétale; ses siliques sont longues, plates, divisées en cellules transversales qui contiennent les semences. Cet arbrisseau s'éleve à la hauteur de cinq à six piés; il est toujours verd. On se sert de ses fleurs & de ses feuilles dans plusieurs maladies. On emploie ses fleurs avec du cumin, du sucre & du lait, dans la gonorrhée virulente. (*D. J.*)

WELLS ou WELLES, *Géogr. mod.*, en latin *Theonodunum*; ville d'Angleterre, dans Sommersetshire, à 90 milles au couchant de Londres. Elle est agréable, bien bâtie, très-peuplée, & forme avec Bath un siege épiscopal. Le palais de l'évêque n'est pas loin de la cathédrale, qui est renommée par la sculpture de sa façade & par le nombre de ses statues. Elle députe au parlement, & a droit de marché. Elle tire son nom du grand nombre de ses puits & de ses sources d'eau vive. Dans le voisinage de cette ville, on voit sur la montagne de Mendip une grotte profonde & spacieuse, qui donne plusieurs sources d'eaux, & qu'on appelle *Ochie-Hole*, mot dérivé du gallois *og*, qui veut dire une *grotte*. Sous le regne de Henri VIII, on trouva près de cette grotte l'inscription suivante, faite pour un trophée de l'empereur Claude, l'an 50 de Jésus-Christ: *Ti. Claudius Cæsar. Aug. P. M. Trib. Pot. VIII. Imp. XVI. De Brit. Long.* 15, 4; *lat.* 51, 15.

Bull (Georges) en latin *Bullus*, grand théologien, naquit à Wells en 1624, & mourut en 1710, évêque de S. David. Il s'est rendu célebre par plusieurs ouvrages, ayant employé la plus grande partie de la nuit à étudier, dormant peu, & se levant de bonne heure. Ses écrits latins ont été recueillis & publiés à Londres par Grabe en 1703, en un volume *in-folio*;

& M. Nelſon fit imprimer en 1713 ; en trois vol. in-8°. les ſermons de cet illuſtre évêque , précédés de ſa vie , dont on trouvera l'extrait dans la *bibl. angl.* tom. *I. part. I.*

Le plus fameux des ouvrages de Bull eſt ſa défenſe de la foi du concile de Nicée , *defenſio fidei Nicænæ* , Oxonii 1686, *in-4°.* & à Amſterdam 1688. L'auteur s'y propoſe de prouver que les peres des trois premiers ſiecles ont cru la divinité de Jeſus-Chriſt & ſa conſubſtantialité avec le pere , & par conſéquent que le concile de Nicée n'a fait qu'établir la doctrine conſtante de l'égliſe depuis la naiſſance du chriſtianiſme.

Non ſeulement les Sociniens penſent bien différemment , mais Epiſcopius qui n'étoit point ſocinien, prétend que c'étoit parmi les diſputes & le trouble, que les peres de Nicée avoient dreſſé le ſymbole qui porte leur nom. Zuicker a démontré dans ſon livre intitulé *Irenicum irenicorum* , que les peres de Nicée étoient les auteurs d'une nouvelle doctrine; & Courcelles a trouvé ſes raiſons ſans replique. Enfin le pere Petau accorde aux Ariens que les docteurs chrétiens qui précéderent le concile de Nicée , n'étoient pas éloignés de leurs opinions. D'autres ſavans ont répondu au docteur Bull , que tout ſon ouvrage rouloit ſur une ſorte de réticence , en ſuppoſant que le concile de Nicée étoit dans le même ſentiment que nous ſur la Trinité ; an lieu que ce concile reconnoiſſoit, à proprement parler , trois dieux égaux , contre l'opinion des Ariens, qui les croyoient inégaux, ou plutôt qui croyoient que le pere ſeul étoit Dieu dans le ſens propre. Auſſi le ſavant Cudworth, loin de défendre le concile de Nicée, a déclaré qu'on ne pouvoit pas regarder ſa doctrine comme étant plus orthodoxe que celle des Ariens.

Toutes ces réflexions ne détruiſent point le dogme de la divinité du fils de Dieu ; elles tendent ſeulement à juſtifier que quelque vénération qu'on doive avoir pour les premiers peres de l'égliſe, ils ont été ſujets à l'erreur , parce qu'ils étoient hommes comme nous, & conſéquemment ils ont pu ſe tromper ſur cet article , comme ſur bien d'autres.(*D. J.*)

WELS, *Géogr. mod.* , ville d'Allemagne , dans la haute Autriche, au quartier de Traun , ſur l'Agger. On la prend pour

l'*Ovilabis* d'Antonin. *Long.* 31 ; 30 ; *lat.* 48', 10.

WELSH-POOLE, *Géogr. mod.* , bourg d'Angleterre , dans le pays de Galles , au comté de Montgommery, ſur la Saverne. Le mot Welsh-Poole eſt anglois , & ſignifie *étang gallois.* Les Gallois l'appellent en leur langue *Trellin* , au lieu de *Tref-Llin :* ce qui veut dire *une habitation ſur un lac.* On voit à Welſh-Poole deux vieux châteaux renfermés dans une enceinte de murailles.

WELTENBURG, *Géog. mod.* , petite ville d'Allemagne , dans la Baviere , ſur la droite du Danube, entre Ingolſtat & Ratisbonne , à-peu-près à égale diſtance de ces deux villes.Il y a une riche abbaye de bénédictins.

WEMBDINGEN, *Géogr. mod.* , ville d'Allemagne , au cercle de Franconie. Elle eſt enclavée dans le duché de Neubourg , à ſix lieues de la ville de Neubourg. *Long.* 28 , 43 ; *latit.* 48 . 34.

Fuchſius ou plutôt *Fuchs* (Léonard) ; l'un des célebres médecins & botaniſtes du xvj ſiecle , naquit à Wembdingen en 1501, & mourut à Tubingen en 1566, à 65 ans. Il enſeigna & pratiqua la médecine avec la plus grande réputation. Il a mis au jour pluſieurs ouvrages, dont l'un des principaux eſt *de hiſtoriâ ſtirpium commentarii.* On fit de ſon vivant ſix éditions de ſes *inſtitutions de Médecine ;* cependant cet auteur a perdu depuis long-temps ſon crédit , & en botanique & dans l'art d'Eſculape , parce qu'il n'a fait que compiler les ouvrages d'autrui ſans choix & ſans goût.

WENDEN, *Géog. mod.* , ville de l'empire ruſſien , en Livonie , ſur le bord de la riviere de Treiden. Cette ville autrefois conſidérable, & qui a donné ſon nom à un petit pays , eſt maintenant une ville ruinée.

WENERBURG ou WANESBORG , *Géog. mod.* , petite ville de Suede , en Weſtrogothie , dans l'endroit où le fleuve Gothelba ſort du lac Wener.

WENICZA, *Géog. mod.* , petite ville de la Baſſe Hongrie, ſur la Drave. Lazius croit que c'eſt l'ancienne *Vincentia* de la Valerie Ripenſe.

WENLOCK, *Géog. mod.* , petite ville ou plutôt bourg à marché d'Angleterre , dans la province de Shrewsbury , entre Londres & Shrewbury , à douze milles

de cette derniere ville. *Long.* 14 , 43 ;
lat. 42 , 50.

WENSBEEK, LE , *Géog. mod.* , en
latin *Venta* , petite riviere d'Angleterre.
Elle prend sa source dans la province de
Nortumberland , & se perd dans la mer ,
à environ quatre milles du bourg de
Morpeth.

WENSYSSEL *ou* VENDSUSSEL ,
Géog. mod. , en latin *Vendola* , *Vandalia*,
ville de Danemarck, dans le Jutland méri-
ridional. Elle a eu autrefois un évêché,
qui fut transféré à Alborg l'an 1540. Cette ville est encore le chef-lieu d'une préfecture de son nom. *Long.* 27 , 52 ; *lat.*
57 , 3.

WENSYSSEL, *Préfecture de* , *Géog.
mod.* , préfecture du diocese d'Alborg ,
dans le Jutland méridional. On ne compte dans cette préfecture qu'une ville de
son nom & trois bourgs.

WEPE, LA , *Géog. mod.* , petit pays
de France , dans le comté de Flandre , le
long de la Lys. Il comprend Armentieres
& la Bassée.

WERBEN, *Géog. mod.* , en latin *Va-
tinum* , ville d'Allemagne , au cercle de
la Basse-Saxe , dans la vieille marche de
Brandebourg , à l'embouchure du Havel
dans l'Elbe. Cette ville a été autrefois
considérable & forte ; elle a souffert plusieurs sieges ; mais ses fortifications ont
été rasées en 1641 , de convention entre
le roi de Suede & l'électeur de Brandebourg. L'empereur Henri II tint dans cette ville l'an 1002, une assemblée générale , par laquelle il engagea la nation es-
clavonne à professer de nouveau le christianisme , & à lui payer la dîme qu'elle
lui avoit refusée jusqu'alors.

WERBEN *ou* WARBEN , *Géog. mod.* ,
petite ville d'Allemagne , dans le cercle
de Basse-Saxe , au duché de Poméranie,
sur le bord d'un lac. *Long.* 30, 53 *lat.* 53, 5.

WERCKERZÉE, LE, *ou* WORTZI ,
Géog. mod. , lac de l'empire russien, dans
la Livonie , au couchant de celui de Pei-
pus , avec lequel il communique , ainsi
qu'avec la mer Baltique.

WERD , *Géog. mod.*, petite ville d'Allemagne , dans la Basse-Carinthie , sur le
bord méridional d'un lac de même nom,
à trois lieues au couchant de Clagenfurt.
Long. 31 . 47 ; *lat.* 46 . 44.

WERDE *ou* WERDA , *Géog. mod.* ,
petite ville d'Allemagne , dans la Haute-

Saxe , au marquisat de Misnie , sur le
bord de la Pleiss ; entre Neumarck au
midi , & Crimmitz au nord.

WERDEBERG, *Géog. mod.* , petite
ville de Suisse , dans la dépendance du
canton de Glaris, & le chef-lieu du bailliage auquel elle donne son nom. Elle a
un château pour sa défense. (*D. J.*)

WERDEN , *Géog. mod.* , petite ville
d'Allemagne, dans la Westphalie au comté de la Marck sur le Roër , vers les confins du duché de Berg , avec une abbaye.

WERE, LA , *Géog. mod.* , en latin
Vedra ou *Virus*, riviere d'Angleterre ,
dans la province de Durham ; après l'a-
voir arrosée du couchant à l'orient , elle,
fait une presqu'isle , dans laquelle est située la ville de Durham , & ensuite tournant au nord , elle se jette dans l'Océan.
(*D. J.*)

WEREGILD, *Droit saxon* , nom de
l'amende qu'on payoit du temps d'Alfred
chez les Anglo-Saxons , dans le. cas du
meurtre involontaire. Le roi en avoit
la premiere part qu'on appelloit *frit bote*,
pour le dédommager du désordre fait , &
de la perte d'un sujet. Le Seigneur en
avoit une autre part par la même raison,
& cette part s'appelloit *man-bote* ; la famille du mort avoit le troisieme tiers ,
qu'on nommoit *mag-bote* ou *cengild*. Si le
délinquant ne satisfaisoit pas , sa vie étoit
entre les mains de la famille du mort, qui
étoit le vengeur du sang selon la loi de
Moyse. Mais comme les parens étoient
dédommagés de leur perte dans ce cas-là,
ils étoient aussi obligés de payer pour
ceux qui leur appartenoient. Lorsque
dans la commission d'un meurtre, ils n'é-
toient pas en état de payer le *weregild* ;
& qu'alors le meurtrier se sauvoit par la
fuite , sa parenté , & quelquefois même
dans certains cas , ses voisins étoient obli-
gés de payer à la famille du mort, tantôt le tiers , & tantôt la moitié du *weregild*. (*D. J.*)

WERELADA , *s. m. Hist. mod.* , ce
mot chez les Anglo-Saxons signifioit le
serment par lequel on se justifioit d'une
accusation d'homicide pour se dispenser
de payer l'amende infligée , comme peine de ce crime , & qu'on nommoit Weregild. *V.* WEREGILD.

Quand un homme en avoit tué un autre , il étoit obligé de payer au roi & aux
parens du mort, l'estimation qu'on faisoit

de celui-ci, & qui étoit plus ou moins forte, suivant sa qualité. Car du temps des Saxons, l'homicide n'étoit pas puni de mort, mais simplement d'une amende pécuniaire. Les Saxons avoient pris cette coutume, des anciens Germains & des Francs, chez lesquels on payoit 14 liv. pour un homicide ; savoir, 3 liv. pour le droit du roi appellé *bannum dominicum* ou *fredum*, du teutonique *frid*, qui veut dire, *pain* ou *réconciliation*, & 11 liv. pour la réparation du meurtre. Cette derniere somme qui se payoit au plus proche parent se nommoit *wergelta*, terme composé de deux mots germains *gelt*, argent, & *weren*, se défendre: souvent cette composition & ces amendes enrichissoient la famille de celui qui avoit été tué. *Vous m'avez beaucoup d'obligation*, disoit dans une débauche, un certain Sichaire à Cranninide, ainsi que le rapporte Grégoire de Tours, liv. IX. ch. xix. *de ce que j'ai tué vos parens ; ces différens meurtres ont fait entrer dans votre maison beaucoup de richesses qui en ont bien rétabli le désordre.*

Mais lorsque le cas étoit douteux & que l'accusé nioit le fait, il étoit obligé de se purger par le serment de plusieurs personnes, suivant son rang & sa qualité. Si l'amende n'étoit fixée qu'à 4 liv. il étoit tenu d'avoir dix-huit personnes du côté de son pere, & quatre du côté de sa mere pour prêter serment avec lui, & l'on appelloit ces personnes *juratores* ou *conjuratores.* Mais si l'amende alloit jusqu'à 14 liv. alors il falloit soixante témoins ou jureurs, & c'est ce qu'on appelloit *werelada, homicidium werâ solvatur aut warelodâ negetur.* Telle étoit la disposition de la loi. *V.* SERMENT.

WERGEL ou VERGEL, *Géog. mod.*, petite ville d'Allemagne, dans la contrée de Windischmarck, au cercle d'Autriche, sur la rive droite du Gurck, au levant de Rudolsvord. (*D. J.*)

WERGOLENSKOY, *Géog. mod.*, petite ville de l'empire Russe, dans la Sibérie, dans la province d'Irkutskoy, au nord-ouest du lac Baikal sur la rive droite de la Lena, vers sa source, à quelques lieues au nord d'Irkutskoy. (*D. J.*)

WERINA, *Géog. mod.*, fleuve de la Bosnie, & l'un de ceux qui se jettent dans la Save, selon Chalcondyle, cité par Ortelius. (*D. J.*)

WERING ou WOERING ou WU-

RINGEN, *Géog. mod.*, petite ville d'Allemagne, dans l'électorat de Cologne, sur la gauche du Rhin, entre Cologne & Nuits. Les habitans de Cologne y gagnerent une bataille en 1297, sur le duc de Brabant. (*D. J.*)

WERME, LE, ou LE WORM, *Géog. mod.*, riviere d'Allemagne, au duché de Juliers. Elle prend sa source sur les confins du duché de Lymbourg, traverse le duché de Juliers, arrose Aix-la-Chapelle, & va tomber dans le Roër, au voisinage de Waffenberg. (*D. J.*)

WERN ou WERNE, *Géog. mod.*, petite ville d'Allemagne, en Westphalie, dans le haut évêché de Munster, sur les confins du comté de la Marck, proche la rive droite de la Lippe, à 4 lieues au midi de Munster. *Long.* 25, 18 ; *lat.* 51, 40. (*D. J.*)

WERNITZ, *Géog. mod.*, riviere d'Allemagne, en Franconie. Elle prend sa source au comté de Holac, & se jette près de Donavert dans le Danube. (*D. J.*)

WERST, s. m. *Mesure itin.*, nom d'une mesure de distance dont on se sert en Moscovie. Le werst, suivant la supputation du capitaine Perry, contient 3504 piés d'Angleterre, ce qui fait environ deux tiers du mille anglois. Une lieue de France contient quatre wersts. Un degré a quatre-vingt wersts, ou soixante milles d'Angleterre. (*D. J.*)

WERST, *Arpent.*, mesure itinéraire de Russie, de 547 toises, qui s'est conservée depuis les Grecs, chez qui il y avoit des milles de 86 au degré, ou de 662 toises ; il y en a encore dans l'Archipel. M. d'Anville observe que dans une carte de la Russie, faite en 1614, les *wersts* sont évalués sur le pié de 87 ; mais par un réglement particulier, on a réduit cette mesure à 500 sazens, le sazen composé de 3 arszins ou archines, égales à 7 piés anglois, d'où il résulte que le *werst* est de 104 au degré ou de 547 toises. *Traité des mesures itinéraires*, par M. d'Anville. (*M. de la Lande.*)

WERTACH, *Géogr. mod.*, riviere d'Allemagne, dans la partie méridionale de la Suabe. Elle prend sa source dans l'évêché d'Augsbourg, aux confins du Tyrol, & va tomber dans le Lech, un peu au-dessous d'Augsbourg. (*D. J.*)

WERTHEIM, *Géogr. mod.*, petite ville d'Allemagne en Franconie, sur le

Mein. Elle est le chef-lieu d'un comté auquel elle donne son nom. Ce comté est borné au nord par celui de Reineck ; à l'orient par l'évêché de Wurzbourg ; au midi & à l'occident, par les terres de l'archevêché de Mayence. Le Mein le coupe en deux parties. (D. J.)

WERTHES, *Géogr. mod.*, en latin, *vertbusius mons*, montagne de la Basse-Hongrie, connue davantage sous le nom de *schiltberg*. V. SCHILTBERG. (D. J.)

WERWICK ou WARWICK, *Géog. mod.*, petite ville ou bourgade des Pays-Bas, dans la Flandre au quartier d'Ipres, sur la Lys, entre Armentieres & Menin. Cette bourgade qui appartient à la maison d'Autriche, étoit dans le xiv siecle une ville marchande & florissante. Elle est ancienne, & a même conservé quelque chose de son nom latin *Vicoviacum*, qui est marqué dans l'itinéraire d'Antonin. *Long.* 20, 43 ; *lat.* 50, 47.

Chatelain (Martin) né aveugle à Werwick dans le dernier siecle, faisoit au tour des ouvrages finis en leur genre, comme des violes, des violons, &c. On lui demandoit un jour ce qu'il desiroit le plus de voir : les couleurs, répondit-il, parce que je connois presque tout le reste au toucher. Mais, lui repliqua-t-on, n'aimeriez-vous pas mieux voir le ciel ? non, dit-il, j'aimerois mieux le toucher.

WESELA, *Géog. mod.*, petite riviere des Pays-Bas, au duché de Limbourg. Elle prend sa source dans des marais, & tombe dans la riviere d'Ourt. (D. J.)

WESEL, *Géog. mod.*, ville d'Allemagne, au cercle de Westphalie, dans le duché de Cleves, sur la droite du Rhin, à l'embouchure de la Lippe, à 12 lieues au sud-ouest de Cleves, à 6 au nord de Gueldres. Cette ville qui a été impériale se gouverne selon ses loix, quoiqu'elle reconnoisse le roi de Prusse pour son souverain. Elle est munie d'une bonne citadelle & d'ouvrages extérieurs. *Long.* 24, 25 ; *lat.* 51, 36.

Hesbusius (Tilemannus), théologien de la confession d'Angsbourg, né à Wesel l'an 1526, fit beaucoup parler de lui par son humeur impétueuse. Il se brouilla à Heidelberg, à Jene, à Konigsberg, & ailleurs, avec tout le monde. Chassé de lieu en lieu, il se retira à Helmstad, où il fut fait professeur en théologie, & y mourut en 1588. Il est auteur d'un commentaire

sur les pseaumes, sur Isaie, & sur toutes les épitres de S. Paul ; mais tous ses ouvrages sont tombés dans l'oubli. (D. J.)

WESEN, *Géog. mod.*, gros bourg de Suisse, au pays de Gaster, sur le lac de Wahlestalt. Il est fort fréquenté, parce qu'il est sur la route de Suisse en Allemagne, c'étoit autrefois une bonne ville. (D. J.)

WESENBERG ou WESEMBERG, *Géog. mod.*, petite ville de l'empire Russien, dans l'Esthonie, au quartier de Wirland, sur la riviere Weiss, entre Revel & Nerva. Charles XII, roi de Suede, y avoit établi ses magasins en 1706, pour son expédition de la Livonie. *Long.* 44, 22 ; *lat.* 59. 16. (D. J.)

WESER, LE, *Géogr. mod.*, riviere d'Allemagne ; elle a sa source dans la Franconie, au duché de Cobourg, où elle prend le nom de Werra ; & après avoir reçu plusieurs rivieres & parcouru plusieurs pays, elle se rend dans la mer d'Allemagne à l'orient, assez près de l'embouchure du fleuve Jade.

Le Weser est le *Visurgis*, si fameux dans l'histoire. On remarque que Drusus fut le premier des Romains qui approcha du Weser pour combattre les Chérusques ; & qu'au retour il fut en danger d'être défait par les Sieambres proche de la ville de Horn, à l'entrée de la forêt de Dethmold, où est le château d'Exterstein sur la montagne des Pict. Ce fut encore aux environs de cette riviere que Germanicus fils de Drusus, se signala dans la bataille contre Arminius, général des Chérusques. Enfin le Weser a été rendu célebre par les victoires des François contre les Saxons en 555, & principalement par celles de Charlemagne l'an 783. (D. J.)

WESOP, *Géog. mod.*, petite ville des Pays-Bas, dans la Hollande, au Goyland, à deux lieues d'Amsterdam, sur la riviere de Vecht. *Long.* 22, 40 ; *lat.* 51. 21.

Til (Salomon van) professeur de théologie à Leyde, naquit à Wesop en 1644, & mourut en 1713. Il embrassa la doctrine & les principes de Coceius, qu'il défendit dans un grand nombre d'ouvrages sur l'écriture, dont les uns sont en flamand, & les autres en latin ; mais on ne les lit plus aujourd'hui. (D. J.)

WESSEN, *Géogr. mod.*, petite ville

d'Allemagne, dans l'évêché de Liege, au
comté de Horn, sur la gauche de la Meuse, entre Maseik & Ruremonde. (*D. J.*)

WEST-FRISE, *Géogr. mod.*, c'est-à-
dire, *Frise occidentale*, pays qui joint
avec la Hollande, fait une des sept Provinces-unies. La plupart des auteurs donnent le nom de West-frise à la nord-Hollande, mais c'est improprement ; car toute la presqu'isle qui est nommée *la Hollande septentrionale* sur les cartes, n'est
pas de la West-frise. Il est pourtant vrai
qu'après que les comtes de Hollande eurent conquis ce pays, il fit partie du comté de Hollande, & pour lors on s'accou-
tuma à le nommer *nord-Hollande* ou *Hollande septentrionale*, quoique dans les
actes publics le nom de West-frise se soit
toujours conservé jusqu'à ce jour.(*D.J.*)

WEST-HAM, *Géogr. mod.*, paroisse
d'Angleterre dans le comté de Kent. Le
Darent traverse cette paroisse, où il arriva dans le seizieme siecle un boulever-
sement étrange. A un mille & demi de
West-ham, du côté du sud, une piece
de terre de douze toises de longueur,
s'enfonça de six piés & demi, le 18 de
décembre 1596. Le lendemain elle s'enfonça de quinze piés, & le troisieme jour
de plus de quatre-vingts. Par cet enfoncement, une portion de terre de quatre-
vingts perches de longueur & de trente
de largeur, qui comprenoit deux grands
clos séparés l'un de l'autre par une rangée de frênes, commença à se détacher
du reste de la terre qui l'environnoit &
changea de place, se poussant au midi
pendant onze fois vingt-quatre heures
avec les arbres & les haies qui étoient
dessus.

Cette portion de terre emporta avec
elle deux creux pleins d'eau ; l'un profond de six piés, l'autre de douze ; & larges de quatre perches, avec plusieurs
aulnes & frênes qui étoient sur le bord,
& un grand rocher. Tout cela fut non-
seulement arraché sa place & transplanté à quatre perches delà, mais encore
poussé en haut ; de sorte qu'il s'en forma
une petite butte élevée de neuf piés au-
dessus de sa place, sur laquelle le tout avoit
glissé. Il vint une autre terre à la place
que toutes ces choses avoient occupée,
& qui étoient néanmoins plus hautes auparavant. On a vu dans ce même quartier
plusieurs autres exemples de pareils bou-

leversemens ; & c'est pourquoi on trouve
quantité de creux pleins d'eau qui occupent la place des terres abymées : delà
vient encore qu'il y a des vallées profondes dans les endroits où il y avoit autrefois des montagnes, & au contraire des
hauteurs où l'on ne voyoit anciennement
que des campagnes. *Délices de la Grande-
Bretagne, page* 834. (*D. J.*)

WEST-HITH, *Géogr. mod.*, ancien
port d'Angleterre, dans le comté de Kent,
& des débris duquel s'est formé celui de
Hieth ou *Hith*. L'Océan s'est tellement
éloigné du port de West-Hith, qu'il en
est présentement à la distance d'un bon
mille. West-Hith s'étoit aussi élevé sur
les ruines d'un port plus ancien nommé
aujourd'hui *Limne*, & autrefois *portus
lemanis*. Il se trouve à présent à deux milles de la mer. (*D. J.*)

WEST-HOFFEN, *Géog. mod.*, petite ville de France, dans la Basse-Alsace,
& le chef-lieu d'un bailliage. Elle est située au pié d'une montagne, & séparée
du fauxbourg par un fossé revêtu de maçonnerie qui a sept ou huit toises de largeur, sur environ douze piés de profondeur. (*D. J.*)

WEST-MEATH, *Géog. mod.*, comté
d'Irlande dans la province de Leinster,
au couchant du comté d'Est-Meath, au
midi de celui de Cavan, & au nord de
Kings-County. Il a quatre milles de longueur & vingt de largeur. On le divise
en onze baronnies ; la capitale s'appelle
Molingal, & a droit de députer au parlement de Dublin, & de tenir marché public.

Les deux comtés de West-Meath &
d'Est-Meath, n'étoient autrefois réputés
que pour un, & ce ne fut que vers le milieu du XVI siecle, sous le regne de Henri VIII qu'ils furent divisés en deux.
(*D. J.*)

WEST-MORLAND ou WESTMOR-
LAND, *Géogr. mod.*, province d'Angleterre. Elle est bornée au sud & au sud-est
par le duché de Lancastre ; à l'ouest & au
nord par le Cumberland ; à l'orient par
le duché d'Yorck. Son nom lui vient de
ses terres incultes, que les habitans des
provinces septentrionales de l'Angleterre, appellent en leur langue *Mores* ; de
sorte que West-Morland, signifie un pays
de terres en friche à l'ouest. En effet, ce
comté est presque tout couvert de hautes

montagnes, & par conféquent fec & peu
habité : car quoiqu'il ait trente milles de
longueur du nord au fud, vingt-quatre
de largeur de l'eft à l'oueft, & cent douze
de circuit, on n'y compte qu'une ville,
Appleby capitale, huit bourgs & 26 paroiffes. *Robinfon* (Thomas) a donné l'hiftoire naturelle de cette province. *Londqn*
1709. *in*-8°. L'air qu'on y refpire eft pur,
fubtil, un peu froid. L'Eden, le Kent,
le Lon, & l'Eamon, font les principales
rivieres de Weft-Morland : on y voit
deux lacs, favoir Ullels-Water, & Winander-Meer.

Les biographes d'Angleterre n'ont pas
recueilli en un corps les géns de lettres
nés dans cette province ; cependant elle
en produit plufieurs, fur-tout en théologie ; j'en vais donner la preuve, & je
fuivrai l'ordre des tems à cet égard.

Potter (Chriftophe), naquit vers l'an
1591, & étudia à Oxford. Il devint chapelain du roi Charles I, auquel il fut toujours fort attaché. En 1635, il fut nommé doyen de Worcefter ; en 1640, vice-
chancelier d'Oxford ; & en 1646, doyen
de Durham; mais il mourut environ deux
mois après, avant que d'avoir pris poffeffion de ce doyenné. Il eft connu par divers ouvrages théologiques, qui montrent beaucoup de modération & d'attachement aux feules doctrines fondamentales du falut.

Barlow (Thomas) naquit en 1607,
devint profeffeur en métaphyfique à Oxford, fut nommé évêque de Lincoln en
1675, & mourut en 1691, âgé de 85 ans.
Il donna tous fes livres à la bibliotheque
bodléienne, & au college de la reine ; il
étoit zélé calvinifte, & favant dans l'hiftoire eccléfiaftique.

Son traité fur la tolérance en matiere
de religion, eft fort inférieur à ceux qui
ont paru depuis; mais il a rompu la glace, & a fait voir combien il eft difficile
d'établir jufqu'à quel point des héréfies
peuvent être criminelles, en forte qu'il
eft prudent de les tolérer ; il a écrit une
brochure fur la queftion, "s'il eft permis
,, au roi d'accorder la grace à un homme
,, convaincu de meurtre, & légitime-
,, ment condamné, ,, fon avis eft pour
l'affirmative.

Laugbaine (Gérard) naquit en 1608,
devint garde des archives de l'univerfité
d'Oxford ; il fe procura l'eftime de l'ar-

chevêque Uffer, de Selden, & d'autres
favans hommes de fon tems ; il fonda une
école dans le lieu de fa naiffance, & mourut en 1657, âgé de 49 ans. Ses écrits
prouvent qu'il avoit une grande érudition ; il a donné 1°. *Longin*, avec des notes, *Oxford* 1636. *in* 8°. 2°. un livre imprimé à Londres en 1644, *in*-4°. fur le
covenant qu'il trouva illicite, & qu'il
condamne ; 3°. il a mis au jour la fondation des univerfités d'Oxford & de Cambridge.

On a plufieurs de fes lettres à Ufferius,
dans le recueil publié à Londres en 1686,
in-fol. Dans une de fes lettres à Selden,
en date du 17 novembre 1651, on lit le
paffage fuivant : "En conféquence de
vos ordres (car c'eft ce que font pour moi
tout ce que vous appellez prieres) contenus dans votre derniere du fix de ce
mois, j'ai confulté les manufcrits grecs
de notre bibliotheque publique, où fe
trouve la premiere épître de S. Jean ; il
nous n'en avons que trois, & il y en a un
d'imparfait, où il manque quelques-unes
des épîtres catholiques. Dans les deux
autres, on lit au chap. v, οτι τρεῖς εἰσιν οἱ
μαρτυροῦντες ἐν τῇ γῇ τὸ πνεῦμα, καὶ τὸ
αἷμα καὶ οὗτοι οἱ τρεῖς ἓν εἰσι, fans qu'il y
ait la moindre trace de ce qui paffe ordinairement pour le *verfet* 7. Vous favez ce
que Beze en a dit ; à quoi j'ajouterai que
dans le nouveau teftament interlinéaire
de Raphélingius, de 1612, ces mots εἰς
τὸ ἓν εἰσι finiffent le *verfet* 7, & manquent entiérement dans le huitiéme ; l'é-
dition de Géneve de 1620, *in*-4°. lit de
la même maniere. Je fuppofe que votre
but n'eft pas de rechercher toutes les variantes des éditions, mais des manufcrits;
je ne fais auffi s'il s'agit dans vos ordres,
des manufcrits latins comme des grecs ;
c'eft ce qui m'empêche de vous fatiguer
des diverfes leçons de nos manufcrits latins ; les uns n'ont abfolument rien du
verfet 7 ; d'autres l'ont en marge; d'autres le placent après ce que nous comp-
tons ordinairement pour le *verfet* 8 ; &
ceux qui les ont tous deux, varient encore de diverfes manieres. Quoi qu'il en
foit, en cas que cela vous puiffe être de
quelque utilité, au premier avis que vous
m'en donnerez, je vous enverrai un détail plus exact fur ce fujet ,,.

Barwick (Jean) naquit en 1612, & fe
dévoua aux intérêts de Charles I & de
Charles

Charles II. Il fut nommé doyen de Durham en 1660, & mourut en 1664, dans le tems qu'il pouvoit s'attendre à des dignités plus élevées. Il a publié quelques fermons que le tems a fait disparoître. Son frere *Barwick* (Pierre) se fit médecin, & défenseur zélé de la découverte de la circulation du sang par Harvée. Il falloit être alors bien hardi, pour oser embrasser ce systême; car quoique Harvée eût atteint sa 80ᵉ année en 1657, il eut bien de la peine à voir sa doctrine établie avant sa mort.

Mill (Jean) naquit vers l'an 1645, & fut nommé un des chapelains de Charles II en 1681. Il mourut en 1707, à 62 ans.

Il publia en 1676 un fermon sur la fête de l'annonciation de la bienheureuse Vierge. J'en vais donner le précis, parce que ce discours n'a jamais été traduit. Il parla d'abord du grand respect & de la profonde vénération que toute l'antiquité a eue pour la Vierge Marie, fondée sur cette opinion qu'après qu'elle eut répondu à l'ange, *qu'il me soit fait selon ta parole*, elle fut, par un privilège singulier, préservée de tout péché actuel pendant sa vie; mais cette tradition n'a pas le moindre fondement dans l'écriture, & l'on peut avec raison la mettre au rang de tant d'autres qui ont produit mille éloges outrés, donnés à une sainte dont la vertu & la piété sont représentées d'une maniere trop honorable & trop avantageuse dans l'évangile, pour avoir besoin qu'on lui prodigue d'autres louanges destituées de fondement. Si l'on regarde le zele de quelques anciens peres de l'église sur ce sujet, comme très-louable dans leur intention, on ne pourra s'empêcher de blâmer ceux qui, pour honorer la Vierge Marie, lui ont attribué les perfections divines, & ont prétendu qu'on devoit lui rendre le culte religieux qui n'est dû qu'à Dieu seul. Elle étoit, dit l'ange, *remplie de grace*; mais il ne dit pas sa *plénitude de grace* étoit telle qu'elle pouvoit la communiquer à tous ceux qui en avoient besoin, de la même maniere que notre Sauveur dit que "comme le pere a la vie en foi-même, il a donné aussi au fils d'avoir la vie en foi-même".

Le jésuite Suarez a exercé toute la subtilité de son esprit, pour déterminer le degré de cette plénitude. "La grace de la

Vierge Marie, (*III. part. disp. 18, sect. 4.*) étoit plus grande dès le premier instant de sa conception, que ne l'est celle du plus parfait des anges, & par conséquent méritoit plus que mille hommes ne peuvent mériter pendant toute leur vie. Cette grace augmenta continuellement en elle, tant qu'elle vécut, d'une telle maniere que dans le premier instant de sa conception, sa grace, ou sa sainteté, surpassoit celle du plus parfait des anges, qui parvient à la perfection par un ou deux actes. Dans le second instant sa grace fut doublée, & devint aussi deux fois aussi excellente & aussi méritoire qu'elle l'étoit au premier. Dans le troisieme instant, elle devint quatre fois aussi excellente; dans le quatrieme, huit fois aussi grande qu'au premier; & ainsi de suite en progression géométrique; ainsi sa sainteté ayant doublé à chaque instant, depuis le moment de sa conception jusqu'à celui de sa naissance, & ensuite chaque acte de vertu ayant de la même maniere été deux fois aussi excellent que celui qui l'avoit précédé; & cela ayant continué jusqu'à la soixante & douzieme année de son âge qu'elle mourut, elle étoit parvenue à un tel degré de sainteté & de mérite, qu'elle en avoit plus elle seule, que tous les hommes & tous les anges n'en ont ensemble; elle est plus chere à Dieu que toutes les créatures intelligentes; il l'aime davantage que l'église universelle,,. Ces bizarres notions sont le fruit de la théologie scholastique, entée sur une imagination toute portée au fanatisme.

"Si le culte de la bienheureuse Vierge avoit été en usage dès le commencement du christianisme, (dit M. Mill), pourroit-on imaginer que notre Sauveur & ses apôtres auroient gardé le silence sur ce rite religieux, & que les auteurs chrétiens des trois premiers siecles, se seroient tus sur cette dévotion? Elle commença cependant vers le milieu du quatrieme siecle, & S. Epiphane, qui vivoit alors, l'appelloit l'*hérésie des femmes*. Il y avoit de son tems certaines dévotes d'Arabie, qui pour témoigner leur respect pour la bienheureuse Vierge, offroient à cette reine des cieux (ainsi qu'elles la nommoient), certains gâteaux, appellés *collyrides*, d'où on donna à ces hérétiques le nom de *collyridiennes*. S. Epiphane ayant appris cet-

te dévotion mal-entendue, déclame avec
une grande véhémence contre cette pratique. Marie, dit-il, étoit fans doute une
illuftre, fainte, & refpectable Vierge,
mais elle ne nous a point été propofée
comme un objet d'adoration. Qu'on la
vénere, ajoute-t-il, & qu'on adore Dieu
feul : και ει καλλιςη η Μαρια, και αγια
τιτιμημενη, αλλ' ουκ εις το προσκυνεισθαι, η
Μαρια εν τιμη, ο κυριος προσκυνεισθω.
Le favant théologien Anglois établit enfuite les différens périodes des progrès
du culte rendu à la bienheureufe Vierge.
Le concile d'Ephefe, qui fut tenu vers
le quatrieme fiecle, nomma pour la premiere fois la Vierge, *mere de Dieu*, & ce
fut par un zele indifcret qu'il fe conduifit ainfi, pour s'oppofer à l'héréfie de
Neftorius; cependant, ce titre fit que dans
les fiecles fuivans, on fe donna carriere
par des harangues peu fenfées à la louange de la Vierge ; mais ce ne fut qu'environ fept-cents après qu'on établit un office réglé à fon honneur. Les chanoines
de Lyon font les premiers qu'on fache,
qui inférerent la doctrine de la conception immaculée dans leurs offices eccléfiaftiques, ce qui leur attira une forte
cenfure de la part de S. Bernard. Il y a
environ trois cens cinquante ans, que
Duns Scot, fameux docteur fcholaftique,
renouvella cette opinion, & la propofa
comme une chofe fimplement probable.
Le pape Sixte IV promulgua dans la fuite
une bulle pour appuyer cette doctrine,
que le concile de Trente a confirmée.

Un cardinal de l'églife, S. Bonaventure, né en 1221, & mort en 1274, introduifit le premier l'ufage d'adreffer une
priere à la fainte Vierge, après complies.
Il recueillit exprès les pfeaumes de David, & appliqua directement à la fainte
Vierge, tous les fublimes cantiques que
le roi prophete adreffoit à Dieu. Tout cela prouve qu'il importe à l'églife de ne
point fe livrer à un culte qui doit imman-
quablement dégénérer en fuperftition.

Le grand ouvrage de Mill, je veux dire
fon édition du nouveau teftament grec,
parut en 1707, environ quinze jours avant
fa mort ; mais le favant Kufter en a publié une feconde édition beaucoup meilleure, *Roterd.* 1710, *in-fol.* L'illuftre Whitby fut alarmé du nombre de variantes recueillies dans cet ouvrage, & il l'attaqua
comme étant d'une dangereufe confé-

quence ; mais le docteur Bentley, en favant critique, a diffipé cette vaine terreur.

Après avoir remarqué que Whitby reproche à Mill de rendre précaire tout le
texte du nouveau teftament, & d'abandonner tout à la fois la réformation aux
catholiques romains, & la religion elle-
même aux déiftes, il ajoute ; " A Dieu
ne plaife ! & nous efpérons toujours de
meilleures chofes : car il eft fûr que ces
diverfes leçons exiftoient dans les différens exemplaires, avant qu'on les ait recueillies : il eft fûr que M. Mill ne les a
ni faites ni inventées, & qu'il les a feulement expofées aux yeux du public. La
religion ne perdoit rien de fa vérité, pendant que ces *variantes* étoient feulement
exiftantes çà & là ; en fera-t-elle moins
vraie & moins fûre, depuis que le recueil
en a été mis au grand jour ? cela ne fe
peut ; il n'y a ni faits ni vérités bien expofées, que la vraie religion ait à craindre. "

Paffons, continue-t-il, le nombre des
variantes ; qu'il y en ait trente milles ou
non, il eft toujours certain que ce nombre
augmentera, fi l'on collationne encore un
plus grand nombre de manufcrits ; mais
s'enfuivra-t-il delà, qu'il n'y a point d'auteur profane qui ait tant fouffert des injures du tems, que le nouveau Teftament ?
ce fait feroit faux ; car le texte de l'Ecriture n'a pas fubi un plus grand nombre de
variations, que ce qu'il en a dû néeffai-
rement réfulter de la nature des chofes,
& que celles qui lui font communes, proportion gardée, avec tous les claffiques de
quelque ordre qu'ils foient.

Il y a environ trois fiecles que le favoir
refleurit dans notre occident. S'il n'eût
refté alors qu'un feul manufcrit grec du
nouveau Teftament, nous n'aurions certainement aucune variante ; mais dans ce
cas-là, le texte feroit-il en meilleur état
qu'il ne l'eft aujourd'hui, à caufe de trente mille diverfes leçons que l'on a recueillies d'une grande quantité de différens
manufcrits ? tant s'en faut, puifque quand
même le feul exemplaire qui nous feroit
refté auroit été des meilleurs, il ne pourroit qu'y avoir en des centaines de fautes,
& quelques omiffions auxquelles il n'y
auroit point de remede.

Ajoutez à cela, que les foupçons de
fraude & de tromperie fe feroient forti-
fiés à un degré incroyable ; la pluralité

des manufcrits étoit donc néceffaire ; un fecond, joint au premier, en augmentoit l'autorité, de même que la fûreté ; mais de quelque endroit que vous tiriez ce fecond, il différera en mille chofes du premier, & cela n'empêchera pourtant point qu'il n'y ait encore dans les deux la moitié des fautes qu'il y avoit dans un feul, & peut-être même davantage : cela conduit à en faire fouhaiter un troifieme, & puis un quatrieme, & puis encore tout autant qu'il s'en peut trouver, afin qu'à l'aide des uns & des autres, on puiffe venir à bout de corriger toutes les fautes ; un exemplaire ayant confervé la véritable leçon dans un endroit, & quelqu'autre l'ayant confervé ailleurs : or la mefure que l'on confulte un plus grand nombre de manufcrits différens, il faut de toute néceffité que le nombre des diverfes leçons fe multiplie ; chaque exemplaire ayant fes fautes, quoiqu'il n'y en ait guere aucun qui ne foit d'un grand fecours en quelques endroits. La chofe eft de fait, non feulement par rapport au nouveau Teftament, mais encore eu égard à tous les ouvrages de l'antiquité, fans exception quelconque.

Parmi les auteurs que l'on appelle *profanes*, il y en a quelques-uns dont il ne nous refte qu'un feul manufcrit. Tels font Velleius-Paterculus, de la claffe des Latins, & Hefychius, de celle des Grecs. Qu'en eft-il arrivé ? Les fautes des copiftes y font en fi grand nombre, & les lacunes fi fort irrémédiables, que, malgré l'attention des plus favans & des plus fubtils commentateurs qui y ont travaillé depuis deux fiecles, ces deux auteurs font encore dans l'état le plus trifte, & felon les apparences, y feront toujours.

Il en eft tout autrement des écrits de l'antiquité, dont il s'eft confervé plufieurs exemplaires. On y voit à la vérité les diverfes leçons qui s'y font multipliées, à proportion des différens manufcrits. Mais on y voit auffi qu'à l'aide de ces différens manufcrits collationnés par des critiques habiles & judicieux, le texte en eft plus correct, & fe rapproche davantage de ce qu'il étoit à fa premiere origine. Si nous avions les originaux des anciens, il faudroit s'y tenir, & mettre à l'écart toutes les fimples copies. Mais dans la nature des chofes, il nous eft impoffible d'avoir ces originaux : le cours des fiecles, &

mille accidens les ont néceffairement tous confumés & détruits. A leur défaut on doit recourir aux copies, & lorfqu'il y en a plufieurs, l'examen & la collation tiennent lieu de reffource.

M. Bentley remarque enfuite que Terence eft un des auteurs claffiques que nous avons à préfent dans le meilleur état ; que le manufcrit le plus ancien & le plus confidérable que nous en ayions, eft dans la bibliotheque du Vatican ; qu'il approche extrêmement de la propre main du poëte ; qu'il y a pourtant dans ce manufcrit-là même quelques centaines de fautes, dont la plupart peuvent être corrigées fur d'autres exemplaires, qui font d'ailleurs d'une date plus récente, & beaucoup moins eftimables. Le docteur ajoute, qu'il en a lui-même collationné plufieurs ; & il affure que dans cet auteur, dont les ouvrages ne font pas un volume auffi gros que le nouveau Teftament, il a trouvé vingt mille diverfes leçons, & qu'il eft moralement certain que fi l'on collationnoit la moitié des exemplaires de Térence avec la même précifion, & le même fcrupule que l'on a fait du nouveau Teftament, les variantes de ce poëte monteroient à plus de cinquante mille : car il importe d'obferver, dit-il, que dans le manufcrit du nouveau Teftament, on a porté l'exactitude fur les diverfes leçons, jufqu'à la derniere minutie. La plus petite différence dans l'orthographe, dans les moindres particules, dans les articles, dans l'ordre & dans l'arrangement des mots, mis devant ou après, fans rien changer au fens, a été foigneufement obfervée. Faut-il donc s'étonner de ce qu'a près avoir ainfi fureté toutes les efpeces de *variantes*, on en ait trouvé trente mille ?

Tout le monde convient que les vers ne font pas fi fujets au changement que la profe. Otez l'ignorance groffiere dans une langue connue, le copifte eft conduit par la mefure ; cependant dans les anciens poetes même, le nombre des *variantes* qu'on y trouve, eft étonnant. Dans l'édition de Tibulle donnée par Brœkhuifen, on voit à la fin du livre un recueil de diverfes leçons, où on en découvre tout autant qu'il y a de vers dans le poëte. Il en eft de même du Plaute de Paréus, &c. Ajoutez à toutes ces confidérations, que les manufcrits qui nous reftent des auteurs profanes, ne font qu'en petit nom-

Ii 2

bre en comparaiſon de ceux du nouveau Teſtament.

M. Whiſton obſerve auſſi, que tant s'en faut que les diverſes leçons de ce dernier livre, faſſent tort au texte, ou en affoibliſſent l'autorité en général, qu'au contraire elles y donnent un grand jour, nous faiſant connoître quelquefois l'expreſſion originale des apôtres en des choſes inconteſtables. Elles ſont encore des preuves de l'authenticité de nos exemplaires ordinaires quant à l'eſſentiel, puiſque de ces trente mille variantes, il y en a à peine cinquante qui changent conſidérablement le ſens ſur quelque point important. *V.* auſſi les *judicieuſes remarques de Kuſter* à ce ſujet.

Smith (Jean) naquit en 1659, il cultiva l'hiſtoire & la théologie dans ſa cure de Durham. L'hiſtoire eccléſiaſtique de Bede, à laquelle il a fait un beau ſupplément, a paru en 1722, ſept ans après ſa mort.

Addiſon (Lancelot) fut nommé doyen de Lichfield en 1683, & auroit été vraiſemblablement élevé à l'épiſcopat peu de temps après la révolution, ſi le miniſtere ne l'eût regardé comme trop attaché au parti contraire. Il mourut en 1703, après avoir donné pluſieurs ouvrages en Anglois. Voici les titres de quelques-uns.

1°. La barbarie occidentale, ou récit abrégé des révolutions de Fez & de Maroc, avec un détail des coutumes ſacrées, civiles & domeſtiques de ces deux royaumes ; à Oxford 1671 *in-8°.* Il pouvoit parler ſavamment de ce pays-là, car il avoit réſidé pluſieurs années à Tanger, en qualité de chapelain de ſa nation. 2°. L'état préſent des Juifs dans la Barbarie, contenant un détail de leurs coutumes, tant ſacrées que profanes. Londres 1675 *in-8°.* Si M. Baſnage eût vu ce traité, il y auroit puiſé bien des lumieres pour compléter ſon hiſtoire des Juifs. 3°. Défenſe modeſte du clergé, où l'on examine briévement ſon origine, ſon antiquité & ſa néceſſité. Londr. 1677 *in-8°.* par L. A. D. D. Le docteur Hickes a fait réimprimer ce petit ouvrage en 1709, ſans en connoître l'auteur, mais parce qu'il a trouvé ce livre écrit avec beaucoup de force, de préciſion, de nobleſſe & d'érudition. 4°. L'état de Tanger ſous le gouvernement du comte de Tiviot. Londres 1671 *in-4°.*

Le docteur Addiſon a auſſi donné l'état du mahométiſme, avec un abrégé de la vie & de la mort de Mahomet. Londres 1679 *in-8°.* En parlant des moyens qui ont contribué à la propagation du mahométiſme, le docteur Addiſon marque entre autres la tolérance, clairement preſcrite dans l'alcoran, *c. xvij*, *p.* 102 & 103. L'auteur fait auſſi mention du traité d'alliance conclu, à ce que l'on prétend, entre Mahomet & les chrétiens. Gabriel Sionite publia cette piece en France, d'après l'original qu'on diſoit avoir été trouvé dans un monaſtere du Mont-Carmel. Elle fut réimprimée en Allemagne par les ſoins de Jean Fabricius en 1638. Grotius croyoit cette piece ſuppoſée, & il avoit raiſon, car outre que le ſtyle ne reſſemble point du tout à celui de l'alcoran, on a découvert depuis que cette piece avoit été portée d'Orient en Europe par un capucin nommé *Pacifique Scaliger*, & toutes les apparences ſont qu'elle a été forgée par ce miſſionnaire.

Enfin, le docteur Lancelot Addiſon tire une grande gloire d'avoir été le pere du célebre Addiſon né en 1672 à Wilton, & c'eſt là que nous n'oublierons pas de donner ſon article. (*D. J.*)

WEST-RIDING, *Géogr. mod.*, nom du quartier occidental du duché d'Yorck. On compte dans le *Weſt-Riding*, cent quatre égliſes paroiſſiales, ſans les chapelles, & vingt & une villes & bourgs à marché : mais ce qui en fait le plus bel ornement eſt la ville d'Yorck, capitale de la province. Ce quartier eſt pour la plus grande partie couvert de montagnes, entrecoupé de rochers, & revêtu de forêts en quelques endroits. Les montagnes & les rochers ſont entierement ſtériles; mais les collines & les vallées fourniſſent du blé & des pâturages autant qu'on en peut conſumer dans le pays. Dans les endroits où le terroir ne rapporte rien, on y trouve des mines de plomb ou de cuivre, & des carrieres de charbon de pierre ou de terre. (*D. J.*)

WESTERAS, *Géog. mod.*, autrement *Aroſen*, ville de Suede, capitale de la Weſtmanie, ſur le bord ſeptentrional du lac Maler, à ſix lieues au nord-oueſt de Koping, & à vingt lieues au nord-oueſt de Stockholm, avec un château pour ſa défenſe. C'eſt à *Weſteras* que ſe fit en 1544 l'acte d'union héréditaire, qui aſſuta la couronne aux descendans de Güsta-ve-Vasa. *Long.* 34, 42; *lat.* 56, 39.

Rudbeck (Olaus) étoit de *Westeras*. Il est fort connu des anatomistes par sa découverte des vaisseaux lymphatiques, & des littérateurs par son grand ouvrage intitulé *Atlantica*, dans lequel il prétend que les Allemands, les Anglois, les Danois, les François, & divers autres peuples, doivent leur premiere origine à la Suede; il a semé beaucoup d'érudition pour soutenir sa chimere. (*D. J.*)

WESTERBOURG, *le comté de*, *Géog. mod.*, petit comté d'Allemagne, dans la partie orientale de la Wettéravie, nommé le Wester-Wald; ce comté a pour chef-lieu un gros bourg qui lui donne son nom, & qui est défendu par un château. (*D. J.*)

WESTERGOÉ, *Géog. mod.*, comté des Pays-Bas, dans la Frise, dont il compose un des trois quartiers. Ce comté est proprement la partie de la Frise qui est au couchant vers la côte de Zuyderzée, ce qui a occasionné son nom. Le *Wester-goé* comprend huit cantons appellés *Gritanies*. Ses villes sont Franeker, Harlingen, Staveren, Hindeloping, Worcum sur le Zuyderzée, & Sneek qui est situé au milieu du pays. (*D. J.*)

WESTERNES, ISLES, *Géog. mod.*, isles nombreuses & de différente grandeur; elles sont ainsi nommées à cause de leur situation, par rapport à l'Ecosse à qui elles appartiennent. Ce sont les Hébrides ou *Æbudæ* des anciens. On les distingue en trois classes relativement à leur grandeur, & on en compte en total quarante-quatre. *Long.* 10, 12; *latit.* 55, 58, 30.

Le sol des isles *Westernes* est fort dissemblable, quoique l'air y soit en général pur & salutaire. Les habitans parlent la langue Irlandoise, mais un peu différemment de la maniere dont on la parle en Irlande. Ils ressemblent beaucoup aux montagnards du continent d'Ecosse dans leurs habits, dans leurs coutumes & dans leur façon de vivre.

Les plus remarquables de toutes ces isles, sont celles de Jona & de S. Kilda. La premiere, qu'on appelle à présent Co-lumb-Hill, proche de l'isle de Mull, est remarquable en ce qu'elle étoit anciennement le lieu de la sépulture des rois d'Ecosse. L'autre est appellée par les Insulai-

res *Hirt*, par Buchanam *Hitta*, & ensuite *Kilda*. C'est la plus éloignée de toutes les isles Westernes, & elle est fameuse, tant par quelques singularités qu'on y rencontre, que par les coutumes qui sont particulieres à ceux qui l'habitent. (*D. J.*)

WESTER-QUARTIER, *Géog. mod.*, contrée des Pays-Bas dans la province de Groningue, & la plus occidentale de celles qu'on nomme les *Ommelandes*. Elle est aux confins de la Frise, entre la Hunse & le Lawers. Cette petite contrée n'est peuplée que de villages.

WESTERVICK, *Géog. mod.*, petite ville de Suede dans le Smaland, aux frontieres de l'Ostrogothie, sur la côte au midi de Lindkoping, avec un port. *Long.* 35, 18; *lat.* 57, 55.

WESTERWALD, *Géog. mod.*, contrée d'Allemagne dans la Wettéravie, dont elle fait partie. Elle est bornée au nord par la Westphalie, au midi par le Lohn, au levant par la Haute-Hée, & au couchant par le Rhin. Elle comprend une petite portion des états de Cologne & de Treves, les comtés d'Isembourg, de Sigen, de Dillembourg, & la principauté d'Hadamar. (*D. J.*)

WESTERWOLD, *Géog. mod.*, contrée des Pays-Bas dans la province de Groningue, & l'une des Ommelandes qui ne contiennent que des villages. Son territoire est rempli de marais, de bruyeres & de prairies. (*D. J.*)

WESTGRAAFDYK, *Géogr. mod.*, village de nord-Hollande, où naquit en 1554 Nieuwentit (Bernard), habile physicien & mathématicien. Il devint bourgmestre de la petite ville de Purmerende, & s'y fit estimer de tout le monde par son savoir, par son mérite, & par son intégrité: il mourut en 1618, à 63 ans. On a de lui un excellent traité en Hollandois, publié à Amsterdam en 1715, in-4°. & intitulé *véritable usage de la contemplation de l'univers, pour la conviction des athées & des incrédules*. Cet ouvrage a été traduit en Anglois, & réimprimé trois ou quatre fois à Londres dans l'espace de quatre ans. M. Noguez, médecin, l'a traduit en François sous le titre de *l'existence de Dieu démontrée par les merveilles de la nature*, à Paris 1725, in-4°. avec des figures, au nombre de vingt-neuf planches. Le P. Niceron a fait l'article de Nie-

wentit dans ses mémoires des hommes illustres, *tom. III*. On peut le consulter.
(*D. J.*).

WESTMANLAND, *Géog. mod.*, &
plus communément Westmanie, province de Suede. *V.* WESTMANIE.

WESTMANIE, *Géog. mod.*, province de Suede, bornée au nord par la Da-
lécarlie, au midi par la Sudermanie & la
Néricie, au levant par l'Uplande, & au
couchant par le Wermeland. On lui donne 30 lieues de long, sur 17 de large ;
mais c'est une contrée stérile, & qui n'a
que quelques mines d'argent. Westéras
est la capitale. (*D. J.*)

WESTMINSTER, *Géog. mod.*, ville
d'Angleterre dans le comté de Middlesex,
au bord de la Tamise, & à l'occident de
Londres, avec laquelle elle ne fait plus
qu'une même ville. Mais quoique Westminster soit jointe à Londres par une suite
de maisons & d'hôtels sans interruption,
& qu'on la comprenne ordinairement sous
le nom de Londres ; cependant elle fait
un corps de ville qui a ses privileges &
ses droits séparés, aussi-bien que sa jurifdiction.

Dans le commencement du dix-septieme siecle, il y avoit encore un mille de
distance entre l'une & l'autre de ces villes, & cet espace étoit rempli par des
champs & par des prairies ; mais les habitans de Londres s'étant multipliés d'année en année depuis le regne de Charles I,
cet espace de terrein a été rempli peu-à-
peu par de belles & magnifiques rues
qu'on y a bâties, de sorte que les deux
villes sont jointes aujourd'hui comme le
faux-bourg S. Germain & Paris, & sans
la différence de jurisdiction, elles seroient
parfaitement confondues.

Anciennement Westminsters'appelloit
Thorney, du dieu Thor qu'on y adoroit
avant la conversion des Saxons. Elle prit
ensuite le nom de West-Minster, à cause
d'un monastere bâti dans cet endroit, à
l'ouest de la ville de Londres. Les trois
principales choses qu'on y remarque, sont
l'église, l'abbaye & les restes d'un vieux
palais royal.

Le gouvernement de Westminster s'é-
tend non seulement sur la cité de ce nom,
mais encore sur les fauxbourgs qui avancent du côté de Londres jusqu'à Temple-
Bar, Quoique la cité n'ait qu'une paroisse
appellée *Sainte-Marguerite*, cette paroisse

est d'une grande étendue, & ses dépendances consistent en cinq autres paroisses.

Il n'y a pour le gouvernement de Westminster, ni maire, ni échevins, ni ché-
rifs ; c'est le chapitre qui est revêtu de
toute la jurisdiction civile & ecclésiastique. Il est vrai que le gouvernement civil
a été mis entre les mains des laïques choisis ou confirmés par le chapitre. Le chef
de tous les magistrats s'appelle *bigh-ste-
ward*, qui est d'ordinaire un noble du premier rang, nommé par le chapitre. Il possede
cette charge pendant sa vie, & en
fait exercer les fonctions par un homme
bien versé dans les loix. Cet homme
choisi par le high-steward, doit être confirmé par le chapitre ; & pour lors il tient
avec les autres magistrats la cour qu'on
appelle *leet*.

Après lui est le bailli ou le shérif, car
il convoque les jurés. Tous les sergens de
Westminster lui sont soumis ; il regle les
formalités au sujet de l'élection des membres du parlement pour la cité de Westminster, qui a droit de nommer deux députés. Toutes les amendes & les confis-
cations appartiennent au baillif, ce qui
rend sa charge très-lucrative : il y a de
plus un grand connétable, choisi par la
cour de leet, & ce magistrat à sous les ordres tous les autres connétables. Il est ordinairement deux années en charge.

Enfin, cette jurisdiction est composée
de quatorze des principaux bourgeois
qu'on appelle *Burgesses*, & dont sept sont
pour la cité, & sept pour ses dépendances;
leur office a beaucoup de rapport à celui
des échevins de Londres, car ils ont chacun un *ward* ou quartier particulier sous
leur jurisdiction. De ces quatorze burgesses, il y en a deux qui sont élus sous le
nom de *Head-Burgesses*, ou chefs des
bourgeois ; l'un d'eux est pour la Cité, &
l'autre pour ses dépendances, auxquelles
dépendances on donne les noms de *libertés* & de *franchises*.

C'est à Westminster qu'est né vers l'an
1575, Benjamin Johnson, ou Jonson,
illustre poëte dramatique ; & c'est dans
l'abbaye de ce lieu, qu'il fut enterré en
1637 : comme j'ai déja donné le caractere
de ce poëte au mot *tragédie*, j'y renvoie le
lecteur. J'ajouterai seulement qu'il possédoit tout le savoir qui manquoit à Shakespear, & manquoit de tout le génie
dont l'autre étoit partagé : tous deux

étoient presque également dépourvus d'élégance, d'harmonie & de correction : Johnson, servile copiste des anciens, traduisit en mauvais Anglois leurs plus beaux passages : mais Shakespear créa & prévalut par son génie sur l'art grossier de ses contemporains.

Johnson étant né fort pauvre, & n'ayant pas de quoi poursuivre ses études, travailloit au bâtiment de Lincolns-Inn avec la truelle à la main, & un livre en poche : Shakespear ayant vu une de ses pieces, la recommanda, & cette recommandation introduisit Johnson dans le monde. Il donna la premiere édition de ses œuvres en 1616, *in-fol.* elles ont été réimprimées plus commodément à Londres en 1716, en six vol. *in-8°.* Dans cette collection, se trouve une pièce intitulée, *humble requête du pauvre Ben au meilleur de tous les rois, de tous les maitres, de tous les hommes, le roi Charles.* Il expose, à ce prince, que le roi son pere lui a donné une pension annuelle de cent marcs, & le supplie d'en faire des livres sterlings. On sait sa réponse au sujet du présent modique qu'il reçut de Charles I. " Je suis logé à l'étroit (dit ce bel esprit lorsqu'on lui remit la somme,) mais je vois par l'étendue de cette faveur, que l'ame de sa majesté n'est pas logée plus au large ". *J am lodg'd in an Alley ; but j see from the extent of this bounty, that hers majesty's soul is too log'd in an Alley.*

Il parle dans ses découvertes (*discoveries*) avec une vérité charmante, de toutes sortes de traverses auxquelles il avoit été exposé de la part de ses ennemis. Ils me reprochoient, dit-il, de ce que je m'occupois à faire des vers, comme si je commettois un crime dans cette occupation : ils produisirent contre moi mes écrits par lambeaux, odieuse méchanceté ! puisque les écrits de l'auteur le plus sage paroitront toujours dangereux, lorsqu'on en citera quelques périodes hors de leur liaison avec le reste. Ils m'ont aussi reproché ma pauvreté : j'avoue qu'elle est à mon service, sobre dans ses alimens, simple dans ses habits, frugale, laborieuse & me donnant de bons conseils qui m'empêchent de tomber dans les vices des enfans chéris de Plutus. Qu'on jette les yeux, continue-t-il, sur les plus monstrueux excès ; on ne les trouvera guere dans les maisons de l'indigence. Ce sont les fruits

des riches géants, & des puissans chasseurs ; tandis que tout ce qu'il y a de noble, de digne de louange & de mémoire, doit son origine à de chétives cabanes. C'est l'ancienne pauvreté qui a fondé les états, bâti les villes, inventé les arts, donné des loix utiles, armé les hommes contre les crimes ; c'est elle qui a fait trouver aux mortels une récompense dans leur propre vertu, & qui a conservé la gloire & le bonheur des peuples jusqu'à ce qu'ils se soient vendus aux tyrans ambitieux.

Betterton (Thomas,) estimé généralement le meilleur acteur qui ait paru sur le théâtre Anglois, avant celui qui en fait aujourd'hui la gloire, le fameux Garik, qui est sans contredit le premier de l'Europe ; homme unique en son genre, & qui sous le siecle d'Auguste, eût partagé les suffrages des Romains entre Pylade & lui : je viens à Betterton. Il naquit dans le Tulte-Street à Westminster en 1635 ; son pere qui étoit sous-cuisinier de Charles I, voulut en faire un libraire ; mais la plupart de ceux qui ont excellé dans les arts, y ont été conduits par leur génie, malgré les vues & les oppositions de leurs parens.

Comme la nature avoit formé Betterton pour le théâtre, il s'y distingua bientôt avec éclat, & enleva tous les suffrages dès l'âge de 22 ans. Il est le premier qui ait joué à Londres des rôles de femmes, & s'en acquitta avec beaucoup d'applaudissement. Il entra d'abord dans la troupe du roi ; mais comme la plupart des comédiens avoient été chassés de leurs trônes imaginaires, lorsque Charles I en perdit un réel, plusieurs d'entr'eux prirent les armes pour le service de leur souverain, & firent paroitre beaucoup de valeur pour sa défense. Entr'autres exemples, le fameux acteur Mohun se conduisit avec tant d'intrépidité, qu'on l'honora d'une commission de major, qu'il remit à la révolution, pour retourner au théâtre. Le chevalier Davenant avoit marqué beaucoup de zele pour Charles II, qui en récompense de ses services, lui accorda une patente pour former une troupe de comédiens, sous le titre de *comédiens du duc d'York* ; & c'est dans cette troupe que se mit Betterton ; & dont il fut le héros.

Quelques-uns croient qu'il introduisit le premier en Angleterre le changement de décorations. Quoi qu'il en soit, il est certain qu'il contribua beaucoup à les embellir & à les perfectionner. Il épousa mademoiselle Sanderson, qui joignoit aux talens naturels requis pour faire une excellente actrice, la beauté, les graces & la vertu.

Le théâtre Anglois subit diverses vicissitudes par les changemens de troupes, de lieux & de directeurs. Un directeur de théatre, par le commerce constant qu'il est obligé d'avoir, soit avec sa troupe d'acteurs & d'actrices, soit avec tout ce qu'il y a de gens frivoles, tant naturels qu'étrangers, est proprement dans son poste le Machiavel de l'empire de l'amour. Le théâtre est en lui-même l'image de la vie humaine; les hommes qui font la plus grande figure dans le monde, ne sont pas plus ce qu'ils paroissent être, que cet acteur à qui vous voyez quitter ses habits de parade, n'est le héros qu'il vient de représenter.

Au milieu des révolutions du théatre Anglois, Betterton en éprouva dans sa fortune: il perdit par un prêt inconsidéré, la plus grande partie de ce qu'il avoit gagné, huit mille livres sterlings. Un bon acteur n'est point à Londres dans la misere: Betterton réunissoit en lui tous les talens, la figure, la beauté du geste & de la voix, la netteté de la prononciation & la sûreté de la mémoire; son action étoit juste, touchante, admirable.

Je ne puis trop le louer, dit l'auteur du Tatler; car c'étoit un homme étonnant, qui par son action m'a fait sentir ce qu'il y a de grand dans la nature humaine, plus vivement que ne l'ont jamais fait les raisonnemens des philosophes les plus profonds & les descriptions plus charmantes des poetes; l'angoisse dans laquelle il paroissoit, en examinant la circonstance du mouchoir dans Othello; les mouvemens d'amour que l'innocence des réponses de Desdémone excitoit en lui, exprimoient dans ses gestes une grande variété de passions qui se succédoient les unes aux autres, qu'il n'y avoit personne qui n'apprît à redouter son propre cœur, & qui ne dût être convaincu que c'est mettre le poignard que de se livrer aux noirs accès de la jalousie.

Le comédien Booth, qu'on ne peut soupçonner de partialité dans le jugement qu'il portoit de Betterton, disoit souvent que la premiere fois qu'il lui avoit vu representer le Spectre à la répétition de Hamlet, l'air, le ton & l'action qu'il y mit l'avoient saisi d'une telle horreur, qu'il s'étoit trouvé hors d'état pendant quelques momens de pouvoir jouer son propre rôle. Lorsque nos connoisseurs, dit le chevalier Steele, ont vu cet acteur sur le théâtre, ils ont eu pitié de Marc-Antoine, de Hamlet, de Mithridate, de Théodore & de Henri VIII. On sait comme il revêtoit l'état de chacun de ces illustres personnages, & comme dans tous les changemens de la scene, il se conduisoit avec une dignité qui répondoit à l'élévation de son rang.

Il réussissoit également dans le comique & dans le tragique, & ce qu'il y a de plus singulier, il faisoit le libertin en perfection; caractere fort opposé au sien. On trouve assez de gens qui savent emprunter les manieres d'un honnête homme, mais il y a peu d'honnêtes gens qui sachent contrefaire le faquin. Le dernier rôle qu'il fit, fut le personnage d'un jeune homme dans la piece intitulée The Maid's tragedy; & quoiqu'il eût déjà près de 70 ans, il joua son rôle avec tout le feu, l'audace & la vivacité d'un homme de 25 ans.

On représenta pour son compte, quelques années après qu'il eut quitté le théâtre, la piece intitulée l'Amour payé d'amour. Cette représentation lui valut cinq cents livres sterlings: l'affluence du monde qui y vint justifia la reconnoissance qu'on lui portoit, & ce grand acteur eut lieu d'être content des comédiens & de l'assemblée. L'épilogue composé par M. Row, finit d'une maniere pathétique. " C'est, dit-il, le souvenir des plaisirs » qu'il vous a procurés, qui vous engage » à consacrer avec gloire au cothurne de » ce grand maitre, & vous ne voulez pas » permettre qu'un homme qui vous a » tant de fois touchés par de feintes dou- » leurs, vous soit enlevé par des souf- » frances réelles ".

Il mourut en 1710 d'une goutte remontée à l'âge de 75 ans, & fut enterré dans le cloitre de l'abbaye de Westminster. Il a composé, traduit ou changé quelques pieces de théâtre, entr'autres dom Sébastien, tragédie de Dryden. Il supprima avec tant d'art, dit le poëte, un millier de vers de ma piece, qu'elle y a tout gagné, & que c'eſt à ſes ſoins & à la beauté de ſon jeu que je ſuis redevable du ſuccès qu'elle a eu.

Le chevalier Steele honora ſa mémoire par un beau tatler. Rien, dit-il, ne touche plus les gens de goût, que de voir les obſeques de ceux qui ont excellé dans quelque art ou quelque ſcience. M. Betterton exprimoit avec tant de grace & de force l'endroit d'Othello, où il parle de la maniere de gagner le cœur de ſa maitreſſe, qu'en me promenant dans le cloitre je penſois à lui avec la même ſenſibilité que j'aurois eue pour une perſonne qui auroit fait pendant ſa vie ce que je lui ai vu repréſenter. L'obſcurité du lieu & les flambeaux qui marchent devant le convoi, contribuerent à me rendre rêveur & mélancolique : je me ſentis vivement affligé, qu'il y eût quelque differente entre Brutus & Caſſius, & que ſes talens n'aient pu le garantir du cercueil. Conſidérant enſuite le néant des grandeurs humaines, je n'ai pu m'empêcher de voir avec douleur que tant d'hommes illuſtres, qui ſont dans le voiſinage du petit coin de terre où l'on a mis mon ancien ami, ſont retournés en poudre, & qu'il n'y a dans la tombe aucune differente entre le monarque réel & le monarque imaginaire.

Madame Betterton ſurvécut à ſon mari, & peut-être n'a-t-il jamais repréſenté de ſcene auſſi touchante que celle qu'offroit l'état où il laiſſa ſes affaires & ſon épouſe : elle languit long-temps, ſéchant du chagrin de voir le délabrement de ſa ſanté & de ſa petite fortune. La mort de ſon mari jointe à ſon âge & à ſes infirmités, rendoit ſon état pitoyable ; mais l'excès de ſon malheur devint en quelque façon ſa reſſource, parce qu'il la priva de ſon bon ſens & de ſa raiſon.

Je me ſuis étendu ſur cet homme célebre en ſon genre, parce que tous ceux qui excellent dans quelqu'un des beaux arts, méritent l'eſtime & les éloges des gens de lettres.

Lée (Nathanael), célebre poëte naquit à *Weſtminſter* vers le milieu du dernier ſiecle, & fit onze pieces de théâtre, qui ont été jouées avec beaucoup d'applaudiſſement. Sa derniere tragédie, intitulée *le maſſacre de Paris*, fut repréſentée ſur le théatre royal en 1690. Les penſées de cet auteur ſont admirables pour le tragi-

que, mais ſi noyées dans une multitude de paroles, qu'elles perdent la plus grande partie de leur beauté. Il réuſſit merveilleuſement dans le pathétique, lorſqu'il ne s'abandonne point à la violence de ſon imagination. Le comte de Rocheſter dit plaiſamment que ce poëte ne chantoit pas mal, mais qu'il forçoit ſa voix, de maniere qu'il s'enrouoit. Il perdit l'eſprit à l'âge de cinquante ans, & fut confiné quelques années à l'hôpital de Bethlem. Il en ſortit ſans s'être parfaitement rétabli, & mourut pendant la nuit dans une des rues de Londres.

Beveridge (Guillaume), en latin *Beverigius*, né à *Weſtminſter* en 1638, fut nommé *évêque de S. Aſaph* en 1705, & s'attira la vénération de toute l'Angleterre par ſes vertus & par ſon ſavoir. Il mourut en 1708, à 71 ans.

Ses ouvrages de piété ſont en grand nombre. On a publié ſes ſermons en 1709 & ce recueil forme dix volumes *in-8°*. Ses *penſées ſecretes ſur la religion* ont ſouffert pluſieurs éditions. La traduction françoiſe de cet ouvrage parot à Amſterdam en 1731, en deux volumes *in-12*.

En 1662, il publia à Londres ſes *inſtitutionum chronologicarum libri duo*, qui ont été réimprimés pour la troiſieme fois en 1721 ; c'eſt un traité ſimple & méthodique d'un grand uſage claſſique, parce qu'il fournit un ſiſtême abrégé de toute la chronologie. Dans le premier livre, l'auteur traite de la nature & des parties de la chronologie ; du temps, des heures, des minutes & des ſecondes ; des jours, des ſemaines, des mois, de l'année céleſte, de l'année julienne, grégorienne, égyptienne, éthiopienne, perſane, ſyrienne & grecque ; de l'année aſtronomique, civile & ſolaire des juifs, de l'année des Arabes. Dans le ſecond livre, il traite des ſyzygies ou mois lunaires, & des éclipſes, des équinoxes & des ſolſtices ; du cycle du ſoleil & de la lettre dominicale, du cycle de la lune & du nombre d'or ; de l'indiction, de l'épacte ; du cycle de Méton & de Callipe, de la période dionyſienne & julienne ; de l'ere chrétienne & de Dioclétien ; des années du monde ou du comput des Grecs & de l'ere judaïque ; de l'époque de la priſe de Troie, de la fondation de Rome & de celle d'Antioche ; des olympiades & des jeux capitolins ; des années juliennes, de l'ere d'Eſpagne & de la victoire d'Actium,

des eres de Nabonaffar, de Philippe, & de
Yezdegird le dernier roi de Perse, de l'Hegire ou ere mahométane. Dans l'appendix, il donne les noms des mois hébreux,
syriens, perfans, éthiopiens & arabes, dans
les caractères mêmes de ces langues , &
autres chofes pareilles.

En 1678, il fit imprimer fon *codex canonum ecclefiæ primitivæ vindicatus* ,
recueil des canons de la primitive églife
juftifié. M. Daillé étoit dans une opinion
différente; car, dans fon traité *de pfeudepigraphis.*, imprimé en 1652 , il tâche de
prouver que le recueil des canons n'a
point été fait par des perfonnes qui aient
vécu près du temps des apôtres, & qu'il
n'a été publié que vers la fin du v. fiecle.

Le *thefaurus theologicus* , ou *fyftême
de théologie* du docteur Beveridge n'a paru qu'en 1710, *in-8°.* c'eft-à-dire , trois
ans après la mort de l'auteur.

Un illuftre favant a mis au jour en 1711
une courte revue des écrits du docteur
Beveridge, & l'on doit convenir qu'il y
a trouvé un grand nombre d'erreurs en
fait de fyftômes & de raifonnement. Mais
il faut oublier les erreurs fpéculatives du
vertueux évêque de S. Afaph, & confidérer feulement les preuves éclatantes qu'il
a données de fa piété pendant fa vie & à
fa mort, ayant légué la plus grande partie
de fon bien pour l'avancement de la religion chrétienne, tant au dedans qu'au
dehors du royaume Britannique.

Folkes (Martin) naquit à *Weftminfter*
en 1690, & fut nommé de la fociété royale en 1714, à l'âge de 24 ans. Au retour
de fes voyages, il lut à la fociété des antiquaires de Londres une favante differtation fur le poids & la valeur des anciennes monnoies romaines , à laquelle étoit
jointe une table des monnoies d'or d'Angleterre , depuis le regne d'Edouard III,
fous lequel on a commencé à en fabriquer de cette efpece , avec leur poids &
leurs valeurs intrinfeques. On trouvera
dans les tranfactions philofophiques les
obfervations de M. Folkes fur les polypes d'eau douce découverts par M. Tremblay ; fur les bouteilles de Florence, qui
réfiftent au choc d'une balle de plomb, &
ne peuvent foutenir celui d'un petit gravier fans fe rompre ; comme auffi fur des
os humains revêtus d'une couche pierreufe , & qu'il avoit vus près de Rome à
Villa-Ludovifia.

Il fuccéda à M. Sloane à la place de
préfident de la fociété royale ; & en 1742,
il fut nommé affocié étranger à l'académie des Sciences de Paris.

En 1745 , il publia fon traité des monnoies d'argent d'Angleterre , depuis la
conquête de cette ifle par les Normands,
jufqu'au temps où il écrivoit. Cet ouvrage , avec la feconde édition de celui qu'il
avoit déja donné fur les monnoies d'or ,
étoit certainement le morceau de ce genre le plus parfait & le plus intéreffant
qu'on eût encore vu; il eft même plus intéreffant qu'il ne paroît au premier coup
d'œil. Les monnoies font les fignes des valeurs de tout ce qui peut faire l'objet du
commerce & des befoins de la fociété; ces
fignes doivent donc eux-mêmes changer
de valeur , fuivant que la quantité du
métal qui fert de figne , ou celle des
chofes repréfentées vient à changer ; &
encore , fuivant la facilité qu'une nation
trouve à fe les procurer par fon commerce , d'où il fuit qu'un tableau fidele de la
variation des monnoies d'une nation préfente à ceux qui font en état de connoître
cette efpece d'hiéroglyphe , non les événemens qui appartiennent aux hiftoires
ordinaires, mais l'effet de ces mêmes évé-
nemens fur le corps politique, & les avantages ou les maux intérieurs qu'ils y ont
pu caufer.

En 1750 , M. Folkes fut nommé préfident de la fociété des antiquaires de
Londres , & ce fut le dernier honneur
qui lui fut déféré , étant mort en 1754.
(D. J.)

WESTMINSTER , *églife de* , *Topogr.
de Londres.* L'églife de *Weftminfter* fut
fondée dans le vij fiecle par Sébert , roi
des Saxons orientaux , qui s'étant converti au chriftianifme, changea le temple
du dieu Thot qui étoit dans cet endroit
en une églife chrétienne; laquelle fut depuis ruinée par les Danois.

Edouard le confeffeur rebâtit à neuf
cette églife dans le onzieme fiecle, & voulut qu'elle fût fous l'invocation de Saint
Pierre. Il employa à cette fondation la
dixieme partie de fes revenus , & joignit
à fa nouvelle églife un monaftere ou une
abbaye , dans laquelle il établit des religieux de l'ordre de S. Benoît.

Au xiij fiecle, Henri III fit démolir l'églife d'Edouard pour la rebâtir beaucoup
plus belle qu'elle n'étoit auparavant ;

mais fon entreprife ne fut achevée que long-temps après fa mort. Henri VII choifit cette églife pour être fa fépulture, & celle des rois fes fucceffeurs. Il fit conftruire dans le chœur à l'orient une fuperbe chapelle, qui lui coûta 14 mille livres fterlings, fomme très-confidérable dans ce temps-là.

L'églife de Weftminfter eft un grand édifice, de goût gothique, fort élevé, conftruit en croix comme les églifes cathédrales, long de cinq cents piés, & large d'environ cent piés. Aux deux côtés de la façade qui eft à l'occident, paroiffent deux tours quarrées qui ne s'élevent pas plus haut que le toit.

On entre dans un vaiffeau long & étroit, dont la voûte eft fufpendue fur deux rangs de piliers; en avançant un peu plus loin, on voit dans diverfes chapelles les tombeaux de 15 ou 16 rois & reines d'Angleterre, & ceux de plufieurs perfonnes illuftres, foit par leur mérite, foit par leur naiffance. On trouve en face le chœur, où eft entr'autres le tombeau de Sébert, premier fondateur de l'églife, & qui mourut en 616.

Du chœur, on paffe dans la chapelle royale, où fe trouve fur la droite la fépulture de Richard II, mort en 1399, & celle d'Edouard III, mort en 1377. Au fond de la chapelle, on voit le tombeau de Henri V, mort en 1422, & celui de Saint Edouard le confeffeur, mort en 1065. Sur la gauche eft inhumé le brave Edouard I, mort en 1308, & Henri III, mort en 1273. Ces tombeaux font tous accompagnés d'épitaphes.

De la chapelle royale, on paffe dans celle de Henri VII, où fe voit le tombeau de ce prince, en bronze maffif, & où il eft inhumé avec Elifabeth fon époufe. Le roi Edouard VI a fon tombeau tout près de celui de fon aïeul; la reine Marie Stuard, mere de Jaques I, & la princeffe Marguerite de Richemond, mere de Henri VII, font enfevelies au dehors de la chapelle, à la droite; fur la gauche, on voit la fépulture de l'illuftre reine Elifabeth.

L'églife de Weftminfter eft le lieu où fe fait ordinairement la cérémonie du couronnement des rois, & l'on a fuivi cet ufage depuis Guillaume le conquérant, qui montra l'exemple. La reine Elifabeth ayant ôté cette églife aux religieux béné-

dictins qui la poffédoient, y mit à leur place 12 chanoines, avec un doyen. Le doyen eft d'ordinaire un évêque, lequel a fous certaines reftrictions une jurifdiction eccléfiaftique & civile dans la ville de Weftminfter, & dans les lieux qui dépendoient autrefois de l'abbaye.

Les revenus de cette maifon fervent actuellement à entretenir 30 chanoines, un organifte, 12 pauvres, & 40 écoliers, avec leurs maitres, & divers officiers de college, qui ont tous de gros appointemens. Il y a dans le cloitre une bibliotheque publique, qui s'ouvre foir & matin pendant les féances des cours de juftice de Weftminfter.

C'eft dans l'églife de Weftminfter qu'on enterre les têtes couronnées, les perfonnes du plus haut rang, & celles d'un mérite rare. Mais au milieu de tant d'hommes illuftres, dont l'églife eft le tombeau, l'hiftoire nous apprend que Cromwel y fit enfevelir fa mere avec beaucoup de pompe & de magnificence. Elle vécut affez pour le voir élevé au protectorat, & folemnellement inftallé en 1653 dans ce grand office, équivalent à celui de la royauté. Cependant elle n'avoit jamais pu fe perfuader que le pouvoir ou la vie de fon fils fuffent en fûreté; & d'un jour à l'autre, elle doutoit qu'il fût vivant s'il ne l'en affuroit par fa préfence. C'étoit une femme de bonne famille, du nom de Stuart, & d'un caractère décent, qui, par fon économie & fon induftrie, avoit tiré parti d'une fortune bornée pour l'éducation d'une nombreufe famille. Elle s'étoit vue dans la néceffité d'établir une brafferie à Huntingdon, & fa conduite lui en avoit fait tirer de l'avantage. Delà vient que Cromwel, dans les libelles du temps, eft quelquefois défigné fous le nom de braffeur. Ludlow la raille du furcroît confidérable que fon revenu royal alloit recevoir par la mort de fa mere, qui poffédoit un douaire de foixante livres fterlings fur fon bien. (D. J.)

WESTMINSTER, falle de, Topogr. de Londres, en anglois, Weftminfterhall; grande falle que fit conftruire le roi Guillaume II, dit le roux, vers l'an 1098. Cette falle eft voûtée, & la voûte eft lambriffée d'une efpece de bois qui croît en Irlande, & auquel les araignées n'attachent point leurs toiles. C'eft dans cette salle que s'assemble le parlement d'Angleterre ; & pour emprunter ici la poésie de l'auteur de la Henriade :

Aux murs de Westminster on voit paroî-
tre ensemble
Trois pouvoirs étonnés du nœud qui les
rassemble,
Les députés du peuple, & les grands, &
le roi,
Divisés d'intérêt, réunis par la loi ;
Tous trois membres sacrés de ce corps in-
vincible.
Dangereux à lui - même, à ses voisins
terrible.
Heureux, lorsque le peuple instruit par
son devoir,
Respecte autant qu'il doit, le souverain
pouvoir !
Plus heureux, lorsqu'un roi, doux, juste
& politique,
Respecte autant qu'il doit, la liberté pu-
blique !

Quoique cette salle soit longue de deux cents soixante & dix piés, & large de soixante & dix, elle est moitié trop petite pour un corps si nombreux que l'est celui du parlement d'Angleterre, & elle demanderoit sans doute d'être tout autrement décorée pour l'assemblée de cette auguste compagnie. Aussi prétend-on que cette salle n'est qu'un débris du palais qu'Edouard le confesseur éleva près de l'abbaye, & qu'acheva Guillaume II. Ce palais fut réduit en cendres vers le milien du xvj siecle, sous le regne de Henri VIII, & l'on ne put sauver de l'incendie que cette grande salle, où le parlement s'assemble, & quelques chambres voisines, entr'autres celle qu'on nomme vulgairement la chambre peinte de Saint Edouard. (*D. J.*)

WESTPHALIE, *Géog. mod.*, cercle d'Allemagne, qu'on divise en province & en duché. Les états du cercle de Westphalie, sont les évêques de Paderborn, de Liege, de Munster, d'Osnabruck ; les abbés de Munster, de Stablo & de Corvey : les abbesses d'Herforden & d'Essen : les ducs de Juliers, de Cleves & de Berg : les principautés de Ferden, de Minden, d'Ostfrise, de Nassau-Dillenbourg & plusieurs comtés. Les villes de Cologne, d'Aix-la-Chapelle, de Dormund, & de Mesford, entrent dans ce cercle. L'évêque de Munster & les ducs de Juliers & de Cleves sont directeurs du cercle de

Westphalie, dont le contingent est de 304 cavaliers & 1282 fantassins, ou de 8164 florins par mois.

La province de Westphalie comprend le duché de Westphalie, l'évêché de Munster, l'évêché d'Osnabruck, l'évêché de Paderborn, l'abbaye de Corvey, la principauté de Minden & plusieurs comtés.

Le duché de Westphalie confine avec les évêchés de Munster & de Paderborn, le comté de la Mark, le landgraviat de Hesse & le comté de Waldeck. Ce duché qu'on nomme aussi le *Saurland*, & qui appartient à l'électeur de Cologne, renferme seulement plusieurs bailliages. Le commerce de ses habitans consiste en biere & en jambons, qu'on nomme mal-à-propos *jambons de Mayence*, parce que le plus grand débit s'en faisoit aux foires de Mayence & de Francfort.

Les bornes de la Westphalie prise dans toute son étendue, étoient autrefois plus reculées qu'elles ne le sont aujourd'hui. Le Rhin la bornoit du côté de l'occident ; depuis ce fleuve jusqu'à la ville de Brême, sa partie septentrionale étoit bornée par la Frise ; le Weser lui servoit de bornes du côté de l'occident, depuis la ville de Brême jusqu'aux montagnes appellées *montes Meliboci* par Ptolomée ; & du côté du midi, elle étoit bornée par le pays de Hesse.

Toute cette étendue de pays fut habitée anciennement par les Bructeres, par les Sicambres, par les Chamaves, qui succéderent aux Bructeres du temps de Trajan, par les Angrivariens, par les Lombards ou Longobards, par les Angles ou *Angili*, qui passerent ensuite en Angleterre, par les Chérusques, par les Cattes, par les *Chauci* ou *Cayci*, & par les Francs ou *Franci*, qui prirent la place des Sicambres & des Teucteres. Les Francs étant enfin passés dans la Gaule, les Saxons qui s'étoient déja avancés depuis l'Elbe jusqu'à l'Ems, occuperent le reste de la Westphalie ; cette portion de ce pays devint ainsi une partie de la Saxe, & donna son nom aux Saxons, qui habiterent depuis le Weser jusqu'au Rhin.

Les plus anciens princes de la Westphalie & de la Saxe, dont il soit fait mention dans l'histoire, sont Dieteric, fils de Sighard, qui eut la guerre avec Charles Martel; Wernechind, fils de Dieteric, duc des Angrivariens ; & Wittikind, fils de Wernechind.

La Weftphalie moderne a, pour borne au nord la mer d'Allemagne , au midi le cercle du haut-Rhin , au levant la Baffe-Saxe, & au couchant les Pays-Bas.

Cette province d'Allemagne eft généralement fertile. L'Ems, le Wefer , la Lippe & la Roër l'arrofent. Il y a de gras pâturages ; on y éleve dans les forêts de bons chevaux & quantité de cochons. (D. J.)

WESTRA ou WASTRA, Géog. mod., ifle au nord de l'Ecoffe , & celle de toutes les Orcades qui eft la plus avancée à l'oueft d'où lui vient fon nom. Elle a cinq ou fix milles de longueur fur trois ou quatre dans fa plus grande largeur.

WESTROGOTHIE ou WESTRO-GOTHLAND , Géog. mod. , province de Suède , dans la partie occidentale de la Gothie. Elle eft bornée au nord par le lac Waner , au midi par le Smaland, au couchant par la Néricie. Cette province eft entrecoupée par un grand nombre de lacs & de rivieres. Skara eft fa capitale.

WESTSEX ou WESSEX , Géogr. moderne , ancien royaume d'Angleterre à l'occident de Suffex, & au midi de la Tamife. Cerdick ayant gagné en 519 , une bataille qui fit perdre aux Bretons l'efpérance de chaffer les Saxons de chez eux, Arthur s'accommoda avec lui. Le roi Breton céda au Saxon un pays qui comprenoit les provinces de Hant & de Sommerfet. Le Saxon âgé & las d'une longue guerre , fut content de ce partage.

. Il érigea ce pays en royaume , fous le nom de Weftfex , & s'en fit couronner roi 24 ans après fon arrivée en Bretagne. Il fe trouva alors dans l'Heptarchie, trois royaumes plus grands & plus puiffans que les autres, favoir deux Anglois & un Saxon. Les Anglois étoient le Northumberland & la Mercie. Le Saxon habité par des Jutes, étoit le Weftfex , & avoit pour principales villes, Winchefter, Salisburi, Southampton , Dorchefter , Portfmouth, Shereburn, Excefter. Il y avoit dans ces villes plufieurs Bretons mêlés avec les Saxons, & l'ifle de Wight habitée par les Jutes , dépendoit auffi du Weftfex.

Chacun des royaumes de l'Heptarchie avoit pris fon nom des peuples qui l'habitoient, & de fa pofition. Celui de Weftfex fut nommé le royaume des Weft-Saxons

ou des Saxons occidentaux , parce qu'il étoit fitué à l'occident des Saxons de Suffex, de Kent & d'Effex. Il étoit outre cela confidérable par fa fituation , étant gardé au nord par la Tamife, au midi par la mer, à l'orient par le petit royaume de Suffex, & à l'occident par les Bretons de Cornouaille, tellement féparés du refte des Bretons du pays de Galles par l'embouchure de la Saverne, qu'il ne leur étoit pas poffible de fe fecourir les uns les autres.

Ce fut vers l'an 634, que les Saxons occidentaux reçurent l'évangile par le miniftere de Birinus , à qui le pape avoit donné cette miffion , après l'avoir facré évêque; il aborda dans le Weftfex, baptifa Sinigifil qui en étoit le roi, convertit auffi fon frere Quicelin , & à leur exemple fe vit un troupeau confidérable , qui forma 2 diocefes , favoir celui de Winchefter , & celui de Dorchefter. (D. J.)

WETER , LAC , Géog. mod. , lac de Suede , dans la Gothie. Il fépare la Weftrogothie de l'Oftrogothie, s'étend du nord au fud depuis la Néricie jufqu'à la Smalande , & mouille une partie de chacune de ces 2 provinces. Le fleuve de Motala par lequel il fe décharge dans la mer, traverfe toute l'Oftrogothie d'occident en orient. Il y a quelques ifles dans le lac Weter , & cinq villes ou bourgs fur fes bords.

WETHERBY , Géog. mod. , bourg à marché d'Angleterre . dans Yorckshire , fur la riviere de Warfe.

WETTER ou STAD - WETTER, Géogr. mod. , petite ville d'Allemagne , dans la Heffe , fur la rive gauche de la Lohn , à 2 lieues au nord de Marpurg. Long. 26, 28 ; lat. 56, 42.

Kuchlin , (Jean) théologien , naquit dans cette petite ville en 1546, & mourut à Leyde en 1606. On a recueilli à Geneve l'an 1613, en un vol. in-4°. toutes les fes de théologie ; elles ne font pas cependant bien merveilleufes , & Gui Patin a follement loué l'auteur , en le nommant un des plus favans hommes de fon fiecle.

Pincier , (Jean) compatriote & contemporain de Kuchlin , a auffi publié quelques écrits de théologie inconnus aujourd'hui , dans lefquels il fait la guerre aux luthériens , fur l'ubiquité & la réalité. Il mourut en 1591.

Wulteius (Hermann) né à Weter en 1555, donna divers ouvrages fur le droit, qui n'ont pas été réimprimés depuis sa mort arrivée en 1634. (*D. J.*)

WETTER, *le*, *Géogr. mod.*, riviere d'Allemagne. Elle prend sa source dans la partie septentrionale du comté de Solms, & se jette dans la Nida.

WETTÉRAVIE, *Géog. mod.*, contrée d'Allemagne, dans le cercle du haut-Rhin, entre la Hesse & le Mein. Son nom lui vient de la petite riviere de Wetter. Elle renferme plusieurs petits états. On la divise en méridionale & septentrionale ; cette derniere porte le nom de Wester-wald. (*D. J.*)

WETTINGEN, *Géog. mod.*, bourg de Suisse, au comté de Bade, à demi-lieue de Bade, & près de l'abbaye de Wettingen, à laquelle il a donné le nom. Ce bourg est ancien, comme il paroit par quelques monumens d'antiquité qu'on y a trouvés. On cite l'inscription suivante qui se voit sur une pierre de l'église, & qui nous apprend qu'un temple de ce lieu avoit été bâti à l'honneur de la déesse Isis : *Deæ Isidi templum A solo L. Annius Magianus de suo posuit vir aquensis ad cujus templi ornamenta Alpina Alpinula conjux & peregrina fil. xc. dederunt. L. D. D. vicanorum.*

En 1633, on trouva près de ce bourg un pot de terre, plein de médailles d'argent de Gordien, de Maximin, de Maxence, de Maximinien & de Constantin le jeune. (*D. J.*)

WETZLAR, *Géog. mod.*, ville libre & impériale d'Allemagne, dans la Wettéravie, au confluent de la Lohn & de la Disle, à 9 lieues au nord de Francfort, & à 6 au sud-ouest de Marpourg. La chambre impériale qui étoit à Spire, y a été transférée, & lui donne tout le lustre qu'elle peut avoir. La prévôté de cette ville appartient au landgrave de Hesse-Darmstadt, qui nomme le prévôt pour présider à la justice en son nom. *Longit.* 24, 15 ; *lat.* 50, 29. (*D. J.*)

WEXALA, *Géog. anc.*, golfe de la grande Bretagne. Ptolomée, *l. XX, c.*3, le marque sur la côte occidentale, entre le golfe Sabriana, & *Herculis promontorium.* C'est présentement Ivelmouth, selon Camhden. (*D. J.*)

WEXFORD ou WEESFORD, *Géog. mod.*, en irlandois *logbhargarm* ; comté d'Irlande, dans la province de Leinster. Il est borné au nord par le comté de Wa-

terford, au levant par l'Océan, & au couchant par les comtés de Catherlagh, de Kilkenny. On donne à ce comté 47 milles de longueur, & 27 de largeur. Il est fertile en grain, & en pâturage. On le divise en 8 baronnies. Waxford est la capitale. Il contient 8 villes qui députent au parlement d'Irlande, deux desquelles ont en outre le droit de tenir marché public. (*D. J.*)

WEXFORD, *Géogr. mod.*, ville d'Irlande, dans la province de Leinster, capitale du comté de même nom, à 60 milles au midi de Dublin. Elle est grande, belle, bien bâtie, avec un bon port, à l'embouchure du Slany. On remarque que le flux & le reflux s'y font trois heures plutôt que dans l'Océan. *Long.* 11 ; 10 ; *lat.* 52, 18. (*D. J.*)

WEXIO, *Géog. mod.*, ville de Suede, dans la Gothie méridionale, sur le bord du lac Salen, à 10 lieues au nord de Calmar, avec un évêché suffragant d'Upsal. *Long.* 32, 40 ; *lat.* 56, 2.

Wexonius, (Michel) étoit né à Wexio, & mourut à Stockholm en 1671. Il a publié quelques ouvrages sur le droit Suédois, & une description latine de la Suède, *descriptio Sueciæ, Aboæ* 1672, *in-*12 ; ce petit livre est rare, ayant été défendu, parce que l'auteur y découvroit des secrets sur le gouvernement de l'état. (*D. J.*)

WEY, LE, *Géog. mod.*, riviere d'Angleterre, en Dorset-shire. Elle donne son nom à la ville de Weymouth, qui est bâtie à son embouchure. (*D. J.*)

WEYMOUTH, *Géogr. mod.*, ville d'Angleterre, dans la province de Dorset, entre Dorchester au nord, & l'isle de Portland au sud. C'est un bon port, situé à l'embouchure de la riviere de Wey, d'où lui vient le nom de Weymouth. Cette ville est à 108 milles au sud-ouest de Londres. Elle a titre de vicomté, droit de députer au parlement, & celui de tenir marché public. *Long.* 15, 47 ; *lat.* 50, 44. (*D. J.*)

W H

WHARFE, LA, *Géog. mod.*, riviere d'Angleterre, dans Yorkshire. Elle descend des montagnes de Craven, & s'abouche avec l'Ouse, après un cours de 50 milles d'étendue, & qui dans certains endroits est extrêmement rapide. (*D. J.*)

WHEALLEP CASTLE, *Géog. mod.*, lieu d'Angleterre, dans la province de Westmorland, au quartier du nord, près de Kir-by-Thore. On voit dans ce lieu de beaux restes d'une ancienne ville, & l'on y a déterré plusieurs médailles, avec l'inscription suivante :

Deo Belatucend
Ro. Lib. Votu
M. Fecit
Jolus.

Il y a apparence que c'est la ville dont les anciens ont parlé sous le nom de *Gallagum* ou *Gallatum :* & il faut que cette place ait été considérable, puisque les Romains tirerent delà jusqu'à la muraille, un chemin pavé au travers des montagnes marécageuses, de la longueur de 20 milles ou environ. On appelle aujourd'hui ce chemin Maidenway, c'est-à-dire, *le chemin des filles ;* peut-être a-t-on dit Maidenway par corruption, au lieu de Headenway, *le chemin des païens.* Tout près delà, dans un lieu nommé Crawedun-dale-Waith, on trouve des remparts, des fossés, & d'autres pareils ouvrages militaires, d'où l'on peut juger qu'il y a eu autrefois dans cet endroit un campement. (*D. J.*)

WHIDAH, *Géog. mod.*, petit royaume d'Afrique. Son terrein est extremement fertile, couvert de verdure & de prairies. Tout le long de la côte le sol est plat ; mais il s'éleve insensiblement. Une vaste chaine de montagnes lui sert de rideau, & le défend au nord-est contre les courses des voisins. Les arbres y sont grands, & forment de longues avenues. Tout le terrein y est cultivé. A peine la moisson est faite, que les semailles recommencent. Ce petit état est si prodigieusement peuplé, qu'un seul de ses villages contient plus de monde que des royaumes entiers de la côte de Guinée.

Les habitans de ce climat, surpassent les autres negres en bonnes & en mauvaises qualités. Leur grande divinité est le serpent, qui a des prêtres & des prêtresses. Les femmes qui jouissent de cette dignité, sont beaucoup plus respectées que les prêtres. Elles commandent à leurs maris en reines absolues, & exercent un empire despotique dans leurs maisons. Chaque année on choisit un certain nombre de jeunes filles, que l'on met à part pour être consacrées au serpent, &

ce sont les vieilles prêtresses, qui sont chargées de faire ce choix. (*D. J.*)

WHISK, LE, *Jeux,* WHIST, jeu de cartes, mi-parti de hasard & de science. Il a été inventé par les Anglois, & continue, depuis long-tems d'être en vogue dans la Grande-Bretagne.

C'est de tous les jeux de cartes, le plus judicieux dans ses principes, le plus convenable à la société, le plus difficile, le plus intéressant, le plus piquant, & celui qui est combiné avec le plus d'art.

Il est infiniment plus judicieux dans ses principes que le reversi, & plus convenable à la société, parce qu'on sait d'avance ce qu'on peut perdre dans une partie ; & qu'on ne vous immole point à chaque coup, en vous faisant des complimens que dicte le mensonge. On n'y donne point de prérogative despotique à une seule carte, & l'on n'y connoit point de dictateur perpétuel, comme est le redoutable spadille ou le maudit quinola.

Le whisk est bien éloigné de tendre à aiguiser méchamment l'imagination, comme fait le reversi, par une allure contraire au bon sens. La marche du whisk est naturelle ; ceux qui y font le plus de points & de mains, emportent de droit, & avec raison la victoire. C'est la regle de tous les jeux sérieux, & en particulier celle du jeu des rois, trop connu de leurs sujets sous le nom de *guerre.*

Le whisk est plus difficile que le piquet, puisqu'il se joue avec toutes les cartes ; que les associés ne parlent point, ne se conseillent point, ne voient, ni ne connoissent réciproquement la force ou la foiblesse de leur jeu. Il faut qu'ils la devinent par leur sagacité, & qu'ils se conduisent en conséquence.

Le whisk est plus intéressant, plus piquant qu'aucun jeu de cartes, par la multiplicité des combinaisons qui nourrissent l'esprit ; par la vicissitude des évenemens qui le tiennent en échec ; par la surprise, agréable ou fâcheuse, de voir de basses cartes faire des levées auxquelles on ne s'attendoit point ; enfin, par les espérances & les craintes successives qui remuent l'ame jusqu'au dernier moment.

Ajoutez que la durée de ce jeu tient un juste milieu entre les deux extrêmes : cette durée permet dans une soirée, qu'on renouvelle deux ou trois fois les parties , & qu'on change les acteurs & les affociations ; ce qui ranime le courage de ceux qui ont perdu , fans affliger les vainqueurs qui rentrent en lice fur leur gain.

En un mot, le whisk eft un jeu très-ingénieufement imaginé à tous égards ; un jeu conftamment fait pour les têtes angloifes, qui réfléchiffent, calculent & combinent dans le filence.

Dans ce jeu, comme à la guerre & à la cour, il faut arranger des batteries, fuivre un deffein, parer celui de fon adverfaire, cacher fes marches , hazarder à propos. Quelquefois avec des cartes bien ménagées, on gagne des levées. Tantôt le plus favant l'emporte , & tantôt le plus heureux ; car les *honneurs* que donne ici la fortune, triomphent fouvent de toute votre habileté, & vous arrachent la victoire, qui s'envole de vos mains fur les ailes de la capricieufe déeffe.

Les François ont reçu dernierement tout enfemble de l'Angleterre victorieufe dans les quatre parties du monde, une généreufe paix, & la connoiffance de ce beau jeu, qu'ils paroiffent goûter extrêmement. Ils l'ont faifi avec tranfport, comme ils font toutes les nouveautés, hormis celles dont l'utilité eft démontrée, & qui intéreffent le bonheur ou la vie des hommes ; mais en revanche ils s'enthoufiafment des modes frivoles, & des jeux fpirituels propres à les amufer. Comme le whisk eft de ce nombre, ils en ont adopté religieufement toutes les loix, & ils fuivent ponctuellement , excepté peut-être celle du filence, qui contrarie beaucoup leur vivacité, & le manque d'habitude où ils font de tenir leur langue captive.

Les chances ou hazards de ce jeu, ont été calculés par de grands mathématiciens Anglois, & M. de Moivre lui-même n'a pas dédaigné de s'en occuper, il a trouvé :

1°. Qu'il y a 27 hafards contre deux, ou à-peu-près, que ceux qui donnent les cartes, n'aient pas les 4 honneurs.

2°. Qu'il y en a 23 contre un, ou environ , que les premiers en main n'aient point les 4 honneurs.

3°. Qu'il y en a 8 contre un, ou environ, que de côté ni d'autre, ne fe trouvent les 4 honneurs.

4°. Qu'il y en a 13 contre 7 , ou environ, que les deux qui donnent les cartes, ne compteront point les honneurs.

5°. Qu'il y en a 25 contre 16, ou environ , que les honneurs ne feront pas également partagés.

Le même mathématicien détermine auffi, que les hafards pour les affociés qui ont déja 8 points du jeu s'ils donnent les cartes , contre ceux qui ont 9 points, font à-peu-près comme 17 à 11. Mais fi ceux qui ont 8 du jeu font les premiers en main , les hafards feront comme 34 eft à 29.

On propofe fur ce jeu divers problêmes , & particulierement celui ci , dont l'exacte folution répandra la lumiere fur plufieurs queftions de même nature.

Trouver le hafard que celui qui donne les cartes, aura 4 triomphes.

Une triomphe étant certaine, le problême fe réduit à celui-ci ; trouver quelle probabilité il y a , qu'en tirant au hafard 12 cartes de 51, dont 12 font des triomphes, & 39 ne font point triomphes, 3 des 12 feront des triomphes.

On trouvera par la regle de M. de Moivre , que le total des hafards pour celui qui donne les cartes , = 92, 770, 723, 800 ; & que le total des hafards pour tirer 12 cartes des 51, = 158, 753, 389, 900. La différence de ces deux nombres. = 65, 982, 666 , 100. Les hafards feront donc comme 9277, &c. à 6598, &c.

Or, nous pouvons calculer la chance de trois joueurs qui ont 10, 11 ou 12 triomphes, du nombre de 39 cartes ; donc nous trouverons que le total des hafards pour prendre 10, 11 ou 12 triomphes, dans 39 cartes, = 65, 982, 666 , 100 ; & que tous les hafards du nombre de 51 cartes, = 158, 753, 389, 900. La différence = 92, 770, 723, 800, = tous les hafards pour celui qui donne, & les hafards feront 9277, &c. à 6598, &c. comme ci-deffus.

Les mathématiciens après avoir trouvé la derniere précifion du calcul, par un grand nombre de chiffres ont cherché, & indiqué les proportions les plus voifines de la vérité que donne le plus petit nombre de chiffres ; & c'eft ce qu'on appelle méthode d'approximation , de laquelle il faut fe contenter dans la pratique. Si l'on demande, par exemple, quelle eft la parité des hafards qu'un joueur ait à ce jeu trois cartes d'une certaine couleur,

leur, ils répondent par voie d'approximation ; qu'il y a environ 682 à gager contre 21 , ou environ 22 contre 1 , qu'il ne les a pas.

Comme nous avons préfentement dans notre langue, un traité du whisk traduit de l'anglois, & imprimé à Paris en 1764, *in-12*, fous le titre d'*Almanach du whisk*, je fuis difpenfé d'indiquer les termes de ce jeu, fes regles, fa conduite, & l'art de le bien jouer.

On croira fans peine que le petit livre dont je parle, eft connu de tout le monde; qu'il a un grand *débit*, & fe lit beaucoup dans un pays d'oifiveté complete par les gens du bon air; un pays où ils éprouvent que les voitures les plus douces brifent la tête , & ils fe repofent en conféquence tout le jour fur des fieges renverfés, fans avoir eu la peine de fe fatiguer ; un pays où les hommes differtent agréablement de pompons , & font des *nœuds* comme les femmes , pour tuer le tems qui paffe fi vite; un pays d'ailleurs, où le jeu égale toutes les conditions , & où l'on n'eft bon qu'à noyer , fi l'on ne joue pas le jeu qui eft à la mode; un pays enfin, où les particuliers n'ayant rien à voir *ans le gouvernement , ne defirent, à l'exemple des anciens Romains foumis aux Céfars , que du pain, des cartes , & des fpectacles, *panem , aleam , & circenfes*. Eh! qui peut condamner des mœurs fi liantes , & des vœux fi modérés ? (*D. J.*)

WHITBY , *Géog. mod.*l, bourg d'Angleterre, dans le Yorcshire, fur le bord de la mer, à l'endroit où elle fait un petit golfe, que les anciens ont appelé *dunus finus*. Whitby fignifie une *habitation blanche*: il fe fait dans ce bourg un grand commerce d'alun & de beurre. On trouve dans fes environs quantité de jayet, *gagates*, pierre foffile, légere, noire, qui fent le bitume, reçoit un beau poliment, & s'allume près du feu. (*D. J.*)

WHITE-HAVEN, *Géog. mod.*, bourg à marché d'Angleterre , dans la province de Cumberland, avec un bon port de mer, dont les habitans ufent pour un grand trafic de fel & de charbon de terre , avec les Ecoffois & les Irlandois. (*D. J.*)

WHITHERN ou WHITE-HERNE, *Géog. mod.* , ville d'Ecoffe , dans la province de Galloway, à environ 100 milles au midi d'Edimbourg, & à 3 de Vightown.

Elle a été autrefois épifcopale , & plus confidérable qu'elle n'eft à préfent. On croit que Whithern eft l'ancienne *Leucopidia* de Ptolomée. *Long.* 12, 43 ; *lat.* 55, 14. (*D. J.*)

W I

WIA, LA, *Géog. mod.*, riviere d'Amérique, dans la Terre-Ferme. C'eft une des plus confidérables de la France équinoxiale. Elle coule du fud au nord, & va fe décharger dans la mer, à la côte orientale de l'ifle de Cayenne, à 40, 41, de la ligne vers le nord. (*D. J.*)

WIAPOCO, *Géog. mod.* , riviere de l'Amérique , dans la Terre-Ferme, à 4, 40 , au nord de la ligne; cette riviere fe jette dans une baie , large environ de 3 lieues ; & fon embouchure qui eft d'une lieue de large , a environ 14 piés de profondeur. Le cap qui barre la baie vers l'orient, eft appellé par les Anglois, *Cabo Cecil*, & par les Hollandois, *cap d'Orange*. (*D. J.*)

WIAST ou OYEST, *Géog. mod.*, petite ville d'Allemagne, en Siléfie, dans la principauté d'Oppellen , fur la riviere de Kladinitz; cette petite ville dépend de l'évêché de Breflaw. (*D. J.*)

WIBORG ou WIBURG, *Géog. mod.*, ville de Danemarck , capitale du nord Jutland , & du diocèfe de même nom, fur le lac Water ; c'eft le fiege du confeil fupérieur de la province. Cette ville étoit anciennement la capitale des Cimbres , & fe nommoit , à ce qu'on croit, dans le moyen âge *Cimbrisberga*. *Long.* 27, 48 ; *lat.* 56, 29.

Aagard (Nicolas & Chrétien) deux freres, nés à Wiborg, au commencement du dernier fiecle , fe font fait l'un & l'autre de la réputation dans la littérature.

Aagard (Nicolas) donna plufieurs ouvrages dont voici les principaux : *Animadverfiones in Ammianum Marcellinum*, Soræ , 1694, *in-4°*. *In Cornelium Tacitum Prolufiones* , Soræ , *in-4°*. On a auffi de lui les traités fuivans : *De optimo genere. oratorum. De ignibus fubterraneis. De ftylo novi Teftamenti. De nido Phœnicis*, &c. il mourut l'an 1657 à 45 ans.

Aagard (Chrétien) eft mis au rang des poëtes latins , les plus purs & les plus coulans de fon pays; on trouvera toutes fes poéfies raffemblées dans le recueil des poëtes danois, *deliciæ poetarum dano-*

rum. Lugd.-Batav. 1693, en 2 *vol. in-12*. il mourut à Rypen en 1664, âgé de 48 ans. *(D. J.)*

.: WIBORG *ou* WIBURG, *ou* WIBOURG, *Géog. mod.*, ville de l'empire Ruffien, capitale de la Karélie-Finoife au fond d'un golfe, que forme celui de Finland, à 15 lieues au couchant de Kexholm, avec évêché fuffragant de Riga; c'eft une place commerçante & forte; munie d'une bonne citadelle, qui a long-tems réfifté aux armes des Ruffes; enfin, le czar Pierre l'affiégea & la prit en 1710. Elle étoit défendue par une garnifon d'environ 4000 Suédois, qui fut faite prifonniere de guerre, malgré la capitulation. Wiborg fut cédée à la Ruffie en 1721, par le traité de Nieuftadt. *Long.* 47', 23; *lat.* 60, 52. *(D. J.)*

WICH, f. m. *Baffe-lifferie*, c'eft un morceau de bois, ou fi l'on veut, une efpece de perche où font attachés les fils de la chaine de la baffe-liffe. Cette perche qui eft auffi longue que les enfubles ou rouleaux qui font aux deux bouts du métier, eft emboîtée dans une rainure ménagée dans toute la longueur de l'enfuble, chaque enfuble a fon wich. *(D. J.)*

WICK *ou* WYCK, *Géog. mod.*, ville des Pays-Bas dans le Limbourg Hollandois, à la droite de la Meufe, vis-à-vis la ville de Maëftricht, avec laquelle elle eft jointe par un pont de pierre, & dont elle eft une dépendance. Ces deux villes, l'une du Brabant, l'autre du pays de Liege, étoient autrefois gouvernées également quant à la juftice, par le roi d'Efpagne, comme duc de Brabant; & par l'évêque de Liege, comme prince temporel; mais la garde de la ville appartenoit au roi d'Efpagne. *(D. J.)*

WICK, *Géog. mod.*, bourg d'Ecoffe, dans la province de Catnen, à l'embouchure d'une riviere, fur la côte orientale, à 2 ou 3 milles au deffus de Saint-Clair. C'eft le fecond bourg de la province, & le plus célebre dans le pays, à caufe du trafic qui s'y fait. Son port eft paffablement bon; & cet avantage joint à ceux de fa fituation, eft caufe que les habitans font aifés. *(D. J.)*

WICKLOW, *Géog. mod.*, comté d'Irlande, dans la province de Léinfter; il eft borné au nord, par Dublin; au midi, par Wexford; au levant, par le canal de St. George; & au couchant, par Kildare &

Catherlagh. Il a 36 milles de long, & 28 de large. On le divife en fix baronnies. Il contient 4 villes qui députent au parlement de Dublin; & deux de ces villes ont encore le droit de tenir des marchés publics. *(D. J.)*

WICKLOW, *Géogr. mod.*, ville d'Irlande, dans la province de Léinfter, capitale du comté de même nom, à l'embouchure de la riviere de Létrim dans la mer, à 24 milles au fud de Dublin, avec un petit port. *(D. J.)*

WICLEFITES, f. m. pl. *Hift. eccléf.*, fecte d'hérétiques qui prit naiffance en Angleterre dans le XIVe fiecle, & tira fon nom de Jean Wiclef, profeffeur en théologie dans l'univerfité d'Oxford, & curé de Lutherworth dans le diocefe de Lincoln.

Dans les divifions qui arriverent dans cette univerfité entre les moines & les féculiers, Wiclef ayant été obligé de céder aux premiers qui étoient appuyés de l'autorité du pape & des évêques, médita de s'en venger contre les prélats de l'églife romaine. A cet effet il avança plufieurs propofitions contraires au droit qu'ont les eccléfiaftiques de pofféder des biens temporels, afin de fe concilier par-là l'affection des feigneurs laïques. La vieilleffe & la caducité d'Edouard III, jointe à la minorité de fon fucceffeur Richard II, furent des occafions favorables à cet héréfiarque pour femer fes dogmes pernicieux. Il enfeigna d'abord que l'églife romaine n'eft point chef des autres églifes; que le pape, les archevêques ou évêques, n'ont nul avantage, nulle fupériorité fur les prêtres; que le clergé ni les moines, felon la loi de Dieu, ne peuvent poffédér aucuns biens temporels; que lorfqu'ils vivent mal, ils perdent tout leur pouvoir fpirituel; que les princes & les feigneurs font obligés de les dépouiller de leurs biens temporels; qu'on ne doit point fouffrir qu'ils agiffent par voie de juftice contre les Chrétiens, ce droit n'appartenant qu'aux princes & aux magiftrats.

Simon de Sudbury, archevêque de Cantorbéry, affembla au mois de février 1377, un concile à Londres, auquel il fit citer Wiclef, qui par la protection du peuple & des grands, n'y effuya aucune condamnation. Cette impunité l'enhardit, & il fema de nouvelles opinions où il abonlissoit les cérémonies du culte reçu dans l'église, les ordres religieux, les vœux monastiques, le culte des saints, la liberté de l'homme, les décisions des conciles, & l'autorité des peres de l'église. Il osa même envoyer ces propositions à Urbain VI, pour le prévenir & le consulter dessus ; Grégoire XI, en ayant condamné 19, les envoya aux évêques d'Angleterre qui tinrent un concile à Lambeth, où Wiclef soutenu comme la première fois, évita encore d'être condamné.

Guillaume de Courtenai, archevêque de Cantorbéry, assembla de nouveau un concile à Londres en 1382, & l'on y condamna vingt-quatre propositions de Wiclef, dix comme hérétiques, & quatorze comme erronées & contraires à la définition de l'église. Celles-là attaquoient la présence réelle, l'eucharistie, la messe, la confession ; celles-ci l'excommunication, le droit de prêcher la parole de Dieu, les aumes, les prieres, la vie religieuse, & autres pratiques de l'église. Le roi Richard soutint les décisions de ce concile de son autorité, & commanda à l'université d'Oxford de retrancher de son corps Jean Wiclef & tous ses disciples. Elle obéit, & l'on ajoute que ce prince bannit cet hérésiarque de son royaume ; mais il fut rappellé & mourut en 1387, après avoir donné, selon quelques-uns, une confession de foi dans laquelle il rétractoit ses erreurs, & reconnoissoit la présence réelle de Jésus-Christ dans l'eucharistie.

Il est probable que cette rétractation n'étoit pas sincère, puisqu'après sa mort il laissa divers écrits ; entre autres deux gros volumes intitulés αληθια, la vérité, & un troisième, sous le titre de trialogue, remplis de ses erreurs, & d'où Jean Hus tira une partie des siennes. Elles furent condamnées de nouveau dans un concile tenu à Londres en 1396, ou, selon d'autres, en 1410 ; & enfin, au concile de Constance Sess. viij, au nombre de quarante-cinq articles : en conséquence son corps fut exhumé & brûlé.

Voilà l'homme que les protestans regardent avec vénération comme le précurseur de la réforme qui parut environ 150 ans après ; c'est-à-dire, un homme qui ne respecta pas plus la puissance séculiere que la puissance ecclésiastique ; quoiqu'il semblât flatter les

princes aux dépens du clergé : car de son vivant même, ses sectateurs attroupés causerent des troubles en Angleterre, ce qu'ils recommencerent sous le regne de Henri V. D'ailleurs, la plupart de ses opinions sont conçues avec un orgueil extrême en forme d'axiomes qu'il ne s'embarrasse pas de prouver, comme s'il avoit eu quelque caractère divin pour en être cru sur sa parole.

Les Presbytériens & les Puritains ou Indépendans modernes, sont - précisément dans les mêmes sentimens sur la hiérarchie ecclésiastique & sur le pouvoir des souverains, que les Wicléfistes. Voy. PURITAINS, INDÉPENDANS. &c.

WICOMB ou HIDWICKHAM, Géog. mod., grand & beau bourg d'Angleterre, dans le Buckinghamshire, sur la route de Londres à Buckingham. Il députe au parlement, & a droit de marché. (D. J.)

WIED, LE COMTÉ DE, Géog. mod., petit comté d'Allemagne, dans la Vettéravie, entre celui du bas-Isenbourg & le Rhin. Il ne renferme pour tout lieu qu'un gros bourg qui lui donne son nom. (D. J.)

WIEL, Géog. mod., bourg du duché de Wurtemberg, où naquit en 1571 Kepler (Jean) l'un des plus grands astronomes de son siecle. Il fut nommé mathématicien des empereurs Rodolphe II, Mathias & Ferdinand II. Il mit en 1627 la derniere main aux tables de Ticho-Brahé, dont l'empereur Rodolphe l'avoit chargé, & qui furent nommées tables rodolphines.

Il mourut en 1630 à Ratisbonne, où il étoit allé pour solliciter le paiement des arrérages de sa pension, que les trésoriers de l'épargne ne lui fournissoient point. Malheur aux savans qui dépendent des intendans de finances, gens qui pour bien servir le prince, fatiguent par mille difficultés les hommes de lettres à qui il fait des pensions, & lui laissent ôter le moyen la gloire d'une liberalité infructueuse ! Kepler éprouva sans cesse leurs rebuts ; mais il ne discontinua point ses travaux, par lesquels il s'est acquis une très-haute réputation.

C'est lui qui a trouvé le premier la vraie cause de la pesanteur des corps, & cette loi de la nature dont elle dépend, que les corps mus en rond s'efforcent de s'éloigner du centre par la tangente : ce qu'il a expliqué par la comparaison des

Kk 2

brins de paille mis dans un seau d'eau, qui se rassemblent au centre du vase.

Kepler est encore le premier qui ait appliqué les spéculations de mathématiques à l'usage de sa physique. Il a trouvé le premier cette regle admirable, appellée de son nom *la-regle de Kepler*, selon laquelle les planetes se meuvent. Enfin, il a fait sur l'optique des découvertes importantes, & Descartes reconnoît que cet habile homme a été son premier maître dans cette science.

Kepler avoit aussi des opinions assez singulieres : on diroit qu'il a donné à la terre une ame douée de sentiment, & qu'il a cru que le soleil & les étoiles étoient animés.

Il nous reste plusieurs ouvrages de cet habile homme, dont vous trouverez la liste dans le pere Niceron. Les principaux sont, 1. *Prodromus dissertationum*, ou *mysterium cosmographicum* : c'est celui de tous ses ouvrages qu'il estimoit le plus ; il en fut tellement charmé pendant quelque temps, qu'il avoue qu'il ne renonceroit pas, pour l'électorat de Saxe, à la gloire d'avoir inventé ce qu'il débitoit dans ce livre. 2. *Harmonia mundi*, avec une défense de ce traité. 3. *De cometis*, *libri tres*. 4. *Epitome astronomiæ copernicanæ*. 5. *Astronomia nova*. 6. *Chilias Logarithmorum*, &c. 7. *Nova stereometria doliorum vinariorum*, &c. 8. *Dioptrice*. 9. *De vero natali anno Christi*. 10. *Ad Vitellionem paralipomena*, *quibus Astronomiæ pars optica traditur*, &c.

Louis Kepler son fils avoit rassemblé tous les ouvrages manuscrits de son pere, dans le dessein de les faire imprimer ; mais ce dessein n'a point été exécuté. Michel Gottlieb Hanschius a publié à Leipsick, 1718 *in-fol.* les lettres latines de ce fameux astronome, accompagnées d'une longue histoire de sa vie. *(D. J.)*

WIELIKIELOUKI, *Géog. mod.*, & par d'autres WIELIKILUKI, ville de l'empire russien, dans le duché de Rzeva. *Voy.* VELIKIE-LOUKI. *(D. J.)*

WIELUN, *Géog. mod.*, ville de la grande Pologne, dans le Palatinat de Siradie, aux confins de la Silésie, sur une riviere qui se rend dans la Warta, à dix lieues de Siradie ; elle a un château pour la défendre. *Long.* 36, 15 ; *latit.* 51, 8. *(D. J.)*

WIEN (la), *Géog. mod.*, les François

écrivent *Vienne* ; petite riviere d'Allemagne, dans la basse-Autriche. Elle donne son nom à la ville de Vienne, parce qu'elle entre dans un de ses fauxbourgs, & serpente par sa plaine, jusqu'à son embouchure dans le Danube. *(D. J.)*

WIENNER-WALD, ou *la forêt de Vienne*, *Géog. mod.*, on donne ce nom à la partie méridionale de la Basse-Autriche, que le Danube sépare du Manhartsberg, qui est la partie septentrionale. Le Wienner-Wald comprend ainsi tout le pays qui se trouve entre le Danube au nord, la Hongrie à l'orient, le duché de Stirie au midi, & la Haute-Autriche au couchant.

WIEPERZ ou WIEPEZ, *Géog. mod.*, riviere de Pologne. Elle prend sa source dans le palatinat de Belz, court au nord, traverse le palatinat de Russie, & finit par se jeter vers le couchant dans la Vistule. *(D. J.)*

WIER ou WYER, *Géog. mod.*, petite isle de l'Océan Calédonien, & l'une des Orcades. Elle est située entre l'isle d'Egli au nord oriental, l'isle de Grès à l'orient méridional, celle de Mainland au midi, & celle de Rous au couchant. Cette petite isle est fertile en blés. Les isles voisines lui fournissent les mottes de terre dont elle manque, & dont on se sert au lieu de bois dans les Arcades.

WIER (le), ou WYER, *Géog. mod.*, riviere d'Angleterre, dans la province de Lancastre. Elle sort des rochers de Wiersdale, & se jette dans l'Océan. *(D. J.)*

WIERINGEN, *Géog. mod.*, isle des Pays-Bas, en Nord-Hollande, dans le Zuyderzée, entre le Texel & la ville de Medenblick. On y nourrit force poulains, & une quantité prodigieuse de moutons, dont on pourvoit les villes voisines. Les habitans tirent encore du profit des oies sauvages (*rotgansen*) qui y abordent en grand nombre pendant l'hiver.

WIESENBOURG, *Géog. mod.*, petite ville d'Allemagne, dans la partie septentrionale du duché de Saxe, aux confins de la Basse-Saxe, de la principauté d'Anhalt, & du margraviat de Brandebourg.

WIESNIETZ, *Géogr. mod.*, petite ville de la petite Pologne, dans le palatinat de Cracovie, à un mille de Bochna. *(D. J.)*

WIETLISPACH, *Géog. mod.*, petite ville de Suisse, dans le canton de Berne, au bailliage de Ryp, & au pié d'une montagne qui lui donne de l'eau, & des fontaines en quantité.

WIGAN, *Géog. mod.*, ville d'Angleterre, dans la province de Lancaftre, fur la route de Londres à Lancaftre, entre Wirwick & Preſton. Elle eſt jolie, bien bâtie, affez peuplée, & ſituée au bord de la riviere de Duglefs ou de Dowles. L'évêque de Cheſter, de qui elle dépend, y a fon palais. *Long.* 14, 45 ; *lat.* 53, 32.

Il y a à Wigan une fameuſe fource, qu'on nomme le *puits brûlant*. Le petit peuple affure que l'eau de cette fource s'enflamme comme de l'huile ; c'eſt une erreur. Il eſt vrai feulement, qu'il fort de la terre dans cet endroit une vapeur qui donne à l'eau un frémiſſement femblable à celui qu'elle éprouve quand elle eſt fur le feu ; mais cette eau n'en acquiert point de chaleur ; la vapeur feule qui fe fait jour avec violence eſt inflammable, prend feu à l'approche d'une chandelle allumée, & brûle pendant quelque temps. L'eau au contraire ne brûle, ni ne s'échauffe point ; & ſi l'on tarit cette eau, la vapeur ignée fort tout de même ; la flamme de cette vapeur n'eſt point décolorée comme celle des corps fulfureux, & n'a point de mauvaiſe odeur ; enfin ces fumées vaporeuſes ne produiſent aucune chaleur fur la main qui y eſt expoſée. L'origine de ces vapeurs ignées vient apparemment des mines de charbon qui font dans le voiſinage, & qui produiſent une vapeur de la même nature. On en procure de femblables artificiellement, par des préparations de fer diſſous dans un menſtrue convenable. (*D. J.*)

WIGHS, f. m. pl. *Hift. mod.*, nom donné en Angleterre au parti oppoſé à celui des Torys. *V.* FACTION *&* TORY.

L'origine du nom des Wighs & des Torys, quoique peu ancienne, eſt très-obſcure : ſi dans la naiſſance d'un parti on a fait peu d'attention à quelque aventure commune, ou à quelque circonſtance frivole, qui a ſervi à les nommer, en vain ce parti, devenu fameux par les fuites, excita-t-il la curioſité des favans, pour trouver la véritable raiſon du nom qu'on lui a donné ; ils furmeront mille conjectures, & fe tourmenteront fans fuccès pour en découvrir l'étymologie,

au moins pourront-ils rarement fe flatter de l'avoir faiſie au juſte. C'eſt ainſi qu'on appelle en France les Calviniſtes *Huguenots*, fans qu'on puiſſe décider fûrement d'où vient ce nom. *Voyez* HUGUENOT.

Wigh eſt un mot écoſſois, & felon quelques-uns, il eſt auſſi en uſage en Irlande, pour ſignifier *du petit-lait*. Tory eſt un autre mot irlandois, qui veut dire *brigand* & *voleur* de grand chemin.

Pendant que le duc d'Yorck, frere du roi Charles II, s'étoit réfugié en Ecoſſe, ce pays fut agité par deux partis, dont l'un tenoit pour le duc, & l'autre pour le roi. Les partifans du duc étant les plus forts, perfécutoient leurs adverſaires, & les obligeoient fouvent à fe retirer dans les montagnes & dans les forêts, où ils ne vivoient que de lait, ce qui fut cauſe que les premiers les appellerent par dériſion Wighs ou *mangeurs de lait*. Ces fugitifs donnerent à leurs perſécuteurs le nom de *torys* ou de *brigands*. Suivant cette conjecture, les noms de *torys* & de Wighs feroient venus d'Ecoſſe avec le duc d'Yorck.

D'autres en donnent une étymologie qui remonte plus haut. Ils diſent que durant les troubles qui cauferent la mort tragique du roi Charles, les partifans de ce prince étoient nommés *cavaliers*, & ceux du parlement *round-heads*, têtes rondes, parce qu'ils portoient des cheveux extrêmement courts. Or, comme les ennemis du roi l'accuferent de favoriſer la rebellion d'Irlande, qui éclata dans ce temps-là, les parlementaires changerent le nom de *cavaliers* en celui de *Torys*, qu'on avoit donné aux brigands d'Irlande. Et réciproquement les *cavaliers* ou partifans du roi donnerent aux parlementaires, parce qu'ils étoient ligués avec les Ecoſſois, le nom de Wighs, qui eſt celui d'une efpece de fanatiques d'Ecoſſe, qui vivent en pleine campagne, & qui fe nourriſſent communément que de lait. *Differt.* de Rapin Thoiras *fur les Wighs & les Torys*, imprimées à la Haye en 1717.

M. Burnet prétend que le nom de Wigh eſt dérivé du mot écoſſois *wigzham*, qui en foi-même ne ſignifie rien, & n'eſt qu'un cri dont les charretiers Ecoſſois fe fervent pour animer leurs chevaux. Que ce nom fut donné pour la première fois aux presbytériens d'Ecoſſe en 1648, lorſ-

que le roi Charles I étant déja prisonnier
entre les mains du parlement, ils prirent
les armes, attaquerent les royalistes, &
s'emparerent enfin du pouvoir suprême.
Que le parti du roi donna alors le nom de
Wighs aux presbytériens Ecossois; parce
que la plupart n'étoient que des paysans
& des charretiers; que dans la suite ce
nom devint commun à tout le parti, & que
l'usage s'en établit aussi en Angleterre.

A ce que nous avons déja dit des Wighs
sous le *mot* TORYS, nous ajouterons que
les principes des Wighs sont : que les sujets doivent toute sorte de respect & d'o-
béissance à leurs supérieurs, tant que
ceux-ci observent les conditions tacites
ou expresses sur lesquelles on leur a remis la souveraine autorité. Que si un
prince prétendoit gouverner despotique-
ment la conscience, la vie & les biens de
ses sujets, & qu'il violât pour cet effet
des loix fondamentales, il seroit du devoir des sujets, tant pour leur propre conservation, que pour celle de leurs descendans, de refuser l'obéissance que l'on
exige d'eux, & de prendre les mesures
les plus convenables pour faire qu'à l'a-
venir ils ne pussent être gouvernés que
selon leurs loix. Il n'est pas difficile de
sentir que ces principes interprétés suivant les circonstances, par ceux qui les
soutiennent, anéantiroient le pouvoir du
roi d'Angleterre, & que ce sont ceux qui
ont conduit sur l'échafaud l'infortuné
Charles I.

Quoique les Wighs soient extrêmement opposés au parti de la cour, cependant, soit ménagement, soit autre vue
de politique, la cour ne laisse pas que de
les employer, & de les mettre souvent
dans les plus hautes places. Sous Guillaume III, & les premieres années de la
reine Anne, le ministere étoit *wigh*, il devint tout-à-coup tory sur la fin du regne
de cette princesse ; mais dès que George
I fut monté sur le trône, les Wighs reprirent l'avantage.

WIGHT, L'ISLE DE, *Géog. mod.*,
isle sur la côte méridionale de l'Angleterre comprise dans le Hampshire, au sud-
ouest de Portsmouth. Elle a environ soixante milles de tour, & renferme trente-six paroisses & trois bourgs à marchés,
savoir, Newport, Yarmouth & Cows,
dont les deux premiers députent au parlement.

Cette isle est remarquable par l'honneur qu'elle a eu autrefois de porter le
titre de *royaume*. Ce fut Henri VI qui l'é-
rigea en royaume en faveur de Henri
Beauchamps, comte de Warwick, son
favori, qui fut couronné roi de Wight &
des isles de Jersey & de Guernesey, en
1445. Il mourut deux ans après, & par
sa mort l'isle de Wight perdit le titre de
royaume. Edouard IV, qui succéda à Henri VI, donna cette isle à son beau-pere
Richard Woodville, comte de Rivers,
avec le titre de *seigneur de* Wight.

Les anciens l'ont appellé *Vecta* & *Vec-
tis* ; les Bretons du Gallois lui ont donné
le nom de *Guith*, & les Saxons l'ont
nommée *Vithland* & *Vithbea*. Elle est de
forme ovale, étendue en long de l'orient
à l'occident, & séparée de la terre-ferme
par un petit détroit nommé autrefois *So-
lent* & aujourd'hui *Solvent*. Comme ce
détroit n'est pas fort large, n'ayant que
deux milles de trajet en quelques endroits, on pourroit croire que l'isle de
Wight étoit autrefois une presqu'isle jointe au continent par quelque isthme, qui
avec le temps a été emporté par la violence des flots. Cette opinion semble confirmée par le témoignage de Diodore de Sicile, qui dit que la côte de la Grande-
Bretagne étoit bordée d'une isle nommée
Icta, qui paroissoit une isle entiere, &
qui étoit entourée d'eau lorsque la marée
montoit ; mais que le reflux laissoit à découvert le terrein qui étoit entre-deux,
& que les Bretons prenoient ce temps favorable pour passer en chariot de la terre-ferme dans l'isle, où ils alloient vendre leur étain, qui delà étoit transporté
dans la Gaule.

Cette isle est extrêmement fertile; elle
abonde en prés & en pâturages ; la laine
de ses brebis est presque aussi fine que celle de Lempster dans la province de Hereford. Le bled n'y manque pas, non plus
que la pêche & la chasse : mais il faut tirer le bois dont on a besoin de l'Hampshire. Les habitans dépendent pour le temporel de cette derniere province, & pour
le spirituel de l'évêque de Winchester.

Deux hommes célebres nés dans l'isle
de Wight, se présentent à ma mémoire :
James (Thomas) savant théologien, &
Hooke (Robert) grand physicien du dernier siecle.

James naquit vers l'an 1571, & mourut à Oxford en 1629 âgé de cinquante-huit ans. Divers ouvrages ont été le fruit de ses études ; je n'en citerai que trois. 1. *Catalogus scriptorum oxoniensium & cantabrigiensium librorum*, Londres 1600 *in-4°*. c'est un des plus exacts d'entre les catalogues de cette nature. 2. *Traité de la corruption de l'écriture, des conciles & des peres, par les prélats de l'église de Rome*, Londres 1611 & 1638, in-8°. Il y a, dit-il, dans la bibliotheque du vatican des écrivains entretenus pour transcrire les actes des conciles & pour copier les ouvrages des peres, en imitant le caractere des anciens livres aussi parfaitement qu'il est possible : c'est un moyen, continue-t-il, de donner dans la suite ces copies modernes sur le pié d'anciens manuscrits. 3. *Catalogus indulgentiarum urbis Roma, ex veteri manuscripto descriptus*, Lond. 1617, *in-4°*.

Hooke naquit en 1635, & montra dès son enfance une grande dextérité à imiter les ouvrages de méchanique ; car il fit une horloge de bois sur le modele d'une vieille horloge de cuivre qu'il avoit sous les yeux. Le pere cultiva les heureuses dispositions que son fils avoit pour les arts, & qui perfectionnerent le génie inventif qui brille dans les ouvrages de M. Hooke. L'illustre Boyle l'employa à ses expériences, & bientôt la société royale lui donna une pension pour travailler sous ses ordres. En 1666, la ville de Londres ayant été ruinée par le feu, il fut nommé pour marquer le terrein aux propriétaires ; & ce fut dans cet emploi qu'il gagna la plus grande partie de son bien. Il mourut en 1703, âgé de soixante-sept ans.

Il étoit très-mal fait de sa personne, bossu, pâle & maigre, mais actif, laborieux, & d'une admirable sagacité à pénétrer dans les mysteres cachés de la nature. Il n'en faut pas d'autres preuves que le grand nombre d'expériences qu'il a faites, & les machines pour les faire, qui montent à quelques centaines ; les nouveaux instrumens & les utiles inventions dont on lui est redevable, l'heureux talent qu'il avoit d'inventer des expériences aisées & simples, & de passer des expériences aux théories, ce qu'il disoit être la meilleure méthode pour réussir dans l'explication de la nature. C'est lui qui a donné le plan du nouveau Béthlem à Lon-

dres, de Montague-house, du college des Médecins, du théâtre qui y est joint, & de beaucoup d'autres édifices.

C'est lui qui perfectionna en 1659 la pompe pneumatique de M. Boyle. Il inventa l'année suivante & fit l'essai de différentes manieres de voler en l'air, & de se remuer rapidement sur terre & sur l'eau. Il imagina d'employer des ailes assez semblables à celles des chauve-souris pour les bras & les jambes, & fit une machine pour s'élever en l'air par le moyen de girouettes horizontales placées un peu de travers au vent, lesquelles, en faisant le tour, font tourner une vis continue au centre, qui aide à faire mouvoir les ailes, & que la personne dirige pour s'élever par ce moyen.

Il a toujours soutenu, & même peu de semaines avant sa mort, il dit à M. Richard Waller & à d'autres personnes, qu'il connoissoit une méthode sûre pour découvrir le véritable lieu d'un vaisseau en mer par rapport à sa distance est & ouest du port d'où il étoit parti. Si c'étoit par des horloges, par quelques autres machines pour mesurer le temps, ou par d'autres voies, c'est ce qu'on ignore, quoiqu'il y ait lieu de penser que c'étoit par le moyen des horloges qu'il travailla à perfectionner, ayant fait diverses expériences & lu plusieurs discours sur ce sujet. Cependant sa prétention a produit la découverte de cette utile maniere de régler les montres par la spirale appliquée à l'arbre du balancier, comme l'on fait encore, sans que l'on ait rien ajouté de considérable depuis.

Vers l'an 1660, il inventa le pendule-cycloide, & la maniere de le faire servir à continuer le mouvement d'un autre pendule, invention qu'il communiqua ensuite à la société royale en 1663 ; & on inséra sous son nom alors & après dans les journaux de la société, diverses choses touchant les pendules cycloïdes.

En 1664, il produisit une expérience pour montrer quel nombre de vibrations une corde tendue doit faire dans un temps déterminé, pour donner un certain ton ; & il parut qu'un fil de métal faisant deux cents soixante & douze vibrations dans l'espace d'une seconde, sonne *G, sol, ré, ut* ; il fit encore d'autres expériences sur la division d'un monocorde.

En 1666, il produisit à la société royale un très-petit quart de cercle, pour obferver exactement les minutes & les fecondes; cet inftrument étoit avec une aire mobile, par le moyen d'une vis qui étoit attachée au bord; c'étoit peut-être le premier de cette façon qu'on eût vu, quoiqu'il foit à préfent affez connu & en ufage. M. Hooke a publié en 1674 la defcription d'un grand inftrument de cette efpece, de toutes fes parties, & de tout le refte qui y eft néceffaire, & de la maniere de s'en fervir, dans fes *remarques* fur la *machina cœleftis* d'Hevelius, p. 54.

Le 23 mai 1666, il lut un mémoire où il explique (comme le portent les regiftres de la fociété royale) l'inflexion du mouvement direct en courbe, par l'intervention d'un principe attractif; & en ordonna que ce mémoire feroit enregiftré. Cette piece fert d'introduction à une expérience, pour montrer que le mouvement circulaire eft compofé de l'effort du mouvement direct par la tangente & d'un autre effort vers le centre. On attacha au plancher de la chambre un pendule avec une groffe boule de bois appellé *lignum vitæ* au bout, & l'on trouva que fi l'effort par la tangente étoit d'abord plus fort que l'effort vers le centre, il réfultoit un mouvement elliptique, dont le plus grand diametre étoit parallele à l'effort direct du corps à la premiere impulfion. Mais que fi cet effort étoit plus foible que l'effort vers le centre, il en réfultoit un mouvement elliptique, dont le plus petit diametre étoit parallele à l'effort du corps dans le premier point de l'impulfion. Que fi les deux efforts étoient égaux, il en réfultoit un mouvement parfaitement circulaire.

On fit une feconde expérience, qui confiftoit à attacher un autre pendule avec une corde courte à la partie inférieure du fil auquel le principal poids étoit fufpendu, de maniere que ce pendule pût librement faire un mouvement circulaire ou elliptique autour du poids, tandis que celui-ci fe mouvoit circulairement ou elliptiquement autour du centre. Le but de cette expérience étoit d'expliquer le mouvement de la lune autour de la terre; elle montroit évidemment que ni la plus groffe boule repréfentant la terre, ni la plus petite qui repréfente la lune, ne fe mouvoient pas d'une maniere parfaitement circulaire ou elliptique, comme el-

les auroient fait fi elles avoient été fufpendues ou mues chacune à part; mais qu'un certain point qui paroit être le centre de gravité des deux corps (fitués de quelque façon que ce foit & confidérée comme n'en faifant qu'un), femble fe mouvoir régulierement en cercle ou en ellipfe, les deux boules ayant d'autres mouvemens particuliers dans de petits épicycles autour du point fufdit.

M. Hooke s'étant apperçu que le télefcope par réflexion de M. Newton étoit de plus en plus eftimé, propofa peu de temps après par écrit à la fociété royale de perfectionner les télefcopes, les microfcopes, les fcotofcopes, & les verres ardens, par des figures auffi aifées à faire que celles qui font unies ou fphériques, de maniere qu'ils augmentent extraordinairement la lumiere & groffiffent prodigieufement les objets; qu'ils exécutent parfaitement tout ce que l'on a jufqu'à préfent tenté ou defiré de plus dans la Dioptrique, avec un chiffre qui renferme le fecret; il le découvrit à mylord Brounker & au docteur Wren, qui en firent un rapport favorable; le tout fe fait par des réfractions des verres. M. Hooke affura auffi en préfence d'un grand nombre de perfonnes, qu'en l'année 1664 il avoit fait un petit tube d'un pouce de long, & qui produit plus d'effet qu'un télefcope commun de cinquante piés; mais la pefte étant furvenue à Londres, & le grand incendie lui ayant procuré des occupations utiles, il négligea cette invention, ne voulant pas que les tailleurs de verres euffent aucune connoiffance de fon fecret.

En 1669, il établit devant la fociété royale, qu'une des méthodes les plus exactes pour mefurer un degré de la terre, étoit de faire des obfervations précifes dans le ciel, à une feconde près, par le moyen d'un tube perpendiculaire, & de prendre enfuite des diftances exactes par le moyen des angles, auffi à une feconde près.

En 1674, il communiqua à la fociété une maniere de déterminer quel eft le plus petit angle qu'on peut diftinguer à l'œil nu; & il fe trouva qu'aucun de ceux qui y étoient, ne put obferver d'angle beaucoup plus petit que d'une minute.

Il propofa quelque temps après une théorie pour expliquer la variation de

l'aiguille aimantée; cette théorie revenoit à ceci: que l'aimant a ses poles particuliers éloignés de ceux de la terre de
dix degrés, autour desquels ils se meuvent; en sorte qu'ils font leur révolution
dans l'espace de trois cent soixante & dix
ans. C'est ce qui fait que la variation a
changé de dix ou onze minutes par an, &
continuera vraisemblablement à changer
pendant quelque temps, jusqu'à ce qu'elle diminue peu-à-peu, & enfin elle s'arrêtera, rétrogradera, & probablement
recommencera.

Il propofa en même temps la conftruction d'un inftrument curieux, pour obferver la variation des variations de l'aiguille dans les différentes parties du monde. Il eft difficile de déterminer ce que c'é-
toit que cet inftrument, mais on peut voir
dans fes *œuvres pofthumes*, p. 436, la figure d'un inftrument qui y a quelque rapport.

En 1678, il publia fon *traité des refforts*, où l'on explique la puiffance des
corps élastiques, Londres, 1678, in-4°.
La fubftance de fon hypothefe eft comprife dans un chiffre à la fin de fa *Defcription
des héliofcopes*; c'eft la troifieme d'une décade d'inventions, dont il parle là, &
dont il affure qu'il avoit feul le fecret. M.
Richard Waller en a découvert quelques-
uns; il tranfcrit d'abord ce que le docteur
Hooke en dit, & il ajoute enfuite l'explication ou la clef.

La feconde invention, qui eft le premier chiffre, eft énoncée en ces termes:
*the true mathematical, and mechanical
form, of all manner of arches for building,
with the true butment, neceffary to each of
them*; problème qu'aucun écrivain d'Architecture n'a jamais touché, bien-loin
d'en avoir donné la folution: *ab, ccc,
dd, eeeee, f, gg, iiiiiii, ll,
mmmm, nnnnn, oo, p, rr, sss,
ttttt, uuuuuuu, x*; ce qu'on
explique par ces mots, *ut pondet continuum flexile, fic ftabit, continuum, rigi-
dum, inverfum*, which is the, *linea cate-
naria*.

La troifieme eft la théorie de l'élasticité, exprimée par ces lattres, *iii, no,
sss, tt, uu*; ce qui fignifie *ut tenfio,
fic vis*: c'eft-là la théorie des reflorts. La
neuvieme, qui eft le fecond chiffre, regarde une nouvelle efpece de balance
philofophique d'un grand ufage dans la
philofophie expérimentale, *cde, ii; nn,
oo, p, sss, tt, uu, ut pondus fic tenfio*.

On annonce la derniere comme une invention extraordinaire dans la méchanique, fupérieure pour divers ufages aux
inventions chimériques du mouvement
perpétuel: *aa, a, b, cc, dd, eeeee,
g, iii, l, mmm, nn, oo, pp, q, rrr,
s, ttt, uuuuu: pondere premit aër vacuum, quod ab igne relictum eft*. Cette invention paroit être la même chofe que la
méthode du marquis de Worcefter d'élever l'eau par le moyen du feu, qui eft la
foixante-huitieme invention de la centu-
rie qu'il a publiée en 1663. C'eft auffi le
principe fur lequel eft fondée la machine
de M. Savery pour élever les eaux.

Au mois de décembre 1679, on propofa de faire une expérience pour déterminer fi la terre a un mouvement diurne ou
non, en faifant tomber un corps d'une
hauteur confidérable, & l'on foutint qu'il
tomberoit à l'eft de la véritable perpendiculaire. M. Hooke lut un difcours fur ce
fujet, où il expliquoit quelle ligne le
corps tombant devoit décrire, en fuppofant qu'il fe meut circulairement par le
mouvement diurne de la terre, & perpendiculairement par la force de la pefanteur;
& il fait voir que ce ne feroit pas une fpirale, mais une ligne excentrique elliptoide,
en fuppofant nulle réfiftance dans le milieu; mais en y fuppofant de la réfiftance, elle feroit excentrique-ellipti-fpirale,
& qu'aprèsplufieurs révolutions elle refteroit enfin dans le centre, & que la chûte du corps ne feroit pas directement à
l'eft, mais au fud-eft, & plus au fud qu'à
l'eft. On en fit l'effai, & l'on trouva que
la boule tomba au fud-eft.

En 1681, il montra publiquement une
maniere de produire des fons de mufique
& autres, en abattant les dents de plufieurs roues d'airain coupées d'une maniere proportionnée à leurs nombres, &
tournées avec force; ce qu'il y avoit de
remarquable, c'eft que les coups égaux
ou proportionnés des dents, c'eft-à-dire,
2 à 1, 4 à 3, &c. formoient les notes de
mufique; mais les coups inégaux avoient
plus de rapport au fon de la voix en parlant.

En 1682, il montra un inftrument pour
décrire toutes fortes d'*hélixes* fur un cône, affurant qu'il pouvoit avec cet inftrument divifer toute longueur donnée;

quelque courte qu'elle fût , en autant de parties presque qu'on voudroit assigner, par exemple, un pouce de 100000 parties égales. Il prétendoit que cette invention pouvoit être d'un grand usage pour perfectionner les instrumens astronomiques & géographiques.

Dans l'assemblée suivante de la société royale, il produisit un autre instrument avec lequel il découvroit une courbe qu'on pouvoit nommer une parabole inventée ou une *hyperbole parabolique*, ayant les propriétés d'être infinie des deux côtés, d'avoir deux asymptotes, comme il y en a dans l'hyperbole, *&c*. Il montra un troisieme instrument pour décrire exactement la spirale d'Archimede, par une nouvelle propriété de cet instrument, & cela aussi aisément & aussi sûrement qu'un cercle, en sorte qu'on pouvoit diviser non seulement tout arc donné en un nombre égal de parties demandées, mais aussi une ligne droite donnée , égale à la circonférence d'un cercle.

On trouvera dans les *Trans.phil.* quantité d'autres observat'ons du docteur Hooke ; sa *Micrographie* a paru en 1665 *in-fol.* Sa vie est à la tête de ses Œuvres posthumes , imprimées à Londres en 1705 *in-fol.* Enfin l'on a publié dans la même ville en 1726,*in-8°*. un livre sous le titre d'*Expériences & observations philosophiques du docteur Hooke* , par G. Derham , avec figures. (*D. J.*)

WIGHTON, *Géog.mod.*, bourg à marché d'Angleterre, dans le quartier oriental d'Yorckshire , à environ huit milles de Beverley, sur une petite riviere nommée *Foulnesse*. Ce bourg a succédé à une ville appellée *Delgovitia*, auprès de laquelle étoit un temple d'idoles , qu'on appelloit *Godmundingban*. (*D. J.*)

WIGHTOWN , *Géog. mod.*, petite ville d'Ecosse, dans la province de Gal oway, avec un assez bon port. *Long.* 13, 4; *lat.* 54, 57. (*D. J.*)

WIKIE ou WIKESLAND,*Géog.mod.*, petite province de l'empire Russien, dans l'Esthonie. Elle est bornée au nord par l'Harrie,au midi par la Livonie,au levant par la Jerwie , & au couchant par le Moonsund. Pernau en est la principale ville. (*D. J.*)

WILBAD ou WILDBAD, *Géog.mod.*, petite ville d'Allemagne , dans la Suabe , au Schwartzwald, ou dans la forêt-noire,

sur la droite de l'Entz.Elle est remarquable par ses bains d'eau chaude. (*D. J.*)

WILDENHAUS, *Géog.mod.*, paroisse de Suisse,dans le Tockenbourg, au Thoure-Thall,où elle a le rang de sixieme communauté. *Wildenhaus* est un lieu connu dans l'histoire , pour avoir été la patrie d'Huldric Zwingle,qui y naquit en 1484, d'Huldric Zwingle , amman du lieu , qui est la premiere dignité du pays.

Il fit ses études à Bâle , à Berne & à Vienne en Autriche. Il apprit bien les langues grecque & hébraïque , & prit ensuite le degré de docteur en théologie. Il fut nommé curé à Glaris en 1506 ; où *il commença*, comme il s'exprime, *à prêcher l'Evangile*. Il en agit de même quand il fut appellé à Zurich en 1518 par le prévôt & les chanoines de cette ville,& attaqua non seulement le trafic des indulgences,en quoi il étoit protégé par l'évêque; mais il prêcha contre l'invocation des saints , le sacrifice de la messe , le célibat des prêtres.

En 1520, il renonça à une pension que sa sainteté lui faisoit, & en 1522 il se maria. En 1523 le pape lui écrivit un bref très-flatteur, qui prouvoit que la cour de Rome auroit été bien aise de le gagner. La même année, le magistrat de Zurich prescrivit une assemblée pour discuter par l'Ecriture-sainte les matieres de religion ; tous les ecclésiastiques du canton, ainsi que l'évêque de Constance, y furent appellés. Après ce colloque, on fit à Zurich de nouveaux pas vers la réformation ; & cependant le canton convoqua une seconde assemblée , où les Zurichois inviterent les évêques de Constance , de Coire & de Bâle, avec l'université de cette ville. Ils inviterent aussi tous les autres cantons à y envoyer les plus savans de leurs pasteurs. Le synode fut composé de neuf cent personnes, au nombre desquelles se trouverent trois cents cinquante prêtres. L'issue apprit au public , que les partisans de Zwingle avoient triomphé; car sa doctrine fut reçue à la pluralité des suffrages dans tout le canton. M. Dupin dit , que la plupart des ecclésiastiques qui assisterent à cette conférence, abandonnerent la cause de l'église, par ignorance ou par malice. Enfin, en 1525, le conseil de Zurich abolit la messe.

Zwingle assista à la dispute de Berne tenue en 1528,& à la conférence de Marpourg. En 1531, la guerre se déclara entre les cantons protestans & les cantons catholiques, & les Zurichois furent défaits à la bataille de Cappel. Comme la coutume de Zurich est, que lorsqu'on envoie une armée contre l'ennemi, le premier pasteur de l'église doit l'accompagner, Zwingle s'y trouva, & par son devoir & par un ordre particulier du magistrat, il fut enveloppé dans le malheur de cette journée, blessé d'un coup de pierre, renversé à terre, & tué par un officier catholique à 47 ans.

Né avec un génie heureux, il le cultiva soigneusement, & prêcha la réformation, avant même que le nom de Luther fût connu en Suisse. Il étoit d'une application infatigable au travail, & étudioit toujours debout. Après le souper il faisoit une promenade, & s'occupoit ensuite à écrire des lettres, souvent jusqu'à minuit. Si l'on considere le tems que lui prenoit encore la conduite de l'église de Zurich, dont il étoit le premier pasteur, l'instruction de la jeunesse comme professeur, & la direction de la plupart des églises protestantes du pays, on sera surpris du grand nombre d'ouvrages qui sont sortis de sa plume.

Ils ont été recueillis en quatre volumes in-folio, imprimés à Zurich en 1544 & 1545. Les deux premiers tomes contiennent ses traités de religion & de controverse ; les deux derniers renferment ses explications de divers livres de l'ancien & du nouveau Testament. Zwingle, selon M. Simon, est assez simple dans son commentaire sur la bible, mais peu exercé dans l'étude de la critique. Sa modestie paroit en ce qu'il ne semble pas avoir abandonné entierement l'ancien interprete latin, qui étoit autorisé depuis long-tems dans toute l'église d'occident. Le même historien critique trouve que les notes de Zwingle sur quelques épîtres de S. Paul, sont plus exactes & plus littérales que celles qu'il a données sur les évangiles ; mais il ne faut point douter que les commentaires de ce théologien ne fussent meilleurs, s'il les eût publiés lui-même, & qu'il y eût mis la derniere main. Une circonstance qui mérite d'être observée, & qui n'a pas échappé à M. Simon, c'est que sur la premiere épître de S. Jean, Zwingle n'explique point le vers. 7. du chap. v. ce qui semble indiquer que ce passage ne se trouvoit pas dans son exemplaire grec.

Léon de Juda, en parlant de Zwingle, dit, *Huldrychus Zuinglius, non solùm concionibus sacris, sed & lectionibus publicis, mirâ arte, claritate, brevitate ac simplicitate, parique diligentiâ, dexteritate, ac fide tractavit, ut nec prioris sæculi, nec nostri ævi scriptoribus, judicio doctissimorum hominum, cedere videatur.* Je souscrirois volontiers à une partie de cet éloge, ajoute M. Simon, si l'auteur Suisse avoit été moins agité de l'esprit de réformation, qui ne lui permit pas de faire un bon usage de sa raison.

Zwingle entendoit les langues & la théologie. Il étoit agréable en conversation, possédoit la musique, & la recommandoit même aux gens de lettres comme une récréation très-propre à les délasser. Il paroit par une circonstance de la dispute de Berne, qu'il avoit une opinion particuliere sur l'apocalypse. Gilles Mourer lui en ayant cité un passage, en faveur de l'invocation des saints, Zwingle lui répondit séchement, qu'il ne reconnoissoit point l'autorité du livre de l'apocalypse, & ne le regardoit ni comme canonique, ni de la main de S. Jean l'évangéliste.

On mit au jour à Bâle en 1536, une *courte exposition de la foi*, que Zwingle avoit composée peu de tems avant sa mort, & qu'il avoit adressée à François I. C'est dans cette piece, que se trouve le passage du salut des païens, contre lequel on s'est si fort récrié.

Zwingle a pensé que les sages du paganisme devoient avoir été sauvés, parce qu'il a cru que Dieu par les effets de sa grace, avoit produit en eux la foi nécessaire au salut. Voici comme il s'en explique lui-même : " J. C. n'a pas dit, celui qui ne sera point baptisé, ne sera point sauvé ; par conséquent les enfans morts sans baptême, & tous les païens ne sont pas damnés ; ce seroit donc une témérité que de condamner aux enfers tous ceux qui n'ont pas été consacrés par la circoncision ou par le baptême. Il ne faut pas qu'on imagine que cette idée tende à anéantir J. C. car elle ne sert qu'à augmenter sa gloire. Que savons-nous ce que chacun a de foi écrite en son cœur par la main de Dieu ? Il nous faut bien vivre, dit Seneque, puisque rien n'est caché à l'Etre suprême; il est présent à nos esprits, & pénetre toutes nos pensées. „

Zwingle n'a jamais douté que l'état du paganisme ne fût condamnable ; mais il a cru par un jugement d'humanité, que Dieu auroit pitié de Seneque & de quelques autres païens, qui avoient une foi confuse en lui, & qui n'avoient pas eu de part à la corruption de leur siecle.

Erasme, contemporain de Zwingle, pensoit comme lui sur cette matiere. Si les juifs, dit-il, avant la publication de l'évangile, pouvoient se sauver avec une foi grossiere, pourquoi cette foi ne suffiroit-elle pas pour sauver un païen, dont la vie a été remplie de vertus ; un païen qui en même tems, a cru que Dieu étoit une puissance, une sagesse, une bonté sans bornes, & que par les moyens qu'il jugera les plus convenables, il saura protéger les bons & punir les méchans ?

Jacques Payva Andradius, théologien Portugais, qui assista au concile de Trente, soutient aussi que Platon, Socrate, Aristote, & les autres anciens philosophes, qui ont été d'excellens maitres pour ce qui regarde la pratique des vertus, ont pu se sauver, aussi-bien que les juifs qui ont reçu la loi. Dieu les a assistés de sa grace pour leur salut, en sorte qu'on ne peut pas dire, qu'ils aient entierement ignoré Jesus crucifié, quoiqu'ils n'aient point su la maniere dont Dieu sauveroit le genre humain.

Cette connoissance vague d'un rédempteur, suffisante pour prouver le salut, a été adoptée par une confession de foi des évêques de Pologne assemblés en 1551 dans un synode de toute leur nation, & ils n'ont point été taxés d'hérétiques. Cette confession de foi imprimée à Anvers en 1559 in-8°. dit qu'il n'a pas été néecessaire que tous les hommes fussent en particulier qui seroit le médiateur de leur salut, si ce seroit le fils de Dieu, ou un ange du Seigneur, ou quelqu'autre; qu'il suffisoit de croire en général, que Dieu par sa sagesse trouveroit quelque voie de sauver les hommes.

Il est certain que plusieurs peres de l'église ont aussi conçu une espece d'illumination universelle, en conséquence de laquelle il s'est trouvé dans toutes les nations, des hommes vertueux agréables à Dieu. Justin martyr, dit en termes exprès, que J. C. est la raison divine, à laquelle

Socrates & les autres philosophes ont participé. C'est encore le sentiment de Clément d'Alexandrie, Stromat. VI. p. 636. de S. Chrysostome, Homel. 37. sur Matth. & de S. Augustin, de civit. Dei, liv. VIII. ch. iij. & l. XVIII. c. xlvij. Il ne faut donc pas faire à Zwingle un crime d'avoir soutenu, par un jugement de charité, une opinion judicieuse, & qui a eu dans la primitive église plusieurs défenseurs respectables. (D. J.)

WILDFANGIAT, s. m. Hist. mod. Droit publ. C'est ainsi qu'on nomme en Allemagne un droit singulier qui appartient à l'électeur palatin. Il consiste à s'approprier ou à rendre serfs les bâtards & les étrangers qui viennent de leur propre mouvement s'établir & fixer leur domicile dans le Palatinat & dans quelques pays adjacens. Au bout de l'an & jour, ils sont obligés de prêter serment & de payer une redevance à l'électeur palatin. Dans cette jurisprudence singuliere, les enfans suivent la condition de leur mere; ils sont libres si elle est libre, & serfs si elle n'est point libre. Voy. Vitriarii Inst. juris publici.

WILDSHUSEN, Géog. mod., petite ville d'Allemagne, au cercle de Westphalie, sur la riviere de Hunde, aux confins du comté d'Oldenbourg, & la capitale d'un petit pays auquel elle donne son nom. (D. J.)

WILDSTATT ou WILDSTETT, Géog. mod., bourg d'Allemagne, dans l'Ortenau sur le Kintzig, à un mille de Strasbourg. C'étoit autrefois une ville qui fut réduite en cendres en 1632 par les soldats du colonel Ossa. (D. J.)

WILER ou WEYLER, Géog. mod., petite ville de France, dans l'Alsace, près de Schlestat, sur les confins de la Lorraine. (D. J.)

WILIA, LA, Géog. mod., riviere du grand duché de Lithuanie. Elle se forme de diverses petites rivieres qui ont leur source dans le palatinat de Minski, traverse celui de Wilna d'orient en occident, & finit par se jeter dans le Niémen au dessus de Kowno. (D. J.)

WILKOMIR, Géog. mod., ville du grand duché de Lithuanie, dans le palatinat de Wilna, sur la Swieta, à 14 lieues de la ville de Wilna. (D. J.)

WILLHEMSTAT, Géog. mod., petite ville des Pays-Bas, dans le Brabant hollandois, à 8 lieues au nord-est de Berg-op-zoom, fondée en 1583 par Guillaume I, prince d'Orange, & elle en a pris le nom. Elle est très-bien fortifiée. Les États généraux y entretiennent une garnison, avec un gouverneur & un major de la place. Toutes les rues sont tirées au cordeau, & les maisons bien bâties.

La régence est composée d'un bailli, de deux bourgmestres, de six échevins, & d'un secretaire. Le port peut contenir un grand nombre de bateaux. *Long.* 21, 55; *lat.* 51, 40. (*D. J.*)

WILLIS, *accessoire & ophtalmique de, Anat.* Willis, Anglois, étoit très-versé dans la dissection du cerveau. Il nous en a laissé une anatomie très-exacte, avec une description des nerfs & leurs usages. Il y a un nerf qui remonte de la moëlle épiniere pour sortir du crâne avec la huitieme paire à laquelle on a donné le nom d'*accessoire de* Willis. La branche de la cinquieme paire qui se distribue à l'œil, s'appelle aussi l'*ophtalmique de* Willis.

WILLISAW, *Géog. mod.*, petite ville de Suisse, dans le canton de Lucerne, sur la riviere de Wiger, entre de hautes montagnes. *Long.* 25, 42; *lat.* 47, 7. (*D. J.*)

WILLOUGHBY, *Géog. mod.*, bourg d'Angleterre, en Nottinghamshire, aux confins de Leicestershire, & situé auprès d'une hauteur, *dunum.* On situe entre ce bourg & Barrow en Leicestershire, une grande quantité de marne, *marga*, dont on se sert pour fertiliser la terre. Il est tout-à-fait vraisemblable que Willoughby est le *Margidunum* de Ptolomée, d'autant plus qu'on ne peut douter que ce lieu n'ait été habité par les Romains; c'est ce qui se prouve par quantité de monnoies romaines qu'on y a déterrées, outre qu'il y a encore tout auprès un chemin romain. (*D. J.*)

WILLY, LE, *ou* LE WILLYBORN, *Géog. mod.*, riviere d'Angleterre. Elle prend sa source aux frontieres du duché de Sommerset, & va porter ses eaux dans le Nadder, près de Salisbury. (*D. J.*)

WILNA, *Géog. mod.*, par les Lithuaniens *Wiletzky*, & par les Allemands *Wilde*, ville capitale du duché de Lithuanie, au palatinat du même nom, sur la Wilia, à cent lieues au nord-est de Gnesne. Elle est grande & mal bâtie; ses maisons sont de bois & mal disposées; c'est encore pire dans les fauxbourgs, car les

maisons n'ont qu'une seule chambre qui est commune à tout le monde, aux chevaux & aux autres animaux domestiques. Cette ville est toujours ouverte en tems de paix; elle a pour sa défense un arsenal & deux châteaux. Son évêché est suffragant de Gnesne. Son université a été établie en 1579. Wilna est habitée par différentes nations, Polonois, Russiens, Allemands, Tartares, &c. *Long.* suivant Streel, 34, 56, 15; *lat.* 54, 30. (*D. J.*)

WILOC, s.f. *Feutrerie*, espece d'étoffe ou de feutre foulé à la maniere des chapeliers, mais qui est un peu plus lâche que le feutre dont on fait les chapeaux. (*D. J.*)

WILS, *Géog. mod.*, riviere d'Allemagne, au duché de Baviere. Elle a sa source au voisinage de l'Iser, & se perd dans le Danube, entre les embouchures de l'Issel & de l'Inn. (*D. J.*)

WILSHOVEN, *Géog. mod.*, petite ville d'Allemagne, dans la Baviere, près l'embouchure de Wils dans le Danube. *Long.* 30, 36; *lat.* 40, 35. (*D. J.*)

WILSNACH, *Géog. mod.*, petite ville d'Allemagne, dans le margraviat de Brandebourg, sur un ruisseau qui se rend dans l'Elbe. Quelques-uns croient que c'est la *Susudeta* de Ptolomée, *liv. II. c. xj.* (*D. J.*)

WILTEN, *Géog. mod.*, bourgade d'Allemagne, dans le Tyrol, sur la droite à une lieue au-dessus d'Inspruck, avec une abbaye de l'ordre de Prémontré. On convient que c'est l'ancienne *Veldidena*.

WILTON, *Géog. mod.*, en latin *Ellandunum*, ville d'Angleterre, dans le Wiltshire, dont elle a été la capitale; elle a eu même un évêché qui a été transféré à Salisbury, & ce changement a fait tomber Wilton en décadence; cependant elle a toujours le droit de tenir marché public, & d'envoyer ses députés au parlement. *Long.* 15, 48; *lat.* 51, 5.

Elle est la patrie du célebre *Addisson* (Joseph) homme de goût, grand poete, judicieux critique, & l'un des meilleurs écrivains de son siecle. Son style est pur, noble, élégant. Ses sentimens sont délicats, vertueux; & par-tout on trouve dans l'auteur un ami du genre-humain.

Il naquit le premier de mai 1672, & comme il ne promettoit pas de vivre, il fut baptisé le même jour de sa naissance. Il eut l'honneur pendant le cours de ses études, de connoître à Oxford, mylord Halifax, le grand protecteur des gens de lettres, qui n'a pas laissé d'être dépeint d'une maniere très-satyrique (chose ordinaire) par un autre homme de qualité. Nous donnerons quelques traits de cette satyre, à cause de l'esprit qui y regne, de la finesse du tour, & de la beauté du style.

Elle est intitulée, *la faction démasquée*, & a été imprimée dans un des volumes de *State-Poems, London.* 1703, *in-8°.* Mylord Halifax (Charles Montague, comte d'Halifax, chevalier de l'ordre de la Jarretiere, & régent du royaume après la mort de la reine Anne), Mylord Halifax, dis je, y est dépeint sous le nom de *Batille*, conjointement avec les poëtes auxquels il donnoit pension. " Enfin, Bathille se leve paré des plumes d'autrui, & noblement illustre par les projets des autres. Plein de bonne opinion, & ridiculement fou, demi-politique, babillard, bruyant ; ardent sans courage, orgueilleux sans mérite, & propre à conduire des têtes sans cervelle. Avec des gestes fiers & un air assuré, il tient à ses compagnons de débauche le discours qui suit : ayez soin de ce qui regarde la politique, j'aurai soin moi que les muses nous secondent. Tous les poëtes sont à ma dévotion ; dès que je parle, ils écrivent ; je les inspire. C'est pour moi que Congreve a déploré en vers lugubres la mort de Pastora. Rowe, qui a chanté l'immortel Tamerlan, quoiqu'il soit réduit à présent à prendre un ton plus bas, Rowe est à moi & au parti des Whigs. J'aide à Garth à polir ses pieces un peu grossieres ; & je lui apprends à chanter en beaux vers les louanges de notre parti. Walsh, qui sans avoir jamais rien donné, passe pour un homme d'esprit, Walsh vote pour nous. Les comédies obscenes & sans intrigues de Vane, célebrent nos talens . . . . Nous pouvons sûrement compter sur Addisson : à la faveur d'une pension l'on gagne toujours un ami. Il fera retentir les Alpes de mon nom, & fera connoître son protecteur dans le pays des Classiques. Tous ceux dont je viens de parler, m'appellent leur Mécene. Les princes ne sont point fermes sur leur trône, qu'ils n'y soient soutenus par les enfans d'Apollon. Auguste eut Virgile, & Nassau plus heureux encore eut les Montagues, pour chanter ses victoi-

res ; mais Anne, cette malheureuse reine Tory, sentira les traits de la vengeance des poëtes ".

Addisson donna de bonne heure des preuves de ses talens par sa traduction du quatrieme livre des Géorgiques de Virgile. Il avoit dessein d'entrer dans les ordres ; mais le monde se réconcilia chez lui avec la sagesse & la vertu, lorsqu'il prit soin de les recommander avec autant d'esprit & de graces, qu'on les avoit tournés en ridicule depuis plus d'un demi-siecle. Il fit aussi des poésies latines qui ont été publiées dans les *musæ anglicanæ*.

On estime beaucoup son petit poëme sur l'Italie. Il y peint la satisfaction qu'il goûtoit dans ce beau pays, à la vue des rivieres, des forêts, des montagnes, &c. célébrées par tant de génies. De quelque côté, dit-il, que je tourne mes yeux, je découvre des objets qui me charment & des vues qui m'enchantent. Des campagnes poétiques m'environnent de toutes parts. C'est ici que les muses firent si souvent entendre leur voix, qu'il ne se trouve aucune montagne qu'elles n'aient chantée, aucun bosquet qu'elles n'aient loué, aucun ruisseau qui ne coule harmonieusement. Il fait ensuite la description des monumens des Romains, de leurs amphithéatres, de leurs arcs de triomphe, de leurs statues, des palais modernes & des temples.

Mais il prend de là occasion de déplorer l'état malheureux où l'oppression réduit les habitans de ce pays, malgré tant d'avantages que l'art & la nature leur offrent à l'envi ; il conclut en s'adressant à la liberté, qu'il représente comme la source principale du bonheur dont jouit l'Angleterre, d'ailleurs à tant d'autres égards si fort inférieure à l'Italie. " Nous n'avions point un ciel plus doux : nous ne murmurons point d'habiter des lieux peu favorisés de l'astre du jour, & de voir les froides pleiades dominer sur nos têtes. La liberté couronne notre isle ; elle seule embellit nos rochers & nos sombres montagnes ".

Il recueillit les matériaux de ses dialogues sur les médailles, dans le pays même des médailles. Cette piece a été publiée par M. Tickell, qui a traduit la plus grande partie des citations latines en anglois, pour l'usage de ceux qui n'entendent point les langues savantes.

On y trouve quantité de choses curieuses sur les médailles, écrites avec tout l'agrément que permet la forme du dialogue ; & on a mis à la tête un poëme de M. Pope.

Il le commence par cette réflexion : que les plus beaux monumens, les arcs de triomphe, les temples, les tombeaux, ont été détruits ou par l'injure des tems, ou par les irruptions des barbares, ou par le zele des chrétiens ; & que les médailles seules conservent la mémoire des plus grands hommes de l'antiquité. Mais delà il prend occasion de railler finement les excès dans lesquels quelques curieux sont tombés sur ce sujet. " Le pâle antiquaire, dit-il, fixe ses regards attentifs, & regarde de près ; il examine la légende & vénere la rouille ; c'est un vernis bleu qui la rend sacrée. L'un travaille à acquérir un Pescennius ; l'autre dans ses revéries croit tenir un Cécrops ; le pauvre Vadius depuis long-tems savamment hypocondre, ne peut goûter de plaisir, tant qu'un bouclier qu'il voudroit considérer n'est pas net ; & Curion inquiet à la vue d'un beau revers, soupire après un Othon, tandis qu'il oublie la mariée,,. Pope s'adresse ensuite à M. Addison, de la maniere suivante : " la vanité est leur partage, & le savoir le tien. Retouchée de ta main, la gloire de Rome brille d'un nouvel éclat ; ses dieux & ses héros réparoissent avec honneur ; ses guirlandes flétries refleurissent. Etude attrayante, elle plaît à ceux que la poésie charme : les vers & la sculpture se donnent la main ; un art prête des images à l'autre,,.

Addison mit au jour en 1704 son poeme, intitulé la Campagne, sur les succès du duc de Marlborough, où se trouve la comparaison si fort applaudie de l'ange.

En ce jour, le plus grand de sa noble carriere,
L'ame de Marlbourough se montre toute entiere,
Ferme, & sans s'émouvoir dans le choc furieux,
Qui porte la terreur & la mort en tous lieux ;
Il voit tout, pense à tout, & sa haute prudence
Ne laisse en nul endroit desirer sa présence.
Il soutient au besoin tous les corps ébranlés ;
Les fuyards au combat par lui sont rappellés ;

Et tranquille toujours dans le sein de l'orage,
Qu'excitent sous ses loix le dépit, & la rage,
Il en regle à son gré les divers mouvemens.
,, *Tel l'ange du Seigneur, lorsque les flé-*
mens
,, *Par lui sont déchaînés contre un peuple*
coupable,
,, *Et que des ouragans le tonnerre effroyable*
,, *Gronde ; comme n'aguere Albion l'en-*
tendit :
,, *Pendant que dans les airs d'éclats tout*
retentit,
,, *Le ministre du ciel, calme, & serein*
lui-même,
,, *Sous les ordres vengeurs du monarque*
suprème,
,, *Des bruyans tourbillons anime le cour-*
roux,
,, *Et des vents qu'il conduit, dirige tous*
les coups.

On ne peut opposer à la beauté de cette peinture, que le morceau encore plus beau du paradis perdu de Milton, *l. b.* où il représente le fils de Dieu chassant du ciel les anges rebelles, *vers VI,* 825 855.

On sait qu'Addison a eu beaucoup de part au Tatler ou Babillard ; au Spectateur, & au Guardian ou Mentor moderne, qui parurent dans les années 1711, 1712, 1713 & 1714. Les feuilles de sa main dans le Spectateur, sont marquées à la fin par quelques-unes des lettres du mot de CLIO. Le chevalier Steele dit spirituellement à la tête du Babillard. " Le plus grand secours que j'ai eu, est celui d'un bel esprit, qui ne veut pas me permettre de le nommer. Il ne sauroit pourtant trouver mauvais que je le remercie des services qu'il m'a rendus ; mais peu s'en faut que sa générosité ne m'ait été nuisible. Il regne dans tout ce qu'il écrit, tant d'invention, d'enjouement & de savoir, qu'il m'en a pris comme aux princes, que le malheur de leurs affaires oblige à implorer la protection d'un puissant voisin : j'ai été presque détruit par mon allié ; & après l'avoir appellé à mon secours, il n'y a plus eu moyen de me soutenir sans lui. C'est de sa main que viennent ces portraits si finis d'hommes & de femmes, sous les différens titres des instrumens de musique, de l'embarras des nouvellistes, de l'inventaire du théâtre, de la defcription du thermometre, qui font les principales beautés de cet ouvrage ,,.

En 1713, M. Addiſſon donna fa tragédie de Caton, dont j'ai déja parlé ailleurs, Pope en fit le prologue, & le docteur Garth l'épilogue. Elle a été traduite en italien par l'abbé Salvini, & c'eſt la meilleure de toutes les traductions qu'on en ait faites.

Le roi nomma Addiſſon fecretaire d'Etat en 1717, mais fa mauvaiſe fanté l'obligea bientôt de réligner cet emploi. Il mourut en 1719, à 47 ans, & fut enterré dans l'abbaye de Weſtminſter. Mylord Halifax l'avoit recommandé au roi, pour le fecretariat, & madame Manley n'a pas manqué de témoigner fa douleur, de ce que ce beau génie avoit quitté les lettres pour la politique. "Quand je confidere, dit-elle, dans la galerie de Sergius, (mylord Halifax), je ne puis lui refuſer quelque chofe qui approche d'une priere, comme une offrande que lui doivent tous ceux qui lifent fes écrits. Qu'il eſt trifte que de miférables intérêts l'aient détourné des routes de l'Hélicon, l'aient arraché des bras des muſes, pour le jetter dans ceux d'un vieux politique artificieux! pourquoi faut-il qu'il ait préféré le gain à la gloire, & le parti d'être un fpectateur inutile, à celui de célébrer ces actions qu'il fait fi dignement caractériſer & embellir! comment a-t-il pu détourner fes yeux de deſſus les jardins du Parnaſſe dont il étoit en poſſeſſion, pour entrer dans le trifte labyrinthe des affaires. Adieu donc, Maron (nom qu'elle donnoit à M. Addiſſon), tant que vous n'abandonnerez pas votre artificieux protecteur, il faut que la renommée vous abandonne ,,.

Un grand poëte de notre tems a été accuſé d'avoir mis au jour après la mort de M. Addiſſon, une critique amere & pleine d'efprit contre lui. Voici ce qui le regarde dans cette piece, où l'on attaque auſſi d'autres écrivains.

Laiſſons de pareilles gens en paix! mais s'il fe trouvoit un homme infpiré par Apollon lui-même, & par la gloire, enrichi de toutes fortes de talens, & de tout ce qu'il faut pour plaire; né pour écrire avec agrément, & pour faire trouver des charmes dans fon commerce; porteroit-il l'ambition jufqu'à ne pouvoir fouffrir, à l'exemple des Ottomans, un frere près du trône? Le regarderoit-il avec mépris,

ou même avec frayeur? Le haïroit-il, parce qu'il appercevroit en lui les mêmes qualités qui ont fervi à fa propre élévation? Le blâmeroit-il, en feignant de le louer? Lui applaudiroit-il en le regardant de mauvais œil? & apprendroit-il aux autres à rire, fans fourire lui-même? Souhaiteroit-il de bleſſer, tandis qu'il craindroit de porter le coup? Habile à démêler les fautes, feroit-il timide à les défapprouver? Seroit-il également réfervé à diftribuer le blâme & la louange, ennemi craintif, & ami foupçonneux? Redouteroit-il les fots, & feroit-il affiégé de flatteurs? Obligeroit-il de mauvaiſe grace? Et lorfque deux rivaux fe difputent le prix, leur donneroit-il raifon à tous deux, en préférant toutefois le moins digne? Tel que Caton, ne feroit-il occupé qu'à donner la loi dans fon petit fénat, & à relever fon propre mérite; tandis que ceux qui l'environnent, admirent tout ce qu'il dit, & s'épuifent en louanges extravagantes? Ciel, quel malheur s'il fe trouvoit un tel homme! & qu'il feroit affligeant ce que fut A. n.

On a accuſé fortement, à l'occaſion de ces vers, Pope d'ingratitude vis-à-vis de M. Addiſſon; cependant l'auteur de la Dunciade a défendu M. Pope de cette grave accuſation, en atteſtant toutes les perfonnes de probité, qui, dit-il, plufieurs années avant la mort de M. Addiſſon, ont vu & approuvé les vers dont il s'agit ici, non à titre de fatyre, mais de reproche d'ami, envoyés de la main même du poëte à M. Addiſſon, & d'ailleurs ce font des vers que l'auteur n'a jamais publiés. (D. J.)

WILTSHIRE, Géogr. mod., ou le comté de Wilt, province méridionale d'Angleterre. Elle eft bornée au nord par le duché de Glocefter, au midi par la province de Dorfet, au levant par le Berckshire & Hampshire, & au couchant par la province de Sommerfet. On lui donne 40 milles de longueur, & 30 de largeur. Il renferme outre Salisbury capitale, 20 villes ou bourgs à marché, & trois cents quatre églifes paroiſſiales.

Entre ces villes & bourgs à marché, il y en a douze qui ont droit de députer au parlement, & quatre autres qui ont le même privilege, mais qui n'ont pas celui de marché. Il y a outre cela neuf bourgs qui ne députent point au parlement, &

qui ont néanmoins droit de marché. Chaque place qui a droit de députation au parlement, envoyant deux députés : & le corps de la province ayant aussi droit d'en envoyer deux, il se trouve que le comté de Wilt nomme trente-quatre députés : ce qui est plus qu'aucune autre province d'Angleterre, & même de toute la Grande-Bretagne, à la réserve de la province de Cornouailles, qui en envoie 44.

Cette province est arrosée de diverses rivieres, dont les principales sont l'Isis, le Kennet, l'Avon, le Willy & le Nadder. On la divise en septentrionale & méridionale. La septentrionale est entrecoupée de montagnes & de collines, & couverte de quelques forêts; la méridionale est une grande & vaste plaine, à perte de vue, couverte en partie de bruyeres, & en partie de pâturages qu'on nomme *campagne de Salisbury.*

Le Wiltshire est une des plus agréables provinces de la Grande-Bretagne. L'air y est doux & sain; le terroir y est parsemé de forêts, de parcs & de champs fertiles: ajoutez-y ses vastes campagnes, où l'on nourrit une infinité de troupeaux, dont la laine fait la plus grande richesse des habitans.

Pour ce qui est des hommes illustres nés dans ce beau comté, c'est mon affaire de rappeller à la mémoire du lecteur leurs noms & leurs ouvrages.

Hyde (Edouard), comte de Clarendon, & grand-chancelier d'Angleterre, mérite d'être nommé le premier. Il naquit en 1608, & en 1622 il entra dans le college de la Magdelaine à Oxford. En 1645, il vint à Londres au Middle-Temple, où il étudia le droit pendant plusieurs années. En 1633, il fut un des principaux directeurs de la mascarade que les membres des quatre colleges de jurisconsultes de la cour représenterent à Whitehall, en présence du roi & de la reine, le jour de la Chandeleur. Cette mascarade prouva qu'on étoit à la cour dans des idées fort différentes des principes de M. Pryne, puisque, c'étoit une pure critique de son *Histriomastix* contre les Farces. Hyde fut ensuite agrégé dans plusieurs comités de la chambre-basse; mais étant enfin mécontent des procédures du parlement contre plusieurs seigneurs, il se retira auprès du roi, qui le fit chancelier de l'échiquier, conseiller privé & chevalier....

Lorsque les affaires du monarque commencerent à tourner mal, M. Hyde se rendit en France; en 1657 il fut nommé grand-chancelier d'Angleterre. Quelque tems après, le duc d'Yorck étant devenu amoureux de mademoiselle Anne Hyde, fille ainée du chancelier, l'épousa avec tant de secret, que le roi & le chancelier n'en furent rien. Quoique attaché au roi, il fut fort attentif à ne donner aucune atteinte aux libertés du peuple, & l'on attribue cette sage conduite à une aventure domestique, dont nous devons la connoissance à M. Burnet.

Cet historien rapporte que dans le tems que le jeune Hyde commençoit à se distinguer au barreau, il alla rendre visite à son pere dans la province de Wilts. Un jour qu'ils se promenoient ensemble à la campagne, ce bon vieillard dit à son fils, que les gens de sa profession donnoient quelquefois trop d'étendue aux privileges des rois, & nuisoient à la liberté publique, & qu'il lui recommandoit, s'il parvenoit un jour à quelque élévation dans cette profession, de ne sacrifier jamais les loix & les privileges de sa patrie, à son propre intérêt, ou à la volonté du monarque. Il lui répéta deux fois ce discours, & tomba presque aussi-tôt dans une attaque d'apoplexie, qui l'emporta en peu d'heures. Cet avis fit une impression si profonde sur le fils, qu'il le suivit toujours depuis.

En 1664, il s'opposa à la guerre de Hollande, & en 1667, il fut dépouillé de la charge de grand-chancelier par la suggestion de ses envieux & de ses ennemis, appuyée des sollicitations des maîtresses, qui firent de jour en jour tant d'impression sur l'esprit du roi, qu'enfin il consentit, même avec plaisir, de se défaire d'un ancien ministere, qui s'avisoit quelquefois de le contrecarrer, & dont les manieres graves n'alloient point à son caractere.

Mylord Clarendon se trompa en s'imaginant que l'intégrité d'un homme suffit pour le soutenir dans tous les temps & dans toutes les circonstances; il éprouva que cette intégrité est un foible appui dans une cour remplie de personnes livrées au libertinage, & au talent de ridiculiser la vertu. Il négligea le crédit qu'il avoit dans la chambre des communes, & se perdit par-là totalement; car cette chambre l'ayant accusé de haute-trahison, il se vit contraint de fortir du royaume, & de fe retirer en France. Il alla s'établir à Rouen, où il demeura fept ans, jufqu'à fa mort. Il y finit fes jours en 1674, âgé de 66 ans. On tranfporta fon corps en Angleterre, & il fut inhumé dans l'abbaye de Weftminfter.

Ses principaux ouvrages font, 1°. différentes *pieces* qui ont été recueillies à Londres en 1727 *in*-8°. & l'on trouvera fa vie à la tête de cette collection. On peut auffi la lire parmi celles des vies des chanceliers, Londres 1708, *in* 9°. *vol. I.*

2°. L'hiftoire de la rebellion & des guerres civiles d'Irlande, a paru à Londres en 1728, *in-fol.*

Mais fon hiftoire des guerres civiles d'Angleterre, eft fon principal ouvrage. Le premier volume parut à Oxford en 1702, *in-fol.* le fecond en 1703, & le troifieme en 1704. Elle a été réimprimée plufieurs fois en 6 volumes *in-*8°. & traduite en françois.

C'eft un des plus illuftres hiftoriens que l'Angleterre ait produits. La noble liberté de fes réflexions, le glorieux tribut qu'il paie à l'amitié, la maniere dont il voile le blâme de fa patrie, font depeints avec des couleurs fi vives, qu'on fent, en le lifant, que c'eft le cœur qui parle chez lui. On trouve peu d'auteurs qui lui foient comparables pour la gravité & l'élévation du ftyle, la force & la clarté de la diction, la beauté & la majefté de l'expreffion, & pour cette noble négligence des périodes, qui fait que les termes conviennent toujours au fujet, avec une propriété que l'art & l'étude ne peuvent donner. Il plait dans le temps même qu'on le défapprouve.

Cet illuftre écrivain eft plus partial en apparence qu'en réalité, & fa partialité a moins lieu dans l'expofition des faits, que dans la peinture des caracteres. Il étoit trop honnête homme pour altérer les premiers, & fans qu'il s'en apperçût lui-même, fes affections pouvoient aifément lui déguifer les faits. Un air de bonté & de probité regne dans le cours de l'ouvrage, & ces deux qualités embellirent effectivement la vie de ce feigneur.

Rawlegh, ou *Ralegh* (Walter), neveu de l'immortel Walter Rawlegh, dignes l'un & l'autre d'une meilleure fortune que celle qu'ils ont éprouvée. Walter Rawlegh le neveu, naquit en 1586 à Downton en Wiltshire, & fe deftina à la

théologie. Il devint chapelain ordinaire du roi Charles I, docteur en théologie en 1636, & doyen de Wels en 1641. Au commencement des guerres civiles, fon attachement au roi le fit arrêter dans fa propre maifon, dont on fit une prifon, & il fut fi mortellement bleffé par fon géolier, qu'il mourut bientôt après de fa bleffure, en 1646. Ceux de fes papiers qu'on put fauver, ont demeuré plus de trente ans enfevelis dans l'oubli, jufqu'à ce qu'étant tombés entre les mains du docteur Simon Patrick, dans la fuite évêque d'Eli, il les publia à Londres en 1679 *in*-4°. fous le titre de *Reliquiæ Raleighianæ*, ou difcours & fermons fur différens fujets, par le docteur Ralegh, avec un court détail de la vie de l'auteur.

Potter (François), théologien, naquit en 1594, & mourut aveugle en 1678, âgé de 84 ans. Il publia à Oxford en 1642, *in*-4°. un traité plein de folles & favantes recherches, intitulé explication du nombre 666, où l'on démontre que ce nombre eft un parfait portrait des traits du gouvernement de Rome, & de tout le corps du royaume de l'ante-chrift, avec une réponfe folide à toutes les objections imaginables. Ce traité bizarre a été traduit en françois, en flamand & en latin.

Il établit dans cet ouvrage, 1°. que le myftere du nombre 666, doit confifter dans fa racine quarrée qui eft 25, comme le myftere du nombre de 144, qui eft le nombre oppofé à celui de 666, confifte dans la racine quarrée qui eft 12. 2°. Que le premier nombre des cardinaux & des prêtres de paroiffes à Rome, a été fixé à 25, & que le premier nombre d'églifes paroiffiales a été de même de 25, que le fymbole romain confifte en 25 articles, comme celui des apôtres en 12. 3°. Il donne enfuite un court expofé de quelques autres circonftances, où le nombre 25 s'applique, dit-il, d'une maniere frappante à la ville & à l'églife de Rome, & même à l'églife de S. Pierre à Rome. 4°. Que le nombre de 25 eft une devife fymbolique affectée aux papiftes, comme il paroit par la meffe des cinq plaies de J. C. répétée cinq fois, par leurs jubilés fixés à 25 ans, & au 25 de chaque mois, &c. Un miniftre Anglois fit une grande difficulté à l'auteur; il lui foutint que 25 n'eft point la véritable, mais la prochaine racine de 666.

M. Potter auroit pu mieux employer son temps, car il avoit beaucoup de génie pour les méchaniques, & il inventa diverses machines hydrauliques, qui furent très-approuvées par la société royale. Sa mémoire se conserve encore au college de la Trinité d'Oxford, par un cadran solaire de sa façon, qui est au côté septentrional du vieux quarré.

Ludlow (Edmond), fort connu par ses *Mémoires*, se déclara de bonne heure contre le roi Charles I, & fut un des juges de ce monarque. Après la mort de ce prince, le parlement l'envoya en Irlande, en qualité de lieutenant général de la cavalerie. Dès que Cromwel eût fini ses jours, Ludlow fit tous ses efforts pour rétablir la république; mais Charles II ayant été rappellé, il prit le parti de se retirer à Vevay, où il mourut; c'est dans sa retraite qu'il écrivit ses *mémoires* imprimés à Vevay en 1698 & 1699, en trois tomes *in-8°*. Ils ont été traduits en françois, & ils ont paru à Amsterdam dans la même année.

Willis (Thomas), célebre médecin, naquit en 1621, fut un des premiers membres de la société royale, & rendit son nom illustre par ses écrits. Il s'acquit une grande réputation par sa pratique, dont il consacroit une partie du profit à des usages de charité; & il employoit tout ce qu'il gagnoit le dimanche, & c'étoit le jour de la semaine qui lui procuroit le plus d'argent. Il mourut en 1675, âgé de 54 ans.

Tous les ouvrages latins du docteur Willis, ont été mal imprimés à Geneve, en 1679 *in-4°*. & très-bien à Amsterdam en 1682 *in-4°*. Le meilleur des écrits de ce médecin, est son anatomie du cerveau, *cerebri anatome*, Londres 1664 *in 8°*. Willis a décrit dans cet ouvrage, la substance médullaire dans ses insertions, ainsi que l'origine des nerfs, dont il a suivi curieusement les ramifications dans toutes les parties du corps. Par-là il est prouvé, non seulement que le cerveau est la source & le principe de toutes les sensations & de tout mouvement; mais on voit par le cours des nerfs, de quelle maniere chaque partie du corps conspire avec telle ou telle autre, à produire tel ou tel mouvement; il paroit encore que là où plusieurs parties se joignent pour opérer le même mouvement, ce mouvement est causé par les nerfs qui entrent dans ces

différentes parties, & qui agissent de concert. Enfin quoique Vieussens & du Verney ayent, à divers égards, corrigé l'anatomie des nerfs de Willis, ils ont néanmoins confirmé son hypothese, en la rectifiant.

Scott (Jean), théologien, naquit vers l'an 1638, & fut nommé chanoine de Windsor en 1691; après la révolution, il refusa l'évêché de Chester, parce qu'il ne croyoit pas pouvoir prêter les sermens requis. Il mourut en 1695. Ses sermons & discours de morale ont été imprimés en cinq volumes *in-8°*. dont il s'est fait plusieurs éditions. On a réuni ces cinq volumes en un seul *in-fol.* imprimé à Londres en 1729. Son traité de la vie chrétienne a été traduit en francois, Amsterdam 1699.

Norris (Jean), savant & laborieux écrivain, naquit en 1657, & entra dans les ordres sacrés en 1684. Nous ignorons le temps précis de sa mort. Il a beaucoup écrit sur des matieres de religion & de métaphysique. On lit dans les œuvres posthumes de Locke, que M. Norris embrassa l'opinion du P. Mallebranche, *que nous voyons tout en Dieu*, & il défendit ce sentiment avec toute l'éloquence possible. Ses mélanges ou recueil de poésies, d'essais, de discours & de lettres, fut imprimé à Oxford 1686 *in-8°*. La cinquieme édition augmentée par l'auteur, a paru à Londres en 1710, *in-8°*.

Hughes (Jean), écrivain spirituel de notre siecle, naquit en 1677. Dès sa premiere jeunesse, il mêla la poésie, le dessin & la musique à l'étude des belles-lettres, ayant besoin de s'amuser agréablement, parce qu'il étoit fort valétudinaire. En 1717, Mylord Cowper, grand-chancelier, le nomma secretaire pour les commissions de paix, place qu'il occupa jusqu'à sa mort, arrivée à 42 ans, le 17 février 1710, & le même soir que sa tragédie intitulée le *Siege de Damas*, fut représentée pour la premiere fois sur le théâtre de Drury-Lane, avec un grand succès.

Il est surprenant que l'auteur ait été en état de composer une piece aussi remplie d'esprit, dans un temps où la mort le talonnoit de près, & où il étoit trop foible pour copier lui-même son ouvrage. On convient généralement que cette tragédie brille par ses descriptions, que la diction en est pure, que la morale en est belle, &

que les sentimens y sont convenables aux caracteres, & que l'intrigue y est conduite avec simplicité. On trouve néanmoins que l'angoisse de Phocyas dans les IVe & V^e actes, n'est pas suffisamment fondée ; car quel est son crime ? Damas est vivement attaquée par les Sarrazins. Il n'y a point d'espérance de secours. Elle doit donc en très peu de temps tomber entre leurs mains, être saccagée, & les habitans ne peuvent échapper à l'esclavage. Dans une si dangereuse conjoncture, Phocyas aide à l'ennemi de se rendre maître de cette place quelques jours plutôt. Mais sous quelles conditions ? Que tous ceux qui mettront les armes bas seront épargnés, & que chaque habitant aura liberté de se retirer, & d'emmener avec lui une mule chargée de ses effets ; que les chefs pourront charger six mules, & qu'on leur permettra d'avoir des armes pour se défendre contre les montagnards, ensorte que Duran dit, acte V, scene I. " On ne voit » point ici l'image de la guerre, mais » celle du commerce, & il semble que » les marchands envoient leurs carava- » nes dans les pays voisins. "

Il n'y a rien en tout cela qu'un homme de bien n'ait pu faire pour sa patrie. Si Phocyas, dit-on, est coupable, son crime consiste uniquement en ce qu'il a fait par le sentiment de ses propres maux, & pour garantir l'objet de son amour de la violence ou de la mort, ce qu'il auroit pu faire par de plus louables motifs. Mais il ne paroit pas que cela soit suffisant pour autoriser les cruels reproches qu'il se fait à lui-même, & la dureté qu'Eudocie lui témoigne. Il auroit été beaucoup plus raisonnable, vu la fragilité humaine & la grandeur des tentations auxquelles il étoit exposé, qu'il se fût enfin laissé gagner à embrasser le mahométisme, alors ses remords auroient été naturels, son châtiment juste, & le caractere d'Eudocie exposé dans un plus beau jour.

Cette observation des connoisseurs paroit d'autant plus vraie, que M. Hughes avoit suivi d'abord le plan qu'on vient de voir. Mais quand on offrit sa piece aux directeurs du théatre de Drury-Lane en 1718, ils refuserent de la représenter, à moins que le poëte ne changeât le caractere de Phocyas, prétendant qu'il ne pouvoit être un héros, s'il changeoit de religion, & que les spectateurs ne pourroient

souffrir sa vue après son apostasie, quels que fussent ses remords, & quelque vive qu'on peignit sa repentance. Il semble pourtant qu'il paroitroit plus digne de pitié que d'exécration, lorsque dans l'angoisse de son ame, il se laisseroit enfin persuader, quoiqu'avec répugnance & avec horreur, à baiser l'alcoran. Mais l'auteur qui étoit dans un état de langueur, craignit que ses parens ne perdissent le profit que cette piece pourroit leur rapporter & consentit à changer le caractere de Phocyas.

Il y a dans cette tragédie plusieurs beautés de détail, des situations intéressantes, des peintures vives & des morceaux touchans. Les réflexions que Phocyas fait sur la mort, lorsque Khaled l'en a menacé, sont fortes. " Qu'es-tu, (dit Phocyas en » parlant de la mort), objet redouté & » mystérieux de la plus grande terreur? » Les routes pour te trouver sont con- » nues ; les maladies, la faim, l'épée, » le feu, tout, en un mot, tient nuit & » jour les portes ouvertes pour aller à » toi. Arrive-t-on au terme, dans ce mo- » ment même on n'est plus en état d'y » songer. L'instant est passé ! O si ce sont » les détresses, les agitations, les angoisses » qu'il faut appréhender quand l'ame se » sépare du corps, je connois tout cela, » j'en ai déja fait l'épreuve, & je n'ai » plus rien à craindre. " Ensuite au moment qu'il tire la fleche qui lui avoit percé la poitrine, & qu'il meurt, " tout » est fait, s'écrie-t-il à Eudocie..... » c'étoit la derniere angoisse ..... en- » fin j'ai renoncé à toi, & le monde ne » m'est plus rien. "

Tous les écrits de M. Hughes sont fort goûtés ; ils consistent en poésies, pieces de théatre, traduction & ouvrages en prose. Il avoit traduit une partie de Lucain, lorsque M. Rowe publia tout l'ouvrage. Son ode au créateur de l'univers passe pour une des plus belles qu'il y ait en anglois. Toutes les poésies de cet auteur ont été publiées à Londres en 1739, en deux volumes in-12. Il y a dans sa main quantité de morceaux dans le spectateur, ainsi que dans le tatler, entr'autres, les caracteres de Léonard de Vinci, de Bacon, de Boyle & du chevalier Newton. On lui attribue l'ouvrage intitulé The lay-monastery, suite du spectateur, dont la seconde édition parut à Londres en 1714, in-12. Enfin on doit à M. Hughes l'édition la plus exacte qu'on ait des œuvres d'*Egmond Spencer*, Londres 1715, en 6 vol. *in-12*. On a mis un abrégé de sa vie & de ses écrits à la tête du premier volume de ses *Poems on several occasions*, London 1735, *in-12*.

Ajoutons qu'un des grands amis de M. Hughes, & l'un des meilleurs écrivains d'Angleterre, M Addisson, étoit compatriote de ce bel esprit. Il naquit à Wilton, autrefois capitale du Wiltshire, & c'est-là que nous avons donné son article.

Mais l'Angleterre n'a pas eu dans le xvij siecle, d'auteur plus célebre que Hobbes dont on a parlé à l'article HOBBISME. On sait qu'il naquit à Malmesbury en Wiltshire, & qu'il mourut en 1697, à 91 ans. Cet écrivain fameux est aujourd'hui fort négligé, parce qu'un système physique ou méthaphysique, dit M. Humes, doit ordinairement son succès à la nouveauté, & n'est pas plutôt approfondi, qu'on découvre sa foiblesse. La politique de Hobbes n'est proprequ'à favoriser la tyrannie, & la morale qu'à nourrir la licence. Quoiqu'ennemi de toute religion, il n'a rien de l'esprit du scepticisme ; il est aussi décisif que si la raison humaine & la sienne en particulier, pouvoient atteindre à la parfaite conviction. La propriété des termes & la clarté du style font le principal mérite de ses écrits. Dans son caractère personnel, on le représente comme un homme vertueux : ce qui n'a rien d'étonnant, malgré le libertinage de ses principes moraux. Le plus grand défaut qu'on lui reproche, est une excessive timidité; il parvint à la derniere vieillesse sans avoir jamais pu se reconcilier avec l'idée de la mort. La hardiesse de ses opinions & de ses maximes forme un contraste très-remarquable avec cette partie de son caractere. (*D. J.*)

WIMBURMINSTER ou WINBUR-MINSTER, *Géogr. mod.*, gros bourg d'Angleterre, dans Dorsetshire, sur le bord de la Stoure. Ce bourg s'est élevé sur les ruines d'une place ancienne nommée *Vindugladia* ou *Vindogladia* : ce qui en langue galloise, signifie *entre deux rivieres*, parce qu'elle étoit entre les rivieres de la Stoure & de l'Alen, qui vient du nord y apporter ses eaux. Les Saxons l'appelleront *Winburnham* ou *Winburminster*, à cause d'un ancien monastere

qui y fut fondé en 713, par la princesse Cuthburgue. On y voit un college pour l'instruction de la jeunesse, fondé par la princesse Marguerite, comtesse de Richmond, mere du roi Henri VII. On y voit aussi une assez belle église, avec un clocher chargé d'une aiguille extrêmement haute. Le chœur est occupé par les tombeaux de divers princes & princesses, entre lesquels on remarque celui du roi Etheldred, dont l'épitaphe dit : *in hoc loco quiescit corpus sancti Etheldredi regis West-Saxonum, martyris, qui anno Domini 877, 23°. Aprilis per manus Danorum paganorum occubuit.* (*D. J.*)

WIMPFEN ou WIMPFEM, *Géog. mod.*, ville d'Allemagne, dans la Suabe, au Creighow, sur la gauche du Necker, à l'embouchure du Jagst, à deux lieues au nord d'Hailbron. Elle est impériale, petite, mais peuplée. Elle fut prise en 1645, par le duc d'Enghien. Quelques-uns croient sans aucune preuve, que c'est l'ancienne *Cornelia*. *Long. 26, 45*; *lat. 49, 18.* (*D. J.*)

WIMSBERG, *Géog. mod.*, bourg de Franconie, illustré par la naissance de *Œcolampade* (Jean), en 1482. Ses parens qui étoient à leur aise, eurent grand soin de son éducation. Ils le destinoient à la jurisprudence ; mais il se consacra tout entier à l'étude de la théologie, apprit la langue grecque de Reuchlin & l'hebreu d'un Espagnol. Il méprisa les subtilités de Scot, & les ergoteries des scholastiques, curieux d'une science qui fût utile. Il aida Erasme dans l'édition de ses notes sur le nouveau Testament, & c'est Erasme lui-même qui nous apprend cette particularité.

En 1522, il fut nommé professeur en théologie à Basle. Peu de temps après, la réformation s'établit dans cette ville, & Œcolampade y eut beaucoup de part. Il mourut de la peste en 1531, âgé de 49 ans.

C'étoit un théologien savant, irréprochable dans ses mœurs, & qui ne cherchoit qu'à faire régner la paix dans l'Eglise, comme il paroit dans toutes les conférences de religion qu'il eut avec Luther. Il publia des commentaires latins sur plusieurs livres du vieux & du nouveau Testament. Il donna en 1525, son petit ouvrage intitulé, *de vero intellectu verborum Domini : hoc est corpus meum*.

Eralme ayant lu cet ouvrage, écrivit à Bede qu'Œcolampade avoit fait sur l'Eucharistie un livre si savant, si bien raisonné, & appuyé de tant d'autorité des peres, qu'il pourroit séduire les élus mêmes. (D. J.)

WINANDER-MEER, *Géog. mod.*, lac d'Angleterre, dans Lancashire; c'est le plus grand qu'il y ait dans ce royaume. Il a dix milles de long & quatre de large. Son fond est un rocher presque continuel; son eau est belle & limpide. Il nourrit beaucoup de poissons, & sur-tout un poisson très-délicat qu'on appelle *charr*. A la tête de ce lac on trouve les débris d'une ancienne ville qu'on croit être l'*Amboglana* du temps des Romains, & tout appuie cette conjecture.

WINCHELCOMB ou WINCHCOMB, *Géog. mod.*, bourg à marché d'Angleterre, en Glocestershire.

WINCHELSEY, *Géog. mod.*, petite ville d'Angleterre, dans le comté de Sussex, sur le bord de la mer, à l'embouchure de la Rye. Cette ville a titre de comté, & c'est un des cinq ports du royaume. *Long.* 18, 23; *lat.* 50, 52. (D. J.)

WINCHESTER, *Géogr. mod.*, ou plutôt *Winchester*, ville d'Angleterre, capitale du Hampshire, sur le bord d'Itching, à dix-huit milles au sud-ouest de Salisbury, & à soixante sud-ouest de Londres. *Long.* 16. 20; *lat.* 51, 3.

Cette ville, nommée en latin *Vintonia*, est aussi remarquable par son ancienneté, que par le siege épiscopal dont elle est honorée depuis long-temps. Les Romains l'ont connue sous le nom de *Venta belgarum*; après eux les Bretons l'appellerent *Cuer-Gwent*. & les Saxons *Wintancester*, d'où l'on a fait Winchester.

C'est dans cette ville que l'an de Jesus-Christ 407, le tyran Constantin fut proclamé empereur par ses soldats, contre l'obéissance qu'ils devoient à Honorius; & il tira son fils Constant d'un monastere de cette même ville, pour le faire revêtir de la pourpre; mais ils périrent bientôt tous deux, après avoir eu quelques heureux succès.

Les Saxons à leur arrivée dans le pays, trouverent Winchester si considérable, que les rois de West-Sex la choisirent pour leur résidence, y établirent un siege épiscopal, une monnoie, & y bâtirent un grand nombre d'églises.

Après la conquête des Normands, les archives de la province furent mises à *Winchester*. Le roi Edouard III y établit une étape pour le commerce des laines & des draperies, ce qui la rendit encore plus florissante.

Elle n'a point perdu de son lustre, c'est une grande ville fermée de murailles, contenant huit paroisses, un palais'épiscopal, un château, une église cathédrale superbe, & un hôtel-de-ville où l'on montre une grande table ronde, qu'on dit être la table ronde du fameux Arthur, tant chantée par les vieux romanciers.

Il se tint à Winchester un concile, l'an 957, en présence de trois rois de différentes provinces.

L'évêché de Winchester est un des plus riches bénéfices du royaume, car il vaut huit mille livres sterlings de rente. L'évêque a sous sa jurisdiction spirituelle, les deux provinces de Hampshire & de Surrey, avec les isles de Jersey & de Guernesey. Un évêque de Winchester, nommé Guillaume Wickam, a fondé dans cette ville un beau & illustre college, où l'on entretient un principal, dix fellows ou associés, deux scholarques & soixante & dix écoliers, qu'on tire de-là quand ils sont avancés pour les envoyer à Oxford, au college neuf qui a été fondé par le même prélat.

Deux rois, pere & fils. Henri III & Edouard I, sont nés à Winchester. Le premier est un prince d'un petit génie, d'un naturel inconstant, capricieux, & rempli de maximes du pouvoir arbitraire; foible quand il auroit fallu être ferme, plein de hauteur déplacée quand il auroit fallu plier; avide d'argent jusqu'à l'excès, pour le prodiguer tout de suite en dépenses folles & ridicules.

Saint Louis le battit deux fois, & surtout à la journée de Taillebourg en Poitu. Les barons gagnerent sur lui la fameuse bataille de Lewes en 1264. Il fut ensuite redevable de sa délivrance à son fils Edouard, qui lui succéda. Enfin il mourut paisiblement à Londres, en 1272, à 65 ans, après en avoir régné 56.

Edouard I avoit de très-belles qualités, beaucoup de bravoure, de prudence, d'honneur, & de justice. L'Angleterre reprit sa force sous son regne; il conserva la Guienne, il s'empara du pays des Galles, il fit fleurir le commerce de ses fujets autant qu'on le pouvoit alors.

La maison d'Ecoſſe étant éteinte en 1291, il eut la gloire d'être choiſi pour arbitre entre les prétendans ; il obligea d'abord le parlement d'Ecoſſe à reconnoitre que la couronne de ce pays relevoit de celle d'Angleterre ; enſuite il nomma pour roi Bayol, qu'il fit ſon vaſſal ; enfin il prit pour lui-même ce royaume d'Ecoſſe, & c'eſt une grande tache à ſa gloire.

Sous ce prince, on vint déja à s'appercevoir que les Anglois ne ſeroient pas long-tems tributaires de Rome ; on ſe ſervoit de prétexte pour mal payer, & on éludoit une autorité qu'on n'oſoit attaquer de front.

Le parlement d'Angleterre prit vers l'an 1300 une nouvelle forme, telle qu'elle eſt a-peu-près de nos jours. Le titre de barons & de pairs ne fut affecté qu'à ceux qui entroient dans la chambre haute ; la chambre baſſe commença à régler les ſubſides ; Édouard I donna du poids à la chambre des communes, pour balancer le pouvoir des barons ; ce prince aſſez ferme & aſſez habile pour les ménager & ne les point craindre, forma cette eſpece de gouvernement qui raſſemble tous les avantages de la royauté, de l'ariſtocratie, & de la démocratie, & qui ſous un roi ſage ne peut que fleurir avec gloire.

Édouard I mourut l'an 1307, à 68 ans, lorſqu'il ſe propoſoit d'aller reconquérir l'Ecoſſe, trois fois ſubjuguée, & trois fois ſoulevée.

Bilſon (Thomas) ſavant théologien & évêque, naquit à Wincheſter, l'an 1542, & mourut en 1616. Il ſe fit une grande réputation par ſes ouvrages. Le premier qu'il mit au jour à Oxford en 1585, a pour titre : *Traité de la différence entre l'obéiſſance chrétienne, & la rebellion anti-chrétienne.* Cet ouvrage fut appuyé par l'autorité ſouveraine, & dédié par l'auteur à la reine Eliſabeth.

Le docteur Bilſon, pour établir la ſuprématie royale, s'attache à juſtifier que les empereurs convoquoient autrefois des conciles, dont ils fixoient le temps & le lieu, réglant même qui ſeroient ceux qui y aſſiſteroient & qui y auroient voix ; qu'ils déterminoient quelles matieres on y traiteroit ; qu'ils préſidoient aux débats, & empêchoient qu'on ne portât atteinte à la foi établie par les conciles précédens, même par rapport aux matieres de foi, par la regle commune à tous les chrétiens, ſavoir, la parole de Dieu ; qu'ils confirmoient les décrets des conciles, en marquant ceux qu'ils approuvoient, & auxquels ils donnoient force de loi ; qu'à l'égard des ſentences, ils recevoient les appels qu'on interjettoit, ſuſpendoient l'exécution, & modéroient la rigueur des déciſions des conciles, quand ils les trouvoient trop ſéveres. Il prouve tous ces articles par l'exemple des princes juifs & des empereurs chrétiens.

Il obſerve enſuite que l'empereur Juſtinien, dans ſes *nouvell. conſtitut.* a réglé ce qui regarde la doctrine & la diſcipline de l'égliſe, la conduite des évêques & des patriarches ſur la célébration des ſacremens, la convocation des ſynodes, l'ordination des eccléſiaſtiques, les mariages, les divorces, & autres choſes de cette nature, qui étoient en ce temps-là du reſſort de la puiſſance civile, & que le pape prétend aujourd'hui appartenir à la puiſſance eccléſiaſtique.

En 1593, il publia un traité du gouvernement de l'égliſe de Chriſt, & de l'autorité qu'avoient les anciens patriarches. Ce livre fut traduit en latin en 1611.

Enfin, il mit au jour à Londres, en 1604, un ſavant ouvrage, ſous le titre de *Deſcription des ſouffrances de Jéſus-Chriſt, & de ſa deſcente aux enfers.* Il prouve dans cet ouvrage par l'écriture & par les peres, que notre Seigneur eſt allé de la terre dans le ſéjour du parfait bonheur, & qu'il n'y a rien dans l'Ecriture qui nous autoriſe à croire que ſon ame eſt allée en enfer après ſa mort, & delà au ciel ; qu'ainſi tout concourt à nous perſuader que les fideles vont d'ici-bas dans le ciel ; & qu'enfin le *hadès* du ſymbole eſt le paradis. (*D. J.*)

WINCHESTER, *Géog. mod.*, bourgade d'Angleterre dans le comté de Northumberland. Ceux du pays l'appellent Wincheſter *in the wald*, ou *old* Wincheſter, c'eſt-à-dire, Wincheſter *près du rempart*, ou *le vieux* Wincheſter. Ce lieu eſt peu éloigné des ruines du mur de Sévere. (*D. J.*)

WINDA, *ou* WINDAW, *Géogr. mod.*, ville du duché de Courlande, ſur la mer Baltique, à l'embouchure de la Weta, où elle a un petit port, à quinze milles de Memmel, & à trente de Riga.

L l 4

Longit. 39 , 24; latit. 57 . 10. (D. J.)

|· WINDELINGEN, ou WINDLING,
Géogr. mod., petite ville d'Allemagne
dans la Suabe, au duché de Wirtemberg,
fur le Necke, près de l'embouchure de la
Lauter. (D. J.)

WINDISCH, Géogr. mod., ville de
Suiffe, au canton de Berne, dans l'Argaw,
à un quart de lieue de Königsfeld. Je
parle de ce village, parce que c'eft ici qu'il
faut chercher les reftes infortunés de
l'ancienne Vindoniffa.

Cette ville dont j'ai déja fait mention,
étoit forte par fa fituation fur une hauteur, au confluent de deux rivieres rapides, larges & profondes; je veux dire
l'Aare & la Reufs : on eft furpris que
perfonne ne fe foit avifé dans les derniers
fiecles, de rebâtir Vindoniffa. Les Romains en avoient fait une place d'armes,
pour arrêter l'irruption des Germains,
comme Tacite le raconte, l. IV de fon
hiftoire : & c'eft ce que nous apprennent
encore divers monumens qu'on y a dé-
terrés, comme des inscriptions, des ca-
chets, & des médailles.

Il y a long-temps qu'on y voyoit cette
infcription qui parle d'un ouvrage de
Vefpafien : Imp. T. Vefpafianus , Cæf.
Aug. VII. Cof. Marti Apollini Minerva,
Accum Vicau. Vindoniffenfis Curia, &c.

On y a trouvé des médailles de plufieurs empereurs, depuis Néron jufqu'à
Valentinien. Vindoniffe fut enfuite une
ville épiscopale fous les premiers rois
des Francs; mais Childebert II en tranfporta le fiege à Confiance, vers la fin du
fixieme fiecle, parce que la premiere de
ces deux villes avoit été ruinée par les
guerres, dans les temps de la décadence
de l'empire romain.

Vindoniffe étoit un fiege épifcopal,
mais on ne fait point les noms de ceux
qui ont tenu ce fiege fous les empereurs
romains. Il paroit feulement que cette
ville ne fut ruinée qu'avec celle du plat-
pays, par les armées de Théodebert, roi
d'Auftrafie, l'an 611. Depuis ce tems-là
Vindoniffe n'a jamais été rétablie, & fon
évêché eft demeuré fupprimé. Il étoit
dans la province nommée Maxima fequa-
norum, fous la métropole de Befançon.
(D. J.)

WINDISCHGRATZ, Géogr. mod.,
petite ville d'Allemagne, dans la Baffe-
Stirie, près de la rive droite de la Drave.

On croit que c'eft la Vendum de Strabon.
(D. J.)

WINDISCHMARCK, Géogr. mod.,
contrée d'Allemagne, dans le cercle d'Autriche; elle eft bornée au nord, en partie
par le comté de Cilley, en partie par la
haute Carniole; au midi par la Morlaquie;
au levant par la Croatie; & au couchant
par la haute & baffe Carniole. Ce pays
eft prefque tout montueux; fes habitans
parlent efclavon, reconnoiffent les archi-
ducs d'Autriche pour feigneurs, & font
catholiques. Il a pour chef-lieu Medling
ou Metling. Les deux principales rivieres de cette contrée, font le Gurck & le
Kulp. (D. J.)

WINDRUSH, LA, Géogr. mod., riviere d'Angleterre. Elle a fa fource au
duché de Glocefter, entre dans Oxfordshire, & fe jette dans l'Ifis, ou la Tamife,
à l'occident d'Oxford. (D. J.)

WINDSOR, Géogr. mod., bourg
d'Angleterre, dans Berkshire, fur la Tamife, à vingt-cinq milles de Londres. Ce
bourg nommé anciennement Windlesbo-
re, a droit de marché, député au parlement, & eft remarquable par la maifon de plaifance des rois de la Grande-Bretagne, dont nous parlerons dans
l'article fuivant. (D. J.)

WINDSOR, Géogr. mod., maifon de
plaifance des rois de la Grande-Bretagne,
en Berkshire, fur la Tamife. Elle prend
fon nom du bourg de Windfor, où elle
eft fituée, & où les rois d'Angleterre ont
toujours eu leur château depuis Guillaume le conquérant.

Edouard III voulant ériger un fuperbe
monument de fes victoires fur Jean, roi
de France, & David, roi d'Ecoffe, fit
démolir l'ancien palais de Windfor, pour
en élever un nouveau plus fuperbe.
Wickam (Guillaume), profondément verfé dans l'architecture, ayant été chargé
de ce foin, s'en acquitta glorieufement,
& n'y employa que trois années; il mit
fur ce palais l'infcription fuivante : this
made Wickam; comme les paroles de cette infcription font équivoques, & qu'elles fignifient également Wickam a fait
ceci, ou ceci a fait Wickam, fes ennemis
donnent un tour malin à l'infcription,
& firent entendre à Edouard, que l'intendant de cet édifice s'en attribuoit info-
lemment toute la gloire. Le roi irrité re-
procha cette audace à Wickam, qui lui

répondit d'un air gai, que ſes délateurs
étoient bien odieux, ou bien ignorans
dans la langue angloiſe, puiſque le vrai
ſens de l'inſcription qu'il avoit miſe exprès à la gloire de ſon roi, vouloit dire
ceci, *ce palais m'a procuré les bontés de
mon prince, & m'a fait ce que je ſuis.*
Edouard ſe mit à rire, & la délation des
envieux de Wickam ne ſervit qu'à l'augmentation de ſon crédit. Edouard le fit
ſon premier ſecrétaire, garde du ſceau
privé, évêque de Wincheſter, & grand
chancelier du royaume.

La reine Eliſabeth & Charles II ont
embelli le château de *Windſor*, qui paſſe
aujourd'hui pour la plus belle maiſon
royale qu'il y ait en Angleterre; cependant ce château n'a ni jardins, ni fontaines, ni avenues, & ſon unique ornement
extérieur ſe réduit à un grand parc rempli de bêtes fauves; mais on jouit dans
ce château d'une vue raviſſante, qui s'é-
tend de tous côtés ſur une belle campagne, où l'œil découvre à perte de vue le
cours de la Tamiſe, des champs couverts
d'épis, de praieries émaillées de fleurs,
& des collines ombragées de forêts; de
ſorte que ce palais eſt un des plus beaux
ſéjours qu'on puiſſe trouver. Pavillon
dit qu'il a été bâti & embelli par les fées,
pour la demeure ordinaire des Graces, &
la retraite des plus tendres Amours; plus
beau ſans comparaiſon que la gloire de
Niquée; que quant au-dehors ils ſont
faits, comme il plait à Dieu, qui en fait
bien plus que M. le Noſtre; il ajoute:

*La nature, en ce lieu, de mille attraits
　　pourvue,*
　　Pour ſe faire admirer,
　Semble tout exprès ſe parer
　En s'expoſant à notre vue.
Inceſſamment le ciel y rit,
　Et la terre qu'il embellit
D'un verd qui peint ſes prés, ſes côteaux,
　　ſes bocages,
Tout vous enchante; & l'art humain,
　Reſpectant de ſi beaux ouvrages,
　N'oſe pas y mettre la main.

Edouard III naquit dans ce beau château, en 1312. Sa vie & ſes exploits ſont
connus de tout le monde; on ſait que c'eſt
l'un des plus grands & des plus célebres
rois d'Angleterre. Il fut modeſte dans ſes
victoires, & ferme dans ſes traverſes.
Etroitement uni avec ſon parlement, il

donna d'excellens ſtatuts pour le bonheur
de ſa nation; enfin la gloire du prince de
Galles ſon fils concourut à jeter un nouveau luſtre ſur la ſienne; c'eſt dommage
qu'il ait terni ce luſtre en rompant par
pure ambition la glorieuſe paix qu'il
avoit faite avec le roi d'Ecoſſe. Je ne lui
reproche point la paſſion qu'il prit ſur ſes
vieux jours pour la belle Alix Pierce;
n'ayant pas connu l'amour dans ſa jeuneſſe, il n'eut pas aſſez de force pour s'en
défendre dans un âge avancé. Il mourut
en 1377, à 65 ans, après avoir joui d'un
ſi grand bonheur juſqu'à l'an 1369, qu'à
peine dans l'hiſtoire trouveroit-on des
exemples d'un regne ſi fortuné. Mais depuis ce temps-là, le ſort ſe laſſa de le favoriſer, & le dépouilla de ſes illuſtres
conquêtes; cependant l'Angleterre ſe dédommagea ſous ſon regne, avec uſure,
des tréſors que lui coûterent les entrepriſes de ſon monarque: elle vendit ſes laines, étendit ſon commerce, & forma des
manufactures qu'elle ne connoiſſoit point
auparavant.

Un autre roi d'Angleterre né à Windſor, eſt Henri VI, appellé communément
Henri de Windſor. Il ne reſſembla point
à ſon illuſtre pere Henri V, auquel il ſuccéda, en 1422. On trouve dans ſa vie une
inaction naturelle au bien comme au mal;
auſſi fut-il le jouet perpétuel de la fortune. Au bout d'un regne de 38 ans,
Edouard IV le dépoſſéda du trône, & neuf
ans après, le comte de Warwick, que l'on
appelloit *le faiſeur de rois*, en débuſqua
celui-ci pour y établir Henri VI. Enfin
ſept mois s'étoient à peine écoulés, qu'E-
douard rentra triomphant dans Londres,
remonta ſur le trône, & renferma Henri
dans la tour, où il fut égorgé par le duc
de Gloceſter, en 1471, à 52 ans.

Il y a deux chapelles à Windſor, l'une
neuve, au bout de la galerie du château,
& l'autre vieille, beaucoup plus belle,
où les rois tiennent le chapitre de l'ordre
de la jarretiere. Cette vieille chapelle eſt
encore mémorable, pour avoir ſervi de
ſépulture à Edouard IV, à Henri VIII,
& à Charles I.

Edouard IV, fils de Richard, duc
d'Yorck, diſputa la couronne au malheureux Henri VI, qui étoit de la maiſon de
Lancaſtre, remonta ſur le trône, & le
garda juſqu'à la mort. Ce qu'il y a de plus
étonnant dans la vie de ce prince, c'eſt

fon bonheur, qui femble tenir du prodige ; il fut élevé fur le trône après deux
batailles perdues, l'une par le duc d'Yorck
fon pere, l'autre par le comte de Warwick. La tête du pere étoit encore fan-
glante fur la muraille d'Yorck, lorfqu'on
proclamoit le fils à Londres. Il échappa,
comme par miracle, de la prifon de Mé-
delham. Il fut reçu dans la capitale à bras
ouverts à fon retour de Hollande, avant
que d'avoir vaincu, & pendant que fon
fort dépendoit de celui d'un combat que
le comte de Warwick alloit lui livrer.
Enfin après avoir été victorieux dans toutes les batailles où il fe trouva, il mourut
en 1483, âgé de 42 ans.

Lorfque ce prince gagna la couronne,
c'étoit un des hommes des mieux faits de
l'Europe. Philippes de Comines affure,
qu'il fut redevable du trône à l'inclination que les principales dames de Londres
avoient pour lui ; mais ç'auroit été peu de
chofe s'il n'eût pas eu en même temps
l'affection de leurs maris, & en général
celle de la plupart des Anglois ; cependant
on a raifon de lui reprocher fon libertinage, & ce qui eft bien pis, fa cruauté
& fes parjures. Il fit périr fur l'échafaud
plufieurs grands feigneurs qu'il avoit pris
dans des batailles. Il eft coupable de la
mort du duc de Clarence fon propre frere, de celle de Henri VI & du prince de
Galles ; enfin la mauvaife foi de ce roi parut dans l'injufte fupplice du comte de
Wells, qu'il tira de fon afyle par un fauf-
conduit, & dans celui du bâtard de Fal-
conbridge, après lui avoir pardonné fon
crime.

Henri VIII, fils & fucceffeur de Henri
VII en 1509, âgé de 18 ans, avoit pris du
goût pour l'étude dans fa première jeuneffe. Il étoit libéral, adroit, ouvert &
brave. Il défit les François à la bataille
des Eperons, en 1513, & prit Térouane
& Tournay. De retour en Angleterre, il
marcha contre les Ecoffois, & les vainquit à la bataille de Floden, où Jacques
IV leur roi fut tué.

Voluptueux, fougueux, capricieux,
cruel, & fur-tout opiniâtre dans fes defirs,
il ne laiffe pas que d'avoir fa place entre
les rois célebres, & par la révolution qu'il
fit dans les efprits de fes peuples, & par
la balance que l'Angleterre apprit fous
lui à tenir entre les fouverains. Il prit
pour devife un guerrier tendant fon arc,

avec ces mots, qui je défends eft maître ;
devife que fa nation a rendue quelquefois
véritable, fur-tout depuis fon regne.

Amoureux d'Anne de Boulen, il fe propofa de l'époufer, & de faire un divorce
avec fa femme Catherine. Il follicita par
fon argent les univerfités de l'Europe d'ê-
tre favorables à fon amour. Muni des approbations théologiques qu'il avoit ache-
tées, preffé par fa maitreffe, laffé des fub-
terfuges du pape, foutenu de fon clergé,
maitre de fon parlement, & de plus encouragé par François I, il fit caffer fon mariage, en 1533, par une fentence de Cran-
mer, archevêque de Cantorbery.

Le pape Clément VII, énorgueilli des
prérogatives du faint fiege, & fortement
animé par Charles-Quint, s'avifa de ful-
miner contre Henri VIII une bulle, par laquelle il perdit le royaume d'Angleterre.
Henri fe fit déclarer par fon clergé chef
fuprême de l'églife Angloife. Le parlement lui confirma ce titre, & abolit toute
l'autorité du pape, fes annates, fon denier
de faint Pierre, & les provifions des bénéfices. La volonté de Henri VIII fit toutes les loix, & Londres fut tranquille,
tant ce prince terrible trouva l'art de fe
rendre abfolu. Tyran dans le gouvernement, dans la religion & dans fa famille,
il mourut tranquillement dans fon lit, en
1547, à cinquante-fept ans, après en avoir
régné trente-fept.

On vit dans fa derniere maladie, dit
M. de Voltaire, un effet fingulier du pouvoir qu'ont les loix en Angleterre, jufqu'à ce qu'elles foient abrogées ; & combien on s'eft tenu dans tous les temps à la
lettre plutôt qu'à l'efprit de ces loix. Perfonne n'ofoit avertir Henri de fa fin prochaine, parce qu'il avoit fait ftatuer,
quelques années auparavant par le parlement, que c'étoit un crime de haute-tra-
hifon de prédire la mort du fouverain.
Cette loi, auffi cruelle qu'inepte, ne pouvoit être fondée fur les troubles que la
fucceffion entraineroit, puifque cette fucceffion étoit réglée en faveur du prince
Edouard : elle n'étoit que le fruit de la
tyrannie de Henri VIII, de fa crainte de
la mort, & de l'opinion où les peuples
étoient encore, qu'il y a un art de connoître l'avenir.

La groffeur des doigts de ce prince étoit
devenue fi confidérable, quelque temps
avant fon décès, qu'il ne put figner l'ar-

rêt de mort contre le duc de Norfolck; par bonheur pour ce duc, le roi mourut la nuit qui précéda le jour qu'il devoit avoir la tête tranchée; & le conseil ne jugea pas à propos de procéder à l'exécution d'un des plus grands seigneurs du royaume.

Henri VIII avoit eu six femmes; Catherine d'Aragon, répudiée; Anne de Boulen, décapitée; Jeanne Seymour, morte en couches; Anne de Cleves, répudiée; Catherine Howard, décapitée; & Catherine Pare, qui épousa Thomas Seymour, grand amiral. Francois I lui fit faire un service à Notre - Dame, suivant l'usage, dit M. de Thou, établi par les rois, quoiqu'il fût mort séparé de l'église.

Je trouve qu'il s'est passé sous le regne de Henri VIII plusieurs événemens qui méritoient d'entrer dans l'histoire de M. de Rapin: j'en citerai quelques-uns pour exemples.

En 1527, le roi étant à la chasse de l'oiseau, & voulant sauter un fossé avec une perche, tomba sur la tète, & si un de ses valets - de - pié, nommé *Edmond Moody*, n'étoit accouru, & ne lui avoit pas levé la tête qui tenoit ferme dans l'argille, il y auroit étouffé.

La vingt-quatrieme année du regne de ce prince, on bâtit son palais de Saint-James. Dans la vingt-cinquieme, on institua la présidence pour le gouvernement du nord d'Angleterre. Dans la vingt-huitieme, le pays de Galles, qui étoit une province de la nation Angloise, devint un membre de la monarchie, & fut soumis aux mêmes loix fondamentales.

L'an 30 de ce regne, l'invention de jeter en fonte des tuyaux de plomb pour la conduite des eaux, fut trouvée par Robert Broock, un des aumôniers du roi; Robert Cooper, orfèvre, en fit les instrumens, & mit cette invention en pratique. L'an 25 du même regne, les premieres pieces de fer fondu qu'on ait jamais fait en Angleterre, furent faites à Backstead, dans le comté de Suffex, par Rodolphe Faye, & Pierre Baude.

Sur la fin de ce regne, on supprima les lieux publics de débauches qui avoient été permis par l'état. C'étoit un rang entier de maisons tout le long de la Tamise, aux fauxbourg de Southwarck, au nombre de seize, distinguées par des enseignes. Sous le regne de Henri II, on avoit fait au sujet de ces maisons divers réglemens de police, qu'on peut voir dans la description de Londres par Stow. Cambden croit qu'on nommoit ces maisons *stews*, à cause des viviers qui en étoient proche, où l'on nourrissoit des brochets & des tanches.

Le corps de Henri VIII est enseveli à Windsor, sous un tombeau magnifique de cuivre doré, mais qui n'est pas encore fini.

Charles I, (dit M. Hume, dont je vais emprunter le pinceau,) étoit de belle figure, d'une physionomie douce, mais mélancolique. Il avoit le teint beau, le corps sain, bien proportionné, & la taille de grandeur moyenne. Il étoit capable de supporter la fatigue, excelloit à monter à cheval, & dans tous les autres exercices. On convient qu'il étoit mari tendre, pere indulgent, maître facile, en un mot, digne d'amour & de respect. A ces qualités domestiques, il en joignoit d'autres qui auroient fait honneur à tout particulier. Il avoit reçu de la nature du goût pour les beaux arts, & celui de la peinture faisoit sa profession favorite.

Son caractère, comme celui de la plupart des hommes, étoit mêlé; mais ses vertus l'emportoient sur ses vices, ou pour mieux dire, sur ses imperfections; car, parmi ses fautes, on en trouveroit peu qui méritassent justement le nom de vice.

Ceux qui l'envisagent en qualité de monarque, & sous le point de vue le plus favorable, assurent que sa dignité étoit sans orgueil, sa douceur sans foiblesse, sa bravoure sans témérité, sa tempérance sans austérité, son économie sans avarice. Ceux qui veulent lui rendre une justice plus sévere, prétendent que plusieurs de ses bonnes qualités étoient accompagnées de quelque défaut, qui leur faisoit perdre toute la force naturelle de leur influence. Son inclination bienfaisante étoit obscurcie par des manieres peu gracieuses; sa piété avoit une bonne teinture de superstition. Il déféroit trop aux personnes de médiocre capacité, & sa modération le garantissoit rarement des résolutions brusques & précipitées. Il ne savoit ni céder aux emportemens d'une assemblée populaire, ni les réprimer à propos; la souplesse & l'habileté lui manquoient pour l'un, & la vigueur pour l'autre.

Malheureusement son sort le mit sur le trône dans un temps où les exemples de plusieurs regnes favorisoient le pouvoir arbitraire, & où le cours du génie de la nation tendoit violemment à la liberté. Dans un autre siecle, ce monarque auroit été sûr d'un regne tranquille ; mais les hautes idées de son pouvoir dans lesquelles il avoit été nourri, le rendirent incapable d'une soumission prudente à cet esprit de liberté qui prévaloit si fortement parmi ses sujets. Sa politique ne fut pas soutenue de la vigueur & de la prévoyance nécessaires pour maintenir sa prérogative au point où il l'avoit élevée. Enfin exposé sans cesse aux assauts d'une multitude de factions furieuses, implacables, fanatiques ; ses méprises & ses fautes eurent les plus fatales conséquences. Trop rigoureuse situation, même pour le plus haut degré de la capacité humaine !

Les partis qui divisoient le royaume étoient des convulsions générales de tous les esprits, une ardeur violente & réfléchie de changer la constitution de l'état, un dessein mal conçu dans les royalistes d'établir un pouvoir despotique, fureur de la liberté dans la chambre des communes, le désir dans les évêques d'écarter le parti protestant des Puritains, le projet formé chez les Puritains d'humilier les évêques, & enfin le plan suivi & caché des indépendans, qui consistoit à se servir des défauts de tous les autres pour devenir leurs maîtres.

Au milieu de cette anarchie, les catholiques d'Irlande massacrent quarante mille protestans de leur isle, & Charles I écouta le fatal conseil de soutenir sa puissance par un coup d'autorité. Il quitte Londres, se rend à Yorck, rassemble ses forces, & s'arrêtant près de Nottingham, il y éleve l'étendard royal, signe ouvert de la guerre civile dans toute la nation.

On donne batailles sur batailles, d'abord favorables au prince, enfin malheureuses & désastreuses. Après avoir reçu dans son armée ces odieux Irlandois teints du sang de leurs compatriotes, & taillés en pieces par le lord Fairfax à la bataille de Naseby qui suivit la victoire de Marston, il ne resta plus au monarque que la douleur d'avoir donné à ses sujets le prétexte de l'accuser d'être complice de l'horrible massacre commis par les mêmes Irlandois, le 22 octobre 1641.

Charles marcha d'infortunes en infortunes ; il crut trouver sa sûreté dans l'armée Ecossoise, & se jeta entre ses mains ; mais les Ecossois le vendirent, & le livrerent aux commissaires Anglois ; il s'échappa de leur garde, & se sauva dans l'isle de Wight, où il fut enlevé & transféré au château de Hulst. Sa mort étant résolue, Cromwell, Ireton & Harrison établirent une cour de justice, dont ils furent les principaux acteurs, avec quelques membres de la chambre-basse & quelques bourgeois de Londres. On traduisit trois fois le monarque devant cette cour illégale, & il refusa autant de fois d'en reconnoitre la jurisdiction. Enfin le 10 février 1649, sa tête fut tranchée d'un seul coup dans la place de Witthall. Un homme masqué fit l'office d'exécuteur, & le corps fut déposé dans la chapelle de *Windsor*.

La mort tragique de ce monarque a fait mettre en question, s'il se trouve des cas où le peuple ait droit de punir son souverain. Il est du moins certain que ceux qui donnent le plus de carriere à leurs idées, pourroient douter si dans un monarque la nature humaine est capable d'un assez haut degré de dépravation, pour justifier dans des sujets révoltés ce dernier acte de jurisdiction. L'illusion, si c'en est une, qui nous inspire un respect sacré pour la personne des princes, est si salutaire, que la détruire par le procès d'un souverain, ce seroit causer plus de mal au peuple qu'on ne peut espérer d'effet sur les princes, d'un exemple de justice qu'on croiroit capable de les arrêter dans la carriere de la tyrannie.

Je sais qu'on cite dans l'histoire de l'ancienne Rome l'exemple de Néron, que les Romains condamnerent comme l'ennemi public, sans aucune forme de procès au châtiment le plus sévere & le plus ignominieux. Mais les crimes de cet odieux tyran étoient portés à un degré d'énormité, qui renverse toutes sortes de regles. Quand on passe ensuite de l'exemple de Néron à celui de Charles I, & que l'on considere la contrariété qui se trouve dans leurs caracteres, l'on ne plaint point l'un, & l'on est confondu que l'autre pût éprouver une si fatale catastrophe.

L'histoire, cette grande source de sagesse, fournit des exemples de tous les genres ; & tous les préceptes de la prudenoe, comme ceux de la morale, peuvent être autorifés par cette variété d'événemens, que fon vafte miroir eft capable de nous préfenter.

De ces mémorables révolutions qui fe font paffées dans un fiecle fi voifin du nôtre, les Anglois peuvent tirer naturellement la même leçon que Charles, dans fes dernieres années, en tira lui-même; qu'il eft très-dangereux pour leurs princes de s'attribuer plus d'autorité qu'il ne leur en eft accordé par les loix. Mais les mêmes fcenes fournissent à l'Angleterre une autre inftruction, qui n'eft pas moins naturelle, ni moins utile, fur la folie du peuple, les fureurs du fanatifme, & le danger des armées mercenaires. Je dis *les fureurs du fanatifme*; car il n'eft pas impoffible que le meurtre de Charles I, la plus atroce des actions de Cromwell, n'ait été déguifée à fes yeux fous une épaiffe nuée d'illufions fanatiques, & qu'il n'ait regardé fon crime fous l'afpect d'une action méritoire. (*D. J.*)

WINEDEN, *Géog. mod.*, petite ville d'Allemagne, dans la Suabe, au duché de Wirtemberg, fur une petite riviere, avec un château fortifié, qui appartient au grand-maître de l'ordre teutonique.

Lyferus, (Polycarpe) théologien de la confeffion d'Angsbourg naquit à Wineden en 1552. Il fut un des principaux directeurs du livre de la *concorde*, & il exerça vigoureufement la charge de miffionnaire, non-feulement pour le donner à figner à ceux qui étoient dans les emplois, mais pour opérer la réunion des calviniftes & des luthériens, que négocioient les agens du roi de Navarre. Il devint miniftre de cour à Drefde l'an 1594, & y mourut en 1601 pere de treize enfans. Il compofa plufieurs livres latins de théologie qui n'exiftent plus aujourd'hui, non plus que ceux qu'on fit contre lui de toutes parts, à l'occafion des fignatures de fon formulaire. (*D. J.*)

WINFRIED'S-WELL, *Géog. mod.*, c'eft-à-dire, *fontaine de Winfride*; c'eft une fontaine d'Angleterre, au pays de Galles, dans le comté de Flint, à l'occident de la ville de ce nom, & dans un petit bourg nommé Holy-Well, c'eft-à-dire, *fontaine facrée*, ainfi dite en conféquence de la fontaine de Winfride. On raconte qu'anciennement un tyran du pays ayant violé & enfuite égorgé une

fainte fille, appellée Winfride, la terre pouffa dans le même endroit la fontaine dont nous parlons; comme il fe trouve au fond de cette fontaine de petites pierres femées de taches rouges, la tradition fuperftitieufe du pays fait paffer ces tâches pour des gouttes de fang de fainte Winfride qui ne s'effaceront jamais. On a bâti une petite églife fur cette fontaine, & l'on a peint dans les fenêtres de cette églife la mort tragique de la fainte; mais le favant évêque d'Ely, Guillaume Fleetwood, étant encore évêque de S. Afaph, a détrompé le public fur l'hiftoire de fainte Winfride, en publiant en 1713 la légende de cette fainte, avec des obfervations qui démontrent la fauffeté de cette légende. La reine Marie d'Eft, femme du roi Jaques II, eft la derniere perfonne de haut rang qui ait été en pélérinage à Windfried's-Well. (*D. J.*)

WINGURLA, *Géog. mod.*, ville des Indes orientales, au royaume de Wifapour, fur le bord de la mer, près & au nord de Goa. Les Hollandois y ont une loge.

WINNICZA, *Géog. mod.*, ville de Pologne, dans la Podolie, capitale du palatinat de Braclaw, fur la rive du Bog, à 12 lieues de Braclaw. C'eft le fiege d'un tribunal de juftice, & le lieu de l'affemblée de la nobleffe. *Long.* 46; *lat.* 49, 27.

WINSCHOTE, *Géogr. mod.*, petite ville des Pays-Bas dans la feigneurie de Groningue, à cinq lieues de la ville de Groningue, & à une lieue du bras de mer nommé *Dollert*. Le combat de Winfchote, en 1548, fut le premier qui fe donna pour la liberté des Provinces-Unies, & ce combat fut heureux.

WINSHEIM, *Géogr. mod.*, petite ville d'Allemagne, au cercle de Franconie, fur la riviere d'Aifch, à 10 lieues au nord-oueft de Nuremberg. Elle eft impériale. *Long.* 27, 56; *lat.* 49, 28.

WINTERTHOUR, *Géogr. mod.*, en latin *Vintodurum* ou *Vitudorum*, ville de Suiffe, au canton de Zurich, fur la petite riviere d'Eulach, dans une plaine, à huit lieues au nord-eft de Zurich. Elle eft remarquable par fon antiquité, par fes grands privileges & par un bain d'eaux minérales. On a trouvé dans les environs de *Winterthour* des monumens d'antiquités romaines, & entr'autres des médailles des empereurs Domitien, Conftance & Constantin. *Long.* 26 , 31 , *lat.* 47 . 42. (*D. J.*)

WINWICK, *Géog. mod.*, lieu d'Angleterre , dans la province de Lancaftre, fur la route de Londres à Lancaftre,entre Warington & Wigan. Ce lieu eft remarquable par fon presbytere, l'un des plus riches du royaume. On lit dans l'églife cette infcription en lettres gothiques à l'honneur du roi Ofwald :

*Hic locus,*Ofwalde, *quondam placuit tibi valdè ,*

Northam Humbrorum fueras rex , nunc quoque polorum

Regnas tenes,loco paffus Marcelde *vocato.* (*D. J.*)

WIPPER, *Géog.mod.*, nom commun à deux rivieres d'Allemagne, l'une du landgraviat de Thuringe , prend fa fource dans le comté de Mansfeld , & tombe dans la Sala ; l'autre a fon origine dans le comté de la Marck , & fe jette dans le Rhin par deux embouchures.

WIPPERFURD, *Géog. mod.*, petite ville d'Allemagne,dans le comté de Berg , fur le bord du Wipper qui lui a donné fon nom.

WIRISKWALD. *Géogr. mod.*, vafte forêt de l'empire ruffien,dans l'Efthonie, au quartier de Wirie,dont elle occupe une grande partie & dont elle prend le nom.

WIRLAND ou WIRIE, *Géog. mod.*, quartier de l'empire ruffien, dans l'Efthonie. Il eft baigné au nord par le golfe de Finlande.L'Alentakie le borne à l'orient; il a la Jerwie au midi, & l'Harrie au couchant.La forêt de Viriskwald occupe une grande partie du pays , fur la côte duquel on voit les isles de Wrango & de Ekolm. (*D. J.*)

WIRM, *Géog. mod.*, riviere d'Allemagne , dans l'électorat de Baviere. Elle fort du lac de Wirmfée , auquel elle fert d'émiffaire pour porter fes eaux dans la riviere d'Amber.

WIROWITZA, *Géogr.mod.*, petite ville de Hongrie , dans l'Efclavonie , fur une petite riviere qui fe rend dans la Drave: elle eft le chef-lieu du comté de Verocz. Les Turcs la prirent en 1684, mais ils la reftituerent à l'empereur en 1699 par le traité de Carlowitz. (*D. J.*)

WIRSUNG, CANAL DE, *Anatom.*, Wirfung , Bavarois fe rendit fi célebre dans l'anatomie, qu'il s'attira l'envie de fes collegues qui , jaloux des victoires

qu'il remportoit tous les jours fur eux, le firent affaffiner dans fon cabinet par un Italien.On prétend qu'il découvrit le premier en 1642 le conduit pancréatique qui s'étend tout le long du pancréas , & qui aboutit avec le conduit cholédoque dans le duodénum. *V.* PANCRÉAS.

WIRTEMBERG, DUCHÉ DE, *Géog. mod.*, duché fouverain d'Allemagne,dans la Suabe. *V.* WURTEMBERG,*Géog.mod.*

WISBADEM,*Géog.mod.*, bourg d'Allemagne , dans la Wettéravie , à 2 lieues de Mayence, près du monaftere d'Erbach, & à 6 ou 7 lieues de Francfort. Ce lieu a des eaux minérales connues des anciens fous le nom d'*aqua mattiaca*. (*D.J.*)

WISBICH, *Géogr. mod.*, petite ville d'Angleterre , dans la province de Cambridge , au milieu des marais, non loin de la mer , avec un château. Elle appartient aux évêques d'Eli. En 1236 l'Océan enflé prodigieufement par un vent orageux , inonda pendant deux jours tout le pays , y fit un ravage incroyable, & renverfa la ville de Wisbich ; ce ne fut que fur la fin du XVe fiecle que Jean Morton , évêque d'Eli, releva le château, & le fit bâtir de briques. (*D.J.*)

WISBY, *Géog. moderne*, en latin du moyen âge *Visbia*, *Visburgum* ; ville de Suede,dans l'isle de Gothland, fur fa côte occidentale. Cette ville autrefois grande & riche , n'eft prefque plus qu'une bourgade murée, baftionnée, & défendue par un château bâti près du port où réfide le gouverneur. On prétend que les habitans de Wisbi ont dreffé dans le nord les premieres cartes marines ; & qu'ils ont établi les premiers,d'après Oleron,des réglemens pour le commerce & pour la navigation.*Long.*36,52; *lat.*57,38. (*D.J.*)

WISCHAW, *Géog.mod.*, petite ville, & maintenant chétive bourgade d'Allemagne , dans la Moravie , au cercle de Brium. (*D.J.*)

WISCHEGROD ou WISCHEGRAD, ou WISSEGROD , *Géogr. mod.*, petite ville de Pologne, dans le palatinat de Mazovie , fur la Viftule. (*D.J.*)

WISK , *Jeux de cartes. V.* WHISK.

WISKOW, *Géog. mod.*, petite ville de Pologne, dans la Mazovie, fur la gauche du Bog , à 10 lieues vers le nord de Varfovie.

WISLOK ou WISLOC , *Géog. mod.*, petite ville d'Allemagne, dans le palatinat du Rhin, au Craihgow, à 2 lieues au midi d'Heidelberg, entre cette ville & Sintzen. Les François la réduifirent en cendres en 1689, & elle ne s'eft pas rétablie depuis. *Long.* 27, 34; *lat.* 49, 14.

WISLOKE, (LA) *Géog. mod.*, riviere de la petite Pologne. Elle eft aux confins du palatinat de Cracovie, vers les frontieres de la Hongrie, & fe jette dans la Viftule, un peu au-deffus de Mielecz.

WISMAR, *Géog. mod.*, ville d'Allemagne, dans le cercle de la Baffe-Saxe, au duché de Meckelbourg, dont elle eft capitale. Wifmar étoit déja un grand village dans le dixieme fiecle; ce village devint ville, & une ville confidérable, qui dans le treizieme fiecle fut mife au rang des villes anféatiques. Les flottes de ces villes s'affembloient dans le port de Wifmar. Le duc Adolphe Frédéric s'empara de Wifmar en 1632, avec le secours des Suédois qui y tinrent garnifon, & on leur en fit la ceffion par le traité de Weftphalie. Elle fut bombardée en 1711 par le roi de Danemarck, en 1715 les alliés du nord l'affiegerent, la prirent, & en démolirent les fortifications. Enfin elle a été rendue à la Suede en 1721 par la paix du nord, mais toute ouverte, & à condition qu'on n'en releveroit pas les fortifications. Cette ville eft fituée au fond d'un golfe que forme la mer Baltique, à 7 milles de Lubeck, 23 nord-eft de Lunebourg, 28 oueft par fud de Stralfund, & 4 de Schwerin. *Long.* 29, 32, *lat.* 53, 56.

Morhof (Daniel George) favant littérateur, naquit à Wifmar l'an 1639, & mourut à Lubeck en 1691, à cinquante-trois ans. Vous trouverez fon article dans les mémoires du pere Niceron, *tom. II.* Je dirai feulement que Morhof a mis au jour un ouvrage fort eftimé, & avec raifon. Il eft intitulé: *Polybiftor, five de notitiâ auctorum & rerum;* Lubec 1708, *in-4°.* La meilleure édition de cet ouvrage, eft celle de la même ville en 1732, en 2 *vol. in-4°.* (D. J.)

WITEPSK, *Géog. mod.*, palatinat du grand duché de Lithuanie; il eft borné au nord & au levant, par la Ruffie; au midi, par les palatinats de Minski & de Mfcislaw; au couchant, par ceux de Poloczk & de Wilna. C'eft un pays ftérile, & dont les habitans font miférables. Witepsk eft la capitale.

WITEPSK, *Géogr. mod.*, ville du

grand duché de Lithuanie, capitale du palatinat du même nom, fur la Dwina, au milieu des marais, à 18 lieues au nord-eft de Poloczk, avec un fort château. *Long.* 48, 55; *lat.* 55, 57.

WITHAM, *Géog. mod.*, riviere d'Angleterre, dans Lincolnshire. Elle prend fa fource au nord-oueft de Stansford, vers les frontieres de Leicefter, & fe perd dans l'Océan, près de Bofton, en roulant fes eaux à travers des marais.

WITLEY ou WITLEY-CASTLE, *Géog. mod.*, bourgade d'Angleterre, dans le comté de Northumberland, aux confins du comté de Durham, près de la fource de l'Alow. Halley prend ce lieu pour l'ancienne *Alauna* ou *Alone,* & Cambden dit qu'*Alanna* eft Allaway.

WITLICH, *Géog. mod.*, en latin du moyen âge *Vitelliacum,* petite ville d'Allemagne, au cercle du Bas-Rhin, dans le diocefe de Treves, fur le Léfer.

WITNEY, *Géog. mod.*, bourg à marché d'Angleterre, dans Oxfordshire, fur la riviere de Windruch. Ce bourg eft fameux par fes manufactures de couvertures de lit, par fon école & par fa bibliotheque.

WITS, L'ISLE, *Géog. mod.*, isle de la mer d'Ecoffe, & l'une des Hébrides. Elle a 36 milles de longueur, & 5 ou 6 de largeur; elle eft toute entrecoupée de lacs & de golfes, & cependant elle eft affez peuplée pour avoir cinq paroiffes.

WITSTOCK, *Géog. mod.*, bourgade d'Allemagne, dans l'électorat de Brandebourg, au comté de Prug, fur la riviere Dorfa. Ce lieu eft connu dans l'hiftoire par la victoire que Bannier, général des Suédois, y remporta fur les Danois en 1636.

Acidalius (Valens) y naquit en 1566, & mourut en 1595, à l'âge de vingt-huit ans, ayant déja donné des preuves de fon érudition par un favant commentaire fur Quinte-Curce; par des notes fur Tacite, fur Velleius Paterculus; par fes *divinations* fur Plaute, & par des poéfies. On lui a fauffement attribué un petit livre qui fut imprimé l'an 1595, & dont le fujet étoit que les femmes ne font pas des animaux raifonnables, *mulieres non effe homines.* Baillet a mis Acidalius parmi fes enfans célebres, & il a eu raifon. Lipfe en faifoit grand cas, & écrivoit à Monavius: *Ipfe Valens (non te fallam) augur) gemma la erit Germaniæ vestræ, vivat modò.* Acidalius prit le doctorat en médecine *ad honores*, car il n'eut jamais envie de pratiquer. Il n'y avoit que les maladies des manuscrits qu'il se proposoit de guérir. (*D. J.*)

WITTENA-GÉMOT, s. m. *Histoire d'Angleterre*, c'étoit le parlement des anciens Saxons, selon Guillaume de Malmsbury, & le savant Cambden. Le Wittena-gémot étoit l'assemblée générale du sénat & du peuple. Le chevalier Henri Spelman l'appelle le conseil général du clergé & du peuple, *commune concilium tam cleri quàm populi*. C'étoit dans cette assemblée, que résidoit la souveraine autorité de faire, d'abroger, d'interpréter les loix, & généralement de régler tout ce qui avoit rapport à la sûreté & au bien de l'état. Dans le *Witténa-gémot*, qui se tint à Calcuth, il fut ordonné par l'archevêque, les évêques, les abbés, les ducs, du pays & *populo terræ*, que les rois seroient élus par les prêtres & les anciens du peuple : *ut reges à sacerdotibus, & senioribus populi eligantur ;* ce fut par eux que Offa, Ina & autres, furent déclarés rois. Alfred reconnoit dans son testament qu'il tient d'eux la couronne, *quam,* dit-il, *Deus & principes cum senioribus populi, misericorditer & benignè dederant.* Edgar fut élu par le peuple, ensuite déposé, & finalement rétabli dans l'assemblée générale de toute la nation, qu'on nommoit le *Witténa-gémot.* (*D. J.*)

WITTENBERG, *Géog. mod.*, ville d'Allemagne, dans le cercle de la haute-Saxe, capitale du duché de Saxe, sur la droite de l'Elbe qu'on passe sur un pont, à 16 lieues au midi de Brandebourg, & à 20 au nord-ouest de Dresde. L'électeur Frédéric III y fit bâtir un château, & y fonda une université en 1502. Le luthéranisme y prit naissance en 1517. Quelques-uns croient que Wittenberg est la *Leucorea* ou *Caldesia* des anciens ; mais d'autres prétendent que Witchind en a été le fondateur. *Long.* suivant Cassini & Sickardus, 30, 31', 30'' ; lat. 48', 51, 30.

Je connois encore deux medecins nés à Wittenberg. *Nymannus* (Grégoire), & *Vater* (Abraham).

Nymannus est auteur d'un bon traité latin sur l'*Apoplexie*, imprimé Witteberg 1629 & 1670, in-4°. & d'une curieuse dissertation sur la vie du *fœtus*, dans la-

quelle il prouve qu'un enfant vit dans le sein de sa mere par sa propre vie, & que la mere venant à mourir, on peut le tirer souvent de son sein encore vivant & sans l'offenser. Cette dissertation a paru Witteberg 1628, Lugd. Bat. 1644 & 1664 in-12. Nymannus est mort en 1638, à 45 ans.

Vater (Abraham), médecin curieux, voyagea pour acquérir des lumieres dans son art, & profita beaucoup de celles du fameux Ruysch. Après avoir été éleve, il devint son émule dans l'art des injections & des préparations anatomiques, dont il composa un cabinet splendide : il en a publié lui-même le catalogue sous ce titre : *Abrahami Vateri, musæum anatomicum proprium, cum præfatione Laurentii Hristeri.* Helmstad, *in-4°.* avec fig.

Il a découvert de nouveaux conduits salivaires, & a publié quelques autres observations dans les *Trans. philos.* Il mourut en 1751, âgé de près de 67 ans. *Voyez* la nouvelle *Bibl. German.* tome *XII.* (*D. J.*)

WITTENBERG, *Géog. mod.*, petite ville d'Allemagne dans l'électorat de Brandebourg sur le droite de l'Elbe, au comté de Prégnitz.

WITTENSÉE, *Géog. mod.*, lac de Danemarck dans le Sud-Jutland, au duché de Sleswick, dans la préfecture de Gotlorp, assez près de l'Eyder, dans lequel il se décharge par le moyen d'un émissaire. Ce lac peut avoir un mille de longueur, & 3 ou 4 milles de largeur avec une bourgade de son nom bâtie sur ses bords. (*D. J.*)

WITTOW, *Géog. mod.*, presqu'isle d'Allemagne, dans la partie septentrionale de l'isle de Rugen. Le bourg de Wick est le seul lieu qu'on y trouve.

WITZEHAUSEN, *Géog. mod.*, petite ville d'Allemagne dans le landgraviat de Hesse-Cassel, capitale d'un quartier de même nom, sur la riviere gauche du Weser, entre Munden & Allendorf. *Long.* 27, 8 ; *lat.* 51, 16.

WIZAGNE, *Géog. mod.*, par les Allemands *Soltzenburg*, petite ville de Transilvanie au comté & au nord de la ville de Ceben, entre cette ville & Medgies : il y a des mines de sel.

WIZNA, *Géog. mod.*, petite ville de Pologne dans la partie orientale du palatinat de Mazovie, sur la droite de Narew, entre Tykoczin & Lomza.

WLADISLAW,

W L

WLADISLAW, *ou* WROICZLA-WEK, *ou* INOWLADISLOW, *Géog. mod.*, ville de la grande Pologne, fur la Viftule, entre Dobzin & Thorn. C'eſt la réſidence de l'évêque de Cujavie, & la capitale de la Cujavie, avec une fortereſſe. *Long.* 37,16 ; *lat.* 52, 36.

WLODZIMIERS, *Géog. mod.*, ville de la petite Pologne, dans la Volhinie, fur le ruiſſeau de Lug, près de ſon confluent avec le Bourg, à 25 lieues au nord-eſt de Limbourg, avec un château : dès le commencement du onzieme fiecle, cette ville étoit déja fortifiée ; cependant elle fut priſe l'an 1073 par Boleſlas, onzieme roi de Pologne. *Long.* 42, 55 ; *lat.* 50.46. (*D. J.*)

W O

WOBURN, *Géog. mod.*, bourg à marché d'Angleterre, dans Bedfordshire. Ce bourg eſt renommé dans le pays pour fa terre à foulon.

WOCHSTAD *ou* WAGSTAD, *Géog. mod.*, petite ville d'Allemagne, au duché de Siléſie, dans la principauté de Troppaw, avec un château.

WODEN, *Idolât. Saxone*, l'un des dieux des anciens Saxons ; il étoit regardé comme le dieu de la guerre, parce que ſous fa conduite, les premiers Saxons firent de grandes conquêtes. Le quatrieme jour de la femaine que nous nommons mercredi, lui étoit confacré, comme il appert du mot faxon *wodenſdeag*, ou *wodnefdeag*, qui a paſſé dans les langues angloiſe & flamande ; fons le mot de *wednefday* dans la premiere, & fou: celui de *woenſdag* dans l'autre. Friga, femme de Woden, fut auſſi révérée comme une déeſſe par les mêmes Saxons : le fixieme jour de la femaine, le vendredi, lui étoit dédié, car il portoit le nom de *Frigedrag*, en angloiſ *Friday*, & en flamand *Vridog*. (*D. J.*)

WOGULITZI *ou* WOGVLTZOI, *ou* WOGULITZES, *Géog. mod.*, peuples païens de Sibérie. Ils habitent aux environs de la riviere de Tura, depuis les montagnes qui féparent la Ruſſie de la Sibérie, juſqu'à la riviere d'Irtis, en tirant du côté de Sámaroff. Ils font ſujets de la Ruſſie, & lui paient leurs contributions en pelleteries. (*D. J.*)

Tome XXXVI. Partie II.

WOLAW, *Géog. mod.*, ville d'Allemagne, dans la Siléſie, capitale de la principauté de même nom. Elle a été bâtie dans des marais, à quelque diſtance de l'Oder, à 12 lieues au fud eſt de Glogaw. *Long.* 34. 23 ; *lat.* 51,25.

WOLAW, *principauté de*, *Géog. mod.*, la principauté de *Wolaw* eſt bornée au nord par celle de Glogaw, au midi par celle de Breslaw, au levant par celle d'Oliſſe, & au couchant par celle de Lignitz. Elle eſt traverſée par l'Oder du midi au nord : fa capitale lui donne le nom. (*D. J.*)

WOLBECZ, *Géog. mod.*, contrée d'Allemagne dans la Weſtphalie, au diocèſe de Munſter, dont Münſter eſt la capitale.

WOLCOWAR, *Géog. mod.*, ville du royaume de Hongrie, dans l'Eſclavonie, fur le Walpo, près du lieu où cette riviere ſe jette dans le Danube, entre la ville d'Eſſek & celle du petit-Varadin. Quelques-uns prennent cette ville pour l'ancienne *Valcum* : c'eſt la même que Walpo, & il n'en faut pas faire deux articles différens. *V.* WALPO. (*D. J.*)

WOLFFENBUTTEL, *Géog. mod.*, ville d'Allemagne dans le cercle de la Baſſe-Saxe, au duché de Brunſwick fur l'Ocker, dans la principauté de même nom, à 10 lieues au levant de Hildesheim. Il y a un château où réſide le prince de Brunſwick-Wolffenbuttel ; mais ce qui vaut mieux que le château, c'eſt la belle bibliotheque qni s'y trouve. *Longit.* ſuivant Harris, 28, 31, 15 ; *latit.* 52, 11. (*D. J.*)

WOLFFENBUTTEL, *principauté de*, *Géog. mod.*, cette principauté confine avec les duchés de Lunebourg & de Magdebourg, les principautés de Halberſtadt, de Grubenhagen & de Calemberg, & l'évéché de Hildesheim. Les principales villes de la principauté de Wolffenbuttel, ſont Brunſwick, Wolffenbuttel, Helmſtadt, &c.

WOLFRAM, f. m. *Hiſt. nat. Spuma lupi*, mine de fer arſénicale & difficile à fondre. *V.* SPUMA LUPI.

WOLFSBERG, *Géog. mod.*, petite ville d'Allemagne dans la Baſſe-Carinthie, fur la riviere de Lavand : elle appartient à l'évêque de Bamberg, & elle a pris ſon nom de la montagne remplie de loups, au pié de laquelle elle eſt ſituée. (*D. J.*)

M m

WOLGA, LE, *Géog. mod.*, riviere de l'empire Ruſſien, & l'une des plus grandes rivieres de l'univers. Elle eſt appellée *Attel* par les Tartares, & elle tire ſa ſource du lac de Wronow, à une petite diſtance de la ville de Rzeva-Vſlodimerskoi en Ruſſie, vers les frontieres de la Lithuanie, à 56ᵈ. 15′ de lat.

Après un cours de 2 lieues, elle paſſe par le lac de Wolgo, & en ſortant de là, elle commence à prendre le nom de *Wolga*. Auprès de la ville de Twer, qui eſt environ à 20 lieues de ſa ſource, elle porte déja de grands bateaux de charge. Cette riviere traverſe preſque toute la Ruſſie, depuis Twer juſqu'à la ville de Nieſna, où la riviere d'Occa, qui eſt une autre riviere conſidérable, vient s'y jeter du ſud-oueſt.

Son cours eſt à-peu-près de l'oueſt à l'eſt, depuis Nieſna juſqu'à 60 werſtes au delà de la ville de Caſan, où la riviere de Kama vient s'y jeter du nord; ſon cours eſt ici ſud-eſt; delà elle tourne tout-à-fait au ſud, & va ſe dégorger après un cours de plus de 400 lieues d'Allemagne, dans la mer Caſpienne, à 12 lieues de l'autre côté de la ville d'Aſtracan, à 45ᵈ. 40′. de lat.

Cette riviere fourmille de toutes ſortes de poiſſons, & ſur-tout de ſaumons, d'eſturgeons & de brochets d'une grandeur extraordinaire & d'un goût exquis; ſes bords ſont par-tout également fertiles, ce qui eſt quelque choſe d'étonnant, vu la longueur de ſon cours, & la rigueur du climat des provinces qu'elle parcourt en deçà de la ville de Caſan, & quoiqu'au ſud de cette ville, les bords du Wolga ne ſoient pas trop cultivés à cauſe des fréquentes courſes des Tartares Koubans; ils ne laiſſent pas d'être d'une fertilité ſi extraordinaire, que les aſperges y croiſſent d'elles-mêmes, & d'une groſſeur toute particuliere, ſans parler de quantité d'autres herbes potageres que la nature ſeule y produit abondamment. (*D. J.*)

WOLGAST, *Géog. mod.*, ville d'Allemagne dans les états de Suede, au duché de Poméranie, à 5 milles de la mer Baltique ſur le bord occidental de la troiſieme branche de l'Oder, qui prend le nom de Pſin, à 12 lieues au ſud-eſt de Stralſund, & à 20 au nord-oueſt de Stettin. Elle a un des meilleurs ports de la mer Baltique, avec un château pour défenſe. L'électeur de Brandebourg prit cette ville en 1675; mais elle revint aux Suédois en 1679. *Long.* 31, 52; *lat.* 54, 6. (*D. J.*)

WOLGDA, *Géog. mod.*, riviere de l'empire Ruſſien. Elle prend ſa ſource auprès du grand Novogorod, dans le lac d'Ilmen, & ſe rend dans celui de Ladoga. Cette riviere eſt de la largeur de l'Elbe, mais ſon cours eſt un peu plus lent.

WOLKACK, *Géog. mod.*, petite ville d'Allemagne dans la Franconie, ſur la gauche du Mein, dans l'évêché de Bamberg, au nord-eſt de Würtzbourg.

WOLKOWA, LA, ou WOLCHOWA, *Géog. mod.*, riviere de l'empire Ruſſien, dans le duché de Novogorod: elle ſort du lac Ilmen, & va ſe rendre dans le lac de Ladoga.

WOLLIN, *Géog. mod.*, ville des états de Suede en Allemagne, au duché de Poméranie, dans la ſeigneurie de Wolgaſt. Elle eſt ſituée à 4 lieues au ſud-oueſt de Caſmin, dans une iſle formée par deux embouchures de l'Oder; ſavoir, la plus orientale appellée le *Diwenow*, & celle du milieu appellée la *Swine*. La commodité de ſon port y attiroit autrefois un bon commerce, qui a été depuis transféré à Lubeck. *Long.* 32, 30; *lat.* 53, 56.

Bugenhagen (Jean), fameux théologien luthérien, naquit à Wollin en 1485, & mourut en 1558, à 73 ans. On a de lui des commentaires ſur les pſeaumes, & des annotations ſur Job, Jérémie, Jonas, Samuël & le Deutéronome, & ſur toutes les épîtres de S. Paul. Il aida à Luther à traduire la Bible en allemand, & il traitoit ſes amis tous les ans à pareil jour que l'ouvrage avoit été achevé, appellant cet anniverſaire la *fête de la verſion de la bible*. (*D. J.*)

WOLMAR, *Géog. mod.*, petite ville de l'empire Ruſſien dans la Livonie, au pays de Lettie, ſur le Tréiden. Elle a été bâtie toute en bois après avoir été ruinée par les Moſcovites, & les Polonois. *Fructus belli! Long.* 42, 28; *lat.* 50, 30. (*D. J.*)

WOLODIMER, *Géog. mod.*, province de l'empire Ruſſien, avec titre de duché: elle eſt bornée au nord par le Wolga, au midi par le duché de Moſcou, au levant par la ſeigneurie de la Baſſe-Novogorod, & au couchant par le duché de Suſdal. C'eſt une contrée dépeuplée, couverte de forêts, & baignée de marais. La riviere de

Clefma traverfe. Wolodimer eft fa capitale, & pour mieux dire, la feule ville de
cette province.

WOLODIMER, *Géog. mod.*, ville de
l'empire Ruffien, capitale du duché de
même nom, proche la riviere de Clefma-
Reca, fur une montagne, à 150 werftes
au nord de Mofcou. Elle fut fondée dans
le commencement du Xᵉ fiecle, & a été la
réfidence des ducs de Mofcovie. *Long.* 60,
38; *lat.* 55, 44. (D. J.)

WOLOGDA, *Géog. mod.*, province de
l'empire Ruffien. Elle eft bornée au nord
par celle de Kargapol, au midi par celle
de Sufdale, au levant par celle d'Oftioug,
& au couchant par celle de Biélozero.
Toute la province n'offre qu'une feule
ville de même nom, des eaux croupiffan-
tes, & des forêts impénétrables. Tout y
eft défert. (D. J.)

WOLOGDA, *Géog. mod.*, ville de l'empire Ruffien, capitale de la province de
même nom, fur la riviere de Wologda, à
100 lieues de Mofcou. On y compte 3 ou
4 églifes bâties en pierres, ornées de dômes couverts de fer-blanc. Son archevêque eft des plus anciens de la Mofcovie.
Long. 59,22; *lat.* 59,10. (D. J.)

WOLOSSEZ, f. m. *Hift. nat. Méd.*,
maladie finguliere, affez connue en Sibérie. Elle fe manifefte par un abcès, dans
lequel le pus ou la matiere fe change comme en un peloton de cheveux. M. Gmelin
dit avoir vu des perfonnes qui l'ont affuré qu'il leur étoit forti comme des flocons de cheveux de ces abcès. Il préfume
que cette maladie & ces abcès viennent,
de petits cheveux auffi fins que des cheveux,
d'un blanc fale, & qui ont fur le dos une
raie brune, dont la bouche eft conformée
comme celle des fangfues; les eaux de ce
pays font remplies de ces fortes de vers,
qui quand on va fe baigner, s'infinuent
entre cuir & chair, & s'y multiplient à la
fin confidérablement. Le remede que les
gens du pays employent contre cette maladie, eft de faire baigner le malade dans
de la leffive chaude, dans laquelle on a
mis de l'anferine, *anferina*. Gmelin, *voyage de Sibérie.*

WOLSTROPE, *Géogr. mod.*, bourg
d'Angleterre, dans le comté de Lincoln,
où naquit Ifaac Newton, le jour de Noël,
de l'an 1642.

C'eft dans cet homme merveilleux, que
l'Angleterre peut fe glorifier d'avoir pro-

duit le plus grand & le plus rare génie,
qui ait jamais exifté pour l'ornement &
l'inftruction de l'efpece humaine. Attentif à n'admettre aucun principe qui n'eût
l'expérience pour fondement, mais réfolu
d'admettre tous ceux qui porteroient ce
caractere, tout nouveaux, tout extraordinaires qu'ils fuffent; fi modefte, qu'ignorant
rant fa fupériorité fur le refte des hommes, il en étoit moins foigneux de proportionner fes raifonnemens à la portée
commune; cherchant plus à mériter un
grand-nom qu'à l'acquérir: toutes ces
raifons le firent demeurer long-temps
inconnu; mais fa réputation à la fin fe
répandit avec un éclat qu'aucun écrivain
pendant le cours de fa propre vie, n'avoit
encore obtenu.

Il leva le voile qui cachoit les plus
grands myfteres de la nature. Il découvrit la force qui retient les planetes dans
leurs orbites. Il enfeigna tout enfemble
à diftinguer les caufes de leurs mouvemens, & à les calculer avec une exactitude qu'on n'auroit pu exiger que du travail de plufieurs fiecles. Créateur d'une
optique toute nouvelle & toute vraie, il
fit connoître la lumiere aux hommes, en la
décompofant. Enfin il apprit aux phyficiens, que leur fcience devoit être uniquement foumife aux expériences & à la
géométrie.

Il fut reçu en 1660 dans l'univerfité de
Cambridge, à l'âge de 18 ans. Etant dans
fa 21ᵉ année, il acheta (comme il paroît
par les comptes de fa dépenfe) les *Mifcel-
lanea* de Schooten, & la géométrie de
Defcartes qu'il avoit lue il y avoit déja
plus de 6 mois, conjointement avec la
clavis d'Ongthred. Il acquit dans le même temps les *Œuvres* du docteur Wallis.
En lifant ces derniers ouvrages, il y faifoit fes remarques, & pouffoit fes découvertes fur les matieres qui y étoient traitées; car c'étoit fa maniere d'étudier.
C'eft par le moyen des remarques que fit
ainfi ce beau génie, & de quelques autres
papiers originaux, dont quelques-uns
font datés, qu'il eft aifé de défigner, en
quelque façon, par quels degrés il inventa la méthode des fuites ou fluxions;
c'eft ce qui paroîtra par les obfervations
fuivantes du favant M. Guillaume Jones,
membre de la fociété royale, qui a eu ces
papiers de M. Newton entre les mains.

En 1655, Wallis publia fon *Arithme-*

ticu *infinitorum*, dans laquelle il quarra une suite de courbes, dont les ordonnées étoient $1. \overline{1-x^2}|^1 \overline{1-x^2}|^3. \overline{1-x^2}|^3, \overline{1-x^2}|^4$, &c. & il démontra que si l'on pouvoit interpoler au milieu les suites de leurs aires, l'interpolation donneroit la quadrature du cercle. En lisant cet ouvrage pendant l'hiver des années 1664 & 1665, M. Newton examina comment on pourroit interpoler les suites des aires; & il trouva que l'aire du secteur circulaire, élevé sur l'arc dont le sinus est x & le rayon d'unité, peut être exprimée par cette suite $x - \frac{1}{6}X3 - \frac{1}{40}X5 - \frac{1}{112}X9$, &c. & delà il déduisit bientôt la suite $X + \frac{1}{6}X3 + \frac{1}{40}X7 + \frac{1}{112}X9$, &c. pour la longueur de l'arc, dont le sinus est X, par cette seule raison, que cet arc est en même proportion avec son secteur, que tout le quart avec un arc de 90 degrés.

Dans le même temps, & par la même méthode, il découvrit que la suite $X - \frac{1}{2}X^2 + \frac{1}{3}X^7 - \frac{1}{4}X^4 + \frac{1}{5}X^7 - \frac{1}{6}X^6$, &c. est l'aire hyperbolique dans l'hyperbole rectangulaire, interceptée entre la courbe, son asymptote & deux ordonnées, dont le diametre est X, & que cette aire est parallele à l'autre asymptote.

Durant l'été de l'année 1665, la peste l'ayant obligé de quitter Cambridge, il se retira à Boothby, dans la province de Lincoln, où il calcula l'aire de l'hyperbole par cette suite, jusqu'à 52 figures. Dans le même temps, il trouva moyen d'énoncer tout différemment, & d'une maniere plus générale, la cinquante-neuvieme proposition, que Wallis n'avoit démontrée que par degrés, en réduisant tous les cas en un, par une puissance dont l'exposant est indéfini. Voici de quelle maniere.

Si l'abscisse d'une figure courbe quelconque, est appellée X, que m & n représentent des nombres; que l'ordonnée élevée à angles droits, soit $X^{\frac{m}{n}}$ l'aire de la figure, sera $\frac{n}{m+n} X^{\frac{m+n}{n}}$; & si l'ordonnée est composée de deux, ou de plusieurs ordonnées semblables, jointes par les figures + ou —, l'aire sera composée aussi de deux ou de plusieurs autres aires semblables, jointes par les signes + ou —.

Au commencement de l'année 1665, il trouva une méthode de tangentes, sem-blable à celle de MM. Hudde, Gregory ou Slusius; & une méthode de déterminer la courbure d'une courbe, à un point donné quelconque. En continuant à pousser la méthode de l'interpolation, il découvrit la quadrature de toutes les courbes, dont les ordonnées sont les puissances de binomes avec des exposans entiers, ou rompus ou sourds, positifs ou négatifs; il trouva aussi le moyen de réduire une puissance quelconque de tout binome, ensuite convergente; car en interpolant la suite des puissances d'un binome $a + x$, $a^2 + 2ax + x^2$; $x^3 + 3ax^2 + 3a^2x + 3ax^3 + x^3$, &c. il découvrit que $\overline{a + x}|^n = a^n + na^{n-1} x + \frac{n}{1} \times \frac{n-1}{2} a^{n-2} x^2 + \frac{n}{1} \times \frac{n-3}{3} a^{n-1} x^3 +$, &c. où l'exposant ($n$) de la puissance, pouvoit être aussi un nombre quelconque, entier ou rompu, ou sourd, ou positif, ou négatif; a & x des quantités quelconques.

Au printemps de cette même année, il trouva le moyen de faire la même chose par la division & l'extraction continuelle des racines. Peu de temps après, il étendit cette méthode à l'extraction des racines des équations. Il introduisit le premier dans l'analyse, des fractions & des quantités négatives & indéfinies, pour être les exposans des puissances; & par ce moyen il réduisit les opérations de la multiplication, de la division & de l'extraction des racines, à une seule maniere commune de les envisager. Par-là, il recula les bornes de l'analyse, & posa les fondemens nécessaires pour la rendre universelle. Environ trois ans après, le vicomte Brouncker publia la quadrature de l'hyperbole, par cette suite $\frac{1}{1 \times 2} + \frac{1}{3 \times 4} + \frac{1}{5 \times 6} + \frac{1}{7 \times 8} + \frac{1}{9 \times 10}$, &c. qui n'est autre chose que la suite que M. Newton avoit déjà trouvée, $1 - \frac{1}{2} + \frac{1}{3} + \frac{1}{4} + \frac{1}{5} + \frac{1}{7} + \frac{1}{9} + \frac{1}{12}$, &c.

Peu de temps après, Nicolas Mercator publia une démonstration de cette quadrature, par le moyen de la division, que le docteur Wallis avoit employé le premier dans son *Opus Arithmeticum*, publié en 1657, où il avoit réduit la fraction $\frac{A}{1-R}$ par une division perpétuelle à la suite $A + AR + AR^2 + AR^3 + AR^4$ +, &c.

On voit donc que Mercator n'avoit aucun droit de prétendre à l'honneur de la découverte de la quadrature de l'hyperbole, puisque le doĉteur Wallis avoit découvert la division long - temps auparavant, de même que la quadrature de chaque partie du produit ; ce que Mercator auroit dû reconnoître, quand il joignit ces deux découvertes ensemble.

C'étoit une grande richesse pour un géometre, de posséder une théorie si féconde & si générale ; c'étoit une gloire encore plus grande, d'avoir inventé une théorie si surprenante & si ingénieuse ; il étoit naturel de s'en assurer la propriété qui consiste dans la découverte ; mais M. Newton se contenta de la richesse, & ne se piqua point de sa gloire. Son manuscrit sur les *suites infinies*, fut simplement communiqué à M. Collins & au lord Brouncker, & encore ne le fut-il que par le docteur Barrow, qui ne permit pas à l'auteur d'être tout-à-fait aussi modeste qu'il l'eût voulu. Ce manuscrit, tiré en 1669 du cabinet de M. Newton, porte pour titre, *méthode que j'avois trouvée autrefois*, &c. & quand cet *autrefois* ne seroit que trois ans, il auroit donc trouvé, avant l'âge de vingt-quatre ans, toute la belle théorie des suites ; mais il y a plus, ce même manuscrit contenoit & l'invention & le calcul des fluxions ou infiniment petits, qui ont causé une si grande contestation entre M. Leibnitz & M. Newton, ou plutôt entre l'Allemagne & l'Angleterre.

En 1669, Newton fut nommé professeur en mathématique à Cambridge, & y donna bientôt des leçons d'optique. Il avoit déja fait des découvertes sur la lumiere & sur les couleurs en 1666. Il en avoit même communiqué un abrégé à la société royale, en 1671 ; & cet abrégé fut inféré dans les *Transf. philos.* du 19 févr. 1672, n°. 80. L'ouvrage auroit paru peu de temps après dans quelques disputes qui s'éleverent à cette occasion, & dans lesquelles M. Newton refusa de s'engager.

Il publia dans les *Transactions* du 28 mars 1672, n°. 81, la description d'un nouveau télescope catadioptrique, de son invention. On trouve encore dans les mêmes *Transactions*, ann. 1673, 1674, 1675 & 1676, plusieurs autres pieces de sa main, relatives à son télescope, & à sa théorie de la lumiere & des couleurs.

En 1672, il fit imprimer à Cambridge la géographie de Varenius, avec des notes. Dans l'hiver de 1676 & 1677, il trouva que par une force centripete en raison réciproque du quarré de la distance, une planete doit se mouvoir dans une ellipse autour du centre de force, placé dans le foyer inférieur de l'ellipse, & décrire par une ligne tirée à ce centre, des aires proportionnelles aux temps. Il reprit en 1682, l'examen de cette proposition, & y en ajouta quelques autres sur les mouvemens des corps célestes.

En 1684, il informa M. Halley, qu'il avoit démontré la fameuse regle de Kepler, " que les planetes se meuvent dans „ des ellipses, & qu'elles décrivent des „ aires proportionnelles aux temps, par „ des lignes tirées au soleil, placé dans „ le foyer intérieur de l'ellipse. „ Au mois de novembre suivant, il envoya la démonstration au même Halley, pour la communiquer à la société royale, qui la fit insérer dans ses registres.

Ce fut à la sollicitation de cette illustre société, que M. Newton travailla à ses *Principes*, dont les deux premiers livres furent montrés à la même société en manuscrit. Le docteur Pemberton nous apprend que les premieres idées qui donnerent naissance à cet ouvrage, vinrent à M. Newton, lorsqu'il quitta Cambridge en 1666, à l'occasion de la peste. Etant seul dans un jardin, il se mit à méditer sur la force de la pesanteur ; & il lui parut que, puisqu'on trouve que cette force ne diminue point d'une maniere sensible à la plus grande distance du centre de la terre où nous puissions monter, ni au haut des édifices les plus élevés, ni même au sommet des plus hautes montagnes, il étoit raisonnable de conclure, que cette force s'étend beaucoup au-delà de ce qu'on le croit communément ; pourquoi pas aussi loin que la lune, se dit-il à lui-même ? Et si cela est, cette force doit influer sur son mouvement : peut-être est-ce là ce qui la retient dans son orbite ? Cependant quoique l'action de la pesanteur ne souffre aucune diminution sensible à une distance quelconque du centre de la terre, où nous pouvons nous placer, il est très-possible que son action differe en force à une distance, telle qu'est celle de la lune.

Pour faire une estimation du degré de

cette diminution, M. Newton considéra
que si la lune est retenue dans son orbite
par l'action de la pesanteur, on ne peut
douter que les planetes du premier ordre
ne se meuvent autour du soleil par la même cause. En comparant ensuite les périodes des diverses planetes avec leur
distance du soleil, il trouva, que si une
force telle que la pesanteur les retient
dans leur cours, cette action doit diminuer dans la raison inverse des quarrés
des distances. Il supposa dans ce cas,
qu'elles se meuvent dans des cercles parfaits, concentriques au soleil, & les orbites de la plupart ne different pas effectivement beaucoup du cercle. Supposant donc
que l'action de la pesanteur, étendue jusqu'à la lune, décroît dans la même proportion, il calcula si cette action seroit suffisante pour retenir la lune dans son orbite.

Comme il n'avoit point de livres avec
lui, il adopta dans son calcul celui qui
étoit en usage parmi les géographes &
parmi nos mariniers, avant que Norwood
eût mesuré la terre ; c'est que soixante
milles anglois font un degré de latitude
sur la surface du globe. Mais comme cette
supposition est fausse, chaque degré contenant environ 69 demi-milles, son calcul ne répondit pas à son attente ; d'où il
conclut qu'il falloit du moins qu'il y eût
quelque autre cause, outre l'action de la
pesanteur sur la lune ; ce qui le fit résoudre à ne pousser pas plus loin dans ce
tems-là, ses réflexions sur cette matiere.

Mais quelques années après, une lettre
du docteur Hooke l'engagea à rechercher,
selon quelle ligne un corps qui tombe
d'un lieu élevé, descend, en faisant attention au mouvement de la terre autour de
son axe. Comme un tel corps a le même
mouvement que le lieu d'où il tombe par
une révolution de la terre, il est considéré comme projetté en avant, & en même
tems attiré vers le centre de la terre. Ceci
donna occasion à M. Newton de revenir
à ses anciennes méditations sur la lune.

Picart venoit de mesurer en France la
terre, & en adoptant ses mesures, il parut à M. Newton que la lune n'étoit
retenue dans son orbite, que par la force
de la pesanteur ; & par conséquent, que
cette force en s'éloignant du centre de la
terre, décroît dans la proportion qu'il
avoit auparavant conjecturée. Sur ce
principe, il trouva que la ligne que dé-

crit un corps qui tombe, est une ellipse,
dont le centre de la terre est un des
foyers. Et comme les planetes du premier ordre tournent autour du soleil dans
des orbites elliptiques, il eut la satisfaction de voir qu'une recherche qu'il n'a-
voit entreprise que par pure curiosité,
pouvoit être d'usage pour les plus grands
desseins. C'est ce qui l'engagea à établir
une douzaine de propositions relatives
au mouvement des planetes du premier
ordre autour du soleil.

Enfin, en 1687, M. Newton révéla ce
qu'il étoit ; & ses *principes* de philosophie virent le jour à Londres, *in-4°.* sous
le titre de *philosophiæ naturalis principia*
mathematica. Il en parut une seconde édition à Cambridge en 1713, *in-4°.* avec
des additions & des corrections de l'auteur, & M. Cotes eut soin de cette édition. On en donna une troisieme édition
à Amsterdam en 1714, *in-4°.* La derniere
beaucoup meilleure que les précédentes,
a été faite à Londres en 1726, *in-4°.* sous
la direction du docteur Pemberton.

Cet ouvrage, dit M. de Fontenelle, où
la plus profonde géométrie sert de base à
une physique toute nouvelle, n'eut pas
d'abord tout l'éclat qu'il méritoit, & qu'il
devoit avoir un jour. Comme il est écrit
très-savamment, que les paroles y sont
fort épargnées, qu'assez souvent les conséquences y naissent rapidement des principes, & qu'on est obligé de suppléer de
soi-même tout l'entre-deux ; il falloit que
le public eût le loisir de l'entendre. Les
grands géometres n'y parvinrent qu'en
l'étudiant avec soin ; les médiocres ne
s'y embarquerent qu'excités par le témoignage des grands ; mais enfin, quand le
livre fut suffisâmment connu, tous ces
suffrages qu'il avoit gagnés si lentement,
éclaterent de toutes parts, & ne formerent qu'un cri d'admiration. Tout le
monde fut frappé de l'esprit original qui
brille dans l'ouvrage de cet esprit créateur, qui dans tout l'espace du siecle le
plus heureux, ne tombe guere en partage qu'à trois ou quatre hommes pris dans
toute l'étendue des pays savans. Aussi
M. le marquis de l'Hôpital disoit que c'é-
toit la production d'une intelligence céleste, plutôt que celle d'un homme.

Deux théories principales dominent
dans les *principes mathématiques ;* celle
des forces centrales, & celle de la résis-

tance des milieux au mouvement ; toutes
deux presque entierement neuves,& traitées selon la sublime géométrie de l'auteur.

Kepler avoit trouvé par les observations célestes de Ticho Braché : 1°. que
les mêmes planetes décrivent autour du
soleil,des aires égales en des temps égaux ;
2°. que leurs orbites sont des ellipses , le
soleil étant dans le foyer commun ; 3°,
qu'en différentes planetes les quarrés des
temps périodiques , sont en raison des
cubes des axes transverses de leurs orbites. Par le premier de ces phénomenes,
M. Newton démontra que ses planetes
sont attirées vers le soleil au centre ; il
déduisit du second, que la force de l'attraction est en raison inverse des quarrés
des distances des planetes de leur centre ;
& du troisieme , que la même force centripete agit sur toutes les planetes.

 En 1696, M. Newton fut créé garde
des monnoies, à la sollicitation du comte
d'Hallifax , protecteur des savans , & savant lui-même , comme le sont ordinairement la plupart des seigneurs anglois.
Dans cette charge, Newton rendit des
services importans à l'occasion de la grande refonte,qui se fit en ce temps-là. Trois
années après, il fut nommé maitre de la
monnoie, emploi d'un revenu très-considérable , & qu'il a possédé jusqu'à sa
mort. On pourroit croire que sa charge
de la monnoie ne lui convenoit que parce
qu'il étoit excellent physicien ; en effet,
cette matiere demande souvent des calculs difficiles, outre quantité d'expériences chymiques , & il a donné des preuves de ce qu'il pouvoit en ce genre, par
sa table des essais des monnoies étrangeres , imprimée à la fin du livre du docteur Arbuthnott. Mais il falloit encore
que son génie s'étendit jusqu'aux affaires purement politiques , & où il n'entroit nul mélange des sciences spécula-
tives.

En 1699, il fut nommé de l'académie
royale des Sciences de Paris. En 1701,
il fut pour la seconde fois choisi membre
du parlement pour l'université de Cambridge. En 1703 , il fut élu président de
la société royale , & l'a été sans interruption jusqu'à sa mort pendant vingt-trois
ans. Il a eu le bonheur, comme le dit
M. de Fontenelle, de jouir pendant sa
vie de tout ce qu'il méritoit. Les Anglois

n'en honorent pas moins les grands talens,pour être nés chez eux ; loin de chercher à les rabaisser par des critiques injurieuses ; loin d'applaudir à l'envie qui
les attaque, ils sont tous de concert à les
élever ; & cette grande liberté qui les divise sur des objets du gouvernement civil, ne les empêche point de se réunir sur
celui-là. Ils sentent tous, combien la
gloire de l'esprit doit être précieuse à un
état ; & celui qui peut la procurer à leur
patrie , leur devient infiniment cher.

" Tous les savans d'un pays qui en
» produit tant, mirent M. Newton à
» leur tête par une espece d'acclamation
» unanime, & le reconnurent pour leur
» chef. Sa philosophie domine dans tous
» les excellens ouvrages qui sont sortis
» d'Angleterre, comme si elle étoit dé-
» ja consacrée par le respect d'une lon-
» gue suite de siecles. Enfin , il a été ré-
» véré au point que la mort ne pouvoit
» plus lui produire de nouveaux hon-
» neurs ; il a vu son apothéose.

" Tacite qui a reproché aux Romains
» leur extrême indifférence pour les
» grands hommes de leur nation , eût
» donné aux Anglois la louange toute
» opposée. En vain, les Romains se se-
» roient-ils excusés sur ce que le grand
» mérite leur étoit devenu familier ; Ta-
» cite leur eût répondu, que le grand
» mérite n'étoit jamais commun ; ou
» que même il faudroit, s'il étoit possi-
» ble, le rendre commun par la gloire
» qui s'y seroit attachée. „

En même temps que M. Newton travailloit à son grand ouvrage des principes , il en avoit un autre entre les mains,
aussi original, aussi neuf, moins général par son titre, mais aussi étendu par
la maniere dont il devoit traiter un sujet
particulier. C'est son Optique, ou Traité
des réflexions , réfractions , inflexions , &
couleurs de la lumiere. Cet ouvrage pour
lequel il avoit fait pendant le cours de
30 années, les expériences qui lui étoient
necessaires, parut à Londres pour la premiere fois en 1704, in-4°. La seconde édition augmentée, est celle de 1718 , in-8°.
& la troisieme de 1721 , aussi in-8°. Le
docteur Samuel Clarke en donna une traduction latine sur la premiere édition ,
en 1706, in-4°. & sur la seconde édition
en 1619 aussi in-4°. La traduction françoise de M. Coste , faite sur la seconde

édition, a été imprimée à Amſterdam en 1720, en 2 vol. *in-12.*

L'objet perpétuel de *l'optique* de M. Newton, eſt l'anatomie de la lumiere, comme le dit M. de Fontenelle. L'expreſſion n'eſt point trop hardie, ce n'eſt que la choſe même : un très-petit rayon de lumiere qu'on laiſſe entrer dans une chambre parfaitement obſcure, mais qui ne peut être ſi petit, qu'il ne ſoit encore un faiſceau d'une infinité de rayons, eſt diviſé, diſſéqué, de façon que l'on a les rayons élémentaires qui le compoſoient ſéparés les uns des autres, & teints chacun d'une couleur particuliere, qui après cette ſéparation ne peut plus être altérée. Le blanc dont étoit le rayon total avant la diſſection, réſultoit du mélange de toutes les couleurs particulieres des rayons primitifs.

" On ne ſépareroit jamais ces rayons
" primitifs & colorés, s'ils n'étoient de
" leur nature tels qu'en paſſant par le
" même milieu, par le même priſme de
" verre, ils ſe rompent ſous différens an-
" gles, & par-là ſe démêlent quand ils
" ſont reçus à des diſtances convena-
" bles. Cette différente réfrangibilité des
" rayons rouges, jaunes, verds, bleus,
" violets, & de toutes les couleurs inter-
" médiaires en nombre infini) propriété
" qu'on n'avoit jamais ſoupçonnée, & à
" laquelle on ne pouvoit guere être con-
" duit par aucune conjecture) eſt la dé-
" couverte fondamentale du traité de M.
" Newton. La différente réfrangibilité
" amene la différente réflexibilité.

" Il y a plus : les rayons qui tombent
" ſous le même angle ſur une ſurface,
" s'y rompent, & réfléchiſſent alternati-
" vement ; eſpece de jeu qui n'a pu être
" apperçu qu'avec des yeux extrême-
" ment fins, & bien aidés par l'eſprit.
" Enfin, & ſur ce point ſeul, la premiere
" idée n'appartient pas à M. Newton ;
" les rayons qui paſſent près des extré-
" mités d'un corps, ſans le coucher, ne
" laiſſent pas de s'y détourner de la ligne
" droite, ce qu'on appelle *inflexion.* Tout
" cela enſemble forme un corps d'opti-
" que ſi neuf, qu'on peut déſormais re-
" garder cette ſcience comme entiére-
" ment due à l'auteur. "

M. Newton mit d'abord à la fin de ſon *optique,* deux traités de pure géométrie ; l'un de la *quadrature des courbes,* l'autre

un *dénombrement des lignes,* qu'il appelle du *troiſieme ordre.* Il les en a retranchés depuis, parce que le ſujet en étoit trop différent de celui de *l'optique,* & on les a imprimés à part quelques années après. Ce ne ſeroit plus rien dire, que d'ajouter ici, qu'il brille dans tous ſes ouvrages une haute & fine géométrie qui appartenoit entiérement à M. Newton.

En 1705, la reine Anne le fit chevalier. Il publia en 1707 à Cambridge, *in-* 8°. ſon *Arithmetica univerſalis,* ſive de *compoſitione & reſolutione Arithmetica, liber.* En 1711, ſon *Analyſis per quantitatum ſeries, fluxiones & differentias, cum enumeratione linearum tertii ordinis,* parut à Londres, *in-*4°. par les ſoins de M. Guillaume Jones, membre de la ſociété royale qui avoit trouvé le premier de ces ouvrages parmi les papiers de M. Jean Collins, qui l'avoit eu du docteur Barrow en 1669. En 1712 on imprima pluſieurs lettres de M. Newton dans le *Commercium epiſtolicum D. Joannis Collins, & aliorum de analyſi promotâ, juſſu ſocietatis regiæ editum.* Londres, *in-*4°.

Il fut plus connu que jamais à la cour, ſous le roi Georges I. La princeſſe de Galles, depuis reine d'Angleterre, a dit ſouvent en public qu'elle ſe tenoit heureuſe de vivre de ſon temps, & de le connoitre. Il avoit compoſé un ouvrage de chronologie ancienne, qu'il ne ſongeoit point à publier ; mais cette princeſſe à qui il en confia les vues principales, les trouva ſi neuves & ſi ingénieuſes, qu'elle voulut avoir un précis de tout l'ouvrage, qui ne ſortiroit jamais de ſes mains, & qu'elle poſſéderoit ſeule. Il s'en échappa cependant une copie, qui fut apportée en France par l'abbé Conti, noble Vénitien ; elle y fut traduite, & imprimée à Paris, ſous le titre d'*Abrégé de chronologie de M. le chevalier Newton, fait par lui-même, & traduit ſur le manuſcrit anglois, avec quelques obſervations.* Cette chronologie abrégée n'avoit jamais été deſtinée à voir le jour ; mais en 1728 l'ouvrage entier parut à Londres, *in-*4°. ſous ce titre, *la chronologie des anciens royaumes, corrigée par le chevalier Iſaac Newton, & dédiée à la reine par M. Conduit.*

Le point principal de ce ſyſtême chronologique eſt de rechercher (en ſuivant avec beaucoup de ſubtilité, quelques traces aſſez foibles de ſa plus ancienne aſtronomie grecque), quelle étoit au temps de Chiron le centaure, la pofition du colure des équinoxes, par rapport aux étoiles fixes. Comme on fait aujourd'hui que ces étoiles ont un mouvement en longitude, d'un degré en foixante-douze ans; fi on fait une fois qu'au temps de Chiron, le colure paffoit par certaines étoiles fixes, on faura (en prenant leur diftance à celles par où il paffe aujourd'hui, combien de temps s'eft écoulé depuis Chiron jufqu'à nous. Chiron étoit du fameux voyage des Argonautes, ce qui en fixera l'époque, & néceffairement enfuite celle de la guerre de Troie, deux grands événemens, d'où dépend toute l'ancienne chronologie. M. Newton les met de 500 ans plus proche de l'ere chrétienne, que ne le font ordinairement les autres chronologiftes.

· Ce fyftême fut attaqué peu de temps après en France par le P. Souciet, & en Angleterre par M. Shuckford. M. Newton trouva en France même un illuftre défenfeur, M. la Nauze, qui répondit au P. Souciet dans la continuation des mémoires de littérature & d'hiftoire. Halley, premier aftronome du roi de la grande-Bretagne, répondit à M. Shuckford, dans les *Tranfactions philofophiques* n°. 397, & foutint tout l'aftronomique du fyftême; fon amitié pour l'illuftre mort, & fes grandes connoiffances dans la matiere dont il s'agit, tournerent de fon côté les regards attentifs des gens de lettres les plus habiles, qui n'ont point encore ofé prononcer; & quand il arriveroit que les plus fortes raifons fuffent d'un côté, & de l'autre le nom feul de Newton, peut-être le public refteroit-il encore quelque temps en fufpens.

La fanté de ce grand homme fut toujours ferme & égale jufqu'à l'âge de 80 ans; alors il commença à être incommodé d'une incontinence d'urine, qui l'attaqua par intervalles; mais il y remédioit par le régime, & ne fouffrit beaucoup que dans les derniers 20 jours de fa vie. On jugea fûrement qu'il avoit la pierre; cependant, dans des accès de douleurs fi violens que les gouttes de fueur lui en couloient fur le vifage, il conferva toujours fa patience, fon courage & fa gaieté ordinaire. Il lut encore les gazettes, le 18 mars, & s'entretint long-temps avec le docteur Mead; mais le foir il perdit

abfolument la connoiffance; & ne la reprit plus, comme fi les facultés de fon ame n'avoient été fujettes qu'à s'éteindre totalement, & non pas à s'affoiblir. Il mourut le lundi fuivant 20 mars, âgé de 85 ans.

Son corps fut expofé fur un lit de parade, dans la chambre de Jérufalem, endroit d'où l'on porte au lieu de leur fépulture, les perfonnes du plus haut rang, & quelquefois les têtes couronnées. On le porta dans l'abbaye de Weftminfter; le poêle étant foutenu par le lord grand chancelier, par les ducs de Montrofe & Roxburgh, & par les comtes de Pembrocke, de Suffex, & de Maclesfield. Ces fix pairs d'Angleterre qui firent cette fonction folemnelle, font affez juger quel nombre de perfonnes de diftinction groffirent la pompe funebre. L'évêque de Rochefter fit le fervice, accompagné de tout le clergé de l'églife. Le corps fut enterré près de l'entrée du chœur. Il faudroit remonter chez les anciens Grecs, fi l'on vouloit trouver des exemples d'une auffi grande vénération pour le favoir. La famille de M. Newton a encore imité la Grece de plus près, par un monument qu'elle lui a fait élever en 1731, & fur lequel on a gravé cette épitaphe:

H. S. E. Ifaacus *Newton*, *eques auratus: qui animi vi prope divinâ planetarum motus, figuras, cometarum femitas, Oceanique æftus, fuâ mathefi facem præferente, primus demonftravit. Radiorum lucis diffimilitudines, colorumque indè nafcentium proprietates, quas nemo fufpicatus erat, pervefligavit. Naturæ, antiquitatis, S. Scripturæ, fedulus, fagax, interpres, Dei O. M. majeftatem philofophiâ aperuit. Evangelii fimplicitatem moribus expreffit. Sibi gratulentur mortales tale tantumque extitiffe humani generis decus. Natus* XXV. Dec. A. D. M. DC. XLII. *Obiit Mart.* XX. M. DCC. XXVI.

M. Newton avoit la taille médiocre, avec un peu d'embonpoint dans fes dernieres années. On n'appercevoit dans tout l'air & dans tous les traits de fon vifage, aucune trace de cette fagacité & de cette pénétration qui regnent dans fes ouvrages. Il avoit plutôt quelque chofe de languiffant dans fon regard & dans fes manieres, qui ne donnoit pas une fort grande idée de lui à ceux qui ne le connoiffoient point. Il étoit plein de douceur

& d'amour pour la tranquillité. Sa modestie s'est toujours conservée sans altération , quoique tout le monde fût conjuré contre elle. Il ne régnoit en lui nulle
singularité , ni naturelle , ni affectée. Il
étoit simple , affable , & ne se croyoit
dispensé ni par son mérite , ni par sa réputation , d'aucun des devoirs du commerce ordinaire de la vie.

Quoiqu'il fût attaché à l'église anglicane, il jugeoit des hommes par les mœurs;
& les non-conformistes étoient pour lui
les vicieux & les méchans. L'abondance
où il se trouvoit, par un grand patrimoine
& par son emploi, augmentée encore par
sa sage économie , lui offroit les moyens
de faire du bien ; & ses actes de libéralité
envers ses parens, comme envers ceux
qu'il savoit dans le besoin, n'ont été ni
rares, ni peu considérables. Quand la
bienséance exigeoit de lui en certaines
occasions, de la dépense & de l'appareil,
il étoit magnifique , & de bonne grace.
Hors delà tout faste étoit retranché dans
sa maison, & les fonds réservés à des usages plus solides. Il ne s'est point marié,
& a laissé en biens meubles, environ 32
mille livres sterlings, c'est-à-dire , 700
mille livres de notre monnoie.

Le docteur Pemberton nous apprend
que le chevalier Newton avoit lu beaucoup moins de mathématiciens modernes
qu'on ne le croiroit. Il condamnoit la
méthode de traiter les matieres géométriques par des calculs algébraïques ; & il
donna à son traité d'algebre, le titre d'A-
rithmétique universelle , par opposition
au titre peu judicieux de Géométrie, que
Descartes a donné au traité dans lequel il
enseigne comment le géometre peut s'aider de cette sorte de calculs , pour pousser ses découvertes. Il louoit Slusius ,
Barrow & Huyghens, de ne se laisser
point aller au faux goût qui commençoit
alors à prévaloir. Il donnoit aussi des éloges au dessein qu'avoit formé Hugues
d'Omérique, de remettre l'ancienne analyse en vigueur ; & il estimoit beaucoup
le livre d'Apollonius, de sectione rationis,
parce qu'il y donne une idée plus claire
de cette analyse qu'on ne l'avoit auparavant.

M. Newton faisoit un cas particulier
du génie de Barrow pour les découvertes, & du style d'Huyghens, qu'il regardoit comme le plus élégant écrivain par-

mi les mathématiciens modernes. Il fut
toujours grand admirateur de leur goût,
& de leur maniere de démontrer. Il témoigna souvent son regret d'avoir commencé ses études mathématiques par les
ouvrages de Descartes & d'autres algé-
bristes , avant que d'avoir lu les écrits
d'Euclide avec toute l'attention que cet
auteur méritoit.

M. Leibnitz ayant proposé aux Anglois
comme un défi , la solution du fameux
problème des trajectoires , cette solution
ne fut presque qu'un jeu pour M. Newton.
Il reçut ce problème à 4 heures du soir,&
le résolut dans la même journée.

Au retour de la paix stipulée par le
traité d'Utrecht, le parlement se proposa
d'encourager la navigation par des récompenses, & M. Newton ayant été consulté
sur la détermination des longitudes , il
remit à ce sujet, à un comité de la chambre des communes, le mercredi 2 juin
1714, le petit mémoire dont voici la traduction.

" On fait divers projets pour détermi-
» ner la longitude sur mer, qui sont vrais
» dans la théorie, mais très-difficiles dans
» la pratique.

» Un de ces projets a été d'observer le
» tems exactement , par le moyen d'une
» horloge ; mais jusqu'à présent on n'a pu
» faire encore d'horloge qui ne se déran-
» geât point par l'agitation du vaisseau,
» la variation du froid & du chaud , de
» l'humidité & de la sécheresse, & par la
» différence de la pesanteur en différen-
» tes latitudes.

» D'autres ont essayé de trouver la
» longitude , par l'observation des éclipses
» des satellites de Jupiter ; mais jusqu'à
» présent on n'a pu réussir à les observer
» sur mer, tant à cause de la longueur des
» télescopes dont on a besoin, qu'à cause
» du mouvement du vaisseau.

» Une troisieme méthode a été de dé-
» couvrir la longitude par le lieu de la
» lune ; mais on ne connoît pas encore
» assez la théorie de cette planete pour
» cela. On peut bien s'en servir pour dé-
» terminer la longitude à deux ou trois
» degrés près, mais non à un degré.

» La quatrieme méthode est le projet
» de M. Ditton ; cette méthode est plutôt
» bonne pour tenir registre de la longitu-
» de sur mer, que pour la trouver lors-
» qu'on l'auroit une fois perdue , ce qui

,, peut arriver aifément dans un tems cou-
,, vert. Ceux qui entendent la marine,
,, font le mieux en état de juger jufqu'où
,, ce projet eft praticable, & ce qu'il coû-
,, teroit à l'exécuter. En faifant voile, fe-
,, lon cette méthode, il faudroit, quand
,, on auroit à traverfer une grande éten-
,, due de mer ; naviger droit à l'orient ou
,, à l'occident, & d'abord prendre dans la
,, latitude du lieu le plus voifin de celui
,, où on doit aller au delà, & enfuite faire
,, cours à l'eft ou à l'oueft jufqu'à ce qu'on
,, y arrive.
   ,, Dans les trois premieres méthodes,
,, il faut avoir une horloge réglée par un
,, reffort & reétifiée chaque fois au lever
,, & au coucher du foleil, pour marquer
,, l'heure, le jour & la nuit. Dans la qua-
,, trieme méthode on n'a pas befoin d'hor-
,, loge. Dans la premiere, il en faut avoir
,, deux, celle-ci, & l'autre mentionnée
,, ci-deffus.
   ,, Dans quelqu'une des trois premieres
,, méthodes il peut être de quelque ufage
,, de trouver la longitude à un degré près,
,, & d'une plus grande utilité encore, de
,, la trouver à quarante minutes, ou à un
,, demi-degré près, s'il eft poffible, & à
,, proportion du fuccès on mérite récom-
,, penfe.
   ,, Par la quatrieme méthode il eft plus
,, aifé de mettre le marinier en état de
,, connoître à quarante, foixante ou qua-
,, tre-vingts milles, l'éloignement où il
,, fe trouve des côtes, que de traverfer les
,, mers. On pourroit bien accorder une
,, partie de la récompenfe à l'inventeur,
,, quand la chofe fe feroit exécutée fur les
,, côtes de la Grande-Bretagne pour le fa-
,, lut des vaiffeaux qui reviennent, & le
,, refte lorfqu'on auroit trouvé moyen
,, par-là d'aller à un port éloigné, fans
,, perdre fa longitude, fi cela fe peut. ,,
   Après la mort de M. Newton, on trouva dans fes papiers quantité d'écrits fur
l'antiquité, fur l'hiftoire, fur la chymie,
fur les mathématiques, même fur la théologie. En 1727, il parut à Londres in-8°.
une traduétion angloife de fon traité du
fyftême de l'univers.
   En 1733, on imprima dans la même
ville, in-4°. fes *remarques* fur les prophéties de Daniel & fur l'apocalypfe de S.
Jean. Cet ouvrage a été traduit en latin
par M. Suderman, & publié à Amfterdam
en 1737 in-4°. avec de favantes notes: Le

doéteur Gray attaqua fans ménagement,
& d'une maniere qui n'étoit pas honorable, les obfervations de Newton fur les
prophéties de Daniel. Quoiqu'on puiffe
entendre d'une autre maniere les écrits du
prophéte, il n'y a rien néanmoins que de
fenfé dans l'hypothèfe de Newton, & fes
raifonnemens à cet égard font bien éloignés d'être d'une nature à faire pitié, comme le doéteur Gray a ofé l'avancer.
   En 1736, M. Golfon mit au jour à Londres in-4°. la méthode des fluxions & des
fuites infinies, avec l'application de cette
méthode à la géométrie des lignes courbes. C'eft une traduétion du latin du chevalier Newton, dont l'original n'a jamais
été imprimé.
   M. Birch ayant fait imprimer à Londres, en 1737 in-8°. les *œuvres mêlées* de
Jean Greaves, y a inféré la traduétion angloife d'une differtation latine de M.
Newton fur *la coudée facrée des Juifs*, qui
étoit à la fuite d'un ouvrage intitulé *Lexicon propheticum*, mais que M. Newton
n'avoit pas fini.
   Enfin, ceux qui voudront ne rien négliger fur la connoiffance des *œuvres philofophiques* de ce grand homme, doivent
lire l'ouvrage profond de M. Colin Ma-
claurin, intitulé, *hiftoire des découvertes
philofophiques du chevalier If. Newton,
en quatre livres.* Londres 1748, in-4°.
(*D. J.*)
   WOLVERHAMPTON ou WOLVER-
TON, *Géog. mod.*, bourg à marché d'Angleterre, dans la province de Staffort, à
l'occident de la Tamife. Ce bourg fe nommoit anciennement *Wolfruneham* du
nom de *Wolfrune*, femme dévote, qui y
bâtit un monaftere. (*D. J.*)
   WOMIE, *Géogr. anc.*, c'eft la même
place que Midnick, ville de la Samogitie,
fur le Wirvits, fiege & réfidence de l'évêque de Samogitie. *V.* MIDNICK.
   WONSEISCH, *Géog. mod.*, bourg de
Franconie, dans le marggraviat de Culm-
bach, à environ dix milles de la ville de
ce nom.
   C'eft dans ce bourg que naquit en 1565
Taubmann (Frédéric), mort en 1613, âgé
de 48 ans. Son pere étoit un fimple arti-
fan, & le fils ayant la paffion des lettres,
fut envoyé à Cullembach où il mendia
fon pain pour étudier. Il fe diftingua par
fes talens, & fut nommé profeffeur dans
la même académie. On a de lui plufieurs

ouvrages , & entr'autres , d'excellens commentaires fur Plaute , *commentarius in Plautum, Francofurti* 1605 , *in-folio*. Le pere Nicéron a donné fa vie dans fes *mémoires des hommes illuſtres, tome XVI.* (D. J.)

WONSIDEL, *Géog. mod.*, petite ville d'Allemagne, dans la Saxe, au Voigtland, fur l'Egra, au midi d'Hoff. On la regarde comme étant de la Franconie , à cauſe de fon fouverain. Il y a aux environs quelques mines de cuivre & de fer.

WOODBRIDGE, *Géog. mod.*, bourg à marché d'Angleterre, dans la province de Suffolck, fur la riviere de Deben, à 5 ou 6 milles au nord d'Ipſwick ; c'eſt un grand & beau bourg, où il y a une très - belle égliſe , & 2 ou 3 chantiers pour la conſtruction des vaiſſeaux.

WOODCOTE, *Géog. mod.*, lieu d'Angleterre, dans le comté de Surrey. Tout prouve que ce lieu eſt la *Neomagus* de Ptolomée, *l. II, c. iij*, on la *Noviomagus* d'Antonin ; c'étoit une des principales cités des Regnes.

WOODLAND, *Géogr. mod.* ; on appelle *Woodland*, en Angleterre , la partie occidentale du comté de Warwich, à cauſe du bois dont elle eſt couverte. Anciennement on la nommoit *Arden*, qui en langue gauloiſe ſignifioit la même choſe.

WOODSTOK, *Géog. mod.*, ville d'Angleterre, dans Ofordſhire, à 60 milles au nord-oueſt de Londres. Elle a droit de tenir marché, & d'envoyer des députés au parlement.

Henri I fit bâtir à *Woodſtok* une maiſon royale, qui fut aggrandie dans la ſuite par Henri II, & détruite dans les guerres civiles du tems de Charles I. Il y avoit un labyrinthe où la belle Roſemonde, maîtreſſe de Henri II, fut, dit-on, ſans aucun fondement, empoiſonnée, par la vengeance d'une reine jalouſe (la reine Eléonor). Elle fut enterrée à Godſtow, dans le couvent des religieuſes , avec cette épitaphe latine, qui montre le goût des pointes de ce tems-là :

Hîc jacet in tumbâ Roſa mundi, non Roſa munda ;

Non redolet, ſed olet, quæ redolere ſolet.

Le tombeau avoit été placé au milieu du chœur de l'égliſe , couvert d'un drap de ſoie. Un évêque de Lincoln nommé *Hugues*, trouva contre la décence, que le

tombeau d'une femme telle qu'avoit été Roſemonde , fut expoſé aux yeux des filles qui avoient fait vœu de chaſteté ; il le fit ôter du chœur & tranſporter dans le cimetiere. Mais les religieuſes affectionnées à la mémoire de Roſemonde , tirerent ſes os du cimetiere, & les remirent honorablement dans le chœur de leur égliſe.

Woodſtok, qui étoit un domaine de la couronne , fut aliéné par acte du parlement en faveur du duc de Marlborough, comme une marque publique de reconnoiſſance pour les ſervices ſignalés qu'il avoit rendus à l'état , particulierement à la bataille de Bleinheim ; & c'eſt pour en perpétuer la mémoire, qu'on y bâtit le palais nommé *Bleinheim-houſe*.

Près du confluent de la Tamiſe & de la riviere Evenlode , on voit un monument tout-à-fait ſingulier ; c'eſt un rang de groſſes pierres de grandeur & de forme inégales, élevées ſur leur baſe & diſpoſées en rond ; comme les habitans appellent ce monument de pierres *Rollericſtones*, cette dénomination a donné lieu de croire que c'étoit en effet un monument de Rollo , chef des Normands qui paſſa en Angleterre en 876 , & qui livra deux batailles aux Anglois dans le comté d'Oxford. *Long.* de Woodſtok 16, 18 ; *latit*. 51, 47.

C'eſt dans la maiſon royale de Woodſtok, bâtie par le roi Henri I, que naquit le vaillant Edouard , ſurnommé le *prince noir* , à cauſe de ſa cuiraſſe brune & de l'aigrette noire de ſon caſque. Ce jeune prince, fils d'Edouard III, eut preſque tout l'honneur de la bataille de Creci, que perdit Philippe de Valois contre les Anglois le 26 Août 1346. Dix ans après le même prince noir entra en France , ſoumit l'Auvergne, le Limouſin & le Poitou. Le roi Jean ayant raſſemblé ſes troupes , l'atteignit à Maupertuis , à 2 lieues de Poitiers , dans des vignes d'où il ne pouvoit ſe ſauver. Le prince de Galles demande la paix au roi ; il offre de rendre tout ce qu'il avoit pris en France , & une treve de 7 ans. Jean refuſe toutes ces conditions , attaque 8 mille hommes avec 60 mille, & eſt défait à la bataille qu'on nomme de Poitiers , le lundi 19 de ſeptembre 1356. Le prince de Galles le mene à Bordeaux, d'où il fut conduit l'année ſuivante en Angleterre.

En 1366, don Pedre, roi de Castille, étant attaqué par les François, eut recours au prince *noir* leur vainqueur. Ce prince, souverain de la Guienne, qui devoit voir d'un œil jaloux le succès des armes françoises, prit par intérêt & par honneur le parti le plus juste. Il marche en Espagne avec ses Gascons & ses Anglois. Bientôt sur les bords de l'Ebre, & près du village de Navarette, don Pedre & le prince *noir* d'un côté, de l'autre, Henri de Transtamare & du Guesclin, donnerent la sanglante bataille qu'on nomme *de Navarette*. Elle fut plus glorieuse au prince *noir* que celles de Crécy & de Poitiers, parce qu'elle fut plus disputée. Sa victoire fut complete ; il prit du Guesclin & le maréchal d'Andrehen, qui ne se rendirent qu'à lui. Henri de Transtamare fut obligé de fuir en Aragon, & le prince *noir* rétablit don Pedre sur le trône. Ce roi traita plusieurs rebelles d'une maniere barbare, mais que les loix des états autorisent du nom de justice. Don Pedre usa dans toute son étendue du malheureux droit de se venger. Le prince *noir* qui avoit eu la gloire de le rétablir, eut encore celle d'arrêter le cours de ses cruautés. Il est, après Alfred, celui de tous les héros que l'Angleterre a le plus en vénération.

Toujours respectueux envers son pere, brave sans férocité, fier dans les combats, humain au fort de la victoire, affable envers tout le monde, généreux & plein d'équité : il avoit épousé la plus belle femme du royaume ; on l'appelloit la *belle Jeanne*, & il eut toujours pour elle l'attachement le plus tendre.

Il possédoit toutes les vertus dans un degré éminent, & sa modestie en particulier ne sauroit trop s'admirer. Il se tint debout auprès du roi Jean son prisonnier, tandis qu'il soupoit ; & cherchant pendant tout le repas à le consoler de son malheur, il lui dit qu'il ne négligeroit rien pour l'adoucir, & qu'il trouveroit toujours en lui le plus respectueux parent, s'il vouloit bien lui permettre de se glorifier de ce titre.

Il mourut en 1376, âgé de 46 ans, du vivant du roi son pere. On reçut la nouvelle de sa mort avec un deuil inconcevable, & le parlement d'Angleterre assista en corps à ses funérailles. Le roi de France lui fit faire un service à Notre-Dame. Le roi Edouard décéda un an après son fils,

& Richard, fils de cet illustre prince de Galles, succéda à la couronne à l'âge de 11 ans.

Chaucer (Geoffroi) le pere de la poésie angloise, & le maître de Spencer, de plus contemporain du prince *noir*, naquit comme lui à Woodstok, selon Pitséus, & à Londres selon d'autres ; mais sans croire la premiere opinion la mieux fondée, je l'embrasse volontiers, parce qu'elle me donne sujet de parler ici de cet aimable poëte ; dont les vers naturels brillent à travers le nuage gothique du tems & du langage, qui voudroient offusquer son beau génie.

Il vit le jour la seconde année du regne d'Edouard III, l'an 1328. Né d'une bonne famille, il fit ses premieres études à Cambridge ; & dès l'âge de 18 ans qu'il composa sa *cour d'amour*, il passoit déja pour bon poëte par d'autres pieces qu'il avoit faites. Après qu'il eut quitté l'université, il voyagea, & au retour de ses voyages il entra dans le temple intérieur (*Inn-temple*) pour y étudier les loix municipales d'Angleterre.

Ses talens & sa bonne mine l'introduisirent à la cour en qualité de page d'Edouard III ; poste d'honneur & de confiance qui ne fut que le premier pas de son avancement. Bientôt le roi en le qualifiant par ses lettres-patentes de *dilectus noster*, lui donna vingt marcs d'argent annuellement payables sur l'échiquier, jusqu'à ce qu'il pût le pourvoir mieux. Il fut nommé peu de tems après gentilhomme privé du roi, avec vingt nouveaux marcs d'argent de revenu. Au bout d'un an il fut fait porte-écu du roi, *scutifer regis*, emploi qui étoit alors très-honorable.

Se trouvant par cette charge toujours près de la personne du roi, il se fit aimer & estimer des personnes du premier rang, principalement de la reine Philippe, de la princesse Marguerite, fille du roi, & de Jean de Gand, duc de Lancastre. On sait qu'il eut l'honneur de devenir dans la suite beau-frere de ce prince qui épousa la sœur de la femme de Chaucer ; & c'est aussi par cette raison que le poëte partagea toutes les vicissitudes de la bonne & de la mauvaise fortune du duc.

Il séjournoit souvent à Woodstok où il demeuroit dans une maison de pierres de taille, proche de *Parck-Gate*, qu'on appelle encore à présent *la maison de Chaucer*. Sa fortune croiffant par la protection du duc de Lancaftre, il fut employé dans les affaires publiques qui lui procurerent un bien de mille livres fterlings de rente, revenu très - confidérable dans ce temps-là , & prefque égal à celui de dix fois la même fomme dans le fiecle où nous vivons.

Le bonheur de Chaucer ne fut pas toujours durable. La ruine du duc de Lancaftre entraîna la fienne pour quelque tems. Il fe retira dans cette conjoncture à Woodftok, pour jouir des tranquilles plaifirs d'une vie ftudieufe ; & ce fut là qu'il compofa en 1391 fon excellent traité *de l'Aftrolabe*.

Cependant au milieu de fes études, la fortune fe plut à lui fourire de nouveau, & à lui rendre fes bonnes graces ; mais ayant alors près de foixante & dix ans, il prit le parti de fe retirer dans un château où il paffa les deux dernieres années de fa vie. Il quitta le monde en homme qui le méprife, comme cela paroît par une ode qui commence *Flie for the prefe*,&c. qu'il compofa dans fes dernieres heures. Il mourut le 25 octobre 1400, & fut enterré dans l'abbaye de Weftminfter.

Son humeur étoit un mélange de gaieté, de modeftie & de gravité. Sa gaieté paroiffoit plus dans fes écrits que dans fes manieres ; & c'eft là-deffus que Marguerite, comteffe de Pembroke, difoit que l'abfence de Chaucer lui plaifoit plus que fa converfation. Il étoit trop libre dans fa jeuneffe ; mais vers la fin de fa vie, le poëte badin fit place au philofophe grave.

Il fut lié avec les hommes les plus célebres de fon tems. Il avoit eu des relations avec Petrarque, & quelque liaifon avec Bocace, duquel il a emprunté quantité de chofes, & qui dans ce tems-là travailloit à perfectionner la langue italienne,comme Chaucer le faifoit de fon côté par rapport à la langue angloife.

Ses ouvrages font nombreux ; mais l'on ne doit point douter qu'il n'y en ait une grande partie de perdue. Le poëme intitulé *Troilus & Chriffide*, eft de fes premieres années. Il en faut dire autant de fon *Conte du laboureur*, qui fcandalifa tant de monde, & qui fe trouve dans fi peu de manufcrits. C'eft de fa *demeure de la Renommée*, que M. Pope a emprunté en partie l'idée de fon *temple de la Renom-*

mée. Il fit le *teftament d'amour* (qui eft un de fes meilleurs ouvrages) vers la fin de fa vie. Eryden, dans fes fables imprimées en 1700, a mis en langage moderne la *légende de la femme dévote*, le *conte du chevalier*, celui de la *femme de Bath*,&le poëme de la *fleur & de la feuille*. Il a fait auffi avec quelques additions, le *caractere du bon curé*, à l'imitation de la defcription du *curé*, par Chaucer dans fon prologue. M.Pope a auffi habillé à la moderne le *conte du marchand*, & le *prologue de la femme de Bath* ; c'eft ce que plufieurs perfonnes d'efprit ont fait à l'égard de quelques autres ouvrages de notre auteur. Sa vie publiée par M. Jean Urry, eft à la tête de fes œuvres imprimées en 1721 à Londres, *in-fol.* édition fupérieure à celle de 1602.

Tous les gens de goût en Angleterre donnent de grandes louanges à Chaucer. Le chevalier Philippe Sidney dit qu'il ignore ce qu'on doit le plus admirer, ou que dans un fiecle fi ténébreux Chaucer ait vu fi clair ; ou que nous, dans un fiecle fi éclairé, marchions fi fort en tâtonnant fur fes traces. Son ftyle eft en général familier, fimple & femblable à celui des comédies, mais fes caracteres font parlans. Son *pélerinage de Cantorbery* eft entiérement à lui. Son but eft de dépeindre toutes les conditions, & de dévoiler les vices de fon fiecle ; ce qu'il fait d'une maniere également jufte & vive. Milton, dans le poëme intitulé *il penferofo*, met Chaucer au rang des maîtres de l'art.

Pour enrichir utilement & agréablement fa langue, il adopta tous les mots provençaux, françois & latins qu'il trouva convenables,leur donna une nouvelle forme, & les mêla fpirituellement avec ceux de la langue angloife ; il en bannit auffi tous les termes rudes ou furannés pour leur en fubftituer d'étrangers plus doux & plus propres à la poéfie. Du tems de la reine Elifabeth, la langue commença à s'épurer davantage, & elle prit fous Waller de nouvelles beautés.

Il faut cependant convenir que les vers de Chaucer ne font point harmonieux ; mais fes contemporains les trouvoient tels : ils reffemblent à l'éloquence de cet homme dont parle Tacite, *auribus fui temporis accommodata*. Du refte, Chaucer a prouvé dans fes *contes de Cantorbery*, qu'il favoit peindre les différens caracteres; & toutes les *humeurs* (comme on le nomme aujourd'hui) de la nation angloise de son siecle. Il n'y a pas jusqu'aux caracteres graves & serieux où il n'ait mis de la variété; car ils ne sont pas tous graves de la même maniere. Leurs discours sont tels que le demande leur âge, leur vocation, & leur éducation, tels qu'il leur convient d'en tenir, & ils ne conviennent qu'à eux seuls. Quelques-uns de ses personnages sont vicieux & d'autres sont honnêtes-gens; les uns sont ignorans & les autres sont bien instruits. Le libertinage même des caracteres bas a ses nuances, qui y mettent de la variété. Le bailli, le meûnier, le cuisinier, sont autant d'hommes différens, & qui different autant l'un de l'autre, que la *dame prieure* affectée & la *femme de Bath*, bréchedent. (*D. J.*)

WOOLLI, *Géog. mod.*, contrée d'Afrique, le long de la riviere de Gambra, au nord. Les marchands d'esclaves traversent cette contrée pour se rendre au port de Kover. Sa capitale qui n'est qu'un hameau, s'appelle *Kaunkale*. (*D. J.*)

WORCESTER, *Géog. mod.*, ville d'Angleterre, capitale du Worcestshire, sur la pente d'une colline, à bord de la Saverne, qu'on y passe sur un pont, à 80 milles au nord-ouest de Londres.

Cette ville fut bâtie par les Romains, qui en firent une place forte contre les Bretons ou Gallois; c'est le *Branonium* d'Antonin, & le *Bronogenium* de Ptolomée. Les Saxons la nommerent *Wogar-Cester*, *Weogorna-Cester*, *Wire-Cester*, peut-être de la forêt de Wire, qui en est voisine. Les Gallois l'appellent *Car Wrangon*; & les Latins modernes l'ont nommée *Vigornia*.

Cette ville a beaucoup souffert de la part des Danois, qui la pillerent, & la réduisirent en cendres, en 1041. Elle souffrit encore la même désolation en 1113, par un incendie fortuit qui consuma entr'autres édifices, le château & l'église cathédrale.

Worcester s'est néanmoins relevée de ses pertes; c'est aujourd'hui une grande & belle ville, partagée en dix paroisses, bien bâtie, fermée de murailles, excepté dans la partie qui est bordée de la Saverne, & qui n'a pas besoin de murs. On y entre par sept portes, & l'on y compte douze églises, entr'autres la cathédrale,

où est le tombeau du roi Jean, & celui du prince Arthur, fils ainé du roi Henri VII. Les habitans ont trois marchés par semaine, & font un grand négoce de draperies.

Le siege épiscopal de Worcester a été établi en 680, par Sexwulphe, évêque des Merciens. Le diocèse comprend toute la province, & une partie de Warwickshire. *Long.* 15,24; *lat.* 52,25.

Somers (Jean) grand chancelier d'Angleterre, a fait honneur à Worcester, lieu de sa naissance, en l'année 1652. Peu après l'avénement du roi Guillaume & de la reine Marie à la couronne, il fut nommé solliciteur-général, ensuite procureur-général, bientôt après garde du grand sceau, enfin grand-chancelier, & l'un des régens du royaume pendant l'absence du roi; mais au commencement de l'année 1700, il fut dépouillé de sa dignité de grand-chancelier, par le crédit du parti des torys. N'ayant plus d'emploi public, il consacra son tems aux muses, & fut élu président de la société royale. Il mourut en 1716, à 64 ans. Il joignit à l'étude de la jurisprudence & de la politique, celle des belles-lettres, qu'il possédoit parfaitement, comme il paroît par sa traduction de la vie d'Alcibiade de Plutarque; mais M. Addisson loue fortement son mérite à bien d'autres égards; écoutons-le.

Il arrive ordinairement, dit-il, qu'en voulant étouffer l'amour de la gloire, qui a jetté de profondes racines dans les ames nobles, on détruit en même tems plusieurs vertus; & qu'il n'y a rien de plus propre à plonger l'homme dans l'indolence, que d'arracher de son cœur le desir de la réputation. Mais lorsque sans aucun aiguillon de vanité, un homme est zélé pour le bien du genre humain, & qu'il n'est pas moins soigneux à cacher qu'à faire de belles actions; nous pouvons être assurés que c'est un cœur plein de bonté & de magnanimité. L'histoire, continue Addisson, nous offre un grand exemple de ce beau caractere dans mylord Somers, dont la divise étoit, *prodesse quàm conspici*.

Il s'est usé par son application aux études propres à le rendre utile au public, en formant des desseins pour le bien de sa patrie, & en appuyant les mesures qui pouvoient les faire réussir. Mais ce qu'il

a fait, n'a été que dans la vue du bien
public ; tous ses généreux efforts n'ont
eu d'autre but ; le desir d'acquérir de la
réputation n'y est entré pour rien.

Toute sa vie a été décorée d'une aimable modestie , qui a relevé d'autant plus
ses vertus , qu'elles étoient comme cachées sous cette ombre estimable. Son application à ce qu'il y a d'épineux dans
l'étude du droit, ne l'avoit point rendu
décisif. Il ne savoit ce que c'étoit que de
disputer sur des choses indifférentes ,
pour faire parade de la supériorité de ses
lumieres. A une grande politesse , qu'il
tenoit de l'éducation , il joignoit une
grande force de raison.

Ses principes étoient soutenus par la
vertu , & par cela même , ils ne varioient
point au gré de l'ambition , de l'avarice
ou de la haine. Ses idées n'étoient pas
moins fermes que droites. Il a fini sa carriere dans une parfaite union avec les
amis choisis auxquels il s'étoit lié en la
commençant. Le grand homme ne paroissoit pas davantage en lui , comme patriote & ministre d'État, que comme savant
universel. En partageant son tems entre
les affaires publiques & la retraite , il se
perfectionna non-seulement dans la connoissance des hommes & des affaires ,
mais encore dans celle des arts & des
sciences.

Quoiqu'il passât par les divers degrés
des honneurs de la robe , on le regarda
toujours comme un homme qui méritoit
un poste plus élevé que celui qu'il occupoit , jusqu'à ce qu'il fût parvenu à la
plus haute dignité , à laquelle cette sorte
d'étude puisse conduire. Il possédoit deux
talens , qui se trouvent rarement réunis
dans une même personne , un fonds de
bon sens, & un goût exquis. Sans le premier , la science n'est qu'un fardeau , &
sans le dernier, elle est désagréable.

Son éloquence étoit mâle & persuasive.
Son style étoit pur, vif & poli. On a osé
comparer pour la capacité , cet illustre
seigneur avec le lord Vérulam , qui a été,
comme lui , grand-chancelier d'Angleterre. Mais la conduite de ces deux grands
hommes dans les mêmes circonstances ,
a été fort différente. Tous deux ont été accusés par la chambre des communes ; l'un
qui avoit donné prise sur lui , succomba,
& fut réduit à une humiliation , qui ternit beaucoup l'éclat d'un caractere si élevé ; mais mylord Somers avoit un trop
sûr garant dans son intégrité , pour craindre une impuissante attaque contre sa réputation ; & quoique ses accusateurs eussent été bien aises de laisser tomber leurs
griefs , il les pressa de les soutenir , &
voulut que l'affaire fût décidée : car la
même grandeur d'ame , qui lui faisoit mépriser la gloire , l'empêchoit de souffrir
patiemment un injuste blâme.

Il n'y a pas de doute que cet homme
rare ne figure dans l'histoire de notre nation ; mais nous ne devons pas nous attendre à y voir briller son mérite dans
tout son jour , parce qu'il a écrit plusieurs
choses , sans se faire connoître ; qu'il a eu
la principale part à d'excellens conseils,
sans qu'il y parut ; qu'il a rendu des services à plusieurs personnes , sans qu'elles aient su d'où ils partoient ; & qu'il en
a rendu de très-grands à sa patrie , dont
d'autres ont eu l'honneur ; en un mot,
parce qu'il a tâché de faire de belles actions , plutôt que de s'acquérir un grand
nom.

Je sais qu'on pourroit attribuer ce magnifique éloge du lord Somers à l'amitié
d'Addisson ; mais il faut du moins accorder , que les grandes qualités de ce seigneur ont été bien frappantes , puisque
ses ennemis même les reconnoissent , &
que madame Manley n'a pu s'empêcher
de mêler des louanges parmi les traits satyriques dont elle le noircit. "Il avoit,
dit-elle , du feu & de la modération , de
l'esprit & de la complaisance , des lumieres étendues , réunies à un jugement solide. Le dieu de l'éloquence , continue-telle , étoit maître de sa langue. Minerve
elle-même avoit son domicile dans son
cerveau pour l'inspirer , aussi-bien que
dans son cœur pour lui donner du feu.
Sa sagesse & la sérénité de son tempérament, entretenoient l'union dans la cabale. Enfin , il n'y avoit que lui qui pût
retenir le furieux Cethégus (mylord Sunderland), aussi-bien que l'inconsidéré Catilina (le marquis de Warton) ». (*D. J.*)

WORCESTERSHIRE , *Géog. mod.*,
province méditerranée d'Angleterre , au
diocèse de Worcester. Elle a 130 milles
de tour , & contient environ 544 arpens.

La Saverne la traverse toute entiere,
& presque par le milieu du nord au sud ,
& reçoit en passant les eaux de trois ou
quatre rivieres. Elle est encore arrosée
de

de la Stoure, & de la Salvarpe à l'orient, & de la Tame à l'occident, un peu au-deſſous de la ville de Worceſter : l'Avon venant du côté de Warwick, lave auſſi un coin de cette province au ſud-eſt.

Worceſtershire eſt ſéparé au ſud-eſt de Herefordshire par les montagnes nom-mées *Malvernes*, qui s'élevent à la hau-teur de ſept milles. Cette province eſt une des meilleures de l'Angleterre. En été on y voit de belles & grandes campagnes couvertes de bled, d'excellens pâturages & des forêts; il s'y trouve auſſi quelques puits d'eau ſalée, & quelques fontaines médicinales. Les haies ſont bordées de poiriers, dont on preſſe le fruit pour en faire un excellent poiré. Les rivieres qui l'arroſent lui fourniſſent beaucoup de poiſſons. En particulier la Saverne y nour-rit quantité de lamproies, qui ſe plaiſent dans les eaux limonneuſes, telles que ſont celles de cette riviere. L'air répond au terroir : il eſt ſain & temperé. Outre Worceſter la capitale, il y a onze autres bourgs ou villes à marché. Enfin les mu-ſes ont fleuri de bonne heure dans cette province.

Dès le XV ſiecle, *Littleton* (Thomas) ſe fit une grande réputation par ſon livre des *tenures*, ouvrage dont le chevalier Edouard Coke fait le plus bel éloge. L'ar-chidiacre Nicholſon, dans ſon *english hiſ-torical library*, *part. III*, *pag.* 169, *Lon-don*, 1699, obſerve que ce livre eſt entre les mains de tous ceux qui ſe deſtinent à l'étude, ou à la profeſſion du droit mu-nicipal d'Angleterre, & qu'il a été impri-mé plus ſouvent qu'aucun autre livre de droit. Quantité de ſes éditions ſont très-fautives; & il faut s'en ſervir avec pré-caution, parce que les ridicules notes marginales de quelques poſſeſſeurs igno-rans des copies manuſcrites, ſe ſont gliſ-ſées dans le texte, & qu'on y cite ſans rime ni raiſon, des cas auxquels l'auteur n'a jamais penſé. . . . . Un grand nombre d'articles de ſon droit commun, ſont à préſent changés par des actes parlemen-taires, & d'autres ne ſont plus en uſage. Par exemple, tout ce qui regarde les dons en frankemariage, &c. ne ſert qu'aux diſputes, à fournir quelques queſtions ſubtiles pour exercer les jeunes gens dans les colleges, ou *inns* de cour. A l'égard de quelques endroits qui paroiſſent obſ-curs à cauſe de la briéveté à laquelle la

méthode de l'auteur l'obligeoit, on peut les trouver plus amplement expliqués dans le journal *the year-book* d'Edouard IV, où l'on verra ſouvent le ſentiment de Littleton ſur divers cas épineux, avec les raiſons ſur leſquelles il étoit appuyé; d'autres ſujets ont été traités plus ample-ment par Bracton & par Breton, que notre auteur a abrégés en ce qu'il y a de principal.

Habington (Guillaume), naquit dans le comté de Worceſter, en 1605, & mou-rut en 1654. Ses ouvrages ſont des poé-ſies, ſous le titre de *caſtara*, Londres 1635, *in-8°*. & en proſe, l'*hiſtoire d'E-douard IV roi d'Angleterre*, Londres, 1640, en un petit *in-fol*. Nicholſon trou-ve que l'auteur a donné une aſſez belle ébauche du regne d'Edouard IV, & qu'il a fait le portrait de ce prince dans un ſtyle fleuri, d'une maniere auſſi reſſemblante qu'on pouvoit l'attendre d'un homme ſi fort éloigné par le tems, de l'original.

Hooper (Georges), évêque de Bath & de Wells, naquit dans le comté de Wor-ceſter, en 1640, & mourut en 1727, à 87 ans. Ses ouvrages ſont remplis d'éru-dition en tout genre; mais je n'en citerai que deux, peu inconnus aux étrangers, dont je donnerai, par cette raiſon, une contre analyſe; je veux parler de ſon traité du carême, & de ſes recherches ſur les anciennes meſures.

Son traité du *carême* parut à Londres en 1694, *in-8°*. L'auteur y prouve que dans le IV ſiecle, lorſque la religion chré-tienne commença d'avoir un plus grand nombre d'écrivains, la *quadrageſime*, ainſi qu'on parloit dans ce tems-là, s'ob-ſervoit aſſez généralement par les chré-tiens, pendant 40 jours. Si nous remon-tons vers le milieu du iij ſiecle, nous y trouverons déja quelque détail de l'auſté-rité avec laquelle les chrétiens obſer-voient la ſemaine de la paſſion; détail qui nous vient d'un des plus grands hom-mes de l'égliſe, qu'on avoit conſulté ſur l'heure qu'on pouvoit finir le jeûne.

Cette grande auſtérité de la ſemaine ſainte, qui ne le cédoit en rien à celle dont on a uſé dans la ſuite, donne tout lieu de penſer que les chrétiens de ce tems-là, n'ont pas laiſſé à la génération ſuivante, le ſoin d'y ajouter la dévotion des ſemaines précédentes; ſur-tout, puiſ-que nous trouvons qu'Origene, maître

de Denys, parle en termes exprès de la
quadragéfime, comme confacrée au jeûne. Il eft vrai que nous n'avons ce paffage
d'Origene que de la verfion de Ruffin,
qui n'étoit pas le traducteur le plus exact,
mais il n'étoit pas le plus mauvais ; ainfi
il y a plus d'apparence qu'il a traduit ici
fidellement, que le contraire, n'y ayant
aucune raifon particuliere de foupçonner de la falfification dans ce terme, plutôt que dans un autre de la période, ni
de s'étonner qu'il foit parlé d'une chofe
fi connue affez peu de tems après.

Il paroit par le témoignage de Tertullien (qu'on peut mettre dans le fecond
fiecle, auffi-bien que dans le troifieme),
qu'au fentiment de l'églife de fon tems,
les jours de la mort de Jefus - Chrift, le
vendredi & le famedi-faint devoient être
confacrés au jeûne, en vertu de l'autorité des apôtres; qu'on n'étoit point obligé
de jeûner d'autres jours, & comme en
vertu d'un précepte divin; mais que cela
étoit laiffé à la difcrétion des fideles, felon qu'ils le jugeoient à propos. Cette efpece d'incertitude ne lui permettoit pas
naturellement d'en dire davantage, vu le
fujet qu'il traitoit, ni de nous inftruire
des différentes coutumes des églifes fur
cette partie arbitraire du carême, quoique l'on puiffe recueillir d'ailleurs, même de Tertullien, qu'on obfervoit dès
ce tems-là un efpace plus confidérable.

Mais pour remonter plus haut, & nous
approcher davantage du fiecle des apôtres vers l'an 190, après la mort de S.
Jean Irénée, évêque vénérable, qui avoit
converfé particuliérement avec Polycarpe, comme celui-ci avec S. Jean & d'autres apôtres, Irénée, dis-je, nous a inftruits, quoique par occafion feulement,
des pratiques différentes de fon tems ; il
nous apprend que les uns croyoient devoir jeûner un jour, les autres deux
jours, ceux-ci plufieurs jours, ceux-là
quarante jours.

Les *recherches* du favant Hooper *fur
les anciennes mefures* des Athéniens, des
Romains, particuliérement des Juifs,
ont été imprimées à Londres en 1721,
*in-*8°. L'auteur déclare dans fa préface
qu'ayant lu avec foin fur cette matiere
deux traités curieux, qui parurent prefque en même tems en l'année 1684, l'un
du docteur Cumberland, mort évêque de
Peterborough, & l'autre du docteur

Edouard Bernard, imprimé d'abord avec
le commentaire du docteur Pocock fur
Ofée, qu'ayant auffi examiné les differtations de M. Greaves fur le pié & fur le
denier romain, louées avec raifon par les
deux auteurs dont on vient de parler,
il s'étoit attaché à rechercher plus exactement les mefures des Hébreux; &
qu'ayant bâti fur les principes fûrs de
M. Greaves, ayant fuivi la méthode de
l'évêque Cumberland & profité des riches matériaux raffemblés par le docteur
Bernard, il s'étoit fait le fyftême fuivant.

Premierement qu'ayant examiné en général les différentes mefures pour la longueur, la capacité, le poids & le rapport
qu'elles ont les unes aux autres, il a fixé
les mefures angloifes auxquelles il vouloit réduire celles des Juifs, afin de s'en
faire de plus juftes idées. Enfuite, comme
il falloit chercher la connoiffance des mefures des Juifs dans ce que nous en ont
dit les écrivains de divers tems & de divers pays, & qu'il falloit réduire leurs
différentes mefures à celles d'Angleterre, il a été obligé d'examiner quelques-
unes des mefures modernes, mais fur-
tout les anciennes mefures des Athéniens
& des Romains ; & que muni de fes fecours, il a rapporté & comparé enfemble
ce que l'on a dit de plus vraifemblable
touchant les mefures des Juifs, & s'eft
mis en état d'en donner une connoiffance
auffi claire & auffi certaine qu'il eft poffible. Ses recherches font donc divifées
en quatre parties.

Dans la premiere, il examine les mefures en général, & particuliérement celles
d'Angleterre, & quelques autres dont
on fe fert de nos jours à Rome, en Efpagne, en Hollande & en Egypte. Dans la
feconde, il recherche les mefures d'Athenes à caufe des auteurs Grecs qu'il faut
confulter. Dans le troifieme, il examine
les mefures anciennes des Romains qui
fuppofent la connoiffance de celles d'A-
thenes, & dont l'intelligence eft néceffaire pour fe fervir avec fruit des auteurs
Latins. Dans la quatrieme, il s'agit des
mefures des Juifs.

Vient enfuite un appendix touchant les
noms & la valeur des monnoies angloifes & des mefures en vaiffeaux. Dans cet
appendix, il dit que toutes les anciennes
mefures angloifes de cette efpece que
nous avons reçues des Saxons, venoient,

selon toutes apparences, à ceux-ci des
Sarrafins, aussi-bien que la monnoie angloise. Il remarque que pour ce qui est
des noms des vaisseaux connus en Espagne & en Italie, comme ceux de pipe,
de botte, de baril, &c. il en chercheroit
l'origine dans la méditerranée, & delà
chez les peuples orientaux, de qui venoient les chofes contenues dans ces vaiffeaux ; car puifqu'il paroit clairement
que tous les poids font Phéniciens d'origine, & que les mefures en vaisseaux,
même de l'eau, étoient abfolument néceffaires aux Phéniciens pour leur provifion dans leurs voyages par terre, auffi-
bien que par mer ; qu'entre les liquides,
le vin & l'huile étoient des produits de
leurs côtes, (le mot vin non-feulement,
mais les noms fabuleux de Bacchus, de
Sémélé, de Silene avec fon âne dénotant
cette origine), il eft affez naturel de penfer que les noms Phéniciens des vaiffeaux
pafferent avec ce qu'ils contenoient dans
les isles de la Grece ; & que dans la fuite
lorfque les Sarrafins fe furent rendus
maitres de cette mer, ils adopterent d'a-
bord les noms orientaux qu'ils trouverent,
& en donnerent encore d'autres du même
ordre; c'eft ce qu'on peut conjecturer par
rapport à plufieurs vaiffeaux du levant,
non-feulement de ceux qui contiennent
de l'eau, mais de ceux qui fervent à naviger, car ils prennent fouvent leurs
noms les uns des autres. Ainfi il n'eft
point du tout hors de propos de les rechercher dans le fud-eft, quoique les
Saxons, les Danois & les Normands aient
été grands navigateurs en leurs tems, &
qu'on puiffe affez naturellement préfumer qu'ils ont rapporté leurs noms ger-
maniques en Angleterre.

Le docteur Jean Arbuthnot dans la
préface de fes tables des anciennes monnoies, poids & mefures, &c. expliqués
en differtations, donne une haute idée
des recherches du docteur Hooper, &
nous dit que fi l'on examine l'unité de
vue qui regne dans tout l'ouvrage, l'exactitude des calculs, la fagacité des conjectures, l'habileté à corriger ; & à comparer enfemble les paffages des anciens auteurs, & l'érudition qui brille dans fes
recherches, on eft obligé d'avouer qu'elles furpaffent tout ce qu'on avoit encore
publié fur cette matiere.

Mais l'écrivain le plus fameux du comté de Worcefter eft Butler (Samuel), auteur d'Hudibras. Il naquit en 1612, felon
les uns, ou plutôt vers l'année 1600,
felon M. Charles Longueville, qui a pû
en être mieux inftruit que perfonne. Butler étoit fils d'un honnête fermier, qui
le fit étudier à Worcefter, & à l'univerfité. Au goût de la poéfie, il joignit celui
de la peinture ; & l'on ne doit pas s'en
étonner, car prefque toutes les parties
de la poéfie, fe trouvent dans la peinture. Le peintre doit animer fes figures, &
le poëte prête un corps aux fentimens &
aux expreffions ; l'un donne de la vie à
une belle image, & l'autre de la force &
du corps à des penfées fublimes.

Après le rétabliffement de Charles II,
ceux qui étoient au timon des affaires faifant plus de cas de l'argent que du mérite, notre poëte éprouva la vérité d'une
fentence de Juvenal :

Haud facilè emergunt, quorum virtu-
tibus obftat
Res angufta domi.

Jamais efpérances ne furent plus belles que les fiennes lorfqu'il vint à Londres. Devancé par fa réputation, il fe vit
accueilli de tout le monde, lu avec admiration & nourri de promeffes de fe voir
honoré de la faveur du prince. Mais quelle fut fa récompenfe ? Il ne gagna par fon
génie, par l'agrément de fa converfation,
par la régularité de fes mœurs, que la
pauvreté & des louanges. Il ne retira pas
du produit de fes vers de quoi fe faire enfevelir ; mais il garda fa fanté jufqu'à la
derniere vieilleffe, & mourut en 1680
fans plaintes & fans regrets à l'âge d'environ 80 ans.

Il demeura fans tombe jufqu'à ce que
l'Alderman Barber, depuis maire de la
ville de Londres, eut la générofité d'honorer la mémoire de cet homme illuftre,
en lui érigeant un tombeau dans l'abbaye
de Weftminfter.

C'eft le poëme d'Hudibras qui lui acquit fa grande réputation ; & quoiqu'il
s'en foit fait plufieurs édit-ons, il n'y en
a aucune qui égale le mérite de l'ouvrage.
M. Hogarth, dont le génie femble avoir
beaucoup de rapport avec celui de Butler,
a gravé à l'eau-forte une fuite de tailles-
douces contenant les aventures d'Hudibras & de Rodolphe fon écuyer, qui ont
tout le grotefque qui convient au fujet.

On a fait quantité d'imitations de cet

agréable poëme, parce qu'un ouvrage n'a pas plutôt paru, que les barbouilleurs en font de mauvaises copies. Dès que Guilliver eut publié ses voyages, il se vit d'abord une multitude de parens qui naissoient comme autant de champignons, & qui fatiguerent le public de leurs fades aventures. Le Beggar's, opéra, a été accompagné d'une longue suite d'opéras insipides. Le bon Robinson Crusoé lui-même n'a pu se sauver des mains de la gent imitatrice. Je regarde de semblables productions comme autant d'avortons disgraciés, destinés par Apollon à servir de mouche aux beautés virginales.

On peut donner plusieurs raisons pourquoi des imitations ou des suites des pieces originales en approchent si rarement pour la beauté. En premier lieu, les écrivains d'un génie supérieur dédaignent d'être copistes; comme ils trouvent en eux un riche fonds d'invention, ils ne cherchent point à emprunter des autres. Secondement, un auteur qui travaille dans un goût nouveau est si plein de son idée, il la combine sans cesse de tant de manieres, qu'il l'envisage sous toutes les faces où elle peut paroître avec avantage.

Les essais qu'on a faits pour traduire Hudibras en latin, ou en d'autres langues, n'ont point eu de succès; & l'on ne doit pas se flatter que ce poëme réussisse dans une traduction, parce que le sujet & les diverses parties qui y entrent sont burlesques, ne regardent que l'Angleterre dans un petit point de son histoire, & n'ont du rapport qu'à ses coutumes. On raconte dans ce poëme (qui tourne en ridicule la guerre civile) une suite de petites aventures pour se moquer des *têtes rondes* qui faisoient cette guerre. Or tout cela n'a point de grace dans une langue étrangere.

Il manque un commentaire complet sur ce poëme, dont quantité d'endroits perdent de leur beauté, de leur force & de leur feu, faute d'être bien entendus aujourd'hui par les Anglois mêmes. On pourroit joindre à ce commentaire des observations sur l'économie, la conduite, les comparaisons & le style de ce poëme; ce commentaire donneroit au plus grand nombre de lecteurs une connoissance plus juste des beautés qui s'y trouvent. Je voudrois aussi qu'on en remarquât les dé-

fauts, car l'auteur d'Hudibras a trop souvent affecté d'employer des images basses, & les expressions les plus triviales pour relever le ridicule des objets qu'il dépeint. Il ressemble souvent à nos bateleurs, qui croient donner de l'esprit à leurs bouffons par les haillons dont ils les couvrent. La bonne plaisanterie consiste dans la pensée, & naît de la représentation des images dans des circonstances grotesques.

Butler a pris l'idée de son Hudibras de l'admirable don Quichote de Cervantes; mais à tous les autres égards, il est parfaitement original pour le but, les sentimens & le tour. Voici quel a été son but. Comme le temps où l'auteur vivoit étoit fameux par le zele affecté qui régnoit pour la religion & la liberté, zele qui avoit bouleversé les loix & la religion d'Angleterre en introduisant l'anarchie & la confusion, il n'y avoit rien de plus avantageux dans cette conjoncture aux yeux de tous les royalistes, que d'arracher le masque à ceux qui s'en étoient servi pour se déguiser, & de les peindre des couleurs les plus ridicules; c'est ce qui fait qu'il ne les censure pas d'un ton sérieux, mais toujours en plaisantant pour mieux frapper au but qu'il se propose.

Dans cette vue, le poëte suppose que les maximes presque impraticables des puritains sur la rigide administration de la justice à tourné la cervelle à son chevalier, de la même maniere que la lecture des livres de chevalerie avoit dérangé l'esprit de don Quichote. Le chevalier d'Hudibras se met en campagne pour rétablir chacun dans ses droits; & il étend même sa protection à des ours qu'on mene à la foire, non pour leur profit, mais pour celui de leurs conducteurs, supposant que ces animaux ont été privés arbitrairement de leur liberté naturelle, sans qu'on leur ait fait leur procès dans les formes & par-devant leurs pairs. Comme tout le poëme est sur le ton plaisant, les différentes aventures du pieux chevalier & de son ridicule écuyer sont dans le même goût, & finissent toujours plaisamment. L'économie & le tour du poëme dans son tout ont quelque chose de si neuf, qu'on y a donné le nom de *goût hudibrastique*. Les uns l'appellent *poëme burlesque*, les autres *héroï-comique*, & d'autres *épi-comique*; mais ce dernier nom nelui convient ni pour la mesure du vers, ni pour la maniere brusque de finir par les deux lettres du chevalier & de la veuve.

Quoi qu'il en soit, le poëme *Hudibras* a été souvent cité & loué par les plus illustres écrivains de son siecle & du nôtre, par le comte de Rochester, Prior, Dryden, Addisson, *&c.* Le héros de ce poeme est un saint don Quichote de la secte des Puritains, & le redresseur de tous les torts imaginaires qu'on fait à sa Dulcinée ; il ne lui manque ni Rossinante, ni aventures burlesques, ni même un Sancho ; mais l'écuyer Anglois est tailleur de métier, tartufe de naissance, & si grand théologien dogmatique, que, dit le poëte,

Mysteres savoit démêler
Tout comme aiguilles enfiler.

On a sur-tout loué dans Hudibras les parodies du merveilleux (*Machinery*) poétique ; telle est entr'autres sa description de la renommée, dont on sentira encore mieux le plaisant, si l'on veut la comparer avec la description sérieuse de la renommée par Virgile. Il ne se peut rien de plus bizarre que la figure & l'habillement de la renommée dans Hudibras : ses deux trompettes & les avis qu'elle vient donner sont d'un excellent comique.

Il est vrai que la versification du poëte n'est pas harmonieuse, & qu'elle doit déplaire à ceux qui n'aiment que des vers nombreux & coulans ; ceux au contraire qui ne s'arrêtent qu'aux choses & aux idées, prendront un grand plaisir à la lecture d'Hudibras. Ce plaisir, dit un Anglois, peut être comparé à celui que fait une jolie chanson, accompagnée d'un excellent violon ; au lieu que le plaisir qu'on éprouve à la lecture d'un poëme épique sérieux est semblable à celui que produit le *Te Deum* de M. Handel lorsqu'il touche lui-même l'orgue, & qu'il est accompagné des plus belles voix & des plus beaux instrumens.

Hudibras est l'idée du parti de la haute église, dont il est, pour ainsi dire, le bréviaire, tandis que le gros des non-conformistes regardent ce poeme comme une piece fort odieuse. M. Fenton, dans sa belle épître à M. Southerne, faisant allusion au temps qui fait le sujet d'*Hudibras*, suppose plaisamment que lorsque les théatres furent fermés, la comédie prît un autre habit & parut ailleurs, les conventicules lui servant de théatres. La réforme qui suivit la mort du roi Charles I, ayant été aussi rigide qu'elle le fut, il étoit naturel à un poëte d'un esprit aussi enjoué que M. Fenton, d'en railler ; mais c'est ce qu'il fait avec noblesse.

Ce temps, dit-il dans le langage des dieux, fut suivi d'un autre plus abominable encore, souillé du sang d'un grand monarque : la tragédie n'eut pas plutôt vu sa chûte, qu'elle s'enfuit, & céda sa place aux ministres de la justice. La comédie sa sœur continua toujours ses fonctions, & ne fit que changer d'habillement. Elle commença par composer son visage, & apprit à faire passer des grimaces pour des signes de régénération. Elle se coupa les cheveux, & prit un ton tel que celui d'un tambour de basque ou d'un bourdon. Elle instruisit ses yeux à ne s'ouvrir qu'à demi, ou à s'enfuir en haut. Bannie du théatre, elle prit gravement une robe, & se mit à babiller sur un texte. . . . . . Mais lorsque par un miracle de la bonté divine l'infortuné Charles remonta sur le trône de son pere, lorsque la paix & l'abondance revinrent dans nos contrées, elle arracha d'abord son bonnet de satin & son collet, & pria Wycherley de soutenir ses intérêts, & de faire paroître hardiment de l'esprit & du bon sens ; Etheride & Sidley se joignirent à lui pour prendre sa défense ; ils mériterent tous & reçurent des applaudissemens. *(D. J.)*

WORDT, *Géogr. mod.*, petite ville, ou plutôt bourg de France, dans la Basse-Alsace, & qui appartient au comte de Hanau-Liechtenberg. Cette ville passoit autrefois pour la capitale du pays de Wasgaw, aux confins duquel elle est située, sur la riviere de Saur. L'empereur Louis IV accorda à cette ville l'an 1330 quelques privileges & immunités. *(D. J.)*

WORINGEN, *Géogr. mod.*, petite ville d'Allemagne, dans l'électorat de Cologne, sur la rive gauche du Rhin, à trois lieues de Cologne. Il s'y livra en 1297 une grande bataille, entre les troupes de l'électeur & celles de la ville de Cologne, pour savoir à qui des deux partis resteroient les clés de *Woringen*, qu'on y avoit portées sur un chariot ; la victoire décida pour la ville de Cologne. *Long.* 24, 46 ; *lat.* 50, 48.

WORKSOP, *Géogr. mod.*, bourg à marché d'Angleterre, dans la province de Nottingham, sur le bord de l'Idle. Le terroir de ce bourg est fertile en réglisse, qui est la meilleure du royaume de la Grande-Bretagne.

WORKUM *ou* WORCUM, *Géogr. mod.*, anciennement *Voudriken*, petite ville des Pays-Bas, dans la Hollande méridionale, sur la rive gauche de la Meuche, au confluent du Vahal, à 5 lieues au dessus de Dort. Elle est entourée de bonnes murailles, & défendue par quatre bastions. L'air qu'on y respire est meilleur que dans le reste de la Hollande, & les eaux y sont plus saines. Philippe de Montmorency, comte de Horn, à qui cette ville appartenoit, ayant été décapité à Bruxelles en 1568, sans laisser de postérité, sa veuve vendit *Workum* aux Etats généraux pour 90 mille florins. *Long.* 22, 57; *lat.* 52, 48. (*D. J.*)

WORKUM *ou* WORCUM, *Géog. mod.*, ville des Pays-Bas, dans la Frise, au comté de Westergo, sur le Zuyderzée, à 4 lieues de Harlingen, avec un petit port, dont les habitans se servent pour faire quelque commerce. Le territoire de cette ville est assez fertile, parce qu'il est arrosé du Vliet, & coupé de plusieurs canaux. *Long.* 23, 7; *lat.* 53.

Tiara (Pétréius), philologue du seizieme siecle, naquit à *Workum*, en Frise, l'an 1516, & mourut en 1588. Il a traduit du grec en latin divers morceaux, comme *Platonis Sophista*, *Euripidis*, *Medea*, *Pythagoræ*, *Phocylidis*, *& Theognidis sententiæ*; &c.

Bos (Lambert), littérateur célebre, est aussi né à *Worcum*, en Frise, en 1670, & mourut professeur à Francker en 1717, après avoir publié plusieurs ouvrages qui lui ont fait beaucoup d'honneur; voici les principaux: I. *Exercitationes philologicæ, in quibus novi fœderis nonnulla loca è profanis maximè auctoribus græcis illustrantur*, Francker 1713, *in-8°.* c'est un excellent livre en son genre. II. *Mysterii Ellipsios græcé specimen*, Francker 1702, *in-12.* Il s'est fait plusieurs éditions de ce livre, qui est d'un si grand usage pour l'étude de la langue grecque. III. *Antiquitatum græcarum, præcipuè atticarum brevis descriptio*, Francker 1713, *in-12.* IV. *Animadversiones ad scriptores quosdam græcos & latinos.* Francker 1715, *in-8°.* Cet

ouvrage concerne principalement la partie de la critique qui regarde la correction des auteurs anciens. M. Bos s'y est conduit avec beaucoup de retenue, & ne décide que sur des choses bien claires. Il explique, il corrige, & il défend divers passages de César & d'Horace, avec la modération convenable. V. Il donna en 1709 une nouvelle édition de la version des septante, *in-4°.* & cette édition accompagnée de prolégomenes, est fort belle, tant pour le papier, que pour les caracteres; mais il seroit à desirer que l'auteur eût consulté quelques exemplaires manuscrits, & qu'il eût donné le texte conforme à celui de l'édition faite à Rome, sur l'exemplaire du Vatican. C'est en ces deux points, que l'édition des septante mise au jour par M. Breitenger, en 1730, 1731 & 1732, en *IV tom. in-4°.* est préférable à celle de Bos, car elle lui est bien inférieure en beauté d'impression. (*D. J.*)

WORLITZ, *Géog. mod.*, petite ville d'Allemagne, dans la Haute-Saxe, dans la principauté d'Anhalt, sur la gauche de l'Elbe, au dessus de Dessau. *Long.* 30, 28; *lat.* 51, 54.

WORLITZ, *la*, *Géog. mod.*, riviere d'Allemagne, en Boheme. Elle prend sa source dans le comté de Glatz, & finit par tomber dans l'Elbe, au dessous de Trebochoff.

WORMS, *Géogr. mod.*, c'est l'ancien *Borbetomagum* ou *Borbetomagus Vangionum*; ville libre & impériale d'Allemagne, dans le palatinat du Rhin, à 7 milles de Mayence, à 6 de Spire, à 4 d'Oppenheim, à 3 de Manheim, & à 2 de Franckendal, avec un évêché suffragant de Mayence.

Attila ayant ruiné cette ville, Clovis la fit rebâtir, & la reine Brunehaud prit soin de l'embellir. Elle est dans un excellent pays, & dans une situation agréable, mais sans fortifications, & sans garnison; elle est pauvre, triste, & dépeuplée, les François l'ayant ruinée presque entierement en 1689.

Les Luthériens y sont en grand nombre, proportionnellement aux Catholiques. Enfin, tout ce que *Worms* a de remarquable, consiste dans les dietes qui s'y sont tenues autrefois, & dans la quantité de vin qu'on recueille aujourd'hui dans son voisinage. On prétend que les vignes y produisent tous les ans environ mille foudres de vin ; le foudre est un tonneau qui tient 250 gallons d'Angleterre. *Long.* 26 , 4 ; *lat.* 40 , 31.

C'est dans une assemblée tenue à *Worms* , par l'empereur Henri III, que Brunon son cousin , ancien évêque de Toul , fut élu pape en 1048 sous le nom de Léon IX. En 1053, il excommunia les trois fils de Tangrede de Hauteville, nouveaux conquérans de la Pouille, du comté d'Averfa , & d'une partie du Bénéventin; ce pape se mit en tête de les aller combattre avec des troupes italiennes & allemandes que Henri III lui fournit ; mais les Tancredes taillerent en pieces l'armée allemande , & firent disparoître l'italienne. Le pape s'enfuit dans la Capitanate;les princes Normands le suivirent, le prirent, & l'emmenerent prisonniers dans la ville de Bénévent. Léon IX mourut à Rome l'année suivante ; on a canonisé ce pape. " Apparemment qu'il fit pénitence d'avoir fait inutilement répandre bien du sang, & d'avoir mené tant d'ecclésiastiques à la guerre. Il est sûr qu'il s'en repentit , sur-tout quand il vit avec quel respect le traiterent ses vainqueurs, & avec quelle inflexibilité ils le gardexent prisonniers une année entiere. Ils rendirent Bénévent aux princes Lombards , & ce ne fut qu'après l'extinction de cette maison, que les papes eurent enfin la capitale.

Schmidt (Jean-André) , professeur en théologie , à Helmstadt , naquit à *Worms* en 1652, & mourut en 1726 , dans sa soixante-quatrieme année. Le pere Niceron l'a mis dans ses *Mémoires* , *tom. IX* , au rang des hommes illustres , & a donné le catalogue de ses ouvrages , qui consistent pour la plupart en theses ou en dissertations fort médiocres. (*D. J.*)

Worms , *évêché de , Géogr. mod.* , évêché d'Allemagne , enclavé dans le Palatinat , entre les bailliages d'Oppenheim & de Neustat. L'église de *Worms* est une des plus anciennes d'Allemagne ; elle jouissoit de la dignité de métropole,avant que le pape Zacharie eût conféré l'an 745 la dignité archiépiscopale de *Worms* à l'église de Mayence. Warnen fut le premier qui prit simplement le titre d'évêque de *Worms*. Cet évêché est aujourd'hui réduit à des bornes fort étroites , à cause du voisinage des états protestans,&

des usurpations de l'électeur palatin , au point que le domaine de l'évêque ne consiste qu'en quelques villages presque tous ruinés. (*D. J.*)

Worskló , *le , ou* VORSKLO , *Géogr. mod.*, riviere de l'empire Russien. Elle prend sa source dans le pays des Cosaques , & se rend dans le Niéper ou Borysthene , au dessous de Krzemientuk.

WORSTED, *ou* VORSTEAD, *Géogr. mod.* , bourg à marché d'Angleterre, dans la province de Norfolk.

Wharton (Henri) , savant théologien, naquit dans ce bourg en 1654, & mourut en 1695 , dans la trente & unieme année de son âge. Il détruisit son tempérament vigoureux par une supplication infatigable à l'etude , sans que rien au monde pût le détourner de cette passion.

Son principal ouvrage est un traité du célibat du clergé , imprimé à Londres en 1688 , *in-4°*. Comme il n'a jamais été traduit en françois , & qu'il roule sur un objet très-intéressant , j'en vais donner un grand & bon extrait.

Il remarque d'abord que le célibat imposé dans l'Eglise romaine aux ecclésiastiques , doit son origine au respect & au zele immoderé pour la virginité qui régnoit dans l'ancienne église , & que l'exemple de plusieurs églises particulieres avoit autorisé. La loi du célibat des prêtres est facile à soutenir par des raisons très-spécieuses : elle peut s'appuyer non seulement de sa conformité avec les premiers temps , mais alléguer encore l'exemple & l'autorité des papes , des conciles & des docteurs qui ont imposé le célibat au clergé , & lui en ont recommandé l'observation. C'est pourquoi il se trouve peu de théologiens qui aient osé entreprendre de montrer que ces autorités ne sont pas concluantes , & que cette antiquité est un appui bien foible. On s'est généralement contenté de toucher cette matiere en passant, & de citer seulement quelques auteurs anciens en faveur de l'usage opposé. Le clergé d'Angleterre , qui se fait un honneur particulier de ne pas s'occuper de ses intérêts , même dans des choses permises , a évité cette dispute , de peur qu'en plaidant pour la légitimité du mariage , les gens qui aiment à jeter par-tout du ridicule,ne les accusassent de défendre la cause de leurs goûts, de leurs penchans & peut-être de leur pratique.

Nn 4

Il importe cependant de développer l'ô-
rigine, l'occasion, les progrès & l'établiſſement de la loi du célibat des prêtres
dans les divers ſiecles de l'égliſe. Le but
de l'ouvrage de M. Wharton eſt de diſcu-
ter cette matiere à fond, & de prouver
que l'eſtime qu'on eut autrefois pour le
célibat, n'étoit ni raiſonnable, ni univerſelle; que la loi ancienne & moderne qui
l'a preſcrit, eſt injuſte, & que l'ancien
uſage à cet égard n'eſt point une autorité
ſenſée; ni un exemple qui juſtifie la pratique moderne ſur ce ſujet. En conſéquence, il dévoile les motifs qui ont donné
lieu à la grande eſtime du célibat, à l'o-
rigine de la loi qui l'impoſe, & ſuit ainſi
l'hiſtoire du célibat & du mariage des eccléſiaſtiques de ſiecle en ſiecle. Il déclarē
en même temps n'avoir été porté à ce travail par aucun préjugé, ni par des vues
d'intérêt particulier, n'ayant jamais fait
l'eſſai des plaiſirs du mariage, & n'ayant
point l'honneur d'être prêtre de l'égliſe
anglicane.

Il entreprend de prouver dans ſon traité les quatre propoſitions ſuivantes. 1°.
Le célibat du clergé n'a été inſtitué ni par
J. C. ni par ſes apôtres. 2°. Il n'a rien
d'excellent en ſoi, & ne procure aucun
avantage réel à l'égliſe, & à la religion
chrétienne. 3°. L'impoſition du célibat à
quelque ordre de perſonnes que ſoit,
eſt injuſte & contraire à la loi de Dieu.
4°. Il n'a jamais été preſcrit ni pratiqué
univerſellement dans l'ancienne égliſe.

Une des principales raiſons alléguées
par les partiſans du célibat des prêtres, eſt
qu'il y a une ſorte d'indécence & d'impureté dans l'acte du mariage, qui fait
qu'il eſt peu convenable à un prêtre de
paſſer des bras de ſa femme à l'adminiſtration des choſes ſaintes; de ſorte que comme le clergé de l'égliſe chrétienne en ad-
miniſtre journellement les ſacremens, &
offre à Dieu les ſacrifices de louanges &
d'actions de graces au nom de tout le peuple, ou du moins qu'il doit être toujours
prêt & en état de le faire, ceux qui le
compoſent doivent par pureté s'abſtenir
toujours des devoirs du mariage. Tel a
été le grand argument en faveur du célibat, & celui que les papes & les conciles
ont employé depuis le temps d'Origene
juſqu'à nos jours; mais le bon ſens diffi-
pera bientôt les lueurs trompeuſes d'un
raiſonnement qui n'eſt fondé que ſur des

écarts de l'imagination échauffée.

En effet, ſi par cette indécence & cette
impureté qu'on trouve dans l'uſage du
mariage, l'on entend une indécence &
une impureté morale, l'on s'abuſe certainement, & l'on adopte alors l'opinion ridicule des Marcionites & des Encratites
condamnée par les conciles mêmes. Que
ſi l'on veut parler d'une impureté phyſique, celle-là ne rend pas un homme
moins propre au ſervice de Dieu, ni ne
doit l'exclure davantage de l'exercice des
fonctions ſacrées, qu'aucune autre de la
nature humaine. Enfin, quand on ſuppo-
ſeroit, contre la raiſon, qu'une impureté phyſique de cette eſpece auroit quelque choſe d'indécent pour un eccléſiaſtique; elle ſeroit infiniment moins à craindre qu'une turpitude morale à laquelle
les prêtres ſont néceſſairement expoſés
par un célibat forcé, que la nature déſa-
voue.

M. Wharton établit dans la partie hiſtorique de ſon traité, que l'on regarda le
célibat des prêtres comme une choſe indifférente dans les deux premiers ſiecles;
qu'on le propoſa dans le troiſieme; qu'on
le releva dans le quatrieme; qu'on l'ordonna en quelques endroits dans le cinquieme, d'une maniere néanmoins infiniment différente de la doctrine & de la
diſcipline préſente de l'égliſe romaine;
que quoiqu'il fût preſcrit dans quelques
provinces de l'occident, on ne l'obſervoit
pas généralement par-tout. Qu'au bout
de quelques ſiecles, cet uſage s'abolit, ce
joug parut inſupportable, & que le mariage prévalut univerſellement, juſqu'à
ce qu'il fut condamné & défendu par les
papes du onzieme ſiecle; que leurs décrets
& leurs canons demeurerent néanmoins
ſans effet par l'oppoſition générale de toute l'égliſe, & que dans la ſuite pluſieurs
papes & un concile univerſel de l'égliſe
romaine permirent le mariage aux eccléſiaſtiques; que durant tout ce temps-là,
le célibat n'a jamais été ordonné ni pratiqué dans l'égliſe orientale depuis le ſiecle
des apôtres; qu'au contraire, la loi à cet
égard a été rejetée par un concile de l'é-
gliſe univerſelle, condamnée par un autre, & n'a même en lieu dans l'occident,
que lorſque l'ambition des papes & leurs
uſurpations les ayant rendus maitres de
la diſpoſition de tous les grands bénéfices, la pauvreté devint l'apanage des ec-

cléfiaftiques mariés, ce qui les engagea à renoncer volontairement à l'union conjugale, environ deux cents ans avant la réformation.

Voici maintenant les faits qui compofent la partie hiftorique de l'ouvrage de M. Wharton; il les déduit avec beaucoup d'ordre & de recherches.

On voit d'abord, dit-il, en remontant aux apôtres, que plufieurs d'entr'eux ont été mariés. Le fait n'eft pas contefté par rapport à S. Pierre; & Clément d'Alexandrie, *Strom. l. III, p.* 448, affure que Philippe & S. Paul l'ont été pareille-» ment. " Condamneront-ils auffi les apôtres, dit-il ? car Pierre & Philippe ont eu des enfans, & ce dernier a marié fes filles. Paul, dans une de fes épîtres, ne fait point de difficulté de parler de fa femme, qu'il ne menoit pas avec lui, parce qu'il n'avoit pas befoin de beaucoup de fervice. Divers martyrologes du ix fiecle nomment une fainte Pétronille vierge, fille de S. Pierre.

L'hiftoire eccléfiaftique des trois premiers fiecles, parle fouvent d'évêques & d'autres prélats mariés. Denys d'Alexandrie, cité par Eufebe, *hift. ecclef. l. VI, c. xlij.* parle d'un évêque d'Egypte nommé Cheremont, qui pendant la perfécution de Decius, fut obligé de s'enfuir en Arabie avec fa femme. Eufebe, *l. VIII, c. ix.* fait encore mention d'un évêque nommé Philée, qui fouffrit le martyre fous Dioclétien, & que le juge exhortoit à avoir pitié de fa femme & de fes enfans. S. Cyprien devoit être marié, puifque Pontius, qui a écrit fa vie, dit que fa femme ne put jamais le détourner d'embraffer le Chriftianifme. Il eft vrai qu'en même temps on vit des évêques & des docteurs donner au célibat les éloges les plus outrés : éloges qui firent une vive impreffion fur un grand nombre d'eccléfiaftiques; delà vient que le concile d'Elvire en Efpagne, tenu vers l'an 305; ordonne généralement aux évêques, aux prêtres & aux diacres qui font dans le fervice, de s'abftenir de leurs femmes.

Le concile de Nicée, affemblé en 325, juftifie la nouveauté du célibat des eccléfiaftiques. Socrate rapporte que les évêques ayant réfolu de faire une *nouvelle loi*, νόμον νεαρον, par laquelle il feroit ordonné que les évêques, les prêtres & les diacres fe fépareroient des femmes qu'ils

avoient époufées lorfqu'ils n'étoient que laïques ; comme l'on prenoit les opinions, Paphnuce, évêque d'une ville de la Haute-Thébaïde, fe leva au milieu des autres évêques, & élevant la voix, dit qu'il ne falloit point impofer un fi pefant joug aux clercs & aux prêtres, que le mariage eft honorable, & que le lit nuptial eft fans tache; qu'une trop grande févérité pourroit être nuifible à l'églife ; que tout le monde n'eft pas capable d'une continence fi parfaite, & que les femmes ne garderoient peut-être pas la chafteté (il appelloit chafteté, dit l'hiftorien, l'ufage du mariage contracté felon les loix) ; qu'il fuffifoit que ceux qui avoient été admis dans le clergé ne fe mariaffent plus, fans que l'on obligeât ceux qui s'étoient mariés étant laïques à quitter leurs femmes. Paphnuce foutint cet avis fans aucune partialité; car non feulement il n'avoit jamais été marié, & même il n'avoit jamais eu connoiffance d'aucune femme, ayant été élevé dès fon enfance dans un monaftere, & s'y étant fait admirer par fa finguliere chafteté. Tous les évêques fe rendirent à fon fentiment, & fans délibérer davantage, laifferent l'affaire en la liberté de ceux qui étoient mariés.

Il eft encore certain que dans le même concile de Nicée, fe trouvoit Spiridion, évêque de Trinite en Chypre, qui avoit femme & enfans. Sozomene, *l. I, c. xj.* & Socrate, *l. I, c. xij.* le difent. Un concile arien, tenu à Arles en 353, défendit d'admettre aux ordres facré un homme marié, à moins qu'il ne promit la converfion de fa femme : ce qui fait voir qu'il s'agit d'une femme païenne. Le concile de Gangres en Paphlagonie, affemblé vers l'an 370, condamna Euftathe, évêque, lequel foutenoit qu'on ne devoit pas communier de la main des prêtres mariés.

On trouve encore vers la fin du quatrieme fiecle d'illuftres évêques mariés, entr'autres Grégoire, évêque de Nazianze, & pere de l'autre Grégoire & de Céfaire. Comme il fut élevé à l'épifcopat vers l'an 329, il réfulte que fes deux fils, du moins, le cadet, étoient nés depuis l'épifcopat de leur pere. Grégoire de Niffe étoit marié, & c'eft un fait qui n'eft pas douteux. S. Chryfoftome fur la fin du même fiecle s'eft expliqué d'une maniere bien pofitive fur le fujet en queftion, il dit " que quand

,, S. Paul ordonne à Tite , qu'il faut que
,, l'évêque soit mari d'une seule femme,
,, il voudroit fermer la bouche aux héré-
,, tiques qui condamnoient le mariage,&
,, justifier que cet état est si précieux,que
,, quoiqu'on y fût engagé , on pouvoit
,, pourtant être élevé au trône pontifi-
.,, cal. " Gomil. 2. ad Tit. p. 1701.

On trouve un exemple mémorable dans
le cinquieme siecle d'un évêque marié,
c'est celui de Synésius , élu évêque de
Ptolémaïde en Cyrene , par Théophile ,
patriarche d'Alexandrie. Synésius tâcha
de se dispenser d'accepter l'épiscopat ; il
déduisit ses raisons dans une lettre à Eutrope son frere , & le pria de rendre publique la protestation suivante : " j'ai une
,, femme que j'ai reçue de Dieu , & de la
,, main sacrée de Théophile; or je déclare
,, que je ne veux ni me séparer d'elle , ni
,, m'en approcher en cachette comme un
,, adultere: l'abandonner seroit une action
,, contraire à la piété , vivre avec elle
,, en secret , seroit contre la loi ; au con-
,, traire , je prierai Dieu qu'il me donne
,, beaucoup d'enfans & vertueux." Cette
protestation n'empêcha pas qu'il ne fût
évêque , & qu'il ne fit de grands fruits :
il falloit donc que la loi qui impose le
célibat ne fût pas établie.

A cet exemple du cinquieme siecle, on
peut ajouter celui de S. Hilaire , évêque
de Poitiers , qui étoit marié , & qui eut
au moins une fille de son mariage. Jean
Gillot,qui a donné une édition de ce pere
de l'église en 1572,non seulement ne dis-
convient pas du fait;mais il cite même un
passage de S. Jérôme, par lequel il paroit
qu'il étoit plus ordinaire alors d'élire des
évêques mariés que des évêques dans le
célibat , parce que les premiers étoient
jugés plus propres à la vie pastorale.

La premiere loi qui imposa le célibat aux
ecclésiastiques, fut celle du pape Sirice ,
élu en 385, & qui siégea jusqu'à l'an 398.
Antonin , archevêque de Florence , convient lui-même de cette époque ; mais
l'église d'orient ne reçut point l'ordonnance de l'Occident. Pacien , évêque de
Barcelone , qu'on doit aussi mettre entre
les évêques mariés, ne faisoit en son particulier aucun cas de cette loi , comme il
s'en exprime lui-même. " Siricius, direz-
,, vous, a enseigné cela, mais depuis quand,
,, mon frere ? sous l'empire de Théodose,
,, c'est-à-dire , près de quatre cents ans

,, après la naissance de Jesus-Christ. Il
,, s'ensuit delà que depuis l'avenue de
,, Jesus-Christ jusqu'à l'empire de Théo-
,, dose , personne n'a eu d'intelligence. "
La nouvelle loi de Sirice ne fut d'abord
reçue que de peu d'églises. S. Paulin ,
évêque de Nole , ne se crut point obligé
de s'y soumettre , & il appelle l'ordonnance de Sirice une superbe discrétion. Il
garda toujours sa femme après avoir été
ordonné prêtre,& il l'appelloit sa Lucrece;c'est ce qui paroit par la réponse qu'il
fit à Ausone. Ce dernier l'ayant nommé
Tanaquille par illusion à l'empire qu'elle
avoit sur son mari , dans ces vers:

Si prodi , Pauline , times , nostræque
        vereris
Crimen amicitiæ , Tanaquil tua nes-
        ciat istud.

Paulin lui répondit :

. . . Nec Tanaquil mihi , sed Lucretia
        conjux.

Paulin parle d'un autre prêtre nommé
Aper qui garda sa femme après son ordination. Le pape Innocent I renouvella la
loi de Sirice en 404 , mais elle fut encore
mal observée;car dans tout le cours de ce
siecle , on trouve des ecclésiastiques mariés; tel est Sidoine Appollinaire, évêque
de Clermont en Auvergne,& tel est Prosper,évêque de Rhege, qui parle ainsi à sa
femme :

Age jam , precor , mearum
Comes irremota rerum ,
Trepidam brevemque vitam
Domino meo dicamus.

En Orient on s'en tint aux conciles de
Nicée & de Gangres,quoiqu'il y eût quelque diversité de coutumes en quelques
endroits. " En Thessalie, dit Socrate (hist.
,, ecclés. l. V, c. xxij.) quand un clerc
,, demeure depuis son ordination auprès
,, de la femme avec laquelle il avoit con-
,, tracté auparavant un légitime mariage,
,, il est déposé ; au lieu qu'en Orient les
,, clercs & les évêques mêmes s'abstien-
,, nent de leurs femmes, selon qu'il leur
,, plait , sans y être obligés par aucune
,, loi ni par aucune nécessité ; car il y a
,, eu parmi eux plusieurs évêques , qui
,, depuis qu'ils ont été élevés à cette di-
,, gnité , ont eu des enfans légitimes de
,, leur mariage. "

Dans le vj siecle , les loix sur le célibat
des prêtres furent plus régulièrement observées,du moins confirmées.Aussi peut-

en citer plus de quinze conciles tant de France que d'Espagne, tenu dans ce siecle-là, qui renouvellerent les défenses de tout commerce des ecclésiastiques, tant avec leurs propres femmes qu'avec des femmes étrangeres.

Cette rigueur fut sévérement interdite en Orient, non seulement dans ce siecle, mais dans le suivant, comme il paroît par le xiij canon du concile de Constantinople, appellé *in Trullo*. Ce canon porte : » nous savons que dans l'église romaine » on tient pour regle que ceux qui doi- » vent être ordonnés diacres ou prêtres, » promettent de ne plus avoir de com- » merce avec leurs femmes ; mais pour » nous, suivant la perfection de l'ancien » canon apostolique, nous voulons que » les mariages des hommes qui sont dans » les ordres sacrés, subsistent, sans les » priver de la compagnie de leurs fem- » mes dans les temps convenables. En » sorte que si quelqu'un est jugé digne » d'être ordonné sous-diacre, diacre, ou » prêtre, il n'en sera point exclu pour » être engagé dans un mariage légitime, » & dans le temps de son ordination on » ne lui fera point promettre de s'abstenir » de la compagnie de sa femme, pour ne » pas déshonorer le mariage que Dieu a » institué & béni par sa présence." Ce concile étoit composé de quatre patriarches d'Orient & de cent & huit évêques de leurs patriarchats ; aussi les Grecs l'ont-ils reconnu pour œcuménique, & ils en suivent encore aujourd'hui les décisions.

Pour ce qui regarde l'église romaine, elle ne relâcha rien de sa sévérité, malgré les oppositions qu'on lui fit de toutes parts ; tantôt ce fut Udalric, évêque d'Ausbourg, dans le ix siecle, & Pierre Damien sous Nicolas II & Alexandre II, qui firent sur cette rigueur des remontrances humbles & raisonnées ; ils ne gagnerent rien. Grégoire VII au contraire étendit cette rigueur sous la peine d'anathême perpétuel, mais sa constitution fut mal reçue en Allemagne, en France, en Flandre, en Angleterre & en Lombardie. L'opposition fut portée si loin à Cambrai, qu'on y fit brûler un homme qui avoit avancé que les prêtres mariés ne devoient point célébrer la messe ni l'office divin, & qu'on ne devoit pas y assister.

De savans hommes considérant les abus du célibat des prêtres, ont fait dès le xv⁰

siecle plusieurs ouvrages, pour prouver la nécessité de rendre le mariage aux pasteurs. L'archevêque de Palerme, connu sous le nom de *Panormitanus*, se propose cette question dans son commentaire sur les décrétales, » si l'église ne pourroit » pas ordonner aujourd'hui que les prê- » tres se mariassent, comme chez les » Grecs ; & répond nettement qu'il croit » qu'oui. » " Non-seulement, dit-il, je » crois que l'église a ce pouvoir, mais » j'estime que pour le bien & le salut des » ames elle feroit bien de l'établir ainsi. » Ceux qui voudroient se contenir, pour » mériter davantage, en seroient les maî- » tres. Ceux qui ne voudroient pas vivre » dans la continence, pourroient se ma- » rier. " Polydore Virgile pense de même. " Je puis dire (ce sont ses termes) » que loin que cette chasteté forcée l'em- » porte sur la chasteté conjugale, au con- » traire l'ordre sacerdotal a été extrême- » ment déshonoré, la religion profanée, » les bonnes ames affligées, & l'église » flétrie d'opprobre, par les débauches » où entraine l'obligation au célibat ; de » sorte qu'il seroit de la république chré- » tienne, & de l'ordre ecclésiastique, » qu'enfin on restituât aux prêtres le droit » du mariage public, dans lequel on pour- » roit vivre saintement. "

M. Wharton a publié plusieurs autres ouvrages outre son traité du célibat. Il en préparoit encore de nouveaux qu'on a trouvés parmi ses papiers, entre lesquels on a fait imprimer deux volumes de ses sermons. (*D. J.*)

WOTTAVE, LA, *Géog. mod.*, riviere d'Allemagne en Boheme. Elle prend sa source dans le comté de Pilsen, vers les confins de la Baviere; coule de l'occident en orient, traverse le cercle de Pragh, & va se jeter dans le Muldaw. (*D. J.*)

WOTTON-BASSET, *Géogr. mod.*, ville d'Angleterre, dans le comté de Wilt. Elle a droit de marché, & envoie deux députés au parlement.

WOUW, *Géogr. mod.*, village des Pays-Bas, dans la seigneurie de Berg-op-zoom, & à quatre milles de la ville de Berg-op-zoom. La police de ce village est composée d'un drossard, d'un bourgue-mestre, de sept échevins & de douze geemensmannen ou jurés. Le bourg-mestre est le receveur des deniers publics & économiques, dont les recettes portent cha-

que année près de vingt mille florins
pour le seul village de Wouw. Il y a une
église dans ce village pour les protestans,
& une chapelle pour les catholiques.
(D. J.)

W R

WREAK, *Géogr. mod.*, riviere d'Angleterre, dans la province de Leicester,
qu'elle arrose de l'est à l'ouest, & vient
ensuite se jeter dans la Stoure.

WREXHAM, *Géogr. mod.*, petite
ville d'Angleterre, au pays de Galles,
dans le comté de Denbigh. Son église a
un chœur d'orgues, ce qui est rare dans
ce pays-là.

WRONOW, LAC, *Géogr. mod.*, lac
de l'empire russien, dans la province de
Rzeva. C'est dans ce lac que le Wolga
prend sa source. *V.* WOLGA.

WROXETER *ou* WROKCESTER,
Géogr. mod., bourgade d'Angleterre,
dans Shropshire, sur la Sayerne, un peu
au dessus de la ville de Shrewsbury. Plusieurs savans Anglois prétendent que cette
bourgade ou village s'est élevé sur les ruines de la *Viroconium* de Ptolomée ou de
la *Vriconium* de l'itinéraire d'Antonin.
(D. J.)

W U

WUIST, *Hist. mod.*, petite isle de la
mer d'Ecosse, & l'une de celles qu'on
connoît sous le nom d'isle de Sketland;
c'est une isle unie, fertile & assez bien
peuplée.

WURTSCHAFT, *Hist. mod.* d'Allemagne, c'est le nom allemand qu'on
donne à Vienne à l'ancienne fête de l'*hôte* ou de l'*hôtesse*. L'empereur Léopold renouvella pour Pierre le Grand cette Fête,
qui n'avoit point été en usage pendant
son regne. L'auteur de l'histoire de l'empire de Russie sous Pierre le grand, n'a
point dédaigné de décrire la maniere dont
le *wurtschaft* se célébra.

L'empereur est l'hôtelier, l'impératri-
ce l'hôteliere ; le roi des Romains les ar-
chiducs, les archiduchesses font d'ordinaire les aides, & reçoivent dans l'hôtellerie toutes les nations vêtues à la plus
ancienne mode de leur pays : ceux qui
font appellés à la fête, tirent au sort des
billets. Sur chacun de ces billets est écrit
le nom de la nation & de la condition
qu'on doit représenter. L'un a un billet
de mandarin chinois, l'autre de mirza tar-

tare, de satrape persan, ou de sénateur romain ; une princesse tire un billet de jardinier ou de laitiere ; un prince est paysan ou soldat. On forme des danses convenables à tous ces caracteres. L'hôte &
l'hôtesse & sa famille servent à table.

Telle est l'ancienne institution : mais
dans cette occasion le roi des Romains
Joseph, & la comtesse de Traun, représenterent les anciens Egyptiens : l'archiduc Charles & la comtesse de Walsteing
figuroient les Flamands du temps de
Charles-Quint. L'archiduchesse Marie
Elisabeth, & le comte de Traun étoient
en tartares ; l'archiduchesse Josephine
avec le comte de Vorkla étoient à la persane ; l'archiduchesse Marie-Anne & le
prince Maximilien de Hanovre, en paysans de la Nord-Hollande. Pierre s'habilla en paysan de Grise, & on ne lui adressa
la parole qu'en cette qualité, en lui parlant toujours du grand Czar de Russie. Ce
sont de très-petites particularités, mais,
dit M. de Voltaire, ce qui rappelle les
anciennes mœurs, peut, à quelques égards
mériter qu'on en parle dans l'histoire.
(D. J.)

WURTEMBERG, WURTENBERG
ou WIRTENBERG, *Géogr. mod.*, duché
souverain d'Allemagne, dans la Suabe. Il
est borné au nord par la Franconie, l'ar-
chevéché de Mayence & le palatinat du
Rhin : au midi, par la principauté de Ho-
henzollern & de Furstemberg : au levant,
par le comté d'Oetingen, le marquisat de
Burgaw, le territoire d'Ulm, &c. au conchant, par une partie du palatinat du
Rhin, du marquisat de Bade & de la forêt-
noire. Il a vingt-deux lieues de long &
presque autant de large.

L'empereur Maximilien I l'érigea en
duché à la diete de Worms en 1495, en faveur d'Everard *le barbu*. La maison de
Wurtemberg, qu'on dit descendre d'Everard, grand-maître de la maison de Charlemagne, est réduite à deux branches savoir, la ducale & celle de Wurtemberg-
Oels, établie dans la Basse-Silésie. La ducale est aujourd'hui catholique.

Ce duché est un pays des plus fertiles
& des plus peuplés d'Allemagne. Les
grains, les fruits & les pâturages y sont
en abondance. Le Danube qui passe dans
son voisinage, & le Necker qui le traverse,
contribuent beaucoup à enrichir les habitans par la facilité qu'ils ont de transpor-

ter leurs denrées chez l'étranger. Le duc de *Wurtemberg* eſt grand veneur de l'empire , & il a droit de porter la cornette impériale , lorſque l'empereur commande les armées en perſonne.

Conrart, ſurnommé de *Leonbergb* , en latin *Leontorius* , moine de l'ordre de Ciſteaux , naquit en 1460 dans le duché de *Wurtemberg* , & publia divers écrits que vous indiqueront les bibliographes ; c'eſt aſſez d'en citer ici deux ou trois , dont ils ne font aucune mention.

Le premier eſt une réviſion, correction & augmentation de la gloſe ordinaire de Walafridus Strabo, moine de l'abbaye de Fulde , ſur toute l'Ecriture-Sainte. Cette gloſe ordinaire eſt une chaine d'interprètes de l'écriture compoſée dans des temps de barbarie, & qui , à la honte des ſciences, a eu plus de trente éditions. La premiere eſt de Nuremberg, en 1496, ſix volumes *in-fol.* & la derniere eſt d'Anvers en 1634, en ſix vol. *in-fol.* Le ſecond des ouvrages de *Leonbergb* eſt une édition des *Poſtilla Hugonis de ſanĉto Charo, in univerſâ bibliâ*, à Bâle en 1504, en ſix volumes *in-fol.* C'eſt un commentaire ſur la bible , encore plus barbare que le précédent.

Un troiſieme ouvrage de Leontorius eſt une édition des *opera ſanĉti Ambroſii, Baſiliæ* 1506, en deux volumes *in-4°.* L'auteur vivoit encore en 1520.

André (Jacques), théologien luthérien du ſeizieme ſiecle, naquit auſſi dans le duché de *Wurtemberg* en 1528. Il fit grand bruit par ſes ſermons & par ſes livres de controverſe que perſonne ne lit aujourd'hui. Il mourut en 1590, âgé d'environ 62 ans, après avoir été marié deux fois. Il eut de ſon premier mariage neuf garçons & neuf filles , & étoit ſi pauvre en ſe mariant, que ſes parens l'avoient deſtiné à être charpentier.

Friſchlin (Nicodeme) naquit dans le duché de *Wurtemberg* en 1547. Il a donné des ouvrages de littérature & de poéſie , dont vous trouverez l'ennuyeux catalogue dans le P. Niceron. Il mourut en 1590, âgé de quarante-trois ans.

Hunnius (Ægidius) , autre théologien de la confeſſion d'Augsbourg, naquit dans un village du pays de *Wurtemberg* l'an 1550. Il fut également fécond & en livres pleins d'invectives & en enfans. On a fait une édition de ſes œuvres en cinq volu-

mes *in-fol.* Dans ce recueil eſt ſon *Calvinus judaïſans*. Il y accuſe Calvin de tant d'héréſies, & avec tant de violence , que ce réformateur auroit pu craindre le ſort Servet, ſi Hunnius eût pu le faire arrêter. Il mourut l'an 1603 , au lit d'honneur, c'eſt - à - dire , en combattant contre les proteſtans , les catholiques & les demi-luthériens. (*D. J.*)

WURTZBOURG , *Géog. mod.* , ville d'Allemagne , capitale de l'évêché de même nom , ſur le Mein , qu'on paſſe ſur un pont , à dix-huit lieues au ſud - oueſt de Bamberg , & à cent vingt au nord-oueſt de Vienne. Elle a été autrefois impériale, mais elle eſt aujourd'hui ſujette à ſon évêque qui y réſide. Il y a dans cette ville une petite univerſité , érigée en 1034. *Long.* 27 , 38 ; *lat.* 49 , 2. (*D. J.*)

WURTZBOURG , *évêque de* , *Géogr. mod.* L'évêché de *Wurtzbourg* eſt borné par le comté de Henneberg , le duché de Cobourg , l'abbaye de Fulde , l'archevêché de Mayence , le marquiſat d'Anſpach, & l'évêché de Bamberg. Il fut fondé en 741 , par S. Boniface ; il eſt d'une grande étendue , & celui qui en eſt revêtu eſt duc de Franconie. Le chapitre eſt compoſé de vingt-quatre chanoines & de cinq dignitaires. On ne peut parvenir à cet évêché ſans avoir été chanoine. (*D. J.*)

W Y

WYCK-TE-DUERSTEDE , *Géogr. mod.* , en latin du moyen âge *Durroſtadium* , petite ville des Pays-Bas , dans la province d'Utrecht , ſur le Rhin , au commencement de la riviere de Leck , à environ quatre lieues d'Utrecht , & à deux au deſſous de Rheven. Charlemagne fit donation de cette ville & de ſon territoire à Harmacarus , ſixieme évêque d'Utrecht. Jean Eritheme raconte qu'elle avoit autrefois trois lieues de circonférence , & cinquante-cinq égliſes paroiſſiales ; mais que les Normands & les Danois la ruinerent juſqu'à trois fois.

Cette petite ville fut bâtie ſur le bord du Rhin , par Gisbert d'Abconde , évêque d'Utrecht en 1300. On lui donna le nom de *Durſted* , parce qu'elle étoit voiſine des ruines de l'ancienne ville de Dureſtat , autrefois la capitale du comté de Teyſterband. Dureſtat étoit une place importante, & qui ayant été pluſieurs fois ſaccagée par les Normands & par d'autres barbares, fut entiérement abandonnée, il y a près de neuf cents ans. *Long.* 32 , 2. *lat.* 51, 50.

WYE, LA, *ou* WIE, *Géogr. mod.*, riviere d'Angleterre dans la province de Derby ; un peu au deſſous de ſa ſource, neuf fontaines méridionales ſortent d'un rocher, dans l'eſpace de vingt-quatre piés ; il y a huit de ces fontaines dont les eaux ſont chaudes, & l'eau de la neuvieme eſt très-froide. On a élevé dans cet endroit un bâtiment de pierre de taille, pour les faire paſſer par deſſous. Il eſt aſſez vrai-ſemblable que ces eaux ont été connues des Romains, & qu'ils en ont fait uſage pour des bains : car on voit dans cet endroit un chemin pavé, nommé *Bathgate*, qui part de Buxton, & conduit à huit milles de là, au village de Barth. La *Wye* coule de Buxton à Bakewell, & ſe jette un peu au deſſous dans le Darwen. (*D. J.*)

WYE, la, *Géog. mod.*, en latin moderne *Vaga*, riviere d'Angleterre au pays de Galles. Elle prend ſa ſource au comté de Montgommery, arroſe ceux de Radnor & de Hereford. (*D. J.*)

WYL, *ou* WYLEN, *ou* WEIL, *Géog. mod.*, petite ville de Suiſſe, entre le Thourgaw & le Toggembourg, & la capitale des terres anciennes de l'abbé de Saint-Gall, qui y a ſa cour & ſon palais ; mais les quatre cantons, Zurich, Lucerne, Schwitz, & Glaris, ont droit, comme proteceurs de l'abbaye de Saint-Gall, de tenir tour-à-tour à *Wil*, un homme qui a le titre & l'autorité de capitaine du pays ; on change cet homme tous les deux ans ; & ni ſon autorité, ni celle de l'abbé de Saint-Gall, n'empêche point que la

petite ville de *Wil* ne jouiſſe de grands privileges. (*D. J.*)

WYLACH, *ou* WILACK, *ou* ILLOK, *Géog. mod.*, bourgade de la Baſſe-Hongrie, dans l'Eſclavonie, ſur la droite du Danube, à dix lieues au ſud-eſt d'Eſſex. Lazius croit que c'eſt l'ancienne *Ivollum*, (*D. J.*)

WYNANDER-MEER, *Géog. mod.*, lac d'Angleterre, dans la province de Weſtmorland. *V.* WINANDER MEER, (*D. J.*)

WYREHALL, WIREHAL, WIRHAL, WERALL, & par les Gallois *Kill-Gury*, *Géog. mod.*, preſqu'iſle de l'Angleterre, en Cherſhire. Elle s'étend du nord-oueſt au ſud-eſt, de la longueur de ſeize milles, ſur huit de largeur. Autrefois elle étoit inculte & toute *afforeſtée*, pour me ſervir du terme de la Juriſprudence du pays ; mais Edouard III la fit déforeſter, c'eſt-à-dire, qu'il permit à tout le monde d'en extirper le bois, d'y chaſſer & d'y bâtir. Auſſi elle eſt aujourd'hui paſſablement peuplée, & parſemée de jolis bourgs qui compoſent enſemble treize paroiſſes. Il eſt vrai que ſon terroir eſt ſec, mais la pêche y eſt abondante. (*D. J.*)

WYSOGROD, *Géogr. mod.*, petite ville de la grande Pologne, au duché de Maſovie, ſur la Viſtule, entre Warſovie & Ploeczko, à ſix lieues de cette derniere ville. *Long.* 46, 22 ; *latit.* 57, 40. (*D. J.*)

WYSSERA, LA, *Géog. mod.*, riviere de l'empire Ruſſien, en Sibérie. Elle tombe des rochers, des montagnes de Joégaria, & ſe jette dans la riviere de Cam, laquelle ſe décharge dans le Wolga.

X

X

X, f. f. *Gram.*, c'eſt la vingt-troiſieme lettre, & la dix-huitieme conſonne de l'alphabet françois. Nous la nommons *ixe*, & c'eſt ce nom qui eſt Féminin ; mais cette dénomination ne ſauroit convenir à l'épellation ; & pour déſigner ce caractere, relativement à ſa deſtination originelle, il faut l'appeler *xe*, nom maſculin.

Nous tenons cette lettre des Latins, qui en avoient pris l'idée dans l'alphabet grec, pour repréſenter les deux conſonnes fortes *C S*, ou les deux foibles *G Z* C'étoit donc l'abréviation de deux conſonnes réunies, ou une conſonne double ; *X duplicem, loco C & S, vel G & S, poſteà à græcis inventam, aſſumpſimus*, dit Priſcien, (*lib. I.*) c'eſt pourquoi Quintilien, (*I. iv.*) obſerve qu'on auroit pu ſe paſſer de ce caractere ; *X litterà carere potuimus, ſi non quæſiſſemus :* & nous apprenons de Victorin (*Art. Gram. I.*) que les anciens Latins écrivoient ſéparément chacune des deux conſonnes réunies ſous ce ſeul caractere ; *latini voces quæ in X litteram incidunt, ſi in declinatione earum apparebat G, ſcribebant G & S, ut conjugs legs. Nigidius in libris ſuis X litterà non eſt uſus, antiquitatem ſequens.*

J'ai dit que les Latins avoient pris l'idée de leur *X* dans l'alphabet grec, non qu'ils y aient pris le caractere qui y avoit la même valeur, ſavoir Ξ ou ξ, mais parce qu'ils ont emprunté le *X*, qui y valoit *K H*, ou K, pour ſignifier leur *C S* ou GZ.

Cette lettre a dans notre orthographe différentes valeurs, & pour les déterminer je le conſidérerai au commencement, au milieu, & à la fin des mots.

I. Elle ne ſe trouve au commencement que d'un très-petit nombre de noms propres, empruntés des langues étrangeres, & il faut l'y prononcer avec ſa valeur primitive *C S*, excepté quelques-uns, devenus plus communs & adoucis par l'uſage; comme *Xavier*, que l'on prononce *Gzavier*; *Xénophon*, que l'on prononce quelquefois *Sténophon*; *Ximénez*, qui ſe prononce *Siménez* ou *Chiménez*.

II. Si la lettre *X* eſt au milieu du mot, elle y a différentes valeurs, ſelon ſes diverſes poſitions.

1°. Elle tient lieu de *C S* entre deux voyelles, lorſque la premiere n'eſt pas un *e* initial; comme *axe*, *maxime*, *Alexandre*, *Mexique*, *ſexe*, *flexible*, *vexation*, *fixer*, *Ixion*, *oxicrat*, *paradoxe*, *luxe*, *luxation*, *fluxion*, &c

On en exceptoit autrefois les mots *Bruxelles*, *Flexelles*, *Uxelles*, qui ne font plus exception, parce qu'on les écrit conformément à la prononciation, *Bruſſelles*, *Fleſſelles*, *Uſſelles* ; mais il faut encore excepter aujourd'hui *ſixain*, *ſixieme*, *deuxieme*, *dixain*, *dixaine*, *dixainier*, *dixieme*, où *X* ſe prononce comme *Z*; & *ſoixante*, *ſoixantaine*, *ſoixantieme*, que l'on prononce *ſoiſſante*, *ſoiſſantaine*, *ſoiſſantieme*.

2°. Elle tient encore lieu de *C S*, lorſqu'elle a après elle un *C* guttural, ſuivi d'une des trois voyelles *a*, *o*, *u*, ou d'une conſonne, ou lorſqu'elle eſt ſuivie de toute autre conſonne, excepté *H*; comme *excavation*, *excommunié*, *excuſe*, *excluſion*, *excrément*, *exfolier*, *expédient*, *mixtion*, *exploit*, *extrait*.

3°. Elle tient lieu de *G Z*, lorſqu'étant entre deux voyelles, la premiere eſt un *e* initial; & dans ce cas la lettre *h* qui précéderoit l'une des deux voyelles eſt réputée nulle : comme dans *examen*, *héxametre*, *exécution*, *exhérédation*, *exil*, *exhiber*, *exorde*, *exhorter*, *exultation*, *exhumer*.

4°. Elle tient lieu de *C* guttural, quand elle eſt ſuivie d'un *C* ſifflant, à cauſe de la voyelle ſuivante *e* ou *i* ; comme *excès*, *exciter*, qui ſe prononcent *eccès*, *ecciter*.

III. Lorſque la lettre *X* eſt à la fin des mots, elle y a, ſelon l'occurrence, différentes valeurs.

1°. Elle vaut autant que *C S* à la fin des noms propres, *Palafox*, *Pollux*, *Styx*; des noms appellatifs, *borax*, *index*, *larynx*, *linx*, *ſphinx*; & des deux adjectifs *perplex*, *préfix*.

2°. Lorſque les deux adjectifs numéraux *ſix*, *dix*, ne ſont point ſuivis du nom de l'eſpece nombrée, on y prononce *x* comme un ſifflement fort, *j'en ai dix*, *prenez-en ſix*.

3°. *Deux*, *ſix*, *dix*, étant ſuivis du nom

de l'espece nombrée, commençant par une voyelle, ou par une *b* muette, ou bien *dix*-n'étant qu'une partie élémentaire d'un mot numéral composé & se trouvant suivi d'une autre partie de même nature, on prononce *X* comme un sifflement foible, ou *Z*: *deux bommes, six aunes, dix ans, dix-buit, dix-neuf, dix-neuvieme.* 4°. A la fin de tout autre mot, *X* ne se prononce pas, ou se prononce comme *Z*. Voici les occasions où l'on prononce *X* à la fin des mots, le mot suivant commençant par une voyelle, ou par une *b* muette; 1°. Après *aux*, comme *aux amis, aux bommes.* 2°. A la fin d'un nom suivi de son adjectif, quand ce nom n'a pas *x* au singulier; *cheveux alertes, cheveux épars, travaux inutiles, feux ardens, vœux indiscrets.* 3°. A la fin d'un adjectif suivi du nom avec lequel il s'accorde; *beureux amant, faux accords, affreux état, séditieux insulaires.* 4°. Après les verbes *veux & peux* comme *je veux y aller, tu peux écrire, je peux attendre, tu en veux une.*

X dans la numération romaine valoit 10; & avec un trait horizontal $\overline{X}$ valoit 10000 ✕ valoit seulement 1000. *I* avant *X* en soustrait une unité, & *IX* = 9: au contraire *XI* = 11, *XII* = 12, *XIII* = 13, *XIV* = 14, *XV* = 15; &c. *X* avant *L* ou avant *C*, indique qu'il faut déduire 10 de 50 ou de 100; ainsi *XL* = 40, *XC* = 90.

La monnoie frappée à Amiens est marquée X. (*B. E. R. M.*)

X, *Médail. Monnoie. Littérat.* On voit souvent les lettres grecques ℞ & X, jointes ainsi $\overset{P}{X}$ sur les anciennes médailles. Nous trouvons la premiere lettre, c'est-à-dire un *X*, sur de grandes monnoies de cuivre, où cette marque paroît avoir été mise pour des raisons de police civile.

Quelques antiquaires ont pris cette marque pour une date, & d'autres pour la lettre initiale d'un nom propre; mais ces deux conjectures ne sont appuyées d'aucune raison solide. M. Ward suppose bien mieux que cette lettre est une abréviation du mot grec ΧΡΗΜΑ, qui veut dire *monnoie*, & qu'on a gravé cette marque sur ces pieces pour indiquer leur cours comme monnoie; ce moyen a paru d'autant plus propre, que ces sortes de mon-

noies n'ont aucune empreinte de tête de roi, comme l'ont nos monnoies d'or & d'argent; mais on y voit un Jupiter avec un aigle perché sur un foudre au revers.

Ce caractere $\overset{P}{X}$ fut ensuite transporté, par Constantin, sur ses monnoies & ses drapeaux à un tout autre dessein; il en fit usage pour désigner en abrégé le mot ΧΡΙΣΤΟΣ; en quoi il fut suivi non seulement par quelques-uns de ses successeurs, mais par des particuliers qui firent graver dévotement la même marque $\overset{P}{X}$ sur leurs lampes & autres meubles. Le même usage eut lieu pour les vases consacrés dans les églises.

Dans la suite, la marque $\overset{P}{X}$ vint à être employée dans les manuscrits, simplement pour notes critiques, servant à coter des endroits remarquables; & alors cette marque fut mise pour les deux lettres initiales du mot grec ΧΡΗΣΙΜΟΝ, *utile*; c'est ce que nous apprenons d'Isidore Orig. *liv. I, c. xx. Voy.* les *Transs. Philos. n°.* 474. §1. (*D. J.*)

X x x, *Ecriture*, du côté de leur figure, les deux premieres sont composées dans leurs premieres parties de la 1, 8, 7, 6, 5, parties d'O, & un plain boutonné en forme de point. Dans leurs secondes, c'est un C entier.

A l'égard de la troisieme *x*, la premiere partie est un *c* renversé, la seconde est un *c* pur; celles-ci se forment en un seul temps, du mouvement mixte des doigts & du poignet; celles-là en deux temps, du même mouvement.

X, *Econom. rustiq.*, l'*x* du moulin est une piece de fer, en forme d'*x*, qui a un trou quarré au milieu pour recevoir la tête du petit fer. Sur cette piece est posée la meule de dessus, & l'*x* est entaillé de toute son épaisseur dans la meule de dessus.

X A

XABEA, EXABIA, *Géog. mod.*, dans le Portulan de Michelot; petite ville d'Espagne, au royaume de Valence, avec une rade, dont le cap S. Martin fait l'entrée. (*D. J.*)

XACA, s. m. *Hist. mod.*, nom d'un dieu japonais. *V.* les *articles philosophie des* INDIENS, *& des* JAPONOIS.

XACO,

XACO, *Hist.*, supérieur général des différentes sectes des Bonzes ; ces prêtres idolâtres méprisés à la Chine & en grande vénération au Japon, où cependant on n'ignore point leur débauche & leur hypocrisie, sont divisés en plusieurs sectes qu'on distingue par la couleur de leurs habits. La première est des *Xenxus*, qui prétendent que l'ame est mortelle ; la seconde des *Xodorins*, qui croient l'immortalité de l'ame ; la troisieme des *Foquexus*, docteurs de *Xaca*, les plus honnêtes d'entre les Bonzes ; la quatrieme des *Nexous*, les meilleurs soldats de l'empire ; la cinquieme des *Jxoxus*, qui passent pour sorciers. On y ajoute les *Arborbouxes*, grands contemplateurs & qui font leurs demeures dans des arbres creux ; les *Jenguis* & les *Gloguis*, directeurs des Pélerins. Toutes ces sectes ont *Xaco* pour supérieur général. Leurs supérieurs particuliers appellés *Tundes*, revêtus du pouvoir de faire des prêtres, reconnoissent la suprématie de *Xaco*. *Charlevoix*, histoire du Japon.

XAGUA, f. m. *Hist. nat. Bot. exot.*, le *xagua* d'Oviedo paroît être le génipanier, dont on a donné les caractères au mot GENIPA.

C'est un grand arbre commun dans toutes les isles de l'Amérique. Il est haut comme un chêne, épais, droit, solide, couvert d'une écorce cendrée & ridée. Ses branches s'étendent d'espace en espace en maniere de bras, de même que celles des sapins de l'Europe. Ses feuilles sont disposées par touffes ondées, longues d'un pié, larges de 4 pouces, & finissent en pointe.

Il s'éleve du milieu de ces feuilles de gros bouquets de fleurs d'une seule piece, en cloche, larges, découpées profondément en cinq pointes ; de couleur blanche en s'épanouissant, & enfin d'un jaune foncé. Du centre de cette fleur sortent cinq étamines & un pistil, qui a son origine dans le fond du calice.

Quand la fleur est tombée, ce calice devient un fruit gros comme le poing, de figure ovale, également pointu par les deux bouts. Ce fruit est charnu, couvert d'une écorce épaisse, grise-verdâtre, & comme saupoudrée de poussiere ; la chair du fruit est tendre, blanche, séparée en deux loges qui sont remplies de semences demi-rondes, applaties, semblables à

Tome XXXVI. Partie II.

not gelées communes. Le suc de ce fruit teint en noir, mais d'une noireeur qui se dissipe d'elle-même, au bout de quelques jours.

Le janipaba de Pison, n'est qu'une espece de *xagua* ou de genipanier. *V.* JANIPABA. (*D. J.*)

XAGUA, *Géog. mod.*, port de l'Amérique, dans l'isle de Cuba, sur sa côte méridionale, entre l'isle de Pinos & la ville de Spiritu-Sancto, environ à 15 lieues du port de la Trinité. C'est un des plus beaux ports de l'Amérique : il a 6 lieues de circuit, & une petite isle dans le milieu, où l'on trouve de l'eau douce. (*D. J.*)

XAHUALI, f. m. *Hist. nat. Botan.*, bel arbre de la Nouvelle-Espagne, dont les feuilles ressemblent à celles du frêne. Son bois est fort pesant & compacte ; sa couleur est jaune & mouchetée : il porte un fruit semblable au poivre. Les Indiens en tirent une liqueur qui les fortifie, & dont ils se servent pour se noircir les jambes & le corps. Cette couleur ne s'en va point à l'eau, mais elle disparoît d'elle-même en une quinzaine de jours.

XAINTES, *Géog. mod.*, ville de France, capitale de la Saintonge. *V.* SAINTES.

XALAPPA, *Géogr. mod.*, ville de l'Amérique septentrionale, dans la Nouvelle-Espagne, province de Tlascala, dans les terres, à 16 lieues de la Vera-Cruz. Ses habitans sont un mélange d'indiens & d'Espagnols. (*D. J.*)

XALCOCOTL, f. m. *Hist. nat. bot.*, c'est le nom que les Mexicains donnent à un arbre qui paroît être le même que le goyavier, appellé par les Espagnols *guyabo*. Il y en a de deux especes au Mexique. La premiere a les feuilles de l'oranger, mais elles sont plus petites & velues, ses fleurs sont blanches ; son fruit est rond, & rempli de petits grains comme les figues. Ses feuilles sont astringentes & acerbes ; elles guérissent, dit-on, la galle. L'écorce est aussi très-efficace ; on lui attribue la vertu de guérir les enflures des jambes, les plaies fistuleuses, & même la surdité. Son fruit sent la punaise, ce qui n'empêche pas que son goût ne soit excellent. La seconde espece differe de la premiere, en ce que son fruit est plus gros & n'a point une odeur si forte.

XALISCO, LES ISLES DE, *Géogr. mod.*, isles de la mer du Sud, sur la côte

O o

de la Nouvelle-Espagne, à l'occident de Guadalajara, & tout auprès du cap Corriente, au midi de l'embouchure de la mer Vermeille. Elles sont au nombre de quatre. (*D. J.*)

XALON le, *Géogr. mod.*, rivière d'Espagne. Elle a sa source dans la vieille-Castille, auprès de Médina-Céli, & se perd dans l'Ebre, au dessus de Saragosse. C'est le *Salo* des anciens. *D. J.*

XALXOCOLT, f. m. *Hist. nat. bot.* V. XALCOCOTL.

XAMABUGIS, f. m. *Hist. mod. superstition*, ce sont des especes de bronzes ou de moines japonnois, qui suivent le huddoïsme, ou la religion de Siaka. Ils servent de guides aux dévots pelerins qui vont visiter les temples de leurs fausses divinités. Ils leur font faire le voyage piés nus ; les obligent d'observer une abstinence très-sévere, & ils abandonnent sans pitié les infortunés qui sont hors d'état de suivre la caravane, & qui périssent faute de secours dans les déserts que l'on est forcé de traverser. Ensuite ces moines barbares remettent leurs pelerins sous la conduite des jenguis, bonzes encore plus inhumains, qui les traitent avec une dureté que le fanatisme le plus outré auroit peine à justifier. V. SIAKA.

XAMDELLILHA, *terme de relation*, priere d'action de graces que font les pauvres arabes après leur repas. Les grands seigneurs arabes invitent souvent des gens du petit peuple, & même des pauvres, à manger avec eux ; ces sortes de conviés se levent toujours d'abord qu'ils ont fini de manger, & pour lors ils ne manquent jamais de dire à haute voix *xamdellilha*, mot qui signifie *Dieu soit loué*. Ce discours est très-noble, & ne s'adresse point au maître de la maison ; mais à Dieu seul qui est l'auteur de tous les biens. (*D. J.*)

XAMI, f. m. *Méd. arabe.* Les Arabes désignent par ce mot le caroubier ; mais ce n'est pas notre caroubier de Naples ou d'Espagne ; c'est un arbre bien différent, qui peut-être l'acacia, lequel porte des siliques, & donne un fruit qui est astringent, qualité que les Arabes attribuent à la plante qu'ils appellent *xami*. (*D. J.*)

XAMO, le *désert de*, *Géog. mod.*, vaste désert de la Tartarie, vers les frontieres de la Chine. La nouvelle carte de la

Grande-Russie le coupe en quatre parties.

XAN, f. m. *Hist. mod.*, on nomme ainsi en quelques endroits de la domination du grand seigneur, ce qu'on nomme communément kan, chan, & caravansérai. V. ces mots, *Diction. de commerce.*

XANTHE, f. m. *Mythol.*, les poëtes ne parlent point comme l'histoire. Chez eux rien ne s'opere que merveilleusement :

Un orage terrible aux yeux des matelots,
C'est Neptune en courroux qui gourmande les flots.

Après le sanglant combat qui fut donné sur les rives du *Xanthe*, le lit de ce fleuve se trouva chargé de corps morts, son eau se déborda dans la campagne, en retira de l'eau les cadavres, on les brûla sur un bûcher. Comment Homere raconte-t-il ce fait ? Il feint *Iliad. l. XXI.* que le fleuve oppressé dans son lit, en fit ses plaintes à Achille, & que ce héros ne l'ayant pas satisfait, il se déborda contre lui, & le poursuivant avec rapidité, il l'auroit noyé, si Neptune & Minerve envoyé par Jupiter, ne lui eussent promis une prompte satisfaction. Le même poëte ayant à nous apprendre que les inondations de la mer ruinerent, quelque temps après la retraite des Grecs, cette fameuse muraille, qu'ils avoient élevée pendant le siege de Troye, pour se mettre à couvert des insultes de leurs ennemis, dit que Neptune irrité de l'entreprise des Grecs, étoit allé prier Jupiter de lui permettre de l'abattre avec son trident ; & qu'ayant intéressé Apollon dans sa vengeance, ils avoient travaillé de concert à renverser cet ouvrage. Si Turnus brûle la flotte d'Enée, Virgile fait paroître Cybele, qui change ses vaisseaux en nymphes de la mer. (*D. J.*)

XANTHE, *Xanthus*, *Géogr. anc.*, fameuse riviere de la Troade, dans l'Asie mineure. Elle a sa source au mont Ida, & se perd dans l'Hellespont. Pline, *l. V. c. xxx.* dit qu'elle se joint avec le Simoïs, autre riviere célebre dans les poëmes d'Homere & de Virgile ; ces deux rivieres vont ensemble au port des Achéens.

Bien des auteurs croient que le *Xanthe* & le *Scamandre* ne font qu'une seule riviere, fondés sur ces vers d'Homere, *Iliad. v. 74.*

Les dieux l'appellent Xanthe, *& les hommes Scamandre.*

Elien dans son histoire des animaux, *l.*
VIII. c. xxj. donne une origine assez
naturelle de ce double nom. Il dit que le
Scamandre a la vertu, que les brebis qui
boivent de son eau, deviennent rousses,
ξαυϑὸς: delà, ajoute-t-il, cette riviere a
pris le nom de *Xanthe*, tiré de la couleur
qu'elle donne aux brebis.

2°. *Xanthe*, riviere de l'Asie mineure,
dans la Lycie ; elle a sa source dans le
mont Taurus, arrose les villes de *Xanthe* & de Patare, & se jette ensuite dans
la mer Méditerranée. Ptolomée, *l. V.*
c. iij. en met l'embouchure après Tel-
messe, auprès de Patare. Strabon assure,
l. XIV. p. 665. qu'on l'appelloit anciennement *Sirbes*. Il dit qu'en le remontant
dix stades, on trouvoit le temple de Latone, & que soixante stades plus haut que
ce temple, étoit la ville qu'il nomme
Xanthe. Ovide, *metamorph. liv. IX. v.*
645. dit de cette riviere :

*Jam Cragon, & Lymiren Xanthique re-
liquerat undas.*

3°. *Xanthe* ou *Xanthopolis*, ancienne
ville de l'Asie mineure, dans la Lycie.
Strabon, *l. XIV. p.* 666. dit que c'étoit
la plus grande ville de cette province. On
a vu dans l'article précédent qu'elle étoit
à 70 stades de son embouchure, selon
cet auteur. Pline *l. V. c. xxvij.* l'en met
à 15 mille pas ; c'est 6 mille pas de plus
que le calcul de Strabon. Ptolomée, *l. V.*
c. iij. la nomme dans sa liste des villes
méditerranées. Appien raconte comment
les habitans de *Xanthe*, amoureux de
leur liberté, voyant leur ville prise par
Brutus, l'un des meurtriers de César, se
donnerent eux-mêmes la mort, & brûle-
rent leur ville, plutôt que de se soumettre au vainqueur. Il remarque que c'é-
toit pour la troisieme fois que cette ville
éprouvoit un pareil destin ; que la même
chose étoit arrivée lorsque Harpale, général du grand Cyrus, avoit assiégé la
ville de *Xanthe*, & lorsque Alexandre, fils
de Philippe, avoit cru s'en rendre maitre.

Cette ville se releva dans la suite ; car
outre que Strabon & Pline, postérieurs
au temps de Brutus, en parlent comme
d'une ville subsistante, je la trouve au
rang des villes épiscopales de la Lycie,
sous le nom de *Xanthi*, qui est le génitif
de son nom dans la notice de Léon le sage. Mais elle est nommée Ξανϑος, *Xanthus* dans celle d'Hiéroclès ; elle est du

Mentasti, dans la Natolie, sur la côte
méridionale.

4°. *Xanthe*, riviere d'Epire. Helenus,
qui s'étoit établi dans ce pays-là, après
le sac de Troye, avoit donné le nom de
Xanthe à un petit ruisseau. C'est ce que
Virgile, *Æneid. l. III. v.* 390. exprime
par ce vers :

*Arentem Xanthi cognomine rivum
Agnosco.*

5°. *Xanthe*, ville ancienne de l'isle de
Lesbos, selon Etienne le géographe.

C'est de *Xanthe*, ville de Lycie, qu'é-
toit Olen, poete grec, plus ancien qu'Orphée. Il composa plusieurs hymnes, que
l'on chantoit dans l'isle de Délos aux grandes solemnités de la religion, nommément
en l'honneur de la déesse Lucine, qu'il
disoit être la mere de Cupidon. Quelques
auteurs prétendent qu'il fut l'un des hy-
perboréens qui fonderent l'oracle de Delphes, & qu'il y exerça le premier la fonction de prêtre d'Apollon, je veux dire,
celle de rendre réponse aux consultans en
vers héxametres.

Ménécrates étoit de la même ville. Il
avoit fait l'histoire de la Lycie, celle de
Nicée, & celle d'Hercule. Il ne faut pas
le confondre avec Ménécrate d'Elée, qui
avoit décrit l'Hellespont, & les pays qui
le bordent. C'est une perte considérable
que celle de cet ouvrage, au lieu que les
œuvres de Ménécrate de Lycie, n'étoient
pas de la premiere réputation. (*D. J.*)

XANTHIQUES, s. m. pl. *Antiquités
grecques*, ξανϑικα, fête des Macédoniens,
& qui étoit ainsi nommée, parce qu'elle
se célébroit dans le mois Xanthus, & dans
le temps que toute la famille royale étoit
purifiée, ainsi que l'armée, par la lustra-
tion. Après cette cérémonie, la fête commençoit, l'armée se partageoit en deux
camps, qui se mettoient en bataille l'un
contre l'autre, & faisoient pour le plaisir
des spectateurs toute sorte d'évolutions
& de combats feints. *V.* Potter. *Archæol.
grec. l. II. c. xx. t. I. p.* 417. (*D. J.*)

XANTHIUM, s. f. *Hist. nat. Bot.*
genre de plante qu'on a déja caractérisé
sous le nom vulgaire de *petit gloutteron*,
au mot GLOUTERON.

Tournefort compte trois especes de ce
genre de plante, entre lesquelles nous
nous contenterons de décrire la plus commune, *xanthium vulgare*, en anglois,
the small vurdock.

Sa tige s'éleve seulement à la hauteur d'un pié & demi ; elle est rameuse, velue, marquée de points rouges, s'étendant au large : ses feuilles sont beaucoup plus petites que celles de la bardane, vertes, approchant de celles du pas-d'âne, dentelées en leurs bords, d'un goût un peu âcre, tirant sur l'aromatique ; sa fleur est un bouquet à fleurons, semblable à de petites vessies, & contenant chacune une étamine ; ces fleurons tombent facilement, & ils ne laissent après eux aucune graisse ; mais il nait sur les mêmes piés qui fleurissent, des fruits oblongs, gros comme de petites olives, hérissés de piquans qui s'attachent aux habits ; chacun de ces fruits est divisé dans sa longueur en deux loges ; qui renferment des semences oblongues ; sa racine est petite, blanche, garnie de fibres assez grosses. Cette plante croît dans les terres grasses, contre les murailles, & dans les fossés dont l'eau a été desséchée. Sa racine est d'un goût âcre & amer, ce qui fait qu'on l'estime digestive & résolutive ; on l'emploie, mais sans succès, dans les tumeurs scrophuleuses. (D. J.)

XANTHO, f. f. Mytholog. ; une des nymphes océanides ; compagne de Cyrene, mere d'Ariftée, selon Virgile.

XANTHON, Hift. nat., nom que les anciens naturalistes ont donné à un marbre d'un couleur verdâtre. On l'appelloit aussi marmor nervosum; on croit qu'il étoit le même que celui qu'on nommoit marbre ténarien.

XANTHURUS DES INDES, Ichthyol., nom que nos naturalistes ont donné au poisson appellé par les Hollandois geelftard. Il est de la grosseur & de la forme de la carpe ; ses mâchoires sont armées de petites dents serrées, & fort pointues ; son dos est jaune, & sa queue l'est encore davantage ; son ventre est d'un blanc bleuâtre, la queue est brune, & ses nageoires sont d'un beau rouge. On prend ce poisson à l'hameçon entre les rochers, sur le bord de la mer des Indes orientales, & il est également bon & sain. Ray. Ichthyograph. (D. J.)

XANTHUS, f. m. Hift. nat. Lithol., les anciens naturalistes ont donné ce nom à une pierre, ou plutôt une espece d'hématite, ou de mine de fer, d'un jaune pâle. Son nom grec ξανθος, annonce cette couleur. C'est la même substance à qui

quelques auteurs ont donné le nom d'azatites.

XANTHUS, mois, Calend. des Macédon., mois macédonien, qui étoit le second du printemps, & qui répondoit au mois judaïque nommé Nifan, & au mois égyptien, appellé Pharmuthi. Le nom de ce mois se trouve au II. liv. des Macchabées, xf. 30. Antiochus écrit aux juifs : « Nous » accordons jusqu'au trentieme du mois » Xanthicus, protection & sûreté à tous » ceux qui se trouveront en route pour » venir ici. (D. J.)

XANXUS, f. m. Conchyliolog., gros coquillage semblable à ceux avec lesquels on a coutume de peindre les Tritons ; les Hollandois le font pêcher vers l'isle de Ceylan, ou à la côte de la pêcherie où est le royaume de Travangor : ce qu'on pêche sur cette côte, ont toutes les volutes de droite à gauche ; s'il s'en trouvoit quelqu'un dont les volutes fussent disposées de gauche à droite, les Indiens l'estimeroient infiniment, parce qu'ils croient que ce fut dans un xanxus de cette espece qu'un de leurs dieux fut obligé de se cacher.

La compagnie hollandoise des Indes orientales ne permet pas aux indiens de sa domination de vendre à d'autres qu'à elle les xanxus qu'ils peuvent pêcher ; elle les débite à un prix fort cher dans le royaume de Bengale, où on les scie pour en faire des bracelets. (D. J.)

XANCHEU, Géog. mod., ville de la Chine, dans la province de Quanton, dont elle est la seconde métropole. Longitude suivant le pere Noël, 150, 47, 30 ; lat. 24, 47, 10.

XARAFFE, f. m. Comm. Les xaraffes sont à Goa, & dans toutes les villes de commerce de la côte de Malabar, des especes de changeurs, qui, pour un petit profit qu'on leur donne, examinent les especes d'argent, sur-tout les perdaos séraffins qui ont cours dans le négoce, & dont la plupart sont faux ou altérés. Ces xaraffes sont des chrétiens indiens qui se tiennent au coin des rues, & qui sont si expérimentés dans la connoissance des pardaos, que sans les peser, & sans se servir de la pierre de touche, ils distinguent une piece fausse entre mille.

On doit d'autant plus se fier à ces changeurs qu'ils sont obligés de garantir les pieces qu'ils ont visitées. Outre cet emploi qu'ont les *xaraffes*, ce font auffi ceux qui changent les monnoies, & qui fourniffent aux marchands les efpeces dont ils ont befoin, en fe contentant pour tout profit de quelques bufamos d'étain, petite monnoie, dont les trois valent deux reis de Portugal, c'eft-à-dire deux deniers en France. Il y a auffi de ces *xaraffes* à Conftantinople, au Caire, & dans les villes de négoce de l'empire Ottoman. (D. J.)

XARAGUA, *Géogr. mod.*, ville capitale du même nom, dans l'ifle de Saint-Domingue; c'eft une ville toute délabrée.

XARAMA, LE, *Géogr. mod.*, petite riviere d'Efpagne, dans la nouvelle Caftille. Elle a fa fource aux confins de la vieille Caftille, & fe rend dans le Tage, à 8 lieues au deffus de Tolede, & proche d'Aranjuez. (D. J.)

XATIVA, *Géog. mod.*, ville d'Efpagne au royaume de Valence, fur le penchant d'une colline, au pié de laquelle coule le Xucar, à neuf lieues au midi de Valence, & à vingt au nord-oueft d'Alicante.

Philippe V traita inhumainement cette ville dans le cours de la guerre du commencement de ce fiecle, parce qu'elle s'étoit déclarée par la force en faveur de Charles, archiduc d'Autriche. Il la fit affiéger en 1706, & rafer de fond en comble après l'avoir prife. Enfuite confidérant la beauté de fa fituation, il éleva fur fes ruines une autre ville qu'on nomme à-préfent *San-Philippe*. Long. 16, 50; lat. 58, 55.

Le pape Calixte III étoit natif de *Xativa*. Il canonifa l'homme qui lui avoit prédit fon élévation au pontificat, qu'il n'obtint cependant qu'à l'âge de 76 ans. Il excita toute l'Europe à prendre les armes contre le turc, & ce projet ne fut pas heureux pour les chrétiens. Il donna les meilleurs bénéfices à fes parens qui ne les méritoient guere. Il mourut en 1458, au bout de trois ans & quelques mois de regne.

André (Jean) mahométan, naquit à *Xativa* dans le xv fiecle, & fuccéda à fon pere dans la charge d'alfaqui de cette ville; mais il abandonna fa religion, & fe fit chrétien. Il eft auteur d'un livre intitulé *confufion de la fecte de Mahomet*. Ce livre a été publié premierement en efpagnol, & traduit fur l'italien en fran-

çois par M. le Fevre de la Boderie, Paris 1574, *in-8°.* Tous ceux qui écrivent contre le mahométifme, citent beaucoup cet ouvrage.

Malvenda (Thomas) religieux dominicain, né à *Xativa* en 1566, mourut à Valence en Efpagne en 1628 à 63 ans. Les ouvrages qui fubfiftent encore de lui font: 1°. un traité *de Anti-Chrifto*, dont la meilleure édition eft celle de 1621. 2°. Une *nouvelle verfion du texte hébreu de la bible, avec des notes*, imprimée à Lyon en 1650, en 5 vol. *in-fol.*

Efpagnolet (Jofeph-Robert Ribera, dit l'), peintre dont je n'ai point parlé en traitant des écoles de peinture, naquit en 1589 à *Xativa*, & mourut à Naples en 1656. Il étudia la maniere de Michel-Ange Caravage, & fe plut comme lui à repréfenter des fujets terribles & pleins d'horreur. Né dans la pauvreté, un cardinal fut frappé de fes talens, & touché de fon indigence; il l'emmena dans fon palais & le combla de faveurs; mais l'Efpagnolet voyant que fon changement de fortune le rendoit pareffeux, quitta le cardinal pour reprendre le goût du travail. Il fe rendit à Naples, s'y fixa, en devint le premier peintre, & s'y enrichit. Ses principaux ouvrages font dans cette ville; & à l'Efcurial. Il y a beaucoup d'expreffion dans fes têtes, mais fon goût n'eft pas noble, & fon pinceau n'a rien de gracieux. (D. J.)

XAVIER, *Géogr. mod.*, château d'Efpagne, dans la Navarre, au pié des Pyrénées, à fept ou huit lieues de Pampelune. Je parle de ce château, parce que François & Jérôme Xavier, oncle & neveu, y prirent naiffance.

Le premier furnommé l'*apôtre des Indes* y naquit en 1506, & fe lia d'amitié à Paris avec Ignace de Loyola. Il fe deftina pour miffionnaire dans les Indes orientales, & arriva à Goa en 1542, fous la protection de Jean III, roi de Portugal. Il mourut dans l'ifle de Sancian, à vingt-trois lieues des côtes de la Chine, en 1552, âgé de 46 ans. Grégoire XV le canonifa en 1622, & foixante ans après le P. Bouhours écrivit fa vie fur les mémoires qu'on lui communiqua, & qu'il embellit à fa guife.

Il eft certain que François Xavier n'étoit pas un homme du commun, ni un apôtre évangélique, car il prétendoit

« qu'on n'établiroit jamais aucun chri-
» tianisme de durée parmi les païens , à
» moins que les auditeurs ne fussent à
» la portée d'un mousquet. » C'est le P.
Navarette , *traité 6 , p.* 436, *col.* 6 , qui
nous apprend cette façon de penser de son
confrere , sur les moyens d'opérer la conversion des païens. *Deixa ci santo que
mientras no estuvieran debaxo del mosquete,
no avia de aver christiano de provecho.* Le
P, Tellez dans son histoire d'Ethiopie, *l.
IV, c. iij* , ne fait point de difficulté d'a-
vouer la même chose : " ç'a toujours été,
» dit-il , le sentiment que nos religieux
» ont formé concernant la religion catho-
» lique , qu'elle ne pourroit être d'aucu-
» ne durée en Ethiopie , à moins qu'elle
» ne fût appuyée par les armes. » *Este
foy sempre o parecer que os nossos religiosos
formaraõ d'aquellas cousas tocantes à la
religiaõ catholica , a qual nam podia ser
de dura em Ethiopia , sem ter authoridade
di armas.*

Jérôme Xavier servit son oncle dans
les missions des Indes orientales, où il
passa en 1581 , après être entré chez les
Jésuites en 1568. Il fut successivement
recteur à Bazin & à Cochin , maitre des
novices , & supérieur de la maison professe de Goa. Il est mort dans cette ville en
1617, après avoir été nommé à l'archevêché d'Angamale , transporté alors à
Cranganor.

Ses confreres disent des merveilles de
sa mission auprès du grand mogol Akébar;
cependant malgré les distinctions que ce
prince accorda à Jérôme Xavier , il continua de célébrer avec ses fils la fête ordinaire en l'honneur du Soleil ; & quand il
fut au lit de mort, il déclara au P. Xavier
que loin d'être converti , il étoit comme
engagé d'honneur à maintenir la secte
qu'il avoit jusqu'alors favorisée ; c'est le
P. Catrou qui dans son histoire du Mogol,
nous apprend cette particularité; mais
il y en a une autre qui a fait connoître le
P. Jérôme Xavier en Europe , plus que
ses conversions aux Indes ; ce sont deux
ouvrages qu'il a composés , & que Louis
de Dieu a fait imprimer à Leyde , en
1639 , *in-8°.* L'un est l'histoire de Jésus-
Christ , & l'autre celle de S. Pierre , en
Persan. Louis de Dieu les traduisit en latin, & les mit au jour avec des remarques.

" L'ouvrage , en lui-même , dit M. le
Croze , *hist. du Christ. des Indes , p.* 333,

est un amas monstrueux de fictions & de
fables grossieres , ajoutées & souvent
substituées aux paroles des saints Evan-
gélistes. Au reste , Jérôme Xavier n'est
auteur de cette espece d'alcoran , que
pour ce qu'il y a de profane & de supers-
tieux. Il l'avoit composé en portugais, &
la version persane dont Alégambe & les
autres jésuites lui font honneur , n'est
nullement de lui. Elle a pour auteur un
mahométan de Lahor dans les Indes, nommé *Abdel Setarini-Kastm,* comme Xavier
lui-même l'avoue à la fin de son premier
ouvrage, *p.* 586. »

M. Simon est du même sentiment que
cette histoire a d'abord été composée en
portugais,& il en dit assez sur le fond du
livre , pour faire voir ce qu'il en pense.
" Il (Xavier) composa cette histoire , dit
M. Simon, *Hist. crit. des vers. du N. T.
ob. xvij, p.* 306, à Agra, où il étoit alors,
à la sollicitation du grand mogol. Il paroit de plusieurs mots qui sont dans le
persan, qu'il a été d'abord composé en
langage portugais , d'où il a été ensuite
mis en persan. Louis de Dieu s'est fort
emporté contre cet ouvrage , à cause des
additions prises des livres apocryphes
qu'on y a insérées. Et en effet, quoique un
protestant n'ait pas gardé assez de modération dans sa préface & dans ses notes,
on ne peut nier qu'il n'eût été plus à propos de traduire en persan le texte pur
des évangiles , que de donner un mélange
de ces évangiles & de pieces apocryphes,
sous le titre de l'*histoire de Jésus - Christ.*
Le P. Jérôme Xavier a aussi composé un
ouvrage semblable, intitulé l'*histoire de S.
Pierre,* qui n'est pas écrit avec plus d'exa-
titude que le premier. »

Pietro - Della Valle , de retour de ses
voyages de Perse , examina la version latine de Louis de Dieu, & la trouva , à peu
de choses près, fidelle, suivant le récit de
Nicolas Antonio.

Il est vrai que le P. Pétau prétend que
les deux pieces dont il s'agit ne sont point
de Jérôme Xavier ; mais il a contre lui
l'aveu d'Alégambe , de Nicolas Antonio
& de M. Simon. On trouvera les deux
pieces du P. Jérôme Xavier dans J. A.
Fabricius, *cod. apoc. N. T. t: I. p.* 301,
id. 1719. On voit dans l'histoire de Jésus-
Christ, composées par ce jésuite, entr'autres pieces supposées, deux lettres, l'une
de Lentulus & l'autre de Pilate , toutes

deux écrites à Tibere. Dans la premiere,
l'auteur fait le portrait de Jésus-Christ,
comme les peintres le représentent depuis long-tems dans leurs images, & racontent quelques-unes de ses miracles;
dans la seconde, il parle aussi des miracles
de Jésus-Christ & de son ascension dans le
ciel; mais il n'y fait aucune mention de
sa mort, & moins encore de sa résurrection. (D. J.)

XAUXA, *Géog. mod.*, ou la riviere de
Marognan, riviere de l'Amérique méridionale, & une des plus considérables. Sa
principale source est dans le lac Cincha-
Cocha, vers les 304. de longitude, &
les 10^d. de latitude méridionale. Elle
prend ensuite le nom d'*Ucayalé*, & va se
rendre dans l'Amazone à S. Joachim d'O-
maguas. La vallée de *Xauxa* où court cette riviere, a 24 lieues de long, & 5 ou 6
de large. Elle étoit peuplée de plus de 20
mille habitans quand les Espagnols y arriverent. On n'y trouve aujourd'hui çà &
là que quelques chétives bourgades d'Indiens. (D. J.)

- XAUXAVA, *Géog. mod.*, montagne,
riviere & ville d'Afrique, selon Marmol.
La montagne fait partie du grand Atlas,
au royaume de Maroc. La riviere sort de
cette montagne, & la ville est bâtie sur le
bord de la riviere, à environ 5 lieues de
Maroc. (D. J.)

X E

XELVA, *Géog. mod.*, petite ville d'Espagne, au royaume de Valence, près du
Guadalaviar, à 7 lieues de Ségorbe, & à
10 lieues au dessus de Valence. *Long.* 17,
16; *lat.* 39,42. (D. J.)

XENELASIE, de *Lacédémone*, *Hist. de
Lacédémone.* La *xénélasie* est en général le
droit de bourgeoisie, ou de la qualité de
citoyen d'un lieu accordée à un étranger.
. Les loix de Lacédémone étoient si remarquables par leur singularité à cet
égard, qu'on ne se lasse point d'en parler.
Lycurgue qui en fut l'auteur, les tira de
son vaste génie. Il forma dans le sein même de la Grece, un peuple nouveau, qui
n'avoit rien de commun avec le reste des
Grecs que le langage. Les Lacédémoniens
devinrent par son moyen des hommes uniques dans leur espece, différens de tous
les autres par leur maniere comme par
leurs sentimens, par la façon même de
s'habiller & de se nourrir comme par le

caractere de l'esprit & du cœur; mais rien
ne contribua davantage à en faire une nation isolée, que la belle loi de Lycurgue,
de n'accorder la *xénélasie* à aucun étranger, sans de pressans motifs, & même
d'empêcher que tout étranger eût à sa volonté, la libre entrée en Laconie.
. Cet établissement avoit les plus grands
avantages. Il s'agissoit d'établir une forme de gouvernement & des regles de conduite extraordinaires, une religion simple & dénuée de cette pompe extérieure
qui en faisoit ailleurs l'objet principal,
un culte libre de la plupart des superstitions qui régnoient chez les autres peuples, des fêtes & des jeux où la jeunesse
de l'un & de l'autre sexe paroissoit une,
un partage égal des terres entre les particuliers, avec ce qu'il falloit précisément
à chacun pour vivre; l'obligation de manger en commun avec une extrême frugalité, la proscription de l'or & de l'argent,
l'usage enfin de ne vendre ni acheter, de
ne donner ni recevoir, de ne cultiver ni
est de luxe, ni commerce, ni marine, de
ne point voyager hors du pays, sans la
permission de l'état, & de ne point se conduire par les maximes étrangeres. Ces
différentes loix ne pouvoient s'observer
en laissant à l'étranger un libre accès; les
unes auroient été souverainement impru-
dentes, & les autres auroient renfermé une
entiere impossibilité. Qu'on juge ensuite
si la *xénélasie* n'étoit pas un réglement nécessaire pour leur servir d'appui.

Elle étoit propre à prévenir toutes les
violences & les perfidies dont les étrangers jaloux pouvoient se rendre coupables. Lacédémone n'avoit plus à craindre,
ni un Hercule, qui après avoir été reçu
dans ses murs, massacrât ses princes, ni
un Pâris, qui enlevât la femme de celui
qui lui donnoit un trop facile accès, ni de
nouveaux Myniens, qui par la plus noire
ingratitude, conjurassent la perte de ceux
qui leur auroient accordé l'hospitalité.
Le peuple étoit à couvert des espions, &
de toutes personnes mal-intentionnées,
que le desir de nuire auroit pu amener
ou retenir dans le pays. Les forces de l'é-
tat inconnues aux voisins, leur en devenoient plus redoutables. Les endroits foibles dont ils auroient pu tirer avantage,
étoient dérobés à leur vue; tout étoit
mystere pour eux, non seulement l'intérieur de la république, les projets, les

deſſeins cachés, mais encore ſés mœurs & ſa police ; rien de plus capable de les tenir dans le reſpeɐ.

Le grand bien de la *xénélaſie*, étoit encore de prévenir les innovations que le commerce des étrangers ne manque jamais de faire dans le langage & dans les mœurs. Les maximes une fois établies parmi les Lacédémoniens, devoient s'y conſerver plus ſaines, nul mélange n'en altéroit la pureté ; elles devoient v être plus long-tems uniformes, nul genre de vie différent n'inſpiroit le goût de la nouveauté ; & ſi l'inconſtance ou la malice des particuliers les portoient à innover, du moins ils n'avoient point d'exemples étrangers qui fomentaſſent leur envie. Il étoit par conſéquent & plus rare d'y voir le déſordre, & plus facile d'y remédier.

Les étrangers ſont ſouvent dans des diſpoſitions peu favorables au pays dans lequel ils viennent voyager. Les mieux intentionnés apportent néceſſairement avec eux des façons de penſer & d'agir, capables de troubler l'harmonie d'un petit état, où doit régner une régularité parfaite. Lycurgue voulut que le ſien fût de cette nature. Il avoit établi dans l'intérieur un arrangement ſûr & conſtant, que les atteintes ſeules du dehors pouvoient troubler. Dans cette idée, les étrangers lui parurent ſuſpeɐs, il crut devoir les éloigner pour prévenir dans ſon état la corruption des mœurs.

Rome avilit peu-à-peu la dignité de citoyen, en la rendant trop commune. Lacédémone, par ſon extrême réſerve à accorder ce droit, le rendit eſtimable & précieux. Le titre de citoyen, devenu très-rare, acquit un nouveau prix dans l'idée des étrangers. Nous en avons un bel exemple dans Hérodote. Les Lacédémoniens vouloient attirer auprès d'eux Tiſamene, Eléen de nation & devin célebre, pour le mettre avec leurs rois à la tête des troupes contre les Perſes. L'oracle l'avoit ordonné, car il falloit des raiſons ſupérieures à la politique ordinaire, pour les obliger de prendre un général étranger. Ils lui firent donc les offres les plus avantageuſes ; Tiſamene les rejeta, demandant uniquement les privileges & l'honneur de citoyen de Sparte. Ils ſe refuſerent d'abord, mais à l'approche de l'ennemi, il fallut y conſentir. Alors Ti-

ſamene exigea qu'on lui accordât encore la même grace pour ſon frere Hegias, & l'on fut obligé d'acquieſcer à ſa requête : ce ſont-là, dit Hérodote, les deux ſeules perſonnes à qui Lacédémone ait accordé le droit de *xénélaſie*. L'hiſtorien ſe trompe, mais ce qu'il dit prouve au moins l'idée avantageuſe qu'on avoit de ſon tems, d'un citoyen de Sparte. Les Athéniens montroient bien le cas qu'ils en faiſoient, lorſqu'ils ſe plaignoient ouvertement, de ce que les Lacédémoniens ne communiquoient leurs privileges à aucun étranger.

Il n'eſt pourtant pas vrai que l'entrée de Sparte fût fermée à tous les étrangers. Lycurgue lui-même fit paſſer Thalès de l'iſle de Crete à Lacédémone, afin que cet étranger qui joignoit au talent d'un poete, tout le mérite d'un légiſlateur, prêtât les charmes de la poéſie à des loix dures & rebutantes. Les Lacédémoniens le reçurent par un ordre exprès de l'oracle, & attribuerent à ſon arrivée la ceſſation d'une peſte qui les déſoloit. Quelque tems après, les magiſtrats firent auſſi venir de Lesbos, le poete Terpandre, qui radoucit le peuple mutiné ; Phérécyde, qui étoit, je penſe, athénien, vint auſſi à Sparte comme citoyen, & ces trois étrangers qui chantoient continuellement les nouvelles maximes de la république, y furent comblés d'honneurs : il eſt vrai que Phérécyde périt enſuite malheureuſement, mais le bien public en décida.

Ce fut encore un oracle qui fit venir à Lacédémone Tyrtée, poete athénien : ſa patrie l'envoya par dériſion aux Lacédémoniens, pour leur ſervir de chef dans la guerre de Meſſene, mais ils en tirerent des avantages réels. Les ſoldats animés par ſon chant & ſa poéſie, remporterent une victoire complete. Les Lacédémoniens d'ailleurs, peu partiſans des poétes, firent grand cas de celui-ci, juſqu'à ordonner qu'on ne marcheroit jamais à l'ennemi, qu'on n'allât entendre auparavant à la tente du roi, les vers de Tyrtée, pour en être plus diſpoſé à combattre, & à mourir pour la patrie. Telle fut l'origine de leurs chanſons guerrieres ſi connues dans l'antiquité. Tyrtée écrivit de plus en faveur des Lacédémoniens, un traité de leur république, qui n'eſt point parvenu juſqu'à nous. Une choſe remarquable, eſt qu'ils ne reçurent cet étranger dans leur patrie qu'en le naturalisant , & le faisant citoyen de Sparte ; afin dit un Lacédémonien , qu'il ne soit pas dit , que nous ayions jamais eu besoin d'un général étranger.

Il y avoit d'autres étrangers que Lacédémone se trouvoit heureuse d'accueillir, sans craindre d'enfreindre les intentions de son législateur. Je parle des alliés, qui avec des troupes venoient à son secours. C'est ainsi qu'à la naissance de la république, sous le regne de Télécus, les Egides qui composoient une famille thébaine , vinrent de la Béotie à Sparte, pour faciliter la prise des deux ou trois villes voisines que les Doriens avoient laissées aux anciens habitans. La troupe auxiliaire avoit pour chef Timomachus, qui le premier fit exécuter aux Lacédémoniens les loix de la guerre prescrites par Lycurgue. On peut donc joindre Tymomachus & sa famille à Tyrtée, à Phérécide, à Terpandre, & à Thalès.

La xénélasie n'empêchoit point les Lacédémoniens d'appeller chez eux des médecins , & d'autres personnes habiles, à mesure qu'ils en avoient besoin. Le Scythe Abaris trouva Sparte exposée à de fréquentes mortalités causées, dit-on , par les vapeurs & par le chaud qu'envoyoit le voisinage du mont Taygete. Il fit des sacrifices & des lustrations accompagnées sans doute de remedes plus efficaces, & ces maladies ne reparurent plus. Bacis , Béotien, célebre par plusieurs opérations merveilleuses ; guérit par des purifications, les femmes lacédémoniennes qu'une espece de manie avoient saisies. Anaximandre, physicien de Milet, avertit un jour les Lacédémoniens de quitter la ville, parce qu'il alloit arriver un tremblement de terre. Ils le firent, & se retirerent dans la campagne , avec leurs meubles, c'est-à-dire, leurs armes. La violence de la secousse détacha le sommet du mont Taygete, & renversa la ville, où quelques jeunes gens demeurés au milieu du portique, périrent sous les ruines. Ce fut le même Anaximandre , suivant Diogene Laërce , ou son disciple Anaximene de Milet, suivant Pline , qui fit à Lacédémone le premier cadran solaire.

On ne transgressoit point la xénélasie , en recevant les ministres étrangers à Lacédémone pour des raisons d'état ; les Spartiates se trouvant nécessairement en-

gagés dans le cours des affaires publiques, de négociation, de confédération, de projets de guerre , & de traités de paix qui demandoient le ministere des étrangers. Aussi furent ils reçus à Sparte avec toutes sortes d'égards & de politesse, sur-tout depuis l'attentat qu'on y eut commis contre les ambassadeurs de Perse, en les précipitant dans un puits. Les Lacédémoniens affligés d'abord après plusieurs maux, les attribuerent à leur cruauté. Persuadés que le ciel en poursuivoit la vengeance, ils proposerent dans une grande assemblée d'expier leur crime par la mort volontaire de quelques citoyens. Sperthiès & Bulis, deux Spartiates des plus illustres , s'offrirent aussi-tôt pour victimes, & s'allerent présenter au roi de Perse. Ils furent traités magnifiquement sur la route par les satrapes ; arrivés à Suze , Xerxès leur dit que s'ils avoient violé le droit des gens par le meurtre de ses ambassadeurs, il n'avoit garde de faire une action pareille à celle qu'il avoit à leur reprocher, ni de leur donner occasion de cesser d'être coupables en acceptant leur satisfaction, & il les renvoya avec cette réponse pleine de grandeur. Les Lacédémoniens en profiterent & recurent depuis ce tems-là aussi dignement que les Athéniens, tous les députés qu'on leur envoyoit des pays voisins ou éloignés. Les exemples en sont fréquens dans l'histoire , il seroit ennuyeux de les rapporter.

Nous avons déja remarqué que la xénélasie ne regardoit point les troupes étrangeres qui venoient au secours de Lacédémone. La politique demande qu'on ait encore plus d'égards pour des alliés ; que pour les naturels d'un pays , & il est de l'intérêt d'un peuple guerrier d'en user ainsi. Celui-ci cependant crut devoir conserver avec ses alliés une certaine réserve. Les étrangers avec lesquels ils faisoient des campemens & des marches ; ignoroient jusqu'au nombre des Lacédémoniens qui composoient l'armée confédérée. Ils avoient beau faire des questions ou des plaintes sur cet article, elles étoient reçues avec une sorte de fierté, comme il paroît par quelques réponses d'Agésilas, d'Ariston & d'Agis.

Mais dans le tems des solemnités & des fêtes qu'on célébroit certains jours de l'année, il étoit permis aux étrangers de

venir à Sparte en être les témoins. La
maniere dont on y produisoit la jeunesse
de l'un & de l'autre sexe, devoit piquer
une curiosité déréglée. Delà cette proposition cynique rapportée dans Athénée:
" Nous n'avons que des éloges à donner
" à la coutume de Sparte, qui montre ses
" filles nues aux étrangers. " Ils accouroient en foule à ces spectacles. On les
plaçoit à l'ombre, tandis que les Lacédémoniens demeuroient exposés aux ardeurs du soleil. Xénophon parle de Li-
chas, qui se distinguoit par son attention
à régaler les étrangers qui venoient pour
lors à Lacédémone; & peut-être qu'il
faut rapporter à ces sortes d'occasions le
festin Copis, décrit fort au long par Athénée, où les étrangers mangeoient sans distinction avec les habitans du pays.

La médisance lacédémonienne crut encore devoir se relâcher dans les conjonctures en faveur de quelques particuliers,
ou même de quelques peuples entiers,
que des raisons uniques rendoient agréables à la nation. Arion, célebre musicien
de Lesbos, ayant fait naufrage vers les
côtes de Laconie, se sauva sur le cap Té-
nare; on lui donna retraite, & il consacra
dans le temple d'Apollon, situé sur le
même promontoire, une statue de bronze
pour monument de son aventure. Thémistocle, après la bataille de Salamine, ne
se sauvant ni d'Athènes sa patrie, ni du reste
des Grecs les honneurs qu'il méritoit, se
rendit à Lacédémone. On lui donna la
couronne d'olivier, avec le plus beau char
qui fût dans la ville, & 30 des principaux
citoyens l'escorterent à son tour jusqu'à
la frontiere; honneurs inouis, que les Lacédémoniens ne défererent jamais à aucun étranger.

Alcibiade & quelques autres, obligés
de sortir de leur pays par des raisons d'é-
tat, trouverent aussi un asyle à Lacédémone. Il y eut entre ce général Athénien & un
citoyen de Sparte une hospitalité particuliere, dont Endius, fils du Lacédémonien,
tira dans la suite de grands avantages.

L'athénien Périclès fut uni à Archidamus, roi de Sparte, par les mêmes liens
de cette hospitalité personnelle, dont les
droits étoient si sacrés, qu'Archidamus ra-
vageant les terres des Athéniens, n'osoit
toucher à celles de Périclès. Agésilas, autre roi de Sparte, qui aimoit Xénophon,
athénien, l'exhorta d'envoyer ses enfans

à Sparte pour être élevés à la lacédémonienne. Toutes les fois que les Déliens
alloient à Lacédémone, ils y étoient reçus
avec distinction; on leur donnoit la préséance sur tout le monde, parce que leurs
ancêtres faciliterent aux Dioscures la délivrance d'Helène. Les Phliasiens, qui
avoient été fideles à leur alliance avec la
république dans le tems de ses malheurs,
comme dans ses plus beaux jours, s'étant
rendus à Lacédémone, reçurent toutes
sortes d'honneurs.

Si d'autres n'eurent point à se louer de
l'accueil des Lacédémoniens, ils devoient
s'en prendre à eux-mêmes; Archiloque
de Paros étoit à peine entré dans la ville,
qu'on l'en fit sortir pour avoir autrefois
dit dans ses poésies, qu'il vaut mieux fuir
que mourir les armes à la main. Ils chas-
serent encore Méandrius, tyran de Samos,
pour avoir distribué des vases d'or & d'argent; & Mythécus, trop habile cuisinier,
pour avoir employé des mets qui flattant
le goût, ne convenoient point à la frugalité lacédémonienne. Cette extrême attention à réprimer l'affluence des étrangers dans leur pays étoit d'autant plus
nécessaire, que ces étrangers s'aviserent
quelquefois d'abuser des bontés dont on
les honoroit après les avoir reçus jusqu'à
commettre de basses insolences au milieu
même de Lacédémone; témoins ces hommes hardis de Clazomene, qui rempli-
rent de boue & d'ordures les chaires des
éphores destinées à rendre la justice, & à
régler les affaires de l'état. Ces magistrats affecterent de n'en point paroitre
offensés; ils firent simplement annoncer
dans les rues cette ordonnance laconique:
" Qu'on sache qu'il est permis aux Clazo-
méniens de faire des sottises."

Lacédémone eut des magistrats particuliers pour avoir l'œil sur les étrangers;
on les nomma, proxenes, du nom de leur
emploi; ils étoient chargés de recevoir
les étrangers, de pourvoir à leur logement, de fournir à leurs besoins & à leurs
commodités, de les produire en public,
de les placer aux spectacles & aux jeux,
& sans doute de veiller sur leurs actions.
L'usage des proxenes devoit être commun parmi les différens peuples de la
Grece, qui s'envoyoient continuellement
des députés les uns aux autres pour traiter les affaires publiques: par exemple,
Alcibiade athénien & Polydamas thessa-

sien, furent proxenes des Lacédémoniens, l'un à Athènes & l'autre en Thessalie ; par la même raison, les Athéniens & les Thessaliens avoient leurs proxenes lacédémoniens dans la ville de Sparte.

L'étranger n'eut jamais plus de liberté de venir chez les Lacédémoniens, que lorsqu'ils se furent rendus maîtres d'Athènes. Le relâchement qui s'introduisit alors dans les mœurs entraîna peu-à-peu la décadence de leur *xénilasie*, & des principales maximes de leur gouvernement. Ils commencèrent à rechercher les plaisirs de la vie, & il fallut bien que les étrangers leur en procurassent les moyens, puisque Lacédémone n'avoit ni négoce, ni connoissance des arts frivoles. On en vint dans la suite des tems jusqu'à ouvrir aux étrangers dans la ville de Las un entrepôt général pour le commerce maritime. Enfin la *xénilasie* s'oublia, & les Spartiates perdirent leurs vertus. Cet article peut paroître long, mais il s'agit de Lycurgue & de Lacédémone. (*D. J.*)

XÉNIÆ, *Géog. anc.* Cicéron nomme ainsi des bains. On les appelloit de ce mot, *quasi hospitales*, comme il paroît par l'oraison pour Cælius, *ch. xxv.* Quelques éditions portent *Xenie ad Balneas Xenias.* Gruter a rétabli le mot *Xenias* sur l'autorité des manuscrits. Ces bains étoient publics. (*D. J.*)

XÉNIES, s. f. pl. *xenia, Littér.* ; ce mot signifie chez les Grecs *les présens* qu'ils faisoient à leurs hôtes pour renouveller l'amitié & le droit d'hospitalité. Les gens riches & magnifiques dans cette nation avoient des appartemens de réserve, avec toutes les commodités possibles, pour y recevoir les étrangers qui venoient loger chez eux. La coutume étoit qu'après les avoir traité le premier jour seulement, ils leur envoyoient ensuite chaque jour quelques présens des choses qui leur venoient de la campagne, comme des poulets, des œufs, des herbages & des fruits. Les étrangers de leur côté ne manquoient pas de rendre à leurs hôtes présens pour présens, & ces divers dans de part & d'autre s'appelloient *ξένια*, comme on le voit dans Homere, qui nomme ainsi les présens que se font Glaucus & Diomede. C'est du mot *xénia* qu'a été formé celui de *xenodochion*, maison où l'on reçoit gratuitement les étrangers qui voyagent. (*D. J.*)

XENIL, LE, *Géog. mod.*, rivière d'Espagne. Elle prend sa source au royaume de Grenade, passe près de la ville de Grenade, & va se rendre dans le Guadalquivir. C'est la *Singulis* des anciens.

XÉNISMES, s. m. *Antiq. grecq.*, *ξενισ-μοὶ*, sacrifice qu'offroient les Athéniens dans leurs fêtes annacées en l'honneur des Dioscures. Ces sacrifices s'appelloient *ξενισμοὶ*, parce que ces deux divinités étoient *ξένοι*, c'est-à-dire, étrangeres. Athénée, *deipnos. l. II.* fait mention des jeux qu'on célébroit dans cette réjouissance. *Voyez* Potter, *archæol græc. l. II. c. xx. t. I. p.* 366. (*D J.*)

XÉNIUS, *Myth.*, c'est-à-dire, l'*hospitalier*, c'étoit chez les Grecs une des épithetes de Jupiter.

XÉNOCLÉE, s. f. *Mythol.*, prêtresse de Delphes. Ayant vu venir Hercule pour consulter l'oracle d'Apollon, elle refusa de lui rendre aucune réponse, parce qu'il étoit souillé du sang d'Iphitus, qu'il venoit de tuer. Hercule offensé de ce refus, emporta le trépié de la prêtresse, & ne consentit de le rendre qu'après qu'il eut reçu satisfaction. C'est delà, dit Pausanias, que les poetes ont pris occasion de feindre qu'Hercule avoit combattu contre Apollon pour un trépié.

XÉNODOQUE, s. m. *Hist. nat.*, c'étoit dans l'église romaine un officier chargé de l'inspection du lieu nommé *Xenodochium*, destiné à recevoir les hôtes, pélerins, pauvres, voyageurs, ce que nous pourrions rendre en françois par *hospitalier. V.* HOSPITALIER.

S. Isidore, prêtre d'Alexandrie, & qui vivoit dans le IVe siecle, fut nommé *Xenodochus*, parce qu'on lui avoit confié dans cette église le soin de la réception & du traitement des étrangers.

XENSI, *Géog. mod.*, province de la Chine, la troisieme de cet empire ; elle est bornée par la grande muraille, par le fleuve Jaune & par des montagnes. Elle contient 8 métropoles & 107 cités, quelques mines & beaucoup de rhubarbe ; le terroir y est fertile, à cause des rivieres & des torrens qui l'arrosent : Sigan est la capitale de cette province. (*D. J.*)

XENXUS, s. m. *Hist. mod. superst.*, ce sont des moines du Japon qui professent la religion de Budsdo. Le P. Charlevoix, jésuite, nous apprend que pour se rendre agréables aux grands, ils ont cherché à rendre la morale facile, & à débarrasser la religion de tout ce qu'elle peut avoir de gênant : ce sont des casuistes relâchés qui décident toujours en faveur des passions.

Ils nient l'immortalité de l'ame, & l'existence de l'enfer & du paradis ; ils enseignent que toutes les espérances des hommes doivent se borner aux avantages de la vie présente, & ils prétendent appuyer leurs opinions sur la doctrine intérieure de Sixka, qu'ils accommodent à leur morale corrompue. V. SIAKA.

XERANTHEME, s. m., *xeranthemum*, Hist. nat. bot., genre de plante à fleur radiée, dont le disque est composé de plusieurs fleurons soutenus par un embryon ; la couronne de cette fleur est formée de pétales plats qui ne tiennent à aucun embryon, & qui sont contenus avec les fleurons dans un même calice. L'embryon devient dans la suite une semence garnie d'un chapiteau composé de petites feuilles. Tournef. *Inst. rei herb.* V. PLANTE.

XÉRÈS DE BADAJOS, ou XÉRÈS DE LOS CAVALLEROS, Géogr. mod., ville d'Espagne dans l'Estramadure, au royaume de Léon, sur le torrent d'Ardilla, à 4 lieues au midi de Badajos. Charles V lui accorda le titre de cité. Son terroir est rempli d'excellens pâturages, où l'on nourrit quantité de bêtes à cornes. *Long.* 10. 40 ; *lat.* 38. 8. (D. J.)

XÉRÈS DE LA FRONTERA, Géogr. mod., ville d'Espagne, dans l'Andalousie, sur le bord du Guadalquivir, à deux lieues du port de Sainte-Marie, à trois d'Arcos, à quatre de Saint-Lucar, à cinq de Cadix, à quinze de Séville, à vingt-huit de Cordoue, & à cent de Madrid. Elle est grande & bien peuplée de beaucoup de noblesse. Elle a été bâtie sur les ruines de l'ancienne *Asta regia*. Son terroir est des plus fertiles, couvert d'orangers, de citronniers, d'oliviers & d'autres arbres fruitiers. Les vignes y produisent les meilleurs vins d'Espagne. C'est aux environs de cette ville que Roderic, dernier roi des Goths, perdit en 712 une bataille décisive. *Long.* 11. 30 ; *lat.* 36. 37. (D. J.)

XÉRÈS DE LA FRONTERA, Géogr. mod., nom de deux bourgades de l'Amérique septentrionale, dans la nouvelle Espagne ; l'une est dans l'audience de Guatimala, l'autre dans la province de la nouvelle Galice, à 30 lieues de Guadalajara.

XÉRICA, Géogr. mod., petite ville d'Espagne, au royaume de Valence, sur le Morvedro, au dessus de Ségorbe, & à deux lieues de cette ville. *Long.* 16, 52 ; *lat.* 39, 56.

XÉRIMENHA, Géogr. mod., petite ville de Portugal, dans la province d'Alentéjo, au sud-ouest d'Elvas, près de la Guadiana.

XEROMYRON, s. m. Pharm. anc. Les anciens nommoient ainsi une composition d'aromates secs réduits en poudre, qu'on appelle improprement *onguent gras* ; car il n'entroit dans leur composition aucun ingrédient qui fut tel. (D. J.)

XEROPHAGIE, Hist. ecclés., dans l'histoire ecclésiastique, est l'action de se nourrir d'alimens secs. Ce mot est dérivé du grec, & composé de ξηρός, sec, & de φαγεῖν, manger, comme qui diroit *jeûne où l'on ne mange que des choses seches.*

C'étoit le nom que dans la primitive église on donnoit aux jours de jeûne auxquels on ne mangeoit que du pain avec du sel, & où l'on ne buvoit que de l'eau. Ces grands jeûnes se faisoient pendant les six jours de la semaine sainte par dévotion, mais non par obligation ; & Tertullien, dans son livre de l'abstinence, remarque que l'Église recommandoit la *xérophagie* comme une pratique utile en temps de perfécution. Elle condamna les Montanistes qui vouloient faire de la *xérophagie* un précepte pour tout le monde pendant plusieurs carêmes, qu'ils prétendoient instituer dans le cours du carême. Philon rapporte que les Esséens ou Esséniens & les Térapeutes observoient aussi des *xérophagies* en certains jours, n'ajoutant au pain & à l'eau que du sel & de l'hysope. V. ESSÉNIENS & THÉRAPEUTES.

Les athlètes chez les païens pratiquoient aussi en certains jours la *xérophagie*, mais uniquement par principe de santé, & pour entretenir leurs forces. V. ATHLÈTES, JEUNE, ABSTINENCE.

XÉROPHTHALMIE ou plutôt SCLÉROPTHALMIE, s. f. Chir. Maladie des yeux, en latin *lippitudo arida palpebrarum*, gratelle des paupieres ; c'est une chassie seche fermement adhérente aux bords des paupieres, lesquelles sont un peu enflées, rouges, médiocrement douloureuses, & pesantes. (D. J.)

XÉROPHTHALMIQUES, *Méd.*, de ξηρὸς & ὀφθαλμία, *ophthalmica ficca;ce* font des remedes propres pour l'inflammation-feche des yeux ; tels font le lait de fèmme, le petit lait, l'eau de guimauve, les eaux de chélidoine , d'euphraife , de cyanus ou bluet , & de plantin. *Voyez* **OPHTHALMIQUES.**

XÉROTRIBIE, f. f. *Médec. anc.*, *xerotribia* en latin, en grec ξηροτρίβια, de Ξηρὸς , fec, & τρίβω , *frotter* ; c'étoit chez les anciens, toute friction feche faite avec la main ou autrement fur une partie malade, pour y rappeller la chaleur & la circulation. (*D. J.*)

XERTE, LA, *Géogr. mod.*, ou la *Xerte*, riviere d'Efpagne , au royaume de Léon , dans l'Eftramadure. Elle a fa fource au mont de Tornavacas , & après un cours de treize lieues elle fe rend dans l'Aragon. (*D. J.*)

XESTE, XESTA, du grec ΞΕΣΤΗΣ, f. m. *Hift. anc.*, mefure attique égale au fextier romain. *V.* **SEXTIER.**

X I

XICONA, *Géogr. mod.*, & par l'auteur de la *Poblacion général de las Efpagnas*, *Sexona;* petite ville d'Efpagne, au royaume de Valence, entre des montagnes , au nord d'Alicante , & un château bâti fur une hauteur. Il croît dans fes environs du vin auffi eftimé que celui d'Alicante. *Long.* 17 ; 22 ; *lat.* 38. (*D. J.*)

XILOA, LA, *Géogr. mod.*, riviere d'Efpagne , en Aragon. Elle a fa fource auprès d'Albaracain , & fe jette dans le Xalon auprès de Calatajud.

XILOCASTRO, *Géogr. mod.*, bourg de la Morée , au duché de Clarence , à deux lieues au fud du golfe de Lépante , & à treize au levant de la ville de Patras. Niger fuivi par M. de Lifle , croit que ce bourg a été fondé fur les ruines de l'ancienne Ægyra, ville du Péloponnefe, dans l'Achaïe propre.

XILOTEPEQUE, *Géogr. mod.*, canton de l'Amérique feptentrionale , au Mexique. Il eft au nord-oueft de Méchoacan, entre la riviere de Panuco & la ville de Mexico. Il renferme quelques bourgs & des villages.

XIMENA, *Géogr. mod.*, ville d'Efpagne, dans l'Andaloufie, à cinq lieues au nord de Gibraltar , fur une montagne pleine de rochers, auprès de laquelle eft du côté de l'orient , un pays très-fertile , arrofé par une petite branche du Guadiaro. L'ancienne *Ximena* eft fur le fommet de la montagne , & l'on juge par les arcades & par les voûtes , qu'elle a été bâtie par les Maures. M. Conduitt y a trouvé l'infcription fuivante fur une pierre d'une des portes de cette ville ruinée : *L'Herennio Herenniano, L. Cornelius Herennius Rufticus Nepos ex teftamento pofuit nonis Martiis Sex. Quintilio Condiano Sex Quintilio Maximo Caff.* Le pere Mariana, *liv. III , chap. ii ,* dit que la caverne où Craffus vint fe cacher , étoit proche de *Ximena.* M. Conduitt fit fans fuccès trois lieues à la ronde pour la découvrir; cependant il eft vrai qu'il y a plufieurs cavernes dans cette partie de l'Efpagne. *Long.* 11, 30 ; *lat.* 36, 14. (*D. J.*)

XIMENIE, f. f. *Hift. nat. Botan.*, *Ximenia*, genre de plante à fleur monopétale, en forme de cloche, divifée en trois parties, dont l'extrémité eft ordinairement recourbée en dehors. Le piftil fort du calice , & devient dans la fuite un fruit ovoïde & mou, qui contient un noyau dans lequel il y a une amende de la même forme que le fruit. Plumier , *nova plant. amer. genera. V.* **PLANTE.**

XINGU, LE , *Géogr. mod.*, riviere de l'Amérique méridionale, qui prend fa fource dans les mines du Bréfil, & fe rend dans l'Amazone , entre les forts de Paru & de Curupa , par plufieurs bouches. Le *Xingu* peut avoir une lieue de large à fon embouchure.

C'eft la même riviere que le P. d'Acunha nomme *Paranaiba* , & le P. Fritz dans fa carte, *Aoripana* ; elle defcend, ainfi que celle de Topayos, des mines du Bréfil ; elle a un faut à fept à huit journées au deffus de fon embouchure , ce qui n'empêche pas qu'on ne puiffe la remonter en canot, au moins deux cents lieues, s'il eft vrai que cette navigation demande plus de deux mois.

Ses bords abondent en deux fortes d'arbres aromatiques , l'on appelle *cuchiri* , & l'autre *puchiri*. Leurs fruits font à-peu-près de la groffeur d'une olive;ou les rape comme la noix mufcade, & on s'en fert aux mêmes ufages. L'écorce du premier a la faveur & l'odeur du clou de girofle, que les Portugais nomment *cravo*: ce qui a fait appeller par corruption l'arbre qui produit cette écorce, *bois de crabe* par les François de Cayenne. Si les épiceries qui nous viennent de l'Orient, laissoient quelque chose à désirer en ce genre, celles-ci seroient plus connues en Europe. On ne laisse pas d'en porter à Lisbonne une assez grande quantité. Elles passent en Italie & en Angleterre, où elles entrent dans la composition de diverses liqueurs. (*D. J.*)

XINIA, *Géog. anc.*, ville de Thessalie, avec un lac nommé *Xynias*; ce nom n'est que le génitif de l'autre, & veut dire *de Xynie*. Tite-Live, *liv. XXXII*, *&. l. XXXIX*, parle de *Xyniæ* au pluriel. Ce n'étoit qu'une bourgade aux confins des Perrhebes. (*D. J.*)

XIPHIAS, s. m. *Phyf.*, météore ignée en forme d'épée. *V.* MÉTÉORE.

Il diffère de celui qu'on appelle *acontius*, en ce que ce dernier est plus long & moins large dans le milieu, ressemblant davantage à un dard. *Voyez* ACONTIAS. *Chambers.*

XIPHINUS, *Hist. nat.*; nom sous lequel on a voulu désigner le saphir.

XIPHION, s. m. *Hist. nat. Botan.*, genre de plante décrit sous le nom d'*iris bulbeux*. *V.* IRIS BULBEUX.

XIPHOÏDE CARTILAGE, *Anat.*, le cartilage *xiphoïde* est une petite appendice du sternum, on appelle ce cartilage *xiphoïde* ou *ensiforme*, parce qu'il est aigu, & ressemble un peu à la pointe d'une épée. Quelquefois ce cartilage est triangulaire, ou oblong, ou partagé en deux, dont la plus grande partie passe par dessus la plus petite, comme on le voit dans la plante que l'on nomme hyppoglossum, & entre ces deux parties, l'artere & la veine mammaire passent de chaque côté. D'autres fois ce cartilage est séparé en deux comme une fourchette. Il est ordinairement de la longueur d'un pouce, quelquefois de deux, & même de quatre, ainsi que Palfin l'a remarqué. Bourdon rapporte avoir vu un sujet où ce cartilage manquoit.

Plusieurs anatomistes prétendent que lorsque ce cartilage n'est point divisé, il se rencontre un trou par lequel passent les vaisseaux mammaires internes. Quelquefois aussi on observe un trou au milieu du sternum par où passent ces vaisseaux, ce qui arrive plus souvent aux femmes qu'aux hommes; mais quand il manque aux femmes, l'on trouve presque toujours

un trou dans ce cartilage; quelquefois aux hommes ces vaisseaux passent aux côtés. Riolan assure avoir vu une femme, qui avoit ce trou si grand dans le sternum, que l'on y pouvoit presque introduire le petit doigt.

Il arrive quelquefois par une cause intérieure, que le cartilage *xiphoïde* vient à se relâcher & à s'enfoncer en dedans : cet accident est suivi de grandes douleurs, par la compression que souffre alors le ventricule, avec perte d'appétit, & vomissemens : ce qui fait que le malade devient maigre & fort foible.

Pour réduire ce cartilage, quelques chirurgiens conseillent d'appliquer deux ou trois fois une ventouse qui ait une grande embouchure, & de la tirer subitement & avec effort, après l'avoir laissée un peu de temps, afin de donner au malade la liberté de respirer. Cependant cette sorte de réduction proposée par les anciens, n'est plus en usage & est mal imaginée; on se contente dans ce cas de porter le doigt assez profondément, en l'appuyant sous la courbure du cartilage, pour le redresser autant qu'il est possible; mais il faut convenir qu'on n'en vient point à bout; cependant le lecteur peut consulter la dissertation de Codronchus, *de prolapsu cartilaginis mucronatæ*.

Le commun du peuple appelle la courbure du *xiphoïde* dont nous venons de parler le *brechet*. (*D. J.*)

XIPHOS, s. m. *Antiq. grecq.*, ξίφος nom d'un supplice capital chez les Athéniens qui consistoit à avoir la tête tranchée par l'épée. Potter, *Archæol. grecq. tome I, page* 133. (*D. J.*)

XIRIA, *Géogr. mod.*, montagne de la Morée, sur les confins de la Zaconie & du Belvéder. On la prend pour l'ancienne Pholoë, montagne de l'Arcadie, dont Pline parle, *l. IV, c. vj.* (*D. J.*)

XIRIS, s. m. *Hist. nat. Bot.*, c'est le nom que les botanistes, les Bauhins, Gérard, Parkinson, Ray, Tournefort, & autres, ont donné à notre glayeul puant. *Voyez-en l'article.*

Mais dans le système botanique de Linnæus, le *xiris* forme un genre de plante particulier, dont voici les caractères.

Le calice de la fleur est une sorte d'épi fait d'écailles arrondies, creuses, rangées en maniere de tuiles, qui divisent la fleur; la bâle de l'épi a deux battans, arqués en formé de petit bateau. La fleur est composée de trois pétales, grands, applatis, déployés & dentelés dans les bords; les étamines font trois filets déliés, plus courts que la fleur; les houssettes des étamines font oblongues & droites; le germe du pistil est arrondi; le style n'est qu'un simple filet; le stigmate est divisé en trois parties; le fruit est une capsule arrondie, contenant intérieurement le calice, avec trois loges, & trois battants; les graines font très-nombreuses, & fines comme de la poussière. Linnæi, *gen. plant.* p. 11. (*D. J.*)

X O

XOA, ou XAOA, ou SEWA, *Géogr. mod.*, royaume de l'Ethiopie, dans l'Abissinie; c'est un grand royaume arrosé du fleuve Jéma, qui le coupe de l'est à l'ouest. (*D. J.*)

XOCHICOPALLI, f. m. *Hist. nat. Bot. exot.*, arbre de médiocre hauteur des Indes occidentales; il est commun dans la province de Méchoacan. Son tronc & son écorce produisent par incision une liqueur qui sent le limon, & à laquelle on attribue les vertus de la résine copak. Les feuilles de cet arbre font longues de cinq à six ponces, larges de deux, d'un verd obscur; ses fleurs font composées de quantité d'étamines jaunes. (*D. J.*)

XOCHINACAZTLI, f. m. *Hist. nat. Bot. exot.*, plante mexicaine qui croît dans la nouvelle Espagne; fa fleur, dit Hernandez, entre dans la composition du chocolat; elle contribue à le rendre agréable à l'odeur & au goût. (*D. J.*)

XOCHIOCOTZOL, f. m. *Hist. nat. Bot.*, c'est le nom que les Indiens mexicains donnent à l'arbre qui fournit par incision la résine appellée *liquidambar*. Cet arbre est d'une grandeur extraordinaire; ses feuilles ressemblent à celles du laryax; elles font divisées dans leurs deux parties en trois angles, blanchâtres d'un côté, d'un verd obscur de l'autre, & dentelées à l'entour; l'écorce de cet arbre est rougeâtre. *V.* LIQUIDAMBAR.

XOCOXOCHITL, f. m. *Hist. nat. Bot.*, arbre particulier à la province de Tabasco, dans la nouvelle Espagne; ce qui fait que les Espagnols ont nommé fon fruit *poivre de Tabasco.* Cet arbre est très-grand; ses feuilles font semblables à celles d'un oranger, & font d'une odeur

agréable; ses fleurs font rouges, ressemblent à celles d'un grenadier, & ont l'odeur de l'orange; ses fruits font ronds, d'abord verds, ensuite rougeâtres, enfin ils deviennent noirs; leur goût est fort âcre; on s'en sert pour assaisonner les alimens.

XODOXINS, f. m. plur. *Hist. mod. superstit.*, ce font des bonzes ou moines Japonnois de la secte de Budsdo ou de Siaka, qui suivent littéralement les préceptes de Siaka, & qui ont en horreur la morale relâchée des Xenxus; ils rendent un culte particulier au dieu Amida. *Voy.* SIAKA (*religion de*).

XOIS, *Géog. anc.*, ville d'Egypte, dans le nome qui prenoit d'elle le nom de *Xoïte*; Ptolomée, *l. IV*, c. v. parle du nome & de la ville. (*D. J.*)

XOLO, *Géog. mod.*, grande isle d'Asie, dans l'Archipel des Moluques, à trente lieues de Mindanao, vers le sud-est, & qui est gouvernée par fon roi particulier. J'ai déjà parlé de cette isle sous le nom de *Giolo*: j'ajouterai seulement que c'est dans cette isle qu'arrivent tous les navires de Borneo; & on peut l'appeller la Foire de tous les royaumes maures. La chaleur de l'air y est tempérée par des pluies fréquentes qui rendent le terroir abondant en ris.

On assure que cette isle est la seule des Philippines où il y ait des éléphans; & parce que les indiens ne les apprivoisent pas, comme l'on fait à Siam & à Camboye, ils s'y font extrêmement multipliés; on y trouve des chevres, dont la peau est mouchetée comme celle des tigres. On estime beaucoup un oiseau nommé *salangan*, qui fait son nid comme les moineaux; ces nids étant bouillis, passent pour fortifians. Parmi les Fruits, cette isle a le durion, & beaucoup de poivre que les habitans recueillent verd, & un fruit particulier qu'ils appellent *du paradis*, & les Espagnols *fruit du roi*, parce qu'il ne se trouve que dans son jardin. Il est gros comme une pomme ordinaire, de couleur de pourpre; il a de petits pepins blancs, gros comme des gousses d'ail, couverts d'une écorce épaisse comme la semelle d'un soulier, qui font d'un goût très-agréable. (*D. J.*)

XOMOLT, f. m. *Hist. nat. Ornith.*, nom d'un oiseau d'Amérique, dont les Indiens emploient les plumes pour se parer; c'est un oiseau de riviere ou de marécage à piés plats, & garnis d'une membrane comme l'oie ; sa gorge est brune ; son dos & la partie supérieure de ses ailes sont noirs ; quand cet oiseau est en colere, il dresse les plumes de sa tête en forme de crête. (*D. J.*)

XOXOUHQUITICLIPATLI, s. m. *Hist. nat. Ornitholog.*, nom Américain d'une pierre du genre des jaspes, & d'un très-beau verd ; mais ordinairement elle est pâle, quelquefois teinte de gris, & marquetée de taches d'un verd foncé. On trouve cette pierre parmi les néphrétiques dont le pays abonde, & dont les Indiens font un grand cas à cause des vertus qu'ils lui attribuent dans diverses maladies ; cependant ils n'en donnent aucune à cette espece particuliere. (*D. J.*)

X R

ΧΡΗΣΤΟΣ, *Inscript.* Ce mot qui veut dire *très-bon*, se trouve fréquemment sur les tombeaux, & dans les anciennes épitaphes des Grecs & des Romains. (*D. J.*)

XPOA, *Musiq. anc.*, n'est point le genre chromatique, comme l'ont cru plusieurs traducteurs. Χρόα n'est autre chose que la division d'un genre musical en ses différentes especes, selon Euclide. (*D. J.*)

ΧΡΥΣΟΦΥΛΑΞ, *Antiq. grecq.*, c'est-à-dire, gardien de l'or d'Apollon, quoiqu'il n'eût point l'or en garde. C'étoit un ministre subalterne du temple de Delphes, administrateur de tout ce qui regardoit la propreté de ce temple sacré, il habitoit à l'entrée du sanctuaire. Il falloit qu'il se levât tous les jours avec le soleil, & qu'il balayât le temple avec des rameaux de laurier cueillis autour de la fontaine de Castalie ; qu'il attachât des couronnes du même laurier sur les murailles du temple & sur les autels autour du trépié sacré ; qu'il en distribuât aux prophetes, aux phœbades, aux poëtes, aux sacrificateurs, & aux autres ministres.

Il alloit après cela puiser de l'eau de la fontaine de Castalie dans des vases d'or, & en remplissoit les vases sacrés, placés à l'entrée du temple, où l'on étoit obligé de purifier ses mains en entrant. Il faisoit ensuite une aspersion de cette même eau sur le pavé du temple, sur les portes, & sur les murs, avec un goupillon de laurier.

Quand tout cela étoit achevé, il prenoit un arc ou un carquois, & alloit donner la chasse aux oiseaux qui venoient se poser sur les statues dont le temple étoit environné ; voilà d'où lui vint le nom de gardien de l'or d'Apollon. Il ne tuoit pourtant ces oiseaux qu'à la derniere extrémité, & lorsqu'il avoit employé sans effet les cris & les menaces ; mais entre les oiseaux la colombe étoit privilégiée, & pouvoit habiter en sûreté dans le temple du dieu.

Le ministre dont nous parlons, étoit obligé de vivre dans la continence pendant les fonctions de son ministere ; il est vraisemblable qu'il y en avoit plusieurs de son ordre qui se relayoient tour-à-tour. (*D. J.*)

X U

XUCAHA, *ou* **XUCAAHI**, *Bot. des Arabes*, nom d'une plante célébrée pour ses vertus par les anciens médecins Arabes ; mais nous ne connoissons plus aujourd'hui cette plante. Sa racine étoit formée de différens nœuds, qui étant séparés & séchés, acquéroient une couleur jaunâtre ; la substance de cette racine étoit très-légere, spongieuse, d'une odeur aromatique agréable, mais d'un goût amer ; au reste semblable de figure à la racine du souchet ; ils la vantoient pour ses vertus cordiales & stomachiques. (*D. J.*)

XUCAR (LE), *Géog. mod.*, riviere d'Espagne, au royaume de Valence. Le *Xucar* est le *Sucro fluvius* des anciens, fleuve de l'Espagne tarragonoise. Il prend sa source dans la Nouvelle-Castille, traverse la petite province de la Sierra, où il reçoit deux petites rivieres, le Gabriel & l'Oriara ; après cela il vient arroser le royaume de Valence en largeur, de l'occident à l'orient, & va perdre son nom & ses eaux dans la mer, près d'une petite place nommée *Cullera*, qui donne son nom à un cap voisin. (*D. J.*)

XUCHINACAZTLI, s. m. *Hist. nat. Bot.*, fleur du Mexique, qui a la forme d'une oreille humaine. Les pétales sont d'un beau pourpre à l'intérieur, & vertes en dehors ; l'odeur en est très-agréable. Les Espagnols la nomment *flor de la oreja*, ou *fleur de l'oreille*.

XUEHIA, *Géog. anc.*, contrée de la Sicile, selon Diodore de Sicile, *l. V, c. viij*, on l'a nommée ensuite *Leontinus ager*. L'ancien nom venoit de Xuthus son ancien maitre, & le nouveau de la ville *Leontini*,

Leontini, aujourd'hui *Lentini*. Etienne le géographe fait une ville de ce canton.

XUITCHEU, *Géog. mod.*, ville de la Chine dans le Kiadgû, elle est voisine du fleuve Hoayang, Longit. suivant le P. Noël, 152ᵈ, 46', 30''; latitud. 28, 52. (*D. J.*)

XV - VIR, *Antiq. inscript. médec.*, écriture abrégée qui veut dire *quindecimvir*. Les antiquaires se servent de cette abréviation d'après les médailles, & autres monumens de l'antiquité. (*D. J.*)

XUXUY, *Géogr. mod.*, autrement & plus communément *San-Salvador*; ville de l'Amérique méridionale au Paraguay, dans la partie septentrionale du Tucuman, sur une riviere qui se jette dans Rio-Vermejo.

X Y

XYLO-ALOE, le bois de l'aloès, appellé aussi *agallochum. Voy.* ALOÈS. Ce mot est composé de ξολον, *bois*, & de αλοϊ, *aloès*.

XYLOBALSAMUM, Histoire des drogues, ou *balsami lignum*, en grec ξολοβαλσίμον, est un nom sous lequel on apporte en Europe des tiges ou des rameaux grêles, ligneux, minces, tortus, noueux, branchus, de la grosseur d'une plume d'oie, ou du petit doigt, couverts de deux écorces; l'extérieure de ces écorces est mince, ridée, rousse; l'intérieure est d'un verd-pâle, d'une saveur & d'une odeur un peu résineuse, qui approche de celle de l'*opobalsamum*, lorsqu'il est récent. Il est rare de trouver le vrai bois du baumier dans les boutiques; ou si l'on en trouve, il est vieux & sans aucune odeur. A la place du *xylobalsamum* on y substitue des rameaux de lentisque oint d'*opobalsamum*. (*D. J.*)

. XYLOCARPASUM, *s. m. Hist. nat. Bot. anc.*, nom donné par les anciens auteurs à une sorte de bois vénéneux, c'étoit le bois d'un arbre dont la gomme s'appelloit *carpasum*, & qui étoit encore plus vénéneuse que le bois même. Sa couleur étoit tout-à-fait semblable à celle de la myrrhe, venoit du même pays, & se trouvoit quelquefois mêlée avec elle, ce qui causoit de cruels accidens à plusieurs particuliers: aujourd'hui nous ne connoissons plus ni l'arbre, ni cette gomme vénéneuse; & notre myrrhe n'est funeste à personne. (*D. J.*)

XYLON *arboreum*, J. B. *Hist. nat. Bot.*, cette plante est un arbrisseau que l'on cultive en Egypte; ses branches & son tronc sont durs & ligneux. Les chirurgiens de ce pays se servent de son coton pour faire des tentes au lieu de linge, dans le pansement des plaies & des ulceres: ils en font le même usage que celui que nous faisons du linge dans les hémorrhagies. Ils emploient très-fréquemment le mucilage du *xylon* dans toutes les fievres brûlantes, & dans les poisons qui menacent d'érosion l'estomac & les intestins, ainsi que dans les toux qui viennent de la chûte d'humeurs âcres & salées. Prosper Alpin, *de med. ægyp.*

Cette plante a les propriétés des mauves. Ses semences sont employées dans les maladies de poitrine, & dans les toux violentes; elles facilitent l'expectoration.

XYLOPHORIE, *s. f. Hist. anc.*, formé du grec ξυλον, *bois*, & de φερω, *je porte.*

La *xylophorie* étoit une fête des Hébreux, dans laquelle on portoit en solemnité du bois au temple, pour l'entretien du feu sacré qui brûloit toujours sur l'autel des holocaustes. Nous ne trouvons cette fête marquée dans aucun endroit de l'écritture; mais Joseph en fait mention, *liv. II*, de la *guerre des Juifs*, *c. xvij*, & l'on croit communément qu'elle fut instituée dans les derniers temps de la nation, lorsque la race des Nathinéens étant presque éteinte, les prêtres & les lévites n'avoient plus de serviteurs pour leur préparer & leur apporter le bois nécessaire aux sacrifices. *V.* NATHINÉENS.

Selden veut que cette provision se fît dans le mois *Ab*, qui revient à-peu près à juillet. D'autres la mettent au mois *Elul*, qui répond à notre mois d'août. Les rabbins enseignent qu'on préparoit avec grand soin le bois qui devoit être brûlé sur l'autel; qu'on le nettoyoit très - proprement, & qu'on n'y laissoit ni pourriture, ni rien de gâté & de vermoulu. Mais on sait quel fond il y a à faire sur la plupart de leurs traditions. Calmet, *dictionnaire de la bible.*

XYLOPOLIS, *Géog. anc.*, ancienne ville de la Macédoine dans la Mygdonie, selon Ptolomée, *lib. III*, *ch. xiij*. Pline, *liv. IV*, *ch. x*. donne le nom des habitans selon sa coutume, & dit *Xylopolitæ.* (*D. J.*)

XYLOSTÉON, f. m. *Hift. nat. bot.*, genre de plante à fleur monopétale, foutenue par un calice double, qui n'a qu'un pédicule, & qui eft profondément découpé, & fait en forme de tuyau. Ce calice devient dans la fuite un fruit à deux baies molles, qui renferment chacune une femence applatie & prefque ronde. Tournefort, *Inftit. rei herb.* *Voyez* PLANTE.

On n'en connoît qu'une feule efpece, celle des Pyrénées. C'eft un arbriffeau qui fe foutient de lui-même, fans s'attacher aux plantes voifines. Il pouffe un bois blanc ; fes feuilles font oblongues, molles, d'un verd-blanchâtre, un peu velues. Ses fleurs font blanchâtres, attachées deux à deux fur un même pédicule, formées en tuyaux, évafées en cloche, & découpées en quatre ou cinq parties ; ces tuyaux font foutenus par un double calice. Ce calice après la chûte des fleurs, devient un fruit à deux baies, groffes comme de petites cerifes, molles, rouges, remplies d'un fuc amer, défagréable, & de quelques femences applaties, prefque ovales. Ce fruit au nombre de cinq ou fix baies, eft émétique & purgatif ; il n'eft point d'ufage en médecine, & avec raifon. (*D. J.*)

XYNELOPOLIS, *Géog. anc.*, ville bâtie par Alexandre. On ne fait pas trop où elle étoit. Elle fubfiftoit déja plus du temps de Pline, *l. VI, cb. xxiij*, qui dit : La navigation d'Onesicrite & de Néarque, ne marque ni les manfions, ni les diftances ; & premierement, on n'explique point ni fur quel fleuve, ni en quel endroit étoit *Xynelopolis* bâtie par Alexandre, d'où leur route commençoit. Cellarius, *Géog. ant. l. III, c. xxij, p. 854*, ajoute : il femble qu'elle ait été au bout de la Gédrofie, près de l'embouchure de l'Indus, parce que leur navigation commence en ce canton-là. (*D. J.*)

XYNOCÉES, f. f. pl. *Hift. anc.*, fêtes célebres chez les Athéniens, inftituées au fujet de la réunion que Théfée fit de toutes les bourgades & petites communautés de l'Attique, en un feul corps de république. Elles étoient fignalées par des facrifices, des jeux, & des repas publics dans le Prytanée. Leur nom eft formé du grec ξυν ou σσν, *enfemble* ou *avec*, & de οικεω, *inhabito*, pour marquer la réunion ou foçiété qu'avoient alors formé tous ces habitans, auparavant indépendans & difperfés. *Potter.*

XYSTARQUE, f. m. *Antiq. grecq.*, officier qui préfidoit aux xyftes & au ftade. Son autorité s'étendoit, non fur tout ce Gymnafe ; mais feulement fur tous les endroits de cet édifice, où s'exerçoient les athletes, c'eft-à-dire, fur les xyftes, le ftade, la paleftre, comme l'infinue Tertullien, & comme il eft facile de le conjecturer d'une ancienne infcription grecque, qu'on lit à Rome fur le piédeftal d'une ftatue, dans le *forum Trajani*, & qui eft rapportée en latin par Mercurial. Au refte, fi le *xyftarque* n'étoit pas précifément le même que le gymnafiarque, on doit fe perfuader qu'il lui étoit peu inférieur, & qu'il tenoit dans le Gymnafe un rang très-honorable, puifque Ammian Marcellin fait mention en quelque endroit, de la pourpre & de la couronne du *xyftarque* ; ce qui prouve que cet officier préfidoit aux jeux & aux exercices. (*D. J.*)

XYSTE, f. m. *Littér. & Archit. Antiq.*, c'étoit chez les Grecs & les Romains, un lieu d'exercice confacré à divers ufages ; mais quoique le mot grec *xyftos*, défigne un lieu couvert deftiné aux exercices de la gymnaftique, le mot *xyftus* des Latins fignifie d'ordinaire une promenade découverte. Indiquons la forme & la coupe des *xyftes*, car c'eft une chofe peu connue.

1°. On faifoit l'alignement d'une place quarrée ayant de circuit deux ftades, qui font 250 pas. Trois de fes faces avoient un portique fimple, avec de grandes falles deffous, où les philofophes & autres gens de lettres fe rendoient pour difcourir & s'entretenir enfemble.

A la face, qui devoit être tournée au midi, les portiques étoient doubles, de peur que les pluies d'hiver ou d'orage, ne puffent paffer jufqu'au fecond, & qu'en été l'on eût auffi le moyen de s'éloigner davantage du foleil. Au milieu de ce portique, il y avoit une grande falle d'un quarré & demi de long, où l'on donnoit leçon aux enfans ; à côté de cette falle étoient les écoles des jeunes filles ; fur le derriere étoit le lieu où les athletes alloient s'exercer : plus avant, tout-au-bout de la façade du portique, on avoit les bains d'eau froide.

A main gauche de la falle des jeunes gens, les lutteurs s'alloient frotter d'huile , pour se rendre les membres plus souples & plus robustes, & proche delà étoit la chambre froide, où ils venoient se dépouiller. On entroit ensuite dans la chambre tiede, dans laquelle on commençoit à faire du feu & se tenir un peu chaudement, pour entrer après dans l'étuve, où le poele étoit d'un côté, & de l'autre le bain d'eau chaude. L'architecte ayant bien considéré que la nature ne passe jamais d'une extrémité à l'autre, que par des milieux tempérés, voulut à son imitation, que pour aller d'un lieu froid en un autre chaud, le passage se trouvât tiede.

A l'issue de tous ces appartemens, il y avoit trois portiques ; celui du côté de l'entrée étoit situé vers le levant ou le couchant ; les deux autres étoient à droite & à gauche, tournés l'un au septentrion & l'autre au midi, celui du septentrion étoit double, & large comme la hauteur de ses colonnes. Le portique qui regardoit le midi étoit simple, mais beaucoup plus ample que le précédent. Pour faire son compartiment on laissoit, tant du côté du mur, que du côté des colonnes, 10 piés de largeur. Cet espace donnoit un chemin en forme de levée, de laquelle on descendoit deux marches par un escalier de 6 piés, qui entroit dans un parterre couvert au moins 12 piés de profondeur. C'étoit-là que les athletes venoient s'exercer en hiver, sans recevoir aucune incommodité de ceux qui s'assem-

bloient sous le portique pour les regarder : les spectateurs de leur côté avoient aussi l'avantage de bien voir, à cause de l'enfoncement du terrein où combattoient les athletes ; ce portique s'appelloit proprement le *xyste*.

On avoit soin, en bâtissant les *xystes*, de ménager entre deux portiques quelques bosquets, & des allées d'arbres pavées à la mosaïque. Proche du *xyste*, à la face du portique double, on faisoit les alignemens des promenades découvertes, qu'on nommoit *péridromides*, dans lesquelles les athletes se rendoient en hiver.

A côté de ces édifices étoit une place où le peuple venoit se ranger pour voir plus commodément les jeux. A l'imitation de ces sortes d'édifices, quelques empereurs Romains pour se faire aimer du peuple, bâtirent des thermes magnifiques ; où tout le monde pouvoit aller & prendre le plaisir des bains. *V.* THERMES. (*D. J.*)

XYSTIQUE, s. m. *Antiq. rom.*, nom que l'on donnoit à Rome aux athletes des gymnases & aux gladiateurs qui, l'hiver, se battoient sous des portiques, & non pas en plein air. Suétone, *vie d'Auguste*, *c. xiv.* en parle.

XYSTIS, *Géog. anc.*, ancienne ville d'Asie, dans la Carie, selon Etienne le géographe. Pline, *l. V*, *ch. xxix*, en fait mention, & nomme ses habitans *Xystiani*. (*D. J.*)

Y

Y, f. m. , c'eft la vingt-quatrieme lettre
& la fixieme voyelle de notre alphabet,
où l'on appelle *i grec*. Cette dénomination vient de ce que nous en faifons ufage
au lieu de l'*v* (*u pfilon*) des Grecs , dans
les mots qui nous en viennent & que nous
prononçons par un *i*, comme *martyr*, *fyllabe* , *fymbole*, *fyntaxe*, *bypocrite*, &c. car
la figure que nous avons prife , après les
Romains, dans l'alphabet grec, y repréfen-
toit le *G* guttural,& s'y nommoit *gamma*.

Les Latins avoient pris , comme nous ,
ce caractere pour repréfenter l'*v* grec ;
mais ils le prononçoient vraifemblablement comme nous prononçons *u* , & leur
u équivaloit à notre *ou :* ainfi ils prononçoient les mots *fyria* , *fyracufa* , *fymbola* ,
comme nous prononcerions *furia* , *fura-
coufa* , *fumbola*. Voici à ce fujet le témoignage de Scaurus : (*de orth.*) *Y litteram
fupervacuam latino fermoni putaverunt ,
quoniam pro illâ U cederet : fed cùm qua-
dam in noftrum fermonem græca nomina
admiffa fint , in quibus evidenter fonus hujus litteræ exprimitur , ut hyperbaton &
hyacinthus , & fimilia ; in eifdem hûc lit-
terâ neceffariò utimur.*

Le néographifme moderne tend à fubftituer l'*i* fimple à l'*y* dans les mots d'origine grecque où l'on prononce *i* , & fait
écrire en conféquence *martir*, *fillabe*, *fim-
bole* , *fintaxe* , *bipocrite*. Si cet ufage devient général, notre orthographe en fera
plus fimple de beaucoup , & les étymolo-
giftes y perdront bien peu.

Dans ce cas , à l'exception du feul ad-
verbe *y*, nous ne ferons plus ufage de ce
caractere que pour repréfenter deux *ii*
confécutifs ; mais appartenans à deux fyllabes , comme dans *payer*, *payeur*, *moyen*,
joyeux, qui équivalent à *pai-ier*, *pai ïeur*,
moi-ïen , *joi-ïeux*.

Anciennement , les écrivains avoient
introduit l'*y* à la fin des mots, au lieu de
l'*i* fimple : on ne le fait plus aujourd'hui ,
& nous écrivons *balai* , *mari* , *lui* , *moi* ,
toi , *foi* , *roi* , *loi*, *aujourd'hui* , &c. c'eft
une amélioration réelle.

Baronius nous apprend , que Y valoit
autrefois 150 dans la numération , & Y
150000.

Y eft la marque de la monnoie de Bour-
ges. (*E. R. M. B.*)

Y, Y, *y*, *Ecriture*. Ces deux dernieres
dans leur figure font compofées dans leur
premiere partie , de la derniere partie
d'*m* & de l'*y* confonne ; la premiere eft
compofée d'un accent circonflexe , de la
derniere partie d'une ligne mixte , & de
la queue d'un *g*.

Y, Ï, *Géog. mod.*, l'*Y* ou l'*Yé*, eft un
golfe du Zuyderzée , qui fépare prefque
entiérement la Hollande méridionale de
la feptentrionale ; c'étoit autrefois une riviere. Elle en conferve encore le nom ,
quoique par l'inondation du Zuyderzée ,
elle foit devenue une efpece de bras de
mer, fur lequel eft fituée la ville d'Amfterdam , en forme de croiffant.

Antonides Van-der-Goés, ainfi nommé,
du lieu de fa naiffance , & l'un des célebres poëtes Hollandois du dernier fiecle,
a immortalifé l'*Y*, par le poëme qu'il intitula de *Y-Stroom*, la riviere d'*Y* ; le
plan de ce poëme , au défaut de l'ouvrage
même , mérite d'être connu des étrangers.

Il eft divifé en quatre livres. Dans le
premier, l'auteur décrit ce qu'il y a de
plus remarquable fur le bord de l'*Y* du
côté d'Amfterdam ; il ne néglige aucun
ornement pour embellir, & pour varier
fa matiere. Il y a quelque chofe d'heureux
dans le tableau qu'il trace d'un quartier
d'Amfterdam appellé *l'isle-neuve*. Il compare la rapidité dont les bâtimens de cette
ifle ont été conftruits , à la maniere dont
les murailles de Thebes s'éleverent d'elles-mêmes,dociles au fon de la lyre d'Amphion ; cependant , dit-il , cette ifle avec
fes palais magnifiques qui feront un jour
leurs propres fépulture, ne fe fera connoitre à la poftérité la plus reculée, que
par la gloire d'avoir été le féjour de l'amiral Ruyter. Il prend delà occafion de
chanter les louanges de ce grand homme
de mer ; enfuite il expofe aux yeux du
lecteur les bâtimens qui couvrent les
bords de l'*Y* ; mais ce n'eft pas d'une maniere feche qu'il les peint, tout y brille
d'ornemens,& des couleurs les plus vives.

En parlant de la compagnie des Indes
occidentales, il rapporte les guerres que

cette fociété a eues avec les Portugais. Il
décrit avec étendue le magafin de l'amirauté, & le palais de la compagnie des Indes orientales. Dans la defcription du
premier, il fait une peinture auffi grande
que terrible, de tous les inftrumens de
guerre qu'on y trouve entaffés. C'étoit autrefois, dit l'auteur, l'ouvrage des plus
grands monarques, d'élever un capitole;
mais ici des marchands ofent élever jufqu'au ciel, un bâtiment qui furpaffe les
palais des rois. La puiffance de la compagnie eft affez connue, par l'orient foumis
à fes loix; & le château prodigieux qu'elle
a fait conftruire reçoit le jour de plus de
trois mille & trois cents fenêtres.

. Dans le fecond livre, le poëte parcourt
une carriere très-vafte, & qui renferme
en quelque forte une partie de l'univers.
Après avoir fait l'éloge de la navigation,
il paffe en revue les flottes nombreufes
qui couvrent l'Υ, & qui vont prendre
dans le monde entier tout ce qui peut fervir à la néceffité & à l'orgueil des hommes. A cette occafion, il parle des expéditions hardies de l'amiral Heemskerk,
deftinées à chercher une route abrégée
vers les Indes par la mer Glaciale. Il s'é-
tend fur les malheurs où l'Amérique eft
tombée par fes propres richeffes. Il introduit l'ombre d'Attabalipa, qui, charmée
de voir dans les Hollandois les ennemis
de fes bourreaux, leur fait l'hiftoire des
cruautés des Efpagnols.

L'auteur fuit dans fa defcription la flotte des Indes : fa mufe parcourt les différens pays de cette vafte contrée, & décrit
avec pompe les différentes richeffes dont
chacune de ces provinces charge les vaiffeaux Hollandois. Non contente de donner une idée de l'étendue du négoce de la
Hollande dans ces climats, elle dépeint
la puiffance de fes armes & de fes tro-
phées, & nous trace pour exemple le tableau d'une bataille où fes foldats emportent une victoire fignalée fur les habitans de Macaffar. L'auteur retourne enfuite vers l'Υ, en décrivant les pays qu'il
découvre fur fon paffage.

· Etant de retour, il détaille les principales marchandifes que les autres parties
de l'univers fourniffent à la Hollande,
comme une efpece de tribut qu'elles
paient à l'induftrie de fes habitans. En
parlant des vins & d'autres objets de
luxe qui viennent de France, il déclame

avec autant de force que de bon fens
contre les vices que ce même pays tâche
de communiquer aux Hollandois.

Le livre troifieme eft une fiction d'un
bout à l'autre : le poëte eft entraîné tout
d'un coup au fond de l'Υ ; il voit le fleuve
avec fes demi-dieux & fes nymphes, allant à une fête qui devoit fe donner à la
cour de Neptune, pour célébrer l'anniver-
faire du mariage de Thétis & de Pelée.
L'auteur ne fuit ici ni Ovide, ni les autres mythologiftes : il feint que Thétis
autrefois mariée au vieux Triton, & laffe
de la froideur de cet époux furanné, s'é-
toit retirée de la cour de Neptune pour
pleurer fes malheurs dans la retraite.
Neptune & les autres divinités de la mer
touchées de fa douleur, la rappellent,
caffent fon mariage, & fe réfolvent à l'u-
nir au courageux Pelée, à qui ils defti-
nent en même temps l'immortalité avec
une éternelle jeuneffe. Thétis accepte
joyeufement ce parti, & Triton plus charmé des plaifirs de la bonne chere que de
ceux de l'amour, n'y fait aucune oppofition. Le mariage s'acheve, & les dieux
des eaux en folemnifent tous les ans la
mémoire.

C'eft à une de ces fêtes que le fleuve
alloit alors avec toute fa cour ; le poëte y
fut mené auffi par une des divinités aquatiques, qui le cacha dans un endroit du
palais de Neptune, où fans être vu il pouvoit tout voir. Les autres fleuves entrent
dans la falle du feftin, & à mefure qu'ils
arrivent, le poëte eft inftruit de leurs
noms, de leur origine & de leur puiffance. Les defcriptions qu'il en fait font poétiques & favantes, c'eft l'endroit le plus
beau du poëme. Le dieu préfomptueux de
la Seine, éclate contre l'Υ en paroles in-
jurieufes : l'Υ lui répond avec autant
d'éloquence que de phlegme. Le dieu de
la Seine finit fa déclamation en s'adref-
fant à l'Ebre, & lui reprochant d'être infenfible à la fierté d'un fujet rebelle. L'E-
bre replique que la haine qui l'avoit animé autrefois contre l'Υ, avoit été purifiée par le feu de la guerre, qu'il l'avoit
reconnu pour libre. On voit affez que cette
fiction eft une allégorie de l'invafion de
la France dans les Pays-Bas efpagnols,
& de la triple alliance.

Dans le quatrieme livre, l'auteur s'attache à dépeindre l'autre bord de l'Υ,
qui eft embelli par plufieurs villes de la

nord-Hollande: elles fourniroient cependant une matiere assez seche, si l'imagination fertile du poëte ne savoit tirer des
moindres sujets, des ressources propres à
enrichir son ouvrage. En décrivant la ville d'Edam, autrefois nommée *Ydam*,
c'est-à-dire, *digne de l'Y*, il rappelle
l'ancienne fable d'une syrene prise auprès
de cette ville par des pêcheurs: il en fait
une espece de sibylle, en lui prêtant la
prédiction de toutes les catastrophes que
les Bataves devoient surmonter avant
que de parvenir à cette puissance, dont
l'auteur a donné de si grandes idées. Cette
prophétie est un abrégé de l'histoire de
Hollande, & ce n'est pas l'endroit de l'ouvrage sur lequel les fleurs de la poésie
sont répandues avec le moins de profusion. La syrene finit par tracer un affreux
tableau de ces batailles navales qui se devoient donner un jour sur les côtes de
Hollande, entre cette république & l'Angleterre; enfin, l'ouvrage est terminé par
un discours aux magistrats d'Amsterdam,
à la sagesse desquels l'auteur rapporte
avec raison la richesse de cette puissante
ville.

Si ce poëme ne mérite pas le nom d'*é-
pique*, il ne paroît pourtant point indigne
de ce titre par l'heureuse fiction qui le regne, par la noblesse des pensées, par la
variété des images, & par la grandeur de
l'expression. A l'égard des défauts qu'on
y remarque, si l'on réfléchit à la préco-
cité des talens de l'auteur qui n'avoit que
vingt-quatre ans quand il le mit au jour,
l'on croira sans peine que s'il ne fût pas
mort à la fleur de son âge, il auroit conduit son ouvrage plus près de la perfection. Quoi qu'il en soit, il y a peu de
poëmes Hollandois où l'on trouve plus de
beautés que dans celui-ci. (*D. J.*)

YABACANI, s. m. *Hist. nat. Botan.*,
terme de relation, nom que les sauvages
donnent dans quelques isles de l'Amérique à une racine dont on vante la grande
vertu contre les serpens. Les François
nomment cette racine la *racine apinel*:
on peut en voir l'article dans l'histoire de
l'académie des sciences, qui eût mieux
fait de ne point transcrire dans son beau
recueil les petits contes fabuleux de M.
de Hauterive à ce sujet, *ann. 1724, p.*
19. Le plus plaisant est la réflexion qui les
termine: "rien, dit l'historien, n'est si
» commun que les voyages & les rela-

» tions, mais il est rare que leurs au-
» teurs ou ne rapportent que ce qu'ils
» ont vu, ou aient bien vu ». (*D. J.*)

YABAQUE, *Géogr. mod.*, petite isle
de l'Amérique, une des Lucayes, au nord-
ouest de celle de Maguana, & au nord de
celle de S. Domingue. *Lat.* selon de Laet,
22, 30. (*D. J.*)

YACARANDA, s. m. *Hist. nat. Bot.*
exot., arbre de l'isle de Madagascar; son
fruit est gros comme les deux poings, &
bon à manger quand il est cuit. Les sauvages en font une espece de bouillie pour
leur nourriture.

YACHICA, s. m. *Hist. nat. Bot. exot.*,
espece de prunier de Madagascar; il porte des fleurs jaunes, & des fruits semblables aux prunes, dont le noyau contient
une amande blanche & douce.

YACHT ou YAC, s. f. *Marine*, bâtiment ponté & mâté en fourche, qui a ordinairement un grand mât, un mât d'a-
vant & un bout de beaupré, avec une
corne, comme le heu, & une voile d'étai.
Il a peu de tirant d'eau, & est très-bon
pour de petites fregates, & sert ordinairement pour de petites traversées, & pour
se promener. On jugera de sa forme & de
sa grandeur par les proportions suivantes.

Proportions générales d'un yacht.

	piés.
longueur de la quille,	45
longueur de l'étrave à l'étambot,	56
longueur du ban,	14
creux,	7
hauteur de l'étambot,	12
hauteur de l'étrave,	13

Les grands *yachts* sont à-peu-près de la
même fabrique que les semaques; ils ont
des écoutilles, une tengue élevée à l'arriere, & une chambre à l'avant, au milieu de laquelle il y a une ouverture qui
s'éleve en rond au-dessus, en lanterne,
& qui est entourée d'un banc pour s'as-
seoir. Ils ont encore un faux étai, deux
pompes de plomb, une de chaque côté.
La barre de leur gouvernail, qui est de
fer, est un peu courbée, & il a au-dessus
une petite tanque, dont la grandeur est
proportionnée à la hauteur de la barre.
Ordinairement leur beaupré n'est pas fixe,
& on peut l'ôter & le remettre quand on
veut. *V. Pl. XIII, fig. 2, le dessein d'un
yacht.*

YAGUTH, s. m. *Hist. anc.*, divinité

adorée par les anciens Arabes idolâtres:
elle avoit la figure d'un lion.

YAMAMAH, *Géogr. mod.*, ville de
l'Arabie heureuse, dans le canton d'Hé-
gias; c'est une ville du desert, dans la région des montagnes, mais dans une plaine à l'orient de la Mecque. Elle a peu
d'habitans, peu de palmiers & beaucoup
de ruines: Atwal & Resem lui donnent
71 d. 45 de *long.* & 21 d. 31 de *lat.*(*D. J.*)

YAMBO, *Géogr. mod.*, petite ville
d'Asie dans l'Arabie, sur la côte orientale
de la mer Rouge, route de Médine, avec
un petit port qui en est éloigné de 10
lieues. *Long.* 53, 42; *lat.* 21, 38.

YAMÉOS, LES, *Géog. mod.*, peuple
sauvage de l'Amérique méridionale; leur
langue est d'une difficulté inexprimable,
& leur maniere de prononcer est encore
plus extraordinaire que leur langue: ils
parlent en retirant leur respiration, & ne
font sonner presqu'aucune voyelle. Ils
ont des mots que nous ne pourrions écrire, même imparfaitement, sans employer
moins de neuf ou dix syllabes, & ces
mots prononcés par eux, semblent n'en
avoir que trois ou quatre. *Pœtarrarorin-
couroac* signifie en leur langue le nombre
trois; heureusement pour ceux qui ont
affaire à eux, leur arithmétique ne va pas
plus loin.

Les *Yaméos* font fort adroits à faire de
longues sarbacanes, qui sont l'arme de
chasse la plus ordinaire des Indiens. Ils y
ajustent de petites fleches de bois de palmier, qu'ils garnissent au lieu de plume,
d'un petit bourlet de coton plat & mince,
qu'ils font fort adroitement, & qui remplit exactement le vuide du tuyau. Ils
lancent la fleche avec le souffle à trente
pas, & ne manquent presque jamais leur
coup. Un instrument aussi simple que ces
sarbanes, suppléée chez eux au défaut des
armes à feu. Ils trempent la pointe de
leurs fleches dans un poison si actif, que
quand il est reçu, il tue en moins d'une
minute l'animal, pour peu qu'il soit atteint jusqu'au sang. *Mémoire de l'académie des sciences, année* 1745. (*D. J.*)

YAMGAYA, *Economie*, espece de
mets fort en usage chez les Koreki & les
autres habitans de Kamtchatka. On le fait
en mêlant le sang des rennes avec de la
graisse; on met ce mélange dans l'estomac de l'animal, & on le fait fumer dans
la cheminée.

YAMIAMAKUNDA, *Géogr. mod.*,
ville d'Afrique dans le royaume de To-
mani, au midi de la riviere de Gambra.
Ses habitans commercent en ivoire & en
esclaves: les Anglois y ont un comptoir.
(*D. J.*)

YANDON, s. m. *Hist. nat. Ornithol.*,
espece d'autruche de l'île de Madagascar.

YANG-CHEU, *Géogr. mod.*, ville de
la Chine, dans la province de Nankin,
& sa septieme métropole: elle est marchande, riche & peuplée. *Long.* suivant le
P. Noël, 156, 39', 30''; *lat.* 33, 6. (*D. J.*)

YANI, *Géog. mod.*, pays d'Afrique à
l'est du royaume de Bursali, le long &
au nord de la riviere de Gambra, dans
l'espace de quatre-vingts lieues. On le divise en haut & en bas-*Yani*, qui sont séparés par la riviere de Sami. (*D. J.*)

YANOW ou JANOW, *Géogr. mod.*,
nom de deux petites villes de Pologne;
l'une dans la Podolie, au couchant de
Kaminieck, sur la riviere de Feret; l'autre aux confins de la Poldaquie
& de la Lithuanie, sur le Boug. (*D. J.*)

YAPOCO, *Géog. mod.*, riviere de l'A-
mérique méridionale dans la Guianne;
elle a plus d'une lieue de longueur à son
embouchure. (*D. J.*)

YAQUE, *Géog. mod.*, grande riviere
de l'isle de S. Domingue; elle a sa source
dans les montagnes de Cibar, & après
s'être grossie de plusieurs autres rivieres,
elle se jette enfin dans la mer, au couchant de Monte-Christo, longue chaine
de montagnes; les François nomment
cette riviere la riviere de *Monte-Christo*,
mais c'est un nom ridicule. (*D. J.*)

YARD, s. f. mesure d'*Angleterre*, nom
de la verge d'Angleterre; elle est de sept
neuviemes d'aune de Paris; ainsi, neuf
verges d'Angleterre font sept aunes de
Paris, ou sept aunes de Paris font neuf
verges d'Angleterre. La maniere de réduire les *verges* d'Angleterre en aunes de
Paris, est de dire en se servant de la regle de trois: si neuf *verges* d'Angleterre
font sept aunes de Paris, combien tant
d'aunes de Paris? Et si au contraire on
veut faire la réduction des aunes de Paris
en *verges* d'Angleterre, il faut dire, si
sept aunes de Paris font neuf *verges* d'Angleterre, combien tant d'aunes de Paris
feront-elles de *verges* d'Angleterre? La
regle vous indiquera ce que vous cherchez. (*D. J.*)

YARE, LA, *Géogr. mod.*, riviere d'Angleterre dans le comté de Norfolck ; elle prend sa source vers le nord-ouest, d'où coulant vers le sud-est, elle arrose la ville de Norwich qui en est la capitale ; ensuite après s'être grossie d'autres rivieres, elle se rend dans la mer, & forme à son embouchure un bon port appellé de son nom, *Yarmouth.* (*D. J.*)

YARMOUTH, *Géogr. mod.*, ville d'Angleterre dans la province de Norfolck, à l'embouchure de l'Yare, d'où lui vient son nom, à trente-six lieues au nord-est de Londres ; elle est grande, bien bâtie, & à quelques fortifications : son port est fort bon. La principale richesse de ses habitans consiste dans la pêche des harengs, qui est très-abondante sur la côte. Cette ville s'est accrue des ruines de l'ancienne *Gariam nonum*, dont il est parlé dans la notice de l'empire ; car la riviere d'Yare, qui donnoit son nom à la ville, se nommoit en satin *Gariam*, Sa *long.* 18, 55 ; *lat.* 52, 3. *Lang.* suivant Street, 19, 6' 30" ; *lat.* 52, 55. (*D. J.*)

YASSA, s. f. *Hist. mod. Jurisprud.*, c'est ainsi qu'on nomme chez les Tartares, un corps des loix dont le fameux conquérant Genghis-Kan passe pour être l'auteur. Timur-Beg ou Tamerlan les fit observer dans ses vastes états, & elles sont encore en vigueur aujourd'hui chez les Tartares de Crimée, & dans plusieurs autres parties de l'Asie, où ces loix sont appellées *Yassa Jenghiskani.* Quelques orientaux, amis du merveilleux, prétendent que Genghis-Kan n'en est point l'auteur, mais qu'elles sont dues à Turk qui, suivant les traditions orientales, étoit fils de Japhet, & petit-fils de Noé, fondateur de la nation tartare. M. de la Croix a donné dans la vie de Genghis-Kan un extrait de ces loix, en vingt & un articles.

1°. Il est ordonné de ne croire qu'un seul Dieu, créateur du ciel & de la terre, qui donne la vie & la mort, les richesses & la pauvreté ; qui accorde & refuse ce qu'il veut, & qui a un pouvoir absolu sur toutes choses.

2°. Les prêtres de chaque secte, & tous les hommes attachés aux cultes, les médecins, ceux qui lavent les corps des morts, seront exempts de tout service public.

3°. Nul prince ne pourra prendre le ti-

tre de grand-kan, sans avoir été élu légitimement par les autres kans généraux & seigneurs monguls assemblés en diete.

4°. Il est défendu aux chefs des tribus de prendre des titres pompeux, à l'exemple des souverains mahométans.

5°. Il est ordonné de ne jamais faire la paix avec aucun souverain, ou peuple, avant qu'ils fussent entièrement subjugués.

6°. De partager toujours les troupes en dixaines, centaines, milliers, dix milliers, &c. parce que ces nombres sont plus commodes.

7°. Les soldats, en se mettant en campagne, recevront des armes des officiers qui les commandent, & ils les leur remettront à la fin de l'expédition ; les soldats tiendront ces armes bien nettes, & les montreront à leur chef, lorsqu'ils se prépareront à donner bataille.

8°. Il est défendu, sous peine de mort, de piller l'ennemi, avant que le général en ait donné la permission. Chaque soldat demeurera maître du butin qu'il aura fait, en donnant au receveur du grand-kan les droits prescrits par les loix.

9°. Depuis le mois qui répond au mois de mars, jusqu'à celui d'octobre, personne ne prendra de cerfs, de daims, de lievres, d'ânes sauvages, ni d'oiseaux d'une certaine espece ; afin que la cour & les armées trouvent assez de gibier pour les grandes chasses d'hiver.

10°. Il est défendu, en tuant les bêtes, de leur couper la gorge ; mais il est ordonné de leur ouvrir le ventre.

11°. Il est permis de manger le sang & les intestins des animaux.

12°. On regle les privileges & les immunités des *tarkani*, c'est-à-dire, de ceux qui sont exemptés de toute taxe pour les services qu'ils ont rendus.

13°. Il est enjoint à tout homme de servir la société d'une maniere ou d'une autre ; ceux qui ne vont point à la guerre, sont obligés de travailler un certain nombre de jours aux ouvrages publics, & de travailler un jour de la semaine pour le grand-kan.

14°. Le vol d'un bœuf ou de quelque autre chose du même prix, se punissoit en ouvrant le ventre du coupable. Les autres vols moins considérables étoient punis par sept, dix-sept, vingt-sept, trente-sept, & ainsi de suite jusqu'à sept cents coups de bâton, en raison de la valeur de la chose volée. Mais on pouvoit se racheter de cette punition en payant neuf fois la valeur de ce qu'on avoit volé.

15°. Il étoit défendu aux Tartares de prendre à leur service des gens de leur nation : ils ne pouvoient se faire servir que par ceux qu'ils faisoient prisonniers de guerre.

16°. Il étoit défendu de donner retraite à l'esclave d'un autre sous peine de mort.

17°. En se mariant, un homme étoit obligé d'acheter sa femme. La polygamie étoit permise. Les mariages étoient défendus entre les parens du premier & du second degré, mais on pouvoit épouser les deux sœurs. On pouvoit user des femmes esclaves.

18°. L'adultere étoit puni de mort, & il étoit permis au mari de tuer sa femme prise sur le fait. Les habitans de Kanidu furent, à leur sollicitation, exemptés de cette loi, parce qu'ils étoient dans l'usage d'offrir leurs femmes & leurs filles aux étrangers. Mais Genghis-Kan, en leur accordant cette exemption, déclara qu'il les regardoit comme infames.

19°. Il étoit permis, pour l'union des familles, de faire contracter des mariages entre les enfans, quoique morts, & l'on faisoit la cérémonie en leur nom. Par-là les familles étoient réputées alliées.

20°. Il étoit défendu, sous des peines rigoureuses, de se baigner, ou de laver ses habits dans des eaux courantes dans le tems où il tonnoit ; les Tartares craignant extraordinairement le tonnerre.

21°. Les espions, les faux témoins, les sodomistes, les sorciers étoient punis de morts.

22°. Les gouverneurs & magistrats qui commandoient dans des provinces éloignées, étoient punis de mort, lorsqu'ils étoient convaincus de malversation ou d'oppression. Si la faute étoit légere, ils étoient obligés de venir se justifier auprès du grand-kan.

Genghis-Kan publia un grand nombre d'autres loix, mais celles qui précedent sont les principales ; elles furent en vigueur sous le regne de ce conquérant & de ses successeurs. Par la premiere de ces loix, on voit que les Tartares monguls étoient théistes dans l'origine, ce qui n'empêcha point presque tous les princes de la maison de Genghis-Kan, de tolérer

& de favoriser les sectaires de toutes les religions dans leurs Etats ; ce sont même les seuls souverains dont l'histoire fasse mention, qui aient été assez sensés pour accorder à tous leurs sujets une tolérance entiere.

YASSI, *Géog. mod.* Les François écrivent mal *Iassi*, & peut-être ai-je moi-même commis cette faute. C'est une grande ville de la Moldavie, sur la petite riviere de Scisa, qui se rend à-peu-près dans le Pruth, au nord-est de Soczowa. *Long.* 44, 56 ; *lat.* 47.

Iassi, riche par son commerce avec l'Asie, est toute couverte, sans portes & sans murailles ; mais on y voit une douzaine de vastes châteaux flanqués de tours terrassées. Tous ont du canon & des magasins d'armes pour se défendre. Ce sont autant de monasteres où des moines Grecs font leur salut sous la protection du Turc. Le christianisme n'a point de moines aussi anciens. S. Bazile fut leur patriarche au quatrieme siecle : mais il y avoit long-tems que les Perses & les Indiens, au sein de l'idolâtrie, avoient des moines. L'Occident s'est livré plus tard à l'inaction de la contemplative. C'est dans ces forteresses basiliennes que le peuple cherche un asyle, lorsque les Tartares viennent à passer. On ne voit peut-être nulle part autant de moines rassemblés ; car le même spectacle se montre sur un côteau en face de la ville.

Cette grande quantité d'hommes qui consomment & ne produisent rien, diminue les richesses de *Iassi*, & les revenus de l'hospodar. L'ignorance où ils vivent doit moins s'attribuer à leur paresse, ou aux bornes de leur esprit, qu'à l'esclavage, & on s'apperçoit en général, qu'on tireroit un grand parti des Moldaves du côté des armes, des arts & des sciences, si on les mettoit en liberté. Comme le prince qui les gouverne achete souveraineté, c'est ensuite au peuple à rembourser l'acquéreur.

Jean Sobieski s'approchant de cette place en 1586, n'eut pas la douleur de donner bataille pour s'en rendre maître ; l'évêque, le clergé, les premiers de la ville & le peuple, lui en apporterent les clefs. Il y entra en ami, & ménagea *Iassi* comme son bien propre. Les boutiques resterent ouvertes, les marchés libres ; & tout fut payé par le vainqueur comme par le bourgeois. Les soldats difperfés dans les monafteres, n'en' troublerent point l'ordre; & les femmes Moldaves auſſi piquantes par l'ajuſtement que par les graces, furentrefpectées. *L'abbé Coyer.* (*D. J.*)

YAVAROW, *Géog. mod.*, ville de la petite Pologne, dans le palatinat de Ruſſie, à ſept lieues au couchant de Léopold, & à deux de Nimirow. (*D. J.*)

YAUK, ſ. m. *Myth. & Hiſt. anc.*, nom d'une divinité adorée par quelques tribus d'Arabes idolâtres, qui lui donnoient la figure d'un cheval.

YAW, ſ. m. *Médec. pratiq.*, maladie exotique inconnue en Europe, très-commune & endémique ſur les côtes de Guinée, & dans les pays chauds d'Afrique, qui eſt caractériſée par des éruptions fongueuſes ſur les différentes parties du corps; nous ne la connoiſſons que par la deſcription très-détaillée que M.*** en a donné, (*a*) & qui ſe trouve dans les *eſſais & obſervat. de méd. de la ſociété d'E-dimbourg, tom. VI, article lxxvij, pag. 419 & ſuiv.* c'eſt dans cette ſource que nous puiſerons tous les matériaux de cet article.

Le *yaw* exerce ſes ravages ſur les perſonnes de toute condition, & choiſit principalement ſes victimes dans les âges les plus tendres de l'enfance & de l'adoleſcence; mais il ſe répand ſi généralement, qu'il y en a peu qui meurent à un certain âge, ſans avoir éprouvé les atteintes de cette fâcheuſe maladie. Elle ſe manifeſte d'abord par de petites taches à peine perceptibles, & qui ne ſont pas plus grandes que la pointe d'une épingle; l'enflure s'y joint bientôt, elles s'étendent & groſſiſſent de jour en jour, & deviennent autant de petits boutons: peu de tems après l'épiderme ſe détache, & alors au lieu de pus & de matiere ichoreuſe, on ne trouve dans cette petite tumeur qu'une eſcarre blanche, ſous laquelle on voit un petit champignon rouge qui naît de la peau, qui parvient inſenſiblement à différentes grandeurs; les plus conſidérables égalent les plus groſſes mûres auxquelles ils reſſem-

blent d'ailleurs beaucoup par la figure, & paroiſſent être comme elles un amas de petits grains. Pendant que ces champignons croiſſent à ce point, les poils noirs qui ſe trouvent ſur les parties attaquées du *yaw*, perdent leur couleur, deviennent blancs & tranſparens comme les cheveux des vieillards. Ces champignons qu'on appelle auſſi les *yaws*, viennent indifféremment ſur toutes les parties du corps, mais le plus grand nombre & les plus gros ſe trouvent ordinairement aux aines, autour des parties externes de la génération, ſous les aiſſelles & au viſage. Leur nombre eſt en raiſon inverſe de leur groſſeur. Les Negres robuſtes, bien nourris, chargés d'embonpoint ont leurs *yaws* ou champignons plus gros & beaucoup plutôt formés que ceux qui étoient maigres, affoiblis, & qui n'avoient que de mauvaiſe nourriture.

On n'aſſigne point d'autre cauſe de cette maladie que la contagion; les excès dans aucun genre ne paroiſſent capables ni de la produire ni de l'augmenter. Elle ſe communique par le voiſinage, la cohabitation, le coït, l'allaitement; elle ſe tranſmet auſſi avec la vie des parens aux enfans, & ſans doute que le germe de cette maladie, ou la diſpoſition qu'ont ces peuples à en être attaqués, eſt un héritage funeſte qui paſſe de génération en génération à la poſtérité la plus reculée. Le *yaw* paroit en cela avoir quelque rapport avec la lepre des anciens, & les maladies vénériennes. Il a auſſi par ſon endémicité, & par l'univerſalité de ſes ravages, quelque analogie avec la petite vérole; mais il faudroit beaucoup d'obſervations qui nous manquent, pour conſtater l'identité de ces deux maladies; du reſte elles ont encore cette reſſemblance que la nature de l'une & de l'autre eſt entiérement inconnue.

Les malades qui ont le *yaw* paroiſſent jouir d'ailleurs d'une bonne ſanté, ils mangent avec appétit, dorment très-bien, ne reſſentent aucune douleur, & n'ont en un mot que l'incommodité qu'entraîne néceſſairement la ſaleté, & quelquefois la puanteur de ces ulceres; ils ne

_____

(*a*) Il paroît que le rédacteur de cet *article* n'a puiſé dans aucun auteur François les matériaux dont il l'a compoſé, puiſqu'il n'a pas même employé le nom françois (*pian*) ſous lequel cette maladie eſt connue dans toutes les colonies françoiſes de l'Amérique, cultivées par les negres.

souvent aucun danger si on les traite à tems, & d'une maniere méthodique, ils n'ont alors ni rechûte ni accident étranger à craindre; mais cette maladie est longue, difficile à guérir, & souvent incurable chez ceux qui ont déja pris intérieurement du mercure, sur-tout si la dose en a été assez forte pour exciter la salivation, chez ceux aussi qui ont retombé une ou plusieurs fois; la complication du yaw avec la vérole, peut en augmenter le danger, soit en excitant des symptomes graves, soit en trompant le médecin sur la cause de ces symptomes, & lui fournissant des indications fautives qui l'engagent à donner des remedes peu convenables. Cette erreur est peu fréquente, & d'une plus grande conséquence, sur les suites de ces maladies, parce qu'il n'est pas aisé de distinguer à laquelle des deux elles appartiennent, & qu'il est dangereux d'insister trop sur les remedes qui ont paru les plus appropriés, & qui alors conviennent plus à une maladie qu'à l'autre. Lorsqu'on a mal traité le yaw, il survient des douleurs dans les os, des exostoses, des caries; il est très-douteux si ces accidens surviendroient ou non si on s'abstint entiérement de remedes; il peut se faire que la maladie cessât par le desséchement des champignons.

L'usage du mercure dans cette maladie est un remede très-ancien & très-efficace, pourvu qu'il soit administré avec circonspection, & d'une maniere convenable; on se servoit autrefois de sublimé corrosif, dont on faisoit dissoudre deux gros dans huit onces d'eau de barbade; on donnoit le matin au malade, dès que sa peau se couvroit de champignons, vingt-cinq gouttes de cette dissolution, observant de faire boire beaucoup d'eau chaude toutes les fois qu'il avoit des nausées; ce remede le faisoit vomir & cracher tout le matin; on le réitéroit de même pendant plusieurs jours, en augmentant seulement de cinq gouttes chaque jour; par ce moyen le malade se trouvoit en peu de temps beaucoup mieux; mais on a remarqué que les excroissances fongueuses reparoissoient à la plupart de ceux qui avoient été traités par cette méthode, qu'il leur survenoit des douleurs insupportables dans les os, ou des ulceres en différentes parties du corps; la maladie dans la rechûte étoit trop long-

temps à parvenir à son dernier période, & il falloit donner du mercure pendant un temps considérable pour nettoyer la peau, & quelquefois après tous ces remedes, ils avoient deux ou trois rechûtes. L'auteur qui a communiqué à la société d'Edimbourg le mémoire que nous abrégeons ici, assure avoir guéri plusieurs de ces malades attaqués d'ulceres au moyen de la salivation qu'il excitoit par un long usage d'æthiops minéral, avec la décoction des bois sudorifiques dans l'eau de chaux; il avoue qu'à quelques-unes ces remedes n'ont rien fait, & que d'autres ont été beaucoup plus malades après les avoir pris. Tels sont ceux principalement qui avoient des douleurs rongeantes dans les os, suivies du nodus, d'exostoses & de carie, & dans qui les os des bras & des jambes se rompoient sans cause manifeste. Il est très-vraisemblable que cette préparation de mercure fort analogue à celle qu'a proposée Van-swieten, n'avoit ces suites funestes, qu'à cause de la trop petite quantité de liqueur spiritueuse, relativement à la dose ♠ sublimé corrosif, de façon que ce poison actif étoit donné presque inaltéré, & à très-haute dose.

La méthode que suit l'auteur que nous venons de citer, est de séparer d'abord le negre infecté du yaw des autres, pour empêcher la communication de la maladie, & de le tenir enfermé dans une maison où il soit seul; & lorsque l'éruption caractérise le yaw, il donne tous les soirs, pendant quinze jours ou trois semaines, ou jusqu'à ce que les yaws soient parvenus à un état fixe sans augmenter, un bol fait avec flor. sulphur. ℈. j. camph. in spirit. vin. solut. gr. v. theriac. andromac. ʒ. j. syrup. croei. m. s. m. ff. bol. Après cela il passe tout de suite, sans préparation, aux remedes mercuriaux, dans la vue d'exciter une légere salivation. Il se sert du mercure doux, qu'il donne à petite dose, afin qu'il ne purge ni par en haut, ni par en bas; il n'en donne jamais plus de cinq grains, qu'il réitére deux ou trois fois par jour, selon que le malade paroit en état de le supporter; ne pousse jamais la salivation au delà d'une pinte par jour; & lorsqu'elle a été portée à ce point, il arrive souvent que les champignons se couvrent d'une croûte écailleuse & seche, ce qui présente un spectacle très-défagréable; ces écailles tombent peu-à-peu, & dans dix ou douze jours la peau refte unie & nette; il faut alors ceffer l'ufage du mercure doux, & laiffer tomber la falivation d'elle-même, après quoi l'on fait fuer le malade deux ou trois fois, par le moyen de la lampe à l'efprit-de-vin, & on leur fait prendre l'électuaire fuivant. ♃. æthiop. mineral. ʒ. j. f. gumm. guayac, ʒ. j. olei faffafr. gtt. xx. theriac. andromach. conferv.rof. rub. ana, ʒ. j. fyrop. croci, q. f. m. ff. elect. cap. æg. ʒ. xj. mané & ferò. L'auteur ordonne encore la décoction de gayac & de faffafras fermenté avec le fyrop de fucre pour toute boiffon, pendant l'ufage de l'électuaire, & la fait continuer 8 ou 15 jours après.

Quelquefois après que tous les champignons ou yaws ont difparu, que la peau eft nette, & que la falivation eft tombée, il en refte un gros, dont les grains font fort faillans, & qui eft rouge & humide, on l'appelle communément le maître yaw; il a coûté la vie à plufieurs negres, parce que quelques praticiens fe font imaginé qu'il falloit exciter une feconde, & même une troifieme falivation, tandis qu'il auroit fuffi pour confumer ce champignon, qui n'eft plus qu'un vice local, d'employer pendant quelques jours les corrofifs feuls, tel que le précipité rouge, de les unir enfuite avec quelque fuppuratif, d'avoir recours enfin aux farcotiques.

Après que les yaws font guéris, il y a des malades à qui il furvient des efpeces de charbon aux piés, qui leur rendent l'ufage de ces parties ou impoffible, ou très-douloureux; quelquefois toute la partie du pié eft affectée au point qu'ils ne peuvent fouffrir qu'on y touche; & d'autres fois, il n'y a qu'une tache d'une médiocre largeur; on croit que cette feconde maladie eft due à l'humeur viciée qui n'a pu avoir fon iffue auffi facilement par les piés; à caufe de la dureté de l'épiderme, les negres ayant coutume d'aller piés nus; cette nouvelle affection fe diffipe auffi, dès que le moyen de l'inflammation, le champignon fuppure & fe fond tout-à-fait: quelquefois cette chair fonguenfe n'eft confumée qu'après plufieurs années par des inflammations ou des fuppurations qui reviennent fréquemment, ou par des cauftiques appropriés; les maîtres des habitations des negres ont différentes recettes pour réuffir à diffiper cet accident, mais la plus fûre confifte dans les bains & dans la deftruction de l'épiderme, après quoi on procede comme pour le maître yaw; on doit éviter les cauftiques trop actifs, & avoir attention qu'ils ne portent pas jufqu'aux tendons & au périofte.

Cette maladie fe traite de même dans les enfans que dans les grandes perfonnes; on doit feulement prendre garde de ne pas exciter une falivation trop forte; il fuffit de leur tenir la bouche un peu ulcérée; peut-être même pourroit-on ménager le mercure de façon qu'il ne portât point du tout à la bouche; alors il faudroit le donner à plus petite dofe, & le continuer plus long-tems; les enfans qui font à la mamelle font guéris par les remedes qu'on fait prendre à leur nourrice, ou à leur mere; car la barbare coutume, qui chez les nations policées a fait diftinguer ces deux titres, n'eft pas fuivie, pas même connue par des peuples qui ne font dirigés que par le flambeau lumineux & certain de la nature. (m)

YAYAUHQUITOTOTL, f. m. Hift. nat. Ornith., nom indien d'un oifeau d'Amérique décrit par Nieremberg, & qui eft remarquable pour avoir deux plumes de la queue plus longues que les autres, en partie nues, & feulement garnies à l'extrêmité de petits poils noirs & bleus. Cet oifeau eft de la groffeur d'un étourneau, mais fon plumage eft admirablement mélangé de gris, de jaune, de verd & de bleu. Ray penfe que c'eft le même oifeau dont parle Marggrave fous le nom de guaira-guainumbi. (D. J.)

Y B

YBAGUE, Géog. mod., petite ville de l'Amérique méridionale, au nouveau royaume de Grenade, près de la province de Papayan, & à 30 lieues de Santa-Fé, vers l'oueft. (D. J.)

YBOUYAPAP, Géog. mod., montagne de l'Amérique méridionale, dans l'ifle de Maragnan. C'eft une montagne extrémement haute, & dont le fommet s'étend en une plaine immenfe, tant en longueur qu'en largeur.

Y C

YCHO, f. m. Hift. nat. bot., plante du Pérou qui reffemble affez au petit jonc, excepté qu'elle eft un peu plus menue, &

qu'elle se termine en pointe. Toutes les montagnes de la Puna en sont couvertes, & c'est la nourriture ordinaire des Lamas. (D. J.)

Y D

YDAUZQUERIT, *Géog. mod.*, contrée d'Afrique, dans le Sus de Numidie, du côté du Zara, ou du Désert. Elle est fertile, renferme plusieurs places, & est habitée par des communautés de Bérébéres. (D. J.)

Y E

YE, *Géog. mod.* Les Hollandois lui ajoutent en leur langue l'article *het*, qui marque le neutre. Quelques François, trompés par cette prononciation, disent le *Tey*, parce que l'*y*, chez les Hollandois, se prononce comme notre *ei* ; & ces François ajoutent notre article à l'article hollandois, ce qui fait un plaisant effet.

Il seroit difficile à présent de déterminer ce que c'est que l'*Ye*, ruisseau qui donne son nom à cet amas d'eau. On appelle aujourd'hui *Ye*, une étendue d'eau qui est entre Beverwick & le Pampus, & dont le port d'Amsterdam fait partie. C'est une continuation de la Zuiderzée, & qui lui sert de décharge dans les vents du nord. Cette étendue d'eau reçoit les eaux de plusieurs lacs de la Nord-Hollande, & celles de la mer de Harlem, à laquelle elle communique par de belles écluses. Les barques chargées passent de l'*Ye* dans la mer de Harlem, par Sparendam. *V.* Y, *l'*. (D. J.)

YEBLE, s. m. *Botan.*, c'est le *sambucus humilis*, sive *ebulus*, C. B. P. 456. *I. R. H.* 606 ; en effet, cette plante ressemble fort au sureau, elle s'éleve rarement à la hauteur de quatre piés, & très-souvent à celle de deux. Sa racine est longue, de la grosseur du doigt : elle n'est point ligneuse, mais charnue, blanche, éparse de côté & d'autre, d'une saveur amere, un peu âcre, & qui cause des nausées. Ses tiges sont herbacées, cannelées, anguleuses, moëlleuses, comme celles du sureau, & elles périssent en hiver. Ses feuilles sont placées avec symmétrie, & sont composées de trois ou quatre paires de petites feuilles, portées sur une côte épaisse, terminées par une feuille impaire. Ces petites feuilles sont plus longues, plus aiguës, plus dentelées, & d'une odeur plus forte que celles du sureau.

Ses fleurs sont disposées en parasol, petites, nombreuses, odorantes, d'une odeur approchante de celle de la pâte d'amandes, d'une seule piece, en rosette, partagées en cinq parties, dont le fond est percé par la pointe ou calice en maniere de clou, au milieu de cinq étamines blanches, chargées de sommets rousssâtres.

Après le regne des fleurs, les calices se changent en des fruits ou des baies noires dans la maturité, anguleuses, gaudronnées d'abord, & presque triangulaires, mais ensuite plus rondes, & pleines d'un suc qui tache les mains d'une couleur de pourpre ; elles renferment des graines oblongues, au nombre de trois, convexes d'un côté, & de l'autre anguleuses. On trouve fréquemment cette plante le long des grands chemins, & des terres labourées. (D. J.)

YEBLE, *Mat. méd.*, toutes les parties de cette plante sont d'usage, & elles sont toutes purgatives, à l'exception des fleurs qui sont comptées parmi les remedes sudorifiques.

Les racines d'*yeble*, & sur-tout leur écorce, fournissent un purgatif hydragogue très-puissant. L'écorce moyenne de la tige est aussi un purgatif très-fort.

Ces remedes sont très-usités dans les hydropisies, & ils servent en effet utilement dans cette maladie, lorsque les purgatifs forts sont indiqués, & que les forces du malade le permettent. On donne ou le suc de ces écorces ordinairement mêlé avec la décoction d'orge, ou des fruits appelés *pectoraux*, ou bien en infusion. Geoffroi rapporte, d'après Fernel, que la vertu purgative de l'*yeble* se dissipe par l'ébullition. Mais cette prétention n'est pas confirmée par l'expérience ; car l'extrait même de l'écorce d'*yeble* est très-purgatif. Le suc dont nous venons de parler se donne à la dose d'une once ; & celle de l'écorce, pour l'infusion dans l'eau ou dans le vin, est depuis demi-once jusqu'à deux onces.

Les graines purgent aussi très-bien, données en poudre, jusqu'à la dose d'un gros, ou en infusion à la dose de demi-once.

On prépare un rob avec le suc des baies, qui, à la dose de demi-once jusqu'à une once, est aussi un puissant hydragogue.

Les feuilles & les jeunes pousses sont

xegardées comme des purgatifs plus tempérés.

Quant à l'ufage extérieur de l'*yeble*, qui eft auffi affez commun, on croit fes feuilles fort utiles, fi on les applique en forme de cataplafme fur les tumeurs froides & œdémateufes, & qu'elles diffipent fur-tout les hydroceles, & même les tumeurs inflammatoires des tefticules & du fcrotum. On les applique encore fur les éréfypeles & fur les brûlures.

La racine d'*yeble* entre dans l'emplâtre de grenouilles, la femence dans la poudre hydragogue de la pharmacopée de Paris, & les feuilles, dans l'extrait panchymagogue de Crollius, &c. (b)

YECOLT, *Bot. exot.*, fruit de l'Amérique, ainfi nommé par les naturaliftes du pays : ce fruit eft long, couvert de plufieurs écailles, couleur de châtaigne, & reffemblant beaucoup à la pomme de pin; il renferme une efpece de pruneau bon à manger. L'arbre qui le fournit, croît dans les montagnes de la Nouvelle-Efpagne; c'eft le palmier pin des botaniftes, *arbor fructu nucis pinea fpecie*, C. B. Il pouffe d'une feule racine, deux ou trois troncs qui portent des feuilles longues, étroites, épaiffes, comme celles de l'iris, mais beaucoup plus grandes ; on en tire un fil délié, fort, dont on fait de la toile. Ces fleurs font compofées chacune de fix pétales blancs & odorans ; elles font difpofées par grappes, & fufpendues par un pédicule. (*D. J.*)

YEMAN, f. m. *Hift. mod.*, nom de ceux qui en Angleterre font les premiers après les gentilshommes, dans les communes. *V.* COMMUNE & GENTILSHOMMES.

Les *yemans* font proprement ceux qui ont des francs-fiefs, qui ont des terres en propre. Le mot anglois *yeoman* vient du faxon *geman*, qui veut dire *commun*. Le mot *youngman* eft employé au lieu de *yeoman*, dans le 33 *ftat. Henr. VIII*, & dans les vieux actes on le trouve quelquefois écrit *geman*, qui en allemand fignifie un *gaidant*.

Suivant le chevalier Thomas Smith, un *yeman* eft en Angleterre un homme libre, qui peut tirer de fon revenu annuel la fomme de 40 fhelings fterlings.

Les *yemans* d'Angleterre peuvent poffeder des terres en propre jufqu'à une certaine valeur, & peuvent remplir certaines fonctions, comme de commiffaires, de marguilliers, de jurés; ils ont voix dans les élections du parlement, & peuvent être employés dans les troupes.

Les *yemans* étoient autrefois fameux par leur valeur à la guerre, ils étoient fur-tout diftingués par leur adreffe à manier l'arc, & l'infanterie étoit en grande partie tirée du corps des *yemans*. *V.* ARCHER.

Dans plufieurs occafions, les loix font plus favorables aux *yemans* qu'aux gens de métier.

Par le réglement de Henri IV, il eft porté qu'aucun *yeman* ne portera la livrée, fous peine de prifon & d'amende à la volonté du roi; *V.* LIVRÉE.

Yeman eft auffi le titre d'une petite charge chez le roi, moyenne entre l'usher & le groom. Tels font les *yemans* ou valets de garderobe, &c.

Les *yemans* de la garde, appellés proprement *yemans de la garde du corps*, étoient anciennement 250 hommes choifis parmi tout ce qu'il y avoit de mieux après les gentilshommes. Chaque *yeman* de la garde devoit avoir fix piés. *Voyez* GARDE.

Il n'y a à préfent que cent *yemans* de fervice, environ foixante & dix furnuméraires. Si un des cent vient à mourir, la place eft remplie par quelqu'un des 70. Ils doivent être habillés fuivant qu'on l'étoit du tems de Henri VIII. Ils avoient la nourriture outre leurs gages, lorfqu'ils étoient de fervice, avant le regne de la reine Anne. Leurs fonctions font de garder la perfonne du roi, tant au dedans du palais qu'au dehors ; ils ont une chambre particuliere, qu'on appelle en anglois *guard-chambre*.

Les officiers des *yemans* font à la difpofition du capitaine, & le capitaine eft à la nomination du roi.

YEMEN, *Géog. mod.*; ce mot *yemen* ou *yamen*, fignifie *la main droite* en arabe, & avec l'article *alyaman*, il fignifie l'*Arabie heureufe*, que les cartes appellent ordinairement *ayaman* ou *hyaman*, par corruption. La raifon de ce nom-là vient de ce que cette partie de l'Arabie eft au midi des autres, car en hébreu *jamin* fignifie *la main droite*, & enfuite *le midi* : il en eft de même en Arabe. C'eft de ce lieu-là que la reine de Saba vint à Jérufalem pour voir Salomon ; c'eft pourquoi elle est appellée *la reine du midi*, ce qui exprime fort bien la signification du mot *el-yemen*, qui veut dire la même chose.

L'un des plus considérables royaumes de l'Arabie, est celui d'*Yemen*; il comprend la plus grande partie du pays qui a été nommé l'*Arabie heureuse*. Ce pays s'étend du côté de l'orient, le long de la côte de la mer Océane, depuis Aden jusqu'au cap de Rasalgate, c'est-à-dire, d'un golfe à l'autre. Une partie de la mer Rouge le borne du côté du couchant & du midi; & le royaume, ou pays de Hidgias, qui appartient au chérif de la Mecque, en fait les limites du côté du septentrion.

Sanaa, située dans les montagnes, passe pour la capitale de tout le pays; ce sont les montagnes qui font l'agrément & les richesses naturelles du royaume d'*Yemen*; car elles produisent des fruits, plusieurs especes d'arbres, & en particulier celui du café: on y trouve de la bonne eau & de la fraîcheur, au lieu que toute la côte qui s'étend le long de la mer Rouge, & qui en quelques endroits a jusqu'à 10 lieues de largeur, n'est qu'une plaine seche & stérile. (*D. J.*)

YEN, s. m. *Hist. nat. bot. exot.*, nom d'un fruit de la Chine, commun dans la province de Fokien, & autres lieux; sa figure est ronde, son écorce externe est lisse, grise d'abord, ensuite jaunâtre; la chair du fruit est blanche, acide, succulente, fraiche, & agréable pour appaiser la soif: l'arbre qui le porte est de la grosseur de nos noyers; c'est là toute la description qu'en fait le pere le Comte. (*D. J.*)

YENNE, *Géog. mod.*, village de Savoie, sur le Rhône, à 2 lieues de la ville de Belley; l'abbé de Longuerue dit que c'est l'ancienne *Epaona*, qui a été une ville considérable, où Sigismond, roi des Bourguignons, assembla un concile d'évêques de son royaume, l'an 517. Thomas, comte de Savoie, lui donna ses franchises & ses privileges, l'an 1215.

YERDEGERDIQUE, adj. *Astronom.*, année *yerdegerdique* est l'année ancienne dont les Perses se sont servi jusqu'à l'an 1089, & dont l'époque étoit fixée à l'an 632 de Jésus-Christ, au commencement du regne d'Yerdegerd, roi des Perses, & petit fils de Cosroès. Ce prince est ap-

pellé par quelques auteurs *Jesdagir. V.* ANNÉE.

YERE, L', *Géog. mod.*, riviere de France en Normandie. Elle a sa source au pays de Caux, & tombe dans la mer à une grande lieue de la ville d'Eu. (*D. J.*)

YERONDA, *Géog. mod.* M. de Lisle écrit ainsi, & le Portulan de la Méditerranée écrit *Gironda*, port de Turquie sur la côte méridionale de l'Anatolie, dans la Caramanie, au couchant du cap Chelidoni. (*D. J.*)

YESD ou YEST, ou JESSEDE, *Géog. mod.*, ville de Perse, sur la route d'Ispahan à Kerman, au milieu des sables qui s'étendent 2 lieues à la ronde; il y a cependant quelques bonnes terres qui produisent d'excellens fruits. C'est une grande village où l'on a établi des caravanserais, & des bazards. Il y a beaucoup de manufactures d'étoffes en laine & en soie pure, ou mêlée d'or & d'argent. *Long.* selon Tavernier, 7,15; *lat.* 32,15.

Moulla Scherefeddin Aly, qui composa l'histoire des conquêtes du prince Timur, en persan, étoit né à *Yesd*; il publia cet ouvrage à Schiraz, l'an de grace 1424, & de l'Hégire 828. Kondemir le préfere pour la beauté du style, à tous les auteurs qui ont traité l'histoire des Mogols & des Tartares: d'ailleurs, les routes sont exactement écrites dans ce livre, & elles éclaircissent beaucoup la géographie de ces pays là. (*D. J.*)

YETTUS, s. m. *Hist. nat. Lithol.*, pierre d'une couleur de sang, dure & opaque, qui servoit quelquefois de pierre de touche.

YEU, L'ISLE DE, *Géog. mod.*, en latin *Oya*, petite isle de France sur la côte du Poitou; elle n'a qu'une lieue d'étendue en longueur. (*D. J.*)

YEVA-CHARUM, s. m. *Hist. nat.*, nom donné par les naturels des Indes orientales à une sorte de litharge, commune dans cette partie du monde, & qu'on dit être faite en partie de plomb, en partie de zink; elle est moins pesante que notre litharge jaune, & d'une couleur plus pâle.

YEUKE, s. m. *terme de relation*, c'est le nom que les Turcs donnent à la femme qui couche la mariée le jour de ses noces. *Deloir.* (*D. J.*)

YEUSE, s. f. *Hist. nat. bot., ilex,* genre de plante décrit sous le nom de *chêne-verd. V.* CHÊNE-VERD.

Il est si petit qu'il n'est qu'un arbrisseau ; mais nous ne devons pas le mépriser , puisque c'est sur ses feuilles & ses tendres rejetons , que se forme la coque de kermès , toute remplie de petits œufs & d'insectes , qui étant pressés entre les doigts , donnent une liqueur de couleur écarlate ; on ne trouve ces galles-insectes que sur les *yeuses* des pays les plus chauds, & seulement au fort des chaleurs, dans les mois de mai & de juin. *Voyez* KERMÈS.

L'*yeuse* est nommée *ilex aculeata, cocciglandifera*, par C.B.P. 4. 25. *Quercus foliis ovatis , dentato-spinosis* , Van-Royen, *Flor. Leyd. Prodr.* 81. 8.

C'est un arbrisseau dont la racine ligneuse rampe au loin & au large , couverte d'une écorce de différente couleur, selon la nature du terroir , tantôt noirâtre,tantôt rougeâtre ; elle est grêle, épaisse de 4 ou 6 lignes , quelquefois fibrée ; elle pousse plusieurs jets de la hauteur de 3 ou 4 palmes,ligneux, revêtus d'une écorce mince , cendrée, partagés en plusieurs rameaux.

Ils sont chargés de feuilles placées sans ordre, dont les bords sont sinueux,ondés, armés d'épines , semblables aux feuilles du houx, mais plus petites , longues de huit ou dix lignes, larges de six ou sept, lisses des deux côtés,d'un beau vert,elles ne tombent pas , & sont portées sur une queue longue d'environ deux lignes.

Cet arbrisseau donne des fleurs mâles & femelles sur le même pié ; les fleurs mâles forment un chaton lâche ; elles sont sans pétales , qui dans une calice d'une seule piece , divisé en quatre ou cinq parties , dont les découpures sont partagées en deux,& terminées en pointes ; les étamines sont au nombre de huit ou environ , mais très-courtes , & à sommets à deux bourses. Les fleurs femelles sont aussi sans pétales, & posées sur un bouton sans pédicule , composées d'un calice d'une seule piece , coriace, hémisphérique, raboteux, entier,& que l'on a peine à découvrir.

L'embryon est ovoïde , & très - petit ; il porte deux ou cinq styles déliés , plus longs que le calice , garnis de stigmates simples , & qui subsistent. Le fruit est un gland ovoïde , lisse, couvert d'une coque coriace , attachée dans un petit calice , court, & comme épineux.

Cet arbuste croît dans les collines pierreuses des pays chauds , autour de Montpellier,de Nîmes, d'Avignon,& autres endroits du Languedoc , où la graine d'écarlate est d'un grand revenu : il vient aussi en Provence, en Espagne, & en Italie (D. J.)

YEUX, *Méd. séméiot.* ; les *yeux* ne sont pas moins le miroir fidele des affections du corps que des passions de l'ame ; le séméioticien éclairé y voit représentés avec exactitude & netteté les divers états de la machine , tandis que l'observateur inhabile, le charlatan effronté , le chirurgien déplacé, la ridicule bonne femme, & autres médecins subalternes , qui sans connoissance de la médecine se mêlent d'en faire le dangereux exercice , ne soupçonnent pas même qu'ils puissent rien signifier, & ne voient pas le rapport qu'il peut y avoir entre une petite partie en apparence isolée,peu nécessaire à la vie, & les différens organes à l'action desquels la santé & la vie sont attachées.Mais ces lumieres ne sont pas faites pour eux , ce n'est que pour les vrais & légitimes médecins que leur illustre législateur a prononcé que " l'état du corps est toujours „ conforme à celui des *yeux* , & que sa „ bonne ou mauvaise disposition influe „ nécessairement sur la couleur & l'ac-„ tion de cet organe. „ (*Epidem. lib. VI.* sect. *IV, n°.* 26.) Ce n'est que pour eux qu'il a établi & fixé d'une maniere invariable le rapport qu'il y a entre certains états des *yeux* & certains dérangemens présens ou futurs de la machine, & qu'il a en conséquence établi les signes pronostics & diagnostics que les *yeux* peuvent fournir.Dans le détail où nous allons entrer,nous suivrons la même méthode que nous avons adoptée dans les autres articles de Séméiotique, & qui nous paroît le plus avantageuse,c'est-à-dire, nous ne ferons qu'extraire des différens ouvrages d'Hippocrate les axiomes que cet exact observateur y a répandus,& qui sont relatifs à notre sujet, & nous les exposerons tels qu'il les a donnés lui-même,sans prétendre démontrer l'enchaînement qui doit se trouver entre le signe & la chose signifiée, laissant par conséquent à part toute discussion théorique.

Nous remarquerons d'abord avec lui que les *yeux* bien disposés , c'est-à-dire, bien colorés , brillans, clairvoyans , ni rouges,

rouges, ni livides, ni noirâtres, ni chargés d'écailles connues fous le nom de *ems*, indiquent une bonne fanté, ou font efpérer dans l'état de maladie une parfaite guérifon. Il y a peu d'exemples de maladies qui aient eu une iffue peu favorable avec un pareil état des *yeux*. Les vices de cet organe dénotent toujours dans le courant des maladies, un nouveau dérangement, un trouble furvenu dans la machine, qui dans quelques cas peut être avantageux, & qui le plus fouvent eft funefte. Les *yeux* font cenfés vicieux, lorfqu'ils font mal colorés, qu'ils ont perdu leur force & leur éclat, qu'ils ne peuvent pas fupporter la lumiere, que leur action eft ou diminuée ou tout-à-fait anéantie, que les larmes coulent involontairement, qu'ils font étincelans, enflés, hagards, immobiles, obfcurs, fombres, pefans, de travers, creux, fermés, &c. Pour que les *yeux* puiffent dans ces différens états contre nature avoir quelque fignification, il faut qu'ils aient été rendus tels par l'effort de la maladie, & non par aucun accident étranger; c'eft pourquoi il faut, avant de juger par les *yeux*, être inftruits de leur difpofition naturelle ou antérieure à la maladie; car les feuls effets peuvent être fignes de leur caufe. Les préfages que l'on peut tirer de la plûpart de ces dérangemens dans l'extérieur ou l'action des *yeux*, feront falutaires, s'ils font occafionnés par un effort critique, s'ils arrivent après la coction, & s'ils font accompagnés par d'autres fignes critiques; ils feront plus ou moins défavantageux, fi ces dérangemens ne font ni précédés de coction ni fuivis de crife, s'ils fe rencontrent avec une extrème foibleffe ou avec quelque autre accident fâcheux dont ils augmenteront le danger. Ainfi, dit Hippocrate, on doit attribuer à la force du mal le mauvais état des *yeux* qui s'obferve le troifieme ou quatrieme jour. *Pron. l. I. n°. 3 & 4.*

1°. Lorfque dans une fievre aiguë qui n'a rien de funefte, une douleur conftante occupe la tête & les *yeux*, ou que la vue s'obfcurcit, & qu'en même tems le malade fent de la gêne à l'orifice fupérieur de l'eftomac, il ne tardera pas à furvenir un vomiffement de matieres bilieufes; mais fi avec la douleur de tête, les *yeux*, au lieu d'être obfcurcis tout-à-fait, ne font qu'hébétés ou louches, ou s'ils font

fatigués par des éclairs ou des étincelles qui fe prefentent fréquemment, & au lieu de cardialgie, il y ait une diftention des hypocondres fans inflammation & fans douleur, il faut s'attendre à une hémorragie du nez, & non pas au vomiffement, fur-tout fi le malade eft jeune; car à ceux qui ont paffé 30 ans, il faudroit s'en tenir au premier pronoftic. Hippocr. *pronoft. l. III. n°. 28 & 29.*

La rougeur des *yeux* & la douleur du cou font un figne d'hémorragie du nez. (*Prorrhet. lib. I, fect. III. n°. 45.*) La même excrétion eft auffi annoncée par une rougeur foncée des *yeux* & par une douleur de tête très-opiniâtre, par le clignotement des *yeux. Coac. prænot. cap. IV. n°. 7.*

Perfonne n'ignore la fameufe prédiction que Galien fit d'une hémorragie du nez, & la fermeté avec laquelle il s'oppofa à une faignée que des médecins peu éclairés vouloient faire à un malade attaqué d'une fievre violente. Il tira ces fignes & fes contr'indications principalement de la rougeur des *yeux*, & de ce que le malade s'imaginoit voir toujours voltiger devant fes *yeux* des ferpens rouges; le fuccès le plus complet & le plus prochain juftifia fon pronoftic & fa conduite. Le malade faigna abondamment du nez un inftant après, & fa guérifon fut décidée dès ce moment. Si la faignée eût été faite, il y a lieu de préfumer que cette crife auroit échoué ou du moins n'auroit pas été auffi prompte & auffi heureufe, & que le malade auroit été plongé dans un très-grand danger. Tel eft l'avantage qu'ont les médecins qui favent temporifer, qui étudient & fuivent la nature; tels font les rifques que courent les malades qui confient leurs jours à des aveugles routiniers, qui prétendent maîtrifer la nature fans la connoître, & qui affaibliffent les malades par les efforts impuiffans & mal concertés qu'ils font pour les guérir. L'hémorragie du nez eft auffi quelquefois annoncée par le larmoiement des *yeux*; mais il faut que les larmes foient involontaires, & qu'en même temps les autres fignes concourent: car s'il paroit quelque figne mortel, elles n'annoncent point l'hémorragie, mais la mort prochaine (*Epidem. lib. I, fect. III;*) & fi les larmes font volontaires, elles ne fignifient rien. *Aphor. 52, lib. IV.*

L'état des *yeux* qui précède dans la plûpart des femmes, & qui accompagne l'excrétion des regles, est connu de tout le monde ; on sait qu'ils perdent une partie de leur force & de leur éclat, qu'ils deviennent languissans, & que le tour des paupieres inférieures devient plus ou moins livide ou violet, & dans l'état où il seroit après un coup violent qui auroit produit une contusion plus ou moins forte. Les éruptions des pustules autour des *yeux* dans les malades qui commencent à se rétablir, dénotent un dévoiement prochain. *Coac. prænot. cap. vj. n°.* 19. On peut tirer aussi le même présage de la rougeur de ces parties voisines du nez & des *yeux. Idib. n°.*5. La rougeur des *yeux* marque aussi quelquefois un fond de dérangement chronique dans le ventre. *Ibid. n°.* 9. Lorsque les *yeux* auparavant obscurs, sales & mal colorés, reprennent leur brillant, leur pureté & leur couleur naturelle, c'est un signe de crise d'autant plus prochaine que les *yeux* se dépouillent plus proprement. *Ibid. n°.* 6. La distorsion des *yeux* & leur renversement fournissent aussi quelquefois le même présage ; tel est le cas du malade qui étoit au jardin de Déaloes, qui fut attaqué le neuvieme jour d'un frisson d'une fievre légere & de sueurs auxquelles le froid succéda, qui tomba ensuite dans le délire, eut l'œil droit de travers, la langue seche, fut tourmenté de soif & d'insomnie, & cependant se rétablit parfaitement. *Epidem. lib. III, ægrot. xiij.* Galien dans le commentaire de ce passage remarque que le délire & la distorsion des *yeux* qui paroissent le neuvieme jour, sont assez ordinairement des signes critiques.

2°. Lorsque les affections des *yeux* n'annoncent aucun mouvement critique, elles sont de mauvais augure, & présagent ou quelque maladie, ou quelque nouvel accident, ou la mort même. La couleur jaune des *yeux* est un signe d'ictere commençant ou de la mauvaise constitution du foie ; elle est plus fâcheuse, lorsqu'elle se rencontre avec une certaine lividité dans les pleurésies. Les *yeux* à demi fermés, & dont on ne voit que le blanc, sont des signes avant-coureurs de convulsions, & dénotent la présence des vers dans les premieres voies. Les convulsions sont aussi annoncées, suivant Hippocrate, par

l'obscurcissement des *yeux* joint à la foiblesse (*coac. præn. c. vj, n°.* 10.) ou accompagné de défaillances, d'urines écumeuses & de refroidissement du cou, du dos, ou même de tout le corps. *Prorrbet. lib. I, sect. III. n°.* 20.

La férocité des *yeux* qu'on observe avec douleur de tête fixe, délire, rougeur du visage, constipation, dénotent une convulsion prochaine des parties postérieures qu'on appelle *opistotonos* (*ibid. sect. II, n°.* 55, *& coac. præn. cap iv. n°.* 3.) ; & si pendant les convulsions les *yeux* ont beaucoup d'éclat, sont très-animés, c'est signe que le malade est dans le délire, & qu'il traînera long-tems. *Prorrbet. lib. I, sect. III, n°.* 32. Les *yeux* étincelans, fixes, hagards, marquent le délire ou les convulsions (*epidem. lib. VI, text.* 1.), & les malades qui avec les *yeux* féroces ou fermés sont dans le délire, vomissent des matieres noirâtres, ont du dégoût pour les alimens, ressentent quelque douleur au pubis, sont en très-grand danger ; les purgatifs ne feroient dans ces circonstances qu'irriter encore le mal ; il faut soigneusement s'en abstenir. *Prorrbet. L. I. sect. II. n°.* 36. Les *yeux* poudreux, la voix aiguë, *clangosa*, comme celle des grues, succédant aux vomissemens nauséeux, présagent le délire ; tel fut le sort de la femme d'Hermozyge, qui eut un délire violent, & mourut ensuite après avoir tout-à-fait perdu la voix. *Ibid. sect. I, n°.* 17. Les ébranlemens de la tête, les *yeux* rougeâtres & les délires manifestes sont des accidens très-graves ; il est cependant rare qu'ils occasionnent la mort du malade ; leur effet le plus ordinaire est d'exciter des abcès derriere les oreilles.

On tire en général un mauvais présage dans les maladies aiguës du brisement (*κατακλασις*) des *yeux*, de leur obscurcissement, de leur fixité ou immobilité de leur distorsion, soit simple, soit jointe à des selles fréquentes, aqueuses & bilieuses dans le cours des fievres ardentes, avec refroidissement ; & le frisson qui survient à ces distorsions des *yeux* accompagnées de lassitude, est très-pernicieux. Ces malades sont aussi dans un danger pressant, s'ils tombent alors dans quelque affection soporeuse. *Prorrbet. l. I, sect. II, n°.* 51, 48, 56, *&c.* La situation droite des *yeux* & leur mouvement rapide, le sommeil troublé ou des veilles opiniâtres, l'éruption de quelques gouttes de fang par le nez dans le courant des maladies aiguës, n'annoncent rien de bon. *Coac. præn. n°. 17. c. vj.*

Les fignes que les *yeux* fourniffent le plus ordinairement mortels, font les fuivans : les larmes involontaires, la crainte de la lumiere, leur diftorfion, leur groffeur inégale, le changement de la couleur blanche des *yeux* en rouge, livide ou noirâtre, l'apparition de petites veines noires fur le blanc, la lividité, la pâleur, la rigidité, la circumtenfion, la diftorfion des paupieres, la formation de petites écailles, λήμαι, l'élévation des *yeux* & leur tremblement, de même s'ils font trop portés en dehors avec rougeur, fur-tout dans l'angine, ou s'ils font trop enfoncés, ce qui eft un des fignes de la face hippocratique, fi leur action, leur force & leur éclat font confidérablement diminués ou tout-à-fait anéantis, fi les paupieres ne fermant pas exactement le fommeil, ne laiffent voir que le blanc des *yeux*, pourvu que le malade n'ait pas le dévoiement naturel ou occafionné par un purgatif pris dans le jour, ou qu'il n'ait pas accoutumé de dormir dans cet état. *Prognoft. I, n°. 5, 6 & 7.* Cependant ce dernier figne eft fi funefte, qu'il annonça ou précéda la mort dans Guadagnina, femme de Profper Alpin, quoique, remarque cet auteur, elle eût quelquefois les *yeux* difpofés de cette façon pendant le fommeil; mais il étoit accompagné d'affection foporeufe, du refroidiffement des extrémités, d'inquiétudes, de la noirceur & de la rudeffe de la langue, fans altération. *De præfag. vit. & mort. ægrot. lib. V, c. vij, pag.* 309.

L'immobilité ou une efpece de ftupéfaction des *yeux*, κατάπληξις, fut un figne mortel dans la fille de Nérios, dans qui Hippocrate l'obferva peu de jours après avoir reçu un coup du plat de la main fur le fommet de la tête. *Epid. lib. V, text.* 47. La groffeur inégale des *yeux* fut un des avant-coureurs de la mort qui furvint le lendemain dans le fils de Nicolas & la femme d'Hermoptoleme. *Epidem. lib. VII, text.* 100 & 13. La flétriffure & le deffechement des *yeux* fournif-foient auffi le même préfage, qui fe trouve confirmé par l'exemple d'un malade qui avoit reçu une bleffure au foie, dont il eft parlé *ibid. text.* 23. A ces

fignes Hippocrate ajoute encore l'augmentation du blanc des *yeux*, qui eft quelquefois telle que tout le noir eft caché par la paupiere fupérieure, & le rétreciffement du noir ou de la pupille, la courbure & le clignotement continuel des paupieres. *Coac. præn. cap. vj, n°.* 8. j'ai fouvent obfervé dans les moribonds, que la pupille fe dilatoit beaucoup, fans doute par une fuite du relâchement général, de l'apathie univerfelle; on peut auffi mettre au nombre des fignes mortels, la fauffe apparence de mouches, des pailles qui paroiffent voltiger devant les *yeux*, & que le malade s'efforce de prendre; la fauffe apparence de corps noirs qu'on imagine fur les corps voifins ou fur quelque partie de fon corps, indique ordinairement la gangrene dans les *yeux*; ce fut un figne de mort dans un malade attaqué de la petite vérole.

Quelque certains que foient tous ces différens fignes, nous répétons encore qu'il faut, pour ne pas hafarder un jugement qui peut nuire à la fanté du malade & à fa propre réputation, les combiner avec les autres; il ne faut négliger aucune partie de la féméiotique; le travail eft immenfe, j'en conviens; mais l'importance de la matiere doit être un motif affez preffant, & l'avantage de l'humanité une récompenfe affez confidérable. (*m*)

YEUX *de ferpent*, *Phyfique générale*, forte de pierres figurées, qui ne font autre chofe, fuivant plufieurs phyficiens, que les petites dents pétrifiées d'un poiffon des côtes du Brefil, qu'on y appelle le *grondeur*, & les plus grandes de ce poiffon, celles qui broient, fe nomment *crapaudines*. Il y a auffi des *yeux de ferpent* & des crapaudines, qui fe peuvent rapporter à des dents de dorade, poiffon qui fe trouve dans nos mers, & ce fyftème feroit plus fimple; quoiqu'il en foit, *voyez l'article* CRAPAUDINE. (*D. J.*)

YEUX à *neige*, *Hift. nat.*, c'eft ainfi que les Efquimaux nomment dans leur langue des efpeces de lunettes, dont ils fe fervent pour garantir leurs *yeux* de l'impreffion de la neige, dont leur pays eft prefque perpétuellement couvert. Ce font de petits morceaux de bois ou d'os, qui ont une fente fort étroite, précifément de la longueur des *yeux*, & qui s'attachent au moyen d'un cordon que l'on noue derriere la tête. On voit très-distinctement au travers de cette fente, & fans aucune incommodité; de cette façon les fauvages fe garantiffent de maladies des *yeux* très douloureufes, auxquelles ils font expofés; fur-tout au printemps; ils fe fervent même de ces lunettes pour voir les objets qni font dans l'éloignement, comme nous ferions d'une lunette d'approche.

YEUX DE BŒUF, *Marine*. On appelle ainfi les poulies qui font vers le racage, contre le milieu d'une vergue, & qui fervent à manœuvrer l'itague. Il y a fix de ces poulies aux paftes de boulines, trois pour chaque bouline. Il y en a auffi une au milieu de la vergue de civadiere, quoiqu'il n'y ait point de racage, parce que fa vergue ne s'amene point. Dans un combat on la met le long du mât, quand on veut venir à l'abordage.

YEUX DE PIE, *voyez* ŒIL DE PIE.

YEUX DE PERDRIX, *Soierie*, étoffe, partie de foie, partie de laine, diverfement ouvragée & façonnée, qui fe fait par les hauts-liffeurs de la fayeterie d'Amiens. (*D. J.*)

Y G

YGA, *Hift. nat. Bot.*, gros arbre du Brefil, dont les Indiens détachent l'écorce entiere pour en faire des canots, qui font capables de porter chacun quatre ou fix perfonnes; cette écorce eft épaiffe d'un pouce, longue d'une vingtaine de piés, & large de quatre ou cinq. (*D. J.*)

YGUALDA, *Géogr. mod.*, petite ville d'Efpagne, dans la Catalogne, fur le torrent de Noya & fur la route de Barcelonne à Cervere. Quelques-uns croient que c'eft l'ancienne Ergavia, ville des Lacetains, & d'autres l'ancienne Anabis, où Ferdinand III, roi d'Aragon, mourut en 1416.

Y L

YLA L', *Géog. mod.*, riviere d'Ecoffe. Elle fort des montagnes de Balvanie, arrofe & donne fon nom au petit pays de la province de Banf, qu'on appelle *Straht-Yla*, coule à l'orient, puis au fud-eft, jufqu'à ce qu'elle fe jette dans le Dovern. (*D. J.*)

Y N

YNAGUA, *l'ifle de*, *Géogr. mod.*, petite ifle de l'Amérique, au nord de la partie occidentale de l'ifle Saint-Domingue. Elle eft inhabitée. *Long.* entre 104, 36, & les 305, 15; *latit. méridionale* 21. (*D. J.*)

YNCA, f. m. *terme de relation*, nom des anciens rois du Pérou, & des princes de leur famille; ce nom fignifie *feigneur*, *prince du fang royal*. Le roi s'appelloit proprement *capac-ynca*, c'eft-à-dire, *grand feigneur*. Leurs femmes fe nommoient *pallas*, & les princes fimplement *yncas*. Avant l'arrivée des Efpagnols, ils étoient extrêmement puiffans & redoutés. Les peuples les regardoient comme fils du foleil, & croyoient que les *yncas* du fang royal n'avoient jamais commis de faute. Ils avoient de beaux palais, des jardins fuperbes, des temples magnifiques, & des peuples foumis. *Voyez* l'*hiftoire des yncas*, par Garcilaffo de la Vega. (*D. J.*)

Y O

YOKOLA, *Hift. mod. Economie*, nourriture ordinaire des habitans de Kamtfchatka & des peuples fauvages, qui demeurent à l'orient de la Sybérie, vers les bords de l'océan oriental.

Le *yokola* fe prépare avec toutes fortes de poiffons, & l'on s'en fert, comme nous faifons du pain. Tout le poiffon que ces habitans prennent, fe divife en fix parts. Ils font fécher les côtes & la queue en les fufpendant en l'air; ils préparent féparément le dos & la partie la plus mince du ventre, qu'ils fument & font fécher fur le feu; ils amaffent les têtes dans des troncs, où elles fermentent, ils les mangent malgré leur odeur infecte; les côtes & la chair qui y reftent attachées fe fechent & fe pulvérifent pour l'ufage; on feche de même les os les plus gros, ils fervent à nourrir les chiens.

YOLATOLT, f. m. *terme de relation*, forte de boiffon des Indes, compofée de maïs moulu, torréfié, mis en fermentation dans un vaiffeau avec une certaine quantité d'eau; on y ajoute un peu de poivre d'Amérique, pour donner à la liqueur de la force & de la couleur. (*D. J.*)

YOLE, f. f. *terme de pêche*, ufitée dans le reffort de l'amirauté de Dieppe; c'eft une forte de chaloupe ou de biffcayenne, à l'ufage des pêcheurs de cette amirauté.

YOLOXOCHITL , f. m. *Hift. nat.* *Bot.* , arbre du Mexique , qui produit des fleurs odorantes , dans lesquelles ou voit la forme d'un cœur. Elles font blanches à l'extérieur , rougeâtres par dedans, fort grandes , mais un peu vifqueufes. On leur attribue de grandes vertus contre les vapeurs hyftériques.

YON , L' , *Géog. mod.* , petite riviere du Poitou, où elle a fa fource. Elle fe rend dans le Semaigne , au deffus de Mareuil. (*D. J.*)

YON , SAINT- , f. m. *Hift. monacale* , ordre de féculiers , agrégé depuis l'an 1725 à l'état monaftique : les freres de cet ordre , fous le nom de *freres des écoles chrétiennes* , fe font confacrés à l'inftruction des petits garçons. La maifon chef de l'ordre porte le nom de *Saint-Yon* , & eft fituée à Rouen, dans le fauxbourg Saint-Sever. *Trevoux.* (*D. J.*)

YONG-CHING-FU , f. m. *Hiftoire mod.* , c'eft ainfi qu'on nomme à la Chine un tribunal fuprême, dont la jurifdiction s'étend fur tout le militaire qui eft à la cour de l'empereur. Le préfident de ce tribunal eft un des feigneurs les plus diftingués de l'état ; il a fous lui un mandarin & deux infpecteurs , qui font chargés de veiller fur fa conduite , & de borner fon pouvoir , en cas qu'il fût tenté d'en abufer.

YONNE , L' , *Géogr. mod.* , riviere de France. Elle prend fa fource dans le duché de Bourgogne , aux montagnes du Morvant, près du château de Chinon , & va fe rendre dans la Seine à Montereau , à 17 lieues au deffus de Paris. L'*Yonne* eft l'*Incanna* des écrivains du moyen âge. (*D. J.*)

YOPU , f. m. *Hift. nat. Ornithol.* , efpece de pie du Brefil ; elle a le corps noir , la queue jaunâtre , les yeux bleus , le bec jaune , avec trois pinnules qu'elle dreffe fur fa tête , comme fi c'étoient des cornes.

YORCK, *Géogr. mod.* , en latin *Ehoracum* ou *Brigantium oppidum* ; ville d'Angleterre , dans la province de même nom, fur la riviere d'Ouze,à 60 milles au nord-oueft de Lincolà, & à 150 de Londres.

Cette ville étoit déja célebre du temps des Romains , & elle s'eft encore , car elle s'eft relevée de tout ce qu'elle a fouffert dans les fréquentes révolutions de l'état des Saxons, des Danois & des Normands. *Yorck* eft aujourd'hui belle , grande , riche, bien peuplée & la ville la plus confidérable d'Angleterre après Londres. On y compte jufqu'à 28 églifes, & elle eft le fiege d'un Archevêque de fon nom. Egbert, qui occupoit ce fiege, y érigea , l'an 740 , une grande bibliotheque , où Alcuin , précepteur de Charlemagne , & fondateur de l'univerfité de Paris , puifa fes connoiffances. Un autre ornement d'*Yorck* eft fa cathédrale, qui eft une des belles églifes de l'Europe. Enfin , le maire de cette ville porte , par courtoifie , le titre de *Lord* , comme celui de Londres. *Long.* 16, 24 ; *lat.* 53. 52.

Dans le nombre des favans dont *Yorck* eft la patrie , je me contenterai d'en citer quatre , *Herbert* (Thomas ,) *Maruell* (André ,) *Morton* (Thomas ,) & *Poole* (Matthieu.)

Herbert naquit en 1607. Guillaume , comte de Pembroke fon parent , lui fournit de l'argent pour voyager, & il employa quelques années à vifiter divers pays de l'Europe, de l'Afrique & de l'Afie. En 1647 , il fut nommé avec Jacques Harrington , auteur de l'*Oceana* , valet-dechambre du lit de fa majefté Charles , & demeura toujours auprès du roi jufqu'à la mort de ce prince. Il finit lui-même fes jours à *Yorck* , en 1683 , âgé de 76 ans. La relation de fes voyages en Afrique , en Afie , & fur-tout en Perfe , a été imprimée à Londres , en 1634 , 1638 & 1677 , *in-fol.* Cette derniere édition eft la plus ample. Outre fa *Threnodia Carolina* , qui contient l'hiftoire des deux dernieres années de la vie de Charles I , il a écrit les dernieres heures de ce prince , que Wood a publiées dans fes *Athenæ Oxonienfes.*

Maruell, ingénieux & vertueux auteur du xvij fiecle , naquit en 1620 , & après avoir étudié à Cambridge , il voyagea dans les pays les plus policés de l'Europe. A fon retour , il entra dans les emplois , & fervit de fecond à Milton , en qualité de fecretaire pour les dépêches latines du protecteur. Dans la fuite il fe lia intimement avec le prince Robert, qui lui faifoit de fréquentes vifites en habit de particulier. Le roi defirant de fe l'attacher , lui envoya le grand tréforier Danby , pour lui offrir de l'argent & des emplois ; mais M. Maruell répondit au grand tréforier , qu'il étoit très-sensible aux bontés de sa majesté, qu'il connoissoit parfaitement les cours, & que tout homme qui recevoit des graces du prince devoit opiner en faveur de ses intérêts ; enfin les offres les plus pressantes au côté de mylord Danby, ne firent aucune impression sur lui. Il persista à lui déclarer qu'il ne pouvoit les accepter avec honneur, parce qu'il faudroit ou qu'il fût ingrat envers le roi, en opinant contre lui, ou infidele à sa patrie, en entrant dans les mesures de la cour. Que la seule grace qu'il demandoit donc à sa majesté, c'étoit de le regarder comme un sujet aussi fidele, qu'aucun qu'il eût, & qu'il étoit plus dans ses véritables intérêts, en refusant ses offres, que s'il les avoit acceptées. Mylord Danby voyant qu'il ne pouvoit absolument rien gagner, lui dit que le roi avoit ordonné de lui compter mille livres sterlings, qu'il espéroit qu'il accepteroit, jusqu'à ce qu'il jugeât à propos de demander quelqu'autre chose à sa majesté. Cette derniere offre fut rejetée avec la même fermeté que la premiere, quoiqu'il fût obligé, immédiatement après le départ du grand trésorier, d'envoyer emprunter une guinée chez un ami. En un mot, comme les plus puissantes tentations du côté des honneurs & des richesses ne purent jamais lui faire abandonner ce qu'il croyoit être le véritable intérêt de sa patrie, les plus éminens dangers ne purent aussi l'effrayer, & l'empêcher d'y travailler. Il mourut, non sans soupçon de poison, en 1678, dans la cinquante-huitieme année de son âge. Ses écrits sont en grand nombre, & roulent principalement sur la religion. M. Cooke a donné à Londres, en 1726, en deux volumes in-8°. les poésies de cet écrivain.

Morton, savant évêque Anglois du xvij siecle, naquit en 1564, & fut promu au siege de Chester, en 1615 ; en 1618 il obtint l'évêché de Conventry & Lichifield. & en 1632 celui de Durham. Dans toutes ces places, il s'occupa sans cesse à l'étude, & mourut comblé d'années en 1559. Il a publié plusieurs ouvrages, qui concernent presque tous la défense de l'église anglicane contre la doctrine romaine. Ses manuscrits passerent à sa mort entre les mains du docteur Barwick.

Poole, savant critique & théologien, naquit en 1624, & pensa perdre la vie

dans la célebre conspiration d'Oates, parce qu'il écrivit contre les catholiques romains un livre intitulé *nullité de la foi romaine*. Depuis ce temps-là la crainte du risque qu'il couroit toujours, s'empara tellement de lui, qu'il prit le parti de se retirer à Amsterdam, où il mourut en 1679, dans sa 56e année.

Il travailla pendant dix ans à sa *synopsis criticorum*, dont les deux premiers volumes parurent à Londres en 1669, *in-fol.* & les trois autres ensuite. Outre cette édition de Londres, il s'en est fait une à Francfort, en 1678, une à Utrecht 1686, une seconde à Francfort, 1694, *in-*4°. & une troisieme, beaucoup meilleure, en 1709, *in-fol.* en six volumes.

Poole a très-bien choisi les écrivains qui devoient entrer dans son ouvrage, outre ceux qui étoient déja dans les critiques sacrées qu'il abrégeoit ; mais il n'a pas pris garde qu'en donnant les différentes versions dans la bible, comme elles sont dans les traductions latines, il ne pouvoit que commettre une infinité d'erreurs. La grande multitude d'interprétations qu'il a recueillies sur le texte, cause de la confusion ; l'on a bien de la peine à joindre tous les mots ensemble quand ils sont bien éloignés, & qu'on les a appliqués en tant de manieres différentes.

De plus, l'auteur se contentant ordinairement de rapporter les diverses explications, sans juger quelles sont les meilleures, n'instruit pas assez le lecteur qui a de la peine à se déterminer, principalement quand il ne voit point de raisons qui le portent à préférer un sentiment à un autre.

Cependant on ne peut trop louer dans cet abrégé des critiques, le travail de Poole, qui a ramassé avec beaucoup de soin & de peine ce qui étoit répandu en différens ouvrages, & l'a placé aux lieux où il devoit être, en l'abrégeant utilement pour la commodité des lecteurs.

Enfin, les difficultés de la chronologie, éclaircies par les meilleurs critiques, se trouvent ici rapportées en abrégé ; & de cette maniere, la plupart des matieres difficiles de l'Ecriture, sur lesquelles on a composé des livres entiers, sont expliquées dans ce recueil, où l'auteur a pris la peine d'inférer les extraits qu'il avoit fait lui-même des meilleurs ouvrages en ce genre.

On a encore de lui en anglois, un volume de remarques sur la bible, qui ont été jointes à celles d'autres savans auteurs; & le tout a paru à Londres en 1685, en 2 vol. *in fol* (*D. J.*)

YORCK, LA NOUVELLE, *Géogr. mod.*, province de l'Amérique septentrionale, sur la côte orientale; elle est bornée au septentrion par le Canada, au midi par la mer du nord, au levant par la nouvelle Angleterre, & au couchant par la Virginie & la Pensylvanie.

Hudson, qui étoit au service des Provinces-Unies, en fit la découverte, & en prit possession au nom de ses maitres en 1609, quoique ce ne fût pas le vrai but de son voyage, car le vaisseau qu'on lui avoit donné étoit destiné à chercher un passage vers la Tartarie & la Chine; mais Hudson après de vains efforts, fit route sur le sud-ouest, & aborda à ce pays qu'il nomma la *nouvelle Hollande*.

En 1615, les Hollandois y éleverent une forteresse qu'ils appellerent le *fort d'Orange*, & une ville à laquelle ils donnerent le nom de *nouvelle Amsterdam*. Enfin, les Anglois s'étant affermis dans la nouvelle Angleterre & au Maryland, débusquerent en 1666 les Hollandois de leurs possessions, & en obtinrent la propriété par le traité de Bréda.

Sous les Anglois, la nouvelle Amsterdam fut appellée la *nouvelle Yorck*, & donna son nom au pays, ainsi qu'à la capitale, parce que toute la province fut cédée en propriété au duc d'Yorck par Charles II son frere, roi d'Angleterre. (*D. J.*)

YORCK, isle d', *Géog. mod.*, isle d'Afrique dans la Haute-Guinée, à l'embouchure de la riviere de Scerbro. La compagnie Angloise d'Afrique y a fait construire un fort monté de quelques pieces d'artillerie, & au garnison est composée de 35 blancs avec 60 gromettes. (*D. J.*)

YORCK-SHIRE, *Géog. mod.*, province d'Angleterre, maritime & septentrionale, dans le diocese d'Yorck qui en est la capitale. C'est la plus grande province du royaume; elle a trois cents vingt milles de circuit: on la distingue en trois parties, qui sont Nord, Est & West-Riding. Elle est très-fertile en blé, bétail, gibier & poisson; elle produit quantité de beaux chevaux, de la pierre à chaux, du jais, de l'alun & du fer. Ses principales rivieres sont

l'Humber, l'Are, la Nyd, l'Ouse, l'Youre, *&c*. Elle contient soixante villes ou bourgs à marché, ou simples bourgs; mais elle est encore plus remarquable par la foule des hommes de lettres qui y sont nés. Voici les principaux, entre lesquels se trouvent d'illustres & célebres personnages.

Je commence par *Alcuin* (Flaccus), né dans le huitieme siecle. Il fut disciple d'Egberi, archevêque d'Yorck, diacre de l'église de cette ville, & abbé de S. Augustin de Cantorbery. En 780, Charlemagne l'invita à venir en France, & le reçut avec de grandes marques de distinction. Ce prince lui donna plusieurs abbayes, entr'autres celle de S. Martin de Tours, où il passa la fin de sa vie, après y avoir formé une école brillante, d'où les sciences se répandirent en plusieurs endroits de la monarchie françoise.

Pendant qu'Alcuin étoit à Paris, il y faisoit des leçons publiques & particulieres; il eut l'honneur d'instruire Charlemagne, la princesse Gisele sa sœur, les princesses Gisele & Rictrude ses filles; Riculfe qui fut ensuite évêque de Soissons; Angilbert, gendre de Charlemagne, & les jeunes seigneurs qui étoient alors élevés à la cour de ce prince. Il leur apprit l'orthographe, qui est le fondement de la littérature, & qui étoit alors fort négligée; il composa en faveur de la noblesse des traités sur les sept arts libéraux, les mit en forme de dialogues, & y introduisit le prince régnant au nombre des interlocuteurs, ce qui étoit assez adroit.

Vossius & d'autres savans prétendent que l'école du palais a donné naissance à l'université de Paris, & que cette académie doit son origine à Charlemagne & à Alcuin, c'est une erreur; il est seulement vrai que le prince & le savant Anglois prirent le soin de faire fleurir les lettres dans ce royaume, & de les tirer de la barbarie. Alcuin possédoit passablement le latin & le grec, il étoit de son temps le plus habile écrivain après Bede & Adelme. Il mourut à Tours en 804, & y fut inhumé.

Ses ouvrages, qui subsistent encore aujourdhui, ont été recueillis en un vol. *in-fol.* par André Duchesne, & imprimés à Paris en 1617. Ils sont divisés en trois parties, la premiere contient ses traités sur l'écriture; la seconde, ses livres de doctrine, de discipline & de morale ; la troisieme comprend les écrits historiques, avec les lettres & les poésies. Depuis l'édition de Duchesne, on a imprimé à Londres, à Paris & ailleurs divers autres ouvrages d'Alcuin, ou qui lui sont attribués, la plupart à tort. Telle est la purification de la B. Vierge Marie. Il faut convenir que ses vrais ouvrages sont tous assez médiocres, & à la legere ; il y travailloit quelquefois pendant ses voyages, & manquoit par conséquent, comme il le dit lui-même, du repos, du loisir & des livres nécessaires. Quoiqu'il ait écrit avec plus de pureté que les auteurs de son temps, son style est en réalité dur & barbare.

Ascham (Roger) naquit en 1515, & fit ses études à Cambridge, où il fut reçu maître-ès-arts en 1526. Il écrivoit parfaitement bien, & fut chargé par cette raison de transcrire toutes les lettres de l'université au roi ; en 1548, il fut nommé pour instruire la reine Elisabeth, qui fit pendant deux ans des progrès extraordinaires sous lui, en latin & en grec, & elle l'estima toujours infiniment. "Je lui apprends des „ mots, écrivoit-il à l'évêque Aylmer, „ & elle m'apprend des choses : je lui „ apprends des langues mortes, & ses „ regards modestes m'apprennent à agir." Il accompagna le chevalier Morison auprès de Charles-Quint, & fut très-utile à ce ministre. A son retour, il devint secretaire de la reine Marie : Elisabeth, à son avénement au trône, lui donna une prébende dans l'église d'Yorck, & il ne tenoit qu'à lui de se procurer de plus grands établissemens, s'il avoit voulu se prévaloir de son crédit auprès de cette reine. Il mourut en 1568, âgé de cinquante-trois ans, généralement regretté, sur-tout d'Elisabeth, qui dit qu'elle auroit mieux aimé perdre dix milles livres sterlings que son Ascham. Ses ouvrages sont estimés : sa méthode d'enseigner le latin fut imprimée en 1570, & a été remise au jour en 1711, *in-8°*. Ses lettres latines sont élégantes ; il y en a plusieurs éditions, mais la meilleure est celle d'Oxford, en 1703 *in-8°*. Son livre intitulé *Toxophilus*, ou l'art de tirer de l'arc, a paru à Londres en 1571, *in-4°*. Il l'avoit dédié à Henri VIII, qui récompensa cette dédicace d'une bonne pension annuelle.

Briggs (Henri), un des grands mathé-maticiens du dix-septieme siecle, naquit vers l'an 1560, & fut nommé en 1596, premier professeur en mathématiques dans le college de Gresham. En 1619, le chevalier Savile le pria d'accepter la chaire de Géométrie qu'il venoit de fonder à Oxford : chaire qui étoit plus honorable que celle de Londres, & accompagnée de plus grands appointemens, il mourut en 1631, âgé de soixante & dix ans. Ses principaux ouvrages sont, 1°. les six premiers livres d'Euclide rétablis sur les anciens manuscrits. & imprimés à Londres en 1620 *in-fol.* 2°. On lui a l'obligation d'avoir perfectionné la doctrine des logarithmes par son bel ouvrage intitulé *Arithmetica logarithmica*, Londres 1624, *in-fol*, M. Jones de la société royale, a plusieurs manuscrits latins de Briggs sur les mathématiques, écrits de la main de l'illustre M. Jean Colins.

Gale (Thomas), savant écrivain du dix-septieme siecle, naquit en 1636, & devint professeur en langue grecque à Cambridge. C'est-là qu'il publia en 1671 *in-8°*. un recueil en grec & en latin, intitulé, *Opuscula mythologica, ethica & physica*, réimprimé à Amsterdam en 1688 *in-8°*. Ce recueil précieux contient plusieurs traités, & entr'autres, 1°. *Palæphatus de incredibilibus historiis, de inventione purpuræ, & de primo ferri inventore*. 2°. *Phornuti* ou *Cornuti de naturâ deorum*. Ce Cornutus, grec de nation & Stoïcien, florissoit à Rome sous l'empire de Néron, qui lui demanda son sentiment sur un poème de sa main ; mais Cornutus s'étant expliqué avec trop de liberté au gré du prince, il fut banni. 3°. *Sallustius, philosophus, de diis & mundo*, avec des notes. 4°. *Ocellus Lucanus, philosophus, de universâ naturâ*, avec la version latine & les notes de Louis Nogarola. 5°. *Sextii Pythagorei sententia, è græco in latinum à Ruffino versæ*. M. Gale dit que l'auteur de ces sentences vivoit du tems de Jules-César, & que c'est ce même Sextius, philosophe romain, que Plutarque loue dans ses traités de morale, aussi-bien que Seneque dans sa cinquante-neuvieme lettre, où il l'appelle *virum acrem, græcis verbis, romanis moribus philosophantem*. Enfin, on trouve dans ce recueil des fragmens d'Archytas, diverses lettres de Pythagore & autres, ainsi qu'*Heliodori Larissæi capita opticorum*.

En 1675, M. Gale publia à Paris en grec & en latin *Historiæ poeticæ antiqui Scriptores in-8°*. & l'année fuivante à Oxford, *Rhetores feletti*, Scil. *Demetrius Phalereus*, *Tiberius rhetor*, anonymus *fophista*, *Severus Alexandrinus*. Tiberius le rétheur, qui au jugement de M. Gale, eft un écrivain ancien, élégant & concis, n'avoit point encore paru avant que l'illuftre éditeur le publiât avec une verfion latine. Suidas donne à ce Tiberius le titre de *philofophe* & de *fophifte*, & il lui attribue divers écrits.

En 1678, Gale mit au jour à Oxford, *in-fol*. *Jamblicus chalcidenfis*, *de myfteviis*. L'année fuivante, parut à Londres, *in-fol*. fon édition d'Hérodote. En 1687, il donna à Oxford, *in fol. Hiftoriæ anglicanæ fcriptores quinque*; *nunc primùm in lucem editi*; & en 1691. *Hiftoriæ britannicæ*, *faxonicæ*, *anglodanicæ fcriptores quindecim*. Oxoniæ, *in-fol*.

Le docteur Gale a ajouté à ces quinze hiftoriens un *appendix*, où il donne divers paffages touchant la Grande-Bretagne; un catalogue des terres (*hydes*) de quelques provinces en deçà l'Humber, avec une relation des loix & des coutumes des Anglo-Saxons, tirée du livre appellé le *Doom's-Day-Book*, une table alphabétique des anciens peuples, des villes, des rivieres & des promontoires, d'après Cambden, & la généalogie des rois Bretons, tirée du texte de Rochefter (*textus Roffenfis*.) Enfin, on trouve une ample table pour tout l'ouvrage.

En 1697, il fut inftalé doyen d'*Torck*, & mourut dans cette ville en 1702, dans la foixante-feptieme année de fon âge. Il étoit non feulement géometre, mais très-verfé dans la connoiffance de la langue grecque, & de l'hiftoire de fon pays. M. Roger Gale fon fils a publié fur fes manufcrits, à Londres en 1709, *in-4°*. un fort bel ouvrage intitulé *Antonini iter britannicum*, avec plufieurs conjectures, & les noms anglois des lieux autant que la chofe étoit poffible. Mais comme les diftances des lieues font marquées dans l'itinéraire par milles romains, M. Gale a indiqué fur la carte dreffée fur l'itinéraire même, la proportion entre les milles romains & anglois, telle qu'elle a été déterminée par le docteur Edmond Halley.

Les premieres notes du docteur Gale regardent le titre de l'ouvrage qu'il com-

mente, *Antonini iter britannicum* (quoique fon manufcrit porte *itinerarium Antonii*, & que le docteur Bentley life *Antonii Augufti*.) Il obferve qu'on eft avec raifon en doute auquel des empereurs romains, du nom d'Antonin, on doit attribuer cet ouvrage; ou même s'il eft d'aucun de ces princes. Il croit que divers auteurs y ont travaillé; la chofe eft incontestable, fi quelqu'un des Antonins y a eu part, puifque le dernier de ces princes a vécu long-temps avant la fondation de Conftantinople & de plufieurs villes, dont il eft parlé dans cet itinéraire. Le docteur Gale conjecture qu'il a peut-être été commencé par un des Antonins, & continué par d'autres, à mefure qu'ils ont eu occafion de connoître plus particuliérement ces parties du monde.

M. Gale remarque fur le mot de *Britanniarum*, que les Romains appelloient cette isle indifféremment *Britannio* ou *Britannia*, avant qu'elle fût partagée en provinces. La premiere divifion s'en fit du temps de Sévere, par le fameux grand chemin qui alloit depuis *Claufentium* jufqu'à *Gabrofentum*. Notre auteur l'appelle dans un autre endroit *the Foffed-Way*, & il dit qu'il va au nord en traverfant les comtés de Leicefter & de Lincoln, reparoiffant enfuite à un village nommé *Spittle in the Street*; il paffe par Hibberftow Gainftrop, Broughon & Applebey, & vient finir pas fort loin de Wintringham, fur le bord de l'Humber.

Par cette divifion, toute la partie de la Grande Bretagne fituée à l'Orient du chemin, s'appelloit *Britannia prima*, qui étoit la plus voifine de la mer, par rapport à Rome, & que Dion nomme πρωτω. Le pays fitué à l'oueft du chemin portoit le nom de *Britannia fecunda*: Dion l'appelle δ̕υτω. Le docteur Gale rapporte fuccinctement les divifions de la Grande-Bretagne, & il nous apprend enfuite l'ordre des provinces qui étoit tel; premierement la *Britannia prima* ou Baffe-Bretagne; c'étoit du temps de Sévere la partie orientale de l'isle. En fecond lieu, *Britannia fecunda*, ou Haute-Bretagne: c'étoit du temps du même empereur, la partie occidentale de l'ifle. Conftantin le grand ajouta deux nouvelles provinces nommées *Flavia Cæfarienfis*, & *Maxima Cæfarienfis*, dont la premiere commençoit à Glocefter, & s'étendoit dans le milieu de

l'Angleterre : la feconde comprenoit tout
ce que les Romains poffédoient dans le
nord de l'ille ; la partie la plus reculée
de cette province , fituée entre Sterling-
Fortg & la muraille des Piâes , & repri-
fe par Théodofe, fut *Valentia*, en l'honneur de l'empereur Valentinien.

Le doâeur Gale ne croit point que la
ville d'*Yorck* ait jamais été appellée *Brigantium* par aucun auteur qui fût juge
compétent ; il doute que le paffage de la
Syntaxis magna de Ptolomée , qu'on cite
communément pour prouver qu'elle a
porté le nom de *Brigantium*, foit concluant. Voici ce que dit Ptolomée, premiere-
m:nt il place *Brigantium* dans le vingt-
deuxieme parallele ; il met enfuite *Brigantium* dans le milieu de la Grande - Bretagne dans le
vingt-troifieme , &. Cattarick dans le
vingt-quatrieme;par où il paroit évidemment qu'*Yorck* & Cattarick ne font pas
à une fi grande diftance l'un de l'autre.
Le doâeur foupçonne donc que *Brigantium* a été mis là pour *Segontium* ou *Bre-
cannioc*, Brecknoc , à qui les paralleles
de Ptolomée conviennent beaucoup
mieux. Il cite quelques autorités pour
prouver qu'*Yorck* a été la capitale d'Angleterre ; & il parle de plufieurs anciennes infcriptions qu'on y trouve.Outre ce
détail M. Gale a inféré dans fon ouvrage
d'autres voyages dans la Grande - Bretagne , tirés du même itinéraire.

Gartb (Samuel) poëte & médecin,en-
couragea en 1696 la fondation de l'infir-
merie , qui étoit un appartement du college des Médecins , pour le foulagement
gratuitdes pauvres.Cette œuvre de charité l'ayant expofé au reffentiment de plufieurs de fes confreres,auffi-bien que des
Apothicaires ; il les tourna en ridicule
avec beaucoup d'efprit & de feu dans un
poème intitulé *the difpenfary*. La fixieme
édition de ce poëme ingénieux qui contient fix chants,a paru à Londres en 1706,
*in-*8°. avec de nouveaux épifodes.

Le duc de Malbourough affeâionnoit
Garth particulierement,& le roi George I
le fit chevalier avec l'épée de ce Seigneur.
Il fut enfuite nommé médecin ordinaire
de S. M. & médecin général de l'armée.
Il mourut en 1709 , eftimé de tout le
monde. Le lord Lanfdowne fit de très-
beaux vers fur la maladie de Garth.
" Macaon, dit-il, eft malade ; admirable
" en fon art , il a plus fauvé de vies que

" nos guerres n'en ont ravi. Le téméraire
" buveur , & la femme aventuriere , ne
" peuvent redouter avec lui que la honte
" ou les remords. Dieu des arts , protege
" le plus cher de tes enfans ! rétablis ce-
" lui à la vie duquel la nôtre eft attachée;
" en confervant Garth, tu nous conferves
" nous - mêmes. "

Gower (Jean), poëte du feizieme fiecle,
florifloit fous le regne de Richard II ,
auquel il dédia fes ouvrages. Il en a écrit
en latin, en françois & en anglois. Sa
confeffio amantis en vers anglois , parut à
Londres en 1532. L'auteur mourut en
1402 dans un âge fort avancé.

Hickes (George) naquit en 1642 , &
prit le parti de l'églife après avoir fait
fes études à Oxford. Il devint chapelain
du duc de Lauderdale , & enfuite doyen
de Worcefter. Il mourut en 1715 âgé de
74 ans. Il entendoit parfaitement les anciennes langues du nord, dont il avoit
joint l'étude à celle de fa profeffion. Ses
ouvrages théologiques fonten grand nombre. On a fait un recueil de fes fermons
en deux volumes, imprimés à Londres en
1713 , *in-*8°. Sa grammaire *Anglo-Saxone*
parut à Oxford en 1689 *in-*4°. mais l'ouvrage qui lui a fait le plus d'honneur, eft
intitulé , *antiquæ litteraria feptentrioma-
lis, libri duo* , Oxoniæ, 1705, *in-fol.*

Saunderfon (Robert), évêque de Lincoln , naquit en 1587, & fut nommé profeffeur en théologie à Oxford en 1642.
Il fouffrit beaucoup pendant les guerres
civiles , fut pillé plufieurs fois , bleffé en
trois endroits de fon corps , & réduit à
une grande néceffité , ayant femme &
enfans. Robert Boyle lui envoya une fois
cinquante livres fterlings , le priant
d'accepter la même fomme chaque année,
fa vie durant ; mais fa mauvaife fortune
changea de face bientôt après , ayant été
promu à l'évêché de Lincoln en 1660. Il
mourut en 1663, âgé de 76 ans. Outre la
théologie polémique , il étoit fort verfé
dans l'étude des antiquités & de l'hiftoire
d'Angleterre. Ses fermons ont été imprimés au nombre de 34 en 1660 *in-fol.* &
au nombre de 36 en 1681 ,avec la vie de
l'auteur par Ifaac Walton. Son ouvrage
fur les cas de confcience parut en 1678 &
en 1685 , *in-*8°. Son livre *de juramenti
promifforii obligatione* , a été imprimé à
Oxford , 1646. Londres 1647, 1670, 1676
*in-*8°. On en a donné une traduâion an-

gloise. M. François Peck a publié dans les *desiderata curiosa* l'histoire & les antiquités de l'ancienne église cathédrale de Lincoln, recueillies par Saunderson.

Saville (Henri) naquit en 1549, & après avoir voyagé dans les pays étrangers, pour se perfectionner dans les sciences, dans la connoissance des langues & des hommes, il fut nommé pour enseigner la langue grecque à la reine Elisabeth, qui faisoit grand cas de lui. Le roi Jacques I voulut l'élever aux dignités, mais il les refusa, & se contenta de l'honneur d'être créé chevalier par ce prince. Il mourut à Oxford en 1622. C'étoit un homme parfaitement versé dans les langues grecque & latine, laborieux à rechercher, & généreux à publier les monumens de l'antiquité ; non seulement il y employa une grande partie de son bien, mais il s'est immortalisé en fondant, en l'année 1619, deux chaires, l'une de géométrie, & l'autre d'astronomie, dans l'université d'Oxford.

1°. Sa traduction de Tacite, dédiée à la reine Elisabeth, & accompagnée de notes, parut à Londres en 1581, *in fol.* & a été réimprimée plusieurs fois depuis. 2°. Son commentaire sur des matieres militaires, imprimé à Londres en 1598, *in-fol.* a été traduit en latin par Marquard Fréher. 3°. Il a mis au jour en 1596, *in-fol. Fasti regum & episcoporum Angliæ, usque ad Willemum seniorem.* 4°. Il a aussi fait imprimer à Oxford en 1621, *in-4°. des prælectiones in elementa Euclidis.*

Mais rien ne lui fait plus d'honneur qu' sa belle édition des œuvres de S. Chrysostôme, en grec, imprimée au college d'Eaton en 1613, en 8 vol. *in-fol.* avec des notes de sa façon, & d'autres savans hommes qui l'aiderent dans ce travail, dont la dépense lui coûta huit mille livres sterlings. Il est vrai que cette édition toute grecque ne peut être à l'usage du grand nombre, & que c'est pour cela qu'elle n'a pas eu grand cours en France ; mais elle sera toujours estimée des connoisseurs qui laisseront aux autres l'avantage de pouvoir lire l'édition grecque & latine de S. Chrysostôme, donnée par le P. Fronton du Duc, quelque temps après l'édition de Saville, & faites en réalité furtivement sur l'édition d'Angleterre, à mesure qu'elle sortoit de dessous la presse. Ajoutons que l'édition du

jésuite n'a des notes que sur les dix premiers tomes, & qu'on est obligé d'avoir recours, pour les tomes suivans, à l'édition de Morel, ou à celle de Commelin.

Sharp (Jean), archevêque d'*Yorck*, naquit en 1644, & fut nommé doyen de Norwick en 1681 ; mais en 1686, il fut suspendu pour avoir défendu dans un de ses sermons la doctrine de l'église anglicane contre le papisme ; cependant après sa suspension, il fut plus considéré que jamais, & son clergé témoigna plus de déférence pour ses conseils, qu'il n'en avoit auparavant pour ses ordres. La cour fut obligée de se tirer de ce mauvais pas comme elle put. En 1692, il fut nommé archevêque d'*Yorck* à la sollicitation de Tillotson son intime ami, & dont nous parlerons tout-à-l'heure. En 1702, il prêcha au couronnement de la reine Anne, entra dans le conseil, & eut l'honneur d'être grand aumônier de cette reine. Il mourut en 1713, âgé de 69 ans. On admire à juste titre ses sermons. La derniere édition publiée à Londres en 1740, forme sept volumes *in-8°.*

Tillotson (Jean) archevêque de Cantorbery, & fils d'un drapier d'un bourg de la province d'*Yorck*, naquit en 1630, & étudia dans le college de Clare à Cambridge. Il eut successivement plusieurs petites cures que son mérite lui procura. En 1689, il fut installé doyen de l'église de S. Paul, & en 1691, il fut nommé à l'archevêché de Cantorbery. Il mourut en 1694, dans la soixante-sixieme année de son âge.

Pendant qu'il fut dans une condition ordinaire, il mettoit toujours à part deux dixiemes de son revenu pour des usages charitables ; il continua cette pratique le reste de sa vie, & mourut si pauvre que le roi donna à sa veuve une pension annuelle de six cents livres sterlings. Après sa mort on trouva dans son cabinet un paquet de libelles très-violens, que l'on avoit fait contre lui, sur lequel il avoit écrit de sa main : « Je pardonne aux auteurs de ces livres, & je prie Dieu qu'il leur pardonne aussi. »

Je ne m'étendrai point sur la beauté de son génie, & l'excellence de son caractere, c'est assez de renvoyer le lecteur à l'histoire de sa vie, & à son oraison funebre, par Burnet évêque de Salisbury. La reine parloit de lui avec tant de tendresse, que quelquefois même elle en verſoit des larmes. En 1675 , il donna au public le *traité des principes & des devoirs de la re-ligion naturelle* , de l'évêque Wilkins, & il y mit une préface. En 1683 , il fut l'é-diteur des œuvres du docteur Barrow , & l'année ſuivante , de celles de M. Ezé-chias Burton ; mais ſes ſermons ont ren-du ſon nom immortel ; il en avoit paru pendant ſa vie un volume *in-fol.* Après ſa mort le docteur Barker, ſon chapelain, donna les autres en 2 vol. *in-fol.* dont le manuſcrit ſe vendit deux mille cinq cents guinées. Ce fut la ſeule ſucceſſion qu'il laiſſa à recueillir à ſa famille, parce que ſa charité conſommoit tout ſon revenu an-nuel auſſi réguliérement qu'il le recevoit. Les ſermons de ce digne mortel , paſſent pour les meilleurs qu'on ait jamais faits, & ſe réimprimerent ſans ceſſe en anglois. M. Barbeyrac en a donné une traduc-tion françoiſe en ſix volumes *in-12.* & depuis on en a publié deux autres volu-mes tirés des *Œuvres poſthumes.* La tra-duction hollandoiſe forme ſix volumes *in-4°.*

M. Burnet dit qu'il n'a jamais connu d'homme qui eût le jugement plus ſain, le caractere meilleur, l'eſprit plus net, & le cœur plus compatiſſant ; ſes princi-pes de religion & de morale étoient grands & nobles , ſans la moindre tache de relâ-chement ou de ſuperſtition ; ſa maniere de raiſonner ſimple, claire, & ſolide ; jointe à ſes autres talens, l'ont fait re-garder par tous les connoiſſeurs , comme ayant porté la prédication au plus haut degré de perfection dont elle ſoit ſuſcep-tible. Je ne ſache pas , dit le ſpectateur, avoir jamais rien lu qui m'ait fait tant de plaiſir : ſon diſcours ſur la ſincérité eſt d'un mérite rare , en ce que l'auteur en fournit lui-même l'exemple, ſans pompe & ſans rhétorique. Avec quelle douceur, en quels termes ſi convenables à ſa profeſ-ſion , n'expoſe-t-il pas à nos yeux le mé-pris que nous devons avoir pour le défaut oppoſé ; par la moindre expreſſion trop vive ou piquante, ne lui eſt échappée ; ſon cœur étoit mieux fait, & l'homme de bien l'emportoit toujours de beaucoup ſur le bel-eſprit.

Walton (Brian), évêque de Cheſter, naquit en 1600 , & étudia à Cambridge en qualité de ſervant (*ſeizer*). Il obtint ſucceſſivement de petits bénéfices , & fut nommé en 1639 ; chapelain ordinaire du roi ; mais il fut continuellement maltrai-té dans le temps de la guerre civile. En-fin , après le rétabliſſement de Charles II il fut ſacré évêque de Cheſter , en 1660, & mourut l'année ſuivante à Londres , dans la ſoixante & unieme année de ſon âge.

Il forma le magnifique projet de la po-lyglotte d'Angleterre , & mit la derniere main à cet ouvrage qui parut à Londres en 1657 , en ſix volumes *in-fol.* J'ai par-lé ailleurs de cette polyglotte, à l'impreſ-ſion de laquelle pluſieurs perſonnes de diſ-tinction contribuerent généreuſement.

Wharton (Thomas), célebre médecin anglois , naquit vers l'an 1610, devint un des profeſſeurs du college de Gresham, & mourut à Londres en 1673. Il publia en 1656, ſon *Adenographia* , réimprimée à Amſterdam en 1659 , *in-8°.* Il donne dans cet ouvrage une deſcription de tou-tes les glandes du corps humain , plus exacte qu'il n'en avoit encore paru , & leur aſſigne des fonctions plus nobles que celles qu'on leur attribuoit avant lui, comme de préparer & de dépurer le ſuc nourricier ; il a fait connoître les diffé-rences des glandes & leurs maladies ; en-fin il a découvert le premier le conduit des glandes maxillaires, par lequel la ſa-live paſſe dans la bouche.

Je ne dois pas oublier de dire que le fa-meux Jean Wicliffe, ou Wiclef, naquit environ l'an 1324, proche de Richemont, bourg de l'*Yorck-ſhire.* Après avoir fait ſes claſſes , il fut agrégé à Oxford , en 1342 , au college de Meeton , & s'y diſ-tingua par ſes talens. Non content d'excel-ler dans l'étude de l'écriture ſainte, & des ouvrages des peres , il apprit auſſi le droit civil , le droit canon , & les loix d'Angleterre. Il compoſa des homélies , qui lui valurent le titre de *docteur évan-gélique.*

L'an 1369, Wiclef s'acquit l'eſtime de l'univerſité , en prenant ſon parti contre les moines mendians , qui prétendoient être reçus docteurs en théologie , ſans ſu-bir les examens requis ; mais cette entre-priſe lui coûta cher : car en 1367 , il fut chaſſé de l'univerſité par Langham , arche-vêque de Cantorbery , qui affection-noit les moines & la cour de Rome. Ajou-tez que l'année précédente il avoit pris le parti du roi Edouard , & du parlement,

contre le pape ; cependant en 1372, il fut
nommé malgré les moines , profeſſeur en
théologie à Oxford , & pour lors il attaqua ouvertement dans ſes leçons les abus
qui régnoient dans les ordres mendians.

Il fut un des députés d'Edouard auprès
de Grégoire XI qui ſiégeoit à Avignon ,
pour le prier de ne plus diſpoſer des bénéfices d'Angleterre. A ſon retour , il
combattit le luxe & la doctrine de Rome,
l'ignorance & la vanité des prélats de
cette cour. Le pape extrêmement irrité,
écrivit au roi , à l'univerſité d'Oxford , à
l'archevêque de Cantorbery, & à l'évêque
de Londres, de faire emprisonner Wiclef.

Le duc de Lancaſtre le protégea , &
l'accompagna à Londres où il avoit été cité ; cette grande protection lui fut favorable , & l'aſſemblée convoquée à ce ſujet , ſe ſépara ſans rien prononcer contre
lui. Wiclef écrivit peu de temps après un
livre touchant le ſchiſme des pontifes , &
la néceſſité de rejeter tous les dogmes qui
ne ſont pas fondés ſur l'écriture.

Son entrepriſe de la traduction de la
bible en anglois, déplut fort aux eccléſiaſtiques ; il ne les irrita pas moins en
attaquant ouvertement la tranſſubſtan-
tiation. On le perſécuta`, on faiſit ſes li-
vres, & on lui ôta ſon profeſſorat. Il ſe retira dans ſa cure à Lutterwoth, où il mourut en 1384. Ses diſciples ſe multiplie-
rent prodigieuſement , ſur-tout depuis la
loi que le parlement fit en 1400, contre
le wicléfiſme. Cette loi portoit la peine
du feu contre ceux qui enſeigneroient
cette doctrine, ou qui favoriſeroient ſes
ſectateurs.

En 1428, Richard Flemming , évêque
de Lincoln , à la ſollicitation du pape, fit
ouvrir le caveau de Wiclef, brûler ſes
os , & jeter ſes cendres dans un courant
qui porte le nom de *Swift* ; mais ſes livres en grand nombre ne furent que plus
recherchés, & le wicléfiſme adopté en
ſecret , jeta tacitement de profondes racines, qui produiſirent un ſiecle après la
révolution de la religion aujourd'hui ré-
gnante dans la Grande-Bretagne. (D. J.)

YORIMAN, (L') , Géogr. mod., province de l'Amérique , dans la Guyane.
Elle a ſoixante lieues , le long de la riviere des Amazones. Ses habitans ſont en
grand nombre , & vont tout nus, tant
hommes que femmes. Ils n'habitent pas
ſeulement la terre ferme de cette province , mais les grandes iſles que forme la
riviere des Amazones, par divers bras
étendus. (D. J.)

YOUGHILL , Géogr. mod. , & .par
quelques-uns *Younghall* ; ville d'Irlande,
dans la province de Mounſter , au comté
de Cork , avec un bon port, & un quai
fortifié , à l'embouchure de la riviere
Blackwater, ſur les confins de Waterford , à huit milles au levant de Cloyn ;
elle eſt riche , peuplée , & envoie deux
députés au parlement d'Irlande. Long.9,
50 ; lat. 51 , 50. (D. J.)

YOURE (L') , Géog. mod. , en latin
Urus , riviere d'Angleterre , en Yorck-
hire.Elle a ſa ſource aux confins de Weſtmorland , reçoit dans ſon ſein la Swalle ,
prend alors le nom d'Ouſe, paſſe à Yorck,
& tombe dans l'Humber. (D. J.)

Y P

YPAINA , ſ. f. Hiſt. mod. ſuperſt. ;
c'eſt le nom que les Méxicains donnoient
à une de leurs fêtes ſolemnelles , qui ſe
célébroient au mois de mai, en l'honneur
de leur dieu *Vitziliputzli*. Deux jeunes
filles , conſacrées au ſervice du temple,
formoient une pâte compoſée de miel &
de farine de maïs , dont on faiſoit une
grande idole, que l'on paroit d'ornemens
très-riches , & que l'on plaçoit enſuite
ſur un braneard. Le jour de la fête , dès
l'aurore, toutes les jeunes filles mexicai-
nes , vétues de robes blanches , couronnées de maïz grillé , ornées de bracelets
& de guirlandes de la même matiere, far-
dées & parées de plumes de différentes
couleurs, ſe rendoient au temple pour
porter l'idole juſqu'à la cour. Là des jeunes gens la recevoient de leurs mains , &
la plaçoient au pié des degrés , où le peuple venoit lui rendre ſes hommages ; enſuite de quoi on portoit le dieu en proceſſion vers une montagne , où l'on faiſoit promptement un ſacrifice ; on partoit
delà avec précipitation , & après avoir
fait deux nouvelles ſtations , on revenoit
à Mexico. La proceſſion étoit de quatre
lieues , & devoit ſe faire en quatre heures. On remontoit le dieu dans ſon temple , au milieu des adorations du peuple , & on le poſoit dans une boîte par-
fumée , & remplie de fleurs : pendant ce
temps , de jeunes filles formoient avec la
même pâte dont l'idole étoit faite , des

malſes ſemblables à des os, qn'elles nommoient les *os du dieu Vitzilıputzli.* Les
prêtres offroient des victimes ſans nombre, & béniſſoient les morceaux de pâte
que l'on diſtribuoit au peuple ; chacun
les mangeoit avec une dévotion merveilleuſe, croyant ſe nourrir réellement de
la chair du dieu. On en portoit aux malades, & il n'étoit pas permis de rien boire
ou manger avant que de l'avoir conſom-
mée. *V. l'hiſtoire générale des voyages,* t.
XII, in-4°. *pag.* 547 *& ſuiv.*

† YPEREAU, *ou* YPREAU, ſ. m. *Jardin.*, c'eſt ainſi que nos jardiniers appellent une eſpece d'orme à larges feuilles,
originaire de la ville d'Ypres, & qu'on
cultive beaucoup dans ce royaume.

YPOTERE, *Muſiq. inſtrum. des anc.*,
eſpece de flûte des Grecs, au rapport de
Pollux, *chap.* 10, *liv. IV*, de ſon *Ono-
maſticon.* (*F. D. C.*)

YPRES, *ou* IPRES, *Géog. mod.*, ville des Pays-Bas, au comté de Flandre,
dans une fertile plaine, ſur le ruiſſeau
d'Yper, à 7 lieues ſud-eſt de Nieuport, à
9 de Dunkerque, de Saint-Omer, & de
Bruges, à 13 de Gand, à 6 de Lille, &
55 de Paris.

C'étoit autrefois une grande ville qui
avoit trois fois le circuit qu'elle a aujour-
d'hui. Vers l'an 800, les Normands la
ſaccagerent ; Baudouin la répara en 880 ;
elle fut brûlée l'an 1240, & malgré cela,
au dénombrement qui s'en fit deux ans
après, on y compta deux cents mille habitans ; mais à peine y en compte-t-on
aujourd'hui douze mille. Elle contient
quatre paroiſſes, dix-huit couvens, &
pluſieurs hôpitaux.

· Son évêché, ſuffragant de Malines, fut
érigé en 1559, par le pape Paul IV. Le
prince de Condé prit *Ypres* en 1648, &
la perdit-l'année ſuivante. Louis XIV la
reprit en 1678, & elle lui fut cédée par
le traité de Nimegue ; mais elle paſſa à la
maiſon d'Autriche, par les traités d'U-
trecht, de Radſtat, & de Bade. Louis
XV la prit en 1744, & l'a rendue dé-
mantelée, par la paix d'Aix-la-Chapelle.
Long. ſuivant Caſſini & Scheuchzer, 26,
51, 30 ; *lat.* 47, 22.

Hyperius (Gérard-André), théologien
proteſtant, naquit à *Ypres* en 1511, &
mourut profeſſeur à Marpourg, en 1564,
à 53 ans. Il compoſa beaucoup de livres
tant ſur la théologie que ſur les ſciences

humaines. Un moine eſpagnol, nommé
Laurentinus à Villavicentio, en fit im-
primer deux ſous ſon nom, au rapport de
Keckerman & de Colomies.

Lupus (Chrétien), ſavant religieux
auguſtin, & l'un des célebres théologiens
de ſon ordre, naquit à *Ypres* dans le dernier ſiecle, & mourut à Louvain en 1681,
à 70 ans. On a de lui pluſieurs ouvrages
en latin, & quelques-uns ne manquent
pas d'érudition ; tels ſont, 1°. des commentaires ſur l'hiſtoire des canons des
conciles ; 2°. un recueil des monumens
concernant les conciles d'Epheſe & de
Calcédoine.

Rupert, bénédictin du douzieme ſiecle, qui devint abbé de Deutſch, étoit né
dans le territoire d'*Ypres*, & mourut en
1155, à 44 ans. Toutes ſes œuvres ont
été imprimées à Paris en 1638, en 2 vol.
in-folio. On pourra juger de leur mérite,
en conſidérant qu'elles conſiſtent en qua-
rante-deux livres ſur la Trinité, & en
commentaires ſur l'Ecriture, par les principes de la dialectique, & de la théologie
ſcholaſtique. (*D. J.*)

YPSILOIDE, *Anat.*, eſt une des ſutures vraies du crâne, appellée ainſi à
cauſe qu'elle reſſemble à l'*y* ou upſilon.
V. SUTURE.

Quelques uns appellent cette ſuture,
λαμβδοειδης,*lambdoïdes;* U LAMBDOIDES.

Il y a encore un os placé à la racine de
la langue, qu'on appelle *ypſiloïde* ou *hyoï-
de. V.* HYOIDE.

YPUPIAPRA, ſ. m *Hiſt. nat.*, eſpece
de monſtres marins des mers du Bréſil.
On prétend qu'ils ont une tête qui approche de la face humaine, avec des yeux
fort enfoncés. Les femelles ont, dit-on,
une chevelure ; on les trouve à l'entrée
du Jagoaripé, à quelque diſtance de la
baie de tous les Saints. Cet animal, qui
pourroit bien être exagéré par les Portugais, tue, dit-on, les Indiens à force de
les embraſſer étroitement ; mais on prétend que ce n'eſt point pour les dévorer :
on aſſure même que ces monſtres gémiſ-
ſent des effets de leur mal-adreſſe. Cependant ils leur enlevent les yeux, le nez &
les parties naturelles. *Credat judæus, &c.*

Y Q

YQUETAYA, ſ. m. *Hiſt. nat. Bot.
exot.*, plante du Bréſil, que MM. Hom-

berg & Marchand prétendent être notre grande fcrophulaire aquatique. On attribne à l'*yquetaya* la propriété d'ôter au féné fon mauvais goût & fon odeur défagréable, fans rien diminuer de fes vertus. M. Marchand prétend auffi que l'efpece de fcrophulaire que nous venons de nommer, a le même avantage. *V.* SCROPHULAIRE. (*D. J.*)

Y R

YRAIGNE, *voyez* ARAIGNÉE.

YRIER DE LA PERCHE, SAINT, *Géogr. mod.*, petite ville de France dans le Limoufin, fur le l'Ill, avec titre de prévôté, & une collégiale. Elle a pris fon nom moderne de S. Yrier qui y a fondé un monaftere. (*D. J.*)

Y S

YSARD ou YZARD, *Diete & mat. méd.*, nom fous lequel on connoît dans les Pyrénées l'animal plus connu en françois, fous le nom de chamois. *V.* CHAMOIS.

Les prétendues propriétés médicamenteufes de quelques matieres retirées de l'*yzard* ou chamois, font rapportées à l'*article* CHAMOIS, *Mat. méd.* Ses qualités diététiques font les mêmes que celles du chevreuil, auquel l'*yfard* eft pourtant un peu inférieur pour le goût. *Voy.* CHEVREUIL, *Diete & Mat. méd.* (*b*)

YSENDICK, *Géogr. mod.*, petite ville des Provinces-Unies, dans la Flandre à quelque diftance d'un bras de l'Efcaut occidental, appellé le *Blic*, proche la mer, à un mille de Biervliet, à 5 au nordeft de Middelbourg, & à 5 à l'eft de l'Eclufe. Les états généraux à qui elle appartient, en ont fait une furtereffe prefque imprenable. C'eft le boulevard de la Zélande, du côté de la Flandre. *Long.* 21, 10; *lat.* 51, 18. (*D. J.*)

YSSEL, L', *Géogr. mod.*, riviere d'Allemagne, qui a fes deux principales fources au pays de Munfter & dans le duché de Cleves. La plus feptentrionale des deux fources, entre dans le comté de Zutphen. La méridionale fe joint avec l'autre fource, baigne Doersbourg, Zutphen, Deventer & Kempen, où elle fe jette dans le Zuyderzée, dans la province d'Overiffel. La riviere d'*Yffel* qui coule à Oudewater, à Gouda, & qui va tomber dans la Meufe au deffus de Roterdam, eft dif-

férente de l'*Yffel* qui prend fa fource dans le duché de Cleves. Peut-être néanmoins que ces deux rivieres n'en faifoient qu'une feule anciennement.

Quoi qu'il en foit, Drufus, furnommé *Germanicus*, fils de Claude-Tibere Néron, joignit le Rhin & l'*Yffel* par un canal qui fubfifte encore aujourd'hui, & il commença des digues fur le bord du Rhin, qui furent achevées 63 ans après par Paulin Pompée. C'eft cet illuftre Drufus qui mourut âgé de 30 ans fur le bord de la Lippe, *Luppia* (riviere de Weftphalie,) dans fon camp, que cette perte fit nommer *le camp déteftable*, (*caftra fcelerata*.) Rome dreffa des ftatues à Drufus, & on éleva en fon honneur des arcs de triomphe, & des maufolées jufques fur les bords du Rhin. Velléius Paterculus a fait fon éloge en deux mots. " Il avoit, dit-il, toutes les vertus que la nature humaine peut recevoir, & le travail perfectionner. (*D. J.*)

YSSELMONDE, *Géogr. mod.*, nom d'une bourgade des provinces-Unies. Cette bourgade appellée en latin, *Ifale oftium*, fe trouve dans la partie méridionale de la Hollande, & dans une ifle qui eft à l'embouchure de l'Yffel dans la Meufe, environ à une lieue de Roterdam.

YSSELSTEIN, *Géogr. mod.*, petite ville & château des Provinces-Unies, dans la province de Hollande, aux confins de celle d'Utrecht, fur le petit Yffel, à environ 2 lieues d'Utrecht. *Long.* 22, 28; *lat.* 52, 4.

YSTED ou UDSTED, *Géogr. mod.*, ville de Suede dans la Scanie, fur la côte méridionale de cette province, à 2 lieues fuédoifes de Malmoë, à 3 de Criftianftad, & à 9 de Lunden. *Long.* 30, 50; *latit.* 55, 38. (*D. J.*)

Y T

YTAHU, f. m. *Hift. nat. Lithologie*, nom indien d'une pierre qui fe trouve dans le Paraguay. On dit que ce mot fignifie *cloche fonante*. Elle eft creufe, de la groffeur de deux poings, & elle rend un fon quand on la frappe. Elle fe trouve dans quelques rivieres du pays, elle a environ deux lignes d'épaiffeur. Intérieurement elle eft d'un verd de mer, ou quelquefois d'une couleur foncée & comme brûlée. Cette pierre eft très-dure, & eft jaune extérieurement, & couverte d'un

fable de la même couleur. Ce fable eſt
rempli de tubercules d'un blanc fale , &
qui prennent le poli. On regarde cette
pierre comme fort aſtringente. *Voy.* de
Laet, *de lapidibus & gemmis.*

YTIC, ſ. m. *Hiſt. nat. Ornit. exot.*,
nom qu'on donne dans les iſles Philippines à une eſpece de canard qu'on y voit
communément, & qui eſt de la groſſeur
de nos canards privés. Les Chinois en
font couver les œufs par la chaleur, comme on fait en Egypte pour les œufs de
poulets. (*D. J.*)

Y U   Y V

YUCA, ſ. m. *Hiſt. nat. Bot.*, genre
de plante polypétale, liliacée, compoſée
de ſix pétales qui n'ont point de calice,
& qui ſont attachés au réſervoir. La partie intérieure de cette fleur eſt garnie de
ſix étamines & d'autant de ſommets : elles deviennent dans la ſuite un fruit
oblong, diviſé en trois loges qui renferment des ſemences anguleuſes, diſpoſées
en deux rangs. Ajoutez aux caracteres de
ce genre, que la racine n'eſt point bulbeuſe, & que les feuilles ſont pointues
& reſſemblent à celles des gramen. *Pontedera anthologia. V.* PLANTE.

On en a déja donné les caracteres au
mot CASSAVE, parce que c'eſt de ſa racine préparée qu'on fait du pain, ainſi
nommé en françois, & qui ſert de nourriture aux Américains. L'*article* CASSA-
VE vous indiquera la maniere curieuſe
dont on fait ce pain ; il ne s'agit ici que
de la plante.

Elle eſt nommée *yucca foliis cannabi-
nis*, par J. B. *yucca foliis aloës*, par C. B.
P. 91. C'eſt un arbriſſeau qui croit à la
hauteur de cinq ou ſix piés ; ſa tige eſt li-
gneuſe, tortue, noueuſe, verruqueuſe,
fragile, moëlleuſe : ſes feuilles ſont toujours vertes, larges comme la main, diviſées chacune en ſix ou ſept parties qui
ſont comme autant de doigts. Ses fleurs
ſont des cloches d'une ſeule piece, blanchâtres, ayant près d'un pouce de diametre, découpées profondément en cinq parties ; le piſtil qui eſt au milieu devient un
fruit preſque rond, gros à-peu-près comme une aveline, compoſé de trois loges
oblongues, jointes enſemble, qui renferment chacune un noyau ou ſemence
oblongue. Sa racine a la figure & la groſſeur d'un navet ; elle eſt de couleur obſ-

cure en dehors & blanche en dedans. On
cultive cette plante en pluſieurs lieux de
l'Amérique, dans les terres labourées en
ſillons : nos curieux en cultivent même
dans leurs jardins trois ou quatre eſpeces.
Celle que nous venons de décrire ſouffre
très-bien le froid de nos climats en plein
air, & produit des fleurs.

On peut multiplier toutes les eſpeces
de ce genre de plante, ſoit de graine tirée
du dehors, ſoit de têtes de la plante,
comme on fait pour l'aloës. On ſeme celles qu'on éleve de graine dans un pot de
terre légere, qu'on tient dans une couche chaude pendant une couple de mois.
Au bout de ce temps-là, on met chaque
nouvelle plante dans un pot à part, qu'on
entretient de même dans une couche
chaude ; on arroſe les pots, & on donne
de l'air à la plante, autant que la ſaiſon
le permet. Vers la fin de l'été, on met
ces pots dans une ſerre parmi les aloës.
Enfin quand les plantes ſont fortes, on
en fait des bordures où elles ſe maintien-
nent pendant l'hiver, & fleuriſſent enſuite à merveille. (*D. J.*)

YUCATAN *ou* JUCATAN, *Géogr.
mod.*, province de l'Amérique ſeptentrionale, dépendante de la nouvelle Eſpagne. Chriſtophe Colomb en 1502, eut
la premiere connoiſſance de ce pays, mais
il n'y entra point. La découverte en fut
faite en 1517 par François Fernandès de
Cordoue. En 1527, François de Montéjo
qui joint à Grijalva, avoit parcouru toute la côte de l'*Yucatan*, en fit la conquête, & en fut le premier gouverneur.

L'*Yucatan* eſt une preſqu'iſle qui s'a-
vance dans le golfe du Mexique. Son terroir eſt ſi fertile en grains, qu'on y moiſ-
ſonne deux fois l'année. Il y a des mines
d'or & d'argent, & pluſieurs animaux
qui lui ſont particuliers, comme le pareſ-
ſeux & le chat tigre. Les vaches y ſont
extrêmement groſſes.

On trouve dans cette province beaucoup de bois propre à la charpente, du
miel, de la cire, du ſucre, du maïs & de
la caſſe. Les habitans y ſont néanmoins
en petit nombre. Outre la capitale, qui
eſt Mérida, il y a la nouvelle Valladolid,
Salamanque & Campêche. (*D. J.*)

YVERDON, *bailliage d'*, *Géog. mod.*,
c'eſt un des cinq du pays de Vaud en
Suiſſe, qui dépendent du canton de Berne. Ce bailliage s'étend d'un côté juſqu'au
mont

mont Jura , & de l'autre environ trois lieues tirant vers Laufanne. Il comprend dix-fept ou dix-huit paroiffes. (*D. J.*)

YVERDON , *Géog. mod.* , jolie ville de Suiffe au pays de Vaud, chef-lieu d'un bailliage de même nom , à la tête du lac de Neufchâtel , près des rivieres d'Orbe & de Thiele , qu'on paffe fur deux ponts , dont un fe leve la nuit , à quinze lieues au fud-oueft de Berne. Cette ville nommée *Caftrum* dans la notice des provinces , & *Ebrodunum Sabaudiæ* , dans la notice de l'empire , a toujours été affez forte. Elle eft à préfent décorée d'une grande place , bordée aux quatre côtés d'un temple , d'un château , de la maifon de ville , & d'un grenier public. Il s'y fait du commerce , par le moyen d'un petit port que forme l'Orbe. On a trouvé à *Yverdon* quelques médailles d'empereurs & une infcription romaine fort délabrée , & rapportée fi diverfement par Plantin & Scheuzchzer , qu'elle eft inintelligible. *Long.* 24', 30 ; *lat.* 46 , 48. (*D. J.*)

YVETOT , *Géogr. mod.* , bourg de France en Normandie , au pays de Caux, à deux lieues de Caudebec & à fix de Rouen. Ce bourg a le titre de *feigneurie* , & fes habitans ne payent ni tailles , ni aides , ni gabelles. Cette feigneurie , après avoir été cent trente-deux ans dans la maifon du Bellay , eft entrée dans celle du marquis d'Albon S. Marcel , & les bénédictins en poffedent aujourd'hui une partie, par leur abbaye de S. Vandreville.

On a raconté bien des fables au fujet de ce bourg, qu'on s'eft avifé pendant longtemps de qualifier de *royaume*, d'après Robert Gaguin , hiftorien du feizieme fiecle. Cet écrivain , *liv. II*, *fol.* 17, rapporte que Gautier ou Vautier, feigneur d'*Yvetot* , chambrier du roi Clotaire I , ayant perdu les bonnes graces de fon maitre par des charités qu'on lui prêta , & dont on n'eft pas avare à la cour, s'en bannit de fon propre mouvement, paffa dans les climats étrangers , où pendant dix ans il fit la guerre aux ennemis de la foi ; qu'au bout de ce terme , fe flattant que la colere du roi feroit adoucie , il reprit le chemin de la France ; qu'il paffa par Rome où il vit le pape Agapet , dont il obtint des lettres de recommandation pour le roi, qui étoit alors à Soiffons capitale de fes États. Le feigneur d'*Yvetot* s'y rendit un jour de ven-

dredi-faint de l'année 536 ; & ayant appris que Clotaire étoit à l'églife , il fut l'y trouver , fe jetta à fes piés , & le conjura de lui accorder fa grace par le mérite de celui qui en pareil jour avoit répandu fon fang pour le falut des hommes ; mais Clotaire , prince farouche & cruel , l'ayant reconnu , lui paffa fon épée au travers du corps.

Gaguin ajoute que le pape Agapet ayant appris une action fi indigne , menaça le roi des foudres de l'Eglife , s'il ne réparoit fa faute , & que Clotaire juftement intimidé , & pour fatisfaction du meurtre de fon fujet , érigea la feigneurie d'*Yvetot* en royaume , en faveur des héritiers & des fucceffeurs du feigneur d'*Yvetot* ; qu'il en fit expédier des lettres fignées de lui & fcellées de fon fceau; que c'eft depuis ce temps-là que les feigneurs d'*Yvetot* portent le titre de *rois* : & je trouve , par une autorité conftante & indubitable , continue Gaguin , qu'un événement auffi extraordinaire s'eft paffé en l'an de grace 536.

Tout ce récit a été examiné felon les regles de la plus exacte critique , par M. l'abbé de Vertot , dans une differtation inférée en 1714 , parmi celles du recueil des *Mémoires des infcriptions, tome IV in-4°*. Ce favant abbé prouve qu'aucun des hiftoriens contemporains n'a fait mention d'un événement fi fingulier; que Clotaire I qu'on fuppofe fouverain de cet endroit de la France où eft fituée la feigneurie d'*Yvetot* , ne régnoit point dans cette contrée ; que le pape Agapet étoit déja mort ; que dans ce même temps les fiefs n'étoient point héréditaires ; & qu'enfin on ne datoit point les actes de grace, comme le rapporte Robert Gaguin.

Il eft peut-être arrivé que dans l'efpace de temps qui s'eft écoulé depuis 1370 à 1390 , le fouverain , par une grace finguliere , tourna en franc-aleu & affranchit de tout devoir d'hommages & de vaffalité la terre d'*Yvetot* : mais fuppofé qu'on veuille donner à ce franc-aleu noble le titre de *royaume* , les Anglois nos voifins nous en fourniront un pareil qu'on appelle le *royaume de Man* , de la petite ifle de ce nom , fituée dans la mer d'Irlande , & au couchant de l'Angleterre.

La feigneurie d'*Yvetot* jouit encore aujourd'hui de tous les privileges des francs-aleus nobles attachés à cette terre,

R r

à laquelle le vulgaire donnoit autrefois le nom de *royaume*, ainſi qu'il paroît par ſes vers d'un de nos anciens poëtes :

> *Au noble pays de Caux,*
> *Y a quatre abbayes royaux,*
> *Six prieurés conventuaux,*
> *Et ſix barons de grand arroy,*
> *Quatre comtes, trois ducs, un roy.*

Le lecteur curieux de conſulter tout ce qui regarde le prétendu royaume d'*Yvetot*, peut lire, outre la diſſertation que nous avons indiquée, le *traité de la nobleſſe*, par M. de la Roque, le *Dictionnaire géographique de la France*, le *Mercure* du mois de janvier 1726, & le traité latin du royaume d'*Yvetot*, par Claude Malingre, intitulé *de falſa regni Yvetotti narratione, ex majoribus commentariis in fragmentum redactâ*. Paris, 1615, in-8°. (*D. J.*)

YUMA, *Géog. mod.*, iſle de l'Amérique ſeptentrionale, une des Lucaies, au nord de l'iſle de Cuba. Elle a environ vingt lieues de long & ſept de large. Les Anglois l'appellent *Long-Island. Lat.* 20, 20. (*D. J.*)

YUNA, L', *Géogr. mod.*, riviere de l'Amérique, dans l'iſle Hispaniola. Elle tire ſon origine des hautes montagnes de la Porte, & ſe rend à la mer dans la baie de Sumana. (*D. J.*)

YUNE, ſ. f. *Comm.*, meſure des liqueurs en uſage dans le Wirtemberg. L'*yune* contient dix maſſes, & l'ame eſt compoſée de ſeize *yunes*. *V.* MASSE & AME. *Dictionn. de Comm. & de Trév.*

YVOIRE, ſ. m. *Hiſt. nat.*, dent, ou plutôt défenſe de l'éléphant, qui naît aux deux côtés de ſa trompe en forme de longue corne. *V.* DENT.

L'*yvoire* eſt fort eſtimé à cauſe de ſa couleur, de ſon poli, & de la fineſſe de ſon grain quand il eſt travaillé. Dioſcoride dit qu'en faiſant bouillir l'*yvoire* avec la racine de mandragore l'eſpace de ſix heures, il s'amollit, en ſorte que l'on en peut faire tout ce que l'on veut. *Voy.* TEINTURE.

L'*yvoire* de l'iſle de Ceylan & de l'iſle d'Achand, a cela de particulier, qu'il ne jaunit point, comme celui de la terreferme, & des Indes occidentales ; ce qui le rend plus cher que l'autre.

On appelle *noir d'yvoire*, de l'*yvoire* que l'on brûle & que l'on retire en feuille

quand il eſt devenu noir. On le broie à l'eau, & on en fait de petits plats & des trochiſques dont les peintres ſe ſervent. *V.* NOIR.

YVOIRE, *Chymie pharmaceut.* : la rapure d'*yvoire* eſt aſſez ſouvent employée par les médecins dans les tiſanes, dans les bouillons, & dans la gelée des malades ; la corne de cerf qui eſt plus commune, vaut encore mieux ; cependant puiſque l'*yvoire* eſt d'uſage, M. Geoffroy n'a pas voulu négliger de l'examiner ; voici le réſultat de ſes opérations ſur cette matiere oſſeuſe.

Une livre de rapure d'*yvoire* a donné un bouillon limpide, qui s'eſt coagulé en refroidiſſant ; mais dans l'évaporation il a dépoſé inſenſiblement une terre blanche très-fine, chargée d'une portion de ſel eſſentiel ; ce qui a obligé M. Geoffroy de refiltrer la liqueur. La partie gommeuſe qui eſt reſtée après l'évaporation de ce bouillon filtré pour la ſeconde fois, eſt devenue plus ſeche, plus dure, & plus ſolide que celle des os de bœuf, mais moins unie & moins liée que celle du bois de cerf. Cette matiere gommeuſe peſoit quatre onces ſept gros un grain ; analyſée, elle a donné d'abord un peu de flegme, puis un eſprit de couleur orangée, enſuite un ſel volatil blanc en ramifications, qui a peſé un gros quarante-huit grains. L'huile épaiſſe & noire qui eſt venue la derniere, peſoit avec l'eſprit trois gros trente-ſix grains. *Mém. de l'acad. an.* 1732. (*D. J.*)

YVOY, ou IVOY, *Géog. mod.*, petite ville de France dans le Luxembourg françois, ſur le bord du Chier, à ſix lieues au midi de Sédan, & à 12 au couchant de Luxembourg. La paix de Riſwick en aſſura la poſſeſſion à la France ; elle fut érigée en duché en 1662, ſous le nom de *Carignan*, en faveur du prince Eugene. *Long.* 22, 53 ; *lat.* 49, 38. (*D. J.*)

YUPI, *Géog. mod.*, pays d'Aſie, dans la Tartarie orientale, entre celui de Nieulan, la mer orientale, & la Chine, le long du fleuve Ségalien. Les peuples qui l'habitent ſont farouches & errans de côté & d'autre. (*D. J.*)

YVRESSE, ſ. f. *Médec.*, état contre nature, dérangement plus ou moins conſidérable du corps & de l'eſprit, que produiſent le plus ordinairement les liqueurs fermentées bues avec excès. En nous renfermant, comme il convient dans notre sujet, nous ne devons voir dans l'*yvreſſe* qu'une maladie, & nous borner à l'examen des ſymptomes qui la caractériſent, des cauſes qui l'excitent, & des remedes qui la guériſſent ; laiſſant au moraliſte & au théologien le ſoin de joindre les déſordres qu'entraîne l'*yvreſſe* en privant l'homme de ſa raiſon ; & la grandeur de la faute commiſe par cette ſorte d'intempérance, & d'en éloigner les hommes par les traits plus ou moins efficaces que leur fourniſſent la morale & la religion.

On peut relativement à la qualité & au nombre des ſymptomes, diſtinguer dans l'*yvreſſe* trois états ou degrés différens : le premier degré, ou l'*yvreſſe* commençante, s'annonce par la rougeur du viſage, par la chaleur que la perſonne qui s'enyvre y reſſent; on voit alors ſon front ſe dérider, ſes yeux s'épanouir & reſpirer la gaieté ; l'ennuyeuſe & décente raiſon oubliée, pas encore perdue, & avec elle ſe diſſipent les ſoucis, les chagrins, & les inquiétudes qu'elle ſeule produit, & entraîne conſtamment à ſa ſuite ; l'eſprit dégagé de cet incommode fardeau eſt plus libre, plus vif, plus animé ; il devient dans quelques perſonnes plus actif & plus propre à former de grandes idées, & à les exprimer avec force ; les diſcours ſont plus joyeux, plus enjoués, plus diffus, moins ſuivis, & moins circonſpects ; mais en même temps les paroles ſont plus embarraſſées, prononcées avec moins de netteté ; on commence déja à bégayer, & à meſure qu'on parle davantage, on parle avec moins de facilité ; la langue s'appeſantit, elle exécute ſes mouvemens avec peine, & trouve encore un obſtacle dans la ſalive qui eſt épaiſſe & gluante.

Cet état eſt proprement ce qu'on appelle *être gris* ; il n'a rien de fâcheux, n'exige aucune attention de la part du médecin ; on le regarde comme un des moyens les plus propres à répandre & à aiguiſer la joie des feſtins ; mais pour peu qu'on s'expoſe plus long-temps à la cauſe qui l'a produit, la ſcene va changer, les pleurs vont ſuccéder aux ris, & ce trouble léger qui n'avoit ſervi qu'à remonter les reſſorts de la machine, va dégénérer en une altération vraiment maladive; c'eſt le ſecond degré de l'*yvreſſe*, ou l'*yvreſſe* proprement dite.

Alors tous les organes des ſens & des mouvemens affectés deviennent incapables d'exercer comme il faut leurs fonctions ; les yeux obſcourcis ne ſont plus que confuſément frappés des objets ; ils les repréſentent quelquefois doubles, ou agités par un mouvement circulaire ; l'oreille eſt fatiguée par un bruiſſement continuel ; les ſens intérieurs, les facultés de l'ame, les idées, les diſcours, & les actions qui les expriment & en ſont les ſuites, répondent au dérangement des organes intérieurs ; on ne voit plus aucune trace ni d'eſprit ni de raiſon ; on n'apperçoit que les effets des appétits groſſiers & des paſſions brutales ; les perſonnes dans cet état ne parlent qu'à bâtons rompus & ſans ſuite ; ils ſont dans une eſpece de délire dont l'objet & la nature varient dans les différens ſujets ; les uns l'ont gai, les autres mélancolique ; ceux-ci babillent beaucoup, ceux-là ſont taciturnes ; quelquefois doux & tranquilles, plus ſouvent furieux & comme maniaques ; un tremblement univerſel occupe les différens organes des mouvemens ; la langue bégaie à chaque mot, & ne peut en articuler un ſeul ; les mains ſont portées incertainement de côté & d'autre ; le corps ne peut plus ſe ſoutenir ſur les piés foibles & mal aſſurés ; il chancele de côté & d'autre à chaque pas, & tombe enfin ſans pouvoir ſe relever. Alors l'eſtomac ſe vuide, le ventre quelquefois ſe lâche, les urines coulent, & un ſommeil accompagné de ronflement troublé par des ſonges laborieux ſuccede à tous ces ſymptomes, & les termine plus ou moins promptement.

Ce ſecond degré d'*yvreſſe* très-familier à nos buveurs de vin & de liqueurs fermentées, eſt une maladie en apparence très-grave ; & elle le ſeroit en effet, ſi elle étoit produite par une autre cauſe ; elle ne laiſſe même aucune ſuite fâcheuſe pour l'ordinaire, à moins que devenant habituelle, elle ne mérite le nom d'*yvrognerie*. Dans la plupart des ſujets elle ſe diſſipe après quelques heures de ſommeil; les buveurs ſont conſés pendant ce temps cuver leur vin ; on en a vû reſter yvres pendant pluſieurs jours. David Spilenberger rapporte qu'un homme toutes les fois qu'il s'enyvroit, reſtoit dans cet état durant trois jours, (*Miſcell. nat. curioſ. ann. 11, obſerv. 70*). Il peut arriver que ce degré d'*yvreſſe* ſoit ſuivi du troiſième, le plus grave de tous, & celui qui exige les ſecours du médecin.

Je fais conſiſter ce troiſieme degré dans l'apparition des accidens graves & moins ordinaires, tels que la folie, les convulſions, l'apoplexie, &c. qui ſuccedent aux ſymptomes que nous venons de détailler, ou qui ſuivent immédiatement l'uſage des corps enyvrans. Lorſque l'*yvreſſe* eſt à ce point, le danger eſt grand ; il eſt cependant moins preſſant & moins certain que ſi ces ſymptomes devoient leur naiſſance à toute autre cauſe ; pour prononcer plus ſûrement ſur la grandeur du péril que courent les perſonnes yvres, dans ces circonſtances il faut attendre que le vin ſoit cuvé, comme l'on dit, s'il eſt la cauſe de l'*yvreſſe*, parce que ſi les accidens perſiſtent avec la même force, il y a tout à craindre pour les jours du malade. Hippocrate a remarqué que ſi une perſonne yvre devenoit tout-à-coup muette ou apoplectique, elle mourroit dans les convulſions, à moins que la fievre ne ſurvint, ou qu'elle ne reprît la parole dans le tems que l'*yvreſſe* a coutume de ceſſer. *Aphor. 5, lib. V.*

, Antoine de Pozzis raconte qu'un fameux buveur fut pendant une *yvreſſe* tourmenté de vives douleurs de tête excitées par le déchirement de la dure-mere, & qui ne ceſſerent que lorſque les os du crane furent écartés les uns des autres : cet écartement qui étoit d'un pouce, avoit lieu à la ſuture coronale ; depuis cet inſtant cet homme eut l'avantage de pouvoir boire très-copieuſement ſans s'incommoder & d'enyvrer tous ceux qui vouloient diſputer avec lui. Il ne manque pas d'exemples de perſonnes qui ont accéléré leur mort par l'excès du vin, mais c'eſt moins par l'*yvreſſe* que par l'yvrognerie, c'eſt-à-dire, que leur mort a été moins la ſuite des ſymptomes paſſagers qui caractériſent l'*yvreſſe*, que l'effet de l'altération lente & durable que fait ſur la machine l'excès des liqueurs fermentées réitéré ſouvent, l'yvrognerie ou l'*yvreſſe* habituelle. Lorſque les perſonnes yvres meurent, c'eſt pour l'ordinaire promptement & dans quelque affection ſoporeuſe; les yvrognes voient la mort s'avancer à pas lents, précédée par des gouttes-roſes, des tremblemens, des paralyſies, & déterminée le plus ſouvent par des hydro-

piſies du bas-ventre ou de la poitrine.

Dans la deſcription de l'*yvreſſe* que nous venons de donner, nous nous ſommes uniquement attachés à celle qui ſe préſente le plus fréquemment, peut-être même la ſeule véritable, qui eſt l'effet du vin & des liqueurs ſpiritueuſes, & qu'on a plus ſpécialement déſignée ſous le nom de *témulence*, dérivé de *temetum*, ancien mot latin banni aujourd'hui de l'uſage, qui ſignifioit *vin*. On voit cependant aſſez ſouvent produits par d'autres cauſes des ſymptomes aſſez analogues à ceux que nous avons expoſés, & au concours deſquels on a donné le nom générique d'*yvreſſe*. Parmi ces cauſes on range d'abord toutes les ſubſtances narcotiques véneneuſes, parce qu'avant de produire leur effet immédiat, qui eſt l'aſſoupiſſement plus ou moins fort, l'apoplexie ou le troiſieme degré d'*yvreſſe* ; elles excitent, quand leur action eſt lente, l'eſpece de gaieté, le délire & enſuite la ſtupeur qui caractériſent les autres degrés d'*yvreſſe*: ce qu'elles font auſſi quand elles ſont priſes en petite doſe ou par des perſonnes habituées ; dans cette claſſe ſont renfermés les ſolanum, les ſtramonium, la mandragore, la belladona, la ciguë, les noix folles, *nuces inſanas*, dont parle Cluſius, la noix myriſtique, ſuivant Lobelius, les feuilles de chanvre, fort uſitées chez les Egyptiens ſous le nom d'*aſſis*, le ſuc des pavots ou l'opium, avec lequel les Turcs s'enyvrent fréquemment, & dont ils compoſent, ſuivant Mathiole & Sennert, leur *maslach*, liqueur très-enyvrante; quand ils vont au combat, ils ſe ſervent auſſi de l'opium pour s'étourdir & s'animer; ils n'en prennent que ce qu'il faut pour produire le commencement du premier degré d'*yvreſſe*. Les ſemences d'yvraie, dont le nom fort analogue à celui d'*yvreſſe*, paroit ou l'avoir formé ou en avoir été formé, ſont auſſi très-propres à enyvrer; ceux qui mangent du pain dans lequel elles entrent en certaine quantité, ne tardent pas à s'en appercevoir par des maux de cœur, des douleurs de tête, des vertiges, le délire, en un mot l'*yvreſſe* qui ſuccede auſſi-tôt; quelquefois les convulſions ſurviennent; le vomiſſement & le ſommeil terminent ordinairement ces accidens. Schenkius dit avoir vu excité par l'uſage de ces grains une nyctalopie; Jacques Wagner, outre pluſieurs

exemples d'*yvreſſe* produite par la même cauſe, rapporte une hiſtoire qui fait voir que les faits les plus abſurdes ne manquent jamais d'être atteſtés par quelque autorité : "dans une maiſon de campa-
,, gne, un cheval ayant mangé une gran-
,, de quantité d'yvraie, tomba comme
,, mort, & ayant été réputé tel, il fut
,, porté dehors où il fut écorché; après
,, que l'*yvreſſe* fut diſſipée, le cheval ſe
,, réveille & revient tranquillement dans
,, l'écurie, au grand étonnement de ceux
,, qui furent les témoins de cet événe-
,, ment ſingulier,,. On en trouve le détail manuſcrit fait ſur le champ avec au-
thenticité dans la bibliotheque publique d'une ville voiſine, *Tigurum*. Je doute fort que ce témoignage ſuffiſe pour forcer la croyance des lecteurs peu faciles.

- Le lait, ſuivant quelques auteurs, mé-
rite auſſi d'être regardé comme une des cauſes de l'*yvreſſe*; il produit fréquemment cet effet chez les Scythes & les Tar-
tares, après qu'ils lui ont fait ſubir quel-
ques préparations; les principales ſont, au rapport des hiſtoriens, la fermentation & la diſtillation; quoique nous ignorions la maniere d'exciter dans le lait la fermentation ſpiritueuſe, la nature muqueuſe du lait & ſon paſſage à l'acide nous la font concevoir très-poſſible, & peut-être pourrions-nous l'obtenir, ſi nous pouvions prendre le lait dans l'inſtant où la fermentation acéteuſe commence, & ſi nous ſavions rendre cette fermentation plus lente; le breuvage qui réſulte de ce lait fermenté, eſt, ſuivant Luc, dans ſa re-
lation des Tartares, appellé par les habi-
tans *chyme* ou *poza*. Proſper Alpin pré-
tend que la liqueur à laquelle on donne ce nom, eſt faite avec la farine d'yvraie, les ſemences de chanvre & l'eau. Il n'eſt pas auſſi facile d'imaginer comment le lait peut, par la diſtillation, fournir une liqueur enyvrante, & par conſéquent ſpiritueuſe. Quoique Scnuert croye en trou-
ver la raiſon dans la nature du beurre, qui étant gras & huileux, doit, ſuivant lui, donner des huiles peu-différentes des eſprits; l'état de perfection où eſt aujourd'hui la chymie, ne permet pas de recevoir de pareilles explications; il eſt plus naturel de penſer que le fait exami-
né par des yeux peu chymiſtes, ſe trou-
ve faux ou conſidérablement altéré, du moins il eſt permis d'en douter juſqu'à ce

qu'il ait été vérifié par des obſervateurs éclairés.

Nous porterons le même jugement ſur la faculté enyvrante que quelques au-
teurs ont attribuée à certaines eaux; telle eſt ſur-tout celle du fleuve Lincerte, dont les effets paſſent pour être ſemblables à ceux du vin. Ovide dit que

*Hunc quicumque parùm moderato gut-
ture traxit,*

*Haud aliter titubat ac ſi mera vina bi-
biſſet.*   Métam. lib. XV.

Séneque rapporte la même choſe, *quæſt. natur. lib. III, cap. xx*. Ce fait vrai ou faux, eſt encore atteſté par Pline, *hiſtor. natur. lib. II, cap. 103*. Cependant malgré ces autorités, il ne laiſſe pas d'être regardé comme très incertain. Le témoi-
gnage d'un poëte menteur de profeſſion, d'un philoſophe peu obſervateur, & d'un naturaliſte pris ſouvent en défaut, ne paroiſſent pas aſſez déciſifs aux perſonnes difficiles.

Bacon de Vetulam aſſure que les poiſſons jettés du Pont-Euxin dans l'eau dou-
ce, y ſont d'abord comme enyvrés, *hiſt. nat. & art.* Il a pris cette inquiétude, cette agitation qu'ils éprouvent en paſſant dans une eau ſi différente pour une véritable *yvreſſe*; mais c'eſt abuſer des termes que de confondre ces effets.

- L'action de ces différentes cauſes n'é-
tant ni bien décidée, ni même ſuffiſamment conſtatée, & les principes par leſ-
quels elles agiſſent, tant peu ou mal connus, nous ne nous y arrêterons pas davantage; nous entrerons dans un détail plus circonſtancié au ſujet des li-
queurs fermentées qui ſont les cauſes d'y-
vreſſe les plus fréquentes & les plus exactement déterminées; nous allons exami-
ner en premier lieu dans quelle partie réſide la partie d'enyvrer: 2°. quelle eſt la façon d'agir ſur le corps pour produire cet effet.

On appelle en général liqueurs fermentées celles qui ſont le produit de la fer-
mentation ſpiritueuſe; elles contiennent un eſprit ardent inflammable, un ſel acide, & ſouvent une partie extractive qui les colore, que Becher appelle *la ſubſtan-
ce moyenne*; quoique tous les végétaux qui contiennent une certaine quantité de corps doux, ſucré ou muſqueux, ſoient ſuſceptibles de cette fermentation, on

                           Rr 3

n'y expofe dans ces pays pour l'ufage,
que les raifins qui donnent le vin, les poires & les pummes qui fournissent le poiré
& le cidre, & les grains dont on fait la
biere. *Voy. tous ces articles.* Dans les Indes, au défaut des fruits, on fait fermenter les fucs des bouleaux, des acacia,
des palmiers; les Maldives font du pain
& du vin avec le palmier fagoutier; & les
Tartares, fi nous en croyons nos voyageurs, tirent du lait une liqueur fpiritueufe; on n'obferve dans toutes ces liqueurs préparées avec ces diverfes fubftances, aucune différence effentielle; elles contiennent les mêmes principes plus
ou moins purs & combinés dans des proportions inégales; les médecins ne font
pas d'accord fur le principe qui contient
la caufe matérielle de l'*yvreffe*; les uns
prétendent que c'eft l'efprit ou la partie
fulfureufe; les autres foutiennent que
c'eft l'acide, ils fe réuniffent tous à regarder la partie extractive colorante comme inutile; on pourroit cependant leur
objecter que la biere dans laquelle on a
mis une plus grande quantité de houblon
qui fait l'office de fubftance moyenne, &
qui retarde la formation du fpiritueux,
eft beaucoup plus enyvrante que les autres. Pour répondre à ce fait qui paroit
concluant, ils feroient obligés de foutenir
que la ftupeur, l'engourdiffement, l'efpe-
pece de délire & les autres fymptomes excités par ces fortes de biere, ne font pas
une véritable *yvreffe*, mais une maladie
particuliere fort analogue à l'effet des
plantes foporiferes; il eft vrai que l'eau-
de-vie, l'efprit-de-vin, les vins blancs,
&c. n'enyvrent pas moins, quoique privés de cette partie.

Tachenius & Beekins, partifans de la
pathologie acide, n'ont pas cru devoir excepter l'*yvreffe* d'une regle à laquelle ils
foumettoient toutes les autres maladies;
ils ont reconnu dans le vin une partie acide, & ils lui ont attribué la faculté d'enyvrer avec d'autant plus de fondement,
difent-ils, que les plantes qui contiennent
de l'alkali, font fuivant eux, le fecours
le plus efficace pour diffiper l'*yvreffe*. Ils
ajoutent que la gaieté excitée au commencement de l'*yvreffe*, ne fauroit s'expliquer
plus naturellement que par l'effervefcence qui fe fait entre les parties acides du
vin & les fubftances alkalines des efprits
animaux, & que le fommeil qui fucede

enfin, & qui eft déterminé par une plus
grande quantité de liqueurs fermentées,
eft une fuite de l'excès de l'acide fur les alkalis, qui en détruit la force & l'activité.

Il n'eft pas befoin d'argumens pour réfuter l'aitiologie de la gaieté & du fommeil établie fur le fondement que l'acide
eft la caufe de l'*yvreffe*. Cette explication
ridicule tombe d'elle-même; & pour en
fapper les fondemens, il fuffira de remarquer que les vins enyvrent d'autant plus
qu'ils font plus fpiritueux, & par conféquent moins acides; tels font les vins
d'Efpagne, d'Italie & des provinces méridionales de France, que les vins les plus
tartareux ou acides, comme ceux de Bourgogne & du Rhin, font les moins enyvrans: que les vins foibles qui ne contiennent prefque point de tartre, comme
les vins blancs, enyvrent plus promptement que les vins plus forts & en même
temps plus tartareux: que l'eau-de-vie &
l'efprit-de-vin, qu'on a même fait paffer
fur les alkalis fixes, & qui fe trouvent,
& par la diftillation, & par cette opération, dépouillés de tout acide furabondant
à fa mixtion, enyvrent à très-petite dofe
& très-rapidement; on pourroit oppofer
à ce qu'ils difent fur la vertu des plantes
alkalines contre l'*yvreffe*, 1°. que ces
plantes, dont il faut retrancher les vulnéraires, & qu'il faut reftreindre aux cruci-
feres, agiffent principalement en pouffant par les urines: 2°. que les remedes
employés le plus fréquemment & avec le
fuccès le plus conftant, font les acides,
& en particulier le tartre. M. Rouelle m'a
affuré avoir fait des expériences particulieres fur ce fel avec excès d'acide, l'avoir
donné fréquemment à des perfonnes yvres,
& avoir toujours obfervé que l'*yvreffe* fe
diffipoit très-promptement, quelquefois
même dans moins de demi-heure.

Toutes ces confidérations fi décifives
contre les prétentions de ceux qui plaçoient dans l'acide du vin fa faculté enyvrante, ont fait conclure à nos chymiftres
modernes que cette vertu réfidoit dans la
partie fpiritueufe, dans l'efprit ardent inflammable, produit effentiel & caracté-
riftique de la premiere efpece de fermentation. Ce fentiment eft conforme à toutes
les expériences & obfervations qu'on a
faites fur cette matiere, il fe plie avec
beaucoup de facilité à tous les phénomè-
nes chymiques & pratiques. Mais l'efprit

de-vin ne feroit-il pas aidé dans cet effet par les autres parties, par l'eau même qui entre dans la compofition des liqueurs fermentées ? Cette idée paroît tirer quelque vraifemblance de l'obfervation de Vigénaire ; cet auteur affure (*tractat. de aq. & fil.*) qu'une quantité donnée d'efprit-de - vin, une once enyvre moins que la quantité de vin qui auroit pu fournir cette once d'efprit. En fuppofant le fait bien obfervé, on peut y répondre, 1°. qu'on n'a fait cette expérience que fur des Allemands plus accoutumés à l'efprit-de-vin, & par - là même difpofés à être, fuivant la remarque d'Hippocrate, moins affectés par fon action ; 2°. qu'il fe diffipe beaucoup de parties fpiritueufes dans la diftillation de l'efprit-de-vin, qui fouvent enyvrent les ouvriers peu circonfpects ; 3°. que dans les rectifications il s'en évapore, & s'en décompofe toujours quelque partie ; enfin, que l'*yvreffe* qui eft produite par une certaine quantité de vin, fuppofe toujours une diftention & une gêne dans l'eftomac, qui peut en impofer pour l'*yvreffe*, ou en rendre les effets plus fenfibles.

La partie fpiritueufe des liqueurs fermentées étant reconnue pour caufe de l'*yvreffe*, quelques chymiftes, entr'autres Vanhelmont & Becher ont pouffé leurs recherches plus loin ; convaincus que cette partie n'étoit pas fimple, qu'elle étoit compofée d'autres parties, ils ont tâché de déterminer quelle étoit proprement celle qui enyvroit, & ils fe font accordés à reconnoitre cette vertu dans la partie qu'ils appellent *fulfureufe*, & qui n'eft autre chofe que ce que Stahl & les chymiftes qui ont adopté fes principes, défignent fous le nom d'*huile* très - atténuée, à laquelle l'efprit-de-vin doit fon inflammabilité ; ce fentiment eft très-probable, & paroit d'autant plus fondé, que l'éther, qui n'eft vraifemblablement que cette huile, a la faculté d'enyvrer dans un degré éminent ; il y a cependant lieu de penfer que les autres parties de l'efprit-de-vin concourent à reftreindre cet effet dans les bornes de l'*yvreffe* ; du refte, le rapport qu'on admet entre ce foufre du vin, & le foufre qu'on dit retirer des fubftances narcotiques, ne paroit pas trop exact, & l'explication des phénomenes de l'*yvreffe*, fondée fur ces principes, n'eft point du tout fatisfaifante.

Après avoir déterminé quelle eft dans les liqueurs fermentées la partie ftrictement enyvrante, il nous refte à examiner la maniere dont elle agit fur le corps pour produire fes effets ; mais dans cet examen nous fommes privés du témoignage des fens, & par conféquent du fecours de l'expérience & de l'obfervation, & réduits à n'avoir pour guide que l'imagination, & pour flambeau que le raifonnement ; ainfi nous ne pouvons pas efpérer de parvenir à quelque chofe de bien certain & de bien conftaté. Toutes les théories qu'on a effayé de nous donner de cette action, prouvent encore mieux combien il eft difficile d'atteindre même le vraifemblable ; parmi les médecins qui fe font occupés de ces recherches, les uns ont avec Tachenius & Beckius, fuppofé qu'il y avoit des efprits animaux, & que ces efprits animaux étoient, comme nous l'avons déja dit, d'une nature alkaline, que la partie du vin qui enyvroit, étoit acide, & qu'il fe faifoit une effervefcence entre ces fubftances oppofées ; les autres qui ont avec Becher & Vanhelmont, placé la vertu enyvrante dans ce foufre du vin, ont exprimé fon action par la vifcofité & la ténacité des parties du foufre qui arrofoit, emboutboit & enchainoit pour ainfi dire les efprits animaux, & les rendoit incapables d'exercer leurs fonctions. Ceux-ci ont cru que les vapeurs du vin montoient de l'eftomac à la tête, comme elles montent du fond d'un alambic dans le chapiteau, qu'elles affectoient le principe des nerfs, & en engourdiffoient les efprits ; ceux-là plus inftruits, ont penfé que toute l'action des corps enyvrans avoit lieu dans l'eftomac, & que les nerfs de ce vifcere tranfmettoient au cerveau l'impreffion qu'ils recevoient par une fuite de la correfpondance mutuelle de toutes les parties du corps, & de la fympathie plus particuliere qu'il y a entre la tête & l'eftomac ; ils ont en conféquence voulu qu'on regardât l'*yvreffe* comme une efpece d'indigeftion qui étoit fuivie & terminée par une purgation ; cette aitiologie eft la feule qui foit dans quelques points conforme à l'obfervation, & qui fatisfaffe à une partie des phénomenes ; nous remarquerons cependant qu'elle ne fauroit être généralement adoptée : nous ne nous arrêterons pas aux autres, qui plus ou moins éloignées de la vraifemblance, ne valent

R r 4

pas la peine d'être réfutées. Lorsque l'y-
vresse est excitée par une grande quantité
de liqueurs, il n'est pas douteux qu'il n'y
ait alors une véritable indigestion; mais
peut-on soupçonner cette cause, lorsque
l'yvresse sera occasionnée par un seul verre
de vin spiritueux, d'eau-de-vie, ou d'esprit-de-vin ? je conviendrai encore que
dans ce cas-là les causes d'yvresse ont fait
leur principal effet sur l'estomac, & n'ont
affecté que sympathiquement le cerveau;
mais cette façon d'agir ne pourra avoir
lieu, si l'on prend le vin en lavement, &
que l'yvresse survienne, comme l'a observé Borellus, cap. j, observ. 56; encore
moins pourra-t-on la faire valoir pour les
yvresses qu'excite l'odeur des liqueurs fermentées. Le système ingénieux de Mead
sur l'action des narcotiques, qui est le
fondement de celui-ci, tombe par le même argument, qui est sans replique; on
voit des personnes s'endormir en passant
dans des endroits où il y a beaucoup de
plantes soporiferes, en respirant l'odeur
de l'opium, & par conséquent sans éprouver ce chatouillement délicieux dans l'estomac, qui fixant l'attention de l'ame, &
l'affectant aussi agréablement, qu'elle se
croit transportée en paradis, l'empêche de
veiller à l'état. des organes, & à l'exercice
de leurs fonctions. Je suis très-porté à
croire que les corps enyvrans, comme les
narcotiques, agissent sur les nerfs, que
pris intérieurement, ils portent leurs effets immédiats sur ceux du ventricule;
mais comment agissent-ils? c'est ce qui ne
nous est pas encore possible de décider;
l'état de nos connoissances actuelles suffit
pour nous faire appercevoir le faux & le
ridicule des opinions, mais il ne nous permet pas d'y substituer la vérité: conso-
lons-nous du peu de succès de ces recherches théoriques, en faisant attention qu'u-
niquement propres à exciter, & à flatter
notre curiosité, elles n'apporteroient aucune utilité réelle dans la pratique.

En reprenant la voie de l'observation,
nous avons deux questions intéressantes
à résoudre par son secours: savoir, dans
quelles occasions l'yvresse exige l'attention du médecin, & par quels remedes
on peut en prévenir ou en dissiper les
mauvais effets; 1°. l'yvresse dans le premier, & le plus souvent dans le second
degré, se termine naturellement sans le
secours de l'art; les symptomes qui la ca-

ractérisent alors, quoiqu'effrayans au
premier aspect, n'ont rien de dangereux;
il est même des cas où le trouble excité
pour lors dans la machine, est avantageux; par exemple dans de petits accès
de mélancolie, dans l'inertie de l'estomac,
la paresse des intestins, la distension des
hypocondres, pourvu qu'il n'y ait point
de maladies considérables; dans quelques
affections chroniques, & enfin lorsque
sans être malade, la santé paroit languir,
il est bon de la réveiller un peu, & une
légere yvresse produit admirablement bien
cet effet: les médecins les plus éclairés
sont toujours convenus qu'il falloit de
temps en temps ranimer, & remonter,
pour ainsi dire, la machine par quelque
excès; on s'est aussi quelquefois très-bien
trouvé de faire enyvrer des personnes qui
ne pouvoient pas dormir, & auxquelles
on n'avoit pu faire revenir le sommeil par
aucun des secours qui passent pour les
plus appropriés; le troisieme degré d'y-
vresse est toujours un état fâcheux accompagné d'un danger pressant; les accidens
qui le constituent indiquent des remedes
prompts & efficaces; cependant, comme
nous l'avons déja marqué, quoiqu'ils
soient très-grands, il y a beaucoup plus
d'espérance de guérison, que s'ils étoient
produits par une autre cause: ce n'est
guere que dans ce cas qu'on emprunte
contre l'yvresse le secours de la médecine;
dans les autres, on laisse aux personnes
yvres le soin de cuver leur vin, & de se
défaire eux-mêmes par le sommeil &
quelques évacuations naturelles, de leur
yvresse; on pourroit cependant en faciliter la cessation.

2°. Les remedes que la médecine fournit, peuvent suivant quelques auteurs,
remplir deux indications, ou d'empêcher
l'yvresse, ou de la guérir; le meilleur
moyen pour l'empêcher, seroit sans doute
de s'en tenir à un usage très-modéré des
liqueurs fermentées; mais les buveurs
peu satisfaits de cet expédient, voudroient
avoir le plaisir de boire du vin, sans risquer d'en ressentir les mauvais effets: l'on
a en conséquence imaginé des remedes
qui pussent châtrer sa vertu enyvrante,
qui pris avant de boire des liqueurs fermentées, pussent détourner leur action;
& l'on a cru parvenir à ce but en faisant
prendre les huileux qui défendissent l'estomac des impressions du vin, & qui la

chaſſaſſent doucement du ventre, ou des diurétiques qui le déterminaſſent promptement par les urines ; l'on a célébré ſurtout les vertus de l'huile d'olives : Nicolas Piſon prétend qu'après en avoir pris, on pourroit boire, ſans s'enyvrer un tonneau de vin. Dominicus Leoni-Lucencis recommande pour cet effet les olives confites avec du ſel ; pluſieurs auteurs vantent l'efficacité du chou mangé au commencement du repas ; Craton vouloit qu'on le mangeât crud ; il y en a qui attribuent la même propriété aux petites raves & radis, qu'on ſert dans ces pays en hors-d'œuvres ; le lait a auſſi été ordonné dans la même vue, & enfin les pilules de Glaſius, qu'on a appellées *pilules contre l'yvreſſe*, paſſent pour avoir très-bien réuſſi dans ce cas. Plater aſſure s'être toujours préſervé de l'*yvreſſe*, quoiqu'il bût beaucoup de liqueurs fermentées, ayant ſeulement attention de ne pas boire dans les repas qui durent long-temps, juſqu'à ce qu'il eût beaucoup mangé pendant une ou deux heures. *Obſerv. l. I. p.* 41.

Si on peut parvenir à empêcher l'*yvreſſe*, & à détourner les hommes par les ſecours moraux de s'expoſer aux cauſes qui l'excitent ; quelques auteurs promettent d'inſpirer du dégoût pour le vin, en y mêlant quelques remedes (Faſchius a fait le recueil dans ce ſujet, en vante l'efficacité dans ce cas, *ampelograph. ſect. vj. cap.* 11.) de ce nombre ſont les renettes & l'anguille étouffées dans le vin, les œufs de chouette, les pleurs de la vigne, les raiſins de mer, &c. d'autres ont ajouté le brochet, les rougets, les tortues, les lézards étouffés dans le vin, la fiente de lion, les ſemences de chou, &c. infuſées dans la même liqueur ; il eſt peu néceſſaire d'avertir combien tous ces remedes ſont fautifs & ridicules.

Lorſque l'*yvreſſe* eſt bien décidée, & qu'il s'agit de la diſſiper, il n'y a point de remede plus aſſuré & plus prompt que les acides ; ils ſont, dit Plater, l'antidote ſpécifique de l'*yvreſſe* ; dans cette claſſe ſe trouvent particulier les vinaigres, l'oxicrat, les ſucs de citron, de grenade, d'épinevinette, le lait acide, les eaux minérales acidules, & ſur-tout le tartre du vin ; je ſuis très-perſuadé que ces remedes qui guériſſent en très-peu de temps l'*yvreſſe*, en pourroient être pris avant de boire, des préſervatifs efficaces ; ſi l'*yvreſſe* eſt

parvenue au troiſieme degré, & ſi les accidens ſont graves, il faut faire vomir tout de ſuite, ſoit par l'émétique, ſoit en irritant le goſier ; la nature excitant ſouvent d'elle-même le vomiſſement nous montre cette voie, que le raiſonnement le plus ſimple auroit indiquée. Langius conſeille de ne pas laiſſer dormir les perſonnes yvres avant de les avoir fait vomir. On peut auſſi employer dans les cas d'*yvreſſe* avec apoplexie, les différentes eſpeces d'irritans, les lavemens forts, purgatifs, les ſternutatoires, les odeurs fortes, les frictions, &c. Henri de Heers dit avoir réveillé d'une *yvreſſe* en lui tirant les poils de la mouſtache, un homme qui étoit depuis quatre jours dans une eſpece d'apoplexie, & qu'enfin, après avoir éprouvé inutilement toutes ſortes de remedes, on alloit trépaner. Les paſſions d'ames vives & ſubites, telles que la joie, la crainte, la frayeur, ſont très-propres à calmer ſur le champ le délire de l'*yvreſſe* ; on peut voir pluſieurs exemples qui le prouvent, rapportés par Salomon Reizelius, *miſcell. natur. curioſ. ann. ij, obſerv.* 117. Cet auteur dit, qu'étant à Ottenville, un homme yvre étant tombé dans un fumier, & craignant de paroître dans cet état devant ſon épouſe, deſcendit dans un fleuve pour ſe laver ; il fut ſi vivement ſaiſi par la fraicheur ſubite de l'eau, qu'il rentra tout de ſuite dans ſon bon ſens. Un autre éprouva auſſi dans l'inſtant le même effet ; à peine toucha-t-il l'eau d'un fleuve où il étoit deſcendu, que ſoit la fraicheur de l'eau, ſoit la crainte qu'il eut de ſe noyer, l'*yvreſſe* fut entiérement diſſipée : un troiſieme, dont parle le même auteur, ayant bleſſé en badinant un de ſes amis, fut ſi effrayé de voir couler ſon ſang avec abondance, qu'il recouvra ſur le champ l'uſage de la raiſon. *(m)*

YVRESSE, *Critiq. ſacr.* Ce mot ne ſe prend pas toujours dans l'écriture pour une *yvreſſe* réelle ; très-ſouvent il ne déſigne que *boire* juſqu'à la gaieté dans un repas d'amis ; ainſi, quand il eſt dit dans la Geneſe, *xliij*, 34, que les freres de Joſeph *s'enyvrerent* avec lui la ſeconde fois qu'ils le virent en Egypte ; ces paroles ne doivent point offrir à l'imagination une *yvreſſe* réelle ; celle-ci, *qui inebriat ipſe quoque inebriatur*, *Prov. xj,* 25, celui, qui fait boire, boira ſemblablement, font des paroles proverbiales , qui fignifient que l'homme libéral fera libéralement récompenfé. De même ce paffage du Deuter. *xxix* , 19 , *abfumet ebrius fitientem* , la perfonne qui a bu , l'emportera fur celle qui a foif , eft une maniere de proverbe dont fe fert Moyfe , pour dire que le fort accablera le foible. Quand S. Paul dit aux Corinth. *xj* , 21 , dans vos repas l'un a faim & l'autre eft *yvre* , ος δε μεθυει, cela fignifie tout au plus , *boit largement* ; c'eft le fens du verbe μεθυειν, ou plutôt il faut traduire *eft raffafié* ; car *enyvrer* dans le ftyle des Hébreux , eft *combler de biens. Ecclif. j* , 24. (D. J.)

YVROGNERIE , *C. f. Gram. & Jurifprud.* Nous laiffons au théologien à traiter cette matiere , felon les loix divines & eccléfiaftiques : nous obferverons feulement ici que , fuivant les loix civiles , les nations mêmes qui ont permis l'ufage du vin , foit aux hommes , foit aux femmes , ont toujours envifagé comme un délit d'en boire avec excès.

Les Athéniens puniffoient doublement une faute faite dans le vin ; & chez les Romains anciennement , une femme qui avoit bu du vin , pouvoit être condamnée à mort par fon mari ; & depuis même que l'on eut permis aux femmes l'ufage du vin , on les puniffoit , lorfqu'elles en buvoient outre mefure: la femme de Cneius Domitius , qui s'étoit enyvrée , fut condamnée à perdre fa dot.

L'yvreffe n'excufe point les autres crimes qui ont été commis dans cet état ; autrement il feroit à craindre que des gens mal intentionnés ne fiffent, de propos délibéré , un excès de vin ou autre liqueur , pour s'enhardir à commettre quelque crime grave , & pour trouver une excufe dans le vin ; on punit donc le vin , c'eft-à-dire , l'yvrogne qui a commis un crime.

Cependant, quand l'yvreffe n'a pas été préparée à deffein , elle peut donner lieu d'adoucir la peine du crime, comme ayant été commis fans réflexion.

La qualité des perfonnes peut rendre l'*yvrognerie* plus grave ; par exemple , fi celui qui eft fujet à ce vice eft une perfonne publique & conftituée en dignité , comme un eccléfiaftique , un notaire , un juge.

Le reproche fondé contre un témoin fur ce qu'il eft yvrogne , n'eft pas admiffible, à moins qu'on ne prouvât qu'il étoit

yvre lors de fa dépofition ; néanmoins l'habitude où un homme feroit de s'enyvrer , pourroit diminuer le poids de fa dépofition , & l'on auroit , en jugeant, tel égard que de raifon au reproche. *Voyez* Bouchel au mot *yvrogne & yvreffe.* Dargentré , *art.* 266 , la Mare , tom. *I* , *l.* *IV, tit. ix.* Thaumaf. *dict. canon.* au mot *yvrogne* ; Catelan , *liv. IX* , *ch. vij* , & les *mots* CABARET, VIN. (A)

YVROIE, ZIZANIE. *Synon.* , *yvroie* fe dit au propre & au figuré ; arracher l'*yvroie* , féparer l'*yvroie* d'avec le bon grain. *Zizanie* ne fe dit qu'au figuré , & fignifie *divifion, difcorde.* Malheureux font ceux qui fement la *zizanie* dans une famille, dans une compagnie, dans une communauté , ou parmi les peuples ! (D. J.)

YVROIE SAUVAGE. *Botan.* , efpece de gramen nommée par Tournefort, *gramen loliaceum , anguftiore folio , & fpica I. R. H.* Cette plante pouffe plufieurs tiges ou tuyaux à la hauteur de deux piés , grêles , ronds , ayant peu de nœuds, & portant chacun deux , trois ou quatre feuilles longues , étroites , cannelées , graffes , de couleur verte obfcure: ces tiges font terminées en leurs fommités par des épis femblables à ceux de l'*yvroie* , mais plus courts , plus grêles , garnis de feuilles à étamines rouges ou blanches ; quand ces fleurs font paffées , il leur fuccede de petits grains oblongs & rouges : ces racines font nouées & garnies de fibres. Cette plante croît dans les champs , le long des chemins , & fur les toits des bâtimens : elle paffe pour être déterfive & aftringente. (D. J.)

YVROIE, *Diete.* Le blé mêlé de beaucoup d'*yvroie* eft d'une qualité très - inférieure: il devroit même être rejeté , fi on n'avoit trouvé des moyens aifés de le monder de cette graine dangereufe , en le paffant par des cribles ; on a des moulins deftinés à cet ufage. Le pain préparé avec du blé chargé de beaucoup d'*yvroie* caufe des maux de tête, des vertiges, des affoupiffemens , l'yvreffe & même la folie. C'eft fans doute de cette qualité anciennement reconnue, que l'*yvroie* tire fon nom françois.

On dit que les maquignons en font manger aux chevaux ou aux mulets vicieux, peu de temps avant que de les expofer en vente ; & que pendant que l'effet de cette nourriture fubfifte, ces animaux font très-doux (b)

YVROIE, *Bot.*, *voy.* **IVROYE**.

YURUBESH, L', *Géog. mod.*, riviere de l'Amérique méridionale. Sa fource eft dans les montagnes, proche celle de l'Iquiari : après avoir paffé fous la ligne, elle fe rend dans le Rio-Negro. Elle communique avec l'Yupara, par le moyen du lac appellé *Marachi*. (*D. J.*)

Y Z

YZQUIEPATL, f. m. *Hift. nat. des quadrupedes*, nom que donnent les Américains à un animal de leur pays qui eft du genre des renards, ou du moins qui reffemble beaucoup dans fa jeuneffe au renard Européen.

C'eft un animal bas de taille, d'un corps épais, alongé, & à courtes jambes ; fon nez eft pointu, fes oreilles font petites ; il a tout le corps couvert de poils, particuliérement vers la queue, qui eft longue, chargée du même poil que le refte du corps ; ce poil eft blanc & noir ; les ongles de cet animal font très-affilés ; il vit dans les caves & dans les creux de rochers, où il fait fes petits ; il vit de vers, d'efcargots, d'infectes femblables, & autres petits animaux. Quand il eft pourfuivi, il jette des vents qui font d'une odeur infupportable ; fon urine & fes excrémens fen-

tent auffi prodigieufement mauvais ; d'ailleurs c'eft une bête douce, & qui ne fait aucun mal ; elle tient beaucoup du lapin des Indes, & n'en differe prefque que par fon odeur puante. Hernandez en diftingue une autre efpece, que les habitans nomment *conepalt*, & qu'on diftingue feulement de celle-ci par une longue raie, qui s'étend fur les deux côtés du dos jufqu'à la queue. (*D. J.*)

YZQUIATOLT, f. m. *terme de relation* ; c'eft une forte de boiffon médicinale, commune dans les Indes occidentales ; elle fe fait de petites féves cuites, avec une plante aromatique, que ceux du pays appellent *epazolt*. On ufe de cette boiffon dans les maladies du poumon.

YZTACTEX, f. m. *Hift. nat. Botan. exot.*, plante qui croît dans les montagnes du Brefil. Sa racine eft fibreufe, ainfi que celle de l'aferum ; mais fes fibres ne font pas inférieures ni pour le goût, ni pour l'odeur au nard indien, & l'emportent beaucoup fur la valériane commune. Ses feuilles font dentelées, comme celles de l'ortie ; fes tiges font purpurines, rondes, unies & longues de quatre coudées. Ses fleurs viennent en touffe au fommet des tiges, & font d'un blanc tirant fur le pourpre. Ses graines ont le goût de l'anis. Sa racine eft échauffante, & fudorifique. (*D. J.*)

Z, ſ. m. *Gramm.*, la vingt-cinquieme lettre, & la dix-neuvieme conſonne de l'alphabet françois. C'eſt le ſigne de l'articulation ſiſflante foible dont nous repréſentons la forte par ſ au commencement des mots ſale, ſel, ſimon, ſon, ſur. Nous l'appellons *zede*, mais le vrai nom épellatif eſt *ze*.

Nous repréſentons ſouvent la même articulation foible par la lettre ſ entre deux voyelles, comme dans *maiſon*, *cloiſon*, *miſere*, *uſage*, &c. que nous prononçons *maizon*, *cloizon*, *mizere*, *uzage*, &c. c'eſt l'affinité des deux articulations qui fait prendre ainſi l'une pour l'autre. *Voy.* S.

Quelquefois encore la lettre *x* repréſente cette articulation foible, comme dans *deuxieme*, *ſixain*, *ſixieme*, &c. *Voy.* X.

Les deux lettres ſ & *x* à la fin des mots ſe prononcent toujours comme z, quand il faut les prononcer; excepté dans *ſix* & *dix*, lorſqu'ils ne ſont pas ſuivis du nom de l'eſpece nombrée : nous prononçons *deux hommes*, *aux enfans*, *mes amis*, *vos honneurs*, comme s'il y avoit deu-z-hommes, au-z-enfans, mé-z-amis, vo-z'honneurs.

Notre langue & l'angloiſe ſont les ſeules où la lettre z ſoit une conſonne ſimple. Elle étoit double en grec, où elle valoit δσ, c'eſt-à-dire *ds*. C'étoit la même choſe en latin, ſelon le témoignage de Victorin (*de littera*): z *apud nos loco duarum conſonantium fungitur* de ſ; & ſelon Priſcien (*lib. I*), elle étoit équivalente à s s: d'où vient que toute voyelle eſt longue avant z en latin. En allemand & en eſpagnol, le z vaut notre TS; en italien, il vaut quelquefois notre TS, & quelquefois notre DZ.

Dans l'ancienne numération, z ſignifie 2000; & ſous un trait horizontal, Z̄ = 1000 × 2000 ou 2000000.

Les pieces de monnoie frappées à Grenoble, portent la lettre Z. (*E. R. M. B.*)

Z, *Littérat.*; cette vingt-troiſieme & derniere lettre de l'alphabet étoit lettre double chez les Latins, auſſi - bien que le z des Grecs. Le z ſe prononçoit beaucoup

plus doucement que l'*x*; d'où vient que Quintilien l'appelle *molliſſimum & ſuaviſſimum*; néanmoins cette prononciation n'étoit pas tout-à-fait la même qu'aujourd'hui, où nous ne lui donnons que la moitié d'une ſ. Elle avoit de plus quelque choſe du D, mais qui ſe prononçoit fort doucement, *Mezentius* ſe prononçoit preſque comme *Medſentius*, &c. Le z avoit encore quelque affinité avec le *g* à ce que prétend Capelle : z, dit-il, à *grꬱcit venit*, *licet etiam ipſi primò g grꬱci utebantur*; les jolies femmes de Rome affectoient d'imiter dans leur diſcours ce g adouci des Grecs : elles diſoient délicatement *figere ozcula*; & nous voyons auſſi que dans notre langue ceux qui ne peuvent point prononcer le *g* ou l'*j* conſonne devant *e* & *i*, y font ſonner un z, & diſent *zibet*, des *zetons*, &c. pour le *gibet*, des *jetons*, &c. (*D. J.*)

Z, *Caractere médec.* Cette lettre étoit précédemment employée pour marquer pluſieurs ſortes de poids. Quelquefois elle déſignoit une once & demie, très-fréquemment une demi-once, &. d'autres fois la huitieme partie d'une once, c'eſt-à-dire, une drachme poids de roi; mais dans les tems antérieurs elle a été fort en uſage pour exprimer la troiſieme partie d'une once, ou huit ſcrupules. (*D. J.*)

Z Z, *Caract. méd.*; deux zz ainſi faits, ont été employés par d'anciens médecins pour marquer de la myrrhe; c'eſt encore ainſi que quelques médecins en Angleterre déſignent dans leurs ordonnances le gingembre, qu'on nomme en latin & en anglois, *zinziber*. (*D. J.*)

Z z z, *Ecrit.*; quant à la figure, ſont compoſés de la premiere partie ronde l'*m*, & de la partie inférieure de l'*ſ* coulée; ils ſe forment du mouvement mixte des doigts & du poignet.

ZA, *en Muſique*, eſt une ſyllabe dont après l'invention du *ſi* pluſieurs muſiciens ſe ſervoient pour nommer le *ſi* bémol; cette maniere de diſtinguer les idées ne pouvoit que faciliter l'art de ſolfier; mais nos docteurs en muſique n'ont eu garde de l'adopter, & ils l'ont réléguée dans le plain-chant, qu'on ne ſe pique pas encore

d'apprendre difficilement comme la mufique. *V.* GAMME, TRANSPOSITION,
SOLFIER. (*S*)

ZAA, f. m. *Hift. nat. Botan.*, arbre
de l'ifle de Madagafcar; il rampe à terre;
les habitans fe fervent de fon bois pour
faire les manches de leurs dards ou za-
gaies.

ZAARA, *Géog. mod.*; on écrit auffi *Za-*
bara, *Sara*, & *Sahara. V.* SAHARA.
C'eft affez de dire ici que tous ces mots
fignifient *défert*, & que c'eft le nom donné
par les Arabes à une grande partie de l'intérieur de l'Afrique, du levant au couchant; c'eft en partie le pays des anciens
Gétules & des Garamantes. Le *Zaara* moderne eft borné au feptentrion, par le Bilédulgérid; à l'orient, par la Nubie; à
l'occident, par l'Océan atlantique; & au
midi, par la Nigritie.
La plus grande partie de cette vafte
contrée confifte en déferts & en campagnes de fable, que des tourbillons de vents
portent de toutes parts. (*D. J.*)

ZAB *ou* ZEB, *Géog. mod.*, en latin *Zaba*
& *Zabe*; contrée de Numidie, bornée à
l'eft par un défert qui conduit à Tunis, &
au fud par un autre défert. C'eft un pays
de fable, où les chaleurs font exceffives;
on y manque d'eau & de blé, mais les dattes y font communes.
Shaw dit que le *Zab*, compris autrefois
dans la Mauritanie fitifienne & dans la
Gétulie, eft un terrein étroit, fitué précifément au pié de la chaine du mont Atlas; qu'il s'étend depuis le méridien du
Méfile, jufqu'à celui de Conftantine, &
qu'il s'y trouve des villages, dont le plus
avancé vers l'oueft s'appelle *Doufan*. Du
tems d'Ibn-Said, Biskieré ou *Bifcara*,
étoit la capitale du *Zab*. Il la place à 24
degrés de *longitude* fur 27, 30 de *lutit.*
(*D. J.*)

ZABACHE, MER DE, *Géog. mod.*, autrement dite la *mer d'Afoph*, en latin,
palus Mæotis. C'eft un lac fitué fur les
confins de l'Europe & de l'Afie, entre la
petite Tartarie & la Circaffie. On lui
donne 600 milles, ou 200 lieues de tour;
mais il a fi peu de fond, & tant de bancs
de fable, qu'il ne peut porter que des
barques. Ce lac formé en quelque façon
par l'embouchure du Don ou Tanaïs, &
par un grand nombre de petites rivieres,
s'étend en longueur du nord oriental au
midi occidental, depuis Afoph jufqu'à la

péninfule de Crim. Il communique à la
mer de Gnil, & il fe décharge dans la
mer Noire, par deux grands détroits féparés l'un de l'autre par l'ifle de Tameraw.
(*D. J.*)

ZABATUS, *Géog. anc.*, riviere d'Afie.
Xénophon, *Cyriacor*, *lib. II*, *c. iij.* qui en
parle, fait entendre qu'elle étoit au voifinage du Tigre, & lui donne 400 piés de
largeur. Ortelius foupçonne que cette riviere eft celle que Cédrene & Callifte
nomment *Saba.* Mais, ajoute-t-il, Cédrene
& l'hiftoire Mifcellanée connoiffent dans
ce quartier deux fleuves de ce nom, l'un
qu'ils appellent le *grand Zaba*, & l'autre
le petit *Zaba.*

ZABDICENA, *Géog. anc.*, contrée d'A-
fie, & l'une de celles qu'Ammien Marcellin, liv. XXV, *ch. vij* appelle *Transfti-*
gritanes, parce qu'elles étoient fituées
au delà du Tigre, non par rapport aux
provinces romaines, mais par rapport à la
Perfe.

ZABERN, *Géog. mod.*, ville ancienne
de la Baffe-Alface, connue fous les empereurs romains par le nom de *Taberna*;
les hauts Allemands, depuis plufieurs fiecles, changeant le *t* en *z*, écrivent *Zabern*,
& les François difent *Saverne. Voy.* SA-
VERNE. (*D. J.*)

ZABES, *Géog. anc.*, petite ville du
royaume de Hongrie dans la Tranfilvanie,
au confluent de divers ruiffeaux. Les Allemands la nomment *Millenbach.* C'eft le
chef-lieu d'un comté auquel elle donne
fon nom: elle a été appellée anciennement *Zeugma.*

ZABIE, *Géog. mod.*, ville d'Afie dans
l'Arabie heureufe au royaume d'Yemen,
fur la mer Rouge; fon port fe nomme
Alafakab, & eft défendu à fon entrée par
une fortereffe. *Longitude* dans les tables
d'Abulféda, 63, 20; *lat.* 24, 10 au commencement du premier climat de Ptolomée. (*D. J.*)

ZABIENS, *Zabii*, *Géog. anc.*, peuples
de l'Inde ou de l'Orient, qui paroiffent
être les mêmes que les Sabéens, & dont la
religion répandue dans l'Orient, eft connue fous le nom de *Sabaïfme.* Les anciens
Perfes Chaldéens & Orientaux étoient
Zabiens, ou attachés au Sabaïfme. *V.* SA-
BAISME & SABÉENS. (*D. J.*)

ZABIRNA, *Géog. anc.*, ville de Lybie.
Diodore de Sicile, *l. III*, *c. lxxij* dit que
Bacchus campa près de cette ville, &

qu'il y tua un monftre épouvantable que la terre avoit produit , qui avoit tué plufieurs perfonnes, & auquel on avoit donné le nom de *Canyct.* Cette victoire, continue Diodore de Sicile, acquit une grande réputation à Bacchus, qui pour conferver la mémoire de cette action, éleva fur le corps du monftre un monument de pierre, lequel fubfiftoit encore il n'y a pas long-tems.

ZABOLCZ , *Géog. mod.* , comté de la Haute-Hongrie ; il eft borné au nord par celui de Zemblin, au midi par celui de Zolnock , au levant par celui de Zatmar, & au couchant par la riviere de Teyſſe : fon chef-lieu eſt la ville de Debrezen.

ZABUL, *Géog. mod.* , ville d'Aſie, capitale du Zableſtan. *Long.* felon M. Petit de la Croix, 102 ; *lat.* 33. (*D. J.*)

ZACA , LA , *terme de relation.* La zaca eſt le nom que les Turcs donnent à l'aumône qu'ils font à leur volonté d'une certaine partie de leurs biens pour la nourriture & l'entretien des pauvres. Comme le montant de cette aumône n'eſt point défigné dans l'alcoran, les uns l'eſtiment à un centieme , d'autres à un cinquantieme, d'autres à un quarantieme, & les moraliſtes féveres d'entre les Muſulmans à la dixieme partie du revenu; mais les Turcs eux - mêmes , les plus charitables, connoiſſent le danger où ils feroient expoſés , fi les richeſſes qu'ils poſſedent paroiſſoient au jour par la quotité de leur *zaca* , fixée fur celle de leur revenu. (*D. J.*)

ZACARAT, LE, *Géog. mod.* , riviere de la Turquie en Aſie ; elle coule à une journée de la ville d'Ada , & va fe jeter dans la mer Noire.

ZACAT, *Hiſt. mod.* L'alcoran de Mahomet, impoſe à fes fectateurs deux eſpeces d'aumônes; l'une eſt légale, & l'autre eſt volontaire. La premiere s'appelle *zacat,* & la feconde *Sadakat.* Rien n'eſt plus expreſſément enjoint aux Mahométans que la néceſſité de faire l'aumône. Le Calife Omar Ebn Abdalazis, difoit que *la priere fait faire la maiſié du chemin vers Dieu, que le jeûne conduit à la porte du palais, & que c'eſt l'aumône qui en procure l'entrée.* Suivant l'alcoran , l'aumône doit être faite des troupeaux , fur l'argent, fur le blé, fur les fruits & fur les marchandiſes. A la fin du ramadan, c'eſt-à-dire, du mois de jeûne , chaque Muſulman

eſt obligé de faire l'aumône pour lui-même & pour chaque perſonne de fa famille ; en un mot, le précepte de l'aumône eſt un des plus indiſpenſables de la religion mahométane.

ZACATECAS, LOS , *Glog. mod.* , province de l'Amérique feptentrionale au Mexique , dans la nouvelle Galice ; elle eſt bornée au nord par la nouvelle Biſcaye , au midi par la province de Guadalajara, au levant par celle de Guaſteca ou Panuer , & au couchant par celle de Culiacan & de Chiametlan. Cette contrée a des mines d'argent que les Eſpagnols y ont découvertes en différens temps. (*D. J.*)

ZACATULA, *Géog. mod.* , ville de l'Amérique feptentrionale dans la nouvelle Eſpagne, dans l'audience du Mexico, proche la côte de la mer du fud , à l'embouchure de la riviere de même nom , à 90 lieues du Mexico, & à 18 d'Acapulco, avec un port. *Lat.* 18. 10.

ZACATULA, la , *Géog. mod.* , riviere de l'Amérique feptentrionale au Mexique ; elle a fa fource près de la ville de la Puebla, coule par la province de Méchoacan, & entre dans la mer Pacifique, près de la bourgade de *Zacatula.*

ZACCHOUM , *Bot. exot.* Le P. Nau , dans fon voyage de la Terre-Sainte , *liv. IV, c. iij.* nous apprend que c'eſt le nom d'un arbriſſeau qui croît à fix milles du Jourdain , & à dix de Jéruſalem. Cet arbriſſeau , dit-il , eſt en abondance dans le pays fans aucune culture , il eſt armé d'épines longues & très - piquantes , il jette quantité de branches minces , mais d'un bois fort, couvert d'une écorce aſſez reſſemblante à celle du citronnier ; fa feuille reſſemble à celle du prunier , excepté qu'elle eſt un peu plus ronde & beaucoup plus verte; fon fruit approche aſſez de la prune : on en tire une huile vulnéraire, fort recherchée dans le pays; elle y tient lieu du baume de Jéricho , qui ne s'y recueille plus , & qui peut-être n'étoit autre choſe que l'huile du *Zaccboum.* (*D. J.*)

ZACCON , f. m. *Hiſt. nat. bot.* , c'eſt une eſpece de prunier exotique qui croît dans la plaine de Jéricho ; il eſt grand comme un oranger, & a des feuilles femblables à celles de l'olivier, mais plus petites, plus étroites, plus pointues & fort vertes; fes fleurs font blanches , & fon fruit eſt de la groffeur d'une prune, rond, verd au commencement, mais en mûriffant il devient jaune & renferme un noyau comme la prune. On tire de ce fruit, par expreffion, une huile qui eft propre pour difcuter & réfoudre les humeurs froides & vifqueufes; on a nommé cet arbre *zaccon*, parce qu'il croît près des églifes de Zacchée, dans la plaine de Jéricho. J. B. l'appelle *zaccon bieticuntea, foliis oleæ*. & G. B. *Prunus bieticunthica, folio anguflo, fpinofo*. (D. J.)

ZACINTHE, f. m. *Zacintha, Hifl. nat. botan.*, genre de plante à fleur en demi-fleurons, compofée de plufieurs demi-fleurons foutenus par un embryon, & conteaus dans un calice écailleux qui devient dans la fuite une efpece de petite tête ftriée & compofée de plufieurs capfules; elles renferment une femence garnie d'une aigrette. Tourn. *inft. rei herb. V.* PLANTE.

ZACK, LA, *Géog. mod.*, riviere ou plutôt torrent d'Allemagne en Siléfie; il fort des montagnès qui féparent la Bohème de la Siléfie, & fe jette dans le Bober.

ZACONIE, LA, ou ZACANIE, ou SACANIE, en latin *Laconica, Géog. mod.*, province de la Morée, la quatrieme en rang; elle eft bornée au nord par le duché de Clarence, au midi par le golfe de Colochine, au levant par le golfe de Napoli de Romanie, & au couchant par la province de Belvedere.

La *Zaconie* eft fouvent nommée *Brazzo di Maina*; elle fut premierement appellée *Lelia de Lelex*, le premier qui y commanda en qualité de roi. Virgile & les autres poëtes l'appellerent *Oebalia*, d'Oebalus qui en fut feigneur. Selon Strabon, elle fut encore nommée *Argos*; mais les Lacédémoniens en étant les maîtres, l'appellerent *Laconie*.

Cette province s'étend le long de la mer; il s'y trouve quantité de rochers & de profondes cavernes aux environs du mont Taigete, appellé aujourd'hui du côté de Mifitra (lieu principal du pays), *Vouni fis Mifitra*. Les chiens de cette province, autrefois célèbres, confervent encore leur réputation; & le grand-vèneur du Sultan en tire quantité tous les ans pour les meutes de fa hauteffe. (D. J.)

ZACUTH, *Géog. mod.*, riviere de la Turquie afiatique en Anatolie; elle traverfe la Caramanie, & coule dans la mer

Méditerranée. On croit que c'eft l'Eurydemon des anciens. (D. J.)

ZACYNTHUS, *Géog. anc.*, ifle de la mer Ionienne, affez près du Péloponnèfe, au couchant de l'Elide, au midi de l'ifle de Céphalénie, & au nord des Strophades. Strabon, livre X, compte *Zacynthe* & Céphalénie au nombre des ifles qui étoient fous la domination d'Ulyffe. Il donne à l'ifle de *Zacynthe* 160 ftades de circuit, & il la place à 60 ftades de Céphalénie. Il ajoute d'après Homere, *Odyf. I. v.* 24. que cette ifle étoit couverte de bois & fertile.

Ce qui a été imité par Virgile, *Æneid. III,* 270.

Jam medio apparet fluctu nemorofa Zacyn-thus,

Dulichiumque, Sameque, & Neritos ardua faxis.

L'ifle de *Zacynthe*, aujourd'hui l'ifle de *Zante*, avoit une ville de même nom, & felon Strabon, cette ville étoit confidérable. Thucydide, *l. II. p.* 144. après avoir dit que l'ifle *Zacinthe* eft fituée du côté de l'Elide, ajoute que fes habitans étoient une colonie d'Achéens, venus de l'Achaïe propre.

Tite-Live, liv. XXVI, ch. *xxiv*, fait mention de l'ifle qui eft petite, dit-il, & fituée au voifinage de l'Etolie. Lœvius, continue-t-il, emporta la ville d'affaut, avec la citadelle. Paufanias, *l. VIII, ch. xxiv.* nous apprend que cette citadelle s'appelloit *Pfophis*, parce qu'un Pfophidien nommé *Zacynthe*, fils de Dardanus, ayant débarqué dans l'ifle, y fit bâtir cette forterelfe, & lui donna le nom de la ville où il avoit pris naiffance.

Ptolomée, *liv. III, ch. xiv.* compte l'ifle de *Zacynthe* parmi les villes fituées fur la côte de l'Epire, & y remarque une ville de même nom. Scylax lui donne auffi un port, ἐν ᾗ χαὶ πόλις χαλλίμια. Pline, *liv. IV, ch. xij.* remarque que Céphalénie & *Zacynthe* font des ifles libres; que la derniere avoit une belle ville, & que fa fertilité lui donnoit le premier rang parmi les ifles de ce quartier, & qu'anciennement elle avoit été appellée *Hyric*. Sur ce pié-là, Pomponius Méla a donc eu tort de diftinguer l'ifle *Hyria* de celle de *Zacynthe*. Les habitans de cette ifle font appellés *Zacynthii* par Cornelius Nepos, *in Dione, cap. ix.* (D. J.)

· ZADAON, LE, ou ZADAN, *Géogr. mod.*, rivière de Portugal ; elle prend fa Source dans les montagnes de l'Algrave, au midi du royaume, & va fe rendre dans le golfe de Sébutal, un peu au deſſous de la ville de ce nom : on croit communément que c'eſt le *Calipſus* de Ptolomée, *l. II, ch. v.* rivière de la Luſitanie. (*D. J.*)

ZADRA, *Géog. mod.*, ville ruinée d'Afrique en Barbarie, au royaume de Tunis, dans la province de Meſrate. (*D. J.*)

ZADRADUS ou ZARADRUS, *Géog. anc.*, ſelon le manuſcrit de Ptolomée de la bibliotheque palatine ; fleuve de l'Inde, en deçà du Gange, il recevoit l'Ypaſis & l'Adris avant de ſe jeter dans le fleuve Indus. (*D. J.*)

ZADURA, ſ. f. ζοδυρα, *Mat. méd. des nouv. Grecs*, nom donné par les derniers écrivains Grecs à une racine des Indes qui étoit ronde, liſſe & de la couleur du gingembre ; ils la recommandent extrémement dans les maladies peſtilentielles ; nous ne connoiſſons plus cette racine.

ZAFFO, *Hiſt. nat. bot.*, arbre d'Afrique qui croit au royaume de Congo ; il eſt de la grandeur d'un chêne, & produit un fruit ſemblable à des prunes de la grande eſpece ; elles ſont d'un rouge très-vif, & d'une odeur très-aromatique.

ZAFLAN, *lac de*, *Géog. mod.*, lac conſidérable dans la haute Ethiopie, il s'étend du ſeptentrion au midi, & tire ſon nom d'une bourgade ſituée ſur ſes bords. (*D. J.*)

ZAFRA ou SAFRA, *Géog. mod.*, petite ville d'Eſpagne dans l'Eſtramadure, proche la rivière de Guadaxéra, au pié des montagnes, à 2 lieues de Médina, & à 3 de Feria ; elle eſt défendue par un château. L'auteur de la *poblacion general de Eſpana*, croit que c'eſt la *Julia reſtituta* des anciens, & d'autres auteurs placent la *Julia reſtituta* à *Carceres*, petite ville de la même province ; quoi qu'il en ſoit, ce ſont les Maures qui lui ont donné le nom *Zafra*. Ferdinand III. la prit ſur eux en 1240. *Long.* 12,10 ; *lat.* 38,22. (*D. J.*)

ZAFRANIA, ſ. f. *Med. grecq.*, terme barbare employé par les derniers écrivains grecs, pour déſigner la couleur jaune du ſafran ; ils ont tiré ce mot littéralement d'Avicenne & de Sérapion, qui s'en ſont ſervis pour déſigner la couleur du

bol d'Arménie de Galien, lequel ; diſent-ils, teignoit le papier d'un beau janne doré, *zafraniâ tinctura*. Les écrivains barbares du moyen âge ont rendu le mot arabe par le terme latin encore plus groſſier, *croceitas*. (*D. J.*)

ZAGAIE ou SAGAIE, *terme de Relation*, eſpece de dard ou de javelot des inſulaires de Madagaſcar ; le bois en eſt long d'environ 4 piés, il eſt fort ſouple & va toujours en diminuant vers le bout par lequel on le tient pour le lancer. Le fer de ces *ſagaies* eſt ordinairement empoiſonné, ce qui fait que les bleſſures en ſont preſque toujours mortelles. Les Negres manient fort adroitement ces dards, auſſi bien qu'une eſpece de demi-pique que quelques-uns d'eux portent à la guerre, avec une rondache faite d'un bois aſſez épais pour réſiſter aux *ſagaies* & aux autres armes du pays, mais qui n'eſt point à l'épreuve des armes à feu. (*D. J.*)

ZAGAON, *Géog. mod.*, montagne d'Afrique, dans la Barbarie, à une lieue de Tunis. C'eſt une montagne déſerte, & qui étoit autrefois très-peuplée. Les Carthaginois faiſoient venir de cette montagne de l'eau dans leur ville par des aqueducs ſoutenus ſur des grandes voûtes. (*D. J.*)

ZAGARA, *Géog. mod.*, montagne de la Turquie, en Europe, dans la Livadie, & connue anciennement ſous le fameux nom d'*Hélicon*. Le nom moderne de *Zagara* lui a été donné à cauſe de la grande quantité de lievres qu'on y trouve. Il ne laiſſe pas néanmoins d'y avoir d'autres chaſſes : on y rencontre ſur-tout des ſangliers & des cerfs.

Par la deſcription que Strabon nous a laiſſée de l'Hélicon, il eſt aiſé de juger que c'eſt aujourd'hui la montagne *Zagara*. L'Hélicon étoit ſur le golfe Chriſſéen ou de Corinthe, & bordoit la Phocide qu'il regardoit au nord, inclinant un peu à l'oueſt. Ses hautes croupes pendoient ſur le dernier port de la Phocide, qui delà s'appelloit *Mycus*. Il n'étoit pas fort éloigné du Parnaſſe, & ne lui cédoit ni en hauteur, ni en étendue ; enfin ces deux montagnes n'étoient preſque que rochers, & leurs croupes ſe trouvoient toujours couvertes de neiges. C'eſt là l'état de la montagne de *Zagara* ; mais il ne faudroit pas y chercher les monumens d'Orphée, ni ceux des muſes, d'Héſiode,

que

que Paufanias dit y avoir vus de fon temps.

Pour ce qui eſt de la fontaine d'Hippocrene, où les mufes avoient coutume de s'affembler, Wheler (voyage d'Athènes, dans les lieux voifins, *tome II, liv. iij.*) qui me fournit cet article, n'affure pas l'avoir diſtinguée ; il n'en parle que par conjecture. " Ayant avancé une lieue &
» demie, dit-il, vers le haut de la monta-
» gne, jufqu'aux neiges, il fallut m'arrê-
» ter & me contenter de defcendre de
» cheval , & de tâcher de grimper fur
» quelque rocher plus haut, d'où je puffe
» découvrir les pays de deffous & le haut
» des montagnes; en forte que l'efpace
» qui y étoit renfermé, me parut comme
» un lac glacé, & couvert de neiges;
» mais mon guide me diſant qu'il n'avoit
» paffé par ce chemin qu'en temps d'été,
» avec M. de Nointel , ambaffadeur de
» France, & qu'il y avoit vu une belle
» vallée couverte de verdure & de fleurs,
» avec une belle fontaine au milieu; je
» me trouvai porté à croire que c'étoit-là
» la fontaine d'Hippocrène, & le bois dé-
» licieux des mufes. »

Il croit fur cette montagne quantité de fapins mâles, dont la gomme, ou le benjoin, a l'odeur de la mufcade, & celle de l'herbe que les Anglois appellent *léopards-bane*, dont la racine reſſemble à un ſcorpion. Du haut de la montagne on découvre les plaines de la Livadie au nord; directement à l'eſt on voit le mont Delphi d'Egripo , & une autre montagne de là même iſle à l'eſt-nord-eſt. En laiſſant le chemin de San Georgio , & tournant à main gauche , on defcend dans une plaine qui fe trouve entre le mont *Zagara* & une autre petite montagne , dont l'extrémité orientale n'eſt pas éloignée. Elle s'appelloit anciennement *Laphytius* de ce côté-là , & du côté de l'occident on lui donnoit le nom de *Telphyſium.*

En defcendant de la montagne de *Zagara*, on trouve du côté qui regarde *Livadia*, quelques fontaines , qui fortent de terre, & qu'il y en a qui fe rendent dans la plaine de Livadie, & dans le lac où elles fe perdent, tandis que d'autres fe raffemblent dans une riviere de la vallée. Il y en a une qui fait une belle cafcade prefque du haut de la montagne , & qui fort apparemment du lac, qui eſt fur le haut du mont *Zagara.* Il croit quantité de narcif-

fes fur le bord de cette riviere : ils ont une odeur agréable, & multiplient extrêmement. (*D. J.*)

ZAGARAH, *Géog. mod.*, ville fituée fur les confins de la Nubie , de l'Ethiopie & de la Nigritie. Elle eſt à huit journées de Mathan. (*D. J.*)

ZAGARDI , ſ. m. *terme de Relation*, valet de chiens de chaffe du grand-feigneur. Les *zagardis* ont foin des barques & des chiens courans ; plufieurs d'entr'eux font du nombre des janiffaires. (*D. J.*)

ZAGARDI-BACHI, ſ. m. *terme de Relation*, chef des *zagardis.* Ce chef a 500 hommes fous fa charge, qui ont foin de la mente du grand-feigneur. Il dépend de l'aga des janiffaires. (*D. J.*)

ZAGATAIS, LES, *Géog. mod.* , Tartares de la Grande-Boucharie, & du pays de Choraſſan.

Les tartares fujets de Zagataï chan, fecond fils de Zingis-chan, qui eut la Grande-Boucharie & le pays de Choraſſan en partage , garderent après la mort de leur maître, le nom de *Zagataïs*, qu'ils avoient adopté pendant fa vie ; ces provinces porterent toujours depuis le nom du pays des *Zagataïs*, & les Tartares qui les habitoient , le nom de Tartares *Zagataïs*, jufqu'à ce que Schabocht - Sultan , à la tête des Tartares usbecks , ayant conquis ces provinces , le nom des *Zagataïs* fut englouti par celui des Usbecks ; de cette maniere il n'eſt plus queſtion à préfent du nom des tartares *Zagataïs* dans la Grande-Boucharie , ni dans le pays de Choraſſan, que pour conferver l'arbre généalogique de diverfes tributs tartares qui font établies dans ces provinces , & pour diſtinguer les Tartares premiers occupans de ce pays, d'avec les Tartares qui en font actuellement les maitres. Du reſte ces deux branches de Tartares, font ſi bien mêlées enfemble , qu'ils ne font abfolument qu'un feul & même corps , qui eſt compris fous le nom de *Tartares Usbecks.* (*D. J.*)

ZAGAUAH, *Géog. mod.* , ville du Zanguebar, ou de la côte de Cafrerie. Le géographe perfien la met entre la ligne équinoxiale & le premier climat.

ZAGI, ſ. m. *ou* ZEGI, *Hiſt. nat. des foſfiles*, c'eſt un terme employé par Avicenne & autres Arabes pour déſigner toutes fortes de fubſtances vitrioliques, Avicen-

ne dit qu'il y en a différentes especes, favoir'une jaune qui eſt le coloothar; une
blanche qui eſt le calcadis; une verte qui
eſt le chalcantum , ou notre vitriol commun; & une quatrieme rouge qui eſt le
ſory. (D. J.)

ZAGRAB ou ZAGRABIA, Géog. mod.,
& par les Allemands Agram, ville de la
Baſſe-Hongrie , dans l'Eſclavonie, ſur la
rive gauche de la Save , capitale d'un
comté du même nom , à 10 lieues au
nord-eſt de Carloſtad , & à 50 au ſud-
oueſt de Bade. Elle a un évêché ſuffragant de Colotza. Long. 34,10; lat. 45,52.
(D. J.)

ZAGRAB, comté de, Géog. mod., contrée
de la Baſſe-Hongrie , dans l'Eſclavonie.
Ce comté s'étend en longueur le long de
la Save, depuis le comté de Sagor, qui le
borne à l'occident , juſqu'au comté de
Poſſega, dont il eſt borné à l'orient, ainſi
que par la petite Valaquie. Il a au nord
encore le comté de Sagor , & celui de
Creits. Son chef-lieu lui donne ſon nom
de Zagrab. (D. J.)

ZAGRI PORTÆ , Géog. anc. , nous
dirions en françois le col du mont Zagrus.
Par les portes du mont Zagrus , Ptolomée, liv. VI, chap. ij, entend un paſſage
étroit dans cette montagne de la Médie.
Diodore de Sicile , liv. II , chap. xiv,
qui appelle la montagne zarcæus mons,
nous apprend que ce paſſage fut pratiqué
par Sémiramis, qui voulut par-là laiſſer à
la poſtérité un monument éternel de ſa
puiſſance.

La montagne, dit-il , qui s'étend l'eſpace de pluſieurs ſtades , ne préſentoit
que des rochers eſcarpés , & des précipices qui obligeoient à faire de grands détours pour la traverſer : mais Sémiramis
trouva moyen d'adoucir ce chemin par
la route aiſée qu'elle fit pratiquer , en
abattant les rochers , & en comblant les
précipices; ce qui exigea des travaux infinis.

Nous n'aurons pas de peine à croire
que ce chemin portoit encore le nom de
Sémiramis , lorſque Diodore de Sicile
écrivoit, puiſque Niger aſſure qu'on l'appelle préſentement Sémirami. C'eſt ce que
Strabon appelle les portes de la Médie. Ptolomée connoît une montagne de Sémiramis: mais c'eſt quelque choſe de différent;
car il la met entre la Carmanie & la Gé-
droſie. (D. J.)

ZAGRUS MONS, Géog. anc. , montagne d'Aſie, & qui faiſoit partie du mont
Taurus. C'étoit proprement cette chaine
de montagnes , qui touchoit au mont Ni-
phas , ſéparoit la Médie de la Babylonie,
& au deſſus de la Babylonie joignoit les
montagnes des Elyméens & des Parétz-
céniens , comme au deſſus de la Médie
elle joignoit les montagnes des Caſſéens.
Pline , l. VI, c. xxvij. donne à entendre
que le mont Zagrus commençoit dans l'Arménie, & s'étendoit juſqu'à la Chaloniti-
de, entre la Médie & l'Adiabene. Ptolomée, l. VI, ch. ij. compte le mont Zagrus
parmi les montagnes les plus conſidérables de la Médie. (D. J.)

ZAGU, ſ. m. Hiſt. nat. bot. exot., eſpece de palmier qui croît dans les Indes
orientales au Malabar , aux iſles Moluques & au Japon. Cet arbre eſt le palma
japonica, ſpinoſis pedicullis , polypodii folio, Boëth. Jul. Alt. ij, 170, palma in-
dica, caudict in annulos protuberante reſ-
tricto fructu , pruniformi. Raii hiſt. ij,
1360, Zagu , ſeu arbor farinifera , Jonſt.
Dendr. 142, toda-panna , Commel. Flor.
malab. 264.

Cet arbre eſt quelquefois ſi gros, qu'un
homme peut à peine l'embraſſer ; cependant on le coupe fort aiſément, parce
qu'il n'eſt compoſé que d'écorce & de
moëlle , dont on fait du pain. Les Malabares mangent le fruit de cet arbre avec
du ſucre. Les feuilles ſervent à couvrir
leurs maiſons, & l'on tire des plus petites
une façon de chanvre dont on fait des
cordelettes.

C'eſt de ce palmier qu'on tire la fécule
appellée ſagou, qui donne un aliment fort
doux & fort nourriſſant : on en a apporté
beaucoup en Angleterre. Voy. SAGOU.
(D. J.)

ZAHARA, Géog. mod., petite ville d'Eſpagne dans l'Andalouſie , ſur la route de
Séville à Cadix, à la ſource du Guadalete.
Elle eſt ſituée autour d'une colline, avec
un château ſur la hauteur.

ZAHIR , Médec. des Arabes. Ce mot
eſt employé par les médecins Arabes pour
déſigner une eſpece de dyſſenterie, dont
le ſiege eſt dans le rectum , & accompagnée de tenſions dans les inteſtins , & de
douleurs d'éroſion dans le gros boyau.
(D. J.)

ZAHORIE, ſ. m. Gramm. , gens à vue
ſi perçante, qu'ils voient à travers les

pierres & dans les entrailles de la terre.
Il n'eft pas néceffaire d'avertir que ceci
eft un préjugé populaire : il regne en Efpagne & en Portugal. Le grave pere Del-
rio, qui s'eft amufé à écrire ce gros livre
des fottifes de la divination, avoit vu en
1575 un *zahorie*. Il dit qu'il avoit les yeux
rouges ; & que n'ajoutoit-il qu'il étoit né
le jour du Vendredi faint ? car fans cette
condition, les pierres empêchent de voir.

ZAIM, f.m. *Milice turque*, ce font des
chevaliers à qui le grand-feigneur donne
à vie des commanderies, à condition qu'ils
entretiendront un certain nombre de cavaliers pour fon fervice. Ces chevaliers
reffemblent affez aux timariots, dont ils
ne different que par le revenu.

Les *zaims* ont les plus fortes commanderies, & leurs revenus font depuis vingt
mille jufqu'à quatre-vingt-dix-neuf mille neuf cents quatre-vingt-dix-neuf afpres. S'il y avoit un afpre de plus, ce feroit le revenu d'un pacha : ainfi, lorfqu'un commandeur vient à mourir, l'on
partage la commanderie, fuppofé qu'elle
ait augmenté de revenu fous le défunt,
comme cela arrive ordinairement ; car on
les augmente plutôt que de les laiffer dépérir. Les *zaims* doivent entretenir pour
le moins quatre cavaliers, à raifon de 5
mille afpres de rente, pour la dépenfe de
chacun.

Les *zaims* doivent marcher en perfonne à l'armée, comme les timariots : leur
fervice militaire eft tout-à-fait femblable.
V. TIMARIOT.

ZAIN, adj. *Manege*, fe dit d'un cheval
qui n'eft ni gris, ni blanc, & qui n'a aucune marque blanche fur le corps.

ZAIN, *Géog. mod.*, petit lac de la Pruffe
royale dans l'Ermeland, fur les confins de
Burtenland, proche la ville de Ruffel.
Son écoulement eft du côté du nord, par
une riviere qui fe rend dans celle du Gu-
ber. (*D. J.*)

ZAIRAGIAH, f. f. *Divin. des Arabes*,
nom d'une divination ufitée chez les Arabes. Elle fe pratique avec plufieurs cercles ou roues paralleles, marquées de diverfes lettres, & que l'on fait rencontrer
les unes avec les autres par le mouvement qu'on leur donne, felon certaines
regles. Cette divination eft ainfi nommée
à caufe des cercles de cette machine qui
correfpondent aux planetes. D'Herbelot,
bib. orient. (*D. J.*)

ZAIRE, LE, *Géog. mod.*, riviere d'A-
frique, au royaume de Congo. Elle fort
principalement du lac Zambre, & va fe
rendre dans la mer, vers le 5e degré 40
minutes de *latit.* méridionale. Elle a dans
fon lit plufieurs ifles habitées par des gens
qui vivent indépendans du roi de Congo,
& qui ne lui paient aucun tribut.

ZAIRZOU, *Géogr. mod.*, riviere de
la Turquie afiatique, en Anatolie, au voifinage de la ville de Smyrne. Cette riviere
qui coule dans une belle prairie, eft l'*Her-
mus* des anciens, qui fe jetoit avec le Pac-
tole à l'entrée du golfe de Smyrne.

ZAKROTZIN, *Géogr. mod.*, ville
de la grande Pologne, dans le palatinat
de Mazovie, fur la rive droite du Boug, à
trois lieues de l'endroit où le Boug fe
jette dans la Viftule. On tient une petite
diete dans cette ville.

ZALACKNA, *Géogr. mod.*, petite
ville de Tranfylvanie, dans le comté
d'Albe-Julie, au pié des montagnes, &
au confluent de deux petites rivieres.
(*D. J.*)

ZALAG, *Géogr. mod.*, montagne
d'Afrique dans l'empire de Maroc, au
royaume de Fez. Elle s'étend cinq lieues
du couchant au levant, & aboutit à une
lieue de Fez. Auffi les bourgeois de cette
ville y ont la plus grande partie de leurs
héritages ; mais la principale habitation
eft le bourg de Lampta, qui fe trouve au
bas des ruines d'une ancienne place, qui
eft fans doute la *Vobrix* de Ptolomée,
laquelle cet auteur marque à 9, 20 de
longitude, & à 24, 15 de *latitude*.

ZALAMEA, *Géogr. mod.*, petite ville
d'Efpagne dans l'Eftramadure de Leon, à
fept lieues au nord de Llerena. (*D. J.*)

ZALAWAR ou SALAWAR, LE
COMTÉ DE, *Géogr. mod.*, comté de la
Baffe-Hongrie. Il eft borné au nord par
celui de Sarwar, au midi par la Drave, au
levant par le comté de Smig & de Tolna,
& au couchant par la Stirie. Il eft arrofé
par la riviere de Muer. Son chef-lieu
s'appelle *Zalawar*, & lui donne fon nom.

ZALAWAR ou SALAWAR, LE, *Géog.
mod.*, riviere de la Baffe-Hongrie, dans
le comté auquel elle donne le nom, fur la
riviere de Sala, à environ une lieue du
lac Balaton. On la prend communément
pour l'ancienne *Salis*.

ZALEG, *Géog. mod.*, petite ville de
l'Ethiopie, fur le bord de la mer, près

du détroit de Babelmandel. Elle fert d'entrepôt aux marchands qui trafiquent en Ethiopie. (D. J.)

ZALISCUS, Géogr. anc., fleuve de l'Afie mineure, dans la Galatie. Ptolomée, l. V, c. iv, marque l'embouchure de ce fleuve fur la côte du Pont-Euxin, entre Cyptafia & Galorum.

ZALISSA, Géog. mod., ville de l'Afie dans l'Ibérie, felon Ptolomée, l. V. c. xj. Si nous en croyons Thevet, on la nomme préfentement Scander.

ZALONKEMEN, Géogr. mod., ville de Hongrie dans l'Efclavonie. Elle eft nommée par les François Salankemen. V. ce mot. (D. J.)

ZAMA, Géogr. anc., 1°. ville d'Afrique, dans la Numidie propre, & dans les terres, à cinq journées de Carthage du côté du couchant felon Polybe, l. XV, c. xj. Cette ville à laquelle les anciens ont donné le nom de forterefle, Zamenfe oppidum, eft fameufe dans les guerres d'Annibal, de Jugurtha & de Juba. C'eft près de cette place qu'Annibal, l'an de Rome 551, à fon retour d'Italie, perdit la bataille contre le premier Scipion, furnommé l'Africain, qui finit par cette victoire la feconde guerre punique. Après que Juba eut été défait près de Tapfe, aujourd'hui Manghifh, Zama ferma fes portes à ce prince, refufa de lui rendre fes femmes, fes enfans & fes tréfors, & envoya demander du fecours à Céfar. Elle devint dans la fuite colonie romaine, fous ce titré que lui donne une ancienne infcription, rapportée par Gruter, p. 384: Colonia, Ælia, Hadriana, Aug. Zamæ. Regia. Pline, l. XXXI, c. ij, & Vitruve, l. VIII, c. iv, parlent d'une fontaine près de cette ville, dont les eaux rendoient la voix forte & fonore.

2°. Zama, ville de la Cappadoce, que Ptolomée, l. V, c. vj, marque dans la préfecture des Chamanes.

3°. Zama, ville de la Méfopotamie, felon le même Ptolomée, l. V, c. xviij. (D. J.)

ZAMÆ FONS, Géogr. anc., fontaine d'Afrique. Ses eaux rendoient la voix fonore, felon Pline, l. XXXI, c. ij. Vitruve, l. VIII, c. iv, p. 166, raconte la même chofe. Cette fontaine étoit apparemment dans la ville de Zama, ou dans fon voifinage: le nom du moins le fait foupçonner. (D. J.)

ZAMALE, f. f. Hift. nat. Bot., plante de l'ifle de Madagafcar. Elle eft d'une odeur très-défagréable; mais on la regarde comme un grand remede contre les douleurs des dents: les nourrices en frottent les gencives de leurs enfans.

ZAMAMISON, Géogr. anc., ville de l'Afrique propre. Ptolomée, l. IV, c. iij, la compte au nombre des villes qui étoient entre la ville Thabraca & le fleuve Bagradas. (D. J.)

ZAMBALES, Géogr. mod., peuples des Philippines dans la province de Pampanga, dont ils habitent les montagnes. Nous ne connoiffons ces peuples que par la relation de Navarette. Les Zambales, dit-il, font les ennemis mortels des noirs qui les redoutent beaucoup, & ils ont leurs bourgs fur les bords des montagnes. Ils n'ont point les cheveux crépus comme les noirs; ils font exempts de corvées, & paient leur taxe en argent non travaillé. Ils font tantôt en paix, tantôt en guerre avec les Indiens: quand ils font en paix, ils viennent en troupes dans les bourgs ou les villes, on leur donne du tabac, des guenilles & du vin, dont ils font fort contens, & quelques-uns aident aux principaux Indiens à cultiver leurs terres. Nous admirions qu'ils fuffent fi gras, fi grands & fi robuftes, ne fe nourriffant que de racines des montagnes, de quelques fruits & de chair crue, n'ayant d'autre habit que leur peau, & d'autre lit que la terre.

Chacun d'eux a fon arc & fes fleches; l'arc eft auffi long que celui qui s'en fert: ils les font du bois d'une forte de palmier qui eft auffi dur que le fer; la corde eft d'écorce d'arbre, & d'une force dont rien n'approche. Ils ont encore une petite arme de fer plus large que la main, d'un quart d'aune de long, dont la poignée eft fort belle, & qu'ils difoient être de coquilles d'huîtres brûlées & de limaçons, elle reffembloit à de beau marbre. Ils fe fervent de cette arme quand on fe mêle.

Tous les peuples de ces montagnes, jufqu'à la nouvelle Ségovie, eftiment beaucoup un crâne pour y boire, de forte que celui qui a le plus de crânes, paffe pour le plus vaillant; & c'eft pour jouir de cet honneur, que fans autre vue ils vont en courfe pour couper des têtes. En quelques endroits ils font des dents qu'ils en tirent, des efpeces de guirlandes qu'ils mettent fur leurs têtes ; celui qui en a le plus, eſt le plus eſtimé. Il y a une grande quantité de ces peuples dans les montagnes d'Orion, fur la baie de Manille, mais ils font fort pacifiques.

Ce paſſage eſt curieux, & nous apprend des particularités qui ne fe trouvent pas ailleurs. On y voit qu'il y a dans ces iſles deux races différentes de noirs ; que les uns font de véritables negres ; & que les autres ont des cheveux longs, comme les canarins du voiſinage de Goa. (D. J.)

ZAMBE, ſ. m. & f. terme de relation, c'eſt un des noms qu'on donne dans l'Amérique méridionale aux enfans nés de mulâtres & de noirs. (D. J.)

ZAMBESE, Géogr. mod., fleuve de l'Ethiopie orientale. Ce fleuve, dont on ignore la fource, eſt très-rapide, & a quelquefois plus d'une lieue de largeur, il fe diviſe en pluſieurs branches, & entre dans la mer par cinq embouchures ; il fe déborde pendant les mois de mars & d'avril ; & femblable au Nil, il eng aiſſe & fert iliſe les terres qu'il inonde. (D. J.)

ZAMBUJA, Géogr. mod., petite ville de Portugal, fur la droite du Tage, à cinq lieues de Santaren. (D. J.)

ZAMBRONE, LE CAP, Géogr. mod., cap d'Italie, dans la côte de la Calabre ultérieure, fur le golfe de Ste. Euphémie, environ à deux lieues de la ville de Tropea, du côté du levant. Il portoit anciennement le nom d'Hipponium promontorium, parce que la ville d'Hipponium y étoit fituée. (D. J.)

ZAMECH, ſ. m. Hiſt. nat., nom que quelques auteurs ont donné au lapis laþuli.

ZAMETUS, Géogr. anc., montagne de l'Arabie heureufe, felon Ptolomée, l. VI, c. vij. Le manuſcrit de la bibliotheque palatine lit Zames, au lieu de Zametus ; & Ortelius dit que dans les cartes modernes cette montagne eſt nommée Zimat. (D. J.)

ZAMIÆ, ſ. f. Littérat. Bot., c'eſt le nom latin que Pline, l. XVI, c. xxvj, donne aux pommes de pin qui fe font corrompues fur l'arbre, & qu'il en faut détacher, pour éviter qu'elles gâtent les pommes de pin voiſines, & qui ne font pas encore mûres. (D. J.)

ZAMIN, Géogr. mod., ville du pays de Mavaralnahar, ou province de Tranſoxane, fituée fur les confins du territoi-

re de Samaroande, & qui eſt des dépendances de celle d'Oſroufchah. On la trouve fur le chemin de Farganah à la Sogde. Elle eſt à 89 d. 40 de longitude, & à 40 d. 30 de latitude feptentrionale. On recueille dans fon terroir la manne la plus exquife de tout l'orient que les Perſans & enſuite les Arabes appellent Terengiabin Alzamini. (D. J.)

ZAMNES, Géogr. mod., ville de l'Ethiopie, fous l'Egypte, felon Pline, l. VI, c. xxix, qui dit que c'eſt là qu'on commençoit à voir des éléphans. (D. J.)

ZAMOLXIS, ſ. m. Mythol., génie fupérieur qui floriſſoit long tems avant Pythagore ; & l'on place le tems auquel Pythagore a fleuri, fes voyages & fa retraite en Italie, entre l'an 376 & 532. Zamolxis devint, après fa mort, le grand dieu des Thraces & des Getes, au rapport d'Hérodote. Il leur tenoit même lieu de tous les autres, car ils ne vouloient honorer que celui-là. Il fut d'abord efclave en Ionie, & après avoir obtenu fa liberté, il y acquit de grandes richeſſes, & retourna dans fon pays. Son premier objet fut de-polir une nation groſſiere, & de la porter à vivre à la maniere des Ioniens. Pour y réuſſir, il fit bâtir un fuperbe palais, où il régaloit tour-à-tour tous les habitans de fa ville, leur inſinuant pendant le repas, que ceux qui vivoient ainſi que lui feroient immortels, & qu'après avoir paié à la nature le tribut que tous les hommes lui doivent, ils feroient reçus dans un lieu délicieux, où ils jouiroient éternellement d'une vie heureufe. Pendant ce temps-là, il travailloit à faire conſtruire une chambre fous terre ; & ayant difparu tout d'un coup, il s'y renferma & y demeura caché pendant trois ans. On le pleura comme mort ; mais au commencement de la quatrieme année, il fe montra de nouveau, & fa vue frappa tellement fes compatriotes, qu'ils crurent tout ce qu'il leur avoit dit. Dans la fuite ils le mirent au rang des dieux, & éleverent des temples en fon honneur.

ZAMORA, Géogr. mod., ville d'Eſpagne, dans le royaume de Léon vers fa partie feptentrionale, fur la rive droite du Duero, qu'on paſſe fur un pont, à quinze lieues de Salamanque, à 26 de Léon, à 34 de Valladolid, & à 45 de Madrid. Après avoir été détruite par Almanzor dans le xj fiecle, elle fut rebâtie par

les rois Ferdinand & Alphonse. Elle est
fortifiée. Son évêché est suffragant de
Compostele. Son terroir abonde en tout
ce qui est nécessaire à la vie. Quelques-
uns prétendent que c'est la *Sentica* de
Ptolomée, *l. II, c. iij*, & que les Maures s'en étant rendus maîtres, l'appellerent *Zamora* ou *Mélinato Zamorati*, la
ville des Turquoises, parce que dans les
rochers de son voisinage on y trouve des
mines de turquoises. Cette ville est célébre en Espagne, pour posséder le corps de
S. Ildefonse; c'est une gloire que je ne lui
envie point, quelque difficile qu'il soit
de voir cette relique. *Long.* 12, 25; *lat.*
41. 36. (*D. J.*)

ZAMORA, *Géogr. mod.*, ville de l'A-
mérique méridionale, dans le Pérou, audience de Quito, près des Andes, à 70
lieues de la mer du sud, & à 20 lieues de
Loxa. Les mines d'or des environs de cette ville sont très-riches, & travaillées par
des negres. Un trésorier du roi d'Espagne réside à *Zamora. Long.* 24, 46; *lat.
méridionale* 5, 8. (*D. J.*)

ZAMORA, *Géog. mod.*, ville d'Afrique
dans la Barbarie, au royaume de Trémé-
cen, dans la province de Bugie, aujourd'hui
de la dépendance d'Alger. Cette ville
étoit autrefois la plus riche en blé & en
troupeaux de toute la Barbarie. Les Arabes & les Béréberes y accouroient en
foule; mais à présent cette ville n'est
plus qu'une bourgade. (*D. J.*)

ZAMORA, *Géogr. mod.*, riviere de
l'Amérique méridionale, au Pérou, dans
l'audience de Quito; cette riviere après
avoir passé à Zamora, prend le nom de
San-Jago, & se rend dans l'Amazone,
un peu au dessus du grand Pongo. (*D. J.*)

ZAMOS, LE, *Géogr. mod.*, riviere
de la Haute Hongrie. Elle prend sa source
dans les montagnes de Marmaros, aux
confins de la Pokutie, & se perd dans la
Teisse. (*D. J.*)

ZAMOSKI ou ZAMOSCH, *Géogr.
mod.*, ville de Pologne au palatinat de
Belz, avec droit de principauté, dans un
fonds environné de marais, à 15 lieues de
Lemberg, & à 25 de Lublin, entre ces
deux villes. Elle est fortifiée. *Long.* 41,
34; *lat.* 50. 38. (*D. J.*)

ZAMPANGO, *Géog. mod.*, ville de
l'Amérique méridionale, dans la nouvelle
Espagne, sur la route de Mexico à Guaxaca. Ses habitans commercent en su-

cre, en cochenille & en coton. (*D. J.*)

ZAN, *s. m. Littérat.*, c'est ainsi que
s'appelle le Jupiter de la fable. Ce prince
accablé de vieillesse mourut dans l'isle de
Crète où son tombeau s'est vu long-temps
près de Gnosse, avec cette épitaphe: *cy
git Zan que l'on nommoit Jupiter.* Le mot
Zan signifie *adonné aux femmes*; ce prince
eut, selon la coutume de ce temps-là,
plusieurs maîtresses, & Junon se brouilla
souvent avec lui sur ce sujet. Voilà l'origine de ce mauvais ménage entre les divins époux, dont les poëtes parlent tant.
(*D. J.*)

ZANCLE, *Géogr. anc.*, ancien nom
de la ville de Messine, selon Hérodote,
l. VII, Polymm. png. 438. Les Messéniens,
peuples du Péloponese, ayant été chassés
de chez eux après avoir soutenu de longues guerres contre les Lacédémoniens,
se transplanterent en Sicile, où s'étant
rendus maîtres de *Zancle*, ils lui donnerent le nom de *Messine.* Ce fut Epaminon-
das qui après la bataille de Leuctres, les
rappella, & les rétablit dans leur pays.
(*D. J.*)

ZANFARA, ou JANFARA, *Géog. mod.*,
royaume d'Afrique, dans la Nigritie. Il est
borné au levant par le royaume de Zegzeg, & au midi par le Sénégal. Les caravanes de Tripoli qui vont dans ce royaume,
en apportent de l'or; en échange de draps
& autres marchandises qu'ils y laissent.
Le terroir est fécond en blé, riz, millet,
& coton; ses habitans sont grands & fort
noirs. Le lieu principal du pays, est à 40
deg. de longitu. le, sous les 16 *deg. de lat.
septentrionale.* (*D. J.*)

ZANGAN, *Géogr. mod.*, ou *Zarigan*,
selon Paul Lucas: ville de Perse, au voisinage de Sultanie; elle a, selon Tavernier,
un caravanserai des plus commodes pour
les caravanes. (*D. J.*)

ZANGUÉBAR, LE, *Géog. mod.*,
contrée d'Afrique dans la Cafrerie, le
long de la mer des Indes. On prétend que
c'est la contrée que Ptolomée nomme *Agi-
simba*, Elle s'étend depuis la riviere de
Jubo, jusqu'au royaume de Moruca, &
comprend plusieurs royaumes, dont les
principaux sont Mosambique, Mongale,
Quiloa, Mombaza, & Métinde. *Voy.* la
carte de M. Damville. C'est un pays bas,
rempli de lacs, de marais, & de rivieres.
Il vient dans quelques endroits un peu de
blé, de millet, des orangers, des citrons,

&c. Les poules qu'on y nourrit font bon-nes, mais la chair en eft noire; les habitans font des negres, au poil court, & frifé ; leur richeffe confifte dans les mines d'or, & dans l'ivoire ; ils font tous idolâtres ou mahométans ; leur nourriture principale eft la chair des bêtes fauvages, & le lait de leurs troupeaux. (D. J.)

ZANHAGA, ou ZÉNÉGA, Géog. mod., défert d'Afrique, dans l'Ethiopie occi-dentale ; c'eft la premiere habitation des déferts de la Lybie, vers le couchant : car elle commence à l'océan, & occupe tout l'efpace qui eft entre le cap de Nun, & la riviere de Niger, que les Portugais nomment Sénéga, & les François Sénégal, & qui fépare les blancs d'avec les ne-gres. Ce défert de Zanbaga eft habité par différens peuples, & entre autres par les Zénegues ; c'eft un défert fec & aride, dont la chaleur eft infupportable ; on s'y conduit par les vents, par les étoiles, par le vol des corbeaux & des vautours, qui volent vers les endroits où l'on trouve heureufement des troupeaux qui paiffent. (D. J.)

ZANI ou TZANI, Géogr. anc., peuples des environs de la Colchide. Lorfqu'on va d'Arménie en Perfarménie, dit Procope, Bel. perfici, liv. I, c. xiv, de la traduction de M. Coufin, on a au côté droit le mont Taurus, qui s'étend jufqu'en Ibérie, & en d'autres pays voifins; il y a au côté gau-che un long chemin, dont la pente eft dou-ce, & de hautes montagnes qui font cou-vertes de neige en toutes faifons; c'eft de ces montagnes que le Phafe tire fa fource, & d'où il va arrofer la Colchide. Ce pays a été de tout temps habité par les Tza-niens, appellés autrefois Saniens, peuple barbare & qui ne dépendoit de perfonne. Comme leur terre étoit ftérile, & leur ma-niere de vivre fauvage, ils ne fubfiftoient que de ce qu'ils pilloient dans l'empire. L'empereur leur donnoit chaque année une certaine fomme d'argent, afin d'arrê-ter leurs courfes; mais fe fouciant fort peu de traiter fermens, ils ne laiffoient pas de venir jufqu'à la mer, & de voler des Arméniens & des Romains ; ils faifoient de promptes & foudaines irruptions, & fe retiroient auffi-tôt dans leur pays. Quand ils étoient rencontrés en campagne, ils couroient rifque d'être battus ; mais l'af-fiette des lieux étoit telle qu'ils ne pou-voient être pris. Sylla les ayant défaits

par les armes, acheva de les conquérir par les careffes. Ils adoucirent depuis la ru-deffe de leurs mœurs, en s'enrôlant par-mi les Romains, & en les fervant dans les guerres; ils embralferent la religion chré-tienne. Ils font appellés Zanni par Aga-thias, liv. V, qui les place fur le pont-Eu-xin, aux environs de Trapézunte. (D. J.)

ZANNA, f. f. Hift. nat., nom d'une ter-re employée dans la médecine, & qui, fui-vant Oribafius, fe trouvoit en Arménie, fur les frontieres de la Cappadoce. Elle étoit d'un rouge pâle, d'un goût aftrin-gent, & très-aifée à divifer par l'eau. On la nomme auffi Zarina.

ZANNICHELLIA, f. f. Hift. nat. Bot., nom donné par Micheli au genre de plante que les autres botaniftes appellent algoï-des, aponogeton, gramini-folia; en voici les caractères.

Il porte des fleurs mâles & femelles dif-tinctes, mais qui font toujours près les unes des autres. La fleur mâle n'a ni cali-ce ni pétales ; elle confifte feulement en une étamine droite, longue, & terminée par une boffette ovale. La fleur femelle a un calice fait en cloche, & compofé d'une feule feuille, divifée en deux fegmens dans les bords ; il n'y a point de pétales, le piftil a plufieurs germes contournés, avec autant de ftyles fimples, & de ftigma-tes de forme ovoïde ; les graines égalent en nombre les germes ; elles font oblon-gues, pointues à chaque bout, boffelées d'un côté, & couvertes d'une peau ou écorce. Linnæi, gen. plant. p. 444. Vail-lant, A. G. 1719. Pontedera Antb. Dillenii, gen. p. 169. (D. J.)

ZANONE, ZANONIA, f. f. Hift. nat. Bot., genre de plante à fleur en rofe, com-pofée de trois pétales difpofés en rond & foutenus par un calice en forme d'enton-noir ; ce calice devient dans la fuite un fruit mou, recourbé, & fucculent, qui renferme le plus fouvent deux femences arrondies. Plumier, nov. pl. am. gen. V, PLANTE. Voici fes caractères, fuivant Linnæus, elle produit des fleurs mâles & femelles feparées ; dans la fleur mâle le calice eft compofé de trois feuilles ovales, déployées de toutes parts, & plus courtes que la fleur ; la fleur eft monopétale, ayant une large ouverture découpée en cinq fegmens, qui font dentelés, égaux & repliés en arriere. Les étamines font cinq filets de la longueur du calice, & terminés par de simples sommets. Les fleurs femelles naissent sur des plantes séparées; elles ont le calice & la fleur semblables à la fleur mâle, excepté que le calice est sur le germe du pistil ; ce germe est oblong, & produit trois styles coniques, recourbés ; les stigmates sont fendus en deux, & recoquillés ; le fruit est une grosse & longue baie, tronquée au bout, & courte vers la base ; il contient trois loges ; les graines sont au nombre de deux, oblongues & applaties. Linnæi, *gen. plant.* p. 477. *Hort. Malab. vol. VIII*, p. 47, 49. (*D. J.*)

ZANTE, *Géogr. mod.*, ville capitale de l'isle de même nom, le long de la côte, & regardant le couchant. On y compte environ quinze mille ames ; elle n'est point murée, mais défendue par une forteresse bâtie sur une éminence. Son port qui est au midi est très-bon. Il y a dans cette ville un évêque du rit latin, suffragant de Corfou; mais la plupart des habitans font profession du rit grec, sous la direction d'un protopapa, & ils relevent de l'évêque de Céphalonie. Les Vénitiens, en qualité de maitres de *Zante*, y tiennent un provéditeur. Les Anglois y ont un comptoir, conduit par un consul. Les Hollandois y ont pareillement un consul, & les François n'y ont qu'un commis. *Long.* 36, 55; *lat.* 37, 56. (*D. J.*)

ZANTE, *isle de*, isle de la mer de Grece, au couchant & à quinze lieues de la Morée, à cinq au midi de Céphalonie, & à 36, 30 *de latitude*. Elle n'a qu'environ quinze lieues de circuit ; mais en récompense de sa petitesse , c'est une isle agréable & fertile. Les Grecs l'ont connue sous le nom de *Zacynthus*, Wheler dit avoir vu une médaille qui représentoit la tête d'une divinité, sur les revers étoit un trépié d'Apollon, & au dessous un soleil rayonnant, avec ce mot autour Ζακυνθιων.

Cette isle est aujourd'hui gouvernée par un provéditeur vénitien ; elle a deux ports, entre lesquels regne un long promontoire du côté de l'orient. Son principal commerce consiste en raisins de Corinthe, que les Anglois enlevent. L'huile de cette isle est excellente ; ses melons ne le cedent point à ceux d'Espagne; on y trouve aussi de très-belles pêches en grosseur, des figues, des citrons, des oranges, & des limons sans pepins.

La langue italienne est presque aussi commune à *Zante* que la grecque ; il y a

néanmoins très-peu de gens du rit latin. Outre la ville capitale qui porte aussi le nom de *Zante*, on compte dans cette isle quantité de villages. Messieurs Wheler & Spon y ont remarqué une fontaine de poix noire, dont l'odeur approche de l'huile d'ambre.

C'est dans cette isle qu'est mort le célebre Vésale, âgé de 58 ans ; le vaisseau sur lequel il étoit pour se rendre à Venise , fit un triste naufrage sur les côtes, & ce grand anatomiste périt bientôt après de faim & de fatigue. (*D. J.*)

ZANTHENE, s. f. *Hist. nat. Lithol.*, pierre qui, suivant Pline, se trouvoit en Médie ; quand on la trituroit dans du vin elle devenoit molle comme de la cire, & elle répandoit une odeur très - agréable. *Voyez* Plinii *Hist. nat. lib. XXXVII*, cap. x.

ZANTO, *Géog. mod.* , bourgade de la Basse-Hongrie , entre Strigonie & Albe Royale , à cinq lieues de chacune de ces villes; on la prend pour l'ancienne Osones de l'itinéraire d'Antonin. (*D. J.*)

ZANTOCH, *Géog. mod.* , petite ville de la Grande-Pologne, dans le Palatinat de Posnanie , aux confins de la nouvelle marche de Brandebourg, sur la rive septentrionale du Notez , au dessous de Nackel. Elle doit son origine à un château qui a été le sujet de plusieurs guerres dans le xj siecle , entre les Poméraniens & les Polonois. (*D. J.*)

ZANTOCK, *Géog. mod.* , petite ville d'Allemagne, dans la nouvelle marche de Brandebourg, sur la riviere de Warte, à deux lieues de Landsberg. (*D. J.*)

ZANZIBAR , *Géogr. mod.* , isle de la mer des Indes, sur la côte du Zanguebar, entre l'isle de Pemba & celle de Monfia , à huit lieues de la terre ferme; elle a le titre de royaume; le terroir produit beaucoup de riz , de mil , & de cannes de sucre; on y trouve des forêts de citronniers; les habitans sont tous mahométans. *Latit. méridionale* 7. (*D. J.*)

ZAO, *Géogr. anc.* , promontoire de la Gaule Narbonnoise, selon Pline , *l. III*, c. iv, dont voici le passage : *Promontorium Zuo: Citharista portus.* C'est ainsi , dit le pere Hardouin, que lisent tous les manuscrits ; au lieu que les exemplaires imprimés pottoient *Promontorium Citharista, portus, ou promontorium Zacotharista, ou Zuoportus.* Ce promontoire s'appelloit

auffi *Cytharifta*, comme le port : car on lit dans Ptolomée, *liv. II, c. vj,* ὀχιθαρισὸς τὸ ἄχρον. C'eft préfentement le cap Sifiat, ou de Cerchiech, près de Toulon ; & le port de Saint-George, ou le port de Toulon. (*D. J.*)

ZAOIT, *Géogr. mod.*, petite ville d'Afrique, dans la Barbarie, au royaume de Tunis, dans la province de Tripoli, à quelque diftance de la mer. C'eft la demeure de plufieurs morabites qui y vivent comme des religieux. (*D. J.*)

ZAORAT, *Géog. mod.*, place défolée d'Afrique, au royaume de Tunis, dans la province de Tripoli. C'étoit autrefois une ville confidérable, avec un port appellé *Pofidon portus*; mais ce n'eft aujourd'hui qu'un méchant village, habité par des gens fort pauvres. (*D. J.*)

ZAPATA, f. f. *Hift. mod.*, efpece de fête ou de cérémonie ufitée en Italie dans les cours de certains princes le jour de S. Nicolas; elle confifte en ce que le peuple cache des préfens dans les fouliers ou les pantoufles de ceux qu'ils veulent honorer, afin de les furprendre le matin lorfqu'ils viennent à s'habiller.

Ce mot vient de l'efpagnol *capato*, qui fignifie un *foulier* ou une *pantoufle*. On prétend imiter en cela S. Nicolas, qui avoit coutume de jeter pendant la nuit des bourfes pleines d'argent dans de certaines maifons par les fenêtres, afin que de pauvres filles puffent être mariées.

Le pere Menetrier a décrit ces *zapatas*, leur orig'ne, & leurs différens ufages, dans fon *traité des ballets anciens & modernes.*

ZAPHAR, f. f. *terme de Fauconnerie* : les *zaphars* font une forte de faucons très-beaux de corps, ayant la tête plus groffe que les autres, & d'ailleurs toutes les marques des gentils faucons ; ils font de moyenne groffeur, entre le-gerfaut & le faucon ; & montent par pointe, au lieu que le gerfaut s'éleve plus haut. (*D. J.*)

ZAPORAVIENS, ou ZAPOROGÉS, *Géogr. mod.*, peuples compris parmi les Cofaques ou Ukraniens; ils habitent dans les isles qui font aux embouchures du Boryfthene, & font fous le commandement d'un chef élu à la pluralité des voix, nommé *Hetman* ou *Itman*; mais ce capitaine de la nation n'a point le pouvoir fuprême; les *Zaporaviens* font à-peu-près ce qu'étoient nos flibuftiers, des brigands courageux. Ils font vêtus d'une peau de

mouton, & alloient autrefois pirater juf que dans le Bofphore; ils font aujourd'hui contenus par la cour de Ruffie, qui envoie un feigneur dans le pays pour y veiller ; mais ce qui diftingue les Cofaques *zaporaviens* de tous les autres peuples, c'eft qu'ils ne fouffrent jamais de femmes dans leurs peuplades, comme on prétend que les Amazones ne fouffroient point d'hommes chez elles. Les femmes qui leur fervent à peupler, demeurent dans d'autres isles du fleuve ; point de mariage, point de familles ; ils enrôlent les enfans mâles dans leur milice, & laiffent leurs filles à leurs meres; fouvent le frere a des enfans de fa fœur, & le pere de fa fille. Point d'autres loix chez eux que les ufages établis par les befoins ; cependant ils ont quelques prêtres du rit grec. On a conftruit depuis quelque temps le fort fainte Elifabeth fur le Boryfthene pour les cohtenir ; ils fe fervent dans les armées comme troupes irrégulieres, & malheur à qui tombe dans leurs mains.

Mais pour mieux faire connoître les *Zacoraviens* & leur hetman, nous rapporterons ici comment fe fit en 1709, le traité de Mazeppa Cofaque, ftipulant pour Charles XII avec ces barbares. Mazeppa donna un grand repas, fervi avec quelque vaiffelle d'argent à l'hetman *zaporavien*, & à fes principaux officiers : quand ces chefs furent ivres d'eau-de-vie, ils jurerent à table fur l'Evangile, qu'ils fourniroient des vivres & des hommes à Charles XII, après quoi ils emporterent la vaiffelle & tous les meubles. Le maître-d'hôtel de la maifon courut après eux, & leur remontra que cette conduite ne s'accordoit pas avec l'Evangile fur lequel ils avoient juré. Les domeftiques de Mazeppa voulurent reprendre la vaiffelle ; les *Zaporaviens* s'attrouperent ; ils vinrent en corps fe plaindre à Mazeppa de l'affront inouï qu'on faifoit à de fi braves gens, & demanderent qu'on leur livrât le maître-d'hôtel pour le punir felon les loix; il leur fut abandonné, & les *Zaporaviens*, felon les loix, fe jeterent fur ce pauvre homme comme on pouffe un ballon, après quoi on lui plongea un couteau dans le cœur. *Hiftoire de Ruffie*, par M. de Voltaire. (*D. J.*)

ZAPOT, f. m. *Hift. nat. Bot. exot.*, c'eft un fruit qui croît dans la nouvelle Efpagne, en Amérique, que les Efpagnols

appellent *zapote bianco*, qui eſt de la
groſſeur & de la forme du coin, agréable
au goût, mais mal-ſain, & qui contient
une amande qui paſſe pour un poiſon dangereux. Il croit ſur un grand arbre que
les Indiens appellent *cochitt ſapotl*, qui a
ſes feuilles ſemblables à celles de l'oranger, rangées trois à trois par intervalles,
& les fleurs jaunes & fort petites.

ZAPOTECA, *Géogr. mod.*, province
de l'Amérique ſeptentrionale, dans la
nouvelle Eſpagne ; elle s'étend du midi
au nord, depuis la province de Guaxaca,
juſqu'au golfe du Mexique. Le terroir en
eſt fertile, quoique pierreux ; ſes habitans autrefois ſauvages, ſont aujourd'hui
civiliſés. (*D. J.*)

ZAPUATAN, *Géog. mod.*, province de
l'Amérique ſeptentrionale, dans la nouvelle Galice, proche la mer du ſud; c'eſt
une province de petite étendue, qui fut
découverte par Nunno de Guſman, en
1532. (*D. J.*)

ZARA, *Géog. mod.*, ville des états de
Veniſe, en Dalmatie, dans une péninſule
qui s'avance dans la mer, & dont on a fait
une iſle, par le moyen des foſſés qu'on a
creuſés; cette ville eſt à 35 lieues au nord-
oueſt de Spalatro, & à 66 au nord-oueſt
deRaguſe,elle eſt fortifiée d'une citadelle,
dont les foſſés ſont taillés dans le roc. On
a conſtruit à côté trois baſtions revêtus de
pierres de taille ; ce qui rend cette ville
le boulevard de la république de ce côté-
là. Les arſenaux, les magaſins, les hôpitaux, les caſernes, les palais du provéditeur général, du gouverneur de la ville,
ſont de beaux édifices ; il y a un college,
& une académie de belles-lettres.

Les Vénitiens acheterent cette ville en
1409 de Ladiſlas, roi de Naples ; Bazajet
II la leur enleva en 1496, mais ils la reprirent par la ſuite, & l'ont toujours conſervée depuis.

Les anciens l'ont connue ſous le nom
de *Jadera*, ville capitale, & colonie de la
Liburnie, ſelon Pline, *l. III, c. xxj*, &
Ptolomée, *l. II, c. xvij*. On y voit encore
une inſcription antique, où l'empereur
Auguſte eſt qualifié du titre de *pere de
cette colonie ; cette inſcription ajoute
qu'il en avoit fait bâtir les tours & les murailles ; & au deſſous on lit qu'un certain
Tiberius Optatus en avoit relevé quelques tours ruinées de vieilleſſe : *Imp. Ca-
ſar. divæ F. Aug. parens coloniæ muſrum*

*& turres dedit vetuſtate conſunſptas in-
penſſā ſuā reſtituit*. Il paroit par une autre
inſcription que *Jadera* avoit beaucoup
plus d'étendue que le *Zara* moderne,
dont les habitans ne montent à préſent
qu'à quatre à cinq mille ames. *Long. 33,
20; latit. 44, 23.* (*D. J.*)

ZARABANDAL, ſ. m. *Hiſt. mod.*, c'eſt
le nom que l'on donne à un gouverneur
ou vice-roi, qui rend la juſtice au nom
des rois mahométans de Mindanao, l'une
des iſles Philippines : c'eſt la premiere
dignité de la cour.

ZARA-VECCHIA, *Géog. mod.*, ville
ruinée de l'état de Veniſe, ſur la côte de
la Dalmatie, près de Porto Roſſo. Le P.
Coronelli prétend que c'eſt l'ancienne
Blandona. (*D. J.*)

ZARACHA, *Géog. mod.*, bourg de la
Morée, au duché de Clarence, à environ
vingt lieues du golfe de Lépante. Quelques-uns croient que c'eſt l'ancienne *Pi-
lana*.

ZARAHNUN, *Géog. mod.*, montagne
d'Afrique, au royaume de Fez. C'eſt une
grande montagne qui contient pluſieurs
hameaux peuplés d'Aznagues & de Béi-
beres.

ZARAGÆI, *Géogr. anc.*, peuples d'A-
ſie, au delà du pays des Ariens. Pline les
diſtingue des *Drangæ*.Cependant il paroit
par Strabon,Quinte-Curce & d'autres auteurs, qu'on peut les confondre enſemble.
Le P. Hardouin croit que le pays de ces
peuples répond aujourd'hui au Ségeſtan.

ZARBI, LE, *Géog. mod.*, riviere de
l'Amérique, dans laTerre-Ferme, au nouveau royaume de Grenade. Elle prend ſa
ſource dans la province de Colimas, & ſi-
nit par ſe rendre dans le fleuve appellé
Rio-Grande. (*D. J.*)

ZERBILE, *Géogr. mod.*, riviere de
l'Amérique, dans laTerre-Ferme, au nouveau royaume de Grenade. Elle prend ſa
ſource dans la province de Colimas, & ſe
jette dans Rio-Grande.

ZARETA, *Géogr. anc.*, fontaine de
l'Aſie mineure, dans la Bithinie, ſelon
de la mer de Chalcédoine, ſelon Etienne
le géographe, qui dit qu'elle nourriſſoit
de petits crocodiles qu'on appelloit *zare-
tii*. Strabon,*l.XII,pag.*563, nomme cette
fontaine *fons azaritia*, & dit ſimplement
qu'elle nourriſſoit de petits crocodiles.
Par ces petits crocodiles on doit entendre des lézards d'eau ſemblables aux cro-

codiles d'Egypte, & ces lézards font appellés *byzantiaci lacerti*, dans Stace, *l. IV. Sylv in rifu faturnalitio.*

Tu rofeum tineis, fituque putrem
Quales aut libycis madent olivis,
Aut thus niliacum, piperve fervant,
Aut byzantiacos colunt lacertos. (D. J.)

ZAREX, *Géogr anc.*, ville du Péloponele, dans la Laconie, felon Ptolomée, *l. III, c. xvj*, fur le golfe Argolique; & Etienne le géographe, Polybe, Pline & Paufanias écrivent *Zarax*. Ce dernier marque, *liv. III, ch. xxiij*, que d'Epidaure à *Zarax* on comptoit environ cent ftades. Cette ville, ajoute-t-il, a un port très-commode ; mais de toutes les villes des Eleuthérolacons, c'eft celle qui a été expofée aux plus grands malheurs ; car elle fut autrefois détruite par Cléonyme, fils de Cléomene, & petit-fils d'Agamemnon. Du temps de Paufanias, *Zarex* n'avoit rien de remarquable. On y voyoit feulement à l'extrémité du port un temple d'Apollon, où le dieu étoit repréfenté tenant une lyre. En côtoyant le rivage l'efpace de fix ftades, l'on apperçoit les ruines du port de Cyphante. Ortelius dit que cette ville eft nommée *Hierax Limen* par Cédrene & par Gémifte, & *Cara* par Niger.

ZARFA, *Géogr. mod.*, petite ville d'Afrique, prefque détruite entierement, au royaume de Fez, dans la province de Trémecene. Elle étoit située dans une plaine fertile en blé & remplie d'arbres fruitiers.

ZARIASPA, *Géogr. anc.*, ville d'Afie, dans la Bactriane. Strabon, *l. XI, p. 514 & 516*, Pline, *liv. VI, ch. xv*, & Etienne le géographe difent qu'on la nommoit auffi *Bactra*; le premier ajoute qu'il y paffoit une riviere de même nom, laquelle fe jetoit dans l'Oxus. Pline, *liv. VI, c. xxiij*, dit *Prophthafia, oppidum Zariafparum*, & comme un peu plus haut il avoit dit, *c. xvij*, *Prophthafia Drangarum*, & qu'Eratofthene écrit Προφθασια ἡ ἐν δραγγη, il paroit que cette ville étoit dans la Drangiane, & qu'elle avoit été bàtie par une colonie de Zariafpes, de même que Pline dit *Maftia Miléfiorum*, pour fignifier que *Maftia* étoit une colonie de Miléfiens. Les Zariafpes étoient les plus anciens habitans de la ville de Bactra.

ZARITZA, *Géogr. mod.*, ville ou plutôt forterefle de l'empire ruffien, au royaume d'Aftracan, fur la droite du Wolga, au pié d'une colline. Elle eft munie de cinq baftions & de cinq tours de bois. La garnifon de cette forterefle eft de trois à quatre œuts hommes, qni font employés à défendre le pays contre les courfes des Tartares & des Cofaques. *Latit.* 49. 42. (D. J.)

ZARMISOGETUSA *regia*, *Géog. anc.*, ville capitale de la Dace, fur le fleuve *Sargetia*, felon les tables de Ptolomée, *tabulâ 9, l. III, c. viij*, qui dans le texte la nomme *Zarmigethufa*. La premiere orthographe approche pourtant davantage de celle qui eft fuivie dans les anciennes infcriptions. Une de ces infcriptions rapportée par Gruter, *p. 257, n°. 1*, eft conçue de la forte :

Imp. Caf. Antonino
Pio. Aug. Colonia
Sarmizægethufa.

Ce mot eft écrit fans diphthongue dans le digefte, *lege I. ff. 8. de cenfib.* où on lit *Zarmigethufa*. Une infcription qu'on trouve dans Zamofius, *analect. c. v*, porte *Col. Ulp. Trajana Dacic. Sarmizeg.* Il y a encore dans Gruter d'autres infcriptions qui font mention de cette ville, favoir à la *pag.* 6, *n°.* 3 :

Felicibus Aufpiciis
Cafaris Divi Nervæ
Trajani Auguſti
Condita Colonia
Dacia Sarmiz. Per
M. Scaurianum ejus Propr.

& à la *pag.* 46, *n°.* 3, *Colonia Dac. Sarmiz.* dans la fixieme claffe des infcriptions rapportées par Th. Reinefius, on trouve celle-ci :

Flam. Col. Sarmiz. Dec. Col. Sar. & Apul.

Lorfque cette ville fut devenue colonie romaine, elle conferva fon ancien nom, auquel elle joignit le titre de *Colonia Ulpia Trajana*, ou celui d'*Augufta Dacica*, & quelquefois on lui donnoit tous ces titres enfemble, comme on le voit par une quatrieme infcription, *pag.* 437, *n°.* 1, qui fe trouve dans Gruter, & où on lit:

Colon. Ulp. Trajan.
Aug. Dacica Sarmizgetufa.

Cette colonie, à en juger par fes ruines, doit avoir été une des plus confidérables de l'empire romain. Ce n'est aujourd'hui qu'un village appelé *Varbel*. (*D. J.*)

ZARNAB, f. m. *Mat. méd. des Arabes*, terme employé par Avicenne pour exprimer le *carpésia* des anciens Grecs. C'étoit une drogue aromatique, fine, stomachique & cordiale, qu'on substituoit au cinnamomum, & qui peut-être étoit de nouveaux rejetons de l'arbrisseau qui produit les cubebes. Galien en nomme deux especes, celle de Laërce & celle de Pont, ainsi nommées des lieux d'où on les tiroit; mais ces deux especes étoient vraisemblablement des racines de la même plante de la Pamphilie, tirées de deux montagnes différentes. (*D. J.*)

ZARNACH, f. m. *Hist. nat. des fossiles*, c'est le terme des anciens Arabes pour désigner l'orpiment; car ils le nomment aujourd'hui *zarnich*. Dioscoride & Théophraste appellent le *zarnach* du nom de *arrenecon*, qui n'est autre chose que l'orpiment.

Le *zarnich* moderne est une substance inflammable, d'une structure uniforme, qui n'est ni flexible ni élastique, donnant en brûlant une flamme blanchâtre & une odeur nuisible approchant de celle de l'ail.

On en connoit quatre especes: 1°. une rouge, qui est la vraie sandarach: 2°. une jaune, qu'on trouve abondamment dans les mines d'Allemagne, & qu'on nous apporte fréquemment sous le nom d'*orpiment*, & mêlé avec ce fossile: 3°. une verdâtre, qui n'est pas moins commune dans les mêmes mines, & qu'on vend sous le nom d'*orpiment grossier*; on rencontre aussi cette troisieme espece dans les mines d'étain de Cornouailles: 4°. une blanchâtre, également commune dans les mines d'Allemagne, mais dont on ne fait aucun cas; c'est cependant une substance remarquable, en ce qu'elle a la propriété de changer l'encre noire dans un très-beau rouge. (*D. J.*)

ZARNATA, *Géog. mod.*, ville de Grece, dans la Morée, à deux lieues du golfe de Coron, & à huit au couchant de Misitra. C'est une forteresse que l'art & la nature ont rendue très-forte. Elle est de figure ronde, & située sur une éminence. Les Vénitiens l'ont possédée long-temps; elle dépend aujourd'hui des Turcs, avec tout le reste de la Morée. (*D. J.*)

ZARNAW, *Géog. mod.*, petite ville de la Haute-Pologne, dans le palatinat

de Sandomir, entre la ville de ce nom & celle de Sirad, environ à 36 lieues de la premiere, & à 30 lieues de l'autre.

ZARPANE (ISLE), *Géogr. mod.*, une des isles Mariannes située sous le 14 degré de *latit.* septentrionale. On lui donne quinze lieues de tour. Elle a deux ports. (*D. J.*)

ZARUMA, *Géog. mod.*, petite province de l'Amérique méridionale, au Pérou, dans l'audience de Quito, à l'occident de celle de Loxa. Sa capitale située par 3 degrés 40'. de *latitude* australe, lui donne son nom. Ce lieu a eu autrefois quelque célébrité par les mines aujourd'hui abandonnées, ainsi que bien d'autres plus riches, faute d'ouvriers pour les travailler. L'or de celle-ci est de bas-aloi, & seulement de quatorze carats; il est mêlé d'argent, & ne laisse pas d'être fort doux sous le marteau. La hauteur du barometre à *Zaruma* est de 24 pouces 2 lignes; ainsi son terrein est élevé d'environ 700 toises, ce qui n'est pas à moitié de l'élévation du sol de Quito, c'est-à-dire, que la chaleur y est de moitié moins grande; car dans ce pays-là l'élévation du sol y décide presque entierement du degré de chaleur. (*D. J.*)

ZARZEDAS, ZARCEDAS ou SARCEDAS, *Géog. mod.*, petite ville ou bourgade de Portugal, dans l'Estramadure, au territoire de Tomar & au nord du Tage, sur une colline escarpée, vis-à-vis de Castel-Branco. Elle n'a qu'une paroisse. (*D. J.*)

ZASLAW, *Géo r. mod.*, ville de la petite Pologne, au palatinat de Volhinie, sur la riviere Horin, à environ cinq lieues d'Ostrog. (*D. J.*)

ZATHMAR, *le comté de*, *Géog. mod.*, comté de Hongrie. Il est borné au nord par le comté d'Ugocz, au midi par celui de Krazna, au levant par celui de Nagibiana, & au couchant par les sept villes Heydoniques. Son chef-lieu Zathmar lui a donné son nom. (*D. J.*)

ZATHMAR, *Géogr. mod.*, petite ville de Hongrie, capitale du comté du même nom, sur la riviere de Samos, qui en forme une isle, sur les frontieres de la Transilvanie, à 18 lieues de Toxay, & à 50 de Bude. Elle appartient à l'empereur. *Long.* 27, 32; *latit.* 49, 58. (*D. J.*)

ZATIME, *Géog. mod.*, montagne d'Afrique, en Barbarie, dans la province de l'énez. Elle appartient aux Turcs d'Alger, & est peuplée de Bérébères, & d'Azagues. (*D. J.*)

ZATOR, *Géogr. mod.*, ville de Pologne, dans le palatinat de Cracovie, sur a droite de la Vistule, près de son confluent avec le Skaud, à 9 lieues au dessus de Cracovie, & à 18 au sud-est de Raibor. Elle est défendue par un château. *Long.* 37, 32 ; *latit.* 49, 58. (*D. J.*)

ZATOU, s. m. *Comm.*, mesure de grains en usage dans l'isle de Madagascar parmi les naturels du pays.

On ne se sert du *zatou* que pour mesurer le riz entier & non mondé, le riz monlé se mesurant au Monka & à la voule, dont le premier pèse six livres, & le second seulement une demi-livre de Paris.

Le *zatou* contient cent voules, c'est-à-dire, cinquante livres de Paris ; & en langue madecasse ou de Madagascar, il signifie *cent*, nombre qui dans ce pays comme en Europe contient deux fois cinquante, ou quatre fois vingt-cinq. *Voy.* MONKA & VOULE. *Dictionn. de comm. & de Trevoux.*

ZAUZAN, *Géog. mod.*, ville du Khorhassan, entre Hérat & Nischabour. *Long.* 80, 30 ; *latit. septentrion.* 35, 20. (*D. J.*)

ZAWICHOST, *Géogr. mod.*, ville de la petite Pologne, au palatinat de Sanlomir, à la droite de la Vistule, environ à cinq lieues au dessous de Sandomir. C'est le siege d'une Castelanie. (*D. J.*)

Z B

ZBARAS, *Géogr. mod.*, nom de deux villes de la Pologne. L'une est dans le palatinat de Podolie, près de Tarnapol. L'autre est dans l'Ukraine, au palatinat de Braslaw, à quatorze lieues de la ville de ce nom. (*D. J.*)

ZBOROW, *Géogr. mod.*, ville de la petite Pologne, dans l'Ukraine, au palatinst de Lemberg, sur les confins de ceux le Volhinie & de Podolie, à 16 lieues au levant de Léopol. Jean Casimir, roi de Pologne, y fut défait en 1647 par les Cosaques & par le Kan des petits Tartares. *Long.* 43, 54 ; *latit.* 49, 52. (*D. J.*)

Z E

ZÉA, *Litter. Botan.*, nous traduisons ce mot *zéa*, ζέα, des anciens, par *épeautre*, espece de froment qui a une enveloppe dont il est fort difficile de le séparer,

même en le battant ; mais dans les écrits des anciens Grecs, le mot *zéa* est quelquefois employé pour le *libanotès*, qui, comme on fait, est une espece de laserpitium. On ne peut concevoir qu'on ait confondu ensemble sous un même nom, deux choses aussi différentes qu'un grain semblable au froment, avec une grande & belle plante ombellifere ; & cependant c'est une faute qui a été commune aux Grecs & aux Romains. Il y a plus, c'est que le mot *zéa* pris pour une espece de froment dans Dioscoride & Théophraste, n'est point le même grain dans Athénée ; car ce dernier nous dit que le pain fait de *zéa* est le plus pesant & le plus difficile à digérer qu'il y ait ; il ajoute qu'on ne peut cultiver ce grain que dans les pays froids du nord, où l'on en fait du pain noirâtre, pesant & mal-sain ; ainsi le *zéa* d'Athénée paroit être du seigle, Théophraste au contraire, en parlant du *zéa*, dit qu'il donne un pain plus blanc & plus léger qu'aucun autre froment. Il faut avouer qu'en général les anciens sont très-confus & très-peu d'accord ensemble dans les détails qu'ils nous ont laissés sur les divers grains dont on fait le pain ; mais peut-être qu'à notre tour nous ne sommes pas plus exacts qu'ils l'ont été. (*D. J.*)

ZEB, *Géogr. mod.*, province d'Afrique dans la Barbarie, au sud du royaume de Labet. Elle est bornée au nord par les montagnes du Bugie, au midi par les déserts, au levant par le Bilédulgérid, & au couchant par le désert de Mazila. C'est un pays misérable, couvert de sables ardens, & dont les habitans vivent sous des tentes. Il appartient aux Algériens. (*D. J.*)

ZÉBÉE (LA), *Géogr. mod.*, riviere d'Afrique, dans l'Ethiopie orientale. Elle a sa source au royaume d'Enaria, & son embouchure sur la côte de Zanguebar. C'est la même riviere que Quilmanci, selon M. d'Anville. (*D. J.*)

ZÉBID ou ZABID, *Géogr. mod.*, Zabida, Zibit, ville de l'Arabie heureuse, assez près de la mer d'Oman, & dans une plaine dépourvue d'eau-courante, à cent trente milles de Sanaa. *V.* ZABID. (*D. J.*)

ZEBIO, *Géogr. mod.*, montagne d'Italie, au duché de Modene, près du village de Sassuolo. Cette montagne brûle de temps en temps, comme l'Etna & le Vésuve; il transpire de son pié à travers un rocher, deux sources d'huile, l'une rouge, & l'autre claire & plus liquide; c'est l'huile de pétrole, dont la différence de couleur & de consistance, peut dépendre en partie des feux souterrains, en partie des terres, & des roches, par lesquelles elles se filtrent. (D. J.)

ZÉBRE, s. m. Hist. nat. des quadrup., nom d'un animal de l'espece des ânes, & qu'on voit communément non seulement en Afrique, mais dans quelques endroits des Indes orientales. Il est de la figure & de la taille de la mule, mais bien différent pour la couleur du poil, qui est marqueté sur le dos & sous le ventre de larges mouchetures noires, blanches & brunes. Il va par troupeaux, & court avec une légéreté étonnante. (D. J.)

ZÉBU, Géog. mod., Sébu ou Cébu, par d'autres, l'isle de Pintados ou des peuples peints, parce qu'ils vont tous nus, & se peignent de diverses couleurs. Zébu est une petite isle de l'Océan Indien, & l'une des Philippines, entre celle de Masoate au nord, celle de Leyté au levant, & l'isle de Negres au couchant. Elle n'a que deux lieues de circuit, mais elle est peuplée. Elle obéit aux Espagnols, & dépend du gouverneur des Philippines. Il y a des mines d'or. La plupart des habitans sont encore païens, & prennent autant de femmes qu'ils veulent. Leur nourriture consiste en poissons & en viandes à demi-cuites & salées. (D. J.)

ZECHES, Géog. anc., peuples d'Asie, au voisinage de la Lazique : le fleuve Boas, dit Procope, Persicor. l. II, ch. xxix, prend sa source dans le pays des Arméniens qui habitent Pharangion, proche des frontieres des Tzaniens : il coule assez loin du côté de la droite, toujours étroit & agréable jusqu'aux extrémités de l'Ibérie, & au bout du mont Caucase; cette contrée est habitée de différentes nations, des Alains, des Abasques, qui sont anciens alliés des Romains & des Chrétiens, des Zéchiens & des Huns surnommés Sabéiriens. (D. J.)

ZEDARON, Astronom., nom d'une étoile de la troisieme grandeur sur la poitrine de Cassiopée, où on en trouve la longitude & la latitude pour 1700 dans le Prodromus astron. d'Hevelius, pag. 278. Quelques astronomes la connoissent par le nom de Schédir. (D. J.)

ZÉDOAIRE, s. f. Botan. exot., racine aromatique des Indes orientales, de forme ronde ou longue.

Dioscoride & Galien ne font aucune mention de la zédoaire ni du zérumbeth. D'un autre côté ces remedes étoient fort en usage chez les Arabes, mais ils les ont décrits si briévement; ils sont si incertains & si mal d'accord, que leurs ouvrages ne peuvent nous servir pour éclaircir l'histoire des simples.

Avicenne distingue la zédoaire du zérumbeth, & établit deux especes de zédoaire, l'une semblable à la racine de l'aristoloche; & l'autre qui croit avec le napel, & qui en est, selon lui, l'antidote. Serapion, après avoir interprété le mot de xérumbeth par celui de zédoaire, dit qu'il ressemble par ses racines à celles de l'aristoloche ronde, & au gingembre par la couleur & le goût. Rhasès confond la zédoaire & le zérumbeth : en un mot, les uns & les autres noms brouillent plutôt que de nous éclairer.

On trouve dans nos boutiques deux racines sous le nom de zédoaire : l'une est longue, & l'autre est ronde.

Quelques-uns croient que ce sont seulement différentes parties de la même racine. La zédoaire longue, zedoaria longa, est une racine tubéreuse, compacte, de deux, trois, quatre pouces de longueur, de la grosseur du doigt, finissant par les deux bouts en pointe mousse, cendrée au dehors, blanche en dedans, d'un goût âcre un peu amer, de peu d'odeur, mais agréable, douce, aromatique lorsqu'on la pile ou qu'on la mâche, & qui approche en quelque façon du camphre. On recherche celle qui est pesante, pleine, non ridée, un peu grasse, visqueuse, odorante, & sans trous.

Le zédoaire ronde, zedoaria rotunda, ressemble entierement à la zédoaire longue, par sa substance, son poids, sa solidité, son goût & son odeur; elle n'en differe que par la figure, car elle est sphérique, de la grandeur d'un pouce, terminée quelquefois en une petite pointe, par laquelle elle a coutume de germer. On nous apporte l'une & l'autre zédoaire de la Chine, selon Garzias & Paul Herman. On trouve plus rarement la ronde dans les boutiques que la longue. Nous ignorons encore quelles plantes les produisent.

Breynius & Rai soupçonnent que la

zédoaire eſt la plante nommée malan-knu, H. Malab. page 11, 17. Colchicum zeylanicum, flore violæ, odore & colore ephemeri, de Herman, Parad. Batt prod. 304. Cette racine de Ceylan eſt bulbeuſe, épaiſſe d'un doigt, couverte d'une membrane coriace griſe en dehors, blanche en dedans, compacte & fibreuſe. Les bulbes qui lui ſont attachées, ſont au nombre de ſix, placées deux à deux les unes ſur les autres, liſſes, ovalaires, chevelues, compactes, graſſes, mucilagineuſes en dedans, mais qui piquent moins la langue.

Du ſommet de la racine, s'élève une graine blanche, membraneuſe, dans laquelle ſont renfermées quatre ou cinq fleurs, portées ſur de longs pédicules. Ces fleurs ſont à trois, ou à ſix pétales ; elles ſont panachées de bleu, de blanc, de rouge, de pourpre & de jaune ; leur odeur eſt agréable, au deſſus même de celle de la violette ; elles ſortent de la terre avant les feuilles.

Après qu'elles ſont tombées, le calice ſe renfle & devient une capſule, dans laquelle ſont contenues des graines. Les feuilles ſont longues d'un empan, larges de trois ou quatre travers de doigt, odorantes comme celles du gingembre, liſſes & menues, d'un verd gai, ſoutenues ſur une courte queue, laquelle par une baſe large enveloppe la tige, & donne naiſſance à une côte qui traverſe la feuille dans toute ſa longueur ; les tiges ont à peine une coudée de haut.

Herman diſtingue une autre eſpece de zédoaire qu'il nomme zedoaria zeylanica, camphorum redolens, Harad-Kaha, zeylaneuſium. Ses feuilles ſont par deſſous d'un rouge pourpre obſcur; leurs queues ſont faites en forme de quilles de vaiſſeau, & ſortent immédiatement de la racine, & non de la tige.

La zédoaire de nos boutiques étant diſtilée avec de l'eau commune, fournit une huile eſſentielle, denſe, épaiſſe, qui ſe fixe, & prend la figure du camphre le plus fin ; elle a donc une huile eſſentielle ſubtile, unie avec un ſel acide très-volatil, & l'union de ces deux ſubſtances, forme une réſine ſemblable au camphre. (D. J.)

ZEGA, Géog. mod., petite riviere d'Eſpagne, dans la vieille Caſtille, proche la ville de Valladolid. (D. J.)

ZEGZEG, Géog. mod., royaume d'Afrique, dans la Nigritie, au midi du Niger, qui le ſépare du royaume de Caſſene. Il eſt borné au midi par le royaume de Benin, au couchant par les déſerts, & au levant par le royaume de Zanfara. Il appartient au roi de Tombut. Les habitans demeurent dans de chétives cabanes. Son lieu principal, dont il prend le nom, eſt placé à 36, 40 de longitude, ſous les 14, 40, de latitude ſeptentrionale.

ZEIBAN, Géog. mod., iſle de la mer Rouge, & l'une des dépendances de l'Arabie heureuſe. Davity la met à 16 lieues de la côte d'Alep, ſous le 17 degré de lat. ſeptentrionale, & lui donne 30 lieues de long & 12 de large. (D. J.)

ZEIRITE, ſ. m. terme de relation ; nom des princes Arabes d'une dynaſtie qui a régné en Afrique. Cette dynaſtie fut fondée par Zeïre, l'an 362 de l'hégire, & dura juſqu'en 543.

ZEITON, Géogr. mod., ville de la Turquie européene, dans la Janna, au fond d'un golfe de même nom proche la riviere d'Agriomela. Elle eſt bâtie ſur des côteaux. Il y a un château qui n'eſt habité que par des mahométans ; mais dans la ville il y a des chrétiens & des Turcs. Long. 41 ; latit. 39, 12.

Le golfe de Zéiton, appellé anciennement Maliacus Sinus, eſt au midi du golfe de Volo, ſur les confins de la Janna & de la Livadie. Il prend ſon nom de la ville, qui eſt placée dans le fond. (D. J.)

ZEITZ, Géogr. mod., en latin du moyen âge, Mamilla ; petite ville d'Allemagne, au cercle de la Haute-Saxe, & au duché de Naumbourg, dans la Miſnie, ſur l'Eſter, à 12 lieues au ſud-eſt de Leipſick. Elle eſt preſque déſerte. Son évêché a été transféré à Naumbourg, & ſa tranſlation confirmée par le pape Jean XIX. Longitude ſuivant Caſſini, 29, 43, 45; latit. 51, 71.

Herculicius (David), médecin & aſtrologue, naquit à Zeitz, en 1557, & mourut en 1636. Il gagna ſa vie à pratiquer la médecine, à écrire divers ouvrages en allemand, & à faire des horoſcopes; mais comme il ne manquoit pas d'eſprit, il ſe ménageoit le plus qu'il pouvoit, afin de ne pas trop faire connoître l'incertitude de ſon art. Sa maiſon & tout le recueil de ſes obſervations aſtrologiques (dont la perte n'eſt pas grande) périrent dans l'incendie qui mit en cendres la ville de

Stargard, le 7 d'Octobre 1635. (D. J.)

ZEKELITA, Géogr. mod., petite ville un bicoque de la Haute-Hongrie, au comté de Kalo, sur la riviere de Grasna, à 5 lieues de la ville de Grasna.

ZELA, Géogr. anc., ville de l'Asie mineure, dans le Pont cappadocien, près du Lycus. Elle est appellée Ζηλα, Zela, Orum par Strabon, l. XII, p. 569, qui la fait capitale d'une contrée à laquelle elle donnoit son nom. Il y a, dit-il, dans la Zélitidie, une ville fortifiée nommée Zela, qui est décorée d'un temple dédié à la déesse Anaitis, & servi par quantité de sacrificateurs, à la tête desquels est un grand prêtre. Pline, liv. VI, chap. iij, parle de cette ville, & la nomme Ziela. Hirtius en traite assez au long, Bell. Alexandr. chap. lxxij. C'est, dit-il, une ville du Pont assez forte par sa situation, étant bâtie sur une éminence, qui, quoique ménagée par la nature, paroît un ouvrage de l'art, & destinée à en appuyer les murailles de toutes parts. Cette place est entourée de collines, entrecoupées de vallées; la plus haute de ces collines, qui se trouve comme jointe à la ville, est fameuse dans le pays, par la victoire de Mithridate, par la défaite de Triarius, & par l'échec qu'y reçurent les troupes romaines. (D. J.)

ZÉLANDE, ou XÉLANDE (LA), Géog. mod., province des Pays-Bas, & l'une des sept qui composent la république des Provinces-Unies; cette province consiste en plusieurs isles que forme l'Océan, avec des bras de l'Escaut & de la Meuse: ces différens bras de mer séparent la Zélande du côté du nord des isles de Hollande: l'Escaut du côté de l'orient, la sépare du Brabant; & le Hont la sépare de la Flandre; vers l'occident elle est bornée par l'Océan.

Le mot de Zélande ou Zéelande, signifie terre de mer, & ce nom convient fort à la situation du pays, qui a toujours été sujet aux inondations. On ignore le nom des peuples qui habitoient anciennement cette région.

L'auteur de la chronique de la Zélande estime que les Zélandois modernes sont Danois d'origine, & qu'ils descendent particulierement des habitans de l'isle de Selundre en Danemarck. L'histoire nous apprend du moins, que Rollon, duc des Danois, tint quelque temps sous sa puis-

sance l'Isle de Walcheren & les Isles voisines. On trouve aussi dans la langue des Zélandois des Pays-Bas, plusieurs mots encore usités chez les Sélandois de Danemarck. Toutes ces raisons réunies ont quelque force pour appuyer l'opinion de l'auteur de la chronique de la Zélande.

Ce qu'il y a de plus sûr, c'est que les habitans de cette province ne furent convertis au christianisme que dans le ix siecle. On sait aussi qu'ils furent mis sous le royaume de Lothaire, qui est celui d'Austrasie: & ensuite, lorsque dans le dixieme siecle les comtés furent devenus propriétaires, les Zélandois faisoient partie de la Flandre nommée impériale, parce qu'elle relevoit de l'empire: delà vient que les empereurs prétendoient être en droit de donner ce pays, comme ils le donnerent en effet, tantôt aux comtés de Hollande, tantôt à celui de Flandre. Robert dit le Frison, qui jouit durant quelque temps du comté de Hollande, ou de la Frise citérieure, se rendit maître des isles de la Zélande, qu'il laissa aux comtes de Flandre ses héritiers, nonobstant les prétentions contraires des Hollandois.

Ensuite la Zélande ayant passé au pouvoir de Philippe-le-Bon, duc de Bourgogne, qui succéda à Jaqueline de Bariere, morte sans enfans en 1433, les deux provinces de Hollande & de Zélande ne firent plus qu'un seul corps. Les comtes de Hollande prirent seuls le titre de comte de Zélande, & ils laisserent le pays à leurs successeurs, dont les princes de la maison d'Autriche hériterent.

Enfin sous Philippe II, les Zélandois secouerent le joug de sa domination, & se confédérerent avec les Provinces-Unies des Pays-Bas, qui furent reconnues libres & souveraines en 1648, par le premier article du traité de Munster.

J'ai dit ci-dessus que la province de Zélande consistoit en plusieurs isles; on en compte quinze ou seize, dont la plupart sont assez petites. Les principales sont Walcheren, Duyveland, Nord-Beveland, Zuyd-Beveland, Ter-Tolen, Schowen, Gorée, & Voorn.

Ce pays abonde en pâturages, & produit du bled excellent. Il ne manque d'ailleurs de rien par son commerce maritime; cependant l'étendue de son territoire n'est que d'environ 40 lieues. Ses villes principales sont Middelbourg, Flessingue,

Flessingue, Ver, Ter-Tolen & Ziriezée. On compte en tout huit villes murées, & cent deux villages, sans plusieurs autres, qui ont été engloutis par diverses inondations, sur-tout par celles des années 1304 & 1309.

La *Zélande* se gouverne sur le même pié que la Hollande. L'assemblée des Etats est composée des députés de la noblesse & des six villes principales. Mais comme toutes les anciennes familles nobles sont éteintes, Guillaume, prince d'Orange, mort roi d'Angleterre, composoit seul l'ordre de la noblesse, sous le nom de premier noble de *Zélande*; & son député avoit la première place dans cette assemblée, au conseil d'Etat & à la chambre des comptes.

On divise ordinairement la *Zélande* en deux parties, qui sont l'occidentale en deçà de l'Escaut, & l'orientale au delà de l'Escaut. L'occidentale, qui s'étend le plus vers la Flandre, comprend les isles de Walcheren, de Nord & Zuyd-Bevoland, & de Wolverdyck: l'orientale, qui est la moindre & la plus avancée vers la Hollande, contient les isles de Schowen, Duyveland & Ter-Tolen. Toutes ces isles, étant situées dans un terrein fort bas, seroient dans un continuel péril d'être submergées, si elles n'étoient défendues contre l'impétuosité des flots par des dunes, & par des hautes digues, entrelacées de jones & de bois de charpente, dont le vuide est rempli de pierres. Le tout est entretenu avec beaucoup de soin & de dépense.

Depuis que la *Zélande* est devenue libre & souveraine, les sciences y fleurissent d'une manière brillante; c'est ce dont on peut juger par l'ouvrage de Pieter de la Rue, intitulé *geletterd Zéeland*, &c. Middelbourg 1734, *in-4°*. & depuis augmenté en 1741, *in-4°*. On trouvera dans cette belle bibliographie tous les savans qui sont nés dans cette province, & les ouvrages qu'ils ont mis au jour. (*D. J.*)

ZÉLATEURS ou ZÉLÉS, s. m. pl. *Hist. ecclés.*, nom qu'on donna à certains Juifs qui parurent dans la Judée vers l'an 66 de l'ere vulgaire, & quatre ou cinq ans avant la prise de Jérusalem par les Romains.

Ils prirent le nom de *zélateurs*, à cause du zele mal-entendu qu'ils prétendoient avoir pour la liberté de leur patrie. On

leur donna aussi vers le même temps le nom de *sicaires* ou d'*assassins*, à cause des fréquens assassinats qu'ils commettoient avec des dagues nommées en latin *sica*. On croit que ce sont les mêmes qui sont nommés *Hérodiens* dans saint Matthieu, *ch. xvij*, ✝. 16, & dans saint Marc, *ch. xij*, ✝ 13. Ils étoient disciples de Judas le Galiléen, & se retirerent pour la plupart pendant le siege dans Jérusalem, où ils exercerent les plus étranges barbaries, comme on peut le voir dans l'historien Joseph.

ZELDALES (LES), *Géog. mod.*, peuples de l'Amérique septentrionale, dans la Nouvelle-Espagne, & dans la province de Chiapa. Le pays qu'ils habitent est, pour la plus grande partie, haut & montagneux, mais fertile en cochenille, en maïs, en miel, en cacao, & propre à nourrir du bétail. (*D. J.*)

ZELE *de religion*, *Christian.*, attachement par & éclairé au maintien & au progrès du culte qu'on doit à la Divinité.

Le *zele de religion* est extrêmement louable, quand il est de cette espece, plein de douceur, & formé sur le modele dont Jesus-Christ nous a donné l'exemple; mais quand le *zele* est faux, aveugle & persécuteur, c'est le plus grand fléau du monde. Il faut honorer la Divinité, & jamais songer à la venger. On ne sauroit trop observer, qu'il n'y a rien sur quoi les hommes se trompent davantage, que dans ce qui regarde le *zele de religion*. Tant de passions se cachent sous ce masque, & il est la source de tant de maux, qu'on a été jusqu'à dire, qu'il seroit à souhaiter pour le bonheur du genre humain, qu'on ne l'eût pas mis au nombre des vertus chrétiennes. En effet, pour une fois qu'il peut être louable, on le trouvera cent fois criminel; il faut bien que cela soit ainsi, puisqu'il opere avec une égale violence dans toutes sortes de religions, quelques opposées qu'elles soient les unes aux autres, & dans toutes les subdivisions de chacune d'elles en particulier.

Abdas, évêque dans la Perse, au tems de Théodose le jeune, fut cause, par son *zele* inconsidéré, d'une très-horrible persécution qui s'éleva contre les chrétiens. Ils jouissoient dans la Perse d'une pleine liberté de conscience, lorsque cet évêque s'émancipa de renverser un des temples où l'on adoroit le feu. Les mages s'en plai-

gnirent d'abord au roi , qui fit venir Abdas ; & après l'avoir cenſuré fort doucement , il lui ordonna de faire rebâtir ce
temple. Abdas ne voulut pas s'y prêter ;
quoique le prince lui eût déclaré , qu'en
cas .de déſobéiſſance , il feroit démolir
toutes les égliſes des chrétiens. Il exécuta cette menace , & abandonna les fideles
à la merci de ſon clergé, qui n'ayant vu
qu'avec douleur la tolérance qu'on leur
avoit accordée , ſe déchaîna contr'eux
avec beaucoup de furie. Abdas fut le premier martyr qui périt dans cette rencontre ; il fut , diſ-je , le premier martyr , ſi
l'on peut ainſi nommer un homme qui par
ſa témérité , expoſa l'Égliſe à tant de malheurs. Les chrétiens qui avoient déja oublié l'une des principales parties de la patience évangelique , recoururent à un remede qui cauſa un autre déluge de ſang.
Ils implorerent l'aſſiſtance de Théodoſe ;
ce qui alluma une longue guerre entre les
Romains & les Perſes. Il eſt vrai que
ceux-ci eurent le déſavantage; mais étoit-
on aſſuré qu'ils ne battroient pas les Romains , & que par le moyen de leurs victoires , la perſécution particuliere des
chrétiens de Perſe ne deviendroit pas générale ſur les autres parties de l'égliſe ?
Voilà ce que le *zele* indiſcret d'un ſeul
particulier peut produire. A peine trente
ans ſuffirent à la violence des perſécuteurs !

Abdas , ſimple particulier , & ſujet du
roi de Perſe , avoit ruiné le bien d'autrui;
& un bien d'autant plus privilégié , qu'il
appartenoit à la religion dominante ; c'é-
toit une mauvaiſe excuſe , de dire que le
temple qu'il auroit fait rebâtir , auroit
ſervi à l'idolâtrie : car ce n'eût pas été lui
qui l'auroit employé à cet uſage , & il
n'auroit pas été reſponſable de l'abus
qu'en auroient pu faire ceux à qui il appartenoit. D'ailleurs , perſonne ne peut
ſe diſpenſer de cette loi de la religion naturelle : " Il faut réparer par reſtitution
„ ou autrement le dommage qu'on a fait
„ à ſon prochain „.
. .Enfin , quelle comparaiſon y avoit-il
entre la conſtruction d'un temple , ſans
lequel les Perſes n'auroient pas laiſſé d'ê-
tre auſſi idolâtres qu'auparavant , & la
deſtruction de pluſieurs égliſes.chrétien
nes ? Il falloit donc prevenir ce dernier
mal par le premier , puiſque le prince en
laiſſoit la reſſource au choix de l'évêque.

Voilà pour le *zele* inconſidéré. Si quelquefois il peut être excuſé , il ne faut jamais le louer , ce ſeroit rendre à l'infirmité humaine un hommage qui n'eſt dû
qu'à la ſageſſe ; la qualité des perſonnes ,
& leurs meilleures intentions , ne changent point le mal en bien.

Si maintenant nous ſuivons l'hiſtoire-
cruelle des effets du *zele* deſtructeur, nous
la trouverions .remplie de tant de ſcenes
tragiques , de tant de meurtres & de car-
nages, qu'aucun fléau ſur la terre n'a jamais produit tant de déſaſtres.

Triſtius haud illo monſtrum, nec ſævior
    ulla
Peſtis & ira Deûm ſtygiis ſeſe extulit
    undis. Æneid. l. III. v. 214.

Les annales de l'égliſe fourmillent de
traits apochryphes de ce genre , qui ont
fait au chriſtianiſme une ſi grande plaie ,
qu'il n'en guériroit point , ſi la main qui
l'a fondé ne le ſauvoit elle - même. Liſez
bien l'hiſtoire, & vous trouverez que les
plus grands princes du monde ont eu plus
à craindre les paſſions d'un faux *zele*, que
les armes de tous leurs ennemis.

Si un tel zélateur examinoit bien ſa conſcience , elle lui apprendroit ſouvent que
ce qu'il nomme *zele* pour ſa religion ,
n'eſt , à le bien peſer , qu'orgueil , intérêt, aveuglement ou malignité. Un homme qui ſuit des opinions reçues , mais
differentes de celles d'un autre , s'éleve
au - deſſus de lui dans ſon propre jugement ; cette ſupériorité imaginaire excite
ſon orgueil & ſon *zele*. Si ce *zele* étoit véritable & légitime , il ſeroit plus animé
contre un mauvais citoyen , que contre
un hérétique , puiſqu'il y a divers cas qui
peuvent excuſer.ce dernier devant le ſouverain juge du monde , au lieu qu'il n'y
en a point qui puiſſe diſculper l'autre.

J'aime à voir un homme zélé pour l'a-
vancement des bonnes mœurs , & l'intérêt commun du genre humain ; mais lorſqu'il emploie ſon *zele* à perſécuter ceux
qu'il lui plaît de nommer *hétérodoxes* , je
dis , ſur la bonne opinion qu'il a de ſa
créance & de ſa piété , que l'une eſt vaine,
& que l'autre eſt criminelle. (*D. J.*)

ZELE, *Critiq. ſacr.* , ce mot ſe prend
en pluſieurs ſens dans l'Ecriture. Il ſignifie une ardeur pour quelque choſe. Phi-
née étoit plein de *zele* contre les méchans
qui violoient la loi du Seigneur , *nomb.*
xxv, 13. Il déſigne l'envie; les Juifs

font remplis d'envie, *Act. xiij*, 45. ἰτλη-
Στησν ζήλκ. Il veut dire la jaloufie, *Prov.*
vj , 34, la jaloufie (*zelus*) du mari n'é-
pargne point l'adultere dans fa vengeance. *L'oreille jalouse entend tout*, Sage *j*,
10, c'eft Dieu qui s'appelle *un Dieu jaloux. L'idole du zele*, Ezech. *viij* , 5 ,
c'eft ou l'idole de Baal , qui avoit été
placée dans le temple du Seigneur , ou
c'eft celle d'Adonis ; quelques interpretes
croyent auffi que le prophete Ezéchiel entend par *idole du zele* , toutes fortes d'idoles en général, dont le culte allume le *zele*
de Dieu contre leurs adorateurs. (*D.J.*)
ZELE , *jugement de, Critiq. facr. V.*
JUGEMENT *de zele.*
ZELEIA , *Géog. anc.*, Ζίλεια , ville
de l'Afie mineure, en Troade , au pié du
mont Ida , dans le territoire des Cyzicé-
niens , auxquels *Zélia* appartenoit. Strabon dit qu'il y avoit eu dans cette ville un
oracle , mais qu'il ne parloit plus de fon
temps. (*D. J.*)
ZELEM, f. m. *Mat. méd. des Arab.*,
nom donné par Avicenne & autres Arabes , à un fruit commun de leur temps en
Afrique, extrèmement recherché par les
habitans , & nommé par quelques-uns *le
poivre des noirs.* Avicene dit que le *Zelem*
étoit une femence graffe , de la groffeur
d'un pois chiche , fort odorante , jaune en
dehors, blanche en dedans , & qu'on apportoit de Barbarie. (*D.J.*)
ZELL , *Géog. mod.*, ville d'Allemagne
au cercle de la Baffe-Saxe , dans le duché
de Lunebourg , fur l'Aller, & chef-lieu
d'un duché auquel elle donne fon nom.
Elle eft fituée à onze lieues de Hildesheim , à treize de Lunebourg , & à quatorze de la ville de Brunfwick. C'eft une
place défendue par un château , où les
ducs de *Zell* faifoient jadis leur réfidence.
Cette ville ainfi que le duc , a été réunie
à l'électorat d'Hanovre. *Longit.* 27, 55;
latit. 52, 43;
Reinbeck (Jean Guftave), théologien
de la confeffion d'Augsbourg, naquit à
Zell en 1682, & mourut en 1741. Il eft
connu par un livre contre le concubina-
ge , & par des confidérations fur la confeffion d'Augsbourg , en quatre volumes
in - 8°. Ces deux ouvrages font en Allemand ; fes fermons fur divers fujets ,
ont été imprimés à Berlin, dans la même
langue , & forment plufieurs volumes.
(*D. J.*)

ZELL , *Géog. mod.* , petite ville impériale d'Allemagne , dans la Suabe , au
pays d'Ortnaw , fur la riviere de Nagole,
à fept lieues au midi de Bade. Elle eft
fous la protection de la maifon d'Autriche. *Long.* 25 , 46; *lat.* 48 , 20. (*D. J.*)
ZELL , *lac*, *Géogr. mod.*, lac d'Allemagne , fur les confins de la Suabe & de
la Suiffe , au deffus du lac de Conftance ,
dont il fait partie. Il eft formé par le
Rhin , & renferme l'isle & l'abbaye de
Reichenaw. (*D. J.*)
ZEMBLE, LA NOUVELLE , *Géogr.
mod.*, vafte pays fitué dans l'océan feptentrional , au nord de la Mofcovie , dont
il eft féparé en tout ou en partie par le détroit de Weigats. Le mot *nouvelle zemble,*
qui veut dire *nouvelle terre* , a été donné
à ce pays par les Ruffes. La découverte
en a été faite , en 1642 , par le navigateur
Abel Tafman.

L'an 1725 , la czarine Catherine envoya le capitaine Béering , qui navigea
vers l'océan feptentrional , & qui étant
de retour de Kamtfchatka, dans la mer
du Japon , à Petersbourg, en 1730 , rap-
porta qu'il avoit trouvé un paffage au
nord-eft , par lequel on pourroit aller du
détroit de Weigats au Japon, à la Chine,
& aux Indes orientales , fi les neiges n'y
mettoient un obftacle invincible pendant
la plus grande partie de l'année ; ce rapport a été confirmé par des relations poftérieures. Comme la *nouvelle Zemble* n'eft
pas jointe à la terre ferme , du moins
dans fa partie méridionale, on croit qu'elle tient par les glaces au Spitzberg , &
que les premiers habitans de l'Amérique,
peuvent y avoir paffé de notre continent
par cette voie.

Quoi qu'il en foit , la *nouvelle Zemble*
s'étend dans fa partie méridionale , le
long des côtes feptentrionales de la Ruffie
& de la Tartarie mofcovite , ou pays des
Samoyedes , dont elle eft féparée par le
détroit de Weigats , qui eft prefque toujours glacé , en forte qu'on peut y aller
fur la glace.

Dans cette partie méridionale, près des
bords où l'Oby a de la peine à rouler fes
flots glacés, l'humanité revêtue de la forme la plus groffiere , privée du foleil ,
n'eft qu'à demi animée. Là , cette race
brute, retirée dans des caveaux , à l'abri
de la faifon terrible de l'hyver, prend
une trifte nourriture près d'un feu lan-

guiffent, & fommeille entourée de fôurrures. Ces êtres infortunés ne refpirent ni la tendreffe, ni les chants, ni le badinage; ils ne connoiffent dans la nature que des ours leurs alliés, qui errent au-dehors de leurs tanieres, jufqu'à ce qu'enfin un jour reffemblant à l'aurore, jette un long crépufcule fur leurs champs, & appelle à la chaffe ces fauvages armés de leur arc.

Les habitans de cette partie méridionale de la *nouvelle Zemble*, font des hommes de petite taille, & qui ont les cheveux noirs; ils font bafanés & vêtus de peaux de veaux marins, ou de pinguins, qui font de grands oifeaux; ils vivent de chaffe & de pêche, & adorent le foleil & la lune; ils fe retirent l'hyver dans de petites huttes fous terre, & font vifités en été par les Samoyedes qui habitent le long de la côte de la mer Glaciale, au nord de la Sibérie.

Voilà pour la partie méridionale de la *nouvelle Zemble*. La partie feptentrionale eft abfolument inhabitée, parce qu'elle eft couverte de neiges & de glaces éternelles; ce n'eft même que dans la partie méridionale qu'on voit des ours blancs; mais les curieux feront bien aifer de trouver ici quelques remarques que firent les Hollandois, lorfqu'ils navigerent dans cette partie de la zone glaciale.

Le 13 juin 1594, à environ fix milles de la *nouvelle Zemble*, où le foleil ne fe couchoit point, ils mefurerent fa moindre hauteur à minuit, & trouverent 73 degrés 25 minutes de latitude.

D'autres obferverent, le même jour, mais à 77 degrés 20 minutes de latitude, quantité de glaces dont la mer fembloit couverte, autant que la vue pouvoit s'étendre du haut du mât de perroquet.

Le 21 août, ils ne purent paffer le détroit de Weigats, à caufe de la quantité de glaces qui venoient de la mer de Tartarie pendant tout l'été; de forte qu'ils furent obligés de revenir fans rien faire.

Dans un autre voyage, ils trouverent, le 5 juin, la hauteur méridienne d'un degré au nord, d'où leur latitude étoit de 74 degrés, & la mer étoit couverte de glaces.

Le 19 juin, ils trouverent par la hauteur du foleil, qu'ils étoient à 80 degrés 11 minutes de latitude, vers le Groenland ou le Spitzberg. Les Anglois examinerent les côtes à 82 degré de latitude; mais ils trouverent la mer bordée de tant de glaces, qu'elle paroiffoit être une partie de la terre, quoique dans le milieu de l'été; & il y avoit au-deffus de la mer une nuée épaiffe, ou des vapeurs groffieres, qui les empêchoient de découvrir de loin.

Le 11 août 1596, à 66 degrés de latitude, vers la *nouvelle Zemble*, ils trouverent que la glace atteignoit jufqu'au nord de la mer; & le vingt-feptieme jour leur vaiffeau étoit tellement environné de glaces, qu'ils furent contraints d'y paffer l'hyver fans voir le foleil.

Le 26 feptembre, le froid fut fi violent qu'ils ne pouvoient le fupporter, & les neiges tomboient conftamment; la terre étoit tellement prife par la gelée, qu'on ne pouvoit y creufer, ni même l'amollir avec le feu.

Le premier octobre, le foleil parut un peu fur l'horizon, au méridien du fud, & la pleine lune étoit élevée vers le nord, & on la vit faire le tour de l'horizon.

Le 2 novembre, on vit le foleil fe lever au fud-fud-eft, quoiqu'il ne parût pas entierement, mais il courut dans l'horizon jufqu'au fud-fud-oueft.

Le 3 novembre, le foleil fe leva au fud-quart-à-l'eft, c'eft-à-dire, en partie feulement, quoiqu'on le pouvoit voir tout entier du haut du grand mât.

Le 4 novembre, quoique le temps fût calme & clair, on ne vit point le foleil; mais la lune, qui étoit alors dans fon plein, fut apperçue pendant des jours entiers; le froid fut très-violent, & après cela le feu ne pouvoit les échauffer; les neiges & les vents régnoient avec furie.

Les 9, 10 & 11 décembre, l'air fut clair, mais fi froid, que notre hyver le plus rude ne peut pas lui être comparé, & les étoiles étoient fi brillantes, que c'étoit un charme de leur voir faire leur révolution.

Le foleil ne parut pas pendant tout ce tems, cependant il y eut du crépufcule, fur-tout du côté du fud: car ils ont une petite clarté à douze heures, ce qui fait le jour en hyver.

Le 13 janvier, le temps fut clair, & depuis ils remarquerent une augmentation fenfible dans le crépufcule, & quelque diminution du froid.

Le 24 janvier, l'air fut encore par fi clair, & alors ils commencerent à voir extrémité du disque du soleil au sud, & ensuite il parut tout entier sur l'horizon.

Le 2 mai, il s'éleva un vent violent qui écarta les glaces de certains endroits ; ils eurent en mer un peu de chaleur pendant quelques jours, mais le plus souvent des vents froids, de la neige, & de la pluie.

Ce qu'il y a de remarquable dans ces observations, c'est que le soleil les quitta le 2 novembre, tandis que, suivant les loix de la réfraction, qui fait paroître le soleil dix-neuf jours plutôt, il n'auroit pas dû les quitter encore. La différence de l'athmosphere peut bien y avoir contribué : car le soleil arrivant à l'horizon, après une absence de trois mois, l'air y étoit plus épais & plus grossier qu'il n'é-toit l'année précédente, quand le soleil eut été long-temps sous l'horizon. Cependant Varénius doute que la diversité de l'air pût le faire disparoître tant de jours trop-tôt ; & ceux qui passerent l'hyver au Spitzberg, en 1634, firent des observations différentes ; car le soleil les quitta alors le 9 octobre, & après une longue absence, il reparut le 13 février 1634, & ces deux jours font presque à égale distance du 11 de décembre. Dans la derniere de ces deux observations, on a pu se tromper facilement de quelques jours ; car les observateurs étant dans leur lit, ne virent point lever le soleil les 10, 11 & 12 février ; ou bien les nuages & les pluies les empêcherent de le voir. *Géogr. de Varénius.* (*D. J.*)

ZEMBROW, *Géog. mod.*, petite ville de Pologne, dans la Mazovie, au palatinat de Czersko, à dix lieues de la ville de Bielsko, vers le couchant. (*D. J.*)

ZEMIA, f. f. *Littérat.*, Ζημία ; ce mot grec désignoit en général chez les Athéniens, toute espece de punition ; mais il se prend aussi pour une amende pécuniaire, différente suivant la faute. Potter. *Archaeol. graec. tom. I, p. 129.*

ZEMIDAR ou JEMIDAR, *Hist. mod.*, nom que l'on donne dans l'Indostan ou dans l'empire du grand mogol, aux officiers de cavalerie ou d'infanterie, & quelquefois à des personnes distinguées qui s'attachent aux ministres & aux grands de l'Etat.

ZEMPHYRUS, subst. m. *Hist. nat. Litholog.*, nom donné par quelques auteurs à la pierre précieuse que les modernes connoissent sous le nom de *saphir*, &

non le *sapphirus* des anciens, qui étoit le lapis lazuli.

ZEMPLYN, ZEMBLYN ou ZEMLIN, *Géog. mod.*, petite ville de la Haute-Hongrie, capitale d'un petit pays du même nom, sur la riviere de Bodrog, à cinq milles au sud-est de Cassovie, & à six au nord de Tokay. *Long.* 39, 12 ; *lat.* 48. 35.

ZEMME, *Géog. mod.*, ville de Perse. Tavernier dit que les géographes du pays la marquent à 99d. 14′. de long. sous les 38. 35 de latit.

ZEMPOALA, *Géogr. mod.*, province de l'Amérique septentrionale, dans la nouvelle Espagne, au diocèse de Tlascala, à deux lieues du golfe de Mexique.

ZEMZEM, *Hist. mod. Superst.*, c'est le nom d'une fontaine qui se trouve à la Mecque, & qui est un objet de vénération pour tous les mahométans, elle est placée à côté de la Caaba, c'est-à-dire, du temple, qui, suivant les traditions des Arabes, étoit autrefois la maison du patriarche Abraham ; ils croyent que cette source est la même qu'un ange indiqua à Agar, lorsque son fils Ismaël fut prêt à périr de soif dans le désert.

La fontaine de *zemzem* est placée sous une coupole, où les pélerins de la Mecque vont boire son eau avec grande dévotion. On la transporte en bouteilles dans les Etats des différens princes, sectateurs de la religion de Mahomet, elle y est regardée comme un présent considérable, à cause des vertus merveilleuses que l'on lui attribue, tant pour le corps que pour l'ame ; non-seulement elle guérit de toutes les maladies, mais encore elle purifie de tout péché.

ZENADECAH, f. m. *terme de relation*; nom donné à des sectaires mahométans, qui avoient embrassé la secte de *ravendiach*, dont le chef se nommoit *Ravendi.* Ils croyoient à la métempsicose, & tâcherent en vain de persuader à Almansor, second kalife abbaffide, que l'esprit de Mahomet avoit passé dans sa personne : bienloin d'accepter les honneurs divins, qu'en conséquence ils vouloient lui rendre, il punit sévérement leur basse flatterie. (*D. J.*)

ZENDAVESTA, f. m. *Philos. & Antiq.* Cet article est destiné à réparer les inexactitudes qui peuvent se rencontrer dans celui où nous avons rendu compte

Tt 3

'de la philofophie des Parfis en général,
& de celle de Zoroaftre en particulier.
C'eft à M. Anquetil que nous devons les
nouvelles lumieres que nous avons ac-
quifes fur un objet qui devient important
par fes liaifons avec l'hiftoire des Hébreux, des Grecs, des Indiens, & peut-
être des Chinois.

Tandis que les hommes traverfent les
mers, facrifient leur repos, la fociété de
leurs parens, de leurs amis, de leurs concitoyens, & expofent leur vie pour aller
chercher la richeffe au-delà des mers, il
eft beau d'en voir un oublier les mêmes
avantages & courir les mêmes périls,
pour l'inftruction de fes femblables & la
fienne. Cet homme eft M. Anquetil.

Le *zenda vefta* eft le nom commun fous
lequel on comprend tous les ouvrages attribués à Zoroaftre.

Les miniftres de la religion des Parfis
ou fectateurs modernes de l'ancienne doctrine de Zoroaftre font diftingués en cinq
ordres, les erbids, les mobids, les deftours, les deftours mobids, & les deftours des deftours.

On appelle *erbid* celui qui a fubi la purification légale, qui a lu quatre jours de
fuite, fans interruption, le izefchné & le
vendidad, & qui eft initié aux cérémonies du culte ordonné par Zoroaftre.

Si après cette efpece d'ordination l'erbid continue de lire en public les ouvrages du zend qui forment le rituel, & à
exercer les fonctions facerdotales, il devient mobid; s'il n'entend pas le *zenda
vefta*, s'il fe renferme dans l'étude de la
loi du zend & du pehlvi, il eft appelé *deftour*. Le deftour mobid eft celui qui réunit en lui les qualités du mobid & du deftour; & le deftour des deftours eft le premier deftour d'une ville ou d'une province. C'eft celui-ci qui décide des cas de
confcience & des points difficiles de la loi.
Les Parfis lui payent une forte de dîme
eccléfiaftique. En aucun lieu du monde
les chofes céleftes ne fe difpenfent gratuitement.

Arrivé à Surate, M. Anquetil trouva
les Parfis divifés en deux fectes animées
l'une contre l'autre du zele le plus furieux. La fuperftition produit par-tout
les mêmes effets. L'une de ces fectes s'appelloit celle des *anciens croyans*, l'autre
celle des *réformateurs*. De quoi s'agiffoit-

il entre ces fectaires, qui penferent à
tremper toute la contrée de leur fang?
De favoir fi le *penon*, ou la piece de lin de
neuf pouces en quarré que les Parfis portent fur le nez en certains temps, devoit
ou ne devoit pas être mife fur le nez des
agonifans. *Quid rides? mutato nomine de
te fabula narratur?*

Que produifit cette difpute? Ce que les
héréfies produifent dans tous les cultes.
On remonte aux fources & l'on s'inftruit.
Les anciens livres de la loi des Parfis furent feuilletés. Bientôt on s'apperçut que
les miniftres avoient abufé de la ftupidité
des peuples, pour l'accabler de purifications dont il n'étoit point queftion dans
le zend, & que cet ouvrage avoit été défiguré par une foule d'interprétations abfurdes. On fe doute bien que ceux qui
oferent révéler aux peuples ces vérités,
furent traités de *novateurs* & d'*impies*. A
ces difputes il s'en joignit une autre fur
le premier jour de l'année. Un homme de
bien auroit en vain élevé la voix, & leur
auroit crié: "eh, mes freres, qu'im-
„ porte à quel jour l'année commence?
„ elle commencera heureufement aujour-
„ d'hui, demain, pourvu que vous vous
„ aimiez les uns les autres, & que vous
„ ayiez de l'indulgence pour vos opi-
„ nions diverfes. Croyez-vous que Zo-
„ roaftre n'eût pas déchiré fes livres, s'il
„ eût penfé que chaque mot en devien-
„ droit un fujet de haine pour vous?„
Cet homme de bien n'auroit été entendu
qu'avec horreur.

M. Anquetil profita de ces divifions
des Parfis pour s'inftruire & fe procurer
les ouvrages qui lui manquoient. Bientôt
il fe trouva en état d'entreprendre en fecret une traduction de tous les livres attribués à Zoroaftre. Il fe forma une idée
jufte de la religion des Parfis; il entra
dans leurs temples qu'ils appellent *deri-
mers*, & vit le culte qu'ils rendent au feu.

L'enthoufiafme le gagna; il fe jetta fur
les vues fur le fanskret, & il fongea à fe procurer les quatre vedes; les quatre vedes
font des ouvrages que les bramines prétendent avoir été compofés, il y a quatre
mille ans, par Kreefchnou. Ils fe nomment
le *famveda*, le *ridjouveda*, l'*othornaveda*
& le *ragbouveda*. Le premier eft le plus
rare. Il y avoit une bonne traduction de
ces livres faite par Abulfazer, miniftre
d'Akbar, il y a environ deux cents ans,

que M. Anquetil ne négligea pas. Il se procura des copies de trois vocabulaires sanskretains, l'amerkofeh, le viakkeren & le mammala. Les deux premiers font à l'usage des bramines; le dernier est à l'usage des sciouras. Il conféra avec les principaux destours des lieux qu'il parcourut; & il démontra par ses travaux infinis qu'il n'y a nulle comparaison à faire entre la constance de l'homme de bien dans ses projets & celle du méchant dans les siens.

Il apprit des auteurs modernes que la doctrine de Zoroastre avoit été originairement divisée en vingt & une parties; il y en avoit sept sur la création & l'histoire du monde, sept sur la morale, la politique & la religion, & sept sur la physique & l'astronomie.

C'est une tradition générale parmi les Parsis qu'Alexandre fit brûler ces vingt & un livres, après se les être fait traduire en grec. Les seuls qu'on put conserver, font le vendidad, l'izeschné, le wispered, les jeschts & les neaeschs. Ils ont encore une traduction pehlvique, originale du zend, & un grand nombre de livres de prieres, qu'ils appellent nereng, avec un poëme de cent vingt vers, appellé barzournama, sur la vie de Roustoun, fils de Zoroastre, de Sforab, fils de Roustoun, & de Barzour, fils de Sforab.

Ce qui reste des ouvrages de Zoroastre, traite de la matiere, de l'univers, du paradis terrestre, de la dispersion du genre humain & de l'origine du respect que les Parsis ont pour le feu, qu'ils appellent æthro-Eboremesdaopotbre, fils de Dieu. Il y rend compte de l'origine du mal physique & moral, du nombre des anges à qui la conduite de l'univers est confiée, de quelques faits historiques, de quelques rois de la premiere dynastie, & de la chronologie des héros de Sillan & Zaboulestan. On y trouve aussi des prédictions, des traits sur la fin du monde & sur la résurrection, d'excellens préceptes moraux, & un traité des rites & cérémonies très-étendu. Le style en est oriental, des répétitions fréquentes, peu de liaisons, & le ton de l'enthousiasme & de l'inspiré. Dieu est appellé dans le zend Menioffepeneste, & dans le pehlvi, Madonnadafzouni ou l'être absorbé dans son excellence. Le texte des vingt & une parties ou nosks du législateur Parsis s'appelle l'avesta ou h

monde. Il est dans une langue morte tout-à-fait différente du pehlvi & du parsique. Les plus savans destours ne disent rien de satisfaisant sur son origine. Ils croyent à la million divine de Zoroastre. Ils assurent qu'il reçut la loi de Dieu même, après avoir passé dix ans au pié de son trône. M. Anquetil conjecture qu'il la composa retiré avec quelques collegues habiles entre des rochers écartés; conjecture qu'il fonde sur la dureté montagnarde & sauvage du style. L'alphabet ou les caracteres de l'avesta s'appellent zend. Ils font nets & simples; on en reconnoît l'antiquité au premier coup d'œil. Il pense que le pehlvi, langue morte, a été le véritable idiome des Parsis, qui en attribuent l'invention à Kaio Morts, le premier roi de leur premiere dynastie. Le caractere en est moins pur & moins net que le zend.

Le pagzend est un idiome dont il ne reste que quelques mots conservés dans les traductions pehlviques.

L'avesta est la langue des tems de Zoroastre, il l'apporta des montagnes; les Parsis ne la connoissoient pas avant lui. Le pehlvi est la langue qu'ils parloient de son temps; & le pahzend est l'avesta corrompu dont il leur recommanda l'usage pour les distinguer du peuple; le pahzend est à l'avesta ce que le syriaque est à l'hébreu. Mereod dans l'avesta signifie il a dit, & c'est meri, dans pahzend. L'alphabet du pahzend est composé du zend & du pehlvi.

Les manuscrits font de lin ou de coton enduit d'un vernis sur lequel on discerne le trait le plus léger.

Le vendidad sad est un ni-fol. de 550 pages. Le mot vendidad signifie séparé du diable, contraire aux maximes du diable, ou l'objet de sa haine. Sade signifie pur & sans mélange. C'est le nom qu'on donne aux livres zend, qui ne font accompagnés d'aucune traduction pehlvique.

Le vendidad contient, outre sa matiere propre, les deux traités de Zoroastre appellés de l'izeschné & le wispered; parce que le ministre qui lit le vendidad, est obligé de lire en même temps ces deux autres livres qu'on a pour cet effet divisés en leçons.

Le vendidad proprement dit, est le vingtieme traité de Zoroastre. C'est un dialogue entre Zoroastre & le dieu Ormusd qui répond aux questions du législateur.

Tt 4

Ormufd est défini dans cet ouvrage, l'être pur, celui qui récompense, l'être absorbé dans son excellence, le créateur, le grand juge du monde, celui qui subsiste par sa propre puissance.

L'ouvrage est divisé en 22 chapitres appellés *fargards*; chaque chapitre finit par une priere qu'ils appellent *Eschem vobou*, pure, excellente. Cette priere commence par ces mots. « Celui qui fait le bien, & ,, tous ceux qui sont purs, iront dans les ,, demeures de l'abondance qui leur ont ,, été préparées. ,, Les deux premiers chapitres, & le cinquieme & dernier contiennent quelques faits historiques, la base de la foi des Parsis; le reste est moral, politique & liturgique.

Dans le premier chapitre Ormufd raconte à Zoroastre qu'il avoit créé seize cités également belles, riches & heureuses; que Ahriman, le diable son rival, fut la cause de tout le mal; & que chacune de ces cités étoit la capitale d'un empire du même nom.

Dans le second chapitre, Djemchid, appellé en zend *Semo*, fils de Vivengham, quatrieme roi de la premiere dynastie des Parsis, est enlevé au ciel où Ormufd lui met entre les mains un poignard d'or, avec lequel il coupe la terre, & forme la contrée Vermanefchné où naissent les hommes & les animaux. La mort n'avoit aucun empire sur cette contrée qu'un hiver désola; cet hiver, les montagnes & les plaines furent couvertes d'une neige brûlante qui détruisit tout.

Djemchid, dit Ormufd à Zoroastre, fut le premier qui vit l'être suprême face à face, & produisit des prodiges par ma voix que je mis dans sa bouche. Sur la fin de ce chapitre, Ormufd raconte l'origine du monde. Je créai tout dans le commencement, lui dit-il, je créai la lumiere qui alla éclairer le soleil, la lune & les étoiles; alors l'année n'étoit qu'un jour interrompu; l'hiver étoit de quarante. Un homme fort engendra deux enfans, l'un mâle, & l'autre femelle: ces enfans s'unirent, les animaux peuplerent ensuite la terre.

Il est parlé dans les chapitres suivans des œuvres agréables à la terre, ou plutôt à l'ange qui la gouverne, comme l'agriculture, le soin des bestiaux, la sépulture des morts, & le secours des pauvres. Le bon économe, dit Ormufd, est aussi grand à mes yeux, que celui qui donne naissance à mille hommes, & qui récite mille izechnés.

De l'équité de rendre au riche le prêt qu'il a fait, & des crimes appellés *méber-deroudis*, ou *œuvre de Deroudi*, le diable, opposé à Meher, l'ange qui donne aux champs cultivés leur fertilité; on peche en manquant à sa parole, en rompant les pactes, en refusant aux serviteurs leurs gages, aux animaux de labour leur nourriture, aux instituteurs des enfans leurs appointemens, aux paysans leurs salaires, à une piece de terre l'eau qu'on lui a promise.

Des morts, des lieux & des cérémonies de leur sépulture, des purifications légales, des femmes accouchées avant terme. Ici Ormufd releve la pureté du vendidad, & parle des trois rivieres Pheras, Ponti & Varkefs.

De l'impureté que la mort communique à la terre, de l'eau, & de toutes sortes de vaisseaux.

De l'impureté des femmes qui avortent, & de la dignité du médecin; il promet une vie longue & heureuse à celui qui a guéri plusieurs malades; il ordonne d'essayer d'abord les remedes sur les infideles qui adorent les esprits créés par Ahriman; il prononce la peine de mort contre celui qui aura hasardé un remede pernicieux, sans avoir pris cette précaution, & fixe la récompense que chaque ordre de Parsis doit au médecin; il commence par l'athorne ou prêtre; celui qui a guéri un prêtre, se contentera des prieres que le prêtre offrira pour lui à Dahmon ou celui qui reçoit les ames des saints, & l'ange Sferofch, & qui les conduit au ciel.

De la maniere de conduire les morts au dakmé, ou au lieu de leur sépulture; de la cérémonie de chasser le diable en approchant du mort un chien; des prieres à faire pour le mort; du péché de ceux qui y manquent & qui se souillent en approchant du cadavre ou en le touchant, & des purifications que cette souillure exige.

Les Parsis ont pour le feu différens noms tirés de ses usages, celui de la cuisine, du bain, &c. il faut qu'il y en ait de toutes les sortes au dadgah lieu où l'on rend la justice.

Il parle de la place du feu sacré, de la priere habituelle des Parsis, de la nécessité pour le miniftre de la loi, d'être pur & de s'exercer aux bonnes œuvres ; de l'ange gardien Bahman : c'eft lui qui veille fur les bons & fur les juges integres, & qui donne la fouveraineté aux princes, afin de fecourir le foible & l'indigent.

Pour plaire à Ormufd il faut être pur de penfées, de paroles, & d'actions; c'eft un crime digne de mort que de féduire la femme ou la fille de fon voifin, que d'ufer du même fexe que le fien ; rompez toute communion, dit Zoroaftre, mettez en pieces celui qui a péché, & qui fe refufe à l'expiation pénale, celui qui tourmente l'innocent, le forcier, le débiteur qui ne veut pas s'acquitter de fa dette.

Il traite du deftour mobil qui confere le barashnom, ou la purification aux fouillés, des qualités du miniftre, du lieu de la purification, des inftrumens & de la cérémonie, des biens & des maux naturels & moraux; il en rapporte l'origine & les progrès à la méchanceté de l'homme, & au mépris de la purification.

Il dit de la fornication & de l'adultere, qu'ils deffechent les rivieres, & rendent la terre ftérile.

Il paffe aux exorcifmes ou prieres qui éloignent les diables inftigateurs de chaque crime; elles tiennent leur principale efficacité d'Honover, au nom de dieu ; il enfeigne la priere que les enfans ou parens doivent dire ou faire dire pour les morts; il défigne les chiens dont l'approche chaffe le diable qui rode fur la terre après minuit; il indique la maniere de les nourrir ; c'eft un crime que de les frapper ; celui qui aura tué un de ces chiens, donnera aux trois ordres de Parfis, le prêtre, le foldat, & le laboureur, les inftrumens de fa profeffion; celui qui n'en aura pas le moyen, creufera des rigoles qui arroferont les pâturages voifins, & fermera ces pâturages de haies, ou il donnera fa fille ou fa fœur en mariage à un homme faint.

Les crimes pour lefquels on eft puni de l'enfer, font la dérifion d'un miniftre qui prêche la converfion au pécheur, l'action de faire tomber les dents à un chien exorcifte, en lui faifant prendre quelque chofe de brûlant; d'effrayer; & faire avorter une chienne, & d'approcher une femme qui a fes regles ou qui allaite.

Il y a des préceptes fur la purification des femmes, la rognure des ongles & des cheveux, le danger de croire à un deftour qui porte fur le nez le penon, ou qui n'a pas fa ceinture; ce deftour eft un impofteur qui enfeigne la loi du diable, quoiqu'il prenne le titre de miniftre de Dieu.

Dans cet endroit, il eft dit qu'Ahriman fe revolta contre Ormufd, & refufa de recevoir fa loi; & l'ange Sferofch qui garde le monde & préferve l'homme des embûches du diable, y eft célébré.

Suit l'hiftoire de la guerre d'Ormufd & d'Ahriman. Ormufd déclare qu'à la fin du monde les œuvres d'Ahriman feront détruites par les trois prophetes qui naîtront d'une femence gardée dans une petite fource d'eau dont le lieu eft clairement défigné.

Il eft fait mention dans ce chapitre de l'éternité, de l'ame de Dieu qui agit fans ceffe dans le monde, de la purification par l'urine de vache, & autres puérilités, de la réfurrection, du paffage après cette vie fur un pont qui fépare la terre du ciel, fous la conduite d'un chien, le gardien commun du troupeau.

Il eft traité dans le fuivant du troifieme poëriodekefeh ou troifieme prince de fa premiere dynaftie, qui fut jufte & faint, qui abolit le mal, & à qui Ormufd donna le nom, ou l'arbre de la fanté ; du tribut de priere & de louange dû au bœuf fuprême & à la pluie.

Le vendidad finit par la miffion divine de Zoroaftre. Ormufd lui députa l'ange Nérioffengul, en Irman. Va, lui dit-il en Irman; Irman que je créai pur, & que le ferpent infernal a fouillé ; le ferpent qui eft concentré dans le mal, & qui eft gros de la mort. Toi qui m'as approché fur la fainte montagne, où tu m'as interrogé, & où je t'ai répondu; va, porte ma loi en Irman, je te donnerai mille bœufs auffi gras que le bœuf de la montagne Sokand, fur lequel les hommes pafferent l'Euphrate dans le commencement des temps; tu pofféderas tout en abondance ; extermine les démons & les forciers, & mets fin aux maux qu'ils ont faits. Voilà la récompenfe que j'ai promife dans mes fecrets aux habitans d'Irman qui font de bonne volonté.

L'izechné eft le fecond livre du vendidadfade. Izechné fignifie bénédiction. Ce livre a vingt chapitres appellés ho, par contraction de botam, ou amen, qui finit chaque chapitre. C'eft proprement un ri-

tuel, & ce rituel est une suite de puérilités.

Zoroastre y recommande le mariage
entre cousins germains, loue la subordination, ordonne un chef des prêtres, des
soldats, des laboureurs & des commerçans, & recommande le soin des animaux.
Il y est parlé d'un âne à trois piés, placé
au milieu de l'Euphrate ; il a six yeux,
neuf bouches, deux oreilles, & une corne
d'or ; il est blanc, & nourri d'un aliment
céleste ; mille hommes & mille animaux
peuvent passer entre ses jambes ; & c'est
lui qui purifie les eaux de l'Euphrate. &
arrose les sept contrées de la terre. S'il se
met à braire, les poissons créés par Ormusd engendrent, & les créatures d'Ahriman avortent.

Après cet âne vient le célèbre destour
Hom-Ised ; il est saint ; son œil d'or est
perçant ; il habite la montagne Albordi ;
il bénit les eaux & les troupeaux ; il instruit ceux qui font le bien ; son palais a
cent colonnes ; il a publié la loi sur les
montagnes ; il a apporté du ciel la ceinture & la chemise de ses fidèles ; il lit sans
cesse l'avesta ; c'est lui qui a écrasé le serpent à deux piés, & créé l'oiseau qui ramasse les graines qui tombent de l'arbre
hom, & les répand sur la terre. Lorsque
cinq personnes saintes & pieuses sont rassemblées dans un lieu, je suis au milieu
d'elles, dit Hom-Ised.

L'arbre hom est planté au milieu de
l'Euphrate; Hom-Ised préside à cet arbre.
Hom-Ised s'appella aussi Zérégone. Il n'a
point laissé de livres ; il fut le législateur
des montagnes.

L'izechné contient encore l'eulogie du
soleil, du feu & de l'eau, de la lune, &
des cinq jours gahs ou sur-ajoutés aux
360 jours de leur année, qui à douze mois
composés chacun de 30 jours. Il finit par
ces maximes : " lisez l'honover ; révérez
" tout ce qu'Ormusd fait, a fait & fera.
" Car Ormusd a dit, adorez tout ce que
" j'ai créé, c'est comme si vous m'adoriez.

Il n'est pas inutile de remarquer que
Zoroastre n'a jamais parlé que de deux dynasties de Parsis.

Le second livre du vendidad est le vispered, ou la connoissance de tout.

Un célèbre bramine des Indes, attiré
par la réputation de Zoroastre, vint le
voir ; & Zoroastre prononça devant lui
le vispered. Malgré son titre fastueux,

& la circonstance qui le produisit, il y a
peu de choses remarquables. Chaque classe
d'animaux a son destour ; la sainteté est
recommandée aux prêtres, & le mariage
entre cousins germains aux fidèles.

Nous allons parcourir rapidement les
autres livres des Bramines, recueillant
de tous ce qu'ils nous offriront de plus remarquable.

Les jeschts sont des louanges pompeu-
ses d'Ormusd. Dans un de ces hymnes,
Zoroastre demande à Ormusd, quelle est
cette parole ineffable qui répand la lumiere, donne la victoire, conduit la vie de
l'homme, déconcerte les esprits malfai-
sans, & donne la santé au corps & à l'esprit ; & Ormusd lui répond, c'est mon
nom. Ayez mon nom continuellement à
la bouche ; & tu ne redouteras ni la fleche
du tchakar, ni son poignard, ni son épée,
ni sa massue. A cette réponse, Zoroastre
se prosterna, & dit : J'adore l'intelligence de Dieu qui renferme la parole, son
entendement qui la médite, & sa langue
qui la prononce sans cesse.

Le patet est une confession de ses fautes, accompagnée de repentir. Le pécheur,
en présence du feu ou du destour, prononce cinq fois le setha ahou verio, &
s'adressant à Dieu & aux anges, il dit : Je
me répens avec confusion de tous les crimes que j'ai commis en pensées, paroles
& actions ; je les renonce & je promets
d'être pur désormais en pensées, paroles
& actions. Dieu me fasse miséricorde, &
prenne sous sa sauve-garde mon ame &
mon corps, en ce monde & en l'autre.
Après cet acte de contrition, il avoue ses
fautes qui sont de vingt-cinq espèces.

Le Bahman Jescht est une espèce de
prophétie, où Zoroastre voit les révolutions de l'empire & de la religion, depuis
Gustaspe jusqu'à la fin du monde. Dans
un rêve, il voit un arbre sortir de terre &
pousser quatre branches, une d'or, une
d'argent, une d'airain, & une de fer. Il
voit ces branches s'entrelacer; il boit quelques gouttes d'une eau qu'il a reçue d'Ormusd, & l'intelligence divine le remplit
sept jours & sept nuits ; il voit ensuite un
arbre qui porte des fruits, chacun de différens métaux. Voilà de la besogne taillée
pour les commentateurs.

Le virafnama est l'histoire de la mission
de Viraf. La religion de Zoroastre s'étoit
obscurcie, on s'adressa à Viraf pour la

réintégrer; ce prophete fit remplir de vin
sept fois la coupe de Guftafpe, & la vnida
sept fois, s'endormit, eut des visions, se
réveilla, & dit à fon réveil les chofes les
mieux arrangées.

Dans le boundfchefch, ou le livre de
l'éternité, l'éternité eft le principe d'Ormufd & d'Ahriman. Ces deux principes
produifirent tout ce qui eft; le bien fut
d'Ormufd, le mal d'Ahriman. Il y eut deux
mondes, un monde pur, un monde impur. Ahriman rompit l'ordre général. Il y
eut un combat. Ahriman fut vaincu. Ormufd créa un bœuf qu'Ahriman tua. Ce
bœuf engendra le premier homme, qui
s'appella *Gaiomard* ou *Kaio-morts*. Avant
la création du bœuf, Ormufd avoit formé
une goutte d'eau, appellée *l'eau de fanté*;
puis une autre goutte appellée *l'eau de
vie*. Il en répandit fur Kaio-morts, qui
parut tout-à-coup avec la beauté, la blancheur, & la force d'un jeune homme de
quinze ans.

La femence de Kaio-morts répandue
fur la terre produifit un arbre, dont les
fruits contenoient les parties naturelles
des deux fexes unies; d'un de ces fruits
naquirent l'homme & la femme; l'homme s'appelloit *Mefchia* & la femme *Mefchine*. Ahriman vint fur la terre fous la
forme d'un ferpent, & les féduifit. Corrompus, ils continuerent de l'être jufqu'à
la réfurrection; ils fe couvrirent de vêtemens noirs, & fe nourrirent du fruit
que le diable leur préfenta.

· De Mefchia & de Mefchine naquirent
deux couples de mâles & de femelles, &
ainfi de fuite jufqu'à ce qu'une colonie
pafla l'Euphrate fur le dos du bœuf Sta-
reffcok.

· Ce livre eft terminé par le récit d'un
événement qui doit précéder & fuivre la
réfurrection; à cette grande cataftrophe,
la mere féparée du pere, le frere de
la fœur, l'ami de l'ami; le jufte pleurera
fur le réprouvé, & le réprouvé pleurera
fur lui-même. Alors la comete Goultcher
fe trouvant dans fa révolution au deffous
de la lune, tombera fur la terre; la terre
frappée tremblera comme l'agneau devant
le loup; alors le Feu fera couler les montagnes comme l'eau des rivieres; les hommes pafferont à travers ces flots embra-
fés, & feront purifiés; le jufte n'en fera
qu'effleuré, le méchant en éprouvera toute la fureur, mais fon tourment finira, &

il obtiendra la pureté & le bonheur.

Ceux qui defireront en favoir davantage, peuvent recourir à l'ouvrage anglois intitulé, *the annual register, or a
view of the history politicks and litterature
of the year* 1762. C'eft de ce recueil qu'on
a tiré ce qu'on vient d'expofer.

ZENDEROUD, *ou* ZEMDERN, *Géog.
mod.*, fleuve de Perfe. Il prend fa fource
dans les montagnes de Jayabat, à trois
journées de la ville d'Ifpahan, près de
laquelle il coule, & va fe rendre dans la
mer des Indes; fon eau eft douce, légere,
bonne à boire.

ZENDICISME, *Hift. mod.*, c'eft le
nom d'une fecte, qui du temps de Mahomet avoit des partifans en Arabie, & fur-
tout dans la tribu de Koreishites, qui
s'oppofa le plus fortement aux progrès de
la religion mahométane. On croit que les
opinions de cette fecte avoient beaucoup
de reffemblance avec celles des Saducéens
parmi les Juifs; les Arabes qui profef-
foient le *zendicifme* étoient des efpeces de
déiftes, qui nioient la réfurrection, la vie
à venir, & qui croyoient que la providence ne fe méloit point des affaires des hommes. M. Sale, auteur d'une excellente
traduction angloife de l'alcoran, dit de
ces Arabes, qu'ils adoroient un feul Dieu
fans fe livrer à aucune efpece d'idolâtrie
& de fuperftition, & fans adopter aucune
des religions que fuivoient leurs compatriotes. On prétend que ces fectaires admettoient, ainfi que les difciples de Zoroaftre & de Manès, un bon & un mauvais
principe, qui fe faifoient continuellement
la guerre.

ZENDIK, ZENDIKS *ou* ZENDAK,
Littérat. orient., eft un mot arabe; il défigne, felon les uns, un homme qui ne
croit point une vie à venir; & felon d'autres, ce mot fignifie un mage. Quoi qu'il
en foit, il eft certain que ce mot chez les
mahométans défigne un impie, qui n'eft ni
mufulman, ni juif, ni chrétien, ou qui
n'obferve pas les préceptes de la religion
dans laquelle il eft né. Quelques mahométans entendent fpécialement par *zendik*, celui qui nie la réfurrection du corps.
Ils ont appellé les Maniehéens *zendiks*; &
Mardak un de leurs principaux chefs, eft
toujours furnommé *alzendik* dans l'hiftoire des rois de Perfe de la dynaftie des Saf-
fanides, fous lefquels le manichéifme a
pris naiffance.

Hadi, quatrieme kalife de la maison des Abaffides, pourfuivit violemment les *zendiks* ou fectateurs de *Mani*. Ces gens-là enfeignoient d'abord à fe préferver des péchés, & à travailler pour l'autre vie, fans rechercher les biens de celle-ci; mais dans la fuite ils introduifirent le culte des deux principes; favoir, de la lumiere & des ténebres; ils permettoient auffi le mariage entre les plus proches parens, & même dans les premiers degrés de confanguinité. Enfin, ils défendoient l'ufage de la viande aux élus. (*D. J.*)

ZENDRO, *Géogr. mod.*, petite ville détruite de la Haute - Hongrie, au comté de Tolna; elle fut brûlée en 1684, par les Turcs & les mécontens.

ZENECHDON, f. m. *Médec. des Arabes*, terme employé par les médecins Arabes, pour une préparation d'arfenic d'ufage extérieur, car *zeech* veut dire en arabe, *arfenic*.

ZÉNETES, LES, *Géogr. mod.*, peuples d'Afrique, qui forment l'une des cinq tribus des Béreberes, & qui habitent les campagnes de Tremecen, qui eft la derniere province, & la plus occidentale du royaume de Fez. Le pays des *Zénetes* eft bon pour le blé & les pâturages; l'on y recueilleroit auffi beaucoup d'orge, fi toutes les terres étoient cultivées, mais ces peuples ne labourent que ce qui eft autour de leurs habitations. (*D. J.*)

ZENG, *Géog. mod.*, mot arabe qui fignifie cette côte orientale de l'Afrique, fur la mer des Indes que nous appellons aujourd'hui le *Zanguebar*; c'eft une partie de ce qu'on nomme la *Cafrerie*, ou *côte des Cafres*; les peuples qui l'habitent s'appellent auffi en arabe *Zingi*, & en perfien *Zenghi*; ce font proprement ceux que les Italiens appellent *Zingari*, & que l'on nomme ailleurs *Égyptiens* ou *Bohémiens*.

On ignore par quelle révolution un grand nombre de ces habitans du Zanguebar pafferent de l'Afrique dans l'Arabie par la mer Rouge, dont la traverfée n'eft pas bien longue, ou par les terres, ce qui a été le plus long: car l'extrémité feptentrionale du Zanguebar eft limitrophe de l'Egypte. De quelle façon que les Zinghiens foient parvenus en Arabie, tous les hiftoriens arabes s'accordent à dire que les Africains fe répandirent dans l'Irak arabique, & qu'ils s'y maintinrent fous des chefs électifs.

Sous Moctadhi, kalife Abaffide, ils prirent un nommé *Ali* pour leur chef, qui fe difoit defcendu d'Ali, gendre de Mahomet; ils lui donnerent le furnom d'*Habib*, qui fignifie l'*ami* & le *bien-aimé*, & fous fa conduite fe rendirent maîtres des villes de Baffora, de Ramlach, de Waffet, & de plufieurs bourgades, tant dans l'Irak que dans l'Ahvaz. Ils défirent même plufieurs fois les armées des kalifes. Mais enfin quatorze ans après qu'ils eurent commencé à paroître, Mouaffec, frere du kalife Matamed, les diffipa entiérement l'an 307 de l'Hegire, qui répond à l'année de Jefus-Chrift 885 ou 886.

On croit que le titre de *Zengi* ou *Zengbi*, ajouté fouvent au nom des Atabeks, vient de ce qu'il y a eu quelques capitaines d'un rare mérite, originaires de ces peuples difperfés, & qui s'étant élevés par les armes obtinrent l'emploi d'Atabek parmi les Selgincides. (*D. J.*)

ZENICON, f. m. *Hift. nat. Botan.*, nom d'un poifon que les chaffeurs de la Gaule Celtique employoient autrefois pour tuer les bêtes qu'ils pourfuivoient à la chaffe; c'eft par cette raifon qu'on le nommoit en latin *venenum cervinum*. Il agiffoit avec tant de promptitude, qu'auffitôt qu'un chaffeur avoit abattu un cerf ou un autre animal avec une fleche teinte de ce poifon, il fe croyoit obligé de courir fur la bête, & de couper un morceau de chair tout autour de la bleffure, pour empêcher le poifon de fe répandre & de corrompre l'animal. Il n'eft pas étonnant que dans ces temps d'ignorance, on fût imbu de pareils préjugés. (*D. J.*)

ZENJON, *Géog. mod.*, ancienne petite ville de Perfe. Les géographes du pays, felon Tavernier, la marquent à 73 d. 36 *de long.*, fous les 36 d. 5 *de lat.* (*D. J.*)

ZENITH, f. m. *Aftr.*, c'eft le point du ciel qui répond verticalement au deffus de notre tête. *V.* VERTICAL.

On peut dire encore que c'eft un point tel que Z (*Pl. aft. fig.* 52,) de la furface de la fphere par lequel & par la tête du fpectateur faifant paffer une ligne, cette ligne va paffer enfuite au centre de la terre (fuppofée fphérique.) Delà il fuit qu'il y a autant de *zéniths*, qu'il y a de lieux fur la terre d'où l'on peut voir le ciel; & que toutes les fois qu'on change de lieu, on change de *zénith*.

Le *zénith* eft auffi appellé le *pole de l'ho-*

rizon, parce qu'il eſt diſtant de 90 degrés de chacun des points de ce grand cercle.

Il eſt auſſi le pole des almucantarats, c'eſt-à-dire, des paralleles à l'horizon par leſquels on meſure la hauteur des étoiles. *V.* ALMUCANTARAT.

Tous les cercles verticaux ou azimuths paſſent par le *zénith. V.* VERTICAUX & AZIMUTH.

Le point diamétralement oppoſé au *zénith*, eſt le nadir ; c'eſt celui qui répond à nos piés perpendiculaires ; *voy.* NADIR. Le nadir eſt le *zénith* de nos antipodes.

Cela eſt vrai dans la ſuppoſition que la terre ſoit exactement ſphérique. Mais comme il s'en faut un peu qu'elle ne le ſoit, on ne peut pas dire proprement que notre *zénith* & celui de nos antipodes ſoient exactement oppoſés. Car notre *zénith* eſt dans une ligne qui eſt perpendiculaire à la ſurface de la terre à l'endroit où nous ſommes. Or, comme la terre n'eſt pas exactement ſphérique, cette ligne perpendiculaire à la ſurface de la terre, ne paſſe par le centre que dans deux cas ; ſavoir, lorſqu'on eſt ſur l'équateur, ou aux poles. Dans tous les autres endroits, elle n'y paſſe pas ; & ſi on la prolonge juſqu'à ce qu'elle rencontre l'hémiſphere oppoſé, le point où elle parviendra, ne ſera donc pas diamétralement oppoſé au point de notre *zénith* ; & de plus elle ne rencontrera pas perpendiculairement l'hémiſphere oppoſé. Il n'y a donc proprement que l'équateur & les poles où le *zénith* ſoit le nadir des antipodes, & réciproquement., *voy.* ANTIPODES.

La diſtance d'un aſtre au *zénith*, eſt le complément de ſa hauteur ſur l'horizon : car comme le *zénith* eſt éloigné de 90 degrés de l'horizon, ſi on retranche de 90 degrés la diſtance d'un aſtre à l'horizon, le reſte ſera la diſtance de l'aſtre au *zénith. V.* COMPLÉMENT & HAUTEUR. *Chambers.*

ZÉNOBIA, *Géogr. anc.*, 1°. ville d'Aſie, dans l'Euphrateſe, à la droite de l'Euphrate, à 5 milles du fort de Mambri, en deçà de la petite ville de Sura.

Zénobie, femme d'Odonat, prince des Sarraſins, fut ſelon Procope, *ædif. l. VIII*, de la trad. de *M. Couſin*, la fondatrice de cette ville, qu'elle appella de ſon nom. Mais comme le temps en avoit ruiné les fortifications, & que les Romains n'avoient pas pris ſoin de les réparer, elle

étoit devenue déſerte ; ce qui étoit cauſe que les Perſes faiſoient des courſes quand ils vouloient, & qu'ils prévenoient par leur viteſſe le bruit de leur marche. Juſtinien rebâtit entierement cette ville, la peupla d'habitans, y fit de bonnes fortifications, y établit une puiſſante garniſon, & la rendit un des boulevards de l'empire.

2°. *Zenobia.* On appella ainſi le lieu qui fut aſſigné à la reine Zénobie pour ſa demeure. Ce lieu étoit en Italie, près du palais d'Adrien à Tivoli, & il ſe nommoit auparavant *Concha,* ſelon Trebellius Pollion. *In Zenobia. Voy.* le mot PALMYRE. (*D. J.*)

ZÉNOBII INSULÆ, *Géogr. anc.*, iſle de l'Océan indien, ſur la côte de l'Arabie heureuſe. Ptolomée, *l. VII, c. vj*, les marque à l'entrée du golfe Sachalite, & les met au nombre de ſept. (*D. J.*)

ZENODOTIUM, *Géog. anc.*, ville d'Aſie, dans l'Oſrhoene, près de *Nicephorium*, ſelon Etienne le géographe, qui cite Appien, *liv. II, Parthicor.* Ce voiſinage de *Zenodotium* & de *Nicephorium*, eſt confirmé par Dion Caſſius, *l. XL*, dont quelques manuſcrits portent *Zenodotia* pour *Zenodotium.*

Dans le temps de l'expédition de Craſſus contre les Parthes, les habitans de *Zenodotium* feignirent de ſe rendre à lui, & appellerent pour cet effet quelques ſoldats Romains qu'ils firent décapiter dès qu'ils furent entrés dans la ville : mais cette perfidie fut punie par la ruine de leur ville.

Plutarque, *in vitâ Craſſi*, écrit auſſi *Zenodotia*. Il ne parle point de cette perfidie ; il dit ſeulement, qu'il y avoit dans cette ville un tyran nommé *Apollonius*, que Craſſius après y avoir perdu cent ſoldats, la prit par force, le pilla, & vendit ſes habitans à l'enchere. (*D. J.*)

ZÉNONISME, ſ. m. *Phil. Voy.* STOÏCISME.

ZÉNONOPOLIS, *Géogr. anc.*, 1°. nom d'un ſiege épiſcopal de l'exarchat d'Aſie, dans la Lycie. 2°. D'un ſiege épiſcopal de la premiere Egypte, dans le patriarchat d'Alexandrie. 3°. D'un ſiege épiſcopal d'Aſie, dans l'Iſaurie, ſous le patriarchat d'Antioche. *Voy.* la table des *évêchés* par l'abbé de Commainville.

ZENS, LE, *Géog. mod.*, riviere d'Allemagne en Alſace ; elle ſe jette dans le Rhin, au deſſous de Craſſt. (*D. J.*)

ZENSUS, f. m. *en Arithmétique*, eſt le nom que quelques auteurs anciens donnent au quarré ou à la ſeconde puiſſauce. *V.* QUARRÉ *&* PUISSANCE.

Les puiſſances plus élevées ſont appellées *zenſizenſus*, *zenſicubus*, *zenſizenzenſus*, *zenſurdeſolidus*, &c. *Chambers*.

ZENTA ; *Géogr. mod.*, contrée de la Dalmatie, aux confins de l'Albanie, dans laquelle quelques géographes la comprennent. La principale ville de cette contrée eſt Scutari. (*D. J.*)

ZÉNU, *Géogr. mod.*, petite province de l'Amérique, dans la Terre ferme, au gouvernement de Carthagene, & à l'emboûchure d'une riviere qui lui donne ſon nom. (*D. J.*)

ZEOLITE, f. f. *Hiſt. nat. Minéral.* M. Cronſtedt a donné dans les mémoires de l'académie royale de Suede de l'année 1756 la deſcription de deux pierres, qui, ſelon lui, ſont d'une nature toute différente des pierres connues juſqu'à préſent, & à qui il a cru devoir donner un nom particulier.

Ce ſavant avoit reçu deux pierres à-peu-près de la même qualité; l'une venoit de Laponie, elle avoit été trouvée dans la mine de cuivre de Swappawary, près de Torneau; l'autre venoit d'Iſlande. La couleur de la premiere des pierres étoit d'un jaune clair; elle étoit compoſée de veines ondulées, formées par un aſſemblage d'aiguilles & de pyramydes qui aboutiſſoient à un même centre. Celle d'Iſlande étoit blanche, tantôt tranſparente & tantôt opaque dans les différentes parties; elle paroiſſoit en partie compoſée de maſſes compactes comme de la craie, & en partie de coins ou de pyramides concentriques & confuſément arrangées.

Ces pierres n'avoient que la dureté du ſpath, elles ne faiſoient par conſéquent point feu avec le briquet; elles n'entroient point en effervescence avec les acides. Expoſées à la lampe & au chalumeau des émailleurs, elles avoient la propriété de bouillonner comme du borax; les pyramides de l'une ſe ſont ſéparées & ſe ſont partagées en fils minces, qui cependant avoient gardé une ſorte de liaiſon les unes avec les autres. Elles ſe ſont d'abord changées en une matiere blanche & ſpongieuſe, enſuite elles ont donné une lumiere phoſphorique, après quoi elles ſe ſont converties en un verre blanc, qui en conti-

nuant à pouſſer le feu, eſt devenu clair & ſans couleur, parce que les bulles d'air qui s'étoient d'abord formées, & qui nuiſoient à la tranſparence, avoient diſparu.

Ces pierres mêlées avec le borax & le ſel fuſible de l'urine ſe ſont fondues au feu, quoique lentement. Le ſel de ſoude les fit entrer très-promptement en fuſion: La pierre venue de Laponie ſe changeoit avec le chalumeau en verre tranſparent ſur un morceau de charbon, ce qui n'eſt point arrivé à celle d'Iſlande: la premiere étoit un peu cuivreuſe.

De ces expériences, M. Cronſtedt conclut qu'on ne doit point la regarder comme un ſpath, quoiqu'elle en ait le coup d'œil & la conſiſtance, d'autant plus qu'elle ne ſe gonfle point lorſqu'elle eſt fonJue avec le ſel fuſible de l'urine, & qu'elle fond aiſément avec le ſel de ſoude: propriétés qui ne conviennent point aux pierres calcaires. *Voy.* les *mémoires de l'académie royale des ſciences de Suede*, année 1756.

D'après ces faits, on pourroit conjecturer que cette pierre appellée *zéolite*, par M. Cronſtedt, n'eſt peut-être qu'un ſpath fuſible mêlangé. En effet, ce ſpath entre aiſément en fuſion, & eſt phoſphorique quant à la propriété de bouillonner, elle pourroit bien venir de l'alun qui s'y trouve mêlé. (—)

ZÉOMEBUCH, ſubſt. m. *Mytholog. germaniq.*, ce mot veut dire le *dieu noir*; c'eſt ainſi que les Vandales appelloient le mauvais génie à qui ils offroient des ſacrifices pour détourner ſa colere. (*D. J.*)

ZEOPYRON, ſ. m. *Littérat. Botan.*, ζεόπυρον; il paroît par l'étymologie de ce mot, que c'eſt une eſpece de grain moyen entre l'épeautre & le froment; Galien en fait mention, & dit qu'il croît en Bythinie. (*D. J.*)

ZEPHYR ou ZÉPHYRE, ſ. m. *Matin.*, c'eſt un vent qui ſouffle du côté de l'occident, & qu'on appelle *vent d'oueſt* ſur l'Océan, & *vent du ponent* on *vent du couchant* ſur la Méditerranée.

ZÉPHYRE, *zephyrus*, *Myth.*, c'étoit un des vents que Héſiode dit être enfans des dieux. Anchiſe ſacrifia au *zéphyre* une brebis blanche, avant que de s'embarquer. Il y avoit dans l'Attique un autel dédié au *zéphyre*; c'eſt, au dire des poetes, le vent qui fait naître les fleurs & les fruits de la terre par ſon ſouffle doux & gracieux, qui ranime la végétation des plan-

tes, & qui donne la vie à toute la nature ;
c'est auffi ce que fignifie fon nom, formé
de Ζαν, vie, & ϐίφω, je porte.

Le *zéphyre* dans les auteurs, eft le vent
d'ouelt qui fouffle du couchant équinoc-
-tial. *Favonius* eft le même vent, quoique
Végece les diftingue ; mais il faut avouer
que la fituation des vents n'a pas toujours
été fixe chez les anciens, & qu'ils ont affez varié fur cet article. (*D. J.*)

ZÉPHYRS, *Mythol.*, noms des vents
bienfaifans nés d'Aftrœus, mari de l'Aurore, felon Héfiode. Leur utilité répond
à l'excellence de leur origine qui eft divine. (*D. J.*)

ZEPHYRIUM, *Géogr. anc.*, nom
commun à plufieurs promontoires & à
quelques villes.

1°. *Zephyrium*, promontoire d'Afie
dans la Cetide, aux confins de la Cilicie
propre ; ce promontoire & celui de Sarpe-
-don formoient l'embouchure du fleuve
Calycadnus. A l'extrémité de ce promon-
-toire, il y avoit une ville ou bourgade de
même nom, dont parle Tite-Live, *l.
XXII, cap. xx.*

2°. *Zephyrium*, promontoire de l'ifle de
Cypre, fur la côte occidentale, entre la
nouvelle & la vieille Paphos.

3°. *Zephyrium*, promontoire d'Italie
dans la grande Grece, fur la côte orientale du Brutium, entre le promontoire
d'Hercule, & la ville de Locres, d'où les
habitans furent nommés *Locri Epizephy-
rii.* Le nom moderne de ce promontoire
eft *Caho Bruzzano.*

4°. *Zephyrium*, promontoire d'Afrique
dans la Cyrénaïque, fur la côte de la Pen-
tapole : le nom moderne, felon Niger, eft
Bonendrea.

5°. *Zephyrium*, ville de l'Afie mineure
dans la Galatie, fur la côte de la Paphlagonie. Ptolomée, *l. V, c. iv*, & Arrien,
p. 15, en parlent.

6°. *Zephyrium*, ville de l'Afie mineure
dans le Pont cappadocien. Arrien, *périple, p.* 15, lui donne un port.

7°. *Zephyrium*, promontoire de l'Afie
mineure dans la Carie. Strabon le place
au voifinage de la ville de Myndus.

8°. *Zéphyrium*, lieu d'Egypte fur la
côte de la Lybie extérieure, felon Strabon,
*l. XIV, p.*658. Etienne le géographe, appuyé du témoignage de Cailimaque, fait
de ce lieu un promontoire dont Vénus &
Arfinoé avoient pris le nom de *Zéphyrite.*

9°. *Zephyrium*, ville de la Cherfonnefe
Taurique, dont parle Pline, *l. IV, c. xij.*

10°. *Zephyrium*, promontoire de l'ifle
de Crete ; Ptolomée, *l. III, c. xvij*, le
marque fur la côte orientale, entre Hera-
clium & Olus. (*D. J.*)

ZER, f. m. *Monnoie étrang.*, les Perfans appellent, *zer*, toutes fortes d'efpeces
de monnoies ; ce terme fignifie *or*, quand
on parle du métal qui porte ce nom; mais
en fait de monnoie, il eft générique comme en France le mot d'*argent*, dont on fe
fert pour marquer en général toutes les
efpeces qui ont cours, auffi-bien celles
de billon ou de cuivre, comme les fous
marqués & liards, que celles qui font d'or
ou d'argent, comme les louis & les écus.
(*D. J.*)

ZERBIS, *Géogr. mod.*, fleuve d'Afie
dans l'Affyrie ; ce fleuve, felon Pline,
l. VI, c. xxvj, coule dans le pays des
Aloni, & fe perd dans le Tigre. Le pere
Hardouin conjecture que c'eft le fleuve
de *Gorgos* Γόργος ποταμος de Ptolomée, *l.
VI, c j*, & que les Grecs nommerent de la
forte à caufe de la rapidité de fon cours.
Si cela eft, le fleuve *Zerbis* étoit à la gauche du Tigre, dans lequel il avoit fon embouchure, entre celle des fleuves Capros
& Silla. (*D. J.*)

ZERBST, *Géogr. mod.*, ville d'Allemagne fur l'Elbe, dans la principauté
d'Anhalt', vers les confins du duché de
Magdebourg ; elle eft chef lieu d'une feigneurie de même nom, à deux lieues de
Deffaw, à 5 de Magdebourg, & à 6 de
Vittemberg. Il y a un château où réfide
une des quatre branches des princes
d'Anhalt. *Long.* 20, 24 ; *lat.* 51, 58.

Beckman (Chrétien), né à *Zerbft*, &
mort à Anhalt en 1648, âgé de 68 ans, a
publié dans fa langue maternelle plufieurs
ouvrages de théologie qui font aujour-
d'hui dans l'oubli. (*D. J.*)

ZEREND, *Géogr. mod.*, ville de la Caramanie perfienne ; le géographe perfien
la place dans le troifieme climat, à 25
parafanges de Sirgian, capitale de cette
province. (*D. J.*)

ZERENG, *Géogr. mod.*, ville de Perfe dans la province de Segeftan, elle a
produit parmi les gens de lettres, Mahó-
mod-Beü-Keram, auteur de la fecte des
Kéramiens. (*D. J.*)

ZERGUE, *Géogr. mod.*, petite riviere
de France en Beaujolois, elle a fa fource

dans la paroisse de Poule , & coule dans la Saône près de Trevoux. (*D. J.*)

ZERIGAN, *Géogr. mod.*, ville de Perse dans l'Itaque babylonienne, dans une plaine renfermée entre deux montagnes. Cette ville autrefois considérable, ne contient pas aujourd'hui cinq cents maisons. (*D. J.*)

ZERMAGNE, *Géog. mod.*, riviere de la Dalmatie, anciennement *Tedanius* ou *Tedanium*; elle prend son cours par la Dalmatie propre, & par la Morlaquie; & après avoir arrosé Obroazo, elle se décharge au fond d'un long golfe , au septentrion de la ville de Novigrad. (*D. J.*)

ZERO , f. m. l'un des caracteres ou figures numériques , dont la forme est o. *V.* Caractere & Figure.

Le *zero* marque par lui-même la nullité de valeur , mais quand il est joint dans l'arithmétique ordinaire à d'autres caracteres placés à sa gauche, il sert alors à en augmenter la valeur de dix en dix , suivant la progression décuple ; & lorsque dans l'arithmétique décimale il a d'autres caracteres à sa droite, il sert alors à en diminuer la valeur dans la même proportion. *Voy.* Numération & Décimal. *Chambers.* (*E*)

ZEROGERE , *Géogr. mod.*, ville de l'Inde , en deçà du Gange, Ptolomée, *l. VII , c. j*, la compte parmi les villes situées à l'orient du fleuve Namadus. Le manuscrit de la bibliotheque Palatine porte *Zérogere* au lieu de *Zérogere*. (*D. J.*)

ZEROS , f. m. *Lythol. anc.*, pierre précieuse transparente , qui selon Pline , *l. XXXVII, c. ix*, est marquetée de taches noires & blanches , & a beaucoup de rapport avec une autre qu'il appelle *iris* ; nous ne savons point aujourd'hui quelle pierre ce peut-être. (*D. J.*)

ZERTAH, *Géogr. mod.*, ville de Perse dans la province de Belad Cistan , selon Tavernier, qui dit que les géographes du pays marquent à 79 d. 30' *de long.* & à 92 d. 30' *de lat.* (*D. J.*)

ZERUIS , *Géog. anc.*, ville de la Thrace, selon l'itinéraire d'Antonin, qui la marque sur la route de Dyrrachium à Byzance , en passant par la Macédoine & la Thrace ; elle n'y trouve entre *Dyma* & *Plotinopolis*, à 24 milles de chacune de ces villes : quelques manuscrits portent *Zeruim*, & Simler lit *Zeruit*. (*D. J.*)

ZERUMBETH , f. m. *Bot. exot.*, racine étrangere très-rare & très-peu connue ; voici le précis de ce qu'en dit M. Geoffroi.

C'est une racine tubéreuse, genouillée, inégale , grosse comme le pouce, & quelquefois comme le bras , un peu applatie, blanchâtre ou jaunâtre , d'un goût âcre , un peu amer, aromatique, approchant du gingembre, d'une odeur agréable : on la trouve rarement dans les boutiques de droguistes ou d'apothicaires.

La plante s'appelle *zerumbeth*. Garz. *Zinziber latifolium sylvestre* , Herm.Cat. Hort. Lugd. Bat. 636 , 386. Kaa. *Hort. Malab.* 11 , 13 , *Tab.* 7. *Walingburn , sive zingiber sylvestre zeylanonsibus* , H. Lugd. Bat. Paco-Ceroca , *Brasiliensibus*, Pison & Marcgr. *Zinziber sylvestre majus fructu in pediculo singulari.* Hans Sloane.

Cette plante est fort curieuse , & nous en devons la description au P. Plumier dans sa botanique manuscrite d'Amérique.

La racine de *zerumbeth* , dit-il , est entiérement semblable à celle du roseau, mais d'une substance tendre & rougeâtre garnie de petites fibres ; elle pousse une tige haute d'environ cinq piés , épaisse d'un pouce , cylindrique, formée par les queues des feuilles qui s'embrassent alternativement.

Les feuilles sont au nombre de neuf ou de dix , disposées à droite & à gauche, membraneuses , de la même figure , de la même grandeur & de la même consistance que celles du balisier ordinaire, rougeâtres & ondées sur leurs bords, d'un verd clair en dessus , & d'un verd foncé & luisant en dessous.

De la même racine , & tout près de cette tige , sortent d'autres petites tiges de couleur écarlate , hautes d'environ un pié & demi , épaisses de quatre pouces , & couvertes de petites feuilles étroites & pointues.

Des aisselles des feuilles naissent des fleurs d'un beau rouge qui sont rangées comme en épi ou en pyramide, & composées de trois tuyaux posés l'un sur l'autre. Ces tuyaux sont partagés en deux parties à leur extrémité. Le calice , qui porte un pistil alongé, menu, blanc, rouge à son extrémité , devient un fruit ovalaire, de la grosseur d'une prune, charnu , creux en maniere de nombril , rouge en dehors, & rempli d'un suc de même couleur : il s'ou-
vre

vre par le haut en trois parties, & contient plusieurs semences rousses, dures, nichées dans une pulpe filamenteuse.

Cette plante se plaît dans les forêts humides, & le long des ruisseaux ; elle vient en abondance dans l'isle de S. Vincent ; son fruit est un aliment agréable aux bœufs & aux bêtes de charge. On tire du suc de ce fruit, un beau violet, qui appliqué sur les toiles de lin ou sur la soie, est ineffaçable.

Parmi les preuves qui font voir que la racine de cet aromate contient beaucoup de sel volatil, huileux, aromatique, la distillation en est une principale; car elle donne dans l'alembic une eau odorante avec assez d'huile, dans laquelle, si la distillation est récente, il nage un peu de sel volatil sous la forme de neige ou de camphre ; ce sel dissous dans l'esprit de vin, & mêlé comme il convient avec des confitures, des électuaires & autres choses semblables, est utile dans les crudités acides, les vents & les douleurs d'estomac. Le suc nouvellement exprimé de la racine, produit le même effet, mais avec une douce déjection du ventre.

La racine sèche & réduite en farine, perd beaucoup de son âcreté ; c'est pourquoi on en fait du pain dont les Indiens se nourrissent dans la disette. Le mucilage, qui est attaché dans les interstices de la tête qui est écailleuse, se ressent un peu de la vertu de cet aromate. Les qualités médicinales de la racine paroissent fort analogues à la zédoaire & au gingembre. Herman prétend que notre *zérumbeth* est le même que celui des Arabes, mais il faut 1°. convenir que presque toutes leurs descriptions des drogues sont si imparfaites, qu'on n'en peut juger que par conjecture ; 2°. qu'en particulier les descriptions qu'ils nous ont données de leur *zérumbeth*, ne s'accordent point avec celle qu'on vient de lire. (D. J.)

ZERYTUS, Géogr. anc., ville de Thrace, selon Etienne le géographe, qui y met aussi une caverne de même nom, appellée par les anciens *Zerynthum antrum*. Cette caverne qu'Isacius nomme *antrum Rheæ* ou *Hecatæ*, étoit consacrée à Hécate, à qui, comme le remarque Suidas, on immoloit des chiens. C'est dans ce sens que Lycophron dit, *v. 77*.

Ζηρυνθον αντρον της κυνος σφαγηξε·

· Le scholiaste Lycophron, Etienne le

Tome XXXVI. Partie II.

géographe & le lexicon de Favorinus, mettent cette caverne dans la Thrace. Tite-Live, *L. XXXVIII, c. xlj*, qui connoit *Zerynthus*, sous le nom d'*Apollinis Zerynthi templam*, le place aussi dans la Thrace, aux confins du territoire de la ville d'Œnus : *Eo die*, dit-il, *ad Hebrum flumen perventum est*. *Indè Œniorum fines, præter Apollinis (Zerynthum quem vocant incolæ) templum superant*. Cependant Suidas, & le scholiaste d'Aristophane, veulent que l'antre de *Zerynthe* fût dans l'isle de Samothrace. Ovide, *l. I, Trist. eleg. ix*, en parle d'une manière si vague, qu'il ne décide rien.

Venimus ad portus, Imbria terra, tuos.
Inde levi vento Zerynthia littora nactis
Threiciam tetigit fessa carina Samon.
            (D. J.)

ZEST, *terme de Perruquier*, espece de bourse de cuir ou de peau douce, qui s'enfle & se resserre par le moyen d'une baleine ; elle porte la poudre sur les cheveux ou sur une perruque, dans l'endroit qui en a besoin, par un petit tuyau d'ivoire ouvert à l'extrémité pour la laisser échapper. (D. J.)

ZESTER, c'est parmi les *Confiseurs*, couper l'écorce d'un citron du haut en bas par petites bandes, les plus minces qu'il se peut.

ZESTES *d'oranges*, *de citrons*, &c. les *Confiseurs* donnent ce nom à de petites bandes d'écorces coupées de haut en bas, & fort minces.

ZESTOLUSIA, *Littér.*, ζεστολουσια, de ζεω, être chaud, & λουσις, bain ; c'est un bain chaud, terme opposé à ψυχρολουσια, qui est un bain froid. Le mot σεστολουσια se trouve dans Galien, *de sanit. tuenda*, *lib. III, c. viij*.

ZETÆ, *Antiquit. rom*. Ce mot est synonyme à *vaporarium* ; c'étoit chez les anciens des appartemens situés au dessus d'une étuve, dans lesquels on répandoit de l'eau froide, ou de l'eau chaude, selon la saison: la vapeur de cette eau, en tombant par des tuyaux placés dans le mur, échauffoit ou rafraichissoit le *zetæ* à discrétion. Ce mot désigne aussi chez les auteurs latins, des endroits particuliers des bains, où l'on trouvoit des lits destinés au repos, & plus souvent encore à la galanterie. (D. J.)

ZETETES, s. m. *Antiq. d'Athenes*, ζητηται magistrats établis chez les Athé-

niens dans des occasions extraordinaires,
pour faire la recherche des sommes dues
à la république, lorsque ces sommes
étoient devenues trop considérables par
la négligence des receveurs, ou autrement, & qu'il étoit à craindre que leur
rentrée ne fût perdue si l'on n'y mettoit
ordre. Potter, archæol. grec. (D. J.)

ZÉTÉTIQUE, adj. méthode *zététique*
dans les *mathématiques*, c'est la recherche
de la solution d'un problème. V. RÉSO-
LUTION & PROBLÊME. Ce mot vient
du grec ζητέω, *quæro*, je cherche.

On appelloit quelquefois les anciens
pyrrhoniens, *zetetici*, comme qui diroit
chercheurs. V. PYRRHONIEN.

ZETH, ou ZETHA, *Géogr. mod.*,
contrée d'Afrique dans la Haute-Ethiopie
ou Abyssinie, près des royaumes de Néréa,
de Koncho & de Mahaola; ce sont autant
de pays où nous n'avons jamais pénétré.
(D. J.)

ZÉTHÈS, f. m. *Mythol.* Zéthès &
Calaïs enfans de Borée, roi de Thrace,
& d'Orythie, fille d'Erecthée, roi d'A-
thenes, sont trop célebres dans l'expédition des Argonautes pour être oubliés. On
sait que ces dignes fils de Borée avoient des
aîles; c'est-à-dire, peut-être des vaisseaux
bons voiliers, & que par reconnoissance
pour la réception de leur beau-frere Phi-
née, ils poursuivirent sans relâche les
cruelles harpies qui causoient la famine
dans ses états, & les firent fuir jusqu'aux
isles Plautæ, dans la mer d'Ionie. Ce fut
là qu'ils reçurent ordre des dieux, par le
ministere d'Iris, de les laisser tranquilles,
& de s'en retourner. Ce retour même,
εραςον, fit changer de nom à ces isles, qui
depuis ce temps-là furent appellées *Strophades*.

Pausanias n'admet presque point ici
d'allégories; il parle, *in Attic.* du mariage
de Borée & d'Orythie, comme d'un fait
historique, & dit que ce prince fit équiper
une flotte pour défendre son beau-frere
contre ses ennemis, qui infestoient les
côtes de l'Attique.

Zéthès & Calaïs à leur retour de la
Colchide, qui arriva pendant qu'on célébroit les jeux funebres de Pélias, furent
insultés par Hercule, qui leur chercha
querelle, & les tua pour avoir pris le
parti de Typhys, pilote du navire Argo,
lequel Typhys avoit été d'avis qu'on
laissât Hercule dans la Troade, lorsqu'il

abandonna le vaisseau pour aller chercher
Hylas.

Il n'est pas difficile d'expliquer les cheveux azurés que la fable leur donne; c'é-
toit pour marquer l'air où soufflent les
vents, & en même temps par allusion au
nom de leur pere. Quelques-uns prétendent que la fiction de ces aîles, données
par la fable aux enfans de Borée, venoit
des habits qu'ils avoient introduits chez
les Thessaliens, que les anciens appelloient par dérision des *aîles*, & qui par
leur ampleur, leur légereté, & sur-tout
par la diversité des couleurs, méritoient
si bien ce nom. (D. J.)

ZÉTHUS, *Mythol.*, fils de Jupiter
& d'Antiope, & frere d'Amphion. C'est
la fable qui le dit; c'est Pausanias qui le
confirme.

*La charmante Antiope eut pour pere
Azopus.*

*Pour amant Epopée, & Jupiter lui-
même;*

*Pour enfans deux héros, Amphion &
Zéthus.* (D. J.)

ZEVENAR, *Géog. mod.*, petite ville
d'Allemagne dans le cercle de Westphalie, au duché de Cleves, à deux lieues de
la ville de Doesbourg vers le midi, & à 3
lieues d'Arnheim du côté de l'orient. Cette ville se trouve enclavée entre la Gueldre hollandoise & le comté de Zutphen.

ZEVERIN, *Géog. mod.*, petite ville
de la Haute-Hongrie, sur les confins de la
Walaquie. Quelques-uns la prennent
pour l'ancienne Æmonia. (D. J.)

ZEUGITANA regio, *Géog. anc.*, les
anciens ont donné ce nom à une partie de
l'Afrique propre, qu'ils divisoient en
Zeugitane & en Byzacene. Ils ne nous ont
pas marqué les bornes précises qui sépa-
roient ces deux provinces. Pline dit seulement que la Zeugitane comprenoit Carthage, Utique, Hippone, Diarritum, Ma-
xulla, Milus, Clupea & Neapolis. Nous
voyons par-là qu'elle s'étendoit d'occident en orient depuis le fleuve Tusca, jusqu'au promontoire de Mercure, où étoient
Clupea & Neapolis; mais il ne dit point
son étendue dans les terres. En gros on
voit qu'elle avoit la mer Méditerranée au
septentrion & à l'orient, la Byzacene au
midi, & la Numidie au couchant.

Quoique la Zeugitane ne fût qu'une
partie de l'Afrique propre, ou des terres
qui avoient appartenu à l'ancienne Car-

thage, Pline, *l. V. c. to*, semble ne connoître que cette contrée, sous le nom d'*Afrique* proprement dite ; mais on ne peut
pas exclure la Byzacene de l'Afrique propre : car ces deux contrées furent soumises aux Carthaginois, & ne firent ensuite
pendant long-temps qu'une seule province romaine. (*D. J.*)

ZEUGITES, *Antiq.* d'*Athenes*, ζευγί-
ίαι ; on nommoit ainsi chez les Athéniens
la troisieme classe du peuple, c'est-à-dire,
de ceux qui avoient un revenu annuel en
terres de 200 medimnes, mesure des
Grecs, qui contenoit environ six boisseaux
romains. (*D. J.*)

ZEUGMA, *Géog. anc.*, ville de Syrie
dans la Commagene, au bord de l'Euphrate, entre Samosate & Europus, avec
un pont qui avoit occasionné son nom car
ζεῦγμα signifie *un pont*: on le nommoit
autrement *le pont de l'Euphrate*, pont
très-célebre, très-fréquenté des Romains
qui vouloient passer dans les contrées
orientales. Pline, *l. V. c. xiv.* Dion Cassius,
lib. XL, & après eux Etienne le géographe, nous donnent Alexandre le Grand
pour le fondateur de ce pont ; mais malgré ces autorités, il n'est guere possible de
se persuader qu'Alexandre ait bâti le pont
Zeugma, & ce soit dans ce lieu qu'il
ait fait passer l'Euphrate à son armée. Il
n'est pas possible de se figurer que ce
grand capitaine, pour traverser l'Euphrate, ait remonté jusques dans la Commagene, dans le tems qu'il avoit Tapseus,
& près de lui, un pont abandonné par
Darius. D'ailleurs une foule d'auteurs,
comme Plutarque, Florus, Tacite & Ammien Marcellin, ont parlé de la ville &du
pont de *Zeugma*, sans toucher aucunement cette prétendue circonstance du
passage d'Alexandre.

Il est vraisemblable que la fondation
de la ville de *Zeugma*, & de son pont, doit
être placée peu de tems après la mort du
vainqueur de Darius. Pline, *l. V. c. xxiv.*
dit que Seleucus fonda *Zeugma*, célebre
par son passage sur l'Euphrate, ainsi qu'A-
pamée qui étoit de l'autre côté du fleuve,
& sur cette derniere ville sut jointe à
la premiere par le pont. Polybe & Strabon disent *Séleucie*, & non *Apamée* ; mais
peut-être que ce lieu porta le nom de Seleucus son fondateur, & celui de sa femme.

2°. *Zeugma* est encore une ville de la
Thrace, selon Ptolomée, *l. III, c. viij.* (*D. J.*)

ZEUGME, *s. m. Gramm.*, c'est une
espece d'ellipse, par laquelle un mot déja
exprimé dans une proposition, est sous-
entendu dans une autre qui lui est analogue & même attachée. Delà vient le nom
de *zeugme*, du grec ζεῦγμα, *connexion*,
lien, *assemblage* : & le *zeugme* differe de
l'ellipse proprement dite, en ce que dans
celle-ci le mot sous-entendu ne se trouve
nulle autre part.

L'auteur du *manuel des Grammairiens*
distingue trois especes de *zeugme* : 1°. le
protozeugme, quand les mots sous-entendus dans la suite du discours se retrou-
vent au commencement, comme *vicit
pudorem libido*, *timorem audacia*, *rationem amentia* ; 2°. le *mésozeugme*, quand
les mots sous-entendus aux extrémités
du discours se trouvent dans quelque
phrase du milieu, comme *pudorem libido*,
timorem vicit audacia, *rationem amentia*,
ce qui est l'espece la plus rare ; 3°. l'*hypozeugme*, quand on trouve à la fin du
discours les mots sous-entendus au commencement, comme *pudorem libido*, *timorem audacia*, *rationem amentia vicit*.

La *méthode latine* de P. R. observe que
dans chacune de ces trois especes de *zeugme*, le mot sous-entendu peut l'être sous
la même forme, ou sous une autre forme
que celle sous laquelle il est exprimé ; ce
qui pourroit faire nommer le *zeugme* ou
simple, ou *composé*.

Les trois exemples déja cités appartiennent au *zeugme simple* : en voici pour
le *zeugme composé*.

Changement dans le genre: *utinum aut
hic sus dus, aut hæc muta facta sit*, (Ter.)
c'est un *hypozeugme* où il y a de sous-entendu *factus sit*.

Changement dans le cas : *quid ille fece-
rit*, *quem neque pudet quicquam*, *nec metuit quemquam*, *nec legem se putat tenere
ullam* ? (Id.) c'est un *protozeugme* où il
faut sous - entendre *qui* avant *nec metuit*
& avant *nec legem*.

Changement dans le nombre : *sociis &
rege recepto*, (Virg.) suppl. *receptis avec
sociis*.

Changement dans les personnes *ille timore*, *ego risu corrui*, (Cic.) c'est-à-dire,
ille timore corruit.

Ces différens aspects du *zeugme* peuvent aider peut - être les commençans à
trouver les supplémens nécessaires à la
plénitude de la construction ; mais il faut

prendre garde auffi que la multiplicité des dénominations ne groffiffe à leurs yeux les difficultés, qui n'ont quelquefois de réalité que dans les préjugés.

L'erreur pareillement n'a point d'autre fondement; & je croirois volontiers que c'eft fans examen que D. Lancelot avance qu'il eft quelquefois très-élégant de fous-entendre le même mot dans un fens & une fignification différente, comme *in colis barbani*, *ille patrem*: cela eft trop contraire aux vues de l'élocution pour y être une élégance; & quelle que foit l'autorité des auteurs qui me préfenteront de pareils exemples; je ne les regarderai jamais que comme des locutions vicieufes. (*E.R.M.B.*)

ZEUS, *Mythol.*, c'eft chez les Grecs le nom de Jupiter, il fignifie celui qui donne la vie à tous les êtres animés. (*D. J.*)

ZEYBO ou CEYBA, *Hift. nat. boton.*, arbre d'Amérique qui croît fur-tout dans le nouveau Mexique. Il devient d'une grandeur furprenante; mais fon bois eft fi fpongieux, qu'il n'eft d'aucun ufage. Son fruit eft une efpece de filique remplie d'une fubftance femblable à de la laine très-fine, que le moindre vent diffipe lorfque leur enveloppe s'ouvre dans la maturité.

ZEYBO, *Géog. mod.*, ville, ou plutôt village de l'Amérique feptentrionale dans l'ifle Hifpaniola, autrement Saint-Domingue, fur la côte méridionale.

ZÉZERO, LE, *Géog. mod.*, en latin *Ozecarus*, riviere de Portugal. Elle prend fa fource dans la province de Beira, au midi, & proche de Guarda, & va fe rendre dans le Tage près de Punhete. (*D. J.*)

ZI

ZIA ou ZÉA, *Géog. anc. & mod.*, ifle de l'Archipel, l'une des Cyclades. Elle eft à 4 lieues de l'ifle de Joura, autrement nommée *Trava*, à 5 lieues au midi de l'ifle d'Eubée, connue aujourd'hui fous le nom de *Negrepont*, à 6 lieues de l'ifle d'Andros, à trois lieues de l'ifle d'Helene ou de Macronifi, autrement dite *Ifola longa*, & à 18 milles du promontoire de l'Attique, nommé autrefois *Sunium*, & aujourd'hui cap des Colonnes. On compte 36 milles de Thermie à *Zia*, quoiqu'il n'y en ait pas douze de cap en cap. Elle s'étend en longueur du fud-oueft au

nord-eft; & elle peut avoir 30 milles d'Italie de circuit. Son port eft un des plus affurés de la Méditerranée, outre que les vaiffeaux y font de l'eau, du bifcuit & du bois.

L'ifle de *Zia* eft celle que les anciens Grecs appellent *Ceos*, & par abréviation, *Cos*, & qui fut nommée par les Latins *Céa* ou *Cia*. On lui donne encore aujourd'hui le nom de *Cea* ou *Zéa*; les Grecs l'avoient nommée auparavant *Hydruffa*, c'eft-à-dire, *abondante en eau*, à caufe qu'elle eft bien pourvue; mais ce nom ne lui étoit pas particulier, puifque l'ifle de Ténos avoit été ainfi appellée, & pour la même raifon. Dans la fuite on la nomma *Ceos* ou *Cea*, de *Céus*, fils du géant *Titan*.

Ariftée, fils d'Apollon & de Cyrène, affligé de la mort de fon fils Actéon, quitta la ville de Thebes, à la perfuafion de fa mere, & fe retira dans l'ifle de *Céos*, alors inhabitée. Diodore de Sicile, *l. IV*, dit qu'il fe retira dans l'ifle de *Cos*; mais il y a apparence que ce nom étoit commun à la patrie d'Hippocrate & à l'ifle de *Réos* ou *Céos*, & *Cea*; car Etienne le géographe a employé le nom de *Kos* pour *Kéos*, fi ce n'eft qu'on veuille que ce foit une faute à corriger chez lui & chez Diodore de Sicile. Quoi qu'il en foit, l'ifle de Céos fe peupla, & le pays fe cultiva avec le dernier foin, comme il paroît par les murailles qu'on avoit bâties jufqu'à l'extrémité des montagnes pour en foutenir les terres.

Cette ifle devoit être incomparablement plus grande qu'elle n'eft aujourd'hui, fi Pline (*lib. II, c. lxiij, & l. IV, c. xij.*) a été bien informé des changemens qui lui font arrivés. Autrefois, fuivant cet auteur, elle tenoit à l'ifle d'Eubée; la mer en fit deux ifles, & emporta la plus grande partie des terres qui regardoient la Bœotie. Tout cela s'accommode affez avec la figure de *Zia*, qui s'alonge du nord au fud, & fe rétrecit à l'eft à l'oueft. Peut-être que ce fut l'effet du débordement du Pont-Euxin dont a parlé Diodore de Sicile.

De quatre fameufes villes qu'il y avoit dans Céos, il ne refte que Carthée, fur les ruines de laquelle eft bâti le bourg de *Zia*: c'eft de quoi l'on ne fauroit douter en lifant Strabon & Pline. Ce dernier affure que Pœceffe & Careffus furent abymées, & Strabon écrit que les habitans de

Tœcelle passerent à Carthée, & ceux de Caressus à Ioulis. Or la situation d'Ioulis est si bien connue, qu'on n'en peut pas douter. Il ne reste donc plus que Carthée remplie encore d'une infinité de marbres cassés ou employés dans les maisons du bourg de Zia.

En prenant la route du sud-sud-est du bourg de Zia, on arrive aux restes superbes de l'ancienne ville d'Ioulis, connue par les gens du pays sous le nom de Polis, comme qui diroit la ville. Ces ruines occupent une montagne, au pié de laquelle les vagues se viennent briser, mais du tems de Strabon, éloignée de la mer d'environ trois milles. Caressus lui servoit de port. Aujourd'hui il n'y a que deux méchantes cales, & les ruines de l'ancienne citadelle sont sur la pointe du cap. Dans un lieu plus enfoncé, on distingue le temple par la magnificence de ses débris. La plupart des colonnes ont le fût moitié lisse, moitié cannelé, du diametre de deux piés moins deux pouces, à cannelures de 3 pouces de large. On descend à la marine par un escalier taillé dans le marbre pour aller voir sur le bord de la cale une figure sans bras & sans tête. La draperie en est bien-entendue; la cuisse & la jambe sont bien articulées. On croit que c'est la statue de la déesse Némesis; car elle est dans l'attitude d'une personne qui poursuit quelqu'un.

Les restes de la ville sont sur la colline, & s'étendent jusques dans la vallée où coule la fontaine Ioulis, belle source d'où la place avoit pris son nom. On ne sauroit guere voir de plus gros quartiers de marbre que ceux qu'on avoit employés à bâtir les murailles de cette ville. Il y en a de longs de plus de douze piés. Dans les ruines de la ville, parmi les champs semés d'orge, on trouve dans une chapelle grecque le reste d'une inscription sur un marbre cassé, où on lit encore Ιουλιδα, accusatif d'Ιουλις; le mot de Στιβιχος s'y trouve deux fois.

On alloit de cette ville à Carthée par le plus beau chemin qu'il y eût peut-être dans la Grece, & qui subsiste encore l'espace de plus de trois milles, traversant les collines à mi-côte, soutenu par une muraille couverte de grands quartiers de pierres plate grisâtre, qui se fend aussi facilement que l'ardoise, & dont on couvre les maisons & les chapelles dans la plu-

part des isles. Ioulis, comme dit Strabon, *lib. I'*, fut la patrie de Simonide, poëte lyrique, & de Bacchylide, son cousin. Erasistrate, fameux médecin, le sophiste Prodicus & Ariston le péripatéticien, naquirent aussi dans cette isle. Les marbres d'Oxford nous apprennent que Simonide, fils de Léopépris, inventa une espece de mémoire artificielle, dont il montroit les principes à Athènes, & qu'il descendoit d'un autre Simonide, grand poëte, aussi fort estimé dans la même ville, & dont il est parlé dans l'époque 50. Le poëte Simonide composa des vers si tendres & si touchans, que Catulle les appelle les *larmes de Simonide*.

Après la défaite de Cassius & de Brutus, Marc-Antoine donna aux Athéniens Céa, Ægine, Ténos, & quelques autres isles voisines. Il est hors de doute que Céa fut soumise aux empereurs romains, & passa dans le domaine des Grecs. Ensuite elle tomba entre les mains des ducs de l'Archipel. Jacques Chrispole la donna en dot à sa sœur Thadée, femme de Jean-François de Sommerive, qui en fut dépouillé par Barberousse sous Soliman II.

Strabon rapporte un fait bien singulier de l'ancienne Céos, mais qu'il ne faut pas croire sans examen. Il prétend qu'il y avoit une loi dans cette isle qui obligeoit les habitans à s'empoisonner avec de la cigue, quand ils avoient passé 60 ans, afin qu'il restât assez de vivres pour la subsistance publique.

Héraclide raconte seulement que l'air de l'isle de Céa étoit si bon, qu'on y vivoit fort long-tems, mais que les habitans ne se prévaloient pas de cette faveur de la nature, & qu'avant que de se laisser atteindre par les infirmités de l'âge caduc, ils terminoient leurs jours, les uns avec du pavot, les autres avec de la cigue. Elien, *l. III. c. xxxvij.* assure aussi que ceux de cette isle qui se sentoient incapables, à cause de leur décrépitude, d'être utile à la patrie, s'assembloient en un festin, & avaloient de la cigue.

Il paroit d'abord de ces divers récits, que Strabon s'est faussement imaginé qu'il y avoit une loi dans Céos, par laquelle on devoit se donner la mort, dès que l'on avoit passé l'âge de 60 ans; les termes d'Héraclide & d'Elien insinuent seulement une coutume volontaire, &

V v 3

vraisemblablement ils ont pris pour coûtume ce qui n'étoit arrivé qu'à quelques particuliers ; car si cet usage eût été commun, il n'est pas possible que tous les autres historiens l'eussent passé sous silence. Il y avoit peut-être à Céa le même usage qui régnoit à Marseille. Valere Maxime dit qu'on gardoit publiquement dans cette derniere ville un breuvage empoisonné, & qu'on le donnoit à ceux qui exposoient au sénat les raisons pour lesquelles ils souhaitoient de mourir. Le sénat examinoit leurs raisons avec un certain tempérament, qui n'étoit ni favorable à une passion téméraire de mourir, ni contraire à un desir légitime de la mort, soit qu'on voulût se délivrer des persécutions de la mauvaise fortune, soit qu'on ne voulût pas courir le risque d'être abandonné de son bonheur. Après tout, il est sûr que s'il n'y avoit point de loi à Céa pour engager quelqu'un à abréger ses jours quand il étoit las de vivre, on pouvoit prendre ce parti sans s'être fait autoriser par le souverain. *V.* pour cette preuve l'*art.* IOULIS. *Géog.*

Valere Maxime rapporte, comme témoin oculaire à ce sujet, avoir vu une citoyenne de cette isle, issue d'une maison illustre, laquelle après avoir vécu long-tems dans une félicité parfaite, craignant que l'inconstance de la fortune ne troublât par malheur l'arrangement de ses jours, résolut de se donner la mort. Elle informa ses concitoyens de la résolution qu'elle avoit prise, non par ostentation, mais pour ne pas quitter son poste sans être autorisée.

Pompée qui étoit sur les lieux, accourut à ce spectacle. Il trouva la dame couchée sur un lit, & proprement ajustée. Il employa toute la vivacité de son éloquence pour la détourner de son dessein, mais elle n'en fut point ébranlée. La tête appuyée sur le coude, elle entretenoit gaiement ceux qui l'étoient venus voir. Enfin, après avoir exhorté ses enfans à l'union, & leur avoir partagé ses biens, elle prit d'une main assurée un verre plein d'un poison tempéré qu'elle avala. Elle n'oublia pas d'invoquer Mercure, & de le prier de la conduire en l'une des meilleures places de l'élysée, & sans perdre un moment de sa tranquillité, elle marquoit les parties de son corps où le poison faisoit impression, lorsqu'elle le sentit proche du cœur,

elle appela ses filles pour lui fermer les yeux, & expira.

Pline, *l. IV, c. xij,* prétend que ce fut une femme de l'isle de Céos qui inventa l'art de filer l'ouvrage des vers à soie, & d'en faire des étoffes. *Telas araneorum modo texunt,* (bombyces) *ad vestem luxumque feminarum, quæ bombycina appellatur. Prima eas redordiri, rursusque texere, invenit in Ceo mulier Pamphila, Lati filia, non fraudanda gloriâ excogitatæ rationis, ut denudet feminas vestis.* Aristote, *l. V, c. xix.* a fourni ce fait à Pline, mais il est vraisemblable que les paroles d'Aristote doivent s'entendre de l'isle de Cós, patrie d'Hippocrate, & non de l'isle de Céos ; cependant on recueilloit autrefois beaucoup de soie à Céos ; on en recueille encore de même aujourd'hui, & les bourgeois de Zia s'asseyent ordinairement pour filer leur soie sur les bords de leurs terrasses, afin de laisser tomber le fuseau jusqu'au bas de la rue, qu'ils retirent ensuite en roulant le fil.

M. de Tournefort & sa compagnie trouverent l'évêque grec en cette posture, & leur demanda quelles gens ils étoient ; & leur fit dire que leurs occupations étoient bien frivoles, s'ils ne cherchoient que des plantes & de vieux marbres. Mais il eut pour réponse, que l'on seroit plus édifié de lui voir à la main les œuvres de S. Chrysostôme ou de S. Basile, que le fuseau.

Le même Pline, liv. XVI, ch. xxvij. a remarqué que l'on cultivoit dans Céa les figuiers avec beaucoup de soin ; on y continue encore aujourd'hui la caprification. On y nourrit de bons troupeaux ; on y recueille beaucoup d'orge & de volaille, c'est ainsi qu'on appelle le fruit d'une des plus belles espèces de chêne qui soient au monde ; on s'en sert pour les teintures & pour tanner les cuirs. Il n'y a dans toute l'isle que 5 ou 6 pauvres familles du rit latin ; tout le reste est du rit grec, dont l'évêque est assez riche.

Le bourg de Zia, bâti sur les ruines de l'ancienne Carthéa, est aussi sur une hauteur, à 3 milles du port de l'isle de Zia, au fond d'une vallée désagréable. C'est une espèce de théâtre d'environ 2000 maisons, élevées par étages & en terrasses ; c'est-à-dire, que leur couvert est tout plat, comme par tout le levant, mais assez fort pour servir de rue ; cela n'est pas surpre-

rant dans un pays où il n'y a ni charrettes, ni carrosses, & où l'on ne marche
qu'en escarpins.

Parmi les marbres conservés chez les
bourgeois, le nom de *Gymnasiarque* se
trouve dans deux inscriptions fort mal-
traitées, & l'on y voit un bas-relief en
demi-bosse, où la figure d'une femme est
représentée avec une belle draperie. La
ville de Carthée s'étendoit dans la vallée
qui vient à la marine. On y voyoit encore
dans le dernier siecle plusieurs marbres,
sur-tout une inscription de 41 lignes,
transportée dans une chapelle. Le commencement de cette inscription manque,
la plus grande partie des lettres est si ef-
facée, qu'on n'y peut déchiffrer que le
nom de *Gymnasiarque*. (*D. J.*)

ZIAMET & TIMAR, *Hist. milit. des
Turcs.* On entend par ces deux mots *ziamet* & *timar*, de certains fonds de terres,
dont les conquérans Turcs ont dépouillé
le clergé, la noblesse, & les particuliers
des pays qu'ils ont pris sur les Chrétiens.
Ces sortes de terres ayant été confisquées
au profit du grand-seigneur, il les a
destinées à la subsistance d'un cavalier de
la milice, appelé *zaïm ou timariot*: car
zaïm ou timariot est le nom de la personne, & *ziamet ou timar* le nom de la
terre.

Le *ziamet* ne differe du *timar*, que
parce qu'il est d'un plus grand revenu,
car il n'y a point de *ziamet* qui vaille
moins de 20 mille aspres de rente: ce
qui est au dessous n'a que le titre de *timar*. Le sieur Belguier juge que le mot
ziamet vient de l'arabe: car, dit-il, *zaïm*
signifie en arabe, un *seigneur*, un *commandant*, qui conduit un certain nombre
d'hommes, dont il est le maître. Quant
au mot *timar*; il le dérive du grec τιμη,
qui signifie *honneur*, parce que ces récompenses se donnoient pour honorer la vertu des soldats. Les Grecs appelloient ces
marques d'honneur τιμαρια, & appelloient
ceux qui en étoient honorés τιμαριωται.
Les Turcs ont emprunté ces mots des
Grecs, & se les sont appropriés avec peu
de changement: car au lieu de *timarion*,
ils disent *timar*, en retranchant la terminaison grecque.

Il y a deux sortes de gens qui composent la milice des Turcs. La premiere
sorte est entretenue du revenu de certaines terres que le grand-seigneur leur

donne: la seconde est payée en argent.
La principale force de l'empire consiste
dans la premiere, qui est encore divisée
en deux parties; car c'est celle qui est
composée de zaïms, qui sont comme des
gentilshommes en certains pays, & de timariots, qui peuvent être comparés à
ceux que les Romains appelloient *decu-
mani*.

Les uns & les autres, savoir les zaïms
& les timariots, ont cependant été établis
pour la même fin. Toute la différence que
l'on peut mettre entr'eux, consiste dans
leurs lettres-patentes, qui reglent le revenu des terres qu'ils tiennent du grand-
seigneur. La rente d'un zaïm est depuis
20000 aspres, jusqu'à 99919 & rien plus;
s'il y avoit encore un aspre, ce seroit le
revenu d'un sangiac-beg, qu'on appelle un
bacha, qui est de 100000 aspres, jusqu'à
199999 aspres, car si on y ajoutoit un aspre davantage, ce seroit le revenu d'un
beglerbeg.

Il y a deux sortes de timariots; les
premiers reçoivent les provisions de leurs
terres de la cour du grand-seigneur. Ce
nom leur a été donné, parce que teskereh
signifie un *billet*; & comme la syllabe *lu*
s'ajoute par les Turcs aux noms substan-
tifs, pour en former des adjectifs, teske-
reh-lu est celui qui est en possession d'un
timar par un billet ou par un ordre du
grand-seigneur. Leur revenu est depuis
5 ou 6000 aspres, jusqu'à 19999; car si
on y ajoutoit encore un aspre, ce seroit
le revenu d'un zaïm. Les autres s'appellent *teskeretis*, qui obtiennent leurs provisions du beglerbeg de leur pays: leur
revenu est depuis 3000 aspres jusqu'à
6000.

Les zaïms sont obligés de servir dans
toutes les expéditions de guerre avec
leurs tentes, & il doit y avoir des cuisi-
nes, d'autres appartemens proportionnés
à leurs biens, à leur qualité: & pour chaque somme de 5000 aspres de revenu
qu'ils reçoivent du grand-seigneur, ils
sont obligés de mener avec eux à l'armée
un cavalier, qui se nomme *gebelu*, c'est-à-
dire, *porteur de cuirasse*; ainsi un zaïm qui
a 30000 aspres de revenu, doit être accompagné de six cavaliers. Un zaïm qui en
a 90000 doit être accompagné de 18 cavaliers, & de même des autres à proportion
de leur revenu. Chaque zaïm prend le titre de *kilitcih*, c'est-à-dire, *épée*. C'est

V v 4

pourquoi lorfque les Turcs font le compte des forces que les beglerbegs peuvent
mener à l'armée pour le fervice de leur
prince, ils ne s'arrêtent qu'aux zaïms &
aux timariots feuls, qu'ils appellent autant d'épées, fans compter ceux qui les
doivent accompagner.

Les timariots font obligés de fervir
avec des rentes plus petites que les zaïms,
fournies de trois ou quatre corbeilles,
pour en donner un à chaque homme qui
les accompagne ; parce qu'outre qu'ils
doivent combattre auffi-bien que les
zaïms, il faut encore qu'ils portent de la
terre & des pierres pour faire des batteries & des tranchées. Les timariots doivent en outre mener un cavalier pour
chaque fomme de 3000 afpres de revenu
qu'ils ont : de même que les zaïms pour
chaque fomme de 5000 afpres.

Les zaïms & les timariots font difpofés par régimens, dont les colonels font
appellés alai - begler, du mot arabe alai,
qui fignifie celui qui eft au deffus des autres, & du nom turc beg, qui veut dire
feigneur ; de forte que les alai - beglers
font les chefs ou les fupérieurs des zaïms
& des timariots, c'eft-à-dire, leurs colonels. Ces colonels font foumis à un bacha, ou à un fangiag - beg, & celui-là à
un begler-beg ; lorfque toutes ces troupes font raffemblées en un corps, elles
fe trouvent au rendez - vous qui eft marqué par le général, que les Turcs appellent ferasker. Lorfque les zaïms & les timariots marchent, ils ont des drapeaux
appellés alem, & des tymbales nommées
tabl.

Ces deux ordres militaires ne font pas
feulement deftinés à fervir fur terre, mais
on les oblige quelquefois à fervir dans
l'armée navale, où on les appelle deria-
kaleminde, & où ils font fous le commandement d'un capitan - bacha ou amiral.
Il eft vrai que les zaïms font fouvent dif-
penfés de fervir fur mer en perfonne,
moyennant la fomme à laquelle ils font
taxés fur les livres, & de cet argent on
leve d'autres foldats, qui font enrôlés
dans les regiftres de l'arfenal ; mais les
timariots ne peuvent s'exempter de fervir en perfonne, avec toute la fuite que le
revenu de leurs terres les oblige de mener avec eux.

Pour ce qui eft du fervice fur terre, ni
les zaïms, ni les timariots ne s'en peuvent

jamais difpenfer, & il n'y a point d'excufe qui puiffe paffer pour légitime à cet
égard. S'il y en a de malades, il faut
qu'ils fe faffent porter en litiere & en
brancard. S'ils font encore enfans, on les
porte dans les paniers : on les accoutume
ainfi dès le berceau à la fatigue, au peril
& à la difcipline militaire. Ce détail fuffit
pour faire connoître quelle eft la nature
des zaïms & des timariots qui font compris fous le nom général de fpahis, & qui
font la meilleure partie de l'armée des
Turcs.

Il n'eft pas poffible de faire un calcul
précis du nombre des cavaliers que doivent mener avec eux les zaïms & les timariots de l'empire du grand - feigneur ;
mais un zaïm ne peut mener avec lui
moins de quatre cavaliers, & c'eft le plus
grand nombre qu'un timariot foit obligé
de mener. Le moindre timariot doit mener un homme à la guerre, & le plus confidérable zaïm en doit mener 19. La difficulté de faire un compte plus exact feroit d'autant plus grande que les commiffaires qui font envoyés par la Porte
pour faire les montres & les rôles, ne favent pas moins faire valoir leur métier
que les officiers les plus rafinés chez les
Chrétiens. Peut - être auffi que la politique du grand - feigneur tolere cet abus,
afin de faire croire que le nombre de fes
troupes eft plus grand qu'il n'eft effectivement.

La vafte étendue de terrein que leurs
pavillons occupent, le grand attirail de
leurs bagages, & le nombre prodigieux
de valets qui fuivent l'armée font que le
peuple s'imagine que les troupes font
compofées d'une multitude infinie de foldats. Ce qui fert encore à augmenter l'i-
dée de ce nombre, mais qui le diminue
en effet, c'eft l'ufage des paffe - volants
dont les zaïms fe fervent aux jours de
montre.

Enfin une chofe qui caufe encore plus de
changement dans le nombre des foldats,
c'eft la mort des zaïms & des timariots
dont quelques - uns n'ont leur revenu
qu'à vie feulement, & les autres meurent
fans enfans ; car en ce cas leurs terres retournent à la couronne. Comme ceux qui
les poffédoient, les avoient cultivées &
en avoient augmenté le revenu par leur
foin & par leur travail, le grand-feigneur
les donne à d'autres, non pas fur le pié

qu'elles avoient été données aux premiers, mais sur le pié du revenu qu'elles se trouvent rapporter, qui est quelquefois le double de la première valeur. Par ce moyen le sultan augmente le nombre de ses soldats.

On compte 1075 ziamets & 8194 timars. On prétend en général que le nombre des zaims monte à plus de 10000, & celui des timariots à 72000 ; mais ces sortes de calculs sont extrêmement fautifs.

Parmi les troupes qui se tirent de ces ziamets & de ces timars, on mêle en tems de guerre de certains volontaires ou aventuriers, que les Turcs appellent giououlin. Les zaims & les timariots peuvent, lorsqu'ils sont âgés ou impotens, se défaire de leur ziamet & de leur timar en faveur d'un de leurs enfans. Ricaut, Bespier & la Guilletiere. (D. J.)

ZIAZAA, s. f. Hist. nat. Litholog., pierre dans laquelle on voit un mélange de tant de differentes couleurs, que l'on n'en voit aucune qui soit bien décidée. Son nom venoit de l'endroit où elle se trouvoit. Ludovico Doleo, qui connoissoit cette pierre à fond, nous assure qu'elle rendoit querelleurs ceux qui la portoient, & faisoit voir des choses terribles en songe.

ZIBELINE, s. f. Hist. nat. zoolog., marte zibeline ; animal quadrupede qui ressemble beaucoup à la marte, mais il est un peu petit. Il a tout le corps de couleur fauve obscure, excepté la gorge qui est grise, & la partie antérieure de la tête & les oreilles qui sont d'un gris blanchâtre. On trouve cet animal en Lithuanie, dans la Russie blanche, dans la partie septentrionale de la Moscovie, & dans la Scandinavie.

ZIBELINE, Hist. nat. des animaux, en allemand zobel, en anglois sable, espece de belette ou de marte, de la grosseur d'un écureuil, dont la peau est d'un brun très-foncé ou presque noire, mais quelquefois entremêlée de quelques poils blancs : c'est une des fourrures les plus rares, & qui se paie le plus chérement. On trouve des zibelines dans la Laponie, chez les Samoyedes, & dans les autres contrées septentrionales ; mais celles de la Sibérie sont les plus recherchées ; on estime sur-tout celles que l'on trouve près de Vitimski ; elles passent pour l'em-

porter en beauté sur toutes les autres : on en trouve en grande abondance dans la péninsule de Kamschatka, & dans les pays des Korekis ; mais elles sont d'une qualité inférieure aux précédentes. Suivant le rapport de quelques voyageurs, les zibelines y sont aussi communes que les écureuils ; ainsi les habitans de ces pays, s'ils étoient aussi industrieux que ceux de Vitimski, pourroient compenser par la quantité la supériorité que les zibelines de Sibérie ont pour la qualité.

Avant que les Russes eussent fait la conquête de la Sibérie, les zibelines étoient assez communes ; mais ces animaux farouches s'éloignent des endroits habités ; & ce n'est pas sans peine que les chasseurs en obtiennent ; ils sont obligés de remonter la riviere de Vitim & les deux rivieres de Massia qui s'y jettent, & d'aller jusqu'au lac Oronne dans des lieux déserts & fort éloignés de toute habitation.

Les zibelines vivent dans des trous comme les martes, les belettes, les hermines, & les autres animaux de ce genre. Les chasseurs prétendent qu'il y en a qui se font des nids au haut des arbres avec des herbes seches, de la mousse, & de petites branches ; & que tantôt elles vivent dans leurs trous, & tantôt dans leurs nids ; qu'elles y restent environ douze heures, & qu'elles emploient les douze autres à chercher leur nourriture. L'été, avant que les fruits & les baies soient mûrs, elles mangent des écureuils, des martes, des hermines, &c. & sur-tout des lievres ; l'hiver, elles mangent des oiseaux ; mais lorsque les fruits & les baies sont mûres, elles en sont très-friandes, & sur-tout du fruit du cormier, qu'elles mangent avidement ; ce qui leur cause des démangeaisons qui les obligent à se frotter contre les arbres ; par-là leur peau s'use & devient défectueuse ; quand les cormiers ont beaucoup de fruit, les chasseurs ont la peine à se procurer de belles fourrures.

Les zibelines ont des petits, vers la fin de mars ou au commencement d'avril ; elles en ont depuis trois jusqu'à cinq d'une portée ; elles les allaitent pendant 5 ou 6 semaines.

Ce n'est jamais que pendant l'hiver que l'on va à la chasse des zibelines ; la raison est que le poil leur tombe au prin-

temps ; il eſt très-court pendant l'été , &
pendant l'automne il n'eſt point encore
aſſez fourni : les habitans du pays appellent ces ſortes de zibelines, nedaſobili, ou
zibelines imparfaites ; elles ſe vendent à
bas prix.

Ceux qui vont à la chaſſe des zibelines
partent à la fin du mois d'août ; ils forment des compagnies qui ſont quelquefois de quarante hommes, & ſe pourvoient
de bateaux pour remonter les rivieres, de
guides qui ſoient au fait des lieux où ils
trouveront des zibelines, & d'amples proviſions pour ſubſiſter dans les deſerts. Arrivés au lieu de la chaſſe, ils y bâtiſſent
des cabanes & ſe choiſiſſent un chef ex-
périmenté dans ces ſortes d'expéditions ;
celui-ci diviſe les chaſſeurs en pluſieurs
bandes, à chacune deſquelles il nomme
un chef particulier, & il leur aſſigne l'endroit où elles iront chaſſer. Quand le
tems de ſe ſéparer eſt venu, chaque bande va de ſon côté & fait ſur ſa route des
trous dans leſquels on enfouit des proviſions. A meſure qu'on s'avance, les chaſſeurs tendent par-tout des pieges, en
creuſant des foſſes, qu'ils entourent de
pieux, & qu'ils recouvrent de planches
pour empêcher la neige de les remplir ;
l'entrée de ces pieges eſt étroite, & au deſſus eſt une planche mobile qui tombe
auſſi-tôt que l'animal vient prendre l'appât de viande ou de poiſſon qu'on lui a
préparé. Les chaſſeurs continuent ainſi
d'aller en avant, & tendent par-tout des
pieges ; à meſure qu'ils avancent, ils renvoient en arriere quelques-uns d'entre
eux pour chercher les proviſions qu'ils
ont enfouies ; ceux-ci en revenant viſi-
tent les pieges pour en ôter les zibelines
qui ont pu s'y prendre.

On chaſſe auſſi les zibelines avec des filets ; pour cet effet on ſuit leur piſte ſur
la neige ; ce qui conduit à leurs trous, que
l'on enfume afin de les forcer d'en ſortir ; le chaſſeur tient ſon filet tout prêt à
les recevoir, & ſon chien pour les ſaiſir ;
il les attend quelquefois deux ou trois
jours. On les tire auſſi ſur des arbres avec
des fleches émouſſées. Lorſque le temps
de la chaſſe eſt fini, les bandes ſe raſſem-
blent auprès du chef commun, à qui l'on
rend compte de la quantité de zibelines
ou d'autres bêtes que l'on a priſes ; & on
lui dénonce ceux qui ont fait quelque
choſe de contraire aux regles, le chef les

puniſ ; ceux qui ont volé ſont battus &
privés de leur part au butin. En attendant le temps du retour, qui eſt celui du
dégel des rivieres, on prépare les peaux ;
les chaſſeurs remontent alors dans leurs
barques ; & de retour chez eux , ceux
qui ſont chrétiens donnent d'abord à l'E-
gliſe quelques-unes de leurs fourrures,
ſuivant le vœu qu'ils en ont fait avant
que de partir ; ces zibelines ſe nomment
zibelines de Dieu. Enſuite ils paient leur
tribut en fourrures aux receveurs du
ſouverain ; ils vendent le reſte & partagent également les profits. Voyez la deſcription de Kamſchatka, par M. Kraſcheni-
nikof.

Les fourrures de zibelines les plus cheres & les plus eſtimées, ſont celles qui
ſont les plus noires, & dont les poils ſont
les plus longs. Depuis la conquête de la
Sibérie, les ſouverains de la Ruſſie ſe
ſont réſervé le débit de cette marchandiſe , dans laquelle les habitans paient
une partie de leur tribut. Le gouverneur
de Sibérie met ſon cachet ſur les zibelines
priſes dans ſon gouvernement, & les envoie au ſénat de Petersbourg ; on les aſ-
ſortit alors par paquets de dix peaux, &
l'on en fait des caiſſes, dont chacune eſt
compoſée de dix paquets ; ces caiſſes ſe
vendent à proportion de leur beauté ; les
plus belles ſe vendent juſqu'à 2500 roubles (environ 12500 liv.) ; celles d'une
moindre qualité ſe vendent 1500 roubles
(7500 liv.) Ce ſont les grands de la Turquie qui ſont les plus curieux de cette
marchandiſe. (——)

ZIBELINE, Fourrure , nom que l'on
donne aux peaux de martes les plus pré-
cieuſes : les zibelines ſe tirent de la Laponie moſcovite & danoiſe. Il s'en trouve
auſſi une grande quantité en Sibérie, province des états du Czar : l'animal qui fournit la zibeline eſt du genre des belettes, &
de la groſſeur d'un chat ; il a de longs
poils autour des yeux, du nez, & du mu-
ſeau ; ſa couleur eſt jaune obſcur, mêlangé
d'un brun foncé ; mais le devant de ſa tête
& ſes oreilles, ſont d'un gris brunâtre.
(D. J.)

ZICLOS, Géogr. mod. , petite ville de
la Baſſe Hongrie, au comté de Baran ;
cette ville ſituée à cinq lieues de Cinq-
Egliſes, eſt priſe pour l'ancienne Jovail-
lium. (D. J.)

ZIEGENHAUS, Géog. mod. , petite

rille d'Allemagne, en Siléfie, dans la principauté de Neifs, à trois lieues au midi de la ville de Neifs, sur la Bila. (D. J.)

ZIEGENHEIM, *Géogr. mod.*, ville d'Allemagne, dans le landgraviat de Heffe, capitale du comté de même nom, fur la petite riviere de Schwalm, à fix lieues au fud-oueft de Caffel; elle eft petite, mais bien bâtie. *Long.* 27.12; *lat.* 51,8. (D. J.)

ZIEMNOI POIAS, *Géogr. mod.*, ce mot ruffe fignifie *ceintures de la terre;* c'eft ainfi que les Ruffes nomment de grandes montagnes qui font dans le pays des Samoyedes. Elles commencent à la pointe occidentale qui forme le golfe qui eft à l'embouchure de l'Obi; à l'extrémité eft le fort Scop, ou le fort d'Obi. Elles courent trente lieues françoifes vers le midi, puis environ autant vers le fud-oueft, jufqu'au lac Kiratis, d'où fort la riviere de Soba qui va fe joindre à l'Obi; delà tournant vers l'oueft l'efpace de foixante lieues, elles vont fe joindre à une autre chaîne de montagnes qui s'avance vers le midi; de forte que plus elles s'éloignent de l'Obi, plus elles s'écartent de la mer. M. Delisle les marque dans fa carte de la Tartarie. fans y mettre leur nom. (D. J.)

ZIGÆ, *Géogr. ancienne*, peuples de la Sarmatie afiatique: c'eft Pline, *l. VI, c. vij*, qui en parle. Comme ils habitoient au bord du Tanaïs, divers géographes ont eu tort de vouloir les confondre avec les *Ziri* de Straben, & avec les *Sindi* de Pline & de Ptolomée, qui avoient leur demeure au bord du Pont-Euxin. (D. J.)

ZIGENE, *voyez* MARTEAU.

ZIGENRICK, *Géogr. mod.*, petite ville d'Allemagne, au marquifat de Mifnie, fur la droite de la Sala. (D. J.)

ZIGEIRA, ou ZIGIRA, *Géog. mod.*, ville de l'Afrique propre, elle eft mife par Ptolomée, *l. IV, c. iij.* au nombre des villes fituées entre la ville de Thabraca, & le fleuve Bagrada. (D. J.)

ZIGERE, *Géogr. anc.*, ville de la Thrace; Pline, *l. IV, c. xj*, la place dans les terres, & au voifinage de la Baffe-Mœfie: il ajoute que c'étoit une des villes des Scytes Aroteres, qui s'étoient établis dans ce quartier. (D. J.)

ZIGETH, ZIGHET, ZYGETH, ou SIGETH, *Géogr. mod.*, ville de la Baffe-Hongrie, capitale du comté qui porte fon nom; c'eft une des plus fortes places de la Hongrie. Elle eft fituée à trois lieues de la Drave vers le nord, & à fept de Cinq-Eglifes vers le couchant, dans un marais formé par la riviere d'Alma; & elle eft défendue par une citadelle, & trois foffés pleins d'eau. *Long.* 36, 31; *lat.* 46, 2.

C'eft en affiégeant cette place en 1566, que mourut Soliman II, fils de Selim, & la victoire l'accompagna jufques dans les bras de la mort; à peine eut-il expiré que la ville fut prife d'affaut. L'empire de ce conquérant s'étendit d'Alger à l'Euphrate, & du fond de la mer Noire, au fond de la Grece & de l'Epire. Les impériaux n'ont pu reprendre *Zigeth* fur les Turcs que fur la fin du dernier fiecle. (D. J.)

ZIGETH, *comté de*, *Géogr. mod.*, contrée de la Baffe Hongrie, entre la Drave & le Danube. Elle a pour bornes au levant, le comté de Tolna, au couchant Kanifcha, Albe royale au nord, & l'Efclavonie au midi; fes lieux principaux font Zigeth capitale, Cinq-Eglifes, & Turanovitza. (D. J.)

ZIGZAG, f. m. *Art méch.*, machine compofée de petites tringles plates difpofées en fautoir, ou lofanges, clouées dans le milieu, mobiles fur ces clous & liées deux à deux par leurs extrémités, fur les extrémités de deux autres tringles pareillement clouées en fautoir, en forte que toutes font mobiles, & fur le milieu comme centre, & fur les extrémités de celles auxquelles leurs extrémités jointes font liées; d'où l'on voit qu'il eft impoffible d'ouvrir la premiere de ces tringles fans ouvrir toutes les autres; d'en fermer une fans les fermer toutes; & que fermées elles doivent occuper un petit efpace; mais un très-long, fi on les ouvre & qu'on les alonge, on peut fe fervir de cette machine pour tendre quelque chofe, un billet, une lettre, quoique ce foit d'un étage à un autre, même du bas d'une maifon au dernier étage; car il n'y a point de limite au nombre des tringles, cette petite invention peut être utile en une infinité d'occafions.

ZIGZAGS, *de la tranchée*, *Fortificat.*, ce font les différens retours qu'elle fait pour arriver à la place ou au glacis du chemin couvert; on les appelle auffi les boyaux de la tranchée. *V.* TRANCHÉE *&* BOYAUX DE LA TRANCHÉE. (Q)

ZIGZAC, *allée en*, *Jardinage*: on appelle *allée en zigzag*, une allée rampante,

fujette aux ravines, & qui pour cette raifon est traverfée d'espace en espace par
des plates-bandes de gazon, en maniere
de chevrons brifés, pour retenir le fable.
On nomme encore *allée en zigzag*, toute
allée de bofquet ou de labyrinthe, qui est
formée par divers retours d'angles pour
la rendre plus folitaire, & en cacher l'iffue. (*D. J.*)

ZAKA, *Géogr. mod.*, bourgade de la
Baffe-Hongrie, fur la Sarwitza, entre
Albe-Royale & Sarwas. Lazius la prend
pour l'ancienne Maqniana de Ptolomée,
la Mogetania de l'itinéraire d'Antonin, &
la Magia d'Etienne le géographe.(*D. J.*)

ZIL, f. m. *Hist. nat.*, instrument de mufique militaire, dont on fe fert dans les
armées des Turcs; ce font deux baffins de
cuivre que l'on frappe l'on contre l'autre.

ZILEFLE, LE, *Géogr. mod.*, grand
fleuve d'Afrique, en Barbarie, au royaume d'Alger. Il fe jette dans la mer, fur
les frontieres de Trémecen & de Tinez.
Ses bords font peuplés d'Arabes. On prend
ce fleuve pour le *Cartennus* des anciens.
(*D. J.*)

ZILIS, *Géogr. anc.*, ville de la Mauritanie tingitane, près la côte de l'Océan
atlantique. L'itinéraire d'Antonin la marque à vingt-quatre milles de Tingis, entre *Tabernæ* & ad *Mercuri*, à quatorze
milles du premier de ces lieux, & à fix
milles du fecond.

C'est la ville que Strabon nomme *Zelet*.
Elle est appellée *Zilia* par Ptolomée, *l.
IV, c. j.* qui la place dans les terres, au
bord d'un fleuve de même nom. Elle ne
devoit pas être éloigné de la mer : car Pline, *l. V, c. j*, la met fur la côte de l'Océan,
in ora Oceani. Il nous apprend outre cela,
que c'étoit une colonie établie par Auguste, & qu'on la nommoit *Julia Constantia
Zilis*. Selon le même auteur, elle étoit
exempte de la jurisdiction des rois de
Mauritanie, & dépendoit de l'Espagne
bétique.

Une infcription, rapportée dans le tréfor de Goltzius, fait mention de cette ville fous ce titre. *Col. Constantin Zili Augusta.* Cette ville retient encore à préfent
fon ancien nom; car on veut que ce foit
aujourd'hui *Alzila*, nom augmenté de l'article. (*D. J.*)

ZIM, f. m. *terme de relation.*, mot Perfan qui fignifie *argent*, fimplement confidéré comme métal. Pour exprimer ce

qu'on entend en France par *argent*;
quand on parle de toute efpece mon-
noyée, foit d'or, d'argent, de billon ou
de cuivre, les Perfans difent *zer*; & lorfqu'ils veulent parler des efpeces véritablement fabriquées d'argent, comme font
les écus de France, les richedales d'Allemagne; ou les piaftres d'Espagne, ils difent *dirhem*. (*D. J.*)

ZIMARA, *Géogr. anc.*, ville de la
grande Arménie, felon Solin, qui la place
au pié du mont Capotes, où l'Euphrate
prend fa fource. On lifoit ci-devant dans
les exemplaires imprimés de Pline *l. V,
c. xxiv*, *Zimyra*, ou *Zimira*; mais comme l'a remarqué le P. Hardouin, c'étoit
une faute infigne : car *Zimyra* est une
ville de Syrie au bord de la mer Méditerranée. La correction que ce favant religieux a faite, est appuyée fur les meilleurs manufcrits qui lifent *Zimara*. C'est
ainfi qu'écrit Ptolomée, *t. V. c. viij*, qui
marque *Zimora* dans la petite Arménie
au bord de l'Euphrate, mais affez loin
de la fource de ce fleuve. Tout cela s'accorde avec les itinéraires. (*D. J.*)

ZIMBAOE, *Géogr. mod.*, maifon royale
fur la riviere de Sofala, au royaume de
ce nom, & dont le roi qui y réfide, fe nomme *Quiteve*. (*D. J.*)

ZIMBI, f. m. *Hist. mod. Commerce*,
efpece de petites coquilles qui fervent de
monnoie courante au royaume de Congo,
& dans un grand nombre d'autres pays
de l'Afrique, fur les côtes de laquelle ce
coquillage fe trouve. On en rencontre fur-
tout une grande quantité près d'une ifle
qui est vis-à-vis de la ville de Loanda S.
Paolo ; ce font les plus eftimées. Ces coquilles font une mine d'or pour les Portugais, qui ont feuls le droit de les pêcher,
& qui s'en fervent pour acheter des Africains leurs marchandifes les plus précieufes.

ZIMENT-VASSER, *Minéral.*, c'est le
nom que les auteurs Allemands donnent
à des eaux, qu'on trouve quelquefois
près des mines de cuivre, & qui font légérement imprégnées des particules de
ce métal. La plus fameufe fource de cette
efpece fe trouve à la diftance d'environ
une de nos lieues de New-foll en Hongrie, dans la mine de cuivre appellée par les Allemands, *Herrn-grundt*.
Ces eaux étoient connues à Kircher,
Brown, Toll, & autres qui en font men-

tion ; mais il est vraisemblable qu'elles n'étoient pas encore découvertes du tems d'Agricola, puisqu'il n'en dit mot, & qu'une chose si curieuse qu'il avoit sous sa main, ne lui auroit pas échappé, d'autant plus qu'il fait mention de vertus semblables, attribuées aux eaux de Schmolnich, qui sont beaucoup moins fameuses en ce genre que celles de New-Soll.

On trouve l'eau de cette derniere mine à différentes profondeurs, où elle est rassemblée dans des bassins pour en séparer le cuivre ; mais dans quelques endroits, cette eau est beaucoup plus saoulée de ce métal que dans d'autres, & ce sont celles qui produisent aussi plus promptement le changement supposé de fer en cuivre.

Les morceaux de fer dont on se sert communément pour ces sortes d'expériences, sont des fers de cheval, des clous, & choses semblables ; & on les trouve très-peu altérés dans leur forme après l'opération ; la seule différence est, que leurs surfaces sont un peu grossies.

L'eau qui produit ce changement, paroît verdâtre dans les bassins où elle repose ; mais si l'on en prend dans un verre, elle est aussi claire que le cristal ; elle n'a point d'odeur, mais elle est d'un goût vitriolique si fort & si astringent, qu'en y goûtant, la langue & les levres en sont écorchées ; cependant on n'apperçoit point cet effet, quand on goûte de ces eaux dans la mine même ; on éprouve alors seulement une légere démangeaison au bord des levres ; mais aussi-tôt qu'on vient à l'air, elles commencent à enfler, & à fournir un peu de matiere dans les pustules.

Ces eaux n'ont pas en tout temps la même force, soit à brûler les levres, soit pour changer le fer ; moins les sources sont abondantes, plus elles sont fortes. Les cavernes où l'on a mis des bassins pour recevoir cette eau, n'ont point d'odeur offensive, & ce qui paroît un peu singulier, on n'y trouve point de vitriol, au lieu qu'il abonde dans tous les autres endroits de la mine ; les pierres mêmes sont blanches dans les cavernes, & ont par-tout ailleurs un œil bleuâtre, qui ne vient que des particules de cuivre qui s'y sont attachées ; peut-être que l'humidité de l'air de ces endroits emporte avec elle les particules de ce sel dans les endroits

où elles peuvent aisément se fixer.

Ceux qui travaillent aux mines, prennent de ces eaux pour se purger quand ils sont malades, & elles produisent cet effet très-promptement par haut & par bas. Ils s'en servent aussi pour les maux des yeux, en quoi elles sont quelquefois fort utiles, mais le plus souvent nuisibles.

Le cuivre qu'on tire de ces eaux, est plus estimé par les gens du lieu qu'aucun autre, parce qu'ils prétendent qu'il est plus ductile & plus facile à fondre.

Une livre de cette eau la plus forte, étant évaporée sur un feu doux, devient d'abord trouble, & dépose ensuite un sédiment jaunâtre ; quand on l'a fait évaporer jusqu'à siccité, ce sédiment pese deux scrupules & demi, si l'on verse dessus de l'eau chaude, & qu'on la filtre, elle laisse dans le filtre plus de six grains d'une terre jaunâtre ; la solution verdâtre étant de nouveau évaporée, & la même opération répétée plusieurs fois, il s'en sépare un peu plus de deux scrupules de vitriol, d'un verd bleuâtre, & en petits cryftaux.

Présentement, si l'on ajoute un peu d'huile de tartre à une livre de cette eau vitriolique, le tout devient trouble, & laisse beaucoup de résidu dans le filtre, ce résidu étant sec pese environ deux scrupules & demi, & se trouve être un vrai vitriol cuivreux avec un léger mélange de sel neutre. Si finalement, on met une pinte de cette eau dans une bouteille, & qu'on y jette un petit morceau de fer, on verra quelques bulles s'attacher immédiatement à ce morceau de fer, en sorte que par degrés il prend la couleur du cuivre ; le second jour, l'eau est extrêmement trouble ; elle s'éclaircit ensuite, & des fils blancs se ramassent au fond, aux côtés du verre, & du morceau de fer, qui pour lors se trouve avoir par-tout une couleur cuivreuse.

Toutes ces expériences justifient que cette eau contient une très-grande quantité de vitriol de cuivre, dont elle a fait la solution par le secours de l'acide ordinaire. Ce fait étant connu, on conçoit bien qu'il ne se fait point de changement réel dans ce métal dans un autre, mais que les particules d'un métal ont pris leur place. Cette eau ainsi imprégnée, est un menstrue capable de dissoudre le fer, & s'affoiblit assez dans la solution de ce métal, pour laisser détacher en petites particules le cuivre qu'elle contenoit auparavant. Cela semble être ainsi en examinant le métal changé ; car tant qu'il reste dans l'eau, le cuivre ne paroit pas une masse douce & malléable, mais un assemblage de petits grains serrés les uns contre les autres, & pour lors le métal paroit friable & cassant.

La dissolution d'un métal, & la déposition des particules d'un autre à sa place, est une chose commune en chymie ; mais elle ne donne guere le phénomene dont nous parlons, j'entends la dissolution du fer & du cuivre dans le même menstrue ; l'eau dont il s'agit ici ne peut jamais déposer qu'autant de cuivre qu'elle en contenoit, & il paroit par les expériences, que cette quantité est peu considérable, puisqu'elle ne monte qu'à deux scrupules de vitriol, dans une livre d'eau; c'est donc à tort que les habitans du lieu s'imaginent que si l'on mettoit une plus grande quantité de fer dans l'eau, il y auroit une plus grande quantité de cuivre qui se précipiteroit à sa place, il est pourtant vrai qu'on en retire annuellement assez de cuivre, parce que les eaux qui le fournissent sont fort abondantes. *Philos. transact.* n°.479, p. 355, 359. *Voyez* CÉMENTATOIRE, eau. (D. J.)

ZIMIRI. *Géog. anc.* contrée sablonneuse de l'Ethiopie, selon Pline, *liv. XXXVI; c. xvj;* il dit qu'on y trouve la pierre hématite. (D. J.)

ZIMMER, s. m. *Fourrure,* terme de commerce de fourrure, dont on se sert en quelques endroits de Moscovie, particulierement dans les parties les plus septentrionales ; un *zimmer* fait deux paires de peaux ; ainsi un *zimmer* de marte est composé de vingt peaux de ces animaux. *Savary.*

ZINARA, ZINIRA ou ZENARA, *Géogr. mod.* isle de l'Archipel, peu éloignée de celle de Léro, à 6 lieues de celle d'Amargos. Elle étoit autrefois très-peuplée, mais elle est à présent déserte. (D. J.)

ZINC, s. m. *Hist. nat. Minér. Chym. & Métall.* en latin *zincum, speauter, marcasita aurea, spelter, cadmin metallica, &c.*

C'est un demi-métal qui, à l'extérieur, est un peu plus blanc que le plomb, quand ce métal a été quelque temps exposé à l'air; mais à l'intérieur il est rempli de facettes bleuâtres. Il a de la ténacité & souf-

fre les coups de marteau jusqu'à un certain point, ce qui fait qu'on ne peut point le pulvériser. Il entre promptement en fusion & avant que de rougir; après quoi il s'allume, & fait une flamme d'un beau verd clair, ce qui prouve qu'il est très-chargé de parties inflammables ; par la déflagration il se réduit en une substance légere & volatile, que l'on nomme *fleurs de zinc.* Mais le caractere qui le distingue, c'est sur-tout la propriété qu'il a de jaunir le cuivre.

Ce n'est que depuis peu d'années que l'on connoit la nature du *zinc* ; rien de plus inexact que ce que les anciens auteurs en ont écrit. Le célebre Henckel a lui même méconnu cette substance, il l'a regardée comme un avorton minéral. D'autres ont regardé le *zinc* comme une composition, & ont été jusqu'à donner des procédés pour le faire. Becher dit que c'est une substance minérale, qui tient le milieu entre l'antimoine, la marcassite & la cadmie, M. Lemery confond le *zinc* avec le bismuth; d'autres ont dit que c'étoit une espece d'étain. Actuellement on est convaincu que le *zinc* est un demi-métal, qui a des propriétés qui lui sont particulieres, qui a des mines qui lui sont propres.

Il n'existe point dans la nature de *zinc* natif, c'est-à-dire, tout pur, & sans la forme métallique qui lui est propre: c'est toujours par l'art qu'on le tire des mines qui le contiennent, & alors même ce n'est point par la fusion, c'est par la sublimation qu'on l'en retire.

La principale mine du *zinc*, & qui contient plus abondamment ce demi-métal, est la calamine ; c'est au *zinc* qu'elle renferme qu'est due la propriété de jaunir le cuivre, & de faire ce qu'on appelle le *laiton*, ou le *cuivre jaune*. V. CALAMINE & LAITON.

La calamine varie par la couleur, il y en a de blanche, de jaune & de rougeâtre ou brune, suivant qu'elle est plus ou moins mêlée de parties ferrugineuses ou d'ochre.

La blende est aussi une vraie mine de *zinc*, que l'on peut en tirer par la sublimation, & qui peut être employé à faire du cuivre jaune. Le *zinc* n'est point seul dans la blende, il s'y trouve aussi des parties ferrugineuses, des parties sulfureuses & arsenicales, & même quelquefois ne petite portion d'argent, qu'il est très-difficile d'en tirer. Il y en a plusieurs espèces; 1°. la principale ressemble assez à la galene ou mine de plomb ordinaire; c'est à ce qui est cause que les Allemands lui ont donné le nom de *blende*, qui signifie *ce qui aveugle*, parce que sa ressemblance avec la mine de plomb, la rend très-propre à tromper les mineurs. 2°. La blende que l'on nomme en allemand *horn-blende* ou *pech-blende*, blendée cornée, ou semblable à de la poix. 3°. La blende rouge, elle est d'une couleur plus ou moins vive; il y en a qui est d'un rouge de rubis, & qui ressemble à la mine d'argent rouge: 4°. Il y a des blendes grises de différentes nuances. Toutes ces blendes sont de vraies mines de *zinc*, qui contiennent tantôt plus, tantôt moins de ce demi-métal. M. de Justi ajoute à ces substances une nouvelle mine de *zinc* différente des précédentes, c'est un spath, d'un gris clair, tirant sur le bleuâtre, composé de feuillets oblongs, & assez pesant, qui se trouve à Freyberg en Misnie, & qui lorsqu'on l'expose au feu, donne une sublimation de *zinc*; il lui a donné le nom de *spath de zinc*. Le même auteur observe, avec raison, que M. Wallerius a trop multiplié sans fondement les mines de *zinc* dans la minéralogie.

Outre cela, l'on trouve du *zinc* dans le vitriol blanc qui, quoique rarement, se trouve tout formé par la nature dans les souterrains des mines de Goslar; il est en stalactite, ou en cristaux, ou sous la forme d'un enduit ou d'une efflorescence. Ce vitriol est formé par la combinaison de l'acide vitriolique & du *zinc*; il est quelquefois composé de *zinc* pur, mais souvent il participe du fer, du cuivre & des autres substances qui ont mêlées avec lui dans la mine. Ce vitriol se fait aussi artificiellement à Goslar & au Rammelsberg; on fait griller la mine de plomb mêlée de mine de *zinc* qui se rencontre dans ce pays: on y verse ensuite de l'eau, après l'avoir mise dans des auges, on y laisse séjourner cette eau, afin que les parties impures aient le temps de se déposer; après quoi on décante la dissolution, que l'on met dans des chaudieres de plomb pour la faire évaporer, & on finit ensuite par la faire cristalliser: on fait ensuite calciner, dissoudre, & cristalliser de nouveau ce vitriol blanc: on

met dans des moules triangulaires; & il est alors propre à entrer dans le commerce. La plupart des auteurs ont fait sur le vitriol blanc, des conjectures aussi peu fondées que sur le *zinc* même, dont ils ne connoissoient nullement la nature; pour se convaincre que c'est le *zinc* qui sert de base à ce vitriol, on n'aura qu'à le dissoudre dans de l'eau: on mettra de l'alkali fixe dans la dissolution, & il se précipitera une substance blanche qui mêlée avec de la poussiere de charbon, & distillée dans une cornue de verre, formera dans le cou de la rétorte, un sublimé propre à jaunir le cuivre; ce qui est le caractere distinctif du *zinc*. *V.* VITRIOL. Ce vitriol contient souvent des particules de fer, de cuivre, de plomb, &c. avec lesquelles il est mêlé dans la mine de Goslar.

Nous avons déjà fait remarquer que ce n'est point par la fusion que l'on tire le *zinc* des substances minérales qui le contiennent, ce n'est qu'accidentellement qu'on l'obtient; la facilité avec laquelle l'action du feu le brûle & le réduit en chaux, fait qu'on ne peut guere le retirer sous la forme qui lui est propre. Près de Goslar, dans les fonderies des mines de Rammelsberg, on traite, comme nous avons dit, un minerai qui contient du plomb, du cuivre, de l'argent, & beaucoup de *zinc*; la partie antérieure, l'estomac dont on ferme le fourneau à marche, est fait d'une pierre assez mince: on la mouille afin de la rafraîchir, & pour qu'il s'y attache un enduit qui n'est autre chose qu'une chaux de *zinc*, que l'on appelle la *cadmie des fourneaux*. *V.* CADMIE. On met aussi au fond du fourneau, une certaine quantité de poudre de charbon, afin que le *zinc* que la chaleur fait fondre & sortir de la mine, ait une retraite qui le garantisse de la trop grande violence du feu, qui ne manqueroit point de le calciner & de le dissiper: il s'attache aussi dans la cheminée des fourneaux, une suie ou un endroit qui est très-chargé de *zinc*, on la détache, & il est propre à faire du cuivre jaune: d'où l'on voit que c'est sous la forme d'un sublimé ou d'une chaux, que l'on obtient la plus grande partie du *zinc*.

Pour tirer le *zinc* de la blende, on commencera par la faire griller, jusqu'à ce que tout le soufre que cette mine contient, soit dégagé: alors on mêlera huit parties de cette blende grillée, avec une partie de poudre de charbon : on mettra ce mélange dans une cornue de terre bien garnie de lut, que l'on exposera à feu nu pendant environ quatre heures; le zinc se sublimera sous la forme d'une poudre blanche ou grise dans le cou de la cornue.

Pour réduire cette chaux, c'est-à-dire, pour lui donner la forme métallique, on en mêle quatre parties avec une partie de charbon en poudre; on met le tout dans un creuset frotté avec de la cire, on presse le mélange, on couvre le creuset d'un couvercle que l'on y lute bien exactement, afin que rien n'en sorte; on met le creuset au fourneau de verrerie, & aussi-tôt qu'il est parfaitement rouge, on le vuide, de peur que le zinc réduit, ne vint à s'allumer si le feu étoit continué trop long-temps. Cette réduction peut encore se faire en mêlant la chaux de zinc avec du flux noir & un peu de suie, ou bien des os noircis par la calcination; on mettra le tout dans un creuset fait d'une terre calcaire, & qui ne soit point vernissé; on couvrira le mélange d'une bonne quantité de charbon en poudre, on adaptera au creuset un couvercle qui le renferme exactement, & l'on observera la même chose que dans l'opération qui précède.

Nous allons maintenant examiner la propriété du zinc; celle qui le caractérise sur-tout, est de jaunir le cuivre plus ou moins selon la quantité qu'on en fait entrer; ce n'est que le zinc qui est contenu dans la calamine, qui lui donne cette propriété, ainsi qu'à la cadmie des fourneaux qui n'est qu'une sublimation ou une suie dans laquelle le zinc abonde; sur quoi cependant on doit remarquer un phénomène fort singulier, c'est que le laiton ou le cuivre jaune fait avec la calamine, devient très-ductile, au lieu que celui qui est fait avec le zinc seul, est aigre & cassant. M. Zimmermann croit que cette différence vient de ce que dans la calamine, le zinc est uni avec une plus grande portion de terre, & de ce que le travail se fait d'une manière différente; en effet, lorsqu'on fait du laiton avec de la calamine, la combinaison se fait par la voie de la cémentation, dans des vaisseaux fermés, & au moyen d'un mélange de charbon en poudre, au lieu que lorsqu'on fait le cuivre jaune avec le zinc tout pur, une portion considérable de ce demi-métal, se

réduit en chaux. Si l'on combine la chaux de zinc, ou la cadmie, ou le zinc lui-même, de la même manière que la calamine, on aura aussi un cuivre jaune très-ductile; cependant il faut observer que la calamine exige un feu plus violent, & de plus de durée, pour communiquer sa partie colorante au cuivre, que le zinc seul.

Une partie de zinc alliée avec trois parties de cuivre, forme une composition d'un beau jaune, que l'on appelle tombac; c'est aussi le zinc qui allié avec le cuivre, forme les alliages que l'on nomme similor, pinchbeck, métal du prince Robert, &c. on peut aussi faire différentes compositions semblables à l'or, en mêlant ensemble quatre, cinq, ou six parties de cuivre jaune, avec une partie de zinc; ces alliages sont cassants; mais pour y remédier, on peut joindre un peu de mercure sublimé à la fin de l'opération; on peut aussi faire entrer un peu d'étain bien pur dans l'alliage. Il faut toujours observer de commencer par faire fondre le cuivre jaune avant que d'y mettre le zinc, lorsqu'on voudra faire ces sortes de compositions.

Le zinc dissout tous les métaux & demi-métaux, à l'exception du bismuth. Il se combine par la confusion avec tous les métaux, mais il les rend aigres & cassants, il les décompose, il facilite leur fusion & leur calcination, & les volatilise, effet qu'il produit sur l'or même; il augmente la pesanteur spécifique de l'or & de l'argent, du plomb & du cuivre; mais il diminue celle de l'étain, du fer, & du régule d'antimoine; fondu avec la platine, il devient plus dur. Lorsqu'on voudra unir le zinc avec les métaux imparfaits, il faudra couvrir le mélange qu'on aura mis dans le creuset, avec du verre pilé ou des cailloux pulvérisés mêlés avec de la potasse, pour prévenir la dissipation ou la calcination : on dit que les Anglois mettent une partie de zinc sur six cents parties d'étain, pour le rendre plus dur & plus sonnant. M. Zimmermann nous apprend que si l'on fait fondre du zinc avec du plomb, & que l'on forme des balles à fusil de cet alliage, on ne pourra jamais tirer juste avec ces balles.

Le zinc s'amalgame avec le mercure, l'amalgame est au commencement assez fluide, mais peu-à-peu il devient plus dur; mais l'amalgame sera très-fluide si on commence par fondre le *zint* avec du plomb , & si ensuite on le triture avec le mercure; mais le *zinc* se dégagera sous la forme d'une poudre , si on triture cet amalgame dans l'eau, parce que le plomb a plus d'affinité que lui avec le mercure.

Tous les dissolvans agissent sur le *zinc*; cependant l'acide vitriolique très - concentré, ne le dissout point , il faut pour cela qu'il soit affoibli. L'acide nitreux le dissout avec une rapidité étonnante , & par préférence à tous les autres métaux ; dans cette dissolution il se fait une effervescence très-violente. L'acide du sel marin dissout aussi le *zinc* , si on met cette dissolution concentrée en digestion avec de l'esprit-de-vin bien rectifié , l'huile du vin se dégagera. L'acide du vinaigre dissout aussi le *zinc* ; pendant que la dissolution s'opere , elle répand une odeur très-agréable , & il se forme un sel astringent. Le *zinc* se dissout pareillement dans le verjus , dans le jus de citron , & dans les acides tirés des végétaux.

Le *zinc* est soluble par l'alkali fixe & l'alkali volatil dissout dans l'eau & à l'aide de la chaleur. On mélange de sel ammoniac, avec de la limaille de *zinc* humectée d'un peu d'eau , s'échauffe , répand des vapeurs , & finit par s'enflammer.

Le soufre n'agit point sur le *zinc*, ainsi l'on peut s'en servir pour dégager ce demi métal des autres substances métalliques avec lesquelles il peut être uni ; le foie de soufre le dissout parfaitement.

Le *zinc* a la propriété de précipiter toutes les dissolutions métalliques.

Nous avons déja fait remarquer que le *zinc* s'enflamme dans le feu, alors il se dissipe sous la forme d'une substance légere & blanche , que l'on nomme *laine* ou *coton philosophique* ; cette substance ressemble à des fils que l'on voit voltiger dans l'air en été , dans les jours sereins. La *tuthie*, le *pompholix*, le *nihil album*, les *fleurs de zinc* , ne sont que des chaux de *zinc* à qui on a jugé à propos de donner des dénominations singulieres.

Le *zinc* a la propriété du phosphore ; si on triture une chaux de *zinc* , on voit qu'elle répand une lumiere verdâtre ; on trouve à Scharffenberg en Saxe, une blende rouge , qui pareillement triturée est phosphorique , ce qui devient du *zinc* qu'elle contient.

De toutes les propriétés de cette sub-

stance , on doit en conclure que le *zinc* est un demi-métal , qui contient une terre métallique blanche , & beaucoup de principes inflammables. Quelques auteurs regardent sa terre métallique comme un peu arsénicale ; le *zinc* a réellement des propriétés qui indiquent assez d'analogie entre lui & l'arsenic : en effet le *zinc* jeté sur des charbons ardens , répand une odeur pénétrante , qui a quelque rapport avec l'odeur d'ail de l'arsenic ; il répand comme lui une lumiere phosphorique. Le *zinc* colore le cuivre en jaune, l'arsenic le blanchit ; l'un & l'autre rendent les métaux plus faciles à entrer en fusion,& leur enlevent leur ductilité. M.Zimmermann rapporte une expérience par laquelle il prouve encore plus l'analogie du *zinc* & de l'arsenic. Il dit que l'on n'a qu'à faire fondre ensemble une partie d'or avec trois parties de *zinc* , on pulvérisera la composition qui en résultera; on mettra cette poudre dans une cornue bien lutée avec de la chaux vive , on donnera le feu par degrés ; la plus grande partie du *zinc* se sublimera en chaux, ou sous la forme de fleurs; mais, selon lui, la partie arsenicale restera jointe avec l'or,qui aura bien la forme d'une poudre jaune, mais qui n'aura aucune de ses propriétés métalliques. Si on met ce résidu dans un matras , & que l'on verse par-dessus six fois autant d'eau forte , il s'excitera une effervescence violente , & il en partira une vapeur qu'il seroit très-dangereux de respirer, après quoi l'or restera sous la forme d'une poudre grise , effet qui est produit par la substance arsénicale qui est contenue dans le zinc.

La propriété que le *zinc* a de colorer le cuivre en jaune n'a point échappé aux alchymistes , & quelques-uns d'eux n'ont point manqué d'en conclure que c'étoit cette substance qui devoit leur fournir la matiere colorante qu'il faut introduire dans les métaux , pour les convertir en or. (—)

ZINC, *Pharm. & Mat. méd.* , des diverses substances appartenant à ce demi-métal, *v.* ZINC, *Chymie*, celles que les pharmacologistes ont adoptées sont deux de ces chaux : savoir,le pompholix, *nihil album*, ou fleurs de *zinc* , & la tuthie , & sa mine propre ou pierre calaminaire.

Ces matieres sont principalement employées dans quelques préparations officinales destinées à l'usage extérieur, & elles font employées pour la feule vertu qu'elles poffedent : favoir, la vertu defficative à un degré éminent : c'est à ce titre que le pompholix entre dans l'onguent *diapompholigos*, la tuthie dans l'onguent de tuthie, la pierre calaminaire dans l'onguent deffîcatif, dans l'emplâtre ftyptique, l'emplâtre *manus dei*, &c. la tuthie & la pierre calaminaire enfemble, dans l'emplâtre oppodeltokc, &c.

La tuthie, ou le pompholix, font la bafe des collyres defficatifs, foit liquides, foit fous forme de poudre, tant officinaux que magiftraux. Ces remedes ne s'emploient point intérieurement. **(b)**

ZINDIKITE, f. m. *terme de relation*, nom d'une fecte mahométane, fort bizarre dans fes opinions. Ces *Zindikites* croient que tout ce qui a été créé eft Dieu, n'admettent point de providence ni de réfurrection des morts. Golius prétend que Zindick, auteur de cette fecte, la moins nombreufe qu'il y ait au monde, étoit un mage fectateur de Zoroaftre. Il eft vraifemblable que ces *Zindikites*, dont parle Ricaut, font les mêmes que ceux dont Pietro della Valle fait mention, & qu'il appelle *Ebl-Eltobkikes*, gens de certitude qui, dit-il, croient que les quatre élémens font Dieu, font l'homme, font toutes chofes. Nous avons en femblablement parmi les chrétiens, au commencement du treizieme fiecle, un certain David de Dinant, qui n'admettoit aucune diftinction entre Dieu & la matiere premiere. Enfin Spinofa s'eft avifé dans le dernier fiecle de forger de cette rêverie un fiftême extravagant. **(D. J.)**

ZINGANA, f. m. *Hift. nat. Ichthiol.*, c'eft le nom d'un poiffon de mer fort fingulier, qui fe trouve vers la côte d'Ivoire en Afrique. Sa tête eft rouge, plate & très-grande ; fes yeux font très-vifs. Il a deux rangées de dents très-fortes. Son corps eft rond & fe termine en pointe ; il n'a point d'écailles, mais une peau épaiffe & très-rude. Ses nageoires font grandes ; il s'élance avec une force incroyable fur fa proie. Il eft très-vorace & furtout très-friand de chair humaine, on croit que ce poiffon eft le même que l'on nomme *pantouchir* dans quelques parties de l'Amérique.

ZINGI, f. m. *Hift. nat. Bot. exotiq.*,

fruit des Indes orientales fait en forme d'étoile. Il eft compofé de fept efpeces de noix oblongues, triangulaires, & difpofées en rond. Son écorce eft dure, rude & noire. Les amandes font polies, luifantes, rougeâtres, de l'odeur & du goût de l'anis, d'où cette plante a pris en Europe fon nom d'*anis des Indes*. Les Orientaux, particuliérement les Chinois, fe fervent de l'amande pour préparer leur thé, & leur forbet. **(D. J.)**

ZINGNITES, *Hift. nat. Lithol.*, pierre décrite par Albert le grand & par Ludovico Dolce, qui lui attribuent toutes fortes de vertus fabuleufes, & qui difent qu'elle avoit la tranfparence du cryftal.

ZINGUERO ou ZENGERO, *Géogr. mod.*, royaume d'Afrique, dans l'Abyffinie. Il confine avec celui de Roxa. **(D. J.)**

ZINZEL (LE), *Géog. mod.*, petite riviere de France dans la baffe-Alface. Elle prend fa fource aux montagnes de la Lorraine, & fe jette dans la Soure ou Senore, près de Stimbourg.

ZINZICH ou SINSICH ou SCHINSICH, *Géogr. mod.*, petite ville ou, pour mieux dire, bourgade d'Allemagne, au duché de Juliers, fur l'Aar, près de l'endroit où cette riviere fe jette dans le Rhin. Cette bourgade eft vis-à-vis de Lintz, à deux milles d'Allemagne au deffus de Bonn vers le midi, & dans une campagne fertile. *Longitude* 24, 39 ; *latitude* 50, 46.

ZINZOLIN, f. m. *Teinture* ; c'eft ainfi qu'on nomme une des nuances du ronge de garance, qui tire un peu fur le pourpre. **(D. J.)**

ZIO, *Calend. des Hébreux*, deuxieme mois de l'année eccléfiaftique des Hébreux : *in anno quarto, menfe zio, qui eft menfis fecundus, III. Reis, vj. 1.* Mais depuis la captivité, ce mois perdit le nom de *zio*, & prit celui d'*yack*, qui répond en partie à avril, & en partie à mai.

ZIOBERIS, *Géog. anc.*, fleuve d'Afie, dans l'Hyrcanie. Quinte-Curce, *liv. VI, ch. iv*, décrit ainfi ce fleuve. Il y a dans une vallée qui eft à l'entrée de l'Hyrcanie, une forêt de haute futaie arrofée d'une infinité de ruiffeaux, qui tombant des rochers voifins, engraiffent toute la vallée. Du pié de ces montagnes defcend le fleuve *Ziobéris*, qui, par l'efpace de quelques ftades, coule tout entier dans fon lit, puis venant à fe rompre contre un roc, fe fend en deux bras, & fait comme une jufte diftribution de fes eaux. De là venant plus rapide & fe rendant toujours plus impétueux par la rencontre des rochers qu'il trouve dans fon chemin, il fe précipite fous terre, où il roule, & fe tient caché durant la longueur de trois cents ftades. Enfuite il vient comme à remaître d'une autre fource, & fe fait un nouveau lit plus fpacieux que le premier, car il a treize ftades de largeur ; puis, après s'être encore refferré dans un canal plus étroit, il tombe enfin dans un autre fleuve nommé *Rbydage.* Les habitans, continue Quinte-Curce, affuroient que tout ce qu'on jetoit dans la caverne où le *Zioberis* fe perd, & qui eft plus proche de fa fource, alloit refortir par l'autre embouchure de cette riviere : de forte qu'Alexandre y ayant fait jeter deux taureaux, ceux qu'il envoya pour en favoir la vérité, les virent fortir par cette ouverture. Ce fleuve eft appellé *Stiboëtes* par Diodore de Sicile, *liv. XVII, c. lxxvij,* qui en donne une autre defcription femblable.

ZIPH, *Géographie facrée,* nom de deux villes & d'un défert de la Paleftine, dans la tribu de Juda; ces deux villes ou bourgades tiroient apparemment leur nom de *Ziph* ou *Zipba,* fils de Jaleleel, de la tribu de Juda, & dont il eft parlé au *I. liv. des Paralip. c. iv, v.* 16.

ZIPPOIS, *Géog. anc.* , ville de la Galilée, & dans une fituation avantageufe qui la faifoit regarder comme la clef de cette province. Cette ville étoit éloignée de cinq parafanges de Tibériade ; les Rabins la nomment *Sefora,* & Jofeph *Sepbris. V.* SEPHORIS.

J'ajouterai feulement que lorfque les Romains porterent la guerre dans la Judée, elle fut la derniere des villes de cette province qui fe rendit à Titus. Le pere Hardouin rapporte des médailles de cette ville, frappées fous Domitien & fous Trajan, avec ce mot CEΦΟΡΠΝΩΝ, *Sepboremon.* Dans la fuite on appella cette ville *Dioclfarte.*

ZIRANNI (LES), *Glogr. mod.* , peuples de l'empire ruffien. Ils occupent un pays confidérable de même nom, au couchant de la province de Permie, & au nord-oueft de celle de Viatka. Ce peuple a été long-tems indépendant, mais il eft aujourd'hui tributaire du czar, & habite

dans une forêt à laquelle on donne cent cinquante lieues de longueur. Les *Ziranni* ont des hameaux & des villages dans cette forêt. Ils n'ont pour le civil ni gouverneurs, ni vaïvodes; mais ils font pour le fpirituel de l'églife grecque. On les croit originaires des frontieres de la Livonie. Ils fubfiftent en partie par le moyen de l'agriculture, en partie par le commerce des pelleteries grifes.

ZIRCHNITZERSÉE , *Glog. mod.* , lac d'Allemagne dans la Baffe-Carniole, vers les confins de Windifchmarck, & au nord de la forêt appellée communément *byrpamerwalde.* Ce lac eft fi remarquable, qu'il mérite que nous en tirions la defcription des *Tranf. pbilof.* n°. 54, 109, 191.

On l'appelle *Zircbnitzerfea, de Zircbnita,* bourgade d'environ 200 maifons, qui eft fur fes bords. Ce lac a près de deux milles d'Allemagne de longueur, & une de largeur. Il eft environné par-tout de montagnes, & n'a aucun écoulement. En juin, juillet & quelquefois jufqu'en août, l'eau fe perd fous terre, non feulement par la filtration, mais encore en fe retirant fous terre par de grands trous qui font au fond : le peu qu'il en refte dans la partie qui eft pleine de rochers, s'évapore, mais en octobre & novembre l'eau revient communément (quoique le temps n'en foit pas fixe) & recommence à couvrir le terrein. Ce retour eft prompt, & l'eau monte par les trous avec tant de force, qu'elle s'élance hors de terre de la hauteur de quelques piés.

Les trous font en forme de baffins de largeur ou de profondeur différentes, depuis vingt jufqu'à trente coudées de largeur, & de huit à quinze de profondeur. Au fond de ces trous il y en a d'autres où l'eau & les poiffons fe retirent, quand le lac fe perd; ces trous ne font pas dans une terre molle, mais communément dans le roc folide.

Le lac étant ainfi plein & à fec tous les ans, fert aux habitans à plufieurs ufages. Premiérement quand il eft plein d'eau, il attire plufieurs fortes d'oies, de canards fauvages & autres oifeaux aquatiques qui font un fort bon manger. 1°. Sitôt que le lac eft vuide, les gens du pays coupent les rofeaux & les herbes pour faire de la litiere à leurs beftiaux. 3°. Il eft entiérement fec vingt jours après, & ils y re-

eueillent beaucoup de foin. 4°. Quand le
foin est enlevé, ils y sément du millet,
qui communément a le temps de mûrir.
5°. Il s'y trouve beaucoup de gibier ; car
il y vient des bois & des montagnes voisines des lievres, des renards, des daims,
des ours, des sangliers, &c. aussi-tôt
que l'eau est écoulée. 6°. Quand le lac est
plein, on peut y pêcher. 7°. Tout le temps
que l'eau s'écoule, on y prend beaucoup
de poissons que l'on attrape dans des fosses, & dans les lieux où les trous ne sont
pas assez grands pour qu'ils puissent y
passer.

Enfin quand les eaux reviennent, elles
attirent une sorte de canards qui se nourrissent sous terre, & qui, quand ils en
sortent, nagent assez bien ; mais ils sont
aveugles & n'ont presque point de plumes. Ils voient bientôt après qu'ils sont
exposés à la lumiere, & en peu de temps
ils acquierent des plumes ; ils ressemblent
aux canards sauvages, sont d'un très-bon
goût & faciles à attraper. On suppose que
la cause, ou plutôt la raison de tous ces
phénomenes surprenans, vient d'un lac
souterrain qui est au dessous de celui-ci,
avec lequel il communique par les différens trous dont j'ai parlé.

Il y a un ou plusieurs lacs sous les bords
de la montagne Javornick, mais dont la
surface est plus haute que celle du lac
Zirchnitz. Ce lac plus haut est peut-être
formé par quelques-unes des rivieres
qui dans ce pays se perdent sous terre.
Quand il pleut, sur-tout par des orages
subits, l'eau se précipite avec beaucoup
de violence dans les vallées profondes,
dans lesquelles sont les canaux de ces petites rivieres ; de sorte que l'eau étant
augmentée dans ce lac par l'arrivée subi-
te des pluies en plus grande quantité qu'il
ne peut en vuider, il enfle sur le champ ;
mais trouvant plusieurs trous ou cavernes dans la montagne, plus haut que n'est
sa surface ordinaire, il se dégorge par-là
dans le lac souterrain qui est sous celui de
Zirchnitz, dans lequel l'eau monte par
les différens trous ou fosses qui sont au
fond, ainsi que par les passages apparens
qui sont sur la terre. (D. J.)

ZIRICZÉE ou ZIRIC-SÉE, Géogr.
mod., ville des Pays-Bas, dans la province de Zélande ; & capitale de l'isle de
Schowen, à sept lieues au sud-ouest de la
Brille. Elle est jolie, bien peuplée & mar-

chande, quoique son port ait été comblé
par les sables. Les états généraux ont pris
cette ville sur les Espagnols en 1577, &
l'ont mise en bon état de défense. Avant la
révolution arrivée dans la religion du pays,
il y avoit à Ziriczée six maisons religieuses, un béguinage, & les restes d'une commanderie de Templiers. Long. 21, 24's
latit. 51, 36.

Amand de Ziriczée, ainsi nommé du
lieu de sa naissance, exerça la dignité de
provincial de l'ordre de S. François dans
les Pays-Bas, & mourut en 1534. Il a
composé en latin une chronique en six livres, & quelques ouvrages théologiques
dont on ne connoît plus que les titres.

Lemnius (Lævinus), naquit en 1505 à
Ziriczée, où il pratiqua la médecine ;
mais s'étant fait prêtre après la mort de sa
femme, il devint chanoine de cette ville,
& y mourut en 1568. Son ouvrage intitulé, de occultis naturæ miraculis, a été imprimé nombre de fois. La premiere édition faite à Anvers en 1559 in-8°. ne contient que deux livres, mais la seconde,
chez Plantin 1564 in-8°. contient quatre
livres, & l'auteur se proposoit d'ajouter
encore deux autres livres à ces quatre.

Peckius (Pierre), né à Ziriczée en
1529, parvint par son mérite à la charge
de conseiller au conseil de Malines, où
il mourut en 1589. Ses écrits de Jurisprudence ont été recueillis & imprimés ensemble à la Haye en 1647. On estime assez son traité de testamentis conjugum, &
celui de jure sistendi. Son commentaire ad
tit. d. Nauta, &c. a été imprimé à Amsterdam en 1668 in 8°. avec des notes &
des additions de Vinnius.

Titelius (Regnier), né à Ziriczée
& mort à Amsterdam en 1618, a traduit
d'italien en latin la description des Pays-
Bas, faite par Guichardin. (D. J.)

ZIRIDAVA, Géog. mod., ville de la
Dace, selon Ptolomée, l. III, ch. viij.
Le nom moderne est Scarossen, si nous
en croyons Lazius. (D. J.)

ZIRONA, Géogr. mod., petite isle du
golfe de Venise, sur la côte de la Dalmatie, & de la dépendance du comté de Traw.
(D. J.)

ZIS ou ZIZ, Géogr. mod., montagne
d'Afrique, dans la Barbarie, au royaume de Fez ; c'est une chaîne de montagnes
froides & rudes, qui prennent leur nom
de la riviere de Zis qui en sort, & qui sé-

pere le royaume de Fez de celui de Tré‑
mecen. (*D. J.*)

ZITTAU, *Géogr. mod.* ville d'Alle‑
magne, dans la Haute‑Lusace, sur la
Neiss, aux frontieres de la Boheme, à
quatre lieues au dessus de Gorlitz. We‑
neslas la fit entourer de murailles en 1255.
Elle est aujourd'hui sujette à l'électeur
de Saxe, mais elle a éprouvé en 1757 des
propres alliés de ce prince, tous les bri‑
gandages & toutes les horreurs de la guer‑
re. Qu'auroit fait de plus le général Daun,
si cette ville eût appartenu au roi de Prus‑
se? *Long.* 32, 47; *latit.* 51, 13. (*D. J.*)

ZIZANIA, s. f. *Hist. nat. Botan.* gen‑
re de plante distinct du *lolium*, yvraie; &
dont voici les caracteres.

1. Il produit des fleurs mâles & femelles
sur la même plante; les fleurs mâles n'ont
point de calice; la fleur est un tuyau bi‑
valve composé de deux feuilles égales,
pointues, sans barbe, qui s'enveloppent
l'une l'autre; les étamines sont six filets,
très‑courts; les bossettes des étamines sont
oblongues & simples. Les fleurs femelles
n'ont semblablement point de calice; la
fleur est un tuyau d'une seule feuille qui
a six nervures dans sa longueur, & finit
en une pointe terminée par une longue
barbe. Le germe du pistil est oblong; le
style est divisé en deux; les stigmates sont
plumeux; le fruit consiste dans la fleur
même qui est roulée & qui se partage hori‑
zontalement vers la baie. C'est dans cette
fleur qu'est contenue une seule graine
oblongue. Linnæi, *gen. plant.* p. 455.
(*D. J.*)

ZIZIPHORA, s. f. *Hist. nat. Bot.* gen‑
re de plante dont voici les caracteres. Le
calice est très‑long, cylindrique, tubu‑
laire, composé d'une seule feuille, striée,
barbue, & découpée dans les bords en cinq
segmens très‑petits. La fleur est monopé‑
tale, formant un tuyau cylindrique de la
longueur du calice; cette fleur est labiée;
la levre supérieure est ovale, droite, échan‑
crée & obtuse; la levre inférieure est lar‑
ge, ouverte, & divisée en trois parties
égales, arrondies. Les étamines sont deux
filets simples de la longueur de la fleur;
le stigmate est pointu & recourbé. Il n'y
a point de fruit, mais le calice contient
quatre semences oblongues, obtuses, con‑
vexes d'un côté, & angulaires de l'autre.
Linnæi, *gen. plant.* p. 13. (*D. J.*)

ZIZITH, s. m. *Coutum. judaïq.* nom

donné par les Juifs aux franges qu'ils
avoient coutume de porter anciennement
aux quatre coins de leurs habits de des‑
sus, suivant l'ordonnance des Nombres,
c. xv, *v.* 36. *Deuter. c. xxij*, *v.* 12; mais
présentement les Juifs ont seulement sous
leurs habits un morceau quarré de drap
qui figure leur vêtement avant la disper‑
sion. Ainsi le *zizith* des Juifs modernes
est une frange faite de huit fils de laine fi‑
lée exprès; chaque fil a cinq nœuds, jus‑
qu'à la moitié de sa longueur, & tout ce
qui n'est pas noué, se tresse ensemble, &
forme une espece de frange; voyez les cé‑
rémonies des Juifs par Léon de Modene,
part. I, c. v. (*D. J.*)

ZIZYPHA ou ZIZYPHUS, subst. m.
Bot. nom donné quelquefois à l'espece
de fruit appellé plus communément *juju‑
be. V.* JUJUBE.

Z M

ZMILACES, s. m. *Hist. nat. Lithol.*
Pline appelle ainsi des pierres semblables
à du marbre, d'un bleu tirant sur le verd,
qui se trouvoient dans le lit de l'Euphrate.

ZMILAMPIS, s. f. *Hist. nat. Lithol.*
Pline & les anciens nomment ainsi une
pierre, qu'ils disent semblable à un mar‑
bre, proconnesien, qui étoit d'un beau
blanc, veiné de noir, avec cette différen‑
ce que dans le *zmilampis* on voyoit tou‑
jours une tache bleuatre semblable à la
prunelle d'un œil. Comme on nous ap‑
prend que cette pierre étoit petite, se
montoit en bague, & se trouvoit dans
l'Euphrate, il y a lieu de présumer que
ce n'étoit point du marbre, mais une pier‑
re semblable à l'œil de chat, qui se trou‑
ve assez fréquemment dans le lit de plu‑
sieurs rivieres des Indes. Quelques au‑
teurs ont appellé cette pierre *zmilanthis*.

Z N

ZNAIM ou ZNOYM, *Géogr. mod.*
ville de Bohème, en Moravie, sur la Teys,
vers les frontieres de l'Autriche, à sept
lieues de Brimm, & à dix de Vienne.
C'est ici où Sigismond, empereur d'Al‑
lemagne, finit ses jours en 1437 à 78 ans,
après bien des traverses. Il fut malheu‑
reux en 1393 contre Bajazeth; mais il eut
plus à souffrir de ses sujets que des Turcs.
Les Hongrois le mirent en prison, & of‑
frirent la couronne en 1410 à Lancelot,
roi de Naples. Echappé de sa captivité, il

Xx 3

le rétablit en Hongrie, & fut enfin choisi pour chef de l'empire. En 1414, il convoqua le concile de Constance, & s'en rendit maître par ses soldats, garda le pape pendant trois ans dans Manheim, & viola le sauf-conduit qu'il avoit donné à Jean Hus, & à Jérôme de Prague; mais cette violation lui fut fatale le reste de ses jours. Ziska le battit plus d'une fois pendant sa vie, & même après sa mort: Albert II lui succéda. (D. J.)

ZO

ZOARA, *Littérat.*, c'est ainsi qu'on nommoit chez les Scythes, dans les anciens temps, des troncs d'arbres, ou quelques colonnes sans ornemens qu'ils élevoient en l'honneur de leurs dieux. On appelloit ces sortes de cippes *zoara*, parce qu'on les peloit s'ils étoient de bois, & qu'on les lissoit un peu s'ils étoient de pierre. Dans ce temps-là l'image de Diane n'étoit qu'un morceau de bois non travaillé, & la Junon Thespia n'étoit qu'un tronc d'arbre coupé. Bientôt la sculpture fit du bois & de la pierre des statues qui attirerent plus de respect aux dieux, & qui valurent une grande considération à l'art statuaire. La beauté des ouvrages d'un seul sculpteur fit honorer la mémoire de plusieurs grands hommes; dont les tombeaux, devinrent des temples. (D. J.)

ZOARA & ZOABAE, *Géogr. mod.*, selon Marmol, petite ville d'Afrique dans la Barbarie, sur la côte, à treize milles au levant de l'isle de Gelves. Cette ville est l'ancienne *Posidone* de Ptolomée. Elle étoit alors fort peuplée, & avoit un port très-fréquenté; ce n'est à présent qu'un village de la dépendance de Tripoli. (D. J.)

ZOCLE, f. m. *Architect.*, ou plutôt *focle*, espece de petit piédestal, ou membre quarré qui sert à poser un buste, ou une statue, ou autre chose semblable, à laquelle on veut donner quelque élévation. (D. J.)

ZOCOTORA, *Géogr. mod.*, autrement *Zocotora, Socotora & Socothora*, isle située à l'entrée de la mer rouge, à 11, 40 de latitude septentrionale. Elle est médiocrement peuplée, & dépend du roi de l'Arabie heureuse, qui la fait gouverner par un sultan. La principale richesse des habitans consiste en aloës, dont ils recueillent le suc dans des vessies, ou des peaux

de bouc, & le font sécher au soleil pour le vendre. On croit que cette isle est la *Dioscuria*, ou *Dioscoridis insula* des anciens. Elle a été découverte par Fernand Bereya, capitaine Portugais. (D. J.)

ZODIAQUE, f. m. *Astron.*, bande ou zone sphérique partagée en deux parties égales par l'écliptique, & terminée par deux cercles, que les planetes ne passent jamais même dans leurs plus grandes excursions. V. SOLEIL & PLANETES.

Ce mot, suivant quelques auteurs, vient du mot grec ζωον, *animal*, à cause des constellations qu'il renferme. D'autres le font dériver de ζωη, *vie*, d'après l'opinion où l'on étoit que les planetes avoient influence sur la vie.

Le soleil ne s'écarte jamais du milieu du zodiaque, c'est-à-dire, de l'écliptique; mais les planetes s'en écartent plus ou moins. V. ECLIPTIQUE.

La largeur du zodiaque sert à mesurer les latitudes des planetes, ou leur dérivation de l'écliptique. Cette largeur doit être, suivant quelques-uns, de seize degrés, suivant d'autres de dix-huit & même de vingt degrés. V. LATITUDE.

L'écliptique coupe l'équateur obliquement sous un angle de 23 ½ degrés, ou, pour parler plus exactement, de 23°. 29′. c'est ce qu'on appelle l'obliquité de l'écliptique; c'est aussi la plus grande déclinaison du soleil. V. OBLIQUITÉ & DÉCLINAISON, voyez aussi ECLIPTIQUE.

Le zodiaque est divisé en douze parties, appelée *signes*; & ces signes ont les noms des constellations qui y répondoient autrefois. V. CONSTELLATION. Le mouvement d'occident en orient qui fait que les étoiles ne répondent plus aux mêmes parties du zodiaque, est ce qu'on appelle la *précession des équinoxes*. Voy. PRÉCESSION.

Par ce mouvement il est arrivé que toutes les constellations ont changé de place dans les cieux, & qu'elles ne nous paroissent plus dans le même lieu où les anciens astronomes les ont remarquées. Par exemple, la constellation du Belier qui, du temps d'Hypparque, paroissoit dans la commune section de l'écliptique & de l'équateur, n'a laissé que son nom dans cette région du ciel; car présentement elle paroit avancée dans le lieu où paroissoit autrefois le Taureau, & ainsi des autres. Il faut bien prendre garde de confondre les douze signes du *zodiaque* avec les douze constellations des étoiles fixes qui s'y sont trouvées du temps d'Hypparque, & où elles ont laissé les mêmes noms qu'on conserve encore aujourd'hui. Pour les distinguer, on appelle les douze portions égales du *zodiaque* de 30 degrés chacune, les douze signes du *zodiaque*, & en latin *signa anastra*, & les douze figures qui comprennent les étoiles qui y étoient autrefois, mais qui se font avancées d'un signe, se nomment les douze constellations du *zodiaque*, en latin *signa stellata*.]

Les noms des signes du *zodiaque* sont de l'antiquité la plus reculée, & même, si nous en croyons M. l'abbé Pluche, ils ont précédé l'usage de l'écriture; bien plus, il prétend que les noms imposés aux douze signes célestes donnerent lieu à inventer la peinture & l'écriture. On trouvera les preuves de cette hypothese dans le *IV tome du spectacle de la nature*, & plus au long encore dans le *I tome* de l'*histoire du ciel*. On ne sauroit disconvenir que ses conjectures ne soient extrêmement ingénieuses, & qu'elles n'aient même au premier coup d'œil un air de simplicité qui plaît. On voit éclorre l'idolâtrie & tous les immenses détails des principes faciles, & qui réduisent l'origine de toutes les superstitions & de toutes les fables à des observations physiques, faites d'abord pour les besoins de l'homme & la culture de la terre, mais ensuite méconnues à cause des figures symboliques, dont elles étoient accompagnées, & transportées à des usages tout différens. Cependant on a proposé dans divers journaux des objections à M. Pluche sur son hypothese, & souvent ses réponses ne paroissent pas avoir entièrement levées. Certaines conformités l'avoient frappé, & elles sont effectivement frappantes, mais il n'a défriché qu'une très-petite partie d'un champ immense dont on ne sauroit venir à bout avec ces seuls principes. D'ailleurs la science des étymologies qui fait la principale & souvent l'unique base de ses hypotheses, est sujette à difficulté & remplie d'équivoques.

Ainsi lorsqu'on dit qu'une étoile est dans tel ou tel signe du *zodiaque*, on n'entend pas par-là qu'elle est dans la constellation qui porte le même nom, mais dans la partie du *zodiaque* qui a gardé le nom de cette constellation. *V.* SIGNE, ETOILE, *&c.*

M. Cassini a appellé *zodiaque des cometes* une grande bande céleste que la plupart des cometes n'ont pas passée. Cette bande est beaucoup plus large que le *zodiaque* des planetes, & renferme des constellations d'Antinoüs, de Pegase, d'Andromede, du Taureau, d'Orion, de la Canicule, de l'Hydre, du Centaure, du Scorpion & du Sagittaire. Au reste, on a reconnu qu'il n'y a point de *zodiaque* des cometes, ces corps étant indifféremment placés dans la vaste étendue des cieux. *V.* COMETE. *Chambers.*

ZODIAQUE, *Littérat.* M. Pluche, auteur de l'*histoire du ciel*, fait remonter jusqu'au voisinage du déluge de Noé & jusqu'au temps où l'Egypte n'étoit point encore habitée, l'institution du *zodiaque* sous la même forme qu'il conserve aujourd'hui parmi nous, & il tâche d'établir que les premiers hommes arrivés en Egypte y apporterent de la Chaldée le même *zodiaque*, dont les Egyptiens, les Grecs & les Latins se sont servis, & dont nous nous servons nous-mêmes. Comme il semble poser ce principe pour fondement de son système sur les années égyptiennes & sur les antiquités de l'Egypte en général, en déclarant d'avance que s'il y a quelque chose de solide dans son ouvrage, il en est redevable à cette explication du *zodiaque*, nous croyons pouvoir transcrire ici l'examen qu'en a fait M. de la Nauze.

Macrobe cherchant les raisons de la dénomination donnée aux signes du Cancer & du Capricorne, avoit dit qu'à l'exemple de l'Ecrevisse qui marche à reculons, le Soleil arrivé au Cancer retrograde & descend obliquement; & de l'exemple de la Chevre qui en broutant gagne les hauteurs, le Soleil parvenu au Capricorne commence à remonter vers nous. Sur ce plan d'analogie, l'écrivain de l'*histoire du ciel* imagine à son tour la dénomination des autres signes, & il prétend que les instituteurs du *zodiaque* ont réellement voulu marquer la saison des agneaux par le Belier à l'équinoxe du printems, l'égalité des jours & des nuits par la Balance à l'équinoxe d'automne, le temps de la moisson par la Vierge tenant un épi, le temps des pluies d'hyver par le Verseau, ainsi du reste.

Or comme les pluies n'ont point lieu en Egypte, que la moisson s'y fait dans une saison différente de celle où le Soleil eſt dans la Vierge, & qu'en un mot l'ordre que les ſignes expriment n'eſt pas celui du climat Egyptien, delà il infere que le *zodiaque* n'a point pris naiſſance en Egypte, qu'il y a été porté d'ailleurs, qu'il a été inventé avant qu'il y eût de colonie égyptienne ſur les bords du Nil; que ce ſont les premiers habitans de la Chaldée qui, avant leur diſperſion, ont donné aux maiſons du Soleil les noms qu'elles portent, & que les ſignes d'été, par exemple, furent dès lors comme ils l'ont été depuis l'Ecreviſſe, le Lion, la Vierge, & les ſignes d'automne la Balance, le Scorpion, le Sagittaire, ainſi des autres.

Cette idée paroît à M. de la Nauzetout-à-fait inſoutenable, parce que dans ces temps reculés qui remontent au moins à quatre mille ans d'antiquité, la conſtellation de l'Ecreviſſe étoit dans les ſignes du printemps, celle de la Balance dans les ſignes d'été, celle du Capricorne dans les ſignes d'hyver. C'eſt ce qui eſt démontré par le calcul du mouvement propre des étoiles fixes, qui, de l'aveu de tous les aſtronomes modernes, doit être réglé ſur le pié d'environ un degré de ſigne en 72 ans; par exemple, prenons la conſtellation du Belier dont la derniere étoile, celle de l'extrémité de la queue, eſt plus orientale de 50 degrés que le point équinoxial ne l'étoit en l'année 1740. Les 50 degrés du mouvement de l'étoile à 72 ans par degrés font trois mille ſix cents ans, qui ſe ſont écoulés depuis que l'équinoxe a commencé d'entamer la conſtellation appellée aujourd'hui *Belier*. Il ne l'avoit donc pas entamée encore il y a quatre mille ans, & par conſéquent elle étoit alors dans les ſignes d'hyver.

Pendant le cours de ces quatre mille ans, les étoiles ont avancé de 55 degrés par rapport aux équinoxes; d'où il ſuit que les pléiades, qui font partie de la conſtellation du Taureau & qui ſont préſentement à 55 degrés de l'équinoxe, lui répondoient exactement il y a 4000 ans, dans ce temps-là; donc que le Taureau ouvroit le printemps. Ainſi qu'on ne diſe point que le Belier a été dès-lors comme il le fut depuis, le premier ſigne du printemps; car enfin il n'eſt pas poſſible d'imaginer que les auteurs du *zodiaque* ayent jamais prétendu placer les conſtellations hors de leurs propres ſignes,

Il eſt vrai qu'aujourd'hui elles ſe trou-

vent à-peu-près dans les ſignes précéden, le Belier dans le *Taurus*, le Taureau dans les *Gemini*, &c. Il eſt encore vrai dans un ſens qu'elles ſe ſont autrefois trouvées dans les ſignes ſubſéquens, c'eſt-à-dire, par exemple, que la conſtellation qui porte le nom du *Belier* a été anciennement dans le ſigne d'hyver, appellé *Pis-ces*. Mais elles ne furent jamais dans les ſignes ſubſéquens reconnus pour tels, ou, ce qui eſt le même, jamais on ne donna le nom de *Belier* au premier ſigne du printemps, pendant que la conſtellation du Belier étoit encore dans les ſignes d'hyver il y a quatre mille ans. Il eſt évident au contraire qu'entre cet ancien temps & celui d'à-préſent, il y a eu un temps intermédiaire où les conſtellations ont répondu à leurs ſignes avec le plus grand rapport poſſible, & que c'eſt dans ce temps intermédiaire qu'a été inſtitué le *zodiaque* des Grecs, qui enſuite a paſſé des Latins juſqu'à nous. Il demeure donc prouvé que notre *zodiaque* n'a point été en uſage à beaucoup près avant que l'Egypte fût habitée, & qu'on n'a point dû établir ſur un fondement pareil les antiquités de l'Egypte en général & l'origine des années égyptiennes en particulier.

La différence du *zodiaque* égyptien & du *zodiaque* grec, n'eſt-elle pas d'ailleurs bien certaine? Achilles Tatius a déja obſervé que les Grecs tranſporterent à leurs héros & à leur hiſtoire le nom des conſtellations égyptiennes, & le fait eſt aſſez viſible par lui-même. Pour ce qui regarde plus particuliérement les ſignes du *zodiaque*, nous ne voyons dans les noms que nous leur donnons d'après les Grecs, aucun rapport avec les noms que leur ont donné les Arabes & les autres Orientaux qui ſont cenſés avoir le mieux conſervé les veſtiges de l'ancienne ſphere égyptienne. Enfin la diverſité de l'un & de l'autre *zodiaque* ſe découvre encore par le temps de leur inſtitution, qui paroît tomber pour les Egyptiens au quinzieme, & pour les Grecs au dixieme ſiecle avant Jeſus-Chriſt; c'eſt ce qui me reſte à faire voir.

Les Egyptiens avoient une ſorte d'année lunaire quand le peuple hébreu ſortit de l'Egypte; ce fut l'an 1491 avant J. C. ſuivant la chronologie d'Uſſerius, & enſuite ils employerent une ſorte d'année de 360 jours, juſqu'à ce qu'ils priſſent

'année vague de 365 jours en l'an 1322.
L'année mitoyenne entre 2491 & 1322
fut l'année 1407 ; ainfi l'ufage de l'année
le 360 jours , autrement de 12 mois chacun de trente jours , peut avoir commencé en Egypte vers l'an 1400 ; or c'eſt environ le même tems que doit être fixé l'é-
tabliſſement du *zodiaque* égyptien , avec
ſa diviſion en douze ſignes : diviſion dont
les premiers auteurs ont été les peuples
d'Egypte, fuivant l'ancienne tradition at-
teſtée par Macrobe.

Le rapport d'un tel *zodiaque* de douze
ſignes chacun de trente degrés, eſt viſible
avec une forme d'année de douze mois
chacun de trente jours , & il fait aſſez
ſentir que l'établiſſement de l'un & celui
de l'autre regardent ou préciſément le
même tems , ou des intervalles peu éloignés. L'antiquité du *zodiaque* égyptien
ne peut donc ſe rapporter , ainſi que l'antiquité de l'année de 360 jours, à l'an environ 1400 de l'ere chrétienne. Quant au
temps de l'inſtitution du *zodiaque* grec ,
nous pouvons en parler avec plus de certitude. On voit qu'auſſi-tôt les inſtitu-
teurs du *zodiaque* ont néceſſairement cherché à mettre le plus grand rapport poſſible entre les conſtellations & les dodécatemories. Les douze dodécatemories s'é-
tendent chacune à un eſpace égal de trente degrés juſte , pendant que les douze
conſtellations occupent inégalement, l'u-
ne plus , l'autre moins de trente degrés.
En inſtituant le *zodiaque* , on ne pouvoit
donc point éviter tout-à-fait l'irrégularité , mais par la nature même de l'établiſſement qu'on faiſoit , on prit garde que
la petite conſtellation fût renfermée au
milieu de ſa dodécatemorie , & que la
grande conſtellation entamât , le moins
qu'il ſe pouvoit , les deux dodécatemories
voiſines de la ſienne.

On eut de plus une autre obſervation à
faire dans ce *zodiaque* primitif, c'eſt que
les quatre points des équinoxes & des
ſolſtices y occupaſſent d'abord le milieu
de leurs quatre conſtellations. La preuve
du concours de ce milieu avec les points
cardinaux lors de l'inſtitution du *zodiaque* , ſe tire des divers témoignages de
l'antiquité qui atteſtent comment on a
trouvé de ſiecle en ſiecle les quatre points
concourans tantôt avec le commencement des conſtellations , plus anciennement avec le quatrieme degré , plus an-

ciennement encore avec le huitiéme, avec
le douzieme , & enfin avec le milieu même des conſtellations.

Il n'y a pas la moindre trace qu'on les
ait trouvés plus loin ; preuve aſſez forte
qu'ils n'y furent effectivement jamais , &
que par conſéquent ils occuperent ce milieu dès l'inſtitution du *zodiaque.* Or ces
deux caractères , le plus grand rapport
poſſible des conſtellations avec leurs ſignes ou dodécatemories , & la rencontre
des points cardinaux avec le milieu des
conſtellations, ne peuvent convenir qu'au
dixieme ſiecle avant J. C. le calcul aſtronomique le démontre. C'eſt donc à ce ſie-
cle-là qu'il faut fixer le premier établiſſement du *zodiaque* des Grecs. Chiron en
fut l'inſtituteur ; car un écrivain de l'antiquité la plus reculée, cité par Clément
d'Alexandrie , aſſuroit que Chiron avoit
appris aux hommes les figures du ciel ; &
puiſqu'en cet endroit Clément d'Alexandrie traite des différentes découvertes &
de leurs auteurs , nous devons entendre
par ces figures du ciel que les conſtellations telles que la Grece les connut depuis , avoient été primitivement tracées
& arrangées par Chiron , qu'il a été conſéquemment auteur du *zodiaque* dont les
Grecs & les Latins ſe ſont ſervis , & que
l'antiquité de ce *zodiaque* remonte au 10ᵉ.
ſiecle avant l'ere chrétienne, c'eſt-à-dire,
à l'an 939 , ſelon le calcul de Newton.
Mémoire des inſcrip. tome XIV. (D. J.)

ZŒBLITZ , MARBRE DE, ſ. m. *Hiſt.
nat. Lithol.* , nom donné par pluſieurs na-
turaliſtes à la ſerpentine qui ſe trouve
très-abondamment à *Zœblitz.* C'eſt improprement qu'on lui donne le nom de *marbre* , puiſque c'eſt une vraie pierre argil-
leuſe. *V.* SERPENTINE.

ZŒEST , *Géogr. mod.* , ville d'Allemagne en Weſtphalie , au comté de la
Marck. *V.* SŒST. (D. J.)

ZŒLÆ , *Géog. anc.* , peuples de l'Eſpagne tarragonoiſe. Pline , *l. III ; c. iij,*
les comprend ſous les *Aſturi* , & dit , *l.
XIX, c. j* , que leur cité étoit voiſine de
la *Gallecia* , & près de l'Océan. Le lin de
ce pays étoit anciennement en réputation;
c'eſt ce qu'on appelloit *linum zælicum.*
On en tranſportoit en Italie , où on s'en
ſervoit pour faire des rets , filets , ou toiles à prendre les bêtes ſauvages. (D. J.)

ZOETÉE , *Géog. anc.* , *Zoitum, Zoi-
tion* ou *Zoita* , comme écrit Pauſanias, *l.*

VII, e. xxv, ville du Péloponnèfe dans l'Arcadie ; en fortant de Tricolons pour aller à Methydrium, & en prenant fur la gauche, dit cet hiftorien, on arrivoit à *Zoëtée*, qui avoit eu, difoit-on, pour fondateur Zœteus, fils de Tricolonus; mais du temps de Paufanias, ces deux villes, Tricolons & *Zoëtée*, étoient défertes, il n'étoit refté que deux temples à *Zoëtée*, l'un de Cérès, & l'autre de Diane. (*D. J.*)

ZOFFA ou ALFAQUES, *baie de, Géog. mod.*, baie de la mer Méditerranée fur la côte d'Efpagne, dans la Catalogne. Cette baie peut avoir 10 ou 12 milles de longueur, & 4 à 5 de largeur ; elle eft formée par plufieurs isles baffes & marécageufes, qui font bordées de grandes plages de fable. On reconnoît l'entrée de cette baie par la montagne de la Ravitta, qui s'apperçoit de fort loin. La *latitude* de cette baie eft à-peu-près de 40, 22, & la *variation* de 5 à 6 degrés vers le nord-oueft. (*D. J.*)

ZOFFINGEN ou ZOFFINGUEN, *Géogr. mod.*, en latin du moyen âge *Tobinium*, ville de Suiffe au canton de Berne dans l'Argow, à une lieue au midi d'Arbourg ; elle devint, après la ruine de Windish, fa principale ville de l'Argow, & elle avoit droit de battre monnoie ; elle eft encore bien bâtie, & fes habitans font à leur aife. Il y a près de cette ville la forêt de Bowald, qui produit les plus beaux fapins qui foient en Suiffe. *Long.* 25, 26; *lat.* 47, 37. (*D. J.*)

ZOGANÉ, f. m. *Antiq. babyl.*, nom que l'on donnoit à l'efclave qui faifoit le perfonnage de roi dans les Saturnales célébrées à Babylone le 16 du mois Loue, mois qui, dit-on, répondoit au commencement de juillet. (*D. J.*)

ZOGOCARA, *Géogr. anc.*, ville de la grande Arménie, felon Ptolomée, *L. V, e. xiij.* Il la diftingue de Sogocara qu'il place à-peu-près dans le même pays.

ZOGONOI, f. m. pl. *Mythol.*, ζωογόνοι, mot tiré de ζωή, *je vis*, *je fais vivre*; les dieux *Zogonoi* chez les Grecs étoient les dieux qui préfidoient à la vie des hommes, que l'on invoquoit pour obtenir une longue vie. Les fleuves & les eaux courantes étoient fpécialement confacrées à ces dieux, parce qu'on regardoit les bonnes eaux comme une des chofes les plus falutaires & des plus effentielles à la confervation de la vie. (*D. J.*)

ZOHAR, f. m, *Hift. anc.*, qui fignifie en hébreu *fplendeur*, eft le nom d'un livre qui eft en très-grande vénération chez les Juifs, & qu'ils eftiment très-ancien. Cet ouvrage contient des explications cabaliftiques fur les livres de Moyfe : c'eft un commentaire prefque entiérement ridicule & puérile, qui ne confifte qu'en jeux de lettres & de nombres, & en reveries familieres aux rabbins. On y trouve auffi quelque chofe qui approche des vieilles idées des Platoniciens & des Pythagoriciens. Guillaume Poftel a puifé dans cette fource une partie des fingularités qu'il a débitées, & il eft étonnant que les chrétiens fe foient donné la peine de traduire cet ouvrage en latin : on en a deux éditions d'Italie, l'une de Cremone & l'autre de Mantoue, outre celle d'Allemagne de l'an 1680. Il fe trouve de faux *zohars* manufcrits, car les Juifs ont donné quelques ouvrages fous ce nom fameux pour impofer à leurs lecteurs. On a encore imprimé un petit *zobar* qui fert comme de fupplément au grand, & qui eft traité dans le même goût. Buxtorf a cru que les points voyelles étoient fort anciens chez les Juifs, parce qu'il en étoit fait mention dans ce livre, auquel ils donnent une grande antiquité ; mais c'eft une erreur, comme l'a remarqué M. Simon.

ZOLCA, *Géogr. anc.*, ville de l'Afie mineure dans la Galatie. Ptolomée, *L. V, c. iv*, la donne aux Paphlagoniens, & la place fur la côte du Pont-Euxin, entre *Feka* & *Dacafta*. (*D. J.*)

ZOLEDENIC, f. m. *Comm.*, c'eft la quatre-vingt-feizieme partie de la livre mofcovite. *V.* LIVRE, POIDS.

Cette fubdivifion n'a lieu que dans le détail, & n'a été inventée que pour la commodité de ceux qui s'appliquent à cette partie du négoce. *Dict. de Comm. & de Trévoux.*

ZOLKIEW, *Géog. mod.*, petite ville dans le palatinat de Ruffie, à trois lieues de Léopol. Le château de cette place a paffé pour un chef-d'œuvre d'architecture dans un pays où elle eft encore dans l'enfance, & où elle reftera vraifemblablement toujours faute de carrieres. (*D. J.*)

ZOLL, *Géog. mod.*, comté de la Haute-Hongrie au midi de ceux de Liptow & de Turocz ; il a environ 20 lieues de long du midi au nord, & 12 de large du levant au couchant. La riviere de Gran le traverse du nord-est au sud-ouest. (*D. J.*)

ZOLLERN, *Géogr. mod.*, château d'Allemagne dans la Suabe, & qui donne son nom à la principauté de Hohen-Zollern. L'empereur Henri V le fit bâtir à son retour d'Italie. La principauté est bornée par le duché de Wirtemberg, la principauté de Furstemberg, la seigneurie d'Ehringen & la baronnie de Waldbourg; elle a environ 15 lieues de long & 7 de large; le voisinage du Danube en fertilise le terroir. Les princes de Hohen-Zollern sont catholiques, & chambellans héréditaires de l'empire. (*D. J.*)

ZOLNOCK, *le comté de*, *Géog. mod.*, comté de la Haute-Hongrie; il est borné au nord par ceux de Hevecz & Zabolcz, au midi par ceux de Bath & de Czongrad, au levant par celui de Tarentale, & au couchant par celui de Pest. La Teisse le partage en partie orientale & occidentale: Zolnock est la capitale. (*D. J.*)

ZOLNOCK, *Géogr. mod.*, ville de la Haute-Hongrie, capitale du comté de même nom; sur la droite de la Teisse, à son confluent avec la Zagiwa, à 20 lieues au levant de Bude, & à 24 au nord-est de Colocza; les Turcs s'en saisirent en 1554, mais les Impériaux la leur reprirent en 1685. *Long.* 37, 42; *lat.* 47, 12. (*D. J.*)

ZOAOI, *Géogr. anc.* Il y avoit deux villes de ce nom, l'une en Cilicie sur les bords du Cydnus, l'autre dans l'isle de Chypre. Ces deux villes, suivant un grand nombre d'auteurs, avoient été fondées par Solon, qui étoit né dans la Cilicie. La ville qu'il avoit bâtie dans cette province, quitta dans la suite le nom de son fondateur pour prendre celui de Pompée qui l'avoit rétablie. A l'égard de celle de l'isle de Chypre, Plutarque nous a conservé l'histoire de sa fondation. Solon étant passé auprès d'un roi de Chypre, acquit bientôt tant d'autorité sur son esprit, qu'il lui persuada d'abandonner la ville où il faisoit son séjour: l'assiette en étoit à la vérité fort avantageuse, mais le terrein qui l'environnoit étoit ingrat & difficile. Le roi suivit les avis de Solon, & bâtit dans une belle plaine une nouvelle ville aussi forte que la premiere, dont elle n'étoit pas éloignée, mais beaucoup plus grande & plus commode pour la subsistance des habitans. On accourut en foule de toutes

parts pour la peupler; & il y vint surtout un grand nombre d'Athéniens, qui s'étant mêlés avec les anciens, perdirent dans leur commerce la politesse de leur langage, & parlerent bientôt comme des barbares; de-là, le mot ζολοίκοι, qui est leur nom, fut substitué au mot βαρβαροι & ζολοικίζειν à βαρβαρίζειν qu'on employoit auparavant pour désigner ceux qui parloient un mauvais langage; de-là viennent les mots *solécisme*, *barbarisme*. (*D. J.*)

ZONA, *Géog. anc.*, ville de la Thrace chez les Ciconiens, selon Etienne le géographe, qui cite Hécatée. Pomponius Mela, *l. II, c. ij*, semble faire de *Zone* un promontoire voisin de celui de *Serrium*. *Circà Hebrum Cicones, trans eumdem dorifcos, ubi Xerxem copias suas, quia numero non poterat, spatio mensum ferunt. Deinde promontorium Serrium, & quò canentem Orphea secuta narrantur etiam nemora Zona.* Pline, *l. IV, c. xj*, fait de *Zone* une montagne, ce qui revient au même, *mons Serrium & Zona*.

Hérodote, *l. VII, c. lix*, place la ville de *Zona* sur le rivage auquel l'ancien nom *Dorifcus* avoit donné le nom, & à quelque distance de l'embouchure de l'Hebre. Tout cela veut dire que le nom de *Zona* ou *Zona* étoit commun à la ville & au promontoire sur lequel elle est bâtie.

Je ne sais même, dit la Martiniere, si quelqu'un n'a point fait de *Zona* une isle, parce que le promontoire où elle se trouvoit étoit une espece de péninsule, & que assez souvent les anciens ont confondu les isles avec les péninsules.

La ville de *Zona* est célèbre dans les poëtes: ils disent qu'il y avoit dans le voisinage des hètres qu'Orphée avoit forcés, par la douceur de son chant, de le suivre depuis la Pierie jusques-là. (*D. J.*)

ZONCHIO, *cap de*, *Géog. mod.*, cap de la Morée, près du golfe de même nom; quelques savans pensent que c'est le *Coryphæsum* de Ptolomée, *l. III, c. xxvj*; promontoire du Péloponnèse dans la Messénie; mais d'autres prétendent que le *Coryphæsum* est le cap Jardan des modernes.

ZONE, *s. f. ou terme de Géographie*, est une division du globe terrestre, relative à la chaleur du climat. *Voy.* TERRE & CHALEUR, *voy.* aussi CLIMAT. *Zone* vient de ζωνη, *bande*.

La terre est partagée en cinq *zones* par des cercles appellés *parallèles*. Ces *zones* sont appellés *torride, glacées & tempérées*. Virgile a décrit ces *zones* au premier livre de ses géorgiques en cette maniere.

> Quinque tenent cælum zonæ : quarum una coruſco
> Semper ſole rubens , & torrida ſemper ab igne :
> Quam circum extrema dextrà lævàque trahuntur,
> Cæruleâ glacie concretæ atque imbribus atris.
> Has inter mediamque duæ mortalibus ægris,
> Munere conceſſæ divûm.
> Virg. I. *Georg. v.* 233.

Le *zone* torride est une bande ou partie de la ſurface de la terre terminée par les deux tropiques, & partagée en deux parties égales par l'équateur. *Voy.* TROPIQUES & ÉQUATEUR.

La largeur de cette bande est de 46d. 58. ſavoir 23 degrés 29 minutes d'un côté de l'équateur, & 23 degrés 29 minutes de l'autre, de ſorte qu'elle est diviſée en deux parties égales par l'équateur autrement appellé la ligne. Le ſoleil ne ſort jamais de deſſus la *zone* torride, & chaque jour de l'année il y a des peuples ſous cette *zone* auxquels il est vertical.

Les anciens croyoient que la *zone* torride étoit inhabitée. *V.* TORRIDE.

Les *zones* tempérées ſont deux bandes de la ſurface de la terre terminées chacune par un tropique & par un cercle polaire. Leur largeur à l'une & à l'autre est de 43 degrés 2 minutes. *V.* TEMPÉRÉE, CERCLE POLAIRE. Le ſoleil ne paſſe jamais par-deſſus ces *zones* mais il s'en approche plus ou moins dans ſon mouvement.

Les *zones* glacées ſont les ſegmens de la ſurface de la terre, terminées l'un par le cercle polaire arctique, l'autre par le cercle polaire antarctique. Leur largeur à chacune est de 46d. 58. *V.* ARCTIQUE & ANTARCTIQUE. *V.* auſſi GLACÉ.

Les *zones* ſont différenciées par une grande quantité de phénomenes. 1°. Dans la *zone* torride le ſoleil paſſe au zénith deux fois l'année: De même deux fois l'année le ſoleil s'éloigne de l'équateur d'une quantité égale, à 23 degrés 29 minutes environ.

2°. Dans tous les lieux qui ſont dans

les *zones* tempérées & dans les *zones* glacées, la hauteur du pole ſurpaſſe toujours la plus grande diſtance du ſoleil à l'équateur ; c'est pourquoi les habitans de ces *zones* n'ont jamais le ſoleil à leur zénith. Si on compare les hauteurs méridiennes du ſoleil obſervées le même jour dans deux lieux quelconques de ces *zones*, celui où la hauteur méridienne ſera la plus grande, ſera le plus méridional.

3°. Dans les *zones* tempérées le ſoleil paſſe toujours deſſous l'horizon, à cauſe que ſa diſtance au pole excede toujours la hauteur du pole; & dans tous les lieux de ces *zones* excepté ſous l'équateur, les jours artificiels ſont inégaux, & cela d'autant plus que ces lieux ſont plus voiſins des *zones* glacées. *V.* JOURS.

4°. Dans les lieux qui ſéparent les *zones* tempérées d'avec les *zones* glacées, c'est-à-dire, ſous les cercles polaires, la hauteur du pole est égale à la diſtance du ſoleil au pole, lorſque le ſoleil est dans le tropique d'été. Donc les peuples qui habitent ces lieux, voyent une fois l'année le ſoleil achever ſa révolution ſans paſſer ſous l'horizon.

5°. Dans tous les lieux des *zones* glacées, la hauteur du pole est plus grande que la moindre diſtance du ſoleil au pole. Donc pendant pluſieurs jours la diſtance du ſoleil au pole est moindre que la hauteur du pole, & par conſéquent le ſoleil doit être pendant ce tems-là non ſeulement ſans ſe coucher, mais ſans toucher l'horizon. Lorſqu'enſuite le ſoleil vient à s'éloigner du pole d'une plus grande diſtance que celle qui meſure la hauteur du pole, alors il s'éleve & ſe couche tous les jours comme dans les autres *zones*.

Les académiciens qui, par ordre du roi, ont été meſurer le degré du méridien dans la *zone* froide ſeptentrionale, pour déterminer la figure de la terre, ont joui de ce jour de 24 heures que l'on doit avoir dans cette *zone* au ſolſtice d'été; & la longueur des jours compenſe tellement le peu de chaleur directe du ſoleil, que l'été y est fort chaud & fort incommode. Une choſe bien ſinguliere, c'est que les Hollandois qui firent, il y a environ 150 ans, un voyage à la nouvelle Zemble où ils paſſerent l'hyver, & où ils eurent pluſieurs nuits de ſuite, revirent le ſoleil quinze jours plutôt qu'ils n'auroient dû le revoir eu égard à la latitude où ils étoient. Il n'y a pas d'apparence qu'ils .fe foient trompés dans le calcul du jour, comme il feroit naturel de le croire à caufe des nuits confécutives qu'ils avoient paffées; ear outre que leur journal paroit fort exact & daté jour par jour, ils revirent le foleil un jour qu'il devoit arriver, fuivant les éphémérides, une occultation d'étoiles, par la lune, laquelle arriva effectivement ce jour-là. Il paroit difficile d'attribuer ce phénomene à l'effet des réfractions, qui femble ne devoir pas être affez grand pour accélérer la venue du jour d'une quantité fi confidérable; enfin c'eft un fait que les philofophes & les aftronomes n'ont pas encore trop bien expliqué. *V.* JOUR, NUIT, COUCHER, LEVER, &c. *Chamb.*

ZONE, *Géog. mod.*, on nomme *zones*, en géographie, des bandes ou ceintures de la terre, terminées par deux cercles paralleles entr'eux, favoir par les deux cercles polaires & par les deux tropiques. *Zone* eft un mot grec qui fignifie *ceinture, bande*; & c'eft de cette maniere que les géographes ont divifé la furface du globe terreftre par rapport au ciel.

Du mouvement annuel & diurne de la terre réfulte une divifion de la furface de la terre en cinq parties qu'on appelle *zones*. Comme le foleil décrit par fon mouvement une ligne appellée *écliptique*, qui coupe l'équateur en deux points oppofés, & fait une déclinaifon de 23 degrés 30 minutes, il doit néceffairement être tantôt plus près, & tantôt plus éloigné de l'équateur : ce qui fait le changement des faifons, & occafionne la chaleur, le froid, la pluie, le vent dans les lieux par où il paffe.

La furface de la terre entre les deux tropiques fe nomme *zone torride.* Celles qui font entre les poles & les cercles polaires, font les deux *zones* glaciales; & celles qui fe trouvent entre les deux cercles polaires & les tropiques, font appellées les deux *zones tempérées* : ce qui fait en tout cinq *zones.*

Les lieux dont la latitude eft moindre que 23 degrés 30 minutes, font dans la *zone* torride. S'ils font précifément à 23 degrés 30 minutes, ils font fous les tropiques ou à l'extrémité de la *zone* torride. Ceux qui ont plus de 23 degrés 30 minutes de latitude, mais moins de 66 degrés 30 minutes, font fous les *zones* tempé-

rées. Ceux qui ont précifément 66 degrés 30 minutes de latitude, font à l'extrémité de la *zone* tempérée; & enfin s'ils ont plus de latitude, ils font fitués fous la *zone* glaciale.

Il eft aifé de calculer la largeur & la quantité de chaque *zone* en milles ou en toute autre mefure connue.

La largeur de la *zone* torride eft de 47 degrés, c'eft à-dire, 23 degrés 30 minutes de chaque côté de l'équateur. La largeur de chaque *zone* tempérée eft de 43 degrés, & celle des deux *zones* glaciales eft de 47 degrés; ces degrés réduits en milles, à compter 15 milles d'Allemagne pour un degré, donneront 705 milles pour la largeur de la *zone* torride, 645 milles pour chaque *zone* tempérée, 352 milles ⅓ pour chaque *zone* glaciale.

On peut connoître la furface de chacune par cette proportion tirée de la géométrie; comme le finus de 90 degrés 100000 eft au finus de 23 degrés & demi, favoir 39875, de même la moitié de la furface de la terre qu'on a trouvé être 4639090 milles quarrés, eft à la fuperficie de la moitié de la *zone* torride, favoir 1849837 milles quarrés; & par conféquent la furface de toute la *zone* torride eft de 3699674 milles.

Enfuite comme tout le finus 100000 eft à la différence des finus de 23 degrés 30 minutes, & 66 degrés 30 minutes 51831, de même la moitié de la furface de la terre ou 4639090 milles quarrés eft à la furface d'une des *zones* tempérées, 3404437 milles quarrés. Si donc on retranche la furface de la moitié de la *zone* torride, & celle de la *zone* tempérée, de la moitié de la furface de la terre, il ne reftera plus que la furface d'une des *zones* glaciales 3384766 milles quarrés. Quelques aftronomes font d'avis que la déclinaifon de l'écliptique n'eft pas toujours la même, & qu'ainfi la largeur des *zones* n'eft pas toujours égale, mais la différence eft petite; & Tycho. Brahé doutoit qu'il y en eût aucune; ainfi cela ne vaut pas la peine d'y faire attention.

Il nous importe davantage d'indiquer les principales caufes qui contribuent le plus à former la lumiere, la chaleur, le froid, les pluies & les autres météores, & à les entretenir dans les différentes *zones*; voici donc ces caufes.

1°. L'obliquité plus ou moins grande,

ou la perpendicularité avec laquelle les rayons tombent fur le lieu. La derniere fait la plus grande chaleur, & les deux autres caufent plus ou moins de chaleur, à proportion de leur obliquité.

2°. La durée du foleil fur l'horifon du lieu.

3°. La depreffion plus ou moins grande du foleil fous l'horifon pendant la nuit : ce qui donne plus ou moins de lumiere & de chaleur, de pluies, de nuées épaiffes, &c. d'où réfulte un crépufcule plus long ou plus court.

4°. Le plus ou moins de temps que la lune refte fur l'horizon ou deffous, fon élévation plus ou moins grande deffus l'horizon, ou fa depreffion au deffous.

5°. Les mers & les lacs voifins ; c'eft delà que viennent la plus grande partie des vapeurs humides de l'air ; d'ailleurs, la mer ne réfléchit pas les rayons avec tant de force que la terre.

6°. La fituation des lieux ; car le foleil influe fur les montagnes différemment que fur les vallées. Souvent les montagnes empêchent les rayons d'arriver jufqu'aux vallées : ce qui attire auffi à elles en quelque forte les vapeurs. Delà vient que les montagnes changent les faifons des lieux voifins, caufent la chaleur, la pluie, &c. ce qui n'arriveroit pas, fi les montagnes ne s'y rencontroient.

7°. Les vents, & fur-tout ceux qui font généraux & réglés. Ainfi les vents réglés de l'eft temperent la chaleur de la canicule ; & fous la zone torride le vent général, & fur tout le vent d'eft au Pérou. y caufe une chaleur violente ; tandis qu'à l'oueft de l'Afrique on fent une chaleur violente ; car le vent général n'eft pas fi fenfible dans ces lieux. Les vents de nord font froids & fecs. Les vents du midi font chauds & humides.

8°. Enfin les nuages & la pluie diminuent la lumiere & la chaleur.

Sous la zone tempérée & la zone glaciale, les quatre faifons céleftes font prefque de la même longueur ; mais fous la torride elles font inégales ; la même faifon y eft différente, felon les pays.

Dans les lieux fitués fous cette zone le foleil approche du zénith à midi ; mais à minuit il en eft fort éloigné fous l'horizon ; les lieux y font prefque dans le milieu de l'ombre de la terre, & les rayons du foleil n'éclairent ni n'échauffent l'air.

Sous la zone glaciale, comme le foleil eft fort loin du zénith, même à midi, il ne s'éloigne pas beaucoup fous l'horifon pendant la nuit, & envoie dans l'air par réflexion plufieurs rayons.

Sous la zone tempérée, le foleil eft à une diftance ordinaire du zénith à midi, & à minuit il eft affez avancé fous l'horizon en hiver, mais en été il envoie dans l'air quelques rayons par réflexion.

Dans les lieux de la zone torride, le crépufcule eft le plus court ; il eft le plus long fous la zone glaciale ; & fous la zone tempérée il tient un milieu entre les deux.

Sous l'équateur & dans les lieux voifins, le crépufcule eft environ d'une heure ; mais l'expérience fait voir qu'il ne dure qu'une demi heure ou un peu plus, parce que l'air y eft trop groffier & trop bas pour former un crépufcule à 18 degrés de depreffion du foleil fous l'horifon. Sous la zone glaciale, le crépufcule dure trois, quatre, cinq ou fix heures, & même toute la nuit en certains lieux pendant l'été, felon que ces lieux font plus ou moins proche de la zone glaciale.

C'en eft affez fur les zones en général ; nous développerons fous chacune les détails particuliers qui les concernent, & ces détails feront étendus. Ainfi, voyez ZONE TORRIDE, ZONES GLACIALES, ZONES TEMPÉRÉES. (D. J.)

ZONE TORRIDE, Géog. mod. Cette zone eft terminée par les deux cercles tropiques, & fe trouve entre les deux zones tempérées. L'équateur la divife en deux parties égales, l'une feptentrionale, & l'autre méridionale. Elle a 47 degrés de largeur qui valent 1175 lieues, de vingt-cinq au degré. On l'appelle torride, parce qu'étant directement fous le lieu par où le foleil paffe en faifant fon cours, elle eft frappée à plomb de fes rayons, & en fouffre une chaleur exceffive ; mais le milieu de cette zone eft beaucoup plus tempéré que fes extrémités, tant à caufe de l'égalité des jours & des nuits qu'à caufe qu'il n'y a pas un auffi long folftice que fous les tropiques.

Les peuples qui demeurent précifément au centre de la zone torride, ont un continuel équinoxe ; les jours, ainfi que les nuits y font perpétuellement de douze heures, & les crépufcules y font très-courts, parce que le foleil defcendant per-

endiculairement fous l'horizon, arrive
bientôt au dix-huitieme degré, qui eft la
fin du crépufcule du foir, & le commen-
ement de l'aurore.

On donne à la *zone torride*, neuf mille
lieues de 25 au degré en fon circuit fous
l'équateur, ce qui eft fa plus grande étendue; & environ huit mille deux cents
cinquante-trois lieues dans fes extrémités
fous les tropiques.

On dit que les anciens ne croyoient *la
zone torride* ni habitée, ni habitable; &
c'étoit-là effectivement l'opinion générale. Mais il eft à propos de remarquer, que
notre *zone torride* eft prefque le double
de celle des anciens: la nôtre s'étend d'un
tropique à l'autre, la leur n'alloit que du
douzieme degré de latitude feptentrionale & un peu plus, au douzieme degré de
latitude méridionale, & quelque chofe au
delà. Strabon eft formel là deffus. Il dit
qu'à trois mille ftades de Méroé, en tirant
droit au midi, on parvient aux lieux où
perfonne ne peut habiter à caufe de la
chaleur; que ces lieux ont le même parallele que la région Cinna Momifere; que
c'eft-là où l'on doit mettre les bornes de
notre terre habitée du côté du midi.

Ajoutons-là ces trois mille ftades, les
cinq mille que Strabon compte de Syene
à Méroé, nous aurons huit mille ftades,
ou, ce qui eft la même chofe, du tropique du cancer au commencement de la
zone torride; refte donc huit mille huit
cents ftades ce de dernier point à l'équateur; or, huit mille huit cents ftades, font
12 degrés & un peu plus, fuivant le calcul de Strabon, puifqu'il compte feize
mille huit cents ftades de Syene, ou du
tropique à l'équateur.

Quoique la plupart des anciens ne cruffent pas leur *zone torride* habitable, il s'eft
trouvé néanmoins quelques-uns de leurs
philofophes qui n'ont pas fuivi le torrent.
Strabon lui-même, qui tenoit pour l'o-
pinion commune, dit que Polybe & Eratofthene étoient d'un avis contraire. On
ne voit pas en effet, comment avec un peu
de philofophie, on pouvoit croire la terre
habitée en deçà du douzieme degré, & inhabitable au delà. D'ailleurs dans le fait,
il paroit que Strabon & tous les auteurs
qu'il cite, connoiffoient des pofitions au
delà du douzieme degré. Si le mont Ele-
phas dont parle ce géographe après Ar-
thémidore, eft le mont Freflet d'aujour-

d'hui, comme il y a bien de l'apparence,
 Νόλου χεϱας, eft le cap d'Orfai, ou un autre encore plus méridional, fuivant Ptolomée, nous voilà affurément au delà du
douzieme degré.

L'équateur divife la *zone torride* en
deux parties égales, qu'on peut regarder
comme deux *zones torrides*, l'une, au
nord, & l'autre au fud de l'équateur.

Sous la *zone torride*, font fitués une
grande partie de l'Afrique, l'Abaffie, l'O-
céan indien, une partie de l'Arabie, Camboye, l'Inde & les isles de la mer des Indes, Java, Ceylan, le Pérou, l'Efpagne
mexicaine, une grande partie de l'Océan
atlantique, l'isle de fainte Helene, le
Brefil & la nouvelle Guinée.

Le tropique du cancer paffe un peu au
delà du mont Atlas, fur la côte orientale
d'Afrique, fur les frontieres de la Lybie
& autres lieux dans l'intérieur de l'Afrique, par Syene en Ethiopie; il traverfe
la mer rouge, au delà de Sinaï & la Mecque, les pays Mahométans, & l'Arabie
heureufe; il entre enfuite dans la mer
des Indes, touche les bords de la Perfe,
& traverfe Cambaye, l'Inde, Camboye,
les limites du royaume de Siam, jufqu'à
ce qu'il arrive à la mer Pacifique. Après
l'avoir traverfée, au deffous de la Cherfonnefe d'Amérique & la Californie, il
paffe par le royaume de Mexique, par
l'Océan atlantique; & touche les côtes de
l'isle de Cuba, & enfuite retourne à la côte occidentale d'Afrique.

Le tropique du capricorne ne paffe que
par un petit nombre de pays, il traverfe
prefque par-tout des mers; il paffe d'a-
bord par la partie méridionale, ou la langue d'Afrique, le Monomotapa, Madagafcar, dans l'Océan Indien, dans la nouvelle Guinée, l'Océan pacifique, le Pérou,
le Brefil, & l'Océan atlantique.

Ce n'eft point le froid qui fait l'hiver
fous la *zone torride*, ce font les pluies, ou
une chaleur moindre que dans l'été; pareillement, il n'y a dans bien des endroits
de la *zone torride*, que deux faifons par
an; favoir, l'hiver & l'été. Plufieurs caufes contribuent à diverfifier les faifons,
la chaleur, le froid, les pluies, la fertilité ou la ftérilité qui regne dans les différentes régions de la *zone torride*.

Les pays fitués à l'oueft de l'Afrique,
depuis le tropique du cancer jufqu'au cap
verd, qui eft à quatorze degrés de latitude

nord, font tous fertiles en blé, en fruits de plufieurs fortes, en beftiaux, & les habitans y ont des corps robuftes. La chaleur n'y eft guere au deffus d'un jufte milieu; les habitans vont aifément nus, à l'exception des riches qui portent des habits. Les caufes de cette fertilité, & de l'air tempéré qui y regne (quoique ce foit la *zone torride*), font 1°. plufieurs rivieres, dont les principales, le Sénéga & le Gambéa, arrofent le pays, & rafraichiffent l'air ; 2°. le voifinage de la mer qui fournit des vapeurs humides & des vents frais.

Dans la partie méridionale d'Afrique, appellée *Guinée*, qui s'étend à l'eft & à l'oueft, & qui eft à quatre degrés ou plus de latitude nord, il y fait une chaleur continuelle fans aucune fraicheur. Il y fait dans certains mois une pluie abondante, des tonneres, des éclairs fi fréquens & des tempêtes fi terribles, qu'il faut l'avoir vu pour le concevoir. Les campagnes y reftent défertes pendant les mois pluvieux, & le blé n'y croît pas. Mais quand ils font paffés, on creufe le terrein qui eft fec, qui a bu toute la pluie, & on y mêle du charbon broyé au lieu de fumier, qu'on y laiffe pourrir pendant dix jours ; après cette préparation de la terre, on feme & l'on recueille enfuite la moiffon.

Les tempêtes, les éclairs & les pluies femblent provenir de ce que le foleil enleve une grande quantité de vapeurs de la mer & d'exhalaifons fulfureufes de la terre de la Guinée, qui ne font diffipées par aucun vent conftant. Quand ces pluies tombent, l'air eft tiede, le foleil eft vertical, & la chaleur qui regne, caufe une grande difficulté de refpirer.

Quoique leurs campagnes foient en friche pendant les mois pluvieux, leurs arbres portent fans ceffe du fruit. Le jour y eft prefque égal à tout l'année; le foleil fe leve & fe couche à fix heures; mais on le voit rarement fe lever & fe coucher, parce qu'il fe leve le plus fouvent couvert de nuages, & qu'il fe couche, après avoir été enveloppé dans les nues.

Viennent enfuite les pays fitués dans la langue de terre d'Afrique, qui s'étend au nord & au fud, comme le Maricongo, Angola, &c. depuis le fecond degré de latitude nord, jufqu'au tropique du capricorne; car le royaume de Congo commen-

fe au fecond degré de latitude fud. L'hiver y eft à-peu-près comme le printemps en Italie, d'une chaleur tempérée : on n'y change jamais d'habits, & il fait chaud, même fur les fommets des montagnes. L'hiver pluvieux y arrive avec le mois d'avril & dure jufqu'au milieu de feptembre; alors l'été commence & dure jufqu'au 15 mars, & pendant tout cet intervalle l'air y eft toujours ferein ; mais en hiver on voit rarement le foleil, à caufe des nuages ou des pluies. Il n'y pleut pas néanmoins tout le jour, mais feulement deux heures avant midi, & deux heures après.

Dans la province de Loango qui borde la mer, & qui n'eft pas loin de Congo, à 4 degrés de *latitude*, il y a auffi des mois d'hiver pluvieux, & des mois d'été fort clairs ; mais le fingulier, c'eft que les pluies arrivent en des mois différens dans ces deux royaumes voifins.

Quand on tourne autour du cap, à la côte orientale de la langue de terre d'Afrique, où font fitués Sophala, Mozambique & Quiloa, jufqu'à l'équateur, l'hiver y dure depuis le premier feptembre jufqu'au premier février, & l'été regne tout le refte de l'année.

Les autres pays fitués depuis cette côte jufqu'à l'embouchure du golfe d'Arabie, & delà jufqu'au tropique du cancer, font trop inconnus pour dire l'arrangement de leurs faifons. Nous favons feulement, que tout cet efpace de terre eft ftérile, fablonneux, extrêmement chaud, & fans prefque aucune riviere qui l'arrofe.

Paffons de l'Afrique aux pays de l'Afie, qui font fitués fous la *zone torride* ; nous y trouvons l'Arabie fur la mer Rouge, depuis la Mecque jufqu'à Aden, à 12 degrés de *latitude* nord. Il y regne de grandes chaleurs en mars & en avril ; & encore plus quand le foleil y paffe par le zénith, & qu'il en refte voifin en mai, juin, juillet & août. La chaleur y eft fi grande, qu'on eft obligé de fe faire jeter de l'eau fur le corps pendant le jour, ou de fe tenir dans des citernes remplies d'eau. Les marchands s'affemblent la nuit à Aden pour les affaires de leur commerce, & même alors ils ont encore bien chaud. On peut fuppofer avec Varenius, que cette extrême chaleur vient de ce qu'il ne fort point de vapeurs aqueufes de la terre, qui eft pierreufe & qui manque d'eau. Quant aux vapeurs qui s'élevent de la mer Rouge.

le vent général, quoique foible en cet endroit, les emporte vers l'oueft. Il y a auffi beaucoup de fables qui confervent toute la nuit la chaleur qu'ils ont reçue le jour, & la communiquent à l'air.

A Camhaye, & dans l'Inde qui eft fous le tropique du cancer, & fur la côte de Malabar aux Indes orientales, du côte de l'oueft, la faifon humide dure depuis le 10 juin jufqu'au 10 d'octobre, plus ou moins long-temps, & plus ou moins conftamment.

Sur la côte orientale de l'Inde, appellée *Coromandel*, la chaleur eft infupportable depuis le 4 mai jufqu'au 4 juin ; le vent fouffle du nord, & l'on ne peut pas fe tourner de ce côté-là fans fentir un air brûlant, tel qu'on en reffent auprès d'une fournaife ardente: car le foleil eft alors au nord à midi, & les pierres & les bois font brûlans ; mais l'eau des puits eft froide ; de forte que plufieurs perfonnes font mortes pour en avoir bu ayant bien chaud.

Dans les pays fitués fur la côte de la mer, à l'embouchure du Gange, qui font oppofés aux côtes de Coromandel, & qui font auffi au nord de la *zone torride*, comme Siam, Pégu, & la prefqu'isle de Malacca, les mois pluvieux qui font déborder les rivieres, font feptembre, octobre & novembre : mais dans les pays de Malacca, il pleut toute l'année deux ou trois fois par femaine, excepté dans les mois de janvier, février & mars, où la fécherefse eft continuelle. Tout cela eft contraire au cours du foleil; il faut donc en rejetter la caufe fur les montagnes, les vents réglés ou la mer adjacente. Le débordement des rivieres, & les vents réglés & temperent la chaleur, & y produifent une ré colte abondante de toutes fortes de fruits.

En quittant l'Afie, & traverfant la mer Pacifique, nous arrivons à l'Amérique, qui eft fous la *zone torride*, tant au nord qu'au fud. La partie qui eft au fud comprend le Pérou & le Brefil, qui quoique fort proches, ont pourtant leurs faifons en différens temps. Le Perou fe divife en pays maritimes, qui font: ceux où font les montagnes, & en plaines qui font au delà des montagnes. Dans la partie du Pérou voifine de la mer, il n'y tombe point de pluies ; mais les nuages fe tournent en rofées, qui chaque jour humectent les vallées, & les fertilifent.

Il y a quelques cantons fous la *zone*

Tome XXXVI. Partie II.

torride, où il fait un froid confidérable ; car dans la province de Paitoa, au Popayan, & dans la vallée d'Artifina, l'été & l'hiver y font fi froids, que le blé ne peut pas y croître. Dans les campagnes voifines de Cufco, environ au milieu du chemin de l'équateur au tropique du capricorne, il y regne quelques gelées, & on y trouve quelquefois de la neige.

La partie méridionale d'Amérique, nommée le *Brefil*, qui s'étend à l'eft depuis deux jufqu'à vingt-quatre degrés de latitude fud, jouit çà & là d'une température faine. Dans fa partie antérieure il regne un vent frais, qui femble être un vent général, & non pas un vent d'eft périodique. Il rafraichit les hommes, & rend fupportable la chaleur violente du foleil, qui eft précifément au deffus de têtes. Si la mer flue avec ce vent, il s'éleve dès le matin ; mais fi la mer s'éloigne de la côte, on ne le fent que plus tard. Il ne fe ralentit pas le foir, comme il arrive dans tous les lieux de l'Inde ; mais il fe fortifie avec le foleil, il court avec lui à l'oueft, & continue jufqu'à minuit.

La plupart des campagnes du Brefil font parfemées de collines, & l'on voit dans l'efpace de plufieurs milles des vallées arrofées de petites rivieres, qui les rendent fertiles dans le temps de pluies ; mais les montagnes font defféchées par l'ardeur du foleil, au point que l'herbe & les arbres y meurent.

Si de l'Amérique méridionale nous paffons à l'Amérique feptentrionale, nous trouverons que dans la grande province de Nicaragua, dont le milieu eft à dix degrés de latitude nord, il pleut pendant fix mois, depuis le premier mai jufqu'au premier novembre ; & dans les fix autres mois, il fait un temps fec, la nuit auffi bi_n que le jour : ce phénomene ne s'accorde pas au mouvement du foleil ; car en mai, juin, &c. le foleil eft au zénith ou bien proche, & alors il devroit y avoir de la chaleur & du temps fec au lieu de pluies : au contraire, il eft plus éloigné en novembre & décembre ; & ce devroit être le temps des pluies.

Enfin de l'examen des diverfes faifons qui regnent dans la *zone torride*, on doit en conclure, 1°. qu'il y a plufieurs endroits où on fent à peine aucun froid dans aucun tems, & où l'hiver ne confifte que dans un tems pluvieux. 2°. Que dans un

petit nombre d'autres endroits, le froid
est assez sensible. 3°. Qu'il se fait sentir
sur tout à la fin de la nuit, le soleil étant
alors fort enfoncé sous l'horizon. 4°. Que
la grande raison qui fait qu'on supporte
la chaleur, & qu'on peut habiter ces
lieux, est qu'il n'y a point de longs jours,
mais que tous sont à-peu-près de même
longueur que les nuits; car s'ils étoient
aussi longs que sous la *zone* tempérée &
la *zone* glaciale, on ne pourroit pas y habiter. 5°. Les vents modèrent aussi beaucoup la chaleur du soleil. 6°. Les différens lieux, & quoique près les uns des autres y ont l'été & l'hiver en différens
temps. 7°. Les endroits qui ont la chaleur
& la sécheresse contre le cours du soleil,
sont situés à l'ouest, & une chaine de
montagnes à l'est, excepté le Pérou. 8°.
Les saisons en différens lieux ne suivent
pas de regle certaine. 9°. La plupart des
habitans de la *zone torride*, comptent deux
saisons, suivant le rapport des voyageurs;
savoir, la seche & l'humide: cependant
on doit en compter quatre, y compris un
printemps & une automne; car comme le
printemps chez nous tient un peu de l'été,
& l'automne de l'hiver, de même aussi on
peut partager les saisons seches & humides sous la *zone torride*. 10°. Il y a dans
certains endroits une automne continuelle; dans d'autres il arrive deux fois l'année; & dans quelques-uns seulement dans
une partie de l'année.

Nous croyons que ce détail, tiré de Varénius, tout nécessaire qu'il est en géographie, ne soit devenu ennuyeux à la plupart des lecteurs; mais nous allons les dédommager avec usure de notre sécheresse, par le tableau poétique que le célebre
peintre des saisons a fait de ce climat
merveilleux & brûlant, auprès duquel le
firmament que nous voyons est, pour ainsi dire, de glace.

C'est dans la *zone torride* que le soleil
s'éleve tout à coup perpendiculairement,
& chasse du ciel à l'instant le crépuscule,
qui ne fait que paroître. Environné
d'une flamme ardente, il étend ses fiers
regards sur tout l'air éblouissant. Il monte sur son char enflammé; mais il fait sortir devant lui des portes du matin, les
vents alisés, pour tempérer ses feux, &
souffler la fraicheur sur un monde accablé. Scenes vraiment grandes, couronnées
d'une beauté redoutable, & d'une richesse

barbare, dont le pere de la lumiere parcourt continuellement le théatre, & jouit
du privilege de doubler les saisons.

Là les montagnes sont enflées de mines,
qui s'élevent sur le faîte de l'équateur,
d'où plusieurs sources jaillissent, & roulent de l'or. Là sont de vastes forêts qui
s'étendent jusqu'à l'horizon, offrent une
ombre immense, profonde, & sans bornes. Ici, des arbres inconnus aux chants
des anciens poètes, mais nobles fils des
fleuves & de la chaleur puissante, percent les nuages, portent dans les cieux
leurs tetes hérissées, & roulent le jour
même en plein midi. Ailleurs, des fruits
sans nombre, nourris au milieu des rochers, renferment sous une rude écorce
une pulpe salutaire; & les habitans tirent de leurs palmiers un vin rafraichis-
sant, préférable à tous les jus frénétiques
de Bacchus.

La perspective varie à l'infini, soit par
des plaines à perte de vue, soit par des
prés qui sont sans bornes. De riches vallées changent leurs robes éclatantes en
un brun rougeâtre, & revêtent encore
promptement leur verdure, selon que le
soleil brûlant, les rosées abondantes, ou
les torrens de pluie, prennent le dessus.
Le long de ces régions solitaires, loin des
foibles imitations de l'art, la majestueuse nature demeure dans une retraite auguste. On n'apperçoit que des troupeaux
sauvages, qui ne connoissent ni maitre,
ni bergerie. Des fleuves prodigieux roulent leurs vagues fertiles. Là, entre les
roseaux qu'ils baignent, le crocodile moitié caché & renfermé dans ses écailles
vertes, couvrant le terrein de sa vaste
queue, paroît comme un cedre tombé.
Le flux s'abaisse, & l'hippopotame revêtu
de sa cotte de mailles, éleve sa tête; la
fleche lancée sur ses flancs, se brise en
éclats inutiles; il marche sans crainte sur
la plaine, ou cherche la colline pour prendre différente nourriture; les troupeaux
en cercle autour de lui oublient leurs pâturages, & regardent avec admiration cet
étranger sans malice.

L'énorme éléphant repose paisiblement
sous les arbres antiques qui jettent leur
ombre épaisse sur le fleuve jaunâtre du
Niger, ou aux lieux où le Gange roule
ses ondes sacrées, ou enfin au centre profond des bois obscurs qui lui forment un
vaste & magnifique théatre. C'est le plus

age des animaux, doué d'une force qui n'eſt pas deſtructive, quoique puiſſante. Il voit les ſiecles ſe renouveller & changer la face de la terre, les empires s'élever & tomber; il regarde avec indifférence ce que la race des hommes projette. Trois fois heureux, s'il peut échapper à leur méchanceté, & préſerver ſes pas des pieges qu'ils lui tendent, ſoit par une cruelle ſtupidité, ſoit pour flatter la vanité des rois, qui s'énorgueilliſſent d'être portés ſur ſon dos élevé; ſoit enfin pour abuſer de ſa force, en l'employant, étonné lui-même de nos fureurs, à nous détruire les uns les autres.

Les oiſeaux les plus brillans s'aſſemblent en grand nombre ſous l'ombrage le long des fleuves. Ils paroiſſent de loin comme les fleurs les plus vives. La main de la nature, en ſe jouant, prit plaiſir à orner de tout ſon luxe ces nations panachées, & leur prodigua ſes couleurs les plus gaies. Mais toujours meſurée, elle les humilie dans leur chant. N'envions pas les belles robes que l'orgueilleux royaume de Montézuma leur prête, ni ces légions d'aſtres volans, dont l'éclat ſans bornes réfléchit ſur le ſoleil : nous avons Philomele; & dans mes bois, pendant le doux ſilence de la nuit tranquille, ce chantre, ſimplement habillé, fredonne les plus doux accens.

C'eſt au milieu du plein midi, que le ſoleil quelquefois tout-à-coup accablé, ſe plonge dans l'obſcurité la plus épaiſſe; l'horreur regne; un crépuſcule terrible mêlé de jour & de nuit qui ſe combattent & ſe ſuccedent, paroît ſortir de ce groupe effrayant. Des vapeurs continuelles roulent en foule juſqu'à l'équateur, d'où l'air raréfié leur permet de ſortir. Des nuages prodigieux s'entaſſent, tournent avec impétuoſité entrainés par les tourbillons de vents, où ſont portés en ſilence, peſamment chargés des tréſors immenſes qu'exhale l'Océan. Au milieu de ces hautes mers condenſées autour du ſommet des montagnes élevées, théatre des fiers enfans d'Eole, le tonnerre poſe ſon trône terrible. Les éclairs furieux & redoublés percent & pénetrent de nuage en nuage; la maſſe entiere cédant enſuite à la rage des élémens, ſe précipite, ſe diſſout, & verſe des fleuves & des torrens.

Ce ſont des tréſors échappés à la recherche des anciens, que les lieux d'où avec

une pompe annuelle le puiſſant roi des fleuves, le Nil enflé, ſe dérobe des deux ſources dans le brûlant royaume de Goïam. Il ſort comme une fontaine pure, & répand ſes ondes, encore foibles, à travers le lac brillant du beau Dambéa. Là; nourris par les naïades, il paſſe gaiement ſa jeuneſſe au milieu des iſles odoriférantes, qui ſont ornées d'une verdure continuelle. Devenu ambitieux, le fleuve courageux briſe tout obſtacle, & recueille pluſieurs rivieres; groſſi de tous les tréſors du firmament, il tourne & s'avance majeſtueuſement; tantôt il roule ſes eaux au milieu de ſplendides royaumes; tantôt il erre ſur le ſable inhabité, ſauvage & ſolitaire; enfin content de quitter ce triſte déſert, il verſe ſon urne le long de la Nubie; allant avec le bruit d'un tonnerre de rochers en rochers, il inonde & réjouit l'Egypte enſevelie ſous ſes vagues débordées.

Son frere le Niger, & tous les fleuves dans leſquels les filles d'Afrique lavent leurs piés de jai, ouvrent leurs urnes. Tous ceux qui depuis l'étendue des montagnes & des bois ſe répandent dans les Indes abondantes, & tombent ſur la côte de Coromandel ou du Malabar, depuis le fleuve oriental de Menam, dont les bords brillent au milieu de la nuit par ces inſectes qui ſont autant de lampes, juſqu'aux lieux où l'aurore répand ſur les bords des Indes les pluies de roſes; tous enfin dans la ſaiſon favorable, verſent une moiſſon ſans travail ſur la terre.

Ton nouveau monde, illuſtre Colomb, ne l'abreuve pas moins de ces eaux abondantes & annuelles; il eſt auſſi rafraîchi par l'humidité prodigue de l'année. L'Orénoque, qui a cent embouchures, roule ſur ſes iſles un déluge d'eaux fangeuſes, & contraint les habitans du rivage à chercher leur ſalut au haut des arbres qui leur fourniſſent tout à la fois, la nourriture, le vêtement & des armes.

Accru par un million de ſources, le puiſſant Orellana deſcend avec impétuoſité, ſe précipitant des Andes rugiſſantes, immenſe chaine de montagnes, qui s'étendent du nord au ſud juſqu'au détroit de Magellan. A peine oſe-t-on enviſager cette maſſe énorme de torrens qui y prennent leur naiſſance. Que dire de la riviere de la Plata, auprès de laquelle toutes nos rivieres réunies ne ſont que des ruiſſeaux quand elles tombent dans la mer? Avec une force égale, les fleuves que je viens de nommer cherchent fierement l'abyme, dont le flux vaincu recule du choc, & cede au poids liquide de la moitié du globe, tandis que l'Océan repoussé tremble pour son propre domaine.

Mais à quoi sert-il que des fleuves semblables à des mers traversent des royaumes inconnus, & coulent dans des mondes de solitudes, où le soleil sourit en vain, où les saisons sont infructueusement abondantes? Pour qui sont ces déserts fleuris, cette pompe de la création, cette profusion riante de la nature prodigue, ces fruits délicieux qui n'ont pas été plantés & qui sont dispersés par les oiseaux, ou par les vents furieux? Pour qui les insectes brillans de ces vastes régions filent-ils leurs soies superbes? Pour qui les prés produisent-ils des robes végétales? Quel avantage procurent aux habitans les trésors cachés dans les entrailles de la terre, les diamans de Golconde, & les mines du triste Potosi, antique séjour des paisibles enfans du soleil? De quelle utilité est-il que les rivieres d'Afrique charient de l'or, que l'ivoire y brille avec abondance?

La race infortunée qui habite ces climats, ne connoit ni les doux arts de la paix, ni rien de ce que les Muses favorables accordent aux humains. Elle ne possede point cette sagesse presque divine d'un esprit calme & cultivé, ni la vérité progressive, ni la force patiente de la pensée, ni la pénétration attentive dont le pouvoir commande en silence au monde, ni la lumiere qui mene aux cieux, & gouverne avec égalité & douceur, ni le régime des loix, ni la liberté protectrice, qui seule soutient le nom & la dignité de l'homme.

Le soleil paternel semble même tyranniser ce monde d'esclaves, & d'un rayon oppresseur il flétrit la fleur de la beauté, & lui donne une couleur sombre & des traits grossiers: ce qui est pis encore, les actions cruelles de ces peuples, leurs jalousies furieuses, leur aveugle rage, & leur vengeance barbare, allument sans cesse leurs esprits ardens. L'amour, les doux regards, la tendresse, les charmes de la vie, l'ineffable délire de la douce humanité n'habitent point dans ce séjour; toutes ces choses

sont des fruits de plus doux climats. Là tout est confondu dans le désir brutal & dans la fureur sauvage des sens; les animaux mêmes brûlent d'un horrible feu.

Le serpent d'un verd effrayant, sortant à midi de son repaire sombre, que l'imagination craint de parcourir, déploie tout son corps dans les orbes immenses, s'élançant alors de nouveau, il cherche la fontaine rafraîchissante auprès de laquelle il quitte ses plis, & tandis qu'il s'éleve avec une langue menaçante & des mâchoires mortelles, ce monstre dresse sa crête enflammée. Tous les autres animaux, malgré leur soif, fuient effrayés & tremblans, ou s'arrêtent à quelque distance, n'osant approcher.

Aussi-tôt que le jour pur a fermé son œil sacré, le tigre s'élance avec fureur, & fixe ses regards sur sa proie; l'ornement du désert, le vif & brillant léopard, tacheté de différentes couleurs, méprise aussi tous les artifices que l'homme invente pour l'apprivoiser. Tous ces animaux indomptables sortent des bois inhabités de la Mauritanie ou des isles qui s'élevent au milieu de la sauvage Libye. Ils admirent leur roi hérissé, qui marchant avec des rugissemens impériaux, laisse sur le sable la trace de ses pas. Les troupeaux domestiques sont saisis de frayeur à l'approche de ces monstres. Le village éveillé tressaille, & la mere presse son enfant sur son sein palpitant. Le captif échappé de l'antre du pirate & des fers du fier tyran de Maroc, regrette ses chaines, pendant que les cris font retentir les déserts depuis le mont Atlas jusqu'au Nil effrayé.

Malheureux celui qui séparé des plaisirs de la société, est laissé seul au milieu de cette région d'horreur & de mort! Tous les jours il s'assied tristement sur la pointe de quelque rocher, & regarde la mer agitée, espérant que de quelque rivage éloigné où la vague forme un tourbillon, il découvrira des vaisseaux qu'il se trace dans les nuages. Le soir il tourne un œil triste au coucher du soleil, & son cœur mourant sans secours, se plonge dans la tristesse, quand le rugissement accoutumé vient se joindre au sifflement continuel, pendant la nuit si longue & si terrible.

Souvent les élémens furieux semblent porter dans cette aride zone, le démon de la vengeance. Un vent suffoquant souffle une chaleur insupportable de la fournaise immenſe du firmament , & de la vaſte & brillante étendue du ſable brûlant. Le voyageur eſt frappé d'une atteinte mortelle. Le chameau, fils du déſert , accoutumé à la ſoif & à la fatigue , ſent ſon cœur percé & deſſéché par ce ſouffle de feu.

Mais c'eſt principalement ſur la mer & ſur ſes vagues flexibles que l'orage exerce ſon cruel empire. Dans le redoutable Océan , dont les ondes flottent ſous la ligne qui entoure le globe, le typhon tournoie d'un tropique à l'autre , & le terrible ecnéphia regne , des vents rugiſſans , des flammes & des flots combattant, ſe précipitent & ſe confondent en maſſe. Tout l'art du navigateur eſt inutile. Opprimé par le deſtin rapide, ſon vaiſſeau boit la vague , s'enfonce , & ſe perd dans le ſein du ſombre abyme. Gama combattit contre une ſemblable tempête pendant pluſieurs jours, & pluſieurs nuits , voguant ſans ceſſe autour du cap orageux , conduit par une ambition hardie , & par la ſoif encore plus hardie de l'or.

Le requin , antropophage , accroit la terreur de cette tempête ; il paroît avec ſes mâchoires armées d'une triple défenſe; attiré par l'odeur des morts & des mourans , il fend les vagues irritées auſſi promptement que le vent porte le vaiſſeau ; il demande ſa part de la proie aux aſſociés de ce cruel voyage, qui va priver de ſes enfans la malheureuſe Guinée : le deſtin orageux obéit, la mort enveloppe les tyrans & les eſclaves ; à l'inſtant leurs membres déchirés lui ſervent de pâture ; il teint la mer de ſang, & ſe livre à ce repas vengeur.

Le ſoleil regarde triſtement ce monde noyé par les pluies équinoxiales ; il en attire l'odeur infecte , & il nait un million d'animaux deſtructifs de ces marécages mal - ſains où la putréfaction fermente. Dans l'ombre des bois , retraite affreuſe , enveloppée de vapeurs & de corruption , & dont la ſombre horreur ne fut jamais pénétrée par le plus téméraire voyageur, la terrible puiſſance des maladies peſtilentielles établit ſon empire. Des millions de démons hideux l'accompagnent, & flétriſſent la nature affoiblie, fléau terrible, qui ſouffle ſur les projets des hommes , & change en une déſolation complette les plus hautes eſpérances de leur orgueil. Tel fut dans ces derniers temps le déſaſ-

tre qui altéra la nation Britannique, prête à réduire Carthagene.

Faut-il que je raconte la rigueur de ces climats, où la peſte, cette cruelle fille de la déeſſe Néméſis , deſcend ſur les villes infortunées. Cette deſtructrice du monde eſt née des bois empoiſonnés de l'Ethiopie, des matieres impures du grand Caire, & des champs infectés par des armées de ſauterelles , entaſſées & putréfiées. Les animaux échappent à ſa terrible rage; l'homme intempéré, l'homme ſeul lui ſert de proie. Elle attire un nuage de mort ſur ſa coupable demeure , que des vents tempérés & bienfaiſans ont abandonnée : ce nuage eſt taché par le ſoleil d'un mélange empoiſonné , & cet aſtre ſe montre lui-même ſous un aſpect irrité.

Tout alors n'eſt que déſaſtre. La ſageſſe majeſtueuſe détourne ſon œil vigilant ; l'épée & la balance tombent des mains de la juſtice , déſormais ſans fonctions ; on n'entend plus le bruit du travail; les rues ſont déſertes & l'herbe y croit triſtement. Les demeures agréables des hommes ſe changent en des lieux pires que des déſerts ; rien ne ſe montre , hormis peut-être quelque malheureux , qui frappé de frénéſie , briſe ſes liens , & s'échappe de la maiſon fatale , ſéjour funeſte de l'horreur, & fermée par la crainte barbare : cet infortuné pouſſe des cris au ciel & l'accuſe d'inhumanité. La triſte porte qui n'eſt pas encore infectée craint de tourner ſur ſes gonds ; elle abhorre la ſociété , les enfans , les amis , les parens; l'amour lui-même , éteint par le malheur , oublie le tendre lien & les doux engagemens du cœur ſenſible. Mais ſa tendreſſe même eſt inutile ; le firmament & l'air qui anime tout, ſont ſemés de traits de la mort; chacun à ſon tour frappé , tombe dans des tourmens , ſolitaires , ſans ſecours , ſans derniers adieux , & ſans que perſonne le pleure. Ainſi le noir déſeſpoir étend ſon aile funebre ſur la ville terraſſée , tandis que pour achever ſa ſcene de déſolation , les gardes inexorables diſperſés tout autour , refuſent toute retraite , & donnent une mort plus douce au malheureux qui fuit.

Ce ne ſont pas là tous les déſaſtres de l'intempérie des élémens brûlans. La fureur d'un ciel d'airain, les champs de fer, la ſéchereſſe , n'offrent pour moiſſon que la faim & la ſoif. La montagne en convultion, pousse des colonnes de flamme, allumées par la triple rage de la torche du midi, qui produit le tremblement de terre. Ce dernier fléau se forme dans le monde souterrain ; il frappe, ébranle, renverse sans effort les villes les plus célebres ; & fait sortir du fond des mers de nouvelles isles couvertes de pierres calcinées, inconnues aux siecles précédens.

Arrêtons, c'est assez, j'ai moi-même besoin de respirer ; outre que d'autres scenes d'horreur & d'épouvante doivent entrer dans le tableau des *zones* glaciales: lisez en l'article. (*D. J.*)

ZONES GLACIALES, *Géog. mod.* Les géographes distinguent deux *zones glaciales* : elles sont renfermées entre les deux cercles polaires qui les embrassent, l'une autour du pole arctique, & l'autre autour du pole antarctique. On les appelle *glaciales*, parce que pendant la plus grande partie de l'année il y fait un froid excessif, tant par les longues nuits de plusieurs mois qui s'y rencontrent, qu'à cause de l'obliquité des rayons du soleil quand il les éclaire.

Il y a dans ces *zones* quantité d'étoiles qui ne se couchent jamais, & quantité d'autres qui sont toujours cachées au dessous de l'horizon. Les habitans ont une si grande inégalité de jours & de nuits, que le soleil paroît sur l'horison pendant plusieurs jours, & quelquefois plusieurs mois; les nuits y sont aussi de plusieurs jours & de plusieurs mois. Ils ont le soleil très-éloigné de leur zénith, & ne voient qu'un solstice, savoir celui de l'été, le solstice d'hiver étant sous l'horizon. La lune s'y leve quelquefois devant le soleil, & se couche quelque temps après, savoir lorsqu'elle est au signe du taureau, & le soleil au commencement du signe des poissons ou du belier.

Ceux qui sont sous le cercle polaire, n'ont qu'un jour de 24 heures, le soleil étant au solstice d'été, & ont aussi une nuit de 24 heures, le soleil étant au solstice d'hiver. Les crépuscules y sont fort grands, le pole étant élevé sur l'horizon de soixante-six degrés & demi ; & depuis le 5 avril jusqu'au 9 de septembre il n'y a point de nuit close.

Ceux qui habitent au milieu des *zones glaciales*, c'est-à-dire, sous les poles, ont la sphere parallele, & n'ont en toute l'année qu'un jour & qu'une nuit, chacune

de six mois. Les étoiles qui sont dans l'hémisphere supérieur, ne se couchent jamais, & celles qui sont dans l'hémisphere inférieur, ne se levent jamais, parce que les poles sont au zénith & au nadir. Ils n'ont aucun orient ni aucun occident, parce que le soleil fait toutes ses révolutions paralleles à l'horizon, & n'ont par conséquent qu'une ombre circulaire.

Le cercle polaire passe presque par le milieu de l'Islande, la partie septentrionale de la Norvege, par l'Océan du Nord, le pays de Laponie, la baie de Russie, le pays des Samoyedes, la Tartarie, l'Amérique septentrionale & le Groenland.

Ce cercle polaire arctique passe par la terre du Sud ou Magellanique dont nous ne connoissons rien.

Il y a sous la *zone glaciale* septentrionale, moitié de l'Islande, la partie septentrionale de Norwege & de Laponie, le Finmare, la Samogitie, la nouvelle-Zemble, le Groenland, le Spitzberg & quelques pays septentrionaux d'Amérique encore inconnus.

Il y a sous la *zone glaciale* méridionale, de la terre ou de la mer ; mais nous ne savons pas laquelle des deux.

Le soleil ne se couche ni ne se leve pendant quelques jours pour ceux qui sont sous les *zones glaciales* ; & plus il y a de ces jours, plus le lieu est proche du pole, de sorte que sous le pole même, il ne se couche ni ne se leve pendant six mois entiers ; les lieux situés sous les cercles arctique & antarctique ont un jour pendant lequel le soleil ne se couche point, & un autre pendant lequel il ne se leve point ; mais dans les autres temps il se leve & se couche.

Pour démontrer cette proposition, choisissez un lieu sous la *zone glaciale*, & élevez le pole suivant sa latitude ; ensuite appliquant un morceau de craie ou un crayon au nord de l'horizon, c'est-à-dire, proche du pole, décrivez un parallele en faisant tourner le globe : ce parallele coupera l'écliptique en deux points, où le soleil arrivant, ainsi qu'aux points intermédiaires, il ne se couche point ; car tous les paralleles qui passent à travers ces points dans la rotation du globe, sont au dessus de l'horizon. Si on applique le crayon au point opposé, & qu'on décrive un cercle parallele, il passera par deux

oints de l'écliptique, où le soleil arri-
ant, ainſi qu'aux points intermédiaires,
l ne s'eleve point au deſſus de l'horizon;
mais il en arrivera tout autrement ſi on
hoiſit le lieu dans l'autre *zone glaciale.*
Ainſi par rapport aux lieux ſitués ſous les
cercles arctique & antarctique, ſi on éleve
e globe à 66 degrés 30 minutes, & qu'on
e faſſe tourner, le premier degré du cancer touchera préciſément l'horizon, & ne
ſe couchera point; de même le ſoleil ne
ſe levera point pour ce lieu, étant au premier degré du capricorne; mais il aura
ſon lever & ſon coucher dans les autres
degrés de l'écliptique.

Un lieu étant donné ſous la *zone glaciale,* voici comme on peut déterminer
quels ſont les jours où le ſoleil ne s'y cou
che ni ne s'y leve, & quand ces jours com-
menceront & finiront.

Prenez un globe, mettez le lieu ſous
le méridien, & élevez le pole ſuivant ſa
latitude; enſuite faiſant tourner le globe,
remarquez les deux points de l'écliptique
qui ne deſcendent point ſous l'horizon. Le
premier qui eſt proche du belier, montre
le jour que le ſoleil ne ſe couche point,
& celui d'auprès de la balance indique le
jour où il commence à ſe lever; les deux
jours dans leſquels le ſoleil eſt dans ces
points, il ne fera que toucher l'horizon,
& ſon centre ſera un peu au deſſus; c'eſt
ainſi qu'on trouve les jours pendant leſquels le ſoleil ſera ſous l'horizon dans la
partie oppoſée de l'année.

Les jours augmentent continuellement
dans les lieux ſeptentrionaux, tant que
le ſoleil avance depuis le premier degré
du capricorne juſqu'au premier du cancer; c'eſt-à-dire, depuis le 21 décembre
juſqu'au 21 juin; mais il en arrive tout
autrement dans les lieux méridionaux;
c'eſt-à-dire, quand le ſoleil ſe meut depuis le cancer juſqu'au capricorne, ou
depuis le 21 juin juſqu'au 21 décembre.

Pour prouver cette propoſition, prenez un lieu quelconque au nord de l'é-
quateur, & élevez le pole ſuivant ſa latitude; prenez deux lieux ou plus dans
l'écliptique, & vous trouverez que le plus
proche du premier degré du cancer reſte-
ra le plus long-temps ſur l'horizon. La
même choſe arrivera pour les lieux qui
ſont au ſud de l'équateur; ſi on éleve le
pole du ſud à la latitude du lieu, les degrés les plus proches du premier du capri-

corne ſeront ceux qui reſteront le plus
long-temps ſur l'horizon.

Les cauſes des ſaiſons & de la durée
du jour ſont les ſuivantes, ſous la *zone
glaciale.*

1°. Le centre du ſoleil ne monte pas
au deſſus de l'horizon pendant quelques
jours ou quelques mois, ſelon que le ſoleil eſt éloigné du pole.

2°. Quand le ſoleil eſt au deſſus de
l'horizon, ſes rayons tombent obliquement, pendant qu'il tourne autour de l'horizon.

3°. Le ſoleil ne va pas beaucoup au
deſſous de l'horizon, même pour les lieux
ſitués au pole arctique ou aux environs;
& quoique ſon centre ne monte pas, une
partie de ſon diſque paroît quelques jours
avant le centre; car le demi-diametre du
ſoleil ſoutient un angle de 15 minutes.
Par exemple, choiſiſſez un lieu près du
pole arctique, dont la latitude ſoit de 67
degrés; élevez le globe à cette latitude,
vous verrez qu'aucun degré de l'écliptique,
depuis le dix-neuvieme du ſagittaire, juſqu'au onzieme du capricorne, où
le centre du ſoleil à ces degrés ne paroîtra ſur la partie du nord de l'horizon pendant 23 jours, depuis le 30 novembre
juſqu'au 21 décembre, & que cependant
une partie du ſoleil ſera ſur l'horizon pendant tout ce temps. Le 10 décembre le
bord touche l'horizon, le 30 novembre &
le 31 décembre la moitié du ſoleil ſera au
deſſus, & le centre ſera dans l'horizon;
quand ſon centre aura atteint le quatorzieme degré du capricorne, il ſera tout-à-
fait au deſſus de l'horizon, vers le 24 de
décembre, & auſſi quand il eſt au ſeizieme degré du ſagittaire ou vers le 26 novembre.

Mais à 75 degrés de latitude ou même
à 70, la différence entre le lever du centre & du bord ſera petite, & à peine d'un
jour ou un jour & demi; car la déclinai-
ſon du ſoleil commence alors à croître &
décroître fort vîte.

Il s'enſuit de ce peu de dépreſſion qu'il
doit y avoir quelques jours de crépuſcule
avant le lever du ſoleil & après ſon coucher; & quand même le ſoleil ſeroit un
jour entier ſans ſe lever, cependant il y a
de la lumiere à preſque toutes les heures
du jour. Une autre cauſe qui fait qu'on
apperçoit le ſoleil avant qu'il ſoit élevé au
deſſus de l'horizon, eſt la réfraction des

rayons. Non feulement le foleil paroît plutôt, mais le crépufcule arrive plutôt dans l'air qu'il ne feroit, s'il n'y avoit point de réfraction.

4°. La lune étant pleine ou prefque pleine, refte plufieurs jours fur l'horizon, quand le foleil refte deffous; & ce temps eft d'autant plus long que le lieu eft plus voifin du pole; cependant elle n'eft pas affez haute pour pouvoir donner aucune chaleur; mais quand le foleil refte fur l'horizon pendant toute une révolution, la pleine lune n'eft jamais au deffus.

5°. Les mêmes étoiles fixes fe trouvent prefque toujours fur l'horizon, mais non les mêmes planetes. Saturne eft au deffus de l'horizon pendant quinze ans auprès du pole & quinze ans au deffous; Jupiter en eft fix au deffus, & fix au deffous; Mars un an; Mercure & Vénus environ fix mois: ce qui met encore beaucoup de différence entre les faifons.

6°. La terre eft pleine de pierres & de rocher en beaucoup d'endroits; & dans cette zone il n'y a guere de terre fulfureufe, graffe, bitumineufe. Dans le premier cas, la terre eft un peu ftérile, & dans le fecond, elle eft affez fertile.

7°. Les lieux de la zone glaciale font entourés de mers; on ne connoit guere l'intérieur des terres.

8°. Il y a des pays fous la zone glaciale où fe trouvent de hautes montagnes, & d'autres où il n'y a que de vaftes plaines.

9°. Il fouffle du pole des vents fort froids; le vent d'eft y eft rare, & celui d'oueft encore plus; mais les vents du nord regnent fous la zone glaciale arctique, & fous l'antarctique ce font les vents de fud.

10°. On y voit des nuages & des pluies très-fréquentes.

On peut juger par ce détail quelles font les faifons des zones froides; l'air en hiver y eft obfcur, nébuleux & gelé: ces lieux ont cependant la lumiere de la lune qui refte long-tems fur l'horizon; mais la froideur du climat fait qu'il n'y croit rien du tout. Au printemps le froid eft plus modéré; cependant le pays n'eft pas encore exempt de neiges, de pluies & des vents glacés qui viennent du nord. Le froid fe ralentit lorfque le foleil paffe du premier degré du belier jufqu'au premier de l'écreviffe. Alors commence la chaleur, chaleur qui cependant n'eft pas affez for-

te pour fondre la neige. L'été arrive quand le foleil entre dans le figne de l'écreviffe, & dure jufqu'à ce qu'il vienne au premier degré de la balance; mais cet été même eft quelquefois traverfé par la neige; de-là vient que le blé ne peut pas mûrir, excepté en quelques endroits voifins du cercle polaire arctique.

Voilà d'après Varénius, le tableau de la zone glaciale; c'eft à M. Thompfon qu'il appartient de le colorier; vous allez voir une feconde fois comme il fait peindre; car je fuppofe que vous avez déjà lu la defcription de la zone torride.

Notre hiver, quelque rigoureux qu'il foit, dit cet aimable poete, feroit bien foible, fi nos yeux étonnés perçoient dans la zone glaciale, où durant les triftes mois, une nuit continuelle exerce fur une immenfe étendue fon empire étoilé. Là le Ruffe exilé dans des prifons fans bornes, erre arrêté par la main de la nature qui s'oppofe à fa fuite. Rien ne s'offre à fa vue que des déferts enfevelis dans la neige, des bois qui en font furchargés, des lacs gelés, & dans le lointain, de ruftiques habitans, qui ne favent des nouvelles du genre humain, que quand les caravanes dans leurs courfes annuelles tournent vers la côte dorée du riche Cathay. Cependant ces peuples fourrés vivent tranquilles dans leurs forêts; ils font vêtus d'hermines blanches comme la neige qu'ils foulent aux piés, ou de martres du noir le plus luifant, orgueil fomptueux des cours!

Là les daims s'affemblent en troupe & fe ferrent pour s'échauffer. L'élan avec fon bois éleve fa tête de deffous la neige, & refte endormi dans l'abyme blanc. L'ours difforme, fauvage habitant de ces lieux, eft encore défiguré par les glaçons qui pendent autour de lui. Il marche feul, & avec une patience fiere, dédaignant de fe plaindre, il s'endurcit contre le befoin preffant.

Dans les régions fpacieufes du Nord, qui voient le bouvier célefte conduire fon char à pas lents, une race nombreufe en butte aux fureurs du Caurus glacial, ne connoit point le plaifir, & ne craint point les peines. Ce peuple ralluma une fois la flamme du genre humain éteinte dans un efclavage policé: il chaffa courageufement & avec une rapidité terrible, les tribus errantes de la Scythie, les pouffa fans qu'eles puſſent réſiſter, juſqu'au ſud affoibli, & donna une nouvelle forme à l'univers 'aincu.

Les fils de Lapland mépriſent au conraire le métier barbare & inſenſé de la guerre ; ils ne demandent que ce que la imple nature peut leur donner : ils aiment leurs montagnes , & jouiſſent de leurs orages. Les faux beſoins , enfans de 'orgueil, ne troublent point le cours paiſible de leur vie,& ne les engagent point dans les detours agités de l'ambition. Leurs rennes font toutes leurs richeſſes ; ils en tirent leurs tentes, leurs robes, leurs meubles, une nourriture ſaine, une boiſſon agréable. La tribu de ces animaux débonnaires, docile à la voix du maitre, tend le col au harnois qui l'attache à la voiture, & ils l'emportent rapidement à travers les collines & les vallons, qui ne ſont qu'une plaine endurcie ſous une croûte de glace bleuâtre.

Ces peuples trouvent même dans la profondeur de la nuit polaire un jour ſuffiſant pour éclairer leur chaſſe, & pour guider leurs pas hardis vers les belles plaines de Finlande; ils ſont conduits par la clarté vacillante des météores, dont la lueur réfléchit ſans ceſſe ſur les cieux, & par des lunes vives, & des étoiles plus lumineuſes, qui brillent d'un double éclat dans le firmament. Le printems leur arive du ſud rembruni. L'aurore obſcure s'avance lentement, le ſoleil ne fait d'abord que paroître ; il étend enſuite ſon cercle enfle. juſqu'à ce qu'il ſoit vu pendant des mois entiers ; toujours faiſant la ronde. il continue ſa courſe ſpirale ; & il eſt prêt à ſubmerger ſon orbe enflammé, il tourne encore & remonte au firmament.

Dans cette joyeuſe ſaiſon, les habitans tirent leur pêche des lacs & des fleuves aux lieux où s'élevent les montagnes de Néemi fréquentées par les fées. & où le Tenglio orné de quelques roſes, roule ſes flots argentins : ils retournent gaiement le ſoir chargés de poiſſon à leurs tentes, où leurs femmes douces & pures, qui tout le jour ont vaqué à des ſoins utiles, allument du feu pour les recevoir. Race trois fois heureuſe ! A l'abri , par la pauvreté, du pillage des loix & du pouvoir rapace, l'intérêt ne jette jamais parmi vous la ſemence du vice , & vos bergers innocens n'ont point été ternis par le ſouffle de l'amour infidele !

Si l'on s'avance au delà du lac de Tornéa & juſqu'au mont Hécla , on y voit, choſe étonnante, les flammes percer à travers les neiges. Enſuite s'offre le Groënland, pays le plus reculé & juſqu'au pole lui-même , terme fatal où la vie décline graduellement & s'éteint enfin. Là nos yeux ſuſpendus ſur la ſcene ſauvage & prodigieuſe , conſiderent de nonvelles mers ſous un autre firmament. Ici l'hiver aſſis. ſur un trône azuré tient 'dans ſon palais ſa terrible cour ; dans ſon empire aérien , on entend à jamais la confuſion & les tempêtes. C'eſt-là que le froid, ſombre tyran. médite ſa rage; c'eſt-là qu'il arme les vents d'une gelée qui ſubjugue tout, qu'il forme la fiere grêle, & qu'il ramaſſe en tréſors les neiges dont il accable la moitié du globe.

Delà tournant à l'eſt juſqu'à la côte de Tartarie, on parcourt tranſi le bord mugiſſant de la mer, où des neiges entaſſées ſur des neiges réſident depuis les premiers temps , & ſemblent menacer les cieux. Là des montagnes de glaces amoncelées pendant des ſiecles paroiſſent de loin au matelot tremblant , une athmoſphère de nùages blancs & ſans forme. Des alpes énormes & horribles à la vue ſe menacent réciproquement , & penchent ſur la vague , ou ſe précipitant avec un bruit affreux, qui ſemble annoncer le retour du chaos , fendent l'abyme , & ébranlent le pole même. L'Océan, tout puiſſant qu'il eſt, ne peut réſiſter à la Fureur qui lie tout; accablé juſqu'au fond de ſes entrailles par l'effort victorieux de la gelée , il eſt enchaîné lui-même , & il lui eſt ordonné de ne plus rugir. Tout enfin n'eſt qu'une étendue glacée, couverte de rochers ; triſtes plages dépourvues de tous les habitans, qui s'enfuient au ſud par un inſtinct naturel dans ces mois terribles. Combien ſont malheureux ceux qui , embarraſſés dans les amas de glace , reçoivent en ces lieux le dernier regard du ſoleil conchant, tandis que la très-longue nuit , nuit de mort & d'une gelée dure & dix fois redoublée, tombe avec horreur ſur leurs têtes. Elle les glace en un clin d'œil, les rend ſtupidement immobiles , & les gele comme des ſtatues qui blanchiſſent au ſouffle du nord.

Ah , que les licencieux & les orgueilleux, qui vivent dans la puiſſance & dans l'abondance , réfléchiſſent peu à ces malheurs! Ceux qui nagent dans la volupté ne pensent pas, tandis qu'ils se plongent dans les plaisirs, combien il en est qui éprouvent les douleurs de la mort, & les différens maux de la vie! combien périssent dans les mers, dans les forêts,dans les sables ou par le feu! combien versent leur sang dans des disputes honteuses entre l'homme & l'homme! combien languissent dans le besoin & dans l'obscurité des prisons, privés de l'air commun à tous, & de l'usage commun aussi de leurs propres membres!combien mangent le pain amer de la misere,& boivent le calice de la douleur! combien n'ont d'autre demeure que la chétive cabane de la triste pauvreté,ouverte aux injures de l'hiver!

Dans le vallon paisible où la sagesse aime à demeurer avec l'amitié, la paix & la méditation, combien en est-il qui, remplis de sentimens vertueux, languissent dans des malheurs secrets & profonds, qui, penchés sur le lit de mort de leurs plus chers amis, marquent & reçoivent leur dernier soupir! Hommes livrés au délire des passions, retracez-vous de telles idées; songez à tous ces maux, & à mille autres qui ne se peuvent nommer, & qui font de la vie une scene de travail, de souffrance & de cruelles peines. Si vous vous en occupiez, le vice qui vous domine paroitroit effrayé dans sa carriere, vos mouvemens guidés au hazard & intercadens deviendroient des pensées utiles; votre cœur pénétré s'échaufferoit de charité, la bienfaisance dilateroit en vous ses desirs, vous apprendriez à soupirer, à mêler vos larmes à celles des malheureux, ces mouvemens se tourneroient en goûts, & ces goûts perfectionnés graduellement établiroient en vous l'exercice de l'humanité,la plus belle vertu dont les mortels puissent être épris. (D. J.)

ZONES TEMPÉRÉES, Géog. mod. Les deux zones tempérées sont entre la torride & les glaciales, c'est-à-dire, entre les tropiques& les cercles polaires;chacune contient 43 degrés de largeur : celle qui est entre le tropique de l'Ecrevisse & le cercle polaire arctique (comme celle où nous habitons) est appellée zone tempérée septentrionale;& l'autre qui est entre le tropique du Capricorne & le cercle polaire antarctique, se nomme méridionale à l'égard de la nôtre.

Ces deux zones sont dites tempérées à cause de leur situation entre la torride & les glaciales; leurs extrémités néanmoins participent beaucoup de l'excès du froid & du chaud, en sorte qu'il n'y a que le milieu qui mérite à juste titre le nom de tempéré, les autres parties de cette zone étant ou trop froides ou trop chaudes, à proportion qu'elles sont plus ou moins près des autres zones.

Ceux qui habitent l'une ou l'autre des zones tempérées n'ont jamais le soleil sur la tête,& les jours y sont toujours moindres que de 24 heures, parce que l'horizon coupe tous les paralleles du soleil, qui par conséquent se leve & se couche chaque jour : l'équinoxe arrive deux fois l'année au temps ordinaire,& le pole y est toujours plus élevé que de vingt-trois degrés & demi,& moins que de soixante-six degrés & demi, ce qui fait que hors des tems des équinoxes les jours sont inégaux aux nuits.

Il y a plusieurs étoiles (plus ou moins, selon l'obliquité de la sphere) qui sont hors du cercle polaire, proche du pole élevé, & qui ne se couchent point; & d'autres qui sont hors du cercle polaire opposé & qui ne se levent jamais; les crépuscules y sont plus grands que dans la zone torride, parce que le soleil descendant plus obliquement sur l'horizon n'arrive pas si-tôt à l'almicantarath éloigné de l'horizon de 18 degrés, que s'il descendoit perpendiculairement : l'inégalité des jours s'augmente d'autant plus que le pole est élevé sur l'horizon, ce qui fait qu'il y a des nuits qui ne sont qu'un crépuscule en plusieurs années des zones tempérées, comme il arrive à Paris pendant quelques jours de l'été; savoir, environ huit jours devant & après le solstice d'été, parce que le soleil pendant ce tems-là ne descend jamais 18 degrés sous l'horizon.

Personne n'ignore que la zone tempérée septentrionale comprend toute l'Europe, l'Asie, (excepté la Chersonese d'or & les isles de la mer indienne) une grande partie de l'Amérique septentrionale, de l'Océan atlantique & de la mer Pacifique.

La zone tempérée méridionale contient peu de pays, encore ne sont-ils pas tous connus; mais il y a beaucoup de mers, une partie de l'Afrique méridionale, du

Monomotapa , le cap de Bonne-Espéran-
e, une bonne partie de la terre Magellanique, une portion du Bréfil , le Chili, le
l'étroit de Magellan,& une grande partie
les mers Atlantique, Indienne & Pacifique.

Quoique l'approche ou l'éloignement
du soleil dirigent principalement les saisons des *zones tempérées*, il y a cependant
bien d'autres causes qui y produisent le
chaud ou le froid suivant les lieux, comme nous allons le voir.

D'abord , les saisons different dans divers endroits de la *zone tempérée*, en sorte
que sous le même climat il fait plus
chaud ou plus froid, plus sec ou plus humide dans un lieu que dans un autre ; cependant les saisons ne different jamais de
l'hiver à l'été, ni de l'été à l'hiver ; les
variétés qui se rencontrent dépendent de
la nature du sol, haut ou bas, pierreux ou
marécageux, proche ou loin de la mer.

La plupart des lieux voisins du tropique font fort chauds en été; quelques-
uns ont une saison humide , à-peu-près
semblable à celle de la *zone torride*. Ainsi dans la partie du Guzarate qui est au-
delà du tropique, il y a les mêmes mois
de sécheresse & d'humidité qu'en dedans
du tropique , & l'été se change en un
temps pluvieux. Chez nous, nous ne jugeons pas de l'hiver & de l'été par la sé-
chereffe & l'humidité , mais par le chaud
& le froid.

Sur les côtes de Perse & au pays d'Or-
mus, il y a tant de chaleur en été, à cause
du voisinage du soleil , que les habitans,
hommes & femmes, dorment la nuit dans
des citernes pleines d'eau. Il fait aussi
très-chaud en Arabie.

Dans presque toute la Barbarie , (c'est
ainsi qu'on nomme les pays d'Afrique fitués sur la Méditerranée) il commence à
régner après le milieu d'octobre un froid
vif & des pluies , suivant le rapport de
Léon d'Africain , & aux mois de décembre & de janvier, le froid est plus violent
(ainsi que par-tout ailleurs sous la *zone
tempérée*) , mais ce n'est que le matin ;
au mois de février , la plus grande partie
de l'hiver est passée, quoique le tems reste
très-inconstant;au mois de mars,les vents
de nord & d'ouest soufflent fortement, &
les arbres font alors chargés de fleurs ; en
avril, les fruits sont formés,de sorte qu'à
la fin de ces mois on a des cerises; au mi-

lieu de mai , on commence à cueillir des
figues sur les arbres ; l'on trouve des raisins mûrs dans quelques endroits à la mi-
juin.La moiffon des figues est en état d'ê-
tre faite en août.

Le printems terrestre commence le 15
février , & finit le 18 mai , dans lequel
tems il y a toujours un vent frais. S'il ne
tombe pas de pluie entre le 25 avril & le
5 mai , on estime que c'est un mauvais
signe ; on compte que l'été dure jusqu'au
16 août. Le tems est alors chaud & serein. On place l'automne entre le 17 août
& le 16 novembre, & la chaleur n'est pas
si grande dans ces deux mois. Cependant
les anciens comptoient le tems le plus
chaud entre le 15 août & le 15 septembre,
parce que c'étoit celui où les figues, les
coings & tous les autres fruits mûrif-
foient , & ils plaçoient leur hiver depuis
le 15 novembre jusqu'au 15 février,qu'ils
s'occupoient à labourer les plaines. Ils
étoient persuadés qu'il y avoit toujours
dans l'année 40 jours de grandes chaleurs
qui commençoient le 12 juin , & autant
de jours de froidure , qui commençoient
le 12 décembre. Le 16 de mars & de septembre font les jours de leurs équinoxes,
& ceux de leurs solstices arrivent le 16
de juin & de décembre.

Sur le mont Atlas , qui est à 30 degrés
20 minutes de latitude-nord,on ne divise
l'année qu'en deux parties; car on a un
hiver constant depuis octobre jusqu'en
avril, & l'été dure depuis avril jusqu'en
octobre : cependant il n'y a pas un seul
jour où le sommet des montagnes ne soit
couvert de neige.

Les saisons de l'année paffent auffi fort
vite en Numidie; on y recueille le blé en
mai,& les dattes en octobre; le froid commence au milieu de septembre, & dure
jusqu'en janvier. Quand il ne tombe pas
de pluie en octobre , les laboureurs perdent toute espérance de pouvoir semer.
Il en est de même quand il ne plent pas
en avril.Léon l'Africain nous affure,qu'il
y a dans le voisinage du tropique du cancer, beaucoup de montagnes chargées de
neiges.

La partie septentrionale de la Chine ,
est à-peu-près à la même latitude que l'I-
talie, puisqu'elle s'étend depuis le 30e degré jufqu'au 42e degré de lat. cependant
le froid qui vient selon les apparences ,
des montagnes neigeufes de Tartarie, s'y

fait fentir fi vivement, que les grandes rivieres & les lacs fe gelent.

La nouvelle Albion, quoique fituée à
42 degrés de latitude-nord, & auffi proche de l'équateur que l'Italie, eft cependant fi froide au mois de juin, que quand
l'amiral Drake y alla, il fut forcé de retourner au fud, parce que les montagnes
étoient alors couvertes de neiges.

Profper Alpin dit dans fon livre de la
médecine égyptienne, que le printems de
l'année en Égypte, arrive en janvier & février; que l'été y commence en avril, &
dure en juin, juillet & août; que l'automne arrive en feptembre & octobre; &
l'hiver, en novembre & décembre. On
coupe le blé en avril, & on le bat auffi-tôt,
de forte qu'on ne voit pas un épi dans la
campagne au 20 dé mai, ni aucun fruit fur
les arbres.

Au détroit de Magellan & dans les
pays voifins, qui font à 52 degrés de latitude,
l'été eft froid, car les Hollandois
trouverent dans une baie de ce détroit,
un morceau de glace en janvier, qui devroit être le mois le plus chaud; & fur
les montagnes de la côte, on voit de la
neige pendant tout l'été. On remarque en
général que dans les pays de la *zone tem-*
pérée méridionale, le froid eft plus grand,
les pluies plus fortes, & la chaleur moindre en été que fous la *zone tempérée* feptentrionale. Seroit-ce que le foleil refteroit
plus long-temps dans la partie feptentrionale de l'écliptique, & qu'ils'y meut plus
lentement que dans la partie méridionale?

Aux environs de la ville du Pérou, dans
la province du Potofi, il fait fi froid, que
rien ne peut croître à 4 milles à la ronde.

Au royaume du Chili, qui s'étend depuis
le 30 jufqu'au 50e degré de latitude-fud,
le printemps commence au mois d'août,
plutôt qu'il ne devroit, fuivant le cours
du foleil, & finit au milieu de novembre.
Enfuite vient l'été qui dure jufqu'au milieu de février; l'automne fuccede jufqu'au milieu de mai. Alors commence
l'hiver, qui eft humide & fort neigeux fur
les montagnes. Le froid eft auffi confidérable dans les vallées, à caufe d'un vent
vif & piquant qui l'accompagne.

Au Japon, l'hiver eft neigeux, humide,
& plus froid que dans d'autres pays qui
ont la même latitude, parce que ce royaume eft entrecoupé de détroits, & qu'il eft
entouré de la mer.

Enfin, il n'eft point fur la terre de température plus heureufe & plus favorable
que celle d'une partie de l'Efpagne, de
l'Italie, & fur-tout de la France. C'eft ici
que les gelées de l'hiver préparent fans
horreur leur nitre & leur fécondité. Ici,
le printemps varié & fleuri, modere par
des pluies douces & fertiles le feu de la
nature agiffante. Ici, le foleil éclairant les
nuages, produit une chaleur vivifiante,
darde fes influences fur l'Efpagne, fur les
animaux, fur les végétaux, couvre la terre
de fruits, & les amene à leur maturité.
Ici, l'automne couronnée d'épis qui s'a-
gitent fur nos champs dorés, met fa faulx
dans la main du cultivateur, pour qu'il
recueille avec reconnoiffance la moiffon
abondante des préfens de Cérès, de Po-
mone, & du fils aimable de la crédule Sémélé. Telles font les faifons de notre zone:
mais ma voix trop foible pour chanter
leurs délices, veut que j'emprunte de nouveau les peintures brillantes & fpirituelles qu'en a fait M. Thompfon. Sa mufe
plait autant qu'elle inftruit. Vous jugerez
pour la troifieme fois, comme elle fait
employer dans fes defcriptions la variété,
l'harmonie, l'image & le fentiment.

Quand le foleil quitte le figne du bé-
lier, & que le brillant taureau le reçoit,
l'athmofphere s'étend, & les voiles de
l'hiver font place à des nuages legers,
épars fur l'horizon. Les vents agréables
fortent de leurs retraites, délient la terre,
& lui rendent la vie. Diffugere nives.

La neige a difparu; bientôt par la verdure
  Les côteaux feront embellis:
La terre ouvre fon fein, & change de pa-
  rure;
  Les fleuves coulent dans leurs lits.

Le laboureur plein de joie, fe félicite.
Il tire de l'étable fes bœufs vigoureux,
les mene à leurs travaux, pefe fur le foc,
brife la glebe, & dirige le fillon, en rangeant la terre des deux côtés. Plus loin
un homme vêtu de blanc, feme libéralement le grain; la herfe armée de pointes
fuit & ferme la fcene.

Ce que les douces haleines des zéphirs,
les rofées fécondes, & les fertiles ondées
ont commencé, l'œil du Pere de la nature
l'acheve; il darde profondément fes
rayons vivifians, & pénetre jufques dans
les retraites obfcures de la végétation.
Sa chaleur fe fubdivife dans les germes

multipliés, & se métamorphose en mille couleurs variées sur la robe renaissante de la terre. Tu concours sur-tout à nos plaisirs, tendre verdure, vêtement universel de la nature riante ; tu réunis la lumiere & l'ombre ; tu réjouis la vue, & tu la fortifies ; tu plais enfin également sous toutes les nuances.

Sortez du sein des violettes,
Croissez, feuillages fortunés ;
Couronnez ces belles retraites,
Ces détours, ces routes secretes
Aux plus doux accords destinés.
Ma muse par vous attendrie,
D'une charmante revèrie
Subit déja l'aimable loi ;
Les bois, les vallons, les montagnes,
Toute la scene des campagnes,
Prend yne ame, & s'orne pour moi.

L'herbe nouvelle produite par l'air tempéré, se propage depuis les prés humides jusques sur la colline. Elle croit, s'épaissit, & rit à l'œil de toutes parts ; la seve des arbrisseaux pousse les jeunes boutons, & se développe par degrés. La parure des forêts se déploie, & déja l'œil ne voit plus les oiseaux dont on entend les concerts. La main de la nature répand à la fois dans les jardins, des couleurs riantes sur les fleurs, & dans l'air, le doux mélange des parfums. Le fruit attendu n'est encore qu'un germe naissant, caché sous des langes de pourpre.

Des objets si charmans, un séjour si
tranquille,
La verdure, les fleurs, les oiseaux, les
beaux jours ;
Tout invite le sage à chercher un asyle
Contre le tumulte des cours.

Puissé-je, dans cette saison, quitter la ville ensevelie dans la fumée & dans le sommeil ! Qu'il me soit permis de venir errer dans les champs, où l'on respire la fraicheur, & où l'on voit tomber les gouttes tremblantes de l'arbuste penché ! Que je promene mes rêveries dans les labyrinthes rustiques, où naissent les herbes odoriférantes, parfums des laitages nouveaux ! que je parcoure les plaines émaillées de mille couleurs tranchantes, & que passant de plaisir en plaisir, je me peigne les trésors de l'automne, à travers les riches voiles qui semblent vouloir borner mes regards !

La fécondité des pluies printannieres perce la nue, abreuve les campagnes, &

répand une douce humidité dans toute l'athmosphere. La bonté du ciel verse sans mesure l'herbe, les fleurs & les fruits. L'imagination enchantée voit tous ces biens au moment même où l'œil de l'expérience ne peut encore que le prévoir. Celle-ci apperçoit à peine la premiere pointe de l'herbe ; & l'autre admire déja les fleurs, dont la verdure doit être embellie:

La terre reçoit la vie végétative : le soleil change en lames d'or les nuages voisins : la lumiere frappe les montagnes rougies : ses rayons se répandent sur les fleuves, éclairent les brouillards jaunissans sur la plaine, & colorent les perles de la rosée. Le paysage brille de fraicheur, de verdure, & de joie ; les bois s'épaississent ; la musique des airs commence, s'accroit, se mêle en concert champêtre au murmure des eaux.

Les troupeaux belent sur les collines : l'écho leur répond du fond des vallons. Le zéphyr souffle ; le bruit de ses ailes réunit toutes les voix de la nature égayée. L'arc-en-ciel au même instant sort des nuages opposés : il développe toutes les couleurs premieres, depuis le rouge jusqu'au violet, qui se perd dans le firmament que l'arc céleste embrasse, & dans lequel il semble se confondre. Illustre Newton, ces nuages opposés au soleil, & prêts à se résoudre en eau, forment l'effet de ton prisme, dévoilent à l'œil instruit l'artifice admirable des couleurs, qu'il n'étoit réservé qu'à toi de découvrir, sous l'enveloppe de la blancheur qui les dérobe à nos regards !

Enfin l'herbe vivante sort avec profusion, & la terre entiere en est veloutée. Le plus habile botaniste ne sauroit en nombrer les especes, quand attentif à ses recherches, il marche le long du vallon solitaire ; ou quand il perce les forêts, & rejette tristement les mauvaises herbes, sentant qu'elles ne sont telles à ses yeux, que parce que son savoir est borné ; ou lorsqu'il franchit les rochers escarpés, & porte au sommet des montagnes des pas dirigés par le signal des plantes qui semblent appeller son avide curiosité ; car la nature a prodigué par-tout ses faveurs ; elle en a confié les germes sans nombre aux vents favorables, pour les déposer au milieu des élémens qui les doivent nourrir.

Lorsque le soleil dardera ses rayons du haut de son trône du midi, repose-toi à l'abri du lilas sauvage, dont l'odeur est délectable. Là, la primevere penche sa tête baignée de rosée, & la violette se cache parmi les humbles enfans de l'ombre; si tu l'aimes mieux, couche-toi sous ce frêne, d'où la colombe à l'aile rapide prend son essor bruyant; ou bien enfin assis au pié de ce roc sourcilleux, résidence éternelle du faucon, laisse errer tes pensées à travers ces scenes champêtres, que le berger de Mantoue illustra jadis par l'harmonie incomparable de ses chants:

Tu vois sur ces côteaux fertiles
Des troupeaux riches & nombreux;
Ceux qui les gardent sont heureux,
Et ceux qui les ont sont tranquilles.

Puisses-tu, à leur exemple, assoupi par les échos des bois & le murmure des eaux, réunir mille images agréables, émousser dans le calme les traits des passions turbulentes, & ne souffrir dans ton cœur que les tendres émotions, sentiment pur, également ennemi de la léthargie de l'ame, & du trouble de l'esprit!

Toi, que j'adore, toi que les graces ont formée, toi la beauté même, viens avec ces yeux modestes, & ces regards mesurés où se peignent à la fois une aimable légéreté, la sagesse, la raison, la vive imagination, & la sensibilité du cœur; viens, ma Thémire, honorer le printemps qui passe couronné de roses. Permets-moi de cueillir ces fleurs nouvelles, pour orner les tresses de tes cheveux, & parer le sein délicieux qui ajoute encore à leur douceur.

Vois dans ce vallon comme le lis s'abreuve du ruisseau caché, & cherche à percer la touffe du pâturage. Promenons-nous sur ces champs couverts de feves fleuries, lieux où le zéphyr qui parcourt ces vastes campagnes, nous apporte les parfums qu'il y a rassemblés; parfums mille fois plus salubres & plus flatteurs, que ne furent jamais ceux de l'Arabie. Ne crois pas indigne de tes pas cette prairie riante; c'est le négligé de la nature que l'art n'a point défiguré. Ici remplissent leur tâche de nombreux essaims d'abeilles, nation laborieuse qui fend l'air, & s'attache au bouton dont elle suce l'ame éthérée; souvent elle ose s'écarter sur la bruyere éclatante de pourpre, où croit le thym sauvage, & elle s'y charge du précieux butin.

L'Océan n'est pas loin de ce vallon; viens, belle Thémire, considérer un moment la merveille de son flux.

Que j'aime, alors qu'il se retire,
De le poursuivre pas à pas;
Au reflux il a des appas
Que l'on sent, & qu'on ne peut dire.

Ici les cailloux font du bruit;
Delà le gravier se produit;
La vague y blanchit, & s'y creve;
Là son écume à gros bouillons
Y couvre & découvre la greve,
Baisant nos piés sur les sablons.

Que j'aime à voir sur ces rivages
L'eau qui s'enfuit & qui revient,
Qui me présente, qui retient,
Et laisse enfin ses coquillages.

Cependant il est temps de nous rendre dans les jardins que le Nostre a formés, jardins admirables par leurs perspectives & leurs allées de boulingrins. Dans les bosquets où regne une douce obscurité, la promenade s'étend en longs détours, & s'ouvrant tout à-coup, offre aux regards surpris le firmament qui s'abaisse, les rivieres qui coulent en serpentant, les étangs émus par les vents légers, des grouppes de forêts, des palais qui fixent l'œil, des montagnes qui se confondent dans l'air, & la mer que nous venons de quitter.

Le long de ces bordures regne, avec la rosée, le printemps qui développe toutes les graces. Mille plantes embellissent le parterre, reçoivent & préparent les parfums; les anémones, les oreilles d'ours enrichies de cette poudre brillante qui orne leurs feuilles de velours, la double renoncule d'un rouge ardent, décorent la scene. Ensuite la nation des tulipes étale ses caprices innocens, qui se perpétuent de race en race, & dont les couleurs variées se mélangent à l'infini, comme font les premiers germes. Tandis qu'elles éblouissent la vue charmée, le fleuriste admire avec un secret orgueil, les miracles de sa main. Toutes les fleurs se succedent depuis le bouton qui nait avec le printemps, jusqu'à celles qui embaument l'été. Les hyacinthes du blanc le plus pur s'abaissent, & présentent leur calice incarnat. Les jonquilles d'un parfum si puissant; le narcisse encore penché sur la fontaine fabuleuse; les œillets agréablement tachetés; la rose de damas qui déeore l'arbufte ; tout s'offre à la fois aux fens ravis ; l'expreffion ne fauroit rendre la variété , l'odeur, les couleurs fur couleurs, le fouffle de la nature, ni fa beauté fans bornes.

Dans cette faifon où l'amour , cette ame univerfelle, pénetre, échauffe l'air, & fouffle fon efprit dans toute la nature, la troupe ailée fent l'aurore des defirs. Le plumage des oifeaux mieux fourni, fe peint des plus vives couleurs ; ils recommencent leurs chants long-tems oubliés, & gazouillent d'abord foiblement ; mais bientôt l'action de la vie fe communique aux organes intérieurs; elle gagne , s'étend , & produit un torrent de délices, dont l'expreffion fe déploie en concerts, qui n'ont de bornes que celle d'une joie qui n'en connoit point.

La meffagere du matin , l'alouette s'éleve en chantant à travers les ombres qui fuient devant le crépufcule du jour; elle appelle d'une voix haute les chantres des bois , & les réveille au fond de leur demeure; toute la troupe gazouillante forme des accords. Philomele les écoute , & leur permet de s'égayer, certaine de rendre les échos de la nuit préférables à ceux du jour.

Je demeure faifi
D'entendre de fa voix l'harmonie & la
grace ;
Vous croiriez fur la foi de fes charmans
accords ,
Que l'ame de Linus , ou du chantre de
Thrace
A paffé dans ce petit corps ,
Et d'un gofier fi doux anime les refforts.

Les faunes & les naïades ,
Pan , & les Humadriades ,
Au goût délicat & fin ,
Au chant qui les captive
Tenant une oreille attentive ,
En apprehendent la fin.

Toute cette mufique n'eft autre chofe que la voix de l'amour ! C'eft lui qui enfeigne le tendre art de plaire aux oifeaux, & chacun d'eux en courtifant fa maitreffe, verfe fon ame toute entiere. D'abord à une diftance refpeétueufe, ils font la roue dans le circuit de l'air , & tâchent par un million de tours d'attirer l'œil rufé de l'enchantereffe, volontairement diftraite. Si elle femble ne pas défapprouver leurs vœux, leurs couleurs

deviennent plus vives. Animés par l'efpérance, ils avancent promptement; enfuite comme frappés d'une atteinte invifible ; ils fe retirent en défordre ; ils fe rapprochent encore , battent de l'aile, & chaque plume friffonne de défir. Les gages de l'hymen font reçus; les amans s'envolent où les conduifent les plaifirs, l'inftinét & le foin de leur fûreté.

Mufe, ne dédaigne pas de pleurer tes freres des bois , furpris par l'homme tyran, & renfermés dans une étroite prifon. Ces jolis efclaves, privés de l'étendue de l'air, s'attriftent; leur plumage eft terni, leur beauté fanée, leur vivacité perdue. Ce ne font plus ces notes raviffantes qu'ils gazouilloient fur le hêtre. O vous amis des tendres chants , épargnez ces douces lignées , laiffez-les jouir de la liberté, pour peu que l'innocence, que les doux accords , ou que la pitié aient de pouvoir fur vos cœurs !

Gardez-vous fur-tout d'affliger Philomele, en détruifant fes travaux. Cet Orphée des bocages eft trop délicat pour fupporter les durs liens de la prifon. Quelle douleur pour la tendre mere , quand, revenant le bec chargé, elle trouve fes chers enfans dérobés par un raviffeur impitoyable. Elle jette fur le fable fa provifion déformais inutile ; fon aile languiffante & abattue, peut à peine la porter fous l'ombre d'un peuplier voifin. Là, livrée au défefpoir , elle gémit & déplore fon malheur pendant des nuits entieres ; elle s'agite fur la branche folitaire; fa voix toujours expirante s'épuife en fons lamentables. L'écho foupire à fon chant, & répete fa douleur. L'homme feul feroit-il infenfible? Ah plutôt qu'il confidere que la bonté divine voit d'un œil également compatiffant toutes fes créatures!

Que ne puis-je peindre la multitude des bienfaits qu'elle verfe à pleines mains fur notre hémifphere dans cette brillante faifon ; mais fi l'imagination même ne peut fuffire à cette tâche délicieufe , que pourroit faire le langage ? Contentonsnous de dire que dans le printemps la maladie leve la tête languiffante , la vie fe renouvelle, la fanté rajeunit, & fe fent régénérée. Le foleil pour la fortifier , nous échauffe tendrement de fes rayons du midi , & même paroît s'y plaire.

Le grand aftre dont la lumiere
Eclaire la voûte des cieux ,

Semble pour nous de sa carrière
Suspendre le cours glorieux ;
Fier d'être le flambeau du monde,
Il contemple du haut des airs
L'Olympe, la terre & les mers
Remplis de sa clarté féconde ;
Et jusques au fond des enfers,
Il fait entrer la nuit profonde
Qui lui disputoit l'univers.

L'influence de l'année renaissante opere également sur l'un & l'autre sexe. Maintenant une rougeur plus fraiche & plus vive que l'incarnat rehausse l'éclat du teint d'une aimable bergere, le rouge de ses levres devient plus foncé, une flamme humide éclate dans ses yeux; son sein animé, s'éleve avec des palpitations inégales ; un feu secret se glisse dans ses veines, & son ame entiere s'enivre d'amour. Le trait vole, pénetre l'amant, & lui fait chérir le pouvoir extatique qui le domine. Jeunes beautés, gardez alors avec plus de soin que jamais vos cœurs fragiles ! sur-tout que les sermens qui cachent le parjure sous le langage de l'adulation, ne livrent pas vos doux instans à l'homme séducteur dans ces bosquets parfumés de roses, & tapissés de chevre-feuille, au moment dangereux où le crépuscule du soir tire ses rideaux cramoisis !

Vous dont l'heureuse sympathie a formé les tendres nœuds par des liens indissolubles, en confondant dans un même destin vos ames, vos fortunes & votre être; jouissez à l'ombre des myrtes amoureux dans vos embrassemens mutuels, de tout ce que l'imagination la plus vive peut former de bonheur, & de tout ce que le cœur le plus avide peut former de désirs. Puisse un long printemps orner vos têtes de ses guirlandes fleuries, & puisse le déclin de vos jours arriver doux & serein!

. Mais l'éclatant été vient dorer nos campagnes, suivi des vents rafraichissans ; les gemeaux cessent d'être embrasés, & le cancer rougit des rayons du soleil. La nuit n'exerce plus qu'un empire court & douteux ; à peine elle avance sur les traces du jour qui s'éloigne, qu'elle prevoit l'approche de celui qui va lui succéder. Déjà paroît le matin, pere de la rosée. Une lumiere foible l'annonce dans l'orient tacheté. Bientôt cette lumiere s'étend, brise les ombres, & chasse la nuit, qui fuit d'un pas précipité. La belle aurore offre à la vue de vastes paysages. Le rocher humide, le sommet des montagnes couvert de brouillards, s'enflent à l'œil, & brillent à l'aube du jour. Les torrens fument, & semblent bleuâtres à travers le crépuscule. Les bois retentissent de chants réunis. Le berger ouvre sa bergerie, fait sortir par ordre ses nombreux troupeaux, & les mene paitre l'herbe fraiche.

Des nuits l'inégale courriere
S'éloigne, & palit à nos yeux ;
Chaque astre au bout de sa carriere
Semble se perdre dans les cieux.

Quelle fraicheur ! L'air qu'on respire
Est le souffle délicieux
De la volupté qui soupire
Au sein du plus jeune des dieux.

Déja la colombe amoureuse
Vole du chêne sur l'ormeau ;
L'amour vingt fois la rend heureuse
Sans quitter le même rameau.

Triton sur la mer applanie
Promene sa conque d'azur,
Et la nature rajeunie
Exhale l'ambre le plus pur.

Au bruit des Faunes qui se jouent
Sur le bord tranquille des eaux,
Les chastes Naïades dénouent
Leurs cheveux tressés de roseaux.

Réveille-toi, mortel esclave du luxe, & sors de ton lit de paresse ; viens jouir des heures balsamiques, si propres aux chants sacrés : le sage te montre l'exemple; il ne perd point dans l'oubli la moitié des momens rapides d'une trop courte vie ! totale extinction de l'ame éclairée ! Il ne reste point dans un état de ténebres, quand toutes les muses, quand mille & mille douceurs l'attendent à la promenade solitaire du matin d'été.

Deja le puissant roi du jour se montre radieux dans l'orient ; l'azur des cieux enflammé, & les torrens dorés qui éclairent les montagnes, marquent la joie de son approche. L'astre du monde regarde sur toute la nature avec une majesté sans bornes, & verse la lumiere sur les rochers, les collines, & les ruisseaux errans, qui étincellent dans le lointain.

Autour de ton char brillant, œil de la nature, les saisons menent à leur suite dans une harmonie fixe & changeante, les heures aux doigts de rose, les zéphyrs flottans nonchalamment, les pluies favorables, la rosée passagere, & les fiers orages

gea adoucis. Toute cette cour répand fucceffivement tes bienfaits, odeurs, herbes,
fleurs, & fruits, jufqu'à ce que tout s'al-
lumant fucceffivement par ton fouffle divin, tu décores le jardin de l'univers.

Voici l'inftant où le foleil fond dans
un air limpide les nuages élevés, & les
brouillards du cancer, qui entourent les
collines de bandes diverfement colorées.

   De fa lumiere réfléchie
   Cet aftre vient remplir les airs,
   Et par degrés à l'univers
   Donner la couleur & la vie.

Bientôt totalement dévoilé, il éclaire
la nature entiere, & la terre paroît fi
vafte, qu'elle femble s'unir à la voûte
du firmament.

La fraîcheur de la rofée tombante fe
retire à l'ombre, & les rofes touffues en
cachent les reftes dans leur fein. C'eft
alors que je médite fur un verd gazon,
auprès des fontaines de cryftal, & des
ruiffeaux tranquilles. Je vois à mes piés
ces fleurs délicates qui, épanouies ce matin, feront fannées ce foir. Telle une jeune beauté languit & s'efface, quand la fievre ardente bouillonne dans fes veines.
La fleur au contraire qui fuit le foleil, fe
refermé quand il fe couche, & femble
abattue pendant la nuit ; mais fitôt que
l'aftre reparoît fur l'horizon, elle ouvre
fon fein amoureux à fes rayons favorables.
Maintenant

   Le bruit renaît dans les hameaux,
   Et l'on entend gémir l'enclume
   Sous les coups fréquens des marteaux.
   Le regne du travail commence.
   Monté fur le trône des airs,
   Eclairez leur empire immenfe,
   Soleil, apportez l'abondance,
   Et les plaifirs à l'univers.

Les nombreux habitans du village fe
répandent fur les prés rians ; la jeuneffe
ruftique pleine de fanté & de force, eft
un peu brunie par le travail du midi.
Semblables à la rofe d'été, les filles demi-
nues, & rouges de pudeur, attirent d'avides regards, & toutes leurs graces allumées paroiffent fur leurs joues. L'âge
avancé fournit ici fa tâche ; la main même des enfans traîne le rateau : furchargés du poids odoriférant, ils tombent, &
roulent fur le fardeau bienfaifant : la
graine de l'herbe s'éparpille tout-autour.
Les faneurs s'avancent dans la prairie, &

étendent au foleil la récolte qui exhale une
odeur champêtre. Ils retournent l'herbe
féchée, la pouffiere s'envole au long du
pré ; la verdure reparoît ; la meule s'éleve épaiffe & bien rangée. De vallon en
vallon, les voix réunies par un travail heureux, retentiffent de toutes parts ; l'amour
& la joie fociable perpétuent gaiment le
travail jufqu'au foir prêt à commencer.

   Le dieu qui doroit nos campagnes
   Va fe dérober à nos yeux ;
   Il fuit, & fon char radieux
   Ne dore plus que les montagnes.
   Les nymphes fortent des forêts
   Le front couronné d'amaranthes ;
   Un air plus doux, un vent plus frais
   Raniment les rofes mourantes ;
   Et defcendant du haut des monts,
   Les bergeres plus vigilantes
   Raffemblent leurs brebis bêlantes
   Qui s'égaroient dans les vallons.

Je perce en ces momens dans la profonde route des forêts voifines, où les
arbres fauvages agitent fur la montagne
leurs cimes élevées. A chaque pas grave
& lent, l'ombre eft plus épaiffe ; l'obfcurité, le filence, tout devient important,
augufte, & majeftueux ; c'eft le palais de
la réflexion, le féjour où les anciens poëtes fentoient le fouffle infpirateur.

Repofons-nous près de cette bordure
baignée de la fraîcheur de l'air humide.
Là, fur un rocher creux & bizarrement
taillé, je trouve un fiege vafte & commode, doublé de mouffe, & les fleurs champêtres ombragent ma tête. Ici le difque
baiffé du foleil éclaire encore les nuages,
ces belles robes du ciel qui roulent fans
ceffe dans des formes vagues, changeantes, & femblables aux rêves d'une imagination éveillée.

La terre fera bientôt couverte de fruits :
l'année eft dans fa maturité. La fécondité
fuivie de fes attributs, portera la joie dans
toute l'étendue de ce beau climat ; mais
les douces heures de la promenade font
arrivées pour celui qui, comme moi, fe
plaît folitairement à chercher les collines. Là, il s'occupe à faire paffer dans fon
ame par un chant pathétique, le calme
qui l'environne. Des amis réciproquement unis par les liens d'une douce fociété, viennent le joindre. Un monde de
merveilles étale fes charmes à leurs yeux
éclairés, tandis qu'elles échappent à ceux

du vulgaire. Leurs esprits sont remplis des riches trésors de la philosophie, lumiere supérieure! La vertu brûle dans leurs cœurs, avec un enthousiasme que les fils de la cupidité ne peuvent concevoir. Invités à sortir pour jouir du déclin du jour, ils dirigent ensemble leurs pas vers les portiques des bois verds, vaste lycée de la nature. Les épanchemens du cœur fortifient leur union dans cette douce école, où nul maître orgueilleux ne regne. Maintenant aussi les tendres amans quittent le tumulte du monde, & se retirent dans des retraites sacrées. Ils répandent leurs ames dans des transports que le dieu d'amour entend, approuve, & confirme.

Enfin

Le soleil finit sa carriere
Le temps conduit son char ardent,
Et dans des torrens de lumiere,
Le précipite à l'occident :
Sur les nuages qu'il colore
Queique temps il se reproduit ;
Dans leurs flots azurés qu'il dore,
Il rallume le jour qui fuit.

L'astre de la nature s'abaissant, semble s'élargir par degrés; les nuages en mouvement entourent son trône avec magnificence, tandis que l'air, la terre, & l'océan sourient. C'est en cet instant, si l'on en croit les chantres fabuleux de la Grece, que donnant relâche à ses coursiers fatigués, Phœbus cherche les nymphes, & les bosquets d'Amphitrite. Il baigne ses rayons, tantôt à moitié plongé, tantôt montrant un demi-cercle doré; il donne un dernier regard lumineux, & disparoit totalement.

Ainsi passe le jour, parcourant un cercle enchanté, trompeur, vain, & perdu pour jamais, semblable aux visions d'un cerveau imaginaire; tandis qu'une ame passionnée perd en désirs les momens, & que l'instant même où elle desire, est anéanti. Fatale vérité, qui ne présente à l'oisif spéculateur qu'une vie inutile, & une vue d'horreur au coupable, qui consume le temps dans des plaisirs honteux! Fardeau à charge à la terre, il dissipe bassement avec ses semblables, ce qui auroit pu rendre l'être à une famille languissante, dont la modestie ensevelit le mérite!

Les nuages s'obscurcissent lentement; la tranquille soirée prend son poste ac-

coutumé au milieu des airs. Des millions d'ombres sont à ses ordres : les unes sont envoyées sur la terre; d'autres d'une couleur plus foncée, viennent doucement à la suite ; de plus sombres encore succedent en cercle, & se rassemblent tout autour pour fermer la scene. Un vent frais agite les bois & les ruisseaux; son souffle vacillant fait ondoyer les champs de blés, pendant que la caille rappelle sa compagne. Le vent rafraîchissant augmente sur la plaine, & le serein chargé d'un duvet végétal, se répand agréablement; le soin universel de la nature ne dédaigne rien. Attentive à nourrir ses plus foibles productions, & à orner l'année qui s'avance, elle envoie de champ en champ, le germe de l'abondance sur l'aile des zéphyrs.

Le berger lestement vêtu, revient content à sa cabane, & ramene du parc son tranquille troupeau; il aime & soulage la laitiere vermeille qui l'accompagne; ils se prouvent leur amour par des soins & des services réciproques. Ils marchent ensemble sans soucis sur les collines, & dans les vallons solitaires, lieux où sur la fin du jour, des peuples de fées viennent en foule passer la nuit d'été dans des jeux nocturnes, comme les histoires des villages le racontent. Ils évitent seulement la tour déserte, dont les ombres tristes occupent les voûtes; vaine terreur que la nuit inspire à l'imagination frappée! Dans les chemins tortueux, & sur chaque haie de leur route, le ver luisant allume sa lampe, & fait étinceler un mouvement brillant à travers l'obscurité.

La soirée cede le monde à la nuit qui s'avance de plus en plus, non dans sa robe d'hiver d'une trame massive, sombre & stygienne, mais négligemment vêtue d'un manteau fin & blanchâtre. Un rayon foible & trompeur, réfléchi de la surface imparfaite des objets, présente à l'œil borné les images à demi, tandis que les bois agités, les ruisseaux, les rochers, le sommet des montagnes qui ont plus long-temps retenu la lumiere expirante, offrent une scene nageante & incertaine.

Les ombres, du haut des montagnes,
Se répandent sur les côteaux ;
On voit fumer dans les campagnes
Les toits rustiques des hameaux.
Sous la cabane solitaire
Des Philémons & des Baucis,

Brûle une lampe héréditaire,
Dont la flamme incertaine éclaire
La table où les dieux sont assis.

. Rangés sur des tapis de mousse,
Le vent qui rafraîchit le jour,
Remplit d'une lumiere douce
Tous les arbustes d'alentour.

Le front tout couronné d'étoiles,
La nuit s'avance noblement ,
Et l'obscurité de ses voiles
Brunit l'azur du firmament.

Les songes traînent en silence
Son char parsemé de saphyrs ;
L'amour dans les airs se balance
Sur l'aile humide des zéphyrs.

La douce Vénus, brillante au ciel de
ses rayons les plus purs, amene en faveur
de ce cher fils, les heures mystérieuses,
qu'elle consacre à ses plaisirs. Son lever
joyeux, du moment où le jour s'efface,
jusqu'à l'instant où il renaît, annonce le
regne de la plus belle lampe de la nuit.
Je considere, j'admire sa clarté tremblante ; ces lumieres errantes, feux passagers
que le vulgaire ignorant regarde comme
un mauvais présage, descendent du firmament, ou scintillent horizontalement dans
des formes merveilleuses.

Du milieu de ces orbes radieux, qui
non-seulement ornent, mais encore animent la voûte céleste, paroît dans des
temps calculés, la comete rapide, qui se
précipite vers le soleil ; elle revient de
l'immensité des espaces avec un cours accéléré; tandis qu'elle s'abaisse & ombrage
la terre, sa criniere redoutable est lancée
dans les cieux, & fait trembler les nations
coupables. Mais au-dessus de ces viles superstitions, qui enchaînent le berger timide , livré à la crédulité & à l'étonnement
aveugle ; vous , sages mortels , dont la
philosophie éclaire l'esprit, dites à ce glorieux étranger, salut. Ceux-là éprouvent
une joie ravissante, qui jouissant du privilege du savoir, ne voient dans cet objet
effrayant que le retour fixe d'un astre qui,
comme tous les autres objets les plus familiers, est dans l'ordre d'une providence
bienfaisante. Qui sait si sa queue n'apporte pas à l'univers une humidité nécessaire sur les orbes que décrit son cours
elliptique; si ses flammes ne font pas destinées pour renouveller les feux toujours
versés du soleil, pour éclairer les mondes , ou pour nourrir les feux éternels?

Cometes , que l'on craint à l'égal du tonnerre,
Cessez d'épouvanter les peuples de la
terre ;
Dans une ellipse immense achevez votre
cours ,
Remontez , descendez près de l'astre des
jours ;
Lancez vos feux , volez , & revenant
sans cesse ,
Des mondes épuisés ranimez la vieillesse.

Dès que le signe de la vierge disparoît,
& que la balance pese les saisons avec
égalité , le fier éclat de l'été quitte la
voûte des cieux, & un bleu plus serein,
mêlé d'une lumiere dorée , enveloppe le
monde heureux.

Le soleil , dont la violence
Nous a fait languir quelque temps ,
Arme de feux moins éclatans
Les rayons que son char nous lance,
Et plus paisible dans son cours ,
Laisse la céleste balance
Arbitre des nuits & des jours.

L'aurore, désormais stérile
Pour la Divinité des fleurs ,
De l'heureux tribut de ses pleurs
Enrichit un Dieu plus utile ;
Et sur tous les côteaux voisins ,
On voit briller l'ambre fertile
Dont elle dore nos raisins.

C'est dans cette saison si belle
Que Bacchus prépare à nos yeux,
De son triomphe glorieux
La pompe la plus solennelle.
Il vient de ses divines mains
Sceller l'alliance éternelle
Qu'il a faite avec les humains.

Autour de son char diaphane ,
Les ris voltigeant dans les airs ;
Des soins qui troublent l'univers ,
Ecartent la foule profane.
Tel sur des bords inhabités ,
Il vint de la chaste Ariane
Calmer les esprits agités.

Les satyres , tous hors d'haleine ,
Conduisant les nymphes des bois ,
Au son du fifre & du haut-bois ,
Dansent par troupes dans la plaine ;
Tandis que les sylvains lassés
Portent l'immobile Sylene
Sur leurs thyrses entrelacés.

L'aftre du jour tempéré s'éleve maintenant fur notre hémifphere, avec fes plus doux rayons. La moiffon étendue & mûre fur la terre, foutient fa tête pefante ; elle eft riche, tranquille & haute; pas un fouffle de vent ne roule fes vagues légeres fur la plaine ; c'eft le calme de l'abondance. Si l'air agité fort de fon équilibre, & prépare la marche des vents, alors le manteau blanc du firmament fe déchire, les nuages fuient épars, le foleil tout à coup dore les champs éclairés, & par intervalles femble chaffer fur la terre des flots d'une ombre noire. La vue s'étend avec joie fur cette mer incertaine ; l'œil perce auffi loin qu'il peut atteindre, & s'égaie dans un fleuve immenfe de bled. Puiffante induftrie, ce font-là tes bienfaits ! tout eft le fruit de fes travaux, tout lui doit fon luftre & fa beauté, nous lui devons les délices de la vie.

Auffi-tôt que l'aurore matinale vacille fur le firmament, & que fans être apperçue elle déploie le jour incertain fur les champs féconds, les moiffonneurs fe rangent en ordre, chacun à côté de celle qu'il aime, pour alléger fon travail par d'utiles fervices ; ils fe baiffent tous à la fois, & les gerbes groffiffent fous leurs mains. Le maître arrive le dernier, plein des efpérances flatteufes de la moiffon ; témoin de l'abondante récolte, fes regards fe portent de toutes parts, fon œil en eft raffafié, & fon cœur à peine contenir fa joie. Les glaneurs fe répandent tout autour ; le rateau fuccede à la faulx, & ramaffe les reftes épars de ces tréfors. O vous, riches laboureurs, évitez un foin trop avare ! laiffez tomber de vos mains libérales quelques épis de vos gerbes ; c'eft le vol de la charité ! offrez ce tribut de reconnoiffance au dieu de la moiffon qui verfe fes biens fur vos champs, tandis que vos femblables, privés du néceffaire, viennent, comme les oifeaux du ciel, pour ramaffer quelques grains épars, & requierent humblement leur portion ! Confidérez que l'inconftance de la fortune peut forcer vos enfans à demander eux-mêmes, quelque jour, ce que vous donnez aujourd'hui fi foiblement & avec tant de répugnance !

On voit en effet quelquefois le fud brûlant, armé d'un fouffle pernicieux, ravager par des grêles la récolte de l'année ; cruel défaftre qui détruit en un clin-d'œil les plus belles efpérances ! dans cet événe-

ment fatal, le cultivateur défolé gémit fur le malheureux naufrage de tout fon bien ; il eft accablé de douleur ; les befoins de l'hiver s'offrent en cet affreux moment à fa penfée tremblante ; il prévoit, il croit entendre les cris de fes chers enfans affamés. Vous, maîtres, foyez occupés alors de la main rude & laborieufe qui vous a fourni l'aifance & l'élégance dans laquelle vous vivez ; donnez des vêtemens à ceux dont le travail vous procura la chaleur, & la parure de vos habits ; veillez aux befoins de cette pauvre table, qui couvrit la vôtre de luxe & de profufion; foyez compatiffans, & gardez-vous fur-tout d'exiger la moindre chofe de ce que les vents orageux & les pluies affreufes ont emporté ; enfin que votre bienfaifance tariffe les larmes, & vous procure mille bénédictions !

Les plaifirs de la chaffe, le tonnerre des armes, le bruit des cors, amufemens de cette faifon, ne font pas faits pour ma mufe paifible, qui craindroit de fouiller fes chants innocens par de tels récits ; elle fe complaît à voir toute la création animale confondue, nombreufe & tranquille. Quel miférable triomphe que celui qu'on remporte fur un lievre faifi de frayeur ! quelle rage que celle de faire gémir un cerf dans fon angoiffe, & de voir de groffes larmes tomber fur fes joues pommelées ! s'il faut de la chaffe à la jeuneffe guerriere, dont le fang ardent bouillonne avec violence, qu'elle combatte ce lion terrible qui dédaigne de reculer, & qui marche lentement & avec courage, au-devant de la lance qui le menace, & de la troupe effrayée qui fe diffipe & s'enfuit ; attaquez ce loup raviffeur qui fort du fond des bois ; détachez fur lui fon ennemi plein de vengeance, que le fcélérat périffe ; courez à ce fanglier dont les hurlemens horribles & la hure menaçante, préfagent le ravage ; que le cœur de ce monftre foit percé d'un dard meurtrier.

Mais fi notre fexe martial aime ces fiers divertiffemens, du moins que cette joie terrible ne trouve jamais d'accès dans le cœur de nos belles! que l'efprit de la chaffe foit loin de ce fexe aimable ; c'eft un courage indécent, un favoir peu convenable à la beauté, que de fauter des haies & de tenir les rênes d'un cheval fougueux ; le bonnet, le fouet, l'habit d'homme, tout l'attirail mâle, alterent les traits délicats des dames , & les rend groſſiers aux ſens ; leur ornement eſt de s'attendrir ; la pitié que leur inſpire le malheur, la prompte rougeur qui colore leur viſage au moindre geſte, au moindre mot ; voilà leur luſtre & leurs agrémens ; leur crainte , leur douceur , & leur complaiſance muette, nous engagent même, en paroiſſant réclamer notre protection.

Puiſſent leurs yeux enchanteurs n'appercevoir d'autres ſpectacles malheureux que les pleurs des amans ! que leurs membres délicats flottent négligemment dans la ſimplicité des habits ! qu'inſtruites dans les doux accords de l'harmonie, leurs levres ſéduiſantes captivent nos ames par des ſons raviſſans ! que le luth s'attendriſſe ſous leurs doigts ! que les graces ſe développent ſous leurs pas, & dans tous leurs mouvemens ! qu'elles tracent la danſe dans ſes contours ! qu'elles ſachent former un verd feuillage ſur la toile d'un blanc de neige ; qu'elles guident le pinceau ; que l'art des Amphions n'ait rien d'inconnu pour elles ; ou que leurs belles mains daignant cultiver quelques fleurs, concourent ainſi à multiplier les parfums de l'année !

Que d'autre part, leur heureuſe fécondité perpétue les amours & les graces; que la ſociété leur doive ſa politeſſe & ſes goûts les plus fins; qu'elles faſſent les délices de l'homme économe & paiſible ; & que par une prudence ſoumiſe, & une habileté modeſte, adroite, & ſans art, elles excitent à la vertu, raniment le ſentiment du bonheur, & adouciſſent les travaux de la vie humaine ! telle eſt la gloire, tel eſt le pouvoir & l'honneur des belles.

Après avoir quitté les champs de la moiſſon, parcourons dans un ſonge agréable le labyrinthe de l'automne ; goûtons la fraîcheur & les parfums du verger chargé de fruits. Le plus mûr ſe détache & tombe en abondance, obéiſſant au ſouffle du vent & au ſoleil qui cache ſa maturité. Les poires fondantes ſont diſperſées avec profuſion ; la nature féconde qui rafine tout, varie à l'infini la compoſition de ſes parfums, tous pris dans la matiere premiere mélangée des feux tempérés du ſoleil , d'eau , de terre & d'air. Tels ſont les tréſors odoriférans qui tombent fréquemment dans les nuits fraîches; ces tas de pommes diſperſées çà & là, dont la main de l'année forme la pourpre des vergers,

& dont les pores renferment un ſuc ſpiritueux, frais, délectable, qui aiguiſe le cidre piquant d'un acide qui flatte & déſaltere. Ici la pêche m'offre ſon duvet ; là je vois le pavis rouge , & la figue ſucculente cachée ſous ſon ample feuillage.

Plus loin, la vigne protégée par un ſoleil puiſſant, s'enfle & brille au jour, s'étend dans le vallon , ou grimpe avec force ſur la montagne , & s'abreuve au milieu des rochers de la chaleur accrue par le réflet de tous les aſpects. Les branches chargées plient ſous le poids. Les grappes pleines, vives & tranſparentes, paroiſſent ſous leurs feuilles orangées. La roſée vivifiante nourrit & perfectionne le fruit , & le jus exquis qu'il renferme, ſe prépare par le mélange de tous les rayons. Les jeunes garçons & les filles qui s'aiment innocemment , arrivent pour cueillir les prémices de l'automne : ils courent & annoncent en danſant le commencement de la vendange. Le fermier la reçoit & la foule ; les flots de vin & d'écume coulent en telle abondance, que le marc écraſé en eſt couvert. Bientôt la liqueur fermente, ſe rafine par degrés , & remplit de lieſſe la coupe des peuples voiſins. Là ſe prépare le vin brillant, dont la couleur en le buvant rappelle à notre imagination animée la levre que nous croyons preſſée. Ici ſe fait le bourgogne délicieux ou le joyeux champagne, vif comme l'eſprit qu'il nous donne.

Les Hyades, Vertumne, & l'humide Orion,
Sur la terre embellie ont verſé leurs largeſſes ;
Et Bacchus échappé des fureurs du Lion ,
   A bien ſu tenir ſes promeſſes.
Jouiſſons en repos de ce lieu fortuné ,
Le calme & l'innocence y tiennent leur empire ;
Et des ſoucis affreux le ſouffle empoiſonné
   N'y corrompt point l'air qu'on reſpire.
Pan, Diane, Apollon , les Faunes , les Sylvains ,
Peuplent ici nos bois, nos vergers, nos montagnes ;
La ville eſt le ſéjour des profanes humains;
   Les dieux habitent les campagnes.

Quand l'année commence à décliner, les vapeurs de la terre ſe condenſent, les exhalaiſons s'épaiſſiſſent dans l'air, les brouillards paroiſſent & roulent autour des collines; le ſoleil verſe foiblement ſes

rayons ; souvent il éblouit plus qu'il n'é-
claire, & présente plusieurs orbes élargis,
effroi des nations superstitieuses ! Alors
les hirondelles planent dans les airs, & volent en rasant la terre. Elles se rejoignent
ensemble pour se transporter dans des climats plus chauds, jusqu'à ce que le printemps les invite à revenir, & nous ramene cette multitude légere sur les ailes de
l'amour.

Oiseaux , si tous les ans vous changez de
climats
Dès que le vent d'hiver dépouille vos bo-
cages ,
Ce n'est pas seulement pour changer de
feuillages ,
Ni pour éviter nos frimats ;
Mais votre destinée
Ne vous permet d'aimer que la saison des
fleurs ;
Et quand elle a passé, vous la cherchez ail-
leurs ,
Afin d'aimer toute l'année.

Il est cependant encore des momens
dans le dernier période de l'automne , où
la lumiere domine, & où le calme se par-
rôit sans bornes. Le ruisseau dont les eaux
semblent plutôt frissonner que couler, demeure incertain dans son cours , tandis
que les nuages chargés de rosée imbibent
le soleil, qui dore, à travers leurs voiles,
sa lumiere adoucie sur le monde paisible.
C'est en ce temps que ceux qui sont guidés par la sagesse , savent se dérober à la
foule oisive qui habite les villes , & prenant leur essor au dessus des foibles scenes de l'art, viennent fouler aux piés les
basses idées du vice , chercher le calme,
antidote des passions turbulentes, & trouver l'heureuse paix dans les promenades
rustiques.

O doux amusemens, ô charme inconcevable
A ceux que du grand monde éblouit le
chaos :
Solitaires vallons, retraite inviolable
De l'innocence & du repos !

Puissé-je, retiré, pensif & rêveur , venir errer souvent dans vos sombres bosquets , où l'on entend le gazouillement
de quelques chantres domestiques qui
égaient les travaux du bûcheron, tandis
que tant d'autres oiseaux dont les chants
sans art formoient, il y a peu de temps,
des concerts , maintenant privés de leur
ame mélodieuse, se perchent en tremblant

sur l'arbre dépouillé ! Cette troupe dé-
couragée , qui a perdu l'éclat de ses plumes , n'offre plus à l'oreille que des tons
discordans. Mais que le fusil dirigé par
l'œil inhumain, ne vienne pas détruire la
musique de l'année future, & ne fasse pas
une proie barbare de ces foibles & innocentes especes,

L'année déclinante inspire des sentimens pitoyables. La feuille seche &
bruyante tombe du bosquet , & réveille
souvent comme en sursaut l'homme réfléchissant qui se promene sous les arbres,
Tout semble alors nous porter à la mélancolie philosophique. Quel empire son
impulsion n'a-t-elle pas sur les ames sensibles ? Tantôt arrachant des larmes su-
bites , elle se manifeste sur les joues enflammées; tantôt son influence sacrée embrase l'imagination. Mille & mille idées
se succedent , & l'œil de l'esprit créateur
en conçoit d'inaccessibles au vulgaire.
Les passions qui correspondent à ces idées
aussi variées, aussi sublimes qu'elles, s'é-
levent rapidement. On soupire pour le
mérite souffrant ; on sent naitre en soi le
mépris pour l'orgueil tyrannique, le courage pour les grandes entreprises, l'admiration pour la mort du patriote , même
dans les siecles les plus reculés. Enfin, l'on
est ému pour la vertu, pour la réputation,
pour les sympathies , & pour toutes les
douces émanations de l'ame sociale.

Le soleil occidental ne donne plus que
des jours raccourcis ; les soirées humides
glissent sur le firmament , & jettent sur
la terre les vapeurs condensées. En même
temps la lune perçant à travers les intervalles des nuages , se montre en son plein
dans l'orient cramoisi ; les rochers & les
eaux répercutent ses rayons tremblans ;
toute l'athmosphere se blanchit par le reflux immense de sa clarté qui vacille autour de la terre. La nuit est déja plus longue , le matin paroit plus tard , & développe les derniers beaux jours de l'automne , brillans d'éclat & de rosée. Toutefois le soleil en montant dissipe encore
les brouillards. La gelée blanche se fond
devant ses rayons ; les gouttes de rosée
étincellent sur chaque arbre, sur chaque
rameau & sur chaque plante.

Pourquoi dérober la ruche pesante , &
massacrer dans leur demeure ses habitans ? Pourquoi l'enlever dans l'ombre
de la nuit favorable aux crimes , pour la

placer fur le foufre,tandis que ce peuple innocent s'occupoit de fes foins publics dans fes cellules de cire , & projetoit des plans d'économie pour le trifte hiver ? Tranquille & content de l'abondance de fes tréfors, tout-à-coup la vapeur noire monte de tous côtés, & cette tendre efpece accoutumée à de plus douces odeurs , tombant en monceau par milliers de fes dômes miellcux , s'entaffe fur la pouffiere. Race utile, étoit-ce pour cette fin que vous voliez au printemps de fleurs en fleurs ? étoit-ce pour mériter ce fort barbare que vous braviez les chaleurs de l'été, & que dans cette automne même vous avez erré fans relâche, & fans perdre un feul rayon du foleil ? Homme cruel, maître tyrannique ! combien de temps la nature profternée gémira - t - elle fous ton fceptre de fer? Tu pouvois emprunter de ces foibles animaux leur nourriture d'ambroifie ; tu devois par reconnoiffance les mettre à couvert des vents du nord ; & quand la faifon devient dure , leur offrir quelque portion de leur bien. Mais je me laffe de parler à un ingrat qui ne rougit point de l'être,&qui le fera jufqu'au tombeau. Encore un coup d'œil fur la fin de cette faifon.

Tous les tréfors de la moiffon maintenant recueillis , font en fûreté pour le laboureur ; & l'abondance retirée défie les rigueurs de l'hiver qui s'approche. Cependant les habitans des villages fe livrent à la joie fincere & perdent la mémoire de leurs peines. La jeune fille laborieufe,s'abandonnant au fentiment qu'excite la mufique champêtre,faute ruftiquement , quoiqu'avec grace, dans la danfe animée ; légere & riche en beauté naturelle , c'eft la perle du hameau. Accorde-t-elle un coup d'œil favorable,les jeux en deviennent plus vifs & plus intéreffans. La vieilleffe même fait des efforts pour briller, & raconte longuement à table les exploits de fon jeune âge. Tous enfin fe réjouiffent & oublient qu'avec le foleil du lendemain, leur travail journalier doit recommencer encore.

Le centaure cede au capricorne le trifte empire du firmament.& le fier verfeau obfcurcit le berceau de l'année. Le foleil penché vers les extrêmités de l'univers , répand un foible jour fur le monde ; il darde obliquement fes rayons émouffés dans l'air obfcurci.

Déja le départ des Pléiades
A fait retirer les nochers ;
Et déja les froides Hyades
Forcent les frilleufes Driades,
De chercher l'abri des rochers.

Le volage amant de Clydie
Ne careffe plus nos climats ;
Et bientôt des monts de Scythie ,
Le fougueux amant d'Orythie
Va nous ramener les frimats.

Les nuages fortent épais de l'orient glacé , & les champs prennent leur robe d'hiver. Bergers , il eft temps de renfermer vos troupeaux, de les mettre à l'abri du froid, & de leur donner une nourriture abondante.Voici les jours fereins de gelée ; le nitre éthéré vole à travers le bleu célefte, & ne peut être apperçu ; il chaffe les exhalaifons infectes, & verfe de nouveau dans l'air épuifé les tréfors de la vie élémentaire. L'athmofphere s'approche, fe multiplie, comprime dans fes froids embraffemens nos corps qu'il anime. Il nourrit & avive notre fang, rafine nos efprits, pénetre avec plus de vivacité , & paffant par les nerfs qu'il fortifie, arrive jufqu'au cerveau, féjour de l'ame, grande, recueillie, calme, brillante comme le firmament. Toute la nature fent la force renouvellante de l'hiver qui ne paroît que ruine à l'œil vulgaire. Un rouge plus foncé éclate fur les joues. La terre refferrée par la gelée attire en abondance l'ame végétale , & raffemble toute la vigueur pour l'année fuivante. Les rivieres plus pures & plus claires,préfentent dans leur profondeur un miroir tranfparent au berger, & murmurent plus fourdement à mefure que la gelée s'établit.

Alors la campagne devient plus déferte, & les troupeaux repofent tranquillement enfermés dans leurs chaudes étables. Le bœuf docile ne fe montre que lorfque traînant un chariot de bois qu'un bûcheron a coupé dans la forêt prochaine , il l'amene à l'entrée de la cabane du laboureur. On n'apperçoit plus d'autres oifeaux que la ruftique méfange, le mignon roitelet qui fautille çà & là , & le hardi moineau qui vient jufques dans nos granges bequeter les grains échappés aux vanneurs.

Cependant l'hiver déploie des beautés raviffantes. J'admire les germes du grain qui percent la neige de leurs tendres pointes. Que ce verd naissant se marie bien avec le blanc qui regne alentour! Il est agréable de voir le soleil dorer les collines blanchies par les frimats. Les noires souches des arbres, & leurs branches chauves, forment un contrasté majestueux avec le tapis éblouissant qui couvre la plaine. Les sombres buissons d'épines rehaussent la blancheur des champs, par ce brun même qui en coupe l'aspect trop uniforme. Quel éclat jettent les arbres, lorsque la rosée en forme de perles, est suspendue à leurs foibles rameaux, auxquels s'entrelacent des fils légers qui voltigent au gré du vent?

Dans ces jours froids & sereins, je choisis pour ma retraite près de la ville, un séjour agréable situé sur un côteau fort élevé, couvert d'un côté par des forêts, ouvert de l'autre au magnifique spectacle de la nature, & m'offrant dans l'éloignement, la vue sans bornes des vagues, tantôt agitées, & tantôt tranquilles. C'est dans cet abri solitaire, que lorsque le foyer brillant, & les flambeaux allumés bannissent l'obscurité de mon cabinet, je m'assieds, & me livre fortement à l'étude.

Je converse avec ces morts illustres, ces sages de l'antiquité, révérés comme des dieux. bienfaisans comme eux, héros donnés à l'humanité pour le bonheur des arts, des armes & de la civilisation. Concentré dans ces pensées motrices de l'inspiration, le volume antique me tombe des mains; méditant profondément, je crois voir passer devant mes yeux étonnés, ces ombres sacrées, objets de ma vénération.

Socrate d'abord, demeuré seul vertueux dans un état corrompu, seul ferme & invincible. Il brava la rage des tyrans, sans craindre pour la vie, ni pour la mort, & ne connoissant d'autres maîtres que les saintes loix d'une raison éclairée, cette voix de Dieu qui retentit intérieurement à la conscience attentive.

Solon, le grand oracle de la morale, qui fonda sa république sur la vaste base de l'équité. Il sut par des loix douces, réprimer un peuple fougueux, lui conserver son courage, & ce feu vif par lequel il devint si supérieur dans les champs glorieux des lauriers, & des beaux-arts, & de la noble liberté, & qui le rendit enfin l'orgueil de la Grece & du genre humain.

Lycurgue, cet homme souverainement grand, ce génie sublime, qui plia toutes les passions sous le joug de la discipline la plus étroite, & qui par l'infaillibilité de ses institutions, conduisit Sparte à la plus haute gloire, & rendit son peuple, en quelque sorte, le législateur de la Grece entiere.

Après lui, s'avance ce chef intrépide, qui s'étant dévoué pour la patrie, tomba glorieusement aux Thermopyles, & pratiqua ce que l'autre avoit établi.

Aristide leve son front où brille la candeur, cœur vraiment pur, à qui la voix sincere de la liberté, donna le beau nom de juste. Respecté dans sa pauvreté sainte & majestueuse, il soumit au bien de sa patrie jusqu'à sa propre gloire, & accrut la réputation de son rival trop orgueilleux, mais immortalisé par la victoire de Salamine.

J'apperçois Cimon son disciple, couronné d'un rayon plus doux; son génie s'élevant avec force, repoussa au loin la molle volupté. Au dehors le fléau de l'orgueil des Perses, au dedans il étoit l'ami du mérite & des arts; modeste & simple au milieu de la pompe de la richesse.

Je vois ensuite paroître & marcher pensifs les derniers hommes de la Grece sur son déclin, héros appellés trop tard à la gloire, & venus dans le temps malheureux, Timoléon, l'honneur de Corinthe, homme heureusement né également doux & ferme, dont la haute générosité pleure son frere dans le tyran qu'il immole. Les deux Thébains égaux aux meilleurs, dont l'héroïsme combiné, éleva leur pays à la liberté, & à la renommée. Le grand Phocion, disciple de Platon, & rival de Démosthène, dans le tombeau duquel l'honneur des Athéniens fut enseveli; (sévere comme homme public, inexorable au vice, inébranlable dans la vertu; mais sous son toit illustre, quoique bas, la paix & la sagesse heureuse adoucissoient son front; l'amitié ne pouvoit être plus flatteuse, ni l'amour plus tendre. Agis, le dernier des fils du vieux Lycurgue, fut la généreuse victime de l'entreprise toujours vaine de sauver un état corrompu; il vit Sparte même, perdue dans l'avarice servile.

Les deux freres Achéens ferment la scene; Aratus qui ranima quelque temps dans la Grece la liberté expirante, & l'aimable Philopœmen, le favori, & le dernier espoir de son pays, qui ne pouvant en bannir le luxe & la pompe, sut le tourner du côté des armes ; berger simple & laborieux à la campagne, & habile & intrépide au champ de Mars.

Un peuple, roi du monde, race de héros, s'avance. Son front plus sévere n'a d'autre tache (si c'en est une), qu'un amour excessif de la patrie, passion quelquefois trop ardente & trop partiale. Numa, la lumiere de Rome, fut son premier & son meilleur fondateur, puisqu'il fut celui des mœurs. Le roi Servius posa la base solide sur laquelle s'éleva la vaste république qui domina l'univers.

Viennent ensuite les grands & vénérables consuls Lucius Junius Brutus, dans qui le pere public, du haut de son redoutable tribunal, fit taire le pere privé : Camille, que son pays ingrat ne put perdre, & qui ne sut que venger les injures de sa patrie : Fabricius, qui foule aux piés l'or séducteur : Cincinnatus redoutable à l'instant où il quittoit sa charrue : & toi, Régulus, victime volontaire de Carthage, impétueux à vaincre la nature, tu t'arraches aux larmes de ta famille, pour garder ta foi, & pour obéir à la voix de l'honneur! Scipion, ce chef également brave & humain, qui parcourt rapidement & sans tache, tous les différens degrés de gloire. Ardent dans la jeunesse, il sut goûter ensuite les douceurs de la retraite avec les muses, l'amitié & la philosophie: Cicéron, dont la puissante éloquence, arrêta quelque temps le rapide destin de Rome : Caton, semblable aux dieux, & d'une vertu invincible ; & toi, malheureux Brutus, héros bienfaisant, dont le bras tranquille poussé par la vertu même, plongea l'épée romaine dans le sein de ton ami. Mille autres encore demandent & méritent le tribut de mon admiration. Mais qui peut nombrer les étoiles du ciel, qui peut célébrer leurs influences sur ce bas monde ?

Quel est celui qui s'approche d'un air modeste, doux, & majestueux comme le soleil du printemps ? C'est Phébus lui-même, ou le berger de Mantoue. Le sublime Homère, rapide & audacieux pere du chant, paroit devant lui. L'un & l'autre ont percé l'espace, sont parvenus d'un plein vol au sommet du temple de la renommée.

Les savantes immortelles
Tous les jours de fleurs nouvelles
Ont soin de parer leur front ;
Et, par leur commun suffrage,
Ce couple unique partage
Le sceptre du double mont.
Là, d'un Dieu fier & barbare
Orphée adoucit les loix ;
Ici le divin Pindare
Charme l'oreille des rois ;
Dans de douces promenades,
Je vois les folles Ménades,
Rire autour d'Anacréon,
Et les nymphes plus modestes
Gémir des ardeurs funestes
De l'amante de Phaon.

Enfin, toutes les ombres de ceux dont la touche pathétique savoit passionner les cœurs ; tous ceux qui ont entrainoient les Grecs au théâtre, pour les frapper des grands traits de la morale, ainsi que tous ceux qui ont mélodieusement réveillé la lyre enchanteresse, s'offrent à moi tour-à-tour.

Société divine, ô vous les premices d'entre les mortels, ne dédaignez pas m'inspirer dans les jours que je vous consacre! Faites que mon ame prenne l'essor, & puisse s'élever à des pensées semblables aux vôtres! Et toi, silence, puissance solitaire, veille à ma porte ; éloigne tout importun qui voudroit me dérober les heures que je destine à cette étude? N'excepte qu'un petit nombre d'amis choisis, qui daigneront honorer mon humble toit, & y porter un sens pur, un savoir bien digéré, une fidélité extrême, une ame honnête, un esprit sans artifice, & une humeur toujours gaie.

Présent des dieux, doux charme des humains,
O divine amitié, viens pénétrer nos ames ;
Les cœurs éclairés de tes flammes,
Avec des plaisirs purs, n'ont que des jours sereins!
C'est dans tes nœuds charmans, que tout est jouissance ;
Le tems ajoute encore un lustre à ta beauté ;
L'amour te laisse la constance ;
Et tu serois la volupté
Si l'homme avoit son innocence.

Entouré de mortels dignes de toi, je voudrois passer avec eux & les jours sombres de l'hiver, & les jours brillans de l'année.

Nous discuterions ensemble, si les merveilles infinies de la nature furent tirées du chaos, ou si elles furent produites de toute éternité par l'esprit éternel. Nous rechercherions ses ressorts, ses loix, ses progrès & sa fin. Nous étendrions nos vues sur ce bel assemblage ; nos esprits admireroient l'étonnante harmonie qui unit tant de merveilles. Nous considérerions ensuite le monde moral, dont le désordre apparent est l'ordre le plus sublime, préparé & gouverné par la haute sagesse qui dirige tout vers le bien général.

Nous découvririons peut-être en même temps, pourquoi le mérite modeste a vécu dans l'oubli, & est mort négligé ; pourquoi le partage de l'honnête homme dans cette vie fut le fiel & l'amertume ; pourquoi la chaste veuve & les orphelins dignes d'elle, languissent dans l'indigence, tandis que le luxe habite ses palais, & occupe ses basses pensées à forger des besoins imaginaires ; pourquoi la vérité, fille du ciel, tombe si souvent flétrie sous le poids des chaines de la superstition ; pourquoi l'abus des loix, cet ennemi domestique, trouble notre repos, & empoisonne notre bonheur.... ?

D'autres fois la sage muse de l'histoire nous conduiroit à travers les temps les plus reculés, nous feroit voir comment les empires s'accrurent, déclinerent, tomberent & furent démembrés. Nous développerions sans doute les principes de la prospérité des nations. Comment les unes doublent leur sol par les miracles de l'agriculture & du commerce, & changent par l'industrie les influences d'un ciel peu favorable de sa nature, tandis que d'autres languissent dans les climats les plus brillants & les plus heureux. Cette étude enflammeroit nos cœurs, & éclaireroit nos esprits de ce rayon de la divinité qui embrase l'ame patriotique des citoyens & des héros.

Mais si une humble & impuissante fortune nous force à réprimer ces élans d'une ame généreuse, alors supérieure à l'ambition même ; nous apprendrons les vertus privées, nous parcourrons les plaisirs d'une vie douce & champêtre ; nous saurons comment on passe dans les bois & dans les plaines des momens délicieux. Là, guidés par l'espérance dans les sentiers obscurs de l'avenir, nous examine-rons avec un œil attentif les scenes & merveilles, où l'esprit dans une progression infinie, parcourt les états & les mondes. Enfin pour nous délasser de ces pensées profondes, nous nous livrerons dans l'occasion aux saillies de l'imagination enjouée, qui fait peindre avec rapidité, & effleurer agréablement les idées.

Les villes dans cette saison fourmillent de monde. Les assemblées du soir où l'on traite mille sujets divers, retentissent d'un bourdonnement formé du mélange confus de différens propos, dont on ne tire aucun profit. Les enfans de la débauche s'abandonnent au torrent rapide d'une fausse joie qui les conduit à leur destruction. La passion du jeu vient occuper l'ame empoisonnée par l'avarice; l'honneur, la vertu, la paix, les amis, les familles & les fortunes, sont par-là précipités dans le gouffre d'une ruine totale.

Les salles des appartemens de réception sont illuminées avec art, & c'est-là que le petit-maître, insecte hermaphrodite & léger, brille dans sa parure passagere, papillonne, mord en volant, & secoue des ailes poudrées.

Ailleurs, la pathétique Melpomene, un poignard à la main, tient dans le saisissement une foule de spectateurs de l'un & de l'autre sexe. Tantôt c'est Atrée qui me fait frissonner.

Ce monstre que l'enfer a vomi sur la terre,
N'assouvit la fureur dont son cœur est
    épris,
Que par la mort du pere après celle du fils.
A travers les détours de son ame parjure,
Se peignent des forfaits dont frémis la na-
    ture ;
Le barbare triomphe en de funestes lieux,
Dont il vient de chasser & le jour & les
    dieux.

D'autrefois c'est le sort d'Iphigénie qui me perce le cœur, & coupe ma respiration par des sanglots.

On saisit à mes yeux cette jeune princesse.
Eh, qui sont les bourreaux ? tous ces chefs
    de la Grece,
Ulysse... Mais Diane a soif de ce beau sang:
Il faut donc la livrer à Calchas qui l'at-
    tend.
L'aimable Iphigénie au temple est amenée,
Et d'un voile aussi-tôt la victime est ornée;
Tout un grand peuple en pleurs s'empresse
    pour la voir ;

Son pere est auprès d'elle outré de désespoir.
Un prêtre sans frémir, couvre d'un fer d'une
étole ;
A ce spectacle affreux, elle perd la parole,
Se prosterne en tremblant, se soumet à son
sort ,
Et s'abandonne en proie aux horreurs de la
mort.
Hélas ! que lui sert-il, à cette heure fatale,
D'être le premier fruit de la couche royale ?
On l'enleve , on l'entraine , on la porte à
l'autel ,
Où , bien-loin d'accomplir un hymen solemn-
nel ,
Au lieu de cet hymen sous les yeux de son
pere ,
Calchas en l'immolant à Diane en colere ,
Doit la rendre propice au départ des vais-
seaux ;
Tant la religion peut enfanter de maux !
Il n'est point de pitié , l'oracle seul com-
mande :
La piété sévere exige son offrande ;
Le roi , de son pouvoir , se voit déposséder,
Et voilant son visage , est contraint de
céder.
Clitemnestre en fureur , maudit la Grece
entiere ;
Elle dit dans l'excès de sa douleur altiere :
Quoi , pour noyer les Grecs , & leurs nom-
breux vaisseaux ,
Mer , tu n'ouvriras pas des abymes nou-
veaux ?
Quoi , lorsque les chassant du port qui les
recele ,
L'Aulide aura vomi leur flotte criminelle ,
Les vents , les mêmes vents si long-temps
accusés ,
Ne te couvriront point de ses vaisseaux
brisés ?
Et toi soleil , & toi , qui dans cette con-
trée ,
Reconnois l'héritier , & le vrai fils d'A-
trée ,
Toi , qui n'osas du pere éclairer le festin ,
Recule ; ils t'ont appris ce funeste chemin !
Mais cependant , ô ciel, ô mere infortunée !
De festons odieux ta fille couronnée ,
Tend la gorge aux couteaux par un prêtre
appristé :
Calchas vas dans son sang . . . . . . barba-
res , arrêtez ;
C'est le pur sang du dieu qui lance le ton-
nerre ;
J'entends gronder la foudre , & sens trem-
bler la terre. . . . . . .

Enfin, la terreur s'empare de nos cœurs,
& l'art fait couler des pleurs honnêtes.
Thalie appuyée contre une colonne,&
tenant un masque de la main droite , fait
rire le public du tableau de ses propres
mœurs. Quelquefois même , l'art dramatique s'éleve , & peint les passions des
belles ames. On voit dans Constance &
dans Dorval , que la vertu est capable de
sacrifier tout à elle-même.

C'en est fait, l'hiver répand sa derniere
obscurité, & regne sur l'année soumise; le
monde végétal est enseveli sous la neige.
Arrête - toi , mortel livré aux erreurs &
aux passions; contemple ici le tableau de
ta vie passagere , ton printemps fleuri,
la force ardente de ton été,ton automne ,
âge voisin du midi, où tout commence
à se faner , & l'hiver de ta vieillesse , qui
bientôt fermera la scene.Que deviendront
alors ces chimeres de grandeur , cet espoir de la faveur , brillante & volage divinité des cours ?

Qui seme au loin l'erreur & les menson-
ges ,
Et d'un coup d'œil enivre les mortels ;
Son foible trône est sur l'aile des songes ;
Les vents légers soutiennent ses autels ;
que deviendront ces rêves d'une vaine
renommée , ces jours d'occupations frivoles,ces nuits passées dans les plaisirs &
les festins, ces pensées flottantes entre le
bien & le mal? toutes ces choses vont s'é-
vanouir.Apprends que la vertu survit,&
qu'elle seule méritoit ton amour ! „ Mal-
„ heur à celui qui ne lui a pas assez sacri-
„ fié pour la préférer à tout, ne vivre, ne
„ respirer que pour elle ; s'enivrer de sa
„ douce vapeur , & trouver la fin de ses
„ jours dans cette noble ivresse! " C'est
ainsi que parle & que pense le philosophe
vertueux , le digne & célebre auteur du
Fils naturel ou des *Epreuves de la vertu,*
acte IV , scene III , pag. 104. (D. J.)

ZONE, *Conchyl.* Les conchyliogra-
phes nomment *zones* les bandes , cercles
ou faces que l'on remarque sur la robe
d'une coquille ; ces *zones* ou bandes sont
quelquefois de niveau, d'autres fois saillantes , & d'autres fois gravées en creux.
(D. J.)

ZONE, *Antiq. Rom.* , en latin *zona ,*
car c'est ainsi qu'on nommoit la ceinture
des Romains.Comme la chemise ou tunique qu'ils avoient sous la toge étoit fort
ample , ils se servoient d'une *zone* ou

ceinture pour l'arrêter & pour la retenir quand il étoit nécessaire. Ces ceintures étoient différentes selon le sexe, le temps & les âges ; mais l'on ne pouvoit être vêtu décemment sans *zone*, & c'étoit une marque de dissolution & de débauche de n'en point avoir, ou de la porter trop lâche ; delà l'expression latine *discinctus*, un efféminé; & c'est pour cette raison que Perse dit, *non pudet ad morem discincti vivere natta*.

Les hommes affectoient de la porter fort haute, & les dames la plaçoient immédiatement sous le sein ; & elle servoit à le soutenir, car elles n'usoient point de corps ni de corsets. Cette *zone* ou ceinture des femmes se nommoit *castata*.

Sur la fin de la république, elles joignirent à cette ceinture un ornement qui y étoit attaché, & qui marquoit la séparation de la gorge; il étoit ordinairement enrichi d'or, de perles ou de pierreries, & fait de maniere qu'il formoit une espece de petit plastron.

Il y eut un temps chez les Romains, que les hommes attachoient à leur *zone* une bourse dans laquelle ils mettoient leur argent. Aulugelle, *l. XV, c. xij*, rapporte le discours que Cornelius Gracchus fit au peuple Romain, auquel il rendit compte de la conduite qu'il avoit tenue dans son gouvernement, & en finissant, il lui dit : ,, enfin, messieurs, j'emportai ,, de Rome ma bourse pleine d'argent, & je la rapporte vuide : " *Ita-* ,, *que, Quirites, quùm Romam profectus sum, zonas quas plenas argenti extuli, eas ex provinciâ inanes retuli*. A quoi j'ajoute ces paroles remarquables, *alii vini amphoras quas plenas tulerunt, argento plenas domum reportaverunt*. Cette coutume n'a pas été abolie, & subsistera tousjours dans les pays où l'argent est plus précieux que la vertu. (*D. J.*)

ZONE, s. f. *Hydr.*, en fait de fontaines, se dit d'un espace vuide d'environ une ligne ou deux de large, percée circulairement sur la platine d'un ajutage à l'épargne. Ce peut être encore une bande tracée sur la platine d'une gerbe, pour y percer d'espace en espace des fentes ou portions de couronne ou des parallélogrammes d'une ligne ou de deux de large. (*K*)

ZONE, *Jardinage*, se dit d'une ligne épaisse dentelée, placée horisontalement

sur l'extrémité des feuilles des arbres.

ZONNAR, s. m. *terme de relation*. Le *zonnar* est une ceinture de cuir noir, assez large, que les Chrétiens & les Juifs portent dans le Levant, & particulierement en Asie. Motavakkel, dixieme kalife de la maison des Abassides, est le premier qui ait obligé les Chrétiens & les Juifs à porter cette ceinture pour les distinguer des Mahométans. L'ordonnance qu'il en fit fut publiée l'an 235 de l'Hégire, & depuis ce temps-là, les Chrétiens d'Asie, & principalement ceux de Syrie & de Mésopotamie, presque tous ou Nestoriens ou Jacobites, portent ordinairement cette ceinture. D'Herbelot, *bibliot. orient.* (*D. J.*)

ZONZEN, *Géogr. mod.*, ville de Perse dans la province de Mazanderan. *Long.* 85. 15 ; *lat.* 35, 59. (*D. J.*)

ZOOGRAPHIE, s. f. *Phys. générale*, c'est un terme moderne composé de ζωον, *animal*, & de γράφω, *je décris* ; ainsi la *zoographie* est la description des propriétés, & de la nature des animaux ; mais leurs propriétés sont presque nulles, & leur nature nous est inconnue. (*D. J.*)

ZOOLATRIE, s. f. *Hist. anc.*, culte que les païens rendoient aux animaux. Ce mot est composé de ζωον, *animal*, & λατρεία, *culte divin*, adoration des animaux. On sait jusqu'où les anciens Egyptiens ont porté cette superstition, qui est encore fort commune dans les Indes; elle est fondée sur la créance de la métempsycose, ou transmigration des ames dans d'autres corps ; ainsi les Egyptiens disoient que l'ame d'Osiris avoit passé dans le corps d'un taureau, & les Indiens modernes s'abstiennent de tuer plusieurs animaux dont le corps, à ce qu'ils prétendent, pourroit bien être habité par l'ame de quelqu'un de leurs ancêtres.

ZOOLITES, s. f. *Hist. nat. Lithol.*, nom générique que les naturalistes donnent aux substances du regne animal qui ont été pétrifiées, qui se trouvent ensevelies dans le sein de la terre, ou qui ont laissé leurs empreintes dans des pierres, qui étant molles d'abord, se sont endurcies par la suite des temps. Ainsi les coquilles fossiles, les glossopetres, les animaux crustacées qui se trouvent dans le sein de la terre, sont des *zoolites*. V. PÉTRIFICATION, OSSEMENS FOSSILES, FOSSILES.

ZOOLOGIE, f. f. *Phyfiq. générale* ; c'eſt la ſcience qui traite de tous les animaux de la nature ; mais comme ils ſont très-diverſifiés , on a diviſé cette ſcience en différentes parties ſéparées , qui peuvent ſe réduire à ſix ; ſavoir , 1°. les quadrupedes couverts de poil; 2°. les oiſeaux; 3°. les animaux amphibies , comme ſerpents , lézards, grenouilles, tortues,&c. 4°. les poiſſons ; 5°. les inſectes ; 6°. les zoophytes.

L'hiſtoire des quadrupedes ſe nomme *Tetrapodologie* , celle des oiſeaux *Ornithologie*, celle des animaux amphibies , *Amphibiologie*;celle des poiſſons *Ichthyologie*; celle des inſectes , *Entomologie*; enfin, celle des zoophytes, *Zoophytologie*. Tous les auteurs anciens & modernes ſur ces différens ſujets , doivent être connus des curieux, & nous avons eu ſoin de les indiquer dans l'occaſion,comme aux *mots* ICHTHYOLOGIE, ORNITHOLOGIE, *&c.* (*D.J.*)

ZOONS ou ZONS, *Géogr. mod.*, petite ville d'Allemagne dans l'électorat de Cologne, ſur la gauche du Rhin, à 3 lieues de Cologne, & 2 de Nuys.

ZOOPHORE,f. m. *terme d'Architect.*, c'eſt la même choſe que la friſe d'un bâtiment, ainſi nommée en grec, parce qu'on la chargeoit autrefois de figures d'animaux pour lui ſervir d'ornement.Ce mot vient de ζῶων , *animal* , & φίρω , *je porte.* (*D.J.*)

ZOOPHORIQUE,COLONNE,*Archit.*, eſpece de colonne ſtatuaire,qui porte la figure de quelque animal, comme les deux colonnes du port de Veniſe,ſur l'une deſquelles eſt le lion de S. Marc qui forme les armes de la république:il y en a auſſi une à Sienne qui porte une louve allaitant Remus & Romulus. (*D.J.*)

ZOOPHYTES, f. f. *Hiſt. nat.*, *plantanimalia*,animaux dont la nature ſemble avoir autant de rapport à celle des végétaux,qu'à celle des animaux.Tels ſont les holoturies , les theties, la plume de mer, l'albergame de mer, *&c.* avant ce dernier temps , on regardoit les *zoophytes* comme des plantes, & cela n'étoit vrai

qu'à l'égard du borametz, qui n'eſt en effet qu'une plante.v.AGNUS SCYTICUS. On ſait auſſi certainement que les plantes marines ſont des productions du regne animal. V. PLANTES MARINES.(*a*)

ZOOTOMIE , f. f. *Anatom.* , anatomie des animaux, ou , ſi vous l'aimez mieux,anatomie comparée; elle eſt quelquefois curieuſe , & en même temps d'une utilité fort médiocre. (*D.J.*)

ZOOTHECA , *Littér.* , ce mot ſignifioit chez les Romains l'endroit où l'on tenoit les animaux deſtinés pour les ſacrifices.

ZOPISSA , f. m. *Médec. anc.* , c'eſt ainſi , dit Dioſcoride , *l. I*, *c. xcxviij*, que quelques-uns appellent de la poix & de la réſine détachée des vaiſſeaux ; on attribue à ce mélange une qualité diſcuſſive & réſolutive,parce que cette poix & cette réſine ont été macérées & pénétrées pendant long-temps par l'eau de la mer ; d'autres entendent par *zopiſſa* , la réſine du pin : ce mot veut ſignifier ces deux choſes. (*D.J.*)

ZOQUES . *Géogr. mod.* , province de l'Amérique ſeptentrionale , dans la nouvelle Eſpagne , au gouvernement de Chiapa . ſur les confins de celui de Tabaſco . Ses bourgades ſont riches en cochenille & en ſoie. dont les habitans,qui prennent le nom de la province , font des tapis qu'ils vendent aux Eſpagnols: La terre y produit une grande quantité de maïs;les rivieres abondent en poiſſon. (*D.J.*)

ZORAMBUS . *Géogr. anc.* , fleuve de la Caramanie.Ptolomée.*l VI*,*ch. viij*, marque l'embouchure de ce fleuve entre le port Cophanta & la ville Badara : le manuſcrit de la bibliotheque palatine porte *Zoramba* pour *Zorambus*. (*D.J.*)

ZOROASTRE ou ZERDUST , *Hiſt. anc.* Il y a peu d'hommes dont on ait eu des opinions plus ſingulieres que de Zoroaſtre ou Zerduſt; on en a fait alternativement un Prophete , un Philoſophe,un Impoſteur. On a fondé ces différentes idées ſur ce qu'on rapporte de lui.On n'a pas aſſez examiné les motifs de ceux qui

(*a*) Parmi les *zoophytes* on diſtingue le champignon de mer, ainſi nommé à cauſe de ſa figure. Sa ſubſtance eſt tranſparente & gélatineuſe. Une ouverture oblongue lui ſert probablement de bouche, qui eſt entourée de rayons ou flammes jaunes. De ſa partie inférieure deſcend un pié raccourci . d'où partent huit tuyaux ou racines qui lui ſervent ſans doute à s'attacher aux rochers & aux plantes de mer.

ont donné l'histoire de sa vie. Ses Sectateurs étoient des enthousiastes, & conséquemment ils ont débité mille fables sur
son compte. Les autres, attachés à une
religion différente, se sont laissé emporter
par leur zele, & n'ont pas cru qu'un homme qui ne pensoit point comme eux, pût
ne pas être un scélérat. Peu ont parlé de lui
avec impartialité. Ce n'est donc pas dans
ses Biographes qu'il faut chercher à le
connoître; il faut le voir dans sa morale :
elle est consignée dans ses écrits.

Avant d'examiner ce que l'on doit penser de lui, il est bon de dire un mot du
temps où il vécut.

On a beaucoup varié sur ce sujet ; les
Grecs, sans s'en appercevoir, ont multiplié Zoroastre, & ne se sont point donné
la peine de nous apprendre quand il a
existé; leurs Commentateurs, persuadés
que cet homme étoit le fondateur du Magisme, ont essayé de découvrir le siecle &
le pays où il naquit, à travers les nuages
& les mensonges dont leurs guides
avoient enveloppé son origine. Comme
ils convenoient que le culte du feu étoit
ancien dans la Chaldée, & qu'il avoit
précédé Abraham, ils reculerent la naissance de Zoroastre; cela étoit assez facile,
puisque les Grecs sembloient en indiquer plusieurs ; on pouvoit en détacher
un, pour le porter à l'époque dont on
avoit besoin.

Dans la suite, on s'avisa de jeter les
yeux sur les écrivains orientaux, qu'on
avoit négligés; on trouva qu'ils parloient
d'une manière précise du temps où parut
cet homme fameux, qu'ils appelloient
Zerdust. On n'osa pas donner un démenti
à des Persans, sur un point aussi important
de leur histoire, qu'ils devoient raisonnablement connoître aussi bien que les
Grecs; mais on ne voulut point abandonner pour cela le premier Zoroastre ; on
aima mieux en faire un second; les Grecs,
dans cette occasion, furent d'un merveilleux secours. On créa donc deux Zo-
roastres, l'un auteur du Magisme, Assy-
rien & contemporain de Ninus : l'autre
restaurateur de ce culte, & Persan, contemporain de Darius, fils d'Histaspe. Il ne
leur auroit pas été difficile d'en faire un
troisieme & un quatrieme ; leurs ga-
rants les Grecs y avoient pourvu. C'est
sans doute ce nombre, qui a donné lieu
à ces opinions ridicules, qui ont fait cher-

cher Zoroastre dans Abraham & dans
Moyse.

Il paroit clair que ces deux Zoroastre
ne forment qu'un seul homme, & que
c'est aux Perses qu'il faut recourir pour
en savoir l'histoire. Le livre de Zerdust
existe encore ; il ne s'y annonce point
comme le fondateur, mais comme le restaurateur de la religion : cela est conforme avec ce qu'en disent les auteurs orientaux, & c'est un titre pour s'en rapporter
à eux de préférence.

Ils le font paroître sous le regne de
Gushtasp, qui est le même que le Darius
dont je viens de parler. Ils prétendent
qu'il naquit Juif, ou que du moins il passa sa premiere jeunesse dans la Judée, au
service d'un prophète.

On s'attend bien que cette partie de sa
vie a occasionné des recherches curieuses;
on a voulu découvrir quel étoit ce prophète; on l'a trouvé successivement dans
Elie, dans Esdras, dans quelques-uns des
disciples de Jérémie ; Prideaux rejette
Elie & Esdras, l'un parce qu'il est trop
ancien, l'autre parce qu'il est trop moderne, & s'arrête à Daniel ; le docteur Hyde
préfere Esdras. Les Mahométans racontent une petite anecdote qui, si elle étoit
vraie, pourroit déterminer ce que l'on
doit croire au milieu de cette diversité
d'opinions. Ils disent que Zerdust fit une
fripponnerie au prophète qu'il servoit,
que celui-ci pria Dieu de le frapper de la
lepre, & que cette pierre fut exaucée.
Dans ce cas, Zerdust pourroit bien avoir
été le serviteur d'Elisée.

De graves auteurs ont adopté cette conjecture ; mais l'autorité sur laquelle elle
est fondée, ne me paroit pas irrécusable.
Les musulmans haïssent les adorateurs du
feu; ils peuvent avoir voulu faire mépriser le législateur de ces derniers, en mettant sur son compte une fripponnerie qui
ne seroit pas trop séante dans un homme
de son caractere. Le mal que dit un ennemi ne doit point être cru sans examen ;
cet examen est impossible ici ; il vaut
mieux ne s'attacher à aucun sentiment,
que d'en adopter un, dont le fondement
est soupçonné de calomnie ; d'ailleurs
qu'importe? Ces recherches sont de pure
curiosité; malheur à qui y attacheroit
une plus grande importance !

On ne sait ni quand, ni comment Zerdust quitta la Judée ; il vint en Perse &

s'établit dans la Province d'Aderbayagjan, où demeuroient les prêtres du feu ; ce fut là qu'il se donna pour prophete. Khondemir, historien Persan, dit que Zerdust ayant appris par ses connoissances astrologiques, qu'il alloit paroître un grand prophete, & ne le voyant point arriver, s'appliqua cette prédiction ; pour la remplir, il se retira dans une caverne, où le diable lui apparut, revêtu d'un corps lumineux, & dans plusieurs conférences qu'il eut avec lui, l'instruisit de ce qu'il devoit annoncer.

Tout ce passage de Khondemir est vraisemblable à l'exception de l'apparition du diable ; mais un bon Musulman ne pouvoit guere parler autrement d'un législateur, dont le culte est proscrit par sa loi. Ce qu'il y a de singulier, c'est que ce passage a servi à plusieurs savans, pour prouver que Zerdust fut un imposteur, quoiqu'ils ne croient pas qu'il ait été visité par le diable. Ils disent sérieusement que tous les fourbes célebres n'ont pas manqué d'agir de cette maniere, & de chercher, comme lui, la retraite ; ils rappellent la caverne de Mahomet, où il supposoit avoir des conversations familieres avec l'ange Gabriel. Cet argument, loin de prouver pour eux, établiroit fortement le contraire ; ils n'observent pas qu'on a vu des philosophes s'éloigner du monde pour méditer avec plus de loisir & de tranquillité ; on pourroit leur citer Epictete & quelques autres, qui avoient des cellules retirées ; ils oublient le voyage de Moyse dans la Chaldée, où il garda, pendant si long-temps, les troupeaux de son beau-pere ; ils ne songent point que ce fut dans un désert que Dieu lui apparut au milieu d'un buisson ardent ; ils ne se rappellent plus son séjour sur la montagne, où l'Eternel lui donna la loi, & où il demeura quarante jours, seul & en conférence avec la divinité. Je pourrois ajouter que les prophetes aimoient &

cherchoient la solitude ; je pourrois les faire souvenir aussi que Jesus se sépara à sa mission par un séjour, & par un jeûne de quarante jours dans le désert. (a)

Le temps que Zerdust passa dans sa caverne, n'est point déterminé ; on sait seulement qu'à son retour, il remit à Gusthasp douze volumes, qui contenoient chacun cent peaux de velin. Ce nombre paroit exorbitant au premier coup d'œil ; mais si l'on considere que les caracteres des anciens Perses tenoient beaucoup d'espace, & que Zerdust écrivit les principes de la croyance, ceux de la plupart des Sciences, & sa propre histoire, il n'aura rien de fort extraordinaire.

C'est dans cet ouvrage qu'on peut voir si l'accusation d'imposteur est fondée ; qu'enseigne Zerdust ? la réalité, l'unité d'un être existant par lui-même, auteur de la lumiere & des ténebres, & de la nature entiere, admirable dans tous ses ouvrages, aussi grand dans la création de l'insecte imperceptible à nos sens, que dans celle de l'univers. L'homme doit l'adorer d'esprit & de cœur, & sans songer à en faire l'image, élever ses regards jusqu'à la plus brillante des créatures connues, chercher le symbole de la divinité, où elle a mis la plus éclatante empreinte de sa grandeur, mériter ses faveurs par la tempérance, la justice, la bienfaisance & la pitié, jusqu'à ce qu'il lui plût de l'éclairer davantage par le moyen du grand prophete qu'elle devoit envoyer un jour.

Ces derniers mots annoncent assez clairement la venue du Messie ; & c'est ce qui a donné lieu à quelques-uns de regarder Zerdust comme un prophete ; il en faudroit sans doute moins pour lui mériter le nom de philosophe ; on ne peut le lui refuser sans injustice.

Il est difficile, en examinant ces dogmes, de les croire l'ouvrage de l'imposture. Les orientaux rapportent de cet homme une infinité de traits, qui ne marquent pas un ambitieux ; car il devoit l'a-

(a) La retraite de Zerdust ne prouve donc rien contre lui ; si Mahomet employa ce manege, quelle conséquence en peut-on tirer ? je n'apperçois que celle-ci. Il étoit instruit des prodiges dont Dieu s'étoit servi pour garantir les nouvelles lumieres & les nouvelles loix qu'il daigna donner aux hommes ; il ne pouvoit montrer de semblables preuves de sa mission ; pour s'assurer la confiance & la vénération des peuples, il tâcha d'imiter, en quelque façon, la marche mystérieuse qu'avoient suivi les interprètes sacrés des volontés divines ; & sa conduite à cet égard rend témoignage à la vérité des miracles opérés par le ciel en faveur de notre religion.

tre s'il étoit un fourbe. Il vivoit dans la plus grande frugalité, vêtu d'habillemens groffiers, fuyant le tumulte, paroiffant rarement à la cour du roi, & ne le flattant jamais lorfqu'il y étoit appellé. Les mages ne l'auroient point fecondé ; ils connoiffoient la vertu, ils la refpectoient; fans cela, fe feroient-ils foumis aux loix que leur impofa Zerduft ? il corrigea le culte, & ne toucha aux mœurs que pour en rendre la pureté durable.

On comptoit trois degrés hiérarchiques dans l'ordre des mages. Le premier étoit compofé des prêtres ordinaires, foumis à des infpecteurs, qui formoient le fecond, & qui fe trouvoient eux-mêmes fubordonnés à l'archi-mage, qui étoit le chef de la religion. Parmi les préceptes que leur avoit donné Zerduft, on remarquoit ceux-ci.

Ils ne devoient rien defirer de ce qui appartenoit à autrui : envier ce que l'on n'a point, c'eft paroître mécontent de l'ordre établi par la providence ; miniftres d'un Dieu de vérité, ils ne pouvoient ouvrir leur bouche au menfonge ; fatisfait de fon emploi, chaque mage étoit obligé d'y fixer tous fes foins, fans s'occuper du temporel, fe contenter du néceffaire & n'avoir point de fuperflu ; l'étude du livre de la loi lui étoit effentiellement prefcrite, afin qu'il fût en état d'inftruire les autres ; la pureté lui étoit recommandée; le pardon des injures n'étoit pas le moindre de fes devoirs ; le Dieu, dont il étoit le miniftre, n'étoit-il pas offenfé journellement, & ne verfoit-il pas fans ceffe fes bienfaits fur les hommes ?

L'archi-mage étoit foumis lui-même à ces préceptes ; n'y reconnoît-il pas le ton d'un fourbe ; Zerduft vouloit rendre les mages plus refpectables ; pour y parvenir, il leur faifoit un devoir de toutes les vertus.

Selon l'ufage de l'Orient, il habilla quelques-uns de fes dogmes en paraboles; il établit ainfi cette doctrine confolante & néceffaire à la foibleffe humaine, qu'il n'eft jamais trop tard de fe repentir & d'obtenir grace. " Un homme étoit arrêté „ dans la géhenne; fon corps y étoit plongé tout entier; fon pié droit feul étoit dehors. Pendant qu'il vivoit, il étoit fouverain ; jamais il ne s'étoit fervi de puiffance pour faire une bonne action ; uniquement occupé de fes plaifirs, du fond

de fon palais où il fe livroit aux voluptés, il gouvernoit fes peuples avec un fceptre de fer ; un jour qu'il étoit à la chaffe, il vit une brebis prife par le pié dans un hallier ; la faim la preffoit ; elle ne pouvoit atteindre à l'herbe qui étoit devant elle; touché de compaffion, pour la premiere fois, il defcendit de fon cheval & la dégagea. C'eft en récompenfe de cette action que fon pié n'eft pas dans la géhenne. Hommes, ajoute, alors Zerduft, travaillez à faire le plus de bien qu'il vous fera poffible, l'œil de l'être éternel eft ouvert fur vous ; il voit tout, & il n'eft rien dont il ne tienne compte. „

Le livre qui contient cette doctrine & ces préceptes, s'appelle *Zund* ou *Zunda-Vefta*, qui fignifie *allume feu*. Il eft écrit dans les anciens caractères Perfans ; le docteur Thomas Hyde avoit offert de le publier avec la traduction latine à côté ; mais cette entreprife exigeoit des frais immenfes ; il demanda vainement des fecours ; perfonne ne l'aida, & cette idée expira avec lui.

Prideaux fait de grands éloges de ce livre ; fon témoignage ne peut être fufpect, puifqu'il eft un de ceux qui qualifient Zerduft d'impofteur. Il dit que tout ce qu'il contient eft conforme à la vertu la plus pure & à la plus auftere, à l'exception de l'article de l'incefte, qui y eft regardé comme une chofe indifférente.

Quelques favans font fâchés de cette reftriction ; ils fe plaignent de ce que ce Prideaux n'a pas cité en preuve le *Zunda-Vefta*, ou le *Sadder*, qui en eft l'abrégé mis dans le langage Perfan ordinaire. Ils ne fe rendent point à l'autorité de Diogene, Laërce, Strabon, Philon juif, Tertullien, Clément Alexandrin, &c. qui font les garans de Prideaux ; les hiftoriens font voir à la vérité plufieurs inceftes parmi les rois de Perfe, mais on penfe que ces monarques ont pu être inceftueux fans que Zerduft les ait autorifés.

Je ne m'arrêterai pas davantage fur ce philofophe ; en parlant de la religion des Perfes dans le chapitre précédent, j'ai donné une idée fuffifante de ce qu'elle étoit avant & après lui. Les écrivains orientaux ont eu foin d'accumuler les miracles fur tous les momens de fa vie. Il feroit inutile de les répéter ; fes actions font moins intéreffantes que fa morale; du moins la connoiffons nous telle qu'elle eft

&

& fans alliage; il mourut à Balch où il s'é-
toit retiré. Argjafp, roi de Touran, voifin
& ennemi des Perfes, ardent perfécuteur
des fectateurs de Zerduft, vint prendre
cette ville à la tête d'une armée, détrui-
fit les autels, & fe fervit du fang des Mages pour éteindre le feu facré; celui de
Zoroaftre, fut, dit-on, répandu dans cette
occafion.

J'ai dit plus haut que ce fut un philofophe qui fit bâtir des Pyrées ; les Perfes
croyoient que le feu du ciel étoit defcendu fur le premier qu'il avoit fait conftruire à Xis dans la Médie. Les mages
l'entretenoient ; ils y jetoient en fecret
des matieres combuftibles, & difoient au
peuple qu'il fe confervoit fans fecours.
Ce charlatanifme étoit fans doute condamnable, mais on fait que dans les religions
les plus faintes, on en a quelquefois employé de pareils ; ces petites adreffes ne
nuifoient pas à l'effentiel, à la fageffe du
culte ; j obferverai encore que c'étoit le
plus pur. Les Perfes n'avoient pas reçu la
religion des Hébreux ; leurs hommages
s'adreffoient au même Dieu , avec des cérémonies différentes ; ils étoient peut-
être dignes de lui ; on ne voit point qu'il
exigeât que les autres peuples reçuffent
la loi qu'il avoit donnée aux Ifraélites ; il
n'en eft queftion nulle part. Il leur ordonna de fuir l'idolâtrie & les idolâtres, d'exterminer ces derniers avec leurs Dieux ;
mais il ne leur dit point de les inftruire ;
& il ne paroit pas que les juifs l'aient
tenté.

ZOROLUS , *Géogr. anc.*, fleuve de
Thrace , qui fe perd dans le Bithyas ,
fans aller jufqu'à la Propontide : c'eft le
Chiourtie d'aujourd'hui. (*D. J.*)

ZOSTER , *Géogr. anc.*, promontoire de l'Attique. Strabon,*l. IX, pag.* 398,
le place fur la côte du golfe Saronique, &
dit que c'eft un long promontoire entre
la bourgade d'Œzone ou d'Œxone , & un
autre promontoire voifin de *Thoreæ*: c'eft
à-peu-près tout ce que nous favons de la
fituation du promontoire *Zofter*, dont
Etienne le géographe fait un ifthme.

Cette fituation s'accorde avec celle que
Paufanias , *liv. I , ch. xxxj*, femble donner au *Zofter* , & dont il fait un lieu fitué
fur le bord de la mer, entre Alim & Prof-
palte : Minerve , Apollon, Diane , &
Latone , ajoute-t-il , y font particuliérement honorés & y ont des autels ; on ne

Tome XXXVI. Partie II.

croit pas que Latone y ait fait fes couches;
mais on dit que fentant fon terme approcher , elle y délia fa ceinture : c'eft delà
que ce lieu avoit pris fon nom , & qu'on
donna à Latone le nom de *Softeria*, de
même qu'à Minerve , à Diane , & à Apollon. (*D. J.*)

ZOTALE , *Géogr. anc.*, fleuve d'Afie,
felon Ortelius qui cite ce paffage de Pline , *liv. VI , ch. xvj. Nam interfluente
Margo , qui corivatur in Zotale*: mais
le pere Hardouin entend par *Zotale*, un
territoire, une campagne , ou un canton
dans lequel le Margus fe partageoit en
divers ruiffeaux pour arrofer le pays.
(*D. J.*)

ZOUCET , *V.* CASTAGNEUX.

ZOUR, *Géogr. mod.*, ville de Perfe,
dans la province de Belad-Coreffam.
Long. fuivant les géographes perfiens , au
rapport de Tavernier , 70, 20 ; *lat.* 35,
32. (*D. J.*)

ZOZATAQUAM, f. m. *Hift. nat. Bot.*
c'eft une plante qui eft défignée fous différens noms dans différentes parties de
la nouvelle Efpagne; on la nomme *acuit-
ze-buazaria* dans le Méchoacam , *chipa-
huatziz* ou *zozataquam* dans le Mexique
& dans d'autres provinces. Elle a la feuille de l'ofeille ; fa racine eft ronde , d'un
jaune d'or à l'extérieur, & blanche à l'intérieur. Elle produit de petites fleurs rongeâtres qui forment un bouquet arrondi.
On regarde le fuc de cette plante comme
très-rafraîchiffant, il adoucit l'ardeur de
la fiévre, & il paffe en même temps pour
un antidote & un vulnéraire excellent; il
foulage les douleurs des reins, modere
l'acrimonie de l'urine, & fi l'on en croit
les voyageurs, il guérit prefque tous les
maux.

ZOZONISIOS , f. m. *Hift. nat. Litholog.* Pline parle d'une pierre de ce nom ;
mais il ne nous apprend rien, finon qu'elle fe trouvoit dans le lit du fleuve Indus,
& que les mages s'en fervoient.

Z U

ZUBENEL, CHEMALI, *Aftronom.*;
nom de l'étoile de la quatrieme grandeur,
près de la claire de la feconde grandeur,
au bas de la patte boréale du Scorpion.
On trouve fa longitude & fa latitude pour
1700, dans le *Prodromus aftronomiæ* d'Hévélius. (*D. J.*)

ZUBENEL, *genubi*, *Astronom.*, nom de l'étoile de la troisieme grandeur, qui est sur la patte australe du scorpion. Hévélius en a déterminé la longitude & la latitude pour l'année 1700, dans son *Prodromus astronomia*. (*D. J.*)

ZUCALA, *Géogr. mod.*, isthme qui joint la péninsule de Crimée avec la petite Tartarie : cet isthme, que les anciens nommoient *isthmus Tauricus*, est entre le lac de Sessan & le golfe de Nigropoli, partie de la mer Noire : sa largeur n'est que d'une demi-lieue, & il est défendu par la ville de Précop qu'on y a bâtie. (*D. J.*)

ZUCHIS, *Géogr. anc.*, ville de la Libie, ou plutôt de l'Afrique propre, selon Strabon, qui *l. XVII*, *pag.* 835, place cette ville sur le bord d'un lac de même nom, & dit qu'elle est célebre pour ses teintures en pourpre & pour ses salaisons. (*D. J.*)

ZUERA ou CUERA, *Géogr. mod.*, petite ville d'Espagne, dans l'Aragon, sur le Gallego, à quatre lieues de Saragosse.

ZUENZICA, *Géogr. mod.*, habitation ou désert d'Afrique, dans le Zahara. Il est si sec, qu'on y fait quelques journées de chemin sans trouver une goutte d'eau. C'est cependant le passage des marchands de Tremecen qui vont au royaume de Tombut & à celui d'Yca. Il est peuplé sur les frontieres par des Arabes redoutés de leurs voisins. On tire des rochers de Tégara, qui sont dans ce désert, quantité de sels fossiles, que les caravanes de Maroc & de Tombut viennent prendre.

ZUG, *Géogr. mod.*, prononcez *Zoug* ; canton de Suisse, le septieme en rang. Il est borné au nord & au levant par celui de Zurich ; au midi, par celui de Schwitz ; & au couchant, par celui de Lucerne. C'est le pays des anciens *Tugeni*. Il n'a qu'environ quatre lieues de long, & autant de large ; mais il est dédommagé de sa petitesse par la bonté de son terroir. Les montagnes fournissent des pâturages ; la plaine est fertile en blé, en vin, & en châtaignes. Il y a dans ce canton plusieurs villages & deux bourgs, outre la capitale qui porte le même nom. Ses habitans sont catholiques, & reconnoissent la jurisdiction spirituelle de l'évêque de Constance. Ils sont alliés aux cantons de Luzerne, d'Ury, de Schwitz & d'Underwald ; & quand ils s'assemblent, on les appelle

ordinairement dans le pays, *la ligue des cinq cantons*. (*D. J.*)

ZUG, *Géog. mod.*, prononcez *Zoug* ; en latin moderne *Tugium* ; ville de Suisse, capitale du canton de même nom, dans une belle campagne, sur le bord oriental du lac de son nom, au pié d'une colline. C'est une jolie ville, dont les rues sont grandes, larges, & les maisons bien bâties. On y voit quatre édifices religieux, entre lesquels est l'église collégiale de S. Ofwald. Le chef du canton, appellé *amman*, & dont la charge dure deux ans, réside toujours à *Zug* avec la régence. Il est pris tour-à-tour dans les cinq communautés qui composent le canton. *Long.* 26, 12 ; *latit.* 46, 10. (*D. J.*)

ZUGAR, *Géogr. anc.*, ville de l'Afrique propre. Ptolomée, *l. IV*, *c. iij* ; la compte parmi les villes qui se trouvoient entre les fleuves Bagradas & Triton. (*D. J.*)

ZUJA, *Géogr. mod.*, riviere d'Espagne, dans l'Estramadure. Elle tire sa source de la Sierra-Morena, & se jette dans la Guadiana, un peu au dessus de Medelin. (*D. J.*)

ZUICKAU, *Géogr. mod.*, ville d'Allemagne, dans le margraviat de Misnie, au cercle de Voigtland, sur la Mulde. Elle est bien bâtie, & a, dans les montagnes de son voisinage, des mines d'argent, autrefois abondantes, & maintenant épuisées. *Long.* 30, 28 ; *latit.* 50, 22.

Langius (Rodolphe), gentilhomme de Westphalie & prévôt de l'église cathédrale de Munster, naquit à *Zuickau*, & mourut en 1519, à quatre-vingt & un ans. Il se distingua par sa science & par son zele pour la renaissance des lettres en Allemagne, & il en fut en effet le principal restaurateur. Il porta son oncle doyen de Munster à y fonder une école, dont la direction fut donnée à des gens habiles, & Langius leur ouvrit sa belle bibliotheque.

Les lettres ayant commencé à fleurir à *Zuickau*, Haguenbot, né dans cette ville, traduisit du grec en latin les œuvres d'Hippocrate, Ætius, Æginete, & une bonne partie de Galien. Il employa plus de vingt ans à ce travail, & mourut en 1558, âgé de cinquante-huit ans. Le précepteur d'Haguenbot, ayant cru que ce nom qui signifie en allemand le *fruit de l'églantier*, désignoit le *fruit du cornoiller*, en latin *fornum*, le nomma *Cornarius*, & c'eſt ſous ce nom qu'il eſt connu par ſes ouvrages.'

Il y a quelques autres gens de lettres nés à *Zuickau*, & dont les bibliographes allemands font mention; ſavoir, *Daumius* (Chriſtian), *Feller* (Joachim), *Haloander* (Gregoire), *Muncer* (Thomas), *Schmider* (Sigiſmond), *Storck* (Nicolas), &c. mais aucun d'eux n'a porté ſon nom au delà du cercle de Voigtland. (*D. J.*)

ZUINGLIENS, ſ. m. pl. *Hiſt. eccléſiaſt.*, réformés du ſeizieme ſiecle, ainſi nommés de Ulric ou Huldric Zuingle leur chef, Suiſſe de nation, dont nous avons déja parlé au mot WILDENHAUS; *voyez cet article.*

Zuingle, après avoir pris le bonnet de docteur à Bâle en 1505, & s'être enſuite diſtingué par ſes talens pour la prédication, fut pourvu d'une cure dans le canton de Glaris, & enſuite de la principale cure de la ville de Zurich. C'eſt-là que peu de temps après que Luther eut commencé à ſemer ſes prétendues erreurs, Zuingle en répandit auſſi de ſemblables contre le purgatoire, les indulgences, l'interceſſion & l'invocation des ſaints, le ſacrifice de la meſſe, le célibat des prêtres, le jeune, &c. ſans toutefois rien changer au culte extérieur. Mais quelques années après, lorſqu'il crut avoir aſſez diſpoſé les eſprits, il eut, en préſence du ſénat de Zurich, une conférence avec les catholiques, qui fut ſuivie d'un édit, par lequel on aboliſ une partie du culte & des cérémonies de l'égliſe. On détruiſit enſuite les images, & enfin on aboliſ la meſſe.

Quoique Zuingle convint en pluſieurs points avec Luther, ils étoient cependant oppoſés ſur quelques articles principaux. Par exemple, Luther donnoit tout à la grace dans l'affaire du ſalut; Zuingle au contraire, adoptant l'erreur des Pélagiens, accordoit tout au libre arbitre, agiſſant par les ſeules forces de la nature. Juſques-là qu'il prétendoit que Caton, Socrate, Scipion, Seneque, Hercule même & Théſée, & les autres héros ou ſages de l'antiquité, avoient gagné le ciel par leurs vertus morales. Quant à l'euchariſtie, Zuingle prétendoit que le pain & le vin n'y étoient que de ſimples ſignes ou des repréſentations nues du corps & du ſang de Jeſus-Chriſt, auquel on s'uniſ ſpirituellement par la foi, au lieu que Luther admettoit la préſence réelle, quoiqu'il ne convînt pas de la tranſubſtantiation. Zuingle prétendoit que le ſens de figure dans ces paroles *hoc eſt corpus meum* lui avoit été révélé par un génie; & pour appuyer cette explication, il citoit quelques autres paſſages de l'Ecriture où le verbe *eſt* équivaut à *ſignificat*: mais il ne faiſoit pas attention que la nature des choſes & les circonſtances n'ont nulle parité avec l'inſtitution de l'euchariſtie.

De tous les proteſtans, les *Zuingliens* ont été les plus tolérans, s'étant unis avec les Luthériens en Pologne, & avec les Calviniſtes à Geneve, quoiqu'ils différaſſent des uns & des autres dans des points capitaux, tels que ceux que nous venons de remarquer. Le Zuinglianiſme ſe gliſſa en Angleterre ſous le regne d'Edouard VI, où Pierre, martyr, qui étoit un pur *zuinglien*, fut appellé par le duc de Sommerſet, protecteur ou régent du royaume, pour travailler à la réformation; & il fit exclure du livre des communes prieres tout ce qui avoit rapport à la préſence réelle & à la tranſubſtantiation, qu'on n'avoit pas encore abjurées du temps de Henri VIII. *V.* PRÉSENCE RÉELLE & TRANSUBSTANTIATION.

ZULLICHAW, *Géog. mod.*, petite ville d'Allemagne en Siléſie, dans la principauté de Croſſen, à cinq lieues de la ville de Croſſen, & à une lieue au nord de l'Oder. (*D. J.*)

ZULPHA, *Géog. mod.*, ville de Perſe, au voiſinage d'Iſpahan, dont elle eſt regardée comme un des fauxbourgs, n'en étant ſéparée que par la riviere de Senderou. Elle peut paſſer pour une aſſez grande ville, ayant environ demi-lieue de long, & près de la moitié de large. Les maiſons y ſont mieux bâties qu'à Iſpahan. Ses habitans ſont une colonie d'Arméniens, que le grand Cha-Abas amena en Perſe. Ils ont pluſieurs égliſes ou chapelles, un archevêque, des évêques & quelques religieux francs. (*D. J.*)

ZULPICH ou ZULCH, *Géogr. mod.*, ville d'Allemagne, enclavée dans le duché de Juliers, & dépendante de l'électorat de Cologne, ſur la riviere de Naſſel, à quatre lieues au midi de Juliers, & à égale diſtance au couchant de Bonn. On croit que c'eſt l'ancien *Tolbiacum*, connu par la bataille que Clovis y gagna l'an 496. *Long.* 24, 21; *latit.* 50, 30. (*D. J.*)

ZULUFDGILER , f. m. *terme de relation* , enfant de tribu chez les Turcs. Le ferrail où les tient eft à un des coins de l'atmeydan ; on choifit les *zulufdgilers* entre les enfans les mieux faits , & les plus capables d'inftruction. Le nom de *zuluf* veut dire *mouftache*, parce qu'on laiffe croitre à ces enfans fur le haut de leur tète deux longues mouftaches , contre l'ordinaire des Turcs, qui ont ordinairement la tète rafée. *Du Loir. (D. J.)*

ZUMAIA , *Géogr. mod.*, petite ville, ou plutôt chétive bourgade d'Efpagne, dans le Guipufcoa, près de l'Océan.(D. J.)

ZUMI, *Géog. anc.*, peuples de la Germanie. Strabon , *l. VII* , *pag.* 290, les compte parmi les peuples qui furent fub-jugués par Maraboduus. (D. J.)

ZURARA , *Géog: mod.*, petite ville de Portugal, dans la province entre Duero & Minho, fur la gauche de la rivière, à quatre lieues de Porto, & vis-à-vis Villa.Condé. (D. J.)

ZURAWNO , *Géogr. mod.*, bourgade de Pokucie, au confluent de la Scevitz & du Niefter. Elle eft fermée d'un feul rempart de terre , fans autre défenfe ; mais elle eft célèbre par la paix qui s'y fit entre Nuradin fultan & Sobieski roi de Pologne en 1676. Ce dernier , prêt à périr avec toute fon armée, employa tout ce que l'art de la guerre a de plus grand ; & avec une contenance fière , il obtint d'Ibrahim les conditions de paix les plus avantageufes. Par ce traité de paix, la Pologne fut délivrée du tribut ignominieux que Mahomet IV lui avoit impofé.(D. J.)

ZUREND , *Géog. mod.* , ville de Perfe, dans la province de Kerman. *Long.* fuivant les Géographes perfans, 73 , 40; *latit.* 35 , 13. (D. J.)

ZURICH , *Géog. mod.*, en latin moderne *Tigurum*, ville de Suiffe , capitale du canton de ce nom , fur le penchant de deux collines , à l'extrèmité feptentrionale du lac de *Zurich*, d'où fort la rivière de Limmat. Cette rivière partage la ville en deux parties inégales, qui communiquent l'une à l'autre par deux grands ponts de bois.

La ville de *Zurich* eft une des plus confidérables de la Suiffe , pour fa beauté & pour fa puiffance ; elle eft fortifiée par de larges foffés revêtus de pierres de taille, fes rues font propres , fes maifons affez bien bàties, & fon hôtel-

de-ville d'une belle fymmétrie: Son arfenal compofé de plufieurs grands bàtimens, eft le mieux fourni de toute la Suiffe.

Il y a dans cette ville une bonne acadé-mie & une vieille bibliotheque affez bien entretenue. Les greniers publics font toujours fournis de bons blés ; les hôpitaux font bien rentés ; mais en prenant foin de pourvoir ces maifons de charité de bons revenus, on a pris pour principe d'y foulager les pauvres, conformément à leur condition, fans chercher à les loger en princes.

On fait que la ville de *Zurich* embraffa fa la réformation en 1524, & que Zuingle y contribua beaucoup par fes prédications. Depuis ce temps-là cette ville a cultivé les fciences,& a produit quelques favans illuftres que nous nommerons dans la fuite de cet article.

Les Zurichois imiterent le canton de Lucerne, & fe formerent eux-mêmes en canton l'an 1351. La ville étoit impériale , & n'avoit jamais fait partie de la domination de la maifon d'Autriche. Albert & Othon d'Autriche ayant formé le projet d'affiéger cette ville, les bourgeois s'unirent aux quatre cantons; ils s'emparerent du pays qui forme aujourd'hui le canton de Glaris , & obligerent Albert d'Autriche à les refpecter.

La forme du gouvernement de la ville de *Zurich* tient de l'ariftocratie & de la démocratie. Ce gouvernement eft formé d'un grand & d'un petit confeil, qui compofent ensemble le nombre de deux cents douze membres. Le grand en a cent foixante-deux, & le petit quarante-huit: ce qui fait deux cents dix membres , auxquels il faut ajouter les deux chefs de l'Etat que l'on appelle *bourg-meftres*. Chaque tribu bourgeoife fournit douze perfonnes pour le grand confeil, & trois pour le petit.

La ville de *Zurich* eft à 15 lieues au fud-oueft de Conftance, à 18 au fud-eft de Bàle , & à 23 au nord-eft de Berne. *Long.* fuivant Caffini & Scheuchzer, 26, 51. 30″. *lat.* 47 , 22´.

Je ne dois pas oublier les noms de quelques favans nés dans cette ville.

Bibliander (Théodore) y prit naiffance au commencement du feizieme fiecle, & mourut de la pefte qui attaqua *Zurich* en 1564. Il avoit mis auparavant la derniere main à l'édition de la bible qui parut à

Zurich en 1543, & que le Rabin Léon de Juda avoit commencée. Bibliander a auffi compofé des commentaires latins fur plufieurs livres du vieux Teftament. On eftime fa confultation contre les Turcs, & fon traité *de communi ratione linguarum.*

Gefner (Conrad), l'un des plus favans hommes du 16e. fiecle, naquit en 1516, & mourut en 1565, à quarante-neuf ans. Ses principaux ouvrages font 1°. *hiftoriæ animalium*, dont la meilleure édition eft de Francfort, 1604, cinq volumes *in-fol.* 2°. *de chirurgiâ fcriptores optimi, Tiguri*, 1555, *in-fol.* 3°. *epiftolarum medicinalium lib. III. Tiguri*, 1577, *in-*4°. 4°. *lexicon græco-latinum* : 5°. *bibliotheca auctorum univerfalis, Tiguri*, 1545, *in-fol.* Ce dernier ouvrage eft un des premiers dictionnaires hiftoriques modernes, & qui mérite par conféquent beaucoup d'indulgence pour les défauts & les fautes qu'on y trouve. Le pere Nicéron a donné l'article de cet illuftre favant, confultez-le.

Gualter (Rodolphe), genre de Zuingle, naquit en 1519, & mourut en 1586, âgé de foixante-fept ans. Il a commenté la plupart des livres du vieux & du nouveau Teftament, & a publié fous le nom d'Eubulus Dynaterus, *annotationes in verrinas Ciceronis.* Il fe délaffoit auffi quelquefois à faire des vers latins qui ont été imprimés.

Heidegger (Jean-Henri), né près de *Zurich* en 1633, mourut dans cette ville en 1698, après avoir publié plufieurs ouvrages théologiques, qui lui acquirent de la réputation.

Hottinger (Jean-Henri), l'un des fameux écrivains du xvij fiecle, & des plus verfés dans la littérature orientale, naquit à *Zurich* en 1620, & commença à s'ériger en auteur à l'âge de 24 ans, pour attaquer fur une matiere très-épineufe, le célebre P. Morin ; il entreprit de réfuter les differtations de ce théologien fur le pentateuque famaritain. Ce coup d'effai fut fon chef-d'œuvre; il intitula fon ouvrage, *exercitationes anti morinianæ*; & tous les proteftans en firent d'autant plus d'éloges, que la matiere ne pouvoit pas être plus favorable à leur façon de penfer, puifqu'Hottinger fe battoit pour le texte hébreu de la bible, dont le P. Morin énervoit l'autorité de tout fon pouvoir. Il voyagea aux frais de la ville de

Zurich, dans les pays étrangers, & apprit les langues orientales fous Golius. De retour dans fa patrie, il ne ceffa de produire livre fur livre, dont vous trouverez le catalogue dans fa vie écrite par Heidegger. Les principaux font 1°. *hiftoria orientalis*; 2°. *bibliothecarius quadripartitus*; 3°. *thefaurus philologicus facræ Scripturæ*; 4°. *hiftoria ecclefiaftica*; 5°. *promptuarium five bibliotheca orientalis*; 6°. *étymologicum orientale*; 7°. *differtationes mifcellaneæ*, &c. Il n'a pas toujours gardé dans fes écrits la modération convenable, & il les a donnés avec trop de précipitation; mais quoi qu'en dife M. Arnauld, il eft plus croyable dans fes difputes que ne l'étoit Allatius, parce qu'il réunit toutes les marques d'un homme de bonne foi. Allatius, Grec de nation, & façonné en Italie, a plus de politeffe & plus de tour ; mais le Zurichois a plus de candeur & de fimplicité. Allatius dit de fa tête tout ce qu'il lui plait : Hottinger allégue fes témoins. Enfin *Zurich* le combla d'honneurs & de diftinctions; elle ne voulut que le prêter à l'électeur palatin, pour ranimer les études de l'univerfité d'Heidelberg. Au bout de fix ans elle le rappella, & lui confia des affaires importantes. L'académie de Leyde le demanda pour être profeffeur en théologie, & l'obtint enfin par la faveur des Etats de Hollande, auxquels meffieurs de *Zurich* crurent ne pouvoir refufer cette marque de leur condefcendance.

Comme il préparoit toutes chofes pour fon voyage, il périt malheureufement à 47 ans, le 5 juin 1667, fur la riviere qui paffe à *Zurich.* Il s'étoit mis dans un bateau avec fa femme, trois de fes enfans, fon beau-frere, un de fes bons amis, & fa fervante, pour terminer le bail d'une terre qu'il avoit à deux lieues de *Zurich* ; le bateau ayant donné fur un pieu, que la crue de la riviere empêchoit de voir, fe renverfa. Hottinger, fon beau-frere & fon ami fe tirerent du péril à la nage ; mais ils rentrerent dans l'eau, quand ils apperçurent le danger où le refte de la troupe étoit encore. Ce fut alors qu'Hottinger périt ; fon ami & fes trois enfans eurent la même deftinée ; fa femme, fon beau-frere & fa fervante furent les feuls fauvés ; il laiffa quatre fils & deux filles qui ne fe trouverent pas de ce trifte voyage.

Scheuchzer (les) ont tous honoré leur patrie par leurs ouvrages en médecine & en histoire naturelle. Jean Jacques Scheuchzer mort en 1733, à 61 ans, a donné une physique sacrée ou histoire naturelle de la bible, imprimée à Amsterdam, en quatre volumes *in-fol.* Jean Scheuchzer son frere fut nommé premier médecin de *Zurich*, & mourut en 1738. Jean-Gaspard Scheuchzer, fils de Jean-Jacques, est mort avant son pere en 1729, & s'étoit déja fait connoître par une traduction en anglois de la belle histoire du Japon de Kempfer.

Schweitzer (Jean-Gaspard), en latin *Suicerus*, habile philologue du xvij siecle, mourut en 1688 à 68 ans. On a de lui un savant *Lexicon*, ou *trésor ecclésiastique des peres Grecs*, & d'autres savans ouvrages. La meilleure édition de son trésor ecclésiastique est celle d'Amsterdam en 1728, en deux volumes *in-fol.*

Simler (Josias), mort dans sa patrie en 1576, à 45 ans, a donné quelques ouvrages d'histoire & de théologie, outre un assez bon abrégé de la bibliotheque de Conrad Gesner.

Stuckius (Jean-Guillaume), littérateur, né en 1542, mourut en 1607. Il s'est fait connoître par plusieurs ouvrages, dont les principaux sont 1°. *commentarius in Arriani periphum Ponti Euxini & maris Erythræi* ; 2°. *de sacrificiis Judæorum & Ethnicorum* ; 3°. *antiquitatum convivalium libri IV*. Dans le dernier ouvrage sur les festins des anciens, l'auteur traite avec érudition la maniere dont les Hébreux, les Chaldéens, les Grecs, les Romains & plusieurs autres nations faisoient leur repas d'apparat, & les cérémonies qu'ils y observoient. (*D. J.*)

ZURICH, *canton de*, *Géog. mod.*, canton de la Suisse, & le premier en rang. Il est borné au nord par le Rhin, qui le sépare du canton de Schafhouse ; au midi par le canton de Schwitz, au levant par le Thourgaw & le comté de Toggenbourg, & au couchant par le canton de Zug.

Le territoire de ce canton fait partie du pays des anciens *Tigurini*, célebres dans l'histoire romaine ; car plusieurs années avant que Jules-César commandât dans les Gaules, les *Tigurini* avoient défait l'armée romaine, & tué le consul Lucius Cassius qui la commandoit, & son lieutenant Pison qui avoit été consul.

Leur pays appellé anciennement *pagus Tigurinus*, s'étendoit jusqu'au lac de Constance ; les anciens y marquent deux villes, l'une appellée *forum Tiberii*, & l'autre *Arbor felix*, qui est Arbon. Sous les rois Francs, le *Pagus Tigurinus* s'appella *Durgau* ou *Turgau*, dans lequel pays de Turgau étoit Turig aujourd'hui *Zurich*, comme il paroît par une charte de Louis le germanique. Cette même charte nous apprend que l'on avoit commencé à prononcer *Zuringe* pour *Turige*, suivant la coutume teutonique, où l'on change le T en Z.

Quand les cantons de la Suisse formerent une alliance fédérative, ils céderent la préséance au canton de *Zurich*, à cause de la puissance, de la grandeur & de la richesse de la ville de *Zurich*. Ce canton conserve encore cet honneur d'avoir le titre de premier entre les égaux ; il ne préside pas seulement aux dietes ; mais il a le soin de les convoquer, en écrivant des lettres circulaires aux cantons, pour les informer des raisons au sujet desquelles on les assemble, & pour les prier d'envoyer leurs députés avec les instructions nécessaires. La ville de *Zurich* est comme la chancellerie de la Suisse, & c'est par ce motif que toutes les lettres des souverains y sont portées.

Le canton de *Zurich* est d'une étendue considérable, & c'est le plus grand de la Suisse après celui de Berne. On distingue les baillifs qui le gouvernent, en trois classes : ceux de la premiere sont appellés *administrateurs* ; ils ont soin de recevoir les rentes, sans exercer aucune jurisdiction, & ils sont au nombre de dix : la seconde classe comprend les baillifs qui demeurent dans la ville de *Zurich*, & qui ne sont point obligés d'en sortir : ce sont ceux qu'on nomme *baillifs intérieurs*, & on en compte dix-neuf ; la troisieme classe est celle des baillifs qui résident dans les villages & dans les châteaux du canton, pour y exercer leur emploi ; & ceux-ci sont au nombre de treize. On compte cinq bailliages hors de l'enceinte du canton, & ces bailliages ont chacun leurs loix & leurs coutumes, auxquelles les baillifs ne peuvent rien changer dans l'administration de la justice. Il y a encore deux villes assez considérables, savoir Stein sur le Rhin, & Winterthour, qui sont soumises à la souveraineté de *Zu-*

rich, mais qui en même temps nomment leurs propres magiftrats, & fe gouvernent felon leurs loix.

Le terroir du canton de *Zurich* eft un pays de montagnes & de plaines que les habitans out foin de bien cultiver ; il produit des grains, tandis que le lac & les rivieres fourniffent du poiffon ; mais la principale richeffe des habitans confifte dans leur commerce & leurs manufactures. *Zurich* eft la capitale du canton. *V. fon article. (D. J.)*

ZURICH, *lac de*, *Géogr. mod.*, lac de Suiffe, dans le canton de ce nom. Il a environ une lieue de largeur & neuf de longueur. Il eft formé par la riviere de Lint, qui en fort à *Zurich* fous le nom de *Lindmatt*. Il abonde en diverfes efpèces de poiffons, & fes deux bords font garnis de vignobles, de prairies, de jardins, de petites maifons de plaifance & de chaumieres. *(D. J.)*

ZURITA, *Géogr. mod.*, petite ville d'Efpagne dans la Caftille vieille, au voifinage de Tolede, & au bord du Tage ; cette place eft une commanderie de l'ordre de Calatrava. *(D. J.)*

ZURMENTUM, *Géogr. anc.*, ville de l'Afrique propre. Ptolomée, *l. IV, c. iij*, qui la marque dans les terres, la compte au nombre des villes fituées au midi d'Adrumete. *(D. J.)*

ZURNAPA, f. m. *Zoologie*, nom arabe d'un animal fort fingulier dans fon efpece, & qui paroit n'appartenir à aucun genre d'animaux connus ; il eft appellé par les Latins *camelopardalis*, & *giraffa* par les Orientaux. *V.* GIRAFFE.

On ne fait point fi cet animal rumine ou non ; mais comme il a le pié fonrchu, des cornes au front, qu'il manque de dents de devant à la mâchoire fupérieure, & qu'il fe nourrit de végétaux, il eft plus que probable qu'il faut le ranger dans la claffe des animaux ruminans.

C'eft un bel animal, doux comme une brebis, & qui paroit né pour n'être pas fauvage. Sa tête eft faite comme celle du cerf ; il a deux cornes obtufes, velues & de la longueur de fix doigts ; la femelle les a feulement plus courtes que le mâle ; fes oreilles font larges & femblables à celles des bœufs, ainfi que fa langue ; fon cou eft à-peu-près de fept piés de long, droit & menu ; fa taille depuis la tête jufqu'à la queue, eft d'environ dix-huit piés ;

fa criniere eft fort petite ; fes jambes font longues & minces, & celles de derriere très-courtes, en comparaifon de celles de devant.

Sa queue va jufqu'au jarret, & eft couverte d'un poil très-épais ; il a le milieu du corps délié, & reffemble au chameau dans toute fon allure ; quand il court, il leve enfemble les deux piés de devant, fe couche fur le ventre, pofe fon cou fur fes cuiffes, & fouffle comme le chameau. Quand il eft debout, il a bien de la peine à paitre l'herbe, à moins d'étendre beaucoup fes jambes de devant, en forte que la nature femble l'avoir créé pour fe nourrir dans fon état fauvage, de feuilles d'arbres qu'il attrape avec facilité. Sa moucheture fur tout le corps eft de la plus grande beauté, & à la maniere de celle du léopard. La couverture veloutée de fes cornes fembleroit indiquer qu'il appartient au genre des cerfs ; mais fa taille en differe totalement. *(D. J.)*

ZUROBARA ou ZURIBARA, *Géog. anc.*, ville de la Dace, felon Ptolomée, *l. III, c. viij*. Niger penfe que ce pourroit être aujourd'hui Temefwar. *(D. J.)*

ZURZACH, *Géogr. mod.*, gros bourg de Suiffe, dans le comté de Bade, fur le bord du Rhin, à une lieue au-deffus de l'embouchure de l'Aar dans ce fleuve, & à cinq milles de *Keiferftubl*. Ce bourg eft fort connu par fes foires autrefois célebres, aujourd'hui tombées dans une grande décadence. *Zurzach* dépend pour le civil du bailliff de Bade, & pour le fpirituel, de l'évêque de Conftance ; mais les deux religions, la catholique & la proteftante, s'y profeffent également.

On a enchâffé dans la muraille de l'églife paroiffiale, une pierre rompue, où l'on voyoit en 1535, un fragment d'infcription antique qui portoit : *M. Junio M. F. Volt. Certo. Dom Vien Veteran. Mil. Leg. XIII. Gemina certus & Amiantus Pii Hæredes Fecerunt*. Quelques-uns ont imaginé de cette infcription que le *Certus* dont elle fait mention, avoit été le fondateur ou le réparateur de *Zurzach* ; mais ce n'eft-là qu'une imagination creufe qui n'eft appuyée d'aucun titre. *(D. J.)*

ZUTPHEN, *Géog. mod.*, quartier des Pays-Bas, dans la province de Gueldres, avec titre de comté. Ce comté a été un Etat poffédé par des feigneurs héréditaires long-temps après l'érection de Guel-

Aaa 4

dres en comté, & enfuite en duché. Aujourd'hui le comté de *Zutphen* eft uni à la province de Gueldres; il eft féparé du Velau par l'Iffel du côté de l'occident; il a au nord l'Over-Iffel, à l'orient l'évêché de Munfter, & au midi le duché de Cleves. On y compte fix villes, favoir *Zutphen* fon chef-lieu, Doesbourg, Groll, Doetecum, Lochem & Bredevorde. (D. J.)

ZUTPHEN, *Géogr. mod.*, ville des Provinces-Unies, dans la province de Gueldres, fur le bord oriental de l'Iffel, capitale du comté de même nom, à deux lieues au fud-eft de Déventer, à quatre d'Arnheim, à fix au nord-eft de Nimegue, & à vingt au levant d'Amfterdam. Cette ville bâtie depuis plus de huit fiecles, eft aujourd'hui bien fortifiée, & a été fouvent attaquée. Elle fut prife d'affaut l'an 1572, par Frédéric de Tolede, fils du duc d'Albe, qui traita les habitans avec la derniere barbarie. Le comte Maurice de Naffau reprit cette ville fur les Efpagnols en 1591; & depuis lors elle eft reftée fous la puiffance des Provinces-Unies. Il eft vrai que les François s'en rendirent maîtres en 1672; mais ils furent obligés de l'abandonner, ainfi que toute la Gueldres en 1674. Le nom de *Zutphen* vient du mot *veenen*, qui dans la langue du pays fignifie des *prairies*, & de celui de *zudt*, midi; c'eft donc comme qui diroit *prairies méridionales*. Long. 23, 45; lat. 52. 10.

Pitifcus (Samuel), littérateur, naquit à *Zutphen*, & mourut à Utrecht en 1717, à 90 ans. Il s'eft fait connoître très-honorablement par fon *Lexicon antiquitatum romanarum*, deux vol. in-fol. (D. J.)

ZUYDERZÉE ou ZUIDERZÉE, *Géog. mod.*, grand golfe de l'Océan germanique, fur la côte des Pays-Bas, & qui fépare la Frife occidentale de la Frife orientale. Ce golfe a été formé par l'inondation de la mer, qui étant entrée en 1225, felon Ubbo Emmius, par l'embouchure du Flévon (ou Flie) & de l'Ems, couvrit trente lieues de pays, dont il ne refta que la côte, qui forma dans la fuite plufieurs ifles qu'on nomme aujourd'hui *Texel*, *Eyerland*, *Fliland*, *Schelling* & *Aineland*. Ainfi la Weft-Frisland ou Frife occidentale, fut féparée de la Frife orientale par une mer de dix ou douze lieues de large.

Le *Zuyderzée* fignifie *mer du midi*; & ce golfe eft ainfi nommé, parce qu'il eft au midi du grand-Océan, duquel il eft féparé par les ifles que nous venons de nommer, & qui s'étend jufques vis-à-vis de la Frife orientale. Le *Zuyderzée* baigne la Nord-Hollande ou Weft-Frife, la Hollande méridionale, le duché de Gueldres, la feigneurie d'Utrecht, celle d'Over-Iffel & celle de Frife. (D. J.)

ZUZ, f. m. *Monnoie des Hébreux*, nom d'une efpece de monnoie des Hébreux qu'on croit avoir été du poids & de la valeur d'un denier romain d'argent; mais ce mot ne fe trouve que dans la verfion fyriaque du nouveau teftament, & la vulgate l'a rendu par drachme. (D.J.)

ZUZIDAVA, *Géogr. anc.*, ville de la Dace, felon Ptolomée, *liv. III*, *chap. viij*. (D. J.)

Z W

ZWEYBRUCK, *Géogr. mod.*, en latin *Bipontium*, ville d'Allemagne capitale du duché de Deux-Ponts, entre Sarbruck & Cafeloutre. Les François nomment cette ville *Deux-Ponts*; *voyez-en* l'article fous ce mot, ainfi que celui du duché de ce nom. (D. J.)

ZWINGENBERG, *Géogr. mod.*, petite ville d'Allemagne, dans le cercle du Haut-Rhin, au landgraviat de Hefse-Darmftadt, entre Heidelberg & Francfort. Long. 26, 12; lat. 49, 45. (D. J.)

ZWOL, & par quelques-uns SWOL, *Géogr. mod.*, ville des Pays-Bas, dans la province d'Over-Iffel, au pays de Zallaut; elle eft bâtie fur une éminence, près de la riviere d'Aa, qui en arrofe les foffés, à une lieue de Deventer & à deux de Campen. C'eft une place affez grande & fortifiée très-régulièrement dans une fituation avantageufe, parce que c'eft le paffage ordinaire de la Hollande, vers les frontieres de Frife, de Groningue & d'Over-Iffel. *Zwol* étoit autrefois libre & impériale, & elle fe joignit avec Deventer & Campen, à la ligue des autres villes anféatiques. Willebrand de Oldenbourg, évêque d'Utrecht la fit fermer de murailles l'an 1233. Elle tomba fous la puiffance des Etats-Généraux l'an 1580; & cette même année l'exercice de la religion catholique romaine y fut fupprimé. Sa magiftrature confifte en huit échevins & autant de confeillers qu'on change tous les ans par élection de douze performes , qu'on choisit dans le conseil de la ville qui est composé de quarante-huit des principaux bourgeois. *Long.* 23 , 42 ; *lat.* 52 , 31.

Lorsque la formation s'établit à *Zwol* , il y avoit plusieurs maisons de religieux & de religieuses, & entr'autres deux maisons de chanoines , dont l'une eut pour prieur le frere de Thomas-à-Kempis. Mais quelque temps après, *Torrentinus* (Hermannus), né dans cette ville, devint le restaurateur des Belles-Lettres dans les Pays-Bas , à l'imitation de Rodolphe Agricola, son précepteur , qui avoit tant contribué à les rétablir en Allemagne. Torrentinus se distingua par divers ouvrages , & principalement par son *Elucidarius carminum & historiarum* , qui tout petit & tout succinct qu'il est , se trouve néanmoins le véritable original de ces vastes & immenses compilations , dont la trop grande & trop peu judicieuse étendue nous fatigue plus aujourd'hui qu'elle ne nous soulage. Je parle de ces grands dictionnaires historiques, dont le plan plus judicieusement rempli nous seroit d'une extrême utilité.

Il y a eu quantité d'éditions du petit ouvrage de Torrentinus en différens temps, en différens lieux, en différentes formes, & toujours augmenté par les éditeurs. La premiere est à Haguenaw en 1510. Robert Etienne en donna une nouvelle beaucoup meilleure & beaucoup plus ample en 1541, *in-8°.* Charles Etienne publia le même ouvrage en 1553 , *in-4°.* Morel le fit réimprimer sous le titre de *Dictionarium historicum, geographicum, poeticum , auctore Carolo Stephano* , Paris , 1567.

Ce dictionnaire prit une faveur si singuliere , qu'il s'en fit consécutivement plus de trente éditions, auxquelles succéda celle de Nicolas Lloyd, donnée à Londres en 1670 *in-fol.* Ensuite Hoffmann mit au jour son *Lexicon universale* , *Basileæ* , 1677 , en deux vol. & en 1673 en trois vol. *in-fol.* En France parut le *Dictionnaire historique* de Louis Morery, dont la premiere édition est de Lyon 1673 , en un vol. *in-4°.* La vingtieme édition, faite avec beaucoup de négligence, ainsi que toutes les autres, a été publiée en Hollande en 1740, en 8 vol. *in-fol.* Le plus court seroit de refondre l'ouvrage en entier, le réduire à moitié, & en

élaguer tous les articles de géographie & de généalogie. (*D. J.*)

Z Y

ZYDRITES, en latin *Zydrita, Geogr. anc.* , Arrien , dans son périple du Pont-Euxin, *pag.* 11, fait mention d'un peuple de ce nom , & dit que ce peuple , qui étoit voisin des Machelones , des Hénioques & des Laziens , obéissoit à un roi nommé *Pharasmanus.* Il y en a qui veulent que ces *Zydrites* d'Arrien soient les Silisses de Procope , les Zeuliens & les Cercites de Strabon ; & le P. Hardouin croit que ce sont les *Ampreuta* de Pline. (*D. J.*)

ZYGACTES , *Géog. anc.* , fleuve de la Thrace , près de la ville de Philippes, selon Appien , *Bel. civ. lib. IV* , qui dit que ce fut au passage de ce fleuve que le chariot de Pluton se rompit lorsqu'il emmenoit Proserpine , & que c'est en mémoire de cet accident que les Grecs avoient donné le nom de *Zygactes* au fleuve. L'édition de Tollius lit dans la traduction latine *Zygastes* , au lieu de *Zygactes.* (*D. J.*)

ZYGÆNA, s. m. *Ichthyol.* , *ζύγαινα* , grand poisson cétacée du genre des *squali* , selon le systême d'Artedy.

C'est un poisson extrêmement singulier & remarquable, en ce qu'il differe de tous les poissons du monde par la figure de sa tête, car elle n'est pas placée comme dans tous les autres poissons longitudinalement avec le reste du corps ; mais elle est placée transversalement comme la tête d'un maillet ou d'un marteau sur son manche. Cette tête ainsi posée forme un demi-cercle au front, & ce demi-cercle est si tranchant dans les bords, que quand ce poisson nage avec violence, il peut couper les autres poissons qu'il rencontre sur son passage. Ses yeux sont très gros & placés à chaque bout de la tête , en sorte qu'ils peuvent mieux voir en bas , en haut , & de côté.

Dans la partie supérieure de son front, près des yeux , il y a de chaque côté un grand trou oblong qui lui sert , soit pour entendre, soit pour sentir , ou peut-être pour ces deux choses. Sa gueule est très-grande , placée sous la tête & garnie de trois rangs de dents , larges , fortes , pointues, & tranchantes dans les bords.

Sa langue eſt auſſi grande que celle de l'homme ; ſon dos eſt noir , ſon ventre blanc. Sa queue eſt compoſée de deux nageoires inégales ; il a un cou au bout duquel eſt un conduit qui porte la nourriture dans ſon eſtomac. Son corps eſt très-long & arrondi ; il n'eſt point couvert d'écailles , mais d'une peau fort épaiſſe.

On le prend dans la Méditerranée , & quelquefois en différens endroits de l'Océan ; il eſt par-tout également horrible à voir ; il a la chair dure , de mauvais goût & de mauvaiſe odeur ; auſſi les matelots qui le rencontrent prétendent qu'il leur porte malheur. Les phyſiciens en jugent autrement , & le regardent avec admiration : Rondelet appelle ce poiſſon le *marteau* , & cette dénomination lui convient en effet. (*D. J.*)

ZYGÆNA, *Géog. mod.* , iſle du golfe arabique. Ptolomée , *liv. VI , c. 7* , la marque dans la partie ſeptentrionale de ce golfe , environ à la hauteur de la ville de Bérénice. (*D. J.*)

ZYGI , *Géog. anc.* , peuples d'Aſie. Strabon, *l. II , p.* 129, & *l. II, pag.*492, & Etienne le géographe , les comptent parmi les peuples qui habitoient le boſphore cimmérien pris dans un ſens étendu;& le premier les place entre les *Athæi* & les *Heniochi.* Les *Zygi* étoient des peuples féroces adonnés à la piraterie , & qui habitoient un pays d'accès difficile. (*D. J.*)

ZYGIANA , *Géogr. anc.* , contrée de l'Aſie mineure , dans la Bithynie, ſelon Ptolomée , *L V , c. I. (D. J.*)

ZYGIE , *Muſique inſtrum. des anc.*, flûte propre aux noces, comme on le voit dans Apulée (*Métam.l.IV*); le mot *zygia* eſt un adjectif grec qui ſignifie *nuptial.* La *zygie* étoit probablement une flûte double; car Pollux (*Onomaſt. l. IV , c.* 10) dit: " il y avoit auſſi un air de flûte " pour les noces; on l'exécutoit ſur deux " flûtes , dont l'une étoit plus grande " que l'autre. " (*F. D. C.*)

ZYGIES , *Géogr. anc.* , peuples de la Libye extérieure. Ptolomée , *l. IV , ch. v*, les place vers la côte de la mer Méditerranée , au couchant du nome maréotide. (*D. J.*)

ZYGOMA , ſ. m. *Anatomie*, c'eſt l'os de la tête communément appellé *os jugal. V.* Os. Ce mot vient de ζυγνυμαι ,

*jungo.*Ainſi *zygoma,*à proprement parler, eſt la jointure de deux os.

Le *zygoma* n'eſt point un ſeul os , mais l'union & l'aſſemblage de deux apophyſes ou éminences d'os , l'une de l'os temporal, l'autre de l'os de la pommette. *V. Planches de l'Anatomie , & leur explication.* Ces deux éminences ou apophyſes ſont jointes par une ſuture appellée *zygomatique. V.* ZYGOMATIQUE.

ZYGOMATIQUE, ſ. m. *Anatomie*, ſe dit de l'arcade qui s'obſerve entre l'angle externe de l'orbite & le trou auditif externe,& qu'on appelle auſſi *zygoma.V.* ORBITE AUDITIF & ZYGOMA.

On donne auſſi ce nom aux deux apophyſes qui la forment , dont l'une , qui eſt produit par l'os temporal , a ſa baſe vers le trou auditif , & ſe portant horizontalement , vient s'engrener avec une autre bien plus courte produite par l'os de la pommette. *Voyez* TEMPORAL, POMMETTE, &c.

Ce grand *zygomatique* eſt un muſcle ſitué obliquement ſur les joues entre la commiſſure des levres & l'os de la pommette; il vient de l'apophyſe *zygomatique*, & en paſſant obliquement il va s'inſérer à l'angle des levres.

Le petit *zygomatique* vient de la partie moyenne de l'os de la pommette , & va en s'uniſſant avec quelques fibres de l'orbiculaire des paupieres , ſe terminer à la levre ſupérieure , environ au deſſus des dents canines.

ZYGOPOLIS, *Géogr. anc.* , ville de la Colchide ; Strabon , *l. XII , p.* 542, qui en parle , ſemble la placer près de Trapezunte , & Etienne le géographe croit qu'elle appartenoit au peuple *Zygi.* (*D. J.*)

ZYGOSTATE,ſ.m.*Littér.*, ζυγοςατης, magiſtrat qui chez les Grecs étoit établi pour veiller aux poids d'uſage dans le commerce,& empêcher qu'on ne ſe ſerve ni de faux poids ni de fauſſes balances. Ce mot vient de ζυγος, *balance*; & le droit qu'on payoit pour la peſée des marchandiſes, ſe nommoit en conſéquence ζυγοςικον. (*D. J.*)

ZYGRIS , *Géogr. anc.* , ville du nome de Libye ſur la côte. Ptolomée , *L IV , c. v*, ne lui donne que le titre de *villa.* Elle eſt appellée *Zygræra* dans le concile de Chalcédoine. Le nom moderne eſt *Solomet ,* ſelon Caſtald. (*D. J.*)

ZYMOLOGIE, f. f. *Chymie*, c'eſt-à-dire, diſcours, ſcience, traité ſur la Fermentation; c'eſt un terme moderne, ainſi que la belle doctrine de cette partie curieuſe de la chymie expoſée dans pluſieurs articles de ce Dictionnaire. *Voyez* FERMENTATION, EFFERVESCENCE, MIXTION, PUTRÉFACTION, *&c.* (*D. J.*)

ZYMOSIMETRE, f. m. *Phyſiq. générale*, c'eſt un inſtrument propoſé par Swammerdam, dans ſon traité latin de la reſpiration, pour meſurer le degré de la fermentation que cauſe le mélange des matieres qui en ſont ſuſceptibles, & connoître quelle eſt la chaleur que ces matieres acquierent en fermentant, comme auſſi le degré de chaleur des animaux. Boerhaave a profité de cette belle idée de Swammerdam, en engageant Fahrenheit à faire des thermometres de mercure, qui meſurent tous les degrés de froid & de chaud, depuis vingt degrés au deſſous de la glace, juſqu'à la chaleur des huiles bouillantes. (*D. J.*)

ZYRAS, *Géogr. anc.*, fleuve de Thrace. Pline, *l. IV, c. xj*, dit que ce fleuve mouilloit la ville de Dionyſiopolis. Le pere Hardouin, au lieu de *Zyras*, écrit *Ziras*. (*D. J.*)

ZZ

ZZUÉNÉ ou **ZZEUENE**, *Géog. anc.*, ville ſituée ſur la rive orientale du Nil, dans la Haute-Egypte, au voiſinage de l'Ethiopie. *V.* SYÉNÉ.

C'eſt ici le dernier mot géographique de cet Ouvrage, & en même temps ſans doute celui qui fera la clôture de l'Encyclopédie.

" Pour étendre l'empire des Sciences
" & des Arts, dit Bacon, il ſeroit à ſou-
" haiter qu'il y eût une correſpondance
" entre d'habiles gens de chaque claſſe;
" & leur aſſemblage jetteroit un jour
" lumineux ſur le globe des Sciences &
" des Arts. O l'admirable conſpiration!
" Un temps viendra, que des philoſo-
" phes animés d'un ſi bean projet,
" oſeront prendre cet eſſor! Alors il
" s'élevera de la baſſe région des ſo-
" phiſtes & des jaloux, un eſſaim né-
" buleux qui voyant ces aigles planer
" dans les airs, & ne pouvant ni ſuivre
" ni arrêter leur vol rapide, s'efforcera
" par de vains croaſſemens, de décrier
" leur entrepriſe & leur triomphe. "
(*D. J.*)

Fin du XXXVI & dernier Volume de Diſcours.

ADDITIONS.

A

ABATARDIR, v. act., faire déchoir une chose de son état naturel, la faire dégénérer. Il ne s'emploie qu'au figuré.

S'ABATARDIR, verbe reciproque ; les jeunes gens s'abâtardissent dans l'oisiveté.

ABÊTIR, v. act., rendre stupide. Il est aussi neutre : il abêtit tous les jours.

ABSTERGER, v. a., terme de Chirurg., nettoyer. Il se dit des plaies, des ulceres.

ACTES D'ARCHÉLAUS, Hist. ecclés., ce sont les actes de deux disputes qu'on prétend qu'Archélaüs, évêque de Chascar, eut avec l'hérésiarque Manès en Mesopotamie. Archelaüs l'invita, disent les historiens ecclésiastiques, à deux conférences publiques vers l'an 278, en présence d'un grand nombre de payens, & prit les philosophes pour juges. Manès fut vaincu, arrêté par les gardes du roi, & mis en prison. On trouve le nom d'Archélaüs dans le martyrologe romain, sur le 26 de décembre.

Les actes des deux disputes qu'il eut avec Manès, ont été publiés par Laurent-Alexandre Zacagni, garde de la bibliotheque du Vatican à Rome, dans ses collectanea monumentorum veterum ecclesiæ græca & latina, & sous ce titre : Archelaü episcopi acta disputationis cum Manete hæresiarcha, latinè ex antiquâ versione. S. Epiphane, & Héraclien, évêque de Chalcédoine, parlent de ces actes ; mais ils ne conviennent pas sur le nom de celui qui les a rédigés par écrit. Les deux premiers croient que c'est Archelaüs, lui-même, & Héraclien les attribue à un certain Hégémonius. S. Jérôme prétend que l'ouvrage fut d'abord écrit en syriaque par Archélaüs, on soupçonne que c'est Hégémonius qui le traduisît en grec : pour le traducteur latin, tout ce qu'on en peut dire, c'est qu'il a vécu après S. Jérôme & avant le septieme siecle.

A

Henri de Valois, à la fin de ses notes sur l'histoire ecclésiastique de Socrate, avoit publié des fragmens considérables de ces actes, avec la lettre d'Archélaüs à Diodore, sur un manuscrit de la bibliotheque ambroisienne, qui lui avoit été communiquée par Emeric Bigot. M. Zacagni a confronté ces fragmens avec le manuscrit dont il s'est servi, & qui a été tiré de la bibliotheque de l'abbaye du mont Cassin.

Enfin, le savant Jean-Albert Fabricius a publié les actes d'Archélaüs sur l'édition de Zacagni, dans son spicilege des peres du troisieme siecle, qu'il a joint au second volume des œuvres de S. Hypolite, imprimées à Hambourg en 1718, in-fol. Mais suivant sa propre remarque, quoique son édition soit beaucoup plus complette que celle de Henri de Valois, ces actes paroissent cependant tronqués vers la fin, & en divers autres endroits, par le copiste ou l'abréviateur.

Sans entrer le détail du contenu de ces actes, nous nous contenterons de remarquer qu'Archélaüs y enseigne, que ce ne furent point les Israélites qui firent le veau d'or dans le désert, mais les Egyptiens qui s'étoient mêlés parmi eux, & qui avoient voulu être les compagnons de leur fuite. Quant aux raisons sur lesquelles Manès appuyoit ses opinions, l'on voit par la dispute que les argumens de Manès étoient si subtils, qu'on a bien de la peine à les comprendre. Archélaüs ayant réduit son adversaire au silence, ne lui épargne point les épithetes les plus injurieuses.

Cependant comme ces actes de la dispute d'Archélaüs avec Manès, sont l'unique source d'où les anciens & les modernes ont tiré l'histoire de ce fameux hérésiarque, la piece est importante, & mérite bien d'être examinée de près. Personne n'en avoit révoqué en doute l'authenticité, que M. Zacagni a tâché d'établir; mais un illustre critique de notre temps, M. de Beaufobre, qui a répandu de grandes lumieres sur l'histoire ecclésiastique, a entrepris de trouver la supposition de ces *actes*, & l'inconsistance de la plûpart des faits qu'ils contiennent.

Il est bon de rapporter auparavant les raisons sur lesquelles M. Zacagni fonde l'authenticité des *actes d'Archelaüs*. Ses preuves sont, 1°. que S. Epiphane en a cité & copié une partie l'an 376; 2°. que Socrate, qui a écrit l'an 439, en a tiré ce qu'il dit de Manès ou de Manichée dans son histoire ecclésiastique; 3°. qu'Héraclien, dont il ne marque pas le temps, mais que Cave met à la fin du sixieme siecle, s'en est servi contre les Manichéens; 4°. qu'ils sont cités dans une ancienne chaine grecque sur S. Jean. Tout cela prouve bien que ces *actes* sont anciens; mais cela decide-t-il pour leur authenticité?

M. Zacagni convient lui-même que ces *actes* ne sont pas parvenus entiers jusqu'à nous, & il se fonde sur ce que Cyrile de Jérusalem rapporte des argumens de Manès, & des réponses d'Archelaüs qui ne se trouvent point dans ces *actes*. Mais M. de Beaufobre prétend que tout ce morceau est de l'invention de Cyrille, parce que s'il y a quelque lacune dans les *actes*, ce n'est point au commencement de la conférence; tout y est plein, tout y est entier & bien suivi. D'ailleurs, la conférence commença par la question des principes, & non par celle de l'ancien testament, qui ne fut agitée qu'après celle-là; au lieu que ce que rapporte Cyrille, comme dit à l'ouverture de la conférence regarde la question de l'ancien testament.

Les raisons qu'apporte M. Zacagni pour concilier les sentimens opposés sur l'auteur des *actes d'Archelaüs*, sont combattues par une difficulté insurmontable; c'est que si les disputes d'Archelaus avoient été écrites ou traduites en grec dès l'année 278, les auteurs grecs que nous avons depuis ce temps-là jusqu'à Cyrile de Jérusalem, les auroient connues, & en auroient parlé. M. de Beaufobre croit qu'Hégémonius est l'unique auteur de cette histoire, & qu'il l'a inventée, ou qu'il la tenoit de quelque mésopotamien, peut-être de Tyrbon qui avoit vu Manichée, qui avoit été de sa secte, & qui

avoit fait à Hégémonius un conte, qu'il a ensuite embelli de quantité de circonstances de son invention. Ce qui appuie ce sentiment, c'est qu'on ne trouve, aucun auteur Syrien qui ait fait mention ni d'Archelaüs, ni de ses disputes avec Manès.

Ainsi, la prétendue dispute de Chascar paroit entierement supposée. Nous disons expressément *la dispute de Chascar*, parce que nous ne voulons ni affirmer que Manès ait eu des conférences avec un évêque orthodoxe sur ses erreurs, ni le nier. Mais il s'agit de savoir s'il a eu une dispute publique dans une ville de Mésopotamie soumise aux Romains, & nommée Chascar, comme le portent les *actes* que nous avons. Or comme il n'y a point de ville qui réunisse ces caracteres, il paroit qu'on est en droit de conclure que la dispute est supposée, puisque l'auteur en place la scène dans un lieu qui ne se trouve point. En vain M. Zacagni prétend que Chascar est Carrès, place fameuse par la défaite de Crassus, M. Asseman savant maronite, a démontré la fausseté de cette opinion; & a prouvé qu'il n'y avoit point d'évêque à Carrès du temps de Manès. Ces *actes* sont donc faux dans les circonstances les plus essentielles, & dans lesquelles il est impossible qu'il y ait erreur. L'évêque d'une ville peut-il ignorer dans quelle province elle est située, & qui en est le souverain?

Si le théatre de la dispute mal placé annonce la supposition de la piece, la dispute même ne la decele pas moins. L'auteur de ces *actes* assure qu'elle se fit dans une ville romaine qui étoit épiscopale, & dans laquelle la religion romaine étoit florissante. Jamais *acte* ne fut plus solemnel: il se passe dans la salle d'un romain illustre; quatre Juges païens y président, c'est l'élite de ce qu'il y a de plus savant dans la ville. Manès y paroit en personne avec ses principaux disciples. Il a pour antagoniste Archelaüs, un des plus savans évêques d'Orient. Tout le peuple chrétien, les païens mêmes, sont témoins de cette mémorable action, & confirment par leurs applaudissemens la sentence que les juges prononcent en faveur de l'évêque & de la foi chrétienne. La nouvelle d'un événement si public, si important & si glorieux à l'Eglise, dut se répandre dans toutes les églises d'Orient; cependant

l'Orient n'en paroît informé que plus de
soixante-dix ans après, & l'Afrique l'i-
gnoroit encore au cinquieme siecle, puisque S. Augustin n'en parle point.

Eusebe publia son histoire ecclésiastique environ cinquante ans après la mort
de Manès : il y parle de cet hérésiarque &
de son hérésie ; mais il ne dit pas un mot
de ses disputes avec Archélaüs. Or on ne
peut supposer, ni qu'il eût ignoré un événement si public , qui étoit arrivé près
d'un demi siecle auparavant, ni qu'il eût
négligé & supprimé un événement si mémorable. On peut bien trouver des omis-
sions dans Eusebe, il y en a quelquefois
d'affectées , mais on ne peut alléguer aucunes raisons de son silence dans cette
occasion. Il n'a point supprimé les disputes d'Archélaüs par des raisons de prudence & d'intérêt ; il ne l'a point fait par
mépris pour un événement qu'on regarde
avec raison comme un des plus mémorables de l'histoire ecclésiastique. Il faudra donc dire qu'il l'a ignoré ; mais ni le
caractere d'Eusebe, l'un des plus savans
& des plus laborieux évêques de l'église,
ni l'importance & la notoriété de l'événement ne permettent de croire qu'il soit
échapé à sa connoissance.

Au silence d'Eusebe, il faut ajouter celui de tous les écrivains grecs jusqu'à Cyrille de Jérusalem , quoiqu'ils aient souvent eu occasion de parler de Manès & de
son hérésie , & qu'ils en aient parlé en effet. Les auteurs orientaux n'en disent
rien non plus. S. Ephrem, qui étoit de
Nisibe en Mésopotamie , naquit sous
Constantin , & tout proche du temps de
Manès , & mourut sous Valens vers l'an
273; il passa la plus grande partie de sa
vie à Edesse , dans la même province. Il
parle de Manès & de son hérésie dans ses
hymnes & dans ses autres ouvrages, mais
on n'y trouve aucune trace des disputes
d'Archélaüs contre Manès.

Grégoire Abulpharage, primat des Jacobites d'Orient , dans ses dynasties où il
parle des principaux hérésiarques, & de
Manès en particulier ; Eutychius, patriarche d'Alexandrie , dans ses annales ;
d'Herbelot, dans sa bibliotheque orientale; & Hyde, dans son histoire de Manès,
qui ont tous deux puisé dans les mêmes
sources; tous ces auteurs gardent un profond silence sur les disputes d'Archélaüs.
M. Assemane lui-même n'allegue aucun

auteur syrien qui en ait parlé ; cet évêque si célebre paroit inconnu dans sa patrie: c'est ce qui est incompréhensible.

Il est vrai que M. l'Abbé Renaudot cite
un ancien auteur égyptien nommé Sévere , qui fut évêque d'Asmonine , & qui
fleurissoit vers l'an 978. Celui-ci nous
donne une histoire de la conférence d'Archélaüs avec Manichée : elle est plus simple & plus naturelle à divers égards, que
celle des actes; mais très-fausse à d'autres,
& par-dessus tout, il y a entre les deux relations de grandes contradictions.

De toutes ces réflexions , il semble résulter assez naturellement que les disputes d'Archélaüs avec Manès , ne sont au
fond qu'un roman composé par un grec,
dans la vue de réfuter le manichéisme, &
de donner à la foi orthodoxe l'avantage
d'en avoir triomphé, en confondant le
chef de l'hérésie qui la défendoit en personne ; & il n'y a aucune apparence que
l'auteur ait travaillé sur des mémoires sy-
riaques, il est inconcevable que ces mémoires eussent échappé aux auteurs syriens, & qu'on n'en trouvât aucune trace
dans leurs ouvrages.

Je finis par remarquer que le prétendu
Archélaüs, qu'on nous donne pour un
saint évêque, avoit néanmoins d'étranges sentimens. Selon lui , J. C. n'est le
fils de Dieu que depuis son baptême ; selon lui, il n'y a que la seule substance divine qui soit invisible ; toutes les créatures spirituelles, anges & archanges, sont
nécessairement visibles ; selon lui , les ténebres ne sont que l'effet d'un corps opaques qui intercepte la lumiere. Pour cela,
il suppose qu'avant la création du ciel, de
la terre & de toutes les créatures corporelles , une lumiere constante éclairoit
tout l'espace, parce qu'il n'y avoit aucun
corps épais qui l'empêchât de se répandre.

Après tout, les actes dont il s'agit ayant
été forgés par Hégémonius , c'est proprement sur son compte que l'on doit mettre
tous ces sentimens, & non sur celui d'Archélaüs , qui n'a vraisemblablement jamais existé, puisqu'il n'en est parlé nulle
part que sur la foi de ces actes supposés.
Voyez l'hist. critique du manichéisme de
M. de Beausobre , & le dictionn. de M.
de Chaufepié. (D. J.)

AFFABILITÉ, s. f. Morale. L'affabilité est une qualité qui fait qu'un homme

reçoit & écoute d'une manière gracieuse ceux qui ont affaire à lui.

L'*affabilité* naît de l'amour de l'humanité, du desir de plaire & de s'attirer l'estime publique.

Un homme affable prévient par son accueil ; son attention le porte à soulager l'embarras ou la timidité de ceux qui l'abordent. Il écoute avec patience, & il répond avec bonté aux personnes qui lui parlent. S'il contredit leurs raisons, c'est avec douceur & avec ménagement ; s'il n'accorde point ce qu'on lui demande, on voit qu'il lui en coûte ; & il diminue la honte du refus par le déplaisir qu'il paroît avoir en refusant.

L'*affabilité* est une vertu des plus nécessaires dans un homme en place. Elle lui ouvre le chemin à la vérité, par l'assurance qu'elle donne à ceux qui l'approchent. Elle adoucit le joug de la dépendance, & sert de consolation aux malheureux. Elle n'est pas moins essentielle dans un homme du monde, s'il veut plaire ; car il faut pour cela gagner le cœur, & c'est ce que sont bien éloignés de faire les grandeurs toutes seules. La pompe qu'elles étalent offusque le sensible amour-propre ; mais si les charmes de l'*affabilité* en temperent l'éclat, les cœurs alors s'ouvrent à leurs traits, comme une fleur aux rayons du soleil, lorsque le calme regnant dans les cieux, cet astre se leve dans les beaux jours d'été à la suite d'une douce rosée.

La crainte de se compromettre n'est point une excuse recevable. Cette crainte n'est rien autre chose que de l'orgueil. Car si cet air fier & si rebutant que l'on voit dans la plupart des grands, ne vient que de ce qu'ils ne savent pas jusqu'où la dignité de leur rang leur permet d'étendre leurs politesses, ne peuvent-ils pas s'en instruire ? D'ailleurs ne voient-ils pas tous les jours combien il est beau & combien il y a à gagner d'être affable, par le plaisir & l'impression que leur fait l'*affabilité* des personnes au-dessus d'eux ?

Il ne faut pas confondre l'*affabilité* avec un certain patelinage dont se masque l'orgueil des petits esprits pour se faire des partisans. Ces gens-là reçoivent tout le monde indistinctement avec une apparence de cordialité ; ils paroissent prévenus en faveur de tous ceux qui leur parlent, ils ne désapprouvent rien de ce qu'on

leur propose ; vous diriez qu'ils vont tout entreprendre pour vous obliger. Ils entrent dans vos vues, vos raisons, vos intérêts ; mais ils tiennent à tous le même langage ; & le contraire de ce qu'ils ont agréé, reçoit le moment d'après, le privilege de leur approbation. Ils visent à l'estime publique, mais ils s'attirent un mépris universel. (*Article de M. Millot, curé de Loisey, diocese de Toul.*)

AIGREUR, *Or & Argent,* qualité qui empêche ces métaux d'être malléables, & qu'ils ne quittent que lorsque les sels dans l'action du feu, les ont purgés des hétérogenes qui la leur donnent.

AIR CARACTÉRISÉ, *Musique.* On appelle communément *airs caractérisés,* ceux dont le chant & le rythme imitent le goût d'une musique particuliere, & qu'on imagine avoir été propre à certains peuples, & même à certains personnages de l'antiquité, qui peut-être n'existerent jamais. L'imagination se forme donc cette idée sur le chant & sur la musique, convenable au caractere de ces personnages, à qui le musicien prête des *airs* de son invention. C'est sur le rapport que des *airs* peuvent avoir avec cette idée, laquelle, bien qu'elle soit une idée vague, est néanmoins à peu près la même dans toutes les têtes, que nous jugeons de la convenance de ces mêmes *airs.* Il y a même un vraisemblable pour cette musique imaginaire. Quoique nous n'ayons jamais entendu de la musique de Pluton, nous ne laissons pas de trouver une espece de vraisemblance dans les *airs* de violon, sur lesquels Lulli fait danser la suite du dieu des enfers dans le quatrieme acte de l'opéra d'Alceste, parce que ces *airs* respirent un contentement tranquille & sérieux, & comme Lulli le disoit lui-même, une joie voilée. En effet, les *airs caractérisés* par rapport aux fantômes que notre imagination s'est formés, sont susceptibles de toutes sortes d'expressions, comme les autres *airs.* Ils expriment la même chose que les autres *airs;* mais c'est dans un goût particulier & conforme à la vraisemblance que nous avons imaginée. C'est Lulli le premier, qui a composé en France les *airs caractérisés. Réflexions sur la poésie & la peinture.* (*D. J.*)

AMOUR, GALANTERIE, *Langue franç.,* ce ne sont point là deux synonymes. *Voy.* SYNONYMES.

ANSE, *Orfèvre en grofferie*, fe dit d'un ornement en forme de console, adhérent à différentes pieces d'argenterie, comme pots à l'eau, coquemards, tasses, plats à foupe, & autres vases.

ANTEPAGMENTA, f. pl. n. *Archit. anc.*, *Voy.* PORTE.

ANTHOLOGIE, *Littérat.* L'anthologie manufcrite de la bibliotheque du roi de France, dont on parle dans le dictionnaire, eft un morceau précieux. Saumaife en trouva l'original dans la bibliotheque de Heidelberg. On ne fait comment François Guyet, mort en 1655, âgé de 80 ans, en a eu copie : quoiqu'il en foit, il en laiffa une qui tomba après fa mort entre les mains de M. Ménage. Celui-ci étant mort en 1682, laiffa fes manufcrits à une perfonne qui demeuroit chez lui depuis longtemps ; cette perfonne chercha bientôt à s'en défaire. Feu M. Bignon, premier préfident du grand-confeil, en acheta la plus grande partie, & M. l'abbé de Louvois ayant entendu parler de l'*anthologie* pour laquelle M. Roftgaard, gentilhomme danois, avoit déja offert de l'argent, il l'acheta, & en enrichit la bibliotheque du roi. C'eft un *in-folio* en papier de foixante feuillets fort bien écrit, de la main même de Guyet, qui a joint au texte un grand nombre de corrections & de reftitutions, avec d'autres notes pour l'intelligence du texte. Le recueil eft de plus de fept cents épigrammes; le tout fait environ trois mille vers : il eft divifé en cinq parties.

M. Boivin nous a donné, dans les mémoires de l'académie des infcriptions, *tome II*, une lifte alphabéthique des poëtes auxquels les épigrammes font attribuées. Cette lifte eft d'environ fix vingt auteurs parmi lefquels il y en a pour le moins trente dont nous n'avons rien dans l'*anthologie* imprimée ; & à ce fujet pour nous faire connoitre par quelque échantillon ce manufcrit précieux, il en donne trois épigrammes choifies avec des traductions en latin & en françois, indépendamment de plufieurs remarques favantes fur ces trois épigrammes. (*D. J.*)

APOSTROPHE, *Rhétoriq.* Nous avons un exemple bien placé de cette figure dans un procès, entre le fieur de Lalande, & le fieur de Villiers & fon époufe, plaidé en 1705 à la grand'chambre du parlement de Paris, où l'avocat de ces derniers oppofoit l'inégalité des biens. M. de Blaru qui plaidoit pour le fieur de Lalande, ayant dit que le fieur de Lalande offroit de donner à fa fille autant de biens que le fieur de Villiers & la dame fa femme en donneroient à leur fils, il apperçut en même temps la dame de Villiers qui étoit à l'audience : " Entendez-vous, lui dit-il, madame, l'offre que je vous fais, je fuis prêt à vous la réalifer „. Il éleva encore fa voix, & répéta la même *apoftrophe*; & comme la dame de Villiers n'y répondit rien, il ajouta : " je vois bien que la nature eft fourde, & je tire du filence de la dame de Villiers l'avantage de conclure, que s'il y a quelque inégalité de biens à oppofer, le fieur de Villiers pere n'eft pas en droit de fe fervir de ce moyen, & que c'eft le fieur de Lalande qui pourroit l'employer „. Cette figure de rhétorique qu'employa M. de Blaru, & la conféquence qu'il tira du filence de cette dame lui firent d'autant plus d'honneur, qu'il gagna fa caufe. (*D. J.*)

ARCHAGETES, f. m. pl. *Lit. grecq. Voy.* SPARTE, (ROIS DE).

ARRACHEMENT, f. m. *Chirurgie.* L'*arrachement* eft une divifion que l'on fait fur les parties molles & fur les parties dures, lorfqu'il faut en retrancher quelque portion : c'eft par elle qu'on ôte, par exemple, les dents gâtées & les polypes. (*D. J.*)

B

BAIONNE, *Baïona*, *Géogr.*, ville de France très-forte & très-commerçante dans la Gafcogne, capitale du Labour, avec un évêché fuffragant d'Aufch; fur la Nive & l'Adour, à 1 lieue de la mer, 8 S. O. de Dax, 17 N. de Pampelune, 170 S. O. de Paris. *Long.* 16, 9; *lat.* 43, 29, 2.

BAYADERE, f. f. *Hift. mod.*, nom de femmes galantes, entretenues, comme on dit vulgairement aux Indes, par les pagodes, c'eft-à-dire, qui paffent leur vie dans l'intérieur de ces temples des dieux de la gentilité. *V.* PAGODE.

Les brames ou brachmanes fourniffent de quoi vivre à ces femmes deftinées aux plaifirs fecrets des Indiens. Toutes les fois qu'on donne des fêtes particulieres, on en envoie chercher pour danfer ; elles ne fortent jamais fans être mandées ; ou bien dans certains jours où elles affiftent en chantant & en danfant au fon de divers inftrument

inſtrumens qu'elles touchent en l'hon-
heur de leurs dieux qu'elles précédent
toujours, quand les gentils les promé-
nent dans les villes, ou d'une pagode à
une autre.

BENGALI, ſ. m. *Hiſt. nat.*, ſorte d'oifeau qui fe trouve dans le pays du Bengale; d'où il paroît qu'il tire fon nom. Cet
oifeau eſt auſſi petit qu'une fauvette; fon
plumage depuis la tête jufqu'à l'eſtomac,
eſt d'un rouge ardent, au deſſus de la
couleur du feu; ce rouge eſt femé d'un
nombre infini de petits points blancs imperceptibles qui plaifent à la vue, mais
cet oifeau n'a point de ramage, il n'a
qu'un cri aſſez défagréable.

BENON, *Géogr.*, bourg d'Aunix à
quatre lieues de la Rochelle. Lorſque les
Rochelois fe furent remis fous l'obéiffance du Roi Charles V, David Olegrane,
gouverneur de Benon, voulant venger
l'Angleterre, eut la barbarie de faire couper le nez & les oreilles à tous les Rochelois qui fe trouvoient à Benon; Olivier
de Cliſſon, pour venger la France à fon
tour, aſſiege Benon, l'emporte d'aſſaut;
une partie de la garnifon eſt paſſée au fil
de l'épée; tous ceux qui tombent vivants
entre les mains des François font pendus.
Comment les peuples n'apprennent-ils
pas par tant d'exemples que l'injuſtice &
la violence ne produifent que de l'injuftice & de la violence? Ce ne fut pas tout;
le reſte de la garnifon fe retire dans le
château, Cliſſon en fait le fiege, les Anglois fe rendent à difcrétion. Cliſſon fe
place à la porte du château, fait fortir devant lui les Anglois un à un, & à mefure
qu'ils fortent, il leur fend la tête avec fa
hache d'armes; il maſſacre ainſi de fa
main les 15 premiers & en eut le furnom
de *boucher*, qui n'étoit pas alors une aſſez
forte injure. *Rival, t. 2, 2. part. p.* 216,
1779.

BIBLIOTAPHE, ſ. m. *Littérature*,
enterreur de livres. Quoique ce mot compofé de βιβλιον, *livre* & de ταφΙω, *j'enfevelis*, ne fe trouve pas dans les dictionnaires ordinaires, il doit avoir place dans
celui-ci, parce qu'il mérite autant le droit
de bourgeoifie que *bibliographe*, & fur-
tout parce que les *bibliotaphes* n'amaſſent
des livres que pour empêcher les autres
d'en acquérir & d'en faire ufage.
La *bibliotaphie* eſt la bibliomanie de
l'avare ou du jaloux, & par conféquent

les *bibliotaphes* font de plus d'une façon
la peſte des lettres; car il ne faut pas croire que ces fortes de perfonnes foient en
petit nombre : l'Europe en a toujours été
infectée, & même aujourd'hui il eſt peu
de curieux qui n'en rencontrent de tems
en tems en leur chemin. Cafaubon s'en
plaint amerement dans une lettre à
Hoefchelius : *Non tu imitaris*, lui dit-il
*ineptos quofdam homines; quibus nulla
adeo gloriatio placet, quàm fi quid rari ha-
bent, id ut foli habere, & fibi tantùm di-
cantur. Odiofum, importunum* ανθεκχςον,
*& a mufis alienum genus hominum. Tales
memini me experiri aliquoties magno cum
ſtomacho meo.* Il y a une tradition non interrompue fur cet article, que l'on pourroit commencer à Lucien, & finir au P.
le Long. Le citoyen de Samofate a fait
une fortie violente contre un de ces ignorans qui croyent paſſer pour habiles,
parce qu'ils ont une ample bibliotheque,
& qu'ils en ont exclu un galant homme; il
conclut en le comparant au chien qui empêche le cheval de manger l'orge qu'il ne
peut manger lui-même, Ιοι νον αλλα, &c.

Depuis Lucien, nous ne trouvons que
de femblables plaintes. Si vous lifez les
lettres d'Ambroife Camaldule, ce bon &
docte religieux, qui non feulement a paffé fa vie à procurer l'avancement des
fciences, par fes ouvrages, mais qui
prêtoit volontiers fes manufcrits les plus
précieux, vous verrez qu'il a fouvent
rencontré des *bibliotaphes* qui, incapables
de faire ufage des manufcrits qu'ils
avoient entre les mains, en refufoient la
communication à ceux qui ne la demandoient que pour en gratifier le public.
Philelphe s'eſt auſſi vu dans les mêmes
circonſtances, & fes lettres font remplies
de malédictions contre les gens de cette
efpece.

En n'imaginant pas que des favans du
caractere du P. le Long aient été expofés
à leurs duretés; il l'a été néanmoins, &
n'a pu, malgré la douceur qui lui étoit
naturelle, retenir fon chagrin contre ces
enterreurs de livres après avoir remercié
ceux qui lui avoient ouvert leurs bibliotheques. Si le P. le Long, qui étoit toujours prêt à faire voir la belle & nombreufe bibliotheque dont il difpofoit, a
eſſuyé des refus de cette efpece, que l'on
juge de ce qui doit arriver à des gens de
lettres de moindre confidération.

Mais en général, il y a des pays où cette dureté est rare. En France, par exemple, où l'on a plusieurs bibliotheques pour la commodité du public, on y est toujours parfaitement bien reçu, & les étrangers ont tout lieu de se louer de la politesse qu'on a pour eux. Gronovius mandoit au jeune Heinsius, que son ami Vincent Fabricius lui avoit écrit de Paris, que rien n'égaloit l'humeur obligeante des François à cet égard.

Vossius éprouva tout le contraire en Italie. Ce n'est pas seulement à Rome que l'entrée des bibliotheques est difficile, c'est la même chose dans les autres villes. La bibliotheque de S. Marc à Venise est impénétrable. Dom Bernard de Montfaucon raconte que le religieux Augustin du couvent de la Carbonnaria à Naples, qui lui avoit ouvert la bibliotheque de ce monastere, avoit été mis en pénitence pour récompense de cette action.

M. Mencken est un des modernes qui a déclamé avec le plus d'indignation contre les *bibliotaphes*; c'est ce qui paroit par sa préface à la tête de l'édition qu'il a procurée du traité de Bartholin, *de libris legendis*. Ceux qui sont en état de former des bibliotheques, ne feront pas mal de le consulter & de suivre les maximes qu'il y donne, pour s'en servir utilement; la principale est d'en faire usage pour soi, & pour les autres, tant en leur fournissant de bonne grace les recueils qu'on peut avoir sur les matieres qui font l'objet de leur travail, qu'en leur prêtant tous les livres dont ils ont besoin. Disons à l'honneur des lettres & des lettrés, que la plus grande partie des gens à bibliotheques sont de cette humeur bienfaisante, & que pour un Saldiere on compte plusieurs Pinelli, Peiresc & de Cordes. Ce dernier poussa l'envie de rendre sa bibliotheque utile jusqu'à ordonner par son testament qu'elle ne fût pas vendue en détail, mais en gros, & mise en un lieu où le public fût à portée de la consulter.

M. Bigot avoit pris la précaution d'ordonner la même chose; mais il a été moins heureux que M. de Cordes, dont la bibliotheque passa toute entiere à M. le Cardinal Mazarin, qui n'épargna pas les dépenses pour y mettre tous les bons livres qui y manquoient. Naudé, qui étoit chargé du détail de cette bibliotheque,

fit exprès plusieurs voyages en Allemagne & en Italie pour y acheter ce qu'il y avoit de plus rare, & il est aisé de concevoir qu'elle reçut dans ses mains, des accroissemens considérables. Tant de soins devinrent cependant inutiles par les guerres de la fronde pendant la minorité de Louis XIV. Le parlement qui ne cherchoit qu'à signaler sa colere contre le premier ministre, fit saisir sa bibliotheque, & ordonna par un arrêt du 8 février 1632, qu'elle fût vendue à l'encan. Naudé au désespoir de voir toutes ses peines perdues, représenta vainement à la cour le tort que causoit aux lettres le démembrement de cette bibliotheque. Le parlement resta inflexible, & ses ordres furent exécutés.

Les savans ont peint avec de vives couleurs le procédé du parlement. L'abbé de Marolles en dit ce qu'il en pense dans les remarques qu'il joignoit à la traduction de Virgile, mais la violence des temps l'obligea de supprimer ses réflexions chagrines. "Cela n'empêcha pas néanmoins, ajoute-t-il, que dans l'une de mes épitres dédicatoires (à M. le duc de Valois) je ne dise que S. A. étant un jour touchée de cet esprit délicat des muses, qui produit dans l'ame tant de douceurs, elle aimeroit un jour nos ouvrages auxquels elle destineroit de grandes bibliotheques en la place de celles qui venoient d'être détruites; & certes les Vandales & les Goths n'ont rien fait autrefois de plus barbare; ce qui devroit porter quelque rougeur sur le front de ceux qui y donnerent leurs suffrages „.

BIBLIOTHEQUE *de Bâle*, *Hist. Lit. V.* SUISSE (*Curiosité de la*).

BIBLIOTHEQUE *de Vienne*, *Hist. Littéraire. Voyez* VIENNE.

BULLE DE COMPOSITION, *Hist. mod.* On inventa depuis la *bulle* de la Croisade, celle de la *composition*, en vertu de laquelle il est permis de garder le bien qu'on a volé, pourvu qu'on ne connoisse pas le maitre. De telles superstitions sont bien aussi fortes que celles que l'on reprochoit aux Hébreux. La sottise, la folie, & les vices sont par-tout une partie du revenu public. La formule de l'absolution qu'on donne à ceux qui ont acheté cette *bulle*, est celle-ci: "par l'autorité de Dieu tout-puissant, de S. Pierre, de S. Paul, & de notre saint

» pere le Pape, à moi commife, je vous
» accorde la rémiffion de tous vos péchés
» confeffés, oubliés, ignorés & des pei-
» nes du purgatoire. » *Effai fur l'hift.*
générale par M. de Voltaire. (*D. J.*)

BUSES , *Hydrauliq.* Dans une digue
fopt compofées de gros arbres de 18 pouces de diametre , coupés par tronçons ,
Sciés fur leur largeur, pour les creufer de
5 pouces de profondeur & de 10 de largeur. On rejoint ces tronçons par entailles bien calfatées & goudronnées avec
des chevilles de bois ; ce qui forme un
corps ou conduite pour communiquer
l'eau d'un réfervoir fupérieur dans une
éclufe, ou pour la jeter quand elle eft fu-
perflue. (*K*)

C

CABOTAGE, f. m. *Navigation.* Voy.
NAVIGATION.

CÉSAR , *Hift. rom.* Les empereurs
communiquoient le nom de *Céfar* à ceux
qu'ils deftinoient à l'empire; mais ils ne
leur donnoient point les titres d'*impera-
tor* & d'*auguftus*; c'eût été les affocier
actuellement. Ces deux derniers titres
marquoient la puiffance fouveraine. Celui de *Céfar* n'étoit proprement qu'une
défignation à cette puiffance, qu'une adop-
tion dans la maifon impériale. Avant Dioclétien on avoit déja vu plufieurs empereurs & plufieurs *Céfars* à la fois : mais
ces empereurs poffédoient l'empire par
indivis. Ils étoient maîtres folidairement
avec leurs collegues de tout ce qui obéif-
foit aux Romains. Dioclétien introduifit
une nouvelle forme de gouvernement, &
partagea les provinces romaines. Chaque
empereur eut fon département. Les *Céfars* eurent auffi le leur : mais ils étoient
au-deffous des empereurs. Ils étoient
obligés de les refpecter comme leurs peres. Ils ne pouvoient monter au premier
rang que par la permiffion de celui qui
les avoit fait *Céfars* ou par fa mort. Ils
recevoient de fa main leurs principaux
officiers. Ordinairement ils ne portoient
point le diademe, que les auguftes avoient
coutume de porter depuis Dioclétien.
Cette remarque eft de *M. de la Bléterie.*
(*D. J.*)

CAHUCHU, *Hift. des drogues,* prononc-
cez *caivutchou,* c'eft la réfine qu'on trouve
dans les pays de la province de Quito, voi-

fins de la mer. Elle eft auffi fort commune
fur les bords du Maranon, & eft impénétrable à la pluie. Quand elle eft fraiche,
on lui donne avec des moules la forme
qu'on veut ; mais ce qui la rend le plus
remarquable, c'eft fa grande élafticité. On
en fait des bouteilles qui ne font pas fragiles , & des boules creufes qui s'appla-
tiffent quand on les preffe, & qui dès qu'elles ne font plus gênées, reprennent leur
premiere figure.

Les Portugais du Para ont appris des
Umaguas à faire , avec la même matiere,
des feringues qui n'ont pas befoin de pif-
ton. Elles ont la forme de poires creufes,
percées d'un petit trou à leurs extrémités, où l'on adapte une canule de bois ; on
les remplit d'eau , & en les preffant lorfqu'elles font pleines , elles font l'effet
d'une feringue ordinaire. Ce meuble eft
fort en ufage chez les Omaguas.

Quand ils s'affemblent entr'eux pour
quelque fête , le maitre de la maifon ne
manque pas d'en préfenter une par politeffe à chacun des conviés , & fon ufage
précede toujours parmi eux le repas de
cérémonie. En 1747, on a trouvé l'arbre
qui produit cette réfine dans les bois de
Cayenne , où jufqu'alors il avoit été inconnu. *Hift. de l'acad. des fciences , ann.*
1745. (*D. J.*)

CANGE , f. m. *Comm.* , liqueur faite
avec de l'eau & du ris détrempé. Les Indiens s'en fervent pour gommer les chites. *V.* CHITES.

CANON, *Géog.* Ce village de Normandie prefque inconnu jufqu'à nos jours ,
eft devenu célebre par la fondation qu'on
fait le 10 février 1775. Mr. Elies de Beaumont & M^{dme.} fon époufe, dans une fête
qu'on appelle *fête des bonnes gens*, & qui
a été célébrée par M. l'abbé le Monnier,
le feigneur & la dame de *Canon* diftri-
buent fous le bon plaifir du roi , un prix
de 300 livres alternativement à *la bonne
fille*, au *bon vieillard,* à la *bonne mere*. On
lit fur la médaille accordée à la bonne
fille : *hic pietatis bonos*; fur celle de la
bonne mere, *maternum pertentant gaudia
pectus*; fur celle du bon vieillard, *dignum
laude fenem vetat mori.* Cette fondation
fait autant d'honneur à Mr. & à Madame
de Beaumont , que les différens ouvrages
dont l'un & l'autre ont enrichi le public.

CANONNIERE, *terme de Bijoutier,* fe
dit de la gorge d'un étui , fur laquelle fe

gliſſe la partie ſupérieure de l'étui, appellée *bonnet.*

CANTHARUS, *Littérat.*, c'eſt proprement le nom qu'on donnoit à la coupe
dont Bacchus ſe ſervoit pour boire, ce
qui fait juger qu'elle étoit de bonne meſure, *gravis*, peſante, comme dit Virgile,
Pline, *l. XXXIII, c. liij*, reproche à Ma-
rius d'avoir bu dans une pareille coupe
après la bataille qu'il gagna contre les
Cimbres. (*D. J.*)

CASSEMENT, ſ. m. *Jardin.*, eſt l'action de rompre & d'éclater exprès un rameau, une branche de la pouſſe précédente, ou un bourgeon de l'année, en appuyant avec le pouce ſur le tranchant de
la ſerpette, pour les ſéparer & les emporter. Par le moyen de cette opération, faite
à l'endroit des ſous-yeux en hiver pour
les branches, & en juin, ou au commencement de juillet pour les bourgeons, vous
êtes aſſuré de faire pouſſer à cet endroit
ainſi caſſé, ou des boutons à fruit pour
l'année même, ou des boutons fructueux
pour l'année prochaine, ou du moins des
lambour-dies, quelquefois même ces trois
choſes à la fois ; mais cette opération n'a
lieu que pour les arbres à pepin, & rarement pour les fruits à noyau. Si l'on
coupe le rameau, la ſeve recouvre la plaie,
& il repouſſe une nouvelle branche ou
de nouveaux bourgeons ; mais quand ón
le caſſe, les eſquiles forment un obſtacle
au recouvrement de la plaie, & de-là naiſſent l'une des trois choſes qui viennent
d'être rapportées. Le *caſſement* doit ſe
faire à un demi-pouce près de la naiſſance ou de l'empatement de la branche ou
du bourgeon, à l'endroit même des ſous-
yeux.

Cette opération demande de grands
ménagemens & une main ſage, autrement
on épuiſeroit un arbre à force de le tirer
trop à fruit en même temps : on peut dire
même que le *caſſement* tient lieu du pincement qui a toujours été en uſage juſqu'à préſent : la force du préjugé l'avoit
fait croire bon, l'expérience l'a enfin détruit, & a convaincu que le pincement
tendoit à la ruine des arbres, & qu'on étoit
obligé de replanter ſans ceſſe, ſans jamais
pouvoir jouir. (*K*)

CASTE, ſ. f. *Hiſt. med.* La nation immenſe des gentils, ou peuples des côtes de
Coromandel & Malabare, eſt partagée en
différentes *caſtes*, ou tribus. Un Indien

ne ſauroit ſe marier hors de ſa *caſte*, ou
bien il en eſt exclus pour toujours ; mais
il n'en eſt point qui ne ſe crût déshonoré,
s'il étoit obligé d'en ſortir ; cependant il
ne faut qu'un rien pour la lui faire perdre : car quelque baſſe que ſoit la *caſte*
dans laquelle il eſt né, l'entêtement ou
le préjugé de chacun en particulier, fait
qu'il y eſt auſſi attaché qu'il le ſeroit à
celle qui lui donneroit le premier rang
parmi les autres. Un Européen ne peut
s'empêcher de rire de la folie de l'Indien
ſur le ſujet de ſa qualité ; mais celui-ci a
ſes préjugés comme nous avons les nôtres,
& comme tous les peuples de l'univers
ont les leurs, même les *caſtes* de Guinée
ou de Moſambique.

CASTILLE, ſ. f. *V.* QUERELLE.

CAULICOLES, ſ. f. pl. *Architect.*, en
latin *cauliculi*, ornement d'architecture.
Ce mot vient du latin *caulis*, qui ſignifie
tige d'herbes. Les *caulicoles* ſont des eſpeces de petites tiges qui ſemblent ſoutenir
les volutes du chapiteau corinthien. Ces
petites tiges ſont ordinairement cannelées, & quelquefois torſes à l'endroit où
elles commencent à jeter les feuilles. Elles ont auſſi un lien en forme de double
couronne. (*D. J.*)

CAUSIE, ſ. f. *Littér.*, en grec κανσια,
coiffure ou armure de tête, qui étoit commune à tous les Macédoniens ; Pauſanias,
Athénée, Plutarque & Hérodien en ont
parlé. Il en eſt auſſi fait mention dans
l'anthologie. Cette eſpece de chapeau
étoit fait de poil ou de laine, ſi bien tiſſue
& apprêtée, que non ſeulement il ſervoit
d'abri contre le mauvais tems, mais qu'il
pouvoit même tenir lieu de caſque. Euſta-
chius en fait la deſcription dans ſes commentaires ſur Homere, où il cite un paſſage de Pauſanias, qui pourroit faire croire que la coiffure de tête que l'on nommoit *cauſia*, étoit particuliere aux rois de
Macédoine. Peut-être que cette armure
devint dans la ſuite du tems un ornement
royal. (*D. J.*)

CAUTERE, ſ. m. *Jardinage*, voyez
TAILLE des *Arbres*.

CERYCES, LES, *Littér. grecq.*, en
grec κηρυκαι, famille ſacerdotale, ainſi
nommée parce qu'elle deſcendoit de Cé-
ryx. Elle avoit, comme les Eumolphides,
ſes fonctions réglées à la fête d'Eleuſis,
c'eſt-à-dire, aux myſteres de Cérès. Ce ne
ſont point des hérauts, *pracones*, quoi-

que le grand nombre des Interpretes d'Efchine aient concerté de traduire ainfi le mot κηρυκας. La raifon toujours fupérieure à l'autorité, doit faire rejeter leur interprétation, parce qu'il n'eft pas vraifemblable qu'Efchine ait voulu placer les hérauts dans une énumération de prêtres, de prêtreffes & de familles facerdotales. Ce qui a le plus contribué à induire en erreur fur ce point, c'eft qu'outre que le mot κηρυξ fignifie à la fois hérant & Céryce, ce nom n'a pas la terminaifon patronimique. Céryceide tromperoit moins de monde. Tourreil. (*D. J.*)

CHALAZA *ou* CHALASA, *Médecine,* fignifie proprement un grain de grêle; figurément, orgelet, qui eft une maladie des yeux, ou plutôt des paupieres. Les naturaliftes donnent auffi ce nom à une efpece de plexus fibreux & réticulaire, par lequel le blanc & le jaune de l'œuf font unis enfemble.

CONTRAT, f. m. *Droit nat.*, c'eft en général toute convention faite entre deux ou plufieurs perfonnes; ou confentement de deux ou de plufieurs perfonnes fur une même chofe, dans la vue d'exécuter leur convention.

On entend en particulier par *contrat* les accords faits au fujet des chofes ou des actions qui entrent en commerce, lefquels par conféquent fuppofent l'établiffement de la propriété & du prix des biens; & l'on entend par fimple convention, les accords que l'on fait fur tout le refte, quoique l'ufage donne indifféremment à quelques-uns, des derniers le nom de *contrat.*

Les *contrats* peuvent être divifés en gratuits ou bienfaifans, & onéreux ou intéreffés de part & d'autre. Les premiers procurent quelques avantages purement gratuits à l'un des contraĉans: les autres affujettiffent chacun des contraĉans à quelque charge, ou quelque condition également onéreufe qu'ils s'impofent l'un à l'autre; car alors on ne fait & l'on ne donne rien que pour en recevoir autant.

On diftingue trois principales fortes de *contrats* gratuits, favoir le mandement ou la commiffion, le prêt à ufage, & le dépôt.

Il y a un grand nombre de *contrats* onéreux ou intéreffés de part & d'autre. Les principaux qui font aujourd'hui en ufage, font l'échange, le plus ancien de tous, le *contrat* de vente, le *contrat* de louage, le prêt à confomption, le *contrat* de fociété, & les *contrats* où il entre du hafard. Dans ces derniers font compris les gageures, tous les jeux, la rafle, la loterie, & le *contrat* d'affurance. On ajoute fouvent dans ces fortes de *contrats*, pour plus grande fureté, une caution, un gagé, une hypotheque.

Il doit y avoir une jufte égalité dans les *contrats* onéreux ou intéreffés de part & d'autre, c'eft-à-dire, qu'il faut que chacun des contraĉans reçoive, felon fon eftimation, autant qu'il donne, mais pas plus loin que l'autre partie n'a lieu de croire que s'étend cette eftimation. Pour cet effet, fi l'un des contraĉans fe trouvoit avoir moins, il eft en droit ou d'obliger l'autre à le dédommager de ce qui lui manque, ou de rompre entierement le *contrat.*

Ainfi, 1°. pour déterminer d'un commun accord cette égalité requife, il faut avant que de rien conclure, que l'un & l'autre des contraĉans ait une égale connoiffance, & de la chofe même, au fujet de laquelle ils traitent, & de toutes les qualités qui font de quelque conféquence; 2°. cette égalité eft fi fort néceffaire qu'il faut redreffer l'inégalité qui fe trouve dans un *contrat* après la conclufion du marché par rapport aux chofes dont le prix eft reglé par les loix, & s'il y a fraude ou erreur au fujet des qualités effentielles de ces chofes.

Ces principes font de droit naturel; car pour éviter la multitude des procès, on fait que les loix civiles (dont il ne s'agit pas ici), ne donnent guere action en juftice que quand il y a une léfion énorme, laiffant à chacun le foin d'être fur fes gardes s'il ne veut pas être trompé. Au furplus, les devoirs de tous les *contrats* fe déduifent aifément de la nature & du but des engagemens où l'on entre.

Leur obfervation eft fans-contredit un des plus grands & des plus inconteftables devoirs de la morale. Mais fi vous demandez à un chrétien qui croit des récompenfes & des peines après cette vie, pourquoi un homme doit tenir fa parole, il en rendra cette raifon; que Dieu qui eft l'arbitre du bonheur & du malheur éternel nous l'ordonne. Un difciple de Hobbes à qui vous ferez la même queftion, vous dira que le public le veut ainfi,

Bbb 3

758 C

& que Léviathan vous punira fi vous faites le contraire. Enfin un philofophe païen auroit répondu à cette demande, que de violer fa promeffe c'étoit faire une chofe déshonnête, indigne de l'excellence de l'homme, & contraire à la vertu, qui éleve la nature humaine au plus haut point de perfection où elle foit capable de parvenir.

Cependant quoique le chrétien, le païen, le citoyen, reconnoiffent également par différens principes, le devoir indifpenfable de l'obfervation des *contrats*; quoique l'équité naturelle & la feule bonne foi obligent généralement tous les hommes à tenir leurs engagemens, pourvu qu'ils ne foient pas contraires à la vertu, la corruption des mœurs a prouvé de tout temps que la pudeur & la probité n'étoient pas d'affez fortes digues pour porter les hommes à exécuter leurs promeffes; voilà pourquoi fut établie la loi des douze tables au fujet des conventions, comme auffi le fupplément que les jurifconfultes qui prirent le foin d'interpreter cette loi, jugerent à propos d'y faire, voilà ce qui a produit dans le droit romain tous les détails fur les *contrats* nommés, & les *contrats* innommés.

Enfin notre devoir françois, fans s'arrêter aux regles fcrupuleufes que les loix romaines avoient introduites, appella *contrat* généralement toutes les conventions honnêtes qui fe font entre les hommes, de quelque nature qu'elles foient, & ftatua qu'elles doivent être exécutées dans toute leur étendue, foit pour fonder une action en juftice, foit pour produire une exception.

Mais en même temps le droit françois accable la juftice & les loix de tant de chofes, de conditions & de formalités fur cet article, que les parchemins inventés pour faire fouvenir, ou pour convaincre les hommes de leur parole, ne font devenus que des titres pour fe ruiner en procédures, & pour faire perdre le fonds par la forme. Si les hommes font juftes ces formules font inutiles; s'ils font injuftes, elles le font encore très-fouvent, l'injuftice étant plus forte que toutes les barrieres qu'on lui oppofe. Auffi pouvons-nous juftement dire de nos *contrats*, ce qu'Horace difoit de ceux de fon temps,

D

Adde Cicuta
Nodofi tabulas centum: mille adde catenas,
Effugiet tamen hæc fceleratus vincula proteus. lib. II. Sat. 3. v. 69.

« Ne vous contentez pas d'une fimple » promeffe, ajoutez-y les rubriques du » fameux notaire Cicuta, dont le métier » eft de lier les gens; un coquin faura » fans peine fe tirer de toutes fes chai- » nes. »

Lorfque le créancier ayant pris fes mefures,
Veut encore chez du Tartre en chercher de plus fures;
Que cela lui fert-il? tous ces liens font vains,
Le fcélérat Protée échappe de fes mains.
(D. J.)

COQUETTERIE, GALANTERIE, *Langue franç.* La coquetterie eft toujours un honteux déréglement de l'efprit. La galanterie eft d'ordinaire un vice de complexion. Une femme galante veut qu'on l'aime, & qu'on réponde à fes defirs; il fuffit à une coquette d'être trouvée aimable, & de paffer pour belle. La premiere va fucceffivement d'un engagement à un autre; la feconde, fans vouloir s'engager, cherchant fans ceffe à vous féduire, a plufieurs amufemens à la fois. Ce qui domine dans l'une, eft la paffion, le plaifir ou l'intérêt; & dans l'autre, c'eft la vanité, la légéreté, la fauffeté. Les femmes ne travaillent guere à cacher leur coquetterie; elles font plus réfervées pour leurs galanteries, parce qu'il femble au vulgaire que la galanterie dans une femme eft plus criminelle que la coquetterie; mais il eft certain qu'un homme coquet a quelque chofe de pis qu'un homme galant. La coquetterie eft un travail perpétuel de l'art de plaire pour tromper enfuite, & la galanterie eft un perpétuel menfonge de l'amour. Fondée fur le tempérament, elle s'occupe moins du cœur que des fens; au lieu que la coquetterie ne connoiffant point les fens, ne cherche que l'occupation d'une intrigue par un tiffu de fauffetés. Conféquemment c'eft un vice des plus méprifables dans une femme, & des plus indignes d'un homme.
(D. J.)

D

DRESCHE ou DRÊCHE, *terme de Brafferie.* Les Braffeurs donnent ce nom aux grains qu'ils ont fait germer jufqu'à un certain point, & dont ils ont arrêté ensuite le mouvement de germination, soit en les faisant sécher, soit en leur donnant un degré de torréfaction pour pouvoir les conserver plus long-temps. Par ordonnance du 4 novembre 1701, rapportée dans le *traité de police* de M. Lamare, *liv. IV*, *tit. vij*, *pag.* 576, il est permis aux Brasseurs de vendre aux particuliers qui nourrissent des vaches laitieres, le marc de l'orge moulu, & aux particuliers d'en nourrir leurs vaches, pourvu que ce marc d'orge ou *dresche* ne soit point aigri.

F

FONDEUR. Celui qui fond & qui jette les métaux dans les moules de différentes formes, suivant les usages qu'on en veut faire. Les différentes productions de cet art ont donné diverses dénominations à ceux qui le pratiquoient, comme celles de *Fondeur en bronze* à ceux qui fondent les statues, les canons & les cloches; de *Fondeur en caracteres d'imprimerie*; de *Fondeur en cuivre* ou petits ouvrages, comme chandeliers, boucles, &c. de *Fondeur de petit plomb.* Les manœuvres de tous ces ouvriers étant totalement différentes, nous ferons un article séparé pour chaque métier.

FONDEUR EN BRONZE. Le bronze est la matiere que l'on a toujours employée par préférence pour jeter en fonte les ouvrages qui ont beaucoup de masse, & qui doivent joindre la beauté à la solidité. Nous parlerons successivement de la fonte des statues, de celle des canons, & de celle des cloches.

Fonte des statues.

Ces grands bas-reliefs en bronze, & ces magnifiques statues équestres ou en pié, qui font l'ornement des grandes villes, ne sont dans leur origine qu'un mélange informe de très-menus grains de cuivre, d'étain, & de zinc, auxquels on ajoute quelquefois d'autres matieres métalliques. Comme l'étain est moins sujet à l'action des sels, de l'humidité & de l'air, il est aussi bien moins sujet à la rouille; de là vient que le bronze se couvre moins de verd de gris que le cuivre pur.

L'art de fondre des statues n'a point été inconnu des anciens, mais il ne nous reste que de petits ouvrages en ce genre; il

paroît qu'ils ont ignoré l'art de jeter en fonte de grands morceaux. En effet, s'il y a en un colosse de Rhodes, une statue colossale de Néron, ces pieces énormes pour la grandeur n'étoient que de platinerie de cuivre sans être fondues.

Les statues de Marc-Aurèle à Rome, de Côme de Médicis à Florence, de Henri IV à Paris, ont été fondues à plusieurs reprises. Ce n'est que vers le milieu du dernier siecle que cet art a été perfectionné. Avant ce temps, les fonderies françoises étoient si peu de chose, qu'on faisoit fondre les statues hors du royaume, ou qu'on faisoit venir à Paris des étrangers pour les y fondre. Dès que M. *de Louvois* fut pourvu en 1684 de la surintendance des bâtimens, il établit les fonderies de l'arsenal, en donna l'inspection à MM. *Kellet*, de Zurich, commissaires ordinaires des fontes de France: ce sont eux qui ont présidé à ces excellens ouvrages qui embellissent en partie le séjour de Versailles.

La statue équestre de Louis XIV, placée dans la place de Vendôme à Paris, peut être regardée comme le chef-d'œuvre de la fonderie, lorsqu'on fait attention que ce groupe colossal, qui contient un poids de plus de soixante mille livres de bronze, est d'un seul jet. Nous venons de voir paroître un chef-d'œuvre semblable dans le monument élevé à la gloire de notre roi régnant, dont la sculpture est de l'illustre *Bouchardon*, & dont les opérations de la fonte ont été conduites par *Jean Baltazar Keller*, Suisse de nation, homme très-expérimenté dans les grandes fonderies.

La fonte des statues dépend de six ou sept préparatifs principaux, qui sont la fosse, le noyau, la cire, la chape ou le moule extérieur, le fourneau d'en bas pour fondre & faire écouler les cires, & le fourneau supérieur pour fondre & verser le métal dans le vuide que la cire a abandonné.

La *fosse* est un trou creusé dans un lieu sec, & qu'on tient de quelques piés plus profond que la statue ne sera haute. Ce trou est quarré, rond ou ovale, selon les saillies ou avances de certaines parties que doit avoir la figure. On revêt l'intérieur de cette fosse d'un grand mur de parement. On s'y prend d'une autre sorte quand la statue est extraordinairement grande, ou qu'on est bien-aise de voir les effets de la figure, qui sera faite en cire en la regardant de différens points d'éloignement; ou qu'on craint l'insinuation des eaux qui pénétrent la terre, & qui peuvent gagner l'ouvrage en montant après les grandes pluies. On travaille alors en toute liberté sur le raiz-de-chauffée, &on éleve après coup une forte enceinte de murailles capables de résister à la pouffée du métal en feu, & des terres qu'on y entaffera jufqu'au comble.

Soit que l'on doive travailler sur le raiz-de-chauffée, foit qu'on le doive faire fur le fond d'une foffe, on commence par construire fur le fol un corps de maçonnerie en briques, en grès & argille, fous lequel on pratique un fourneau, fi l'ouvrage eft modique; ou des galeries, c'eft-à-dire, des efpaces féparés par des murs de briques ou de grès, & fuffifans pour recevoir le charbon qu'on y doit faire brûler de côté & d'autre, pour porter par-tout la chaleur néceffaire, fi l'ouvrage eft fort grand. Ce corps de bafe eft lié par une forte grille de fer qui en fait un tout inébranlable. On prend foin, fur-tout, par la connoiffance qu'on a des juftes mefures de la piece qui doit y être coulée, de faire porter les maitreffes barres de cette grille fur les plus forts maffifs de maçonnerie pour recevoir les groffes pieces de fer qui y feront pofées debout, & qui foutiendront le noyau, le moule, & enfuite toute la figure en bronze, en forte que rien ne fléchiffe. On pofe fur la grille. dont les pieces font à trois pouces de diftance les unes des autres, une aire de briques & de terre bien corroyée, pour y élever le noyau. Il eft inutile de parler de l'attelier. qui fe conftruit fur le tout pour travailler à couvert, & qui eft tout en bois, à l'exception du côté voifin du fourneau où la maçonnerie eft plus fûre que le bois.

Le *noyau* eft un maffif informe auquel on donne groffiérement l'attitude & les contours que doit avoir la figure. La matiere du noyau eft de deux fortes: ou bien c'eft un mêlange d'argille, de fiente de cheval & de bourre, ce qui forme un corps parfaitement maniable: ou bien c'eft un mélange de plâtre & de briques pulvérifées. Cette maffe eft intérieurement traverfée de haut en bas, & d'un côté à l'autre, par des barres de fer qui la tiennent

dans une affiette fixe, & qui affurent un fupport inébranlable à tout ce qu'on appliquera par deffus. L'affemblage de ces fers fe nomme l'*armature*.

L'ufage du *noyau* n'eft pas feulement de foutenir la cire & la chape dont nous parlerons, mais d'épargner le métal, & de diminuer le poids de la ftatue en y ménageant intérieurement un grand vuide.

Sur ce *noyau*, le fculpteur applique une grande couche de cire à laquelle il donne au moins deux ou trois lignes d'épaiffeur pour les figures de cabinet, & davantage pour des figures de plus grand volume. Le fculpteur donne enfuite à cette cire la forme que doit avoir la piece qu'il veut jeter en fonte. La chape qui, par la molleffe de fes premieres couches, prendra l'empreinte de ces cires, la confervera lorfque le feu aura procuré la fufion de la cire, & l'aura fait couler entiérement.

Il y a, fur-tout pour les grands ouvrages, une autre façon pour faire le noyau & la cire; c'eft d'avoir une figure bien finie, & où il n'y ait plus à retoucher, pour fervir de modele. On la peut faire avec de la terre de potier qui fe manie aifément, ou plutôt avec du plâtre, fi les préparatifs de la fonte doivent durer longtems. Sur ce modele bien exécuté, on applique par parties différentes pieces auffi de plâtre qui en prennent exactement tous les traits, & qui s'en peuvent détacher fans défordre par le moyen de l'huile d'olive & du fuif dont on enduit la partie qu'on imite. Ces pieces ou quartiers de plâtre, réguliérement coupés & retirés de deffus le modele, fe nomment les *creux*; on rapproche exactement ces creux tous enfemble fur le modele, en les rangeant par affifes jufqu'en haut: on les numérote pour en transporter au befoin tout l'affemblage fur le noyau. On les remplit de cire après les avoir frottés d'huile, & on donne à la cire une épaiffeur proportionnée au volume que doit avoir la piece qui fera jetée en fonte; cette épaiffeur doit être fortifiée felon le befoin des parties.

Il s'agit enfuite d'affembler ces cires autour du bâti de fer qu'on appelle l'*armature*, & qui reffemble à une carcaffe pofée fur l'aire. Après s'être affuré d'un plan qui exprime au jufte tous les points auxquels correfpondoient perpendiculairement les extrémités extérieures des creux assemblés sur le modele, on commence, en suivant les reperes & les lignes de ce plan, par rapprocher ou assembler les *creux* d'en bas garnis de leurs cires, sans manquer à la précaution de bien remplir de cire les moindres interstices des différens morceaux. Quand ils sont unis comme une premiere enceinte, on en remplit tout l'intérieur avec du plâtre liquide & de la brique ; c'est, comme on le voit, élever conjointement le *noyau* & la cire. Sur cette premiere ceinture de *creux* accompagnés de leur cire, on en éleve une seconde ; on en garnit semblablement tout le vuide intérieur avec le plâtre liquide & la brique qu'on fait couler par-tout au travers des barres de l'armature.

Le *noyau* s'acheve ainsi à mesure qu'on éleve les assises & jusqu'à ce qu'on couvre le tout par les derniers *creux* avec leur fourniture de cire. Quand on est parvenu par l'application & par le desséchement de plusieurs couches à avoir une *croûte* de six pouces qui forme le contour du noyau, on peut l'appuyer sur une voûte de briques, terre & plâtre, qu'on y construit intérieurement. Un passage pratiqué dans cette voûte permet d'y descendre, de sécher tout très-lentement ; puis on remplit peu-à-peu le dessous ou l'intérieur de l'armature & de la voûte de façon à achever toute la masse du noyau, & à s'assurer que la *croûte* dont le dessous des cires est garni, sera par-tout appuyée sur le ferme, sans craindre nulle part ni déplacement, ni fléchissure. L'avantage de cette pratique est non seulement de pouvoir examiner l'effet des cires en dégageant toute la figure de ses creux, en sorte qu'on la voie en cire à découvert comme le modele, mais aussi de pouvoir déplacer & replacer si l'on veut, ou réparer à l'aise, tous ces quartiers de cire numérotés. C'est au *fondeur* à diversifier ses précautions en prévoyant les besoins & les effets.

Quand les cires sont reparées chacune à part, en les confrontant avec la partie correspondante du modele, on les remonte sur le noyau pour y attacher plusieurs baguettes creuses, ou tuyaux de cire, dont les uns s'élevent de toutes les parties de la figure, & dont on a grand soin de bien couvrir toutes les extrémi-

tés ; les autres s'en vont vers le bas & de côté. Ceux-ci se nomment *égouts*, & donneront l'écoulement aux cires quand il faudra les fondre & les retirer. Les autres se nomment les *jets* & les *évents*. Les *jets* sont les plus larges, & sont au nombre de deux ou trois au haut de la figure, puis se distribuent par bas en de moindres branches, pour porter le métal fondu dans toutes les parties du moule dont nous n'avons encore rien dit. Les *évents* ne sont destinés qu'à servir de passage pour laisser une libre sortie à l'air vers le bout, pendant que le métal enfile toutes les routes qui le conduisent en bas.

On doit remarquer, avant de commencer le moule où doit couler le métal, que l'ouvrier qui travaille les cires fait exactément combien il en a apprêté en masse, & combien il en est entré tant dans les *creux* que dans les *égouts*, *jets* & *évents*, afin que, pour autant de livres de cire employée, le fondeur fasse entrer au moins autant de fois dix livres de métal dans sa fonte.

Mais comment conservera-t-on les traits imprimés sur la cire, sur-tout depuis qu'elle est hérissée de tous ces tuyaux qui s'élancent comme les pointes d'un porc-épic ? C'est à quoi l'on parvient par le *moule* dont on couvre le corps de la figure & les tuyaux. Ce *moule* est tout d'une piece ; il se fabrique lentement à différentes reprises, & par des couches d'abord aussi fines qu'un simple vernis, puis peu-à-peu plus massives, jusqu'à former enfin un moule solide qui, comme on voit, doit contenir en creux tous les traits qui sont en relief sur la figure de cire.

On commence pour cet effet par faire une *potée* ou composition de terre fine & de vieux creusets, bien pulvérisée sur le marbre, & bien tamisée ; quelques-uns y ajoutent de la fiente de cheval & de l'urine qu'ils macerent & laissent pourrir avec les terres ; & ensuite ils broient & tamisent le tout à plusieurs reprises. La composition étant délayée avec de l'eau & des blancs d'œufs, on y trempe un pinceau, & on étend un premier enduit très-léger sur toute la figure de cire, & sur tous les tuyaux de cire qui y sont attachés. La premiere couche étant bien seche, on réitere avec la même matiere & avec le mé-me instrument. On recommence ainsi à étendre dix, douze, & même vingt couches, en ne faisant aucun nouvel enduit sans avoir fait suffisamment sécher le précédent. On a été extrêmement attentif à donner beaucoup de finesse aux premieres couches du moule qui touchent immédiatement les cires, parce qu'elles saississent plus fidellement les traits de la figure, & se liaisonnent mieux dans le recuit qu'on doit faire du noyau & du moule. Ce moule fait avec la *potée*, se nomme la *chape* quand on lui a donné le degré de solidité nécessaire.

Si l'ouvrage est de médiocre grandeur, on se contente d'un fourneau placé sous la grille qui porte tout l'ouvrage. Un feu modéré d'un ou de deux jours suffira pour faire écouler toutes les cires qu'on reçoit dans des vaisseaux placés aux extrémités des égouts qui sortent du moule vers le bas. Après avoir retiré les cires, on emplit la fosse de tuileaux ou de briquaillons jusqu'au dessus du moule : on pousse le feu qui pénetre l'aire, le noyau & le moule : la fumée s'échappe au travers des briquaillons & concentrent la chaleur jusqu'à faire peu-à-peu rougir le noyau & le moule. Quand la grandeur de l'ouvrage a demandé des galeries plutôt qu'un fourneau pour distribuer le feu de toutes parts, on éleve dans la fosse, à un pié de distance, autour du moule, un mur de briques aussi haut que le moule, & qui se nomme *mur de recuit* ; on y laisse diverses ouvertures qui se ferment quand on veut avec une plaque de tôle. Entre le *mur de recuit* & le mur dont les parois de la fosse sont revêtues, qu'on peut avoir bâti sur le raiz-de-chaussée, il se trouve un passage libre par-tout pour mettre, quand on veut, le feu sous les galeries par les ouvertures du *mur de recuit*. Tout le reste de l'intérieur de ce mur est comblé de briquaillons pour arrêter & fortifier la chaleur. Le premier feu fait écouler les cires ; celles d'en bas ressentent les premieres impressions, & sont les premieres à partir pour gagner le vaisseau qui les attend hors du *mur de recuit* : celles d'au dessus tombent successivement & enfilent la même route : la chaleur les cherche & les déloge tour-à-tour. S'il s'agit d'une figure équestre, le cheval, l'homme, les habits de cire, tout est détruit ; il ne reste qu'une place vuide entre la masse jusqu'à for-

me du noyau, & le moule extérieur, qui, comme nous l'avons vu, a sauvé & retenu l'empreinte de la figure & des jets. La cire qui peut s'imbiber dans le moule & dans le noyau, s'évapore par le recuit. On retire les cires, on bouche parfaitement les égouts ; le feu poussé & entretenu plusieurs jours fait enfin rougir le moule & le noyau.

A côté de la fosse, & deux ou trois piés plus haut que le sommet du moule, est placé le fourneau supérieur où se doit faire la fonte du métal.

Ce fourneau est composé d'un âtre & d'une calotte accompagnée avec cela de sa chauffe, d'un cendrier & d'un écheno. L'*âtre* avec ses bords est revêtu d'une terre fine & battue, pour ne laisser aucune issue au métal.

La *calotte* est une voûte de briques fort surbaissée, pour mieux réverbérer & faire tomber la flamme sur les masses de bronze.

La *chauffe* est une place quarrée bâtie en briques ou tuiles, & profondément enfoncée en terre à côté du fourneau ou du four dont nous venons de parler. Elle est partagée par une forte grille en deux places, dont l'inférieure se nomme le *cendrier*, & est destinée à recevoir les cendres qui tombent de la grille.

L'*écheno* est un bassin de terre fine, & parfaitement liée ; il est en forme de quarré long, ayant communication avec le canal du fourneau, devant lequel il est placé. L'âtre & le canal doivent être un peu plus élevés que ce bassin, & avoir une pente capable d'y amener le métal fondu. L'*écheno* qui est percé dans son fond d'autant de trous qu'il y a de maîtres jets, est posé sur le haut du moule, de sorte que ces trous qui sont en forme de larges godets s'unissent par leur ouverture inférieure avec l'orifice de chaque jet. Les tuyaux des évents viennent se terminer à l'air autour des bords de l'*écheno*. Les godets du fond de l'*écheno* se ferment avec des *quenouillettes*, qui sont de longs manches terminés par un mamelon de fer propre à remplir exactement la rondeur intérieure du godet où le métal sera reçu.

Une chaîne, suspendue au dessus du canal, soutient dans une sorte d'équilibre le *perrier* qui doit déboucher ce canal. C'est une longue barre de fer ou une forte perche emmanchée d'une masse de fer. Si de cette barre ébranlée & présentant sa masse au canal, on enfonce le tampon dans le fourneau, le métal coulera.

Lorfqu'on commence à voir fortir des fumées fort blanches, qui font la marque d'un métal parfaitement fondu, deux vigoureux ouvriers, poftés devant l'*écheno*, prennent en main le manche du perrier : deux autres fe mettent après les cordes de la bafcule des *quenouillettes :* tous leurs yeux font fixés fur le maître fondeur.

Celui-ci hauffe la canne ; à l'inftant le *perrier* eft aligné vers l'ouverture du fourneau, & d'un ou de deux coups, le tampon eft jeté bien avant au fond de l'âtre ; le métal part, inonde l'*écheno*, & fe préfente aux godets qu'il trouve encore fermés, en même temps la bafcule monte & enleve les *quenouillettes.* Le ruiffeau de bronze fe précipite rapidement par les jets dans tout l'intérieur du moule. Déja la matiere eft près de s'épuifer dans le fourneau, & le fondeur, toujours inquiet fur les accidens qui peuvent arriver fous terre à fon métal, le voit enfin regorger dans l'*écheno* avec une fatisfaction inexprimable : il fe retire, & tout eft fait de fa part.

Ces préparatifs, après le fervice fourni, font emportés. On retire le faumon qui refte dans l'*écheno :* on ôte les terres, on brife le fourneau & la *chape* ou le moule de *potée.* La ftatue déterrée eft mife en pié à force de machines & de précautions pour ne caffer aucune des parties légeres ou faillantes. Le fculpteur s'en empare, il fait fcier les tuyaux dont elle eft hériffée ; il arme fes ouvriers de poinçons, de martelines, de limes, de grattoirs, de gratteboffe, de cifeaux, de cifelets, de rifloirs, d'échopes & de burins. Tout fe décraffe, toutes les croûtes, les bourfouflures, les inégalités font applanies. Il place auprès des travailleurs le modele qu'il a confervé, au moins en petit, & qui les regle tous. Il fe réferve la recherche des traits qu'il a le plus à cœur, dans la crainte qu'ils ne s'alterent ou ne lui échappent fous une main moins précautionnée que la fienne.

Après que toutes ces opérations font finies & qu'on a découvert le bronze autant qu'on l'a pu, on le broffe pendant trois ou quatre fois avec de l'eau forte pour le bien nettoyer ; on l'écure avec de la lie de vin chaude ; & on bouche enfuite les trous qu'il peut y avoir en y coulant des *gouttes* du même métal. On appelle *gouttes* ce que l'on fond après coup fur un ouvrage, quoiqu'une feule de ces gouttes rempliffe quelquefois les plus grands creufets. Lorfqu'on veut les couler, on taille la piece en queue d'aronde, en la fouillant jufqu'à la moitié de l'épaiffeur du bronze ; on y applique enfuite de la terre modélée fuivant le contour que la piece doit avoir ; on y fait un moule au deffus fur lequel on forme un évent & un petit godet pour fervir de jet afin d'y faire couler le métal. Cette piece moulée étant ôtée, on la fait cuire comme un moule de *potée :* & après avoir ôté la terre du trou où l'on doit couler le métal, on applique la piece recuite qu'on attache à l'ouvrage avec des cordes. Après avoir bien fait chauffer le tout, on y coule le métal qui ne fait plus qu'un corps avec le bronze. C'eft ainfi qu'on répare dans les grands ouvrages les fentes que laiffe quelquefois le métal en fe figeant dans le moule.

Lorfque les places qu'on doit boucher fe trouvent en deffous, comme fous le ventre d'un cheval, & qu'il feroit très-difficile d'y jeter du métal, on lime une piece de la même étoffe que le refte de l'ouvrage, & de la mefure jufte de la place, que l'on enfonce à force, après avoir entaillé cette piece en queue d'aronde de la moitié de l'épaiffeur du bronze, de forte que la piece ne peut plus fortir. Ces pieces mifes de cette maniere, quoique de même étoffe que le refte, deviennent beaucoup plus dures, parce que les coups de marteau avec lefquels on les enfonce, ferrent les pores du métal.

C'eft par un procédé à-peu-près femblable que le fieur *Varin*, très-habile fondeur, répara la ftatue équeftre que la ville de Bordeaux a fait faire à l'honneur de Louis XV. Un accident qu'on ne pouvoit pas prévoir, ayant fait que le bronze ne remplit que la moitié de l'ouvrage, le fieur *Varin*, fe confiant en fon habileté, imagina de réparer le moule dans l'endroit par où la matiere s'étoit tranfvafée ; & quoiqu'on regardât la chofe comme impoffible, il ofa l'entreprendre & fut affez heureux pour fondre après coup la partie fupérieure de cette ftatue équeftre, au moyen des entailles qu'il avoit faites en queue d'aronde dans la partie inférieure de joindre les deux parties fi intimement, qu'elles ne font qu'un même tout, & qu'elles paroiffent aux yeux même les

plus clairvoyans avoir été fondues d'un
feul jet.

L'ouvrage étant bien réparé & décraffé,
on l'enduit d'un vernis qui donne le même
œil au corps entier, ainfi qu'aux pieces
de fonte ou de foudure poftérieurement
appliquées.

L'expérience que l'on fit du fourneau
de la ftatue équeftre de la place de Vendôme, prouve que le métal en fufion peut
couler à cinquante piés en l'air fans fe fi-
ger : c'eft ce que *Landouillet* n'ignoroit
pas. Quand on propofa de faire dans le
chœur de Notre-Dame de Paris un autel
en baldaquin de *bronze* de cinquante piés
de haut, pour acquitter le vœu de Louis
XIII, cet habile fondeur, commiffaire de
la fonderie de Rochefort, s'offrit de le
fondre d'un feul jet, & dans le chœur
même de Notre-Dame, dans la place où
le modele étoit fait, établiffant fes fourneaux dans l'églife, enforte qu'il n'y eût
aucun embarras de tranfport. Ce projet
étoit beau & poffible, mais au deffus des
lumieres de ce temps.

Fonte des canons.

La fonderie des canons eft pour l'art
militaire un des objets les plus importans.
Son invention ne monte pas plus haut,
felon quelques uns, qu'en l'année 1338,
ou, felon quelques autres, à 1380. Quoiqu'il en foit de cette époque, il eft certain
que nos fonderies françoifes ne fe font
diftinguées en ce genre que depuis le milieu du dix-feptieme fiecle. Celles de
Douay, Pignerol & Befançon, ne fe font
pas moins acquis de réputation pour les
armemens de terre, que celles de Breft,
de Toulon & du Port-Louis, pour les armemens de mer.

Voici quelles font les principales parties d'un canon. La *culaffe* n'eft autre chofe que l'épaiffeur du métal dont eft compofé le canon depuis le fond de fa partie
concave jufqu'au bouton, lequel termine
le canon du côté oppofé à la bouche. Les
tourillons font deux efpeces de bras qui
fervent à foutenir la piece. L'*ame* eft toute
la partie intérieure ou concave du canon.
Au fond de l'ame eft la *chambre*, c'eft-à-
dire, la partie qu'occupe la poudre dont
on charge la piece Dans les pieces de 24
& de 16 on pratique au fond de l'ame
une efpece de petite chambre cylindrique
qui peut contenir environ deux onces de
poudre. La *lumiere* eft une ouverture qu'on
fait dans l'épaiffeur du métal proche de la
culaffe, & par laquelle on met le feu à la
poudre qui eft dans le canon.

On n'eft pas encore d'accord fur la
quantité proportionnelle des métaux qui
doivent entrer dans la compofition deftinée à la fonte des canons. Les étrangers
mettent cent livres de cuivre de rofette,
dix ou même quinze livres d'étain, &
vingt livres de laiton ; l'étain eft propre
à empêcher les chambres ou vuides. On
fait auffi des canons de fer qui n'ont pas
la même folidité que ceux de fonte ; mais
comme ils coûtent beaucoup moins, on
s'en fert fur les vaiffeaux.

Lorfqu'on veut fondre les canons, c'eft
avec de la terre graffe détrempée avec de
la poudre de brique, qu'on commence à
former le modele du canon ; on applique
enfuite une autre couche de terre graffe
détrempée, bien battue avec de la fiente
de cheval & de la bourre, pour garnir le
modele. En appliquant toutes ces couches
de terre, on entretient toujours fous le
modele qui eft foutenu fur des treteaux,
un feu de bois ou de tourbe, pour faire
fécher la terre plus promptement. Lorfque la derniere terre appliquée eft encore
toute molle, on approche du moule qui
eft brut, ce que l'on appelle l'*échantillon*:
c'eft une planche de douze piés ou environ, dans laquelle font entaillées toutes
les différentes moulures du canon. Cette
planche étant affujettie bien folidement,
on tourne après cela, avec force, le moule
du canon contre l'échantillon, par le
moyen de petits moulinets. Le moule de
terre graffe frottant ainfi contre les moulures de l'échantillon, en prend l'impreffion, en forte qu'il reffemble entièrement
à une piece de canon finie dans toutes fes
parties.

Lorfque le moule du canon eft formé
avec fes moulures, on lui pofe les anfes,
les devifes, les armes, le baffinet, le nom,
les ornemens : ce qui fe fait avec de la
cire & de la térébenthine mêlées enfemble, & qui ont été fondues dans des creux
faits de plâtre très-fin, où chacun de ces
ornemens a été moulé.

Après avoir ôté le feu de deffous le moule, on le frotte par-tout avec du fuif, afin
que la chape qui doit être travaillée par
deffus ne s'y attache pas.

Cette chape fe commence d'abord par

une couche ou chemisée de *potée* , qui est une terre grasse très-fine passée au tamis & mêlée de fiente de cheval & de bourre. On laisse sécher cette premiere couche, on en applique plusieurs autres ; & lorsque la chape a pris une épaisseur de quatre pouces, on tire les clous qui arrétoient les anses, on en bouche les entrées avec de la terre, puis on environne ce moule, ainsi bien couvert de terre, avec de bons bandages de fer passés en long & en large, & bien arrêtés ; pardessus ce fer on met encore de la grosse terre.

Quand le tout est bien sec, on vuide le moule pardedans, après quoi on le porte dans la fosse qui est devant le fourneau & où le canon doit être fondu. Comme on a ôté tout l'intérieur du moule, il ne reste plus que la chape qui, dans son intérieur, a conservé l'impression de tous les ornemens faits sur le moule ; & à la place du moule intérieur qu'on vient de détruire, on met une longue piece de fer qu'on nomme le *noyau*. On la place juste dans le milieu de la *chape*, afin que le métal se répande également de côté & d'autre. Ce noyau est recouvert d'une pâte de cendre bien recuite au feu : on ne lui donne que la grosseur nécessaire pour qu'il reste entre lui & la chape un espace qui doit être rempli par le métal qui fait l'épaisseur de la piece. Tout le reste se passe comme dans la fonte des statues dont nous avons parlé plus haut.

Les moules & les fontes des mortiers & des pierriers se font de la même maniere que pour le canon. Lorsque les moules sont retirés de la fosse, on les casse à coups de marteau pour découvrir la piece qu'ils renferment ; & comme elle est brute en plusieurs endroits, on se sert de ciseaux bien acérés pour couper toutes les superfluités du métal, & la perfectionner ; on perce ensuite la lumiere avec une espece de foret particulier.

Autrefois on fondoit les canons avec un noyau ou un vuide dans le milieu. Mais M. *Maritz* ayant inventé une machine pour forer les pieces, après les avoir coulées pleines, cette méthode, qui a paru réunir les plus grands avantages, a été adoptée, & se suit dans toutes ou presque toutes les fonderies. Pour creuser les pieces on se sert d'un instrument qu'on nomme *foret*, qu'on assure être fixe & sur lequel on fait tourner le canon verticale-

ment afin de l'évider ; mais comme on ne permet point de voir cette opération, nous ne sommes pas en état d'en rendre compte.

Lorsque les canons sortis de la fonte ont été réparés, & que la lumiere a été percée, on procede à l'épreuve. Pour cet effet on choisit un lieu terminé par une butte de terre assez forte pour éprouver se boulet ; on place la piece à terre sur un chantier : la premiere charge de poudre est de la pesanteur du boulet. Après la premiere épreuve on y brûle encore un peu de poudre en dedans pour la *flamber* ; on y jette de l'eau sur le champ ; on bouche la lumiere ; on presse cette eau avec un écouvillon, & l'on examine si elle ne s'échappe pas par aucun endroit ; on prend ensuite le *chat*, qui est un morceau de fer qui a plusieurs griffes, dont on se sert pour voir s'il n'y a point de chambres dans l'intérieur du canon.

Comme les canons sont des pieces très-longues & très-pesantes, on avoit cherché le moyen de chasser le boulet avec des canons plus courts, moins pesans, & par conséquent plus aisés à transporter. Les Espagnols en construisirent qui produisoient cet effet, ce qui les avoit fait nommer *canons à l'Espagnole*. Dans ces pieces de canon la lumiere étoit à-peu-près vers le milieu de la chambre sphérique ; en sorte qu'il s'enflammoit une plus grande quantité de poudre à la fois, ce qui faisoit que ces canons chassoient les boulets aussi loin que d'autres plus longs ; mais on ne pouvoit les nettoyer que difficilement : il y restoit quelquefois du feu qui occasionnoit de fâcheux accidens aux canonniers ; & comme ils avoient beaucoup de recul, il y avoit peu de justesse dans leurs coups : toutes ces considérations en ont fait abandonner l'usage.

Les *canons à la Suédoise* sont des pieces de quatre livres de balle de nouvelle invention. Dans l'épreuve de deux de ces pieces fondues à l'arsenal de Paris en 1740, on tira aisément dix coups par minute. Ces pieces ne pesent qu'environ six cents livres, ce qui les rend d'un transport facile.

Fonte des cloches.

La fonte des cloches tient, pour ainsi dire, le milieu pour l'antiquité entre celle des statues & celle de l'artillerie, étant de bien des siecles plus nouvelle que la premiere, & ayant été pratiquée onze ou douze cents ans plutôt que la seconde.

L'usage des cloches est ancien dans l'église d'Occident, pour appeller les fideles au service divin: on s'en est aussi servi dans l'église d'Orient: mais présentement elle est presque toute sous l'empire du Turc; & le P. *Wansleb* assure dans sa seconde relation d'Egypte qu'il n'y a trouvé qu'une seule cloche : elle étoit dans un monastere de la Haute - Egypte où elle avoit été transportée d'Europe.

Comme il y a de la mode dans toutes les choses, on a poussé si loin celle des grosses cloches en Occident, qu'on y en voit, & particuliérement dans quelques églises de France, d'un poids qui paroîtroit surprenant si celles de la Chine ne les surpassoient de beaucoup.

La grosse cloche de la cathédrale de Rouen, que l'on nomme *George d'Amboise*, & qui a été fondue sous le regne de Louis XII, passe trente-six milliers; celle de Paris, appellée *Emmanuelle*, qui l'a été en 1682, sous celui de Louis XIV, est du poids de trente & un milliers; ce qui pourtant, comparé avec les cloches de Nankin & de Pékin, dont le *pere le Comte*, jésuite, nous a donné la dimension & la pesanteur dans ses mémoires, doit paroître peu de chose, la cloche de Nankin étant de cinquante milliers, & celle de Pékin de plus de cent vingt milliers : mais pour la matiere & le son, ces grosses cloches de la Chine sont infiniment moins bonnes que celles de l'Europe.

Il ne faut pas non plus oublier la cloche de Moscow, qui pese soixante & six mille livres, que quelques auteurs estiment la plus grosse cloche du monde, & qui le seroit en effet si l'on pouvoit douter de la bonne foi du célebre auteur des mémoires de la Chine.

C'est ordinairement sur les lieux & proche des clochers pour lesquels les cloches sont destinées qu'on établit des fonderies & qu'on travaille au moule des cloches dans lesquelles il doit entrer une grande quantité de métal : on évite par ce moyen la difficulté & les frais du transport. L'*Emmanuelle* de Paris, dont on vient de parler, fut fondue dans l'endroit nommé le *terrein*, lieu alors vague sur la riviere de Seine, proche du cloître Notre-Dame, où se trouve actuellement un agréable jardin.

Les parties d'une cloche sont, 1°. la *patte* ou le cercle inférieur qui la termine en s'amincissant: 2°. le *bord* qu'on nomme aussi la *panse*; c'est la partie sur laquelle doit frapper la masse du *battant*, & qu'on tient pour cette raison plus épaisse que les autres: 3°. les *faussures*; c'est l'enfoncement du milieu de la cloche, ou plutôt le point au dessous duquel elle commence à s'élargir jusqu'à son bord: 4°. la *gorge* ou la *fourniture*; c'est la partie qui s'élargit & s'épaissit par une fourniture de métal toujours plus grande jusqu'au bord: 5°. le *vase supérieur*, ou cette moitié de la cloche qui s'éleve au dessus des faussures: 6°. le *cerveau*, qui fait la couverture de la cloche, & qui par dedans soutient l'*anneau du battant*: 7°. les *anses* qui sont des branches de métal unies au cerveau, courbées & évidées pour recevoir les clavettes de fer par le moyen desquelles la cloche est suspendue au *mouton* qui lui sert tout à la fois d'appui & de contrepoids quand on la met à volée.

Les matieres nécessaires à la construction du moule d'une cloche sont:

1°. La *terre*: la terre liante est toujours la meilleure. La grande précaution est de la bien passer pour en ôter les plus petites pierres, & tout ce qui pourroit occasionner ou des crevasses ou des inégalités sur les surfaces du moule.

2°. La *brique*: on n'en fait usage que dans le noyau, & pour le fourneau.

3°. La *siente de cheval*, la *bourre* & le *chanvre*, employés par mélange avec la terre, pour prévenir les crevasses, & pour donner au ciment une plus forte liaison.

4°. La *cire*, matiere dont on forme les inscriptions, les armoiries & les autres figures.

5°. Le *suif*: on le mêle, par portion égale, avec la cire pour en faire un tout, qu'on rend maniable comme une pâte molle à l'aide du feu, & on en met une légere couche sur la chape, avant que d'y appliquer les lettres.

Tout ce qu'on a dit de ce qui s'observe pour jeter des statues en bronze, convient aussi à proportion à la fonte des cloches. Voici ce qui leur est particulier.

Premierement, le métal est différent pour les proportions de cuivre, d'étain & de zinc qui entrent dans sa composition. En second lieu, le noyau & la cire des cloches, du moins si c'est un accord de plufieurs cloches qu'on veuille fondre, ne fe font pas au hafard ni au gré de l'ouvrier, mais doivent fe mefurer par le fondeur, fur la *brochette* ou *échelle campanaire*, qui fert à donner aux cloches la hauteur, l'ouverture & l'épaiffeur convenables, fuivant la diverfité des tons qu'on veut qu'elles aient.

Lorfque les parties de leur compofition font bien liées, qu'elles font plus égales & mieux diftribuées dans la totalité de la maffe, leur vibration eft toujours en raifon de leur reffort, ce qui fait que les cloches plus évafées & plus hautes ont plus de reffort que celles qui font égales dans leur proportion, réfonnent plus longtemps, & font plus juftes de ton. Il arrive, au contraire, que fes refforts ne peuvent pas agir, & que fes ondulations ne font pas fi fréquentes, lorfqu'il fe trouve dans une cloche des inégalités occafionnées par la différence de fes parties, ou par les vents qui fe trouvent dans le métal lorfqu'on le coule & qui y font des trous; lorfque fes côtés font inégaux en épaiffeur par le dérangement du moule, ce qui lui ôte non feulement le fon & la durée, mais ce qui lui rend encore le fon faux, parce que la circulation du mouvement ne peut être égale; que les parties les plus fortes empêchent l'action de celles qui font les plus foibles, ce qui rend les vibrations de celles - ci auffi fauffes que celles des cordes d'inftrumens qui font nouées ou d'une inégale proportion.

Les fondeurs doivent donc favoir que plus le métal des cloches eft fec & dur, plus il a de reffort & de fon, pourvu toutefois qu'il ne foit point fec au point de caffer, ou qu'il ne foit pas noyé ou étouffé par la trop grande quantité d'étain, comme il arrive lorfque le cuivre eft mauvais, quoique cependant, dans ce dernier cas, on y en mette moins que lorfqu'il eft bon; au lieu que lorfque l'étain & le cuivre rouge font bons, le mélange en devient plus gras & plus liant, fe caffe moins, & il s'y fait une liaifon qui rend le métal fec, lui donne plus de reffort & fait qu'il fonne mieux & plus long - temps. Auffi ont - ils conftaté par l'expérience qu'une cloche réfonne plus long-temps, qu'elle a plus de fon & d'harmonie en raifon de la féchereffe & de la dureté du métal qui la compofe.

Les parties de la cloche étant longues

& crochues doivent rendre un fon vif & perçant par l'étendue & l'égalité de fes refforts, qui font toujours en proportion avec les coups que reçoivent les corps qui les contiennent; & comme il fe fait plus d'*ondulations* ou de frémiffements, fon bord extérieur doit néceffairement être plus épais que fon cerveau, où les vibrations font moindres, & où le coup du battant eft moins fenfible, lors même que la cloche fe caffe en faifant ceffer l'ondulation de fes bords par un coup moindre que celui qu'on donneroit, & qui ne fuffiroit pas pour la caffer, fi l'ondulation étoit libre & qu'on ne l'arrêtât pas fubitement.

FONDEUR EN CARACTERES D'IMPRIMERIE. Les caracteres d'Imprimerie font autant de petits parallélipipedes, compofés d'un mélange métallique particulier, à l'extrémité defquels eft, en relief, une lettre ou quelque autre figure employée dans l'impreffion des livres. La furface de ces caracteres étant enduite d'encre noire ou rouge, & étant enfuite appliquée fortement, par la preffe d'imprimerie, contre du papier préparé à cet effet, y laiffe fon empreinte.

On peut diftribuer l'art d'imprimer en trois parties; 1°. l'art de graver les poinçons; 2°. l'art de fondre les caracteres; 3°. & l'art d'en faire ufage. On parlera feulement ici de l'art de graver les poinçons, & de celui de fondre les caracteres. Quant à celui d'employer les caracteres, on le trouvera à l'article IMPRIMEUR.

On peut regarder les graveurs de poinçons comme les premiers auteurs de tous les caracteres mobiles avec lefquels on a imprimé depuis l'origine de l'imprimerie; ce font eux qui les ont inventés, corrigés & perfectionnés par une fuite de progrès longs & pénibles, & qui les ont portés au point où nous les voyons.

Avant cette découverte, on gravoit ce que l'on vouloit imprimer fur une planche de bois dont une feule piece faifoit une page ou une feuille entiere; mais la difficulté de corriger les fautes qui fe gliffoient dans les planches gravées, jointe à l'embarras de ces planches qui fe multiplioient à l'infini, infpira le deffein de rendre les caracteres mobiles, & d'avoir autant de pieces féparées qu'il y a de figures diftinctes dans l'écriture. Cette découverte fut faite en Allemagne vers l'an 1440, où plufieurs perfonnes s'étant réunies d'intérêt avec l'inventeur qu'on dit communément être *Jean Guttemberg*, gentilhomme Allemand, s'occuperent en même temps à donner la perfection à cette invention. En 1510, *Claude Garamond*, natif de Paris, la porta au plus haut point, soit par la forme des caracteres, soit par la justesse & la précision avec lesquelles il les exécuta. On peut voir dans le livre de modeles des caracteres d'imprimerie, publié en 1742 par M. *Fournier* le jeune, très-habile fondeur & graveur en caracteres, l'histoire, les progrès de cet art, & ceux qui s'y sont le plus distingués. Ce sont ces graveurs qui ont trouvé le secret de l'imprimerie en préparant les poinçons nécessaires pour la fonte des caracteres ; ils sont peu connus, parce qu'on les confond ordinairement avec les fondeurs en caracteres, quoique leur travail soit bien différent. Que les caracteres soient beaux ou laids, les fondeurs & imprimeurs n'en sont ni plus ni moins blâmables ; & quoique chacun d'eux coopere à la beauté d'une édition, ils n'ont l'un & l'autre que le mérite de savoir bien choisir, l'un les meilleurs poinçons sur lesquels il forme les matrices de ses lettres, & l'autre les plus beaux caracteres dont il imprime ses ouvrages.

Il n'est pas possible de bien graver des caracteres lorsqu'on ignore le détail du méchanisme de la fonderie & de l'imprimerie ; la théorie de l'impression est si nécessaire à un fondeur en caracteres, qu'il doit y assujettir tout son travail, & savoir quelle est la figure la plus parfaite qui convient aux caracteres qu'il veut fondre. Pour y réussir, il commence par faire le *calibre* qui est un petit morceau de laiton, de tôle, ou de fer blanc, quarré, pas plus épais qu'une carte, & sur lequel il taille la hauteur que doivent avoir ses lettres.

Cette première opération faite, il y conforme ses poinçons, après avoir commencé par le *contre-poinçon*, qui est la figure intérieure de la lettre, à laquelle il ne donne pas trop de talut, de crainte qu'elle ne devienne trop épaisse par le long usage.

La gravure des caracteres se fait en relief sur un des bouts d'un morceau d'acier d'environ deux pouces géométriques de long & de grosseur proportionnée à la grandeur de l'objet qu'on y veut former. On fait les poinçons du meilleur acier

qu'on peut choisir ; on commence par arrêter le dessin de la lettre ; c'est une affaire de goût, & l'on a vu en différens temps les lettres varier, non dans leur forme essentielle, mais dans les rapports des différentes parties de cette forme entre elles. Nous prendrons ici pour exemple le dessin arrêté d'une lettre majuscule, B. Cette lettre, comme l'on voit, est composée de parties blanches & de parties noires. Les premieres sont creuses, & les secondes sont saillantes.

Pour former les parties creuses, on travaille un contre-poinçon d'acier qui a la forme des parties blanches : ce contre-poinçon étant bien formé, trempé dur & un peu recuit, afin qu'il ne s'égrene pas, sera tout prêt à servir.

Le contre-poinçon étant fait, il faut faire le poinçon : pour cela on prend du bon acier ; on en dresse un morceau de grosseur convenable, que l'on fait rougit au feu pour le ramollir : on le coupe par tronçons de la longueur que nous avons dit plus haut : on arrondit un des bouts qui doit servir de tête, & l'on dresse bien à la lime l'autre bout, en sorte que la face soit bien perpendiculaire à l'axe du poinçon, ce dont on s'assure en le passant dans l'*équerre à dresser*.

L'*équerre à dresser* est un morceau de bois ou de cuivre formé par deux parallélipipedes qui forment un angle droit sur la ligne, en sorte que quand l'équerre est posé sur un plan, cette ligne soit perpendiculaire au plan. La partie inférieure de l'équerre, celle qui pose sur le plan, est garnie d'une semelle d'acier ou d'autre métal, bien dressée sur la pierre à huile, qui doit être elle-même parfaitement plane.

Lorsqu'on a préparé le poinçon, comme on l'a dit, on le fait rougir au feu quand il est très-gros. Quand il ne l'est point, il suffit que l'acier soit recuit. Pour recevoir l'empreinte du contre-poinçon, on le serre dans un tas dans lequel il y a une ouverture propre à le recevoir. On l'y affermit par deux vis, la face perpendiculaire à l'axe tournée en haut ; on présente à cette face le contre-poinçon qu'on enfonce à coups de masse d'une ligne ou environ dans le corps du poinçon qui reçoit ainsi l'empreinte des parties creuses de la lettre. On retire ensuite le contre-poinçon ; on ôte le poinçon du tas, ou le dé-
grossit

groſſit à la lime, & on le dreſſe ſur la pierre à l'huile avec l'équerre ; cette opération ſert à enlever les barbes que la lime a occaſionnées ; on finit les parties ſaillantes de la lettre à la lime, & quelquefois au burin.

On place enſuite le poinçon dans l'angle de l'équerre ; on l'y aſſujettit avec le pouce ; & avec le reſte de la main dont on tient l'équerre extérieurement, on promene le tout ſur la pierre à l'huile, ſur laquelle on a ſoin de répandre un peu d'huile d'olive. La pierre uſe à la fois & la ſemelle de l'équerre & la partie du poinçon : mais comme l'axe du poinçon conſerve toujours ſon paralléliſme avec l'arête angulaire de l'équerre, & que l'équerre, à cauſe de la grande étendue de ſa baſe, ne perd point ſa direction perpendiculaire au plan de la pierre ; il s'enſuit qu'il en eſt de même du poinçon, dès qu'il eſt dreſſé, & que le plan de la lettre eſt bien perpendiculaire à l'axe du poinçon.

Quand le poinçon a reçu cette façon, on le trempe pour le durcir. On le fait enſuite un peu revenir ou recuire.

Tous les poinçons des lettres d'un même corps doivent avoir une hauteur égale relativement à leur figure.

Les poinçons étant faits paſſent par les mains du fondeur, qui doit examiner ſi les poinçons qu'il achete ou qu'il fait ont l'œil terminé d'une profondeur ſuffiſante, & ſi les baſes & ſommets des lettres ſe renferment bien entre des paralleles. On commence ordinairement par la lettre M, & c'eſt elle qui ſert de regle pour les autres.

La fonderie en caractere eſt une ſuite de la gravure des poinçons. Le terme *fonderie en caracteres* a pluſieurs acceptions : il ſe prend on pour un aſſortiment complet de poinçons & de matrices de tous les caracteres, ſignes, figures, &c. ſervant à l'imprimerie, avec les moules, fourneaux & autres uſtenſiles néceſſaires à la fonte des caracteres, ou pour le lieu où l'on fabrique les caracteres, ou pour l'endroit où l'on prépare le métal dont ils ſont formés, ou enfin pour l'art même de les fondre ; c'eſt de cet art que nous parlerons.

Les premiers fondeurs étoient graveurs, fondeurs & imprimeurs, c'eſt-à-dire qu'ils travailloient les poinçons, frappoient les

matrices, tiroient les empreintes des matrices, les diſpoſoient en formes, & imprimoient. Mais l'art eſt diviſé en trois branches par la difficulté qu'il y avoit de réuſſir également bien dans toutes.

Lorſque le fondeur s'eſt pourvu de bons poinçons, il travaille à former des *matrices* ; pour cet effet, il prend le meilleur cuivre de roſette qu'il peut trouver ; il en forme à la lime de petits parallélipipedes, longs de quinze à dix-huit lignes, & d'une baſe & largeur proportionnées à la lettre qui doit être formée ſur cette largeur. Ces morceaux, dreſſés & recuits ſont poſés l'un après l'autre ſur un tas d'enclume : on applique deſſus, à l'endroit qui convient, l'extrémité gravée du poinçon, & d'un ou de pluſieurs coups de marteau, on l'y fit entrer d'une profondeur déterminée depuis une demi-ligne juſqu'à une ligne & demie.

Par cette opération, le cuivre prend exactement la forme du poinçon, & devient un véritable moule de corps de lettre ſemblable à celle du poinçon, & c'eſt par cette raiſon qu'on lui a donné le nom de *matrice*. Le nom de moule a été réſervé pour un aſſemblage dont la matiere n'eſt que la partie principale.

Quelque bien que les *matrices* ſoient frappées, elles ſeroient encore imparfaites, ſi le fondeur n'avoit le ſoin de les *juſtifier*, c'eſt-à-dire, de limer toutes leurs faces avec tant de préciſion, qu'elles ſoient de même niveau, & qu'elles ne portent pas plus de cuivre d'un côté que d'autre.

Après la juſtification il les pare, c'eſt-à-dire, qu'il y fait en deſſous un *talut* ou entaille qui eſt vis-à-vis de l'œil de la lettre, & deux petits crans, l'un au deſſous, l'autre au deſſus, pour les tenir enſemble avec le morceau de peau qu'on nomme une *attache*.

La premiere opération qu'on ait à faire quand on a conſtruit & diſpoſé le moule, eſt de préparer la matiere dont les caracteres doivent être fondus. Pour cet effet on prend du plomb & du régule d'antimoine, on les fond ſéparément ; & on les mêle enſuite, mettant quatre cinquiemes de plomb & un cinquieme de régule ; ce mélange donne un compoſé propre pour la fonte des caracteres.

Quand ce métal eſt fluide, & qu'on a fait les eſſais au moule & à la matrice pour vérifier ſi la lettre qu'on veut fondre ſe

C c c

trouve d'approche & de ligne ; on prend de la main gauche le moule garni de la matrice, & de la droite une petite cuiller de fonte qui ne tient pas plus de métal qu'il en faut pour une lettre ; on verse à l'orifice du moule la cuiller pleine de fonte, en baissant & relevant subitement la main gauche, afin que le métal se précipite au fond de la matrice & en prenne la figure ; ce mouvement, qui doit être fait avec vitesse, est d'autant plus nécessaire que le métal se mouleroit mal, parce qu'il se fige dès qu'il touche le fer. La lettre étant formée, on appuie le pouce de la main droite sur le haut de la matrice, afin qu'en faisant la bascule, elle se détache de la lettre ; on referme le moule dès que la lettre en est sortie, & on réitere cette opération jusqu'à deux & trois mille fois par jour.

Il ne faut pas s'imaginer que la lettre, au sortir du moule soit achevée, du moins quant à ce qui regarde son corps ; car pour le caractere il est parfait ; il est beau ou laid, selon que le poinçon qui a servi à former la matrice a été bien ou mal gravé. La lettre apporte avec elle, au sortir du moule, une éminence de matiere de forme pyramidale, adhérente par son sommet au pié de la lettre. Cette partie de métal qu'on appelle *jet*, est formée de l'excédent de la matiere nécessaire à former le caractere, qu'on a versée dans le moule. On la sépare facilement du corps de la lettre au moyen de l'étranglement que les plans inclinés des parties du moule appellé *jets* y ont formé : d'ailleurs la composition quel'addition de l'antimoine rend cassante presque comme de l'acier trempé, facilite cette séparation. Le jet séparé de la lettre s'appelle *rompure*.

Après que toutes les lettres sont rompues, c'est-à-dire, qu'on a séparé les jets qui se remettent à la fonte, on les frotte sur une meule de grès qu'on appelle *pierre à frotter*.

Lorsque les lettres ont été frottées ou crénées & ratissées, on les arrange dans un *composteur* qui est une regle de bois entaillée sur laquelle on arrange les caracteres, la lettre en haut, & tous les crans tournés du même côté. Les caracteres ainsi rangés dans le composteur sont transportés sur les regles de fer : on les y place de maniere que leur pié soit en haut, & que le caractere porte sur la surface hori-

zontale du *justifieur* qui n'est lui-même qu'un composteur de fer.

Le justifieur ainsi garni d'une rangée de caracteres est placé entre les deux jumelles du *coupoir*, qui est une sorte d'établi très-solide sur lequel sont fortement fixées deux jumelles.

Les caracteres étant arrangés, on les coupe avec un rabot de fer. Quand on veut couper les lettres, on place le rabot sur le justifieur, en sorte que les parties saillantes des lettres soient entre les guides du rabot : on hausse ou l'on baisse le fer qui est un peu arrondi par son tranchant, afin qu'on puisse emporter autant de matiere que l'on souhaite.

Les réglemens ont statué sur la hauteur des lettres ; il est ordonné que la lettre portera, depuis sa surface jusqu'à l'extrémité de son pié, dix lignes & demie de pié-de-roi.

Le retranchement de matiere n'est pas le seul qui se fasse avec le rabot ; on est contraint d'enlever encore de l'étoffe au haut du caractere. Ce retranchement se fait des deux côtés aux lettres qui n'ont ni tête ni queue, & seulement du côté opposé à la queue lorsque les caracteres en ont une.

Sans toutes les précautions que nous venons de détailler, avec les meilleurs caracteres du plus habile graveur, un fondeur ignorant feroit un fort mauvais ouvrage.

On entend par fonderie en caracteres un amas de matrices, de moules, de poinçons & d'ustensiles propres à remplir tous les objets de l'impression. Il y a vingt sortes de caracteres qu'on appelle *corps*, chacun de ces corps a ses lettres romaines & italiques.

Pour avoir une égalité de corps de toutes les lettres d'une fonte, on se sert de deux moyens. Le premier est de coucher une vingtaine de lettres d'un corps sur un composteur qui est fait exprès ; quand elles ont été ensuite vérifiées sur le justifieur, l'apprêteur en couche d'autres sur le composteur ; lorsqu'elles excedent, il leur donne quelques coups de couteau, & les égalise à la premiere justification. Le second moyen c'est de se servir du *prototype*, instrument qui regle la force du corps de tous les caracteres en général, & leur donne une précision sûre.

Les caracteres à imprimer paient en

France les droits de fortie , comme mer-
cerie, à raifon de trois livres du cent pefant.

Les fondeurs de caracteres d'imprimerie, qui ne font guere que cinq ou fix dans
Paris , font du corps des libraires & imprimeurs.

Les maitres ne peuvent prendre ni retirer les apprentifs, compagnons fondeurs
& ouvriers l'un de l'autre , fous peine de
cinquante livres d'amende , & des dommages & intérêts du maitre que l'apprentif ou compagnon aura quitté.

FONDEUR EN CUIVRE. Les maitres
fondeurs ont droit de fondre toutes fortes
de grands & de petits ouvrages de métal ;
mais ils ne fondent ordinairement que de
légers ouvrages , tels que font des croix
d'églifes , des chandeliers , des ciboires,
des encenfoirs, des lampes, des boffettes,
&c. Il y a cependant des maitres dans
cette communauté qui fe font diftingués
par la beauté des ouvrages qui font fortis
de leurs fonderies ; tel a été fur la fin du
dix-feptieme fiecle *Pierre le Clerc*, &, depuis , fes enfans, qui ont fondu pour l'é-
glife de Notre Dame de Paris , & pour
plufieurs autres églifes de la capitale &
des provinces, des aigles ou pupitres, des
lampes, des tabernacles, des croix & des
chandeliers d'un poids & d'un deffin au
deffus de tout ce qu'on avoit vu jufqu'a-
lors en ce genre.

Le fable que les maitres fondeurs de
Paris employent pour leur fonte, fe prend
aux fablonieres de Fontenay, à deux lieues
de cette capitale: il eft d'abord d'une couleur tirant fur le jaune, fort doux & un
peu gras; mais lorfqu'il a fervi, il devient
tout noir à caufe du charbon en poudre
dont on fe fert pour les moules.

Chaque fois qu'on veut fe fervir de ce
fable, il faut le corroyer à plufieurs reprifes fur une planche large d'environ un
pié , qui porte fur les bords d'une efpece de coffre ou bahut auffi de bois , dans
lequel le fable eft enfermé , & où il retombe à mefure qu'il eft corroyé. Ce cor-
roi fe fait avec un cylindre de bois long
de deux piés , & d'environ deux pouces
de diametre, & une efpece de couteau fait
d'une lame d'épée rompue, emmanchée
de bois par un bout, dont on fe fert alternativement en recoupant le fable avec le
couteau quand il a été plufieurs fois paffé
fous le rouleau.

Pendant qu'un compagnon corroie le
fable , un autre prépare les moules , &
en plaçant fur une planche de longueur
& de largeur proportionnées à la quantité
& à la forme des ouvrages qu'on veut fondre , les modeles en bois ou en cuivre
dont le fable doit recevoir l'empreinte.

Au milieu de la planche & dans toute
fa longueur, fe place une moitié de petit
cylindre de cuivre qui eft deftiné à faire
le maitre jet pour couler le métal , en obfervant qu'il touche d'un bout le bord de
la planche, & qu'il n'aille de l'autre que
jufqu'au dernier modele qui y eft placé.
Il y a auffi plufieurs petits jets de traverfe pareillement de cuivre , pour diftribuer le métal également par-tout.

Tout étant ainfi difpofé fur la planche,
on y met un chaffis de bois d'un pouce.
environ de largeur, & d'une hauteur convenable à l'élévation des modeles: enfuite
on ouvre légérement la planche & les modeles avec du charbon pulvérifé & paffé
au tamis, pour qu'ils fe puiffent lever plus
aifément de deffus le fable auquel ils s'at-
tacheroient fans cette précaution, à caufe
qu'on l'emploie un peu humide. Cette
poudre mife , on remplit tout le chaffis
de fable qu'on applatit & qu'on preffe fortement avec une efpece de batte de bois
de figure triangulaire.

Ce premier chaffis étant fini, on le ren-
verfe pour en *dépouiller* les pieces , c'eft-
à-dire , pour les retirer du fable ; ce qui
fe fait en les cernant un peu tout autour
avec un petit inftrument de fer plat &
coupant par un bout , qu'on appelle une
tranche. Enfuite l'on travaille tout de fuite
à la contre-partie du moule, dans un chaffis femblable au premier, excepté qu'il a
des chevilles qui , entrant dans des trous
qui font à l'autre chaffis , font , quand ils
font joints , que les cavités du modele
que doit remplir le métal , fe trouvent
parfaitement oppofées l'une à l'autre.

A mefure que les chaffis font ainfi mo-
delés, on les porte au fondeur qui , après
avoir augmenté le maitre jet dans fa con-
trepartie avec une tranche de cuivre , &
joint aux modelets les jets de traverfe
dans tous les deux chaffis , les faupoudre
de folle farine , & les met fécher fur le
fourneau. Les deux pieces du moule étant
fuffifamment feches, elles fe joignent par
le moyen des chevilles , afin qu'elles ne
puiffent s'écarter par la violence du mé-

tal qui doit y entrer tout enflammé par une ouverture ménagée à l'endroit du maître jet : on les serre dans des presses, les uns à vis, si les moules ne sont pas épais, & les autres à coins qui se nomment des *serres*, si les moules sont trop épais pour entrer dans les presses à vis.

Les *serres* sont de forts chassis de bois qu'on met aux deux bouts de chaque moule, & dans lesquels on les maintient unis par le moyen de coins aussi de bois qu'on y chasse avec autant de force qu'il en est besoin, ensorte néanmoins que le sable du dedans n'en puisse être ébranlé.

Les moules ainsi en presse s'arrangent auprès du fourneau pour être plus à portée de recevoir le métal au sortir du creuset. Dans le temps que trois ouvriers préparent de la sorte les moules, on fait fondre le métal dans un creuset de terre de dix pouces de hauteur, & de quatre de diametre.

Le fourneau qui sert à cette fonte, ressemble assez en plusieurs de ses parties à la forge des serruriers : il a comme elle une cheminée au dessus pour la fumée, un soufflet à côté pour exciter le feu, & un massif où se met le creuset. C'est proprement dans l'usage de ce dernier que consiste toute la différence du fourneau & de la forge. Il y a au milieu de ce massif une cavité quarrée de dix à douze pouces de large, qui pénetre jusqu'au fond ; elle est partagée en deux par une grille de fer ; la partie supérieure sert à mettre le creuset & le charbon ; l'inférieure reçoit les cendres.

Quand le charbon, qui doit être de bois bien sec, est suffisamment allumé, on place au milieu le creuset rempli de métal, & ensuite on le couvre d'un couvercle de terre ; & pour augmenter l'ardeur du feu qu'on excite par le vent du soufflet, on met encore un carreau de terre sur une partie de la cavité où est renfermé le creuset. A mesure que le métal se met en fusion, on remplit le creuset avec des pelotes de cuivre battues dans un mortier. Pour mettre ces pelotes dans le creuset, on se sert d'une espece de cuiller de fer à long manche, faite par le bout en forme de cylindre creusé, dont l'extrémité est ouverte pour que la pelote en coule plus aisément.

La fusion étant en état, le fondeur, qui est le troisieme des ouvriers dont nous avons parlé, prend le creuset tout en feu, & le porte aux moules avec des tenailles de fer dont les tenaillons sont recourbés en forme circulaire pour mieux embrasser le haut du creuset.

Le métal se coule par l'ouverture qui aboutit au maître jet de chaque moule, le fondeur les parcourant tous successivement jusqu'à ce que le creuset reste vuide, ou du moins qu'il n'y ait pas assez de matiere pour remplir un nouveau moule. La fonte étant finie, un quatrieme compagnon, qui est aussi celui qui prepare & qui bat les pelotes pour le creuset, jette de l'eau fraîche dans les moules pour affiner le cuivre ; & presque aussi-tôt après il tire les chassis des presses, & débarrasse l'ouvrage du sable qu'on corroie de nouveau pour d'autres moules. Les fondeurs coupent seulement les jets des ouvrages qu'ils ont fondus, & les vendent sans les réparer à ceux qui leur ont comandés, & aux divers ouvriers qui en ont besoin.

La communauté des fondeurs avoit des statuts en 1281, qui furent renouvellés, augmentés, corrigés & approuvés en 1573, par lettres-patentes de Charles IX, du 12 janvier, enregistrées au parlement & au châtelet les mêmes mois & an. Ils n'éprouverent aucun changement jusqu'en 1691, que les charges de jurés, créées en titre d'office par la déclaration du roi Louis XIV de la même année, ayant été incorporées & réunies à cette communauté par lettres-patentes du 9 novembre, il fut ajouté à leurs statuts quelques articles dont les principaux concernent les droits de réceptions des apprentifs & des maîtres.

Cette communauté est conduite par quatre jurés, dont deux sont élus chaque année : c'est à eux à marquer les ouvrages, dans leurs visites, avec leurs poinçons.

Chaque maître ne peut avoir qu'une seule boutique, & un seul apprentif engagé au moins pour cinq ans.

Les fils de maîtres sont aussi obligés à un apprentissage de 5 ans chez leur pere ; mais en quelque nombre qu'ils soient, ils n'excluent pas l'apprentif étranger.

Les apprentifs des villes où il y a maîtrise sont reçus à celle de Paris, en apportant leur brevet d'apprentissage, & en servant quatre ans chez les maîtres. Il y a actuellement à Paris trois cents maîtres fondeurs.

Les fondeurs fabricateurs d'inftrumens de mathématique ont les mêmes ftatuts , prennent les mêmes qualités , & ne différent des fondeurs en cuivre que pour le coût des brevets d'apprentiffage & de lettres de maîtrife.

J

JASMIN , *Bot. Jard.* , en latin , *jaf-minum* ; en anglois, *jafmine*;en allemand, *jafmin*.

Caractere générique.

Un calice permanent, cylindrique & divifé en cinq parties aiguës , porte une fleur monopétale, découpée auffi par les bords en cinq fegmens qui s'étendent : au fond du tube de la fleur font attachées deux étamines courtes & terminées par des fommets alongés : dans le milieu fe trouve un embryon arrondi furmonté d'un ftyle. L'embryon devient une baie ovale & fucculente qui renferme deux femences plates du côté où elles fe joignent, & convexes dans leurs côtés extérieurs.

Efpeces.

1. *Jafmin* à feuilles oppofées empennées , à folioles pointues. *Jafmin* blanc commun.

Jafminum foliis oppofitis pinnatis , foliolis acuminatis. Mill.

Common white jafmine.

2. *Jafmin* à feuilles alternes , tantôt fimples, tantôt à trois folioles, à branches anguleufes. *Jafmin* jaune commun.

Jafminum foliis alternis, ternatis, fimplicibufque , ramis angulatis. Hort. Cliff.

Commom yellow jafmine.

3. *Jafmin* à feuilles alternes, à folioles larges & entieres à trois ou à cinq, dont la terminale eft pointue, à branches rondes & polies, à fleurs jaunes & baies noires.

Jafminum foliis alternis , foliolis latis integerrimis, ternatis & quinnatis extimo cufpidatum definente , ramis læviter angulatis, cortice glabro , flore luteo , fructu nigro. Hort. Colomb. Cette efpece n'eft pas dans Miller.

4. *Jafmin* à feuilles alternativement empennées & ternées , à rameaux anguleux. *N°.* 2 , de Miller. *Jafmin* jaune d'Italie.

Jafminum foliis alternis ternatis, pinnatifque , ramis angulatis. Hort. Upfal.

Italian yellow jafmine.

5. *Jafmin* à feuilles oppofées , empennées , à folioles courtes & obtufes. *Jafmin* d'Efpagne.

Jafminum foliis oppofitis pinnatis , foliolis brevioribus obtufis. Miller.

Cataloniam jafmine.

6. *Jafmin* à feuilles alternes en trefle, à folioles ovales, à rameaux cylindriques.

Jafminum foliis alternis ternatis, foliolis ovatis , ramis teretibus. Miller.

Yellow Indian jafmine.

7. *Jafmin* à feuilles oppofées en trefle, à feuilles cordiformes pointues. *Jafmin* des Azores ou Açores.

Jafminum foliis oppofitis ternatis , foliolis cordato-acuminatis. Mill.

Azorian jafmine. Ivy-leav'd jafmine.

8. *Jafmin* à feuilles lancéolées , oppofées , très-entieres ; à fleurs folitaires, portées par des calices dont les fegmens font très - aigus. *Jafmin* de Malabar à fleurs larges.

Jafminum foliolis lanceolatis, oppofitis, integerrimis, calicibus acutioribus, pedunculis unifloris. Mill.

Large flowering Malabar jafmine.

Quelques auteurs ont rangé l'arbre café parmi les *jafmins* , & certainement la reffemblance eft parfaite à l'égard de la baie; mais la fleur eft très-différente; celle du café n'eft point découpée par les bords , & celle du *jafmin* eft divifée en cinq parties. La fleur du *jafmin* n'a que deux étamines ; celle du café en porte 5.

Le *jafmin* n°. 1 , originaire de la côte de Malabar, & de quelques autres parties des Indes , a été apporté , il y a très-long-temps en Europe ; on l'a fait paffer fucceffivement des ferres chaudes dans les orangeries ; maintenant on le plante en pleine terre à de bonnes expofitions , & nos hivers les plus vigoureux ne lui font effuyer que peu de perte. Cet ancien colon a prodigieufement multiplié fous nos ciels froids , & peut-être le temps & l'habitude pourront-ils le naturalifer entièrement : quoique fes fleurs abondantes brillent fans nombre fur fes tiges , & qu'elles ajoutent aux exhalaifons odorantes de l'été des parfums délicieux , il ne s'eft point encore jufqu'à préfent prêté à l'acte de la génération qui demande le concours de toutes les forces végétales. On ne l'a pas encore vu fructifier en Europe.

On fait que le *jasmin* est très-propre à
garnir des murs & des treillages dans les
lieux abrités. Il y en a une variété à feuilles panachées de jaune, & une à feuilles
panachées de blanc. La première se plante à l'exposition de l'est & du couchant;
la seconde plus délicate, demande le midi
ou le sud est.

Le *jasmin* commun est un des plus précieux ornemens des bosquets de juillet &
d'août. On peut en garnir le bas des ton-
nelles, il embaumeroit délicieusement
l'air frais qu'on y va respirer. Qu'on le
jette en buisson parmi des arbustes toujours verds qui lui serviroient d'abri, &
sur lesquels ses festons fleuris serpente-
roient avec grâce; qu'on le déploie en
haie devant une palissade de ces arbustes, qui le parceroient des vents froids;
sous toutes ces formes il sera d'un effet
charmant, & ce tribut de l'Inde embelli-
ra nos étés. C'est à l'Orient que nous devons les fleurs, les fruits & les arts de
notre sauvage Europe. On aura soin de
répandre de la litiere au pié des *jasmins*
pour garantir leurs racines; si on enveloppe leurs branches dans de la paille, on
aura le plaisir de les voir entieres au printemps; & l'on pourra élever les *jasmins*
plus vite à la hauteur qu'on veut leur
donner. Ils se multiplient sans peine par
les marcottes qu'on couche au printems,
un an après elles sont pourvues de bonnes racines. C'est vers la mi-avril qu'il
convient de les transplanter. Les boutures doivent être faites en automne & abri-
tées l'hiver. Elles m'ont bien réussi en
avril & encore mieux en juillet.

La seconde espece s'éleve sur plusieurs
verges grêles, vertes, à côtes saillantes,
à la hauteur de huit ou dix piés; on appuie ordinairement ce *jasmin* contre un
mur; mais il est plus agréable de le planter par touffes dans les bosquets d'été &
d'automne: ses feuilles sont d'un verd
obscur & luisant, & se conservent tout
l'hyver, lorsque cette saison n'est pas
très-rigoureuse. Par les grands froids il
perd quelques branches, & l'écorce des
autres se tache d'une galle noire. Les
fleurs naissent solitaires vers le bout des
bourgeons, elles paroissent dès la fin de
juin, & quelquefois on en voit encore
en novembre; elles sont d'un jaune vif,
& font un joli effet éparses sur la verdure sombre qui les fait ressortir; mais el-

les sont inodores. Ce *jasmin* se multiplie
très-aisément par la quantité de surgeons
qu'il pousse de son pié. On peut lui confier les greffes des *jasmins* jaunes plus
précieux.

Plusieurs raisons nous portent à croire
que notre n°. 3 differe de notre n°. 4;
nous ne l'assurons cependant pas positi-
vement. Ce *jasmin* est suffisamment décrit
par sa phrase; nous le conservons en pleine terre sans abri depuis plusieurs années, & il brave assez bien les hivers rigoureux. Nous l'avons vu fructifier.

Le *jasmin* n°. 4 porte quelquefois le
nom de *jasmin d'Italie*. Les Italiens qui
apportent des orangers dans nos climats,
se chargent aussi de ces *jasmins*. La fleur
est plus large que celle des *jasmins* jaunes communs sur lesquels on peut l'écus-
sonner ou le greffer en ente & en approche. Le feuillage est glacé, fort agréable
& presque pérenne. Ces *jasmins* greffés
sont plus durs que ceux élevés de marcottes ou de boutures. Il peut supporter
le froid de nos hivers ordinaires, si on le
plante à une bonne exposition. On le conserve communément dans les serres avec
les lauriers.

Le n°. 5 est appellé ordinairement *jasmin d'Espagne*, mais il est naturel de l'Is-
de & de l'isle de Tobago: tout le monde
connoît ce bel arbuste & ses fleurs légeres, dont les pétales d'un blanc éclatant
en dedans, sont colorés en dehors d'un
incarnat délicieux, & exhalent l'odeur
la plus suave: ce qui le rend encore plus
précieux, c'est qu'il fleurit toute l'automne
ne & une partie de l'hiver. M. Linnæus
n'en fait point une espece distincte. Il l'a
pris mal-à-propos pour une variété du
jasmin commun. Miller croit qu'il a été
trompé par les rejets du dessous de la greffe qui l'ont affamé, & ne lui ont présenté
que l'aspect du *jasmin* blanc commun sur
lequel on l'écussonne, on l'ente ou on le
greffe en approche. J'ai vu pratiquer
l'ente de ce *jasmin* d'une maniere fort ingénieuse. On prend un scion de *jasmin*
d'Espagne de la même grosseur que le
bout coupé du sujet: on applatit ce scion
en forme de coin & on l'ajuste dans la
fente, de maniere que les écorces coïn-
cident des deux côtés, & que les canaux
médullaires s'abouchent; ainsi cette greffe reçoit la seve du sujet de tous les côtés.
Cette greffe ingénieuse pourroit s'appli-

quer utilement à d'autres arbres d'une ente rebelle.

Lorſqu'on veut acheter des *jaſmins* d'Eſpagne des marchands Italiens, il faut choiſir ceux Jont la greffe n'eſt ni chancie ni ridée ; on doit enſuite ôter les rejets qu'ils pourroient avoir pouſſés de leur pié, & plonger leurs racines dans un vaſe empli d'eau qu'on mettra dans l'orangerie ; au bout de deux ou trois jours, on les en tirera pour rafraîchir les branches & les racines, & on les plantera dans des pots emplis de bonne terre légere ; on enterrera ces pots dans une couche tempérée, ombragée avec des paillaſſons, & lorſqu'ils auront fait une pouſſe ſuffiſante, on les accoutumera graduellement à l'air libre & à l'action des rayons ſolaires. Ces *jaſmins* peuvent ſoutenir nos hivers en pleine terre, ſi on les plante près d'un mur expoſé au midi pour les paliſſer contre un treillage ; mais on ne doit point oublier de mettre dès le mois de novembre de la litiere autour du pié, & de choiſir un jour très-ſec pour envelopper la tige avec du foin, & tendre un paillaſſon par-deſſus les branches. On aura ſoin de lever ſes couvertures par les temps doux & humides de l'hiver, & de les ſoulever de temps à autre pour donner de l'air & empêcher que le bois ne ſe chanciſſe ou ne ſe ride. Avec ces précautions on aura de très-beaux eſpaliers de *jaſmin* d'Eſpagne, qui donneront de plus belles fleurs & en plus grande quantité que ceux empriſonnés dans les pots.

Le *jaſmin* n°. 6, croît naturellement dans l'Inde, il s'éleve ſur un tronc droit, à huit ou dix piés, l'écorce eſt brune, la vigueur de ſes branches fait qu'elles ſe ſoutiennent d'elles-mêmes ; les feuilles ſont alternes, compoſées de trois folioles d'un verd luiſant ; elles ſont ovales, entieres & pérennes : les fleurs d'un jaune éclatant, naiſſent en grappes au bout des bourgeons, & répandent une très-agréable odeur : on en jouit depuis juillet juſqu'à la fin de novembre ; ſouvent il leur ſuccede des baies noires.

On le multiplie par les marcottes, qu'il faut faire en mars, à la maniere des marcottes d'œillet, & en les arroſant convenablement ; elles ſeront aſſez enracinées un an après pour pouvoir être ſevrées & plantées chacune dans un pot ; on peut auſſi le greffer en approche ſur le *jaſmin*

jaune commun. Les boutures faites en avril ou en juin, dans des pots qu'on plongera dans une couche tempérée & ombragée, réuſſiront aſſez bien ; cette eſpece demande l'orangerie.

L'eſpece n°. 7, eſt naturelle des Açores, elle pouſſe de longues branches grêles qui demandent d'être ſoutenues, & qu'on peut élever à une hauteur conſidérable : les fleurs d'un blanc net ſont aſſez larges, & naiſſent au bout des branches en grappes lâches, elles exhalent une odeur délicieuſe ; il n'eſt pas plus délicat que le *jaſmin* d'Eſpagne. Miller dit en avoir vu un pié en pleine terre contre un mur, dans le jardin de Hampton-court : ce qu'il y a de certain, c'eſt que la ſerre la moins bonne lui ſuffit.

La huitieme eſpece a été apportée du cap de Bonne-Eſpérance, par le capitaine Hutchinſon, qui l'a découverte à un petit nombre de milles dans les terres où elle croiſſoit naturellement ; il fut conduit vers cette charmante production par l'athmoſphere odorante de ſes fleurs qui s'étendoit au loin : il y retourna le lendemain, dit Miller, la fit enlever en motte & mettre dans un pot ; elle continua de fleurir pendant le trajet, & elle arriva en Angleterre en bon état ; elle a décoré depuis quelques années le jardin curieux de M. Richard Wardner, à Woodfort, comté d'Eſſex ; il en donna à Miller des branches, qui le mirent à portée de faire deſſiner ce *jaſmin*, dont il enrichit ſa cent quatre-vingtieme planche, dans la collection de figures de plantes gravées qu'il a donnée au public.

Il paroît, dit Miller, que cet arbriſſeau n'a été connu d'aucun botaniſte ; car on ne rencontre nulle part, ni ſa figure, ni ſa deſcription ; il s'en trouve une eſpece de gravée dans la collection appellée *le jardin de Malabar* ; & dans les plantes de Ceylan, par Burman, qui approche beaucoup de celle-ci, elle eſt appellée *nandi ervatum major. Hort. Mal.* mais elle differe de notre *jaſmin* par des feuilles plus longues & plus étroites ; le tube de ſes fleurs eſt plus large, & les ſegmens de ſes bords ſont moins étendus ; ce qu'il y a de très-ſingulier, c'eſt que ce *jaſmin* dont nous parlons étoit inconnu aux habitans du Cap, qu'il n'y avoit pas un ſeul individu de cette eſpece dans leurs jardins de botanique, & que le capitaine Hutchinson n'en pnt jamais découvrir d'autre pié que celui dont il a enrichi l'Angleterre.

Le tronc de ce *jasmin* est ligneux & robuste, il se divise en plusieurs branches, dont l'écorce polie est d'abord verte, & devient ensuite grise ; les branches naissent deux à deux, & ont des joints courts; les feuilles, dont la consistance est épaisse, sont aussi attachées deux à deux aux bourgeons, elles ont cinq pouces de long, & deux & demi de large au milieu, & diminuent insensiblement par les deux extrêmités : les fleurs naissent au bout des branches, & sont assises à l'aisselle des feuilles, une à une, sur chaque pédicule. Le calice est un tube à cinq angles, dont les bords sont découpés en cinq segmens alongés, étroits & terminés en pointes très-aiguës : la fleur est monopétale, elle est découpée en nombre de segmens profonds ; mais ces segmens sont tous joints au tube par le bas : cette fleur a son aspect des fleurs polypétales, mais il s'en trouve qui sont plus doubles que les autres ; celles-ci ont trois ou quatre rangs de segmens, & on ne leur trouve qu'une étamine : dans les moins doubles on en trouve tantôt deux, tantôt trois, de sorte qu'il n'est pas possible d'assigner par ces parties sexuelles la classe & le genre de cette plante. Comment pourroit-on (dit Miller) déterminer le genre d'une espece par des individus à fleurs doubles, dont les parties sexuelles varient suivant qu'elles le sont plus ou moins : c'est en vain qu'on a cru pouvoir saisir un caractere constant à l'inspection seule de l'embryon imparfait de ces fleurs ; ceux-ci vus sous une forte loupe, peu de temps après leur formation, n'ont paru être autre chose que des projets de capsule à plusieurs semences. Des embryons de capsules monospermes, examinés de cette maniere par des personnes prévenues de leur opinion, pourront de même être pris pour des capsules polyspermes. Comme j'ai reçu depuis peu (continue notre auteur) de Ceylan, des semences de ce *jasmin*, dont les fleurs sont simples ; semences qui sont accouplées deux à deux dans les baies, ainsi que celles du café & du *jasmin* des Azores, & que ces semences ont levé dans le jardin de Chelsea ; lorsque ces plantes fleuriront, on pourra déterminer si nôtre arbrisseau appartient au genre des *jasmins* ou à celui du café ; certainement c'est à

l'un ou à l'autre, & c'est une précipitation repréhensible en botanique que de vouloir en faire un nouveau genre.

Cette plante se multiplie aisément par les boutures, qu'il faut prendre des jeunes branches. (*M. le Baron de Tschoudi*).

M

MAITRES-D'HOTEL ORDINAIRES DU ROI. Le droit le plus éminent de leur charge a toujours été de servir sa majesté, recevoir ses ordres & les faire exécuter ; ordonner & arrêter les dépenses de sa maison ; veiller à leur juste application sous l'autorité de monseigneur le grand-maître de France, & répondre en leurs noms du service. (Droits consignés dans tous les édits & déclarations depuis 1153 jusqu'en 1726).

Ils sont autorisés de même à se faire rendre compte dans des assemblées de bureau des dépenses, d'en connoitre l'emploi & d'en suivre la destination ; aucune n'est allouée à la chambre des comptes, sans la signature de deux maitres-d'hôtel du roi.

Leur fonction est de prendre l'ordre du roi, en l'absence du grand-maître ou premier maitre d'hôtel, ce qu'ils peuvent faire au *débotté* ou à *l'ordre militaire* ; de porter le bâton au grand-couvert & dans les cérémonies ; de présenter la serviette au prince du sang qui donne à laver à sa majesté, & de lui présenter eux-mêmes en l'absence de princes ou princesses du sang.

Ils font l'essai à la bouche des viandes qui sont portées sur la table du roi.

Ils entrent dans le cabinet pour annoncer à sa majesté qu'elle est servie.

Leur place au grand-couvert est à côté du fauteuil du roi à droite après son premier médecin.

Ces charges sont au nombre de douze, trois par quartier, dont une tombe dans le casuel du grand-maître ; mais elles ont toutes les mêmes prérogatives & commandent sous ses ordres à tous les officiers de la bouche.

Ils prêtent serment entre les mains du grand-maître de France de veiller avec exactitude à la bonne administration des parties qui leur sont confiées.

Ils ont l'honneur d'être présentés par lui à sa majesté.

MARAUDEUR , *Art milit.* , voy. cet article fous le mot VOLEUR.

U

UTRECHT, *Géog. mod.* , ville remarquable des Pays-Bas & capitale de la province de même nom. On fe reprocheroit d'avoir oublié de faire connoître dans cet ouvrage tout ce qui a contribué à l'illuftration de cette ville. Les grands hommes qu'elle a vu naitre dans fon fein , & qui ont fait tant d'honneur aux fciences & aux arts, méritent avec raifon d'y tenir une place diftinguée. Voici la lifte de ceux qui ont eu le plus de réputation.

Leufden (Jean) naquit-à *Utrecht* , l'an 1624, & mourut en 1699, âgé de 75 ans. Il s'attacha particulierement à l'étude des langues orientales , & mit au jour un grand nombre d'ouvrages. Ses éditions de la bible en hébreu , & du nouveau teftament en grec, font eftimées. Il a eu foin de l'édition du *fynopfis criticorum* de Polus , faite à *Utrecht* ; il a partagé avec Villemandius la peine de l'édition des œuvres de Lightfoot; fans parler du nouveau teftament fyriaque imprimé à Leyde en 1708 , en deux tomes *in-4°.* auquel il a travaillé conjointement avec Schaaf.

De Roy (Henri), en latin *Regius* , médecin & philofophe cartéfien , naquit à *Utrecht* en 1598, & mourut en 1679. Il enfeigna la nouvelle philofophie de Defcartes , mais d'une maniere qui lui attira la haine des théologiens , & des partifans d'Ariftote. Les curateurs de l'univerfité furent obligés de fe mêler de cette querelle , & eurent bien de la peine à l'appaifer. Regius eut encore des difputes avec Primerofe & Silvius fur la circulation du fang qu'il admettoit ; cette queftion médicinale fut traitée de part & d'autre par des difcours injurieux & outrageans , aujourd'hui l'on rit des difputes élevées fur un fait auffi démontré.

Schoockius (Martin), littérateur, naquit à *Utrecht* en 1614, & mourut à Francfort-fur-l'Oder l'an 1665, âgé de 51 ans. Il a publié quantité de differtations fur des fujets affez curieux ; par exemple , *de naturâ foni* ; *de ovo & pullo* ; *de hellenifiis* ; *de harengis* ; *de fcepticifmo* ; *de inundationibus* ; *de turfis* , *feu de cefpitibus bituminofis* ; *de butyro* ; *de ciconiis* ; *de extafi* ; *de cerevifiâ* ; *de fter-*

mutatione ; *de lino* ; *de tulippis* , &c. Voy. le pere Nicéron , *mémoire des hommes illuftres* , *tome XII* , *page* 364-388.

Mais les *Tollius* freres (Corneille , Jacques & Alexandre), fe font acquis dans la littérature une réputation fort fupérieure à celle de Schoockius.

Tollius (Corneille) , mort en 1562 , a donné quelques ouvrages , & entr'autres , I. *palaphat. de incredibilibus cum notis* , Amfterdam, 1649, *in-*12. II. *Joannis Cinnami de rebus geftis imperat. Conftantinop. Comnenorum biftor. livre IV.* Utrecht, 1652 , *in-4°.* Tollius a été le premier qui ait publié cet auteur avec une verfion latine ; mais du Frefne en a donné une magnifique édition à Paris , 1670 , *in-fol.* de l'imprimerie royale.

Tollius (Jacques) mena une vie fort errante , tantôt en Hollande , tantôt en Allemagne, tantôt en Italie ; enfin il mourut très-pauvre dans fa patrie en 1696 ; voici fes ouvrages. I. Une édition d'Aufone , *Gonda* , 1668 ; II. *Fortuita* , Amfterdam, 1687, *in-8°.* L'auteur fe propofe de faire voir dans ce livre , que prefque toute la mythologie de l'antiquité , ne contient que des myfteres de la chymie ; rien n'eft comparable à cette folie , & à fon entêtement pour la pierre philofophale. III. En 1694 , il publia à *Utrecht* fon *Longin* , *in-4°.* Cette édition eft très-belle & très-bonne. Tollius s'eft fervi d'un exemplaire collationné fur un mf. de la bibliotheque du roi à Paris , & des leçons des trois mff. de la bibliotheque du Vatican. La verfion latine eft entierement de lui. En 1710, M. Hudfon donna à Oxford une nouvelle édition de Longin , *in-8°.* dans laquelle il a confervé la verfion de Tollius corrigée en quelques endroits. L'année fuivante Lehrtzfleifch publia une nouvelle édition de Longin, *Witteberga* , 1711 , *in-4°.* & cette derniere mérite la préférence pour les chofes fur celle d'Angleterre, mais l'impreffion en eft détefiable.

En 1696, Jacques Tollius donna un ouvrage de Bacchini, traduit de l'italien, *de fiftris* , *eorumque figuris* , *cum notis* , Utrecht, *in-4°.* inféré dans le tréfor d'antiquités romaines de Grævius , *tome IV.* La même année notre favant publia : *infignia itinerarii Italici* , *quibus continentur antiquitates facræ* , Utrecht, 1696. Ce volume contient cinq anciennes parties importantes, tirées des bibliotheques de Vienne & de Léipsick. Quatre ans après sa mort, M. Henninius a donné au public la relation des voyages de Tollius sous ce titre : *Jacobi Tollii epistolæ itinerariæ*, Amsterdam, 1700, *in*-4°. Il y a bien des choses curieuses dans ces lettres, surtout dans la cinquieme, qui contient la relation du voyage de Hongrie.

Tollius (Alexandre), mort en 1675, est connu par son édition d'Appien : *Appiani Alexandrini roman. histor.* Amsterdam 1670, *in*-8°. deux volumes. Cette édition d'Appien est belle, & d'un caractere fort net.

Utenbogaert (Jean), célebre théologien parmi les remonstrans, naquit à *Utrecht* en 1557, & mourut à la Haye en 1644, dans la 88e. année de son âge. C'étoit un homme très-savant, dont l'esprit, la conduite & les manieres gagnerent d'abord le cœur de Maurice ; mais ce prince finit par le maltraiter sans aucun sujet légitime, ainsi qu'il paroît en ce que Louise de Coligni, & Frédéric Henri son fils, eurent toujours une estime singuliere pour Utenbogaert, étant bien convaincus que le prince d'Orange lui avoit fait tort.

Utenbogaert écrivoit en sa langue avec beaucoup de sagesse & de précision ; c'est ce qui se prouve par son *histoire des controverses* d'alors, par sa vie, & par plusieurs autres écrits hollandois qu'il publia. S'il n'avoit pas l'étendue & la pénétration de génie d'Episcopius, il le surpassoit peut-être en netteté & en simplicité de style. Mais ils eurent toute leur vie une très-grande déférence l'un pour l'autre, & il n'y eut jamais aucune diminution dans leur amitié, parce que la vertu en serroit les nœuds.

Il nous reste diverses lettres françoises d'Utenbogaert à Louise de Coligni. Si on les compare avec des lettres écrites en ce même temps par nos, François, on les trouvera aussi-bien tournées, & peut-être mieux ; & pour les choses même, on verra qu'il n'y a rien que de sage, & qui ne convienne au caractere d'un homme de bien, prudent & retenu.

Il a publié un grand nombre d'ouvrages tous en hollandois : les deux principaux sont, son histoire ecclésiastique, depuis l'an 400, jusqu'en 1619, imprimée en 1646 & 1647, *in-fol.* & l'histoire de sa

vie, qu'il acheva en sa 82e. année, en 1638. Cet ouvrage a paru après sa mort, en 1645, *in*-4°. &.a été réimprimé en 1646. L'article de ce savant théologien, si long-temps persécuté dans sa patrie, a été fait avec grand soin par M. de Chaufepié dans son dictionnaire historique, & c'est un article extrêmement curieux.

Je finis cette courte liste par un homme de goût, écrivain poli, *Van - Essen* (Juste), né à *Utrecht* en 1684, & mort à Bois - le - Duc en 1735, étant alors inspecteur des magasins de l'Etat dans cette ville. Il cultiva de bonne heure la langue françoise, dans laquelle il a composé tous ses ouvrages, & qu'il écrit aussi-bien que peut le faire aucun étranger. Un esprit philosophique, des connoissances diversifiées, une assez grande vivacité d'imagination, & beaucoup de facilité, mirent M. Van - Effen en état de travailler avec distinction sur toutes sortes de matieres. Il a eu beaucoup de part au journal littéraire ; & comme il entendoit fort bien l'anglois, il a donné la traduction entiere du Mentor moderne. Son parallele d'Homere & de Chapelain, qui se trouve à la suite du chef-d'œuvre de l'Inconnu, par M. de Saint-Hyacinthe, est un badinage heureux, & très-bon dans son genre ; mais le principal ouvrage de cet ingénieux écrivain, est son misantrope, qu'il fit à l'imitation du spectateur Anglois. Cet ouvrage est mêlé de prose & de vers, & l'on peut dire qu'en journal, le jugement y domine par-tout. La meilleure édition est celle de la Haye, en 1726, en deux vol. *in-8°*. (*D. J.*)

UTRECHT, *seigneurie d'*, *Géog. mod.*, province des Pays-Bas, & l'une des sept qui composent la république des Provinces-Unies, entre lesquelles elle a le cinquieme rang. Elle est bornée au nord par la Hollande & le Zuiderzée ; au midi par le Rhin, qui la sépare de l'isle de Betau ; à l'orient par la Veluwe & la Gueldres ; à l'occident par la Hollande encore. Ce pays étoit autrefois si puissant, qu'il pouvoit mettre sur pié une armée de quarante-mille hommes, & quoiqu'il fût continuellement attaqué par les Bataves, par les Frisons, par les Gueldrois, qui l'environnent de tous côtés, il se défendit néanmoins vaillamment contre de si puissans ennemis.

On divise aujourd'hui la province d'Utrecht en quatre quartiers, qui font le diocèse supérieur & inférieur, l'Emſland, & le Montfort-land. On y reſpire un air beaucoup plus ſain qu'en Hollande, parce que le pays eſt beaucoup plus élevé, & moins marécageux.

Son gouvernement eſt ſemblable à celui de la province de Zélande. Il a néanmoins cela de particulier, que huit députés laïques, repréſentant l'ordre du clergé, ont ſéance dans l'aſſemblée des Etats de la province avec les députés des nobles, & des villes d'Utrecht, d'Amerfort, de Wyck, de Rhenen, & de Montfort.

Ce ſont les cinq anciens chapitres de la ville d'*Utrecht*, qui fourniſſent les députés repréſentant le clergé. Les deux autres autres éliſent leurs députés, & c'eſt pour cela qu'on les nomme *élus*.

En 1672 les François ſe rendirent maîtres de toute la ſeigneurie d'*Utrecht*; mais ils furent obligés l'année ſuivante, d'en abandonner la conquête. Les Etats-généraux mécontens de la conduite de cette province, & de ſon averſion pour le prince d'Orange, l'exclurent du gouvernement de la république, de même que les provinces de Gueldres & d'Over-Iſſel; cependant ces trois provinces furent réunies à la généralité, le 29 de janvier 1674, & cette réunion a ſubſiſté juſqu'à ce jour. (*D. J.*)

UTRICULARIA, ſ. f. *Hiſt. nat. bot.*, nom donné par Linnœus au genre de plante que les autres auteurs appellent *lentibularia*; ſon calice eſt une enveloppe à deux feuilles; la fleur eſt labiée & monopétale; la levre ſupérieure eſt droite & obtuſe; la levre inférieure eſt large & ſans découpure; le nectarium eſt fait en maniere de corne, il eſt plus court que le pétale de la fleur, & ſort de ſa baſe. Les étamines ſont deux filets courts & crochus, leurs boſſettes ſont petites & adhérentes enſemble, le piſtil a le germe arrondi, le ſtyle eſt délié comme un cheveu & de la longueur du calice, le ſtigmate eſt fait en cône, le fruit eſt une groſſe capſule conique, renfermant une ſeule cavité; les graines ſont très-nombreuſes. (*D. J.*)

UVAGE ou **EUVAGE**, ſ. m. *Sucrerie*, c'eſt ainſi qu'on appelle dans une ſucrerie la partie du glacis garni en carreaux de terre cuite qui forme l'encaiſſement de chaque chaudiere à ſucre, & en augmente conſidérablement les bords. *Voy.* **SUCRERIE**, **EDIFICE**.

Les Negres charpentiers des iſles, appellent *uvage* deux longues planches ou bordages placés le long des côtes d'une pyroque ou d'un canot ſervant à exhauſſer les bords. *V.* **PYROQUE** *&* **EUVAGE**.

ÉLOGE

De M. le Préſident DE MONTESQUIEU.

L'INTÉRÊT que les bons citoyens prennent à l'ENCYCLOPÉDIE, & le grand nombre de gens de lettres qui lui conſacrent leurs travaux, ſemblent nous permettre de le regarder comme un des monumens les plus propres à être dépoſitaires des ſentimens de la patrie, & des hommages qu'elle doit aux hommes célebres qui l'ont honorée. Perſuadés néanmoins que M. de Montesquieu étoit en droit d'attendre d'autres panégyriſtes que nous, & que la douleur publique eût mérité des interprêtes plus éloquens, nous euſſions renfermés au dedans de nous-mêmes nos juſtes regrets & notre reſpect pour ſa mémoire ; mais l'aveu de ce que nous lui devons nous eſt trop précieux pour en laiſſer le ſoin à d'autres. Bienfaiteur de l'humanité par ſes écrits, il a daigné l'être auſſi de cet ouvrage; & notre reconnoiſſance ne veut que tracer quelques lignes au pié de ſa Statue.

CHARLES DE SÉCONDAT, BARON DE LA BREDE ET DE MONTESQUIEU, ancien préſident à mortier au parlement de Bordeaux, de l'académie françoiſe, de l'académie royale des ſciences & des belles-lettres de Pruſſe, & de la ſociété royale de Londres ; naquit au château de la Brede près de Bordeaux, le 1e janvier 1689, d'une famille noble de Guienne. Son triſaïeul, Jean de Secondat, maitre d'hôtel de Henri II roi de Navarre, & enſuite de Jeanne, fille de ce roi, qui épouſa Antoine de Bourbon, acquit la Terre de Monteſquieu d'une ſomme de 10000 livres que cette princeſſe lui donna par un acte authentique, en récompenſe de ſa probité & de ſes ſervices. Henri III roi de Navarre, depuis Henri IV roi de France, érigea en baronie la terre de Monteſquieu, en faveur de Jacob de Secondat, fils de Jean, d'abord gentilhomme ordinaire de la chambre de ce prince, & enſuite meſtre-de-camp du régiment de Châtillon. Jean Gaſton de Secondat, ſon ſecond fils, ayant épouſé la fille du premier préſident du parlement de Bordeaux, acquit dans cette compagnie une charge de préſident à mortier ; il eut pluſieurs enfans, dont un entra dans le ſervice, s'y diſtingua, & le quitta de fort bonne heure : ce fut le pere de Charles de Secondat, auteur de l'*Eſprit des Loix*. Ces détails paroîtront peut-être déplacés à la tête de l'éloge d'un philoſophe dont le nom a ſi peu beſoin d'ancêtres ; mais n'envions point à leur mémoire l'éclat que ce nom répand ſur elle.

Les ſuccès de l'enfance, préſage quelquefois ſi trompeur, ne le furent point dans Charles de Secondat : il annonça de bonne heure ce qu'il devoit être ; & ſon pere donna tous ſes ſoins à cultiver ce génie naiſſant, objet de ſon eſpérance & de ſa tendreſſe. Dès l'âge de vingt ans, le jeune Monteſquieu préparoit déja les matériaux de l'Eſprit des Loix, par un extrait raiſonné des immenſes volumes qui compoſent le corps du droit civil; ainſi autrefois Newton avoit jetté dès sa premiere jeuneſſe les fondemens des ouvrages qui l'ont rendu immortel. Cependant l'étude de la juriſprudence, quoique moins aride pour M. de Monteſquieu que pour la plupart de ceux qui s'y livrent, parce qu'il la cultivoit en philoſophe, ne ſuffiſoit pas à l'étenduc & à l'activité de ſon génie ; il approfondiſſoit dans le même temps des matieres encore plus importantes & plus délicates , & les diſcutoit dans le ſilence avec la ſageſſe , la décence , & l'équité qu'il a depuis montrées dans ſes ouvrages.

Un oncle paternel , préſident à mortier au parlement de Bordeaux, juge éclairé & citoyen vertueux, l'oracle de ſa compagnie & de ſa province, ayant perdu ſon fils unique, & voulant conſerver dans ſon corps l'eſprit d'élévation qu'il avoit tâché d'y répandre, laiſſa ſes biens & ſa charge à M. de Monteſquieu ; il étoit conſeiller au parlement de Bordeaux depuis le 24 février 1714, & fut reçu préſident à mortier le 13 juillet 1716. Quelques années après , en 1722, pendant la minorité du roi, ſa compagnie le chargea de préſenter des remontrances à l'occaſion d'un nouvel impôt. Placé entre le trône & le peuple, il remplit en ſujet reſpectueux & en magiſtrat plein de courage l'emploi ſi noble & ſi peu envié , de faire parvenir au ſouverain le cri des malheureux; & la miſere publique repréſentée avec autant d'habileté que de force, obtint la juſtice qu'elle demandoit. Ce ſuccès, il eſt vrai, par malheur pour l'état bien plus que pour lui, fut auſſi paſſager que s'il eût été injuſte ; à peine la voix des peuples eut-elle ceſſé de ſe faire entendre, que l'impôt ſupprimé fut remplacé par un autre; mais le citoyen avoit fait ſon devoir.

Il fut reçu , le 3 avril 1716 , dans l'académie de Bordeaux, qui ne faiſoit que de naître. Le goût pour la muſique & pour les ouvrages de pur agrément avoit d'abord raſſemblé les membres qui la formoient. M. de Monteſquieu crut avec raiſon que l'ardeur naiſſante & les talens de ſes confrerea pourroient s'exercer avec encore plus d'avantage ſur les objets de la phyſique. Il étoit perſuadé que la nature , ſi digne d'être obſervée par-tout , trouvoit auſſi par-tout des yeux dignes de la voir ; qu'au contraire les ouvrages de goût ne ſouffrant point de médiocrité, & la capitale étant en ce genre le centre des lumieres & des ſecours, il étoit trop difficile de raſſembler loin d'elle un aſſez grand nombre d'écrivains diſtingués ; il regardoit les ſociétés de bel eſprit , ſi étrangement multipliées dans nos provinces, comme une eſpece ou plutôt comme une ombre de luxe littéraire, qui nuit à l'opulence réelle , ſans même en offrir l'apparence. Heureuſement M. le duc de la Force, par un prix qu'il venoit de fonder à Bordeaux , avoit ſecondé des vues ſi éclairées & ſi juſtes. On jugea qu'une expérience bien faite ſeroit préférable à un diſcours foible ou à un mauvais poëme; & Bordeaux eut une académie des ſciences.

M. de Monteſquieu nullement empreſſé de ſe montrer au public, ſembloit attendre, ſelon l'expreſſion d'un grand génie, *un âge mûr pour écrire* ; ce ne fut qu'en 1721, c'eſt-à-dire, âgé de trente-deux ans qu'il mit au jour les *Lettres Perſannes*. Le *Siamois* des *amuſemens ſérieux & comiques* pouvoit lui en avoir fourni l'idée; mais il ſurpaſſa ſon modele. La peinture des mœurs orientales avoit fourni l'idée ; mais il ſurpaſſa ſon modele.

La peinture des mœurs orientales réelles ou suppofées, de l'orgueil & du flegme de l'amour afiatique, n'eft que le moindre objet de ces lettres; elle n'y fert, pour ainfi dire, que de prétexte à une fatyre fine de nos mœurs, & à des matieres importantes que l'auteur approfondit en paroiffant glifſet fur elles. Dans cette efpece de tableau mouvant, Usbek expofe fur-tout avec tant de légéreté que d'énergie ce qui a le plus frappé parmi nous fes yeux pénétrans; notre habitude de traiter férieufement les chofes les plus futiles, & de tourner les plus importantes en plaifanteries; nos converfations fi bruyantes & fi frivoles; notre ennui dans le fein du plaifir même; nos préjugés & nos actions en contradiction continuelle avec nos lumieres; tant d'amour pour la gloire joint à tant de refpect pour l'idole de la faveur; nos courtifans fi rampans & fi vains; notre politeffe extérieure & notre mépris réel pour les étrangers, ou notre prédilection affectée pour eux; la bizarrerie de nos goûts, qui n'a rien au deffous d'elle que l'empreffement de toute l'Europe à les adopter; notre dédain barbare pour deux des plus refpectables occupations d'un citoyen, le commerce & la magiftrature; nos difputes littéraires fi vives & fi inutiles; notre fureur d'écrire avant que de penfer, & de juger avant que de connoitre. A cette peinture vive, mais fans fiel, il oppofe, dans l'apologue des Troglodites, le tableau d'un péuple vertueux, devenu fage par le malheur, morceau digne du Portique: ailleurs il montre la philofophie long-temps étouffée, reparoiffant tout-à-coup, regagnant par fes progrès le temps qu'elle a perdu, pénétrant jufques chez les Ruffes à la voix d'un génie qui l'appelle, tandis que chez d'autres peuples de l'Europe, la fuperftition, femblable à une athmofphere épaiffe, empêche la lumiere qui les environne de toutes parts d'arriver jufqu'à eux. Enfin, par les principes qu'il établit fur la nature des gouvernemens anciens & modernes, il préfente le germe de ces idées lumineufes développées depuis par l'auteur dans fon grand ouvrage.

Ces différens fujets, privés aujourd'hui des graces de la nouvéauté qu'ils avoient dans la naiffance des Lettres Perfannes, y conferveront toujours le mérite du caractere original qu'on a fu leur donner; mérite d'autant plus réel, qu'il vient ici du génie feul de l'écrivain, & non du voile étranger dont il s'eft couvert; car Usbek a pris, durant fon féjour en France, non feulement une connoiffance fi parfaite de nos mœurs, mais une fi forte teinture de nos manieres mêmes, que fon ftyle fait fouvent oublier fon pays. Ce léger défaut de vraifemblance peut n'être pas fans deffein & fans adreffe: en relevant nos ridicules & nos vices, il a voulu fans doute auffi rendre juftice à nos avantages; il a fenti toute la fadeur d'un éloge direct, & il s'en eft plus finement acquitté, en prenant fi fouvent notre ton pour médire plus agréablement de nous.

Malgré le fuccès de cet ouvrage, M. de Montefquieu ne s'en étoit point déclaré ouvertement l'auteur. Peut-être croyoit-il échapper plus aifément par ce moyen à la fatyre littéraire, qui épargne plus volontiers les écrits anonymes, parce que c'eft toujours la perfonne, & non l'ouvrage, qui eft le but de fes traits; peut-être craignoit-il d'être attaqué fur le prétendu contrafte des Lettres Perfannes avec l'auftérité de fa place; efpece de reproche, difoit-il, que les critiques ne manquent jamais, parce qu'il ne de-

mande aucun effort d'efprit. Mais fon fecret étoit découvert, & déja le public le montroit à l'académie françoife. L'événement fit voir combien le filence de M. de Montefquieu avoit été fage. Usbek s'exprime quelquefois affez librement, non fur le fond du chriftianifme, mais fur des matieres que
trop de perfonnes affectent de confondre avec le chriftianifme même; fur
l'efprit de perfécution dont tant de chrétiens ont été animés; fur les ufur-
pations temporelles de la puiffance eccléfiaftique; fur la multiplication exceffive des monafteres, qui enleve des fujets à l'état fans donner à Dieu
des adorateurs ; fur quelques opinions qu'on a vainement tenté d'ériger en
dogmes ; fur nos difputes de religion, toujours violentes, & fouvent funeftes. S'il paroit toucher ailleurs à des queftions plus délicates, & qui intéreffent de plus près la religion chrétienne, fes réflexions appréciées avec juftice , font en effet très-favorables à la révélation , puifqu'il fe borne à montrer combien la raifon humaine , abandonnée à elle-même , eft peu éclairée fur ces objets. Enfin, parmi les véritables lettres de M. de Montefquieu,
l'Imprimeur étranger en avoit inféré quelques-unes d'une autre main , & il
eût fallu du moins , avant que de condamner l'auteur , démêler ce qui lui
appartenoit en propre. Sans égard à ces confidérations , d'un côté la haine
fous le nom de zele , de l'autre le zele fans difcernement ou fans lumieres,
fe fouleverent & fe réunirent contre les *Lettres Perfannes.* Des délateurs,
efpece d'hommes dangereufe & lâche, que même dans un gouvernement
fage on a quelquefois le malheur d'écouter, alarmerent par un extrait infidele la piété du miniftere. M. de Montefquieu, par le confeil de fes amis,
foutenu de la voix publique, s'étant préfenté pour la place de l'académie
françoife vacante par la mort de M. de Sacy, le miniftre écrivit à cette compagnie que Sa Majefté ne donneroit jamais fon agrément à l'auteur des Lettres Perfannes ; qu'il n'avoit point lu ce livre, mais que des perfonnes en
qui il avoit confiance , lui en avoient fait connoitre le poifon & le danger.
M. de Montefquieu fentit le coup qu'une pareille accufation pouvoit porter à fa perfonne, à fa famille , & à la tranquillité de fa vie. Il n'attachoit
pas áffez de prix aux honneurs littéraires , ni pour les rechercher avec avidité , ni pour affecter de les dédaigner quand ils fe préfentoient à lui , ni
enfin pour en regarder la fimple privation comme un malheur: mais l'exclufion perpétuelle , & fur-tout les motifs de l'exclufion lui paroiffoient
une injure. Il vit le miniftre, lui déclara que par des raifons particulieres
il n'avouoit point les Lettres Perfannes, mais qu'il étoit encore plus éloigné de défavouer un ouvrage dont il croyoit n'avoir point à rougir, & qu'il
devoit être jugé d'après une lecture , & non fur une délation: le miniftre
prit enfin le parti par où il auroit dû commencer; il lut le livre , aima l'auteur, & apprit à mieux placer fa confiance ; l'académie françoife ne fut
point privée d'un de fes plus beaux ornemens ; & la France eut le bonheur
de conferver un fujet que la fuperftition ou la calomnie étoient prêtes à lui
faire perdre : car M. de Montefquieu avoit déclaré au gouvernement qu'a-
près l'efpece d'outrage qu'on alloit lui faire, il iroit chercher chez les étrangers qui lui tendoient les bras, la fûreté, le repos, & peut-être les récompenfes qu'il auroit dû efpérer dans fon pays. La nation eût déploré cette perte , & la honte en fût pourtant retombée fur elle.

Feu M. le maréchal d'Eſtrées , alors directeur de l'académie françoiſe, ſe conduiſit dans cette circonſtance en courtiſan vertueux & d'une ame vraiment élevée ; il ne craignit ni d'abuſer de ſon crédit ni de le compromettre ; il ſoutint ſon ami & juſtifia Socrate. Ce trait de courage ſi précieux aux lettres , ſi digne d'avoir aujourd'hui des imitateurs, & ſi honorable à la mémoire de M. le maréchal d'Eſtrées , n'auroit pas dû être oublié dans ſon éloge.

M. de Monteſquieu fut reçu, le 24 janvier 1728 ; ſon diſcours eſt un des meilleurs qu'on ait prononcés dans une pareille occaſion ; le mérite en eſt d'autant plus grand , que les récipiendaires gênés juſqu'alors par ces formules & ces éloges d'uſage auxquels une eſpece de preſcription les aſſujettit , n'avoient encore oſé franchir ce cercle pour traiter d'autres ſujets, ou n'avoient point penſé du moins à les y renfermer ; dans cet état même de contrainte il eût l'avantage de réuſſir. Entre pluſieurs traits dont brille ſon diſcours , on reconnoîtroit l'écrivain qui penſe , au ſeul portrait du cardinal de Richelieu , *qui apprit à la France le ſecret de ſes forces, & à l'Eſpagne celui de ſa foibleſſe, qui ôta à l'Allemagne ſes chaînes & lui en donna de nouvelles.* Il faut admirer M. de Monteſquieu d'avoir ſû vaincre la difficulté de ſon ſujet , & pardonner à ceux qui n'ont pas eu le même ſuccès.

Le nouvel académicien étoit d'autant plus digne de ce titre, qu'il avoit, peu de temps auparavant, renoncé à tout autre travail, pour ſe livrer entierement à ſon génie & à ſon goût. Quelque importante que fût la place qu'il occupoit, avec quelques lumieres & quelque intégrité qu'il en eût rempli les devoirs, il ſentoit qu'il y avoit des objets plus dignes d'occuper ſes talens ; qu'un citoyen eſt redevable à ſa nation & à l'humanité de tout le bien qu'il peut leur faire ; & qu'il ſeroit plus utile à l'une & à l'autre , en les éclairant par ſes écrits , qu'il ne pouvoit l'être en diſcutant quelques conteſtations particulieres dans l'obſcurité ; toutes ces réflexions le déterminerent à vendre ſa charge ; il ceſſa d'être magiſtrat , & ne fut plus qu'homme de lettres.

Mais pour ſe rendre utile par ſes ouvrages aux différentes nations , il étoit néceſſaire qu'on les connût ; ce fut dans cette vue qu'il entreprit de voyager. Son but étoit d'examiner par-tout le phyſique & le moral , d'étudier les loix & la conſtitution de chaque pays, de viſiter les ſavans, les écrivains , les artiſtes célebres , de chercher ſur-tout ces hommes rares & ſinguliers dont le commerce ſupplée quelquefois à pluſieurs années d'obſervations & de ſéjour. M. de Monteſquieu eût pu dire, comme Démocrite, „ Je n'ai rien oublié pour m'inſtruire ; j'ai quitté mon pays & parcouru l'u„ nivers pour mieux connoître la vérité : j'ai vu tous les perſonnages illuſ„ tres de mon temps ; „ mais il y eut cette différence entre le Démocrite François & celui d'Abdere, que le premier voyageoit pour inſtruire les hommes, & le ſecond pour s'en moquer.

Il alla d'abord à Vienne, où il vit ſouvent le célebre prince Eugene ; ce héros ſi funeſte à la France (à laquelle il auroit pu être ſi utile) , après avoir balancé la fortune de Louis XIV , & humilié la fierté Ottomane, viroit ſans faſte durant la paix, aimant & cultivant les lettres dans une cour où

elles

elles font peu en honneur , & donnant à fes maitres l'exemple de les protéger. M. de Montefquieu crut entrevoir dans fes difcours quelques reftes
d'intérêt pour fon ancienne patrie.; le prince Eugene en laiſſoit voir fur-
tout , autant que le peut faire un ennemi , fur les fuites funeftes de cette
divifion inteftine qui trouble depuis fi long-temps l'Eglife de France : l'homme d'état en prévoyoit la durée & les effets, & les prédit au philofophe.

M. de Montefquieu partit de Vienne pour voir la Hongrie, contrée opu-
lente & fertile , habitée par une nation fiere & généreufe , le fléau de fes
tyrans & l'appui de fes fouverains. Comme peu de perfonnes connoiffent
bien ce pays , il a écrit avec foin cette partie de fes voyages.

D'Allemagne , il paſſa en Italie ; il vit à Venife le fameux Law , à qui il
ne reftoit de fa grandeur paſſée que des projets heureufement deftinés à
mourir dans fa tête , & un diamant qu'il engageoit pour jouer aux jeux de
hafard. Un jour la converfation rouloit fur le fameux fyftême que Law avoit
inventé ; époque de tant de malheurs & de fortunes , & fur-tout d'une
dépravation remarquable dans nos mœurs. Comme le parlement de Paris,
dépofitaire immédiat des loix dans les temps de minorité , avoit fait éprouver au miniftre Ecoſſois quelque réfiftance dans cette occafion, M. de Montefquieu lui demanda pourquoi on n'avoit pas eſſayé de vaincre cette réfiſtance par un moyen prefque toujours infaillible en Angleterre, par le grand
mobile des actions des hommes , en un mot par l'argent : *Ce ne font pas,*
répondit Law , *des génies auſſi ardens & auſſi dangereux que mes compa-*
triotes, mais ils font beaucoup plus incorruptibles. Nous ajouterons fans
aucun préjugé de vanité naɿonale, qu'un corps libre pour quelques inftans,
doit mieux réfifter à la corruption que celui qui l'eft toujours ; le premier,
en vendant fa liberté , la perd ; le fecond ne fait, pour ainfi dire , que la
prêter, & l'exerce même en l'engageant ; ainfi les circonftances & la nature du gouvernement font les vices & les vertus des nations.

Un autre perfonnage non moins fameux que M. de Montefquieu vit encore plus fouvent à Venife , fut le comte de Bonneval. Cet homme fi connu
par fes aventures, qui n'étoient pas encore à leur terme , & flatté de con-
verfer avec un juge digne de l'entendre , lui faifoit avec plaifir le détail fingulier de fa vie , le récit des actions militaires où il s'étoit trouvé , le portrait des généraux & des miniftres qu'il avoit connus. M. de Montefquieu
fe rappelloit fouvent ces converfations & en racontoit différens traits à fes
amis.

Il alla de Venife à Rome : dans cette ancienne capitale du monde, qui
l'eft encore à certains égards , il s'appliqua fur-tout à examiner ce qui la
diftingue aujourd'hui le plus , les ouvrages de Raphaël , des Titien , & des
Michel-Ange : il n'avoit point fait une étude particuliere des beaux arts ;
mais l'expreſſion dont brillent les chefs-d'œuvre en ce genre , faifit infailliblement tout homme de génie. Accoutumé à étudier la nature , il la reconnoit quand elle eft imitée , comme un portrait reffemblant frappe tous ceux
à qui l'original eft familier : malheur aux productions de l'art dont toute la
beauté n'eft que pour les artiftes !

Après avoir parcouru l'Italie, M. de Montefquieu vint en Suiſſe ; il examina foigneufement les vaftes pays arrofés par le Rhin , & il ne lui refta

plus rien à voir en Allemagne ; car FREDERIC ne régnoit pas encore. Il
s'arrêta ensuite quelque temps dans les Provinces-Unies , monument admirable de ce que peut l'industrie humaine animée par l'amour de la liberté.
Enfin il se rendit en Angleterre où il demeura deux ans : digne de voir &
d'entretenir les plus grands hommes , il n'eut à regretter que de n'avoir
pas fait plutôt ce voyage: Locke & Newton étoient morts. Mais il eut souvent l'honneur de faire sa cour à leur protectrice , la célebre reine d'Angleterre , qui cultivoit la philosophie sur le trône , & qui goûta , comme elle le
devoit, M. de Montesquieu. Il ne fut pas moins accueilli par la nation , qui
n'avoit pas besoin sur cela de prendre le ton de ses maitres. Il forma à Londres des liaisons intimes avec des hommes exercés à méditer & à se préparer aux grandes choses par des études profondes ; il s'instruisit avec eux de
la nature du gouvernement, & parvint à le bien connoitre. Nous parlons
ici d'après les témoignages publics que lui en ont rendu les Anglois eux-
mêmes , si jaloux de nos avantages, & si peu disposés à reconnoitre en nous
aucune prospérité.

Comme il n'avoit rien examiné ni avec la prévention d'un enthousiaste,
ni avec l'austérité d'un Cynique , il n'avoit remporté de ses voyages ni un
dédain outrageant pour les étrangers, ni un mépris encore plus déplacé
pour son propre pays. Il résultoit de ces observations que l'Allemagne étoit
faite pour y voyager , l'Italie pour y séjourner , l'Angleterre pour y penser,
& la France pour y vivre.

De retour enfin dans sa patrie , M. de Montesquieu se retira pendant
deux ans à sa terre de la Brede : il y jouit en partie de cette solitude que le
spectacle & le tumulte du monde sert à rendre plus agréable ; il vécut avec
lui-même , après en être sorti si long-temps ; & ce qui nous intéresse le plus,
il mit la derniere main à son ouvrage *sur la cause de la grandeur & de la
décadence des Romains* , qui parut en 1734.

Les Empires, ainsi que les hommes, doivent croitre , dépérir, & s'éteindre ; mais cette révolution nécessaire a souvent des causes cachées que la
nuit des temps nous dérobe , & que le mystere ou leur petitesse apparente
a même quelquefois voilées aux yeux des contemporains; rien ne ressemble
plus sur ce point à l'histoire moderne que l'histoire ancienne. Celle des Romains mérite néanmoins à cet égard quelque exception ; elle présente une
politique raisonnée , un systême suivi d'agrandissement , qui ne permet pas
d'attribuer la fortune de ce peuple à des ressorts obscurs & subalternes. Les
causes de la grandeur Romaine se trouvent donc dans l'histoire , & c'est au
philosophe à les y découvrir. D'ailleurs il n'en est pas des systêmes dans
cette étude comme dans celle de la physique; ceux-ci sont presque toujours
précipités , parce qu'une observation nouvelle & imprévue peut les renverser en un instant; au contraire, quand on recueille avec soin les faits que
nous transmet l'histoire ancienne d'un pays, si on ne rassemble pas toujours
tous les matériaux qu'on peut desirer , on ne sauroit du moins espérer d'en
avoir un jour davantage, l'étude réfléchie de l'histoire , étude si importante & si difficile , consiste à combiner , de la maniere la plus parfaite , ces
matériaux défectueux : tel seroit le mérite d'un architecte , qui , sur des ruines savantes, traceroit , de la maniere la plus vraisemblable , le plan d'un

édifice antique, en suppléant, par le génie & par d'heureuses conjectures à des restes informes & tronqués.

C'est sous ce point de vue qu'il faut envisager l'ouvrage de M. de Montesquieu : il trouve les causes de la grandeur des Romains dans l'amour de la liberté, du travail, & de la patrie, qu'on leur inspiroit dès l'enfance ; dans la sévérité de la discipline militaire ; dans ces dissensions intestines qui donnoient du ressort aux esprits, & qui cessoient tout-à-coup à la vue de l'ennemi ; dans cette constance après le malheur, qui ne désespéroit jamais de la république : dans le principe où ils furent toujours de ne faire jamais la paix qu'après des victoires; dans l'honneur du triomphe, sujet d'émulation pour les généraux ; dans la protection qu'ils accordoient aux peuples révoltés contre leurs rois; dans l'excellente politique de laisser aux vaincus leurs dieux & leurs coutumes; dans celle de n'avoir jamais deux puissans ennemis sur les bras, & de tout souffrir de l'un jusqu'à ce qu'ils eussent anéanti l'autre. Il trouve les causes de leur décadence dans l'agrandissement même de l'état, qui changea en guerres civiles les tumultes populaires; dans les guerres éloignées qui forçant les citoyens à une trop longue absence, leur faisoient perdre insensiblement l'esprit républicain; dans le droit de bourgeoisie accordé à tant de nations, & qui ne fit plus du peuple Romain qu'une espece de monstre à plusieurs têtes; dans la corruption introduite par le luxe de l'Asie ; dans les proscriptions de Sylla qui avilirent l'esprit de la nation, & la préparerent à l'esclavage; dans la nécessité où les Romains se trouverent de souffrir des maitres, lorsque leur liberté leur fut devenue à charge; dans l'obligation où ils furent de changer de maximes, en changeant de gouvernement; dans cette suite de monstres qui régnerent, presque sans interruption, depuis Tibere jusqu'à Nerva, & depuis Commode jusqu'à Constantin; enfin, dans la translation & le partage de l'empire, qui périt d'abord en Occident par la puissance des barbares, & qui après avoir langui plusieurs siecles en Orient sous des empereurs imbécilles ou féroces, s'anéantit insensiblement comme ces fleuves qui disparoissent dans des sables.

Un assez petit volume a suffi à M. de Montesquieu pour développer un tableau si intéressant & si vaste. Comme l'auteur ne s'appesantit point sur les détails, & ne saisit que les branches fécondes de son sujet, il a su renfermer en très-peu d'espace un grand nombre d'objets distinctement apperçus & rapidement présentés sans fatigue pour le lecteur ; en laissant beaucoup voir, il laisse encore plus à penser, & il auroit pu intituler son livre, *Histoire Romaine à l'usage des hommes d'état & des philosophes.*

Quelque réputation que M. de Montesquieu se fût acquise par ce dernier ouvrage & par ceux qui l'avoient précédé, il n'avoit fait que se frayer le chemin à une plus grande entreprise, à celle qui doit immortaliser son nom & le rendre respectable aux siecles futurs. Il en avoit dès long-temps formé le dessein, il en médita pendant vingt ans l'exécution ; ou, pour parler plus exactement, toute sa vie en avoit été la méditation continuelle. D'abord il s'étoit fait en quelque façon étranger dans son propre pays, afin de le mieux connoitre ; il avoit ensuite parcouru toute l'Europe, & profondément étudié les différens peuples qui l'habitent. L'isle fameuse qui se glorifie tant de ses loix, & qui en profite fi mal, avoit été pour lui dans ce long voyage, ce que l'ifle de Crete fut autrefois pour Lycurgue, une école où il avoit fu s'inf-truire fans tout approuver ; enfin il avoit, fi on peut parler ainfi, interrogé & jugé les nations & les hommes celebres qui n'exiftent plus aujourd'hui que dans les annales du monde. Ce fut ainfi qu'il s'éleva par degrés au plus beau titre qu'un fage puiffe mériter, celui de légiflateur des nations.

S'il étoit animé par l'importance de la matiere, il étoit effrayé en même temps par fon étendue : il l'abandonna, & y revint à plufieurs reprifes; il fentit plus d'une fois, comme il l'avoue lui-même, tomber les mains pa-ternelles. Encouragé enfin par fes amis, il ramaffa toutes fes forces,& donna l'*Efprit des loix*.

Dans cet important ouvrage, M. de Montefquieu, fans s'appefantir, à l'exemple de ceux qui l'ont précédé, fur des difcuffions métaphyfiques relatives à l'homme fuppofé dans un état d'abftraction, fans fe borner, comme d'autres, à confidérer certains peuples dans quelques relations ou circonftances particulieres, envifage les habitans de l'univers dans l'état réel où ils font, & dans tous les rapports qu'ils peuvent avoir entr'eux. La plupart des autres écrivains en ce genre font prefque toujours ou de fimples moraliftes, ou de fimples jurifconfultes, ou même quelquefois de fimples théologiens: pour lui, l'homme de tous les pays & de toutes les nations, il s'occupe moins de ce que le devoir exige de nous que des moyens par lefquels on peut nous obliger de le remplir, de la perfection méta-phyfique des loix que de celle dont la nature humaine les rend fufcepti-bles, des loix qu'on a faites que de celles qu'on a dû faire, des loix d'un peuple particulier que de celles de tous les peuples. Ainfi en fe comparant lui-même à ceux qui ont couru avant lui cette grande & noble carriere, il a pu dire comme le Correge, quand il eut vu les ouvrages de fes rivaux, *& moi auffi je fuis peintre.* (*)

___

(*) La plupart des gens de lettres qui ont parlé de l'*Efprit des Loix*,s'étant plus attachés à le critiquer qu'à en donner une idée jufte, nous allons tâcher de fuppléer à ce qu'ils auroient dû faire, & d'en dé-velopper le plan, le caractere & l'objet. Ceux qui en trouveront l'analyfe trop longue, jugeront peut-être après l'avoir lue, qu'il n'y avoit que ce feul moyen de bien faire faific la méthode de l'auteur. On doit fe fouvenir d'ailleurs que l'hif-toire des écrivains célebres n'eft que celle de leurs penfées & de leurs travaux, & que cette partie de leur éloge en'eft le plus effentielle & la plus utile, fur-tout dans un ouvrage tel que l'*Encyclopédie*.

Les hommes dans l'état de nature, abf-traction faite de toute religion, ne con-noiffant dans les différends qu'ils peuvent avoir, d'autre loi que celle des animaux, le droit du plus fort, on doit regarder l'é-tabliffement des fociétés comme une ef-pece de traité contre ce droit injufte ; traité deftiné à établir entre les différen-tes parties du genre humain une forte de balance. Mais il en eft de l'équilibre mo-ral comme du phyfique, il eft rare qu'il foit parfait & durable, & les traités du genre humain font comme les traités en-tre nos princes, une femence continuelle de divifions. L'intérêt,le befoin & le plai-fir ont rapproché les hommes ; mais ces mêmes motifs les pouffent fans ceffe à vouloir jouir des avantages de la fociété fans en porter les charges; & c'eft en ce fens qu'on peut dire avec l'auteur,que les hommes,dès qu'ils font en fociété,font en état de guerre. Car la guerre fuppofe dans ceux qui fe la font, finon l'égalité de force, au moins l'opinion de cette égalité, d'où naît le defir & l'efpoir mutuel de fe vain-cre; or,dans l'état de fociété, fi la balance

Rempli & pénétré de son objet, l'auteur de l'*Esprit des loix* y embraffe un fi grand nombre de matieres, & les traite avec tant de briéveté & de profondeur, qu'une lecture affidue & méditée peut feule faire fentir le mérite de ce livre. Elle fervira fur-tout, nous ofons le dire, à faire difpa-

n'eft jamais parfaite entre les hommes, elle n'eft pas non plus trop inégale : au contraire, ou ils n'auroient rien à fe difputer dans l'état de nature, ou fi la néceffité les y obligeoit, on ne verroit que la foibleffe fuyant devant la force, des oppreffeurs fans combat & des opprimés fans réfiftance.

Voilà donc les hommes réunis & armés tout à la fois, s'embraffant d'un côté, fi on peut parler ainfi, & cherchant de l'autre à fe bleffer mutuellement : les loix font le lien plus ou moins efficace, deftiné à fufpendre ou à retenir leurs coups ; mais l'étendue prodigieufe du globe que nous habitons, la nature différente des régions de la terre & des peuples qui la couvrent, ne permettant pas que tous les hommes vivent fous un feul & même gouvernement, le genre humain a dû fe partager en un certain nombre d'états, diftingués par la différence des loix auxquelles ils obéiffent. Un feul gouvernement n'auroit fait du genre humain qu'un corps exténué & languiffant, étendu fans vigueur fur la furface de la terre; les différens états font autant de corps agiles & robuftes, qui en fe donnant la main les uns aux autres, n'en forment qu'un, & dont l'action réciproque entretient par-tout le mouvement & la vie.

On peut diftinguer trois fortes de gouvernemens ; le républicain, le monarchique, le defpotique. Dans le républicain, le peuple en corps a la fouveraine puiffance ; dans le monarchique, un feul gouverne par des loix fondamentales; dans le defpotique, on ne connoit d'autre loi que la volonté du maître, ou plutôt du tyran. Ce n'eft pas à dire qu'il n'y ait dans l'univers que ces trois efpeces d'états; ce n'eft pas à dire même qu'il y ait des états qui appartiennent uniquement & rigoureufement à quelqu'une de ces formes ; la plupart font, pour ainfi dire, mi-partis ou nuancés les uns des autres : ici la monarchie incline au defpotifme ; là le gouvernement monarchique eft combiné avec le républicain; ailleurs ce n'eft pas le peuple entier, c'eft feulement une partie du peuple qui fait les loix. Mais la divifion précédente n'en eft pas moins exacte & moins jufte. Les trois efpeces de gouvernement qu'elle renferme font tellement diftinguées, qu'elles n'ont proprement rien de commun ; & d'ailleurs tous les états que nous connoiffons, participent de l'une ou de l'autre. Il étoit donc néceffaire de former de ces trois efpeces des claffes particulieres, & de s'appliquer à déterminer les loix qui leur font propres; il fera facile enfuite de modifier ces loix dans l'application à quelque gouvernement que ce foit, felon qu'il appartiendra plus ou moins à ces différentes formes.

Dans les divers états, les loix doivent être relatives à leur *nature*, c'eft-à-dire, à ce qui les conftitue, & à leur *principe*, c'eft-à-dire, à ce qui les foutient & les fait agir : diftinction importante, la clef d'une infinité de loix, & dont l'auteur tire bien des conféquences.

Les principales loix relatives à la *nature* de la démocratie font que le peuple y foit à certains égards le monarque, à d'autres le fujet : qu'il élife & juge fes magiftrats, & que les magiftrats en certaines occafions décident. La nature de la monarchie demande qu'il y ait entre le monarque & le peuple beaucoup de pouvoirs & de rangs intermédiaires, & un corps dépofitaire des loix, médiateur entre les fujets & le prince. La nature du defpotifme exige que le tyran exerce fon autorité, ou par lui feul, ou par un feul qui le repréfente.

Quant au *principe* des trois gouvernemens, celui de la démocratie eft l'amour de la république, c'eft à-dire, de l'égalité; dans les monarchies, où un feul eft le difpenfateur des diftinctions & des récompenfes, & où l'on s'accoutume à confondre l'état avec ce feul homme, le principe eft l'honneur, c'eft-à-dire, l'ambition & l'amour de l'eftime ; fous le defpotifme enfin, c'eft la crainte. Plus ces principes font en vigueur, plus le gouvernement eft ftable ; plus ils s'alterent & fe corrompent, plus il incline à fa deftruction. Quand l'auteur parle de l'égalité dans les roitre le prétendu défaut de méthode dont quelques lecteurs ont accusé M. de Montesquieu; avantage qu'ils n'auroient pas dû le taxer légérement d'avoir négligé dans une matiere philofophique, & dans un ouvrage de vingt années. Il faut diftinguer le défordre réel de celui qui n'eft qu'ap-

démocraties, il n'entend pas une égalité extrême, abfolue, & par conféquent chimerique; il entend cet heureux équilibre qui rend tous les citoyens également foumis aux loix, & également intéreffés à les obferver.

Dans chaque gouvernement les loix de l'éducation doivent être relatives au *principe*; on entend ici par *éducation*, celle qu'on reçoit en entrant dans le monde, & non celle des parens & des maitres, qui fouvent y eft contraire, furtout dans certains états. Dans les monarchies, l'éducation doit avoir pour objet l'urbanité & les égards réciproques; dans les états d'efpotiques, la terreur & l'aviliffement des efprits; dans les républiques on a befoin de toute la puiffance de l'éducation; elle doit infpirer un fentiment noble, mais pénible, le renoncement à foimême, d'où naît l'amour de la patrie.

Les loix que le légiflateur donne, doivent être conformes au *principe* de chaque gouvernement; dans la république, entretenir l'égalité & la frugalité; dans la monarchie, foutenir la nobleffe fans écrafer le peuple; fous le gouvernement defpotique, tenir également tous les états dans le filence. On ne doit point accufer M. de Montefquieu d'avoir ici tracé aux fouverains les principes du pouvoir arbitraire, dont le nom feul eft fi odieux aux princes juftes, & à plus forte raifon au citoyen fage & vertueux. C'eft travailler à l'anéantir que de montrer ce qu'il faut faire pour le conferver: la perfection de ce gouvernement en eft la ruine; & le code exact de la tyrannie, tel que l'auteur le donne, eft en même temps la fatyre & le fléau le plus redoutable des tyrans. A l'égard des autres gouvernemens, ils ont chacun leurs avantages; le républicain eft plus propre aux petits états, le monarchique aux grands; le républicain plus fujet aux excès, le monarchique aux abus; le républicain apporte plus de maturité dans l'exécution des loix, le monarchique plus de promptitude.

La différence des principes des trois gouvernemens doit en produire dans le nombre & l'objet des loix, dans la forme des jugemens & la nature des peines. La conftitution des monarchies étant invariable & fondaméntale, exige plus de loix civiles & de tribunaux, afin que la juftice foit rendue d'une maniere plus uniforme & moins arbitraire; dans les états modérés, foit monarchies, foit républiques, on ne fauroit apporter trop de formalités aux loix criminelles. Les peines doivent nonfeulement être en proportion avec le crime, mais encore les plus douces qu'il eft poffible, furtout dans la démocratie; l'opinion attachée aux peines fera fouvent plus d'effet que leur grandeur même. Dans les républiques, il faut juger felon la loi, parce qu'aucun particulier n'eft le maitre de l'altérer. Dans les monarchies, la clémence du fouverain peut quelquefois l'adoucir; mais les crimes ne doivent jamais y être jugés que par les magiftrats expreffément chargés d'en connoitre. Enfin c'eft principalement dans les démocraties que les loix doivent être féveres contre le luxe, le relâchement des mœurs, & la féduction des femmes. Leur douceur & leur foibleffe même les rend affez propres à gouverner dans les monarchies, & l'hiftoire prouve que fouvent elles ont porté la couronne avec gloire.

M. de Montefquieu ayant ainfi parcouru chaque gouvernement en particulier, les examine enfuite dans le rapport qu'ils peuvent avoir les uns aux autres, mais feulement fous le point de vue le plus général, c'eft-à-dire, fous celui qui eft uniquement relatif à leur nature & à leur principe; envifagés de cette maniere, les états ne peuvent avoir d'autres rapports que celui de fe défendre ou d'attaquer. Les républiques devant par leur nature renfermer un petit état, elles ne peuvent fe défendre fans alliance, mais c'eft avec des républiques qu'elles doivent s'allier; la force défenfive de la monarchie confifte principalement à avoir des frontieres hors d'infulte. Les états ont comme parent Le défordre eft réel, quand l'analogie & la fuite des idées n'eft point obfervée ; quand les conclufions font érigées en principes , ou les précedent ; quand le lecteur , après des détours fans nombre , fe retrouve au point d'où il eft parti. Le défordre n'eft qu'apparent , quand l'auteur met-

les hommes le droit d'attaquer pour leur propre confervation : du droit de la guerre dérive celui de conquête ; droit nécef-faire, légitime & malheureux , *qui laiffe toujours à payer une dette immenfe pour s'acquitter envers la nature humaine* , & dont la loi générale eft de faire aux vaincus le moins de mal qu'il eft poffible. Les républiques peuvent moins conquérir que les monarchies ; des conquêtes immenfes fuppofent le defpotifme ou l'affurent. Un des grands principes de l'efprit de conquête doit être de rendre meilleure , autant qu'il eft poffible, la condition du peuple conquis ; c'eft fatisfaire tout à la fois la loi naturelle & la maxime d'état. Rien n'eft plus beau que le traité de paix de Gelon avec les Carthaginois, par lequel il leur défendit d'immoler à l'avenir leurs propres enfans. Les Efpagnols , en conquérant le Pérou, auroient dû obliger de même les habitans à ne plus immoler des hommes à leurs dieux ; mais ils crurent plus avantageux d'immoler ces peuples mêmes. Ils n'eurent plus pour conquête qu'un vafte défert ; ils furent forcés à dépeupler leur pays,& s'affoiblirent pour toujours par leur propre victoire. On peut être obligé quelquefois de changer les loix du peuple vaincu ; rien ne peut jamais obliger de lui ôter fes mœurs ou même fes coutumes, qui font fouvent toutes fes mœurs. Mais le moyen le plus fûr de conferver une conquête , c'eft de mettre, s'il eft poffible, le peuple vaincu au niveau du peuple conquérant, de lui accorder les mêmes droits & les mêmes privileges : c'eft ainfi qu'en ont fouvent ufé les Romains; c'eft ainfi fur-tout qu'en ufa Céfar à l'égard des Gaulois.

Jufqu'ici , en confidérant chaque gouvernement tant en lui-même que dans fon rapport aux autres , nous n'avons eu égard ni à ce qui doit leur être commun, ni aux circonftances particulieres tirées ou de la nature du pays, ou du génie des peuples : c'eft ce qu'il faut maintenant développer.

La loi commune de tous les gouverne-

mens , du moins des gouvernemens modérés , & par conféquent juftes , eft la liberté politique dont chaque citoyen doit jouir. Cette liberté n'eft point la licence abfurde de faire tout ce qu'on veut, mais le pouvoir de faire tout ce que les loix permettent. Elle peut être envifagée ou dans fon rapport à la conftitution,ou dans fon rapport au citoyen.

Il y a dans la conftitution de chaque état deux fortes de pouvoirs , la puiffance légiflative & l'exécutrice; & cette derniere a deux objets , l'intérieur de l'état & le dehors. C'eft de la diftribution légitime & de la répartition convenable de ces différentes efpeces de pouvoirs, que dépend la plus grande perfection de la liberté politique par rapport à la conftitution. M. de Montefquieu en apporte pour preuve la conftitution de la république Romaine,& celle de l'Angleterre. Il trouve le principe de celle-ci dans cette loi fondamentale du gouvernement des anciens Germains, que les affaires peu importantes y étoient décidées par les chefs , & que les grandes étoient portées au tribunal de la nation, après avoir auparavant été agitées par les chefs. M. de Montefquieu n'examine point fi les Anglois jouiffent ou non de cette extrême liberté politique que leur conftitution leur donne ; il lui fuffit qu'elle foit établie par leurs loix : il eft encore plus éloigné de vouloir faire la fatyre des autres états ; il croit au contraire que l'excès, même dans le bien, n'eft pas toujours defirable ; que la liberté extrême a fes inconvéniens comme l'extrême fervitude, & qu'en général la nature humaine s'accommode mieux d'un état moyen.

La liberté politique confidérée par rapport au citoyen,confifte dans la fûreté où il eft à l'abri des loix , ou du moins dans l'opinion de cette fûreté qui fait qu'un citoyen n'en craint point un autre. C'eft principalement par la nature & la proportion des peines , que cette liberté s'établit ou fe détruit. Les crimes contre la religion doivent être punis par la priva-

Ddd 4

tant à leur véritable place les idées dont il fait ufage, laiffe à fuppléer aux lecteurs les idées intermédiaires : & c'eft ainfi que M. de Montefquieu a cru pouvoir & devoir en ufer dans un livre deftiné à des hommes qui pen-fent, dont-le génie doit fuppléer à des omiffions volontaires & raifonnées.

tion des biens que la religion procure ; les crimes contre les mœurs,par la honte; les crimes contre la tranquillité publi-que , par la prifon ou l'exil ; les crimes contre la fûreté, par les fupplices. Les écrits doivent être moins punis que les actions , jamais les fimples penfées ne doivent l'être : accufations non juridi-ques , efpions , lettres anonymes , toutes ces reffources de la tyrannie également honteufes à ceux qui en font l'inftrument & à ceux qui s'en fervent, doivent être profcrites dans un bon gouvernement monarchique. Il n'eft permis d'accufer qu'en face de la loi,qui punit toujours ou l'accufé ou le calomniateur. Dans tout autre cas , ceux qui gouvernent doivent dire avec l'empereur Conftance : *Nous ne faurions foupçonner celui à qui il a manqué un accufateur, lorfqu'il ne lui manquoit pas un ennemi.* C'eft une très bonne inftitu-tion que celle d'une partie publique qui fe charge au nom de l'état de pourfuivre les crimes , & qui ait toute l'utilité des délateurs fans en avoir les vils intérêts, les inconvéniens & l'infàmie.

La grandeur des impôts doit être en proportion directe avec la liberté. Ainfi dans les démocraties,ils peuvent être plus grands qu'ailleurs fans être onéreux;par-ce que chaque citoyen les regarde comme un tribut qu'il fe paie à lui-même, & qui affure la tranquillité & le fort de chaque membre. De plus,dans un état démocrati-que, l'emploi infidele des deniers publics eft plus difficile , parce qu'il eft plus aifé de le connoître & de le punir , le dépofi-taire en devant compte, pour ainfi dire , au premier citoyen qui l'exige.

Dans quelque gouvernement que ce foit,l'efpece de tributs la moins onéreufe, eft celle qui eft établie fur les marchan-difes , parce que le citoyen paie fans s'en appercevoir. La quantité exceffive de troupes en temps de paix,n'eft qu'un pré-texte pour charger le peuple d'impôts,un moyen d'énerver l'état ; & un inftrument de fervitude. La régie des tributs qui en fait rentrer le produit en entier dans le

fifc public , eft fans comparaifon moins à charge au peuple,& par conféquent plus avantageufe, lorfqu'elle peut avoir lieu, que la ferme de ces mêmes tributs , qui laiffe toujours entre les mains de quelques particuliers une partie des revenus de l'é-tat. Tout eft perdu fur-tout (ce font ici les termes de l'auteur) lorfque la profef-fion de traitant devient honorable; & elle le devient dès que le luxe eft en vigueur. Laiffer quelques hommes fe nourrir de la fubftance publique pour les dépouiller à leur tour, comme autrefois pratiqué dans certains états , c'eft réparer une injuftice par une autre,& faire deux maux au lieu d'un.

Venons maintenant, avec M. de Mon-tefquieu , aux circonftances particulieres indépendantes de la nature du gouverne-ment, & qui doivent en modifier les loix. Les circonftances qui viennent de la na-ture du pays font de deux fortes ; les unes ont rapport au climat, les autres au ter-rein.Perfonne ne doute que le climat n'in-flue fur la difpofition habituelle des corps, & par conféquent fur les caractere s ; c'eft pourquoi les loix doivent fe conformer au phyfique du climat dans les chofes indifférentes,& au contraire le combattre dans les effets vicieux:ainfi dans les pays où l'ufage du vin eft nuifible , c'eft une très-bonne loi que celle qui l'interdit : dans les pays où la chaleur du climat por-te à la pareffe , c'eft une très - bonne loi que celle qui encourage au travail. Le gouvernement peut donc corriger les effets du climat, & cela fuffit pour mettre l'ef-prit des loix à couvert du reproche très-injufte qu'on lui a fait d'attribuer tout au froid & à la chaleur ; car outre que la chaleur & le froid ne font pas la feule chofe par laquelle les climats foient dif-tingués,il feroit auffi abfurde de nier cer-tains effets du climat, que de vouloir lui attribuer tout.

L'ufage des efclaves établi dans les pays chauds de l'Afie & de l'Amérique,& réprouvé dans les climats tempérés de l'Europe, donne fujet à l'auteur de traiter

L'ordre qui fe fait appercevoir dans les grandes parties de l'*Efprit des loix*, ne regne pas moins dans les détails : nous croyons que plus on approfondira l'ouvrage, plus on en fera convaincu. Fidele à des divifions générales, l'auteur rapporte à chacune les objets qui lui appartiennent exclu-

de l'efclavage civil. Les hommes n'ayant pas plus de droit fur la liberté que fur la vie les uns des autres, il s'enfuit que l'efclavage,généralement parlant, eft contre la loi naturelle. En effet, le droit d'efclavage ne peut venir ni de la guerre, puifqu'il ne pourroit être alors fondé que fur le rachat de la vie, & qu'il n'y a plus de droit fur la vie de ceux qui n'attaquent plus ; ni de la vente qu'un homme fait de lui-même à un autre,puifque tout citoyen étant redevable de fa vie à l'état lui eft à plus forte raifon redevable de fa liberté, & par conféquent n'eft pas le maitre de la vendre. D'ailleurs quel feroit le prix de cette vente ? Ce ne peut être l'argent donné au vendeur, puifqu'au moment qu'on fe rend efclave,toutes les poffeffions appartiennent au maitre: or, une vente fans prix eft auffi chimérique qu'un contrat fans condition.Il n'y a peut - être jamais eu qu'une loi jufte en faveur de l'efclavage, c'étoit la loi romaine qui rendoit le débiteur efclave du créancier; encore cette loi, pour être équitable, devoit borner la fervitude quant au degré & quant au temps. L'efclavage peut tout au plus être toléré dans les états defpotiques,où les hommes libres, trop foibles contre le gouvernement, cherchent à devenir, pour leur propre utilité, les efclaves de ceux qui tirannifent l'état ; ou bien dans les climats dont la chaleur énerve fi fort le corps & affoiblit tellement le courage, que les hommes n'y font portés à un devoir pénible que par la crainte du châtiment.

A côté de l'efclavage civil on peut placer la fervitude domeftique,c.à d.celle où les femmes font dans certains climats : elle peut avoir lieu dans ces contrées de l'Afie où elles font en état d'habiter avec les hommes avant que de ponvoir faire nfage de leur raifon;nubiles par la loi du climat, enfans par celle de la nature.Cette fujétion devient encore plus néceffaire dans les pays où la polygamie eft établie ; ufage que M.de Montefquieu ne prétend pas juftifier dans ce qu'il a de contraire à

la religion, mais qui dans les lieux où il eft reçu (& à ne parler que politiquement) peut être fondé jufqu'à un certain point, ou fur la nature du pays, ou fur le rapport du nombre des femmes au nombre des hommes. M. de Montefquieu parle à cette occafion de la répudiation & du divorce ; & il établit fur de bonnes raifons, que la répudiation une fois admife devroit être permife aux femmes comme aux hommes.

Si le climat a tant d'influence fur la fervitude domeftique & civile, il n'en a pas moins fur la fervitude politique,c'eft-à-dire,fur celle qui foumet un peuple à un autre.Les peuples du Nord font plus forts & plus courageux que ceux du Midi ; ceux-ci doivent donc en général être fubjugués,ceux-là conquérans;ceux-ci efclaves,ceux-là libres.C'eft auffi ce que l'hiftoire confirme : l'Afie a été conquife onze fois par les peuples du Nord ; l'Europe a fouffert beaucoup moins de révolutions.

A l'égard des loix relatives à la nature du terrein, il eft clair que la démocratie convient mieux que la monarchie aux pays ftériles, où la terre a befoin de toute l'induftrie des hommes.La liberté d'ailleurs eft en ce cas une efpece de dédommagement de la dureté du travail. Il faut plus de loix pour un peuple agriculteur que pour un peuple qui nourrit des troupeaux, pour celui-ci que pour un peuple chaffeur, pour un peuple qui fait ufage de la monnoie que pour celui qui l'ignore.

Enfin on doit avoir égard au génie particulier de la nation. La vanité qui groffit les objets, eft un bon reffort pour le gouvernement; l'orgueil qui les déprife eft un reffort dangereux.Le légiflateur doit refpecter jufqu'à un certain point les préjugés, les paffions, les abus. Il doit imiter Solon,qui avoit donné aux Athéniens,non les meilleures loix en elles-mêmes, mais les meilleures qu'ils puffent avoir : le caractere gai de ces peuples demandoit des loix plus faciles : le caractere dur des Lacédémoniens,des loix plus féveres. Les fivement ; & à l'égard de ceux qui par différentes branches appartiennent à plusieurs divisions à la fois, il a placé sous chaque division la branche qui lui appartient en propre ; par-là on apperçoit aisément, & sans confusion, l'influence que les différentes parties du sujet ont les unes sur les autres,

loix sont un mauvais moyen pour changer les matieres & les usages;c'est par les récompenses & l'exemple qu'il faut tâcher d'y parvenir. Il est pourtant vrai en même temps, que les loix d'un peuple, quand on n'affecte pasd'y choquer grossièrement & directement ses mœurs, doivent influer insensiblement sur elles, soit pour les affermir,soit pour les changer.

Après avoir approfondi de cette maniere la nature & l'esprit des loix par rapport aux différentes especes de pays & de peuples,l'auteur revient de nouveau à considérer les états les uns par rapport aux autres.D'abord,en les comparant entr'eux d'une maniere générale, il n'avoit pu les envisager que par rapport au mal qu'ils peuvent se faire ; ici il les envisage par rapport aux secours mutuels qu'ils peuvent se donner ; or ces secours sont principalement fondés sur le commerce. Si l'esprit de commerce produit naturellement un esprit d'intérêt opposé à la sublimité des vertus morales, il rend aussi un peuple naturellement juste,& en éloigne l'oisiveté & le brigandage.Les nations libres qui vivent sous des gouvernemens modérés, doivent s'y livrer plus que les nations esclaves. Jamais une nation ne doit exclure de son commerce une autre nation, sans de grandes raisons. Au reste la liberté en ce genre n'est pas une faculté absolue accordée aux négocians de faire ce qu'ils veulent, faculté qui leur seroit souvent préjudiciable;elle ne consiste à ne gêner les négocians qu'en faveur du commerce. Dans la monarchie, la noblesse ne doit point s'y adonner, encore moins le prince.Enfin il est des nations auxquelles le commerce est désavantageux ; ce ne sont pas celles qui n'ont besoin de rien, mais celles qui ont besoin de tout : paradoxe que l'auteur rend sensible par l'exemple de la Pologne,qui manque de tout,excepté de blé,& qui par le commerce qu'elle en fait, prive les paysansde leur nourriture pour satisfaire au luxe des seigneurs. M. de Montesquieu, à l'occasion des loix que le commerce exige, fait l'histoire de

ses différentes révolutions;& cette partie de son livre n'est ni la moins intéressante, ni la moins curieuse. Il compare l'appauvrissement de l'Espagne,par la découverte de l'Amérique,au sort de ce prince imbécille de la fable,prêt à mourir de faim, pour avoir demandé aux dieux que tout ce qu'il toucheroit se convertît en or. L'usage de la monnoie étant une partie considérable de l'objet du commerce, & son principal instrument, il a cru devoir, en conséquence, traiter des opérations sur la monnoie, du change, du paiement des dettes publiques, du prêt à intérêt, dont il fixe les loix & les limites,& qu'il ne confond nullement avec les excès si justement condamnés de l'usure.

La population & le nombre des habitans,ont avec le commerce un rapport immédiat ; & les mariages ayant pour objet la population, M. de Montesquieu approfondit ici cette importante matiere.Ce qui favorise le plus la propagation, est la continence publique;l'expérience prouve que les conjonctions illicites y contribuent peu, & même y nuisent. On a établi avec justice,pour les mariages,le consentement des peres; cependant on y doit mettre des restrictions;car la loi doit en général favoriser les mariages.La loi qui défend le mariage des meres avec les fils,est (indépendamment des préceptes de la religion)une très-bonne loi civile ; car sans parler de plusieurs autres raisons, les contractans étant d'âge très-différent,ces sortes de mariages peuvent rarement avoir la propagation pour objet.La loi qui défend le mariage du pere avec la fille, est fondée sur les mêmes motifs; cependant(à ne parler que civilement) elle n'est pas si indispensablement nécessaire que l'autre à l'objet de la population, puisque la vertu d'engendrer finit beaucoup plus tard dans les hommes ; aussi l'usage contraire a-t-il eu lieu chez certains peuples,que la lumiere du christianisme n'a point éclairés. Comme la nature porte d'elle-même au mariage, c'est un mauvais gouvernement que celui où on aura besoin d'y encourager.

cómme dans un arbre ou fyftéme bien entendu des connoiffances humaines,
on peut voir le rapport mutuel des fciences & des arts. Cette comparaifon
d'ailleurs eft d'autant plus jufte, qu'il en eft du plan qu'on peut fe faire dans
l'examen philofophique des loix, comme de l'ordre qu'on peut obferver

La liberté, la sûreté, la modération des impôts, la profcription du luxe, font les vrais principes & les vrais foutiens de la population ; cependant on peut avec fuccès faire des loix pour encourager les mariages, quand, malgré la corruption, il refte encore des refforts dans le peuple qui l'attachent à fa patrie. Rien n'eft plus beau que les loix d'Augufte pour favorifer la propagation de l'efpece ; par malheur il fit ces loix dans la décadence, ou plutôt dans la chûte de la république ; & les citoyens découragés devoient prévoir qu'ils ne mettroient plus au monde que des efclaves : auffi l'exécution de ces loix fut-elle bien foible durant tout le temps des empereurs païens. Conftantin enfin les abolit en fe faifant chrétien, comme fi le chriftianifme avoit pour but de dépeupler la fociété, en confeillant à un petit nombre la perfection du célibat.

L'établiffement des hôpitaux, felon l'efprit dans lequel il eft fait, peut nuire à la population, ou la favorifer. Il peut, & il doit même y avoir des hôpitaux dans un état dont la plupart des citoyens n'ont que leur induftrie pour reffource, parce que cette induftrie peut quelquefois être malheureufe; mais les fecours que ces hôpitaux donnent, ne doivent être que paffagers, pour ne point encourager la mendicité & la fainéantife. Il faut commencer par rendre le peuple riche, & bâtir enfuite des hôpitaux pour les befoins imprévus & preffans. Malheureux les pays où la multitude des hôpitaux & des monafteres, qui ne font que des hôpitaux perpétuels, fait que tout le monde eft à fon aife, excepté ceux qui travaillent !

M. de Montefquieu n'a encore parlé que des loix humaines. Il paffe maintenant à celles de la religion, qui dans prefque tous les états font un objet fi effentiel du gouvernement. Par tout il fait l'éloge du chriftianifme, il en montre les avantages & la grandeur, il cherche à le faire aimer ; il foutient qu'il n'eft pas impoffible, comme Bayle l'a prétendu, qu'une fociété de parfaits chrétiens forme un

état fubfiftant & durable. Mais il s'eft cru permis auffi d'examiner ce que les différentes religions (humainement parlant) peuvent avoir de conforme ou de contraire au génie & à la fituation des peuples qui les profeffent. C'eft dans ce point de vûe qu'il faut lire tout ce qu'il a écrit fur cette matiere, & qui a été l'objet de tant de déclamations injuftes. Il eft furprenant fur-tout, que dans un fiecle qui en appelle tant d'autres barbares, on lui ait fait un crime de ce qu'il a dit de la tolérance; comme fi c'étoit approuver une religion, que de la tolérer ; comme fi enfin l'évangile même ne profcrivoit pas tout autre moyen de le répandre, que la douceur & la perfuafion. Ceux en qui la fuperftition n'a pas éteint tout fentiment de compaffion & de juftice ne pourront lire, fans être attendris, la remontrance aux inquifiteurs, ce tribunal odieux, qui outrage la religion en paroiffant la venger.

Enfin, après avoir traité en particulier des différentes efpeces de loix que les hommes peuvent avoir, il ne refte plus qu'à les comparer toutes enfemble, & à les examiner dans leur rapport avec les chofes fur lefquelles elles ftatuent. Les hommes font gouvernés par différentes efpeces de loix; par le droit naturel, commun à chaque individu;par le droit divin, qui eft celui de la religion; par le droit eccléfiaftique, qui eft celui de la police de la religion; par le droit civil, qui eft celui des membres d'une même fociété ; par le droit politique, qui eft celui du gouvernement de cette fociété; par le droit des gens, qui eft celui des fociétés les unes par rapport aux autres. Ces droits ont chacun leurs objets diftingués, qu'il faut bien fe garder de confondre. On ne doit jamais régler par l'un ce qui appartient à l'autre, pour ne point mettre de défordre ni d'injuftice dans les principes qui gouvernent les hommes. Il faut enfin que les principes qui preferivent le genre des loix, & qui en circonfcrivent l'objet, regnent auffi dans la maniere de les compofer. L'efprit de modération doit, autant qu'il eft dans un arbre encyclopédique des sciences : il y restera toujours de l'arbitraire ; & tout ce qu'on peut exiger de l'auteur , c'est qu'il suive sans détour & sans écart le systéme qu'il s'est une fois formé.

Nous dirons de l'obscurité qu'on peut se permettre dans un tel ouvrage, la même chose que du défaut d'ordre ; ce qui seroit obscur pour les lecteurs vulgaires , ne l'est pas pour ceux que l'auteur a eus en vue. D'ailleurs l'obscurité volontaire n'en est point une : M. de Montesquieu ayant à présenter quelquefois des vérités importantes, dont l'énoncé absolu & direct auroit pu blesser sans fruit, a eu la prudence louable de les envelopper , & par cet innocent artifice, les a voilées à ceux à qui elles seroient nuisibles , sans qu'elles fussent perdues pour les sages.

Parmi les ouvrages qui lui ont fourni des secours, & quelquefois des vues pour le sien, on voit qu'il a sur-tout profité des deux historiens qui ont pensé le plus , Tacite & Plutarque ; mais quoiqu'un philosophe qui a fait ces deux lectures , soit dispensé de beaucoup d'autres, il n'avoit pas cru devoir en ce genre rien négliger ni dédaigner de ce qui pouvoit être utile à son objet. La lecture que suppose l'*Esprit des loix* , est immense ; & l'usage raisonné que

possible, en dicter toutes les dispositions. Des loix bien faites seront conformes à l'esprit du législateur, même en paroissant s'y opposer. Telle étoit la fameuse loi de Solon, par laquelle tous ceux qui ne prenoient point de part dans les séditions, étoient declarés infames. Elle prévenoit les séditions, ou les rendoit utiles en forçant tous les membres de la république à s'occuper de ses vrais intérêts. L'ostracisme même étoit une très-bonne loi ; car d'un côté, elle étoit honorable au citoyen qui en étoit l'objet , & prévenoit de l'autre les effets de l'ambition ; il falloit d'ailleurs un très-grand nombre de suffrages , & on ne pouvoit bannir que tous les cinq ans. Souvent les loix qui paroissent les mêmes, n'ont ni le même motif, ni le même effet , ni la même équité ; la forme du gouvernement , les conjonctures & le génie du peuple changent tout. Enfin le style des loix doit être simple & grave : elles peuvent se dispenser de motiver , parce que le motif est supposé exister dans l'esprit du législateur ; mais quand elles motivent, ce doit être sur des principes évidens ; elles ne doivent pas ressembler à cette loi , qui défendant aux aveugles de plaider, apporte pour raison qu'ils ne peuvent pas voir les ornemens de la magistrature.

M. de Montesquieu , pour montrer par des exemples l'application de ses principes, a choisi deux différens peuples, le plus célebre de la terre, & celui dont l'histoire nous intéresse le plus , les Romains & les François. Il ne s'attache qu'à une partie de la jurisprudence du premier ; celle qui regarde les successions. A l'égard des François, il entre dans le plus grand détail sur l'origine & les révolutions de leurs loix civiles, & sur les différens usages abolis ou subsistans, qui en ont été la suite : il s'étend principalement sur les loix féodales, cette espece de gouvernement inconnu à toute l'antiquité, qui le sera peut-être pour toujours aux siecles futurs, & qui a fait tant de bien & tant de maux. Il discute sur-tout ces loix dans le rapport qu'elles ont à l'établissement & aux révolutions de la monarchie françoise; il prouve, contre M. l'abbé du Bos, que les Francs sont réellement entrés en conquérans dans les Gaules , & qu'il n'est pas vrai , comme cet auteur le prétend , qu'ils aient été appellés par les peuples pour succéder aux droits des empereurs romains qui les opprimoient : détail profond , exact & curieux , mais dans lequel il nous est impossible de le suivre , & dont les points principaux se trouvent d'ailleurs répandus dans différens endroits de ce Dictionnaire , aux articles qui s'y rapportent.

Telle est l'analyse générale , mais très-informe & très-imparfaite , de l'ouvrage de M. de Montesquieu ; nous l'avons séparée du reste de son éloge, pour ne pas trop interrompre la suite de notre récit.

l'auteur a fait de cette multitude prodigieufe de matériaux, paroîtra encore plus furprenant, quand on faura qu'il étoit prefqu'entiérement privé de la vue, & obligé d'avoir recours à des yeux étrangers. Cette vafte lecture contribue non feulement à l'utilité, mais à l'agrément de l'ouvrage : fans déroger à la majefté de fon fujet, M. de Montefquieu fait en tempérer l'auftérité, & procurer aux lecteurs des momens de repos, foit par des faits finguliers & peu connus, foit par des allufions délicates, foit par ces coups de pinceau énergiques & brillans, qui peignent d'un feul trait les peuples & les hommes.

Enfin, car nous ne voulons pas jouer ici le rôle des commentateurs d'Homere, il y a fans doute des fautes dans l'*Efprit des loix*, comme il y en a dans tout ouvrage de génie, dont l'auteur a le premier ofé fe frayer des routes nouvelles. M. de Montefquieu a été parmi nous, pour l'étude des loix, ce que Defcartes a été pour la philofophie ; il éclaire fouvent, & fe trompe quelquefois, & en fe trompant même, il inftruit ceux qui favent. lire. La nouvelle édition qu'on prépare, montrera par les additions & corrections qu'il y a faites, que s'il eft tombé de tems en tems, il a fu le reconnoître & fe relever ; par-là, il acquerra du moins le droit à un nouvel examen, dans les endroits où il n'aura pas été de l'avis de fes cenfeurs ; peut-être même ce qu'il aura jugé le plus digne de correction, leur a-t-il abfolument échappé, tant l'envie de nuire eft ordinairement aveugle.

Mais ce qui eft à la portée de tout le monde dans l'*Efprit des loix*, ce qui doit rendre l'auteur cher à toutes les nations, ce qui ferviroit même à couvrir des fautes plus grandes que les fiennes, c'eft l'efprit de citoyen qui l'a dicté. L'amour du bien public, le defir de voir les hommes heureux s'y montrent de toutes parts ; & n'eût-il que ce mérite fi rare & fi précieux, il feroit digne par cet endroit feul, d'être la lecture des peuples & des rois. Nous voyons déja, par une heureufe expérience, que les fruits de cet ouvrage ne fe bornent pas dans fes lecteurs à des fentimens ftériles. Quoique M. de Montefquieu ait peu furvécu à la publication de l'*Efprit des loix*, il a eu la fatisfaction d'entrevoir les effets qu'il commence à produire parmi nous ; l'amour naturel des François pour leur patrie, tourné vers fon véritable objet ; ce goût pour le commerce, pour l'agriculture, & pour les arts utiles, qui fe répand infenfiblement dans notre nation ; cette lumiere générale fur les principes du gouvernement, qui rend les peuples plus attachés à ce qu'ils doivent aimer. Geux qui ont fi indécemment attaqué cet ouvrage, lui doivent peut-être plus qu'ils ne s'imaginent : l'ingratitude, au refte, eft le moindre reproche qu'on ait à leur faire. Ce n'eft pas fans regret, & fans honte pour notre fiecle, que nous allons les dévoiler ; mais cette hiftoire importe trop à la gloire de M. de Montefquieu, & à l'avantage de la philofophie, pour être paffée fous filence. Puiffe l'opprobre qui couvre enfin fes ennemis, leur devenir falutaire !

A peine l'*Efprit des loix* parut-il, qu'il fut recherché avec empreffement, fur la réputation de l'auteur ; mais quoique M. de Montefquieu eût écrit pour le bien du peuple, il ne devoit pas avoir le peuple pour juge ; la profondeur de l'objet étoit une fuite de fon importance même. Cependant les traits qui étoient répandus dans l'ouvrage, & qui auroient été déplacés s'ils n'étoient pas nés du fond du fujet, perfuaderent à trop de perfonnes qu'il étoit écrit pour elles : on cherchoit un livre agréable, & on ne trouvoit qu'un livre utile, dont on ne pouvoit d'ailleurs fans quelque attention faifir l'enfemble & les détails. On traita légèrement l'*Efprit des loix*, le titre même fut un fujet de plaifanterie ; enfin, l'un des plus beaux monumens littéraires qui foient fortis de notre nation fut regardé d'abord par elle avec affez d'indifférence. Il fallut que les véritables juges euffent eu le tems de le lire : bientôt ils ramenerent la multitude toujours prompte à changer d'avis ; la partie du public qui enfeigne, dicta à la partie qui écoute ce qu'elle devoit penfer & dire ; & le fuffrage des hommes éclairés, joint aux échos qui le répéterent, ne forma plus qu'une voix dans toute l'Europe.

Ce fut alors que les ennemis publics & fecrets des lettres & de la philofophie (car elles en ont de ces deux efpeces) réunirent leurs traits contre l'ouvrage. Delà cette foule de brochures qui lui furent lancées de toutes parts, & que nous ne tirerons pas de l'oubli où elles font déja plongées. Si leurs auteurs n'avoient pris de bonnes mefures pour être inconnus à la poftérité, elle croiroit que l'*Efprit des loix* a été écrit au milieu d'un peuple de barbares.

M. de Montefquieu méprifa fans peine les critiques ténébreufes de ces auteurs fans talent, qui foit par une jaloufie qu'ils n'ont pas droit d'avoir, foit pour fatisfaire la malignité du public, qui aime la fatyre & la méprife, outragent ce qu'ils ne peuvent atteindre ; & plus odieux par le mal qu'ils veulent faire que redoutables par celui qu'ils font, ne réuffiffent pas même dans un genre d'écrire que fa facilité & fon objet rendent également vil. Il mettoit les ouvrages de cette efpece fur la même ligne que ces nouvelles hebdomadaires de l'Europe, dont les éloges font fans autorité & les traits fans effet, que des lecteurs oififs parcourent fans y ajouter foi, & dans lefquelles les fouverains font infultés fans le favoir, & fans daigner fe venger. Il ne fut pas auffi indifférent fur les principes d'irréligion qu'on l'accufa d'avoir femés dans l'*Efprit des loix*. En méprifant de pareils reproches, il auroit cru les mériter, & l'importance de l'objet lui ferma les yeux fur la valeur de fes adverfaires. Ces hommes également dépourvus de zele & également empreffés d'en faire paroître, également effrayés de la lumiere que les lettres répandent, non au préjudice de la religion, mais à leur défavantage, avoient pris différentes formes pour lui porter atteinte. Les uns, par un ftratagême auffi puérile que pufillanime, s'étoient écrit à eux-mêmes ; les autres, après l'avoir déchiré fous le mafque de l'anonyme, s'étoient enfuite déchirés entr'eux à fon occafion. M. de Montefquieu, quoique jaloux de les confondre, ne jugea pas à propos de perdre un tems précieux à les combattre les uns après les autres, il fe contenta de faire un exemple fur celui qui s'étoit le plus fignalé par fes excès.

C'étoit l'auteur d'une feuille anonyme & périodique, qui croit avoir fuccédé à Pafcal, parce qu'il a fuccédé à fes opinions ; panégyrifte d'ouvrages que perfonne ne lit, & apologifte de miracles que l'autorité féculiere a fait ceffer dès qu'elle l'a voulu ; qui appelle impiété & fcandale le peu d'intérêt que les gens de lettres prennent à fes querelles, & s'eft aliéné, par une adreffe digne de lui, la partie de la nation qu'il avoit le plus d'intérêt de ménager.

Les coups de ce redoutable athlete furent dignes des vues qui l'infpirerent ; il accufa M. de Montefquieu de fpinofifme & de déifme (deux imputations incompatibles) ; d'avoir fuivi le fyftéme de Pope (dont il n'y avoit pas un mot dans l'ouvrage) ; d'avoir cité Plutarque qui n'eft pas un auteur chrétien ; de n'avoir point parlé du péché originel & de la grace. Il prétendit enfin que l'*Efprit des loix* étoit une production de la conftitution *Unigenitus* ; idée qu'on nous foupçonnera peut-être de prêter par dérifion au critique. Ceux qui ont connu M. de Montefquieu, l'ouvrage de Clément XI, & le fien, peuvent juger par cette accufation de toutes les autres.

Le malheur de cet écrivain dut bien le décourager : il vouloit perdre un fage par l'endroit le plus fenfible à tout citoyen, il ne fit que lui procurer une nouvelle gloire comme homme de lettres ; la *défenfe de l'efprit des loix* parut. Cet ouvrage, par la modération, la vérité, la fineffe de plaifanterie qui y regnent, doit être regardé comme un modele en ce genre. M. de Montefquieu, chargé par fon adverfaire d'imputations atroces, pouvoit le rendre odieux fans peine ; il fit mieux, il le rendit ridicule. S'il faut tenir compte à l'agreffeur d'un bien qu'il a fait fans le vouloir, nous lui devons une éternelle reconnoiffance de nous avoir procuré ce chef-d'œuvre. Mais ce qui ajoute encore au mérite de ce morceau précieux, c'eft que l'auteur s'y eft peint lui-même fans y penfer ; ceux qui l'ont connu, croient l'entendre, & la poftérité s'affurera, en lifant fa *défenfe*, que fa converfation n'étoit pas inférieure à fes écrits ; éloge que bien peu de grands hommes ont mérité.

Une autre circonftance lui affure pleinement l'avantage dans cette difpute : le critique qui pour preuve de fon attachement à la religion, en déchire les miniftres, accufoit hautement le clergé de France, & fur-tout la faculté de théologie, d'indifférence pour la caufe de Dieu, en ce qu'ils ne profcrivoient pas authentiquement un fi pernicieux ouvrage. La faculté étoit en droit de méprifer le reproche d'un écrivain fans aveu ; mais il s'agiffoit de la religion ; une délicateffe louable lui a fait prendre le parti d'examiner l'*Efprit des loix*. Quoiqu'elle s'en occupe depuis plufieurs années, elle n'a rien prononcé jufqu'ici ; & fût-il échappé à M. de Montefquieu quelques inadvertences légeres, prefque inévitables dans une carriere fi vafte, l'attention longue & fcrupuleufe qu'elles auroient demandée de la part du corps le plus éclairé de l'églife prouveroit au moins combien elles feroient excufables. Mais ce corps, plein de prudence, ne précipitera rien dans une fi importante matiere ; il connoit les bornes de la raifon & de la foi ; il fait que l'ouvrage d'un homme de lettres ne doit point être examiné comme celui d'un théologien ; que les mauvaifes conféquences, auxquelles une propofition peut donner lieu par des interprétations odieufes, ne rendent point blâmable la propofition en elle-même ; que d'ailleurs nous vivons dans un fiecle malheureux, où les intérêts de la religion ont befoin d'être ménagés, & qu'on peut lui nuire auprès des fimples, en répandant mal-à-propos fur des génies du premier ordre le foupçon d'incrédulité ; qu'enfin, malgré cette accufation injufte, M. de Montefquieu fut toujours eftimé, recherché & accueilli par tout ce que l'églife a de plus refpectable & de plus grand ; eût il confervé auprès des gens de bien la confidération dont il jouiffoit, s'ils l'euffent regardé comme un écrivain dangereux ?

Pendant que des infectes le tourmentoient dans fon propre pays, l'Angleterre élevoit un monument à fa gloire. En 1752, M. Daffier, célebre par les médailles qu'il a frappées à l'honneur de plufieurs hommes illuftres, vint de Londres à Paris pour frapper la fienne. M. de la Tour, cet artifte fi fupérieur par fon talent, & fi eftimable par fon défintéreffement & l'élévation de fon ame, avoit ardemment defiré de donner un nouveau luftre à fon pinceau, en tranfmettant à la poftérité le portrait de l'auteur de l'*Efprit des loix*; il ne vouloit que la fatisfaction de le peindre, & il méritoit, comme Apelle, que cet honneur lui fût réfervé : mais M. de Montefquieu, d'autant plus avare du tems de M. de la Tour que celui-ci en étoit plus prodigue, fe refufa conftamment & poliment à fes preffantes follicitations. M. Daffier effuya d'abord des difficultés femblables : "Croyez-vous, dit-il en-"fin à M. de Montefquieu, qu'il n'y ait pas autant d'orgueil à refufer ma "propofition qu'à l'accepter ?" Défarmé par cette plaifanterie, il laiffa faire à M. Daffier tout ce qu'il voulut.

L'auteur de l'*Efprit des loix* jouiffoit enfin paifiblement de fa gloire, lorfqu'il tomba malade au commencement de février. Sa fanté naturellement délicate, commençoit à s'altérer depuis long-tems par l'effet lent & prefqu'infaillible des études profondes, par les chagrins qu'on avoit cherché à lui fufciter fur fon ouvrage; enfin par le genre de vie qu'on le forçoit de mener à Paris, & qu'il fentoit lui être funefte. Mais l'empreffement avec lequel on recherchoit fa fociété étoit trop vif pour n'être pas quelquefois indifcret; on vouloit, fans s'en appercevoir, jouir de lui aux dépens de lui-même. A peine la nouvelle du danger où il étoit fe fut-elle répandue, qu'elle devint l'objet des converfations & de l'inquiétude publique ; fa maifon ne défempliffoit point de perfonnes de tout rang qui venoient s'informer de fon état, les unes par un intérêt véritable, les autres pour s'en donner l'apparence, ou pour fuivre la foule. Sa majefté, pénétrée de la perte que fon royaume alloit faire, en demanda plufieurs fois des nouvelles ; témoignage de bonté & de juftice qui n'honore pas moins le monarque que le fujet. La fin de M. de Montefquieu ne fut point indigne de fa vie. Accablé de douleurs cruelles, éloigné d'une famille à qui il étoit cher, & qui n'a pas eu la confolation de lui fermer les yeux, entouré de quelques amis, & d'un plus grand nombre de fpectateurs, il conferva jufqu'au dernier moment la paix & l'égalité de fon ame. Enfin, après avoir fatisfait avec décence à tous fes devoirs, plein de confiance en l'Etre éternel auquel il alloit fe rejoindre, il mourut avec la tranquillité d'un homme de bien, qui n'avoit jamais confacré fes talens qu'à l'avantage de la vertu & de l'humanité. La France & l'Europe le perdirent le 10 février 1755, à l'âge de foixante-fix ans révolus.

Toutes les nouvelles publiques ont annoncé cet événement comme une calamité. On pourroit appliquer à M. de Montefquieu ce qui a été dit autrefois d'un illuftre Romain ; que perfonne en apprenant fa mort n'en témoigna de joie, que perfonne même ne l'oublia dès qu'il ne fut plus. Les étrangers s'empefferent de faire éclater leurs regrets ; & Mylord Chefterfield, qu'il fuffit de nommer, fit imprimer dans un des papiers publics de Londres un article en fon honneur, article digne de l'un & de l'autre ; c'eft

le

le portrait d'Anaxagore, tracé par Périclès (*). L'académie royale des sciences & des belles-lettres de Prusse, quoiqu'on n'y soit point dans l'usage de prononcer l'éloge des associés étrangers, a cru devoir lui faire cet honneur, qu'elle n'a fait encore qu'à l'illustre Jean Bernouilli; M. de Maupertuis, tout malade qu'il étoit, a rendu lui-même à son ami ce dernier devoir, & n'a voulu se reposer sur personne d'un soin si cher & si triste. A tant de suffrages éclatans en faveur de M. de Montesquieu, nous croyons pouvoir joindre sans indiscrétion les éloges que lui a donnés, en présence de l'un de nous, le monarque même auquel cette académie célebre doit son lustre, prince fait pour sentir les pertes de la philosophie, & pour l'en consoler.

Le 17 février, l'académie françoise lui fit, selon l'usage, un service solemnel, auquel, malgré la rigueur de la saison, presque tous les gens de lettres de ce corps, qui n'étoient point absens de Paris, se firent un devoir d'assister. On auroit dû, dans cette triste cérémonie, placer l'*Esprit des loix* sur son cercueil, comme on exposa autrefois vis à-vis le cercueil de Raphael son dernier tableau de la Transfiguration. Cet appareil simple & touchant eût été une belle oraison funebre.

Jusqu'ici nous n'avons considéré M. de Montesquieu que comme écrivain & philosophe; ce seroit lui dérober la moitié de sa gloire que de passer sous silence ses agrémens & ses qualités personnelles.

Il étoit dans le commerce d'une douceur & d'une gaieté toujours égales. Sa conversation étoit légere, agréable, & instructive pour le grand nombre d'hommes & de peuples qu'il avoit connus. Elle étoit coupée comme son style, pleine de sel & de saillies, sans amertume & sans satyre; personne ne racontoit plus vivement, plus promptement, avec plus de grace & moins d'apprêt Il savoit que la fin d'une histoire plaisante en est toujours le but; il se hâtoit donc d'y arriver, & produisoit l'effet sans l'avoir promis.

Ses fréquentes distractions ne le rendoient que plus aimable; il en sortoit toujours par quelque trait inattendu qui réveilloit la conversation languissante; d'ailleurs elles n'étoient jamais ni jouées, ni choquantes, ni importunes: le feu de son esprit, le grand nombre d'idées dont il étoit plein, les faisoient naitre, mais il n'y tomboit jamais au milieu d'un entretien intéressant ou sérieux; le desir de plaire à ceux avec qui il se trouvoit, le rendoit alors à eux sans affectation & sans effort.

Les agrémens de son commerce tenoient non seulement à son caractere

---

(*) Voici cet éloge en Anglois, tel qu'on le lit dans la gazette appellée *Evening-post*, ou *Poste du soir*:

On the 10th of this month, died at Paris, universally and sincerely regretted, Charles Secondat, Baron of Montesquieu, and President a mortier of the Parliament of Bourdeaux. His virtues did honour to human nature, his writings justice. A friend to mankind, he asserted their undoubted and inalienable rights with freedom, even in his own country, whose prejudices in matters of religion and go-

vernement (il faut se ressouvenir que c'est un anglois qui parle) he had long lamented, and endeavoured (not without some success) to remove. He well knew, and justly admired the happy constitution of this country, where fix'd and known Laws equally restrain monarchy from Tyranny, and liberty from licentiousness. His Works will illustrate his name, and survive him, as long as right reason, moral obligation, and the true spirit of laws, shall be understood, respected and maintained.

& à son esprit, mais à l'espece de régime qu'il observoit dans l'étude. Quoique capable d'une méditation profonde & long-tems soutenue, il n'épuisoit jamais ses forces, il quittoit toujours le travail avant que d'en ressentir la moindre impression de fatigue.

Il étoit sensible à la gloire, mais il ne vouloit y parvenir qu'en la méritant; jamais il n'a cherché à augmenter la sienne par ces manœuvres sourdes, par ces voies obscures & honteuses, qui déshonorent la personne sans ajouter au nom de l'auteur.

Digne de toutes les distinctions & de toutes les récompenses, il ne demandoit rien, & ne s'étonnoit point d'être oublié; mais il a osé, même dans des circonstances délicates, protéger à la cour des hommes de lettres persécutés, célebres & malheureux, & leur a obtenu des graces.

Quoiqu'il vécût avec les grands, soit par nécessité, soit par convenance, soit par goût, leur société n'étoit pas nécessaire à son bonheur. Il fuyoit dès qu'il le pouvoit à sa terre; il y retrouvoit avec joie sa philosophie, ses livres, & le repos. Entouré de gens de la campagne dans ses heures de loisir, après avoir étudié l'homme dans le commerce du monde & dans l'histoire des nations, il l'étudioit encore dans ces ames simples que la nature seule a instruites, & il y trouvoit à apprendre; il conversoit gaiement avec eux, il leur cherchoit de l'esprit comme Socrate; il paroissoit se plaire autant dans leur entretien que dans les sociétés les plus brillantes, sur-tout quand il terminoit leurs différends & soulageoit leurs peines par ses bienfaits.

Rien n'honore plus sa mémoire que l'économie avec laquelle il vivoit, & qu'on a osé trouver excessive & avare dans un monde fastueux, peu fait pour en pénétrer les motifs, & encore moins pour les sentir. Bienfaisant, & par conséquent juste, M. de Montesquieu ne vouloit rien prendre sur sa famille, ni des secours qu'il donnoit aux malheureux, ni des dépenses considérables auxquelles ses longs voyages, la foiblesse de sa vue & l'impression de ses ouvrages l'avoient obligé. Il a transmis à ses enfans, sans diminution ni augmentation, l'héritage qu'il avoit reçu de ses peres; il n'y a rien ajouté que la gloire de son nom & l'exemple de sa vie.

Il avoit épousé en 1715 Demoiselle Jeanne de Lartigue, fille de Pierre de Lartigue, lieutenant-colonel au régiment de Maulévrier; il en a eu deux filles & un fils, qui par son caractere, ses mœurs & ses ouvrages s'est montré digne d'un tel pere.

Ceux qui aiment la vérité & la patrie ne seront pas fâchés de trouver ici quelques-unes de ses maximes: il pensoit,

Que chaque portion de l'Etat doit être également soumise aux loix; mais que les privileges de chaque portion de l'Etat doivent être respectés, lorsque leurs effets n'ont rien de contraire au droit naturel, qui oblige tous les citoyens à concourir également au bien public; que la possession ancienne étoit en ce genre le premier des titres & le plus inviolable des droits, qu'il étoit toujours injuste & quelquefois dangereux de vouloir ébranler;

Que les magistrats, dans quelque circonstance & pour quelque grand intérêt de corps que ce puisse être, ne doivent jamais être que magistrats, sans parti & sans passion comme les loix, qui absolvent & punissent sans aimer ni haïr.

Il difoit enfin, à l'occafion des difputes eccléfiaftiques qui ont tant occupé les empereurs & les chrétiens Grecs, que les querelles théologiques, lorf-qu'elles ceffent d'être renfermées dans les écoles, déshonorent infaillible-ment une nation aux yeux des autres : en effet, le mépris même des fages pour ces querelles ne la juftifie pas ; parce que les fages faifant par-tout le moins de bruit & le plus petit nombre, ce n'eft jamais fur eux qu'une na-tion eft jugée.

L'importance des ouvrages dont nous avons eu à parler dans cet éloge, nous en a fait paffer fous filence de moins confidérables, qui fervoient à l'auteur comme de délaffement, & qui auroient fuffi pour l'éloge d'un autre; le plus remarquable eft *le Temple de Gnide*, qui fuivit d'affez près les Let-tres Perfannes. M. de Montefquieu, après avoir été dans celles-ci Horace, Théophrafte, & Lucien, fut Ovide & Anacréon dans ce nouvel effai : ce n'eft plus l'amour defpotique de l'Orient qu'il fe propofe de peindre, c'eft la délicateffe & la naïveté de l'amour paftoral, tel qu'il eft dans une ame neuve que le commerce des hommes n'a point encore corrompue. L'auteur craignant peut-être qu'un tableau fi étranger à nos mœurs ne parût trop languiffant & trop uniforme, a cherché à l'animer par les peintures les plus riantes ; il tranfporte le lecteur dans des lieux enchantés, dont, à la vérité, le fpectacle intéreffe peu l'amant heureux, mais dont la defcription flatte encore l'imagination quand les défirs font fatisfaits. Emporté par fon fujet, il a répandu dans fa profe ce ftyle animé, figuré, & poétique, dont le roman de Télémaque a fourni parmi nous le premier modele. Nous igno-rons pourquoi quelques cenfeurs du *Temple de Gnide* ont dit à cette occa-fion, qu'il auroit eu befoin d'être en vers. Le ftyle poétique, fi on entend, comme on le doit, par ce mot, un ftyle plein de chaleur & d'images, n'a pas befoin, pour être agréable, de la marche uniforme & cadencée de la verfification ; mais fi on ne fait confifter ce ftyle que dans une diction char-gée d'épithetes oifives, dans les peintures froides & triviales des ailes & du carquois de l'amour, & de femblables objets, il n'ajoutera prefque aucun mérite à ces ornemens ufés ; on y cherchera toujours en vain l'ame & la vie. Quoiqu'il en foit, le *Temple de Gnide* étant une efpece de poëme en profe, c'eft à nos écrivains les plus célebres en ce genre à fixer le rang qu'il doit occuper : il mérite de pareils juges ; nous croyons du moins que les peintures de cet ouvrage foutiendroient avec fuccès une des princi-pales épreuves des defcriptions poétiques, celle de les repréfenter fur la toile. Mais ce qu'on doit fur-tout remarquer dans le *Temple de Gnide*, c'eft qu'Anacréon même y eft toujours obfervateur & philofophe. Dans le qua-trieme chant, il paroît décrire les mœurs des Sibarites, & on s'apperçoit aifément que ces mœurs font les nôtres. La préface porte fur-tout l'em-preinte de l'auteur des *Lettres Perfannes.* En préfentant le *Temple de Gnide* comme la traduction d'un manufcrit grec, plaifanterie défigurée de-puis par tant de mauvais copiftes, il en prend occafion de peindre d'un trait de plume l'ineptie des critiques & le pédantifme des traducteurs, & finit par ces paroles dignes d'être rapportées : " Si les gens graves defiroient ,, de moi quelque ouvrage moins frivole, je fuis en état de les fatisfaire : il ,, y a trente ans que je travaille à un livre de douze pages, qui doit contenir

„ tout ce que nous favons fur la métaphyfique, la politique, & la morale,
„ & tout ce que de très-grands auteurs ont oublié dans les volumes qu'ils ont
„ publiés fur ces matieres. „

Nous regardons comme une des plus honorables récompenfes de notre
travail l'intérêt particulier que M. de Montefquieu prenoit à ce dictionnaire, dont toutes les reffources ont été jufqu'à préfent dans le courage &
l'émulation de fes auteurs. Tous les gens de lettres, felon lui, devoient
s'empreffer de concourir à l'exécution de cette entreprife utile ; il en a
donné l'exemple avec M. de Voltaire, & plufieurs autres écrivains célebres.
Peut-être les traverfes que cet ouvrage a effuyées, & qui lui rappelloient les
fiennes propres, l'intéreffoient-elles en notre faveur. Peut-être étoit-il fenfible, fans s'en appercevoir, à la juftice que nous avions ofé lui rendre dans
le premier volume de l'Encyclopédie, lorfque perfonne n'ofoit encore élever fa voix pour le défendre. Il nous deftinoit un article fur *le Goût*, qui a
été trouvé imparfait dans fes papiers ; nous l'avons donné en cet état au
public, & nous l'avons traité avec le même refpect que l'antiquité témoigna
autrefois pour les dernieres paroles de Séneque. La mort l'a empêché d'é-
tendre plus loin fes bienfaits à notre égard ; & en joignant nos propres regrets à ceux de l'Europe entiere, nous pourrions écrire fur fon tombeau :

*Finis vitæ ejus nobis luctuofus, Patriæ triftis, extraneis etiam ignotifque
non fine curâ fuit.*   Tacit. *in Agricol.* c. 43.

ÉLOGE
DE M. DU MARSAIS.

LA vie fédentaire & obfcure de la plupart des gens de lettres offre pour
l'ordinaire peu d'événemens, fur-tout quand leur fortune n'a pas répondu
à ce qu'ils avoient mérité par leurs travaux. M. du Marfais a été de ce nombre, il a vécu pauvre & prefque ignoré dans le fein d'une patrie qu'il avoit
inftruite : le détail de fa vie n'occupera donc dans cet éloge que la moindre
place, & nous nous attacherons principalement à l'analyfe raifonnée de fes
ouvrages. Par-là nous acquitterons, autant qu'il eft en nous, les obligations
que l'*Encyclopédie* & les lettres ont eues à ce philofophe ; nous devons
d'autant plus d'honneur à fa mémoire, que le fort lui en a plus refufé de fon
vivant, & l'hiftoire de fes écrits eft le plus beau monument que nous puiffions
lui confacrer. Cette hiftoire remplira d'ailleurs le principal but que nous
nous propofons dans nos éloges, d'en faire un objet d'inftruction pour nos
lecteurs, & un recueil de mémoires fur l'état préfent de la philofophie
parmi nous.

CÉSAR CHESNEAU, fieur DU MARSAIS, avocat au parlement de Paris,
naquit à Marfeille le 17 juillet 1676. Il perdit fon pere au berceau, & refta
entre les mains d'une mere qui laiffa dépérir la fortune de fes enfans par
un défintéreffement romanefque, fentiment louable dans fon principe,

estimable peut-être dans un philosophe isolé, mais blâmable dans un chef
de famille. Le jeune du Marsais étoit d'autant plus à plaindre, qu'il avoit
aussi perdu en très-bas âge, & peu après la mort de son pere, deux oncles
d'un mérite distingué, dont l'un Nicolas Chesneau, savant médecin, est
auteur de quelques ouvrages (*). Ces oncles lui avoient laissé une bibliotheque nombreuse & choisie, qui bientôt après leur mort fut vendue presqu'en entier à un prix très-modique : l'enfant, qui n'avoit pas encore atteint sa septieme année, pleura beaucoup de cette perte, & cachoit tous
les livres qu'il pouvoit soustraire. L'excès de son affliction engagea sa mere
à mettre à part quelques livres rares, pour les lui réserver quand il seroit
en âge de les lire; mais ces livres mêmes furent dissipés peu de temps
après : il sembloit que la fortune, après l'avoir privé de son bien, cherchât encore à lui ôter tous les moyens de s'instruire.

L'ardeur & le talent se fortifierent en lui par les obstacles; il fit ses
études avec succès chez les peres de l'Oratoire de Marseille : il entra même
dans cette congrégation, une de celles qui ont le mieux cultivé les lettres,
& la seule qui ait produit un philosophe célebre, parce qu'on y est moins
esclave que dans les autres, & moins obligé de penser comme ses supérieurs.
Mais la liberté dont on y jouit n'étoit pas encore assez grande pour M du
Marsais. Il en sortit donc bientôt, vint à Paris à l'âge de vingt-cinq ans,
s'y maria, & fut reçu avocat le 10 janvier 1704. Il s'attacha à un célebre
avocat au conseil, sous lequel il commençoit à travailler avec succès. Des
espérances trompeuses qu'on lui donna, lui firent quitter cette profession.
Il se trouva sans état & sans bien, chargé de famille, & ce qui étoit encore plus triste pour lui, accablé de peines domestiques. L'humeur chagrine
de sa femme, qui croyoit avoir acquis par une conduite sage le droit d'être
insociable, fit repentir plusieurs fois notre philosophe d'avoir pris un engagement indissoluble ; il regrette à cette occasion, dans un écrit de sa main
trouvé après sa mort parmi ses papiers, que notre religion, si attentive aux
besoins de l'humanité, n'ait pas permis le divorce aux particuliers, comme
elle l'a quelquefois permis aux princes : il déplore la condition de l'homme, qui jetté sur la terre au hasard, ignorant les malheurs, les passions
& les dangers qui l'attendent, n'acquiert d'expérience que par ses fautes,
& meurt sans avoir eu le temps d'en profiter.

M. du Marsais aimant mieux se priver du nécessaire que du repos, abandonna à sa femme le peu qu'il avoit de bien, & par le conseil de ses amis
entra chez M. le président de Maisons, pour veiller à l'éducation de son fils:
c'est le même que M. de Voltaire a célébré dans plusieurs endroits de ses
œuvres, qui dès l'âge de vingt-sept ans fut reçu dans l'académie des scien-

---

(*) Ces ouvrages sont, 1°. la *Pharma-*
cie théorique. Paris, Fréderic Léonard,
1679, *in-4°*. Il en donna en 1682 une seconde édition fort augmentée.

2°. Un Traité de chymie à la suite de
cette seconde édition.

3°. *Observationum Nicolai Chesneau,*
Massiliensis, Doctoris Medici, libri V.

in-8°. Paris, Léonard, 1672.

4°. Discours & Abrégé des vertus &
propriétés des eaux de Barbotan, dans le
Comté d'Armagnac. Bordeaux, 1679,
in-8°.

On a fait à Leyde, en 1719, une nouvelle édition des Ouvrages de Chesneau;
mais on a oublié les deux premiers.

ces,& dont les connoiſſances & les lumieres faiſoient déja beaucoup d'honneur à ſon maitre, lorſqu'il fut enlevé à la fleur de ſon âge.

Ce fut dans cette maiſon, & à la priere du pere de ſon éleve,que M. du
Marſais commença ſon ouvrage ſur les Libertés de l'Egliſe Gallicane, qu'il
acheva enſuite pour M.le duc de la Feuillade,nommé par le roi à l'ambaſ-
ſade de Rome. Il étoit pérſuadé que tout François doit connoitre les principes de cette importante matiere, généralement adoptés dans le premier
âge du chriſtianiſme, obſcurcis depuis par l'ignorance & la ſuperſtition,
& que l'Egliſe de France a eu le bonheur de conſerver preſque ſeule. Mais
cet objet qui nous intéreſſe de ſi près, eſt rarement bien connu de ceux
mêmes que leur devoir oblige de s'en occuper. Les ſavans écrits de MM.
Pithou & Dupuy ſur nos libertés, un peu rebutans par la forme, ſont trop
peu lus chez une nation qui compte pour rien le mérite d'inſtruire,quand il
n'eſt pas accompagné d'agrément, & qui préfere l'ignorance de ſes droits
à l'ennui de les apprendre. M. du Marſais, plein du déſir d'être utile à ſes
concitoyens, entreprit de leur donner ſur ce ſujet un ouvrage préciſ & méthodique, aſſez intéreſſant par les détails pour attacher la pareſſe même ;
où la juriſprudence fût guidée par une philoſophie lumineuſe, & appuyée
d'une érudition choiſie, répandue ſobrement & placée à propos. Tel fut le
plan qu'il ſe forma, & qu'il a exécuté avec ſuccès, ſi néanmoins dans le
ſiecle où nous vivons,tant de ſcience & de logique eſt néceſſaire pour prouver que le ſouverain pontife peut ſe tromper comme un autre homme ;
que le chef d'une religion de paix & d'humilité ne peut diſpenſer ni les
peuples de ce qu'ils doivent à leurs rois, ni les rois de ce qu'ils doivent à
leurs peuples; que tout uſage qui va au détriment de l'état, eſt injuſte,
quoique toléré ou même revêtu d'une autorité apparente; que le pouvoir
des ſouverains eſt indépendant des paſteurs; que les eccléſiaſtiques enfin
doivent donner aux autres citoyens l'exemple de la ſoumiſſion aux loix.

Le traité de M. du Marſais, ſous le titre d'*Expoſition de la doctrine de
l'Egliſe Gallicane par rapport aux prétentions de la cour de Rome*, eſt
diviſé en deux parties. L'auteur établit dans la premiere, les principes généraux ſur leſquels ſont fondées les deux puiſſances; la ſpirituelle & la
temporelle: dans la ſeconde il fait uſage de ces principes pour fixer les
bornes du pouvoir du pape, de l'égliſe, & des évêques. Un petit nombre
de maximes générales appuyées par la raiſon, par nos loix & par nos annales, & les conſéquences qui réſultent de ces maximes, font toute la ſubſtance de l'ouvrage.

Ceux qui croiront avoir beſoin de recourir à l'hiſtoire eccléſiaſtique pour
ſe prémunir contre l'infaillibilité que les Ultramontains attribuent, ſans la
croire, aux ſouverains pontifes, peuvent lire les preuves de la VIIIe. maxime; ils y verront St. Pierre repris par St. Paul, & reconnoiſſant qu'il
s'étoit trompé; le pape Eleuthere approuvant d'abord les propheties des
Montaniſtes, qu'il proſcrivit bientôt après; Victor blâmé par St. Irenée,
pour avoir excommunié mal-à-propos les évêques d'Aſie; Libere ſouſcri-
vant aux formules des Ariens; Honorius anathématiſé, comme Monothé-
lite, au ſixieme concile général, & ſes écrits brûlés; Jean XXII au xive.
ſiecle condamné par la Sorbonne ſur ſon opinion de la viſion béatifique, &

obligé de se rétracter; enfin le grand nombre des contradictions qui se trouvent dans les décisions des papes, & l'aveu même que plusieurs ont fait de n'être pas infaillibles, dans un temps où ils n'avoient point d'intérêt à le soutenir. Les faits qui peuvent servir à combattre des prétentions d'un autre genre, sont recueillis dans cet ouvrage avec le même choix & la même exactitude. On y lit que Grégoire VII, celui qui a le premier levé l'étendard de la rebellion contre les rois, se repentit en mourant de cette usurpation, & en demanda pardon à son prince & à toute l'église; que Ferdinand, si mal-à-propos nommé le Pieux, & si digne du nom de traître, enleva la Navarre à la maison de France, sur une simple bulle du pape Jules II; que la cour de Rome, si on en croit nos jurisconsultes, a évité pour cette raison, autant qu'elle l'a pu, de donner à nos rois le titre de rois de Navarre; omission, au reste, peu importante en elle-même, & que nos rois ont sans doute regardée comme indifférente à leur grandeur, le nom de rois de France étant le plus beau qu'ils puissent porter. Enfin M. du Marsais ajoute que les bulles de Sixte V & de Grégoire XIV contre Henri IV furent un des plus grands obstacles que trouva ce prince pour remonter sur le trône de ses peres. Il fait voir encore, ce qui n'est pas difficile, que l'absolution (réelle ou supposée) donnée à la nation françoise par le pape Zacharie, du serment de fidélité qu'elle avoit fait aux descendans de Clovis, ne dispensoit point la nation de ce serment; d'où il s'ensuit que la race de Hugues Capet a pu légitimement recevoir de cette même nation une couronne que la race de Charlemagne avoit enlevée aux héritiers légitimes.

Non-seulement, ajoute l'auteur, les papes n'ont aucun pouvoir sur les empires, ils ne peuvent même, sans la permission des princes, rien recevoir des sujets, à quelque titre que ce puisse être. Jean XXII ayant entrepris de faire une levée d'argent sur notre clergé, Charles-le-Bel s'y opposa d'abord avec vigueur; mais ensuite le pape lui ayant donné la dime des églises pendant deux ans, le roi, pour reconnoître cette condescendance par une autre permit de lever l'argent qu'il vouloit. Les chroniques de St. Denis citées par M. du Marsais, racontent cette convention avec la simplicité de ce temps-là : « Le roi, disent-elles, considérant *donnes-m'en, je t'en donrai,* » octroya au pape de lever. »

L'auteur prouve avec la même facilité, par le raisonnement & par l'histoire, les maximes qui ont rapport à la jurisdiction ecclésiastique des évêques, & qui font une partie si essentielle de nos libertés. Selon l'aveu d'un des plus saints pontifes de l'ancienne église, les évêques ne tiennent pas leur autorité du pape, mais de Dieu même: ils n'ont donc pas besoin de recourir au saint siege pour condamner des erreurs, ni, à plus forte raison, pour des points de discipline. Ils ont droit de juger avant le pape & après le pape; ce n'a été qu'à l'occasion de l'affaire de Jansénius, en 1650, qu'ils se sont adressés à Rome avant que de prononcer eux-mêmes. L'usage des appellations au pape n'a jamais été reçu en Orient, & ne l'a été que fort tard en Occident. L'évêque de Rome n'ayant de jurisdiction immédiate que dans son diocese, ne peut excommunier ni nos rois, ni nos sujets, ni mettre le royaume en interdit. C'est par les empereurs, & non par d'autres, que les premiers conciles généraux ont été convoqués ; & le pape même n'y a pas toujours affifté, foit en perfonne, foit par fes légats. Ces conciles ont befoin d'être autorifés, non par l'approbation du pape, mais par la puif-fance féculiere, pour faire exécuter leurs loix Enfin c'eft aux rois à convoquer les conciles de leur nation, & à les diffoudre.

Il faut au refte, comme M. du Marfais l'obferve après plufieurs écrivains, diftinguer avec foin la cour de Rome, le pape, & le faint fiege : on doit toujours conferver l'unité avec celui-ci, quoiqu'on puiffe défapprouver les fentimens du pape, & l'ambition de la cour de Rome. Il eft trifte, ajoute-t-il, qu'en France même on n'ait pas toujours fu faire cette diftinction fi effentielle; & que plufieurs eccléfiaftiques, & fur-tout certains ordres religieux, foient encore fecrétement attachés parmi nous aux fentimens ultramontains, qui ne font même regardés comme de foi dans les pays d'inquifition.

M. du Marfais dit à la fin de fon livre, qu'il avoit eu deffein d'y joindre une differtation hiftorique qui expofât par quels degrés les papes font devenus fouverains. Cette matiere, auffi curieufe que délicate, étoit bien digne d'être traitée par un philofophe qui fans doute auroit fu fe garantir également du fiel & de la flatterie, en avouant le mal que quelques papes ont fait pour devenir princes, il n'auroit pas laiffé ignorer le bien que plufieurs ont fait depuis qu'ils le font devenus : aux entraves funeftes que la philofophie a reçues par quelques conftitutions apoftoliques, il eût oppofé la renaiffance des arts en Europe, prefque uniquement due à la magnificence & au goût des fouverains pontifes. Il n'eût pas manqué d'obferver qu'aucune lifte de monarques ne préfente, à nombre égal, autant d'hommes dignes de l'attention de la poftérité. Enfin il fe fût conformé fur cette maniere à la maniere de penfer du public, qui malgré fa malignité naturelle, eft aujourd'hui trop éclairé fur la religion, pour faire fervir d'argumens contr'elles les fcandales donnés par quelques chefs de l'Eglife. L'indifférence avec laquelle on recevroit maintenant parmi nous une fatyre des papes, eft une fuite heureufe & néceffaire des progrès de la philofophie dans ce fiecle.

Nous favons, & nous l'apprenons avec regret au public, que M. du Marfais fe propofoit encore de joindre à fon ouvrage l'examen impartial & pacifique d'une querelle importante, qui tient de près à nos libertés, & que tant d'écrivains ont agitée dans ces derniers tems avec plus de chaleur que de logique. L'auteur, en philofophe éclairé & en citoyen fage, avoit réduit toute cette querelle aux queftions fuivantes, que nous nous bornerons fimplement à énoncer, fans entreprendre de les réfoudre: fi une fociété d'hommes qui croit devoir fe gouverner à certains égards par des loix indépendantes de la puiffance temporelle, peut exiger que cette puiffance concoure au maintien de ces loix? Si dans les pays nombreux où l'Eglife ne fait avec l'état qu'un même corps, la liberté abfolue que les miniftres de la religion reclament dans l'exercice de leur miniftere, ne leur donneroit pas un droit qu'ils font bien éloignés de prétendre fur les privileges & fur l'état des citoyens? En cas que cet inconvénient fut réel, quel parti les légiflateurs devroient prendre pour le prévenir? ou de mettre au pouvoir fpiri-

tuel de l'Eglife des bornes qu'elle croira toujours devoir franchir, ce qui
entretiendra dans l'état la divifion & le trouble; ou de tracer entre les matieres fpirituelles & les matieres civiles une ligne de féparation invariable?
Si les principes du chriftianifme s'oppoferoient à cette féparation, & fi elles
ne produiroient pas infenfiblement & fans effort la tolérance civile, que la
politique a confeillée à tant de princes & à tant d'états?

Telles étoient les queftions que M. du Marfais fe propofoient d'examiner;
éloigné, comme il l'étoit, de tout fanatifme par fon caractere, & de tout
préjugé par fes réflexions, perfonne n'étoit plus en état de traiter cet important fujet avec la modération & l'équité qu'il exige. Mais comme ce n'eft
point par des livres qu'on ramene au vrai des efprits ulcérés ou prévenus,
cette modération & cette équité n'euffent peut-être fervi qu'à lui faire des
ennemis puiffans & implacables. Quoique les matieres qu'il a difcutées dans
fon ouvrage, foient beaucoup moins délicates que celle-ci, quoiqu'en traitant ces matieres il préfente la vérité avec toute la prudence dont elle a
befoin pour fe faire recevoir, il ne jugea pas à propos de laiffer paroitre de
fon vivant fon *Expofition des Libertés de l'Eglife Gallicane.* Il craignoit,
difoit-il, des perfécutions femblables à celles que M. Dupuy, le défenfeur
de ces Libertés dans le dernier fiecle, avoit eu à fouffrir de quelques évêques de France, défavoués fans doute en cela par leurs confreres. La fuite
de cet éloge fera voir d'ailleurs que M. du Marfais avoit de grands ménagemens à garder avec l'Eglife, dont il avoit pourtant défendu les droits
plus encore qu'il ne les avoit bornés. Il fe plaint dans une efpece d'introduction qui eft à la tête de fon livre, qu'on ne puiffe expofer impunément
en France la doctrine conftante du parlement & de la Sorbonne fur l'indépendance de nos rois & fur les droits de nos évêques, tandis que chez les
nations imbues des opinions contraires, tout parle publiquement & fans
crainte contre la juftice & la vérité. Nous ignorons fi ces plaintes étoient
fondées, dans le temps que M. du Marfais écrivoit; mais la France connoit
mieux aujourd'hui fes vrais intérêts. Ceux entre les mains defquels le manufcrit de l'auteur eft tombé après fa mort, moins timides ou plus heureux
que lui, en ont fait part au public. Les ouvrages pleins de vérités hardies
& utiles, dont le genre humain eft de temps en temps redevable au courage de quelques hommes de lettres, font aux yeux de la poftérité la gloire
des gouvernemens qui les protegent, la cenfure de ceux qui ne favent pas
les encourager, & la honte de ceux qui les profcrivent.

La fuppreffion de ce livre eût été fans doute une perte pour les citoyens;
mais les philofophes doivent regretter encore plus que M. du Marfais n'ait
pas publié fa *réponfe à la critique de l'Hiftoire des Oracles;* on n'a trouvé
dans fes papiers que des fragmens imparfaits de cette réponfe, à laquelle il
ne paroit pas avoir mis la derniere main. Pour la faire connoitre en détail,
il faut reprendre les chofes de plus haut.

Feu M. de Fontenelle avoit donné en 1686, d'après le médecin Vandale, l'hiftoire des oracles, un de fes meilleurs ouvrages, & peut-être celui
de tous auquel le fuffrage (*) unanime de la poftérité eft le plus affuré. Il y

---

(*) Il n'y a peut-être qu'une phrafe à | deux lignes de la Préface : " Il me fem-
retrancher de cet Ouvrage; ce font ces | „ ble qu'il ne faudroit donner dans le

soutient, comme tout le monde sait, que les oracles étoient l'ouvrage de
la superstition & de la fourberie, & non celui des démons, & qu'ils n'ont
point cessé à la venue de Jesus-Christ. Le pere Baltus, jésuite, vingt ans
après la publication de ce livre, crut qu'il étoit de son devoir d'en prévenir
les effets dangereux, & se proposa de le réfuter. Il soutint, avec toute la
modération qu'un théologien peut se permettre, que M. de Fontenelle
avoit attaqué une des principales preuves du christianisme, pour avoir prétendu que les prêtres païens étoient des imposteurs ou des dupes. Cependant, en avançant une opinion si singuliere, le critique avoit eu l'art de lier
son système à la religion, quoiqu'il y soit réellement contraire par les armes qu'il peut fournir aux incrédules. La cause du philosophe étoit juste,
mais les dévôts étoient soulevés, & s'il répondoit, il étoit perdu. Il eut
donc la sagesse de demeurer dans le silence, & de s'abstenir d'une défense
facile & dangereuse, dont le public l'a dispensé depuis en lisant tous les
jours son ouvragé, & en ne lisant point celui de son adversaire. M. du Marsais, jeune encore, avide de se signaler, & n'ayant à risquer ni places ni
fortune, entreprit de justifier M. de Fontenelle contre les imputations du
pere Baltus. Il accusoit le critique de n'avoir point entendu les PP. de l'é-
glise, & de ne les avoir pas cités exactement; il lui reprochoit des méprises considérables, & un plagiat moins excusable encore du professeur
Mœbius, qui avoit écrit contre Vandale. Assuré de la bonté de sa cause, le
défenseur de M. de Fontenelle ne craignit point de faire part de son ouvrage à quelques confreres du pere Baltus; il ne vouloit par cette démarche
que donner des marques de son estime à une société long-temps utile aux
lettres, & qui se souvient encore aujourd'hui avec complaisance du crédit
& des hommes célebres qu'elle avoit alors. Nous avons peine à nous persuader que, dans une matiere aussi indifférente en elle-même, cette société se soit crue blessée par l'attaque d'un de ses membres; nous ignorons
par qui & comment la confiance de M. du Marsais fut trompée; mais elle
le fut. On travailla efficacement à empêcher l'impression & même l'examen
de l'ouvrage; on accusa faussement l'auteur d'avoir voulu le faire paroitre
sans approbation ni privilege, quoique son adversaire eût pris la même liberté Il représenta en vain que ce livre avoit été approuvé par plusieurs
personnes savantes & pieuses, & qu'il demandoit à le mettre au jour, non
par vanité d'auteur, mais pour prouver son innocence : il offrit inutilement
de le soumettre à la censure de la Sorbonne, de le faire même approuver
par l'inquisition, & imprimer avec *la permission des Supérieurs* dans les
terres du pape; on étoit résolu de ne rien écouter, & M. du Marsais eut
une défense expresse de faire paroitre son livre, soit en France, soit ailleurs. Cet événement de sa vie fut la premiere époque, & peut-être la source des injustices qu'il essuya; on n'avoit point eu de peine à prévenir contre lui un monarque respectable alors dans sa vieillesse, & d'une délicateffe louable sur tout ce qu'il croyoit blesser la religion; on lui avoit inspiré
quelques soupçons sur la maniere de penser de l'antagoniste du P. Baltus;
espece d'armes dont on n'abuse que trop souvent auprès des princes, pour

sublime qu'à *son corps défendant* : il | style bas est encore quelque chose de
est si peu naturel ! J'avoue que le | pis.

perdre le mérite sans appui, sans hypocrisie, & sans intrigue. L'auteur abandonna donc entierement son ouvrage ; & le P. Baltus libre de la guerre
dont il étoit menacé, entra dans une carriere plus convenable à son état ;
il avoit trop légérement sacrifié les prémices de sa plume à défendre sans le
vouloir les oracles des Païens ; il l'employa plus heureusement dans la suite
à un objet sur lequel il n'avoit point de contradictions à craindre, à la défense des prophéties de la religion chrétienne.

Comme l'ouvrage de M. du Marsais sur les oracles n'a point paru, nous
tâcherons d'en donner quelque idée à nos lecteurs d'après les fragmens qui
nous ont été remis. La préface contient quelques réflexions générales sur
l'abus qu'on peut faire de la religion en l'étendant à des objets qui ne sont
pas de son ressort ; on y expose ensuite le dessein & le plan de l'ouvrage,
dans lequel il paroit qu'on s'est proposé trois objets ; de prouver que les démons n'étoient point les auteurs des oracles ; de répondre aux objections
du P. Baltus ; d'examiner enfin le temps auquel les oracles ont cessé, & de
faire voir qu'ils ont cessé d'une maniere naturelle.

Le desir si vif & si inutile de connoitre l'avenir, donna naissance aux
oracles des Païens. Quelques hommes adroits & entreprenans mirent à profit la curiosité du peuple pour le tromper : il n'y eut point en cela d'autre
magie ; l'imposture avoit commencé l'ouvrage., le fanatisme l'acheva : car
un moyen infaillible de faire des fanatiques, c'est de persuader avant que
d'instruire ; quelquefois même certains prêtres ont pu être la dupe des oracles qu'ils rendoient ou qu'ils faisoient rendre, semblables à ces Empyri-
ques dont les uns participent à l'erreur publique qu'ils entretiennent, les
autres en profitent sans la partager.

C'est par la foi seule que nous savons qu'il y a des démons, c'est donc
par la foi seule que nous pouvons apprendre ce qu'ils sont capables de faire
dans l'ordre surnaturel ; & puisque la révélation ne leur attribue pas les
oracles, elle nous permet de croire que ces oracles n'étoient pas leur ouvrage. Lorsque Isaïe défia les dieux des Païens de prédire l'avenir, il ne mit
point de restrictions à ce défi, qui n'eût plus été qu'imprudent, si en effet les démons avoient eu le pouvoir de prophétiser. Daniel ne crut pas
que le serpent des Babyloniens fut un démon ; il *rit* en philosophie, dit
l'Ecriture, de la crédulité du prince & de la fourberie des prêtres, & em-
poisonna le serpent. D'ailleurs les partisans même des oracles conviennent
qu'il y en a eu de faux, & par-là ils nous mettent en droit (s'il n'y a pas de
preuve évidente du contraire) de les regarder sans exception comme supposés : tout se réduisoit à cacher plus ou moins adroitement l'imposture.
Enfin les Païens même n'ont pas cru généralement que les oracles fussent
surnaturels. De grandes sectes de philosophes, entre autres, les Epicuriens se vantoient, comme les chrétiens, de faire taire les oracles & de dé-
masquer les prêtres. Valere-Maxime & d'autres disent : il est vrai que des
statues ont parlé ; mais l'Ecriture dément ce témoignage, en nous apprenant que les statues sont muettes. Les historiens profanes, lorsqu'ils racontent sur un simple oui-dire des faits extraordinaires, sont moins croyables
que les historiens de la Chine sur l'antiquité qu'ils donnent au monde. Ca-
saubon se moque avec raison d'Hérodote, qui rapporte sérieusement plu-

fieurs de ces oracles ridicules de l'antiquité, & d'autres prodiges de la même force.

Si les oracles n'euffent pas été une fourberie, l'idolâtrie n'eût plus été qu'un malheur excufable , parce que les Païens n'auroient eu aucun moyen de découvrir leur erreur par la raifon , le feul guide qu'ils euffent alors. Quand une fauffe religion, ou quelque fecte que ce puiffe être, vante les prodiges opérés en fa faveur , & qu'on ne peut expliquer ces prodiges d'une maniere naturelle, il n'y a qu'un parti à prendre, celui de nier les faits. Rien n'eft donc plus conforme aux principes & aux interéts du chriftianifme , que de regarder le paganifme comme un pur ouvrage des hommes, qui n'a fubfifté que par des moyens humains Auffi l'Ecriture ne donne à l'idolâtrie qu'une origine toute naturelle , & la plupart des peres paroiffent penfer de même. Plufieurs d'entr'eux ont expreffément traité les oracles d'impoftures , & aucun n'a prétendu que ce fentiment offenfât la religion : ceux même qui n'ont pas été éloignés de croire qu'il y avoit quelque chofe de furnaturel dans les oracles, paroiffent n'y avoir été déterminés que par une façon particuliere de penfer, tout-à-fait indépendante des vérités fondamentales du chriftianifme. Selon la plupart des Païens, les dieux étoient les auteurs des oracles favorables, & les mauvais génies l'étoient des oracles funeftes ou trompeurs. Les chrétiens profiterent de cette opinion pour attribuer les oracles aux démons: ils y trouvoient d'ailleurs un avantage; ils expliquoient, par cette fuppofition, le merveilleux apparent qui les embarraffoit dans certains oracles. Un faux principe où ils étoient, fervoit à les fortifier dans cette idée, ils croyoient les démons corporels, & St. Auguftin s'eft expreffément rétracté d'avoir donné de femblables explications. Les chrétiens modernes ont eu des idées plus épurées & plus faines fur la nature des démons ; mais en rejetant le principe, plufieurs ont retenu la conféquence. C'eft donc en vain que certains auteurs eccléfiaftiques, qui n'ont pas dans l'Eglife l'autorité des peres, & qui croyoient que les démons étoient des animaux d'un efprit aérien, nous rapportent de faux oracles, dont ils prétendent tirer des argumens en faveur de la religion. Il faut mettre ces faits, & les raifonnemens qui en font la fuite, à côté des relations de la légende dorée, du corbeau excommunié pour avoir volé la bague de l'abbé Conrad, & des extravagances que l'imbécillité a débitées fur les prétendus hommages que les animaux ont rendus à nos redoutables myfteres. Rien n'eft plus propre à avilir la religion (fi quelque chofe peut l'avilir), rien n'eft du moins plus nuifible auprès des peuples à une caufe fi refpectable , que de la défendre par des preuves foibles ou abfurdes ; c'eft Ofa qui croit que l'arche chancelle , & qui ofe y porter la main.

Le P. Baltus abufe évidemment des termes, quand il prétend que l'opinion qui attribue les oracles aux malins efprits, eft une vérité enfeignée par la tradition ; puifqu'on ne doit regarder comme des vérités de tradition & par conféquent de foi, que celles qui ont été conftamment reconnues pour telles par l'Eglife; le défenfeur des oracles fe contredit enfuite lui-même, quand il avoue que l'opinion qu'il foutient n'eft que de fois humaine, c'eft-à-dire , du genre des chofes qu'on peut fe difpenfer de croire fans ceffer d'être chrétien ; mais en cela il tombe dans une autre contradiction .

puifque la foi humaine ne peut tomber que fur ce qui eft de l'ordre naturel, & que les oracles felon lui n'en font pas. Le témoignage des hiftoriens
de l'antiquité, ajoute M. du Marfais, eft formellement contraire à ce que
le P. Baltus prétend, que jamais les oracles n'ont été rendus par des ftatues
creufes: mais quand cette prétention feroit fondée, elle feroit favorable à
la caufe de M. de Fontenelle, puifqu'il eft encore plus aifé de faire parler
un prêtre qu'une ftatue. Il n'eft point vrai, comme le dit encore le critique,
que ceux qui réduifent les oracles à des caufes naturelles, diminuent par
ce moyen la gloire de Jefus-Chrift qui les a fait ceffer; ce feroit au contraire affoiblir véritablement cette gloire, que d'attribuer les oracles aux démons: car le P. Baltus prétend lui-même que Julien dans le iv⁰ fiecle du
chriftianifme, en évoquant *efficacement* les enfers par la magie & par les
enchantemens, en avoit obtenu réponfe. Les permiffions particulieres que
l'Ecriture dit avoir été accordées au démon, ne nous donnent pas droit
d'en fuppofer d'autres; rien n'eft plus ridicule dans l'ordre furnaturel que
l'argument qui prouve l'exiftence d'un fait miraculeux par celle d'un fait
femblable. Ajouter foi trop légerement aux prodiges, dans un fiecle où ils
ne font plus néceffaires à l'établiffement du chriftianifme, c'eft ébranler,
fans le vouloir, les fondemens de la croyance que l'on doit aux vrais miracles rapportés dans les livres faints. On ne croit plus de nos jours aux pof-
fédés, quoiqu'on croie à ceux de l'Ecriture. Jefus-Chrift a été tranfporté
par le démon, il l'a permis pour nous inftruire; mais de pareils miracles
ne fe font plus: La métamorphofe de Nabuchodonofor en bête, dont ils ne
nous eft pas permis de douter, n'eft arrivée qu'une fois. Enfin Saül a évo-
qué l'ombre de Samuel, & l'on n'ajoute plus de foi aux évocations. Le P.
Baltus avoue que les prodiges mêmes racontés par les peres, ne font pas de
foi; à plus forte raifon les prétendus miracles du paganifme, qu'ils ont
quelquefois daigné rapporter. Si le fentiment de ces auteurs (d'ailleurs
très-graves) fur des objets étrangers au chriftianifme, devoit être la regle
de nos opinions, on pourroit juftifier par ce principe le traitement que les
inquifiteurs ont fait à Galilée.

On aura peine à croire que le P. Baltus ait reproché férieufement à M. de
Fontenelle d'avoir adopté fur les oracles le fentiment de l'anabaptifte Vandale, comme fi un anabaptifte étoit condamné à déraifonner en tout, même fur une matiere étrangere aux erreurs de fa fecte. La réponfe de M. du
Marfais à cette objection, eft que le religieux qui a pris la défenfe des oracles, a fuivi auffi le fentiment du luthérien Mœbius; & que hérétique pour
hérétique, un anabaptifte vaut bien un luthérien.

Ceux qui ont avancé que les oracles avoient ceffé à la venue de Jefus-
Chrift ne l'ont cru que d'après l'oracle fuppofé fur l'enfant hébreu; oracle
regardé comme faux par le P. Baltus lui-même; auffi prétend-il que les oracles n'ont pas fini précifément à la venue du Sauveur du monde, mais peu-
à-peu, à mefure que Jefus-Chrift a été connu & adoré. Cette maniere de finir n'a rien de furprenant, elle étoit la fuite naturelle de l'établiffement
d'un nouveau culte. Les faits miraculeux, ou plutôt qu'on veut donner pour
tels, diminuent dans une fauffe religion, ou à mefure qu'elle s'établit, parce qu'elle n'en a plus befoin, ou à mefure qu'elle s'affoiblit, parce qu'ils

n'obtiennent plus de croyance. La pauvreté des peuples qui n'avoient plus
rien à donner, la fourberie découverte dans plusieurs oracles, & conclue
dans les autres, enfin les édits des empereurs chrétiens, voilà les causes
véritables de la cessation de ce genre d'imposture : des circonstances favorables l'avoient produit, des circonstances contraires l'ont fait disparoître ;
ainsi les oracles ont été soumis à toute vicissitude des choses humaines. On
se retranche à dire que la naissance de Jesus-Christ est la premiere époque de
leur cessation ; mais pourquoi certains démons ont-ils fui tandis que les
autres restoient? D'ailleurs l'histoire ancienne prouve invinciblement que
plusieurs oracles avoient été détruits avant la venue du Sauveur du monde,
par des guerres & par d'autres troubles : tous les oracles brillans de la
Grece n'existoient plus ou presque plus , & quelquefois l'oracle se trouvoit
interrompu par le silence d'un honnête prêtre qui ne vouloit pas tromper
le peuple. L'oracle de Delphes, dit Lucain , est demeuré muet depuis que
les princes craignent l'avenir ; ils ont défendu aux dieux de parler, & les
dieux ont obéi. Enfin tout est plein dans les auteurs profanes d'oracles qui
ont subsisté jusqu'aux ive. & v^e. siecles, & il y en a encore aujourd'hui chez
les idolâtres. Cette opiniâtreté incontestable des oracles à subsister encore
après la venue de Jesus-Christ,suffiroit pour prouver qu'ils n'ont pas été rendus par les démons , comme le remarquent M. de Fontenelle & son défenseur ; puisqu'il est évident que le Fils de Dieu descendant parmi les hommes , devoit tout-à-coup imposer silence aux enfers.

    Telle est l'analyse de l'ouvrage de M. du Marsais sur les oracles. Revenons
maintenant à sa personne. Il étoit destiné à être malheureux en tout ; M.de
Maisons le pere chez qui il étoit entré, & qui en avoit fait son ami , étoit trop
éclairé pour ne pas sentir les obligations qu'il avoit à un pareil gouverneur,
& trop équitable pour ne pas les reconnoître, mais la mort l'enleva dans
le temps où l'éducation de son fils étoit prête à finir , & où il se proposoit
d'assurer à M. du Marsais une retraite honnête , juste fruit de ses travaux &
de ses soins. Notre philosophe, sur les espérances qu'on lui donnoit de suppléer à ce que le pere de son eleve n'avoit pu faire, resta encore quelque
temps dans la maison; mais le peu de considération qu'on lui marquoit & les
dégoûts même qu'il essuya, l'obligerent enfin d'en sortir, & de renoncer à ce
qu'il avoit lieu d'attendre d'une famille riche à laquelle il avoit sacrifié les
douze plus belles années de sa vie. On lui proposa d'entrer chez le fameux
Law , pour être auprès de son fils, qui étoit alors âgé de seize ou dix-sept
ans ; & M. du Marsais accepta cette proposition. Quelques amis l'accuse-
rent injustement d'avoir eu dans cette démarche des vues d'intérêt : toute
sa conduite prouve assez qu'il n'étoit sur ce point ni fort éclairé, ni fort actif,
& il a plusieurs fois assuré qu'il n'eût jamais quitté son premier eleve , si par
le refus des égards les plus ordinaires, on ne lui avoit rendu sa situation insupportable.

    La fortune qui sembloit l'avoir placé chez M. Law, lui manqua encore ; il
avoit des actions qu'il vouloit convertir en un bien plus solide : on lui conseil-
la de les garder ; bientôt après tout fut anéanti, & M. Law obligé de sortir
du royaume , & d'aller mourir dans l'obscurité à Venise. Tout le fruit que
M. du Marsais retira d'avoir demeuré dans cette maison , ce fut , comme

il l'a écrit lui-même, de pouvoir rendre des services importants à plusieurs personnes d'un rang très-supérieur au sien, qui depuis n'ont pas paru s'en souvenir, & de connoitre (ce sont encore ses propres termes) la bassesse, la servitude & l'esprit d'adulation des grands.

Il avoit éprouvé par lui-même combien cette profession si noble & si utile, qui a pour objet l'éducation de la jeunesse, est peu honorée parmi nous, tant nous sommes peu éclairés sur nos intérêts ; mais la situation de ses affaires, & peut-être l'habitude, lui avoient rendu cette ressource indispensable : il rentra donc encore dans la même carriere, & toujours avec un égal succès. La justice que nous devons à sa mémoire, nous oblige de repousser à cette occasion une calomnie qui n'a été que trop répandue. On a prétendu que M. du Marsais étant appellé pour présider à l'éducation de trois freres dans une des premieres maisons du royaume, avoit demandé *dans quelle religion on vouloit qu'il les élevât.* Cette question singuliere avoit été faite à M. Law, alors de la religion anglicane, par un homme d'esprit qui avoit été pendant quelque tems auprès de son fils. M. du Marsais avoit su le fait, & l'avoit simplement raconté : il étoit absurde de penser qu'en France, dans le sein d'une famille catholique où personne ne le connoissoit encore, & où il avoit intérêt de donner bonne opinion de sa prudence, il eût hasardé un discours si extravagant, & qui pouvoit être regardé comme une injure ; mais on trouva plaisant de le lui attribuer, & par cette raison on continuera peut-être à le lui attribuer encore, non-seulement contre la vérité, mais même contre la vraisemblance. Cependant nous ne devons pas laisser ignorer à ceux qui liront cet éloge, que ce conte ridicule, répété & même orné en passant de bouche en bouche, est peut-être ce qui a le plus nui à M. du Marsais. Les plaisanteries que notre frivolité se permet si légérement sans en prévoir les suites, laissent souvent après elles des plaies profondes ; la haine profite de tout ; & qu'il est doux pour cette multitude d'hommes que blesse l'éclat des talens, de trouver le plus léger prétexte pour se dispenser de leur rendre justice !

Cette imputation calomnieuse, & ce que nous avons rapporté au sujet de l'histoire des oracles, ne sont pas les seules persécutions que M. du Marsais ait essuyées. Il nous est tombé entre les mains un fragment d'une de ses lettres sur la légéreté des soupçons qu'on forme contre les autres en matiere de religion. Il ne lui étoit que trop permis de s'en plaindre, puisqu'il en avoit été si souvent l'objet & la victime. Nous apprenons par ce fragment, que des hommes qui se disoient philosophes, l'avoient accusé d'impiété, pour avoir soutenu contre les Cartésiens, que les bêtes n'étoient pas des automates. Ses adversaires donnoient pour preuves de cette accusation, l'impossibilité qu'il y avoit, selon eux, de concilier l'opinion qui attribue du sentiment aux bêtes, avec les dogmes de la spiritualité & de l'immortalité de l'ame, de la liberté de l'homme, & de la justice divine dans la distribution des maux (*). M. du Marsais répondoit que l'opinion qu'il avoit soutenue sur l'ame des bêtes, n'étoit pas la sienne ; qu'avant Descartes elle étoit absolument générale, comme conforme aux premieres notions de

_____

(*) *Voyez l'article* FORME SUBSTANTIELLE.

l'expérience & du fens commun , & même au langage de l'Ecriture ; que depuis Defcartes meme elle avoit toujours prévalu dans la plupart des éco-les , qui ne s'en étoient pas crues moins orthodoxes ; enfin que c'étoit apparemment le fort de quelque opinion que ce fût fur l'ame des bêtes, de faire taxer d'irréligion ceux qui la foutenoient , puifque Defcartes lui-même en avoit été accufé de fon tems , pour avoir prétendu que les animaux étoient de pures machines. Il en a été de même parmi nous , d'abord des partifans des idées innées , & depuis peu de leurs adverfaires ; plufieurs autres opinions femblables ont eu cette finguliere deftinée , que le pour & le contre ont été fuccessivement traités comme impies ; tant le zele aveuglé par l'ignorance, eft ingénieux à fe forger des fujets de fcandale, & à fe tourmenter lui-même & les autres.

M. du Marfais , après la chûte de M. Law , entra chez M. le marquis de Bauffremont. Le féjour qu'il y fit durant plufieurs années, eft une des époques les plus remarquables de fa vie, par l'utilité dont il a été pour les lettres. Il donna occafion à M. du Marfais de fe dévoiler au public pour ce qu'il étoit, pour un grammairien profond & philofophe, & pour un efprit créateur dans une matiere fur laquelle fe font exercés tant d'excellens écrivains. C'eft principalement en ce genre qu'il s'eft acquis une réputation immortelle, & c'eft auffi par ce côté important que nous allons déformais l'envifager.

Un des plus grands efforts de l'efprit humain, eft d'avoir affujetti les langues à des regles ; mais cet effort n'a été fait que peu-à-peu. Les langues, formées d'abord fans principes, ont été plus l'ouvrage du befoin que de la raifon ; & les philofophes réduits à débrouiller ce chaos informe, fe font bornés à en diminuer le plus qu'il étoit poffible l'irrégularité, & à réparer de leur mieux ce que le peuple avoit conftruit au hafard : car c'eft aux phi-lofophes à régler les langues , comme c'eft aux bons écrivains à les fixer. La grammaire eft donc l'ouvrage des philofophes ; mais ceux qui en ont établi les regles, ont fait comme la plupart des inventeurs dans les fciences : ils n'ont donné que les réfultats de leur travail, fans montrer l'efprit qui les avoit guidés. Pour bien faifir cet efprit fi précieux à connoitre, il faut fe remettre fur leurs traces ; mais c'eft ce qui n'appartient qu'à des philofo-phes comme eux. L'étude & l'ufage fuffifent pour apprendre les regles, & un degré de conception ordinaire pour les appliquer ; l'efprit philofophi-que feul peut remonter jufqu'aux principes fur lefquels les regles font éta-blies , & diftinguer le grammairien de génie du grammairien de mémoire. Cet efprit apperçoit d'abord dans la grammaire de chaque langue les principes généraux qui font communs à toutes les autres ; & qui forment la grammaire générale ; il démêle enfuite dans les ufages particuliers à cha-que langue ceux qui peuvent être fondés en raifons, d'avec ceux qui ne font que l'ouvrage du hafard ou de la négligence : il obferve l'influence réciproque que les langues ont eue les unes fur les autres, & les altéra-tions que ce mélange leur a données, fans leur ôter entierement leur pre-mier caractere : il balance leurs avantages & leurs défavantages mutuels ; la différence de leur conftruction , ici libre, hardie & variée, là réguliere, timide & uniforme ; la diverfité de leur génie tantôt favorable, tantôt

contraire

contraire à l'expreffion heureufe & rapide des idées ; leur richeffe & leur liberté, leur indigence & leur fervitude. Le développement de ces diffé-rens objets eft la vraie métaphyfique de la grammaire. Elle ne confifte point, comme cette philofophie ténébreufe qui fe perd dans les attributs de Dieu & les facultés de notre ame, à raifonner à perte de vue fur ce qu'on ne connoit pas, ou à prouver laborieufement par des argumens foi-bles, des vérités dont la foi nous difpenfe de chercher les preuves. Son objet eft plus réel & plus à notre portée ; c'eft la marche de l'efprit hu-main dans la génération de fes idées, & dans l'ufage qu'il fait des mots pour tranfmettre fes penfées aux autres hommes. Tous les principes de cette métaphyfique appartiennent pour ainfi dire à chacun, puifqu'ils font au dedans de nous ; il ne faut, pour les y trouver, qu'une analyfe exacte & réfléchie ; mais le don de cette analyfe n'eft pas donné à tous. On peut néanmoins s'affurer fi elle eft bien faite, par un effet qu'elle doit alors produire infailliblement, celui de frapper d'une lumiere vive tous les bons efprits auxquels elle fera préfentée : en ce genre c'eft prefqu'une marque fûre de n'avoir pas rencontré le vrai, que de trouver des contra-dicteurs, ou d'en trouver qui le foient long-tems. Auffi M. du Marfais n'a-t-il effuyé d'attaque que ce qu'il en falloit pour affurer pleinement fon triomphe ; avantage rare pour ceux qui portent les premiers dans les fujets qu'ils traitent, le flambeau de la philofophie.

Le premier fruit des réflexions de M. du Marfais fur l'étude des langues, fut fon *Expofition d'une méthode raifonnée pour apprendre la langue latine*; elle parut en 1722 : il la dédia à MM. de Bauffremont fes élèves, qui en avoient fait le plus heureux effai, & dont l'un, commencé dès l'alphabet par fon illuftre maitre, avoit fait en moins de trois ans les pro-grès les finguliers & les plus rapides.

La méthode de M. du Marfais a deux parties, l'ufage, & la raifon. Savoir une langue, c'eft en entendre les mots ; & cette connoiffance appartient proprement à la mémoire, c'eft-à dire, à celle des facultés de notre ame qui fe développe la première chez les enfans, qui eft même plus vive à cet âge que dans aucun autre, & qu'on peut appeler l'efprit de l'enfance. C'eft donc cette faculté qu'il faut exercer d'abord, & qu'il faut même exercer feule. Ainfi on fera d'abord apprendre aux enfans, fans les fatiguer, & comme par maniere d'amufement, fuivant différens moyens que l'auteur indique, les mots latins les plus en ufage. On leur donnera enfuite à expliquer un auteur latin rangé fuivant la conftruction françoife, & fans inverfion. On fubftituera de plus dans le texte, les mots fous-entendus par l'auteur, & on mettra fous chaque mot latin le terme françois correfpondant : vis-à-vis de ce texte ainfi difpofé pour en faciliter l'intelligence, on placera le texte de l'auteur tel qu'il eft ; & à côté du françois littéral, une traduction françoife conforme au génie de notre langue. Par ce moyen, l'enfant repaffant du texte latin altéré au texte véritable, & de la verfion interlinéaire à une traduction libre, s'ac-coutumera infenfiblement à connoître par le feul ufage les façons de parler propres à la langue latine & à la langue françoife. Cette maniere d'enfei-gner le latin aux enfans, eft une imitation exacte de la façon dont on fe

rend familieres les langues vivantes, que l'usage seul enseigne beaucoup
plus vite que toutes les méthodes. C'est d'ailleurs se conformer à la marche de la nature. Le langage s'est d'abord établi, & la grammaire n'est
venue qu'à la suite.

A mesure que la mémoire des enfans se remplit, que leur raison se perfectionne, & que l'usage de traduire leur fait appercevoir les variétés
dans les terminaisons des mots latins & dans la construction, & l'objet de
ces variétés, on leur fait apprendre peu-à-peu les déclinaisons, les con-
jugaisons, & les premieres regles de la syntaxe, & on leur en montre
l'application dans les auteurs mêmes qu'ils ont traduits : ainsi on les
prépare peu-à-peu, & comme par une espece d'instinct, à recevoir les
principes de la grammaire raisonnée, qui n'est proprement qu'une vraie
logique, mais une logique qu'on peut mettre à la portée des enfans. C'est
alors qu'on leur enseigne le méchanisme de la construction, en leur faisant faire l'anatomie de toutes les phrases, & en leur donnant une idée
juste de toutes les parties du discours.

M. du Marsais n'a pas de peine à montrer les avantages de cette méthode sur la méthode ordinaire. Les inconvéniens de celle-ci sont de
parler aux enfans de cas, de modes, de concordance, & de régime,
sans préparation, & sans qu'ils puissent sentir l'usage de ce qu'on leur
fait apprendre ; de leur donner ensuite des regles de syntaxe très-com-
posées, dont on les oblige de faire l'application en mettant du françois
en latin ; de vouloir forcer leur esprit à produire, dans un tems où il
n'est destiné qu'à recevoir ; de les fatiguer en cherchant à les instruire ; &
de leur inspirer le dégoût de l'étude, dans un âge où l'on ne doit songer
qu'à la rendre agréable. En un mot, dans la méthode ordinaire on enseigne
le latin à-peu-près comme un homme qui pour apprendre à un enfant à
parler, commenceroit par lui montrer la méchanique des organes de la
parole ; M. du Marsais imite au contraire celui qui enseigneroit d'abord à
parler, & qui expliqueroit ensuite la méchanique des organes. Il termine
son ouvrage par une application du plan qu'il propose, au poëme séculaire
d'Horace : cet exemple doit suffire aux maîtres intelligens, pour les guider dans la route qui leur est ouverte.

Rien ne paroit plus philosophique que cette méthode, plus conforme au
développement naturel de l'esprit, & plus propre à abréger les difficultés.
Mais elle avoit deux grands défauts ; elle étoit nouvelle ; elle contenoit
de plus une critique de la maniere d'enseigner qu'on pratique encore
parmi nous, & que la prévention, la paresse, l'indifférence pour le bien
public, s'obstinent à conserver, comme elles consacrent tant d'autres
abus sous le nom d'usage. Aussi l'ouvrage fût-il attaqué, & principalement
dans celui de nos journaux dont les auteurs avoient un intérêt direct à le
combattre : Ils firent à M. du Marsais un grand nombre d'objections auxquelles il satisfit pleinement. Mais nous ne devons pas oublier de remarquer que lorsqu'il se chargea près de trente ans après de la partie de la
grammaire dans le Dictionnaire encyclopédique, il fut célébré comme un
grand maitre & presque comme un oracle dans le même journal où ses
premiers ouvrages sur cette matiere avoient été si mal accueillis. Cependant

bien loin d'avoir changé de principes, il s'étoit confirmé par l'expérience
& par les réflexions, dans le peu de cas qu'il faisoit de la méthode ordinaire. Mais sa réputation le mettoit alors au dessus de la critique ; il touchoit d'ailleurs à la fin de sa carriere, & il n'y avoit plus d'inconvénient à
le louer. La plupart des critiques de profession ont un avantage dont ils ne
s'apperçoivent peut-être pas eux-mêmes, mais dont ils profitent comme
s'ils en connoissoient toute l'étendue ; c'est l'oubli auquel leurs décisions
sont sujettes, & la liberté que cet oubli leur laisse d'approuver aujourd'hui
ce qu'ils blâmoient hier, & de le blâmer de nouveau pour l'approuver
encore.

M. du Marsais encouragé par le succès de ce premier essai, entreprit de
le développer dans un ouvrage qui devoit avoir pour titre *les véritables
principes de la Grammaire, ou nouvelle Grammaire raisonnée pour
apprendre la langue latine*. Il donna, en 1729, la préface de cet ouvrage qui contient un détail plus étendu de sa méthode, plusieurs raisons
nouvelles en sa faveur, & le plan qu'il se proposoit de suivre dans la
grammaire générale. Il la divise en six articles ; savoir, la connoissance
de la proposition & de la période en tant qu'elles sont composées de mots,
l'orthographe, la prosodie, l'étymologie, les préliminaires de la syntaxe,
& la syntaxe même. C'est tout ce qu'il publia pour lors de son ouvrage ;
mais il en détacha l'année suivante un morceau précieux qu'il donna sepa-
rément au public, & qui devoit faire le dernier objet de sa grammaire générale. Nous voulons parler de son *Traité des Tropes*, ou des différens
sens dans lesquels un même mot peut être pris dans une même langue,
L'auteur expose d'abord dans cet ouvrage, à-peu-près comme il l'a fait depuis dans l'Encyclopédie au mot *Figure*, ce qui constitue en général le
style figuré, & montre combien ce style est ordinaire, non seulement dans
les écrits, mais dans la conversation même ; il fait sentir ce qui distingue
les *figures de pensée*, communes à toutes les langues, d'avec les *figures de
mots*, qui sont particulieres à chacune, & qu'on appelle proprement
tropes. Il détaille l'usage des tropes dans le discours, & les abus qu'on
peut en faire ; il fait sentir les avantages qu'il y auroit à distinguer dans
les dictionnaires latins-françois le sens propre de chaque mot d'avec les
sens figurés qu'il peut recevoir ; il explique la subordination des tropes ou
les différentes classes auxquelles on peut les réduire, & les différens noms
qu'on leur a donnés. Enfin, pour rendre son ouvrage complet, il traite
encore des autres sens dont un même mot est susceptible, outre le sens
figuré, comme le sens adjectif ou substantif, déterminé ou indéterminé,
actif, passif ou neutre, absolu ou relatif, collectif ou distributif, composé
ou divisé, & ainsi des autres. Les observations & les regles sont appuyées
par-tout d'exemples frappans, & d'une logique dont la clarté & la précision
ne laissent rien à desirer.

Tout mérite d'être lu dans le *Traité des Tropes*, jusqu'à l'*Errata*, il
contient des réflexions sur notre orthographe, sur ses bizarreries, ses inconséquences, & ses variations. On voit dans ces réflexions un écrivain
judicieux, également éloigné de respecter superstitieusement l'usage, &
de heurter en tout par une réforme impraticable.

Fff 2

Cet ouvrage, qu'on peut regarder, comme un chef-d'œuvre en son genre, fut plus eſtimé qu'il n'eut un prompt débit; il lui a fallu près de trente ans pour arriver à une nouvelle édition, qui n'a paru qu'après la mort de l'auteur. La matiere, quoique traitée d'une maniere ſupérieure, intéreſſoit trop peu ce grand nombre de lecteurs oiſifs qui ne veulent qu'être amuſés : le titre même du livre, peu entendu de la multitude, contribua à l'indifférence du public, & M. du Marſais nous a rapporté ſur cela lui-même une anecdote ſinguliere. Quelqu'un voulant un jour lui faire compliment ſur cet ouvrage, lui dit qu'il venoit d'entendre dire beaucoup de bien de ſon *Hiſtoire des Tropes :* il prenoit les tropes pour un nom de peuple.

Cette lenteur de ſuccès, jointe à des occupations particulieres, & peut-être à un peu de pareſſe, a privé le public de la grammaire que l'auteur avoit promiſe; perte très-difficile à réparer dans ce ſiecle même, où la grammaire plus que jamais cultivée par des philoſophes, commence à être mieux approfondie & mieux connue. M. du Marſais ſe contenta de publier en 1731 l'abrégé de la fable du P. Jouvenci, diſpoſé ſuivant ſa méthode; le texte pur d'abord, enſuite le même texte ſans inverſion & ſans mots ſous-entendus; au deſſous de ce texte la verſion interlinéaire, & au deſſous de cette verſion la vraie traduction en langue françoiſe C'eſt le dernier ouvrage qu'il a donné au public; on a trouvé dans ſes papiers pluſieurs verſions de ce genre qu'il ſeroit facile de mettre au jour, ſi on les jugeoit utiles.

Il avoit compoſé pour l'uſage de ſes éleves ou pour le ſien, d'autres ouvrages qui n'ont point paru. Nous ne citerons que *ſa Logique* ou *réflexions ſur les opérations de l'eſprit ;* ce traité contient ſur l'art de raiſonner tout ce qu'il eſt utile d'apprendre, & ſur la métaphyſique tout ce qu'il eſt permis de ſavoir. C'eſt dire que l'ouvrage eſt très-court; & peut-être pourroit-on l'abréger encore.

L'éducation de MM. de Bauffremont finie, M. du Marſais continua d'exercer le talent rare qu'il avoit pour l'éducation de la jeuneſſe; il prit une penſion au fauxbourg S. Victor, dans laquelle il élevoit ſuivant ſa méthode un certain nombre de jeunes gens; mais des circonſtances imprévues le forcerent d'y renoncer. Il voulut ſe charger encore de quelques éducations particulieres, que ſon âge avancé ne lui permit pas de conſerver long-tems : obligé enfin de ſe borner à quelques leçons qu'il faiſoit pour ſubſiſter, ſans fortune, ſans eſpérance, & preſque ſans reſſource, il ſe réduiſit à un genre de vie fort étroit. Ce fut alors que nous eumes le bonheur de l'aſſocier à l'Encyclopédie; les articles qu'il lui a fournis, & qui ſont en grand nombre dans les premiers volumes, feront à jamais un des principaux ornemens de cet ouvrage, & ſont ſupérieurs à tous nos éloges. La philoſophie ſaine & lumineuſe qu'ils contiennent, le ſavoir que l'auteur y a répandu, la préciſion des regles & la juſteſſe des applications, ont fait regarder avec raiſon cette partie de l'Encyclopédie comme une des mieux traitées. Un ſuccès ſi général & ſi juſte ne pouvoit augmenter l'eſtime que les gens de lettres avoient depuis long-tems pour l'auteur, mais le fit connoitre d'un grand nombre de gens du monde, dont la plupart ignoroient juſqu'à ſon nom. Enhardi & ſoutenu par les marques les moins équivoques de l'approbation publique, il crut pouvoir en faire ufage pour fe procurer le néceffaire qui lui manquoit. Il écrivit à un philofophe, du petit nombre de ceux qui habitent Verfailles, pour le prier de s'intéreffer en fa faveur auprès des diftributeurs des graces. Ses ouvrages & fes travaux, recommandation trop inutile, étoient la feule qu'il pût faire parler pour lui. Il fe comparoit, dans fa lettre, au paralytique de trente-huit ans, qui attendoit en vain que l'eau de la pifcine fût agitée en fa faveur. Cette lettre touchante eut l'effet qu'elle devoit avoir à la cour, où les intérêts perfonnels étouffent tout autre intérêt, où le mérite a des amis timides qui le fervent foiblement, & des ennemis ardens, attentifs aux occafions de lui nuire. Les fervices de M. du Marfais, fa vieilleffe, fes infirmités, les prieres de fon ami, ne purent rien obtenir. On convint de la juftice de fes demandes, on lui témoigna beaucoup d'envie de l'obliger; ce fut tout le fruit qu'il retira de la bonne volonté apparente qu'on lui marquoit. La plus grande injure que les gens en place puiffent faire à un homme de lettres, ce n'eft pas de lui refufer l'appui qu'il a droit d'attendre d'eux; c'eft de le laiffer dans l'oppreffion ou dans l'oubli, en voulant paroître fes protecteurs. L'indifférence pour les talens ne les offenfe pas toujours, mais elle les révolte quand elle cherche à fe couvrir d'un faux air d'intérêt; heureufement elle fe démafque bientôt elle-même, & les moins clairvoyans n'y font pas long-tems trompés.

M. du Marfais, avec moins de délicateffe & plus de talent pour fe faire valoir, eût peut-être trouvé chez quelques citoyens riches & généreux, les fecours qu'on lui refufoit d'ailleurs. Mais il y avoit affez vécu pour apprendre à redouter les bienfaits, quand l'amitié n'en eft pas le principe, ou quand on ne peut eftimer la main dont ils viennent. C'eft parce qu'il étoit trèscapable de reconnoiffance, & qu'il en connoiffoit tous les devoirs, qu'il ne voiloit pas placer ce fentiment au hafard. Il racontoit à cette occafion avec une forte de gaieté que fes malheurs ne lui avoient point fait perdre, un trait que Moliere n'eût pas laiffé échapper, s'il eût pu le connoitre: *M. du Marfais,* difoit un riche avare, *eft un fort honnête homme; il y a quarante ans qu'il eft mon ami, il eft pauvre, & il ne m'a jamais rien demandé.*

Sur la fin de fa vie, il crut pouvoir fe promettre des jours un peu plus heureux; fon fils, qui avoit fait une petite fortune au Cap François, où il mourut il y a quelques années, lui donna par la difpofition de fon teftament l'ufufruit du bien qu'il laiffoit. Peut-être un pere avoit-il droit d'en attendre davantage; mais c'en étoit affez pour un vieillard & pour un philofophe: cependant la diftance des lieux & le peu de tems qu'il furvécut à fon fils, ne lui permirent de toucher qu'une petite partie de ce bien. Dans ces circonftances M. le comte de Lauragais, avantageufement connu à l'académie des fciences par différens mémoires qu'il lui a préfentés, eut occafion de voir M. du Marfais, & fut touché de fa fituation; il lui affura une penfion de 1000 livres dont il a continué une partie à une perfonne qui avoit eu foin de la vieilleffe du philofophe: action de générofité qui aura parmi nous plus d'éloges que d'imitateurs.

Notre illuftre collegue, quoique âgé de quatre-vingts ans, paroiffoit pouvoir fe promettre encore quelques années de vie, lorfqu'il tomba malade

F f f 3

au mois de juin de l'année derniere. Il s'apperçut bientôt du danger où il étoit, & demanda les sacremens, qu'il reçut avec beaucoup de présence d'esprit & de tranquillité: il vit approcher la mort en sage qui avoit appris à ne la point craindre, & en homme qui n'avoit pas lieu de regretter la vie. La république des lettres le perdit le 11 juin 1756, après une maladie de trois ou quatre jours.

Les qualités dominantes de son esprit étoient la netteté & la justesse, portées l'une & l'autre au plus haut degré. Son caractere étoit doux & tranquille; & son ame, toujours égale, paroissoit peu agitée par les différens événemens de la vie, même par ceux qui sembloient devoir l'affecter le plus. Quoique accoutumé à recevoir des louanges, il en étoit très-flatté; foiblesse, si c'en est une, pardonnable aux philosophes mêmes, & bien naturelle à un homme de lettres qui n'avoit point recueilli d'autre récompense de ses travaux. Peu jaloux d'en imposer par les dehors souvent grossiers d'une fausse modestie, il laissoit entrevoir sans peine l'opinion avantageuse qu'il avoit de ses ouvrages; mais si son amour-propre n'étoit pas toujours caché, il se montroit sous une forme qui ne pouvoit choquer celui des autres. Son extérieur & ses discours n'annonçoient pas toujours ce qu'il étoit; il avoit l'esprit plus sage que brillant, la marche plus sûre que rapide, & plus propre aux matieres qui dépendent de la discussion & de l'analyse, qu'à celles qui demandent une impression vive & prompte. L'habitude qu'il avoit prise d'envisager chaque idée par toutes ses faces, & la nécessité où il s'étoit trouvé de parler presque toute sa vie à des enfans, lui avoient fait contracter dans la conversation une diffusion qui passoit quelquefois dans ses écrits, & qu'on y remarqua sur-tout à mesure qu'il avança en âge. Souvent dans ses entretiens il faisoit précéder ce qu'il avoit à dire par des préambules dont on ne voyoit pas d'abord le but, mais dont on appercevoit ensuite le motif, & quelquefois la nécessité. Son peu de connoissance des hommes, son peu d'usage de traiter avec eux, & sa facilité à dire librement ce qu'il pensoit sur toutes sortes de sujets, lui donnoient une naïveté souvent plaisante, qui eût passé pour simplicité dans tout autre que lui; & on eût pu l'appeller le la Fontaine des philosophes. Par une suite de ce caractere, il étoit sensible au naturel, & blessé de tout ce qui s'en éloignoit; aussi, quoiqu'il n'eût aucun talent pour le théatre, on assure qu'il ne contribua pas peu par ses conseils à faire acquérir à la célebre le Couvreur cette déclamation simple d'où dépend l'illusion du spectateur; & sans laquelle les représentations dramatiques, dénuées d'expression & de vérité, ne sont que des plaisirs d'enfant. Enfin il étoit, dit M. de Voltaire, du nombre de ces sages obscurs dont Paris est plein, qui jugent sainement de tout, qui vivent entr'eux dans la paix & dans la communication de la raison, ignorés des grands, & très-redoutés de ces charlatans en tout genre qui veulent dominer sur les esprits. Il se félicitoit d'avoir vu deux événemens qui l'avoient beaucoup instruit, disoit-il, sur les maladies épidémiques de l'esprit humain, & qui le consoloient de n'avoir pas vécu sous Alexandre ou sous Auguste. Le premier de ces événemens étoit le fameux système dont il avoit été une des victimes; système très-utile en lui-même, s'il eut été bien conduit, & si son auteur & le gouvernement n'avoient pasété féduits & entrainés par le fanatifme du peuple. Le fecond événement étoit l'étrange folie des convulfions & des miracles qui les ont annoncées ; autre efpece de fanatifme qui auroit pu être dangereux s'il n'avoit pas été ridicule, qui a porté le coup mortel aux hommes parmi lefquels il eft né, & qui les a fait tomber dans un mépris où ils refteront, fi la perfécution ne les en tire pas.

Nous avions tout lieu de craindre que la mort de M. du Marfais ne laiffât dans l'Encyclopédie un vuide immenfe & irréparable ; nous nous fommes heureufement adreffés pour le remplir à d'excellens difciples de ce grand maitre, affez bien inftruits de fes principes, non feulement pour les déve- lopper avec netteté & les appliquer avec jufteffe, mais pour fe les rendre propres, pour les étendre, & même pour ofer quelquefois les combattre. M. Douchet, profeffeur de Grammaire à l'école royale militaire, & M. Beau- zée fon collegue, ont bien voulu fe charger, à notre priere, de continuer le travail de M. du Marfais. M. Paris de Meyzieu, directeur général des études & intendant en furvivance de la même école, auteur de l'article ECOLE ROYALE MILITAIRE, a contribué, par l'intérét qu'il prend à l'En- cyclopédie, à nous procurer cet important fecours ; il veut bien encore y joindre fes lumieres, & concourir, autant que fes occupations pourront le lui permettre, à la perfection d'une partie fi utile de notre ouvrage.

Plufieurs des articles que MM. Douchet & de Beauzée nous ont donnés fe trouvent dans ce volume, & s'il nous étoit permis de prévenir le jugement du public fur nos nouveaux collegues, nous oferions croire qu'il ne les trouvera pas indignes de leur illuftre prédéceffeur.

ELOGES

DE MM. LENGLET ET MALLET.

NICOLAS LENGLET DU FRESNOY, prêtre, licencié de la maifon de Sorbone, né le 16 octobre 1674, & mort le 15 janvier 1755, fut un de nos plus laborieux écrivains. Depuis l'âge de vingt ans jufqu'à la fin de fa vie, il ne ceffa de compofer un grand nombre d'ouvrages fur les objets les plus divers, & même quelquefois les plus difparates. La plupart de fes écrits font dignes de curiofité pour les recherches qu'ils contiennent ; il feroit trop long d'en donner ici la lifte, auffi étendue que finguliere : on y trouve une traduction françoife du diurnal romain, & une de l'imitation ; l'ordinaire de la Meffe, avec des maximes tirées des SS. Peres ; une édition du nou- veau teftament, & une de Lactance ; un traité du fecret de la confeffion, & un autre de l'apparition des efprits ; une édition du roman de la Rofe ; une des poéfies de Regnier ; *Arrefta amoris cum commentariis Benedicti Curtii*, un traité de l'ufage des romans, & la critique de ce traité par l'auteur même. Ici on voit plufieurs livres d'hiftoire, de droit canon, & de politique ; là diffé- rens écrits fur la chymie, dont M. l'abbé Lenglet s'étoit fort occupé. Celui de tous fes ouvrages qui a eu le plus.de fuccès, eft là *Méthode pour étudier l'hiftoire*. avec un *catalogue des principaux hiftoriens*;elle a été imprimée, plufieurs fois , & traduite en plufieurs langues.

Pendant la guerre de 1701,& depuis pendant la régence,les correfpondances étrangeres qu'il entretenoit, le mirent à portée de faire parvenir au gouvernement des avis utiles,qui lui mériterent une penfion dont il a joui jufqu'à fa mort. Un des plus importans qu'il donna fut par malheur un de ceux dont les circonftances empêcherent le plus de profiter. Il avoit fort connu en Allemagne & en Hollande un général étranger,qui dans la derniere guerre de 1741 , commandoit l'armée & avoit la confiance d'un de nos principaux alliés. Il découvrit au miniftere les raifons qui devoient rendre cet étranger fufpeét, & l'événement juftifia tout ce qu'il en avoit dit.

Sa mémoire étoit prodigieufe, fa converfation animée & pleine d'anecdotes , fon ftyle extrémement négligé ; heureufement la plupart des matieres qu'il a traitées étant de pure érudition , les vices de la diction peuvent s'y pardonner plus aifément. Il écrivoit comme il parloit,avec beaucoup de rapidité, & par cette raifon il paroiffoit mieux parler qu'il n'écrivoit : fon peu de fortune ne lui laiffoit pas toujours le tems de revoir fes écrits avant que de les publier ; cette raifon doit faire excufer les méprifes qui s'y trouvent.

Sur la fin de fa vie il s'adonna, dit-on, à la pierre philofophale , y altéra fa fanté , & s'y feroit ruiné s'il avoit pu l'être.

L'amour de l'indépendance, ce fentiment fi naturel & fi nuifible,étoit fa grande paffion , & lui fit refufer conftamment tous les poftes avantageux que fes talens & fes connoiffances auroient pu lui procurer , foit dans les pays étrangers, foit dans fa propre patrie ; mais la liberté qu'il vouloit pour fa perfonne,fe montroit fouvent trop à découvert dans fes écrits,& lui attira quelques difgraces de la part du miniftere;il les recevoit fans murmure , & même fans chagrin,& confentoit à les fouffrir,pourvu qu'on lui permit de les mériter.

Quelquefois affez vif , quelquefois auffi indifférent fur fes propres intérêts,il a voulu que.fon travail pour l'Encyclopédie fût abfolument gratuit. Outre plufieurs articles qu'il a revus dans les trois derniers volumes , il nous en a donné en entier quelques-uns;les plus confidérables font *Conftitution de l'empire* , & *diplomatique* ; dans ce dernier il attaque avec plufieurs favans l'authenticité des titres & des chartes du moyen âge. Les bénédictins, auteurs de la *nouvelle diplomatique*, lui ont répondu dans la préface de leur fecond volume.Nous n'entrerons point dans cette queftion, & nous ne fommes point étonnés de voir M. l'abbé Lenglet combattu par de favans religieux , qui peuvent être auffi fondés qu'intéreffés à défendre l'opinion contraire.

EDME MALLET, docteur & profeffeur royal en théologie de la faculté de Paris , de la maifon & fociété royale de Navarre, naquit à Melun en 1713 d'une famille pleine de probité,&,ce qui en eft fouvent la fuite,peu accommodée des biens de la fortune.

Après avoir fait fes études avec fuccès au college des Barnabites de Montargis , fondé par les ducs d'Orléans, il vint à Paris , & fut choifi par M. de la Live de Bellegarde, fermier général, pour veiller à l'inftruction de fes enfans. Les principes de goût & les fentimens honnêtes qu'il eût foin de leur infpirer, produifirent les fruits qu'il avoit lieu d'en attendre. C'eft aux foins de cet inftituteur, fecondés d'un heureux naturel, que nous devons M. de la Live de Jully, introducteur des ambaffadeurs, & honoraire de l'académie royale de peinture, qui cultive les beaux arts avec fuccès, amateur fans oftentation, fans injuftice, & fans tyrannie.

M. l'abbé Mallet paffa de cet emploi pénible dans une carriere non moins propre à faire connoitre fes talens; il entra en licence en 1742 dans la Faculté de théologie de Paris. Les fuccès par lefquels il s'y diftingua ne furent pas équivoques C'eft l'ufage en Sorbonne à la fin de chaque licence de donner aux licenciés les places, à-peu-près comme on le pratique dans nos colleges: les deux premieres de ces places font affectées de droit aux deux prieurs de Sorbonne; les deux fuivantes (par un arrangement fondé fans doute fur de bonnes raifons) font deftinées aux deux plus qualifiés de la licence: le mérite dénué de titres n'a dans cette lifte que la cinquieme place; elle fut donnée unanimement à M. l'abbé Mallet.

Pendant fa licence il fut agrégé à la maifon & fociété royale de Navarre. Les hommes illuftres qu'elle a produits, Gerfon, Duperron, Launoi, Boffuet, & tant d'autres, étoient bien propres à exciter l'émulation de M. l'abbé Mallet, & avoient déterminé fon choix en faveur de cette maifon célebre.

Tout l'invitoit à demeurer à Paris; le féjour de la capitale lui offroit des reffources affurées, & le fuccès de fa licence des efpérances flatteufes. Déja la maifon de Rohan l'avoit choifi pour élever les jeunes princes de Guemené Montbafon; mais fa mere & fa famille avoient befoin de fes fecours: aucun facrifice ne lui coûta pour s'acquitter de ce devoir, ou plutôt il ne s'apperçut pas qu'il eût de facrifice à faire; il alla remplir auprès de Melun en 1744 une cure affez modique. qui en le rapprochant de fes parens le mettoit à portée de leur être plus utile. Il y paffa environ fept années, dans l'obfcurité, la retraite, & le travail, partageant fon peu de fortune avec les fiens, enfeignant à des hommes fimples les maximes de l'évangile, & donnant le refte de fon temps à l'étude: ces années furent de fon aveu les plus heureufes de fa vie, & on n'aura pas de peine à le croire.

La mort de fa mere, & les mefures qu'il avoit prifes pour rendre meilleure la fituation de fa famille, lui permirent de revenir à Paris en 1751, pour y occuper dans le college de Navarre une chaire de théologie, à laquelle le roi l'avoit nommé fans qu'il le demandât. Il s'acquitta des fonctions de cette place en homme qui ne l'avoit point follicitée. Néanmoins la maniere diftinguée dont il la rempliffoit ne l'empêchoit pas de trouver du temps pour d'autres occupations. Il mit au jour en 1753 fon *Effai fur les bienféances oratoires*, & fes *Principes pour la lecture des orateurs.* La folitude où il vivoit dans fa cure avoit déja produit en 1745 fes *Principes pour la lecture des poëtes.* Malgré le befoin qu'il avoit alors de protecteurs, il n'en chercha pas pour cet ouvrage; il l'offrit à meffieurs de la Live fes eleves; ce fut fa premiere & fon unique dédicace.

Ces différens écrits, & quelques autres du même genre qu'il a mis au jour, étant principalement deftinés à l'inftruction de la jeuneffe, il n'y faut point chercher, comme il nous en avertit lui-même, des analyses profondes & de brillans paradoxes : il croyoit, & ce font ici fes propres paroles (*), qu'en matiere de goût les opinions établies depuis long-temps dans la république des lettres, font toujours préférables aux singularités & aux preftiges de la nouveauté ; maxime qu'on ne peut confefter en général, pourvu qu'une fuperftition aveugle n'en fuit pas le fruit. Ainfi dans les ouvrages dont nous parlons, l'auteur fe borne à expofer avec netteté les préceptes des grands maitres, & à les appuyer par des exemples choifis, tirés des auteurs anciens & modernes.

Tant de travaux ne fervoient, pour ainfi dire, que de prélude à de plus grandes entreprifes. Il a laiffé une traduction complete de l'hiftoire de Davila, qui doit paroitre dans quelques mois avec une préface. Il avoit formé le projet de deux autres ouvrages confidérables, pour lefquels il avoit déja recueilli bien des matériaux ; le premier étoit une hiftoire générale de toutes nos guerres depuis l'établiffement de la monarchie jufqu'à Louis XIV inclufivement ; le fecond étoit une hiftoire du concile de Trente qu'il vouloit oppofer à celle de Fra-Paolo, donnée par le P. le Courayer. Ces deux favans hommes, fi fouvent combattus, & plus fouvent injuriés, auroient. enfin été attaqués fans fiel & fans amertume, avec cette modération qui honore & qui annonce la vérité.

Des circonftances que nous ne pouvions prévoir nous ayant placés à la tête de l'Encyclopédie, nous crûmes que M. l'abbé Mallet, par fes connoiffances, par fes talens, & par fon caractere, étoit très-propre à feconder nos travaux. Il voulut bien fe charger de deux parties confidérables, celle des belles-lettres & celle de la théologie. Tranquille comme il l'étoit fur la pureté de fes intentions & de fa doctrine, il ne craignit point de s'affocier à une entreprife qui a le précieux avantage d'avoir tous les hommes de parti contre elle. Auffi malgré leur jaloufe vigilance, les articles nombreux que M. l'abbé Mallet nous avoit donnés fur les matieres les plus importantes de la religion, demeurerent abfolument fans atteinte. Mais fi fes articles furent à l'abri de la cenfure, fa perfonne n'échappa pas aux délateurs. Tandis que d'un côté les auteurs d'une gazette hebdomadaire qui prend le nom d'ecclésiaftique (**), cherchoient, fuivant leur ufage, à rendre fa religion fufpecte, le parti oppofé à ceux-ci l'accufoit de penfer comme eux. De ces deux imputations la derniere parut la plus importante au févere difpenfateur des bénéfices, feu M. l'ancien évêque de Mirepoix, que

---

(*) Préface des Principes pour la lecture des Poëtes, page 75.

(**) On peut juger par un trait peu remarquable en lui-même, mais décifif, du degré de crovance que cette gazette mérite. Nous avons dit dans l'éloge de M. de Montefquieu que ce grand homme quittoit fon travail fans en reffentir la moindre impreffion de fatigue, & nous avions dit quelques lignes auparavant que fa fanté s'étoit altérée par l'effet LENT & prefque infaillible des études profondes. Pourquoi en rapprochant ces deux paf-

fages, a-t-on fupprimé les mots lent & prefque infaillible, qu'on avoit fous les yeux ? c'eft évidemment parce qu'on a fenti qu'un effet lent n'eft pas moins réel, pour n'être pas reffenti fur le champ, & que par conféquent ces mots détruifoient l'apparence même de la contradiction qu'on prétendoit faire remarquer. Telle eft la bonne foi de ces auteurs dans des bagatelles, & à plus forte raifon dans des matieres plus férieufes.

fon âge avancé & fa délicateffe exceffive fur l'objet de l'accufation rendoient facile à prévenir. Ce prélat, à qui on ne reprochera pas d'avoir voulu favorifer les auteurs de l'Encyclopédie, fit en cette occafion ce que les
hommes en place devroient toujours faire ; il examina, reconnut qu'on
l'avoit furpris, & récompenfa d'un canonicat de Verdun la doctrine & les
mœurs de l'accufé. Un événement fi humiliant pour les ennemis de M. l'abbé Mallet, montra clairement que leur crédit étoit égal à leurs lumieres, &
fort au deffous de l'opinion qu'ils vouloient en donner.

Notre eftimable collegue méritoit fur-tout les bontés du fouverain par
fon attachement inviolable à nos libertés & aux maximes du royaume, deux
objets que les auteurs de l'Encyclopédie fe font fait toujours une gloire d'a-
voir devant les yeux. On peut fe convaincre par la lecture du mot *Excommunication* imprimé dans ce dictionnaire, que M. l'abbé Mallet penfoit fur
cette importante matiere en citoyen, en philofophe, & même en théologien éclairé fur les vrais intérêts de la religion. Un autre de fes articles, le
mot *Communion*, ne doit pas faire moins d'honneur à fa modération & à
fa bonne foi. Il s'y explique avec une égale impartialité, & fur le célebre
Arnaud, dont les talens & les lumieres ont fi étrangement dégénéré dans
ceux qui fe difent fes difciples, & fur le fameux P. Pichon, profcrit par
les évêques de France, & abandonné enfin courageufement par fes confreres mêmes. M. l'abbé Mallet, quoique attaqué en différentes occafions par
les journaliftes de Trevoux, ne chercha point à leur reprocher les éloges
qu'ils avoient d'abord donnés au livre de ce religieux ; fon peu de reffentiment & fon indulgence ordinaire le portoient à excufer une diftraction fi
pardonnable. *Il eft naturel*, nous difoit-il avec un ancien, *de louer les·
Athéniens en préfence des Athéniens.*

Toute l'Europe a entendu parler de la thefe qui fit tant de bruit en Sorbonne il y a plus de quatre ans, & dont l'auteur étoit M: l'abbé de Prades,
alors bachelier en théologie, & aujourd'hui lecteur & fecretaire des commandemens de fa majefté le roi de Pruffe, & honoraire de l'académie royale des fciences & des belles-lettres de Berlin. L'accufé demandoit avec inf-
tance à être entendu ; il promettoit de fe foumettre fans réferve : mais il
fe propofoit de repréfenter à fes juges (& nous ne fommes ici qu'hiftoriens)
qu'il avoit cru voir fa doctrine fur les miracles dans les ouvrages de deux
des principaux membres de la faculté, & que cette reffemblance, apparente ou réelle, avoit caufé fon erreur (*). Plufieurs docteurs craignirent,
peut-être avec quelque fondement, les inconvéniens qui pouvoient réfulter
d'un examen de cette efpece, dût-il fe terminer à la décharge des deux auteurs. Ils opinerent donc à condamner le bachelier fans l'entendre : M. l'abbé Mallet, moins prévoyant & plus équitable, fut avec beaucoup d'autres
d'un avis contraire ; mais le nombre l'emporta.

mourut le 25 feptembre   d'une efquinancie qui le conduifit en
deux jours au tombeau.

(*) L'auteur [défunt] du *Traité dog-* | logiques fur ces mêmes Miracles éphémé-
matique fur les faux miracles du temps, & | res, & fur ces Convulfions qui déshono-
l'auteur [auffi défunt] des *Lettres Théo-* | rent notre fiecle.

Son esprit ressembloit à son style : il n'avoit juste, net, facile, & sans affectation ; mais ce qui doit principalement faire le sujet de son éloge, c'est l'attachement qu'il montra toujours pour ses amis, sa candeur, son caractere doux & modeste. Dès qu'il parut à Verdun, il y acquit l'estime & la confiance générale de son chapitre, qui le chargea dès ce moment de ses affaires les plus importantes ; il fut toujours considéré de même par ses supérieurs les plus respectables. Quoique très-attaché à la religion par principes & par état, il ne cherchoit point à en étendre les droits au delà des bornes qu'elle s'est prescrites elle-même. Les articles *Déisme* & *Enfer* pourroient servir à montrer combien il savoit distinguer dans ces matieres délicates les limites de la raison & de la foi. Il ne mérita jamais ni par ses discours, ni par sa conduite, le reproche qu'on a quelquefois fait aux théologiens d'être par leurs querelles une occasion de trouble (*). L'affliction que lui causoient les disputes présentes de l'Eglise, & le funeste triomphe qu'il voyoit en résulter pour les ennemis de la religion, lui faisoient regretter que dès la naissance de ces disputes le gouvernement n'eût pas imposé un silence efficace sur une matiere qui en est si digne. Pendant la derniere assemblée du clergé, il fit, à la priere d'un des principaux membres de cette assemblée, plusieurs mémoires théologiques qui établissoient de la maniere la plus nette & la plus solide la vérité, la concorde, & la paix. Il paya son zele de sa vie, ce travail forcé ayant occasionné la maladie dont il est mort à la fleur de son âge. Ennemi de la persécution, tolérant même autant qu'un chrétien doit l'être, il ne vouloit employer contre l'erreur que les armes de l'évangile, la douceur, la persuasion, & la patience. Il ne cherchoit point sur-tout à grossir à ses propres yeux & à ceux des autres la liste déja trop nombreuse des incrédules, en y faisant entrer (par une mal-adresse si commune aujourd'hui) la plupart des écrivains célebres. *Ne nous brouillons point*, disoit-il, *avec les philosophes.*

(*) Les auteurs d'un Dictionnaire qui est entre les mains de tout le monde, ont étendu ce reproche beaucoup au delà de ce qu'ils pouvoient se permettre. *Voyez* le Dictionn. de Tr. au mot *Perturbateur.*

EXEMPLES
DES DIFFÉRENTS CARACTERES
EN USAGE DANS L'IMPRIMERIE.

N°. I.

NOMPAREILLE ROMAINE.

IL y a trois fortes de perfonnes fur qui il
ne faut jamais faire tomber nos railleries ;
fur les malheureux, parce qu'ils font déja
affez à plaindre fans qu'on les infulte ; fur
les méchans, parce qu'ils peuvent fe venger ; & fur nos proches, parce qu'elle retombe fur nous. Ce n'eft pas une moindre
imprudence que de faire des railleries que
l'on peut rétorquer fur nous.

NOMPAREILLE ITALIQUE.

*LES difeurs de bons mots ne font pas toujours
les plus fages : ce n'eft pourtant pas qu'on ne
puiffe eire fage & railler finement & avec
modération ; mais on contracte fi facilement
une mauvaife habitude, qu'il vaut mieux
s'abftenir tout-à-fait de railler, que de s'expofer à pleurer après avoir fait rire les autres.*

N°. II.

MIGNONE ROMAINE.

LA fanté de l'ame n'eft pas plus affurée
que celle du corps ; & quoiqu'on paroiffe
éloigné des paffions, on n'eft pas moins
en danger de s'y laiffer emporter, que
de tomber malade quand on fe porte bien.
Les défauts de l'ame font comme les bleffures du corps : quelque foin que l'on
prenne, la cicatrice paroit toujours,
& elles font à tout moment en danger
de fe rouvrir.

MIGNONE ITALIQUE.

*IL faut gouverner la fortune comme
la fanté, en jouir quand elle eft bonne,
prendre patience quand elle eft mauvaife,
& ne faire jamais de grands remedes
fans un extrème befoin.*

N°. III.

PETIT, TEXTE ROMAIN. *

JE contemple ce vafte Univers ; j'y
vois régner un ordre invariable, une
harmonie conftante. Tout y brille d'une
beauté majeftueufe : tout y dévoile une
magnificence fans bornes. Le plus petit
infecte déploye à l'œil étonné les tréfors
d'une Intelligence Suprême, qui, par
des moyens auffi fimples que fûrs, conduit tout aux fins qu'elle s'eft propofée.

PETIT TEXTE ITALIQUE.

*EN vain le Philofophe impie voudroit
me perfuader que tant de merveilles ne
font que l'effet du Hafard ; les fyftèmes
hardis de fon imagination téméraire ne
peuvent me fouftraire à la connoiffance
d'un Dieu Créateur, dont la Sageffe éclate
dans tous les Ouvrages de fes mains.*

N°. IV.

GAILLARDE.

JE m'imagine avec plaifir qu'il y
a dans l'univers une certaine quantité de bien & de mal, qui rend
en un fens toutes les conditions
égales.

ITALIQUE.

*LA fageffe & la réputation ne font
pas moins à la merci de la fortune que
le bien. Celui qui vit fans folie, n'eft
pas fi fage qu'il le croit.*

(*) C'eft le caractere de cette Édition de l'*Encyclopédie.*

N°. V.

PETIT ROMAIN.

L'Homme toujours heureux ne prend guere le goût des bonnes actions, & charmé du présent, il perd aisément l'avenir de vue; mais Dieu miséricordieux lui suscite un malheur qui le réveille, & la disgrace fait sur lui ce que la seule raison n'auroit pas fait.

ITALIQUE.

Je pauvre généralement parlant, est moins vindicatif que le riche; & la raison en est claire. La vengeance est fille de l'orgueil, & la richesse en est la mere.

N°. VI.

PHILOSOPHIE.

Lorsque les grands hommes se laissent abattre par la longueur de leurs infortunes, ils font voir qu'ils ne les soutenoient que par la force de leur ambition, & non par celle de leur ame, & qu'à une grande vanité près, les Héros sont faits comme les autres hommes.

ITALIQUE.

Nous sommes si préoccupés en notre faveur, que souvent ce que nous prenons pour des vertus ne sont que des vices qui leur ressemblent, & que l'amour-propre nous déguise.

N°. VII.

CICERO.

La loi Mahométane a établi dans le mariage deux choses également opposées à ce qui fait l'essence du nôtre: l'une en permettant le divorce, & l'autre en ordonnant la pluralité des femmes.

ITALIQUE.

Il faut ou que les Turcs soient plus modérés & plus patiens que nous, ou que leurs femmes soient plus dociles que les nôtres.

N°. VIII.

SAINT-AUGUSTIN.

L'Homme croit souvent se conduire lorsqu'il est conduit; & pendant que par son esprit il tend à un but, son cœur l'entraîne insensiblement à un autre.

ITALIQUE.

L'Oisiveté est la mere de l'Amour. Il faut étouffer la mere, si l'on ne veut pas que son fruit vienne en maturité.

GROS-TEXTE.

JE ne fuis pas à beaucoup près fi étonné que les hommes fe marient ; tout l'avantage eſt de leur côté ; quelque choſe qu'il arrive, ils font toujours les maîtres : j'entends ceux qui font hommes.

ITALIQUE.

IL faut qu'une femme ait une patience plus qu'humaine, pour fouffrir la domination de certains Maris ; mais . . . .

GROS-ROMAIN.

LA haine des perfonnes en faveur a de dangereuſes fuites : leur vengeance eſt terrible, & leur rupture fans réconciliation.

ITALIQUE.

L'Amour eſt un enfant extrêmement délicat, à qui il faut peu de nourriture ; il ne fe repaît la plupart du tems que d'efpérance, de vent, &c.

PETIT PARANGON.

Le Pauvre en matiere d'offenfe ne fait fouvent qu'un atôme d'une montagne ; le Riche au contraire fait prefque toujours une montagne d'un atôme.

ITALIQUE.

Le trop grand empreſſement qu'on a de s'acquitter d'une obligation, eſt une efpece d'ingratitude.

GROS PARANGON.

Louer les Princes des vertus qu'ils n'ont pas, c'eſt leur dire impunément des injures.

ITALIQUE.

On peut dire de l'humeur des hommes comme de la plupart des bâtimens, qu'elle a diverſes faces, &c.

PETIT CANON.

On ne trouve guere d'ingrats tant qu'on eſt en état de faire du bien.

ITALIQUE.

La fortune ſe plaît à tromper ceux qui ont trop de confiance, &c. &c.

ÉPREUVE de Financiere au corps de Parangon.

Tout le monde court à la mort avec précipitation, les Grands comme les Petits, les Riches comme les Pauvres, les Rois comme les Bergers, & la rapide révolution des Siecles entraîne avec eux des millions d'Hommes.

CARACTERES GRECS.

SAINT-AUGUSTIN.	PETIT-TEXTE.
Καθὼς γινώσκει με ὁ πατὴρ, κἀγὼ γινώσκω τὸν πατέρα. Καὶ τὴν ψυχήν μου τίθημι ὑπὲρ τῶν προβάτων.	Μία κακῶν παῦλα κ̀ λύσις ἀνθρώποις ἐςὶν ἐκ τινῶ τύχης θείας εἰς ταυτὸ διχνοίᾳ ϑω.οσῖϑω βασιλικὴν συμπιεσῆσαν δύναμιν, ἐγκρατῆ κ̀ ὑπερβῖξιον τῆς κακίας τὴν ἀρετὴν καταςῆσαι.

CARACTERES HÉBREUX.

SAINT-AUGUSTIN.

וָאֲנִי כְּרֻב חֲסָדֶךָ אָבוֹא בֵיתֶךָ אֶשְׁתַּחֲוֶה

נִבְזֶה כְּעֵינָיו נִמְאָס וְאֶת יִרְאֵי
יְהוָה יְכַבֵּד נִשְׁבַּע לְהָרַע וְלֹא יָמִר
כַּסְפּוֹ לֹא נָתַן בְּנֶשֶׁךְ וְשֹׁחַד עַל
נָקִי לֹא לָקַח עֹשֵׂה אֵלֶּה לֹא יִמּוֹט
לְעוֹלָם׃

PETIT-TEXTE.

שִׁירוּ לַיהוָה שִׁיר חָדָשׁ שִׁירוּ לַיהוָה
בָּל—הָרֶע : שִׁירוּ לַיהוָה בָּרְכוּ שְׁמוֹ בַּשְּׂרוּ
מִיּוֹם לְיוֹם יְשׁוּעָתוֹ : סַפְּרוּ כְנָיִם כְּבוֹדוֹ
בְּכָל— הָעַמִּים נִפְלְאוֹתָיו :

SIGNES D'ALMANACH, DE PHARMACIE ET DE MATHÉMATIQUES.

RIEN
N'EST
PLUS
PRETIEUX
QUE LES
CARACTERES
ILS TRANSMETTENT
A LA POSTERITE
LES FAITS
DES HOMMES ILLUSTRES

Mufique Gothique, à l'ufage des Proteftans.

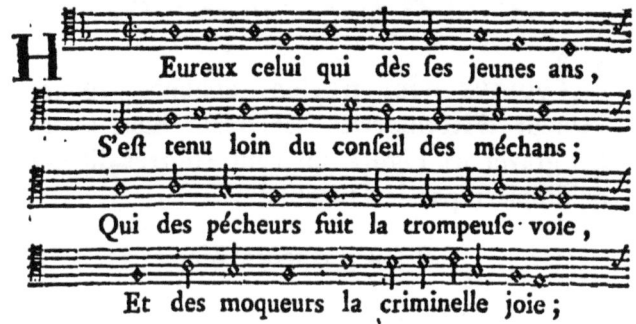

H Eureux celui qui dès fes jeunes ans,

S'eft tenu loin du confeil des méchans;

Qui des pécheurs fuit la trompeufe voie,

Et des moqueurs la criminelle joie;

N O T E S.

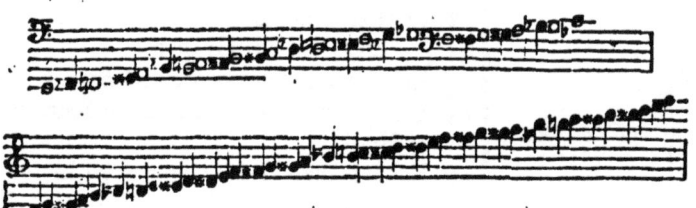

LETTRES ORNÉES.

MAIS EN VOILA
LA CONCLUSION.

FIN
DE L'ENCYCLOPÉDIE.

HORLOGERIE.

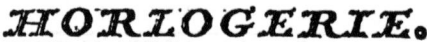

QUOIQUE nous n'ayions annoncé aucune Planche d'Horlogerie, cependant nous avons fait graver les Figures qu'il eût été très-difficile de suppléer par le Discours.

PLANCHE V.

FIGURES

19 Démonstration.
20 Echappements à deux leviers.
21 Echappements à repos des Pendules à secondes, par M. Graham.
22, 23 Echappements à repos de Montres, par M. Graham.
24 Echappement à roue de rencontre.
25 Echappement à ancre, du Docteur Hook.
26 Echappement à deux verges ou leviers, par M. Julien le Roi.
27 Foliot, ou ancien échappement.

PLANCHE XVI.

75 Machine, ou Outil à engrenages, vu en perspective.

De l'IMPRIMERIE de la SOCIÉTÉ TYPOGRAPHIQUE de LAUSANNE.